रसदेश

रसदेश

द्वितीय खण्ड

केलिमाल-मीमांसा

स्वामीश्रीहरिदास-विरचित केलिमाल के पदों पर अनुसन्धान-समीक्षात्मक टिप्पणियाँ

लेखक

राजेन्द्र रंजन चतुर्वेदी

PRINTWORLD

डी०के० प्रिंटवर्ल्ड प्रा० लि०

नई दिल्ली - 110015

इन्दिरा गाँधी राष्ट्रीय कला केन्द्र

नई दिल्ली - 110001

Cataloging in Publication Data — DK
[Courtesy: D.K. Agencies (P) Ltd. <docinfo@dkagencies.com>]

Haridāsa, *Svāmī*, active 16th century, author.
Rasadeśa.
volumes cm
Braj and Hindi.
Poetry on Krishna, Hindu deity; with critical analysis.
Contents: prathama khaṇḍa. Kelimāla / Svāmī Śrī Haridāsa-viracita ; sampādaka evaṁ anuvādaka, Rājendra Rāñjana Caturvedī — dvitīya khaṇḍa. Kelimāla-mīmāṁsā : Svāmīśrīharidāsa-viracita Kelimāla ke padoṁ para anusandhāna-samīkshātmaka ṭippaṇiyāṁ / lekhaka, Rājendra Rāñjana Caturvedī.

1. Krishna (Hindu deity) — Poetry. 2. Haridāsa, Svāmī, active 16th century. Kelimāla. I. Haridāsa, Svāmī, active 16th century. Kelimāla. II. Haridāsa, Svāmī, active 16th century. Kelimāla. Hindi. III. Caturvedī, Rājendra Rāñjana. Kelimāla-mīmāṁsā. IV. Caturvedī, Rājendra Rāñjana, editor, translator. V. Indira Gandhi National Centre for the Arts, publisher. VI. Title.

LCC PK1967.9.H363K45 2018 | DDC 891.4313 23

ISBN 978-81-246-0930-9 (Set)
ISBN 978-81-246-0931-6 (Vol. 1)
ISBN 978-81-246-0932-3 (Vol. 2)

प्रथम प्रकाशन वर्ष, 2018

प्रकाशक –
इन्दिरा गाँधी राष्ट्रीय कला केन्द्र
11, मानसिंह रोड़ नई दिल्ली - 110001

एवं

डी.के. प्रिंटवर्ल्ड (प्रा.) लि.
पंजीकृत कार्यालय : 'वेदश्री', एफ-395, सुदर्शन पार्क,
(ई.एस.आइ. मेट्रो स्टेशन), नई दिल्ली - 110015
दूरभाष : (011) 25453975, 25466019
ई-मेल : indology@dkprintworld.com
वेब : www.dkprintworld.com

मुद्रक - डी.के. प्रिंटवर्ल्ड (प्रा) लि., नई दिल्ली

पुरोवाक्

इन्दिरा गाँधी राष्ट्रीय कला केन्द्र द्वारा कलाकोश विभाग के अन्तर्गत प्रकाशित की जा रही कलासमालोचना ग्रन्थमाला में दो खण्डो में ''रसदेश'' आपके हाथों में सौंपते हुए हमें हार्दिक प्रसन्नता हो रही है। ''रसदेश'' मूलतः वृन्दावन के श्री स्वामी हरिदास की कृति ''केलिमाल'' पर केन्द्रित है, जिसमें जयदेव के ''गीतगोविन्द'', विद्यापति की ''पदावली'', रूपगोस्वामी की ''उज्ज्वलनीलमणि'' तथा ''हितचौरासी'', ''सूरसागर'', चण्डीदास इत्यादि को तुलनात्मक दृष्टि से साथ में रखा गया है। इन्दिरा गाँधी राष्ट्रीय कला केन्द्र ने कलासमालोचना की जिस अनुसन्धान प्रणाली का विकास किया है, उसमें भाषा, कविता, दर्शन, नृत्य, संगीत, चित्रकला, मानवविज्ञान और लोकवार्ता के निरन्तर सम्वाद और व्याख्या की सम्भावनाओं का विस्तृत क्षितिज है। इस प्रकार के शोध में हम परम्परा के रूप में ''सम्प्रदाय'' के महत्त्व को तो मानते हैं परन्तु साम्प्रदायिक दायरों का बन्धन स्वीकार नहीं करते, क्योंकि सत्य सीमा में आबद्ध नहीं है। सत्य आकाश की तरह व्यापक है और समुद्र की तरह गहरा है। इस दृष्टि से रसदेश परियोजना में केलि-उपासना के सूत्रों को वैष्णव साहित्य के साथ-साथ शंकराचार्य की सौन्दर्य-लहरी में भी देखा गया है, शैवों और बौद्धों की परम्परा में भी देखा गया है और लोक-परम्परा में भी देखा गया है। रसदेश परियोजना की स्थापना है कि ब्रज, वृन्दावन में लीला, विहार, रास, गोपी तथा राधा के रूप में जिस भावलोक की अवतारणा हुई है, वह भारतवर्ष के विभिन्न प्रदेशों, जनपदों तथा सांस्कृतिक समूहों के लोकजीवन-परम्पराओं की अन्तर्भुक्ति का परिणाम है।

ब्रजभूमि भारतवर्ष के विभिन्न जनपदों के निरन्तर सम्मिलन का केन्द्र रही है। भारतवर्ष की विभिन्न सांस्कृतिक धाराओं-उपधाराओं तथा अन्तरवर्ती धाराओं ने मिलकर ललिता और राधा के रूप में सौन्दर्य-माधुर्य के रस-सिन्धु को पाया है। यहाँ आकर लोक और शास्त्र दोनों की परिधि समाप्त हुई है। इस दृष्टि से यह ग्रन्थ शास्त्र और लोक के अन्तर्सम्बन्धों तथा उनकी परस्पर निर्भरता पर प्रकाश डालने वाला एक महत्त्वपूर्ण ग्रन्थ है। इसके माध्यम से लोक और शास्त्र के बीच की काल्पनिक दीवारों को भी खण्डित करने में सहायता मिलेगी।

डॉ० राजेन्द्र रंजन चतुर्वेदी ने इस श्रमसाध्य एवं अत्यन्त गम्भीर अध्ययन को पूरी निष्ठा एवं तन्मयता के साथ सम्पन्न किया है। यह बात रसदेश के प्रस्तुत दोनों खण्डों को देखने पर परिलक्षित होती है। वास्तव में यह उनके दीर्घकालीन एवं गहन अध्ययन का ही प्रतिफल है। मैं उनके इस महनीय कार्य की सराहना करता हूँ और उनके प्रति हार्दिक कृतज्ञता भी व्यक्त करता हूँ।

ध्यातव्य है कि "रसदेश" के इस कार्य को प्रारम्भ से ही विद्वज्जनों की सम्मतियाँ प्राप्त हुई हैं। डॉ० कर्ण सिंह ने रसदेश के प्रथम खण्ड में अभिमत के रूप में इस कार्य के प्रति अपने सुविचारों को व्यक्त किया है। प्रो० इन्द्रनाथ चौधुरी ने दूसरे खण्ड की भूमिका में इस कार्य की सराहना की है। डॉ० श्रीमती कपिला वात्स्यायन रसदेश परियोजना की प्रेरणास्रोत हैं, जिनका मार्गनिर्देशन इस परियोजना में समय-समय पर मिला है, उनके महत्त्वपूर्ण विचारों को हमने दूसरे खण्ड के आरम्भिक पृष्ठों में सम्मिलित किया है। इससे इस प्रकाशन की गरिमा और अधिक बढ़ गई है। श्री अशोक वाजपेयी ने भी इस कार्य को देखा और सराहा है, उनकी प्रेरणादायी सम्मति प्रथम खण्ड के प्रारम्भिक पृष्ठों में उपलब्ध है। कुल मिलाकर इन सभी महानुभावों के विचार इस प्रकाशन के महत्त्व पर प्रकाश डालते हैं। मैं सभी विद्वानों के इस विशेष योगदान के लिए उनका हृदय से आभार प्रकट करता हूँ।

मेरा विश्वास है कि विद्वानों एवं समालोचकों द्वारा इस अनुसन्धान-युक्त केलिमाल पर आधारित अध्ययन का स्वागत किया जाएगा जिसमें इस विषय के अनेक पक्षों पर नई रोशनी डाली गई है।

सच्चिदानन्द जोशी
सदस्य सचिव
इन्दिरा गाँधी राष्ट्रीय कला केन्द्र
नई दिल्ली

भूमिका

भागवत की "रासपञ्चाध्यायी" और "गीतगोविन्द" का प्रचार-प्रसार बहुत दूर-दूर तक हुआ है। इनको आधार बनाकर भारत की समस्त भाषाओं में शत-सहस्र काव्य-रचनाएँ हुईं। शत-सहस्र गीत और नृत्य गूँजे तथा भिन्न-भिन्न कला शैलियों में चित्र-रचनाएँ हुईं, किन्तु "राधामाधवयोर्जयन्ति यमुनाकूले रह:केलय:" की उपासना अपने क्रम-विकास में किस प्रकार रस-उपासना में पर्यवसित हुई, इसकी कहानी महान् संगीतज्ञ और उपासक स्वामी हरिदास की कृति "केलिमाल" के स्वर में सुनी जा सकती है, लेकिन उपासना के इतिहास की यह महिमामय निधि अब तक वृन्दावन में ही छिपी रही, क्योंकि रसोपासकों का विचार था कि जब तक भाव-साधना के द्वारा उपासक का चित्त देहभाव से ऊपर न उठ जाए, तब तक वह कच्चा घड़ा है और रसोपासना का अधिकारी नहीं है।

वृन्दावन के रसोपासक केलिमाल को रस उपनिषद् मानते हैं। केलिमाल के अध्ययन से यह स्पष्ट हो जाता है कि आगम-परम्परा की कामेश्वरी-ललिता वृन्दावन में आकर ललितासखी के रूप में प्रकट होती है। आगम-परम्परा में कामेश्वर-कामेश्वरी के "चिद्विलास" तथा केलिमाल के "नित्यविहार" के तुलनात्मक-अध्ययन से भारतीय उपासना धाराओं के अन्तर्मिलन की कहानी और रासदर्शन की पृष्ठभूमि को समझा जा सकता है। आगम का सिद्धान्त है कि जो राग जीव को बाँधता है वही राग जीव को मुक्त भी करता है।

केलिमान के अध्ययन से यह स्पष्ट होगा कि भागवत-परम्परा के नारायण-विष्णु किस प्रकार वासुदेव-कृष्ण में और वासुदेव-कृष्ण बिहारीजू में अन्तर्भुक्त होते हैं। भागवत-परम्परा में विष्णु या कृष्ण परात्पर तत्त्व हैं, किन्तु केलिमाल में बिहारीजू स्वयं श्यामाजू की ध्यान-साधना कर रहे हैं "नीललालगौर के ध्यान बैठे कुंजबिहारी।" केलिमाल आनन्दवादी विचार-परम्परा का परिपाक है और सौन्दर्य-माधुर्य एवं राग और रस की उपासना का आधार है।

नित्यविहार की अवधारणा है कि जगत् का अशेष सौन्दर्य-माधुर्य रस के उस "अनन्त समुद्र" से छलकी हुई एक बूँद की छायामात्र है। नित्यविहार की विलक्षणता यह है कि प्रथम समागम का पहला क्षण है किन्तु यह क्षण नित्य है, इसलिए कभी व्यतीत नहीं होता। प्रत्येक क्षण की एक ही अनुभूति है कि मैंने तुम्हें पहले कभी नहीं देखा। श्यामा-श्याम भुजाओं में भरकर एक-दूसरे को निहार रहे हैं। सुन्दरता-मधुरता का पान कर रहे हैं किन्तु जितना पीते हैं, प्यास उतनी बढ़ रही है। "मिले ही रहत मानों कबहुँ मिले

ना"। दुनिया के सौन्दर्यशास्त्रियों ने देह–सौन्दर्य पर बहुत कुछ लिखा है, किन्तु केलिमाल में केलि तो है परन्तु स्थूल देह नहीं है। चिन्मय शरीर है। जब साधक भाव–साधना द्वारा रसचेतना में पहुँच जाता है, तब उसे दिखाई देता है कि कनकलता तमाल वृक्ष से लिपट गई है, विद्युल्लता मेघ के अंक में केलि कर रही है। मोर नाच रहे हैं। पक्षी संगीत–साधना कर रहे हैं और बादल मृदंग बजा रहा है।

"केलिमाल" संगीतज्ञों का वेद है क्योंकि वह संगीत और उपासना की एकात्मकता को स्पष्ट करता है। चित्त का जो राग स्वरलहरी के रूप में गीत बनता है, वही राग नृत्य बनता है, और वही राग समस्त कलाओं का आधारबिन्दु बनता है। केलिमाल में स्पष्ट है कि केदार, गौरी और मलार आदि राग उस दिव्य राग की छाया है जो श्यामा–श्याम के नित्यविहार में तरंगित हो रहे हैं। साधक, साध्य और साधना की रसदशा में संगीत यहाँ उपासना से उपास्य तत्त्व बन जाता है।

इन्दिरा गाँधी राष्ट्रीय कला केन्द्र के कलाकोश प्रभाग की रसदेश अनुसन्धान परियोजना के अध्येता डॉ० राजेन्द्र रंजन हैं। साहित्य अकादमी नई दिल्ली के बोरूँदा (राजस्थान) लोकसाहित्य शिविर (सन् १९८९) में वे मेरे सम्पर्क में आए थे। वे लोकवार्ता के समर्पित अध्येता हैं। आचार्य वासुदेवशरण अग्रवाल के जनपदीय चेतना–सम्बन्धी चिन्तन को उन्होंने हृदयङ्गम किया है। शायद यही कारण है कि उनके दृष्टिकोण में लोक और शास्त्र का सामञ्जस्य है। भारतीय संस्कृति के अध्ययन अनुसन्धान के लिए ऐसा समन्वित दृष्टिकोण नितान्त आवश्यक है। डॉ० राजेन्द्र रंजन चतुर्वेदी ने वृन्दावन की रसोपासना का अध्ययन किया है किन्तु उनका ध्यान भारत की भिन्न–भिन्न सांस्कृतिक–धाराओं की निरन्तरता और अन्तर्भुक्ति पर केन्द्रित है। उनका यह अध्ययन भारत की शत्–शत् सांस्कृतिक–धाराओं के संगम में डुबकी लगाने जैसा पवित्र है। मुझे आशा है कि संस्कृति के सुधी अध्येता इस प्रयास के लिए उनको आशीर्वाद देंगे ओर वे आगे भी इस प्रकार के कार्यों के द्वारा ज्ञान के क्षितिज का विस्तार करेंगे।

भारत की आत्मा के साक्षात्कार की दिशा में इन्दिरा गाँधी राष्ट्रीय कला केन्द्र का यह कदम कितना ही छोटा क्यों न हो, उसके मर्म में पैंठने के द्वार की ओर संकेत अवश्य करता है। मैं मानता हूँ कि आज का दिन भारत विद्याविदों, कलाविदों और संगीतज्ञों के लिए उत्सव का दिन है कि इन्दिरा गाँधी राष्ट्रीय कला केन्द्र आज इन्हें "केलिमाल" जैसा मूल्यवान उपहार सौंप रहा है। निश्चित ही उसके अध्ययन अनुसन्धान से रस, का उपासना और कला की एकात्मकता का एक महत्त्वपूर्ण अध्याय प्रकाशित होगा।

तिथि ०४–०२–२०१३
१८३ टैगोर पार्क, नई दिल्ली

इन्द्रनाथ चौधुरी
टैगोर प्रोफेसर
एडिनबरा नेपियर यूनिवर्सिटी,
एडिनबरा, यू.के.

सम्मति

मैं आपके द्वारा भेजा गया सम्पूर्ण ग्रन्थ का संक्षिप्त रूपान्तर नहीं पढ़ पाई हूँ क्योंकि मेरी आँखों की स्थिति ठीक नहीं है। आपने इस ग्रन्थ की भूमिका को किसी से लिखवाने का मेरा सुझाव माना। मुझे खुशी है कि प्रो० इन्द्रनाथ चौधुरी से आपने यह अनुरोध किया और जिसे स्वीकार कर उन्होंने भूमिका तैयार की है।

मैंने यह भूमिका बड़े ध्यान से पढ़ी है। उन्होंने बहुत गहराई से आपके लेख पर प्रकाश डाला है। उनकी भूमिका से यह स्पष्ट हो जाता है कि "केलिमाल" को समझने के लिए और अनुभव करने के लिए इस देश की न केवल साहित्यिक अपितु सांस्कृतिक परम्पराओं का भी पुन: अवलोकन करना होगा। आपकी लेखनी ने बहुत से सैद्धान्तिक तत्त्वों पर प्रकाश डाला है। मेरा यह पूर्ण विश्वास है कि इस ग्रन्थ को पाठक बहुत गहराई से पढ़ेंगे और समझेंगे। प्रो० इन्द्रनाथ जी ने भूमिका में बहुत बारीकी से "केलिमाल" को समझने के लिए कितने स्तर है उस पर ध्यान आकर्षित किया है। प्रो० इन्द्रनाथ जी की भूमिका इतनी महत्त्वपूर्ण है कि मुझे आपकी पुस्तक पर और विस्तार से कुछ भी कहने की आवश्यकता नहीं है। मैं आपका अभिवादन करती हूँ और आशा करती हूँ कि यह ग्रन्थ इन्दिरा गाँधी राष्ट्रीय कला केन्द्र द्वारा शीघ्र ही प्रकाशित होगा। मैं यह भी आशा करती हूँ कि पाठक इसे एकाग्रता से पढेंगे, समझेंगे और इसके महत्त्व को जानेंगे।

कपिला वात्स्यायन
अध्यक्ष
एशिया प्रोजेक्ट
इण्डिया इण्टरनेशनल सेंटर
नई दिल्ली

प्रकाशकीय

भारत की सामूहिक चेतना को समझने के लिए यहाँ की विभिन्न सांस्कृतिक धाराओं, उपधाराओं एवं अन्तरवर्ती धाराओं के प्रवाह और मिलन की गति पर दृष्टि डालना आवश्यक हो जाता है। ऐसे में भारत के विभिन्न धार्मिक-सम्प्रदायों को किसी परिधि में बाँधना सम्भव नहीं है। वस्तुतः यहाँ सम्प्रदाय शब्द का अर्थ "सम्यक् प्रदाय" से है। इसी को दूसरे शब्दों में विरासत या परम्परा भी कहते हैं, जो भारत के युग-युगीन इतिहास ने यहाँ के लोगों को सौंपी है। इस सन्दर्भ में आचार्य हजारी प्रसाद द्विवेदी का कथन कितना सार्थक है "समूचा भारतवर्ष नाना भाँति की साधनाओं, विश्वासों और अन्तःसम्बद्ध विचारों के सूत्र से कसकर सी-सा दिया गया है। इस सूत्र का एक टाँका यदि बंगाल में है तो दूसरा पंजाब में, तीसरा मारवाड़ में और आश्चर्य नहीं कि चौथा मालाबार में निकल आए।"(मध्यकालीन धर्म साधना, पृ० १२६-२७) भारत शतकोटि जन की सांस्कृतिक परम्पराओं का उत्तराधिकारी है, ये परम्पराएँ विविध हैं किन्तु यह विविधता "एक" में समा जाती है।

इन्दिरा गाँधी राष्ट्रीय कला केन्द्र के द्वारा प्रवर्तित अध्ययन-अनुसन्धान पद्धति में कला को जीवन की समग्रता में देखने-समझने का महत्त्व है। प्रस्तुत अध्ययन "रसदेश" वास्तव में विविध वैष्णव धाराओं के साथ, शैव, शाक्त, बौद्ध, जैन, योग तथा लोक-धाराओं को देखने और उनके अन्तःसम्बन्ध को समझने का प्रयास है। इस अध्ययन में इस्लाम और सूफ़ी धाराओं को भी विस्मृत नहीं किया गया है। केलिमाल में इन धाराओं के कई शब्दों के उद्गम की ओर संकेत किया गया है। भगवत रसिक का वाक्य है — "आँधे के सिर सम्प्रदा न कटे कैसौ पन्थ।" हमारे सामने संस्कृति के अध्ययन का राष्ट्रीय दृष्टिकोण है और वैश्विक दृष्टिकोण है। सम्पूर्णता का सिद्धान्त है — "सर्वं सर्वेन भावितम्।" मानव जीवन और प्रकृति के विस्तार में कुछ भी विच्छिन्न नहीं है, सब सबसे प्रभावित हैं और सब सबको प्रभावित कर रहे हैं। क्रिया भी है और प्रतिक्रिया भी है तथा दोनों के बीच अन्योन्य सम्बन्ध भी है।

भारत के संगीत आकाश में स्वामी श्री हरिदास ध्रुव-नक्षत्र की तरह हैं। उनके "ध्रुव-पदों" का अध्ययन भारत के संगीत और कला के दर्शन का अध्ययन है — यह उपासना है, रस है और जीवन का प्रयोजन है। आराधक, आराधना और आराध्य एक बिन्दु पर पहुँचकर एकरस — एकाकार हो जाते हैं। वहाँ भिन्नता तिरोहित हो जाती है। साधना वहाँ साध्य बन जाती है —

राग रागिनी अलौकिक उपजत नृत्य-संगीत अलग लाग लागे।
राग ही में रंग रह्यौ रंग के समुद्र में ए दोऊ झागे॥

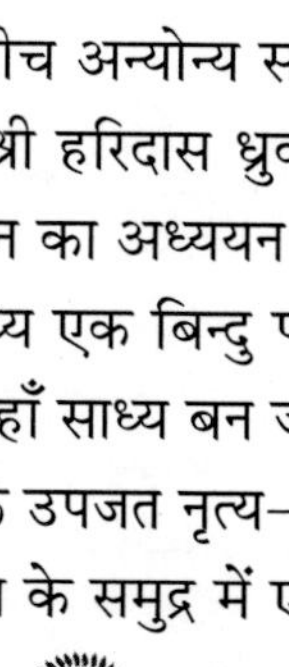

वस्तुत: ''रसदेश'' में प्रश्न उठाया गया है कि क्या कलाओं की उद्भव-भूमि यही राग है? सनातन नर और सनातन नारी के अमोघ और सहज आकर्षण का सूत्र वात्स्यायन के ''कामस्य तदात्मकत्वात्'' (कामसूत्र १.३.१९) में मिलता है। मनुष्य की रागात्मक चेतना ही कला के रूप में अभिव्यक्त होती है। यह रागात्मक चेतना ही ''गीतगोविन्द'' का रूप धारण करती है, यह रागात्मक चेतना ही ''विद्यापति-पदावली'' बन जाती है और श्रीरूपगोस्वामी इसी रागात्मक चेतना का विवेचन अपने प्रख्यात ग्रन्थों — ''श्रीभक्तिरसामृतसिन्धु'' एवं ''श्रीउज्ज्वलनीलमणि'' में करते हैं। इन्दिरा गाँधी राष्ट्रीय कला केन्द्र ने ''गीतगोविन्द'' पर कई बड़ी परियोजनाएँ सम्पन्न की हैं और कुछ पर अभी कार्य चल रहा है। महान् कलाविद् डॉ० आनन्द कुमारस्वामी द्वारा अनूदित ''विद्यापति-पदावली'' का प्रकाशन बहुत पहले हो चुका है। संगीत, नृत्यकला, रस, भक्ति-साहित्य एवं गौडीय वैष्णव-दर्शन की मूर्धन्य विदुषी स्व० प्रो० प्रेमलता शर्मा के द्वारा सम्पन्न ''श्रीभक्तिरसामृतसिन्धु'' का प्रकाशन भी हो चुका है। उन्होंने हिन्दी में इस महत्त्वपूर्ण ग्रन्थ का अनुवाद एवं ग्रन्थ की समीक्षा के साथ-साथ मूल ग्रन्थ एवं संस्कृत टीकाओं का शुद्ध संस्करण प्रस्तुत कर हिन्दी जगत् का और मर्मज्ञ विद्वानों का उपकार किया है। ''श्रीउज्ज्वलनीलमणि'' पर भी कार्य पूरा हो चुका है। यह कार्य प्रो० प्रेमलता शर्मा की विदुषी अनुजा डॉ० उर्मिला शर्मा ने उन्हीं के शिक्षण एवं निर्देशानुसार सम्पन्न किया है। रसदेश परियोजना इसी शृंखला की एक और कड़ी है।

इसे संयोग ही कहें कि वर्ष २००७ में इन्दिरा गाँधी राष्ट्रीय कला केन्द्र में जनपद सम्पदा विभाग द्वारा आयोजित सम्मेलन ''Aqeedat ke Rang: Expression of Devotion in Islam'' में डॉ० राजेन्द्र रंजन चतुर्वेदी भी भाग ले रहे थे। उपासना पर हो रही चर्चा में वृन्दावन के स्वामी श्री हरिदास पर भी चर्चा हुई। सत्र समाप्त होते ही मेरी डॉ० चतुर्वेदी से इस विषय पर और अधिक विस्तार से बात करने की इच्छा हुई। क्योंकि मेरे मन में स्वामी श्री हरिदास के प्रति बाल्यकाल से ही एक आदर का भाव संस्कार में था तथा उपासना की छींट अपने पूज्य पिता स्व० पं० जानकीनाथ कौल 'कमल' से प्राप्त थी। इस सुअवसर पर अनायास ही ''रसदेश'' परियोजना का मानो शुभारम्भ हुआ। इसके पश्चात् प्रस्ताव आया, जो नियमानुसार अनुमोदित हो गया और फिर कार्य प्रारम्भ भी हुआ। डॉ० चतुर्वेदी के साथ अनेक बैठकें हुई। प्रत्येक बैठक के पश्चात् कार्य के विस्तार का दायरा और अधिक विस्तार को प्राप्त होता गया। इस पूरे अध्ययन, अनुशीलन का परिणाम प्रस्तुत दो खण्ड हैं। ''रसदेश'' के प्रथम खण्ड में सबसे पहले केलिमाल के एक सौ ग्यारह पदों के अनुवाद को टिप्पणियों इत्यादि के साथ रखा गया है। तत्पश्चात केलिमाल की ब्रजभाषा में प्राप्त तीन टीकाओं — आभास-उल्था (पद्यात्मक), वस्तुदर्शिनी (पद्यात्मक), और भावार्थदीपिका (गद्यात्मक) को रखा गया है। टीकाकारों के नाम क्रमश: पीताम्बरदास, राधाशरणदास और नागरीदास हैं। इन सभी टीकाकारों के विषय में डॉ० चतुर्वेदी ने परिचय लेख तो लिखा है परन्तु यहाँ वस्तुदर्शिनी के प्रणेता महन्त श्री राधाशरणदेवजू की ओर विशेष ध्यानाकर्षण हो रहा है। ये कश्मीर के भट्ट-ब्राह्मण थे। वैरागी होकर ये वृन्दावन पहुँचे और श्री हरिदासी सम्प्रदाय से जुड़ गए। गहन शास्त्र-अध्ययन किया और टटिया स्थान की महन्त-गद्दी प्राप्ति का गौरव पाया। इनकी टीका को ''आभास-उल्था'' की पूरक के रूप में स्वीकार किया गया है। यहाँ तक कि भक्तजन दोनों ही टीकाओं को सम्मिलित रूप से लिपिबद्ध करते थे। इसका विस्तृत वर्णन डॉ० चतुर्वेदी ने टीकाओं की प्रस्तावना में किया है। यहाँ ध्यातव्य है कि भारत के

मुकुट मण्डल पर विराजमान काश्मीर की शैव-शाक्त परम्परा अधिक प्रसिद्धि को प्राप्त हुई, निकटता से देखने पर पता चलता है कि वैष्णव परम्परा का भी यहाँ उतना ही वर्चस्व रहा है। बौद्ध मत के केन्द्र के रूप में तो काश्मीर की प्रसिद्धि भारत से बाहर भी मध्य एशिया, चीन, तिब्बत इत्यादि देशों तक फैली। कहने का तात्पर्य यही है कि एक स्रोत से सभी धाराओं का अवगाहन करने पर ही यह सम्भव हो पाता है। इसी परम्परा के फलस्वरूप अठारहवीं-उन्नीसवीं सदी के काश्मीरी सन्तों की वाणी का अवलोकन करने पर पता चलता है कि एक ही सन्त-कवि शिव-भक्त होकर शैव तत्त्वों का वर्णन करते हैं और फिर कृष्ण-लीला में डूबकर प्रेमरस भी बिखेरते हैं। इसके अनेकानेक उदाहरण मिल सकते हैं परन्तु यहाँ इस परम्परा के दो प्रसिद्ध सन्त कवियों परमानन्द और कृष्ण जू राज़दान को लें तो शायद ही कोई काश्मीरी सुधीजन इनसे अपरिचित होगा। परमानन्द पेशे से पटवारी थे। अध्यात्म में इनका लगाव बचपन से ही था। समय आने पर पटवारी का कार्य त्यागकर पूरी तरह अपने परमेश्वर की भक्ति में डूबकर साधना में लग गए। संगीत में गहरी रुचि थी। सुरीला स्वर भी उनको प्राप्त था। काश्मीरी सितार जिसको मदहम के नाम से जाना जाता था, वे खूब बजाया करते थे। कहा जाता है कि अध्यात्म-साधना के कारण ही इन्होंने परमानन्द नाम से प्रसिद्धि पाई जबकि इनका असली नाम नन्दराम था। इनका निवास-स्थान सुप्रसिद्ध मार्तण्ड मन्दिर के समीप मट्टन नामक एक महत्त्वपूर्ण तीर्थ-स्थान में था। परमानन्द की भक्तिपरक कविताओं में आत्मज्ञान का स्रोत छिपा है जिनमें देहाती भाषा का पूरा उपयोग किया गया है। इन्होंने कृषि कार्य को आध्यात्मिक परिप्रेक्ष्य में व्यक्त करके परम पद तक पहुँचने की व्याख्या की है। इस सन्त ने श्री अमरनाथ की यात्रा को अपने अध्यात्म के उत्थान के रूप में प्रस्तुत किया है। यही परमानन्द जिन्हें प्रायः कृष्ण-भक्त ही माना जाता है भगवान् श्रीकृष्ण का आह्वान करते हुए कहते हैं "हे चित्तविमर्श दीप्तिमान् भगवान्! मेरा हृदय गोकुल है जहाँ आपके ग्वाले बैठे हुए हैं, इत्यादि।" इस प्रकार कृष्ण जू राज़दान के "शिव परिणय" और "कृष्ण दर्शन" को पढ़ने से "एकं सद् विप्रा बहुधा वदन्ति" की सार्थकता सामने आती है। "केलिमाल" के टीकाकार श्री राधाशरणदेवजू इसी परम्परा के वाहक थे।

कहने का तात्पर्य है कि "केलिमाल" से सम्बन्धित अन्य महत्त्वपूर्ण सामग्री को रसदेश के प्रथम खण्ड में पाँच परिशिष्टों के रूप में जोड़ा गया है। प्रत्येक परिशिष्ट के आरम्भ में एक संक्षिप्त प्रस्तावना भी दी गई है। पादानुक्रमणिका के साथ इस खण्ड का समापन हुआ है। कुल मिलाकर इस प्रथम खण्ड में "केलिमाल" और इससे सम्बन्धित अधिकांश सामग्री को समेटकर रखा गया है।

"केलिमाल-मीमांसा" जो डॉ० राजेन्द्र रंजन चतुर्वेदी द्वारा "केलिमाल" पर उनका गहन अध्ययन है, उसे दूसरे खण्ड में प्रस्तुत किया गया है। उन्होंने स्वामी श्री हरिदास को ललिता (और लालित्य) का अवतार माना है। प्रश्न उठाया है कि ललिता की अवधारणा का स्रोत क्या है? आग्रह नहीं किया है, किन्तु समानता की भूमि दिखा दी है और स्पष्ट कर दिया है कि आगम परम्परा में भी ललिता हैं। श्रीहरिदासी भक्तों ने ललिता को सहजप्रिया कहा है। सहज शब्द के सूत्र को डॉ० चतुर्वेदी ने चण्डीदास में भी देखा है और "सहजानन्द विग्रहाम्" की आगम अवधारणा में भी देखा है। "ललितं रतिचेष्टितम्" — केलि-उपासना की परम्परा के सूत्र को उन्होंने श्रीमद्भागवत में वर्णित शिवा-शिव की केलि चिद्विलास से भी जोड़कर देखा है। वस्तुतः सभी धारणाओं की उद्भव-भूमि मनुष्य की मेधा है। परम्परा की अविच्छिन्नता संस्कृति

का प्रवाह है। प्रवाह का अर्थ अविच्छिन्नता है यानि परिवर्तन की निरन्तरता। परिवर्तन है किन्तु निरन्तरता भी है।

"सौन्दर्य-लहरी" की लहरें केलि-उपासना की ही लहरें हैं। कालिदास का "सम्पृक्तौ" (वागर्थाविव सम्पृक्तौ), पुरातत्त्व सम्पदा, शत-शत केलिमाल प्रतिमाएँ, परम्परा के ही मानक हैं। मनुष्य की रागवृत्ति किस प्रकार उपासना की भूमि के रूप में दिव्य बन जाती है। काश्मीर शैव दर्शन के आचार्य अभिनवगुप्त के प्रधान शिष्य क्षेमराज ने इसी को "स्वानन्दचमत्कारनित्यतृप्तः" कहा है और कहा है कि यह संसार नित्य लीला है "कैलासादिषुनित्यप्रवर्तमानप्रमोदनिर्भरक्रीडामयं लोकोत्तरप्रभावं विस्तारयित्रे" (स्तवचिन्तामणिः, टीका श्लोक ५१)। केलि-उपासना से जुड़े कितने ही चित्र मिलते हैं और अनेकों ही नृत्य हैं। रास की उपासना भारत के उपासना-इतिहास का महत्त्वपूर्ण अध्याय है। उपासना परम्परा ने पूरे भारत में कितने ही चित्रकारों, मूर्तिकारों, कवियों, संगीतज्ञों और नर्तकों को प्रेरित किया है। इसका भी एक अलग इतिहास लिखा जा सकता है (उदाहरणस्वरूप कुछ चित्रों को इस प्रकाशन में रखा गया है)। रास की उपासना अन्ततः रस की उपासना है। रस को लेकर इस ग्रन्थ में अनेक मत-मतान्तरों का उल्लेख करते हुए भारत के आनन्दवादी दर्शन की अविच्छिन्न धारा की ओर संकेत किया गया है। जीवन का "उत्स" भी आनन्द है और "प्रयोजन" भी आनन्द ही है। आज के सन्दर्भ में जहाँ आनन्द को केवल स्थूल दृष्टि से देखा जाता है ऐसे में सम्यक् ज्ञान की अत्यन्त आवश्यकता है। प्रश्न उठता है क्या आनन्द सूक्ष्मातिसूक्ष्म अनुभूति है, आत्मानुभूति है या फिर केवल इन्द्रियानुभूति है? आशा है कि विचारक-जन "रसदेश" में उठाए गए इन प्रश्नों पर विचार करेंगे।

अद्वैतवादिनी कौल
विभागाध्यक्ष, कलाकोश
इन्दिरा गाँधी राष्ट्रीय कला केन्द्र
नई दिल्ली

प्राक्कथन

अवधारणाओं और मिथकों का प्राकट्य मनुष्य के चित्त में होता है, किन्तु इस मनुष्य-चित्त को प्राकृतिक-भौगोलिक-ऐतिहासिक-सामाजिक-आर्थिक और सांस्कृतिक-परिवेश के सहस्रकोटि लक्षित-अलक्षित-सूत्र लपेटे रहते हैं — परितः वेष्टन। मनुष्य-जीवन की समस्त वृत्तियों और गतियों का एक सशक्त निर्णायक-तत्त्व उनका परिवेश होता है। प्रत्येक शब्द का अपना परिवेश होता है और वह शब्द "परिवेश" में ही अपना अर्थ प्रकाशित करता है। यदि परिवेश भिन्न हो गया, तो निश्चित ही शब्द का अर्थ भी भिन्न हो जाएगा। इसलिए किसी भी काव्य या कलाकृति का सम्यक्-अध्ययन जीवन की समग्रता, जीवन की निरन्तरता और उस परिवेश से विच्छिन्न करके नहीं हो सकता।

नित्यविहार की अवधारणा को पहचानना है और केलिमाल को जानना है तो पहले उस उपासना-समूह के जीवन को देखना-समझना होगा। वृन्दावन के उन साधुओं के "संगीत-समाज" में बैठना ही होगा।

"अरी एहो नवल नव नागरी हो" का उपसर्ग लगाकर शब्द चल रहा है, हारमोनियम, मृदंग और तार का स्वर मचल रहा है। गायन का क्रम एक शब्द आगे बढ़ता है और दो शब्द पीछे लौट आता है। पद का एक-एक शब्द नाच रहा है, एक-एक पंक्ति नाच रही है। हारमोनियम का स्वर भी मुग्ध है और मृदंग की ताल भी मुग्ध है। बड़ी-सुई घड़ी का एक चक्कर लगा चुकी है परन्तु पद की पंक्ति को सुध नहीं है। वह अपनी एक-एक आवृत्ति से साधु के चित्त में श्यामा-श्याम की केलि की कितनी छवियों को उद्दीप्त कर जाती है, इसे कोई क्या बताए? क्यों बताए? बताने वाला जो "अहम्" है, वह तो स्वयं ही मुग्ध-अवस्था में है। चित्त उसी अवस्था में रस-रूप होता है, जब अहंकार पिघल जाता है। इन साधुओं के सामने स्वामीश्रीहरिदासजी का जीवन-आदर्श है — "देह विदेह भये जीवत ही बिसरे विश्व विलास।" देहभाव नहीं भावदेह।

ये साधु अपना घर-द्वार छोड़कर वृन्दावन में आए थे और उनका चित्त अब वृन्दावन बन चुका है। सुना है कि जब विनोबा भावे भूदान-यात्रा करते हुए उधर से निकल रहे थे, तो किसी ने उनसे कहा था कि — "वृन्दावन निकट ही है।" विनोबाजी ने मराठी-सन्तों की कहानी सुनाकर कहा कि "वृन्दावन जाकर पता नहीं, मैं लौट पाऊँगा कि नहीं लौट पाऊँगा। कहीं भूदान-यात्रा स्थगित न हो जाए। वृन्दावन में सम्मोहन है।" राजा ने पतंगे से कहा था कि जरा देखकर आओ कि बराबर के कमरे मे शमा जली है या नहीं? पतंगा गया सो गया, लौटा ही नहीं। लौटना ही नहीं था "रसिक अनन्यन कौ गढ़ बाँकौ।"

ये विरक्त साधु हैं। करवा (मिट्टी का पात्र) और गुदड़ी इनकी पहचान है। भले ही करवा को लेकर शौच हो आएं, वृन्दावन की रज का है, इसलिए उसका जल इनके लिए परम पावन ही बना

रहता है। इनका जाति-गोत्र एक ही है — अच्युत। ये साधु तीर्थ, व्रत, यज्ञ, पूजा-पाठ, घण्टा-आरती, एकादशी-पूर्णिमा, श्राद्ध, तर्पण, सन्ध्या, शिखा-सूत्र किसी को नहीं मानते। "केलिमाल" और "सिद्धान्त के पद" ही इनके वेद-उपनिषद् हैं। सोहनी-सेवा करते हैं, भूख-प्यास सहते हैं और वृन्दावन के वृक्ष-लताओं के बीच एकान्त-रमण करते हैं। वृन्दावन की रज (गोपीचन्दन) से इनका माथा और पूरा मुखमण्डल आच्छादित रहता है। स्वर्ग-बैकुण्ठ को जानते नहीं और धर्मशास्त्र के विधि-निषेध को मानते नहीं। हिन्दी-साहित्य के अध्येताओं ने निर्गुण-सगुण धाराओं की बात कही थी, परन्तु ध्यान से देखने पर सिद्ध हो जाता है कि इनकी परम्परा दोनों से अलग है। ये वेद-वेदान्त को प्रमाण नहीं मानते। अनुभव को प्रमाण मानते हैं — "वेद रसिकन की बानी।"

विराग में अनुराग की उपासना करने वाले, भावलोक में रमण करने वाले इन साधुओं का परात्पर-तत्त्व रस है, "ब्रह्म" नहीं। इन साधुओं की परम्परा और जीवन-शैली को पहचाने बिना "केलिमाल" को नहीं समझा जा सकेगा। "रसदेश" का पहला भाग "केलिमाल" की टीका पर केन्द्रित है और प्राक्कथन में टीका के इस पारम्परिक-आधार की चर्चा विस्तार से की जा चुकी है।

"नित्यविहार" को परात्पर मानने वाले वृन्दावन के इन विरक्त-साधुओं की संख्या पहले भी अधिक नहीं थी और अब तो बहुत ही विरल है, भले ही सौन्दर्य-माधुर्य और रस की उपासना का प्रभाव भारत के सुदूर सांस्कृतिक-केन्द्रों तक पहुँचा है। इस "सांस्कृतिक-समूह" की परम्परा का स्रोत कहाँ है? इस प्रश्न का उत्तर खोजने के लिए हमें "भारतवर्ष में उपासना के समग्र इतिहास" के बीच "नित्यविहार" को समझने की आवश्यकता है और "रसदेश" का प्रस्तुत (दूसरा) भाग इसी खोज का एक विनम्र प्रयास है।

जिन अध्येताओं ने सम्प्रदायों की परिधि बनाकर उनके साहित्य और उनकी उपासना-अवधारणाओं का अध्ययन-अनुसन्धान किया है, मैं अपने को उनका शोध-छात्र मानकर उनको प्रणाम करता हूँ और उनके योगदान का अभिनन्दन करता हूँ, किन्तु इन्दिरा गाँधी राष्ट्रीय कला केन्द्र में आकर मैंने सीखा है कि कला, सौन्दर्यशास्त्र और संस्कृति के अध्येता के लिए इन परिधियों को लाँघना ही होगा, क्योंकि मनुष्य-जीवन का सत्य इन परिधियों से बाहर भी है। कुछ विचारक तो कहते हैं कि जीवन का सत्य परिधियों के सत्य से बड़ा है। हम इस तथ्य को नहीं भूल सकते कि सांस्कृतिक-धाराओं का अध्ययन या ईश्वर-सम्बन्धी समस्त अवधारणाओं का अध्ययन अन्ततः मनुष्य का ही अध्ययन है। मनुष्य ज्योति है और संस्कृति उसका प्रकाश है — "सबार ऊपरे मानुष-सत्य ताहार ऊपरे नाहीं।" नर और नारी का परस्पर अमोघ आकर्षण : मनुष्य की रागात्मक-चेतना और मनुष्य की रागात्मक-चेतना का इतना गहरा और इतना विराट्-रूप कि वहाँ ईश्वर की ईश्वरता का भी लोप हो जाता है तथा ईश्वर का प्रतिपादन करने वाले दर्शनशास्त्र-धर्मशास्त्र, "धरे के धरे" रह जाते हैं। तत्सुखभाव और विशुद्ध प्रेम कौन-से शास्त्र का मुखापेक्षी है?

भारतवर्ष में उपासना के समग्र इतिहास का काम कोई छोटा-मोटा काम नहीं है, मेरी गति-मति बहुत सीमित है, किन्तु यह काम एक व्यक्ति के बूते का है भी नहीं। वृन्दावन तो एक छोटी-सी जगह है, किन्तु वहाँ एकमात्र यही सांस्कृतिक-समूह नहीं है, अनेक उपासना-समूह हैं। पूरे ब्रजमण्डल को देखें तो सांस्कृतिक-समूहों और उनकी सांस्कृतिक-धाराओं की संख्या और भी अधिक है। समुद्र से लेकर हिमालय-पर्यन्त भारत के भिन्न-भिन्न अञ्चलों में शत-सहस्र उपासना-समूह हैं, शत-सहस्र सांस्कृतिक-समूह हैं। अपना-अपना विश्वबोध है और ईश्वर-सम्बन्धी अपनी-अपनी अवधारणाएँ हैं,

फिर भी यह ऐतिहासिक तथ्य है कि ब्रज-वृन्दावन भारत की समग्र सांस्कृतिक-चेतना का एक केन्द्र रहा है और उत्तर-दक्षिण-पूरब-पश्चिम से भिन्न-भिन्न उपासना-समूह और उनकी सांस्कृतिक-धाराएँ यहाँ निरन्तर आती रही हैं, उनका संगम भी हुआ है। ये विरक्त-साधु स्वयं भी भारत के भिन्न-भिन्न प्रदेशों से आए थे, एक साधु तो मुसलमान भी थे, जिन्होंने नित्यविहार के आवरणों में आलमीन-अल्लाह का भी जिक्र किया है।

हम देश के विविध अञ्चलों में प्रचलित लोक-उपासनाओं की उपेक्षा नहीं कर सकते। लोक और शास्त्र के अन्तरावलम्बन को समझना हमारे लिए अत्यन्त महत्त्वपूर्ण है। भागवतकार के जमाने में केलि-गीत प्रचलित थे, गोपी-गीत, युगल-गीत, वेणु-गीत उसके उदाहरण हैं। क्या "गीतगोविन्द" की पृष्ठभूमि में कोई गीत-परम्परा थी?

केलि-गीतों की अनादि-परम्परा विद्यापति तक पहुँचती है। विष्णुपद और ध्रुवपद भी गीत थे। सिद्धों के चर्यागीत थे। हमारे सामने वह परम्परा भी है, जहाँ नृत्य ही उपास्य है और नृत्य ही उपासना है। कन्हैयालाल माणिकलाल मुन्शी जैसे महान् अध्येता ने गुजराती-रासगीत का हिन्दी अनुवाद करके उसे रेखांकित किया था। हम बाउल गीतों के मनेर मानुष की अनदेखी कैसे कर सकते हैं? हम केलिमाल के साथ खजुराहो की कलाचेतना के मर्म को भी जानना चाहते हैं। सारा आगम-साहित्य कामेश्वर-कामेश्वरी के उद्दाम-प्रणय का साक्षी बना है। शङ्कराचार्य के शिखरिणी छन्दों में ललिता-महात्रिपुरसुन्दरी का निरवधि-नित्यविहार प्रकट हुआ है सौन्दर्यलहरी : निरवधि महाभोग रसिका:।

डॉ० कपिला वात्स्यायन के प्रयासों से दिनांक ३१ अक्टूबर से ४ नवम्बर २०११ तक इण्डिया इन्टरनेशनल सेंटर में एशियन एनकाउन्टर्स पर एक अन्तर्राष्ट्रीय सम्मेलन हुआ। उसमें बौद्ध-दर्शन के मनीषी तथा विश्वभारती शान्तिनिकेतन और एशियाटिक सोसाइटी कोलकाता के आचार्य सुनीति कुमार पाठक भी पधारे थे। मैंने युगनद्ध-उपासना और केलि-उपासना के सूत्रों के सम्बन्ध में जिज्ञासा की थी, तब उन्होंने कहा था कि "इस परम्परा का अध्ययन करना चाहते हैं, तो सहजयानियों को नहीं छोड़ सकते। समानता के बहुत से सूत्र हैं।"

हम सहजयानी — बौद्धों, सिद्धों, कापालिकों, सहजिया-वैष्णवों और भारत की अन्य अनेक उपासना — धाराओं की महिमा को विस्मृत नहीं कर सकते। इसलिए रसदेश के दूसरे भाग में केलिमाल के समान भावसूत्रों को अपने सामर्थ्य-अनुसार भारत के विविध उपासना-समूहों में खोजने का प्रयास किया है। मैं समझता हूँ कि देश में आचार-प्रणाली, विचार-प्रणाली, विश्वास-प्रणाली, अभिव्यक्ति-प्रणाली और सौन्दर्य-बोध को लेकर सांस्कृतिक (समुद्र) मन्थन की प्रक्रिया निरन्तर चलती रही है और आज भी चल रही है।

जब हम जीवन की समग्रता के बीच रागात्मक चेतना के क्रम-विकास को देखेंगे तब स्वाभाविक ही है कि हमारा ध्यान मूर्तिकला और चित्रकला पर भी जाएगा। भारत के शिल्पियों ने हज़ारों-हज़ारों प्रतिमाओं में केलि-उपासना को अंकित किया है, जिसके उदाहरण देश और विदेश के संग्रहालयों में तथा भारत के कला-तीर्थों में विद्यमान है । उसके कुछ चित्र रसदेश में दिए जा रहे हैं । जहाँ तक चित्रकला का सम्बन्ध है। इन्दिरा गाँधी राष्ट्रीय कला केन्द्र के पास "गीतगोविन्द" से सम्बन्धित चित्रों का विशाल-संग्रह है लेकिन हमारी अध्ययन-यात्रा तो गीतगोविन्द से चलकर केलिमाल तक पहुँचने की थी ,इसलिए निकुञ्ज-भाव के चित्रों की ओर हमारा ध्यान गया ।

चित्रकला की इस सहयात्रा को जानने के लिये मैंने इन्दौर के श्रीमान् नर्मदाप्रसाद उपाध्याय से

सम्पर्क साधा, दिल्ली की डॉ० दलजीत कौर से सम्पर्क किया । इन दोनों कलाविदों ने बड़ी उदारतापूर्वक निकुञ्ज-भाव के कुछ चित्र भेज दिए । वृन्दावन गए तो पद्मश्री कृष्ण कन्हाई की चित्रवीथी देखी, पद्मश्री कन्हाईजी के चित्र मैंने १९७३ में केलिमाल के पाठालोचन में भी प्रकाशित किए थे, मैंने पद्मश्री कृष्ण जी को यह बात बतलाई तो उन्होंने भी अपनी कुछ कलाकृतियां हमें भेजने की कृपा की । हम इनके आभारी हैं, इन चित्रों के अध्ययन से हमें रागात्मक चेतना के क्रम-विकास का बोध हुआ! हम लोग वृन्दावन शोध संस्थान गए तो वहाँ श्री सतीशचद्र मिश्र ,डॉ० ब्रजभूषण चतुर्वेदी, अशोक दीक्षित, डॉ० राजेश शर्मा, श्रीमती प्रगति शर्मा, अर्चना पांडेय, उमाशंकर पुरोहित और जितेन्द्रजी ने संस्थान की पाण्डुलपियाँ, चित्रवीथी दिखाई और अनेक चित्र हमें उपलब्ध कराए। डॉ० लक्ष्मीनारायण तिवारी ने भी कुछ चित्र दिए तथा बाज़ार में उपलब्ध चित्र भी दिखाए।

यद्यपि यहाँ वे सभी चित्र नहीं दिए जा सके हैं और ऐसा सम्भव भी नहीं था किन्तु इससे रसदेश की चित्र-यात्रा का बोध तो हुआ ही है, आगे के अध्येताओं के लिए भी इससे सहायता मिलेगी ।

हालांकि टटिया स्थान पर चित्र लेने की मनाही है किन्तु जब इन्दिरा गाँधी राष्ट्रीय कला केन्द्र का उद्देश्य जान लिया तब वहाँ के आचार्य महन्त श्री राधाबिहारीदासजी महाराज ने हमें कुछ चित्र लेने की अनुमति प्रदान की, इसके लिए हम उनके प्रति प्रणाम निवेदन करते हैं ।

''रसदेश'' के कार्य में मैं सन् १९६६ से लगा हूँ, पाँच वर्ष का समय इस परियोजना पर भी कार्य करते हुए इसी तरह ही बीत गया। इस बीच बड़े प्रबल-आग्रहों का सामना करना पड़ा — ''आचारज ललिता-सखी का त्रिपुरसुन्दरी ललिता से कोई सम्बन्ध हो ही नहीं सकता। श्यामा-श्याम की केलि से कामेश्वर-कामेश्वरी की केलि का कुछ भी लेना-देना नहीं है।'' जैसी परिधियों के सच की कितनी ही बातें सामने आईं। परिधियों का सच अपनी जगह है, परन्तु उज्जैन के डॉ० राममूर्ति त्रिपाठी थे, रसोपासनापीठ की संगोष्ठी के बाद मुझे एकान्त में ले गए, बोले — ''तुम्हारे अध्ययन की दिशा गलत नहीं है, जो कहता है उसे कहने दो, सर्वं सर्वेन भावितम्।'' पं० विद्यानिवास मिश्र ने तो दिनांक ३.७.१९९९ के पत्र में लिखकर भेज दिया — ''तुम्हारी नयी भावना मुझे रुचिकर लगी कि कामेश्वर-कामेश्वरी का दूसरा रूप श्रीराधा-माधव हैं।'' फिर भी मैं अपने इस प्रयास को अपनी जिज्ञासा की यात्रा मानता हूँ और अपनी इस जिज्ञासा को भारत के संस्कृति-शास्त्रियों, कलामर्मज्ञों, विचारकों, लोकवार्ता-विदों, सौन्दर्यशास्त्रियों, संगीतज्ञों तथा भागवत-मनीषियों की सेवा में विनीत-भाव से समर्पित करता हूँ। यदि यह प्रयास और बड़े तथा व्यापक अनुसन्धान का कारण बनता है, तो मैं इसे कृत-कर्त्तव्य मानूँगा।

संतों की उच्छिष्ट उक्ति है मेरी बानी।
जानूँ इसका भेद भला क्या मैं अज्ञानी।

<e-mail : chaturvedi.rajendra@rediffmail.com>

— राजेन्द्र रंजन चतुर्वेदी

अनुक्रमणिका*

* पहली संख्या केलिमाल के पद की है, दूसरी संख्या उस पद की टिप्पणी की संख्या है; पद संख्या ११, १६, १७, ३८, ५७ और ८९ की टिप्पणियाँ पहले खंड में आ चुकी हैं।

१

माई री, सहज जोरी प्रकट भई, जु रंग की गौर-स्याम घन-दामिनी जैसें।
प्रथम हू हुती, अब हू, आगें हू रहि है न टरि है तैसें ॥
अंग अंग की उजराई सुघराई चतुराई सुंदरता ऐसें।
श्रीहरिदास के स्वामी स्यामा कुंजबिहारी सम बैस वैसें॥

"केलिमाल" के पहले चार पद रसिक-उपासकों की परम्परा में "प्रस्थान" माने जाते हैं। नित्यविहार का समग्र-दर्शन इन चार पदों में है, जिसको समझे बिना स्वामीजी की वाणी के रहस्य को नहीं जाना जा सकता। "सिद्धान्त के पदों" में स्वामीजी की एक पंक्ति है — "प्रेमसमुद्र रूप रस गहरे कैसें लागै घाट। काहू कौ सर सूधौ न परत मारत गाल गली-गली घाट।" अर्थात् गाल बजाना बहुत आसान है, किन्तु लक्ष्य पर चित्त को साधना अत्यन्त कठिन है। प्रेम-समुद्र में रूप-रस की, सौन्दर्य-माधुर्य की ऐसी गहराई है कि घाट लगना आसान नहीं है।

१.१ माई (सखी)

इस पद का पहला ही शब्द है — माई। माई को सम्बोधित किया जा रहा है, सामान्यजन को नहीं। सामान्यजन के लिए रसोपासना का अधिकार नहीं है, तो नहीं ही है। "केलिमाल" को समझने के लिए पहले माई बनना पड़ेगा। "नित्य-विहार" भागवत के "रास" से आगे का आवरण है। ध्यान देने की बात है — शिव तो योग की परमावस्था है, परन्तु जब उनके मन में रास-दर्शन की लालसा हुई, तो उन्होंने अपनी चेतना का संक्रमण किया और वे गोपी रूप में (गोपी मानस में) रास का दर्शन कर सके। नारी बनने का तात्पर्य स्वाँग बनना नहीं है, नारी-मानस में संक्रमित होना है। देह-भाव को लाँघना है। रास है, रास-क्रीडा या रास-नृत्य, जिसकी समग्र पृष्ठभूमि में एक दर्शन है, विचार-सरणि है, चेतना का संक्रमण है, समाधिगत सूक्ष्म-अनुभूति है।

देशकाल के खूँटे से बँधा हमारा मन रात-दिन स्थूल में भटक रहा है — भूख, प्यास, नींद, आराम, सेक्स, सन्तान, दौलत, सुरक्षा और फिर यह होड़ कि मैं तुमसे बड़ा हूँ, सबसे बड़ा हूँ। पहले देशकाल की सीमा को तोड़ना है, फिर बुद्धि की सीमा को पार करना है, फिर मन की सीमा को पार करना है, जाग्रतअवस्था, फिर स्वप्न-अवस्था, फिर सुषुप्ति-अवस्था तदुपरान्त चौथी अवस्था है — समाधि। दूसरे शब्दों में कहें तो, पहले अन्नमय-कोश फिर प्राणमय-कोश, फिर मनोमय-कोश, फिर विज्ञानमय-कोश। अन्तर्यात्रा की इतनी मंजिलों को पार कर जाने पर आनन्दमय-कोश आएगा, वह है रसदेश का प्रवेश-द्वार।

सामान्यतया लोग विदेश जाते हैं, पासपोर्ट और वीज़ा के बिना कोई जा सकता है क्या? नहीं जा सकता, क्योंकि वह अधिकारी नहीं है। विदेश-यात्रा का अधिकारी बनना पड़ता है। अवश्य ही रसदेश की यह यात्रा अपने भीतर की चेतना की गहराई में जाने की यात्रा है, पर यह यात्रा बाहर की यात्रा से महँगी है और कठिन भी है। इस यात्रा में चलने से पहले ही एक शर्त है — आप "स्व" को लेकर नहीं जा सकते।

मैट्रो-स्टेशन पर जाने से पहले सुरक्षा-कर्मचारी मैटल-डिटेक्टर से तलाशी लेता है, विस्फोटक तो नहीं है? अन्तर्यात्रा में "स्व" विस्फोटक चीज है। स्व को लेकर इस देश में तो क्या उसके स्टेशन पर भी नहीं जाया जा सकता। मैं धनवान हूँ, मैं ज्ञानी हूँ, मैं भक्त हूँ, मैं गुरु हूँ या शिष्य हूँ — ऐसा कोई भी सामान जूते की तरह है, इसे मन्दिर के बाहर ही उतारना पड़ेगा। बोझा लेकर सूक्ष्म की यात्रा नहीं हो सकती। देह-भाव एक बोझा

ही तो है। रसिकों ने अनुभव किया और रसोपासना का अधिकारी बनने के लिए बड़े रहस्य की बात बतलाई — "सखीभाव तब जानियै, पुरुषभाव मिट जाय।" मन का शुद्ध-चेतना में संक्रमण। पहले पुरुष-भाव को त्याग दो। नारी की वह सुकमार-संवेदना।

विधि-निषेध तो यहाँ जंजाल है। सत्-असत् की वासना संसारी लोगों के लिए है — "छूट जाय सत असत वासना मन की दौरा-दौर।" गुलाब को गुलाब की तरह देखना है, कमल को कमल की तरह। "गुलाब को कमल होना चाहिए या कमल को गुलाब होना चाहिए, यह ठीक है और वह ठीक नहीं है" — यह भोक्ता- भाव है। द्रष्टा-भाव है — जो वस्तु जैसी है, उसे उसी रूप में देखना, साक्षी-भाव। "सखी-मन" रस का साक्षी है अर्थात् साक्षात्कार का अधिकारी है और साक्षात्कार का अधिकारी होने के कारण रस का उद्‌भावक भी है। नित्य-विहार के रस की अवतारणा "सखी-मन" में ही हो सकती है। "सखी मन" रस का भोक्ता नहीं है, रस का उपकारक है। श्यामा-श्याम और सखी-मन मिलकर रस का प्राकट्य करते हैं, इसलिए वह स्वयं ही रस-रूप है। जो स्वयं ही रस है, वह रस का भोक्ता नहीं। भोक्ता-भाव है, तो इस "रस" का अधिकारी नहीं। इसलिए "केलिमाल" का पहला शब्द है — माई। सारा केलिमाल माई के लिए है। माई ही उस एकान्त-रहस्य को समझ सकेगी।

१.२ सहज

दूसरा शब्द है सहज। सह जात। साथ जन्म लेने वाला। जैसे अग्नि है तो प्रकाश और ताप सहज हैं। जल है तो लहर सहज है। सूर्य है, तो सूर्य की किरण सहज है। सुगन्धित पुष्प है, तो सुगन्धि सहज है। शब्द है, तो उसका अर्थ सहज है। मेघ-गर्जना है, तो बिजली का कौंधना भी सहज है। समुद्र है, तो गहराई भी सहज है। हिमालय है, तो शीतलता सहज है। इसी प्रकार नित्यविहारिणी राधा है, तो नित्य-बिहारी भी सहज है —

सहज बिहारिन सहज बिहारी सहज ललित रसरंगी।
सहज कुंज सज्या सहज, सहज सुकेलि अभंगी॥ (ललित किशोरी)

सूरदास ने भी "सहज-सनेह" का उल्लेख किया —

राधा मोहन सहज सनेही।
सहज रूप गुन सहज लाड़ले एक प्रान द्वै देही।
सहज माधुरी अंग अंग प्रति सहज सदा वन गेही।
सूर स्याम-स्यामा दोउ सहजहिं सहज प्रीति कर लेहीं।

सेवक जी का पद है —

सुभग सुंदरी सहज सिंगार।
सहज सोभा सर्वांगप्रति सहज रूप वृषभान-नंदिनी।
सहजानंद कादंबिनी सहज विपिन वर उदित चंदनी।
सहज केलि नितनित नवल सहज रंग सुख चैन।
सहज माधुरी अंग-अंग प्रति सु मोपै कहत बनै न।

जिस सहज-जोरी का प्राकट्य ललिता-सखी के अवतार स्वामी श्रीहरिदास ने किया है, उस जोरी का निकुञ्जरस सबसे निराला और अद्‌भुत है। निःसन्देह सहज-जोरी की कोई समानता नहीं है। सहज-जोरी की कोई उपमा नहीं दी जा सकती, फिर भी ‘‘सहज’’ शब्द की परम्परा के सूत्रों की पहचान करना आवश्यक है। वज्रयान, सहजयान, सरहपा-सिद्ध और सहजिया वैष्णव-सम्प्रदाय में भी सहज शब्द की एक परम्परा है। और ‘‘सहज’’ की उस अवधारणा के कुछ सूत्र हमें रस-निकुञ्ज-तत्त्व को समझने में सहायक बन सकते हैं, क्योंकि सहजिया-वैष्णवों ने नित्य-वृन्दावन की नित्य-लीला को साध्य माना था। सहज-साधना भौतिक-देह को चिन्मय-देह में परिवर्तित करने की साधना है। समस्त इन्द्रियाँ भौतिक न रहकर चिन्मय बन जाती हैं। साधक में एक नए व्यक्तित्व का उदय होता है। भावदेह में भाव नियामक होता है। श्यामा-श्याम का शरीर भी रसमय है, सखी का शरीर भी रसमय है। क्षुधा-पिपासा-काम-क्रोध आदि विकारों को साधक जीत लेता है ।

सहजिया-वैष्णवों में चण्डीदास का स्थान बहुत महत्त्वपूर्ण है। उन्होंने सहज-मानव में दिव्य प्रेम की उदात्त ज्योति को देखा था। वे कहते हैं कि मनुष्य ‘‘प्रेम का अद्‌भुत निर्झर’’ है। वह महाभाव-रूप है। मनुष्य प्रेम का ही सृजन है। मनुष्य ‘‘सृष्टि’’ का प्राण और जीवन धन है —

मानुष मानुष सबाइ कहिये, मानुष के मन जन ?
मानुष रतन मानुष जीवन मानुष पराण धन।
भरमे - भुलये अनेक जन मरम नाहिक जाने।
मानुष लक्षण महाभावगण मानुष भावेर पार।
मानुष नाम विरल धाम विरल ताहार रीति।
चंडीदास कहे सकलि विरल के जाने ताहार रीति?[१]

मानुष के भीतर एक ‘‘रूप’’ है और एक ‘‘स्वरूप’’ है। बहिर्मुख जीवन रूप है तथा आध्यात्मिक दिव्य-तत्त्व स्वरूप है, वह कृष्ण है। प्रत्येक स्त्री का भीतरी ‘‘स्वरूप’’ राधा है और प्रत्येक पुरुष का भीतरी ‘‘स्वरूप’’ कृष्ण है। रूप-लीला प्राकृत-लीला है, स्वरूप-लीला अप्राकृत-लीला है। नर और नारी में कृष्ण और राधा का अवतार होता है। इस प्रकार प्रेम राधा-कृष्ण की लीला का ही विस्तार है। रूप से ‘‘स्वरूप’’ में लौटना ही सहज-साधना है। सहज महाभाव-स्वरूप है। सहज-तत्त्व का ही नाम प्रेम है। ‘‘रूपानुग-भजन-दर्पण’’ का वाक्य है — ‘‘प्रेम आत्मार सहज धर्म’’। सहजिया-वैष्णवों में कृष्ण ‘‘रस’’ हैं और राधा ‘‘रति’’ हैं। कृष्ण काम है और राधा मादन है। सहजिया-भक्त स्त्री-भाव से भगवान् की आराधना करता है। सहजिया मार्ग रस-मार्ग है, काम-मार्ग नहीं। काम के दमन के स्थान पर काम के शोधन की आवश्यकता है। सहजिया मानते हैं कि विशोधित काम ही मानव को दिव्य-रूप प्रदान करने में समर्थ है। चण्डीदास के शब्दों में —

प्रेम सरोवरे दुइटि धारा, आस्वादान करे रसिक जारा।
दुइ धारा जखन एकत्रे थाके, तखन रसिक युगल देखे।

नर-प्रेम तथा नारी-प्रेम जब विभक्त है, तब प्रेम मलिन है, आनन्दहीन है। परन्तु साधना के द्वारा विभक्त-प्रेम जब अविभक्त बनता है, पूर्णता आती है, तो वह युगल-प्रेम है। चण्डीदास ने एक बिम्ब दिया है — साँप के मुख में मेंढ़क नचाने का अर्थात् राग में रहें परन्तु राग से विकार न आवे। ‘‘सहज-साधना रतिवाद नहीं है, यह अतिशय

१. भारतीय वाङ्मय में श्रीराधा, पृ. १५७।

रागाकुलता है। यह अतिशय प्रेमाभक्ति की साधना है। यह न रूपासक्ति है न कामासक्ति, यह आसक्ति प्रिय में भी नहीं है क्योंकि प्रिय प्राप्त हो, यह भाव नहीं है, परन्तु प्रेम में आसक्ति है। प्रेमी मुख्य नहीं है, प्रेम मुख्य है।"[1] सहज-साधना का एकमात्र अभीष्ट है — प्रेम का स्वभाव बन जाना। सहजिया-वैष्णव-सम्प्रदाय बंगाल की भूमि पर विकसित तान्त्रिक-वैष्णव धर्म है। सहज-साधक वैष्णवों ने कायसिद्धि की तीन भूमियाँ मानी — प्रवर्त्तक-भूमि, साधक-भूमि और सिद्ध-भूमि। पहली भूमि नाम-साधना की है। दूसरी भाव-साधना और प्रेम-साधना की है तीसरी सिद्ध-भूमि में रसमय शरीर प्राप्त होता है, यह अप्राकृत-देह है। इस रस-शरीर को प्राप्त करके नित्यलीला में प्रवेश होता है।[2] सहजिया-वैष्णव मानते हैं कि काय-साधना में सिद्धि प्राप्त करके देह में चार सरोवर प्रत्यक्ष होते हैं[3] बाएं कामसरोवर, मानसरोवर हैं तथा दाएं प्रेमसरोवर और अक्षय-सरोवर है। ब्रज में "गोवर्धन" में प्रेमसरोवर और मानसरोवर दोनों हैं। इन सरोवरों के भाव-सूत्रों को सहजिया-वैष्णवों के भाव-सूत्रों के साथ रखकर देखने से कुछ भूली-बिसरी कड़ियाँ जुड़ती हैं।

सहजिया मानते हैं कि जिससे बन्धन सिद्ध होता है, मुक्ति भी उसी साधना से सिद्ध होती है — "रागेन बध्यते लोको रागेनैव प्रमुच्यते" (हेवज्रतन्त्र)। सहजिया-वैष्णव वैधी-भक्ति के अनुयायी नहीं है, वे रागानुगा-प्रेमा के उपासक हैं। "सहज" शब्द की परम्परा को सहजयान में भी देखने की आवश्यकता है। वहाँ "महासुख" या "सुखराज" का नाम सहज है —

जयति सुखराज एष कारणरहितः सदोदितो जगताम्।
यस्य च निगदनसमये वचनदरिद्रो बभूव सर्वज्ञः।

सहजावस्था का तात्पर्य है ज्ञाता, ज्ञेय और ज्ञान की एकात्मता। सरहपाद कहते हैं —

जहँ मन पवन न संचरइ रविससि नाँह प्रवेस।

सहजावस्था में न कालजन्य आवर्तन है, न मन और प्राण है, और न वहाँ सूर्य और चन्द्र को प्रवेश का अधिकार है। सहज शब्द बाउलों में भी है, नाथ-पन्थ में भी है और त्रिपुरसुन्दरी के उपासकों में भी है। त्रिपुरसुन्दरी के उपासक ललिता को "सहजानन्द-विग्रहा" कहते हैं —

सहजासव संभोगैः सहजानंद विग्रहाम्।

ललिता, जिन्होंने सहज-सुरा पी ली है, जो सहज-आनन्द का साक्षात् रूप हैं। ललिता कामेश्वर के अंक में विराजमान हैं। जिनको घेरे हुए हैं अनेक गीत और नृत्यों के उत्सव। तन्त्रों में भोग द्वारा योग की प्राप्ति को "सहज" कहा गया है।

कश्मीरी-शैव चित्त के अप्रतिहत-स्फुरण को सहज कहते हैं। सहजानन्द आनन्द की पराकाष्ठा है। वज्रयोगियों के अनुसार जब चित्त महाप्राण में स्थिर हो जाता है, तब स्थूल-इन्द्रियों की क्रिया नहीं रहती, तब

---

१. डॉ० विद्यानिवास मिश्र : कुमारस्वामी की कलादृष्टि : हरिगंधा (मई-जून १९८१), पृ. ७।

२. तान्त्रिक साधना और सिद्धान्त, पृ. ३९५।

३. चारि सरोवरे आछे देहो भीतरे।
आपनार देह यदि पार साधिबारे। (तान्त्रिक वाङ्मय में शाक्त-दृष्टि, पृ.२८०-८१)।

दिव्य-इन्द्रियों का उदय होता है। स्थूल देहाभिमान जाता रहता है और दिव्य-देह का आविर्भाव होता है। बौद्ध-तान्त्रिकों ने आनन्द-रहस्य के विवेचन में आनन्द, परमानन्द, विरमानन्द और सहजानन्द की चर्चा की है। इसी प्रसंग में करुणा-चित्त, मैत्री-चित्त और मुदित-चित्त की चर्चा की गई है और प्रज्ञा तथा उपाय दोनों की साम्यावस्था को "सहज" नाम से प्रतिपादित किया गया है। नाथ-योग में सहज का तात्पर्य है — विश्वातीत परमेश्वर की विश्वरूप में अवस्थिति अथवा आत्मा में विश्व-दर्शन।

दादू ने "परचा"(अंग ६१) में बताया है कि "शून्यता ही आत्मा के विहार की सहज-भूमि है। इसी सहज में आत्मा की नित्यकेलि और आनन्द-कल्लोल का स्थान है। यहीं संगीत और कला की उत्पत्ति है, क्योंकि कलामात्र ही अनन्त में आत्मारूपी-हंस के सहज-संगीत का कल्लोल है।" दादू ने लिखा — "दादू सरवर सहज का, जामें प्रेम-तरंग।"

कबीर ने चुनौती देते हुए कहा — "सहज सहज सब कोउ कहै, सहज न चीन्हें कोय।" सहज को समझना इतना कठिन है? सुन्दरदास ने अपने "सहजानन्द" (१.२.४) नामक ग्रन्थ में लिखा — यदि साधक बाह्य आचार, अनुष्ठान और कृत्रिम-कर्मकाण्ड को छोड़ दे, ऊपरी वेश और चिह्न छोड़ दे और उर-अन्तर में सहज-ध्यान में मग्न रहे, सहज में डूबकर सहज-भाव से ही रहे, तो उसके जीवन में निःशब्द-भाव से भगवान् का नाम गूँजता रहता है।

१.३ जोरी

स्वामीजी के पद में तीसरा शब्द है — जोरी अथवा युगल। नित्य-विहार की यह जोरी सीताराम, लक्ष्मी-नारायण, गौरी-शंकर यहाँ तक कि राधा-कृष्ण से भी भिन्न है। "केलिमाल" के आगे के पद में पढ़ेंगे — "ऐसी तौ विचित्र जोरी बनी, जो कहूँ देखी, सुनी न भनी।" आगम-निगम, उपनिषद्, पुराण इत्यादि में जिन अनेकानेक युगल-स्वरूपों की चर्चा है, कुञ्जबिहारी श्यामा-श्याम की जोरी उन सबसे विचित्र है, भिन्न है। रसिक उपासकों को उधर देखना भी अच्छा नहीं लगता, जो राजधानी में है और महल में है, उसे एक-एक थाने की चिन्ता भला क्योंकर होगी? बैकुण्ठ — "महा बैकुण्ठ लों सब ही थाने जान।"

इसके बावजूद जो उस रसदेश के मार्ग पर ही हैं या एक-दो कदम चले हैं और जोड़ी के तत्त्व को समझना चाहते हैं, उन्हें भारतीय-दर्शन में मिथुन की अवधारणा के प्रति भी जिज्ञासा हो, तो यह अस्वाभाविक भी नहीं माना जाना चाहिए। प्रज्ञा-उपाय, प्रकाश-विमर्श, प्रकृति-पुरुष, ब्रह्म-माया, शिव-शक्ति और युगनद्ध जैसे कितने ही मिथुन हैं! द्वैत-अद्वैत पर कितनी चर्चा है! नर और नारी क्या सचमुच दो हैं? जड़ और चेतन क्या दो हैं? अथवा रात और दिन दो हैं? या अन्धकार और प्रकाश दो हैं? अथवा क्या युद्ध और शान्ति या जन्म और मृत्यु दो हैं? क्या सूक्ष्म और स्थूल दो हैं?

जिस द्वन्द्व और "विरुद्धधर्माश्रयत्व" को हम जीवन तथा जगत् में सर्वत्र देखते हैं — धर्म-अधर्म, परा-अपरा, दक्षिण-वाम, क्षर-अक्षर, विद्या-अविद्या, व्यक्त-अव्यक्त, सगुण-निर्गुण। बाहर क्यों, मन में ही झाँक लीजिए — संकल्प और विकल्प। प्रश्न यह है कि क्या दो के बिना विश्व-व्यापार होगा? लीला होगी या विहार होगा?

क्या जगत् के समस्त वर्ण मेघ और दामिनी के गौर और श्याम, इन दो रंगों के ही विलास नहीं हैं? "भक्तिरसार्णव" का वाक्य है — "प्रेमासव महामत्तो रज्यते विषयेतरैः। श्यामरंगे ससुखदैः प्रेम सर्व स्वरूपकैः। "श्याम रंग प्रेमसार सर्वस्व है।" इसकी विशेषता ही यह है कि अन्य विषयों को भी यह अपने रंग में रंग लेता है। बिहारी कवि ने श्याम रंग की विशेषता बताई – "ज्यों ज्यों डूबै स्याम रंग त्यों-त्यों उज्ज्वल होय।"

स्वामी हरिदासजी ने "केलिमाल" में जगह-जगह पर घन-दामिनी का बिम्ब अंकित किया है। नित्य-विहार की व्याख्या घन-दामिनी के बिना हो ही नहीं सकती। पहले "जोरी" तत्त्व पर ही विचार करें, अवश्य ही बादल बादल है और बिजली बिजली है। मेघ और दामिनी दो शब्द हैं और अर्थ भी दो हैं। परन्तु क्या दामिनी के बिना मेघ और मेघ के बिना दामिनी की कल्पना की जा सकती है? श्यामा-श्याम की जोड़ी को मेघदामिनी के बिम्ब से जाना जा सकता है? मेघ और दामिनी दो रूप हैं पर मूल तत्त्व दोनों का एक है — जल। यह रस है। श्रीहरिदास के ठाकुर हैं — बाँकेबिहारी और ठाकुर पर ही श्यामाजू का शृंगार भी धराया जाता है। दो कह लीजिए, पर वे एक प्राण दो देह हैं। यदि जोड़ी को एक ही रूप में देखना चाहें तो उसका नाम नित्य-विहार है। मेघ-दामिनी जोड़ी का भी बिम्ब है और रंग का भी, गौरवर्ण दामिनी और श्यामवर्ण मेघ।

१.४ प्रकट भई

माई, सहज जोरी प्रकट भई। जोरी शब्द के बाद चौथा शब्द है "प्रकट भई।" कैसे प्रकट हुई, तो कहते हैं — "घनदामिनी जैसें।" जैसे आकाश में कभी एकाएक बादल घुमड़ने लगे और दामिनी कौंधने लगे। प्रकट होने का मतलब यहाँ "माँ के गर्भ से जन्म लेना निश्चित ही नहीं है।" — मेरे नित्य किशोर अजन्मा।

वसुदेव के यहाँ देवकी के गर्भ से जिस कृष्ण का जन्म हुआ था, वह इतिहास-पुराण वाला कृष्ण है। वह विष्णु-भगवान् का अवतार है। इसी प्रकार कीर्ति माँ के गर्भ से वृषभानु गोप के यहाँ जिस राधा का जन्म हुआ था, वह राधा भी कोई दूसरी है —

कोऊ गोबर पाथनी, कोऊ धोबै पाँइ।
कोउ सुहागिल लाड़ली, बोलत हू अलसाइ। (बिहारिन देव)

सांस्कृतिक-परम्पराओं की गतियों और धाराओं का अध्ययन करने वाले लोगों के सामने यहाँ एक महत्त्वपूर्ण प्रश्न यह है कि क्या "नित्य-विहार" का मूल-स्रोत भागवत है? आचार्य हजारी प्रसाद द्विवेदी ने "गीतगोविन्द" में वसन्त-रास को रेखांकित करते हुए कहा था कि इसका स्रोत भागवत से इतर कोई परम्परा है, क्योंकि भागवत में वसन्त रास नहीं, शरद-रास है।[1] "रसदेश" में देखें, तो न वह वासु-देव कृष्ण है और न नन्द-नन्दन कृष्ण। न ही ये विष्णु के अवतार हैं। मेरे नित्य किशोर अजन्मा। राधा की तो बात ही दूर की है। भागवत को प्रस्थान मानकर चलने वाली वैष्णव-परम्पराओं में ऐसे श्यामा-श्याम कहाँ हैं? किसके पास हैं? सभी वैष्णव धाराओं में राधा वृषभानुजा हैं, और कृष्ण हैं, तो भागवत वाले। निम्बार्क कहते हैं — **"अंगे तु वामे वृषभानुजां मुदा।"** यहीं निम्बार्क वाली परम्परा और नित्य-विहार की भिन्नता स्पष्ट हो जाती है। यदि नित्य-विहार का स्रोत भागवत नहीं है, तो भागवत से भिन्न वह कौन-सी परम्परा है, जहाँ ललिता की महिमा शीर्ष पर चली जाती है? केलि-उपासना का स्रोत क्या है? उसकी परम्परा कौन-कौन-सी हैं? संस्कृति-शास्त्र के अध्येताओं के सामने यह प्रश्न निश्चित ही महत्त्वपूर्ण है कि सामूहिक-जीवन की धरती पर सांस्कृतिक-परम्पराओं की धाराएं किस प्रकार मिलती हैं और किस प्रकार बिछुड़ जाती हैं? किस प्रकार शास्त्र-परम्परा लोक-परम्परा को सिद्धान्त का आधार प्रदान करती है? किस प्रकार लोक-परम्परा शास्त्र बन जाती है? ललितकिशोरीजी की वाणी है —

---

१. "नाना कारणों से मेरा अनुमान है कि भागवतपुराण में श्रीकृष्णलीला की जो परम्परा अभिव्यक्त हुई है, उससे भिन्न एक और भी परम्परा थी, जिसका प्रकाश जयदेव के "गीतगोविन्द" में हुआ है। भागवत-परम्परा की रासलीला शरत् पूर्णिमा को हुई थी, गीतगोविन्द-परम्परा का रास वसन्त काल में। प्रथम में राधा का नाम भी नहीं है, दूसरी में राधिका ही प्रमुख गोपी है। सूरदास आदि परवर्ती भक्त-कवियों में दोनों परम्पराएं एक-दूसरे से गुँथकर एक हो गई हैं।" –डॉ. हजारी प्रसाद द्विवेदी, मध्यकालीन धर्म-साधना, पृ. ८५

इक राधा ब्रज में बसै, इक राधा रास-विलास।
तीजी राधा कुंज में दुलराबै हरिदास।

यह बात साधारण रूप में बड़ी अविश्वसनीय सी लगेगी कि ये राधा-कृष्ण दूसरे हैं, वे राधा-कृष्ण दूसरे हैं परन्तु रसदेश के स्टेशन पर चलना है, तो अब तक जो जाना है, उसका बोझा यहीं छोड़ना पड़ेगा। इतना बोझा लेकर कौन जाने देगा। अस्तु! बिहरिनदेव की वाणी है —

अब तुम मेरौ कह्यौ सुनों।
हम सों बुनों प्रेम के तारन उलटि उधेर बुनौ।
जो संतत सुख पायौ चाहौ छोड़ौ हठ अपनौ।

बिहारिनदेव के शब्दों में — रसिकों की ब्रज के राधा-कृष्ण से बस इतनी ही जान पहचान है कि —

यद्यपि राधा-कृष्ण बसत ब्रज, बिन बिहार बिललात ।

ब्रज के राधा कृष्ण "नित्य वृन्दावन के निकुञ्ज-रस" के लिए ललचाते हैं। साधारणतया एक घर में कन्या का जन्म होता है, दूसरे किसी घर में पुत्र का जन्म होता है। एक दिन और एक ही समय में उनका जन्म होता हो, सो भी बात नहीं है। साधारणतया कन्या उम्र में छोटी होती है अर्थात् उसका जन्म अपने प्रिय या पति के आगे-पीछे भी हो सकता है। वह बालिका और बालक भिन्न-भिन्न आँगन-पौरी में पलते और बड़े होते हैं। फिर आगे चलकर संयोग बनता है कि दोनों पति-पत्नी या प्रेमी-प्रेमिका के रूप में जोड़ी बना लेते हैं। परन्तु रसदेश में जोरी का सहज प्राकट्य है — घनदामिनी जैसें।

यहाँ प्राकट्य के सम्बन्ध में भी भारतीय-दर्शन के परम्परा-प्रवाह का अवगाहन असंगत नहीं होगा। सर्वं खल्विदं ब्रह्म। अणु-परमाणु से विराट् तक, सूक्ष्म से स्थूल, अनन्त-अन्तरिक्ष, अनन्त-काल और अनन्त-ब्रह्माण्ड अनादि से अनन्त तक — वह सर्व, निश्चित ही ब्रह्म है। इस सम्पूर्ण को हम विश्व भी कह सकते हैं। विश्व की तीन स्थितियाँ हैं — सृष्टि, स्थिति और प्रलय। आविर्भाव और तिरोभाव। ब्रह्म की निष्क्रिय-अवस्था को शून्य भी कह देते हैं, सक्रिय-अवस्था में वह अपना विस्तार करता है। "एकोऽहं बहुस्याम।" एक से दो होता है और दो से फिर अनन्त-कोटि। एक से दो होने की जो प्रक्रिया है, उस पर भारत में भी चिन्तन हुआ और भारत के बाहर के अन्य देशों में भी। भौतिक-विज्ञान (Physics) ने भी अपनी अवधारणा प्रस्तुत की। आधुनिक भौतिक-विज्ञान की अवधारणा है कि पन्द्रह अरब वर्ष पहले ऊर्जा, पदार्थ और स्पेस के संघट्ट-बिन्दु में एक अद्भुत अकल्पनीय महाविस्फोट हुआ था, जिसके परिणामस्वरूप ब्रह्माण्ड अस्तित्व में आया और वह निरन्तर फैल रहा है। स्टीफन विलियम हॉकिंग इस ब्रह्माण्डीय-घटना को "बिगबैंग" की संज्ञा देते हैं। ऊर्जा ही पदार्थ और अन्तरिक्ष रूप में प्रकट हुई। भौतिक-विज्ञान मूल-तत्त्व को जड़ मानता है, इसलिए ऊर्जा थी क्यों? और उसके प्रसार तथा संकोच का प्रयोजन क्या है? इन प्रश्नों का उत्तर भौतिक-विज्ञान ने नहीं दिया।

सांख्य ने प्रकृति-पुरुष और वेदान्त ने ब्रह्म और माया की अवधारणा प्रस्तुत की। उसके साथ ही अद्वैतवाद, विशिष्टाद्वैतवाद, द्वैताद्वैतवाद, शुद्धाद्वैतवाद ने इस विषय पर व्यापक-विमर्श किया। उपनिषदों ने मूल-तत्त्व को 'रस' के रूप में प्रतिपादित किया — "रसो वै सः।" वह सत् है, चित् है और आनन्द है। उस एक के मन में एक से बहुत होने की इच्छा जगी — "स एकाकी न रमते, एकोऽहं बहुस्याम।" यह इच्छा ही कहीं माया मानी गई और इसे ही आगम में "शक्ति" कहा गया। तन्त्रशास्त्र में मूल-सत्ता का नाम परमशिव है, इसमें आत्मभूता परमा-शक्ति का स्फुरण होता है तो शिव और शक्ति दो सत्ताएँ हो जाती हैं।

"बृहदारण्यक" का वाक्य है — "स एकाकी न अरमत। तदात्मानं द्विधा अकरोत्।" "गोपाल-सहस्रनाम" में कहा गया है — "एको ज्योतिरभूद् द्वेधा राधामाधव रूपकम्।" वह एक ज्योति ही राधा-माधव के दो रूपों में प्रकट हो गई। श्रीविद्या की अवधारणा है कि श्रीचक्र के बिन्दु में अनादिकाल से दिव्य-मिथुन शिवशक्ति का, कामेश्वर-कामेश्वरी का अथवा पुरुष और प्रकृति का अनन्त भावों का विलास चलता रहता है।[1] बौद्ध-दर्शन में आदिबुद्ध और प्रज्ञापारमिता के अभ्यन्तर सम्मिलन की अवधारणा है — युगनद्ध।

षोडशी-दर्शन में चार मध्यवर्ती अवस्थाओं की अवधारणा है — प्रासाद, महाप्रासाद, पराप्रासाद और प्रासादपरा — "प्रासाद" में पुरुष और प्रकृति तल्प पर शयन करते हैं। "महाप्रसाद" अवस्था में मिलन-मुद्रा का पूर्वाभास है। "पराप्रासाद" में मिलन-मुद्रा की अवस्था है। "प्रासादपरा" विपरीत-रति है।[2]

सृष्टि-स्थिति-प्रलय उस मूल-सत्ता का विलास है, खेल है, लीला है। मूल-सत्ता है "रस"। इस रस को ही रसोपासकों ने विशुद्ध और सूक्ष्म प्रेम कहा है। भगवतरसिक ने नित्यविहार की दार्शनिक-पृष्ठभूमि को नाम दिया – इच्छाद्वैत। "इच्छाद्वैत अनेक पुनि पुनि अनेक ते एक।" शुद्ध-आनन्द अपने स्वरूप का आस्वादन करने के लिए दो रूपों में प्रकट हुआ। भगवतरसिक इच्छा को आनन्द की खोज के रूप में देखते हैं। इच्छा अतृप्ति है। तृप्त हो जाने पर इच्छा नहीं रहेगी। इच्छा है अर्थात् अतृप्ति। अणु-परमाणु आनन्द का अन्वेषण कर रहा है, आनन्द के लिए लालायित है, यह लालसा सर्वत्र व्याप्त है। आनन्द स्वयं आनन्द का आस्वादन करते हुए भी प्यासा है — यही तो लीला है। विशुद्ध प्रेम की इच्छा है, जो सौन्दर्य-माधुर्य-आनन्द की अनुभूति के लिए अपने को श्यामा और कुञ्जबिहारी की जोरी के रूप में प्रकट कर देता है।

श्यामा-श्याम की इस शाश्वत-जोड़ी में स्वकीया-परकीया का प्रश्न निरर्थक है। दूलह-दूलहिन का बिम्ब रसिकोपासकों ने स्वीकार किया है, क्योंकि अज्ञात को ज्ञात के द्वारा ही जाना और पाना है। हालाँकि विवाह समाज की एक व्यवस्था है, लोकाचार है, फिर भी यदि मेघ और दामिनी को दूलह-दूलहिन कहना चाहें तो कोई हर्ज भी नहीं है। जो सहज-जोरी है, उसकी कैसी सगाई और कैसा विवाह और काहे का लोकाचार? वह तो लोकोत्तर है, लोकातीत है।

कठिनाई की बात यह है कि ज्ञात-लोक के बिम्बों के माध्यम से ही लोकातीत को समझना है, जोकि अज्ञात है, अव्यक्त है। ब्रह्मसूत्रकार ने निर्देश दिया — "लोकवत्तु लीला कैवल्यम्।" लीला अलौकिक ही सही, पर उसका भी आधार तो लोक ही है, जो ज्ञात है।[3] व्यक्त लोक के द्वारा अव्यक्त लोकातीत को पहचानना है, लोक के द्वारा लोकातीत को पाना है, व्यक्त के द्वारा अव्यक्त तक पहुँचना है। नित्यविहार लोकातीत है, जबकि कामकेलि लोकवत् है। यहीं भ्रम की स्थिति बन जाती है, गीता ने सावधान किया —

अवजानंति मां मूढ़ा मानुषी तनुमाश्रितम्।
परं भावमजानन्तो मम भूत महेश्वरम्।

अर्थात् मूढ़-चित्त मुझे मनुष्य-शरीर समझते हैं, वे मेरे परम-भाव को नहीं समझ पाते।

१. तान्त्रिक वाङ्मय में शाक्त-दृष्टि (म.म. गोपीनाथ कविराज), पृ. ९१।

२. वही, पृ. २०९।

३. लोक में आत्मकाम राजा किसी अतिरिक्त प्रयोजन के बिना ही क्रीडा या विहार में प्रवृत्त होता है, उसी प्रकार ईश्वर की प्रवृत्ति स्वभाव से ही लीलात्मक है। लीला का प्रयोजन लीला ही है। वह आप्तकाम स्वभावतः लीला रसिक है। सम्पूर्ण सृष्टि उसकी क्रीडा है। लीला है।

स्वामी हरिदासजी ने भी कहा कि यह जोरी सामान्य या विशेष नर-नारी की जोड़ी नहीं है। पहली बात सामान्य-मनुष्य का जन्म होता है, अवतार-लीला में भगवान् का जन्म भी होता है परन्तु यहाँ जन्म नहीं हुआ, मेघ-दामिनी की भाँति प्राकट्य हुआ। फिर जिसका जन्म हुआ है, उसकी मृत्यु भी होती है। राम और कृष्ण भगवान् के अवतार हैं लेकिन उनके परमधाम-गमन का भी वर्णन पुराणों में है, परन्तु यह जोड़ी जैसे पहले थी, वैसी ही है और वैसी ही रहेगी। सामान्य-मनुष्य के जीवन में या भगवान् के अवतार की लीला में काल का प्रभाव होता है, पहले बाल-अवस्था फिर पौगण्ड-अवस्था फिर युवावस्था फिर वृद्धावस्था होती है। सुख-दुःख और मिलन-विरह भी होता है परन्तु नित्य-विहारी की यह जोड़ी वैसी नहीं है। गर्भ से जन्म लेने वाला बालक कैसा नन्हा सा होता है फिर उसके शरीर का विकास होता है। परन्तु यहाँ तो श्यामा-श्याम का प्राकट्य अंग-प्रत्यंगों के सम्पूर्ण विकास, सम्पूर्ण कान्ति, सम्पूर्ण उज्ज्वलता, सम्पूर्ण-सौन्दर्य और सम्पूर्ण क्रिया-कौशल के साथ ही हुआ। प्राकट्य ही किशोर-अवस्था में है। काल का बन्धन नहीं है। काल में होते हुए भी कालातीत हैं। काल उन्हें स्पर्श भी नहीं करता — "नित्यं किशोर एव सः भगवान् अन्तकान्तकः।" अन्तक काल है पर नित्य-विहार में काल की क्रिया का अन्त है। उसके निकट काल कुछ नहीं। अनन्तकोटि-ब्रह्माण्ड काल में है, विकास-ह्रास की क्रिया वहाँ होती है, काल का प्रभाव उस पर है, परन्तु नित्य-विहार है — "जहाँ काल व्यापै नहीं।" इसलिए वहाँ युगल की किशोर-अवस्था ही बनी रहती है। युग-युगान्तर कल्प-कल्पान्तर बूढ़े हो जाते हैं, पुराने पड़ जाते हैं, परन्तु नित्य-विहार में नित्य किशोरावस्था है और वहाँ नित्य नवीनता बनी रहती है। इसलिए स्वामीजी ने वैसे शब्द का प्रयोग किया — "सम बैस वैसें।" सामान्य समवयस्कता नहीं है, वैसे तो वे ही हैं। किशोरावस्था के अतिरिक्त अन्य कोई अवस्था रसदेश में नहीं — "और वैस या रस में बाधा।"

१.५ श्यामा : सुन्दरी

यहाँ श्यामा शब्द पर ध्यान देने की आवश्यकता है। "श्यामा" तन्त्र का पारिभाषिक शब्द है जो राधा का वाचक है।[1] राधा श्यामा या साँवली नहीं है, गौरा है। फिर श्यामा नाम का प्रयोजन क्या है? "श्यामा षोडश वार्षिकी" अर्थात् सोलह बरस वाली सुन्दरी का नाम श्यामा है। कालिदास के "मेघदूत" में भी सुन्दरी के अर्थ में श्यामा शब्द आया है — "श्यामा स्वंगं चकित हरिणी प्रेक्षणे दृष्टिपातम्।" श्यामा षोडशी है। अथवा श्याम की दुल्हिन होने के कारण श्यामा है। श्याम से अद्वय होने के कारण श्यामा हैं। श्यामा किशोरी या षोडशी का वाचक शब्द है। राधा के लिए स्वामी हरिदासजी के "रसदेश" में किशोरी नाम सहज स्वभाव से ही स्वीकृत है। चण्डीदास ने भी राधा नाम के स्थान पर किशोरी नाम का प्रयोग किया है — "उठिते किशोरी बसिते किशोरी किशोरी गलार हार। किशोरी भजन किशोरी पूजन किशोरी चरणसार।" "वैसें" पद का अन्तिम शब्द है। "प्रकट भई वैसें।" कैसे? पहले की तरह। "यथा पूर्वमकल्पयत्।" इच्छा से एक है और इच्छा से ही वह परम-तत्त्व, रस-तत्त्व, परमविशुद्ध प्रेम-तत्त्व, अपने ही आस्वाद के लिए अनेक रूप में प्रकट हुआ — "इच्छा एक अनेक पुनि पुनि अनेक ते एक।" (भगवत रसिक)। अष्टाचार्य वाणी में है — "सेइयै नित प्रति सुंदरी।" "रसदेश" की उपासना "सुन्दरी-उपासना है।" श्यामा अर्थात् सुन्दरी।

---

१. कृष्ण भक्ति साहित्य : वस्तु, स्रोत और संरचना (डॉ० चन्द्रभान रावत), पृ. १४२।

२

रुचि के प्रकास परस्पर खेलन लागे।
राग रागिनी अलौकिक उपजत निर्त संगीत अलग लाग लागे॥
राग ही में रंग रह्यौ रंग के समुद्र में ए दोऊ झागे।
श्रीहरिदास के स्वामी स्यामा कुंजबिहारी पै रंग रह्यौ,रस ही में पागे॥

२.१ क्रीड़ा : लीला : खेलन लागे

प्रेम-रस के निरन्तर नव-नव आस्वादन के लिए रुचि के प्रकाश-रूप श्यामा-श्याम रुचि के प्रकाश में परस्पर प्रेम-क्रीडा कर रहे हैं। रुचि मन का सहज-राग है। रूपगोस्वामी का वाक्य है — "प्रेमो हि कोऽपि पर एव विवेचने सति अन्तर्दधात्यलमसाव विवेचनेऽपि।" अर्थात् प्रेम ऐसी वस्तु है कि जिसका विश्लेषण करो, तो मूल वस्तु ही गायब हो जाती है तथा यदि न करो तो समझना-समझाना नहीं होता। "केलिमाल" की रसक्रीडा का कोई दूसरा उदाहरण नहीं है, फिर भी ज्ञात से अज्ञात को समझा जाता है। एक वस्तु को देख-सुनकर दूसरी वस्तु का ज्ञान-अनुमान किया जाता है। आगमशास्त्र में ललिता शिव की लीला-सखी है। वह सर्वव्यापिनी इच्छा है। इच्छा अनन्त है। इच्छा गति है। इच्छा नाद है। इच्छा काल है। शिव को लीला की लालसा होती है, तो ललिता जगत् को प्रपञ्चित करती है। आगम कहता है — तुम्हारा खेल लोक-रचना है, चिन्मय शिव तुम्हारे सखा हैं, आनन्द ही तुम्हारा आहार है और उपासकों के हृदय में ही तुम्हारा निवास-स्थान है —

क्रीडा ते लोक-रचना सखा ते चिन्मयः शिवः।
आहारस्ते सदानन्दो वासस्ते हृदये सताम्।

भागवत ने भी विश्व-विलास को प्रभु की क्रीडा और लीला के रूप में प्रतिपादित किया है — "आत्मानं क्रीडयन् क्रीडन् करोति विकरोति च।" (२.४.७) भगवान् अपने आपको ही खिलौना बनाकर खेलते हैं। घरौंदों की तरह ब्रह्माण्डों को बनाते हैं और फिर बात की बात में मिटा देते हैं।

शुकदेवजी कहते हैं कि जैसे नट अनेक प्रकार के स्वाँग बनाता है, परन्तु रहता है उन सबसे निर्लेप, वैसे ही अवतार-लीला में भगवान् का मनुष्य के समान जन्म लेना, लीला करना और फिर उसे संवरण कर लेना, उनकी माया का विलास-मात्र है। भागवत में ही एक प्रसंग है ब्रह्मा शिव से कहते हैं कि "आप मकड़ी के समान ही अपने स्वरूप-भूत शिव-शक्ति के रूप में क्रीडा करते हुए लीला से ही संसार की रचना, पालन और संहार कर देते हैं।" (४.६.४३)भागवत में स्थान-स्थान पर यह कहा गया है कि संसार-चक्र की गति में आपकी अचिन्त्य लीला-शक्ति के अतिरिक्त और कोई कारण नहीं है। (१०.१४.३७)

२.२. लीला

लीला शब्द का अर्थ है रमण-इच्छा, विलास, मौज, खेल। लीला का राज्य चिन्मय है। लीला भाव-राज्य में घटित घटना है। वह स्थूल शरीर और स्थूल मन की बात नहीं है। इतिहास देशकाल में घटित होता है, लीला कालातीत है। भागवत में नागपत्नी कहती है कि "आपका स्वरूप अप्राकृत दिव्य और चिन्मय है, प्राकृत गुण तो लीला का स्पर्श भी नहीं करते।" स्वामी श्रीहरिदास के रसतत्त्व का विवेचन करते हुए उनके प्रशिष्य बिहारिनदेवजू कहते हैं — "मेरे नित्य किसोर अजन्मा, बिहरत एक प्राण द्वै तनमा, कुंज-कुटी क्रीडत छिन-

छिनमा, संतत वास, वसत वन-घन मा।" स्पष्ट है कि भगवान् का जन्म आदि अवतार-लीला में होता है। बिहारिनदेवजी कहते हैं — "इनके मल मैथुन, कछ नाहीं, दिव्य देह विहरत बन माँही।" श्यामा-श्याम की देह मल-मैथुन वाला हाड़-माँस का शरीर नहीं है, दिव्य-देह है, अप्राकृत-देह है। "आनन्द चिन्मय सदुज्ज्वल विग्रहस्य" (श्री ब्रह्मसंहिता ५.३२) नित्य-विहार अवतार-लीला नहीं है, इसलिए यहाँ जन्म नहीं है, क्योंकि जन्म होगा, तो बाल-अवस्था, वृद्ध-अवस्था, मृत्यु आदि भी होगी। श्यामा-श्याम तो नित्य किशोर हैं और एकमात्र यही उनकी अवस्था है।

शास्त्रों में लीला की अनेक प्रकार की व्याख्याएं हैं, लीला के अनेक स्वरूप हैं, नित्य-विहार भी लीला का एक स्वरूप है परन्तु वह ब्रजलीला नहीं है, जहाँ कृष्ण का जन्म होता है और वे माखन-चोरी लीला करते हैं, गोचारन-लीला करते हैं, अनेक लीला करते हैं। यहाँ भी एक बात स्पष्ट है कि भागवत की इन लीलाओं को भी इतिहास की घटना समझना भ्रम होगा। लीला आध्यात्मिक सत्य है (भौतिक जगत् की घटना नहीं है), वह परम सूक्ष्म-अनुभूति है। लीला एक पारिभाषिक शब्द है, जो अपने आप में एक समग्र जीवन-दर्शन है। विश्व में जो भी कुछ घटित हो रहा है, वह दृश्य हो या अदृश्य, सब लीला है। आकाश में सूर्य, चन्द्र, नक्षत्र क्रीडा कर रहे हैं, धरती पर समुद्र तरंगित हो रहा है, नदियाँ बह रही हैं, हवा चल रही है, मेघ वर्षा कर रहे हैं, फूल सुगन्धि बिखेर रहे हैं, वृक्ष मीठे-मीठे फल दे रहे हैं और पक्षी संगीत सुना रहे हैं लीला के ही रूप हैं। देशकाल में व्यक्ति-समाज का जीवन, जन्म-मरण, युद्ध-नीति, जय-पराजय, सुख-दुःख लीला का ही अंग है। विलास इच्छा है। विलास-इच्छा का प्रयोजन विलास ही है। लीला एक विश्वबोध है। आनन्द-राज्य में प्रवेश है।

वृन्दावन का रसशास्त्र मानता है कि मूल तत्त्व रस है, आनन्द। वह सौन्दर्य-माधुर्य, वह रस स्वयं अपने ही आस्वादन के लिए दो रूपों में अभिव्यक्त होता है — गौर और श्याम। रस के आस्वादन की प्रक्रिया क्रीडा है, खेल है — "रुचि के प्रकास परस्पर खेलन लागे।" सिद्धान्त के पदों में स्वामी श्रीहरिदास कहते हैं "हरि कौ ऐसौ ही सब खेल।" अथवा "निस दिन बुनत उधेरत जात प्रपंच कौ सागर।" तथापि केलिमाल में यह परस्पर खेल प्रेम के महासिन्धु की आनन्दमय तरंग है। आनन्द की तरंग का आनन्द ही कारण है और प्रयोजन भी आनन्द है। उस आनन्द-तरंग में ही श्यामा-कुञ्जबिहारी गायन और नृत्य करने लगे।

२.३. राग-रागिनी अलौकिक उपजत

स्वामी श्रीहरिदास को संगीत-शास्त्री संगीत का आचार्य मानते हैं। स्वामीजी राग-रागिनियों की उत्पत्ति का सिद्धान्त दे रहे हैं, राग-रागिनियों की उत्पत्ति श्यामा-श्याम की आनन्द-क्रीडा से हुई है। गायक-लोग जो राग गाते हैं, वे उन दिव्य-रागों की छाया हैं। इसीलिए स्वामीजी कहते हैं कि श्यामा-श्याम नृत्य में तन्मय हो गए, नृत्य की अद्‌भुत लगन लग गई। संगीत-नृत्य का प्रसंग "केलिमाल" में पदे-पदे है। स्वामी श्रीहरिदासजी ने संगीत का एक महत्त्वपूर्ण सिद्धान्त प्रतिष्ठित किया है — "राग ही में रंग रह्यौ रंग के समुद्र में ए दोउ झागे"। स्वामीजी ने श्यामा-श्याम को संगीत में पाया। नाद-ब्रह्म की अवधारणा हो, या संगीत की अधिष्ठात्री सरस्वती का चिन्तन, इस बात पर जितना विमर्श अपेक्षित है, उतना हुआ नहीं है — भारत में संगीत-साधना की परम्परा योग की परम्परा है। इसमें कोई सन्देह नहीं कि स्वामी श्रीहरिदास संगीत-योगी थे और युग-प्रवर्त्तक संगीत-योगी थे। योगी षट्चक्र-भेदन करते हैं, कुण्डलिनी जगाते हैं और सहस्रार-चक्र में आनन्दसिन्धु में निमग्न हो जाते हैं। आनन्दसिन्धु में पहुँचने का एक ही मार्ग हो, सो बात नहीं है। जब स्वामीजी कहते हैं कि "राग ही में रंग रह्यौ" और राग की साधना से स्वामीजी उस रंग की स्थिति में पहुँच गए, रंग अर्थात् आनन्द। आनन्द-बिन्दु

नहीं, आनन्दसिन्धु — "रंग के समुद्र में ए दोउ झागे।"

दही बिलोने पर जो झाग उठते हैं, वे नवनीत बन जाते हैं। आनन्द-समुद्र को मथने से जो झाग उठे — वे कुञ्जबिहारी श्यामा-श्याम हैं। आनन्द-समुद्र तक कैसे पहुँचे — राग के द्वारा, संगीत के द्वारा। भगवान की प्रतिज्ञा है —

नाहं वसामि बैकुंठे योगिनां हृदये न च ।
मद्भक्ताः यत्र गायंति तत्र तिष्ठामि नारद ।।

मैं बैकुण्ठ अथवा योगियों के हृदय में नहीं रहता, जहाँ मेरे भक्त गायन करते हैं मैं वहीं रहता हूँ। भक्ति-संगीत का इतिहास बहुत व्यापक है। चर्च में भी संगीत है, मस्जिद में भी संगीत है, गुरुद्वारे में भी संगीत है। सन्तों का संगीत है, योगियों का संगीत है, भक्ति-सम्प्रदायों का संगीत है। भक्ति-संगीत को मज़हबी रेखाओं से परे हटकर जानना आवश्यक है। हरिदासी रसिक-परम्परा में अद्यावधि समाज-गायन होता है, वृन्दावन का तटीय स्थान (टटिया स्थान)[1] उसका केन्द्र है।

---

१. महाकवि सच्चिदानन्द वात्स्यायन अज्ञेय एक बार टटिया-स्थान गए वे लिखते हैं – "उस स्थान के बारे में और कुछ कहने से पहले एक लम्बी साँस ले लेता हूँ। वर्षों पहले एक घुमक्कड़ अंग्रेज ने समझाया था – 'यदि घूमते-घूमते कोई सुन्दर स्थल मिल जाए, तो उसकी चर्चा जिसके-तिसके सामने मत करना, नहीं तो वह स्थल सुन्दर नहीं रहेगा, उस स्थान का सौन्दर्य उसी के लिए सुरक्षित रहे, जो उसके योग्य हो।' यहाँ पहुँचना सचमुच ही कहीं पहुँचना था . . . एक फाटक, भीतर एक कुँआ और उससे लगा कुटीर में जाने का रास्ता, दो तीन मोर और कपोत वहाँ दाना चुग रहे थे, घने छायादार पेड़ों में से छनकर आती हुई धूप की सुनहरी लड़ियाँ मानो उस आश्रम-भूमि में बुहारी देने उतरी थी। यहाँ परमानन्ददास की चतुर ग्वालिनी के सुर में सुर मिला पाना ही सम्भव था – ब्रजरज तजि मेरी जाय बलाय। कुछ देर चुपचाप अपने को उस वातावरण को समर्पित कर बाहर निकले।"

३

ऐसें ही देखत रहौं जनम सुफल करि मानौं।
प्यारे की भाँवती, भाँवती जू के प्यारे जुगल किसोरहि जानौं॥
छिन न टरौं पल होउँ न इत-उत, रहों एक ही तानौं।
श्रीहरिदास के स्वामी स्यामा कुंजबिहारी मन-रानौं।

३.१. ललिता

स्वामी श्रीहरिदासजी को ललिता का अवतार माना जाता है — "आचारज ललिता सखी" अथवा "प्रगट ललिता वपु धर्‍यौ श्री बिहारिनदास कृपा पहचान्यौं" अथवा "भोजन सैंन बिहार करै ललिता की गोदी" अथवा "बिन श्रीललिता और दूसरौ बरन सकै को केली।" रसनिकुञ्ज की ललिता रसनिकुञ्ज की हैं तथापि ललिता-तत्त्व पर आगमशास्त्र में व्यापक विमर्श प्राप्त होता है। "तान्त्रिक वाङ्मय में शाक्त-दृष्टि" नामक ग्रन्थ में महामहोपाध्याय गोपीनाथ कविराज कहते हैं कि "ज्ञानगंज की परमलक्ष्यभूत जो राजराजेश्वरी ललिता हैं, वे वृन्दावन में मातृरूप त्याग कर रासलीला की प्रधान सखी रूप में परिगणित होती हैं। इसका अत्यन्त गुह्य तात्पर्य है।"[१]

'ऐसे ही देखते रहों।' ध्यान में देख रहे हैं। "छिन न टरौं पल होंउ न इत-उत।" यह चेतन-संकल्प है। ध्यान और धारणा की एकता है। किन्हें देखना है! प्यारे की भाँवती को, भाँवती के प्यारे को! ध्यान और धारणा की एकता से रूपायित होकर और चेतन-संकल्प से चालित होकर जो एकाग्रता सिद्ध होती है, वही समाधि है।

यह पूरा पद रस-समाधि की परिभाषा है। उपासक इस बात को भली-भाँति जानते हैं कि वृन्दावन मृत्तिका-रूप या भौतिक नहीं है। जड़-जगत् या भौतिक-जगत् नहीं है, वह चिन्मय है। भाव-राज्य है। वह भाव-भूमि है। अन्तरंग-साधना के लिए भावभूमि भी चाहिए और भाव-देह भी चाहिए। भाव-देह के क्रम-विकास में ही पूर्ण रस की सिद्धि होती है। वृन्दावन की भूमि, आकाश, यमुना, निकुञ्ज सबके सब स्वप्रकाश हैं। एकमात्र चैतन्य ही भूमि के रूप में प्रकाशित हो रहा है।[२]

तत्स्थानंकोटिब्रह्मांडं महाशून्याद्विलक्षणम् ।
तत्र भूमिं स्वप्रकाशामाकाशं च तथाविधम्।

३.२ प्यारे की भाँवती, भाँवती जू के प्यारे

प्रेम का आश्रय और प्रेम का विषय। दोनों का सामञ्जस्य, दोनों का आनन्द। दोनों प्रेम के विषय हैं, दोनों प्रेम के आश्रय हैं। आनन्द का घनीभूत-रूप जो स्वामीजी के चित्त में है, समाधि-अवस्था है। यही घनीभूत-रूप जब तरल हो जाता है, तब वही आनन्द-क्रीडा करने लग जाता है। लीला से आनन्द का आस्वादन होता है। रसनिकुञ्ज क्यों कहते हैं? इसलिए कि विहार में जो भी परिकर है, स्थान है और विहार के लिए उपयोगी सामग्री है, वे सभी आनन्द-रूप हैं। मोर भी आनन्द है, मेघ-दामिनी भी आनन्द है, सखी भी आनन्द है, षोडशशृंगार भी आनन्द से ही गठित है। श्यामा-श्याम का शरीर हाड़-माँस का थोड़े ही है, वह तो दिव्य-देह

---

१. तान्त्रिक वाङ्मय में शाक्त-दृष्टि, पृ० २५६।
२. वही।

है, चिन्मय है, आनन्दमय है। स्वामीजी के हृदय में जो आनन्द की सत्ता है, वह रसमय-विहार का दर्शन करने को उत्कण्ठित है। विहार का दर्शन कहाँ होगा? स्वामीजी के हृदयाकाश में, वही चिदाकाश है, वही नित्यवृन्दावन है। जब हृदय में रस विराजमान है, तो बाहर सर्वत्र नित्य-विहार ही दिखेगा। चींटी से लेकर विश्व-ब्रह्माण्ड तक एकमात्र विहार की ही तो सत्ता है। साधारण-मनुष्य जगत् को प्रपञ्च के रूप में देखता है परन्तु भक्त देखता है कि लीलामय की इच्छा ही अनन्त-वैचित्र्य के रूप में विलसित हो रही है। साधारण मनुष्य की इन्द्रियाँ बहिर्मुख हैं और मन इन इन्द्रियों को प्रेरित कर रहा है, स्पन्दित कर रहा है, परन्तु जब इन्द्रियाँ अन्तर्मुख होती हैं तो उल्टा हो जाता है अर्थात् इन्द्रियाँ मन को प्रेरित करती हैं। मन शक्ति के रूप में जाग्रत् होता है और आत्मा का स्पर्श करता है। पूर्ण अन्तर्मुख होना प्रेमयोग की अवस्था है — "रहों एक ही तानों।"

३.३ रहों एक तानों

ध्यान-समाधिका एक प्रसंग बिहारिनदेवजू के जीवन का है। वे वृन्दावन के "मदनटेर" नामक जमुनाघाट पर दातुन करने बैठे, सो प्रिया-प्रीतम के यमुनातट पर बिहरने का ध्यान आ गया, गाने लगे — "बिहरत लाल बिहारी दोऊ श्री यमुना के तीरे-तीरे।" पद गाते-गाते भावना में लीन हो गए और देहानुसन्धान भूल गए। श्री मदनमोहन-मन्दिर के पुजारीजी प्रभात का स्नान करने आए, तब उन्होंने साधु बाबा (बिहारिनदेवजू) को दातुन हाथ में लिए पद गाते हुए देखा। वे मध्याह्न-स्नान को आए, तब भी साधु को उसी अवस्था में देखा और चुपचाप लौट गए। संध्या हुई, तब पुजारीजी फिर आए, देखा कि सूर्य अस्त होने को है लेकिन साधु की दातुन पूरी नहीं हुई —

> **उठि बैठ्यौ हो भोर ही, एक तान गुन गान।**
> **आवत जात अथै गये, तीन काल इस्नान।**[1] (रससागर, पृ० ४३७)

"रहों एक ही तानों।" ध्यान की एक-सूत्रता है यह। देह-भाव में नहीं, वे भाव-देह में थे, सवेरे से शाम हो गई, बिहारिनदेवजू को उसका आभास नहीं हुआ।

३.४ गुह्य-उपासना : ऐसें ही देखत रहौं

यहाँ एक प्रश्न पर विचार करना प्रासंगिक होगा। पद का प्रारम्भ होता है — "ऐसें ही देखत रहौं।" ऐसें ही से क्या तात्पर्य है? स्वामीजी क्या देखते रहना चाहते हैं? इसका उत्तर है — "अवलोकत रहें केलि सखी-सुख के अधिकारी।"

यह ध्यान में रखने की बात है कि भारत में गुह्य-उपासना की परम्परा प्राचीन है। केलि-उपासना गुह्य-उपासना है। स्वामी हरिदास श्यामा-श्याम की केलि का अवलोकन करते रहना चाहते हैं। उनके नेत्रों की पुतलियों पर सुख सेज है —

> **नैन पुतरिन उपर सुख सेज क्रीडत दोउ अनन्यमनि धन्य हरिदास स्वामी।**

यहाँ एक बात स्पष्ट है कि उपासना राधा-कृष्ण की नहीं है, राधा-कृष्ण के विहार की उपासना है, कामकेलि की उपासना है।

---

१. सर्वोपरिनित्यविहारिणी : रससागर, पृ० २००।

रस रसिकन कौ पान है, रस ही भोजन भोग।
रस बिन नैंक न रहि सकें, गौर-स्याम संजोग।[1]
प्रथम समागम रैन दिन, अंगनि-अंग समाहिं।
अनंग रूप बाढ़त रहै, निरखत नैन सिहाहिं।[2]

यदि ये राधा-कृष्ण कामकेलि रससिन्धु में तरंगित नहीं हो रहे, तो निश्चित ही वे स्वामीजी के उपास्य नहीं हैं। रसोपासकों की ऐसे राधाकृष्ण से पहचान भी नहीं है, जो काम-क्रीडा से भिन्न हों, क्योंकि "रसदेश" के श्यामा-श्याम नित्यनिरन्तर अनंग-रंग के महा-उन्माद में निमग्न हैं — "अति उनमत्त रहत निस वासर ,राग ही के रंग रँगे दोउ जन।" कामकेलि-रस के अतिरिक्त अन्य किसी भाव का वहाँ प्रवेश भी असम्भव है —

काम केलिरस और न परसत प्रेम समुद्र-अपार।

इसलिए "ऐसें ही देखत रहौं" से तात्पर्य है — अनंग-रस-क्रीडा को देखता रहूँ, अनंग-रंग के निगूढ़ भावों को देखता रहूँ।

इसमें कोई सन्देह नहीं है कि रसोपासना कामकेलि की उपासना है। समस्या यह है कि जिस काम को "द्वारं नाशनमात्मनः" और नरक का द्वार कहा गया है, उसी काम की इतनी महिमामयी उपासना। विषय-आसक्ति की परिपक्व-अवस्था का नाम काम है। काम संकल्पात्मक, तृष्णारूप और मनोरूप है। मनोभव, मनसिज, मन्मथ और मनोज है, इन्द्रियों की कभी शान्त न होने वाली भूख। काम-वासना ने क्या-क्या अनर्थ नहीं किया? फ्रॉयड ने मनुष्य को कामुक-पशु बतलाया और कहा कि उसके सभी कार्य-कलाप कामग्रन्थियों की अभिव्यक्ति मात्र हैं। सुसंस्कृत समाज में काम-वासना की चर्चा करने का भी निषेध है। सन्त लोग काम-वासना की निन्दा करते हैं। उच्छृंखल यौन-सम्बन्धों पर तो राजदण्ड और समाजदण्ड का भी विधान है। धर्मशास्त्र इसे पाप कहता है और इसके लिए यम-दण्ड का विधान करता है। किन्तु रसदेश में उसी काम का इतना उदात्त, इतना निर्मल, इतना निर्विकार-दोषरहित, इतना विशुद्ध, इतना पावन, इतना पवित्र, इतना सूक्ष्म, इतना गहरा, इतना चिरन्तन इतना निसर्गसिद्ध और इतना प्रामाणिक-रूप सिद्ध हुआ है कि गहराई में देखें तो "कांई झांई" आती हैं और विस्तार में देखें तो रोमाञ्च हो जाता है। विषय-विकार का यह परिशोधन, सेक्स का सौन्दर्य-माधुर्य भाव में रूपान्तरण पाश्चात्य-सौन्दर्यशास्त्र के लिए चुनौती है। जहाँ तक हरिदासी-भक्तों का प्रश्न है, हरिदासी-भक्तों के पास इस रस के विश्लेषण-विवेचन के पचड़ों में पड़ने का अवकाश नहीं था — "मेरें को बरनें जंजार?" आम खाने हैं कि पेड़ गिनने हैं? वे रस में निमग्न थे, इसके विवेचन-विश्लेषण का ध्यान उन्हें होता भी क्यों? और सच बात तो यह है कि उसका विश्लेषण-विवेचन हो भी नहीं सकता क्योंकि विवेचन-विश्लेषण बुद्धि का विषय है और रस देश-भावदेश है — आनन्द-देश है। वहाँ जड़ अहंकार नहीं है — मैं और तू नहीं है। देहभाव नहीं है। मन के संकल्प-विकल्प नहीं हैं। सुख और दुःख नहीं हैं। वहाँ समाधि है —

लगी समाधि विहार की छुटै नहीं दिन रैन।
गौर-स्याम बिहरें सदा श्रीहरिदासी ऐन।

समाधि-रस को और अधिक स्पष्ट करते हुए बिहारिनदेव ने कहा —

---

१. सर्वोपरिनित्यविहारिणी : रससागर, पृ० ८४४।
२. वही, पृ० ८३०।

रतिपति भोगी जुगलवर हम सेवत हैं तौन।

जो श्यामा-श्याम काम को भोग रहे हैं (काम उन्हें नहीं भोग रहा), वे काम से खेल रहे हैं, काम उनका खिलौना है, वे काम के खिलौना नहीं है। हम उसके उपासक हैं।

सिंहनी का दूध सिंह-शावक ही पचा सकता है और ये रसिक सिंह-शावक हैं। विषय-वासना को भस्म करके "काम-कहानी" कह रहे हैं — "हँसि बोलत मृदु काम कहानी।" वेद को चुनौती दे रहे हैं — नित्य-विहार को वेद क्या जानें? लोक के निषेध का निषेध कर रहे हैं। लोकातीत-अवस्था में निर्भय होकर कह रहे हैं —

कहा बिगारौ बेद कौ, कहा लोक कौ लेंहि।

वेद का हमने क्या अपराध किया है कि वेद से हम डरें? और लोक से हमें क्या लेना है कि लोक से हम डरें? काम के सम्बन्ध में लोक और वेद — दोनों की अवधारणाओं की धज्जियाँ उड़ाकर रसिक-अनन्यों ने वृन्दावन को जिस उपासना का गढ़ बनाया, उसके रहस्यों को उनके सिवा और कौन जान सकता है? वे तो उन्मुक्त-आनन्द में डूबकर गा रहे हैं —

श्री निधिवन राज की जै कहियै।
तामें नित्यविहार निरंतर, काम-कहानी कहियै।[1]

ऐसी काम-कहानी, जिसमें मनोविज्ञान की सभी ग्रन्थियाँ हवा में इस तरह घुल जाती हैं, जैसे वे हैं ही नहीं। वहाँ मलिनता ही नहीं है, तो संकोच कैसा? पूरा रस-साहित्य कोककला-विलास है। युगल कोककला में पारंगत हैं, और यौवन के जोर में विभोर हैं। परस्पर अवलोकन, मुस्कान, बतरावन, हास-परिहास, चलन-चितवन, अतिगूढ़ रस-विलास, अन्तर सुख की लूट, "तन मन उरझे काम-रस।" बीट्ठलविपुल पूछते हैं — "कहि धों कुँवरि किसोरी कोक गुण सिखये इन्हें कहाँ के।" तुम्हारे नयनों को कोकशास्त्र किसने पढ़ा दिया?

वृन्दावन के इस 'रस-साहित्य' को सामान्य व्यक्ति नहीं समझ सकता। श्रीरामदेवजी वृन्दावन-रस के मर्मज्ञ थे, उन्होंने "जो तुम राखौ पकरि" में एक उल्लेख किया है कि जब वे बाबा ललितादास की कुटिया को ढूँढ़ते हुए वृन्दावन के "कृष्ण-आँगन" पहुँचे, तब एक परिचित ने उनसे कहा — "भइया जी, इस बाबा से बचना। यह बड़ा घाघ है, अश्लील-साहित्य को पढ़ते हुए हमने देखा है, इतनी अश्लीलता कि हमें शरम आती है। कैसी-कैसी किताबें इसने रख ली हैं। यह साधु-वेश में समाज के लिए कलंक है।" श्रीरामदेवजी जब बाबा की कुटिया में पहुँचे, तो उन्हें भी उत्सुकता जगी कि कौन-सा अश्लील-साहित्य इनके पास है? वे कहते हैं कि "बाबा के पास तथाकथित अश्लील-पुस्तकों की पूँजी थी — गोपी-गीत, ब्रज की होली, केलिमाल, सर्वोपरि- नित्यविहारिणी-नामावली, चाचा हितवृंदावनदास का लाड़सागर और स्वामी-हरिदास-रससागर। श्रीसररससागर (तृतीय भाग) एक सज्जन लेकर आए थे, जिसे उसने बाबा को उसी समय भेंट किया था।" भगवत-रसिक ने लिखा है —

बानी बीजक वस्तु कौ, बीजक वस्तु न होय।
बीजक वस्तु बतावही, लहै जासु की होय।

१. सर्वोपरिनित्यविहारिणी : रससागर, पृ० ७७९।

लहै जासु की होइ, और की और न पाबै।
गावै सब संसार, हाथ बिरले के आबै।
ऐसें नित्य विहार, स्याम-स्यामा सुखदानी।
भगवत रसिक अनन्य, गूढ गुन गावत बानी।

अर्थात् रसिकों की वाणियाँ छिपाकर रखी गई सम्पत्ति का पता बताने वाले संकेत (बीजक) हैं। "बीजक" "वस्तु" नहीं होता, परन्तु "वस्तु" की सूचना देता है। जो अधिकारी है, वह "बीजक" के आधार पर "वस्तु" को पा सकता है, परन्तु जो उत्तराधिकारी नहीं है, वह बीजक पाकर भी वस्तु को नहीं पा सकता। नित्य-विहार वस्तु है और वाणियों के माध्यम से (बीजक के आधार पर) उसे कोई बिरला ही पा सकता है। सामान्य-जन तो बीजक के नक्शे में ही उलझा रहेगा। उसे अश्लीलता ही नजर आएगी — "सेज सदन मुदित मत्त मदन, चलि राधे अंतर सुख लूटें, कामकेलि रस पागी, तनमन उरझें काम रस, काम प्रेम जहँ एक रस, नवल मनोजन मौज चोज हित, काम-कुंज अभिरामही, मन तरंग उठत मनमथ की, तुही गावत दिन कोकै, कामकेलि रस रीति कही हरिदास है।"

"ऐसें ही देखत रहो" अर्थात् कामकेलि-रसरीति को देखता रहूँ। यह कामकेलि-रसरीति की उपासना है, इसमें सन्देह नहीं। यहाँ कामकेलि-रसरीति की ही समाधि है। कामकेलि है, पर इन्द्रिय-संवेदना नहीं है। इन्द्रिय-संवेदना की भी बात बाद में आती है, वहाँ देहानुसन्धान नहीं है, देहभाव नहीं है। भूख-प्यास की आकुलता-व्याकुलता नहीं है। भोजन मिल गया तो यह भी हरि कृपा और नहीं मिला तो यह भी हरि-कृपा। "काहू के घरद्वार न उझकत।" किसी के दरवाजे को झाँकने नहीं गए, ठाकुर ने सब कुछ दे दिया — अनन्य नृपति बना दिया। समस्त सिद्धियाँ तो वहाँ याचक की तरह दरवाजे पर खड़ी हैं, उनको वहाँ अन्दर कौन आने देगा? वे रस में किरकिरी न डालें, समाधि में बाधक न बनें। "छिन न टरों पल होहुं न इत-उत। जनम सफल करि मानों।" जीवन के चार फल माने गए — धर्म, अर्थ, काम और मोक्ष। भक्ति-साहित्य में भक्ति को मुक्ति से बड़ा माना गया। प्रेम अध्यात्म-राज्य की सर्वोत्तम उपलब्धि है। ब्रज-रस अथवा हरि-रस प्रेम का निर्मलतर और ऊर्ध्वतर, ऊर्ध्वतम रूप है। ब्रज-रस का भी घनीभूत तत्त्व है — वृन्दावन-रस और उसका भी सार सर्वस्व है — नित्य-विहार-रस। इस भाव-साधना की विशेषता है कि यहाँ साधक अपने सुख को नहीं तत्सुख — आराध्य के सुख को केन्द्र में रखता है। उसे ही देखकर अति उज्ज्वल-रस की अनुभूति होती है, जिसके सामने सारे सुख न्यौछावर हैं।

४

जोरी बिचित्र बनाई री माई, काहू मन के हरन कों।
चितबत दीठ टरत नहिं इत उत, मन बच क्रम याही संग भरन कों।
ज्यों घन-दामिनी संग रहत नित, बिछुरत नाँहिन और बरन कों।
श्रीहरिदास के स्वामी स्यामा कुंजबिहारी न टरन कों।।

४.१ जोरी : विचित्र

केलिमाल के पहले ही पद में जोरी (युगल) के लिए स्वामीजी ने एक विशेषण दिया था — सहज। चौथे पद में जोरी के लिए एक और विशेषण दिया — विचित्र। इकत्तीसवें पद में भी विचित्र शब्द का ही प्रयोग किया है — "ऐसी तौ विचित्र जोरी बनी।" तैतीसवें पद में भी कहा — "भूतल अद्‌भुत जोरी।"

श्री नागरीदेवजी ने लिखा — "दिन दूलह-दुलहिन लाड़ली अतिविचित्र बनी यह जोरी हो।" तथा — "नवनिकुंज नवरंग-महल अति विचित्र बनी यह जोरी।" श्री सरसदासजी ने लिखा — "जोरी विचित्र विराजत रंगनि अंगनि में नव-नव छवि।" बिहारिनदेवजू ने लिखा कि यह जोरी इसलिए भी अद्‌भुत है कि श्री शुकदेव जैसे परमहंस, और नारद जैसे प्रेमतत्त्व के व्याख्याता, नित्यमुक्त सनक (सनत्कुमार) जैसे परमज्ञानी तथा ब्रज-परिकर के गोप और गोपीजन जैसे परमशुद्ध भक्ति-मार्ग के आचार्य हैं, किन्तु यह जोरी इन भक्ति-रस-रूपों की चोरी से वृन्दावन में विहार करती है। परम गुह्य है, यह विहार-तत्त्व —

जै श्री वृंदावन नव-निकुंज में संतत सहज बिराजत जोरी।
सुक नारद से भक्त मुक्त सनकादिक सुहृदन हू ते चोरी।[1]

जोरी के अद्वय-तत्त्व को बिहारिन देवजू ने एक चने की दो दाल का उपमान देकर स्पष्ट किया —

बहुत भाँतियन को कहै, श्री बिहारिनदास विचारि।
विकल बिना आलिंगनें, एक चना द्वै दारि।

इस अद्वय-तत्त्व को रसिकों ने "एक प्रान दो देह" कहा तथा घन-दामिनी, जल और लहर, चन्द्रमा और चाँदनी, चन्द्रमा में अमृत, श्याम-तमाल और कनकलता, मेघ और पृथ्वी जैसे उपमानों से स्पष्ट किया।

- **दोऊ उमँगि उँमगि रस बरसही घन दामिनि भामिनि भोरी हो।**
- **मानों दामिनि-भवन में घन तन रह्यौ समाय।** (ललित किशोरी)
- **नीरद नवल नाहु उर ऊपर दामिनि भामिनि भूलें।** (भगवत रसिक)
- **जल तरंग लों सहज-समागम निरमल सांझ सबेरा।** (बिहारिनदेव)
- **सहज रसीली नागरी सहज रसीलौ लाल।**

---

१. सर्वोपरिश्रीनित्यविहारिणी : रससागर, पृ० ४५५।

- **सहज प्रेम की बेलि मनों लिपटी प्रेम तमाल।**
- **ज्यों ससि भीतर अमी है त्यों गौर स्याम के बीच।**
- **एक प्राण मन एक देह है प्रीतम प्यारी।**
- **जैसें निस दिन में बसे ऐसें दिन निस माँहि।**

रात्रि और दिन मिले हुए न होते, तो दिन से रात कैसे निकलती और रात में से दिन कैसे निकलता ? रात और दिन दोनों अद्वय हैं, जैसे चने की दो दाल अद्वय हैं। जल और तरंग अद्वय हैं। चन्द्रमा और चाँदनी अद्वय हैं। एक के बिना दूसरे का अस्तित्व नहीं है। जहाँ मेघ है, वहाँ दामिनी है। जहाँ दिन है, वहाँ रात है। दिन गौर है और रात श्याम है। रात और दिन दो रूपों में विलास कर रहे हैं —

प्रेम परस्पर झूमही दोऊ नवजीवन जोर।

दिन का उल्लास और रात का विलास दोनों ही उस एक आनन्द-तत्त्व की दो अभिव्यक्तियाँ हैं। चन्द्रमा चाँदनी के साथ विहार करता है। मेघ दामिनी के साथ विहार करता है। समुद्र अपनी उत्ताल तरंगों के साथ अठखेलियाँ करता है। सुगन्धि जैसे पवन के साथ विहार करती है। इसी प्रकार श्यामा-श्याम एक प्राण दो देह हैं। जोरी के स्वरूप को बखानते हुए सरसदासजी कहते हैं — "जोरी मत्त मगन सुख रास।" सुखराशि ही तो है, आनन्द की निधि ही तो है — महाप्रभुहित हरिवंश ने "राधा-सुधानिधि" में बताया है कि राधा शुद्ध प्रेम वैभव की निधि है, वे किशोर-सौन्दर्य की निधि हैं वे मधुर-मधुर अंग-भंगिमा की निधि हैं, वे लावण्य की निधि हैं, वे कन्दर्प-लीला की निधि हैं, वे महारस की निधि हैं[1] —

आनंदनिधि गुननिधि लावनि निधि — निरखि सरस सुख रासि।

यह गुण-निधि है, लावण्य की निधि है — "ललना लाल हुलास।" श्यामा-श्याम के मन में जो हुलास है रस की तरंग है, वही सनातन-नर और सनातन-नारी के चित्त की अनन्त गहराइयों में परम सूक्ष्म रूप से विद्यमान है। सरसदासजी ने इस हुलास, को नितान्त नवीन कौतुक बतलाया है —

सरसदास नैनन सचु पावत कौतुक निपट नयौ री।
राजत नव निकुंज नव जोरी।

भगवतरसिक जी ने कहा — "आदि न अंत सनातन अविचल सहज सुभाव सुमानी।" आदि न अन्त सनातन अविचल। यह जोरी सनातन जोरी है। हम दिन और रात के क्रीडा-विलास के खिलौने हैं, कभी सुख की अनुभूति करते हैं और कभी दुःख की। सुख और दुःख दोनों ही अनुभूतियाँ तात्त्विक नहीं हैं, क्योंकि यदि तात्त्विक होतीं, तो वे हमेशा बनी रहती, उनका भी खेल वैसा ही है, जैसा रात-दिन का खेल है। रात-दिन का खेल काल-तत्त्व के अधीन है। काल ही अपने को रात और दिन के रूप में अभिव्यक्त करता है और फिर खेलता है। ध्यान देने योग्य है कि यह क्रीडा सनातन नहीं है, इसका आदि भी है और अन्त भी है। नित्य-

---

१. शुद्ध प्रेम विलास वैभव निधिः कैशोर शोभा निधिः।
वैदग्धी मधुरांग भंगिम निधिः लावण्य संपन्निधिः।
श्री राधा जयतान्महारस निधिः कंदर्प लीला निधिः ।
सोंदर्यैक सुधानिधिः मधुपतेः सर्वस्वभूतो निधिः। (२४४)

विहार की जोरी इसलिए विचित्र है कि वह काल की सीमा के बाहर है, कालातीत है। बिहारिनदेवजू कहते हैं —

सर्वोपरि नित्यविहार सुन्यारौ।
बरस मास अरु पक्ष पहर पल, काहे कों गिन दिन धारौ।[1]

नित्य-विहार निरवधि है। कोई सीमा नहीं है, असीम है। लौकिक होती, तो सामान्य जोरी होती, यह अलौकिक-जोरी है। अवतार-लीला में भी लौकिक नर और नारी की जोड़ी होती है। जन्म होता है फिर जीवन की अन्यान्य अवस्थाएं आती हैं, जबकि नित्य-विहार की यह जोरी अजन्मी है। "रसदेश" के श्यामा-श्याम ब्रजदेश के राधा-कृष्ण से भिन्न हैं। ब्रजदेश की राधा का जन्म वृषभानु-गोप के यहाँ होता है। सूरदास ने राधा के प्रेम और सौन्दर्य का बड़ा मादक वर्णन किया है, किन्तु जब लौकिक-जीवन के प्रेम की दूसरी अवस्था आती है — वियोग, तब सूरदासजी ने ही लिखा —

अति मलीन वृषभानु कुमारी।
छूटे चिकुर बदन कुम्हलाने, ज्यों नलिनी हिमकर की मारी।

जैसे कमलिनी पर पाला पड़ जाए और वह कुम्हला जाए। रसदेश में ब्रज की इस गोपी का प्रवेश नहीं है। यह राधा लौकिक है, इसकी बिरादरी है।

भारत के लोक-साहित्य में राधा के प्रेम गीतों का बहुत व्यापक विस्तार है। उसका भी सौन्दर्य-माधुर्य बड़ा अनूठा है परन्तु वहाँ राधा अहीरनी है, बन्जारिन है, गूजरी है, गन्धर्वी है — "बरसाने ते चली गुजरिया रामा।" लोक-गीतों की राधा पानी भरने और दही बेचने निकलती है, वह नन्दलाल से भी आग्रह करती है कि मैं पनघट पर तुम्हारी बाट देखूँगी वहाँ आना और गगरी उचा जाना।

"रुद्रयामल-तन्त्र" में "राधा सहस्रनाम" है और वहाँ राधा के लिए गोपी, ग्रामाचारपरा, ग्रामग्राहिणी, ग्रामवल्लभा, गोपकला-विनोदिनी, गोपालन-परव्रता, नन्दस्तुता, नन्दादिगौपैः प्रणता कहा है। इन नामों का बड़ा महत्त्व है, जो संकेत-सूत्र हैं कि राधा की प्रेमकथा का स्रोत गोप-अहीर-गूजर-कुल से जुड़ा हुआ है। हज़ारों-हज़ारों ही गीत हैं – "अरी तू दै जा दधि कौ दान गुजरिया बरसाने की।" लोक-गीतों की राधा परनारी है। "हौं तौ नार पराये घर की मेरे भरोसे गुपाल रहौ ना।" लोक-गीतों की राधा श्यामसुन्दर को सावधान करती है –

मेरी सुरत कौ मौल न कीजै मेरौ बलम लठमार रे।

"ब्रह्मवैवर्तपुराण" में "रायणगोप" को राधा का पति बतलाया गया है। रसखान ने भी राधा-कृष्ण के प्रेम की बात घर-घर फैल जाने की आशंका प्रकट की है —

एरी आजकाल सब लोकलाज त्याग दोऊ, सीखे हैं सबै बिधि सनेह सरसायबौ।
यह रसखान दिना द्वै में बात फैल जै है, कहाँ लों सयानी चंदा हाथन छिपायबौ।

जब स्वामीजी विचित्र-जोरी कहते हैं, तब स्पष्ट कर देते हैं कि राधा-कृष्ण की प्रेमकथा का जो विस्तार और स्वरूप इस समस्त लोक-साहित्य और परिनिष्ठित-साहित्य में है, राधा-कृष्ण की प्रेमकथा का जो रूप पुराण,

१. सर्वोपरिश्रीनित्यविहारिणी : रससागर, पृ० ४५२।

शास्त्र अथवा वैदिक-परम्परा के साहित्य में है, रसदेश की जोरी इन सबसे अनोखी और विचित्र है। यह जोरी स्वकीया-परकीया वाली नहीं है, भगवतरसिक कहते हैं —

कोउ सुकिया, कोउ परकीया कलप किये मतवाद।
जोरी भगवत रसिक की नित्य अनंत-अनादि।
नित्य अनंत अनादि लोक ते रीति विलक्षन।
स्त्रुति अस्मृति बिलगाय देखि अनुभव के अक्षन।
सहज प्रेम माधुर्य रहत अनुरागे दोऊ।
ललिता सखी प्रसाद बिना तहँ जात न कोऊ।

भगवतरसिकजी कहते हैं किसी ने राधा को स्वकीया के रूप में माना और राधा-कृष्ण के विवाह का प्रसंग सुनाया, जैसाकि "गर्गसंहिता" में है। सहजिया-वैष्णवों में, चैतन्य-सम्प्रदाय में, लोक-साहित्य में और कतिपय पुराणों में भी राधा परकीया हैं। वृन्दावन के रसदेश की राधा उनसे भिन्न है। श्यामा-श्याम की प्रीतिरीति लोक से विलक्षण है, विचित्र है। यहाँ संयोग-वियोग की परिवर्तनशील-अवस्था नहीं है, नित्य-विहार है। जल से लहर का वियोग कैसे होगा? शब्द का अर्थ से विरह कहाँ होगा? मेघ का दामिनी से अलग होना कैसे सम्भव है? इसलिए संयोग-वियोग-विलक्षण है, नित्य-विहार की जोरी। "बिछुरत नाँहिन और बरन कों।" अद्वय तत्त्व है।

यह बात ध्यान देने की है कि वस्तु भिन्न होती है, तो उसके नाम भी भिन्न होते हैं। रसदेश की जोरी के नाम हैं — लाड़ली-लाड़ले, भाँवती-भाँवते, दुलहिनी-दूलह, प्रिया-प्रियतम, रंगीली-रंगीलौ, किशोर-किशोरी, छबीली-छबीलौ, नागरी-नागर, अलकलडैती, ललना-लाल, लली, कुंजबिहारी-कुंजबिहारिन, श्यामा-श्याम, कामिनीकंत, गौरस्याम, लड़ैतीलाल, नागरी-नाह। रसदेश में गोवर्धननाथ नहीं है, गोपीनाथ नहीं है, माखनचोर नहीं है, नन्दनन्दन, वृषभानसुता, कीरतकुमारी जैसे नाम नहीं है। यहाँ न बरसाना है, न गोकुल है। न नन्द है न यशोदा है —

मात तात जाके नहीं, वृषभान-सुता नहिं नाम।
कुंजबिहारी नाम निज कुंजबिहारिन बाम।

४.२ अद्वय

इस पद में अद्वय-तत्त्व का भाव समझने की आवश्यकता है।[1] हालांकि जो वृन्दावन के रसिकभक्त हैं, वे सिद्धान्तों और तर्क-वितर्क के पचड़ों में नहीं पड़ते। कालिदास ने शाकुन्तल में दुष्यन्त का भाव प्रकट किया है — "वयं तत्त्वान्वेषी मधुकर हतास्त्वं खलकृती।" हम पेड़ गिनने में ही लगे हैं कि बाग कितने गज चौड़ा है और कितने मीटर लम्बा है, इसका गेट कहाँ है और पानी कहाँ से चलता है और क्यारी में कैसे पहुँचता है, परन्तु तुम धन्य हो, जो इस बाग के मधुर फलों का आस्वादन कर रहे हो, यहाँ की शीतल मन्द सुगन्ध समीर का स्पर्श-सुख पा रहे हो। रसिक धन्य हैं परन्तु विचार के प्रवाह में ही सही, इन रसिकों की परिक्रमा कर लेना भी पुण्य ही है, यही सोचकर वाणी-साहित्य का विमर्श कर रहे हैं। जो भावदेह पा चुके हैं, उनके लिए यह विश्लेषण-विवेचन व्यर्थ है, परन्तु मादृश लोग, जिनका जीवन साहित्य के अध्ययन-अध्यापन में ही व्यतीत हुआ

१. तान्त्रिक वाङ्मय में शाक्त-दृष्टि, पृ० ८५, १८५ (समरस अवस्था : अद्वय अवस्था?)।

है, रसिकों की वाणी का इसी ब्याज से आस्वादन और भावन कर लेते हैं। "बिछुरत नाँहिन और बरन" में अद्वय-तत्त्व का सूत्र है। अद्वय का तात्पर्य है — दो का नित्य सामंजस्य। नर में नारी-तत्त्व विद्यमान है और वही तत्त्व नारी के प्रति अमोघ-आकर्षण का कारण है। ठीक इसी प्रकार से नारी में जो नर-तत्त्व है, वह नर के प्रति उन्मादन-मादन का हेतु है। व्यष्टि में जब यह द्वयात्मक-अद्वयता विद्यमान है, तब समष्टि के मूल-स्रोत में भी यही द्वयात्मक-अद्वयता होना सिद्ध है। श्रीचक्र के मूल बिन्दु में कामेश्वरी-कामेश्वर इसी प्रकार अविनाभाव से विहार कर रहे हैं, वहाँ भी विच्छेद की कल्पना नहीं है। वहाँ भी भुवन-मण्डल को कवलीकृत करने वाला शिव-शक्ति का मिथुन-पिण्ड कहा गया है —

शिवशक्तिमिथुनपिंडः कवलीकृतभुवनमंडलो जयति।

बौद्धों में आदिबुद्ध और प्रज्ञापारमिता के युगनद्ध-सूत्र के अभ्यन्तर-मिलन की ऐसी ही अवधारणा है। तन्त्रों में "कामकला-विलास" की अवधारणा है। एक ग्रन्थ का तो नाम ही "कामकला-विलास" है। "रसब्रह्म की साधना" शीर्षक वाले अपने व्याख्यान में महामहोपाध्याय गोपीनाथ कविराज ने कहा —

> जैसे ईंधन में आग जलती है। उस आग में ईंधन जल जाता है। अगर ईंधन समाप्त हो जाता है तो अग्नि ईंधन को समाप्त करती है, वह स्वयं भी नहीं रहती, क्योंकि अग्नि फिर किसके लिए रहेगी? जब श्रीकृष्ण लीला में प्रकट हुए, तब राधा को पकड़ते हैं। जब राधा कृष्ण में लीन हो गई, तो कृष्ण किसके लिए रहेंगे? कृष्ण रह नहीं सकते। राधा धीरे-धीरे उनमें लीन हो जाती है और तब कृष्ण रहते हैं। इसके बाद कृष्ण कहाँ? कौन रहता है? उस वक्त राधा-कृष्ण मिलकर एक वस्तु रह जाते हैं। इसी का नाम है — रस, रस रहता है। यह रसाद्वैत है।[1]

महामहोपाध्याय गोपीनाथ कविराज की परिभाषा उनकी अपनी परिभाषा है और वृन्दावन के रसिकोपासकों की परिभाषा अपनी परिभाषा है। रसिकोपासक ऐसे ही अद्‌भुत द्वयात्मक-अद्वयतत्त्व को या महामिलन अथवा सामरस्य को नित्य-विहार कहते हैं। श्यामा-श्याम यहाँ एक-दूसरे में समाए हुए हैं, समा जाने की इस प्रक्रिया को कामकेलि के रूप में देखा गया है। यहाँ श्यामा-श्याम अभिन्न एक-दूसरे के तन-मन में समाए हुए हैं। सुरति में निमग्न हैं लेकिन सुरति सामान्य नहीं है, विचित्र है — "आदि मध्य अवसान एकरस दंपत्ति सुरति निवही।" निरन्तर-निरवधि-विहार-मग्न हैं, सुरतान्त होता भी है, तो वह नई सुरति का मंगलाचरण है।

पिय के अंक निसंक हिंडोरे लटकि लपटि लड़काती।
प्रेम परस्पर झूमही दोऊ नवजोवन जोर।

परस्पर रीझते हैं। परस्पर शृंगार करते हैं। परस्पर गाते हैं, नाचते हैं। लुका-छिपी करते हैं और प्रकट हो जाते हैं। जल-क्रीडा करते हैं, और डुबकी लेकर गले लग जाते हैं। सुरति-हिंडोले पर झूलते हैं और सुरति-युद्ध करते हैं। सदा मिले रहते हैं परन्तु विचित्रता यह है कि उन्हें मिलने का आभास भी नहीं होता —

तन मन ते प्यारी मिली तऊ लाल अकुलाय।

अतिशय सौन्दर्य। दुर्निवार आकर्षण — "जा जा अंग निरखत ए नैना तहीं तहीं रहत लुभाय।" दृष्टि जिस अंग पर गई, गड़ गई, जड़ गई।

---

१. शक्ति का जागरण और कुण्डलिनी, ले० महामहोपाध्यायगोपीनाथ कविराज, पृ० ६५।

४.३ काहू मन के हरन कों

हर किसी के लिए नहीं, काहू मन के लिए। कोई बिरला ही समाधि में जाकर नित्य-विहार-रस की झलक पा सकता है। भगवतरसिक फिर कहते हैं कि यह अग्नि है, सामान्य को तो जला देती है, गरुड़ भी चाहे तो नित्य-विहार को नहीं पा सकते, पर चकोर अग्नि को चुगते हैं —

> **भगवत स्यामा-स्याम कौ पावक रूप विहार।**
> **नहिं समर्थ खगराज कौ करै चकोर अहार।**
> **करै चकोर अहार किलकिला जलचर पावै।**
> **साहसीक मृगराज दसन ते आमिस लावै।**[1]

अर्थात् पावक रूप विहार चकोर के लिए तो स्वाभाविक है किन्तु खगराज गरुड़ की क्षमता नहीं है। किलकिला नामक पक्षी ही जल में से मछली पकड़ सकता है तथा साहसीक नामक पक्षी ही सिंह की दाढ़ में अटके माँस के टुकड़े को निकालकर ला सकता है। कामकेलि के रस का चिन्तन तब हो सकता है, जब साधक सत्-रज-तम गुणों की परिधि को लाँघ "चुका" हो। और पद में "काहू" शब्द उसी के लिए आया है। चण्डीदास के शब्दों में कहें तो काम-केलि की उपासना साँप के मुँह में मेंढ़क को नचाने जैसा है।

---

१. अनन्य रसिकाभरण ग्रन्थ, पद स० ११।

५

इत उत काहे कों सिधारत, आँखिन आगें ही तू आउ।
प्रीत कौ हित हौं तौ तेरौ जानौं, ऐसौई राख सुभाउ॥
अमृत से बचन जिय की प्रकृति सों मिलै ऐसौई दै दाउ।
श्रीहरिदास के स्वामी स्याम कहत, री प्यारी! प्रीत कौ मंगल गाउ॥

५.१ प्रेम

गुणरहितं कामना-रहितं प्रतिक्षणवर्धमानमविच्छिन्नसूक्ष्मतरमनुभवरूपम्।
तत्प्राप्य तदेवालोकयति तदेव शृणोति तदेव भाषयति तदेव चिंतयति (नारद भक्तिसूत्र ५४-५५)

नारद और शाण्डिल्य के भक्तिसूत्रों ने गुण-रहित, कामना-रहित, प्रतिक्षण-वर्धमान, सूक्ष्म और अनुभवगम्य प्रेम का प्रतिपादन किया है। यह प्रेम पाने के बाद प्रेमी केवल प्रेम को ही देखता है, प्रेम को ही सुनता है, प्रेम का ही चिन्तन करता है और प्रेम का ही बखान करता है। श्रीहरिदासजी की रसोपासना प्रेम की उसी भूमि पर अवस्थित है।

स्वामी हरिदासजी ने केलिमाल में प्रेम शब्द का मुहुर्मुहु गायन किया है — बिच बिच प्रीति रहस रस रीत की (१०८), विचित्रताई प्रेम सों पाइयत रस (७२), प्रेम सों प्रेमहिं छिरकत छैल छुवाहिं (१००), नवलप्रीतिसौं नोइ गई (७०), परस्पर प्रीत नोई (१३), प्रेम पुंज बरसा रस पीजै (१६), प्रेम जल पीवत न अघात (९), तेरीप्रीत बाँधे (१७), प्रेम के प्रकास प्रीति के आगें है जु लई (३०), प्रीति कौ हित (५)। सिद्धान्त के पद में उन्होंने कहा — "प्रेम समुद्र रूप रस गहरे।"

वास्तव में "श्रीमद्भागवत" प्रेम की महिमा का ही आख्यान है । भक्तिकाल का समस्त साहित्य चाहे वह सूफ़ी-कवियों का हो या ज्ञानाश्रयी-कवियों का अथवा रामभक्तों और कृष्णभक्तों का साहित्य हो, उसका मूल तत्त्व प्रेम है। इन भक्तों ने प्रेम की कितनी गहराई में डुबकी लगाई, यह सोचकर भी विस्मय होता है। पन्थ, मज़हब या सम्प्रदाय के दायरों से बाहर निकलकर देखें, तो पूरा इतिहास नज़र आने लगता है, जिसमें प्रेम को उपास्य माना गया। प्रेम को सर्वोच्च आध्यात्मिक-भाव माना गया। प्रेम की अनुभूति को महत्त्व दिया गया। अनेक दार्शनिक-मत प्रेम को मूल-तत्त्व मानते हैं। कवियों ने प्रेम की महिमा का गायन किया है। वैष्णव-आचार्यों ने प्रेम को "आनन्द चिन्मय-रस" कहा है।

विवेचन करना बुद्धि-राज्य की बात है और प्रेम चेतना का धर्म है, इसलिए प्रेम का विश्लेषण या परिभाषा नहीं की जा सकती — "अनिर्वचनीयं प्रेमस्वरूपं मूकास्वादनवत्" (नारद भक्तिसूत्र ५१-५२) बुद्धि मन को बाँधती है, इसलिए रसिकों ने कहा कि आचार्य और पण्डितों से तो ठाकुर को डर लगता है — "आचारी ते ठाकुर डरपै।"

वृन्दावन में एक प्रसंग कहा-सुना जाता है कि तर्क-वाचस्पति शास्त्रार्थ में दिग्विजय करने निकले, तो वृन्दावन में भी आए। भक्त-साधु भगवान् की सेवा कर रहे थे, वाचस्पति ने उन्हें बातचीत के लिए बुलाया, परन्तु साधु कभी अपने ठाकुर को जगाते कभी स्नान कराते, कभी चन्दन लगाते, कभी भोग लगाते। "अभी आया" कहते और फिर सेवा में लीन हो जाते। तर्क-वाचस्पति ऊब गए, परन्तु शास्त्रार्थ किए बिना जाते भी कैसे? बहुत देर बाद भक्त-साधु निकले, तो वाचस्पति को सन्तोष हुआ कि अब शास्त्रार्थ होगा, पर यह क्या?

भक्त-साधु खरताल हाथ में लेकर कीर्तन करने लगे। वाचस्पति ने झल्लाकर कहा — कुछ समझते भी हो? वाचस्पति को प्रणाम करके बड़ी विनम्रता से साधु बोले — "इस समझ का मुझे क्या करना है? इसे आप ही समझ लीजिए।"

प्रेम-तत्त्व को बुद्धि के व्यापार से नहीं पाया जा सकता। प्रेम को समझना है, प्रेम की परिभाषा जाननी है, तो रसिक-भक्तों के जीवन को देखना होगा। महाप्रभु-चैतन्य हो या रसिक अनन्यनृपति स्वामीहरिदास हो। प्रेमभाव में निमग्न हैं, इन्हें अवकाश कहाँ है कि वे प्रेम का विश्लेषण-विवेचन करें। स्वामी श्रीहरिदास ने सिद्धान्त का पद लिखा है —

प्रेम समुद्र रूप रस गहरे कैसें लागै घाट।

प्रेम के समुद्र का ओर-छोर कहाँ है? रूप-रस की इतनी गहराई, घाट पर लगना सम्भव ही नहीं। यहाँ तो डूब जाना ही पार होना है —

अन बूड़े बूड़े तिरे जे बूड़े सब अंग।

श्यामा-श्याम प्रेम का विशुद्धतम, सूक्ष्म, पूर्णतम रूप है। "अवधि प्रेम की साँवरौ।" सम्पूर्ण केलिमाल प्रेम की अगाधता है, यहाँ प्रेम-रूपी समुद्र तरंगित हो रहा है, ऊँची-ऊँची लहरें उठ रही हैं, भँवर उठ रही हैं। "कैसें लागै घाट।" यहाँ बुद्धि के भरोसे तो आना भी असम्भव है। भावराज्य है। स्वामी ललितकिशोरीदेव ने कहा —

अवधि प्रेम की लाड़ली अवधि प्रेम कौ लाल।
अवधि प्रेम की ललितजू, छिन-छिन करत निहाल।

श्यामा-श्याम और ललिताजू प्रेम की पराकाष्ठा हैं और अहर्निश प्रेम की ही प्यास बनी हुई है — "प्रीति कौ मंगल गाउ।" प्रेम में ही निमग्न हैं, परन्तु प्रेमरस से अघाते नहीं।

इन रसिक-भक्तों के लिए प्रेम ही साधन था, प्रेम ही साधना था और प्रेम ही साध्य था। प्रेम था, इसलिए इनकी दृष्टि में वेद-वेदान्त तथा विवेचन-विश्लेषण का कुछ भी महत्त्व नहीं था। इन्हें ईश्वरता से क्या लेना था, इसलिए इनका आराध्य ईश्वरता से दूर है — "जो ठाकुर कहि बोलियै तौ सकुच तनिक ह्वै जाय।" प्रेम भक्तों को नचाता है और प्रेम भगवान् को भी नचाता है। रसिक-भक्त कहते हैं कि जीवन यदि वरदान-रूप है तो केवल इसलिए कि उसमें प्रेम का रस विद्यमान है। यदि प्रेम से भेंट न हो, तो ऐसे जीवन को जला डालूँ। बिहारिनदेवजू ने कहा —

प्रेमै बनिजन हों चली आगें मिलियौ प्रेम।
प्रेमहिं पति गति पाइयै, सखि मोहि प्रेम कौ नेम।
प्रेम बिछौना-ओढ़ना अँचवन भोजन प्रेम।
प्रेम प्रेम कें पाहुनौ, प्रेम प्रेम के नेंम।[1]

यह प्रेम जप, तप, संयम, पूजा, पाठ, योग, यज्ञ, ज्ञान, वैराग्य, विधि-विधान और ईश्वरता के भावों का मोहताज नहीं है।

महाप्रभु हितहरिवंश ने लिखा है कि – वृन्दावन की कुञ्जों में एक रहस्य है। वह रहस्य ब्रह्मा, नारद

---

१. सर्वोपरिनित्यविहारिणी : रससागर, पृ० ९६।

और शुकदेव के लिए भी अगम्य है। वह रहस्य राधा-माधव के चित्त चुराने में चतुर है और उस रहस्य का नाम है प्रेम। वही प्रेम श्यामा है, वही प्रेम श्याम है, वही प्रेम सखी है और वही प्रेम श्रीवृन्दावन है।[1]

रसिकों की साधना भाव-साधना थी, जो जीवन के समस्त अभावों को भावों के अमृत से भर देती है। भाव जागता है, तब जीवन की दृष्टि बदल जाती है, मन और बुद्धि बदल जाते हैं। मनुष्य और मनुष्य तथा मनुष्य और प्रकृति का सम्बन्ध बदल जाता है। भाव जीवन की गति है, भाव जीवन का प्रेरक है।

प्रेम के सार-सर्वस्व का दूसरा नाम रस है। रस-भाव का पूर्ण परिपाक है। रस ही बीज है और वही फल भी है। प्रेम का सूक्ष्म रूप, प्रेम का विशुद्धतम रूप नित्य-विहार है। प्रेम का यदि कोई बाहरी-कारण है, तो वह प्रेम विशुद्ध नहीं है। सुन्दरता यदि प्रेम का कारण है, तब सुन्दरता न रहने पर प्रेम नहीं रहेगा। जबकि प्रेम है तो अपना काना बालक या कुरूप बालक माँ को कमल-नयन और सुन्दरतम प्रतीत होगा। प्रेम-सौन्दर्य, बीज-अंकुर तथा व्यंग्य-व्यञ्जक हैं। विशुद्ध प्रेम में आदर-सम्मान और सेवा आदि भावों का मिश्रण होना रसिकों को नहीं सुहाता। किसी प्रकार की मर्यादा हो, सीमा हो, तो रसिक-भक्त व्याकुल हो जाते हैं। सख्य-वात्सल्य-माधुर्य-भाव प्रेम के ही विविध रूप हैं। परन्तु निकुञ्ज-रस प्रेम का विशुद्धतम-सूक्ष्मतम रूप है। इस विषय में इस टीका में अन्यत्र चर्चा की गई है।

५.२ आँखिन आगें ही तू आउ

यहाँ सन्दर्भ प्रेमरस की वह विवशता है — "कि आँखिन आगें ही तू आउ।" एक क्षण के लिए भी आँखों के आगे से ओझल हो, तो व्याकुलता हो जाती है। "बासे की दीठ (३९), तुम्हें ही देखौ चाहत और सुख लागत काहीं (०६), बाहु सों बाहु मिलाय रहे मुख निहारी, देखौ मेरी आँखिन सुख, इक टक रहे हरि हेरी, आँखिन सों आँखें मिली रहें (३५), चितवत दीठ टरत नहिं इत उत। प्रतिबिंबन देखत, जब-जब देखों तेरौ मुख, तब तब नयौ-नयौ लागत" आदि बहुत से सन्दर्भ केलिमाल में हैं, जहाँ श्यामा-श्याम और प्रेम-सहेली की रूप-अवलोकन की उत्कट-लालसा व्यक्त हुई है। आँखों की प्यास। अतृप्त प्यास।

रूप सुधा पीवत रहों, तृपति होत नहिं नैन (ललित किशोरी)

रूप-अवलोकन का नित्य-विहार के कवियों ने अनेक प्रकार से वर्णन किया। भगवत-रसिक का पद है —

तव मुख चंद चकोर ये नैना।
अति आरत अनुरागी लंपट, भूल गई गति पलहु लगै ना।
अरबरात मिलबे कों निस दिन, मिले ई रहत मनों कबहु मिले ना।
भगवतरसिक रसिक की बातें रसिक बिना कोउ समझ सकै ना।[2]

५.३ "अमृत से वचन जिय की प्रकृति सों मिलें"

अब तुम्हारे अन्तःकरण की प्रकृति तो प्रेम-मय है, परन्तु ऊपर से रूखी-सूखी बातें कर जाती हो, मुझे मान का आभास होने लगता है। तुम्हारी बातें भी अमृत-रस में पगी हैं, क्योंकि तुम्हारा प्रत्येक शब्द अमृत-रूप है, परन्तु

---

१. यन्नरदाजेश शुकैरगम्यं वृन्दावने मंजुल मंजु कुंजे।
तत्कृष्णचेतो हरणैकविज्ञ मत्रास्ति किंचित्परमं रहस्यम्। — श्री राधासुधानिधि, श्लो० २३८

२. श्रीभगवतरसिक की वाणी (श्रीगोविन्दशरण शास्त्री), पृ० १४९।

यदि वे शब्द मेरे और तुम्हारे हृदय की सीधी-सीधी अभिव्यक्ति बन सकें, तो मुझे और भी सुहायेगा।

यहाँ एक बात स्पष्ट समझने की है कि यों तो श्यामा-श्याम दोनों ही प्रेम रूप हैं परन्तु श्यामाजू का प्रेम "ढक्यौ प्रेम" हैं। प्यारीजू धीर हैं, प्रेम को प्रकट नहीं करतीं, जबकि प्रियतम अधीर हैं, एक क्षण में ही बिलबिलाने लगते हैं। ललितकिशोरी देव ने दोनों के प्रेम को इस प्रकार स्पष्ट किया है —

प्रकट प्रेम रंग बाहर धर्‍यौ, ढक्यौ प्रेम रंग भीतर भर्‍यौ।
ज्यों सीसी रँग भर्‍यौ है माँही, भीतर है बाहर झलकाहीं।
प्यारी प्रेम धीर उर माँही, अंतर है पै प्रकटै नाँही।
धीरज प्रेम की यही सुरीत, ऊपर लज्जित अंतर प्रीत।
ज्यों फूलन में सौरभ बसै, यों प्यारी प्रेम नैन में लसै।[1]

---

१. सर्वोपरिनित्यविहारिणी : रससागर, पृ० ८१०।

६

प्यारी जू, जैसें तेरी आँखिन में हौं अपनपौ देखत हौं, ऐसें तुम देखत हौ किधौं नाँहीं।
हौं तोसों कहों प्यारे! आँख मूँद रहौं तौ लाल, निकस कहाँ जाँहीं॥
मोकों निकसबे कों ठौर बतावौ, साँची कहौं बलि जाहुँ लागों पाँहीं।
श्रीहरिदास के स्वामी स्यामा कुंजबिहारी तुम्हें ही देख्यौ चाहत और सुख लागत काँहीं।

६.१ निरतिशय सौन्दर्य

"अपनपौ" अर्थात् स्वभाव, स्व का भाव। स्व क्या है? प्रेम सार-सर्वस्व। यह आर्कषण का केन्द्र है, आकर्षण भी कैसा है? निरतिशय। जहाँ आकर्षण होता है, वहाँ सौन्दर्य होता है, वहीं आनन्द होता है। जहाँ सौन्दर्य और आनन्द है, वहीं प्रेम है। परन्तु स्वभावेतर-प्रतीयमान में जो सौन्दर्य होता है वह सातिशय है। एक से बढ़कर एक सौन्दर्य। सौन्दर्यकामी मन यहाँ से वहाँ भटकता है परन्तु जहाँ निरतिशय सौन्दर्य है, निरतिशय आकर्षण है, वहाँ एक से बढ़कर दूसरे का प्रश्न नहीं है, क्योंकि सब से बढ़कर वह एक ही है, इसलिए अन्यत्र जाने का प्रश्न नहीं है। "निकसबे कों ठौर" है ही नहीं। भगवतरसिक का पद है —

परस्पर दोउ चकोर दोउ चंदा।
दोउ चातक दोउ स्वाति, दोउ घन दोउ दामिनी अमंदा।
दोउ अरविंद दोउ अलि-लंपट, दोउ लोहा दोउ चुंबक। (अनन्यनिश्चयात्म ६)

निरतिशय-प्रेम और निरतिशय-सौन्दर्य। सौन्दर्य का हेतु प्रेम है या प्रेम का हेतु सौन्दर्य है? यह वैसा ही प्रश्न है कि बीज से वृक्ष है या वृक्ष से बीज है? वास्तव में बीज और वृक्ष दो नहीं, एक ही वस्तु की दो अवस्था हैं। बीज सोया हुआ वृक्ष है और वृक्ष जगा हुआ बीज है। ऐसे ही सौन्दर्य और प्रेम दो नहीं हैं। प्रेम की प्रतीति सौन्दर्य है। प्रेम ही सौन्दर्य में व्यक्त होता है और उसे देखकर स्वयं ही उमंगता है। जैसे-जैसे उमंगता है, वैसे-वैसे सौन्दर्य की अभिवृद्धि होती है। सौन्दर्य में नव-नवोन्मेष होता है। जब सौन्दर्य में नवोन्मेष होता है तो प्रेम की लालसा बढ़ती है, प्यास बढ़ती है। वृक्ष में बीज और बीज में वृक्ष, यही लीला है, यही निरवधि नित्य-विहार है। प्रेम की ठौर सौन्दर्य है और सौन्दर्य की ठौर प्रेम है। "निकसबे कों दूसरी ठौर है ही नहीं।" प्यारे की ठौर तौ लाड़ली के नयन हैं और इन नयनों को प्रियतम अपलक निहारते रहना चाहते हैं —

तो ही सों हिलग आँखें आँखिन सों मिली रहें जीवन कौ यहै लहा हो प्यारी।

श्रीललितमोहनदेवजू ने इस पद की भावभूमि को निम्नलिखित पद में स्पष्ट किया है —

जैसें मेरे जिय में तू बसत है ऐसें हौं तेरे जिय में बसत हों कैधों नाहीं ।
तेरी छवि मेरी अंखियाँ भरि रही कछू न सुहाय मेरौ जीवन तो ताहीं।
सुनि मेरे प्रानपति प्यारे तू ही मम जीवन तू ही प्रान तन माँही।
श्रीललितमोहनी कौ सुख बिहरौ अब जिन करौ बिलंब कहत समुझाहीं।[1]

---

१. सर्वोपरिनित्यविहारिणी : रससागर, पृ० ८७२।

७

प्यारी, तेरौ बदन अमृत की पंक, तामें बींधे नैन द्वै।
चित चल्यौ काढ़न कों, बिकुच-संधि-संपुट में रह्यौ भ्वै॥
बहुत उपाइ आहि री प्यारी, पै न करत स्वै।
श्रीहरिदास के स्वामी स्यामा कुंज बिहारी ऐसें ही रहौ द्वै॥

७.१ बिकुच संधि संपुट

रस-साहित्य में बड़े सहज और निःसंकोच-विकुण्ठ-भाव से उरोजों के उद्दाम-आकर्षण का वर्णन है। ''केलिमाल'' में ''कुच की सुराही से नैनन के प्याले में दारू पिलाने'' का सन्दर्भ है तथा अन्यत्र एक पद में कुच को कलश और कुचाग्र को जोबन-मौर (मञ्जरी) के रूप में चित्रित किया गया है। बिहारिनदेवजू ने वर्णन किया है कि प्रियतम ''कंचुकी के भोरें छोरत बंद टटोरते हैं'' और ''गोरी हँसी मुख मौन में।'' एक जगह उरोज को गजकुम्भ का उपमान दिया गया है — ''विवि उरोज गज कुंभन पर अंचल चल ढाल ढुलाइ'', दूसरी जगह ऐसी कञ्चुकी का चित्र है, जिसमें से उरोज का आधा बिम्ब दिखाई देता है — ''आधे कुच कंचुकी कसी ए अति आनंद उर न समाइ।'' एक पद में प्रीतम प्यारी से बोलते-बोलते हाथों से कञ्चुकी खोलते हैं और छल करके अमृत का घूँट ले लेते हैं — ''श्री बिहारीदास प्रीतम प्यारी प्रति बोलत खोलत कर कंचुकी कुच छलि मुख अमृत पियौ।'' नागरीदास ने लिखा — ''कर कंचुकी रस परसत'' और ललितकिशोरी देवजू ने पिय ''कर-कमल सु उरजन परसें, विवि उरोज दरसत रसिक, परस न सकुचि लजाइ।'' ही नहीं लिखा, उन्होंने लिखा कि प्राणप्यारे प्यारीजू के उरोजों को अपने कर कमलों में ग्रहण करके नृत्य करने लगे —

विवि उरोज कर कमल गहि निरतत अंग सुधंग।[1]

उन्होंने उरोज को कमल की कली और साँवले चूचुक को यौवन-मञ्जरी बताया, जिस पर पंख पसारकर भौंरा सो गया है —

स्यामरंग जोवन मंजरी, मानों पंख पसारि सैन अलि करी।
नील कंचुकी राखे ढाँकि, मानों पिय मन दीनों आँकि।

दोनों उरोजों पर जो नीले रंग की कञ्चुकी है, वह मानो प्रियतम का मन अंकित हो गया है। भगवतरसिक का पद है – ''फल उरोज रस सों भरे पिय परसत पानि सिहाय'' किशोरीजी के उरोज मानो रस से भरे हुए फल हैं, जिनका स्पर्श करके प्रियतम आनन्द-मुग्ध हो जाते हैं। कहीं प्रियतम प्यारी से कहते हैं – मैं अपने इष्ट-देवता-स्वरूप तुम्हारे उरोजों पर हाथ रखकर शपथ-पूर्वक कहता हूँ कि मेरा सर्वस्व तुम्ही हो –

मेरे प्राणजीवन धन तुम्हीं गोरी।
उरज पानि धरि सोंह करत हों इष्ट देवता इहि जोरी।

पयोधरों का मादक-वर्णन लीलाशुक बिल्वमंगल के कृष्ण कर्णामृत में है — ''राधा पयोधरोत्संग शायिने।'' प्राचीन अपभ्रंशसाहित्य में हरि को प्रांगण में नचाने वाले पयोधरों का उल्लेख है —

---

१. सर्वोपरिनित्यविहारिणी : रससागर, पृ० ४८०।

हरि नच्चाविउ पंगणहिं विम्हइ पाडिउ लोउ।
एम्बइ राह पओहरहिं जं भावइ तं होउ।[१]

जयदेव ने "गोपी पीन-पयोधर मर्दन चंचल युगभुज शाली" को अंकित किया है और महाप्रभुहित-हरिवंशजी ने "कनक कमल कुचकोरी" के रूप में स्वर्ण-कमल की जोड़ी को चित्रित किया है। सूरदासजी द्वारा अंकित उरोजों का बिम्ब ऐसा है, जिसे देखकर सुमेरु पर्वत लज्जित है — "कुच उँचनि हेमगिरि अतिहि लाजै।" इनकी उत्तुंगता को चुपके से निहारकर श्यामसुन्दर सुखी होते है — "परी दृष्टि उच कुचनि पिया की वह सुख कह्यौ न जाय।" श्यामा-श्याम दोनों नाचते हैं, तब बालों की लट श्यामाजू के कुचों के बीच में आ गई — "कुचनि बिच कच परम सोभा निरखि हँसति गुपाल", "उड़त अंचल प्रगट कुच दोउ कनकघट रस सार।", "कनक कलस मधुपान मनों करि भुजगिन उलटि धँसी", "स्याम कंचुकी तामें सोभित कंचन कलस न मात।", "ज्यों कंचुकि अँचरा उड़े, हियरा तकि ललचाइ।", "कनक कलस रस मोहि चखावहु", "कुच कठोर किसोर उर बिबि लगत उछरि उमंग।"

जब महाप्रभुचैतन्य रायरामानन्द के साथ साध्य-तत्त्व पर विचार कर रहे थे, तथा बार-बार आग्रह कर रहे थे — "इससे आगे कुछ कहिए, इससे और-आगे कुछ कहिए" तब अन्त में राधा का नाम लेकर रायरामानन्द ने कहा — "इससे आगे कुछ नहीं कह सकता। व्यासदेव ने इसे परमगुह्य समझकर अप्रकट ही रखा है।" फिर भी महाप्रभु ने कहा कि "आपने प्रेम की पराकाष्ठा पर पहुँचा दिया, अब इनके विलास की महिमा सुना दीजिए।" तब रायरामानन्द ने जो श्लोक पढ़ा, उसमें कृष्ण को राधा के पयोधरों पर केलि-मकरी के चित्रण में पारंगत बताया गया है —

वाचा सूचित शर्वरी रतिकला प्रागल्भया राधिकां
व्रीडा कुंजित लोचनां विरचयन्नग्रे सखी नामसौ।
तद्वक्षोरुह चित्र केलिमकरी-पांडित्य-पांरगतः
कैशोरं सफली करोति कलयन् कुंजे विहारं हरिः।[२]

महाकवि जयदेव ने "गीतगोविन्द" में स्तनमण्डल के दुर्निवार-आकर्षण का कई प्रकार से वर्णन किया है। कृष्ण कहते हैं कि तुम्हारे वर्तुल स्तनमण्डल मेरे प्राणों से खेल रहे हैं — "सद्वृत्त स्तनमंडलस्तव कथं प्राणै मम क्रीडति।" कहीं वे कुच-कुम्भ युगल के परिरम्भण का सुधारस पान करने के अभिलाषी हैं — "कुच-कुंभ निर्भर परीरंभामृतं वांछति" (पञ्चम सर्ग)। इसी सर्ग की ग्यारहवीं अष्टपदी में उनके चञ्चल हाथ पीन-पयोधरों पर हैं — "गोपी पीन-पयोधर मर्दन चंचल कर-युगशाली।" "गीतगोविंद" में "कुच कलशोपरि तरलित हार हैं" तो कहीं "स्फुरतु कुच कुंभयोरुपरि मणि मंजरी" है, एक स्थल पर कुवलयापीड-हाथी के कुम्भ-स्थल देखकर कृष्ण को राधा के परिपुष्ट पयोधरों का ध्यान आता है — "राधा पीन-पयोधर स्मरण-कृत्कुंभेन संभेदवान्" कहीं राधा के पयोधरों पर कस्तूरिका से अंकित पत्र का चित्रण है — "कुचयोः कस्तूरिका पत्रकम्" तो कहीं राधा के पयोधरों पर लगा हुआ कुंकुम कृष्ण के वक्ष पर लग जाता है — "पद्मा पयोधर तटी परिरंभ लग्न काश्मीर मुद्रित मुरो मधुसूदनस्य", कहीं कृष्ण की दृष्टि राधा के स्तनकोरक पर बारबार घूम जाती है — "राधायाः स्तन कोरकोपरि चलन्नेत्रो हरिः पातु वः।" तो कहीं वे अनुरोध करते हैं कि मेरे हृदय पर कुच-कलशों को स्थापित करके मनसिज

१. भारतीय वाङ्मय में श्रीराधा, पृ० २२०।
२. श्री श्रीचैतन्य चरितावली (गीताप्रेस), पृ० ३७९।

ताप को दूर करो — "मदुरसि कुचकलशं विनिवेशय शोषय मनसिज तापम्।" चौबीसवीं अष्टपदी में राधा स्वयं अपने स्तनों पर मृगमद से पत्रक चित्रित करने का प्रस्ताव करती हैं —

कुरु यदुनंदनचंदनशिशिरतरेणपयोधरे।
मृगमदपत्रकमत्रमनोभवमंगल-कलशसहोदरे
निजगाद सा यदुनंदने क्रीडति हृदयानंदने।

स्वामीजी की वाणी है — "बिकुच संधि संपुट में रह्यौ भ्वै" अब इसी चित्र को विद्यापति की पदावली में देखिए —

रूप लागल मन धाओल रे कुचकंचन गिरि-संधि।
ते अपराध मनोभव रे ततहि धएल जनि बांधि। (वि०प०(बंगाल), पृ० ५२)

मन जब सौन्दर्य के वशीभूत होकर कुचयुगल-स्वर्ण पर्वतों की सन्धि में गया, तो इस अपराध में कामदेव ने उसको बाँध दिया।

यही भाव श्रीरूपगोस्वामी ने "उज्जवलनीलमणि" में इस प्रकार व्यक्त किया है —

तेनानंगनिदेशपट्टपदवीमासाद्यमन्मानसं
क्षिप्त्वा तत्कुचशैलसंकटतटी सन्धौ बलात्कीलितम्।[1]

कामदेव के आदेशपट्ट की पदवी पाकर मेरे हृदय को उस रमणीय-बाला के उरोज-रूपी पर्वतों के मध्य की संकटमयी उपत्यका (खाई) में फेंककर वहीं कसकर बाँध दिया।
वक्षस्थल पर मोतियों की माला की उत्प्रेक्षा विद्यापति ने इस प्रकार की है —

कनक महेशहि कामे पूजलि जनि सुरनदि धार।

मानो कामदेव स्वर्ण के महादेव पर गंगाजल-धारा से अभिषेक कर रहा है।

विद्यापति ने स्तनों पर अंकित नखक्षत को पलाशपत्र से पूजित पयोधर के रूप में देखा है — "नख पद केसु पयोधर पूजन।"[2] एक दूसरे स्थल पर इसे वे पर्वत पर द्वितीया के चन्द्रमा की कला बतलाते हैं — "गिरि कइसे नुकाएत नव ससिरेख"[3] कहीं विद्यापति ने स्तनों को सुमेरु-पर्वत की उपमा दी — "मेरु उपजल कनकलता"[4] कनकलता में मानो दो सुमेरु-पर्वत उग आए हों, कहीं उन्हें चक्रवाक बतलाया — "कुच जुग चकेब चरइ गंगाधारे", और कहीं उल्टे रखे हुए दो स्वर्ण पात्रों (कनक कटोरा) के रूप में देखा। चञ्चल केश वक्ष पर आ गए, विद्यापति ने कहा कि वे चँवर से ढके महादेव हैं —

उर पर लोलत चाँचर केश। चामरे झाँपल कनक महेश[5]

---

१. श्री उज्ज्वलनीलमणि : दूतीभेद प्रकरण, श्लो० ३०।
२. विद्यापति पदावली (नेपाल), पृ० ३३४।
३. वही, पृ० २५६।
४. वही, पृ० २०९।
५. वि.प. तृतीय भाग, पृ० ७।

सूरदास ने वक्षस्थल पर सुशोभित लट को साँपिनी के रूप में देखा है, जो कनक-कलश का मधुपान करके लौट रही है —

कनक कलस मधुपान मनों करि भुजगिनि उलटि धँसी।[1]

एक अन्य पद में सूरदास कहते हैं — स्तनों के बीच केशों की लट मानो दो सुमेरु-पर्वतों के बीच में व्याप्त अन्धकार है —

कुचन विच कच परमसोभा निरखि हँसति गुपाल।
सूर कंचन गिरि बिचनि मन रह्यौ है अँधकाल।

७.२ बदन अमृत की पंक

अष्टछाप के कवि परमानन्ददास ने कहा कि विधाता ने सारा अमृत एकत्र करके उसके सार से राधा के मुख की रचना की है —

अमृत निचोइ करौ इक ठौर।
तेरौ वदन सँवारि सुधानिधि ता दिन विधिना रची न और।

बिहारिनदेवजू ने प्यारीजू के वदन को सुधानिधि कहा है —

इहि रस सहज पर्‍यौ मन मेरौ।
रूप अनूप निरखि सचु पावत वदन-सुधानिधि घेरौ।

अथवा

प्यारी जू सुंदर वदन तिहारौ।
निरखि-निरखि प्रीतम सचु पावत निमिषहिं होत न न्यारौ।

प्यारीजू के रूप-सम्मोहन के संबंध में बिहारिनदेवजू की वाणी है —

जा जा अँग निरखत ए नैना, तहीं तहीं रहत लुभाय। (रससागर पृ. ५४२)

अथवा

जाकौ रूप रूप कों मोहै पलक न लगै बिहारी की।

इस पद की भावभूमि पर महंत किशोरदासजू ने "सिद्धान्त वृन्दावन सत सवैया" में कहा कि राधारूप के पंक में प्रियतम के नेत्ररूपी मतवाले हाथी फँस गए —

पंकरूप अनूप गज प्रिय पीन, रस तामें धँसे।
अखिल मनमथ मनमथत वपु बिबस ह्वै द्विप वत फँसे।
कोक निपुन नवेलि नव वर हरषि हँसि निज कर कसे।

७.३ विकच संधि संपुट

केलिमाल की कुछ प्रतियों में बिकुच की जगह विकच पाठ है। विकच का अर्थ है विकसित। विकुच अर्थात् स्तन। वि उपसर्ग विवि अर्थात् युगल तथा विशेष शोभा का वाचक है। "विकच संधि-संपुट" का अर्थ

१. सूरसागर, पृ० ६८३।

श्रीनागरीदास तथा श्रीराधाशरणजी ने "अधरसंपुट" बतलाया है। वस्तुदर्शिनी में पाठ तो "विकुच" ही लिया है, पर उसका अर्थ मंदहसन बतलाया है —

अधर सधर की संधि जो पर्‌यौ तेहि महामित्त।
बाँध्यौ संपुट पुन अधर रह्यौ तहाँ वुहु चित्त।

लेकिन पीताम्बरदेवजू ने स्पष्ट कर दिया है —

विवि कुच संधिन में पर्‌यौ ताकौ कहा दुराव।

विद्यापति ने अनेक पदों में कुचसन्धि का बिम्ब अंकित किया है। सूरदास के पदों में भी कुच-सन्धि का वर्णन है।

७.४ गूदर में हीरा

कामकेलि के बिम्बों के सम्बन्ध में रसिक-उपासकों की "रहनी" प्रमाण है। केलिमाल को वृन्दावन के भक्त गुप्तनिधि के रूप में सम्भालकर रखते थे — "ज्यों गूदर में हीरा।" केलिमाल का एक शब्द भी सामाजिकों के लिए नहीं कहा गया है। केलिमाल में दस प्रकार के संवाद हैं — १. दूलह का दुलहिन के प्रति कथन, २. दुलहिन का दूलह के प्रति कथन, ३. दूलह का सखी के प्रति कथन, ४. दुलहिन का सखी के प्रति कथन, ५. सखी का सखी के प्रति कथन, ६. सखी का दुलहिन के प्रति कथन, ७. सखी का दूलह के प्रति कथन, ८. सखी का युगल के प्रति कथन, ९. हरिदासीजू का निज आश्रित सखी के प्रति कथन, १०. हरिदासीजू का श्यामा और श्याम के प्रति कथन। इसके साथ ही एक कथन प्रियाजू का अपने ही प्रतिबिम्ब से है और एक कथन में दामिनि का मेघ से संवाद है। केलिमाल के संवाद रस की अभिव्यक्ति नहीं है, रस की अनुभूति हैं — दूलह और दुलहिन के बीच की बातें। दुलह-दुलहिन भी कैसे। प्रथम-समागम और प्रथम-समागम का भी पहला क्षण। वहाँ नयन डोलते हैं, बस सारी अभिव्यक्ति हो जाती है। वाणी वहाँ क्या करेगी? वहाँ तो एक-एक साँस की गति के अर्थ को पहचानने की बात है। केलिमाल के बोल, वे आधे-अधूरे बोल हैं, जो रस के आवेश में बरबस छलक पड़े हैं। प्रेमावेश के बोलों में लिंग, वचन, कारक, सन्धि, समास के व्याकरण का दखल नहीं होता। केलिमाल के ये संवाद आनन्द का अनुवाद नहीं, अनुभाव हैं, रस की गति। यह कानाबाती है, इसलिए यहाँ नीतिशास्त्र का कोई दखल नहीं है। नैतिकता समाज के लिए अति आवश्यक है परन्तु समाधि के रस के बिम्बों को वैखरी-वाक् समझना अयोग्य है।

ये बिम्ब पश्यन्ती वाक् हैं। मनसा-प्रत्यक्षीकरण की कोई प्रक्रिया, जो लोक और वेद की मर्यादा से ऊपर है। ये रसबिम्ब परावाक् की ओर संकेत करते हैं। हालाँकि "कामाध्यात्म" शब्द बहुत सटीक तो नहीं जान पड़ता, परन्तु बात कुछ ऐसी है। भागवतकार का कथन है — "काममार्गेण समर्पित चित्ता।" गोपी, जो काम के माध्यम से समर्पित चित्त वाली है। भागवतकार का कथन है — "न मय्यावेशितधियां कामः कामाय कल्पते" (१०.२२.२६) अर्थात् जिनकी बुद्धि मुझ (श्रीकृष्ण) में विनिवेशित हो गई उनका काम-भाव सांसारिक भोग-विलास की कामना नहीं हो सकता। वासना का क्षणिक आनन्द इन्द्रियद्वार से आता है, उसकी अनुभूति मन करता है, परन्तु "रस" चेतना का कोई धर्म है, जहाँ इन्द्रिय की कौन कहे, देह का भी आभास नहीं है। स्वप्न की अनुभूति इन्द्रिय-द्वार से नहीं होती। आँख बन्द होते हुए भी स्वप्न देखा जाता है। तथापि केलि के बिम्ब हैं तो यहाँ एक बात स्पष्ट है कि चिन्तन की प्रक्रिया बिम्बों के माध्यम से चलती है, जैसे सपना चलता है। ज्ञात-बिम्बों के माध्यम से अज्ञात को ग्रहण करना। केलि के बिम्ब नित्य-विहार की एक भाषा है। केलि-सुख की

क्षणिक अनुभूति की रेखा, बिन्दु, वृत्त को लेकर नित्य-विहार की बात कही जा रही है। नित्य-विहार का चित्रांकन किया गया है। नित्य-विहार सौन्दर्य-माधुर्य के अनन्त-सिन्धु की कभी विश्राम न लेने वाली रतिरंग-तरंगों की क्रीडा है, जो काल से परे है।

७.५ अधिकारी-भेद का प्रश्न

यहाँ अधिकारी-भेद का प्रश्न होना स्वाभाविक है। उन दिनों महाप्रभु-चैतन्य जगन्नाथपुरी में थे और वहाँ के कोलाहल से व्यथित होकर वृन्दावन जाने की बात कह रहे थे। कविराज कृष्णदास ने लिखा है कि उस मनःस्थिति में उन्होंने यह श्लोक कई बार गाया —

यः कौमारहरः स एव हि वरस्ता एव चैत्रक्षपाः
ते चोन्मीलित मालती-सुरभयः प्रौढ़ा कदंबानिला।
सा चैवास्मि तथापि तत्र सुरत-व्यापार लीला विधौ
रेवा रोधसि वेतसी तरु तले चेतः समुत्कंठते।[1]

यह श्रृंगारिक पद्य है, अनेक अलङ्कार-ग्रन्थों में इसका उदाहरण दिया गया है, परन्तु महाप्रभु ने जब इसे बार-बार पढ़ा, तो वह वृन्दावन-भाव की उत्कण्ठा थी।

"अलंकारकौस्तुभ" ने कहा है कि भगवान् की सनातन-ह्लादिनी-शक्ति जीव में अप्रकट-भाव से अवस्थित है, लेकिन चित्त में उसका आविर्भाव तभी होता है, जब वह शुद्ध-सत्त्व में प्रतिष्ठित होती है —

आस्वादांकुर-कंदोऽस्ति धर्मः कश्चन चेतसः।
रजस्तमोभ्यां हीनस्य शुद्धसत्त्वतया मनः। (किरण ५ श्लोक २)

चेतना का आस्वादांकुरकन्द नाम का धर्म जब विशुद्ध-सत्त्व में होता है तब लौकिक काम-वासना भी दिव्य बन जाती है।

अष्टाचार्यों की वाणी में जगह-जगह यह बात कही गई कि स्वामीजी की शरणागति ही इस रस का दान कर सकती है — "हरिदास बिना हरि को है कहाँ कौ?" स्वामी जी की दृष्टि से ही नित्यविहार को देखा जा सकता है — "कूँची नित्यविहार की हरिदासी के हाथ।" घृणा, लज्जा, शंका, भय, जुगुप्सा, कुल, जाति और शील — ये अष्टपाश हैं।

बालक को जन्म से घृणा और लज्जा आदि का ज्ञान नहीं होता। सामाजिक-सांस्कृतिक परिवेश बालक में उचित-अनुचित, सद्-असद्, अच्छा-बुरा, काम्य-अकाम्य का भाव जगाता है, आरोपित करता है। यह भाव न हो, तो बालक सामाजिक कैसे बन सकता है? परन्तु कोई भी परिवेश सनातन नहीं है, इसलिए वे भाव भी सार्वदेशिक-सर्वकालिक नहीं है, अतः ये भाव जीव की सीमा बन जाते हैं, बन्धन बन जाते हैं। लक्ष्मण-रेखा बन जाते हैं। उसे संसारी बनाए रखते हैं। अध्यात्मराज्य में जाने से रोकते भी हैं, उसे सामान्य-सापेक्ष बनाए रखते हैं, भक्तमानस सामान्य-मानस नहीं होता, अकिञ्चन-मानस होता है। सामान्य मन जो "कुछ" है, उसे सम्भालता है, संग्रह करता है। अकिञ्चन-मानस "उस कुछ" को लुटा देता है। एक भक्त की अनुभूति चैतन्य-महाप्रभु के सम्बन्ध में है —

---

१. श्रीश्रीचैतन्यचरितावली (गीताप्रेस), पृ० ४२२।

निष्ठां प्राप्ता व्यवहृतिमतिलौकिकी वैदिकी वा
या वा लज्जा प्रहसनसमुद्गाननाट्योत्सवेषु।
ये वा भूवन्नहहसहजप्राणदेहार्थधर्मा
गौरश्चौरः सकलमहरत् कोऽपि मे तीव्रवीर्यः।[1]

गौरवर्ण के उस चोर ने हमारी लौकिकी-वैदिकी-व्यवहार-निष्ठा को चुरा लिया, देह के निमित्त जिन सहज धर्मों को धारण करता था, वे भी छीन लिए, नृत्य करने में पहले लज्जा आती थी, वह लज्जा भी चुरा ली। निर्भय बना दिया। शंकराचार्य कहते हैं —

निस्त्रैगुण्ये पथि विचरतः को विधिः को निषेधः।

सत-रज-तम पीछे छूट गए, अब समाज के विधि-निषेधों का अर्थ ही क्या रह गया? रसिक-भक्तों की यह केलिवार्ता इस मनःस्थिति की वस्तु है।

अब यहाँ एक प्रश्न उठता है — क्या वृन्दावन-केलिवार्ता की कोई प्राचीन-परम्परा रही हैं? इसका उत्तर "हाँ" है। यदि ऐसा न होता, तो महाप्रभुचैतन्य रूपगोस्वामी और सनातनगोस्वामी से यह क्यों कहते — "कालेन वृन्दावनकेलिवार्ता लुप्तेति तां ख्यापयितु विशिष्य।"[2] समय के प्रवाह में वृन्दावन की केलिवार्ता लुप्तप्राय हो गई है, इन लीलाओं को विस्तार के साथ प्रकाशित करना होगा।

इसके साथ ही भागवत में काम को मूल-तत्त्व मानने वाले किसी सम्प्रदाय का भी संकेत मिलता है —

केचित्कर्म वदंत्येनं स्वभावमपरे नृप,
एके कालं परे दैवं पुंसः काममुतापरे। (४.११.२२)

गौड़ीय वैष्णव-सम्प्रदाय में काम-गायत्री का रूप है — "ॐ कामदेवाय विद्महे षुष्पवाणाय धीमहि तन्नोऽनंगः प्रचोदयात्[3]।"

१. चैतन्यचरितावली, पृ० ५२३।
२. श्रीचैतन्यचन्द्रोदय ना० ९/ ४८ श्रीश्रीचैतन्यचरितावली, गीताप्रेस, पृ० ५२३।
३. भारतीयवाङ्मय में श्रीराधा, पृ० ३१५।

८

आवत जात बजावत नूपुर।
मेरौ तेरौ न्याउ दई के आगें जो कछ करौ सो हमारे सिर ऊपर॥
प्यारी जू! निपट निकट मबास है, रही पैंड दूपर।
श्रीहरिदास के स्वामी स्यामा कुंजबिहारी बिलसत निहचल धूपर॥

नूपुर की भावभूमि पर श्रीललितकिशोरीदेवजू ने रस की साखी लिखी है —

नूपुर सबद सुनाय कें प्रीतम किये चैतन्य।
ढिंग बैठी भामिनी आवत जात सु जन्य।
दई सु कहियै प्रेमकों दई सु कहियै बात।
ताके आगें न्याव है समझि विरह की घात।
उमँगि मिली हैं भामिनी प्रीतम उर लपटाय।
संभ्रम दियौ मिटाय कें ध्रुवपद केलि कराय [१]

८.१ बिलसत निहचल धूपर

केलि के सर्वोच्च निभृत-स्थल को स्वामीजी ने "ध्रुव" संज्ञा दी है। अठारहवें पद में भी है — "हिलमिल केलि अटल रति भई धूपर।" ध्रुवपद के सम्बन्ध में श्री ललित किशोरी देवजू ने सिद्धान्त की साखी में लिखा —

ध्रुवपद जाकों सब कहें सो ध्रुवपद श्री गुरुदेव।
श्री स्वामी हरिदास बिन, कर्यौ न दूजौ सेव।
निस्चै ध्रुवपद जानि श्री स्वामी हरिदास जू।
और न ध्रुवपद मानि वृन्दाविपिन विहार बिन।[२]

श्रीमद्भागवत में ध्रुवचरित्र के प्रसंग में ध्रुवपद को अव्यलीक और पारमेष्ठ्य-पद कहा गया है — "अजोऽध्यतिष्ठत् खलु पारमेष्ठ्यं पदं जितात्मश्वमनाभिवन्द्यम्।" ध्रुवलोक अविनाशी है और उसके चारों और ग्रह-नक्षत्र-तारागण उसी प्रकार चक्कर काटते रहते हैं, जैसे मेढी के चारों-ओर दँवरी के बैल घूमते रहते हैं। ध्रुवपद, जहाँ माया और काल का भय नहीं है।

श्रीललितकिशोरीजी कहते हैं कि श्रीवृन्दावन के नित्य-विहार के सदृश और कोई अटल-अचल पद नहीं हैं। इसलिए "धूपर" शब्द से तात्पर्य यहाँ "अटल" है। "न टरि है तैसें।"

८.२ नूपुर

नूपुर की ध्वनि के प्रभाव के सम्बन्ध में वीठलविपुलजू ने लिखा है —

---

१. श्रीनित्यविहारिणी : रससागर, पृ० ८३६।
२. वही, पृ० ७३१।

तेरे नूपुर धुन री प्यारी श्रवन सुनी
अचल चले चल रहे री रहित गति
खग मृग व्रत मानों धर्‍यौ है मुनी।[1]

श्रीकिशोरदास महन्त के शब्दों में — नूपुर धुन होत ही उदोत परम प्रेम।
बिहारिनदेवजू ने लिखा है —

नूपुर रव श्रवन परी सुनि स्यामहिं सुधि बिसरी।
बिसरी सबै सुधि सुनत स्यामहिं पीत वसन कहूँ खसे।

श्रीहरिव्यासदेवाचार्य ने "महावाणी" में कहा है कि श्रीराधा के नूपुर का जो कलरव है, उसी का नाम शब्द-ब्रह्म है —

श्री राधा पद कमल तें नूपुर कलरव होय।
निर्विकार व्यापक भयौ शब्द ब्रह्म कहि सोय।

सनकादि-संहिता का कथन है कि केलि के समय श्री राधा के नूपुरों से जो कलरव हुआ, उस नाद की संज्ञा ही ब्रह्म है —

कृता युग्मेन साकेलिर्महानंदमयी ध्रुवा।
नूपुराज्जनितो रावः स रावो ब्रह्म संज्ञकः। (सनकादिसंहिता, पटल ३१ श्लोक ७४)

नूपुर को रसिकों ने कामोद्दीपक माना है। विद्यापति और जयदेव ने अभिसार के समय नूपुर-ध्वनि को बाधक माना है। दूती कहती है कि नूपुर का शब्द तो शत्रु की तरह से बाधक बन रहा है, इसलिए इन चञ्चल-नूपुरों को उतार दो —

मुखरमधीरं त्यज मंजीरं रिपुमिव केलि सुलोलम्।

विद्यापति की दूती नूपुर को पैर के ऊपर चढ़ा लेने को कहती है, ताकि रास्ते में झंकार न हो —

चरन नूपुर ऊपर सारी, मुखर मेखल कर निवारी।

नूपुर को अन्यत्र भी अनेक स्थलों पर सौन्दर्य और लालित्य का व्यञ्जक बताया गया है। शंकराचार्य ने सौन्दर्य-लहरी में राजराजेश्वरी ललिता के नूपुर की ध्वनि को विजय का प्रतीक कहा है। भस्म हुआ कामदेव आपके चरण-कमलों के स्पर्श से जीवित होकर किल-किला शब्द करने लगा (८६) एक दूसरी शिखरिणी में उन्होंने कहा है कि सुन्दर-सुन्दर हंस आपके चरण-कमलों के नूपुरों के शब्द से शिक्षा ग्रहण करते हैं — "स्वविक्षेपे शिक्षां सुभगमणि-मंजीररणितच्छलादाचक्षाणं चरणकमलं चारुचरिते।" (सौन्दर्य-लहरी ९१)

---

१. श्रीनित्यविहारिणी : रससागर, पृ० ७१।

९

दीठ चैंप बर फंदा मन-पिंजरा राख्यौ लै पंछी बिहारी।
चुगौ सुभाउ प्रेंमजल अंग स्त्रवत पीवत न अघात रहे मुख निहारी॥
प्यारी-प्यारी रटत रहत छिन ही छिन, याकें और न कछू हिया री।
सुन हरिदास पंछी-नाना रंग देखत ही देखत प्यारीजू न हारी॥

९.१ पींजरे कौ पंछी : बिहारी

यहाँ श्यामा-श्याम की प्रीति के सुकुमार-स्वरूप की ओर देखें। श्यामाजू फँसाने वाली हैं और फँसने वाले हैं बिहारीजू। बिहारीजू पिंजरे में हैं और श्यामाजू पिंजरे के बाहर हैं। कुञ्जबिहारी श्यामाजू को देखकर नहीं अघाते, श्यामाजू कुञ्जबिहारी को निहारते-निहारते नहीं अघाती। एक ओर बिहारीजू "प्यारी-प्यारी" रटते हैं, तो दूसरी ओर श्यामाजू उन्हें प्रेमामृत का पान कराती हैं। दोनों ही प्रेम के विषय और दोनों ही प्रेम के आश्रय हैं। दोनों ही सौन्दर्य हैं और दोनों ही माधुर्य हैं। दोनों ही आनन्द-समुद्र के नवनीत हैं। वे एक ही आनन्द-समुद्र-सार-सर्वस्व के दो रूप हैं। दोनों के तन-मन में दोनों है। फिर भी नित्य-विहार की सुकुमारता यह है कि राधाजू वशिनी है और बिहारीजी वशवर्ती है। राधा स्वाधीन-वल्लभा हैं। रसिक भक्त (वीठलविपुल) कहते हैं —

हमारें माई स्यामाजू कौ राज। जाके अधीन सदा ही साँवरौ या ब्रज कौ सरताज।

अर्थात् "हमारे कुञ्जमहल-रसदेश में तो श्यामाजू का एकछत्र राज्य है और लालबिहारी ठाकुर सदाकाल इनके अधीन रहते हैं।"

एक में रसपान की जितनी आतुरता है, दूसरे में रस पिलाने की उतनी ही बैचैनी है। न पीने वाला थकता है, न पिलाने वाला। यह स्वभाव प्रेमजल है। स्वभाव अर्थात् अपनपौ, निरतिशय-आकर्षण का केन्द्र, निरतिशय-सौन्दर्य और निरतिशय-आनन्द। ललितकिशोरीदेव ने अपने एक पद में लाड़ले का स्वभाव बतलाया है —

छिन छिन लाल करत आधीनी सदा प्रसन्न रहौ तुम गोरी[1]

यों राधा-कृष्ण के प्रेम का वर्णन जयदेव, विद्यापति, सूरदास, परमानन्ददास, नन्ददास आदि अनेकानेक भक्त-कवियों ने किया है, परन्तु रसदेश के निकुञ्जमहल के श्यामा-श्याम की प्रीति का स्वरूप अनूठा है। श्यामा-श्याम अद्वय हैं। परम-तत्त्व रस अपने ही आस्वाद के लिए दो रूप धारण करता है, इसलिए दोनों में भेद नहीं है और दोनों में से एक को प्रधान और दूसरे को अप्रधान कहना भी अयुक्तिसंगत है —

अबला-प्रबला काकों कहियै, दोऊ सम कर आनंद लहियै[2]

इसके बावजूद श्यामाजू धीर हैं, उनका प्रेम गुह्य है और प्रियतम का प्रेम प्रकट है, वे अधीर हो जाते हैं। इसलिए "गर्व शिरोमणि लाड़ली, और दीन शिरोमणि लाल।"[3] वाली स्थिति है। स्वयं स्वामी हरिदासजी की वाणी में कुञ्जबिहारी याचक हैं (के० ४५) वे स्वयं कहते हैं — "हौं अति दीन राखि लै बाहु बल" (के० ३५)

---

१. सर्वोपरिनित्यविहारिणी : रससागर, पृ० ८४८।
२. वही, पृ० ८०८।
३. वही, पृ० ८१७।

"कुंज बिहारी रस-बस कीन" (के० २६) वे बार-बार प्रियाजू के चरणों में लिपट जाते हैं — "चरण लिपटाने दूहून री" (के० ४९), "या भलें मनावत दाबि उपाहीं" (के० ५३), "रीझ प्रिया पग परन" (के० ५०) जब प्रियाजू को निहारने के लिए सखियाँ एकाएक उस एकान्त-कुञ्ज में पहुँच जाती हैं, तो वे देखती हैं कि लाड़लीजू लेटी हुई हैं और प्रियतम उनके पैर दाब रहे हैं — "पिय सों पाँइ चँपावती" (के० १०५)। सखियाँ राधा की महिमा का बखान करते हुए कहती हैं – "सुधर भये बिहारी याही छाँह ते" (के० २४)। स्वयं प्रियतम कहते हैं – "जहाँ-जहाँ चरन परत प्यारीजू तेरे, तहाँ-तहाँ मेरौ मन करत फिरत परछाँही।"

बिहारिनदेवजू की वाणी है — "सब ठाकुर कौ ठाकुर बिहारी ता ठाकुर की ठाकुर ठकुराइन।"[1] श्री सरसदासजी ने लिखा – "छबीले छबि सों चाँपत पाँइ।" श्री रसिकदेवजू ने एक चित्र अंकित किया है, जिसमें लाड़लीजू सुख में विराजमान हैं और प्रियतम खड़े होकर उनकी किंकिणी को सम्हाल रहे हैं। बिहारीजू स्वयं कहते हैं —

प्यारीजू तें मोहि मोल लियौ।
तेरी कृपा मदन-दल जीत्यौ तेरौ जिवायौ जियौ।
उमड़ी सैन महामनमथ की तैं अधरामृत दियौ।
श्रीरसिकबिहारी कहत दीन है धनि स्यामा कौ हियौ।[2]

गुरुदेव श्री बिहारिनदेवजू ने एक साखी लिखी है —

जाँचै जूठि न पाइयै पाँ परि हा हा खाइ।
जो ठाकुर कहि बोलिऐ, तौ सकुच तनिक है जाय।[3]

सखियाँ परस्पर चर्चा कर रही हैं कि बिहारीजू तीनों लोक के ठाकुर हैं परन्तु पता नहीं, यहाँ इनकी ठकुराई कहाँ चली गई? यहाँ तो ये प्रियाजू की जूठन के लिए ललचा रहे हैं। वह जूठन भी इनको ऐसे ही नहीं मिल जाती, उसके लिए ये सखियों से याचना करते हैं। हाहा खाकर माँगते हैं। सखियाँ कहती हैं कि हमारी यूथेश्वरी श्रीललिता हैं, उनके पैर पड़ो, तब वे प्रसन्न होकर आपको प्रियाजू की जूठन देंगी। लालजू तब ललिताजू के पैर पड़ने लगते हैं, तब ललिताजू प्रियाजू की ओर निहारती हैं — "लाड़लीजू! ये तीन लोक के ठाकुर हैं, आपकी अधीनता करें हैं।" प्यारे कहते हैं — "हे ललिते! प्रियाजू के आगे मुझे ठाकुर मत कहो। मैं तो इनकी उच्छिष्ट का याचक हूँ" —

ताहि सुहाइ न ठकुरई, बड़ प्रताप विस्तार।
जाँचत दै दिन जीविका, सखि मोहि अहार विहार।[4]

श्रीलाल का ऐश्वर्य, प्रताप और वैभव ऐसा है कि अनन्त-ब्रह्माण्ड के नायक इनके सुख को देखते हैं और आज्ञा में उपस्थित रहते हैं परन्तु नित्य-विहार का रस ही ऐसा है कि यहाँ ऐश्वर्य, प्रताप और वैभव "खीर में किरकिरा है।" यहाँ इनको ठकुराई सुहाती नहीं, यहाँ तो ये ललिता-सखी से जीवन का सुख-सर्वस्व विहार माँगते हैं।

---

१. सर्वोपरिनित्यविहारिणी : रससागर, पृ० ४७८।
२. वही, पृ० ६३८।
३. वही, पृ० ११८।
४. वही, पृ० ११९।

श्रीहितहरिवंशजी ने लिखा है — "प्रीति की रीति रंगीलौ ई जाने, जद्दपि सकल लोक चूडामणि दीन अपनपौ मानें।"

प्रियतम की यह दीनता-अधीनता किसी बाहरी तन्त्र की विवशता नहीं है। यह रसविवशता अपने ही हृदय की गहराई में विद्यमान तत्सुखभाव, प्रेम और समर्पण का स्वरूप है। स्वामीश्रीहरिदास के रसदेश में सूक्ष्मतम और विशुद्धतम प्रेम का प्रकाश है, यहाँ कुञ्जबिहारी निकुञ्ज-ठकुरानी की प्रत्येक अदा पर न्यौछावर होते रहते हैं। वे प्यारीजू के प्रेम के अधीन हैं। वीठलविपुलजी कहते हैं —

लालन तेरेई आधीन। सुनरी सखी हों साँच कहत हों तू जल है ये मीन।[१]

अथवा

जो भावै सो करहु किसोरी मोहन तेरे बस पर्‍यौ।[२]

सूरदास ने अपने एक पद में रसवश श्यामसुन्दर के स्वरूप को स्पष्ट करते हुए कहा है कि जैसे चातक स्वाति-नक्षत्र के मेघ-बिन्दु के वश में है, जैसे चकोर चन्द्रमा के वश में है, जैसे चकवा सूर्य से बँधा है, जैसे हरिण नाद के वशीभूत है और जैसे मीन जल के वश में है और छाया जैसे शरीर के वश में है वैसे ही श्यामसुन्दर राधा के अधीन है —

स्याम भए राधा बस ऐसें।
चातक स्वाति चकोर चंद ज्यों चक्रवाक रवि जैसें।
नाद कुरंग मीन जल की गति, ज्यों तन के बस छाया।
इकटक नैन अंग छवि मोहे थकित भए पति जाया।
उठें उठत बैठे बैठत हैं, चलें, चलत सुधि नाहीं।
सूरदास बड़-भागिनि राधा समुझि मनहिं मुसकाहीं।[३]

"दृष्टिचेंप वरफंदा" पद की भावभूमि पर एक कवित्त श्रीरूपसखीजू का है —

नाना रूप रति अति, तृपित न होत किहूँ,
पंछी बिहारी प्यारी खेलिबौ करत है।
पुहुप परजंक अंक पिंजरा में राख्यौ जानि
अधर पान कुचदान चुगौ धरत है।
श्रमकन अंगनि में महा छवि रंगनि में,
नीर सो पिबाइ ज्याय भुजनि भरत है।
रटत बिहारी प्यारी नाम महासुख कारी,
रूप कौ पियासे नैन बैन उचरत है।

ध्यान देने-योग्य तथ्य है कि भागवत-परम्परा में गोपियाँ कृष्णाधीन हैं, रसदेश में कृष्ण राधा के रसवश हैं। "ललिता-सहस्रनाम" में भी शिवा स्वाधीन-वल्लभा हैं।

---

१. सर्वोपरिनित्यविहारिणी : रससागर, पृ० ७०।

२. वही ।

३. सूरसागर, पृ० ९५३।

१०

भूलें भूलें हू मान न कर री प्यारी, तेरी भौंहें मैली देखत प्रान न रहत तन।
जिय न्यौछाबर करौं प्यारी तो पै, काहे तें तू मूकी कहत स्याम-घन॥
तोहि ऐसें देखत मोहि अब कल कैसें जु होइ प्रानधन।
सुनि हरिदास काहे न कहत यासौं छाँड़ छाँड़ अपनौं पन॥

१०.१ मान-रस

केलिमाल में मान-रस के बहुत से पद हैं — तू रिस छाँड़ री राधे (१७), राधे दुलारी मान तजि (२२), काहे कों मान करत मोहिऽब कत दुख देत (३९), एक बोल बोल दै जू मान न करों (५९), बोल बोलिऐ जू मान न करि हों (९१), मान, अब चल री एक संग रहौ कीजै (१६), जो कछु कहत लाड़लौ लाड़लीजू सुनियै कान दै (४५), प्यारीजू, हम तुम दोऊ एक कुंज के सखा रूठें क्यों बनें (७९), प्यारीजू, एक बात कौ मोहि डर आवत री मत कबहूँ कुमया कर जात (७८), प्यारीजू बोलत नाँही (७६), पिय सों तू जोई जोई करै (४३), प्यारी अब क्यों हू क्यों हू आई है (५१)।

मान प्रेम की ही एक अवस्था है, जिसमें प्रियतम विह्वल हो जाते हैं, प्यारी को मनाते हैं, मनुहार करते हैं, निहोरे करते हैं, नाना प्रकार से प्रसन्न करते हैं और प्रियाजू में प्रेम की लालसा और अधिक उमंगती है — प्रेम की अतृप्त प्यास। नित्य-विहार का विस्तार प्रेम-समुद्र की इन्हीं तरंगों के बीच होता है। बिहारिनदेवजू कहते हैं —

रूठनों तूठनों यों रस बूठनों तूठने ते अति रूठनौ भावै।
श्रीबिहारिनदास कें प्रेम अभंग, सुरंग में रंग अनंग बढ़ाबै।[1]

कामरस को उत्तेजित करता है — मान। इसलिए मान में श्रीराधा और अधिक आकर्षित करती हैं, सम्मोहित करती हैं। वे सखी से कहती हैं कि जब कभी मैं मौन होकर बैठ जाती हूँ — मोहनलाल हँसकर मन में प्रसन्नता भर देते हैं —

जब कबहू हों रहों री मौन है, हँसि मन मोद बढ़ाबै

"उज्ज्वलनीलमणि" में श्री रूपगोस्वामी ने मान की परिभाषा की है —

दंपत्योर्भाव एकत्र सतोरप्यनुरक्तयोः।
स्वाभीष्टाश्लेषवीक्ष्यादि निरोधी मान उच्यते।[2]

अर्थात् प्रेमी-प्रेमास्पद दोनों एकत्र हों, दोनों अनुरक्त हैं, एक-दूसरे को देखें भी, आलिंगन भी करें, किन्तु उनमें से किसी के भी मन में एक ऐसा भाव बैठा हो, जो मिलन में व्यवधान बन जाए। रूठ का कारण ईर्ष्या भी है — एक नायक की अनेक नायिका हों या एक नायिका के अनेक नायक हों अथवा अनेक नायक और अनेक नायिका हों। परन्तु रसनिकुञ्ज में मान की कोई परिस्थिति नहीं है, इसलिए केलिमाल में प्रियाजी कहीं रूठी हुई हैं भी नहीं, परन्तु प्रियतम से नटखटी करने की उनकी आदत है और उसका कारण है प्रिया के प्रति प्रियतम की गहरी आसक्ति।

---

१. रससागर, पृ० ४८३।
२. उज्ज्वलनीलमणि, शृंगारभेद प्रकरण, श्लोक ७४।

उनके मन में पल-पल आशंका कौंधती रहती है कि प्रियाजी कहीं रूठ न जाएं। इस कारण प्रियतम को मान का आभास हो जाता है। प्रियाजी में धीरता है, प्रियतम अधीर हैं। धीरता में प्रियाजी विनोद करती हैं, चञ्चलता दिखाती हैं। आनन्द-मग्नता की चरम-अवस्था में भी प्रियतम के मन में कोपग्राह का डर आ जाता है।

प्रियतम में प्रियाजू के रूप पर रीझने की बात है और प्रियाजी में प्रियतम की रीझ को देखकर अवाक् रह जाने की बात है। प्यारीजू अवाक् हुईं और प्राणप्यारे के मन में कोप का ग्राह कुलबुलाने लगा।

स्वामी बिहारिनदेव कहते हैं — "रूठत तूठत सब सुख बूठत या रसकी बलिहारीजू।" प्रिया-प्रियतम रूठते हैं तो भी सुख के लिए और तुष्ट होते हैं। रूठ भी रस की अवस्था है, रस का एक अभिनय है, रस की एक मुद्रा है। इसलिए रसिक-भक्तों ने ऐसे पदों को मान के पद नहीं, मान-रस के पद कहा है।

यहाँ एक महत्त्वपूर्ण प्रश्न है कि रसदेश में एक ओर तो मान-रस के बहुत से पद हैं, दूसरी ओर रसदेश की टकसाल है कि —

तहाँ नहीं कछु श्रम तम न गम विरह भ्रम मान लवलेस प्रवेस न प्रसंगी।[1]

परम-सूक्ष्म परम-उज्ज्वल इस प्रेम-रस में विरह, भ्रम, मान आदि का प्रवेश ही नहीं है। रसनिकुञ्ज में मान का कोई कारण ही नहीं है दूसरी ओर मान के पद भी मौजूद हैं।

"गीतगोविन्द" में ही देखें — "अनेकनारी परिरंभ-संभ्रमः"। यहाँ कृष्ण बहुवल्लभ हैं और अनेक गोपियों के साथ केलि करते हैं। राधा को अपनी उस उपेक्षा से रोष होता है। वह कुञ्ज में अकेली बैठकर संताप करती हैं — "विगलितनिजोत्कर्षादीर्ष्यावशेन गतान्यतः क्वचिदपि लता-कुंजे गुंजन्मधुव्रत-मंडलीम्" (द्वितीय सर्ग)। मिलने का वचन देकर भी कृष्ण नहीं आते —

नायातः सखि निर्दयो यदि शठस्त्वं दूति किं दूयसे।
स्वच्छन्दं बहुवल्लभः स रमते किं तत्र ते दूषणम्।[2]

विद्यापति-पदावली की राधा कहती हैं — हे सखी, कृष्ण के हृदय में करुणा नहीं है, अब घर जाने पर मुझे जगह नहीं मिलेगी। अमृत का घड़ा समझा था, वह विष का प्रवाह था —

सजनी! निकरुण हृदय मुरारि।
अब घर जाइते ठाम न पाओब, परिजन देओब गारि।
अमिअक घट बोलि हाथ पसारल, पाओल गरलक धार।[3]

अनेक स्थितियाँ हैं, जो रस में बाधक हैं, जैसे स्वामी अकस्मात् चले गए, प्राणपण से आराधना की, पर अपने नहीं हो सके —

हे सखि सामि अकामिक गेला जिवहु अराधल अपन न भेला।[4]

एक अन्य पद में कहा गया कि श्रीकृष्ण परकीया के रसिक हैं, हम तो कुलवती नारी हैं —

सेहे परदेसे परजोषित रसिया, हमे धन कुलमति नारि।[5]

एक अन्य पद में वचन चूकने का सन्दर्भ है — "कइसे हति वचन चुकला" (८८) तुम्हारा हृदय वज्र के समान

१. श्रीनित्यविहारिणी : रस सागर, पृ० ५१७।
२. श्री गीतगोविन्दम् (गौड़ीय वेदान्त), पृ० २५५।
३. विद्यापति-पदावली (बिहार रा. प.), तृतीय भाग, पृ० २०३।
४. वही, प्रथम भाग, पृ० १२।
५. वही, पृ० ३८।

कठिन है, वचन अमृत की धार है, मैं कपट का व्यवहार पहले नहीं समझ सकी। मन में जितने मनोरथ थे, सभी विपरीत हो गए —

तोहर हृदय कुलिस कठिन वचन अमिञ धार।
पहिल हि नहि बूझए पारल कपट के बेवहार।
जतजत मन छल मनोरथ विपरीत सबे भेल।[1]

एक पद में सखी कहती है कि अधिक मान मत करो, नहीं तो वे रूठकर दूसरी गोपी के पास चले जाएंगे, वे सोलह हज़ार गोपियों के स्वामी हैं —

बिधि बसे अधिक करहु जनि मान, सोरह सहस गोपीपति कान्ह।

विद्यापति की राधा माधव से कहती है कि अन्त तक नया अनुराग रखना, जिससे मेरा मान नष्ट न हो –

नव अनुराग ओल धरि राखव जे न विघट मोर माने।[2]

माधव वादा करके भी संकेत-स्थल पर नहीं आए। वह उसे कपट-मन्दिर बतलाती है, उसके शब्द हाथी के दाँत के समान हैं —

अनुभवे भेल कपट-मंदिर आवे की करन आनि।
सुपुरुख वचन रद सम मोहिअ अखलल मान।

यही कारण है कि विद्यापति की राधा का मान भी दारुण है —

परिहर दारुण मान[3]

अथवा

गिरिसम गरुअ मान नहिं मुंचसि अपरुब तुअ बेवहारे।[4]

विद्यापति कहते हैं — रूठी हुई रमणी पुण्यवान् पाते हैं —

रुसलि रमनि पुनु पुनमत पावे[5]

मान के सम्बन्ध में सूरसागर में अनेक प्रकार की स्थितियाँ हैं। कृष्ण राधा के द्वार पर आए, परन्तु राधा ने गर्व किया, कृष्ण लौट गए —

मैं अपने जिय गर्व कियौ।
सूरस्याम प्रभु वै बहुनायक, मो सी उनकें कोटि तियौ।[6]

अब उसके मन में पश्चात्ताप हो रहा है, जिसके लिए रात जगते हुए बिता दी, उसी से मान कर बैठी —

रैनि मोहि जागतहि बिहानी मान कियौ।[7]

---

१. विद्यापति-पदावली (बिहार रा. प.), तृतीय भाग, पृ० ५०।
२. वही, पृ० ३२६।
३. वही, द्वितीय भाग, पृ० ९०।
४. वही, पृ० ४९५।
५. वही, पृ० १९२।
६. सूरसागर, नागरी प्रचारिणी, संवत् २०१८ पृ० ९३८।
७. वही, पृ० ९४१।

सखी राधा को समझाती हैं कि मान के बिना प्रीति नहीं रहती —

मान बिना नहिं प्रीति रहैरी।
बैठि रहै काहे नहिं दृढ़ है, फिर काहे नहिं मान गहैरी।[१]

परन्तु राधा कहती है मान कैसे करूँ, मन ही स्थिर नहीं होता —

मनहिं कहों करि मान स्याम सों, पै वह नाँही कह्यौ करै।[२]

अब मैं भूलकर भी मान नहीं करूँगी —

भूलि नहीं अब मान करों री।[३]

दूसरे चित्र में राधा मान कर बैठी हैं। कृष्ण "राधा-राधा" रटते हैं, और अधीर हो जाते हैं। सखी आती है —

चलौ किन मानिनि कुंज कुटीर।
तुम बिन कुँवर कोटि बनिता तजि सहत मदन की पीर।[४]

"खण्डिता-प्रकरण" के एक चित्र में कृष्ण रात बिताकर आते हैं तो राधा कहती है —

काहू कें जागत सगरी निसि, काहू विरह जगावत हौ।[५]
क्यों आए उठि भोर इहाँ।
काहे कों इतने सरमाने, रैन रहे फिरि जाहु तहाँ।[६]

"मध्यम-मान" का चित्र है —

बैठी मानिनी गहि मौन।
मनौ सिद्ध समाधि सेवत सुरनि साधे पौन।
अचल आसन पलकतारी गुफा घूँघट मौन।
रोष ही कौ ध्यान धारैं टेक टारै कौन।[७]

या

बिहरत मानसर सुकुमारि।
रह्यौ रचि रुचि मान, मानिनि मन मराल मुरारि।
सूर आपन मानियै गहि बाँह नारि निकारि।[८]

हे श्यामसुन्दर, मानसर में से बाँह पकड़कर राधा को आप ही निकालिए। प्रियतम मनाते हैं परन्तु मानिनी नहीं मानती —

---

१. सूरसागर, पृ० ९४१।
२. वही, पृ० ९४३।
३. वही, पृ० ९४४।
४. वही, पृ० १०२५। यह पद सूरदास की छाप से सूरसागर में है। तथा "हित हरिवंश परम कोमल चित चपल चली पिय तीर" छाप से हितचौरासी में पद संख्या ३७ पर है। दोनों का साहित्यिक-सांस्कृतिक सम्बन्ध ध्यान देने योग्य है।
५. वही, पृ० १०४५।
६. वही, पृ० १०४६।
७. वही, पृ० १०५३।
८. वही, पृ० १०५३।

प्रिया पिय नाँहि मनायौ मानै।
श्रीमुख वचन मधुर मृदु मादक कठिन कुलिस तैं जानें।[1]

सूरदास ने मानलीला का बहुत विस्तार से वर्णन किया है। जयदेव और विद्यापति से लेकर सूरदास तक मान के जो कारण हैं, मान के जो रूप हैं, वे स्वामी हरिदास के रसदेश में नहीं है, क्योंकि न तो यहाँ बहुवल्लभता है, न प्रवास है, न कपट है, न यहाँ स्वकीया-परकीया जैसा सामाजिक-परिवेश, भेदभाव है फिर भी मान है, इसे नकारा नहीं जा सकता, हालाँकि इस मान का स्वरूप सभी से भिन्न है। मान का स्वरूप स्पष्ट करते हुए रूपगोस्वामी कहते हैं कि —

स्नेहस्तूत्कृष्टता वाह्या माधुर्यमानयन् नवम्।
यो धारत्यदाक्षिण्य स मान इति कीर्त्यते।[2]

स्नेह (चित्तद्रव) जब नवीन माधुर्य को प्राप्त करता है, उसमें वामता विशेष का उदय होता है, जिससे वह अपने को आच्छादित करता है, वह भाव मान है। बाहर से सूखापन है परन्तु हृदय में स्नेह की तरंगें हैं। यह मान प्रेम के उत्कर्ष की विशिष्ट अवस्था है। रूपगोस्वामी ने घृतस्नेह के सूचक मान को उदात्त कहा और मधुस्नेह के सूचक मान को ललित कहा है। मधुस्नेह में प्रियतम के प्रति अतिशय मदीयता का भाव है। मधु में स्वाभाविक-माधुर्य है जबकि घी में बूरा मिलाना पड़ता है।

विद्यापति एक पद में कहते हैं कि मान-सुन्दरी का बहुमूल्य धन होता है "मानिनि मान महघ धन तोर"[3] दूसरे पद में राधा कहती है कि मैंने कपट-कोप से मान किया था — "कोपे कपटे कएल मान"[4] स्वामी श्री ललित किशोरीदेव ने रसदेश के मान को दो नाम दिए हैं — कपटमान और लाड़मान। लाड़ली बड़ी प्रवीण हैं और काम का भाव बढ़ाने के लिए लाड़मान करती हैं —

अति प्रवीन हैं लाड़ली रतिपति-चाह बढ़ाय।[5]
लाड़मान रूखी भई, कपट प्रकट मुसकाय। (२७७)

राधा कनखियों से सखी को देखती हैं और मुसका देती हैं, उधर प्रियतम अधीर हो जाते हैं, तब सखी संकेत से कहती है — कपटमान क्यों कर रही हैं —

बिनु मानन व्याकुल रहें, मिलत ही मिलत अधीर।
तहँ कपट मान क्यों कीजियै समुझि पिया की पीर।[6]

प्रियतम मिलते-मिलते में भी मान की आशंका से ही अधीर हो जाते हैं, तुम कपट-मान करती हो। तब श्यामाजू कहती हैं —

मान नहीं तहँ मान कहि इन्हें न क्यों समझाव।[7]

---

१. सूरसागर, पृ० १०५९।
२. उ.नी. स्थायीभाव श्लो० ९६।
३. विद्यापति-पदावली, तृतीय भाग, पृ० १६७।
४. वही, द्वितीय भाग, पृ० ४३।
५. सर्वोपरिनित्यविहारिणी : रससागर, पृ० ८२६।
६. वही।
७. वही।

तुम प्रियतम को समझाती क्यों नहीं हो, कि ये जहाँ मान नहीं है, वहाँ मान का सम्भ्रम करते हैं? प्रियाजू कपट का मान करती हैं और प्रियतम कहते हैं – प्यारीजू! तुम्हारा यह जो कपट-लपट का मान है, वह मुझे आकर्षित कर लेता है, बाँध लेता है —

मेरे मन करषति तिया, कपट लपट कौ मान।[1]

ललितकिशोरी कहते हैं लड़कबाबरी राधा लाड़ ही लाड़ में मान करती हैं और लाड़मान में ही तन-मन को हर लेती हैं —

तैसे लड़क बाबरी मान में, तनमन अति हरि लेत। जैसे कामिनि काम रति, प्रीतम पुर सुखदेत।[2]

दोनों दरस-परस सुख-सिन्धु में निमग्न हैं, तभी प्रियतम प्रेम-चटपटी के चाव में खटपटी लगाते हैं, "प्यारी सम्भ्रम और मान को सदा के लिए त्याग दो।" यह कहते-कहते प्रियतम दीन हो गए। प्रियाजू हँसते-बोलते कहने लगी — "प्यारे, तुम्हें मान का सम्भ्रम है, तुम्हीं इस सम्भ्रम को छोड़ दो। मैं जल हूँ और तुम मछली हो" —

दरस परम सुख सिंधु में प्रेम चटपटी चाव।
संभ्रम माननि मान तजि, करत खटपटी राव।
प्रिया हँसत बोलत वचन, कहँ प्रीतम मन दीन।
मान नहीं संभ्रम तजौ, मैं जल तुम हौ मीन।[3]

प्रियतम के प्रेम-रस की उत्कट-लालसा श्यामाजू में मान जैसी प्रतीत होती है । मान की इस मुद्रा में प्रियतम प्यारीजू का लाड़ करते हैं, जैसे-जैसे लाड़ करते हैं वैसे-वैसे लाड़ली रस की अवस्था में चली जाती हैं, प्रियतम और अधिक लाड़ करते हैं और अधिक लाड़ करते हैं, कहते हैं — "प्यारीजू छिन-छिन ठानत मान" तब प्यारी कहती हैं — "मैं मान कियौ तुम सों कबै?" (नागरीदेव ६९) मैं भला, तुमसे मान क्यों करूँगी? मैंने तुमसे मान किया ही कब था?

१०.२ भौंहे मैली देखत

प्रियतम प्रियाजू की मुद्राओं को देखकर उनके मन की अवस्था का अनुमान करते हैं। निकुञ्ज में साधारण-भाषा के लिए अवकाश ही कितना है? रत्नाकर ने प्रेम की अवस्था में अभिव्यक्ति का जो स्वरूप बतलाया है — "नेंकु कही बैनन अनेक कही सेंनन सों, रही-सही सोऊ कहि दीनी हिचकीन सों" अर्थात् शब्दों से तो कुछ ही कह सकती थी, इसलिए कुछ तो शब्दों से कह दिया पर संकेतों से कुछ अधिक कहा और जो बच गया, वह हिचकियों ने कह दिया। अंगभाषा (body language) की बात है। केलिमाल के सुकुमार भावों के सम्बन्ध में रसिक-भक्त कहते हैं — "साँस समुझि सुर बोलियै डोल नयन की कोर" यहाँ तो आँखों में पुतलियाँ डोलती हैं तथा श्वास-प्रश्वास की गति उतरती-चढ़ती है, बस यही निकुञ्ज की भाषा है। प्रियतम ने भौंहों को मैला देखा है, उन पर वक्रता नहीं आई। भौंहों में वह अनुराग का भाव नहीं छलक रहा, सामान्यतः उदासीनता है। इसका कारण और भी कुछ हो सकता है, परन्तु बिहारीजू कहते हैं — "तेरी भौहें मैली देखत प्रान न रहत तन।"

---

१. सर्वोपरिनित्यविहारिणी : रससागर, पृ० ८३२।
२. वही, पृ० ८१७।
३. वही, पृ० ८३४।

प्रियतम आँखों में अपनपौ देखते हैं (पद० ६) और प्रेम की समस्त व्याख्या आँखों में पढ़ लेते हैं। एक-दूसरे को भुजाओं में भरकर परस्पर निहार रहे हैं और आँखों में ही प्रेम का भाष्य लिखा और पढ़ा जा रहा है, प्रियाजू चितवन के द्वारा ही प्रियतम को अपने वश में कर लेती हैं। प्रियतम कटाक्ष करते हैं और करोड़ों कामदेव घायल हो जाते हैं। निकुञ्ज में शब्द का भरोसा नहीं किया जा सकता, शब्द का अभिव्यक्ति-सामर्थ्य है ही कितना? इसके ऊपर बात यह है कि "औरै कहत कछ औरै भन्यौ" — कुछ कहना चाहते हैं और कुछ का कुछ कह जाते हैं। तभी तो स्वामीजी ने "सस भाइ भासा विचित्र" कहा। निकुञ्ज की भाषा ही विचित्र है। बोल आधे-अधूरे हैं, जो छलक पड़ते हैं। कहीं बंक चितवन से बात कही जाती है, तो कहीं संकेत-स्थल खोर की ओर नजर घुमाकर बात कही जाती है। कहीं मुसकाकर मुख मोड़ते हैं। "कहीं कटि सों करि संकेत" वाली बात है और कहीं "भुवछेप" भौंहों की वक्रता असह्य बन गई है। कहीं दाँतों में जीभ दबाकर विस्मय का भाव प्रकट हो रहा है। "अंग-अंग प्रति नानाभाव दिखावत", अंग-प्रत्यंग से भावों की अभिव्यक्ति होती है। प्रियाजू चितवन की आरी चलाती हैं, तब ललितासखी उलाहना देती हैं — अब भी कुछ कहना बाकी रह गया है क्या? भौंहों की वक्रता की बात नन्ददास ने भी कही है —

तेरी भौंह की मरोर तें ललित त्रिभंगी भए
अंजन दै चितए तबै भए स्याम बाम री।
तेरी मुसकान हिये दामिनी सी कोंध जात
दीन है है जात राधे, आधौ लीने नाम री।

१२

कुंजबिहारी, हौं तेरी बलैयाँ लैउँ, नीकें हो गाबत।
राग रागनीन के जूथ उपजाबत॥
तैसीऐ तैसी मिली जोरी, प्रिया जू कौ मुख देखत चंद लजाबत।
श्रीहरिदास के स्वामी स्यामा कौ निरत देखत काहि न भाबत॥

१२.१ स्यामा कौ निरत

केलिमाल में संगीत-नृत्य के अनेक प्रकार के वर्णन हैं। कहीं श्यामाजू ताल दे रही हैं और श्रीकृष्ण नृत्य कर रहे हैं और कहीं बिहारीजू गा रहे हैं और श्यामाजू नृत्य कर रही हैं तथा कहीं दोनों ही नृत्य कर रहे हैं। राग-रागिनियों के समूह सर्वत्र उपस्थित हैं। जब मन में आनन्द भर जाता है और स्वर में छलकता है, तब वह राग है, गीत है और जब वह देह की गति और मुद्राओं में छलकता है, तब वह नृत्य का रूप धारण कर लेता है। गीत और नृत्य आनन्द की दिव्य भाषा है, सार्वभौम भाषा है, अनादि भाषा है। पक्षी गाते हैं और पक्षी नृत्य करते हैं। बिहारिनदासजी ने चित्र अंकित किया है —

लेत विकट औघर तान मिलावत गावत मधुरे मधुरे सुर रीझ रहे नट नागर।
अंग मिलि गावत नव-नव गति उपजावत रति, अतीत अनागत आन-आन रे।
लेत अलापि लाल-ललना मिलि, संच सप्त सुर मधुर तान रे।[1]

निकुञ्ज का समग्र-परिवेश संगीतमय है। प्रातःकाल होता है और ललिताजू वीणा बजाने लगती हैं —

प्रात समय नवकुंज द्वार है ललिता ललित बजाई बीना।[2]

नागरीदास ने जुगलगान का वर्णन किया है —

सप्तसुर मिलि मधुर दोऊ करत हैं गुनगान।
तैसियै सहचरि संग गावत संच सुर बंधान।
राग रागिनी मिलै प्यारी लेत विकट सुर तान।[3]

रसिक-रसिकनी जब नृत्य करते हैं तब रस की अवतारणा होती है —

रसिक रसिकनी किसोर नृत्तत रंगभीने।
गौर सुभग स्याम तने नटवर वपुवेष बने, तत्त ठुमक ठुमक थेई थेई थेई उघटत गति लीने।
कोक संगीत सुघर गावत सुख सर्वोपरि तान तिरप लेत प्यारी पहिरें पट झीने।[4]

सूरसागर में उल्लेख है कि जब श्यामा-श्याम ने सात स्वरों के भेद — कोमल-तीव्र और उनकी भिन्न-भिन्न संगतियों, वादी-संवादी और विवादी आदि का गायन किया तब राग-रागिनियाँ साकार उपस्थित हो गईं —

---

१. रससागर, पृ० ५०१।
२. अष्टाचार्यों की वाणी, पृ० २०५।
३. रससागर, पृ० ५९६।
४. अष्टाचार्यों की वाणी, पृ० २९६।

राग-रागिनी प्रकट दिखायौ गायौ जो जिहिं रूप
सप्तसुरन के भेद बतावत नागरि रूप-अनूप।[1]

एक अन्य पद में सूरदास ने छहों राग तथा छत्तीसों रागिनि का उल्लेख किया है।[2]

१२.२ राग

संगीत के आचार्य कहते हैं — "रंजको जनचित्तानां स राग कथितो बुधैः।" जो चित्त को रंग लेता है, वह राग है। रसशास्त्र के मर्मी कहते हैं कि प्रणयोत्कर्ष से जब दुःख भी सुख रूप में व्यक्त होने लगे, तो वह भाव राग है। "उज्ज्वलनीलमणि" के अनुसार —

दुःखमप्यधिकं चित्ते सुखत्वेनैव व्यज्यते।
यतस्तु प्रणयोत्कर्षात् स राग इति कीर्त्यते।[3]

प्रेम का "अतिशय" चित्त को द्रवीभूत करे तो वह स्नेह है, वही स्नेह अतिशय-प्रियत्व में "भाव-वैचित्र्य" बन जाए तो वह "प्रणय" है। अतिशय-अभिलाष "स्नेह" है और अतिशय "स्नेह" राग है। इस राग के ही कारण प्रियतम और प्रियतमा में क्षण-क्षण अभिनव माधुर्य का अनुभव होता है। संगीताचार्यों की वह स्वर-लहरी, जिसे वे राग कहते हैं और बतलाते हैं कि चित्त को रंगने के कारण वह स्वर-लहरी "राग" है, वास्तव में उसी मनोदशा में व्यक्त होती है, जिसे रसशास्त्रियों ने अतिशय-स्नेह की सुखानुभूति कहा है। सुख की वह मनोदशा, जिसमें दुःख भी सुख जैसा प्रतीत होने लगे। कुञ्जबिहारी श्रीश्यामाजू का मुख निहारते हैं, आनन्द का समुद्र हिलोरें लेता है, वह हिलोर क्या है — स्वर-लहरी है। आनन्द-समुद्र की तरंग स्वर की लहर है। लाड़ से भरे बिहारी गाते हैं और उस गायन से राग-रागिनियों के समूहों का उद्भव हो जाता है।

भारत के संगीतशास्त्र का यह अद्भुत सिद्धान्त है कि स्वर-लहरी में भी राग और रागिनी के विहार को लक्षित किया गया है।[4] स्वर-लहरी में भी सहज-नर और सहज-नारी (छह राग-छत्तीस रागिनी) के विलास की कल्पना की गई, तभी राग है तो उसके साथ रागिनी भी है। जो "रागमाला" संगीत के आचार्यों ने लिखी,

---

१. सूरसागर, पृ० ६५३। २. वही, पृ० ६९८। ३. उज्ज्वलनीलमणि, स्थायी. ११५।

४. नारद-कृत "संगीत-मकरन्द" तथा पं दामोदर-कृत "संगीतदर्पण" (जो कि १६२५ के आसपास लिखा गया है) में राग की उत्पत्ति का सम्बन्ध शिव तथा शक्ति से जोड़ा गया है, यथा

शिवशक्तिसमायोगाद्रागाणां सम्भवो भवेत्।
पंचास्यात् पंच रागाः स्युः षष्ठस्तु गिरिजामुखात्।

शिव तथा शक्ति, दोनों के योग से राग उत्पन्न हुए। महादेव के पाँच मुखों से पाँच राग तथा छठा राग पार्वती के मुख से निकला। शिव ने जब नाट्य (नृत्य) का आरम्भ किया, तब उनके सद्योवक्त्र मुख से श्री राग, वामदेव मुख से वसन्त, अघोर मुख से भैरव, तत्पुरुष-मुख से पञ्चम, ईशान मुख से मेघ, तथा नृत्य के प्रसंग में पार्वती के मुख से नट्टनारायण राग उत्पन्न हुआ। रागोत्पत्ति के विषय में दूसरी धारणा पन्द्रहवीं शताब्दी के शुभंकर विरचित "संगीत-दामोदर" में है। इस ग्रन्थकार ने रागों को कृष्ण तथा गोपियों से सम्बन्धित बताया है। "संगीत-दामोदर" के अनुसार —

गोपीभिर्गीतमारब्धमेकैकं कृष्णसन्निधौ।
तेन जातानि रागाणां सहस्राणि च षोडष।
रागेषु तेषु षटत्रिंशद्रागाः जगति विश्रुताः
कालक्रमेण तथापि हास एव तु दृश्यते।

अर्थात् – सोलह हज़ार रागों की रचना गोपियों तथा कृष्ण के द्वारा हुई है। कालक्रम से इन रागों का ह्रास हुआ तथा प्रचार में छत्तीस राग रह गए।

— हिन्दुस्तानी संगीत में राग की उत्पत्ति एवं विकास, सुनन्दा पाठक, पृ० ३०

उनमें रागों के और रागिनियों के ध्यान लिखे और उसी के साथ उनकी भावभूमि भी लिखी तथा राग और भाव का सम्बन्ध स्पष्ट किया। भावातिरेक ही राग का कारण है। स्वामी हरिदास का रसदेश आनन्द का राज्य है और आनन्द के राज्य में राग-रागिनियों का स्वतः उद्रेक हो रहा है, श्याम-सुन्दर गाते हैं और राग-रागिनियों के यूथों का उद्भव हो जाता है। "केलिमाल" में राग-रागिनियों की चर्चा बहुत व्यापक है। कहीं श्यामा-श्याम की सहज "बतरावन" में राग-रागिनियों के यूथ उपस्थित हो जाते हैं। कहीं स्वयं श्यामा-श्याम राग के रंग में रंग जाते हैं — "राग ही के रंग रँगि काढे" (१०८), "रागही के रंग रँगे दोऊजन" (९४), कहीं परस्पर राग जमता है — "परस्पर राग जम्यौ समेत किन्नरी मृदंग सुर तार" (६७), कहीं राग में रंग अर्थात् आनन्द लहरा रहा है —"राग ही में रंग उपजैगौ एरी सों" अथवा "रंग उपजैगौ परस्पर राग-रागिनीन की फेराफेरीसों" (१०२), "राग रागिनी अलौकिक उपजत" (०२), "राग रागिनी सों मिल तू गावत" (६६), "कहीं स्रुति घुरि राग केदारौ जम्यौ है" (५२), तो कहीं "राग मलार जम्यौ री किसोर-किसोरनि" (३९), कहीं "राग गौरी ठटी" (१०७), तो कहीं "सब सखी सुघराई' गा रही हैं" (८१), कहीं मेर अपनी रागिनियों के साथ उपस्थित हैं (८५)।

जिस प्रकार राग (स्वर-लहरी) में आनन्द है और आनन्द में राग है, उसी प्रकार नृत्य देहराग है। अंग-प्रत्यंग आनन्द की लहर बन जाता है। नृत्य भी उच्छल आनन्द की अभिव्यक्ति है। नृत्य आनन्द की देहगत छलकन है। "स्यामा कौ निरत हेखत काहि न भावत।" यहाँ श्यामाजू स्वयं नृत्य कर रही हैं। केलिमाल में नृत्य के अनेक बिम्ब हैं। कहीं श्यामा-श्याम दोनों नृत्यरत हैं — "अद्भुतगति उपजत निरतत दोउ मंडल कुँवर किसोरी" (३३), "परस्पर निरत करत दोऊजन" (९४), अथवा "निरतत जुगलकिसोर जुवति जन" (५२), "करसों कर जोर कटि सों कटि मोर करत निरत काहूकी न रुच थोरी" (१०६), तथा कहीं वे स्वयं ही "अंग-अंग प्रति नाना भाव दिखावत" (६६), या "गति में गति उपजावत नाना" (६५), इसी के साथ अनेक स्थलों पर वे कुञ्जबिहारी को नचा रही हैं अथवा स्वयं कुञ्जबिहारी श्यामाजू को रिझाने के लिए नाच रहे हैं – "कुंजबिहारी नाचत नीके नचावत लाड़ली नीके" (६०), श्रीहरिदास के स्वामी के अंग "जे जे गति लेत" (६९), अथवा "नाचत मोरन संग स्याम मुदित स्यामाहि रिझावत" या "होड़ परी मोरन अरु स्यामें" (८२), "कुंजबिहारी सकलगुन निपुन ताताथेई ताताथेई गति जु ठई।"

"स्यामा कौ निरत देखत काहि न भावत।" यहाँ श्यामाजू का नृत्य है। सूरदास ने भी श्रीराधा के नृत्य का चित्र अंकित किया है —

उघटत स्याम नृत्यति नारि।
धरे अधर उपंग उपजें, लेत हैं गिरिधारि।
ताल मुरज रबाब बीना किन्नरी रस सार।
सब्द संग मृदंग मिलवत सुघर नंदकुमार।
नागरी सब गुनन आगर मिलि चलति पियसंग।
कबहुँ गावत कबहुँ नृत्यति कबहुँ उघटत रंग।
सूर प्रभु घन-नवल भामिनि, दामिनी छबि डारि

अथवा

गति सुधंग नृत्यति ब्रजनारि।
हावभाव नैनन सैनन दै रिझवत गिरिवरधारि।[1]

नृत्य में रस प्रत्यक्ष है। नृत्य रस की अनुभूति है, उसकी अभिव्यक्ति है। नृत्य आनन्द है, उसे किसी व्याख्या की अपेक्षा नहीं है। सामान्य नर-नारी जीवन का अलभ्य लाभ नृत्य में पा जाते हैं, फिर भी विचारकों ने एक प्रतीक, एक बिम्ब और एक अभिप्राय (मोटिफ) के रूप में नृत्य के माध्यम से सृष्टि-सिद्धान्त का प्रतिपादन किया है। नटराज हो या नटवर, कालिय-नृत्य, ताण्डव और लास दर्शनशास्त्र के रहस्य-सूत्र बने और उनके माध्यम से भारत की मनीषा ने सृष्टि-सिद्धान्त का प्रतिपादन किया। नृत्य में रहस्य-तत्त्व को देखा, मनुष्य ही नहीं समग्र प्रकृति नाच रही है। भौंरा भी नाच रहा है, हवा भी नाच रही है, नदियाँ भी नाच रही हैं, वृक्षलता झूम रही हैं, सूर्य-चन्द्र-नक्षत्र भी नृत्य कर रहे हैं, किसी ताल पर किसी लय पर। समुद्र की लहरें भी नाच रही हैं। एक विशिष्ट गति पर धरती भी नाच रही है। समग्र जीवन नाच रहा है। हम स्वयं नृत्य को देख रहे हैं एवं नृत्य भी कर रहे हैं। अन्ततः सृष्टि-लय-रस की लीला है, वह भी आनन्द की एक ताल है, एक लय है, एक मुद्रा है, एक नृत्य है। जो भी कुछ है, वह आनन्द के सिवा और कुछ नहीं है। "रसो वै सः।" अनन्त सृष्टि-जीवन का मूल तत्त्व रस है। सृष्टि, स्थिति और लय-रस की ही प्रक्रिया है। रस की ही अवस्था है। स्वामी श्रीहरिदास ने रस को प्रीति के रूप में पहचाना। संगीत और नृत्य के रूप में पहचाना। स्वामीजी ने रस को पाया तथा राग और विराग की सन्धि में पाया। राग के सौन्दर्य-शास्त्र पर बहुत चर्चा होती है पर क्या वैराग्य का भी कोई सौन्दर्य-शास्त्र हो सकता है? हाँ, रसदेश वैराग्य की मनोभूमि का सौन्दर्य-शास्त्र है। एक ओर इतना गहरा रसोद्रेक और दूसरी ओर परम-वैराग्य।

---

१. सूरसागर, पृ० ६२५।

१३

एक समैं एकांत बन में करत सिंगार परस्पर दोई।
वे इनके ए विनके प्रतिबिंबन देखत रहत परस्पर भोई।
जैसे नीके आज बने, ऐसे कबहू न बने आरसी सब झूँठी परी कैसी और कोई।
श्रीहरिदास के स्वामी स्यामा कुंजबिहारी रीझ परस्पर प्रीत नोई॥

१३.१. परस्पर श्रृंगार

बिहारीनदेवजू का पद है —

करत सिंगार परस्पर अँखियाँ आरसी कर मेरी।
जदपि अंग अंग अनेक नग दिपति तदपि लई हों नवल नागरी नेरी।
अंजन मंजन कै मनरंजन, जहाँ-जहाँ चितवति हरि तहाँ-तहाँ तित हों हेरी।[1]

यहाँ परस्पर-श्रृंगार का तात्पर्य एक-दूसरे को बाहरी आभूषणों या श्रृंगार से सजाना नहीं है। बाहरी श्रृंगार नित्य-विहार में भार-रूप है। इसके लिए परस्पर-श्रृंगार से तात्पर्य यहाँ बाहरी श्रृंगार-सज्जा को उतार फेंकने से है। बाह्य-श्रृंगार के प्रति अनख (या उपेक्षा, उदासीनता) का भाव रस-साहित्य में स्थान-स्थान पर प्रकट होता है। एक बार सखी फूलों के गहने गूँथ रही थी, प्रियतमा ने उसे देखा, तो कहने लगी — तू जो यहाँ बैठकर गहना गूँथ रही है, सो यह तेरा कौन-सा सयानापन है? अपने प्रियतम के तन-मन का गहना मैं स्वयं हूँ और मेरे तन-मन प्राण के गहने हैं प्रियतम। गहना तो उसका नाम है, जो सारे तन को ग्रहण कर ले। श्यामसुन्दर मेरा अद्भुत गहना है, जिसने मेरे रोम-रोम को गह रखा है —

गहनौ तौ सब तन गह्यौ, गहनौ जाकौ नाँउ।
मोहि गहाबै और पै हौं गहने न पत्याँउ।
हों प्रियतम तनमन गही मो पिय मनसा प्रान।
तू बैठी गहनौ गुहै, तेरौ कौन सयान।
मेरौ गहनौं और है, निज अँग अँग-सिंगार।
नैनन कौ अंजन यहै, सब सुख सार विहार।[2]

स्वामी राधाप्रसादजू महाराज ने श्रीबिहारिनदेवजी की इस साखी की व्याख्या करते हुए लिखा है कि —

> सुनु सखी, सिंगार कहियै वस्त्राभूषन कौ पहिरबौ सजायबौ, सो तौ बिहार में कहा सुरति-केलि के समैं बुरौ ही है, बिहार करन बारेन कों अच्छौ, सुखद नहीं लगै है। वहाँ तौ अंग-अंग कौ परस्पर मिलनों ही आनंदकारी है। बीच में वस्त्र कौ अंतर कब भलौ जानि परै और कैसें सुहाइ? तैंसे ही भूषन हू दूषन समझियै, दोउन के वक्षस्थलन के बीच जो हारादिक आइ जाँइ, तौ कहा आनंद होइ। याही भाँति भुजबंध, कटकादिक सबही भूषन अंगन के दुखद

---

१. सूरसागर, पृ० ५०३।
२. बिहारिनदेव : श्रीरसोपासनातिलक, पृ० ८०।

और आलिंगन-आनंद के विघातक रूप "दूषन" ही हैं। सिंगार करिबौ, वस्त्राभूषण पहरिबौ तौ याके हेत है कि नायक-नायिका के अंग उन करिकें भूषित हौंइ और उनकौ परस्पर जगमगाहट देखिबे सों काम उद्दीपन होंइ। सो यहाँ नित्यकिसोरी-किसोर के अंग ही अलंकार के समान और बिना आभूषन पहरें ही आप ही अलंकृत स्वयं प्रकाशवान् देदीप्यमान हैं। तिनही कों परस्पर अवलोकत दिव्य काम सदा दीप्त रहे हैं। याही ते केवल विहार ही सब सिंगारन कौ सिंगार और वस्त्र-भूषन आदि सब सिंगारन कों सर्व प्रकारसौं त्रिसकारियै।[1]

शृंगार को भार-रूप बतलाते हुए श्री बिहारिनदेवजू ने लिखा है —

बिहार में सिंगारभार काहे कों सिंगारियै।
स्यामास्याम सुकुमार अंग अंग अलंकार सबही की सोभा सब सोभा वारि डारियै।
जो न पहिर्‌यौ सुहाइ ताहि पहरै बलाइ, पहिरि जू बहुरि उतारि त्रिसकारियै।
इनकौ भजन मनरंजन संजन मिलै, अंजन मंजन सखी सोहू ना सम्हारियै।
श्री बिहारिनदास यों कहत सुखसार बिहार में सिंगार भार काहे कों सिंगारियै।[2]

रस के सवैयों में बिहारिनदेवजू ने लिखा —

भूषन दूषन सब डारे न्यारे न्यारे करि, कुंवरि-कुंवर कंठ सोहै कंठमालसी।[3]

प्रिया-प्रियतम का स्वभाव ही ऐसा है कि —

रहन न देत बसन भूषन तन सहज सजे अंग-अंग सिंगार।
और इन्हें न सुहाय सखी, मेरें को बरनें जंजार।[4]

शरीर पर एक चीर नहीं रहने देते —

है रहे मगन लगन अंग अंग तन चीर चिकुर न सकेलें।[5]

परस्पर-शृंगार का भाव प्रकट करते हुए बिहारिनदेवजू कहते हैं —

रीझि रीझि रस रीति प्रिया प्रिय, भूषन बसन परस्पर वारें।

ललितकिशोरी के शब्दों में —

भूषन बसन न तन धरें अंग संग मिल अकुलाय।

१३.२ "प्रतिबिंबन देखत।"

यहाँ आरसी तो झूठी पड़ गई है, अब प्रतिबिम्ब कहाँ है? "भामिनी तन माँहीं लखि अपनी परछाँहीं" जैसे दामिनी बादल में अपनी परछाँही देख लेती है, उसी प्रकार श्रीराधा की कान्तिमय उज्ज्वल देह में प्रियतम की परछाँही है। (भगवतरसिक, पृ० १६६) श्री सरसदेवजू ने तो एक बड़ा अद्भुत चित्र अंकित किया है। प्रियाजू के गोरे तन में फूल प्रतिबिम्बित हो रहे हैं। बिहारीजू समझते हैं कि ये फूल हैं, वे फूल उठाने को हाथ बढ़ाते

---

१. बिहारिनदेव : श्रीरसोपासनातिलक, पृ० ७९।
२. सर्वोपरि नित्यविहारिणी : रससागर, पृ० ४८०।
३. वही, पृ० ४८३।
४. वही, पृ० ४९०।
५. वही, पृ० ४९१।

हैं, पर फूल नहीं वह तो फूल का प्रतिबिम्ब है। यह लीला देखती है, तो प्यारी को हँसी आ जाती है —

गोरे तन में प्रतिबिंबित फूल बीनत लाल बिहारी।
जब-जब हाथ परत न तब ही तबही हँसिजात है प्यारी।[1]

जब परस्पर-शृंगार में वस्त्राभरण अलग किए, तब प्यारीजू के कान्तिमान वपु में प्रियतम प्रतिबिम्बित हो रहे हैं और प्रियतम के कान्तिमान (नीलमणि) वपु में प्रियाजू अपने प्रतिबिम्ब को निहार रही हैं। इन प्रतिबिम्बों को देख-देखकर दोनों विह्वल हो गए, विभोर हो गए।

श्री सरसदेवजू ने एक पद में एक-दूसरे के नेत्रों में प्रतिबिम्ब देखकर शृंगार-भाव को प्रकट किया है —

वे वाके वे वाके नैनन प्रतिविंब में सिंगार जनावत।
इतहिं सँवारि विलोकत उन तन, चितै-चितै चित चोंप बढ़ावत।[2]

१३.३ शृंगार : रतिचिह्न

भावार्थदीपिका में नागरीदास ने परस्पर-शृंगार का भाव चुम्बन, नख-क्षत आदि के रूप में देखा है —

> रतिसमय प्रिय नें प्यारीजू के सिंगार कियौ कि अधर, कुच, कपोल अंग-अंग में जो सिंगार के चिह्न अरु विपरीत में प्रियाजू ने प्रिय के सिंगार कियौ-तामें अधर-कपोल, चुम्बन के चिन्ह सो ऐसे दिव्य अंग, यह सिंगार परस्पर देखत। तातें ऐसे बने, जैसे कबहू न बने। आरसी सब झूठी परी कहा इनके अंगन के आगे कहा आरसी? रति-विपरीत में अंग-अंग ही झलमलात है। आरसी सब झूठी परी हैं। साँचे अंगन के आगे झूठी आरसी कों को देखै ?

परस्पर-शृंगार का एक चित्र यह भी है कि दोनों ही दोनों के गले का हार बन गए हैं — गौर स्याम तनमन लपटाने "ये विनके वे इनके हार।" इस प्रकार दोनों ने दोनों को हार पहनाया है। श्री ललितमोहिनीदेव की वाणी है —

करत सिंगार परस्पर दोऊ रतिपति छवि दामिनि दुति ऊँदै।।[3]

"करत सिंगार परस्पर दोई।" रसनिकुञ्ज में परस्पर-शृंगार का मर्म रसिकों के भाव में अंग-प्रत्यंग के सहज-नैसर्गिक सौन्दर्य का अवलोकन है, तथापि बेनीगूँथन, बेंदी, अंजन आदि लगाने के चित्र रस-साहित्य में विद्यमान हैं और इस पंक्ति का यदि यह अर्थ किया जाए कि श्यामा-श्याम एक-दूसरे का शृंगार कर रहे हैं तो वह भी अनुकूल है। श्री सरसदेवजू ने लिखा है —

लाल प्रियाकौ सिंगार बनावत।
कोमल कर कुसुमन कच गूंथत, मृगमद आड़ रचति सुख पावत।
अंजन मन रंजन नख वर कर चित्र बनाय-बनाय रिझावत।
लेत बलाय भाय अति उपजत, रीझि रसाल माल पहरावत।[4]

---

१. सर्वोपरि नित्यविहारिणी : रससागर पृ० ६१४।
२. वही, पृ० ६१६।
३. वही, पृ० ८७३।
४. वही, पृ० ६१२।

प्रियतम प्रियाजू का श्रृंगार कर रहे हैं। सुकोमल हाथों से प्रियाजू के केशों में फूलों को गूँथते है, मृगमद की आड़ लगाते हैं और अपने नख से श्यामाजू के नयनों में अञ्जन लगाते हैं। बलैया लेते हैं और रीझ करके माला पहना देते हैं। नागरीदेवजू ने परस्पर-श्रृंगार का वर्णन किया है —

मंजन कर मन मोहनी मोहन मुदित परस्पर करत सिंगार।
माँग सुहाग कुसुम रची पाग अति अनुराग पहिर उर हार।
मृगमद आड़ बनी वर बेंदी अंजन नैन निरखि मुख चारु।
श्रीनागरीदास बलि-बलि विचित्र बिहारी-बिहारिन हुलसि हुलसि सुखसार।[१]

जयदेव ने "गीतगोविन्द" में कई जगहों पर श्रीकृष्ण द्वारा राधा के श्रृंगार का चित्रण किया है —

मृगमद तिलकं लिखति सपुलकं मृगमिव रजनीकरे।
घनचय रुचिरे रचयति चिकुरे तरलित तरुणानने।
कुरुवक कुसुमं चपला सुषमं रतिपति मृगकानने।[२]

एक स्थान पर तो वे राधा से पैरों में महावर लगाने की अनुमति माँगते हैं —

भण मसृणवाणि करवाणि चरण द्वयं सरस लसदलक्तक-रागम्।[३]

गीतगोविन्द की चौबीसवीं अष्टपदी में राधारानी अपने हृदयानन्द कृष्ण से स्वयं काजल लगाने, नूपुर पहनाने, तिलक लगाने, अलक सँवारने, पयोधर पर मृगमद से पत्र चित्रित करने और करधनी पहनाने का आग्रह करती है —

कुरु यदुनंदन चंदन शिशिर तरेण करेण पयोधरे
मृगमद पत्रकयत्र मनोभव मंगलकलश सहोदरे
निजगाद सा यदुनंदने क्रीडति हृदयानन्दने।[४]

"विद्यापति-पदावली" में भी स्तनों पर मृगमद से मकराकृति (मकरी) चित्रण करने का प्रसंग है। "सूरसागर" में श्रीकृष्ण राधा का सर्वांग-श्रृंगार करते हैं —

मोहन मोहिनी अंग सिंगारत।
बेनी ललित ललित कर गूँथत सुंदर माँग सँवारत।
सीस फूल धरि पाटी पोंछत फूंदनि झबा निहारत।
बंदन बिंद जराइ की बेंदी तापर बनें सुधारत।
तरिवन स्त्रवन नैन दोउ अंजन नासा बेसर साजत।
बीरी मुख भरि चिबुक डिठौना निरखि कपोलन लाजत।
नखसिख सजत सिंगार भावसों जावक चरननि सोहत।
सूर स्याम तिय अंग सँवारत निरखि आप मनमोहत।[५]

---

१. सर्वोपरि नित्यविहारिणी : रससागर, पृ० ५६२।
२. श्रीगीतगोविन्दम् (गौड़ीय वेदान्त), पृ० २४५।
३. वही, पृ० ३१३।
४. वही, पृ० ३९७।
५. सूरसागर, पृ० १०६७।

चन्दसखी के एक भजन में राधा श्रीकृष्ण से कहती हैं कि मेरी लट उलझ गई है और माथे की बिन्दी सरक गई है, किन्तु मेरे हाथों में मेंहदी लगी है, मैं अपने हाथ से न लटों को सुलझा पाऊँगी और न बिन्दी ही ठीक कर सकूँगी, इसलिए हे रसिकलाल, तुम ही अपने हाथों से मेरी लटों को सुलझा दो —

उरझी लट सुरझाय जा, मेरे कर मेंहदी लगी, हरि आयजा।
माथे की बेंदी सरक गई है, अपने हाथ लगाय जा।
चंद सखी भज बालकृष्ण छवि, बीरी तनक खबाय जा।
मेरे कर मेंहदी लगी, हरि आयजा।

१४

राधे! चल री हरि बोलत, कोकिला अलापत सुर देत पंछी राग बन्यों।
जहाँ मोर काछ बाँधें निरत करत मेघ मृदंग बजाबत बँधान गन्यों॥
प्रकृति की कोऊ नाँही यातें सुरति के उनमान गहि हौं आई मैं जन्यों।
श्रीहरिदास के स्वामी स्यामा कुंजबिहारी की अटपटी बान औरै कहत कछ औरै भन्यों॥

१४.१ चलि री हरि बोलत

इस पद की भावभूमि पर अष्टाचार्यों में से एक स्वामी ललितकिशोरीदेवजू ने साखी लिखी है —

चलि अक्षर ये समझियै, मन करौ एक ही भाव।
(मनवत) प्रेम सहेली रुख लियें, भुज भरि प्रीतम चाव।[1]

प्रेम-सहेली ललिताजू बड़ी अनुकूलता में श्यामाजू से कहती हैं कि मैं कहती हूँ —"चल। आप 'चल' शब्द के मर्म को समझिए। मन में वह भाव जगाना है। चलो और प्रियतम को नए चाव के संग भुजाओं में भर लो।" आगे ललितकिशोरीदेव कहते हैं —

चलि, राधे कोकिल जहाँ बोलत चातक मोर।
मेघ गरजि मृदंग सुर मनमथ उमँग किसोर।
उद्दीपन अनुकूल है, तो बिन सब प्रतिकूल।
मैं जानी प्रिय प्रकृति की, बेग सँवारि दुकूल।[2]

अर्थात् संगीत की इस अद्भुत आनन्द-लहरी के बीच श्रीवृन्दावन की कुञ्ज में लालजू के मन में मदन-मद का आवेश है। प्रकृति उनके मदन-भाव का उद्दीपन कर रही है, लेकिन तुम्हारे बिना सब कुछ विपरीत हो गया है। मैंने प्रियतम की प्रकृति को जाना है अब तुम जल्दी ही कपड़े सँवार लो।

१४.२ श्रीवन

श्रीवृन्दावन श्यामा-श्याम का केलिवन है और भक्तों ने वन-वृन्दावन (प्रकट-लीला) मन-वृन्दावन (अप्रकट-लीला) नित्य-वृन्दावन (नित्य-लीला) चिन्मयवृन्दावन आदि के रूप में अपनी अवधारणाओं का विवेचन किया है। भक्तों ने माना कि वह रस-तत्त्व जो श्यामा-श्याम के रूप में द्विधा व्यक्त होता है। उसी रस-तत्त्व का तीसरा रूप सखी है और चौथा रूप वृन्दावन है। वृन्दावन रस का परिवेश है या ये कहें कि परिवेश के रूप में रस की अभिव्यक्ति का नाम वृन्दावन है। इसलिए वृन्दावन श्यामा-श्याम और सखी से भिन्न नहीं है। नागरीदास जी कहते हैं —

श्री वृंदावन सुख रूप सरूप सुहाग कौ।
जामें निधिवन राज हियौ अनुरागकौ।

श्रीवृन्दावन सुख और सौभाग्य का प्रत्यक्ष रूप है। इसमें जो निधिवन है, वह तो मानो हृदय का अनुराग है, जो

---

१. सर्वोपरिनित्यविहारिणी : रससागर, पृ० ८३७।
२. वही।

वृक्ष-वनस्पति-पक्षी-मेघ आदि के रूप में व्यक्त है। नागरीदासजी ने वृक्ष-लताओं को सखी का ही रूप बताया है, जो श्यामा-श्याम की निकुञ्ज-केलि का साक्षात् करने के लिए, इस रूप में वृन्दावन का सेवन करते हैं —

द्वै-द्वै रूप किये सेवत सखी नाना रति सुख साजें री।

ये लता-वृक्ष जड़ नहीं हैं, चैतन्य हैं, रस विभोर हैं। ये अपने पुष्पों से सुकुमार-शय्या की रचना कर देते हैं। सखी तो बस उन पर अपना "हृदय-हुलास" बिछा देती हैं।

पंछी-राग — तोता-मैना-कोयल इत्यादि श्यामा-श्याम के गुणों का गायन करते हुए जमना-तीर पर सुख में झूमते हैं —

मेरे कुंज-रमन कौ झूमिका गुन गावत कोकिलकीर।
प्रेम उमँगि हियौ भर्‌यौ सुख झूमत जमुना तीर।
माते मुदित सिला मुखा, झूमि देत मधुर सुर घोर।
आनँद उमँगि अलापहीं कल नाचत मोर चकोर।

बिहारिनदेवजी के ही शब्द हैं —

सारस हंस चकोर मोर पिक चातक भाषा भलियाँ।
गावत रसजस पिय प्यारी कौ सखि सुनि प्रेम न टलियाँ।

अथवा

मुदित सिखी-कुल निरतहीं कूजित कल कोकिल सुरसात।

ललितमोहनीदेवजू ने पंछी-राग के कई दृश्य अंकित किए हैं —

नाचत मोर पपीहा बोलत गावत ललकि मलार मननिहर ।
सब सखी उमँगि उमँगि गुन गावें, नाचत मोर चकोर।

रस का परिवेश भी रसात्मक है। द्वितीय की सत्ता ही नहीं है। इसलिए भगवतरसिक ने नित्य-विहार के सिद्धान्त को रस-इच्छाद्वैत बतलाया। अद्वैत है, इच्छा से अनेक हो जाता है। कोयल-तोता-मोर इत्यादि पक्षी भी रस के ही रूप हैं।

नागरीदासजी ने तो कहा कि कोयल, तोता श्यामा-श्याम की "काम-कहानी" कह रहे हैं, मोर नाच रहे हैं —

नृत्तत मत्त मयूरन झुंडन बोलत माधुरी बानी री।
कोकिल कल सुर कीरभीर अति कूजित काम-कहानी री।

अथवा

सरस सुखद बहै पवन सरस सुक-पिक सुरगावें।
सरस काम कल-केलि सरस मन मोद बढ़ावें।

"भक्ति-रसार्णव" का वाक्य है —

मधुरैर्मधुरा रावैर्निनदन्तो विहंगमाः।
गायमानास्तु रागिण्यो द्रुमारुढा इव स्वयम्।

तरु लताओं पर रंग-बिरंगे पक्षी मधुरातिमधुर कलरव कर रहे हैं, मानो राग-रागिनियाँ साकार होकर गति, ताल,

स्वर, मूर्छना एवं तान-तरंगों से दिव्य-संगीत को प्रस्तुत कर रही हों।

रसिक-भक्तों की दृष्टि में श्रीवृन्दावन "प्रेम" का ही अभिराम रूप है —

निज वृंदावन धाम गौर स्याम बिहरैं जहाँ।
महाप्रेम अभिराम डार पत्र फल फूल सब।

१४.३ दूती और सखी

एक दूसरी बात यहाँ ध्यान देने की है कि रसदेश में "दूती" नहीं है। सखी है। जयदेव के "गीतगोविन्द" में प्रेममयी सखियाँ उपस्थित हैं — सरसमिदमूचे सहचरी (प्रथम सर्ग, ०२), नृत्यति युवति जनेन समं सखि (प्रथम, वसंतराग, ध्रुव १), सखी समक्ष पुनराहराधिकाम् (प्रथम), मुखर शिखरे लीना दीनाप्युवाच रहः सखीम् (द्वितीय सर्ग ०१), सखि हे केशिमथनमुदारं (द्वि. मालवराग ध्रुव १), सखि, शिखरिणीयं सुखयति (द्वि. ३), प्राहप्रेमभरोद्भांतं माधव-राधिका सखी (चतुर्थ ०१), चलसखिकुंजं सतिमिर पुंजं (पंचम गुर्जर ०५), मनसिजमन्दे सखीप्राह (षष्ठ ०१), सखीमियं वीक्ष्यविषाद मूकाम् (सप्तम् ०२), रहः सखी (नवमः ०८), परन्तु वहाँ दूती का भाव भी विद्यमान है — नायातः सखि निर्दयो यदि शठस्त्वं दूति किं दूयसे (सप्तमसर्ग)। गीतगोविन्द के सप्तम-सर्ग में तेरहवीं अष्टपदी का ध्रुव है — "सखीजन वचन वंचिता।" रसदेश में ऐसे भाव की छाया की कल्पना भी नहीं की जा सकती।

मान-प्रसंगों में "सूरसागर" में भी दूती उपस्थित है — दूती दई स्याम पठाइ (पृ० १०५१), दूती मन अवसेरि करें। स्याम मनावत मोहि पठाई वह कतहूँ चितवै, न टरै। (पृ० १०५२), जब दूती यह वचन कह्यौ। चतुर दूतिका जान लई जिय अब बोली गयौ मान सबै। (वही), तू को है री कौन पठाई कह तेरी को मानें? (पृ० १०५६), तथा बादि बकत काहे कों तू कत आई मेरे घर (पृ० १०५७) जैसे वाक्य भी इस दूती को सुनने पड़ते हैं। दूती देखि आतुर स्याम। दूती संग हरि कें रही। (पृ० १०६०) "दूती यह अनुमान करै। कासों कहों सुनै को मेरी कैसें कह्यौ परै।" (पृ० १११३)

"विद्यापति-पदावली" में सखी और दूती दोनों हैं परन्तु एक जैसी ही हैं — "राइक प्रेम सुनल दूती मुखे" (पृ० ८१)। दूती राधा से बड़ी चतुराई से बातें करती है। राधा अभी छोटी हैं और प्रेम का आनन्द नहीं जानती — "न जानिअ प्रेम रस नहि राति रंग, कइसे मिलब हम सुपुरुषसंग", दूती कहती है — क्षण भर दुःख होगा लेकिन जन्म भर सुख पाओगी — (पृ० ९२ तृ.), "तिल एक दुक्ख जनम भरि सुख, इथे लागि धनि काहे मोड़सि मुख" (पृ० ९३ तृ.) दूती कृष्ण से कहती है — हे कृष्ण! सुन्दरी राधा तुम्हें सौंप दी है, यह कोयल कमलिनि है, तुम भूखे भौंरा हो, धीरे-धीरे मधुपान करना — "कमलिनि कोमलकलेवर, तुहुँ अति भूखल मधुकर। सहजे करब मधुपान।" (पृ० ९६ भाग ३) बाद में राधा दूती से कहती है — अरी कपटिनि, तुझे क्या कहूँ, हाथ बाँधकर मुझे कुँए में डाल दिया — "ए कपटिनि सखि बोलिबौ तोहीं, हाथ बाँधि कुअ मेललिहि मोही" (विद्यापति-पदावली (दूसरा भाग) पृ० ३२। यह दूती जितनी कृष्ण के प्रति निष्ठावान् है, उतनी निष्ठा उसकी राधा के प्रति प्रतीत नहीं होती। जबकि रसदेश की सखी का स्वरूप अद्भुत है। "सखी" और "दूती" की कोई तुलना करना ही व्यर्थ है।

रसदेश की सखी तत्सुखभाव का साकार-रूप है। यद्यपि मधुर-भक्ति के देश में गोपी-प्रेम सर्वोपरि है। गोपी प्रेम की ध्वजा है, परन्तु गोपी लोक-वेद सबको छोड़ देती है तथापि उसके मन में प्रियतम के अंग-संग की लालसा है। सखी के मन में यह लालसा भी नहीं है, वह तो गौर-स्याम के सुख में ही सुखी है —

गौर स्याम के सुख सुखी कामकेलि रस चाव।
लाल लड़ावें सेजसुख जुगल प्रान इक भाव। (ललितकिशोरीदेव)

श्री किशोरदास सखी-प्रेम का सूत्र देते हैं —

तत्सुख मधि छिन-छिन सुखी अपसुख गंध न लेस।

सखी प्रिया-चरण-प्रधान है, क्योंकि तत्सुख-भाव की सिद्धि तभी हो सकती है, जब सखी के मन में श्रीराधा के प्रति अखण्ड निष्ठा हो। कृष्ण-चरण-प्रधानता में सखी के मन में स्वसुख का भाव आ सकता है। इसका तात्पर्य यह नहीं है कि प्रियाचरण-प्रधान होगा, तो प्रियतम के प्रति निष्ठा दूसरे स्थान पर हो जाएगी, वास्तव में रसदेश में प्रियतम प्रियाजू के प्राण-धन हैं, इसलिए सखी के लिए लाड़ले प्राण के भी प्राण हैं। तभी तो सखी ने "सुरति के उनमान गहि हों आई" कहा। सखी ने हरि के अन्तर्मन की तरंग का अनुमान कर लिया और श्रीस्वामिनीजू के पास आकर कहने लगी — "चलरी, हरि बोलत।" लाड़ले को सखी से कहने की भी आवश्यकता नहीं पड़ी। निकुञ्जमहल में सखियाँ नैन-सैन और प्रिया-प्रियतम की श्वास-प्रश्वास की गति से मन के अभिप्राय को समझ लेती हैं। सखी रस की उपासक है, परन्तु उपासना की निरन्तरता में आगे चलकर वह स्थिति आती है, जब वह उपास्य के लिए भी उपास्य बन जाती है। स्वामिनीजू रीझ करके सखी से कहती हैं —

सखी तोते कछ न दुराइहों तू मेरे हित प्रान।
तें मेरे रस-बस कियौ सुंदर सुधर सुजान।[1]

बिहारिनदेवजू कहते हैं —

प्रेम सहेली के प्रेम कों गावत ललना लाल।[2]

ललितकिशोरी जी ने कहा —

कहिबे कों तौ तीन हैं, सुख मिल विलसें एक।
तन मन विलसें दोउ मिल, मन कर विलसें एक।

श्यामा-श्याम और सखी — ये तीन नाम कहने के लिए तो हैं, परन्तु जब चित्त द्रवीभूत हो जाता है, उस मुक्तावस्था में तीनों का चित्त रस-रूप हो जाता है, उस समय तीनों रसदशा में हैं, रस-रूप हैं। यह रस की अखण्ड-सत्ता है। एक सत्ता है। इसलिए ये तीनों एकाकार एकरस हो जाते हैं। यहाँ भी इच्छाद्वैत है।

१४.४ आनन्द : तरल-अवस्था

"सच्चिदानंद" की व्याख्या करते हुए महामहोपाध्याय गोपीनाथ कविराज ने "तान्त्रिक वाङ्मय में शाक्त-दृष्टि" में लिखा है —

> यह जो आनन्द की बात कही गई है, यही अखण्ड प्रेम-तत्त्व है, जिसमें आश्रय और विषय का सामंजस्य अभेद-रूप से नित्य वर्तमान है। यह आनन्द की एक अवस्था है, उसका घनीभूत-आनन्द के रूप में वर्णन किया जा सकता है। घनीभूत-अवस्था में वह शान्त, स्थिर और निष्क्रिय है, परन्तु उसकी एक और अवस्था अपेक्षाकृत तरल-अवस्था है, द्रुत-अवस्था, इस अवस्था में वह सदा ही लीलान्वित रहता है। लीला से ही आनन्द का

---

१. श्रीसर्वोपरिनित्यविहारिणी : रससागर, पृ० ५४९।
२. वही, पृ० ५३३।

आस्वादन होता है। घनीभूत आनन्द अचिन्त्य और अव्यक्त है। तरल-आनन्द साकार है और अनन्त वैचित्र्य-सम्पन्न है।

रसमय ब्रह्म का नित्य लीला-स्थान, लीला-परिकर, लीला-उपयोगी समस्त-सामग्री, सभी उस आनन्द से रचित है। लीला-राज्य में पुरुष-रूप भी है और प्रकृति-रूप भी है। किन्तु वस्तुतः सभी का स्वरूप एक और अभिन्न है।[1]

"तरल अवस्था आस्वादन की अवस्था है, वहाँ अनन्त प्रकार के आस्वादन होते हैं और प्रत्येक आनन्द के अनन्त प्रकार के भेद हैं, किन्तु मूल में एक ही सत्ता है — घनीभूत-आनन्द । तरलता के हटने पर एक ही परम-तत्त्व "रस" नित्य-विराजमान रहता है।"

नित्यलीला के स्वरूप के सम्बन्ध में महामहोपाध्याय कविराज कहते हैं कि लीला में प्रधान दो अवस्थाएं हैं —

मिलन और विरह। मिलने के बाद विरह और विरह के बाद मिलन। इस प्रकार का चक्र पारापारी से चल रहा है। इसका एक दूसरा रूप है – मिलन में ही विरह तथा विरह में ही मिलन, इस तरह का आस्वादन भी होता है। यह भी अस्वीकार नहीं किया जा सकता कि मिलन ही विरह है और विरह ही मिलन है।[2]

महाभावरूपा आनन्द-शक्ति के विहार-स्थान की चर्चा करते हुए गोपीनाथ कविराज "आलमंदार संहिता" का सन्दर्भ देते हैं।

जब हम वृन्दावन कहते हैं तब उत्तर प्रदेश में मथुरा के समीपवर्ती भूमिखण्ड विशेष को लक्ष्य नहीं करते, यद्यपि यह सत्य है कि इस भूमिस्थ वृन्दावन के साथ वास्तविक वृन्दावन का संसर्ग है, यहाँ तक कि तादात्म्य भी है। वृन्दावन माधुर्यमयी भक्ति-साधना का श्रेष्ठ स्थान है, तथापि वृन्दावन भाव-स्थान है। भाव-साधना के लिए वृन्दावन में उसके अनुरूप भावदेह की प्राप्ति होती है . . . इस भाव देह के क्रम-विकास में पूर्ण-रस की अभिव्यक्ति होती है और चरमसिद्धि प्राप्त होती है। वृन्दावन की भूमि मृत्तिका-रूप नहीं है, चिन्मय है। राजराजेश्वरी-ललिता वृन्दावन में मातृरूप त्याग कर रासलीला की प्रधान सखी के रूप में परिणमित होती हैं। इसका अत्यन्त गुह्य तात्पर्य है। वह धारा कान्ताभाव को ग्रहण कर युगल-उपासना में पर्यवसित हुई है।[3]

यहाँ एक सूत्र "सौन्दर्यलहरी" (शंकराचार्य) का है। विहार की अवधारणा "सौन्दर्यलहरी" में है —

शिवाकारे मंचे परमशिवपर्यंक-निलयां
भजंति त्वां धन्याः कतिचन चिदानंद-लहरीम्। (शिखरिणी सं० ८)

अथवा

सहस्त्रारे पद्मे सह रहसि पत्या विहरसि। (वही सं० ०९)

अथवा

महान्तः पश्यन्तो दधति परमाह्लाद-लहरीम्। (वही सं० २१)

अथवा

महासंहारेऽस्मिन् विहरसि सतित्वत्पतिरसौ। (वही सं० २६)

---

१. तान्त्रिक वाङ्मय में शाक्त-दृष्टि, पृ० १११।
२. वही, पृ० ३१२।
३. वही, पृ० २५६।

सौन्दर्यलहरी के तैंतीसवें पद्य में "निरवधि" नित्य-विहार को निरवधि-महाभोग कहा गया है। इसी के साथ वहाँ रसिक शब्द का भी प्रयोग है, जो उस समय की किसी उपासना-धारा का संकेत करती है —

निधायैके नित्ये निरवधिमहाभोग रसिकाः। (वही ३३)

सौन्दर्यलहरी में सखी की उपस्थिति भी है — "सखीषु स्मेरा ते।" यद्यपि वृन्दावन रसदेश के नित्य-विहार के साथ तुलना करने का प्रश्न नहीं है, तथापि उन सूत्रों को खोजना आवश्यक है, जिससे नित्य-विहार के रूप और तत्त्व को समझने में सहायता मिले।

महामहोपाध्याय गोपीनाथ कविराज ने वैसे सूत्र दिए हैं, जैसे — शिव शक्ति से अलग नहीं है, शक्ति भी शिव से अलग नहीं है — दोनों दोनों में रहते हुए एक-रस हैं।[1]

"कामकला विज्ञान" में यह सामरस्य खूब स्पष्ट हुआ है। कामकला का काम रवि है एवं कला अग्नि और सोम है। कामकला के श्वेत-बिन्दु और रक्त-बिन्दु दोनों में परस्पर विहार करने वाले शिव और शक्ति का निरन्तर संकोच और प्रसार रूप कर्म चल रहा है। ये दो बिन्दु ही कामेश्वर-कामेश्वरी रूप दिव्य-मिथुन हैं। (वही पृ. १९३)।

वास्तव में ज्ञात से अज्ञात को जानने-पाने की प्रक्रिया में केलि के बिम्ब से निरवधि-नित्य-विहार को जानने-पाने की साधना रस-साधना है।

१४.५ अलापत

अलाप राग का विस्तार है। जब गायक संगीत-रचना प्रस्तुत करता है, वह अलाप द्वारा राग का विस्तार करता है। इसमें ताल और गीत के शब्द नहीं होते, यह प्रायः आकार या नोमतोमरी आदि ध्वनियों के द्वारा किया जाता है।

सुर देना — मुख्य गायक के पीछे सहायक कलाकार तानपूरा बजाकर अथवा हारमोनियम द्वारा स्वर देता है। बीच-बीच में कण्ठ-स्वर से भी सहायता करता है।

---

१. तान्त्रिक वाङ्मय में शाक्त-दृष्टि, पृ० १९१

१५

तेरौ मग जोबत लाल बिहारी।
तेरी समाधि अजहूँ नहिं छूटत, चाहत नाँहिन नैंक निहारी॥
औचक आइ द्वै कर सों मूँदे नैंन अरबराइ उठी चिहारी।
श्रीहरिदास के स्वामी स्यामा ढूँड़त बन में पाई प्रिया दिहारी॥

१५.१ लाल मग जोबत

इस पद की भाव-भूमि को स्पष्ट करते हुए श्रीललितकिशोरीदेवजू ने लिखा है —

प्रीतम मग जोवत सखी, तेरी लगी समाधि।
आलिंगन रस सुमिर मन जुग मिल अंग सु साधि। (र०सा० ४१८)

सखी वचन सों स्त्रवन सुनि प्रिया के मूँदे नैन।
ढूँड़त वन में, तिय मिली दिहरी में सुख चैन। (र०सा० ४१९)

प्रियतम जिसकी आतुर प्रतीक्षा कर रहे हैं, वह स्वयं प्रियतम के अंग-अंग आलिंगन-रस का स्मरण करते हुए ध्यान-मग्न हैं। ध्यान में ही रहना चाहती हैं, इसलिए आँखें नहीं खोल रहीं। ध्यान में भी तो रस है। हित-प्रभु ने कहा — "कदाचिद् ध्यायंती प्रियसह भविष्यद् विलसितम्" (राधा-सुधानिधि २५५)। श्रीराधा कभी प्रियतम के साथ भावी विलास-क्रीडा के ध्यान में डूब जाती हैं।

ध्यान-भाव का एक पद "केलिमाल" में ही है — "नील लाल गौर के ध्यान बैठे श्री कुंजबिहारी।" (२८) वहाँ कुञ्जबिहारी प्रियाजू के ध्यान में निमग्न हैं।

१५.२ समाधि

"समाधि" शब्द का प्रयोग स्वामी श्रीहरिदासजी ने सिद्धान्त के पद में भी किया है — "बंदे अखतियार भला। चित न डुलाउ आउ समाधि भीतर न होउ अगला।" श्रीललितकिशोरीदेव ने भी समाधि शब्द का प्रयोग किया है —

लगी समाधि विहार की छुटै नहीं दिन रैन।
गौर स्याम विहैरैं सदा श्रीहरिदासी ऐन।

ध्यान की वह गहराई, जिसे योगशास्त्र समाधि कहता है, स्थूल से सूक्ष्म की दिशा में अन्तर्यात्रा है। पहले देश-काल की सीमा तोड़ी, फिर बुद्धि की सीमा पार की, मन की सीमा पार की, फिर चेतना की जाग्रत्, स्वप्न, सुषुप्ति — तीन अवस्थाओं को पार किया। चेतना की चौथी (तुरीयावस्था) अवस्था का नाम समाधि है। प्रियतम के ध्यान में तन्मयता की इस अवस्था में हैं श्यामाजू।

सखी-भाव के उपासकों का प्राण-धन यह समाधि ही है — "लगी समाधि विहार की।" वही रसदेश है, वही वृन्दावन है —

जहाँ न सून्य प्रकास है, इक-रस जगमग जोति।
रवि शशि किरन न परसि सकै, जुगवर रूप उदोति। (र० सा० ४२८)

वृन्दावन बाहर की यात्रा नहीं है, अन्दर की यात्रा है। यात्रा का धाम है। धाम, जहाँ पहुँचने के बाद फिर कहीं जाने की जरूरत नहीं रह जाती।

१५.३ औचक आइ द्वै कर सौं मूँदे नैन

आँख मूँदने का अभिप्राय (motif) रस-साहित्य में बहुत व्यापक है। चकित कर देना। पीछे से अचानक आना और प्रियतमा के नेत्रों को अपनी चार उँगलियों से मूँद लेना — बताओ, मैं कौन हूँ? सूरदासजी ने भी आँख-मिचौनी के आनन्द का वर्णन कई पदों में किया है —

स्याम अचानक आए री।
पाछे तें लोचन दोउ मूँदे मोकों हृदय लगाए री।
लहनों ताकौ जाकें आबै मैं बड़भागिनि पाए री।

धनि धनि सूर नैन मूँदे कर, धनि अवलोकन पिय सुखदाई।

नैन औचक आनि मूँदे सुनहु हरि के काम। (सूरसागर, पृ० ७९१)

नागरि रही मुकुर निहारि।
आनि औचक नैन मूँदे कमल कर गिरिधारि।

मूँदि रहे पिय प्यारी लोचन।
अति हित बेनी उर परसाए वेष्टित भुजा अमोचन।

बैठि रही कुँवरि राधा हरि अँखियाँ मूँदी आइ।
अतिहि बिसाल चपल अनियारी नहिं पिय पानि समाइ।
खन खोलत खन ढाँकत नागरि मुख रिस मन मुसकाइ।
मानों मरकत मनि पिंजरनि में बिबि खंजन अकुलाइ। (सूरसागर, पृ० ९६९)

१८

आज तृन टूटत है री, ललित त्रिभंगी पर।
चरन चरन पर मुरली अधर धरें, चितवन बंक छबीली भू पर॥
चलहु न बेग राधिका पिय पै, जो भयौ चाहत हौ सर्वोपरि।
श्रीहरिदास के स्वामी स्यामा कौ समयौ अब नीकौ, हिलमिल केलि अटल रति भई धू पर॥

१८.१ ललित त्रिभंगी

कृष्ण की त्रिभंगी-मुद्रा रस-साहित्य में प्रसिद्ध है। अष्टाचार्यों ने भी त्रिभंगी-मुद्रा का उल्लेख किया है — "स्यामहि नचावत होत त्रिभंगी" (बिहारिनदेव र०सा० १०४), चपल साँवल तन त्रिभंगी (वही १६०), बिट्ठल विपुल — "ललित त्रिभंगी बिहारी नागर तें अपने करि आँके" (र०सा० ७०), श्री रूपसखीजू का पद है — "प्यारी कुंजबिहारीनागर। ललित त्रिभंगी अति नवरंगी सोभासिंधु उजागर। चरन धरत अदभुत सुख बरसत गुननिधि रस के सागर। बेगि मिलौ सर्वोपरि रानी जो भयौ चाहत आगर। अंग अंग मिलि बिलसौ स्वामिनि तजि बलि आलस पागर। श्रीरसिकरूप नितश्रीहरिदासी विपुलविहार बड़भागर।" महावाणी का पद है — "अद्‌भुत बानिक बने त्रिभंगी। चरन चरन पर अधर धर मुरली चितवन भू भोंह विभंगी। कटि की मुरनि दुरनि ग्रीवन की कच की छुरनि रुरनि रसरंगी।" (पृ० २३२)

पैर, कमर और गर्दन — तीन अंगों में जब वक्रता आ जाए, तब उसे त्रिभंग-मुद्रा कहते हैं। "सूरसागर" में त्रिभंगी-मुद्रा का बार-बार उल्लेख हुआ है — ह्वै त्रिभंग नृत्य करब (सू०सा० पृ० ६२२), ठाड़े हैं एक पाँइ रहत तनु त्रिभंग (पृ० ७०१), तन त्रिभंग कर मोरत (पृ० ७५०), तनु त्रिभंग अंग अंग मरोरन (पृ० ८०५), सूर अंग त्रिभंग सुंदर छवि निरख तृनतोर (पृ० ८७३), चलत अंग त्रिभंग करकें भोंह-भाव चलाय (पृ० ८७९), ललित त्रिभंग भई (पृ० ९५५), अंग त्रिभंग अनूप (पृ० १०८३)। इस मुद्रा का आकर्षण गोपियों के मन में बसा है। इस वक्रता को कुछ और विस्तार देते हुए ब्रज के कवियों ने कृष्ण को टेढ़ी टाँग वाला भी बताया है —

टेढ़ी मोरचंद्रिका, चितवन, मुकट टेढ़ौ, टेढ़े-टेढ़े विलक्षण अनेक कान्ह कारे के।
टेढ़े पट, टेढ़ी क्रीट, टेढ़ी है ध्रपुद पुंज, टेढ़े-टेढे आखर कढ़त मुख प्यारेके।
टेढ़ेन सों प्रसन्न टेढ़ी बातन सों अति प्रसन्न, सूधे से हिये में रहें निसकपट बारे के।
हम सों टिढ़ाई भूल करियो न कोऊ कबों, हम हैं उपासी वाही टेढ़ी टाँग बारे के।

श्रीमद्‌भागवत-महात्म्य प्रसंग में उल्लेख है —

त्रिभंग ललितश्चारु कौस्तुभेन विराजितः (अध्याय ४ /३)

त्रिभंगी शब्द के सम्बन्ध में कई विद्वान् नारदभक्तिसूत्र को उद्‌धृत करते हैं — "त्रिरूप भंग पूर्वक नित्य दास नित्यकांता भजनात्मकं वा प्रेमैव कार्यम्।" त्रिभंगी का अर्थ हुआ जो तीनों रूपों को भंग करके एक रस में लीन कर दे, तीन रूप हैं — ध्याता, ध्येय और ध्यान। तन्त्रशास्त्र में त्रिखण्डा-मुद्रा का भाव भी यही है।

मूर्तिकला और चित्रकला के अध्यायों को देखने-परखने पर स्पष्ट हो जाता है कि श्रीकृष्ण की त्रिभंगी-मुद्रा एक अभिप्राय (Motif) है। जहाँ भी श्रीकृष्ण की त्रिभंगी-मुद्रा है, वहाँ उनके अधर पर मुरली भी है। मुरली और त्रिभंगी-मुद्रा के सम्बन्ध-सूत्र पर ध्यान देने की आवश्यकता है। भारत के मूर्तिकार और चित्रकारों ने त्रिभंगी-मुद्रा को व्यापक रूप से अपनी रचनाओं में उभारा है।

१९

दिन ढप तार बजावत गावत भरत परस्पर छिन छिन होरी।
अति सुकमार-बदन स्रम बरसत भले मिले रसिक किसोर किसोरी॥
बातनि बतबतात रागरंग रमि रह्यौ इत उत चाह चलत तकि खोरी।
सुनि हरिदास तमाल स्याम सों लता लिपट कंचन की थोरी॥

१९.१ दिन ढप तार

"दिन" शब्द का प्रयोग "केलिमाल" में कई जगहों पर है, अष्टाचार्यों ने भी अपने पदों में स्थान-स्थान पर इस शब्द का प्रयोग किया है — इसका प्रयोग प्रायः नित्य अथवा शाश्वत के अभिप्राय से हुआ है। नित्य-विहार के सम्बन्ध में श्रीललितकिशोरीजी ने लिखा है कि यहाँ प्रतिदिन होली है, प्रतिदिन शरद-पूर्णिमा है और प्रतिदिन तीज है। नित्य-विहार में सभी त्यौहार, सभी उत्सव और सभी समारोह प्रतिदिन ही उपस्थित रहते हैं —

नित्य सरद नित तीज है, नित होरी सु वसंत।
नित्य केलि छिन-छिन नई, जाके सुखहि न अंत।[1]

राग-रंग नित्य-विहार की नित्य-निकुञ्ज में नित्य ही रमा हुआ है, स्वामीजी बार-बार राग-रंग का उल्लेख कर रहे हैं — "राग ही के रँग रँगि काढ़े" (के० १०८), "राग ही में रंग उपजैगौ" (के० १०२), "राग ही के रंग रँगे दोऊ जन" (के० ९४), "राग ही में रंग रह्यौ" (के० ०२)। राग का रंग अर्थात् स्वर संगीत का आनन्द। यह स्वरलहरी चित्त की उस अवस्था से उद्‌भूत होती है, जिसे आचार्यों ने "इष्टे स्वारसिको रागः परमाविष्टता भवेत्" या "इष्टे गाढ़ तृष्णा राग" कहा है। दोनों ही मूलतः रस की अवस्था हैं — प्रेम का राग हो, तो स्वर का राग उपजता है और स्वर का राग हो, तो प्रेम का राग जन्म लेता है। दोनों दोनों के कार्यकारण है।

१९.२ वदन श्रम बरसत

श्रमबिन्दु मुख के आकर्षण और सम्मोहन को बढ़ाते हैं। विद्यापति ने अपने पद में लिखा है — श्रमजलबिन्दु से मुख शोभायमान है, मानो कामदेव ने मोतियों द्वारा चन्द्रमा की पूजा की हो —

वदन सोहाओन स्रम जल विन्दु। मदने मोति दए पूजल इन्दु[2]

१९.३ रसिक किसोर-किसोरी

दोनों रसिक हैं और दोनों किशोर अवस्था के हैं। समवयस्क हैं। यद्यपि वैष्णव-सम्प्रदायों में किशोर-अवस्था की महिमा को रूपगोस्वामी ने — "प्रायः किशोर एवायं सर्वभक्तेषु भासते" कह कर स्पष्ट किया है। "पद्मपुराण" में "वन्दे मदनगोपालं कैशोराकारमद्‌भुतम" (पातालखण्ड अध्याय ७७ श्लोक ५६), "जयति श्रीपतेर्गूढं वयः कैशोर-

---

१. सर्वोपरिनित्यविहारिणी : रससागर, पृ० ८६२।
२. विद्यापति-पदावली, प्रथम भाग, बि०रा०प०, पृ० १२४।

रूपिणः'' (वही, ५६), ''वयः परं न कैशोरात्'' आदि वाक्यों से इस अवस्था का महत्त्व बताया गया है। भागवत में है — ''सन्तं वयसि कैशोर भृत्यानुग्रह-कातरम्'' (३,२८,१७), श्री माधवेन्द्रपुरी जी का श्लोक है —

श्याममेव परं रूपं पुरीमधुपुरीवरा।
वयः कैशोरकं ध्येयमाद्य एव परोरसः।

इस श्लोक को महाप्रभुजी ने स्वयं पण्डित रघुपति उपाध्याय को सुनाया था।[1] चण्डीदास ने तो राधा के लिए किशोरी शब्द का ही प्रयोग किया है — ''उठिते किशोर बसिते किशोरी किशोरी गलार हार।''

यह सब होते हुए भी कई जगहों पर कृष्ण और राधा की अवस्था में अन्तर देखा जा सकता है। जयदेव के ''गीतगोविन्द'' का मंगलाचरण है, यहाँ राधा की अवस्था कृष्ण से अधिक है। नन्दगोप को चिन्ता है कि मेरा बालक कृष्ण सकुशल घर कैसे पहुँचे? आकाश में काले-काले बादल हैं, तमाल के वृक्षों से वनभूमि पर अँधेरे की छाया है, सन्ध्या का समय है, रात होने वाली है, बालक अँधेरे से डर रहा है, इसलिए नन्द ने कहा कि राधा, इसे घर पहुँचा देना। नन्द के निदेश से राधा माधव को लेकर घर चल पड़ी —

मेघैर्मेदुरमंबरं वनभुवः श्यामास्तमाल-द्रुमै
र्नक्तं भीरुरयं त्वमेव तदिमं राधे गृहं प्रापय।
इत्थं नन्दनिदेशतश्चलितयोः प्रत्यध्वकुंजद्रुमं
राधामाधवयोर्जयंति यमुना-कूले रहः केलयः। (गीतगोविन्द)

(ब्रह्मवैवर्त के अनुसार यहाँ बालक कृष्ण किशोर रूप में परिणत हो जाते हैं और) रास्ते में कुञ्जें मिलीं, वहाँ एकान्त में राधा-माधव ने केलि-क्रीडा की। अवस्था-भेद के कारण यहाँ केलि में असहजता है, स्वाभाविकता नही है और इसी कारण पुराणकार ने अलौकिक घटना (अवस्था-परिवर्तन) का सहारा लिया।

ऐसी ही स्थिति विद्यापति में है। वहाँ राधा केलि-रस से अपरिचित हैं, परन्तु दूती उसे कपटपूर्वक कृष्ण के पास ले जाती है —

अलप बयस हम, कान्ह से तरुणा
न तन्हि लाज भय, नहि तन्हि करुणा।
लोभे निठुर हरि केलन्हि केलि
कि कहब जामिनि कत दुखे गेलि।[2]

मैं अल्पवयस्का हूँ और कृष्ण सयाने हैं, उन्हें न लज्जा है, न भय है और दया भी नहीं हैं। रात किस दुःख से बीती, मैं क्या कहूँ?

पहिल बएस मझु नहिं रतिरंग, दूति मिलाओल कान्हक संग।[3]

मेरी पहली उम्र है, रतिरंग में मेरी रुचि नहीं है फिर भी दूती ने मुझे कृष्ण से मिला दिया।

---

१. श्रीचैतन्यचरितावली (गीताप्रेस), पृ० ४९१।
२. विद्यापति-पदावली (बिहार राष्ट्र-भाषा परिषद्), तीसरा भाग, पृ० १५३।
३. वही, पृ० ११९।

यहाँ भी केलि असहज है। इसीलिए वृन्दावन के रसिक कहते हैं और ''बैस या रस में बाधा।'' वहाँ केवल और केवल किशोर-अवस्था है — ''एक बैस रससिंधु अगाधा।'' दोनों किशोर हैं और दोनों रसिक हैं। दोनों के मन में केलि की तरंगें उठ रही हैं।

१९.४. तकि खोरी

खोरी अर्थात् वह निभृत-निकुञ्ज जहाँ श्यामा-श्याम रहःकेलि करते हैं। जब हृदय में केलि की अभिलाषा होती है, तब बिहारीजू खोरि को ताकते हैं। खोरि को दिखाते हैं और श्यामाजू को रस-लीला के लिए उत्तेजित करते हैं। ''केलिमाल'' में इस खोरि का बहुविधि वर्णन हुआ है। कहीं सखी उसे मवास अर्थात् दुर्ग बतलाती है। कहीं उसे ''गहवर वन'' कहती है। कहीं ''पंछि न संग सखी न संग कोऊ'' कहकर नितान्त-एकान्त का भाव व्यक्त किया गया है और कहीं ''सब सखियन की दीठ बचावत तकि तकि खोरी'' सखियों की नजर बचाकर प्रियतम प्यारीजू की आँखों मे झाँकते हैं और खोरी की ओर संकेत कर देते हैं। (ब्रज चौरासी में गहवर-वन और साँकरीखोर लीला-स्थल हैं, यहाँ ब्रजयात्री श्यामा-श्याम की मधुर लीला का स्मरण करते हैं।)

१९.५ स्याम तमाल : कनक लता

श्यामा-श्याम के मिलन को स्वामीजी ने श्याम-तमाल और कनकलता के बिम्ब द्वारा चित्रित किया है। इक्कीसवें पद में है — ''लिपटात ज्यों तरुतमाल'', इकत्तीसवें पद में है — ''स्याम तमालै उठँगि बैठी धनी।'' अष्टाचार्यों ने जगह-जगह इस बिम्ब को अंकित किया है –

सहज रसीली नागरी, सहज रसीलौ लाल।
सहज प्रेम की बेलि मनों, लिपटी प्रेमतमाल।

ललितकिशोरीजी की वाणी है —

मेरे उर लिपटी रहौ कनकबेलि रति दैन।
तरुतमाल यह सुभग तन लसौ मैन के ऐन।[१]

वीठलविपुलजी ने कहा —

स्याम तमाल लाल, नवल किसोरी बाल, तुम जु नवल नव कनक बेलि।[२]

अथवा

भामिनि कनक लता ह्वै लिपटी श्री बीठल विपुल उर स्याम तमाल।[३]

नागरीदेवजी की वाणी है —

स्याम तमाल जु अंस भुजा मानों कनक लता फूली मृदु कवनी।[४]

अथवा

---

१. सर्वोपरिनित्यविहारिणी : रस सागर, पृ० ८३२।
२. वही, पृ० ६८।
३. वही, पृ० ६९।
४. वही, पृ० ५७०।

नागरीदास बलि नव तमाल पिय प्यारी सरस कनक नवबेलि ।[1]

अथवा

स्याम तमाल रसाल किसोरी, कनक लता मानों गौर सुभग तन।[2]

कनकलता और श्याम तमाल का उपमान सूरदास ने भी गाया है —

वृंदावन वै सिसु तमाल ये कनक लता सी गोरी।
सूर किसोर नवल नागर ये नागरि नवल किसोरी[3] **।**

अथवा

प्रफुलित है लता मनों चढ़ी तरुतमाल[4]

अथवा

किसोरी अँग-अँग भेंटी स्यामहि।
कृष्ण तमाल तरल भुज साखा लटकि मिली ज्यौं दामहिं।
अचरज एक लता गिरि उपजै सोउ दीन्हे करुना महि।[5]

अथवा

कनक बेलि तमाल उरझी सुभुज अखोल[6]

महाप्रभु हितहरिवंशजी ने "हित-चौरासी" में एक पद लिखा है —

ये दोऊ नवल किशोर रूपनिधि विटप तमाल कनक मनों बेलि।

अष्टछाप के कवियों ने भी कृष्ण को श्याम-तमाल और राधा को कनकबेलि कहा है —

देखौ माई मानों कसौटी कसी।
कनक-बेलि वृषभान-नंदिनी गिरिधर उर जु बसी।
मानों स्याम तमाल कलेवर सुंदर अंग मालती घुसी।
चंचलता तजिकें सौदामिनि जलधर अंग बसी। (कृष्णदास)

कनक बेलि वृषभान-नंदिनी स्याम तमाल चढ़ी। (कुम्भनदास)

विद्यापति ने कृष्ण को तरुण-तमाल की उपमा दी है — "तापर उपजल तरुण तमाल, तापर बेढ़ल बिजुरिलता" (विद्यापति-पदावली, तृतीय भाग, बि०रा०प०, पृ० ६१) और राधा को कनकलता कहा है — "पीन पयोधर दूबरिगाता, मेरुउपजल कनकलता" (वही, पृ० १४) तथा राधा-माधव के आलिङ्गन को लता-वृक्ष के बिम्ब से प्रकट किया है —

ललित लता जनि तरु मिलती।
तन्हि पिउ कंठ गहए जुवती।[7]

तन्त्रों में स्त्री को लता कहा गया है, क्योंकि लता वृक्ष या आधार-दंड को आश्रय करके उसे लपेटते हुए बढ़ती है।

---

१. सर्वोपरिनित्यविहारिणी : रस सागर, पृ० ५७२। २. वही, पृ ५७४। ३. सूर सागर, पृ० ९००। ५. वही, पृ० ९५१।
४. वही, पृ० ८८१। ६. वही। ७. विद्यापति-पदावली, द्वितीय भाग, बि०रा०प०, पृ० ४५३।

२०

द्वै लर मोंतिन की, एक पुंजा पोत कौ, सादा नैंनन दीठ लागौ जिन मेरी।
हाथन चार चार चूरी पाँइन इकसार चूरा चौपहलू इकटक रहे हरि हेरी॥
एक तौ मरगजी सारी तन तें कंचुकी न्यारी, अरु अँचरा की बाँई ढिंग मोरि उरसन फेरी।
श्रीहरिदास के स्वामी स्यामा कुंजबिहारी या रस बस भए हरें-हरें सरकन नेरी॥

२०.१ नैनन दीठ लागौ जिन मेरी : आकर्षण

स्वामीश्रीहरिदासजी ने शृंगार का वर्णन किया है, सौन्दर्य का भी चित्रण किया है, पर इस चित्रण में महत्त्व "रूप" के आकर्षण का है। सखी के मन में आशंका हुई कि कहीं मेरी नज़र न लग जाए और बिहारी की दृष्टि जैसे सम्मोहित हो गई, "रूप" पर जड़ गई एवं रूप का आकर्षण यह कि वे धीरे-धीरे श्रीश्यामाजू के और-पास, और-निकट आने के लिए सरकने लगे। यह रूप का प्रभाव है।

२०.२ शृंगार

"केलिमाल" में शृंगार के अनेक पद हैं। कई पदों में सादा-शृंगार है और एक पद में अंग-अंग शृंगार है। एक पद में सोलह-शृंगार का भी उल्लेख है। मोतियों की दोलर वाली माला, पोत का पुञ्जा, कण्ठश्री हार (हीरों का) गले के आभरण हैं। नाक में मुक्ता, नकफूल है। कान में बीरें, खुभी तथा हाथों में चूड़ी, कंगन, पहुँची जैसे आभरण हैं। पैरों में चौपहलू चूरा है। कटि में किंकिनी है तथा वस्त्रों में सुखसारी, कञ्चुकी, सिलसिला लहँगा, अतरोंटा, चूनरी इत्यादि हैं। आँखों में काजल तथा मुख में पान का बीड़ा है।

२०.३ कान्ति

स्वामीजी कहते हैं — श्यामाजू का शृंगार तो विधना ने सँवारा है — "गुन रूप भरी विधना सँवारी दिपत मुख की जोत।" मुख की कान्ति, आभा-मण्डल देदीप्यमान है। "पूरनमासी की सी पूनरी, पूर्णिमा का चन्दा जैसा मुख" तपे हुए सोने जैसा गौर-वर्ण। अंग-कान्ति के लिए तीन उपमाएं बड़ी आकर्षक हैं — एक तो कनकवर्णी, दूसरी चाँदनी जैसी एवं तीसरी उपमा दामिनी है।

भारतीय सौन्दर्य-शास्त्र में — "तप्त काँचन वर्णाभा" है। "विद्युद्दामसमप्रभा" है और "जौन्ह" में "जौन्ह सी फूली" जैसे उल्लेख मिलते हैं। कालिदास ने कुमारसम्भव में गौरी के लिए लिखा है — "रोहतीव तव खंडलेखयोश्चंद्रबिंब-निहिताक्षि चंद्रिका।" मानो चाँदनी चमचमाते हुए कपोलों पर चढ़ती जा रही है। (८.७४)। कनकलता कनकबेलि, स्वर्णलता तो रस-साहित्य की आँखों में बसे हैं। विद्यापति कहते हैं कि शृंगार के विधाता काम ने सोने के बीजाकुंर बोकर शृंगार की सृष्टि की है — "कामे संसार सिंगार सिरिजल सोनाक अंकुर लाग।" अथवा "निविड़ आलिंगन पिरित रसाल कनक लता यै छे बेढ़ल तमाल"[१]।

---

१. विद्यापति-पदावली, तृतीय भाग, पृ० ३५१।

२०.४ रूप और श्रृंगार

"रूप" विधाता की सृष्टि है, विधाता की श्रृंगार-कला है — केश, माथा, भौंह, नेत्र, नासा, अधर, कण्ठ, कपोल, तिल, भुजा, हथेली, उंगली, नख, उरोज, उदर, नाभि, त्रिवली, कटि, नितम्ब, जंघ, एड़ी, पदतल और अंग कान्ति — "कंचन अंचन औटी।" रूपगोस्वामी के अनुसार रूप की परिभाषा है कि बिना श्रृंगार के ही अंग श्रृंगारमय दीखें — "अंगान्यभूषितान्येव केनचिद् भूषणादिना। येन भूषिद्वतभाति तद्रूपमिति कथ्यते।"

केश घुँघराले हैं, भँवर काले हैं — यह विधाता की देन है और केश खुले हैं, जूड़ा बनाया है, बेनी है और बीच-बीच में राते फूल हैं, यह श्रृंगार है। गोरा माथा विधाता की देन है और उस पर बिन्दी श्रृंगार है। "अद्भुत नैन विशाल" रूप है तथा आँखों में काजल "श्रृंगार" है। तोते जैसा नाक "रूप" है और नाक में बुलाक श्रृंगार है। कपोत जैसी ग्रीवा रूप है और कण्ठश्री श्रृंगार है। हृदय का उल्लास शोभा है, जो अधरों पर मुस्कान बन जाता है। आँखों में चमक बन जाती है, शरीर में पुलक बन जाती है।

२०.५ प्राकृतिक उपमान

जब अंग-प्रत्यंग में प्रेमी-मन शोभा का विस्तार देखता है, तब प्रकृति उपमानों को लेकर चली आती है। मृग या खञ्जन जैसे नेत्र, नागिन जैसे बाल, विंबा-फल जैसे अधर, बिजली जैसे दाँत, भँवर जैसा तिल, कमल की कली जैसे उरोज, हंस या हाथी जैसी चाल, मणि जैसे नख, सिंह जैसी कटि, कमलनाल जैसी भुजाएँ।

रूप, शोभा, श्रृंगार की चरितार्थता रीझने वाली आँखों में है। रीझ हृदय की प्रीति का प्रकाश है। श्यामसुन्दर ने श्रीराधा को देखा और हृदय में आनन्द का समुद्र मचलने लगा —

लै लावनि लाँगै कसी, ए बैनी कटि सों लिपटाय।
आधे कुच कंचुकी कसी, अति आनंद उर न समाय।[1]

श्रीललितकिशोरीजी कहते हैं कि प्यारीजू के श्रृंगार को देखकर प्रियतम विवश हो जाते हैं —

पग नूपुर चूरी करन कंठ नीलमणि पोत।
करनफूल बेसरि लसत, निरखि बिबस पिय होत।
लहँगा सारी कंचुकी, सहज सिंगार सुहाग।
स्वामिनि इते सिंगार तन, पिय उपजावत राग।
नवसत साज सिंगार विधि किये मंद मुसकान।
बरसत सुधा अनूप रस, कुंज बिहारिन रान।[2]

अंग-अंग श्रृंगार का वर्णन सूरसागर में भी है —

नीलांबर पहिरे तनु भामिनि जनु घन दमकति दामिनि।
ससिमुख तिलक दियौ मृगमदकौ, खुभी जराउ जरी है।

---

१. सर्वोपरिनित्यविहारिणी : रससागर, पृ० ५२१।
२. वही, पृ० ८११-१२।

नासा तिल प्रसून बेसरि छबि मोतिन मांग भरी है।
अति सुदेस मृदु चिकुर हरत चित गूँथे सुमन रसालहिं।
कबरी अति कमनीय सुभग सिर, राजत गोरी बालहिं।
सकरी कनक रतन मुक्तामय, लटकन चित्त चुराबै।
मानों कोटि-कोटि सत मोहिनि, पाँइन आनि लगाबै।
कंबु कंठ नाना मनि भूषन, उर मुक्ताकी माल।
कनक किंकिनी नूपुर कलरव, कूजत बाल मराल।
चौकी हेम, चंद्रमनि लागी, रतन जराइ खचाई।
भुवन चतुर्दस की सुंदरता, राधमुखहि रचाई।[१]

ध्रुवदासजी ने श्रीराधा का शृंगार इन शब्दों में चित्रित किया है —

जरकसी सारी तन जगमग रही फबि,
छबि की छलक मनों परी है रसाल री।
उज्ज्वल सुरंग अनियारी कोर नैनन की,
सीस फूल बेंदी लाल सोहै बर भाल री।
रतन जटित नील मनि चौकी झलमलै,
हित ध्रुव लसै उर मौतिन की माल री।
पानिप अनूप पेखें भूली है निमेष देखें,
मंद मंद बेसर मुक्ता की हाल री।[२]

---

१. सूरसागर, पृ० ६२३।

२. बयालीसलीला : प्रथम शृंगार रसलीला, कवित्त ८६।

२१

जोबन रंग रँगीली, सौंने से गात ढरारे नैंना कंठ पोत मखतूली।
अंग अंग अनंग झलकत सोहत कानन बींरैं सोभा देत देखत ही बनें जोंन्ह में जोंन्ह सी फूली॥
तन सुखसारी लाही अँगिया अतलस अतरोंटा छबि चार चार चूरी।
पँहुचनि पहुँची खमक बनी, नकफूल जेब मुख बीरा चौका कौंधै संभ्रम भूली॥
ऐसी नित्त बिहारिन श्री बिहारीलाल संग अति आधीन आतुर,
लिपटत ज्यों तरु तमाल, कुंजद्वार श्रीहरिदासी, जोरी सुरत-हिंडोरें झूली॥

२१.१ लावण्य : कान्ति

स्वामीश्रीहरिदास के सौन्दर्य-अंकन की विशिष्टता को समझने के लिए यह उचित ही होगा कि हम अन्य कवियों के सौन्दर्य-चित्रों पर भी एक दृष्टि डालें। जायसी ने "पद्मावत" में पद्मावती के सौन्दर्य का चित्रण किया है। पांडेय शशिभूषण शीतांशु के शब्दों में — "पद्मावती की बेनी छोरि झारि जों वारा, सरग पताल होहिं अंधियारा" वाली केशराशि "उजियर पंथ रैन मंह कीआ" वाली अपरिणीता मोतिया-माँग, सूर्य की सहस्र-किरणों को सहज संकोच में छिपा देने वाला तिलक पूर्ण ललाट, भौंह धनुक, नैन बाँक, बरुनी बान, नासिका कीर, अमीरसभरे सुरंग अधर, नक्षत्रों को दीपित करने वाले दर्शन, एक-एक बोल में चौगुने अर्थ भरने वाली रसना, सुरंग कपोल, नक्षत्र सेवित श्रवण, शंख जैसी ग्रीवा, कनकदण्ड भुजा, हृदथाल पर रखे सुनहले उरोज-मोदक, साम भुअंगिनि रोमावली, मलयगिरि पीठ पर चढ़ी वेणी रूपनागिन, केहरि-लंक, समुद्री भँवर की तरह गंभीर नाभिकुण्ड, गजगँवन, नितन्ब, केराखम्भ-जंघ और कँवलचरन की छवि आँकी है। शीतांशुजी कहते हैं कि "जायसी सौन्दर्य की अभिभूत करने वाली विशिष्टता उसकी कायिककान्ति को, लावण्य को चित्रित करने से रह जाते हैं।[१]"

सूर्यकान्त त्रिपाठी "निराला" के द्वारा चित्रित नारी-सौन्दर्य के सम्बन्ध में वे लिखते हैं — "जहाँ कहीं" वे "कनकगात" का रूपक रचते हैं, या ज्योति-तप्त मुख का विशेषण-विशेष्य विधान करते हैं या अनायास ही ज्योतिर्मय मुख या पल्लवित तन की तन्वी-ज्योति की झलक दिखाते हैं, वहाँ वे इसी कमनीय कान्ति पर मुग्ध दीखते हैं।

डॉ० शीतांशु कहते हैं —

> इस कान्ति के कारण ही सौन्दर्य पल-पल नवीनता प्राप्त करता है, तभी यह सभी अवस्थाओं में अनिन्द्य-सर्व स्थानानवद्यता रूप विशेषस्य बन पाता है। कहना न होगा कि देही की प्रत्येक अवस्था में यही उसकी शोभा का शिखर है, उत्कर्ष है – सर्वास्ववस्थासु चारुता शोभांतरं दुष्यति।[२]

"आनंदवर्धन" ने ध्वनि का स्वरूप प्रतिपादित करते हुए कहा है कि वह भाषिक-अवयवों से उसी प्रकार अतिरिक्त और विशिष्ट है, जैसे नारी का लावण्य उसके अंगों से विशिष्ट है —

प्रतीयमानं पुनरन्यदेव वस्त्वस्ति वाणीषु महाकवीनाम्।
यत्तत्प्रसिद्धावयवातिरिक्तं, विभाति लावण्यमिवांगनासु।

---

१. और और और छवि रे वह : पांडेय शशिभूषण शीतांशु साहित्य अमृत (जनवरी १८), पृ० १३।
२. वही, पृ० १२।

श्रीरूपगोस्वामी ने लावण्य का स्वरूप बतलाया है —

मुक्ताफलेषु छायायास्तरलत्वमिवान्तरा।
प्रतिभाति यदंगेषु लावण्यं तदिहोच्यते।

मुक्ताओं में जैसे निर्मल चमक प्रसारित होती है, वैसे ही अंगों से उदित होने वाली कान्ति को लावण्य कहते हैं।[१]

२१.२ जोबन-रंग-रँगीली

रसिक अनन्य-नृपति स्वामीश्रीहरिदास ने सबसे पहले "जोबन रंग रँगीली" कहा। यों श्यामाजू किशोरी हैं लेकिन यौवन का रंग चढ़ा हुआ है, अंग-प्रत्यंग यौवन के रंग से उद्दीप्त हैं। रूपगोस्वामी ने उद्दीपन-विभाव-प्रकरण में नवयौवन, व्यक्त यौवन तथा पूर्ण यौवन और उनके माधुर्य की आभा का विश्लेषण किया है। मन्द मुस्कान, चञ्चल नेत्र तथा उद्वेलन के साथ त्रिवलि की तरंग-भंगी का प्रकट सौन्दर्य व्यक्त-यौवन है तथा नितम्बों की विपुलता, कटि की क्षीणता, उरुद्वय की केला-स्तम्भवत् कान्ति, पीन-पयोधर पूर्ण यौवन है।[२] स्वामीजी ने यौवन की एक और परिभाषा दी — "अंग-अंग अनंग झलकत", अंग-प्रत्यंग में कामभाव झलक रहा है, अंग-प्रत्यंग अनंग-उत्सव बन गए हैं। और जिस कान्ति या लावण्य की बात की जाती है, राधा की देह-कान्ति मानों चाँदनी है — जौन्ह में जौन्ह सी फूली। कञ्चनवर्णी देह — सोने से गात। सौन्दर्य का केन्द्र नेत्रों में होता है — "ढरारे नैना।" अब इस शोभा-सौन्दर्य-लावण्य का समवेत प्रभाव कैसा है ? स्वामीजी कहते हैं कि "कुंजबिहारी अति अधीन आतुर" हो जाते हैं। सौन्दर्य वह, जिसे देखकर चित्त की गति बदल जाए। खो जाए। डूब जाए।

२१.३ जोरी सुरत-हिंडोरें झूली

सुरत-हिंडोरा रस-साहित्य का बहुत व्यापक अभिप्राय है। श्रीललितकिशोरीदेवजू का कथन है कि जिन हिंडोलों का वर्णन कविजन करते रहे हैं, रसदेश में वह झूला नहीं है, श्रीहरिदासी-सखी जिस हिंडोले को झोंटा देती हैं, वह कामकेलि का हिंडोला है। यह हिंडोला कामिनीकन्त-हिंडोला है, सखियाँ हाव-भाव से झोंटा देती हैं —

रमकि रमकि झूलत दोऊ, अंस-अंस भुज मेलि।[३]
रतिपति केलिहिंडोरना हरिदासी झुलवति ताहि।
कविन हिंडोरा जे कहे हम नहिं झुलवति ताहि।[४]
कामिनि कंत हिंडोरना, सखी अंग-अंग संजोग।
हावभाव झोंटा दोऊ, झूलत प्रेम-प्रयोग।[५]

---

१. श्री उज्ज्वलनीलमणि (वृन्दावन), पृ० १०२।
२. वही, पृ० १०९।
३. सर्वोपरिनित्यविहारिणी : रससागर, पृ० ८२७।
४. वही।
५. वही।

एक पद में ललितकिशोरी लिखते हैं —

झूलत सुरत-हिंडोरना, प्रिय लटकि-लटकि गरबीली।
उमँगि झोंटा देत प्रीतम, लेत परम रसीली।[1]

श्रीनागरीदासजी की वाणी है —

बिहरत भुज डाँडी गहें, झूलें सुरति रंग हिंडोल।[2]

अथवा

झूलत फूलत लाड़ले मिल अंग-संग सुरति हिंडोरें।[3]

श्रीसरसदेवजू की वाणी है —

झूलत फूलत सुरति हिंडोरें।
पुलकि पुलकि किलकति हिलमिलि मन जोवन-जोर झकोरें।
छूटी लट पट सिथिल भये अँग अंग अनंग निहोरें।
रहसत विहँसत मिलत परसपर उर कर चिबुक टटोरें।
अति रंग भरे ढरे खरे डाँडी गहि निरखत विवि मुख ओरें।
सरसदास दरसत विलास नित, अति चंचल चितचोरें।[4]

अत्यन्त रसरंग में भरे हुए दोनों खड़े हैं, दोनों ने दोनों की भुजडाँडी पकड़ रखी है, दोनों दोनों का मुख निहार रहे हैं, लट छूट गई है, पट शिथिल हो गया है, दोनों हिल-मिलकर किलक रहे हैं, यौवन के आवेश में झकोर रहे हैं —

जोवन जोर झकोरन देत अलिंगन करत कलोलें।[5]

भगवतरसिक ने भी चित्र अंकित किया है कि प्रिया-प्रियतम नवनिकुञ्जमन्दिर में सुरत-हिंडोरे पर खड़े-खड़े झूल रहे हैं —

झूलत दोउ नव-निकुंज मधि ठाड़े।
झोंटा देत गहें भुज डांडी, अंग अनंगन बाढ़े।[6]

आगे चलकर भगवतरसिक का "सुरत-हिंडोरा" रति-विपरीत-हिंडोला बन गया है —

मेरी अलक लडी अलबेली।
झूलत रति-विपरीत हिंडोरे, नाह अंस भुजमेली।[7]

हितचौरासी में भी सुरत-हिंडोरे का उल्लेख है —

लता-भवन में सरस सकलनिशि पिय सँग सुरत हिंडोरें झूली।[8]

---

१. सर्वोपरिनित्यविहारिणी : रससागर, पृ० ८५०।
२. वही, पृ० ५९१।
३. वही, पृ० ५८५।
४. वही, पृ० ६१७।
५. वही, पृ० ६१६।
६. श्री भगवतरसिक की वाणी, पृ० १८३।
७. वही,।
८. श्री हितचौरासी (श्री ललिताचरण गोस्वामी), पृ० १५२।

गंगा बाई (संवत् १६३६ के आसपास) ने बिट्ठल-गिरिधरन की छाप से पद रचना की है। ये वल्लभ-संप्रदाय में बिट्ठलनाथजी की शिष्या थीं। सुरत-हिंडोरे को गंगा बाई ने रूपक में बाँधा है —

झूलौ तो सुरत हिडोरे झुलाऊँ।
मरुवे मयार करों हित चित के तन मन खम्ब बनाऊँ।
सुधि पटली बुधि डाँडी बेलन, नेह बिछौना बिछाऊँ।
अति औसेर धरों रुचि कलसा, प्रीति-ध्वजा फहराऊँ।
गरजन कुहुक हिलक मिलबे की, प्रेम नीर बरसाऊँ।
श्री विट्ठल गिरधरन झुलाऊँ ज्यों इकले कर पाऊँ।

हित-चित के मरुए-मयार (वह आड़ा डण्डा जिसमें हिंडोरे की रस्सी लटकाई जाती है। सूरदास की पंक्ति है – "खचि खंभ कंचन के रुचिर रचि रजत मरुअ-मयार।") होंगे, तन-मन के खम्भ होंगे, सुधि-बुधि की डाण्डी और नेह का बिछौना बिछा होगा। ऊपर रुचि का कलश होगा और प्रीति की ध्वजा फहराएगी। मिलने की होंस ही कुहुक होगी और ऐसे अनुकूल समय में मैं प्रीति का जल बरसाऊँगी। गंगाबाई (बिट्ठल गिरिधरन) कहती हैं कि उनको सुरति-हिंडोरे पर खूब झुलाऊँगी परन्तु अकेले में मुझे मिल तो जाएँ।

२२

राधे दुलारी! मान तज।
प्रान पायौ जात मेरौ है री सज॥
अपनों हाथ मेरे माथें धर, अभै दान दै अज।
श्रीहरिदास के स्वामी स्यामा कुंजबिहारी कहत री प्यारी, बलि बलि, रंग रुचि सों लज॥

२२.१ मान : चाह : मिलेई रहत मानों कबहु मिले ना

रसदेश में मान की अद्‌भुत छटा है। मान नहीं है फिर भी प्रियतम को मान जैसा आभास होता है। प्रियतम कहते हैं कि "जलतरंग जो कोउ गनें, अरु गनें जो तन के रोम। प्रेम बिथा मेरी नहिं गनै, प्यारी यह भाषत हों तोय।" जल की तरंगें गिनी जा सकती हैं, शरीर के रोम गिने जा सकते हैं, परन्तु मेरी प्रेम-व्यथा को नहीं गिना जा सकता। सखियों के पास बात पहुँचती है। तब सखी कहती हैं कि प्यारीजू! यह कपटमान उचित नहीं है —

सखी सीख सैनन दई, छाँडि कपट कौ मान।
चतुर कहों भोरी कहों पिय की जीवनि प्रान।
प्यारी तन मन प्रानन मिलि रहौ, न्यारी होउ, न नेंक।
हिल मिल विलसौ एक रस, यही गहौ निज टेक।[1]

प्यारीजू ने कहा — सखी, तुम मुझे नहीं, प्रियतम को समझाओ कि वे जहाँ मान नहीं है, वहाँ मान समझ लेते हैं। इतने अधीर हो जाते हैं —

पिय अधीर धीरज नहीं, चंचल करें सुभाव।
मान नहीं तहँ मान कहि, इन्हें न क्यों समुझाव।[2]

वे प्रियतम से भी कहती हैं — तुम्हारे प्रेम का स्वरूप ही अद्‌भुत है कि तुम प्रतिपल मिले हुए हो, फिर भी एकमात्र मिलन की ही अभिलाषा है —

मिलत रहौ मिलिबौ चहौ, अनमिलनी सी रीत।
कुंजबिहारी लाड़ले, तेरी अद्‌भुत प्रीत।
मिलत जात मिलिबौ चहैं, मिलत न आवत अंत।
मिलत-मिलत मिलिबौ चहै, मिलें मिलन की भूल
मिलत मिलत में चाह अति, ललित रंगीली प्रीत।
कुंजबिहारी लाल की, यह तौ अद्‌भुत रीत।[3]

---

१. सर्वोपरिनित्यविहारिणी : रससागर, पृ० ८२६, ८३२।
२. वही, पृ० ८२६।
३. वही, पृ० ८१८, ८३१, ८३२।

ललितासखी कहती हैं —

परम नेह की बात यह, मोपै कही न जाय।
तनमन सों प्यारी मिली, तऊ लाल अकुलाय।
मिलत मिलत में चाह अति, मिलें मिलें अकुलाँहि।
सपनों किधों सत भाइ यह, सोचत हैं मन माँहि।[१]

भगवतरसिक के शब्दों में —

अरबरात मिलिबे कों निसदिन मिलेई रहत, मानों कबहु मिले ना।

यहाँ रसदेश के रस के स्वरूप को समझना है — प्रिया-प्रियतम के मन में आकुलता है — और-अधिक गहरे मिलें, और अधिक गहरे मिलें और एकरस हो जाएं, और एकरस हो जाएं। मिलन की इतनी गहरी प्यास? कितनी गहरी प्यास? इसकी कोई थाह नहीं है, इसकी कोई सीमा नहीं है। पानी की प्यास पानी पीने से बुझ सकती है, यह स्थूलता है — पानी स्थूल है। रस सूक्ष्म है, कितना सूक्ष्म है? सूक्ष्मता का अन्त है कहाँ? न प्यास का अन्त और न रस का अन्त। प्रियतम के मन में रस की कभी न तृप्त होने वाली प्यास है और इस प्यास की मन:स्थिति में उन्हें हर पल प्यारीजू के मान की शंका बनी ही रहती है। इतना ही क्यों? प्यारीजू बाँहों में हैं परन्तु प्रियतम सोच रहे हैं, क्या सचमुच प्यारीजू बाँहों में है? कहीं मैं सपना तो नहीं देख रहा? यह "ललित रँगीली प्रीत" स्थूल नहीं है, सूक्ष्म है। सेक्स स्थूल होता है। यहाँ तो मिलकर भी मिलन का आभास तक नहीं है। स्वसुख-वासना होती, तो मिलन का अहसास होता, संवेदना होती। वहाँ इन्द्रिय-चेतना नहीं है। तत्सुखभाव है, इसलिए तृप्ति का भाव हो ही नहीं सकता। प्यारीजू प्रसन्न है कि नहीं? इसी मन:स्थिति में प्रियतम को मान की शंका बनी है, और वह बनी ही रहती है। रूठी हो, वह मने, परन्तु यहाँ मनने-मनाने का सवाल है कहाँ? प्यारीजू तो स्वयं प्रियतम के रस में निमग्न हैं। भूली हुई हैं। दोनों एक-दूसरे में डूबे हैं, अपने ख्याल में नहीं हैं। प्यारी प्रियतम के ख्याल में हैं तथा प्रियतम प्यारी के ख्याल में हैं। सखी हरिदासी इन दोनों के ख्याल में हैं।

---

१. सर्वोपरिनित्यविहारिणी : रससागर, पृ० ८१८।

२३

गुन की बात राधे! तेरे आगें को जानें जो जानें, सो कछु उनहार।
निरत गीत ताल भेदन के बिभेद न जानें कहूँ जिते किते देखे झार॥
तत्त सुद्ध सरूप रेख परमान जे बिज्ञ सुर-सुघर ते पचे भार।
श्रीहरिदास के स्वामी स्यामा कुंजबिहारी नैंक तिहारी प्रकृति के अंग-अंग और गुनी परे हार॥

२३.१ गुन की बात : गुन सों रूप प्रकासित होय

रूप-सौन्दर्य की पूर्णता गुणों के द्वारा होती है। राधा सौन्दर्य की ही परमावधि नहीं हैं, गुणों की भी परमावधि हैं। महाप्रभु हितहरिवंशजी ने श्री किशोरीजी में आठ गुणों की परमसीमा का नित्य निवास बतलाया है — प्रेम के उल्लास-आनंद की परमसीमा, परमरस-चमत्कार की विचित्रता की सीमा, सम्पूर्ण सौन्दर्य की पराकाष्ठा, नवरूप लावण्य की सीमा, लीला-माधुर्य की सीमा, परम उदारता की सीमा, सुख की परमसीमा, रतिकला माधुरी की सीमा —

प्रेमोल्लासैकसीमा परमरसचमत्कारवैचित्र्यसीमा
सौंदर्यस्यैकसीमा किमपि नववयोरूपलावण्यसीमा।
लीलामाधुर्यसीमा निजजनपरमौदार्यवात्सल्यसीमा
श्रीराधासौख्यसीमा जयति रतिकला केलिमाधुर्यसीमा।[१]

एक अन्य पद्य में महाप्रभु हिताचार्य ने कहा है —

लावण्यसाररससारसुखैकसारे
कारुण्यसारमधुरच्छविरूपसारे।
वैदग्ध्यसाररतिकेलिविलाससारे
राधाभिधे मम मनोऽखिलसारसारे।[२]

श्रीरूपगोस्वामी ने "उज्ज्वलनीलमणि" में श्रीवृन्दावनेश्वरी के गुणों का कीर्तन इन शब्दों में किया है —

अथ वृंदावनेश्वर्याः कीर्त्यन्ते प्रवराः गुणाः
मधुरेयं नव वयाश्चलापांगोज्ज्वलस्मिता। ११।
चारुसौभाग्यरेखाढ्या गन्धोन्मादितमाधवाः
संगीतप्रसराभिज्ञारयवाङ्नर्मपंडिता। १२।
विनीता करुणापूर्णा विदग्धा पाटवान्विता।
लज्जाशीला सुमर्यादा धैर्यगांभीर्यशालिनी। १३।
सुविलासा महाभावपरमोत्कर्षवर्षिणी,
गोकुलप्रेम वसतिर्जगच्छ्रेणीलसद्यशाः। १४।

---

१. श्रीराधासुधानिधि, पृ० १६२ पद्य १३०।
२. वही, पृ० ४८ पद्य २५।

गुर्वर्पितगुरुस्नेहा सखी प्रणयिता वशा,
कृष्णप्रियावली मुख्या संतताश्रवकेशवा।।
बहुना किं गुणास्तस्याः संख्यातीताः हरेरिव[1]।१५।

मधुरता, नववय, चञ्चल-चितवन, उज्ज्वल-मुस्कान, सौभाग्यसूचक-रेखा, सुगन्धि, संगीत के प्रसार में निपुणता, रमणीय वाणी, केलिकला-निपुण, विनीत, करुण, रसिक, कला-प्रवीण, सलज्ज, मर्यादा, धैर्य, गाम्भीर्य, महाभाव आदि असंख्य गुण हैं। इनमें संगीत-प्रसराभिज्ञा की अपनी व्याख्या स्वामीश्रीहरिदास ने की है — "निरत गीत ताल भेदन के विभेद न जानें कहूँ जिते किते देखे झार।"

संगीत, कला एवं गुण की चर्चा "केलिमाल" के अन्य पदों में भी है — "कहा कहों एक जीभ गुन अनगिन, रोम रोम जो रसना होती तौ ऊ तेरे गुन न बखाने जात, प्यारीजू गुनन-राय-सिरमौर।" श्रीबिहारिनदेवजू ने कहा —

गुन की सरि को करि सकै तोसों तुव प्रताप भरि पूरि रह्यौ अखिल विश्व सुजस सर्वोपरि।
लेत विकट औधर गति तान मिलावत गावत मधुरे मधुरे सुर रीझ रहे नटनागर।[2]

एक अन्य पद में बिहारिनदेवजू ने "सुनहु सघर सुरज्ञान सिरोमनि" कहकर संगीतज्ञों में सर्वोपरिता का बखान किया है। इसकी साखी में श्रीललितकिशोरीदेव कहते हैं —

गुन की सीमा देखि, लालन सीखें सदा विसेखि।
आदि-अंत पावै नहिं कोइ, गुन ही विलसत प्रान समोइ।
रहत अपरिमित केलिगुन, लहि न सकै पिय ताहि।
अद्भुत गुन रस रूप निधि, भामिनि सहज सुभाहि।
गुन सों रूप प्रकासित होय, जगमगाय पिय नैनन सोइ।
दरस परस की बाढ़ी चाइ, गुनगन अंगनि परसे जाइ।[3]

प्यारीजू गुणों की परमावधि हैं और लालजू उनसे विशेष तत्त्व को सीखते रहते हैं। उनके गुणों का आदि-अंत नहीं है। वे गुणों को ही अपने प्राणों में समाकर विलसते हैं। केलि के गुणों और कलाओं की वे अपरिमित भण्डार हैं। प्रियतम उनकी कला की थाह नहीं पा सकते। भामिनी सहज स्वभाव से ही अद्भुत गुणों की निधि हैं। अद्भुत रूप और अद्भुत रस की निधि हैं। रूप गुणों से ही प्रकाशित होता है और वह रूप प्रियतम के नेत्रों में जगमगाता है।

२३.२ गुन की सीमा : और गुनी परे हार

"गुन" शब्द का प्रयोग यहाँ नृत्य, गीत, ताल (संगीत) की प्रवीणता के अर्थ में है। लोक-साहित्य और लोक-जीवन में आज भी गुन शब्द का प्रयोग कला-कौशल के अर्थ में होता है। गुन का अर्थ केवल जानना नहीं है, कोरा ज्ञान नहीं है, उस जाने हुए को चरितार्थ करना है — पढ़ना और गुनना। लोक में कहा जाता है — पढ़े तो हैं गुने नहीं हैं। गुनने का अर्थ है चरितार्थ होना, आचरण-अभ्यास में रूपान्तरण। संगीत-नृत्य

---

१. श्रीश्रीमद्उज्ज्वलनीलमणि, चतुर्थ, श्री राधाप्रकरण।
२. श्रीसर्वोपरिनित्यविहारिणी : रससागर, पृ० ५०१।
३. वही, पृ० ८०५।

के सिद्धान्तों को जान लेना — यह कला-शास्त्र है। संगीत-नृत्य को रस के रूप में प्रत्यक्ष कर देना गुन है, कला है। ऐसी कला कि सम्पूर्ण परिवेश संगीतमय बन जाए। व्यष्टि-नृत्य ब्रह्माण्ड-नृत्य बन जाए। व्यष्टि-नाद सृष्टि के अनन्त-नाद के साथ एकरस-एकाकार हो जाए। श्रीकृष्ण मुरली बजाते हैं और यमुना की गति ठहर जाती है, चन्द्रमा की गति ठहर जाती है।

२४

सुघर भए बिहारी याही छाँह तैं।
जे जे गटी सुघर जानपने की तेते याही बाँह तैं॥
हुते तौ अधिक बड़े सब ही सौं, पै इनकी कस न खटात याह तें।
श्रीहरिदास के स्वामी स्यामा कुंजबिहारी जकि रहे चाह तें॥

२४.१ सुघर भये बिहारी याही छाँह ते

श्रीवीठलविपुल-दासी ने निभृत-निकुञ्ज में एक दिन देखा था कि प्रियतमा प्रियतम को वीणा बजाने की शिक्षा दे रही थीं —

नवनिकुंज मंदिर में प्यारी पियहिं सिखावत बीना।
तान बँधान कल्यान मनोहर इत मन देहु प्रवीना।
लेत सँवारि सँवारि सुघर वर, नागरि कहत फबी ना।

प्रियतम प्रियाजू के बताए अनुसार बार-बार स्वर साधने का प्रयास कर रहे हैं, पर चूक हो जाती है। प्यारीजी बार-बार समझाती हैं परन्तु बिहारीजी बार-बार चूक जाते हैं।

भगवतरसिक कहते हैं कि प्यारीजू लाल को कोककला, संगीत तथा रसमय नृत्य-गति सिखलाती हैं —

कोककला संगीत लाल कों सिखवत गति रस सानी। (अनन्यरसिकाभरण)

"छिन छिन लाल करत आधीनी", "कुंजबिहारिन लाड़ली परम उदार कृपाल, पोषत तोषत लाल कों रसिक सिरोमनि बाल।", "जाकी कृपा लाल रहें वांछित जीवत याही हेरें।", "हमारी लड़ैती साहिबनी।", "लड़ैतीजू की साहिबी अटल बनी।", "हमारें माई स्यामाजू कौ राज।", " निजरसरीत प्रतीत प्रकट करि धन्य जनम मानत परि पाँइन।", "प्यारीजू तें मोहि मोल लियौ।", "जहाँ जहाँ चरन परत प्यारीजू तेरे तहाँ तहाँ मन मेरौ करत फिरत परछाँही" जैसे कितने ही पद हैं, जिनसे प्रतीत होता है कि रसदेश में राधा प्रधान हैं। कृष्ण राधा के रसवश हैं। "सो तेरे आधीन"— कृष्णराधाधीन हैं, राधा आराध्या हैं। कृष्ण आराधक हैं। यह स्थिति अष्टछाप के कवियों में भी है — "कहि कृष्णदास गिरिधरन वश किये।", "नवलगुपाल नवेली राधा नए नेह बस कीने।", "ज्यों-ज्यों नचायौ चाह्यौ त्यों-त्यों हरि नाचत बल।", "तू राधे बड़भागि उदित जिनि त्रिभुवन पति उरझायौ।", "धन्य बड़भागिनी राधा तेरे बस गिरिधारि।"

प्रेम में सामरस्य है और रसदेश में तो सामरस्य भी अपनी परम सीमा में है। मैं अपनी बाँई आँख को प्रधान कहूँ या दाहिनी आँख को प्रधान कहूँ। एक-प्राण दो-देह की स्थिति है। इसके बावजूद शाक्ति-उपासना की परम्परा पर एक दृष्टि डाल लेना अनुसन्धान की दृष्टि से अनुचित नहीं होगा। ध्यान देने की बात है कि श्यामा-श्याम प्रधान नहीं है, रसदेश में ललिता की प्रधानता है।

२४.२ शाक्त-वैष्णव : द्वन्द्व

कामेश्वर-कामेश्वरी और श्यामा-श्याम के सामरस्य-भाव तथा परस्पर-प्रीति के स्वरूप को लेकर महामहोपाध्याय गोपीनाथ कविराज, डॉ० विद्यानिवास मिश्र, डॉ० राममूर्ति त्रिपाठी, पं० गोपालचन्द्र शास्त्री चतुर्वेदी बड़े चौबेजी आदि ने जगह-जगह पर संकेत-सूत्र अंकित किए हैं। इस विषय को लेकर गहरे अनुसन्धान की आवश्यकता

है। वैष्णव और शाक्तों को लेकर मतभेद की बात जगजाहिर है। शाक्तों के पञ्चमकार, विशेषकर वाममार्ग के आचार को लेकर वैष्णवों-सन्तों के मन में जो सन्देह और घृणा का भाव रहा है, वह निर्मूल नहीं हो सकता। कबीर जैसे सन्त को कहना पड़ा था —

वैष्णव की छपरी भली, ना साकत का गाँव।

वृन्दावन के रसिक-सन्तों ने तो यहाँ तक कहा — "करियै साकत कौ मुँह कारौ" अथवा "साकत मोइ न देखौ भावै।"

स्वयं बिहारिनदेवजू ने अपने निजजनों से कहा कि शाक्तों के संग में जाना योग्य नहीं है —

साकत संग न जाइयै, जो सोने कौ होय।

उन्होंने कहा कि एरण्ड को कितना ही सींचो पर वह भाला (जैसा शस्त्रास्त्र राणा प्रताप सिंह रखते थे) के योग्य बाँस नहीं बन सकता, वैसे ही जो शाक्त है, वह भक्त नहीं हो सकता, इसलिए —

साकत के घर पाहुनौ भूलि भक्त जिनि जाहु

शाक्तों और वैष्णवों को लेकर अनेक विवाद और संघर्ष इतिहास के गर्त में दबे पड़े हैं। जतीपुरा (गोवर्धन) के श्रीनाथ-मन्दिर में पहले बंगाली-साधुओं का सेवाधिकार था। कृष्णदास अधिकारी ने उन पर शाक्त विधि से सेवा करने का आरोप लगाया था और स्थानीय-जनों के सहयोग से उनको वहाँ से बेदखल किया गया। वैष्णवों का भोजन, वैष्णवों का आचार शाक्तों से भिन्न था। इसलिए लोकमानस वैष्णव-आचार के पक्ष में खड़ा हुआ था। सात्त्विकभाव और अहिंसा का विचार इस क्षेत्र में इसलिए भी प्रबल रहा कि महात्मा बुद्ध और तीर्थंकर महावीर के स्वर पहले से गूँज रहे थे, कृषि की प्रधानता थी तथा मद्य-माँस को यहाँ अस्वीकृत किया जा चुका था। वैष्णवाचार की श्रेष्ठता की गूँज आज तक हम देख सकते हैं, जब जी०टी० रोड पर "वैष्णव ढाबा" देखकर समझ लिया जाता है कि यहाँ माँसाहार नहीं हो सकता, यहाँ शाकाहार ही होगा। "जैन फूड" कहा जाता है, तो वायुयान की परिचारिका समझ लेती है कि इन्हें प्याज भी नहीं देना है। शाक्तों के सम्बन्ध में यह बात नहीं कही जा सकती। वे बलिदान के नाम पर तरबूजे को काट देते हैं या माँस के नाम पर "उड़द की दाल का बड़ा" रख देते हैं, "विजया" पर "सुरादेवी" का आह्वान कर लेते हैं। बंगालियों में मछली बहुत प्रचलित है। इसका कारण भौगोलिक भी है। भौगोलिक-परिवेश आचार-विचार को प्रभावित करता है, यह बात निर्विवाद है। शाक्तों और वैष्णवों के भेद और भिन्नता के सम्बन्ध में बहुत बातें कही जा सकती हैं, जब चैतन्य-महाप्रभु का भगन्नाम-आन्दोलन नवद्वीप-धाम में उभर रहा था, तब चण्डी-मण्डप के अनुयायियों ने काजी के पास जाकर शिकायत की थी कि पहले मंगल-चण्डी के गीत गाए जाते थे, अब निमाई पण्डित भगन्नाम के गोप्यमन्त्रों को खुल्लमखुल्ला गाता फिरता है, ऐसा करने से देश में दुर्भिक्ष पड़ेगा। काजी ने संकीर्तन के विरोध में आज्ञा प्रकाशित कर दी। जब चैतन्य शान्तिपुर को त्याग कर जा रहे थे, तब एक वाममार्गी साधु मिला, प्रभु से उसने भैरवी-चक्र और आनन्द की चर्चा की। उस समय अवधूतनित्यानन्द प्रभु के साथ थे। वाम-मार्ग के सांकेतिक शब्दों को समझ गए थे। चैतन्य-चरितामृत का यह प्रसंग वाम-मार्ग के तत्कालीन अनुयायियों की इन्द्रियलोलुपता की ओर संकेत है। परन्तु यहाँ यह बात भी उल्लेख योग्य है कि अवधूत-नित्यानन्द प्रभु के नित्यसंगी थे और श्रीमहात्रिपुरसुन्दरी के उपासक थे। आज भी नवद्वीप के निकट के नित्यानन्द-मंदिर में नित्यानन्द की जटाओं में श्रीचक्र का पूजन होता है।

अनुसन्धान में केवल भिन्नता ही नहीं देखी जाती, अन्तर्भुक्ति की प्रक्रिया को भी देखा जाता हैं। हिन्दू और मुस्लिम दो भिन्न-भिन्न संस्कृतियाँ हैं, किन्तु दोनों संस्कृतियों के सूत्र किस प्रकार अन्तर्भुक्त हुए हैं, इसे हम

भाषा, संगीत, चित्रकला और लोक-उपासनाओं के विवेचन द्वारा जान सकते हैं। आर्य और द्रविड़ के द्वन्द्व को लेकर इतिहासकारों ने कितना कुछ लिखा है, परन्तु —

भक्ति द्राविड़ा ऊपजी लाये रामानन्द।

भक्ति-सम्प्रदाय का उद्‌गम द्रविड़-देश में हुआ था, इसे भक्तिशास्त्र के आकर-ग्रन्थ भागवत ने स्वीकार किया है —

उत्पन्ना द्राविड़े साहं वृद्धिं कर्णाटके गता।
क्वचित्क्वचिन्महाराष्ट्रे गुर्जरे जीर्णतां गता।
वृंदावनं प्रनः प्राप्य नवीनेव सुरूपिणी।
जाताहं युवती सम्यक् प्रेष्ठरूपा तु सांप्रतम्।[१]

हम भिन्नता खोजेंगे तो हमें भिन्नता मिलेगी परन्तु यदि हम समानता के सूत्र खोजेंगे तो हम देखेंगे मनुष्य जीवन की उस विराटता को, जहाँ सारी भिन्नताएँ एक-दूसरे में समा जाती हैं। सूरज की एक ही धूप है, चन्दा की एक ही चाँदनी है, जिस पर जीवन-आधारित है, वह एक ही धरती है, एक ही जल है, एक ही वायु है। लाख भिन्नता रहे परन्तु अवधारणाए अन्तःसलिला की भाँति एक-दूसरे में समा जाती हैं। समानता के इन सूत्रों को एक साथ रखकर देखने से तत्त्व का स्वरूप समझ में आता है। अनुसन्धान पूर्वाग्रह को लेकर नहीं चलता। मनुष्य का जीवन बँधी हुई नहर का प्रवाह नहीं है, वह निर्बन्ध नदी की धारा है, जो देश और काल में कहीं मिल जाती है और कहीं छिटक जाती है?

२४.३ शिवा-शिव की प्रीति

वृन्दावन के रसिक-भक्तों का नित्य-विहार अद्भुत है, उसकी तुलना नहीं की जा सकती परन्तु नित्य-विहार का स्वरूप समझने के लिए यदि हम उमा-महेश्वर की प्रीति को भी देखें, तो यह अनुचित बात नहीं है। विद्यापति के जमाने में राधाकृष्ण के प्रेमगीत लोक-प्रचलित थे और हर-गौरी के गीत भी लोकजीवन में गाए जाते थे। विद्यापति ने हर-गौरी के गीत भी लिखे और राधा-कृष्ण के गीत भी लिखे और विद्यापति के गीत (महेशवानी, सोहर, बटगमनी, तिरहुत, समदाउनि, योग, नचारी) पुनः लोकमानस में रच-बस गए। केवल मिथिला में ही नहीं, नेपाल में ''कीर्तनानंद'' आदि वैष्णव-कीर्तन संग्रहों में उनको संकलित किया गया, वे मन्दिरों में कीर्तन के रूप में गाए जाने लगे। विद्यापति के पदों का कितना प्रभाव कृष्ण-भक्ति-साहित्य पर हुआ, यह अध्ययन का विषय है। विद्यापति के पदों में निधुवन शब्द मिलता है, जिसका अर्थ वहाँ रमणवन, विहारवन तथा केलिवन है।[२] वृन्दावन से चलकर ''निधुवन'' विद्यापति की पदावली में पहुँचा और फिर विद्यापति की पदावली से चलकर ''निधुवन'' वृन्दावन में आया इस बात का निर्णय अनुसन्धाता करेंगे (वैसे स्वामीजी के साधना-धाम को निधिवन कहा गया है, परन्तु एक बात निर्विवाद है कि दोनों के बीच एक तारतम्य का सूत्र है। यही बात हम कामेश्वर-

---

१. श्रीमद्‌भागवत-माहात्म्य, अध्याय २।

२. प्रमोद कपोत रव कुचकुंभपरिभव कत-कत निधुवन भांति,
निधुवने रमणीरस रंगमातल। – विद्यापति-पदावली (वि०रा०प०), तृतीय भाग, पृ० २८०।
''कुमारसम्भव'' में निधुवन के – शिष्यतांनिधुवनोपदेशिनः। – पृ० २५०।
''गीतगोविन्द'' में है – श्री जयदेव भणितमिदमतिशय मधुरिपु निधुवनशीलम। – द्वितीयसर्ग, अष्टपदी-६
''उज्ज्वलनीलमणि'' में है – कंदर्पोत्सव पंडितस्य भणितै राक्रांत कुंजांतया
सार्द्धंरादिधकया हरेर्निधुवन क्रीडाविधिर्वद्धते। – पृ० ७९२।

कामेश्वरी तथा श्यामा-श्याम की प्रीति के सम्बन्ध में कहना चाहते हैं।

स्वामीजी कहते हैं — "सुघर भये बिहारी याही छाँह तें।" अब सौन्दर्यलहरी को देखें —

करालं यत्क्ष्वेलं कवलितवतः कालकलना।
न शंभोस्तन्मूलं तव जननि ताटंक महिमा। (शिखरिणी सं.२८)

हे राजराजेश्वरी, इन्द्र आदि देवता समुद्रमन्थन के समय निकले अमृत का पान करके भी काल के अधीन हैं। एक इन्द्र जाता है, दूसरा इन्द्र आता है। जबकि भगवान् शिव ने कालकूट विष का पान किया परन्तु काल का प्रभाव उन पर हुआ ही नहीं, क्यों? इसका कारण आपके कर्णफूलों की महिमा है।

सौन्दर्यलहरी अर्वाचीन ग्रन्थ नहीं है, कहते हैं कि इसके प्रारम्भिक इकतालीस श्लोक द्रविड़-शिशु द्वारा रचित है। द्रविड-शिशु कैलाश पर्वत पर भगवती की उपासना करते थे, आनन्दलहरी के नाम से उन्होंने एक सौ श्लोकों की रचना की थी, जिन्हें उन्होंने पर्वत के किनारों पर लिख दिया था। इसी बीच आदिशंकराचार्य कैलाश गए, इकतालीस श्लोक शंकराचार्य ने कण्ठ कर लिए शेष द्रविड़-शिशु ने छिपा लिए। आनन्दलहरी पर ४१ टीकाएँ लिखी जा चुकी हैं। इसी सूत्र को शांकर-परम्परा ने आगे बढ़ाया और "क्षमापन-स्तोत्र" में लिखा गया —

चिताभस्मालेपो गरलमशनं दिक्पटधरो
जटाधारी कंठे भुजगपतिहारी पशुपतिः।
कपाली भूतेशो भजति जगदीशैक पदवीं
भवानि त्वत्पाणि-ग्रहणपरिपाटी फलमिदम्।

वह शिव जगदीश कहा जाता है, जो चिता का भस्म लगाता है, जहर खाता है, नंगा रहता है, नागों का हार पहनता है, जिसके हाथ में कपाल या खप्पर है। हे भवानी, तुमने उससे पाणिग्रहण कर लिया और वह जगदीश बन गया। "सुधर भये बिहारी याही छाँहते।" परिवेश भिन्न है परन्तु सूत्र वही है - नर और नारी की परस्पर-प्रीति में नारी का स्थान। अवश्य ही सामान्य नर और नारी की बात नहीं है, पूर्ण और सनातन नर-नारी का सन्दर्भ है। सामान्य नर और नारी परिवेश से भावित-प्रभावित होते हैं, जिसका विवेचन यथाप्रसंग किया जाएगा। शाक्त-लोग तो यहाँ तक कहते हैं कि इकार शक्तिवाचक है। शिव में से यदि इकार निकाल दें, तो शव रह जाएगा — शून्य।

शिवः शक्त्या युक्तो यदि भवति शक्तः प्रभवितुं
न चेदेवं देवो न खलु कुशलः स्पन्दितुमपि। (सौन्दर्यलहरी)

भगवतरसिक ने नित्य-विहार के सिद्धान्त को इच्छाद्वैत कहा है। शाक्तों ने इच्छा का बड़ा गुह्य विवेचन किया है।

फिर भी शक्ति-उपासना की परम्परा और तन्त्र को हम भूल जाएं, युगल स्वरूप की बात करें, तो एक परम्परा में नर प्रधान है, दूसरी परम्परा में नारी प्रधान है। प्रेम में तो समरसता होती है, नित्य-विहार में श्यामा-श्याम दोनों ही समरस हैं फिर भी श्यामसुन्दर अधीर हैं, अतृप्त हैं, आतुर हैं, रसवश हैं, छिनछिन अधीनी करते हैं। उनकी (राधा की) छाँह से ही वे गुणी बन जाते हैं। "सुधर भये बिहारी याही छाँह तें।" इस तथ्य को भला कौन नकारेगा? कौन नकारेगा कि श्यामा-श्याम स्वयं — "भोजन सैन विहार करें ललिता की गोदी।"

"जकि रहे चाहतें" उनके मन में चाह है, अभिलाषा, उत्कण्ठा है। उसी चाह के भाव में वे राधा को निहार रहे हैं। ललितासखी इस सौन्दर्य माधुर्य को तुष्ट-पुष्ट कर रही हैं।

२५

राधा-रसिक हैं कुंजबिहारी, कहत, हौं न कहूँ गयौ, सुन सुन राधे तेरी सौं।
मोहि न पत्याहु तौ संग हरिदासी हुती, बूझि देखौ भटू कहिधों कहा भयौ मेरी सौं।
प्यारी, तोहि गठोंद न प्रतीत, छाँड छिया, जान दै इतनीऽब मेरी सौं।
गहि लिपटाइ रहे दोऊ छैल छाती सों छाती लगाइ फेरा फेरी सों।

२५.१ संग हरिदासी हुती

"रसदेश" की प्रीति के स्वरूप के सम्बन्ध में बार-बार यह स्पष्ट हो चुका है कि प्रियतम प्यारीजू के रसवश हैं — "प्यारी-प्यारी रटत रहत छिन ही छिन याकें और न कछू हियारी।" प्रियाजू भी प्रियतम की प्रीति को जानती हैं, परन्तु सन्देह की बात करने में उन्हें रस आता है, बताओ, तुम कहाँ गए थे? प्रियतम सफाई देते हैं, अकुला जाते हैं, गवाह के रूप में हरिदासी-सखी को प्रस्तुत कर देते हैं। प्यारीजू क्या जानती नहीं हैं? जानती हैं, फिर भी नित्य-विहार की यह भी एक तरंग है। यह तरंग "केलिमाल" के एक अन्य पद में भी है — "चौकी कहाँ बदल परी प्यारे हरि।"

वैसे तो "केलिमाल" के सभी पद भाव-समाधि में और सखी-भाव में स्वामी हरिदास का प्रत्यक्ष-अनुभव हैं। वे जब ध्यान और धारणा की एकता तथा चैतन्य संकल्प से उस एकाग्र तन्मय-भाव में डूब जाते थे, तब नित्य-विहार के एकान्त-साक्षी बन जाते थे, केवल साक्षी ही नहीं नित्य-विहार के विधायक बन जाते थे। स्वामी-श्रीहरिदास और नित्य-विहार दो नहीं हैं, एक हैं। "ललितासहस्रनाम" में भगवती का स्वरूप बताया गया है - ध्यान-ध्यातृ-ध्येय-रूपा । ध्यान क्या है? नित्य-विहार। ध्येय क्या है? नित्य-विहार। अब ध्याता का प्रश्न है। चेतना की वह भूमि, जहाँ तीनों (ध्यान, ध्येय, ध्याता) एकरस, एकाकार एकरूप और एकात्म हो जाएं, वह अवस्था त्रिपुरसुन्दरी ललिता है। स्वामीजी स्वयं ही नित्य-विहार हैं, नित्य-विहार के विधायक हैं।

यह ध्यान देने योग्य बात है कि "रसदेश" में एकमात्र रस की ही सत्ता है। रस ही अपने आस्वादन के लिए द्विधा व्यक्त होकर श्यामा-श्याम के रूप में विहार करता है, रस ही अपने एक रूप में वृन्दावन बन जाता है और रस ही लाड़ लड़ाने वाली सखी के रूप में नित्य-विहार में उपस्थित है।

"तत्सुखमय प्रेम" परात्पर तत्त्व है — श्यामा-श्याम, वृन्दावन, सहचरी उसकी विभिन्न परिणतियाँ हैं। नेही-नागरीदास ने बतलाया है कि "प्रेम का सहजरूप-सौन्दर्य श्रीराधा के रूप में, उसका लावण्य श्यामसुन्दर के रूप में, उसका अंगभूत-स्नेह सहचरी के रूप में और उसका स्थायी-भाव अथवा आसक्ति श्रीवृन्दावन के रूप में मूर्तिमान है।" स्वामी श्रीहरिदास की चेतना में तत्सुखभाव उद्वेलित हो रहा है। यह तत्सुख-भाव ही सखी है और सखी के रूप में श्रीहरिदासी नित्य-विहार में नित्य उपस्थित है।

श्रीललितकिशोरीदेव रसदेश के परम-उपासक हैं। रसदेश के मर्मी हैं। उन्होंने नित्य-विहार का एक सूत्र दिया है। वे कहते हैं हरिदास और हरि (जैसे जीव और शिव) भिन्न-भिन्न नहीं है, जो इस तथ्य को जितनी गहराई से समझ लेता है, वह उतनी ही गहराई से नित्य-विहार को समझ सकता है। जो अन्तर समझता है, उसके लिए यह रस, रस नहीं, विष है — " उन बिन निरखों केलिसुख, तौ जानों विष की रास।" स्वामी श्रीहरिदास के नेत्रों से ही तो नित्य-विहार को देखना सम्भव है, जो किन्हीं "और" आँखों से नित्य-विहार को देखता है, वह नित्य-विहार को नहीं, किसी भिन्न वस्तु को देखता है।

जो समझै या संधि कों सोई रसिक सुजान।

स्वामी हरिदास हरि हैं, हरि के निज-प्राण हैं, इस सन्धि या रहस्य को जो समझ सकता है, वही रसिक है और वही सुजान है। संशय बहुत से हैं परन्तु सभी संशय जब-तक मिट नहीं जाते, तब-तक इस तथ्य को हृदयंगम नहीं किया जा सकता।

नित्यविहारिन नित्य हम, नित्य रसिक हरिदास।

ललितकिशोरीजी कहते हैं — जो नित्य नहीं है, अनित्य है, वह नित्य-विहार में प्रवेश कैसे करेगा? जब धारणा दृढ़ हो जाएगी, कि स्वामी हरिदास नित्य हैं, मैं भी नित्य हूँ, तभी नित्यविहारिणी तत्त्व को समझेगा।

श्रीललितकिशोरी कहते हैं — "स्नेह प्रेमरस रूप गुन श्रीहरिदासी हेत। श्रीजुगल का परस्पर स्नेह, प्रेमरस, रूप-गुन आदि श्रीहरिदासी सखी के हेत हैं। उन्होंने उदाहरण देकर स्पष्ट किया है कि जैसे मोरों के लिए मेघों की अचूक पहचान होती है, आगमन कहीं भी हो, मोर मेघागमन को पहचान जाता है, ऐसे ही जुगल-विहार में जो कुछ घटित होता है, हरिदासी के हृदय में वह प्रकट हो जाता है। श्रीहरिदास की सुन्दर केलि महाप्रेम अतिरस से भरी है, आनन्द-निधि की बेल है, जिसे श्री राधाजू अपने हृदय का हार बनाकर रखती है। ललितकिशोरीदेव फिर एक रहस्यसूत्र दे रहे हैं —

हम में कुंज, कुंज में हम हैं - कुंज बिहारी सोई मम है।

नित्यविहारिणी का निजमहल हमारे हृदय में है, हम निजमहल में है। मम क्या है? कुञ्जबिहारी ही मेरा "मम" है।

श्रीहरिदासी के स्वरूप को स्पष्ट करते हुए रसदेश के मर्मी सेठ हरगुलाल ने ललितकिशोरीजी की साखियों की टीका में लिखा है कि –

> यावत प्रकार की ईश्वरता एवं विधि-विधान, तत्त्वज्ञान अदिकन ते दूर अति विशुद्ध पूर्णतम प्रेमरस के मूल शृंगाररस की चरमसीमा कौं पूर्ण परिपाक सर्वोपरि नित्यविहार-महारस की दृढ़ अनन्य श्रीहरिदासी हैं, क्योंकि श्रीविहारी-विहारिनी जू के स्वाँस के हू स्वाँसन की रुख समझि देह-छायावत अंग-अंग सतत निकट रह प्रथम-समागम एकांतरस-विलास निजमहल श्रीवृन्दावन में महाप्रेम रस सों निरंतर लाड़ लडावें हैं।

श्रीललितकिशोरीदेव कहते हैं कि जुगल यदि व्यञ्जन हैं, तो हरिदासी नमक है।

श्रीस्वामीहरिदास के शरीर का जन्म सम्वत् १५३७ में हुआ था और सम्वत् १६३२ में उन्होंने देहलीला का संवरण किया था। स्वामी हरिदास यहाँ देशकाल में हैं, परन्तु नित्य-विहार में वे देशकाल से परे हैं और नित्य हैं, श्यामा-श्याम उन्हीं की गोदी में अनादि-काल से विहार कर रहे हैं, उनका यह रूप हरिदासी-सखी है। संग हरिदासी हुती।

श्यामाजू का सन्देह कैसे मिटे? बिहारीजू ने कहा — आप पूछकर देखिए, आपकी हरिदासी-सखी तो मेरे साथ प्रतिक्षण रहती है, बताओ तो हरिदासी-सखी, क्या हुआ था? हरिदासी-सखी ने तो कहा — "तुम अपने ही रतिचिह्न को नहीं पहचान पा रहीं? अच्छा, इन असंगत बातों को छोड़ दो। तुम्हें मेरी सौगन्ध है।" हरिदासी-सखी से प्रमाण मिल गया, अब क्या चाहिए? बिहारीजू पर सन्देह हो सकता है, परन्तु हरिदासी-सखी तो प्रियाजू का भरोसा है। रस कहाँ है? रसिक के हृदय में? नित्यविहार कहाँ है? श्रीहरिदासीसखी में?

यद्यपि केलिमाल के एक अन्य पद में ललिता के गायन का उल्लेख है, सखी-हरिदासी और सखी-ललिता एक ही हैं, जैसे नित्य-विहार और हरिदासी एक ही हैं। फिर भी केलिमाल में सखी-ललिता और

सखी-हरिदासी की यह एकता गुप्त है, अष्टाचार्यों की वाणी में यह प्रकट या प्रतिष्ठित हो जाता है कि हरिदासी ललितावतार हैं। श्री बिहारिनदेवजू ने लिखा —

तीन चना एक छोलका, ऐसौ अर्थ विचार।
श्री बिहारी बिहारिन दासि उर, अंचल बीच बिहार।

इस साखी पर श्रीराधाप्रसादजू महाराज की टीका है —

> जैसे एक बूँट में एक छिलका के भीतर तीन चना होंहि तैसे एक ही उर में तीनों (लाल, लाड़ली और ललिता) कौ तत्त्व-आत्मक नित्यविहार है। बिहारी-बिहारिन कौ बिहार श्रीललितप्रिया के उर रूप अंचल के बीच में है।[१]

श्रीललितकिशोरीदेव स्पष्ट करते हैं कि यदि लाड़ली-लाल खेल हैं, तो हरिदासी खिलाड़ी है, खेल खिलाड़ी के वश में है —

खिलाड़ी श्रीहरिदास हैं, खेल लाड़लीलाल।
राखत अद्‌भुत रंग में जानि यहा निज हाल।[२]
खेल खिलाड़ी बस रहे, ऐसे जुगल किसोर
श्रीहरिदासी पोषतें नहिं जानत निसि भोर।[३]

श्री सरसदेवजू ने लिखा है —

हृदै कमल मध्य सुख सेज राजत दोउ
रसिक सिरमौर श्रीहरिदास स्वामी।

---

१. श्रीरसोपासना तिलक, पृ० ८३।
२. सर्वोपरिनित्यविहारिणी : रससागर, पृ० ८१५।
३. वही, पृ० ८२१।

२६

प्यारी, तेरी महिमा बरनी न जाइ, जिहिं आलस काम बस कीन।
ताकौ दंड हमें लागत है री, भए आधीन॥
साढ़े ग्यारह ज्यों ओंटि, दूजें नव सत साजि, सहज ही
तामें जवादि करपूर कस्तूरी कुंकुम के रंग भीन।
श्रीहरिदास के स्वामी स्यामा कुंजबिहारी रस बस कर लीन॥

२६.१ प्यारी तेरी महिमा बरनी न जाइ

बिहारिनदेवजू ने इस बात को अपनी वाणी में कहा —

गुन तौ कछ निज बरन्यों पै रूप की निकाई न जात कही।
अंग-अंग माधुरी मनोहर, का पै परत लही।

जिहिं आलस काम बस कीन्ह

अलस-सौन्दर्य का वर्णन करते हुए हितप्रभु ने एक पंक्ति लिखी है —

हित हरिवंश रसिकनी भामिनि आलस अँग अँग भारी।

आपके अंगों में सुरत-जनित अलसान भरी हुई है। इस सन्दर्भ में आचार्य श्री ललिताचरण गोस्वामी कहते हैं —

> अलस-सौन्दर्य के प्रति रसिक-समुदाय का अतिशय आकर्षण सुविदित है। श्रीराधा के समान अनिन्द्य, अनुपम एवं असीम सौन्दर्य के साथ आलस्य का योग उसके आकर्षण को स्वभावत: अनन्तगुणित कर देता है। इस सौन्दर्य का वर्णन करने वाले प्रस्तुत पद की अन्तिम पंक्ति में आलस्य का उल्लेख सौन्दर्य की पराकोटि का निदर्शन करता है। यह आलस्य श्रीराधा की रसास्वाद-प्रवीणता का ही परिणाम है, इसे सूचित करने के लिए यहाँ "रसिकनी भामिनी" कहा गया है। रसदेश में काम सर्वथा वशवर्ती है, अधीन है।[१]

२६.२ साढे ग्यारह ज्यों ओंटि

स्वामीजी के समय में साढ़े ग्यारह माशे की खरे सोने की मुहर का प्रचलन था। "साढ़े ग्यारह ओंटि" का तात्पर्य है कि खरा सोना, सो भी ओंटा हुआ। जायसी ने "कनक दुवादस बान" अर्थात् बारह बाने का सोना कहा है।

२६.३ नव सत साजि सिंगार

नव अर्थात् नौ तथा सत अर्थात् सात। दोनों का योग हुआ सोलह। सोलह शृंगार के लिए साहित्य में "नवसत" पद का प्रयोग व्यापक है।

सौन्दर्य में आकर्षण है, सम्मोहन है। दुष्यन्त का मन, शकुन्तला के रूप से बँध चुका है। शकुन्तला तापस-कन्या है, वल्कल वेष में है। दुष्यन्त सोच रहे हैं — कमल सिवार से आविद्ध होता है, इससे उसकी रमणीयता घटी नहीं है। चन्द्रमा में कालिमा है, परन्तु नैसर्गिक-शोभा का विस्तार कम नहीं है, यह तन्वंगी

---

१. श्रीहितचौरासी, पृ० ४४।

वल्कल में भी शोभा पा रही है। ठीक ही है, जो निसर्ग-सुन्दर है, उसके लिए तो आभरण औपचारिकता-मात्र है।[१] बिहारी कवि कहते हैं —

भूषण भार सम्हारि है, क्यों यह तन सुकुमार।
सूधे पाँय न परत मग, सोभा ही के भार।

इस सुकुमारता पर आभूषण भार-रूप ही तो सिद्ध होंगे। नैसर्गिक-शोभा का भार ही इतना है कि नायिका के पैर सीधे-सीधे नहीं पड़ते, आभूषणों के भार को भला यह कैसे सम्हालेगी?

रूप और शोभा निसर्ग की देन होती है। श्री रूपगोस्वामी ''उज्ज्वलनीमणि'' में कहते हैं कि भूषणादि के बिना जब अंग-प्रत्यंग में अलंकार की शोभा प्रत्यक्ष हो, तब वह तत्त्व रूप है —

अंगान्यभूषितान्येव केनचिद् भूषणादिना।
येन भूषितवद् भाति तद्रूपमिति कथ्यते।[२]

लेकिन रूपवती नारी भी श्रृंगार करती है। श्रृंगार उसकी लीला है, उसका कला-विलास है, उसके हृदयगत-प्रेम का उल्लास है। बिन्दी लगाती है, मानो अपने प्रियतम के सम्बन्ध में एक कविता लिख रही है। और-अधिक लावण्य, और-अधिक कमनीयता, और-अधिक रमणीयता, और-अधिक सुकुमारता, और-अधिक आकर्षण, और-अधिक सम्मोहन, और-अधिक शालीनता। वस्त्राभूषण अलंकार आदि का सौन्दर्य, और उन्हें धारण करने की शैली का आकर्षण। साड़ी के आँचल को बाँई ढिंग मोड़ने की शैली का चित्र स्वामी हरिदासजी ने अंकित किया है — ''अँचरा की बाँई ढिंग मोरि उरसन फेरी''।

२६.४ साहित्य में नवसत की परम्परा

कवियों,रसिकों, भक्तों, उपासकों, प्रेमियों ने नारी के श्रृंगारविलास को गहराई से देखा है और उसे अंकित भी किया है। समस्त काव्य-साहित्य, संगीत-नृत्य और चित्रकला, मूर्तिकला आदि नारी-श्रृंगार से अनुप्राणित हैं। नारी देश-काल की जिस स्थिति में है, वह देश-काल उसके श्रृंगार में है। आदिवासी नारियाँ कौड़ियों से ही श्रृंगार कर लेती है। वनवासी, उपवनवासी नारी के पास पुष्पों का वैभव है, तो पुष्पों के अलंकार हैं, पुष्पों की सेज है। ग्राम्य-श्रृंगार, नागर-श्रृंगार में जो भेद है, वह देशगत है। भारतवर्ष और चीन या जापान का श्रृंगार भिन्न-भिन्न है। यूरोप का श्रृंगार भिन्न है। कालगत-भेद पर विचार करें, ब्यूटी-पार्लर और फैशन-डिजाइन के क्षेत्र को देखें, जो आज विशाल ग्लोबल-उद्योग बन चुका है, तो लगता है कि विश्व-सुन्दरी-प्रतियोगिता में कहीं-न-कहीं इस उद्योग की छाया है।

भारत के साहित्य में सोलह-श्रृंगार की एक काव्य-रुढि सी दिखाई देती है। सोलह-श्रृंगार की बात बहुत व्यापक है। यद्यपि श्रृंगारों की सूची भिन्न-भिन्न है परन्तु संख्या सोलह पर खड़ी हो जाती है। सामान्यतया सोलह-श्रृंगार में शौच, उबटन, स्नान, केश, अंगराग, अञ्जन, जावक, दन्तराग, ताम्बूल, वस्त्र, आभूषण (गले के, शीश के, कान, नाक, बाहु, उंगली, हाथ, कटि और पाँव के बारह आभरण) सुगन्धि, पुष्पसज्जा, कुमकम, तिलक, चिबुक, कपोलतिल, ओठलाली, मेंहदी, आदि की गणना की जाती है। श्रीरूपगोस्वामी ने षोडश-

---

१. सरिसजमनुविद्धं शैवलेनापि रम्यं मलिनमपिहिमांशोर्लक्ष्मलक्ष्मीं तनोति।
इयमधिकमनोज्ञा वल्कलेनापि तन्वी किमिव हि मधुराणां मंडनं नाकृतीनाम्। – कालिदास : अभिज्ञानशाकुन्तलम्

२. श्रीउज्ज्वलनीलमणि, उद्दीपन विभाव, श्लोक २५।

शृंगार और बारह आभरण निम्नलिखित रूप में गिनाए हैं —

स्नाता नासाग्रजाग्रन्मणिरसितपटा सूत्रिणी बद्धवेणिः
सोत्तसां चर्चितांगी कुसुमितचिकुरा स्त्रग्विणी पद्महस्ता।
तांबूलास्योरुबिन्दुस्तबकितचिबुकाकज्जलाक्षीसुचित्रा
राधाऽऽलक्तोज्ज्वलांघ्रि स्फुरति तिलकिनी षोडशाकल्पिनीयम्।[१]

यह श्रीराधा अभी स्नान कर चुकी है, नासिका के अग्रभाग में उज्ज्वलमणि (हीरक) धारण किए है, नीला रेशमी वस्त्र ओढ़े है, वैसा ही लहँगा कमर में डोरी से बँधा है, गुँथी हुई वेणी का जूड़ा है, कानों में कर्णफूल है, सुगन्धि लेप है, कुसुमों के आभरण हैं, कण्ठ में सुगन्धित सुमन-माला है, हाथ में कमल है, मुख में ताम्बूल है, ठोड़ी पर अनेक बिन्दु हैं, नयनों में काजल है और भाल पर तिलक है। बारह-आभूषण इस प्रकार हैं —

दिव्यश्चूड़ामणीन्द्रः पुरटविरचिताः कुंडलद्वन्द्वकांची,
निष्काश्चक्री-शलाकायुग-वलयघटाः कंठभूषोर्मिकाश्च।
हारास्तारानुकारा भुजकटकतुला कोटयो रत्नक्लृप्तास्
तुंगा पादांगुलीयच्छविरिति रविभिर्भूषणैर्भाति राधा।[२]

राधा के मस्तक पर दिव्य-चूड़ामणि है, कानों में कुण्डल जोड़ी है, कानों के ऊपरी भाग में पहनने के विशेष आभूषण (चक्री एवं शलाका) की जोडियाँ है, कण्ठ में हँसुली, पदक, चन्द्रहार, कण्ठी, लड़ियाँ इत्यादि हैं, अंगुलियों में अँगूठी हैं, कटि में करधनी है। भुजाओं में कंगन, चूड़ी, चरणों में पायल और नूपुर हैं, बिछुओं की छवि अतिशय है।

भगवतरसिक की वाणी में प्यारीजू के सोलह-शृंगार, द्वादश-आभरण तथा वस्त्रों का चित्र इस प्रकार है —

सुचिता सील सनेह गति चितवन हास-विलास।
कच गूँथन, सीमंतसुभ भालतिलक सुखरास।
भालतिलक सुखरास दृगनि अंजन अतिसोहै
बीरीबदन सुदेस चिबुक मसि कन मन मोहै।
जाबक मेहंदी अंगराग भगवत नित रुचिता।
ये सोलह सिंगार मुख्य तामें बर सुचिता।

नूपुर बिछिया किंकनी नीबी-बंधन सोय।
कर मुँदरी कंकन वलय बाजूबंद भुज दोय।
बाजूबंद भुजदोय कंठश्री दुलरी राजै।
नासा बेसरि सुभग स्त्रवन ताटंक बिराजै।
भगवत बैना भाल माँग मोती गो ऊपर।
द्वादस भूसन अंग नित्य प्यारी पग नुपुर।

---

१. श्रीउज्ज्वलनीलमणि, चतुर्थ : श्रीराधाप्रकरण, श्लो० ९।
२. वही, श्लो० १०।

अतरौंटा अतलस लसै, लाही अँगिया अंग।
तनसुख सारी सोहनी, ललित लाल के रंग।
ललित लाल के रंग, लाड़ली बसन बिहारी।
पगिया पटुका झगा पायजामा छबि भारी।
भगवत रसिक अनन्य लखे भावुक रस मोटा।
कसन बसन अभिराम स्याम स्यामा अतरोंटा।[१]

अर्थात् शुचिता, सुघड़ता, शील-स्वभाव, स्नेह, गमन, चितवन, हास, परिहास, विलास, वेणी-गूँथन, सजी हुई माँग, भाल पर तिलक, आँखों में काजल, मुख में पान का बीड़ा, चिबुक पर श्याम बिन्दु, पैरों में महावर, हाथों में मेहंदी, अंग-अंग में रुचिर अंगराग — ये सोलह किशोरीजी के सहज-श्रृंगार है।

पायजेब (नूपुर) बिछिया, करधनी, अँगूठी, कंगन, चूड़ी, बाजूबन्द, दुलड़ी-कण्ठी, बेसर, कुण्डल, बैना और माँग में मोतियों की माला प्यारीजू के द्वादश-आभरण हैं।

अतलस का अतरोंटा (अन्तर्वसन), लाही अँगिया और तनसुख-साड़ी लाल के रंग की है, अर्थात् नीली है। लालजी के सभी वस्त्र लाड़लीजी के गौर वर्ण — पीत रंग के हैं, परन्तु अनन्य रसिकजन यह रहस्य जानते हैं कि प्रियाजू के अंग-श्रृंगार तो प्रियतम हैं और प्रियतम के अंग-श्रृंगार प्रियाजू हैं।

साहित्य में श्रृंगार-वर्णन की परम्परा बहुत प्राचीन है। इस परम्परा का एक उदाहरण "ब्रह्माण्ड पुराण" के अन्तर्गत "ललिता सहस्रनाम" है। परंपरा की दृष्टि से उसका महत्त्व है, इसलिए भी भारत के सौन्दर्य-शास्त्रियों ने लालित्य तत्त्व[२] पर ध्यान आकर्षित किया है —

. . . . ।
निजारुण प्रभापूर मज्जद्ब्रह्मांडमंडला।।
चंपकाशोक पुन्नाग सौगंधिक लसत्कचा।
. . . . ।।
. . . . ।
मुखचंद्र कलंकाभ मृगनाभि विशेषका।।
वदनस्मर मांगल्य गृहतोरणचिल्लिका।
वक्त्रलक्ष्मी परीवाह चलन्मीनाभ-लोचना।।
नवचंपक पुष्पाभ नासादंड-विराजिता।
ताराकांति तिरस्कारि नासाभरण भासुरा।।
कदंबमंजरी क्लृप्त कर्णपूर मनोहरा।
ताटंक युगलीभूत तपनोडुप मंडला।।

---

१. श्रीभगवतरसिक की वाणी, पृ० १३०।
२. ललितं रति चेष्टितम्।
ललितं सुंदरमिति।
सौकुमार्यंतु लालित्यम्

पद्मराग शिलादर्श परिभावि कपोल भूः।
नवविद्रुम बिंब श्री न्यक्कारि दशनच्छदा।।
शुद्धविद्यांकुराकार द्विजपंक्ति द्वयोज्वला।
कर्पूर वीटिकामोद समाकर्षि दिगंतरा।।
निजसंलाप माधुर्य विनिर्भर्त्सित कच्छपी।
मंदस्मित प्रभापूरमज्जत्कामेश-मानसा।।
.............................।
कामेशबद्ध मांगल्य सूत्रशोभित कन्धरा।।
कनकांगद-केयूर कमनीय भुजान्विता।
रत्नग्रैवेय चिंताक लोलमुक्ताफलान्विता।।
कामेश्वर प्रेमरत्न मणि प्रतिपणस्तनी।
नाभ्यालवाल रोमालिलता फलकुचद्वयी।।
लक्ष्यरोमलताधारतासमुन्नेय मध्यमा।
स्तनभारदलन्मध्य पट्टबंध वलित्रया।।
अरुणारुण कौसुंभ वस्त्रभास्वत्कटीतटी।
रत्नकिंकिणिका रम्य रशनादामभूषिता।।
कामेश ज्ञात सौभाग्य-मार्दवोरुद्वयान्विता।
माणिक्य मुकुटाकार जानुद्वय विराजिता।।
इन्द्रगोप परिक्षिप्त स्मरतूणाभ जंघिका।
गूढगुल्फा कूर्मपृष्ठजयिष्णु प्रपदान्विता।।
नखदीधिति संछन्न नमज्जन तमोगुणा।
पदद्वय प्रभाजाल पराकृत सरोरुहा।।
सिंजान मणिमंजीर मंडित श्रीपदांबुजा।
मराली मन्दगमना महालावण्य-शेवधिः।।
सर्वारुणा नवद्यांगी सर्वाभरण-भूषिता।
शिवकामेश्वरांकस्था शिवा स्वाधीन-वल्लभा।।[१]

अर्थात् ललिता त्रिपुरसुन्दरी का अरुण वर्ण है, जिसकी आभा अनन्त-ब्रह्माण्ड में प्रकाशित हो रही है। उनके केशों में चम्पक, पुन्नाग और सौगन्धिक के पुष्प सजे हैं। श्रीललिता का मुख कामदेव का मंगल गृह है, उनकी भौंहें उसका मेहराब है। उनके नेत्र ऐसे लग रहे हैं, जैसे मुख-रूपी अमृत-सरोवर में चञ्चल मछलियाँ हों। चम्पा जैसी नाक है और नाक का मोती मानो सितारों की कान्ति को तिरस्कृत कर रहा है। कानों में कदम्ब-मञ्जरी के कर्णफूल हैं। कपोलों की कान्ति पद्मरागमणि के समान है। अधरों के सामने विंबाफल और मूँगों का रंग भी लज्जित हो रहा है। शुद्धविद्या की कलिका जैसी आभा दाँतों की है। मुख से कर्पूरवीटिका की सुगन्धि समस्त दिशाओं को आकर्षित कर रही है, वाणी के माधुर्य के समक्ष सरस्वती की वीणा भी लज्जित है। ललिता की मधुर-मुसकान की आभा ने कामेश्वर के मानस का अभिषेक कर दिया है। चिबुक की शोभा की उपमा नहीं है। कण्ठ में कामेश्वर के द्वारा प्रदत्त मंगलसूत्र सुशोभित है। कमनीय भुजाओं में स्वर्ण के बाजूबन्द हैं और गले में रत्नों का हार है, मोती भी जगमगा रहे हैं। नाभिरूपी आलवाल से निकली रोमलता पर कुच के रूप में दो फल उगे हैं। ललिता ने कामेश्वर से प्रेमरत्न पाकर स्तनरूपी दो मणियाँ उन्हें सौंप दी हैं। अत्यन्त क्षीण-कटि है और

१. श्लोक ३-२१, श्रीललितासहस्रनामस्तोत्रम्।

वक्ष भारी हैं। कहीं टूट न जाए, इस भाव से त्रिवलि से उन्हें बाँधा गया है। अरुण रंग के वस्त्र हैं। कमर में करधनी है, जिसमें रत्नजटित किंकिणियां हैं। उनके उरुओं की मृदुता का अनुभव कामेश्वर को ही है। दोनों मानो कामदेव के तरकस हैं। उनके चरणनख से प्रकाश बिखर रहा है। मराल जैसी उनकी गति है। अतुल सौन्दर्य है। वे शिव के अंक में विराजमान हैं। वे स्वाधीन-वल्लभा हैं अर्थात् शिव उनके अधीन हैं।

शंकराचार्य की ''सौन्दर्य-लहरी'' में इस नखशिख-सौन्दर्य और श्रृंगार का और अधिक विस्तार से वर्णन किया गया है। वहाँ कहा गया है कि यह चन्दा महात्रिपुरसुन्दरी ललिता का मरकतमणि से बना श्रृंगारदान है। इसका कलंक कस्तूरी का रंग है और चमकती किरणें कर्पूर हैं। ब्रह्मा इस श्रृंगारदान में तुम्हारे आभोग हेतु प्रतिदिन कपूर और कस्तूरी भर देता है —

कलंकः कस्तूरी रजनिकरबिंबं जलमयं।
कलाभिः कर्पूरैमरकतकरंडं निबिडतम्।
अतस्त्वद्भोगेन प्रतिदिनमिदं रिक्तकुहरं
विधिर्भूयो भूयो निबिडयति नूनं तव कृते। (श्लो० ९५)

श्रीराधा के ''सोलह सिंगार'' के सम्बन्ध में कृष्णदास कविराज कहते हैं कि — राधा श्रीकृष्ण-स्नेह का उबटन लगाती हैं, जिसमें सखियों का प्रणय रूप सुगन्धित द्रव्य मिश्रित है, इससे किशोरीजी के अंग स्निग्ध, कोमल, सुगन्धित और उज्ज्वल हो जाते हैं। किशोरीजी कारुण्य-रूप अमृतधारा में स्नान करती हैं, फिर तारुण्य की अमृतधारा में स्नान करती हैं तदुपरान्त लावण्य की अमृतधारा में स्नान करती हैं (कैशोर सौन्दर्य)।

स्नान के उपरान्त लज्जा-रूप साड़ी पहन लेती हैं, जो श्याम वर्ण की है, दिव्यश्रृंगार के रसमय धागों से निर्मित है। उनकी दूसरी साडी कृष्ण अनुराग रंग की अरुण रंग की है। प्रणय और मान की कञ्चुकी है। अंग-अंग विलेपन में सौन्दर्य रूप कुमकुम है। सखी-प्रणय का चन्दन है। अधरों की स्मित कान्ति रूप कपूर चूर्ण मिश्रित है। मधुर रस के मृगमद (कस्तूरी) से श्री अंग सुगन्धित है। अधर-राग का ताम्बूल है, प्रेम-कौटिल्य रूप मञ्जन है। अष्टसात्त्विक भाव (स्तम्भ, स्वेद, रोमाञ्च, स्वरभंग, कम्प, वैवर्ण्य, अश्रु और प्रलय) तथा दिव्य तैंतीस सञ्चारीभाव निर्वेद, विषाद, दैन्य, ग्लानि, श्रम, मद, गर्व, शंका, त्रास, आवेग, उन्माद, व्याधि, मोह, मृति, आलस्य, जड़ता, क्रीडा, स्मृति, वितर्क, चिन्ता, मति, धृति, हर्ष, उत्सुकता, अवहित्था, अपस्मार, गर्व, उग्रता, अमर्ष, असूया, चपलता, निद्रा, स्वप्न के भूषण हैं। किलकिञ्चिद् आदि बीस भाव-हाव, भाव, हेला, शोभा, कान्ति, दीप्ति, माधुर्य, प्रगल्भता, औदार्य, धैर्य, लीला, विलास, विच्छित्ति, विभ्रम, किलकिञ्चिद्, मोट्टायित, कुट्टमित, विब्बोक, ललित, विकृत, किशोरीजू के अंगों के अलंकार हैं। माधुर्य आदि दिव्य पच्चीस गुणों की पुष्पमाला है।

सुन्दर ललाट पर सौभाग्य रूप सुन्दर मनोहर तिलक है। प्रेम-वैचित्र्य रूप रत्नहार हृदय पर नाचता है। नित्य-किशोर वयस-रूप सखी की गलबाँही दी हुई है। कृष्णलीलामय मनोवृत्तियाँ-रूप सखियाँ उन्हें घेरे हुए हैं। अपने श्रीअंग के सौरभ-रूप गृह में वे दिव्य गर्वपर्यंक पर विराजमान हैं। कृष्ण नाम, गुण, यश का श्रवण ही कानों के आभूषण हैं। कृष्णनाम गुण यश के प्रवाह से वाणी अलंकृत है। दिव्य श्रृंगार-रस-रूप मधु के पात्र को हाथ में लेकर श्रीकृष्ण को मधुपान कराती है, यही उनके हाथों की शोभा है। नित्यकिशोरी को बाह्य श्रृंगार की आवश्यकता ही नहीं है। विशुद्ध श्रीकृष्णरस की आकर-भूता राधा के अनन्त सद्गुण चमकते ही रहते हैं —

प्रेमेर स्वरूप देह प्रेमविभावित, कृष्णेर प्रेयसी श्रेष्ठ जगतेविदित।
सेई महाभाव हय चिंतामणि सार, कृष्ण वांछा पूर्ण करे एइ कार्य जार।

महाभाव चिंतामणि राधार स्वरूप, ललितादि सखी ताँर काय व्यूह रूप।
राधा प्रति कृष्ण स्नेह सुगंधि उद्वर्तन, ताहे सुगंध देह उज्ज्वल वरण।
कारुण्यामृत धाराय स्नान प्रथम, तारुण्यामृत धाराय स्नान मध्यम।
लावण्यामृत धाराय तदुपरि स्नान, निज लज्जा श्याम पट्टशाटी परिधान।
कृष्ण अनुराग द्वितीय अरुण वसन, प्रणयमान कंचुलिकाय वक्षः आच्छादन।
सौंदर्य कुंकुम सखी प्रणय चंदन, स्मित कांति कर्पूर तिने अंग विलेपन।
कृष्णेर उज्ज्वल रस मृगमद भर, सेर मृगमदे विचित्रित कलेवर।
प्रच्छन्न मान वाक्य धम्मिल्ल विन्यास, धीरा धीरात्मक गुण-अंगे पटवास।
रागतांबूल रागे अधर उज्ज्वल, प्रेम कौटिल्य नेत्र युगले कज्जल।
सुदीप्त सात्विक भाव हर्षादि संचारी, एइ सबभाव भूषण सर्व अंगे भरि।
किलकिंचितादि भाव विंशति भूषित, गुण श्रेणी पुष्पमाला सर्वांगे पूरित।
सौभाग्य तिलक चारु ललाटे उज्ज्वल, प्रेम वैचित्र्य रत्न हृदये तरल।
मध्य वयः स्थिता सखी स्कन्धे कर-न्यास, कृष्णलीला मनोवृत्ति सखी आशापाश।
निजांग सौरभालये गर्व पर्यंक ताते बसि आछे सदा चिन्ते कृष्णसंग।
कृष्णनाम गुणयश अवतंस काले, कृष्ण नाम गुणयश प्रवाह वचने।
कृष्ण के कराय श्याम रस मधुपान, निरंतर पूर्ण करे कृष्णेर सर्वकाम।
कृष्णेर विशुद्ध प्रेम रत्नेर आकर, अनुपम गुणगान पूर्ण कलेवर।[१]

१. भारतीय वाङ्मय में श्रीराधा (पं० बलदेव उपाध्याय), बिहार राष्ट्रभाषा परिषद् पटना, सन् १९६३, पृ. १७९-८० से उद्धृत।

स्त्रम जल कन नाँहीं होत, मोती माला कों देहु।
देख, अमोल, मोल नाहीं, तन मन धन न्यौछावर लेहु॥
रति बिपरीत प्रीति कौ आलस नाहक तेरे मधि एहु।
श्रीहरिदास के स्वामी स्यामा कुंज बिहारी प्रीत बर मिलए वे हु॥

२७.१ श्रम-बिन्दु

स्वामीजी ने एक अन्य पद में भी श्रमबिन्दुओं की शोभा का वर्णन किया है — "प्यारी तेरौ बदन कनक कोकनद स्त्रमजल कन सोभा देत री।"

अनन्य-रसिकों ने श्रम-बिन्दुओं की शोभा का भाँति-भाँति से वर्णन किया है। रसदेश के सौन्दर्यबोध में श्रम-बिन्दु आकर्षण का केन्द्र हैं। बिट्ठलविपुलजी ने कहा — "श्रमजल बिंदु निसि के सुख सूचत।" श्रमजल-बिन्दु केलि-विलास के सुख-स्वरूप का आभास देते हैं। ललितकिशोरीजू ने श्रम-जल बिन्दुओं को तारागणों की उपमा से विभूषित किया है —

श्रमजल-कन बिंदु ढरकि उर ऊपर मानों उडगन सभा ठनें।[१]
झलमलात तन मैंन श्रमजल कन रति चिन्ह री।[२]

श्रम-जल-कन रति-चिह्न हैं और काम-भाव का प्रतिबिम्ब हैं — रति-क्रीडा में संलग्न रहने के कारण प्यारीजी के मुख पर श्रमजल-कन झर रहे हैं और सखी-जन आँचल से हवा कर रही हैं —

श्रम जल कन झरनी तरनी तरें सखि-जन अँचर पवन कर ढरैं ।[३]

अंग-प्रत्यंग में सुरति-केलि की लालसा है, दोनों ओर ललक है और व्रीडा भी है, श्रम-जल-कन बरस रहे हैं —

सुरति केलि अँग अँग रची ललक क्रीड दुहुँ ओर।
श्रमजल कन बरसत मन हरें, नागरि नवल किसोर।[४]

श्री बिहारिनदेवजू ने तो उस कञ्चुकी को भी देखा है, जो श्रमजल से भीगी है। "गीतगोविन्द" में जयदेव ने श्रमजल कण शोभा की व्यञ्जना की है — "श्रमजल कण भर सुभग शरीरा, परिपतितोरसि रति रणधीरा।" (सप्तमसर्ग अष्टपदी १४), अथवा "विश्रमित श्रमसीकरे" (पृ. ४०२)। कुमारसम्भव में कालिदास ने पार्वती के मुख पर स्वेदबिन्दु की शोभा देखी है —

घूर्णमाननयनं स्खलत्कथं स्वेदबिन्दुमकारणस्मितम्।
आननेन न तु तावदीश्वरश्चक्षुषा चिरमुमामुखं पपौ। (८.८०)

मद में नाचती हुई आँखें, स्खलित वाणी, अकारण हास्य और मुख पर बिखरी श्रम-बून्दें, शिव ने निर्निमेष-नयनों से इस सौन्दर्य-रस का पान किया।

---

१. सर्वोपरिनित्यविहारिणी : रससागर, पृ० ८६३।
२. वही, पृ० ८२६।
३. वही, पृ० ८०५।
४. वही, पृ० ८१९।

एक स्थल पर शिव गौरी के मुख पर आई पसीने की बून्दों को पोंछ रहे हैं —

मन्देन स्विन्नांगुलिना करेण कंपेन तस्या वदनारविन्दात्।
परामृशन घर्मजलं जहार, हरः सहेलं व्यजनानिलेन। (९.२०)

श्रीरूपगोस्वामी ने सात्त्विक-भाव-प्रकरण में स्वेद के तीन रूप प्रतिपादित किए हैं — हर्षजनित स्वेद, भयजनित स्वेद तथा क्रोधजनित स्वेद। "रसनिकुञ्ज" में क्रोध और भय की तो गुंजायश है ही नहीं, हर्षजनित स्वेद हो सकता है परन्तु वहाँ पुलक-रूपी शस्य को सींचने के लिए स्वेद-जल-रूपी-मेघ का उदाहरण है, आलिंगन से ही स्वेद आ गया —

पुलकोद्‌गमशस्याय स्वेदांबुघनतां गतौ।[1]

"केलिमाल" में जो स्वेद-बिन्दु हैं, वास्तव में वे रतिजन्य स्वेद का उदाहरण हैं, रति-चिह्न हैं। विपरीत-रति के सूचक हैं।

महाप्रभु हितजी ने "चौरासी" में सुरतान्त में श्रम-बिन्दुओं का उल्लेख किया है — "श्रम वारिज घन-बिंदु वदन पर अथवा रतिरन मिथुन ललाट पटल पर श्रम जल सीकर संग" (६१)।

२७.२ रति विपरीत प्रीत

नित्य-विहार में विपरीत-रति का भाव भी है। भगवतरसिक कहते हैं —

हैं हम रसिक अनन्य प्रिया प्रिय कुंजमहल के वासी।
नई नई केलि विलोकें छिन-छिन रति-विपरीत उपासी।

केलिमाल में श्रम-बिन्दु "विपरीत" की कहानी संकेत ही संकेत में सुना देते हैं, परन्तु अष्टाचार्यों की वाणी में विपरीत-रति का विस्तार से वर्णन है।

ललितकिशोरीजू ने तो यहाँ तक कहा कि भामिनी ने साँवली सेज (बिहारीजू का साँवला शरीर) बिछा ली और सात-स्वरों के भावों में भरकर नृत्य करने लगी —

साँवल सेज्या सुभग तन लीनी आप बिछाय।
नृत्तत भामिनी अंक भरि सप्त सुरनि के भाय।[2]

"रस के पद" में ललितकिशोरी के शब्द हैं कि मानो नीलमणि में उज्ज्वल-मणि को जड़ दिया गया है —

हाव भाव परवीन किसोरी रति विपरीत उमँगि हिय आई।
अंसनि अंस कसत भुज दंडनि स्याम भुजा पीछें अरुझाई।
लटकनि अटकनि झटकनि ठमकनि पगके नूपूर सब्द घोर मनों हंसनि कलह मचाई।
बचन तत्थेई बोलत कटि मोरत उर जोरत अधरन चुंबन मृदु मुसकाई।

---

१. उज्ज्वलनीलमणि (वृन्दावन), पृ० १२८।
२. सर्वोपरिनित्यविहारिणी : रससागर, पृ० ८२३।

कबहुँक मुख भरि मंद दसन गहि पीकलीक छबि छाई।
मानहुँ नील अरुन मनि जरिया उपमा कही न जाई।[१]

एक स्थल पर ललितकिशोरीजू ने बिम्ब अंकित किया कि, मानो बिजली बादल के ऊपर लिपट गई — राधा का गौरवर्ण मानो सूर्य, चन्द्र और विद्युत की सम्मिलित आभा है —

रवि ससि तडित पुंज मनु भामिनि घन ऊपर लपटानी।
कोमल बैन नैन रँग भीने हँसि बोलत मृदु काम-कहानी।
कोककला कोविद निधि प्यारी उरप-तिरप भौंहें थहरानी।
कटि की लटकनि पग की पटकनि नृत्य सुधंग सुलप घहरानी।[२]

विपरीत-रति को चित्रित करते हुए ललितकिशोरीजी कहते हैं कि मानो आज बादल सिमटकर के दामिनी के भवन में आकर बैठ गया है —

रति विपरीत भाय, भामिनि नैन बैनन जनें।
मनों दामिनि भवन में सिमटि बैठ्यौ घनें।[३]

भगवतरसिक ने विपरीत-रति को ऐसे ग्रहण के रूप में चित्रित किया है कि चन्द्रमा ने राहु को झपटकर आलिंगन-बद्ध कर लिया है —

अपूरब पर्‍यौ ग्रहन कौ जोग।
चंदा झपटि राहु कों पकरत करत आपनों भोग।
जानत नहीं ज्योतिषी, देखत नित्य उपासक लोग।[४]

जयदेव ने गीतगोविन्द में विपरीत-रति का वर्णन किया है —

दोर्भ्यां संयमितः पयोधरभरेणापीडितपाणिजै-
राविद्धो दशनैः क्षताधरपुटः श्रोणीतटेनाहतः।
हस्तेनानमितः कचेऽधरसुधा-पानेन सम्मोहितः
कान्तः काममपि तृप्तिमाप तदहो कामस्य वामागतिः।[५]

श्रीराधा ने विपरीत-रति के माध्यम से श्रीकृष्ण को भुज-बन्धन से बाँधा, पयोधर-भार से दबाया, नखक्षत किया, बालों को पकड़ा और अधरसुधा-पान किया। अन्यत्र है —''तडिदिव पीते रति विपरीते राजसि सुकृत विपाके'' विपरीत-रति का ऐसा ही वर्णन विद्यापति ने किया है —

तडित लता-तले जलद समाएल अंतरे सुरधुनि धारा।
तरल तिमिर शशि सूर गरासल चउदिसे खसि पड़ तारा।
सखि हे कि कहब किछु नहि फूरे।

---

१. सर्वोपरिनित्यविहारिणी : रससागर, पृ० ८६०-८६१, पद १०३।
२. वही, पृ० ८६४, पद सं० ११५।
३. वही, पृ० ८५७ ,पद सं० ८३।
४. भगवतरसिकवाणी, पृ० ३४।
५. श्री गीतगोविन्द, पृ० ३८८।

सपन कि परतख कहइ न पारिअ की अति निकट कि दूरे।
अंबर खसल धराधर उलटल धरणी उगमग डोले।
प्रलय पयोधि जले जनि झांपल इहि नहि युग अवसाने।
के विपरीत कथा पतियाएब कवि विद्यापति भाने।[१]

दामिनी के नीचे मेघ आ गया, बीच में गंगा की धारा (मोती माला) थी। चञ्चल अन्धकार (राधा के बिखरे बाल) ने चन्द्रमा और सूर्य को (श्रीकृष्ण के ललाट का चन्दन और राधा के ललाट का सिन्दूर-बिन्दु) ग्रस लिया था। चारों ओर तारे (चोटी में गुँथे फूल) बिखरे पड़े थे। हे सखी, वह अनुभव प्रत्यक्ष था या कोई स्वप्न था? वह पास था, या दूर था? अम्बर (वस्त्र) गिरा था और पर्वत (स्तन) उलटे पड़े थे धरती (नितम्ब) डगमगा रही थी। प्रचण्ड वायु (साँस) बह रही थी और चिड़ियों का कोलाहल (नूपुर, किंकिणी, कंकण) हो रहा था। प्रलयकालीन समुद्र जल (श्रम-बिन्दु) से सब कुछ ढँक गया था, परन्तु युग का अवसान नहीं था। एक अन्य पद में विद्यापति ने विपरीत-रति का वर्णन इस प्रकार किया है —

कि कहब ए सखि केलिविलासे, विपरित सुरत नाह अभिलासे
कुचजुग चारु धराधर जानी, हदय परत तें पहुदेल पानी।
मातलि मनमथें दुर गेल लाजें, अविरल किंकिनि कंकन बाजें।
घाम बिंदु मुख सुंदर जोती, कनक कमल जनि फिर गेलि मोती।
कहहि न पारिअ पिय मुखभासा, समुह निहारि दुहू मने हासा।
भनई विद्यापति रस मय बानी, नागरि रम पिय अभिमत जानी।[२]

हे सखि, केलि-विलास का आनन्द क्या कहूँ प्रियतम ने विपरीत-रति की अभिलाषा की। मेरे दोनों स्तनों को ऐसे पकड़ लिया कि कहीं दोनों पर्वत उनके हृदय पर टूट न पड़ें। काम-रस का उन्माद था, लाज चली गई और कंकन भी बजने लगा और किंकिणी भी। मुख पर पसीने की बून्दें चमकने लगी जैसे सोने के कमल में मोती फले हों।

विद्यापति के कृष्ण स्वयं ही कहते हैं कि तुम मुझे उचित दण्ड दो। भुजा-रूपी पाश में बाँधकर, जंघाओं से दबाकर छाती पर कुच-रूपी पत्थर रख दो। अपने हृदय-रूपी कारागार में कैद कर दो —

भुज पास बाँधि जघन तरतारि
पयोधर पाथर हिय दह भारि।
उर कारा बाँधि राख दिन राति
विद्यापति कह उचित यह साति।

सूरदास का एक पद है जिसमें राधा कहती हैं कि मेरा सर्वस्व धन मेरा मन जिसने चुराया है, उसे कञ्चन के खम्भे से, कञ्चन की डोर से बाँधूँगी (शरीर: कनक काया: खंभ, भुजा: कनक डोरी) और वज्र जैसे कठोर कुचों से दबाऊँगी, एक अंग का खण्डन करूँगी, कामदण्ड से दण्डित करूँगी, अधर पर दशनच्छद करूँगी ताकि न तो वह परघर का नाम ले और न ही चोरी करे —

---

१. विद्यापति पदावली, भाग ३, पृ० १९८।
२. वही, द्वितीय भाग, पृ० ४१६।

चोरी के फल तुमहिं दिखाऊँ।
कंचन खंभ, डोर कंचन की देखौ तुमहिं बँधाऊँ।
खंडों एक अंग कछ तुम्हरौ चोरी नाउ मिटाऊँ।
बाँधों कंचन-खंभ कलेवर उभय भुजा दृढ डोरी।
चाँपों कठिन कुलिस कुच अंतर सकै कौन धों छोरी।
दंडों कामदंड पर घर कौ नाँउ न लेइ बहोरी।
खंडों अधर, भूलि रस गोरस हरैं, न काहू कौ री।[१]

डॉ० राममूर्ति त्रिपाठी ने ऊर्ध्वरेता-संभोग तथा अधोरेता-संभोग का भेद या विभाग करते हुए उज्ज्वलनीलमणि के मत की व्याख्या की है[२] —

क्रिया सर्वापि सैवात्र परं कामो न विद्यते।

प्रेमी-प्रेमिकाओं के बीच सारी क्रियाएं प्राकृत काम जैसी ही हैं, परन्तु काम नहीं है। कामातीत है, इसलिए यह रति ऊर्ध्वरेता है। प्राकृत नहीं है।

१. सूरसागर, पृ० ९०६।
२. दे० साहित्यअमृत, नवम्बर २००३।

२८

नील लाल गौर के ध्यान बैठे श्रीकुँजबिहारी ।
ज्यों ज्यों सुख पाबत नाहीं त्यों त्यो दुख भयौ भारी।।
अरबाइ आप ही प्रकट भइ जो, सुख भयौ बहुत हिया री।
श्रीहरिदास के स्वामी स्यामा कुंजबिहारी करि मनुहारी।।

२८.१ नील लाल गौर के ध्यान बैठे

श्रीहितहरिवंशजी ने भी "चौरासी" में लिखा है — "नील वसन कामिनी, उर कंचुकी कसूँभी सुरंग।"[१] कामिनी श्रीराधा ने गोरे अंग पर नीले रंग की साड़ी धारण की है और वक्ष पर कसूँभी (गहरे लाल रंग की) कञ्चुकी पहनी है। प्यारीजू का "नील निचोल" (नीली ओढ़नी) रस-साहित्य में व्यापक है —

नील निचोल जुवति, नील बरन तन सारी

सूरसागर में भी "नीलबसन फरिया कटि पहरे" (पृ० ४९७), "अँगिया नील माडनी राती" (पृ० ६२२), "नीलांबर पहरे तनु भामिनि जनु घन दमकति दामिनि" (पृ० ६२३) जैसे उल्लेख हैं। "गीतगोविन्द" में भी "प्रातर्नीलनिचोलमच्युत मुरः", "ध्वांत नील-निचोल चारु सुदृशां" जैसे उल्लेख हैं। इतना ही नहीं सखी कहती है कि उस मन्मथतीर्थ पर वे तुम्हारे स्वरूप का ध्यान कर रहे हैं — "तस्मिन्नेव निकुंज मन्मथ महातीर्थे पुनर्माधवः ध्यायं त्वामनिशं जपन्नपि तवैवालाप मन्त्रावलीम्" (गीतगोविन्द, पंचमसर्ग, दशम् सन्दर्भ)।

यहाँ ध्यान सूक्ष्म-विरह का स्वरूप है। निरवधि नित्य-विहार में विरह का कोई स्वरूप नहीं है। क्षणभर को भी वियोग की सम्भावना नहीं है, परन्तु एकत्र होते हुए भी जिस क्षण सुरति में व्यवधान पड़ता है, वही क्षण लाल के लिए उत्कट विरह का दुःख उपस्थित कर देता है। इसे रसिक-जन सूक्ष्म-विरह कहते हैं। "अंचल पट अलकावली के अंतर मन अकुलाय।" अंचल-पलक और अलक जैसा अन्तर भी जहाँ असह्य बन जाता है। इस प्रसंग में बिहारिनदेवजी की दो साखी हैं —

दरस-परस सुख-सिंधु सत, बिन परसैं दुख द्वंद।
ये दोउ कहे न सह परें, आनंद किधों दृढफंद।
व्याकुल विरह विहार बिन, नखसिख लोभी लीन।
श्रीबिहारिनदासि अंग सिथिलई, स्वासन गिनत अधीन।

इन साखियों पर श्रीराधाप्रसाद देव ने टीका की है —

> दरस कहियै देखिबौ और परस स्पर्स करिबौ, यामें तौ सुख के सत कहियै सैकरान समुद्र जानों। दंपति जो परस्पर मुख कौ अवलोकन आलिंगनादि बिहार में करत हैं, तामें जा सुख की प्राप्ति होत है वाकी गिनती नहीं। जा समैं दरस-परस में अंतराय होय, ता समैं केवल दुख-द्वंद ही जान लीजियै-अंगन के मिलन में नेंक विच्छेप पर जाय, तौ अत्यंत दुख-द्वंद मानत हैं।
>
> याते ये दोऊ, दोऊ कौन? संजोग-विजोग। नित्यविहार के उपासकन पै सहे नहीं परैं। यहाँ देसांतर, कुंजांतर-विजोग की तौ समाई ही नहीं है।[२]

---

१. श्रीहितचौरासी, पृ० १०९।
२. श्रीरसोपासनातिलक, पृ० ९४।

जो नेंक अंतर विहार में परिजात, क्रियादिक बदलबे में तौ (प्रिया-प्रियतम) विरह मान कें व्याकुल है जात हैं। इतने ही में अति वियोग मानि वियोग-सिंगार के अंगकौ परिपूरन, पुष्ट कर देत हैं। प्यारौ, अंग के पृथक होइबे में ऐसौ विरह मानें, जो स्वाँसन कों गिनन लगै।[1]

ज्यों-ज्यों सुख पावत नाहीं त्यों त्यों दुख भयौ भारी।

यहाँ विरह-दुख का कारण यही है, कि अंग-प्रत्यंग के मिलन में तनिक विक्षेप हुआ और प्रियतम नील-लालगौर के ध्यान में लीन हो गए।

"सिद्धांत विचार" में श्री ध्रुवदासजी ने कहा कि — "ऐसे अद्‌भुत प्रेम में और-भाँति कौ विरह न संभवै। जो फूलन की माला देखें कुम्हलाइ, ताकों असिवर दिखाइबौ अनीत है। भ्रमहू कौ विरह कहत डर आवै। या प्रेम में न स्थूलप्रेम की समाई, न स्थूल विरह की समाई, न मान की।" स्वामीश्रीहरिदास ने संयोग में भी विकलता का वर्णन किया है —

प्यारी तेरी भौंहें मैली देखत प्रान न रहत तन।
मोहि तेरे देखें बिन कल न परै।
नील लाल गौर के ध्यान बैठे श्री कुंजविहारी

इसका एक भाव यह भी हो सकता है कि "श्रीमद्‌भागवत" में राधिका आराधिका हैं। "गीतगोविन्द" में वे आराधिका तो हैं ही, आराध्या भी हैं। कुछ अन्तर के साथ यही स्थिति सूरसागर में भी हैं। विद्यापति में भी आराधिका का रूप है — "अनुखन माधव माधव सुमिरत सुंदरि भेलि मधाई।"

स्वामीश्रीहरिदास के रसदेश में राधा आराध्या हैं, इसलिए बिहारी राधा का ध्यान करते हैं और ध्यान-समाधि की निरन्तरता में थोड़ा-सा भी व्यवधान हो जाता हैं, तो वे व्याकुल हो उठते हैं।

---

१. श्रीरसोपासनातिलक, पृ० ९५।

२९

आज की बानक प्यारे तेरी, प्यारी तिहारी बरनी न जाइ छबि।
इनकी स्यामता, तिहारी गौरता जैसें सित असित, बैनी रही भुवँगम ज्यों दबि॥
इनकौ पीतंबर तिहारौ नील निचोल, ज्यों ससि कुंदन जेब रबि।
श्रीहरिदास के स्वामी स्यामा कुंजबिहारी की सोभा बरनी न जाइ, जो मिलें रसिक कोटि कबि॥

२९.१ स्यामता : गौरता

एक गोरी है और एक साँवला है। भगवान् का वर्ण श्याम है। श्याम और नील पर्यायवाची हैं — "कृष्ण नीलासित श्याम काल श्यामलमेचका:"(अमरकोष १.५.१४)। यह नीलिमा भागवत, महाभारत, विष्णुपुराण, रामचरितमानस, गोपालपूर्वतापिनी, कृष्णकर्णामृत[१] आदि सभी जगह कान्तिमान् है —

कपोलनीलालकमंडिताननाम् (भागवत ८.१२.२०)

"अतसीपुष्पसंकाशं पीतवाससमच्युतम्" अलसी के फूल की तरह नील वर्ण। "विष्णु पुराण" में है — "फुल्लेन्दीवर पत्राभं" (५.३.८) विकसित नीलकमल जैसे वर्ण वाले। "रामचरितमानस" में राम का वर्ण नील है —

नील सरोरुह नीलमनि नील नीरधर श्याम

अथवा

लोचन अभिरामा तनु घन श्यामा निज आयुध भुजचारी।

"पद्म पुराण" में भगवान का मेघ जैसा वर्ण है —

वर्षमाणस्य मेघस्य यद्वर्णं तस्य तद्भवेत्।

"गोपालपूर्वतापिनी" में है — "मेघाभं वैद्युतांबरम्" (मेघ जैसी आभा और बिजली जैसा पीताम्बर) विष्णु का ध्यान है — "विश्वाधारं गगन-सदृशं मेघवर्णं शुभांगम्।"

अथवा

मेघश्यामं पीतकौशेयवासम्।

मधुसूदन सरस्वती की वाणी है — "वंशी-विभूषितकरान्नवनीरदाभात् पीतांबरादरुणबिंबफलाधरोष्ठात्।"

वसुदेव ने श्रीकृष्ण जन्म से पहले केशव के दर्शन किए - "पीतांबरं सान्द्रपयोदसौभगम्" — नीलजलद के समान सुन्दर-विग्रह पीताम्बर धारण किए हैं। (भाग. १०.३.०९) अर्जुन ने नारायण को सजल जलद की नीलकान्ति और सुन्दर पीताम्बर में देखा — "सान्द्रांबुदाभं सपिशंगवाससम्" (१०.८९.५५)अध्यात्म-रामायण में कौशल्याजी सनातन परमात्मा का साक्षात्कार करती हैं — "नीलोत्पलदल-श्याम:पीतवासाश्चतुर्भुज:।" कविवर लीलाशुक ने "कृष्णकर्णामृत" में बालकृष्ण को "नीलतमाल-वपु" बतलाया है —

बाल तमाल नील-वपुषं वन्दे परं देवताम्।

---

१. चैतन्य चरितामृतकार कविराज कृष्णदास के अनुसार प्रभु चैतन्य ने बिल्वमंगल की कृति "कृष्णकर्णामृत" का विपुल प्रचार कृष्णवेष्वा तीर के निवासी वैष्णव-ब्राह्मणों में देखा था। दक्षिण भारत ही इसकी रचना-भूमि है। चैतन्य महाप्रभु अपनी दक्षिण-यात्रा में वहाँ से दो ग्रन्थ लाए थे — "कृष्णकर्णामृत" और "ब्रह्मसंहिता"।

इस प्रकार विष्णु, कृष्ण तथा राम सर्वत्र नीलवर्ण की आभा हैं तथा लक्ष्मी, राधा और सीता का वर्ण स्वर्ण-आभा है। श्रीसूक्त में लक्ष्मी के लिए हिरण्यवर्णा, आदित्य-वर्णा कहा गया है। सीता की हेमाभा है। त्रिपुरसुन्दरी को सिन्दूरारुण-विग्रहा भी कहा गया है तथा तप्तकाञ्चनवर्णाभा भी कहा गया है। एक अभिप्राय और है, जो प्राय: सर्वत्र मिलता है। लक्ष्मी, सीता और राधा के अंग की विद्युत-कान्ति जैसे वर्ण वाला पीताम्बर विष्णु, राम और कृष्ण ने धारण किया है तथा विष्णु, राम, कृष्ण के अंग की नीलिमा-आभा जैसी साड़ी या ओढ़नी लक्ष्मी, सीता और राधा ने धारण की है। पीताम्बर ओढ़े हुए कृष्ण की उत्प्रेक्षा बिहारी ने की है — मानो नीलम पर्वत पर अरुणसूर्य की पीली किरणें बिखरी हों —

सोहत ओढें पीतपट स्याम सलौने गात।
मनों नीलमनि सैल पै आतप पर्‍यौ प्रभात।

३०

देखि देखि फूल भई।
प्रेम के प्रकास प्रीति के आगें ह्वै जु लई॥
सुन री सखी! बागौ बन्यौं आज तुम पै तृन टूटत है जो नई।
श्रीहरिदास के स्वामी स्यामा कुंजबिहारी सकल गुन निपुन ताता थेई ताथेई गति जु ठई॥

३०.१ ताताथेई ताताथेई

रास-रंगमंच पर आज भी राधा-कृष्ण के नृत्य के ऐसे बोल ताल के साथ गाए जाते हैं, बोले जाते हैं। इन बोलों को परमूल कहा जाता है। पग-ताल और हस्त-मुद्रा इन परमूलों द्वारा संचालित होती हैं। डॉ० वसन्त यामदग्नि ने अपने ग्रन्थ — "रासलीला तथा रासानुकरण-विकास" में इन परमूलों के अनेक उदाहरण दिए हैं —

तकिट तकिट धिलांग
धिक तक तो दीम धिलांग तक तो
ता धिलांग धिक धिलांग धिक तक
तो दीम तो दीम धेताम धेताम
धिलांग धिलांग धिलांग
तग् धिकतक थेई, तथ गदगिन थेई
तततता थेई, तततता थेई, तततता थेई।

डॉ. यामदग्नि ने उल्लेख किया है कि रास-नृत्त के इन परमूलों के प्रचलन का आधार "गोविन्दलीलामृत" जैसे वैष्णवी-ग्रन्थों के रास-सम्बन्धी वर्णनों में मौजूद है। जब कृष्ण हस्तयुगल और पदन्यास-संचालन करते हुए इन बोलों पर नृत्य करते हैं — "ता त्तत्ता तत्थे दृगिति दृक् त्तत्थै दृक तत्थै था" उस समय का परमूल है —

थो दिक् दांदां किट किट कण झें थोक्कु दिक्कु आरे
झें झां झें द्रांकिटि किटि किटि किटि धां झेकु झें झेकुझैं झैम्।

ऐसी तौ विचित्र जोरी बनी।
ऐसी कहूँ देखी सुनी न भनी॥
मनहुँ कनक सुदाह कर-कर देह अद्‌भुत ठनी।
श्रीहरिदास के स्वामी स्याम-तमालै उठँग बैठी धनी॥

३१.१ ऐसी कहूँ देखी सुनी न भनी

स्वामीजी ने "केलिमाल" के पहले पद में श्यामा-श्याम की जोरी को सहज कहा और बताया कि जैसे मेघ-दामिनी की जोरी सहज है, वैसे ही यह जोरी भी सहज है, नित्य है। चौथे पद में उसे विचित्र या अद्‌भुत कहा और उसके अद्वयभाव का निरूपण किया। इकत्तीसवें पद में आकर उन्होंने कहा कि यह जोड़ी अपूर्व है — "ऐसी कहूँ देखी सुनी न भनी।" यहाँ यह देखने-समझने और अनुभव करने की बात है कि उपनिषद्, तन्त्र, बौद्धग्रन्थ, दर्शन-शास्त्र के विभिन्न सिद्धान्त, भक्ति-मार्ग के आचार्य और अनेकानेक सन्तों की वाणियों में, काव्यग्रन्थों में, लोकपरम्परा में अनेकानेक युगल-स्वरूपों (जोड़ियों) का वर्णन है — लक्ष्मीनारायण, उमारुद्र, हर-पार्वती, गौरीशंकर, प्रज्ञापारमिता और आदिबुद्ध, प्रज्ञोपाय, प्रकृति-पुरुष, ब्रह्ममाया, शिव-शक्ति, कामेश्वर-कामेश्वरी, वज्रसत्त्व-महातारा, शून्यता और करुणा, श्रीरंग और गोदा, प्रकाश-विमर्श, इडा-पिंगला, अर्द्धनारीश्वर, सीताराम आदि।

कृष्ण-भक्ति के अनेक सम्प्रदाय, उनके आचार्य, उनके भक्त और कवियों ने युगल-स्वरूप का विविध प्रकार का वर्णन किया है। "केलिमाल" के युगल में ऐसा क्या है, जो अन्य युगल-स्वरूपों में नहीं है? स्वामीजी कहते हैं — "ऐसी कहूँ देखी सुनी न भनी।" दूसरी जोड़ियों को छोड़ भी दें, तो राधा-कृष्ण युगल तत्त्व भी बहुत व्यापक है — आगम-परम्परा में भी और निगम-परम्परा में भी। शास्त्र-परम्परा में भी और लोकपरम्परा में भी। अपार साहित्य है। लीलाशुक-बिल्वमंगल का "कृष्णकर्णामृत", श्रीधरदास का "सदुक्ति-कर्णामृत", कश्मीर के वल्लभदेव द्वारा दिए गए उद्धरण, भट्टनारायण के "वेणीसंहार" का नान्दी, हाल की "गाथा-सप्तशती", शरणकवि, लक्ष्मणसेन, गोपकवि क्षेमेन्द्र, "प्राकृत-पेंगलम्", उमापति, रूपगोस्वामी[१], जीवगोस्वामी, सनातनगोस्वामी, गोपालभट्ट आदि के ग्रन्थ, विद्यापति, जयदेव का "गीतगोविन्द", सूरदास, मदनमोहन, गदाधरभट्ट और वल्लभरसिकवाणी, इसके साथ ही राम-भक्ति सम्प्रदाय के मधुर-उपासकों का साहित्य भी युगल-रस से सिक्त और अभिसिक्त है।

३१.२ उपनिषद् : युगल

युगल-तत्त्व के सम्बन्ध में "बृहदारण्यक" ने कहा — "स एकाकी न अरमत् तदात्मानं द्विधा अकरोत्।" उस रस ने अपने ही आस्वादन के लिए अपने को युगल के रूप में व्यक्त किया। "तैत्तिरीय" में है —

१. रूप गोस्वामी की पद्यावली में लगभग १४० कवियों की कविताओं का संग्रह है, जिनका वर्ण्य-विषय राधा-माधव की केलि है, जयदेव तथा विद्यापति के बीच के समय में (अर्थात् बारहवीं शती से पन्द्रहवीं शती के बीच) राधा-कृष्ण-केलि संस्कृत-कवियों का बड़ा प्रिय विषय रहा है। इसमें बंगाल, तिरहुत (बिहार) तथा उड़ीसा आदि के कवि भी सम्मिलित हैं।

"स द्वितीयमैच्छत्। पतिश्च पत्नी चाभवताम्।" सामरस्यउपनिषद का वाक्य है —
"अनादिरयं पुरुष एक एवास्ति। तदेवरूपं द्विधा विधाय समाराधन-तत्परोभूत। तस्मात् तां राधां रसिकानन्दां वेदविदो विदुः।"

"राधा-उपनिषद्" में कहा गया कि "ये राधा यश्च कृष्णो रसाब्धि देदृश्चकः क्रीडनार्थं द्विधाभूत्।" "राधिका तापनीय-उपनिषद्" में कृष्ण को राधा का क्रीतदास तक कहा गया है —

यस्या रेणुं पादयोर्विश्व-भर्ता धरते मूर्ध्नि रहसि प्रेमयुक्तः।
स्रस्त वेणुः कबरी न स्मरेद्य तल्लीनः कृष्णः क्रीतवत्तां नमामः।

३१.३ पुराण : युगल

यद्यपि समस्त वैष्णव-दर्शनों का आधार श्रीमद्भागवत है, परन्तु भागवत में राधा का प्रकट रूप नहीं है। गुप्त-रूप है। रासप्रसंग में गोपियों को किसी ब्रजयुवती के चरण-चिह्न दीख जाते हैं — "कस्याः पदानि चैतानि याताया: नंद-सूनुना" (१०.३०.२७)। इसी जगह फिर वे कहती हैं — "अनयाऽऽराधितो नूनं भगवान् हरि-रीश्वरः।" यहाँ वधू और कान्ता दोनों शब्दों का प्रयोग किया गया है — "इमान्यधिक मग्नानि पदानि वहतो वधूम्।" "अत्रावरोपिता कान्ता पुष्पहेतोर्महात्मना" (१०.३०.३२-३३) बड़ा रहस्यात्मक संकेत-सूत्र है, परन्तु इस सूत्र का अन्य पुराणों में अत्यधिक विस्तार है और सबकी अपनी-अपनी व्याख्याएं हैं। डॉ. शरणबिहारी गोस्वामी ने रेखांकित किया है, "शाक्त और शैवों में 'शक्ति और शक्तिमान्' की मान्यता आधार में रही, वही आधार इन ग्रन्थों, यहाँ तक कि वैष्णव-सम्प्रदायों तक में स्वीकृत रहा।" उन्होंने शिव पुराण का एक उद्धरण दिया है —

पुरुषः परमेशानः प्रकृतिः परमेश्वरी।
शंकरः पुरुषा सर्वे स्त्रियः सर्वा महेश्वरी।[१]

"देवीभागवत" में राधा को मूल प्रकृति माना गया है। मूल प्रकृति राधा के दक्षिणांग से गोपीराधा तथा वामांग से लक्ष्मी का प्राकट्य हुआ? कृष्ण अपनी प्राणाधिका देवी के अधीन हैं —

कृष्णप्राणाधिका देवी तदधीनो विभुर्यतः।
रासेश्वरी तस्य नित्यं तया विना न तिष्ठति। (९.५०-१८)

"ब्रह्मवैवर्त-पुराण" तो राधा-माधव की लीला से ओतप्रोत है। यहाँ भगवती पार्वती स्वयं राधा की वन्दना करती हैं(श्री कृष्णखण्ड अध्याय २७) कि आप के अंश तथा कला से समस्त देवियों की उत्पत्ति हुई। "स्कन्द पुराण" में श्रीकालिन्दी कहती हैं कि राधा-कृष्ण का परस्पर-संयोग नित्यसिद्ध है — "नित्य संभोग एवास्ति तस्या सांमुख्ययोगतः" (भागवतमाहात्म्य अध्याय १)। "पद्म पुराण" में तो निकुञ्ज-लीला का ध्यान भी दिया गया है।

३१.४ तन्त्रशास्त्र : युगल

तन्त्रशास्त्र में शक्ति और शक्तिमान् की अभिन्नता को चन्द्रमा और चाँदनी, जल और लहर, शब्द और अर्थ, सूर्य और किरण से उपमित किया गया और कामेश्वर-कामेश्वरी के रूप में युगल-तत्त्व का आख्यान किया गया। सामरस्य की महिमा का गायन किया गया। शैव और शाक्ततन्त्रों ने जहाँ उस तत्त्व को परमशिव और परमसुन्दरी के रूप में देखा, वहीं वैष्णव तन्त्रों ने कहा — "देवी कृष्णमयी प्रोक्ता राधिका परदेवता"। "वृहद् गौतमीयतन्त्र"

---
१. श्रीभगवतरसिक की वाणी : भूमिका पृ० ५९।

और "सम्मोहनतन्त्र" में उसे गौर-श्याम तेज के रूप में देखा गया। प्रकाश और विमर्श की अवधारणा प्रस्तुत हुई। शिव प्रकाश है और शक्ति विमर्श है। प्रकाश विश्वातीत है और उसमें शिव नित्य, विशुद्ध और चिदानन्द रूप में प्रकाशमान है, विमर्श-सत्ता में वही शिव विश्व-प्रपञ्च का विलास बन जाते हैं। विमर्शसत्ता में परमतत्त्व अपने अद्वय-चिदानन्द रूप को आवर्त्त कर अपने विचित्र नाम-रूप-देश और काल में लीलायित करता है। परमशिव की ही आत्मभूता-शक्ति का स्फुरण होता है, तभी वह मूलसत्ता (परमशिव) द्विधा व्यक्त होती है — प्रकाश और विमर्श।

३१.५ प्रकाश-विमर्श

परमशिव की इच्छा को तन्त्रशास्त्र में शक्ति कहा गया है। शक्ति से युक्त परम-तत्त्व का नाम शिव है। जगत् को देखने वाला परमशिव ईश्वर है, तथा यह जगत् मैं हूँ, ऐसा देखने वाला परमशिव "सदाशिव" है। "कामकला-विलास" का वाक्य है —

सा जयति शक्तिराद्या निजसुखमयनित्यनिरुपमाकारा।
भावि चराचरबीजं शिवरूपविमर्शनिर्मलादर्शः।

इस पर श्रीनटनानन्द ने टीका करते हुए कहा कि वह आद्यशक्ति है — "परभट्टारिका महात्रिपुरसुंदरी"। वह निजसुखमय है, सार्वकालिक है तथा निरुपम आकार वाली है। अकृत्रिम आनन्दरूपिणी है। निसर्ग आनन्दरूपिणी है। अपरिच्छिन्न आनन्दरूपिणी है। "यो वै भूमा तत्सुखम्।" इससे पहले पुण्यानन्दयोगी ने कहा कि "सकल भुवनोदय स्थिति लयमय विनोद नोदयुक्ता" सृष्टि, स्थिति और प्रलय उस परम-आनन्दमय सत्ता का लीला विनोद है। उस युगल (प्रकाश-विमर्श) के स्वरूप के सम्बन्ध में कहा गया — आत्मरति, आत्मक्रीड, आत्ममिथुन, आत्मानन्द। यहाँ युगल को मिथुन शब्द से अभिहित किया गया है — "मिथुनं कामेश्वरी रूपम्।" "प्रकाशविमर्शात्मना मिथुनीभूतः परमशिवः।" "कामकला-विलास" के अन्तिम श्लोक की टीका में नटनानन्द ने कहा — "कामकला हि कामेश्वराविनाभूता विमर्श-शक्तिः सैवांगना सुन्दरी तस्या विलासः। परशिवः प्रकाशैकस्वभावः, स एव भुजंग रसिकः विटः तस्य भावी रागः तेन आकर्षित चित्तं तस्मैः।"

नटनानन्द कहते हैं "लोकेऽपि प्रियतमविलास-दर्शने रसिकनायकस्य श्रृंगारभावोदयपूर्वको हर्ष उत्पद्यते। तद्वत् परशिवस्य आत्मशक्ती क्षणाभिमुखस्य चिच्छक्तिभूतकामकला-विलासः पदविक्षेपादिरूपनिरवधिकानंदप्रदा भवति।" लोक में प्रियतम के विलास-दर्शन में आनन्द का उदय होता है, वैसे ही चित्तशक्ति का विलास अमित-आनन्द का मूल है।

तन्त्रशास्त्र में शिव-शक्ति की अभिन्नता का बहुत विस्तार से विवेचन किया गया है — "नानयोरंतरं किञ्चिच्चन्द्रचंद्रिकयोरिव", जैसे चन्द्रमा और चाँदनी अद्वय हैं, वैसे ही शिव-शक्ति अभिन्न हैं।

३१.६ रस ब्रह्म : ह्लादिनी शक्ति

गौड़ीय-सिद्धान्त में ब्रह्म की तीन शक्तियाँ मानी गई हैं — ह्लादिनी, सन्धिनी और संवित्। ह्लादिनी के विलास का नाम ही रास है। आह्लादिनी-शक्ति अनादि अनन्त काल से विचित्र रसों की सृष्टि करके विचित्र भावों में अपने को अभिव्यक्त करके सौन्दर्य-माधुर्य के अनन्त-रूप-रूपान्तरों के रूप में ब्रह्म की अराधना करती है। आत्मसंभोग करती है। ब्रह्म नित्य अपनी स्वरूपभूता आह्लादिनी का आलिंगन करके विचित्र रस-विलास का आस्वादन करता है। उसी के भीतर अपने स्वरूप को नित्य नवीन भाव में उपलब्ध करता है और संभोग करता

है। जीवगोस्वामी ने उद्धरण दिया है — "राधया माधवो देवो माधवेनैव राधिका।" कहीं कृष्ण को निमित्त-कारण और राधा को उपादान-कारण बतलाया गया है, कहीं राधा को पूर्ण शक्ति और कृष्ण को पूर्ण शक्तिमान् कहा गया है। कहीं राधा को रति और कृष्ण को रस तथा कहीं राधा को मादन और कृष्ण को मदन कहा गया है। कहीं राधा चिरभोग्या और कृष्ण चिरभोक्ता हैं। गौड़ीय-सिद्धान्त में शक्ति का सार है प्रेम, प्रेम का सार है भाव और भाव का सार है — महाभाव। राधा महाभाव हैं। श्रीकृष्ण को आत्मस्वरूप की उपलब्धि राधा के द्वारा ही होती है। "रूप हेरि आपनार कृष्णेर लागे चमत्कार आलिंगिते मने उठे काम।"

अपने रूप को देखकर कृष्ण को चमत्कार उत्पन्न होता है और उसे आलिंगन करने के लिए मन में काम उत्पन्न होता है। डॉ० बलदेव उपाध्याय कहते हैं —

> विश्व सृष्टि के मूल में ही यह रस तत्त्व प्रतिष्ठित है प्रत्यभिज्ञादर्शन में जो शिव और शक्ति है, त्रिपुरा-सिद्धान्त में वही कामेश्वर और कामेश्वरी हैं और गौड़ीय-दर्शन में वही कृष्ण और राधा हैं।[१]

वह शाश्वत तत्त्व — शक्ति एवं शक्तिमान् परस्पर अभिन्न है। क्रीड़ा के लिए उनका भेद है। निर्गुण-तत्त्व में सत्चित् आनन्द का भाव है। सगुण में वही शक्ति सन्धिनी, सन्वित् और ह्लादिनी शक्ति के त्रिविध रूप में उपस्थित है। ये शक्तियाँ परस्पर भी अभिन्न हैं और शक्तिमान् से भी अभिन्न हैं।[२]

चैतन्यचरितामृतकार के शब्दों में राधा पूर्ण-शक्ति, कृष्ण पूर्ण-शक्तिमान् है। "दुई वस्तु भेद नाहिं, शास्त्र प्रमाण।"

३१.७ पुरुष-प्रकृति : सांख्य

श्रीमद्भागवत के तीसरे स्कन्ध (अध्याय २५-२६-२७) में महर्षि कपिल और माता देवहूति का संवाद है। देवहूति पुरुष और प्रकृति के स्वरूप के सम्बन्ध में कहती हैं —

पुरुष प्रकृतिर्ब्रह्मन्न विमुंचति कर्हिचित्।
अन्योन्यापाश्रयत्वाच्च नित्यत्वादनयोः प्रभो। (३.२७.१७)

प्रकृति और पुरुष नित्य हैं और अन्योन्य हैं। सांख्य की व्याख्या को वासुदेव, संकर्षण, प्रद्युम्न और अनरुिद्ध-तत्त्व की संज्ञा देकर सात्वतों ने स्वीकार कर लिया था। भागवत वैष्णव-दर्शन का आधार है, इसलिए वैष्णव-दर्शनों ने भी प्रकृति पुरुष की युगल-अवधारणा को स्वीकार किया है। सूरदास ने एक पद में लिखा है कि —

ब्रजहि बसे आपुहि बिसरायौ।
प्रकृति पुरुष एकै करि जानों बातन भेद करायौ।

राधा प्रकृति है और कृष्ण पुरुष है। दोनों वस्तुतः एक ही हैं। भेद है, वह बातों का ही है। "पद्म पुराण" ने माना कि — "पुरुषः प्रकृतिश्चासौ राधा वृंदावनेश्वरौ।"

महामहोपाध्याय गोपीनाथ कविराज के शब्दों में त्रिकोण (श्रीचक्र) के अन्तःस्थित बिन्दु में अनादिकाल से दिव्य-मिथुन (शिव-शक्ति का अथवा) परमपुरुष और पराप्रकृति के श्रृंगारादि अनन्तभावों का विलास चलता

---

१. भारतीय वाङ्मय में श्रीराधा, पृ० १९४।
२. रामभक्ति-साहित्य में मधुर उपासना, पृ० १२।

रहता है। आदिबुद्ध एवं प्रज्ञापारमिता का युगनद्ध-स्वरूप के अन्तर्गत पारस्परिक महामिलन राधा-कृष्ण के युगल मिलन का द्योतक है।[1]

३१.८ बौद्ध-दर्शन : युगल

बौद्धों की भाव-साधना के अन्तर्गत बोधिचित्त और शून्यता की प्रणय-केलि में विभिन्न रूपकों को व्यक्त करने के लिए नायक तथा नायिका के रूप में तथागत और भगवती-नैरात्मा को माना गया अर्थात् तथागत की नायिका को नैरात्मा कहा गया। उसी विश्व-व्याप्त प्रणयकेलि में साधक बोधिचित्त को नायक तथा नैरात्म-ज्ञान को नायिका मानकर अपने चित्त में आयोजित करता है।[2]

"अद्वय वज्र संग्रह" के "युगनद्ध-प्रकाश" में हम देखते हैं कि शून्यता और करुणा का एकान्त और नितान्त सम्मिलन सर्वथा अनिर्वचनीय है, अचिन्तनीय है। वे चिर-सम्मिलन की स्थिति में नित्य विद्यमान है। इसी ग्रन्थ के "प्रेमपञ्चक" में बताया गया है कि "शून्यता" "करुणा" की पत्नी है और इनके इसी भाव में अखण्ड-मिलन को सहज-प्रेम कहा जाता है। युगनद्ध या अद्वय या समरस स्थिति एक ही है। शैव और शाक्त-तन्त्रों में जिसे मैथुन या कामकला कहा गया है, वह भी यही है।[3] "हेवज्रतन्त्र" में प्रज्ञा-उपाय मिलन के सम्बन्ध में कहा गया है — "उभयोर्मिलनं यच्च सलिलक्षीरयोरिव। अद्वयाकार योगेन प्रज्ञोपाय तदुच्यते।" बौद्ध तन्त्रों में प्रज्ञा और उपाय की सहज सामरस्य-अवस्था को वज्रयोग कहा गया है।

वज्रयान में बौद्ध देवों और देवियों की विशेषता, "वज्रसत्त्व और महातारा" की मूर्तियाँ युगनद्धरूप में मिलती हैं। इसे बौद्ध धर्म पर शाक्त-प्रभाव भी कहा जा सकता है।[4]

३१.९ रमण : युगल तत्त्व : ज्ञात से अज्ञात की व्याख्या

बीज-वृक्ष की प्रक्रिया का अध्ययन करें, तो स्पष्ट हो जाएगा कि जिसे हम जड़ कहते हैं, उसमें भी आत्मविस्तार की प्रवृत्ति कितनी सशक्त और कितनी व्यापक है — "एकोऽहं बहुस्याम।"

३१.१० मिथुन : प्राणि-जगत्

एक से अनेक होने की प्रक्रिया का अध्ययन करें — साँप और साँपिनी जब वर्षा काल में मिलते हैं तो यष्टिवत् खड़े हो जाते हैं, उस समय वे तनिक से भी व्यवधान के प्रति कितने असहिष्णु हो जाते हैं। हाथी और हथिनी के विहार का तो रसिक-भक्तों ने भी वर्णन किया है। भागवत रासपञ्चाध्यायी में राधा के चरण-चिह्न की पहचान करते हुए गोपी कहती हैं —

> **कस्याः पदानि चैतानि याताया नंदसूनुना।**
> **असंन्यस्त प्रकोष्ठायाः करेणोः करिणा यथा॥** (१०.३०.२७)

---

१. तान्त्रिक वाङ्मय में शाक्त-दृष्टि, पृ० ९१।

२. साहित्यकोश, पृ० ६३६ (धर्मवीर भारती)।

३. रामभक्ति साहित्य में मधुर-उपासना, पृ० ५९।

४. वही, पृ० ५३।

नन्दनन्दन किस भाग्यवती को अपने साथ लेकर गए हैं, उसके कान्धे पर उसी प्रकार हाथ रखा प्रतीत होता है, जैसे हाथी अपनी हथिनी के ऊपर सूँड रख लेता है। सरसदेवजू की वाणी में है —

मानों मत्त गजनी गज मिल विहरत भुजदंडन पेलि।[१]

विद्यापति ने हाथी-हथिनी के प्यार का चित्र दिया है —

कउतुके करिवर करिनि खिलाव।

सच्चिदानन्द-वात्स्यायन अज्ञेय ने कपोत के रस का वर्णन किया है —

खग-युगल करो संपन्न प्रणय, क्षण के जीवन में ही तन्मय।

कपोत को ललितकिशोरीदेवजी ने प्रेम का पक्षी माना है, जो गुटुरगूँ-गुटुरगूँ करते हुए प्रिया-प्रिया को रटता है —

प्रिया नाम इकटक रटै सब पंछिन कौ राव।[२]
प्रिया-प्रिया रसना रटै बाढै प्रेम विलास।[३]

३१.११ आनन्द की सत्ता और युगल

पशु-पक्षी कीट-पतंग, यह रमण-व्यापार सर्वत्र है, सर्वत्र युगल-तत्त्व है और जो सर्वत्र है, वह प्रकृति का स्वरूप है, निसर्गसिद्ध है, सहज है। इसलिए जब मूल-सत्ता की खोज की, तब मनुष्य ने व्यक्त के माध्यम से अव्यक्त की परिकल्पना की, ज्ञात के द्वारा अज्ञात को जाना और उसकी परिभाषा की। उसने युगल-तत्त्व को इतने व्यापक रूप में देखा कि मूल सत्ता को उसने युगल के रूप में पहचाना। मूल सत्ता की प्रक्रिया को उसने सामरस्य, महामिलन, विहार आदि के रूप में देखा। मूल सत्ता का विस्तार सृष्टि है। जो सृष्टि में है, वह मूल सत्ता में है। सृष्टि और मूल सत्ता भिन्न-भिन्न नहीं है। वह "रमण-व्यापार" जो सृष्टि में व्यापक है, उसका केन्द्र आनन्द है। यदि ऐसा न होता तो प्राणिमात्र के मन में आनन्द की प्यास क्यों होती?

प्राणिमात्र अपनी सहज-प्रकृति में आनन्द की ही खोज कर रहा है। आनन्द का आस्वादन उसने पहले नहीं किया होता, तो आनन्द से उसका परिचय ही न होता और वह आनन्द की खोज भी क्यों करता? वह स्वयं आनन्द-रूप है, यह अलग बात है कि सांसारिक परिवेष्टन में वह बँधा हुआ है तथा अपने मूलरूप को नहीं देख पा रहा है या भिन्न रूप में देख रहा है। आत्मभाव में अनात्मभाव को देख रहा है। चेतन में जड़ को देख रहा है। नित्य सुख में दुःख की अनुभूति कर रहा है। तन्त्र में आत्मा के पाँच स्वाभाविक-धर्म बताए गए हैं — सर्व-कर्तृत्व, सर्वज्ञत्व, नित्यत्व, विभुत्व और आप्त-कामत्व। परन्तु माया की कला, विद्या, काल, नियति और राग से आबद्ध वही आत्म जीव के रूप में अल्पकर्ता, अल्पज्ञ, मरणशील, अतृप्त और सीमित बन जाता है। फिर प्रभु-कृपा होती है, तब आनन्दसत्ता अथवा रस से पहचान होती है। अदम्य उल्लास और आनन्द की अखण्ड सत्ता को समीप में और स्वयं अपने में ही देखने लगता है। अपने स्वरूप को पहचान लेता है। युगल-भाव के बिना आनन्द नहीं है। आनन्द-युगल हैं — आनन्दभैरव-आनन्दभैरवी।

---

१. श्रीनित्यविहारिणी : रससागर, पृ० ६१५, पद १२।
२. वही, पृ० ६८४ साखी २०४।
३. वही, साखी २०६।

३१.१२ सहज-साधना : मिथुन

तन्त्रशास्त्र में देह-विज्ञान का विषय है। देह-विलास और आत्म-विलास। दो बातें हैं। तन्त्रशास्त्र में शरीर को उसी प्रकार श्रीचक्र कहा गया है, जैसे ब्रह्माण्ड श्रीचक्र है। पिण्ड व्यष्टि-देह है, ब्रह्माण्ड समष्टि-देह है। एक ओर शरीर रक्त-माँस-अस्थि की कोथली है, परन्तु दूसरी ओर शरीर परम-सत्य वस्तु है —

तमि जानो क्षुद्र जाहा, क्षुद्र ताहा नय।
सत्य येथा किछु किछु थाके विश्व सेथा रय।

तुम जानते हो, बाहरी दृष्टि में जो छोटा है, वह वास्तव में छोटा नहीं हैं, क्योंकि जहाँ कुछ अंश में भी सत्य रहता है, वहाँ समग्र विश्व रहता है। नाथपन्थी, हठयोगी, रससिद्ध-सम्प्रदाय, पाशुपत-आचार्यों ने बड़ी गहराई से देह-तत्त्व का विश्लेषण किया है। इड़ा, पिंगला, सुषुम्णा, सहस्रार तथा मूलाधार आदि षट्चक्र। न्यास-विद्या, अंग-प्रत्यंग में देवाधिष्ठान करती है, देह को दिव्य बनाती है। मानव-शरीर सर्वमय है। इस पिण्ड में विश्वातीत-सत्य भी प्रकाशित हो रहा है। इसी देह में पशुपद है और इसी देह में शिवपद है। इन्द्रिय-व्यापार पशु-पद है। पशु बद्ध है, शिव मुक्त है। पशु सीमित है, क्षणिक है, शिव असीमित है, नित्य है। भक्त रामप्रसाद ने कहा है कि — "मन रे, तुमि कृषि काज जाने ना। एमन मानव जमिन रइलो पतित, आबाद करले फलत सोना।" अरे मन, तू खेती करना नहीं जानता। मानवदेह-रूपी ज़मीन वीरान पड़ी रही। तुमने इसमें बीज बोये होते, तो सोना फलता।

हंसगीता ने कहा है — "गुह्यं ब्रह्म तदिदं ब्रवीमि नहि मानुषात् श्रेष्ठतरं हि किंचिद्।" अर्थात् मनुष्य से श्रेष्ठ और कोई दूसरा सत्य नहीं है। चण्डीदास ने कहा — "सबार ऊपरे मानुष सत्य ताहार ऊपरे नाहीं।" मनुष्य सर्वोपरि सत्ता है।[१] अभिमान ही तो है जो उसे छोटा कर देता है।

महायान के बौद्ध-साधकों ने काय-साधना की थी और प्रज्ञा-पारमिता की प्राप्ति की थी। योगियों ने कहा था — "मरणं बिंदु-पातेन जीवनं बिंदुधारणात्।" बिन्दु में स्थित मल बिन्दुपात का कारण होता है। उन्होंने शोधन-शक्ति से बिन्दु की अधोगति को रोका। वे "बुद्धत्व काय" की भूमि में पहुँचे। महासुख चक्र। सहजिया-वैष्णव रागानुगामार्ग से इसी महासुख की उपासना करते हैं। उनके मन में भी काय-सिद्धि आवश्यक है —

चार सरोवर आछे देहेर भीतरे
आपनार देह यदि पार साधिवारे।

देह साधना करो तो पता चलेगा, इसमें चार सरोवर हैं।[२] वामांग में "काम" और "मान" नामक सरोवर तथा

---

१. मानुष मानुष सबाइ कहये, मानष केमन जन।
मानुष रतन मानुष जीवन पराण धन।
भरमे भुलये अनेक जन, मरम नाहिक जाने।
मानुष प्रेम नाहि जीव लोके, मानष से प्रेम जाने।
मानुष यारा जीवन्ते मरा, सेई से मानुष सार।
मानुष लक्षण महाभावगण, मानुष भावेर पार।
मानुष नाम विरल धाम, विरल ताहार रीति।
चंडीदास कहे सकल विरल के जाने ताहार रीति। (चण्डीदास)

२. निम्बार्क-परम्परा में वृन्दावन के चार सरोवरों का उल्लेख है —
रूप सरोवर, स्वरूप सरोवर, मानसरोवर और मधुर सरोवर। — महावाणी, पृ० २८४।

दक्षिणांग में "प्रेम" और "अक्षय" सरोवर। काम सरोवर और प्रेम सरोवर भीतर से मिले हैं। देह-सिद्धि के बाद ही रसमय देह प्राप्त होती है, जिसके माध्यम से फिर राधा-कृष्ण की लीला में प्रवेश होता है। गौड़ीय-साधना में इसे मञ्जरी-देह कहते हैं।

सहज-साधना में मिथुन-सुख को जीतकर उसे दास बना लेना, परात्पर प्रेमानन्द-विलास का साधन बना लेना अभीष्ट है। प्रत्येक पुरुष में कृष्ण और प्रत्येक स्त्री में राधा का मिलन है। लीला चल रही है — स्वरूप लीला।

सहजिया-वैष्णवों के अनुसार पुरुष के वाम-भाग में नारी और दक्षिण-भाग में पुरुष-तत्त्व है। वामार्द्ध में राधा तथा दक्षिणार्द्ध में कृष्ण हैं। बाँई आँख में राधा और दाहिनी आँख में कृष्ण हैं —

वामे राधा दाहिने कृष्ण देखे रसिकजन।
दुई नेत्रे विराजमान राधाकुंड श्यामकुंड दुई नेत्रे हम।

रस और रति, काम और मादन के बीच दिव्य-प्रेम की अजस्रधारा ही सहज है। पुरुष का कृष्ण-रूप में और स्त्री का राधा-रूप में अनुभव आरोप-साधना है। सहजिया-वैष्णवों ने शरीर और जीवन को हेय नहीं माना — "जगतेर श्रेष्ठमानुष जार बलि प्रेम प्रीति रस मानुष करे केलि।"[१]

"रति-विलास पद्धति" ग्रन्थ का सन्दर्भ देते हुए शशिभूषणदास ने बताया है कि —

> वैष्णव सहजियों ने नित्य-वृन्दावन की नित्य-लीला को माना पर उनकी मान्यता यह है कि नित्य-वृन्दावन की राधा और कृष्ण की नित्य-लीला केवल वन-वृन्दावन की प्रकटलीला के रूप में ही अवतरित नहीं होती, अपितु प्रत्येक पुरुष में कृष्ण और प्रत्येक स्त्री में राधा का अवतार होता है और यह स्त्री-पुरुष-मिलन के रूप में राधा और कृष्ण की लीला चलती रहती है। प्रत्येक मनुष्य के भीतर जो वास्तविक सत्य है, वह कृष्ण ही है और यही उसका वास्तविक स्वरूप है। उसका बहिर्मुखी जीवन तथा उसके शारीरिक स्थूल कार्य-व्यापार उसका रूप हैं।

बंगला के बाउल-सम्प्रदाय वाले भी अपने इष्टदेव की कल्पना कहीं बाहर से नहीं करते। सहजिया-वैष्णवों की तरह किसी आरोप की चर्चा न करके वे प्रत्येक मनुष्य के हृदय में अपने प्रियतम-मनेरमानुष का अस्तित्व स्वीकार कर लेते हैं और उससे प्रेम करने लगते हैं।

३१.१३ सीता-राम : रामावत सखी-सम्प्रदाय

यही बात सीता-राम की जोड़ी के सम्बन्ध में कही जा सकती है। "शुकसंहिता" में सीता कहती है —

आवां प्रिय निकुंजेऽत्र सर्वर्तु सुख शोभितम्।
कश्चिन्न विहरिष्यावो राधाकृष्णाविव व्रजे।

हमने इस निकुञ्ज में बहुत सुख पाया परन्तु राधा-कृष्ण की तरह हमारा लीला-विलास चलता रहे तो कैसा? राम ने कहा —

त्वदंशा एव राधा सा प्रिये वृंदावनेश्वरी।
मदंश एव नियतो कृष्णो गोपेंद्र-नंदनः।

प्रिये, वृन्दावनेश्वरी राधा तुम्हारी ही अंश है और नन्दनन्दन कृष्ण मेरे अंश हैं। तदनन्तर "राधा-कृष्ण स्वरूप" "सीता-राम स्वरूप" में लीन हो गया —

---

१. भुवनेश्वरनाथ मिश्र माधव, रामभक्ति साहित्य में मधुर उपासना, पृ० ७।

ततस्तद् युगलं श्रीमद्राधा-कृष्णात्मकं महत्।
सीतारामात्मकं युग्मं प्राविशन्नति पूर्वकम्।[1]

रामभक्ति के अन्तर्गत सखी-भाव की उपासना-परम्परा में मधुराचार्य का स्थान वही है, जो गौड़ीय-परम्परा में जीवगोस्वामी का है। मधुराचार्य के "श्रीसुन्दरमणि सन्दर्भ" तथा "माधुर्य केलिकादम्बिनी" नाम के महत्त्वपूर्ण ग्रन्थ हैं। रामोपासना की रसिक-परम्परा को श्री-सम्प्रदाय कहा जाता है, जिसकी आचार्य स्वयं लक्ष्मी हैं। इष्ट सीता है और मुख्य रस श्रृंगार है। श्रीहनुमत्संहिता में प्रेमामृतमहोत्सव का वर्णन है। राम कदम्ब-वन में माध्वीक-रस का पान करते है। लोमश-संहिता में सीता-राम के रास का वर्णन है —

क्वचित् क्वचित् वनांतरे क्वचित् क्वचिल्लतान्तरे।
क्वचित् क्वचित् कुचान्तरे प्रविश्य राजनंदनः।
प्रदीपय मनोभवं प्रदर्शयन् स्वलाघवं
कला कुतूहलं मुहुः प्रकामकामशास्त्रजम्। (अध्याय २०, १८७१-८९)

"श्रीअगस्त्य-संहिता" में सीताराम की युगलमूर्ति का चित्र है —

अन्योन्याश्लिष्टहृद्बाहु नेत्रं पश्यन्तमादरात्।
दक्षिणेन कराग्रेण कुचाग्रे च चलालकम्।
स्पृशं तं च स्तनोत्संगे परिहासैर्मुहर्मुहुः।

रामभक्ति की मधुर-उपासना की परम्परा में भी सखी-भाव है। यहाँ हनुमान् जी का सखी-भाव का नाम श्री-चारुशीला है। अग्रदास का नाम अग्रअली है। "रामभक्ति-साहित्य में मधुर-उपासना" नामक पुस्तक में भुवेनश्वरनाथ मिश्र माधव कहते हैं कि स्वामी रामानुज की परम्परा में आगे चलकर स्वामी रामानन्द तथा परवर्ती-सन्त-भक्तों में भी इस रागमयी भक्ति का विशेष विकास और श्रृंगार हुआ है। स्वामी रामानन्द के परवर्ती-भक्तों में रसिकता की वह बाढ़ आई, जिससे सत्रहवीं-शती के बाद का हमारा अधिकांश राम-साहित्य ओतप्रोत है। स्वामी रामानन्द से श्रीरूपकला तक रामोपासना में श्रृंगार-भावना का जो अखण्ड प्रवाह विद्यमान है और वह अब भी अवध की मुख्य एवं परमगुह्य-साधना के रूप में चल रहा है।[2]

३१.१४ हर-गौरी : लोक-परम्परा

लोक और शास्त्र के सम्बन्धों को लेकर भारतवर्ष में बहुत गहरा मन्थन हुआ है। लोक समुद्र है और शास्त्र मेघ है। समुद्र के खारे जल को अमृत बनाकर वर्षा करना मेघ का कार्य है, फिर भी जल तो समुद्र से ही आता है। राधा-कृष्ण की जोरी हो अथवा हर-गौरी की जोरी हो, अन्ततः उसका स्रोत लोकमानस और लोकजीवन की अविच्छिन्न वाचिक-परम्परा है। हर-गौरी के गीत कब से गाए जा रहे हैं? "शिव पुराण" की संहिताओं में शिव-पार्वती के कथाचक्र का जो विस्तार है, वह लोक-गाथाओं, लोक-कथाओं, लोक-गीतों के पुनः-पुनः सृजन का परिणाम है। शिव-पार्वती की प्रेम की गाथाएं आज भी प्रचलित हैं। एक बार महादेव के प्रेम की परीक्षा करने के लिए पार्वती भील-कन्या बनकर नाचने लगी। महादेव मोहित हो गए, वे भी भील-कन्या के

---

१. रामभक्ति साहित्य में मधुरोपासना पृ० १७०।
२. वही, पृ० १६।

साथ नाचने लगे। प्रणयदान की भिक्षा माँगने लगे। भील-कन्या ने उन्हें खूब नचाया, छकाया। कहा — मुझे अपनी पत्नी बना लो, तो रतिदान करूँ। महादेव ने कहा — ठीक है। भील-कन्या बोली — मैं पार्वती के साथ नहीं रहूँगी। शिव ने कहा — उसे तो मैं पीहर भेज दूँगा।

पार्वती अपने असली रूप में आ गई। बोली — देख लिया तुम्हारे प्यार का ढोंग, अब मैं पीहर ही जाऊँगी। शिव अपनी जटाओं से पार्वती के पाँव पोंछने लगे। मान-मनावन के बाद पार्वती घर आई।

एक अन्य गीत है। पार्वती ईसर से कहती है — मेरी सखी ने तिलक बनवाया है। मेरे लिये भी बनवाओ। महादेव बोले — "सैंया गोरी तमै साँवला तिलक नहिं ओपसीजी।" तुम्हारी सखी तो गोरी है, तुम साँवली हो, तुम्हें तिलक शोभा नहीं देगा। तुम्हें तो मोतियों का हार और झिल-मिल राखड़ी ही शोभा देती है। गौरी रूठकर पिता हिमालय के यहाँ चल दी।

गौरी को ढूँढते हुए शिव चले। राजकुमार से पूछा — कहीं गौरी को देखा है? नहीं। स्वामी ने बुढ़िया से पूछा — तुमने मेरी गौरी को देखा? मैंने नहीं देखा, स्वामी! फूलपत्ती तोड़ती बालिकाओं से पूछा — तुमने कहीं गौरी को देखा?

गौरी किस उनहारे की है?

साँवला रंग है। झिल-मिल राखड़ी पहने है।

हाँ, स्वामी उस मढ़ी में बैठी है।

ईसर मढ़ी में पहुँचे। गौरी ने कहा — "मेरी मढ़ी में मत आओ। मेरी मढ़ी में आओगे तो काले पड़ जाओगे। मैं साँवली, मेरा बाप साँवला और मेरी माँ भी साँवली।"

नहीं गौरा, तुम तो गौरी हो। तुमको लंका से सोना लाऊँगा। श्रीसागर से मोती लाऊँगा और तिलक बनवाऊँगा, सारी सखी तुम्हें तिलक पहनाएंगी।

ये एक दो उदाहरणों की बात नहीं है। हर जनपद में सहस्र-सहस्र गीत हैं। ये सब युगल-गीत हैं। जोरी के गीत हैं। ये ही गीत "कुमारसम्भव" में जाकर उमासुरत-वर्णन-अध्याय बने हैं — "गिरि तनुजा विलास-लीला विविध विभंगिभिरेष तोषितः सन्।" शिव-गौरी की प्रेम-कथा और विहार के संकेत पुराणों में भरे पड़े हैं। ऐसे अनेक प्रसंग हैं, जिनमें हर-गौरी उन्मत्त-केलि कर रहे हैं, शरीर पर वस्त्र नहीं हैं और प्रमदवन में कोई ऋषि या देवता आ गया तथा पार्वती ने उसे शाप दे दिया। ललिता-सहस्रनाम में कामकेलि-तरंगिता, काम-रूपिणी, सामरस्य-परायणा, नित्य-यौवना, रति-रूपा, रतिप्रिया जैसे नाम शिव-गौरी के प्रेम और विहार को ही प्रकट करते हैं। शिव कृष्णलीला में आते हैं तो गोपीश्वर बन जाते हैं तथा गौरी कृष्ण-लीला में आती हैं, तो ललिता-सखी बन जाती हैं। रूपगोस्वामी उज्ज्वलनीलमणि में कहते है — "अयि गौरि ललिते।"

३१.१५ शिव-पार्वती : मिथक : रूपान्तरण

पुराणों में एक कथा आती है। एक बार शिव ध्यान में बैठे थे। पार्वती ने कहा — भगवन्, किस कल्पना में खोए हैं? शिव ने कहा मेरे मन में इच्छा है कि मैं नारी के रूप में विलास करूँ और तुम पुरुष रूप में विलसो। भगवती ललिता गौरी-पार्वती को शिव की यह रसमय अभिलाषा अपने ही मन की अभिलाषा जैसी लगी और उन्हौंनें कृष्ण का रूप धारण किया तथा शिव राधा बने। तन्त्रराज का वाक्य है —

कदाचिदाद्या ललिता पुंरूपा कृष्णविग्रहा।
वंशीनाद समारंभादकरोद् विवशं जगत्।

नारदपाञ्चरात्र में भगवान् शंकर नारद से कहते हैं कि — "अपूर्व राधिकाख्यानं गोपनीयं सुदुर्लभम्।" आगे कहते हैं — "अधुना या हिमगिरेः कन्या नाम्ना च पार्वती।" अर्थात् हिमालय की कन्या के रूप में अवतीर्ण होने वाली पार्वती भी वही है।[१]

३१.१६ निम्बार्क-परम्परा : युगल

राधा-कृष्ण की युगल-उपासना की प्राचीनता पर विचार करें, तो आचार्य निम्बार्क की "दशश्लोकी" पर दृष्टि ठहरती है, जिसमें वे कहते हैं —

अंगे तु वामे वृषभानुजां मुदा विराजमानां मनुरूपसौभगाम्।
सखी सहस्त्रैः परिसेवितां सदा स्मरेम देवीं सकलेष्टकामदाम्।

निम्बार्क के शिष्य औदुम्बराचार्य युगल-तत्त्व का विवेचन करते हैं —

जयति सततमाद्यं राधिकाकृष्णयुग्मं व्रतसुकृतनिदानं यत् सदैतिह्यमूलम्।
विरलसुजनगम्यं सच्चिदानंद-रूपं व्रजवलयविहारं नित्यवृंदावनस्थम्।
कल्लोलकौ वस्तुत एक रूपकौ राधामुकुंदौ समभाव-भावितौ।
यद्वत् सुसंपृक्त निजाकृति-ध्रुवावाराधयामो ब्रजवासिनौ सदा।

राधा-कृष्ण की जोड़ी सच्चिदानन्द-रूप है। नित्यवृन्दावन में नित्य-विहार करती है। दोनों समभाव में स्थित हैं। सरिता की दो लहरों की तरह परस्पर-संयुक्त हैं।

निम्बार्क-परम्परा में श्रीभट्टजी की कृति का नाम "युगलशतक" है, उनके शिष्य हरिव्यास-देवाचार्य के ग्रन्थ का नाम "महावाणी" है। दोनों में ही युगलरूप के चित्र हैं। हरिव्यास की रचना है —

सहज सुखरंग की रुचिर जोरी।
अतिहि अद्भुत कहूँ नाहिं देखी सुनी, सकल गुनकला कौसल किसोरी।
श्री हरिप्रिया दरस-हित दोय तन दरसवत, एकतन एक-मन एक दो री।

३१.१७ अष्टछाप : युगलः ब्रजरस

कुम्भनदास ने राधा-कृष्ण की जोरी का वर्णन करते हुए कहा है कि करोड़ों कामदेव तथा रति की सुन्दरता चुराकर यह जोड़ी निर्मित हुई है —

बनी राधा गिरिधर की जोरी।
मनहुँ परस्पर कोटि मदन रति की सुंदरता चोरी।
नौतन स्याम नंदनंदन वृषभानुसुता नव गोरी।
मनहुँ परस्पर वदन-चंद कों पिबत चकोर-चकोरी।
कुंभनदास प्रभु रसिक लाल बहुविधि वर रसिक निहोरी।
मनहुँ परस्पर बढ्यौ रंग अति, उपजी प्रीत न थोरी।

---

१. भारतीय वाङ्मय में श्रीराधा, पृ० ७०।

परमानन्ददास का पद है —

आज बनी दंपति वर जोरी।
साँवर गौर बरन रूप निधि, नंदकिसोर वृषभान-किसोरी।
एक सीस पचरंग चूनरी एक सीस अदभुत पट खोरी।
मृगमद तिलक एक के माथे, एक माथे सोहै मृदु रोरी।
अतिसै रंग बढ्यौ परमानँद, प्रीति परस्पर नाहिन थोरी।

३१.१८ हित-प्रभु : युगल

महाप्रभु हितहरिवंश ने ''हितचौरासी'' में पद लिखा है —

इंद्रनीलमणि श्याम मनोहर, सात कुंभ तन गौरी। बनी श्री राधा-मोहन की जोरी।

अथवा

अति अनुपम अनुराग परस्पर, सुन अभूत भूतल पर जोरी।

इसी परम्परा के ध्रुवदासजी का पद है —

प्रीतम किशोरी गोरी रसिक रँगीली जोरी
प्रेम ही के रंग बोरी शोभा कही जात है।
एक प्राण एक वैस एक ही सुभाव चाव
एक बात दुहुन के मनहिं सुहात है।
एक कुंज एक सेज एक पट ओढ़े बैठे
एक-एक बीरी दोऊ खंड-खंड खात हैं।
एक रस, एक प्राण एक दृष्टि हित-ध्रुव,
हेरि हेरि बढ़ै चोंप क्यों हू न अघात है।

वैसे महाप्रभु हितहरिवंश भी युगल-उपासक हैं तथा ''केलिमाल'' की जोरी और राधावल्लभ की जोरी में बहुत सी समानता हैं। दोनों में नित्यकिशोर-अवस्था है। महामधुर-रस में निमग्न हैं। वृन्दावन-धाम की नित्य-निकुञ्ज में केलि-क्रीडा है। अन्तर है तो यह कि ''केलिमाल'' की राधा वृषभानुनन्दिनी नहीं हैं और कृष्ण नन्दनन्दन नहीं हैं। ''केलिमाल'' की लीला नित्य-विहार है, जबकि महाप्रभु-हितहरिवंश ने प्रकट-लीला को भी स्वीकार किया है। ''नन्द के लाल हर्‌यौ मन मोर''(पद सं. १३), ''तू वृषभान गोप की बेटी'' (पद १८), ''आज गोपाल रास रस खेलत'' (२४), ''ब्रजयुवतिन की भीर री सजनी'' (वही), अति नागर वृषभान किसोरी''(४३), ''आवत श्रीवृषभानदुलारी''(४५), ''बनी वृषभान-नंदिनी आज''(४८), ''दोऊ खोरि खिरक गिरि गहबर बिहरत''(४९)। स्फुटवाणी में महाप्रभुजी का पद है — ''आनंद आज नंद के द्वार। आज तू ग्वाल गोपाल सों खेलि री।''

मूल वस्तु परिवेश से अविच्छिन्न होती है। यदि परिवेश भिन्न है तो मूल वस्तु में भी भिन्नता होगी ही। महाप्रभु हितहरिवंश ने ब्रज के परिवेश को स्वीकार किया है। कृष्ण ग्वाल-गोपाल हैं। ''केलिमाल'' के कृष्ण गोपाल नहीं है। गोपालन पेशा है, गोप जाति है। यह परिवेश देश-काल सापेक्ष है, जबकि ''केलिमाल'' का परिवेश देश-काल से परे है, नित्य है।

३१.१९ विद्यापति और जयदेव : युगल

वृन्दावन के रसिक भक्त कहते हैं — "को सरि करै हमारी राधा।" रसनिकुञ्ज की राधा और ब्रज की राधा के बीच भाव की झीनी को देखिए, जयदेव ने चित्र अंकित किया है —

त्यजति न पाणितलेन कपोलम्, बालशशिनमिव सायमलोलम्।

जैसे सन्ध्या अचञ्चल बाल-चन्द्रमा को नहीं छोड़ती, वैसे राधा अपने पाणितल से कपोल को नहीं छोड़ती। राधा कोमल लाल हथेली पर कपोल को रखकर सोच में डूबी हैं। राधा की यह उदासी रसदेश में नहीं है।

जयदेव का पद है —

नायातः सखि निर्दयो यदि शठस्त्वं दूति किं दूयसे।
स्वच्छंदं बहुवल्लभः स रमते किन्तत्र ते दूषणम्।

यहाँ कृष्ण बहुवल्लभ हैं, अनेक नारियों से आकर्षित होते हैं और अनेक नारियों को आकर्षित करते हैं, स्वच्छन्द हैं, वचन देकर भी नहीं आए। यह भाव नित्य-विहार में दूर-दूर तक नहीं है, वहाँ तो वह श्यामाजू के पिञ्जरे का पंछी है। जयदेव की राधा कृष्ण-प्राप्ति के लिए व्रत के विचार से फूलों की सेज रचती है —

कुसुमविशिखशरतल्पमनल्पविलास-कलाकमनीयम्।
व्रतमिव तव परिरंभसुखाय करोति कुसुम-शयनीयम्।

रसदेश में राधा के लिए प्रियतम फूलों की सेज तैयार करते हैं — "अति ही विचित्र फूलपत्रन की सिज्या रची" (के० ४६) "गीतगोविन्द" का छन्द है —

सापि त्वद्विरहेण हन्त हरिणी रूपायते हा कथं
कन्दर्पोऽपि यमायते विरचय शार्दूलविक्रीडितम्। (४.१०)

बेचारी राधा कृष्ण के विरह में हरिणी के समान है। ऐसी स्थिति में सिंह के समान क्रीडा करता हुआ कामदेव यमराज का आचरण कर रहा है। रसदेश की राधा के स्वरूप को देखें तो वहाँ करोड़ों कामदेव वशवर्ती हैं — "जिहिं आलस काम बस कीन।" वे कामेश्वरी राधा हैं।

विद्यापति की राधा कहती हैं —

झटक झाटल छाड़ल ठाम, कएल महातरु तर बिसराम।
ते जानल जिव रहत हमार संस डाल टुटि पलल कपार।
चल चल माधव कि कहब जानि। सागर अछल थाह मेल पानि।

मैंने एक बड़े पेड़ के नीचे विश्राम लिया, मैं समझती थी कि इससे मेरे प्राण बच जाएंगे, परन्तु डाल टूटकर मेरे कपाल पर गिर पड़ी। माधव, अब तुम मेरे सामने से चले जाओ। मैं समझती थी कि कृष्ण का प्रेम मेरे लिए अथाह समुद्र है, आज मुझे मालूम हो गया कि वह छिछला तालाब है।

एक अन्य पद में विद्यापति कहते हैं —

कंचन ताहि अधिक कए कहलह का चहु तह मेल घाटी।
नगर सगर भमि जोहल, नागर भेटल निछछ गमारे।

हे दूती, जिसे तुमने सोने से भी अधिक बताया था, वह तो काँच से भी घटकर निकला। सारे शहर में घूम-

घूमकर मैंने नागर को खोजा था, परंतु वह तो निपट गँवार ही निकला।

रसदेश के प्रेम में और ब्रजदेश के प्रेम में कितना अन्तराल है? रसदेश में विरह की कल्पना भी नहीं है, बहुवल्लभता और लम्पटता की हवा भी नहीं है। स्वकीया-परकीया का प्रश्न वहाँ निरर्थक है। रोने-धोने और उदासी का वहाँ कोई मतलब नहीं। रसदेश में चिन्ता कैसी? भय कैसा? कैसी लज्जा?

३१.२० चण्डीदास

चण्डीदास की राधा कहती है कि अमृत का समुद्र देखकर अपनी इच्छा से आई थी, मुझे क्या पता था कि इसका रसपान विष का काम करेगा —

सुधार समुद्र समुके देखिया आइनु आपन सुखे।
के जाने खाइले गरल हइबे पईबे एतेक दुखे।

चण्डीदास ने एक पद में कहा है कि — भला यह कहाँ का न्याय है कि सोने की प्रतिमा राधा तो धूल में पड़ी है और कुब्जा पलंग पर आनन्दमग्न है —

चंडीदास भने मनेर वेदने, कहिते परान फाटे तोमार।
सोनार प्रतिमा धूलाय गड़ागडि कुबजा वसिल खाटे।

रसदेश में कुब्जा का तो मतलब ही नहीं, प्रेम की ध्वजा गोपियाँ भी वहाँ नहीं हैं। ब्रजदेश में सोलह हज़ार गोपियाँ हैं और राधा सोलह हज़ार गोपियों की पीड़ा है।

३१.२१ विद्यापति और स्वामी हरिदास : युगल

विद्यापति की जोड़ी को देखें तो रसनिकुञ्ज-जोरी का स्वरूप और उसका अन्तर स्पष्ट हो जाएगा —

विद्यापति	**स्वामी हरिदास का रसदेश**
बहुवल्लभता भनइ विद्यापति हरि बहुवल्लभ कएल बहुत अपमाने[1]	रसदेश में बहुवल्लभता नहीं है। बहुवल्लभता में शुद्ध प्रेम की स्थिति नहीं मानी गई है।
रसलम्पटता एक कुसुम मधुकर न रम एके सह न रह नाह[2]	इक नायक बहुनायिका सबै कामिनी काम। भाव काम ताकों कहत, ब्रजवधू पोषत स्याम।
भौंरा एक ही फूल में रमण नहीं करता, एक स्त्री के साथ नहीं रहता।	यहाँ मालती-भ्रमर की प्रीति का उपमान है — "बारौंगी मालती भाँवरौ।" मालती का भौंरा अन्य पुष्प पर नहीं जाता।

१. विद्यापति-पदावली (बि०रा०प०), द्वितीय भाग, पृ० ३५९।
२. वही, पृ० ७९।

विद्यापति	स्वामी हरिदास का रसदेश
पुरुष भमर सम कुसुमे-कुसुमे रम पेअसि करए कि पारे[1]	यहाँ तो बिहारी पिंजरे के पंछी हैं —
पुरुष और भौंरे फूल-फूल में भ्रमण करते हैं, प्रेयसी क्या करे?	दीठ चेंप बर फंदा मन पिंजरा लै राख्यौ पंछी बिहारी
तोहरा प्रेम लागि धनि खिनि भेलि तोहे बडे बोल छड़ कान्ह[2] तुम बडे विश्वासघाती हो।	इस प्रकार के भाव की कल्पना भी रसदेश में नहीं की जा सकती, यहाँ तो बिहारीजू श्री श्यामाजू के उपासक हैं।
चञ्चल प्रीति	प्रीति स्थिर स्वरूप हैं
रूप लोभ मेल नेह दूर गेल से थिर छाड़ल भाव[3]	
रूप के लोभ में पहले के स्थिर भाव को छोड़ दिया।	
परनारी	
तोहे परपुरुष हमहुँ परनारि[4]	यहाँ परपुरुष और परनारी नहीं है। दुलहिनी-दूलह शब्द बार-बार आया है। कोउ सुकिया कोउ परकिया कलप किये मतवाद। जोरी भगवत रसिक की नित्य अनंत अनादि।
जाति : गोप-ग्वाल	यहाँ जाति जैसी कोई कल्पना नहीं।
जाति गुआलिनि हम मति-हीन[5]	नित्य किशोर हैं। विहार आनन्दमय है।

१. विद्यापति-पदावली, द्वितीय भाग, पृ० १०४।
२. वही, पृ० ०५।
३. वही।
४. वही, पृ० १८२।
५. वही, पृ० १६५।

विद्यापति	स्वामी हरिदास का रसदेश
विषम रति	**समरति, समरस**
ओ अति कोमल तञे अति चोष[१] कमल कोष तन कोमल हमारे तखन क वेदन कहहि न जाइ।[२]	दोनों ही परम सुकुमार हैं।
माधव बूझल तोहर नेह निठुर प्रेम पराभव पाओल[३]	
हे माधव, मैंने तुम्हारा प्रेम समझ लिया। निष्ठुर के साथ प्रेम करने से पराभव पाया।	
रति रस जान न कान्ह गमार[४] खोटे बनिये के हाथ मानिक लग गया	रतिरस–मर्मज्ञ है। नवरस नित्यविहार में नागर जानत नित्त। भगवतरसिक अनन्यवर सेवें मन बुधि–चित्त। श्रीकृष्ण परम रसिक–शिरोमणि और नागर हैं।
विरह	
न जानल कति खन तेज गेलरे बिछुरल चकेवा जोर[५]	
चक्रवाक जोड़ी बिछुड गई।	नित्य संयोग बिछुरत नाँहिन और बरन कों। बिछुरन मिलन जहां रहै, सुद्ध प्रेम तहँ नाँहि।
विषम वयस	**समवयस : नित्य किशोर**
मञे नवीना पिया सयाना[६] है।	सहज जोरी है। साथ–साथ प्रकट हुई। समवैस और वैस या रस में बाधा।
मैं नवीना हूँ प्रिया सयाना है ।	

१. विद्यापति–पदावली द्वितीय भाग, पृ० २४। २. वही, पृ० ३२। ३. वही, पृ० ०७। ४. वही, पृ० ०६।
५. वही, पृ० १६०। ६. वही, पृ० २८१।

३१.२२ गीतगोविन्द और केलिमाल : युगल

जयदेव के ''गीतगोविन्द'' और ''केलिमाल'' के युगलस्वरूप पर एक दृष्टि डालें —

गीतगोविन्द	**केलिमाल**
कृष्ण यहाँ विष्णु के अवतार हैं। दशावतार — धृतकच्छपरूप, शूकररूप, नरहरिरूप, वामनरूप, मृगपतिरूप, रामशरीर, हलधररूप, बुद्ध शरीर, कल्कि शरीर के स्मरण के साथ सर्गों के नाम भी विष्णुपरक हैं — लक्ष्मीपति, नारायण, मधुसूदन, बैकुण्ठ।	रसदेश में नित्य-वृन्दावन है। राजधानी है। बैकुंठ-महा बैकुंठ लों सब ही थाने जान। कुञ्ज बिहारी — सब अवतारिन के अवतारी हैं। अवतारी के भी अवतारी हैं।
मधु, मुर, नरक विनाशन, जगदीश, गरुडासन, माधव, मुकुन्द, केशव, मुरारि जैसे नाम हैं — नाग नायक फणाश्रेणीमणीनांगणे प्रलय पयोधि चले धृतवानसि वेदं	उस रस के लिए ''लक्ष्मीपति ललचाँहि।'' राधा के सौन्दर्य-माधुर्य के सामने लक्ष्मी पर्यंकीकृत लज्जित हैं।
लक्ष्मी हैं — श्रित कमला कुचमंडल ! धृत, कुंडल[1] ! सीता हैं — जनक सुता कृत भूषण[2]	कुञ्जबिहारी निर्गुण-सगुण दोनों से परे हैं।
अवतार-लीला है कृष्णवासुदेव और देवकीनन्दन हैं[3] श्री वासुदेव केलि कथा समेतं[4] ''यदुकुल नलिन दिनेश'' हैं[5] अवतार देश-काल में होता है।	**नित्य-लीला है।** अवतार का आविर्भाव तथा तिरोभाव होता है। नित्य-लीला सदा प्रकाशित है। यहाँ जन्म नहीं है। श्यामा-श्याम अजन्मा हैं। नित्य-विहार देश-कालातीत है।

---

१. गीतगोविन्द, पृ० ३६।
२. वही।
३. वही, पृ० २०५।
४. वही, पृ० ०८।
५. वही, पृ० ४१।

गीतगोविन्द	केलिमाल
ब्रज-लीला है। नन्दबाबा भी हैं और गोपियाँ भी हैं — इत्थं नंदनिदेशतश्चलितयो[१] गोपवधूरनुगायति[२] कालियविषधर गंजन[३] ये कृष्ण नन्दनन्दन यशोदानन्दन नहीं हैं।	**निकुञ्ज लीला है।** रसदेश में गोप, गोपी, गोकुल और गोवर्धन नहीं है। नागनाथन, गोवर्धन-धारण, पूतनावध, कंस-ध्वंस आदि लीलाओं का भी समावेश नहीं है। राधा वृषभानु-नन्दिनी नहीं है। रसदेश में भागवत वाला रास भी नहीं है। केवल निभृत-निकुंज लीला है।
वृष्टिव्याकुलगोकुलावनरसादुद्धृत्यगोवर्धनं विभ्रद्बल्लववल्लभिरधिकानंदाच्चिरंचुंबित: दर्पेणैवतदर्पिताधरतटी सिंदूरमुद्रांकितो बाहुर्गोपतनोस्तनोतु भवतां श्रेयांसि कंसद्विष:।[४] प्रथयाति पूतानि कैतववधू वध निर्दय बालचरित्रम्[५]	
ऐश्वर्य है त्रिभुवन भवन निधान[६] जय जगदीश हरे।	**माधुर्य सार सर्वस्व है** ऐश्वर्य रस में बाधक है। जो ठाकुर कहि बोलियै तौ सकुच तनिक है जाय। वैभव सब ऐश्वर्यता ठाड़ी सेवत दूर। परसन पावत कबहुँ नहिं वृंदावन की धूर। जैसे सूर्य के प्रकाश में चन्दा-सितारे दिखाई नहीं देते उसी प्रकार माधुर्य के प्रकाश में ऐश्वर्य लुप्त है।
दूती है : स्वसुख सुखित्व है बहुवल्लभता है — अनेकनारीपरिरंभसंभ्रम:[७] श्लिष्यति कामपि चुंबति कामपि कामपि रमयति रामाम्[८]	**सखी है** **तत्सुख भाव है।** रसदेश में दूती नहीं है। गोपी भी नहीं है। सखी तत्सुख भाव-भावित हैं। निज सुख की गन्ध भी नहीं है।
नायात: सखि निर्दयो यदि शठस्त्वं दूति किंदूयसे स्वच्छदं बहुवल्लभ: स रमते किं तत्र ते दूषणम्।[९]	

१. गीतगोविन्द, पृ० ७१। २. वही, पृ० ७४। ३. वही, पृ० ४१। ४. वही, पृ० १७८। ५. वही, पृ० २८३। ६. वही, पृ० ३७। ७. वही, पृ० ७३। ८. वही, पृ. ७५। ९. वही, पृ० २५५।

गीतगोविन्द	केलिमाल
	अनन्यता है
राधा अंसख्य परकीया-नायिकाओं में प्रमुख नायिका है।	राधा निरतिशय-सौन्दर्य की राशि हैं। जहाँ सातिशय-सौन्दर्य होता है, वहाँ एक से बढ़कर दूसरी सुन्दरता होने के कारण मन भ्रमर की तरह एक फूल से दूसरे फूल पर जाता है, परन्तु निरतिशय-सौन्दर्य में दूसरे सौन्दर्य का प्रश्न ही नहीं उठता।
वय विषम है	**नित्यकिशोर**
गीतगोविन्द का प्रारम्भ ही नन्द के उस निर्देश से होता है कि बाल-गोपाल अँधेरे से डर रहा है, तुम इसे साथ ले जाओ और घर पहुँचा देना — भीरुरयं त्वमेव तदिमं राधे, गृहं प्रापय।	सहज जोरी होने के कारण यहाँ समवय है। श्यामा-श्याम नित्यकिशोर हैं। एकमात्र किशोरावस्था है। बाल-अवस्था का प्रश्न ही नहीं।
विरह है किं करिष्यति किं वदिष्यति सा चिरं विरहेण[1] सा विरहे तव दीना (चतुर्थ सर्ग)	नित्य-विहार में एक क्षण का भी वियोग नहीं होता। तहाँ नहीं कछु तम न गम विरह भ्रम मान लवलेस प्रवेस न प्रसंगी। प्रतिक्षण नव नवोल्लास है। विलाप और विषाद वृन्दावन में नहीं आते। काम यहाँ दासवत् है। किंकर है। रसदेश में ईर्ष्या, कलह आदि का प्रवेश नहीं है।
विलपति हसति विषीदति रोदिति चंचति मुंचति तापम्।[2] कन्दर्प यहाँ यम बन गया है — कंदर्पोऽपि यमायते।[3] राधा में कलह और ईर्ष्या का भाव भी है विगलित निजोत्कर्षादीर्ष्यावशेन[4] तामथमन्मथ खिन्नां रतिरस भिन्नां विषाद-संपन्नाम्। अनुचिंतित हरिचरितां कलहांतरितामुवाच रहसि सखी।[5]	

१. गीतगोविन्द, पृ० १३०। २. वही, पृ० १५९। ३. वही, पृ० १६१। ४. वही, पृ०, ३६, ९१। ५. वही, पृ० २९०।

३१.२३ रसदेश : युगल

अष्टाचार्यों ने रसदेश की जोरी को बारम्बार विचित्र कहा है — ''नवनिकुंज नवरंगमहल अति विचित्र बनी यह जोरी''(नागरीदेवजू), ''दिन दूलह दुलहिन लाड़ली अति विचित्र बनी यह जोरी हो'' (नित्यविहारिणीरस-सागर पृ० ५८६), ''सखी नवकुंज सुखपुंज में अति राजत अद्‌भुत जोरी हो'' (वही, पृ० ५८७), ''जोरी विचित्र विराजत रंगन अंगनि में नव-नव छवि छाइ''(वही, श्री सरसदेवजू, पृ. ६१७), ''रूप रासि सुखरासि किसोरी। महा प्रेमभरि रसिक-सिरोमनि जैसीयै तैसी मिली जोरी।'' (वही, ललितकिशोरी, पृ० ८४६), ''ललित रंगतन मन मिलि विहरत जैसीयै तैसी मिली भली जोरी'' (वही, पृ० ८५३)। यह जोरी इसलिए विचित्र है कि कुञ्जबिहारी श्यामा-श्याम अजन्मा हैं, निर्गुण-सगुण से परे हैं, अवतारी के भी अवतारी हैं, नित्य हैं, निरवधि नित्य-विहार-मग्न हैं, विरह नहीं है, ऐश्वर्य या प्रभुत्व नहीं है। जाति या कुल नहीं है, नर-लीला नहीं है। नैमित्तिकता नहीं हैं, बहुनायकता नहीं है। श्यामा-श्याम समवयस हैं, नित्यकिशोर हैं। यहाँ बाल्यादि अन्य अवस्था नहीं है। यहाँ विषम-रति नहीं है, रसरति है। ये ग्राम्य नहीं हैं, नागर हैं। यहाँ गोप, गोपी, गाय, ब्रज और ब्रजलीला नहीं है। ब्रजरस नहीं है, निकुञ्ज-रस है। राधा तत्सुख-भाव की चरमबिन्दु हैं, इसलिए प्रधान हैं। श्याम राधा के रसवश हैं। राधा परकीया नहीं है। यह रस राग-विराग की सन्धि में है।

संक्षेप में राधा-कृष्ण युगल-रूप के विस्तार की चर्चा की गई है, परन्तु रसदेश की जोरी की विचित्रता के सामने, उसकी कसौटी पर एक भी रूप नहीं ठहरता। किसी सम्प्रदाय की लघुता-गुरुता या पूर्वापरता हमारा विषय नहीं है क्योंकि सभी परम्पराएं कहीं-न-कहीं एक हैं, अभिन्न और अखण्ड हैं, परस्पर-पूरक हैं, परस्पर-सापेक्ष हैं। परस्परता के बिना वह परिवेश बन ही नहीं सकता, जिस परिवेश में इस सौन्दर्यबोध और रसशास्त्र का उद्‌भव हुआ।

सभी मनुष्य मनुष्य हैं, यह सामान्य तत्त्व है, परन्तु कोई भी दो मनुष्य एक जैसे नहीं हैं, यह विचित्रता है। विशेषता है।

यही विशेषता है, जो स्वामी हरिदास को समूचे भक्ति-आन्दोलन में विशिष्ट बना देती है। इसका तात्पर्य यह नहीं है कि चैतन्य विशिष्ट नहीं है या वल्लभ विशिष्ट नहीं है अथवा हितहरिवंश-प्रभु विशिष्ट नहीं हैं। सभी का अपना आभामण्डल है और आभा अथवा प्रकाश, प्रकाश ही तो है। फिर भी हम प्रकाश की पहचान करते हैं — यह ट्यूब जल रही है, यह मर्करी है, यह बल्ब है अथवा यह सूर्य है, यह चन्द्र है अथवा ध्रुव-नक्षत्र है अथवा हीरा, पुखराज आदि है। अपनी-अपनी जगह सभी परम्पराओं की महानता है, लेकिन उस तत्त्व की पहचान तो तभी होगी, जब हम बहुतों में से एक की विशिष्टताओं का अध्ययन करेंगे।

गौरी के साथ मातृत्व-भाव जुड़ा है। उसके साथ सखी का नहीं, सन्तान का नाता है। इसलिए हर-गौरी की केलि-कथा की सुदीर्घ-परम्परा अन्ततः श्यामा-श्याम की केलि-कथा में अन्तर्भुक्त हुई। गौरी यहाँ आई, परन्तु ललिता-सखी बनकर आई।

३१.२४ परकीया रस : गौड़ीय-परम्परा तथा लोक-परम्परा में

सूर-काव्य में परकीया-रस है। परकीया-भाव के अनेकानेक पद हैं। गौड़ीय-सम्प्रदाय में परकीया-भाव की बड़ी महिमा है। श्रीरूपगोस्वामी-पाद ने ''उज्ज्वलनीमणि'' में एक उदाहरण दिया है। कृष्ण राधा के द्वार पर आए और कोयल जैसी ध्वनि की, द्वार खोलने का संकेत किया। राधा उठी, चूड़ियाँ बजीं। वृद्धा सास जगी थी, उसने कहा — कौन है री यहाँ? राधा के आँगन के कोने में बेरिया में दुबके हुए कृष्ण की रात काँटों में ही बीत गई —

संकेती-कृत कोकिलादि निनदं कंसद्विषः कुर्वतो,
द्वारोन्मोचन लोल शंख-वलय क्काणं मुहुः शृण्वतः।
केयं केयमिति प्रगल्भ जरती - वाक्येन दूनात्मनो
राधा प्रांगण कोण कोलि विटपि-क्रोडे गता शर्वरी।[1]

एक दूसरे उदाहरण में नन्दनन्दन एक गोपी के घर गए और गोबर के उपलों के ढेर में छिपकर बैठ गए —

काकुं करोषि गृह कोण करीष पुंज
गूढांग किं ननु वृथा कितव प्रयाहि।[2]

परकीया-भाव के बड़े हृदयग्राही लोकगीत हैं —

मोहि पनघट पै नंद लाल छेड़ गयौ री

अथवा

मेरी चुनरी में लग गयौ दाग री ऐसौ चटक रँग डारौ।

अथवा

छाँड़ौ लँगर मौरी बैयाँ गहौ ना।
हौं तौ नार पराये घर की।
मेरे भरोसें गुपाल रहौ ना।
वृंदावन की कुंज गलिन में
रीत छाँड़ अनरीत करौ ना।

रसखान के कैसे-कैसे मीठे सवैया हैं —

एरी आज काल्हि सब लोक लाज त्यागि दोऊ
सीखे हैं सबै विधि सनेह सरसायबौ।
यह रसखान दिना द्वै में बात फैलि जै है,
कहाँ लों-सयानी चंदा हाथन छिपाइबौ।
आज ही-निहार्‌यौ वीर निपट कलिंदी-तीर
दोउन कौ दोउन सों मुरि मुसकायबौ।
दोऊ परैं पैंयाँ दोऊ लेत है बलैयाँ
उन्हें भूल गई गैयाँ इन्हें गागर उठाइबौ।

रसखान के सवैया में जो परकीया-भाव है, वह रसदेश में नहीं हैं, क्योंकि वह जोरी सहज है। वहाँ निसर्ग-सिद्ध युगल है, जैसे जल और लहर या मेघ तथा दामिनी। मेघ-दामिनी में परकीया क्या हो सकती है?

इसके अतिरिक्त गागर उठाना, गाय चराना, बदनामी फैलने जैसी बात अथवा कृष्ण का बेर के काँटों और उपलों में डरकर बैठे रहना — यह सब रसदेश में नहीं है। रसदेश में वृषभानुनन्दिनी या नन्दनन्दन जैसे ब्रजलीला-परक नाम भी नहीं है। इसीलिए रसदेश की जोरी विचित्र है।

---

१. श्रीमद्उज्ज्वलनीलमणि, पृ० १०।
२. वही, पृ० १३४।

३१.२५ बहुनायक

अधिकांश युगल-साहित्य में कृष्ण बहुनायक हैं। स्वयं भागवत में महारास-क्रीडा है। सूरसागर में कृष्ण अनेक नायिकाओं से घिर जाते हैं, गीतगोविन्द के कृष्ण बहुनायक हैं। ब्रह्मवैवर्तपुराण में प्रसंग है कि श्री लाल के प्रेम-विलास सुख में राधा अचेत हो गई, तो कृष्ण उसी स्थिति में राधा को छोड़कर श्रीविरजा के महल में आकर विलास करने लगे। राधा जब सचेत हुई तो विरजा के महल में जा पहुँची। कृष्ण अन्तर्धान हो गए और विरजा को राधा ने नदी हो जाने का शाप दे दिया। श्रीदामा ने राधा को कृष्ण-वियोग सहन करने का शाप दे दिया। स्वामीजी के "रसदेश" में ऐसे कठोर भावों का प्रवेश सम्भव नहीं है। वहाँ का ठाकुर फूल की सुगन्धि के भाव से भी अधिक सुकुमार है। रसिक-भक्त कहते हैं कि जहाँ चकोर एक हो और चन्दा बहुत हों, तो चकोर कौन-कौन से चन्द्रमा को देखेगा? रसदेश की जोरी की विचित्रता है कि वहाँ श्यामा-श्याम परस्पर चन्द-चकोर हैं।

३१.२६ विरह

अधिकांश राधा-कृष्ण लीला-साहित्य में विरह-वियोग का बड़ा विस्तृत वर्णन किया गया है। स्वयं भागवत में विरह-वर्णन है। सूर का "भ्रमरगीत" बड़ा उदात्त-काव्य है। स्वामीजी के "रसदेश" में विरह का कोई स्थान नहीं है।

"यह जोरी बिछुरत नाँहिन।" सामान्य-जोड़ी मिलती भी है और बिछुड़ती भी है। "सूरसागर" में राधा मिली, कृष्ण ने पूछा — तुम कौन हो? "बूझत स्याम कौन तू गोरी।", "कहाँ रहत काकी है बेटी देखी नाँहि कबौं ब्रज खोरी।" इसके साथ ही एक स्थिति ऐसी आती है — "बिनु गुपाल बैरिन भई कुंजें" अथवा "अति मलीन वृषभान-कुमारी।"

३१.२७ निर्गुण-सगुण से परे

रसिक-भक्त कहते हैं कि विचित्र-जोड़ी न निर्गुण है और न सगुण है —

निरगुन सर्गुन बारि हैं, खेत विपिन निज धाम।
गौर स्याम दोऊ फल जहाँ महा रूप अभिराम।

अथवा

निर्गुन सर्गुन वेद कह्यौ विस्तारि रे
हरि इन दोउन ते परे लह्यौ निरधारि रे।

अथवा

निर्गुन सरगुन डबा हैं, रतन बिहारी लाल।

"निर्गुन-सगुन" वृन्दावन-रूपी रस-खेत की बाड़ हैं। वहाँ कल्पवृक्ष है, जिसके फल गौर-स्याम की जोड़ी हैं। अथवा ऐसा कहें कि निर्गुन-सगुन डिब्बा हैं और जोरी डिब्बा का रतन है।

जोरी यदि सगुण होती तो उसकी जन्मादि लीलाएं भी गाई जातीं, जैसी सगुण-भक्तिधारा के काव्य में हैं। तुलसी ने राम के जन्मादि की लीला गाई, सूर ने कृष्ण के जन्मादि की लीला गाई। परन्तु "रसदेश" में जन्मादि नहीं है। निमित्त नहीं है। नित्य है। वह निर्गुण भी नहीं है, क्योंकि वह नेति-नेति नहीं है, वह रस स्वरूप है। वह युगल के रूप में व्यक्त है, इसलिए अव्यक्त नहीं है। वह अलक्ष्य नहीं है, सखी उसका लाड़ लड़ाती हैं, उसको नित्य-निरन्तर निहारती हैं। यह जोरी इसीलिए विचित्र है कि सगुण-निर्गुण की सन्धि में है।

३१.२८ जैसें निस दिन में बसै

जैसें निस दिन में बसै, ऐसें दिन निस माँहि।
श्री बिहारी-बिहारिनदासि यों गाँस घाम बसि छाँहि[१]।

इसकी टीका लिखते हुए महन्त श्रीराधाप्रसादजू कहते हैं —

> जैसें निस, रात, सो दिन में बसत है, यह बात अज्ञानी की समझ में नहीं आवै। देखौ घाम के बस छाँह है, क्योंकि जासमैं धूप अथवा धूप स्थानी चाँदनी व दीपादिकन कौ प्रकास न होय, ता समैं निरे अँधेरे में कोइ वस्तु की छाया नहीं दीखै है, यातें छाया कौ धूप अधीन हैबौ निस्चै है। याही भाँत रात्रिकौ हैबौ दिन के अधीन है और दिन कौ हैबौ रात्रि के बस है। दिन में सों रात्रि प्रकट है आवै है तथा दिन रात के अन्तर्भूत है — रात ही में सों दिन निकरि आवत है। ऐसें ही बिहारीजी में बिहारिन और बिहारिन में श्री बिहारीजी हैं।[१]

३१.२९ नातौ नाँहि निमित्तसों

"रसदेश" की जोरी इसलिए विचित्र है कि नित्यकिशोर की प्रकृति और उनका विहार विलक्षण है, नित्य-किशोर अजन्मा है, उनका अवसान भी नहीं है, जबकि अंशावतार, कलावतार, पूर्णावतार की लीला में जन्म और मरण है तथा बाल, कुमार, पौगंड, युवा, प्रौढ़ आदि अवस्थाएं भी हैं। लौकिक आचरण-व्यवहार है। नित्य-विहार की जोरी अजन्मी है, इसलिए वंश इत्यादि का प्रश्न नहीं। न यहाँ कृष्ण यादव अथवा गोप हैं और न यहाँ राधा गोपी, अहीर, गूजरी, दधि बेचने वाली है। द्वापर में कृष्ण-अवतार हुआ, इसलिए वह देशकाल के अन्तर्गत है परन्तु वृन्दावन के बिहारी-बिहारिन की जोरी एकरस और अखण्ड है, नित्य है, निरन्तर है। देशकाल के परे है। यहाँ न देवकी और यशोदा है, न वसुदेव और नन्द अथवा न वृषभान और कीरति। अवतार का निमित्त होता है। विहार का निमित्त नहीं है, वह तो नैसर्गिक, सहज और निरवधि है, निरन्तर है। इसलिए जिन-जिन भक्तों, कवियों और आचार्यों ने निमित्त-जोरी की महिमा को गाया है, उन सभी से नित्य-जोरी विचित्र और विलक्षण है।

बिहारिनदेवजू की वाणी है — "मेरे नित्य किशोर अजन्मा, बिहरत एक प्रान द्वै तन मा।" एक प्राण दो शरीर का अभिप्राय ही यह है कि यहाँ देह पाँच-भौतिक नहीं है। पाँच-भौतिक देह के प्राण देह में है, दो देह हैं तो प्राण भी दो हैं। किन्तु यहाँ दिव्यदेह है, चिन्मय वपु है — "इनके मल-मैथुन कछ नाँही दिव्य देह बिहरत वन माँही।" इनका शरीर आनन्द का विग्रह है। ललितकिशोरीदेव कहते हैं —

मनोरथ रूपी प्रियालाल हैं, मनोरथरूपी कुंज। (नि.वि. रससागर, पृ. ६५९)

नित्यविहारिणी-नित्यविहारी भाव-देह में हैं, रसदेह में हैं, आनन्द-देह में हैं। "रसदेश" की जोरी की विचित्रता है कि यहाँ निमित्त-लीलाओं से कोई नाता है ही नहीं —

नित्य उपासक नित नये नित्य किशोर उपास।
नातौ नाँहि निमित्त सों, नित्य बिहारिन पास।

अनेक उपासकों की जोरी में नित्य-निमित्त की सन्धि है। वहाँ शुष्क ज्ञान और ऐश्वर्य का भी मिश्रण है। वहाँ मान और विरह आदि की भी स्थिति है। जबकि नित्य-जोरी सर्वदा एक-रस, अटल, अखण्ड, तथा परिपूर्ण है। मायिक-वस्तु सदा एक सी नहीं रह सकती। "रसदेश" की जोरी सदा एक-रस है।

---

१. रसोपासनातिलक, पृ० ३१३।

३१.३० ऐश्वर्य की स्थिति

विचित्रता की ही बात है कि "सब कालन कौ काल, लोक पालन कों पालै आपुन सदा स्वतंत्र नियंता बुद्धि बिसालै।" जो काल का भी काल है, जो लोकपालों का भी पालनकर्ता है, वह रस में इतना तन्मय है कि उसे ऐश्वर्य की बातें किरकिरी लगती हैं।

भागवत की अवतार-लीला में ऐश्वर्य और माधुर्य दोनों साथ-साथ रहते हैं। लाला ने मिट्टी खाई, माँ संटी दिखा रही है। कहाँ तो यशोदा लाला की बदमाशी के लिए उसे मारने जा रही थी, बोली — मुँह खोल। लाला ने मुँह खोला — मुँह में तो अनन्तानन्त ब्रह्माण्ड था। श्रीकृष्ण ने विश्वरूप दिखा दिया, ऐश्वर्य दिखा दिया। माँ प्रणाम करने लगी। कहाँ वात्सल्य-रस और कहाँ ऐश्वर्य-रूप? रस-भंग हो गया। इसमें क्या सन्देह है कि भगवान् का माधुर्य है, वहाँ ऐश्वर्य भी है, बिहारी भी षट् ऐश्वर्य समर्थ हैं। भगवतरसिक के शब्दों में "उपजाबै सब विस्व रमै फिर ताके माँही"। ऐश्वर्य है और पूर्ण ऐश्वर्य है परन्तु माधुर्य बड़ा है, इसलिए ऐश्वर्य माधुर्य से ढक गया है।

अचिन्त्यभेदाभेद आदि विचारों के संभार का समाधि में क्या होगा? बुद्धि की बातें हैं। "इंद्रियाणि पराण्याहुरिन्द्रियेभ्य: परं मन:। मनसस्तु परो बुद्धिर्यो बुद्धेः परतस्तु स:।" "गीता" ही कहती है — "स्थूल देह से परे इन्द्रिय, इन्द्रिय से परे मन, मन से परे बुद्धि और बुद्धि से परे आत्मतत्त्व।" विचार-राज्य भी स्थूल है। आत्मा जिस रस का अनुभव करती है, वह सूक्ष्मातिसूक्ष्म है। "रसदेश" में वह सब कुछ उपेक्षणीय है। इसलिए कुञ्जबिहारी अपने को ठाकुर नहीं मानते, वैभव और प्रताप उन्हें सुहाता नहीं —

अति टोंडक अति चिकनियाँ अधिक चतुर इतराइ।
कितै विभौ कित ठकुरई जूठन कों ललचाइ।
जाँचै जूठन पाइयै पाँ पर हा हा खाइ।
जो ठाकुर कहि बोलियै सकुच तनक है जाइ।
ताहि सुहाइ न ठकुरई, बड़ प्रताप विस्तार।
जाँचत दै दिन जीविका सखि मोय अहार विहार। (बिहारिनदेव)

३१.३१ परस्पर दोउ चकोर दोउ चंदा

युगल के पारस्परिक सम्बन्ध को स्पष्ट करते हुए भगवतरसिक कहते हैं कि दोनों ही परस्पर चन्दा हैं और दोनों ही परस्पर चकोर हैं। दोनों ही चातक हैं और दोनों ही स्वाति-नक्षत्र के घन हैं। दोनों ही लोहा हैं और दोनों ही चुम्बक हैं। दोनों ही मेघ हैं और दोनों ही दामिनी हैं। दोनों ही कमल और दोनों ही भौंरे हैं। दोनों ही आशिक हैं और दोनों ही माशूक हैं। दोनों की जोड़ी जुराफा के नेत्रों की तरह है, जो परस्पर एक-दूसरे को सदा ही देखते रहते हैं। दोनों ही मोर और दोनों ही मुदारशिला हैं, जिसे देखकर मोर नाचता है। दोनों ही राग हैं और दोनों ही मृग हैं। दोनों ही मणि हैं, और दोनों ही मणिधर हैं। दोनों जल हैं और दोनों मछली हैं। दोनों एक-दूसरे का मुख देखकर जीते हैं, दोनों परस्पर अधरामृत का पान करते हैं और दोनों कभी न्यारे नहीं होते —

दोउ चकोर दोउ चंदा।
दोउ चातक दोउ स्वाति दोऊ घन दोऊ दामिनी अमन्दा।
दोउ अरविन्द दोऊ अलिलंपट दोऊ लोहा दोउ चुंबक।
दोऊ आसिक महबूब दोऊ मिल जुरे जुराफा अंबक।

दोउ मुदार दोउ मोर, दोऊ मृग दोऊ राग-रस-भीने।
दोउ मनि विसद दोऊ वर पन्नग दोऊ वारि दोऊ मीने।
भगवतरसिक बिहारिन प्यारी रसिक बिहारी प्यारे।
दोऊ मुख देखि जियत अधरामृत पियत होत नहिं न्यारे।[१]

युगल की कान्ति को श्री बिहारिनदेवजू ने "उज्ज्वलनीलमणि" बतलाया है। उज्ज्वल वर्ण राधा का और वर्ण का नीलमणि कृष्ण —

जोरी अद्‌भुत आजु बनी।
वारौं कोटि-काम नख छवि पर उज्जल-नीलमनी॥
उपमा देत सकुच निरउपमा घन दामिनि लजनी।
करत हास परिहास प्रेम जुत सरस विलास सनी॥
कहा कहौं लावन्य रूप गुन सोभा सहज घनी।
विहारिनदासि दुलरावति श्रीहरिदास कृपा बरनी॥[२]

३१.३२ नाम की विचित्रता

वैसे तो हरि के अनन्त नाम हैं। सभी की अनन्त महिमा हैं। जैसा रूप, जैसी लीला, वैसा ही नाम। रसदेश में नित्य-विहार है, इसलिए बिहारिनदेव जू कहते हैं —

नाम न कछू बिहार बिनु, ठाली नाम निबार।
नामी नाम सुहावनों, जब देखों करत बिहार।[३]

रसिकों को तन मन प्राणों से केवल प्रिया-प्रियतम के विहार को निहारने की अभिलाषा है। इस मन:स्थिति में कुञ्जबिहारी के अतिरिक्त कोई नाम तो क्या, नामी भी उन्हें स्वीकार नहीं है। इस रसमत्त-अवस्था में विहार-सूचक नामों के अतिरिक्त अन्य नामों में उनकी रुचि नहीं है। ऐसे नामों को बिहारिनदेवजू ठाली-नाम कह रहे हैं। इस रस में ठाली-नामों को मिलाने से क्या प्रयोजन है? ठाली इसलिए कि विहार में उनकी कोई भूमिका ही नहीं है। उदाहरण के लिए मधुसूदन ने जब मधु दानव की संहार-लीला की, तब उस लीलापुरुष ने यह नाम धारण किया। नित्य-विहार में न तो अन्य लीलाओं की समाई है और न उन लीला-नामों की, यहाँ तक कि अन्य लीलाओं वाले उस नामी की भी समाई नहीं है। इससे तो रसान्तर हो जाएगा। उस परम-सुकुमारता में मधु के संहार का भाव कितना कठोर हो जाएगा? लेकिन बिहारिनदेवजू कहते हैं विहार-परक नाम भी तभी सुहावने लगेंगे, जब दोनों का विहार देखने का सुख मिले।

यहाँ प्रसंग आया है तो उल्लेख करना आवश्यक है कि भक्ति-मार्ग में नाम-जप की बड़ी महिमा है। स्वामी हरिदास के "रसदेश" की विचित्रता है कि बिहारिनदेव कहते हैं —

कहा नाम नामी कहा, सखि-सुख पूछों तोहि।
तन मन मगन बिहार में, तहाँ ढूँड़ लै मोहि।[४]

---

१. श्रीभगवतरसिक वाणी, पृ० ३५।
२. श्रीनित्यविहारिणी : रससागर, पृ० ५०९ पद १२३।
३. रसोपासनातिलक, पृ० ९२।
४. वही, पृ० ९३।

स्वयं कुञ्जबिहारी विहार में निमग्न हैं, उन्हें अपना नाम-यश सुनने में भला क्या रुचि होगी? इस साखी पर श्रीराधाप्रसादजी महाराज टीका करते हैं कि —

> उपासक हू कों सुख साधक-अवस्था में दंपति-बिहार के ध्यान में और सिद्ध-अवस्था भये पै वाके साच्छात् अवलोकन ही में प्राप्त होयगौ। ता बिना केवल नाम ही के जप में तौ कष्ट करिबौ ही है।[1]

रसदेश की साधना और सिद्धि एक ही है — समाधि में विहार को प्रत्यक्ष देखना। सेवा-पूजा-अनुष्ठान जो भी कुछ है, वह एकमात्र समाधि है। अपने सिद्धान्त के पद में स्वामी हरिदास कहते हैं —

बंदे अखतियार भला।
चित न डुलाउ आउ समाधि भीतर न होउ अगला।

इसलिए नित्य-विहार में प्रिया-प्रियतम, बिहारिणी-बिहारी, लाल-लड़ैती जैसे नामों का उल्लेख होता है। रूप, लीला, परिवेश के अनुसार जो नाम हैं, वे ही "रसदेश" में स्वीकार किए गए हैं।

जा नामहिं लै बोलियै सो फिर ऊतर देंहि।
श्री बिहारीदास मौटौ अरथ समझि संधि कों लेंहि।
नाम सुन्यों हो गाँव बसि नामी सों न पिछानि।

बिहारी-बिहारिन के स्वरूप के यथार्थ-ज्ञान की आवश्यकता बताते हुए स्वामी राधाप्रसादजू महाराज ने "श्रीरसोपासनातिलक" में लिखा है —

> नंदनंदन - वृषभानुनंदिनी कौ नाम बिहारी-बिहारिन है और वसुदेव-नंदन श्रीकृष्ण और रुक्मिणी आदि तिनकी रानी तथा दसरथनंदन जनक-किसोरी हू बिहारी-बिहारिन कहावें हैं और अनेक संसारी विषयी जीव नायक-नायिकान की हू संज्ञा बिहारी-बिहारिन है, और बिना गुन के सैकरन लोग अपने बेटा-बेटिन कौ नाम हू ऐसौ धरि देत हैं, तौ कहौ कि जो बिहारी-बिहारिन के नित्य-स्वरूप कौ ज्ञान नहीं है, केवल बिहारी नाम ही जानें, तो यह इनमें कौन कों प्रापित होयगौ? जब लों नामी सों जान-पहचान नहीं, हेत-प्रीत नहीं तब लौं केवल नाम लैबे सों, कहा होत है?[2]

---

१. श्रीरसोपासनातिलक, पृ० ९४।
२. वही, पृ० २४४।

हँसत खेलत बोलत मिलत देखौ मेरी आँखिन-सुख।
बीरी परसपर लेत खबाबत, ज्यों दामिनि-घन चमचमात सोभा बहुभाँतन सुख॥
स्त्रुति घुरि राग केदारौ जम्यौ अधरात निसा रोंम-रोंम सुख।
श्रीहरिदास के स्वामी स्यामा कुंजबिहारी के गाबत, सुर देत मोर, भयौ परम सुख॥

३२.१ स्त्रुति घुरि राग केदारौ जम्यौ

श्रीललितकिशोरजू की वाणी है — "हँसनि-लसनि-बोलन रस-बरसत उमँगत अनगिन मैन।" (रससागर, पृ० ८२१) श्यामा-श्याम का हँसना-खेलना और उनके विनोद-विलास को देखना आँखों का सुख है, नाना भाँति से सुख को विलसना। राग केदार के स्वर और श्रुतियों का विस्तार रोम-रोम सुख तथा श्यामा-कुंजबिहारी का गायन और मोरों का स्वर देना, पूरा परिदृश्य परमसुख है। संगीत के सुख की अनुभूति और इस अनुभूति की गहराई, इतनी गहराई कि उसे स्वामीजी ने परमसुख की संज्ञा दी। संगीत की साधना और इतनी गहरी साधना कि वह साध्य बन जाए — परमसुख बन जाए। यह बात इस पद में सामान्य रूप से कह दी गई हो, ऐसा नहीं है। यह बात वे बार-बार कह रहे हैं — "गावत खेलत जो सुख उपजत सु तौ कोट बरु है तन कों।" (के० १०३) तथा "राग ही में रंग उपजैगौ एरी सों"(के० १०२), "कुंज बिहारी संगीत-संगी हैं।" (के० ९५), "सब सुख मिल संगीत-पगे"(के० ८७)।

ऐसे शब्द या पद का प्रयोग ध्यान देने योग्य है जैसे राग का रम जाना, श्रुतियों का घुर जाना, राग केदार का जम जाना। मच जाना। एक अन्य पद में वे कहते हैं — "राग केदारौ मच्यौ (राग मानो मचल गया है)" (५२), "बातन बत-बतात राग रंग रमि रह्यौ" (के० १९)। समग्र परिवेश का रागमय बन जाना।

इस पद में श्रुति घुरने की बात है। संगीत में स्वर को सबसे छोटी इकाई माना जाता है। स्वर सात हैं — स रे ग म प ध नि। इनके कोमल-तीव्र स्वरों को मिलाकर बारह स्वर हुए। स और प अचल हैं शुद्ध रे ग ध नि इन चार स्वरों में कोमल रे ग ध नि मिलाकर दस हुए। म शुद्ध और तीव्र। ये बारह स्वर हैं, इनकी ऊँचाई-नीचाई की सूक्ष्म पहचान करें तो वे बाईस हैं। श्रुतियों की संख्या बाईस हैं, उनके नाम भी इन ग्रन्थों में लिखे हैं — तीव्रा, कुमुद्वती आदि। शायद स्वामीजी के जमाने में बारह स्वरों के स्थान पर बाईस श्रुतियाँ गायन का आधार हों। तो इस पद में श्रुतियाँ परिवेश में घुल रही हैं, एकाकार हो रही हैं, एक रस हो रही हैं।

यह साधारण मनोरंजन की बात नहीं है। तन्मयता की बात है। विनायक राव पटवर्धन गा रहे थे — "जोगी मत जा, मत जा" और जब उनका गायन उभार पर आया, तो प्रतीत होने लगा, जैसे हॉल की दीवारें भी गा रही हैं। छत भी गा रही है। दरवाजे और खिड़कियाँ भी गा रही हैं और दरवाजे के बाहर खड़े पेड़-पौधे भी गा रहे हैं। आसमान भी गा रहा है, आसमान के सितारे भी गा रहे हैं। स्वर का घुल जाना अर्थात् परिवेश के साथ तादात्म्य। स्वर उठा और इतना व्यापक हुआ कि स्वयं परिवेश बन गया। स्वर की सच्चाई। स्वर पुलक बन गया और रोम-रोम में सुख के रूप में व्याप गया। कुञ्जबिहारी ने स्वर लगाया और मोर ने जवाब दे दिया। कहा जाता है कि स्वर का प्रभाव साँप पर होता है, हरिणों पर होता है, हरिण स्वर से आकर्षित होकर चले आते हैं। बादल पर भी स्वर का प्रभाव बताया जाता है। यह बात विशेषज्ञ ही प्रमाणित कर सकते हैं कि इन बातों में कितनी सच्चाई है परन्तु यहाँ हमारा मन्तव्य परिवेश और स्वर की तदाकारिता से है। जहाँ तक केदार-राग का

सम्बन्ध है, इसका थाट कल्याण है। कोमल और तीव्र म तथा नि एवं शेष स्वर शुद्ध। आरोह में रे वर्जित है। केदार में ग वर्जित है। वादी म तथा संवादी स्वर स है। गायन का समय रात्रि का द्वितीय प्रहर। कोमल नि अवरोह में, जैसे — धनि ध प म प ध प म ऽ।

३३

अदभुत गति उपजत अति, निरतत दोऊ मंडल कुँवर किसोरी।
सकल सुधंग अंग भरि भोरी पिय निरतत मुसकन मुख मोरी, परिरंभन-रस रोरी॥
ताल धरैं बनिता मृदंग चंद्रागति घात बजै थोरी-थोरी।
सप्त भाइ भासा बिचित्र, ललिता गायन चित चोरी॥
श्री बिंदावन फूलन फूल्यौ, पूरन ससि, त्रिबिध पबन बहै थोरी थोरी।
गति बिलास रस हास परस्पर भूतल अदभुत जोरी॥
श्री जमना जल बिथकित, पुहुपन बरसा, रतिपति डारत तृन तोरी।
श्रीहरिदास के स्वामी स्यामा कुंजबिहारीजू कौ रस, रसना कहै को री॥

३३.१ रास और रसनिकुञ्ज

"केलिमाल" के पहले पद की व्याख्या में हम देख चुके हैं कि नित्य-विहार भागवत के रास के आगे की अवधारणा है। मिथकशास्त्र के शब्दों में कहें तो रास एक गूढ मिथक है। रसनिकुञ्ज उसके भी आगे है। "केलिमाल" में रास के दो पद हैं। एक तो यही (तैंतीसवाँ) और दूसरा, "सुन धुन मुरली बन बाजै हरि रच्यौ।" (पद सं ५२)। लेकिन यह ध्यान देने की बात है कि यहाँ एक-एक गोपी और एक-एक कृष्ण वाला वह महारास नहीं है, जिसका वर्णन भागवत के रासपञ्चाध्यायी में है। वृन्दावन के रसिक-उपासकों की दृष्टि में निकुञ्ज-भाव और निकुञ्ज-लीला रासलीला से ऊपर वाला आवरण है। भगवतरसिक ने स्पष्ट किया है कि छठे-आवरण पर रास है तथा सातवें-आवरण पर निकुञ्ज-केलि है। निकुञ्ज में गोपी नहीं है, सखियाँ हैं। गोपी ब्रज-लीला में है। सखी-तत्त्व और गोपी-तत्त्व — ये दोनों भिन्न-भिन्न हैं। इकत्तीसवें पद की व्याख्या में यह स्पष्ट हो चुका है कि ब्रज-लीला के युगल और रसनिकुञ्ज के युगल-स्वरूप में भिन्नता है, इसीलिए यह जोरी विचित्र है। जोरी विचित्र है तो परिवेश भी विचित्र है।

३३.२ स्वसुख-वासना : गोपी

गोपी में अंग-संग का भाव है। वे लोक को, वेद को, पति को, पुत्र को सभी को छोड़ चुकी हैं परन्तु श्रीकृष्ण के अंग-संग का भाव नहीं छोड़ा। रसिकों की दृष्टि में यह स्वसुख-सुखित्व है। दूसरे उनमें "नैमित्तिक-भाव" है। संभोगेच्छा के कारण सकामता की गन्ध है और ये परकीया भी हैं। वल्लभसम्प्रदाय में गोपी और सखी लगभग पर्यायवाची हैं। चैतन्य-सम्प्रदाय में सखी तत्त्व का विस्तार तो बहुत है, परन्तु ऐसे प्रसंग भी हैं कि सखी को राधा द्वारा कृष्ण के पास भेजा गया कि, कृष्ण को मिलने का सन्देश दे आओ, परन्तु कृष्ण के पास जाकर वह स्वयं उनके अंग-संग में आसक्त हो जाती है, क्योंकि वहाँ कृष्ण बहुवल्लभ हैं — "स्वच्छंदं बहुवल्लभः स रमते किं तत्र ते दूषणम्" की व्याख्या में श्रीमद्भक्तिप्रज्ञान-केशवगोस्वामी कहते हैं — श्रीराधा के मन में भाव यह है कि स्वयं यह दूती ही श्रीकृष्ण को बुलाने गई और उनके साथ रमण करके लौट आई है। (पृ० २५७)। चैतन्य-सम्प्रदाय में गोपियाँ और सखियाँ दोनों विद्यमान हैं। मञ्जरी की भी सत्ता है। राधावल्लभ-सम्प्रदाय में देखें तो महाप्रभु हितहरिवंश के "चौरासी" में रास के पद बहुत से हैं — "चलहि राधिके सुजान तेरे हित सुख निधान रास रच्यौ श्याम तट -कलिंदनंदिनी।" (१२), "खेलत रास रसिक ब्रजमंडन" (१९), "आज

गुपाल रास रस खेलत" (२४), "आज बन नीकौ रास रचायौ" (३६), "खेलत रास दुलिहनी-दूलह" (६२), "मोहन मदन त्रिभंगी" (६३), "रास में रसिक मोहन बने भामिनी" (६८), "श्याम संग राधिका रासमंडल बनी" (७१)। यहाँ यह स्पष्ट लक्षित है कि रास की रचना राधा के लिए है। "श्यामसंग राधिका रासमंडल बनी" वाले पद में श्यामा-श्याम अन्तरंग-मण्डल में है, बहिरंग-मण्डल में ब्रजनारी हैं जैसाकि तिरसठवें पद में है — "आई ब्रज नारि सुनत वंशी रव गृह पति बंधु बिसारे।" परन्तु यहाँ अन्तर्धान का प्रसंग नहीं है। श्री हरिराम व्यास ने अन्तर्धान को रस में विरस माना है — "रस में विरस जु अंतर्धान।"

भागवत के रास में श्रीकृष्ण अनेक प्रेयसियों के प्रियतम हैं, बहुवल्लभ हैं। ये प्रेयसियाँ परकीया हैं। इन प्रेयसियों के मन में अंग-संग-सुख-अभिलाषा है, तो स्वसुख-सुखित्व है। रास वृन्दावन की लीला ज़रूर है, कान्ता-भाव जरूर है, किन्तु परकीयात्व, स्वसुख-सुखित्व एवं बहुवल्लभता के कारण स्वामी श्रीहरिदास ने अपनी दृष्टि को रास के उस परम-अन्तरंग मण्डल पर केन्द्रित किया है, जहाँ वनिता ताल दे रही है, मृदंग बजा रही है, ललिता गायन कर रही है और श्यामा-श्याम युगल नृत्य कर रहे हैं। श्यामसुन्दर यहाँ अनेक गोपियों का रस-ग्रहण करने वाले मधुकर नहीं हैं, वे श्रीराधा-मुख-चन्द्र के अनन्य चकोर हैं।

३३.३ रासपञ्चाध्यायी

यहाँ पुनः प्रश्न उठता है कि क्या राधा-कृष्ण प्रेम-लीला का स्रोत अन्ततः रास है, रासपञ्चाध्यायी है? इसलिए रासपञ्चाध्यायी पर विचार करना आवश्यक होगा क्योंकि राधा की पहचान का स्रोत भी रासपञ्चाध्यायी है।

श्रीमद्‌भागवत के व्याख्याता आचार्यों ने रासपञ्चाध्यायी को भागवत का हृदय माना है। रासपञ्चाध्यायी में प्रसंग है कि शरद की रात्रि को जब चन्द्रमा वृन्दावन में अमृत का समुद्र उँडेल रहा था, तब कृष्ण ने मिलन की लालसा को उकसाने वाली वंशी की तान छेड़ी और गोपियाँ भय, संकोच, धैर्य और मर्यादा को तिलाञ्जलि देकर एक-दूसरे से अपनी चेष्टा को छिपाकर वृन्दावन चल पड़ीं। वहाँ रास-विलास करते हुए श्रीकृष्ण एकाएक अन्तर्धान हो गए। अब तो व्याकुल-बेहाल गोपियाँ श्रीकृष्ण को ढूँढने लगीं। तभी एक स्थान पर उन्हें श्रीकृष्ण और उनके साथ किसी ब्रज-युवती के चरण-चिह्न दीख पड़े। उन्हें देखकर वे कहने लगी —

अनयाऽराधितो नूनं भगवान् हरिरीश्वरः। (१०.३०.२८)

अवश्य ही यह श्रीकृष्ण की आराधिका होगी, इसीलिए इस पर प्रसन्न होकर हमारे प्राणप्यारे श्यामसुन्दर ने हमें छोड़ दिया है और इसे एकान्त में ले गए हैं। यहाँ इस गोपी के पैर नहीं दिखलाई देते, मालूम होता है, यहाँ हमारे श्यामसुन्दर ने देखा होगा कि मेरी प्रेयसी के सुकुमार चरण-कमलों में घास की नोंक गड़ती होगी, इसलिए उन्होंने उसे कन्धे पर चढ़ा लिया होगा। परमप्रेमी कृष्ण ने यहाँ अपनी प्रेयसी के केश सँवारे हैं। देखो, अपने चुने हुए फूलों को प्रेयसी की चोटी में गूँथने के लिए यहाँ अवश्य ही बैठे रहे होंगे। भागवत में राधा का अप्रत्यक्ष रूप से इतना ही वर्णन है।

३३.४ लोक-परम्परा

"श्रीराधा का लोकायत-उत्स" (नवजीवन पथ, ५ नवम्बर १९७३)" शीर्षक निबन्ध में श्री कुबेरनाथ राय कहते हैं कि अन्य कोई सूत्र न मिलने के कारण इस बात से सहमत होना पड़ता है कि भागवत की कृष्णलीला और राधा-कृष्ण प्रेमकथा का मूलस्रोत लोक-परम्परा है। "श्रीराधा का क्रम-विकास" में श्री शशिभूषणदास ने भी इस

तथ्य को प्रमाणित किया है कि ब्रज के गोप-कृष्ण की गोपियों के साथ प्रेमलीला पहले आभीर जाति में गीतों के तौर पर बिखरी हुई थी। कृष्ण की विचित्र प्रेमलीला के आख्यानों ने गोप-जाति में अनेक गानों की प्रेरणा उत्पन्न की थी। लोक-गीतों के माध्यम से ही ये भारत के विभिन्न अञ्चलों में फैल रहे थे। भारत के विभिन्न-अञ्चलों में काफी प्रसिद्ध हो जाने के बाद वृन्दावन की कृष्णलीला धीरे-धीरे पुराणों में स्थान पाकर कवि-कल्पना में और भी पल्लवित होने लगी। आचार्य रामचन्द्र शुक्ल ने सूरसागर को पहले से चली आती हुई गीत-परम्परा का विकास बतलाया है।

वैष्णव आचार्यों ने राधा-कृष्ण युगल को लेकर जिस रसशास्त्र, दर्शनशास्त्र, उपासना-पद्धति और काव्य-परम्परा की प्रतिष्ठा की, उसने समस्त भारत को चेतना की गहराइयों में प्रभावित किया। भारत की सभी प्रादेशिक भाषाओं का परिनिष्ठित-साहित्य, लोकसाहित्य, संगीत, नृत्य, चित्रकला, मूर्तिकला ब्रज के रस-सौन्दर्य-बोध से अनुप्राणित हैं। विष्णुस्वामी, वल्लभाचार्य, निम्बार्काचार्य और चैतन्यमहाप्रभु की जो परम्पराएं विकसित हुई, उन सभी में राधा-कृष्ण युगल-रूप की प्रतिष्ठा है। युगल-भाव की अपनी-अपनी विशिष्टता है। स्वामी श्रीहरिदास के ''केलिमाल'' और उनकी भाव-साधना में युगल-स्वरूप की जो विचित्रता है, उसे इकत्तीसवें पद की व्याख्या में रेखांकित किया गया है। यहाँ केवल यही कहना अभीष्ट है कि स्वामीजी के ''रसदेश'' में गोपियों के साथ कृष्ण के रास के अभ्यन्तर-मण्डल की ही प्रतिष्ठा है, जिसमें राधा और कृष्ण रास-नृत्य कर रहे हैं। एक-एक गोपी तथा एक-एक कृष्ण वाला रास स्वामी श्रीहरिदासजी का आराध्य नहीं बन सका।

३३.५ गोपी-प्रेम

यहाँ यह बात भी उल्लेखनीय है कि समस्त वैष्णव-दर्शन, साहित्य और उपासना में गोपी-प्रेम की सर्वोपरि प्रतिष्ठा है। गोपी-प्रेम को सभी ने अपना आदर्श बनाया है। पुष्टि-मार्ग की आचार्या गोपियाँ हैं। गोपी-प्रेम की ध्वजा है। गोपी-मानस को केन्द्र में रखकर आचार्य वल्लभ ने भक्तिशास्त्र का प्रतिपादन किया। ''संन्यास-निर्णय'' में वल्लभाचार्य ने कहा — ''गोपिका प्रोक्ता गुरवः साधनं च तत्।'', ''भगवत्पीठिका'' में महाप्रभुजी ने गोपी-प्रेम का वर्गीकरण किया — ''गोपांगना सु पुष्टि। गोपीषु मर्यादा। ब्रजांगनासु प्रवाहः।'' इनके आधार पर पुष्टि-भक्ति के भी तीन भेद किए गए — पुष्टि-प्रवाह, पुष्टि-मर्यादा और पुष्टि-पुष्टि। पुष्टि-प्रवाह का उदाहरण माँ यशोदा और वे समस्त ब्रजांगना हैं, जो वात्सल्य-भाव में डूबी हुई हैं। इनके निरोध-सुख के आगे मुक्ति नमक जैसी खारी लगती है —

और सुख रंक की कौन इच्छा करै मुक्ति हू लौन सी खारी लागै। (सूर)

पुष्टि-मर्यादा का उदाहरण वे गोपकुमारी हैं, जिन्होंने कृष्ण को पति रूप में पाने के लिए कात्यायनी का व्रत किया — प्रेम तो है पर मर्यादा भी है। पुष्टि-पुष्टि का उदाहरण वे गोपांगना हैं, जिन्होंने कृष्ण के लिए लोक-वेद को त्याग दिया। इनकी दशा ही विचित्र है — ''दधि कौ नाम बिसरि गयौ सजनी लै लेउ री कोउ स्याम-सलौना।'' नन्दनन्दन और गोपियों की लीला के अत्यन्त मधुर-चित्र सूरदास ने अंकित किए हैं —

नँद नंदन अनेक लीला करि गोपिन चित्त चुरावत।
वह सुख देखि जु नैन हमारे ब्रह्म न देख्यौ भावत।

गोपियों के प्रेम की पराकाष्ठा पर कवियों ने बड़ी रुचि से लिखा —

घर तजौं बन तजों, नागर नगर तजों,

बंसीबट-तट तजों काहू पै न लजि हों।
देह तजों गेह तजों, नेह कहौ कैसें तजों,
आज राज काज सब ऐसे साज सजिहौं।
बाबरे भये हैं लोग बाबरी कहत मोकों,
बाबरी कहे ते मैं काहू न बरजि हौं।
कहैया, सुनैया तजों बाप और मैया,
तजों दैया, तजों भैया पै कन्हैया न तजि हों।

३३.६ समर्था रति

श्रीरूपगोस्वामीपाद ने ''उज्ज्वलनीलमणि'' में बताया है कि रति तीन प्रकार की होती है — साधारणी, समञ्जसा, और समर्था। साधारणी-रति का उदाहरण है — कुब्जा। साधारण-रति संभोगेच्छा-मूलक होती है। समञ्जसा-रति में इन्द्रिय-तर्पण-सुख भावना की प्रधानता तो है परन्तु प्रियतम को सुख-प्राप्ति की भी भावना है। जिस रति में पत्नी होने का अभिमान है। जो गुण-श्रवण से उत्पन्न होती है। जिसमें प्रेम और संभोग-तृष्णा दोनों हैं। समञ्जसा-रति का उदाहरण हैं — द्वारका की पटरानियाँ — रुक्मिणी-सत्यभामा आदि।

साधारणी-रति और समञ्जसा-रति से भी श्रेष्ठ है समर्था-रति। इसमें संभोगेच्छा का अभाव रहता है। आत्मसमर्पण ही इस रति का वैशिष्ट्य है, इसका उदाहरण गोपी हैं। श्रीकृष्ण ने स्वयं उद्धव से कहा कि गोपियाँ प्रीति की अधिकता से सबकुछ भूल जाती थी और अपना नाम-रूप तक भूल जाती थी, जैसे समाधिस्थ मुनि अथवा समुद्र-प्रविष्ट नदी —

ता नाविदन्मय्यनुषंगबद्ध-धियः स्वमात्मानमदस्तथेदम्।
यथा समाधौ मुनयोऽब्धि तोये नद्यः प्रविष्टा इव नाम रूपे। (भागवत ११.१२.१२)

सोलह हज़ार ऐसी गोपियों की पीड़ा का नाम राधा है। ''सोरह सहस पीर तन एकै राधा कहियै सोय'' (सूरसागर पृ० ६४७)। समर्था-रति में प्रेमा नाम की दृढता का उद्‌भव होता है। प्रेमा से स्नेह,स्नेह से मान, मान से प्रणय, प्रणय से राग, राग से अनुराग और अनुराग से भाव और अन्त में भाव से महाभाव। राधा महाभाव हैं। ''उज्ज्वलनीलमणि'' में इस क्रम-विकास का विस्तार से वर्णन है।

३३.७ गोपी और रास के प्रसंग

गोपी और रास के प्रसंग संस्कृत और प्राकृत के प्राचीन साहित्य में व्यापक हैं। हाल की ''गाहा-सत्तसई'' में एक गोपी एक अन्य गोपी के कपोल में प्रतिबिम्बित कृष्ण की छवि का चुम्बन कर लेती है —

णचच्ण सलाहणणिहेण पास परि संठिआ णिउणगोवी।
सरिस गोविआणं चुंबइ कवोल पडिमागअं कह्णम्।[१] (२.१४)

एक दूसरी गाहा में कृष्ण राधिका के मुँह में लगी गोरज को हटाने के लिए फूँक मारते हैं, तो कवि कहता है कि

---

१. नृत्यश्लाघन निरतः पार्श्वे परिसंस्थिता निपुणगोपी।
समगोपीनां चुंबति कपोल बिंबागतं कृष्णम्।

हे कृष्ण, इस प्रकार से तुम अन्य गोपियों के गौरव को हरण कर रहे हो —

मुहमासएण तं कह्ल गोरउँ राहआएँ अवणेन्तो।
एताणं बलवीणं अण्णाणापि गोरअं हरसि।[१] (१.८९)

आनन्दवर्धन के "ध्वन्यालोक" में प्राचीन काव्यों के जो उदाहरण हैं, उनमें "गोपवधूविलास सुहृदां" जैसे प्रयोग हैं। भट्टनारायण के "वेणीसंहार" की नान्दी में है —

कालिन्द्याः पुलिनेषु केलि-कुपितामुत्सृज्य रासे रसं।
गच्छन्तीमनुगच्छतोऽश्रुकलुषां कंसद्विषो राधिकाम्।[२]

३३.८ रास की विविध व्याख्या

"रासपञ्चाध्यायी" को लेकर आचार्यों और मनीषियों ने शत-शत व्याख्याएं कीं और शत-शत ग्रन्थ लिखे। किसी ने उसे श्रीयन्त्र का रूप माना तो किसी ने परमाणु से लेकर ब्रह्माण्ड-मण्डल की गति माना। किसी ने रासलीला में वेदार्थ का निरूपण किया तो किसी ने ब्रह्मविद्या का निरूपण किया। किसी ने योगपरक व्याख्या की और श्रीराधा को कुण्डलिनी-रूपा बतलाया। किसी ने योग-विद्या के अन्तर्गत प्रेम-योग और राज-योग के सिद्धान्तों के साथ रासलीला को देखा, तो किसी ने श्रीकृष्ण को सूर्य और राधा, अनुराधा, विशाखा को नक्षत्र मानकर आकाशीय-गति अथवा नृत्य के रूप में रास की व्याख्या की।[३] किसी के लिए रासलीला प्रकृति पुरुष-रूपा है। महर्षि शाण्डिल्य ने राससूत्र लिखे — "अथातो रसो ब्रह्म, सैवानन्द-स्वरूपो श्री कृष्णः, तेषामन्योन्याश्रयत्वम्, तस्मात् रासोत्पद्यते, ललिता देव्यो पोषणीयत्वेन लभ्यते।"

रास को लेकर शुकदेवजी से राजा परीक्षित ने प्रश्न पूछा — धर्म की मर्यादा बनाने वाले उस अवतार ने यह अधर्म क्यों किया? परदाराभिमर्शण, पर-स्त्रियों के साथ विलास?

स कथं धर्म-सेतूनां वक्ता कर्ताभिरक्षिता।
प्रतीपमाचरद् ब्रह्मन् पर-दाराभिमर्शनम्। (१०.३३.२८)

ये प्रश्न बार-बार पूछे जाते रहे। व्याख्याएं होती रहीं। २९ सितम्बर १९७० को एक जिज्ञासु ने ओशो रजनीश से प्रश्न पूछा, तो रजनीश बोले —

> इतना काफी नहीं है कि हम कृष्ण को गोपियों के साथ नाचते हुए देखें। यह हमारी बहुत स्थूल आँखें जो देख सकती हैं, उतना ही दिखाई पड़ रहा है। कृष्ण का गोपियों के साथ नाचना, उस विराट् रास का छोटा-सा प्रतीक है, उस विराट् का एक आणविक प्रतिबिम्ब है। वह जो समस्त में चल रहा है, नृत्य, उसकी एक बहुत छोटी-सी झलक है।
>
> उसका कोई कामुक-अर्थ नहीं है, यद्यपि कामुक-अर्थ के लिए कोई निषेध नहीं है। लेकिन बहुत पीछे छूट गई वह बात। कृष्ण वहाँ पुरुष की तरह नाचते हैं। गोपिकाएं स्त्रियों की तरह नहीं, गहरे में वे प्रकृति ही हो जाती हैं। प्रकृति और पुरुष का नृत्य है वह।

---

१. त्वं कृष्णराधिकायामुख मारुता गोरजोपनयन्।
असामन्यासामपि गोपीनां गौरवं हरसि।
— भारतीय वाङ्मय में श्रीराधा, पृ० ९-१० पर उद्धृत।

२. वही, पृ० ७ पर उद्धृत।

३. रासलीला तथा रासानुकरण विकास, डॉ. वसंत यामदग्नि, पृ० १-४३।

मनुष्य की पहली भाषा नृत्य है। तितलियाँ भाषा नहीं जानतीं, लेकिन नृत्य जानती हैं। पक्षी भाषा नहीं जानते, लेकिन नृत्य जानते हैं। जहाँ व्याकरण नहीं पहुँचता, वहाँ घुँघरु की आवाज पहँच जाती है। दुनिया के किसी कोने में नर्तक चला जाए, समझा जा सकेगा। स्त्री और पुरुष के बीच जो आकर्षण है, वह आकर्षण एक-दूसरे की निकटता में उनके भीतर छिपी हुई शक्तियों का बह जाना है। जैसे ही हम स्त्री और पुरुष को बाँधते हैं, नियम और व्यवस्था देते हैं, वैसे ही बहाव रुक जाते हैं। व्यवस्था से जीवन की गहरी लीला का कोई सम्बन्ध नहीं है। और कृष्ण का यह रास उथल-पुथल से भरा हुआ है।

अपनी-अपनी समझ, अपने-अपने स्वभाव अपने-अपने परिवेश अपने-अपने ज्ञान के आधार पर रास की व्याख्याएं चलती रही हैं और चलती रहेंगी, परन्तु इतना निश्चित है कि लीला इतिहास नहीं है और लीला को इतिहास समझ लेना मानव-बुद्धि का पराभव है। लीला को लीला की दृष्टि से ही देखना आवश्यक है और वैष्णव-आचार्य रास के मर्म बिन्दु तक पहुँचे।

३३.९ रास और सखी

रास में उन्होंने केवल राधा को ही नहीं पहचाना, भाव के आधार पर सखियों की भी पहचान की। अन्तर्धान-प्रसंग में जब विरह के आवेश में गोपियाँ फूट-फूटकर रोने लगीं, तब श्रीकृष्ण प्रकट हो गए। व्याकुल गोपियाँ उनसे किस प्रकार मिली —

१. **काचित् करांबुजं शौरेर्जगृहेऽञ्जलिना मुदा।** — एक गोपी ने श्रीकृष्ण के कर-कमल को अपनी अञ्जलि में बाँध लिया, उसे सहलाने लगी। श्रीकृष्ण के स्पर्श के लिए इतनी उतावली! इस सखी का नाम चन्द्रावली है। मैं श्रीकृष्ण की हूँ, ऐसा भाव।

२. **काचिद् दधार तद्बाहुमंसे चंदन रूषितम्।** — एक ने कान्त की चन्दन-चर्चित भुजा को खींच अपने कन्धे पर रख लिया। यह मुखरा कौन है ? श्यामला।

३. **काचिदञ्जलिना गृह्वात्तन्वी तांबूल-चर्वितम्।** — एक ने भगवान कृष्ण का चबाया हुआ पान अपने हाथों में ले लिया। प्रबल आकर्षण वाली यह सखी शैव्या है।

४. **एका तदंघ्रि कमलं संतप्तास्तनयोरधात्।** — एक ने श्रीकृष्ण के चरण को अपने स्तनों पर धारण किया। यह सखी पद्मा है।

५. **एकभ्रुकुटिमाबध्य प्रेमसंरंभविह्वला।**
घ्नतीवैक्षतकटाक्षेपै, संदष्टदशनच्छदा।
— एक भौंहें टेढी करके देख रही है, दाँतों से होठों को चबा रही है, प्रियतम को गर्वित नेत्रों से देखना स्वाधीना का लक्षण है। ये राधा हैं।

६. **अपरा निमिषद्दृग्भ्यां जुषाणा तन्मुखांबुजम्।**
आपीतमपि ना तृप्यद् सन्तस्तच्चरणं यथा।
— यह एकटक निर्निमेष दृष्टि से श्रीकृष्ण की मुख-शोभा देख रही है। मुग्ध हो रही है। इस भरोसे पर दूर खड़ी है कि श्रीकृष्ण ही मेरे पास आएंगे। यह प्रखरा वामा है। ललिता है।

७. **तं काचिन्नेत्ररंध्रेण हृदि कृत्य निमील्य च।**
पुलकांग्युपगुह्यास्ते योगीवानंद-संप्लुता। (१०.३२.४-८)

— नेत्र-मार्ग से भगवान् के हृदय में ले जाकर सातवीं ने आँखे बन्द कर ली। मन-ही-मन कृष्ण का आलिंगन करके रोमाञ्चित हो गई। सिद्ध-योगियों के समान परमानन्द में मग्न, इसका नाम विशाखा है, सरला है।

८. **काचिदालोक्य गोविन्दमायान्तं अति हर्षिता।**
कृष्ण कृष्णेति कृष्णेति प्राह नान्यदुरीरयत्। (विष्णु पु० ५.१३.४४)
— कृष्ण कृष्ण कहकर बेसुध हो जाने वाली इस आठवीं सखी का नाम भद्रा है।

वल्लभ-सम्प्रदाय में अष्ट-सखियों के नाम हैं — चम्पकलता, विशाखा, चन्द्रभागा, ललिता, भामा, पद्मा, विमला और चन्द्ररेखा। चैतन्य-सम्प्रदाय में ये नाम हैं — विशाखा, ललिता, चित्रा, इन्दुलेखा, चम्पकलता, रंगदेवी, तुंगविद्या और सुदेवी।

३३.१० भाव-समाधि

रास को समझने की अनेक दृष्टियाँ हैं, परन्तु पहली बात यह है कि रास लीला है। लीला क्या है? अपने ही हृदय की भावनाओं की तरंग और उस तरंग ने जो छवि अंकित की। अब अपने हृदय के भावों की पहचान करनी है। अपने ही हृदय के भाव की गहराई में उतरना है। कितना उतर सकते हैं? यह हमारी अपनी ही सीमा है। भाव की सीमा नहीं है। भाव असीम है। कुछ अन्दर ही है, जो असीम है। भावना की गहराई में उतरना है, भावों की पहचान करनी है। "भक्तिरसामृतसिन्धु" और "उज्ज्वलनीलमणि" — दोनों ही भावों के विश्लेषण, भावों की पहचान और भाव-साधना के शास्त्रीय-ग्रन्थ हैं। जो रस-साहित्य है, वह भावों की और-अधिक गहराई में आगे चलकर रस-साधना है। जब हम नदी में स्नान करते हैं, तब कुछ लोग घुटनों-घुटनों पानी से आगे नहीं जाते, डरते हैं। कुछ लोग कमर-कमर पानी में जाते हैं तथा कुछ लोग गर्दन-गर्दन पानी में चले जाते हैं परन्तु कुछ लोग हाथी-डुबान पानी में और बाढ़ के प्रवाह में अपने को आत्मविश्वास के साथ क्रीडा-क्रीडा के भाव में ही अर्पित हो जाते हैं और हँसते-हँसते किनारे भी लग जाते हैं। भावना की गहराई में जाने की बात भी ऐसी ही है। उस भाव की गहराई में ही कहीं ध्यान की स्थिति आती है, तो कहीं और आगे जाकर ध्यान समाधि बन जाता है वहाँ अहन्ता-ममता की गन्ध तक नहीं है। "केलिमाल" के पद समाधि के पद हैं। भागवत की "रासपञ्चाध्यायी" समाधि है, समाधि की रचना है और समाधि का ध्येय है — अपने ही भाव की गहराई में अपने ही हृदयगत-आनन्द में लगाई गई गहरी डुबकी। मन अपने ही स्वरूप अथवा स्वभाव की प्रकृति अथवा रुचि के अनुकूल अपने भाव-प्रवाह में ही समर्पित हो सकता है। अब जब वह द्रवित हो जाता है, अहन्ता-ममता की ठोस पर्त गल जाती है। जब तक वह ठोस है, तब तक प्रवाह नहीं है। जब तक वह अकिञ्चन नहीं हो जाता, तब तक स्वभाव में भी नहीं जा सकता, जब तक वह "कुछ" रहेगा, तब तक उस पर समाज का बन्धन भी रहेगा। सम्राट् उसके दरवाजे पर तभी आता है, जब वह इस बन्धन से मुक्त हो जाता है। स्वामी हरिदास के दरवाजे पर बादशाह आया था। वे भाव की उस गहराई में थे। उसी गहराई में कहीं रस-निकुञ्ज है, वही श्यामा-श्याम हैं, वहीं विलास है और वह नित्य है क्योंकि वह गहराई नित्य है। भाव-समुद्र की तरंगें हैं। भाव-समुद्र की तरंगों का नाम लीला है। रस का वही पारावार नित्य-विहार है।

३३.२१ भावानुसंधान

सवाल भाव के अनुसन्धान का है। शान्त-भाव, वैराग्य का भाव है। अकिञ्चनता का भाव। शरण और समर्पण का

भाव दास्य का भाव है, अधीनता का भाव। शान्त-भाव और दास्य-भाव समूचे भक्ति-साहित्य में है, इतने व्यापक कि भक्त के सामान्य लक्षण गिने जाते हैं। दास्य-भाव तक आराध्य और आराधक का औपचारिक-सम्बन्ध है। द्वैत है, दूरी है, ओट है, परदा है। शिष्टाचार है। मर्यादा है, सम्बन्ध स्वामी-सेवक का है। जब और गहराई हुई तो सम्बन्ध बना — माता, पिता, गुरु, सखा, प्रिया, प्रियतम, पत्नी, सखी, सहेली, बहिन, पुत्र, पुत्री आदि का। तुलसी कहते हैं —

तू दयाल दीन हों तू दानि हों भिखारी।
हों प्रसिद्ध पातकी तू पाप-पुंजहारी।
तोहि मोहि नाते अनेक मानियत जो भाबै।

मीरा का सम्बन्ध तो पति-पत्नी का बना — "जाके सिर मोर-मुकुट मेरौ पति सोई।" सम्बन्ध बना तो कैसे बना? भाव से बना। भाव और सम्बन्ध बीज-वृक्ष हैं। भाव से सम्बन्ध और सम्बन्ध से भाव। भावानुसन्धान की यात्रा है। पद्मावत में सूफी-कवि ने प्रियतमा-भाव की खोज की। मीरा ने पति-भाव, कान्ता-भाव की खोज की। कान्ता-रस में डूब गई। सूरदास वात्सल्य-रस में डूबे, सख्य-रस में डूबे और माधुर्य-रस में भी डूबे। अपने को बाढ़ के प्रवाह में अर्पित कर दिया।

"रासपञ्चाध्यायी" की डूब भाव और रस की गहराई की डूब है — काम और प्रेम की सन्धि। अत्यन्त अन्तरंग-भाव । वात्सल्य और सख्य की चर्चा सामान्य-भाव से की जाती है परन्तु उन गहन एकान्त-क्षणों की गहराई तो प्रिया-प्रियतम जाने, उनका मन जाने। सखी प्रिया-प्रियतम का मन है।

३३.१२ गोपी-मन : सखी-मन

गोपी ने अपने मन को कृष्ण के मन में मिलाया। एक गोपी-मन है और दूसरा कृष्ण-मन है। तभी मन एक-दूसरे में मिला। किन्तु सखी का अपना मन तो होता नहीं, मन नहीं है तो अभिलाषा भी नहीं है और अभिलाषा नहीं है तो मन नहीं है। तब सखी का मन क्या है? प्रिया-प्रियतम ही सखी का मन है।

गोपी और कृष्ण अवतार होने के कारण निमित्त हैं। गोपी का भी जन्म हुआ, कृष्ण का भी जन्म हुआ, परन्तु श्यामा-श्याम का जन्म नहीं हुआ। सखी-मन में प्राकट्य हुआ। सखी-मन वृन्दावन है, सखी-मन निधुवन है। सखी के मन में क्या है, श्यामा-श्याम की विलासेच्छा है। श्यामा-श्याम नित्य हैं। वृन्दावन और सखी भी नित्य हैं। श्यामा-श्याम को लाड़-लड़ाने वाली ललिता नित्य है। श्यामा-श्याम की विलासेच्छा का नाम ललिता है या ललिता-रूप विलासेच्छा का नाम श्यामा-श्याम है? विलासेच्छा क्या है? प्रेम-समुद्र की तरंग, वह समुद्र, जो हृदय में कहीं उद्वेलित हो रहा है।

क्या "रासपञ्चाध्यायी" गोपी-मानस की विलासेच्छा है? अथवा क्या वह कृष्ण-मानस की विलासेच्छा है? वह आनन्द की कौन-सी प्यास है? कितनी तीव्र है? कितनी सघन है? कितनी अदम्य है? कितनी वेग-शालिनी है? उसका परिवेश भी कितना उल्लास-विलासमय है? "विज्ञान-भैरव" (तन्त्रशास्त्र) ने कहा है —

यत्र-यत्र मनस्तुष्टिर्मनस्तत्रैव धारयेत्

अथवा

यत्र-यत्र मनोयाति वाह्ये वाभ्यंतरप्रिये।
तत्र-तत्र परावस्था व्यापकत्वात्प्रसिध्यति।

३३.१३ नारीमानस

"गर्ग संहिता" एवं "पद्म पुराण" आदि में रास के साथ आसुरि मुनि, शिव तथा नारद के जो सन्दर्भ-सूत्र जुड़े हैं, वे भी महत्त्वपूर्ण हैं। आसुरि तपस्वी थे, युगल का ध्यान कर रहे थे। जब युगल ध्यान में नहीं आए तब वे युगल को खोजने के लिए बदरीखण्ड, लोकालोकपर्वत, गोलोक तथा ब्रह्माण्ड के अन्य लोकों में गए। अन्त में वे कैलास पर्वत पर शिव के पास गए। शिव ने समाधि में जाकर पता करके बताया कि कृष्ण इस समय वृन्दावन में रास कर रहे हैं। रास-तत्त्व का अनुसन्धान करने आसुरि और शिव दोनों वृन्दावन-वंशीवट आए। रास के द्वार पर गोपियों ने रोक दिया — "रासमण्डल में एकमात्र पुरुष कृष्ण हैं। रास में नारी (मानस) का ही प्रवेश सम्भव है।" शिव और आसुरि ने मानसरोवर में स्नान कर गोपी-देह — गोपी-भाव — प्राप्त किया। (गर्ग संहिता वृन्दावन खण्ड)

बृहन्नारदीय-पुराण में प्रसंग है। नारद ने वृन्दा देवी से कृष्ण-रहस्य की जिज्ञासा की। माधवी सखी ने वृन्दासर में स्नान कराया, नारद नारी-रूप में आए, नारदी बने, तब कृष्ण के केलिमहल में गए। स्पष्ट है पुराण एक उपासना-परक तथ्य को प्रकट कर रहा है — कृष्ण के रास और रह:केलि में नारी (मानस) का ही प्रवेश सम्भव है। रास दर्शन (मनसा प्रत्यक्षीकरण) के लिए नारी-मानस में संक्रमित होना अपरिहार्य है।[१]

नारी-मानस वाली बात के सन्दर्भ में आचार्य हजारी प्रसाद द्विवेदी के "बाणभट्ट की आत्मकथा" का प्रसंग याद आता है, जहाँ कौलाचार्य अघोरभैरव और विरतिवज्र का संवाद है। अघोर भैरव कहते हैं — "जब तक तुम पुरुष और स्त्री का भेद भूल नहीं जाते, तब तक तुम अधूरे हो, अपूर्ण हो, आसक्त हो।" मीराबाई वृन्दावन आई तब जीवगोस्वामी ने कहलाया कि मैं स्त्रियों से नहीं मिलता तब मीरा ने कहलवाया — "वृन्दावन में कृष्ण को छोड़कर कोई और भी पुरुष है क्या?"
गुरुदेव रवीन्द्रनाथ टैगोर ने "वैष्णव" कविता में कहा था —

> यह व्याकुलता नारी की आँखों से चुराई थी न? वैष्णव कवि, सच बताना यह प्रेमचित्र तुमने नारी के ही नेत्रों से पाया है न? यह विरह-तप्त गान तुमने नारी से ही सीखा था न? वसन्त रात्रि की मिलन शय्या पर तुम्हें किसने भुजपाशों में बाँधा था? हृदय के अगाध-समुद्र में तुम्हें किसने डुबाया था? वैष्णव-कवि यह संगीत तुमने कहाँ पाया —

सत्य करे कहो मोरे हे वैष्णव कवि
कोथा तुमि पेये छिले एइ प्रेमच्छवि?
कोथा तुमि शिखे छिले एइ प्रेमगान,
विरह तापित? हेरि काहार नयान,
राधिकार अश्रु आँखि पड़े छिलो मने?

३३.१४ रास-नृत्य : निरतत दोउ मंडल

मूल-रूप से मण्डलाकार-नृत्य का नाम "रास" है। इसका प्राचीन रूप हल्लीसक-नृत्य है। वसन्त यामदग्नि के अनुसार हल्लीसक एक मण्डलाकार समूह-नृत्य था।[२] यामदग्नि ने "श्रृंगार-प्रकाश" का उद्धरण दिया है —

---

१. भागवत नें यज्ञपत्नी-प्रसंग में नारी के मानस दुरन्तभाव (१०.२३.४१) का उल्लेख है। आलवार-भक्तों के नाम स्त्रीलिंग में मिलते हैं — परांकुश नायकी (नम्मालवार) परंकालनायकी (तिरमंकइ आलवार)।

२. रासलीला तथा रासानुकरण विकास, पृ० ५-७।

"मंडलेन हि यत्स्त्रीणां गीतं हल्लीसकं तु तत् ,तदेव तालबन्ध-विशेषयुक्तं रासः।" भागवत की "सिद्धांत-प्रदीप टीका" का उद्धरण है — "रासो नाम बहुनर्तकी युक्तो नृत्य विशेषः स एव हल्लीश इति युगांतरे प्रसिद्धः।" "शारदातनय" ने दण्डरासक, तालरासक तथा मण्डलरासक — ये तीन भेद बताए हैं। शायद गुजरात का डाण्डी-नृत्य दण्डरासक का उदाहरण है। इसकी गणना लास्य-नृत्य में की जाती है। अपनी पुस्तक में कपिला वात्स्यायन ने सभी समूह-नृत्यों को, जिनमें युग्मों की प्रधानता रहती है, रास-नृत्य माना है।[1] उनके अनुसार ये रास-नृत्य वृन्दावन से तमिलनाडु और पूर्व में मणिपुर से गुजरात तथा दक्षिण-पश्चिम में मालाबार तक प्रचारित हैं।

श्री विश्वनाथ चक्रवर्ती ने अपनी भागवत-टीका में रास-नृत्य के स्वरूप का विस्तृत वर्णन किया है। उन्हीं की छाया में किशोरी प्रसाद ने[2] अपनी "विशुद्ध-रस-दीपिका टीका" में रास के पदन्यास, ताल, नृत्यगति, मुद्रा, भुजा-चालन, भ्रूविलास, कटि-संचालन एवं अन्य सात्त्विकों का वर्णन किया है। भागवत के अन्य टीकाकारों ने तथा कवियों ने रास-नृत्य पर बहुत-सी कविताएं लिखी हैं। भागवत में रास-नृत्य के चित्र को ध्यान से देखें —

बाहुप्रसारपरिरंभकरालकोरुनीवीस्तनालभननर्म नखाग्रपातैः।
क्ष्वेल्यावलोकहसितैर्व्रजसुन्दरीणामुत्तंभयन् रतिपतिं रमयांचकार। (१०.२९.४६)

अथवा

पादन्यासैर्भुजविधुतिभिः सस्मितैर्भ्रू-विलासै-
र्भज्यन्मध्यैश्चलकुचपटैः कुंडलैर्गंडलोलैः।
स्विद्यन्मुख्यः कवररसनाग्रन्थयः कृष्णवध्वो
गायन्त्यस्तं तडित इव ता मेघ चक्रे विरेजुः।
उच्चैर्जगुर्नृत्यमाना रक्तकंठ्यो रतिप्रियाः
कृष्णाभिमर्शमुदितः यद्गीतेनेदमावृतम्। (वही १०.३३.८-९)

नृत्य के समय गोपियाँ ठुमक-ठुमककर अपने पाँव कभी आगे बढ़ातीं और कभी पीछे हटा लेतीं। कभी गति के अनुसार धीरे-धीरे पाँव रखतीं, तो कभी बड़े वेग से चाक की तरह घूम जातीं। कभी भाव बतातीं, कभी मुसकातीं और कभी भौंहें मटकातीं। नाचते-नाचते उनकी कमर लचक जाती। उनके स्तन हिल रहे थे। वस्त्र उड़े जा रहे थे। केशों की चोटी ढीली हो गई। गा-गाकर कृष्ण के साथ नाच रही थीं, मानो मेघ-मण्डल के बीच बिजली चमकती हो। यह चित्र लोकनृत्य जैसा है !!

विद्यापति ने "निधुवन" में रास-नृत्य का चित्र इस प्रकार अंकित किया है —

बाजत द्रिगि द्रिगि धो द्रिमि द्रिमिञा।
नटति कलावति भाति श्याम संग करे करुताल-प्रबंधक धनिञा।
डमडम डम्फ द्रिमिकद्रिम मादल रुनझुन मंजिर बोल।
किंकिनि रन रनि बलया कनकनि निधुवने रास तुमुल उतरोल।
बीन रबाब-मुरज स्वरमंडल सरिगमपधनिस बहुविध भाव।

१. रासलीला तथा रासानुकरण विकास, पृ० १।
२. वही, पृ० ११।

धेटिता धेटिता धेनि मृदंग धुनि चंचल,सुरमंडल एक राव।
श्रमभरे गलित लुलित कवरी-युत मालति माल बिथारल मोति।

अर्थात् द्रिगा द्रिगं धो:द्रिम द्रिमि की ध्वनि हो रही है और नर्तकी श्यामसुन्दर के संग नाच रही है। सखियाँ ताल-प्रबन्ध कर रही हैं, मात्रा और ताल के बोल बोल रही हैं। डफ डम-डम बोल रहा है। करधनी रन-रन कह रही है और कंगना कन-कन कर रहा है। तुमुलनाद हो रहा है। बीन, सारंगी, पखावज, स्वरमण्डल पर सरेगमपधनि रागिनियों को साकार कर रहे हैं और मृंदग घेटिताधेनि की आवाज कर रहा है। श्रम के भार से खुली हिलती-डुलती वेणी में गुँथी मालती-माला छितरा गई है, मोती बिखर गए हैं।
सूरदास ने रास-नृत्य का वर्णन किया है —

गति सुधंग नृत्यति ब्रजनारि।
हावभाव नैनन सैनन दै रिझवत गिरिवर-धारि।
पग पग पटकि भुजनि लटकावति फूंदा फरनि अनूप।
चंचल चलत झूमका अंचल अद्‌भुत है वह रूप।
बेनी छूटि लटें बगरानी मुकुट लटकि लटकानौ।
फूल खसत सिर तें भए न्यारे, सुभग स्वातिसुत मानौं।

ब्रज-रस और वृन्दावन-रस के भक्तों और कवियों ने रास-नृत्य के सम्बन्ध में इतनी रचनाएं (संस्कृत और ब्रजभाषा दोनों में) की हैं, कि वह एक स्वतन्त्र अध्ययन का विषय बन सकता है। यहाँ कुछ उदाहरण प्रस्तुत हैं —

श्री गदाधर भट्‌ट की वाणी में रास नृत्य का चित्र —

करत हरि नृत्य नवरंग राधासंग लेत नव गति भेद चच्चरी ताल के।
बजत अनुसार द्रिमद्रिम मृदंगनिनाद झमकि झंकार किंकिनी जाल के।
तरल ताटंक तड़कित तड़ित नील नवजलद पै यों विराजत प्रियापास गोपालके।

श्री सूरदास मदनमोहन —

होड़ा होड़ी निरत करें रीझि-रीझि अंकभरें ततथेइ ततथेई रटत मगनमन।
श्रीसूरदासमदन मोहन रास-मंडल में प्यारी कौ अंचल लै-लै पोंछत हैं स्त्रमकन।

श्री हरिव्यासदेवाचार्य —

रासमंडल मधि निरतत मोहनी-मोहन वृंदावन नवनिकुंज सुंदर आनंदघन।
लागडाट उरपतिरप उघटत संगीत सुलप राग-रंग तान मान गान सुधर सप्त-सुरन।
निपुन हस्त भेद भास भ्रूविलास मंदहास, लिये हुलास भरे दोउ गौर साँवर तन।

गोविन्दस्वामी ने रास-नृत्य का ध्वन्यात्मक चित्र अंकित किया —

गिड़ि गिड़ि थुंग-थुंग तिरकिटथुंग एक चरन कर सों भले मृदंग बजावैं।
दूसरे कर चरन सों कठताल झं झं झं झपताल में अवघर-गति उपजाबैं।

नन्ददास —

नूपुर कंकन किंकिन करतल मंजुल मुरली।

ताल मृदंग उपंग रंग एकै सुर जुरली।
हार-हार में उरझि-उरझि बँहियाँ में बँहियाँ।
नील पीत पट उरझि-उरझि बेसर नथ महियाँ।

कृष्णदास ने नृत्य-बोल प्रस्तुत किये हैं —

बाजत मृदंग उघटत सुधंग तक्कुजिन कुजिन
दुमुकिटता दुमुकिटि धिलांग तक।
द्रग ना द्रग ना ना द्रगना दुमकि
ग नग रट तक तक धिन्न दुम दुम दुम।
तत् जिग जिग जिग, जिग जिग जिन्त जिं जिंत जिं जिंत।
गत बादल गरज सुरदामन लरज सु अलाप लेत खरज होत अनुपम तरज।
कृष्णदास प्रभुपास पूरनभयी आस नृत्य करत सो विलास,
दिग दिग थो दिग थो, दिग दिग थोंग।

हित रूपलाल-गोस्वामी की वाणी है —

ध्रिकि धिलाम ध्रिकि धिलाम धिलाम बाजत तकि तकि धिलाम
नाचत नयनाभिराम धकिट धकिट धिन्न।

रास के एक से एक अद्‌भुत चित्र हैं, किसे नकारें और किसे उद्धृत करें, यह भी एक दुविधा है।

३३.१५ ललिता गायन-चितचोरी

ललिता के गायन ने चित्त को चुरा लिया है। अष्टाचार्यों की वाणी में संगीत और ललिता अभिन्न-भाव से जुड़े हैं। कहीं वे वीणा बजाती हैं और कहीं गायन करती हैं — "ललिता ललित माधुरी गावत ललना-लाड़ लड़ाय। श्री सरसदास सुख रासि सहचरी देखत हियौ सिराय।" (श्री सरसदासजी), "प्रात समै नव कुंज द्वार पै ललिता ललित बजाई बीना" (श्री बिहारिनदेव)।

ललिता को प्रेम-सहेली कहा गया है। "रसदेश" में ललिता की कृपा से प्रवेश मिलता है। वे अंग-संगिनी निज सखी हैं। जैसे ब्रजरस-उपासना में गोपी आचार्य हैं, वैसे ही "रसदेश" की आचार्य ललिता हैं।

यहाँ ललिता-सखी प्रिया-प्रियतम को नित्य-विहार के लिए प्रेरित करती है। उल्लेखनीय है कि आज भी रासलीला के रंगमंच पर "ठाकुरजी" की आरती के बाद एक सखी आती है और एक वाक्य द्वारा विनती करती है — "हे प्रिया! प्रीतमजू! आपके नित्तरास कौ समय है गयौ ऐ, सो आप किरपा करके रासमंडल में पधारौ"। यह सखी ललिता हैं जो रासलीला की संयोजक हैं। ललिता निकुञ्ज-रस की उद्‌भाविका और निकुञ्ज-लीला की विधात्री हैं। भगवत-रसिक ने सखी-सम्प्रदाय की आचार्या ललिता-सखी को बताया है — "आचारज ललिता-सखी रसिक हमारी छाप।" स्वामी श्रीहरिदास ललिता-सखी के अवतार हैं और उनके नित्य-विहार में वे हरिदासी-सखी के रूप में सदा उपस्थित हैं। इस प्रकार हरिदासी-सखी अथवा ललिता यहाँ एक ही तत्त्व के रूप में स्वीकृत है, जिनके बिना नित्य-विहार सम्भव नहीं है। नित्य-विहार-रस को रसिकों ने ललिता-रस कहा है —

श्री ललितारस गर्व भरे वनराज कलोलें' अथवा 'ललित किसोरी ललित-रस वपु धर्‌यौ।

ललिता के प्राकट्य (श्रीहरिदास का प्राकट्य) के सम्बन्ध में श्री ललितकिशोरी का कथन है — "सुखरासि नवेली प्रगट भई? सहज लाड़ली नित्य विपिन की जीवन प्रान मई।" प्रियालाल यदि धन हैं तो धनी ललिता हैं। लाड़ली-लाल यदि खेल हैं तो ललिता खिलाड़ी हैं। नित्यविहारिणी राधा ललिता का हाथ पकड़कर कुञ्जमहल में आती हैं — "गहें ललित कौ पानि।" ललितकिशोरी जी ने यह रहस्य उद्घाटित किया है कि ललिता ही श्यामा-श्याम एवं समग्र परिवेश के रूप में प्रकट होती हैं —

लाल ललित लाड़ें ललित, ललित लड़ावत प्रेम।
ललित-प्रिये आनँद भरी, ललित केलि कौ नेम।
ललित बिहारिन ललित बिहारी, ललितहिं सेज सुरंग
ललित-रूप रसबस भये, बिलसत केलि अभंग।
ललित कुंज सुख पुंज है, ललितहि भूमि रसाल।
ललित रंग दोऊ रँगे, ललित केलि उर माल।
ललित लता उरझी रहैं, सुरझैं नहिं दिन-रैन।
ललित केलि सींचत रहैं, चितै-चितै मुख नैन।
ललित नयन की सैन लै, संथा पिय मोहे प्रान।
ललित रंग बरसन लगे, दोऊ रसिक-निधान।

श्रीललितकिशोरीजी का कथन है कि लाड़ली-लाल ललिता के लिए ही केलि करते हैं —

मेरी ललित महा सुखदाई।
जाके हित दोउ रहत लाड़ले, करत केलि मन भाई।

नित्य-विहार की परमगुह्य रसरीत की सृष्टा और द्रष्टा ललिता ही तो हैं, श्रीबिहारिनदेव के शब्द हैं — "श्री बिहारीदास धनधन ललितादिक जे सुख निरखत सहज सभागे।" जब सवेरा होता है तब ललिता ही वीणा बजाकर मंगलनाद करती हैं —

प्रात समै नवकुंज द्वार ह्वै, ललिता ललित बजाई बीना।

भगवतरसिक ने बताया है कि अनुराग ही ललिता-सखी के वस्त्राभूषण हैं और श्रीयुगल ही उनके हृदय के सहज-शृंगार हैं। ललिता प्रेमरस की महासमुद्र हैं और वे रूप, वयस, ऐश्वर्य और गुण की परमावधि हैं। ललिता-सखी नित्य-विहार लीला के लिए प्रिया-प्रियतम को छहों ऋतुओं का दान करती हैं, जिन्हें पाकर प्रिया-प्रियतम का मन मोद से भर उठता है। श्यामा-श्याम भोजन, शयन और विहार ललिता के अंक में ही करते हैं —

पट भूसन अनुराग सहज सिंगार जुगल उर।
रसनिधि रूप अनूप बैस ऐश्वर्य गुनन गुर।
लीला षट् ऋतु दान, मान मंजुल मन मोदी।
भोजन सैन विहार करैं ललिता की गोदी। (भगवतरसिक)

स्वामी हरिदास की रस-रीति में न राधा प्रधान है, न बिहारी प्रधान है, प्रधानता ललिता की है, इस सूक्ष्मता, इस सन्धि को रसिक सन्तों की कृपा से ही समझा जा सकता है। कुञ्ज में ललिता का साम्राज्य है। श्यामा-कुञ्जबिहारी उन्हीं की इच्छा के विग्रह हैं —

मनोरथ रूपी प्रिया लाल हैं मनोरथ रूपी कुंज।
मनोरथ रूपी सज्या सुरंग महासुखन की पुंज। (ललितकिशोरीदेव)

भगवतरसिक ने ललिता को बिहारी-बिहारिन के नित्य-विहार का बीज कहा है —

बीज विचित्र बिहारी-बिहारिन नाम ललित सरसाय।

एक पद में स्वयं श्यामाजू लाड़ले से कहती हैं —

भगवत पाँय परौ ललिता के, राज करौ चिर-सुखदाई।

एक अन्य पद में भगवतरसिक कहते हैं कि नित्य-विहार का सौभाग्य ललिताजी की कृपा के बिना नहीं मिल सकता —

जब ही मिलै सुहाग रीति ललिता की जानौं।

बिहारिनदेवजू ने ललिता को नित्य-विहार-रूपी कल्पवृक्ष का मूल बतलाया है — "एक मूल अस्थूल लों, द्वै सकंध समवैस।" लाड़ली-लाल इस कल्पवृक्ष के दो स्कन्ध या शाखा हैं। आगे वे कहते हैं —

तीन चना एक छोलका ऐसौ अर्थ विचार।
श्री बिहारी-बिहारिन दासि उर-अंचल बीच विहार।

एक छीमी में तीन चने हैं — लाड़ली-लाल और ललिताजू। ललिताजू अंगसंगिनी हैं, प्रेमसहचरी हैं, प्रिया-प्रियतम की निज-सहचरी हैं। परिकर की सखियों को इस रस का दान ललिताजी ही करती हैं। ललिता ही इस परमगुह्य-रस की प्रथम उपदेष्टा हैं। पूर्वाचार्य ललिता ने ही हरिदास-रूप में अवतार धारण करके इस रस-रीति को भूतल पर प्रकट किया। स्वयं लाड़ली-लाल ललिताजी से इस रस की याचना करते हैं। "प्रेम-सहेली के प्रेम कों गावत ललना-लाल।" ललिता लाड़ली-लाल के मन को इतना पहचानती है, जितना वे स्वयं भी नहीं जानते।

ललिता रसनिधि, गुणनिधि, लावण्यनिधि, सुहागभाग अनुराग निधि, रंगनिधि, प्रेमनिधि, आनन्दनिधि, प्रीति, चाह, हित, मिलननिधि हैं। यदि श्यामा-श्याम मेघ और दामिनि हैं तो ललिता हवा हैं, जिसकी तरंग में मेघ-दामिनि क्रीडा करते हैं। जैसे कान दो हैं परन्तु शब्द एक है, जैसे आँख दो हैं पर रूप एक है, वैसे ही श्यामा-श्याम दो हैं, पर दोनों का अनुराग एक है और उसका नाम ललिता है। वृन्दावन, प्रिया, प्रियतम और ललिता — ये चारों रस स्वरूप हैं। चारों ही प्रेम के उपादान हैं, चिन्मय हैं। लीला के लिए वे चार हैं परन्तु मूलतः वे एक हैं और अखण्ड हैं। "श्री राधा का क्रम-विकास" तथा "भारतीय वाङ्मय में श्रीराधा" नामक शोधग्रन्थ शशिभूषणदास एवं बलदेव उपाध्याय ने लिखे हैं। ललिता के सम्बन्ध में इस प्रकार का कोई अनुसन्धान अभी तक देखने का अवसर नहीं मिला है। "श्रीललितासहस्रनाम" तथा "श्रीविद्याः ललिता" जैसे अनेक भाष्य-ग्रन्थ हैं, सौन्दर्य-लहरी (शंकराचार्य) के अनेक भाष्य हैं जिनमें सहज-आनन्द की विग्रह ललिता के स्वरूप का विवेचन है, परन्तु आगे चलकर हिन्दी के भक्ति-साहित्य में ललिता-सखी का जो रूप है, उस पर कोई स्वतन्त्र अनुसन्धान यदि हुआ भी हो, तो उसकी सूचना मेरे पास नहीं है परन्तु यह समझना अत्यन्त आवश्यक है कि श्रीललिता रस-तत्त्व की पूर्वाचार्य हैं, उन्होंने नारदादि को इस तत्त्व का उपदेश किया था, परन्तु उसे (गोपनीयं प्रयत्नतः) प्रयत्नपूर्वक गोपनीय रखा गया, इसके बाद ललिताजी ने स्वामी हरिदास के रूप में अवतार लिया और हरिदासजी ने इस रस को प्रकाशित किया, यह मान्यता हरिदासी भक्तों की है। यहाँ प्रश्न यह उठता है कि पूर्वाचार्य ललिताजी ने रस-तत्त्व का जो आख्यान पूर्व में किया था, उसका क्या स्वरूप था और पूर्व-स्वरूप तथा नित्य-विहार "रसदेश" के स्वरूप

के बीच क्या सम्बन्ध है ? कौन-सी समानताएं हैं और कौन-सी असमानताएं हैं। इस सम्बन्ध में हमारा ध्यान वृन्दावन के ही रसिक-भक्त श्रीवंशीअलि (वि०स०. १७६४) की ओर आकर्षित होता है, जिन्होंने ललित-सम्प्रदाय का प्रवर्तन किया। उनकी मान्यता है कि एकमात्र ललिता का भाव ही श्रीराधा के चरणों की प्राप्ति का आलम्बन है। श्रीवंशीअलि ने "कृष्णात्परा तत्वं वृषभानुकन्ये" सिद्धान्त का प्रतिपादन किया है। वे मानते हैं कि ललिता ही नित्य-विहार की विधायिनी है। श्रीवंशीअलिजी ने कहा है कि कृष्ण आदि अखिल-भक्तों की ईश्वरी परात्परा राधा की कृपा ललिता के चरण-कमलों के आश्रय से ही सुलभ हो सकती है —

कृष्णाद्याखिलभक्तानामीश्वरी या परात्परा।
ललिताचरणांभोजसंश्रयात्सुलभा भवेत्। (राधासिद्धान्त, श्लोक ७६)

अथवा

ललिताभजनं यावद् हृदि नैवोपतिष्ठति।
तावद्राधापदांभोज-धूलिगंधोऽपि दुर्लभः।

ललिता के चरणों के बल से राधा की कृपा प्राप्त करने के लिए स्वयं श्रीकृष्ण भक्ति-भावित होकर नित्य-प्रति ललिता के चरणों का आश्रय लेते हैं। श्रीललिता की चरण-रेणु नारद, शिव और शुकादि के लिए भी दुर्लभ है, उनकी चरण-रेणु के कणों के पवन में उड़ने से कोटि-कोटि विष्णु का प्रादुर्भाव होता है —

जा रेणु वर कन पवन सों, नित कोटि विष्णु भव तलम्।
नारदेश शुकादि दुर्गम, महादीरघ तत्फलम् (ललिता-मंगल ५)

एक महत्त्वपूर्ण उल्लेख वंशीअलि ने हयग्रीव का किया है (हृदय-सर्वस्व दोहा २३,२४,२७) स्मरण योग्य है कि "ललितासहस्रनाम" के वक्ता हयग्रीव और श्रोता अगस्त्य हैं (ब्रह्माण्डपुराण) आगम में ललिता करुणा-रससागरा हैं। " हृदय-सर्वस्व" में वंशीअलि कहते हैं —

ललिता दोऊ जन प्रीति है, करुणा शक्तिस्वरूप। (१३)

श्री लाड़ली-लाल का नित्य-केलि-रस श्री ललिता के हृदय में नित्य विराजमान है, श्री ललिता दोनों की प्रीति स्वरूप हैं, परन्तु उनका निज रूप करुणा है।

"ललिता-मंगल" में वंशीअलि कहते हैं —

करुना, ललिता-शक्ति ललित द्वै विधि भई।
गौर स्याम हिय माँझ सु आपुन ही छई।

"हृदयसर्वस्व" में वंशीअलि जी कहते हैं —

अंग पटभूषन में सदा ललितरूप सों देखि।
सज्या रूपी है सदा नित मन माँझि विसेखि।
अंचल ही में दोऊ जन, जाके रहत सु नित्त।
वे श्रीसहचरी रूप हैं, एक प्रान त्रयमित्त।

श्यामा-श्याम का विहार श्रीललिता की गोद रूपी शय्या में होता है। दोनों ललिता के आँचल में ही नित्य-निवास करते हैं। सहचरि रूप श्रीललिता एक प्राण त्रय-मित्र रूप से प्रकट हैं।

जब सवेरा होता है, तब ललिता ही वीणा बजा कर और मधुर-स्वर में गाकर रंगमहल में लाड़ली-लाल को जगाती हैं —

लाड़ली लाल भुरहरें श्रीललिता बीन बजाय जगावें।
रैन रगमगी छवि निरखन कौं कछुक मधुर स्वर गावें।
समुझत जान उनींदे निस, जिय नाद-वाद बिरमावें।
जै श्री वंशीअलि लखि तरनि किरन नव अंचल ओढ़ि बचावें। (माधुर्यशत, पद ११)

श्यामा-श्याम के उनीन्दे-नयन देखती हैं, तो नया-आँचल ओढ़ा देती हैं और शोर नहीं होने देती। राधा और ललिता के बीच कैसा भाव-तादात्म्य है! राधा कहती हैं —

सहचरि करै सोई मोइ भावै, सहचरि मो मन ढारि ढरत है।
मो घर ललिता नैन पूतरिन, मो दृग ललिता रूप धरत है।

वंशीअलिजी ने "माधुर्यशत" में बताया है कि ललिता किस प्रकार निकुञ्ज का अवलोकन करती हैं —

श्रीललिता-बीन चिरैयन चहचर सुनि सुख दोऊ कसमसात।
एक वसन आवृत जद्दपि तऊ सरस तन-मन लपटात।
झीने बसन अलक दुहुँ गातन रतिमनसिज झलक न समात।
श्रीललिता वंशी दुरि देखत वारत जिय, पिय नैन सिरात।

वंशीअलि के शब्दों में नित्य-विहार सम्पूर्ण तत्त्व-दर्शन का सार-तत्त्व है, नित्य-विहार का सारससर्वस्व श्रीराधा हैं। श्रीराधा के हृदय में जो परम-आनन्द का उद्वेलन हो रहा है, वह ललिता हैं —

सब तत्त्वन कौ सार जो जुगल-विहार है।
ताहूकौ पर-सार कीरत सुकुमार है।
ता हिय कौ आनंद परम ललिता-लली।
ता पद भजन सजत निज यह मति अति भली। (ललितामंगल १८)

ललिता के रोमों में लाड़ली हैं और लाड़ली के रोमों में ललिता का निवास है। दोनों के परस्पर-प्रेम को देखकर उन्हें दो कौन कहेगा? दोनों ही परस्पर एक-दूसरे का ध्यान, गान और कथा कहती रहती हैं। वंशीअलिजी का कथन है कि दोनों ही फल-रूप हैं, दोनों ही यन्त्र है और दोनों ही यन्त्री हैं —

दोऊ परस्पर साधन दोऊ फल रूप हैं।
दोऊ जन्त्र दोऊ जन्त्री दोऊ निधि भूप हैं।

राधा और षोडशी-त्रिपुरसुन्दरी-ललिता के सम्बन्ध-सूत्र पर एक आख्यान पद्म पुराण में है, जहाँ अर्जुन राधा-तत्त्व के साक्षात्कार के लिए सहस्रदलकमलाकार-सरोवर में स्नान करके नारी-चेतना में संक्रमण करते हैं और त्रिपुरसुन्दरी का आश्रय लेते हैं। वृन्दावन में एक कथा कही जाती है कि एक बार राधा ने शृंगार किया। शृंगार करके दर्पण में अपनी छवि निहारने लगीं। प्रियतम पीछे खड़े होकर दर्पण में राधा के प्रतिबिम्ब को देखने लगे। उस सौन्दर्य के संभार को राधा नहीं सम्भाल पाती और मूर्छित हो जाती हैं और श्रीकृष्ण द्वारा देखी गई प्रतिबिम्ब-छवि ललिता का श्रीविग्रह बन जाती है। दर्पण का वह प्रतिबिम्ब, जिसे श्यामसुन्दर ने निहारा है श्यामसुन्दर जिससे मोहित हुए हैं,

वह सम्मोहन-विग्रह ललिता हैं। स्वामी श्रीहरिदासजी के ''रसदेश'' की ललिता का प्रेम-सहचरी रूप अद्‌भुत है, फिर भी यह सत्य है कि भक्ति-सम्प्रदायों में ललिता के विविध रूप हैं।

३३.१६ सुधंग, चंद्रागति घात, सप्तभाइभासा

सुधंग, चन्द्रागति और सप्तभाइभासा — ये तीनों पारिभाषिक शब्द हैं। सुधंग मुद्रा का नाम है? या नृत्य-गति का नाम है? सुधंग शब्द का प्रयोग तो व्यापक है —

महाप्रभु हितहरिवंश — ''विविध विसद वृषभानु नंदिनी अंग सुधंग दिखायौ।'' (पृ० ७३), ''बाजत मदुमृदंग नाचत सबै सुधंग'' (पृ. १२९), ''सरस नाचत सुधंग'' (पृ० १३६), ''नाचत सुधंगे'' (पृ० १३८), ''सुधंग नाचत नवलकिसोरी'' (पृ. १५४)।

सूरदास — ''गति सुधंग नत्यत ब्रज नारि'' (सूरसागर पृ० ६२४), ''गति सुंधंग सों भाव दिखावत इक तें इक राजत'' (वही पृ० ६०५)।

सुधंग यदि नृत्य-गति है, तो उसका स्वरूप क्या है? यह प्रश्न नृत्यशास्त्र का है। इसी प्रकार मृदंग पर चन्द्रागति घात की बात है। सप्तभाइ अर्थात् सात-भाव सात स्वर। सूरदास ने भी लिखा है — ''सात सुरनि के भेद बतावत नागरि रूप अनूप।''

३४

प्यारी जू, जब जब देखौं तेरौं मुख, तब तब नयौ नयौ लागत।
ऐसौ भ्रम होत मैं कबहूँ देखौ न री, दुति कौं दुति लेखनी न कागत॥
कोटि चंद तैं कहाँ दुराए री, नए नए रागत।
श्रीहरिदास के स्वामी स्याम कहत, काम की सांति न होइ, न होइ तृपति, रहौं निसदिन जागत।

३४.१ जब जब देखों . . . नयौ नयौ लागत

नित्य-विहार अनादि है, सनातन है। इसका रहस्य नवीनता में है? यदि प्रतिक्षण नवीनता न होती, तो उस सौन्दर्य-माधुर्य में आकर्षण समाप्त हो जाता। जिस फूल की सुगन्धि प्राप्त कर ली, उस फूल का आकर्षण समाप्त हो गया। जिस सौन्दर्य को भोग लिया, उसके प्रति रुचि घट गई। किन्तु नित्य-विहार सनातन इसीलिए है कि वह छिन-छिन नवीन है। एक बात ध्यान देने की है। रसिक-भक्तों ने क्षण की अनुभूति की है। वे काल को क्षण के रूप में अनुभव करते हैं, क्षण के रूप में पहचानते हैं —

> छिन छिन या सुखै कासों कहों, कुञ्जमहल श्री बिहार-बिहारिन केलि करत छिन ही छिन, छिन-छिन रंग बढौ दुहुँ ओर, छिन न बिहात जन्यों, छिन-छिन रंग बढै अति भारी, छिन-छिन आनंद अति ही लेना, नव-नव रति छिन-छिन प्रति, कुंजकुटी क्रीडत छिन-छिन माँ।

यहाँ क्षण का तात्पर्य समय की इकाई (सेकिण्ड) नहीं है। क्षण की अनुभूति है। युग-युगान्तर और कल्पकल्पान्तर क्षण ही तो हैं। आनन्द के अतिरेक में दिन (24 घण्टे) क्षण की तरह बीत जाता है। आनन्द का अनन्त पारावार। कल्पकल्पान्तर की गिनती करने के लिए किसी के पास ठाली-बैठे का समय हो, तो वह जोड़-बाकी करता रहे, किन्तु रसदेश में काल है कहाँ? काल होता, तो श्यामा-श्याम बूढ़े हो जाते। काल ही तो नए को पुराना बनाता है। काल ही नहीं है, तो व्यतीत होने के लिए है क्या? पहला ही क्षण है, और बस पहला ही क्षण है और सदा-सर्वदा पहला ही क्षण है। यही क्षण की अनुभूति है। इसलिए वहाँ सब-कुछ नया है। वहाँ सदा-सर्वदा नया ही रह सकता है। नित्य और नवता यहाँ अभिन्न है। नित्यता ही नवता है और नवता ही यहाँ नित्य है। केवल श्यामा-श्याम ही नित्य और नवीन नहीं है। वृन्दावन नवल है, निकुञ्ज भी नवल है, अनंग की तरंग भी नवल है, स्वर भी नवल है, हास-विलास भी नवल है। रूप भी नवल है, वयस् भी नवल है। सखियाँ भी नवल हैं। आनन्द भी नवल है। क्रीडा भी नवल है, अनुराग भी नवल है। शृंगार भी नवल है। फूल-पत्ते भी नवल हैं। कमल, मकरन्द और भौंरे भी नवल हैं —

> **नव वन नवल निकुंज सदन सुख नवल परस्पर हासि।**
> **नवल प्रिया पिउ नवल प्रेम बलि नवल नागरीदासि।**
> **नवल सेज सुख लीजै नवल नेह नव ख्याल।**
> **नवल केलि फूले करत, मन हरत नवल लाड़ली-लाल।**
> **नवलकिसोर नवल रूप नवल छवि पटतर देहुँ कहि काहि।**
> **नवल नैन मृदु बैन नवल सुख, जीवत है मुख चाहि।**
> **नवल एक-रस वैस नवल सखि नवल कामिनी-कंत।**
> **नवल विहार विलोकि नवल सखि नव आनँदहि न अंत।**

नवल हँसि रस रासि नवल नित, नवल विचित्र विनोद।
नवल ललक पलक न लगै, नवल मदन मद-मोद।
नवल दरस रस परसि नवल उर नवल लटकि लपटात।
नवल सुधाधर पान नवल कर नवल न नेंकु अघात।
नवल सुरत रति रंग नवल सखि नवल सहज अनुराग।
नवल विहार विवस नवनागर नवनागरि सहज सुहाग।
नवल प्रेम कौ नेम नवल नित, नवल सहज आनंद।
नवल प्रीति रस रीति नवल दोउ दिन दूलह, मकरंद।
नवल मनोजनि मौज चोज हित नवल दरसि मुख मौन।
नवल छैल छवि छुवत नवल अलि यह सुख बरनै कौन।
नवल कमल मुख नैन नवल अलि, पियत नवल मकरन्द।
नवल लाड़ली लाल नवल सुख, नवरति आनंद कन्द।[1]

नित्य-विहार में नवीनता की ऐसी अकथ-कथा है कि श्यामा-श्याम अनादि-काल से विहार कर रहे हैं, परस्पर-अवलोकन कर रहे हैं परन्तु ध्रुवदासजी कहते हैं कि उन दोनों की परस्पर पहचान ही नहीं हुई, क्योंकि क्षण-क्षण नवीन रूप है, नवीन सौन्दर्य और नवीन माधुर्य है —

आदि न अंत विलास करें दोऊ, लाल-प्रिया में भई न चिन्हारी।
नई-नई भाँति नई छवि कांति, नई नवला नवनेह बिहारी।
रहे मुख चाहि दिये चित आहि, परे रसरीत सुसर्वसु हारी।
रहें इकपास करें मृदुहास, सुनौ ध्रुव प्रेम अकत्थ कथा री।[2]

पल-पल नवीनता के भाव की गहराई के सम्बन्ध में विद्यापति ने लिखा है कि कितने ही विदग्ध-लोग रस का अनुमोदन करते हैं, परन्तु उसे अनुभव-प्रत्यक्ष करना दुर्लभ है। विद्यापति ने उस प्रीति को अनुराग कहा है, जो क्षण-क्षण में नवीन बन जाती है। नागरी अपनी सखी से कहती है कि मैंने जीवन-पर्यन्त उसके रूप को निहारा परन्तु आँखें तृप्त नहीं हो सकीं। मैंने प्रत्येक क्षण उसके अमृत जैसे वचनों को सुना, परन्तु लगता है जैसे मेरे कर्ण-विवर में उनका स्पर्श तक नहीं हुआ। वसन्त की कितनी रातें साथ रह कर बिताईं परन्तु मैंने जाना ही नहीं कि केलि कैसी होती है ? मैंने युगों-युगों तक उसे अपने हृदय में बसाया परतु हृदय में जुड़न अभी तक नहीं हो सकी। तुम मेरा अनुभव पूछती हो, परन्तु मैं अभी भी बता नहीं सकती कि प्रेम और सौन्दर्य का यह कैसा रहस्य है —

सखि कि पूछसि अनुभव मोए।
सोइ पिरीत अनुराग बखानिअ तिल-तिल नूतन होए।
जनम अवधि हम रूप निहारिल नयन तिरपित भेल।
वचन अमिय रस अनुखन सूनल श्रुति पथपरस न गेल।

---

१. रससागर : नागरीदेवजू की वाणी, पृ० ५६७।
२. बयालीसलीला।

कत मधुयामिनि रभसे गमाओलि न बुझल कइसन केलि।
लाख-लाख युग हिय हम राखिल हृदय जुडन नहिं भेलि।
कत विदगध-जन रस अनमोदल अनुभवि काहु न पेखि।
विद्यापति कह प्राण जुड़इते लाखों न मीलल एक।[१]

नवीनता की अनुभूति का एक उदाहरण श्रीरूपगोस्वामी के शब्दों में —

यदा-यदा पश्यसि माधवं पुरस्तदा-तदेवास्य वदत्यपूर्वताम्।
नवःसदास्यात् किमयं तवाथ रागोन्मदे विस्मयतः किमक्षणी।[२]

हे राधे, तुम जब-जब भी माधव को सन्मुख देखती हो, तभी-तभी उनकी अपूर्वता का वर्णन करती हो। क्या वे सदा नवीन हो जाते हैं या रागोन्माद से तुम्हारी आँखें ही विस्मित रहती हैं। ''सूरसागर'' में नवल-किसोर नवल-नागरी का चित्र है —

नवल किसोर नवल नागरिया।
अपनी भुजा स्याम भुज ऊपर स्याम भुजा अपने उर धरिया।
क्रीडा करत तमाल तरुन तर स्यामा-स्याम उमँगि रस भरिया।
यों लिपटाय रहे उर उर ज्यों, मरकत मनि कंचन में जरिया।[३]

श्रीहितप्रभु ने नवनेह के रंग का चित्रण इन शब्दों में किया है —

नयौ नेह नवरंग नयौ रस नवल श्याम वृषभान किशोरी।
नव पीतांबर नवल चूनरी, नई-नई बूँदन भींजत गोरी।
नव वृंदावन हरित मनोहर, नव चातक बोलत मोर-मोरी।
नव मुरली जु मलार नई गति, स्त्रवन सुनत आये घन घोरी।[४]

३४.२ काम की संाति न होइ, न होइ तृपति

प्रियतम कहते हैं काम की शान्ति नहीं होती, प्यास बढ़ती ही जाती है। ध्यान देने योग्य बात है कि जब रति पूर्णतया पुष्ट हो जाती है तब उपरति (उपराम की मनःस्थिति) हो जाती है, परन्तु नित्य-विहार में मिलन में मिलने की प्यास है। पूरा मिलन होता कहाँ है? तब काम की शान्ति का भी प्रश्न नहीं उठता। यहाँ नित्य का विहार है, नित्य है रस, नित्य है प्रेम। काम अनित्य है, यदि काम का विहार होता, तो काम की शान्ति (तृप्ति) हो जाती, परन्तु यहाँ तो काम बेचारा तरस रहा है —

कामकेलि अरुझे रहैं, सुरझैं नहि दिन रैन।
श्रीबिहारी-बिहारिनदास-सुख, कहत बनै नहिं बैन। — स्वामी बिहारिनदास

---

१. विद्यापति-पदावली, बिहार राष्ट्रभाषा-परिषद, तीसरा भाग, पृ० २७६।
२. दानकेलिकौमुदी।
३. सूरसागर, पृ० ५०२।
४. श्रीहितचौरासी पृ० १०४।

कामकेलि में उलझे प्रिया-प्रियतम कभी सुलझते ही नहीं, अलग ही नहीं होते। ललितकिशोरीजी की वाणी है — "तन मन उरझे प्रान दोउ, सुरझत व्याकुल होंइ।"

ललित लता उरझी रहें सुरझें नहि दिन रैन।
ललित केलि सींचत रहें, चितै चितै मुख नैन।

ललितकिशोरी ने नित्य-विहार के काम-तत्त्व को कई उदाहरणों द्वारा स्पष्ट किया है। एक जगह वे कहते हैं कि सूर्य की किरण के ताप से जल प्रकट हुआ और सूर्य की किरण में ही समा गया। शीत-ऋतु में पाला पड़ता है, प्रात:काल पत्तों पर बूँद दिखाई देती है, सूरज आकाश में चढ़ता है, बूँद सूर्य की किरण में विलीन हो जाती है—

मन सों उमँग्यौ मनहि मिल्यौ, यह गौर स्याम कौ काम।
ज्यों सूरज की किरन में, प्रगट नीर विश्राम।
जहाँ काम तहँ प्रेम है, जहाँ प्रेम तहाँ काम।
इन दोउन की संधि में, विलसत स्यामा-स्याम।
ललित केलि विलसत रहें तापर चाह अपार।
तृपति न मानत नेंक हू, लेत महा सुखसार।
ज्यों अनादि है जुगल वर, त्यों अनादि है काम।
प्रेमसिंधु मनसिज तरंग, बिहरत स्यामा-स्याम।

प्रेम-रस से प्रतिपल भीगे रहते हुए भी प्रेमी-युगल का तन-मन मिलन के लिए व्याकुल बना रहता है। यही व्याकुलता संयोग को नित्य नवीन बनाए रहती है —

भोगत भोगी एक रस, उमँगि-उमँगि अकुलात।
तृपति न कबहुँ होत पिय, तन-मन व्याकुल गात॥

हो प्यारी! ऐसी जिय होत, जो जिय सों जिय मिलै, तन सों तन समाइ लैउँ तौ देखौं कहा।
तोही सों हिलगि आँखिन सों आँखें मिली रहें, जीबन कौ यहै लहा॥
मोकों इतौ साज कहाँ री प्यारी! हौं अति दीन तुव बस, भुव छेप न जाइ सहा।
श्रीहरिदास के स्वामी स्याम कहत, राखि लै बाहुबल, हौं बपुरा काम दहा।

३५.१ आँखिन सों आँखें मिली रहें जीवन कौ यहै लहा

वह रस एक है, अखण्ड है, परन्तु आनन्द अपने ही आनन्द की अनुभूति के लिए, सौन्दर्य अपना ही साक्षात् पाने के लिए, माधुर्य अपने ही आस्वाद के लिए दो रूपों में व्यक्त होता है, यदि प्रेम सौन्दर्य में समा जाए तो सौन्दर्य का आस्वाद कैसे होगा? नयनों की चरितार्थता या प्रयोजन सौन्दर्य है, सौन्दर्य का अवलोकन है। सौन्दर्य की प्यास ही तो नेत्रों के रूप में व्यक्त हुई है। नयनों के लिए सौन्दर्य है और सौन्दर्य के लिए नयन हैं।

आगे लालजू कहते हैं — "मेरी आँखें तुम्हारी आँखों से हिलगी रहे, तुम्हारी आँखों में निरंतर झाँकता रहूँ, यही जीवन का लाभ है।" यह कहते-कहते लाल दीन हो गए, बोले — "प्यारी! मुझमें इतना सामर्थ्य नहीं है कि तुम्हारी भृकुटि के टेढ़ेपन को, तुम्हारे मान या रूठन को सम्भाल सकूँ। मैं तो अति दीन हूँ, तुम्हारे रूप-रस का याचक हूँ, तुम्हारे अधीन हूँ।"

श्रीहरिदासी बता रही हैं कि यह कहते-कहते लाड़ले विह्वल हो गए, कहने लगे — "मैं बेचारा गरीब काम की वेदना से व्याकुल हूँ। हे प्यारी! आप अपने बाहुबल से मेरी रक्षा करें। अपनी भुजाओं में आश्रय प्रदान करें।" श्री ललितकिशोरीजी ने इस पद की भावभूमि पर साखी लिखी है —

ऐसी जिय में होत है, जियसों जिय मिल जाय।
तन सों तनहि समाय ल्यों तौ, नैना अति अकुलाय।
नैनन रूप अहार है, निरखि-निरखि सुख पाय।[1]

इसी भावभूमि पर श्रीनागरीदेवजू ने लिखा —

तू तन तू मन में बसी, तू मम जीवन प्रान।
तू सरबस धन मानिनी दै मोहि मान रतिदान।
भामिनि, तुव भुवक्षेप हो, मोपै सह्यौ न जाय।
अंचल पल अलकावली के अंतर मन अकुलाय।
मो मन ऐसी होत है प्यारी तो तन में मिलि जाहुँ।
तुव मुख चंद चकोर लों नैना पान करत न अघाउँ।[2]

स्वामीजी ने दर्शन, निहारने, अवलोकन, दृष्टि-रस के सम्बन्ध में अनेक पंक्तियाँ लिखी हैं—

ऐसें ही देखत रहों जनम सुफल करि मानों, देख देख फूल भई, बाहु सों बाहु मिलाय रहे मुख निहारी, चितवत दीठ टरत नहिं इत उत, तुम्हें देखौ चाहत और सुख लागत काहीं, बिन देखें जीजै, आँखिन आगें ही तू आउ,

---

१. श्री निकुंजविहारिनी : रससागर पृ० ८३३।
२. वही, पृ० ५९६ (६८)।

इकटक रहे हरि हेरी, देखौ मेरी आँखिन सुख, ऐसें ही देखौ चाहत, प्यारी तेरौ बदन चंद देखें आदि।

यदि एक पल को भी दृष्टि में विक्षेप हो जाए, तो आकुल-व्याकुल हो जाते हैं। जब देखते हैं तो मन स्पर्श के लिए व्याकुल हो जाता है। स्पर्श करते हैं, तब पुनः देखने को मन करता है —

जब दरसें तब परसन चाह, जब परसें तब दरसन दाह।[१]

ललित किशोरी कहते हैं कि श्यामा-श्याम परस्पर दरस-परस में उलझे हुए हैं —

दृष्टिरूप कौ पान है, तन काम केलि कौ भोग।
यह रसरीत बिहार की, गौर-स्याम संजोग।[२]
दरस-परस झुकि-झुकि मिले, तन मन हिये समाय।[३]
दरस परस उरझे दोउ, सुरझि न नेंक सिहाय।[४]
दृष्टिभरी है रूप रस, मनसिज रँगे विहार।
तन मन हुलसे परस कौं, एक प्रेम इकसार।
तनमन पिघले मैन रति, परस हेत अकुलाय।[५]
छल बल तकें दरस के हेत, मुख छबि दरसि अंग संकेत।[६]

चञ्चल-प्रेम का स्वभाव ही है कि वह छिन-छिन रति का चाव बढ़ाता है । जैसे रात जाती है और दिन फिर आ जाता है, इसी प्रकार जो विहार किया था, उसे भूल गए और रति का भाव पुनः उमँगने लगा। रति को देखकर काम तन-मन में पुलकित हो गया है और रति अनेक गुणों के साथ सजकर अंग-संग विलस रही है। अंग-अंग आबद्ध है, मानो दामिनी से बादल लिपट गया हो। स्पर्श करने के लिए लाल छल-बल से देखते हैं, आँखों से कटाक्ष करते हैं, अंगों से संकेत करते हैं और बात करते हुए मदन-मोद उपजाते हैं। प्रेम और काम। दरस, रूप-रसपान प्रेम है और परस काम है। विहार काम और प्रेम की सन्धि में हैं। एक जगह स्वामीजी ने कहा — "ऐसें ही देखते रहौं जनम सुफल करि मानों।" यहां पुनः कहते हैं — "आँखिन सों आँखें मिली रहें जीवन कौ यहै लहा।" जीवन का लाभ यही है कि देखता रहूँ, निरन्तर देखता रहूँ। राममूर्ति त्रिपाठी ने कहा था —

> हम लोग समझते थे कि चतुर्थ-पुरुषार्थ से बड़ा पञ्चम-पुरुषार्थ — प्रेम या भक्ति ही अध्यात्म-राज्य की ऊर्ध्वतम-सम्भावना है परन्तु वृन्दावन के इन उपासकों की ओर ध्यान गया, तो लगा कि उसके भीतर भी एक से एक ऊर्ध्वतर, ऊर्ध्वतम सम्भावनाएं निहित हैं। यह रस ब्रज-रस है, उससे घनीभूत वृन्दावन-रस है और उससे भी घनीभूत नित्य-विहार, जिसका उत्स अन्यत्र कहीं नहीं, उपासक के अपने हृदय में है, न वह कहीं से निक्षिप्त है और न कहीं अन्यत्र से आता है।[७]

---

१. श्री निकुंजविहारिनी : रससागर, पृ० ८०९।
२. वही, पृ० ८२२।
३. वही, पृ० ८१३।
४. वही, पृ० ८२९।
५. वही, पृ० ८१२।
६. वही, पृ० ८१०।
७. दे० रसनिकुंज, रसोपासना पीठ, वृन्दावन।

३५.२ अतिदीन तुव बस

केलिमाल में अष्टाचार्यों की वाणी में तथा नित्य-विहार की राधावल्लभीय-परम्परा के उपासकों की भी वाणी में श्रीश्यामाजू के समक्ष बिहारीजू अत्यन्त दीन-भाव में है। महाप्रभु हितहरिवंशजी कहते हैं —

> **प्रीत की रीत रँगीलौई जानें।**
> **जद्दपि सकल लोक-चूड़ामणि दीन अपनपौ मानैं।**

बिहारिनदेवजू कहते हैं —

> **गर्वसिरोमनि लाड़ली दीन-सिरोमनि लाल।**

श्री कृष्ण उपासक हैं, उपास्या हैं राधा, ऐसे भाव चण्डीदास के पदों में भी हैं —

> **उठिते किशोरी बसिते किशोरी किशोरी गलार हार।**
> **किशोरी भजन, किशोरी पूजन किशोरी चरण सार।**

अथवा

> **जपते तोमारनाम वंशीधारी अनुपाम तोमार वरणे परिवास।**

एक अन्य पद में श्रीकृष्ण कहते हैं कि "राधा (राइ)[१], मेरी गति तुमही हो।"

> **राइ, तुमसे आमार गति। आमार भजन तोमार चरण, तुम रसमय निधि।**

---

१. राधा के लिए राइ सम्बोधन की परम्परा ब्रज के कार्तिक गीतों में विकसित हुई। "राई दमोदर" के गीत कार्तिक-स्नान के आनुष्ठानिक गीत हैं।

३६

आज रहसि में देखियत प्यारीजू! एक बोल माँगौं जो लिख देहु।
साखी तेरे नैन दसन कच कुच कटि नितंब जो लिख देहु॥
प्रीत द्रव्य रुचि ब्याज परसपर मन बच क्रम कर लिख देहु।
श्रीहरिदास के स्वामी स्यामा प्यारी पै बोल बुलाइ लियौ लिख देहु॥

३६.१ प्रीति द्रव्य रुचि ब्याज

प्रेम के व्यापार का कैसा रहस्य है, जहाँ रूपाकर्षण तो प्रेम-धन का ब्याज है, जिसको वसूल करने का दावा बिहारीजू करेंगे पर दावे के गवाह होंगे प्यारीजू के अंग-प्रत्यंग। कपोल, उरोज, नीवी, नाभि, अधर, नेत्र दसन, कटि, नितम्ब, केश — ये रति के केन्द्र हैं। ललितकिशोरीजी की वाणी है — "षटअंगनि के मध्य में जुग रस प्रेम-समान।"

प्रीति और रुचि का अन्योन्य-सम्बन्ध है। रुचि मन का स्वाभाविक ढरकाव है। जैसे जिधर ढलान होती है, पानी उधर ही अपना रास्ता बना लेता है, उसी प्रकार मन भी उसी ओर प्रवाहित हो जाता है, जिधर मन की रुचि होती है। रुचि क्यों होती है, कैसे होती है, इधर क्यों नहीं होती, उधर क्यों होती है, ऐसे सवालों का कोई उत्तर नहीं है क्योंकि रुचि में किसी तर्क के लिए स्थान नहीं है। सूरदास कहते हैं —

ऊधौ मन माने की बात।
दाख छुआरा छाँड़ि अमृत-फल बिस-कीरा बिस खात।
ज्यों पतंग हित जानि आपनों दीपक सों लपटात।
सूरदास जाकौ मन जासों सोई ताहि सुहात।

विष का कीड़ा अंगूर जैसे अमृत-फल को छोड़कर विष को खाता है। चकोर अंगारा खाता है, भौंरा कमल-पत्र में बँध जाता है, पतंगा दीपक पर मँडराता है, हरिण नाद की ओर आकर्षित होता है। क्यों? इसका उत्तर रुचि ही हो सकता है। कहा जाता है कि लैला असुन्दर थी, मजनूं ने कहा मेरी आँखों से देखो। यह रुचि है। किसी को आम अच्छे लगते हैं, किसी को अमरूद अच्छे लगते हैं। एक दोहा है —

समै-समै सुंदर सबै, रूप कुरूप न कोय।
जाकी रुचि जेती जितै तित तेती रुचि होय।

रुचि में विचित्रता होती है — "रुचीनां वैचित्र्याद् ऋजु कुटिल नाना पथ जुषां।" रुचि-वैचित्र्य ही कारण है कि उपासना के अनेक सरल और टेढे रास्ते हैं। रुचि के मायने है भा-जाना, भावर। रुचि का बार-बार उल्लेख किया गया है — "रुचि के प्रकास परस्पर खेलन लागे।" सौन्दर्य के स्वरूप-निर्धारण में रुचि की महत्त्वपूर्ण भूमिका है। स्वामीजी कहते हैं कि यदि प्रीति मूलधन है तो रुचि ब्याज है। प्रीति से रुचि बढ़ती है। चक्रवृद्धि-ब्याज से मूलधन बढ़ जाता है।

जिस-प्रकार "केलिमाल" में ऋण-ब्याज का दस्तावेज लिखने का प्रसंग है, उस प्रकार का एक सन्दर्भ "विद्यापति-पदावली" में भी है। सौदा होता है, उसकी बही लिखी जाती है। वहाँ राधा ने तिरछी नज़र का मूल्य देकर कृष्ण को खरीद लिया। वहाँ दुकान का मालिक वसन्त है और कामदेव मध्यस्थ या आढ़तिया है। रसीद लिखने वाला कोयल है। कमल-पराग स्याही है। भ्रमर-पद कलम है तथा चन्द्रमा गवाह बना है। रतिरंग

बही है और लिखने का पारिश्रमिक है — मान —

बड़ कौशल तुम राधे, किनल कन्हाइ लोचन आधे।
ऋतुपति हटबए नहि परमाद, मनमथ मद्यथ उचित मूलवादी।
द्विज-पिक लेखक मसिमकरन्दा कांप भमर-पद साखी चंदा।
बहि रतिरंग लिखापन माने श्री शिवसिंह सरस कवि भाने।[१]

विद्यापति के एक अन्य पद में राधा कहती है कि — हे माधव, यदि तुम मेरा नेह चाहते हो, तो कामदेव को साक्षी करके शपथ-पत्र लिखो कि मैं किसी अन्य युवती को देखूँगा भी नहीं और केलिकदम्ब विलास छोड़ दूँगा। रात-दिन तुम्हारे ही गुणों का गायन करूँगा। हे माधव, मैं तुमसे मर्म की बात तो तभी करूँगी —

तुहु यदि माधव चाहसि लेह, मदन साखि कर खत लिख देह।
मो बिन सपन न हेरब आन, हामारि बचने करबि जलपान।
रजनी दिवस गुन गाय विभोर, आन युवती कोई ना करबि कोर।[२]

---

१. विद्यापति-पदावली, द्वितीय भाग, बिहार राष्ट्रभाषा परिषद, १९६७ पृ० २९१।
२. विद्यापति-पदावली, कुमारस्वामी, इन्दिरा गांधी राष्ट्रीय कला केन्द्र, पृ० २९९।

३७

प्यारी, तेरी बाँफन बान सु मार लागैं, भौंहें ज्यों धनुष।
एक ही बार यों छूटत, जैसैं बादर बरसत इन्द्र अनख।
और हथियार को गनै री, चाहनि कनख।
श्रीहरिदास के स्वामी स्यामा कुंजबिहारी सौं प्यारी! जब तू बोलत चनख-चनख।

३७.१ और हथियार को गनै री

प्यारीजू के अंग-प्रत्यंग में हथियार ही हथियार हैं, लेकिन उन हथियारों की गिनती भला कौन करेगा और कब करेगा? धनुष-बाण के अमोघ प्रभाव से, अचूक प्रहार से ही बच पाना असम्भव है। आकर्षण, द्रावण या कहीं संक्षोभण, वशीकरण, सम्मोहन (या कहीं शोषण भी बतलाया है) और उन्मादन — ये काम के पाँच बाण बताए जाते हैं। "नेंकु लखें बस भये लाड़ले" (ललितकिशोरी)। प्रियतमा ने तनिक देखा ही तो था, और लाड़ले प्यारी के अधीन हो गए। प्यारी ने देखा और प्रियतम पर जैसे "बीजुरी गिर पड़ी" — "एक ही बार यों छूटत जैसें बादर बरसत इंद्र अनख", इन्द्र ने क्रोध में भरकर प्रलयकारी मेघों की वर्षा कर दी। प्यारी ने देखा और प्रियतम स्तम्भित हो गए, चकित रह गए, विवश हो गए।

यह प्रहार सामान्य प्रहार नहीं है। सामान्य प्रहार शरीर पर होता है। यह प्रहार संक्षोभण है, उन्मादन है। कामभाव का जगना, मन का उद्वेलित होना, मद का आवेग होना — मदन। मदन का आवेग प्यारी के नेत्रों से बाण की तरह चला और प्रियतम के तन-मन में व्याप गया। सूरदास के शब्दों में कहें तो नयन का बाण चला और मन का मृग बिंध गया —

मन मृग बेध्यौ नैन-बान सों।
गूढ भाव की सैन अचानक, तकि ताक्यौ भृकुटी-कमान सों।[१]

सूरदास ने भृकुटि को काम-को दण्ड बतलाया है। महाकवि जयदेव ने भी "गीतगोविन्द" में राधा की अपांग भंगिमा को बाण और भौंहों को धनुष बतलाया है — "भ्रूपल्लवो धनुरपांग तरंगितानि बाणा गुण: श्रवण पालिरिति स्मरेण।"[२]

जयदेव के शब्द हैं — "भ्रूचापे निहित: कटाक्ष विशिखो निर्मातु मर्म व्यथाम्"[३] श्रीकृष्ण कहते हैं — "हे राधे, आपके भ्रू-धनुष से छोड़े गए कटाक्ष-बाण मेरे हृदय को निदारुण पीड़ित करें।" प्रहार हो रहा है, पीड़ा हो रही है परन्तु प्रियतम कह रहे हैं — एक तीर और मारो।

जयदेव कहते हैं कि कामदेव को जो द्रावण, आकर्षण, वशीकरण, सम्मोहन, उन्मादन जैसे पाँच बाण प्राप्त हुए हैं और जिनसे वह संसार को जीतकर विजयी हुआ है — जगद्विजयी, वे पाँच बाण उसे श्रीराधा से ही तो प्राप्त हुए थे और सम्पूर्ण जगत् को निर्विशेष रूप से जीतकर उसने ये पाँच बाण इन आँखों की स्वामिनी तथा अपनी विजय की जंगम-देवता श्रीराधारानी को पुन: अर्पित कर दिए —

---

१. सूरसागर, पृ० ९१२।
२. गीतगोविन्द, पृ० १४१।
३. वही, पृ० १४३।

तस्यामनंग जय जंगम देवताया मस्त्रांणि निर्जित जगंति किमर्पितानि।[१]

शंकराचार्य "सौन्दर्यलहरी" में कहते हैं —

धनुः पौष्पं मौर्वी मधुकरमयी पंचविशिखाः
वसंत सांमतो मलय मरुदा योधन रथः।
तथाऽप्येकः सर्वं हिमगिरिसुते कामपि कृपा-
मपांगात्ते लब्ध्वा जगदिदमनंगो विजयते। (श्लो. ६)

जिस काम के पास अपना शरीर तक नहीं है, अनंग है। पुष्पों का धनुष है, पुष्पों का बाण है, भ्रमरावली की प्रत्यञ्चा है, वसन्त जैसा सुकुमार सखा है तथा मलय-पवन का युद्धरथ है। इतना सुकुमार-योद्धा जगद्विजयी बन गया। "मुनीनामप्यंतः प्रभवति हि मोहाय महताम्।" महात्मा और मुनिजनों के मन को भी मोहित करने में सफल हुआ, स्वयं शिव भी विक्षुब्ध हो गए — "पुररिपुमपिक्षोभमनयत्।"

जहाँ तक भौंहों को कामदेव के धनुष के उपमान की बात है, तो शंकराचार्य "सौन्दर्यलहरी" में कहते हैं — "**धनुर्मन्ये सव्येतरकरगृहीतरतिपतेः।**"(४७)

नेत्र काम-बाण हैं —

इमे नेत्रे गोत्राधरपतिकुलोत्तंसकलिके
तवाकर्णाकृष्टस्मरशरविलासं कलयतः। (५२)

श्रीरूपगोस्वामी ने "उज्ज्वलनीलमणि" के नायिका-भेद प्रकरण में राधा की भौंहों को कामदेव का धनुष बतलाया है —

भ्रुवोर्विक्षेपस्ते कवलयति मीनध्वज धनुः। (श्लोक सं.२९)

विद्यापति के शब्दों में "बाँक कमान भोंह जुग बंकिम लोला लोचन बान"।

मलिकमुहम्मद जायसी ने भी पद्मावती की भौंहों और नेत्रों को धनुष और बाण बतलाया है —

भोहें स्याम धनुक जनु ताना, जासहुँ हेर मार विष बाना।
हनें धुनें उन भोंहनि चढ़े, केहि हथियार काल अस गढ़े।
भोंह धनुक धनि धानुक दूसर सरि न कराइ।
गगन धनुक जो आगें, लाजहिं सो छपि जाइ।

ललितकिशोरीदेव की वाणी है —

भोंहन धनुष चढ़ी है कोर, बाँफिन बान फोंक धरे जोर।

सूरसागर में नयन में अभिव्यक्त होने वाले भावों, प्रहारों का बहुत अधिक विस्तार है, अन्तर यह है कि स्वामीजी के रसदेश में राधा के नयनबाण चलते हैं और कृष्ण आहत होते हैं, जबकि सूर के भावलोक में कृष्ण की प्रधानता होने के कारण आकर्षण का केन्द्र कृष्ण हैं और राधा कहती हैं —

देखि री हरि के चंचल नैन।
खंजन मीन मृगज चपलाई, नहिं पटतर इक सैन।[२]

---

१. श्रीगीतगोविन्दम् (गौड़ीय वेदान्त), पृ० १४१।
२. सूरसागर, पृ० ८७७।

"रसदेश" में राधा ने देखा और कृष्ण वशीभूत हो गए जबकि सूर के ब्रजभाव-लोक में देखिए —

मेरौ मन गोपाल हर्‌यौ री।
चितवत ही उर पैंठि नैन मग, ना जानों धों कहा कर्‌यौ री।
मातपिता पति बंधु सजन जन, सखि आँगन सब भवन भर्‌यौ री।
लोकवेद प्रतिहार पहरुआ, तिनहू पै राख्यौ न पर्‌यौ री।
धर्मधीर कुलकान कुंजी कर, तिहि तारौ दै दूर धर्‌यौ री।
पलक कपाट कठिन उर अंतर, इतेउ जतन कछुवै न सर्‌यौ री।
बुधि विवेक बल सहित सँच्यौ पचि, सुधन अटल कबहू न टर्‌यौ री।
लियौ चुराय चित्त री सजनी, सूर सोच तनु जात जर्‌यौ री।[१]

आँखों में आँख डाली और कन्हैया ने मन चुरा लिया। पता नहीं, उसने कैसे क्या किया? आँगन में माता-पिता-बन्धु, सजन सभी बैठे थे, आँगन भरा हुआ था। लोक और वेद के दो पहरेदार लट्‌ठ लिए बैठे ही रह गए। वे भी उस चोरी को रोक नहीं पाए। धर्म, धैर्य और कुलकान की तिजोरी में ताला बन्द करके चित्त को छुपाया था। पलक के किवाड़ थे, कठोर-हृदय में बड़े यत्न से सुरक्षित किया था। बुद्धि और विवेक-बल से उस चित्त के धन को सञ्चित किया था परन्तु प्रियतम के नेत्र ने एक बाण चलाया और सब देखते रह गए — "नंद के लाल हर्‌यौ मन मोर।" मेरा मन सबसे पलट गया — "सुधि बुधि कछ न रही उत चितवत मेरौ मन उन पलटि लियौ री।" जिस दिन से श्यामसुन्दर को देखा — "ता दिन तें मेरे इन नैंनन नेकहुँ नींद न लीनी।" काम व्यथा बढ़ गई — "काम विथा तनु बाढ़ी री।" ब्रजभाव-लोक में मूलबिंदु का नाम कृष्ण है और "रसदेश" में मूल-बिंदु राधा हैं। यह अन्तर बड़ा स्पष्ट और सुलक्ष्य है। "ठाकुर ठग्यौ लग्यौ सँग डोलत इहि लेखे ठाकुर ठकुराइन।" कोई उसका सर्वस्व लूट ले, और वह आगे-पीछे लगा रहे, लाल की यहाँ वही स्थिति है।

सामान्य-दृष्टि से नेत्र काम का द्वार है। नेत्र से नेत्र मिलते हैं और कामोत्सव बन जाता है। काम-भाव के जगने से जो-जो मन की गतियाँ होती हैं, उनका बड़ा विस्तृत वर्णन सूरदास के काव्य में हैं —

- **नैन कटाछ चारु अवलोकन मो तन गये बसाय।**
- **नैनन निरखि बसीठी कीन्ही।**
- **राधा निरखि भूली अंग।**
- **नंदनंदन रूप पर गति-मति भई तनु पंग।**
- **मोहन-वदन विलोकत अँखियन उपजत है अनुराग।**
- **हरिमुख निरखत नैन भुलाने।**
- **लोचन रोम-रोम प्रति माँगों।**
- **मन बिगर्‌यौ येउ नैन बिगारे।**

सूरसागर में एक स्थल पर स्वयं कृष्ण गोपी से कहते हैं —

१. श्रीगीतगोविन्दम् (गौड़ीय वेदान्त), पृ० ८९२ (२४९१)

मोसों कहा दुरावति नारि।
भोंह धनुष अंजनगुन ऐंचत बान कटाछन डारति मारि।

“केलिमाल” ने आँखों के मर्म को देखा है। उसने सखी की आँखों का सुख देखा, अभिलाषा देखी, आशंका देखी — “नैनन दीठ लगौ जिन मेरी।” केलिमाल ने लाल की आँखों में लालसा देखी, आतुरता देखी, अनुराग देखा और आत्मीयता देखी। केलिमाल ने देखा कि लाल के नेत्र प्यारी के मुख की शोभा के अमृतपंक में किस प्रकार बिंध जाते हैं — “तामें बींधे नैन द्वै।” “केलिमाल” ने प्यारी के ढरारे नेत्रों का आकर्षण देखा, उन्मादन देखा, आलस देखा, दीठ चेंप की वशीकरण-शक्ति देखी और प्यारी के नेत्रों की प्रहारक-क्षमता को भी देखा। जब स्वामीजी कहते हैं कि प्यारी के भौंह धनुष से बाँफन के बाण चले, तो मानों इन्द्र के प्रलयकारी मेघ एक साथ ही बरस गए, बीजुरी गिर गई, मन में काम का संचार हो गया। उद्वेलन हो गया। तन-मन की स्थिति बदल गई।

काहे कों मान करत मोहिऽब कत दुख देत।
बासे की सी दीठ लियैं रहौं, तेरी जीवनि तोहि समेत॥
अब कछ ऐसी करौ ,भौंहँन टाटी जिन देहु, कहत इतनेत।
श्रीहरिदास के स्वामी स्यामा कुंजबिहारी छलिकें गरें लगाई, भई रमेत॥

३९.१ भौंहन टाटी जिन देहु

"केलिमाल" में मान-रस के चौदह-पन्द्रह पद हैं। पद संख्या दस की टीका में जयदेव, विद्यापति और सूरदास के काव्य में वर्णित मान के विविध रूपों के साथ ही "रसदेश" में मान के स्वरूप की चर्चा की जा चुकी है। कपट-मान का उल्लेख हो चुका है। मान केलि का महत्त्वपूर्ण अंग है। मान का अर्थ है बाहर-बाहर से उदासीनता तथा भीतर-भीतर से प्रबल आसक्ति। नन्ददास ने बड़ा सुन्दर पद लिखा है —

तेरे ही मनायबे तें नीकौ री लागत मान,
तौलौं रहि प्यारी जौ-लौं लालहिं लै आऊँ।
औरनु कौ हँसौहौ मुख तेरी तौ रुखाई आली,
सोरह कला कौ पूरौ चंद बलि जाऊँ।
चलि न सकत उत पग न परत इत तें,
ऐसी शोभा छाँड़ि फिर, पाँऊँ धौं न पाऊँ।
नंददास प्रभु दोनों विधि ही कठिन परी,
देखिबौ करों किधों लालहिं दिखाऊँ।

सखी कहती है कि — हे राधे! तुम्हारा मान बड़ा ही सुन्दर है। दूसरी सुन्दरियों के मुख की आभा हँसने-मुस्काने, प्रसन्न होने से जैसे कान्तिमय बन जाती है, लेकिन तुम्हारी रूठ ही कितनी मोहक है? तेरी रुखाई (या रूखापन) ही इतनी प्यारी और कान्तिमय है कि सोलह-कला-सम्पूर्ण चन्दा बलिहारी जा रहा है। मान की ऐसी शोभा देखने को दोबारा मिले या न मिले, कहा नहीं जा सकता, परन्तु मेरा मन है कि लाल को बुलाकर लाऊँ और उनको इस छवि का सौन्दर्य-रस पान कराऊँ। मैं स्वयं ही इस शोभा को देखती रहूँ या लाल को बुलाकर लाऊँ, इस दुविधा में सखी चल ही नहीं पा रही। यह मान का सौन्दर्य है। मान की मुद्रा में जो आकर्षण है, वह रस का उत्तेजक है। इसलिए "केलिमाल" में मान का प्रसंग बार-बार आता है। नन्ददास ने अपने पदों में मान-सौन्दर्य और मान के प्रभाव का सुन्दर चित्र अंकित किया है —

तेरी भोंह की मरोर ते ललित त्रिभंगी भए,
अंजन दै चितए तबै भये स्याम बाम री।
तेरी मुसकान हिये दामिनी सी कोंध जाति,
दीन है है जात राधे आधौ लीने नाम री।
ज्यों ही ज्यों नचाबै बाल, त्यों ही त्यों ही नाँचै लाल
अबतौ मया करि चलि निकुंज सुख-धामरी।

नंददास प्रभु तुम बोलौ तौ बुलाय लेंहु,
उनकौ तौ कलप बीतै तेरे घरी जाम री ?

निम्नलिखित पद में दृढमान की छटा है, उपालम्भ है, रात बीत गई, तुम्हारा मान नहीं बीता —

तेरौ ई मान न घट्यौ आली री छटि जु गई रजनी।
बोलन लागे ठौर-ठौर, तमचूर तुहि नहिं बोली री पिक-बैनी।
कमल कली विकसी तुही न तनक हँसी कौन टेव परी मृग सावक-नैनी।
नंददास प्रभु कौ नेह देखि हँसी आबै, वे बैठे री रचि-रचि सेंनी।

कुम्भनदास ने अपने शब्दों में मान-भाव में बैठी राधा का चित्र इस प्रकार अंकित किया है —

अनमनी सी तू काहे बैठी है री कर कपोल दियें।
हालति चालति बोलति नाहिनै मानौ मौन लियें।
जोई तू कहि है सोई री स्याम मानिहै,
सो बात कहा जाकौ इतौ कियें।

"कर कपोल दियें" की मुद्रा "गीतगोविन्द" में भी है —

त्यजति न पाणितलेन कपोलम्
बालशशिनमिवसायमलोलम्।

जैसे संध्या अचञ्चल बाल शशि को नहीं छोड़ती वैसे ही राधा अपने कपोल को हथेली से अलग नहीं कर रही हैं।

मान का एक रूप है, जिसमें सखियाँ राधा को मान करने से विरत करती हैं, दूसरा रूप है, जहाँ स्वयं प्रियतम ही मनुहार करते हैं। दूसरे रूप का उदाहरण "गीतगोविन्द" में है — हे राधे, मेरे हृदय को मदनानल दग्ध कर रहा है, अपने मुख-कमल का मधुपान करने दो। अपनी मुस्कान से दाँतों की कान्ति के द्वारा मेरे भय-रूप अँधेरे को दूर कर दो। तुम्हारा मुखचन्द्र मेरे नयन-चकोरों को अधर-सुधापान का अभिलाषी बना दे —

वदसि यदि किंचिदपि दंतरुचिकौमुदी
हरतिदर-तिमिरमतिघोरम्।
स्फुरदधरशीधवे तव वदनचंद्रमा।
रचयतु लोचनचकोरम्।
प्रिये, चारुशीले, मुंच मयि मानमनिदानम्।[1]

भगवत रसिक ने मान का चित्र इस प्रकार अंकित किया है —

भूली भाव भाँवती भोरें।
बैठी मुरकि पीठदै पिय उर, मान आन तन गोरें।
भोंह मरोर मौन मुख नीचे नैन नेह सों टोरें।
मुख छिति लिखत अछित ललिता के लाल कहें कर जोरें।

---

१. श्रीगीतगोविन्दम् (गौड़ीय वेदान्त), पृ० ३०५।

कियौ कहा अपराध सखी मैं, रहौं निकट नित तोरें।
कौन सुभाव परौ प्यारी कौ, रस में बेरस घोरें।
करि उपाय समझाय स्वामिनी रहे न धीरज मोरें।
भगवत-रसिक बलैया लै-लै, फिर-फिर नाहु निहोरें।[१]

प्रियतम के वक्षस्थल पर जो हार है, उसमें मणि है और राधा उस मणि में अपनी छवि देखती हैं और भोले-भाव के कारण कहती हैं कि "आपके हृदय में यह कौन-सी सुन्दरी बसी है?" और प्यारे को पीठ देकर बैठ गई, भौंहों पर बल पड़ गया, मुख नीचे की ओर हो गया, आँखों में रूखापन आ गया, नाखून से ज़मीन खुरचने लगी। लालजू ललिता के समक्ष हाथ जोड़कर खड़े हो गए — "हे सखी, मैं तो सदा आपके पास रहता हूँ, बताओ, मैंने क्या अपराध किया है?" पता नहीं, प्राणप्यारी का कैसा स्वभाव पड़ गया है कि रस में विरस घोल देती हैं। लालजी ललिताजी की बलिहारी लेकर निहोरे कर रहे हैं।

"रसदेश" में मान के स्वरूप को स्पष्ट करते हुए महन्त श्रीकिशोरदास ने कहा कि —

प्यारीजू कौ मान जैसें जल में तरंग उठै
उलटि तरंग वाही जल में समान है।[२]

अर्थात् प्यारीजू का मान सौन्दर्य-माधुर्य का अभिन्न रूप है। जैसे जल में तरंग उठती है, परन्तु कितनी देर के लिए? उठती भी है और तुरन्त ही बैठ भी जाती है, फिर उठने के लिए। प्यारीजू का मान सौन्दर्य-माधुर्य का स्पन्दन है, हिलोर है। वह रूठी है भी कि नही। कई जगह राधा कहती है — मैं रूठी ही कहाँ थी? पता नहीं तुमने मुझे रूठा हुआ कैसे मान लिया? क्यों मान लिया? रसदेश की राधा परम उदार है, परम करुणामय है। वे निरन्तर रस प्रदान करती हैं और प्यारे को प्रतिपल-प्रतिक्षण निहाल करती हैं, फिर भी उनके मन में ऐसा ही भाव बना रहता है कि प्रियतम को और आनन्दित करूँ, आह्लादित करूँ। अभी तो कुछ भी आनन्द नहीं दिया।

कुंजबिहारिन लाडली परम उदार कृपाल।
पोषत, तोषत लालकों रसिक-सिरोमनि बाल।

३९.२ तेरी जीवनि तोहि समेत : ललिता और राधा

तेरी जीवनी और तू, दोनों की ओर मैं निरन्तर देखता रहता हूँ, जैसे पक्षी के बच्चे निरन्तर अपने घोंसले को देखते रहते हैं। यहाँ श्रीहरिदास जी ने अत्यन्त गुह्य-तत्त्व का संकेत दिया है — तेरी जीवनी, तेरी आत्मा, तेरी चेतना, तेरी प्राण-शक्ति ललिता हैं। ललिता-सखी की उपस्थिति "रसदेश" में अनिवार्य रूप से है। रसिक-भक्तों ने जगह-जगह ललिता का उल्लेख किया है —

- **ललिता ललित माधुरी गावत ललना-लाल लड़ाय।** (सरसदास)
- **सरस दास सुखरासि सहचरी देखत हियौ सिराय।**
- **श्री बीठल विपुल विनोद रस सुख देखत ललितादिक संगा।**
- **ललिता तू समझाइ जुगति करि जैसें रस रहई।** (बीठल विपुल)
- **कुंज महल सुख पुंज में गहें ललित कौ पानि।** (ललितकिशोरी)

---

१. श्रीभगवतरसिक वाणी, पृ० १६७।
२. महन्त श्रीकिशोरीदास की वाणी, पृ० ७९।

- **मेरी ललित महा सुखदाई।**
- **जाके हित दोउ रहत लाड़ले, करत केलि मन भाई।**
- **जीवन प्रान किसोरी राधे, हँसि हँसि कंठ लगाई।** (ललितकिशोरी)
- **ललिता सखी प्रसाद बिना तहँ जात न कोऊ।**
- **भगवत पाँय परौ ललिता के राज करौ सुखदाई।** (भगवतरसिक)
- **ललिता संग सखिन कों लीन्हे।**
- **दंपति-सुख देखत अति भावत इकटक लोचन दीन्हे।**
- **ललिता लै पिचकारी दीनी, स्यामा जू कों आय।**
- **प्रेम सहेली सुंदरी दोउ दौरि लिये गहि गोद।**
- **काम प्रेम रस विवस बिहारी, सावधान सहचरि सुकुमारी।**
- **ललिता वपु परकास जुगल केलि तन मन दई।**
- **ललित प्रिये हरिदासजू, नित्य केलि सुख दानि।**
- **ललिता चोंप लगाय दुहूँ दिस गहि पकराये हाथ।**
- **भोजन सैन बिहार करें, ललिता की गोदी।**

प्रिया-प्रियतम के नित्य-विहार का संचालन ललिता-सखी करती हैं, यदि इस विहार में कोई अवरोध उत्पन्न हो जाता है, तो वे उसे दूर करती हैं। विहार की निरन्तरता को बनाए रखती हैं। प्रिया-प्रियतम की रह:केलि का अवलोकन करते रहना उनका सबसे बड़ा सुख है। यह अखण्ड-माधुर्य का प्रवाह एक क्षण के लिए भी बाधित नहीं होता। न इसका आदि है और न अन्त। यह सनातन अथवा शाश्वत है, नित्य है। क्रीडा-परायण प्रिया-प्रियतम नित्य हैं और खिलाने वाली ललिता नित्य है।

प्रिया-प्रियतम के अंग-अंग में रस के कभी न रीतने वाले स्रोत का नाम ललिता है। सृष्टि और प्रलय की लीलाएँ रस-वृन्दावन की परिधि से बहुत इधर की बात है। ललिता उनके आनन्दविलास पर रीझती हैं, रीझ-रीझकर उस रस को गाती रहती है।

निसदिन नैनन की डोरन सों झुलवति नागरि नागर है।
सरस गान करि रिझवति दंपति, सब रसिकन ते आगर है। (ललितकिशोरी)

ललिता-सखी प्रिया-प्रियतम के निजरस (नित्य-विहार) को श्यामा-श्याम को सतत पिलाती है और वे दोनों मुग्ध हो-होकर इस रस को पीते रहते हैं। "ये पुजवत ये अँचवत इह रस अँचै अँचै न अघाहिं।" ललिता प्रिया-प्रियतम की नित्य लीला की अंगभूता-लीला-सहकारिणी, लीला-विधात्री, लीलानियामिका, लीला-आस्वादिनी और लीला-स्वरूपा है।

वह लीलाविग्रहधारिणी हैं। उसका विग्रह हाड़-माँस का नहीं है, लीला ही उसका विग्रह है। लीला ही उसका स्वरूप है। ललिता संगीत की अधिष्ठात्री हैं —

प्रात समैं नवकुंजद्वार पै ललिता ललित बजाई बीना। (बिहारिनदेव)

ललिता ललित माधुरी गावत ललना लाल लड़ाय। (सरसदास)

बिहारिन देवजू ने ललिता और स्वामिनी श्रीराधा की एकात्मता[१] को इन शब्दों में व्यञ्जित किया है –

छबीली की छाँह बाँह गहें निजनिकुंज माँहि।
जैसी वे तैसी ये तहाँ तन-मन अभिरामिनी।
मनकी मनसा यहै, स्वासनि के स्वाँस लहै,
भेद-विभेद कौन कहै अंगसंग-स्वामिनी।
जिनके गुनन गाऊँ तिनके मननि माऊँ,
याही रस-बस जस संतत स्वामिनी।
जैश्रीवर बिहारिनदासि विपुल प्रेम प्रकास,
देखि सुख रासि हरिदास निजनामिनी।

वृन्दावन की नवनिकुञ्ज में श्रीललिता (हरिदासीजू) श्री स्वामिनीजू राधा की बाँह पकड़कर देह-छायावत् सदा साथ-साथ रहती हैं अर्थात् अपने तन-मन प्राणों को स्वामिनीजू के तनमन प्राणों से मिलाकर रखती हैं। ललिताजू स्वामिनीजू के मन की मनसा और साँस की गति और रुख को समझने वाली हैं। इसलिए ललिताजू और स्वामिनीजू के भेद-विभेद की बात कहना तात्त्विक रूप से उचित नहीं है। स्वामिनीजू के गुण-गायन से ललिताजू प्रफुल्लित होती हैं और ललिताजू के गुण-गायन से स्वामिनीजू पुलकित हो जाती हैं और उनके गुण सुनने को लालायित रहती हैं। बिहारिनदेव कहते हैं कि बिट्ठलविपुलजी ने यहाँ तक कहा कि सर्वोपरि नित्यविहारिणी का निजनाम सुखों की राशि हरिदासी है। हरिदासी साक्षात् ललिता हैं — "ललिता रूप पलटि प्रकटै श्रीबिहारिनदास कृपा पहचान्यौ।" श्यामा-श्याम के निजमहल की महलिनी श्रीललिता हैं। अति सूक्ष्म निज-रसरीति के स्वरूप को महलिनी के अतिरिक्त और कौन जानता है? जब लाड़लीजू अपने लाड़पन के सहज-स्वभाव में ऐसे बैठ जाती हैं, मानो मान कर रही हो तब लाल अति अधीर होकर हरिदासीजू का स्मरण करते हैं। श्रीहरिदासीजू में अपसुख की गन्ध तक नहीं है, वे प्रतिक्षण तत्सुखभाव में सुखी है — "तत्सुख मधि छिन-छिन सुखी,अपसुख गंध न लेस।"

यदि श्यामसुन्दर मेघ हैं और राधा दामिनी हैं तो ललिता हवा हैं,[२] जो मेघ को प्रेरित करती है, तडित को

---

१. स्वामी श्रीहरिदासजी को ललिता-सखी का अवतार माना जाता है। भक्तिकाल में यह प्रवृत्ति वल्लभ सम्प्रदाय, चैतन्य सम्प्रदाय, हरिदासी-सम्प्रदाय तथा राधावल्लभ सम्प्रदाय एवं अन्यान्य सभी परम्पराओं में स्पष्ट परिलक्षित होती है। वल्लभ सम्प्रदाय में अष्टछाप के कवि अष्टसखा और अष्टसखी के अवतार हैं। वल्लभाचार्य अग्नि और कृष्ण के अवतार माने गए। वल्लभाचार्यजी को चन्द्रावली का अवतार भी माना गया, वहाँ चन्द्रावली स्वामिनी है। चैतन्य सम्प्रदाय में महाप्रभु चैतन्य राधा के अवतार माने गए, कृष्ण के अवतार माने गए। नित्यानन्द बलराम के अवतार हैं।

कृष्ण नाम-कीर्तन चैतन्यनाम कीर्तन में पर्यवसित हो गया, श्री हितहरिवंश कृष्ण की वंशी के अवतार हैं। इसी प्रकार हरिदासी सम्प्रदाय में स्वामी श्रीहरिदास ललिता के अवतार माने गए और सम्प्रदाय का जो नाम-मन्त्र बना उसमें भी श्रीहरिदास का समावेश हुआ — कुञ्जबिहारी श्रीहरिदास। यह भाव-जगत् का परम सत्य है और इसकी पृष्ठभूमि में अद्वैत का सिद्धान्त हैं, विशिष्टाद्वैत, शुद्धाद्वैत, इच्छाद्वैत, द्वैताद्वैत या अभेद का सिद्धान्त — अद्वैत का सूत्र सर्वत्र है। जीव और शिव के अभेद पर त्रैपुर-सिद्धान्त में भी व्यापक-विवेचन है। लीला के लिए द्वैत है। यह द्वैताद्वैत विलक्षण है। विचारकों नें द्वैताद्वैत विलक्षण-तत्त्व पर भी विचार किया है। अवधूत गीता का वाक्य है —

अद्वैतं केचिदिच्छंति द्वैतमिच्छंति चापरे। समं तत्त्वं न जानन्ति द्वैताद्वैतविलक्षणम्।

२. ईशान हवा चले तो वर्षा एवं गरमी होगी उत्तरा हवा खूब वर्षा लाने वाली है। ठण्डी पुरवइया तथा सावन के महीने की पहली पुरवइया वर्षा का लक्षण है — "भुइयाँ लोट चलै पुरवाई तौ जानो बरसा रित आई।"
नैऋत्य कोण की हवा से वर्षा नहीं होती पछैंया हवा बादलों को उड़ा ले जाती है। — धरती और बीज (राजेन्द्र रंजन), पृ० ९२।

प्रकट करती है। अवश्य ही मेघ वर्षा करते हैं परन्तु मेघ की नियामिका हवा है। इसी प्रकार नित्य-विहार की विधायिका ललिता हैं। नित्य-विहार का नाम ही ललिता है और ललिता का पर्याय ही नित्य-विहार है। कान दो होते हैं परन्तु सुनाई पड़ने वाला शब्द एक है। आँख दो हैं परन्तु रूप तो एक ही दीखता है। दो नथुने हैं परन्तु सुगन्धि एक है। इसी प्रकार श्यामा-श्याम दो हैं, परन्तु ललिता एक है। सुगन्धि, रूप और शब्द का दो नथुने, दो आँख और दो कान से जो सम्बन्ध है, वही सम्बन्ध श्यामा-श्याम से ललिता का है। ललिता प्रेम-सहेली है और "प्रेमसहेली के प्रेम को गावत ललना लाल।"

श्यामा-श्याम धन है तो ललिता धनी है। श्यामा-श्याम खेल है तो ललिता खिलाड़ी है। सहज केलि सुख क्या है — ललिता है। ललिता रसनिधि है, गुणनिधि है और लावण्यनिधि है, सुहागभाग अनुरागनिधि है, रंगनिधि है, प्रेमनिधि है, आनन्दनिधि है और प्रीति चाह मिलननिधि है।

रसनिधि गुननिधि रूपनिधि लावन्यनिधि सुखरासि।
सुहागभाग अनुरागनिधि ललित प्रिये मृदु हासि।
रंगनिधि प्रेम-स्नेह निधि, आनंद निधि सुखरासि।
प्रीतिचाह हित मिलन-निधि, ललित प्रिये हरिदासि।[१]
कुंज केलिनिरखतसदा प्रेममत्त महाभाव।
ललित प्रिये प्रगटी सहज अदभुत केलि अनूप।[२]
लाड़ लडावत प्रियालाल पर महाप्रेम रसखान।[३]
मंगल मनि आनंदमनि कुंज केलि रस रास।[४]
मधुर प्रेम बरसत सहज, ललित प्रिये मृदु हास।

ललिता ही केलि रस को प्रकट करती हैं और ललिता ही इस रस का पान करती हैं, ललिता ही नित्यकेलि को निहारती हैं।

नित्य-विहार में ललिता-तत्त्व इतना व्यापक है कि वहाँ ललित-रँगीली प्रीति है, ललित रीझ है, ललित लाड़ है, ललित मुस्कान है, ललित कुञ्ज है, ललित लता है, ललित नयन है, ललित रंग की वर्षा है, ललित रूप है, ललित सेज है, ललित लाल है, ललित लाड़ली है, ललित केलि है।

ललिता राधा का प्रतिबिम्ब हैं।[५] रूप, रस, गुण, यौवन, वयस, केलिकला, प्रेम, रंग दोनों के ही समान हैं। श्यामा-श्याम और ललिता — एक ही रस के तीन विस्तार हैं। तीन चना एक छोलका। एक छिलका में उगने वाले तीन चने। ललित-रस, ललित-प्रेम, ललित-रूप अथवा केलिसुख, सहजसुख का विग्रह ललिता है।

---

१. श्रीकुंजविहारिणी : रससागर, पृ० ६५६/६५-६६।
२. वही, पृ० ६५५/५८/६०।
३. वही, पृ० ६५४।
४. वही, पृ० ६५५/६४।
५. वृन्दावन में एक कथा प्रचलित है कि एक बार राधा ने श्रृंगार किया। श्रृंगार करके दर्पण में अपनी छवि निहारने लगी। एकाएक प्रियतम पीछे आकर खड़े हो गए और प्रतिबिम्बित छवि एक साकार विग्रह बन जाती है ललिता का। ललिता राधा के रूप में प्रिय की दृष्टि पाने का भी भाव है।

३९.३ सहजानंद विग्रहाम् : सहज प्रिया : ललिता

ललिता शब्द का अर्थ है — "लोकानतीत्य ललते ललिता तेन सोच्यते।" अथवा "ललितं रति-चेष्टितम्।" अथवा "सौकुमार्यं लालित्यं ललितं सुन्दरमिति।" अथवा लालयतीति ललिता, जो लाड़ करे, वह ललिता है। शोभा, विलास माधुर्य, गाम्भीर्य, स्थैर्य, तैजस, सौकुमार्य, औदार्य और कमनीयता का नाम ललित-तत्त्व है।

यही कारण है कि "रसदेश" की आचार्य ललिता हैं। इस रस का नाम ललिता रस है — "श्री ललिता रस गर्व भरे वनराज कलोलें।"

ललिता विशुद्ध प्रेममयी है, वह प्रेम, जो प्रिया-प्रियतम को रससिन्धु में निमग्न किए रहता है। एक बार प्रियतम ललिता-सखी के पैर पकड़कर विनती करने लगे — हे सखी, तुम मुझे अपनी सी प्रेमनिमग्नता का स्वरूप दान कर दो —

रोम रोम सब पुलक तन कंचुकि श्रम जल भींजि।
पाँइन परि विनती करै सखि, मोहि दसा यह दीजि।

ललिता सखी ने कहा — ऐसा कैसे हो सकता है? तुम खेल हो, मैं खेल खिलाने-वाली हूँ। तुम्हारी जगह कोई दूसरा खेलने वाला नहीं हो सकता और मेरी जगह कोई दूसरा खिलाने वाला नहीं हो सकता।

बिहारिनदेवजू ने ललिता को सहजप्रिया कहा है। "रस-प्रकरन" की साखी है —

एक मूल अस्थूल लौं द्वै सकंध समवैस।
सेवत सखी सघन सबै, जानि समै जस जैस[1]।

इस दोहे पर स्वामी राधाप्रसाद महाराज टीका करते हैं —

> नित्यविहार नितनूतन हरौ-भरौ, डहडहौ प्रफुल्लित कल्पतरु है। या वृक्ष की मूल अंगसंगिनी निजसखी-सहचरी ललिता सखी हैं। ललिता सखी के मन के मनोरथ, जो बढ़त चले आवें है, सोई पीण्ड के समान हैं। मूल ते लैकें स्थूल लों, पींड परजंत ललिता सहचरी के मनोरथन कौ प्रकास मूर्तिवंत है।
>
> वा पुष्ट पींड में ते समवैस, एकसे, बरोबर के द्वै स्कंध कहियै — जुगल गोंदे प्रकट भये — लाड़लीलाल। तिनके जो अंगन के प्रकास और अनेक विलास, नाना प्रकार की क्रीडा, रसमयी केलि, सोई अनगिन लहलहे दल फूल वा वृच्छ में झलमल-झलमल छाय रहे हैं। वे सब विलास वा निज सखी के मनोरथन के अनुसार जानों। क्योंकि जैसी-जैसी रस की सरसाई, जैसौ-जैसौ पोष, उलाह, मूल में होत है तैसें ही तैसें पत्र-पुष्पादिक विकसित होइ हैं और जो सखी नित्य-परिकर की हैं, ते सब वा कल्पतरु की सघनता, गहरता, छाया जानियै। वे सब सघनता रूप सखी जैसौ समै जानैं तैसौ ही सेवन करें हैं। जा भाँति की दंपति की रुचि पहचानें हैं, ताही प्रकार सब ठाठ ठानें हैं। सखीजन जैसी-जैसी भावना के फल सों सींचें है, तैसे ही तैसे फूल उन गोदन में फूले हैं। या वृक्ष के फलबे-फूलबे के सहज हेत ललिताजू हैं और उनकी ही निजजन प्रेमवारि करकें याहि सींचे हैं। या कल्पवृक्ष कौ मूल ललिताजू ही हैं।

"रस-प्रकरण" में बिहारनिदेवजू की साखी है —

फूलत फलत सदा रहत प्रेम जु निज जन देत।
श्रीकुंजबिहारिन दासि, सुनि सहजप्रिया के हेत। (रस-प्रकरण १.१)

---

१. श्रीरसोपासनातिलक पृ० ८२।

अर्थात् नित्य-विहार का फलना-फूलना और सखियों द्वारा प्रेमजल से उसे सींचने का एकमात्र हेतु ललिता हैं। इसकी टीका करते हुए स्वामी राधाप्रसादजू महाराज पूछते हैं — "ललिताजू के मनोरथ में ते गौर स्याम के प्रकास और उनकी भावना के अनुरूप रस केलि-विलास करबे में कौन संदेह की जगह है?" वे कहते हैं — "सहजप्रिया नाम ललिता जू कौ है। दंपति की परमप्रिया श्री ललिताजू हैं। स्वामी श्री ललितकिशोरीजू ने बहुत जगह ललिता जू कौ नाम ललितप्रिया करकें लिख्यौ है।"

सखी के रूप में ललिता "सूरसागर" में भी है, परन्तु वहाँ वे कृष्ण की प्रेयसी भी हैं। राधा ललिता से कहती हैं —

तुम तौ सदा रहति हरि संगहि, भेद कहौ यह मोहि।

ललिता उत्तर देती हैं —

नंदनंदन बस तेरे री।
सूरदास ललिता की बानी सुनि-सुनि हरखि बढावै री।

जब श्यामसुन्दर ललिता को देखते हैं तब मुसका देते हैं —

ललिता मुख चितवत मुसकाते।
आप हँसी पिय मुख अवलोकत दुहुन मनहि मन जाने।

श्रीकृष्ण की मुस्कान देखकर ललिता प्रेम-विवश हो जाती हैं —

ललिता प्रेम विवश भई भारी।
वह चितवनि वह मिलन परस्पर अत सोभा बर नारी।

ललिता अन्तरंग होने के कारण राधा-कृष्ण के रतिसुख को भी देखती हैं —

ललिता संग-सखिन कौं लीन्हे।
दंपति-सुख देखत अति भावत इकटक लोचन दीन्हे।

सूरसागर के कृष्ण बहुनायक हैं, इसलिए ललिता से कहते हैं — "आज बसेंगे रैन तिहारे, प्रान-पियारी हौ तुम बाम।" ललिता प्रतीक्षा करती है। ललिता "सुमन सुगंध सेज सँबारी" है परन्तु कृष्ण शीला के महल में चले गए। जब प्रात:काल आए तो "अंजन अधर कपोलन बदन लाग्यौ काऊ तिय कौं।" ललिता कृष्ण को उपालम्भ देती हैं —

ऐसी कहौ रँगीले लाल।
जावक सों कहँ पाग रँगाई, रँगरेजिनी मिली कोउ बाल।

कृष्ण के पास उत्तर नहीं था — "ज्वाब नहीं पिय आवई, क्यों कहाँ ठगाने" परन्तु कृष्ण ललिता से कहते हैं —

तुम परम भावती प्रानहू ते प्यारी सुख नहीं लहत मैं तुमहि त्यागें।
तुमहि धन तुमहि तन तुमहि मन ही बसौ और तिय नहीं जो मनहिं भावै।

इस प्रकार "ललिता कों सुख दै चले अपने निज धाम।"

राधा और ललिता का संग अटूट है —

पाछे ललिता आगे स्यामा आगें पिय फूल बिछावत जात।

श्रीरूपगोस्वामी के "विदग्धमाधव" में ललिता राधा की ओर से दौत्यकार्य करती हैं। प्रणय-कलह के अवसर पर ललिता अधिकांश में राधा का पक्ष लेकर पूर्ण प्रखरता के साथ श्रीकृष्ण से तर्क-वितर्क करती है। "दान-केलि कौमुदी" में कृष्ण ललिता को "नमस्तुभ्यं महाचंडि" कहकर प्रणाम करते हैं।[१] राधा में लीलागत वक्रता का कारण ललिता ही हैं।

"उज्ज्वलनीलमणि" में स्वयं राधा ने ललिता को "धूर्त-पराक्रम" बतलाया है, कृष्ण ललिता से बचकर रहें —

अपसरतु सशंकं मन्दिरान्मानिनीनां
कलयति ललितायाः किं शौरीर्यधारीम्।[२]

फिर यहाँ ललिता राधा की परम प्रिय सखी है। उत्कल-साहित्य में कवि सूर्य बलदेवरथ का महत्त्वपूर्ण स्थान है, उनका काव्य है "किशोर चंद्रानंदचंपू।" श्रीकृष्ण, श्रीराधा और दूती ललिता की उक्ति-प्रत्युक्ति के रूप में "किशोर चंद्रानंदचंपू" की रचना हुई है। "गीतगोविन्द" की शैली में यह रचना प्रकृति-रूपिणी राधा और परम-पुरुष श्रीकृष्ण के मिलन पर आधारित है और यह मिलन ललिता के माध्यम से हुआ है। राधा ललिता से कहती है कि — जबसे यमुना तट पर केलिकदम्ब के पास मैंने श्यामल-कृष्ण को देखा है, तब से मेरा चित्त उसके वश में हो गया है। तुम उससे मेरा मिलन कराओ —

विचक्षणारे विना तो प्रीति के गीत आछि जगती रे।[३]

सनत्कुमार-संहिता का विवेचन है कि परात्पर-तत्त्व दो रूपों में व्यक्त हुआ — श्रीराधा केलि के लिए। श्रीराधा ने युगल केलि की सफलता के लिए अपनी मनोमयी शक्ति — ललिता का स्मरण किया। अपने गले की माला को उतारकर हाथों में लेकर कहा — "उत्तिष्ठ ललिते भद्रे ललिते ललितायने। हे लालित्य की अनन्तसिन्धु ललिते, उठो तो।" राधा के शब्द सुने तो "इत्युक्तायां तु तस्यां सा बाला समभिपद्यत।"

बाला-त्रिपुरसुन्दरी उपस्थित हो गई। ललिता ने कहा — हे राधाजू! तुम मुझे अपनी दासी समझो और मेरी सखियों को भी दासी-रूप में स्वीकार करो। "उज्ज्वलनीलमणि" में भी एक स्थल पर है — "अयि गौरि ललिते।"

---

१. रूपगोस्वामी और उनका साहित्य (अच्युतलाल भटट्), पृ० ३३८ ।
२. उज्ज्वलनीलमणि पृ० १००(इ.गा.रा.क.केन्द्र)।
३. भारतीय वाङ्मय में श्रीराधा पृ० ३२२।

४०

रोंम रोंम जो रसना होती तौ ऊ तेरे गुन न बखाने जात।
कहा कहौं एक जीभ, सखी री, बात की बात बात॥
भान स्त्रमित और ससि हू स्त्रमित भई और जुबति जात।
श्रीहरिदास के स्वामी स्याम कहत री प्यारी तू राखत, प्रान जात।

४०.१ आराधिका से आराध्या : बिहारिनजू के जस की अव्यक्तता

"राधा" शब्द की व्युत्पत्ति आराधना से मानी जाती है — "अनयाराधितो नूनम्।" "रासलीला" के प्रसंग में श्रीकृष्ण के चरण-चिह्नों के साथ एक ब्रजयुवती के चरण-चिह्नों को देखकर गोपियाँ कहती हैं — अवश्य ही यह भगवान् श्रीकृष्ण की आराधिका होगी। (भागवत १०.३०.२८) "राधिकोपनिषद्" ने कहा — "कृष्णः समाराधयति सदेति राधिका।" श्रीकृष्ण इनकी नित्य आराधना करते हैं — इसलिए इनका नाम राधा है। "सामरहस्योपनिषद्" ने कहा — वह पुरुष स्वयं ही अपने आप की आराधना करने के लिए तत्पर हुआ। आराधना की इच्छा होने के कारण उस पुरुष ने अपने आप ही अपने आपकी आराधना की। इसीलिए लोक एवं वेद में श्रीराधा प्रसिद्ध हुई। वह अनादिपुरुष तो एक ही है, किन्तु अनादिकाल से ही वह अपने आप को दो रूपों में बनाकर अपनी आराधना के लिए तत्पर हुआ, इसलिए वेदज्ञ श्रीराधा को रसिकानन्द-रूप बतलाते हैं —

स एवायं पुरुषः स्वयमेव समाराधनतत्परोऽभूत्।
तस्मात् स्वयमेव समाराधनमकरोत्।

अतो लोके वेदे श्री राधा गीयते।
अनादिरयं पुरुष एक एवास्ति।
तदेव रूपं द्विधा विधाय समारधनतत्परोऽभूत।
तस्मात् तां राधां रसिकानन्दां वेदविदो वदन्ति।

जिस बिंदु पर सहज ही दृष्टि जाती है वह है — वृन्दावन में राधा आराध्या हैं और कृष्ण आराधक हैं। कृष्ण-भक्ति का प्रसार बहुत व्यापक है, परन्तु वहाँ प्रधानता कृष्ण की है। ब्रजभूमि को ही लें तो गोकुल वात्सल्य-भाव का केन्द्र है। गोवर्धन सख्य-भाव-प्रधान है। कृष्ण केन्द्र में है — गोवर्द्धननाथ। बरसाना में अवश्य श्रीजी की प्रधानता है, राधा केन्द्र है, माधुर्य-भाव का केन्द्र है। यमुना के पार दाऊजी और उसके आगे बरहद तक बलराम के मन्दिर हैं। शेष सभी जगह कृष्ण-प्रधान हैं।

भागवत रस-संस्कृति का आधारभूत ग्रंथ है। भागवत के पाँच प्राण रासपञ्चाध्यायी में हैं। जिसमें आनन्दमय-रसराज्य की चमत्कारमयी लीला है। सच्चिदानन्दघन, सवान्तर्यामी प्रेमरस स्वरूप श्रीकृष्ण का आत्मरमण — "स्वप्रतिबिंब विभ्रमः ?" यह इतिहास नहीं है, अध्यात्मशास्त्र है। स्थूल-मन और स्थूल-शरीर से परे उच्चतम-भावराज्य की लीला। सर्वत्र आनन्द-मंगल का ही साम्राज्य है। "भागवत" कहती है कि कौन है कृष्ण ? वही सर्वशक्तिमान् भगवान्, बड़े-बड़े योगेश्वर अपने योग-साधन से पवित्र किए हुए हृदय में जिनके लिए आसन की कल्पना करते रहते हैं, फिर भी अपने हृदय-सिंहासन पर बिठा नहीं पाते, वही सर्व-शक्तिमान् भगवान् यमुना की रेती में गोपियों की ओढ़नी पर बैठ गए। यहाँ शुकदेव परीक्षित से कहते हैं — तीनों लोकों

में, तीनों कालों में जितना भी सौन्दर्य प्रकाशित होता है, वह तो भगवान् के सौन्दर्य के बिंदु-भाव का आभास मात्र है। वे उस सौन्दर्य के एकमात्र आश्रय हैं — ''त्रैलोक्यलक्ष्म्येक-पदं वपुर्दधत्।''

यहाँ श्रीकृष्ण परब्रह्म हैं, श्रीकृष्ण रसरूप हैं। वाणी और मन उनको न कह सकते हैं, न समझ सकते हैं।

''श्रीभागवत'' कहती है कि अनेक कल्पों तक प्रयत्न करने पर भूमि के कणों को गिनने में कोई भले ही समर्थ हो जाए, परन्तु अखिल शक्तिधाम के गुणों को गिन सकना सर्वथा असम्भव है —

यो वा अनंतस्य गुणाननन्ताननुक्रमिष्यन् स तु बाल-बुद्धिः।
रजांसि भूमेर्गणयेत्कथंचित् कालेन नैवाखिलशक्तिधाम्नः। (११.४.२)

''श्रीमद्भागवत'' में सर्वोपरि महिमा श्रीकृष्ण की है। दशम् स्कन्ध में दूसरे अध्याय में ''गर्भस्तुति'' से लेकर सत्तासीवें अध्याय की वेदस्तुति तक जितनी भी स्तुतियाँ हैं, उन सभी में श्रीकृष्ण को सर्वसौन्दर्यनिधि, सर्वमाधुर्यनिधि, अखण्ड आनन्द-स्वरूप, परम-कारण बतलाया गया है। वेदस्तुति में कहा गया है कि ''प्रभो! जैसे आकाश में हवा से धूल के नन्हे-नन्हे कण उड़ते रहते हैं, वैसे ही आप में काल के वेग से अपने से उत्तरोत्तर दस गुने सात-आवरणों के सहित असंख्य ब्रह्माण्ड एक साथ ही घूमते रहते हैं'' —

द्युपतय एव ते न ययुरन्तमनन्ततया
त्वमपि यदन्तरांडनिचया ननु सावरणाः।
ख इव रजांसि वांति वयसा सह
यच्छ्रुतयस्त्वयि हि फलन्त्यतन्निरसनेनभवन्निधनाः। (१०.८७.४१)

भागवत में श्रीकृष्ण को सर्वाधिष्ठान, सर्वसाक्षी, सर्वातीत, सर्वान्तर्यामी, सर्वोपादान, एवं सर्वरूप ब्रह्म बताया गया है। वे सच्चिदानन्दघन, प्रकृति से अतीत, परम कल्याणस्वरूप, परममंगल रूप, स्वयंप्रकाश हैं। ब्रह्माजी उनकी स्तुति करते हुए कहते हैं कि ''मेरे स्वामी! प्रकृति, महत्तत्त्व, अहंकार, आकाश, वायु, अग्नि, जल, पृथ्वी रूप-आवरणों से घिरा हुआ यह ब्रह्माण्ड मेरा शरीर है और आपके एक-एक रोम के छिद्र में ऐसे अगणित ब्रह्माण्ड उसी प्रकार उड़ते-पड़ते रहते हैं, जैसे झरोखे की जाली में से आने वाली सूर्य की किरणों में रज के छोटे-छोटे परमाणु उड़ते हुए दिखाई पड़ते हैं''—

क्वेदृग्विधाविगणितांडपराणुचर्यावाताध्वरोमविवरस्य च ते महित्वम् (१०.१४.११)

नागपत्नियाँ श्रीकृष्ण से कहती हैं कि आपकी महिमा और शक्ति अनन्त हैं, आपका स्वरूप अप्राकृत, दिव्य और चिन्मय है। आप कालशक्ति के आश्रय हैं। काल के क्षण-कल्प आदि समस्त अवयवों के साक्षी हैं। आप विश्वरूप होते हुए भी उसके द्रष्टा हैं। आप मूलप्रकृति में नित्य-विहार करते रहते हैं। ''अव्याकृत विहाराय सर्वव्याकृत-सिद्धये।'' (१०.१६.४७)

''भागवत'' में महिमा-केन्द्र कृष्ण हैं,जबकि ''रसदेश'' में श्रीकृष्ण कहते हैं कि — ''हे राधे, यदि रोम-रोम में भी जीभ होती, तब भी तुम्हारे गुणों का बखान करना सम्भव नहीं है।'' यहाँ अनिर्वचनीय की भी अनिर्वचनीया राधा हैं। समस्त महिमा का केन्द्र यहाँ राधा है। राधा सर्वसौन्दर्यनिधि, सर्वमाधुर्यनिधि, अखण्ड-आनन्दस्वरूप एवं परममंगल रूप है।

कृष्णभक्ति-धारा की गंगा में राधा-भाव की धारा अन्त:सलिला के रूप में प्रवाहित हो रही है, जिसे हम ''राधोपनिषद'', ''रासोल्लासतन्त्र'', ''रासतन्त्र'', ''राधातन्त्र'', ''वृन्दावन-रहस्य'' तथा अन्य अनेक पुराणों में भी देख सकते हैं।

"देवी-भागवत" के नवम-स्कन्ध में श्रीराधा के सम्बन्ध में कहा गया है "ये परमात्मा श्रीकृष्ण को प्राणों से भी बढ़कर प्रिय हैं। सम्पूर्ण देवियों की अपेक्षा इनमें सुन्दरता अधिक है। ये परम सौभाग्यवती हैं। ये नित्यनिकुञ्जेश्वरी रासक्रीडा की अधिष्ठात्री हैं। ये परमाह्लाद-स्वरूपिणी हैं।" ब्रह्माण्ड पुराण का वाक्य है —

राधाकृष्णात्मिका नित्यं कृष्णो राधात्मको ध्रुवम्।
वृंदावनेश्वरी राधा राधैवाराध्यते मया।

श्रीकृष्ण कहते हैं कि "मैं तो राधा की ही आराधना करता हूँ।"

"पद्म पुराण" (पातालखण्ड) में देवर्षि नारद राधा का स्तवन करते हुए कहते हैं —

तत्त्वं विशुद्धं सत्त्वासु शक्तिर्विद्यात्मिका परा
परमानंद-संदोह दधती वैष्णवं परम्।
कलयाऽऽश्चर्य विभवे ब्रह्मरुद्रादि दुर्गमे।
योगीन्द्राणां ध्यानपथं न त्वं स्पृशसि कर्हिचित्।
इच्छाशक्तिज्ञानशक्तिक्रियाशक्तिस्तवेशितुः।
तवांशमात्रमित्येवं मनीषा मे प्रवर्तते।
आनंदरूपिणी शक्तिस्त्वमीश्वरि न संशयः।
त्वया च क्रीडते कृष्णो नूनं वृंदावने वने।
कौमारेणेव रूपेण त्वं विश्वस्य च मोहिनी।
तारुण्यवयसा स्पृष्टं कीदृक् ते रूपमद्भुतम्।

देवि, तुम्हीं ब्रह्म हो, सच्चिदानन्द ब्रह्म के सत् अंश में स्थित सन्धिनी-शक्ति की चरमपरिणति विशुद्ध तत्त्व तुम्हीं हो, विशुद्ध-सत्त्वमयी, तुम में ही चिदंश की संवित् शक्ति, संवित् की चरमपरिणति विद्यात्मिका पराशक्ति ज्ञानशक्ति का निवास है, तुम्हीं आनन्दांश की ह्लादिनीशक्ति, ह्लादिनी की भी चरमपरिणति महाभावरूपिणी हो। आश्चर्य वैभवमयि, तुम्हारी एक कला का भी ज्ञान ब्रह्म रुद्र तक के लिए कठिन है, फिर योगीन्द्रों के ध्यानपथ में तो तुम आ ही कैसे सकती हो? इच्छा-शक्ति, ज्ञान-शक्ति, क्रिया-शक्ति ये तुम्हारे अंशमात्र हैं। श्रीकृष्ण की आनन्द-रूपिणी शक्ति तुम्हीं हो, वृन्दावन में तुम्हारे साथ निश्चय ही श्रीकृष्ण क्रीडा करते हैं। पद्म पुराण के पातालखण्ड में राधा के सम्बन्ध में कहा गया है —

तत्प्रियाप्रकृतिस्त्वाद्याराधिकाकृष्णवल्लभा।
तत्कलाकोटिकोट्यंशादुर्गाद्यास्त्रिगुणात्मिकाः।
तस्याः पादरजः स्पर्शात् कोटि विष्णुः प्रजायते। (६९.११८)

राधा मूलप्रकृति हैं। सत्त्व, रज, तम की अधिष्ठात्री दुर्गा आदि देवियाँ उनके करोड़वें अंश के करोड़वें अंश से प्रकट होती हैं। उनकी पगधूलि के स्पर्शमात्र से करोड़ों विष्णु उत्पन्न होते हैं।

पद्म पुराण ने ललिता, श्यामला, धन्या, हरिप्रिया, विशाखा, शैव्या, पद्मा और चन्द्रावली को अष्टधा प्रकृति बताया है —

ललिताद्याः प्रकृत्यंशा मूलप्रकृतिराधिका।

वृन्दावनेश्वरी राधा मूलप्रकृति हैं। वे अपनी प्रभा से सब दिशाओं को बिजली के समान उज्ज्वल बनाती हुई विराजमान हैं। वे शक्ति-रूपा, चिन्मयी तथा माया-रूपिणी हैं। वे ही ब्रह्मा, विष्णु, महेश आदि की कारण हैं —

द्योतमानाः दिशः सर्वाः कुर्वती विद्युदुज्ज्वलाः।
प्रधानं या भगवती तया सर्वमिदं ततम्।
सृष्टिस्थित्यन्तरूपा या विद्याऽविद्या-मयी परा।
स्वरूपाशक्तिरूपा च मायारूपा च चिन्मयी।
ब्रह्माविष्णुशिवादीनां देहकारणकारणम्।
चराचरं जगत्सर्वं यन्माया परिरंभितम्। (पातालखण्ड अ.७७)

ब्रह्मवैवर्त्त पुराण में श्रीकृष्ण कहते हैं —

ममाधारस्वरूपा त्वं त्वयि तिष्ठामि शाश्वतम्।
त्वं च शक्ति-समूहा च मूलप्रकृतिरीश्वरी।
त्वं शरीरस्वरूपासि त्रिगुणाधाररूपिणी।
तवात्माहं निरीहंश्च चेष्टावांश्च त्वया सह।
यथा क्षीरे च धावल्यं दाहिका च हुताशने।
भूमौ गन्धं जले शैत्यं तथा त्वयि ममस्थितिः।
धावल्यं दुग्धयोरैक्यं दाहिकानलयोर्यथा।
भूगन्धजलशैत्यानां नास्तिभेदस्तथावयो।
स्वयमात्मा यथा नित्यस्तथा त्वं प्रकृतिः स्वयम्।
सर्वशक्तिसमायुक्ता सर्वाधारा सनातनी।
मम प्राणसमा लक्ष्मीर्वाणी च सर्वमंगला।
ब्रह्मेशानंतधर्माश्च त्वं मे प्राणाधिकाप्रिया। (श्रीकृष्णजन्मखण्ड, अध्याय ६)

तुम मेरी आधार रूपा और जगत् की मूल प्रकृति हो। मैं ब्रह्मरूप से चेष्टारहित हूँ। तुम्हारे संयोग से मेरे भीतर चेष्टा उत्पन्न होती है। जैसे दूध में उज्ज्वलता अग्नि में दाहिका शक्ति, पृथ्वी में गन्ध तथा जल में शैत्य है वैसे ही मैं और तुम अभिन्न हैं। आत्मा जिस प्रकार नित्य है, उसी प्रकार तुम नित्य प्रकृति हो। सब शक्तियों से समन्वित हो। सबकी आधारभूता हो। सनातन हो। भगवती लक्ष्मी, मंगलमयी सरस्वती, ब्रह्मा, शंकर, अनन्त नाग और धर्म मेरे प्राण हैं,परन्तु तुम तो प्राणों से भी अधिक हो।

यद्यपि राधा के अनन्तानन्त गुणों, वैभवों और ऐश्वर्यों के प्रकाशक अनेक शास्त्र हैं परन्तु हितप्रभु कहते हैं कि जहाँ प्रेम का, सौन्दर्य का, माधुर्य का वह निकुञ्ज-भाव नहीं है, उन शास्त्रों और उन मार्गों से हमारा प्रयोजन ही क्या है?

किं वा नस्तैस्सुशास्त्रैः किमथतदुदितैर्वर्त्मभिः सद्गृहीतैः।
यत्रास्ति प्रेममूर्तेर्नहिमहिम-सुधा नापि भावस्तदीयः। (रा.सु. श्लोक २१६)

स्वयं अखिल ब्रह्माण्ड-नायक अखिल-रसामृत सिन्धु कोटि-कोटि काम-कान्ति विनिन्दक, सौन्दर्यसार-सर्वस्व आनन्दकन्द श्रीकृष्ण स्वयं भी जिनके चरण-रेणु के वशीभूत होकर नतमस्तक हैं —

यो ब्रह्मरुद्रशुकनारदभीष्ममुख्यैरालक्षितो न सहसा पुरुषस्य तस्य।
सद्यौ वशीकरणचूर्णमनन्तशक्तिं तं राधिकाचरणरेणुमहं स्मरामि। (रा.सु. श्लोक ३)

श्रीहितहरिवंश महाप्रभु ने कहा है कि राधा मधुर तथा उज्ज्वल प्रेम की प्राण-स्वरूपा, हृदय-स्वरूपा हैं, श्रृंगार-

लीला की विचित्रता की परमसीमा हैं, राधा भगवान् की आराधनीया हैं, ईश्वरी हैं। वह ईशानी हैं, शची हैं, महान् आनन्द की प्रतिमा हैं तथा सबसे परे और स्वतन्त्र शक्ति हैं —

प्रेम्णः सन्मधुरोज्ज्वलस्य हृदयं शृंगारलीलाकला
वैचित्री परमावधिः भगवतः पूज्यैव कापीशता।
ईशानी च शचीमहासुखतनुः शक्तिः स्वतंत्रा परा
श्री वृंदावननाथपट्टमहिषीराधैव सेव्या मया। (राधा सुधानिधि, श्लो. ७८)

श्री राधे श्रुतिभिर्बुधैर्भगवताप्यामृग्यसद्वैभवे। (वही, २६९)

हे राधे आपका रस-वैभव श्रुतियों, बुधजनों और स्वयं भगवान् के लिए भी अनुसन्धान का विषय है।

दूरे सृष्ट्यादिवार्ता न कलयति मनाङ्नारदादीन् स्वभक्तान् (वही, २३५)

सृष्टि-स्थिति-संहार का काम ब्रह्मा-विष्णु और शिव को सौंपकर नारदादि का ध्यान उनके सुपुर्द कर दिया और निभृत निकुञ्ज के प्रेम-रस में निमग्न हो गए हैं।

यन्नारदाजेशशुकैरगम्यं वृंदावने वंजुल मंजुकुंजे (वही, २३८)

जो नारद, ब्रह्मा, विष्णु, शिव और शुकदेव आदि के लिए भी अगम्य हैं। उनका मन उस परमरहस्य (राधा) ने जीत लिया है।

चण्डीदास के पदों में श्रीकृष्ण किशोरीजी को अपने जीवन का सर्वस्व, अपने प्रेम की मंगलमयी प्रतिमा तथा अपने भजन-पूजन का चरम बिंदु मानते हैं —

राइ तुम से आमार गति।
तोमार-कारणे रसतत्त्व लागि गोकुले आमार स्थिति।
आमार भजन तोमारचरण तुमि रसमय निधि[१]**।**

वे कहते हैं —

उठिते किशोरी बसिते किशोरी किशोरी आमार गलार हार।
किशोरी भजन किशोरी पूजन किशोरी चरण सार।
शयने स्वपने गमने किशोरी भोजने किशोरी आगे।
करे करे वाँशि फिरे दिवा निशि किशोरी अनुरागे[२]**।**

चण्डीदास कहते हैं कि युग-युगान्तर तक राधा के यश का गायन किया जाए, तो भी वह शेष नहीं होगा —

धनि, तोमार महिमा जाने के।
अविराम युग शत गुण गाइ अविरत गाइया करिते नाई शेष।

श्रीकृष्ण को प्रीति-रस की अतृप्ति बनी रहती है और श्रीराधा उन्हें सतत प्रीतिरस का दान करती रहती हैं। कृष्ण की रागास्वादन-कामना को तृप्त करने की शक्ति एकमात्र श्रीराधा में ही है। इसीलिए वे गोविन्दानन्दिनी भी कही गई हैं। चैतन्यचरितामृत का कथन है —

---

१. देखें भारतीय वाङ्मय में श्रीराधा, पृ० १०२।
२. वही।

कृष्ण कहे आमि हइ रसेर निधान
पूर्णानंदमय आमि चिन्मय पूर्ण तत्त्व।
राधिकार प्रेमे आमाय कराय उन्मत्त
ना जानि राधार प्रेमे आछे कत बल।
ये बले आमारे करे सर्वदा विह्वल
राधिकार प्रेम गुरु आमि शिष्य नट।
सदा आमा नाना नृत्ये नाचाय उद्भट।
निज प्रेमास्वादे मोर हय ये आह्लाद।
ताहा है ते कोटि गुण राधा प्रेमास्वाद।
आमि यैछे परस्पर विरुद्ध धर्माश्रय।
राधा प्रेम तैछे सदा विरुद्ध धर्ममय।
सेइ प्रेमार श्रीराधिका परम आश्रय
सेइ प्रेमार आमि हइ केवल विषय
विषय जातीय सुख आमार आस्वाद
आमा है ते कोटी गुण आश्रयेर आह्लाद।

४०.२ भान स्त्रमित और ससिहू स्त्रमित

"वस्तुदर्शिनी" में इसके भाव को इन शब्दों में स्पष्ट किया गया है —

सूर श्रमित चख लखि भये अदभुत छवि यह आई।
और न पटतर है कोऊ उपमा दीजै काई।
मन रजनीस विचार बहु, आवत नाहिं विचार।
और अंग मो जोति सब, लाजै तोहि निहार।
और सुनौ महबूब है, सूर ससी ब्रजराई।
कमल कमोदिनि जुवति, ये आसिक तीन बताई।
यातैं श्रमित जु कहत यों,बनत सहाइ न कोइ।
हमरे आसिक मरत दुख, विरह ताप तन जोइ।
सुख न सुनों उन तीन कौ सपनेहू महबूब।
तू सुखमदमय में मगन, वे सूखैं जिमि दूब।

इसको और स्पष्ट करते हुए नागरीदासजी कहते हैं —

भानु जो सूरज, श्रमित कहा, कि भानु की प्रीति कमल सों है। जब सूरज उदै होय, तब कमल फूलें हैं। सो सूर्य चाहत कि नित्य मेरे सनेही कों सुख देबौ करों। सो फेरि संध्या को क्यों अस्त है जाय? स्नेही के मनोरथ पूरन करि न सकै जाते श्रमित है। अरु ससि स्त्रमित कहा, ससि जो चन्द्रमा, ताकी प्रीत चकोर सों, सोहू श्रमित। चकोर की नार ज्यों ज्यों चंद्रमा चलै त्यों त्यों लटक जात है। जब चन्द्रमा प्रात समैं अस्त है जाय, तब श्रमित होत कि सनेही के मनोरथ पूरन करि न सकै। और जुवती जात कहा, सर्व में आदि-अंत मिलन-विछुरन ताकरि नेही कों सुख दै सकत नाहीं।

तात्पर्य यह है कि सूर्य-चन्द्र-युवती इसलिए श्रमित हैं कि इनका उदय-अस्त आदि-अन्त मिलन-वियोग होता है। राधा का सौन्दर्य-माधुर्य-आनन्द एक-रस, नित्य और शाश्वत है। आभा-कान्ति की दृष्टि से भी सूर्य, चन्द्र और युवति उपमा-योग्य नहीं है।

जिस प्रकार स्वामी श्रीहरिदासजी के पद में श्यामसुन्दर द्वारा प्यारीजू के यशवर्णन-प्रसंग में रोम-रोम में रसना की लालसा है, वैसे ही सूरदास की राधा के मन में लालसा है कि रोम-रोम में आँखें होती, तब श्रीकृष्ण की छवि का रसपान करती — "लोचन रोम-रोम प्रति माँगों" अथवा "रोम रोम प्रति लोचन चाहत"।

४१

तुव जस कोटि ब्रह्मांड बिराजै राधे।
श्री सोभा बरनी न जाइ अगाधे॥
बहुतक जनम बिचारत ही गए साधे साधे।
श्रीहरिदास के स्वामी स्यामा कुंजबिहारी कहत री प्यारी,
ए दिन क्रम क्रम कर लाधे।

४१.१ जस कोटि ब्रह्मांड बिराजै

अनन्त-कोटि ब्रह्माण्डों में जिसका यश विराजमान है। यह तो राधारानी का ऐश्वर्य है। एक ओर यह बात है कि "प्रेम प्रताप माधुरी महातम मिलवत सठ न लजात।" ऐश्वर्य और माधुर्य का मेल कहाँ है? बिहारिनदेवजू कहते हैं — "कहाँ महातम माधुरी, कहाँ प्रेम परताप।"

इस पर राधाप्रसादजू की टीका है — "जिनकें ऐश्वर्य की उपासना है, वे वस्तु कौ प्रताप और वाके साधनन कौ महातम बरनन करत हैं और जो माधुर्य के उपासक हैं वे प्रेम की सर्वोपरिता और रस की माधुरी कौ निरूपण करत हैं।[1]"

"रसदेश" में ऐश्वर्य नहीं है। इसका अभिप्राय यह नहीं है कि श्यामा-श्याम सामान्य किशोरयुगल हैं। निश्चित ही श्यामा-श्याम परात्पर हैं। "ऐश्वर्य" नहीं है, का तात्पर्य केवल यही है कि वहाँ माधुर्य का अतिशय है। जैसे सूर्य के प्रकाश में तारागणों की कान्ति दिखाई नहीं देती, इसी प्रकार युगल में ईश्वरत्व का अनाभास या अप्रकाश है, ईश्वरत्व का अभाव नहीं है।

"रसदेश" सम्पूर्ण है, सर्व है। सब कुछ उसमें समाहित है। वह एकदेशीय नहीं, सर्वत्र है। वह एक-कालिक नहीं, शाश्वत है, सनातन है, नित्य है। पूर्ण का तात्पर्य ही यह है कि ऐसा कुछ शेष नहीं रह गया, जो वहाँ नहीं है। वेद, तन्त्र, पुराण, उपनिषद्, दर्शनशास्त्र, काव्य, व्याकरण अपनी-अपनी सीमा में अपना-अपना कार्य करते हैं, यह बात दूसरी है कि अन्तरंग-विहार में किसी का प्रवेश नहीं है। वह अन्तरंग है ही इसलिए कि वहाँ एकान्त-रस है। यदि सभी वहाँ पहुँचने लगें तो फिर उसे एकान्त कैसे कहा जा सकेगा? वह तो सार्वजनिक हो जाएगा।

ऐश्वर्य नहीं है का आशय है कि ऐश्वर्य भाव-भावित हृदयों के लिए प्रेमराज्य का दर्शन असम्भव होता है क्योंकि जो ऐश्वर्य को देखकर प्रेम करता है, वह ऐश्वर्य के लिए प्रेम करता है, प्रेम के लिए प्रेम नहीं करता। इसीलिए ऐश्वर्य को प्रेम का विजातीय-तत्त्व कहा जाता है। हितप्रभु ने कहा कि श्रीराधा के चरण-कमलों का पराग परम अद्‌भुत वैभव और परम शोभा से परिपूर्ण है, यह वैभव ब्रह्मा और शिव के लिए भी दुर्लभ है —

ब्रह्मेश्वरादिसुदुरूहपदारविन्द
श्रीमत्परागपरमाद्‌भुत-वैभवायाः। (राधासुधानिधि, श्लो. २)

परन्तु प्रेम सर्वोपरि है। अहैतुक होता है प्रेम। प्रेम का कोई निमित्त नहीं होता। प्रेम की दृष्टि में न ऐश्वर्य आता है,

---

१. श्रीरसोपासनातिलक, पृ० ३३४।

न माहात्म्य आता है। ऐश्वर्य है, परन्तु प्रेम के लिए उसकी कोई महत्ता नहीं, इसलिए प्रेम की दृष्टि उस पर पड़ती ही नहीं है।

प्रियाजू के यशवर्णन अथवा महिमा का प्रसंग है। अनन्त-कोटि-ब्रह्माण्ड में प्रियाजू के यश का विस्तार है। यह ऐश्वर्य की बात है परन्तु यहाँ ध्यान देने की बात है कि यह कथन सखी का नहीं है। सखी के सामने तो प्रियाजू का माधुर्य है और माधुर्य के प्रकाश में प्रियाजू का ऐश्वर्य उसी प्रकार छिपा हुआ है, जिस प्रकार सूर्य के प्रकाश में सितारे और चन्दा का प्रकाश छिप जाता है। सखी प्रेममयी है। वह ऐश्वर्य को क्यों देखे? सखी को ऐश्वर्य देखने की आवश्यकता ही नहीं है परन्तु इसका तात्पर्य यह नहीं कि वहाँ ऐश्वर्य है नहीं। भगवत-रसिक कहते हैं कि कुञ्जबिहारी कालों के भी काल-लोकपालों का भी पालन करने वाले, स्वतन्त्र, नियन्ता, विश्व-ब्रह्माण्ड की रचना करके फिर उसी में रमण करने वाले षड्-ऐश्वर्य समर्थ हैं —

सब कालन कौ काल लोकपालन कों पालै।
आपुन सदा स्वतंत्र नियंता बुद्धि बिसालै।
उपजाबै सब विस्व रमै फिर ताके माँहीं।
देखत भूली करै परै भूलन में नाहीं।
षड् ऐश्वर्य समर्थ हरि, सो भगवत असरनसरन। (अनन्यनिश्चयात्म ग्रन्थ)

''अनन्य-रसिकाभरण'' ग्रन्थ में भगवतरसिक कहते हैं —

नित्य बिहारी की कला प्रथम पुरुष अवतार।
तासु अंस माया भई जाकौ सकल पसार।
जाकौ सकल पसार महातत उपज्यौ जाते।
अहंकार उतपत्ति भई श्रुति कहै जु ताते।
अहंकार त्रैरूप भयौ सिव विधि असुरारी।
भगवत सबकौ तत्त्वबीज श्री नित्यबिहारी।

भगवतरसिक कहते हैं कि श्रीयुगल की अनन्त-माधुरी की एक कला से भगवान् नारायण का अवतार हुआ। उनके एक अंश से माया और फिर उससे जड़चेतनात्मक संसार। विश्व-ब्रह्माण्ड माया (मूल प्रकृति) से महत् तत्त्व, महत् से अहंकार और अहंकार तीन रूपों में व्यक्त हुआ — ब्रह्मा, विष्णु, महेश। सृष्टि, फिर सृष्टि का संचालन और सृष्टि का लय — ये तीन ही करते हैं। ये तीनों — ब्रह्मा, विष्णु, महेश नित्यबिहारी का जप तो करते हैं परन्तु अधिकार न होने के कारण विहार में इनका प्रवेश नहीं है — ''संभु मुरारि जपें मुख चार, बिना अधिकार बिहार समात न।''

भगवतरसिक ने स्पष्ट किया है कि समस्त विश्व-ब्रह्माण्ड श्रीयुगल के अनन्त-माधुर्य की एक कला (नारायण) के अंश के अंश की कला का विस्तार है। नित्यविहारी सब अवतारों के अवतारी हैं — ''अवतारी भर्ता सुप्रभु नित्यविहारी एक।'' (निर्विरोध मनरंजन) यही कारण है कि ''रसदेश'' में श्रीकृष्ण की वे अवतार-लीलाएं नहीं हैं, जिनका वर्णन श्रीमद्भागवत आदि में किया गया है।

जिस सर्वोपरि-तत्त्व को वेद नेति-नेति कहते हुए थक गया, उसे स्वामीजी सतत दुलराते रहते हैं। जिसकी महिमा अपरम्पार बताई जाती है, वृन्दावन में उसका नित्य-विहार होता है। जिसके नाम गुणों का कोई अन्त नहीं है, वह हमारी स्वामिनीजू का प्रियतम है। जिसका वर्णन शेषजी हज़ार-हज़ार मुखों से भी करने में असमर्थ हैं, उनको स्वामीजी दुलराते रहते हैं। जहाँ मन, बुद्धि और वाणी का प्रवेश नहीं है, वहाँ गौर-स्याम

सतत सुशोभित रहते हैं। जिस धाम में चन्द्र, सूर्य, अग्नि आदि किसी का प्रकाश नहीं पहुँच पाता है, वहीं श्री गौर-स्याम का प्रकाश है। जिसे अजन्मा कहा जाता है, हम नित्य एकरस उसी का ध्यान करते हैं। जिस तत्त्व को इदमित्थम् रूप में कोई नहीं कह सका, उसे हमने कुञ्जकुटी में प्राप्त कर लिया है। वह निर्गुण और सगुण दोनों का ही इष्ट है —

जाकों वेद नेति कहि गावें, ताकों स्वामी दिन दुलरावें।
जाकी महिमा अपरंपारा, ताकौ हमरें नित्य विहारा।
जाके गुन नाम नहिं अंत, सो कुंजबिहारी स्यामा-कंत।
जाकों शेष सहस मुख बरनें, ताकों हरिदासी सुख करनें।
जहाँ मन बुद्धि बानी नहीं प्रबेस, तहाँ गौर स्याम धरें द्वै बेस।
जाके धाम न सूर, इंदु अग्नि प्रकासा, ताकें गौर स्याम रूप उजियासा।
जाकौ जन्म अजन्मा गावै, ताकों नित्य एक रस ध्यावै।
जाकौ इदं-तत्त्व नहिं कहई, ताकों कुंजकुटी हम लहई[1]। (श्रीललितकिशोरी)

श्यामा-श्याम का सौन्दर्य विश्व-ब्रह्माण्ड के समस्त सौन्दर्य का परम-सार और मूल-स्रोत है, उसने कोटि-कोटि ब्रह्माण्डों को आच्छादित कर लिया है, अनन्त-कोटि ब्रह्माण्डों में वह व्याप्त है।

जिस रस-सागर की छींट-मात्र से अनन्त-कोटि ब्रह्माण्ड आनन्दित हैं, प्रतिष्ठित हैं। उसी रस-बिंदु से अनन्त ब्रह्माण्ड जन्म लेते हैं, उसी में जीते हैं और उसी में समा जाते हैं।

“उज्ज्वलनीलमणि” में पौर्णमासी कहती है — हे भले-भले अंगों से सुहानी राधे, तुम्हारे यश की चन्द्रिका नीलोत्पल के समान समस्त भूमण्डल को उत्फुल्ल बनाती हुई, इन्द्राणी के कानों में मानो शुभ्र कुन्द-कुसुम पहनाती हुई, ब्रह्माणी को आनन्द से रोमाञ्चित करती हुई, बैकुण्ठ में लक्ष्मी के कर्ण-भूषण की चन्द्रकान्त-मणियों को पिघलाकर लक्ष्मी को भी चकित कर देती है —

उत्फुल्लं किल कुर्वती कुवलयं देवेन्द्रपत्नी श्रुतौ
कुन्दं निक्षिपती विरिंचिगृहिणी रोमौषधीहर्षिणी।
कर्णोत्तंससुधांशुरत्नसकलं विद्राव्यभद्रांगि ते
लक्ष्मीमव्यधुना चकार चकितां राधे यशःकौमुदी।[2]

उज्ज्वलनीलमणि में श्रीकृष्ण कहते हैं —

विधूनयति राधिके त्रिजगदेव रूपोत्सवः।[3]

हे राधे! आपके अप्रितम सौन्दर्य को झेलने में तीनों लोक असमर्थ हैं, आपका यह रूप-उत्सव तीनों लोकों को कँपा रहा है। इसी क्रम को आगे बढ़ाते हुए रूपगोस्वामी ने उदाहरण दिया है —

सुविलासा महाभावपरमोत्कर्षवर्षिणी।
गोकुलप्रेमवसतिर्जगच्छ्रेणीलसद्यशाः।[4] (४.१४)

---

१. रससागर, पृ० ७३१।
२. उज्ज्वलनीलमणि (इं.गां.रा.क.के.), पृ० ९८।
३. वही, पृ० ७४।
४. वही, पृ० ७८।

वृन्दावनेश्वरी-राधा सुन्दर विलासमयी, महाभाव के परम-उत्कर्ष की वर्षा करती हैं, निखिल-ब्रह्माण्ड में इनका यश सुशोभित है।

रामभक्ति-साहित्य में मधुर-उपासना-सन्दर्भ में हम ऐसा ही वर्णन शृंगार-प्रदीप (श्री हरिप्रसाद) में देखते हैं —

सियजू रानिन में महारानी।
चितवत भोंह खड़ी कर जोरें इंद्रानी ब्रह्मानी।
गौरा पान लगावत रचि-रचि रमा खबावत आनी।
आठौ सिद्धि खड़ी कर जोरें नवनिधि मनहुँ बिकानी।
कोटिन ब्रह्मांडन की प्रभुता रोम-रोम अरुझानी।
जो माया एकै ही घट पर सबहि पियावत पानी।
सो चाहत ताकी करुणा कों बार-बार सनमानी।

भूली सब सखी देखि देखि।
जच्छ किन्नर-नागलोक-देवतिय रीझ रहीं भुव लेखि लेखि॥
कहत परस्पर नारि नारि सों, यै सुंदरता अवरेख रेखि।
श्रीहरिदास के स्वामी स्यामाऐ कैसें हु चितयें पै रेख-रेखि।

४२.१ यक्ष-किन्नर-नाग-देवतिय

लावण्य, सौन्दर्य, संगीत, क्रीडा, विलास, गीत, नृत्य के सन्दर्भ में प्राचीन-साहित्य में यक्ष, गन्धर्व और किन्नर-जातियों का जगह-जगह उल्लेख मिलता है। सुन्दरता की देवी लक्ष्मी को यक्ष-संस्कृति से सम्बद्ध माना जाता है। यक्षगान एक लोकनाट्य है, जो यक्ष-परम्परा के अध्ययन का एक सूत्र है। यक्ष, गन्धर्व, किन्नरों को "इच्छारूप" बतलाया गया है। यक्षों का राजा कुबेर था, उसकी राजधानी अलकापुरी थी। कालिदास के "मेघदूत" में यक्ष की प्रेम-कथा है। किन्नर वाद्य-वादन में निपुण थे। "अग्निपुराण" में किन्नरों के हाथ में वीणा होने का उल्लेख है। अजन्ता की गुफा में एक किन्नर वीणा बजा रहा है — किन्नरी मजीरे बजा रही है। बाण की कादम्बरी में किन्नर युगलों का उल्लेख है। एक "जातक-कथा" में किन्नर और किन्नरी का असीम प्रेम दिखाया गया है। गन्धर्वी और अप्सरा अलौकिक सुन्दरी के रूप में प्राचीन-साहित्य में चित्रित हैं। "गन्धर्व" यक्षों का ही एक उपकुल था। संगीत को आज भी "गन्धर्व-वेद" कहा जाता है।

सुकेशी, मेनका, उर्वशी, रम्भा, तिलोत्तमा, अलम्बुषा, स्वयंप्रभा, सौरभेयी, प्रमद्वरा, धान्यमालिनी, रति, धृताची, मञ्जुघोषा आदि परम सुन्दर-अप्सराओं की कथाएं पुराणों में अथाह हैं। इनके सौन्दर्य की प्रसिद्धि देश-देशान्तरों में थी। मदालसा गन्धर्व-कन्या थी। इसी प्रकार नाग कन्याओं की प्रेमकथाएं पुराणों में हैं, उनके सम्मोहन और आकर्षण के अनेक प्रसंग हैं। उलूपी नागकन्या थी। नवलदे जन्मेजय को ब्याही थी। इसी प्रकार देवांगनाओं के सौन्दर्य, संगीत नृत्य एवं विलासमय जीवन के अनेक प्रसंग विभिन्न पुराकथाओं एवं लोकगाथाओं में हैं। इन्द्राणी-शची परमसुन्दरी है। सुख, वैभव, विलास और सौन्दर्य का केन्द्र स्वर्ग में है। यक्ष, गन्धर्व, किन्नर, नाग, और देव-कन्याओं के सौन्दर्य और प्रेम की कथाएं लोकजीवन की वाचिक परम्परा में समस्त भारतवर्ष में प्रचलित हैं, मिथक-मोटिफ तथा कथा-रूढ़ि के रूप में पुराणों में स्थान-स्थान पर इनका उल्लेख प्राप्त होता है। साहित्य में संस्कृत के प्राचीन-साहित्य से लेकर "दिनकर" की "उर्वशी" तक कितने काव्य सौन्दर्य-प्रेम के इन मिथकों से सम्बन्धित हैं। कामायनी गन्धर्वी है। "उज्ज्वलनीलमणि" में राधा को भी गन्धर्वी बताया गया है — "गोपालोत्तरतापिन्यां गांधर्वीति विश्रुता।"

स्वामीजी ने सौन्दर्य के सन्दर्भ में तीन पदों में देव, गन्धर्व, नाग, यक्ष किन्नर-नारियों का सन्दर्भ दिया है —

देवनारि, नागनारि, और नारि ते न होइ और की और। (५४)
सुरपुर गंधर्वपुर और पुर तिनकी नार बारत लर मोत (७५)

भागवत में जगह-जगह देवांगनाओं का उल्लेख है।

वेणुगीत-प्रसंग में एक सखी कहती है कि स्वर्ग की देवियाँ जब युवतियों को आनन्दित करने वाले सौन्दर्य और शील के निधान श्रीकृष्ण को देखती हैं और बाँसुरी पर उनके द्वारा गाया हुआ मधुर-संगीत सुनती हैं, तब उनके चित्र-विचित्र आलाप को सुनकर वे अपने विमान पर ही सुध-बुध खो बैठती हैं, उन्हें इस बात

का पता ही नहीं चलता कि उनकी चोटियों में गुँथे हुए फूल पृथ्वी पर गिर रहे हैं, साड़ी तक कमर से खिसककर पृथ्वी पर गिर जाती है —

कृष्णं निरीक्ष्य वनितोत्सवरूपशीलं श्रुत्वा च तत्क्वणितवेणुविचित्रगीतम्।
देव्यो विमानगतयः स्मरनुन्नसारा भ्रश्यत्प्रसूनकबरा मुमुहुर्विनीव्यः। (१०.२१.१२)

जैसे तिलोत्तमा का सौन्दर्य समस्त सुन्दरता से तिल-तिल सञ्चित करके विधाता ने रचा था, उसी प्रकार "गीतगोविन्द" में जयदेव ने राधा में अप्सराओं का समवेत सौन्दर्य देखा है — राधा के दोनों नेत्रों में मदालसा (मद से अलस तथा मदालसा नाम्नी अप्सरा) है। चन्द्रवदन में इन्दुमती है। राधा की गति में मनोरमा है। जंघाओं ने रम्भा अप्सरा के सौन्दर्य को पराजित कर दिया है। राधा की भौंहों में चित्रलेखा है। राधा की रति में कलावती है —

दृशौ तव मदालसे वदनमिन्दुसन्दीपकं
गतिर्जनमनोरमा विजितरंभमूरुद्वयम्।
रतिस्तवकलावती रुचिरचित्रलेखे भ्रुवा-
वहो विबुधयौवनं वहसि तन्विपृथ्वीगता। (गी.गो. सर्ग, १० श्लोक ७)

नागरीदासजी ने इस पंक्ति की टीका करते हुए कहा कि —

आजु की छबि कौ प्रकास सब सखी देखि-देखि यों फूलि गई अति आनंद में मग्न है। वा छबि की छटा, जो किरन पसरी सो लोकान-लोक में बीजुरी सी कोंधन है गई।

प्रथम तौ प्रियाजू की रूपमाधुरी की छबि पिय पान करत अघात नाहीं। दूसरे सखीजन तौ देखि-देखि ही जीवत हैं। इन आगे ते रंध्रनि में ते किरन बाहर जात, सो छटा औतारि-आदिक सखी-भाव सों अवलोकन करत। इन आगें प्रकास जाय न सकत। इनकों यह टहल है।

पै आज कृपालता की छबि कौ प्रकास सब लोकानि-लोक में छाय गयौ। जो सनेही श्रीप्रियाजू के रस-उपासना में सनेही हे, तिनपै ज्यों बीजुरी की कोंधनि, ता भाँति प्रकास दिखायौ। जो जच्छ-लोक, किन्नर-लोक, नागलोक, देवलोकनि की स्त्री, जो प्रियाजू कौ रसजस-श्रवन सुनि सुनि के आसक्त ही, ते वा सोभा कों देखि देखि कें रीझ रही। भू जो पृथ्वी, तामें तृनका ते लिखन लागी। जब सनेही की सुध आवत है, तब ग्रीवा नीची करकें भूमि पै नखनते अथवा तृनकाते रेखा खीचें।

जिन राधा के एक चरण-नख-जन्य-कान्ति किरण के सौन्दर्य की एक आंशिक छटा को इन्दिरा लक्ष्मी नहीं पा सकी —

इंदिरा मृग्य सौंदर्य स्फुरदंघ्रि नखांचल।

लक्ष्मीर्यदंघ्रि कमलस्य नखांचलस्य
सौंदर्यविंदुमपि नार्हति लब्धुमीशे।

सूरदासजी ने भी सुर-ललनाओं का उल्लेख किया है —

सुरललना पति-गति बिसराए रहीं निहारि निहारि
जात न बनें देख सुख हरि कौ, आई लोक बिसारि।

श्रीप्रियाजू के सहज माधुर्य की समता त्रिलोकी में नहीं है। श्री हित-महाप्रभु कहते हैं कि —

देवलोक भूलोक रसातल सुनि कविकुल मति डरियै।
सहज माधुरी अंग-अंग की कहि कासों पटतरियै। (हितचौरासी ५२)

ध्रुवदासजी के शब्द हैं कि स्वयं रूप जिसका रूप देखकर रूपवन्त हो गया —

याकौ रूप जु देखै आई,सोऊ रूपवंत ह्वै जाई।

इस पद की टीका पीताम्बर देवजू ने की है —

कौतुक लखि भूली सखी, सब लोकन की नार।
कहत परसपर रूप गुन कठिन कृपा सुकुमार।
भूलि लखी सुख सखी महल में।
प्रीतम कौ जस सुजस श्रवन सुनि, तिय कुल री अत परी चहल में।
कहत परसपर गुन तन सोभा, रहत ध्यान सनमान टहल में।
श्रीहरिदास स्वामिनी, जोरी कैसें पइयत कृपा सहल में।

वस्तुदर्शिनी टीका है —

श्री मूरति की देह में, लोक अलौकिक जानि।
तिनमें राजत सहचरी, अंग-अंग सुखदानि।
आज जुगल आनंद में, लखि-लखि भूली बाल।
रीझ रही तिहुँलोक की, सहचरि आज निहाल।

४२.२ यै सुंदरता अवरेख

अवरेख का तात्पर्य है अंकित करना। रेखा खींची कि यह सुन्दरता की सीमा है। परन्तु यहाँ यावत्सौन्दर्य, पूर्णसौन्दर्य है — सुन्दरता का चरम बिंदु।

सौन्दर्य-चेतना मनुष्य के लिए ईश्वर का वरदान है। सौन्दर्य की अनुभूति मनुष्य को मनुष्य बनाती है, उसके जीवन को उदात्त बनाती है। सौन्दर्य-चेतना ही तो है, जो वास्तुकला, मूर्तिकला, चित्रकला, संगीत और काव्य में अभिव्यक्त होती है। मनुष्य की सौन्दर्य-चेतना उपयोगी कलाओं में भी समाहित है। मीठा हो पर गोल भी हो, तभी तो उसे मोदक कहा जाएगा। चलने में भी समन्विति हो। सेना के जवान कूच करते हैं, साथ ही कदमताल मिलाते हैं। मनुष्य सर्वत्र सुन्दर को देखना चाहता है। बैठने के लिए कुर्सी हो पर कुर्सी चमकीली हो, चिकनी हो, सुकोमल हो। मनुष्य के मन में सुकुमारता की आकांक्षा मचलती है। सुन्दरगन्ध सूँघना चाहता है, सुन्दर रस का आस्वादन करना चाहता है, सुकोमल स्पर्श का आकर्षण है, सुन्दर-स्वर का सम्मोहन है और सुन्दर को देखना चाहता है। मनुष्य की समस्त संस्कृति के मूल में सौन्दर्य-चेतना सक्रिय है। प्राकृतिक-सौन्दर्य को निहारने के लिए वह दुर्गम जंगलों, पर्वतों, समुद्री द्वीपों, नदियों के उद्गमों की यात्रा करता है। पार्क बनाता है, पर्यटन-केन्द्र बनाता है, फिल्में बनाता है, संगीत-संध्याओं का आयोजन करता है। सौन्दर्य-चेतना जितनी परिष्कृत होगी, वह मनुष्य उतना ही सुसंस्कृत और उदात्त भावों वाला होगा। "केलिमाल" सौन्दर्य-चेतना की उच्चतम, उदात्ततम आधारभूमि अथवा अवधारणा है।

वैसे सौन्दर्य-चेतना दूसरी संस्कृतियों में भी है, परन्तु उसमें कितनी स्थूलता है, वह कितनी दैहिक है, वह कितनी ऐन्द्रिक है, इस पर भी हमारा ध्यान जाता है।

अंग्रेज़ी में beauty शब्द है। Beau का अर्थ है श्रृंगारी पुरुष अथवा रसिक। ऑक्सफोर्ड डिक्शनरी में beauty का अर्थ दिया है, वह गुण, जो इन्द्रियों को तीव्र आनन्द प्रदान करता है। सुकरात कहता है कि जो नेत्र और श्रवण के माध्यम से प्रीतिकर हो, वही सुन्दर है। हालाँकि प्लेटो ने सौन्दर्य के चार स्तर माने — शारीरिक सौन्दर्य, मानसिक सौन्दर्य, नैतिक सौन्दर्य और प्रज्ञात्मक सौन्दर्य। वे मानते है कि सौन्दर्य सार्वभौमसत्ता से युक्त है। सौन्दर्य को उन्होंने केवल शरीर का ही धर्म नहीं माना, चेतना के सौन्दर्य की सत्ता को भी स्वीकार किया है।

प्लोटिनस ने कहा कि जो हमारे अनुराग का विषय है, वही सुन्दर है। आगस्टीन आदि मसीही-सन्त सौन्दर्य को ईश्वरीय-तत्त्व मानते हैं।

कांट ने सौन्दर्य के दो रूप माने। सापेक्ष-सौन्दर्य जीवन की सार्थकता और शिवतत्त्व से जुड़ा है — मंगलभाव तथा निरपेक्ष सौन्दर्य अपना प्रयोजन स्वयं ही व्यक्त करता है।

हेगेल ने सौन्दर्य को ऐन्द्रिय-प्रतीति या दिव्य चेतना की गोचर अभिव्यक्ति कहा है। उनकी दृष्टि में गोचर सामञ्जस्य का प्रतिबिम्ब है। उन्होंने चित्त को सौन्दर्य माना है।

हरबर्ट ने रूप आकार की रचना, अनुक्रम, अनुपात, दीप्ति आदि तत्त्वों को सौन्दर्य के तत्व के रूप में प्रतिपादित किया है।

सौन्दर्य-चिन्तकों का एक वर्ग काम अथवा इच्छा को सौन्दर्य का प्रमुख-तत्त्व मानता है। फॉकनर ने कहा है कि सौन्दर्य एक प्रकार की सुखात्मक अनुभूति है। जिसकी हम कामना करते हैं, वही सुन्दर है।[१]

फ्रॉयड ने सौन्दर्य का सीधा सम्बन्ध रति-भावना से माना है। मनोविज्ञान रागवृत्ति, काम की अभिव्यक्ति और वृद्धि को सौन्दर्य के रूप में परिभाषित करता है। रामचन्द्र शुक्ल के शब्दों में "मन तद्रूप हो जाए, वही सौन्दर्य का लक्षण है।"

भारतीय-साहित्य में उर्वशी, पार्वती, शकुन्तला, दमयन्ती, ललिता, उषा, मालती, श्रद्धा (कामायनी), मन्दोदरी, रुक्मिणी, सत्यभामा, राधा, सीता, पद्मावती आदि के सौन्दर्य का जो वर्णन-विवेचन हुआ है, वह भारतवर्ष की सौंन्दर्य-चेतना है। तन्त्रशास्त्र ने महात्रिपुरसुन्दरी के रूप में सौन्दर्य की पूर्णता का एक प्रतिमान प्रतिष्ठित किया था, इसी प्रकार "केलिमाल" की राधा के रूप में सौन्दर्य की गहन, सूक्ष्म, आत्मिक, भावरूप, चिन्मय अवधारणा को स्वामी श्रीहरिदास ने प्रतिष्ठित किया।

कालिदास ने अभिज्ञानशाकुन्तलम में "इयमधिकमनोज्ञा वल्कलेनापि तन्वी, किमिव हि मधुराणां मंडनं ना-कृतीनाम्।" रूप में तापसकन्या के सौन्दर्य को देखा था — "सरसिजमनुविद्धं शैवलेनापि रम्यं मलिनमपि हिमांशोर्लक्ष्मलक्ष्मीं तनोति।"

वह अनाघ्रात पुष्प है, अनास्वादित नवमधु है, नखों से अलून किसलय और अखण्ड पुण्यों का फल है। परन्तु "कुमारसम्भव" में तप से उद्भूत सौन्दर्य उमा का है। उस सौन्दर्य का भारत के लोकमानस में इतना विकास होता है कि वह सौभाग्यदेवी के रूप में प्रतिष्ठित हो जाती है। सीता राम को प्राप्त करने के लिए तथा रुक्मिणी कृष्ण को पाने के लिए पार्वती की उपासना करती हैं। पार्वती का परम सौन्दर्य तब पूर्ण होता है, जब वह स्कन्द और गणपति की माँ बनती है। वाल्मीकि ने राम-जानकी विवाह के प्रसंग में सीता के सौन्दर्य का वर्णन किया है, दूसरा वर्णन अशोक-वाटिका में तपस्विनी सीता का है।

---

१. दे० भारतीय एवं पाश्चात्य सौन्दर्यशास्त्र, डॉ० वेद प्रकाश जुनेजा, पृ० १३-२१।

प्रेम की देवी के रूप में कात्यायनी की प्रतिष्ठा भी है। भागवत में गोपियाँ कृष्ण को प्राप्त करने के लिए कात्यायनी की पूजा करती हैं। "केलिमाल" की राधा का सौन्दर्य परमगुह्य और चेतना की अथाह गहराइयों में है। अत्यन्त गहन अनुभूति, परम एकान्त-अनुभूति, समाधि-अनुभूति। स्वामी श्रीहरिदासजी ने "सिद्धान्त" के पद" और "केलिमाल" दोनों में समाधि शब्द का प्रयोग किया है। गीता ने भक्ति को योग के अन्तर्गत माना है। इसलिए यदि श्रीहरिदास को योगी के रूप में भी देखें और राधा के सौन्दर्य को योग-साधना के सौन्दर्य के रूप में समझने का प्रयास करें, तो अनुचित या अयुक्तिसंगत नहीं माना सकता, क्योंकि रसिक-भक्तों ने भी स्वामीजी को अवधूत कहा है,[१] दत्तात्रेय भी अवधूत थे। सौन्दर्य का मद है — "आउ लाल ऐसें मद पीजै। बिहारिनदेवजू ने स्वयं इस मद के सम्बन्ध में कहा है —

जुगल रूप भरि नैनपियाले, भरि भरि फिर पियें।

जेते मद त्रयलोक में, तिनके हैं सिरताज।
पलक माँहि मिटजाँय वे, जुगमद जुगजुग राज।[२]

मधुर हंस गाते रहें पीवत मधुमकरन्द

ललितकिशोरीजी ने कहा -

नित्य अचाह प्यालौ पियौ।
अपनी जान बिहारिनि रानी अपने हाथ दियौ।
छिन-छिन रंग चढ़े अति भारी, आनँद उमँग हियौ।[३]

सौन्दर्य की कितनी सूक्ष्म, सूक्ष्मतर और सूक्ष्मतम अनुभूति, कि स्वयं सौन्दर्य जहाँ अपनी गति भूल जाए — "सुन्दरता तहाँ गतिभूली।" सौन्दर्य की परम रेखा। धरती और आसमान मिले हुए दिखाई देते हैं, उसे ही क्षितिज कह देते हैं, इसी प्रकार असीम शब्द सीमा से ही बनाया गया, वहाँ सीमा है कहाँ? लेकिन अभिव्यक्ति कैसे की जाए? इसलिए रेखा कह दिया। सौन्दर्य की अनन्तता। माधुर्य की अनन्तता और सौन्दर्य तथा माधुर्य की कभी भी तृप्त न होने वाली प्यास।

सुन्दरता का स्रोत भी वही है और सुन्दरता का प्रसार भी वही है। "सुंदरता अवरेख रेख" चरम सीमा का तात्पर्य है असीम। घटाकाश और महाकाश। घड़े के आकाश में आकाश को समझा रहे थे, फिर महाकाश की ओर इंगित किया, और कहा कि यह आकाश की चरम सीमा है। आकाश की सीमा तो नहीं है, ऐसे ही प्यारीजू के सौन्दर्य की कोई सीमा नहीं है। ब्रह्माण्ड के यावत्सौन्दर्य इसी के कारण हैं। जिससे सब कुछ दिखाई देता है — "यस्य भासा सर्वमिदं विभाति।" परन्तु जिससे यह सब दिखाई देता है, वह किसके कारण दिखाई देता है? उत्तर मिला कि — वह स्वयंप्रकाश है। ऐसे ही प्यारीजू स्वयं-सौन्दर्य हैं, उनके सौन्दर्य की किरण से यावत्सुन्दरता दिखाई देती है।

---

१. अद्भुत अवधूत कोऊ कहा तिन्हें जान सकै (नवलदास)।
२. सर्वोपरिनित्यविहारिणी, रससागर, पृ० ८१८।
३. वही, पृ० ७९९।

इसे पूर्णसौन्दर्य की अवधारणा कहा जा सकता है। इस अवधारणा के सम्बन्ध में एक शब्द अभिनवगुप्त ने कहा — सम्वित्। एक शब्द चैतन्यप्रभु की परम्परा ने कहा — आह्लादिनी। हालाँकि ''रसदेश'' में आह्लादिनी-शक्ति अथवा सम्वित् जैसी परिकल्पनाएं नहीं है, क्योंकि इन शब्दों के साथ जो चिन्तन-प्रणाली जुड़ी हुई है, वह स्वामीजी के ''रसदेश'' से कुछ भिन्न है। फिर भी अनुसन्धान की प्रक्रिया में ''आह्लादिनी गुप्त'' पर भी ध्यान देना आवश्यक है।

४२.३ आह्लादिनी

विश्व-ब्रह्माण्ड में जो रूप, जो भाव, जो रस, जो स्वर, जो गन्ध, जो स्पर्श, आनन्द प्रदान करने वाले हैं, वे सब आह्लादिनी के आंशिक रूप की अभिव्यक्ति हैं। कमल, गुलाब, कदम्ब, चमेली, हरसिंगार, कस्तूरी और चन्दन में जो सुगन्धि है, वह आह्लादिनी के ही प्रकाश का रूप है। मलार, भैरवी, केदार, सारंग इत्यादि रागों की जो स्वरलहरी चित्त को आकर्षित कर लेती है, वह आह्लादिनी का ही स्वर है। प्रात:कालीन सूर्य की अरुणिमा, शरच्चन्द्र की चाँदनी, इन्द्रधनुष के रंग, हिमालय की धवलता, उसी की रमणीयता है। शकुन्तला, उर्वशी, पद्मावती, हीर इत्यादि सुन्दरियों का जो अपरूप सौन्दर्य है, वह आह्लादिनी का ही आंशिक परिचय है। शीतल-सुगन्ध वन का स्पर्श और प्रियतम का संस्पर्श आह्लादिनी के अंश की ही छटा है।

आनन्द की अनुभूति आह्लादिनी के ही द्वारा होती है। प्रेम के रूप में आह्लादिनी की किरण का प्रकाश जीवमात्र के हृदय में विराजमान है। यदि हृदय में प्रेम नहीं है, तो सौन्दर्य की अनुभूति नहीं हो सकती। प्रेम और सौन्दर्य एक ही तत्त्व की दो अवस्थाएं हैं। सौन्दर्य प्रेम का प्रकट रूप है और सौन्दर्य की अप्रकट अवस्था प्रेम है। श्रीकृष्ण के हृदय का प्रेमसार-सर्वस्व राधा हैं और राधा के हृदय का अगाध-प्रेमामृतसिन्धु कृष्ण हैं। कण-कण में व्याप्त है आनन्द, समग्र-परिवेश उसी आनन्द में झूम रहा है। आनन्द का अतिरेक। चैतन्य-चरितामृत में कृष्णदास कविराज ने कहा —

ह्लादिनी कराय कृष्णेर आनंदास्वादन
ह्लादिनी द्वारा करे भक्तेर पोषण।
ह्लादिनी सार प्रेम, प्रेमसारभाव
भावेर परमकाष्ठा महाभाव।

जैसे शहद है, हम शहद का आस्वादन करते हैं, बड़ा मीठा है। परन्तु क्या शहद स्वयं अपना आस्वाद कर सकता है? स्वयं मधुर अपने माधुर्य का आस्वाद नहीं करता। इसी प्रकार आनन्द अपना ही आस्वादन नहीं करता। आनन्द के आस्वाद का नाम है आह्लाद। स्वयं आनन्द में अपने ही आनन्द के आस्वाद की, आह्लाद की चेतना जगी, उस चेतना का नाम है आह्लादिनी। आह्लादिनी सौन्दर्य-माधुर्य आनन्द की प्यास है। जैसे भूख के बिना भोजन अच्छा नहीं लगता, वैसे ही सुन्दरता की प्यास न हो, तो सुन्दरता पर नज़र जाकर भी अनुभूति नहीं होती। आह्लादनी के बिना आनन्द की अनुभूति भी नहीं हो सकती। मीठा और मीठे की मिठास तथा मिठास की अनुभूति। ये तीन स्थितियाँ हैं। जिन लोगों को मीठा नहीं भाता, उन्हें मीठे की अनुभूति नहीं होगी। मीठे की चाह, मीठी चाह आवश्यक है। इसी प्रकार सौन्दर्य-माधुर्य-आनन्द की यह चाह आह्लादिनी है।

प्रेम और सौन्दर्य को देखें। प्रेम नहीं है मन में, तो सुन्दरता की अनुभूति या आह्लाद भी नहीं मिलेगा। प्रेम और सौन्दर्य एक ही तत्त्व की दो अवस्थाएं हैं, जैसे बीज और वृक्ष। सौन्दर्य प्रेम की प्रकट अवस्था है और प्रेम सौन्दर्य की अप्रकट अवस्था है।

अनेक विद्वानों ने सौन्दर्य और प्रेम की तुलना जल और पिपासा से की है। यदि जगत् में जल नाम का कोई पदार्थ न रहता, तो पिपासा भी नहीं रहती, क्योंकि जल और पिपासा परस्पर सापेक्ष हैं। इसलिए पिपासा की सत्ता ही जल की सत्ता को प्रमाणित करती है।

''रसदेश'' की अवधारणा इस प्रकार की है कि सौन्दर्य-माधुर्य-आनन्द का महासिंधु है, ऊँची-ऊँची लहरें उठ रही हैं, रस का महोदधि उद्वेलित हो रहा है, तरंगित हो रहा है, तरंग का एक छींटा विश्व में समा गया। मानवी-सौन्दर्य हो या प्राकृतिक-रमणीयता हो, वह सब उस छींटे का प्रकाश है — ''छलकत छींट जहाँ परी, तहाँ प्रेम उदगार।'' जहाँ छींटा गिर पड़ा, वहीं प्रेम की अभिव्यक्ति होने लगी। प्रेम का प्राकट्य अर्थात् सौन्दर्य।

पिय सों तू जोई-जोई करै सोई-सोई छाजै।
तेरी सैंध करै जो कोऊ सोऊ लाजै।
तू सुर-ग्यान सब अंग सखी री, मान करत बे काजै।
श्रीहरिदास के स्वामी स्याम कौ ज्यौ तो में बसै तू नित्त-नित्त बिराजै।

४३.१ पिय सों तू जोई-जोई करै सो छाजैः तेरी सैंध करै सो लाजै

सबसे पहले सेंध के भाव को देखें। यह भी एक कौतुक है और शायद मनुष्य की प्रकृति है — सन्धि में से झाँककर एक आँख लगाकर केलि को देखना। कहीं-कहीं यह एक प्रकार का गुप्त-रीति से चलने वाला रिवाज़ भी देखा गया है कि जब किसी नवदम्पति की सुहागरात होती है तो भाभी के रिश्ते की स्त्रियाँ चुपके से संद में से देखती हैं, झाँकती हैं, दूल्हा-दुल्हिन के प्रेम के स्वरूप और प्रेम-क्रीडा का आस्वादन करती हैं।

उसी प्रकार श्यामा-श्याम के विहार को सखियाँ सेंध में से देखती है। वृन्दावन में ठाकुर बाँके-बिहारी के दर्शन होते हैं, तो पर्दा बार-बार आता है। सामान्य-दर्शनार्थी साधारणतया उसका समाधान कर देता है कि कहीं ठाकुर को नज़र न लग जाए। लेकिन वृन्दावन के रसमर्मी भक्त जानते हैं, यह पर्दे की ओट में चलने वाला विहार है, निज सहचरी अपनी अनुगत-सखियों को तनिक सी सेंध कर देती है और सखियाँ भी विहार के रस का आस्वादन कर लेती हैं।

चैतन्य-सम्प्रदाय में विहार में सखियों के अधिकार के स्तर हैं। इस सखी-परिकर में प्रारम्भिक अधिकार वाली मञ्जरी है। मञ्जरी बौर को कहते हैं। तुलसी और आम्र में मञ्जरी लगती है — यह प्रस्फुटन-दशा है। साधक के हृदय में भाव का प्रस्फुटन हो रहा है। मञ्जरी सखियों की सेविका है — रूपमञ्जरी, जीवमञ्जरी, अनंगमञ्जरी, रसमञ्जरी, विलासमञ्जरी, प्रेममञ्जरी और रागमञ्जरी तथा कस्तूरी-मञ्जरी। मञ्जरी शुद्ध सेवा की मूर्ति है। उसे तनिक भी भोग-विषय-लालसा नहीं है। मञ्जरी अल्पवयस है। उसे रति-लालसा नहीं है, इसलिए वह निकुञ्ज में आती तो है, परन्तु सेवा-कार्य के लिए ही आती है। जल की झारी रखने आई और फिर चली गई।

स्वामी हरिदासजी के "रसदेश" में प्रेम-सहेली ललिता है और ललिता से श्यामा-श्याम का कोई पर्दा नहीं है, एकान्त-निकुञ्ज में भी ललिता हैं लेकिन अन्य अनुगत सखियाँ श्यामा-श्याम के गुह्य-विहार को सेंध में से निहारती हैं। लता के झरोखों में से झाँककर अपने नयनों को धन्य बनाती हैं, तृप्त करती हैं। "भगवतरसिक विलोकि केलि कुंजन के छिद्रा। निरखि सखी रंध्रन सुखपाइ" (८५३)। हितचौरासी में "ललितादिक जू विहार कौ सुख रंध्रन ह्वै देखन लगीं" — हितहरिवंश "रसिक ललितादिक-लता भवन रंध्रनि अवलोकत॥" (पृ० १४४)

बिहारिनदेव की साखियों के टीकाकार महन्त राधाप्रसादमहाराज ने लिखा है —

> अंगसंगनी सखी अपनी सहेली और सखी को लतागृह-रंध्रनि में ते दंपती के सुरति केलि कौ सुख प्रत्यच्छ दिखाइ कें ताके भेद जतावें हैं।[१]

अन्यत्र भी एक पद है —

---

१. श्रीरसोपासनातिलक, पृ० ७५।

देख री देख सखी कौतुक कुंजखिरकी।
कुसुम अनेक रंग रुचिर सज्या सुरंग सीतल बहत मंद-सुगंध समिर की।[१] (बिहारिनदेव)

हितप्रभु ने "राधासुधानिधि" में लिखा है —

कदा कुंजच्छिद्रे भवतु मम राधे नु नयनम्। (श्लो० १०४)

अथवा

दृशौ कुंजच्छिद्रैस्तव निभृतकेलिं कलयितुम्। (श्लो० १०५)

नागरीदासजी ने सेंध पाठ स्वीकारा है और सेंध का अर्थ होड़ या बान, आदत तथा रंग बतलाया है।

४३.२ तू सुरग्यान सब अंग सखी री

स्वर अर्थात् नाद आपका विग्रह है, आपका शरीर स्वर-संगीत का है। श्यामा-श्याम का शरीर हाड़-माँस का नहीं है, यह बात पहले पृष्ठों में भी कही जा चुकी है — "आनंदविग्रह बड़ा तमाशा।" वे रस-रूप हैं — "राग ही में रंग रह्यौ, रंग के समुद्र में ए दोउ झागे।" संगीत में आनन्द है और आनन्द समुद्र के झाग अथवा नवनीत-रूप श्यामा-श्याम है। "तू सुर ग्यान सब अंग" का भाव यह भी है कि तू सर्वांगीण स्वर-ज्ञानरूपा है। संगीत-शिरोमणि है।

१. सर्वोपरि श्रीनित्यविहारिणी : रससागर, पृ० ५११।

४४

सोई तौ बचन मोसों मानि, तैं मेरौ लाल मोह्यौ री साँवरौ।
नव निकुंज सुख-पुंज महल में सुबस बसौ एहि गाँवरौ।
नव नव लाड़ लड़ाइ लाड़ली, नहिँ नहिँ यह ब्रज-जाँवरौ।
श्रीहरिदास के स्वामी स्यामा कुंजबिहारी पै बारोंगी मालती भाँवरौ।

४४.१ स्वप्रतिबिंब-विभ्रम

स्वप्रतिबिम्ब-विभ्रम की इसी भावभूमि पर एक पद बीट्ठलविपुलदेवजू ने लिखा है —

तैं मोह्यौ प्यारी मेरौ लाल।
जिहिं गुन सर्वस चोरि लियौ नागरि ते गुन अब प्रतिपाल।[१]

प्रतिबिम्ब विभ्रम के नौ-दस पद सूरदासजी ने ब्रजलीला के सन्दर्भ में गाए थे —

यह सुंदरी कहाँ ते आई।
बार बार प्रतिबिंब निहारत, नागरि मन-मन रही लुभाई।
कर ते मुकुर दूर नहिं डारत हृदय माँझ कछ रिस उपजाई।
देखे कहूँ नैन भरि याकों नागर सुंदर कुँवर कन्हाई।
मेरी कहा चलै या आगें, यह धौं आज अरस तें आई।

मुकुर छाँह निरखि देह की दसा गँवाई।

कहति छाँह सों नागरी को है तू माई।

स्यामाजू अपनौ रूप देखि रीझति हैं नैकहु दर्पन दूरि करति।
नाम कहा सुंदरी तुम्हारौ क्यों मोसों नहि बोलत हौ।

लोचन इकटक दै रही प्रतिबिंब निहारी।
अपनी छबि पर आपनौ तन-मन-धन वारै।
बूझति, ताकों कौन की को है री प्यारी।[२]

दर्पण प्रतिबिम्बविलास का भाव है। वात्सल्य-विलास में सूरदासजी ने बालकृष्ण का वर्णन किया है —

मनिमय कनक नंद के आँगन विंब पकरिबे धावत।

---

१. श्रीनिकुंजविहारिणी : रससागर पृ० ६९।
२. सूरसागर, ९६६-६८।

माखनचोरी के प्रसंग का बड़ा मनोरम पद है —

आज सखी मनिखंभ निकट हरि, जहँ गोरस कों गोरी।
निज प्रतिबिंब सिखावत, क्यों सिसु प्रगट करै जनि चोरी।
अरध विभाग आज तैं हम-तुम भली बनी है जोरी।
माखन खाउ कतहिं डारत हौ, छाँड़ि देहु मति भोरी।
बाँट न लेहु सबै चाहत हौ यहै बात है थोरी।
मीठौ अधिक परम रुचि लागै, तौ भरि देउँ कमोरी।
प्रेम उमँगि धीरज न रह्यौ तब प्रकट हँसी मुख मोरी।
सूरदास प्रभु सकुचि निरख मुख, भजे कुंज की खोरी।

मणिखम्भ में अपना प्रतिबिम्ब देखकर बालकृष्ण कहने लगे, "देखो मित्र, यह चोरी की बात प्रकट मत करना, आधा माखन तुम खा लो। कन्हैया ने प्रतिबिम्ब को माखन दिया परन्तु खम्भे से वह गिर पड़ा, तो बोले — क्या आधे से राजी नहीं हो, सारा का सारा चाहते हो? देखो यह बात तो घटिया है।"

महाप्रभु हितहरिवंश ने प्रतिबिम्ब-सम्भ्रम की एक छवि इस प्रकार अंकित की है कि श्यामाजू लाड़ले के हृदय पर विराजमान कौस्तुभमणि में अपना प्रतिबिम्ब देखती हैं, तो शोक और क्रोध के भाव में आकर प्रियतम का हाथ झटक देती हैं और आँखों में आँसू आ जाते हैं, अपने हृदय की बात सखी को सुनाने चली जाती हैं —

संगत्यापि महोत्सवेन मधुराकारां हृदि प्रेयसः।
स्वच्छायामणिवीक्ष्यकौस्तुभमणौ संभूतशोकाक्रुधा।
उत्क्षिप्य प्रिय पाणिमेव विनयेत्युक्त्वा गताया बहिः
सख्यै शास्त्रनिवेदितानि किमहं श्रोष्यामि ते राधिके। (रा.सु. श्लो. २४६)

दार्शनिक-विश्लेषण में दर्पण-प्रतिबिम्ब का उदाहरण अनेक स्थलों पर है। निम्बार्क-परम्परा के श्रीभट्टजी ने श्यामा-श्याम के अद्वयभाव को दर्पण-प्रतिबिम्ब का उदाहरण देकर स्पष्ट किया है। हम अपना मुख दर्पण में देखते हैं, दर्पण में मुख का प्रतिबिम्ब है और उसमें हमारे नेत्र भी प्रतिबिम्बित हैं। हम अपने नेत्रों से दर्पण को देख रहे हैं, वह दर्पण जिसमें हमारे नेत्र भी हैं, लगता है कि वे नेत्र हमें देख रहे हैं। परन्तु क्या वे नेत्र हमारे नेत्र से भिन्न हैं? नहीं हैं। इसी प्रकार दर्पण और उसके प्रतिबिम्ब के समान राधा श्रीकृष्ण का विग्रह है और श्रीकृष्ण राधा का विग्रह हैं —

दर्पन में प्रतिबिंब ज्यों नैन जु नैनन माँहि।
यों प्यारी पिय पलक हू, न्यारे नहिं दरसाहिं।
प्यारी तन है स्याम-स्यामा तन प्यारौ।
प्रतिबिंबित तन अरसि-परसि दोउ, एक पलक दिखियत नहिं न्यारौ।
ज्यौ दर्पण में नैन, नैन में नैन-सहित दर्पण दिखबारौ।
श्रीभट जोट की अति छबि ऊपर, तनमनधन न्यौछावर डारौ।[1]

"स्वप्रतिबिंब-विभ्रमः" भागवत का वाक्य है, जैसे बालक अपनी ही परछाई से खेलता है। "स्वस्य प्रतिबिम्ब प्रति-

---

१. श्रीश्रीभट्टदेवाचार्य की वाणी : युगलशतक : श्रीसहजसुख, पृ० २८।

स्वरूपमेव विभ्रमो विलासो यस्य स।" अपनी परछाई के प्रति अपना स्वरूप ही जिसका विलास है।

इसी प्रकार प्रियाजू प्रियतम के अंग में अथवा वक्षस्थल की मणि में अपना प्रतिबिम्ब देखकर विमुग्ध हो जाती हैं और उसे कोई अन्य नारी समझकर कह उठती हैं — "तैं मेरौ लाल मोह्यौ री।" प्रतिबिम्ब सम्भ्रम का एक प्रसंग भगवतरसिकजी ने लिखा है —

प्यारीजू की सहज अटपटी बोलन।
हो पिय, तुम उर बसी कौन तिय, पहरे नील-निचोलन।
भगवतरसिक कहौ तुम साँची, नाँहि करौ अनबोलन।

प्रियतम के वक्ष पर स्थित मणि में अपना प्रतिबिम्ब देखकर प्रियतम को उलाहना देती हैं कि नील-निचोल पहनने वाली यह कौन नारी है, जो आपके मन में बस गई है? सच-सच बताओ, नहीं तो अनबोलन कर दूँगी, तुमसे बोलूँगी नहीं।

यहाँ भगवतरसिक के पद में जो उपालम्भ-भाव है, "केलिमाल" के पद में वह नहीं है। प्रियाजू वहाँ कहती हैं — "यह गाँव सुबस बसे।" गाँवरौ शब्द किस अर्थ का व्यञ्जक है? बहुवल्लभता का, जो ब्रजलीला में है अनेकानेक गोपियों के साथ प्रेम। परकीया प्रेम।

४४.२ परकीया प्रेम

विद्यापति कहते हैं — "चोरी प्रेम संसारेरि सार" अर्थात् चोरी का प्रेम संसार का सार है। माधुर्य रस में स्वकीया-भाव तथा परकीया-भाव के भेद हैं। अप्रकट गोलोकधाम में नित्य कृष्णकान्ता ब्रजसुन्दरी स्वकीया है, जबकि प्रकट गोकुल-वृन्दावन में श्रीराधादि ब्रजसुन्दरी परकीया भाव[१] की उपासिका है।

महाभाव-स्वरूपिणी वृषभानुनन्दिनी अपने कायव्यूह-स्वरूपा सखी-वृन्द के द्वारा प्राणवल्लभ को परकीया-भावमय मधुर रस की अशेष वैचित्री का आस्वादन कराती हैं। चैतन्य-परम्परा के भक्त इसे ब्रजलीला का चरम-उत्कर्ष मानते हैं। विश्वनाथ चक्रवर्ती ने इसका प्रबल प्रतिपादन किया है।

वृन्दावन के वनमहाराज कहते हैं कि "स्वकीया रस में विधि-मार्ग का संसर्ग रहने पर कुछ संकोच रहता है जबकि परकीया रस में विधि-निषेध से परे अद्भुत रस-चमत्कारिता है।"[२] परकीया-रस में वेद-रीत को ठुकराया गया है। लोक-रीत को ठुकराया गया है — कलंक लगता है, तो लगता रहे।

परकीया-भाव की सर्वोत्कर्षिता के सम्बन्ध में गौडीय-आचार्यों ने बड़ा विशद विवेचन किया है। उन्होंने प्रमाणित किया है कि भागवत में गोपियों की रसोपासना परकीया-भाव की उपासना है। ये ही गोपी हैं, जिनकी वेदना उद्धव करते हैं — "आसामहो चरणरेणुजुषामहं स्यां वृन्दावने किमपि गुल्मलतौषधीनां। या दुस्त्यजं स्वजनमार्य-पथं च हित्वा, भेजुर्मुकुंदपदवींश्रुतिभिः विमृग्याम्।"[३] जो वेदों के द्वारा अनुसन्धेय तत्त्व है, वह प्रेम-रूप श्रीकृष्ण-पद गोपियों ने सहज ही प्राप्त कर लिया है, उसको प्राप्त करने के लिए अत्यन्त दुस्त्यज लोकवेद की आर्य-मर्यादा भी गोपियों ने छोड़ दी थी। स्वकीया तो आर्य-मर्यादा है, परन्तु गोपियों ने प्रेम-रत्न पाने के

---

१. भारतीय धर्म-साधना के इतिहास में एक ऐसा समय आया, जब परकीया-भाव तथा बहुवल्लभता का प्राचुर्य रहा, यद्यपि किसी भी कवि सिद्धान्त के रूप में उसका समर्थन नहीं किया। बहुनायक-रति को यदि मान्यता दी जाए, तब बहुनायिका-रति को अस्वीकृत करना क्या न्यायसंगत होगा?

२. "श्रीसर्वेश्वर" रसोपासना, अंक वर्ष २५ अंक ३, पृ० ६।

३. भागवत १०.४७.६१।

लिए उसकी परवाह नहीं की। गौड़ीय आचार्यों ने वृन्दावन की यह प्रकट-लीला उपास्य बतलाई, उसे श्रीमद्‌भागवत-श्रुति-स्मृति पुराण तथा पाञ्चरात्र आदि भक्ति-शास्त्र-सम्मत बतलाया। "उज्ज्वलनीलमणि" में राधा परकीया है। वनदेवी कहती हैं —

जात्याहं वनदेवतापि भगिनी कुत्रापि ते प्रेमतः
क्वाप्यंबाजननी क्वचित्प्रियसखी कुत्रापि भर्त्तुः स्वसा। (६९)

राधा की भर्त्तुस्वसा (पति अभिमन्यु की बहिन कुटिला) अर्थात् ननद। "रतिस्तु परकीयायां" सूत्र से परकीया-रति की बहुत महिमा बताई गई है। परकीया-प्रेम में दुर्लभता होती है।

श्रीकृष्णदास कविराज के शब्द हैं — "परकीयाभावे अति रसेर उल्लास। ब्रज बिना इहार अन्यत्र नहिं वास।" अर्थात् "परकीया रूप-उल्लास"। केवल ब्रजभाव में ही स्वीकृत है। अन्यत्र नहीं।

परकीया-भाव के पद्य हैं —

कं प्रति कथयितुमीशे संप्रति को वा प्रतीतमायाति।
गोपति-तनयाकुंजे गोपवधूटी विटं ब्रह्म। (पद्यावली : पं. रघुपति उपाध्याय (तिरहुत))

मैं यह बात किससे कहूँ और कहने पर विश्वास भी कौन करेगा कि यमुनातटवर्ती-कुञ्ज में गोपवधूटी के लम्पट (उपपति) ब्रह्म हैं?

नूतनजलधररुचये गोपवधूटीदुकूलचौराय।
तस्मै कृष्णाय नमः संसारमहीरुहस्य बीजाय। (सिद्धान्त मुक्तावली: विश्वनाथ पंचानन भट्टचार्य)

नव मेघ की कान्ति वाले गोपवधूटियों के वस्त्रों को चुराने वाले संसार-रूप वृक्ष के बीज-स्वरूप कृष्ण।

सूरदास ने परकीया-भाव के अनेकानेक पद लिखे हैं, परन्तु दूसरी ओर स्वयं सूरदास को यह जँचा नहीं तो उन्होंने राधा-कृष्ण विवाह के गीत गाए —

ललित लाल कौ सेहरौ जगमग रह्यौ है री माई।
हरषि हरषि गोपी गावहीं यह सुख देखौ आई।
अलकें झलकें बदनपर मरुअट खौर बनाई।
राजकुमारी राधिका नवल दुलहिन पाई।[१]

नंददासजी का पद है —

अरी चलि दूलह देखन जाहिं।
सुंदरि स्याम सलौनी मूरति अंखियाँ निरखि सिराहिं।

कृष्णदास ने गाया —

भाँवरि भवन भानु कें सजनी होत है आज देखौ कीजै।

श्रीव्यासजी की वाणी है —

चौक पूरि वेदि बनाई दूलह श्याम बुलाइयौ।
बैठे पंच सुजन सुख पाइ हरिकों अरघ दिवाइयौ।

---

१. सूरसागर : श्रीकृष्ण विवाह वर्णन, पृ० ६२९।

चाचाहित वृन्दावनदासजी ने विस्तारपूर्वक श्रीजुगल का मंगलाचार गाया है —

भाँवरि बिरियाँ निर्मल लगन विचारि कें
केसर अजिर लिपायौ रहसि सुधार कें
मोतिन चौक पुराई चित्र रचना करी
ललित रीति सों वेदी सुहथ मुनिन धरी।

"गर्ग संहिता" में भी राधा-कृष्ण के विवाह का वर्णन है। "केलिमाल" में श्यामा-श्याम "सहज दूलह-दुलहिन" हैं — मेघ दामिनी की तरह। वहाँ विवाह की रीति-रिवाज़ का कोई प्रश्न ही नहीं है।

४४.३ नहिं नहिं यह ब्रज जाँवरौ

जाँवरौ बालक को कहते हैं। "नहिं नहिं यह ब्रज जाँवरौ।" श्रीश्यामाजू अपने प्रतिबिम्ब से ही कहती हैं — नए नए लाड़ लड़ाना इस लाड़ले के? नहीं तो समझ ले कि यह ब्रज-जाँवरौ नहीं है, बहुवल्लभ नहीं है। यह श्यामाजू का धीर-भाव है, वे विश्वस्त हैं। अब यदि यह वचन श्यामाजू के प्रति ललिताजू का है, तो भाव यह है कि सम्भ्रम मत करो, नए लाड़ लड़ाओ यह ब्रज-लीला-बिहारी कृष्ण नहीं है। यह नन्दनन्दन यशोदा-नन्दन गोपीनन्दन, चीर-हरैया, नागनथैया, माखन-चोर, गोर्वधनधारी, गोबच्छ-चरैया, रासरचैया कृष्ण नहीं है। यह नित्य-निकुञ्ज बिहारी है।

क्या ब्रज का कृष्ण कोई और है, तथा नित्य-वृन्दावन का कृष्ण कोई और? क्या भागवत का कृष्ण कोई और है तथा महाभारत का कृष्ण कोई और? क्या गीतागायक कृष्ण कोई और है तथा रासरचैया और चीरहरैया कृष्ण कोई और? क्या देवकीनन्दन कृष्ण कोई और है तथा नन्दनन्दन कृष्ण कोई और? क्या इतिहास का कृष्ण कोई और है तथा लीलवपु कृष्ण कोई और? क्या लोकातीत कृष्ण कोई और है तथा लोकवेद-प्रथित कृष्ण कोई और? क्या गोपी कृष्ण कोई और है तथा श्यामा-श्याम कोई और? इन प्रश्नों का उत्तर हमें जीवन की अविच्छिन्न सांस्कृतिक-परम्परा में खोजना होगा। लोकमानस किस प्रकार से प्रक्रिया करता है, यह समझना होगा। सन् १९८८ में डॉ० विद्यानिवास मिश्र की प्रेरणा से वृन्दावन शोध संस्थान के तत्त्वावधान में एक संगोष्ठी हुई — "भारतभावस्वरूप कृष्ण"। पूरे भारतवर्ष के विभिन्न प्रदेशों, विभिन्न जनपदों, विभिन्न समुदायों में कृष्ण की क्या अवधारणा है? कृष्ण के प्रति विभिन्न जनपदों के भाव का स्वरूप क्या है? तमिल आलवारों से लेकर, बिठोवा, द्वारकानाथ, मथुरानाथ, रणछोड़, जगन्नाथ, तिरुपति, मणिपुर, कर्णाटक, गुजरात, राजस्थान, कुरुक्षेत्र, गढ़वाली, डोगरी, बंगाली, असमिया, उर्दू और गूजर जनजाति, बन्जारा जनजाति, भीली तथा अहीरी-बोलियों, जनपदीय-भाषाओं और प्रादेशिक-भाषाओं के परिनिष्ठित एवं लोकसाहित्य में कृष्णलीला के स्वरूप को लेकर पचास-साठ विद्वानों के पत्रों का वाचन हुआ और कृष्ण की भिन्न-भिन्न अवधारणाएं सामने आईं। कितने-कितने प्रकार के देशकाल के प्रतिबिम्ब "भावरूप-कृष्ण" में प्रतिबिम्बित हैं। यह समझने की बात है। यह इतिहास का बँधा-बँधाया सत्य नहीं है, यह जीवन का नित्य-नवीन तथा चिर-पुरातन सत्य है और जीवन एक निरन्तर-प्रक्रिया है। किसके हृदय का भाव कृष्ण में प्रतिबिम्बित नहीं है? कृष्ण-भाव अनन्त-भाव है। श्रीकृष्ण कोई पत्थर की प्रतिमा ही नहीं है और प्रतिमा भी किसी भाव की होती है। यशोदा का भाव, रुक्मिणी का भाव तो नहीं हो सकता। कुब्जा का भाव राधा का भाव तो नहीं हो सकता। उद्धव का भाव अर्जुन का भाव तो नहीं हो सकता। सुदामा का भाव श्रीदामा का भाव तो नहीं हो सकता। नन्द का भाव अक्रूर का भाव तो नहीं हो सकता। नारद का भाव जरासन्ध का भाव तो नहीं हो सकता।

४४.४ राधा-कृष्ण : आधुनिक काव्य साहित्य

आधुनिक काव्य-साहित्य को लें तो हरिऔध की राधा का चित्र है —

रो रो चिन्ता-सहित दिन को राधिका थीं बिताती।
आँखों को थीं सजल रखतीं उन्मना थीं दिखाती।
शोभा वाले जलद-वपुकी हो रही चातकी थीं।
उत्कण्ठा थी परम प्रबला वेदना वर्द्धिता थी।।
बैठी खिन्ना यक दिवस वे गेह में थीं अकेली।
आके आँसू दृग-युगल में थे धरा को भिंगोते।
आई धीरे इस सदन में पुष्प-सद्गंध को ले।
प्रातः वाली सुपवन इसी काल वातायनों से।।
आके पूरा सदन उसने सौरभीला बनाया।
चाहा सारा कलुष तन का राधिका के मिटाना।
जो बूँदें थीं सतल दृग के पक्ष्म में विद्यमाना।
धीरे-धीरे क्षिति पर उन्हें सौम्यता से गिराया।।
श्री राधा को यह पवन की प्यार वाली क्रियायें।
थोड़ी सी भी न सुखद हुई हो गई वैरिणी सी।
भीनी-भीनी महँक मन की शान्ति को खो रही थी।
पीड़ा देती व्यथित चित को वायु की स्निग्धता थी।
संतापों को विपुल बढ़ता देखके दुःखिता हो।
धीरे बोलीं सदुख उससे श्रीमती राधिका यों।
प्यारी प्रातः-पवन इतना क्यों मुझे है सताती।
क्या तू भी है कलुषित हुई काल की क्रूरता से।। (प्रिय प्रवास)

कई वर्ष हो गए। नवभारत टाइम्स ने जन्म-अष्टमी के दिन श्रीकृष्ण का बड़ा सुन्दर चित्र मुखपृष्ठ पर छापा, जिसमें वे राधा के साथ आलिंगनबद्ध थे। तीसरे ही दिन एक बहुत कड़ी प्रतिक्रिया नवभारत टाइम्स में ही छपी, हरियाणा के ही एक आर्य स्वामी ने लिखी थी — आपने कृष्ण को इतने नीचे गिरा दिया है, वे तो जगद्गुरु कृष्ण हैं — गीतागायक हैं। आदर्शवादी समाज-सुधारक सोचता है, तो वह शिवम् को ही सोचता है, उसकी सोच गलत नहीं है। बुद्ध ने भी सोचा था, महावीर ने भी सोचा था, कृष्ण ने भी सोचा था, कबीर और तुलसी ने भी सोचा था और कार्ल मार्क्स ने भी सोचा था तथा गाँधी ने भी सोचा था, सोचा आचार्य वल्लभ और सूरदास ने भी लोकमंगल के लिए ही था, चैतन्य ने भी लोकमंगल सोचा, महर्षि दयानन्द ने भी लोकमंगल सोचा। लोकमंगल सभी की दृष्टि में है, परन्तु सबका देशकाल भिन्न है। विचार सबका है, परन्तु विचार का जन्म परिवेश के गर्भ से होता है। दूसरी बात विचार से भी सशक्त है और क्रिया की उत्प्रेरक है, वह है भाव-संवेदना। विचार पहले भाव-रूप में परिणत होता है, तब वह क्रिया को उत्तेजित करता है। यहाँ तक कि सोचने की क्रिया का उद्भावक-उत्तेजक भी भाव ही है। भाव का एक व्यष्टिस्वरूप है, एक समष्टि-रूप है। जीवन में जो भी कुछ घटित होता है, संवेदन में उसकी प्रतिक्रिया भी होती है। यह इतने विराट्-स्तर पर होती है कि इसे बाँधा नहीं जा सकता। यह निर्बन्ध है, मुक्त है।

४४.५ कृष्णभाव : निरन्तरता

मनुष्य के भावजगत् में जो भी कुछ है, वह कृष्ण-भाव में भी है। कृष्ण-भाव में यह अनन्तता न होती, तो कृष्ण सबके नहीं होते। कृष्ण सबके हैं। मीरा के भी हैं, धर्मवीर भारती के भी हैं, "द्वारका" में मैथिलीशरण गुप्त के भी हैं, हरिऔध के भी हैं, बिहारी के भी हैं और देव तथा रसखान के भी हैं परन्तु यदि आप ये कहें कि मीरा का कृष्ण-भाव वही है जो मैथिलीशरण गुप्त का भाव है, तो यह बात युक्तिसंगत नहीं होगी। विराट्-स्तर पर इन सभी के बीच एकसूत्रता है और उस सूत्रता का नाम भी कृष्ण ही है।

मिथकशास्त्र निरन्तरता की अवधारणा पर प्रकाश डालता है। परिवर्तन की निरन्तरता। निरन्तरता का सूत्र वही है, पल-पल परिवर्तित है। भेद भी प्रकृति का नियम है और भेद में अभेद भी प्रकृति का नियम है। सामान्य में विशेष है और विशेष में सामान्य है।

नित्य-विहार नित्य-विहार है और ब्रजलीला ब्रजलीला है। गड्डमड्ड करने के सम्बन्ध में बिहारिनदेव ने एक बहुत अच्छा चित्र दिया है — ऊँट का। ऊँट की गर्दन ऊँची होती है, इसलिए वह ऊपर से ही वृक्ष की डाली को सूँतता है, डाली, पत्ती, कली, फूल, फल, गुठली, रस सभी को एक साथ सूँत लेता है, खा लेता है। उसे, यह ज्ञान नहीं है कि यह फल है इसमें गुठली का स्वाद और है छिलके का स्वाद कुछ और है तथा रस का स्वाद कुछ और है। वह नहीं जानता कि पके फल का स्वाद कुछ और होता है तथा कच्चे फल का स्वाद कुछ और होता है —

> **डार पात गुठली बकुल सूँत ऊँट लौं खाय।**
> **स्वाद न जानें बापुरौ पेट भरे लड़काय।**
> **डार पात गुठली बकुल मूल फूल फल छाँहि।**
> **श्रीबिहारीदास स्वादी लहै सुरस पके फल माँहि।**
> **बाहिर बकुल कसाइलौ भीतर करुई मींग।**
> **अधबर गुठली काठ की, रस परिपाटी बींग।** (रससागर, पृ० १७६)

सामान्यतया आस्तिक लोग हनुमान् को भी मनाते हैं और शनिदेव को भी तेल चढ़ाते हैं, केले की भी पूजा कर लेते हैं और साईंबाबा को भी मानते हैं, राम, कृष्ण, गणेश, लक्ष्मी, कुबेर, वरुण, इन्द्र और फिर ईसामसीह, अल्लाह, महादेव सभी को मानते हैं। महावीर स्वामी, महात्मा बुद्ध, गुरुनानक, सतगुरु, ईश्वर के अनन्त रूप हैं, जो जनजीवन में प्रचलित हैं। अनेकता में एकता है। अनेकता भी प्रकृति की गति है और एकता भी प्रकृति की गति है। दोनों ही सत्य हैं और दोनों सिक्के के दो पहलू हैं। दोनों का अन्योन्य-सम्बन्ध भी है।

४४.६ कृष्णलीला : मथुरा, द्वारका, कुरुक्षेत्र, ब्रज, रास और निकुञ्ज-लीला

क्या देवकीनन्दन कृष्ण तथा यशोदानन्दन कृष्ण भिन्न हैं? इस पर सूरदासजी का एक पद है। उद्धव मथुरा से ब्रज-गोकुल में जाते हैं और ज्ञान-योग की बातें करते हैं। देवकी और वसुदेव की बातें करते हैं। गोपियाँ उद्धव से कहती हैं कि तुम किस कृष्ण की बातें करते हो? कौन है देवकीनन्दन? वसुदेव कौन है? हम तो जानती नहीं। हम यशोदानन्दन नन्दनन्दन को जानती हैं। हम यदुवंशी को नहीं गोप-कृष्ण को जानती हैं, इस प्रकार की भ्रामक बातें मत करो —

> **हम सों कहत कौन की बातें।**
> **काके कहें सँदेसौ ल्याए किन लिख लेख दियौ।**

को वसुदेव देवकी-नंदन, को जदुबंस उजागर।
ह्याँ तिनसों पहचान न काहू, फिर लै जैयै कागर।
मधुकर तुम हौ चतुर सयाने कहत और की और ।

अब यहाँ देखिये ब्रज की गोपी को मथुरा के कृष्ण से पहचान नहीं है। उनका प्रियतम देवकीनन्दन नहीं, नन्दनन्दन है। इस बात को और गहराई में जाकर समझना चाहें तो हमें परिवेश पर ध्यान देना होगा —

मथुरा लीला के पात्र हैं — उद्धव, कुब्जा, कंस आदि
महाभारत (कुरुक्षेत्र) लीला के पात्र हैं — अर्जुन तथा पाण्डव कौरव आदि
द्वारका लीला के पात्र हैं — रुक्मिणी आदि पटरानियाँ, रानियाँ और प्रद्युम्न आदि
ब्रजलीला के पात्र हैं — नन्द, यशोदा, गोप, गोपी, गाय, गोवर्धन आदि
रासलीला के पात्र हैं — गोपी, राधा।
निकुञ्ज-लीला के पात्र हैं — श्यामा, श्याम और सखी।

अब कृष्ण के प्रति इन सभी पात्रों के भाव का विश्लेषण करें कि किसमें स्वसुख की कामना कितनी न्यून है? रूपगोस्वामी ने इसका बड़ा सूक्ष्म-विश्लेषण किया है। कुब्जा की रति संभोगेच्छामूलक है, वह साधारणी है। पटरानियों की रति स्वेन्द्रिय-तर्पण सुखलाभ वाली है, वह समञ्जसा है। गोपियों की प्रीति प्रियतम की अनुकूलता की है। लोक-वेद की मर्यादा को छोड़ दिया। यह समर्था रति है। यथावसर इन सभी पात्रों की भावनाओं पर प्रकाश डाला गया है। यहाँ प्रश्न भाव की गहराई का है, सामान्य से विशेष है। इसलिए ब्रज-जाँवरौ कृष्ण तथा नित्य-विहारी का विश्लेषण करते हुए श्री बिहारिनदेवजू ने लिखा —

सो ब्रज परम विसाल है, ताकी बड़ी जु पौरि।
ऊँचे चढ़ि खिसिले परैं, नीचें आवत भौंरि।
ता ब्रज के आवरन सुनि गोपी गाइ गुवाल।
तिनहू ते बिहरत दुरे रसिकन के प्रतिपाल।[1]

ब्रज-लीलाओं का अनन्त विस्तार है और वहाँ सभी रसों का उद्‌भव और विकास है। उसकी पौरी ही बहुत ऊँची है, नीचे देखते हुए चक्कर आते हैं। खिसल (फिसल) जाने की आशंका भी रहती है। कहीं वात्सल्य है, कहीं सख्य है, कहीं शृंगार है। गोपियाँ हैं, गाय हैं, और ग्वाल भी हैं, परन्तु रसिक-उपासकों के बिहारी-बिहारिन तो उनसे छिपकर निकुञ्ज में विहार कर रहे हैं। विश्लेषण करते हुए राधाप्रसादजू के शब्द हैं — "बहुत से निमित्त इकट्‌ठे भये हैं, तब द्वापर युग के अंत में भूतल पर इनकौ प्रकट दरसन भयौ है और ता प्रतच्छ दरसन के पूर्व सनातन काल तें जो नित्तबिहारी के रूप की उपासना अनादि चली आबै है — याते ये जो नित्त-निमित्त की सूक्ष्म संधि है, ताकों समझिकें दोनों कौ अंतराय भेद ताहि न्यारे-न्यारे समझिकें भावना करौ।"[2]
"श्रीराधासुधानिधि" में ब्रज-जाँवरे का चित्र अंकित करते हुए हितप्रभु ने कहा है कि —

ब्रजपुर की गली-गली में वह महालम्पट भ्रमण करते हुए किसी गोपी के वस्त्र को खींचता है, किसी के केशों को मुरली से छू देता है, किसी का हाथ पकड़ लेता है कभी राधा-पद-कमलमूल में बार-बार गिरता है। वह किसी ब्रजगोपी का रति-चोर है और किसी गोपी के स्तन पर चकित होकर हाथ रख देता है, किसी युवती की

---

१. श्रीनिकुंजविहारिनी : रससागर, पृ० २४४।
२. रसोपासनातिलक, पृ० २८८।

वेणी की मल्लिकामाला को वेणु से खींचता है, किसी की भुजा को अपने ऊपर रख लेता है और किसी अन्य को कुञ्ज में चलने का इशारा करता है —

अकस्मात्कस्याश्चिन्नववसनमाकर्षति परां
मुरल्या धम्मिल्ले स्पृशति कुरुते न्याकरधृतिम्।
पतन्नित्यंराधापदकमलमूलेब्रजपुरे
तदित्थं वीथीषु भ्रमति स महालंपटमणिः।
एकस्यारति चौर एव चकितं चान्यास्तनान्ते करं
कृत्याकर्षति वेणुनान्यसदृशोधम्मिल्लमल्लीस्त्रजम्।
धत्तेन्या भुजवल्लिमुत्पुलकितां संकेतयत्यन्यया
राधायाः पदयोर्लुठत्यलममुं जाने महालंपटम्। (श्लो० २३२-३३)

४४.७ बारौंगी मालती भाँवरौ

नित्य-विहार में और ब्रज रस-विहार में यह भेद है कि ब्रज-रस में कृष्ण बहुनायक हैं, जबकि निकुञ्जरस में श्यामा-श्याम की प्रीति अनन्य हैं। कमल का भौंरा भिन्न-भिन्न पुष्पों के रस का पान करता है जबकि मालती का भौंरा मालती को छोड़कर अन्यत्र नहीं जाता। इसको लक्ष्य करके विद्यापति ने लिखा है —

मालति तोहि सम के जग आने।
जसु परिमल रसे परबस मधुकर कतहु न कर मधु पाने।[१]

हे मालती! संसार में तुम्हारे समान दूसरी कौन है, जिसके परिमल रस में परवश भौंरा अन्यत्र कहीं मधुपान नहीं करता।

अथवा

मालती सफल जीवन तोर।
तोरे विरहे भुवन भमए भेल मधुकर भोर।
जातकि केतकि कत न अछए कुसुम रस समान।
सपनहु ओ नहिं काहु निहारए मधु कि करत पान।[२]

हे मालती, तुम्हारा जीवन सफल है। तुम्हारे विरह में भौंरा पागल होकर सारे भुवन में भ्रमण करता है। संसार में जातकी केतकी आदि कितने ही फूल हैं, सभी में पराग है, सभी में रस है पर मधुपान की तो बात ही क्या? भौंरा उन पर नज़र भी नहीं डालता।

---

१. विद्यापति-पदावली, द्वितीय भाग, बिहार राष्ट्रभाषा परिषद, १९६७, पृ० ८६।
२. वही, पृ० २४८।

४५

जो कछ कहत लाड़लौ, लाड़ली जू सुनियै कान दै।
जो जिय उपजै सो तेरीयै हित की कहत हौं आन दै॥
मोहि न पत्याहु तौ छाती टकटोरि देखौ पान दै।
श्रीहरिदास के स्वामी कुंजबिहारी, प्यारी, जाँचक कों दान दै॥

४५.१ जाचक कों दान दै

श्रीकृष्णभक्ति साहित्य, विशेषकर मधुर रस साहित्य में दो धाराएं बड़ी स्पष्ट हैं, एक में रति का सम्मोहन-केन्द्र कृष्ण है और दूसरी में रति का आकर्षण केन्द्र राधा है। वैसे तो रति में कोई भी प्रधान या अप्रधान नहीं होता, रति का अर्थ समरस-भाव है। दोनों ही दोनों के प्रति परस्पर मोहित और आकर्षित हैं — "परस्पर दोउ चकोर दोउ चन्दा"। एक ही रस के दो रूप हैं, परन्तु जहाँ-जहाँ बहुवल्लभता है, वहाँ कृष्ण प्रधान हैं। सूरदास सागर हैं और सागर में सभी नदियों का पर्यवसान होता है। सूरदास में स्वकीया-भाव, परकीया-भाव, बहुवल्लभता, निकुञ्ज-भाव सभी के उदाहरण मिल जाएंगे। सागर में सभी का अन्तर्भाव है। वहाँ कुछ स्थलों पर कृष्ण राधा की रति के याचक हैं, परन्तु अधिकांश में राधा कृष्ण-रति की याचक हैं। एक प्रसंग में इस प्रेम को वे एक पक्ष का प्रेम कहती हैं —

सजनी स्याम सदा ई ऐसे।
एक अंग की प्रीत हमारी, वे जैसे के तैसे।
ज्यों चकोर चंदा कों चाहै चंदा नेक न मानें।
जल के तीर मीन तन त्यागै नीर निठुर नहिं जानें।
ज्यों पतंग उड़ि परै ज्योति तकि वाकें नैकु न भाएं।[१]

"केलिमाल" की राधा और "गीतगोविन्द" की राधा की भंगिमा को गहराई के साथ देखें। "गीतगोविन्द" में राधा कहती हैं — "रमय मया सह मदन मनोरथ भावितया सविकारम्।" (गी० गो० २ गीतम् ६)

हे सखी! कृष्ण के साथ मुझ कामकेलि की इच्छा से परिपूर्ण अन्त:करण वाली तथा रति-चेष्टाएं करने वाली का अनंग-सम्बन्धी मनोरथ सिद्ध कराओ।

सखी वहाँ भी है और सखी यहाँ भी है। वहाँ राधा स्वयं ही काम-भाव से व्याकुल हैं और सखी से मिलन कराने का आग्रह कर रही हैं।

"केलिमाल" में राधा धीर हैं, अपना रति-भाव प्रकट नहीं होने देतीं। प्रियतम को प्राणों में छिपा लेना चाहती हैं परन्तु प्रकट रूप में रति के याचक कृष्ण हैं। विद्यापति में और ब्रजलीला के अष्टछाप समेत सभी लीला-गायकों के काव्य में कृष्ण बरजोरी भी करते हैं —

हँसति सखनि यह कहत कन्हाई।
जाइ चढ़ौ तुम सघन द्रुमनि पर जहँ-तहँ रहौ छिपाई।
तब लों बैठि रहौ मुख मूँदे जब जानहु सब आई।

---

१. सूरसागर, पृ० ७१०।

कूदि परौ तब द्रुमिनि-द्रुमनि तें दै दै नंद दुहाई।
चकित होहि जैसें जुवती-जन डरनि जाहि अकुलाई। (सूरसागर, पृ० ७७९)

दधि मटुकी हरि छीन लई।
हार छोरि चोली-बंद तोर्‍यौ, जोबन कें बल दीठि भई। (वही, पृ० ७७३)

ढीठ कन्हाई बोलि न जानें बरबस झगरौ ठानें।
जोइ भावत सोई कहि डारत, अति निधरक अनुमानें।

जोबन दान लेंउँगो तुमसों।
कंचन कलस महारस भारे हमहू तनक चखावहु।
सूर सुनों बिन दिये दान के, जान नहीं तुम पावहु। (सूरसागर, पृ० ७७०)

प्रेम के इस रूप के सम्बन्ध में स्वामीहरिदास एक शब्द कहते हैं — "छिः, छिया छाँड़ो किन।"

स्थूल-भाव से देखें तो पुरुष-प्रधान रति और नारी-प्रधान रति दो भेद हो सकते हैं। बरजोरी पुरुष-प्रधान रति है और इसकी कल्पना भी "केलिमाल" को नहीं सुहाती। स्थूल-भाव में बहुत से लोग कृष्ण-प्रधान और राधा-प्रधान नाम से दो भेद करते हैं। यदि इस वर्गीकरण को स्वीकार कर लिया जाए तो "रसदेश" में राधा प्रधान हैं और कृष्ण उनकी रति के याचक हैं। ऐसे चित्र "केलिमाल" के कई पदों में हैं —

बिल बिलात पिय भारी।
प्यारी अब कें राख ह-हा री।
पल पल हित बंछत हों री।

बीट्ठलविपुल की वाणी है —

लालन तेरे ई आधीन।
सुनरी सखी हों साँचि कहति हों तुम जल ये हैं मीन।
तेरे रस-बस स्याम सुंदर बर जाचत हैं ज्यों दीन।

"छाती टकटोरि देखौ पान दै !" गीतगोविन्द में जब सखी श्रीराधा को निकुञ्ज में चलने का आग्रह कर रही है, उस समय वह कहती है — हे राधे! क्या सोच रही हो? अब तुम्हें मेरे कथन पर विश्वास नहीं है तो मनोहर हार-रूपी जल धारा वाले कुम्भ के समान अपने कुचों से ही पूछ लो, जो अनंग-तरंग से स्फुरित हो रहे हैं —

स्फुरितमनंगतरंगवशादिवसूचितहरिपरिरंभम्।
पृच्छ मनोहरहारविमलजलधारममुंकुचकुंभम्। (गी०गो० पृ० ११/५)

"केलिमाल" का भाव है कि अपने हृदय को टटोलकर देखो, अन्तर्तम में रति का उद्दाम-उल्लास तरंगित हो रहा है।

४६

प्यारीजू, आगें चलि, आगें चलि, गहबर-बन भीतर, जहाँ बोलैं कोइल री।
अति ही विचित्र फूल-पत्रन की सिज्या रची, रुचिर सँवारी तहाँ तू व सोइल री।
छिन छिन पल पल तेरीयै कहानी तुव मग जोइल री।
श्रीहरिदास के स्वामी स्याम कहत छबीलौ काम-रस भोइल री।

४६.१ अति ही विचित्र फूल पत्रन की सिज्या रची

गीतगोविन्द में पुष्प-शय्या का चित्र है — "व्रतमिव तव परिरंभसुखाय करोति कुसुमशयनीयम्।" (४.३)

पुष्प-शय्या की रचना परिरम्भ का भाव है, केलि-कला विलास का भाव है। राधा फूलों की शय्या को सजा रही हैं और मन ही मन में कृष्ण के परिरम्भ की कल्पना कर रही हैं। हाथों से शय्या-रचना और मन में परिरम्भ की भावना कर रही हैं।

एक अन्य स्थल पर है — "शैयां चिरं ध्यायति।" बारहवें सर्ग — "सुप्रीत पीतांबर" में जयदेव ने शब्द-चित्र उकेरा है, वहीं कृष्ण कहते हैं — "हे कामिनी, किसलयों से रच गई सेज पर अपने चरण-कमल रखो" —

किसलयशयनतले कुरु कामिनि, चरणमनिलविनिवेशम्। (१२/गीतम २३)

सूरदास ने राधा द्वारा सेज रचने का उल्लेख इन शब्दों में किया है —

राधा रचि-रचि सेज सँवारति।
तापर सुमन सुगंध बिछावत बारंबार निहारत। (सूरसागर, पृ० ९२८)

विद्यापति ने भी फूलसेज का उल्लेख किया है — "कुसुम सेज अलि करब सुरति केलि! महन्त किशोरदास ने पुष्प-शय्या का एक चित्र इस प्रकार अंकित किया है —

वृंदावन घन विटप कलपद्रुम कुसुम कलित कल अवनि अनूपम।
कुसुम-कुंज मधि कुसुम-वितान कुसुम-सज्या पर कुसुम सोंज सजि
प्रफुलित जुगल बिहारी। (महन्त किशोरदासजी की वाणी, पृ० २)

गीतगोविन्द में सखी कहती है —

पतति पतत्रे विचलति पत्रे शंकितभवदुपयानम्
रचयति शयनं सचकितनयनं पश्यति तव पंथानम्। (५/गीतम् ११.३)

सखी कहती है कि "हे राधे! कृष्ण तुम्हारे आगमन की प्रतीक्षा में पल-पल व्याकुल है, चिड़िया उड़ती है, पत्ता खटकता है, तो वे समझते हैं कि तुम आ गई हो। श्रीकृष्ण ने तुम्हारे लिए सेज रची है और वे चकित-नयनों से तुम्हारे रास्ते की ओर निहार रहे हैं।"

४६.२ जहाँ बोलैं कोइल री।

कोयल रस-साहित्य का प्रिय पक्षी है। गीतगोविन्द में जयदेव ने लिखा है —

क्रीडतकोकिल काकली कलकलैरुद्गीर्णकर्णज्वरा। (१.३.२)

गीतगोविन्द में (कर्ण-ज्वर का उल्लेख तो यहाँ इसलिए है कि प्रसंग विरह का है परन्तु) कोयल का चित्र देखें —

आम के वृक्ष पर क्रीडा-परायण कोयल "कुहू" "कुहू" बोल रही है और पूरा वन उस स्वर से गूँजने लगा।
अथवा

कोकिलकलरवकूजितयाजितमनसिजतंत्रविचारम् ।

अथवा

उन्मीलंति कुहुः कुहुरिति मुहुस्तारापिकानां गिरः।

भागवत में द्वारका की रानियाँ कोयल की वाणी में अपने प्रिय का माधुर्य अनुभव करती हुई कहती हैं कि — री कोयल! तेरा गला बड़ा ही सुरीला है, मीठी-बोली बोलने वाले हमारे प्राणप्यारे के समान ही मधुर स्वर से बोलती है, सचमुच तेरी बोली में सुधा घोली हुई है —

प्रियराव पदानि भाषसे मृतसंजीविकयानया गिरा।
करवाणि किमद्य ते प्रियं, वद मे वल्गितकंठकोकिला। (१०.९०.२१)

४६.३ तेरीयै कहानी तुव मग जोइल री : काम-कहानी

वे कहानियाँ जो तुम्हारी प्रतीक्षा कर रही हैं, कौन-सी हैं? रसिक-भक्तों ने बताया कि ये काम-कहानी हैं। शुक-पिक-चातक-मोर अपनी-अपनी भाषाओं में प्यारीजू के सौन्दर्य-माधुर्य में पगी हुई काम-कहानी कह रहे हैं —

निरतत मत्त मयूरन झुंडन बोलत मधुरी बानी री।
कोकिल कल सुर कीर भीर अति कूजित काम-कहानी री।[१] (नागरीदेवी)

अथवा

कोयल बैन नैन रँग भीने हँसि बोलत मृदु काम-कहानी।

और भी -

निधिवन राज की जै कहियै।
तामें नित्य-विहार निरंतर, काम कहानी कहियै।[२] (ललितकिशोरी)

काम अर्थात् कामना, इच्छा। मनुष्य की या प्राणिमात्र की जो मूल-कामना है, उसी का नाम काम है। भूख तो आवश्यकता है और कामना, इच्छा, अभीप्सा, अभिलाषा — काम है। संसार की सभ्यताओं की आधार-भूमि भूख है, इसी प्रकार संसार की संस्कृतियों का आधार काम है। कामना, इच्छा, अभीप्सा, अभिलाषा। तन्त्रशास्त्र कहता है कि पुरुष के भीतर स्त्री है और स्त्री के भीतर पुरुष है, स्त्री पुरुष दोनों ही, स्त्री-पुरुष दोनों के संयोग का परिणाम हैं।[३] अर्द्ध-नारीश्वर अथवा राधा-कृष्ण एक प्राण दो देह। भोज ने "शृंगार-प्रकाश" में मंगलाचरण किया —

अच्छिन्नमेखलमलब्धदृढोपगूढमप्राप्तचुंबनमवीक्षितवक्त्रकांतिः।
कान्ताविमिश्रवपुषः कृतविप्रलंभसंभोगसख्यमिव पातु वपुः पुरारेः।[४]

---

१. श्रीनिकुंजविहारिणी : रससागर, पृ० ५८३।

२. वही, पृ० ७७९।

३. तन्त्रशास्त्र ने बताया था कि पुरुष के भीतर स्त्री है और स्त्री के भीतर पुरुष है, क्योंकि शरीर स्त्री-पुरुष दोनों के संयोग का परिणाम है। तन्त्र कहता है कि विष को अमृत बनाया जा सकता है। तन्त्र ने काम-ऊर्जा के रूपान्तरण की बात कही। अन्तर्मैथुन की बात कही। अन्तर्मैथुन अमृत में प्रवेश है। कुण्डलिनी-योग इसका उदाहरण है।

४. शृंगारप्रकाश १.१।

दोनों का वपु एक ही है — नर तथा नारी। एक वपु है, आधे में नर और आधे में नारी, उनकी एक ही करधनी है, परन्तु दोनों आलिंगन नहीं कर सकते — दायाँ शरीर बाएं का आलिंगन कैसे करे? चुम्बन नहीं कर सकते। परस्पर मुखावलोकन नहीं कर सकते। संयोग-वियोग दोनों यहाँ सख्य-भाव में हैं।

इस आस्वादन के लिए वे दो रूप धारण करते हैं — मेघ और दामिनी। जल और प्यास। सुन्दरता और प्रेम। नर और नारी। यह आकर्षण नैसर्गिक है। यह आकर्षण दोनों के चित्त में समाया हुआ है, वह आकर्षण ही कामना है, इच्छा है, अभीप्सा या अभिलाषा है, काम है। यह स्थूल-रूप में इन्द्रिय का विषय बनता है, बहिर्मुख होता है, तब इसे सेक्स कहते हैं। जब बहिर्मुख होता है, तब जैसे तूफान आ जाता है। मदन, नशे का ज्वार अभिभूत कर लेता है, विवेक-रूपी सूर्य को ग्रहण लग जाता है। अँधेरा छा जाता है। सही-गलत नहीं सूझ पाता। वेगवती-नदी के इस मझधार प्रवाह में जिसके पैर टिके रह जाएं, वह परम सौभाग्यशाली है।

समूह में बैठकर काम-वासना की निन्दा करना एक बात है, उससे काम-वासना के "होने" में कोई अन्तर नहीं पड़ता है। काम-वासना है, तो है, बहुत बड़ी चुनौती वाला प्रश्न है और सदा से है। काम-वासना की दिन-रात निन्दा करने वाले साधु-सन्त भी डिग जाते हैं। काम-वासना का दमन बार-बार धोखा दे जाता है। पुराणों के ऋषि-मुनियों के कितने ही उदाहरण हैं। विश्वामित्र या पराशर कोई सामान्य-व्यक्ति नहीं थे। काम-वासना को गाली देते रहे, पर काम-वासना गहनतम बन्धन है। काम ऊर्जा है और उसे नष्ट नहीं किया जा सकता — पशु-पक्षी, कीट-पतंग, जलचर, सरीसृप। "सकामश्चेतन-धर्मः।" इस देश में काम ऊर्जा को लेकर बड़े प्रयोग हुए हैं। वात्स्यायन के कामसूत्र के अनुवाद विश्व की भिन्न-भिन्न भाषाओं में हो चुके हैं। वे कहते हैं — "मैथुनं परमं तत्त्वं सृष्टिस्थित्यंत कारणम्।" खजुराहो के देवमन्दिर में भारत के शिल्पियों ने जो देहोत्सव अंकित किया है, वह संसार में प्रसिद्ध है। नग्नता की इतनी महिमा किसने कब और कहाँ बताई है? अश्लीलता तो आडम्बरी मन में है। कालिदास की मालविका को देखें — "वामं संधिस्तिमितवलयं न्यस्तहस्तां नितंबे" अथवा "मेघदूत" की यक्षप्रिया को देखें — "तन्वी श्यामा शिखरिदशना पक्व बिंबाधरोष्ठी ..." धर्म-अर्थ-काम-मोक्ष पुरुषार्थ-चतुष्टय में काम को तीसरा स्थान मिला — धर्म से अर्थ, अर्थ से काम और काम से मोक्ष। भारत में वाम-मार्ग का भी एक इतिहास रहा है, जिसमें नारी को योनि-धारिणी के रूप में स्वीकार किया गया था। साधना के प्रच्छन्न-आवरण में महामाया-भैरवी तथा डोम्बिनी के रूप में नारी को वासना-तृप्ति का साधन बनाया गया था, तब गोरखनाथ ने नारी का मातृत्व प्रतिष्ठित किया और ब्रह्मचर्य को सामाजिक ही नहीं, धार्मिक जीवनमूल्य बताया। "जाग मछंदर गोरख आया" का प्रसंग लोक-कथाओं में कहा-सुना जाता है।

यह नशा — मदन — कौन-सा उपद्रव नहीं करता? ऐसा कौन है, जिसे काम ने नचाया न हो? "को जग काम नचाव न जेही।" हैवलॉक नाम का विचारक कहता है — "यौन-सम्मेलन की आसक्ति नर-नारियों को उद्भ्रान्त बना सकती है, यह क्षुधा मनुष्य की पशु से तनिक भी भिन्न नहीं है।" इस पशुता के घृणित रूप हम आए दिन अखबारों में पढ़ते-सुनते हैं। "भए काम बस जोगीस-तापस पाँवरन की को कहै?' (तुलसीदास) काम के पास उन्मादन, तापन, शोषण, स्तम्भन, सम्मोहन के बाण हैं। नारद महान् तपस्वी हैं, महान् योगी हैं, विश्वमोहिनी के सौन्दर्य को देखकर आपा भूल गए। महर्षि पराशर मल्लाह-कन्या पर आसक्त हो गए। विश्वामित्र मेनका पर डिग गए। स्वयं ब्रह्मा ही नहीं बच पाए। ये सभी उदाहरण काम के हैं। नर-नारी का पारस्परिक आकर्षण, जो स्थूल रूप में इन्द्रिय का विषय बनता है, बर्हिमुख होता है, जिसे सेक्स कहते हैं। फ्रॉयड कहता है कि मनुष्य कामुक पशु है, उसके सम्पूर्ण कार्य-कलाप काम-ग्रन्थियों की अभिव्यक्ति हैं।

४६.४ रति : नैसर्गिक प्रवृत्ति (Instinct)

मनोविज्ञान की दृष्टि से सेक्स मूलवृत्ति एक मूलभूत जैविक प्रवृत्ति है। दर्शन की भाषा में कहें तो रति जीव की प्रकृति है। जल नीचे की ओर ढरकता है, यह उसकी प्रकृति है। आग की लपट या धुँआ ऊपर की ओर उठता है, यह उसकी प्रकृति है। इसी प्रकार रति जीव की प्रकृति है। मनुष्य भी एक जीव है, एक प्राणी है, यह बात दूसरी है कि वह सर्वोच्च श्रेणी का प्राणी है अथवा वह प्राणि-मात्र की सत्ता का चरमविकास है। चरम-विकास ही सही, फिर भी वह प्राणियों के परिभाषा-क्षेत्र में है। दूसरे जीव भी रति करते हैं, मनुष्य भी रति करता है। दूसरे जीव भी मैथुनी-सृष्टि हैं और मनुष्य भी मैथुनी-सृष्टि है। पहले मैथुन होता है, तब जन्म होता है। जन्म मैथुन का परिणाम है। यह प्रकृति है। मैथुन मनो-शारीरिक प्रक्रिया है। मन की भी प्रक्रिया है, शरीर की भी प्रक्रिया है। शरीर या रूप आकर्षण करता है, वह माध्यम है। मन का भाव ही शरीर में रूप बनता है और मन ही आकर्षित होता है। मन का भाव शरीर में संवेग पैदा करता है। उस संवेग में दो शरीर एक हो जाते हैं। यह प्रकृति है। सहज और नैसर्गिक है। क्या हवा को मुट्ठी में बाँधा जा सकता है? क्या पर्वत से प्रवाहित होने वाले वेग को वापस लौटाया जा सकता है? प्रकृति की गति के साथ प्रमाद प्रलयंकर होता है। रति की भी गति है, वह भी प्राकृतिक है। अन्य प्राणियों में रति तो होती है परन्तु उसके साथ पाप-बोध जुड़ा हुआ नहीं है। मनुष्य-समाज में रति के साथ पाप-बोध जुड़ा है। इस पाप-बोध के क्या कारण हैं? ये कारण समाज-शास्त्रीय हैं, ऐतिहासिक और सांस्कृतिक हैं। मनुष्य-समाज ने यौन-सम्बन्धों को नियन्त्रित किया। महाभारत में श्वेतकेतु का नाम आता है, जिसने एक पुरुष-एक स्त्री के यौन-सम्बन्ध को विवाह की मर्यादा में प्रतिष्ठित किया। स्वच्छन्द यौन-व्यवहार पाप और अपराध माना गया। भिन्न-भिन्न समाजों में, भिन्न-भिन्न युगों में, भिन्न-भिन्न देशों में यौन-सम्बन्धों की भिन्न-भिन्न मर्यादा है। एक समाज की यौन-मर्यादा दूसरे समाज की यौन-मर्यादा की दृष्टि से पाप या अपराध की श्रेणी में गिनी जा सकती है, इतनी भिन्नताओं को मानवशास्त्रियों ने प्रत्यक्ष किया है, परिभाषित किया है।

यौन-मर्यादा देशकाल-सापेक्ष है। यह मर्यादा कितनी हिंसक और प्रतिहिंसक बन जाती है? यह नहीं भुलाया जा सकता कि मनुष्य अन्ततः प्राणी है। उसकी प्रवृत्तियाँ आज भी वही हैं, जो आदिमयुग में थी, बर्बर और जंगली। आज भी वह बम बनाता है, हिंसा करता है, हत्या करता है, बलात्कार करता है। यह उसके भीतर का पशु ही तो है। यौन-मर्यादा उन मर्यादाओं में से एक है, जो पशु को मनुष्य बनाती है। रति का निवारण तो नहीं किया जा सकता परन्तु संयमन किया जा सकता है, नियमन किया जा सकता है, दमन किया जा सकता है और उन्नयन किया जा सकता है। ब्रह्मचर्य संयम है। विवाह नियमन है। बलात्कारी को दण्ड दमन है और सौन्दर्य-बोध का विकास उन्नयन है। यह प्रकृति को संस्कृति के रूप में बदलने की प्रक्रिया है।

नर-नारी के यौन-सम्बन्ध और मर्यादा के सम्बन्ध में पूरे संसार में कितने प्रकार की विचारधाराएँ हैं? अनेक सन्तों ने नारी को पाप-योनि घोषित किया। अनेक सन्तों ने नारी-संग की निन्दा की। बहुत विस्तृत इतिहास है।

४६.५ योनि-पूजा : यौनवाद : वज्रयान, वाम-मार्ग, सहजीया बौद्ध, सहजीया-वैष्णव, बाउल

महात्मा बुद्ध यशोधरा को छोड़कर सुख की खोज में निकले थे। बुद्ध, महावीर, गोरख ने ब्रह्मचर्य को जीवन का मूल्य माना था, धर्म का अंग और लक्षण माना था। नारी का प्रश्न सामने था और यह प्रश्न काम का ही प्रश्न था। शंकराचार्य से मण्डन की पत्नी भारती ने भी वही प्रश्न पूछा था। नाथों, सिद्धों और सन्तों ने अपने-अपने देशकाल में उस प्रश्न का उत्तर खोजा था। एक ओर नारी को पाप की योनि कहा जा रहा था। काम के प्रश्न का

उत्तर देने के लिए नारी-संग के प्रति घृणा-भाव का उपदेश किया जा रहा था —

जा तन की झाँई-परै, अंधा होत भुजंग।
कबिरा तिन की कौन गति, जो नित नारी कौ संग।

जीवगोस्वामी ने मीरा से कहलवा दिया था कि "मैं स्त्रियों से नहीं मिलता।" दूसरी ओर नाथों और सिद्धों में तथा वाम-मार्ग के अनुयायियों में पञ्च-मकार का प्रचार था। योनिधारिणी, डोम्बिनी, महामुद्रा, भैरवीचक्र के प्रयोग चल रहे थे। "आनन्द-स्तोत्र" का एक उदाहरण है —

आस्वादयन्तः पिशितस्य खंडमाकंठपूर्णं मदिरां पिबामः।
वामेक्षणं संगममादधाना भुक्तिं च मुक्तिं च परां व्रजामः।
न स्वादुलाभः पिशितस्य यस्मिन् प्रवर्तते हेतु-कथा न यस्मिन्,
न यत्र संगो मृगलोचनायाः तत्तद्दिनं दुर्दिनमेवमन्ये। (कुलार्णवतन्त्र)

हालाँकि पञ्च-मकार के आध्यात्मिक-अर्थ भी मिलते हैं। डॉ० रांगेयराघव ने गोरखनाथ और चर्पटनाथ पर जीवनचरितात्मक उपन्यास लिखे हैं, "धूनी का धूँआ" और "जब आवेगी काल घटा"। गोरखनाथ के साहित्य पर उन्होंने अनुसन्धान किया था। तत्कालीन वाममार्गी साधनाओं का उन्होंने विस्तार से विवेचन किया है। "तथागत गुह्यक" नाम के ग्रन्थ में यौन-साधनाओं के बौद्ध धर्म में प्रवेश का चित्रण है। वज्रयान में वाममार्गी-साधनाओं की अन्तर्भुक्ति हुई। "मंजुश्रीकल्प" ने भैरवीचक्र को स्पष्ट कर दिया — मन्त्रोच्चारण और संभोग। सातवीं शती तक यह सब दबा हुआ था, अप्रकट था।

सुदूर कामरूप और सुदूर-दक्षिण के धान्यकटक श्रीपर्वत और सुदूर उत्तर-पश्चिम गान्धार में यह वाम-मार्ग एक-साथ फूट निकला। रांगेयराघव के शब्द हैं — बौद्ध मत, जो एक दिन स्त्री को छोड़कर प्रारम्भ हुआ था, अन्त में स्त्री के आलिंगन में ही सीमित रह गया — संघारामों में व्यभिचार शुरू हो ही चुका था।[१]

कौलसिद्ध कह रहा था कि नारी महामुद्रा है, भैरवी है, डोम्बिनी है और गोरखपन्थी कह रहा था कि नारी माया है। एक ओर प्रच्छन्न सिद्ध थे, जो नारी की निर्बलता, विवशता, अज्ञान और अन्धविश्वास का लाभ उठाकर सुषमन जगा रहे थे। दूसरी ओर वे साधु थे, जो जननी से घृणा करते थे, उसे माया कहते थे। कपाल-वनिताएँ गले में नरमुण्ड-माला डाले स्तन खोले घूम रही थीं। लोकायत, दत्तात्रेय, पाशुपत, कापालिक, अघोर, सिद्धामृतकौल, योगिनी कौल सम्प्रदाय, लकुलीश, सिद्धमतानुयायी योनि-पूजा में संलग्न थे।[२]

"कुलामृतदीपिका" का वाक्य है —

आलिंगने हरेद्रोगान् धनधान्यादि चुंबने।
नख-दंतक्षताद्यैश्च तदा मोक्षः प्रजायते।
सायुज्य संगमेन स्यात् सत्यमेव न संशयः।

रांगेयराघव ने इस प्रकार के बहुत से उद्धरण दिए हैं —

वामे रामा रमणकुशला दक्षिणे चालिपात्रम्।

---

१. महायात्रा : रैन और चन्दा, पृ० ४४३।

२. योनि और लिंग के जो आध्यात्मिक अभिप्राय प्रतिपादित किए गए हैं, उनमें गहन दार्शनिकता है तथा इससे सम्बन्धित कई उपासना धाराएं हैं। इस ग्रन्थ में यथा-प्रसंग उनकी चर्चा की गई है।

वामाचारः परम गहनो योगिनामप्यगम्यः।

"धूनी का धूँआ", में महानीलक्रम का साधक है। गोरी डोम्बिनी उसे महादेव कहती है। वह योनि-उपासना का पक्षपाती है, कहता है — "मैंने इस भैरवी पर धूमावती की साधना की है। वह कहता है — यह योनि नहीं, यज्ञकुण्ड है, साधक इसमें वीर्य का आज्य डालता है? गोदावरी के मेले में गोरख को कण्हपा ने बताया था कि तुम्हारे गुरु मत्स्येन्द्र स्त्रीदेश में हैं — योगिनी-कौल-साधना में। रांगेयराघव के शब्द हैं — "शक्ति तत्त्व का सामाजिक रूप देखने पर वह केवल यौनवाद सा दिखाई देता है।" "धूनी का धूँआ" में उन्होंने एक वाक्य यह लिखा है — "वैष्णव मानववादी स्वर जब दक्षिण से उत्तर आया, उसने शिव-शक्ति के द्वन्द्व को राधा-कृष्ण के प्रेम का आधार दिया। प्रारम्भिक शाक्त विद्यापति-चण्डीदास आदि कवियों ने पहले प्रेम को वासना-परक ही देखा था, क्योंकि उनकी परम्परा में शाक्त-प्रभाव था।"

आचार्य हजारी प्रसाद द्विवेदी ने "मध्यकालीन धर्मसाधना" में नीलपट-सम्प्रदाय का सन्दर्भ दिया है —

> इनकी साधनपद्धति के विषयों में जितना कुछ कहा गया है, उससे लगता है कि ये लोग अत्यंत निचली श्रेणी के भोगपरक अर्थ का प्रचार करते थे। खाओ, पियो और मौज करो, यही उनका आदर्श था। पुरुष और स्त्री के जोड़े नग्न होकर एक ही नीले वस्त्र में लिपटे रहते थे। ऐसे ही एक जोड़े से राजा भोज की एक कन्या ने धर्म-विषयक प्रश्न किया, जिस पर दर्शनी ने उस वामलोचना को उपदेश किया कि — खाओ, पियो और मौज करो, जो बीत गया सो कभी लौट नहीं सकता असल बात यह है कि यह शरीर जड़-तत्त्वों का संघात-मात्र है, इसके आगे कुछ भी नहीं है —

पिव खाद च वाम-लोचने यदतीतं वर गात्रि तन्नते।
नहि भीरु गतं निवर्तते समुदय मात्रमिदं कलेवरम्। (पुरातन प्रबंध)

"नीलपट दर्शन" में कहा गया है कि वेश्या, सुरा और काम — ये तीन ही वास्तव-रत्न हैं, बाकी सब काँच के टुकड़े हैं।

आचार्य द्विवेदी कहते हैं कि "यह नीलपट-सम्प्रदाय यदि वज्रयान से सम्बद्ध था, तो निश्चय ही बड़ा शक्तिशाली था।"[१]

इसी प्रसंग में बंगाल में सहजीया वैष्णवों की भी चर्चा करना समीचीन होगा। विद्यापति-पदावली, (द्वितीय भाग, बिहार राष्ट्रभाषा परिषद्) की भूमिका में बतलाया गया है कि, धर्मपाल के समय बौद्ध धर्म में "महासुखवाद" का प्रादुर्भाव हुआ, जो सहजीया-बौद्धों में विकसित हुआ। ईसा की आठवीं-शती में इसका प्रचारक था — सिद्धाचार्य लुइपाद। उड़ीसा के राजा इन्द्रभूति ने सहजीया-सम्प्रदाय के ग्रन्थ लिखे। उसकी बेटी लक्ष्मींकरा ने "अद्वयसिद्धि" नामक ग्रन्थ लिखा। महामहोपाध्याय हरप्रसाद शास्त्री के अनुसार इस ग्रन्थ का सार मर्म यही है कि शरीर की पूजा ही पूजा है — शरीर का ध्यान ही ध्यान है। जिसमें शरीर को सुख हो, आनन्द हो, वही करना चाहिए। शारीरिक-सुखों में स्त्री-सुख सर्वोत्कृष्ट सुख है — स्त्री-सहवास का आनन्द सर्वोत्कृष्ट आनन्द है। स्त्रियों के विषय में जाति का विचार नहीं करना चाहिए। एक या दो स्त्रियों के साथ आबद्ध होकर रहने की आवश्यकता नहीं।[२]

---

१. मध्यकालीन धर्म साधना, पृ० १५-१६।

२. बंगीय साहित्य परिषद् पत्रिका, भाग २०, पृ० १७८ (नारायण बंगाब्द १३२२ भाद्र) बौद्ध धर्म नामक प्रबन्ध से। विद्यापति-पदावली, भाग 2, शशिनाथ झा, पृ० ३४।

बाद में "सहजिया वैष्णव" मत के पोषक अनेक ग्रन्थकार हुए, जिनके अनेक ग्रन्थ आज भी पाए जाते हैं। यथा — सहज उज्ज्वल (दास नारायण), रसभावान्त (नारायणदास), वस्तुतत्त्वविचार(मुकन्ददास), परतत्त्व (मुकुन्ददास गोस्वामी), सिद्धान्त-चन्द्रोदय: उपासनातत्त्वनिरूपणम् (मुकुन्ददास गोस्वामी), नित्यलीला (मुकुन्ददेव गोस्वामी), चैतन्य-प्रेमतत्त्वनिरूपण (राय रामानन्द), रतिविलास पद्धति (रसिकदास), राधाकृष्ण-प्रेमतत्त्वनिरूपण (रूपगोस्वामी), मीराबाई-कड़चा (श्रीकृष्णदास), प्राप्तिवर्णदीपिका (कृष्णदास), रसमञ्जरी (कविराज कृष्णदास गोस्वामी), शिक्षापत्री अथवा आश्रय-निर्णय-पूर्वोक्त श्रीनिर्यास (चण्डीदास), प्रेम-विलास (लोचनदास), चमत्कार-चन्द्रिका (नरोत्तमदास), रससार (नरोत्तमदास), रसभावप्रान्त (गोविन्ददेव अथवा गोविन्द दास) आदि।

इन ग्रन्थकारों ने अपने ग्रन्थों में वैष्णव धर्म और वैष्णव आचार्यों को अपने रंग में रँगने का या सराबोर करने का भरपूर प्रयत्न किया है। जिस प्रकार शैवों के लिए शक्ति और शाक्तों के लिए भैरवी आवश्यक थी, उसी प्रकार सहजीया बौद्धों के लिए प्रकृति आवश्यक थी।[१]

बाउलों का "विवर्तविलास" भी इसी मत का है। इन ग्रन्थकारों ने विद्यापति, लीलाशुक, जयदेव, रायरामानन्द, जीवगोस्वामी, रूपगोस्वामी, चैतन्यदेव तक को सहजीया सिद्ध करने का प्रयास किया है और उनकी प्रकृतियों (परकीयाओं) का उल्लेख भी किया है। उसे वे सहज मानते हैं। नरोत्तमदास "रससार" ग्रन्थ में कहते हैं —

सहज ना जाने ये जन आचरे सामान्य मानिह ताय।
सहज आचार सहज विचार सहज बलिब काय।
सहज भजन सहजाचरण ए बड़ विषम दाय ।
स्वकाम लागिया लोभेते पड़िया मिछा सुख भुंजे ताय।

डॉ० परशुराम चतुर्वेदी ने "उत्तरी-भारत की सन्त परम्परा और मध्यकालीन प्रेम-साधना" पर बड़ा प्रामाणिक काम किया है। उन्होंने सहजीया-बौद्धों, सहजीया-वैष्णवों, गौड़ीय वैष्णवों,[२] सूफियों और बाउलों की उपासना का विवेचन किया है। वे कहते हैं कि निर्वाण को गौतम बुद्ध ने मानव-जीवन का परम पुरुषार्थ माना। इस अवधारणा का विकास हुआ तो कालक्रम में कभी इसे "शून्य" का नाम दिया गया, कभी "तथता"

---

१. दे० विद्यापति-पदावली, भाग २ (प० शशिनाथ झा), बिहार राष्ट्रभाषा परिषद्, पटना।

२. यहाँ यह उल्लेख कर देना भी आवश्यक प्रतीत होता है कि गौड़ीय-वैष्णव सम्प्रदाय में काम गायत्री (ओं कामदेवाय विद्महे पुष्पबाणाय धीमहि तन्नोऽनंग: प्रचोदयात्) का आश्रय लिया और जगन्नाथ में युगल का अन्तर्भाव न मानकर मदनमोहन में प्रीति की बात कही थी —

युगल गायत्री छाड़ि ले, काम गायत्री आश्रे कले।
छाड़ि जगन्नाथ मूरति, मदनमोहने पीरित
वइध कर्म दूर कले, रागमार्गे कृष्ण भजिले।

चैतन्य प्रभु के जो उत्कलीय शिष्य थे, वे गौड़ीय वैष्णवों के इस मत से असहमत थे, वे जगन्नाथ की प्रतिमा में युगल-भाव देखते थे। उत्कलीय कवि उपेन्द्र भञ्ज ने गौडीय-वैष्णवों की कड़ी आलोचना की है, जो राधा-कृष्ण के ऊपरी उपासक हैं तथा उनकी शृंगारी पूजा के भीतर लम्पट-वृत्ति है —

कपट दर्शन लंपट विटरीति कि चाहि।
ये सुधी सुधीरे बोलन्ति क्षेत्र बरटि एहि।

(देखिए — भारतीय वाङ्मय में श्रीराधा, पृ० ३१५-१६)

का। कभी "विज्ञप्तिमात्रता" कहा तो कभी "वज्रधातु" और "वज्रसत्त्व" और कभी इसे "महासुख" के रूप में प्रस्तुत किया गया। इसे "वज्र" के रूप में मान्यता देने वाली उपासना-परम्परा "वज्रयान" कहलाई और "सहज" की परिकल्पना करने वाला वर्ग "सहजयान" कहलाया। बौद्ध सिद्धों ने इसे "सहजानन्द" और "सहजसुख" कहा, जो प्रज्ञा और उपाय की समरसता में निहित है। जैसे शैवतान्त्रिकों ने मूलाधार में शक्ति कुण्डलिनी और सहस्रार में परमशिव की कल्पना की थी और अमृतस्रवण-रूप सामरस्य को लक्ष्य किया था, लगभग वैसी ही परिकल्पना प्रज्ञा और उपाय की है। किन्तु अन्तर यह था कि कुण्डलिनी-सहस्रार शक्ति शिव सामरस्य अन्त:साधना से साध्य है, जबकि बौद्ध तान्त्रिकों ने लक्ष्य प्राप्ति के लिए मुद्रा के साथ यौन-सम्बन्ध की आवश्यकता को स्वीकार कर लिया। सहजयानी मुद्रासाधना में मग्न हो गए। यह सम्प्रदाय बंगाल, बिहार और उड़ीसा आदि में ग्यारहवीं शताब्दी तक बना रहा।

चण्डीदास ने "सहज" की व्याख्या की। रामी नाम की रजकी को प्रेम का पात्र बनाया, वह लगभग सहजयानियों की मुद्रा जैसी बनी। "सहज" को वे अनिर्वचनीय तो मानते थे, परन्तु उसे विशुद्ध-प्रेम के रूप में प्रतिपादित करते थे। उन्होंने "रूप" के ऊपर "स्वरूप" का आरोप किया, पार्थिव-प्रेम को अपार्थिव बनाया। ये परकीया के सम्पर्क में रहना आवश्यक मानते थे और परकीया के दो भेद करते थे — मञ्जरी एवं मुख्य। मुद्रा से दिव्य-शक्ति उपलब्ध होती है, यह मञ्जरी और मुख्य अन्तरंग शक्ति, परमात्म तत्त्व। इसके प्रति पूर्ण समर्पण। प्रज्ञा और उपाय की तरह इन्होंने राधा और कृष्ण की केलि को स्वीकार किया। ये सहजीया-वैष्णव कहलाए।

जयदेव और विद्यापति ने "सहज" शब्द को महत्त्व नहीं दिया तथा राधा-कृष्ण की केलि को दूर से प्रत्यक्ष करते हुए आनन्दित होना अभीष्ट माना।

सूफ़ी लोग इश्क़-मजाजी की साधना से इश्क़-हक़ीक़ी तक पहुँचने की व्याख्या करते थे, प्रेमगाथाओं को उदाहृत भी करते थे परन्तु सहजीया लोगों की तरह उसे साधन नहीं बनाते थे।

बाउलों के यहाँ हृदय में वर्तमान "मनेरमानुष" है। बाउलों की प्रेम-साधना अद्वैत-भाव की है। सहजीया-वैष्णवों में द्वैत-भाव था।[१]

४६.६ काम-वासना

हमारे दैनिक-जीवन में काम के विकृत रूप के सम्बन्ध में बहुत चर्चा होती है "काम-क्रोध-लोभ-मोह" आत्म-भाव के नाश के द्वार हैं। काम शब्द का उच्चारण करते ही विषय-वासना (या पशुकृत्य) का बोध होता है, विकृत रूप का बोध होता है और इसीलिए होता है कि सामाजिक-जीवन में काम-विकार के बड़े घृणित और कुत्सित रूप प्रतिदिन सामने आते रहते हैं। विचार की बात यह है कि अग्निकाण्ड भी प्राय: प्रतिदिन कहीं न कहीं देखने-सुनने को मिल जाते हैं, परन्तु क्या इन अग्निकाण्डों से अग्नि की व्यर्थता, अनावश्यकता या विनाशकता प्रमाणित हो जाती है? मानव-जीवन में अग्नि की महत्ता क्या इससे कम हो जाती है? क्या इससे प्रकृति अपना अग्नि-रूप संवृत कर लेगी? अग्नि तो प्रकृति है, वह है और रहेगी? यह काम मनुष्य के विवेक का है कि वह सोचे कि जीवन में अग्नि का उपयोग कब और कैसे किया जाए? काम भी प्रकृति है, नैसर्गिक है, सहज है और अपरिहार्य है। जीवन में (जीवमात्र में) काम निसर्गसिद्ध है, वह है और रहेगा। वह सर्वव्यापक है, प्राकृतिक है। यह बात यहाँ उल्लेखनीय है कि प्रकृति में एक मनुष्य ही ऐसा प्राणी है जो अनन्त-

---

१. दे० हिन्दी साहित्य कोश (ज्ञानमंडल लि. वाराणसी), वि. २०१०।

प्रकृति में अपना कृत्रिम-परिवेश बनाता है, हालाँकि मकड़ी भी जाला बनाती है, बया घोंसला बनाती है, चींटी बाँबी बनाती है। कृत्रिम और निसर्ग-स्वभाव या नैसर्गिक-प्रवृत्ति का निरन्तर द्वन्द्व होता है। नैसर्गिक-प्रवृत्ति छटपटाती है और इससे विद्रोह करती है, इस सीमा तक कि वह विकृति बनकर सामने आती है। सभ्यता का विकास कृत्रिम-परिवेश का भी विकास है।[१]

मनुष्य-मन या मनुष्य-मस्तिष्क की यह जटिलता है कि कृत्रिम-परिवेश का विकास भी मनुष्य की नैसर्गिक-वृत्तियों (instincts) का परिणाम है, हालाँकि स्वयं मूल-प्रवृत्तियाँ नहीं बदलती। मनुष्य की सहज-प्रवृत्तियाँ निरन्तर सभ्यता का विकास करती हैं — जंगल से गाँव बनाती हैं, गाँव से नगर बनाती हैं, राज्य संस्था की रचना करती हैं, ज्ञान-विज्ञान का विकास करती हैं, तलवार भी बनाती हैं और एटम बम भी बनाती हैं, सृजन भी करती हैं और विनाश भी करती हैं, कानून बनाती हैं, रीति-रिवाज़ बनाती हैं। संस्कृति की रचना करती हैं, रति (sex) का दमन भी करती हैं, यौन-सम्बन्ध का नियमन (विवाह) भी करती हैं, संयम (ब्रह्मचर्य) भी करती हैं और उन्नयन की दिशा में चलती हैं तो सौन्दर्यबोध का विकास करती हैं, कलाओं का विकास करती हैं। अपने मूल रूप में यह सब कुछ प्रकृति है। सृजन भी प्रकृति है और विनाश भी प्रकृति है। जन्म भी प्रकृति है और मृत्यु भी प्रकृति है। इसी प्रकार काम भी प्रकृति है और अपने प्राकृतिक रूप में वह बहुत सुन्दर है, बहुत रमणीय है। काम और सुन्दर भिन्न-भिन्न नहीं हैं। हम समस्त साहित्य को देखें, हमें सब जगह सुन्दरता के बखान में काम और रति का उपमान मिल जाएगा। तुलसीदास ने राम के सौन्दर्य को व्यञ्जित करने के लिए कहा — "कोटिकाम छवि स्याम सरीरा।" कन्दर्प-लावण्य की बात सामान्य रूप से सर्वत्र प्रसिद्ध है।

४६.७ विष से अमृत : तुलसी, रसखान, सूरदास — विल्बमंगल

ग्रीक मिथक-शास्त्र में भी काम और रमणीयता का अविच्छिन्न सम्बन्ध बताया गया है। अफ्रोडाइट सौन्दर्य की देवी है और उसका पुत्र क्यूपिड प्रेम का देवता है। इरोज़ (काम) केओस और अफ्रोडाइट का बेटा है। रोमन मिथक-शास्त्र में वीनस रति की प्रतिरूप है। सुन्दरता काम की पर्यायवाची है। रमणीयता काम की प्रकृति है। रसिकों ने काम और प्रेम को अभिन्न माना है। श्रीकृष्ण अप्राकृत मदन हैं और कामदेव प्राकृत मदन हैं। दोनों ही मदन हैं, मदन एक है। रज और तम से शून्य होने पर मदन श्रीकृष्ण हैं।

जीवन में प्राकृत-काम से अप्राकृत-काम के स्तर पर उठने का उदाहरण रसखान है, जो सांसारिक विषय-वासना के रूप-आकर्षण में उलझे थे, आसक्त थे। वैष्णव-संग मिला, तो सांसारिक-सौन्दर्य की रीझ अतीन्द्रिय बन गई और मियाँ रसखान रस की खान बन गए। घनानन्द सुजान-वेश्या के रूप पर आसक्त थे,

---

१. पर्यावरणशास्त्र, और परिवेशविज्ञान मनुष्य और परिवेश के सम्बन्ध का अध्ययन करते हैं। भूख और शरीर रक्षा के लिए मानव नियन्त्रित भौगोलिक परिवेश और उत्पादन-प्रणाली का विकास करता है, प्रौद्योगिकी के माध्यम से प्रकृति की ऊर्जा का दोहन करता है। समाज व्यवस्था, कृषि और उद्योग, रीति-रिवाज, राज्य संस्था, कानून, सांस्कृतिक-परिवेश, मनोवैज्ञानिक प्रणाली, विचार-प्रणाली, जीवनमूल्य, विश्वास प्रणाली, अभिव्यक्ति-प्रणाली, सौन्दर्य-बोध आदि परिवेश के ही रूप हैं। परिवेश निरन्तर बदलता है, प्रकृति से प्रभावित भी होता है और उसे प्रभावित भी करता है। प्रकृति में मनुष्य का हस्तक्षेप कृत्रिम-परिवेश का रूप है। नदियाँ अमृत की जगह विष प्रवाहित कर रही हैं, ऋतु-चक्र बदल गया है, बीमारियाँ बढ़ गई हैं, ओज़ोन-पर्त में छेद हो गया है — यह मनुष्य के हस्तक्षेप का ही परिणाम है। आज यह बहुत बड़ा प्रश्न बन गया है और संसार के राष्ट्राध्यक्ष इसे जीवन-मरण का प्रश्न मानकर विचार कर रहे हैं। यह मूलत: जीवन-शैली और विश्वबोध का प्रश्न है, मनुष्य और मनुष्य तथा मनुष्य और प्रकृति के सम्बन्ध का प्रश्न है। नित्य-विहार के जीवन-दर्शन, राग-तत्व, रस-तत्त्व, समग्र सौन्दर्यशास्त्र का सम्बन्ध भी जीवन-शैली और विश्वबोध से है।

बादशाह ने देश-निकाला दिया, तो वृन्दावन आ गए और सुजान के प्रति वह गहरा प्यार भक्ति का राग बन गया। "आनन्दघन" के पद वैष्णव-मन्दिरों में आज भी गाए जाते हैं। गोस्वामी तुलसीदास रत्नावली में गहरे आसक्त थे और जब क्षण आया, तो वही आसक्ति रामभक्ति बन गई। विल्बमंगल-सूरदास का कामिनी-प्रेम कृष्ण-भक्ति में परिणत हुआ, नन्ददास की आसक्ति भी ऐसी थी। सहजीया-वैष्णवों की बात भी कुछ ऐसी है, रांगेयराघव ने विद्यापति और लखमादेई के आत्मिक प्रेम की बात अपनी कृति "लखमा की आँखें" में प्रकट की है। काम विष है, पर विदग्ध वैद्य विष का रसायन बना लेता है। विष औषधिरूप अमृत बन सकता है।

शायद विष और अमृत दो भिन्न-भिन्न वस्तुएं नहीं हैं। यदि भिन्नता होती, विष अमृत कैसे बन सकता था? हम लौकिक प्रेम-कथा पर दृष्टिपात करें।

४६.८ लोक-कथाएं : प्रेम-सौन्दर्य

सुन्दरता एवं प्रेम-भाव के सम्बन्ध में जो सूत्र परिनिष्ठित-साहित्य में परिलक्षित होते हैं, लोकवार्ता और लोकजीवन में उसी प्रकार के सूत्र हमें दिखाई देते हैं। लोक और शास्त्र का अध्ययन परस्पर सापेक्ष है। लोक से शास्त्र के सूत्र खुलते हैं और शास्त्र से लोक के सूत्रों का उद्घाटन होता है। लोकजीवन में एक तथ्य दृष्टिगोचर होता है कि जो प्रेमनायिकाएं हैं वे लोकमानस में पूजा की अधिकारिणी हैं, जैसे गणगौर है, तुलसी है, कालिन्दी है, पद्मावती है, अलग-अलग अञ्चलों में बहुत से नाम जोड़े जा सकते हैं। पार्वती और राधा के सम्बन्ध में जो लोकगीत प्रचलित हैं, उनमें ये दोनों ही प्रेम की अधिष्ठात्री हैं। प्रेम-भावसूत्र को लेकर चलें तो देश के विभिन्न जनपदों में भिन्न-भिन्न प्रेमकथाएं हैं, जैसे हीर-राँझा है, सोहनी-महिवाल है, सिडरिया है, लैला-मजनूँ है। अध्यात्मिक स्तर पर प्रेम की अवधारणा और लोकमानस के दैहिक-स्तर पर प्रेम की धारणा में भिन्नता है, असमानता है, इसमें कोई सन्देह नहीं, फिर भी प्रेम की गहराई का वह स्तर लोक में है, जहाँ प्रेमी या प्रेमिका अपने जीवन का उत्सर्ग कर देते हैं। यह बलिदान, उत्सर्ग या समर्पण तब तक हो ही नहीं सकता, जब तक भावना में दृढता और उतनी ही गहराई न हो। भावना की गहराई की बात लोक-कथाओं में ध्यान देने योग्य है, इसका एक उदाहरण मजनूँ का है। एक बार लैला के वियोग में मजनूँ इतना उत्तप्त हुआ कि उसके शरीर पर दाने पड़ गए। हकीम ने उपाय बताया कि फसद करनी है, नश्तर लगाना है। मजनूँ ने कहा — "ऐ फस्साद, तू नश्तर लगाएगा, कहीं लैला के न लग जाए, क्योंकि मेरे शरीर में लैला ही व्याप्त है" —

लेक अज़ लैला वजूदे मन पुरस्त
ई सदफ पुर अज़ सिफ़ाते आंदुरस्त।
तरसम ए फस्साद अगर फ़स्दम कुनी
नेश रा नागाह बर लैला ज़नी।
मन के अम लैला व लैला कीस्तमन
मायके रूहेम अंदर दो बदन।

मजनूँ कहता है – मैं लैला हूँ और लैला मैं हूँ, प्रत्यक्ष में दो शरीर दिखाई देते हैं, परन्तु वास्तव में प्राण एक ही है। मुझमें और लैला में कुछ भी अन्तर नहीं है। मेरी शरीर-रूपी सीपी में लैला-रूपी मोती की झलक भरी है।

एक बार मजनूँ से किसी ने कहा — लैला में क्या सुन्दरता है? वह तो कुछ भी सुन्दर नहीं है, उससे तो अधिक सुन्दर और हाव-भाव में श्रेष्ठ स्त्रियाँ कितनी ही हैं! मजनूँ ने कहा —

गुफ़्त सूरत कूजास्त व हुस्न मै।
मेख़ुदायम मी देहद अज़ ज़र्फ़े वै।
मर शुमा रा सिर्का दादज़ कूजा अश।
ता न बाशद इश्क़े ऊ तां गोश कश।
कूज़ा मो बीनी व लोकिन आं शराब।
रुए न नुमायद बचश्मे ना सवाब।

सूरत तो एक बर्तन है, प्याला है और यौवन प्याले में भरी शराब है। ईश्वर मुझे इसी प्याले से सुरापान कराता है। तुम बर्तन को देखते हो, वह सुरा आँख से चेहरे में दिखाई नहीं देती। तुम लोगों को उसका यौवन आकर्षित न करे, इसीलिए तुमको अलग कर दिया है, ताकि तुम देख न पाओ। पर मैं तो इसी प्याले से ईश्वरीय-सुरा का पान करता हूँ। क्या करूँ? मुझे तो हर तरफ लैला ही दिखती है।

लैला-मजनूँ की कहानी निश्चित ही लौकिक है। फिर भी मजनूँ के भावों में कहीं-न-कहीं दिव्यता का संकेत है। लोक-जीवन में प्रचलित संसार की समस्त प्रेमकथाओं में यह दिव्य-तत्त्व व्याप्त है। उसे देखने और समझने की आवश्यकता है, क्योंकि सभी के पास अपनी-अपनी प्रेम-परिभाषाएं हैं, प्रेम के रूप हैं। जब प्रेम को मूल-तत्त्व कहा जाता है, जब प्रेम को लोकोत्तर कहा जाता है, तब यह तथ्य अन्तर्गर्भित है कि प्रेम अनन्त है और प्रेम के रूप भी अनन्त हैं। कहीं प्रेम हीर, लैला या पद्मावती है और प्रेमी राँझा, मजनूँ या रतनसेन है। लीला-कथाओं को लें तो प्रेम कन्हैया है और प्रेमिका चन्द्रावली है। प्रेम और प्रेमी किसी-न-किसी स्तर पर एक हैं। उमा-पार्वती की प्रेमकथाएं भिन्न-भिन्न रूप में भिन्न-भिन्न अञ्चलों में प्रचलित हैं। वही पार्वती शास्त्र में कामेश्वरी ललिता का रूप है।

लोक-जीवन में प्रचलित लोक-कथाओं का प्रसंग आ गया है, तो यहाँ यह उल्लेखनीय है कि राधा की प्रेमकथा का विकास अनेक प्रेमकथाओं की अन्तर्भुक्ति का परिणाम है।[१] कहीं राधा बन्जारिन और गूजरी है, तो कहीं गान्धर्वी और अहीर है। कहीं रायणगोप की पत्नी है, तो कहीं कृष्ण की मामी है। भागवत में तो राधा का नाम भी नहीं है और वाचिक-परम्परा में भारतवर्ष के भिन्न-भिन्न अञ्चलों में राधा-सम्बन्धी भिन्न-भिन्न कथाएं प्रचलित हैं। केवल ब्रज में ही संकलित करें, तो सहस्त्रावधि गीत मिल जाएंगे —

- **कदम के नीचें आय जइयो गुजरिया बरसाने की।**
- **मेरी सुरत कौ मोल न कीजै मेरौ बलम लठमार रे।**
- **बन गये नंदलाल लिलहार कि लीला गुदबाय लै प्यारी।**
- **कान्हा बरसाने में आय जइयो बुलाय गई राधा प्यारी।**
- **राधा चली जमना लैकें गगरी।**
- **मन भायौ मेरी आली वौ मुरली बारौ स्याम।**
- **स्याम, तेरी मुरली नेंक बजाऊँ।**

---

१. देखिए श्रीराधा का क्रम-विकास (डॉ० शशिभूषण दासगुप्ता), भारतीय वाङ्मय में श्रीराधा (डॉ० बलदेव उपाध्याय), राधा का लोकायत उत्स निबन्ध (डॉ० कुबरेनाथ राय), सूर काव्य और लोकमानस (राजेन्द्र रंजन)।

लिखित-साहित्य में राधा का प्रथम उल्लेख कवि हाल ने ''गाहासत्तसई'' में किया है, जो प्रथम शताब्दी (ईसा) की रचना है। ''सूरसागर'' में राधा की कथा लोक-कथाओं के अनुरूप है। राधा स्वयं ही कहती है कि पिता मुझे धमकी देते हैं कि तुझे तलवार से काट दूँगा, भाई मारने को दौड़ता है, बहिन कहती है कि राधा कुल की मर्यादा को डुबो रही है —

मात पिता अति त्रास दिखावत।
भ्राता मोहि मारन कों धावै देखें मोहि न भावत।
जननी कहत बड़े की बेटी तोकों लाज न आवत।
भगिनी देखि देत मोहि गारी काहे कुलहिं लजावत।[१]

ब्रज की माताएं अपनी बेटियों को सावधान करती हैं और सास-ननद अपनी बहुओं को चेतावनी देती हैं — ''यह करनी उनही कों छाजै उनके संग न जै हौ।'' ''सूरसागर'' की राधा निर्भ्रान्त रूप से लोक-कथा है — ''राधा कान्ह-कथा ब्रज घर-घर ऐसे जनि कहवै हौ।'' यहाँ लोक और शास्त्र की अन्तःक्रिया को पहचानने की आवश्यकता है। शास्त्र की महिमा है पर स्वयं शास्त्र का उदय लोक की धरती पर होता है, जैसे समुद्र से मेघ निकलते हैं। वासुदेवशरण अग्रवाल के शब्द हैं कि ''यदि ब्रह्म के समान ज्ञान को चतुष्पाद माना जाए, तो उसके एक पाद की अभिव्यक्ति शास्त्र में तथा तीन चरणों की अभिव्यक्ति लोक में होती है।'' लोक ही वेद की प्रतिष्ठा करता है। लोक की गति लोक से अलौकिक की ओर होती है, लोकोत्तर का जन्म लोक में ही होता है। वह लोक के लिए ही लोकातीत बनता है। लोकातीत होकर भी उसकी गति लोक में होती है। हम लोक से ही अलौकिक की पहचान पाते हैं, तभी तो सूत्र दिया गया — ''लोकवत्तु लीला कैवल्यम्।'' लोक में ही दिव्यता, अनन्तता, सूक्ष्मता, अलौकिकता प्रत्यक्ष होने लगे।

पिण्ड-ब्रह्माण्ड परिकल्पना के अनुसार जो पिण्ड में है, सो ब्रह्माण्ड में है। पिण्ड का सौन्दर्य ब्रह्माण्ड के सौन्दर्य के साथ एकाकार हो जाए। विचारकों ने खण्ड-सौन्दर्य और पूर्ण सौन्दर्य, व्यष्टिकाम, समष्टिकाम, अहं और विराट, व्यष्टिसुख और भूमा जैसी अवधारणाओं के साथ इस प्रश्न पर विचार किया है। इन्द्रिय से प्रारम्भ होती है वह सौन्दर्य-साधना, जो इन्द्रियातीत होकर चेतना बन जाती है। इन्द्रिय-द्वार पर जो वृत्ति है, वह खण्ड-सौन्दर्य है, वही अतीन्द्रिय होकर पूर्ण सौन्दर्य के रूप में नित्य प्रकाशमान है। पूर्ण सौन्दर्य में भोक्ता और भोग्य दोनों का ऐक्य है — नित्य संभोग।

जगत् में जहाँ-जहाँ भी रमणीयता है, जिन-जिन रूपों में सुन्दरता है, वह रमणीयता और सुन्दरता क्या भिन्न-भिन्न है? इन सभी रूपों और सभी देश और काल में वह एक ही सौन्दर्य-सत्ता है, रमणीय-सत्ता है, जो भिन्न-भिन्न रूपों में भास रही है। अनन्त आस्वादन हैं, अनन्त धाम हैं और अनन्त रूप हैं और यह अनन्तता उस पूर्ण सौन्दर्य की परिभाषा है। सौन्दर्य और प्रेम का अनन्त-सिन्धु लहरा रहा है। बिहारिनदेव कहते हैं —

छलकत छींट जहाँ परी तहाँ प्रेम प्रकटाय।

४६.९ कंटकेन कंटकाकीर्णम्

काँटे से काँटा निकाला जाता है। काम-शक्ति को विराट, अनन्त-आनन्द, शाश्वत और मुक्ति की ओर कैसे मोड़ा

---

१. सूरसागर, पृ० ९०७।

जा सकता है ? नित्य-विहार को इस प्रश्न की पृष्ठभूमि में रखकर देखना होगा। रसिकोपासक की चेतना समाधि के गहरे-स्तरों में केलि पर केन्द्रित है, जबकि उसकी दैहिकचर्या वैराग्य की भूमि पर दृढ है। राग-ममता-अहन्ता-देहभाव पीछे छूट चुका है। स्वामीजी का ही पद है —

चित न डुलाव आव समाधि-भीतर न होउ अगला।

श्रीललितकिशोरीदेव ने उल्लेख किया है —

लगी समाधि बिहार की छुटै नहीं दिन रैन।
गौर स्याम विलसै सदा, श्रीहरिदासी ऐन।

समाधि की स्थिति का संकेत श्री सरसदेवजू ने इन शब्दों में किया है —

नैन पुतिरन ऊपर सुख सेज क्रीडत दोउ अनन्यमनि धन्य श्रीहरिदास स्वामी।

"सेवक-वाणी" में एक पंक्ति है —

जो रसरीत सबन ते दूर सो सब विश्व रही भरपूर, मूरि सजीवन कहि दई।

जो रसरीत सबसे दूर स्थित है, वही इस विश्व में भरपूर है, श्री हिताचार्य के अनुसार यही विषय-मूर्छित-जीवों को स्वस्थता देने वाली सञ्जीवनी है। विश्व में पूरित रसरीति नश्वर और मलिन है। यहाँ ध्रुवदास जी संकेत करते हैं — "रति इक हेम छविहि उरआनें ताहि समुझि सुमेर पहचानें" जैसे बुद्धिमान व्यक्ति एक रत्ती सोने की छवि को परखकर सुमेरु-पर्वत की पहचान कर लेता है। रत्ती व्यष्टि है। सुमेरु समष्टि है।

मदन-ज्वर से ग्रस्त नायिका के सम्बन्ध में बिहारी का दोहा है —

मैं लखि नारी ज्ञान कर राख्यौ निरधार यह।
वह ही रोग, निदान, बैद वही औखद वहै।

मैंने नाड़ी देख ली और पहचान लिया कि इस नायिका का वही रोग है (नायक), वही इसका निदान है, वही इसके लिए वैद्य है, और वही औषधि।

"केलिमाल" में केलि के काम-क्रीडा के विभिन्न बिम्बों की माला है, वह चित्रावली, जो स्वामीजी ने समाधि में उतरकर प्रत्यक्ष की। "रसदेश" की उपासना निर्भ्रान्त रूप से केलि की ही उपासना है — "कामकेलि रस सेज-सुख" (७३६), "कामकेलि सुखरासि यही उनमानि कै" (७१५), "कामकेलि रस पागी" (८०२), "कामकेलि की सेज पर गौर स्याम की प्रीत" (७१५) "काम केलि की बेल यह फल गौर-स्याम सुखरास" (६९५), "कामकेलि रस रीत हरिदास" (७११) "अँग सँग निरखें केलिसुख कहें सुनें नहिं और" (६५१), "कामकेलि बरसत रहै निरवधि नित्यविहार" (६५२), "आरोहन अवरोहनी करत रहत दिन रैन" (भगवत ११०), "कामकेलि विलसत रहौ मम जीवन प्रान अधार" (ललितकिशोरी), "रसमयी नवकेलि नित अवलोकि और न भावही"।[1]

"अवलोकत रहें केलि सखी-सुख के अधिकारी"(नाभादास), "श्रीहरिदासी एक रस काम-केलि रस खानि" (ललितकिशोरी), "अद्‌भुत केलिकुंज विलास में बाँकी बिहारिन सों बनि आई"(दास किशोरी), "छिन छिन प्रति सुखरासि रहसि रति केलि बिसेखें"(नागरीदास), "कामकेलि माधुर्य सहज रति सर्वदा" (कृष्णदास : नागरीदास के शिष्य), "तुही प्रेम संगीत तुही गावत दिन कोकें" (स्वामी नवलदास), "प्रिय

---

१. सभी पृष्ठांक श्रीनिकुंजविहारिनी रससागर के हैं।

प्यारी की केलि परस्पर आनंद उर न समाय'' (रूपसखी), ''निरखें महल के केलि आगम-निगम ताहि न जानही'' (शीलसखी), ''कोक रतिकला संगीत लाल को सिखवति गति रस सानी। हावभाव उपजत अंग-अंगनि कोककला मन दीनी''।[१]

४६.१० व्यष्टि काम और समष्टि काम

केलिमाल में सौन्दर्य-माधुर्य, आनन्द, प्रेम और राग के स्वरूप को अनन्त, असीम, अनादि कहा गया है। व्यष्टिगत सौन्दर्य-माधुर्य तो व्यष्टि के साथ जुड़ा है। फूल का खिलना सौन्दर्य है, परन्तु वह मुरझा भी जाता है। कली होती है, खिलती है, फिर मुरझा जाती है, यह सौन्दर्य का व्यष्टि-रूप है। विश्वसुन्दरी होती है, इनके रूप-सौन्दर्य की बड़ी चर्चा होती है परन्तु समय व्यतीत होता है तो सौन्दर्य भी व्यतीत हो जाता है। यही स्थिति काम की है। ''रसिकप्रिया'', ''कविप्रिया'' के रचयिता केशवदास ने बड़ा परेखा किया कि — ''चन्द्रमुखी मृगलोचनी बाबा कहि-कहि जाँय।'' सूरदास ने कहा — ''कहाँ वह नूर कहाँ वह सोभा देखत धूर उड़ै है।''

चार्वाक नाम का दार्शनिक था, नास्तिक भोगवादी। कहता था — जब तक जीयो, मौज करो, मजे लो, पैसा पास में नहीं है तो उधार ले लो, धन ही आत्मा है और इन्द्रिय-सुख ही सुख है, जिस कार्य से अपनी इच्छा पूरी हो, वही धर्म है। जो धनवान है, वही सुखी है, वही समर्थ है, वही स्वतन्त्र है, वही ज्ञानी है और वही महान् है। चार्वाक का बहुत प्रसिद्ध कथन है - ''यावज्जीवेद् सुखं जीवेद् ऋणं कृत्वा घृतं पिबेत्। भस्मी-भूतस्य देहस्य पुनरागमनं कुतः।'' चार्वाक जीवन को देह-पर्यन्त मानता था। उसके विचार को पुराण-कश्यप, अजित केशकम्बलिन, काच्छायन आदि ने आगे बढ़ाया[२] परन्तु देहवाद चल नहीं पाया, क्योंकि अन्ततः देह नाशवान है। उसका सिद्धान्त युवावस्था तक तो आकर्षक लगा, परन्तु अवस्था ढलने पर सिद्धान्त भी डगमगाने लगा, मुश्किल की बात यह है कि जवानी और धन या सत्ता ये चञ्चल हैं। इन्हें पकड़कर नहीं रखा जा सकता। इसका परिणाम यह हुआ कि चार्वाक का सिद्धान्त लुप्त हो गया। यदि चार्वाक के मत का खण्डन करने वाले आस्तिक-आचार्यों ने अपने ग्रन्थों में (माधवाचार्य — ''सर्वदर्शन संग्रह'', हरिभद्रसूरि — ''सर्व सिद्धान्त संग्रह'') उसकी चर्चा न की होती, तो इसका नाम भी जानने को नहीं मिला होता। इसी

---

१. सूरदास के काव्य में भी ऐसे अनेक उदाहरण हैं।
कोककला का सन्दर्भ देते हुए सूरदासजी ने एक पद में रतिकेलि के चौरासी आसनों का उल्लेख किया है। राधा कहती है कि साँवली सहेली (कृष्ण नारी वेश में) मेरे लिए चक्रवाक अर्थात् कोककला को पढ़कर आई है (वेद अर्थात् चार और वसु अर्थात् आठ, विपरीतगति — चौरासी जिस प्रकार चौरासी आसन यह जानती है, उस प्रकार का ज्ञान किसी और को नहीं है। इसने मुझे अपना शिष्य बना लिया है साथ ही यह भी कहा कि मुझे दूसरी चेली नहीं बनाना है, अब इसका ज्ञान अपनी अन्तरंग-सखियों को तुम्हें ही देना है —

यह साँवरी सखी मेरे हित चक्रवाक पढ़ि आई
जानत है बुधवंत वेद वसु तस न कहूँ सुनि पै है
या संग रहत सदा शुचि सजनी सबसुख शोभा पै है।
चेली करत मोहि कह लीन्ही अवरि न करि हों चेली।
तुम गुरु होउ और जो सीखें तिनकी समुझि सहेली।

— सूरदास के दृष्टि कूट
(सरदार कवि की ब्रजभाषाटीका सहित) (सम्पादक डॉ. वासुदेव कृष्ण चतुर्वेदी), पृ० ७७।

२. काम को योग का रूप देने का प्रयास आचार्य रजनीश ने भी किया और ''संभोग से समाधि'' पुस्तक लिखी। ''उन्मुक्त यौन'' की अवधारणा प्रस्तुत की। पश्चिमी-देशों के नवयुवक और नवयुवतियाँ आकर्षित हुए परन्तु यह प्रच्छन्न-यौन कितने कदम चल पाया? यह बताने की आवश्यकता नहीं। मनुष्य की यह प्रवृत्ति इतनी सशक्त है कि तनिक सा भी अवसर पा लेती है तो चोर दरवाजे से आती है और घर की मालिक बन बैठती है।

प्रकार व्यष्टि-सौन्दर्य माधुर्य-प्रेम और काम क्षरण-शील है, (जन्म, वृद्धि, अस्तित्व, परिणमन, नाश) नाशधर्मी है, अनित्य है, अमृत नहीं है। ''केलिमाल'' का सौन्दर्य, माधुर्य, आनन्द, प्रेम और काम अमृत है, नित्य है। इसको हम इस प्रकार कह सकते हैं कि हमने साँस ली, शरीर में वायु का प्रवेश हुआ। यह वायु व्यष्टि-वायु है परन्तु वायु इतनी ही नहीं है। व्यष्टि-वायु कहाँ से मिली? अनन्त वायुमण्डल में से। यह समष्टि-वायु है। उसी प्रकार जितने जल को शरीर ने ग्रहण किया, वह व्यष्टि-जल है और यह जल कहाँ से मिला? जलमण्डल से? अगाध-समुद्र और मेघमण्डल, जल की चक्रीय गति से। समष्टि-जल से। इसी प्रकार समष्टिगत प्रेम और समष्टिगत काम। असीम-अनन्त-अमृत सौन्दर्य, असीम-अनन्त-अमृत माधुर्य, असीम-अनन्त-अमृत काम। व्यष्टि केलि क्षणिक है, क्षरणशील है परन्तु यहाँ निरवधि-नित्य-विहार है। जो अनित्य है, वह व्यष्टि काम है, जो नित्य है वह निरवधि है।

''केलिमाल'' निश्चित रूप से केलि की उपासना है परन्तु यह केलि अनादि-अनन्त-असीम-अमृत है, नित्य और शाश्वत है। समष्टि है। परिपूर्ण है।

प्रिया-प्रियतम का नित्य-विहार उद्दाम काम-प्रेम-युक्त विविध रतिरंग-मयी अनंग-चेष्टाओं का खेल है। कभी भी विश्राम न लेने वाली रति की तरंग। इन हिलोरों का कोई ओर-छोर नहीं है। बिहारिनदास कहते हैं —

सर्वोपरि नित्य-विहार सुन्यारौ।
बरसमास अरु पक्ष पहर पल काहे गिन दिन धारौ।
माया काल रहित त्रिगुननते यह मत हेत हमारौ।
नित्त-निमित्त संधि समझे बिन स्वादिन स्वाद बिगारौ।
औरै काम प्रेम औरै रस औरै बैस विचारौ। (रससागर, पृ० ४५२)

नित्य-विहार का जो रूप-रस ''केलिमाल'' में है, वह अन्यत्र कहीं भी दिखाई नहीं देता। जयदेव हों, विद्यापति हों, षड्गोस्वामी हों, वल्लभसम्प्रदाय के कवि हों, पुराण हों या तन्त्र — स्वामी हरिदास का ''रसदेश'' अपने आप में विलक्षण और अद्‌भुत है। इनकी समानता और असमानता पर यथा-प्रसंग विचार किया गया है, फिर भी यहाँ काम और उपासना के सम्बन्ध-सूत्रों को समझना इसलिए आवश्यक होगा, जिससे नित्य-विहार को स्पष्ट समझा जा सके। हरिदासी भक्त कह रहे हैं और डंके की चोट कह रहे हैं — ''काम-कहानी कहियै, निधिवन-राज की जै कहियै।''

४६.११ केलिवार्ता की परम्परा

क्या केलि की उपासना की परम्परा के सूत्र और अधिक प्राचीन हैं? इस प्रश्न का उत्तर है — हाँ। ''चैतन्य-चन्द्रोदय'' में चैतन्य-महाप्रभु ने रूपगोस्वामी और सनातनगोस्वामी से कहा — ''कालेन वृंदावन केलिवार्ता लुप्तेति तां ख्यापयितुं विशिष्टा।'' वृन्दावन-केलिवार्ता अवश्य प्राचीनकाल में थी, जो काल के प्रवाह में लुप्त हो गई।

केलिवार्ता की परम्परा प्राचीन है। प्रेमाख्यानों की वाचिक-परम्परा लोकजीवन में बहुत व्यापक है और मिथक-शास्त्र में भी। प्रेमाख्यानों को लेकर कितने ही काव्य लिखे गए हैं। कितनी फिल्में प्रेमाख्यानों को लेकर निर्मित हुई हैं?

श्रीमद्‌भागवत वैष्णव-भक्ति के सभी सम्प्रदायों का प्रस्थान है। भागवत के नवम स्कन्ध में राजा सुद्युम्न की कथा है कि वे एक बार मेरु-पर्वत की तलहटी के इलावर्त-प्रदेश में चले गए, वहाँ प्रवेश करते ही सुद्युम्न

पुरुष से स्त्री-भाव को प्राप्त हो गए। यहाँ परीक्षित ने शुकदेव से पूछा कि ऐसा क्यों हुआ? तब वे कहने लगे — इलावर्त-प्रदेश भगवान् शंकर और पार्वती का विहार-प्रदेश है, यहाँ पुरुष-भाव में प्रवेश का अधिकार किसी को नहीं है। इसी मिथक को स्पष्ट करते हुए उन्होंने कहा कि एक दिन गौरा भगवान् शिव के अंक में निर्वस्त्र होकर विहार कर रही थी, उस समय बड़े व्रतधारी ऋषि उस वन में चले गए। ऋषियों को सहसा आया देखकर गौरा लज्जित होकर वस्त्र धारण करने के लिए उठ गई —

सुकुमारो वनं मेरोरधस्तात् प्रविवेश ह।
यत्रास्ते भगवाञ्छर्वो रममाणः सहोमया। (९.१.२५)

तान् विलोक्यांबिका देवी विवासा व्रीडिता भृशम्।
भर्तुरंकात् समुत्थाय नीवीमाश्वथपर्यधात्। (९.१.३०)

तदिदं भगवानाह प्रियायाः प्रियकाम्यया।
स्थानं यः प्रविशेदेतत् स वै योषिद्भवेदिति। (९.१.३२)

कैलाश मानसरोवर है। यह मानसरोवर किसके मान से जुड़ा हुआ है? भगवती पार्वती के मान से। शिव-शिवा के विहार के सूत्रों का प्रसार तन्त्र-साहित्य में बहुत ही व्यापक और गहन है तथा सच्ची बात यह है कि कामेश्वर-कामेश्वरी के विहार-तत्त्व का उतना व्यापक और गहरा अध्ययन देखने को नहीं मिलता, हालाँकि इन सूत्रों पर महामहोपाध्याय गोपीनाथ कविराज ने अनेक स्थानों पर सन्दर्भ दिए हैं। "ललितासहस्रनाम" में कामेश्वर-कामेश्वरी के विहार के सूत्र बहुत स्पष्ट हैं। कामेश्वर ने भगवती के उरोजों को ग्रहण किया है — "स्तनरत्नं दत्वा प्रेमरत्नं प्रीतवती" अर्थात् भगवती ने स्तन रत्न देकर शिव से प्रेम-रत्न खरीदा है — "कामेश्वर प्रेम रत्न मणि प्रतिपण स्तनी।"

अब स्तनों के स्वरूप के सम्बन्ध में कहते हैं कि नाभि तो आलवाल है, जिस पर रोमावलि लता है, उसके फल कुचद्वय हैं। शंकराचार्य ने "सौन्दर्य-लहरी" लिखी है, वह भी एक प्रकार से केलिवार्ता ही है। भगवती का स्वरूप क्या है — "चिदानंदलहरी। परमाह्लाद लहरी, चिदानंदा।"

वे "सह रहसि पत्या विहरते"[१] परमशिव के साथ विहार कर रही हैं। "सौन्दर्य-लहरी" में कामकला को भगवती का स्वरूप बतलाया गया है — "हरमहिषि ते मन्मथकलाम्"[२](१९) "सौन्दर्य-लहरी में शिव और शिवा को समरस परानन्द-परयोः"(३४) कहा गया है, जो एक रस है, आनन्द में तत्पर है। "सौन्दर्य-लहरी" भगवती के नख-शिख का विस्तार है।

तन्त्रशास्त्र में ऐसे वाक्य हैं —

---

१. पुरातत्त्व भी इस अध्ययन-अनुसन्धान का सहायक है। सौन्दर्य-तत्त्व उन असंख्य प्रतिमाओं में उददीप्त हो रहा है। मिथुन के कितने ही चित्र उन प्रतिमाओं में उत्कीर्ण हैं। कान्हेरी तथा कार्ले (महाराष्ट्र) की ई०पू० प्रथम-द्वितीय शती की प्रतिमा है। तृतीय शती की नागार्जुनकोंड (आँध्र प्रदेश) तथा द्वितीय शती की पटना की मिथुन प्रतिमा है। प्रतिहार काल की कन्नौज की कल्याणसुन्दर प्रतिमा है। कुषाण काल की शिव-पार्वती की आलिंगन प्रतिमाएं हैं। साँची शिल्प की जल-क्रीडा है। सौन्दर्य प्रसाधन, सद्यःस्नाता तथा जलविहार सम्बन्धी चित्र हैं।

२. जिसे पुरातत्त्व शास्त्री लज्जा-गौरी कहते हैं, तन्त्रशास्त्र में वह कामकला के ध्यान के आधार पर उत्कीर्ण है।

— दे० भारतीय संस्कृति और शिल्प (ए०एल० श्रीवास्तव),
सूकर क्षेत्र शोध संस्थान, कासगंज, ई० २००२

रतिकामोपविष्टा च केचिद् ध्यायंति मंत्रिणः।
सदाषोडशवर्षीयां पीनोन्नतपयोधरान्।
विपरीतरतौ सक्ताः ध्यायेद्रतिमनोभवौ।

तन्त्रशास्त्र में भगवती के विहार-वन का नाम प्रमदवन है। काम-उपासना के कुछ सूत्र तन्त्रशास्त्र के इस वाक्य में ध्यान देने योग्य हैं — "ध्यायेद् रति-मनोभवौ।"

वसन्त ऋतु में अनंगोत्सव और काम-पूजा की परम्परा के सूत्र प्राचीन साहित्य में हैं।

हम नित्य-विहार की तुलना नहीं कर सकते, परन्तु कामोपासना के सूत्रों का अनुसन्धान कर सकते हैं। मनुष्य की यात्रा आनंद की खोज है। इस खोज में मनुष्य ने जो अद्भुत प्रयोग किए, उनको समझना आनन्द-भाव को समझना है। महाप्रभु चैतन्य का जीवन रसतत्त्व के अनुसन्धान और रस की साधना का जीवन है। रायरामानन्द से साध्य-तत्त्व पर चर्चा होती है, रायरामानन्द कान्ताभाव को सर्वोपरिसाध्य बतलाते हैं और महाप्रभु कहते हैं — आप धन्य हैं। युगल के माधुर्य-भाव का स्फुरण होता है। फिर एक बार जगन्नाथपुरी में महाप्रभु राधाभाव में गायन करते हैं —

यः कौमारहरः स एव हि वरस्ता एव चैत्रक्षपा

और उत्कण्ठा के भाव में लीन हो जाते हैं — "चेतः समुत्कंठते।" स्वरूपगोस्वामी से जयदेव के पद सुनते हैं — "विहरति हरि-रिह सरसवसंते। उन्मद मदन मनोरथ, युवजन हृदय विदारण मनिसज नख रुचि किंशुक जाले।" महाप्रभु दक्षिण भारत से "कृष्णकर्णामृत" (लीलाशुक विल्वमंगल का ग्रन्थ लेकर आते हैं — "राधापयोधरोत्संग शायिने।" चैतन्य महाप्रभु ने कोई ग्रन्थ नहीं लिखा, परन्तु उनके पार्षद रूप और सनातन ने जो भावमीमांसा के ग्रन्थ "उज्ज्वलनीलमणि", "भक्ति-रसामृतसंधु" आदि लिखे हैं, वे मधुर रस के रहस्य का आख्यान हैं। षड्गोस्वामी वृन्दावनरस के सिद्धान्त-प्रतिष्ठापक हैं और उन ग्रन्थों के प्रकाश में हम "रसदेश" को यथामति कुछ समझ सकते हैं। रस हृदय की मुक्तावस्था है और जीवन-परम्परा के बीच रस का साक्षात् करना सौभाग्य की बात है किन्तु इतिहास की यात्रा में जब मनुष्य की लघुता भी मन में कहीं दायरे बना देती है, तो एक सम्प्रदाय का अध्येता दूसरे सम्प्रदाय के साहित्य की उपेक्षा कर बैठता है या अपने पराये के भाव में न्यूनाधिक तुलना कर लेता है। अध्ययन-अनुसन्धान के लिए इन लकीरों को हम भूल जाते हैं और भूलना आवश्यक भी है अन्यथा सच्चाई छिपी रह जाती है। भक्ति के सिद्धान्तों का जैसा विवेचन चैतन्य-प्रभु के पार्षद् रूप और सनातन ने किया है, उसकी तुलना नहीं की जा सकती। उनके भावों की गहराई में झाँकने से भी काँई-झाँई आ जाती है।

४६.१२ छबीलौ कामरस भोइल री

कामरस शब्द पर ध्यान देने की आवश्यकता है। क्या काम रस है? अथवा यह उस रस के स्वरूप की विशेषता स्पष्ट कर रहा है? अष्टाचार्यों की वाणी में कामरस, रतिरस, रहसिरस[1] केलिरस आदि शब्दों का बार-बार उल्लेख हुआ है। ललितकिशोरीजी की वाणी है —

तनमन उरझे काम-रस, पोषत रसिक निधान।[2]

---

१. श्री बिहारी बिहारिनदास रहसि रस वृंदाविपिन विहारौ (रससागर, पृ० ५४२)।

२. रससागर, पृ० ८११, साखी ७८।

इक रस कहियै ताहि कों, जहँ दूजौ रस नहिं होय।
काम प्रेम जहँ एक रस, तन मन प्रान समोय।[१]

गौर स्याम सिंगार-रस, काम प्रेम रस भोग।
जहँ भूषन दूषन कवि कहें, सो हरिदासी सदा संजोग।[२]

इहि रस विलसत प्रान दोउ, नवजोवन रति जोर।
काम प्रेम रसमय रसिक, पइयै ओर न छोर।[३]

काम केलिरस विलस दोउ, उठ जागे परभात।[४]

अंग-अंग फूल्यौ अतन, झूल्यौ रति-रस झेलि।[५]

नखसिख व्यापक दृगन में, प्रकट केलिरस सींच।

तन मन उरझे रसिकवर, काम प्रेमरस चाहि।[६]
श्री हरि हरि हैं ललितकिशोरी, काम केलिरस पागी।[७]

ललितकिशोरीदेव ने काम और प्रेम दोनों को रस के रूप में स्वीकार किया है।[८] स्पष्ट रूप से कहा है कि जिस प्रकार श्यामा-श्याम अनादि हैं, उसी प्रकार काम भी अनादि है — "ज्यों अनादि है जुगलवर त्यों अनादि है काम।" गौर-स्याम रस सागर हैं, तो काम-केलि तरंग है। काम यदि पुष्प है तो प्रेम उसकी सुगन्धि है —

ज्यों फूलन सौरभ बसै, त्यों काम प्रेम के बीच।
नखसिख व्यापक ध्यान में, प्रकट केलिरस सींच।[९]

वे कहते हैं — जहाँ काम है, वहाँ प्रेम है और इन दोनों की सन्धि में श्यामा-श्याम का विलास है। वे कहते हैं — निरन्तर देखते रहने की चाह प्रेम है और स्पर्श करने की चाह काम है। मिलने की चाह प्रेम है और

---

१. रससागर, रस की साखी ७९।
२. वही, रस की साखी ८१।
३. वही, रस की साखी ८५।
४. वही, पृ० ८२३, साखी २३५।
५. वही, पृ० ८२६, साखी २७३।
६. वही, पृ० ८३१, साखी ३४१।
७. वही, पृ० ८०२, पद. १५३।
८. रस अर्थात् चित्त का द्रवी भाव। जयदेव ने श्रीकृष्ण की अनंगरस से विह्वल आँखों से मुकुलित होने का चित्र अंकित किया है — "रति सुख समय रसालसया दर मुकुलित नयन सरोजम्।" (पृ० ११५)
९. रससागर, पृ० ८१४, साखी १२४।

अंग में उमंग काम है —

जहाँ काम तहँ प्रेम है, जहाँ प्रेम तहँ काम।
इन दोउन की संधि में बिहरत स्यामा-स्याम।
बिछुरि न देत सु प्रेम है, अंगन उमंग सु काम।
रससागर विलसत रसिक, रोम रोम-अभिराम।[1]
काम-प्रेम रस-सिंधु में यों बिहरत ज्यों मीन।

ललितकिशोरीदेव ने मनसिज, मदन, अनंग आदि शब्दों की अपनी व्याख्या की है। मनसिज का अर्थ है, जो मन में स्फुरण करता है, स्फुरण से ही सुरति होती है। मदन मद से विभोर कर देता है, अंग-अंग को मद से परिपूर्ण कर देता है। नयन और वाणी उस रस को झेलते हैं। जो नख से लेकर शिखापर्यन्त एक रस से व्याप्त है, वह अनंग है। हाव-भाव में व्यक्त होता है, जैसे जल में लहर उठती है। वह अनंग है, परन्तु अंग-अंग में व्याप्त है, वह दरस-परस-मुसकान आदि में व्यक्त होता है —

मनिसज कहियै मन फुरति, सुरति भई रति केलि।
मदन सदन तन अंग भर्‌यौ, नैन बैन रस झेलि।[2]
नखसिख व्यापक एक रस, ताकों कहत अनंग।
हाव भाव विहसें दोउ, ज्यों जल मध्य तरंग।
अतन कहत कवि तन नहीं, नखसिख व्यापक गात।
नैन बैन सैनन चलै, दरस परस मुसकात।[3]

काम और प्रेम की एकरसता की व्यञ्जना तो ललितकिशोरीजी ने की है, परन्तु यह भी कहा कि यह काम गौर-स्याम वाला है, सांसारिक नहीं है। श्यामा-श्याम को समर्पित काम है, यह कवियों द्वारा वर्णन किया जाने वाला श्रृंगार-रस नहीं है —

रस सिंगार कहे बहु भेद, समझौ रसिक मर्म यह छेद।
कवि सिंगार रस जे कहें, छन्द कवित्तै गीत।
श्री हरिदास नाम अच्छिर नहीं, रस सिंगार न समीत।
रस सिंगार हरिदास कौ, गौर स्याम इक प्रान।

इस "काम" की प्रकृति कैसी है, इसे ललितकिशोरीदेव ने स्पष्ट किया है कि जैसे प्रात:काल सूर्य की किरण से ही तो जल-बिंदु प्रकट होता है और सूर्य की किरण में ही वह समा जाता है। इसी प्रकार श्यामा-श्याम का काम मन में प्रकट होता है, मन में ही समा जाता है —

मनसौं उमँग्यौ मनहिं मिल्यौ, यह गौर स्याम कौ काम।
ज्यों सूरज की किरन में, प्रकट नीर विश्राम।[4]

भारत के सौन्दर्यशास्त्र मे काम से सम्बन्धित दो महत्त्वपूर्ण मिथक दिए गए हैं, एक है जिसमें शिव काम

---

१. रससागर, पृ० ८२३, साखी २३२ तथा २३३।
२. वही, पृ० ८१४, साखी ११७।
३. वही, साखी ११८ तथा ११९।
४. वही, पृ० ८१९, साखी १८७।

को तीसरे नेत्र से भस्म कर देते हैं और दूसरा है मदनमोहन श्रीकृष्ण का रास, जो काम–विजय का मिथक है।

कामदेव ने वासना का उच्छृंखल उद्वेग किया और शिव का तीसरा नेत्र (ज्ञाननेत्र) खुल गया, काम भस्म हो गया, कामदेव की पत्नी रति भगवती पार्वती के पास आकर करुण–विलाप करने लगी। पार्वती पसीज गईं और भोलेनाथ से बोलीं कि "जब तक कामदेव को जीवित नहीं कर देंगे, तब तक खाना नहीं खाऊँगी, पानी नहीं पिऊँगी।"

शिव बोले — "भगवती, कामदेव का शरीर तो भस्म हो गया, वह जीवित कैसे हो सकेगा?" पार्वती बोली — "भोलेनाथ तुम्हारा विधान तुम जानो, मैं एक ही बात जानती हूँ कि तुमने काम को भस्म किया, अब तुम ही उसे जीवित करो।"

कामदेव एक चेतना के रूप में जीवित हो गए, अनंग कहलाए — अशरीरी। इस मिथक शारीरिक–सौन्दर्य के पार चेतना के सौन्दर्य की गाथा है। सौन्दर्य की चेतना और चेतना का सौन्दर्य। सेक्स प्रवृत्ति का इतना व्यापक उदात्तीकरण! सौंदर्य–माधुर्य का यह विराट् रस–सिन्धु, जिसमें डूब जाना ही तैर जाना होता है —

अन बूड़े बूड़े तिरे जे बूड़े सब अंग।

कृष्ण का रास मन्मथ को मथ देने वाला है। संसार के मन को मथने वाला है काम, काम के मन को मथने वाले हैं — श्रीकृष्ण। यहाँ कृष्ण के मन में वासना का विकार आया ही नहीं और काम को भस्म भी नहीं किया। काम अपने आप में ही लुटा–पिटा ठगा–सा रह गया। उसका जादू नहीं चला, वासना का ज्वार वहाँ है ही नहीं, पवित्रता का बोध है — "रति पति की गति पंग।" रास के कृष्ण का नाम है — मदनमोहन।

नित्य–विहार होता है तो रसिक कहता है — "न इनके विहार कौ अंत होय न मैन को चैन मिलै।" काम का दाव चलता ही नहीं — "भयौ भरुआन रतिपति दल–दल कें।" ऊर्ध्वरेता है यह रति। आगे के "केलिमाल" के पद में है — "साहसों राखें खेलत।"

मथुरा में हरिदास संगीत–सम्मेलन में आलाप चल रहा था। गायक मन्द्र–सप्तक से लेकर मध्यसप्तक के स्वरों में अलाप रहा था, निषाद तक जाता था, परन्तु तार सप्तक वाले षड्ज को नहीं छूता था। संगीत के रस में झूम रहा था, श्रोता भी दाद दे रहे थे, वहाँ जी०डी० झवर भी बैठे थे, संगीतज्ञ थे, गायक का यह आस्वाद देखा, तो रह नहीं सके, बोले —

रास्ते की मुश्किलें इतनी पसन्द आई मुझे।
फिर–फिर के लौट आते हैं, चल–चल के मंजिल के करीब।

संगीत के आलाप के सन्दर्भ में कही गई यह पंक्ति — "फिर–फिर के लौट आते हैं, चल–चल के मंजिल के करीब" वृन्दावन–रस के सन्दर्भ में भी बड़ी सटीक है — "साह सों राखें खेलत।" तभी तो काम की शान्ति नहीं होती — "न इनके विहार कौ अंत होय, न मैन कों चैन मिलै।" ऊर्ध्वरेतस् रति है —

महाकलप कलप गये जुगल विहार न अंत।
सदा अखंडित एक रस, विहरत कामिनि–कंत।

कृष्णदास कविराज ने "चैतन्यचरितामृत" में काम और प्रेम के गहरे अन्तर को इन शब्दों में स्पष्ट किया है —

आत्मेन्द्रिय प्रीति इच्छा तार नाम काम।
कृष्णेंद्रिय प्रीति इच्छा तार काम प्रेम।
कामेर तात्पर्य निज संभोग केवल।

कृष्ण सुख तात्पर्य प्रेम जो प्रबल।

अपनी इन्द्रियों का तर्पण काम है। वहाँ भोक्ता-भाव है, क्षीणता है, शिथिलता है। काम दूसरे के द्वारा अपनी तृप्ति चाहता है, जबकि प्रेम अपने द्वारा प्रेमपात्र की तृप्ति चाहता है। इसलिए कृष्णदास आगे कहते हैं —

अतएव काम प्रेमेर बहुत अंतर।
काम अंधतम, प्रेम निर्मल भास्कर।
अतएव गोपी गणे नाहि काम गंध।
कृष्ण सुख हेतु मात्र कृष्णेर-संबंध।

कृष्णमूलक भाव प्रेम है और संसार-मूलक भाव काम। जैसे जल है, वह नीम में जाकर कडुवा हो जाता है, आम में जाकर मीठा हो जाता है। उसी प्रकार साधक का चित्त नित्य-विहार में मग्न है, यह प्रेम है। संसार मूलक है तो काम है। काम-वासना स्थूल-शरीर-मूलक है। कुछ काल के लिए इन्द्रियों के माध्यम से तृप्ति प्रदान करती है, यह स्वार्थमूलक[१] चाह है जबकि प्रेम चेतना का धर्म है। कृष्णदास कहते हैं — "काम गंध हीन हइले गोपीभाव।" काम की दुर्गन्धि दूर होने पर गोपी-भाव की दशा आती है।

जिस प्रकार कुशल वैद्य ज़हर को अमृत बनाता है, रस बनाता है, आसव बनाता है, भस्म बनाता है। उसी प्रकार इन रसिक-भक्तों ने वासना को भाव-रूप में परिणत किया, उदात्त बनाया। भारतीय सौन्दर्यशास्त्र की इस अवधारणा और इस प्रक्रिया को समझना आवश्यक है। तन्त्रशास्त्र कहता है —

यत्र यत्र मनो याति ज्ञेयं तत्रैव चिन्तयेत्।
चलित्वा यास्यति कुत्र सर्वं शिवमयं जगत्।

अथवा

रागेन बध्यते जीवो रागेनैव प्रमुच्यते।

इस राग में उत्साह, उमंग, उत्कण्ठा, विह्वलता, आतुरता, चटपटी, चाह, रुचि है। अहन्ता, ममता नहीं है, मालिन्य नहीं है, उज्ज्वलता है। इसीलिए यह निरवधि है, नित्य है, अखण्ड है, एकरस है। वासना का विवर्जन नहीं है, शोधन है, उन्नयन है। मानव मन में सोए दिव्य उल्लास और आनन्द का जागरण है।

जब तक मूल प्रवृत्तियाँ तन-मन को आकुल-आतुर बनाती हैं, तब तक मन की सीमा में ही हैं। मन के बाद दूसरी परिधि बुद्धि है। बुद्धि की परिधि के भी आगे चेतना का राज्य है और प्रेम चेतना का धर्म है। मन की सीमा में है, वहाँ तक काम-वासना है, सेक्स है। वृन्दावन चिन्मय-राज्य है, वहाँ काम का प्रवेश नहीं है। वृन्दावन से दूर कहीं दुबके हुए लुटे-पिटे ठगे कोटि-कोटि काम मोहित हो गए हैं, मुग्ध हैं और वृन्दावन के झरोखों में झाँक रहे हैं — "जाके परदनि झार-झरोखन झाँकत झूमत मदन अनंग।"

जिस निकुञ्ज-मन्दिर के पर्दों के पास, द्वार पर, झरोखों पर, रन्ध्र में से अनन्त कामदेव अपनी कलाओं के साथ उस रस से विह्वल होकर झूम रहे हैं। कामदेव स्वयं जिस रस से मतवाला हो गया है। संसार के लिए वह मदन है, मन्मथ है परन्तु स्वयं उसने यह मद पाया कहाँ से, यह वही मूल रस है और वह स्वयं उस रस में झूम रहा है।

योग की परम्परा के सूत्रों के साथ रस-समाधि की अवधारणा को समझने की आवश्यकता है। "रसदेश" की उपासना का केन्द्र समाधि है। वृन्दावन के रसोपासक केलि के मर्म को जानते हैं — "इनके मल मैथुन कछ नाहीं

१. "सिद्धान्त-विचार" में ध्रुवदास कहते हैं कि — नायक अपनों सुख चाहै, नायिका अपनौ रस चाहै, सो यह प्रेम न होय, साधारण सुख भोग है।

दिव्यदेह बिहरत बन माँहीं।" यहाँ के ठाकुर का नाम मदनमोहन है। मन्मथ कामदेव के मन को भी मोहित कर देने वाला।

गौड़ीय-वैष्णवों ने बताया कि सौन्दर्य एक है, प्राकृत-भाव से जो सौन्दर्य कामदेव में है, वही सौन्दर्य अप्राकृत-भाव से श्रीकृष्ण में है। मदन एक है, कामदेव प्राकृत-मदन है और श्रीकृष्ण अप्राकृत-मदन है या ये कहें कि रजोगुण और तमोगुण से शून्य होने पर मदन श्रीकृष्ण ही हैं। प्राकृत-सौन्दर्य और प्राकृत-काम की साम्यावस्था मलिन-शृंगार है तथा अप्राकृत-सौन्दर्य और अप्राकृत काम की समरसावस्था उज्ज्वल रस है। गौडीय-वैष्णव कहते हैं कि भगवान् की वह ह्लादिनी शक्ति, जो जीव के अन्दर अप्रकट रूप से अवस्थित है, सनातन है। उसका आविर्भाव चित्त में तभी होता है जब वह रज-तम से रहित होकर विशुद्ध-सत्ता में प्रतिष्ठित होती है —

अस्वादांकुर कंदोऽस्ति धर्मः कश्चन चेतसः।
रजस्तमोभ्यां हीनस्य शुद्धसत्वतया मनः। (अलंकारकौस्तुभ, किरण ५ श्लोक २)

रजोगुण और तमोगुण का आवरण हटने पर प्रेम के उदय होते ही प्रेमी की इन्द्रियाँ दिव्य बन जाती हैं। वहाँ विषय-वासना की गन्ध नहीं रहती। विशुद्ध चित्त-भूमि, स्निग्ध चित्त-भूमि और वहाँ रसरूप श्यामा-श्याम के प्रति अतिशय ममता, प्रगाढ़ ममता — यही प्रेम का स्वरूप है। रसखान ने सवैया लिखा है —

बैन वही उनकौ गुन गाय, औ कान वही विन बैन सों सानी।
हाथ वही उन गात सरैं अरु पाँय वही जु वही अनुजानी।
प्रान वही उन प्रान के संग, औ मान वही जु करै मन-मानी।
त्यों रसखान वही रसखान, जु है रसखान सु है रस-खानी।

वह प्रेमी कानों से प्रिया-प्रियतम के प्रेमालाप को सुनता है, नूपुरों की मादक झंकार को सुनता है, जिह्वा से प्रिया-प्रियतम की लीला का वर्णन करता है, नेत्रों से प्रिया-प्रियतम की छवि का रसपान करता है, कदम्ब की सुगन्ध उसकी नासिका में बसी है। भगवतरसिक कहते हैं —

नैनन देखों और नहिं स्त्रवन सुनों नहिं और।
घ्रान न सूँघों और कछ रसना कहों न और।
रसना कहों न और त्वचा परसों नहि औरें।
कुंज बिहारी केलि झेलि इंद्रिन सब ठौरें।
भगवतरसिक अनन्य कोक-उपदेसों सैननि।
बैननि मैन जगाय रैन दिन देखों नैननि।[1]

जिस दिशा में देखें, जहाँ भी देखें सब कुछ सुन्दर ही सुन्दर दीखता है। सब कुछ प्रिय है, सब कुछ आनन्द से परिपूर्ण है। कवि के शब्द हैं —

भावेर अंजन माखि जे दिके पालटि आँखि।
नेहारि जगत एइ असीम सुन्दर।

अर्थात् हृदय में प्यार हो और आँखों में उसी भाव का अञ्जन अँजा हो, तब यह जगत् हर दिशा में सुन्दर ही सुन्दर दीखता है।

---

१. अनन्यनिश्चयात्म (उत्तरार्द्ध २)।

एक दोहा है –

लाली मेरे लाल की जित देखूँ तित लाल।
लाली देखन मैं गई, मैं भी हो गई लाल।

अथवा

जिधर देखता हूँ उधर तू ही तू है।

सौन्दर्य और सुन्दर उसी प्रकार भिन्न–भिन्न नहीं है, जैसे ज्ञानी और ज्ञान भिन्न–भिन्न नहीं है। जो प्रेमी है, वही प्रेम है, जो सुन्दर है वही सौन्दर्य है। गुलाब से गुलाब के सौन्दर्य को अलग नहीं किया जा सकता। जो आनन्दमय है, वही आनन्द है।

रस–उपासक कवियों ने कामकेलि का जो व्याख्यान किया है, उसे उनकी ही दृष्टि से समझना होगा। राधा–कृष्ण के प्रेम की चर्चा आज भी भारतवर्ष के विभिन्न अञ्चलों में रहने वाले कोटि–कोटि जनों को भक्तिभाव–विभोर कर देती है, कोटि–कोटि जन पवित्र आनन्द–भाव में डूब जाते हैं। वहाँ विषय–वासना घृणा और कुत्सा का भाव तो नहीं होता, भक्ति का भाव होता है, जीवन का प्रयोजन, पुरुषार्थ। कामकेलि का उदात्ततम, सूक्ष्मतम उपास्य रूप, अतीन्द्रिय रूप।

४६.१३ अनासक्ति

"श्रीगोपालतापिनी" में एक कथा है कि रासोत्सव के सम्पन्न हो जाने के बाद श्रीकृष्ण ने गोपियों से कहा कि यमुना के पार दुर्वासा ऋषि रहते हैं, उन्हें भिक्षा दे आओ। यमुना में बाढ़ आ रही थी, इसलिए गोपियों ने श्रीकृष्ण से कहा — हम यमुना के पार कैसे जाएंगी? तब कृष्ण ने कहा कि कि श्रीयमुना से कहना कि यदि श्रीकृष्ण बाल–ब्रह्मचारी और विकार–रहित दोष–रहित हों, तो हे कालिन्दी! हमको मार्ग दे दीजिए —

यदि कृष्णो बालयतिः सर्वदोषविवर्जितः।
तर्हि नो देहि मार्गं वै कालिंदी सरितांवरे।

गोपियों ने यमुना से जाकर यही कह दिया और यमुनाजी का जल घुटनों–घुटनों तक हो गया, गोपियाँ पार हो गईं। यमुना पार जाकर उन्होंने दुर्वासा को "ठौर–मठरी" की भिक्षा दी, भोजन–सामग्री अर्पित की। दुर्वासा ने भोजन पाया। चलने लगीं, तब गोपियों ने फिर ऋषि से कहा कि हम यमुना को कैसे पार करें, नाव तो है नहीं। दुर्वासा ने कहा कि यमुना से जाकर कहो —

यदि दूर्वारसं पीत्वा दूर्वाशाकेवलं क्षितौ।
व्रती निरन्नो निर्वारि वर्तते धरणीतले।
तर्हि नो देहि मार्गं वै कालिंदी सरितांवरे।

> हे कालिन्दी, यदि दुर्वासा बिना खाए, बिना पिए, दूर्वा–रस के आधार पर ही जीवित रहते हैं, तो आप हमें मार्ग दे दें। यमुना ने पुनः गोपियों के लिए मार्ग बना दिया।

अब गोपियों को बड़ा आश्चर्य हुआ कि इतनी गोपियों के साथ रास रचाने वाले कृष्ण बाल–ब्रह्मचारी ही बने रहे और ठौर–मठरी को देखते–ही–देखते आरोगने वाले दुर्वासा दूब का रस पीने वाले बने रहे? ये यमुना कैसी ठगिनी है? परमहंस रामकृष्ण ने इस कथा को अनासक्ति का उदाहरण देकर समझाया था?[१]

---

१. दे० उत्सवपुरुष (डॉ० कृष्णविहारी मिश्र)।

४७

प्यारी अब सोइ गई।
ज्यौं ज्यौं जगाबत त्यौं त्यौं नहिं जागत, प्रैंम रस पान कर भोइ गई।
जागत होइ तौ जगाऊँ प्यारी, तातें परम सचु रस ही रसिक रस बोइ गई।
श्रीहरिदास के स्वामी स्यामा उठकें, गरैं लगाई नवल प्रीत सों नोइ गई।

४७.१ जागत होय तौ जगाऊँ

बिहारिनदेवजू ने एक पद में लिखा है —

प्रियाजू उनींदी हैं ललनजगौहें।
चार जाम निस जात न जानें काम बिबस ललचौहें।
कछ आलस अंग-अंग मुरत तित बैठत ह्वै हित सोहें।

एक अन्य पद है —

इन्हें हों न जानों जागत किधों सोवत से।
पौढ़े प्रेम प्रजंक-अंक पर टारत उर टक टोवत से।
बिथुरी अलक पलक बरुनिन बिच नैन चलत मुख जोवत से।[१]

"केलिमाल" के छिहत्तरवें पद की पंक्ति है — "प्यारीजू, बोलत नाहीं, कै तू सोवत उनींदी।"

यह न सोने की अवस्था है और न जागने की अवस्था है, यह रसमग्रता की स्थिति है। यदि योग की शब्दावली को ग्रहण करें, तो तुरीयावस्था अथवा समाधि की अवस्था — जाग्रत, स्वप्न, सुषुप्ति और तुरीय। सोए को जगाया जा सकता है, जो रसमग्रता की स्थिति में है, जो प्रेम की भावदशा में है, उसे कैसे जगाया जा सकता है? "जागत अनुरागत निसि बासर, लागत नैन निमेष न आधा।"

४७.२ परमसचु रस

वैसे स्वामीजी ने सचु शब्द का प्रयोग सुख के अर्थ में किया है — "यह सचु ऐसें ही रहौ री" (७८), "सचु के दिन आये पावस के" (९१), "दुचिते भऐं कछु न सचु पाइयै।" स्वामी जी ने सुख शब्द का भी प्रयोग किया है — "सब सुख मिल संगीत पगे" (८७), "गावत खेलत जो सुख उपजत, कहाँ पाइयत ऐसौ सुख मन कों" (१०३)। स्वामीजी ने आनन्द के अर्थ में रंग शब्द का भी प्रयोग किया है — "राग ही में रंग रह्यौ रंग के समुद्र में ए दोउ झागे।" सचु, सुख, रंग के साथ ही स्वामीजी ने सत्रह पदों में रस शब्द का प्रयोग किया है — "कुंज बिहारी पै रंग रह्यौ रस ही में पागे" (०२), "प्रेम-पुंज बरसा रस पीजै" (१६), "कुंज बिहारी रस बस कर लीन" (२६), "परिरंभन रस रोरी, कुंजबिहारीजू कौ रस रसना कहै को री" (३३), "काम रस भोइल री" (४६), "प्रेम रस पान कर भोइ गई" (४७), "कुंज बिहारी या रस ही बस भये" (५४), "स्यामा कौ मेरु सरस भयौ" (६०), "रस बस कर लीने" (६३), "प्रेम सों पाइयत रस सून री" (७२), "अधरन च्वाय लेंउ सिगरौ रस" (७४), "नवीन मेघ संग बीजुरी एक रस" (९१), "रसवती नागरी, रसद बिहारी बंदे बल्लभा

---

१. श्रीनित्यविहारिणी : रससागर, पृ० ४९७, पद ६५।

राधिका'' (९४), ''वंशी सरस'' (९९), ''बिच बिच प्रीत रहसि रस रीत की'' (११०) ''रसद बिहारी'' (१०६), ''राधा रसिक कुंज-बिहारी'' (१०५)। सिद्धान्त के पदों में है — ''प्रेम समुद्र रूप रस गहरे।'' प्रस्तुत पद में ''परम सचु रस'' की बात है।

सचु शब्द सत्य का वाचक भी है। सुख सत्य है। परम सचु रस अर्थात् रस परम सत्य है। सुख के अर्थ में भी सचु को ग्रहण करें, तो परम सुख रस। रस परम सुख है। परम सुख का नाम रस है। अष्टाचार्यों की वाणी को देखें, तो समस्त प्रतिपादन रस का ही है —

रस में रस पियें कुंजबिहारी।
रस की बात घात पुनि रस की रस ही सों रस दृष्टि निहारी।
रस की प्रीत रीति सब रस की रस ही उमँगत सहज हिया री।
रस की सखी रसिक हरिदासी रस भयौ ललित प्रिये उर हारी।[१]

रसदेश के सम्पूर्ण-साहित्य के केंद्र में रस प्रतिष्ठित है —

रसिकन कौ रस पान है रस ही भोजन भोग।
रस बिन नेंक न रहि सकें गौर स्याम संजोग।

रसिकों के लिए रस ही प्राण है। प्रियतम स्वयं रसपान में तल्लीन हैं। उनको सुध-बुध नहीं है। प्रिया-प्रियतम का हृदय रस का स्रोत है। सखी भी उसी रस की मूर्ति हैं। प्रेम के अनन्त समुद्र में रूप-रस की उत्ताल-तरंगें उठ रही हैं और इन तरंगों से पुनः रस का उद्‌भव हो रहा है। रस में ''आनंद उर न समाइ।''[२] वह आनन्द का प्रवाह हृदय में समाता नहीं, छलकता है।

वह रस कितना दुर्लभ है — ''या रस कों ललचात लजाते लछमीपति नारायण'' बैकुंठ समस्त ऐश्वर्य-सुख का केन्द्र है, परन्तु प्रेम की वह सहजता, वह रस वहाँ नहीं है —

याही तें दुलर्भता सबकों लछमीपति ललचात।

जगत् के सम्पूर्ण वैभव की स्वामिनी लक्ष्मी है। लक्ष्मी को मिथक मान लें, तो भी उसका अर्थ है जगत् का सम्पूर्ण वैभव। उस लक्ष्मी का पति है, विष्णु। रसिक कहते हैं कि वह लक्ष्मीपति भी उस रस के लिए ललचा रहे हैं। इसका अर्थ क्या है? इसका अर्थ है कि वह रस सम्पूर्ण वैभव को देकर भी खरीदा नहीं जा सकता। सुख के लिए वैभव और ऐश्वर्य का संग्रह-संकलन किया जाता है, परन्तु रसिक कहते हैं — नहीं। यह रस वैभव-साध्य नहीं है, यह रस ऐश्वर्य-साध्य नहीं है।

बहुत से लोग प्रासंगिकता की बात पूछते हैं। ''केलिमाल'' की प्रासंगिकता क्या है? दुनियाँ जिस प्रवाह में बह रही है वह प्रवाह तो दूसरे ही तरीके का है। जीवन का समस्त प्रवाह जैसे पैसे में केन्द्रित हो गया है। पैसा वैभव है, पैसा ऐश्वर्य है, पैसा सुख है, पैसा सुख का साधन है, पैसा मनुष्य और मनुष्य का सम्बन्ध है तथा

---

१. यहाँ बात भी रस की और घात-प्रतिघात भी रस का है। रीति-प्रीति सब रसमय है। इसमें बीज और छिलका नहीं है, केवल रस है —

न हि बकुला नहिं बीज है अदभुत यह रस आहि।

यहाँ एकमात्र रस ही साध्य है, रस ही साधन है।

जब रसिकन पै रस सुनि पायौ रसै समुझि रसिकन में आयौ।

रस स्वादी रस स्वाद बतायौ स्वाद पाइ रस गाइ गवायौ। (बिहारिनदेव, रस के चौबौला)

२. इह रस सहज पर्‌यौ मन मेरौ।
रूप अनूप निरखि सचु पावत बदन सुधा निधि घेरौ।

पैसा ही मनुष्य और प्रकृति का सम्बन्ध है। दाम्पत्य-सम्बन्ध भी पैसे पर आश्रित है, समग्र जीवन पैसे पर आश्रित है। भगवतरसिक ने अपने समय में भी इस तथ्य को देखा था —

> **जगत में पैसन ही की माँड़।**
> **पैसन बिना गुरु, को चेला, खसमैं छाँडै राँड़।**
> **जप तप जोग बिराग ग्यान कों पैसन राखी चाँड़।**
> **धीरज धर्म विवेक सौचता, दई पंडितन छांड़।**
> **संत-महंत गांव के आमिल करत प्रजा कों डाँड़।**
> **भगवतरसिक संग बिन सबकी कीन्ही कलयुग भाँड़।**[१]

भगवतरसिक ने देखा था कि "जेतिक हरि के धाम तहँ काम क्रोध क्रीडा करें", "भगवत यह कलिकाल में कहौ रसिक कहँ निस्तरै।" जब सारा जमाना ही एक प्रवाह में बह रहा है तब भगवतरसिक पूछ रहे हैं — "कहौ रसिक कहँ निस्तरै ?" रसोपासक का निस्तार होगा कहाँ ? वह कहाँ जाए, क्या करे ?

४७.३ नया मनुष्य

एक नए मनुष्य का रूप उभर रहा है, जो केवल "डिमाण्ड एण्ड सप्लाई" अर्थात् "माँग और आपूर्ति" की भाषा जानता है। जीवन भी "माँग और आपूर्ति" पर आधारित हो गया है। हर स्थिति लेन-देन का हिसाब होकर रह गई है। ममत्त्वहीनता, बौद्धिकता, सामञ्जस्य का अभाव, परिवारिक-सम्बन्धों का विघटन, उद्विग्नता, अभाव, अशान्ति, आतंक, अजनबीपन, अकेलापन, अवसाद, आशंका, संशय, अनिश्चय, आक्रोश, विडम्बना, अनास्था, सामूहिक-हत्या और सामूहिक आत्महत्या, जीवन का परम सत्य विकास अर्थात् भौतिक विकास को माना जाने लगा है और इस चक्कर में जीवन यान्त्रिक होकर रह गया है। एक ओर वैभव तथा ऐश्वर्य का प्रदर्शन, दूसरी ओर अभाव और दरिद्रता। यह इतिहास ही की गति है। यहाँ ध्यान देने की बात यह है कि जो बीत गया, वह बीतकर भी कहीं गया नहीं, वह मनुष्य की चेतना में समाया हुआ है और चेतना के रूप में वह इतिहास की गति को निर्धारित भी करता है। मनुष्य का मन बीते युगों का सार-तत्त्व है, समस्त युग उसके साथ जी रहे हैं और जीते रहेंगे। सभी लोग एक जैसे न कभी हुए और न कभी होंगे, विविधता रहेगी, क्योंकि विविधता अनिवार्य है। अनिवार्य इसलिए कि विविधता नैसर्गिक है और समानता को देखा जाए तो वह भी नैसर्गिक है। सभी के पास आँख, नाक, कान और मन-बुद्धि हैं, यह समानता है परन्तु सभी के आँख, नाक, कान और मन तथा बुद्धि एक जैसे नहीं है, यह विविधता है। जिजीविषा है, सभी जीना चाहते हैं, रिरंसा है, सभी लोग सुख को खोज रहे हैं।

विज्ञान और टैक्नोलॉजी भी सुख को खोज रहे हैं। सुख का आविष्कार कर रहे हैं। सुख को बाज़ार में ले जा रहे है। बाज़ार सुख की डिमाण्ड बढ़ाता है और फिर उसकी सप्लाई करता है। यह बाज़ार-सत्ता कुछ हाथों में केन्द्रित है और सम्पदा के केन्द्रीकरण की प्रक्रिया चल रही है। इस प्रक्रिया की अपनी विसंगतियां भी हैं, जिनसे एक विक्षोभ संगठित हो रहा है और घात-प्रतिघात कर रहा है। इस घात-प्रतिघात में नया विचार जन्म लेगा, उसके जन्मोत्सव में सम्पूर्ण मनुष्यता सम्मिलित होगी, उस विचार को अभिषिक्त करेगी, रस-सिक्त करेगी। वह मनुष्यता, जो अपनी समस्त अकिञ्चनता में इतनी विराट् है, इतनी स्वतन्त्र है, इतनी बेपरवाह है, आकांक्षा-रहित है, कामना-रहित है कि बैकुण्ठ का वैभव भी तुच्छ हो जाता है। उस मनुष्यता के पास कौन-सी निधि है ? रसिकों ने उसे "रस" का नाम दिया है।

---

१. श्रीभगवतरसिक की वाणी, पृ० ६।

हम न मार्क्सवाद की निन्दा करते हैं न पूँजीवाद या बाजारवाद के विकास की। हमारे लिए विज्ञान और टैक्नोलॉजी भी मनुष्य की ही उपलब्धि है। यह सब मनुष्य-जीवन की प्रक्रिया है और अनिवार्य प्रक्रिया है परन्तु सत्य की खोज एकांगी नहीं होती। मनुष्य के मन की खोज, मनुष्य के अन्तर्जगत् की खोज, मनुष्य की आत्मा की खोज, मनुष्य के अन्तर्तम में निहित आनन्द की खोज, मनुष्य के स्वरूप का साक्षात्कार, जीवन का वह रस, जो कारण-रहित है — यह खोज भी मनुष्य की उपलब्धि है और इस उपलब्धि को विश्व-मानवता के सामने उपस्थित होना आवश्यक है।

मनुष्य जीवन का परम-पुरुषार्थ क्या है? यह प्रश्न यदि प्रासंगिक है, तो "केलिमाल" भी प्रासंगिक है। मनुष्य की चरम उपलब्धि क्या है? इस सवाल का जवाब हर जमाने ने दिया है और हर जमाने को देना होगा। क्या पैसा जीवन का परम-पुरुषार्थ है? यद्यपि बाज़ार विकास और पैसे में ही गतिशील है, फिर भी इस प्रश्न के उत्तर में वह "हाँ" नहीं कह पाता, क्योंकि तृष्णा का अन्त कहीं भी नहीं होता। इसके विपरीत उस रसिक ने तृष्णा को जीत लिया था। आसक्ति को जीत लिया था। अहन्ता-ममता को जीत लिया था। उसने लोक-जीवन में जो आस्था जगाई थी, वह आज भी "चुकी" नहीं है। आज भी उसका "नाम" आस्था का केन्द्र है। उसने बताया था कि जीवन का परम-पुरुषार्थ है रस। और वह रस मनुष्य के ही अन्तर्तम में है।

४७.४ निर्वाण : महासुख : आनन्द

बौद्ध-दर्शन ने "निर्वाण" की अवधारणा का प्रतिपादन किया और बताया कि यह मनुष्य-जीवन का परम-पुरुषार्थ है। निर्वाण को किसी ने शून्य की परिकल्पना के अन्तर्गत समझा तो किसी ने मुक्ति को जीवन का परम पुरुषार्थ कहा। किसी ने कहा कैवल्य ही मुक्ति है और वह ज्ञान के द्वारा लभ्य है। किसी ने कहा जीवन का परम-पुरुषार्थ महासुख है। उसे सुखराज नाम दिया गया।[१] सुख जीवन का सत्य है। सुख की अवधारणाएं भिन्न-भिन्न थीं। शैवों ने आनन्द की अवधारणा दी, जिसकी शास्त्रीय-व्याख्या आचार्य अभिनवगुप्त ने की। शैव-दर्शन की आनन्द-कल्पना अद्वैत से जुड़ी है। रस आनन्द की अनुभूति है। आनन्द आत्मा का स्वभाव है। आनन्द अद्वैतानुभूति है। आनन्द सुख-दुःख के द्वन्द्व से परे है।

अभिनव का दार्शनिक मत है —

> शैवाद्वैत, जिसका मूल आधार है परमतत्त्व की आनन्दमयी तथा अद्वैत स्थिति। शैवाद्वैत का आधारभूत आनन्द तत्त्व अद्वैत होने के कारण अखण्ड और अनादि है, उसकी उत्पत्ति नहीं होती, अभिव्यक्ति मात्र होती है। इस प्रकार शैवाद्वैत अभिव्यक्तिवाद को आनन्दवाद के साधक सिद्धान्त के रूप में आग्रह के साथ स्वीकार करता है।[२]

वास्तव में रस का प्रेरक सिद्धान्त "आनन्दवादी प्रत्यभिज्ञा-दर्शन" आत्मा के ऐश्वर्य का दर्शन है और वह भाव तथा कल्पना की रोमानी विभूतियों का अनन्त भण्डार है। रस की भूमिका व्यक्तिपरक है परन्तु उसकी परिणति सार्वजनीन एवं सार्वभौम है।[३]

---

१. सिद्धों ने सहज सुख या महासुख को भव और निर्वाण से भी परे बतलाया था —

आइ ण अंत ण मज्झ ण णइ भव णइ निहबाण।
एहु सो परम महासुह णउ पर णउ अप्पाण। (दोहाकोश)

२. रस सिद्धान्त (डॉ० नगेन्द्र), पृ० ३७।

३. वही, पृ० ३२९।

अभिनवगुप्त सम्वित् को मूलभूत रस मानते हैं। अद्वैतवादी आचार्यों ने आनन्द की कल्पना ही आत्मानन्द के सन्दर्भ में की है, क्योंकि आनन्द अद्वैतदर्शन के अनुसार केवल आत्मा का ही स्वरूप है, मन तथा अन्य ज्ञानेन्द्रियों का विषय नहीं।

४७.५ आनन्द और रस

क्या आनन्द और रस एक ही तत्त्व के दो नाम हैं? अथवा आनन्द और रस में कोई भेद है? वृन्दावन के रसिकों ने जिसे महामधुर-रस कहा, ललिता-रस कहा, रससार कहा, दम्पति-रस कहा, उज्ज्वल-रस और वृन्दावन-रस कहा, उसका स्वरूप क्या है? ब्रजरस, लीलारस, रासरस और हरिरस,[1] स्यामरस[2] जिसका उल्लेख सूरदास ने बार-बार किया है, उसका वृन्दावन-रस से क्या सम्बन्ध है? क्या लौकिकरस या विषयरस तथा दम्पति-रस में तात्त्विक भेद है अथवा इनमें अंशांशी सम्बन्ध है? क्या विषयरस के बिम्ब अप्राकृत नित्य-विहार की अवधारणा को समझने में सहायक हो सकते हैं?

सूरदास कहते हैं —

रास रसरीत नहिं बरन आबै।
कहाँ वैसी बुद्धि वह मन लहों, कहाँ यह चित्त जिय भ्रम भुलाबै।
जो रस ब्रह्मादिक नहिं पाबै, सो रस गोकुल गलिन बहाबै।[3]

सूरदास ने "ज्यों गूँगे मीठे फलकौ रस" कहकर जिसे अनुभवगम्य कहा, वही बात भगवतरसिक ने कही कि, शव को मर्दन करने से वह चैतन्य नहीं हो सकता, वैसे ही शब्दों और तर्कों से रस को नहीं जाना जा सकता, वह तो एक अनुभूति है, अनुभव है —

बहुविधि मर्दन करिय नहीं चैतन्य होय शव।
भगवत रस की बात कहा जानें बिनु अनुभव।

ठीक है, रस अनिर्वचनीय है, परन्तु जीवन का वह प्रेरक तत्त्व है। भरतमुनि का निष्कर्ष है — "नहि रसादृते कश्चिदर्थः प्रवर्तते", रस के बिना जीवन में किसी भी विषय अथवा अर्थ का प्रवर्त्तन सम्भव नहीं है। सब प्राणी अपनी जगह सुख को ढूँढ़ रहे हैं। भोगी विलास में विभोर है, लोभी अर्थ-लोभ अथवा सुखसाधन-संग्रह में मगन है। "तैत्तिरीय" और "बृहदारण्यक" ने जहाँ आनन्द-मीमांसा की है, वहाँ एक वाक्य लिखा है कि यदि यह आकाश आनन्दरूप न होता तो, इसमें कौन गति करता? कौन सांस लेता? "को ह्येवान्यात् कः प्राण्यात् यदेष आकाश आनंदो न स्यात्।" आनन्द तो व्यापक है परन्तु आनन्द का एक स्तर वह है, जिसे चिन्तकों ने परिच्छिन्न, एकदेशीय, क्षणिक और मलिन बताया।

आनन्द का यह कौन-सा स्वरूप है? आगम-परम्परा के लोगों ने शिव और जीव में अद्वैत या अभेद तो माना परन्तु पञ्चकञ्चुकों की परिकल्पना करके स्पष्ट किया कि अल्पकर्ता, अल्पज्ञ, परतन्त्र, अतृप्त और ससीम ईश्वर ही जीव है तथा कला, विद्या, नियति, राग और काल से निर्बन्ध मुक्त जीव ही ईश्वर है। भेदज्ञान के कारण जीव का आनन्द परिच्छिन्न, एकदेशीय क्षणिक और मलिन है। क्या विषयानन्द-इन्द्रियानन्द, लौकिक-

१. हरिरस तौऽब जाय कहुँ लहियै। हरिरस तौ ब्रजबासी जानें।
२. पुलकित सुमुखी भई स्याम-रस ज्यों जल में कांची गागर गरि । — सूरसागर, पृ० ३०२।
३. सूरसागर, पृ० ६०८।

आनन्द अथवा भौतिक-आनन्द तथा ब्रह्मानन्द विजातीय हैं ? अथवा मात्रा-परिणाम का भेद है ? आनन्द इदम् में है अथवा परात्पर है ? "बृहदारण्यक" और "तैत्तिरीय" में आनन्द की मात्रा को आधार बनाकर विवेचन किया गया है। एक बलयुक्त, दृढचित्त, विश्वासी, आशान्वित विद्वान् युवा-अध्यापक को धन-सम्पत्ति से परिपूर्ण धरती प्राप्त हो जाए, तो उसके सुख को एक "मानुष-आनंद" कहा गया। यह आनन्द की पहली इकाई है। इस प्रकार के सौ मानुष-आनन्द मिलकर, एक "देवगन्धर्व-आनन्द" बना। ऐसे सौ "देवगन्धर्व-आनंद" मिलने से एक "पितृलोकानन्द" और सौ "पितृलोकानन्द" मिलने से एक "आजनजदेव" आनन्द बना। इससे सौगुनी इकाई का नाम "कर्मदेवानन्द" है। सौ "कर्मदेवानन्द एक "देवानन्द" है। सौ "देवानन्द" एक "इन्द्र-आनन्द" है। सौ "इन्द्र-आनन्द" मिलकर एक "बृहस्पति-आनन्द" और "सौ बृहस्पति-आनन्द" मिलकर एक "प्रजापति-आनन्द" कहलाता है। ऐसे सौ "प्रजापति आनन्दों" का योग है — एक "ब्रह्मानन्द"। (तैत्ति २.८.१-४) अकामहत, श्रोत्रिय और निष्पाप जिस आनन्द को निवृत्ति-मार्ग से प्राप्त करता है, वह काम-मार्ग से भी प्राप्य है। यहाँ आनन्द में तात्त्विक अन्तर की बात नहीं है, मात्रा की बात है। लौकिक-आनन्द भी ब्रह्मानन्द का ही अंश है। आनन्द की इस मीमांसा से पता चलता है कि मानव के साधारण लौकिक-आनन्द से ब्रह्मानन्द कितना अधिक है ?

ब्रह्माण्ड-पुराण का वाक्य है — "स्वात्मानंदलवीभूतब्रह्माद्यानंदसंततिः" अर्थात् ब्रह्मानन्द से भी करोड़ गुना आत्मानन्द है।

डॉ० नगेन्द्र ने आध्यात्मिक-आनन्द, इन्द्रिय-आनन्द, रागात्मक-आनन्द और बौद्धिक-आनन्द ये चार भेद बताए। वे कहते हैं कि प्रियजन के स्पर्श आदि का आनन्द ऐन्द्रिय है, प्रिय के स्नेह का आनन्द रागात्मक है, शास्त्र के किसी प्रश्न के समाधान का आनन्द बौद्धिक है और आत्मतत्त्व के साक्षात्कार का आनन्द आध्यात्मिक है।[१]

४७.६ विषयानन्द

इन्द्रियों के विषय अर्थात् रूप, रस, गन्ध, स्पर्श, शब्द सम्बन्धी अनुभूति, सुखानुभूति, विषयानुभूति, विषयानन्द या ऐन्द्रिक अनुभूति है। यह अनुभूति व्यक्तिगत राग-द्वेष से आविष्ट, प्रत्यक्ष और स्थूल है। वेदान्त के अनुसार ऐन्द्रिय-आनन्द मिथ्या है, मायाजन्य भ्रान्ति है। शैव-दर्शन आनन्द को आत्मा का स्वरूप मानता है, इसलिए विषयानन्द को भी आत्मास्वाद का रूप मानता है। विषयानन्द, काव्यानन्द और आत्मानन्द में शुद्धता की मात्रा का अन्तर है।

किंचिन्न्यूनां च रसतां याति जाड्य-विमिश्रात्। (भक्तिरसायन १.१३)

परिपूर्णरसाक्षुद्ररसेभ्यो भगवद्रतिः
खद्योतेभ्य इवादित्य-प्रभेव बलवत्तरा। (वही २.७६)

लौकिक-आनन्द अथवा क्षुद्र रसों में उसी परम रस-सत्ता की अभिव्यक्ति होती है। जैसे खद्योत-प्रभा से आदित्य-प्रभा अधिक शक्तिशाली है, वैसे ही परिपूर्ण रस-तुच्छ रसों से अधिक व्यापक और प्रबल है। भक्ति उस रसमय सत्ता की परिचायिका होने के कारण स्वयं भी रस-रूपा है। भक्ति स्व-स्वरूपा का अनुसन्धान करती है — "स्वस्वरूपानुसंधानभक्तिरित्यभिधीयत" (शंकराचार्य तत्त्वबोध १८)।

---

१. डॉ० नगेन्द्र, रससिद्धान्त, पृ० १६९।

४७.७ काव्यानन्द

काव्यानन्द चित्त की आत्मा में विश्रान्ति का नाम है। यह आत्मिक-आनन्द का एक रूप है। यह विश्रान्ति सत्त्व-गुण के उद्रेक की अवस्था में होती है। इसमें रजस-तमस का सर्वथा अभाव तो नहीं होता परन्तु उनका शमन हो जाता है[१]। इसलिए यह ब्रह्मास्वाद या आत्मानन्द नहीं है परन्तु उस जैसा है। इतने समय के लिए अपना-पराया, राग-द्वेष आदि की चेतना लुप्त हो जाती है और रत्यादि भाव सुखमय प्रतीति के विषय बन जाते हैं। आस्वाद्य-भाव की सुखमय प्रतीति ही काव्यरस है। काव्य की अनुभूति या आनन्द संवेदन-रूप है। ये संवेदन स्थूल, और प्रत्यक्ष न होकर सूक्ष्म और प्रतिबिम्ब रूप हैं। यह भावन का अनुभव है, जो न तो (दरस परस का) प्रत्यक्ष अनुभव है, न उस प्रत्यक्ष-अनुभव की स्मृति है और न उसके विश्लेषण का बौद्धिक अनुभव है। काव्य का आनन्द लौकिक-जीवन की अनुभूति पर आधारित है। यह अतीन्द्रिय-अनुभूति नहीं है। काव्यानन्द भाव और कल्पना का आनन्द है। काव्यानन्द में रति आदि की भूमिका रहती है, अत: विषयानन्द से सर्वथा असंस्पृष्ट तो नहीं है किन्तु ये भाव साधारणीकृत होने के कारण राग-द्वेष से मुक्त होते हैं। काव्यानन्द में मृण्मय-अंश कम और चिन्मय-अंश अधिक होता है।[२] विषयानन्द की अपेक्षा वह शुद्ध और चिन्मय है।

४७.८ ब्रह्मानन्द

यह अतीन्द्रिय अनुभूति है। आत्मिक आनन्द है। चिन्मय है, सूक्ष्म है। अलौकिक है। ब्रह्मानन्द में चित्त की विशुद्ध आत्मविश्रान्ति होती है, इसमें रजस-तमस का सर्वथा अभाव होता है। अभिनवगुप्त के मत से शुद्ध अद्वैत-भावना की दृष्टि से सुखमय प्रतीति ही वास्तव में रस है।[३] व्यक्तिगत-संसर्ग का एकान्त-अभाव हो जाने से आस्वादन पूर्ण-आनन्दमय हो जाता है। अभिनवगुप्त मानते हैं कि स्थायी-भाव प्रत्येक सहृदय के चित्त में संस्कार रूप से विद्यमान रहते हैं। स्थायी-भाव ही रस-रूप में आस्वादित होता है।

अभिनवगुप्त ने सर्वात्मिका-सम्वित की अवधारणा का निरूपण करते हुए कहा कि जो चेतना सर्वात्मक होती है, किन्तु देह-भेद से संकुचित हो गई है, वह सम्मेलन में एक-दूसरे के संघट्ट रूप प्रतिबिम्ब के कारण विकसित हो जाती है। उस सर्वात्मक-चेतना की उछलती हुई किरणों का समूह संवेदनाओं में प्रतिबिम्बित होकर बहुत से दर्पणों में प्रतिबिम्बित सूर्य-प्रकाश के समान बिना ही प्रयत्न के सर्वात्मक-रूप में परिणत हो जाता है। इस प्रकार आनन्दनिर्भर-चेतना, नृत्त इत्यादि विषय में प्रत्यक्ष-रूप में एकता को प्राप्त होकर पूर्ण-आनन्दरूपता का आस्वादन करती है —

संवित्सर्वात्मिका देहभेदाद् या संकुचिता तु सा।
मेलकेऽन्योन्यसंघट्टप्रतिबिंबाद्विकस्वरा।

४७.९ रस : काव्यशास्त्र

संस्कृत-काव्यशास्त्र के आचार्यों के अनुसार "विशुद्ध भाव-भूमिका में आत्मचैतन्य के आस्वाद का नाम रस है।" अग्निपुराण ने कहा है — उस परब्रह्म की अभिव्यक्ति का नाम रस है, वह चैतन्य चमत्कार रूप है, वह आनन्द सहज है —

---

१. डॉ० नगेन्द्र, रससिद्धान्त, पृ० १६९।
२. वही, पृ० ११३।
३. वही, पृ० १७३।

आनंदः सहजस्तस्य व्यज्यते स कदाचन।
व्यक्तिः सा तस्य चैतन्य चमत्कार रसाह्वया। (३३९.२)

"साहित्यदर्पण" में रस के स्वरूप का विवेचन करते हुए विश्वनाथ ने कहा है —

सत्त्वोद्रेकादखंड-स्वप्रकाशानंद-चिन्मयः
वेद्यान्तरस्पर्शशून्यो ब्रह्मास्वादसहोदरः।
लोकोत्तरचमत्कारप्राणः कैश्चित्प्रमातृभिः
स्वाकारवदभिन्नत्वे नायमास्वाद्यते रसः। (साहित्यदर्पण ३.२.३)

रस का आविर्भाव सत्त्वगुण के उद्रेक की स्थिति में होता है। सांसारिक राग-द्वेष से मुक्त चित्त की विशदता, निर्बन्धता की स्थिति है। यह आस्वाद इन्द्रिय-उत्तेजना से भिन्न परिष्कृत-चित्त के द्वारा ग्राह्य है। रजोगुण और तमोगुण का संस्पर्श भी होगा तो रसानुभूति नहीं होगी, क्योंकि रस हृदय की मुक्तावस्था है। दूसरी बात रस आत्मतत्त्व का आस्वाद है। तीसरी बात रसपूर्ण है और अखण्ड है। रस तन्मयी-भाव की स्थिति है। (अन्यज्ञान से रहित है) रस स्वप्रकाशानन्द है, चिन्मय है, आनन्दमयी-चेतना है। विषयानन्द से विलक्षण है। अनिर्वचनीय और अलौकिक है। अलौकिक इस अर्थ में भी कि वह नित्य है, शाश्वत है।

४७.१० रस और सौन्दर्य

डॉ० नगेन्द्र के शब्दों में — "वास्तव में अपने व्यापक-अर्थ में रस सौन्दर्य का ही पर्याय है, सौन्दर्य अपने तत्त्व-रूप में रमणीय-अर्थ बोध का ही नाम है, और रमणीय वह है, जिसमें सहृदय का चित्त रमण करे अर्थात् जो उसकी आनन्द-चेतना का विषय हो। इस प्रकार सौन्दर्य की कल्पना रस के बिना नहीं हो सकती।"[१] सौन्दर्य का अन्तर्भाव वस्तुतः आनन्द में ही हो जाता है। जीवन के प्रति आस्था और अनुराग ही जीवन का रस है।

४७.११ लीला और रस

आनन्द के द्वारा आनन्द के लिए आनन्द की सृष्टि लीला है। सुबोधिनी (तृतीय स्कन्ध) में महाप्रभु वल्लभाचार्य कहते हैं —

> लीलानाम विलासेच्छा। कार्य व्यतिरेकेण कृतिमात्रम्। न तथा कृत्या बहिः कार्यं-जन्यते। जनितमपि कार्यं नाभिप्रेतम्। नापि कर्तरि प्रयासं जनयति। किन्त्वन्तः करणे पूर्णे आनन्दे तदुल्लासेन कार्यजनन सदृशी क्रिया क्वचिदुत्पद्यते।

अर्थात् विलास की इच्छा का नाम लीला है। लीला का हेतु आनन्द ही है और कोई बाहरी क्रिया या कार्य उसका लक्ष्य नहीं है। जो कार्य उत्पन्न हो गया, वह भी अभीष्ट नहीं था। कर्ता प्रयास-पूर्वक उसे नहीं कर रहा। अन्तःकरण में पूर्ण आनन्द छलक रहा है, उस आनन्द के उल्लास में जो कुछ अनायास हो गया, वही लीला है —

परम रहसि गिरिधर रस लीला जन परमानंद गावत।

४७.१२ प्रेम-रस

वैष्णव-आचार्यों ने प्रेम को आनन्द-चिन्मय-रस कहा है। "अलंकार-कौमुदी" का वाक्य है —

---

१. डॉ० नगेन्द्र, रससिद्धान्त, पृ० ३५२।

बहिरन्तःकरणयोर्व्यापारान्तर-रोधकम्।
स्वकरणादिसंश्लेषिचमत्कारिसुखं रसः।

अर्थात् जिसके आस्वादन में अन्तरिन्द्रिय और बहिरिन्द्रिय के समस्त व्यापार केन्द्रीभूत हो जाएं, अन्य किसी विषय का अनुसन्धान ही न रहे, वह रस है।

जिसके आस्वादन में प्रतिक्षण चमत्कारिता हो, नवोन्मेष हो, उसके माधुर्य की पिपासा प्रतिपल वर्धनशील हो, तभी तो वह इन्द्रियों को केन्द्रित कर सकता है।

रसभक्ति के प्राप्त होने पर न वह किसी वस्तु की अभिलाषा करता है, न शोक करता है, न द्वेष करता है, न किसी वस्तु में आसक्त होता है, न किसी की प्राप्ति हेतु उत्साह जगता है —

यत्प्राप्य न किंचिद्वांछति न शोचति न द्वेष्टि न रमते नोत्साही भवति। (नारद भ० सू० 5)

जिस रसोपासना को पाकर मनुष्य उन्मत्त हो जाता है, स्तब्ध हो जाता है, आत्माराम बन जाता है —

यज्ज्ञात्वा मत्तो भवति स्तब्धो भवति आत्मारामो भवति (ना० भ० सू० 6)

जिसके हृदय में वह प्रेमभाव उत्पन्न हो चुका है उसकी स्थिति कैसी हो जाती है —

क्वचिद् रुदन्त्यच्युतचिंतयाक्वचिद्
हसंति नंदंति वदंत्यलौकिकाः।
नृत्यंति गायंत्यनुशीलयन्त्यजं
भवन्ति तूष्णीं परमेत्य निर्वृताः।

वह कभी रोता है, कभी हँसता है, कभी गाता और नृत्य करता है, कभी आनन्दित होता है, कभी प्रियतम की चिन्ता में विभिन्न बातें करता है। कभी समाधिस्थ हो जाता है।

रोमांचेन चमत्कृतं तनुरियं भक्त्या मनोनंदितं
प्रेमाश्रूणि विभूषयंति वदनं कंठं गिरो गद्‌गदाः।
नास्माकं क्षणमात्रमप्यवसरः कृष्णार्चनं कुर्वता
मुक्तिर्द्वारि चतुर्विधापि किमियं दास्याय लोलायते।

अर्थात् शरीर पुलकित हो गया है, मन भक्ति से प्रफुल्लित है, प्रेमाश्रुओं से मुख सुशोभित है और कण्ठ गद्‌गद है। हमें तो एक क्षण को भी अवसर नहीं हैं कि हम किसी दूसरे विषय को स्वीकार करें, पता नहीं सायुज्य आदि चारों मुक्तियाँ दरवाजे पर खड़ी होकर दासी बन जाने के लिए क्यों आतुर हो रही हैं?

"सर्वसिद्धांतसंग्रह" का वाक्य है —

वरं वृंदावने रम्ये शृगालत्वं वृणोम्यहम्।
वैशेषिकोक्तमोक्षात्तु सुखलेशविवर्जितात्।

४७.१३ वृन्दावन-रस

वृन्दावन-रस नित्य है। श्यामा-श्याम, सखी और वृन्दावन रस-रूप हैं। श्यामा-श्याम परस्पर आलम्बन-आश्रय हैं। वृन्दावन की लता-पता, यमुना, चाँदनी, भ्रमरावलि, शीतल मन्द सुगन्ध पवन, वर्षा, वसन्त, आदि वस्तुएं

उद्दीपन हैं। आत्मा का सहज-धर्म प्रेम स्थायी-भाव है। (वृत्ति रति नहीं) रसिकों ने वृन्दावन-रस की संज्ञा दी है —

वृंदावन-रस मोहि भावै अथवा अब मैं वृंदावनरस पायौ। (व्यासवाणी)

वृंदावनरस कहन कों प्रकट धर्‍यौ अवतार। (हितध्रुव वाणी)

अति मधुरिम सार शुद्ध वृंदावन-रस लालसमानस्यनूनम्। (वृंदावन-महिमा)

हितहरिवंश प्रभु ने इसे परमानन्द का सार कहा है — "परमानंदैकसार रस:" (रा०सु० २६८)। हितचौरासी में वन-विहार-रस भी कहा गया —

जे अवतार-कदंब भजत हैं धरि दृढ व्रत जु हियें।
तेऊ उमँगि तजत मर्यादा वनविहार-रस पियें।

काव्यशास्त्र के रस का कारण विभाव है, रस एक प्रक्रिया से निष्पन्न है। वृन्दावन-रस स्वयं निष्पन्न है। वहाँ रस का कारण और प्रयोजन रस ही है। यह रस प्रेम है। कारण है तो प्रेम है, कार्य है तो प्रेम है। विषय भी वही है और आश्रय भी वही है। चाह-चटपटी, स्निग्धता, सरसता, मिलन की उत्कण्ठा, अतृप्त प्यास, प्रतिपल नवलता, प्रेम की ही अवस्था हैं। आस्वाद-स्थिति में प्रेम का ही नाम रस है। यह प्रेम सदा दो के मध्य अभिव्यक्त होता है।

४७.१४ नित्यविहार-रस

श्री हरगुलालजी के शब्दों में —

> जैसें ब्रह्मानंद तें कोटिगुणों आनंद श्रीहरि की सुद्ध भक्ति में है। सुद्धभक्ति ते हू कोटानुकोटिगुनौ आनंद श्रीब्रज के वात्सल्य रस में है। ऐसें ही उत्तरोत्तर विशुद्ध शृंगाररस कौ आनंद समझनौ चाहिए, ताशृंगार कौ सार भयौ मधुर-रस। मधुर ते भयौ महामधुर, महामधुर कौ हू सार रस भयौ श्री जुगलकौ प्रथम समागम-एकांत रस विलास निजमहल कौ निपट नित्य विहार रस, याही परिपूर्ण आनंद-स्वरूप रससों आपनें रति मानी है।

४७.१५ रस और वैराग्य

यह बात ध्यान देने योग्य है कि वह भावसिन्धु, वह रस, जिसकी तरंगें "केलिमाल" में उमँग रही हैं, उसकी स्थिति परम वैराग्यवान् चित्त में है। केलि की उपासना को देखें और रसिकों की रहनी को न देखें, उनकी समचित्तता को न देखें, उनके विदेह-भाव को न देखें, उनकी अकिञ्चनता को न देखें तो यह रस को नहीं विष को देखना होगा। वृन्दावन के अनन्य-रसिकों ने विष को रस बनाया तो उसकी प्रक्रिया वैराग्य है। माना कि रसदेश परम अनुराग है, परन्तु वह वैराग्य पर प्रतिष्ठित है।

४७.१६ देह विदेह भये जीवत ही बिसरे बिस्वविलास

इसमें कोई सन्देह नहीं कि स्वामी श्रीहरिदास की रस-उपासना केलि की उपासना है, अनुराग और प्रेम की उपासना है, सौन्दर्य और माधुर्य की उपासना है।

इन्द्रियों के माध्यम से प्राप्त होने वाला सुख विषय-सुख है और विषय सुख ऐसा है जैसे खाज को नाखून से खुजा लेने का सुख होता है। खुजाने से पूरे शरीर में नख का विष फैलता है और फिर पक जाने पर

गलने लगता है। बिहारिनदेव कहते हैं —

बिहारीदास सुख विषै कौ ज्यों नख नेंकु खुजाइ।
विष व्यौरे सब अंग में पाछें पकै पिराइ।

नारी के स्थूल अंगों में सुन्दरता नहीं देखी, वहाँ घृणा के साथ कहा — "हाड़ लपेटौ चाम" अथवा "कंठ कलीली कामिनी जंघ जोंक लग जाय।"[१] जैसे जोंक नाम का कृमि जिस अंग से चिपट जाता है, उस अंग का समस्त रुधिर पान करके ही छोड़ता है। पशुओं के अंगों में कलीली नामक कृमि लग जाता है। इसी प्रकार का है, कामिनी के कण्ठ से लिपटना और रति-भोग करना। बिहारिनदेव कहते हैं —

श्री स्वामी हरिदास भजि, तजि कामिनिकौ संग।
कोटिकाम सुख पाइ है, ललित केलि रस रंग।

बिहारिनदेवजू ने काम को कुरोग कहा है —

काम कुरोग कुसंग कलेवर, काल जंजाल ग्रसे जुर जाडौ।

काम-वासना में गुणात्मक परिवर्तन करने की साधना का नाम रस-साधना है। उज्ज्वल रस शृंगार रस का गुणात्मक परिवर्तन है। विष को अमृत बनाना है।

भगवतरसिक ने कहा है कि प्रिया-प्रियतम की रस-रीति स्वाति-नक्षत्र में बरसने वाले जल की तरह है। एक ही स्वाति-जल जैसे कदली, कमल, पपीहा और सीपी में पहुँचकर क्रमशः कपूर, मधु, प्राण और मोती बन जाता है, उसी प्रकार प्रिया-प्रियतम की प्रीति विषयीचित्त में विष रूप ही है —

यह रस रीत प्रिया प्रियतम की दिव्य स्वाति जल जैसें।
विषयी ज्ञानी भक्त उपासक प्रापत सबमें ऐसें।
कदली कमल पपीहा सीपी पात्र भेद गुन तैसें।[२]

रसोपासना का चिन्तन विद्रोही-चिन्तन हैं — "कहा बिगार्‍यौ वेद कौ कहा लोक सों लेहि?" पहले निषेध का निषेध किया और फिर उसे सिद्ध किया। किसी की परवाह नहीं की —

रंक छत्रपति दुहुन की धरी न मन परवाह।
रहे भींज रसमाधुरी लीने कर करवाह।

अनन्यनि कौन की परवाह।
श्री कुंजविहारी की आसा लीने कर करवाह।

बिहारिनदेवजू की वाणी है —

---

१. श्रीरसोपासनातिलक, पृ० २३३।
२. श्रीभगवतरसिक की वाणी, पृ० १९७।

हम बेपरवाह बिहारिन के।
श्रीहरिदास के गर्व भरे अमनैक अनन्य निहारिन के।
महामधुरे रस पान करें अवसान खता सिलहारिन के।
दियौ नहिं लेंहि ते माँगहि क्यों, बरनें गुन कौन तिहारिन के।
किये रहें ऐंड बिहारि हूँ सों, हम बेपरवाह बिहारिन के।[1]

हम किसी के द्वारा दिए जाने वाले दान को नहीं लेते, माँगने का तो प्रश्न ही कहाँ है, बिहारिनी के बल पर हम संसारी-जनों की परवाह तो करेंगे ही क्यों? हम तो बिहारीजू से भी ऐंठे रहते हैं। जैसे सिलहारिन खेतों में बचे हुए अन्न के दाने बीनती हैं, वैसे ही जीवन-यापन करते हैं। श्रीहरिदास के गर्व और ठसक से भरे हैं और महामधुर रस का पान करते हैं। भूख-प्यास को जीत लिया है —

पेट नचाये सब भैया, देस विदेस लै जाय।
सो जीत्यौ इन रसिकन, कुंज बिहारी लाल।

ललितकिशोरी कहते हैं कि किसी का दिया द्रव्य लेते नहीं और चूल्हा फूँकते नहीं कुञ्जबिहारिणी अपनी जूठन दे ही देती हैं —

चूल्हा तौ फूँकें नहीं न हीं पर्व कों लेंहि।
कुंजबिहारिन लाड़ली अपनी जूठन देंहि।

बिहारिनदेवजू के समय में अनेक प्रकार के साधु हुआ करते थे, कोई मौनी बाबा था, वह अपने अभिप्राय को समझाने के लिए किसी सहारे को खोजता था, मित्र की आशा करता था। कोई दूधाधारी था, वह पता लगाता फिरता था कि किसके घर में गाय-भैंस ब्याई है। कोई नागा था, वह लकड़ियों की चिन्ता करता था। किन्तु वृन्दावन के रसिक साधु केवल करवा और गूदरी लेकर सौन्दर्य-माधुर्य के रस में मत्त रहा करते थे —

गूदर मेरी नित नई फाटि गई चौतार।
इह परमारथ पाइयै, वै काढ़त मरें उधार।
दूधाधारी पर-घर चित्त, नागौ लकरी चाहै नित्त।
मौनी करै मीत की आस, गूदरिया रहै भलै निरास।
पग नागें गूदर गरें तन दूबरे सिंगार।
श्री बिहारीदास उपासत सबै, भूप मुकुटमनिहार।

अकिञ्चनता बड़ी बात है। जब अलाउद्दीन खिलजी ने अमीर खुसरो को कलन्दर साहब (बूअलीशाह) की सेवा में पानीपत भेजा था, तब कलन्दर गुनगुना रहे थे —

वहीम खुसरवाँ वरआं फेले अस्तरस्त, खुसरो कसे के खल अत ए तजरीद दर-वरस्त।

अर्थात् जिसने अकिञ्चनता के राज्य में प्रवेश पा लिया है, बादशाहों के ताज उसकी जूती के नीचे हैं। स्वामीजी नंगे पैरों चलते हैं, गले में गुदड़ी धारण करते हैं, किन्तु भूप मुकुटमनि हैं। राजा लोग उनके दर्शन के लिए दरवाजे पर इन्तजार कर रहे हैं —

१. श्रीनिकुंजविहारिणी : रससागर, पृ० ३३०।

नृपति द्वार ठाड़े रहें दरसन आस जासु की।

रस की उपासना देह-भाव में नहीं हो सकती। भगवतरसिक ने कहा — "पांचें भूलै देह सुधि" अर्थात आसक्ति के कारण उत्पन्न होने वाले देह-सम्बन्धों का परित्याग करना, "देह नाते सों उपराम।" ज्ञानी-जन देह को "मलमूत्र का गेह" मानते हैं। ललितकिशोरीजी कहते हैं —

बादर की सी छाँह ज्यों, तैसी है यह देह।
ताही में हरि पाइयै, देखौ अचरज एह।
है नाहीं की संधि में, ऐसी है यह देह।
याही में हरि मिलत हैं, यासों तजौ सनेह।
देह तजें हरिकों भजै, अति बड़भागी सोइ।
ये हरि या देही मिलै, श्री गुरु के उपदेस।[१]

मनुष्य-देह में ही ईश्वर प्राप्त होते हैं परन्तु देह साधन है, साध्य नहीं। क्या है देह? सेर भर हड्डियाँ डेढ़ गज खाल —

सेरक हाड़ खाल गज डेढ़क, इहि ममता इतरानौ।
ताके हित नित करत परिग्रह, अहंकार अरुझानौ।

और इसके लिए इतना परिग्रह और इतना अहंकार कि पूरी जिन्दगी उसी से उलझे रहते हो। इसीलिए इन रसिक-भक्तों ने इन्द्रियों को अन्तर्मुखी बनाया, अनुभूतियों को दिव्य बनाया, प्राकृत-शरीर अप्राकृत बन गया। देह-अध्यास से मुक्त हो गए। संसार की ओर से पीठ कर ली —

दई पीठ सब जगतें लगतें पायौ बन विश्राम।

---

१. रससागर, पृ० ६६७, ६६९।

४८

डोल झूलत दुलहनी दूलह।
उड़त अँबीर कुंकुमा छिरकत खेल परस्पर सूलह।
बाजत ताल रबाब और बहु तरनी-तनया कूलह।
श्रीहरिदास के स्वामी स्यामा कुंजबिहारी कौ अनँत नाँहिनै फूलह।

४८.१ मदनोत्सव का रूप : होरी-डोल झूलन

केलिमाल के अनेक पदों में होरीडोल का वर्णन है — "डोल-झूलत बिहारी-बिहारिन राग रमि रह्यौ" (६१), "डोल झूलत बिहारी बिहारिन पुहुप बिर्स्टि होत" (७५), "एक समै एकांत-वन में डोल झूलत कुंज बिहारी" (८४), "झूलत डोल दोऊ जन" (१०८), "झूलत डोल श्री कुंजबिहारी" (१०९)। एक पद (संख्या ८८) में हिंडोरा है। यहाँ प्रश्न उठता है कि क्या हिंडोरा और होरी-डोल भिन्न-भिन्न हैं?

ब्रज में सावन के महीने में हिंडोरा-उत्सव होता है। वृन्दावन के मन्दिरों में भी सावन में हिंडोरा के दर्शन होते हैं, सोने-चाँदी के हिंडोरे द्वारकाधीश मन्दिर (मथुरा) में हैं, बहुत प्रसिद्ध हैं, बाँकेबिहारी मन्दिर (वृन्दावन) में भी हरियालीतीज को हिंडोरा की झाँकी होती है। यह वर्षा-ऋतु का उत्सव है।

होरी-डोल का सम्बन्ध वसन्त-ऋतु से है। डोल के पद श्रीबीट्ठलविपुल के भी हैं — "डोल झूलें स्यामा-स्याम" और नागरीदास जी के भी हैं — "झूलत डोल नवल स्याम प्रिया इत गोरी, डाँडी छाँड़ि खेल करत परिरंभन-चुंबन देत निहोरी। तब सहचरि अति अनुराग उड़ावत बूका बंदन रोरी।" अथवा "झूलत फूलत स्यामा स्याम। फूल डोल कौ फूल बनायौ फूले सुभग सुभ ग्राम।" श्री बिहारिनदेव के पद हैं — "झूलत डोल निकुंज में नागरीनागर" तथा "रसिकराय झूलत डोल झुलावत ललना, डोल झुलाबत कुंज बिहारी, डोल झुलाबत लाल बिहारी आदि।"[1]

हिंडोरा के जो पद हैं, उनमें वर्षाऋतु का वर्णन है परन्तु डोल के साथ वसन्त और होरी का सन्दर्भ जुड़ा हुआ है। वसन्त ऋतु में ब्रज के गाँवों में फूलडोल के मेले होते हैं और गायकों के समूह जिकरी भजन गाते हुए एक गाँव से दूसरे गाँव में जाते हैं।[2] यहीं यह भी उल्लेखनीय है कि मथुरा में संवत्सर (विक्रमसम्वत् का पहला दिन चैत्र शु० प्रतिपदा) से फूलडोल की झाँकियाँ मन्दिरों और बगीचियों में प्रारम्भ हो जाती हैं। यमुना-तट के सभी मन्दिरों में बारी-बारी से फूलडोल सजाए जाते हैं। फूलडोल और डोलफूल दोनों शब्द लोक-प्रचलित हैं। फूलडोल या डोलफूल की रचना पुष्पों से की जाती है। केले के खम्भों और पत्तों से की जाती है। पुष्प-सज्जा की इस कला के कलाकार भी गिने-चुने होते हैं और अपनी कुशलता को प्रकट करते हैं। यह उत्सव किसी प्राचीन उत्सव (मदनोत्सव) का अवशेष प्रतीत होता है। डोल झूलने का जैसा वर्णन रसिक-भक्तों के पदों में है, वैसे डोल के दृश्य तो आज दिखाई नहीं देते, डोल झूलने का कोई संकेत फूलडोल में नहीं दीखता परन्तु ब्रज के गाँवों में प्रचलित फूलडोल के मेलों और मथुरा-वृन्दावन के फूलडोल या डोलफूल के उत्सवों से ऐसा

---

१. श्रीनित्यविहारिणी : रससागर, पृ० ४९३।
२. दे० लेख — फूलडोल के मेले (राजेन्द्र रंजन)। चैत्र प्रतिपदा को अभी भी दोलोत्सव के रूप में जाना जाता है।

प्रतीत होता कि इन रसिक-भक्तों के जमाने में वसन्तोत्सव का अंग था — होरी का डोल। मदनोत्सव की परम्परा के सूत्र कई-कई स्रोतों से प्रमाणित होते हैं।[१] अनुमान किया जा सकता है कि केलिमाल के पदों में होरीडोल का वर्णन मदनोत्सव के ही किसी रूप से सम्बद्ध है। होरीडोल के साथ होरीफाग के सन्दर्भ भी जुड़ जाते हैं, जबकि वसन्त के पदों में होरी और डोल के सन्दर्भ नहीं हैं। होरीफाग फागुन के महीने का उत्सव है, जो चैत्र कृष्णा प्रतिपदा को पूर्ण हो जाता है। (ब्रज में कहीं-कहीं पञ्चमी तक भी फाग खेला जाता है।) फूलडोल चैत्र के महीने का उत्सव है, जो चैत्र की रासपूर्णिमा (वसन्त रास) को सम्पन्न हो जाता है।

रास शरद का उत्सव है, परन्तु ब्रज में वसन्त-रास का भी उल्लेख है। गीतगोविन्द में तो वसन्त का ही रास है। हिंडोरा और झूला वर्षा का उत्सव है तथा डोल वसन्त का उत्सव है।

महन्त किशोरदासजी ने भी अपनी रचना "वर्षोत्सव" में फूलडोल का सन्दर्भ होली के साथ रखा है और हिंडोरा को वर्षा के उत्सव में रखा है। महन्त किशोरदासजी ने फूल-रचना के सात पद लिखे हैं और फूल-डोल के पन्द्रह पद लिखे हैं — "डोल झूलन झमकि सघन बन आई", "डोल दोऊ जन मिलन सुरति आनंद वन", "डोल झूलन जुगल अमित आनंद मिलि", "फूलडोल झूलत पिय प्यारी।", "होरी रस अवसान जान मनि झूलनि डोल लगी मन ढोरी।"

फूलडोल के पदों में गाने-नाचने और मृंदग बजाने के साथ रंग में डुबोने के सन्दर्भ हैं। फूलों के वस्त्रों और फूलों के ही अलंकारों के वर्णन हैं। अष्टछाप के पदों में भी फूलों के श्रृंगार का भव्य वर्णन है। सूरसागर में वसन्त और होरी के साथ ही डोल के तीन पद हैं — "गोकुलनाथ विराजत डोल।", "डोल देखि ब्रजवासी फूलें" तथा "झूलत नंदनंदन डोल।"

इस उत्सव में फूलों की साड़ी, फूलों की चोली, फूलों के लहँगे, फूलों की पाग, फूलों की सेज का वर्णन मिलता है — "फूलन की सारी प्यारी पहरें तन।", "फूलन की कंचुकी फूलन की ओढ़नी", अथवा "फूलन की सारी चोली फूलन कौ लहँगा।", "फूलन की पाग बाँधे फूल कर बान साधें फूलन कौ उपरैना मोल लाई महँगा। फूलन की सेज सों है फूल बैठे मन मोहै..." (श्री बिहारिनदेवजू)।[२]

नागरीदासजी ने इस दृश्य को कई पदों में उकेरा है —

झूलत फूलत स्यामा-स्याम।
फूल डोल कौ फूल बनायौ फूले सुभग सुभ ग्राम
फूलन की ही सज्या राजत फूलन ही के धाम।
फूलन के आभूषण राजत देखे पूरन काम।[३]

फूलसों सोहत अतिस्यामा सुकुमारी।
फूलन कौ साज समाज आज बन्यौं फूलसों लड़ावत रसिक बिहारी।

अथवा

---

१. भारतवर्ष के विभिन्न अञ्चलों में दोलयात्रा अथवा दोलोत्सव की परम्परा के अवशेष अद्यावधि विद्यमान हैं। इन सभी सूत्रों को मिलाकर एक साथ अध्ययन करने की आवश्यकता है।

२. श्रीनित्यविहारिणी रससागर, पृ० ५११।

३. वही, पृ० ५७५।

फूलन के हार डोर फूलन की माला, फूल सों रसिक नवरचित रसाला।[1]

४८.२ संगीत शाश्वत है

डोल के वर्णन के साथ सर्वत्र ही संगीत (गायन-वादन और नृत्य) का सन्दर्भ मिलता है। कहीं-कहीं पक्षियों के कलरव का संगीत भी है और कहीं प्यारीजू के आभूषणों और रति-उच्छलित स्वर का संगीत है। रसिक-भक्तों की वाणी में मधुपों की गुञ्जन, कीर-कोकिल की कूज, कामदेव की किलकारियाँ हैं — "कोकिल कल कीर काम कूजत केलि सुहाई।" नागरीदासजी कोक-कला प्रवीण अंगों की गति या उच्छलित शब्द-ध्वनि को सात स्वर बता रहे हैं — "कोककला निपुन अंग गावत सुर सप्त संग।" नरहरिदेवजू कहते हैं कि आभूषणों की जो रसमय ध्वनि है, वही ताल-मृदंग है — "ताल मृदंग संगीत विधि उघटत भूषन बजत रसाल।" यहाँ कोक-कला ही वीणा-वादन है — "नवनिकुंज मंदिर में प्यारी पियहि सिखावत बीना।"

कोक-कला और वीणा-वादन इन दोनों के बीच सम्बन्ध-सूत्र है — विलास। वीणा-वादन कला-विलास है और कोक-कला भी लीला-विलास है। दोनों में विलास है या ये कहें कि विलास ही दो रूपों में अभिव्यक्त है, एक रूप में वह वीणा-वादन है और दूसरे रूप में वही कोक-कला है। विलास नित्य है, विहार नित्य है और संगीत भी नित्य है।

४८.३ बाजत ताल रबाब और बहु

भगवतरसिक ने विहार के प्रसंग में अनेकानेक वाद्यों का रहस्यमय उल्लेख किया है —

बाजे बजत बिहार में, सहज सुहाये अंग।
बीना बेन मृदंग डफ, झाँझ रबाब उपंग।
झाँझ रबाब उपंग, सरस सुरमंडल देखौ।
सारंगी सुखरास, मँजीरा मृदुल बिसेखौ।
राग रागनी उपज, सप्तसुर सहित समाजै।
भगवतरसिक अनन्य, भेद जानैं कोउ बाजै।[2]

नित्य-विहार और नित्य-संगीत अविच्छिन्न हैं। विहार के साथ संगीत भी नित्य है। भगवतरसिक कहते हैं — "अनन्य भेद जाने कोउ।" सन्तों की वाणी में अनहद-बाजों का सविस्तार वर्णन है। स्वामीजी के पदों में ताल और रबाब के साथ अन्य बहुत से वाद्यों का उल्लेख मिलता है —

काहू के हाथ अधौटी काहूके बीन, काहू के मृदंग।
दिन ढप तार बजावत गावत।
हाथ किन्नरीमध्य सचु पाइ (६६)
नवल बीणा मध्य राग गौरी ठटी (१०६)
वंशी सरस मधुर धुनि सुनियत (९९)
सुन धुन मुरली बन बाजै। (५२)

---

१. श्रीनित्यविहारिणी : रससागर, पृ० ५७५।
२. श्रीभगवतरसिक की वाणी, पृ० १३२।

रबाब सारंगी की भाँति का बाजा है, इसका पेट सारंगी से लम्बा और गहरा होता है। पेट के ऊपर का दण्ड सारंगी से पतला, लम्बा और त्रिभुजाकार होता है। इसमें दो घुड़च होती हैं, ताँत के सात तार लगे होते हैं। अष्टछाप के कवि कृष्णदास ने भी रबाब का उल्लेख किया है —

तहाँ बाजत बीन रबाब किन्नरी अमृतकुंडली यंत्र।

ताल, झाँझ-मँजीरे की भाँति का वाद्य है, जो दोनों हाथों से (ताली की तरह) बजाया जाता है। ताल छह अंगुल व्यास के, गोल, काँसे के, बीच में दो अंगुल गहरे होते हैं। गाँवों में इसे राम-गिडगिड़ी कहते हैं। मथुरा में "तार" कहते हैं और होली की तानों में जब सामूहिक रूप से तार गूँजता है, तो दूर-दूर तक स्वर की मादकता भर जाती है। अष्टछाप के कवियों ने ताल वाद्य का उल्लेख किया है —

बाजत ताल मृदंग झाँझ डफ मोहन बेन बजावहीं (सूरदास)

ललना बाजत ताल-मृदंग (गोविंद स्वामी)

बाजत ताल मृदंग झाँझ डफ मुरली मुरज उपंग। (परमानंददास)

४८.४ तरनी तनया कूलह

भारत की समस्त भाषाओं और बोलियों के कृष्ण-काव्य में तरणि अर्थात् सूर्य की तनया (पुत्री) अर्थात् यमुना के तट का सौन्दर्य बसा हुआ है।

भारतवर्ष में सूर्य की उपासना की परम्परा बहुत पुरानी है। समस्त शक्तियों का, और प्रकाश का केन्द्र मानते हुए सूर्य पर भी बहुत सा साहित्य लिखा गया है। साम्ब ने सूर्य-मन्दिर की स्थापना की थी। "ऋग्वेद" में "वृषाकपि-सूक्त", है, श्रीक्षेत्रेशचन्द्र चट्टोपाध्याय ने सूर्य-पूजा और इन्द्र को लेकर इस सूक्त का विस्तृत विवेचन किया है।[१] जब सूर्य-उपासना के केन्द्र में है, तो उससे जिस देवमण्डल का विकास होता है, उसमें यम भी है और यमुना भी है। वे कलिन्दगिरिनन्दिनी भी है, कालिन्दी और सूर्य-पुत्री भी है। मिथकशास्त्र में किस प्रकार एक व्यक्तित्व में दूसरे व्यक्तित्व का अन्तर्भाव होता है, यह एक अलग विषय हो जाएगा परन्तु यह प्रकृति को देखने-समझने और उसे जीवन में स्वीकारने की भारतीय दृष्टि है। वल्लभाचार्यजी ने यमुना को मुकुन्दरति-वर्द्धिनी और कृष्णतुर्यप्रिया कहा है —

तरंगभुजकंकणप्रकटमुक्तिकाबालुका
नितंबतटसुन्दरीं नमतकृष्णतुर्यप्रियाम्। (यमुनाष्टक)

श्रीललितकिशोरीदेव ने सुख की सन्धि के रूप में यमुना को देखा है—

जमुना सुख की संधि है तट गौर स्याम द्वै रूप।
मनमथ उठत तरंग जहँ, दोउ बिहरें केलि अनूप।

भगवतरसिक कहते हैं कि यमुना प्रिया-प्रियतम के अन्तर में निरन्तर बहने वाली नित्य-विहार-धारा का उद्दीपन और उच्छलन करने वाली है —

प्रथम कुंडलाकार सुभग श्री यमुना सोहै।
दुहूँ कूल समतूल सुजल निर्मल मन मोहै।

---

१. दे० इलाहाबाद यूनिवर्सिटी स्टडीज़, खण्ड १ (प्रयाग १९२५)

राधासुधानिधि में श्रीयमुना का चित्र है —

वहन्ती राधायाः कुचकलशकाश्मीरजमहो-
जलक्रीडावेशाद्गलितमतुलं प्रेमरसदम्।
इयं सा कालिंदी विकसितनवेन्दीवररुचि-
स्सदामंदीभूतं हृदयमिह संदीपयतु मे।[1]

नीलकमल की कान्तिवाली यमुना प्रेमरसमयी श्यामा-श्याम की जल-क्रीडा के आवेश से प्रक्षालित है और राधा के कुच-कलशों में लगी हुई प्रेम रसदायिनी केशर को प्रवाहित करती है।

४८.५ अनँत नाँहिनै फूलहः वृंदावन : परमरस-रहस्य

श्री वृन्दावन में नित्य-विहार-रस अनन्य भाव से क्रीडा करता है। वृन्दावन के सम्बन्ध में महाप्रभु हितहरिवंश कहते हैं कि यह ब्रह्मा, नारद, शुकदेव आदि के लिए भी अगम्य है। वृन्दावन की कुञ्जों में ऐसा कुछ परम रहस्य है कि वह श्री राधा-कृष्ण के चित्त को चुरा लेता है —

यन्नारदाजेशशुकैरगम्यं वृन्दावने वंजुलमंजु कुंजे।
तत्कृष्णचेतो हरणैकविज्ञम् अत्रास्ति किंचित् परमं रहस्यम्।[2]

वृन्दावन के अतिरिक्त अन्य कहीं भी श्यामा-श्याम की प्रफुल्लता नहीं है। रसिक-भक्तों ने बार-बार यह कहा कि —

तहँ विहरत द्वै मीत मनोहर वन बसि अनँत न जाँहि।

प्रियाजू सखी से कहती हैं जब वृन्दावन की कृपा होती है, तब इनका सुख मन में समा जाता है। हमें तो केवल वृन्दावन की ही आशा-आकांक्षा है, वृन्दावन के अतिरिक्त कोई दूसरा सुख हमें स्वप्न में भी नहीं सुहाता —

श्री वृंदावन जो सुकृपा करें निज सुख मननि समाय।
हम इनहीं की आस अनँत सुख सपने हू न सुहाय।
श्री वृंदावन जब देखों, तब ही नयौ नित्त लेत प्रेम उपजाइ।
या रँग रस में मन झूमही, तौ भूलि पाछिलौ जाय। (बिहारिनदेव)

रसिकों की दृष्टि में श्यामा-श्याम, सखी और वृन्दावन — ये चारों तत्त्वतः रस-रूप हैं। एक ही रस अपने आस्वाद के लिए चार रूपों में अभिव्यक्त है —

तन वन किधों, वन तन भयौ कछू ब्यौरौ बरन्यौ न जाय। (बिहारिनदेव)

वृन्दावन ने श्यामा-श्याम का रूप धारण किया है अथवा श्यामा-श्याम ने वृन्दावन का रूप धारण कर लिया है, इसका विवरण बताना सम्भव नहीं है। गौरस्याम जहाँ विहार करते हैं, वह महा प्रेम का अभिरामधाम है, वहाँ के फल-फूल डाल और पत्ते सभी प्रेम के ही रूप हैं। वे सभी उस अद्‌भुत केलि के साक्षी हैं। वृन्दावन कल्पवृक्ष की छाया है —

निज वृंदावन धाम गौर स्याम विहरें जहाँ।
महा प्रेम अभिराम, डार पत्र फल फूल सब। (ललितकिशोरीदेव)

---

१. श्रीराधासुधानिधि, पृ० २६६, श्लो० २६३।
२. श्रीराधासुधानिधि, पृ० २५०।

रसिकों ने वृन्दावन को रसखेत और रस की खान बतलाया है।

सुरति सुहाग फूल फूल्यौ रस खेत री।

वृन्दावन में ये फूल क्यों फूल रहा है — सब इन्हीं के मन की फूल। फूल की प्रफुल्लता वास्तव में श्यामा-श्याम के मन की ही प्रसन्नता है। वृन्दावन के वृक्ष सखी रूप हैं —

द्वै द्वै रूप किये सेवत सखी नाना रति सुख साजें री। (नागरीदेव)

वृन्दावन आनन्द रूप है, आनन्द की सीमा नहीं है। सुख-स्वरूप भावों का उद्रेक हो रहा है। सारस, हंस, चकोर, मोर, चातक, कोकिल-कीर कुञ्जबिहारी की प्रीति का मंगल गा रहे हैं —

सारस हंस चकोर मोर पिक चातक भाषा भलियाँ।
गावत रस जस पिय प्यारी कौ सखि सुनि प्रेम न टलियाँ।

कदम्ब का फूल विहार के आनन्द से रोमाञ्चित है, उसका रोम-रोम पुलकित हो रहा है। वृन्दावन के फूल रस-विभोर होकर सुकुमार-सेज की रचना कर देते हैं। भौंरा सुगन्धि से मतवाला होकर ललचा रहा है। श्री-वृन्दावन सुख-सौभाग्य का स्वरूप है और निधिवन हृदय का अनुराग है —

श्री वृंदावन सुखरूप सरूप सुहाग कौ।
जामें निधिवन-राज, हियौ अनुराग कौ।

४८.६ नित्य-वृन्दावन

वृन्दावन की नित्य-नवीनता, वृन्दावन की रसरूपता, वृन्दावन का आनन्द, वृन्दावन के लता, वृक्ष, फूल और पक्षियों के स्वर-वैभव के साथ ही रसिक-भक्तों ने उसके चिन्मय-रूप का भी वर्णन किया है —

आदि अंत जाकौ नहीं, नित्य सुखद बन आहि।
माया त्रिगुन प्रपंच की, पवन न परसत ताहि। (ध्रुवदास)

बिहारिनदेवजू कहते हैं कि वृन्दावन गोलोक और बैकुण्ठ से भी परे है और ये सभी लोक वृन्दावन की परिक्रमा करते हैं। उनका स्पष्ट कथन है कि वृन्दावन राजधानी है तो बैकुण्ठ और महाबैकुण्ठ तो थाने हैं —

बैकुंठ महा बैकुंठ लों, सब ही थाने जान।
रजधानी वृंदाविपिन, अदभुत रस की खान।
नित्य ही राधा कृष्ण हैं, नित्य ही विपिन विलास।
कोटि-कोटि गोलोक लों, एक पत्र परकास।
बैकुंठ महा बैकुंठ तें, गोलोक परे हैं धाम।
ए सब सेवत वृंदावनहिं, जहँ विहरें स्यामास्याम।

मुक्ति जहाँ चरणों की दासी बनकर पानी भरती है, निगमवाणी तो वृन्दावन की भाट है। भक्तकवि व्यासजी की वाणी है —

श्रीवृंदावन की शोभा देखत, मेरे नैन सिरात।
कुंज-निकुंज पुंज सुख बरसत, हरसत सबके गात।
राधा मोहन के निजमंदिर, महाप्रलय नहिं जात।

ब्रह्माते उपज्यौ न, अखंडित कबहूँ नाहिं नसात।
फणि पर, रवि तरि, नहिं विराट मँह, नहिँ संध्या नहिं प्रात।
मायाकाल रहित नित नूतन, सदा फूल फल पात।
निर्गुण सगुण ब्रह्मते न्यारौ, बिहरत सदा सुहात।
व्यास विलास रास अदभुत गति, निगम अगोचर गात।

महाप्रलय में सब कुछ तिरोहित हो जाता है, परन्तु वृन्दावन में उसका प्रवेश नहीं होता, वृन्दावन नित्य है। ललितकिशोरीदेव कहते हैं —

जहाँ न शून्य प्रकाश है, इकरस जगमग ज्योति।
रवि ससि किरन न परस सकै, जुगवर रूप उदोत।[१]

अथवा

जाके धाम न सूर इंदु अग्नि प्रकाशा। ताके गौर स्याम उजियासा।

ललितकिशोरीजी कहते हैं कि वृन्दावन स्वप्रकाश है और वहाँ से प्रकाश की किरणें फुहार की तरह निकल रही हैं, इनके प्रकाश को ही वेदान्त दर्शन ब्रह्म के नाम से जानता है —

ज्योति फुहारौ विपिन कौ ब्रह्म सु ता परकास।
ललित केलि रस-रूप निधि अदभुत प्रेमविलास।[२]

रसिक-भक्तों ने कहा कि दार्शनिक लोग इस ज्योति-आभास को परमतत्त्व कहते हैं, इसे निर्गुण, निराकार और मन-बुद्धि से अगोचर बतलाते हैं। वृन्दावन की सुगन्धि को ब्रह्म कहा जाता है और इस सुगन्धि ने ही दस अवतार धारण किए थे —

जगत ब्रह्म जासों कहै, वेद नेति कहि गाय।
सो सुवास है विपिन की, उपमा कौन समाय।
ता सुगंध कर प्रकट वपु, दस अवतार अनंत।
श्रुतिविधि नर अवतारही, भजत रसिक वन कंत।

रसिक-भक्तों ने वृन्दावन को पञ्चावरण-अनूप कहा है —

एक धाम वृंदा-विपिन पंचावरण अनूप।
जो रस ता आवरण मधि तैसौ तहाँ स्वरूप।
कमलाकार सहजसुख धाम।
सब पर श्री वृंदावन नाम।

भगवतरसिक कहते हैं कि हमारे हृदय में सुरति-सुख-सागर वृन्दावन का निज स्वरूप सबसे निराला है। वहाँ माया का प्रवेश नहीं है। वहाँ काल का प्रवेश नहीं है, वहाँ सत्-असत् वासना-रूप मन की दौड़ समाप्त हो जाती है। वृन्दावन यहाँ उज्ज्वल अलौकिक रूप है —

---

१. रससागर, पृ० ८३८।
२. वही, पृ० ६५८।

हमारौ वृंदावन उर और।
माया काल तहाँ नहीं व्यापै, जहाँ रसिक सिरमौर।
छूटि जात सत-असत वासना, मन की दौरा दौर।
भगवतरसिक बतायौ श्रीगुरु, अमल अलौकिक ठौर।[१]

४८.७ वृन्दावन सौन्दर्य

श्रीविट्ठलविपुलजी ने वृन्दावन का सौन्दर्य वर्णन करते हुए कहा — श्रीवृन्दावन नव-निकुञ्ज मन्दिर के ललित लता द्रुम-वेल की झूकन-झूमन और फूलन को देखकर श्यामा-श्याम आनन्द के झूले में झूलने लगते हैं। वृन्दावन की सुरभित वायु बिहारी-बिहारिनी के हृदय में मन्मथ के भी मन्मथ की मूल रूपा है, जो अतिगूढ़ रसविलास में विवश कर देती है —

सजनी नवनिकुंज द्रुम फूले।
अलिकुल संकुल करत कुलाहल सौरभ मनमथ मूले।
हरखि हिंडोरे रसिक रासवर जुगल परस्पर झूले।

विट्ठलविपुलजी ने वृन्दावन का शब्द-चित्र अंकित किया — यमुना के तट पर सघन-श्यामल बादलों की घटा घिर आई है। हरी-हरी भूमि पर हरे-हरे वृक्ष-लताओं की शोभा है। मयूरों के कुल रस में उन्मत्त होकर कूक रहे हैं —

जमना-तट स्याम घटन की पाँति।
हरित भूमि वन हरित सिखंडी, बोलत अति रस भाँत।

नागरीदासजी ने वृन्दावन के प्राकृतिक-सौन्दर्य का विस्तार से वर्णन किया है —

सखी मृदुल सुवास पुलिन कन झलकत विमल कमल अति फूले री।
नील अरुन सित पीत अधिक छबि सौरभ मनमथ मूले री।
सारस हंस चकोर कुलाहल कूजित कल सुख भारी री।
अति रस मत्त चलत मधुरी गति लचकन की छवि न्यारी री।
नव कर्पूर रमित रज राजत बरनै ऐसौ कवि को है री।
निरतत मत्त मयूरन झुंडन, बोलत मधुरी बानी री।
कोकिल कल सुर कीर भीर अति, कूजित काम कहानी री।
छै रित वसत सदा वृन्दावन, सेवत सुख मन लीने री।[२]

बिहारिनदेवजू ने वृन्दावन में मेघमहल का चित्र अंकित किया है —

मेघमहल परदा फुही, बहु बादल विमल वितान। (र.सा. ५३२)

बिहारिनदेवजू ने वृन्दावन की एक और विशेषता बताई कि वृन्दावन क्षण-क्षण नवता को धारण करता है —

नवल वृन्दावन नवल वसंत।
नवद्रुमबेलि केलि नव कुंजनि नवल कामिनी-कंत।

---
१. श्रीभगवतरसिक वाणी, पृ० २६।
२. सर्वोपरिश्रीनित्यविहारिणी : रससागर, पृ० ५८२-८३।

नव अलि अलक झलक नव कोकिल नव सुर मिलि विलसंत।
नव रस रसिक बिहारिनदासी कें नवसुख कौ नहिं अंत।[१]

अथ च —

नवल वसंत नवल वृंदावन, नव परिमल अलि लुब्ध तरुनि तन।
नव पराग अनुराग मगन मन, नव विहार बलि दासि रसिक जन।[२]

वृन्दावन में नित्य-वसंत का आगमन भासित होता है। श्रीभट के शब्दों में —

नवल वसंत नवल वृन्दावन नवलहिं फूले फूल।
नवलहिं कान्ह नवल सब गोपी निरतत एकै तूल।
नवलहि साखि जबादि कुमकुमा नवलहि वसन अमूल।
नवलहि छींट बनी केसरकी, मेंटत मन्मथ सूल।
नवल गुलाल उड़ै रंग बूका नवल पवन के झूल।
नवलहिं बाजे बाजें श्रीभट कालिंदी के कूल।[३]

मैथिल-कोकिल विद्यापति ने भी वृन्दावन की नवलता और कालिन्दी-पुलिन की शोभा को इन शब्दों में चित्रित किया —

नव वृंदावन नवनव तरुगण, नवनव विकसित फूल।
नवल वसंत नवल मलयानिल मातल नव अलि कूल।
बिहरइ नवल किशोर कालिन्दी-पुलिन कुंज नव शोभन, नव नव प्रेम विभोर।
नवल रसाल मुकुल मधु मातल नव कोकिल कुल गाव।
नवयुवतीगण चित उमताएल नव रसे कानन धाव।
नव युवराज नवल नागरि मीलए नव-नव भाँति
नितनित अइसन नवनव खेलन विद्यापति मतिमाति।[४]

विद्यापति कहते हैं कि वृन्दावन में सब कुछ मधुर है, रसगान मधुर, रसराज मधुर, मधुर ऋतुएं और मधुर मधुकर पाँति —

मधु ऋतु मधुकर पाँति, मधुर कुसुम मधु माति।
मधुर वृंदावन माझ, मधुर मधुर रस राज।
मधुर युवतिगण संग, मधुर-मधुर रस रंग।
सुमधुर यंत्र रसाल, मधुर-मधुर करताल।
मधुर मधुर रसगान, मधुर विद्यापति भान।[५]

श्रीपाद बाबा ने कहा था — "भाव-वृन्दावन तो नित्य है ही पार्थिव-वृन्दावन भी नित्यनूतन भाव-वृन्दावन के स्पर्श से नित्यलोकत्व को प्राप्त हुआ। इसमें आश्चर्य नहीं कि रसिक साधकों के लिए वृन्दावन-वास का इतना महत्त्व है।"

---

१. रससागर, पृ० ५०९, २. वही, पृ० ५०७, ३. श्रीयुगल शतक, पृ० ४०, ४. विद्यापति पदावली (इं०गां०रा०क०कें०) पृ० २७४, ५. वही।

प्यारी पहरै चूनरी।
तैसौई लहँगा बन्यौ सिलसिलौ पूरनमासी की सी पूनरी॥
हौं जु कहत चलियै मनमोहन मानैंगी नहिँ घूनरी।
श्रीहरिदास के स्वामी स्यामा कुंजबिहारी चरन लिपटाने दूहूँन री॥

४९.१ लहँगा-चूनरी

"केलिमाल" में श्रीश्यामाजू के वस्त्र हैं — लहँगा, चुनरी, निचोल (ओढनी), अतरोंटा, अँगिया (चोली, कञ्चुकी) और सुखसारी।

केलिमाल में राधा के आभूषण हैं — पैरों में नूपूर, चौपहलू-चूरा, कमर में कंधनी (कटि किंकिन) हाथों में चूड़ी, कंकन और पहुँची, गले में हार, मोती माला, हीरन की दुलरी, कण्ठश्री, पोत का पुञ्ज़ा, नाक में नासामुक्ता (नकफूल), कानों में बीरें, खुभी और दाँतों में चौका (बिजली)।

लहँगा कमर पर बाँधने वाला पहनावा है। लहँगे के साथ चुनरी ओढ़ी जाती है। लोक-गीतों में लहँगा-चुनरी के अनेक सन्दर्भ है।[1] "केलिमाल" की राधा प्राय: चुनरी ओढ़ती हैं। एक अन्य पद में भी है —

चूनरी में जाड़ौ लागत है कीजियै सुख सैन।

चुनरी के शृंगार को देखकर विट्ठलविपुल ने कहा —

सुरँग चूनरी की छबि दुलहिन अभरन नाना भाँति।
बीठल विपुल विनोद बिहारी सों मिल विलसति किलकाँति।

श्रीललितकिशोरीजू ने भी सादा-शृंगार का वर्णन किया है —

पग नूपुर चूरी करन, कंठ नीलमनि पोत।
करनफूल बेसरि लसत, निरखि बिबस पिय होत।
लहँगा सारी कंचुकी, सहज सिंगार सुहाग।
स्वामिनि इते सिंगार तन, पिय उपजावत राग।

अन्यत्र उन्होंने लहँगा का उल्लेख किया —

लहँगा महँगा स्याम के रंग।

बिहारिनदास ने फूलों के लहँगा का उल्लेख किया है —

फूलन की सारी चोली फूलन कौ लहँगा।

४९.२ मानैंगी नहीं घूनरी

प्रेम का राज्य विलक्षण है। यहाँ आदर "बड़ौ प्रहार" है। आदर का भाव दूरी का भाव है। आदर के भाव में कहीं

---

१. लहँगा सोई जो घूम घुमारौ, लामनि झारत चलै गिरारौ।

बड़प्पन या ऐश्वर्य-भाव मौजूद है, कहीं परायेपन का भाव है — आप मुझसे बड़े हैं। प्रेमराज्य में निन्दा ही स्तुति है, स्तुति तो यहाँ कड़वी है। "केलिमाल" में कृष्ण कहते हैं — "मानैंगी नहिं घूनरी।" घुन्नी या मनघुन्नी। ठाकुरों का ठाकुर यहाँ याचक बन जाता है —

ताहि सुहाय न ठकुरई बड़ प्रताप विस्तार।

४९.३ चरन लिपटाने दुहून री

राधा-कृष्ण की प्रेम-लीला का वर्णन तो अनेक कवियों ने किया है, किन्तु वृन्दावन के रसिक-भक्तों ने श्रीकृष्ण को श्रीराधा के चरणों में लोटते हुए देखा है। शत-शत उदाहरण दिए जा सकते हैं। "केलिमाल" को ही देखें —

कुंजबिहारी रीझ प्रिया पग परन (५०)
स्यामा कों भलें मनाबत दाबि उपाहीं। (५३)
श्रीहरिदास के स्वामी स्यामा चरन बनसीसों काढ़ रहे (५७)
औचक आइपरी सखी तहाँ पियसों पाँइ चँपावती (१०५)
जहाँ जहाँ चरन परत प्यारी जू तेरे (५३)

विट्ठलविपुल की वाणी है —

तुव पद पंकज तल रज वंदत तिलक बनावत भालै।

हितप्रभु ने "राधासुधानिधि" में चित्र उकेरा है —

केनापि नागरवरेण पदे निपत्य
संप्रार्थितैक परिरंभ रसोत्सवायाः।
सभ्रू विभंगमति रंगनिधेः कदा ते
श्री राधिके नहिं नहीति गिरः श्रृणोमि। (श्लो० ९)

वर-नागर चरणों में गिरकर परिरम्भ के लिए, आलिंगन के लिए रसोत्सव के लिए प्रार्थना कर रहा है और रंगनिधि राधारानी भौंहों को विशेष प्रकार से टेढ़ा करके "नहीं-नहीं" कह रही है।

पातं पातं पद-कमलयोः कृष्ण-भृंगेण तस्याः (वही श्लो० २०८)

मुखकमल का मकरन्द पान करने के निमित्त कृष्ण-भृंग उसके चरण-कमलों में बार-बार गिर रहे हैं।
अथवा

राधाचरण विलोड़ित रुचिर शिखंडं हरिं वन्दे (वही श्लो० २००)

४९.४ राधा-चरण प्रधान

राधा-चरण की प्रधानता क्या शक्तिवाद है? इस सम्बन्ध में विद्वानों में पुनः-पुनः परिचर्चा होती रही है। डॉ० राममूर्ति त्रिपाठी ने हितवाणी (वर्ष अंक २-३) में एक निबन्ध लिखा था — "ब्रज की सांस्कृतिक चेतना : आगमों के आलोक में।" उसमें उन्होंने कहा कि "तन्त्र ग्रन्थों में युगल, धाम वृन्दावन, निकुञ्ज-लीला आदि का इतना गम्भीर विवेचन है।" इसके विपरीत श्री ललिताचरण गोस्वामी ने (वर्ष २ अंक ६) में लेख लिखा — "ब्रज संस्कृति और आगमतन्त्र।" उसमें वे लिखते हैं — "ब्रज संस्कृति प्रेम-रस पर आधारित है और प्रेम के

सम्बन्ध में कोई ऊहापोह अथवा तात्त्विक विचार-परम्परा हमको आगम-तन्त्र में दृष्टिगोचर नहीं हुई, इस संस्कृति का उत्स मुख्यतः श्रीमद्भागवत-महापुराण है।"

लेकिन एक पंक्ति में उन्होंने यह भी कहा कि "गौड़ीय वैष्णव-सिद्धान्त में प्रेम को ह्लादिनी-शक्ति का सार स्वीकार किए जाने के कारण आगम-तन्त्रों को प्रेम के क्षेत्र में प्रवेश का अधिकार मिल गया है, इससे पूर्व नहीं था।"

आचार्य ललिताचरण गोस्वामी कहते हैं —

> भाव हमारे चित्त की एक विक्रिया है। किसी भी भाव का उदय होने से, उतनी देर के लिए हमारे चित्त का रूप ही बदल जाता है। प्रेम चित्त में उदित होने वाला एक रंगीन भाव है, जो अपने उन्मेष के साथ चित्त को अपने रंग में रंग डालता है। उधर शक्ति हमारी क्रियात्मकता का नाम है। भाव की भाँति इसका भी चेतना के क्षेत्र में बड़ा महत्त्वपूर्ण स्थान है — शक्ति के बिना शिव भी शव है। किन्तु भाव और शक्ति का स्वरूप, कार्यक्षेत्र और प्रभाव मनोवैज्ञानिक-दृष्टि से तथा व्यावहारिक-दृष्टि से भी एक-दूसरे से सर्वथा भिन्न है और दोनों को एक नहीं माना जा सकता। दार्शनिकता कुछ भी कहती रहे, आध्यात्मिक-क्षेत्र में भी प्रेमभाव और शक्ति को एक-दूसरे का पर्याय बनाकर शुद्ध प्रेमोपासनाओं को विद्रूप विसंगत बना देना है। सामञ्जस्य के नाम पर कामेश्वर-कामेश्वरी की सामञ्जस्यरूपा त्रिपुरसुन्दरी किंवा ललिता का प्रेम-स्वरूप श्रीराधा-कृष्ण के साथ एकात्म स्थापित करना भारत की आध्यात्मिक प्रज्ञा की नवनवोन्मेष-शालिता को उपेक्षित करना है।

बनी री तेरें चार-चार चूरी करनि।
कंठसिरी दुलरी हीरन की नासा मुक्ता ढरनि।
तैसौई नैनन कजरा फबि रह्यौ निरखि काम डरनि।
श्रीहरिदास के स्वामी स्यामा कुंजबिहारी रीझ प्रिया पग परनि।

५०.१ चार-चार चूरी करन

नागरीदासजी ने "भावार्थदीपिका" में श्री जी की दोनों कलाइयों में प्रियतम की चार उँगलियों के चिह्नों को चार-चार चूड़ी बतलाया है। चूड़ी सौभाग्य का अन्यतम प्रतीक है।

श्रीपाद बाबा के शब्दों में प्रिया-प्रियतम के मिलन के समय नेत्रों के चार होने का भाव चार चूड़ियाँ व्यक्त करती हैं। चूड़ी अत्यन्त समर्थ प्रतीक है, जो कलाई को परिवेष्टित करती है और उसका वलयाकार रूप सम्मोहन के भँवर या अनन्तता का व्यञ्जक है। काँच के पारदर्शी रूप में निर्मल लावण्य तथा खनक में श्रुतिबिम्ब का अन्तर्भाव है।

चूड़ियों के प्रसंग भक्ति-साहित्य में स्थान-स्थान पर हैं। हितप्रभु हरिवंशजी के "राधासुधानिधि" में है — "राधेश्री भुजवल्लि चारु वलये।" इसी प्रकार "गीतगोविन्द" में है — "करतल ताल तरल वलयावलि कलित कलस्वनवंशे।" वार्ता-साहित्य में श्रीराधा के द्वारा मनिहारिन से चूड़ी पहनने का सन्दर्भ है।

गौहरबानू की कहानी वैष्णव भक्तों में कही-सुनी जाती है कि वह गुसाँई बिट्ठलनाथजी की पुत्र-वधुओं को चूड़ी पहनाने जाया करती थी। भक्ति का मद होता है, गौहरबानू को भी था। एक बार आवेश हुआ कि सात पुत्र-वधुएं चूड़ी पहनकर जा चुकीं, तब आठवीं सुन्दरी आई — मैं भी चूड़ी पहनूँगी। गौहरबानू उसको देखकर विह्वल हो गई, कहाँ ये कलाई और कहाँ ये चूड़ी। पर सुन्दरी अपने आप ही चूड़ी पहनकर चली गई। गुसाँईजी ने हिसाब पुछवाया कि कितनी बहुओं ने चूड़ी पहनी? गौहर बानू ने कहलवाया — आठ बहूरानियों ने। गुसाँईजी ने स्वयं आकर देखा कि गौहरबानू तो आवेश की स्थिति में थी। नेत्रों से अश्रुधारा और गद्गद कण्ठ। अंग-अंग रोमाञ्चित। गुसाँईजी ध्यान की अवस्था में चले गए। गौहरबानू अपने टीले-वाले घर में चली गई। जब ध्यान में से बाहर आए, तो गुसाँईजी गौहरबानू की धन्यता और अपरिमित सौभाग्य की प्रशंसा करते हुए स्वयं गौहर को प्रसाद पहुँचाने उसके घर पर पधारे — गौहर, आज तुम्हारी चूड़ियाँ राधारानी ने पहनी हैं। गौहर और गुसाँईजी दोनों एक मनोभूमि में थे। "चार-चार चूरी करन" के सम्बन्ध में स्व. पं० जवाहरलाल चतुर्वेदी कहा करते थे कि ब्रज में रिवाज़ है कि मनिहारिन एक चूड़ी सुहाग के असीस की अतिरिक्त पहनाती है। अर्थात् चार-चार चूड़ी पहनानी है, तो एक हाथ में असीस की चूड़ी पहनाने से पाँच हो गई। रति-क्रीडा में एक चूड़ी मौर गयी, तो दोनों हाथों में चार-चार चूड़ी रह गई। सुरतान्त के पद में विट्ठलविपुल ने लिखा — "अलक कंचुकी छूटी चार चार चूरी टूटी।"

५०.२ नख-शिख

"केलिमाल" में शृंगार के पाँच पद हैं (२०, २१, ४९, ५०, ६३) इन्हें पढ़कर स्पष्ट हो जाता है कि सौभाग्यवती के लिए जितना शृंगार अनिवार्य है, प्रियाजू की रुचि उतने ही शृंगार में है, अधिक शृंगार उनको रुचता नहीं —

इहि रस प्रान बिबस भये तिनहिं न रुचै शृंगार। . . .
मेरौ गहनौ और है निज अंग संग सिंगार। (बिहारिनदेव)

स्वामीजी ने (पद संख्या २६ में) "नवसत साजि" का उल्लेख तो कर दिया है, परन्तु सोलह शृंगारों का वर्णन नहीं किया। अष्टाचार्यों की वाणी में सोलह शृंगारों का वर्णन है।[१] भगवतरसिक ने भी प्यारीजू के नख-शिख शृंगार का वर्णन किया है —

प्यारी सिर सीमंत सुभग सिंदुर गुरुमोती।
सीस फूल चंद्रिका उदित दुति अदभुत जोती।
चिकुर सचिक्कन चारु स्याम आडंबर भारी।
पटियन मिडियन बीच चुटीला अति छबि कारी।
फूलन गूँथि सिंगार कियौ सखियन तिन माँहीं।
पीछें बेंनी फूल कछू उपमा कों नाँहीं।
कबरी कुसुमन कलित नितंबन ऊपर लटकै।
फूलन झब्बा अंत तहाँ ते मन नहिं भटकै।

तनसुखसारी स्याम कसीदा सुबरन सूतन।
कोर किनारी किरन छबीली सीपी-पूतन।
उदित ललित ललाट खौर सोहै चंदन की।
मृगमद बेंदी अर्धचंद्र सुरकी बंदन की ।
तापर बैना बिसद जगमगै जोति बिसाला।
फेंटनि मुक्तन लरे पनरियन मनि छवि जाला।
भृकुटी बिकच विसाल, लाल के मन कों करषें।
तापर पतरी अलक झलक अदभुत रस बरसें।

दीरघ नैन बिसाल कनपटिन परसत कोये।
कज्जल मंजुल चपल अनेरे मदन बिगोये।
नासा बेसरि सुभग निकट सोहै उरमौली।
बोलत डोलन माँहि तासु छबि परत न तौली।
करन फूल तरकान उपकरन सोहै तन्ना।
मध्य झलरिया पान जराऊ मानिक पन्ना।
तिनसों मिलिकें चली बंदनी परसत माँगें।
चित्रित सुरंग कपोलन पै, अलकावलि हाँगें।

---

१. नागरीदास "लाल मनमोहनी हो" (रससागर), पृ० ५९०।
"स्यामानागरी प्रवीन" (वही, पृ० ५९१)।

अधर दसन अति अरुन वदन वीरन की पावन ।
मंद मधुर, मुसकान कहत कछ रस उपजावन।
जुग कपोल तिल गाड चिबुक मसि-बिंदु बिराजै।
कंठ पोत अति जोत मुक्त दुलरी छबि छाजै।
चौकी उर वर रुचिर तासु पर नाम विहारी।
उन्नत उरज समान पीन पिय रहत निहारी।
अतलस अँगिया ललित लाल सौरभ रस भीनी।
गुलगो स्यामल रंग तासु की मांडनि दीनी।

मुहरिन मुक्तन कोर किनारिन अति छवि छाई।
पन्ना मानिक परम तिलक सोभा सुभ पाई।
मीनाकारी बेलि नकस बूँटा छबि जाला।
तापर चंद्राहार विराजत मोहनमाला।
चंचल अंचल छोर किनारी मुक्तन कोरें।
उदर उरोजनि छंदि गयौ बाँयी भुज ओरें।
बनी तनी छबि सनी चार हू छोरन फुँदना।
जथा-जोग सब अंग रँगीले राजत गुदना।

मलयज मृगज मिलाय गौर तन लेपन कीनों।
तापर अतर गुलाब बसन भूषन पुट दीनों।
बाँहन बाजूबंद जराऊ जुगल नवैया।
खग्गा मीनाकार बने अदभुत छबि छैया।
पहुँचन पहुँची बनी पुही मखतूल पछिलिया।
रंग बिरंगी बलय दुहूँ कर ललित पटलिया।
कर पृष्ठन कर फूल हरित मनि अदभुत सोभा।
करतल मेंहदी सुरंग रँगीली लखि चित चोभा।

दस अँगुरिन वरमुँदरिन की छवि कहत न आबै।
पोरन पोरा जोर नखन दुति अति मन भाबै।
दुहँ कर बीना लिए मृदुल अदभुत अति रूरौ।
मीना नकस जराउ गान विद्या रस पूरौ।
त्रिवली उदर रसाल निकट तहँ नाभि गँभीरा।
कटि प्रदेस कृस देखि, लाल मन होत अधीरा।
ता मधि किंकिनि जाल, जगमगें उद्दित सोई।
विपुल नितंबन लसै सरस लहँगा की तोई।

तापर झालर झलमलात पचरँग भराव की।
कोर किनारिन करी चित्र रचना जराव की।
नीबी ललित सुचारु नाभि के नीचें सोहै।
बाँधी बर मखतूल उभै फुंदना मन मोहै।
ता तरि जटित जराव झूमकन अदभुत नारौ।
देखत बनत न कहत अमित अतुलित छबि भारौ।
अतरौटा रंग स्याम सुचिक्कन सुलफ सुहायौ।
जरतारी बर बेलि बुटी अतिसय छबि छायौ।

आडंबर वर घेर घूम ताकौ अति भारी।
सबज रंग संजाप कनी कुसुमी छविकारी।
तापर कीनी कलित किनारी मुक्तन जारी।
तापर सोहत अग्रभाग कुच पावन सारी।

गोरी गुल्फन तरें बाजनी घूँघर पायल।
दिव्य जराऊ मृदुल लाल मन करती घायल।
अनवट बिछिया बाँक छिंगुरियन लगी लुनाई।
थकित होत मन नैन विलोकत अति निपुनाई।
जावक चित्र-विचित्र साँथिये पाद पीठ पर।
सहज सुभायक बसी अरुनता अदभुत पग तर।
भूषन बसन सिंगार देखि छबि कहे बाल के।
मन कीनौ उतसाह कछू अब कहन लाल के।[1]

१. श्रीभगवतरसिक की वाणी, पृ० ९४-१०१।

५१

प्यारी अब क्यौं हू क्यौं हू आई है।
तुम इत स्रमित अधिक मनमौंहन मैं कोटि-जतन समझाई है॥
उत हठ करत बहुत नव-नागरि तैसीयै नई ठकुराई है।
श्रीहरिदास के स्वामी स्यामा कुंजबिहारी कर जोरि मौन ह्वै,
दूबरे की राँधी खीर कहौ कौन खाई है॥

५१.१ नागरी

संस्कृत एवं अन्य भारतीय भाषाओं का विशाल साहित्य है, जिसमें आभीरेन्द्र-तनया राधा को ग्रामीण-परिवेश में ग्वालिनी, गोपसुता, गूजरी, अहीर, ब्रजवधू, ग्राम्या के रूप में चित्रित किया गया है। कहीं वह गायों का दूध दुह रही है, कहीं पनघट पर पानी भर रही है, गोबर पाथ रही है, दही बेचने जा रही है, कहीं वह घोषनिवासिनी है। किन्तु रसिक-कवियों ने राधा को "नागरी" के रूप में चित्रित किया है। "विद्यापति-पदावली" में स्थान-स्थान पर राधा के लिए नागरी शब्द का प्रयोग किया है —

अभिनव नागरि-नागर भेलि
रजनिशेष वर नागरि-नागर (तीसरा भाग, पृ० ३०९)

नागर शेखर नागरिवेशे (वही, पृ० ३३५)

नागर लखत हृदयगत प्रेम (वि०प०, प्रथम भाग, पृ० १६६)

सूरदास ने गोपियों के ग्राम्य-सौन्दर्य को विस्तार से चित्रित किया है परन्तु जहाँ राधा-कृष्ण की केलि का प्रसंग है, वहाँ वे भी राधा को नागरी कहते हैं —

यह सुनत नागरी माथ नायौ। (सूरसागर, पृ० ९०९)

नागरी स्याम सों कहत बानी (वही, पृ० ९०८)

नागर स्याम नागरि नारि।
सुरति रति रन जीति दोउ अंग मन्मथ धारि। (वही, पृ० ९१९)

नागरि नागर पंथ निहारै। (वही, पृ० ९२७)

इत नागरी नवल नागर उत, भिरे सुरति-रन दोऊ (वही, पृ० १११८)

हितप्रभु ने श्रीराधा को नवनागरी के रूप में ही चित्रित किया है —

आज नीकी बनी राधा नागरी (हित चौरासी, पृ० ४९)

अति नागरि वृषभानु किसोरी (वही, पृ० ८४)

नवल नागरि नवल नागर किसोर मिलि (वही, पृ० ९६)

नागरी निकुंज ऐन किसलय दल रचित सैन (वही, पृ० १५१)

स्वामीजी के "रसदेश" में तो "एरी नवल नवनागरी हो" की टेक जैसे रम गई है। बिहारिनदेवजू की वाणी है —

नवल किसोरी नागरी नित नागर नवल किसोर।

अथवा —

नवल नवनागर ए नव नागरि नेह निधान। बना हंबै।

अथवा —

सुनियै नवनागरी जू, पिय सों तू काहे कों मान बढ़ावत।

अथवा —

झूलत डोल में नागरी नागर सकल गुननि निधान।

अथवा —

गुन रूप निधि दोऊ नागर इनसे एऊ, पटतर दैबेकों न बनें काहू आन सों।

नागरी शब्द का राधा के लिए इतना अधिक प्रयोग हुआ है कि नागरी राधा का पर्यायवाची बन गया है। जैसे — नागरीदास भक्तों के नाम हैं। इसी प्रकार किशोरी शब्द राधा का नाम बन गया। महाकवि बिहारी ने श्री "नागरी" शब्द ग्रहण किया है — "मेरी भव बाधा हरौ राधा नागरि सोय।"

सुनि धुनि मुरली बन बाजै, हरि रास रच्यौ।
कुंज-कुंज द्रुम बेल प्रफुल्लित, मंडल कंचन-मनिन खच्यौ।
निरतत जुगल किसोर जुवति जन मन मिलि राग केदारौ मच्यौ।
श्रीहरिदास के स्वामी स्यामा कुंजबिहारी नीकैं प्यारौ लाल नँच्यौ॥

५२.१ रास : मुरली

सूरदासजी ने रास के सम्बन्ध में कहा कि रास के रहस्य को बता सकूँ, ऐसा मन और ऐसी बुद्धि कहाँ से लाऊँ, चित्त में अनेक प्रकार के विभ्रम हैं —

रास रसरीति बरन नहीं आवै।
कहाँ वह बुद्धि कहाँ वह मन लहों, कहाँ यह चित्त जिय भ्रम भुलावै।
जो कहौं कौन मानें, जो निगम आगम कृपा बिनु नहीं या रसहिं पावै।

सूरदासजी ने यहाँ केवल वेद की बात नहीं की, आगम (तन्त्र) का भी उल्लेख किया है। रास की व्याख्या आचार्यों और तत्त्ववेत्ताओं ने भिन्न-भिन्न आधार पर की है, इनका उल्लेख तैंतीसवें पद की व्याख्या में किया जा चुका है। केलिमाल का रास प्रिया-प्रियतम का नित्य-रास है। यहाँ सहचरियाँ नृत्य, ताल, गायन कर रही हैं, परन्तु यहाँ गोपियाँ नहीं हैं। एक-एक गोपी एक-एक कृष्ण वाला भागवत का महारास भगवतरसिक के शब्दों में नित्य-विहार का आवरण है और ललितकिशोरी के शब्दों में नित्य-रास की रेखा और छाया है —

रास मुकुट-मुरली धरें वा गति छाया-रेख।

प्रस्तुत ध्रपुद की अर्द्धाली — "नीके प्यारौ लाल नच्यौ" को लेकर श्री ललितकिशोरी ने लिखा —

रति-विपरीत रास रुचि नीके प्यारौ लाल नच्यौ।
कुंजबिहारी देखिकें याही भाँति जच्यौ।

केलिमाल में मुरली की धुन भी है। मुरली को लेकर आचार्यों ने बहुत चिन्तन किया है। किसी ने उसे नाद-ब्रह्म से जोड़ा है, तो किसी ने उसे योगमाया का रूप बतलाया है। हित-रसिकों ने मुरली को रस का स्रोत कहा है। भागवत में मुरली का प्रभाव जड़-चेतन सभी पर है और व्यापक है।

वंशी के बजते ही हिरणियों की चितवन में प्रणय का माधुर्य झाँकने लगा है। मोर नाचने लगे हैं, गायों के कान खड़े हो गए हैं, बछड़े थनों से दूध पीते-पीते स्तम्भित से हो गए हैं। नदियाँ स्वर के मद में डूब गई हैं, लहरें उठ रही हैं, मानो कृष्ण के चरणों में कमल चढ़ाना चाहती हैं —

नद्यस्तदा तदुपधार्यमुकुन्दगीत-
मावर्तलक्षितमनोभवमग्नवेगाः।
आलिंगनस्थगितमूर्मिभुजैर्मुरारेः
गृह्णन्ति पादयुगलं कमलोपहाराः। (भाग १०,२१,१५)

वेणुगीत के सन्दर्भ में भागवत का कथन है — "जगौ कलं वामदृशां मनोहरम्।" "कल"= क+ल = क्ल। वामदृक् यानी "ई" मिलने से बना क्ली। मनोहर अर्थात् मन के अधिष्ठाता चन्द्र (चन्द्रबिन्दु) को हरण करता

है। इन चारों अक्षरों के संयोग से बना क्लीं पद, जो तन्त्रशास्त्र के अनुसार काम-बीज है। मुरली-ध्वनि काम-बीज है। यह काम भगवत्काम है।

ककारो नायकः कृष्णः सच्चिदानंद-विग्रहः।
ईकारप्रकृतीराधामहाभावस्वरूपिणी।
लश्चानन्दात्मकः प्रेम सुखं च परिकीर्तितम्।
चुंबनाश्लेषमाधुर्यबिंदुनादं समीरितम्।

सूरदास कहते हैं कि कृष्ण की वंशी के स्वर ने शिव के द्वारा भस्म हुए काम को पुनर्जीवन दिया —

जग जान्यौ रति पति सिव जार्‌यौ सो इहिं सब्द जियौ।

ककार सच्चिदानन्द रूप कृष्ण है, ईकार महाभाव-रूपा प्रकृति राधा हैं, लकार नायक-नायिका के प्रेममिलन का आनन्द है और नादबिन्दु इस माधुर्य-रस को परिस्फुरित करने वाला है। यह मुरलीनाद-नादब्रह्म है।

जयदेव ने मुरली की धुन में राधा की टेर सुनी है[१] —

नामसमेतं कृतसंकेतं वादयते मृदुवेणुम्।
बहु मनुतेऽतनुते तनुसंगतपवनचलितमपि रेणुम्। (गीतगोविन्द)

श्यामसुन्दर, तुम्हारा नाम लेकर वंशी में टेर रहे हैं, संकेत कर रहे हैं। जब तुम्हारे शरीर का स्पर्श पाकर हवा धूलि लेकर उनकी ओर उड़ती है, तब वह अपने को धन्य मानते हैं।

विद्यापति कहते हैं —

नंदकनंद कदंबक तरु तर धिर धिर मुरली बजाव।
समय संकेत निकेतन बइसल बेरि बेरि बोलि पठाव।
सामरी तोरा लागि अनुखने विकल मुरारि।

नन्दनन्दन कदम्ब-वृक्ष के नीचे धीरे-धीरे मुरली बजा रहे हैं, समय और स्थान का संकेत दे रहे हैं। हे सुन्दरी, कृष्ण तुम्हारे लिए प्रतिक्षण व्याकुल रहते हैं।

मुरली में आकर्षण-शक्ति है, सम्मोहन-शक्ति है, वशीकरण-शक्ति है, उन्मादन और स्तम्भन-शक्ति है।

सूरदास ने गाया है —

सुनहु हरि मुरली मधुर बजाई।
मोहे सुर नर नाग निरंतर ब्रज-बनिता उठि धाई।
जमुना-नीर प्रवाह थकित भयौ पवन रह्यौ मुरझाई।
खग-मृग-मीन अधीन भए सब अपनी गति बिसराई।
द्रुम बेली अनुराग पुलक तन ससि थक्यौ निसि न घटाई।
सूरस्याम वृंदावन बिहरत चलहु सखी सुधि पाई। (सूरसागर, पृ० ६०३)

सूरदास ने यहाँ एक बहुत महत्त्वपूर्ण बात लिखी है कि जब मुरली की ध्वनि बैकुण्ठ-लोक में पहुँची तो लक्ष्मी और विष्णु भी मोहित हो गए। विष्णु ने ध्यान किया और लक्ष्मी से कहा कि यह रास-विलास हमारे लिए अगम्य है, हमारे बैकुण्ठ के ऐश्वर्य की सीमा से बहुत दूर है। रास के महामाधुर्य में हमारा प्रवेश सम्भव नहीं है —

१. यह बात भक्त-कवि "व्यास" ने भी कही है — "जाहि स्याम मुरली में टेरत सुमिरत बारंबार।"

मुरली धुन बैकुंठ गई।
नारायन कमला सुनि दंपति अति रुचि हृदय भई।
रास विलास करत नंदनंदन सो हमते अति दूर।

वृन्दावन के रसिक-भक्तों को रास बहुत प्रिय रहा है। रासलीला-मञ्च की प्रतिष्ठा स्वामी श्रीहरिदास और महाप्रभु हितहरिवंश ने की थी, जिसमें हरिरामव्यास भी चिराग दिखाते थे, इस सन्दर्भ में एक पद है —

नाचति नटवर वेष धरि सुख-सागरहिं बढ़ावति।
सरद सुखद निसि ससि गो-रंजित वृंदावन छवि रुचि उपजावति।
ताल लिए गोपाल लाल सँग, ललिता ललित मृदंग बजावति।
हरिवंशी हरिदासी गाबत सुघर प्रवीन रबाब बजावति।
मिश्रित धुनि सुनि खग मृग मोहित जमना जल न बढ़ावति।
हरखि रोम तन सोम थकित कर व्योम विमान गिरावति।
लेत तिरपि विगलित मालावलि कुसुमावलि बरसावति।
जयजय साधु करति हरि सहचरि व्यास चिराग दिखावति। (श्री हरिरामव्यास)

५३

जहाँ जहाँ चरन परत प्यारीजू तेरे, तहाँ तहाँ मन मेरौ करत फिरत परछाँही।
बहुत मूरति मेरी चौंर ढुरावत, कोऊ बीरी खबाबत एक ब आरसी लै जाँही॥
और सेवा बहुत भाँत की, जैसियै कहै कोऊ, तैसीयै करौं जो रुचि जानौं जाँही।
श्रीहरिदास के स्वामी स्यामा कों भलैं मनाबत दाबि उपाँही॥

५३.१ मन मेरौ करत फिरत परछाँही

इस पद में मानसी-सेवा का सूत्र है। छत्र धराना, चँवर डुलाना, आरसी दिखाना, बीरी खिलाना और प्रियाजू की रुचि के अनुसार अन्य सेवा करना। यह समस्त सेवा स्थूल रूप से नहीं है, भावात्मक है। श्रीकृष्ण यहाँ स्वयं श्रीराधाचरण के उपासक हैं और उपासना के स्वरूप का निर्देश भी कर रहे हैं।

"रसदेश" में प्रेम ही साधन है और प्रेम ही साध्य है। विधि-निषेध तो यहाँ जंजाल है। बाह्य-आचार, कर्मकाण्ड और आडम्बर यहाँ व्यर्थ हैं। जप-तप, स्नान व्रत-उपवास का यहाँ कोई मूल्य नहीं है। जाति, गोत्र, शिखा-सूत्र, तिलक यहाँ सब महत्त्वहीन हैं। "सिद्धांत-विचार" में ध्रुवदासजी ने कहा कि "श्री वृन्दावन में जो कोई निमित्त तिथि, विधि मानें सो भलीभाँति नाहीं।" स्वयं स्वामीजी ने सिद्धान्त के पद में लिखा — "जब देवता-पितरन को श्रद्धा भारी।" क्या मालाधारी की यही रीति होनी चाहिए? बिहारिनदासजी कबीर की तरह आडम्बरों की खिल्ली उड़ाते हैं।[१] "रसदेश" में प्रकट-सेवा का कोई स्थान नहीं है। बिहारिनदासजी मानसी-सेवा में तल्लीन रहते थे, प्रकट सेवा हो नहीं पाती थी, यही कारण था कि स्वामीजी के सेवा-विग्रह श्रीबाँकेबिहारीजी की प्रकट सेवा उन्होंने श्री जगन्नाथ गोस्वामी को सौंप दी, जिसे गोस्वामी-वंश आज भी निभा रहा है। रसिकबिहारीजी और टटिया-संस्थान में युगल-विहार-विग्रह की प्रतिष्ठा बहुत बाद की बात है, हालाँकि सेवा के विधि-विधान और आचार-विचार कर्मकाण्ड की वह कठोर मर्यादा अभी भी नहीं है। अष्टयाम, नैमित्तिक-उत्सव, ग्रहण आदि के कारण सेवा के स्थगन की रीति यहाँ नहीं है। टटिया-स्थान के रसिक-उपासक विरक्त थे। स्वामी बिहारिनदेव ने तो आरती-भोग इत्यादि की भी आलोचना की है —

भोजन भोग लियें फिरै, इत-उत धावा-धाव।
ए प्यासे रस माधुरी, पीवत प्यावा-प्याव।

---

१. यहां "सुरति योग" और "सहज समाधि" का उल्लेख करना आवश्यक है। कबीर का सबद है —

संतो सहज समाधि भली है।
जहँ जहँ जाउँ सोइ परकरमा जो कछ करों सो पूजा।
जागत सोवत ऊठत बैठत ऐसी तारी लागी।
आंख न मूँदँ कान न रूँधूँ काया कष्ट न धारूँ।
उघरे नैनन साहब देखूँ सुंदर बदन निहारूँ।

पलटू साहेब की पंक्ति तो स्वामीजी के "सिद्धान्त के पद" से ज्यों सिर ऊपर दोहनी से मिलती-जुलती है —

जस पनिहारी कलस धरि मारग में आबै
कर छोड़े मुख बचन, सुरति कलसा में लाबै।
कमठ दृष्टि जो लावई सो ध्यानी परमान।

आरति करत बिहार की, सब आरति बिसराइ।
आग बारि आरति करै सेवत खसम खिजाइ।

५३.२ वैदिक कर्मकाण्ड का निषेध

किसी समय यहाँ वैदिक-धर्म सर्वोपरि था तथा वेद की मर्यादा को सर्वोपरि माना जाता था। किसी भी नए सिद्धान्त का प्रतिपादन वेद को प्रमाण मानकर ही किया जाता था, परन्तु रसिकों ने स्वामीजी की वाणी को ही वेद माना, क्योंकि वह प्रत्यक्ष अनुभव की वाणी है। "रसदेश" विद्रोही-चिन्तन है, यहाँ विद्रोह को मलिन-भाव के रूप में नहीं, स्वतन्त्रता के भाव में देखा जाना चाहिए। यह तो प्रेम का देश है। प्रेम किसी की मर्यादा नहीं मानता। प्रेम की अपनी ही मर्यादा है।

यहाँ इस तथ्य की ओर ध्यान बलात् आकर्षित होता है कि रसिकों ने प्रेम के पन्थ में वेद की मर्यादा को भी तिलाञ्जलि दे दी है। वेद के सम्बन्ध में उन्होंने बेधड़क होकर लिखा है कि वेद से हमें क्या लेना है और उसका हमें क्या देना है। रसिक-भक्त वेद से बँधे हुए नहीं है —

वेद दृढावै कर्म कों जनम-मरन नहिं जाइ।[१] (ललितकिशोरी)

श्रीबिहारिनदेवजू का कथन है कि वेद-रूपी रस्सी के जाल ने समस्त जगत् को उसी प्रकार बाँध दिया है, जैसे पशु बन्जारे के वश में होकर चलता है —

वेद रिचा रिजु बिबस भ्रमै ज्यों पसु बनजारा[२]

श्रीरसिकदेव ने वेद-धर्मों को कर्म-बन्धन बताया है —

वेद के थापे जे सब धर्म, ते सब कहियत बंधन-कर्म।[३]

ललितकिशोरीजी ने तो वेद के प्रामाण्य पर शंका कर दी कि वेद कहता है नेति, पर इसका प्रमाण क्या है ? वेद को नित्य-विहार का अता-पता भी नहीं मिला, इसलिए कह दिया — नेति। "वेद बतावत नेति करि..."

है नाहीं सो कहि गयौ ताकौ कहा प्रमान ?
गौर स्याम अनभौ मिलै, तजौ वेद विधि कान।[४]

ललितकिशोरी जी कहते हैं —

वेद कह्यौ जिहि नेति ताहि कहि देत हैं।
कह्यौ वेद यह आहि ताहि नहिं लेत हैं।
निर्गुन सर्गुन वेद कह्यौ विस्तार रे।
हरि हाँ इन दोउनते परे लह्यौ निरधारि रे।[५]

अथवा

---

१. श्रीनिकुंजविहारिणी : रससागर, पृ० ७०६।
२. वही, पृ० ४१४।
३. वही।
४. वही, पृ० ७५३।
५. वही, पृ० ७३९।

कहा पढ़ावत वेद भेद नहिं सूझई।

अथवा

निगम कहत जिहि अगम करि, सुगम कहत हम ताहि।[१]

वेद पढ़ते-पढ़ाते रहो परन्तु नित्य-विहार का तत्त्व तुम्हारी समझ में नहीं आ सकता। जिस तत्त्व को वेद "नेति" कहता है, उसे तो हम प्रत्यक्ष देखते हैं और कह देते हैं और जिस निर्गुण-सगुण का वेद विस्तार से वर्णन करता है, वे तो पीछे ही छूट गए हैं, इसलिए वेद के निरूपण को हम स्वीकार नहीं करते। बिहारिनदेवजू की वाणी है —

वेद न कह्यौ सो हम कियौ, लोगन कौ मत छाँड़ि।

अथवा

बिहारिदास बिहार में, वेद न पाबै आनि।
सखी जिबाबै प्रेम सों, महामधुर रस दानि।

ललितकिशोरीजी ने कहा कि हे वेद! आ तुझे रहस्य दिखाऊँ, तू जिसे नेति कह रहा है, मैं तुझे आँखों से दिखाता हूँ, आ —

आउ वेद, तोहि भेद बताऊँ, नेति-नेति कौ भेद लखाऊँ।

श्री बिहारिनदेवजू कहते हैं कि —

जा पथ कों पछतात है वेद, लहै नहिं भेद रहै जकि जाकौ।

नित्य-विहार के सम्बन्ध में देखा-सुना, तो वेद पछताने लगा कि हाय, हमें इस रहस्य का ज्ञान नहीं हो सका, वह बेचारा ठगा हुआ सा जका-थका सा हो रहा है। रसिकों की वाणी को ही वेद का दर्जा देने वाले संतों ने कबीर (संसकिरत है कूपजल भाखा बहता नीर) की भाँति यह कहा —

वेद पुरान कुआ सम जान, बिन गुन काहू देत ना पानि।
संतन बानी प्रकट प्रवाह, सब जीवन कौ करै निबाह।

बिहारिनदेवजू ने वेद के साथ लोक को भी हाथजोड़ कर प्रणाम कर दिया —

कहा बिगार्‍यौ वेद कौ, कहा लोक कौ लेंहु।

वेद का मैंने क्या बिगाड़ा और लोक से मुझे क्या लेना? वे कहते हैं —

वेद ढँढोरा लोक कौ, टेरत ढोल बजाय।[२]

प्रेम साम्राज्य अनोखा है, यहाँ धर्म-कर्म ज्ञान, यज्ञ, तप, योग की ऊहापोह नहीं है। यहाँ विधि-निषेध तो जंजार की तरह माने जाते हैं। बिहारिनदेवजू की वाणी है —

तप तीरथ व्रतनेम होम संजम के श्रम उपजैयै।
मथत कपास निरास मंद मति कहत काढ़ि घ्यौ खैयै ।
रसिक अनन्य भयें सुख पैयै।

---

१. श्रीनिकुंजविहारिणी : रससागर, पृ० ७३६।
२. दे० रसोपासना तिलक, पृ० २३४-३६।

व्यासवाणी है —

रसिक अनन्य हमारी जाति।
गोत गुपाल, जनेऊ माला, सिखंडि हरि-मंदिर भाल।
हरि गुन-ग्राम वेद धुनि सुनियत, मूँज पखावज कुस करताल।
साखा जमुना, हरिलीला षट्कर्म प्रसाद प्रान धन रास।
सेवा विधि निषेध, जड़ संगति, वृत्ति सदा वृंदावन वास।
स्मृति भागवत, कृष्ण नाम संध्या-तर्पन गायत्री-जाप।
बंसी रिषि जजमान कल्पतरु, व्यास न देत असीस सराप।

सन्ध्या के सम्बन्ध में श्री जीवगोस्वामी का कथन है —

हृदाकाशे चिदानंदं मुदाभाति निरन्तरम्।
उदयास्तं न पश्याम : कथं संध्यामुपास्महे।
सद्भक्तिदुहिता जाता माया भार्या मृताधुना।
अशौचद्वयमाप्नोति कथं संध्यामुपास्महे।

५४

कौन बात जो अब ही और अब ही और अब ही और।
देव नारि नागनारि और नारि, ते न होइ और की और॥
पाछें न सुनी, अबहू, आगें हू न ह्वै है, यै गति अदभुत रूप की, और की और।
श्रीहरिदास के स्वामी स्यामा कुंजबिहारी या रस ही बस भए, यह भई और की और।

५४.१ केलिमाल : समाधिभाषा

केलिमाल स्वामी श्रीहरिदास की समाधि-भाषा है। माना जाता है कि वैदिक-ऋषियों ने समाधि में वेद के मन्त्रों का दर्शन किया था। स्वामीजी ने समाधि में जो प्रत्यक्ष किया, वह "केलिमाल" है। कवि लोगों ने काव्य-रचना की, वे रचना के प्रति सजग हैं। उन्हें ध्यान है कि वे रचना कर रहे हैं। कालिदास कहते हैं — "मन्द: कवियश: प्रार्थी।" श्री रूपगोस्वामी पाद ने रसशास्त्र लिखा, तो वे शास्त्र-रचना के प्रति सजग हैं। कितने ग्रन्थों का अध्ययन उन्होंने किया था? स्वामीजी समाधि में है, इसलिए रचना के प्रति सजग नहीं हैं। वे अपने देह-भाव में ही नहीं हैं — "देह विदेह भये जीवत ही बिसरे विश्व-विलास।" जो अपनी देह के प्रति ही सजग नहीं है, वह रचना के प्रति सजग कैसे हो सकेगा? उन्होंने गाया और केवल गाया, उन्होंने जो भी गाया, वह ध्रुपद बन गया। उन्होंने जो भी गाया, जैसे भी गाया, जो गाया, उसमें लय भी आ गई, ताल भी आ गई, राग भी आ गया और रस भी आ गया, क्यों आ गया? इसलिए आ गया कि उनके अन्तर्तम में कहीं राग था, ताल थी, लय थी। अन्तर्तम का सौन्दर्य-माधुर्य-आनन्द उनके गायन में व्यक्त हो गया या कहिए कि छलक पड़ा। जो छलकता है, वह छलकने का हिसाब तो लगाता नहीं। समुद्र में लहरें उठती हैं, तो समुद्र उन तरंगों का हिसाब तो लगाता नहीं कि इतने मीटर ऊँची लहर उछलनी है। आचार्य रामचन्द्र शुक्ल ने स्वामीजी के ध्रुपद पढ़े तो उनके मुख से निकला — "ऊबड़खाबड़। कोई छन्द नहीं है, कोई मात्रा नहीं है।" शुक्लजी ने ऊपर-ऊपर से देखा था, फिर उनकी अपनी मान्यता थी, अपने आग्रह थे, अपने आग्रहों के प्रति सजग थे। वे इतना ध्यान नहीं दे सके कि स्वामीजी काव्य-रचना के प्रति सजग नहीं है। जो भी कुछ हुआ, भाव के प्रवाह में हो गया। यह "केलिमाल" की विशेषता है। "केलिमाल" का नामकरण किसने किया, इस बात का ही पता नहीं। १८०४ विक्रमी सम्वत् की प्रति "रसिक-बिहारी-कुञ्ज-ग्रन्थागार" में है, वह सबसे प्राचीन मानी जाती है, उसमें इन पदों को "परम उज्ज्वल रस" नाम दिया गया है। "केलिमाल" नाम का पहला उल्लेख श्री राधाशरणदेव (सम्वत् १८६८ तथा १८७८) की टीका "वस्तुदर्शिनी" में मिलता है। १८०४ से १८७८ के बीच किसी महात्मा ने इसका नामकरण किया होगा। स्वामीजी अपनी रचना के प्रति सजग होते, तो पदों का स्वयं ही संग्रह भी करते और उसका नामकरण भी करते। "केलिमाल" के सम्बन्ध में पिछले पृष्ठों में कहा जा चुका है कि वह अभिव्यक्ति नहीं, अनुभूति है। इसलिए यह अनुभूति एक बड़ा प्रमाण है। यह केवल काव्य ही नहीं है, एक दर्शन है, एक भाव-मीमांसा है, एक तत्त्व-बोध है, एक सौन्दर्यशास्त्र है। इसे भारतीय सौन्दर्यशास्त्र का महान् सूत्र-ग्रन्थ कहा जाए, तो यह उचित ही होगा।

५४.२ रूप की अद्‌भुत गति और की और : यह कौन बात

"रूप की अद्‌भुत गति और की और" सौन्दर्यशास्त्र का एक सूत्र है। सौन्दर्य की गति अद्‌भुत होती है। सौन्दर्य स्थिर वस्तु नहीं है। सौन्दर्य केवल वस्तु में है? या भाव में है? सुन्दरता कहाँ है? क्या जिस रूप को आँखें देख

रही हैं, उस रूप में सौन्दर्य है या देखने वाले की दृष्टि में सौन्दर्य है? उसके भाव में सौन्दर्य है? विषय में सौन्दर्य है या विषयी में सौन्दर्य है? द्रष्टा में सौन्दर्य है या दृश्य में सौन्दर्य है? सौन्दर्य एकांगी नहीं है, एक-पक्षीय नहीं है, वह केवल विषयगत हो, सो भी नहीं है और अनुभूति करने वाले के मन में ही हो, सो भी नहीं है, सौन्दर्य दोनों के संवाद में है। यह संवाद-वाचिक ही हो, सो बात नहीं है, नयन भी संवाद करते ही हैं, मन भी संवाद करता है।

मन अपने से ही संवाद करता है। यह संवाद निरन्तर हो रहा है, जैसे जल में लहरें उठती हैं, उमंगती हैं, भगवतरसिक ने इच्छाद्वैत कहा। इच्छा किसकी है? जो उपासक है, उसकी इच्छा है। वह इच्छा "रूप" को बुन रही है और उस बुने हुए "रूप" पर मुग्ध हो रही है। निरन्तर गतिशील है। इच्छा की एक अवस्था सौन्दर्य है और दूसरी अवस्था प्रेम है। प्रेम से सौन्दर्य और सौन्दर्य से प्रेम। निरन्तर गति और उसमें अद्‌भुत बात यह कि "मिले ही रहत मानों कबहू मिले ना।" कल्पकल्पान्तर बीत गए, मिलन शाश्वत है, नित्य है, निरन्तर है, परन्तु लगता है कि पहले कभी मिले ही नहीं और प्रतिक्षण यही अनुभव होता है। इसीलिए सौन्दर्य की गति है — "और की और।" बिहारी ने एक दोहा लिखा है —

लिखन बैठ जाकी सबी, गहि गहि गरब गरूर।
भये न केते जगत के, चतुर चितेरे कूर।

बड़े-बड़े चित्रकार आए कि इस सौन्दर्य का चित्र हम अंकित करेंगे, परन्तु सौन्दर्य तो पल-पल परिवर्तित हो रहा है। चतुर्भुजदास ने एक पद लिखा है —

आज और काल और दिन प्रति और-और।

श्री ललितकिशोरी कहते हैं कि राधे के रूप में छिन-छिन तरंगें उठती हैं — "राधे रूप रसाल छिन-छिन उठत तरंगें अति।"

रूप की यह गतिशीलता और अदभुत गतिशीलता एक चमत्कार है।

रूप बढ़ै इत, चाह उत, उन्हें मिलन की बान।

कभी न देखी, कभी न सुनी और कभी भी अनुभव न की हुई वस्तु, पदार्थ या भाव की अनुभूति चमत्कार है। आनन्द की सघनता तथा उसकी चमत्कृति का नाम रस है। चमत्कार-प्राण आनन्द का नाम रस है।

बहिरन्तःकरणयोर्व्यापारान्तररोधकम्।
स्वकरणादिसंश्लेषिचमत्कारिसुखे रसः।

बाहर की इन्द्रियां और अन्तःकरण (अन्तरिन्द्रियां) के व्यापार जिस मन:स्थिति में रुक जाते है, स्तम्भित हो जाते हैं, अवरुद्ध हो जाते हैं, अन्य किसी भी विषय का ध्यान बिसर जाता है, वह कैसी मन:स्थिति होती है? जब विलक्षण अद्‌भुत और चमत्कारी आनन्द की अनुभूति होती है। प्रतिक्षण चमत्कार दीखे, क्षण-क्षण नवता का आभास हो, आस्वादन की प्यास क्षण-क्षण बढ़ रही हो — "छिन छिन बदन निहारी। छिन छिन प्रीत नई नई उपजत। छिन छिन बाढ़ै रूप सबाई। छिन-छिन अति आनंद बढ़ावै।" यह आस्वादन और आस्वादन की चमत्कारिता रस है। यही आस्वाद्य है और यही आस्वादन है। रस ही रस का आस्वादन कर सकता है। शृंगार रस और उज्ज्वल रस के भेद को ध्रुववाणी में एक पंक्ति के द्वारा स्पष्ट किया गया है —

नायक तहाँ न नायिका रस करबाबत केलि।

शृंगार रस में हेतु या आलम्बन विभाव हैं — नायक और नायिका, जबकि उज्ज्वल रस में स्थूल नायक नायिका नहीं हैं, स्वयं रस ही दो रूपों में केलि कर रहा है। यह रस स्वयं निष्पन्न है, इसका कारण वह स्वयं ही है। "राधासुधानिधि" में रस को "परम आनन्द का सार-तत्त्व" बतलाया गया है। "रसदेश" में युगल परस्पर आश्रय-आलम्बन है। दोनों प्रेमोत्सव-परायण हैं। यह प्रेमोत्सव, यह लीला, यह विहार रूप की प्रतिक्षण "और की और" हो जाने वाली अद्‌भुत-गति है।

परन्तु प्रश्न यह है कि इस अद्‌भुत गति का रहस्य क्या है? सुन्दरता में गति है और यह गति क्यों है? यह कौन बात? "इसका कोई कारण तत्त्व है? नहीं।" कार्यकारण-वर्जिता यह दिव्य अनुभूति है। यही अद्‌भुत है। "मन के मनोरथ तरंग-अपार सुंदरता तहाँ गति भूली।"

५५

माई, ए बसीठ इनके, वे इनके और धौं को परै बीच।
हाथापाई करत जु स्त्रम भयौ अंग अरगजा की कीच॥
प्यारीजू के मुख-अंबुज कौ डहडहाट ऐसौ लागत ज्यौं अधर-अमृत की सींच।
श्रीहरिदास के स्वामी स्यामा कुंजबिहारी के रागरंग
लिपटान के भेद न्यारे ज्यों पानी में पानी नरीच॥

५५.१ हाथापाई करत

बिहारिनदेवजू ने रतियुद्ध का चित्र अंकित किया है —

चँवर चिकुर चमकत मनसिज के फौजन सिलह सजाइ।
कंचुकी कवच कसत कटि गाढ़े पीरे वसन बनाइ।
बीरी बसीठ चुनौती दै सखि, कीजियै जुद्ध अघाइ।
घोष रोस हनि बचन निसाने, चढ़े तुरंग चित-चाइ।
छोटी खुरी कटाक्षनि खूँदत, उपजत अगनित-भाइ।
बोलत भृंग बखानत विरदनि, सुनत सरस सहनाइ।
उमड़ि परत समुहाइ सुभट नट, नख छत छबि रहि छाइ। (रससागर, पृ० ५२५)

ललितकिशोरी की वाणी है —

रन रस में हैं धीर दोउ, नेंक न होत अधीर।

नागरीदेवजू की वाणी है —

नवल कवच कसि कंचुकी नवल वसन अभिराम।
नवल सुभट सनमुख जुरे नवल करत संग्राम।
नवल भृकटि धनुषनि धरें, नव नैन कटाछनि बान।

भगवतरसिक के शब्द हैं —

भगवत समर-समर में भट दोउ, लरत मुरें मुख नाहीं।

सुरत-युद्ध का वर्णन "सूरसागर" में भी है —

दोऊ राजत रति रन धीर।
महासुभट प्रगटे भूतल वृषभानसुता बलवीर।
भोंहें धनुष चढ़ाइ परस्पर सजे कवच तनु चीर।
गुन-संधान निमेष घटत नहिं, छुटे कटाच्छन तीर।
नख नेजा आकृत उर लागें, नेंकु न मानत पीर।
सूरदास स्वामी अरु प्यारी बिहरत कुंज-कुटीर।[1]

---

१. सूरसागर, पृ० ९१८।

दोनों योद्धा धैर्य के साथ समर में डटे हैं, कवच भी, धनुष भी, प्रत्यञ्चा भी, तीर भी। घात-प्रतिघात कर रहे हैं, पीड़ा नहीं मान रहे —

रुपे संग्राम रति-खेत नीके।
एक सों एक रनबीर जोधा प्रबल मुरत नहिं नेंकु अति सबल जी के।
भोंह कोदंड सर नैन धानुषि काम छुटनि मानों कटाच्छनि निहारें।
हंसनि दुज चमक करवरन लौं है झलक नखनि छत घात नेजा सम्हारें।
पीत पट डारि कंचुकी मोचत करन, कवच सन्नाह सो छुटे तनतें।
भुजा भुज धरत मनु द्विरद सुंडनि लरत उर उरन भिरे दोउ जुरे मन तें।
लटकि लपटानि मानौ सुभट लरि परे खेत रति सेज रुचि ताम कीन्हे।
सूरप्रभु रसिक प्रिय राधिका रसिकनी कोकगुन सहित सुख लूट लीन्हे।[१]

एक योद्धा दूसरे योद्धा की भुजा पर हाथ रखता है। सूरदासजी कहते हैं जैसे दो हाथी अपनी-अपनी सूँड़ से लड़ रहे हैं। हितहरिवंशजी ने काम-विजय इन शब्दों में चित्रित की है —

अनंगजयमंगलध्वनितकिंकिणी डिंडिमः
स्तनादिवेरताड़नैर्नखरदन्तघातैर्युतः।
अहो चतुरनागरीनव कशोरयोर्मञ्जुले,
निकुंजनिलयाजिरे रतिरणोत्सवोजृंभते।[२]

रतियुद्ध का चित्र अंकित करते हुए हितप्रभु कहते हैं — नवनिकुञ्ज में किशोर और किशोरी का रति-युद्ध चल रहा है। काम-विजय की सूचक मंगल-ध्वनित किङ्किणी का डिण्डिमनाद हो रहा है, नख और दन्तच्छद का घात-प्रतिघात है, स्तन आदि का ताल-स्वर गूँज रहा है। लय बनी हुई है।

५५.२ लिपटान के भेद न्यारे

आलिंगन अद्वय-भाव है। दोनों एक हो जाते हैं। केलिमाल में श्यामा-श्याम उसी प्रकार लिपटे हैं, जैसे लता वृक्ष से लिपट जाती है — “लिपटात ज्यों तरु तमाल” (२१)। कितने ही चित्र हैं — “गहि लपटाय रहे दोऊ” (२५), “लाग लपटाय रहे छातीसों छाती” (९३), “गहि लपटाय रहे मान सबै सुखचैन” (८०), “कुंजबिहारी सों मिल पौढ़ी” (१०५), “राधे हँसि कंठ लगावत” (९७), “छलकें गरे लगाई रमेत” (३९), “लै डुबकी गरें लागे” (८३)।

५५.३ अधरामृत की सींच

अधरामृत-पान केलि का रस है। केलिमाल में इसके अनेक बिम्ब है — “अधरन च्वाय लेउ सबरौ रस” (७५)। भगवतरसिक कहते हैं — “अधर मद पीबत पिबावत तृपत नहीं दिन रैन।”

गीतगोविन्द में श्रीकृष्ण कहते हैं — “अधर-सुधारसमुपनय भामिनि, जीवय मृतमिव दासम्।”

जब अधरपान करते हैं तब कुछ और अच्छा नहीं लगता —

---

१. सूरसागर, पृ० ९५०।
२. राधासुधानिधि, श्लो० २२४।

क्रीडाकूतविलोकितेऽधरसुधापाने कथानर्मभिः। (पृ० ३८७)

ललित किशोरीजी की पंक्ति है —

अधर पान दै नित्य किसोरी मंद मंद मुसकाई। (श्रीनिकुंजविहारिणी : रससागर, पृ० ८४९)

बिहारिनदासजी ने कई जगह अधरपान का चित्र अंकित किया है —

अति सुख मुख मधुरे मधुरे पान करत प्रीतम न अघात। (वही, पृ० ४८९)
हरखि हरखि हियें ग्रीव भुज भरि लियें अधर मधुर पियें जियें सत मैन।
अति आनंद सुधाधर पीबत पिबावही। (वही, पृ० ५२२)

सूरदासजी ने मुरली-प्रसंग में बार-बार अधरसुधा का उल्लेख किया है —

अँचवति अधर सुधा बस कीन्हे अब हम कहा करें माई (सूरसागर, पृ० ४९१)
अधरसुधा पीवत मोहन कौ (वही, पृ० ४९३)
बारंबार अधररस प्यावत उपजावत अनुराग। (वही, पृ० ६९७)

५६

कस्तूरी कौ मर्दन अंग में कियैं, मुरली धरैं पीतंबर ओढैं कहति राधे हौं ही स्याम।
किसोर कुंकुमा कौ सिंगार कियैं सारी चुरी खुभी नैनन दियैं स्याम।
बाँह गहि लै चले, चलियै जू कुंज में चितै मुख हँसैं, मानौ एई स्याम।
श्रीहरिदास के स्वामी स्यामा कुंजबिहारी, छाती सों छाती लगायैं गौर-स्याम॥

५६.१ मन के मनोरथ तरंग अपार

मन में तरंग आई तो राधा ने कृष्ण का रूप धारण कर लिया और कृष्ण राधा बन गए — ''नंदनंदन तिय छवि तनु काछे।'' सूरदास कहते हैं कि प्रियतम को इस रूप में देखकर राधा असमञ्जस में पड़ गई कि कहीं सचमुच ही तो ऐसा नहीं है कि मैं पुरुष हूँ, वे नारी हैं —

निरखि पिय रूप तिय चकित भारी।
किधों वै पुरुष, मैं नारि की वै नारि मैं ही हों पुरुष तनसुधि बिसारी।
आप तन चितै सिर मुकट, कुंडल स्त्रवन, अधर मुरली भाल बन विराजै।
उतहिं पिय रूप सिर माँग बैनी, भाल बेंदी बिंदु महा छविछाजै।[1]

केवल वेश ही नहीं बदला, स्वभाव भी बदल गया है। राधा का स्वभाव मान करने का है और श्यामसुन्दर का स्वभाव मान पर रीझने का है। मनुहार करने का है। इस मान-मनुहार का बड़ा जीवन्त चित्र सूरदास ने अंकित किया है। श्यामसुन्दर राधा बने हैं तो मान कर रहे हैं और कृष्ण बनी राधा उन्हें मना रही हैं —

कहति नागरी स्यामसों तजि मान हठीली।
हमते चूक कहा परी तिय गर्व गहीली।
हँसतहि में तुम रिस कियौ कह प्रकृति तुम्हारी।
बार बार कर धरति है कहि कहि सुकुमारी।
निठुर भई हौ लाड़ली कबके हम ठाड़े।
तुम हम पर रिस करत हौ, हम हैं तुव चाढ़े।[2]

मान की लीला है। सचमुच में रूठने का तो कोई अर्थ है नहीं, पर अभिनय है, वो इतना सजीव है कि लाड़ली बार-बार चरणों में गिरकर हाहा खाती हैं, मनुहार करती हैं परन्तु लाल तनिक भी द्रवित नहीं हुए, निठुर होकर बैठ गये हैं —

लाल निठुर ह्वै बैठि रहे।
प्यारी हा-हा करति मनावति, पुनि-पुनि चरन गहे।[3]

---

१. सूरसागर, पृ० ९५६।
२. वही, पृ० ९५५।
३. वही, पृ० ९५६।

श्रीललितकिशोरदेव की साखी है —

ए दोऊ अनुराग में, अदल बदल है जाँय ?

श्री बिहारिनदेवजू ने एक पद लिखा है — साँवरी सहेली —

मनमोंहन भेष पलटि चले, साँवरी सहेली अपनों नाँउ बनाइ।
प्रेम सहेली सों मिली श्री स्यामा मोहि मिलाय।

राधा के श्यामसुन्दर वेश का एक चित्र महाप्रभु हितहरिवंश ने प्रस्तुत किया है। कस्तूरी का अंगराग लगाकर श्रीराधा साँवली बनी हैं, रेशमी पीताम्बर धारण किया है, अपने जूड़े में मोरपंख बाँधा है। वंशी बजाते हुए वे श्यामसुन्दर के रूप में सजी हैं —

मृगमद कृत चर्चा पीतकौशेय वासा
रुचिर शिखि शिखंडाबद्ध धम्मिल्लपाशा।
अनु जुनि हितमंसे वंशमुक्त्वाणयन्ती
कृत मधुरिपु वेशा मालिनी पातु राधा।

५७

प्यारी, तेरौ बदन-चंद देखैं, मेरे हृदै-सरोवर में कमोदनी फूली।
मन के मनोरथ तरंग अपार, सुंदरता तहाँ गति भूली॥
तेरौ कोप-ग्राह ग्रसें लिऐं जात, छुड़ायौ नहिँ छूटत, रह्यौ बुधि बल गहि झूली।
श्रीहरिदास के स्वामी स्यामा चरन-बनसी सों काढ़ि रहे लिपटाइ गही भुज मूली॥

५७.१ वदन चंद : कमोदिनी फूली

महाकवि भवभूति कहते हैं —

व्यतिषजतिपदार्थान् आंतरः कोऽपि हेतुः
न खलु बहिरुपाधीन् प्रीतयः संश्रयन्ते।
विकसति हि पतंगस्योदये पुंडरीकं
द्रवति च हिमरश्मावुद्गते चंद्रकांतः।[१]

पदार्थों को एक सूत्र में जोड़ने वाला कोई हेतु आन्तरिक होता है, बाहर का नहीं । सूर्य के उदय होने पर कमल विकसित होता है और चन्द्रमा के उदय होने पर चन्द्र-कान्तमणि द्रवित हो जाती है। सहस्रों मीलों की दूरी है। फिर भी कोई आन्तरिक-कारण है। इसी प्रकार प्रेम आन्तरिक-आकर्षण से जन्म लेता है। उसका कोई बाहरी हेतु नहीं होता। विद्यापति कहते हैं — "प्रेम किसी हेतु का विचार नहीं करता।"

"वदनचन्द्रसौन्दर्य" और "कमोदिनी फूली प्रेम"। यह सौन्दर्य और प्रेम का सम्बन्ध है। चन्द्रमा की किरणों का संस्पर्श पाया और कमोदिनी प्रफुल्लित हो गई।

सुन्दरता कहाँ है ? मन में है। संगीत कहाँ है ? मन में है। प्रेम कहाँ है ? मन में है। मन में व्यग्रता है तो रूप कितना ही सुन्दर हो, आकर्षण नहीं होगा। मन ही सौन्दर्य का भावन करता है, मन ही मुग्ध होता है। आकर्षण, मोहन, मादन की प्रक्रिया मन में ही होती है। मन में अनन्त मनोरथों का जन्म होता है, जैसे जल में लहरें उठती हैं। मन परम कारण है — "मनः परमकारणमामनंति संसारचक्रं परिवर्तयेद्यत्।" (भागवत ११.२३.४३)

५७.२. सुंदरता तहाँ गति भूली

रसदेश सौन्दर्य-माधुर्य का देश है। स्वामी श्रीहरिदास के "केलिमाल" में सौन्दर्य-माधुर्य समाया हुआ है — "अंग अंग अनंग झलकत" (२१), "तेरौ वदन अमृत की अंक" (०७), "जोबन रंग रंगीली सोने से गात" (२१), "दुति कों दुति लेखनी न कागत" (२८), "छवि निरखत लागत नाहीं पलकें" (१०४)। स्वामीजी बार-बार कहते हैं — "बरनी न जाइ छबि।" बिहारिनदेव कहते हैं — "छिनछिन या सुखै कासों कहों। कहों री जो कहिबे की होय।" सुन्दरता की सूक्ष्मता, सुन्दरता की विराटता, सुन्दरता की अगाधता, सुन्दरता की अनिर्वचनीयता, फिर कहा कि सुंदरता की पराकाष्ठा, जहाँ स्वयं सुन्दरता ही अपनी सुन्दरता को भूल जाए।

---

१. उत्तररामचरित।

भक्त ध्रुवदासजी ने उस सुन्दरता की छवि अंकित की है —

छबि ठाड़ी कर जोरै, गुन कला चौंर ढोरै,
दुति सेवै तन गोरे, रति बलि जाति है।
उजराई कुंज ऐन सुघराई रची सैन,
चतुराई चितै नैन अति ही लजाति है।
राग सुनि रागिनी हू होत अनुराग बस,
मृदुताई अंगन छुवति सकुचाति है।
हित ध्रुव सुकुमारी पुतरीन हूते प्यारी,
जीवत देखें बिहारी सुख बरसाति है।

५८

प्यारी तेरौ बदन कनक कोकनद स्त्रम-जल-कन सोभा देत री।
तामें तिल दीठ परत ही मन हर लेत री।
उर तन जात पात प्रानन कों, कटि सों कर संकेत री।
श्रीहरिदास के स्वामी स्यामा कुंजबिहारी कहत अचेत री॥

५८.१ तामें तिल दीठ परत

प्रियाजू के मुख-कमल पर श्रम-बिन्दु और तिल की शोभा का रसिकों ने अनेक प्रकार से वर्णन किया है —

गोरे मुख पै तिल बन्यों, ताहि करों परनाम।
मानों चंद बिछाय कें, पौढ़े सालिगराम।

तिल के लिए बिम्ब दिया शालिग्राम का। उत्प्रेक्षा की कि मानो चन्द्रमा की चटाई बिछाकर उस पर शालिग्राम विराजमान हो गए हैं। पौढ़ गए हैं।

ललितकिशोरीजी ने कहा है —

कमल कपोल तिल अलि छोंना, हलै न डुलै रहै मुख मौना।
चारु चिबुक स्याम रंग बिंदु, मानों अलि सुत बींध्यौ फंद।

महावाणी में श्री हरिव्यासदेव ने भी — "स्यामल बिंदु चिबुक" का उल्लेख किया है। मयारामजी की पंक्ति है —

मुक्तातति द्वैतमिदं हि कीदृक् युग्मं तिलं ते ललिते कपोले।

५८.२ स्त्रम जल कन

जयदेव ने "विश्रमित श्रम सीकर" कहा, हरिव्यास ने कहा — "श्रम बन बूँद वदन तन सोहत मोहत मनमोहन मद माते।"[१] हितहरिवंश प्रभु ने कहा — "विचित्रवरतांडवश्रमजलार्द्रगंडस्थलौ।"[२]

स्वामीजी ने कई पदों में श्रमबिन्दु की शोभा को चित्रित किया है — "अति सुकुमार वदन स्त्रम बरसत" (१९), "स्त्रम जल कन नाहीं होत मोती माला कों देहु" (२७)।

यहाँ प्यारीजू के सुरतान्त रूप की छवि अंकित करते हुए स्वामीजी ने उनके कान्तिमान मुख को कनक कोकनद (सोने का कमल) बताया और उस पर श्रमबिन्दु-रूप मोतियों की जगमग।

प्रियतम इस सुन्दरता के सिन्धु में तैरते-तैरते डूब जाते हैं। मुग्धता की वह सीमा, जहाँ चेतना लुप्त हो जाती है — "कुंजबिहारी कहत अचेत री।" अपनी सुधि नहीं रहती — प्रेम विह्वलदशा।

श्री वंशीअलिजी ने राधिका के गायन के समय प्रियतम के प्रेम विकल होने की बात कही है —

संगायमानां विलोक्य राधिकां विमूर्छितः संपतितोति विह्वलः।[३]

---

१. महावाणी, पृ० २१५।
२. राधासुधानिधि, श्लो० ५८।
३. श्रीवृषभानुपुरमाधुर्यशत, श्लोक ६३।

५८.३ कटि सों कर संकेत री

"नित्य केलि" में कौन-सी बात कैसे कह दी जाती है! इसे कौन बता सकता है ? यह तो रहस्य है, और रहस्य का रहस्य ही बना रहता है। रहस्य की वे गहराइयाँ डूबने के लिए ही तो हैं। "अनबूड़े बूड़े तिरे जे बूड़े सब अंग।" रस का समुद्र तैरने के लिए नहीं डूबने के लिए है। अभिव्यक्ति के लिए नहीं, अनुभूति के लिए है। शब्द इसकी थाह नहीं पा सकते, क्योंकि शब्द स्थूल है। केलि में अंग-प्रत्यंग का स्पन्दन भाषा बन जाती है। "नैंकु कही बैनन अनेक कही सेंनन सों"। ललितकिशोरीजी ने साखी लिखी है —

> **कबहुँक स्वामिनि श्रवन सुनि, नैनन में मुसिक्याइ।**
> **कबहुँक गूढ भाव आतुर करै, सुमिरि लाल अकुलाइ।**
> **काम केलि सुमिरन करै, कटि लटकन कौ भाव।**
> **हाहा स्वामिनि करुनानिधि अंग सुअंग समाव।**
> **सैन देत मृदु स्वामिनी भाग्यवान पिय भूरि।**
> **सकल अंग भरि भामिनी काम प्रेम रस पूरि।**[१]

कटि लटकन का भाव काम-केलि का स्मरण करा देता है। गूढभाव है, इसे रसिक ललिता-सखी जानें या प्रिया और लाल जानें।

बिहार में अंगों के संकेत का मेला लगा है —

> **मेला रहै बिहार में अंगन कौ संकेत।**[२]

---

१. रससागर, पृ० ८३०।
२. वही, पृ० ८१९।

५९

एक बोल, बोल दै जू, मान न करों।
मन बच क्रम तीन हूँ तें न टरों॥
तेरे ही कियैं मान, व्याप होत तन, कहि कैसें कै भरौं।
श्रीहरिदास के स्वामी स्यामा कुंजबिहारी कहत री प्यारी कैसें कै लरों॥

५९.१ मान : सूक्ष्म विरह

"भूलें भूलें हू मान न कर री प्यारी" (पद सं० १०) और "काहे कों मान करत" (पद सं० ३९) की व्याख्या में मान-रस की चर्चा की जा चुकी है। "रसदेश" में स्थूल मान नहीं है — "तहाँ नहीं कछु श्रम तम न गम विरह भ्रम मान लवलेस प्रवेस न प्रसंगी।"[१] मान का वहाँ कोई कारण ही नहीं है। पिछले पृष्ठों में "अद्वय तत्त्व" का प्रसंग भी आ चुका है — द्वयात्मक, अद्वयता अथवा सामरस्य, अविनाभाव। शब्द और अर्थ, जल और लहर तथा मेघ और दामिनी, विच्छिन्न होने की कल्पना भी नहीं है।

प्रेमा-भक्ति के मार्ग में विरहासक्ति की बड़ी महिमा है। जितने भी प्रेम-काव्य हैं, प्राय सभी में संयोग से भी अधिक वियोग की महिमा है। "भागवत" में उद्धव-गोपी-संवाद (स्कन्ध १० अध्याय ४७) है, इसमें गोपियों की विरहासक्ति का जैसा चित्रण हुआ है, वह रागानुगा-भक्ति का अद्भुत उदाहरण है। सूरदास के भ्रमरगीत में गोपियों की प्रेम-साधना का अनूठा प्रतिपादन है। "उज्ज्वलनीलमणि" में विप्रलम्भ की दस दशाओं का प्रतिपादन है। वृन्दावन के रास-रस के गायकों ने रास के नौ अंग माने हैं —

नवहि अंग हैं रास के होरी चोरी दान।
छलकरन, बन, रितु गमन, विरह, मिलन अरु मान।

प्रेम-साधना में विरहानुभूति के सम्बन्ध में सूफ़ी-साधकों का भी अपना दृष्टिकोण है। भक्तिरस-शास्त्र और काव्य-शास्त्र दोनों में ही माना गया है कि विरहानुभूति के बिना प्रेम की पूर्णता नहीं है, जबकि "रसदेश" में स्थूल-विरह की कल्पना भी नहीं है।

विरह का प्रश्न हितप्रभु के सामने भी आया था, उनकी दो कुण्डलियाँ प्रसिद्ध हैं। एक में सारस है, जो जोड़े के साथ ही जीवित रहता है, जोड़े में से एक नहीं रहता तो दूसरा भी प्राण त्याग देता है। दूसरी कुण्डलिया में चकवी है, जो रात्रि में बिछुड़ जाती है परन्तु प्रात:काल प्रिय से मिल जाती है। एक ओर सारस का प्रेम है दूसरी ओर चकवी का प्रेम है। सारस कहता है — हे चकवी, प्रियतम के बिछुड़ने पर तेरे प्राण शरीर में व्यर्थ ही रहते हैं। सरोवर के दोनों किनारों की दूरी, कालरात्रि जैसी अँधेरी रात, बिजली की चमक और बादलों का गर्जन। यह सब होते हुए भी तू प्रियतम के वियोग में अपने प्राणों को नहीं छोड़ती? तुझे लज्जा नहीं आती, सवेरे आँसू पोंछकर तू प्रियतम से मिलने चली आती है? नित्य संयोगी सारस के मन में शंका होती है कि वियोग होने पर चकवी के प्राण शरीर में रहते कैसे हैं —

चकई प्रान जु घट रहै पिय बिछुरंत निकज्ज।
सर अंतर अरु कालनिसि तरफ तेज घन गज्ज।

---

१. रससागर, पृ० ५१७।

तरफ तेज घन गज्ज लज्ज तुहि वदन न आबै।
जल विहून करि नैन भोर किहि भाव बताबै।
हित हरिवंश विचारि वाद अस कौन जु बकई।
सारस यह संदेह प्रान घट रहै जु चकई।

इस पर चकवी उत्तर देती है —

सारस सर बिछुरंत कौ जो पल सहय सरीर।
अगिनि अनंग जु तिय भखै तौ जानै परपीर।
तौ जानें पर पीर धीर धरि सकहि वज्रतन।
मरत सारसहि फूटि पुनि न परचौ जु लहत मन।
हित हरिवंश विचारि प्रेम विरहा बिन वा रस।
निकट कंत कत रहत मरम कह जानें सारस।[1]

अर्थात् हे सारस ! तुम अपनी प्रिय से वियोग होने पर अपना प्राण छोड़ देते हो। तुम प्रेम की पीर को क्या जानो ? यह तो वही जानता है कि जो जीवित रहकर विरह की वेदना को सहता है, प्रेमाग्नि की ज्वाला का अनुभव करता है, अनंग-अग्नि (अंगार) का भक्षण करता है। इस स्थिति में कठोर शरीर वाला ही धैर्य धारण कर सकता है। सारस तो बिछुड़ते ही मर जाता है। उसे विरह का अनुभव हुआ ही नहीं ? हितप्रभु कहते हैं "प्रेम विरह" — के बिना रस की स्थिति विचारणीय है। सारस इस मर्म को नहीं जानता।

वंशीअलिजी का कथन है कि नित्य-विहार में संयोग और वियोग का निश्चय नहीं हो सकता — "संयोगस्य वियोगस्य नहि तत्र विनिश्चति। द्वाभ्यां भिन्नो रसास्माकं स्थितश्चोभयरूपतः।" (श्रीराधासिद्धान्त श्लोक ९६।)

नित्य-विहार की उपासना सामरस्य की उपासना है — शब्द और अर्थ, जल और लहर, मेघ तथा दामिनि — उसी प्रकार श्यामा श्याम। यहाँ विरह की कल्पना भी कैसे हो सकती है ? स्वामी ललितकिशोरीजी ने कहा —

बिछुरन मिलन जहाँ रहै सुद्ध प्रेम नहिं होय।
मिलत मिलत बढै चाह अति शुद्ध प्रेम है सोय।[2]

ललितकिशोरीजी कहते है कि संयोग-वियोग वाला प्रेम विशुद्ध प्रेम अर्थात् रस नहीं है। रस की अवस्था है कि मिलन-मिलन में ही और — अधिक मिलन की चाह है — "मिले ही रहत मानों कबहुँ मिले ना।"

बिनु माननि व्याकुल रहै मिलत ही मिलत अधीर।
तहँ कपट-मान क्यों कीजियै समुझि पिया की पीर।
विरह सु कहियै काम रति, प्रेम कहत संजोग।
काम प्रेम रस केलि मिलि फिर नहिं होत वियोग।

लालजू मान की आशंका मात्र से व्यथित हो जाते हैं — "भुव छेप न जाइ सहा।" नागरीदासजी की वाणी है —

भामिनि तुव भुव छेप हो मोपै सह्यौ न जाय।
अंचल पल अलकावली के अंतर मन अकुलाय।[3]

१. श्री हितचौरासी, संपादक श्रीललिताचरण गोस्वामी, पृ० १७५-७७।
२. रससागर, पृ० ६८९।
३. वही, पृ० ५९६।

बीच में आँचल आ जाए, पलक झपक जाए अथवा आँखों के आगे केश-लट आ जाए, दृष्टि में बाधा पड़ जाए तो प्रियतम को विरह की यातना का अनुभव होता है।

नित्य-विहार का रस संयोग-वियोग-विलक्षण है, जहाँ मिलन में भी मिलन का आभास नहीं है। जैसे "जोरी" विलक्षण है, वैसे ही उसका परस्पर प्रेम भी विलक्षण है।

ध्यान में रखने वाली बात है कि नाम और रूप से तो यह जोड़ी राधा-कृष्ण की ही है किन्तु तात्त्विक दृष्टि से यह निर्गुण-सगुण-विलक्षण है। राधा वृषभानुजा नहीं है और कृष्ण नन्दनन्दन या वासुदेव नहीं है। कबीर के राम दाशरथी नहीं है। यह सांस्कृतिक-प्रवाह है कि वैष्णव-आन्दोलन के रंग में वह तत्त्व भी "अबही और" "अबही और" बन गया।

५९.२ भक्ति-आन्दोलन : सांस्कृतिक प्रवाह : लोकधारा

भक्ति-आन्दोलन की पृष्ठभूमि में बहुत ही प्रबल तत्त्व लोकमानस का, लोकजीवन का उद्वेलन है। लोक के प्रवाह में वे सभी सांस्कृतिक-तत्त्व वैसे ही बह आए हैं, जैसे नदी में बाढ़ आती है और आसपास के "गाँवों-खेतों जंगलों या नगरों के जीवन-उपकरण, वृक्ष या प्राणी" प्रवाह में बह आते हैं।

सांस्कृतिक-प्रवाह को हम सम्प्रदायों की दृष्टि से नहीं देख सकते, हालाँकि सम्प्रदाय-दृष्टि का अपना महत्त्व है।

आचार्य हजारीप्रसाद द्विवेदी ने लिखा है कि —

> साहित्य के माध्यम से यदि हम अध्ययन शुरू करें तो ऐसा लगेगा कि समूचा भारतवर्ष नाना-भाँति की साधनाओं, विश्वासों और अन्त:सम्बद्ध विचारों के सूत्र से कसकर सिल सा दिया गया है। इस सूत्र का एक टांका यदि बंगाल में है तो दूसरा पंजाब में तीसरा मारवाड़ में और आश्चर्य नहीं कि चौथा मालाबार में निकल आए।[१]

इतना विशाल देश है! इतनी प्राचीन परंपराओं वाला देश है, शतकोटिजन की सांस्कृतिक परम्पराएं कितनी विविध हैं? यह विविधता कोई दोष या अभाव नहीं है, यह समृद्धि है और यह बल है कि वे "विविधताएं" किस प्रकार "एक" में समा जाती हैं?

भक्ति-आन्दोलन की पृष्ठभूमि में लोकधारा है। इस धारा में केवल वेदान्त-उपनिषद्-धारा ही है, ऐसा सोचना युक्तिसंगत नहीं होगा। इस धारा में आगम-परम्परा भी है। इसमें आलवार भी हैं, सिद्ध भी हैं, सहजीया-वैष्णव हैं, इसलिए सहजयानी और वज्रयानी भी हैं। योग की परम्परा को छोड़ दें तो "समाधि" की बात कैसे होगी? आउ समाधि भीतर।

सूरदास में योग का खण्डन है —"ऊधौ जोग जोग हम नाहीं। जोग ठगौरी ब्रज न बिकै है, मूरी के पातन के बदले को मुक्ताहल दै है। ए अलि कहा जोग में नीकौ। जोग की गति सुनत मेरें अंग आगि बई।" खण्डन के लिए ही सही, परन्तु यहाँ योग मौजूद है। इसी प्रकार आगम-परम्परा, सिद्धों-नाथों की परम्परा, सहजीया-वैष्णवों की परम्परा लोकधारा में मौजूद है। लोकधारा को किसी से भी परहेज नहीं होता। सच्चाई तो यह है कि सभी सांस्कृतिक-धाराओं का स्रोत लोक में है, सभी दर्शनों का जन्म और विकास लोक की धरती पर होता है। लोक के लिए होता है। लोकातीत है, वह भी लोक के लिए ही है।

---

१. मध्यकालीन धर्म-साधना, पृ० ८०।

स्वामी हरिदासजी को जानना है तो वल्लभाचार्य, चैतन्यप्रभु, हितहरिवंश, चण्डीदास, विद्यापति, जयदेव, श्रीहरिव्यास, हरिरामव्यास, ध्रुवदास, और अष्टाचार्य ही नहीं, कालिदास, शंकाराचार्य, कबीर और सूफ़ी सन्तों को, गोरखनाथ को, कण्हपा को, सरहपा को भी जानने की जरूरत है, आचार्य द्विवेदी के शब्दों में कहा जाए तो "इन्हें समझे बिना हम बहुत घाटे में रहेंगे।"

५९.३ परिधियों से परे

जीवन का सत्य दायरों में बँधा हुआ नहीं होता।

ब्रज भक्ति-साहित्य के सम्बन्ध में डॉ० विद्यानिवास मिश्र ने लिखा है कि इस पूरे साहित्य का अध्ययन प्राय: सम्प्रदायों की दृष्टि से किया जाता रहा है। इस अध्ययन का महत्त्व है, इसे हम नहीं नकारते, परन्तु यह पहचान सम्प्रदाय की है। आगे वे लिखते हैं — "साहित्य में सम्प्रदाय के अतिक्रमण की सम्भावना न हो, तो फिर साहित्य ही क्या?"[१]

सम्प्रदाय और उपासक के सम्बन्ध पर विचार करते हुए डॉ० कृष्ण चैतन्य भट्ट ने लिखा है —

> उपासना नितान्त वैयक्तिक विषय है, उसके स्वरूप-निर्धारण में उपासक की भावना, धारणा, प्रकृति, अभिरुचि, शील और संस्कार का बहुत बड़ा योग रहता है। अतएव उपासकों का सही अर्थ में कोई सम्प्रदायमूलक-वर्ग अथवा दार्शनिकवादयुक्त शिविर नहीं होता। संसार की समस्त ईति-भीति से ऊपर विशुद्ध भावोन्माद की अवस्था में अपने आराध्य की माधुरी में पगे हुए, देहधारी होते हुए भी विदेह, लघु इकाई से दिखाई पड़ते हुए भी वे अपने आप में पूरे के पूरे विराट होते हैं।[२]

उपासकों को सम्प्रदाय की परिधि में देखने-समझने की एक प्रवृत्ति है। सम्प्रदाय के अनुवर्ती हों या समालोचक हों, दायरे बनाकर देखते हैं यह बात दूसरी है कि उपासक को तो पता ही नहीं है कि वह कोई सम्प्रदाय बन गए हैं। सम्प्रदाय शब्द का अर्थ भी सम्यक् प्रदाय है, जो भली प्रकार से प्राप्त विरासत है। विरासत मनुष्य की है, मनुष्य मात्र की है, वह दायरों की क्यों है? उपासक दायरे में रहेगा तो उपासना कर ही नहीं सकेगा। उपासना तो निर्बाध है, जबकि दायरा बन्धन है, सम्प्रदाय बाँधता है। उपासकों के शिविर नहीं होते, वे विशुद्ध-भावोन्माद की अवस्था में हैं, वे देहधारी होते हुए भी विदेह हैं, वे अपने आप में विराट हैं, भाव-साधना से परमसत्य को हृदयंगम कर चुके हैं। फिर भी सम्प्रदायों का महत्त्व इसलिए माना जा सकता है कि यदि उनकी विरासत को सहेजने वाले न हों, तो उपासना-धारा पीढ़ियों में उतरकर कैसे आगे बढ़े? आज हमें जो भक्ति-साहित्य मिला है, वह उन्हीं सम्प्रदायों के प्रयासों की परम्परा के कारण मिला है तथा परम्परा के साथ ही उपासना जीवन में उतरती है। इसलिए सम्प्रदाय गंगोत्री न सही बनारस की गंगा तो है। उपासक गंगोत्री है। गंगोत्री के कारण गंगा। उपासक और सम्प्रदाय का कुछ ऐसा ही सम्बन्ध बन जाता है। भगवतरसिक ने सम्प्रदायों के दुराग्रह को देख लिया था, तभी उन्होंने लिखा था —

आंधे के सिर संप्रदा नकटे कैसौ पंथ।
ठगाठगी संसार में समुझि लगौ सँग कंथ।[३]

---

१. साहित्यअमृत, जून १९९७।

२. श्रीसर्वेश्वर:रसोपासनांक, पृ० १२९।

३. भगवतरसिक की वाणी, पृ० ७७।

वृन्दावन के रसिक भक्त थे श्रीवल्लभ रसिक। उन्होंने कहा कि "वल्लभ रसिक मगज गज ऊपर चढ़े रहें सो लेखें।" जो मगज गज़ भर ऊपर रहते हैं अथवा भाव-उन्माद रस-उन्माद के हाथी पर जो मगज चढ़े रहते हैं, वे ही वल्लभ (प्रिया-प्रियतम) और रसिक को समझ सकते हैं। मानसी उपासना है। मन ही रतन है, लाज ही गुलाल है। तृप्ति चन्दन है। प्रेम-निवेदन गुललाला है, चित्त रूमाल है तथा प्रेम इत्र है। वे रसिक तन, मन, प्राण, बुद्धि, चेतना का क्रमश: अतिक्रम कर चुके हैं, वे आत्माराम हैं। सारा अहंकार — गर्व मिट गया। वल्लभ रसिक ने कहा —

पंथ असाढ़े कोई पैर न रक्खो असी लखि खूब हँसाये।
नेह नगर दे अंदर तू असी सिर दे पैर चलाये।

प्रेम का पन्थ ऐसा ही है कि यहाँ पैर से नहीं, सिर के बल चलना पड़ता है। प्रेम-नगरी में प्रविष्ट होना बड़ा दु:साध्य है।

सम्प्रदाय को हम एक जीवन-शैली और एक विश्व-बोध में विश्वास करने वाले लोगों का एक समुदाय अथवा उसकी सामूहिक जीवन-परम्परा कह सकते हैं फिर भी वह एक निरपेक्ष-इकाई नहीं है, सबके साथ उसका भी सह-अस्तित्व है।

यदि हमें भारत की सामूहिक-चेतना को समझना है, यदि हमें भारत की सांस्कृतिक धाराओं, उपधाराओं और अन्तर्वर्ती धाराओं के प्रवाह और मिलन की गति को देखना है तो परिधियों का अतिक्रम करना आवश्यक होगा, भले ही वह परिधि सम्प्रदायों की हो। शैव और शाक्त भी लोकधारा में है। बौद्ध कहीं चले नहीं गए, उनके सांस्कृतिक अवशेष लोकधारा में हैं। जब हम ब्रज को भारत का सांस्कृतिक-केन्द्र कहते हैं, तो उसका तात्पर्य ही यह होता है कि समस्त जनपदीय, जनजातीय, प्रदेशीय सांस्कृतियों का संगम यहाँ हुआ और उस संगम से नई अवधारणाओं का जन्म हुआ। नए विचारों का जन्म हुआ और इस प्रकार सौन्दर्यशास्त्र तथा कला के नए अध्याय ब्रज में लिखे गए, लिखे जाते रहे।

हम भारत में जन्म लेने वाली संस्कृतियों की बात एक-ओर कर दें, तो भी मेरे सामने सवाल है, क्या "मुस्लिम संस्कृति" का कोई प्रभाव केलिमाल में नहीं है? सुराही है, प्याले हैं, दारू है, साकी है। अख्त्यार है। फरजी और शाह है, ब्याज वाला कागज है। बिहारिनदेव के काव्य में तो अकबर भी आ गया है। स्वामीजी की सेवा में तानसेन और अकबर आए थे, यह बात अनुश्रुतियों में प्रसिद्ध है। विविध सांस्कृतिक तत्त्वों का होना तो सामान्य बात है, अद्‌भुत क्या है? अद्‌भुत है — वह सामञ्जस्य। ललिता आई, किन्तु इतने सामञ्जस्य के बाद आई कि "ज्यों-ज्यों देखों तेरौ मुख त्यों-त्यों नयौ-नयौ लागत।" सनातन-नर और सनातन-नारी का परस्पर अदम्य आकर्षण, वह रागात्मक-चेतना, वह रससिंधु जिसकी एक लहर का नाम है मान — "एक बोल बोलदै जू मान न करों।"

यह मान-रस का एक विलास है,रस का एक अभिनय है। यह रूठ नहीं है, रस का आस्वादन है —

मनावत लाल री मानिनी मान किये न बनैं।
तू ही तू ही करै तोहि हिरदे धरै तेरे गुनन गनैं।

रस की उपासना है। रस में तन्मयी-भाव है। प्यारीजू रस का आस्वादन कर रही हैं और प्रियतम रस ले रहे हैं। तन-मन-धन न्यौछावर न करे, तो रस कैसे मिले? इस सौन्दर्य का स्वभाव ही मान है और यह मन का सौन्दर्य है। प्रियतम का मन रस-विगलित है, "नेंकनेंक" हो रहे हैं। बिहारिनदासजी के शब्द हैं —

तेरेई किये मान री व्यापति प्रानन के प्रान।

सौन्दर्य की वह अनुभूति इतनी सूक्ष्म और इतनी मादक है कि प्राणों के प्राणों में व्यापी हुई है।

६०

कुंजबिहारी नाँचत नीके, लाड़ली नँचावत नीके।
औघर ताल धरें श्रीस्यामा, ताताथेई ताताथेई बोलत संग पी के।
तांडव लास और अंग को गनें, जे जे रुच उपजत जी के।
श्रीहरिदास के स्वामी स्यामा कौ मेर सरस बन्यौ और रस-गुनी परे फीके॥

६०.१ कुंजबिहारी नाचत : नचावत लाड़ली

भगवान् कृष्ण के साथ नृत्य का अभिप्राय बहुत व्यापक रूप से जुड़ा हुआ है। सूरदास ने बाल-लीला के प्रसंग में नृत्य के अनेक चित्र अंकित किए हैं —

आँगन स्याम नचावहीं जसुमति नँदरानी।
तारी दै दै गावहीं मधुरी मृदुबानी।[१]

त्यों त्यों मोंहन नाचै ज्यों ज्यों रई घमरकौ होइ री।[२]

अब की बार मेरे कुँवर कन्हैया नंदहि नाच दिखावहु।[३]

एक भक्त कवि का पद्य है —

शृणु सखि कौतुकमेकं नंदनिकेतांगणे मया दृष्टम्।
गोधूलि धूसरांगो नृत्यति वेदांत-सिद्धान्तः।[४]

रसखान का बड़ा प्रसिद्ध सबैया है — "ताहि अहीर की छोहरियाँ छछिया भर छाछ पै नाच नचावें।"

एक जगह पर यशोदा नचा रही हैं, एक जगह पर अहीर की छोरियाँ नचा रही हैं और "केलिमाल" के इस पद में लाडलीजू नचा रही हैं। लाड़ले-लाल प्रेमरस के वशीभूत होकर नाच रहे हैं।[५]

चैतन्यचरितामृत में भी एक चित्र है—

राधिकार प्रेमगुरु आमि शिष्य नट।
सदा आमा नाना नृत्य नचाय उद्भट।

प्रेमोत्कर्ष के कारण राधा गुरु हैं तथा कृष्ण शिष्य हैं — नट। राधा अपनी इच्छा से कृष्ण को नाना प्रकार से नचा रही हैं।

---

१. सूरसागर, पृ० ३०६।
२. वही, पृ० ३११।
३. वही, पृ० ३२९।
४. अरी सखी, तुझे कौतुक की बात सुनाऊँ, नन्दबाबा के आँगन नें वेदान्त का सिद्धान्त-रूप ब्रह्म गाय की धूलि में घूसरित हुआ नाच रहा था।
५. तुलसी के गुसाँई सबको नचाते हैं — "सबहि नचावत राम गुसांई।"

६०.२ महाताण्डव-साक्षिणी

ललिता-सहस्रनाम में भगवती को महाताण्डव-साक्षिणी कहा गया है। वहाँ नृत्य के तीन अभिप्राय हैं। एक बिम्ब है, जब शून्य (शव) पर आद्या नृत्य करती हैं। यह तिरोभाव की अवस्था है, प्रलय-काल है, ब्रह्म निष्क्रिय रूप में पैरों के नीचे है और त्रिगुणात्मक शक्ति नृत्य करती रहती है। यहाँ निष्क्रिय ब्रह्म साक्षी है, शक्ति नृत्य-रत है।[१]

दूसरा बिम्ब है — सृष्टिकाल का? जब शिवा-शिव दोनों ही परस्पर साक्षी होकर नृत्य करते हैं। युगल नृत्य है। इसी बिम्ब में जब शिव नृत्य करते हैं तो शिवा साक्षी हैं और शिवा नृत्य करती हैं तो शिव साक्षी हैं।

तीसरा बिम्ब प्रलय-काल के आगमन का है। परमभैरव सृष्टि को समेटकर आत्मसात करते जाते हैं और नाचते जाते हैं। यहाँ भगवती महाताण्डव-साक्षिणी हैं। पञ्चदशीस्तव में कहा गया है कि परमभैरव सृष्टि को समेटने के लिए नृत्य करते हैं और उस समय पाश, अंकुश, इक्षु-धनु और बाण वाली तुम्हारी ही मूर्ति साक्षिणी रूप में बनी रहती हैं।

६०.३ नटराज और नटवर

यदि हमारा ध्यान निरन्तरता के सूत्रों के अनुसन्धान पर है तो शिव-नृत्य की अवधारणा को भी समझना होगा, वे आदिनर्तक हैं। शैवों और वैष्णवों के वैमनस्य और कलह की बहुत सी कहानियाँ कही-सुनी जाती हैं। कलह का कारण प्रायः सामाजिक, आर्थिक और राजनैतिक विभेद होता है। संस्कृति के अध्येता का ध्यान तो नृत्य की निरन्तरता पर है।

शिव-गाथा हो या कृष्ण-गाथा — दोनों ही मूलतः लोक-गाथा हैं। लोक-जीवन का प्रवाह समष्टि-जीवन का प्रवाह है, सामान्य जन-जीवन का प्रवाह है। शास्त्र की दृष्टि विशिष्ट होती है तथा लोक की दृष्टि "सामान्य" होती है। शिव भी भारत का लोकमन है और कृष्ण भी भारत का लोकमन है।

"हरिहर" की अवधारणा पर ध्यान देने की जरूरत है। "प्राकृत पैंगलम्" में बारहवीं से चौदहवीं शती तक के अपभ्रंश-पद्यों का संग्रह है। इस ग्रन्थ के अन्त में शिव तथा कृष्ण की (हरिहर की) एक साथ स्तुति की गई है —

ज अइ जअइ हर वल इअ विसहर
तिल इअ सुंदर चंदं मुणि आणंदं सुहकंदं।
जअइ जअइ हरि भुज जु अधरु गिरि
दह मुह कंस विणासा पिअवासा सुंदर हासा।

---

१. चिति का स्वरूप यह नित्य जगत,
वह रूप बदलता है शत शत।
कण विरह-मिलनमय नृत्य-निरत,
उल्लासपूर्ण आनन्द सतत। (कामायनी)

भक्त सूरदास ने "हरिहर" का चित्र अंकित किया है —

हरिहर संकर नमो नमो।
अहिसायी अहि अंग-विभूषन अमित दान बलविषहारी।
नीलकंठ वरनील कलेवर प्रेम परस्पर कृतहारी।
चंद्रचूड़ सिखि चंद्र सरोरुह जमुनाप्रिय गंगा-धारी।
सुरभि रेनुतन, भस्मविभूषित वृषवाहन वनवृषचारी।
आज अनीह अविरुद्ध एक पस, यहै अधिक ये अवतारी।
सूरदास सम, रूप नामगुन अंतर अनुचर अनुसारी।

संस्कृतिशास्त्र के अध्येता को राधा और कृष्ण के युगल को समझने के लिए शिवा-शिव युगल को जानना-समझना अनिवार्य है। दोनों अवधारणाओं में प्रेम का गहनतम रूप है। शैवशास्त्र में शिव को परमनर्तक, नटाम्बर-नटभैरव, परमनाट्याचार्य, नर्तेश्वर-नरेश और नर्तन-प्रिय कहा गया है। शैव दर्शन के अनुसार विश्व का उन्मेष शिव की नृत्यलीला है।[१] शिव संगीत के परमदेवता हैं। वे कच्छपी वीणा का वादन करते हैं। वीणी-रूप की अनेक शिव-मूर्तियाँ हैं। एक प्रतिमा में वे ताल देती हुई प्रिया को वीणा सिखा रहे हैं। अपस्मार-पुरुष की पीठ पर ताण्डव-नृत्य करने वाले महानट-शिव की कांस्य-प्रतिमा भारतीय कला की प्रतीक बन गई है। शिव की नर्तन-प्रतिमाओं का प्रारम्भ चौथी-पाँचवी शताब्दी से माना जाता है। गुप्तकाल में शिव की ध्यान-मूर्तियों में महानट का उल्लेख है। "मुद्राराक्षस" नाटक में नटराज के नृत्य के चित्र हैं।

पाणिनि के अनुसार भगवान् शंकर के नृत्य के समय उनके डमरू से, अइउण, ऋऌक् एओङ्, एऔच इत्यादि चौदह माहेश्वर-सूत्र निकले[२] —

नृत्तावसाने नटराजराजो
ननाद ढक्कां नवपंचवारम्।
उद्धर्तुकामः सनकादि सिद्धा-
नेतद्विमर्शे शिवसूत्र-जालम्।

शिव का उद्दाम-नृत्य चैतन्य की अनुभूति का उल्लास है। गतिमय जगत् उनका उल्लास-नृत्य है।

गौरा-महेश्वर के लोकगीत विभिन्न जनपदों में प्रचलित हैं और इन गीतों में नृत्य का अभिप्राय सर्वत्र विद्यमान है। कुमाउनी का गीत है —

नाचिबौ खेलिबौ लौली गमारा धैं तेरो कसो नाच।
नैं मैं धैं आंड़ि नैं मैंधैं धागरि क्या हुँछ मेरो नाच।

---

१. काश्मीर-शैव दर्शन के अनुसार शिव से होने वाला विश्व का उन्मेष शिव की स्वातन्त्र्य-भरित नृत्य-लीला है। अपनी इस नर्तन-क्रीड़ा से नानारूपात्मक विश्व की सृष्टि करने के कारण शिव को ही शिवसूत्रों में नर्तक कहा गया है, यह पहले कहा जा चुका है। यह विश्व-क्रीड़ा उसके स्वात्मानन्द की ही अभिव्यक्ति है। काश्मीर-शैव दर्शन की सृष्टि-सम्बन्धी इस विचारधारा को ध्यान में रखते हुए ही यहाँ कामायनीकार ने नटराज शिव को स्वात्मानन्द के अतिरेक में नृत्य निरत दिखाया है —
नटराज स्वयं थे नृत्य-निरत। यह जगत्-नृत्य आनंदभरित-शिव का स्वात्म-विलास है और परिपूर्ण स्वातन्त्र्य का स्वात्म-विलास ही उसकी लीला कहलाती है। काश्मीर-शैव दर्शन और कामायनी, पृ० २४३।

२. दे० "नटराजशिव : ध्यान और शिल्प", रमेशवारिद, वैचारिकी, जनवरी २०११।

. . . नाचना नाचता गम्रा भैंसर बाटा लागी गया।[१]

६०.४ वर्हापीडं नटवर वपुः

श्रीकृष्ण का नटवर रूप भी उस नटराज का प्रतिरूप है। दिक् पीताम्बर है। कालिय काल है, जिसको उपकरण बनाकर नटवर महानृत्य करते हैं। नटराज का ज्वालामाल-युक्त आभा-चक्र गोपीमण्डल है, जो उसके पैरों के ताल और वंशी की तान पर थिरकता रहता है। यही नटवर का नित्य विश्वनृत्य रास है, जो चिदानन्द के महास्फोट का प्रतीक है। भगवान् ने कालिय के मस्तक पर चित्र-ताण्डव नृत्य किया था —

तन्मूर्धरत्ननिकरस्पर्शातिताम्रपादांबुजोऽखिलकलादिगुरुर्ननर्त।
तं नर्त्तुमुद्यतमवेक्ष्य तदा तदीय गन्धर्वसिद्धसुरचारणदेववध्वः।
प्रीत्या मृदंगपणवाणकवाद्यगीतपुष्पोपहारनुतिभिः सहसापसेदुः।
तच्चित्रतांडवविरुग्णफणातपत्रो रक्तं मुखैरुरुवमन्नृप भग्नगात्रः। (भागवत १०.१६.२६-३०)

अर्थात् इस कालिय के मस्तकों पर रत्नों के स्पर्श से उनका चरण-कमल प्रगाढ रक्त-वर्ण वाला हो गया और अखिल कलाओं के आदिगुरु नृत्य करने लगे। उनको उस समय नृत्य के लिए उद्यत देखकर गन्धर्व, सिद्ध, सुर, चारण और देववधूगण प्रेम से मृदंग, पणव, आणकवाद्य, गीत, पुष्पोपहार और स्तुति के साथ घेरकर खड़े हो गए। उस चित्र-ताण्डव में कालिय के फैले हुए फण पीड़ित और क्षत-विक्षत हुए और वह रक्त वमन करने लगा।

कालिय नाग के फण पर नृत्य करते हुए कृष्ण की सोलहवीं सदी की चोलशिल्प की कांस्य-प्रतिमा लंदन के "विक्टोरिया एंड एल्बर्ट म्यूजियम" में है। दक्षिण भारतीय शैली की सोलहवीं सदी की ताम्र-प्रतिमा "म्यूजियम ऑफ फाइन बोस्टन" में है। नृत्यगोपाल की कांस्य-प्रतिमा (तंजौर में निर्मित) कर्नल आर० के० टंडन के पास है।[२]

६०.५ नृत्य : आदिम मानव का

भगवान् शिव हों या भगवान् कृष्ण, नृत्य का अभिप्राय उनके साथ गहराई से जुड़ा हुआ है। आखिर क्यों? इस प्रश्न का उत्तर पाने के लिए हमें मानवशास्त्र की ओर चलना होगा। मानवशास्त्रियों ने संसार के उन लोगों की जीवन-शैली का भी अध्ययन किया है, जो सभ्यता के प्रभाव से दूरी पर रह रहे हैं। उनके अध्ययन से आदिमानव के स्वभाव की जानकारी मिलती है। जिन लोगों ने आदिम-जातियों का अध्ययन किया है, उन्होंने बताया है कि भावावेग की अभिव्यक्ति का पहला मानव-प्रयत्न उसका नृत्य ही था।
सुसाल० के० लैंगर ने "फीलिंग एण्ड फार्म" नामक पुस्तक पृ० १९० में कहा है कि —

नृत्य वन्य-जीवन का सर्वाधिक गम्भीर बौद्धिक व्यापार है, देश और काल से परे किसी अज्ञात-लोक के सम्मुखीन होने का प्रयास है, एक ऐसी मानस-धारणा है, जो व्यक्तिजनातीत है और जीवन और मृत्यु से व्यवहृत होकर भी शेष प्रकृति से परिवेष्टित और पोषित है। इस दृष्टि से देखा जाए तो नृत्य का प्रागैतिहासिक मूल बिल्कुल आश्चर्य की बात नहीं है। यह धार्मिक-चिन्तन की वह प्रक्रिया है, जो संसार में अतिमानवीय-शक्तियों की धारणा उत्पन्न करती है। वस्तुतः नृत्य उन्हीं धारणाओं को सम्मूर्तित करने का प्रयास है। ये शक्तियाँ

---

१. चौमासा, मार्च-जून २००२, पृ० २७।

२. नर्मदाप्रसाद उपाध्याय, "स्वरूप में श्याम", साहित्य अमृत, अक्तूबर २००४।

नृत्य द्वारा उत्पन्न नहीं की जातीं या उत्पन्न होती हुई अनुभूत नहीं होतीं बल्कि नृत्य-क्रिया द्वारा उद्बोधित, समाहूत, प्रतिस्पर्द्धित या प्ररोचित हुआ करती हैं। आदि मानव की अतिमानवीय कल्पना के सामने ये यथार्थ हैं, प्रतीक नहीं।[१]

मैलविल जे० हर्सकोवित्स ने अपनी पुस्तक ''सांस्कृतिक मानवशास्त्र'' में पश्चिमी-अफ्रीका के मूलवासियों के नृत्य अनुष्ठान का विवरण दिया है।[२]

६०.६ नृत्य : उपासना : चाक्षुषयज्ञ

भारतवर्ष के भिन्न-भिन्न प्रदेशों में भिन्न-भिन्न प्रकार के नृत्यों का अध्ययन करने से एक बात स्पष्ट होती है कि प्राय: सभी जगह नृत्य किसी-न-किसी रूप में उपासना का अंग रहे हैं, दूसरे शब्दों में कहें तो नृत्य एक उपासना-पद्धति है। ''विज्ञान-भैरव'' का कथन है कि चक्राकार नृत्य करते हुए जब शरीर भूमि पर गिर जाता है, तब अन्त:करण की क्षोभशक्ति का विराम होता है और चित्त अपनी परा-अवस्था में पहुँच जाता है[३] —

भ्रांत्वा भ्रांत्वा शरीरेण सहसाभुविपातनात्।
क्षोभशक्तिविरामेण परासंजायते दशा।

मणिपुरी, कत्थक, ओडिसी और भरतनाट्यम् मन्दिरों और वहाँ की देवदासियों से जुड़े हुए नृत्य हैं। गुजरात का गरवा-नृत्य भी आनुष्ठानिक-नृत्य है। गुजरात में रासदेव, डांडिया, टिप्पानी, झुल्लीसाका, गरबा और अठिंगा — ये रास के ही छह स्वरूप प्रचलित हैं। गुजरात में रासगीता की शुरुआत नरसीमेहता ने की थी, ''रास सहस्रपदी'' की रचना की थी।

प्राचीन तमिल-साहित्य में ऐसे अनेक नृत्यों का वर्णन मिलता है, जो कन्नन और नप्पिन्नै द्वारा किए गए बताए गए हैं। कन्नन और नप्पिन्नै की लीलाओं में ''शिलप्पदिकारम्'' के ''आयचिय कुरवै'' प्रसंग में इसी प्रकार के नृत्यों का वर्णन है, जिनका अभिनय ''आयर कुल'' में होता था। इन नृत्यों में प्रमुख ''कुरवै कूत्तू'' है। ''शिलप्पदिकारम्'' में ''कुरवै कूत्तू'' के सम्बन्ध में कहा गया है कि सात-नौ ग्वालिनें एक-दूसरे का हाथ पकड़कर नाचती थी। उनके अनुसार विघ्न-बाधाओं को दूर करने के लिए उनके इष्ट देवता कन्नन से प्रार्थना करते समय उस नृत्य का करना आवश्यक था। उनके बीच यह प्रसिद्ध था कि कन्नन ने एक बार अपने अग्रज बलराम और प्रेयसी नप्पिन्नै को लेकर यह नाच नाचा था ''मणिमेखलै'' में भी इस ''कुरवै कूत्तू'' का उल्लेख है। — मणिमेखलै १९.६५-६६

---

१. लालित्यतत्त्व, पृ० १७।

२. संस्कृतिक मानवशास्त्र, पृ० २७१।

३. नृत्य का अनुष्ठान सूफी-सन्तों की परम्परा में भी प्रचलित रहा है। इसका स्रोत कहीं तो अवश्य है। ख्वाज़ा अहमद अब्बास की एक पुस्तक है — इन्कलाब (सन् १९३०)। इसमें उन्होंने पानीपत की कलन्दर बू अलीशाह की दरगाह में होने वाली कव्वाली के अनुष्ठान का वर्णन किया है — ''चारों तरफ भावनाओं का जो तूफान उमड़ रहा था, उसके बीच वह चुपचाप खड़ा था। फिर यकायक उस पर जुनून सवार हुआ, उसका शरीर काँपने और हिलने-डुलने लगा। गाना अब तक खौफनाक हद तक तेज हो चुका था और लगातार उसकी धुन तेज होती जा रही थी। उस आदमी ने अपने हाथ हवा में ऊपर उठा रखे थे . . . उसके अन्दर कोई ऐसी रहस्यमयी लहर उठ रही थी, जो इस उन्मत्त नृत्य के रूप में प्रकट होना चाहती थी।''

कन्नन से सम्बन्धित एक दूसरे नृत्य का नाम "कुट कूत्तू" है, जिसमें "आयर-कुल" के नर-नारी भाग लेते थे। यह कलश को सिर पर रखकर किया जाने वाला नृत्य है, यह नृत्य बहुत प्रचलित था। "शिलप्पदिकारम्" में कन्नन द्वारा किए गए ग्यारह प्रकार के नृत्यों का विवरण मिलता है। कहा गया है कि "कुट कूत्तू" का नृत्य कन्नन ने अनिरुद्ध को कैद करने वाले वाणासुर का वध कर लौट-आते समय सोनगर (सोनितपुर) की गली में किया था। कन्नन (कृष्ण) से सम्बन्धित दो और नृत्य – "अल्लीवाडल" और "मल्लाडल" हैं। "मणिमेखलै" में कन्नन द्वारा किए गए "पेडु" नामक नृत्य का भी वर्णन है। – मणिमेखलै ३. १२२-१२३[1]

भारतवर्ष के विभिन्न जनपदों में, विभिन्न जन समुदायों में ऐसे शताधिक नृत्य आज भी प्रचलित हैं, जो किसी आस्था और अनुष्ठान के अंग हैं।[2] इन नृत्यों में जो उपास्य है, जो देवी या देवता है, वह भी नाचता है तथा जो उपासक हैं, वे भी नाचते हैं, उदाहरण के लिए ब्रज का लांगुरा-नृत्य है। दुर्गा-पूजा के लिए जब स्त्रियाँ सज-धजकर, पूजा-सामग्री लेकर चलती हैं, तो आगे नाचता हुआ लाँगुरिया चलता है। यह लाँगुरिया स्वयं देवता भी है — लाँगूलभैरव, तथा उपासक भी है। नवरात्रियों में ही ब्रजमण्डल में काली-नृत्य होता है। इसमें उपासक अनुष्ठान-विधि सम्पन्न करके काली का मुखौटा धारण करके तलवार लेकर नाचता है और उपासक उस नृत्य के दर्शक ही नहीं, प्रायः अंग बन जाते है। नृसिंह-नृत्य है, इसमें नृसिंह-अवतार की लीला है, परन्तु उपासक नृसिंह का मुखौटा धारण करके एक विशेष ताल और वाद्य की धुन पर नाचता है। दूसरे उपासक "झैं पतिंग, झैं पतिंग, झैं झैं झैं झैं" का उच्चारण करके ताली बजाते हैं और नृत्य का अंग बन जाते हैं।

इन आनुष्ठानिक-नृत्यों के अध्ययन से एक बात स्पष्ट हो जाती है कि उपासना-पद्धति के रूप में नृत्य की परम्परा उतनी ही पुरानी है, जितना पुराना मनुष्य-समाज है। आदिवासी-जीवन में अथवा लोक-जीवन में देवता की अवधारणा के साथ नृत्य का अभिप्राय जुड़ा हुआ है। शिव ताण्डव-नृत्य करते हैं, पार्वती लास-नृत्य करती हैं तथा कृष्ण कालिय-नृत्य और रास-नृत्य करते हैं। भारतवर्ष की मूर्तिकला का इतिहास देखें या चित्रकला का इतिहास देखें, नृत्य-उपासना का अभिप्राय बहुत व्यापक है।

कीर्तन का एक चित्र "भागवत-माहात्म्य" में है —

प्रह्लादस्तालधारी तरलगतितया चोद्धवः कांस्यधारी,
वीणाधारी सुरर्षिः स्वरकुशलतारागकर्तार्जुनोऽभूत्।
इन्द्रोऽवादीन्मृदंगं जयजयसुकराः कीर्तने ते कुमारा,
यत्राग्रे भाववक्ता सरसरचनया व्यासपुत्रोबभूव।
ननर्त मध्ये त्रिकमेव तत्र भक्त्या दिकानां नटवत्सु तेजसाम्।
अलौकिकं कीर्तनमेतदीक्ष्य हरिः प्रसन्नोऽपि वचोऽब्रवीत। (६.८६-८७)

प्रह्लादजी तो चंचल गति से करताल बजाने लगे, उद्धवजी ने झांझें उठा लीं, नारद वीणा बजाने लगे, राग-गायन में अर्जुन झूमने लगे, इन्द्र ने मृदंग बजाया, सनकादि जय-जय ध्वनि करने लगे, शुकदेव विभिन्न मुद्राओं से भाव बता रहे थे तथा इन सबके बीच में भक्ति, ज्ञान और वैराग्य नटों के समान नाच रहे थे। इस नृत्य

---

१. आलवार भक्तों का तमिल प्रबन्धन और हिन्दी कृष्ण काव्य पृ० ४३।
२. दे० "नृत्य द्वारा परब्रह्म प्राप्ति" डॉ० वंदना चौबे, वैचारिकी, मई २०१० तथा "संगीत में रस तत्त्व : एक सिंहावलोकन", गजेन्द्र नारायणसिंह, वैचारिकी, जुलाई २०१०।

को देखने के लिए महादेव और पार्वती भी पधारे थे।

चैतन्य महाप्रभु के कीर्तन-नृत्य के भावावेश का चित्रण चैतन्यचरितावली (पृ० ४१८-२०) में है।

"भागवत" में गोविन्द-अभिषेक का प्रसंग है, नारद, तुम्बुरु गन्धर्व, विद्याधर, सिद्ध और चारण भगवान् के यश का गायन कर रहे हैं, वहीं भागवतकार का वचन है —

सुरांगनाः संननृतुर्मुदान्विताः। (१०.२७.२४)

सुरांगनाएं प्रसन्न होकर नाचने लगीं।

महाकवि कालिदास ने नृत्य को देवताओं का "चाक्षुषयज्ञ" बतलाया है —

देवानामिदमामनन्ति मुनयः शान्तं क्रतुं चाक्षुषं
रूद्रेणेदमुमाकृतव्यतिकरे स्वांगे विभक्तं द्विधा।
त्रैगुण्योद्भवमत्रलोकचरितं नानारसं दृश्यते
नाट्यं भिन्नरुचेर्जनस्य बहुधाप्येकं समाराधकम्।

अर्थात् नृत्य देवताओं का प्रत्यक्ष और शान्त यज्ञ है। रुद्र ने उमा से मिलकर इसे अपने अंग में ही दो भागों में विभक्त किया। इसमें त्रिगुण से उत्पन्न नाना रस वाले लोक-चरित दिखाई पड़ते हैं। भिन्न-रुचि वाले लोगों को नाना प्रकार से प्रसन्न करने वाला एक नाट्य ही है।

"मालविकाग्निमित्र" में नृत्य का एक बिम्ब है —

अंगैरन्तर्निहित-वचनै सूचितः सम्यगर्थः
पादन्यासो लयमनुगताः तन्मयत्वं रसेषु।
शाकायोनिर्मृदुरभिनयः तद्विकल्पानुवृत्तौ।
भावो भावं नुदति विषयाद्रागबंधः स एव।

अर्थात् अंग-प्रत्यंग के अन्तर्निहित वचन सम्पूर्ण अर्थ सूचित कर रहे हैं। अंग-प्रत्यंग की भंगिमा अर्थ की अभिव्यक्ति कर रही है। चरणन्यास लय का अनुगत है, लय का अनुसरण कर रहा है। एक चरणन्यास दूसरे चरणन्यास में समा रहा है, लय हो रहा है, रस केन्द्र में है, उसमें तन्मयता है। नृत्य में अनेक प्रकार के संचारी के विकल्पों की अनुवृत्ति होती है, वह कई शाखाओं में विभक्त होती चलती है, इसलिए शाखा योनि है। अभिनय भाव की प्रस्तुति है। राग बन्ध है तो इन्द्रिय विषय, परन्तु बराबर उनकी ओर से ध्यान हटाता है। विषय सम्बन्ध नहीं रह जाता, आत्मरूप हो जाता है। भाव ही भाव की ओर अभिमुख कर देता है।

६०.७ लय और आनन्द-शक्ति

एक लयबद्ध राग विश्व में सहज-रूप से चल रहा है और नृत्य "अन्तर" के राग को उस विश्वराग से सम्बद्ध करने की साधना है। लय विराट्-सृष्टि और जीवन का मूल-विधान है। लय का विधान श्वास-प्रश्वास की गति में है। नृत्य में लय मूर्तिमान है। नृत्य का रहस्य लय में समाहित है। नृत्य सनातन प्रवाह है। नृत्य अनिर्वचनीय अनुभूति है। चैतन्य महाप्रभु ने कीर्तन नृत्य के रूप में नृत्य को आध्यात्मिक-साधना के रूप में पुनः प्रतिष्ठित किया। "तन्त्रालोक" में लिखा है कि —

किसी मधुर गीत के सुनने पर या चन्दन आदि का सुखद स्पर्श होने पर अथवा नृत्य आदि के देखने पर हृदय की तटस्थता के परिहार से जब गीत आदि विषय में एकतानता (एकाग्रता) आती है, तब उस प्रमाता-विशेष के हृदय में अर्थात् बोध में तन्मयतावश जो परिस्फुरणरूप स्पन्दमानता होती है, वही शैवशास्त्रों में आनन्द-शक्ति कहलाती

है। गीत नृत्य आदि विषय में एकाग्रता के कारण जीव के बोध में तन्मयतावश जो आनन्दस्पन्दन होता है, वह सामरस्य के क्षणों का आनन्द है।

तथाहि मधुरे गीते स्पर्शे वा चन्दनादिके। माध्यस्थ्यविगमे यासौ हृदये स्पन्दमानता।
आनन्दशक्तिः सैवोक्ता यतः सहृदयो जनः॥ — तन्त्रालोक, भाग 2 आ० ३, पृ० २०९।

६०.८ नृत्य : विश्वात्मक रूप

डॉ० आनन्द कुमारस्वामी ने लिखा है कि —

> ऐसा बोध होता है कि नृत्य से ही सभी वस्तुओं की सृष्टि का आरम्भ होता है और यह नृत्यपरायण पुरुष "इरोस" के साथ ही प्रकट हुआ, क्योंकि इस आदिनृत्य का हम ग्रह-नक्षत्र तथा तारामण्डलों के सामूहिक-नृत्य में नियमित गति में और एक-दूसरे की गतिरेखा के भीतर भी अबाध स्थान-परिवर्तन में पाते हैं। डॉ० स्वामी आगे कहते हैं कि मेरे कथन का यह उद्देश्य नहीं है कि जो लोग उन्माद अथवा मद के आवेश में पहले-पहल अनार्य पहाड़ी-देवता (जो पीछे शिव के रूप में मिला दिए गए) की पूजा में नाचा करते थे, उनके हृदय में शंकर के नृत्य का सबसे उत्तम भाव वर्तमान था। धर्म अथवा कला का कोई श्रेष्ठ भाव अथवा महान् संकेत अखिल मानव-समाज का सर्वस्व हो जाता है। युगयुगान्तर में भी यह लोगों को ऐसा दुर्लभ रत्न प्रदान करता रहता है, जिसे वे सर्वदा हृदय में वर्तमान पाते हैं। शंकर के नृत्य की उत्पत्ति चाहे जिस किसी रीति से क्यों न हुई हो, कालान्तर में यह ईश्वर के क्रिया-कलापों का प्रतिरूप बन गया।
>
> "चिदम्बरम्" में शिव-नृत्य की दक्षिण-भारतीय शैली की नटराज-प्रतिमाओं का मूल-सिद्धान्त ध्यातव्य है। शिव की इन नृत्य-मूर्तियों में चार भुजाएं हैं। केशपाश बँधे हुए और रत्नों से अलंकृत है। नीचे की जटाएं नृत्यकाल में घूम रही हैं। बालों में कपाल, लिपटा हुआ एक सर्प और गंगा की मूर्ति, चन्द्रमा और पत्रों की एक माला दिखाई पड़ती है। दाहिने कान में पुरुषों का और बाँए में स्त्रियों का कुण्डल है। वे हार, कंकण, रत्न-खचित मेखला और अंगूठियों से अलंकृत हैं। कसा हुआ कटि वस्त्र, उड़ता हुआ अंगवस्त्र और उपवीत ही उनके प्रधान परिधान हैं। एक दाहिने हाथ में अग्नि है, दूसरा उठे हुए पैर की ओर संकेत करता हुआ नीचे झुका है। दाहिना पैर छोटे दैत्य मुयलक (अपस्मार पुरुष) पर पड़ा है, जो अपने हाथ में एक काला साँप पकड़े हुए है। बाँया पैर ऊपर की ओर उठा है। मूर्ति पद्मपीठ पर है, जिसमें ज्वालामाल से अलंकृत एक बहुत बड़ा प्रभामण्डल लगा है।

नृत्य वास्तव में ईश्वर की पञ्च-क्रियाओं — सृष्टि, स्थिति, संहार, तिरोभाव और अनुग्रह का द्योतक है। "उणमाइविलक्कम" में बताया गया है कि — डमरू से सृष्टि होती है, अभय-हस्त से रक्षा होती है, अग्नि से संहार होता है और ऊर्ध्व-पद से मुक्ति मिलती है। मुक्ति अर्थात् अनुग्रह।

"चिदंबा मुम्माणी कोवई" में आता है कि —

> प्रभो, दिव्य डमरू वाले आपके हाथ ने द्यावापृथ्वी, अनन्त लोकों और असंख्य जीवात्माओं की सृष्टि की है। आपका ऊर्ध्व हस्त चेतन और अचेतन रूप प्रपञ्च की सृष्टि की रक्षा करता है। आपके अग्नि वाले हस्त से इन लोकों में परिवर्तन होता है, भूमि पर आरोपित आपका पवित्र चरण कर्मबन्धन में छटपटाते हुए आत्मा को शरण देता है। जो आपकी शरण में जाता है, उन्हें आपका ऊर्ध्वचरण निर्वाण प्रदान करता है।

डॉ० कुमारस्वामी ने नटराज के नृत्य के तीन प्रधान भाव स्पष्ट समझाए हैं, प्रथम — शिव का नृत्य इनके नियमित कार्य-कलापों का प्रतिरूप है। ब्रह्माण्ड में जो कुछ वस्तु मिलती है, उसको हिलाने वाली शक्ति का मूलस्रोत

यह नृत्य है। द्वितीय — असंख्य जीवों को माया के बन्धन से मुक्त करना ही इस नृत्य का उद्‌देश्य है तथा तृतीय — नृत्य का स्थान विश्व का केन्द्र "चिदम्बरम्" हृदय के भीतर है।
नटराज-प्रतिमा के सम्बन्ध में वे कहते हैं कि —

> कलामर्मज्ञ जिन ऋषियों ने पहले ऐसी वस्तु की कल्पना की, वास्तविक-सत्य की प्रतिमा का निर्माण किया, जीवन की जटिलताओं की कुञ्जी तैयार की, प्रकृति के ऐसे सिद्धान्त ढूँढ निकाले, जो केवल एक ही जाति या परिवार को सन्तोष प्रदान नहीं करते और न एक ही शताब्दी के मनीषियों को मान्य हैं, वरन् सभी काल और सभी देशों में दार्शनिकों, भक्तों और कलाकारों के हृदय पर अधिकार कर लेते हैं, उनकी कल्पना-शक्ति, विचार-शक्ति और सहृदयता कितनी विशाल और अद्‌भुत थी! आज इस विशेषज्ञता के युग में हमें विचार-समष्टि की आदत नहीं, किन्तु जिन्होंने इन मूर्तियों का दर्शन किया, उनकी दृष्टि में, जीवन में और विचार-शक्ति में कोई विशेष अन्तर नहीं हो सकता।
>
> वास्तव में नटराज-प्रतिमा का अभिप्राय दिशा और काल का विशाल विस्तार है। डमरू और अग्नि दृश्य-परिवर्तन की प्रक्रिया के प्रतीक हैं, वास्तव में यह ब्रह्मा का दिन और रात्रि है। ब्रह्मा के रात्रिकाल में प्रकृति निश्चल रहती है और जब तक शिव की इच्छा नहीं होती, तब तक वह नहीं नाचती। जब शिव अपनी समाधि से जगते हैं और उनका नृत्य जगाने वाले शब्दों की तरंगों को निश्चल प्रकृति में उत्पन्न करता है। प्रकृति भी उसके चतुर्दिक् प्रभामण्डल के रूप में प्रकट होकर नाचने लगती है और नृत्य करता हुआ यह उसके नाना रूप की रक्षा करता है। नृत्य करता हुआ ही शिव संहारक बनकर प्रकृति को विश्राम देता है। यह दर्शन का सार है, यही काव्य है और यही विज्ञान का सत्य है। नटराज केवल सत्य ही नहीं, प्रेम भी हैं क्योंकि करुणा-वृष्टि करना अर्थात् असंख्य जीवात्माओं को मुक्ति प्रदान करना उनके नृत्य का उद्‌देश्य है।[१]

६०.९ ताण्डव-तण्डु और नागा

त्रिपुरदाह के बाद शिव ने जो नृत्य किया, इसका अनुसरण उनके शिष्य तण्डु मुनि ने किया। तण्डु मुनि द्वारा प्रचारित होने के कारण यह ताण्डव कहलाया। मूलतः इस नृत्य का नाम शिव-ताण्डव है।

नागा लोगों का विश्वास है कि प्रलयंकर शिव ने ताण्डव नागाओं से सीखा था। खासी-जाति की कुँवारी लड़कियों का ताण्डव प्रसिद्ध है।[२]

डॉ० कर्टशैख्स (Dr. Curt Shechs) की पुस्तक "वर्ल्ड हिस्ट्री ऑफ डांस (World History of Dance)" बहुत प्रसिद्ध है। उन्होंने आदिम नृत्यों के दो भेद किए हैं — अन्तर्मुखी और बहिर्मुखी। शैख्स के मत की समीक्षा करते हुए आचार्य हजारी प्रसाद द्विवेदी कहते हैं कि "ताण्डव में पद और पदार्थ, इच्छा और क्रिया अभिन्न रूप में हैं। उनके शब्दों में ताण्डव आदिमानव या पूर्वमानव के उल्लास-नर्तन का परिष्कृत रूप है।" ताण्डव और लास के अन्तर को स्पष्ट करते हुए वे कहते हैं — शैख्स ने अन्तर्मुखी और बहिर्मुखी भेद करते आदिम नृत्यों को समझाया है। अन्तर्मुखी केवल आन्तरिक चैतन्य वृत्ति का उल्लासजन्य नृत्य है, जबकि बहिर्मुखी सोद्देश्य और सार्थक। वस्तुतः ताण्डव और लास्य अधिक सुन्दर भेद हैं। लास्य में मानवीय प्रयत्न अधिक होता है, इसलिए उसे ही अन्यान्य कलाओं के साथ एक श्रेणी में रखा जा सकता है। ताण्डव केवल परवर्ती-काल के

---

१. दे० *The Dance of Shiva* A.K. Coomaraswamy, The Noonday Press, New York, 1957.
२. दे० नागा : जिनसे स्वयं भगवान् शंकर ने ताण्डव सीखा, धर्मयुग, २९ जुलाई १९६३, पृ० ३१।

कला-विकास को स्पष्ट करने वाला आरम्भिक मूल प्रयास है। नि:सन्देह वह चैतन्य की आत्माभिव्यक्ति है। जीव-तत्त्व के सामने बड़ी समस्या है जड़ाकर्षण का प्रतिरोध। जड़ाकर्षण पर विजय पाने का प्रयास अपने मूल रूप में ताण्डव में उपलब्ध होता है। अपने उद्दाम अभिव्यञ्जन और जड़ाकर्षण के प्रतिरोध-सामर्थ्य के कारण ही वह लोकमान्य हुआ है। चैतन्य के पुञ्जीभूत रूप शिव के द्वारा वह प्रवर्तित माना गया है। दूसरी ओर लास्य अधिक परवर्ती और मनुष्य की अपनी सर्जना-वृत्ति द्वारा अधिक सँवारा हुआ ललित प्रयत्न है। वह अधिक मानवीय है, क्योंकि वह मानव-चित्त के निश्चित उद्देश्यों, अर्थों को अभिव्यक्ति देता है। उसके ताल, लय, छन्द, झंकार सब मिलकर मानवीय मनोभावों को, रस भाव को, दर्शक चित्त में अनुभूत कराते हैं। इसीलिए ताण्डव जहाँ मानव-पूर्व तत्त्वों का स्वत: स्फूर्त विकास है, वहाँ लास्य मानवीय प्रयासों का ललित रूप है। इसलिए वह नर्तक के चित्त में अधिक स्पष्ट मानसी-मूर्ति-भाव की सर्जना करता है। बन्धनों पर विजय पाने का प्रयास उसमें भी है परन्तु ये बन्धन विराट्-प्रकृति का अपना जड़ाकर्षण ही नहीं हैं, बल्कि मनुष्य के जीवन द्वारा प्रतिफलित आकर्षण अर्थात् मानस-संस्कारों पर भी विजय पाने का प्रयास है। ताण्डव का लक्ष्यभूत मानस-संस्कार अस्पष्ट है, अव्यक्त है, जबकि लास्य का स्पष्ट और व्यक्त। कहते हैं, लास्य का प्रवर्तन पार्वती ने किया था। पार्वती अर्थात्, अव्यक्त ब्रह्म की सिसृक्षा, रूप देने का सामर्थ्य देने वाली शक्ति तन्मात्र।[१]

ताण्डव के सम्बन्ध में वासुदेवशरण अग्रवाल ने लिखा है —

> शिव का ताण्डव भी कला का मँजा हुआ सूत्र है। दुर्धर्ष सृजन-शक्ति के स्पन्दन को एक केन्द्र पर लाकर उसकी कल्पनामयी कल्पना शिव का ताण्डव-नृत्य है। जिस कलाकार ने सबसे पहले इस गम्भीर दार्शनिक भाव को कला की लिपि में व्यक्त किया, उसकी ध्यान-शक्ति धन्य है।[२]

"योगवासिष्ठ" में (सर्ग 81) भैरव-भैरवी के अति भयंकर नृत्य का वर्णन करते हुए कहा गया है कि —

डिम्बं डिम्बं सुडिम्बं पच पच सहसा झम्यझम्यं प्रझम्यं
नृत्यन्त्याः शब्दवाद्यैःस्त्रजमुरसि शिरः शेखरं ताक्ष्र्यपक्षैः
पूर्णं रक्तासवानां यममहिषमहाश्रृंगमादाय पाणौ
पायाद्वो वंद्यमानः प्रलयमुदिता भैरवः कालरात्र्याः।

> अर्थात् गरुडपक्ष का मुकुट और हृदय पर मुण्डमाला धारण कर नाचती हुई देवी के वाद्यों के शब्द से सहसा डिमडिम पचपच झमझम शब्द होता है। रक्त और आसव से पूर्ण यमराज के महामहिष के श्रृंग को हाथ में लेकर प्रलय के कारण प्रसन्न कालरात्रि के साथ नृत्य करते हुए वंद्यमान भैरव रक्षा करें।

"योगवासिष्ठ" के "नियति-नृत्य" तथा "कालरात्रि-नृत्य" के वर्णन में नृत्य की विस्तृत व्याख्या है — तृण से ब्रह्मा तक स्पन्दन का नियन्त्रण करने वाली जो शक्ति है, वह नियति है। नियति नित्य है, उद्वेग वर्जित है और अपरिमार्जित है। यह संसार के जंजाल का नृत्य करती रहती है। इसमें चक्राकार घूमने (विवर्त) का अभिनय है। नृत्य के समाप्तिकाल (कल्पक्षण) में अनेक पुष्कर और आवर्त (प्रलयकालीन मेघ) का घोर "नाद" ताल है। बारम्बार की जल-वृष्टि इस नियति नर्तकी के पसीने की बूँदें हैं। नीले मेघ लोटने से नीलाम्बर का भ्रम होता है। सातों समुद्र के विशुद्ध रत्नों से जड़े हुए इसके कंकण और चूड़ियाँ हैं। प्रहर, पक्ष, दिन उसकी आँखो के कटाक्ष

---

१. लालित्यतत्त्व, पृ० २०-२१।
२. साहित्यअमृत, नवंबर २००३, पृ० ०७।

हैं। इस निरन्तर परिवर्तनशील संसार नामक चिर नाटक के नाट्य-नियति के विलास में सदा प्रकाश-स्वरूप परम-ईश्वर अकेले देखते रहते हैं। न वे इस नियति के साथ हैं, न उससे भिन्न हैं।

"योगवासिष्ठ" (निर्वाण प्रकरण उत्तरार्द्ध) के ८१वें सर्ग में वसिष्ठ जी कहते हैं कि —

> तब मन्त्र और विशाल आकृति वाले रुद्र को महाकाश में नृत्य में प्रवृत्त देखा। अपने व्यापकत्व में वह आकाश था, मेघ जैसा काला और दशों दिशाओं को भरने वाला उसका विशाल रूप था। सूर्य, चन्द्र और अग्नि उनके तीन नेत्र थे। दिशाएं ही उनके वस्त्र थीं। इतने में देखा कि उनके शरीर से नृत्य का अनुसरण करती हुई कालरात्रि छाया की तरह निकली और नृत्य करने लगी। नृत्य के आवेश में उनका बढ़ता हुआ शरीर पूरे आकाश में व्याप्त हो गया। कालरात्रि का वर्णन करते हुए वे कहते हैं कि तीनों लोक उन अंग-प्रत्यंग में आदर्श की तरह पड़े थे। कानों में हिमवान् और मेरु की चांदी और सोने की मुद्रिका थी और ब्रह्माण्ड-मण्डलों की माला कटि की मेखला थी। उनके अंगों में पुर, नगर, ऋतु, तीनों लोक, मास, दिन और रात की मालाएं दीख पड़ती थी। गंगा-यमुना आदि नदियाँ मुक्तामाला थीं और कानों में धर्म-अधर्म के कर्णाभूषण थे। उनके चार स्तन थे (वेद), जिनमें धर्म-रूपी दूध टपक रहा था। चार संख्या वाले वेद-शास्त्रों के अर्थ उनके चूचुक थे। चौदहों विद्या, देवता और प्राणी उनके शरीर की रोमावलियाँ थी। उनके शरीर में पड़े हुए नगर ग्राम-पर्वतादि उनके नाचते समय प्रसन्नता से नाचने लगते हैं कि उनका पुनर्जन्म हुआ है। नृत्य-लीला में यों ही घूमने के चक्कर में बड़े-बड़े पर्वत और पृथ्वी तृण की तरह उड़ रही थी। नील-मेघ-रूपी नीले रेशमी वस्त्र उड़ने से आकाश में घुंघुम शब्द हो रहा था। मेरु नाच रहा था। चञ्चल बड़े-बड़े कुलपर्वत इसकी बड़ी-बड़ी भुजाएं थीं। घूमते हुए बादल उसके वस्त्र थे और इसके शरीर के साथ कल्पवृक्षादि इसके रोएं झुकते और सीधे हो रहे थे। मर्यादा को धारण करते हुए समुद्र और वृक्ष पृथ्वी से आकाश और आकाश से पृथ्वी पर आ-जा रहे थे। ऐसा प्रतीत होता था कि चन्द्र, सूर्य, दिन, रात उनके नखों के प्रकाश में समा गए थे। . . . तारामण्डल चक्र पर पड़े हुए घूमते हुए सहस्रों दीप जैसे थे और मणि बरसने से जो शोभा होती है, वैसे ही सुंदर दिखाई पड़ते थे। मालूम होता था कि प्रेम से विद्याधर और देवगण भीतर-बाहर फूल बरसा रहे हों। सृष्टि और संहार दिन और रात्रि के भाग उसके शरीर पर चाँदी के टुकड़े पर उजले और काले बिन्दु की तरह लगते थे। शुक्ल-पक्ष और कृष्ण-पक्ष उजले और काले रंगों वाले रत्न जैसे थे, जो दर्पण पर जड़े रहते हैं। कालरात्रि के घूमते-समय सूर्य-चन्द्रादि संसार की सभी मणियां झमझम घनघन शब्द कर रही थीं। हवा के झोंके से जिस तरह मच्छर अस्त-व्यस्त हो जाते हैं, देवी के नृत्य-भ्रमण में ब्रह्मा, विष्णु, इन्द्र, महादेव, अग्नि, सूर्य, चन्द्र इत्यादि देव-दानव एक-दूसरे के ऊपर गिर उठ रहे थे। संहार-सृष्टि, सुख-दुःख, भव-अभव, इच्छा-अनिच्छा, विधि-निषेध, जन्म-मरण परस्पर विपरीत होने पर भी मिश्रित और पृथक् रूप से देवी के शरीर में वर्तमान रहते हैं। उत्पात-शान्ति, मरण-उत्सव, युद्ध-साम्य, राग-द्वेष, भय-विश्वास आदि देवी के शरीर में रत्न-समूह की तरह शोभा पाते हैं। नाना प्रकार के रसों की यह सृष्टि-परम्परा है। बच्चे जिस तरह घरौंदा बनाते और बिगाड़ते हैं, उसी तरह नृत्य-क्रिया के अन्तर्गत जगत् के विषय प्रतिक्षण पूर्वस्थिति को छोड़कर अन्य स्थिति को ग्रहण कर रहे थे, उसका रूप प्रतिक्षण बदल जाता था, क्षण भर में अंगुष्ठ-मात्र थी तो क्षण भर में वह आकाश में भर जाती थी। महती भैरवी भैरव-आकार वाले कल्पान्त रुद्र के सामने नाचती रहती है। उसके अनुनय से वह आकाश-भैरव भी उसकी तरह ही विस्तृत रूप धारण कर उसी वेग से नाचता है।

शैव दर्शन संहार-नृत्य को भी शिव की आनन्दकेलि के रूप में स्वीकार करता है। शैव दर्शन के अनुसार विश्व का उन्मेष शिव की नित्य-लीला है। जयशंकर प्रसाद के शब्दों में — "नटराज स्वयं थे नृत्य निरत।" जयशंकर प्रसाद

ने "कामायनी" में शैव-ग्रन्थों के आधार पर ही स्वात्म-आनन्द के अतिरेक में तन्मय शिव के आनन्द नृत्य का चित्रांकन किया है।

शिव के जिस आनन्द-नृत्य से श्रद्धा ने विश्व सृष्टि-संहार का प्रसार बताया है, उसी आनन्द-नृत्य से सृष्ट विश्व का संहार दिखता है। शिव की इस संहार-लीला में मनु ने भूधरों को धूलि-कणों की भाँति उड़ते हुए तथा अनन्त चेतना-परमाणुओं को क्षण भर में बनते और विलीन होते हुए देखा है —

आनन्द पूर्ण ताण्डव सुन्दर
उड़ रहे धूलि-कण-से भूधर।
झरते थे उज्ज्वल श्रम सीकर
बनते तारा हिमकर दिनकर।
विद्युत कटाक्ष चल गया जिधर,
कम्पित संसृति बन रही उधर।
चेतन परमाणु अनन्त बिखर,
बनते विलीन होते क्षण भर।

शंकर कुरुप ने "एक और नचिकेता" में शिवताण्डव का एक चित्र अंकित किया है —

बिखर-बिखरकर फहर रहे हैं
प्रसरित व्योमकेश,
टूट रहे हैं समलय हो,
नक्षत्र और रुद्राक्ष के हार।
डोल-डोल गति में नर्तन की,
लटक गयी है एक ओर-
जटा-जटित चन्द्र-रेख,
हर्ष में विभोर हुई।
सम्भव है,
अदृश्य घूमती नीहारिका पटलियों में
नये-नये सौरयूथ
खोल रहे हों उत्सुक आह्लाद-भरे नयन,
देखने शिवताण्डव को।

विस्मय तरल पलकों के साथ
सन्ध्या में
वह कमनीय नील लोहित-नृत्य देखता हुआ
मैं खड़ा रह गया।
परिमल-भरे दीर्घ निःश्वासों को थाम,
उस विशाल वक्षतल से सिर टिकाये खड़ी है
विश्लथ नीलवेणी
सहनर्तकी प्रकृति —
चूम रहा है
उसके भावभंगिमापूर्ण
मृदुल कपोल को
सदाशिव!
प्रफुल्लित कर रहा है
मेरे अन्तरंग की सुन्दरताओं को
यह पुरातन मिथुन।[1]

६०.१० ताण्डव के भेद

''श्रीतत्त्वनिधि'', ''शिल्परत्न'', ''काश्यप शिल्प'', ''अंशमद-भेदागम'', ''करणागम'', ''शिल्पप्रकाश'', ''मत्स्यपुराण'' आदि में नृत्त, ताल संफोटित, भंगिनाट्य, भ्रमरापित-नाट्य, उद्दण्ड-ताण्डव, चण्डताण्डव, ऊर्ध्वताण्डव, सव्यताण्डव, महाताण्डव, परमानन्द-ताण्डव, महाप्रलयताण्डव, महोग्रताण्डव, परिभ्रमण-ताण्डव और प्रचण्डताण्डव का उल्लेख है।

विभिन्न ग्रन्थों में ताण्डवों के नाम के विषय में पर्याप्त वैमत्य है। खोकर ने ''उमाताण्डव'' के स्थान पर ''ऊर्ध्वताण्डव'' का उल्लेख किया है। कुछ ग्रन्थों में ''आनन्दताण्डव'' को ''नादान्त'' और कुछ में ''सभापति'' नृत्य कहा गया है। कई बार एक ही लेखक ने उसी नृत्य के लिए विभिन्न नामों का प्रयोग किया है। किन्हीं शास्त्रों में ''त्रिपुरताण्डव'' को ''ऊर्ध्वताण्डव'' माना गया है व अन्य में ''कालीताण्डव'' को। प्रत्येक ''ताण्डव'' की पृष्ठभूमि में एक कथानक निहित है। ''आनन्दताण्डव'' का सम्बन्ध ''चिदम्बरम्-माहात्म्य'' (१९१३ ई०) में वर्णित कथानक से है। ''सन्ध्याताण्डव'' सन्ध्याकाल में हिमालय पर पार्वती के लिए किए गए नृत्य से सम्बन्धित है जिसमें शिव अपने परिवार सहित प्रदर्शित किए जाते हैं। ''कालीताण्डव'' चिदम्बरम् में शिव द्वारा दोबारा किए गए नृत्य से जुड़ा है।[2]

---

१. एक और नचिकेता, पृ० ४२-४९।
२. प्राचीन भारतीय कला में नृत्य एवं संगीत, पृ० २९५।

करणों की संख्या के अनुरूप ताण्डव की १०८ शैलियों की गणना की गई है। कहीं-कहीं यह संख्या ६४ मानी गई है परन्तु शैवागमों में सात प्रकार के ताण्डवों का उल्लेख है — १. आनन्दताण्डव, २. सन्ध्या ताण्डव, ३. कालिकाताण्डव, ४. त्रिपुरताण्डव, ५. गौरीताण्डव, ६. संहारताण्डव, एवं ७. उमाताण्डव।

६०.११ लास्य

ताण्डव को संयत करने के लिए पार्वती ने लास्य-नृत्य किया। लास्य रस और भाव-समन्वित है। आचार्य हजारी प्रसाद द्विवेदी के शब्दों में ताण्डव आदिम है — रसभावविवर्जित तथा लास्य मनुष्य की सर्जनेच्छा द्वारा चालित है। मृदु-नृत्य लास्य की प्रवर्तिका पार्वती है। मातङ्गी शतनाम में मातङ्गी को महोल्लासिनी, लास्यलीला नताङ्गी अर्थात् महा आनन्दस्वरूपा और लास्य-नर्तन में झुके हुए अंगों वाली कहा है। धूमावती जहाँ नटनायक संसेव्या, नर्तकी, नर्तकप्रिया, नाट्यविद्या, नाट्यकर्मी, नादिनी, नादकारिणी हैं, वहीं छिन्नमस्ता भी नृत्यप्रिया, नृत्यव्रता, नृत्यगीत-परायणा, नृत्येश्वरी नर्तकी व नृत्यरूपा निराश्रया है। स्वयं त्रिपुरा का नाम नटेश्वरी है। वे नटेश्वर चिदम्बर के अनुकरण में है —

जंघा कांडोरुनालो नखकिरणलसत्केसरालीकरालः।
प्रत्यग्रालक्तकाभाप्रसरकिसलयो मंजुमंजीरभृंगः।
भर्त्तुर्नृत्तानुकारे जयति निजतनुस्वच्छलावण्यवापी।
संभूतांभोजशोभां विदधदभिनवोद्दंडपादो भवान्याः।

अपने स्वामी के नृत्य के अनुकरण में उठे हुए भगवती के चरण-कमल हैं, यह कमल अपने शरीर के स्वच्छ लावण्य-वापी में उत्पन्न हुआ है। जंघ इस कमल का कण्ड है और उरू नाल है। नख से छिटकती किरणें केसर हैं तथा अलक्तक की प्रभा नूतन-पत्र हैं, बजते हुए नूपुर भौंरे हैं।

लास्य के तीन भेद माने गए हैं — विषम-लास्य, विकट-लास्य और लघु-लास्य। गेयपद, स्थित पाठ्य, आसीन पाठ्य, पुष्पगण्डिका, प्रच्छेदक, त्रिगूढ़, सैंधव, द्विगूढ, उत्तमोत्तक तथा उक्त-प्रयुक्त भी लास्य के प्रकार हैं। चर्चरकी और देशिक को भी लास्य का प्रकार बतलाया जाता है।

६०.१२ जे जे रुच उपजत जीके

"लीला" क्रीडा अथवा विलास का रूप है और भावस्फूर्ति में स्वतन्त्रता है। बालक क्रीडा करता है तब अपने में मग्न होता है, स्वतन्त्र होता है, अपने में रमण करता है। यह अपनी रुचि है कि वह क्या खेले और कैसे खेले? रुचि या इच्छा स्वतन्त्र है। कोई दूसरा उसका नियामक-निर्देशक नहीं है। अपने मन में जैसी रुचि है, वैसे विहार करते हैं। नृत्य में रुचि हुई तो नाचने लगे। रुचि के प्रकास परस्पर खेलन लागे। खेल रुचि के प्रकास में ही हो सकता है।

डॉ० भँवरलाल जोशी ने "काश्मीर-शैव दर्शन और कामायनी" में शिव-क्रीडा का विवेचन किया है। वे कहते हैं —

> परमशिव का यह स्वतन्त्र स्वभाव ही उसकी पञ्चकृत्यात्मक क्रीड़ा है, जिसका उद्देश्य उसके स्वात्म-उल्लास के अतिरिक्त और कुछ नहीं। निराकांक्ष परिपूर्ण परमशिव की स्वातन्त्र्य-क्रीडा के उद्देश्य को समझाते हुए आचार्य सोमानन्द ने "शिवदृष्टि" में लिखा है कि जैसे अपरिमित ऐश्वर्य के चमत्कार (बोध) से परितृप्त कोई सार्वभौम राजा सब प्रकार के वाहन आदि साधनों के स्वाधीन होने पर भी अपने निरर्गल एवं पूर्ण तृप्त स्वभाव की

स्वतन्त्र-लीलावश पैदल चलता है — पैदल चलने की क्रीड़ा करता है, (उसके पैदल चलने का उद्देश्य स्वात्म-विनोदन के अतिरिक्त और क्या हो सकता है?) उसी प्रकार परमेश्वर स्वात्मपूर्णता के कारण अपने-आपके आनन्द में ही स्पन्दित-सा रहता है और अपने अन्तर्गत अपनी निरर्गल इच्छामात्र से ही उन्मीलित शिवतत्त्व से लेकर धरणिपर्यन्त अपने स्वरूपभूत प्रमातृ-प्रमेय आदि विभिन्न रूपों से क्रीड़ा करता है। विश्वाभास की सृष्टि-संहारात्मक यह क्रीड़ा ही उसका स्वभाव है।[१]

६०.१३ औघर

औघरताल धरें श्री श्यामा। रसिकों ने औघर शब्द का प्रयोग नृत्य-संगीत के सन्दर्भ में कई-कई स्थानों पर किया है —

वृषभानु नंदिनी मधुर कल गाबै।
विकट औघर तान चर्चरीताल सों नंदनंदन मनसि मोद उपजाबै। (चौरासी पद ८१)

हितहरिवंशजी के इस पद में औघर तान है, जबकि ताल का नाम चर्चरी है (चाँचर)। अन्यत्र गति का नाम औघर बताया गया है —

ताल काल सुर सात अतीत अनागत घातनि
लेत विकट औघर गति कहत लालन प्रति सीखौ जू कुँवरि सिखिऐ।

श्रीबिहारिनिदासजू का एक पद है —

गुन की सरि को करि सकै तोसौं तुव प्रताप भरिपूरि रह्यौ अखिल विश्व सुजस सर्वोपर।
लेत विकट औघर गति तान मिलावत गावत मधुरे मधुरे सुर रीझि रहे नटनागर।

यहाँ यह उल्लेख कर देना भी उपयुक्त हो सकता है कि नाथपन्थी-योगियों की एक शाखा का नाम भी औघर है। इस शब्द का अर्थ विकट भी किया गया है।

---

१. काश्मीर शैव दर्शन और कामायनी, पृ० ६३।
यथा नृपः सार्वभौमः प्रभावामोदभावितः।
क्रीडन्करोति पादातधर्मास्तद्धर्मधर्मतः।
तथा प्रभुः प्रमोदात्मा क्रीडत्येवं तथा तथा। — शिवदृष्टि, आ० १.३७-३८

(क) एष, देवोऽनया देव्या नित्यं क्रीडारसोत्सुकः।
विचित्रान्सृष्टिसंहारान्विधत्ते युगपद्विभुः॥ — बोधपञ्चशिका, श्लो० ४।

(ख) शिववादिक्षितिपर्यन्तं विश्वं वपुरुदंचयन्।
पंचकृत्यमहानाट्यरसिकः क्रीडति प्रभुः॥ — अनुत्तरप्रकाशपञ्चाशिका, श्लोक 2

परमेश्वरः पूर्णत्वात् स्वत आनन्दघूर्णितैस्तैस्तैर्भूतभेदात्मभिः प्रकारैरेवमेतत्सदृशं क्रीडति। हर्षानुसारी स्पन्दः क्रीडा। — शिवदृष्टिवृत्ति, पृ० २९

६१

डोल झूलत बिहारी बिहारिन, राग रमि रह्यौ।
काहू के हाथ अधौटी, काहू के बीन, काहू के मृदंग,
कोऊ गहें तार काहू के अरगजा छिरकत रंग रह्यौ।
डाँड़ी छाँडें खेल बढ़्यौ जु परस्पर, नाँहीं जानियत पग क्यौं रह्यौ।
श्रीहरिदास के स्वामी स्यामा कुंजबिहारी कौ खेल खेलत काहू ना लह्यौ।

६१.१ कुंज बिहारी कौ खेल काहू ना लह्यौ

केलिमाल के अनेक पदों में खेल के सन्दर्भ हैं —

रुचि के प्रकास परसपर खेलन लागे। (पद.सं.०२)

हँसत खेलत बोलत मिलत देखौ मेरी आँखिन सुख। (३२)

दोऊ मिल सतरंज खेलत (८१)

श्रीहरिदास के स्वामी कौ चौपर कौ सौ खेल (८२)

चल री भीर ते न्यारे ई खेलें। (१०१)

गावत खेलत जो सुख उपजत
श्रीहरिदास के स्वामी कौ मिलन खेलन कौ सुख (१०३)

सुंदर सों सुंदरि मिल खेलत (१०५)

कुञ्जबिहारी का खेल कोई नहीं पा सका? झूला है, होली है, रास है, रति क्रीडा है — ये तो सभी जानते हैं। परन्तु स्वामीजी कहते हैं कोई नहीं समझ सका। क्यों? क्या है ऐसा इस खेल में? वास्तव में जिस खेल को सभी जानते हैं, वह खेल मन का है, वह इन्द्रियों में लिप्त है। जो मन इन्द्रियों में लिप्त है, वह इन्द्रिय-रूप है। जो इंद्रिय-रूप है, वह इन्द्रिय नियन्त्रण कैसे करेगा? वह मन तो कर्ता तथा भोक्ता है। कुञ्जबिहारी का खेल तो साक्षी-मन देख सकेगा। जो मन कर्ता है वह सुख-दु:ख का भोक्ता भी है। वह बद्धजीवन है। खेल देखकर मन खुद भी खेलना शुरू कर देगा। साक्षी-भाव नहीं है, तो रस नहीं है। यदि केलिमाल के खेल का तात्पर्य सामान्य काम-क्रीडा ही होता तो स्वामीजी यह कैसे कहते — "काहू ना लह्यौ?" कोई नहीं समझ सका। इस खेल की पृष्ठभूमि क्या है?

६१.२ दु:खवाद से आनन्दवाद

भारत की चिन्तन-परम्परा में हमें जीवन के प्रति दो दृष्टिकोण बड़े स्पष्ट रूप में दिखाई देते हैं। एक विचार-परम्परा मानती है कि जीवन मूल रूप में दु:ख है। दूसरी विचार परम्परा कहती है कि जीवन मूल रूप में आनन्द है — "आनंदाद्धयेव इमानि भूतानि जायंते। आनंदेन जातानि जीवंति।" (तै०उ० ३.६.१७)

बौद्ध दर्शन में चार आर्य सत्यों का प्रतिपादन किया गया है — दु:ख, दु:ख-समुदय, दु:ख-निरोध तथा दु:ख-निरोधगामिनी प्रतिपद।[१] महात्मा बुद्ध के कोमल हृदय पर दु:ख के अस्तित्व ने गहरा प्रभाव डाला। रोगी,

---

१. देखें "बुद्ध धर्म का उदय और अभ्युदय", पं० बलदेव उपाध्याय, कल्याण, मार्च १९४२, पृ० १५९९।

वृद्ध तथा मृत व्यक्ति को देखने से उन्हें निश्चय हो गया कि दु:ख वास्तविक है। लोक में दु:ख की सत्ता है, यह इतनी वास्तविक है कि इसका कोई अपलाप नहीं कर सकता। जीवन का परम-पुरुषार्थ या परम-लक्ष्य है — इन दु:खों से मुक्ति पाना। बुद्ध ने जरा और मरण को सबसे बड़ा दु:ख बताया और कहा कि इसका कारण है — जन्म। जन्म ही न होता तो जरा-मरण क्यों होता? जिन कर्मों के कारण प्राणी का जन्म होता है, उसका नाम है — भव। पुनर्भव-पुनर्जन्म। इन्द्रिय-जन्य दु:खानुभव का नाम वेदना है। दु:खों का मूल कारण अविद्या को माना गया। अविद्या का निरोध विद्या के द्वारा हो सकता है। शांकर-परम्परा में भी प्रसिद्ध कथन है — "पुनरपि जननं पुनरपि मरणं। पुनरपि जननीजठरे शयनम्।" वैष्णवों में भी — सामीप्य सालोक्य, सायुज्य और सारूप्य मुक्ति की कामना है। "विष्णुपादोदकं पीत्वा 'पुनर्जन्म' न विद्यते।"

पुनर्जन्म न हो, क्योंकि जन्म दु:ख-रूप है। बौद्धों का निर्वाण इस दु:ख से छुटकारे का मार्ग है। मुक्ति की अवधारणा में भी अपुनर्भव की कामना है। आगे चलकर समय के साथ "मुक्ति" और "निर्वाण" दोनों के अर्थों में विकास या बदलाव होता है।

श्रीपरशुराम चतुर्वेदी के शब्दों में महात्मा गौतम-बुद्ध ने संसारमात्र को दु:खमय मानकर दु:ख-निरोध को सबका अन्तिम-ध्येय निश्चित किया था और इसके लिए सभी संस्कारों का शमन, चित्त-मलों का त्याग एवं तृष्णा का क्षय परमावश्यक बताया था। इस निरोध या विरागमयी पूर्ण शान्ति की अवस्था को ही निर्वाण का नाम दिया गया था।

अनंगवज्र ने बतलाया था कि जब चित्त सभी कल्पनाओं से रहित होता है, उसमें रागादि के मल नहीं रहते जब उसके विषय में ज्ञाता और ज्ञेय होने का प्रश्न भी नहीं उठता, तब उस चित्त को "निर्वाण" कहते हैं —

प्रभास्वरं कल्पनया विमुक्तं
प्रहीणरागादिमलप्रलेपम्।
ग्राह्यं न च ग्राहकमग्रसत्त्वं
तदेव निर्वाणवरं जगाद।[1]

६१.३ मुक्ति नहीं प्रेम : जीवन मूलतः आनन्द-रूप

मुक्ति का तात्पर्य है आत्मा का सदा के लिए अपने स्वरूप में सुस्थित हो जाना, आत्मा का अपने मूलभूत-स्वरूप को सर्वथा आवरण-रहित बना लेना, अनादि-काल से आत्मा के साथ प्रवाह रूप से संलग्न समस्त कर्मों का क्षय हो जाना।[2]

जीवन दु:ख-रूप है, दोबारा जन्म न लेना पड़े इसलिए मुक्ति या निर्वाण प्रयोजन या पुरुषार्थ बना।

आगे चलकर पञ्चम-पुरुषार्थ के रूप में भक्ति की प्रतिष्ठा होती है। दूसरी विचार-परम्परा है — मुक्ति ब्रज में आकर गोपाल से पूछती है —

मुक्ति कहै गोपालते मेरी मुक्ति बताय।
ब्रजरज उड़ि मस्तक परै मुक्ति मुक्त है जाय।

---

१. कल्याण, साधनांक, पृ० ६३२।
२. वही, पृ० ६४५।

ब्रज भक्तों ने वर्णन किया है — "मुक्ति भरै यहाँ पानी।" भक्ति की विचार-परम्परा में प्रेम और आनन्द का स्वर सबल है। छीतस्वामी कहते हैं —

ए हो बिधना तोपै अँचरा पसारि माँगों।
जनम-जनम दीजो याही ब्रज बसिबौ।

यहाँ तो बार-बार जीवन की कामना है। जीवन मूल रूप में आनन्द की सत्ता है। एक आवरण है — अविद्या का। यह आनन्द उस आवरण से आच्छादित है, आवरण हट जाने पर आनन्द की सत्ता प्रकट हो जाती है — "भवत्येवानंदादिरूपो जीव:।" (तत्त्वप्रकाशिका)

आनन्दवाद का यह सिद्धान्त शैवों, शाक्तों, योगियों और वैष्णवों — सभी में व्यापक है। शवों में दीक्षा का तात्पर्य ही आनन्द-राज्य में प्रवेश है। आगम-मार्ग में श्रीविद्या उपासना है, श्रीयन्त्र का मूलबिन्दु सर्वानन्दमय-चक्र है। नित्यानन्द, परमानन्द, सच्चिदानन्द, अखण्डानन्द आदि सहस्रों नाम हैं, जो आनन्द के उपास्य-रूप का बखान करते हैं।

यह आनन्दवादी दृष्टिकोण किसी एक पन्थ या सम्प्रदाय का नहीं है। इसमें दो राय नहीं कि भारत के लोक-जीवन का इतिहास कष्टों और कठिनाइयों का इतिहास है परन्तु यह कौन-सी शक्ति थी, जिसके बलबूते पर इन घनघोर-रातों के घुप्प-अँधेरे के बीच लोक-जीवन अपने विजय-अभिमान की ओर बढ़ता रहा? इस जिजीविषा का रहस्य आनन्दवादी-दृष्टिकोण है। जीवन खण्ड-खण्ड नहीं, जीवन समग्र है, निरन्तर है। जीवन एक उत्सव है।

समुद्र उसी आनन्द से उमँग रहा है, मेघ उसी आनन्द में गरज रहा है, बरस रहा है, हवा उसी आनन्द में सुगन्धि बिखेर रही है, चन्द्रमा उसी आनन्द में अमृत-वर्षा कर रहा है, पुष्प उसी आनन्द में मुस्कुरा रहा है, भौंरा उसी आनन्द में मधु-संचय कर रहा है, कोयल उसी आनन्द में कुहुक रही है। सृष्टि में प्रकट और अप्रकट रूप में जो भी कुछ हो रहा है, वह सब इसी मूलतत्त्व का लीला-विलास है। जीवन मूल-रूप में आनन्द है, आनन्द से ही उसका उद्‌भव है और आनन्द में ही उसका समाहार है। आगम और निगम — दोनों ही परम्पराओं में यह विचार अत्यन्त व्यापक और गहरा है।

उपनिषद् कहते हैं "आनंदं ब्रह्म।" ब्रह्म आनन्दमय है, आनन्दस्वरूप है, आनन्द ही है। "को ह्येवान्यात् क: प्राण्याद् यदेष आकाश आनन्दो न स्यात्।" (तै०उ० २.६.१), "एतस्यैवानन्दस्यान्यानि भूतानि मात्रामुपजीवन्ति" (बृहदारण्यक उ० ४.३.३२)

शैवों का मत है कि यह विश्व परमशिव का आनन्द-उच्छलन है। वह पूर्ण आनन्द है और आनन्द के अतिशय से स्पन्दमान है। उसकी उमंग को शैव दर्शन "स्पन्द" कहते हैं। वही उसका विलास है।[1] वैष्णव इसे लीला कहते हैं —

स्वानन्दस्थापनार्थाय लीलाभगवताकृता। (रासपञ्चाध्यायी, सुबोधिनी, कारिका १)

स्वामी हरिदास इसे खेल कह रहे हैं।

---

१. सा चैषा स्पन्दशक्तिर्गर्भीकृतानन्तसर्गसंहारैकघनाहन्ताचमत्कारानन्दरूपा। — स्पन्दनिर्णय, पृ० ३-४।
स्फारयस्यखिलमात्मा स्फुरन, विश्वमामृशति रूपमामृशन्।
यत्स्वयंनिजरसेन घूर्णसे तत्समुल्लसति भावमण्डलम्। — शिवस्तोत्रावली, १३ स्तो० १५

ब्रह्माजी कहते हैं — प्रभो, आपकी क्रीडा कब कहाँ और किसलिए होती है, उसे त्रिलोकी में कोई नहीं जान सका —

को वेत्ति भूमन् भगवन् परात्मन् योगेश्वरोतीर्भवतः त्रिलोक्याम्।
क्व वा कथं वा कति वा कदेति विस्तारयन् क्रीडति योगमायाम्। (भागवत १०.१४.२१)

सूरदास के शब्दों में —

सूरस्याम की अद्‌भुत लीला जिन जानी तिन जानी।

यह खेल स्वतन्त्र स्वभाव का है, खेल स्वतन्त्रता में ही होता है। यह खेल आनन्द की सत्ता है। खेल आनन्द में ही होता है। यह खेल आनन्द-भाव का मिथक है और आनन्द का मिथक पुनः आनन्दभाव का उद्रेक करता है।

यहाँ महामहोपाध्याय गोपीनाथ कविराज एक सूत्र देते हैं — "जो विश्राम के साक्षी हैं, खेल के साक्षी भी वही हैं। विश्राम के साक्षी निकुञ्जविहार के द्रष्टा एवं खेल के साक्षी कुञ्जलीला के द्रष्टा हैं।" आगे वे कहते हैं — "इसी को आत्मरमण कहते हैं। यह अपने आप में विहार है। दूसरा कुछ तो उस समय होता नहीं। शिव-शक्ति मिलित होते हैं। मिलित होने पर भी उसमें अन्तःक्रिया है? यह शिव और शक्ति का परस्पर अनुप्रविष्ट स्वरूप है।"

आगे कविराजजी कहते हैं कि इस खेल के रसास्वादन के लिए स्वच्छमन अनिवार्य है।[१] सत्त्वमय स्तर में ही खेल होता है और देखती है आत्मा। यह खेल अनन्त है, देखते-देखते देखने का अन्त नहीं मिलता। "खेल काहू ना लह्यौ।"

यह बात "केलिमाल" के विहार के सम्बन्ध में बार-बार कही गई है कि निश्चित ही यह काम-क्रीडा है, किन्तु यहाँ देह-इन्द्रिय और उनके धर्म प्राकृत नहीं है — "दिव्य देह विहरत वन माँही।" खाँड़ के खिलौने का हाथी होता है, घोड़ा होता है, उसके हाथ-पैर-मुँह आदि अवयव तो होते हैं, परन्तु वे हाड़-माँस-चाम के नहीं होते, वह आभास-मात्र है फिर भी हम घोड़े को घोड़ा और हाथी को हाथी कहते हैं। जैसे खिलौना खाँड का है, वैसे ही काम-क्रीड़ा रस की है। अप्राकृत है, चिन्मय है। "नायक तहाँ न नायिका रस करबावत केलि।"

खेल, क्रीडा, लीला और विहार की अवधारणा जीवन को मूल रूप में आनन्द मानने वाली विचार-परम्परा का विकास है। जीवन का परम प्रयोजन रस है, जीवन का आराध्य रस है। रस की लहर है — खेल — "कुंजविहारी कौ खैल।"

---

१. तान्त्रिक-साधना और सिद्धान्त, पृ० ३६७-६८।

६२

रातन बेच बेच जात, हमारौ दान मार्‍यौ इन।
घेरौ सब सखा जान जो न पावै छियौ जिन॥
देखौ हरि के उज उठाइबे की बात रात-बिरात बहू बेटी काहू की निकसत है पुन।
श्रीहरिदास के स्वामी की प्रकृति न फिरी छिया छाँडौ किन॥

६२.१ छिया छाँड़ौ किन

भारत की सामूहिक-स्मृति, जातीय-स्मृति में विष्णु-गाथा, कृष्ण-गाथा, राम-गाथा, शिव-गाथा का स्थान अत्यन्त महत्त्वपूर्ण है। इनमें सामान्यजन, समष्टिजन, सर्वजन की परम्परा है। इनका उद्‌भव और विकास लोक की धरती पर हुआ है। इन गाथाओं का समाजशास्त्रीय-अध्ययन किया जाए, तो महत्त्वपूर्ण तथ्य सामने आएंगे। राम-गाथा में आदिवासी, वनवासी और जनजातीय-तत्त्व निषादराज गुह, शबरी, केवट और हनुमान्-सुग्रीव आदि वानर-जाति के सूत्रों से घुल-मिल गए हैं। इसी प्रकार कृष्ण-गाथा में गोप-ग्वाल-गूजर और आभीर संस्कृति के तत्त्व बड़े प्रखर हैं। भागवत में देखें तो गोप-संस्कृति के आगे नाग, यक्ष और वैदिक संस्कृतियाँ नतमस्तक दिखाई देती हैं। ब्रह्मा भी परास्त है, वरुण और इन्द्र भी परास्त है, कालिय नाग भी परास्त है, यमलार्जुन भी परास्त हैं। भक्तों के पदों को देखिए — "गोरी-गोरी गुजरिया भोरी सी तैं मोहे नंदलाल" (चतुर्भुज दास), "हरिसंग झुलहि घोष कुमारि, सब सुंदरी सबै नव जोवन निठुर अहिर की जाति, दस गैयन कर को बड़ौ अहिर जाति सब एक, गोरस बेचनहारि गूजरी अति इतराती, हम अहीर गृह नारि लोक लज्जा के जेरे" (सूरदास), "अहीर की जाति समीप नंद घर घरी घरी घनस्याम हेरि-हेरि हँसिबौ। दधि के दान मिस ब्रज की बीथिन में झकझोरन अंग-अंग कौ परसिबौ" (छीतस्वामी)।

"उज्ज्वलनीलमणि" में "आभीरेंद्र सूनुः आभीरीणां कुलम्, आभीरवाम भ्रुवाम्" के साथ ही ग्राम्य-परिवेश का चित्रण है। "गीतगोविन्द" में वल्लवयुवति सहस्रम्, गोपकदम्ब नितम्बवती, वल्लवयुवति सखी वचनम्, विभ्रदवल्लवसुंदरीभिरधिका नंदाच्चिरं चुंबितः जैसे प्रयोगों की बहुलता है। यह प्रश्न उठना अस्वाभाविक नहीं है कि क्या कृष्ण-गीतों का मूल-स्रोत गोपियों के गीतों की परम्परा है?

जैसे आज औद्योगिक-सभ्यता का प्रभुत्व है, कृषि-सभ्यता दबाव में है। इसी प्रकार एक समय था, जब पशुचारण-सभ्यता का प्रसार था, प्रभुत्व था। गोप-संस्कृति को हमें उसी सन्दर्भ में देखना होगा। अहीरी और गूजरी, गूजरी-तोड़ी तथा अहीर-भैरव शास्त्रीय-संगीत के राग हैं। अहीरों-गूजरों का लोकसंगीत शास्त्रीय गायन-पद्धति का अंग बना। "गीतगोविन्द" में भी गुर्जर राग है। मालव राग है। ये दोनों ही देशज राग हैं, लोक राग हैं।

भागवत में पाँच गीत तो प्रसिद्ध ही हैं — वेणु-गीत, गोपी-गीत, युगल-गीत, भ्रमर-गीत, और महिषी-गीत पहले चार गीत गोपियों ने गाए हैं और पाँचवाँ गीत पटरानियों का है। इनके अतिरिक्त भी स्थान-स्थान पर गोपियों द्वारा कृष्ण-क्रीडा सम्बन्धी गीत गाने का उल्लेख है। ये सभी गोप-जीवन के गीत हैं, गोप और गोपियों के द्वारा गाए गए गीत हैं। इनके गायन की परम्परा समूचे भारतवर्ष में फैली हुई है। गोप-जीवन सम्बन्धी वे गीत, जो विभिन्न जनपदों में प्रचलित हैं, कृष्णगाथा के मूल स्रोतों के प्रामाणिक साक्षी हैं।

डॉ० शशिभूषणदासगुप्त के शब्द हैं —

> ऐसा लगता है कि ब्रज के गोपकृष्ण की गोपियों से प्रेमलीला की कहानी ग्वाल-गीतों के रूप में पहले प्राचीन

आभीर-जाति में प्रचलित हुई। चपल आभीर-वधू गण एवं नवयौवन मण्डित, अनिन्द्य सुन्दर गोप-युवक कृष्ण की विचित्र प्रेमलीला के उपाख्यान ने गोप जाति को धर्म के साथ अनेकानेक गानों की रचना की भी प्रेरणा प्रदान की थी। गीतों-पदों के माध्यम से ही सम्भवत: यह प्रेमलीला भारतवर्ष के विभिन्न अञ्चलों में प्रचारित हुई। भारतवर्ष के विभिन्न अञ्चलों में यथेष्ट प्रसिद्धि-लाभ करने के बाद ही वृन्दावन की कृष्णलीला धीरे-धीरे पुराण आदि में स्थान पाकर कवि-कल्पना द्वारा और भी पल्लवित होने लगी।[१]

"नाप्पिन्नै का उद्भव और विकास" शीर्षक निबन्ध में डॉ० एन० सुन्दरम् लिखते हैं कि — आयर (यादव) कुल में पैदा हुई, इसके सम्बन्ध में तमिल-साहित्य में बहुत से अन्त:साक्ष्य मिलते हैं"। "शिलप्पदिकारम्" के आधार पर आगे वे कहते हैं "कण्णगी यमुना-तट पर कान्ह के साथ अगणित क्रीडाएं करने वाली यादव-कुल में उत्पन्न नप्पिन्नै ही है"।[२]

सूरदास आदि भक्त-कवियों के साहित्य में गोप-संस्कृति का सर्वांग और सजीव चित्र है। गोप-संस्कृति की गाथा ही श्रीमद्भागवत में रची-पची है। ये गाथाएं गोप-जीवन की लोक-गाथा हैं। गोप-संस्कृति का केन्द्रीय देव-तत्त्व "गोपाल" में अन्तर्भूत है। रासलीला, माखनचोरी-लीला, चीरहरण, दानलीला गोप-संस्कृति का ही आख्यान करती हैं। इन गाथाओं की वाचिक-परम्परा को हम लोकगीतों में, लोक-अनुश्रुतियों में लोककहानियों में पहचान सकते हैं।

लोक-परम्परा का अध्ययन शास्त्र-परम्परा के अध्ययन का पूरक होता है और उससे अनेक ग्रन्थियाँ खुल जाती हैं। दानलीला हो या चीरहरण, माखनचोरी हो या रासलीला इन लीलाओं का जो ठाठ खड़ा हुआ है, उसमें जनजातीय-तत्त्व, जनजाति की मर्यादा, उनके रीति-रिवाज, नर-नारी के उन्मुक्त सम्बन्ध, नाच-गान इत्यादि के सम्बन्ध में इस अध्ययन से नया प्रकाश प्राप्त होता है। इसी दृष्टि से ब्रज में प्रचलित लोक-गीतों की कुछ पंक्तियाँ यहाँ प्रस्तुत हैं —

दधि लूट लई दगरे में।
दधि मेरौ खाय मटुकिया फोरी ग्वाल बाल सगरे नें।
उँगरी में की मुँदरी लूटी नौलख हार गरे में।

एक चंचल गुजरी रे कै दधि बेचन निकरी।
बरसाने से चली गुजरिया करि सोलह सिंगार।
धेनु चरावत पायौ सामरौ तोर्‍यौ नौलख हार
तोरी वाकी नथ दुलरी।

अरी तू दै जा दधि कौ दान गुजरिया बरसाने की
तू मटकी लेकर आई भरि दोंना देय चखाई।
अरी तेरी सूरत पै बलिहार गुजरिया बरसाने की।
अरी तू किसकी सुंदर नार गुजरिया बरसाने की।

माई निसदिन घेरै गैल छैल मधुबन में।
जोबन कौ माँगै दान कान्ह कुंजन में।

---

१. राधावाद : उत्पत्ति और क्रमविकास, भारतीय साहित्य (आगरा विश्वविद्यालय हिन्दी विद्यापीठ का मुखपत्र) अप्रैल १९५६।
२. सूरसौरभ (चेन्नै), अक्तूबर-दिसम्बर, २००२ पृ० १०।

अरी मेरौ मारग रोकौ कृष्ण कन्हैया नें।

मान सरोवर हम गईं कोई मिल सखियन के झुंड।
निपट अनेड़ौ सामरौ रे मोते हँसकें लड़ावै दोऊ नैन।

६२.२ अनुकूलन की प्रक्रिया

लोक-जीवन में अनुकूलन की प्रक्रिया निरन्तर चलती रहती है। हम अपने आराध्य को अपने स्वभाव, अपनी रुचि, अपनी वृत्ति, अपने सौन्दर्यबोध के सूत्रों से बुन लेते हैं।

इसका एक उदाहरण है। एक बार आम-चुनाव के समय मथुरा-वृन्दावन जाना हुआ। वहाँ बाजार में एक दुकान पर एक राष्ट्रीय दल के नेता का चित्र था और उस नेता के माथे पर गौड़ीय-तिलक अंकित था । निश्चित ही वह दुकानदार ने लगाया था। थोड़ी दूर पर आगे एक दूसरी दुकान पर उसी नेता का चित्र था, पर यहाँ नाक से प्रारम्भ होने वाला विष्णुस्वामी-अनुयायियों वाला तिलक था। यह अनुकूलन की प्रक्रिया है। इस अनुकूलन को हम भिन्न-भिन्न उपासकों, उपासक-समूहों के भिन्न-भिन्न उपास्य रूपों में देख समझ सकते हैं। उपासक की अपनी परिकल्पना उपास्य को रूपाकार देती है। उपास्य भाव-रूप है, उपासक की भावनाओं का विग्रह। रसदेश की राधा गोबर-पाथनी नहीं है। ग्राम्या से नागरी होने की प्रक्रिया पर ध्यान देने की आवश्यकता है।

एक कहानी है कि अरब के एक महात्मा से किसी जिज्ञासु ने पूछा — "खुदा से मिलने के कितने रास्ते हैं?" महात्मा ने कहा — "जितने खुदा के बंदे हैं।" कहने को नाम एक है — राधा, परन्तु राधा के स्वरूप अनगिनत हैं। जयदेव, चण्डीदास, विद्यापति, सूर, हितप्रभु, वंशीअलि, रूपगोस्वामी — सभी राधा के उपासक हैं। कितनी ही समानताएं हैं परन्तु असमानताएं भी हैं और उनका होना ही स्वाभाविक है। "भागवत" का वाक्य है —

यद् यद् धिया त उरुगाय विभावयन्ति।
तद् तद् वपुः प्रणयसे सदनुग्रहाय। (भाग० ३.८.९९)

हे प्रभो! भक्तजन जिस-जिस भावना से आपका चिन्तन करते हैं, उन साधु-पुरुषों पर अनुग्रह के लिए आप वही रूप धारण कर लेते हैं।

६२.३ राधा, विविध रूप

स्वामीजी की राधा है, जो प्रियतम को छिन-छिन मानिनी सी प्रतीत होती हैं और प्रियतम मनुहार करते-करते द्रवित हो जाते हैं। चण्डीदास की राधा है, कहती हैं — "प्रियतम, मोरे अबला बलिये, मैं क्या कहूँ?"

इतना ही कहना चाहती हूँ कि जन्म-जन्मान्तर में तुम मेरे प्राणनाथ बनो, मेरे प्राणों में आपके प्रति प्रेम की गाँठ लग गई है, एकान्त मन से तुम्हारी दासी हो चुकी हूँ। त्रिभुवन में तुम्हारे सिवा मेरा और कौन है, जो मुझे राधा कहकर पुकारे! मुझ अबला को अपने चरणों में स्थान दो। मेरे स्पर्शमणि! तुम्हें ही तो मैं अपने अंगों का भूषण बनाकर गले में धारण करती हूँ —

बंधु की आर बलिब आमि।
जीवने मरणे जनमे-जनमे प्राणनाथ है ओ तुमि।
तोमारचरणे आमार पराणे बाँधिल प्रेमेर फांसी।
सब समर्पिया एक मन ठैया निचय हैलाम दासी।

भावि देखिलाम ए तीन भुवने आर के आमार आछे।
राधा बलि केह सुधाइते नाइ दाँडाव काहार काछे।
ए कुले ओ कुले दु कूले गोकुले अपना बलिब काय।
शीतल बलिया शरण लइनु ओ दुटी कमल पाय।
न ठेलियो मेरे अबला बलिये ये हय उचित तोर।
भाविया देखिनु प्राणनाथ बिने गति ये नाहिक मोर।
आखिर निमिखे यदि नाहि देखि तबे से से पराणि भरि।
चंडीदास कय परस रतन गलाय गांथिया परि।[1]

"हितचौरासी", "श्रीराधासुधानिधि" और "केलिमाल" में इतनी समानताएं हैं कि "हरित्रयी" की अवधारणा वृन्दावन में मौजूद है — हरिदासी, हरिवंशजी और हरिराम व्यास, फिर भी हितप्रभु की राधा का वृषभानुगोप के घर जन्म होता है, वे चित्राग्रामनिवासिनी हैं।

लोकधारा हो या परिनिष्ठित-साहित्य की परम्परा, राधा की सुन्दरता और प्रेम की बात बराबर चल रही है। उड़िया कवि रमाकान्त रथ की कृति "श्रीराधा" का साहित्य-जगत् में बड़ा स्वागत हुआ। उनकी कविताओं के कुछ अंश प्रस्तुत हैं, जो स्पष्ट करेंगे कि श्रीराधा की भाव-प्रतिमा के रहस्यसूत्र समष्टि-मानस की गहराइयों में से उठते हैं और व्यष्टि-मानस में पहुँचकर एक भिन्न रूप-आकार ग्रहण कर लेते हैं। यह परिवर्तन की निरन्तरता है। यह परिवर्तन की निरन्तरता स्वामीजी के समय में भी थी और आज भी है। श्रीराधा-काव्य की पंक्तियाँ हैं —

आस मुँ तमकु बेश करिदिएँ मोर
उपादानमांकरै, प्रथमें तमकु
धोइधाइ देइ मोर चाहिँ रहिबार
दीर्घनिः श्वासरे पोछि देबि श्रीअंगकु।

काळकाळ धरि लोडुथिबा सांत्वनार
चन्दनरे गालरे ओ भूलता उपरे
लता करि खंजिदेबि मोर कान्दकान्द
कुंकुमर फुलमान मझिरे मझिरे।

आक्षिरे लगाइ देबि मोर अंधारर
कजळ ओ आंकिदेबि मझि कपाळरे
उज्ज्वल तिळकटिए तमकु देखिबा
दिनठुँ एयाएँ शोइ नथिबा रक्तरे।

१. भारतीय वाङ्मय में श्रीराधा, पृ० ४६९ पर उद्धृत।

तिळक मझिरे देभि मोर चूनाचूना
आशांक त्रिभुजटिए घूसर वर्णर,
मो चमकि पड़िबार माणिक्यखचित
मुकूट पिन्धाइ देबि मुण्डरे तमर।[१]

मुँ सबु जाणिछि मोर श्याम वर्ण प्रियतम, जाणे
क्रमे क्रमे तमे कृष्णवर्ण होइयिब
तापरे अदृश्य हेब निराकार हेब ओ मुँ येते
निरेखि चाहिँले तम कटाक्ष ओ हस न दिशिब।
मुँ जाणिछि प्रियतम सयमर माने कण, मोर
असहाय, निष्पळ आत्मारे
तमे नथिबार प्रतिबिम्ब पडुथिब
एकान्तरे, मधुयामिनीरे।[२]

---

१. आओ मैं सजा दूँ तुम्हें
अपने ही उपादानों से, पहले तुम्हें
धो दूँ और अपने निहारने की
गहरी साँसों से पोंछ दूँ श्रीअंग।

कालकाल से इच्छित सांत्वना के
चन्दन से गालों पर और भौंहों पर
लता बनाकर लगा दूँ उच्छासों के
कुंकुम फूल भीतर-भीतर।

आँखों में लगा दूँगी अपने अँधेरे का
काजल और चित्रित कर दूँगी मध्य ललाट पर
उज्ज्वल तिलक एक तुम्हें देखने के
दिन से अब तक न सोने के रक्त से।

तिलक के बीचों-बीच बना दूँगी एक
चूर्णीभूत आशाओं का त्रिभुज धूसर वर्ण का।
मानिक मुकुट अपने चौंकने का
पहना दूँगी मैं तुम्हारे मस्तक पर।

२. मैं सब कुछ जानती हूँ मेरे श्याम वर्ण प्रियतम, जानती हूँ
धीरे-धीरे तुम कृष्ण वर्ण हो जाओगे
उसके बाद अदृश्य हो जाओगे निराकर हो जाओगे और मैं जितना
भी ध्यान से देखूँ तुम्हारी कटाक्ष और हँसी नहीं दिखेगी।
मैं जानती हूँ प्रियतम समय का अर्थ क्या है,
मेरी असहाय, निष्फल आत्मा में
तुम्हारे न होने का प्रतिबिम्ब पड़ता होगा
एकान्त में, मधु रात्रि में। (श्रीराधा : रमाकान्त रथ, पृ० ७०)

येउँ दिन लोके कहिले मुँ कूळ
कळंदिनी दोचारूणी
सेदिन हेलि मुँ राधिका रसिका-मानंकर शिरोमणि।
मुँ देखिलि मोर अजाणते थिबा
हताशा दूरेइ य़ाइ,
कल्पनातीत पुलकरे मोर प्राण पुलकित हुए।[१]

अपने काव्य के सम्बन्ध में टिप्पणी करते हुए श्री रथ कहते हैं —

राधा-कृष्ण की प्रेमकथा विश्व की किसी भी प्रेमकथा से भिन्न है, अन्य कथाओं में यदि परिस्थितियाँ कुछ भिन्न होतीं और दूसरे लोग उनके प्रेम को समझने का प्रयास करते या कम-से-कम उनके रास्ते में बाधाएं पैदा न करते तो प्रेमी-प्रेमिका का मिलन सम्भव था। परन्तु राधा और कृष्ण के सम्बन्धों में ऐसी कोई सम्भावना कभी रही ही नहीं। जब वे एक-दूसरे से मिले, राधा का विवाह हो चुका था। कृष्ण के साथ उसका सम्बन्ध ऐसा था कि उसके साथ रहने की कल्पना भी नहीं की जा सकती थी। यदि उन्हें लोगों का सहयोग मिलता, तब भी उनका विवाह नहीं हो सकता था। राधा निश्चित रूप से यह बात जानती होगी, तब भी अगर वह अपने जीवन की अन्तिम साँस तक कृष्ण को चाहती रही, तो स्पष्ट है कि यह सब वह बिना किसी भ्रम के करती रही। कृष्ण के साथ अपने सम्बन्धों का आधार उसने सांसारिक रूप से एक-दूसरे के साथ रहने के बजाए कुछ और बनाया, जो इससे कहीं अधिक श्रेष्ठ था। सफलता निम्न श्रेणी के मनस को प्रभावित करती है, उच्च श्रेणी के मनस छोटी-छोटी तुष्टियों की प्राप्ति से बाधित नहीं होते, वह इन्हें केवल छोटे-छोटे परिणाम मानकर एक ओर कर देते हैं। वे जानते हैं कि ये तुष्टियां मिलने के साथ समाप्त भी हो जाएंगी और उस कामना के मार्ग से भटकाएंगी और उससे दूर करेंगी। जबकि शुद्ध कामना ऐसी अविच्छिन्न-यात्रा है जिसमें यदि इसके कभी न समाप्त होने की निराशा है तो साथ ही इस गौरव का बोध भी कि इस यात्रा में उसने छोटे-छोटे विकल्पों को स्वीकार नहीं किया।

यदि व्यक्ति में कामना की निष्फलता को स्वीकार करने का साहस है, तो यह सम्भव ही नहीं कि वह किसी भी स्थिति में वियोग से पराजय स्वीकार करेगा। इस बात को शायद अधिकतर वैष्णव मीमांसक कभी नहीं समझेंगे, क्योंकि वे तो कृष्ण को एकमात्र सत्य मानते हैं और राधा उनके लिए या तो कृष्ण का एक अंग है या फिर एक ऐसा साधन, जिससे वे कृष्ण की श्रेष्ठता को प्रदर्शित करते हैं। अधिक-से-अधिक राधा एक ऊर्जा है — एक विशिष्ट ऊर्जा जो केवल कृष्ण की ही है। इस दृष्टि से वैष्णव मतानुसार राधा को कृष्ण से भिन्न होने ही नहीं

---

१. जिस दिन कहा लोगों ने मैं हूँ
व्यभिचारिन कुल कलंकिनी
उस दिन से मैं बनी राधिका
रसिकाओं के शीश की मणि।
मैने देखा, अनजानी मेरी
हताशाएं दूर होती रही हैं
कल्पनातीत पुलक से मेरे
मन प्राण हों पुलकित। — कविता २६, श्रीराधा, रमाकान्त रथ, पृ० ७०

दिया गया है। वियोग के वे क्षण उन्होंने उसे दिए ही नहीं, जिनमें अपने होने की वेदना को झेला हो। यह सत्य है कि बाद में उसने कृष्ण के साथ एकरूपता प्राप्त कर ली थी पर उसने अपना पूरा जीवन या कम-से-कम जीवन का एक बहुत बड़ा भाग निरन्तर आघातों को झेलने में बिता दिया होगा। ये क्षण कैसे असामान्य साहस के क्षण रहे होंगे।[1]

श्री रथ आगे कहते हैं कि —

राधा के बारे में इतनी बातें की जा सकती हैं कि कभी समाप्त ही न हों। जितना कहो उतना ही लगता है कि कुछ और आवश्यक बातें तो छूटी जा रही हैं। यह वैसा ही है जैसे सपने में कई बार सपना देखने वाला कहना चाहता है पर असली बात कह ही नहीं पाता।

अपनी बात समाप्त करने से पहले मैं उस राधा की कल्पना करना चाहूँगा जो वृन्दावन में अकेली रही, बिना कृष्ण के, बिना कृष्ण से मिलन की आशा के। वह अकेली रह गई। साथ के लिए रही वृन्दावन की धरती, जो वर्ष बीतने के साथ उसकी पहुँच के बाहर और उदासीन होती चली गई। कुछ देर के लिए उसे लगा कि उसने नदी की कल-कल सुनी है या उसने किसी रिक्त लता-मण्डप में उसे देखा है। कुछ देर के लिए पत्तियों की मर-मर ने उसे चौंकाया है। धीरे-धीरे यह धरती उसके लिए अपना विशेष अर्थ खोती चली गई और नदी, पेड़, बादल उसके लिए निर्जीव वस्तुएं बन गए। वहाँ के लोग तो उसके लिए बहुत पहले ही अर्थहीन हो गए थे, अब प्रकृति ने भी अपना अर्थ खो दिया था और वह अकेली रह गई थी। ऐसे में जीने का उसके लिए कोई अवलम्ब नहीं रह गया होगा और अपने शेष जीवन में उसे लोगों या धरती से किसी भी प्रकार के अपनत्व की अनुभूति नहीं हुई होगी।

क्या वह दु:खी थी? सम्भवत: नहीं, क्योंकि प्रसन्नता की आशा तो उसने पहले ही छोड़ दी थी। जो लोग प्रसन्नता का जीवन जीते हैं, उनके लिए उनका उद्देश्य दु:ख का कारण बन सकता है, क्योंकि यदि वह उद्देश्य पूरा न हो तो वे दु:खी हो जाते हैं परन्तु जिन लोगों का ऐसा कोई लक्ष्य ही न हो और उसे प्राप्त करने की प्रसन्नता भी न हो तो उनका दु:ख उस बच्चे के दु:ख की तरह नहीं होता, जो चट रोने लगता है। उन्हें सम्भवत: एक रिक्ति का अनुभव तो होता होगा पर उसका भी उनके मन पर कोई प्रभाव नहीं पड़ता।

हमारे पुराणों में राधा देवी बन जाती है। यह उचित भी है क्योंकि देवता ही जीवन के सामान्य मोहों के बिन जी सकते हैं, समय के पार, रिक्ति में जी सकते हैं। देवता हुए बिना कैसे सम्भव है कि कोई नदी में जाकर नहाए, पानी लाए, दूध बेचे और हज़ारों दूसरे काम करे और ऐसा जताए जैसे इसका उसके लिए कोई अर्थ है, पर उसे भीतर एक मौन आवाज लगातार आती रहे कि ऐसा कुछ नहीं है, जिसकी आस हो। और जब हम किसी देवता के बारे में बात करें तो यह कैसे कहा जा सकता है कि वह प्रसन्न है अथवा दु:खी? वह एक साथ दोनों भी हो सकता है और नहीं भी। वह कुछ ऐसा भी हो सकता है जो हमारी समझने की शक्ति से बाहर हो और उसका वर्णन भी हम न कर सकें।[2]

---

१. श्री राधा, रमाकान्त रथ, पृ० २६०-६१।
२. वही, पृ० २६७।

डॉ० कर्ण सिंह ने राधा की अन्तर्वेदना को इस कविता में व्यक्त किया है —

अकेली री!
पसारे पाँव मन में टीस हूकें
माँग मन की कब तलक रीती रहेगी ?
बाट तकती थक गयी मैं
नहीं आये श्याम
भीगे नयन मेरे
हृदय गीला सुन रही केवल कराहें
पेड़ निर्मोही पवन को दे रहे जो
गगन तारे मुसकराते
टिमटिमाते
जान न पहचान
जैसे कह रहे हों
"पगली राधा !
रैन सारी व्यर्थ जागी "
अन्त हो उत्सुक घुटन का
विरह-पथ में मोड़ आये
सोचती मैं ठिठक जाती
दूर की आवाज सुन कर
"पूर्ण कर दूँ तुम्हें, राधे!
समय से ऊपर उठा दूँ "
चलो आओ इस विराने,
कान्ह ही मुझ को बुलाते
और मैं बैठी यहाँ पर
पाँव चल पड़ते स्वयं।[१]

ये राधा के रूप-स्वरूप के परिवर्तन की निरंतर-प्रक्रिया के कुछ उदाहरण हैं, जिनको समझना आवश्यक है। दानलीला आभीर-जीवन की भाव-भंगिमा है। चीरहरण और रासलीला को भी गोपों की जीवन मर्यादा के प्रसंग में देखना होगा, पर उस विकास की प्रक्रिया, जो उसे तत्त्वदर्शन की चरमसीमा पर ले जाती है, बहुत महत्त्वपूर्ण है।

संसार में लोक-गीत-परम्परा की इतनी उदात्त इतनी सूक्ष्म, इतनी शास्त्रीय और इतनी रहस्यमयी तात्त्विक -व्याख्या का उदाहरण शायद ही मिल सके जैसी व्याख्या और जैसी स्वीकृति गोप-गीतों की नायिका राधा और उसकी रासलीला की हो सकी है। लोक और शास्त्र के अन्तरावलम्बन का यह अद्‌भुत उदाहरण है।

---

१. प्रेरणा के मोर पंख, डॉ० कर्ण सिंह, अनुवादक : रा. मो. कौशिक, भारतीय ज्ञानपीठ, पृ० ६३।

गोप-जीवन में प्रचलित दानलीला से नित्य-विहार तक की यात्रा राधा-कृष्ण की प्रेमलीला के रूप-स्वरूप के परिवर्तन की निरन्तर प्रक्रिया है।

६२.४ सूक्ष्म धर्म दुर्‍यौ महल

स्वामीजी का सौन्दर्यबोध नागर है, सौम्य है और बड़ा परिष्कृत है। उनकी प्रवृत्ति एकान्तिक है। यह "घेरा-घेरी" ओछी-टुच्ची बात है, छोड़ो। "छिया छाँड़ौ किन।"

नित्य-विहार की भाषा शब्दों के आधार पर उतनी नहीं खुलती, जितनी बिम्बों के आधार पर स्पष्ट होती है। समाजशास्त्र की बात हो या जातीय-विशिष्टताओं तथा आनुवंशिक तत्त्वों की बात हो, दानलीला के ये बिम्ब ऐन्द्रिक हैं, बड़े स्थूल हैं।

बिहारिनदेव ने रसदेश के स्वरूप का प्रतिपादन करते हुए अनेक बार सूक्ष्म शब्द का प्रयोग किया है — "सूक्ष्म धर्म दुर्‍यौ महल।" फूल की गन्ध तो स्थूल है लेकिन वह रसतत्त्व फूल की गन्ध से भी सूक्ष्म है — "पुहुपवास ते पातरा ऐसौ तत्त्व अनूप।" वह भाव-लोक है। स्थूलता या जड़ता तो चेतन आत्म का आवरण है — "अणोरणीयान्।"

६३

गुन रूप भरी बिधिना सँवारी, दुहूँ कर कंकन एक एक सोहे।
छूटे बार, गरें पोत, दिपत मुख की जोत, देख देख रीझें तोहि प्रानपति, नैन सलौनी मन मोहै॥
सब सखी निरखि थकित भईं आली, ज्यौं ज्यौं प्रानप्यारी तेरौ मुख जोहै।
रस बस कर लीने श्रीहरिदास के स्वामी, स्यामा! तेरी उपमा कहै धौं को है?

६३.१ रसबस स्यामः सब सखि निरखि थकित

श्यामाजू की उपमा को कौन कह सकता है, जिन्होंने प्रियतम को अपने रस-वश कर लिया है? जैसे-जैसे प्रियतम तुम्हारा मुख देखते हैं, वैसे-वैसे ही सारी सखियाँ चकित-थकित हो जाती हैं — "गुन रूप भरी विधना सँवारी।" यह आकर्षण दिव्य है, विधाता ने जिसे स्वयं सँवारा है!

सूरदास की गोपियों का ध्यान श्यामसुन्दर की ओर है, उनके मन में कृष्ण-रूप के प्रति आसक्ति है — "स्याम अंग जुवती निरखि भुलानी अथवा तरुनी निरखि हरि प्रति अंग।" सूरदासजी वर्णन करते हैं — "कोउ निरखि नख इंदु भूली, कोऊ चरन जुग रंग।" "केलिमाल" में सखियों का ध्यान श्रीराधा के अमोघ आकर्षण पर है। वे राधा के इस आकर्षण को देखकर चकित-थकित हैं। श्यामा-श्याम का प्रेम ही उनका आराध्य है — "ऐसें ही देखत रहों जनम सुफल करि मानों, देखौ मेरी आँखिन सुख, चितवत दीठ टरत नहिं इत उत, नैनन दीठ लागौ जिन मेरी।" लाड़ली का लाड़, प्रियतम का प्रेम, महामाधुरी तरंग, शोभा शृंगार, रसानुभूति ही सखी का सुख है —

अँग सँग निरखें केलिसुख, छके रहें महाभाय।

६२.२ गोपी : माधुर्य-भाव

ब्रजगोपिकाओं की प्रेमातिशयता प्रेमाभक्ति का सर्वोत्तम रूप है। उनके प्रेम में अनन्यता, आकुलता, विरह-कातरता का अत्यन्त उत्कर्ष है। वे स्वयं दुःख सहकर भी प्रिय के सुख में सुख का अनुभव करती हैं। प्रियतम के दर्शन के बिना उनका एक-एक पल युग सा बीतता है — "त्रुटिर्युगायते त्वामपश्यताम्" (भागवत १०.३१.१५) प्रियतम को किसी भी प्रकार से कोई कष्ट न पहुँचे, गोपियों के मन में एक यही शंका बनी रहती है — "भीताः शनैः प्रिय दधीमहि कर्कशेषु" (वही १०.३१.१९) प्रेममयी हैं। रतिरूप से कृष्ण की ओर आकर्षण है। काममार्गेण समर्पितचित्ता हैं। काम का सम्बन्ध लौकिक तथा वैदिक सम्बन्धों को कुछ भी नहीं मानता। शुकदेव जी कहते हैं —

तन्मनस्कास्तदालापास्तद्विचेष्टास्तदात्मिकाः।
तद्गुणानेव गायन्त्यो नात्मागाराणि सस्मरुः। (१०.३०.४४)

गोपियों का मन कृष्णमय हो गया था। उनकी वाणी से कृष्णचर्चा के अतिरिक्त और कोई बात नहीं निकलती थी। उनके शरीर से श्रीकृष्ण के लिए और श्रीकृष्ण की चेष्टाएं हो रही थीं, उनकी आत्मा श्रीकृष्णमय हो रही थी। तपस्वी-गण विषयों से मन को हटाकर एक क्षण के लिए कृष्ण में लगाना चाहते हैं। बड़े-बड़े योगी एक लव के लिए श्रीकृष्ण के आभास को हृदय में ले आना चाहते हैं परन्तु वह आता नहीं। दूसरी ओर मुग्धा गोपी श्रीकृष्ण की ओर से मन हटाकर क्षण भर के लिए घर के काम-काज में मन लगाना चाहती हैं, एक लव के

लिए श्रीकृष्ण मन से हटे तो घर का कुछ काम करे, सास खोटी-खरी सुनाएगी लेकिन मुश्किल यह है, न श्रीकृष्ण मन से क्षण भर को हटते हैं और न काम काज में मन लगता है —

प्रत्याहृत्य मुनिः क्षणं विषयतो यस्मिन्मनो धित्सते
बालासौ विषयेषु धित्सति ततः प्रत्याहरंती मनः।
यस्य स्फूर्तिलवाय हन्त हृदये योगी समुत्कंठते।
मुग्धेयं खलु यस्य तस्य हृदयान्निष्कांतिमाकांक्षति।

भागवत में प्रश्न उठाया गया है कि गोपियों ने ऐसी कौन-सी तपस्या की है, जिसके प्रभाव से भगवान् के लोकोत्तर लावण्यमय स्वभाव-सिद्ध-रूप का भावसहित निरंतर साक्षात्कार करने का सौभाग्य उन्हें प्राप्त हुआ? यह केवल लावण्य का ही सार नहीं है, यशश्री और ऐश्वर्य का भी आश्रय है तथा नित्यनवीन है। ब्रज-सुन्दरियों की उपासना कामानुगा है — "काममार्गेण समर्पितचित्ता।" "उज्ज्वलनीलमणि" का वाक्य है —

अहा इस काम की श्रेष्ठता में भला और किस प्रमाण की अपेक्षा है? परमहंसों के लिए कही गई संहिता (श्रीमद्भागवत) में स्वयं महा-मुनि शुकदेव ने इसका गान किया है —

आः किं वाऽन्यद् यतस्तस्यादिममेवमहामुनिः।
जगौ पारमहंस्याञ्च संहितायां स्वयं शुकः॥[१]

६३.३ प्रमाणं तत्र गोपिका

"श्रीमद्भागवतमाहात्म्य" के दूसरे अध्याय का वाक्य है —

त तपोभिर्न वेदैश्च न ज्ञानेनापि कर्मणा
हरिर्हि साध्यते भक्त्या प्रमाणं तत्र गोपिका। (१८)

अर्थात् भगवान् तप, वेदाध्ययन, ज्ञान और कर्म आदि साधनों से साध्य नहीं है, वे केवल भक्ति से ही वशीभूत होते हैं और इसका प्रमाण गोपीजन हैं।

"श्रीमद्भागवत" में उद्धव गोपियों की महिमा का गायन करते हैं —

एताः परं तनुभृतो भुवि गोपवध्वो
गोविन्द एव निखिलात्मनि रूढभावाः।
वांछंति यद् भवभियो मुनयो वयं च
किं ब्रह्म जन्मभिरनन्तकथा रसस्य।
क्वेमा स्त्रियो वनचरीर्व्यभिचार दुष्टाः
कृष्णे क्व चैष परमात्मनि रूढ भावः।
नन्वीश्वरोऽनुभजतोऽ विदुषोऽपि साक्षात्
श्रेयस्तनो त्यगदराज इवोपयुक्तः।

१. उज्ज्वलनीलमणि, इं०गा०रा०क०के०, पृ० ५०।

नायं श्रियोऽग उ नितान्तरतेः प्रसादः
स्वर्योषितां नलिनगंधरुचाः क्रतोऽन्याः।
रासोत्सवेऽस्य भुजदंडगृहीत कंठ
लब्धाशिषां य उदगाद्व्रजवल्लवीनाम्।
आसमहो चरणरेणु जुषामहंस्यां
वृन्दावने किमपि गुल्मलतौषधीनाम्
या दुस्त्यजं स्वजनमार्यपथं च हित्वा
भेजुर्मुकन्दपदवीं श्रुतिभिर्वृमृग्याम्।
या वै श्रियार्चितमजादिभिराप्तकामै-
र्योगेश्वैररपि यदात्मनि रास गोष्ठ्याम्।
कृष्णस्य तद्भगवतश्तचरणारविन्दं
न्यस्तं स्तनेषु विजहुः परिरम्यतापम्।
वन्दे नदव्रजस्त्रीणां पादरेणुमभीक्ष्णशः
यासां हरिकथोद्गीतं पुनाति भुवनत्रयम्। (१०.४८.५८-६३)

''उज्ज्वलनीलमणि'' में गोपियों की महिमा के सम्बन्ध में कहा गया है कि जो वन-ग्राम-वासिनी (लोक की दृष्टि में असंस्कृता, अकुलीना) होते हुए भी अपनी माधुरी के सौरभ से लक्ष्मी की शोभा और ऐश्वर्य को भी तुच्छ करती हैं, जिन्होंने प्रिय श्रीकृष्ण के प्रति केवल उत्कट अनुराग के कारण ही आर्य-धर्म की मर्यादा की अन्तिम सीमा का भी उल्लङ्घन किया है, फिर भी जिनके प्रति अतिशय श्रद्धा से रंगे हृदय-वाली अरुन्धती आदि प्रमुख महासती-गण ने जिन्हें अपना वन्दनीय माना है —

रागोल्लास-विलङ्घितार्य-पदवी-विश्रान्तयोऽप्युद्धुर
श्रद्धारज्यदरुन्धतीमुख-सतीवृन्देन वन्द्यो हिताः।
आरण्या अपि माधुरी-परिमल-व्याक्षिप्त-लक्ष्मीश्रियस्
तास्त्रैलोक्यविलक्षणा ददतु वः कृष्णस्य सख्यः सुखम्॥[1]

यह कृष्ण के प्रति उत्कट अनुराग है। स्पष्ट है कि गोपी-भाव में कृष्ण की उपासना प्रधान है। ''मन भायौ मेरी आली वौ मुरली बारौ स्याम।''

६३.४ तत्सुख भाव : गौर स्याम के सुख सुखी

''रसदेश'' में सखी स्वयं कृष्ण के प्रति मिलनोत्सुक नहीं है अपितु श्यामा-श्याम का मिलन कराती है और इसी से उसे तृप्ति होती है। इस तत्सुख-भाव के कारण ही सखी की स्थिति गोपी-भाव से उच्चतर मानी जाती है। ''रसदेश'' के रस को महामधुर रस कहने का कारण भी यही है कि यहाँ गोपी के कान्ताभाव (मधुर भाव) का अतिक्रमण है। प्रिया-प्रियतम केलि करते हैं और उसका मोद-विनोद सखियों को होता है। विहार की भावना सखी के मन में है परन्तु विहार प्रिया-प्रियतम करते हैं। किशोरदासीजी कहते हैं —

१. उज्ज्वलनीलमणि, इं०गा०रा०क०के०, पृ० ४८-४९।

ततसुख मधि छिन-छिन सखी अपसुख गंध न लेस।

ललितकिशोरीजी की वाणी है —

गौर स्याम के सुख सुखी कामकेलि रसचाव।

६३.५ सहचरि जुगल झरोखन झाँखें

"रसदेश का परम-पुरुषार्थ भाव समाधि में श्यामा-श्याम की केलि-क्रीडा का मानसी-प्रत्यक्षीकरण है। हाव-भाव केलि-कौतुक में निमग्न हैं श्यामा-श्याम —

"परिरंभन चुंबन सुख देखें।"

सखी का यह अधिकार अद्‌भुत है। ललित किशोरी कहते हैं —

"हमारे बाँट परी मुसकान।"

"निरखें केलि निकुंज माधुरी।"

यह मुस्कान हमारे बाँट में आई है। युगलकेलि का दृश्य-आस्वादन चित्त को परम सुख या रस में केन्द्रित कर देता है।

अँग सँग निरखें केलिसुख कहें सुनें नहिं और। (ललितकिशोरी)

अँखियाँ निरखि सिराँइ।
लगी टकटकी प्रेम की पलक बीच अकुलाय।

रसिकों की आकांक्षा है, शत-शत नेत्र हों और इस रूप-माधुरी का पान करें —

अनूप रूप कैसें लखें जुगल दृष्टि है एक।
छवि तरंग पलपल उठे लोचन चहें अनेक।[१]

---

१. देखिए : श्रीनिकुंजविहारिणी : रससागर, पृ० ५७१, ८५४, ६२४, ६२५, ८१९।

६४

अजहूँ कहा कहत है री, मारै नैंन आरन।
भौंहें ज्यों धनुष, चितबन बान बाँफिन फौंक धरें कहत स्याम प्यारन॥
तू ही अब जीवन, तू ही भूषन, तू ही प्रान-धन यारन।
श्रीहरिदास के स्वामी स्यामा कुंजबिहारी सों मेर भयौ री बिहारनि॥

६४.१ मारै नैन आरन

चण्डीदास ने करात (करपत्र) शब्द का प्रयोग किया है — श्याम की प्रीत तो शंख-वणिक् के आरे के समान है, जिससे वह चूड़ियों को काटता है। आरा आते भी काटता है और जाते भी काटता है। इसी प्रकार कृष्ण की प्रीति है, जो याद की जा सकती है न भुलाई जा सकती है, वह तो दोनों ओर से मेरे हृदय को काटती जाती है —

श्यामेर पिरीत स्मरित विषम भूलिते परान फाटे।
शांख वणिकेर करात ये मति, आसिते जाइते काटे।

भवभूति ने आरी के लिए क्रकच शब्द का प्रयोग किया है — "निकृन्तन् मर्माणि क्रकच इव।" आरा लकड़ी के मर्मस्थल को काटने में जितना सशक्त है, उतना कोई दूसरा औजार नहीं।

भरतमुनि का कहना है कि रस की अभिव्यञ्जना "दृष्टि" से ही होती है, भाव और रस "दृष्टि" में ही प्रतिष्ठित हैं —

इह भावा रसाश्चैव दृष्ट्यामेव प्रतिष्ठिता।
दृष्ट्या हि सूचितो भावः पश्चादंगैर्विभाव्यते।

६४.२ भौंहैं धनुष चितवन बान

चितवन का वाण मन को बींध देता है। हितप्रभु का कथन है —

भ्रूकोदंडं न कृतघटनं सत्कटाक्षौधवाणैः (राधा सुधानिधि २२६)

कटाक्षों के अमोघ-बाणों का संयोग प्राप्त किए बिना ही ये भौंह-धनुष प्राणों का हनन कर रहे हैं। जयदेव ने "गीतगोविन्द" में इस उपमान का कई जगह प्रयोग किया है —

भ्रूचापे निहितः कटाक्षविशिखो निर्मातुमर्मव्यथां[1]

एक जगह वे इसे काम का धनुष बतलाते हैं, जिससे काम ने जगत् को निर्विशेष रूप से जीत लिया है, किन्तु स्वयं काम को यह धनुष कहाँ से प्राप्त हुआ था? श्रीराधा से ही प्राप्त किया था और विजय प्राप्त करके श्रीराधा को पुनः अर्पित कर दिया —

भ्रूपल्लवो धनुरपांगतरंगितानि बाणा गुणः श्रवणपालिरितिस्मरेण।
तस्यामनंगजयजंगमदेवतायामस्त्राणिनिर्जितजगंतिकिमर्पितानि।[2]

---

१. गीतगोविन्द, पृ० १४३।
२. वही, पृ० १४१।

"उज्ज्वलनीलमणि" में भी है — हे राधे, तुम्हारी तिरछी भृकुटियों का विक्षेप कामदेव के धनुष की भाँति है —

भ्रुवोर्विक्षेपस्ते कवलयति मीनध्वज धनुः।

अथवा

विधुन्वती मदनधनुर्भयंकरं भ्रुवोर्युगं कथय किमत्रखिद्यसे।

महन्त किशोरदास की पंक्ति है —

भृकुटी भुव भंग बंक धनुष ज्यों तनी।[१]

१. किशोरदासजी की वाणी, पृ० २३।

६५

प्यारी, तू गुननिराइ-सिरमौर।
गति में गति उपजाबत नाना, राग-रागनी तार-मंदर सुर घोर॥
काहू कछू लियौ रेख छाया, तौ कहा भयौ, झूठी दौर।
कहि हरिदास लेत प्यारीजू की तिरप लागन में किसोर॥

६५.१ गुनन राइ सिरमौर

भारत की विभिन्न उपासना-परम्पराओं के इतिहास को हम गंगा-नदी के प्रवाह के रूप में देखें, तो अनेक छोटी-छोटी धाराएं भागीरथी में मिलती हैं! हमारा जीवन भी काल का प्रवाह है और इस प्रवाह में हज़ारों-हज़ारों इन्द्र और वरुण बह रहे हैं। विशिष्ट प्रवृत्तियों को ध्यान में रखकर हम जिसे युग कहते हैं, वह काल के अनन्तप्रवाह की एक छोटी सी लहर है। गंगा में कितनी बार बाढ़ आती है और कितनी बार वह रास्ते बदलती है ! कहीं अनेक धाराएं एक धारा में मिल जाती हैं और कहीं एक धारा अनेक धाराओं का रूप ले लेती हैं और अन्त में समुद्र में विलीन हो जाती हैं, समुद्र में पहुँचने के बाद भी प्रवाह रुकता नहीं, भाप बनती है, बादल बनते हैं और फिर वे पहाड़ों पर बरसते हैं। यह प्रवाह परिवर्तन की निरन्तरता है। उपासना के विकास की गति भी ऐसी ही है।

"ईश्वर" की अवधारणा एक दिन की रचना नहीं है। ईश्वर एक है, लेकिन ईश्वर की अवधारणाएं कितनी हैं? "ब्रह्मेति परमात्मेति भगवानिति शब्ध्यते।" हम जिसे देवी-देवता कहते हैं, वास्तव में वह मनुष्य का स्वयं अपना ही विश्वास है। अपने विश्वास को ही वह एक रूप और आकार प्रदान करता है। उसकी बौद्धिक मीमांसा या विवेचना करता है। कभी बहुदेव की बात आती है और कभी एक देव की। बहुत से देवता मिलकर एक में अन्तर्भुक्त हो जाते हैं।

अवश्य ही ईश्वर परामानवीय-अवधारणा है। देव-भाव की परमावधि। देव-भाव मानव-मन और परिवेश के सूत्रों की संश्लिष्ट रचना है। परिवेश की समस्याओं से घिरा हुआ मनुष्य जब भौतिक-प्रणाली से समाधान नहीं कर पाता, तब मनोवैज्ञानिक-प्रणाली का सहारा लेता है और कल्पना, भावना, चिन्तन, संवेदना, विश्वास एवं अन्त:प्रज्ञा द्वारा जिन विधियों का विकास करता है, उनमें से एक विधि देव-भावना है। पराप्राकृतिक तत्त्व, चमत्कार या अलौकिकता उसका अनिवार्य-तत्त्व है। देवता और उपासक के बीच जो भी सम्बन्ध होगा, वह परिवेश के सम्बन्धों पर आधारित होगा। देव-भावना में संस्कृतियों की अन्तर्भुक्ति होती है और देवभावना की परम्परा का विकास होता है।

"ब्रज" भक्ति-आन्दोलन का राष्ट्रीय-केन्द्र बना, भक्ति-आन्दोलन की विभिन्न धाराएँ पूरब-पश्चिम, उत्तर और दक्षिण से आईं। इन धाराओं की अन्तर्भुक्ति हुई और वैष्णव-भक्ति के रंग में रंग गई परन्तु उनकी विविधता और स्रोतों को पहचाना जा सकता है। जिनकी रुचि संस्कृति की गति का अध्ययन करने में है, उनके लिए तो इनके अध्ययन का महत्त्व है, उपासक की दृष्टि से इस मीमांसा का महत्त्व नहीं है और फिर जहाँ ईश्वर की अवधारणा के स्थान पर आनन्द-भाव प्रतिष्ठित हो, प्रेम-भाव प्रतिष्ठित हो, कला और संगीत प्रतिष्ठित हो, सौन्दर्य और लालित्य प्रतिष्ठित हो, गहन सामाजिकता प्रतिष्ठित हो, वहाँ ऐसा विश्लेषण खीर में किरकिरा ही माना जाएगा।

"भागवत" में कृष्ण कलागुरु हैं, जहाँ वे नागफण पर नृत्य करते हैं —

तन्मूर्धरत्ननिकरस्पर्शातिताम्रपादांबुजोऽखिलकलादिगुरुर्ननर्त। (१०.१६.२६)

वे समस्त कलाओं के निधान हैं। समस्त कलाओं में सर्वोपरि हैं। ''केलिमाल'' में ''गुननिराय सिरमौर प्यारीजू हैं'', कृष्ण सीखते हैं, प्यारीजू सिखाती हैं। संस्कृति-शास्त्री के लिए यह परिवर्तन की निरन्तरता है।

इसमें कोई सन्देह नहीं कि यहाँ उपास्य-तत्त्व संगीत है। संगीत-शिरोमणि कृष्ण हों तो भी उपास्य-तत्त्व संगीत है और संगीत-शिरोमणि राधा हों तो भी उपास्य-तत्त्व संगीत है।

नृत्य में अनेक प्रकार की गतियाँ और उन गतियों में भी अनेक गतियों का उद्भव कर सकना संगीत-शिरोमणि की ही क्षमता है। उसे ही राग-रागिनियों का ज्ञान होता है और वही मन्द्र-मध्य और तार-सप्तक के स्वरों की सचाई को अभिव्यक्त कर सकता है।

६५.२ झूठी दौर

इस दिव्य-संगीत में अन्य किसी की गति नहीं है, हाँ प्रियतम ही श्रीराधा की उन रेखाओं को छू सकते हैं, वे भी सतह तक जा सकते हैं, गहराई में नहीं। संसार की समस्त ललित-कलाएं और नृत्य-संगीत उसी दिव्य-संगीत की छाया की प्रतिच्छाया हैं। झूठी दौर है — मर्कट नृत्य। मदारी नचाता है और मर्कट नाचता है। अपनी तरंग में नहीं नाचता। यह झूठी दौर है। महफिल होगी और छह बजकर पाँच मिनट पर उस्ताद का गायन होगा। वह लहर या तरंग किसी के वश में है क्या? यदि वश में है, यदि वह छह बजकर पाँच मिनट से बँधी है तो वह सहज संगीत नहीं है - झूठी दौर है। मर्कट नृत्य है। संगीत का व्यायाम है। सुबद्ध-संगीत एक प्रयोग है।

दूसरा नृत्य है — मयूर-नृत्य ''गोविन्द वेणु मनु मत्त मयूर नृत्यम्'' (१०.२१.१०) मोर किसी के नचाए से नहीं नाचता। मेघ आसमान में उठते हैं और मयूर के मन में तरंग उठती है। वह तरंग नृत्य बन जाती है। ''भागवत'' में है ''मेघागमोत्सवा हृष्टा: प्रत्यनन्दञ्छिखंडिन:'' (१०.२०.२०)। ललित कलाएं क्या हैं? संगीत और नृत्य क्या है? आनन्द की छलकन। वासना का आनन्द बँधा हुआ आनन्द है — झूठी दौर है। दिव्य-संगीत दिव्य-आनन्द की छलकन है और दिव्य-आनन्द का कोई ओर-छोर नहीं है, कोई सीमा नहीं है।

''छान्दोग्य उपनिषद्'' का वाक्य है — ''यत्र नान्यत्पश्यति नान्यच्छृणोति नान्यद्विजानाति स भूमाऽथ यत्रान्यत्पश्यत्यन्यच्छृणोत्यन्यद्विजानाति तदल्पं यो वै भूमा तदमृतमथ यदल्पं तन्मर्त्यं॥'' (७.२४.१) जहाँ प्रेम न किसी अन्य को जानता है, न अन्य को देखता है, न अन्य को सुनता है, वह भूमा है, जहाँ दूसरे को देखता है, सुनता है, और जानता है, वह अल्प है। जो भूमा है वह अमृत है और जो अल्प है, मरणशील है।

स्वामी हरिदास, तानसेन और अकबर — ये तीन वृत्तियाँ हैं। पहला अकिञ्चन है, दूसरा सत्ता का दरबारी है — हाजिर हुजूर, और तीसरा राजसत्ता है। इन तीनों वृत्तियों को लेकर लिखी गई श्री लक्ष्मीकांत वर्मा की एक कविता है — ''लीला पुरुष के आसपास'', इसके कुछ अंश हैं —

सुनो तानसेन, तुन अलाप लेते-लेते रुक क्यों गए?
तुमसे तो स्वामी हरिदास ने कहा था —
संगीत में सारे दु:खों को शमित करने की शक्ति होती है
कविता से मोक्ष नहीं मिलता
संगीत से ही मोक्ष मिलता है।
फिर बोलो तानसेन,
तुम अलाप लेते-लेते रुक क्यों गए?
वैसे यह प्रश्न तानसेन से किसी ने नहीं पूछा था।

स्वयं हरिदास का तानसेन
अकबर के तानसेन से पूछ रहा था
और तानसेन विक्षिप्त था ?
तानसेन ने आँखें बंद कर लीं
अकबर कुटिया के बाहर मौन खड़ा था
स्वामी हरिदास प्रभु-लीला गा रहे थे।
चारों ओर सन्नाटा छाया था
समय ठहरा हुआ था
कहीं कुछ नहीं कम होता
हवा में घुलती बारूद सदियों बाद भी समाप्त नहीं होती।
पत्थरों पर उकेरे शिलालेख
हजारों वर्ष बाद भी घायल से खड़े रहते हैं।
सब अपने समय से ही बनते-बिगड़ते हैं।
समय से पहले कहीं कुछ नहीं होता।
तुम किसकी लीला में इस अभिशप्त सदी को डुबाओगे तानसेन,
राग जै जैवंती और दरबारी तक ही तो तुम्हारी पहुँच है।
क्या तुम ढोलामारू को शुद्धगांधार और
धैवत को निषाद में बदल सकते हो
तानसेन की आँखें नम थीं।
स्वामी हरिदास तानपूरे पर हरिलीला में मग्न थे
अकबर की आँखें खुली थी
पर उसके कानों में बज्जर ठुँके थे।
सुनते हैं बंदूक की नलियों से सत्ता निकलती है
इसलिए इनमें कभी जंग नहीं लगती।
अकबर देख रहा था पर कान बन्द थे
उसने सिर्फ देखा, सुना कुछ नहीं
स्वामी हरिदास लीला मग्न थे
वह तो सब कुछ भागवत लीला ही समझते थे
तानसेन की आँखें बंद थीं पर कान सुन रहे थे
क्योंकि तानसेन वही देखते थे जो अकबर दिखाता था।

स्वामीजी ने संगीत-कला के लिए एक गन्तव्य दिया था, एक प्रयोजन दिया था, एक मार्ग बताया था और झूठी दौर के प्रति सावधान किया था। झूठी दौर में कला सत्ता की मुखापेक्षी हो जाती है। वहाँ शिल्पियों की उंगलियाँ इसलिए काट दी जाती हैं कि सत्ता को आशंका या भय रहता है, कहीं दूसरा ताजमहल न बनाया जा सके। वहाँ कला होड़ और आशंका से प्रेरित होती है, आत्मसुख से उसका सम्बन्ध विच्छिन्न हो जाता है।

६६

प्यारी, तौपै कितेक संग्रह छबिन कौ, अंग अंग प्रति नाना भाउ दिखावति।
हाथ किन्नरी मधि सचु पाइ, सुलप राग रागनीन सों तू मिल गाबति॥
कहा कहौं एक जीभ, गुन अनगिन, हारि पर्‌यौ कछ कहत न आवति।
श्रीहरिदास के स्वामी स्यामा कुंजबिहारी कहत, प्यारीजू जे जे भाउ ल्यावति॥

६६.१ अंग अंग प्रति नाना भाव दिखावति

"एक जीभ और गुन-अनगिन" अनन्तता का भाव है, सीमा नहीं है। अनन्त-सौन्दर्य आत्मा का सौन्दर्य है, शरीर का सौन्दर्य ह्रासशील होता है। आत्मा है रस। रस समस्त कलाओं की आत्मा है। यह इंद्रियातीत आनन्द की स्थायी स्थिति है। अनगिन को एक जीभ कैसे कहें! रूप, लावण्य, गुण, लक्षण, दृष्टि, स्वर, ताल, छन्द, लय, भाव, करण, अलंकरण तथा अंगहार — किसकी गिनती की जाए! वह तो सर्वात्मक है। पूर्ण है।

भाव दिखाना, भाव प्रकट करना, केवल नृत्य या गायन की ही बात नहीं है। वास्तुकला, मूर्तिकला, नाट्यकला, चित्रकला और कविता सभी कलाएँ अव्यक्त को व्यक्त करती हैं। इस दृष्टि से सभी कलाएं परस्पर आश्रित-अवलम्बित हैं। "विष्णुधर्मोत्तर पुराण" में एक प्रसंग है, जिसमें मार्कण्डेय ऋषि चित्रविद्या के ज्ञान के लिए क्रमश: मूर्तिकला, नृत्यकला, वाद्य एवं गायन कला का ज्ञान अनिवार्य बताकर उस अखण्ड तथा अविच्छिन्न-तत्त्व की ओर संकेत करते हैं।

भाव दिखाने के लिए नृत्यशास्त्र में देहयष्टि के चार भंग बताए गए हैं — समभंग, अभंग, अतिभंग और त्रिभंग। करण की संख्या तो एक सौ आठ तक बताई गई है — सन्नत, ललित, चतुर, जनित, सिंहविक्रीडितकरण आदि। अनेक पाद-स्थितियाँ हैं, जैसे — अग्रतलपाद, अग्रतल-संचारपाद, कुट्टितपाद, कुट्टित-सूचीपाद, अञ्चित और स्वस्तिकपाद आदि। अनेक हस्त-स्थितियाँ हैं — स्वस्तिक, दोलहस्त, दण्डकारिहस्त, करिहस्त, अञ्चितहस्त,गजहस्त, अर्धचन्द्र हस्त, अलपल्लव, ज्ञान-मुद्रा। इसी प्रकार शिर की स्थितियाँ हैं। ग्रीवा की स्थितियाँ हैं। कथकली में नेत्रों की दृष्टि की कितनी अभिव्यक्तियाँ हैं कि कई-कई घंटों तक नर्तक और नर्तकी आँखों में संवाद कर पाते हैं। उरु की अभिव्यक्तियाँ हैं।[१]

अरूप को रूपायित करना तथा रूप को अरूप तक ले जाना — विराट् की अनुभूति साधारण-अनुभव को दिव्य-अनुभूति बना देती है। गंगा के जल को ब्रह्मद्रव के रूप में ग्रहण करते हैं। साधारण-जल में भी जब अमृतकलाओं की उपस्थिति का भाव दृढ किया जाता है, तब वह दिव्य हो जाता है। इसी प्रकार व्यष्टि-नृत्य भी विराट्-नृत्य की अनुभूति करा सकता है।

स्वामी हरिदासजी ने "केलिमाल" में संगीत-नृत्य को दिव्यता की परम-स्थिति में प्रतिष्ठित किया है। अनन्तता तर्कगम्य नहीं है। अनन्तता दिव्य की अनुभूति है, दिव्य की अभिव्यक्ति ही कला है।

भाव आत्मसत्ता की अनुभूति है। भाव का स्पन्दन संगीत और नृत्य है।

---

१. दे० प्राचीन भारतीय कला में नृत्य एवं संगीत, चाक्षुषयज्ञ, पृ० ३२।

परसपर राग जम्यौ, समेत किन्नरी मृदंग सुर तार।
तीन हू सुरन के तान बँधान, धुर धुरपद अपार॥
बिरस लेत धीरज न रह्यौ, तिरप-लाग-डाट सुर मोरन सार।
श्रीहरिदास के स्वामी जे जे अंग की गति लेत, अति निपुन अंग अंगहार॥

६७.१ परस्पर राग : जुगलबन्दी

"केलिमाल" में तीन प्रकार के संगीत चित्र हैं — एकल-संगीत, युगल-गान या युगल-नृत्य और मण्डल-संगीत या मण्डल — नृत्य। मण्डल-नृत्य रास-नृत्य है। मूलतः यह लोकनृत्य है। "मंडली नृत्तं हल्लीसकम्।" नाट्यशास्त्र की टीका में अभिनवगुप्त ने लिखा है —

मंडलेन तु यन्नृत्यं हल्लीसकमिति स्मृतम्
एकस्तत्र तु नेतास्याद् गोपस्त्रीणां यथाहरिः।[१]

"शृंगारप्रकाश" में भी भोजराज ने हल्लीसक की यही परिभाषा की है, साथ में यह भी कहा है कि विशिष्ट ताल के साथ निबद्ध होने पर इसे रास कहा जाता है। रामनारायण अग्रवाल ने हल्लीसक को आभीरों में प्रचलित नृत्य बतलाया है। डॉ० राकेशबाला सक्सेना का कहना है कि राजस्थान का उड़िया-झूमर, गुजरात का गरबा, महाराष्ट्र का गोप, बंगाल का जात्रा, कश्मीर का हेटक, हिमाचल का मलका, मणिपुर का लाइहरोबा, आंध्र का कौलाटम् रासनृत्य के ही रूप हैं।[२]

कर्ट शैख्स (Dr. Curt Shechs) की अत्यन्त महत्त्वपूर्ण पुस्तक "वर्ल्ड हिस्ट्री ऑफ डांस" इस विषय की प्रामाणिक कृति मानी जाती है। वे कहते हैं कि सभी आदिम-जातियों में मण्डलावर्त नृत्य पाया जाता है। डॉ० कर्ट शैख्स तो मण्डलावर्त नृत्यों को मानव-पूर्व मानते हैं, हालाँकि उनका यह मत परवर्ती अनुसन्धाताओं को स्वीकार नहीं है।[३]

अनुसन्धानकर्ता मानते हैं कि मण्डलावर्त-नृत्य के केन्द्र में कोई-न-कोई अतिमानवीय-शक्ति (देवता, पितर, टोटम, दिव्य-शक्ति-सम्पन्न पुरोहित, ओझा, अग्नि आदि) विद्यमान होती है।

आचार्य हजारीप्रसाद द्विवेदी के शब्दों में — "यह अविसंवादित तथ्य है कि इस प्रकार के नृत्य का मूल-प्रेरक मनोभाव उल्लास है। विविध प्रकार की चारियों से वलयित, ताल द्वारा नियन्त्रित, धारावाहिक मण्डलावर्त नृत्य जीवन के किसी अज्ञात-रहस्यमय केन्द्र से उल्लसित होता है।"

इन मण्डलावर्त नृत्यों के दो भेदों का उल्लेख डॉ० शैख्स ने किया है। एक अमूर्तपरक और दूसरा मूर्त। उनका अनुमान है कि आरम्भ में अदृश्य-शक्तियों को केन्द्र करके उल्लास-व्यञ्जक नृत्य चले होंगे, बाद में वाक् के साथ-साथ जब मिथक-तत्त्व का आविर्भाव हुआ होगा तो इन अदृश्य-शक्तियों की रूप-कल्पना की गई होगी।[४]

---

१. नाट्यशास्त्र ४.२७५, अभिनवभारती, जिल्द १, बड़ौदा संस्करण।
२. रसनिकुंज।
३. दे० लालित्य तत्त्व, पृ० १७।
४. वही।

परस्पर-नृत्य युगल-नृत्य है, इसके अनेक चित्र वाणी साहित्य में हैं —

श्यामा और कुञ्जबिहारी दोनों आनन्द में भरकर एकान्त नें नृत्य कर रहे हैं। अंग-प्रत्यंगों से अनेकानेक हाव-भाव उत्पन्न हो रहे हैं। प्रेमानन्द की तरंगों से कल्लोल करने की लालसा इनके अन्तस्तल में उल्लसित हो रही है। मृदंग मधुर-मधुर बज रहा है। किंकणी और नूपुरों से नए-नए ताल प्रस्फुटित हो रहे हैं। होड़ बदकर दोनों तान-तिरप ले रहे हैं, लेकिन कोई किसी से कम नहीं। श्रीभगवतरसिकजी, जो इस दृश्य का अवलोकन कर रहे हैं, कहते हैं कि प्रियतम के कौशल पर रीझकर श्रीप्रियाजी ने उन्हें अपने अंक में भर लिया है।

नाचत दोउ रहसि में रँगभीने।
हाव भाव उपजत अँग अंगनि कोककला मन दीने॥
बाजत मधुर मृदंग किंकिनी नूपुर ताल नवीने।
होड़ा होड़ी तान तिरप गति लेत नहीं कोउ हीने।
राकारति रजनीकर आनन उदित मदन बस कीने।
रीझि रीझि भगवत की स्वामिनि लाल अंक भरि लीने॥ (भगवतरसिक की वाणी)

६७.२ तीन हू सुरन के तान बँधान

सप्तक में सरेगमपधनि सात स्वर होते हैं। जब ये स्वर गम्भीर और नाभि-घोष स्वर में और सामान्य से नीचे स्वर में गाए जाते हैं, तब ये मन्द्र कहलाते हैं। जब सामान्य स्वर में कण्ठ-घोष के स्वर में गाए जाते हैं तो मध्य-स्वर कहलाते हैं तथा सामान्य से ऊँचे तालु-घोष में गाए जाते हैं, तब आवाज़ बारीक हो जाती है और वे तार-सप्तक के स्वर कहलाते हैं। यहाँ "तीन हू सुरन" का तात्पर्य है - मन्द्र-सप्तक, मध्य-सप्तक तथा तार-सप्तक के स्वर।

६७.३ धुर धुरपद अपार

ध्रुवगीति का भागवत में उल्लेख है — "तदेव ध्रुव मुन्निन्ये तस्यै मानं च बह्वदात्।" (१०.३३.१०) सूरदास के पदों में ध्रुवपद का उल्लेख है — "दोहा छन्द ध्रुपद जस हरि कौ हरि ही गाय सुनावत।" अथवा "छंद ध्रुवन के भेद अपार, नाचत कुँवरि मिले झपतार, कह्यौ सबै संगीत में।"[१]

ध्रुवपद गंभीर गायन-शैली की एक विधा है। विष्णुपद और ध्रुवपद प्राचीन गायन शैलियाँ थीं, बाद में ख्याल शैली का प्रवर्तन हुआ। ध्रुवपद के चार अंग होते हैं — स्थाई, अन्तरा, सञ्चारी और आभोग। चौताला को ध्रुवपद ताल भी कहते हैं। इसमें चार ताली होती हैं। इसमें बोल-तानें भी ली जाती है। यह गायकी लय-प्रधान है — इसमें दुगुन, त्रिगुन, चौगुन (चतुर्गुनस्त्रह्य) और आड़ी-ड्यौढ़ी लय में लयकारी की जाती है, लेकिन पहले इसे विलम्बित में ठाह के साथ गाया जाता है। "केलिमाल" के पदों में दो धमार हैं, बाकी सब ध्रुवपद की बन्दिश हैं। संगीतशास्त्र में ध्रुवपद का लक्षण है —

गीर्वाणमध्यदेशी च भाषासाहित्यराजितम्।
द्विचतुर्वाक्यसंपन्नं नरनारीकथाश्रयम्।

---

१. सूरसागर, पृ० ६३४ तथा ६७२।

श्रृंगाररसभावाद्यं रागालापपदात्मकम्।
पादांतानुप्रासयुक्तं पादांतयुगकं च वा।
प्रतिपादं यत्र बद्धं एवं पादचतुष्टयम्।
उद्ग्राहध्रुवकाभोगान्तरं ध्रुवपदं स्मृतम्।

"ध्रुवपद और उसका विकास" आचार्य कैलाशचन्द्र देव बृहस्पति का महत्त्वपूर्ण ग्रन्थ है[१]। दूसरा ग्रन्थ है — "ध्रुवपद समीक्षा" (भरतव्यास)[२]। इन दोनों ग्रन्थों में ध्रुवपद-गायन की परम्परा का गम्भीर विवेचन है। भरतव्यास ध्रुवपद की परम्परा को जानने के लिए वृन्दावन में भी रहे। पं० गजानन मिश्र की शागिर्दी की, श्रीमिश्र छाताग्राम निवासी ध्रुवपद-गायक थे तथा ग्वारिया बाबा, चौथ्यारासधारी और भवानीदास के शिष्य थे। उन्होंने स्वामी हरिदास को आर्षप्रयोग प्रणेता माना है। वे वीणा और मृदंग को ध्रुवपद-गायन में सहायक मानते हैं।[३]

अष्टछाप के कवियों (सूरदास, कृष्णदास, कुम्भनदास, परमानन्ददास, नन्ददास, गोविन्द स्वामी, छीतस्वामी, चतुर्भुजदास) के काव्य का संगीतशास्त्र की दृष्टि से अध्ययन करते हुए श्री भरतव्यास ने मत व्यक्त किया है —

> हवेली संगीत में आठ साहित्यिक संगीतज्ञों ने अष्टछाप के नाम से भगवत्सेवा के अनुकूल पदों की रचना की, जो कीर्तन के रूप में प्रचलित हैं। इन गीतों में काव्यगत विषय अपने को संगीत-कला की परिधि में न रख सका और वह विशुद्ध काव्य की श्रेणी में जा मिला। अतएव मेरी दृष्टि में इसे गीत-काव्य मानने की अपेक्षा काव्य-प्रधान गीत मानना अधिक उचित है।[४]

भरतव्यास का मत है कि ध्रुवपद के चार चरण मूलरूप से विष्णुपद से आगत हैं और विष्णुपदों के प्रणेता आलवार थे। मुनिवाहन (तिरुप्पनाल्वार) नादविद्या में नारद के समकक्ष माने जाते थे। भरतव्यास कीर्तन की परम्परा का श्रेय आलवारों को देते हुए कहते हैं —

> द्वादश आलवारों द्वारा की गई वेदध्वनि, छन्द-गान, दिव्य-प्रबन्धम् आदि गीत के विकास को लक्षित करते हैं। अत: पथ-प्रदर्शक के रूप में गीति-काव्य के प्रसार का सारा श्रेय इन्हीं लोगों को प्राप्त है, जिनके द्वारा रचित चतुष्पदीय श्लोकों में महाविष्णु की चार भुजा, चार दिशा एवं चार वेदों के स्तुत स्वरूप की कल्पना, उन आलवारों की वैदिक-भावना के अनुरूप रचे गए गीत हैं। उसी को दीर्घकाल बाद ध्रुवपद के चार चरण के रूप में अपनाया गया।

गीत के साथ-साथ नृत्य का भी प्राचीनतम रूप देवदासी-नृत्य के नाम से प्रचलित हुआ, जिसके आद्य-आल्वारों में श्रीरंगनायकी अग्रगण्या तथा प्रमुख मानी जाती है। श्रीरंगनायकी ने वाराही-अवतार में पृथिवी के रूप में भगवान् द्वारा उद्धार पाकर उनसे सेवा-हेतु प्रार्थना की थी, अत: कालान्तर में श्रीरंगनायकी के रूप में अवतरित होकर वे श्रीकमलनाथ की अर्द्धांगिनी बनीं। अपने स्वाभाविक भगवत्स्मरण-कीर्तन में उन्होंने प्रेममग्न होकर जो नृत्य किया है, वह भगवत-नृत्य-समर्पण की पराकाष्ठा है।[५]

स्वामीश्रीहरिदास की केलिमाल के ध्रुवपदों के सम्बन्ध में भरतव्यास का मत है —

> हरिदास ने "केलिमाल" नाम से भगवान् श्रीराधा-कृष्ण के अनेक लीला-विहार को संक्षिप्त शब्दों में गूढ़-भावों

---

१. ध्रुवपद और उसका विकास, बिहार राष्ट्रभाषा परिषद्, पटना।
२. ध्रुवपद समीक्षा, उ०प्र० संगीत नाटक अकादमी, पृ० ३३।
३. वही।
४. वही, पृ० २८।
५. वही।

को पिरोकर रस-रहस्य के गीत लिखे। इन ध्रुवपदों के शब्द व पंक्तियाँ आलवारों के "दिव्यप्रबन्धम्" के समान ही स्वल्प शब्दों में विस्तृत, गूढ़, तथा रसमय भावनाओं की अभिव्यञ्जना करते हुए अपनाई गई हैं। ऐसी धारणा मैंने इन दोनों सम्प्रदायों के गायन को सीखकर बनाई है। उल्लेखनीय है कि दिव्य-प्रबन्धनों में भिन्न-भिन्न आचार्यों द्वारा अनेक प्रकार के छन्द अपनाए गए हैं, जो श्रीहरिदास की कृतियों में नहीं मिलते। उनके गीत दो ही छन्दों में है, उनमें भी पड़ा छन्द विशेष है। गीतों की राग-शृंखला मात्र अठारह राग-रागिनियों में ही विभाजित है, जो उनकी वाणी में व्यक्त होकर बाद में उनके शिष्यों द्वारा भी व्यक्त की गई।[१]

श्री भरतव्यास का मत है कि —

हरिवंश या हरिदास के संसर्ग में आकर जिन लोगों ने सम्प्रदाय की दीक्षा ली उन्होंने भी सेवा के प्रधान अंग संगीत को भली-भाँति सीखा और उसकी साधना करते हुए भगवान् की आराधना की। इन लोगों के द्वारा संगीत के श्रेष्ठतम क्रिया-कलाप का विशिष्ट रूप में प्रचार किया गया।

इस प्रकार यह स्पष्ट हो जाता है कि विष्णु-गीत का उद्भव व विकास कैसे हुआ तथा किस प्रकार उसका सर्वत्र प्रसार व प्रचार सम्भव हो सका। इसी सन्दर्भ में यहाँ यह जान लेना भी उचित है कि इन्हीं महान् व्यक्तियों से भारत के संगीत-विद्वानों की परम्परा चली तथा संगीत-कला के ऐसे उत्तमोत्तम गायक भारत-भर में फैले, जिनके द्वारा रचित गीतों में भारतीय संगीत की सभी श्रेष्ठतम गायन-कलाएं विद्यमान हैं।[२]

आचार्य बृहस्पति ने ध्रुवपदों के शिल्पविधान और साहित्यिक महत्त्व का मूल्यांकन करते हुए स्वामीजी और तानसेन के सम्बन्ध में ऐतिहासिक-सूत्रों का विवेचन किया है। उन्होंने एक घटना का उल्लेख किया है कि जब गुसाँई बिट्ठलनाथ की सेवा में आकर तानसेन ने ध्रुवपद गाया तो उन्होंने कुछ रुपये पुरस्कार के रूप में तो दिए पर एक कौड़ी भी दे दी। कौड़ी का रहस्य पूछने पर गुसाँईजी ने कहा "दरबारी संगीत" का मूल्य यही है। इसे स्वामीजी ने झूठी दौर कहा है।[३]

ध्रुवपद के सम्बन्ध में डॉ० रामविलास शर्मा ने लिखा है — ध्रुवपद-गायन लोक-नृत्य से सम्बद्ध था, इसलिए उसमें लोकभाषा का व्यवहार होता होगा। अबुलफजल की उक्ति — "ध्रुवपद आगरा, ग्वालियर और आसपास के प्रदेश का गीत है" — से भी उसी लोकगीत-परम्परा की व्यञ्जना होती है। डॉ० रामविलास शर्मा का स्पष्ट मत है कि ध्रुवपद दरबार से लोक-जीवन में नहीं आया, अपितु लोक-जीवन से दरबार में गया। सन्तों ने ध्रुवपद-गायन-परम्परा दरबारों से नहीं लोक-जीवन में प्राप्त की थी।[४]

६७.४ तिरप लाग डाट

ऐसा प्रतीत होता है कि उस समय शास्त्रीय-संगीत-नृत्य के सम्बन्ध में लोगों की रुचि गहरी थी और ब्रज के भक्त-कवि और वृन्दावन के रसिक कवि सभी को शास्त्रीय-संगीत की गहरी जानकारी थी। प्राय: सभी कवियों की वाणी में नृत्य-सम्बन्धी पारिभाषिक-शब्दों का व्यापक प्रयोग हुआ है।

---

१. ध्रुवपद समीक्षा, पृ० २५।
२. वही, पृ० २८।
३. काहू कछू लियौ रेख छाया तौ कहा भयौ झूठी दौर।
४. चौमासा, वर्ष १७ अंक ५३ (जुलाई-अक्तूबर २०००), पृ० ६।

ललितकिशोरीजी की वाणी है —

उघटत गति संगीत की बाजत ताल मृदंग।
उरप तिरप लागनि निपुन निरतत गतिनि सुधंग। (र०सा० २४४)

तीनों सुर एकत्वगति नृत्यति ध्रुव अपार।
लाग डाट उरप तिरप सुलप विलस सुख सार। वही ४०६

कुम्भनदासजी ने नृत्य का पद लिखा है —

नाचत गिरिधरन संग प्रेम मुदित रास रंग उरप तिरप लेत तान नागर-नागरी।
सरगम पधनि गमपनि उघटित गति सप्त सुरनि लेत लाग डाट कल अति उजागरी।
चर्वन तांमूल देत ध्रुवतालें गतिहि लेत गिड़िगिड़ि तत थोंथों अलग लागरी।
सुरत केलि रस-विलास बलिबलि बलि कुंभनदास श्रीराधा नंदनंदन वर सुहागरी।

"महावाणी" में हरिव्यासदेवजू ने नृत्य का सौन्दर्य इस रूप में देखा है —

नागरी नागर निरतत रास में नई-नई गति लीने।
हस्तक भेद विभेद परायन पायन बरजत बीने।
उघटत ता धित्ता धित्ता धेतत् तत तत कीने।
श्रीहरिप्रिया निरखि तन मन धन न्यौछाबर कर दीने।

बिहारिनदेवजू ने नृत्य के कई पद लिखे हैं —

देसी सुलप सुधंग अंग मिलि तान तिरप में निपुन मनों नट।

६७.५ सुर मोरन सार

संगीतशास्त्र के अध्येताओं में एक मान्यता यह भी रही है कि मनुष्य ने पक्षियों से संगीत सीखा है। कोयल के स्वर को पञ्चम स्वर कहा जाता है। स्वामीजी ने मयूर के स्वर को माधुर्य का सार कहा है। "भागवत" के आग्नीध्र-चरित्र-प्रसंग में मन्दराचल की घाटी के वर्णन में मयूर आदि की षड्जादि स्वरयुक्त ध्वनि (श्रुति) का उल्लेख है — "विहंगममिथुनैः प्रोच्यमानश्रुतिभिः प्रतिबोध्यमानसलिलकुक्कुटकारंडवकलहंसादि-भिर्विचित्रमुपकूजितामलजलाशयकमलाकरमुपबभ्राम।" (५.२.४)

६७.६ अंगहार

अंगहार नृत्य-भंगिमाओं का विधान होता है। अंगहारों में विविध अंग-प्रत्यंग (शिर, हस्त, कटि, वक्ष, पाद, नेत्र, भ्रू, नासा, अधर, कपोल, चिबुक) की अभिनय क्रियाएं एक साथ तथा पर्यायशः सम्पन्न होती हैं।[१]

---

१. डॉ० वसंतयामदग्नि , रासलीला तथा रासानुकरण विकास, पृ० २०६।

६८

तोकों पिय बोलत हैं री, लाल ठाड़े कदम तर।
अबकें ऐसौ ज्यौ कियें कहा होत है री, मार रही कुसुम सर॥
कुंजबिहारी अपनौ अंस, तासों क्यों कीजिऐ छदम वर।
श्रीहरिदास के स्वामी स्यामा ढूँड़त बन में पाई, क्रम क्रम कर बिसम डर॥

६८.१ लाल ठाड़े कदम तर

कृष्णलीला में कदम्ब-वृक्ष का इतना महत्त्व है कि सभी लीला-गायकों ने अनेक प्रकार से कदम्ब का उल्लेख किया है। ब्रज में अनेक कदमखंडियाँ है, ब्रजयात्री इनका दर्शन करने जाते हैं। कदम्ब के साथ वंशी की ध्वनि की स्मृतियाँ जुड़ी हैं — "नंदक नंद कदंबक तरुतर धिरे धिरे मुरली बजाव" (विद्यापति)। जयदेव ने "गीतगोविन्द" में कदम्ब के नीचे राधा की प्रतीक्षा करने वाले प्रियतम का उल्लेख किया है —

विशदकदंबतले मिलितं कलिकलुषभयं शमयन्तम्[1]**।**

श्रीरूपगोस्वामी ने "उज्ज्वलनीलमणि" में कदम्बकुञ्ज का उल्लेख किया है —

कदंब कुंजे विजिहीर्षया समं
समागता नागरिचातकावली।[2]

अथवा

नादः कदंबविटपान्तरतो विसर्पन् को नाम कर्णपदवीमविशन् न जाने[3]**।**

वंशी का नाद कदम्ब-वृक्ष की ओर से आ रहा है।

"उज्ज्वलनीलमणि" में कृष्ण को कदम्बवन का भौंर और ठग कहा गया है — "पिबतु नीपवनीभ्रमरस्तव।"[4]

अथ च

कदंबारण्यानी कितव, विकचं लुंठसि नवम्[5]**।**

"उज्ज्वलनीलमणि" में कदम्ब का उल्लेख उद्दीपन-विभाव-प्रकरण में भी किया गया है।

हितहरिवंशजी ने "राधासुधानिधि" में कदम्बवन का उल्लेख किया है। रसिकवर श्रीराधा के दोनों हाथ पकड़कर कदम्बवन में ले गए —

अद्य श्यामकिशोरमौलिरहह प्राप्तो रजन्या मुखे।
नीत्वा तां करयोः प्रगृह्य सहसा नीपाटवीं प्राविशत्। (१६७)

---

१. गीतगोविन्द, पृ० १०२।
२. उ० नीलमणि, पृ० ४०६।
३. वही, पृ० ५५९।
४. वही, पृ० १८२।
५. वही, पृ० ७९१।

यमुनातट पर जहाँ राधा एकान्त में स्नान करती हैं, वहाँ कृष्ण एक ऊँचे कदम्ब-वृक्ष पर बैठ जाते हैं —

श्री राधिके तव कदा नवनागरेन्द्रं पश्यामि मग्ननयनं स्थितमुच्चनीपे (२३)

ब्रज भक्तों के गीतों में कन्हैया कदम्ब पर चढ़कर गायों को बुलाते हैं — "कदम चढ़ कान्ह बुलावत गैया।" सूरदासजी का पद है — "आपुन चढ़े कदम पर धाई।" बिटठ्ल गिरिधरन का पद है — "कदम तर ठाड़े हैं पिय प्यारी।"

स्वामी हरिदासजी के नाम से एक भेंट का पद है — "एक भुजा गहि डार कदम की दूजी भुजा गर बाँहीं।" बिटठ्लविपुल ने भी कुँवर को कदम्ब की छाँह में ही देखा है — "ठाड़े कुँवर कदम की छहियाँ।" रसखान का बड़ा प्रसिद्ध सवैया है — "जो खग हौं तौं बसेरौ करों मिलि कालिंदी कूल कदंब की डारन।"

राधाशरणदासजू ने कदम्ब को रति का प्रतीक बतलाया है — "रोम रोम चाहत सुरति वहै कदंब तर जानि।"

लोक-गीतों में कहीं तो कदम्ब की डाल पर झूला का उल्लेख है और कहीं चीरहरण-प्रसंग का — "लेकर चीर कदम चढ़ि बैठे सामलिया गिरिधारी।" गायक गनपतजी की तान है — "चलौ झूलैं कदम की डाली री हो राधिके।"

कहा जाता है कि बिजली (दामिनी) की आवाज सुनकर कदम्ब के फूल खिलते हैं। कदम्बवन काँची (चैन्नई) में भी है।

कदम्ब-वृक्ष तो है ही, परन्तु भारतीय-संस्कृति का अध्ययन करने की दृष्टि से एक महत्त्वपूर्ण सांस्कृतिक-सूत्र भी है। संस्कृति के प्रवाह अथवा निरन्तरता का अध्ययन करने के लिए ऐसे सांस्कृतिक-सूत्र सहायक बन जाते हैं। कदम्ब-वृक्ष को विश्ववृक्ष कहा गया है और कदम्ब का फूल गोल है, सहस्रों रोमकूप हैं, रूपाकृति में जैसे धतूरा होता है। वैष्णवों में जो स्थान कदम्ब-पुष्प का है शिव-मत में वह स्थान धतूरे का है। कदम्ब महात्रिपुरसुन्दरी ललिता को बहुत प्रिय है। त्रिपुरसुन्दरी कदम्बवन-वासिनी हैं और कदम्बमञ्जरी-क्लृप्त कर्णापूर मनोहरा हैं — कदम्ब मञ्जरी के कर्णाभरण पहनती हैं।

"मणिद्वीपे नीपोपवनवति चिंतामणि गृहे" — भगवती ललिताम्बा का चिन्तामणि-गृह कदम्ब के उपवन में है। महामहोपाध्याय गोपीनाथ कविराज का कथन है कि —

> श्रीकृष्ण से कदम्ब-वृक्ष या कदम्बमूल का क्या सम्बन्ध है, यह बहुतेरे लोग नहीं समझते। जो श्रीविद्या का अनुशीलन करते हैं, वे यह जानते हैं कि शाक्त-मत में कदम्ब का स्थान कहाँ है। तन्त्र में है — "कदाचिदाद्या ललिता पुंरूपा कृष्णविग्रहा।" ललिता श्रीविद्या का ही दूसरा नाम है। इसके विपरीत ललिता श्रीभगवान् की लीला-सहचरी है। लीला-सहचरी ही नहीं, वह सखियों की नायिका भी है। जो योग-साधना के रहस्य को जानते हैं, वे इसका मर्म समझ सकेंगे।[१]

१. तान्त्रिक साधना और सिद्धान्त, पृ० २९०।

६९

चलिऐ छबीली, छबीलौ बोलत।
आज की बानिक पै तृन टूटत है, कही न जाइ कछ स्याम तोहि रति॥
सखी लै चली मनाइ, ज्यौं हित की आई घत।
श्रीहरिदास के स्वामी स्यामा कुंजबिहारी बीच ही आइ मिले,
तन की सुबास सकल भमर कलमलत॥

६९.१ सखी लै चली मनाइ

''गीतगोविन्द'' में सखी श्रीराधा को कृष्ण के पास ले चलने के लिए प्रेरित कर रही है —

विकिरति मुहुः कुश्वासा नाशाः पुरो मुहुरीक्षते
प्रविशति मुहुः कुंजं गुंजनमुहुर्बहुताम्यति।
रचयति मुहुः शय्यां पर्याकुलं मुहरीक्षते।
मदनकदनक्लान्तः कान्ते प्रियस्तव वर्तते[१]।

प्रियतम तुम्हारी प्रतीक्षा में आतुर हैं, लम्बी-लम्बी साँसें लेते हैं। चारों ओर देखते हैं, लताकुञ्ज में जाते हैं और फिर बाहर आकर खड़े हो जाते हैं। कुछ बोलते भी हैं। कभी शय्या की रचना करते हैं। हे सखी, अब देर मत करो।

''उज्ज्वलनीलमणि'' में एक उदाहरण है —

इन्दुस्तुन्दिलमण्डलः प्रथयते वृन्दावने चन्द्रिकां।
सान्द्रां सुन्दरि ! नन्दनो ब्रजपतेस्त्वद्वीथिमुद्वीक्षते।
त्वं चन्द्रञ्चितचन्दनेन खचिता क्षौमेण चालङ्कृता,
किं वर्त्मन्यरविन्दचारुचरणद्वन्द्वं न सन्धित्ससि ?

सखी विशाखा श्रीराधा से कहती है —

> हे सुन्दरी! देखो तो! पूर्णमण्डल वाला चन्द्रमा वृन्दावन में चाँदनी फैला रहा है, नन्दनन्दन उत्सुक होकर रसमयी तुम्हारी बाट देख रहे हैं, तुम कपूरयुक्त चन्दन से वासित होकर उत्तम रेशमी परिधान से सुसज्जित होकर चलती क्यों नहीं हो ?[२]

''महावाणी'' में ''श्रीहरिप्रिया'' ने ''कसहियौ है'' पद लिखा है —

अँग अँग सेवा काजें हैं, अँग अँग सेवा काजें हैं
चलहु विलंब न कीजियै, कस हियौ है।
बन्यौ यह बानिक आजें हैं, यह बानिक आजें हैं
अछन अछन पग दीजियै कस हियौ है।[३]

---

१. गीतगोविन्द, पृ० १९८।
२. उज्ज्वलनीलमणि, पृ० १४७।
३. महावाणी, पृ० १३१।

श्रीबीट्ठलविपुल का पद है कि प्रियतम कुञ्जभवन के द्वार पर तुम्हारी प्रतीक्षा कर रहे हैं —

पिउ पाँउ धारियै पिय पहियाँ।
कुंजभवन के द्वारें ठाड़े कुँवर कदम की छहियाँ।
सुनत वचन हँसि विलम न कीनों चली अली गहि बहियाँ।[१]

बिहारिनदासजी का सवैया है —

तोकौं बोलत कुंज निकुंज बिहारी प्रिया ललना मन भाइकुरी।
लई बोल अमोल दै सैन पठाइ परी न कही इतराइकुरी।
इहि औसर और न आन गटी श्रम मेरौ वृथा न गमाइकुरी।
श्रीबिहारी बिहारिनिदासि भनैं साँवरौ सुखदाइक नाइकुरी।

यहाँ सखी अभिसारयित्री की भूमिका में हैं और "केलिमाल" में उसकी यह भूमिका बड़ी महत्त्वपूर्ण है। कितने ही पद हैं —

चलियै छबीली छबीलौ बोलत।

राधे चलि री हरि बोलत।

तेरौ मग जोबत लाल बिहारी।

चलहु त बेगि राधिका पिय पै जो भयौ चाहत सर्वोपरि।

तोकों पिय बोलत हैं री लाल ठाड़े कदम तर।

मान, अब चल री एक संग रहौ कीजै।

पीताम्बरदेवजू ने बताया है कि प्रियतम घनश्याम है, प्यारीजू दामिनी हैं परन्तु उन्हें आन्दोलित-उद्वेलित करने वाली पवन सखी है — "मिल घनश्याम दामिनी राधा सहचरि पवन सुंगध सुहानी।" श्रीप्रियाजू कहती हैं कि मेरे हृदय में एक प्रियतम हैं और प्रियतम के हृदय में एक मैं बसी हूँ परन्तु सखी का हृदय इतना विशाल है, उसमें जुगल रसमग्र हैं —

मेरे जिय में पिय बसै, मैं पिय के जिय माँहि।
ऐसी अधिकी कौन है, जो जुगल चित्त पग जाँहि।

कुञ्जबिहारी हिल-मिलकर रंग लेते रहें, इसके लिए सहचरी युगल के हृदय में नई-नई उत्कण्ठाएं जगाती रहती है। लाल का मनदेख कर वह उसी के अनुसार किशोरीजू को प्रेरणा देती रहती है।

श्रीबाबा विश्वेश्वरदासजी ने सहचरी-तत्त्व की व्याख्या करते हुए बताया था कि "वस्तुतः सहचरी ही वह तत्त्व है, जो विहार को सम्पन्न कराता है। सहचरी की अनुपस्थिति में निकुञ्ज-विहार सम्भव ही नहीं है। प्रिया-प्रियतम विहार के कलेवर हैं, प्राण तो सहचरी ही है।"

---

१. श्रीकुंजबिहारिणी : रससागर, पृ० ७०।

बाबा विश्वेश्वरदासजी के शब्दों में —

सहचरी नचाती है तो पिय-प्यारी नाचते हैं, वह गाने को प्रेरित करती है तो ये गाते हैं, वह वसन्त-बहार बनकर मुस्कराती है तो ये वसन्तोत्सव मनाने के लिए व्यग्र हो उठते हैं, वह रंग-गुलाल-अबीर और चोबा-चन्दन-अतर-अरगजा का साज सजा देती है, तो ये नयनों की कमोरी से एक-दूसरे पर फाग का रंग उड़ेलने लगते हैं और वह जब पावस बनकर बरसने लगती है तो ये सुरति-हिंडोले पर पैग बढ़ाते हुए मल्हार की रागिनियों में डूब जाते हैं।[१]

वास्तव में रस-उपासना का रहस्य सखी-तत्त्व है।[२] नित्य-विहार का कारण सखी है।

६९.२ कुञ्जविहार विधायिका : सखी

सुरति-विलास के रस-समुद्र में झागे-पागे स्यामा-स्याम को सम्हालना, प्रणय-रीति बताना, श्रम दूर करना, परस्पर आसक्ति कराना, प्रेम-रस माधुर्य को बढ़ाना, कामकेलि का संचार करना, कोक-कला सिखाना सखी का सौभाग्य है। जिस प्रकार तमोली ढोली के पानों को निरन्तर उलटते-पलटते रहता है, उसी प्रकार सखी प्राणों को पलटती है —

प्रानन कों पलटत सखी, ज्यों ढोली के पान।
व्याकुल विकल विहार बिन, अति आतुर रसिक-निधान।

जब गौर-स्याम सुरति-विवश हो जाते हैं, तो सखी-सहचरी की गोद में आ जाते हैं और सहचरी मीठे गीत गाती है, वे गीत जिनसे अनंग की उमंग जागृत हो।

बिहारिनदेवजू ने बताया है कि सखी के साहस के आधार पर ही प्रिया-प्रियतम नित्य-विहार के महाभँवर (आवर्त) के बीच तैर सकते हैं। सखी के कार्यों की सूचना निम्नलिखित साखी में दी है —

स्रमहिं निवारत कर धरत कबहू लावत तीर।
श्रीबिहारिन दास हुलास मन देत अधीरन धीर।

प्रिया-प्रियतम सुरति-नदी में तैर रहे हैं — तरुनि तरंगन की चपेट और अखण्ड विहार के आवर्त की लपेट में जब वे श्रमित होते हैं, तो सखी श्रम का निवारण करती है, पंखा झलती है, कभी किनारे पर ले आती है। कभी हाथ का सहारा देकर डूबने से बचाती है और कभी मन को हुलसित करती है और कभी अधीरता की स्थिति में धैर्य प्रदान करती है। यदि एक क्षण के लिए भी प्यारीजू पलक ओट में हो जाती है तो प्रियतम सखी के पास जाकर वेदना जताते हैं —

नेंकु निकट ही ओट होत तब तोही सों विललात। (रससागर ५३६)

---

१. रसनिकुञ्ज, वर्ष ५, अंक ३ (मार्च १९८६), पृ० २।

२. आलबाल सखि हृदै है गौर स्याम द्रुमबेलि।
फूल फलनि नित उहडहे सींचत रतिपतिकेलि।
सखी का हृदय आलवाल है और गौर-स्याम उस क्यारी में उपजे हुए लता और वृक्ष हैं। कामकेलि जल-रूप है, जिससे वृक्षों को सींचा जाता है, रस-रूप फूल और फलों से आच्छादित है।

सखी प्रियाजू की अनन्य अन्तरंग है। प्रियतम के साथ केलि के दाव-उपाय सखी ही तो बतलाती है —

सखी तोते अधिक न जानि हों, कोऊ कहै तौ लागौं पाँइ।
मेरे मन संसै रहै, मोसों कहि दाइ उपाइ।

श्यामाजू अपने अन्तरंग-रहस्य की बातें सखी-सहेली से ही कहती हैं, क्योंकि सखी श्यामाजू की प्राण-रुप और अनन्य हित-भरी है। सखी है, जिसने सुघर-सुजान को प्यारी के रसवश बना दिया है। श्यामाजू के मन की तरंगों को, रुचियों को सुनकर सखी को प्रसन्नता होती है। बिहारिनदेवजू की वाणी है —

तो ते कछ न दुराय हों, सखि तू मेरे हित प्राण।
तें मेरे रस बस कियौ वर सुंदर सुघर सुजान।[१]

“केलिमाल” में ऐसे प्रसंग हैं कि जब प्रिया-प्रियतम के बीच कोई संशय की बात आई, तो प्रेम-सहेली का निर्णय दोनों को मान्य होता है। रसिकदेव की वाणी में सखी कहती है — हे लाड़ली, तुम्हारा तो मान करने का स्वभाव ही अनोखा है। अब मैं तुम्हारा खोट बताऊँ या प्रियतम की बात कहूँ। तुम्हारे मान करने के स्वभाव के विषय में मैं क्या निर्णय दूँ?

तुम्हारे तौ पर्‌यौ है मान कौ स्वभाव।
तुम्हारौ खोट की इनकी कहियै कौन करै यह न्याव।

सखी निर्भय और नि:शंक होकर प्रिया-प्रियतम से वार्तालाप करती है। एक बार श्यामाजू ने सखी को उपालम्भ दिया कि तुमने मुझसे तो मनभावन बातें की, परन्तु रस के दाव पेंचों में तुम प्रियतम की सहायक बन गई। इस पर सखी ने उत्तर दे दिया — प्यारीजू हम रात को रात कहती हैं और भोर को भोर कहती हैं, परन्तु मन का ओर-छोर नहीं होता, पता नहीं, तुमने कौन-सी बात का क्या अर्थ ग्रहण कर लिया —

प्यारी जू हम साँझ समै साँझै कहैं, कहैं भोर सों भोर।
बात कहौ सो समझियै, पै मन कौ ओर न छोर।

६९.३ निकुञ्जरस की वेत्ता : सखी

निकुञ्ज के रहस्य की वेत्ता एकमात्र सखी है। “केलिमाल” सहचरी के लिए सहचरी द्वारा किया गया रस-आख्यान है। बड़े-बड़े साधक हैं, बड़े-बड़े सिद्ध हैं, सभी महान् रहस्यवेत्ता हैं, परन्तु “केलिमाल” तो सखी-मन का रहस्य है। जिन्होंने सखी के स्वरूप को जाना समझा है, “केलिमाल” उन्हीं के लिए है। ज्ञानरूपी-अग्नि में जिन्होंने स्थूल, सूक्ष्म एवं कारण शरीरों की वासनाओं को भस्म कर लिया है, वे ही सखी के साँचे में ढल सकते हैं। बिहारिनदास के शब्द हैं —

ज्ञान अग्नि तन औट कर मैन मुलम्मा जारि।
दिव्य बिहारिनदास कसि लीन्हें साँचे डारि॥

जब साधक नित्य सिद्ध की स्थिति में पहुँच जाता है, सखी-रूप हो जाता है, तब वह जो गाता है, वह विहार की क्रीडा बन जाता है तथा विहार की जो क्रीडा है, वही गान बन जाता है। यह सम्बन्ध सूर्य और कमल जैसा है। भगवतरसिक के शब्दों में —

---

१. श्रीकुंजविहारिणी : रससागर, पृ० ५४९।

गावें हम सोई करें, सहज लाडली लाल।
करें लाड़ली लाल सो, हम गावें तत्काल।
हम गावें तत्काल सूत दुहुँ दिसिकौ ऐसौ।
बुध जन लेहु विचार कमल दिनकर कौ जैसौ।

जैसे मोर को तत्काल बादल आने की पहचान हो जाती है, वैसे ही विहार में क्या होगा, यह पहचान सखी को हो जाती है। जो कुछ "होत विहार में उदौ होय जिय आनि। जैसें अनभौ मोर कौ मेघन सों पहचान।"

महन्त किशोरदासजी का कथन है —

दंपति संपति सहचरी, यमुना विपिन सुधाम।
एकटि भये अनेक विधि, फिर अनेक इक नाम।

दम्पति की रूप-शोभा, रस-रीझ, क्रीडा-विलास, ललक आदि सम्पत्ति, श्रीयमुना, वृन्दावन — ये सब सहचरी के ही रूप हैं, जो अनेक रूप होकर भी एक हैं। नित्य-विहार का अस्तित्व सखी है। नित्य-विहार के हाव-भाव सखी हैं। विहार की राग-रागिनियाँ सखी हैं। विहार के रूप, रंग और रस सखी हैं। गौर-स्याम के तन मन प्राण सखी ही हैं।

जैसें अप्राकृत दिव्य रूप जुगल है, तैसें ही यह सखी है। जैसें मेरौ लाल रँगीलौ रंग भरौ है, तैसें ही मेरी राधा रँगीली है और जैसें ये कुंजबिहारी दोनों रँगीले हैं, तैसी ही यह नबल सखी है, जाके अंग-अंग प्रेम के रंग में रँगि रहे हैं। यातें श्री बिहारी और बिहारिन और दासी, इन तीनों कौ एक सौ अंग संग, एक सौ समाज बन्यौ है और इनकौ सुख-आनंद और अनुराग-प्रेम, यह हू अभंग है,सदा एक सौ रहै, घटै-बढ़ै नहीं।[१]

सखी का यह सुख गुह्य धन है, इसे छिपाकर रखा जाता है। सखी इसकी अन्य किसी से चर्चा नहीं करती। यह बात केवल समान आचार-व्यवहार-शील सखियों से ही कही जाती है, दूसरा कोई पूछे तो सखी मौन ही रह जाती है। ऐसी चतुर सखी को श्यामा-श्याम भी शाबाशी देते हैं कि तुमने हमारे मन के अनन्यता रूप धन की भली-भाँति रक्षा की है —

तिनसौं मौन ह्वै रहियै पूछे हू न कहियै कछू कहा स्वाद
बाद कहत रसना होत फीकी।
श्रीबिहारिन दासि कों स्याबासि देत रीझि मुकुटमणि कहत
श्री श्यामा श्याम हमारे मनमानी अनन्य गही नीकी।

१. श्रीरसोपासना तिलक, पृ० ८६।

७०

बैनी-गूँथि कहा कोउ जानें मेरी सी, तेरी सों।
बिच बिच फूल सेत-पीत-राते को करि सकै एरी सों॥
बैठे रसिक सँबारन बारनि, कोमल कर ककही सों।
श्रीहरिदास के स्वामी स्यामा नख-सिख लौं बनाई, दै काजर नख ही सौं॥

७०.१ बेंनी गूँथ कहा कोउ जानें

श्रीमद्भागवत में रास के प्रसंग में बेनी-गूँथन का वर्णन है —

केशप्रसाधनं त्वत्र कामिन्या कामिनाकृतम्।
तानि चूडयिता कान्तामुपविष्टमिह ध्रुवम्। (१०.३०.३४)

चुने हुए फूलों को प्रेयसी की चोटी में गूँथने के लिए अवश्य ही यहाँ कृष्ण बैठे थे। निश्चित ही कामी ने यहाँ कामिनी के केश सँवारे थे।

"गीतगोविन्द" की राधा तो स्वयं ही कहती है — हे मानद, रति-क्रीडा में शिथिल हुई मेरी वेणी को कुसुमों से सजा दीजिए। मेरे केश कामदेव की ध्वजा के चामर के समान तथा मयूर पुच्छ से भी मनोहर हैं —

मम रुचिरे चिकुरे कुरु मानद, मनसिज-ध्वज चामरे।
रति गलिते ललिते कुसुमानि शिखंडि शिखंडक डामरे[1] **।**

सूरदासजी ने बेनी सँवारने का वर्णन इस प्रकार किया है —

बेंनी ललित ललित कर गूँथत सुंदर माँग सँवारत।
सीसफूल धरि पाटी पोंछत फूँदनि झबा निहारत।[2]

बेनी-गूँथन की प्रीत-रीत का चित्रण किशोरदासजी ने इस प्रकार किया है —

अलक सँवारत भँवर विडारत गूँथत कुसुम करत मनुहारी।
बेंनी ललित वलित छवि वारत सुधारत कर गहि रहत निहारी।[3]

पीठ की सुन्दरता पर मुग्ध प्रियतम बेनी गूँथ रहे हैं

प्रेम पगे पति भामिनि लखि दृग डीठ पीठ पर परम सुहाई।
बिबस भये परसन नहिं पावत बेंनी गूँथन करत उपाई।

अथवा

बेंनी गूँथन लगे लाल छबि जाल बाल वर।
परी पीठ पर डीठि बिबस फसि गये परसि कर।
प्रिया मंद मुसकाय चाय मुरि तनक निहारी।
कहूँ कहा यह मीत प्रीत की रीतिहि न्यारी।

---

१. गीतगोविन्द, पृ० ३०४।   २. सूरसागर, पृ० १०६७।   ३. श्रीकिशोरदास की वाणी, पृ० ९५।

श्री स्वामी रूपसखीजू की वाणी है —

गुही पिय बेंनी फूलनि भाव।
बहसि रहसि गुन गान जान अति अंग अंग नव चाव।

हितप्रभु ने बेनी गूँथने का जो चित्र अंकित किया है उसमें रत्नों की माला और मल्लिका की माला भी है तथा महामणि एवं माणिक्य-गुच्छ भी है —

मध्ये मध्ये कुसुम खचितं रत्न दाम्ना निबद्धं
मल्ली माल्यैर्घन परिमलैर्भूषितं लंबमानैः।
पश्चात् राजन्मणि वर कृतोदार माणिक्य गुच्छं।
धम्मिलं ते हरिकरधृतं कर्हि पश्यामि राधे।[१]

बिहारिनदेवजू ने सर्पिनी के रूप में रसाल बेनी को देखा है जो मकरन्द के लोभ में लगी है —

अरुझी मकरंद के लोभ लगी तन सैनी मनौं अलि ब्यालनि की।
हौं कहा बरनौं अलबेली महा मधुरी गति मंद मरालनि की।
श्रीबिहारिनिदासि कें और नहीं सिरमौर सबै नव बालनि की।
सखी स्याम सकाम सची सिर सुंदर बेंनी बिसाल रसालनि की।

"केलिमाल" की भावभूमि पर भगवतरसिक ने सवैया लिखा है। प्रियतम ने राधारानी के अति मञ्जुल काले चिकने रेशमी केशों की सुकोमल बेनी गूँथी, मोतियों से माँग भरी। ऐसा लगा जैसे अँधेरी रात सितारों से सज गई। माथे पर बन्दन की बिन्दी, जैसे चन्द्रमा में बीरबहूटी बैठी हो। नेत्रों में काजल आँजा, मानो कामदेव ने खञ्जन-युगल को हूल दिया।

बैंनी गुही मृगनैंनी की मोंहन, मेचक मंजु महा मखतूली।
मोतिन माँग भरी अनुराग, रही बर भामिनि यामिनि फूली।
बंदन बिंदु बसौ उर माल, सुचंद में चंद वधू रही भूली।
अंजन दै कर कंजन सों, दृग खंजन आई अनंग की हूली।

बेनीगूँथन केलि का एक रूप है।[२] सूरदासजी ने एक बड़ा सम्मोहक चित्र अंकित किया है। श्रीराधा शृंगार-कक्ष में बेनी कर रही है, सामने दर्पण है। शृंगार-कक्ष के पीछे एक जाली है, उसके रन्ध्र में से कृष्ण अपनी भाँवती को देख रहे हैं। उनकी आँख का प्रतिबिम्ब दर्पण में पड़ रहा है। राधारानी कभी अपने रूप को देख रही हैं तथा कभी परछाँही के नेत्र से नेत्र मिला रही हैं —

रहे इकटक जाल-रंध्र मग हेरिकै स्याम मन भाँवती परम प्यारी।
कबहुँ बेनी रचति फूल सों मिलै कच कबहूँ रचि माँग मोतिन सँवारे।[३]

---

१. श्रीराधासुधानिधि, श्लोक २४८।
२. बिहारी कवि ने भी बेनी-गूँथन का चित्रण किया है — रहौ गुही बेंनी, लखे गुहिबे के त्यौनार।
३. सूरसागर, पृ० ९६५।

श्रीवंशीअलि का पद है —

केस प्रसाधान करत सलौंनों।
ककही की छवि अति मन रंजित रंग सों रंग मिल्यौ री सुठौंनों।
परिचारक दूजौ न जगत में भयौ न ऐसौ नहिं कोऊ हौनों।[१]

७०.२ सखियों की सेवा

इस पद में प्रियतम द्वारा बेनी–गूँथन का चित्र है, उल्लेखनीय है कि सामान्यतया बेनी की सेवा सखियों की है, यह बात ललितकिशोरीजी ने स्पष्ट कर दी है —

सखी श्रृंगार विविध कछ करें, जौलों सुरति इतै नहिं ढरें।
अदभुत बेंनी गुही रसाल, मानों अलिके बैठे बाल
द्वै लर मुतियन जूरा लों गुही, इक लर बेंनी बीच में पुही
मानों द्वैलर उडगन बैठी पाँति, इक लर तारा न्यारी साँति[२] **।**

रंगमहल की टहल सखी का सौभाग्य है, जब श्यामा–श्याम रंगमहल में होते हैं तो सहचरी छत्र और चँवर सेवा करती है —

सजें सहचरि छत्र विचित्र, बिहारी प्यारी पर चमचमात चोंर ढरें।[३]

अथवा

छत्र चँवर जुगराज सजें सहचरि सुखदाई।

स्वामी रसिकदेव ने अपने गुरुमंगल में सखी द्वारा निकुञ्ज–सेवा का वर्णन किया है —

कबहुँक जस प्यारी कौ गावें, सुनि सुनि स्याम बहुत सुख पावें।
कबहुँक अँग अँग करें सिंगार, पहरावें फूलन के हार।
कबहुँक मुख में बीरी खबाबें, कबहुँक चौंर लै सीस ढुराबें।
कबहुँक रास मंडल में खेलें, बाहु जोरि कुंजनि में डोलें।
कबहुँक देखें बाग फुलबारी, श्री नरहरिदास संग पिय प्यारी।
कबहुँक कुसुमनि सेज बनावें, लाल लाड़ली अति सुख पावें।
कबहुँक हित की बात सिखाबें, मन के भेद दुहुन के पावें।
कबहुँक रस की बात सुनें, जाके काज बेद सिर धुनें।
कबहुँक चरनन जावक भरें, आनँद आंसु उमँगि उर ढरें।
गौर स्याम सेवा मन मानी, मुकुतिचार ते तुस करि मानी।

प्यारी के यश का गायन, अंग–श्रृंगार, पुष्पहार पहनाना, बीरी खिलाना, चँवर डुलाना, पुष्प–शय्या रचना, महावर लगाना, रास–मण्डल में खेलना, हाथ मिलाकर कुञ्जों में विचरण करना, फुलवारी देखना, हित की बात सिखाना, श्यामा–श्याम के मन के रहस्य जानना, रस की बात सुनाना और आनन्द के आँसुओं के साथ गद्गद् रहना सखी के कार्य हैं।

---

१. ललित सम्प्रदाय : सिद्धान्त और साहित्य, पृ० २९३। २. रससागर, पृ० ८०६ । ३. वही, पृ० ५७८।

७०.३ दै काजर नख ही सों

काजल आँखों का अलंकार है। स्वामीजी ने "केलिमाल" के अनेक पदों में काजल का उल्लेख किया है — "तैसौई नैनन कजरा फबि रह्यौ" (५०), "नैनन दियैं स्याम" (५६), "कहूँ अंजन कहूँ अलक रही खसि" (६८), "प्यारी तेरी पुतरी काजर हू ते कारी" (७१)।

विद्यापति-पदावली में जगह-जगह काजल का उल्लेख है —

चकित चकोर जोर बिधि बाँधल केवल काजर पाश।[१]
सुंदर वदन चारु अरु लोचन काजरे रंजित भेला।[२]
चंचल लोचने बंक नेहारनि अंजन शोभन ताय।[३]
काजरे रंजित बलि धवल नयन वर।[४]

बिहारिनदेवजी ने चित्र अंकित किया है —

नैनकमल कज्जल भरे मची है कटाक्षनि मार।[५]

"गीतगोविन्द" में काजल का सौन्दर्य बार-बार उभरा है —

कज्जलमलिनविलोचनचुंबनविरचितनीलं रूपम्।[६]

अथवा

अक्ष्णोर्निक्षिपकज्जलं श्रवणयोस्तापिच्छगुच्छावली।

अथवा

कज्जलमुज्ज्वलयप्रियलोचने।[७]

स्वामी मेघश्याम ने अपने रसिया में कटीले-काजल का उल्लेख किया है —

ऐसी पैनी धार की काजर रेख लगाय
आँजत अँगुरी ना चिरी कट्यौ करेजा जाय।
न निकरै नौंक नुकीली सी।

"कुमारसम्भव" में कालिदास ने भगवान् शिव द्वारा पार्वती के नेत्रों में काजल लगाने का वर्णन किया है —

भालेक्षणाग्नौ स्वयमंजनं स
भङ्क्त्वा दृशोः साधुनिवेश्य तस्याः।
नवोत्पलाक्ष्याः पुलकोपगूढ़े
कंठे विनीलेऽङ्गुलि मुंजघर्ष। (९.२६)

शिव ने ललाट में जलने वाले नेत्र-दीप से स्वयं काजर पार कर पार्वती के नेत्रों में लगा दिया और अँगुली में लगे काजल के लिए रोमाञ्च से भरे अपने साँवले कण्ठ में उँगली को रगड़ दिया।

७०.४ बैठे रसिक सँवारत बारन

स्वामीजी ने श्यामा और श्याम — दोनों को ही रसिक कहा है — "राधा-रसिक कुञ्जबिहारी खेलत फाग"

---

१. विद्यापति-पदावली (इं०गां०रा०क०के०), पृ० २३०। २. वही, पृ० २३१। ३. वही, पृ० २३३। ४. वही, पृ० २३४। ५. रससागर, पृ० ५२१। ६. गीतगोविन्द पृ० २७७। ७. वही, पृ० ३९८।

(१०६) तथा "दूसरी ओर रसिक राधा वर नागरि"। रसिकबिहारी श्रीकृष्ण का बहुत लोकप्रिय नाम है। भगवतरसिक ने गाया है — "रसभरे राजत रसिकबिहारी अथवा रसिकवर रसिक रसीलौ रसिया।"

श्रीहरिव्यासदेवाचार्य ने भी महावाणी में राधा को "रसिक रसीली रसभरी अलबेली सुकुमार" कहा है, तो कृष्ण को "रसिक रसलंपट लाल सलौने" कहा है। महावाणी में दोनों की संज्ञा रसिक है —

राजत दोऊ रसिक रसीले, अथवा राजत रँगीले दोऊ रसिक रसीले लाल।

सूरदास ने श्रीकृष्ण के लिए रसिक-शिरोमणि और रसिया दोनों शब्दों का प्रयोग किया है —

सूरदास प्रभु रसिक सिरोमनि[१]

तथा

जित देखों तित देखियै रसिया नंदकुमार।[२]

हितप्रभु के उपास्य भी रसिक किशोर-युगल, रसिक युगल या "रसिक रसिकनी" हैं। श्री किशोरी शरण अलि ने "रसभक्ति धारा" नामक ग्रन्थ में कहा है — श्री हिताचार्य ने अपने परमोपास्य श्यामा-श्याम को तो रस और रसिक कहकर प्रकीर्तित किया ही है, साथ ही ललितादिक सखियों को भी रसिक कहकर स्मरण किया है।[३] "राधासुधानिधि" के वाक्य हैं — "विदग्ध वर नागरी रसिक शेखरौ खेलत" अथवा "गति रसिकयोर्द्वयो स्मरत चारु वृंदावने।" स्वयं श्यामा और श्याम दोनों ही रस के उपासक हैं, इसलिए दोनों को रसिक कहा जाता है। सखी भी रस की उपासक है, इसलिए वह भी रसिक है।

७०.५ रसिक अनन्य

रस की साधना आराधना करने के कारण वृन्दावन के इन उपासकों को रसिक कहा जाता है। इन रस-उपासकों ने अपने को रसिक कहा है। भगवतरसिक कहते हैं —

नहिं हिंदू नहिं तुरक हम नहिं जैनी अंग्रेज।
सुमन सम्हारत रहत निज कुंजबिहारी संग।

हम हिन्दु तुर्क जैनी और अंग्रेज़ नहीं हैं : हमारी छाप रसिक है।

रसिक अनन्य हैं —

हैं हम रसिक अनन्य प्रिया प्रिय कुंजमहल के वासी।
नई नई केलि विलोकें छिन छिन रतिविपरीत उपासी।
बीरी बसन सुंगध आरती रुख लै करत खबासी।
देत प्रसाद प्रेम सों हँसि हँसि कहि कहि भगवत दासी।

भागवत-माहात्म्य में भागवत को रसमालय और उसके रस का पान करने वाले को रसिक कहा गया है —

निगमकल्पतरोर्गलितं फलम्
शुकमुखादमृतद्रवसंयुतम्।

---

१. सूरसागर, पृ० ७८४।
२. वही, पृ० ७५८।
३. रसभक्ति-धारा, द्वितीय भाग, पृ० ३९३।

पिबत भागवतं रसमालयं
मुहुरहो रसिका भुवि भावुकाः।

"शृंगार-प्रकाश" में भोजराज ने रसिक की परिभाषा दी है —

आत्मस्थितं गुणविशेषमहंकृतस्य
शृंगारमाहुरिहजीवितमात्मयोनेः
यस्यात्मशक्तिः रसनीयतया रसत्वं
युक्तस्य येन रसिकोऽयमितिप्रवादः।

अहंकार आत्मस्थित गुणविशेष है, इसे शृंगार भी कहा जाता है, यह आत्मशक्ति है, जिसके आधार पर रसास्वादन होता है। सात्त्विक अहंकार से युक्त व्यक्ति ही रसिक हो सकता है। प्रतिभा, संस्कार तथा पूर्वजन्म के पुण्य रसास्वादन के साधन-स्वरूप हैं। रसिक वही है, जो शृंगार-संज्ञक आत्मशक्ति के द्वारा रस का आस्वादन करता है।

भगवतरसिक ने रसिक की परिभाषा बताई कि जब ईश्वर और जीव नाम, रूप, गुण का भेद त्यागकर मिल जाएं, जैसे — जल में शक्कर मिल जाती है। अथवा जैसे तेल, रुई और चिंगारी जब तक अलग-अलग है तब तक प्रकाश नहीं है, जब ये तीनों मिलकर प्रकाश करने लगें —

जीव ईस मिलि दोय, नाम रूप गुन परिहरै,
रसिक कहावै सोय, ज्यों जल घोरैं सर्करा।
दिया कहैं सब कोय तेल तूल पावक मिले,
तमहि नसावै सोय वस्तु मिलै भगवतरसिक।

वास्तव में रस-साधना का लक्ष्य रसिक होना है। रसिकों में भी अनन्य-रसिक होना और भी बड़ी बात है।

श्री हरिराम व्यास का कथन है —

जाके मन बसै वृंदावन।
सोई रसिक अनन्य धन्य जाके हित राधा मोहन।
ताहि नित्य विहार फुरै वन लीला कौ अनुकरन।
विषय वासना नाहिन जाके सुधरे अन्तह करन।

७०.६ अनन्यन कौ गढ़

"रसिक-अनन्य" संख्या में तो इने-गिने थे, किन्तु इनकी "रहनी-करनी" स्वतन्त्र थी, सभी से भिन्न थी, किसी से समझौता नहीं किया। वृन्दावन इनका गढ़ था — अपराजेय दुर्ग। हालाँकि वृन्दावन के बहुत से सम्प्रदायाचार्यों के बीच स्वामी हरिदासजी को विभिन्न सम्प्रदायों से जोड़ने के आग्रह बड़े प्रबल हैं, किन्तु सच्चाई यह है कि किसी बँधी-बँधाई परम्परा की लकीर में इनकी पहचान हो ही नहीं सकती।

वैष्णव-आचार्यों ने वेद को प्रमाण माना है, पर रसिक-अनन्य कहते हैं — "जा पथ कों पछतात है वेद लहै नहिं भेद रहै जकि जाकौ।" वेद को खुली चुनौती दे रहे हैं — "वेद रसिकन की बानी।" नित्य-विहार का आधार सहज जोरी है। राधा और कृष्ण के जन्म की बधाई सभी सम्प्रदाय गा रहे हैं, पर यह कौन कह रहा है — "सहज जोरी प्रकट भई घन दामिनी जैसें?" नित्य किशोर युगल का जन्म ही नहीं है — "मेरे नित्य किशोर अजन्मा।" निर्गुण-सगुण और साकार-निराकार की सन्धि की बात किसने कही है?

रसिक-अनन्यों की परम्परा का कोई एक स्रोत पहचानना बहुत कठिन है, शायद वह है भी नहीं। कई परम्पराएं, कई धाराएं, जो कभी परस्पर-विरोधी भी बताई गईं, वे सब यहाँ अन्तर्भुक्त हैं — निगम भी, आगम भी, योग भी, प्रेम भी, राग भी, विराग भी। इन्होंने किसी एक प्रस्थान को प्रमाण नहीं माना — "बाँके की बाँकी चितौनि में बींध्यौ सुदास किसोरी कौ पैंडौ है बाँकौ।"

अथवा

बाँकी बिहारिनि बाँके बिहारी।
बाँके मते मन बाँकी ए बात सु बाँकी ये घात लहै को तिहारी।
बाँकी निकुंज गली बन बाँकी सु बाँकी बसीठि बिलोकनि हारी।

७०.७ भावों की सरगम : तर्क के पार

रस की सिद्धि तर्क से नहीं होती। तर्क की अपनी श्रद्धा नहीं होती, तर्क का आधार संशय होता है। तर्क अवश्य ही सत्य के अनुसन्धान का प्रयास करता है लेकिन परम सत्य बुद्धि की सीमा के पार है। वह अनन्तता तर्कगम्य नहीं है। आगम ने कहा था — "भवानी भावना गम्या।" भाव का सम्बन्ध चेतना के मूल स्रोत से है। भाव अचिन्त्य है —

अचिंत्या खलु ये भावा न तांस्तर्केण योजयेत्।

भावों की सरगम ही नित्य-विहार का संगीत है। भावों की आन्तरिक प्रेरणा से रसिक साधक विश्व को भावमय बना लेता है। सौन्दर्य भावों का ही मूर्तरूप है। भावों में स्वभाव से ही मूर्त होने की क्षमता है। भाव ही सुन्दरता के रूप में शरीर धारण करता है। भाव न हो तो सुन्दर क्या है? भाव न हो तो मधुर क्या है? आत्म-सत्ता की अनुभूति भाव से होती है, तर्क से नहीं। एक ऐसा समय आया था, जब भक्ति-सम्प्रदायों को अपना परिचय वैचारिक आधार के रूप में अद्वैतवाद,[१] द्वैतवाद,[२] द्वैताद्वैत,[३] अचिन्त्य भेदाभेद,[४] शुद्धाद्वैतवाद,[५] विशिष्टाद्वैतवाद[६] में बताना आवश्यक समझा जाता था। उस समय भगवतरसिक ने चुनौती देकर कहा — "बँध्यौ नहीं मतबाद में ईश्वर इच्छाद्वैत।"

परम स्वतन्त्र की इच्छा है, वह किसी दर्शनशास्त्र की मुखापेक्षी नहीं है। कोई शास्त्र उसकी परिभाषा नहीं कर सकता। शास्त्र दिक्-काल में हैं, सर्वनियन्ता दिक्-काल से बँधा नहीं है। जो सान्त है, जिसका अन्त

---

१. शंकराचार्य को अद्वैतवाद का प्रवर्तक माना जाता है। बौद्धों और अद्वैतवादियों के बीच तर्कयुद्ध होते थे। कबीर में अद्वैतवाद है। सरहपाझ अद्वैतवादी हैं। हालाँकि अद्वैत-वेदान्त तथा सन्तमत में बहुत सी असमानताएं भी हैं। "ब्रह्मसत्यं जगन्मिथ्या।"

२. द्वैतवाद जीव, जगत् और ब्रह्म को अभिन्न नहीं मानता। इसके प्रवर्तक मध्वाचार्य हैं। उन्होंने तर्क के आधार पर सिद्ध किया कि ब्रह्म एकमात्र सत नहीं है, संसार मिथ्या नहीं है तथा जीव ब्रह्म का आभास नहीं हैं।

३. निम्बार्क ने संसार को ब्रह्म से भिन्न भी माना और अभिन्न भी। निम्बार्क वृन्दावन में बस गए थे, वे अद्वैत तथा द्वैत — दोनों का समन्वय करते रहे। ये युगल के उपासक थे।

४. निम्बार्क की तरह चैतन्य मत में भी ईश्वर, जीव और जगत् का भेदाभेद सम्बन्ध माना जाता है। इस सिद्धान्त के अनुसार श्री हरि ही परमतत्त्व है। बलदेव विद्याभूषण ने "ब्रह्मसूत्र" का "गोविन्द-भाष्य" लिखा है। श्री हरि की तीन शक्ति हैं — स्वरूप-शक्ति, तटस्थ-शक्ति तथा माया-शक्ति। स्वरूप शक्ति के तीन रूप हैं — संधिनी, संवित् और ह्लादिनी।

५. शुद्धाद्वैत के प्रवर्तक वल्लभाचार्य हैं। अद्वैतवाद (शंकर) में ब्रह्ममाया शबल है। वल्लभ के अनुसार ब्रह्ममाया सम्बन्ध रहित है। "सर्वं खल्विदं ब्रह्म।" विष्णुस्वामी के मत से वल्लभ ने अपने को सम्बद्ध किया है। "ब्रह्मसूत्र" का "अणुभाष्य" वल्लभाचार्य ने लिखा है।

६. विशिष्टाद्वैत के प्रवर्तक रामानुज हैं। विशिष्टाद्वैत मानता है कि तीन नित्य और स्वतन्त्र पदार्थ हैं — ईश्वर, जीव (चित्), प्रकृति (अचित्) ईश्वर अंशी है तथा जीव अंश है, प्रकृति अंश है। ईश्वर का चित्-अचित् के साथ सम्बन्ध विशेष्य-विशेषण का है।

होता है, वह शास्त्र अनन्त को नापेगा कैसे ?

रस के उपासकों से यह आग्रह करना कि वे तर्क के आधार पर रस का विश्लेषण करें, उसका व्याकरण बनाएं, उसका आधार या प्रमाण बताएं ? स्वामीजी ने एक ही बात कह दी थी —

प्रेम समुद्र रूप रस गहरे कैसें लागै घाट।
बेकारों दै जान कहावत जानपने की कहा परी बाट।
काहू कौ सर सूधौ न परत मारत गाल गली-गली घाट।

तर्क की बात बहुत पीछे छूट चुकी है, रस की अनुभूति में तर्क ऐसा है जैसे खीर में काँटा। रस का मार्ग प्रेम का मार्ग है। प्रेम की व्याख्या शब्द या तर्क से नहीं होती । प्रेम स्वयं ही कारण है, वही परिणाम है, वह स्वयं ही अपनी व्याख्या है। रसिकों का जीवन ही उनका दर्शनशास्त्र है।

भक्ति-रस को लेकर काव्यशास्त्र के ग्रन्थ लिखे गए थे परंतु भाषा व्याकरण के नियमों को नहीं ढूँढती, व्याकरण स्वयं ही भाषा के नियमों को ढूँढती है। डॉ० विजयेन्द्र स्नातक के शब्द हैं —

> जिस प्रकार शुक को वृक्ष के गहन झुरमुट में पल्लव और डाल-पात की जगह केवल रसपूर्ण पका फल ही दृष्टिगोचर होता है, उसी प्रकार रसिक-भक्त को वृन्दावन के निभृत-निकुञ्ज में प्रिया-प्रियतम की अहर्निश चल रही माधुर्य-लीला की झाँकी ही परिलक्षित होती है।[१]

७०.८ रसिक अनन्यन कौ पथ बाँकौ

"रसिक-अनन्य" विरक्त थे — "देह विदेह भये जीवतही बिसरे विश्व-विलास।" इनकी पहचान के लिए इनकी रहनी को समझना आवश्यक है। इनका दूर-दूर तक प्रभाव हुआ। राम-भक्तों के रसिक-सम्प्रदाय का साहित्य इसका साक्षी है। ये वृन्दावन छोड़कर कहीं नहीं गए। बड़े बेपरवाह थे।

अपने शरीर में आसक्ति नहीं थी, उसे "सेरक हाड़ खाल गज डेढ़क" समझते थे। निर्भय थे, अपनी गायों (इन्द्रियों) को गोपाल भरोसे छोड़कर निश्चित हो चुके थे — "जिनके ग्वाल गुपाल गुसाईं सोंपि निड़र ह्वै रहें भरोसे पूछत गई न आई।" समर्पित हो चुके थे, निर्वैर थे, ममता छूट चुकी थी — "किये रहें ऐंड़ बिहारी हू सों हम बेपरवाह बिहारिन के।" इनका आचार-विचार रहनी सभी से निराला था। ये अवधूतों की तरह रहते थे।[२] करवा और गूदरी को ये अपनी निधि मानते थे —

द्वै कौपीन गूदरी करुबौ, बिहारीदास इतने ही सरबौ।

अथवा

---

१. रसनिकुञ्ज, वर्ष १६, अंक ४, पृ० ७।

२. श्रीनवलदासजी ने बिहारिनदेव के सम्बन्ध में कहा था —

"गूदरी कमंडल कौपीन आड़बंध ब्रजमंडल अखंड दृढ श्रीवन निवास है।
अद्‌भुत अवधूत कोउ कहा तिन्हें जान सकै, चुवत मुखारविंद दंपति विलास है।"

नागरीदासजी ने नित्य सिद्ध कहा —

नित्यसिद्ध बिनु नागरीदास कहा कोउ पहचानें।

अथवा

नागरीदास अनन्यन कौ गढ़ बांकौ कहा कोउ पावै।
नित्य विहार नित्य सिद्धनकौ तू काहे कों मूड़ मुड़ावै।

पग नागें गूदर गरें तन दूबरे सिंगार।
श्री बिहारीदास उपासत सबें भूप मुकुट मनिहार।

जो नंगे पैर वृन्दावन में विचरण कर रहे हैं, जिनका माथा और शरीर ब्रजरज-रञ्जित है, कन्धे पर चिथड़ों को सी-कर बनाई गई गुदड़ी है, दुबला शरीर है किन्तु बड़े-बड़े राजा उनको प्रणाम करते हैं। संसार के समस्त पदार्थ उन्हें तिनके से भी तुच्छ प्रतीत होते हैं। करवा और गुदड़ी वैराग्य-भाव के प्रतीक हैं। भोजन के लिए "चना चबैना छाछ जमुनजल।"

७०.९ परम पावन करुआ कौ पानी

रसिकों के यहाँ मिट्टी का बर्तन "करवा" एकमात्र जीवन-चर्या का साधन है। उसी को लेकर शौच भी चले जाते हैं और उसी से भगवत्सेवा भी हो जाती है। स्पृश्य-अस्पृश्य का वहाँ कोई विचार नही है। स्वामीजी स्वयं कहते हैं —

मन लगाय प्रीत कीजै कर करवा सों।

बिहारिनदेव की वाणी है —

करुवौ लाग्यौ जगत कों मीठौ लाग्यौ मोहि।
श्री बिहारीदास हरिदास बल कर गहि गाऊँ तोहि।
मीठे सों करुवौ कहै, यों भूल्यौ संसार।
करुवे सों मीठौ भयौ, जब कीनों विमल विचार।
ब्रजरज कौ करुवौ गढ़्यौ, संतत सुखद प्रसाद।
श्री बिहारिदास रस परस बिन, को जानें सुख स्वाद। (रससागर, पृ० २०२)

स्वामी श्रीहरिदास का करवा अभी भी टटिया-स्थान में सुरक्षित है, राधा-अष्टमी के दिन उसके दर्शन करना पुण्य फल माना जाता है।

नहीं सिखा नहिं ताग

ब्राह्मणों में शिखा-सूत्र का बड़ा महत्त्व माना जाता है परन्तु रसिकों ने उसे त्याग दिया था —

श्री बिहारिदास हरिदास के नहीं सिखा नहिं ताग।
रीझि दियौ बिहारिन लाड़ली आप समान सुहाग।

हरिराम व्यास के सम्बन्ध में प्रसिद्ध है ही कि उन्होंने अपने जनेऊ को तोड़कर रास में प्रियाजू के नूपुर बाँध दिया था —

नौगुन तोर नूपुर गह्यौ सभा मधि रास के।

रसिक-अनन्यों ने हर प्रकार के पाखण्ड का खण्डन किया है। कई सन्दर्भों में ये कबीर से भी अधिक उग्र और विद्रोही प्रतीत होते हैं।[१] वर्णाश्रम को नहीं मान रहे, वेद के प्रति इनके दृष्टिकोण का विवेचन पिछले पृष्ठों में हो चुका है। मीरा भी विद्रोहिणी थी। भोग से विद्रोह।

---

१. आडम्बर और पाखण्ड के सम्बन्ध में कबीर और बिहारिनदेव की साखियों का तुलनात्मक अध्ययन करने पर यह स्पष्ट दिखाई देता है।

७०.१० कहा मुड़ायें मूँड़

आडम्बरीवेश के प्रति सन्त कबीर सचेत करते हैं — "बार-बार के मूँड़ते भेड़ न बैकुंठ जाय" अथवा "मन को काहे न मूड़िये जामें विषय-विकार।" बिहारिनदास की वाणी कबीर जैसी है —

कहा मुड़ायें मूँड़ कमंडल काठ कौ,
कहा कियें अभ्यास वेद बहु पाठ कौ।
कहा जियें चिर काल बरस सौ साठ कौ,
जो नहिं आयौ हाथ पसेरी आठ कौ।

आठ पसेरी का मन होता था, यदि मन पकड़ में नहीं आया, तो एक सौ साठ वर्ष तक जीना और वेद-पाठ करते रहना निरर्थक है।

७०.११ जाति का निषेध

वैसे तो समूचा भक्ति-आन्दोलन जाति-वर्ण के भेद-भाव का निषेध करता है, रसिक-अनन्य भी बिरादरी नहीं मानते थे। भगवतरसिक कहते हैं — "रसिक अनन्य अजाति की कहौ कौन सी जाति।"

बिहारिनदेव कहते हैं कि जाति और भक्ति में कोई मेल नहीं है। जाति को मानने वाला और भक्ति चाहने वाला ऐसा है, जैसे खली की दुकान पर जाकर वहाँ पूछे कि आपके यहाँ मिश्री मिलती है क्या?

बेटाबेटी ब्याहियै तहाँ, उघटियै जाति।
भेद भक्ति में जे करहिं, तहाँ भक्ति भजि जाति।
अच्युत गोत बखानियै, भक्त भक्त की जाति।
पूछन हारे नारकी, जे भक्तहिं पूछें जाति।
छार परौ सिर जातिके, जो जग जेंवत पांति।
तिनके पथ न पग धरों, जे करत भक्त बिच भाँति।
लालच छुटै न जाति की करै भक्ति की हौंस।
खरि खाने मिश्री चहै यह राँडनि की रौंस।

७०.१२ अपरस सपरस जगत सब

रसिक लोग छूआछूत विधि-निषेध को नहीं मानते थे। कुत्ते ने प्रसाद को छू लिया या कौए ने बीट कर दी — अब प्रसाद अपवित्र हो गया, हरिराम व्यास कहते हैं कि मेरी दृष्टि में वह प्रसाद पवित्र है —

स्वान प्रसादहि छी गयौ कौआ गयौ विटारि।
दोऊ पावन व्यास के, कहै भागवत विचारि।

बिहारिनदेवजू ने नियम की भी परवाह नहीं की। एक ब्राह्मण नहाने के बाद ही भोजन करता था, प्रसाद को भी बिना नहाए ग्रहण नहीं करता था। एक दिन वह खाट पर बैठा बिना नहाए ही खा रहा था, मालूम हुआ कि वह बीमार है। स्वामी बिहारिनदेव बोले — "तब तो रोग प्रसाद से भी बड़ा हो गया" —

क्योंना पहिरें खाट पर पाँडे माँगै भात।
रोग बड़ौ परसाद तें अनही न्हायें खात[1]।

ललितकिशोरीजी ने भी सपरस-अपरस और नहाने-धोने सम्बन्धी शुद्धाशुद्धा-विवेक को व्यर्थ बताया है —

अनन्हाये कबहू नहीं, न्हाये रहत सु नित्त।
सुद्ध करें सब सुद्ध कों, कुंज बिहारिन मित्त।
अपरस सपरस जगत सब अरुझि रह्यौ जिय मांहिं[2]।

बिहारिनदेव ने पूछा कि जो श्यामसुन्दर सखाओं के साथ बैठकर जूठा छाक खाते हैं, उन्हें तुम अपरसी धोती पहनाओगे — "छाक खात स्यामहिं संग ब्रज में ताकों अपरस-धोती।"

हरीराम व्यास के जीवन की घटना है, ओरछा महाराज अपने लोगों को बार-बार वृन्दावन भेजते थे कि व्यासजी ओरछा पधारें, व्यासजी टाल देते थे। एक बार वे वृन्दावन आए और महाराज का आदेश बताया कि अबकी बार तो व्यासजी को लेकर ही आना है, हम आपको बिना लिवाए नहीं लौट सकते। व्यासजी राजपण्डित थे, राजगुरु थे, परन्तु अब वे वृन्दावन के हो चुके थे, "बैकुंठ भी न भावै" वाली मन:स्थिति में थे — "कर करवा गुंजन के हरवा कुंजन माँहि बसेरौ।" व्यासजी बोले — चलो, राधावल्लभलाल के दर्शन कर आएं। मन्दिर आने पर ज्ञात हुआ कि राजभोग हो चुके हैं। मेहतरानी अपनी डलिया में श्रीजी का प्रसाद ला रही थी। व्यासजी का नियम था कि वे श्रीजी का प्रसाद लेकर ही भोजन करते थे, उन्होंने मेहतरानी की डलिया में से कढ़ी की पकौड़ी निकालकर खा ली। ओरछा के लोग चिल्ला उठे — अरे, वापस चलो, व्यासजी अब ब्राह्मण नहीं रहे। व्यासजी ने पद गाया — "एक पकौरी सब जग छूट्यौ। व्यासदास हरिवंश कृपाते बसि वनराज प्रेम रस लूट्यौ।"

७०.१३ कौन करै तप तर्पन तीरथ

उपासनाओं के अनेक प्रकार हैं — जप, तप, तीर्थ, व्रत-उपवास, यज्ञ, हवन, सन्ध्या, तर्पण, नेम आदि। कबीर जैसे सन्तों की तरह ही रसिकों का इनमें विश्वास नहीं है —

कौन करै तप तर्पन तीरथ तीन प्रकार कहाँ मन लाऊँ।
कौन करै व्रत संजम नेम, सप्रेम प्रतीत प्रसादहिं पाऊँ।

इन रसिकों का कहना है — "विधि निषेध सों को पचि मरै। प्रेमभक्ति में अंतर परै।" बिहारिनदासजी कहते हैं —

जोग जज्ञ वैराग्य त्याग तप, तीरथ निहुरिन न्हैहों।
तिनके फल अरु फूल कटुक सब, थोथे फटक उड़ैहों।

वे मानते हैं कि तप, तीरथ, व्रत आदि व्यर्थ श्रम हैं। जैसे कपास मथने से घी नहीं मिलता, वैसे ही जोग-जज्ञ-तीर्थ-व्रत आदि से रस प्राप्त नहीं हो सकता।

इन्होंने बाहरी कर्मकाण्ड को नहीं माना। इनका चिन्तन विद्रोही है, लोक और वेद, किसी की परवाह नहीं है, किन्तु रहनी-कहनी एक सी है, देहाभिमान नहीं है। आशा, लालसा, राग-द्वेष, मोह-ममता नहीं है। काम-वासना से घृणा है।

---

१. श्रीनिकुंजबिहारिणी : रससागर, पृ० १७१।
२. वही, पृ० ७०२।

७०.१४ आग बारि आरति करै

वैष्णव-सम्प्रदायों में अष्टयाम सेवा-प्रणाली है, भोग, राग शृंगार है, मंगला उत्थापन आदि झाँकियाँ हैं, वर्षोत्सव हैं, मनोरथ हैं परन्तु रसिकों के यहाँ मानसी-सेवा है। बाहरी सेवा-प्रणाली का विधि-विधान नहीं है। आरती करना, घण्टी बजाना जैसे कर्मकाण्ड उन्हें निरर्थक प्रतीत होते हैं —

जो आरति है जगत में सो आरति हम नाँहि।[१]

वे मानते हैं कि बाहरी-ऊपरी सुख तो दीप-प्रकाश है तथा मन का सुख मणि-प्रकाश है —

मन कौ सुख ऐसौ भैया जैसें मनी प्रकास।

बिहारिनदेवजू ने आरती शब्द की व्याख्या की है कि संसार की सभी प्रकार की आर्त-भावना को बिसराकर नित्य-विहार के रस के लिए आकुल-व्याकुल रहना, आर्त रहना ही आरती है। आग जलाकर आरती करना तो खसम को खिझाने जैसा है —

आरति करत विहार की, सब आरति बिसराइ।
आग बारि आरति करै, सेबै खसम खिझाइ।[२]

७०.१५ भरम भै खंडना

मन में से भ्रम और भय निकल जाएं। आशा और तृष्णा न रहे। जो कृपण और कायर होता है, जिसमें कुटिलता होती है, वह भटकता है। स्वयं स्वामीजी की वाणी है —

न फिर दर-दर, पिदर-दर, न होउ अँधला।

७०.१६ एकदसा एकादसी

वैष्णवों में एकादशी का व्रत अत्यन्त महत्त्वपूर्ण माना जाता है परन्तु स्वामीजी की परम्परा में एकदशा (समाधि) का ही व्रत है — "एकदशा एकादशी एक इष्ट व्रत एक।"

७०.१७ ऐंड़ अनन्यन की फबै

"रसदेश" की उपासना में अनन्यता का स्थान सर्वोपरि है। किशोरदासजी ने अनन्यता के स्वरूप को पतिव्रता जैसा बताया है — "किसोरदास पत्नी भजै पतिव्रत दृढ अघ टारि।" वे रसिक न आँखों से और कुछ देखना चाहते हैं न कानों से और कुछ सुनना चाहते हैं। केवल नित्य-विहार के रस में निमग्न रहना चाहते हैं। गुरु के प्रति ऐसा अनन्य-भाव है कि — "हरिदास बिना हरि को है कहाँ कौ ?"

७०.१८ श्रीवृन्दावनवास : मेरौ मन श्री वृंदावन अटक्यौ

रसिकों की साधना का सोपान है — वृन्दावनवास। श्रीशीलसखीजी ने कहा — "वृंदावन दृढ वास रहस की बात बतामें।" नागरीदेवजू कहते हैं कि वृन्दावन में करवा-कौपीन लेकर वैराग्य धारण करके रहना हमारी साधना

---

१. रससागर, पृ० ८२८।
२. वही, पृ० १७३।

है — "लै करुवौ कौपीन कामरी कुंजन कुंजन केलि-विलास।" बिहारिनदेवजू कहते हैं — "छिन छिन प्रति अनुराग बढ़त है दरस बिहारीजी कौ।"

नवलदासजी ने बिहारिन देव की वृन्दावन रज के प्रति निष्ठा के सम्बन्ध में लिखा है —

प्रान के समान मानी रज वनराज की।

७०.१९ यह समझे कौ देस

वैराग्य कोई यों ही धारण नहीं कर लेता। इनकी वाणियों को पढ़ने पर स्पष्ट हो जाता है कि उन्होंने उस अन्याय को बड़ी संवेदना के साथ भोगा था। ललितकिशोरीदेव कहते हैं —

महा अगिन ज्वाला उठी फोहा सम हौं आइ।
जिनकों अपनों जानते प्रानन तें अधिकाइ।
तेई अब बैरी भये श्रीहरिदास सहाइ।

भगवतरसिक के शब्द हैं —

जेतिक हरि के धाम तहँ, काम क्रोध क्रीडा करें।
भगवत यह कलि काल में, कहौ रसिक कहँ निस्तरै।

यह महा अग्नि-ज्वाला उनके मन में धधकी थी और उसी ज्वाला में कामना और वासना भस्म हुई थी, विष का रसायन बना था। अहन्ता-ममता पिघल गईं, सम-भाव प्राप्त हुआ, सामरस्य प्राप्त हुआ। सौन्दर्य को देखने की उनकी यह दृष्टि विषय-वासना से कलुषित नहीं है। हम लोग नदी के इस तट पर हैं और सन्त उस तट पर हैं। "संसार" मन का "आवरण" है और वे सन्त उस "आवरण" को भेद चुके हैं। केलि के अन्तरंग और गम्भीर प्रसंग में डूबे हैं और उसके व्यापक सत्य का साक्षात् कर रहे हैं। वह केलि, वह रस, मिथ्या नहीं है। सत्य है और व्यापक सत्य है, विराट सत्य है। वह प्रकृति है, वह निसर्ग है, वह सहज है। हालांकि रसिक-भक्त सिद्धान्तों के पचड़े में नहीं हैं, उन्हें कोई सम्प्रदाय खड़ा नहीं करना, किसी को समझाने के लिए प्रतिपादन नहीं करना, वे तो रस का साक्षात् कर रहे हैं। एक ही धुन है, एक ही लगन है, इसीलिए रसिक अनन्य हैं। इन सन्तों ने रस को शास्त्र के माध्यम से नहीं, जीवन के प्रत्यक्ष-व्यवहार से जाना है —

आसा जिज्ञासा नहीं नहिं, आसा-उपदेस।
नाम रूप रसना चखनि, यह समझे कौ देस। (भगवतरसिक)

अनन्य रसिकों की आचार-संहिता को भगवतरसिक ने इन शब्दों में व्यक्त किया है —

प्रथम सुनै भागौत भक्त मुख भगवत बानी।
द्वितीय अराधै भक्ति व्यास नव भाँति बखानी।
तृतीय करै गुरु समुझि दक्ष सर्वज्ञ रसीलौ।
चौथे होय विरक्त बसै, वनराज जसीलौ।
पांचै भूलै देह निज, छठे भावना रास की
सातें भावै रीति रस, श्री स्वामी हरिदास की।

७०.२० जहाँ अपनपौ भूलई

अन्त:करण की अत्यन्त महत्त्वपूर्ण वृत्ति है — अहंकार। मैं और मेरा से संसार चलता है। बालक को उसका समूचा-परिवेश मैं और मेरा सिखलाता है। संसार का मूलभूत तत्त्व है — मैं और मेरा। मैं और मेरा न हो तो होड़ नहीं होगी, होड़ से सीखते हैं, होड़ से आगे बढ़ते हैं। संग्रह, गौरव, आत्मविस्तार, प्रभुता — आदि अहंकार के ही रूप हैं, परन्तु तात्त्विक अथवा पारमार्थिक रूप से "मैं और मेरा" सत्य नहीं है। बिहारिनदेवजी कहते हैं —

हे भाई! मैं! तुम्हें बता रहा हूँ कि किसी भी बात का अहंकार अच्छा नहीं होता। प्रभु के द्वारा दिए बिना किसी को कुछ भी प्राप्त नहीं होता। अत: अपने या पराए के हानि-लाभ में तुम्हारा मन दु:ख-सुख क्यों मानता है? श्रीश्यामा कुञ्जबिहारी की मोहिनी छवि को निरन्तर हृदय में निहारते हुए अपने विवेक और बुद्धि को सदा उनके भजन से परिपूरित रखो। श्री बिहारीजी के दास तो सब कुछ उनका किया ही समझते-मानते हैं और उसे अङ्गीकार कर सहज-भाव से जीवन-यापन करते हैं —

सुनि अहंकार भलौ न भिया।
काहे कौ दुख सुख मानत मन पैयत न बिना दिया।
बुधि विवेक भजनभरि राखत मोहन हेरि हिया।
श्री बिहारी दास प्रभु कियौ सु मान्यौ यों जन जानि-जिया।

"मैं" का सन्तों और मनीषियों ने बहुत सूक्ष्म विश्लेषण किया है। एक मैं वह है, जो देह है और देहभाव का विस्तार है, यह मैं स्थूल है, जड़ है, और ससीम है। दूसरा मैं वह है जो विशुद्ध चैतन्य, सूक्ष्म और असीम है। वहाँ पहले वाले स्थूल मैं की सीमा टूट जाती है। घड़ा फूट जाता है — "फूटा कुम्भ जल जलहि समाना।" बूँद की बूँदता समुद्र में विलीन हो गई। क्षुद्र विराट् में समा गया। सीमा में बँधा हुआ "मैं" लौकिक आनन्द अथवा विषयानन्द का अनुभव तो करता है, आध्यात्मिक आनन्द का अनुभव असीम — "मैं" ही कर सकता है।[1] आत्मप्रत्यक्ष अहं के विस्मरण के द्वारा ही सम्भव है तभी वह आत्मनिमग्न हो सकता है।

"सीमित मैं" का विस्मरण या आपे को मेंटना कहें या आत्म-विस्मरण कहें। मनोविज्ञान के आचार्य डॉ० हरद्वारी लाल शर्मा ने आत्मा की अवधारणा को स्पष्ट करते हुए बताया है कि —

> मन या चेतना की वह गहराई जहाँ तर्क का प्रवेश नहीं होता, जहाँ समय का कोई पूर्वापर-क्रम नहीं है, जहाँ दिशा और सीमा नहीं है, जहाँ कारण-कार्य का विधान नहीं है, वहीं रस की अजस्र धाराओं का जन्म होता है। शायद वही गहराई है, जिसे भारतीय मेधा ने आत्मा कहा है।[2]

आप शब्द आत्म शब्द का ही तद्भव रूप है। आत्म से पाली और प्राकृत में अप्प बना है (अप्पदीपोभव) अप्प से फिर आप बनता है। जब हम आप कहते हैं, तब उसका भाव होता है कि मैं तुम में अपने को ही देख रहा हूँ। अनेक स्थलों पर अपने प्रिय को आत्मन् सम्बोधन मिलता है। चेतना का वह अत्यन्त सूक्ष्म रूप, जो प्राणि-मात्र में एक है, अखण्ड है, व्यापक है। उस स्तर पर मनुष्य ही नहीं प्राणिमात्र में चेतना का वही स्वरूप है, जिसे लोकभाषा में

---

१. लौकिक आनन्द या सुख में मनुष्य अपनी सामान्य स्थूल स्थिति के प्रति सचेत रहता है, वह अपने को, स्थूल रूप को भुला नहीं पाता। आत्मलीन न होने के कारण वह आवरणों के नीचे विशुद्ध चैतन्य और आनन्दमय सत्य की अपनी सम्पूर्ण सच्चाई और सत्ता के अनुभव से वञ्चित रहता है।

२. डॉ० हरद्वारी लाल शर्मा, सौन्दर्य शास्त्र, पृ० १५१।

कहते हैं — सब में भगवान् है। बिहारिनदेवजू कहते हैं — ''मन हठ छाँडि दै अहमेव।''

चेतना के सूत्र का सम्बन्ध किन्हीं गहराइयों में अहम् से है। मै हूँ, मैं इस स्थिति में हूँ — यही तो है चेतना। जहाँ मैं बिसर जाए, अहम् विस्मृत हो जाए। अहम् कहीं खो जाए, भोक्ता-भाव मिट जाए। वह दशा अचेत-अवस्था है। प्रियतम प्यारीजू की सुन्दरता में डूबते हैं और अहं द्रवित हो जाता है, रस रूप हो जाते हैं। अहंकार में घनत्व है जैसे बर्फ। बर्फ पिघलती है, गलती है, द्रवित होती है और जल-रूप हो जाती है, वैसे ही अहम विगलित होता है और रस की अवस्था मिल जाती है। क्योंकि रसदेश का सिद्धान्त ही यह है कि सत्ता तो एकमात्र रस की ही है। बात वही है जो दूसरे बिम्ब से कबीर ने कही थी —

पानी ही तें हिम भया, हिम है गया बिलाय।
जो कछ था सो ही भया, अब कछ कहा न जाय।

७०.२१ समबुद्धि

जैसे अहंकार तत्त्व की गहरी पहचान भारतीय मनीषा ने की है, वैसे ही समानता के भाव की गहराई में तत्त्ववेत्ता पैठ सके हैं। सच तो यह है कि आत्म-तत्त्व समानता का ही तत्त्व-सूत्र है। गीता में समबुद्धि के लक्षण विस्तार से गिनाए गए हैं। ललितकिशोरीजी ने तो यहाँ तक कहा है कि मन में समानता का भाव नहीं आया तो भजन और सेवा ऐसी है जैसे बिना देवता के मन्दिर। ईश्वर का शुद्ध-स्वरूप तभी स्पष्ट हो सकता है, जब मन में समता का भाव है —

समता बिना भजन अरुसेवा। खाली मंदिर ज्यों बिन देवा।
जौ लौं वस्तु पूरी नहिं पाई। तौ लौं समता होइ न भाई।
जब समता निज हिय में आबै। तब ही सुद्ध सरूप लखाबै[१]**।**

इसलिए ललितकिशोरीजी ने कहा कि —

समबुधि सबसों भाव करि, बसि वृंदावन चन्द।[२]

अथवा

हर्ष सोक नहिं मान, रूठें तूठें जगत के।
सत्रु मित्र सम मानि, सेवौ नित्यविहार कौं।[३]

स्वामी श्रीहरिदास के समभाव का वर्णन करते हुए नाभादास ने कहा — ''सुरपति भूपति कंचन कामिनि जिनके भायें घास।''

अकिञ्चनता और समभाव परस्पर पूरक हैं।

---

१. श्रीनिकुंजविहारिणी : रससागर, पृ० ७०३।
२. वही, पृ० ६५१।
३. वही, पृ० ६२२।

७०.२२ नित्य अचाह प्यालौ पियौ

साधुओं में चिलम-भाँग इत्यादि के नशे का प्रचलन रहा है। तान्त्रिकों में मद-सेवन का भी विधान था। रसिकों में रस का प्याला है, जो सभी से निराला है। निष्काम भाव। अकिञ्चनता का सुख —

नित्य अचाह प्यालौ पियौ।
अपनी जान बिहारिन रानी अपने हाथ दियौ।
छिन छिन रंग चढ़ै अति भारी आनंद उमंग हियौ।
श्रीहरिदासी रसिक सिरोमनि आप समान कियौ।[1]

बिहारिनदेव की वाणी है —

कोऊ मदमाते भाँग के कोऊ अमल अफीम
श्री बिहारीदास रसमाधुरी, मत्त मुदित तोफीम।[2]

७०.२३ चित न डुलाउ आउ समाधि भीतर

रसिकों की उपासना एकाग्रचित्त और समाधि पर आधारित है। स्वामीजी कहते हैं — "चित न डुलाव, आउ समाधि भीतर।"

बिहारिनदासजी की साखी है —

नाभि कमल मुख कमल पर नैन कमल सुख सेज।
श्री बिहारिनदासि हृदै कमल चरन कमल धरि हेज।

इस सखी पर राधाप्रसाद महन्तजू की टीका है — "सास्त्र में हू नाभि-स्थल और हृदय स्थल कों कमलवत् जोग-क्रियान करिकें तिन कमलन कों सूधौ करबौ और तिनमें हरि कौ ध्यान धरिबौ बर्नन कियौ है।"[3] यह संकेत षट्चक्रों की ओर है।

भगवतरसिक ने कहा है —

काया कुंज निकुंज मन नैन द्वार अभिराम।
भगवत हृदय सरोज सुख विलसत स्यामा-स्याम।

रसिकदेव ने "हृदय कमल मध्य सुख सेज राजत दोऊ" कहा तो सरसदेव ने कहा था — "नैन पुतरिन उपरि सुखसेज क्रीडत दोउ।"

७०.२४ जो तुम राखौ पकरि

अपनी तपस्या-साधना के बल पर "रसदेश" में प्रवेश सम्भव नहीं है। यह ललिताजी की कृपा की बयार है कि साधक की चेतना को आकर्षित कर ले। "रसदेश" में प्रवेश की पात्रता उनके द्वारा हाथ पकड़ लेने में है। अपनी

---

१. रससागर, पृ० ७९९।
२. वही, पृ० १५७।
३. रसोपासनातिलक, पृ० ९५।

तपस्या-साधना में जो "मैं और मेरा" का भाव है, वह तो समर्पण नहीं है। साधक की देह, प्राण, मन, बुद्धि, चित्त और हृदय का रूपान्तर हो, यह आवश्यक है। "रसदेश" में उनका समावेश नहीं हो सकता, जो हाड़-माँस, मल-मूत्र से परिपूर्ण "संग" में लिप्त है। बिहारिनदेवजू ने स्पष्ट कहा — "पाग पटी पाटी कहै लहै न चेरी भाव।"

स्त्रियों जैसा शृंगार करने से सहचरी-भाव नहीं आ जाता, ज्ञान-रूपी अग्नि में अपने जन्म-जन्मान्तरों के मलिन काम-भाव को जलाकर सहचरी-भाव प्राप्त होता है —

ज्ञान अग्नि तन औंट करि मैन मुलम्मा जारि।

नित्य-विहार-रस कृपा की वस्तु है, अधिकार की नहीं, प्रेम की बात है, बड़प्पन की नहीं। अपने सभी अहंकार मिटा देने के बाद भी कृपा अपेक्षित है। नित्य-निकुञ्ज महल में विशुद्ध प्रीति-भाव का साम्राज्य है। यहाँ विशुद्ध प्रीति-भाव के सिवा अन्य भाव का प्रवेश नहीं। श्रीबिहारिनदेव का पद है —

रसिकन कें रसरीति रसायन।
कर्म धर्म दालिद्र न परसत दिन दरसत मन आयन।
या रस कों ललचात लजाते लछमीपति नारायन।[१]

१. श्रीनिकुंजविहारिणी : रससागर, पृ० ४४८-४९।

७१

प्यारी, तेरी पुतरी काजर हू ते कारी, मानौ द्वै भमर उड़े री बराबर।
चंपे की डार बैठे कुंद अलि, लागी है जेब अराअरि॥
जब आन घेरत कटक काम कौ, तब जिय होत डराडरि।
श्रीहरिदास के स्वामी स्यामा कुंजबिहारी, दोउ मिल लरत झराझरि॥

७१.१ आन घेरत कटक काम कौ

निधिवन मन्मथ-तीर्थ है, उस गहन-वन के एकान्त-क्षणों में स्वामीजी राग-समाधि में हैं। वे तानपूरा लिये हुए गा रहे हैं। उनको देह की सुध-बुध नहीं है। रसदशा में हैं। वे भाव के नेत्रों से देख रहे हैं — भाव-रूप श्यामा-श्याम को। राधा का अप्रतिम सौन्दर्य। उनकी आँखें — "चंपे की डार बैठे कुंदन अलि।" चम्पा जैसा गौर-वर्ण। काली-काली आँखों की पुतली — प्रेम-भाव की गहरी झील[1] वे पुतलियाँ क्या कह रही हैं? कामदेव का अमोघ बाण और प्रियतम उस अमोघ-शक्ति को देखते हैं[2] दोनों के हृदय में रस का समुद्र उमड़ता है। स्वामीजी प्रत्यक्ष देख रहे हैं (मानस-प्रत्यक्षीकरण) कि "दोऊ मिल लरत झराझर" रति-युद्ध चल रहा है। स्वामीजी समाधि में हैं। बाह्य स्थिति का बोध नहीं है, मधुमती-भूमिका में रति-क्रीड़ा वेगवती हो रही है — नित्य-विहार। रस की यह एक ही अवस्था है।

७१.२ भावैकरस-मन

"भोगो योगायते सम्यक्" : "या रस कौ अनभौ परमान"। महाकवि कालिदास ने "भावैकरस-मन" की बात कही है। प्रिय "भाव" के रूप में हृदय में विराजमान हैं, इस भाव के (प्रिय का साहचर्य-भाव) आवेश से ही उमा का मन रस की अनुभूति कर रहा है। ब्रह्मचारी-वेश में शिव आते हैं और पार्वती से शिव की निन्दा करते हैं — "वह शिव रूप-गुण-विहीन है।" तब पार्वती कहती हैं — "ब्रह्मचारी, आपकी दृष्टि में शिव यदि रूप-गुण-हीन हों, तो ऐसा ही सही, पर विवाद व्यर्थ है, क्योंकि मेरा मन तो उनके प्रति 'भावैकरस' है। मैं तो उनके संग के रस का अनुभव कर रही हूँ।" यह "काम", यह रस बड़ी कठिन तपस्या के बाद पाया है, यह "काम" शरीरापेक्षी (इन्द्रियापेक्षी) नहीं है। यह अशरीरी है। भोग यहाँ योग का ही एक रूप है। "ममात्रभावैकरसं मनः स्थितः न कामवृत्तिर्वचनीयमीक्षते।" (कुमा० सं० ५,८२) यह "काम" तो अब रस बन चुका है। श्रीललितकिशोरी की वाणी है —

या रस कौ अनभौ परमान, जानें कोऊ रसिक सुजान। (रससागर, पृ० ७९०)

---

१. सौन्दर्य भावना पर भौगोलिक भिन्नता और वहाँ की संस्कृति का प्रभाव होता है। पश्चिमी देशों में सुनहरे केश तथा भूरी या नीली आँखें (पुतली) सुन्दर मानी जाती हैं और भारत में काले केश और काली आँखें सुन्दर मानी जाती हैं।

२. हितहरिवंश जी का पद है –

खंजन मीन मृगज मद मेंटत कहा कहों नैंनन की बातें।
सुनि सुंदरी कहाँ लों सिखई मोहन बस करन की घातें।
बंक निशंक चपल अनियारे अरुण स्याम सित रचे कहाँ तें।
डरत न हरत परायौ सर्वस मृदुमधुमिव मादिक दृग या तें।

संगीतमय-समाधि में श्यामा-श्याम की रति को देखना ही रस-उपासना का प्रयोजन है। नेत्र की डोरी से अहर्निश नागरि-नागर को झुलाते रहना —

निस दिन नैनन के डोरन सों झुलवत नागरि-नागर है।
सरस गान करि रिझवत दंपति सब रसिकन ते आगर है। (ललितकिशोरी)

श्यामा-श्याम रति के हिंडोले पर झूल रहे हैं और स्वामी हरिदासजी झुला रहे हैं। स्वामीजी सखी-भाव के आवेश में हैं। शरीर से वे पुरुष जरूर हैं परन्तु (समाधि में) शरीर का भाव तो पीछे कहीं बिसर गया है। इस समय तो वे रस-उन्माद की अवस्था में हैं, चिदावरण-भंग की अवस्था है, वे स्वयं भी रस की विश्वचेतना में लीन हो चुके हैं।

नर-नारी की नश्वर-भोग-लालसा नित्य-विहार की छाया का परिणाम है। नित्य-विहार शाश्वत है और काम-वासना का आनन्द अस्थायी, क्षणिक और अधोगामी।

श्यामा-श्याम व्यष्टि रूप नहीं हैं, वे तो समष्टि-रूप हैं, विराट्-चेतना हैं। विराट्-चेतना जगती है, तब मन की सत्त्व-अवस्था में साधारण-अनुभव दिव्य-अनुभव बन जाता है। प्रत्येक वस्तु में दिव्यता का संचार हो जाता है। आनन्द, रस, सौन्दर्य एकदेशीय नहीं है, वह सार्वभौम है, सम्पूर्ण है। सामान्य रति-क्रीड़ा के अनुभव के पार विराट् रति-क्रीड़ा, सौन्दर्य की अनन्तता, परिपूर्णता की अनुभूति है। सीमा-रेखा खींची किसने? मैंने और तुमने। जब मन सत्त्व-अवस्था में आ गया, अहन्ता-ममता विनष्ट हो गई। आत्मविस्मरण हो गया, आवरण भंग हो गया, तब सीमा रही ही नहीं। आत्मानन्द या आत्मविश्रान्ति। अभिनवगुप्त ने बताया था कि आनन्द की कल्पना आत्मानन्द के सन्दर्भ में ही सम्भव है। यह परम-तत्त्व की आनन्दमयी अद्वैत स्थिति है। पण्डितराज जगन्नाथ ने कहा — "भग्नावरणा चिदेवरसः।" आवरणमुक्त शुद्धचैतन्य ही रस है। रस आत्मरूप है। बन्धन अहम् रूप है। जहाँ अहम् होता है, वहाँ सीमा है, मैं — तू है, वहाँ भय है, क्रोध है, लज्जा है, घृणा है, लोभ-लालच है, वहाँ देहभाव है। निरन्तर अभ्यास के कारण हम "देह" को ही मैं (अहम्) मानते हैं।

७१.३ सखी भाव तब जानियै देहभाव मिट जाय

साधारणतया मनुष्य की पहचान देह से ही होती है। ये तुम हो, यह मैं हूँ, ये वह है, ये यह है अर्थात् यह तुम्हारी देह है तो यह तुम हो, ये मेरी देह है तो मैं हूँ। यह उसकी देह है तो यह वह है। यही देहाभिमान है। प्राय: सभी उपासना-प्रणालियों में देहाभिमान से मुक्त होने की साधना का निर्देश है।[१] भावदेह की सिद्धि ही लक्ष्य है। इसके लिए कहीं न्यास की साधना की जाती है, तो कहीं कुण्डलिनी की साधना की जाती है, भूतशुद्धि भी दिव्य-देह की साधना का ही एक रूप है। जब अशुद्ध शरीर, इन्द्रिय-वासना या पाप-पुरुष भस्म हो जाता है और भाव के अनुसार अभिनव-शरीर का आविर्भाव होता है —"देवोभूत्वा देवं यजेत्।"

भावदेह क्षुधा-पिपासा, क्रोध, काम-वासना, इन्द्रिय-चेतना से रहित होती है। भक्ति-मार्ग में प्रभु या गुरु की कृपा से ही भावदेह की प्राप्ति होती है। भावदेह की उदय-अवस्था में प्राकृत देह की चेतना या स्मृति नहीं रहती। भावदेह में भाव नियामक होता है। भावमय-तन ही रसमय-तन में पर्यवसित होता है।

---

१. देहाभिमान की दृष्टि से देखें तो बाइबिल में आदम और ईव की कथा है, स्वर्गीय-सुख की वह प्राकृतिक-स्थिति जहाँ ये आदि-पुरुष और आदि-नारी नग्न रहते हैं। उनको देहाभिमान नहीं है। जब उन्होंने वह फल खाया, तब नग्नता का अहसास हुआ और नग्नता को पाप मान लिया, आवरण की आवश्यकता का वह पहला अनुभव था, जब देह का आभास हुआ। नारी और पुरुष में भेद का ज्ञान हुआ।

यह तभी सम्भव है, जब "मैं" और देह का अन्तर स्पष्ट हो जाए — "मैं" देह नहीं हूँ। देह वाला "मैं" खण्ड "मैं" है तथा पूर्ण "मैं" देह में सीमित नहीं है।

७१.४ सखी : उपासक : पूर्ण अहम् : रस-चेतना

जो "मै" देश काल से परिच्छिन्न है, मलिन-सत्त्व से उपहित है, जो "मैं" देह से सम्बद्ध होने के कारण जन्म-मृत्यु और सुख-दु:ख के अधीन है, जो "मैं" प्राकृतिक-नियम की हथकड़ियों से बँधा है एवं अनादि कर्म-संस्कारों के वशीभूत है, वह "खण्ड मैं" है।

पूर्ण-अहम् देश और काल से परे है, प्राकृतिक-देह से रहित है, जागतिक-नियमों के ऊपर स्वाधीन-भाव से नित्य विराजमान है। यह "पूर्ण मैं" ही रस का आस्वाद कर सकता है।

अभिनवगुप्त का सारभूत सिद्धान्त है कि "पूर्ण मैं" ही अपना आस्वादन आप ही कर रहा है। "पूर्ण मैं" एकदेशीय नहीं है, एककालिक नहीं है।[1]

नित्य-विहार-उपास्य नित्य है और सखी रूप में उपासक भी नित्य है। श्रीललितकिशोरीदेव की वाणी है —

नित्य बिहारिनि, नित्य हम, नित्य रसिक हरिदास।
नित्य विपुल, गुरुदेवजू, नित्य सु केलिविलास।[2]

यहाँ उपासक देह से सम्बद्ध होने के कारण सुख-दु:ख और जन्म-मृत्यु के अधीन नहीं है, यह अनादि कर्म-संस्कारों के वशीभूत नहीं है। यह सखी-रूप-उपासक देशकाल के अतीत है, प्राकृतिक-देह के अतीत है, जागतिक-नियमों के स्वाधीन है। यह भाव-रूप है। यहाँ न जन्म-मरण है और न वासना-कामना है। यह भावमय अनुभूति है। रस ही आनन्द और रस ही प्रेम है। रस ही श्यामा-श्याम है और रस ही ह्लादिनी-शक्ति है और सखी भी वही है। अभिनवगुप्त के शब्दों में यह "पूर्ण अहम्" है।

भावदेह निर्मल, अजर तथा अमर होती है तथा क्षुधा-पिपासा काम-क्रोध आदि प्राकृतिक-धर्मों से विवर्जित होती है। बाह्य-देह में वय नियामक होता है और भावदेह में भाव। भावदेह चिन्मय-देह है, उसकी इंद्रियाँ भी चिन्मय हैं। भावदेह भक्त की भावना की देह है।

भक्त शरीर से जहाँ भी रहे, भावदेह से वह निरन्तर भगवान् की सन्निधि में रहता है। सखी की भावदेह जड़देह नहीं है, दिव्य-आनन्द-देह है, चिन्मय-देह है, रस-देह है, उज्ज्वल-देह है। सिद्धदेह है।

ललितकिशोरी जी कहते हैं कि कुञ्जबिहारिणी का वपु सुखरूप है और यह सुख सखी के हृदय-सागर का नवनीत है। जैसा प्रिया का रूप है, वही हमारा रूप है।

७१.५ अभेद : हम तुम दोऊ एक हैं

श्यामा-श्याम और सखी में भिन्नता नहीं रह जाती। उपासना की परिभाषा है — ध्यान-ध्यातृ-ध्येय-रूपा, वह बिन्दु जहाँ ध्यान करने वाला, जिसका ध्यान किया जा रहा है, वह ध्येय, तथा ध्यान — ये तीनों एक और अभिन्न हो जाते हैं। "गौर-स्याम सखियन मई" गौर स्याम सखीमय हैं अथवा सखी गौर-स्याममय हैं। ललितकिशोरीजी ने इस सम्बन्ध को परिभाषित किया —

हम जल प्रिया तरंग हैं प्रिया जल हमहि तरंग। (रससागर, पृ० ७२४)

---

१. रामभक्ति साहित्य में मधुर उपासना, पृ० ४८१।
२. रससागर, पृ० ६५०।

प्रियाजू जल हैं और सखी जल की तरंग हैं। अथवा दूसरा बिम्ब है —

हम रँग सीसी प्रिया हैं, तैसौ ही झलकाय।
तन मन निधि एकै भई, कहत कही नहिं जाय।

रस का उद्‌भव सखी के हृदय में हो रहा है इसीलिए जुगल कहते हैं —

हम तुम दोऊ एक हैं कहैं ललित रस सानि। (रससागर, पृ० ६४८)

रसिक-भक्तों की साक्षात् अनुभूति है —

हममें कुंज कुंज में हम हैं कुंज बिहारी सोऊ मम हैं।

अथवा

तन रूपी तौ महल है, मन रूपी प्रिया लाल।
ललित केलि बिहरैं, सदा कीने रसिक निहाल।

श्री वृन्दावन नवनिकुञ्ज-महल शरीर है और मन हमारा प्रिया-लाल है।

स्वामी श्रीललितकिशोरदासजी कहते हैं कि प्रिया-लाल हमारे मनोरथ-स्वरूप हैं — जैसा मनोरथ हम करते हैं, उसी रूप में सामने आकर ये खेल खेलते हैं; श्रीवृन्दावन की कुञ्ज-निकुञ्जें भी हमारे मनोरथ-स्वरूप हैं — जैसी भावना हमारी होती है, वैसी ही छटा इनमें विकसित हो जाती है और नित्य-विहार की सेज भी हमारे मनोरथ-स्वरूप है — जैसा मनोरथ हमारा होता है, वैसी ही सुखद सेज प्रिया-लाल के रस-विलास के लिए प्रस्तुत हो जाती है। ये तीनों (श्रीवृन्दावन, सेज और प्रिया-प्रियतम प्रेम-स्वरूप होने से) महासुखों की निधि हैं —

मनोरथरूपी प्रियालाल हैं, मनोरथ रूप निज कुंज।
मनोरथ रूपी सज्या सुरंग, महासुखनि की पुंज।

यहाँ देह-इन्द्रिय, अन्त:करण और उनके धर्म प्राकृत नहीं है, मनोमय हैं, चिन्मय हैं। रसानुभूति के लिए अप्राकृत में प्राकृत का आभास है। जैसे खाँड़ के खिलौने के अवयव हाड़-माँस और चाम वाले नहीं होते परन्तु हाथ, पैर, मुँह आदि अवयवों के आभास तो वे होते ही हैं।

७१.६ सखी : रस-चेतना का प्रसार

यहाँ ध्यान देने योग्य एक और बात है कि प्रकृति के साथ तादात्म्य का भाव है। जो रस श्यामा-श्याम के रूप में है, जो रस सखी के रूप में है, वही रस वृन्दावन के रूप में है। वृक्ष-वनस्पति, मेघ, दामिनी, हवा, ऋतुएं, मोर, कोयल , चैतन्य हैं और आनन्दरूप हैं। आनंद-चेतना का सूत्र सभी में व्याप्त है। सभी रसविभोर हैं।

रति-सुख का साज सँजोने को ये सखियाँ ही हैं, जो वृन्दावन की लता-पता का रूप धारण कर लेती हैं —

चंपक लता और बकुल केवरौ केतकी कदंब सहेली री।

सखियाँ ही फुलवारी के रूप में फूलती हैं —

दोंना चंपौ गुलाब जूही अति फूली सखी फुलबारी री।

नागरीदासजी कहते हैं —

द्वै द्वै रूप किये सेवत सखी नाना रतिसुख साजे री।

वृन्दावन की एक-एक लता, एक-एक पत्ता, एक-एक फूल सखी का स्वरूप है। पक्षी भी सखी है, मृग भी सखी है, शृंगार भी सखी है, वसन्त आदि ऋतुएं भी सखी हैं। सखी के अतिरिक्त वृन्दावन में और कोई है ही नहीं। इस विषय में महन्त किशोरदास जी कहते हैं —

सहचरि श्रीवृंदावन धामा। तहाँ सकाम सतत वर-वामा।।
सहचरि ललित लता-द्रुम-बेली। किसलय, फलित, कुसुम समफेली।।
सहचरि जमना-तट-वधि नीरा। तन परसत सुख, त्रिविध समीरा।।
सहचरि विपिन-भूमि मृदु-कवनी। विचरत फिरत रवन सँग रवनी।।
सहचरि नग-मनि-रतन-प्रकासा। जुग प्रतिबिंब परत आभासा।।
सहचरि दृग-अंजन, वसन, तिल, जावक, सुख-पान।
भूषन बजनि, विनोद मृदु, वचन रचन, सनमान।
सहचरि कुंजमहल कल सोभा। तहँ नव उठत मनोहर गोभा।।
सहचरि खग-मृग विविध सुरंगा। कूजत, करत केलि रस-रंगा।।
सहचरि षटपद, कमल-परागा। सहचरि सुख-संपति कौ भागा।।
सहचरि मन-बुद्धि, चित, हंकारा। दंपति अङ्ग-अङ्ग विस्तारा।।
चिकुर सचिक्कण सहचरि-शोभा। सौरभ-हित प्रीतम-अलि लोभा।।
पटियन मंग, सुरंग प्रकासा। तहँ प्रीतम चित कौ नित वासा।।

७१.७ सखी-भाव की उपासना : आदौ संबंध-स्थापनम्

उपासना का अर्थ है समीप बैठना। समीप बैठने के लिए, पहले सम्बन्ध बनाना होता है। सम्बन्ध बनता है तभी पास बैठना होता है, पास बैठने से सम्बन्ध गहरा होता है। सभी उपासक ईश्वर से या परमसत्ता से कोई न कोई सम्बन्ध बनाते हैं। "त्वमेव माता च पिता त्वमेव, त्वमेव बन्धुश्च सखा त्वमेव।" यह सम्बन्ध-स्थापन की ही तो बात है।

७१.८ माँ : करुणा-भाव

माता के रूप में परमसत्ता की उपासना की परम्परा बहुत प्राचीन है, और संसार के विभिन्न देशों में उसके सूत्र मिलते हैं। माता की उपासना, करुणा की उपासना। करुणा-भाव के विस्तार का नाम ही माँ है। माँ से अधिक दयालु और कौन है? बालक के जन्म के साथ उसका वात्सल्य-भाव क्षीरसागर बनकर छातियों में उमंगने लगता है। इसलिए माँ के उपासक परमसत्ता को जगदम्बा कहते हैं — "कुपुत्रो जायेत क्वचिदपि कुमाता न भवति।" शंकराचार्य मातृभाव के उपासक हैं।

बाइबिल में ईश्वर परमपिता का रूप है। कालिदास ने "जगतः पितरौ वन्दे" कहा, शिव को पिता और भवानी को माता। पुराणों में ब्रह्मा पितामह हैं।

७१.९ वात्सल्य-भाव : पुत्र

गाय का अपने बछड़े के प्रति जो वत्सल-भाव है, वह वात्सल्य है। पर्वतराज वात्सल्य-भाव में पुत्री के रूप में परमसत्ता के उपासक हैं और नन्द-यशोदा पुत्र के रूप में परमसत्ता के उपासक हैं। यह यशोदा की भाव-साधना

ही तो है, कि वेद का प्रतिपाद्य ब्रह्म उसके आँगन में ऊखल से बँधा बैठा है। बाल-भाव के उपासक लाला को उसी प्रकार जगाते हैं, उसी भाव से माखन मिश्री खिलाते हैं, गोपाल यहाँ परमसत्ता का स्वरूप है। बालक के रूप में है। जीवन का प्रयोजन है लाला का मुख निहारना। "धन्य सूर एकौ पल यह सुख, का सतकल्प जिये।" सूर का साहित्य इस भाव का विस्तार है। वल्लभसम्प्रदाय की सेवा-प्रणाली में बाल-भाव के सुख की इतनी मधुर, इतनी हृदयग्राही भंगिमा है, जिसे पुष्टि-भक्त ही समझ सकते हैं —

जो सुख सूर अमरमुनि दुरलभ सो नँद भामिनि पाबै।

श्रीकृष्ण यशोदा मैया का स्तनपान करके तथा नन्दबाबा की गोद में बैठकर जो सुख पाते हैं और जो सुख-सौभाग्य उनको देते हैं, उसकी कोई तुलना नहीं है। वात्सल्य-रस में भगवान् की भगवत्ता छिप जाती है। यशोदा मैया का भाव उमंगता है — "कब मेरौ लाल घुटुरुअन रेंगै।"

७१.१० स्वामी-सेवक सम्बन्ध : दास्य-भाव

परमात्मा स्वामी है और मैं प्रभु का सेवक हूँ — यह दास-भक्ति है। दास-भक्तों के चार प्रकार हैं — अभिकृत (ब्रह्मा, इन्द्र, कुबेर, वरुण) आश्रित (शरणागत — विभीषण, सुग्रीव, जरासन्ध के कारागर में बन्दी राजागण, कालियनाग; ज्ञाननिष्ठ — शौनक, नारद, शुकदेव, सनत्कुमार; सेवानिष्ठ — हनुमान्) पारिषद् (उद्धव, विदुर, संजय, भीष्म) तथा चौथे अनुग (चन्द्रदास आदि, जो सब प्रभु की सेवा में लगे रहते हैं।) दास में दीनता, हीनता और मर्यादा का भाव रहता है।

दास्य-भाव के जीवन्त उदाहरण हैं — हनुमान्। दास्य-भाव में भक्त अपने आराध्य के स्वरूप में अपने को समाहित कर लेता है। भगवत्सेवा ही उसकी एकमात्र आकांक्षा होती है। दास्य-भाव में विनय की प्रधानता है। "साह ही कौ गोत गोत होत है गुलाम कौ।" सेव्य की महत्ता में सेवक की दीनता का तिरोभाव हो जाता है। सेवा-धर्म अत्यन्त कठिन होता है — "रामकज कीन्हे बिना, मोहि कहाँ विश्राम।" तुलसीदास कहते हैं — "रामते अधिक राम कर दासा।" भगवान् राम तो सेतु बाँधकर समुद्र के पार उतरे परन्तु हनुमान राम का नाम लेकर ही समुद्र लाँघ गए। तुलसीदास कहते हैं — "सेवक सेवा भाव बिनु भव न तरिअ उरगारि।"

दास्य-भाव है — "स्वस्मिन् तद्दासत्व-भावनया तदनुकूलाचरणं कृतस्य कर्मणस्तस्मिन्नर्पणं च दास्यम्।" मैं हरि का दास हूँ, उसके अनुकूल आचरण करूँ और जो कर्म किया, उसे हरि के चरणों में अर्पित कर दूँ।

रामचरितमानस में शबरी और केवट प्रेम की प्रतिमूर्ति हैं। शबरी प्रतिदिन मार्ग को बुहारती है, कन्द-मूल का संग्रह करती है, न जाने प्रभु कब आ जाएं। जिस दिन प्रभु आए, उस दिन इतनी गद्‌गद् हो गई कि कहीं खट्टे बेर प्रभु के सामने न चले जाएं, इसलिए पहले बेरों को चख लेती है। केवट को प्रभु के चरण-प्रक्षालन का ध्येय है —

पात भरी सहरी सकल सुत बारे-बारे, केवट की जात कछू बेद न पढ़ाइ हों।
सब परिवार मेरौ याही लागि राजा जू हों, दीन बित्तहीन कैसें दूसरी गढ़ाइ हों।

गोस्वामी तुलसीदास का भक्ति-भाव है —

जाउँ कहाँ तजि चरन तिहारे।
काकौ नाम पतित पावन जग केहि अति दीन पियारे।
कौनें देव बराइ बिरद हित, हठि-हठि अधम उधारे।
खग मृग व्याध पषान बिटप जड़ जवन कवन सुर तारे।

देव दनुज मुनि नाग मनुज सब माया बिबस विचारे।
तिनके हाथ दास तुलसी प्रभु कहा अपनपौ हारे।

प्रभु के प्रति स्वामी-सेवक-सम्बन्ध का भाव संसार की अन्य संस्कृतियों में भी है।

हज़रत इब्राहीम जब बलख के बादशाह थे, उन्होंने एक गुलाम खरीदा। अपनी स्वाभाविक-उदारता के कारण उन्होंने उस गुलाम से पूछा — "तेरा नाम क्या है?"

गुलाम ने उत्तर दिया — "जिस नाम से आप मुझे पुकारें।"

बादशाह — "तू क्या खाएगा?"

"जो आप खिलाएं।"

बादशाह — "तुझे कपड़े कैसे पसन्द हैं?"

"जो आप पहनने को दें।"

बादशाह — "तू काम क्या करेगा?"

"जो आप कराएं।"

"आखिर तू चाहता क्या है?" बादशाह ने हैरान होकर पूछा।

"हुज़ूर! गुलाम की अपनी चाह क्या?" गुलाम शान्तिपूर्वक खड़ा था।

बादशाह गद्दी से उतरे और बोले — "तुम मेरे उस्ताद हो। तुमने मुझे सिखाया कि परमात्मा के सेवक को कैसा होना चाहिए।"

कन्नड़ के वैष्णव-संत हरिदास कहलाते थे — पुरन्दरदास, कनकदास। इधर सूरदास परमानन्ददास, कुम्भनदास, नन्ददास, तुलसीदास, नाभादास, हरिदास कितने ही भक्तनाम दासान्त हैं। "चैतन्यचरितामृत" के रचयिता कृष्णदास हैं। बँगलाकवि गोविन्ददास हैं।

भागवत-आन्दोलन या वैष्णव-आन्दोलन के दास्य-भाव ने सांस्कृतिक-धारा के रूप में विचारकों का ध्यान आकर्षित किया है। रांगेयराघव ने जड़भरत के चिन्तन को दास का चिन्तन बतलाया है। समाज में एक प्रभु-वर्ग है, एक दास-वर्ग है अथवा जो वर्ग में नहीं है वह परिस्थितिवश सताया हुआ है — ध्रुव या प्रह्लाद यद्यपि राजपुत्र हैं परन्तु सताए हुए हैं। अम्बरीष सताया हुआ है। एक सताने वाला है, एक सताया हुआ है। वैष्णव-आन्दोलन का मानवतावादी स्वर सताए हुओं का स्वर है। अन्याय सहने वालों का स्वर है।

नारद दासी-पुत्र है। विदुर दासी-पुत्र है तथा स्वयं वेदव्यास दासी-पुत्र हैं। वानर-जाति के हनुमान् हों, शबरी हो, केवट हो, दासी कुब्जा हो, व्याध हो, पूरी परम्परा है।

आलवारों में मुनिवाहन अन्त्यज थे। रांगेयराघव ने इनका नाम तिरुप्पान बताया है।[१] वह श्रीरंगनाथ-मन्दिर के द्वार पर नित्यप्रति झाड़ू लगाता था, लेकिन अन्त्यज होने के कारण रंगनाथ-मन्दिर में नहीं जा सकता था। मधुर कण्ठ था, गीत गाता था — "कोई पास नहीं आता क्योंकि मैं अन्त्यज हूँ, किन्तु दयालु, तूने मुझे कभी नहीं छोड़ा, तू मेरी श्वास-श्वास में वैसे ही बहता है।"

एक दिन सारंगमुनि उसके झोंपड़े में आए —"चलो, तिरुप्पान, भगवान् बुला रहे हैं।"

"वहाँ नहीं जाऊँगा मुनि, वे सब अपवित्र हो जाएंगे।"

---

१. महायात्रागाथा : रैन और चंदा, पृ० ५६३।

"तिरुप्पान, तुझे चलना होगा, मेरे रंगनाथ की आज्ञा है।" सारंग ने नीचे झुककर तिरुप्पान को कन्धे पर उठा लिया और मन्दिर में ले गये।[१]

अवन्तीपुर में शेषशायी-विष्णु का कीर्तन और नृत्य करने वाला मातंग भी चांडाल है।[२]

भक्ति-आन्दोलन का यह स्वर ध्यान देने योग्य है — हरि हम पतित-पावन सुने।

७१.११ सखा-सम्बन्ध : सख्य-भाव

भगवान् को सखा मानकर उन पर प्रेम का अधिकार ग्वाल-बालों में है —

खेलन में को काकौ गुसैंयाँ।
अति अधिकार जनावत यातें अधिक तुम्हारें हैं कछ गैयाँ।

ग्वाल-बाल अपने को श्रीकृष्ण की बराबरी का मानते हैं तथा नि:संकोच उन्हें कन्धे पर चढ़ा भी लेते हैं और स्वयं भी चढ़ जाते हैं। रूठ जाते हैं तो श्रीकृष्ण उन्हें मनाते भी हैं। अपना जूठा भी खिला देते हैं। अपने सखाओं के बीच कृष्ण इतने मस्त हो जाते हैं। सखाओं के बीच गहरी निकटता है। "द्वा सुपर्णा सयुजा सखाया" के रूप में सखा-भाव की उपासना का सूत्र वेद में भी है। ब्रज-भाव सखा-भाव में ओत-प्रोत है। इसमें ईश्वर की मर्यादा नहीं है। यहाँ भय नहीं है। धक्का-मुक्की होती है। अभिन्न-भाव है।

७१.१२ रति-भाव : प्रियतम : आशिक-माशूक या पति-पत्नी सम्बन्ध

प्रभु से स्वामी-सेवक के सम्बन्ध की तरह रति-भाव का सम्बन्ध भी बहुत व्यापक है। ये सम्बन्ध विश्व की अन्य संस्कृतियों में भी विद्यमान है।[३]

यदि सूफियों को देखें तो वहाँ आशिक-माशूक का सम्बन्ध है। प्रेयसी के रूप में परमसत्ता की उपासना है। पद्मावत तो इसका उत्कृष्ट उदाहरण है ही, हीर-राँझा जैसे लोक-काव्य भी प्रेयसी के रूप में परमसत्ता का प्रतिपादन करते हैं। जीवन का प्रयोजन है — इश्क। कुछ समय पहले ही एक पुस्तक प्रकाशित हुई है — *The Garden of Love* (*Mystical Symbolism in Layla Majnu and Gitgovinda*) by Lalita Sinha.

पश्चिमी-देशों (ईसाइयों) में भी दिव्य-प्रेम की अवधारणा है। सोलोमन के गीत इस दृष्टि से प्रसिद्ध हैं। एक उदाहरण है —

Let him kiss me with the kisses of his mouth
Me shall lie all night betwixt my breast
His left hand is under my head
And right hand doth embrace me. (Soloman)

रिचर्ड ह्वाइटवेल ने *Science of Thought :A Review* में संत पॉल का कथन उद्धृत किया है —

---

१. दे० Contribution of Southern India to Indian Culture, by S.K. Aiyangar, pp. 267-78.

२. कल्याण उपासनांक, पृ० ६५२।

३. इस सम्बन्ध में डॉ० प्रेमस्वरूप गुप्त का कथन है कि "यों तो विश्व की कई उपासना-पद्धतियों में कान्ता-भाव के माध्यम से आध्यात्मिक प्रिय को पाने की कोशिश की गई है, परन्तु उनमें से कोई इतने उदात्त एवं सूक्ष्म-स्तरों को नहीं छू सकी, जितनी इस देश की रसोपासनाएं। एक ओर तो उपासनाएं सभी परदे हटाकर प्रिय इष्ट को सुव्यक्त और सुग्राह्य बताती रहीं, दूसरी ओर उनमें पूरा-पूरा रहस्य-संचार भी होता रहा।" (रसनिकुंज, अक्तूबर १९८६, पृ० ५५)।

Rejoice in the lord always
And again I say - rejoice

श्री आनन्द के० कुमारस्वामी ने "विद्यापति-पदावली" की भूमिका में कहा है —

> There are many early medieval Western hymns in which the language of human life is deliberately adapted to religious use, for example —
>
> *When y se blosemes springe*
> *And here foules songe*
> *A suete love longynce*
> *Myn herte thourth out stong*
> *All for a love newe*
> *That is so suete and trewe*
> *That gladieth al mi song*
> *Here the "New Love" is Christ.*

Kama Kalpa : The Hindu Ritual of Love में एलिन ने Song of Songs के साथ ईसाई रहस्यवादियों के The Worship of Christ as the Divine Bridegroom का सन्दर्भ दिया है।

रिचर्ड ह्वाइटवेल ने *The Cloud and the Fire* का एक गीत उद्धृत किया है —

As thou dost love
A movement arises from the heart love that will float there
When thou dost and find thyself,
Thou art there

पश्चिमी रहस्यवेत्ता हेनरी-सूसो ने लिखा है कि परमात्मा ने कहा कि —

> I will kiss them (the suffering saints) affectionately and embrace them so lovingly that I shall be they and they shall be I, and we two shall be united in one for ever.[१]

७१.१३ घूँघट के पट खोलरी तुझे पीव मिलेंगे

आलवार-भक्तों में गोदा अंडाल (रंगनायकी) की उपासना माधुर्य-भाव की थी। वह श्रीरंगनाथ को अपना प्रियतम मानती थी। तिरुनेल्वेली के विल्लीपुत्तूर ग्राम के विष्णुचित्ति को रंगनाथ-मन्दिर के पास उपवन में एक परित्यक्ता बालिका मिली थी — कोदइ। रंगनाथ के लिए विष्णुचित्ति जो माला बनाते, कोदइ उसे पहन लेती — "मैं रंगनाथ की दुलहिन हूँ।" उसके वारणागीत अमर हो चुके हैं।

---

१. The Little Book of the Truth, ed. J.M. Clark;
तान्त्रिक वाङ्मय में शाक्तदृष्टि, पृ० १८९ पर उद्धृत।

आंडाल संयोग-सुख की इच्छा से प्रेरित होकर शंख को सम्बोधित कर कहती हैं — "लालसावश मैं पूछती हूँ। हे सखे शंख! जरा बताओ तो, मेघ वर्ण 'माधव' के अधर-रस का स्वाद है कैसा? कपूर या कमल सा सुगन्ध-युक्त अथवा मधुर-मिठास भरा? बताओ तो हे धवल! माधव के प्रवाल-सम अधर का रस है कैसा?

करुप्पूरम नारुमो? कमलप्पूनारुमो?
तिरुप्पवळ चेव्वाय तान तित्तिरुक्कुमो?
मरप्पोचित्त माधवन तन वाइच्चुवै नाट्रमुम
विरुप्पट्रक्केटकिन्ट्रज चोल्हाळी वेण्शंखे।[१] (नाच्यिार तिरुमोली ७:१)

प्राचीन आलवार शठारिमुनि में रति-भाव का आवेश उतर आया था। इस विषय में उनका ग्रन्थ है — "तिरुविरुत्तम"। "वैष्णवधर्म-ग्रन्थ" का कथन है — "उन्होंने अनुभव किया कि भगवान् ही पुरुषोत्तम हैं, अखिल-जगत् स्त्री-स्वभाव है" —

पुंस्त्वं नियम्यपुरुषोत्तमताविशिष्टे
स्त्रीप्रायभावकथनाज्जगतोऽखिलस्य।
पुंसां च रञ्जकवपुर्मुणवन्तयापि
शौरेः शठारियमिनोऽजनि कामिनीत्वम्।।[२]

दादूदयाल की वाणी में "पूरा देखो पीव कों" और "पिव पाइयै" का स्वर है। पलटूदास ने मजीठ के रंग की तरह चित्त को रंगा है — "सोइ पतिबरता नारी है।" "आसिक का घर दूर है पहुँचे बिरला कोइ।" सुन्दरदास के "प्रेम ग्रन्थ" में — "गोकुल गाँव कौ पैंड़ों ही न्यारौ है।" रैदास का नाता चन्दन-पानी, घन-मोर, चन्द्रमा-कमोद, दीपक-बाती एवं सोना-सुहागा जैसा है — प्रभुजी, तुम चन्दन हम पानी। जगजीवन साहब हैं, देखिए — "चित तौ लागौ अपने प्रिय सों डगमग पाँव न जात सँभारी।" सहजोबाई को देखें —

प्रेम दिवाने जो भये, प्रीतम के रंग माँहि।
सहजो सुधि बुधि सब गई, तनकी सोधी नाँहि।

कबीर स्वयं राम की बहुरिया बने। "हरि मेरे पीव मैं हरि की बहुरिया।"

दुलहिन प्रियतम से मिलने जा रही है —

पिया मिलन की आस रहौं कब लौं खरी।
ऊँचे नहिं चढ़ि जाय मनै लज्जा भरी।

एक दूसरे सबद में वे कहते हैं —

दुलहिनी गावहु मंगलचार।
हम घर आये हो राजा राम भरतार।
तन-रति कर मैं मन-रति करि हूँ पंचतत्तबाराती।
रामदेव मेरे पाहुनें आये हौं जोबन मै-माती।

मीरा की उपासना दाम्पत्य-भाव की है — "जाके सिर मोर मुकट मेरौ पति सोई।"

---

१. आलवार भक्तों का तमिलप्रबन्धम् और हिन्दी कृष्णकाव्य, पृ० २६२।
२. रामभक्ति साहित्य में मधुर उपासना, पृ० २०।

महादेवी वर्मा का प्रणयभाव उनके समस्त काव्य में व्याप्त है — "दूर तुमसे हूँ अखंड सुहागिनी भी हूँ।" वे कहती हैं — "प्रिय मुझी में खो गया अब दूत को किस देश भेजूँ।" वे प्रियतम की बीन भी हैं और रागिनी भी हैं।

भागवत में रति-सम्बन्ध के तीन प्रकार के उदाहरण हैं —

७१.१४ साधारणी-रति

मथुरा-लीला में कुब्जा साधारण-रति का उदाहरण है। वह कृष्ण से विषय-सुख माँगती है — "यो वृणीते मनोग्राह्यम-सत्त्वात् कुमनीष्यसौ।" (भागवत १०.४८.११) शुकदेव ने कुब्जा को इसीलिए दुर्भगा कहा — "अंगरागार्पणेनाहो दुर्भगेदमयाचत।" अंग-राग अर्पित करके कहा — "रमस्व, आओ, रमण करो।" कुब्जा में निज सुख की कामना है। मुझे आनन्द मिलेगा, इसलिए भगवान् को प्यार करना है। संभोगेच्छा-मूलक-रति साधारणी-रति है।

७१.१५ समञ्जसा-रति

द्वारिका-लीला में महिषीगण (रुक्मिणी-सत्यभामा आदि) समञ्जसा-रति के उदाहरण हैं। प्रियतम को सुख देना है और प्रियतम से सुख पाना है। महिषीगण का मन और बुद्धि प्रियतम को समर्पित हैं, किन्तु मर्यादा का भाव भी है। नारद द्वारका पहुँचे, रानियों से कहा — "कृष्ण के पेट में दर्द है, प्रेमी की पगधूलि के साथ उपचार होगा। गोपियों ने कहा — ले जाओ पगधूलि, तुरन्त चिकित्सा करो।" नारद ने कहा — "सोच लो, भगवान् को पगधूलि देकर नरक मिलेगा!" गोपियों ने कहा — जल्दी जाओ, नरक मिलेगा तो मिल जाएगा, कृष्ण की चिकित्सा करो — "सरग नरक दोऊ परित्यागे होनी होय सो होय।" श्रीमद्भागवत का कथन है कि रानियाँ यही समझती थीं कि मैं ही श्रीकृष्ण की सर्वाधिक प्रिय हूँ, परन्तु वे उनकी महिमा नहीं समझती थीं, इसलिए वे अपने हाव-भावों से श्रीकृष्ण के मन को अपनी ओर आकर्षित नहीं कर सकीं —

सम्मोहिता भगवतो न मनो विजेतुं स्वैर्विभ्रमैः समशकन्वनिताविभूम्नः (भाग १०.६१.०३)

पत्नी-भावाभिमान है, तत्सुखसुखित्व-भाव की न्यूनता है। यह रति का मध्यम-भावस्तर है। यहाँ प्रभु के ऐश्वर्य का ज्ञान है।

७१.१६ समर्था-रति : गोपी

भागवत में गोपी-प्रेम के सम्बन्ध में कृष्ण उद्धव से कहते हैं —

ता नाविदन्मय्यनुषंगबद्धधियःस्वमात्मा न मदस्तथेदम्।
यथा समाधौ मुनयोऽब्ध तोये नद्यःप्रविष्टा इव नामरूपे। (भाग ११.१२.१२)

गोपियाँ प्रीति की अधिकता के कारण सब कुछ भूल जाती थीं, अपना नाम-रूप, देह की सुध-बुध खो बैठती थीं, जैसे गंगा आदि नदियाँ समुद्र में जाकर अपना नाम-रूप खो देती हैं अथवा मुनि समाधि में जाकर अपना स्वत्व त्याग देते हैं। यहाँ ऐश्वर्य-ज्ञान नहीं है, कृष्ण ईश्वर हैं तो रहे आवें, हमारे लिए तो वे चितचोर हैं। आचार्यों ने श्यामसुन्दर-तत्त्व का अनुसन्धान करके कहा — "पुंजीभूतं प्रेम गोपांगनानाम्।" गोपियों के प्रेम के पुञ्जीभूत-तत्त्व का नाम श्यामसुन्दर है। समर्था-रति में न अपने धर्म की परवाह होती है, न अपने सुख की। अपनी इच्छा केवल प्रियतम है —

स्याम मन स्याम तन स्याम ही हमारौ धन,
आठौं जाम ऊधौ हमें स्याम ही सों काम है।
स्याम हिये स्याम जिये स्याम बिनु नांहि लिये
आँधे की सी लाकरी अधार स्याम नाम है।
स्याम गति स्याम मति स्याम ही है प्रान पति,
स्याम सुखदाई सो भलाई सोभाधाम है।
ऊधौ तुम भये बौरे पाती लै कें आये दौरे
जोग कहाँ राखें यहाँ रोम-रोम स्याम हैं।

७१.१७ सखी का सम्बन्ध : सखी-भाव

रसदेश में एक ही सम्बन्ध है — सखी-भाव का। रति-भाव की उपासना में सखी-भाव के औचित्य पर विचार करना आवश्यक है।

वैसे केलि के चित्र कालिदास ने भी अंकित किए, किन्तु एक ओर वे भवानी-शंकर को माता-पिता के रूप में आराध्य मानते हैं और दूसरी ओर माता-पिता की केलि का वर्णन करते हैं ? इस विसंगति को मर्यादा का उल्लंघन माना गया।[१]

सखी-भाव के उदाहरण प्राचीन काल से मिलते हैं। सिद्धों के चर्यापदों में सखी-भाव है। सिद्ध कुक्कुरीपा महामाया-साधना में वज्रनृत्य के साथ गाई जाने वाली वज्रगीति में नैरात्मा, प्रज्ञा या योगिनी को सम्बोधित करते हुए कहते हैं — "ओ सखि, वज्र द्वारा प्रबोधित होकर कमल विकसित हो गया है। आओ, महासुख पर आरोहण कर नृत्य करें।"[२]

पिछले पृष्ठों में जयदेव, विद्यापति आदि के साहित्य में सखियों और दूतियों की चर्चा हो चुकी है। साहित्यशास्त्र में, रससाहित्य में सखियों के सन्दर्भ बहुत प्राचीन हैं। सखियाँ सभी सम्प्रदायों के साहित्य में हैं। मणिमञ्जरी और चारुशील आदि सखी-नाम पहले "गीतगोविन्द" में ही दीखते हैं। कृष्णदास कविराज कहते हैं — "सखी बिनु एइ लीलार पुष्टि नाहि हय।" सखी प्रियाप्रियतम की लीला की अंगभूत है। वह लीला-सहकारिणी है, लीलाविस्तारिणी है, लीला-आस्वादिनी है और लीला-स्वरूपा है —

सखीलीला विस्तारिया सखी आस्वादया।
सखी बिनु एह लीलाय अन्येर नांहि गति।
सखी भावे येइ तारेकरे अनुगति। (चैतन्यचरितामृते)

१. आनन्दवर्धन ने "ध्वन्यालोक" में लिखा है — "महाकवीनामप्युत्तमदेवताविषयप्रसिद्धसंभोगशृंगारनिबंधनाद्यनौचित्यं व्यक्तितिरस्कृतत्वात् ग्राम्यत्वेन न प्रतिभासते। यथा कुमार-संभवे देवी-संभोगवर्णनम्।"
पंडितराज जगन्नाथ ने "रसगंगाधर" में जयदेव आदि के वर्णनों को मदोन्मत्तगज की भाँति मर्यादा के आलान का भञ्जक कहा है —
जयदेवादिभिस्तु गीतगोविंदादिप्रबंधेषु सकलसहृदयसम्मतोऽयं समयो मदोन्मत्तमतंगजैरिव भिन्नः।
दे० भोग और मोक्ष : सन्दर्भ कालिदास का, राममूर्ति त्रिपाठी, साहित्य अमृत, नवंबर २००३, पृ० ७२-७३।
२. मधुररस : स्वरूप और विकास (डॉ० रामस्वार्थ चौधरी), पृ० २५६ पर उद्धृत

अष्टयाम सेवा-प्रणाली में आठ यूथेश्वरी हैं — और उनकी अनुगत अनन्त दासियाँ हैं, जो निर्धारित-सेवा सम्पन्न करती हैं, श्रीयुगल को लाड़ लड़ाती हैं। अनन्त दासियाँ हैं। एक-एक रानी का अपना यूथ होता है, जिसके कारण वे यूथेश्वरी कहलाती हैं।

अष्टसखियों की सेविका रूप में आठ मञ्जरियाँ हैं। चैतन्य-परम्परा में इनके नाम हैं — रूपमञ्जरी, जीवमञ्जरी, अनंगमञ्जरी, रसमञ्जरी, विलासमञ्जरी, प्रेममञ्जरी, रागमञ्जरी और कस्तूरीमञ्जरी।

मञ्जरी प्रेम के नए भाव के प्रस्फुटन की अवस्था है, जैसे आम्रमञ्जरी, तुलसीमञ्जरी। मञ्जरी सेवाभाव की प्रतिमा है। वह अल्प-अवस्था वाली है, भोग-विषयक लालसा उसमें नहीं है।

"रागवर्त्मचन्द्रिका" में विश्वनाथ चक्रवर्ती ने रूपगोस्वामी, सनातनगोस्वामी, रघुनाथदास, गोपालभट्ट, जीवगोस्वामी को रूपमञ्जरी, लावण्यमञ्जरी, रतिमञ्जरी, गुणमञ्जरी और विलासमञ्जरी बतलाया है।

ब्रज चौरासी-कोस में सखियों के स्थान आते हैं — ललिता-कुण्ड, ऊँचागाँव, विशाखा का आँजनौख गाँव, कमई, विशाखा कुण्ड (कामवन), चित्रा का उमरागाँव, तुंगभद्रा का चिकसौली गाँव (बरसाना) चन्द्रभागा-कुण्ड, रंगदेवी तथा सुदेवी का बजेरा (कामवन) इन्द्रलेखा (करहला)।

७१.१८ कैंकर्यपदवी

हितहरिवंश महाप्रभु के किंकरी-भाव में श्रीकृष्ण के आलिंगन, चुम्बन एवं सुरति-आनन्द पाने की भी अभिलाषा है —

> **निजप्राणेश्वर्या यदपिदयनीयेयमिति मां**
> **मुहुश्चुंबत्यालिंगतिसुरतमाध्व्या मदयति।** (राधासुधानिधि ५५)

हितप्रभु ने दासी-अधिकार को उत्सव के रूप में स्वीकार किया है —

> **राधामाधवयोर्ममास्तु स रहो दास्याधिकारोत्सवः।** (राधासुधानिधि २३९)

सखी बनाने की प्रार्थना भी है —

> **तन्मामात्मसखीं कुरु द्वितरूणीयं नौदृढं शिलष्यति।** (वही २४५)

७१.१९ आली और हितू

"रसिक अनन्य अष्टाचार्य-यशामृत" में श्रीहरगूलाल ने "वृन्दावन में महानुभाव-उपासक-अनन्यन की परस्पर चर्चा" का प्रसंग उद्धृत किया है, वहाँ गुसांईंजी का सन्दर्भ देकर बतलाया है कि "सखी-उपासना सात भाँति की है। ब्रज में तथा निकुञ्ज, सब ही में सखी, आली, भृत्या, दूतिका, मञ्जरी, हितू, सखी, अनुगा, समानधर्मा।"

> आली, वह जो पिता के घर ते संग आवै। भृत्या, अंग-सेवा करै। दूतिका, जो मान छुड़ावै, मंजरी अंतरविहार कूँ। हितू-श्रीराधिका कों प्रिय होय। जो नायक की दूती है, सो गोपी-भाव के अंतर्गत है और नायिका की दूती है, सो सखीभाव है।[1]

---

१. अष्टाचार्य-यशामृत, पृ० ९६।

७१.२० सखी और दासी

रामभक्ति-धारा (सखी-सम्प्रदाय) के महात्मा बालअलि के ग्रन्थ "नेह प्रकाश" में सखी और दासी में भेद बतलाते हुए कहा गया है —

तुल्य वेश गुण रूप सखि, न्यून किंकरी जानि।
गति बल धन सुख सबनि कों, एक मैथिली मानि॥
दया दृष्टि सर्वेश्वरी, देइ सेवा जो जाहि।
भरी प्रेम आनन्द रस, सखी करत सो ताहि॥
केश प्रसाधन करहि कोउ, सुरभि सुतेल चटाइ।
पहिरावहि धूपति बसन, कोऊ उबटि नहवाइ॥
कोउ अलि विविध सुगन्ध युत, रचहि वेष शृंगार।
उष्ण असन बहु रसन दै, वारि सुरभि हिम सार॥
बीरी ललित सँवारि अलि, दुहू ललन कर देहि।
बड़भागिन ताम्बूल कोउ, झुकिय सारि कर लेहि॥
गहे सो चामर छत्र कोउ, क्रीड़न गन्ध रसाल।
बसन विभूषण आदि रस, कोउ कुसुमन की माल॥
ठाड़ी अलि चहुँ ओर को, रचहिं बिछौना बान।
धरहिं वाद्य पुनि करहिं कोउ, उघटि नृत्य सुर गान॥
रीझि आलि दुहुँ ललन छवि, निरखि बलैया लेहिं।
राई लौन उतारि पुनि, वारि अपनपौ देहिं॥
अनगनती गनतीन में, निपटहु कपट निहारि।
सिय कीनी चेरी चरन, नारि नबावत नारि॥
तिन मधि बिहरत रंग भरे, नवल किशोर किशोरि।
नेंक न न्यारे होत कहुँ, बँधे प्रेम की डोरि॥
मुख छवि मिलि इक मुकुर मैं, कहँ निरखत दृग कोर।
कबहुंक इक टक परस्पर, ह्वै रहे चन्द्र चकोर॥
असुवन अन्तर करत लखि, पिय दरशन बिच आइ।
निन्दत दोउ आनन्द को, ललन हिये अकुलाइ॥
कबहुँ नेह के भार भरि, लपटि लटकि रहे दोउ।
छके प्रेम मादक पिये, रहत न तन सुधि कोउ॥
कबहुँ कुँवर दोउ परस्पर, जिनकर करत सिंगार।
बीरी खात खबात पुनि, बहु विधि करत विहार॥
कबहुँ केलि कन्दुक गहत, कहुँ पासिन सतरंज।
कबहुंक हित बतिया करत बटत मञ्जुरस पुंज॥[१]

१. रामभक्ति साहित्य में मधुर उपासना, पृ० २२६।

७१.२१ सखी भेद

"उज्ज्वलनीलमणि" में प्रभुपाद रूपगोस्वामी ने सखी को लेकर एक पूरा प्रकरण लिखा है और उसमें नायिका-भेद की तरह के सखियों के भी भेद बतलाए हैं — अंधिका, समा, लघु, प्रखरा, मध्या, मृद्वी, आत्यन्तिकी, आपेक्षिकी, वामा, दक्षिणा। तदुपरान्त उसके भी भेद किए हैं — आत्यन्तिकाधिक-प्रखरा, आत्यन्तिकाधिक मध्या, आत्यन्तिकाधिक मृद्वी, आपेक्षाधिक प्रखरा, आपेक्षाधिक मध्या, आपेक्षाधिक मृद्वी, आपेक्षिक समा प्रखरा, आपेक्षिक समामध्या, आपेक्षिक समा मृद्वी, आत्यन्तिक लघु मृद्वी, आत्यन्तिक लघु मृद्वी समा, आत्यन्तिक लघुमृद्वीलघ्वी, आपेक्षिक लघुप्रखरा, आपेक्षिक लघु मध्या, आपेक्षिक लघु मृद्वी, समप्रखरा, सममध्या, सममृद्वी, वामा लघुप्रखरा, दक्षिण लघुप्रखरा, लघुमध्या लघुमृद्वी। "उज्जवलनीलमणि" में सखी, प्राणसखी, नित्यसखी, प्रियसखी तथा परमप्रेष्ठसखी जैसे भेद भी बतलाए गए हैं —

तास्तु वृन्दावनेश्वर्याः सख्यः पञ्चविधा मताः।
सख्यश्च नित्यसख्यश्च प्राणसख्यश्च काश्चन।
प्रियसख्यश्च परमप्रेष्ठसख्यश्च इति विश्रुताः॥ (४.५०)

७१.२२ रसदेश की सखी

यह ध्यान देने योग्य है कि सखियाँ तो सभी सम्प्रदायों के साहित्य में हैं और सखी है, इसलिए विश्वसनीयता और लीला-विस्तारिका जैसी बहुत सी सामान्य विशेषताएं सभी में हैं, इसके बावजूद "रसदेश" की सखी अन्य सभी सखियों से विशिष्ट है। अद्भुत है।

श्यामा-श्याम के मिलन का उपक्रम करना, परस्पर रूपसुधा में छके रहने पर इन्हें पुनः क्रीडा के लिए सम्भालना और प्रेम-विवशता में उन्हें सावधान करना सखी के कार्य हैं। सखी के सम्बन्ध में वृन्दावन के एक भक्त मोहनजी ने कहा कि — सहचरी "राधा और श्यामसुन्दर के दो शरीरों की एक परछाईं" है, रात और दिन के बीच एक "संध्या" है, दो नेत्रों में स्थित "एक दृष्टि" है —

दुहुँ तन की एकै परछाहीं दुहुँ . . . नैनन ज्यों दीठ रहाई।
सांझ संधि और निसदिन माँही . . .
मिश्री पानी शरबत ज्यों है, संधि सहेली समझौ त्यों है।

"उज्जवलनीलमणि" में श्रीमद्रूपगोस्वामी ने सखी को प्रेमलीला-विहारों की विस्तारिका बताया है — प्रेमलीला विहाराणां सम्यग्विस्तारिका सखी।

"उज्ज्वलनीलमणि" में अनेक नायिकाओं के साथ तथा कहीं-कहीं सखियों के साथ श्रीकृष्ण का विहार स्वीकृत है, इसलिए यहाँ "विहाराणाम्" कहा गया — बहुत से विहार। "केलिमाल" में केवल और केवल प्रिया-प्रियतम का विहार है।

दूसरी बात "उज्ज्वलनीलमणि" में श्रीकृष्ण मूल-आकर्षण-केन्द्र हैं। वे प्रेम-अमृत का दान करते हैं, सबको तृप्त करते हैं। श्रीकृष्ण खिलाड़ी हैं, वे जब जिससे चाहते हैं, मिलते हैं। "केलिमाल" में खिलाड़ी श्रीकृष्ण नहीं हैं, खिलाड़ी सखी है, सखी प्रिया-प्रियतम से खेलती है। प्रिया-प्रियतम तो रस-उन्मत्त हैं, सखी उन्हें सावधान करती है। प्रिया-प्रियतम तन-मन से उलझे हैं, सुलझ नहीं पा रहे, प्रेम की धार में बहते-बहते डूबने लगते हैं तो सहचरी गोद में उठा लेती है —

तन मन उरझि न सुरझहीं, मगन मदन मद–मोद।
प्रेम सहेली सुंदरी, दौरि लिये गहि गोद।
श्रमहिं निवारत कर धरत, कबहू लावत तीर।
श्रीबिहारिनदास हुलास मन, देत अधीरन धीर।

स्याम किसोर जू, तुमकों दोऊ रंग रंगित पीतांबर चूनरी।
ऐसौ रूप कहाँ तुम पायौ, अहरनिस सोच उधेराबूनरी॥
मनमौंहन सुरग्यान-सिरोमनि, सब अंगनि-अंग कोकनि पूनरी।
श्रीहरिदास के स्वामी स्यामा तुम्हारी विचित्रताई प्रेम सों पाइयत रस सूनरी॥

७२.१ दोऊ रंग रंजित पीतांबर चूनरी

केलिमाल के तीनों टीकाकारों (पीताम्बरदेव, महन्त राधाशरणदास और नागरीदास) ने इस पद को वेश-परिवर्तन के भाव में ग्रहण किया है। केलिमाल के छप्पनवें पद में भी "वेशपलट" का भाव है — पीताम्बर ओढ़कर राधे कहती हैं — "हौं ही स्याम।" वहाँ प्रियतम "सारी चुरी खुभी नैनन दियें स्याम" के शृंगार में हैं। वेश-परिवर्तन-भाव के अनेकानेक लोकगीत ब्रज में प्रचलित हैं — "तू राधे गोपाल बनूँ मैं।" रसिक भक्तों का बड़ा प्रिय अभिप्राय है — वेश-परिवर्तन —

हौं अलीरी लख्यौ आज कौ खेल, सो देखत मेरी भई मति भोरी।
राधा के सीस पै मोर पखा, मुरली लकुटी कटि में पट डोरी ।
बंसी बिराजत लाल के भाल, औ चूनर रंग-कसूम में बोरी।
मानिनी ह्वै कियौ मान गुपाल, मनावत श्रीवृषभानु-किसोरी।

सूरदास जी का पद है —

नंदनंदन तिय छवि तनु काछे।
मन ही मन रीझति है राधा वह पिय रूप निहारै।
निरखि भाल बेंदी सेंदुर की छवि पर तन मन वारै। (सूरसागर, पृ० ९५८)

भगवतरसिक का पद है —

अहो मेरे लाल पिया की भामती, यह कौतुक देखौ आइहो।
अहो हेली वृन्दाविपिन सुहावनों, अरु रवितनया के तीर हो।
हेली रसिक राय रस सों भरे, इन पलटि पहरि लिये चीर हो।
अहो हेली स्याम प्रिया भई मानिनी, एतौ रिझवत बहुत प्रकार हो।

वेश-परिवर्तन की चर्चा छप्पनवें पद की व्याख्या में की जा चुकी है। यहाँ "तुमकों दोऊरंग रंजित" कहा गया है। एक में ही दो का भाव। अद्वय भाव : एक में दो हैं और दो में एक है। मेघ और दामिनी दो हैं क्या? एक ही तत्त्व है — जल। जल ही दो रूपों में (मेघ-दामिनी) व्यक्त होकर केलि कर रहा है।

श्रीहरिव्यासदेवाचार्य "हरिप्रिया" ने इसे "अदल-बदल" कहा है —

श्रीहरिप्रिया प्रिया हरि अदल बदल, विपुल पुलक छवि छलक आनंदघन[१]

१. महावाणी, पृ० २०५।

एक अन्य पद में प्यारीजू के अंग में प्रियतम की छवि दिखाई दे रही है —

गौर अंग में झलमलें, स्याम बदन सुभ साज।
देखि री देखि निहारि छबि, प्यारी प्रीतम आज।
आज प्यारी प्रीतम की उनहारि, देख री देख निहारि।
गौर अंग में झलमलाति छवि, स्याम बरन सुकुमारि।[1]

अथवा

स्याम बरन ते गौर तन, है सोहत रस जाल।
देखिरी देखि निहारि सखि, लाल लई छबि बाल।
देखिरी लाल लई छवि बाल, बिराजत गौर बरन रस जाल।
नखसिख सुंदर रूप तदाकृति, ऐनमैन अईं हाल।
यह अचरज उर एक सखीरी, हार होइ गई माल।
श्री हरिप्रिया तेज-तन हिलमिल, बाढ्यौ रंग बिसाल।[2]

आज प्यारी प्रियतम की उनहारि है, प्यारी का गोरा अंग आज साँवला दिख रहा है, प्यारीजू का हार वनमाला बन गया है। ललितकिशोरीजी ने कहा रस तो एक ही है, वह दो रूपों में व्यक्त होता है। ये दोनों कब एक हो जाते हैं[3] और कब दो हो जाते हैं — ''गोरी स्याम है तथा स्याम गोरी है।''

''महावाणी'' की निकुञ्जरस-प्रकाशिनी-टीका में श्रीकुञ्जबिहारीशरण महाराज कहते हैं — गौर-श्याम स्वरूप श्रीयुगलवर निकुञ्ज-मन्दिर में सुकोमल शय्या पर आमने-सामने बिराजे हैं। उस समय श्याम-कान्ति गौर-विग्रह में तथा गौर-कान्ति श्याम-विग्रह में परस्पर ऐसी प्रतिबिम्बित हुईं कि श्यामसुन्दर तो गौर-स्वरूप तथा गौरांगी श्याम-स्वरूप हो गईं। इस प्रकार एक-दूसरे में अपनी छवि देखकर दोनों के नेत्र चकित होकर रह गए। इतने में गौर-श्यामता दोनों मिलकर अरुण वर्ण हो गईं। तब, जैसे मुँह के सामने दर्पण आने से दर्शक दर्पण को न देखकर अपना स्वरूप देखता है, इसी प्रकार दर्पण स्थानापन्न श्रीस्वामिनीजी का स्वरूप न देखकर श्रीश्यामसुन्दर अपना स्वरूप देख रहे हैं। तद्वत श्रीगौरांगी भी श्याम को न देखकर अपने स्वरूप को देख रही हैं। एक-दूसरे में अभंग-छवि का अमित विकास हो रहा है। फलत: पास में बिराजी ''श्रीहितू हरिप्रियाजी'' भी उस अरुणिमा (अनुराग) से अनुरञ्जित हो गई हैं।

प्यारी तन श्याम श्यामा तन प्यारौ।
प्रतिबिम्बित तन अरस परस दोउ एक पलक दिखियत नहिं न्यारौ।[4]

''गूढ़ मरम रसछेद'' करते हुए श्रीललितकिशोरीदासजी ने कहा है —

---

१. महावाणी, पृ० २६४।
२. वही, पृ० २६५।
३. ए दोऊ अनुराग में अदल बदल है जाँय। — रससागर, पृ० ८२१
४. महावाणी : निकुञ्जरस प्रकाशिनी टीका — पृ० २७०।

स्याम गौर की झाँई परई, एक रूप द्वै बरनन करई।
गोरी स्याम स्याम है गोरी प्रतिबिंबित दरसै इक दो री।
अंग परसें एक रस, रूप पलटि द्वै भेद।
उलटि-उलटि रस बरसहीं, गूढ़ मरम रस छेद।[१]

सरसदेव ने इसे एक ‘‘प्रान द्वै देह’’ कहा है —

सरस छबीले बदन विवि, बिगसत सरस सनेह।
सरस रंग रस-बस भये, एक प्रान द्वै देह।[२]

‘‘दोऊ रंग रंजित पीतांबरचूनरी’’ बेसपलट हो या अदल-बदल हो या बिम्ब-प्रतिबिम्ब हों। रस एक ही है; अद्वय है और इस अद्वय-भाव को चित्रकार तथा मूर्तिकारों ने अपनी-अपनी कलाकृतियों में रच-पचकर उकेरा है। शैव और शाक्त परम्परा में जो ‘‘अर्द्धनारीश्वर’’ है, वही वैष्णव परम्परा में ‘‘एक प्रान दो देह’’ है। ऐसे अनेक विग्रह ब्रज के मन्दिरों में विराजमान हैं। बाँकेबिहारी-मन्दिर में बिहारीजी के विग्रह पर प्रियाजू का शृंगार धारण कराना ‘‘अद्वय-भाव’’ ही है। इतिहास गवाह है, उस जमाने में एक ही विग्रह में श्यामा-श्याम दोनों की सेवा होती थी।[३]

बिहारिनदेवजू की वाणी है —

मेरे नित्य किशोर अजन्मा। बिहरत एक प्रान द्वै तन मा।

इस पंक्ति पर राधाप्रसादजू की टीका है —

> अप्राकृतदेह कौ लच्छन जनाइबे के लियें एक प्रान द्वै तन बर्नन किये। यह बात अमायिक, अप्राकृत, इच्छाविग्रह आनंद रूप ही में बनें हैं — आनंदविग्रह बड़ा तमासा। एक प्रान द्वै तन यासों अधिक आश्चर्य रूप बड़ौ तमासौ कहा होयगौ! याकों सास्त्र सच्चिदानंद-रूप बरनन करें।[४]

स्वामी हरिदास के बारे में कथानक है कि उनके भक्तों ने कहा — महाराज, सबके तो ठाकुर हैं, आपके ठाकुर क्यों नहीं हैं?

वे मन में ही ठाकुर का ध्यान करते थे, कोई विग्रह उनके पास नहीं था। उन्होंने तल्लीनता से उनका ध्यान किया, तो लगा कि उनके दोनों हाथों में राधा और कृष्ण विराजमान हैं और उनके साथ नाच रहे हैं। दोनों हाथ मिलते हैं तो दोनों विग्रह भी मिलकर एक हो जाते हैं। वही विग्रह बाँकेबिहारी के नाम से प्रसिद्ध है।[५]

---

१. रससागर, पृ० ८४०-४१।
२. वही, पृ० ६१३।
३. दे० मध्यकालीन धर्मसाधना (हजारी प्रसाद द्विवेदी), पृ० ७७।
‘‘प्रेमविलास’’ और ‘‘भक्तिरत्नाकर’’ में लिखा है कि नित्यानन्द-प्रभु की छोटी पत्नी जाह्नवीदेवी जब वृन्दावन गई तो उन्हें यह देखकर बड़ा दुःख हुआ कि श्रीकृष्ण के साथ राधा की मूर्ति की पूजा-सेवा नहीं होती। घर लौटकर उन्होंने ‘‘नयन भास्कर’’ नामक कलाकार से राधा-प्रतिमाएँ बनवाई और उन्हें वृन्दावन भिजवाया। जीवगोस्वामी की आज्ञा से ये मूर्तियाँ श्रीकृष्ण के पार्श्व में रखी गई और तब से श्रीकृष्ण के साथ राधिका की भी पूजा सेवा होने लगी।
४. श्रीरसोपासना-तिलक पृ० ७२।
५. डॉ० विद्यानिवास मिश्र, साहित्य अमृत, नवंबर २०००, पृ० ४।

७२.२ प्रेम सों पाइयत रस

"ब्रह्मसंहिता" का वाक्य है कि यद्यपि भगवान् का गुण और प्रकाश अचिन्तनीय है, सबके हृदय में रहता हुआ भी वह सबके लिए अगोचर है, किन्तु सन्त लोग प्रेमाञ्जन से विच्छुरित भक्ति-रूप नयनों से सदैव उसका दर्शन करते रहते हैं —

प्रेमांजनच्छुरितभक्तिविलोचनेन संत:सदैवहृदयेऽप्यवलोकयंति।
यं श्यामसुंदरमचिंत्यगुण-प्रकाशं गोविंदमादिपुरुषं तमहं भजामि।

कहने का तात्पर्य है कि वह अरूप है और दृष्टि का विषय नहीं है, परन्तु सन्त प्रेम के अञ्जन से अनुरञ्जित नेत्रों से उसे देख पाते हैं। भगवान् के सगुण-रूप की उपासना वास्तव में भाव की ही उपासना है। भगवान् का यह रूप भावगृहीत है।

७३

चौकी कहाँ बदल परी प्यारे हरि।
लाल पाटकी हुती, जंगाली ल्याए बरि।
वह तौ हुती हीरन खचित, पै यै दुरंग पन्ना-लालै मिल, लै हौं लरि।
श्रीहरिदास के स्वामी स्यामा कुंजबिहारी की चतुराई रही भरि।

७३.१ प्यारे हरि

चौकी कहाँ बदल परी प्यारे हरि। हरि के आगे विशेषण लगा दिया — प्यारे। हरि क्या हैं? प्यार का ही तो नाम है — हरि। प्यार में ही रहते हैं और प्यार से ही पाए जा सकते हैं। प्यार ही सौन्दर्य-माधुर्य का सार-सर्वस्व है। प्यार ही रस है। "केलिमाल" में समस्त नाम प्यार की महिमा का गान कर रहे हैं — लाड़लीलाल, दुलहिनीदूलह, प्यारीप्रियतम, बिहारीबिहारिन। इन्हीं के साथ हम कई पदों में "हरि" नाम का प्रयोग देखते हैं — "राधे चलि री हरि बोलत" (२४), "रहे हरि हेरी" (२०), "अटपटे काहे तें आज हरि" (३८), "हरि रास रच्यौ" (५२), "देखौ हरि के उज उठायबे की बात" (६२), "जहाँ आपुन हरि" (७४), "हरिके अंग कौ चंदन" (९८)।

"रसदेश" के सम्बोधनों की अपनी महिमा है, अपना परिवेश है, अपना परिकर है तथापि हमारे सामने परम्परा का निरन्तर प्रवाह है, अविच्छिन्नता है। हमारे सामने "हरि" नाम की विस्तृत परम्परा है। स्वयं स्वामीजी हरिदास हैं और "सिद्धान्त के पदों" में बार-बार "हरि" नाम का प्रयोग कर रहे हैं — "ज्यौंही ज्यौंही तुम राखत हौ त्यौहीं त्यौंही रहियतु हौं हो हरि", "हरि भज हरि भज छाँड़ि न मान नर तन कौ", "ए हरि मोसौ न बिगारन कौं तोसौ न सँवारन कौं", "हरि कौ हित ऐसौ, जैसौ रंग मँजीठ", "हरि के नाम कौ आलस कत करत है रे काल फिरत सर साँधे", "देखौ, इन लोगन की लावनि — बूझत नाहिं हरि चरन कमल कौं मिथ्या जनम गँबावनि", "हरि कौ ऐसौ ही सब खेल", "झूँठी बात साँची करि दिखावत, हो हरि नागर", "जौलौं जीवै तौलों हरि भज रे मन और बात सब बादि" इत्यादि।

बिहारिनदेव की वाणी में भी हरि नाम का विस्तार है — "हरि जस गावत सब सुधरे", "हरि दीनन कौं कृपा करैं", "साँचे हो हरि मो तन हेरौ", "जिन हरि चरनन चित्त दयौ। बिसरि गये सब रोग-दोष-दुख मन कौ सूल गयौ", "जो चाहै सुख सर्वदा भजि हरि प्रभु प्यारौ", "ऐसे क्यों हरि पाइयै सुनि मेरे बीरा", "अपने हरि हेतु जानि तिनसों कछु कपट न कीजै", "कैसे हरि जस गाइहौं सनमुख ह्वै सब दिन", "हरि पद कमल बिसारि विषैरति कहा फिरत बौरानौ", "हरि पथ चलहि न समुझि सबेरौ", "हरि जस गायें दिन दस जीबौं", "हरि बिनु कूकर-सूकर ह्वै हौ"

श्रीकृष्ण का "हरि" नाम बहुत व्यापक है। भागवत में लगभग पाँच सौ स्थलों पर (पहले स्कन्ध में २२, दूसरे स्कन्ध में २३, तीसरे स्कन्ध में ६०, चौथे स्कन्ध में ५९, पाँचवें स्कन्ध में १६, छठे स्कन्ध में ४४, सातवें स्कन्ध में ४३, आठवें स्कन्ध में २३, नवें स्कन्ध में ३१, दसवें स्कन्ध में १११, एकादश में १०५ तथा द्वादश में १७) हरि शब्द का प्रयोग है। सूरसागर में हरि शब्द कृष्ण के अन्य नामों की अपेक्षा बहुत व्यापक है — "हरि मेरे आँगन कछु गावत", "देख सखी हरि कौ मुख चारु", "हरि मुख निरखत नैन भुलाने", "देख री हरि के चंचल नैन, उपमा हरि तन देखि लजानी, बार-बार मैं हरि तन चितई, कहि राधा हरि कैसे हैं।

जयदेव के "गीत-गोविन्द" में तो "यदि हरिस्मरणे सरसं मनो" है ही — जय जगदीश हरे। कबीर जैसे

ज्ञानाश्रयी निर्गुण-धारा के कवियों ने श्रीहरि नाम को स्वीकार किया है — "जब मैं था तब हरि नहीं, अब हरि हैं मैं नांहि।" अथवा — "कहि कबीर गुरु रूठते हरि नहिं होत सहाय।" गुरुग्रन्थ-साहब में भी हरि हैं, अमृतसर में हरिमंदिर (हरमिंदर साहब) हैं।

पिछले पृष्ठों में कई स्थलों पर हरिदासी-सम्प्रदाय की ऐसी विशिष्टताओं का उल्लेख किया जा चुका है, जो उसे भक्तिसम्प्रदायों में अन्यतम सिद्ध करती है। "रसदेश" की पहचान के लिए आवश्यक है कि उसे समग्र भारतवर्ष की सांस्कृतिक-धारा के अविच्छिन्न और निरन्तर-प्रवाह के बीच देखा समझा जाए। भारतवर्ष की सांस्कृतिक धाराएं परस्पर विच्छिन्न नहीं हैं, हो भी नहीं सकती। भारतवर्ष की समग्र सांस्कृतिक-छवि (राष्ट्रीय परिप्रेक्ष्य) में "रसदेश" का क्या स्थान है? इसे समझने के लिए यह देखना है कि क्यों कृष्ण हरि कहलाए अथवा हरि कृष्ण कैसे हो गए? जो बाँकेबिहारी हैं, वे हरि ही तो हैं, जो राधावल्लभ हैं वे हरि ही तो हैं, जो द्वारकाधीश हैं वे भी हरि हैं, जो वेंकटेश्वर, श्रीरंगम और जगन्नाथ हैं, वे भी हरि ही हैं,। यह हरि शब्द सम्पूर्ण भारत की विश्वास-प्रणाली, विचार प्रणाली, सौन्दर्यबोध और विश्वबोध में समाया हुआ है। यहाँ हम इस अन्तर्भुक्ति की विराट्-प्रक्रिया पर कुछ विचार करना चाहते हैं।

७३.२ भारतवर्ष की तीन सांस्कृतिक-क्रान्तियाँ

डॉ० वासुदेवशरण अग्रवाल ने भारत की धार्मिक-परम्परा में तीन बड़ी क्रान्तियों का उल्लेख किया है।[1] पहली क्रान्ति वैदिक तत्त्वज्ञान को लोक में व्याप्त निषाद-संस्कृति के धार्मिक आचार-विचारों के साथ मिलाकर "महाभारत" के रूप में समन्वय करना था। दूसरी बड़ी क्रान्ति विक्रम-संवत् के लगभग हुई, जब विष्णु "युग-सत्य" के रूप में उभरे। यह भागवत-धर्म और महायान के चिन्तन का समन्वय-प्रधान चिन्तन था। शुंग, कुषाण और गुप्तकाल के धार्मिक आन्दोलन इसी सेतुबन्ध की ओर लक्ष्य करते दिखाई देते हैं। जैन, बौद्ध और शैवों ने भी नामभेद रखते हुए, उसमें भाग लिया, मूल प्रेरणा एक थी। अचिन्त्य ब्रह्मतत्त्व विष्णु बनकर प्रकट हुए — सब प्राणियों को, सब विचारधाराओं को अपने में व्याप्त करना और सब में व्याप्त हो जाना — यही विष्णु की विशेषता थी। सोलहवीं-शती में सगुणभक्ति की वेगवती भावधारा देश के प्रत्येक भाग में बह निकली, तब रस-तत्त्व के सगुण-साकार स्वरूप राम और कृष्ण उसके प्रतीक बने। यह तीसरी बड़ी क्रांति थी।

भारत बहुत विशाल देश है। यहाँ भौगोलिक विविधता और जातियों, समुदायों, वर्गों, वर्णों, सम्प्रदायों, संस्कृतियों की विविधता के साथ-साथ भाषाओं और जीवन स्तरों की विविधता भी है। इन असंख्य-विविधताओं के बावजूद एकता की प्रक्रिया उतनी ही सशक्त, व्यापक और विराट् है। ये तीनों सांस्कृतिक-क्रान्तियाँ अन्ततः राष्ट्रीय-एकता की प्रक्रिया हैं। अनेक स्रोत हैं, अनेक धाराएं हैं, वे सब गंगा में मिलती हैं, अन्त में समुद्र में मिलती हैं। समुद्र से फिर मेघ उठते हैं और विभिन्न दिशाओं में छितरा जाते हैं। विविधता और एकता की प्रक्रिया साथ-साथ चलती रहती है।

ब्रज और वृन्दावन में श्रीकृष्ण की उपासना के जो आन्दोलन उठे, वे सम्पूर्ण भारतवर्ष की सांस्कृतिक-प्रक्रिया का अंग, उसकी प्रतिक्रिया, उसका प्रभाव और उसका परिणाम थे। जब वैष्णव-आन्दोलन व्यापक हुआ, तब वे समस्त भिन्नताएँ विष्णु में विलीन हो गई। राम, कृष्ण, वाराह, नृसिंह, कूर्म, मत्स्य, वामन, परशुराम,

---

१. दे० सोलहवीं शती में सगुणभक्ति के मेघजल, वासुदेवशरण अग्रवाल, पोद्दार अभिनंदन ग्रंथ, पृ० ९१।

कल्कि ही नहीं बुद्ध भी विष्णु अथवा हरि की अवधारणाओं में समा गए — "दशाकृति कृते कृष्णाय तुभ्यं नमः" (गीतगोविन्द)। जब एक ही तत्त्व है और उसे सब स्वीकार करते हैं, तब भिन्नता तात्त्विक नहीं है, भिन्नता नाम-रूपात्मक है।

७३.३ उपासना-भेदाद् दर्शन-भेद

असंख्य उपासक-समूह हैं। उपासकों की भिन्न रुचियाँ हैं, भिन्न-परिस्थितियाँ, भिन्न-स्वभाव और भिन्न-प्रणालियाँ हैं। विश्वासों की भिन्नता है, तो स्वाभाविक ही है कि विचार-प्रणालियों की भिन्नता भी होगी। कृष्ण की उपासना को देखें तो उसके कितने ही रूप और प्रकार दिखाई देते हैं। यह उपासक-समूहों की भिन्नता है। श्रीकृष्ण गोप भी हैं, अहीर भी हैं, यादव भी हैं। वे गीतागायक भी हैं और गोपालक भी हैं। वे माखनचोर भी हैं और चक्र-सुदर्शनधारी भी हैं। वे पार्थसारथि भी हैं और चोर-जार-शिखामणि भी हैं। जगन्नाथ भी हैं, विट्ठल भी। द्वारकानाथ श्रीनाथ हैं, रणछोड़ भी हैं।

श्रीकृष्ण-उपासना की भिन्नता और एकता का अध्ययन करने के लिए हम उनके नामों को आधार बना सकते हैं क्योंकि प्रत्येक उपासक-समूह ने अपनी आस्था और रुचि के अनुकूल प्रभु को एक नाम दिया है, सम्बोधन दिया है। कृष्ण-नामों का एक वर्गीकरण निम्नलिखित रूप में भी किया जा सकता है।

७३.४ यदुकुल : द्वारकानाथ : वृष्णिवीर

देवकीनन्दन, वसुदेवनन्दन, वासुदेव, यदुनन्दन, यदुकुलनन्दन, अन्धक-वृष्णिनाथ, दाशार्हनन्दन, जदुनाथ, जदुराई, यदुवीर, यदुवंश-विवर्धन, यदुसुखावह, यदु-कुलश्रेष्ठ, शौरि, यादवेश्वर, यादवनन्दन। वृष्णिशार्दूल, वृष्णिकुलोद्वह, वृष्णिनन्दन, वृष्णिसत्तम। इस बात के अनेक सन्दर्भ मिलते हैं कि कृष्ण यदुवंशियों के कुलदेवता के रूप में पूज्य थे। वज्रनाभ कृष्ण की वंश-परम्परा में था और उसने कृष्ण की स्मृति में मन्दिरों का निर्माण कराया। पाञ्चरात्र-परम्परा में वृष्णिवीरों की पूजा तथा वृष्णिवीरों का तात्त्विक-विवेचन है।

७३.५ श्रीकृष्ण : महाभारत-सन्दर्भ

महाभारत-सन्दर्भ से जुड़े हुए कृष्ण के नाम हैं — पार्थसारथि, पार्थमित्र, गीतागायक, द्रौपदी की लाज राखी, साग विदुरघर खाई, पाँचौ पंडा छठे नारायन, कौन्तेयप्रियबन्धु, पाण्डुरर्जुन-वल्लभः।

७३.६ श्रीकृष्ण और सात्वत

सात्वत वृष्णिवंशीय-क्षत्रियों का एक कुल था, वासुदेव-कृष्ण ने सात्वतों के नारायणीय-धर्म का प्रचार किया था। सात्वतों में विष्णु-नारायण-रूप की मान्यता थी। द्वारका-नगर सात्वत-यादवों का नगर था, यह सोचकर ही कृष्ण जरासन्ध युद्ध के समय द्वारका की ओर गए थे। यादवों की शक्ति शूर्पारक तक समुद्र-पर्यन्त फैली हुई थी।[१]

कृष्ण के पुत्र साम्ब शाकद्वीपी ब्राह्मणों (मग) को भारत लाए थे, पाञ्चरात्र-पद्धति में उनके विश्वास अन्तर्भुक्त हुए हैं। श्वेतद्वीपी-ब्राह्मण नारायण के उपासक थे।

---

१. कृष्ण भक्ति साहित्य : वस्तु, स्रोत और संरचना, पृ० ५५।

पाञ्चरात्र-परम्परा के मूल व्याख्याता नारायण माने गए हैं। पाञ्चरात्र वैष्णवागम-परम्परा का विकास है। पाञ्चरात्र में सनत्कुमार की प्रतिष्ठा है। सनत्कुमार-संहिता कृष्ण-तत्त्व से परिपूर्ण है। पाञ्चरात्र-परम्परा से नारद का अभिन्न सम्बन्ध है। यहाँ गरुड़ भी है।

७३.७ शौरसेनी जाति

चद्रगुप्त मौर्य के दरबार में सेल्यूकस द्वारा नियुक्त मैगस्थनीज़ नामक यूनानी-राजदूत पाटलीपुत्र में रहता था। उसने अपने समय के भारतवर्ष की अनेक घटनाओं और यहाँ के लोक-जीवन का विवरण दिया है — "शौरसेनी जाति के लोग हैराक्लीज़ की विशेष रूप से पूजा करते हैं। मथुरा और क्लीसोबरा नाम की दो बड़ी नगरियों पर इस जाति का आधिपत्य है और इन दोनों के बीच में जोहारीज़ (यमुना) नदी बहती है।" यह महत्त्वपूर्ण साक्ष्य प्रमाणित करता है कि ईसापूर्व दूसरी और तीसरी-शती में (शुंग के राज्यकाल में) वासुदेव और संकर्षण की पूजा प्रचलित थी।[१] बटेश्वर शूरसेन का गाँव बताया जाता है। मथुरा में कंसमेला होता है, उस अवसर पर आनन्दध्वनि में "शूरसेन" सूरसे शब्द का उच्चारण होता है — "कंसाऐ मार मधुपुरी आये — सूरसेऽ।"

७३.८ श्रीकृष्ण-नाम : गोप-संस्कृतिपरक

"आभीरेन्द्रसूनुः। कढ़िगौ अँबीर पै 'अहीर कौ' कढ़ै नहीं।" सूरदासजी का एक पद है — "हम तौ नन्द-घोष के वासी। नाम गुपाल जाति कुल गोपक, गोप-गुपाल उपासी।" गोविन्द और गोपाल नाम बहुत व्यापक हैं — तन्त्रशास्त्र में गोपालसुन्दरी की आराधना है। गोपाल-चूड़ामणि, गो-गोप संघावृत, गोपस्त्री-परिवेष्टितो जैसे नाम गोपाल-सहस्रनाम में हैं। "आगें गाय पाछें गाय इत गाय उत गाय गोविंद कों गायन में बसिबौ ही भाबै।" "गोपी ग्वाल गाय गोसुत-हित सात दिवस गिरि लीन्हों।"

गाय और गाय की विभूति से सम्बन्धित सभी नाम गोप-संस्कृति के सन्दर्भ-सूत्र हैं, जैसे — नवनीततट, नवनीतप्रिय, छाछपिबइया, माखनचोर। "सोभित कर नवनीत लिये।" गोकुलनाथ, गोकुलचन्द्रमा, गोकुलेश, गोवर्धननाथ, गोलोकनाथ।

श्रीकृष्ण को गोविन्द गोपाल नाम ही प्रिय हैं, द्वारकानाथ, त्रिलोकीनाथ नाम उन्हें नीरस प्रतीत होता है —

प्यारौ नाम गोबिंद गुपाल कों बिहाय हाय,
ठाकुर त्रिलोक के कहाय करि हैं कहा ? (रत्नाकर)

७३.९ उपासक-समूह

संस्कृति लोक-जीवन में प्रवाहित होती है। उपासक-समूह उपास्य-तत्त्व की रचना करता है। इस दृष्टि से गोप, आभीर, गूजर जनजातीय-तत्त्व महत्त्वपूर्ण हैं। आयर कहलाने वाले ग्वाल लोग मुल्लै वन-प्रान्त में गाय चराते और कण्णन के गीत गाते थे। क्या ये वे ही लोग हैं, जो यादवों के साथ दक्षिण-मथुरा चले गए थे?

---

१. "This Heracles is especially worshipped by the Sourasenius, an Indian Nation in whose land are great this Mathura and Cleisobara." — भारतीय वाङ्मय में श्रीराधा, पृ० ३५ पर उद्धृत है

आगे चलकर हमें यादव-गोप और आभीर जातियाँ एक-दूसरे में समाहित होती हुई दृष्टिगत होती हैं, जिनका देवता "गोपाल" है। रांगेयराघव ने आभीरों को गोपालदेवता का उपासक बताया है, जो ई०पू० १५०० में आक्रमण करते हैं।[१] अर्जुन पर आभीरों के आक्रमण का उल्लेख भागवत में भी है। रांगेयराघव के अनुसार ई०पू० ८०० के लगभग "कृष्ण" आभीर देवता-गोपाल में अन्तर्भुक्त हुए थे।[२] साहित्यिक सूत्र हैं — "ताहि अहीर की छोहरियाँ छछिया भर छाछ पै नाच नचावें। (रसखान) तथा "हम तौ निपट अहीर बाबरी जोग दीजियै जानन" (सूरदास)।

गोप-संस्कृति के सन्दर्भ में डॉ० चन्द्रभान रावत का यह मत ध्यान देने योग्य है कि —

> कृष्ण का व्यक्तित्व कुछ दिन के लिए यादवों, वृष्णियों और सात्वतों के हाथ से छूट गया और उसका विकास कुछ ऐसी घूमन्तू पशुपालक-जातियों में हुआ, जो भारत में बहुत पहले ही आ गई थीं, जो बौद्धिक-अनुष्ठानों से अधिक महत्त्व अपनी स्वच्छन्द भावात्मक संस्कृति को देती थी, जिनका लोक-साहित्य सरस और प्रेमपरक था। एक गोप के रूप में कृष्ण का विकास हुआ। अपने घूमन्तू-जीवन में कृष्ण ब्रजभूमि में पलती-पनपती अन्य संस्कृतियों के सम्पर्क में भी आए और धीरे-धीरे उन सबका विलयन गोपसंस्कृति में हो गया।[३]

"श्रीराधा के क्रम विकास" में डॉ० शशिभूषणदास गुप्त ने इस पर विस्तार से विचार किया है।

७३.१० ब्रज-परिकर और ब्रजलीला-सन्दर्भ

ब्रजाधिप, ब्रजभूषण, गोकुलभूषण, गिरिधर, मधुवनिया, गोकुल-चन्द्रमा, ब्रजराय, बलवीर, हलधरजू कौ भैया, बलानुज, नन्दसुवन, नन्ददुलारे, नन्दकिशोर आदि कृष्ण के ब्रजपरिकर सन्दर्भित नाम हैं।

ब्रजलीला सन्दर्भित नामों को हम पाँच वर्गों में वर्गीकृत कर सकते हैं — असुर-निकन्दन, वात्सल्य-भाव, सखा-भाव, कान्ता-भाव और निकुञ्ज-भाव।

(क) श्रीकृष्ण : असुरसंहारक : असुर-निकन्दन — गोपालसहस्रनाम में कृष्ण के नाम हैं — यमलार्जुन मुक्तिदः, अघासुरविनाशी, तृणावर्तान्तको, धेनुकासुरसंहारी, बकासुर विनाशनः, शकटासुरसंहारी, भांडीरवन शंखहा, पूतनामोक्षदायकः। कंसनिकन्दन, भूभार हरन, मधुसूदन, कालियमर्दन, कंसारि, केशीमर्दन आदि कृष्ण के असुरसंहारक सन्दर्भित नाम हैं। यह कृष्ण का वीर-रूप है।

(ख) वात्सल्यपरक — छगनमगन, लाला, जसुदादुलारे, प्यारौलाल, बालकृष्ण, बालगोविन्द, बालमुकुन्द, बालगोपाल, यशोदानन्दन, नन्दजू कौ ढोटा, लाड़लौ, नन्दनन्दन, नन्दलाला, कान्हा, कन्हैया, कनु, कन्हाई, कानड़ा आदि।

(ग) सखा-भाव — ब्रज-सखा, ग्वाल-सखा, गोप-सखा।

(घ) कान्ता-भाव : चोर-जार-शिखामणि — कान्ता-भाव में श्रीकृष्ण चोर-जार-शिखामणि हैं। लम्पट हैं। छैला हैं। बहुनायक हैं। ढीठ और लँगर हैं। नटखट, चञ्चल, चपल, छैल-छबीला, छलिया, प्यारौ मतबारौ, मधुलम्पट, रसिया, रंगीलौ, भौंरा और मधुकर तो हैं ही चितचोर, माखनचोर, चीरचोर भी हैं। सूरदास ने उन्हें

---

१. महायात्रा गाथा : अंधेरा रास्ता, पृ० ९५७।

२. वही, पृ० ९५९।

३. कृष्णभक्ति साहित्य : वस्तु, स्रोत और संरचना, पृ० ०२।

चोरन के राज (सूरसागर, पृ० ९०६) भी कहा है। महावाणी में "लम्पट" के साथ "ठगभूप" तक कहा गया है। वे रतिनागर हैं।

(ङ) रमण, वल्लभ, कान्त, मोहन, किशोर — ब्रजरमण, वृन्दावन-रमण, राधारमण, गोपी-रमण, तुलसीरमण। राधावल्लभ, गोपीवल्लभ, ब्रजवल्लभ। राधाकान्त, गोपीकान्त, श्रीकान्त। मनमोहन, मदनमोहन, राधामोहन, ललितामोहन, गोपीमोहन। "मोहन बदन विलोकति अँखियन।" यमुनाकृष्ण : कालिन्दीप्रेमपूरकः। कुब्जाकृष्ण। नवलकिशोर नन्दकिशोर।

(च) विहारी — ब्रजमण्डल में बहुलाविहारी, वृन्दावनविहारी, बाँकेबिहारी, किलोल-बिहारी, रमणविहारी, अप्सराबिहारी, बच्छविहारी, राधाविहारी, कमलविहारी, प्रेमविहारी, संकेतविहारी, कोकिलाविहारी, शाहविहारी, दानविहारी, बिलछूविहारी और ब्रह्माण्डविहारी के मन्दिर हैं। रासविहारी, रसिकविहारी, गोलोकविहारी, ब्रजविहारी, कुञ्जविहारी, मानविहारी आदि कृष्ण के शताधिक नाम हैं। ब्रजमण्डल में जगह-जगह इनके मन्दिर विद्यमान हैं।

(छ) निकुञ्जभाव — लड़ैते, लाल, भाँवते, प्यारे, प्रियतम, रसखान, लाड़लीलाल, रसनिधि, रतिनागर, कृष्ण के रसपरक नाम हैं।

(ज) सौन्दर्यपरक नाम — श्रीकृष्ण के सौन्दर्यपरक नाम हैं — पीताम्बर, कौस्तुभधर, वनमाली, कस्तूरी तिलकं ललाटपटले, कोकिलास्वर-भूषणः (गोपाल सहस्रनाम) ब्रजसुन्दर, भुवनसुन्दर, श्यामसुन्दर, साँवरौ-सलौनौ, छबीलौ, सामलिया, सोंहन, कमलनयन, अरविन्द-नेत्र, कारीकामरबारौ, कमलीवाला, मोर-मुकटवारौ, मालाधारी। कृष्ण-वर्ण के सूचक नाम हैं — घनश्याम, कारौ, साँवलसेठ, श्याम, नीलमणि।

(झ) लालित्य और नागरता के सूचक नाम — नटवरनागर, नटवरवपु, नवनीतनट, रतिनागर और मीरा के प्रभु गिरिधर-नागर। संगीत भी उनकी विशिष्टता है — कलवेणु-वादन-परः। वे षोडश कला निधान और सकलगुन-आगर हैं।

(ज) शब्द-रचना की दृष्टि से वर्गीकरण — शब्द-रचना की दृष्टि से नाथ, नायक, ईश्वर, पति, आनन्द, निधि और नन्दन-भाव के नाम हैं —

(१) नाथ — श्रीनाथ, गोकुलनाथ, द्वारकानाथ, ब्रजनाथ, मथुरानाथ, गोवर्धननाथ, त्रिलोकीनाथ, यदुनाथ, गोपीनाथ, रंगनाथ, जगन्नाथ, प्राणनाथ, गोलोकनाथ, बैकुण्ठनाथ।

(२) नायक — ब्रजनायक, लीलानायक, अनन्तकोटि-ब्रह्माण्डनायक।

(३) पति — रुद्रपति, गगनपति, लोकपति, ब्रह्माण्डपति, भुवनाधिपति, मधुपति।

(४) ईश्वर — द्वारकेश, व्रजेश, वृंदावनेश्वर, रसेश्वर, रासेश्वर, व्रजाधीश, वल्लभाधीश।

(५) आनन्द — आनन्दकन्द, आनन्दनिधि, परमानन्द, सर्वानन्द, पूर्णानन्द, नित्यानन्द, नन्दन।

(६) नन्दन — ब्रजनन्दन, यदुनन्दन, त्रिभुवननन्दन, यदुकुलनन्दन, नन्दनन्दन, यशोदानन्दन, राधानन्दन, गोपनन्दन।

(७) निधि — रूपनिधान, गुणनिधान, कृपानिधि, दयानिधि, करुणाधाम। भक्त विरह कातर करुनामय। अति गम्भीर उदार उदधिहरि।

(ट) भक्त-भाव — भक्तबच्छल, दीनबन्धु, कृपानिधि, दीनदयाल, दुखहरन, मंगलकरन, दीनानाथ, अशरणशरण, अधमउधारन, सन्तनसुखकारी।

(ठ) अन्य — कन्हैया, कान्हा, कनु, कानड़ा, कन्हाई (हम देखे इह भाँति कन्हाई), कण्णन पाट्टु, किट्टन, किट्टु, उणिक्कुट्टन।

७३.११ कामदेव, चन्द्र और इन्द्र की अन्तर्भुक्ति

कामदेव की अन्तर्भुक्ति कृष्ण में हुई। तन्त्रशास्त्र में कृष्ण को कामदेव माना गया है। गोपालसहस्रनाम में — मीनकेतनः कामकला निधिः, कामी, कामदेव, कामबीज-शिरोमणिः, और क्लींदेव श्रीकृष्ण के नाम हैं। मदनमोहन मदनगोपाल। रिझई मदन-गुपाला, साक्षात् मन्मथ-मन्मथः।

रासलीला कामविजय की गाथा है। विजित-देवता विजयी-देवता में अन्तर्भुक्त होता है। काम-पूजा की परम्परा थी और वह कृष्ण-भक्ति में अन्तर्भुक्त हुई। भागवत में कामदेव को वासुदेव का अंश कहा गया है — "कामस्तु वासुदेवांशो दग्धः प्राग् रुद्रमन्युना।" (१०.५५.०१) प्रद्युम्न काम का अवतार है।

चन्द्र : गोकुलचन्द्र, ब्रजचन्द्र, यदुकुलचन्द्र, वृन्दावनचन्द्र।

इन्द्र : गोकुलेन्द्र, व्रजेन्द्र, गोविन्द।

७३.१२ श्रीकृष्ण : परब्रह्म : रस

परब्रह्म श्रीकृष्ण के नाम हैं — अव्यय, अधिदेव, अच्युत, अनन्त, अनादि, अखण्ड, अव्यक्त, भूतेश्वर, भूतपति, सनातन, विश्वतोमुखी, आदिकर्ता निर्गुणोनित्यो, आनन्दकन्द सच्चिदानन्द। अप्रकट-परब्रह्म पुरुषोत्तम हैं और प्रकट-परब्रह्म श्रीकृष्ण हैं। ब्रह्म की अवधारणा कृष्ण-अवतार में समाहित होती हैं। श्रीकृष्ण परब्रह्म के पर्याय बन जाते हैं — "परब्रह्म तु कृष्णोहि सच्चिदानंदकं बृहत्।" (वल्लभाचार्य)

७३.१३ कृष्ण में नारायण तथा विष्णु की अन्तर्भुक्ति

भगवान नारायण, जनार्दन, मधुसूदन, मुकुन्द, गरुड़गोविन्द, शेषशायी, मुरारि, केशव, गरुड़ध्वज, माधव, पुरुषोत्तम, श्रीनाथ, दीनानाथ, बैकुण्ठनाथ, पुण्डरीकाक्ष, कमलनाभ, पद्मनाभ, चक्रधर, चक्रपाणि, चक्रगदाधर, शंखचक्र-गदापाणि, गदाधर, उपेन्द्र, दामोदर, श्रीपति, श्रीधर, श्रीनिधि, शार्ङ्गधनुर्धर, शार्ङ्गी, सत्य, सुपर्णकेतु, मधुपति, त्रिविक्रम, जगतपिता, जगदीश, जगद्गुरु, क्षीराब्धिशयनः, पुण्यश्लोक आदि कृष्ण के ऐसे नाम हैं, जो कृष्ण में नारायण तथा विष्णु की अन्तर्भुक्ति के प्रतीक हैं। "श्रीकृष्ण गोविन्द" हरे मुरारि, हे नाथ नारायण वासुदेव।"

डॉ० बलदेव उपाध्याय मानते हैं कि "भागवत-धर्म एवं अवतारवाद की प्रतिष्ठा तथा विष्णुनारायण वासुदेवकृष्ण का एकीकरण ईसवी-पूर्व की शताब्दियों में तमिल-देश में सम्पन्न हो गया था।"[१]

अपने कथन के प्रमाण में डॉ० उपाध्याय ने "परिपाडल" नामक काव्य की पंक्तियाँ उद्धृत की हैं, जिनमें विष्णु मुरली धारण करते हैं और गोप-वधुओं के साथ रास-क्रीडा भी करते हैं।

वासुदेव-पूजा का प्राचीनतम अभिलेख हेलियोडोरस का है। यह यूनान का था, यवन था, लेकिन इसने अपने को भागवत कहा है। मध्यप्रदेश में विदिशा के निकट बेसनगर-ग्राम में एक गरुड़स्तम्भ या गरुड़ध्वज है जो ईसा-पूर्व दूसरी-शताब्दी का माना जाता है। इसे हेलियोडोरस ने स्थापित किया था। हेलियोडोरस

---

१. भारतीय वाङ्मय में श्रीराधा, पृ० ३६१-६२।

तक्षशिला-निवासी दियन का पुत्र था तथा विदिशा के राजा काशीपुत्र भागभद्र की राजसभा में तक्षशिला के यवन राजा अंतलिकितस के राजदूत के रूप में आया था। शिलालेख इस प्रकार है —

देवदेवस वासुदेवस गरुड़ध्वजेअयं . . .
कारिते इअ हेलियोदोरेण भागवतेन दियस पुत्रेण
तक्खसिलाकेन . . . यवनदूतेन आगतेन महाराजस . . .
अंतलिकितस उपांता सकासं रञो . . . कासीपुत्रस
भागभद्रस त्रातारस वसेन चतुदसेन राजेन
वधमानस[1] **. . .**

हरि शब्द समूचे भागवत-आन्दोलन का प्रतीक है और भागवत-आन्दोलन आचार्य वासुदेवशरण अग्रवाल के शब्दों में एक क्रान्ति है। क्रान्ति इसलिए है कि भारत की समस्त जनता इससे जुड़ी है। द्राविड़-उपासनाओं के देवता हरि या विष्णु के पर्याय हैं। वैखानसों के सर्वोच्च देवता हरि हैं। वैष्णव-आन्दोलन में नागों और गरुड़ों की अन्तर्भुक्ति है। भागवत का कथन है —

किरातहूणान्ध्रपुलिन्दपुक्कसा आभीरकंकाः यवनाः खसादयः।
येऽन्येऽपि पापास्तद्पाद-आश्रयात् शुद्ध्यंति तस्मै प्रभविष्णवे नमः।

किरात, हूण, आन्ध्र, पुलिन्द, पुक्कस, आभीर, कंक, यवन, खस आदि जाति-प्रजातियों को आक्रमणकारी होने के कारण पापमय माना गया था, परन्तु हे विष्णु-प्रभविष्णु, आपका आश्रय लेने के कारण वे पाप-जातियाँ भी शुद्ध हो गई। "हरि कों भजै सो हरि कौ होइ।" भागवत-आन्दोलन का स्वर समन्वय का स्वर है। भगवत-रसिक ने रस-उपासना की सात सीढ़ियों का उल्लेख किया है। पहला सोपान भागवत है —

प्रथम सुनै भागौत भक्त-मुख भगवत बानी। दुतिय अराधै भक्ति व्यास नव भाँति बखानी।
तृतीय करै गुरु समुझि दक्ष सर्वज्ञ रसीलौ। चौथे होय विरक्त बसै बनराज जसीलौ
पाँचै भूले देह निज छठै भावना रास की। सातै पावै रीति रस श्रीस्वामी हरिदास की। (अनन्य निश्चयात्म)

७३.१४ कुंजबिहारी की चतुराई रही भर

ऐसे अनेक लोकगीत हैं, जिनमें कृष्ण बहु-वल्लभ हैं, उदाहरण — "अलकें अनूठी झलकें तिहारी हे स्याम रतियाँ कहाँ तुम जगे।" बहुवल्लभता और परकीया-भाव "सूरसागर" में भी है तथा "उज्ज्वलनीलमणि" में उसके कितने ही उदाहरण हैं —

तामेव प्रतिपद्यकामवरदां सेवस्व देवीं सदा,
यस्याः प्राप्य महाप्रसादमधुनादामोदरामोदसे।
पादालक्तचितं शिरस्तवमुखं ताम्बूलशेषोज्ज्वलं
कण्ठश्चायमुरोजकुड्मलसुहृन्निर्माल्यमाल्याङ्कितः। (५.४१)

---

१. प्राचीनतम वैष्णव अभिलेख : डॉ० रामाश्रय अवस्थी, स्वतन्त्र भारत (रजत जयंती विशेषांक), पृ० १६३।

हे दामोदर! तुम उसी अभीष्ट वर देने वाली देवी की शरण लेकर, समर्पित होकर सदा उसी की सेवा किया करो! जिसका महाप्रसाद पाकर अभी प्रमुदित (हुए चले आ रहे) हो, जिसके पाँवों में लगे लाख के रस (आलता) से तुम्हारा मुख सुशोभित है, और जिसकी उन्नत-उरोजकलिकाओं के सङ्गी होकर उतरे हुए हार-मालाओं से तुम्हारा कण्ठ अङ्कित है (कण्ठ में उस सघन सङ्ग के चिह्न हैं और कुंकुम से सनी माला भी)।

अथवा

तल्पितेन तपनीय-कान्तिना
कृष्ण! कुञ्ज-कुहरेऽद्य वाससा।
अभ्यधायि तव निर्व्यलीकता,
मुञ्च सामपटली-पटिष्ठताम्।। (१.३९)

हे कृष्ण! (बाहर-भीतर काले) तुम्हारी सच्चाई और शुद्ध प्रेम की बात तो तुम्हारे इस सुनहले पीताम्बर ने ही भली-भाँति कह दी, जो किसी कुञ्ज के अँधेरे में सुखद बिछौना बना होगा (उस में लगे हुए चिह्न ही सब कह दे रहे हैं), अब (व्यर्थ ही मुझे प्रसन्न करने के लिए) समझाने की, मीठी बातें बनाने की चतुराई छोड़ दो।

"उज्ज्वलनीलमणि" में ही कृष्ण की बहुवल्लभता का एक उदाहरण है —

पद्मा दृग्भङ्गिरङ्गं कलयति, कमला जृम्भते साङ्गभङ्गं
तारा दोर्मूलमल्पं प्रथयति, कुरुते कर्णकण्डूं सुकेशी।
शैव्या नीव्यां विधत्ते करमिति युगपन्-माधवः प्रेयसीभिर्
भावेनाहूयमानो बहुशिखरमनाः पश्य कुण्ठोऽयमास्ते।। (१.३६)

कोई सखी दूसरे से कह रही है — हे सखि देखो तो! (नन्दनन्दन को आते देखकर) पद्मा कटाक्ष-भङ्गिमा की लीला दिखा रही है, कमला अङ्ग मरोड़ते हुए (अँगड़ाई के साथ) जम्हाई ले रही है, तारा (बाँहें उठाए) बाहु-मूल थोड़ा-सा प्रकट कर रही है, सुकेशी कान खुजला रही है, शैव्या नीवी (लहँगे के बन्धन) पर हाथ रखे है — इस प्रकार (विविध सङ्केतों से) प्रेयसियों के द्वारा बड़े भाव से बुलाए जाने की दशा में — माधव बहुत शिखरों पर एक साथ मन जाने के कारण (चञ्चल-चित्त, और एक-साथ सबका समाधान कठिन जानकर) कुण्ठित हुए स्तब्ध हो गए हैं।

सूरदास के एक पद में गोपी पूछती है, वह पीताम्बर कहाँ चला गया और यह नीलाम्बर कहाँ से आ गया —

पीतांबर पट कहा भयौ।
नीलांबर ओढ़े हौ आए अति उहडहौ नयौ।
तैसौइ संग बसन रँग तैसौइ कहा कहौं यह सोभा।
तैसियै बनी मरगजी केसर ता तिय के मन लोभा।
एते पर क्यों बोलत नाँहीं कहा खोय से आए।
सूरस्याम यह अब मैं जानी नागरि चित्त चुराये।[१]

बहुवल्लभता, खण्डिता-भाव के अनेक प्रसंग "विद्यापति-पदावली" में हैं, "गीतगोविन्द" में भी हैं। क्या यह भाव शास्त्र से आगत है? लोक-जीवन की वाचिक-परम्परा में लोक-गीतों में तो ये भाव बसे हुए हैं। इसी

१. सूरसागर, पृ० १०३९।

कारण कृष्ण के नाम हैं — लम्पट, रसिया, भँवरा, विट, जार-शिखामणि। परकीया-भाव के भक्तों की वाणी में इस भाव का बहुत विस्तार है।

"केलिमाल" में न बहुवल्लभता की समाई है न परकीया-भाव की। यहाँ अनन्यता-भाव है। प्रियाजू प्रियतम के अनन्य प्रेम के रस की अगाधता में निमग्न हैं किन्तु और-गहरे में उतरना चाहती हैं, झूठ-मूठ का सवाल खड़ा कर देती हैं और प्रियतम असमञ्जस में पड़ जाते हैं। उनका असमञ्जस प्यारी का विनोद बन जाता है, प्यारी रस लेती है। प्रीति का आस्वादन है।

७४

आउ लाल, ऐसें मद पीजै, तेरौ झगा मेरी अँगिया धरि।
कुच की सुराही, नैनन के प्याले, दारू यों देंहुँगी अंकों भरि।
अधरनि च्वाइ लेउ सबरौ रस, तनकौ न जान देउ इत उत ढरि।
श्रीहरिदास के स्वामी स्यामा कुंजबिहारी की सुहबत असर जहाँ आपुन हरि॥

७४.१.३०९ आउ लाल ऐसें मद पीजे

बिहारिनदेवजू ने एक चित्र अंकित किया है। सखियाँ कह रही हैं — प्यारीजू! तुम पर मदन-मद का इतना गाढ़ा असर है। तुम अनुराग के आसव से छकी हुई हो और सदा ही इस मद में छकी रहती हो। न कुछ बात कहती हो और न ही कोई बात समझती हो। यही स्थिति प्रियतम की है। वे भी मत्त रहते हैं, यौवनरस का पान करते हैं और तृप्ति नहीं होती तुम्हारे चरणों को पकड़कर पुनः-पुनः याचना करते हैं कि मुझे यौवन का सद्यःरस पिलाओ — "पीबत न अघात।"

छकियै रहत न कहत समझ कछु बात तोहि असर री मदनमद।
तैसेइ मत्त रहत किसोर गहि प्याइ ज्याइ मोहि प्याइ पीबत जोवन-सद।[१]

रसदेश के मद के सम्बन्ध में ललितकिशोरी कहते हैं —

जेते मद त्रयलोक में तिनके हैं सिरताज।
पलक माँहि मिट जाँय वे जुगमद जुगजुगराज।[२]

नित्य-विहार-रस का मद[३] तीनों लोकों के मद से बड़ा है। दूसरे मद तो चढ़कर उतर जाते हैं परन्तु यह चढ़ता ही जाता है, उतरता नहीं है। ललितकिशोरी कहते हैं कि हमें तो प्याला स्वयं बिहारिन ने अपने हाथ से दिया, मद का रंग चढ़ रहा है, क्षण-प्रतिक्षण गहरा होता चला जा रहा है —

नित्य अचाह, प्यालौ पियौ।
अपनी जान बिहारिनरानी अपने हाथ दियौ।
छिन छिन रंग चढ़ै अतिभारी आनँद उमँगि हियौ।

नागरीदास ने लिखा —

अलमस्त रहें अलबेलेलाल लाड़ली के रसमाते।[४]

अथवा

नव जोवन लाड़गहेली, प्यारी तू रहति मदन-मद छाकी।
अति आसन्न अमल मौजें नैन पियाले लाल रहे झाँकी।

---

१. रससागर, पृ० ५००।
२. वही, पृ० ८३८।
३. ललितासहस्रनाम में ललिता के नाम हैं — कादम्बरीप्रिया, वारुणीमदविह्वला, माध्वीपानालसामत्ता।
४. रससागर, पृ० ५७६।

७४.२ कुच की सुराही : दारू यों देंहुगी अंकों भरि

प्यारीजू परमरहस्य महाउन्माद की अवस्था में हैं और प्रियतम को उन्मुक्त-आमन्त्रण दे रही हैं — कुच की सुराही से दारू पिलाऊँगी, गोद में लेकर। दारू भी है, सुराही भी है और प्याले भी हैं। साकी स्वयं राधारानी है। इसी के साथ वे स्वयं भी प्रियतम के अधरामृतपान के लिए आतुर हो रही है —

अधरन च्वाइ लैंउ सबरौ रस, तनकौ न जान देंउ इत उत ढरि।

"रासपञ्चाध्यायी" (भागवत) में एक गोपी कहती हैं —

सिंचांग नस्त्वदधरामृतपूरकेण हासावलोककलगीतज-हृच्छयाग्निम्। (१०.२९.३५)

हे कृष्ण! रतिगीतों (निशम्यगीतं तदनंगवर्द्धनम्) को गाकर तुमने जो प्रीति की आग सुलगाई है, अपने अधरामृत से अब तुम्हीं उसे सींचो।

७४.३ तेरौ झगा मेरी अँगिया धरि

न तेरे शरीर पर "झगा" हो और न मेरे शरीर पर अँगिया हो। भगवतरसिक के युगल का चित्र है —

नीवी बंधन कंचुकी-कसन काछनी छोर।
बिलसत मोहन मधुप लौं नागर रसिक किसोर।[१]

न प्यारीजू के तन पर नीवी का बन्धन है, न कञ्चुकी कसी है। प्रियतम ने भी काछनी नहीं पहनी।

श्रीहरिप्रिया की पंक्ति है — "बिन चीर बिहरत विपुल पुलक अंग।"[२]

सूरदास के पद में भी ऐसा ही चित्र है —

बाँधों कंचन खंभ कलेवर उभय-भुजा दृढ डोरी।
चाँपों कठिन कुलिस कुच अंतर सकै कौन धौं छोरी। (सूरसागर, पृ० १०६-०७)

हितप्रभु की वाणी में चित्र है — सहज-केलि में स्वर्ण-खंभ जैसी देह विवस्त्र है, उस पर साँप जैसी काली और लम्बी वेणी है और इस स्थिति में कामिनी श्रीराधा प्रियतम के कण्ठ से लिपटी हुई हैं —

विगत वास हेम-खंभ मनों भुवंग बेनी दंड
पिय के कंठ प्रेम पुंज कुंज-कामिनी। (हितचौरासी, पृ० १५७)

रस-उन्माद की अवस्था का चित्रण महाप्रभु हितहरिवंशजी ने भी किया है। श्रीराधा रतिदान में अत्यन्त उदार है। किंकिणी से विचित्र ध्वनि निकल रही है, नूपुर बज रहे हैं प्रियतम कहते हैं — तनिक विश्राम करो —

मुखर नूपुरन सुभाव किंकिनी विचित्र राव।
बिरम बिरम नाथ बदत वर विहार री। (हितचौरासी, पृ० १५१)

श्रीरूपगोस्वामी की परिभाषा में यह "मादन" भाव है —

सर्वभावोद्गमोल्लासी मादनोऽयं परात्परः।
राजते ह्लादिनीसारो राधायामेव सर्वदा। (उज्ज्वलनीलमणि, स्थायीभाव १५५)

---

१. भगवतरसिक की वाणी, पृ० १२२।
२. महावाणी, पृ० २०६।

श्यामा-श्याम दोनों प्रेम के विषय और प्रेम के आश्रय हैं, जो भाव दोनों (विषय और आश्रय) को प्रेमानन्द में डुबो दे, वह मोदन-भाव है किन्तु मादन-भाव इससे भी विलक्षण है। वह हर्षोन्मत्तता, आनन्द का वह अनोखापन, जिसमें आनन्द की विचित्रता के अनन्त प्रकार एक साथ समाहित हो जाए, आनन्दमत्तता की वह चरम स्थिति ह्लादिनीसार-राधा में ही सर्वदा विराजमान रहती है।

७४.४ सात आवरण

काम-लीला है, लेकिन इससे पहले गहरा आध्यात्मिक-बोध है। भगवतरसिक ने बताया है कि यह केलि सातवें-आवरण का विषय है। पहला आवरण प्रकृति ज्ञान, उसके गहरे आवरण में ब्रह्मज्ञान, उसके गहरे आवरण में बैकुण्ठ, उसके बाद क्रमशः साकेत, फिर व्रज, फिर वृन्दावन तदुपरान्त निकुञ्जभाव —

प्रथम महातम प्रकृति ज्ञान-रवि तहाँ प्रकासै।
दूजें ब्रह्म प्रकास कोटि सूरज सम भासै।।
तीजे पंकजनाभि रमा वैकुण्ठ-निवासी।
चौथे दशरथ-सुवन राम गोपुर के वासी।।
पाँचें-व्रज के गोप नन्द-आदिक सब गोपी।
छठयें सखी-समाज करैं, लीला रस ओपी।।
भगवत सतये आवरन करहिं केलि राधारमन।
सर्वोपरि सर्वेस गुर रसिकराय मंगल भवन।।

७४.५ प्रकृति

श्रीमद्भागवत में महामुनि कपिल का वचन है कि जो त्रिगुणात्मक, नित्य, अव्यक्त और कार्यकारण-रूप है, जो निर्विशेष होने पर भी सम्पूर्ण विशेष धर्मों का आश्रय है, वह प्रधान-तत्त्व प्रकृति है। पृथ्वी, जल, तेज, वायु, आकाश, गन्ध, रस, रूप, स्पर्श, शब्द, नासिका, रसना, नेत्र, त्वक् और श्रोत्र, वाक्, पाणि, पाद, उपस्थ, वायु, मन, बुद्धि, चित्त, अहंकार और कान — ये पच्चीस तत्त्व हैं। महामुनि कपिल का कथन है कि भगवान् की चित्शक्ति से महत् तत्त्व और महत् तत्त्व से अहंकार, अहंकार के वैकारिक तैजस और तापस् भेद से मन, इन्द्रिय और पञ्च-महाभूतों की उत्पत्ति होती है। भागवत के तीसरे स्कन्ध में विराट्-प्रकृति के ज्ञान की महिमा का बखान करते हुए कपिलमुनि अपनी माँ देवहूति से कहते हैं कि जिसे इस तत्त्व का ज्ञान हो जाता है, उसके सारे संशय समाप्त हो जाते हैं और वह कैवल्य-नामक मंगलमय-पद को सहज ही प्राप्त कर लेता है। यह सांख्य-सिद्धान्त कहलाता है और इसके प्रतिपादक कपिल थे। कपिल का समय बुद्ध से पूर्व है। प्रकृति शब्द मूलकारण के अर्थ में है। सत्, रज, तम की साम्यावस्था। पुरुष के संयोग से प्रकृति की साम्यावस्था भंग होती है। उसमें गति आती है। ईश्वरकृष्ण की "सांख्यकारिका" सांख्य-दर्शन का आधारग्रन्थ है। कपिल के सांख्य-सूत्र उपलब्ध नहीं होते। सूरदास ने सांख्यसिद्धान्त को इस प्रकार कहा है —

माया कों त्रिगुनात्मक जानों सत रज तम ताके गुन मानों।
तिन प्रथमहि महत्तत्त्व उपजायौ, ताते अहंकार प्रकटायौ।
अहंकार कियौ तीन प्रकार, सततें मन सुर सात रु चार।
रज गुन तें इंद्रिय विस्तारी, तमगुन में तन्मात्रा सारी।

तिनतें पंच-तत्त्व उपजायौ, इन सबकौ इक अंड बतायौ।
अंड सो जड़-चेतन नहिं होई, तब हरिपद छाया मन पोई।

७४.६ निर्गुण ब्रह्मज्ञान

भगवतरसिक के शब्दों में दूसरा आवरण ब्रह्मज्ञान है। तैत्तिरीय उपनिषद् में भृगु ने वरुण से ब्रह्मज्ञान के लिए प्रार्थना की थी, तब वरुण ने कहा था — "यतो वा इमानि भूतानि जायन्ते। येन जातानि जीवंति। प्रयन्त्यभि-संविशंति। तद्ब्रह्मेति।" जिससे ये सब भूत उत्पन्न होते हैं और उत्पन्न होकर जिसके आश्रय से वे जीवित रहते हैं तथा अन्त में विनाशोन्मुख होकर जिसमें लीन हो जाते हैं, वही ब्रह्म है। यह ब्रह्म सत्, चित् और आनन्द है।

७४.७ बैकुण्ठ धाम : शान्त

भगवतरसिक के शब्दों में तीसरा आवरण शान्त रस की भूमि बैकुण्ठ-धाम है। बैकुण्ठधाम में निः‌श्रेयस् नाम का वन है, जिसमें कामनाओं को परिपूर्ण करने वाले वृक्ष हैं। वहाँ तीनों लोकों के वन्दनीय आदि-भगवान् विष्णु हैं। लक्ष्मीजी उनकी सेवा कर रही हैं। भगवान् विष्णु देवताओं के भी देवता हैं और ब्रह्मा आदि के भी आत्मा और आराध्य हैं। भगवान् विष्णु धर्म-स्वरूप हैं और चराचर के रक्षक हैं और सभी प्राणियों का कल्याण करने को सदा उत्सुक हैं। मत्स्य, कच्छप, वाराह, नृसिंह, वामन, राम, परशुराम, कृष्ण तथा कल्कि और बुद्ध उनके अवतार हैं।

भगवान् विष्णु की उपासना से ध्रुव को दुर्लभ पद प्राप्त है। प्रह्लाद विष्णु-भक्त है। बैकुण्ठ का परिवार ऐश्वर्य-ज्ञान-प्रधान है। वे परमेश्वर हैं, उनका विराट वैभव है।

बैकुण्ठ शान्त[1] और दास्य-रस का आश्रय है। मर्यादा-भक्ति में माहात्म्य है। जय-विजय पार्षद हैं और इनकी इजाजत के बिना बैकुण्ठ में प्रवेश नहीं है। सनक "सनन्दन" सनत्कुमार बैकुण्ठ के व्याख्याता हैं। बैकुण्ठ के निवासी मुक्त-पुरुष हैं, वे ऐश्वर्यनिष्ठ वाले हैं। इनकी अवस्थाएं हैं — सालोक्य, सामीप्य, सारूप्य तथा सायुज्य।

७४.८ धाम : लोक-परिकल्पना : पराभौगोलिक तत्त्व

उपास्य-रूपों की विभिन्न अवधारणाओं के साथ धाम या लोकपरिकल्पनाओं का "विराट्" भी जुड़ा हुआ है। अन्य संस्कृतियों में भी जन्नत, पैराडाइज़ या हैवन जैसी परिकल्पनाएं हैं। इसे पराभौगोलिक-तत्त्व कहा जा सकता है। अवधारणा का सृजन-सूत्र जीवन और धरती से प्रत्यक्ष-भाव में जुड़ा है, किन्तु अवधारणा अप्रत्यक्ष और धरती से भिन्न किसी सातवें आसमान से सम्बन्धित है। भूगोल की सी है लेकिन भूगोल में नहीं है। भूगोल नित्य नहीं है लेकिन वह अवधारणा नित्य की है। भूगोल सीमा में है लेकिन वह अवधारणा असीम की है। भूगोल अल्प है, लेकिन वह अवधारणा विराट है। भूगोल का अन्त है, लेकिन वह सनातन तथा अनन्त की अवधारणा है। वह अलौकिक है। "यद्गत्वा न निवर्तन्ते तद्धाम परमं मम" गीता का वाक्य है।

---

१. गीता में कहा है — "अशांतस्य कुतःसुखम्।" शान्ति और सुख का अभिन्न सम्बन्ध है। महात्मा बुद्ध शून्यता की अनुभूति को परमशान्ति मानते हैं। शून्यता से तात्पर्य है – अहंकार की शून्यता।

योग उपासना की परम्परा में "सहस्रार" कुण्डलिनी-साधना का गन्तव्य है। शिव का निवास होने के कारण इसे कैलास की भी संज्ञा दी गई है। यहीं मानसरोवर की कल्पना की गई है, जिसमें निर्लिप्त चित्त-रूपी हंस निवास करता है।

गायत्री-मन्त्र में हमारी शुद्ध बुद्धि को अमृत के समान दिव्य-लोकों में प्रतिष्ठित करने की प्रार्थना है। भूः, भुवः, स्वः, महः, जनः, तपः, सत्यम्। इनमें प्रथम तीन पृथ्वी, पितृलोक तथा देवलोक हैं। महः, जनः, तपः और सत्यम् ये चार और उनके ऊपर ब्रह्मलोक है। ब्रह्मलोक में वेदों का प्रकाश है, वेदों का स्वर है। यज्ञ है। ब्रह्मवादी ऋषि हैं और ब्रह्मा है।

वैदिक देवता इन्द्र का लोक स्वर्ग है जिसे देवलोक कहते हैं। राजा इन्द्र और इन्द्राणी शची है। वहाँ अप्सराएं हैं, ऐरावत हाथी है, कामधेनु है, कल्पवृक्ष है। वहाँ बुढ़ापा नहीं है, न ही मृत्यु है। वहाँ कभी न कुम्हलाने वाले फूल हैं। वरुणलोक और नागलोक भी इसी प्रकार से हैं। नागलोक में अमृत है।

विष्णु-उपासकों के बैकुण्ठ के आगे रामभक्तों का नित्य साकेत है, अयोध्या धरती पर उसका बिम्ब है। उसके आगे गोपाल-उपासकों का गोलोक है, धरती पर गोकुल उसका बिम्ब है।

उपासना के साथ उपास्य-तत्त्व का परिवेश है, जैसे — शैवों का कैलास, त्रिपुरसुन्दरी-उपासकों का मणिद्वीप है — "सुधासिन्धोर्मध्ये सुरविटपवाटीपरिवृते, मणिद्वीपे नीपोपवनवति चिंतामणिगृहे।" ज्ञानमार्गी-सन्तों का सुन्न (शून्यलोक) सूफी-सन्तों का सिंहलद्वीप और बौद्धों का सुखावती। यक्षों की अलकापुरी है।

रसिक-उपासकों की ऐसी ही अवधारणा नित्यवृन्दावन है। चिन्मय-वृन्दावन, रस-वृन्दावन, भाव-वृन्दावन, मन-वृन्दावन, धाम-वृन्दावन और वन-वृन्दावन। भौम-वृन्दावन की भाँति ही नित्य-वृन्दावन के लता-पता मोर कोकिल सभी संगीत-प्रेमरस में तन्मय हैं।

"श्रीनिजकुञ्जोपासना-रहस्य" में निम्बार्क-परम्परा के अन्तर्गत वृन्दावन-योगपीठ का वर्णन है।

७४.९ वृन्दावन : योगपीठ : मोहनमहल

यह ब्रह्माण्ड आकृति में सबसे छोटा होता हुआ भी स्वरूप और महत्त्व में सबसे ऊँचा है। फिर क्रमशः एक से एक दुगुने ऐसे अर्व-खर्व ब्रह्माण्ड हैं। जहाँ तक इन ब्रह्माण्डों की स्थिति है, वहाँ एक मायामय जड़ दुःखात्मिका प्रकृति की सृष्टि है। उससे आगे कारणार्णव विरजा है, उससे आगे अपारावार आनन्दसागर चैतन्य-ज्योति-स्वरूप परब्रह्म का विस्तार है। उससे भी आगे अत्याश्चर्यमय, आस्वादनीय, परमोज्ज्वल, अनन्तकोटि, भगवल्लोक हैं।

उससे भी आगे महाविशुद्ध प्रेमराज्य के परमोन्मादक, रसस्वरूप, श्रीकृष्ण प्रेमरस-सम्पत्ति का सीमास्वरूप श्री ब्रजधाम है। यहाँ से भी चलकर इस रस का घनीभूत माधुर्य साम्राज्य पूर्णानन्द का भी चमत्कारकारक सर्वशोभा-परिपूर्ण सर्वोपरि धाम श्री वृन्दावन है।

चारों ओर कङ्कणाकार केलिरूपिणी श्रीयमुनाजी, जिनमें साक्षात् शृङ्गार-रस-द्रव ही प्रवाहित हो रहा है। श्रीयमुनाजी के मध्य में अमित दल कमलाकार परम-दिव्य-प्रशस्त-भूमि है, जो रस की मादकता से झूम रही है। इस भूमि के मध्य-स्थल में अष्टदल की पंक्ति है। उसके प्रत्येक दल के ऊपर अष्टयूथेश्वरी सखियों की क्रमशः आठ कुञ्जें सुशोभित हैं, जिनके मध्य में दिव्य तेजोमय कर्णिका है तथा इस कर्णिका के चारों ओर सरोवर हैं। जिनके नाम हैं — मान, मधुर, रूप तथा स्वरूप।

इन सरोवरों के तथा मणिमण्डल के मध्य में अत्यन्त छवियुक्त अष्ट-द्वारों का अठपहलू बड़ा विस्तृत एक महल है, जिसके प्रत्येक द्वार पर परम-दिव्य कामरस विश्वविजयिनी-पताकाएँ फहरा रही हैं। इस मणिमण्डल के ऊपर मोहनमहल है। इस महल के बीच में बड़ा भारी प्रशस्त-चौक है तथा इस चौक के मध्य-स्थल में कामरस-पुञ्जीभूत बड़ा भारी मणिमण्डल है। इस मणिमण्डल की आठों दिशाओं में अष्ट-मोहिनी नामक आठ कुञ्जें हैं। इन कुञ्जों में क्रमशः मंगला से शयन-पर्यन्त श्रीयुगल की अष्टकालीन-सेवा सम्पन्न होती है।

इस मोहनमहल के प्रशस्त आँगन में परम कमनीय रसपुञ्ज मोहनमहल है तथा इसी मोहनमण्डल के ऊपर परमोज्ज्वल काम-वैभव परिपूर्ण अष्टकोण का सिंहासन है। इस सिंहासन के आठों कोनों पर निज-निज परिकरों सहित आठों यूथेश्वरी विराजमान हैं, जो मध्य में सिंहासन पर विराजे हुए श्रीमोहनमोहिनीजू की सेवा में तत्पर हैं।[१]

७४.१० चौदह तबक

रसरंग ने चौदह स्तर बतलाए हैं, जिनमें एक तबक पर मियाँ का डेरा है, जहाँ आलमीन अल्लाह है। यों तो रसरंग भी रसखान की भाँति जन्म से मुसलमान थे, किन्तु श्रीललितमोहनीदेव के शिष्य हुए और रसरीति में दीक्षित हो गए। उन्होंने इन शब्दों में रंगमहल का चित्रण किया है —

चौदह तबक हैं या विराट में, तामें तीनों देवा
जेते जीव जहान तिते सब, करत इन्हीं की सेवा।
ता आगे सुख और बताऊँ, जहाँ मियाँ का डेरा
आलमीन अल्लाह जहँ बैठा, सबका करै निबेरा।
ता आगे सुख और बताऊँ, जहाँ रमापति राजैं
वेद कितेव कहैं ह्याँही लों, आगें फिर जिय लाजै।
ताके आगें ज्योतिनिरंजन, इन सबही कौ मूल
सप्त शून्य फिर और बताऊँ, मेंटौ सबकौ शूल।
ऊपर अक्षर ब्रह्म अपारा, जाकर सकल पसारा।
सो तौ है आभास धाम का, जानत जानन हारा॥
सो तो है गोलोक अनेकन, राम कृष्ण तहँ दोऊ।
करि सतसंग जाय कोई विरला, बड़ी पहुँच जो होऊ॥
क्षर अक्षर निः अक्षर छांड़े, तजै अक्षरातीत।
आगे हंस हिडम्बर बैठ्यौ, सत्त सुकृत कों जीत॥
ताके आगे और पुरुष है, वाका रूप अगाधा।
याकों कोई जानत नाहीं, ना काहू आराधा॥
ताके आगें और पुरुष है, गहै आपनी टेक।
इन सबहिन कों करे सकेला, रहै अकेला एक॥
हद बेहद के आगे एतौ, सब कहि आये।
कोटिनब्रह्म प्रेम कोटिन पर, जहँ कोऊ गये न आए॥

१. श्रीनिकुञ्जोपासना-रहस्य, पृ० २३-२५।

ताके आगे रास-विलासी रूप-रंग अनियारा।
रहे पास नाइब नहिं जानै, यह तौ अचरज भारा।।
वहाँ तो देखौ रूप सुभानी, वहाँ तो अजब तमाशा।
सखी समूह रहै बीचहि में, जाय न कोऊ पासा।।
पक्षी मधुकर शब्द न पहुँचे, जहँ नहिं शोर सराबा।
बाजे जिते तहाँ नहिं बाजैं, ताल मृदंग रबाबा।।
सो तो निधिवन-राज बिराजै, रंग-महल ता माहीं।
श्रीस्वामी हरिदास बतायौ, कोऊ पहुँचत नाहीं।।
साँची शरण लेय स्वामी की, सो तो पहुँचन पावै।
नातर रहै बीचही हिलग्यौ, कोटिकल्प नहिं जावै।।
श्रीगुरुदेव कियौ निरधारा, सो तो पढ़ियो बानी।
ललितकिशोरी धरौ हृदय में, समझौ अकथ कहानी।।
ललित मोहिनी दया तैं, दरसायो रस रंग।
रस रंग लखी छवि बाँकी, झाँकी नव नव रंग।।

७४.११ जातीय-मानस : रति के बिम्ब : तत्त्वबोध की भाषा

भाषा का आधार बिम्ब है और बिम्ब सामूहिक-संवेदना है। गाय शब्द का उच्चारण किया और सुनने वाले के मन में गाय का चित्र उभर आया। यह चित्र बिम्ब है और एक ध्वनि समुच्चय "गाय" से जुड़ा है। गाय को कहने वाले और सुनने वाले दोनों ने इस ध्वनि-समुच्चय को सुनने के साथ देखा है। इसी प्रकार रति की अनुभूति या रति की संवेदना से जो बिम्ब बने, वे कहने-वाले और सुनने-वाले अथवा लिखने-वाले और पढ़ने-वाले दोनों के मन में मौजूद हैं, एक पूरे समूह के मानस में मौजूद हैं। हम एक पूरी परम्परा को देखते हैं, जो इन रतिबिम्बों के माध्यम से तत्त्वबोध का प्रतिपादन कर रही है, शायद सम्प्रेषणीयता अधिक है और शायद अनुभूति भी गहरी है, अथवा वे बिम्ब जातीय-मानस में रूढ़ हो चुके हैं।

स्त्री-पुरुषों के जननांगों का उल्लेख आज अत्यन्त अशोभन या घृणित समझा जाता है, परन्तु प्राचीन-साहित्य को देखने से यह सन्देह नहीं रहता कि उन तत्त्वान्वेषियों के मन में अश्लील या अशोभन का लेश मात्र भी है। वे मनुष्य, जीवन और प्रकृति की इतनी गहरी व्याख्या कर रहे हैं! इतना सूक्ष्म-विश्लेषण कर रहे हैं! असाधारण मेधावी-मस्तिष्क! अत्यन्त पवित्र-भाव का विश्लेषण, जीवन के सत्य की मीमांसा और गहरा विश्वबोध परंतु बिम्ब कौन से हैं? लिंग और योनि के। आदिम मानस ने लिंग-योनि को जीवन के स्रोत के रूप में पहचाना था।

एक पूरे के पूरे पुराण का नाम लिंग पुराण है। लिंग-पूजा वैदिक काल से भी प्राचीन मानी जाती है। लिंग का बिम्ब सामूहिक-चेतना में सृष्टि-रचना के बिम्ब से जुड़ा हुआ है। यही बात योनि के बिम्ब के सम्बन्ध में कही जा सकती है। जैसे रेखागणित बिन्दु, रेखा, त्रिकोण, वृत्त का माध्यम लेकर चला है, वैसे ही तन्त्र-शास्त्र इनके ही माध्यम से विश्वबोध की व्याख्या करता है। त्रिकोण योनि है कारण तत्त्व, इसमें कोई दो राय नहीं है। आप अश्लील और असभ्य-भाव को खूँटी पर टाँगकर देखें, नाभि के नीचे की रेखा और जंघाओं के समानान्तर चलने वाली दोनों रेखाऐं मिलकर त्रिकोण बनाती हैं और यह त्रिकोण-योनि का बिम्ब है। इसे "वर्ण" की बिम्ब योजना में "ए" कहा गया है। श्रीविद्यापञ्चदशी के उद्धार वाले मन्त्र को देखें —

कामोयोनिः कमलावज्रपाणिः।

गीता में कृष्ण कह रहे हैं —

मम योनिर्महद्ब्रह्म तस्मिन् गर्भं दधाम्यहम्।

"चिद्विलास" नामक ग्रन्थ में "कामकला" के बिम्ब द्वारा तत्त्व की व्याख्या की गई है —

काम ऊर्ध्वगतबिन्दुराननं मानुरेष तदधो गतौ स्तनौ।
चित्रभानुशशिनावुभौ कला योनिरत्र सहरार्ध कुंडली।[१]

काम-कला में ऊपर का बिन्दु सूर्य है, जो मुख-रूप से चिन्तनीय है। नीचे के दोनों बिन्दु अग्नि और चन्द्रमा स्तन-द्वय रूप में हैं। नीचे योनि है, ऊर्ध्वकुण्डली हरार्द्ध।

सांख्य-दर्शन ने अपने वैदिक मूल में ही प्रकृति-पुरुष की संकल्पना प्रस्तुत की थी। प्रकृति-पुरुष-संयोग में दाम्पत्य भाव स्पष्ट है। उपनिषदों में ऐसे अनेक उदाहरण मिलते हैं —

योषा वाव गौतमाग्निस्तस्या उपस्थ एव सभिद्यदुपमंयते स धूमो योनिरचिर्यन्तः करोति ते अंगरा अभिनंदा विस्फुलिंगा। (छांदोग्य ५.८.१)

हे गौतम! स्त्री ही अग्नि है। उपस्थ समिध है। योनि ज्वाला है, जो भीतर करता है, वह अंगारा है, जो सुख होता है वह विस्फुलिंग है।

तद्यथा प्रियया स्त्रिया संपरिष्वक्तो न बाह्यं किंचन वेद नांतरमेव एवायं पुरुषः प्राज्ञेनात्मना संपरिस्वक्तो न बाह्यं किंचन वेद नांतरम् (बृहदारण्यक ४.३.२१)

जिस प्रकार भार्या से आलिंगन-बद्ध पुरुष को न कुछ बाहर का ज्ञान रहता है न भीतर का इसी प्रकार यह पुरुष प्रज्ञात्मा से आलिंगित होने पर न कुछ बाहर का विषय जानता है, न भीतर का।

सिद्ध-साहित्य में स्त्री-पुरुष की जननेन्द्रियों के बिम्ब को पद्म और वज्र निरूपित किया गया है।

वेद के ऋषि ने घोषित किया कि काम तो सृष्टि का मूल है, मन का बीज है। ऋग्वेद का एक सूक्त है —

कामस्तदग्रे समवर्तताधिमनसोरेतः प्रथमं य आसीत्।
सतो बन्धुमसति निरविन्दन् हृदि प्रतीष्या कवयो मनीषा। (ऋक् मण्डल १० सूक्त १२९ तथा अथर्व १९.५२.०१)

अर्थात् कवियों ने मंथन किया तथा सत् एवं असत् का सम्बन्धसूत्र खोज निकाला, सत् का स्रोत असत् में खोज निकाला, असत् में सत् को जन्म देने वाला काम है, काम मन का पहला स्पन्दन है। इस नासदीय-संज्ञक सूक्त (संख्या ४) की यह स्थापना है कि ब्रह्म के मन का रेत अर्थात् बीज प्रथमतः निकला, वही प्रारम्भ में काम अर्थात् सृष्टिनिर्माण की शक्ति हुआ। कामना या इच्छा का ही दूसरा नाम काम है। काम शब्द ही काम्य, कम्य, कमनीय इत्यादि रूप ग्रहण करता है। काम मनुष्य की रसवृत्ति का स्रोत है। प्रेम और सौन्दर्य का सार-सर्वस्व है। काम की ऊर्जा जीवन में माधुर्य का संचार करती है। यह आत्म-विभोर कर देने वाली, तन्मय बना देने वाली शक्ति है।

डॉ० रामस्वार्थ चौधरी का मत है कि "अति प्राचीन काल से विश्व की अधिकांश आदिम-जातियों के अन्तर्गत लिंग-पूजा आदि के रूप में स्त्री-पुरुष का संयोग उपासना का अंग था।[२] परम्परा को लेकर रांगेयराघव

१. चिद्विलास, पृ० ९-१०।
२. मधुररस : स्वरूप और विकास, पृ० २३४।

ने "प्राचीन भारतीय परंपरा और इतिहास" तथा "महायात्रागाथा" दो ग्रन्थ लिखे हैं। महायात्रागाथा में ई० पू० ५००० तक के कालखण्ड को लिया गया है, शीर्षक है "आदि से इन्द्र तक।" इसके चौथे अध्याय में द्रविड़, आग्नेय, किरात, देव-असुर जातियों की जीवन-शैली पर प्रकाश डाला गया है। अद्विशूरदेवी की उपासना है, देवनर्तकी नृत्य कर रही हैं, साधक-साधिकाओं के युगल केलिमग्न हैं। यहाँ योनि और त्रिकोण अंकित हैं। मातृसत्ताक-समाज है, यक्षकिन्नर-गधर्व जातियाँ हैं।[१]

७४.१२ अवधूत और सिद्ध

रसिक-अनन्यों ने प्रसंगवश अपने को अवधूत भी कहा है और सिद्ध भी कहा है — नित्यसिद्ध।[२] रसिक रसिक हैं और अवधूत अवधूत हैं तथा सिद्ध सिद्ध हैं। फिर भी परम्पराओं का अनुसन्धान करते हैं तो कुछ तथ्य सामने आते हैं। डॉ० धर्मवीर भारती ने लिखा है कि —

> सिद्धों में मैथुन-साधना का महत्त्व था, आग्रहपूर्वक कहा गया है कि इन साधना-प्रणालियों को बिल्कुल गुह्य रखा जाना चाहिए, प्रकट कर देने पर ये निष्फल हो जाती हैं। इनके सिद्धान्तों का विवेचन भी प्रतीकों द्वारा किया गया है ताकि दीक्षित-साधक के अतिरिक्त इसे कोई समझ न पाए। बौद्ध-सिद्धाचार्यों में प्रज्ञोपाययुगनद्ध की साधना को गुह्यसाधना कहते थे। हठयोग के साधन से चित्त का विशोधन श्वास का निरोध किया जाता था और बाहर मुद्रा के साथ समागम। बिन्दु को ऊर्ध्वमुखी करके विभिन्न चक्रों में धारण किया जाता था।[३]

सरहपाद का दोहा है —

> **बद्धो धावइ दह दिसहि मुक्कोणिच्चल ठाइ।**
> **एमइ करहा पेक्खुसहि विहरिअ महुं पड़िहाइ।**

यह चित्त-रूपी करहा (क्रिया परायण साधक : ऊँट का बच्चा) यदि विधि-निषेधों से बाँध दिया जाए, तो चञ्चल होकर दसों दिशाओं में भागता-फिरता है, लेकिन यदि इसे इनसे मुक्त कर दिया जाए तो वह स्थिर हो जाता है। सिद्धों की सहज-साधना का मार्ग यहीं से चलता है।

सिद्धों की सहज रस-साधना की रहस्यमयता, गूढ़ता और अनिर्वचनीयता पर प्रकाश डालते हुए सरहपा कहते हैं कि —

> इस महासुख रूपी सहज-रस-तत्त्व को कैसे व्यक्त किया जाए? इसमें साधक की दशा उस कुमारिका के सदृश हो जाती है, जिसने प्रथम बार संभोग का अनुभव किया हो और जब उसकी सहेलियाँ बार-बार उससे पूछती हों कि अपने रति-सुख का कुछ वर्णन तो करो, तो वह विवश होकर कहती है कि मैं उस विषय में क्या कहूँ, वह तो कहकर बतलाया ही नहीं जा सकता, उसे तो तुम तब समझोगी, जब तुम स्वयं परिणय के बाद अपने प्रियतम से मिलोगी।[४] वह तो स्वयं अनुभव करने की वस्तु है, कहने-सुनने की नहीं। उस सहज-सुख की अनुभूति प्राप्त करने के लिए मन को नायक के रूप में और शून्यता खसम को नायिका के रूप में परिनिष्ठ कर दिवारात्रि सहज-भाव में निमग्न रहना चाहिए।[५]

---

१. महायात्रा गाथा (अँधेरा रास्ता) पृ० २०३ से।

२. श्रीनागरीदास अनन्यनि कौ गढ़ बन बाँकौ कहा कोऊ पाबै।
नित्य विहार नित्य सिद्धन कौं तू काहे को मूँड़ मुड़ाबै।

३. दे० हिन्दी साहित्यकोश भाग-१।

४. "विशिष्ट संयोगाक्षर सुखानुभवः कस्मिन्नपि कथावेद्यो न भवतीति। तथा च सरहपादाः को पतिज्जइ कासु कहमि अज्ज कड़ाइअ आउ; पिदंसणे हले न टलेसि संसार फुल जाउ।" — बौद्धगान ओ दोहा, पृ० ३५

५. मधुर रस : स्वरूप और विकास, पृ० २५३-५४।

"सरहपा" से मत्स्येन्द्र तक सिद्धों में मुद्रा और योगिनी के साथ रसकेलि और सहज महासुख की महिमा का गान है। "मधुर रस : स्वरूप और विकास" नामक शोध-प्रबन्ध में डॉ० रामस्वार्थ चौधरी कहते हैं कि —

> भगवान् तथागत और भगवती नैरात्मा ही सिद्धों की मधुर-भाव-साधना के आलम्बन विभाव हैं। उन्हीं की शाश्वत-प्रणय-केलि सम्पूर्ण विश्व में चरितार्थ हो रही है। साधक बोधिचित्त को नायक और नैरात्म्य-ज्ञान को नायिका मानकर अपने चित्त में उसी चिरन्तन प्रणय-केलि-व्यापार का आयोजन कर महासुख की प्राप्ति करता है। डोम्बी और चाण्डाली के प्रति क्रमशः कपाली और भुसुकु बंगाली का प्रणय-निवेदन, सुरति-क्रीड़ा आदि वस्तुतः बोधिचित्त और शून्यता के प्रणय-केलि-व्यापार के ही रूप हैं। अद्वयवज्र के "प्रेमपञ्चक" में नायक बोधिचित्त और नायिका शून्यता के तथा "चर्याचर्यविनिश्चय" में प्रज्ञा और उपाय के दाम्पत्य-भाव-सम्बन्ध की बड़ी ही मनोरम उद्भावना की गई हैं।[१]

सिद्ध कहाँ चले गए? क्या उनकी परम्परा का आत्यन्तिक-विनाश हो गया? उनकी आत्मा क्या आत्मा नहीं थी?

"सन्त-वैष्णव काव्य पर तान्त्रिक प्रभाव" नामक शोध प्रबन्ध में डॉ० विश्वम्भरनाथ उपाध्याय कहते हैं —

> वामाचार का खण्डन सन्त-वैष्णव-काव्य की विशेषता है। कृष्णभक्त वैष्णवों में वामाचार भाव-साधना के रूप में प्रविष्ट हुआ, जिसमें भगवान के रतिचक्र का ध्यान किया जाने लगा।[२]

मधुरा-भक्ति पर तान्त्रिक-प्रभाव का विवेचन करते हुए डॉ० उपाध्याय कहते हैं —

> वैष्णवों ने तान्त्रिकों की यामल-साधना को स्वीकार किया था, जो भागवत पुराण में स्वीकृत हो चुकी थी। निम्बार्क ने कृष्ण के साथ राधा को शक्ति के रूप में प्रतिष्ठित किया, जयदेव ने गीतगोविन्द में शक्ति और शक्तिमान की प्रेम-लीलाओं का वर्णन किया था। इस राधा या गोपीवाद की पृष्ठभूमि में निश्चित रूप से तान्त्रिकों की साधनात्मक रति-क्रीड़ा कार्य कर रही थी।[३]

"कपूरस्तवराज" की पंक्ति है — "प्रपन्नोऽस्मि स्वैरं रतिरसमहानंदनिरताम्।"— वह आद्या, जो रतिरस के महाआनन्द में निमग्न है, रसोन्मत्त है। महामहोपाध्याय गोपीनाथ कविराज का मत है कि "वैष्णव-साधना-साहित्य की प्रगति में तान्त्रिक-दृष्टि ने गहराई से आत्म-प्रकाश किया है — यह ऐतिहासिक सत्य है। . . . श्रीकृष्णयामल-महातन्त्र में साधना और योग की दृष्टि से तान्त्रिक-दृष्टि के साथ वैष्णव-दृष्टि कैसे मिल गई थी, इसका पता चलता है।"[४] वे मानते हैं कि सहस्रदल-कमल ही वैष्णव-परिभाषा में गोलोकधाम है।[५]

तान्त्रिक-साहित्य और वैष्णव-परम्परा के समन्वय की धारा बहुत से ग्रन्थों में परिलक्षित होती है। चिदानन्दनाथ की श्रीविद्यागोपाल-चरणार्चन पद्धति में त्रिपुरा और गोपाल दो देवताओं की संयुक्त पूजा-पद्धति है। गोपालसुन्दरी का तो स्वतन्त्र-विधान है। सम्मोहन-तन्त्र में गोपालसहस्रनाम है। महामोक्ष-तन्त्र में गोपी-तन्त्र है। गोविन्द-कल्पलता, गोविन्द-वृन्दावनतन्त्र, गौतमी-तन्त्र, वैष्णव-तन्त्र हैं। दत्तात्रेय-तन्त्र में राधातन्त्र है। निर्वाणतन्त्र में गोलोक का वर्णन है, राधा के स्वरूप का वर्णन है, यहाँ महाविष्णु मुरलीधर हैं।

---

१. मधुर रस : स्वरूप और विकास, पृ० २५४।
२. हिंदी के संत और वैष्णव काव्य पर तान्त्रिक प्रभाव, पृ० ३२२।
३. वही।
४. तान्त्रिक साधना और सिद्धान्त, पृ० २९०।
५. वही, पृ० २९१।

“ब्रह्म संहिता” दक्षिण भारत में प्रसिद्ध वैष्णवतन्त्र है, इस पर रूपगोस्वामी ने दिग्दर्शिनी-टीका लिखी है। “महाचीन-क्रमाचार” में बुद्ध और विष्णु की अन्तर्भुक्ति है। इसमें कामाख्या-मण्डलवर्ती नीलाचल के सन्दर्भ हैं।[१] वैष्णो-देवी वैष्णवी है। “रासगीता” और “रासोल्लासतन्त्र”, कौलसम्प्रदाय से सम्बद्ध राधातन्त्र, वासुदेवरहस्यम्, नारद-पञ्चरात्र भी वैष्णव तन्त्रों में परिगणित हैं। आगम-पुराण में गोपियों की भक्ति की सर्वश्रेष्ठता का प्रतिपादन है।

निम्बार्क-सम्प्रदाय के आचार्यों का सिद्धान्त है कि कामबीज (क्लीं) श्रीस्वामिनी-चरण के नूपुर से प्रकट हुआ है। “यह कामबीज न तो वेदजन्य है और न तन्त्रजन्य ही, अपितु श्रीकिशोरीजी के नूपुर-कलरवजन्य है। श्रीवृन्दावन, हरिप्रिया, नित्य-विहार स्वतन्त्र। श्री नाम सखीवर्ग, वृन्दावन, हरि, प्रिया तथा इनका नित्य-विहार (उपर्युक्त नूपुर-कलरवजन्य कामबीज से भी) परम स्वतन्त्र हैं और प्रणव से वेद, तन्त्र तथा वेदतन्त्रजन्य जितने भी अन्य मन्त्र हैं उन सभी मन्त्रों के मन को हरण करने वाला नित्य-विहार बताया गया है और सूक्ष्मकलरवजन्य कामबीज तज्जन्य शब्द-ब्रह्म इस शब्द-ब्रह्म का भी परमाधार-स्वरूप परात्परतम परमधाम श्रीवृन्दावन है।”[२] वे मानते हैं कि “आधार तो है श्रीस्वामिनी चरण का नूपुर, और आधेय है कामबीज। इस कामबीज से उत्पन्न ध्वनि तथा वर्ण ये दो विभाग हुए। ध्वनि से तो महत्तत्त्वादि और वर्ण से शब्द-ब्रह्म, प्रणव तथा प्रणव से वेद, शास्त्र, तन्त्र, मन्त्रादि जितनी भी वर्ण-व्यवस्था हैं, वह सब प्रगट हुईं।”[३]

७४.१३ निषेध का निषेध

बिजली के तारों के साथ एक निषेध जुड़ा हुआ है। करंट न लगे, इसलिए सुरक्षा के अनेक उपाय किए जाते हैं। बार-बार बच्चों से कहते हैं — छूना मत। स्वयं भी छूने से डरते हैं। यह निषेध है। ठीक इसी प्रकार “काम” की चर्चा के साथ एक वर्जना जुड़ी हुई है। किन्तु बिजली के तार अपरिहार्य हैं, काम भी निर्विकल्प है। काम प्रकृति है और मनुष्य ने काम की गहराई में जाकर उसको जाना है। मनोवैज्ञानिकों ने उसका विश्लेषण किया है, उपासकों ने काम की उपासना की है। उसने मनुष्य की ही रति को नहीं जाना, पशु-पक्षी कीट-पतंग की रति-क्रीड़ा को भी जाँचा-परखा और अनुभव किया है। क्रौंच-मिथुन केलि-क्रीडा कर रहा था, व्याध ने बाण मारा और मनुष्य की कविता का जन्म हो गया। व्याध का काम ही पक्षियों को बाण मारना है, किन्तु यहाँ तो क्रौंच काम-मोहित था, काम के आवेश में था — “यत्क्रौंच मिथुनादेकमवधी काममोहितम्” (वाल्मीकि)। वाल्मीकि का कामानुभव जगा था, वे केलि को देख रहे थे, अनुभव कर रहे थे, एकाएक बाण लगा, उसका गहरा शोक वाल्मीकि तभी अनुभव कर सके, जब वे केलि-सुख की अनुभूति कर रहे थे। साहित्य में वृक्ष-लता, चन्द्र-रजनी, गो-वृषभ,[४] मृग-मृगी, कपोत-कपोती, चातक, चकोर, मयूर-नृत्य, सारस, हाथी और सर्प की रति के

---

१. कहा जाता है पुरी का जगन्नाथ मन्दिर पहले बौद्ध-उपासनाओं का केन्द्र था। भगवान् का कथन है कि कलियुग में कुछ समय तक मैं बुद्ध के रूप में रहूँगा।

२. श्रीनिकुञ्जोपासना रहस्य (लेखक कुञ्जविहारी शरण और सम्पादक नानूराम बेरी वाला), पृ० १२।

३. वही, पृ० १३।

४. “विदग्धमाधव” में रूपगोस्वामी ने पुष्पवती गौ के साथ विहार की इच्छा वाले बिजारों के युद्ध को लक्षित करते हुए कहा है —

शरदिमुखरिताशास्तार-नादावलीभिः वलदविचलनेत्राः पश्यवृन्दावनेऽद्य।
विदधति रणरंगं वासितासंगहेतोः सरभसमुरुशृंगैः संगवे पुंगवेन्द्राः।

शरद-काल में दिशाएं तीव्र नाद से भर गई हैं। संगमोत्सुक गाय के साथ विहार की इच्छा वाले, बड़े सींगों और चञ्चल नेत्र वाले बिजार परस्पर युद्ध कर रहे हैं।

प्रसंग हैं। ''कोक-शास्त्र'' में कोक पक्षी का ही तो नाम है। इस साहित्य में कोक-कला का सन्दर्भ स्थान-स्थान पर है —

कोककला संगीत लाल कों सिखवति गति रससानी।

प्यारीजू प्रियतम को संगीत और कोक-कला सिखा रही हैं। कोक-कला और संगीत का अन्त:सम्बन्ध ध्यान देने योग्य है।

नाचत दोऊ रहसि में रँग भीने।
हावभाव उपजत अँग अंगनि कोककला मन दीने।

यहाँ कोककला और नृत्य के हाव-भाव के अन्त:सम्बन्ध को समझा जा सकता है। चकवा और सारस की रति को आधार बनाकर महाप्रभु हितहरिवंशजी ने प्रेम के संयोग और वियोग पक्ष का बड़ा गहरा सैद्धान्तिक प्रतिपादन किया है। सच्चा प्रेम सारस का है या चकवा का? इस पर सारस-पत्नी और चकवी का महत्त्वपूर्ण संवाद होता है। श्रीकरपात्रीजी महाराज ने भी इस संवाद की मीमांसा की है। सन्त-साहित्य में चातक, मृग, शलभ, मीन आदि के प्रेमादर्शों की चर्चा है।

आचार्य हजारी प्रसाद द्विवेदी ने बुद्ध के द्वारा ''काम'' के निषेध की प्रतिक्रिया के सम्बन्ध में अपना मत इन शब्दों में व्यक्त किया है —

> भगवान् बुद्ध ने मार-विजय के बाद बैरागियों की पलटन खड़ी की थी। असल में ''मार'' मदन का ही नामान्तर है, पर न जाने कब यक्षों के वज्रपाणि नामक देवता इस वैराग्य-प्रवण धर्म में घुसे और बोधिसत्वों के शिरोमणि बन गए। फिर वज्रयान का अपूर्व धर्म-मार्ग प्रचलित हुआ। त्रिरत्नों में मदन देवता ने आसन पाया। वह एक अजीब आँधी थी। उसमें बौद्ध बह गए, शैव बह गए, शाक्त बह गए। उन दिनों त्रिपुरसुन्दरी ''साधन तत्पराणां भोगश्च योगश्च करस्थ एव'' की महिमा प्रतिष्ठित हुई। मैं अचरज से इस योग और भोग की मिलन-लीला को देख रहा हूँ। यह भी जीवनी-शक्ति का क्या दुर्दम अभियान था ?[१]

१. साहित्यअमृत, अप्रैल २००३, पृ० ८।

७५

डोल झूलत बिहारी-बिहारिन पुहुप बिर्स्टि होति।
सुर-पुर पुर-गंधर्व और पुर, तिनकी नारि बारत लर मोति॥
घेरा करति परसपर सब मिलि, कहूँ देखी न जुबती ऐसी जोति।
श्रीहरिदास के स्वामी स्यामा कुंजबिहारिन सादा चुरी खुभी पोति।

७५.१ पुहुप बिर्स्टि होत

आकाश से पुष्प-वृष्टि होना समूचे भक्ति-साहित्य का एक अभिप्राय (मोटिफ) है और यह अलौकिक भाव है। व्यष्टिचेतना के सूत्र जहाँ विराट्-चेतना के सूत्रों से जुड़ें, वहाँ दिव्य-चेतना का आविर्भाव है। "भागवत" में स्थान-स्थान पर देवगण और देवांगनाएँ पुष्पवर्षा करती हैं —

ततोऽतिहृष्टाः स्वकृतोऽकृतार्हणं पुष्पैः सुरा अप्सरसश्चनर्तनै। (१०.१२.३४)
व्योमयानवनिताः सह सिद्धैर्विस्मितास्तदुपधार्यसलज्जाः। (१०.३५.०३)

सूरदास का एक पद है, जिसमें देवता विमानों में चढ़कर ब्रज-भूमि को, ब्रज के लोगों को, वृन्दावन को धन्य-धन्य कह रहे हैं —

सुरगन चढ़ि विमान नभ देखत।
ललना सहित सुमन गन बरसत धन्य जन्म ब्रज लेखत। (सूरसागर, पृ० ६२०)

एक अन्य पद में देवता दुन्दुभि बजा रहे हैं और पुष्पवर्षा कर रहे हैं —

देवलोक नीसान बजाये, बरसत सुमन सुधारे।
जै-जै धुनि किन्नर मुनि गावत निरखत जोग बिसारे।
सिब नारद सारद यह भाखत धनि धनि नंददुलारे।
यह छवि तिहूँ भुवन कहुँ नाहीं जो वृंदावन-धाम।
सुंदरता रस गुन की सीमा सूर राधिका स्याम।

"केलिमाल" में डोल के सात पद हैं तो "सूरसागर" में भी होली के उपरान्त डोल के चार पद हैं। नन्दनन्दन डोल झूलते हैं। सोने का खम्भा है, रत्नजटित पटली है, विधाता के द्वारा रची हुई गोल और सरल डाँड़ी है। प्रतीत होता है यह डोल इन्द्र ने ही देवसभा से भिजवाया है। कृष्ण के डोल-झूलन को देखने के लिए देवतागण विमानों पर चढ़कर आकाश में एकत्र हैं। इस भव्य झाँकी को देखकर स्वयं कामदेव चकित-थकित हो गया है —

झूलत नंदनंदन डोल।
कनक खंभ जराउ पटली, लगे रतन अमोल।
सुभग सरल सुदेश डांड़ी रची विधना गोल।
त्रिदस-पति सजि चढ़ि विमाननि निरखि दै-दै ओल।
थक्यौ रतिपति देखि यह छवि भयौ बहु भ्रम भोल।[1]

---

१. सूरसागर, पृ० ११७५।

अथवा

सुरपति सुरसची आइ नभ चढ़ि
सुमन बरसाइ संतन हित फूल डोल।[1]

सूरदासजी ने फूलडोल का विस्तृत वर्णन किया है। बार-बार ''संतन हित फूलडोल'' कहा और बार-बार ''सरस रसहि फूल डोल'' कहा। वसन्त की प्रफुल्लता समूचे परिवेश में व्याप्त है। एक ओर वृक्ष-वनस्पति फूल रहे हैं —

फूले वृंदावनऽनुकूल सघन लता फूले।
फूले श्री जमुनकूल विविध रंग फूले।
फूले चंपक चमेलि फूली लवंग लता
फूली निवारी एलि मोगरी सेवति सुबेलि
तहाँ कमल केबरा फूले केतकी कनेल फूले
फूले मधुमालती केलि फूले मधुप करत केलि
सरस रसहि फूल डोल।[2]

दूसरी ओर संगीत के स्वरों का विस्तार हो रहा है —

फूले बजावें मृदंग महुवरि डफ ताल चंग।
फूले बजावें बांसुरी संग अमृत कुंडली उपंग।
फूले बजावें किनरि-तार सुरमंडल झनतकार।
बजावें गिरगिरी गार भेरी घहैं अपार।
बजावें मुरुंजरुंज झाँझ झालरीन पुंज।
बजावें दुंदुभिगुंज कूजत कोकिल निकुंज
संतन हित फूल डोल।[3]

---

१. सूरसागर, पृ० ११७४।
२. वही, पृ० ११७२।
३. वही, पृ० ११७३।

७६

प्यारीजू ,बोलत नाँहीं, कै तू सोबत उनींदी, किधों काहू कछू कह्यौ, कै तेरौ ऐसौई सुभाउ।
मोहि तेरे देखे बिन कल न परै, यै तू छाँड़ि कुभाउ॥
काहू की झुक हमें देत री उपजत दुभाउ।
श्रीहरिदास के स्वामी स्याम कहत, ताके बस परे प्रगटत जु भाउ॥

७६.१ प्यारीजू बोलत नाहीं

जैसे सूरदास के सम्बन्ध में कहा जाता है कि वात्सल्य-भाव के अंग-प्रत्यंग-उपांग का चित्रण उन्होंने किया है, वैसे ही स्वामी हरिदास के "केलिमाल" में "दम्पतिरस" की कोई भंगिमा छूटी नहीं है। प्रिया-प्रियतम के बीच में विनोद की अनन्त लहरियाँ उठती हैं। प्रत्येक क्षण, प्रत्येक अवस्था आनन्द का स्त्रोत बन जाता है। प्रियाजू बोलती है, तो उनकी "चनख-चनख" प्रियतम के हृदय में उल्लास जगा देती है और नहीं बोलती है तो आकुलता होती है, प्रेम उमंगता है और प्रियतम चिन्ता करने लगते हैं — प्यारीजू! क्यों नहीं बोल रहीं ?[1] बिहारिनदेवजू का पद है —

मधुरे मधुरे बोल बोलि निरमोल रही तू क्यों अबोलियै।
बोलियै जू बहुरि नैन श्रवन मन सीतल होत तन तेरे कहत
प्यारी बोलि इत-उत न डोलियै। (रससागर, पृ० ५१०)

मौन को लेकर महाकवि जयदेव ने इस प्रकार लिखा है —

व्यथयति वृथा मौनं तन्वि प्रपंचय पंचमं
तरुणिमधुरालापैस्तापं विनोदय दृष्टिभिः।
सुमुखि विमुखीभावं तावद्विमुंच न वंचय
स्वयमतिशयस्निग्धो मुग्धे! प्रियोऽहमुपस्थितः। (गीतगोविन्द १०.४)

हे तन्वि! तुम्हारा मौन मुझे व्यथित कर रहा है। हे तरुणि, पञ्चम स्वर का विस्तार करो। मधुर-आलापों से मेरे सन्ताप को दूर करो। अपनी दृष्टि से रसवृष्टि करो। अनेक लोक-गीत हैं — "पिया मिले अनबोलने हमपै बिन बोले रह्यौ न जाय।"

---

१. श्रीस्वामी रूपसखीजी ने भी मृदुबोलनी के अबोले रहने या अनबोली होने के भाव पर पद रचना की है —

मृदुबोलनि क्यों रही अबोलै।
अँग अँग नैंन बैंन सुख पावत उरज कंचुकी खोलै।
काहे इत उत जात छबीली वर बिहार झकझोलै।
श्रीरसिक रूप भरि अंकमाल दै नागरि सरस अमोलै।

प्यारी जीवन लालबिहारी।
मान न करिहौं हिय पै धरिहौं कबहुँ न बंक निहारी।
मेरौ सहज सुभाव लाड़िले अनबोली क्यौं प्यारी।
श्रीरसिक रूप सुनि वचन छबीले अंगनि माल सुधारी।

७६.२ छद्मशयन : कै तू सोवत उनींदी

केलि-विलास की यह भी एक लहर है। प्यारीजू ''सोता-उनींदी'' हैं, सोई नहीं हैं, पर सोने का अभिनय कर रही हैं — ''ज्यों-ज्यों जगाबत त्यों-त्यों नहिं जागत प्रेंम-रस पान कर भोइ गई।'' (पद संख्या ४७) सोई हो तो जगाने से जगे, वहाँ तो प्रेम-रस की प्यास है। देखना है कि अब प्रियतम क्या करते हैं, कितने आतुर होते हैं ? ज्यों-ज्यों प्रियतम आतुर होते हैं, त्यों-त्यों प्यारीजू के हृदय में प्रीति का सिन्धु हिलोरें लेता है। श्रीबिहारिनदास जी का पद है —

इन्हें हौं न जानौं जागत किधौं सोवत से।
पौढ़े प्रेम-प्रजंक अंक कर टारत उर टकटोवत से।
बिथुरी अलक बरुनिन बिच नैंन चलत मुख जोवत से।
श्रीबिहारिनिदासि देखत ढिंग ठाड़ी गाढ़े गुन गहि गोवत से।

कालिदास ने ''नेत्रमीलनकुतूहलं कृतम्'' की चर्चा की है। पार्वती की एकान्त-चेष्टाओं को जानने की इच्छा से जब शंकर नींद का बहाना बनाकर अपनी आँखें मूँद लेते थे, तो पार्वती उनके मुख की ओर एकटक देखने लगती थीं। किन्तु ज्यों ही शंकर मुस्कराते हुए आँखें खोल देते थे त्यों ही वे अपनी आँखें ऐसे मूँद लेती थी मानो बिजली की चकाचौंध से अपने आप मिच गई हैं —

कैतवेन शयिते कुतूहलात् पार्वती प्रतिमुखं निपातितम्।
चक्षुरुन्मिषति सस्मितं प्रिये विधुताहतमिव न्यमीलयत्। (कुमारसम्भव ८.३)

आलस भींजे री नैंन, जँभात आछी भाँति सुदेस।
कर सों कर टेकें अँगुरिन पेच, मानों ससि मंडल बैठ्यौ अति भाँति सुदेस॥
मन के हरिबे कों और सुख नांहि कोउ, प्यारी नख-सिख भाँति सुदेस।
श्रीहरिदास के स्वामी स्यामा कुंजबिहारी, छाती सों छाती लगाऐं अंग अंग सुदेस॥

७७.१ आलस भींजे री नैन जँभात

स्वामीजी ने प्यारीजू के आलस-भाव को शब्दों में चित्रित किया है। दोनों हाथ ऊपर उठे हैं। एक हाथ की उँगलियों ने दूसरे हाथ की उँगलियों से पेंच बनाया है। प्यारीजू अँगड़ाई ले रही हैं। जँभाई आ रही है। बिहारिनदास ने यही चित्र अपने शब्दों में उकेरा है —

भोरही कर सौं कर जौरें अंग अंग मौरें आलस लेत जँभाई।
पिय के अंक निसंक सबै निसि हुलसि-हुलसि विलसि आनंद में उनींदीयै उठि आई।।
अंगराग अनुराग रही फबि छबि वरनी नहिं जाई।
अति सुख भरि-भरि उमँगि बिहारिनिदासि सौं कहति ऐसैं हौं लाल लड़ाई।

श्रीललितकिशोरीदास की साखी है —

आलसभीजे नैन जुग कबहू खुलि मुँदि जात। (र०सा०, पृ० ८२३)

श्री हरिव्यासदेवाचार्य की महावाणी में है —

नैन उनींदे रैन के सोये सैन सुहाय। (पृ० २००)

सूरदास जी ने श्रीराधा की सुरतान्त-छवि इस पद में अंकित की है —

दोउ कर जोरि लेति जमुहाई।

अथवा

आलस भरि सोभित सुभामिनी।
राजत सुभग नैन रतनारे हरि सँग जागत गई जामिनी।
बाँह उचाइ, जोरि, जमुहानी, ऐंड़ानी कमनीय कामिनी।
भुज छूटैं छबि यों लागी मनु टूटि भई द्वै टूक दामिनी। (सूरसागर, पृ० १०७५)

सूरदासजी कहते हैं कि दोनों भुजा छूटीं तब ऐसा लगा मानो दामिनी के दो टुकड़े हो गए हैं। भुजाओं को ऊँचा करके दोनों को जोड़ा, अँगड़ाई ली और जँभाई लेने लगीं। भारत के चित्रकारों ने राधा की ऐसी मुद्राओं को चित्रित करके अपनी कला को धन्य माना है।

७७.२ काम, सौन्दर्य और कला

यहाँ काम, सौन्दर्य और कला का प्रश्न स्वाभाविक ही है। नृत्य हो, चित्रकला हो या मूर्तिकला, "केलिमाल" में प्यारीजू की जँभाई, अँगड़ाई का यह चित्र कितना सजीव है! यह चित्र कहाँ से कौंधा? क्या इसका स्रोत रति-भाव नहीं है? आचार्य हजारी प्रसाद द्विवेदी ने अपने ग्रन्थ "लालित्य-तत्त्व" में कहा है कि —

यह प्रश्न सौन्दर्यशास्त्रियों में बहुत दिनों से वाद-विवाद का विषय बना हुआ है कि आँखों को प्रीतिकर लगने वाला वह कौन-सा तत्त्व है, जिसे हम साधारणत: सौन्दर्य कहा करते हैं। इसका एक उत्तर यह दिया जाता है कि मनुष्य के भीतर जो प्रेम तत्त्व है, वही वस्तुओं को सुन्दर या असुन्दर बनाने का हेतु होता है। जैविक-धरातल पर यह प्रेमतत्त्व वस्तुतः काम-तत्त्व है। हमें वही चीजें सुन्दर लगती हैं जो हमारी इन्द्रियों को काम सुख के लिए प्रेरणा, उत्तेजना या बढ़ावा देती हैं।[१]

डॉ० हरद्वारी लाल शर्मा के शब्द हैं —

काम, सौन्दर्य और माधुर्य का मूल उत्स है, प्रेम और आनन्द का सार-सर्वस्व है, तब कला काम को छोड़कर कहाँ जा सकती है? कहीं नहीं गई। इसका प्रमाण देश-भर में बिखरी सुन्दर और सुन्दरियों के चित्र और मूर्तियाँ हैं, अनन्त भावों, भंगिमाओं, लीला-विलासों, क्रीड़ाओं की सहस्रशः अभिव्यक्तियाँ हैं।[२]

७७.३ केलिमग्न मूर्तियाँ मन्दिरों में?

देवमन्दिरों में रति-रसमग्न मूर्तियों को देखकर[३] यह प्रश्न उठना बड़ा स्वाभाविक है कि कला क्या है? उत्तर है — मनुष्य के चित्त का उदात्तीकरण। आचार्य हजारी प्रसाद द्विवेदी का कथन है —

कला और प्रेम का यही आन्तरिक-ऐक्य वस्तुतः सभी कलाओं की व्याख्या है। यदि यह काम या प्रेम-तत्त्व न होता तो न तो किसी भी कला का जन्म ही होता और न कोई कला इतनी देर तक टिक ही सकती। प्रेम और कला एक-दूसरे के पूरक हैं। किसी कलाकृति में से प्रेम-तत्त्व को निकाल दीजिए, वह कला ही नहीं रह जाएगी और किसी प्रेम-व्यापार से कला को निकाल दीजिए तो वह प्रेम न रहकर शारीरिक-बुभुक्षा मात्र रह जाएगा।[४]

वात्स्यायन का सूत्र है — "तदात्मकत्वात् कलानाम्।" काम कलाओं की आत्मा है। कमनीयता काम की प्रभा है। मन और जीवन की ऊर्जा है।

स्वामी हरिदासजी संगीत-सिद्ध या संगीत-योगी हैं, उनके पास संगीत की सिद्धि है। उनकी कृति "केलिमाल" है। क्या उनके लीला-भाव अर्थात् केलि तथा उनके संगीत के बीच कोई सम्बन्ध है अथवा दोनों विच्छिन्न हैं? "केलिमाल" अलग चीज है और संगीत अलग चीज है? वास्तविकता यह है स्वामीजी एक हैं, उनके व्यक्तित्व को विभाजित नहीं किया जा सकता। जो लोग संगीतज्ञ हैं, उनके पास "केलिमाल" का तत्त्वज्ञान होना आवश्यक नहीं है तथा जो रस-सम्प्रदाय और रस-साहित्य के अध्येता हैं, वे संगीतज्ञ हों, यह भी बहुत कम ही देखने को मिलता है, यह हमारी सीमा है। परन्तु "केलिमाल" की कला का अध्ययन, "केलिमाल" के रस-तत्त्व से विच्छिन्न नहीं है। यह सच है कि काम मनुष्य की रसवृत्ति का स्रोत है और कलाएं इस रस की अभिव्यक्तियाँ हैं।

आचार्य हजारी प्रसाद द्विवेदी ने अपने ग्रन्थ "लालित्य तत्त्व" में हैवलक एलिस का मत उद्धृत किया है, जो काम-वासना को सौन्दर्य का निर्णायक मानता था। ई पोल्टन और सांतायन जैसे सौन्दर्यशास्त्री भी मनुष्य की काम-वासना को सौन्दर्य का आधार मानते हैं।

सन् १९०० में रमि डी वावुरमूट ने यहाँ तक कहा था कि जिस चीज को हम प्यार करते या कर सकते हैं, वही सुन्दर होती है और जो सुन्दर होती है वही हमारे अन्तरतर के प्रेम को उद्बुद्ध करती है।[५]

डॉ० हरद्वारी लाल शर्मा कहते हैं कि —

१. लालित्य तत्व, पृ० ५८।

२. सौन्दर्यशास्त्र (कला और संगीत के सन्दर्भ में), पृ० २६६।

३. दक्षिण में छठी शती के महाबलीपुरम् मन्दिर की दीवारों में कृष्ण और गोपियों की उन्मुक्त शृंगार-लीला का उद्रेखण है। (डॉ० राममूर्ति त्रिपाठी : इतिहास, सम्प्रदाय और चित्रकला में राधा, चौमासा, जुलाई-अक्टूबर २००३, पृ० ५)।

४. लालित्य तत्व, पृ० ६०।

५. दे० लालित्य तत्व, पृ० ५९-६०।

काम-चेष्टा समाज-विरोधी और अनैतिक हो सकती है, वह स्वस्थ और सन्तुलित जीवन के लिए वर्जित हो सकती है, किन्तु यह भी सत्य है कि काम के अभाव में कमनीय भी कुछ नहीं है। मन के सृजन-संकल्प में काम ही काम्य है।[१]

काम सौन्दर्य-माधुर्य का सार-सर्वस्व है, प्रेम और आनन्द का सार-सर्वस्व है। काम में इतनी मार्मिकता और तन्मयता है कि वहाँ अहम् विगलित है, अहम् का लोप है। आचार्यों ने अहम् के विस्मरण को चिदावरण-भंग के रूप में पहचाना है।

डॉ० हरद्वारी लाल शर्मा अपने "ग्रन्थ सौन्दर्यशास्त्र (कला और संगीत के सन्दर्भ में)" में कहते हैं —

रस की अनुभूति मन की साधारण-भूमि पर नहीं होती, क्योंकि काम का उन्मीलन मन से ऊपर कहीं उस चेतना-भूमि पर होता है, जिसे आध्यात्मिक कहा जाता है। तन-मन की सात्त्विक स्थिति में ही सौन्दर्य और आनन्द की अनुभूति सम्भव है। चञ्चल और विमूढ स्थिति में नहीं।[२]

यदि काम के प्रश्न में कुरुचि, विलास और वासना की गन्ध है, यदि काम के प्रश्न में अश्लीलता और श्रीहीनता है, यदि काम के प्रश्न में ओछापन और घटिया मन:स्थिति है, तो इसका कारण पात्र है। ताँबे के पात्र में दूध का रूप क्या बन जाता है, पीतल के पात्र में दही का क्या बन जाता है? इसमें कोई सन्देह नहीं कि जैसे भूख का प्रश्न सभ्यता का प्रश्न है, वैसे ही काम का प्रश्न संस्कृति का प्रश्न है। सभी संस्कृतियों ने अपने-अपने ढंग से प्रेम और काम को साहित्य और कलाओं से सँजोया-सँवारा है और अपनी वृत्तियों को उस मधुर-भाव से सींचा है। महामहोपाध्याय गोपीनाथ कविराज का कथन है — संस्कृत-साहित्य में जिस प्रकार कामदेव और रति में प्राकृत सौन्दर्य-कल्पना का चरम उत्कर्ष हुआ है, ग्रीक-साहित्य में भी उसी प्रकार है। कादम्बरी में कुसुमायुध का वर्णन "त्रिभुवनाद्भुत रूपसंभार" कहकर किया गया है। केवल यही नहीं, काम "रूपैक पक्षपाती" और "नवयौवनसुलभ" कहा गया है। Venus, Aphrodite, Adonis, Eros आदि के रूप-वर्णन की आलोचना करने पर प्राचीन पाश्चात्य-साहित्य में भी कामदेव के ही सौन्दर्य की कल्पना का उत्कर्ष हुआ है। जिस किसी कारण से भी हो, सौन्दर्य काम का उद्दीपक है एवं काम सौन्दर्य का प्रकाशक है, इस बात से इन्कार नहीं किया जा सकता। विद्वान् Remy de Gourmont ने अपने ग्रन्थ *Culture des Idee* (१९००, पृ० १०३) में ऐसे ही विचार को अभिव्यक्ति दी है — अन्यान्य वैज्ञानिक पण्डितों ने भी इस विषय पर बहुत गवेषणा की है। पण्डित सांतायन (G. Santayan) ने अपने *The Sense of Beauty* नामक ग्रन्थ में, ग्रॉस (Gross) ने *Der aesthetische G nuss* नामक ग्रन्थ में, कलिन स्कॉट ने "Sex and Art" शीर्षक प्रबन्ध में (*American Journal of Psychology,* सप्तम भाग, य संख्या २, पृ० २०६), स्ट्राज (Stratzh) ने अपनी *Die Schonheit des weiblichen Korpos* नामक पुस्तक में इस विषय की विशेष चर्चा की है। सांतायन ने स्पष्ट अक्षरों में यौन-आकर्षण (sexual attraction) का सौन्दर्य-बोध (aesthetic contemplation) के अंग-रूप से उल्लेख किया है। इसके मतानुसार विशिष्ट (specific) यौन-भाव (sexual emotion) भी सौन्दर्य-ज्ञान के अन्तर्गत है। ग्रॉस ने दिखलाया है कि यौन-भाव और सौन्दर्य-ज्ञान परस्पर सम्बद्ध हैं। कामशास्त्र में भी इस विषय की आलोचना है। कामतत्त्व का स्फुरण हुए बिना चेहरे का लावण्य खिलता नहीं; यह चिरप्रसिद्ध है।[३]

---

१. सौन्दर्यशास्त्र (कला और संगीत के सन्दर्भ में), पृ० १५२।

२. वही, पृ० १५४।

३. "That which inclines to love seems beautiful; that which seems beautiful inclines to love. This intimate union of art and love is indeed the only explanation of art. Art is the accomplice of love." - रामभक्ति साहित्य में मधुर-उपासना, पृ० ४८५।

प्यारीजू , एक बात कौ मोहि डर आवत री, मत कबहूँ कुमया करि जात।
पल-पल हित बंछत हौं री, मत परै भाँत।
यह सचु ऐसें ई रहौ री, जिन टरौ तेरी घात।
श्रीहरिदास के स्वामी स्यामा कुंजबिहारी कहत, यों बाढ़ौ ज्यौं पुरइन-जल की रीत तोही लों साँत॥

७८.१ पुरइन-जल की रीत

जितना गहरा प्रेम है, उतनी ही गहरी आशंका है — "प्यारीजू, कहीं मान न कर बैठे। प्यारीजू, आप रूठेंगी तो नहीं, आप मेरी किसी बात पर नाराज मत होना।" पल-पल आशंका बढ़ रही है और उसी तरह से प्यार बढ़ रहा है। प्यार का मद बढ़ रहा है, "तृपति न कबहूँ होत पिय।" प्रियतम को भरोसा ही नहीं हो रहा कि प्यारीजू मेरे अंक में हैं। सोचते हैं कि यह सच है अथवा सपना है —

मिलत मिलत में चाह अति, मिले मिले अकुलाहिं।
सपनों किधों सतभाइ यह, सोचत हैं मन माँहिं। (रससागर, पृ० ८२१)

जैसे-जैसे चाह बढ़ती है, वैसे-वैसे रीझ बढ़ती है, सौन्दर्यानुभूति और गहरी होती है। प्यास जितनी गहरी होती है, जल उतना ही अमृत हो जाता है। जैसे-जैसे चाह बढ़ती है, वैसे-वैसे रूप बढ़ता है — "रूप बढ़ै इत चाह उत इन्हें मिलन की बान।" (वही, पृ० ८२०)

परम नेह की बात कैसे कही जाए कि प्यारी तन-मन से मिली हैं, किन्तु लाल की मनःस्थिति कैसी है? "मिलें मिलन की चिंत।" वे चिन्ता में हैं कि प्यारीजू कब मिलेंगी? "गौर-स्याम तन मन मिले, मिलें मिलन कौ चाव।" मिलन जितना गहरा हो रहा है, मिलने की इच्छा अभिलाषा, उमंग, उत्साह उतना ही उतना बढ़ता जा रहा है। जैसे-जैसे सरोवर में जल बढ़ता है, कमलिनी वैसे-वैसे ही ऊपर उठ जाती है।

७९

प्यारीजू, हम तुम दोऊ एक कुंज के सखा, रूठैं क्यों बनैं।
इहाँ कोऊ हितू मेरौ, न तेरौ, जो यह पीर जनैं॥
हौं तेरौ बसीठ, तू मेरी, और न बीच सनैं।
श्रीहरिदास के स्वामी स्यामा कुंजबिहारी कहत प्रीत-पनैं॥

७९.१. रूठें क्यों बनें : एक कुञ्ज के सखा

स्वामी हरिदास के "केलिमाल" में मान का तात्पर्य है प्रेम की कभी तृप्त न होने वाली प्यास। रूठी न होने पर भी राधा रूठी सी लगती है और प्रियतम मनाने लग जाते हैं —

मनावत लाल री मानिनी, मान कियें न बनें।
तूही तूही करै तोहिं हिरदै धरै, तेरे गुननि गनें।।
तन सौं तन मन सौं मन मिलि प्राननि सौं प्रान सनें। (बिहारिनदेवजू)

यहाँ मान सौन्दर्य और प्रेम का ही एक विलास है। मान में प्यारीजू और अधिक सुन्दर लगती है और प्रियतम के मन में प्रेम का सागर और अधिक उमंगता है, वे दीन से हो जाते हैं "तेरे किये मान री व्यापत प्रानन के प्रान।"

बिहारिनदेवजू का ही एक पद है —

प्यारी तू कोलौं करि रही री हठ मोसौं।
नाँहिं कहूँ सुनी न समझी न देखी नैंननि तिहूँ लोक
गुन रूप निपुन जो करि सकै री सरि तोसौं।।
तुव हित नित चितवत छिन ही छिन तिनसों क्यौं कीजै मन मैलौ अनदोसौं।
श्रीबिहारीदासि की विनती मानि रसिक राधे रहसि मिली री तजि रोसौं।।

"मेरा कोई भी दोष नहीं है, तुम मन को मैला क्यों कर रही हो? मैं तो प्रतिक्षण तुम्हारी ओर ही निहारता रहता हूँ।" मेरी विनती मानो, एकान्त में मिली हो, रोष करना छोड़ दो। तीनों लोकों में रूप और गुण में तुम जैसी कोई सुंदरी न देखी है और न सुनी है। तुम्हारी समता भला कौन कर सकता है?

श्रीविट्ठलविपुलदेवजू का पद है —

जिन रूठौ लागौं तिय पैयाँ।
तेरे तन की सोभा सुंदरि मेरे उर लागति है झैयाँ।
तन मन वारौं एक रोम पर मेरौ मन लाग्यौ तो तैयाँ।
श्रीवीठलविपुल विनोद बिहारी सम्भ्रम गयौ लाय उर लैयाँ।।[१]

यहाँ एकान्त-कुञ्ज है और दोनों एक कुञ्ज के सखा हैं। आज सखी भी तो नहीं हैं। प्रियतम की पीर जान सके, ऐसा यहाँ दूसरा कोई है नहीं, यहाँ तो प्यारी के सन्देशवाहक प्रियतम हैं और प्रियतम की दूत प्यारीजू हैं, किसी और की समाई नहीं है। इसलिए प्रियतम कह रहे हैं कि "रूठें क्यों बनें?" रूठने से काम चलने वाला नहीं। "जिन रूठो, लागों तुव पैयाँ।"

---

१. रससागर, पृ० ४९०।

८०

चूनरी में जाड़ौ लागत है री, कीजिऐ सुख सैन।
घरी घरी के रूसनें, पहर मनाबत जात मीठे मीठे बैन॥
उठ सदकें बलैंया लेंउ, प्रकृति यों न चाहिऐ चाहिऐ ज्यों मैंन।
श्रीहरिदास के स्वामी स्यामा कुंजबिहारी गहि लिपटाइ रहे मान सबै सुख चैन॥

८०.१ गहि लिपटाइ रहे

सनातन-नर और सनातन-नारी का अमोघ-आकर्षण और फिर उस आकर्षण की अनन्त छवियाँ। दाम्पत्य-भाव का दिव्य और उदात्त रूप।

केलि का रूप ऋतुओं के साथ बदलता है। ग्रीष्म में जल-विहार है, वर्षा में झूला-हिंडोरा है, वसन्त में डोल है, फागुन में होली-फाग है। शीत ऋतु का एक पद "केलिमाल" में है। "चूनरी में अलग सो रही हो? जाड़ा नहीं लगेगा? आओ, लिपट के सोवें।" प्रियाजू ना करती हैं और प्रियतम मना रहे हैं, मनुहार कर रहे हैं — "प्रकृति यों न चाहिऐ। चाइयै ज्यों मैन।" काम-भाव की रीति का अनुसरण करना चाहिए। शीत ऋतु की केलि का चित्र बिहारिनदेवजू ने इस प्रकार अंकित किया है —

एक ओढ़नी ओढ़ि पौढें प्रिया-प्रिय प्रेम-प्रजंक।
अर्धनिसा रस रीझि भीजि रहे अपने-अपने कर ऐंचत हँसत-निसंक।
सखी राखत उर पर अंचल-तर लटपटाय रहे सीत भीत ह्वै यों गाढे गहि अंक।
श्रीबिहारिनदास निरखि सखी या छिन की छबि पर
बारत तन मन अरु वारति सब रस रंक[१]

एक ओढ़नी ओढ़कर सो गए, रात भीगने लगी तो "उढ़ैया" को अपनी-अपनी ओर खींच रहे हैं और हँस रहे हैं फिर शीत से डरकर गाढ़े-आलिंगन में लिपट जाते हैं।

इस चित्र को श्रीकिशोरदासजी ने कुछ इस प्रकार उकेरा है —
प्रिया पिय सीत-भीत लपटाये।
ओढ़े सुष्ट-पट उरझि उरन उर भरत करन अकुलाये।
सोभित सेज समय सुखदायक परसि परस्पर भाये।
अति छबि छकत अपरिमित आरत श्रीदासकिसोर लड़ाये।[२]

८०.२ सदकैं बलैयाँ लैंउ : पंजाबी संस्कृति

"पंजाबी" में बहु प्रचलित "सदके" शब्द का प्रयोग किशोरदासजी ने भी किया है —

तेरे सदके जाऊँ बे मेरे नित्यबिहारी हुस्न दा नाल खूब स्यामा प्यारी।[३]

---

१. रससागर, पृ० ५१६।
२. महन्त किशोरदास की वाणी, पृ० १०३।
३. वही, पृ० ३५।

करि निगाह में सदके कीती अँखूँ देखत रहूँ खुसी में।[१]

यहाँ यह उल्लेखनीय है कि बिहारिनदेवजू, महन्त किशोरदास आदि रसिकों ने ब्रजभाषा के साथ ही पंजाबी में भी पद रचना की है —

साडे नाल आँवदा क्यों नहीं वे बिहारी महबूब प्यारे।
सुनिकें सुवाल मेंडा दिल में दलेली आनू।
रसिक बिहारी प्यारे प्रीत कूँ पिछानदा हो।
छबि तेंडी डिठी बे मेंडा मन लग्या इसी सें।
रसिक बिहारी वे तेडे नाल साडी यारी।[२]

वृन्दावन और पंजाब की संस्कृतियों का अन्त:सम्बन्ध गहरा है। वृन्दावन में समस्त भारतवर्ष की जनपदीय-संस्कृतियों का उद्वेलन है।

---

१. महन्त किशोरदास की वाणी पृ० ३८।
२. वही।

८१

दुहून की सहज बिसात, दोऊ मिलि सतरंज खेलत।
उर-रुख, नैन-चपल-अस्व, चतुर बराबर झेलत।
आतुरता-पील, पयादे-निग्रह, फरजी-चौंप अनूपम मेलत।
श्रीहरिदास के स्वामी स्यामा कुंजबिहारी, साहसों राखैं खेलत॥

८१.१ दोऊ मिल सतरंज खेलत

इस पद में केलि को शतरंज-क्रीड़ा के रूपक में प्रस्तुत किया गया है। विलास-क्रीडा के जितने भी रूप स्वामीजी के समय में प्रचलित रहे होंगे, वे सभी रूप-रुचि के अनुसार "केलिमाल" में हैं। झूला, हिंडोला, डोल, होली, जल-विहार, गायन, वादन, नृत्य, रास, शतरंज, चौपड़। नागरीदास ने चौगान का भी वर्णन किया है —

खेलत चतुर चोंप चौगान।
मंदिर नवल-निकुंज बिराजत नवरँग मदन मैदान।
मान तुरंग गुन गेंद कटाछिन दृग टौलनि कुच ठीया परवान। (रससागर, पृ० ५७७)

वीठलविपुल ने "द्यूत" का भी बिम्ब प्रस्तुत किया है —

प्रिया पीतांबर मुरली जीती।
हा हा करत न देत लाडली चरन लुठत निस बीती।

अन्य रसिक-कवियों ने चौपड़ का बड़े विस्तार से सरस वर्णन किया है। पहले ही दाँव में लाल अपना "हार" गँवा बैठे, दूसरी बाजी में कुण्डल और केयूर से हाथ धोना पड़ा, तीसरी और चौथी बाजी में मुकुट और वंशी हार गए।

"अब हार स्वीकार करो, नाक रगड़ो।"

"नहीं, हार तो नहीं मानूँगा।"

"तो अब तुम्हारे पास क्या है ?"

"हाँ, मेरे पास अपना तो कुछ नहीं है, जो कुछ है सो तुम्हारा है, परन्तु अब का दाँव अद्‌भुत है।" लाल बोले।

"क्या है ?" लाड़ली ने पूछा।

"अधरपान। जीता हुआ खिलाड़ी हारे हुए का अधरपान करेगा। स्वीकार है ?"

प्रियाजू ने मुस्कान के साथ स्वीकृति दे दी। चौपड़ जम गई।

झरोखों में से झाँकती सखियाँ हँसी दबाए देख रही हैं कि इस विचित्र दाँव को कौन जीतेगा ?

रंगमहल में रँगीली चौपर खेलत प्यारी।
पासे फेंकत रुचिर रगमगे कर-पंकज में धारी।
बाजी बदी प्रिया प्रियतम ते मुरली मोहन बारी।
जीती प्रिया मुरलिका हरि की तब पिय कहत हहा री।

बिहँसि बिहँसि चुंबन आलिंगन बाजी बदत बिहारी।
अब मोहि देउ न देत पियारी हँसत गई निसि सारी।
प्रेम मगन मन मुदित प्रिया मुख निरखत आनँदकारी।
केशव जुगल केलि के ऊपर कोटिकाम बलिहारी। (स्वामी केशवदेव)

"उज्ज्वलनीलमणि" में भी चौपड़ का प्रसंग है, जहाँ दो प्रियाओं को तीन रात्रियों के माधव-संग की बाजी लगाकर चौपड़ पासे खेलते समय हरि ने श्यामा को जिता दिया —

दीव्यन्तौ दयिते समीक्ष्य रसमादक्षैस्त्र्यहात्मग्लहैर्-
गौरीं घूर्णितयोपदिश्य हितवद्दाय-प्रयोगं भ्रुवा। (उ०नी० ५.६५)

८२

होड़ परी मोरन अरु स्यामैं।
आवहु मिलहु मध्य सचु की गति, लेंहि रंग धौं कामैं।
हमारे तुम्हारे मध्यस्थ राधे, और जाहि बदौ बूझि देखौ तृन दै, कहा है यामैं।
श्रीहरिदास के स्वामी कौ चौपर कौ सौ खेल, इकगुन दुगुन त्रिगुन चतुरागुन री जाके नामैं।

८२.१ होड़ परी मोरन अरु स्यामैं

"केलिमाल" के दो पदों में मोरों का स्वर है — "ऐसी रित सदा सर्वदा जो रहै बोलत मोरन।" तथा "सुर देत मोर।" तीन पदों में मोरों का नृत्य है — "मोर काछ बाँधें निरत करत।", "नाचत मोरन संग स्याम" तथा "होड़ परी मोरन अरु स्यामें।" "भागवत" में वृन्दावन के प्रसंग में नाचते हुए मोरों के साथ कृष्ण नाचते हैं और मयूर को हास्यास्पद बना देते हैं — "अभिनृत्यति नृत्यन्तं बर्हिणं हासयन् क्वचित्" (१०.१५.११) मोरों के नृत्य का वर्णन साहित्य में स्थान-स्थान पर मिल जाता है। श्रीरूपगोस्वामी ने गोवर्धन के शिखर पर नाचते हुए मोर का चित्र अंकित किया है —

विलसति किल सोऽयं पश्य मत्तो मयूरः शिखरभुवि निविष्टस्तन्वि! गोवर्द्धनस्य।
मुहरमलशिखंडं तांडव-व्याजतस्ते व्यकिरदुपहरन् यः कर्णपूरोत्सवाय। (ललितमाधव ८.२६, पृ० २३)

श्रीहरिप्रिया ने महावाणी में लिखा है —

रति रंग रंगी मोरी-मोर, मिल नृत्य करत चहुँ ओरी ओर। (पृ० ५४)

वृन्दावन में मोरों का नाच देखने के लिए बादल बावले हो जाते हैं। काले बादल को देखकर मोर नाचते हैं। सूरदास के शब्दों में —

सोभा माई अब देखन की बहार।
गोवर्द्धन पर्वत के ऊपर मोरन की पतवार।

गोविन्दस्वामी मानते हैं कि बादल स्याम को देखकर नाचते हैं — "स्यामहिं देखि नाचत मोर।"

कृष्णदास का एक पद है —

माई मोरन संग मदनमोहन लियें तरंग नाचें।
दच्छिन अंग टेढ़ौ सिर टेढ़ौ तैसौ ई धर टेढ़ कियें चरन युगल नृत्य भेद साँचें।
मृदंग मेघ बजाबै दादुर सुर धुनि मिलावैं कोकिला अलाप गावें वृंदावन रंग राँचें।

वन-उपवन में मोर का नृत्य बड़ा रमणीय होता है। जब अपने मनमोहक पंखों को पसार कर मोर नाचता है तब मयूरी उसके आस-पास आ जाती हैं — "नाचत कलापी जूथ संग लै कलापिन कों।"

अनुश्रुति यह है कि मोर अपने पैरों को देख कर रोता है। उसकी आँखों से जो अश्रु झरते हैं, मयूरी उन अश्रु-बिन्दुओं को पी लेती है। मयूर के सम्बन्ध में यह अभिप्राय प्रचलित है कि वह रतिक्रिया नहीं करता। मयूर अकामता के लिए साहित्य में प्रसिद्ध है।

सूर की गोपियाँ कहती हैं—मोर धन्य हैं, जिनकी सुन्दर चन्द्रिका श्रीकृष्ण मस्तक पर धारण करते हैं —

सुन सखि वे बड़भागी मोर।
जिन पाँखन कौ मुकट बनायौ सिर धर नंदकिसोर।

रसखान की गोपी कहती है —

कल कानन कुंडल मोरपखा सिर सोहै दुकूल नयौ चटकौ

अथवा

सोहत है चँदवा सिर मोर के तैसिय सुंदर पाग कसी है।

चन्दसखी का एक गीत है —

माधौ जी मैं न भई वनमोर।
मोरा होती जमनातट रहती कुंजन करती किलोर।
मोरा होती बिंदाबन रहती नाचत ही मुखमोर।
उड़-उड़ पंख गिरे धरती पै बीनें जुगल किसोर।

मोर ब्रज के मन का श्रृंगार है, मोर ब्रज के कण्ठ का गीत है। नन्ददास का पद है —

जहाँ-तहाँ बोलत मोर सुहाए।
सावन रमन भवन वृंदावन घोर घोर घन आए।

चन्दसखी कहती है कि मोरों की कुहुक प्राणों को उद्वेलित कर देती है —

ब्रज मंडल देस दिखाय रसिया।
तेरे बिरज में मोर बहुत हैं बोलत मोर फटै छतिया।

रसिक भक्तों ने मोर को काम के बाण के रूप में देखा है। विरहिणी के लिए तो मोर मानो बैरी हैं —

हमारे माई मोरा बैर परे।
घन गरजत बरज्यौ नहिं मानें त्यों-त्यों रहत खरे।

ब्रज के लोक-गीतों में एक ''मोरा'' गीत है —

परैं रे सरकजा मोरा भरन दै नीर
मो घर सास रिसायगी जी।
मोरा की कुहुक मेरे मन बसी जी।

ब्रज-जनपद में ''मयूर-नृत्य'' प्रचलित है। इस नृत्य को रासमञ्च पर भी प्रस्तुत किया जाता है। डॉ० वसन्त यामदग्नि के शब्दों में —

> ''मयूरनृत्य'' की अनुरूपता के लिए रास-मण्डलियों में श्रीकृष्ण को मयूरपंखियों से निर्मित कलात्मक-श्रृंगार धारण कराया जाता है। इस नृत्य में ''उरूद वृत्ताचारी'' के अनुरूप श्रीकृष्ण के ''तलसंचार पाद'' का ''पार्ष्णिभाग'' बाहर की ओर उन्मुख रहता है तथा जंघा फैलाकर ऊपर की ओर उठाई जाती है। नृत्य की इस स्थिति में श्रीकृष्ण घुटनों के बल पर छोटे-छोटे मण्डलों के अनेक वृत्त बनाते हुए द्रुतगति से नृत्य करते हैं। कटिबन्ध एवं कटिकाछनी की फहरान नृत्य की गति में स्वयं एक बहुरंगी आभा से युक्त मण्डल की आकृति का निर्माण करती है।[1]

---

१. रासलीला तथा रासानुकरण विकास, पृ० २१४।

छउ-नृत्य में भी मोर-पंखों का शृंगार किया जाता है। "मयूर-नृत्य" अन्य जनपदों में भी प्रचलित है। प्रत्येक जनपद की अपनी शैली है। भारत की नृत्यकला पर मयूर-नृत्य का प्रभाव है।

भारत के चित्रकारों और मूर्तिकारों ने भी मयूर-नृत्य का चित्रण किया है। लोक-नृत्यों की उत्पत्ति से सम्बन्धित दन्त-कथाओं में मोर को प्रेरणा का स्रोत माना गया है। डॉ० मालती शर्मा के अनुसार —

> गोंड-आदिवासियों में नृत्य करने की प्रेरणा उन्हें देवता ने मोर का रूप धारण करके अपने नृत्य से दी, ऐसी दन्तकथा है। तब से वे मोर जैसी कलंगी लगा और पंखों जैसे रंग-बिरंगे वस्त्र धारण कर नाचने लगे।
>
> बैगा-आदिवासियों की भी एक रोचक कहानी है। उनके अनुसार एक बार खिली चाँदनी रात में उनके पूर्वजों ने एक अद्भुत नृत्य देखा है। देखते क्या हैं कि तालाब के किनारे बाघ नगाड़ा बजा रहा है, चीता दुन्दुभी और उसकी ताल पर मोर पंख फैलाकर मस्त हो नाच रहा है। उन्होंने तब वह नृत्य सीखा और अपने कबीले को सिखाया। इस प्रकार नृत्य का प्रचलन हुआ।[१]

---

१. महाराष्ट्र के आदिवासियों के नृत्य-नाट्य, मालती शर्मा, अभयदूत साप्ताहिक, जनवरी १९९५, पृ० ९।

८३

कहौ यै का की बेटी, कहौ धौं कहा है कुँवरि कौ नाँउँ।
तुम सब रहौ री, हौं ही ऊतर दै हौं, चले किन जाहु ढोटा, बाइ बाउरौ गाँउँ॥
सब सखी मिलि छिरका जु खेलन लागीं, तौ लौं तुम रहौ री, जौ लों हौं न्हाउँ।
श्रीहरिदास के स्वामी स्यामा कुंजबिहारी लै डुबकी गरैं लागे, चौंकि परी कहाँ हौं जाँउँ॥

८३.१ जल-विहार

इस पद का समूचा भाव-सन्दर्भ श्रीललितकिशोरीदेवजू ने रस की साखी में निम्नलिखित रूप में स्पष्ट किया है —

अति अनंद रस केलि में, जुग मिल एक समान।
कुंजबिहारिन चित गयौ, जमुना के अस्नान।
कुंजबिहारी देखे आवत, बात अटपटी कहि बतरावत।
नाम कहौ यह काकी ललना, रूप रंग रस झरति सुझरना।
कछुयक बात सखी जब बोली, प्रिया कहै तुम रहौ अबोली।
वाय बाबरे गाँव के जैसे, जान बूझि बातें कहि ऐसे।
इतने में सखि छींटा खेलें, प्यारी वचन कहै मति रेलें।
लै बुड़की जमुना के माँहीं, चौंकि परी पिय दै गलबाँहीं।
क्यों चौंकी मेरी प्रानपियारी, पूछत बात जु लालबिहारी।
कहा डरपि कछु सपनों देखौ, अपने उर क्यों तपनों रेख्यौ।
कही बात समझाय कें, कछ सपनों देख्यौ आज।
सखी देखि तुम देखिकें, जमुना जुर्‌यौ समाज। (रससागर, पृ० ८४१)

यहाँ "जल-विहार" तो है, किन्तु स्वप्न में देखा हुआ जल-विहार है। यद्यपि स्वामीजी के मूल पद में सपने जैसा कोई संकेत नहीं है। "रसदेश" तथा नित्य-विहार की अवधारणा के अन्तर्गत पद की व्याख्या करने के लिए ललितकिशोरीजी ने स्वप्न का प्रसंग जोड़ा है। ललितकिशोरीजी को सम्प्रदाय में स्वामीजी का अवतार माना जाता है। बिहारिनदेवजू के बाद नित्य-विहार के दूसरे प्रामाणिक व्याख्याता तथा मीमांसाकार ललितकिशोरीजी ही हैं। इसलिए उनके अर्थ में शंका की कोई गुंजाइश नहीं है, फिर भी इतना निश्चित है कि "रसदेश" में जल-विहार है। स्वयं बिहारिनदेवजू का पद है —

महामत्त मानिनी मनोहर मान सरोवर खेलैं।
छिरकत छींट कटाछनि छबि सौं छैल उमँगि रस झेलैं।
बाढ़त अति अनुराग परस्पर प्रेम भुजनि बल पेलैं।
ह्वै गयौ खंड-खंड जल इत-उत सुख सागर की रेलैं।
उदित मुदित जुगराज विराजत लाज नवल अवहेलैं।
ह्वै रहे मगन लगन अँग-अँग तन चीर चिकुर न सकेलैं।
भीजे बसन निवारि सिंगारत सखी गुहि माल धमेलैं।
श्रीबिहारिनिदासि दरसि सुख बरनत जल थल कुंजनि केलैं। (रससागर, पृ० ४९१)

श्रीमहावाणी में श्याम-श्याम की जलक्रीडा को "मराल-किलोल" की उत्प्रेक्षा दी है —

जल माँहिं भरे रस डोलहीं।
मानहुँ सुधा-सरोवर माँही मत्त मराल किलोलहीं।
छिरकत छींट परस्पर पुलकित मुलकत मुख सो बोलहीं।

अथवा

जल केलि करत दोउ छैल री। (पृ० १११)

श्रीनागरीदासजी का पद है —

बिहरत जमना-जल जुगराज।
श्रीवृंदाविपिन विनोद सहित नवजुवतिन जूथ-समाज।
छिरकत छैल परस्पर छवि सों सखि संपति रति साज।
नवल नागरीदासि श्रीनागर खेलत मिलि भलें आज। (रससागर, पृ० ५७४)

श्रीसरसदासजी का पद है —

बिहरत जमुना जल सुखदाई।
गौर-स्याम अँग-अँग मनोहर चीर चिकुर छबि छाई।।
कबहुँक रहसि-बहसि हँसि धावत प्रीतम लेत मिलाई।
छिरकत छैल परस्पर छबि सौं कर अँजुरी छुटकाई।।
कबहुँक जल समूह रस झेलत खेलत हैं लै बुड़काई।
महामत्त जुगवर सुखदायक रहत कंठ लपटाई।।
क्रीड़त कुँवरि कुँवर जल थल में मिलि रंग अनंग बढ़ाई।
हाव भाव आलिंगन चुंबन करत केलि मन भाई।।
भीजे बसन निवारि सहचरी नवतन चित्र बनाई।
रचे दुकूल फूल अति अँग-अँग सरसदासि बलि जाई। (रससागर, पृ० ६१५)

महन्त किशोरदास जी का पद है —

अति आसक्त सरित मधि हिल-मिल करत केलि, बोलत कल बानी।
पैरत, बूड़त, उछरत पल-पल, छिरकत छींट सरस रस सानी।।
नील-पीत पट लपटि रहे तन, भूषन अङ्ग उदित उरझानी।
श्रीदासि किसोर परस प्यारी-पति, ग्रीष्म ऋतु मर्दत रति दानी। (श्रीकिशोरदास की वाणी, पृ० ७३)

अत्यन्त प्रेमासक्त श्रीप्रिया-लाल कालिन्दी-जल के मध्य आपस में प्रेम-भरी मीठी-मीठी बातें करते हुए परस्पर हिल-मिलकर रस-केलि कर रहे हैं। ये पल-पल तैरते हैं, डुबकी लगाते हैं और फिर उछलकर बाहर आ जाते हैं। प्रेमोन्मत्त होकर ये एक-दूसरे पर सरस रस के छींटे उछाल रहे हैं। प्रिया-प्रियतम के भीगे हुए नील-पीत पट उनके श्रीअंगों से चिपटकर अंग-अंग की कान्ति को द्विगुणित कर रहे हैं। आभूषणों की कान्ति अङ्गों की गौर-श्याम आभा में उलझती-घुलती अद्भुत सौन्दर्य की वर्षा कर रही है। श्रीकिशोरदासजी कहते हैं कि ग्रीष्म ऋतु, जो विश्व को उग्र ताप से मर्दित कर डालती है, निकुञ्ज में वही प्रिया-प्रियतम का स्पर्श पाकर रस-विलास का शाश्वत आनन्द प्रदान करने वाली बनी रहती है।

जलविहार का अभिप्राय भागवत की ''रासपञ्चाध्यायी'' में भी है —

ताभिर्युतः श्रममपोहितुमंगसंगः घृष्टस्त्रजः सकुचकुंकुमरंजितायाः।
गन्धर्वपालिभिरनुद्रुत आविशद् वाः श्रान्तो गजीभिरिभराडिव भिन्नसेतुः।

सोऽम्भस्यलं युवतिभिः परिषिच्यमानः प्रेम्णेक्षितः प्रहसतीभिरितस्ततोऽङ्ग।
वैमानिकैः कुसुमवर्षिभिरीड्यमानो रेमे स्वयं स्वरतिरत्र गजेन्द्रलीलः। (१०.३३.२३-२४)

जैसे थका हुआ हाथी किनारों को तोड़ता हुआ हथिनियों के साथ जल में घुसकर क्रीड़ा करता है, वैसे ही लोक और वेद की मर्यादा का अतिक्रमण करने वाले भगवान् ने गोपियों के साथ जल-क्रीड़ा के लिए यमुना में प्रवेश किया। वनमाला कुचकुंकुम से रञ्जित थी और मिड़ गई थी। गन्धर्वगान के रूप में भौंरे गुनगुना रहे थे। यमुना-जल में गोपियों ने जल उलीचकर कृष्ण को नहलाया। देवताओं ने पुष्प-वर्षा की।

अन्य कृष्णभक्त-कवियों ने भी ''जल-विहार'' का वर्णन किया है। वैष्णव-मन्दिरों में ज्येष्ठ-मास के वर्षोत्सव के सन्दर्भ में ''नौका-विहार'' की झाँकी का आयोजन होता है, कभी-कभी तो यमुना के प्रवाह में ठाकुरजी का ''नाव-मनोरथ'' होता है। सूरदासजी ने लगभग दस पद जलकेलि के प्रसंग में लिखे हैं —

जमुना जल क्रीडत नँदनंदन।
सोभित सलिल परस्पर छिरकत सिथिल होत भुज व्रंदन।

स्यामा स्याम सुभग जमुनाजल निर्भ्रम करत विहार।
श्रीराधा अंबुज-कर भरिभरि छिरकत बारंबार।

राधे छिरकति छींट छबीली।
मच्यौ खेल जमुना जल अंतर प्रेम मुदित रस झीली।

देखिरी उमँग्यौ सुख साज।
जलविहार विनोदमय सुख रुचिर तन कौ साजु।

भीजि पट लपट्यौ सुभग-उर रही केसर चयन।
सरस परस सुभाव त्यागौ जगे निसके नयन।

बिहरत हैं जमना-जल स्याम।
राजत हैं दोऊ बाहाँजोरी दंपति अरु ब्रजबाम।

जल-क्रीडा सुख अति उपजायौ।
रास रंग मन तें नहिं भूलत, वहै भेद मन आयौ। (सूरसागर, पृ० ६५७-५९)

आकाशगंगा में उमा-महेश्वर की जल-क्रीडा का वर्णन कालिदास ने "कुमारसम्भव" में किया है, पार्वती स्वर्ण-कमल तोड़कर शिवजी पर उछाल रही है और शिव भी जल उछाल रहे हैं, जिससे उमा की आँखें बन्द हो जाती हैं। मछलियाँ कमर के चारों ओर एकत्र हो गई हैं, जैसे मीन-करधनी हो —

हेमतामरसताडितप्रिया तत्करांबुविनिमीलितेक्षणा।
खे व्यगाहततरंगिणीमुमा मीनपंक्तिपुनरुक्तमेखला। (८.२६)

वास्तव में जल-क्रीडा प्राचीन-भारत का प्रिय मनोविनोद था, जल-क्रीडा का उल्लेख महाभारत, रामायण, विष्णु पुराण, मत्स्य पुराण, मेघदूत, किरातार्जुनीयम्, प्रतिज्ञायौगन्धरायण, गाथा-सप्तशती आदि में है। हरिवंश पुराण में श्रीकृष्ण की जल क्रीडा का विस्तृत वर्णन है। भागवत में जल क्रीडा का उल्लेख रास क्रीडा के अतिरिक्त नल-कूबर-उद्धार प्रसंग में है —

चिक्रीडतुर्युवतिभिर्गजाविव करेणुभिः। (१०.१०.४)

चीरहरण-प्रसंग में कहा गया है —

नद्यां कदाचिदागत्य तीरे निक्षिप्य पूर्ववत्।
वासांसि कृष्णं गायन्त्यो विजह्रुः सलिले मुदा।

इसके अतिरिक्त शुंगयुगीन साँची-शिल्प में जल-क्रीड़ा का अंकन है। अनेक चित्र हैं। सूफी-कवि जायसी के पद्मावत में भी जल-क्रीड़ा है —

लागीं केलि करै मँझ नीरा। हंस लजाइ बैठ होइ तीरा।
पदुमावति कौतुक करि राखी। तुम्ह ससि होहु तराइन साखी।
बादि मेलिकैं खेल पसारा। हारु देइ जौं खेलत हारा।
सँवरहि साँवरि गोरिहिं गोरी। आपनि आपनि लीन्हि सो जोरी।
बूझि खेल खेलहु एक साथा। हारु न होइ पराएँ हाथा।
आजुहि खेल बहुरि कित होई। खेल गएँ कत खेलै कोई।
धनि सो खेल खेलहिं रस पेमा। रौताई औ कूसल खेमा।

(पद्मावत मूल और संजीवनी व्याख्या : वासुदेवशरण अग्रवाल, पृ० ७३)

"चित्रावली" का जलकेलि चित्र है —

तीर धरनि सब चीर उतारी, धाइ धँसी सब नीर मँझारी।
कनकलता फैली सब बारी, पुरइनि तोर जानु जल डारी।
मानहुँ ससि सँग सरग तराई, केलि करत अति लाग सोहाई।
हंस देखि जलहरि तजि गए, पदुम सबै दिन कुमुदिनी भए।
आइ चकोर देखि मुख रहा, सरवर नाहिं गगन सब कहा।
भूले गगन अचक रहे तहाँ, अब निसि नषत कहहि दिन कहाँ। (चित्रावली, प०. ४७)

जलकेलि की इतनी विस्तृत परम्परा है। लोक-गीतों में भी जलकेलि का वर्णन है। केलि-गीतों की परम्परा और केलि-उपासना के बीच कोई सम्बन्ध न हो, ऐसी बात नहीं है। लोक और शास्त्र का परस्पर अन्त:सम्बन्ध और अवलम्बन प्रत्यक्ष सिद्ध है। भक्ति-आन्दोलन तो लोक का ही उद्वेलन है।

८४

एक समैं एकांत बन में, डोल झूलत कुंजबिहारी।
झोंटा देत परसपर सब मिल अँबीर उड़ाबत डारी।
कबहुँक वे इनके, ए विनके, हौं दोउन के इकसारी।
श्रीहरिदास के स्वामी स्यामा कुंजबिहारी बाढ़्यौ रंग भारी।

८४.१ बाढ़्यौ रंगभारी : झोंटा देत परसपर

जैसे जल से भरा हुआ कलश छलकता है, वैसे ही "केलिमाल" आनन्द-रस की छलकन है। इसमें आनन्द की पूर्णता की अनुभूति है जहाँ कोई सीमा या भेद नहीं है। स्वामीजी के देश-काल परिवेश में जितने उत्सव हैं, वे सभी उत्सव प्रिया-प्रियतम की सेवा में अपने को धन्य मान रहे हैं। उत्सव तो वहाँ क्षण-क्षण हैं। लोक में जो उत्सव व्याप्त हैं, ऋतुओं के उत्सव, "रसदेश" में पहुँचकर वे लोकोत्सव भी नित्य-विहार का स्वरूप बन गए हैं। शरद की पूर्णिमा का उत्सव है, हेमन्त की रात्रि का सुखोत्सव है, फागुन का फाग है, वसन्त-पूजन है, ग्रीष्म का जल-विहार है, वर्षा की मलार है, वर्षा का झूला और हिंडोला है। चैत्र में मदनोत्सव का एक अंग "डोल" है। यह कहीं फूलडोल या डोलफूल अथवा दोलोत्सव या यात्रा के रूप में स्मृतिशेष है। डोल, झूला या हिंडोला से भिन्न है। डोल में अबीर-गुलाल है, वाद्यवृन्द है, राग है। वसन्त का सन्दर्भ है, वर्षा का नहीं। श्यामाजू प्रियतम को झोंटा देती हैं तो प्रियतम श्यामाजू को। ललिताजू दोनों का लाड़ लड़ाती हैं। कहीं वे डोल पर खड़े होकर झूल रहे हैं और कहीं एक-ओर श्यामाजू हैं, दूसरी-ओर प्रियतम। कहीं वे "डाँडी" पकड़कर झूल रहे हैं और कहीं डाँडी छोड़कर झूल रहे हैं। श्रीललितकिशोरीजी की वाणी है —

अद्भुत रस हरिदास कौ, होरी डोल हिंडोल।
सेजभाव निसदिन दोऊ, मनमथ करत किलोल।

डोल कहति कवि झूलबौ, अरु पग-डग डोलनि नाँउ।
रूपरंग झूलत दोऊ चलत दृगन की चाउ।

अनुभव करि देखौ रसिक, काम प्रेम रस केलि।
दंपतिसुख आनंदमय झूलत नवल-नवेलि। (रससागर, पृ० ८२७)

नागरीदास जी का पद है —

डाँड़ी छाँड़ें खेल करत परिरंभन चुंबन देत निहोरी।
कच कुच कर कंचुकी रस परसत बिहरत कुँवर किसोरी।
झूलत डोल नव स्याम प्रिया इत गोरी। (वही, पृ० ५७३)

एक पद सरसदास जी ने लिखा है —

रहसत विहँसत मिलत परस्पर उर कर चिबुक टटोरें।
अतिरँग भरे खरे डाँडी गहि, निरखत विवि मुख ओरें।

"केलिमाल" के इस पद में स्पष्ट है कि "झोंटा देत परसपर" तथा "सब मिल अँबीर उड़ावत" कि सखियाँ अँबीर उड़ा रही हैं। सखियाँ ही झोंटा देती हैं और प्रिया-प्रियतम की छवि को देखकर न्यौछावर होती हैं —

झोंटा देत लेत बलि निरखति हरखित आनंदित अधिकाई।

आनन्द उमंग रहा है। "बाढ्यौ रंग भारी।" सहचरियाँ अँबीर उड़ा रही हैं। गा रही हैं, नाच रही हैं —

गावत मृदंग बजावति सहचरि नृत्तत कल कोमल मृदुताई।

एक अन्य पद में किशोरदासजी कहते हैं —

झूलत डोल झुलावति सहचरि पगे परस्पर प्रीतम प्यारे।
तन सों तन, मन सों मन मिलवत पट भूषन अटपट सुठि धारे।[१]

बिहारिनदासजी कहते हैं कि इस रसोत्सव में रस की वर्षा स्वामिनी कर रही हैं और सखियाँ संगीत में निमग्न हैं और प्रिया-प्रियतम को देखकर रीझ रही हैं —

श्री बिहारीदास की स्वामिनी रस बरसत निरखि-निरखि सखी रीझ रही रस मगन गान रे।[२]

---

१. किशोरदासजी की वाणी, पृ० ६६।
२. रससागर, पृ० ५०१-०२।

८५

कुंज-कुंज डोलन, मृदु बोलन, टूटी लर छूटी पोत सोभा अति लागत।
भमर गुंजार करत सँग डोलत मानों मेर रागनी के संग लिऐं रागत।
जूथ अनेक सुघर जुबतिन के तुम्हरी रीझ पल नहिं लागत।
श्रीहरिदास के स्वामी स्यामा कुंजबिहारी पै तन मन धन न्यौछाबर करों का गत॥

८५.१ टूटी लर छूटी पोत

"कुंज-कुंज डोलन मृदु-बोलन प्रानप्रिया सों ख्याल।"[१] बिहारिनदेवजू ने "केलिमाल" के इस चित्र में और रंग-भरे। "आवत हैं री अति आनंद में ललना-लाल।" चित्र सुरतान्त का है और सुरतान्त का चित्र सभी रसिक-कवियों के मन में बसा है। जयदेव ने चित्र अंकित किया है —

व्यालोलः केशपाशस्तरलितमलकैः स्वेदलोलौ कपोलौ।
क्लिष्टादृष्टाधरश्रीः कुचकलशरुचाहारिताहारयष्टिः।[२]

जिनका केशपाश बिखर गया, अलकावली चञ्चल हो गई, कपोलों पर स्वेदबिन्दु हैं, अधर-श्री की शोभा धूमिल हो गई है और कञ्चुक न होने से हार की शोभा फीकी पड़ गई है। हितप्रभु ने सुरतान्त छवि को इस रूप में देखा है —

गलित उरसि माल सिथिल किंकिनी जाल।[३]

अथवा

आज सम्हारत नांहिन गोरी।
फूली फिरत मत्त करनी ज्यों सुरत समुद्र झकोरी।
आलस वलित अरुन धूसर मखि प्रगट करत दृगचोरी।[४]

हितप्रभु ने एक चित्र इस प्रकार अंकित किया है —

मोतियन लर टूटी चिकुर-चंद्रिका छूटी
रहसि रसिक लूटी गंडन पीक परी।[५]

सूरसागर में एक चित्र है —

डगमगात ऐंड़ात जँभावत आई रंगभरी रंग भरिकें।

अथवा

---

१. रस सागर, पृ० ५०७।
२. गीतगोविन्द, पृ० ३९३।
३. हितचौरासी, पृ० ०६।
४. वही, पृ० १३९।
५. हितचौरासी, पृ० १६७।

अरुझि रहे मुक्ता निरुवारति सोहत घूँघर वारे बार।
रतिमानी सँग नंदनँदन के टूटे बंद कंचुकी हार।[१]

बीट्ठलविपुलजी के चित्र केलिमाल-सुरतान्त पदों में जैसे रंग भर देते हैं—

आज बनी लाड़ली प्रीतम संग आवति।
सोंधें भींजी लट छूटी पियके अंस भुज पाछें सखी सुघर विभासहिं गावति।

अथवा

आई भोर भयें प्यारी छूटी लट बगरी।
बाँहाँ-जोरी लाल संग निस किये कुंजरंग सुबस किये बिहारी कुँवरि अचगरी।[२]

नागरीदासजी ने सुरतान्त-चित्र अंकित किया है —

लोचन ललित अरुन निस जागे सुरत-अंत पुनिपुनि ललचात।[३]

---

१. सूरसागर, पृ० ९२४।
२. वही, पृ० ६७।
३. वही, पृ० ५७१।

८६

प्रिया पीय के उठबे की छबि बरनी न जाइ, सब तें न्यारे।
मानौं द्यौसरैंन इकठौर सों ए न भए न्यारे॥
बार लटपटे, मानों भमर-जूथ लरत परसपर, कमल-दलन पै खंजरीट सोभा न्यारे।
श्रीहरिदास के स्वामी स्यामा कुंजबिहारी पै कोटि-कोटि अनंग, कोटि ब्रह्मांड बार किऐं न्यारे।

८६.१ उठबे की छबि

श्रीनरहरिदास ने भी "उठबे की छबि" को इस रूप में देखा है — प्रिया-प्रियतम सुरत-सेज से जाग गए हैं, उठ बैठे हैं। उनके नेत्रों में लालिमा है, उनके नेत्रों में आलस है। नेत्र अभी भी उनींदे हैं, नींद के मद में घूम रहे हैं। प्रतीत होता है ये नेत्र स्मर अर्थात् कामदेव के नंगे बाण हैं। अंग शिथिल हैं, बाल बिखरे हैं, मुख पर पसीने की बूँदें हैं। मानों एक के अंग-प्रत्यंग ने दूसरे के अंग-प्रत्यंग को चन्द्रमा के फूलों से पूजा है। एक-दूसरे की ओर रस-क्रीड़ा की स्मरण-माधुरी को सहज क्रीडा-भाव से देख रहे हैं, नूतन कामकेलि के रस में पगे हुए हैं, उनके कपोलों पर पान की लालिमा छिप नहीं पाई है —

प्रिया प्रिय सुरत सेज उठ जागे।
घूमत नैन अरुन अलसाने मानो समर सर नागे।
सिथिल अंग छूटी सिर अलकें वदन स्वेद कन लागे।
मानों विधु-कुसुमनि करि पूज्यौ अंग-अंग अनुरागे।
चितै परस्पर ब्रीडत दोऊ कामकेलि रस पागे।
श्रीनरहरिदास अंग-छवि निरखत गंड पीक सों दागे। (रससागर, पृ० ६२९)

श्रीनरहरिदास के द्वारा ही अंकित एक दूसरा चित्र है —

सोवत निस नहिं जानी जात।
अलसाने जमुहात प्रिया-प्रिय उठि बैठे सज्जा परभात।
पसरी किरन अरुन अति राजत कुंज फूल फल कोमलपात।
गावत सखी मधुर सुर मीठे रति जागे की जो है बात।
श्री नरहरिदास गोरी की छबि पर कोटि मयंक भानु दुरि जात। (रससागर, पृ० ६२८)

आँखें उनींदी हैं, जँभाई आ रही है, बिहारिनदेवजू के शब्दों में —

भोर ही कर सों कर जोरें अंग अंग मोरें आलस लेत जँभाई।
पिय के अंक निसंक सबै निसि हुलसि-विलसि आनंद में उनींदीयै उठि आई।
अंग राग अनुराग रही फबि छबि बरनी नहीं जाई। (रससागर, पृ० ४८५)

अलकलड़ैते की अलकलाड़ली बड़ी अबेरी जगी हैं और अपने आप नहीं जगीं, जगाने पर जगी हैं। अलबेली ने पूरी रात प्रियतम के साथ केलिक्रीड़ा की थी—

जगाई री भई बेर बड़ी।
अलबेली खेली प्रिय के सँग अलकलड़े की लाड़लड़ी। (रससागर, पृ० ४८६)

जगने का एक चित्र बीट्ठलविपुल की वाणी में प्रियाजू के कपोल पर प्रियतम के दसन की छाप है —

प्रिया स्याम सँग जागी हैं।
सोभित कनक कपोल ओप पर दसन छाप छबि लागी है।

महाकवि कालिदास ने पार्वती का सुरतान्त-सौन्दर्य निम्नलिखित रूप में चित्रित किया है — रात भर जगने के कारण पार्वती की आँखें लाल हो रही थीं। अधरों पर दाँतों के गहरे निशान थे, बाल बिखरे थे तथा ललाट का तिलक मिट गया था। उमा के इस रूप को देखकर शिव अनुरक्त हो रहे थे।

स प्रजागरकषायलोचनं गाढदन्तपदताडिताधरम्।
आकुलालकमरंस्तरागवान्प्रेक्ष्य भिन्नतिलकं प्रियामुखम्। (८.८८)

८६.२ द्यौसरैन इकठौर

"द्यौसरैन" में जगने और सोने दोनों का भाव है। जगे भी हैं और सोए भी हैं अथवा न पूरी तरह जगे हैं, न सोए हैं। वर्ण का भाव लेकर "चिद्विलास" नामक ग्रन्थ में भगवान् शिव को दिन तथा संसार को मोह के वशीभूत करने वाली मायारूपिणी शक्ति को रात्रि कहा गया है और इन दोनों की सन्धि को पराविद्या श्रीविद्या या सामरस्य —

सा निशा सकललोकमोहनी वासरः स खलु सर्वबोधकः।
सामरस्यमिहसंधिरेतयोः श्रीपरैव ननु संध्यदेवता। (चिद्विलास, श्लोक संख्या ४)

यहाँ भी गौर-स्याम दिन और रात का सामरस्य है। परन्तु रात और दिन की परिभाषा श्रीललितकिशोरीजी ने इन शब्दों में समझाई है —

रति-रातें हैं राति में, तासों कहियै रात।
सुरति विवश सुख सोय कें, रति जागे परभात।

अथवा

दिन सोभा सत परसपर, रतिपति केलि सुराति। (रससागर, पृ० ८३८)

इसी प्रकार सूरदासजी ने मौन-रति को रात और हँसी को प्रभात बतलाया है —

सुरति मौन निसि बीती मानों हँसनि प्रात भयौ जागी।

८७

स्यामा-स्याम आवत कुंज महल तें रँगमगे-रँगमगे।
मरगजी-बनमाल, सिथिल कटि-किंकिनि, अरुन-नैन मानौ चारौ जाम जगे॥
सब सखी सुघराई गाबत, बीन बजावत, सब सुख मिल संगीत पगे।
श्रीहरिदास के स्वामी स्यामा कुंजबिहारी की कटाछि सों कोटि काम दगे॥

८७.१ आवत कुंजमहल ते

प्रात:काल श्यामा-श्याम कुञ्जमहल से आ रहे हैं और सखियाँ उनकी एक-एक चेष्टा को देख रही हैं। श्री वीठलविपुलजी की वाणी है —

आवनि कुंजन ते पहपीरी
प्रिया जँभाति कर जोरि रसमसी ललन खबावत बीरी।
सुरति श्रमित अँग-अंग सिथिल अति भुज भरि स्याम रसीरी।

पहपीरी अर्थात् पूर्व दिशा में अरुण-प्रकाश होने लगा, तो श्यामा-श्याम लौटने लगे, उस समय प्यारीजू ने प्रियतम को पान का बीड़ा खिलाया। एक अन्य पद में वीठलविपुलजी ने चित्र देखा कि दोनों आलस्य से भरे हैं। प्रियाजू की वेणी खुली है और श्यामसुन्दर की बगलबन्दी के बन्ध टूटे हैं, पाग लटपटी है —

प्रात समय आवत जु आलस भरे जुगल किशोर देखे कुंजन की खोरी।
लटपटी पाग छूटे बंद पिय के प्रियाजू की बैनी बिथुरी छूटी कचडोरी।

एक अन्य चित्र में प्रियतम के कन्धे पर प्रियाजू की बाँह है, लट छूटी है और सुगन्धि बिखर गई है —

आज बनी लाड़ली प्रीतम संग आवति।
सोंधे भींजी लट छूटी पिय के अंस भुज पाछें सखी सुघर विभासहिं गावत।

सूरदासजी ने सुरतान्त-आगमन के चित्र में ऐंड़ाते (अंगड़ाई लेते) जँभाई लेते और डगमगाते कदमों को अंकित किया है —

डगमगात ऐंड़ात जँभावत आई रगमगी रँग भरिकें।
चंद उदौ मुख पेखि री दर्पन पीक लीक नैनन छवि परि कें। (सूरसागर, पृ० ९२४)

वीठलविपुलजी की वाणी है कि सखियों ने प्रियाजू को सुरतान्त में देखा —

रसिक रसीली भांति छबीली नैन रँगीली तू पिय पैते आई।
अलक कंचुकी छूटी चार-चार चूरी टूटी आलस मदन लूटी लेत जँभाई।
श्रीबीठलविपुल वेष उर बनी नखरेख रजनी के अवशेष जानि मैं पाई।

वीठलविपुलजी ने देखा कि श्यामा-श्याम आलिंगनबद्ध होकर इस प्रकार आ रहे हैं, मानो कञ्चन-बेल श्यामतमाल से उलझी हुई कुञ्जमार्ग पर चल रही हो —

श्रीबीठलविपुल केलि मनहुँ कंचन-बेलि अरुझी स्यामतमालै आबै कुंजडगरी।

इसी भाव का एक पद सूरदास का है —

नवल किसोर किसोरी जोरी आवत हैं रति रँग अनुरागे।
कबहुँ चरन गति डगति लगति छबि अलसनैन आनँदनिसि जागे।
बानक देखत रीझ रही हों अंजन पीक पलटि मुख लागे।
सूरदास प्रभु प्यारी राजत आवत बने मरगजे बागे।

नागरीदासजी ने देखा कि दोनों गाते हुए आ रहे हैं —

आवत रंग भरे दोऊ गावत।
सहज सप्त सुर उमँगि उमँगि उर तान-तरंग रंग उपजावत। (रससागर, पृ० ५७१)

८७.२. मरगजी वनमाल

भागवत के रासलीला-प्रसंग में रासनृत्य सम्पन्न होने के उपरान्त श्रीकृष्ण का चित्र है —

ताभिर्युतः श्रममपोहितमंगसंगः घृष्टस्त्रजः स कुच-कुंकुमरंजितायाः।

श्रीकृष्ण की वनमाल गोपियों के अंग की रगड़ से कुछ कुचल सी गई थी और उनके वक्षस्थल की केसर से वह रंग भी गई थी।

महारास के प्रसंग में भागवत ने गोपियों की (सुरतान्त) छवि को अंकित किया है — श्रीकृष्ण के अंगों का संस्पर्श प्राप्त करके गोपियों की इन्द्रियाँ प्रेम और आनन्द से विह्वल हो गई, उनके केश बिखर गए, फूलों के हार टूट गए, गहने अस्त-व्यस्त हो गए। वे अपने केश, वस्त्र और कञ्चुकी को भी पूर्णतया सम्हालने में असमर्थ हो गई।

तदंगसंगप्रमुदाकुलेन्द्रियाः केशान्दुकूलं कुचपट्टिकां वा।
नांजः प्रतिव्योढुमलं व्रजस्त्रियो विस्त्रस्तमालाभरणाः कुरूद्वहः। (भाग १०.३३.१८)

बिहारिनदासी सयानी-सखी ने प्रियाजू की सुरति को मुस्कान में ही पहचान लिया —

अरुनाधर अंजन रंजित ह्वै, बिथके अलि बंध कलोलनि में।
बिथुरी अलकें सिथली पलकें, जु लखी ललिता गति गोलनि में।
श्री बिहारी बिहारिनदासि कहै, बलि चाल डगमगी डोलनि में।
मुसकानि सयानी पिछानि प्रिया, पिय की कछु पीक कपोलनि में। (बिहारिनदेव, रससागर, पृ० ४८२)

श्रीबिहारिनदेवजू ने सुरतान्त का सौन्दर्य इन शब्दों में अंकित किया है —

मरगजी अँगिया छूटे बंद आनँद उर न समाई।
तैसे ई अंजन मनरंजन अंचल छबि छीटें रही फबि कहूँ कहूँ
पीक की लीक लाल के मन रही छबि छाई।
सुरत के अंत आलस बस रस भरे बहुरि उमँगि ढरे रहे लपटाई
भूषन बसन पहरें न मंजन करें श्रीबिहारीदास अलबेली लाड़ लड़ाई।

सुरतान्त का एक चित्र भगवतरसिक के शब्दों में इस प्रकार है —

डगमगात पग धरत अवनि पर बोल अटपटे बोलें।
प्यारी ओढ़ पीत पट लीन्हों लालन नील-निचोलें।

नीवी बंधन करत लाड़ली लाल लंक गति लोलें।
भगवत हँसत देत मुख अंचल नैनन चैन न डोलें।

सूरदास ने सुरतान्त में देखा कि प्रियतम को अन्दर ही अन्दर संकोच है, प्यारी से आँखें मिला नहीं पा रहे हैं, दोनों ही अपने-अपने वस्त्रों को सम्भाल रहे हैं। एक-दूसरे को चोरी-चोरी देख रहे हैं, मुस्कुरा रहे हैं, लजा रहे हैं —

सुरति अंत बैठे बनवारी।
प्यारी नैन जुरत नहिं सन्मुख सकुचि हँसत गिरिधारी।
बसन सम्हारन लगे दोऊ तन आनँद उर न समाइ।
चितवत दुरि-दुरि नैन लजोंहे सो छबि बरनि न जाइ
नागरिअंग मरगजी सारी कान्ह मरगजे अंग। (सूरसागर पृ० ९२०)

८७.३. चारौ जाम जगे

रस के उद्वेलन में चारों प्रहर बीत गए। नींद तो आई नहीं, सवेरा आ गया। श्यामा-श्याम अपने आप तो जगते नहीं, ललिता-सखी वीणा बजाती हैं, तब नींद खुलती है —

"सब निसि बीती खेल में तउ उर अधिक उमंग।" (महावाणी) प्रियाजू की कैसी बान है!! ज्यों-ज्यों भोर होती है त्यों-त्यों नींद आती है। हरिप्रियाजी (महावाणी) कहती हैं —

परी बलि कौन अनोंखी बानि।
ज्यों-ज्यों भोर होत है त्यों-त्यों, पौढ़त हौ पट तानि।

महावाणी में सुरतान्त-प्रभात के अनेक चित्र हैं —

लगें नीके मोहिं अरी इहि बिरियाँ।
उरझि रहे अँग-अँग न सुरझति पट परिहरि पुहुपरियाँ। (महावाणी, पृ० २०१)

कोई सखी श्यामा-श्याम को जगाने आती है तो हरिप्रिया कहती है, अभी तो इनकी आँखें लगी हैं, इनको तनिक तो सोने दो —

अरी इन्हें जिन जगावौ ये सोये सुख सेज।

अथवा

काहे कों जगावों इन्हें सोवन देउ सबहीं।
निसिके उनींदे नेंक सोये हैं ये अबहीं। (महावाणी, पृ० २००)

८७.४ कुञ्जमहल : कुञ्ज, निकुञ्ज

"केलिमाल" में केलि-क्रीडा स्थल को वन, एकान्तवन, गहवरवन, कुञ्ज, कुञ्जनिकुञ्ज, निकुञ्जगृह, कुञ्जमहल, नवनिकुञ्ज सुखपुञ्ज महल और मवास (दुर्ग) कहा गया है। "महावाणी" में गहवर, कुञ्ज-निकुञ्ज से भी आगे है —"गहवर कुंज-निकुंज तें आगें अद्भुत ठौर।"

यह कुञ्ज-निकुञ्ज यमुना के परमरमणीय तट पर सुन्दर कल्पवृक्ष के नीचे है। सरसदेवजू की वाणी है —

जमुन कल कूल कलकेलि कल कलपतरु
तीर छवि भीर बसत वर विश्रामी।
मंजु नवकुंज सुखपुंज गुंजें सुनत
'सरस' अनुराग गुन राग धामी।[१]

ललितकिशोरीजी ने कुञ्जमहल को सुख देने वाले और आनन्दनिधि के रूप में चित्रित किया है —

कुंजमहल आनंद निधि छिन छिन रंग बढ़ावै।
कुंजमहल राजत सदा नित्य-प्रिया सुख दानि।[२]
कुंजमहल राजै ललित निरखें केलि अभंग।[३]

ललितकिशोरीजी ने तो नित्य-विहार रस को "कुञ्जमहल-रस" कहा है —

कुंजमहल रस दुर्लभ सबतें रसिक बिना कहै को री।[४]

"सूरसागर" में रति-विहार का केन्द्र नवकुञ्ज है और इस नवल-निकुञ्ज की रचना भी नवल-नवला ने मिलकर की है —

नवल निकुंज नवल नवला मिलि नवल निकेतन रुचिर बनाये।[५]
सूर प्रभु नवल-नवला नवल निकुंजगृह अंत नहिं लहत दोऊ रति विहारे।[६]

"गीतगोविन्द" में जयदेव ने इसे निभृत निकुञ्ज-गृह, लताकुञ्ज और कुञ्ज-कुटीर कहा है —

मधुरकर निकर करंबित कोकिल कूजित कुंज-कुटीरे।

अथवा

क्वचिदपि लताकुंजे गुंजन्मधुव्रत-मंडलीं
चल सखि कुंज सतिमिर पुंजम्

वहाँ भौंरे गूँज रहे हैं, कोयल बोल रही है, वहाँ अँधेरा भी है।
"गीतगोविन्द" में "मंजुतर कुंजतल केलि सदन" और "लता निकुरंबम्" भी कहा गया है —

अनिलतरलकिसलयनिकरेण करेण लता-निकुरंबम्।

जयदेव ने निभृत-निकुञ्ज के अनेक चित्र अंकित किए हैं —

यमुनातीरवानीरनिकुंजे मंदमास्थितम्।

अथवा

निभृतनिकुंजगृहं गतया निशि रहसि निलीयवसंतम्।

अथवा

कलिंदनंदिनी तटांतकुंजे विषसादमाधवः।

---

१. रससागर, पृ० ५२८। २. वही, पृ० ६५९ तथा ६६०। ३. वही, पृ० ६६१। ४. वही, पृ० ७६५।
५. सूरसागर, पृ० ९१८। ६. वही, पृ० ९१९।

जयदेव ने निकुञ्ज को मन्मथ-तीर्थ कहा है—

पूर्वं यत्र समं त्वया रतिपतेरासादिताः सिद्धय-
स्तस्मिन्नेव निकुंजमन्मथ-महातीर्थे पुनर्माधवः।
ध्यायंस्त्वामनिशं जपन्नपि तवैवालापमंत्रावलिं
भूयस्त्वत्कुचकुंभनिर्भरपरीरंभामृतं वांछति।[1]

"केलिमाल" में निधुवन शब्द तो नहीं है पर स्वामीजी की रससाधना का केन्द्र निधुवन नाम से विख्यात हुआ और अष्टाचार्यों ने निधुवन की वन्दना की है। "उज्ज्वलनीलमणि" और "गीतगोविन्द" दोनों जगह निधुवन शब्द है। विद्यापति के पदों में भी निधुवन शब्द है। निधुवन-क्रीडा का उल्लेख श्रीरूपगोस्वामी ने "उज्ज्वलनीलमणि" में भी किया है —

कंदर्पोत्सवपंडितस्य भणितैराक्रांतकुंजांतया,
सार्द्धं राधिकया हरेर्निधुवनक्रीडाविधिर्वर्द्धते।[2]

भगवतरसिक निधिवन को तीर्थराज-प्रयाग के रूप में चित्रित करते हुए कहते हैं कि प्रिया-प्रियतम का शुद्ध सौन्दर्य ही जल है, प्रियतम की श्यामल आभा (यमुना) प्रियाजू की गौर आभा (गंगा) का संगम है। लालजी की नाभि अक्षयवट का अयन है। प्यारीजू के पुष्ट उरोज वेणीमाधव हैं, जिन्हें प्रियतम उँगली रूप पुष्पों से पूजते हैं। दन्त द्विज हैं, कपोल कामधेनु हैं। प्यारीजू की करधनी के नूपुर प्रयागराज के मुनि हैं, जो जय-जयकार कर रहे हैं। खुले केश, कञ्चुकी आदि सुन्दर झाग हैं। ऐसा स्थान बैकुण्ठ में है, न आकाश में, न धरती और पाताल में —

तीरथराज निधिवन जान।
सलिल सुद्ध स्वरूप दंपति नहिन उपमा आन।
गौर स्याम सरीर गंगा जमुन जलचर नैन।
नाभि ललना लाल की परसत अखैबर ऐन।
करज कुसुमनि पूजि पिय माधौ पयोधर-पीन।
मकर मकरध्वज-मनोरथ सफल सब बिधि कीन।
दान दै दसनावली द्विज जानि सुरभि कपोल।
मेखला मंजीर मुनि जयधुनि जघन गति लोल।
रसिक भगवत सरसुती सेवत सहित अनुराग।
मुक्तकबरी कंचुकी नीबी नितंब सुझाग।
भँवर भूलनि में तरैं बूड़ें बदन अंबोज।
कूल भुज अनुकूल वलय तरंग संगम ओज।
व्योम भूमि पताल में नहिं रमापतिकी ठौर।
वर विहारिन कृपा उर पैयै न साधन और।[3]

भगवतरसिक ने अपने एक अन्य पद में निधिवन को शोभासिन्धु बतलाया है —

---

१. श्रीगीतगोविन्द, पृ० १८८, ५.१।
२. उ० नी०, पृ० ७९२।
३. भगवतरसिक की वाणी, पृ० १२३।

सोभा सिंधु निधिवन और।
निरखि नखसिख माधुरी मंजुल महल की पौर।[1]

यह निधिवन किसी विलक्षण शोभा का महासागर है। यहाँ निकुञ्ज-भवन की मञ्जुल पौरी में ऊपर से नीचे तक ऐसी अद्भुत-माधुरी छाई है कि कुञ्जबिहारी — "करत सब रस बारता बाँके रसिक सिरमौर।"

महन्त किशोरदासजी ने — "खड़े मिलि नवनिकुंज के द्वार" अथवा "करत दोऊ कुंज-कुंज प्रति केलि" जैसे सुन्दर चित्र अंकित किए हैं।

८७.५ कुञ्ज-तत्व

किशोरदासजी ने अव्यक्त-कुञ्ज का भी उल्लेख किया है —

व्यक्त केलि अव्यक्त भवन मधि विलसत भये विहारी।

श्रीललितकिशोरीदास ने भी अव्यक्त कुञ्जतत्व को स्पष्ट किया है —

तनरूपी तौ महल है मनरूपी प्रियालाल।

अथवा

मनोरथ रूपी प्रिया लाल हैं मनोरथ रूपी निजकुंज।

अथवा

हममें कुंज कुंज में हम हैं।[2]

८७.६ कुञ्जकौतुक

रसिकदेवजी ने "कुञ्जकौतुक" नाम से एक ग्रन्थ लिखा है, जिसमें ३६० कुञ्जों का उल्लेख है — प्रकाश-कुञ्ज में करोड़ों शरदरात्रि के समान प्रकाश है। मंगलकुञ्ज में विवाह की लीला है। कंकणकुञ्ज में वरवधू का कंकण खोला जाता है। कहीं खण्डिता-कुञ्ज है तो कहीं विरहकुञ्ज है। कहीं ललितकुञ्ज है तो कहीं महारास-कुञ्ज है।

महावाणी में भी न्हानकुञ्ज, सिंगारकुञ्ज, भोजनकुञ्ज आदि का उल्लेख किया है।[3] महावाणी में कमलनिकुञ्ज भी है।[4]

निकुञ्ज भाव-रूप हैं। जितने भाव हैं, उतनी ही कुञ्ज हैं। एक भाव एक कुञ्ज है। मध्य में निकुञ्ज है।

भगवतरसिक ने कहा है कि यह काया ही कुञ्ज है, मन ही वह निकुञ्ज है और नेत्र उस निकुञ्ज के द्वार हैं। हृदय-कमल में श्यामा-श्याम विलस रहे हैं —

कायाकुंज निकुंज मन नैन द्वार अभिराम।
भगवत हृदय सरोज सुख विलसत स्यामा स्याम।[5]

---

१. भगवतरसिक की वाणी, पृ० १६०।
२. रससागर, पृ० ६५९।
३. महावाणी, पृ० १७-१८-१९।
४. वही, २२७।
५. भगवतरसिक की वाणी, पृ० १२१।

महामहोपाध्याय गोपीनाथ कविराज के शब्द हैं — "जहाँ अन्तरंग है, वहाँ कुञ्ज है।" कविराजजी प्रत्येक सखी का एक कुञ्ज मानते हैं — ललिता का कुञ्ज, विशाखा का कुञ्ज और चित्रा का कुञ्ज। इन कुञ्जों के भीतर एक निकुञ्ज है, जहाँ केवल राधाकृष्ण हैं। निकुञ्ज में राधा की काया में सभी सखियों की समष्टि का प्रवेश हो जाता है।[१]

निकुञ्ज के सम्बन्ध में डॉ० प्रेमस्वरूप गुप्त का मत है कि — जिस प्रकार अणु-अणु में विभाजित काल नित्य हो उठता है, उसी प्रकार निकुञ्ज भी सीमातीत और "व्यापी" हो जाता है। उसकी कोई स्थूल-कल्पना करके किसी स्थूल वृन्दावन के किसी कोने में, कहीं एकदेशीय रूप में उसे बाँध लेना उचित न होगा।[२]

८७.७ महल

आगे चल कर अष्टाचार्यों की वाणी में महल शब्द ही कुञ्जमहल का पर्याय बना है —

एते आवरन महल के तहाँ निरवधि नित्यविहार।

महल में बजत बधाई नीकी। (रससागर, पृ० ७६७)

हमारौ महल सदा सुख दाई।

प्रिया लाल कौं रंग बढ़ावत छिन छिन प्रीत सबाई।

हमारे महल कौ नातौ साँचौ। (वही, पृ० ७७९)

याही के बल गरजत सबसों आवै नाहीं आँचौ। (वही, पृ० ७८६)

लड़ैतीजू कौ महल महासुखरासी। (वही, पृ० ७८८)

साधो ऐसौ महल हमारौ। (वही, पृ० ७९३)

महली की गति महली जानें को जानें बाहर बारौ। (भगवतरसिक)

८७.८ रंगमहल

लोक-गीतों में रंगमहल शब्द उतरा है — "आज तौ बधाई बाजी रंग महल में।"

महावाणी में श्रीहरिव्यासजी ने भी "रंगमहल" शब्द का प्रयोग किया है —

प्यारी-प्यारे रंगमहल में रंग भरे दोऊ करत विहार।[३]

महावाणी में इसे आनन्दमहल भी कहा गया है —

आजसखी आनंदमहल में मदनमोहन कल केलें री।[४]

८७.९ सुघराई गावत

सुघराई सुघड़ता, सुन्दरता का नाम है किन्तु यहाँ वह एक राग का नाम है। "कान्हरा" राग का एक प्रकार। इसका थाट काफी है। गान्धार और निषाद कोमल हैं। आरोह में धैवत वर्जित है और अवरोह में शुद्ध धैवत का क्वचित् प्रयोग है। वादी पञ्चम है और संवादी षड्ज है।

---

१. दे० शक्ति का जागरण और कुण्डलिनी, विश्वविद्यालय प्रकाशन, वाराणसी, १९९०, पृ० ७३-७४।
२. दे० रसनिकुंज अक्टूबर १९८७, पृ० ६१।
३. महावाणी, पृ०० ०९।
४. वही, पृ० २१२।

८७.१० कोटि काम दगे

"कुञ्जबिहारी की कटाछि सों कोटि काम दगे।" पुराण-प्रसिद्ध है — शिव का तीसरा नेत्र, क्रोधाग्नि, ज्वाला निकली और कामदेव भस्म हो गया। यहाँ क्रोध का आवेश नहीं है। प्रेम-रस से भीगा हुआ कटाक्ष है, बाँकेबिहारी की बाँकी चितवन और बिहारीजू के उस कटाक्ष से एक काम नहीं "कोटि-कोटि काम दगे।" तप्त गरम लोहे से दागकर दासों के शरीर पर निशान बनाया जाता था। यहाँ कोटिकाम दास बन गए हैं। वे दग गए, दग्ध करके चिह्नित कर दिए गए। "रसदेश" में कामदेव दास की स्थिति में हैं।

काम जब दास बन जाता है तभी नित्य-विहार के रस की अनुभूति होती है। सिद्ध-देह मिलती है, "रसदेश" में सखी के रूप में प्रवेश होता है। काम जब दास बनता है तभी वह राग जन्म लेता है, जो स्वामीहरिदास का दिव्य संगीत बनता है। त्रिलोकी के समस्त सुख संगीत में पग जाते हैं।

८८

हिंडोरे झूलत लाल, दिन दूलह-दुलहिन बिहारन देखौ री ललनाँ।
गौर-स्याम छबि अति दुत बहु भाँति री बलना॥
नीलांबर-पीतांबर अंचल चलत, धुजा फहरात कल नाँ।
श्रीहरिदास के स्वामी स्यामा-कुंजबिहारी बिहारन अविचलनाँ॥

८८.१ हिंडोला

किसी अवधारणा की रचना में और फिर उसके विवेचन या व्याख्या में देश और काल का बहुत महत्त्व है। अवधारणा की रचना देश-काल में होती है तथा फिर उसकी व्याख्या भी देश-काल में होती है। अवधारणा भले ही कालातीत की हो और देश-काल से परे हो। अवधारणा पर, तथा फिर उसकी व्याख्या पर परिवेश का प्रभाव होता ही है। हिंडोला उत्सव है। सावन के महीने में ब्रज के प्राय: सभी वैष्णव-मन्दिरों में हिंडोले के दर्शन होते हैं। कहीं फूलों का हिंडोला बनता है, तो कहीं केले के खम्भों का, पत्तों का, कहीं सोने और चाँदी के रत्नजटित हिंडोले होते हैं। यह एक परम्परा का सूत्र है। यों वर्षा में झूला भी उत्सव है — गरीब-अमीर, गाँव-नगर के लिए उसका समान महत्त्व है। आम, बरगद, नीम आदि किसी भी बड़े वृक्ष पर मोटी रस्सी डाली और झूला तैयार हो गया, युवतियों के समूह एकत्र हुए और गीतों से आसमान भर गया। हिंडोला भी झूला ही होता है, किन्तु वह वृक्ष की डाल पर नहीं, दो खम्भों के आधार पर बनता है। वह गढ़वाया जाता है — ''गढ़नहार हिंडोरना कौ ताहि लेउ बुलाय।'' सूरसागर में विश्वकर्मा ही सूत लेकर आता है और कञ्चन के खम्भे बनाता है। वह चार डाँडी बनाता है, मयार-मरुवे बनाता है। खम्भों में मूँगा, मोती, हीरा तथा लाल जड़ता है और मोतियों की झालर लगाता है। पचरंग की पाट बनाता है और बीच में स्फटिक का सिंहासन सजाता है। ''सूरसागर'' में हिंडोले के लगभग पन्द्रह पद हैं।[१] प्राकृतिक रमणीयता का वर्णन करते हुए सूरदास कहते हैं —

बन-बननि कोकिल कंठ निरवति करत दादुर सोर।
घन घटा कारी, स्वेत बग-पंगति निरखि नभ ओर।
तैसियै दमकत दामिनी तैसौइ अंबर घोर।
तैसौइ रटत पपीहरा तैसौइ बोलत मोर।

मोर नाच रहे हैं, पपीहा सुर दे रहा है, भौंरा गुञ्जार रहा है, बादल गरज रहा है और बिजुरी तड़प रही है। त्रिविध समीर है। यमुना कल-कल ध्वनि कर रही है।

सूरदास कहते हैं —

ललिता बिसाखा देहिं झोंटा रीझि अंग न मात।

सखियों के यूथ हैं—

सब पहिर चुनि-चुनि चीर चुहि-चुहि चूनरी बहुरंग।
कटि नील लँहगा लाल चोली उबटि केसरि अंग।

---

१. सूरसागर, पृ० ११२३ से ११३० तक।

और सब मिलकर "गावत राग मलार रागिनी।" जैसे स्वामीजी के पद में नीलाम्बर-पीताम्बर-अञ्चल ध्वजा की तरह फहरा रहा है, वही बात सूर ने भी कही है —

उर उड़त अंचल-छोर छबि दुति पीत पट फहरान।

श्रीरसिकदासजी ने निकुञ्ज के द्वार पर खड़े होकर देखा कि श्यामा-श्याम हिंडोले पर पुलकित होकर एक-दूसरे को हृदय से लगा लेते हैं। लाड़भरी किशोरी लाड़ली अपने सुख में मग्न है और उधर बिहारीजी रमक रहे हैं। अंग-अंग में अनंग की तरंगें उल्लसित हो रही हैं —

हिंडोरें झूलत तन सुकुमार।
पुलकि-पुलकि राधे उर लागत, प्रीतम प्रान-अधार।
भाये वसन सजे मनसिज के, उर वर हार सुढार।
सुख में झूलति कुँवरि लाड़िली, रमकत स्याम उदार।।
जुगल सरूप अनूप विराजत, मनमथ भेद अपार।
श्रीरसिकबिहारी की छवि निरखत, खरे हैं कुंज के द्वार।। (रससागर, पृ० ६४०)

हिंडोले पर झोंटा आते हैं तो हितहरिवंशजी ने देखा प्यारीजू डर गईं, रोमांचित होकर प्रियतम से लिपट गई —

वर हिंडोले झकोरन कामिनि अधिक डरात।

हिंडोले के पद प्रायः सभी रसिक-भक्तों ने लिखे हैं, अष्टछाप के कवियों के बहुत से पद हिंडोले सम्बन्धी हैं। कृष्णदास का पद है — "हिंडोरें माई झूलत लाल बिहारी।" महावाणी में बहुत से हिंडोला-पद हैं और महन्त किशोरदासजी ने भी हिंडोले के पदों की रचना की है। एक हिंडोला-पद में प्यारीजू निहोरे करती है कि — मुझे अपना पीताम्बर ओढ़ा दो — "**पीतांबर ओढ़ाय लै री प्यारी करत निहोरना**" और प्रियतम कहते हैं जब तुम कौंधोगी तब हम बरसेंगे —

आज तौ झूलेंरी नवल हिंडोला।
स्याम सघन घन दामिनीसों कीनों पन जब तुम कौंधौ प्यारी तब हम घोरना।

रामभक्ति के रसिकों में भी हिंडोले के पद लिखे गए थे —

हिंडोरे माई झूलत दशरथ लाल।
सोह बाम-दिशि जनकनन्दनी कनक-लता ज्यों तमाल।।
शीश सुभग मणि-मुकुट विराजत मोहत तिलक सुभाल।
बिथुरी अलक कपोलन राजत कुंडल श्रवण विशाल।।
पान खात मुसक्यात परस्पर चितवनि करत निहाल।
लै गलबाँह लेत जब झोंका उरझि जात मणिमाल।।

ब्रज के लोकजीवन में हिंडोले के शत-शत गीत गाए जाते हैं।

९०

ऐसी रितु सदाँ सर्वदा जो रहै, बोलत मोरनि।
नीकैं बादर, नीकें धनुस, चहुँदिस नीकौ बिंदावन, आछी-नींकी मेघन की घोरन।
आछी नींकी भूमि हरी-हरी, आछी-नीकी बूढ़न की रैंगनि काम करोरनि।
श्रीहरिदास के स्वामी स्यामा के मिलि गाबत राग मलार जम्यौ री किसोर-किसोरनि।

९०.१ ऐसी रित सदा सर्वदा जो रहै

भागवतकार ने बड़े विस्तार से वर्षा का वर्णन किया है। नीले और घने बादल घिर आए हैं, बिजली कौंधने लगी है। बार-बार गड़गड़ाहट सुनाई पड़ती है। बादल सूरज और चन्दा को आच्छादित कर लेते हैं। जुगनू चमकते हैं। मेंढ़क बोल रहे हैं। नदियों में बाढ़ आ गई है। हरी-हरी धरती पर लाल वीरबहूटी घूम रही हैं। इन्द्रधनुष शोभायमान है और मोरों का नृत्य चल रहा है। जयदेव ने तो "गीतगोविन्द" का प्रारम्भ ही वर्षा से किया है —

मेघैर्मेदुरमंबरं वनभुवः श्यामास्तमालद्रुमै—
र्नक्तं भीरुरयं, त्वमेव तदिमं राधे! गृहं-प्रापय।

हे राधे, समस्त दिशाएं घनघोर घटाओं से आच्छादित हैं, श्यामल तमाल-वृक्षों की घनी छाया से वन-भूमि पर घना अँधेरा छाया है। रात्रि का समय है और कृष्ण भीरु-स्वभाव का है।

विट्ठलविपुलजी ने वर्षा ऋतु का चित्र अपने पद में इस प्रकार अंकित किया है —

नीके द्रुम फूले फूल सुभग कालिन्दी कूल, इन्द्रधनुष राजै स्याम घटनि में।
नीकी गृह लता-कुञ्ज नीकी आली अलि-गुञ्ज, नीकौ राग रमि रह्यौ पिकनि की रटनि में।
नीकी गति मन्द-मन्द बिहारी आनन्दकन्द, नीकौ भेद बन्यौ अरुन पीत पटनि में
श्री बीठलविपुल रङ्ग ललिता के फूले अङ्ग, मिले ते देखौंगी नैन नीकी विधि छटनि में।[1]

नागरीदासजी का पद है —

पावस ऋतु आई सबनि के मनभाई, तैसौई श्रीवृन्दावन राजैं सुखदाई।
तैसीयै घन की घोर धनुष चहूँ ओर, तैसोई नाचत मोर तैसीयै चातक पिक बोलनि सुहाई।
तैसी भूमि हरी-हरी डोलैं बूढ़ें रंगभरी, लता अनुराग ढरि रही छवि छाई।
निरखि नागरीदासि प्रियापिय सुखरासि, विलसत मन हुलासि, गावत मल्हार लालललना लड़ाई।[2]

भगवतरसिक ने वर्षा ऋतु में प्रियतम का बिम्ब देखा है — प्यारी राधे, वर्षा ऋतु में शिखर पर चढ़कर मोर नाच रहा है। यह प्रियतम का मोर-मुकुट है। बिजली चमक रही है, यह प्यारे की मुस्कान है। बगुलों की पंक्ति प्रियतम के कण्ठ की मोती-माला है। श्यामल मेघ-घटा है, यह प्रियतम का नील कलेवर है। इन्द्रधनुष मानो वनमाला है। दादुर बोल रहे हैं, ये प्यारे के नूपुर हैं —

प्यारी, माथे मुकट सुहावनौ नचत शिखर चढ़ि मोर।
घन गरजत मुरली बजै दामिनी मुरि मुसकात।

---

१. रससागर, पृ० ७१।
२. वही, पृ० ५७९।

वचन रचन कल कोकिला मुक्तावलि बग पाँत।
स्यामघटा तनु अति बन्यौ इंद्रधनुष वनमाल।
प्रेमपुलक रसबरसहीं सरसत सरित-अनंग।[१]

महन्त किशोरदासजी कहते हैं —

गौर स्याम छबिछटा घटावत घनदामिनि सरसाई।
बरसन लगी अमित आसक्ति अवनिउर हरित सुहाई।
सहचरि मोर मगजपर्वत चढ़ि किलकत कुहुक मचाई।
अतिगंभीर जुगलजोवन जमनाजल बढ़नि बढ़ाई।[२]

अर्थात् घटा गौरस्याम की छटा है — घनदामिनी। घनश्याम और दामिनी राधा। प्रेमासक्ति की वर्षा है। हृदय धरती है, जो रस से भीगी है, हरित है। सहचरियाँ मोर हैं, जो कूक रहे हैं। युगल का यौवन जमना की बाढ़ है।

९०.२ मेघन की घोरन

महावाणी में एक चित्र है। बादल गरजता है, दामिनी कौंधती है, तड़कती है, प्रियाजू डरकर प्रियतम के गले सें लिपट जाती हैं —

घन गरजनि दामिनि तरजनितें डरि भामिनि लपटाति गरें।

श्री बिट्ठल-गिरिधरन का पद है —

सखीरी घनतौ गरजन लाग्यौ।
बरसत मेघ पवन फूहिनि सों अपने मद अनुराग्यौ।

हे सखी, आकाश-मण्डल में श्यामल मेघों की सघन घटाएँ घिर आई हैं और बार-बार गरज रही हैं। रह-रहकर बिजली चमकने से और झमाझम बूँद बरसने से जो शोभा हो रही है, उसे देखकर मोहन का मन अधीर हो चला है। वे कुञ्जमहल में प्रियाजी की मनुहार करने लगे हैं। प्रियतमा आँचल की ओट से, उन्हें स्नेह-भरे नेत्रों से जितना-जितना बरजती हैं, प्रियतम उनकी तिरछी चितवन से उतने ही अधिक आहत होते जा रहे हैं। अन्त में मनुहार और वर्जना का यह खेल आनन्द के हिंडोरे की नित्यलीला बनकर सहचरी के प्राणों में अमृत घोलने लगा —

एरी सखी गगन सघन घन गरजै।
चपला चमकनि बूँदें झमकनि छवि पर मोहन लरजै।
अंचल ओट चोट नागर सों नेही नैननि बरजै।
कुंजमहल श्रीविहारिनि प्यारी प्रीतम की निजु अरजै।

९०.३ आछी नीकी भूमि

बिहारिनदास की वाणी है — "हरी-हरी भूमि अरुन बूढ़ें, अरु नाचत उदित वनमोर।" सूरदास ने भी हरित भूमि

१. भगवतरसिक की वाणी, पृ० १८०-८१।
२. महन्त किशोरदास की वाणी, पृ० ७५।

पर इन्द्रवधूटी का उल्लेख किया है — "हरी हरी भुँइ पर इंद्रवधूटी रंग बिछौना बिछायौ।" भागवतकार ने भी वीरबहूटियों (इन्द्रगोप) का उल्लेख किया है — "हरिताहरिभि : शष्पैरिन्द्रगोपैश्च लोहिता: ।" (१०.२०.११)

९०.४ राग मलार जम्यौरी

ध्यान देने की बात है कि भक्तों की वाणी में मल्हार गाने का उल्लेख है और स्त्रियाँ गा रही हैं — सूरदास के शब्द हैं — "गावत राग मल्हार भामिनी दामिनिसी झकझोर।"

गोविन्दस्वामी की पंक्ति है —

राग मल्हार अलापत भामिनि पहरैं कुसुंभीसारी।
बाजत ताल मृदंग बाँसुरी नाँचत दै कर तारी।

शास्त्रीय-संगीत में अवश्य ही गौड़ मल्हार, मियाँ की मल्हार, मीरा की मल्हार, शुद्ध मल्हार आदि राग हैं और ये वर्षा-ऋतु के हैं किन्तु ब्रजमण्डल में मल्हार की शताधिक धुन हैं, जिन में वर्षा-गीत गाए जाते हैं। ब्रजनारी मल्हारों की रानी है —

लै रह्यौ जमना जी के तीर मुकट झोका लै रह्यौ।
हिंडोरा कुंजवन डारौ रे झूलत रानी राधिका प्यारी रे।

९१

बोल बोलिऐ जू मान न करि हौं, सचु के आए दिन पावस के।
घरी घरी के रूसने क्यों बनें, ते बोल बोलिऐ जु मन क्रम वच के।
भयौ है बँधान बहौत जतनन करि, बिसरे गुन गस के।
श्रीहरिदास के स्वामी स्यामा कुंजबिहारी, प्यारी बस के।

९१.१ सचु के आए दिन पावस के

नित्य-विहार या रसदेश की अवधारणा सौन्दर्य-माधुर्य-आनन्द की पूर्णता की अवधारणा है। साधारण-अनुभव का दिव्य-भाव में रूपान्तरण। सौन्दर्य की अनुभूति आध्यात्मिक-आनन्द की अनुभूति है। हमने जीवन में साधारणतया, वर्षा ऋतु का अनुभव किया है। बादल आ गए हैं, छाता लेकर निकलना। किसान के खेतों को पानी की कठिनाई हो रही थी, वर्षा आ गई, वह बोला — यह पानी नहीं, सोना बरस रहा है। यह दृष्टि उपयोगितावादी है।

कोई कवि-हृदय है, पूर्व-दिशा में साँवली घटा उठी, दूर बिजली चमक रही है। कवि ने बादल को देखा और कुछ देर के लिए वह अपने को भूल गया। यह अनुभव किसान के और दफ्तर जाने वाले आदमी के अनुभव से भिन्न है।

एक तीसरा अनुभव है — वर्षा में सौन्दर्य देखा, आनन्द का अनुभव किया, किन्तु वह यहीं तक सीमित नहीं रहा, वह खोजने लगा — वर्षा, मेघ, दामिनी, कलरव, पुष्प, यमुना आदि के पररूप को। अनित्य-सौन्दर्य के बिम्ब से नित्य-सौन्दर्य को खोजने लगा। स्वामीजी के पावस-सुख में अनन्त सुख की अभिलाषा है। यह साधारण-अनुभव का दिव्य-भाव में रूपान्तरण है। "विदग्ध माधव" में श्रीरूपगोस्वामी ने वृन्दावन का एक चित्र दिया है —

क्वचिद्भृंगीगीतं क्वचिदनिलभंगी शिशिरता
क्वचिद्वल्लीलास्यं क्वचिदमलमल्लीपरिमलः।
क्वचिद्धाराशाली कनकफलपालीरसभरो
हृषीकाणां वृन्दं प्रमदयति वृंदावनमिदम्।[१]

कहीं भौंरे गुञ्जार कर रहे हैं, कही ठंडी-ठंडी हवा शरीर को सुख दे रही है, कहीं वायुवेग से लताएं नाच रही हैं और सुगन्धि बिखेर रही हैं। कहीं मल्लिका के फूलों का परिमल मन को मोह रहा है, कहीं रसनिर्झर पवन में व्याप्त है। हे सखे, यह वृन्दावन मेरी इन्द्रियों को भाँति-भाँति से प्रसन्नता दे रहा है।

सम्पूर्ण सुख वृन्दावन की धरती पर आकर एकत्र हो गए हैं। कई विचारक इसे स्वप्न कहते हैं। स्वप्न कई प्रकार के होते हैं और सभी तरह के स्वप्नों का अपना एक अर्थ भी होता है। आदमी नींद में भी सपना देखता है, उस सपने का भी एक अर्थ होता है लेकिन उस अर्थ को जानने के लिए सपनों की लिपि को पढ़ने की क्षमता होना आवश्यक है। महर्षि अरविन्द ने भी इन सपनों के अर्थ पर विचार किया है। "योगवासिष्ठ" को पढ़ें तो वसिष्ठजी जगत् को और जीवन को ही स्वप्न बता रहे हैं। स्वप्न की उनकी अवधारणा बिल्कुल अलग है।

---

१. श्रीरूपगोस्वामी और उनका काव्य-साहित्य, पृ० ३४२ पर उद्धृत।

योगशास्त्र चित्त की चार अवस्थाएं बतलाता है — जाग्रत्, स्वप्न, सुषुप्ति और तुरीय। स्वप्न भी चित्त की एक अवस्था है, लेकिन चौथी अवस्था समाधि की है और वे स्वप्न जब वैज्ञानिक को आते हैं तो आविष्कार होता है, संगीतज्ञ को आते हैं तो राग का अवतार होता है, कवि को आते हैं तो काव्य का सृजन होता है, चित्रकार को आते हैं तो चित्र की रचना होती है। दार्शनिक को आते हैं तो समाज, सभ्यता, संस्कृति का विकास होता है। विश्व-मानवता के विकास में इन स्वप्नों का कितना बड़ा योगदान है! बुद्ध के स्वप्न ने बर्बरता की मनोभूमि में अहिंसा और करुणा के बीज बोए। वर्गविहीन-समाज कार्ल मार्क्स का सपना था। स्वतन्त्र-भारत महात्मा गाँधी का सपना था।

योगी समाधि में और गहरे उतरता है। उसके सपनों की एक परम्परा बन जाती है। वह परम्परा मिथकों की रचना करती है और मनुष्य-जाति की पीढ़ियाँ उन मिथकों के साथ जीती हैं। वे मिथक उस जाति के जीवन में विश्वास का संचार करते हैं, सुन्दरता की अनुभूति को गहरा करते हैं। स्वर्ग और बैकुण्ठ मनुष्य के स्वप्न ही तो हैं, मिथक हैं। लोक-जीवन में मिथकों की भूमिका वास्तविक और यथार्थ होती है। वे सामाजिक-जीवन को ऊर्जा प्रदान करते हैं। मिथक सदा जीवन में रहते हैं, मन में रहते हैं, निरन्तर कायाकल्प करते हैं, कलाकार अपनी कल्पना से तथा विचारक अपने विचारों से उनमें नया अर्थ भरते चलते हैं। यह एक निरन्तर-प्रक्रिया है।

नित्य-विहार मनुष्य की रसवृत्ति, मनुष्य की रिरंसा, सौन्दर्य और प्रेम की अतृप्त प्यास और आनन्द की पराकाष्ठा है। यह रसदेश भारतवर्ष के समष्टिचित्त की सत्ता है। भारत के समष्टिचित्त में राधा-कृष्ण हैं। यदि कुछ विचारक इसे सौन्दर्य-माधुर्य की पराकाष्ठा का स्वप्न कहते हैं, तो स्वप्न ही सही, किन्तु मनुष्य के समष्टिचित्त का रूप बन जाने के कारण, यह "रसदेश" उतना ही बड़ा सच है, जितना बड़ा सच भारत का लोक-चित्त है।

कल्पना करने की बात है कि यदि नर और नारी का सहज-निसर्ग प्रेम, राग या आकर्षण न होता, तब जीवन में क्या होता? क्या संगीत और नृत्य होते, क्या प्रेम और करुणा का अवतार होता? नर-नारी का प्रेम धरती पर स्वर्ग है, जीवन का उत्स है और जीवन का प्रयोजन भी। उस साधारण-अनुभव को रसिक-उपासकों ने दिव्य-भाव में रूपान्तरित किया अथवा उस साधारण-अनुभव के "पर-रूप" को खोजा और उस "पर-रूप" को सौन्दर्य-माधुर्य के अनन्त समुद्र में पाया — "रंग के समुद्र में ए दोउ झागे।" यह अनित्य में नित्य का अनुसन्धान है, सीमा में असीम की प्राप्ति है। विराट् और दिव्य की अनुभूति।

वर्षा-सुख की अनुभूति, शरद-सुख की अनुभूति, वसन्त-सुख की अनुभूति, मोर-कोयल-तोता-पपीहा के स्वर में माधुर्य की अनुभूति, यमुना के कलरव की अनुभूति, नृत्य-सुख की अनुभूति, गायन-सुख की अनुभूति, अधरपान की अनुभूति, नए-नए प्रेम की अनुभूति, कुञ्ज में ही महल की अनुभूति — जितनी सुखानुभूतियाँ हो सकती हैं, वे सब "रसदेश" में उपस्थित हैं। अनित्य में से नित्य की रचना की। "सतो बंधुमसति निरविन्दन् हृदि प्रतीष्या कवयो मनीषा" (नासदीय सूत्र ४, ॠग्वेद मंडल १०, सूक्त, १२९) कवि-मनीषा ने खोज की और सत् का स्रोत असत् में प्राप्त कर लिया। "सतो बंधुमसति निरविन्दन्।" असत् से सत् की ओर स्पन्दन होता है।

९२

यह अचरज देख्यौ न सुन्यौ कहूँ, नवीन मेघ संग बीजुरी एकरस।
तामें मौज उठत अधिक, बहु भाँतिन लस।
मन के देखबे कों और सुख नाँहि कोऊ, चितबत चित जु करत बस।
श्रीहरिदास के स्वामी स्यामा कुंजबिहारीजू कौ पवित्र जस।

९२.१ नवीन मेघ संग बीजुरी एकरस

"केलिमाल" में घन-दामिनी का बिम्ब बार-बार आया है। यह बिम्ब केवल वर्ण-सादृश्य के लिए उपमान के रूप में ही नहीं आया। पहले पद में "घन-दामिनी जैसें" से लेकर अन्तिम पद के "प्रगट भई दामिनि घन-घनतें" तक यह घनदामिनी रस-तत्त्व के अद्वय-भाष्य की तरह है। अद्वैत, द्वैताद्वैत, द्वैत, अचिन्त्यभेदाभेद आदि अनेक सिद्धान्त हैं, जिन्होंने वेद, व्याससूत्र आदि प्रस्थानों को आधार बनाकर, शब्द को प्रमाण मानकर जीव-जगत्-माया और ब्रह्म का प्रतिपादन किया है। "रसदेश" में ऐसा कोई प्रतिपादन नहीं है और इसका कारण है — प्रत्यक्ष-अनुभव को प्रमाण मानना। बार-बार "अनुभव परमान" कहा गया है। रसिक-उपासकों का अनुभव उनकी वाणी है, इसलिए इस वाणी को प्रमाण माना गया है। प्रश्न है घन-दामिनी दो हैं क्या, अथवा यह पूछें — वे दोनों एक हैं क्या? वे एक होते हुए भी दो हैं और दो होते हुए भी एक हैं। वे एक ही रस हैं। रस को यहाँ जल के रूप में देखा जा सकता है — मेघ और दामिनी दोनों ही जल हैं। एक जल ही सही, मेघ-दामिनी दो रूपों में विहार करते हैं। मेघ के आलिंगन में दामिनी है और दामिनी के आलिंगन में मेघ है। ललितकिशोरीजी ने इसे कई प्रकार से कहा है —

मानों दामिनि भवन में घन तन रह्यौ समाय। (रससागर, पृ० ८२७)

ज्यों घनदामिनि बरसि कें चमचमात चहुँ ओर। (रससागर, पृ० ८३५)

"केलिमाल" में "ज्यों घनदामिनि संग रहत नित बिछुरत नाहिन और बरन कों।" (पद सं० ४), "ए स्याम घन तुम दामिनी प्रेम पुंज बरसा रस पीजै" (पद सं० १६), "ज्यों दामिनिघन चमचमात" (३२), "मेघमृदंग बजावत" (१४), "दामिनि दीप दिखावत" के साथ "हँसत लसत नव घन ज्यों दामिनी" जैसे प्रयोग हैं। श्यामा-श्याम एकरस एकाकार हैं। दामिनी मेघ में समा गई है और मेघ दामिनि में समा गया है। पद संख्या छियानवे में दामिनि कहती है — "एई मेघ एई बीजुरी साँची। जिन जिन हमारी उपमा दीनी तिन-तिन की मति काँची।"

"तोलकाप्पियम्" ईसा पूर्व चौथी शताब्दी का एक प्रामाणिक तमिल ग्रन्थ है। इसमें मुल्लै (वन प्रान्त) के आराध्य-देव मायोन का उल्लेख है। मायोन का रूढ़िगत अर्थ है — नीलमेघ के समान द्युतिवाले भगवान्।[1]

दामिनि कौंधती है और उसमें योग-माया का दर्शन करता है — ब्रज का लोकमानस। कंस ने देवकी के हाथ से नन्द-कन्या को छीना, वह तो आकाश में बिजली की तरह चमकी — "अदृश्यतानुजा विष्णोः सायुधाष्टमहाभुजा" (१०.४.०९)। बिजली की प्रभा महाशक्ति के रूप में लोकनमस्कृत है।

भगवतरसिकजी ने एक चित्र देखा कि नव-मेघ (प्रियतम के हृदय) के ऊपर विद्युल्लता (प्रियाजू) विमुग्धावस्था में हैं —

---

१. भारतीय वाङ्मय में श्रीराधा, पृ० ३६०।

नीरदनवल नाहु उर ऊपर दामिनि भामिनि भूलें।[1]

एक दूसरा चित्र है कि दो दामिनियों ने (प्रियाजू की दो भुजा) एक मेघ (प्रियतम) को बाँध लिया है, न इन्द्रधनुष है, न बगपंक्ति है (वस्त्राभूषण)। हाँ, आनन्दव्यञ्जक ध्वनि (मेघगर्जन) है। स्वातिसमाज (रसिक) तृप्त हो रहा है, प्राण-पपीहा का पोषण हो रहा है —

द्वै दामिनि के बीच में घन एक विराजै।
रूप अनूपम माधुरी अद्भुत छबि छाजै।
इंद्रधनुष नहिं देखिऐ बगपाँति न भ्राजै
मंद मंद मृदु घोर सों सुर सब्दन गाजै।
उमड़ि घुमड़ि बरसा परै मिलि स्वातिसमाजै
भगवत प्रान पपीहरा पोषत सुख साजै।[2]

हितप्रभु ने "चौरासी" में एक पद गाया है —

आज दोऊ दामिनी मिल बहसी।
बिच लैं श्याम घटा अति नूतन ताके रंग रसी।
एक चमकि चहुँ ओर सखीरी अपने सुभाय लसी।
आई एक सरस गहनी में दुहुँभुज बीच बसी। (पृ० १४६)

दो दामिनी हैं — एक घन-दामिनी और एक राधा-दामिनी। दोनों में होड़ है। दोनों नए घनश्याम को बीच में लेकर उनके रंग में रंगी हैं। एक चमकी और चारों ओर शोभा बिखेरकर अपने स्वभाव में समा गई और दूसरी घनश्याम की दोनों भुजाओं में समा गई।

भागवत के रास प्रसंग में मेघ-दामिनी का उपमान है —

कृष्णवध्वो गायन्त्यस्ते तडित इव ता मेघचक्रे विरेजुः। (१०.३३.०८)

विद्यापति ने "नव जलधर रे बिजुरि रेखा, बिजुरि लता जनु पेखलरे, नीरदे बिजुरि बिजुरि सञो नीरद, मेघमाल सञे तडित लता जनि और नव जलधर तर चमकए रे जनि बीजुरि रेह" जैसे बिम्ब बार-बार प्रस्तुत किए हैं।

श्रीमयारामजी ने "केलिमाल" को आधार बनाकर "रसिकजीवन" काव्य संस्कृत में लिखा है, उनकी वाणी है —

नवनीरदे प्रियतमे तडित्प्रियाविलसद्भुजान्तरगता विराजते।
मिलनोद्भवा रसनदी चचाल या नियमावधिं दृढ़तरां बभञ्ज सा।।

श्रीरूपगोस्वामी ने उज्ज्वलनीलमणि में उद्धरण दिया है —

मुकुन्द! मुदिरच्छविर्नव तडिच्छ्रियं तामसौ।

आप मेघसदृश हैं और राधा नवीन विद्युत जैसी हैं। महावाणी में ऐसे सन्दर्भ हैं —

---

१. श्रीभगवतरसिक वाणी, पृ० १८२।
२. वही, पृ० १४०।

लहलहाति रँगभीनी भामिनि दामिनि सी दरसाई।

नागरीदेवजू का पद है —

मेघन तुम दुतिदामिनी मिलि बरसहु प्रेम सुहाग।

अथवा

दोउ उमंगि-उमंगि रस विलसही घन दामिनि भामिनि भोरी हो।

सूरदासजी ने कहा है —

नूतन मेघ नवीली दामिनि सहज भेंटि मिलि पागी।

रास-प्रसंग में भी वे कहते हैं —

मानों माई घन-घन अंतर दामिनि।
घन-दामिनि दामिनि-घन-अंतर सोभित हरि ब्रज भामिनि।[1]

व्यासदास ने दामिनी के कौंधने के रस की अनुभूति इस प्रकार की है —

जब-जब दामिनि कोंधत तब-तब भामिनि डरत प्रीतम उर लाबत।
कुंजकुटीर 'व्यास' के प्रभु संग श्रीराधा रस पावत।

घनदामिनी के ''व्याप्य—व्यापक'' सम्बन्ध की व्याख्या करते हुए डॉ० प्रेमस्वरूप गुप्त कहते हैं —

> ''धूम में अग्नि व्याप्त है'', यह स्थूल और ''अपर'' व्याप्ति है। विश्व में विश्वात्मता व्याप्त है, यह ''पर'' व्याप्ति है। पर जब कोई व्याप्य अभिव्यक्त नहीं है, तब भी ''पर-सामान्य'' के रूप में बनी रहने वाली महा-व्याप्ति ''परोत्तीर्ण'' व्याप्ति है। घन में जल-कणों को घनीभूत करते हुए उसे ''घन'' बनाने वाली दामिनी-शक्ति तब भी व्याप्त है, जब वह अनभिव्यक्त है, और केवल घन की सत्ता है। और तब भी, जब वह चमचमाकर बाहर रूप ग्रहण कर लेती है। पहली अवस्था में वह घन की घनता या स्वरूपभूतता से भिन्न कुछ नहीं है, दूसरी में व्याप्य और व्यापक दोनों व्यक्त हैं। इस सन्दर्भ में न्याय-वैशेषिक का सामान्य-सिद्धान्त स्मरण किया जा सकता है।[2]

९२.२ कुंजबिहारिनजू कौ पवित्रजस

स्वामीजी ''केलिमाल'' का गायन कर रहे हैं और कह रहे हैं — ''कुंजबिहारिनजू कौ पवित्र जस।'' ''केलिमाल'' के पद कुञ्जबिहारी का रस-जस हैं। स्वयं कुञ्जबिहारी कुञ्जविहारिणी का यशगान कर रहे हैं, उन्हीं का ध्यान कर रहे हैं — नील-लाल-गौर के ध्यान बैठे कुञ्जबिहारी। ''केलिमाल'' में मान के अनेक पद हैं। मान-मनुहार वास्तव में प्यारीजू का स्तुतिगान है — ''तुव जस कोटि-ब्रह्मांड विराजै राधे।''

संस्कृतिशास्त्र के अध्येता के सामने स्पष्ट है कि वैष्णव-आन्दोलन की लहर उठी, तब बौद्ध भी वैष्णवों में समा गए, शाक्त भी वैष्णवों में समा गए, शैव भी वैष्णव-रंग में रंग गए। शैव-शाक्त प्रतिमाएं वैष्णव-रूप में प्रकट हो गईं, वे कृष्ण या विष्णु बन गईं या राधा की सखी बन गईं। सब विष्णु के परिवार में आ गए या विष्णु के अवतार बन गए।

---

१. सूरसागर, पृ० ६२०।
२. रसनिकुञ्ज, मार्च १९९१, पृ० ४१।

दर्शनशास्त्र की दृष्टि से महान् विद्वानों ने, मनीषियों ने उपास्य-तत्त्व का बड़ा गहरा विवेचन किया है, किन्तु संस्कृतिशास्त्र एक तथ्य पर जोर देता है — "उपासनाभेदाद् दर्शन-भेदः।" दर्शन-भेद का कारण उपासना-भेद है और उपासना-भेद का कारण है — उपासक-समूह। अन्ततः उपास्य-रूप की परिकल्पना उपासक-समूह करता है। संस्कृतिशास्त्र उपासक-समूह के अध्ययन को कम महत्त्वपूर्ण नहीं मानता। जब विभिन्न उपासक-समूह वैष्णव-भक्ति धारा में समाहित हुए, तब उनकी पूर्व-परम्पराएं भी वैष्णव-भक्ति धारा में समाहित हो गई।

बार-बार प्रश्न उठता है कि स्वामीजी विष्णु सम्प्रदाय में हैं या निम्बार्क हैं या किसी तीसरे सम्प्रदाय में हैं। वैष्णवों के चार सम्प्रदाय बड़े सम्प्रदाय हैं। चारों सम्प्रदायों का यह उपासक-समूह बड़ा है, एक ओर असम, उड़ीसा और बंगाल का उपासक है तो दूसरी और तमिलनाडु का, दक्षिण के अन्य जनपदों का। "सम्प्रदाय" उपासक-समूह का संस्थागत-रूप बन जाता है, किन्तु इनके अतिरिक्त कितनी ही सांस्कृतिक-धाराएं वैष्णव-आन्दोलन में समा गई हैं। अवश्य ही महात्मा गाँधी राष्ट्रीय-आन्दोलन का नेतृत्व कर रहे थे, किन्तु उस आन्दोलन में अनेक प्रकार की राजनैतिक-विचारधाराएं अन्तर्भूत थीं। यह विविधता नैसर्गिक और स्वाभाविक होती है। स्वामीजी के "रसदेश" को विविधता की नैसर्गिक-दृष्टि से समझना आवश्यक है। सूरदास की वाणी में उपासना का केन्द्र-बिन्दु कृष्ण है, "उज्ज्वलनीलमणि" में केन्द्र-बिन्दु कृष्ण हैं, "गीतगोविन्द" भी गोविन्द का गीत है, जबकि "केलिमाल" "कुंजबिहारिनजू कौ पवित्र जस" है। यह संस्कृतिशास्त्र की दृष्टि से अध्ययन का महत्त्वपूर्ण बिन्दु है, जो प्रमाणित करता है कि इस धारा का स्रोत भिन्न है। इसके बावजूद वह कृष्णभक्ति-धारा है, वैष्णव-आन्दोलन है। विष्णु व्यापक है, विराट् है।

भागवत में कृष्ण विष्णु के अवतार हैं किन्तु सांस्कृतिक-स्रोत की भिन्नता "सूरसागर" में आते-आते स्पष्ट हो गई है। बैकुण्ठ ब्रज से नीचे आ गया — "कहा करों बैकुंठहि जाय।" स्वामीजी के यहाँ भी यह बात है — वृन्दावन राजधानी है और बैकुण्ठ-महाबैकुण्ठ थाने हैं। "सूरसागर" में रास-प्रसंग है, कृष्ण की मुरली बजती है और बैकुण्ठ में सुनाई देती है। विष्णु लक्ष्मी से कहते हैं — "रास-विलास करत नँदनंदन सो हमतें अति दूर" अथवा "रहता-करता कौ प्रभु मैं ही वह सुख मोते न्यारौ।" यह रस मुझसे भिन्न है। भागवत में जो अवतार हैं, ब्रज और वृन्दावन में वही कृष्ण अवतारी हैं। फिर भी यह वैष्णव-धारा है। गंगा में कितनी ही धाराएं समाहित हैं ? वे सब गंगा हैं। अन्ततः गंगा भी अन्य धाराओं की तरह समुद्र में समा जाती है। जो ब्रज का "अवतारी" है, वह वृन्दावन में कुञ्जविहारिणी के यश का गायक है — "हमारें माई स्यामाजू कौ राज, जाके अधीन सदा ही सामरौ या ब्रज कौ सरताज" (विट्ठलविपुल)।

९३

बूँदें सुहावन लागत री, मत भींजै तेरी चूँनरी।
मोहि दै उतार, धरि राखौं बगल में तू न री।
लाग लिपटाइ रहैं छाती सों छाती जो न आबै तोहि बौछार की फूँनरी।
श्रीहरिदास के स्वामी स्याम कहत, बीजुरी कौंधै कर हाँ हूँ न री।

९३.१ बूँदें सुहावन लागत री

वर्षा की छोटी-छोटी बूँदें, आनन्दित कर रही हैं। बिहारिनदासजी का पद है —

नान्ही नान्ही बूँद बन सघन मानों प्रेम बरसै पानी।
सींच सींच मन मोद बढ़ावत गावत प्रीतम प्रियहि रिझावत कहि कहि कामकहानी।[1]

"महावाणी" में बूँदों के बड़े सरस चित्र हैं —

टपकि टपकि बूँदें परत पातन ते।
ठाड़े भींजत दोऊ बाँहाँजोरी कीने रसभीने तरु तरें।

अथवा

रिमझिम बूँदनि बरसत वन घन ठाड़े कदम तर दोउ जने[2]

सूरदासजी ने पुरवा-पवन और शीतल बूँद का उल्लेख इस प्रकार किया है —

सीतल बूँद पवन पुरबाई।
जहाँ-तहाँ ते उमड़ि घुमड़ि घन कारी घटा चहूँ दिसि-धाई।

अथवा

नान्हीं-नान्हीं बूँदन बरसत लाग्यौ भींजत कुसुंभी अंबर।[3]

९३.२. मत भींजै तेरी चूनरी

वर्षा के गीतों में चूनर भीगने का अभिप्राय बहुत व्यापक है, जैसे —

सुरंग चूनरी स्यामाजू की भींजत है रसभारी। (परमानन्ददास)

भींजत कब देखों इन नैना।
स्यामाजू की सुरंग चूनरी मोहन कौ उपरैना।

अथवा

---

१. रससागर, पृ० ४९५।
२. महावाणी, पृ० ११४-१५।
३. सूरसागर, पृ० ९१९।

भींजत कुंजन ते दोउ आवत।

ज्यों-ज्यों बूँद परत चूनर पै त्यों-त्यों हरि उर लावत। (श्रीभट्ट)

नवल पीतांबर नवल चूनरी नई-नई बूँदन भींजत गोरी। (हितहरिवंश)

वर्षा-रस का आवेश हुआ, बिहारीजू ने प्रियाजू से कहा — "चूनरी मुझे दे दो, भीग जाएगी।" चूनरी लेने के बाद फिर कहा कि तुम्हें बौछार की फूनरी (छोटी बूँदें) लगेंगी, छाती से छाती लगाकर लिपट जाओ। हाँ-हूँ मत करो, बीजुरी कौंध रही है, डर लग रहा है। श्री बिट्ठल-गिरिधरन का पद है —

दामिनि दमकत जोबन माती।
गरजित गरजि आवत इतहीकों डोलत एती माती।
याकौ तेज देखि मेरी सजनी काँपत मेरी छाती।
श्रीविट्ठल गिरिधरनलालतें ये नहिं नेंकु सँकाती।

९४

भींजन लागे री दोऊ जन।
अँचरा की ओट करत दोऊ जन॥
अति उनमत्त रहत निस-बासर, रागही के रंग रँगे दोऊ जन।
श्रीहरिदास के स्वामी स्यामा कुंजबिहारी प्रेम परस्पर, निरत करत दोऊ जन॥

९४.१ भींजन लागेरी दोऊ : अँचरा की ओट करत

क्षण-क्षण उत्सव है, क्षण-क्षण आनन्द है, क्षण-क्षण रस का सिन्धु उमड़ रहा है। वसन्त में आनन्द की एक लहर है, तो शरद में आनन्द की दूसरी लहर है, वर्षा है तो वर्षा-रस है, यह भी आनन्द की लहर है। आँचर की ओट में दोनों भीग रहे हैं। हरिदासी-सखी देख रही है, जब बूँदें थीं, तब प्रियतम ने चूनरी भीग न जाए, इसके लिए उसे बगल में छिपा लिया था, प्रियाजू को आलिंगन में बाँध लिया था, परन्तु अब वर्षा का वेग बढ़ गया, तो आँचल की ओट में दोनों रस में भीग रहे हैं।

वर्षा में भीगते हुए युगल की छवि को राधावल्लभ सम्प्रदाय के प्रवर्तक गोस्वामी श्रीहितहरिवंशजी ने इन शब्दों में अंकित किया —

दोऊ जन भींजत, अटके बातन।
सघन कुंज के द्वारें ठाड़े अंबर लपटे गातन।
ललिता ललित रूप-रस भींजी बूँद बचावत पातन।
हितहरिवंश परस्पर प्रीतम मिलवत रति-रस घातन।

चाचा हितवृन्दावनदासजी ने तो अपने पद में मेघ और दामिनी तथा प्रियतम और प्रियतमा की रस-वर्षा की तुलना भी कर दी है —

भींजत कुंजनतर छवि पावत।
इत नव नीरद उतहि स्याम घन दुहुँ दिस बहस बढ़ावत।
उत दामिनि इत भामिनि राधा छिन-छिन छवि सरसावत।
उतहि दुरत इत अचल विराजत, मुसकन हियहिं सिरावत।
वृंदावन हित रूप परावधि विवि घन-तड़ित लजावत।

सूरदास के निम्नलिखित पद में दोनों की परस्पर प्रीति सजीव हो गई है, वर्षा में भीगते जा रहे हैं, राग-रागिनी गा रहे हैं। बिहारीजू स्यामाजू को अपना पीताम्बर ओढ़ाना चाहते हैं और श्यामाजू बिहारीजू को अपनी चुनरी की ओट में लाना चाहती हैं —

भींजत कुंजन में दोउ आवत।
ज्यों-ज्यों बूंद परत चूनर पर त्यों-त्यों हरि उर लावत।
अधिक झकोर जबै मेघन की द्रुम तर छनि बिरमावत।
वै हँसि ओट करत पीतांबर ये चूनरी उढ़ावत।
भींजै राग-रागिनी गावत भींजे जल छवि पावत।
सूरदास प्रभु रीझि परस्पर प्रीत अधिक उपजावत। (सूरसागर, पृ० ९२०)

ऐसा ही एक चित्र परमानन्ददास के शब्दों में अंकित है —

देखौ माई, भींजत रस भरे दोऊ।
नंदनँदन वृषभानु-नंदिनी, होड़ परी है जोऊ।।
सुरंग चूँनरी स्यामाजू की, भींजत है रस भारी।
गिरिधर पाग-उपरना भींज्यौ, या छवि ऊपर वारी।।
बातहि बात होड़ भई भारी, ललितादिक समुझावैं।
दोऊ मिलि झगरत, मानत नाँहीं, सखि-जन बूँद बचावैं।।
तब मोहन हारे सिर नाए, हँसीं सकल ब्रज-नारी।
परमानन्द प्रभु इहि विधि क्रीड़त, या सुख की बलिहारी।।

श्री विट्ठलगिरिधरन ''गंगाबाई'' की राधा चुनरी भीजने पर लाल से कुञ्ज-भवन में चलकर उपाय करने का आग्रह करती हैं —

लाल! मेरी सुरँग चूँनरी भींजै।
लेहु बचाय आपु पिय मोकों, बूँद परै रँग छीजै।।
बरसत मेहु रहै नहिं नैकहुँ, कहा उपाय अब कीजै।
चलियै कुंज-भवन में प्रीतम, मान सबै सुख लीजै।।
ऐसौ समयौ बहुरि नहिं ह्वै है, मेरो कह्यौ पतीजै।
श्रीविट्ठल गिरिधरन छबीले निरखि-निरखि मुख जीजै।।

जबकि गोविन्दस्वामी की राधा पीताम्बर की ओट चाहती हैं और कह रही हैं कि घनी-कुञ्ज में चलिए, मेरा लहरिया भीग रहा है —

लहरिया मेरौ भींजैगौ वह देखौ आवत है मेहु।
सुरंग रंग रँग्यौ साँवरौ, अबही धरैगौ नेहु।।
सघन-कुंज में चलौ साँवरे, ओट पीतांबर देहु।
गोविंद प्रभु पिय हँसि, प्यारी सों बढ़ि है अधिक सनेहु।।

''कृष्णदास'' की जुगल जोड़ी वर्षा में भीगती हुई सुशोभित हो रही है —

दोउ जन क्रीड़त हैं बन माहीं।
उमड़ि घटा घुमड़ी चहुँ दिसि तें, देखत उर न समाहीं।।
देखि घटा धावत कुंजन कों, बीचहिं बूँदन आहीं।
'कृष्णदास' गहि ओट कदम्ब की, भींजत क्यों न सुहाहीं।।

कुम्भनदास का एक पद है, इसमें श्रीराधा पीताम्बर की ओट माँग रही है कि मेरी चुनरी भीग जाएगी, दामिनी से डर लग रहा है —

स्याम! सुनु नियरैं आयौ मेहु।
भीजैगी मेरी सुरँग चूनरी, ओट पीतांबर देहु।।
दामिनि तें डरपति हौं मोहन, निकट आपुनी लेहु।
'कुंभनदास' लाल गिरिधर सों, बाढ्यौ अधिक सनेहु।।

९५

नदत मनमृदंगी रास-भूमि सुकांत, अभिनै सु नव गति त्रिभंगी।
धापि राधा नटति ललिता रसवती नागरी गाई ते ऽग्रनाभि तान तुंगी।
रसद बिहारी बंदे वल्लभा राधिका, निस दिन रंग रंगी।
श्रीहरिदास के स्वामी स्यामा-कुंजबिहारी संगीत संगी॥

९५.१ रासभूमि सुकांत

रस-उपासना की भूमि रास है। भारत की समस्त ललित-कलाओं ने रास का साक्षात् करके अपनी धन्यता मानी है। भारत के मूर्तिकारों ने, चित्रकारों ने, नाट्यकारों ने, संगीतज्ञों ने, नर्तकों ने, गीतकारों ने, कवियों ने रास को लेकर जिस विराट् कला-वैभव का सृजन किया है, उसका आकलन आज तक भी हो सका है, यह कहना कठिन है।

रास उत्सव है, केलि-क्रीडा है, नृत्य है। रास उपासना और अनुष्ठान है, लीला है। रास मञ्च है तथा रास एक दर्शन है। रास को लेकर सहस्त्रावधि-ग्रन्थ लिखे गए हैं, फिर भी रास एक प्रश्न है — जटिल प्रश्न है। भागवत में स्वयं परीक्षित ने ही प्रश्न उठा दिया — ''प्रतीपमाचरद् ब्रह्मन् परदाराभिमर्शनम्'' धर्म की मर्यादा बनाने वाले ने ही धर्म के विपरीत परस्त्री-स्पर्श किया?

अथवा

कृष्णं विदुः परं कांतं न तु ब्रह्मतया मुने
गुणप्रवाहो परमस्तासां गुणधियां कथम्। (१०.२९.१२)

गोपियों का कृष्ण के प्रति ब्रह्म-भाव नहीं, जार-भाव था —

तमेव परमात्मानं जार-बुद्ध्यापि संगताः। (१०.२९.११)

एक ओर रास के गीतों को, अनंगवर्द्धन-गीतों को भागवतकार ने ''लीला'' के रूप में स्वीकार किया है, किन्तु दूसरी ओर वह आर्य-मर्यादा को भूला नहीं है — ''जुगुप्सितं च सर्वत्र औपपत्यं कुलस्त्रियाः।'' (१०.२९.१८-२६) जार-पुरुष के पास जाना निन्दनीय है, मर्यादा के विरुद्ध है, नरक का हेतु है। ''गोपियों, रात के समय घोर-जंगल में स्त्रियों को नहीं रुकना चाहिए, तुम लोग अपने-अपने घर लौट जाओ। पतियों और सतियों की सेवा-सुश्रूषा करो।''

भागवतकार कहता है कि वंशी की टेर सुनकर जब गोपियाँ धैर्य खोकर चलने लगीं, तब पिता और पतियों ने, भाई और जाति-बन्धुओं ने उन्हें रोका — ''ता वार्यमाणाः पतृभिर्भ्रातृबंधुभिः।'' (१०.२९.०८)

रास रति-क्रीड़ा है, स्वयं भागवत का वाक्य है —

बाहुप्रसारपरिरंभकरालकोरुनीवीस्तनालभननर्मनखाग्रपातैः।
क्ष्वेल्यावलोकहसितैर्व्रजसुन्दरीराणामुत्तंभयन् रतिपतिं रमयांचकार। (१०.२९.४६)

९५.२ क्या रासलीला देश-काल में घटित घटना है?

क्या कृष्ण की रासलीला को देश-काल में घटित ऐतिहासिक घटना कहा जा सकता है? शुकदेव परमहंस हैं, वे

भगवान् की लीला सुना रहे हैं। भागवत इतिहास नहीं है। सोलह हजार गोपियों के साथ कृष्ण ने सोलह हजार रूप धारण किए। शरद-पूर्णिमा की रात छह महीने की हो गई। कोई भी समझ सकता है कि इतिहास ऐसा नहीं होता।

९५.३ रास लीला है

इतिहास देश-काल में बँधा होता है और लीला देश-काल के परे होती है। रास इतिहास नहीं, लीला है। डॉ० राममूर्ति त्रिपाठी के शब्दों में —

> रास के तीन रूप हैं — रहस्यात्मक, रसात्मक और अनुकरणात्मक। गोलोकस्थित नित्यवृन्दावन का नित्यरास रहस्यात्मक है। रसात्मक-रास द्वापर-युग में ऋचावतार गोपियों के साथ वृन्दावन में अवतरित हुआ। ये दोनों अलौकिक हैं। तीसरा अनुकरणात्मक-रास है, जो अलौकिक-वृन्दावन की प्रतिमा वृन्दावन में प्रकट होने से भक्तजनों के प्रत्यक्ष अनुभव और आस्वाद का विषय है।[१]

९५.४ रास उत्सव है

रास "उत्सव" का एक रूप है। "गीतगोविन्द" के टीकाकारों ने रास को अनंगोत्सव या मदनोत्सव के रूप में पहचाना है।

९५.५ रास रात्रि का अनुष्ठान है

अनेक प्रकार की उपासना और अनेक प्रकार के अनुष्ठान हैं — यज्ञ, याग, सन्ध्या, तर्पण, स्मरण और प्रार्थना। हमें अनुष्ठान के समय पर ध्यान देने की आवश्यकता है। उदाहरण के लिए तर्पण का समय मध्याह्न है। सन्ध्या-उपासना दिन और रात की सन्धिवेला में होती है। प्रात:स्मरण "रश्मिमाला" का समय ब्राह्ममुहूर्त्त है। यज्ञ-याग दिन के अनुष्ठान हैं। वैष्णवों में अष्टयाम हैं, आठ झाँकियाँ (मंगला, ग्वाल, शृंगार, राजभोग, उत्थापन, संध्या-आरती, भोग और शयन) समयबद्ध नित्य-सेवा-प्रणाली का अंग हैं।

इसी प्रकार रात्रि में की जाने वाली उपासनाओं की अपनी एक विशिष्ट परम्परा है। लोक-जीवन में प्रचलित "रतजगा" या रात्रि-जागरण देवी, भैरों और शिव-पूजा से सम्बन्धित हैं। पञ्चरात्र पाँच रातों में सम्पन्न होने वाला अनुष्ठान था। नवरात्र नौ रातों में सम्पन्न होने वाला दुर्गा-पूजा का उत्सव-अनुष्ठान है।

तन्त्रों में चार महत्त्वपूर्ण उपासना-रात्रियों का उल्लेख है — "कालरात्रिर्महारात्रिमोहरात्रिश्च दारुणा।" दारुणरात्रि होली की रात है, कालरात्रि शिवरात्रि है तथा महारात्रि दीपावली की रात है। यहाँ जिसे मोहरात्रि कहा गया है, वह रास की रात्रि है, शरद् पूर्णिमा की रात्रि। जिसमें चन्द्रमा और अन्य देवता भी मोहित हो गए थे।

९५.६ रास : गुह्य-उपासना

रास गुह्य-उपासना है, प्रकट-उपासना नहीं है। उसमें प्रवेश करने का अधिकार सभी का नहीं है।

गोपनादिष्टसंपत्तिः सर्वथापरिसिद्ध्यति।
कुलालपुरके पात्रमन्तर्वाष्पतया तथा।

---

१. चौमासा, वर्ष २०, अंक ६३, पृ० ०७।

इष्ट-सम्पत्ति गोपन से ही सिद्ध होती है, जैसे कुम्भकार के आँवा में अन्दर ही अन्दर ज्वाला है, बाहर एक चिंगारी भी नहीं दीखती।

९५.७ उपासना-विधान की आचार्या : नारी

इस उपासना-विधान की आचार्या नारी है। रास में नारी-भाव का ही प्रवेशाधिकार है। भगवान् शंकर को भी नारी-भाव में ही प्रवेश मिल सका। वे गोपीश्वर बने। सूरदास कहते हैं —

गोपी पद रज महिमा बिधि भृगु सों कही।
बरस सहस तप कियौ तऊ मैं ना लही।
ब्रजसुंदरि नहिं नारि ऋचा श्रुति की सब आहीं
मैं अरु शिव पुनि शेष लक्ष्मी तिन सम नाहीं। (सूरसागर, पृ० ६६२-६३)

९५.८ वेद नहीं ठहरान्यौ : गोपी-वेद

सूरदास ने बड़े स्पष्ट शब्दों में कह दिया है कि रास की अवधारणा तक वेद नहीं पहुँचा —

धनि सुक मुनि भागवत बखान्यौ।
जो रस रास रंग हरि कीन्यौ वेद नहीं ठहरान्यौ।
सुर नर मुनि मोहित भये सब ही, सिबहु समाधि भुलान्यौ।

सूरदास ने एक नई उद्भावना की। वेद की ऋचाओं ने सच्चिदानन्द-रूप नारायण की स्तुति की और वरदान माँगा कि हम आपके त्रिगुणातीत रूप के दर्शन करना चाहती हैं —

श्रुतिन कह्यौ है गोपिका केलि करें तुम संग।
एवमस्तु निजमुख कह्यौ पूरन परमानंद।
वेद ऋचा है गोपिका हरिसंग कियौ विहार।

सूरदास का मत है कि गोपियाँ श्रुतिरूपा हैं। श्रुति की अवतार हैं। एक प्रकार से यह "गोपी-वेद" की प्रतिष्ठा है।

९५.९ योगमायामुपाश्रित

क्या रास की अवधारणा का मूल स्रोत "आगम" है? भागवतकार का कथन है —

भगवानपि ता रात्रीः शरदोत्फुल्लमल्लिकाः
वीक्ष्यरन्तुं मनश्चक्रे योगमायामुपाश्रितः।

"ता रात्रीः।" कौन-सी रात्रि? वे रात्रि, जिनके लिए कृष्ण ने चीरहरण के प्रसंग में संकेत किया था —

याता बला ब्रजं सिद्धा मयेमा रंस्यथक्षपाः।
यदुद्दिश्य व्रतमिदं चेरुर्यार्चन सती। (१०.२२.२७)

गोपकुमारियाँ कृष्ण को पति के रूप में पाने के लिए कात्यायनी का अनुष्ठान करती हैं। भद्रकाली की पूजा करती हैं। मार्गशीर्ष के महीने में बड़े सवेरे यमुना-स्नान करती हैं और रेती से भगवती की मूर्ति बनाकर उसकी पूजा करती हैं। ध्यान देने की बात है कि यह आगम-पन्थ है। इन्हीं दिनों बड़े भोर में आकर कृष्ण चीरहरण करते हैं। तन्त्रशास्त्र में पञ्चकञ्चुक का उल्लेख है, अष्टपाश का उल्लेख है। लज्जा, भय, गौरव, कुल-जाति का अभिमान आदि आवरण हैं। ये आवरण कृष्ण ने चुरा लिए। चीरहरण-प्रसंग में ही कहते हैं — तुम्हारी साधना सिद्ध हो गई,

जैसे भुने हुए या उबाले हुए बीज दोबारा अंकुर नहीं बन सकते, वैसे ही समर्पित मन और प्राणों में ऐन्द्रिक-भोग-कामना का अंकुर पैदा नहीं होता। यह तो आगम-सिद्धान्त है। भागवतकार इसका उल्लेख कर रहा है —

न मय्यावेशितधियां कामः कामाय कल्पते।
भर्जिता क्वथिता धाना प्रायो बीजाय नेष्यते। (१०.२२.२६)

जब ऐन्द्रिक-वासना जाती रही, चिन्मय-भाव का उदय हुआ, तब चीरहरण-प्रसंग में कृष्ण कहते हैं कि शरद् ऋतु की रात्रियों में तुम मेरे साथ रास-विहार करोगी। यही है — "ता रात्रीः।" स्पष्ट है कि रास की पृष्ठभूमि कात्यायनी-भद्रकाली के पूजा-अनुष्ठान में है और चीरहरण उस मनोभूमि की साधना है, जिस मनोभूमि में लज्जा, गर्व, मान, धैर्य, संकोच, मर्यादा और भय का त्याग हो जाता है। यह सामान्य नहीं विशिष्ट-मानस है।

भागवतकार का वाक्य है कि भगवान् ने रास के लिए योगमाया का आश्रय लिया। आगे कहते हैं — "जगौ कलं वामदृशां मनोहरम्।" कामबीज "क्लीं" की अस्पष्ट तान छेड़ी।

९५.१० अष्टदल कमलाकार

श्रीकृष्ण-सिद्धान्त-पञ्चाध्यायी में नन्ददास कहते हैं कि रासमण्डल अष्टदल-कमल के आकार का है —

आरम्भित तब रुचिररास अद्भुत सुलास तहँ।
अमल अष्टदल कमल, महामंडल मंडित तहँ।
मधि कमनीय करनिका तापर बिबि किसोर वर।
पुनि द्वै द्वै गोपी करि, हरि मंडित मंडल पर। (पृ० ४७)

इतना ही नहीं, "कृष्ण-सिद्धान्तपञ्चाध्यायी" में नन्ददास रासमण्डल को "आगम द्वारा गाया गया" बतला रहे हैं —

जग में जो संगीत-नाद जेहि जगत रिझायौ
अस ब्रज तियन कौ सहजगमन यों आगम गायौ।[1]

"अष्टकोण" को सूरदास ने इस प्रकार कहा —

रास-मंडल मध्य स्याम राधा, नायिका अष्ट अष्टहु दिसा सोहहीं।

९५.११ चरण-चिह्न : यन्त्र की अवधारणा

रास में कृष्ण और राधा के चरण-चिह्नों पर हमारा ध्यान केन्द्रित होता है। मथुरा में और ब्रजमण्डल में अनेक शिलाएं हैं, जिन पर चरणों की आकृति है, उनकी पूजा होती है। यह यन्त्र-उपासना का एक रूप है। भागवत का वाक्य है —

पदानि व्यक्तमेतानि नन्दसूनोर्महामनः लक्ष्यन्ते हि ध्वजाम्भोजवज्रांकुशयवादिभि। (१०.३०.२५)

चक्र, कमल, ध्वजा, वज्र, अंकुश, ऊर्ध्वरेखा, छत्र, जौ, स्वस्तिक, जामुन के फल, अष्टकोण, आकाश, शंख, धनुष, गोष्पद, त्रिकोण, कलश, अर्द्धचन्द्र और मीन — ये उन्नीस चिह्न श्रीकृष्ण के दक्षिण और वामचरण में हैं।[2]

१. सन्त वैष्णव काव्य पर तान्त्रिक प्रभाव, पृ० ३७९।
२. चन्द्रार्द्धं कलशं त्रिकोणधनुषीखं गोष्पदं प्रोष्टिकां
शंखं सव्यपदेऽपि दक्षिणपदे कोणाष्टकं स्वस्तिकम्।
चक्रं छत्रयवांकुशध्वजयवी जंबूर्ध्वरेखांबुजं।
विभ्राणं हरिमूनविंशतिमहालक्ष्म्यार्चितांध्रिं भजे। — श्रीमद्भागवत रासपञ्चाध्यायी (लक्ष्मणदत्त शास्त्री चतुर्वेदी), पृ० १५७

"श्रीनिकुञ्जोपासना-रहस्य" में श्रीप्रियाजू के चरण-चिह्नों का वर्णन निम्नलिखित है —

वाम तौ अंगूठा मूल जव चक्र विराजमान, अर्धपद तैं तर्जनी लों रेखा जू धरन हैं।
मध्यमा तर ध्वज औ कमल हैं अनूप भाँति, तिन पर पहुपलता नीके के वरन हैं।।
छिगुनि या निकट अङ्कुश वलय छत्र हैं, अर्ध विधु मध्य एड़ी जु सुखभरन है।
बृन्दावन हित रूप बन्दि पुनि ध्यान धरि, राधिका कुँवरि कौ वाम अस चरण है।।
दक्षिण ही एड़ी में मनि ध्वज तापर रथ, परवत कौ चिह्न जो मन कों हरन हैं।
गदा औ सत्य कौ महाई प्रताप जानि, अंगूठा के मूल शङ्ख मंगल को करन है।।
छिगुनी के तरें वेदी जगमगे अहा कहा, लोकतरे कुण्डल सुछवि च्वै परन हैं।
वृन्दावन हित रूप दहिनें में ऐसे चिह्न, बन्दौं चारु ऐसे राधा रानी के चरन हैं।।

अर्थात् बाएं अंगूठे के मूल में जौ और चक्र, आधे चरण से तर्जनी, अंगुली तक ऊर्ध्व रेखा है। मध्यमा के नीचे ध्वजा और कमल, उसके ऊपर पुष्प और लता की रेखा है। कनिष्ठा के पास अंकुश, वलय और छत्र हैं तथा एड़ी के मध्य में अर्द्ध-चन्द्रमा है। इस प्रकार ये ग्यारह चिह्न श्रीकिशोरीजी के बाए चरण में हैं।

दाएं चरण की एड़ी में मीन, ध्वजा, उनके ऊपर रथ तथा पर्वत का चिह्न है। अंगूठे के मूल में शङ्ख, गदा तथा सत्य (शक्ति) का चिह्न है। कनिष्ठा के नीचे वेदी, उसके कुण्डल की रेखा है। इस प्रकार ये आठ चिह्न श्रीराधारानीजी के दाए चरण में विराजते हैं।[१]

९५.१२ क्या रास की अवधारणा केलि-गीतों का विकास है?

भागवतकार ने रास-प्रसंग में केलि-गीतों (अनंगवर्द्धन-गीतों) का उल्लेख किया है। केलि-गीतों की परम्परा कितनी प्राचीन है? "गाहासतसई" में राधा का उल्लेख है। तमिल-साहित्य के अनुसन्धान-कर्ताओं ने मुल्लइवन-प्रान्त में गाय चराने वाले ऐयर-जनों में प्रचलित लोक-गीतों की बात कही है। ब्रज-साहित्य के समीक्षकों ने गोपों, आभीरों और गुर्जरों के लोक-गीतों की बात कही है। कोई परम्परा "गीतगोविन्द" के पीछे कार्यरत है, कोई परम्परा विद्यापति के गीतों की पृष्ठभूमि में है और सूरदास का काव्य भी किसी परम्परा से जुड़ा हुआ है। लोक-जीवन में केलि-गीतों का प्रवाह अविच्छिन्न है, भिन्न-भिन्न प्रदेशों, जनपदों, आदिवासी-अञ्चलों और वनभूमि में निरन्तर गूँजने वाले केलि-गीतों का अछोर विस्तार है। मन में तामस और राजस अवस्था होती है, किन्तु किन्हीं सात्त्विक-क्षणों में सुनें तो वे केलि-गीत, जो लतामंगेशकर ने गाए हैं, वे भी मनुष्य की ही राग-चेतना हैं। वे केलि-गीत, जो भागवत में वेणु-गीत, गोपी-गीत, युगल-गीत, भ्रमर-गीत और महिषी-गीत बने थे वे ही क्या रास-उपासना का स्रोत नहीं हैं? वह लीलाविग्रह, वह भावशरीर, जिसे धारण करके अद्वैतवादियों का निर्गुण-ब्रह्म रसिक-उपासकों का रस बना है, क्या इन्हीं केलि-गीतों का परिपाक नहीं है?

भागवतकार के पीछे केलि-गीतों की कोई परम्परा अवश्य थी, वह आयरों की हो, गोपों-आभीरों-गुर्जरों की हो अथवा अन्य जनपदों और जनसमूहों की हो। वह लोकमन भागवतकार के मन में संक्रान्त हुआ था, उसी प्रकार से जैसे कि भागवतकार का मन जयदेव, विद्यापति, महाप्रभु चैतन्य, वल्लभाचार्य, स्वामी हरिदास, हरिवंश आदि के मन में संक्रान्त हुआ तथा आचार्य-मानस, कवि-मानस और भक्त-मानस से वह पुनः लोक-मन में

---

१. श्रीनिकुंजोपासना रहस्य, पृ० ९२-९३।

संक्रान्त हुआ। लोकमन से पुनः प्रेरणा पाकर भारत के चित्रकारों ने रास के चित्र बनाए और संगीतकारों ने संगीत और नृत्य का विधान किया। यह लोकमानस और शास्त्रमानस की निरन्तर-प्रक्रिया है।

९५.१३ गायनमात्रमेव सुरतम्

तान्त्रिक-साधनाओं में रति-क्रीड़ा के उल्लेख मिलते हैं किन्तु वैष्णव-परम्परा में इस आनन्दमयी लीला का ध्यान और कीर्तन है। "हंसविलासतन्त्र" ने गायन को भी सुरति कहा है — "गायनमात्रमेव सुरतम् — गीत-नृत्य आदि का सौन्दर्य चिन्मय-रति का प्रेरक है।"

९५.१४ नाद अमृत कौ पंथ

"रासपञ्चाध्यायी" में नन्ददास कहते हैं कि — "नाद अमृत कौ पंथ रंगीलौ सूक्षम भारी।" वेणुनाद सृष्टि का मूल है। नन्ददास के शब्द हैं कि मुरली नाद-ब्रह्म की जननी है और आगम-निगम का उद्भव उस नाद से ही होता है —

नाद-ब्रह्म की जननि मोहनी सब सुख सागर।
जाकी धुनतें अगमनिगम प्रगटे बड़ नागर।

९५.१५ आनन्द का स्वरूप : रास-रस-दर्शन

अवश्य ही रास-उपासना आनन्द-भाव की उपासना है, रस की उपासना है, किन्तु यह रस ऐन्द्रिक नहीं है। "रासपञ्चाध्यायी" में नन्ददास कहते हैं कि नेत्रहीन लोगों के लिए भगवान् की रासलीला प्राकृतरतिक्रीड़ा-मात्र है, किन्तु प्रज्ञावान् लोगों के लिए वह अप्राकृत है, दिव्य है। वह जो स्वयं सच्चिदानन्द है, भला वह इन्द्रियगामी कैसे हो सकता है?

यह रास विश्व-सौन्दर्य-माधुर्य का स्रोत है, अवश्य ही काम-चेतना के साथ इसका अन्तरंग सूक्ष्म-सम्बन्ध है, किन्तु यह काम-भाव चिन्मय है, सूक्ष्म है, स्थूल नहीं है।

समस्त विश्व रास के संगीत से ही मुखरित है, रास-नृत्य से ही स्पन्दित है। रास के आनन्द से ही जीवन में प्रयोजन है, आनन्द न हो तो लोग क्यों जीवित रहें? रास के मूल में रस है। रस स्वयं ही आस्वाद है और स्वयं ही आस्वादक है। रस ही लीला, धाम, विभिन्न आलम्बन तथा उद्दीपन के रूप में क्रीड़ा-परायण है। "हंस-विलासतन्त्र" का वाक्य है —

रसमयः कश्चित् चमत्कारविशेषो रासः स च सर्वत्र व्याप्तः। सामरस्यात् "रसौ वै सः",रस-सच्चिदानन्दलक्षणं शक्तिशिवैक्यरूपं तस्य विलासो रासः अनिर्वचनीयलीला चमत्कृतिः।

रास चमत्कार-विशेष है और वह सर्वत्र व्याप्त है। वह शिव-शक्ति का ऐक्य-रूप है, वह सामरस्य है। वह सच्चिदानन्द का विलास है और शब्दों के द्वारा ग्राह्य नहीं है, अनिर्वचनीय है।

९५.१६ रास : ह्लादिनी का विलास

ह्लादिनी-शक्ति अनादि अनन्त काल से विचित्र रसों की सृष्टि करके, विचित्र भावों में अपने को अभिव्यक्त करके, विचित्र सौन्दर्यमाधुर्यमण्डित रूपरूपान्तर परिगृहीत करके, अपने नित्य-आश्रय ब्रह्म की आराधना करती है, आत्मसम्भोग कराती है। ब्रह्म नित्य अपनी स्वरूपभूता ह्लादिनी-शक्ति का आलिंगन करके उसके विचित्र रसविलास का आस्वादन करता है एवं उसी के भीतर आप ही अपने स्वरूप की नित्यनवायित भाव में उपलब्धि और संभोग करता है।

ब्रह्म की स्वरूपभूता इस ह्लादिनी-शक्ति के विचित्र विलास का ही नाम है — रास। सुतरां, रास ही ब्रह्म का स्वभाव है। नित्य स्वरूपत: ही वे रसराज हैं, रासेश्वर हैं। वे स्वकीया ह्लादिनी-शक्ति के विचित्र-विलास के भीतर ही नित्य अपनी अनन्त सत्ता, अनन्त चेतना, अनन्त ऐश्वर्य-माधुर्य, अनन्त प्रेम-सौन्दर्य, अनन्त ज्ञान-वीर्य का अनन्त-भावों में आस्वादन करते हैं। इस रास से ही विश्ववैचित्र्य की सृष्टि होती है, इसी से नए-नए रूपों का आविर्भाव होता है, नित्य-नूतन रसों की तरंग उठती हैं। विश्व-प्रपञ्च वस्तुत: रास का ही प्रपञ्च है, रास का ही देश और काल में अनन्त विस्तार है। समस्त अतीत, वर्तमान और भविष्य सृष्टि-स्थिति-प्रलय को लेकर रसराज की रासमण्डली विरचित है। देश-काल के ऊर्ध्व नित्य-स्वरूप में विराजमान रहकर भी वे देश-काल के भीतर स्वकीया ह्लादिनी-शक्ति के विलासोद्भूत सब भावों, रसों का ही नित्य आस्वादन करते हैं। गोरखनाथ आदि महायोगी इसका चिद्विलास-रूप में वर्णन करते हैं।[१]

शैव और शाक्त-साधकगण इस रसतत्त्व का ही शिव-गौरी के नित्य मिलन एवं महामाया की नित्य-निरन्तर शिवाराधना के रूप में ध्यान और आस्वादन करते हैं। इस सच्चिदानन्दमयी आत्मस्वरूपा-महाशक्ति या परमाप्रकृति को नित्य आलिंगनबद्ध करके ही महायोगीश्वर-शिव अर्द्धनारीश्वर रूप में साधकों के सम्मुख अपने को प्रकट करते हैं।[२]

९५.१७ हल्लीसक-नृत्य

रास नृत्य है और इसकी पहचान आभीर-नृत्य हल्लीसक के रूप में की गई है। "अहीर-गूजर" "सूरसागर" में अनेक स्थलों पर विद्यमान हैं।[३] और यह एक सामाजिक-सांस्कृतिक सूत्र है। जाति की यौन-मर्यादाएं, पाप-पुण्य की अवधारणाएं और परम्पराएं होती हैं।

डॉ० हरद्वारी लाल शर्मा के शब्द हैं —

ब्रज में गोधन से सम्पन्न आर्य-अनार्य जातियाँ आमोद-प्रमोद के साथ पूरा जीवन जीती थीं और काम का सौन्दर्य एवं माधुर्य इसी भरपूर जीवन का अंग है।[४]

"आलवार-भक्तों का तमिल-प्रबन्धम् और हिन्दी कृष्णकाव्य" नामक ग्रन्थ में भक्ति के विकास में तमिल-योगदान का विवेचन करते हुए तमिल-समाज की प्रथाओं का उल्लेख किया गया है।[५]

डॉ० बनिकांत काकती ने अपने ग्रन्थ "विष्णुआइट मिथ्स एण्ड लेजण्ड्स" (पृ० ४१ से ६५) में रास-लीला की उत्पत्ति के विषय में कहा है कि अनेक स्थानीय-प्रथाओं का मिलित रूप ही रास-लीला में मिलता है। रास-लीला की उत्पत्ति के लिए सहायक जिन प्रथाओं का डॉ० काकती ने अपने ग्रन्थ में उल्लेख किया है, वे सभी प्रथाएँ प्राचीन तमिल-समाज में प्रचलित थीं। अत: प्राचीन तमिल-साहित्य में कन्नन तथा ग्वालिनों के नृत्य इत्यादि का जो विवरण मिलता है, उनका रासलीला से सम्बन्ध सिद्ध होता है।

---

१. रामभक्ति साहित्य में मधुर-उपासना, पृ० १२४।

२. वही, पृ० १२५।

३. अहीर-जाति गोधन कों माने।
विद्यापति और जयदेव में वल्लवी हैं, अन्यत्र भी हैं — विचिनुतभवनेषु वल्लवीनाम् उपनिषदर्थमुलूखले निबद्धम्।

४. सौन्दर्यशास्त्र (कला और संगीत के सन्दर्भ में) पृ० २७०।

५. आलवार-भक्तों का तमिल प्रबन्धम् और हिन्दी कृष्णकाव्य, पृ० ४३।

९५.१८ रतिचक्र-महोत्सव

रास और रतिचक्र-महोत्सव के स्रोत भिन्न-भिन्न माने जाते हैं, स्वरूप भी भिन्न हैं। फिर भी समानता का सूत्र है — खजुराहो का शिल्प।

खजुराहो के शिल्पों में रतिचक्र-महोत्सव के दृश्यों के सम्बन्ध में ईश्वर सिंह बैस ने "प्रणयलीन मूर्तियों का निर्माण क्यों"[१] शीर्षक अपने निबन्ध में कहा है —

> भवभूति के प्रसिद्ध ग्रन्थ "मालतीमाधव" में प्रसिद्ध कापालिक अघोरघंट और उसकी कपालवनिता का वर्णन किया गया है। इसकी उपासना "रतिचक्र-महोत्सव" कहलाती थी। पूजा के समय कापालिक अपनी-अपनी कपाल-वनिताओं के साथ चक्र बनाकर नाचते थे। यह समूह नाचते-नाचते शारीरिक-मिलन की क्रियाएं भी करता जाता था।

---

१. साप्ताहिक हिन्दुस्तान, ८ अक्टूबर, १९७८, पृ० ९ से १३।

९६

दामिनि कहत मेघ सों, हमारी उपमा देंहि ते झूठे, एई मेघ एई बीजुरी साँची।
जिन-जिन हमारी उपमा दीनी, तिन-तिन की मति काँची।
ऐसी कहूँ सुनी जु बूँद तें कन न्यारौ, ता पटतर क्यों दीजै समुद्र राँची।
श्रीहरिदास के स्वामी स्यामा कुंजबिहारी की अटल प्रीत माँची।

९६.१ ऐसी कहूँ सुनी जु बूँद तें कन न्यारौ

"नवीन मेघ संग बीजुरी एक रस" (पद संख्या ९२) की व्याख्या में चर्चा हो चुकी है कि "केलिमाल" में घनदामिनी वर्ण-सादृश्य के उपमान से आगे की बात है। यह रस-तत्त्व का अद्वय-भाष्य है। यहाँ पहुँचकर बात बिल्कुल स्पष्ट हो जाती है — "जिन-जिन हमारी उपमा दीनी तिन-तिन की मति काँची।" उनकी बुद्धि काँची है, कच्ची है, जो श्यामा-श्याम के लिए हमारी उपमा देते हैं। कुछ समय के लिए मेघ आते हैं, कुछ क्षणों के लिए दामिनी कौंधती है किन्तु श्यामा-श्याम तो सनातन हैं। "दामिनी कहत मेघ सों एई मेघ एई बीजुरी साँची।" सच्चे मेघ और सच्ची बीजुरी तो श्यामा-श्याम हैं। सखी भी कह चुकी हैं — "ए स्यामघन तुम दामिनी प्रेम पुंज बरसा रस पीजै।" (के० १६)

स्वामीजी ने मेघ और दामिनी में श्यामा-श्याम को प्रत्यक्ष किया है। जैसे मेघ और दामिनी दो नहीं हैं वैसे ही श्यामा-श्याम भी दो नहीं हैं जैसे मेघ और दामिनी एक होते हुए भी दो हैं और दो होते हुए भी एक हैं, वैसे ही श्यामा-श्याम एक होते हुए भी दो हैं और दो होते हुए भी एक हैं। दोनों राग के रंग में तन्मय हैं। यह अनुभूति जितनी गहरी है, उतनी ही व्यापक है।

मेघ और दामिनी बूँद हैं और श्यामा-श्याम समुद्र हैं। जब अभिधा-लक्षणा-व्यञ्जना बूँद से समुद्र की तुलना करती हैं, तब दामिनी कहती है — इनकी मति कितनी कच्ची है? इसमें कोई सन्देह नहीं कि अज्ञात को जानने की विधि ज्ञात को जानने से शुरू होती है। अव्यक्त को व्यक्त से ही जाना जा सकता है। निराकार को आकार से पहचाना जा सकता है। जब रहीम कहते हैं — "बिंदु में सिंधु समान को कासों अचरज कहै" तब वे इसी तत्त्व का प्रतिपादन करते हैं — "यद्-ब्रह्माण्डे तत्पिंडे।"

हम समुद्र को देखकर भी नहीं देख पाते। समुद्र तट पर खड़े हैं, समुद्र को देखा, क्या देखा? ऊपरी सतह देखी, बस। क्या पूरे समुद्र की सतह देख ली? नहीं। क्यों नहीं? यह हमारी दृष्टि की सीमा है। जहाँ तक नज़र गई, वहाँ तक देख लिया। क्या समुद्र की गहराई को जाना? यह समुद्र तो स्थूल है। श्यामा-श्याम तो रससिन्धु हैं। स्थूल समुद्र के पास जाकर समुद्र को ऊपरी सतह से खण्डित रूप में ही जाना, तब घनदामिनी के बिम्ब को देखकर रस-सिन्धु को कैसे पहचाना जा सकता है? लेकिन विवशता यह है कि पहचानने का रास्ता भी यही है। बूँद समुद्र नहीं है, लेकिन बूँद से समुद्र को जानना है। मेघ-दामिनी का जो बिम्ब हम देखते हैं, उस बिम्ब से सच्चे मेघ और दामिनी को पहचानना है। स्वामीजी ने सच्चे मेघ और सच्ची दामिनी को पहचाना और उसकी अनुभूति की। वही अनुभूति शब्दों में छलक पड़ी — "एई मेघ एई बीजुरी साँची, जिन-जिन हमारी उपमा दीनी तिन-तिन की मति काँची।"

९७

नाँचत मोरन संग स्याम, मुदित स्यामाहि रिझावत।
तैसिऐ कोकिला अलापत, पपिहा देत सुर तैसिऐ मेघ गरजि मृदंग बजावत।
तैसिऐ स्याम घटा निस सी कारी, तैसिऐ दामिनी कौंधि दीप दिखावत।
श्रीहरिदास के स्वामी स्यामा कुंजबिहारी रीझ राधे हँसि कंठ लगाबत।

९७.१ तैसियै कोकिला अलापत

"होड़ परी मोरन और स्यामें" (८२) तथा "मोर काछ बाँधें निरत करत" (१४) के प्रसंग में "पंछीराग" की चर्चा पिछले पृष्ठों में हो चुकी है। चारों ओर आनन्द की वर्षा हो रही है, उसी आनन्द में वृन्दावन भीगा हुआ है, उसी आनन्द में लता-पता, वृक्ष-वनस्पति रोमाञ्चित हो रहे हैं और उसी आनंद में कोयल गा रही है, मोर नाच रहा है, मेघ मृदंग बजा रहा है। स्वामीजी के मन में जो चित्र है, वह शब्दों और स्वरों के रूप में प्रकट हो रहा है।

रस-चेतना है तो पूरा परिवेश दिव्य है, मोर, पपीहा और कोकिला भी प्रेम के ही रूप हैं। यहाँ प्रेम सीमित नहीं है, प्रेम का असीम विस्तार है। प्रियतम प्यारीजू को रिझाने के लिए मोरों के साथ नाच रहे हैं, मोरों के साथ होड़ (प्रतियोगिता) कर रहे हैं "इकगुन-दुगुन-त्रिगुन-चतुरगुन" लयकारी कर रहे हैं। बार-बार सम पर आ जाते हैं। आज प्यारीजू प्रतियोगिता का निर्णय करेंगी कि मोर के नृत्य में अधिक "रंग" है या प्रियतम का नृत्य अधिक श्रेष्ठ है। बिहारीजू ने तो मोरों से कहा था — आप यह न समझना कि "प्यारीजू मेरा पक्षपात कर जाएंगी", तुम्हारे मन में शंका हो तो — "और जाहि बदौ बूझि देखौ"— किसी और को मध्यस्थ बना लो।

यह जो राग है — स्वरलहरी विशेष, वास्तव में अन्तश्चेतना है। राग अर्थात् नर-नारी का परस्पर अमोघ-आकर्षण, जो चित्त को अभिभूत कर लेता है, रँग लेता है तब स्वरलहरी विशेष प्रकट हो जाती है। राग-चेतना, जो सूक्ष्म है, जो अन्तस् में समाई हुई है, वही नृत्य में प्रकट होती है। गीत में प्रकट होती है, समस्त कलाओं में प्रकट होती है। वीणा भी राग-चेतना है, चित्र भी राग-चेतना है, मूर्ति भी राग-चेतना है। राग-चेतना ही सौन्दर्य-चेतना है, वही आनन्द और रस है। वही राग वृन्दावन है। राग यदि अन्तस् में न होता तो मोर क्यों नाचता? कोयल क्यों अलापती? और पपीहा स्वर क्यों देता?

क्या उनके मन में परस्पर-आकर्षण नहीं है? वही तो राग है। "केलिमाल" में राग-चेतना को समझने की आवश्यकता है। मनुष्य सितार बजा सकता है, जलतरंग बजा सकता है, ताजमहल बना सकता है, कविता लिख सकता है और पक्षी ऐसा नहीं कर सकता,

किन्तु क्या पक्षियों में राग-चेतना नहीं है? केलिमालकार यही कह रहा है और कहने से पहले प्रत्यक्ष देख रहा है, उसका अनुभव है कि राग-चेतना व्यापक है। राग-चेतना पक्षी में भी है, मनुष्य में भी है। यह संसार राग-चेतना से ओत-प्रोत है। यह चेतना कण-कण में समाई हुई है।

स्वामी-जी का मन, दूसरे रसिक भक्त-कवियों का मन, कलाकार का मन है और भारत के तत्त्वदर्शियों ने मन को तीन अवस्थाओं में देखा — तामस, राजस और सात्त्विक। "कलाकार का मन" सात्त्विक-अवस्था में है और राग-चेतना का विस्तार चित्त की सात्त्विक-अवस्था में ही दिखाई दे सकता है।

राग-चेतना बिहारीजू में है और प्यारीजू में भी है। बिहारीजू अपनी राग-चेतना से प्रियतमा को रिझा रहे हैं और प्यारीजू रीझ रही हैं, यह उनकी राग-चेतना है। राग-चेतना नहीं हो, तो संगीत का कोई अर्थ नहीं,

निरर्थक ध्वनि है निरर्थक क्रिया है। राग-चेतना नहीं है, तो कोयल बोल रही है, कोयल के बोल से क्या लेना-देना? यह तो जड़ता की स्थिति हो जाती है। जड़ता में राग कहाँ? संवेदना है, तब राग है और फिर राग संवेदना को जगाता है, उसे रागोन्मुखी बनाता है, रागमय बनाता है। वह राग वृन्दावन बन जाएगा। कोयल का आलाप भीमसेन जोशी और हरिहरन का राग बन जाएगा, लता मंगेशकर की स्वरलहरी बन जाएगा और लगेगा कि किसी-न-किसी स्वर में सभी एक हैं। इनमें भेद नहीं है। कोयल का स्वर सभी सुनते हैं, किन्तु रसिक-कवियों ने कोयल का स्वर सुना तो वह एक स्तर पर कविता बन गया। श्रीहरिव्यासदेवाचार्य महावाणी में "कोयल वन की कुंज में कस हियौ है, आज कल-कोकिल बोलें हैं।" बिहारिनदास "चातक पिक मोर मुदित नाचत-गावत भरे रंग" कहते हैं और यह भी कहते हैं — "प्रेम परस्पर आनंद हियें हिलोर।" हृदय में आनन्द की हिलोरें हैं, परस्पर प्रेम अर्थात् राग उसका कारण है। राग ही अलापता है और राग ही सुनता है यदि वह राग (प्रेम-अनुराग) न हो, तो नृत्य या सितार-वादन व्यायाम-मात्र हैं। भागवत में द्वारका की रानियाँ कहती हैं —

प्रिय राव पदानिभाषसे मृतसंजीविकयानया गिरा। वल्गितकंठकोकिल। (१०.९०.२१)

री कोयल! तेरे स्वर में तो मृतसंजीवनी है, अमृत है। यह स्वर इतना मधुर है, प्रेमी को प्राणवान् बना देता है, प्रेम का संचार कर देता है।

९७.२ स्याम घटा निस सी कारी

वर्षा ऋतु में बादलों की घटा घिरकर आती है। भक्त-कवियों ने उसका बड़ा सरस वर्णन किया है। कृष्णदास का एक पद है —

ब्रज में स्याम घटा घिरि आई।
तैसिय दामिनि चहुँ दिसि कोंधत लेत तरंग सुहाई।

वीठलविपुलजी कहते हैं कि श्रीयमुनाजी के किनारे सघन बादलों की घटाएँ घिर आई हैं। श्रीधाम वृन्दावन की हरी-भरी भूमि पर हरित तरु-वल्लरियों की शोभा बड़ी सुहावनी लग रही है। उल्लसित मयूरों के कुल वातावरण को रसोन्मत्त बनाते हुए बोल रहे हैं। नाना-विध वस्त्राभूषणों से सुसज्जित एवं सुरँग-चुनरी ओढ़कर नव-दुलहिनी बनी श्रीश्यामाप्यारी की शोभा तो बस देखते ही बनती है। आनन्द-विनोद के साक्षात् विग्रह श्रीबाँकेबिहारीजी महाराज के सङ्ग मिलकर ये नित्य-सुख का आनन्द विलसती हुई हर्षातिरेक में झूम-झूमकर किलक रही हैं —

जमुना-तट स्याम घटनि की पाँति।
हरित भूमि वन हरित सिखंडी बोलत अति रस माति।
सुरँग चूनरी की छवि दुलहिन अभरन नाना भाँति
बीठलविपुल विनोद विहारी सों मिलि विलसति किलकाँति।

सावन के महीने में मथुरा के द्वारकाधीश मन्दिर में और वृन्दावन में घटाओं के दर्शन होते हैं — काली घटा, सफेद घटा, लाल घटा आदि। इन झाँकियों का आधार भक्त-कवियों के पद हैं।

हरि के अंग कौ चंदन लिपटानों, तन तेरें देखिअत जैसें पीत चोली।
मरगजे आभरन, बदन छिपाबत, छिपें न छिपाऐं मानों कृष्ण-बोली।
कहूँ अंजन कहूँ अलक रही खसि सुरत रंग की पोटैं खोली।
श्रीहरिदास के स्वामी स्यामा मिलत बिहारिन हार न रह्यौ कंठ बिच ओली।

९८.१ पीत चोली

महाकवि जयदेव ने "गीतगोविन्द" के प्रारम्भ में ही श्रीकृष्ण का एक चित्र अंकित किया है —

पद्मापयोधरतटीपरिरंभलग्नकाश्मीरमुद्रितमुरो मधुसूदनस्य। (पृ० ४९)

श्रीराधा के पयोधरों पर कुंकुमकेशर लगी हुई है, श्रीकृष्ण प्रियतमा का आलिंगन करते हैं तो केशर की छाप उनके वक्षस्थल पर अंकित हो जाती है, जबकि "केलिमाल" के चित्र में कृष्ण के अंगों का चन्दन राधा के उरोजों पर इस प्रकार अंकित हुआ है, जैसे पीली चोली हो। यह सुरतान्त का चित्र है, स्वामिनीजू के स्तन खुले हैं, चोली नहीं है, चन्दन ही पीत चोली सा प्रतीत हो रहा है।

रसिक-भक्तों ने ऐसा चित्र कई प्रकार से अंकित किया है। "राधासुधानिधि" में हितहरिवंशी-सखी ने देखा कि सवेरा हुआ तो हड़बड़ी में प्रियाजू कञ्चुकी को कुञ्ज में ही कहीं भूल गई।

कुंजे विस्मृतकंचुकीमपि समानेतुं प्रधावामि वा। (पृ० ११०)

"चौरासी" पदों में हरिवंशप्रभु ने चित्र अंकित किया कि प्रिय-संगम में कञ्चुकी-बन्ध टूट गए और कटि-डोरी शिथिल हो गई —

संगम किरचि किरचि कंचुकी बंध सिथिल भई कटिडोरी। (पद संख्या ७०)

ऐसा ही सुरतान्त-चित्र जयदेव के "गीतगोविन्द" में है, जिसमें श्रीराधा अपने हाथों से ही अपने स्तनों को ढकने की चेष्टा कर रही है —

व्यालोल: केशपाशस्तरलितमलकै: स्वेदलोलौ कपोलौ
क्लिष्टा दृष्टाधरश्री: कुचकलशरुचा हारिता हारयष्टि:।
कांची कांचिद्गताशां स्तनजघनपदं पाणिनाच्छाद्य सद्य:
पश्यंती सत्रपा मां तदपि विलुलितस्त्रग्धरेयंधिनोति। (द्वादशसर्ग: श्लोक ५)

श्रीराधा का केशपाश बिखर गया था, कपोल आर्द्र हो गए थे, अधरश्री की शोभा निरस्त हो गई थी, स्तन-कलश की कान्ति के आगे मोतियों का हार परास्त हो गया था, करधनी हताश हो गई थी। विवस्त्र होने के कारण — "स्तन जघनपदे पाणिनाच्छाद्य सद्य:।" वे हाथों से ही अपने अंगों को छिपा रही हैं।

९८.२ छिपै न छिपायें : सुरत रंग की पोटें

प्यारीजू के अंग-प्रत्यंग पर सुरति के चिह्न हैं, प्यारीजू प्रयासपूर्वक उन्हें छिपा रही है, किन्तु रति छिपने की बात है नहीं, सखियाँ एक-एक संकेत, एक-एक चिह्न को लक्षित कर लेती हैं। विट्ठलविपुलजी कहते हैं —

"श्रमजल बिंदु निसि के सुख सूचत।" हितहरिवंशजी ने देखा कि प्यारीजू के कपोलों पर पान की पीक के निशान हैं, नेत्रों में आलस्य है, अधर सूखे हैं, मोतियों की लड़ी टूटी है, कमर की डोरी ढीली-ढाली है, अब बताओ चोरी कैसे न पकड़ी जाएगी —

आज देखियत है हो प्यारी रंग भरी।
मोपै दुरत न चोरी वृषभानु की किसोरी
शिथिल कटि की डोरी नंद के लालन सों सुरत करी।
मोतियन लर टूटी चिकुर चंद्रिका छूटी
रहसि रसिक लूटी गंडन पीक परी।
नैनन आलस बस अधर बिंब निरस
पुलक प्रेम परस हितहरिवंश री राजत खरी। (पद संख्या ८४)

एक अन्य पद में इसी प्रकार का चित्र है, हरिवंशी-सखी कहती है — प्रियाजू, अब छिपाना व्यर्थ है, काहे को छिपाती हैं?

आपकी बातों में आलस्य है, कपोलों पर पीक की लाली है। नेत्र थके हुए और उनींदे हैं। माथे का तिलक नाममात्र को शेष है, माँग के मोती भी हट गए हैं। आप अंगों को क्यों छिपा रही हैं? आपने प्रियतम को तो अपना नीलाम्बर ओढ़ा दिया है और स्वयं उनका पीताम्बर धारण कर लिया है। वक्ष पर फूलों की माला भी टूटी है —

आलस वलित बोल सुरंग रँगे कपोल बिथकित अरुन उनींदे दोऊ नैन।
काहे कों दुरत भीरु पलटे प्रीतम चीर बस किये स्याम सिखै सत मैन। (पद ०४)

रति-क्रीड़ा में श्रीराधा की वेणी बिखरकर उनके कुचों पर झूल रही है, क्रीड़ा-विलास में कञ्चुकी के बन्धन टूट गए हैं और लहँगे की डोरी शिथिल हो गई है। फैले हुए कज्जल वाले नेत्र उनकी चोरी को प्रकट कर रहे हैं —

आलस वलित अरुन धूसर मखि प्रगट करत दृगचोरी।
कोंधत भृंग उरज अंबुज पर अलक निबंध किसोरी।

९८.३ हार न रह्यौ कंठ बिच ओली

केलि की उपासना है, उद्दाम केलि। भय, संकोच, लज्जा, धैर्य और मर्यादा। ये मन को बाँधने वाले भाव हैं परन्तु केलि की मन:स्थिति उन्मुक्त मन:स्थिति है। रस की वह अनुभूति बँधा हुआ मन नहीं कर सकता। मन की वह गहनतम एकाग्रता, जहाँ केवल एक ही सत्ता है रस की। दूसरी चीजें जहाँ हैं, वहाँ रही आवें, उनसे कोई बैर-विरोध नहीं है, परन्तु वहाँ केवल केलि की तन्मयता है, रस के उन्माद की अवस्था है। उपास्य श्यामा-श्याम केलि-क्रीडा में जितनी तन्मयता में हैं, सखी उसी तन्मयता से केलि की साक्षी हैं। केलि की कोई भी अवस्था उनकी निगाहों से बची हुई नहीं है। केलि की ऐसी ही एक अवस्था है — सुरतान्त। एक सौन्दर्य है, जब प्यारीजू अभिसार के लिए जाती हैं, एक सौन्दर्य है, जब प्यारी रूठती हैं और प्रियतम मनुहार करते हैं, कहीं नृत्य है, तो कहीं झूला है और कहीं केलि-क्रीडा के उन्मादमय-चित्र हैं। सुरतान्त का चित्र भी उन्मद होता है। प्रिया-प्रियतम दोनों के वस्त्र कहीं खो गए, कब खो गए? कहाँ खो गए? इसका ध्यान किसे है? केलि-क्रीडा करते-करते सो गए और जब जगे तो हड़बड़ी हुई। रसिक-सन्तों ने इस हड़बड़ी का बड़ा मनोहर चित्र अंकित

किया है। प्यारीजू कटि-डोरी बाँध रही हैं, कञ्चुकी खो गई, प्रियतम का पीताम्बर हाथ लग गया, बस उसी को ओढ लिया। प्रियतम भी उस झुटपुटे में वस्त्र पहचान नहीं पाए। जब कुञ्ज से बाहर आए, तब ज्ञात हुआ कि वह पीताम्बर नहीं प्यारीजू की नीली चुनरी है। इसी हड़बड़ी में प्यारीजू का हार कुञ्जमहल में ही छूट गया। हरिदासी-सखी ने लक्षित किया कि हार तो विहार में ही विस्मृत हो गया। महाकवि जयदेव ने श्रीराधा के सुरतान्त-सौन्दर्य का वर्णन करते हुए कहा कि इस सौन्दर्य ने कृष्ण के मन को कीलित कर दिया है —

तस्याः पाटलपाणिजांकितमुरो निद्राकषाये दृशौ
निर्धूताऽधरशोणिमाविलुलिताःस्त्रस्तस्रजोमूर्धजाः।
कांचीदामदरश्लथां चलमिति प्रातर्निखातैर्दृशो-
रेभिः कामशरैस्तदद्भुतमहो पत्युर्मनः कीलितम्। (गीतगोविन्द १२.४)

९९

कुच-गडुआ,जोबन-मौर, कंचुकी-बसन ढँपि लै राख्यौ बसंत।
गुन-मंदिर, रूप बगीचा में बैठी है, मुख लसंत।
कोटि काम लावण्य बिहारी, जाहि देखें सब दुख नसंत।
ऐसे रसिक श्रीहरिदास के स्वामी, तिनकों भरन आई मिलि हसंत॥

९९.१ वसन्त राग

"केलिमाल" में वसन्त राग के पाँच पद हैं। जिस प्रकार से वर्षा-ऋतु का राग मलार (अथवा मेघ राग) है, वैसे ही वसन्त ऋतु का राग वसन्त है। संगीतशास्त्र में वसन्त राग का ध्यान[१] निम्नलिखित है —

शिखंडबर्होच्चयबद्धचूडः पुष्णन् पिकं चूतनवांकुरेण।
भ्रमन् मुदा रागमनंगमूर्तिर्मत्तो मतंगो हि वसंतरागः।

वसन्त राग मदमत्त गजराज के समान है, उसका शरीर कामदेव के समान है, सिर पर मोर-पंखों का मुकुट है तथा वह कोयल को लताओं से और आम्रमञ्जरी से परिपुष्ट करता है।

वसन्त राग के इस ध्यान में वसन्तोत्सव का चित्र सजीव बन गया है। वसन्त मादक है और काम मदन है। कन्दर्प मत्त-मतंग के समान मोर-पंख की पगड़ी धारण करके सबके मन को मोहित कर रहा है। जयदेव ने कहा है कि वसन्त में मुनियों का मन भी मोहित हो जाता है —

मुनि-मनसामपि मोहन-कारिणि तरुणाकारणबंधौ . . . (गीतगोविन्द पृ० ६५)

यद्यपि श्रृंगार रस समस्त जगत् में परिव्याप्त है किन्तु वसन्त ऋतु में वह प्रबलतर हो गया है।

९९.२ वसन्तः सामन्तो मलय मरुदा योधनरथः

शंकराचार्य की "सौन्दर्यलहरी" में वसन्त को सम्राट् कामदेव का योद्धा सामन्त बतलाया गया है। जयदेव ने भी "गीतगोविन्द" में कामदेव को राजा और केशर-पुष्पों को उसका हेमदण्ड बतलाया है —

मदनमहीपतिकनकदंडरुचिकेशरकुसुमविकासे। (पृ० ६२)

सूरदास ने वसन्त-समय को कामदेव का शासन-काल बतलाया है।

कोकिल बोली बन-बन फूले मधुप गुँजारन लागे।
सुनि भयौ मोर रोर बंदिन कौ मदन महीपति जागे। (सूरसागर, पृ० ११३२)

पंद्रहतिथि भरि बरनि हौं, सारद कृपा समाज।
फागुन मदन महीपती, करियै इहिबिधि राज

---

१. "संगीतपारिजात" में वसन्त राग का ध्यान इस प्रकार है —
मयूरपक्षोच्चकिरीट-भूषितः समावृतश्चालिकुलैः समन्ततः
कर्णे धृता येन रसालमंजरी सुपीतवासो रसिको वसन्तकः। (पृ० १३३)

राजाकामदेव का कानून चल रहा है —

करै भावतौ नृपति कौ छाँड़ि सकुच कुलरीति।
सनि सातै सब सजग है सबनि मत्यौ मत एक।
नृपति कहै सोइ कीजियै क्यों राखियै विवेक।। (सूरसागर, पृ० ११६७)

कामदेव और वसन्त के सम्बन्ध को कवियों-मनीषियों ने अनेक प्रकार से परिभाषित किया है। कालिका पुराण में प्रसंग है कि देवताओं ने शिव के मन में काम-विकार पैदा करने के उद्देश्य से कामदेव को शिव के पास भेजा तो काम शिव के तेज से घबरा गया, बोला — अकेला कैसे जाऊँ? तब ब्रह्माजी ने वसन्त का सृजन किया। इसलिए वसन्त कामदेव का सहजसखा है।

जयदेव ने भी वसन्त में अनंगोत्सव का उल्लेख किया है —

श्रेणीश्यामलकोमलैरुपनयन्नंगैरनंगोत्सवम्।

श्रीहर्ष की "रत्नावली", "सरस्वती-कण्ठाभरण", "वर्षक्रियाकौमुदी", "दशकुमारचरित" आदि में वसन्तोत्सव को मदनोत्सव के रूप में चित्रित किया गया है। "कामसूत्र" में इसको सुवसन्तक कहा गया है। युवतियाँ आम्रमञ्जरी लेकर चर्चरीताल के साथ उन्मत्त नृत्य करती थीं।

९९.३ वसन्तोत्सव

वसन्तोत्सव उन्मुक्त आनन्द-भाव का उत्सव है तथा भिन्न-भिन्न रागों में, भिन्न-भिन्न रंगों में, भिन्न-भिन्न नृत्यों में और भिन्न-भिन्न तालों में यह उत्सव भारतवर्ष के भिन्न-भिन्न जनपदों, प्रदेशों और आदिवासी-अञ्चलों में आज भी मनाया जाता है।

असम में वसन्तोत्सव को बिहू-नृत्यों के साथ मनाया जाता है। बिहू युवक और युवतियों का नृत्य है। जब वन, पहाड़ और नदियों में वसन्त की मादकता भर जाती है, तब मन भी कुछ और हो जाते हैं, बन्धन तोड़ने को अकुला उठते हैं — "ओ साथी, बिहू नाचते रहने की लालसा है। बिहू नाचने में मगन रहने को मन करता है। परन्तु बिहू नाचते समय मुझे भगा मत ले जाना।"

फाल्गुन शुक्ल-पक्ष की द्वादशी से संथालों का बाहा पर्व प्रारम्भ होता है। उनका यह उत्सव शाल-वृक्ष को लक्ष्य करके मनाया जाता है। इस समय शाल और महुए की गन्ध से वन मदमत्त हो जाते हैं। उत्सव के सात दिन पहले मोडल (मुखिया) पूजा का दिन निश्चित करते हैं। देवता का पीठ-स्थान (जाहेर) शाल के पत्तों से सजाया जाता है। अल्पना अंकित की जाती है। ढाक और सिंगा बजाए जाते हैं। देवताओं का आह्वान किया जाता है। चाँदनी रात में नाच-गान चलता है। लड़के मादल बजाते हैं, लड़कियाँ अर्धवृत्त बनाकर नाचती हैं। गीत गाते हैं — शाल फूल खिले हैं, महुआ फूल खिले हैं रे भाई, इस महीने में बेले के फूल भी खिले हैं। चारों ओर नए फूलों की बहार आ गई है। इस प्रकार संथाल पुष्प-पर्व के रूप में वसन्त का आयोजन करते हैं।

राजस्थान में विभिन्न सामुदायिक लोकनृत्य होते हैं। शेखावाटी का गींदड़, मारवाड़ का डाण्डिया, माण्डल का गेर तथा आदिवासी-क्षेत्र का बालर-नृत्य बहुत प्रसिद्ध है। नगाड़े, शहनाई की ध्वनि के साथ अपनी छड़ियाँ लेकर लोग अखाड़े में उतर आते हैं। गींदड़ के विशिष्ट-गीत भी चलते हैं और स्वाँग भी बनाए जाते हैं। डाण्डिया-नृत्य में केवल पुरुष ही भाग लेते हैं। भीलवाड़ा, शाहपुरा, मांडल तथा गंगापुर के गेर में सभी समुदायों के लोग बिना किसी भेद-भाव के नाचते हैं। भीली-क्षेत्रों में स्त्री-पुरुष दोनों ही नाचते हैं। अन्दर के

वृत्त में स्त्रियाँ बिना छड़ियों के नाचती हैं तथा बाहर के गोले में पुरुष अपने हाथों में छड़ी लेकर नाचते हैं। ढोल, मादल तथा झालर की ताल पर सबके हाथ-पाँव एक ही साथ ठुमकते हैं। महाराष्ट्र में कोली-स्त्रियाँ हाथ में हाथ डालकर नाचती हैं और गाती हैं — "नको रे कृष्ण रंग टाकू चुनरी भिजते, सख्या चुनरी भिजते।" — अरे कृष्ण रंग मत डाल, देख तो मेरी चुनरी भीग रही है। असम और उड़ीसा में दोलयात्रा की परम्परा है।

मणिपुर में दोलयात्रा, धावल-चोंडवी तथा लेहराओबा जैसे नृत्योत्सवों की लम्बी शृंखला प्रसन्नता और प्रमोद से भर जाती है। फागुन-पूर्णिमा को दोलयात्रा होती है, जब गोविन्दजी के मन्दिर में हजारों नर-नारियाँ एकत्र होते हैं। विशाल मण्डप में सैकड़ों मृदंग, पखावज, ढोल और झाल बज उठते हैं। दूसरे दिन धावल-चोंडवी (चाँदनी रात का नृत्य) में युवक-युवतियाँ नाचते हैं। धावल-चोंडवी पूरे चैत्र मास तक चलता है और उसका समापन चैत्र-पूर्णिमा को रास-मण्डप के भक्ति-गीतों के साथ होता है। लेहराओबा मणिपुर का प्राचीन नृत्य है, इसे देवी-देवताओं का नृत्य माना जाता है। इसमें नौ देवताओं और सात देवियों द्वारा सृष्टि-रचना के विकास-क्रम को नृत्य-भंगिमाओं के द्वारा अभिव्यक्त किया जाता है।

वसन्तपञ्चमी संगीतज्ञों-कलाविदों-कवियों के लिए सरस्वती-पूजन का पर्व है परन्तु ब्रजमण्डल में आम्र-मञ्जरी को भी पूजन में सम्मिलित किया जाता है। वसन्तपञ्चमी कामदेव की पूजा का त्यौहार है। मदन-द्वादशी और मदन-त्रयोदशी को कुमारियाँ प्रियतम को पाने के लिए व्रत रखती थीं, कामदेव का पूजन करती थीं।

"विष्णुधर्मोत्तर पुराण" में कामदेव की प्रतिमा का चित्र है — कामदेव के चार हाथ हैं, वे मस्त हाथी पर सवार हैं, पुष्प-बाण, पाश, अंकुश और पुष्प-धनुष धारण किए हैं। लाल रंग का ही विग्रह है और लाल रंग के ही अलंकार हैं। उनकी गोद में परम सुन्दरी रति बाए हाथ से काम का आलिंगन किये है और उनके दाहिने हाथ में कमल है। एक दूसरी मुद्रा में काम की आँखें मदमत्त हैं और उनके चार हाथ रति, प्रीति, शक्ति और मदशक्ति नामक चार सुन्दरियों के स्तनों पर हैं। "मत्स्य पुराण" के चित्र में नन्दनवन है, वसन्त है, जल की वापी है और कामदेव एक हाथ में पुष्प-धनुष और दूसरे में पुष्प-बाण लिए हैं। रति और प्रीति उनके दोनों ओर खड़ी हैं।

"गीतगोविन्द" में भी मकरवाहन-कन्दर्प का चित्र बनाकर, काम के हाथों में आम्रमञ्जरी का बाण धारण कराके, उसके पूजन का उल्लेख है। यहाँ एक संकेत यह भी है कि मदनमोहन कृष्ण को काम के रूप में पूजने की भी कोई परम्परा अवश्य थी। काम-पूजा कृष्ण-पूजन में अन्तर्भुक्त हुई।

विलिखति रहसि कुरंगमदेन भवन्तमसमशरभूतम्।
प्रणमति मकरमधो विनिधाय करे च शरं नवचूतम्।

हर्षदेव की "रत्नावली" में उल्लेख है कि दक्षिण-भारत में चित्र बनाकर कामदेव की पूजा होती थी। "भविष्य पुराण" में कामदेव और रति की मूर्तियाँ बनवाकर उनके पूजन का विधान है।

श्रीपञ्चमी को मदन-महोत्सव मनाने तथा वसन्त-पूजन का विधान ब्रज-भाषा-साहित्य में यत्र-तत्र बिखरा हुआ है। हरिजीवन का पद है —

श्रीपंचमी परम सुमंगल मदनमहोच्छव आज।
वसंत मनाय चली ब्रजसुंदरि लै पूजा कौ साज।
कनक-कलस जलपूर पढ़त रतिकाममंत्र रस मूल।
तापर धरी रसालमंजरी आवृत पीत-दुकूल।

९९.४ गडुआ और मौर : वसन्त-पूजा

स्वामीजी के इस पद में "कुचगडुआ जोवन मौर" वसन्त-पूजा का चित्र है। पूर्ण कलश और आम्रमञ्जरी।

श्रीपञ्चमी वसन्त-पूजा का त्यौहार है और श्रीहरिव्यासदेवाचार्य ने "महावाणी" में एक पूरा अध्याय (उत्साहसुख) वसन्तोत्सव और वसन्त पूजा को लेकर रचा है —

श्री पंचमि सुख सरस-रति, नृत्य करति उर ऊजि।
प्रमुदित चित चित्रासखी, प्रानपियन कों पूजि।
फूली फूली गावत वसंत राग, और अंग पगी अनुराग पाग।
फूली फूलै लै सरस डार, अब और हरित जब नव सँवार।
फूली फूली कमलकर कनक थाल, धरि कलस उलस चली चपल चाल। (पृ० ५५)

अथवा

रति रंग रँगीली सखीसंग। करलियें वसंत उर भर उमंग।
रतिरंग रँगीली कनक थारि। मधि सरस नूत मौर जब सँवारि
रतिरंग रँगीलौ बजै मृदंग। केउ निरतत गति पर गति सुधंग। (पृ. ५५)

९९.५ रूप-बगीचा

स्वामीजी ने रूप-बगीचा का उल्लेख किया है। रूप-बगीचा का "अभिप्राय" (मोटीफ) रससाहित्य में व्यापक है और विभिन्न भक्त-कवियों ने इसका चित्रण किया। सूरदासजी ने राधा के नखशिख-रूप को अद्भुत अनुपम-बाग के रूप में देखा है —

अद्भुत एक अनुपम बाग।
जुगल-कमल पर गज क्रीडत है, तापर सिंह करत अनुराग।
हरि पर सरवर सर पर गिरिवर, गिरि पर फूले कंज पराग।
रुचिर कपोत बसै ता ऊपर, ता ऊपर अमरित फल लाग।
फल पर पुहुप पुहुप पर पल्लव, तापर शुकपिक मृगमद काग।

इस बाग में कमल (चरण) गज (गति) सिंह (कटि) सरोवर (नाभि) गिरि (स्तन) कञ्जपराग (स्तनाग्र) कपोत (कण्ठ) अमृतफल (अधर) शुक (नासिका) पिक (वाणी) आदि हैं। अपने एक पद में "सहचरि सुख सखी" ने राधा के तन में मन्मथ-उद्यान देखा है, जिसमें कमल, भौंरा, केला, कल्पवृक्ष, सोनजुही, चम्पा, बन्धूक आदि विद्यमान हैं —

राधे तन फूल्यौ सफल बाग। हरि मधुकर कौ भयौ सफल भाग।
नव जलज चरन नव थलज पानि। तहाँ थलज जलज उपमान मानि।
जंघा कदली दीपति की रासि। तहाँ होति है वन कदली की हासि।
दल उरग लता दुति दिपति चोज। रोमावलि छबि अंकुर मनोज।
कल कली रूप कुच रसनि पुंज। तहाँ वारौं सब ही कली कुंज।

हित प्रेमदास का पद है —

प्यारी तेरौ तन आजु फूल्यौ बसन्त सुन्दर रूप रसाल।
अरुन अधर पल्लव मुक्ताफल दसन हँसन मृदु मौर। मंजरी झलकत अलक विसाल।।

नील कंज दृग भ्रकुटी अलि कल कुच कंचनफल भुज हेम डाल।
प्रेमदास हित मधुप साँवरौ सेवत सब ही काल।।

रसखान ने भी एक सवैया लिखा है —

एड़ी अनार सी मौरि रही बहियाँ दोऊ चंपे की डार बनाऊँ।

वंशीअलिजी ने भी श्रीराधा और सखियों के रूप में वसन्त को देखा है —

मेरी कुँवरि नवेली नव वसंत।
जहाँ कुच बौंडी कर कमल जान, बोलनि कोकिल कूजन समान।
नक बेसरि मानों अंब मौर, अलकनि झलकनि मानों पाँति भौंर।[१]

९९.६ कोटिकाम-लावण्य विहारी

"केलिमाल" के इस पद में सांकेतिक रूप में वसन्त पूजा और काम पूजा का चित्र है। कामदेव यहाँ कृष्ण हैं, जो करोड़ों कामदेवों की शोभा धारण किए हैं। "महावाणी" में यह स्पष्ट कर दिया गया है। मृगनयनी ने "मनहरन कन्त" की पूजा की। सुरतरंग से स्नान कराया, अनुराग आँचल से अँगौछा किया, प्रेम के वस्त्र धराए, आलिंगन के गहने और चुम्बन का चन्दन तथा अधरसुधा का आचमन —

आज भली भाँति पूज्यौ वसंत, मिलि मृगनैनी मनहरन कंत।
अन्हवाये सुचिसुचि सुरत-रंग, अंचर अनुराग अँगोछ अंग।
प्रेमांबर सुंदर अतिरसाल, पहिराये रंग रँगीली बाल।
आलिंगन अभरन तन सजाय, चरच्यौ चंदन चुंबन सुहाय।
सुख आसन ऊपर कर सँजोग, भुगताये बहुविधि भाव भोग।
अँचवायौ अधरसुधा अमोल, मुख बीरी दीनी कल कपोल।
तिरछी चितवन आरति उतारि, बलि गई हरिप्रिया छबि निहारि।[२]

---

१. ललित सम्प्रदाय : सिद्धान्त और साहित्य, पृ० २९६।
२. महावाणी, पृ० ५१।

१००

कुंजबिहारी कौ बसंत सखि, चलहु न देखन जाँहि।
नव-बन नव निकुंज नव पल्लव नव जुबतिन मिलि माँहि।
बंसी सरस मधुर धुनि सुनिअत फूली अंग न माँहि।
सुनि हरिदास प्रेम सों प्रेमहिं छिरकत छैल छुवाँहि॥

१००.१ नव-बन नव निकुंज नव-पल्लव

सखियों के मन में वसन्त का उल्लास है, उनके मन में कुञ्जबिहारी के वसन्त को देखने का आकर्षण है — चलो सखी, कुञ्जबिहारी का वसन्त देखने चलें। "रोप्यौ, रोप्यौ है नंद के नें रास सखी री चलौ तौ दरसन करि आमें।"

सबसे पहला आकर्षण क्या है? नवता। नवलता के सम्बन्ध में पिछले पृष्ठों में कुछ चर्चा हो चुकी है। जहाँ काल का अधिकार है, वहाँ नवीनता नित्य नहीं रह सकती। कुञ्जबिहारी के वसन्त में काल का अधिकार नहीं है और काल का क्रम नहीं है। साधारणतया हमारे जीवन में वसन्त, ग्रीष्म, वर्षा, शरद, हेमन्त, शिशिर क्रम से आते हैं, वे इकट्ठे एक साथ नहीं आ सकते। लेकिन वृन्दावन में ऋतुराज अपनी समस्त ऋतुरानियों के साथ सेवा-भाव के साथ सदा उपस्थित रहता है —

नित्य सरद नित तीज है नित होरी सुवसंत।
नित्य केलि छिन-छिन नई, जाके सुखहि न अंत। (ललितकिशोरी)

स्वामी नागरीदेव की वाणी है —

छै रितु वसंत सदा वृंदावन सेवत सब सुख लीने।

श्रीललित मोहनी की वाणी है —

नित ही होरी नित ही फाग
श्रीललितमोहनी कौ नित्य सुहाग।

झूला, फाग, रास अलग-अलग ऋतुओं के उत्सव हैं, किन्तु वृन्दावन में वे नित्य ही उपस्थित हैं।

१००.२ कालक्रम और नित्य की अवधारणा

नित्य-विहार में काल का प्रवेश नहीं है। "काल का प्रवेश नहीं है", साधारणतया यह बात समझ में नहीं आती। इंदिरा गाँधी राष्ट्रीय कला केन्द्र के एक व्याख्यान-सत्र में भी एक बार यह प्रश्न उठा था। यों तो यह प्रश्न बड़ा जटिल है और व्यापक है कि काल है क्या? विभिन्न वैज्ञानिकों की और विभिन्न दार्शनिकों की इस प्रश्न पर अलग-अलग राय है। इस विषय को लेकर यहाँ अन्तर्राष्ट्रीय संगोष्ठी हुई थी। अनेक वैज्ञानिक काल को ऊर्जा मानते हैं और कई वैज्ञानिक कहते हैं कि काल कुछ है ही नहीं, वस्तु का अपना स्वभाव ही विनाशशील या परिवर्तनशील है, उसमें जो विकार आता है, वह काल के कारण नहीं, वस्तु के अपने स्वभाव के कारण आता है। इसी प्रकार दार्शनिकों की भी काल को लेकर भिन्न-भिन्न अवधारणाएं हैं। विस्तार-भय के कारण यहाँ

उसकी चर्चा सम्भव नहीं है। यहाँ केवल यही उल्लेखनीय है कि प्रत्येक संस्कृति में कालातीत की अवधारणा है और यह किसी देश-विशेष या सम्प्रदाय-विशेष की बात नहीं है, यह मनुष्य की महिमा है। उसकी जीवतात्त्विक और मानसिक-संरचना की महिमा है। उसका शरीर ऐसा है कि जब वह ज़मीन पर लेटता है, तब उसकी आँखें आकाश को देख रही होती हैं तथा आकाश अनन्त है। आकाश सूक्ष्म है। आकाश अपरिमेय है। मनुष्य ने अनन्त की कल्पना की, मनुष्य की इस अनन्त-कल्पना का रहस्य मनुष्य स्वयम् ही है। मनुष्य सीमा में रहता है परन्तु असीम को देखता है, सोचता है। मनुष्य सान्त की धरती पर रहता है परन्तु अनन्त को देखता और सोचता है। मनुष्य-लोक में रहता है परन्तु अलौकिक की अवधारणा रच लेता है। आकार में रहता है परन्तु निराकार में सोचता है।

इसी के साथ वह अरूप को रूप देता है, निराकार को आकार प्रदान करता है। अलौकिक को लौकिक बनाने की क्षमता भी मनुष्य में है। जब वह लोक से अलोक में जाता है, तब दर्शनशास्त्र के सूत्र जन्म लेते हैं और जब वह अलोक से लोक की ओर गतिशील होता है, तब कला का उद्भव होता है।

राग-तत्त्व तो ''पुहुपवास ते पातरा'' है, लेकिन उस सूक्ष्म-तत्त्व को ''केलिमाल'' में शब्द और अर्थ मिले। वह अव्यक्त ''केलिमाल'' के रूप में अभिव्यक्त हुआ। उस राग ने स्वरलहरी का, ध्रुपद-धमार का, कान्हरौ-केदार-वसन्त-मल्हार और गौरी का रूप ले लिया। वह राग-तत्त्व नृत्य के रूप में अवतरित हुआ, रस को उद्बुद्ध किया, जगाया। अवश्य ही वसन्त, ग्रीष्म, वर्षा में काल के चक्र का आभास होता है, परन्तु मूल तत्त्व ''रस'' तो कालातीत है और जो कालातीत है, वह पुराना नहीं होता। काल नए को पुराना बनाता है, किन्तु वहाँ काल का प्रवेश नहीं, इसलिए वहाँ नित-नवीनता है। विद्यापति भी कहते हैं —

नववृंदावन नवीन तरुगण नव-नव विकसित फूल
नवल वसंत नवल मलयानिल मातल नव अलि कूल।

बिहरइ नवल किशोर।
कालिन्दी पुलिन कुंज नव शोभन नव-नव प्रेम विभोर।
नवल रसाल मुकुल मधु मातल नवकोकिल कुल गाय।
नवयुवतीगण चित उनमातइ नवरसे कानन धाय।

१०१

चल री, भीर ते न्यारे ई खेलैं।
कुंज-निकुंज मंजु में झेलैं।
पंछि न संग, सखी न संग कोऊ, तिहिं बन चल मिलि केलैं।
श्रीहरिदास के स्वामी स्यामा, प्रेम परस्पर बूका-बंदन मेलैं॥

१०१.१ चलरी भीर ते न्यारे ई खेलैं : चरम एकान्त

सूरदास आदि ब्रज-भक्तों की वाणी में होली का सामूहिक-उल्लास है —

करत कुलाहल खोरी पुर नर-नारि।
मरजादा राखें नहीं, कटि पट डारें फारि।
साधु असाधु न समझहीं बोलहिं बचन विकार।

एक ओर गोप-बालाओं के झुण्ड हैं और दूसरी ओर गोप-ग्वालों के झुण्ड हैं। "उत मोहन नवल अहीर।" गोपियों के झुण्ड ने कृष्ण को घेर लिया — अब हम तुम्हें नंगा करेंगे — "अब हम तुमहिं नँगाइहैं की परहु कुमरि के पाँइ, मिलि झूमक हो।"

भीड़ के दृश्य को सूरदास के चित्र में देखिए —

बाँस धरे जेरी धरे बिच मार मची भई भीर।

गोपियों के झुण्ड ने ब्रजनाथ को पकड़ लिया — "इक पट पीतांबर गह्यौ इक मुरली लई छँड़ाय।" सूरदास कहते हैं कि कृष्ण को ऐसे घेर लिया, जैसे मधुमक्खी घेर लेती है —

इहि विधि हरि कों घेरि रहीं ज्यों घेरि रहीं मधुमाखि।

दूसरी ओर ग्वाल-बाल हैं —

गारी होरी देत दिबावत ब्रज में फिरत गोप-गन गावत।
दूध दही के माते डोलें काहे न हो हो हो हो बोलें।

गोपियों ने बलराम को पकड़ लिया —

सब गोपिन हलधर पकरि, छाँड़े पाँइ लगाइ।
दाऊ आज भले बने, आए आँख अँजाइ।

होली का ऐसा उद्दाम-रूप "सूरसागर" में अभिव्यक्त हुआ है, जिधर जाओ उधर ही अश्लील शब्द या गालियाँ सुनने को मिल रही हैं —

केकी कोक कपोत और खग करत कुलाहल भारी
मानहुँ लै लै नाउँ परस्पर देत दिबावत गारी।[१]

---

१. सूरसागर, पृ० ११३३।

झूमि झूमि झूमक सब गावति बोलत मधुरी बानी।
देत परस्पर गारि मुदित मन तरुनी बाल सयानी।[१]

छाँड़ि सकुच सब देति परस्पर अपनी भाई गारि।[२]

इक पट लीन्हों छीन मुरलिया लई छुड़ाई।
सोचत काजर आँजि भाँतिसों गारी गाई।[३]

सूरदास ने "फाग" को सभी सुखों का सार बतलाया है। फाग में हृदय का गुप्त-अनुराग प्रकट हो जाता है। सूरदास ने फागुन की पन्द्रह तिथियों का वर्णन किया है। जिनमें सम्राट् कामदेव का शासन है, कुल और वेद की मर्यादा टूट चुकी है, कामदेव का तेज तीनों लोकों में भर गया है, नर नारी निःशंक हो गए हैं, न कोई साधु है और न ही असाधु, सभी विकार के वचन बोल रहे हैं, सभी लोग ढोल, ढप, भेरी, बाँसुरी बजा रहे हैं —

सठ पंडित वेस्या वधू, सबै भये इकसार।
सब नाचहिं गावहिं सबै, सबै उड़ावत छार।

फागुन में मदन-महीपति का राज है —

गनहु द्वैज दिन सोधिकें, भूपति ह्वै है काम। हरि होरी है।
ससि रेखा सिर तिलक दै, सब कोउ करै प्रनाम। हरि होरी है।
कनक सिंहासन बैठि है, जबतिन के उर आन। हरि होरी है।
चिकुर चौंर अंचल धुजा, घूँघट आतप तान। हरि होरी है।
तेज तिहूँ पुर प्रगटि है, अपनी आन नरेस। हरि होरी है।
सुनि पग पग डफ डिमडिमी, सोइ करि है सब देस। हरि होरी है।
चौथि चहूँ दिसि चालि है, यह अपनी इक नीति। हरि होरी है।
करै भाँवतौ नृपति कौ, छाँड़ि सकुच कुल रीति। हरि होरी है।
पाँचै परिमिति परिहरै, चलैं सकल इक चाल। हरि होरी है।
नारि पुरुष सादर करैं, बचन प्रीति प्रतिपाल। हरि होरी है।
छठि छ राग रस रागिनी, ताल तान बंधान। हरि होरी है।
चटुल चरित रतिनाथ के, सीखत हैं अवधान। हरि होरी है।
सुनि सातें सब सजग है, सबन मत्यौ मत एक। हरि होरी है।
नृपति कहै सोइ कीजियै, क्यों राखियै विवेक। हरि होरी है।[४]

रसखान के काव्य में मदनोत्सव के हुडदंग का सजीव वर्णन है —

फागुन लाग्यौ सखी जबतें, तबतैं ब्रजमंडल धूम मच्यौ है।
नारि नबेली बचै नहिं एक, बिसेख यहै सब प्रेम अँच्यौ है।

---

१. सूरसागर, पृ० ११३४। २. वही, पृ० ११३६। ३. वही, पृ० ११४६। ४. वही, पृ० ११६६-६८।

साँझ-सकारे वही रसखान, सुरंग गुलाल लै खेल रच्यौ है।
को सजनी निलजी न भई, अरु कौन भटू जेहि मान बच्यौ है।

लीने अँबीर भरे पिचका, रसखानि खर्‌यौ बहुभाव भरौ जू।
मार से गोपकुमार कुमार वे, देखत ध्यान टरौ न टरौ जू।
पूरब पुन्यन दाँव पर्‌यौ, अब राज करौ उठि काज करौ जू।
अंक भरौ निरसंक उन्हें, इहि पाख पतिव्रत ताख धरौ जू।

आवत लाल गुलाल लियें मग, सूने मिली इक नारि नवीनी।
त्यों रसखान लगाय हियें भटू, मौज कियौ मनमाँहि अधीनी।
सारी फटी सुकुमारी हटी, अँगिया दरकी सरकी रँग भीनी।
लाल गुलाल लगाइ, लगाइ कें अंग, रिझाइ बिदा कर दीनी।

केलिमालकार का सुकुमार मन आज इस हुडदंग, इस भीड़, इस कोलाहल के बाहर वृन्दावन के निभृत-एकान्त में रमा हुआ है — गहवरवन में, सघनवन में, जहाँ न सखियाँ है, न पक्षी और न भौरों की गूँज —

सखी पंछी भँवर धुनि, जहाँ न सुनियै कोय।
तिहि गहवर वन खेलियै, तन मन प्रान समोय।

"केलिमाल" की होली स्थूल नहीं है। रसिकदासजी बार-बार कहते हैं —

सकल उदीपन मदन के, होत राग रसरंग।

यह रंग-वर्षा क्या है ? रूप रसाल के रंग की वर्षा है, प्यारी के नेत्रों को निहारकर निहाल होना ही रंग-वर्षा में भीगना है —

एरी सखी, नित्यबिहारिनि बाल, बरसत रूप रसाल, री रँग होरी
एरी सखी, चंचल नैन बिसाल, निरखत लाल निहाल, री रँग होरी।
एरी सखी, अद्भुत सुख की रासि, मधुर-मधुर मृदुहास, री रँग होरी
एरी सखी, हुलसि-हुलसि लड़कात, आनँद उर न समात, री रँग होरी।
एरी सखी, परे हैं प्रेम-रस-जाल, प्रान-प्रिया उर माल, री रँग होरी।
एरी सखी, ललित सुकेलि अभंग, रसिक सखी अंग-संग, री रँग होरी।।

होली है, फाग है परन्तु नैमित्तिक, स्थूल और प्राकृत-उपकरण नहीं हैं, नयनों में अबीर-गुलाल की लालिमा है, बाजे बज रहे हैं, रसविलास के आभूषण हैं, छवितरंग की ही पिचकारियाँ हैं, भृकुटियों की मार है। स्वामी रसिकदेव का पद है —

होरी खेलन स्यामा हुलसि छबीली आई।
अबीर गुलाल लियें नैनन में आज करत मन माई।
छवि-तरंग छूटत पिचकारी, भृकुटिन मार मचाई।
श्री रसिकबिहारिन की छवि निरखत ज्यों दामिनी घन छाई।

१०२

अब कैं वसंत न्यारेई खेलैं, काहू सों न मिलि खेलें तेरी सौं।
दुचिते भएँ कछू न सचु पाइए, तू काहू सखी सों मिलि न, मेरी सौं।
देखैगी जो रंग उपजैगौ परसपर, राग-रागनीन के फेराफेरी सौं।
श्रीहरिदास के स्वामी स्यामा कुंजबिहारी, राग ही में रंग उपजैगौ एरी सौं।

१०२.१ राग ही में रंग उपजैगौ

इस पद में भी "अब कैं बसंत न्यारे ई खेलैं" का प्रस्ताव है, जहाँ कोई दूसरी सखी न हो। यह एकान्त की स्थिति है, एकचित्त अनुराग है।

राग से रंग पैदा होगा, यह बात इस पद में दो बार कही गई है। "राग रागनीन की फेराफेरी सों रंग उपजैगौ" तथा "एरीसौं राग ही में रंग उपजैगौ।"

"केलिमाल" में राग, रंग और रस के अन्त:सम्बन्ध को बार-बार रेखांकित किया गया है —

राग रागिनी अलौकिक उपजत।
राग ही में रंग रह्यौ रंग के समुद्र में ए दोउ झागे। (पद ०२)

बिचबिच प्रीत रहस रसरीत की राग-रागिनी के जूथ बाढ़े।
स्यामा कुंजबिहारी राग ही के रंग रँगि काढ़े। (१०८)

राग ही के रंग रँगे दोऊ जन। (९४)

रागरागिनी तारमंदर सुरघोर (६५)

रागरागिनी सों मिलि तू गावत (६६)

परस्पर राग जम्यौ धुर धुरपद अपार। (६७)

विचारकों, संगीतज्ञों और संगीत-शास्त्रियों के सामने कई प्रश्न हैं — राग क्या है? "रंजयतीति राग:।" रञ्जन करना अर्थात् चित्त को रंग लेना। नर-नारी के परस्पर प्रेम का आकर्षण जब जन्म लेता है, तब चित्त को रंग लेता है। चित्त अभिभूत हो जाता है। प्रेम चित्त-रूप हो जाता है और चित्त प्रेम-रूप हो जाता है। चित्त में जब इस राग का उदय होता है और जब ऐसी स्थिति आती है कि राग मन में समाता नहीं है, वह छलकता है, अभिव्यक्त होने को घुमड़ता है, तब जो स्वरलहरी जन्म लेती है, वह भी राग कहलाती है। वह स्वरलहरी राग का रूप है। परस्पर आकर्षण में जो राग चित्त में घुमड़ रहा है, वह चित्त-रूप है, वह स्थूल नहीं है, इन्द्रियग्राह्य नहीं है। प्रेमी प्रेमिका के चित्त एक-रूप होकर उसका अनुभव कर रहे हैं, किन्तु जब वह राग स्वरलहरी बना, तो इन्द्रियग्राह्य बन गया, उसे रूप मिल गया। यदि वह अंग-प्रत्यंग की मुद्राओं में है तो नृत्य के रूप में उसे देखा जा सकता है और यदि स्वरलहरी के रूप में है तो उसे सुना जा सकता है।

दूसरे पद में यह बात बड़ी स्पष्ट है — "रुचि के प्रकास परसपर खेलन लागे।" रुचि के अनुसार केलि-क्रीडा हो रही हैं। दूसरी पंक्ति है — "राग रागनी अलौकिक उपजत" श्यामा-श्याम अलौकिक हैं। केलि-क्रीड़ा के बीच राग-रागिनी का उद्भव हुआ या ये कहें कि "राग" से "राग" का उद्भव हुआ। एक राग चित्त-रूप है, दूसरा राग स्वरलहरी-रूप है। दूसरे पद की तीसरी पंक्ति है — "राग ही में रंग रह्यौ" रंग अर्थात् आनन्द। रंग

कहाँ है ? राग में। राग में सुख है, यह बात भी केलिमाल में बार-बार कही गई है — "गावत खेलत जो सुख उपजत सो तौ कोट बरु है तन कौं" (१०३) गावत और खेलत अर्थात् क्रीडा और गायन दो नहीं हैं, भिन्न-भिन्न नहीं हैं, गायन क्रीडा है और क्रीडा गायन है। एक सिक्के के दो पहलू।

एक पद में स्वामीजी ने कहा — "ये स्यामघन तुम दामिनी प्रेमपुंज बरसा रस पीजै।" (१६) तुम दामिनी हो, ये घन हैं — श्यामा और श्याम। दोनों की प्रेम-क्रीडा वर्षा है, वह रस है। प्रेमकुञ्ज है। प्रेम ही राग है, प्रेम ही रंग है और प्रेम ही रस है। उसकी विभिन्न अवस्थाएं हैं, विभिन्न रूप हैं। बर्फ है, भाप है, बादल है और जल है, जल की विभिन्न अवस्थाएं हैं, जल के विभिन्न रूप हैं। प्रेम बहुत व्यापक है। वह मनुष्यों तक ही सीमित नहीं है — पक्षियों के राग की बात भी स्वामीजी ने कही — "सुर देत पंछी राग बन्यों।" कोयल क्यों अलापती है ? मोर क्यों नाचता है ? चित्त में राग है, इसलिए। चित्त की द्रवीभूत अवस्था रस है — "कुंजबिहारी पै रंग रह्यौ रस ही में पागे।" रस से राग और राग से रस। बीज से वृक्ष और वृक्ष से बीज। बीज और वृक्ष दो अवस्थाएं हैं, इसी प्रकार राग और रस दो अवस्थाएं हैं। चित्त रागमय होता है, तब तन-मन एक ही रंग में रंग जाता है। श्री ललितकिशोरी की वाणी है — "अंग-अंग दोऊ रँगे हैं राग।" (रससागर, पृ० ८६२)

कामिनी-कन्त के अंग-प्रत्यंग एक ही राग के रंग में रंगे हैं।

"रसदेश" का सारा ठाठ राग के आधार पर खड़ा हुआ है। विराग राग का निषेध नहीं है। वास्तव में विराग और अधिक गहरा राग है, और अधिक विराट् तथा और अधिक व्यापक राग है। छोटा राग बड़ा राग बन जाता है।

१०२.२ दुचिते भएँ कछू न सचु पाइयै

चित्तवृत्ति का निरोध कहें या चित्त की एकाग्रता कहें। रस की बात है तो चित्त की बात है। रंग की बात है, राग या प्रेम की बात है तो सब चित्त की ही बात है। चित्त ही प्रेम बन जाता है। चित्त ही राग बन जाता है। चित्त न हो, तो राग नहीं हो सकता, कहाँ होगा ? चित्त में ही तो राग है। जब चित्त में राग का उदय होता है, तब राग और चित्त भिन्न-भिन्न नहीं रह जाते। वे एकरूप हो जाते हैं, एकरस हो जाते हैं।

हालाँकि संसारी-आदमी का चित्त परिवेश के सहस्रों तन्तुओं के जाल में बँधा रहता है। अनन्त वासनाएं हैं। एक-वासना-इच्छा उगती है तभी दूसरी इच्छा-वासना दस्तक दे देती है और चित्त उलझ जाता है। सहस्रों तन्तुओं का जाल भी चित्त में है, चित्त-रूप है। यही उसकी समस्या है। स्वामीजी कहते हैं — "दुचिते भऐं कछू न सचु पाइयै।" चित्त की व्यग्र-अवस्था है, जब वह अनेक वासनाओं में उलझा है, स्वामीजी कहते हैं — "कछू न सचु पाइयै। दुचिते में सुख कहाँ।" हितप्रभु (हरिवंशजी) ने कहा — दो घोड़ों पर सवार होकर कौन दौड़ सकता है ? "हितचौरासी" का पद है —

यह जु एक मन बहुत ठौर करि कहि कौनें सचुपायौ।
द्वै तुरंग पर जोर चढ़त हठ परत कौन पै धायौ। (पद ५९)

इसीलिए बिहारिनदास कहते हैं —

मेरौ मन एक ही ठौर भलौ।
निसि बासर जागत अरु सोबत, सुपने हूँ न चलौ।।
बिहारी-बिहारिन के पद पंकज, यौं अलि ह्वै अचलौ।
बिहारीदास बन बसत पाइयत संतत सुख अगलौ।।

रहौ रहौ बिहारीजू, मेरी आँखिन में बूका मेलत हौ, कित अंतर होत मुख अवलोकन कों।
और भाँवती तिहारी मिल्यौ चाहत मिस कैं, पैंयाँ लागों पन पन कों॥
गाबत खेलत जो सुख उपजत, सु तौ कोट-बरु है तन कों।
श्रीहरिदास के स्वामी कौ मिलन-खेलन कौ सुख कहाँ पाइयत, ऐसौ सुख मन कों॥

१०३.१ अंतर होत मुख अवलोकन कों

प्रिया-प्रियतम होली खेल रहे हैं, एक-दूसरे पर अबीर-गुलाल की मुट्ठी बरसा रहे हैं। प्रियाजू की आँखों में अबीर चला गया, वे प्रियतम से उपालम्भ कर रही हैं — क्या कर रहे हैं? आँखों में बुक्का मार रहे हैं? मेरी आँखें मुँदने लगें और प्रियतम का मुख निहारने में कुछ अन्तर आ जाए? बिहारीजू! क्या इस बीच आप अपनी किसी अन्य भाँवती (प्रेयसी) से मिलना चाहते हैं?

"महावाणी" में यह कथन प्रियतम का है और वे प्रियाजू से कह रहे हैं कि आँखों को बचाकर गुलाल डालिए, आपका मुख निहारने में जो व्यवधान आ जाता है, आपकी शपथ, मैं उसे सहन नहीं कर पाता —

ए हो बचाय डारौ इन नैननहिं सुनियै स्यामा प्यारी।
अंतर मुख अवलोकन कौ सहि सकत न सौंह तिहारी।[१]

आगे चलकर हम देखते हैं कि ब्रजभाषा-साहित्य में आँखों में गुलाल न डालने का आग्रह एक अभिप्राय बन गया और कवियों ने उसे अपने-अपने तरीके से अभिव्यक्त किया है। भारतेन्दु हरिश्चन्द्र ने अपने कवित्त में यह बात इस तरह से कही है —

जोरि कर कहति, निहोर "हरिचन्द" प्यारे, मेरी बिनती है एक, ताहि तुम टारौ ना।
नैन है चकोर, मुखचन्द सों परैगी ओट, यातें इन आँखिन गुलाल लाल डारौ ना।।

१. महावाणी, पृ० ९८।

१०४

सौंधें न्हाइ बैठी पहरि पट सुंदर, जहाँ फुलवारी तहाँ सुखवति अलकें।
कर-नख सोभा कल केस सँवारति, मानों नव घन में उडगन झलकें ॥
विविध सिंगार लिऐं आगें ठाड़ी प्रिय सखी, भयौ भरु-आन रतिपति-दल दलकें।
श्रीहरिदास के स्वामी स्यामा-कुंजबिहारी की छबि निरखत लागत नाँहीं पलकें ॥

१०४.१ सौंधें न्हाइ बैठी

''केलिमाल'' रस-साहित्य की निधि है, किन्तु रस-साहित्य की परम्परा और उसके सूत्र बहुत व्यापक स्तर पर दूर-दूर तक बिखरे हुए हैं। उदाहरण के लिए सद्यःस्नाता का चित्र है। विद्यापति लिखते हैं —

कामिनि करइ सिनान।
हेरइते हृदये हानल पंच बाण।
चिकुरे गलये जलधारा।
मुख शशि गये भये रोये अँधियारा।
तितलि वसत तन लाग।
मुनिहक मानस मनमथ जाग।[1]

दूसरा पद है —

आजु मझु शुभ दिन भेला।
कामिनी मेखल सिनानक वेला
चिकुर गलए जल धारा
मेह बरखे जनु मोतिनहारा।[2]

एक तीसरा पद है —

जाइते पेखल नहाइते गोरी।[3]

चीरहरण-लीला में भी सद्यःस्नाता का सूत्र विद्यमान है। ''सूरसागर'' में इस प्रसंग का विस्तृत वर्णन है —

बनत नहीं जमना कौ ऐबौ।
सुंदर स्याम घाट पर ठाड़े कहौ कौन विधि जैबौ।
कैसें बसन उतारि धरैं हम कैसें जलहिं समैबौ।

---

१. विद्यापति-पदावली, पृ० २३५।
२. वही, पृ० २३६।
३. वही, पृ० ३७।

१०४.२ सुखवत अलकें

लोकवार्ता-साहित्य में केश सुखाने का अभिप्राय बहुत व्यापक है — "लाड़ो नें केश सुखाये।" "समय-प्रबन्धावली" में केश सुखाने का एक पद अलबेली-अलि का है —

सुखवति बारन नवल नवेली।
बार-बार कर नखन विचारत करति पियै मन जेली।
निरखि बिबस भयौ मन लालन कौ रही न सुध बुध हेली।[१]

शृंगार : विविध सिंगार लियें आगें ठाड़ी सखी

सखी अनेक प्रकार से शृंगार करती है। अद्भुत बेनी गुहती है। मृगमद की बिन्दी माथे पर लगाती है। शृंगार-सेवा सखी का अधिकार है।

---

१. ललित सम्प्रदाय : सिद्धान्त और साहित्य, पृ० २३४।

१०५

चलौ सखी, कुंजबिहारी सों मिल, चित दै देखें उनकी भाँवती।
सुंदर सों सुंदरि मिल खेलत, कैसें धौं गावती॥
औचक आइ परी सखी तहाँ, पिय सों पाँइ चँपावती।
श्रीहरिदास के स्वामी स्यामा कुंजबिहारी सों मिल पौढ़ी तन-मन राँवती।

१०५.१ चित दै देखें उनकी भाँवती

कुञ्जबिहारी के वसन्त-सुख को देखने की अभिलाषा और कुञ्जबिहारी के वसन्त-सुख के आकर्षण की बात चल रही है। पहला आकर्षण वृन्दावन की नवलता है, दूसरा आकर्षण वंशी की तान है। तीसरा आकर्षण प्रेम की वर्षा है, किन्तु सबसे बड़ा आकर्षण उनकी भाँवती है — प्यारीजू — "चितदै देखें उनकी भाँवती।" चित्त को केन्द्रित करके देखें कि प्यारीजू प्रियतम के साथ आज कौन-सी क्रीडा कर रही हैं, किस प्रकार खेल रही हैं और किस प्रकार गायन कर रही हैं। केन्द्र में तो नित्य-विहार ही है। नित्य-विहार का स्वरूप क्या है?

होरी हो या डोल हो अथवा हिंडोला हो, ये लोक के ऋतोत्सव हैं, किन्तु "रसदेश" में ये नित्य-विहार के ही पर्याय हैं। केलि की लहरियाँ हैं। बिहारिनदेव की साखी है —

जोवन फूल वसंत रित गौर स्याम सुख धाम।
होरी डोल हिंडोलना एक केलि के नाम।[१]

सखियाँ श्यामा-श्याम को ढूँढ़ने निकलीं तो अचानक एक कुञ्ज देखी, जिसमें प्रियतम प्यारीजू के पैर दबा रहे थे।

शेषशायी विष्णु के जो चित्र मिलते हैं, उनमें विष्णु शयन कर रहे हैं और लक्ष्मी उनके पैर दबा रही हैं किन्तु इसके विपरीत वृन्दावन में हम देखते हैं कि —

छबीले छबिसौं चाँपत पाँइ।
वारत मन बलि जाँइ निरखि मुख फूल्यौ अंग न माँइ।
श्रीसरसदास सुखरासि सहचरी देखत हियौ सिराइ।

१०५.२ पिय सों पाँइ चँपावती

वृन्दावन में विहार का स्वरूप यही है, प्रियतम प्यारी के रस-वश हैं —

श्रीबिहारिनिदासि की स्वामिनी स्याम हँसि रस-बस किये रीझि रहे रसिक चरननि लपटाई।

चरणों में लिपटे हुए हैं। जयदेव ने भी गाया और रसखान ने भी वृन्दावन में आकर देखा —

देख्यौ दुर्‌यौ वह कुंज-कुटीर में बैठ्यौ पलोटत राधिका-पायन।

रस-उपासना में कृष्ण निकुञ्जेश्वरी के द्वार पर खड़े रस के याचक हैं। भागवत में "अनयाराधितो नूनं" है, वहाँ राधा आराधिका है, जबकि वृन्दावन में कृष्ण आराधक है, राधा आराध्य है।

---

१. रसनिकुंज, वर्ष १, अंक ५-६-७, पृ० ८७।

१०६

राधा-रसिक कुंजबिहारी खेलत फाग, सब जुबती-जन कहत हो हो होरी।
भरत परसपर काहू की काहू न सुधि, हँसि कैं मन हरत मोंहन गोरी॥
कर सों कर जोरि, कटि सों कटि मोरि, करत निरत काहू न रुचि थोरी।
श्रीहरिदास के स्वामी स्यामा कुंजबिहारी, फिरत न्यारेई न्यारे, सब सखियन की दीठ बचावत तकि तव खोरी।

१०६.१ फाग : जुबती जन कहत हो हो होरी

ब्रज की होली प्रसिद्ध रही है,[१] आज भी है। इस अवसर पर देश-विदेश के लोग होली का आनन्द लेने के लिए ब्रजभूमि में आते हैं। वसन्त-पञ्चमी से धमार शुरू हो जाते हैं, गुलाल शुरू हो जाता है। आनन्द तब समष्टिगत हो जाता है। "केलिमाल" में होली-वसन्त-फाग के आठ पद हैं। ढप-तार, बूकाबन्दन, फाग और हो हो होरी। वसन्त-क्रीड़ा श्यामा-श्याम की एकान्त-क्रीड़ा है। जो भीड़ सूरदास और रसखान आदि के काव्य में है, वह "केलिमाल" में नहीं है, किन्तु समष्टि का जो आनन्द-भाव है, वह "रसदेश" में विद्यमान है। समष्टि का उल्लास "हो हो होरी" में प्रकट हो रहा है। होली पर दसों दिशाओं में "हो हो होरी" का स्वर तार-सप्तक में गूँजता है। यह स्वर भक्तिकाल में सामान्य है।

आनन्द की उपासना है, सिद्धान्त है, आनन्द ही जीवन का स्रोत या मूल है और जीवन का प्रयोजन भी आनन्द है। होली में उन्मुक्त आनन्द-भाव है। व्यष्टि का आनन्द सबका आनन्द बन जाता है। सब आनन्द में विभोर हैं। समष्टि की आनन्द-ध्वनि है — हो हो होरी।

सूरदास का पद है —

हो हो हो हो हो हो होरी।
खेलत अति सुख प्रीति प्रकट भई उत हरि इतहि राधिका गोरी (पृ० ११४०)

"महावाणी" में कितने ही पदों में "हो-हो होरी" का उल्लास है —

मुख हो हो हो हो बदत बैन।
गुन भरी गारी गाबौ री, हो हो कहि सबै सुनाबौ री।
स्यामा जू खेलत रंग भरी रंग हो हो हो हो होरी।

चतुर्भुजदास ने तो "हो-हो" को होली का मन्त्र ही कह दिया है —

खेलत में हो-हो जु मंत्र पढ़ि डार्‍यौ तें जु गुलाल।

"केलिमाल" में "हो हो होरी" का स्वर तो है, परन्तु यह पुरुष-स्वर नहीं है, यह "जुवति जन" का स्वर है।

---

१. ब्रज की होली प्राचीन चित्रकारों का भी प्रिय विषय रही है। सुप्रसिद्ध कलाविद् और पुरातत्त्ववेत्ता प्रो. कृष्णदत्त बाजपेयी का कथन है — "प्राचीन चित्रकला में होलिकोत्सव के विविध कलापूर्ण आलेखन उपलब्ध हैं। किशनगढ़, बूँदी, कोटा, नाथद्वारा आदि राजस्थानी शैलियों में तथा मथुरा-वृन्दावन की कलाओं में गोपियों के साथ होली खेलते हुए कृष्ण और उनके सखाओं के बहुसंख्यक कलात्मक चित्रण मिले हैं। पहाड़ी-चित्रकला में काँगड़ा, गुलेर, बसोली, गढ़वाल आदि के अनेक कलाकारों ने ब्रज के होलिकोत्सव को अंकित किया है। ब्रज के होली सम्बन्धी जो चित्र मिले हैं, उनमें वहाँ की प्राकृतिक पृष्ठभूमि तथा वेश-भूषा के रोचक रूप देखने को मिलते हैं।" — रसनिकुंज (वर्ष १ अंक ५, ६, ७), पृ० ७८

"केलिमाल" में सखी है,[1] अनेक सखियां भी हैं[2] और सब सखियां भी हैं। कहीं वनिता, भटू और कहीं ललना भी है[3] नारि और तिय का प्रयोग यक्ष-किन्नर, नागलोक और गन्धर्व तथा देवांगनाओं के लिए हुआ है।[4] वे पुष्पवर्षा करती हैं और रीझती हैं। चार पदों में जुबतिजन का उल्लेख है — "निरतत जुगल किसोर जुबतिजन मन मिलि" (५२), "जूथ अनेक सुघर जुबतिन के" (८५), "नवजुवतिन मिल माँहि" (१००) तथा प्रस्तुत पद में — "सब जुबतिजन कहत हो हो होरी।" अध्ययन की दृष्टि से ये पाँच आवरण या मण्डल हैं। बाहर वाला मण्डल जुबतिजन का है। उसके भीतर का आवरण देवनारि, नागनारि, जच्छ किन्नर देवतिय (४२) का है। तीसरे आवरण में सब सखियां और अनेक सखियां हैं। चौथा आवरण ललिता सखी का है और पाँचवें में "पछि न संग, सखी न संग कोऊ तिहिवन चल मिल केलें।"(१०१)

अष्टाचार्यों की वाणी में जुबतिजन और सब सखियों के उल्लास का विस्तृत वर्णन है। जब वसन्तोत्सव-विहार होता है तो सखियां अबीर उड़ाती हैं, अरगजा छिरकती हैं वाद्य-वादन करती हैं तथा नृत्य-गीत-संगीत में तल्लीन हो जाती हैं —

एक अरगजा सरस सुगंध अबीर उड़ावत आई
एक बाजे विविध बजावत गावत सुरन सुहाई
एक-वृत्त गीत संगीत उघटत सब्द सुनाई
तान तिरप में मान जान अतिसै सुख दाई। (पृ० ५८०)

ललितादिक सखी आई भूमि सब आवज साज मृदंग।
एक लियें करताल झाँझ ढप वर बाँसुरी मुख चंग।
एकन कर करतार अधौटी मुरज रबाब उपंग।
एक लियें किन्नरि कर बीना बजावत गाबत तान तरंग।
एक अरगजा कनक कलस भरि सोंधे सरस रसाल।
एकन कर पिचकाई एकन कर बूका बंदन अरुन गुलाल।
एक लियें बीरी कर कंदुक और कुसुमन के हार।

ललिता की सखियाँ। किसी के हाथ में करताल, झाँझ, ढप, बाँसुरी, मुँहचंग और किसी के हाथ में अधौटी, मुरज-रबाब, उपंग, किन्नरी। कोई अरगजा का कलश लिए है तो किसी के पास पिचकारी है।

श्यामा-श्याम होली खेल रहे हैं और ललिता-सखी श्यामाजू को पिचकारी भरकर दे रही हैं —

ललिता लै पिचकाई दीनी, स्यामा जू कों आइ।

सखी धमार गा रही हैं —

संच सप्त मधुरे सुर गावत सरस धमारि।

---

१. "सुनरी सखी बागौ बन्यों" (३०), "सखी लै चली मनाइ" (४३), "विविध सिंगार लियें आगे ठाड़ी सखी" (१०४)।
२. "काहू के हाथ अधौटी काहू के बीन" (६१), "भूली सबसखी देखि" (४२)।
३. "बूझि देखौ भटू" (२५), "ताल धरें बनिता" (३३), "देखौ री ललना" (८८)।
४. "देवनारि नागनारि और नारि" (५४), और "पुर तिनकी नार" (७५)।

जब श्यामा-श्याम होरी खेलते हैं तो सहचरी रीझ-रीझकर "हो हो होरी" कहती हैं —

संग सुख दाइक सहचरी रीझि रीझि कहत हो-हो होरी।

जब श्यामा-श्याम एकान्त-विहार के लिए वृन्दावन की गहन-निकुञ्जों में चले जाते हैं तब उनका दरस-परस पाने के लिए उनको फगुआ देने के लिए सखियां उन्हें ढूँढ़ने निकलती हैं —

चलि सखि देखन जाहिं कौतिक आज भलौ री
अपनी अपनी सौजि साजि सब बेग चलौ री।

१०६.२ सब सखियन की दीठ बचावत

सब सखियों से नज़र बचाकर "श्यामा-श्याम" ओझल हो जाते हैं — "फिरत न्यारे ई न्यारे।" पिछले दो पदों में भी हम देख आए हैं — उस वन में चलें जहाँ सखी न संग कोऊ अथवा "तू काहू सखी सों मिल न मेरी सौं। श्यामा-श्याम का निभृत एकान्त रमण।"

यदि समानता का सूत्र देखें तो रास-प्रसंग में है — "करत-करत महारास समलिया है गये अंतर्ध्यान।" "भागवत" का वचन है — "तत्रैवांतरधीयत। अन्तर्हिते भगवति सहसैव व्रजांगना, अतप्यंस्तमचक्षाणाः करिण्य इव यूथपम्।" (१०.२९.४८ तथा १०.३०.०१)

गोपियां खोजने को निकलती हैं तो उन्हें "राधाकृष्ण-केलि" के चिह्न मिलते हैं। कहीं वह कान्धे पर हाथ रखकर चली है, कहीं अधर-सुधारस-पान करने का भाव है, कहीं प्यारी को कान्धे पर चढ़ाने के कारण केवल कृष्ण के चरणचिह्न हैं, राधा के चरण नहीं हैं। कहीं फूल चुने हैं और कहीं केश सँवारे हैं। रास-प्रसंग में राधा-कृष्ण की केलि के चिह्न ही हैं और संकेत-मात्र में बात को पूरा किया गया है। वह एकान्त-रमण है। यही "सब सखियन की दीठ बचाने" की लीला है। अध्ययन की दृष्टि से यह एक तथ्य है कि शुकदेव ने संकेतों में रहस्य की जो बात कही थी, वृन्दावन के सन्तों ने उसी रहस्य का प्राकट्य किया और उसी को व्यापकता में देखा।

१०७

नवल निकुंज-गृह नवल आगें, नवल बीना मध्य राग गौरी ठटी।
मनौ दस इंदु पिऊस बरसत सुखद, चपल-करजावली दीठ पिय की जटी।
रीझि रीझि पिय देत भूसन-बसन दाम, उर, रसन दसननि धरत, निरखि सारँग-कटी।
रसद श्रीहरिदास बिहारी अँग-अँग मिलत, अतन उदौ करत सुरत आरंभटी।

१०७.१ वीणा : सरस्वती : संगीत की अधिष्ठात्री : राधा में अन्तर्भाव

भारत के संगीतशास्त्र ने स्वर की अधिष्ठात्री के रूप में सरस्वती की प्रतिष्ठा की है। जहाँ-जहाँ सरस्वती का सन्दर्भ आया है, वीणा वहाँ मौजूद है। वैसे ही जैसे कृष्ण के साथ वंशी की उपस्थिति है। स्वर का सौन्दर्य और माधुर्य जैसे कृष्ण की वंशी में है, वैसे ही सरस्वती की वीणा में है। संगीतज्ञ सरस्वती को संगीत की इष्टदेवी के रूप में नमन करते हैं।

वीणा विश्व का सबसे प्राचीन तन्तु-वाद्य है। ''ऋग्वेद'' में वीणा का उल्लेख है। महर्षि याज्ञवल्क्य का वाक्य है —

वीणा वादन तत्त्वज्ञः श्रुति, जाति-विशारदः।
तालज्ञश्चप्रयत्नेन मोक्षमार्गं स गच्छति।

अर्थात् जो ताल को जानता है, श्रुति के तत्त्व को जानता है, वह अनायास ही मोक्ष-मार्ग का अधिकारी बन जाता है।

कच्छपी-वीणा, रुद्र-वीणा, विचित्र-वीणा, दत्तात्रेय-वीणा आदि वीणा के कई भेद हैं। सितार, सरोद, सन्तूर, रबाब, सारंगी, स्वरमण्डल आदि वीणा का ही विकास हैं। शार्ङ्गदेव ने वीणा को सर्वदेवमय बतलाया है —

दर्शनस्पर्शेन चास्य भोगस्वर्गापवर्गदे।
पुनीतो विप्रहत्यादि पातकैः पतितं जनम्।
दंडो शंभुरुमातंत्री ककुभः कमलापतिः।
इन्द्रपत्रिका ब्रह्मा तुम्बं नाभिः सरस्वती।
वैरको वासुकिर्जीवा सुधांशुस्सारिका रविः।
सर्वदेवमयो तस्मात् वीणेयं सर्वमंगला।।

पुराण तथा पुरातत्त्व-प्रमाण शिव को भी वीणी के रूप में प्रस्तुत करते हैं। तुमैन से प्राप्त एक उदाहरण उनके इसी रूप का उद्घाटन करता है, जहाँ वे कच्छपी-वीणा का वादन करते हुए वीणी हैं। उनके वीणी-रूप के अधिसंख्यक प्रमाण ''नचना'' के अतिरिक्त ''सिरपुर'', ''मल्हार'', ''राजिम'' आदि स्थलों से मिले हैं। कभी-कभी वाद्यप्रिय-शिव अपने दिव्य-संगीत के स्वयं ही परमश्रोता बनकर अकेले ही वीणा-वादन करते हैं। सामान्यत: उन्हें अपनी अर्धांगिनी, जो उनकी सर्वोत्तम श्रोता है, के लिए विभिन्न प्रकार की वीणाओं का वादन करना अधिक प्रिय है। कच्छपी-वीणा का वादन करते हुए राजिम के ज्ञानवीणाधर दक्षिणामूर्ति-शिव हाथों से ताल देती हुई प्रिया को वीणा का ज्ञान दे रहे हैं।[१] पुराणों में नारद को वीणावादक के रूप में चित्रित किया गया है। वृन्दावन के

१. प्राचीन भारतीय कला में नृत्य एवं संगीत, पृ० ३१२।

रस-साहित्य में श्रीराधा वीणा का वादन करती हैं। हितहरिवंशजी ने "राधासुधानिधि" में लिखा है —

विपंचितसुपंचमं रुचिरवेणुना गायता
प्रियेण सह वीणया मधुरगानविद्यानिधिः। (५७)

वे मधुरगान, विद्या की निधि अपनी विपञ्ची नामक वीणा द्वारा सुन्दर वेणु में पञ्चम-स्वर में गाते हुए प्रियतम के साथ संगत कर रही हैं। एक दूसरे चित्र में प्रीति के प्रवाह में डूबी हुई श्रीप्रियाजी मधुमती नामक वीणा पर प्रियतम की भाव-लीलाओं का गायन कर रही हैं —

वीणां करे मधुमतीं मधुरस्वरान्तामाधायनागरशिरोमणिभावलीलाम्। (४८)

श्री हरिव्यास देवाचार्य ने सेवासुख (महावाणी) में लिखा है —

वीणावादनतारतानमधुरत्वाविष्करित्रीं मुदा।
श्रीवृंदावनचंद्रकृष्णविलसत्पादांबुजध्यायिनीम्। (पृ० २)

श्रीविट्ठलविपुल की राधा प्रियतम को वीणा सिखा रही हैं —

नव निकुंज मंदिर में प्यारी पियहि सिखावत बीना
तान बँधान कल्यान मनोहर इत मन देहु प्रवीना।[1]

श्रीवंशीअलिजी की ललिता प्रात:काल वीणा बजाकर ही प्रियाजी को जगाती हैं —

लाड़लीलाल भुरहरें श्री ललिता बीन बजाय जगावै।
रैन रगमगी छवि निरखन कों कछुक मधुर स्वर गावै।[2]

अथच

श्री ललिता बीन चिरैयन चहचरि सुनि सुख सेज दोऊ कसमसात।[3]

नागरीदेवजू की बानी है —

मानों निरतत हैं दसचंद नख द्युति, ह्वै कर काम प्रकास किया।
चकिचौंध रहे हरि हेरि मनों, तान तरंग के रंग जिया।
दासि श्रीनागरी के गहि पाँइ रिझाय, रसिक सुअंक लिया।
अति कोक-कला गुन गान सुजान, बजावत बीन प्रबीन प्रिया।[4]

१०७.२ राग गौरी

गौरी राग का थाट भैरव है। वादी स्वर, मध्यम, संवादी षड्ज है। रिषभ और धैवत कोमल और शेष स्वर शुद्ध हैं।

---

१. रससागर, पृ० ७१।
२. ललित सम्प्रदाय : सिद्धान्त और साहित्य, पृ० २९१।
३. वही।
४. रससागर, पृ० ५६४।

१०८

झूलत डोल दोऊ जन ठाड़े।
हाँघत जोर सहित जैसैं जाके डाँढी गहें गाढे।
बिच बिच प्रीत रहसि रस रीत की, राग-रागनी के जूथ बाढ़े।
श्रीहरिदास के स्वामी स्यामा कुंजबिहारी राग ही के रंग रँगि काढ़े॥

१०८.१ झूलत डोल दोऊ जन ठाड़े

श्यामा-श्याम खड़े होकर डोल झूल रहे हैं — पूरे जोर के साथ, पूरी गति के साथ। बिहारिनदेवजी के शब्द हैं —

अँग अँग मिलि गावत, नव-नव गति उपजावत रति अतीत-अनागत आन-आन रे।

अतीत से अनागत तक झोंटा की गति है। भगवतरसिक ने भी प्रिया-प्रियतम को नवनिकुञ्ज-मन्दिर में रसोल्लास के हिंडोले पर खड़े-खड़े ही झूलते देखा है —

झूलत दोउ नवनिकुंज मधि ठाड़े।
झोंटा देत गहें भुज डाँड़ी अंग अनंगन बाढ़े।[१]

भूजमूल-रूप डाँड़ियों को पकड़कर सहचरियां जब झोंटा देती हैं तो युगल के अंग-अंग में अनंग की तरंगें उठती हैं।

१०८.२ डाँड़ी गहें गाढ़े

डोल के पदों में दोनों तरह के चित्र हैं। कहीं डाँड़ी को कसकर पकड़ लिया है और कहीं डाँड़ी को छोड़कर झूल रहे हैं। नागरीदासजी का पद है — "डाँड़ी छाँड़ि खेल करत परिरंभन चुंबन देत निहोरी।[२] हरिव्यासदेव की वाणी है —

होड़न होड़ मचावही री डाँड़ी छाँड़ैं खेल।
नव-नव रंग झुलावही मोहि नवरंग जोबन जोर।[३]

महन्त किशोरदासजी की वाणी है — "डाँड़ी गहत-गहावत भावत झोंटनि द्रुम झुकि आत।"[४] भगवतरसिक ने भी "गहैं भुज डाँड़ी" कहा है।[५]

---

१. भगवतरसिक की वाणी, पृ० १८३।
२. रससागर, पृ० ५७३।
३. महावाणी, पृ० ९३।
४. किशोरदासजी की वाणी, पृ० ६७।
५. भगवतरसिक की वाणी, पृ० १८३।

१०९

झूलत डोल श्री कुंजबिहारी।
दूसरी ओर रसिक राधा बर-नागरि नबल दुलारी।
राखें न रहत, हँसत कह कह प्रिया, बिलबिलात पिय भारी।
श्रीहरिदास के स्वामी स्यामा कहत री प्यारी अबकें राख हहारी

१०९.१ झूलत डोल श्री कुंजबिहारी

''केलिमाल'' में झूलने के अनेक बिम्ब हैं — झूला, हिंडोरा, सुरत-हिंडोरा, विपरीतरति-हिंडोरा, फूलडोल। डोल झूलने का चित्र ''केलिमाल'' के छह पदों में है। (देखिए पद सं. ४८ की टिप्पणी) हिंडोला वर्षा ऋतु का उत्सव है और डोल वसन्त ऋतु का। संस्कृति के अध्येताओं का ध्यान इस प्रश्न पर अवश्य ही आकर्षित होगा कि क्या डोल का मूल स्रोत शास्त्र में है? अथवा डोल का सूत्र लोक से आगत है? डोल मदनोत्सव का एक सूत्र है तथा दोलयात्रा, दोलोत्सव या फूलडोल और डोलफूल के रूप में इसकी परम्परा के सूत्र लोक-जीवन में आज भी विद्यमान हैं। बिहारिनदासजी का पद है —

फूल सौं फूल-डोल झूलैं कुंजबिहारी।
फूल सौं सखी-समाज आजु राग रंग रह्यौ कह्यौ न जाइ मोपै फूल सौं झोंटा देत प्रबल प्रान प्यारी।
भई फूल ही में फूल सिथिल कटि दुकूल रहे गहि भुजमूल बदन निहारी।
बिबस बिहारिनिदासि की स्वामिनी सौं स्याम कहत बहुरि झूलिहैं बलि अबकैं राखि ह-हा री।।

११०

कौन प्रकृति तिहारी छिया, तुमहीं मिलत बेग भोर है जात।
अथवत निमेस होइ पौह फाटी देखिअत, पहली सहमात है जात॥
आबत जात भारौ परै, पीतौ मरि जात।
श्रीहरिदास के स्वामी तुम्हारेई माथैं तृन, कितौक सुख जात॥

११०.१ बेग भोर है जात

भारतवर्ष की सभी भाषाओं और सभी बोलियों के परिनिष्ठित-साहित्य और लोक-साहित्य में प्रेम-कथाओं और केलि-गीतों का अपरिमित विस्तार है। वर्जनाएं हैं और होनी चाहिए। नदियों की धाराएं तभी अच्छी लगती हैं, जब वे मर्यादा में प्रवाहित हों। फिल्मी-कथाएं और फिल्मी-गीत समाज के एक वर्ग में बहुत समय तक वर्जित-साहित्य की श्रेणी में रहे हैं, और कहीं-कहीं आज भी वर्जनाएं हैं और किसी-न-किसी सीमा में यह उचित भी है। इसके बावजूद सौन्दर्यशास्त्र की दृष्टि से उनका अध्ययन और विश्लेषण आवश्यक भी है, क्योंकि अन्ततः यह मनुष्य और उसके राग का अध्ययन है। वर्जना कहीं-कहीं विचार और विद्रोह एवं विक्षोभ का कारण बन जाती है।

इस दृष्टि से लोक-साहित्य में अपेक्षाकृत विकुण्ठ-भाव है, मुक्त-भाव है। इस बात में विवाद नहीं कि मूलतः राधा-कृष्ण की प्रेम-कथा का विकास लोक-जीवन में हुआ है। कृष्ण को छैला और छलिया जैसे नाम लोक में ही मिले हैं। लोक-जीवन में जाति-पाँति के भेद तो अवश्य दिखते हैं, लेकिन गहराई में जाने पर जहाँ मनुष्य और मनुष्य की प्रकृति का सवाल होता है, वहाँ भेदक रेखाएं मिट जाती हैं। प्रेम-कथाओं और केलि-गीतों का जन्म लोक-जीवन की व्यावहारिक या यथार्थ-भूमि पर ही होता है। प्रेम-कथाओं में दिव्यता का संचार करने वाला भी लोकमानस ही है। प्रेम-कथाओं के शत-शत अभिप्राय (मोटिफ) राधा-कृष्ण की प्रेम-कथा में समा गए हैं।

यद्यपि वृन्दावन की पहचान रस-उपासना से है, राधा-कृष्ण की प्रेम-कथा से है, रासलीला और रसलीला से है तथापि विभिन्न जनपदों-प्रदेशों की प्रेम-कथाओं के रूप, कथा-तन्तु और अभिप्राय राधा-कृष्ण की प्रेमकथा में आए हैं। अधिक विस्तार में जाने का अवकाश नहीं है, लेकिन कथातन्तु की बात को स्पष्ट करने के लिए एक उदाहरण हंसकुमारी (Swan Maiden) का है, जिसमें एक पुरुष स्त्री को स्नान करते देखता है, उसके वस्त्र चुरा लेता है तथा स्त्री उसके वश में हो जाती है।[1]

भारतीय-सौन्दर्यशास्त्र को इतिहास की दृष्टि से देखें तो ''केलिमाल'' जयदेव के ''गीतगोविन्द'' का विकास है। पिछले पृष्ठों में ''केलिमाल'' के श्यामा-श्याम और नित्य-विहार के स्रोतों की चर्चा की जा चुकी है और ''गीतगोविन्द'' और ''केलिमाल'' में केलि के स्वरूपों का अन्तर भी समझने का प्रयास किया गया है फिर भी परम्परा का एक सूत्र है, जो दोनों को जोड़ता है। जयदेव क़हते हैं —

यद्गांधर्वकलासुकौशलमनुध्यानं च यद्वैष्णवं
यच्छृंगारविवेकतत्त्वरचना काव्येषु लीलायितम्।[१]

लीला के रूप में प्रकट होने वाला शृंगार रस का तत्त्वविवेक, वैष्णव-ध्यान तथा गान्धर्व-कलाओं का कौशल — ये तीनों बातें ''गीतगोविन्द'' में भी हैं और ''केलिमाल'' में भी हैं। अकेले ''गीतगोविन्द'' की बात नहीं है, दुनिया के सारे मिठास राधा-कृष्ण की प्रेम-कथा में समा गए हैं। ''केलिमाल'' ने जिस सौन्दर्य-माधुर्य-रस का प्रतिपादन किया है, वह एकदेशीय नहीं है, क्योंकि वहाँ आनन्द की सम्पूर्णता है। रस का ऐसा समुद्र है, जिसकी बूँद छलकी तथा उसकी आभा से विश्व में सौन्दर्य-माधुर्य और आनन्द के विभिन्न रूपों और अभिप्रायों का जन्म हुआ। जब विश्व के सौन्दर्य की बात आ गई, तब भेदक-रेखा कहीं रही ही नहीं। वहाँ कोयल, मोर, कपोत आदि की केलि की भी चर्चा है, कनकलता और श्यामतमाल की चर्चा है, मनुष्य की बात ही दूसरी है।

भक्ति-साहित्य हो या रीतिकालीन-साहित्य हो, प्रिय का समागम होता है तो रात छोटी हो जाती है। महात्मा बूअली शाह कलंदर का दोहा है — ''बिधिना ऐसी रैन कर भोर कदी ना होय।'' हे विधाता! इस रात्रि को इतना बड़ा बना दो कि कभी सबेरा ही न हो। रायप्रवीन का एक कवित्त है — ''ए हो चंद आज नेंक मंद गति चलियाँ।'' ए चन्दा, आज की रात को बड़ा बना दे, धीरे-धीरे चलना।

प्रियतम से मिलन वाली रात का छोटा हो जाना प्रेम-कथाओं और केलि-गीतों का प्रिय अभिप्राय है। झूला-हिंडोला, फाग, नृत्य — ये सभी अभिप्राय हैं, जो अन्य प्रेम-कथाओं और केलि-गीतों में किसी-न-किसी रूप में हैं, ''केलिमाल'' में भी हैं।

यहाँ यह टिप्पणी इसलिए आवश्यक है कि ''रसदेश'' में नित्य-विहार की जो अवधारणा है, उसमें नित्य-मिलन है — ''नहिं जानत निसि भोर।'' जाना कहाँ है और आना कहाँ है? एक उपालम्भ का भाव है। नागरीदासजी ने नित्य-मिलन के भाव को लेकर ही अपनी टीका लिखी है। ''बेग भोर है जात'' की व्यञ्जना है — प्यासा रह जाना।

''महावाणी'' में श्रीहरिव्यास देवाचार्य (श्रीहरिप्रिया) कहते हैं —

भाग सुहाग भरी भिरि भामिनि उर अनुराग अभंग।
सारी रैन सुरत सुख लूटी प्रानप्रिया हरि संग।

सारी रात सुरत-सुख में निमग्न रही, परन्तु ''तृपित न होत तृषातुर चितवन।''[२]

''उज्ज्वलनीलमणि'' में तृषा का भाव ललिता इन शब्दों में कह रही हैं —

सव्येन नेत्रांजलिना पिबन्ती त्वमुन्मना कुंभभवायितासि।[३]

हे राधे ! ''शृंगार रस-सागर'' को बाएं नेत्र की अञ्जलि बनाकर पी लिया, तुम तो अगस्त्यमुनि बन गई हो, पर तुम्हारी प्यास बुझी ही नहीं।

---

१. गीतगोविन्द, पृ० ४०८।
२. महावाणी, पृ० १०-११।
३. उज्ज्वलनीलमणि, पृ० २०६।

१११

जुग कमनीय बैस किसोर दोऊ, निकसि ठाड़े सघन बन तैं।
तन-तन में बसत, मन-मन में लसत, सोभा बाढ़ी दुहुँ दिस मानौं प्रघट भई दामिनि घन-घन तैं।
मोंहन गहर गंभीर बदत पिक बानी, उपजत मानों प्रिया के बचन तैं।
श्रीहरिदास के स्वामी स्यामा कुंजबिहारी, ऐसौ को ? जाकौ मन लागै अनँतैं ॥

१११.१ निकसि ठाड़े सघन वन तें

श्यामा-श्याम, वयस-किशोर दोऊ। दोनों के अंग-प्रत्यंग में, रोम-रोम में काम-भाव का रंग और रति-भाव की उमंग प्रतिबिम्बित हो रही है, जैसे समुद्र की उत्ताल तरंगों में सूर्य का प्रतिबिम्ब झलमलाता है। ललितकिशोरीदेव कह रहे हैं —

रोम-रोम झलमलत दोउ, अनंग रंग रति चाव।
मनों प्रभाकर झांई सिंधु में, रूप न नैन समाव।[१]

वह रूप नेत्रों में समा नहीं पा रहा। शरद-वसन्त की कामनाओं के फूल तन-मन में खिले हों और उन फूलों की सुगन्धि से मुग्ध होकर भ्रमरावली फूलों पर मँडरा रही हो, इसी प्रकार से श्यामा-श्याम के तन-मन एक दूसरे के आकर्षण में समाए हुए हैं —

तन मन फूले नित नये मनमथ सरद-वसंत।
अलि-अवली परिमल लुब्ध मिलि लिपटत कामिनिकंत।[२]

स्वामीजी कहते हैं — "जुग कमनीय दोऊ।" कमनीय अर्थात् जिसकी कामना की जाती है। ऐसा कौन है, जिसके मन में कामना नहीं जगती ? कामना सभी के मन में जगती है और कामना जगती है तो सौन्दर्य-माधुर्य-आनन्द उत्पन्न होता है। काम सौन्दर्य-माधुर्य-आनन्द के वे विग्रह, कमनीय किशोर दोऊ, आज वृन्दावन की सघन-कुञ्ज से बाहर निकलकर खड़े हैं।

१११.२ दर्शन और देखना

स्वामीजी उस शोभा का साक्षात्कार कर रहे हैं। बहुत से लोग हैं, जो कृष्ण में मनुष्य को देखते हैं। मनुष्य, जो देश-काल में जन्म लेता है और मर जाता है। इस "देखने" के अलावा एक "देखना" और भी होता है — "मनुष्य में कृष्ण को 'देखना'। एक कृष्ण में मनुष्य को देख रहा है, दूसरा मनुष्य में कृष्ण को देख रहा है। एक 'देखना' बुद्धिवाद है और दूसरा 'देखना' भाव-साधना है।"

राधा में अस्थि-माँस की सामान्य नारी को देखना एक बात है और सामान्य नारी में राधा की अनुभूति करना दूसरी बात है। यह भाव-साधना है। भाव की साधना साधारण-साधना नहीं होती। स्वामीश्रीहरिदास ने भगवान् के दर्शन किए हैं, इसे हम इस प्रकार भी कह सकते हैं कि स्वामीजी ने भाव-साधना में सिद्धि प्राप्त

---

१. रससागर, पृ० ८३१।
२. वही।

की। भाव रस के रूप में सिद्ध होता है। स्वामीजी ने श्यामा-श्याम के दर्शन किए अर्थात् रस को जीवन में पाया।

दर्शन और तर्क में अन्तर यह है कि तर्क बौद्धिक है। तर्क सोचता तो है पर सोचे हुए को जीवन-व्यवहार में पाया है या नहीं पाया है, यह सम्भावना अवश्यम्भावी नहीं है। जबकि दर्शन का अर्थ है — तत्त्व का साक्षात् करना और जीवन में तत्त्व को पा जाना। स्वामीजी ने दर्शन किए हैं, तर्क नहीं। भाव में तर्क काम नहीं करता।

श्यामा-श्याम क्रीडा कर रहे हैं और स्वामीजी उनका दर्शन कर रहे हैं। क्या दर्शन और देखना एक ही बात है? टेलिविजन का प्रोग्राम हम देखते हैं, किन्तु वृन्दावन जाते हैं, तब बिहारीजी के "दर्शन" करते हैं। बिहारीजी को देखते हैं, ऐसा क्यों नहीं कहते? देखना नेत्र नामक इन्द्रिय की प्रक्रिया है, परन्तु दर्शन ऐन्द्रिक नहीं है। उसके आगे भी कुछ है।

१११.३ सघन वन : चिदानन्दघन

सघन वन से बाहर निकले। सघन वन अर्थात् वह बिन्दु, वह समरस घनात्मक-अवस्था, जिसमें स्पन्दन हुआ, स्फुरण हुआ और वह रस अपने ही आस्वादन के लिए एक से दो हो गया। सहज जोरी प्रकट हो गई। श्यामा और श्याम। घन और दामिनी। एक ही तत्त्व (जल) के दो रूप — "प्रकट भई दामिनि घन-घन तें।" वह तन-तन में बसी है, मन-मन में लसी है और घन-घन में प्रकट हुई है। वह घन आनन्द ही तो है।

१११.४ दर्शन, भावन और अभिव्यक्ति

मनुष्य के चित्त की तीन गतियां हैं — दर्शन, भावन और अभिव्यक्ति। मनुष्य का चित्त जब स्थूल से सूक्ष्म की ओर लघु से विराट् की ओर चलता है तब "दर्शन" जन्म लेता है। मनुष्य का चित्त जब सान्त से अनन्त की ओर, सीमा से असीम की ओर, काल से अ-काल की ओर, मृत्यु से अमृत की ओर, लोक से अलौकिक की ओर, इन्द्रिय से अतीइन्द्रिय की ओर, वैखरी से मध्यमा, पश्यन्ती, परा की ओर गतिशील होता है, तब "दर्शन" का जन्म होता है।

मनुष्य के चित्त की दूसरी अवस्था है दर्शन को जीवन में ग्रहण करना। यह ग्रहण भावन के द्वारा ही हो सकता है और जब मनुष्य भावन करता है, तब विराट् सूक्ष्म बन जाता है। अशरीरी को भाव-शरीर मिल जाता है। अलौकिक लौकिक हो जाता है। अमूर्त मूर्त बन जाता है तथा निराकार आकार ग्रहण कर लेता है। परा वैखरी के रूप में वर्णमयी बन जाती है। राग स्वरलहरी के रूप में अवतार लेता है, नृत्य की मुद्राओं के रूप में उतरता है। वह कार्य मनुष्य की भावना-शक्ति के द्वारा होता है।

मनुष्य के चित्त की तीसरी अवस्था कला के रूप में अभिव्यक्त होती है। भावन में एक ऐसी स्थिति आती है, जब भाव मन में समाता नहीं है। वह छलक पड़ता है — नृत्य में, गीत में, मूर्ति में, चित्र में और कविता में। शब्दातीत शब्द में उतरता है। यह "केलिमाल" है, यह "वेद" है, यह "भागवत" है, यह "गुरुग्रन्थ-साहब" है।

ये शब्द भाव का रूप हैं। भाव तो अरूप है, शब्द रूप है। अब यह अपने-अपने परिवेश, अपनी-अपनी रुचि, अपनी-अपनी सीमा और अपनी-अपनी क्षमता है कि वह शब्द किस को कहाँ तक पहुँचाए। राग अरूप है परन्तु स्वरलहरी कणेन्द्रिय-ग्राह्य है, अब यह स्वरलहरी किसको कितनी गहराई में ले जा सकती है, यह उसकी अपनी सीमा है।

यह प्रश्न व्यष्टि-सत्ता के सूत्र को विराट् की सत्ता के सूत्र से जोड़ने की क्षमता का प्रश्न है। कोकिल कूक रही है। क्या इसमें श्यामाजू की वाणी को सुना जा सकता है? वह उन्माद, वह आकर्षण और वह राग "जो तन-तन में बसत मन-मन में लसत।" इस धरती पर और सारी सृष्टि में उसी का प्यार बिखरा है, उसी की शोभा बिखरी है, उसी रस का समुद्र उमंग रहा है। इस एकात्म-भाव के सूत्र में समस्त सृष्टि गुँथी है, कुछ भी विच्छिन्न नहीं है। सब कुछ ऐसे ही मिले हैं, जैसे जलाशय की एक लहर दूसरी लहर से मिली है। ऋक्परिशिष्ट का वाक्य है —

राधया माधवो देवो माधवेनैव राधिका, विभ्राजन्ते जनेष्वा।

सभी जनों में, सभी मनुष्यों में राधा के साथ माधव और माधव के साथ राधिका का युगल-रूप सर्वदा विलसित-उल्लसित हो रहा है।[१]

प्रकृति हो, जीव-जगत् हो या मनुष्य हो, एकात्म-भाव का सूत्र सभी को लपेटे हुए है। "लाली देखन मैं गयी तो मैं भी हो गई लाल।" एकात्म-भाव का सूत्र तो मुझमें भी है, परन्तु जब एकात्मसत्ता-सूत्र सचमुच मिला, तो फिर "मैं" अलग कहाँ रहेगी? वह तो उसमें समाई हुई है। इसीलिए टेलिविजन देखना "दर्शन" नहीं है। बच्चा पतंग उड़ा रहा है और पतंग के साथ एकचित्त है। तन्मयता या तद्रूपता की एक अवस्था वह भी है, जब कवि कविता की रचना कर रहा है, या मनीषी चिन्तन में डूबा है। उतनी देर के लिए परिवेश का जो बन्धन या परिवेष्टन है, वह शिथिल तो हुआ परन्तु परिवेश से बँधा मन वहाँ मौजूद है।

मैं देख रहा हूँ, मैं पतंग उड़ा रहा हूँ, मैं कविता रच रहा हूँ, मैं का बोध वहाँ है। बुद्धि का राज्य है। स्वामीजी और उनके अनुवर्ती रसिक "देह" होते हुए भी भाव में रह रहे हैं। स्वामीजी स्वयं ही भाव बन जाते हैं। श्यामा-श्याम भी भावरूप हैं और स्वामीजी भी भावरूप हैं। भाव ही भाव को ग्रहण कर सकता है।

स्वामीजी ने मेघ और दामिनी में अव्यक्त को पाया है, अनिर्वचनीय को देखा है, अतीन्द्रिय को ग्रहण किया है, कालातीत की अनुभूति की है और पूर्ण को गाया है। वह पूर्ण, जो कार्यकारण से निर्मुक्त है।

सौन्दर्य-माधुर्य-आनन्द के सिन्धु में जो स्वयं तरंगित है, तरंग रूप है, उसकी अभिव्यक्ति है "ऐसौ को, जाकौ मन लागें अनँतें?" सूरदास ने भी कहा था — "मेरौ मन अनँत कहाँ सुख पावै? जैसें उड़ि जहाज कौ पंछी फिर जहाज पै आवै।"

---

१. दे० भारतीय वाङ्मय में श्रीराधा, पृ० १३१।

परिशिष्ट

शब्दानुक्रमणिका

स्थानवाचक शब्द

ईश्वर की अवधारणा की संरचना में देश-काल का तत्त्व महत्त्वपूर्ण होता है। विष्णु की रूप-परिकल्पना में जहाँ सागर (क्षीर सागर) का महत्त्व है, वहीं शिव की रूप परिकल्पना में पर्वत का। उनकी शक्ति जगदम्बा भी पार्वती है, पर्वतराज की बेटी। कृष्ण की परिकल्पना में गोवर्धन है, यमुना है, वन हैं। सांस्कृतिक धाराएं प्रवाहित होती हैं और जिस देश-काल, जनपद के बीच से बहती हैं, वहाँ का सांस्कृतिक-तत्त्व उसमें समाता चलता है। इस दृष्टि से जनपदों का बहुत महत्त्व है। स्थानवाचक शब्दों की अनुक्रमणिका के मूल में यह विचार रेखांकित है।

सांस्कृतिक-समूहवाचक शब्द

इस अध्ययन की एक स्थापना यह भी है कि उपास्य-तत्त्व की रूप-परिकल्पना में उपासक-समूह की निजता का तत्त्व निरन्तर जुड़ जाता है। प्रत्येक सांस्कृतिक-समूह के ईश्वर की अवधारणा में यह निजता व्याप्त है। संसार (विभिन्न देशों) के भिन्न-भिन्न सांस्कृतिक समूहों में "ईश्वर की अवधारणा" को लेकर विस्तृत-सर्वेक्षण और अध्ययन की आवश्यकता है। यह बात ध्यान देने योग्य है कि "ईश्वर की अवधारणा" मनुष्य के मन-मस्तिष्क की जटिल संरचना का प्रकाश है। इस दृष्टि को सामने रखकर सांस्कृतिक-समूहवाचक शब्दों की अनुक्रमणिका तैयार की गई है।

ईश्वर की समान-अवधारणा और उसमें विश्वास करने वाला सांस्कृतिक-समूह।

नामानुक्रमणिका

सन्दर्भ

सहायक ग्रन्थ

अनन्य नृपति श्रीस्वामी हरिदास, प्रो० गोविन्द शर्मा, श्री स्वामी हरिदास सेवा संस्थान, वृन्दावन (2001)।

अष्टछाप के वाद्ययन्त्र, चुन्नीलाल शेष, ब्रज साहित्य मण्डल, मथुरा (1956)।

अष्टाचार्य यशामृत, हरगुलाल बेरीवाले, वृन्दावन।

अष्टाचार्यों का साहित्य (हरिदासी सम्प्रदाय के), डॉ० ललित बिहारी गोस्वामी, अक्षर प्रकाशन, मथुरा (2000)।

आधुनिक हिंदी कविता में प्रेम और शृंगार, रांगेयराघव, राजपाल प्रकाशन, दिल्ली (1961)।

आलवार भक्तों का तमिल प्रबन्धम् और हिन्दी कृष्णकाव्य, डॉ० मलिक मुहम्मद, विनोद पुस्तक मंदिर, आगरा (1964)।

कविता कौमुदी (भाग 7), कृपानाथ मिश्र, हिन्दी मंदिर, प्रयाग।

काश्मीर शैवदर्शन और कामायनी, डॉ० भँवर लाल जोशी, चौखम्बा संस्कृत सीरीज, वाराणसी (1968)।

कुमारसम्भवम्, कालिदास, चौखम्बा विद्याभवन, वाराणसी।

कृष्णभक्ति काव्य में सखीभाव, डॉ० शरण बिहारी गोस्वामी, विद्याभवन, वाराणसी (1966)।

कृष्णभक्ति साहित्य : वस्तु, स्रोत और संरचना, डॉ० चन्द्रभान रावत, श्री वेंकटेश्वर विश्वविद्यालय, तिरुपति (1977)।

केलिमाल, सम्पादक राजेन्द्र रंजन, स्वामीश्रीहरिदास संगीत समिति, मथुरा (1968)।

केलिमाल : भावनिधि टीका, राजेन्द्र रंजन, स्वामीश्रीहरिदास संगीत समिति, मथुरा (1974)।

गीतगोविन्द (संगोष्ठी), सम्पादक कपिला वात्स्यायन, लोकभारती प्रकाशन, इलाहाबाद (1983)।

गीतगोविन्द, नागार्जुन, वाणी प्रकाशन, दिल्ली।

चिद्विलास, पीतांबरा पीठस्थ राष्ट्रगुरु स्वामी जी, श्री पीतांबरा संस्कृत परिषद्, दतिया।

चैतन्य चरितावली, संत प्रभुदत्त ब्रह्मचारी, गीताप्रेस, गोरखपुर।

तान्त्रिक वाङ्मय में शाक्त दृष्टि, म०म० गोपीनाथ कविराज, बिहार राष्ट्रभाषा परिषद, पटना (1994)।

तान्त्रिक साधना और सिद्धांत, म०म० गोपीनाथ कविराज, बिहार राष्ट्रभाषा परिषद, पटना (1979)।

ध्रुवपद और उसका विकास, आ० बृहस्पति, बिहार राष्ट्रभाषा परिषद, पटना (1996)।

ध्रुवपद समीक्षा, भरत व्यास, उ०प्र० संगीत नाटक अकादमी, लखनऊ (1980)।

पद्मावत : संजीवनी व्याख्या, वासुदेव शरण अग्रवाल, लोकभारती प्रकाशन, इलाहाबाद (2010)।

पोद्दार अभिनन्दन ग्रन्थ, सम्पादक वासुदेवशरण अग्रवाल, अ०भा० ब्रज साहित्य मण्डल, मथुरा (संवत् 2010)।

बाणभट्ट की आत्मकथा, आचार्य हजारीप्रसाद द्विवेदी, राजकमल प्रकाशन, नई दिल्ली (1984)।

ब्रजभाषा के कृष्णभक्ति काव्य में अभिव्यञ्जना शिल्प, डॉ० सावित्री सिन्हा, नेशनल पब्लिशिंग हाउस, नई दिल्ली।

भारतीय एवं पाश्चात्य सौन्दर्यशास्त्र, डॉ० वेदप्रकाश जुनेजा, सिद्धार्थ पब्लिकेशन, करनाल (1967)।

भारतीय चित्रकला में नारी-रूप-विन्यास, डॉ० कमलादत्त पाण्डेय, एके बुक कॉर्पोरेशन, नई दिल्ली (1992)।

भारतीय वाङ्मय में श्रीराधा, पं० बलदेव उपाध्याय, बिहार राष्ट्रभाषा परिषद्, पटना (1962)।

भारतीय संगीत का इतिहास, शरच्चन्द्र श्रीधर परांजपे, चौखम्बा, वाराणसी (1985)।

भारतीय संगीत शास्त्र का दर्शनपरक अनुशीलन, विमला मुसलगांवकर, संगीत रिसर्च अकादमी, कलकत्ता (1995)।

भारतीय संस्कृति और शिल्प, डॉ० ए० एल० श्रीवास्तव।

भारतीय संस्कृति और साधना, म०म० गोपीनाथ कविराज, बिहार राष्ट्रभाषा परिषद्, पटना।

भारतीय सौन्दर्यशास्त्र की भूमिका, डॉ० नगेन्द्र, नेशनल पब्लिशिंग, नई दिल्ली।

मधुर रस : स्वरूप और विकास, डॉ० रामस्वार्थ चौधरी, अभिनव, राजकमल प्रकाशन, नई दिल्ली।

मध्यकालीन धर्मसाधना, आचार्य हजारीप्रसाद द्विवेदी, साहित्य भवन प्रा० लि० इलाहाबाद (2003)।

मध्ययुगीन वैष्णव-सम्प्रदायों में संगीत, राकेश बाला सक्सेना, राधा पब्लिकेशन, नई दिल्ली, (1990)।

महायात्रा गाथा : अंधेरा रास्ता, रांगेयराघव, किताब महल, इलाहाबाद

युगल शतक : श्रीभट्ट देवाचार्य, सम्पादक व्रजवल्लभ शरण, श्रीजी मंदिर, वृन्दावन।

रस भक्तिधारा और उसका वाणी साहित्य, आचार्य किशोरीशरण, रसभारती संस्थान, वृन्दावन (वि० 2054)।

रससागर (सर्वोपरि नित्यविहारिणी, रससागर), हरगुलाल, वृन्दावन (वि. 2028)।

रस सिद्धान्त, डॉ. नगेन्द्र, नेशनल पब्लिशिंग हाउस, नई दिल्ली (1969)।

रसिक अनन्य अष्टाचार्य यशामृत, हरगुलाल, वृंदावन (वि. 2034)।

(श्री) राधा का क्रम विकास, डॉ० शशिभूषणदास गुप्त, हिन्दी प्रचारक पुस्तकालय, वाराणसी (1956)।

रामचरित मानस, गीता प्रेस, गोरखपुर।

रामभक्ति साहित्य में मधुर उपासना, डॉ० भुवनेश्वरनाथ मिश्र माधव, बिहार राष्ट्रभाषा परिषद्, पटना (1976)।

रासलीला तथा रासानुकरण विकास, डॉ० वसन्त यामदग्नि, संगीत नाटक अकादमी, नई दिल्ली, (1980)।

रूपगोस्वामी और उनका काव्य-साहित्य, डॉ० अच्युतलाल भट्ट, श्रीराधा कृष्ण धानुका प्रकाशन संस्थान, वृन्दावन (2009)।

ललित सम्प्रदाय, सिद्धान्त और साहित्य, डॉ० बाबूलाल गोस्वामी, कमला प्रकाशन पिलानी (1991)।

लालित्य तत्त्व, आचार्य हजारी प्रसाद द्विवेदी, वाणी प्रकाशन, नई दिल्ली (1994)।

विद्यापति पदावली (प्रथम भाग : नेपाल), शशिनाथ झा, बिहार राष्ट्रभाषा परिषद्, पटना (1972)।

विद्यापति पदावली (द्वितीय भाग : मिथिला), कुमार श्रीगंगानाथ सिंह तथा शशिनाथ झा, बिहार राष्ट्रभाषा राष्ट्रभाषा परिषद, पटना।

विद्यापति पदावली (तृतीय भाग : बंगाल), कुमार श्रीगंगानाथ सिंह तथा शशिनाथ झा, बिहार राष्ट्रभाषा परिषद्, पटना (1979)

वैष्णव संगीत शास्त्र, गुरु विपिन सिंह, चौखम्भा ओरियंटलिया, वाराणसी।

शक्ति का जागरण और कुडलिनी, म०म० गोपीनाथ कविराज, विश्वविद्यालय प्रकाशन वाराणसी (1990)।

श्री अष्टाचार्यों की वाणी, हरगूलाल, वृन्दावन, (वि० 2018)।

श्रीश्रीउज्ज्वलनीलमणि, श्रीश्यामदास, ब्रज गौरव प्रकाशन, वृन्दावन (1997)।

श्रीश्रीमद्उज्ज्वलनीलमणि, प्रो० प्रेमलता शर्मा, इंदिरा गाँधी राष्ट्रीय कलाकेन्द्र, नई दिल्ली।

श्रीकिशोरदासजी की वाणी, राधामोहनदास गुप्त, अ०भा० श्रीनिम्बार्क शोध मण्डल, वृन्दावन (2023 वि०; सन् 1967)।

श्रीकृष्णसिद्धान्त पञ्चाध्यायी, नन्ददास ग्रन्थावली।

श्रीकेलिमालजी एवं स्वामीश्री बीट्ठलविपुल देवजू की वाणी सहित अष्टादश सिद्धान्त, हरगुलाल, वृन्दावन, (वि० 2028)।

श्रीकेलिमाल भावार्थदीपिका (स्वामी नागरीदास कृत : बाबा अलबेली शरण एवं गोविंद शर्मा), ललित प्रकाशन, वृन्दावन, (1998)।

श्रीकेलिमाल सौरभ, बाबा अलबेलीशरण, ललित प्रकाशन, वृन्दावन।

श्रीगीतगोविन्दम्, श्रीमद्भक्तिवेदांत नारायण गोस्वामी, गौड़ीय वेदांत पब्लिकेशन, श्रीकेशवजी गौड़ीय मठ, मथुरा (2003)।

श्रीश्री चैतन्य चरितावली, सन्त प्रभुदत्त ब्रह्मचारी, गीताप्रेस गोरखपुर (वि० 2060)।

श्रीटटिया स्थान, श्री 108 स्वामीश्रीराधा बिहारीदासजी महाराज, वृन्दावन (वि० 2065)।

श्रीनिकुञ्जोपासना रहस्य, श्रीकुञ्जबिहारीशरण, नानूराम बेरीवाला, वृन्दावन (1972)।

श्री पीताम्बरदेवजू की वाणी, बाबा गोविन्दशरणदास, सहदेव प्रसाद, श्री टटिया संस्थान, वृन्दावन (वि० 2029)।

श्रीभक्तिरसामृतसिन्धु बिंदु, श्रीविश्वनाथचक्रवर्ती, श्रीश्यामदास, श्रीहरिनाम संकीर्तनमंडल, वृन्दावन (1998)।

श्रीभगवतरसिक की वाणी, सम्पादक गोविन्दशरण शास्त्री, स्वामी हरिदास सेवा संस्थान, वृन्दावन (1991)।

श्री भागवत सुधासागर, गीताप्रेस, गोरखपुर।

श्रीमद्भागवत महापुराणम्, गीता प्रेस, गोरखपुर (वि० 2062)।

श्रीमद्भागवत : रासपञ्चाध्यायी, आचार्य पं० लक्ष्मणदत्त शास्त्री चतुर्वेदी, श्री सांगवेद विद्यालय, मथुरा (वि० 2027)।

श्री महावाणीजी, गोविन्दशरण शास्त्री, निंबार्क प्रकाशन ट्रस्ट, वृन्दावन (1975)।

श्री महावाणी : सिद्धान्त सुख, सहज सुख, श्री कुञ्जबिहारीशरणजी महाराज, वृन्दावन।

श्री रसोपासना तिलक, श्री राधाप्रसादजू महाराज, बाबा अलीबेली शरण, प्रो० गोविन्द शर्मा, श्री ललित प्रकाशन, वृन्दावन (1993)।

श्री राधा, रमाकान्त रथ (उड़िया), भारतीय ज्ञानपीठ प्रकाशन (1990)।

श्री राधारस और रसिक शेखर, श्रीकरपात्री जी महाराज, गोवर्धनपीठ परिषद् , पुरी, उड़ीसा।

श्री राधारस सुधानिधि, राजवैद्य लक्ष्मीनारायण शर्मा, वृन्दावन (वि० 2025)।

श्री राधासुधानिधि, श्री किशोरीशरण अलि, मोहन ग्रन्थ माला प्रकाशन, वृन्दावन (वि० 2034)।

श्री स्वामी हरिदास यशपीयूष, हरगुलाल, श्रीधाम, वृन्दावन (1968)।

श्री हितचौरासी एवं स्फुट वाणी, श्री ललिताचरण गोस्वामी, वेणु प्रकाशन, वृन्दावन (वि० 2064)।

समय प्रबंधावली (वंशीअलि)।

समाज शृंखला, श्री स्वामी हरिदास संस्थान, वृन्दावन (2000)।

सर्वोपरि नित्यविहारिणी : रस सागर, हरगुलाल, श्रीधाम वृन्दावन (वि० 2028)।

सांस्कृतिक मानवशास्त्र (मैलविल जे हर्सकोवित्स), भारती भंडार, प्रयाग।

सिद्ध साहित्य, डॉ० धर्मवीर भारती, किताब महल, इलाहाबाद (1955)।

सिद्धान्त के पद, डॉ० राजेन्द्र रंजन, स्वामी श्री हरिदास संगीत समिति, मथुरा (वि० 2027)।

सूरदास के दृष्टि कूट, वासुदेव कृष्ण चतुर्वेदी, श्रीकृष्ण सत्संग चैरिटेबल ट्रस्ट, मथुरा (2007)।

सूरसागर, नन्ददुलारे वाजपेयी, काशी नागरी प्रचारिणी सभा, वाराणसी (2021)।

सौन्दर्यलहरी, सम्पादक राजगुरु हरिदत्त शर्मा, कलकत्ता (2002)।

सौंदर्यशास्त्र, कला साहित्य एवं संगीत के सन्दर्भ में, डॉ० हरद्वारीलाल शर्मा, मानसी प्रकाशन, मेरठ (1999)।

स्वामीश्रीहरिदासजी का सम्प्रदाय और उसका वाणी साहित्य, डॉ० गोपालदत्त, नेशनल पब्लिशिंग हाउस, नई दिल्ली (1977)।

स्वामीश्रीहरिदास का तत्त्व चिन्तन, राजेन्द्र रंजन, स्वामीश्रीहरिदास संगीत समिति, मथुरा (1971)।

स्वामीश्रीहरिदास : जीवन दर्शन, राजेन्द्र रंजन, स्वामीश्रीहरिदास संगीत समिति, मथुरा (1972)।

स्वामीश्रीहरिदासजी-कृत दुर्लभ पदों का संग्रह, डॉ० श्यामबिहारीलाल खंडेलवाल, रसभारती संस्थान, वृन्दावन (वि० 2067)।

हिन्दी के वैष्णव-साहित्य में तान्त्रिक तत्त्व, डॉ० विश्वम्भरनाथ उपाध्याय।

हिन्दी वैष्णव साहित्य में रस परिकल्पना, डॉ० प्रेमस्वरूप, नेशनल पब्लिशिंग हाउस, नई दिल्ली (1969)।

हिन्दी साहित्य का वृहद् इतिहास, पञ्चम भाग, नागरी प्रचारिणी सभा, काशी।

हिन्दी साहित्य कोश (पारिभाषिक शब्दावली), प्रधान सम्पादक धीरेंद्र वर्मा, ज्ञानमण्डल लिमिटेड, वाराणसी (वि० 2020)।

हिन्दुस्तानी संगीत में राग की उत्पत्ति एवं विकास, डॉ० सुनन्दा पाठक, राधा पब्लिकेशन, नई दिल्ली।

पत्र-पत्रिका

अभयदूत (साप्ताहिक), जोधपुर।

कल्याण (गीताप्रेस गोरखपुर), उपासनांक, भगवतप्रेम-अंक।

चौमासा, म.प्र. संस्कृति अकादमी, भोपाल।

धर्मयुग (धर्मवीर भारती), मुम्बई।

परिषद् पत्रिका (बिहार राष्ट्रभाषा परिषद् ,पटना)।

ब्रज गौरव (ब्रज संस्कृति संस्थान, नई दिल्ली)।

ब्रज भारती (ब्रज साहित्य मण्डल, मथुरा)।

भक्त भारत (चार सम्प्रदाय आश्रम, वृन्दावन)।

रसनिकुंज (श्रीहरिदास सेवा संस्थान, वृन्दावन)।

वैचारिकी (भारतीय विद्या मन्दिर शोध प्रतिष्ठान, कोलकाता)।

श्रीसर्वेश्वर (श्रीजी की कुञ्ज, वृन्दावन)।

श्रेय (वृन्दावन)।

संगीत (संगीत कार्यालय, हाथरस)।

साप्ताहिक हिंदुस्तान (हिन्दुस्तान टाइम्स हाउस, नई दिल्ली)।

साहित्य अमृत (प्रभात प्रकाशन, नई दिल्ली)।

सूर सौरभ (सूर स्मारक मण्डल, शाखा : तमिलनाडु)।

स्वतन्त्र भारत (कानपुर)।

English Books

A Handbook of Folklore, Burn.

Contribution of Southern India to Indian Culture, S. K. Aiyangar.

Kama Kalpa, P Thomas, D. B. Taraporevala Sons., Bombay.

Science of Thought : Review

The Garden of Love, Lalita Sinha.

Vidyapati Padawali Anand K.Coomaraswami Indira Gandhi National Centre for the Arts, New Delhi.

Swami Haridas and the Haridasi Sampradaya, Richard D. Haynes, University Microfilm International, Anu Arbor Michigan, U.S.A., 1978.

रसदेश

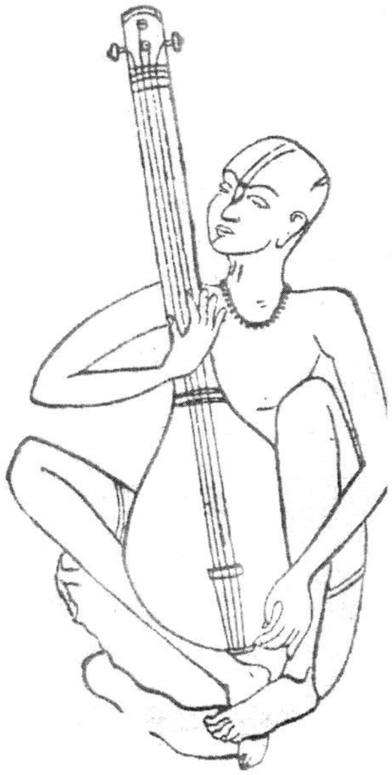

रसदेश

प्रथम खण्ड

स्वामी श्री हरिदास-विरचित

केलिमाल

सम्पादक एवं अनुवादक

राजेन्द्र रंजन चतुर्वेदी

PRINTWORLD

डी०के० प्रिंटवर्ल्ड प्रा० लि०

नई दिल्ली - 110015

इन्दिरा गाँधी राष्ट्रीय कला केन्द्र

नई दिल्ली - 110001

Cataloging in Publication Data — DK
[Courtesy: D.K. Agencies (P) Ltd. <docinfo@dkagencies.com>]

Haridāsa, *Svāmī*, active 16th century, author.
Rasadeśa.
volumes cm
Braj and Hindi.
Poetry on Krishna, Hindu deity; with critical analysis.
Contents: prathama khaṇḍa. Kelimāla / Svāmī Śrī Haridāsa-viracita ; sampādaka evaṁ anuvādaka, Rājendra Rāñjana Caturvedī — dvitīya khaṇḍa. Kelimāla-mīmāṁsā : Svāmīśrīharidāsa-viracita Kelimāla ke padoṁ para anusandhāna-samīkshātmaka ṭippaṇiyāṁ / lekhaka, Rājendra Rāñjana Caturvedī.

1. Krishna (Hindu deity) — Poetry. 2. Haridāsa, Svāmī, active 16th century. Kelimāla. I. Haridāsa, Svāmī, active 16th century. Kelimāla. II. Haridāsa, Svāmī, active 16th century. Kelimāla. Hindi. III. Caturvedī, Rājendra Rāñjana. Kelimāla-mīmāṁsā. IV. Caturvedī, Rājendra Rāñjana, editor, translator. V. Indira Gandhi National Centre for the Arts, publisher. VI. Title.

LCC PK1967.9.H363K45 2018 | DDC 891.4313 23

ISBN 978-81-246-0930-9 (Set)
ISBN 978-81-246-0931-6 (Vol. 1)
ISBN 978-81-246-0932-3 (Vol. 2)

प्रथम प्रकाशन वर्ष, 2018

प्रकाशक -
इन्दिरा गाँधी राष्ट्रीय कला केन्द्र
11, मानसिंह रोड़ नई दिल्ली - 110001

एवं

डी.के. प्रिंटवर्ल्ड (प्रा.) लि.
पंजीकृत कार्यालय : 'वेदश्री', एफ-395, सुदर्शन पार्क,
(ई.एस.आइ. मेट्रो स्टेशन), नई दिल्ली - 110015
दूरभाष : (011) 25453975, 25466019
ई-मेल : indology@dkprintworld.com
वेब : www.dkprintworld.com

मुद्रक - डी.के. प्रिंटवर्ल्ड (प्रा) लि., नई दिल्ली

श्री स्वामी हरिदास : ऐसौ रसिक भयौ नहिं ह्वै है

नमो नमो श्रीहरिदास वृन्दाविपिन-वास वर प्रान सर्वस बाँकेबिहारी।
स्यामा-स्याम जुगलरूप-माधुर्य के रसिक रिझवार प्रेम-अवतारी॥
परम वैराग-निधि वसत निधिवन सदा भावना-लीन सु प्रवीन भारी।
कामना-कल्पतरु सकल संतापहर अग्रदास-अलि कल्यानकारी।
—श्रीस्वामी अग्रदासजी

*

जुगल नाम सों नेंम जपत नित कुञ्जबिहारी।
अवलोकत रहैं केलि, सखी-सुख के अधिकारी।
गान-कला गन्धर्व स्याम-स्यामा कों तोषैं।
उत्तम भोग लगाय मोर-मरकट तिमि पोषैं।
नृपति द्वार ठाड़े रहैं दरसन आसा जासु की।
आसुधीर उद्योत करि रसिक छाप हरिदास की।
—श्रीस्वामी नाभादासजी

*

अनन्य नृपति श्रीस्वामीहरिदास।
श्रीकुञ्जबिहारी सेये बिन छिन न करी काहू की आस॥
सेवा सावधान अति जानि सुघर गावत दिन रस रास।
ऐसौ रसिक भयौ नहिं ह्वै है भुवमण्डल आकास॥
देह विदेह भये जीवत ही बिसरे बिस्व विलास।
श्रीवृन्दावन रेनु तन, मन भजि, तजि लोक-वेद की त्रास॥
प्रीति-रीति कीनी सबहिन सों किये न खास-खवास।
अपनौ व्रत यह ओर निभायौ जौलौं कण्ठ उसास।।
सुरपति भूपति कञ्चन कामिनि जिनके भायैं घास।
अबके साधु व्यास हमहूँ से जगत करत उपहास॥

—भक्त कवि व्यास

*

जा पथ कौ पथ लेत महामुनि, मूँदत नैन गहै नित नाँकौ
जा पथ कों पछितात हैं वेद, लहै नहिं भेद रहै जकि जाकौ।
सो पथ श्रीहरिदास लह्यौ रसरीति की प्रीति चलाय निसाँकौ
निसाननि बाजत गाजत गोविन्द, रसिक-अनन्यनि कौ पथ बाँकौ॥

—श्री गोविन्द स्वामी

*

रसिक अनन्य हरिदास जू, गायौ नित्यविहार
सेवा हू में दूरि किये, विधि-निषेध जञ्जार॥
सघन निकुञ्जन रहत दिन, बाढ्यौ अधिक सनेह
एक बिहारी हेत लगि, छाँड़ि दिये सुख देह॥
रंक छत्रपति दुहून की, धरी न मन परवाह
रहे भींजि रस-माधुरी, लीने कर करवाह॥

—हित ध्रुवदासजी

पुरोवाक्

इन्दिरा गाँधी राष्ट्रीय कला केन्द्र द्वारा कलाकोश विभाग के अन्तर्गत प्रकाशित की जा रही कलासमालोचना ग्रन्थमाला में दो खण्डों में "रसदेश" आपके हाथों में सौंपते हुए हमें हार्दिक प्रसन्नता हो रही है। "रसदेश" मूलतः वृन्दावन के श्री स्वामी हरिदास की कृति केलिमाल पर केन्द्रित है, जिसमें जयदेव के "गीतगोविन्द", विद्यापति की "पदावली", रूपगोस्वामी की "उज्ज्वलनीलमणि" तथा "हितचौरासी", "सूरसागर", "चण्डीदास" इत्यादि को तुलनात्मक दृष्टि से साथ में रखा गया है। इन्दिरा गाँधी राष्ट्रीय कला केन्द्र ने कलासमालोचन की जिस अनुसन्धान प्रणाली का विकास किया है, उसमें भाषा, कविता, दर्शन, नृत्य, संगीत, चित्रकला, मानवविज्ञान और लोकवार्ता के निरन्तर सम्वाद और व्याख्या की सम्भावनाओं का विस्तृत क्षितिज है। इस प्रकार के शोध में हम परम्परा के रूप में सम्प्रदाय के महत्त्व को तो मानते हैं परन्तु साम्प्रदायिक दायरों का बन्धन स्वीकार नहीं करते, क्योंकि सत्य सीमा में आबद्ध नहीं है। सत्य आकाश की तरह व्यापक है और समुद्र की तरह गहरा है। इस दृष्टि से रसदेश परियोजना में केलि उपासना के सूत्रों को वैष्णव साहित्य के साथ-साथ शङ्कराचार्य की "सौन्दर्य-लहरी" में, शैवों और बौद्धों की परम्परा में और लोक-परम्परा में भी देखा गया है। रसदेश परियोजना की स्थापना है कि ब्रज, वृन्दावन में लीला, विहार, रास, गोपी तथा राधा के रूप में जिस भावलोक की अवतारणा हुई है, वह भारतवर्ष के विभिन्न प्रदेशों, जनपदों तथा सांस्कृतिक समूहों के लोकजीवन-परम्पराओं की अन्तर्भुक्ति का परिणाम है।

ब्रजभूमि भारतवर्ष के विभिन्न जनपदों के निरन्तर सम्मिलन का केन्द्र रही है। भारतवर्ष की विभिन्न सांस्कृतिक धाराओं-उपधाराओं तथा अन्तरवर्ती धाराओं ने मिलकर ललिता और राधा के रूप में सौन्दर्य-माधुर्य के रस-सिन्धु को पाया है। यहाँ आकर लोक और शास्त्र दोनों की परिधि समाप्त हुई है। इस दृष्टि से यह ग्रन्थ शास्त्र और लोक के अन्तर्सम्बन्धों तथा उनकी परस्पर निर्भरता पर प्रकाश डालने वाला एक महत्त्वपूर्ण ग्रन्थ है। इसके माध्यम से लोक और शास्त्र के बीच की काल्पनिक दीवारों को भी खण्डित करने में सहायता मिलेगी।

डॉ० राजेन्द्र रंजन चतुर्वेदी ने इस श्रमसाध्य एवं अत्यन्त गम्भीर अध्ययन को पूरी निष्ठा एवं तन्मयता के साथ सम्पन्न किया है। यह बात "रसदेश" के प्रस्तुत दोनों खण्डों को देखने पर परिलक्षित होती है। वास्तव में यह उनके दीर्घकालीन एवं गहन अध्ययन का ही प्रतिफल है। मैं उनके इस महनीय कार्य की सराहना करता हूँ और उनके प्रति हार्दिक कृतज्ञता भी व्यक्त करता हूँ।

ध्यातव्य है कि ‘‘रसदेश’’ के इस कार्य को प्रारम्भ से ही विद्वज्जनों की सम्मतियाँ प्राप्त हुई हैं। डॉ० कर्ण सिंह ने ‘‘रसदेश’’ के प्रथम खण्ड में अभिमत के रूप में इस कार्य के प्रति अपने सुविचारों को व्यक्त किया है। प्रो० इन्द्रनाथ चौधुरी ने दूसरे खण्ड की भूमिका में इस कार्य की सराहना की है। डॉ० श्रीमती कपिला वात्स्यायन रसदेश परियोजना की प्रेरणास्रोत हैं, जिनका मार्ग निर्देशन इस परियोजना में समय-समय पर मिला है, उनके महत्त्वपूर्ण विचारों को हमने दूसरे खण्ड के आरम्भिक पृष्ठों में सम्मिलित किया है। इससे इस प्रकाशन की गरिमा और अधिक बढ़ गई है। श्री अशोक वाजपेयी ने भी इस कार्य को देखा और सराहा है, उनकी प्रेरणादायी सम्मति प्रथम खण्ड के प्रारम्भिक पृष्ठों में उपलब्ध है। कुल मिलाकर इन सभी महानुभावों के विचार इस प्रकाशन के महत्त्व पर प्रकाश डालते हैं। मैं सभी विद्वानों के इस विशेष योगदान के लिए उनका हृदय से आभार प्रकट करता हूँ।

मेरा विश्वास है कि विद्वानों एवं समालोचकों द्वारा इस अनुसन्धानयुक्त केलिमाल पर आधारित अध्ययन का स्वागत किया जाएगा जिसमें इस विषय के अनेक पक्षों पर नई रोशनी डाली गई है।

सच्चिदानन्द जोशी
सदस्य सचिव
इन्दिरा गाँधी राष्ट्रीय कला केन्द्र
नई दिल्ली

अभिमत

स्वामी श्री हरिदास महान् संगीतज्ञ और उपासक थे। अपनी ध्यान समाधि में उन्होंने जिन ध्रुपद रचनाओं का गायन किया था, उनको उपासना की माला के रूप में गूँथकर उनकी शिष्य-परम्परा ने "केलिमाल" नाम दिया और 'गूदर में हीरा' की तरह छिपाकर रखा। गुहा उपासना की परम्परा में उपास्य तत्त्व को प्रकट नहीं किया जाता इसलिए केलिमाल वृन्दावन के रसोपासकों के बीच ही सीमित रहा।

अवश्य ही "केलिमाल" रस-उपासना का महत्त्वपूर्ण ग्रन्थ है, किन्तु भारतीय संगीत, कला और सौन्दर्य शास्त्र के आधारभूत तत्त्व भी "केलिमाल" में है। "केलिमाल" में संगीत ही उपासना है और उपास्य भी संगीत है। "केलिमाल" में राग लोकोत्तर आनन्द का सिन्धु है और इस समुद्र-मन्थन से निकलने वाला नवनीत श्यामा-श्याम का नित्यविहार है, जहाँ दिव्य राग-रागिनियों का उद्भव हो रहा है। दूसरे शब्दों में यहाँ रस अपने ही आस्वादन के लिए दो रूपों में व्यक्त होता है। नित्यविहार अर्थात् वह रस जिसके माधुर्य में ईश्वर की ईश्वरता उसी प्रकार खो गई है जिस प्रकार सूर्य के प्रकाश में तारायण की कान्ति खो जाती है। यहाँ सौन्दर्य, प्रेम और आनन्द अविच्छिन्न और पूर्ण है। "रसदेश" इसी का नाम है।

भारत में भिन्न-भिन्न सांस्कृतिक समूह हैं और उपास्य तत्त्व की उनकी अवधारणाएँ भी भिन्न-भिन्न हैं किन्तु ये सांस्कृतिक समूह जब परस्पर मिलते हैं तब उनकी उपासना के तत्त्व भी परस्पर मिल जाते हैं। भागवत आन्दोलन भारत की ऐसी ही सांस्कृतिक क्रान्ति थी, जिसमें पूर्व, पश्चिम, उत्तर, दक्षिण के राग और ताल वृन्दावन में आकर एक सम पर मिल गए। वैदिकों के ब्रह्मा और इन्द्र, यक्षों के कुबेर, सुपर्णों के गरुड़, नागों के शेष, गन्धर्वों के काम, श्वेतदीप के नारायण, तमिल आलवारों के विष्णु, यादव वृष्णि सात्वतों के वासुदेव, गूजर आभीर और गोपों के गोपाल, उड़ीसा के जगन्नाथ, महाराष्ट्र के विठोबा अन्तर्भुक्त हो गए। उल्लेखनीय है कि भक्तिसूत्र के प्रवर्तक नारद भी दासीपुत्र थे और कृष्णद्वैपायन भी दासीपुत्र थे। लोकजीवन के उद्वेलन और प्रवाह में सहजीयबौद्ध, सहजीयवैष्णव बन गए। शैवों के महादेव रास उपासना में सम्मिलित हुए, और शाक्तों की त्रिपुरसुन्दरी राधा की प्राणसखी ललिता के रूप में नित्यविहार की आश्रय बन गई। शिव-शक्ति का चिद्विलास और कामेश्वर-कामेश्वरी का सामरस्य नित्यविहार में एकरस हो गया।

इन्दिरा गाँधी राष्ट्रीय कला केन्द्र की रसदेश अनुसन्धान परियोजन का केन्द्र-बिन्दु नित्यविहार है जिसे मनुष्य की रागात्मक चेतना का उदात्ततम बिन्दु कहा जा सकता है। रागात्मक चेतना ही कला और संगीत में रूप ग्रहण करती है। संक्षेप में यह अध्ययन कला और उपासना की एकात्मकता का अध्ययन है। रसदेश परियोजना के अन्तर्गत केलिमाल और उसकी मीमांसा को दो भागों में प्रकाशित किया जा रहा है। पहले भाग में केलिमाल की पहली हिन्दी टीका तथा तीन प्राचीन ब्रजभाषा टीकाएँ भी प्रकाशित की जा रही हैं।

रसदेश अनुसन्धान परियोजना के समन्वयक सम्पादक और अध्येता हैं डॉ. राजेन्द्र रंजन चतुर्वेदी। वे मिथकशास्त्र और लोकवार्ता के जाने-माने अध्येता हैं और पण्डित बनारसीदास चतुर्वेदी के प्रधान शिष्य हैं। उनके शताधिक शोध-निबन्ध प्रमुख पत्र-पत्रिकाओं में प्रकाशित हो चुके हैं। उन्होंने लोकवार्ताविज्ञान को लोकतन्त्र के तत्त्वबोध के रूप में प्रतिपादित किया है। उनके नाना श्री अयोध्यानाथ जी महाराज विष्णुस्वामी सम्प्रदाय के अन्तर्गत वन्शीअलिजी की पीठ के आचार्य थे और उनके पिता श्री हरिहर जी महान् उपासक साम्राज्यदीक्षित की परम्परा में श्रीविद्या के उपासक थे। डॉ. रंजन सन् १९९३ से ही इन्दिरा गाँधी राष्ट्रीय कला केन्द्र से जुड़े हैं और यहाँ की विशिष्ट अनुसन्धान पद्धति को आधार बनाकर 'धरती और बीज' शोध परियोजना पूरी करते हुए उन्होंने सम्पूर्णता के सिद्धान्त का प्रतिपादन किया है।

मैं इस प्रकाशन का स्वागत करता हूँ।

सोमवार, १ अप्रैल २०१३
नई दिल्ली ११००२१

कर्ण सिंह
संसद सदस्य
राज्यसभा

सम्मति

भारतीय परम्परा को जैसे कि शायद किसी भी अपेक्षाकृत प्राचीन परम्परा को उसकी पूरी जटिलता और निरन्तरता में समझ-सहेज पाना हम आधुनिकों के लिए हमेशा ही दुष्कर रहा है। आधुनिकता के कई अतर्कित पूर्वाग्रह इसके आड़े आते हैं। अक्सर हम अपनी ही परम्परा को उसमें गृहस्थ होकर नहीं दूसरों की दृष्टि से बाहर से देखते हैं। गृहस्थता से आलोचना-वृत्ति शिथिल और प्रश्नवाचकता धूमिल नहीं होती। कई बार यह सोचकर क्लेश होता है कि भारतीय बुद्धि और ज्ञान की परम्परा के हम आधुनिक सच्चे और समझदार उत्तराधिकारी नहीं हैं। दरअसल हम व्यापक जातीय स्मृतिहीनता के शिकार हैं और हमारे व्यापक विचार-विमर्श में इसका अहसास कम ही है।

स्वामी हरिदास के ''केलिमाल'' के बारे में सुन तो रखा था लेकिन उसकी ऐन्द्रिय उपस्थिति, काव्य-वैभव, परम्परा में उसकी अर्थ-सघनता, भारतीय संगीत-दर्शन के लिए उसकी अमिट प्रासंगिकता, आदि का बोध गहरा और सजग न था जो कि डॉ. राजेन्द्र रंजन चतुर्वेदी द्वारा सुसम्पादित ''केलिमाल'' के इस संस्करण और बेहद जतन, समझ और संवेदनशीलता से की गई उनकी व्याख्या से हुआ। इस अनूठे और प्रशन्सनीय प्रयत्न ने ही यह सम्भव किया है कि हम अपनी परम्परा की एक अविरल रसधारा में सहज भाव से निमज्जन कर सकें, उस ''रसदेश'' में जा सकें जो कि इस कविता के पड़ोस में है और यह समझ सकें कि पवित्रता और ऐन्द्रियता के बीच दूरी और द्वैत हमारी परम्परा में नहीं थे, हम उन्हें व्यर्थ अपना उत्तराधिकार मानकर ढो रहे हैं।

ध्रुपद-रचनाओं का संकलन, रसिक-उपासकों के लिए रस-उपनिषद् ''केलिमाल'' भारतीय लोक चेतना में जो पवित्र भाव, आनन्द भाव और विकुण्ठ भाव है उसका कई तरह से परिपाक है। उसे कविता, दर्शन और लोकस्मृति जैसे अनेक रूपों में देखा-परखा जा सकता है। उसकी अनेक अर्थच्छवियाँ और पारम्परिक अन्तर्ध्वनियाँ डॉ० चतुर्वेदी की व्याख्या से स्पष्ट होती हैं। कुल १११ पदों के इस ग्रन्थ को हम अपनी परम्परा की सृजनशीलता और कल्पना के उत्कर्ष के रूप में देख सकते हैं और उसका रसास्वादन कर सकते हैं।

२७ नवम्बर २०१३ नई दिल्ली

अशोक वाजपेयी
संस्थापक कुलपति
महात्मा गाँधी अन्तर्राष्टीय हिन्दी विश्वविद्यालय, वर्धा

प्रकाशकीय

भारत की सामूहिक चेतना को समझने के लिए यहाँ की विभिन्न सांस्कृतिक धाराओं, उपधाराओं एवं अन्तरवर्ती धाराओं के प्रवाह और मिलन की गति पर दृष्टि डालना आवश्यक हो जाता है। ऐसे में भारत के विभिन्न धार्मिक-सम्प्रदायों को किसी परिधि में बाँधना सम्भव नहीं है। वस्तुतः यहाँ सम्प्रदाय शब्द का अर्थ "सम्यक् प्रदाय" से है। इसी को दूसरे शब्दों में विरासत या परम्परा भी कहते हैं, जो भारत के युग-युगीन इतिहास ने यहाँ के लोगों को सौंपी है। इस सन्दर्भ में आचार्य हजारी प्रसाद द्विवेदी का कथन कितना सार्थक है "समूचा भारतवर्ष नाना भाँति की साधनाओं, विश्वासों और अन्तःसम्बद्ध विचारों के सूत्र से कसकर सी-सा दिया गया है। इस सूत्र का एक टाँका यदि बंगाल में है तो दूसरा पंजाब में, तीसरा मारवाड़ में और आश्चर्य नहीं कि चौथा मालाबार में निकल आए।"(मध्यकालीन धर्म साधना, पृ० १२६-२७) भारत शतकोटि जन की सांस्कृतिक परम्पराओं का उत्तराधिकारी है, ये परम्पराएँ विविध हैं किन्तु यह विविधता "एक" में समा जाती है।

इन्दिरा गाँधी राष्ट्रीय कला केन्द्र के द्वारा प्रवर्तित अध्ययन-अनुसन्धान पद्धति में कला को जीवन की समग्रता में देखने-समझने का महत्त्व है। प्रस्तुत अध्ययन "रसदेश" वास्तव में विविध वैष्णव धाराओं के साथ, शैव, शाक्त, बौद्ध, जैन, योग तथा लोक-धाराओं को देखने और उनके अन्तःसम्बन्ध को समझने का प्रयास है। इस अध्ययन में इस्लाम और सूफ़ी धाराओं को भी विस्मृत नहीं किया गया है। केलिमाल में इन धाराओं के कई शब्दों के उद्गम की ओर संकेत किया गया है। भगवत रसिक का वाक्य है — "आँधे के सिर सम्प्रदा न कटे कैसौ पन्थ।" हमारे सामने संस्कृति के अध्ययन का राष्ट्रीय दृष्टिकोण है और वैश्विक दृष्टिकोण है। सम्पूर्णता का सिद्धान्त है — "सर्वं सर्वेन भावितम्।" मानव जीवन और प्रकृति के विस्तार में कुछ भी विच्छिन्न नहीं है, सब सबसे प्रभावित हैं और सब सबको प्रभावित कर रहे हैं। क्रिया भी है और प्रतिक्रिया भी है तथा दोनों के बीच अन्योन्य सम्बन्ध भी है।

भारत के संगीत आकाश में स्वामी श्री हरिदास ध्रुव-नक्षत्र की तरह हैं। उनके "ध्रुव-पदों" का अध्ययन भारत के संगीत और कला के दर्शन का अध्ययन है — यह उपासना है, रस है और जीवन का प्रयोजन है। आराधक, आराधना और आराध्य एक बिन्दु पर पहुँचकर एकरस — एकाकार हो जाते हैं। वहाँ भिन्नता तिरोहित हो जाती है। साधना वहाँ साध्य बन जाती है —

राग रागिनी अलौकिक उपजत नृत्य-संगीत अलग लाग लागे।
राग ही में रंग रह्यौ रंग के समुद्र में ए दोऊ झागे॥

वस्तुत: ''रसदेश'' में प्रश्न उठाया गया है कि क्या कलाओं की उद्भव-भूमि यही राग है? सनातन नर और सनातन नारी के अमोघ और सहज आकर्षण का सूत्र वात्स्यायन के ''कामस्य तदात्मकत्वात्'' (कामसूत्र १.३.१९) में मिलता है। मनुष्य की रागात्मक चेतना ही कला के रूप में अभिव्यक्त होती है। यह रागात्मक चेतना ही ''गीतगोविन्द'' का रूप धारण करती है, यह रागात्मक चेतना ही ''विद्यापति-पदावली'' बन जाती है और श्रीरूपगोस्वामी इसी रागात्मक चेतना का विवेचन अपने प्रख्यात ग्रन्थों — ''श्रीभक्तिरसामृतसिन्धु'' एवं ''श्रीउज्ज्वलनीलमणि'' में करते हैं। इन्दिरा गाँधी राष्ट्रीय कला केन्द्र ने ''गीतगोविन्द'' पर कई बड़ी परियोजनाएँ सम्पन्न की हैं और कुछ पर अभी कार्य चल रहा है। महान् कलाविद् डॉ० आनन्द कुमारस्वामी द्वारा अनूदित ''विद्यापति-पदावली'' का प्रकाशन बहुत पहले हो चुका है। संगीत, नृत्यकला, रस, भक्ति-साहित्य एवं गौडीय वैष्णव-दर्शन की मूर्धन्य विदुषी स्व० प्रो० प्रेमलता शर्मा के द्वारा सम्पन्न ''श्रीभक्तिरसामृतसिन्धु'' का प्रकाशन भी हो चुका है। उन्होंने हिन्दी में इस महत्त्वपूर्ण ग्रन्थ का अनुवाद एवं ग्रन्थ की समीक्षा के साथ-साथ मूल ग्रन्थ एवं संस्कृत टीकाओं का शुद्ध संस्करण प्रस्तुत कर हिन्दी जगत् का और मर्मज्ञ विद्वानों का उपकार किया है। ''श्रीउज्ज्वलनीलमणि'' पर भी कार्य पूरा हो चुका है। यह कार्य प्रो० प्रेमलता शर्मा की विदुषी अनुजा डॉ० उर्मिला शर्मा ने उन्हीं के शिक्षण एवं निर्देशानुसार सम्पन्न किया है। रसदेश परियोजना इसी शृंखला की एक और कड़ी है।

इसे संयोग ही कहें कि वर्ष २००७ में इन्दिरा गाँधी राष्ट्रीय कला केन्द्र में जनपद सम्पदा विभाग द्वारा आयोजित सम्मेलन ''Aqeedat ke Rang: Expression of Devotion in Islam'' में डॉ० राजेन्द्र रंजन चतुर्वेदी भी भाग ले रहे थे। उपासना पर हो रही चर्चा में वृन्दावन के स्वामी श्री हरिदास पर भी चर्चा हुई। सत्र समाप्त होते ही मेरी डॉ० चतुर्वेदी से इस विषय पर और अधिक विस्तार से बात करने की इच्छा हुई। क्योंकि मेरे मन में स्वामी श्री हरिदास के प्रति बाल्यकाल से ही एक आदर का भाव संस्कार में था तथा उपासना की छींट अपने पूज्य पिता स्व० पं० जानकीनाथ कौल 'कमल' से प्राप्त थी। इस सुअवसर पर अनायास ही ''रसदेश'' परियोजना का मानो शुभारम्भ हुआ। इसके पश्चात् प्रस्ताव आया, जो नियमानुसार अनुमोदित हो गया और फिर कार्य प्रारम्भ भी हुआ। डॉ० चतुर्वेदी के साथ अनेक बैठकें हुई। प्रत्येक बैठक के पश्चात् कार्य के विस्तार का दायरा और अधिक विस्तार को प्राप्त होता गया। इस पूरे अध्ययन, अनुशीलन का परिणाम प्रस्तुत दो खण्ड हैं। ''रसदेश'' के प्रथम खण्ड में सबसे पहले केलिमाल के एक सौ ग्यारह पदों के अनुवाद को टिप्पणियों इत्यादि के साथ रखा गया है। तत्पश्चात केलिमाल की ब्रजभाषा में प्राप्त तीन टीकाओं — आभास-उल्था (पद्यात्मक), वस्तुदर्शिनी (पद्यात्मक), और भावार्थदीपिका (गद्यात्मक) को रखा गया है। टीकाकारों के नाम क्रमश: पीताम्बरदास, राधाशरणदास और नागरीदास हैं। इन सभी टीकाकारों के विषय में डॉ० चतुर्वेदी ने परिचय लेख तो लिखा है परन्तु यहाँ वस्तुदर्शिनी के प्रणेता महन्त श्री राधाशरणदेवजू की ओर विशेष ध्यानाकर्षण हो रहा है। ये कश्मीर के भट्ट-ब्राह्मण थे। वैरागी होकर ये वृन्दावन पहुँचे और श्री हरिदासी सम्प्रदाय से जुड़ गए। गहन शास्त्र-अध्ययन किया और टटिया स्थान की महन्त-गद्दी प्राप्ति का गौरव पाया। इनकी टीका को ''आभास-उल्था'' की पूरक के रूप में स्वीकार किया गया है। यहाँ तक कि भक्तजन दोनों ही टीकाओं को सम्मिलित रूप से लिपिबद्ध करते थे। इसका विस्तृत वर्णन डॉ० चतुर्वेदी ने टीकाओं की प्रस्तावना में किया है। यहाँ ध्यातव्य है कि भारत के

मुकुट मण्डल पर विराजमान काश्मीर की शैव-शाक्त परम्परा अधिक प्रसिद्धि को प्राप्त हुई, निकटता से देखने पर पता चलता है कि वैष्णव परम्परा का भी यहाँ उतना ही वर्चस्व रहा है। बौद्ध मत के केन्द्र के रूप में तो काश्मीर की प्रसिद्धि भारत से बाहर भी मध्य एशिया, चीन, तिब्बत इत्यादि देशों तक फैली। कहने का तात्पर्य यही है कि एक स्रोत से सभी धाराओं का अवगाहन करने पर ही यह सम्भव हो पाता है। इसी परम्परा के फलस्वरूप अठारहवीं-उन्नीसवीं सदी के काश्मीरी सन्तों की वाणी का अवलोकन करने पर पता चलता है कि एक ही सन्त-कवि शिव-भक्त होकर शैव तत्त्वों का वर्णन करते हैं और फिर कृष्ण-लीला में डूबकर प्रेमरस भी बिखेरते हैं। इसके अनेकानेक उदाहरण मिल सकते हैं परन्तु यहाँ इस परम्परा के दो प्रसिद्ध सन्त कवियों परमानन्द और कृष्ण जू राज़दान को लें तो शायद ही कोई काश्मीरी सुधीजन इनसे अपरिचित होगा। परमानन्द पेशे से पटवारी थे। अध्यात्म में इनका लगाव बचपन से ही था। समय आने पर पटवारी का कार्य त्यागकर पूरी तरह अपने परमेश्वर की भक्ति में डूबकर साधना में लग गए। संगीत में गहरी रुचि थी। सुरीला स्वर भी उनको प्राप्त था। काश्मीरी सितार जिसको मदहम के नाम से जाना जाता था, वे खूब बजाया करते थे। कहा जाता है कि अध्यात्म-साधना के कारण ही इन्होंने परमानन्द नाम से प्रसिद्धि पाई जबकि इनका असली नाम नन्दराम था। इनका निवास-स्थान सुप्रसिद्ध मार्तण्ड मन्दिर के समीप मट्टन नामक एक महत्त्वपूर्ण तीर्थ-स्थान में था। परमानन्द की भक्तिपरक कविताओं में आत्मज्ञान का स्रोत छिपा है जिनमें देहाती भाषा का पूरा उपयोग किया गया है। इन्होंने कृषि कार्य को आध्यात्मिक परिप्रेक्ष्य में व्यक्त करके परम पद तक पहुँचने की व्याख्या की है। इस सन्त ने श्री अमरनाथ की यात्रा को अपने अध्यात्म के उत्थान के रूप में प्रस्तुत किया है। यही परमानन्द जिन्हें प्राय: कृष्ण-भक्त ही माना जाता है भगवान् श्रीकृष्ण का आह्वान करते हुए कहते हैं "हे चित्तविमर्श दीप्तिमान् भगवान्! मेरा हृदय गोकुल है जहाँ आपके ग्वाले बैठै हुए हैं, इत्यादि।" इस प्रकार कृष्ण जू राज़दान के "शिव परिणय" और "कृष्ण दर्शन" को पढ़ने से "एकं सद् विप्रा बहुधा वदन्ति" की सार्थकता सामने आती है। "केलिमाल" के टीकाकार श्री राधाशरणदेवजू इसी परम्परा के वाहक थे।

कहने का तात्पर्य है कि "केलिमाल" से सम्बन्धित अन्य महत्त्वपूर्ण सामग्री को रसदेश के प्रथम खण्ड में पाँच परिशिष्टों के रूप में जोड़ा गया है। प्रत्येक परिशिष्ट के आरम्भ में एक संक्षिप्त प्रस्तावना भी दी गई है। पादानुक्रमणिका के साथ इस खण्ड का समापन हुआ है। कुल मिलाकर इस प्रथम खण्ड में "केलिमाल" और इससे सम्बन्धित अधिकांश सामग्री को समेटकर रखा गया है।

"केलिमाल-मीमांसा" जो डॉ० राजेन्द्र रंजन चतुर्वेदी द्वारा "केलिमाल" पर उनका गहन अध्ययन है, उसे दूसरे खण्ड में प्रस्तुत किया गया है। उन्होंने स्वामी श्री हरिदास को ललिता (और लालित्य) का अवतार माना है। प्रश्न उठाया है कि ललिता की अवधारणा का स्रोत क्या है? आग्रह नहीं किया है, किन्तु समानता की भूमि दिखा दी है और स्पष्ट कर दिया है कि आगम परम्परा में भी ललिता हैं। श्रीहरिदासी भक्तों ने ललिता को सहजप्रिया कहा है। सहज शब्द के सूत्र को डॉ० चतुर्वेदी ने चण्डीदास में भी देखा है और "सहजानन्द विग्रहाम्" की आगम अवधारणा में भी देखा है। "ललितं रतिचेष्टितम्" — केलि-उपासना की परम्परा के सूत्र को उन्होंने श्रीमद्भागवत में वर्णित शिवा-शिव की केलि चिद्विलास से भी जोड़कर देखा है। वस्तुत: सभी धारणाओं की उद्भव-भूमि मनुष्य की मेधा है। परम्परा की अविच्छिन्नता संस्कृति

का प्रवाह है। प्रवाह का अर्थ अविच्छिन्नता है यानि परिवर्तन की निरन्तरता। परिवर्तन है किन्तु निरन्तरता भी है।

"सौन्दर्य-लहरी" की लहरें केलि-उपासना की ही लहरें हैं। कालिदास का "सम्पृक्तौ" (वागर्थाविव सम्पृक्तौ), पुरातत्त्व सम्पदा, शत-शत केलिमाल प्रतिमाएँ, परम्परा के ही मानक हैं। मनुष्य की रागवृत्ति किस प्रकार उपासना की भूमि के रूप में दिव्य बन जाती है। काश्मीर शैव दर्शन के आचार्य अभिनवगुप्त के प्रधान शिष्य क्षेमराज ने इसी को "स्वानन्दचमत्कारनित्यतृप्त:" कहा है और कहा है कि यह संसार नित्य लीला है "कैलासादिषुनित्यप्रवर्तमानप्रमोदनिर्भरक्रीडामयं लोकोत्तरप्रभावं विस्तारयित्रे" (स्तवचिन्तामणि:, टीका श्लोक ५१)। केलि-उपासना से जुड़े कितने ही चित्र मिलते हैं और अनेकों ही नृत्य हैं। रास की उपासना भारत के उपासना-इतिहास का महत्त्वपूर्ण अध्याय है। उपासना परम्परा ने पूरे भारत में कितने ही चित्रकारों, मूर्तिकारों, कवियों, संगीतज्ञों और नर्तकों को प्रेरित किया है। इसका भी एक अलग इतिहास लिखा जा सकता है (उदाहरणस्वरूप कुछ चित्रों को इस प्रकाशन में रखा गया है)। रास की उपासना अन्तत: रस की उपासना है। रस को लेकर इस ग्रन्थ में अनेक मत-मतान्तरों का उल्लेख करते हुए भारत के आनन्दवादी दर्शन की अविच्छिन्न धारा की ओर संकेत किया गया है। जीवन का "उत्स" भी आनन्द है और "प्रयोजन" भी आनन्द ही है। आज के सन्दर्भ में जहाँ आनन्द को केवल स्थूल दृष्टि से देखा जाता है ऐसे में सम्यक् ज्ञान की अत्यन्त आवश्यकता है। प्रश्न उठता है क्या आनन्द सूक्ष्मातिसूक्ष्म अनुभूति है, आत्मानुभूति है या फिर केवल इन्द्रियानुभूति है? आशा है कि विचारक-जन "रसदेश" में उठाए गए इन प्रश्नों पर विचार करेंगे।

अद्वैतवादिनी कौल
विभागाध्यक्ष, कलाकोश
इन्दिरा गाँधी राष्ट्रीय कला केन्द्र
नई दिल्ली

प्राक्कथन

अथातो रस-जिज्ञासा

"रसदेश" कलाकोश-प्रभाग की कला-समालोचना कार्य-योजना के अन्तर्गत स्वीकृत परियोजना है, जिसके अनुसन्धान का केन्द्रबिन्दु है – केलिमाल और नित्यविहार : सौन्दर्य-माधुर्य और रस की उपासना। आत्मा का सौन्दर्यशास्त्र।

इस अनुसन्धान-परियोजना की एक पृष्ठभूमि है। इन्दिरा गाँधी राष्ट्रीय कला केन्द्र ने डॉ० कपिला वात्स्यायन के निर्देशन में "गीतगोविन्द" की परियोजना को लेकर पिच्चानवे घण्टे का मल्टीमीडिया-प्रोग्राम वीडियोऑन-तकनीक से कम्प्यूटर की स्क्रीन पर उतारा है, नृत्य-गीत-चित्र आदि ललित कलाओं का वह परिदृश्य, जो "गीतगोविन्द" की भावभूमि के साथ भारत के भिन्न-भिन्न जनपदों में शताब्दियों से विकसित हुआ है। भारतवर्ष के असंख्य कलाकारों ने युगल-विहार के चित्रों की रचना की, देश के कोने-कोने के मूर्तिकारों ने युगल विहार को प्रतिमाओं में उभारा और भारत के अगणित गायकों ने, वादकों ने और नर्तकों ने अपनी कला के द्वारा दिव्य-विहार के इस अलौकिक और अतीन्द्रिय सुख को धरती पर, जीवन में उतारा। इन्दिरा गाँधी राष्ट्रीय कला केन्द्र ने महान् कलाविद् आनन्द के० कुमारस्वामी द्वारा सम्पादित-अनूदित "विद्यापति-पदावली" को प्रकाशित किया है। श्रीरूपगोस्वामी के "भक्तिरसामृतसिन्धु" तथा "उज्ज्वलनीलमणि" का प्रकाशन किया है और इसी क्रम में केलिमाल के अध्ययन-अनुसन्धान की यह परियोजना है। वास्तव में ये सभी आयोजन भारत के कलादर्शन (Philosophy of Art) की मीमांसा के प्रयत्न हैं। यहाँ एक महत्त्वपूर्ण प्रश्न उभरता है – क्या कला का उद्गम-स्रोत मनुष्य की रागात्मक-चेतना है? क्या सनातन नर और सनातन नारी का दुर्निवार तथा नैसर्गिक आकर्षण? क्या नित्यविहार इसी रागात्मक-चेतना की उदात्त और दिव्य परिणति है?

स्वामी श्रीहरिदासजी (विक्रम सम्वत् १५३७-१६३२) भारतवर्ष के महान् संगीतज्ञ थे, उस समय के कवियों ने उन्हें "गान कला गन्धर्व" कहा था, उन्हें संगीत-सम्राट् तानसेन का गुरु माना जाता है। उस जमाने में रिकॉर्डिंग या नोटेशन-पद्धति तो थी नहीं, इसलिए उनका संगीत कैसा था और उसका क्या स्वरूप था, यह जानने-समझने का कोई भी आधार आज हमारे पास नहीं है। "टटिया-स्थान" के साधुओं की समाज-गायन-परम्परा के जो विरल अवशेष आज विद्यमान हैं, उसमें कितनी छाया स्वामी श्रीहरिदासजी की गायन-परम्परा की है, यह अनुमान ही किया जा सकता है। यहाँ भी कठिनाई यह है कि टटिया-स्थान की समाज-गायन-परम्परा की निरन्तरता स्वामी ललितकिशोरीदास (वि.सं. १७३३-१८२३) से तो प्रकट दिखाई देती है। इस बीच में लगभग सौ, सवा सौ वर्षों का अन्तराल है और उस समय की

विषम ऐतिहासिक परिस्थितियाँ हैं, जिनमें यह गायन-परम्परा अप्रकट रूप में है। इस परिस्थिति में स्वामी जी के संगीत-दर्शन (Philosophy of Music) को समझने की दृष्टि से "केलिमाल" के अध्ययन का महत्त्व और भी अधिक बढ़ जाता है। केलिमाल स्वामी श्रीहरिदास की ध्रुपद-रचनाओं का संकलन है और रसिक-उपासकों ने केलिमाल को "रस-उपनिषद्" के रूप में स्वीकार किया है।

"केलिमाल" संगीत के उस महान् साधक का चित्त है। यह स्वामीजी की रसोपासना की मनोभूमि है। स्वामीजी की कला-चेतना, सौन्दर्य-चेतना और रस-चेतना का वाङ्मय-रूप "केलिमाल" है। स्वामीजी के दिव्य संगीत का आविर्भाव उसी मनोभूमि में होता है। उनकी वही रस-चेतना उनका संगीत है और वही रस-चेतना उनकी भाव-समाधि भी है। स्वामीजी की भावना का सौन्दर्य, भावना का परिपाक और भावना की सिद्धि "केलिमाल" है।

"केलिमाल" और नित्य-विहार का प्रश्न सामने आया तो रस की जिज्ञासा कुलबुलाई और मन में राग-विराग, संगीत, नृत्य, रुचि के प्रकाश, केलि, योग, समाधि, प्रेम, सौन्दर्य, इच्छा, युगल तत्त्व, सहज तत्त्व और नारी-मानस से सम्बन्धित अनेक प्रश्न भी उठ खड़े हुए – अहङ्कार का स्वरूप क्या है? चित्त की विविध अवस्थाओं (जाग्रत्, स्वप्न, सुषुप्ति, तुरीय) की तरह क्या अहङ्कार की भी विविध (सात्त्विक, राजस, तामस) अवस्थाएं होती हैं? रस की अवस्था में अहङ्कार विगलित है या विस्मृत है, उदात्त है या विराट्-चेतना में समाहित है? क्या देहाभिमान को लाँघा जा सकता है? क्या देह-भाव का भावदेह में संक्रमण सम्भव है? जीवन में भाव-सत्ता की भूमिका क्या है? नित्य-विहार उपासना का अधिकार नारी-मानस में संक्रमण की साधना से क्यों जुड़ा है? नारी-मानस की ऐसी कौन-सी विशेषताएँ हैं, जो उसे नित्य-विहार-उपासना का अधिकार प्रदान करती हैं? पुरुष-रूप-प्रधान उपास्य-तत्त्व (कृष्ण), नारी रूप-प्रधान उपास्य-तत्त्व में (राधा) कैसे पर्यवसित हो गया? राग चित्त का बन्धन है अथवा मुक्ति का माध्यम है? क्या रस राग की ही परिणति है? क्या मन का राग ही स्वरलहरी के राग में रूपान्तरित होता है? संसारी-मन के राग और संसार से विरक्त-मन के राग में क्या भेद है? कला का भाव-सत्ता से क्या सम्बन्ध है? संगीत और नृत्य का उपासना से क्या सम्बन्ध है? भारत की कलाओं के इतिहास और उपासना के इतिहास के बीच कोई अन्तःसम्बन्ध है? यदि है तो उसका स्वरूप क्या है? क्या रस-दशा स्वप्न जैसी अवस्था है? उपास्य-रस और काव्य-रस में क्या भेद है? रस के परिपाक में रुचि की क्या भूमिका है? भारतीय-संस्कृति में जीवन के परम-पुरुषार्थ के रूप में निर्वाण, शून्यता, महासुख, भक्ति, मुक्ति, आनन्द, कैवल्य और रस की अवधारणाएँ विकसित हुई हैं, क्या इनके बीच कोई तारतम्य है? अज्ञात की व्याख्या में ज्ञात-बिम्बों की क्या भूमिका होती है? क्या केलि अथवा रति के बिम्ब तत्त्वदर्शन की भाषा का रूप ग्रहण कर सकते हैं? क्या काम-उपासना का मदनमोहन या बिहारी के रूप में अन्तर्भाव है? रास की अवधारणा का उद्‌गम स्रोत आगम-परम्परा है या लोक-परम्परा है? रसिक-उपासकों की नित्य-विहार की अवधारणा एकान्तिक या विच्छिन्न है या भारत की अविच्छिन्न उपासना-परम्पराओं की अन्तर्भुक्ति का परिणाम है? क्या भारत में सौन्दर्य-माधुर्य तथा केलि-उपासना की परम्पराएँ रही हैं, यदि हाँ, तो ललिता का वहाँ क्या स्थान है? "कामकला-विलास", "चिद्विलास" और नित्य-विहार की अवधारणा में क्या अन्तर है? रसिक-उपासकों के नित्य-विहार तथा सहजीय-वैष्णवों के नित्य-विहार की अवधारणा में कोई समानता अथवा सम्बन्ध है? ये प्रश्न हैं जो भारत के सांस्कृतिक-जीवन, उपासना और कला की निरन्तरता या जीवन की समग्रता के बीच सम्पूर्णता के सिद्धान्त की छाया में नित्य-विहार की अवधारणा की व्याख्या कर सकते हैं।

इन्दिरा गाँधी राष्ट्रीय कला केन्द्र के दृष्टिकोण-पत्र में कला के अध्ययन-अनुसन्धान की एक विशिष्ट दृष्टि और पद्धति (methodology) के प्रवर्तन और विकास का सङ्कल्प है। यहं पद्धति कला और संस्कृति को "जीवन की अविच्छिन्न-परम्परा और जीवन की समग्रता में देखने-समझने और उसकी व्याख्या-विवेचना के महत्त्व को रेखाङ्कित करती है।" इसमें लोक और शास्त्र का अन्तरावलम्बन है।

मैं इसे अपना सौभाग्य मानता हूँ कि सन् १९९३ से ही मुझे इस महान् संस्था से सम्बद्ध हो जाने का अवसर मिला, यह समय था, जब केन्द्र पर आचार्या कपिला वात्स्यायन की "अकादमिक छत्रछाया" थी और प्रत्येक परियोजना में उनकी प्रेरणा और मार्गदर्शन था, वे प्रत्येक रिसर्च-फैलो का दिशा-निर्देशन करतीं और पत्रों का विस्तृत उत्तर भी देतीं थीं। "धरती और बीज" अनुसन्धान परियोजना पर कार्य करते हुए मैंने सम्पूर्णता के उस सिद्धान्त को समझने की चेष्टा की, जो भारत की देशज-परम्परा में समाहित है।

प्रकृति के अनन्त-विस्तार में जीवन का प्रवाह कहीं से भी विच्छिन्न नहीं है। देश और काल में जीवन की प्रत्येक गति, प्रत्येक स्पन्दन उसी प्रकार से परस्पर जुड़ा है, जैसे जलाशय की एक लहर दूसरी लहर से जुड़ी हुई होती है। यहाँ मैंने इन्दिरा गाँधी राष्ट्रीय कला केन्द्र की उस अनुसन्धान-पद्धति की मूल-अवधारणा को समझने का प्रयास किया कि मनुष्य-जीवन ज्ञान के किसी एक अनुशासन और उसके सिद्धान्तों का मुखापेक्षी नहीं है, ज्ञान के समस्त अनुशासन मिलकर मनुष्य-जीवन और मनुष्य-मन की व्याख्या का प्रयास करते हैं, इसलिए यह पद्धति अन्तःअनुशासनिक (interdisciplinary) या बहुअनुशासनिक (multidisciplinary) है। यह पद्धति मनुष्य के मन और जीवन को निरन्तर-प्रक्रिया के रूप में देखती है।

"आज" का जन्म "कल" के गर्भ से हुआ है और "आज" के गर्भ से "आने वाले कल" का जन्म होने वाला है। "आज" से "कल" को विच्छिन्न नहीं किया जा सकता।

यह एक प्रवाह है – क्षण प्रहर में समाता है, प्रहर अहोरात्र में समाता है, अहोरात्र पक्ष में, पक्ष मास में, मास वर्ष में, वर्ष युग-युगान्तर में और युग-युगान्तर कल्प-कल्पान्तर में विलीन हो जाते हैं। युग-युगान्तर कहाँ चले जाते हैं? वे मनुष्य के स्मृतिलोक में, उसके अवचेतन में समा जाते हैं। जीवन के इस प्रवाह में अवधारणाओं का जन्म होता है, मिथकों का जन्म होता है। वे मिथक जातीय-मन (समष्टि-मानस) की रचना करते हैं, जातीय-जीवन को गति देते हैं और लोकजीवन के प्रवाह में, देश और काल में स्वयं अपना भी कायाकल्प करते हैं, बदलते हैं, शब्द और भाषा की तरह विकसित होते हैं।

इन्दिरा गाँधी राष्ट्रीय कला केन्द्र कला की पृष्ठभूमि में इन अवधारणाओं और मिथकों की निरन्तरता का अध्ययन करता है। जिस प्रकार कवि काव्य-रचना करता है, किन्तु भाषा और शब्द उसे जीवन की निरन्तरता में प्राप्त होते हैं, उसी प्रकार कलाकार रचना करता है, किन्तु रचना की आधारभूत-सामग्री अवधारणाओं, मिथकों और जीवन के बिम्बों से ग्रहण करता है। कला और मिथक का अन्योन्य सम्बन्ध है – कला मिथक को नवनवायमान करती है और मिथक कला को प्रेरित करता है, रूप देता है। दूसरे शब्दों में कहें तो भारत की कला को समझने का आशय है – भारत के मन को जानना। भारत की कला को जानें तो भारत के हृदय की पहचान हो जाती है। किन्तु क्या भारत के हृदय को पहचाने बिना भारत की कला को समझा जा सकता है? व्यष्टि कला-चेतना समष्टि-चेतना से विच्छिन्न नहीं होती, इसीलिए भारतीय सौन्दर्यशास्त्र और कला के अध्ययन की पृष्ठभूमि में भारत के सांस्कृतिक-जीवन की अविच्छिन्न-परम्परा या निरन्तरता स्वाभाविक रूप से विद्यमान है।

भगवत्कृपा से मुझे सुयोग मिला और स्वामी श्री हरिदास की संगीत-साधना और केलिमाल के अध्ययन-अनुसन्धान के कार्य से मैं सन् १९६६ से ही जुड़ गया, जब स्वामीश्रीहरिदास संगीत-समिति, मथुरा के सचिव श्री के० एस० जैन ने मुझे स्वामी हरिदास संगीत-समारोह-स्मारिका के सम्पादन का दायित्व सौंपा। इस संस्था के संस्थापक सन्त-संगीतज्ञ स्वामी डी० आर० पार्वतीकर थे। मथुरा में एक रसिक-उपासक थे – श्री गोपालचन्द्र शास्त्री बड़े चौबेजी। टटिया-स्थान से उनके घराने का ऐतिहासिक सम्बन्ध था और उनके यहाँ टटिया-स्थान की एक निधि भी विराजमान थी। उनके पास केलिमाल की दो हस्तलिखित प्रतियाँ थीं। छोटी प्रति संवत् १८९५ मिती "महा" वदी ५ की थी और बड़ी प्रति कुछ प्राचीन थी, आगे-पीछे के पत्र नहीं थे, किन्तु बड़े चौबेजी के कथनानुसार वह सम्वत् १८१० के लगभग की थी। यह नागरीदास जी की टीका वाला ग्रन्थ था। इसको आधार बनाकर मैंने केलिमाल का सम्पादन किया, जो सन् १९६८ में स्वामीश्रीहरिदास संगीत-समिति ने प्रकाशित किया। सन् १९६९ में सिद्धान्त के पदों का सम्पादन और टीका लिखी। इसके बाद केलिमाल की मीमांसा के प्रयास चलते रहे। मेरे इन प्रयासों से बाबा श्री जवाहरलाल चतुर्वेदी (सूरसागर-सम्पादक) प्रसन्न होते थे, स्वाभाविक ही था, क्योंकि कलम पकड़ना तो उन्हीं ने सिखाया था। बाद में मथुरा के वयोवृद्ध साहित्यकार श्री प्रभुदयाल मीतल, डॉ० चन्द्रभान रावत और डॉ० सरोजिनी कुलश्रेष्ठ ने मुझसे कई बार कहा कि "केलिमाल की हिन्दी-टीका अभी तक प्रकाशित नहीं हुई है, यह काम तुम कर सकते हो"।

मैं टटिया-स्थान के महन्त श्री स्वामी राधाचरणदास जी महाराज की सेवा में गया, उन्होंने सिद्धान्त के पदों की तो खूब चर्चा की, किन्तु रस के पदों के सम्बन्ध में वे मौन रहे। मेरे "अधिकारी" होने में शायद उन्हें संशय था। मेरी उम्र भी तब बीस-बाईस साल की थी। मैंने उनकी चरणरज माथे से लगाई और बाँकेबिहारी के दर्शन करने चला गया। बिहारीपुरा में डॉ० शरण बिहारी गोस्वामी जी से मिला तो उन्होंने मुझे सेठ हरगुलाल जी, बाबा विश्वेश्वरदास जी और डॉ० बुद्धिप्रकाश जी के पास जाने का निर्देश दिया। बिहारी जी के बगीचे में सेठ हरगुलाल जी की सेवा में गया, उन्होंने केलिमाल के पदों की चर्चा की, साथ ही "अधिकारी" बनने पर जोर दिया। उन दिनों बाबा विश्वेश्वरदास जी बिहारी जी के बगीचे में ही विराजते थे। यह समय था, जब श्री हरिदास रसोपासना-पीठ की स्थापना का प्रयत्न चल रहा था और बाबाजी ने तभी मुझे इस प्रयत्न से जोड़ लिया। श्री बुद्धिप्रकाश जी निकुञ्जरस में डूबे हुए सन्त थे। उन्होंने केलिमाल के अन्वय और अर्थ के नोट्स लिखे थे, उन्होंने वे दोनों प्रतिलिपियाँ मुझे अध्ययन के लिए दे दी। सन् १९७४ में स्वामी श्रीहरिदास संगीत-समिति, मथुरा ने मेरे द्वारा लिखित, सम्पादित केलिमाल की जो भावनिधि-टीका प्रकाशित की, निःसन्देह उसका आधार मुझे डॉ० बुद्धिप्रकाश की उन प्रतिलिपियों में प्राप्त हुआ था, इसके लिए मैं उनका कृतज्ञ और ऋणी हूँ। उल्लेखनीय है कि डॉ० गोपालदत्त शर्मा इससे बहुत पहले (वि० सं० २०१०) केलिमाल के २८ पदों के भावार्थ को लेकर एक निबन्ध लिख चुके थे, जो "पोद्दार अभिनन्दन ग्रन्थ" में प्रकाशित हुआ था, परन्तु राधा के लिए "गोपवधू" तथा "जात के हेटे की राँधी खीर" की बात निकुञ्जरस से दूर की थी। "भावनिधि-टीका" प्रकाशित तो हुई परन्तु बाबा विश्वेश्वरदास जी, गोविन्दशरण शास्त्री और डॉ० शरण बिहारी गोस्वामी को पूरी तरह से सन्तोष नहीं हुआ, श्री प्रभुदयाल मीतल ने उस पर "रसनिकुञ्ज" में लेख लिखा और उसको लेकर कुछ संशय भी प्रकट किया। यह पहला ही प्रयास था, इसके बाद प्रो० गोविन्द शर्मा ने केलिमाल के पचास पदों का सरल-भाषान्तर किया, जो मई १९९९ से सितम्बर १९९९ तक के "रसनिकुञ्ज" के अंकों में क्रमशः प्रकाशित

हुआ और पचास पदों के बाद फिर रुक गया। अलीगढ़ मुस्लिम यूनिवर्सिटी के प्रोफेसर एवं हिन्दी विभागाध्यक्ष डॉ० प्रेमस्वरूप गुप्त को "केलिमाल की टीका" पर यूजीसी का प्रोजेक्ट मिला। "हिन्दी वैष्णव-साहित्य में रस-परिकल्पना" पर उनका अनुसन्धान बड़ा गहरा और प्रामाणिक है, किन्तु उन्होंने केलिमाल की टीका का आधार "निरुक्त" को बनाया, "रसनिकुञ्ज" के (वर्ष ६, अंक ८, अगस्त १९८७ के बाद) चार अंकों में उनके द्वारा लिखित चार पदों की टीका छपी, किन्तु बाबा विश्वेश्वरदास तथा अन्य रसिक उपासकों ने इसे स्वीकार नहीं किया। टीका का यह काम तो रुक गया परन्तु "रस-मीमांसा" का आयोजन बढ़ता चला गया। बाबा विश्वेश्वरदास, श्री गोविन्दशरण शास्त्री और डॉ० शरण बिहारी गोस्वामी ने "स्वामी हरिदास-आविर्भाव-महोत्सव" की जो परम्परा प्रतिष्ठित की थी, उसमें श्रीपाद बाबा, डॉ० विजयेन्द्र स्नातक, डॉ० प्रेमस्वरूप गुप्त, डॉ० देवकीनन्दन श्रीवास्तव, डॉ० बुद्धिप्रकाश, बाबा हितदास जी, प्रो. गोविन्द शर्मा, डॉ० गोपालदत्त शर्मा, डॉ० राममूर्ति त्रिपाठी, डॉ० चन्द्रभान रावत, डॉ० विश्वनाथ शुक्ल, डॉ. कैलाशचन्द्र भाटिया, डॉ० हर्षनन्दिनी भाटिया, डॉ० नजीर मुहम्मद, श्री राधा मोहन दासगुप्त, डॉ. सूर्यकान्त गोस्वामी, बा० प्रभुदयाल मीतल, डॉ० बाबूलाल गोस्वामी, बाबा रामदेव, श्री ब्रजकिशोर गोस्वामी, डॉ० ललित बिहारी गोस्वामी, डॉ० वसन्त यामदग्नि, श्री बाबा अलबेली शरण जी तो नियमित रूप से प्रतिवर्ष जुड़ते ही थे, ऐसे भी अवसर आए, जब डॉ० नगेन्द्र, डॉ० विद्यानिवास मिश्र, डॉ० भगीरथ मिश्र, डॉ० निर्मला जैन, डॉ० जगदीश गुप्त, डॉ० लक्ष्मीनारायण दुबे, डॉ० कृष्णदत्त बाजपेयी जैसे प्रख्यात विद्वान् भी श्रीहरिदास-रसोपासना-पीठ में पधारे। इन संगोष्ठियों में "रसदेश" पर गम्भीर चर्चा होती थी। स्वामीजी की कृपा से मुझे इन संगोष्ठियों में लगभग प्रतिवर्ष सम्मिलित होने का अवसर मिलता रहा, संगोष्ठी के लिए हर साल शोधपत्र लिखता (इनमें से कुछ शोधपत्र परिशिष्ट में दिए गए हैं) और केलिमाल एवं अष्टाचार्य-वाणी का अध्ययन करता, विद्वानों से विमर्श करता। यह क्रम लगभग बीस-बाईस वर्ष तक भव्य कार्यक्रमों के साथ चलता रहा। जब तक श्री गोविन्दशरण शास्त्री धराधाम पर रहे, "रसनिकुञ्ज मासिक पत्रिका भी नियमित रूप से चलती रही। इतने व्यापक स्तर पर रस-उपासना और रस-मीमांसा के अध्ययन-अनुसन्धान, चर्चा-परिचर्चा का यह आयोजन वृन्दावन के इतिहास का एक महत्त्वपूर्ण अध्याय है। यहाँ श्रीपाद-बाबा की "ब्रज-अकादमी" को भी नहीं भूला जा सकता। श्रीपाद-बाबा की प्रेरणा से दिनांक १० मार्च १९८५ को सायं ६.३० बजे से स्वामी हरिदास जी के संगीत और साहित्य सम्बन्धी एक संगोष्ठी दिल्ली में तत्कालीन उपराष्ट्रपति श्री वेंकटरमन के आवास पर हुई, जिसमें श्री पी०वी० नरसिंह राव, डॉ० कर्ण सिंह, श्री के०सी०पन्त, कु० निर्मला देशपाण्डे, के०पी० सिंहदेव, पी०एन० गाडगिल, डागर बन्धु, आर०सी० त्रिपाठी के साथ ही देश के अनेक विचारक उपस्थित हुए थे।

यहाँ सेठ हरगुलाल जी का आदरपूर्वक स्मरण करना अनिवार्य है। सेठजी वृन्दावन रस में निमग्न थे और समर्पित थे। रस-उपासना से सम्बन्धित कितने ही ग्रन्थों का उन्होंने प्रकाशन किया – "उपासना-महल", "प्राण-पुष्पाञ्जलि", "सर्वोपरिनित्य-विहारिणी नामावली", "सर्वोपरिनित्य-विहारिणी रससागर" (वि०सं० २०२८) "अष्टाचार्यों की वाणी" (सन् १९६२), "श्रीस्वामीहरिदास यश-पीयूष" (सन् १९६९), "रसिक अनन्य अष्टाचार्य यशामृत" (सन् १९७७), आदि। एक जमाना था, जब "श्रीजी की बड़ी कुञ्ज" रसोपासना-साहित्य के प्रकाशन का केन्द्र थी। "श्रीसर्वेश्वर" के रसोपासना अंक को भूला नहीं जा सकता।

श्री अलबेली शरण जी (ठाकुर श्री गोरेलाल की कुञ्ज) ने श्रीललित प्रकाशन वृन्दावन के तत्त्वाधान में "रसोपासना-तिलक" का प्रकाशन किया, "श्रीकेलिमाल सौरभ", "रसिक अनन्य-साहित्यसौरभ" भी प्रकाशित किया। वे सभी ग्रन्थ उन्होंने मुझे प्रदान किए। टटिया-स्थान से अनेक ग्रन्थ निकले। श्रीजी-

मन्दिर गया, तो वहाँ श्री गोवर्द्धन शरण जी ने मुझे श्री हरिव्यासदेवाचार्य की "श्रीमहावाणी" भेंट की। वृन्दावन शोध संस्थान में पुस्तकों के अनुसन्धान के लिए उपयोगी वर्गीकरण तो नहीं है, अनुसन्धान के लिए उपयुक्त माहौल भी नहीं है, फिर भी संग्रह बहुत अच्छा है। "रसभाव-विमर्श", "निकुञ्ज-उपासना रहस्य", "राधिकोपनिषद्", "रस-सिद्धान्त के अनालोकित पक्ष", "चिद्विलास", "श्रीहरिदास तत्त्व जिज्ञासा", "व्यासवाणी", "गोपालतापिनी", "चण्डीदास-पदावली", "रासलीला रहस्य", "राधातत्त्व", "हरिवंशी-सम्प्रदाय में ललिता", "नृत्याध्याय", "निकुञ्जकेलि-माधुरी", "युगल रस", "युगल रस-सिद्धान्त", "सङ्केतमान", "उत्कण्ठामाधुरी", "शृङ्गाररस-भावना विश्लेषण", "वृन्दावन-रस तत्त्वसमीक्षा" जैसे कुछ ग्रन्थों का अवलोकन वहाँ के "सिस्टम" के अनुसार पुस्तकालय-कक्ष में बैठकर ही कर सका, जो श्रीहरिमोहन मालवीय जी के प्रभाव के कारण सम्भव हो सका। बाबा रतनदास जी ने रसोपासना-पीठ का समस्त साहित्य मुझे उपलब्ध कराया। केलिमाल की हस्तलिखित प्राचीन ब्रजभाषा टीकाएँ भी उपलब्ध कराई। डॉ० बाबूलाल गोस्वामी ने अपनी पुस्तक "ललित सम्प्रदायः सिद्धान्त और साहित्य" भेजने की कृपा की। श्री ललिताचरण गोस्वामी और श्री किशोरीशरण अलि का स्मरण करना आवश्यक है। गोस्वामीजी ने "हित चौरासी" की जो टीका लिखी है, बड़ी प्रामाणिक और महत्त्वपूर्ण है। श्री किशोरीशरण अलि जी ने "श्रीराधा-सुधानिधि" की टीका लिखी, "रसभक्ति-धारा" ग्रन्थ लिखा और रस भारती संस्थान की स्थापना की, जिसमें वाणी-ग्रन्थों का मूल्यवान् सग्रंह है, डॉ० जयेश खण्डेलवाल समर्पित-भाव से इसकी देख-रेख कर रहे हैं। जयेश जी ने मुझे "रसभक्ति-धारा" ग्रन्थ भी भेंट किया। महात्मा हितदास जी "हितवाणी-सुधा" पत्रिका का प्रकाशन करते थे।

ये सारे उल्लेख मैं इसलिए कर रहा हूँ कि "रसदेश" के सम्बन्ध में मेरी जो समझ बनी, उसकी पृष्ठभूमि में इन सभी उपासकों और विद्वानों का कुछ-न-कुछ योगदान है। केलिमाल के पदों की अर्थ-छवियों के सम्बन्ध में मेरा भी अनुभव कुछ ऐसा है कि आज सन्ध्या एक पद का अर्थ लिखा था, कल सवेरे ही मन में कोई नया अर्थ भासने लगा। एक अर्थ टाइप हो गया, जब प्रूफ आया तो फिर बदलाव करना पड़ा। क्या हम उस भावदेश में पहुँच पा रहे हैं, जिस भावदेश में स्वामी जी थे? जितने रसिक-हृदय हैं, क्या उन सबके हृदय में वही भाव प्रकाशित हो रहा है, जो स्वामीजी के हृदय में था? ये प्रश्न बड़े जटिल हैं। तब एम०ए० में पढ़ रहा था, "हार्वर्ड क्लासिक" में "हॉब्स" को पढ़ा, वह कहता था कि भाषा कभी भी भाव और विचार को शत-प्रतिशत तद्वत प्रकाशित नहीं कर सकती। उस समय बात समझ में नहीं आई। अब बात कुछ खुलने लगी है। स्वामी जी उस भाव के "देश" स्वयं ही हैं, स्वामी जी उस भाव के "काल" स्वयं में हैं और स्वामी जी उस भाव के "पात्र" स्वयं हैं। क्या ऐसा देश-काल-पात्र कोई दूसरा हो सकता है? इसलिए जो टीका लिखी है, वह देश-काल-पात्र के अनुरूप भाव को प्रकाशित करने का एक आधार बनेगी। रसदेश-टीका एक विनम्र प्रयास है। इसके बाद दूसरे अध्येता आएंगे, तीसरे अध्येता आएंगे, केलिमाल के नए अर्थ फिर खुलेंगे, फिर खुलेंगे – "ज्यों-ज्यों देखों तेरौ मुख त्यों-त्यों नयौ-नयौ लागत, ऐसौ भ्रम होत मैं कबहू देख्यौ न री।"

इन्दिरा गाँधी राष्ट्रीय कला केन्द्र के कलाकोश की रसदेश अनुसन्धान-परियोजना पर नवम्बर २००८ से कार्य चल रहा है, इस कार्य का जो परिवेश है, उसके केन्द्र में हैं – डॉ० अद्वैतवादिनी कौल। जनपदसम्पदा में पाँच दिनों की संगोष्ठी का आयोजन था – "अकीदत के रंग : हिन्द तहजीब के संग", प्रो० मौली जी ने कलन्दर बूअलीशाह पर बोलने के लिए बुलाया था, इसी बीच एक दिन डॉ०

अद्वैतवादिनी कौल से नित्य-विहार की अवधारणा पर चर्चा हुई। डॉ० कौल के मन में बात घूमती रही, वे कलाकोश की वरिष्ठ-अधिकारी हैं, किन्तु उपासक-परिवार की हैं, भारत की उपासना-परम्पराओं का इतिहास उनके मन-मस्तिष्क में है। उपासना और कला का सम्बन्ध कितना गहरा है, उसे कला-अध्येता भली-भाँति जानते हैं। डॉ० कौल दूसरे दिन जनपद-सम्पदा के सेमिनार में आई और मुझसे ''रसदेश : अनुसन्धान-परियोजना'' की रूपरेखा बनाने को कहा। उन्होंने कहा कि कुछ निश्चित तो नहीं है, पर मैं इस विषय पर कपिला जी से तथा आई०जी०एन०सी०ए० के अन्य बड़े अधिकारियों से बात करूँगी। अन्ततः परियोजना मंजूर हुई। इस बीच उनके साथ निरन्तर विमर्श चलता रहा। अनेक प्रकार के विघ्नों के बावजूद उन्होंने अध्ययन-अनुसन्धान का ऐसा परिवेश और ऐसी मनोभूमि बनाई, जिसमें कोई भी रिसर्चर स्वतन्त्र और मौलिक चिन्तन कर सकता है। उनको किन शब्दों में धन्यवाद करूँ? क्योंकि कार्य उन्हीं का तो है, प्रस्तावना उन्हीं की थी।

मैं डॉ० जी०सी० त्रिपाठी के प्रति भी कृतज्ञ हूँ, वे उस समय कलाकोश के आचार्य एवं अध्यक्ष थे और इस परियोजना को स्वीकृत कराने में उनका योगदान था, इतना ही नहीं, वे मुझे नवद्वीप वाली राष्ट्रीय-संगोष्ठी में भी अपने साथ ले गए थे। काम-उपासना की परम्परा के अनेक सूत्रों की ओर उन्होंने मेरा ध्यान आकर्षित किया।

डॉ० कपिला वात्स्यायन की सेवा में मैं अपने अध्ययन की रिपोर्ट बराबर भेजता रहा जिसे अपनी व्यस्तता के बीच उन्होंने पढ़ा भी और मुझे एक पत्र भी लिखा –

> आज के मानसिक वातावरण में ऐसे गम्भीर विषय का प्रतिपादन कठिन है। आधुनिक सभ्यता ने आज जो दिशा ली है, उसमें शरीर और आत्मा का सम्बन्ध विच्छिन्न हो गया है। इस सभ्यता का आग्रह सेक्स पर है, केलि पर नहीं।

डॉ० कपिला जी के शब्दों में जो पीड़ा है वह भारतीय-संस्कृति की पीड़ा है। हम आज अपने ही घर में किराएदार बन गए हैं। बाज़ारवादी-सभ्यता ने ''भारत'' और ''इण्डिया'' के बीच एक गहरी रेखा खींच दी है। दिन-रात असंख्य चैनल चल रहे हैं और हमारे घर में घुसकर हर-क्षण हमें समझा रहे हैं कि 'देह' मनुष्य जीवन का अन्तिम सत्य है तथा ''देह-सुख'' बाज़ार का सौदा है, उत्पाद है, उसे खरीद लेना ही जीवन का परम-पुरुषार्थ है। इस सभ्यता के लिए धनवान-मनुष्य कन्ज़्यूमर है, निर्धन मनुष्य ''माल'' है और सारी प्राकृतिक-सम्पदाएँ ''कच्चा माल'' हैं। ऐसे परिवेश में भारतीय लोकजीवन की उन अतीन्द्रिय अवधारणाओं की पहचान कठिन तो है ही। मनुष्य और मनुष्यता की ही पहचान कौन कर रहा है? करे भी क्यों? ''सत्ता'' से पहचान करने में फायदा है। कहने को लोकतन्त्रवादी सब हैं, किन्तु लोकजीवन में सच्चे अर्थों में उतरकर लोकजीवन की आशाओं, प्रेरणाओं, आस्थाओं, अवधारणाओं, मिथकों और विश्वासों को पहचानने की जरूरत किसे है? लोकजीवन के अध्ययन से किसके घर में खिचड़ी पकती है? कितने विश्वविद्यालयों में लोकवार्ताविज्ञान के स्वतन्त्र विभाग हैं? कितने विश्वविद्यालयों में संस्कृति को स्वतन्त्र अनुशासन का दर्जा मिला है? साहित्य को लोकजीवन के सन्दर्भों में जोड़कर समझना हमने सीखा ही कहाँ है? मैं एम०ए० कर रहा था और मेरे प्रोफेसर मुझे पढ़ा रहे थे – जयदेव शृङ्गारी कवि हैं, विद्यापति शृङ्गारी कवि हैं, जबकि मैं वृन्दावन में देखता था कि मृदङ्ग बज रही है, करताल और मञ्जीरे गूँज रहे हैं तथा असम-उड़ीसा-बंगाल के सौ-सौ टोल जयदेव की पदावली पर संकीर्तन-नृत्य कर रहे हैं, आनन्द में झूम

रहे हैं, जीवनी-शक्ति पा रहे हैं, जीवन को धन्य बना रहे हैं। बाद में लोकवार्ता के कार्य में लगा तो देखा कि राधाकृष्ण की युगलकेलि और रास के कोटि-कोटि गीत हैं। भारत के विभिन्न अञ्चलों और प्रदेशों में भिन्न-भिन्न बोलियों और भिन्न-भिन्न रागों में गूँजने वाले असंख्य केलिगीत हैं, अखण्ड पुण्यों के मधुर और सरस फल जैसे। श्रीमद्भागवत की रासपञ्चाध्यायी में केलि गीतों का उल्लेख है – निशम्य गीतं तदनङ्गवर्द्धनम्। गोपीगीत, युगलगीत और वेणुगीत केलिगीत ही तो हैं। केलि गीतों की यही अनादि-परम्परा है, जो जयदेव और विद्यापति तक पहुँचती है, लेकिन लोक और शास्त्र के अन्तरावलम्बन पर आधारित समीक्षा-दृष्टि के अभाव के कारण हमारे मन में यह सवाल आता ही नहीं कि जयदेव और विद्यापति के गीत लोकगीत बने हैं या कि राधाकृष्ण-केलि के लोक-प्रचलित गीत "विद्यापति-पदावली" और "गीत-गोविन्द" बने हैं?

वास्तव में साहित्य का सबसे बड़ा समीक्षक तो समय है और साहित्य का सबसे बड़ा गन्तव्य लोकजीवन है। लोकजीवन को दूर छोड़कर साहित्य और संस्कृति की कोई भी व्याख्या अधूरी और एकांगी है। संस्कृति का विकास लोकजीवन में होता है, वर्ण और वर्ग वहाँ तिरोहित हो जाते हैं। संस्कृति का अध्ययन अन्ततः मनुष्य की महिमा का अध्ययन है।

वृन्दावन के रसिक-उपासक केलिमाल को गुह्यनिधि की तरह छिपाकर रखते थे कि कहीं अनधिकारियों के हाथों में न चली जाए। गीतगोविन्द का प्रसार बहुत व्यापक है, जबकि केलिमाल वृन्दावन की सीमाओं में है। ध्यान रहे कि वृन्दावन के उपासकों के बीच यह वेद के तुल्य पूज्य है – "वेद रसिकन की बानी"। इसमें सन्देह नहीं कि केलिमाल भारतीय-संस्कृति के इतिहास का, भारत के संगीत और भारत की उपासना के इतिहास का एक महत्त्वपूर्ण अध्याय है। जैसे-जैसे कृष्णचेतना-आन्दोलन (इस्कॉन) संसार में फैल रहा है, वैसे-वैसे विश्व के अध्येताओं का ध्यान वृन्दावन और वृन्दावन-रस की ओर आकर्षित हुआ है। अमेरिका के रिचर्ड डी हाइन्स तथा कैम्ब्रिज की कु० लूसी ने स्वामी श्रीहरिदास पर और रूस की सजानोवा ने सूर की राधा पर अनुसन्धान किया है। यह क्रम उत्तरोत्तर बढ़ रहा है। वास्तव में केलिमाल भारत के सौन्दर्यशास्त्र और सौन्दर्यानुभूति की एक निरन्तरता है। नित्य-विहार की अवधारणा के विधायक-सूत्र पूरे भारतवर्ष की जीवन-परम्परा में, सांस्कृतिक-धाराओं में किसी-न-किसी रूप में बिखरे हुए हैं। संस्कृति क्या है? मनुष्य नाम की ज्योति का प्रकाश। मनुष्य चलता है, संस्कृति चलती है, मनुष्य से मनुष्य मिलता है, संस्कृतियाँ मिल जाती हैं, एक अवधारणा दूसरी अवधारणा में समा जाती है। नित्य-विहार की अवधारणा व्यापक सांस्कृतिक-प्रक्रिया का विकास या सांस्कृतिक-मन्थन का नवनीत है, अमृत तत्त्व है। यह मनुष्य की रागात्मक-चेतना का परिपाक है, यह राग की सिद्धि है, यह रस की महिमा है, जो कहीं बाहर नहीं, मनुष्य के अन्तर्मन में है।

महर्षि अरविन्द ने अतिमानसिक चेतना या अधिमानस की परिकल्पना दी थी, जिसके माध्यम से मनुष्य में "दिव्य चेतना" या "अलौकिक" का अवतार होता है। सभी लोग स्वामी हरिदास नहीं हो सकते, सभी लोग चैतन्य महाप्रभु नहीं हो सकते, सभी लोग ईसामसीह और बुद्ध नहीं हो सकते, जबकि शरीर और इन्द्रियाँ सभी की एक जैसी हैं। गंगा की तरह भक्ति-भाव सार्वजनीन है, किन्तु रस-उपासना सिंहनी का दूध है, जिसे स्वर्ण-पात्र में ही रखा जा सकता है या सिंह-शावक ही उसे पचा सकता है। रसिक-उपासकों ने "काम" को जीतकर, उसे रस के रूप में सिद्ध किया था। परब्रह्म शास्त्र में ही प्रतिष्ठित हुआ, जबकि बिहारी जी लोक के हृदय में विराजमान हो गए। यह रसिक-उपासक की अतिमानसिक-चेतना का लोकमानस में संक्रमण है। अन्ततः लोकातीत होकर भी रसिक-उपासक लोक के थे, लोक की धरती पर

थे। लोक की आस्था के केन्द्र थे। राधा-कृष्ण के विहार-सम्बन्धी चित्रों को देखकर लोकमानस कामकुण्ठा से ग्रस्त नहीं होता, पवित्र-आनन्द से आह्लादित होता है और अपने को धन्य बनाने के लिए रस-धाम वृन्दावन की यात्रा करता है। कोटि-कोटि जन शताब्दियों से निरन्तर वृन्दावन आ रहे हैं और स्वामी हरिदास के ठाकुर बाँकेबिहारी के दर्शन कर रहे हैं, क्यों? उन रसिक-सन्तों ने सांसारिक अहंकार को गला दिया था, वे देहभाव से भावदेह में पहुँच गए थे। वीतराग होकर राग की उपासना कर रहे थे। वे अकिञ्चन थे, बादशाह का आदेश उन पर नहीं चलता था, उनका संगीत सुनना था, तो बादशाह को ही आना पड़ा, वह भी "जलघड़िया" बनकर। इस अतिमानसिक-चेतना को अस्वीकार करना, मनुष्य की महिमा को अस्वीकृत करने जैसा है। मनुष्य में "सुर" भी हैं, असुर भी हैं और सुरासुर का सदा चलते रहने वाला द्वन्द्व भी है। मनुष्य में सत् भी है, रज भी है और तम भी है। उसमें रति की प्रवृत्ति है। वासना का विष है परन्तु विष को अमृत बनाने की क्षमता भी मनुष्य में ही है। वही जल है, जो नीम में कड़वा बन जाता है, मिर्च में तीखा बन जाता है और आम में मीठा बन जाता है। वही आग है, जो भयंकर-अग्निकाण्ड बन जाती है, वही आग चिता बन जाती है, वही आग भोजन पकाती है और वही आग यज्ञ में आहुति ग्रहण करती है और वही आग वैश्वानर है। काम-वासना के घृणित और वीभत्स रूप हम प्रतिदिन देखते हैं, कपिला जी ठीक कहती हैं कि ऐसी मनोभूमि में "काम" के इतने उदात्ततम और दिव्य-रूप की विराट् परिकल्पना कैसे समा सकती है? किन्तु इन उपासकों ने "काम" को रसायन बनाया था, यह निर्भ्रान्त तथ्य है।

"लीला" और "विहार" की अवधारणा बड़ी जटिल है, वास्तव में यह जटिलता मनुष्य मन की जटिलता है। मनुष्य का चित्त लोक में रहता है लेकिन अलौकिक की ओर देखता है। धरती पर सोता है, आसमान को देखता है। आसमान अमूर्त है, आसमान अनन्त है, आसमान सूक्ष्म है, असीम है। यह ससीम से असीम की ओर चलने वाली "चित्त की गति" है। इन्द्रिय से अतीन्द्रिय, अनित्य से नित्य, काल से कालातीत, साकार से निराकार, स्थूल से सूक्ष्म, क्षुद्र से विराट् और अपूर्ण से पूर्ण तथा मृत्यु से अमृत की ओर चलने वाली चित्त की यह गति तत्त्वबोध या दर्शन को जन्म देती है। दर्शन (देखे हुए) को भावन करके हृदय में पा लेना चित्त की दूसरी गति है। चित्त की तीसरी गति है, जब कलाकार भाव का मूर्तन करता है, उसे स्वर या शब्द का रूप देता है, रेखा और रंगों में उतारता है। यह कला है, अभिव्यक्ति है, सृजन है। कला के द्वारा "विराट्" लघु प्रतीक में समा जाता है, निराकार आकार ग्रहण कर लेता है और अलभ्य का लाभ होता है। भारतवर्ष के आनन्दवादी-दर्शन की अविच्छिन्न परम्परा को गहराई से समझने की आवश्यकता है। यह रसवादी-दर्शन मानता है कि सृष्टि का परम सत्य रस है और जीवन मूलतः आनन्द ही है, लेकिन यह आनन्द अतीन्द्रिय है। वहाँ शिव का तीसरा नेत्र काम को भस्म करके उसे अशरीरी बना देता है, वहाँ रासलीला में कृष्ण काम को मोहित करके मदनमोहन बन जाते हैं – कोटि काम दगे।

आज हमारे जीवन में भाव-सत्ता का क्षरण हो रहा है, जबकि मनुष्यता के सभी सम्बन्ध भावसत्ता के बल पर जीवित हैं। ईश्वर की सत्ता भावसत्ता है, यह भावसत्ता समुद्र से भी गहरी और आसमान से भी ऊँची है – अहो निमग्नस्तव भावसिन्धौ पश्यामि नान्तं न च मध्यमादिम्। इस भावसिन्धु में मेरी गति कहाँ है? नहीं है।

डॉ० अद्वैतवादिनी कौल ने जब मुझसे रसदेश-परियोजना पर कार्य करने को कहा था, तभी मैंने स्पष्ट कर दिया था कि "वृन्दावन का रस" वीतरागियों की अनुभूति का विषय है और मैं संसार के प्रवाह में हूँ। अध्ययन-अनुसन्धान मेरे जीवन की दिशा अवश्य है, किन्तु वह "रस" विश्लेषण का विषय ही नहीं है। मैं इसके साथ कितना न्याय कर सकूँगा, यह मैं स्वयं ही नहीं जानता। यह अनन्य-रसिकों का बाँका पथ है, स्वयं स्वामी जी की वाणी है –

प्रेम समुद्र रूप रस गहरे कैसें लागै घाट।
बेकारों दै जान कहाबत जानपने की कहा परी बाट।
काहू कौ सर सूधौ न परत मारत गाल गली गली हाट।

यहाँ घाट लगने की कामना भी कहाँ है? घाट न लगने में ही धन्यता है। यदि रसिक-उपासक और अध्येता इस प्रयास को मेरा दुःसाहस कहेंगे तो भी मैं नतमस्तक होकर स्वीकार करूँगा। फिर भी रसदेश के अध्ययन की यह एक पृष्ठभूमि तो बनी ही है, अब आगे के अध्येता आएंगे, अपना निर्णय वे स्वयं करेंगे, तथा यह कार्य आगे बढ़ेगा, और आगे बढ़ेगा, और आगे बढ़ेगा।

राजेन्द्र रंजन चतुर्वेदी

अक्षयतृतीया सन् २०१२
१८२८, हाउसिंग बोर्ड कॉलोनी
सेक्टर १३-१७, हुडा
पानीपत-१३२१०३ (हरियाणा)
e-mail : <chaturvedi.rajendra@rediffmail.com>

अनुक्रमणिका

केलिमाल

राग कान्हरौ[1]

(१)

सहज जोरी प्राकट्य

माई री, सहज जोरी प्रकट भई, जु रंग की गौर-स्याम घन-दामिनी जैसें।
प्रथम हू हुती, अब हू, आगें हू रहि है न टरि है तैसें ॥
अंग अंग की उजराई सुघराई चतुराई सुंदरता ऐसें।
श्रीहरिदास के स्वामी स्यामा कुंजबिहारी सम बैस वैसें ॥

श्रीहरिदासी सखी अपनी अनुगत सखी को सम्बोधित करते हुए कह रही हैं कि जैसे कभी आसमान में अकस्मात् बादल घुमड़ आते हैं और बिजली चमकने लगती है, उसी प्रकार उस क्षण एकाएक नित्य-विहारिणी श्यामा और नित्यबिहारी की सहज जोड़ी प्रकट हो गई। इनमें श्यामसुन्दर तो मेघ की भाँति साँवले हैं और राधाजू बिजली की भाँति गोरी हैं। यह जोड़ी पहले भी ऐसे ही थी, अब भी ऐसे ही है और आगे भी इसी प्रकार रहेगी। अन्य जोड़ियों की भाँति तिरोहित नहीं होगी। इनके अंग-प्रत्यंग की उज्ज्वलता, सुडौलता, सुन्दरता और कुशलता ऐसी है, जिसके उपमान ये स्वयं ही हैं — "इनसे ये ही आहिं"। श्यामा-श्याम कुञ्जबिहारी नित्य-किशोर अवस्था में ही प्रकट हुए हैं और सदाकाल इस एक ही अवस्था में रहते हैं।

अलंकार : उपमा : घन दामिनी जैसें।

शब्दार्थ — माई — सखी! ब्रज काव्य में माइ तथा माई दोनों शब्दों का प्रयोग है। अन्य जनपदों में माई शब्द माँ के अर्थ में प्रचलित है। ब्रज काव्य में माँ के अर्थ में माइ शब्द का प्रयोग हुआ है। जैसे सूरसागर में —

जननि सों दोहनी मांगति बेग दै री माइ।
तनक दै री माइ माखन तनक दै री माइ। (पृ० ३१६)
जसुमत माइ कहा सुत सिखयौ। (५२६)

सूरसागर में भी सखी के अर्थ में माई शब्द का प्रयोग है— आज बधाई नंद के माई (पृ० २७०) माई मेरिहि दीठ न लागै (२९२), देखि माई हरिजू की लोटनि (३२५), माई हों तकि लागि रही (३५५), मेरौ माई कौन कौ दधि चौरै (३६७), महरि तें बड़ी कृपन है माई (३६८), देखौ माई या बालक की बात (३७२), देखौ माई कान्ह हिलकयनि रोबै (३७५), तेरौ भलौ हियौ है माई (३८१), देखौ माई सुंदरता कौ सागर (४८३) **सहज —** नैसर्गिक। **तैसें —** अन्य जोड़ी एक निश्चित समय के लिए बनती है और बिछुड जाती है। **उजराई —** उज्ज्वलता। **सुघराई —** सुगठन, सुघड़ता, सुडौलता। **सम बैस —** नित्य-किशोर अवस्था। **वैसें —** नित्य-विहार में काल का प्रभाव नहीं है। वैसे तो वे ही है।

१. केलिमाल का संकलन-सम्पादन रागों के अनुसार किया गया है। राग कान्हरौ में ३० पद हैं। राग केदारौ में २२ पद। कल्याण में १२ पद। सारंग में ११ पद। विभास में १० पद। बिलाबल में २ पद । मलार में २ पद। गौड़ में २ पद। वसंत राग में ५ पद। नट में २ पद।। इसके सम्बन्ध में एक कवित्त है —

नृपति अनन्य स्वामी हरिदास जू के पद रस अमल बीज बकुला न जास में।
प्रथम राग कान्हरे में तीस सुखदाई सब बाईस केदारे मांझ सरस रस रास में।
बारह कल्याण ग्यारह सारंग में सुर बँधान, दस हैं विभास द्वै बिलाबल प्रकास में ।
आठ है मल्हार, द्वै गौड़, पांच है बसंत, गौरी छह नट द्वै हैं जुगल बिलास में ।
(कृष्णभक्ति काव्य में सखीभाव, पृ० ४४५)

रागों का यह निबन्धन स्वामी जी के द्वारा किया गया है या परवर्ती साधकों के द्वारा, इसके सम्बन्ध में कोई प्रमाण उपलब्ध नहीं है।

(२)

रुचि क्रीडा कौ पद : सखी कौ वचन सखी सों

रुचि के प्रकास परसपर खेलन लागे।
राग रागिनी अलौकिक उपजत निर्त[1] संगीत अलग लाग लागे॥
राग ही में रंग रह्यौ रंग के समुद्र में ए दोऊ झागे।
श्रीहरिदास के स्वामी स्यामा कुंजबिहारी पै रंग रह्यौ,रस ही में पागे॥

श्री हरिदासी-सखी अपनी अनुगत-सखी को बता रही हैं कि जैसे समुद्र में तरंगें उठती हैं और परस्पर खेलती हैं। तरंग इच्छा का ही रूप है, इच्छा ही तरंग है। इस तरंग-रूप इच्छा के प्रकाश श्यामा-श्याम अपनी अभिलाषा और रुचि के अनुसार ही परस्पर खेलने लगे। अद्‌भुत राग-रागिनियों का उदय हुआ तथा नृत्य-संगीत की अद्‌भुत लगन लग गई। राग में आनन्द है और आनन्द का महासमुद्र मथने पर जो सारतत्त्व प्रकट हुआ, ये दोनों (श्यामा-श्याम) वही हैं। कुञ्जबिहारी श्यामा-श्याम आनन्द में रंगे हैं और प्रेमरस में पगे हुए हैं। नित्य-विहार उनकी रुचि का प्रकाश है।

पाठान्तर १. नृत्य

शब्दार्थ — रुचि — अभिलाषा। चित्त का सहज-स्वाभाविक रुझान या प्रवाह। सहज राग या स्वभावसिद्ध आकर्षण, व्यक्ति-वैचित्र्य। स्वामी जी ने रुचि की विचित्रता को कारक तत्त्व माना है। केलि क्रीडा ही क्यों? रुचि के कारण। किसी की रुचि किसी दूसरी दिशा में है, अन्य किसी की रुचि और कहीं — रुचीनां वैचित्र्याद् ऋजु कुटिल नाना पथ जुषाम्। अपनी-अपनी रुचि है। रुचि स्वतन्त्रता है। क्रीडा स्वतन्त्रता में ही सम्भव है। इसी का भाव इच्छा है। स्वामी जी के मत को भगवत रसिक ने इच्छाद्वैत कहा है। रुचि ही रुचिर को प्रकट करती है, जो रुचिर है, वही सुन्दर है। **अलग लाग लागे** — अद्‌भुत लगन लगी है। **रंग** — आनन्द । **झागे** — झाग, दधि मन्थन का झाग मक्खन है, इसी प्रकार आनन्द-उदधि के झाग या नवनीत रूप श्यामा-श्याम हैं। **पागे** — पगे हुए, लिप्त, सराबोर।

रूप अवलोकन कौ पद : हरिदासीजू के बचन सखी प्रति

ऐसें ही देखत रहौं जनम सुफल करि मानौं।
प्यारे की भाँवती, भाँवती जू के प्यारे[1] जुगल किसोरहि जानौं ॥
छिन न टरौं पल होउँ न इत-उत, रहों एक ही तानौं[2]।
श्रीहरिदास के स्वामी स्यामा कुंजबिहारी मन-रानौं।

श्री हरिदासीजी अपनी अनुगत सखी से कहती हैं कि समाधि प्राप्त कर लेना ही जीवन की चरितार्थता है। भाव-समाधि में मग्न होकर निरन्तर श्यामा-श्याम के रस-रूप का अवलोकन करती रहूँ। लाड़ली-लाल का परस्पर हँसना, खेलना, बोलना, मिलना देखती रहूँ। जीवन का चरम लाभ यही है। लाल की मनोवाञ्छाओं को पूर्ण करने वाली प्यारीजी तथा श्री लाड़ली के प्राणधन - इन दोनों के जुगल रूप के अतिरिक्त किसी अन्य को न मैं जानती हूँ और न ही जानने की इच्छा है। एक क्षण के लिए भी मैं श्री जुगल रूप से विलग न होऊँ, एक निमेष के लिए भी श्री जुगल के लाड़ लड़ाने के अतिरिक्त कोई भावना न आए और निरन्तर इसी एक ध्यान में निमग्न रहूँ। श्री स्वामी जी कहते हैं कि ये ही जुगल हमारे इष्ट हैं तथा हमारे मन का इसी प्रकार पोषण करते हैं, ये ही हमारे मन के राजा हैं।

पाठान्तर — १. प्रानप्यारे। २. रहों एक तानों।

शब्दार्थ — भाँवती — मन को भाने वाली, लाड़ली, मनोरमा, राधा। **जुगलकिसोर —** श्यामा-श्याम, किशोर युगल। **तानौं —** सूत्र — सन्तों ने धागा शब्द का प्रयोग किया है — संतो, धागा टूटा गगन बिनसि गया सबद जु कहां समाई। ध्यान की एकग्रता समाधि। उन्मनी अवस्था। **मन रानौं —** मन का राजा।

(४)

रूप रस पान कौ पद : सखी बचन सखी सों।

जोरी बिचित्र बनाई री माई, काहू मन के हरन कों।
चितबत दीठ[1] टरत नहिं इत उत, मन बच क्रम याही संग भरन कों।
ज्यों घन-दामिनी संग रहत नित, बिछुरत नाँहिन और बरन कों।
श्रीहरिदास के स्वामी स्यामा कुंजबिहारी न टरन कों॥

ललिता-सखी रूप श्रीहरिदासी अपनी अनुगत-सखी से कह रही हैं — हे सखी! साधारण मन तो साधारण सौन्दर्य से अभिभूत हो जाता है, परन्तु इस युगल का सौन्दर्य-माधुर्य तो असाधारण है, अद्‌भुत है, विचित्र है। ऐसे युगल-स्वरूप का कोई दूसरा उदाहरण नहीं है। यह विचित्र है। यह जोरी किसके मन को हरने के लिए बनाई गई है? वह मन अवश्य ही असाधारण ही होगा। कैसा अनूठा सौन्दर्य है कि यदि एक बार दृष्टि चली गई, तो चली गई, फिर वह दृष्टि तनिक भी इधर-उधर हो ही नहीं सकती। वह सौन्दर्य देखा नहीं, तभी तक दृष्टि इधर-उधर जाती है। जब वह सौन्दर्य देख लिया, तो फिर मन, वाणी और कर्म उस सौन्दर्य-माधुर्य में रम जाते हैं। उस दिव्य-आस्वाद के बाद न मन कहीं जा सकता है, न वाणी कुछ दूसरा कह सकती है और न क्रिया कुछ दूसरा कर सकती है। मन-वाणी और कर्म की चरितार्थता और प्रयोजन यहाँ युगल ही तो है। जैसे घन और दामिनी का संग नित्य है। मेघ है तो बिजली भी होगी। एक ही रंग है, एक ही रस है, दोनों अविनाभूत हैं, एक के बिना दूसरा नहीं रह सकता। एक पल की भी बिछुड़न नहीं है। स्वामी श्रीहरिदासजी कहते हैं कि श्यामा-कुञ्जबिहारी की यह जोड़ी अटल है, शाश्वत है।

अलंकारः उदाहरण अलंकार।

बिहारिन देवजू का पद है —

जोरी अद्‌भुत आजु बनी।
वारौं कोटि काम नख छबि पर उज्जल नीलमनी।
उपमा देत सकुचि निरउपमित घन दामिनि लजनी।
करत हास-परिहास प्रेम जुत सरस विलास सनी।
कहा कहौं लावण्य रूप गुन सोभा सहज घनी।
श्रीबिहारिनदासि दुलरावति श्रीहरिदास कृपा वरनी।

(रससागर, पृ० ५०९)

पाठान्तर—१. दृष्टि।
शब्दार्थ — मन बच क्रम — मन, वाणी और कर्म। **टरन —** टलना।

(५)

प्रीति मंगल कौ पद : दूल्हे के वचन दुलहिन प्रति

इत उत काहे कों सिधारत, आँखिन आगें ही तू आउ।
प्रीत कौ हित[1] हौं तौ तेरौ जानौं, ऐसौई राख सुभाउ॥
अमृत से बचन जिय की प्रकृति सों मिलै ऐसौई दै दाउ।
श्रीहरिदास के स्वामी स्याम कहत, री प्यारी ! प्रीत कौ मंगल गाउ॥

श्रीहरिदासी-सखी ने निभृत-निकुञ्ज में श्यामा-श्याम की बतरावन (प्रेमालाप) सुनी। श्यामसुन्दर आतुर होकर कह रहे थे — "प्रियाजू !आप मेरे नेत्रों से तनिक भी इधर-उधर न होवें, मेरी आँखों के आगे ही बनी रहें, ताकि मैं तुम्हें प्रतिपल-प्रतिछिन निहारता रहूँ। हम-तुम दोनों प्रेम-रूप हैं, हमारे मन-प्राणों में प्रीति ही तो बसी है। प्रीति के प्रति तुम कितनी संवेदनशील हो, यह तो मैं तभी जान सकूँगा, जब तुम ऐसा ही प्रेममय स्वभाव बनाए रखोगी ! हमारे जिय की प्रकृति प्रेम ही तो है और इस प्रेम की कसौटी पर तुम्हारी अमृतवाणी खरी उतरती रहे। ऐसा ही दाव दीजिए, ऐसी ही चेष्टा करिए और ऐसा ही अवसर दीजिए। आओ, हम तुम दोनों मिलकर उस प्रीति का ही बधावा गाएं। प्रेम ही हमारा जीवन है। प्रेम से ही हमारे तन-मन-प्राण पुलकित-हुलसित होते हैं। प्रेम ही साधक है, साधन और साधना भी प्रेम है, साध्य भी प्रेम है और सिद्धि भी प्रेम है।"

पाठान्तर — १. हितु
शब्दार्थ — सिधारत — जाना। **प्रीत कौ हित** — प्रेम की सिद्धि। **दाउ** — दाव, खेल की चेष्टा। **प्रीत कौ मंगल** — प्रेम का यश, महिमा, बधावा।

(६)

अपनेपन कौ पद : लालजू के वाक्य प्रिया जू तें

प्यारी जू, जैसें तेरी आँखिन में हौं अपनपौ[1] देखत हौं, ऐसें तुम देखत हौ किधौं नाँहीं।
हौं तोसों कहों प्यारे! आँख मूँद रहौं तौ लाल, निकस कहाँ जाँहीं॥
मोकों निकसबे कों ठौर बतावौ, साँची कहौं बलि जाहुँ[2] लागों पाँहीं।
श्रीहरिदास के स्वामी स्यामा कुंजबिहारी तुम्हें ही[3] देख्यौ चाहत और सुख लागत काँहीं।

श्रीलालजू कहने लगे — हे प्राणधन-सर्वस्व प्यारीजू ! मैं आपके नयनों में अपने आप को देख रहा हूँ, अपनेपन (आत्मभाव) को देख रहा हूँ। अच्छा, एक बात बताओ, क्या मेरे नेत्रों में आपको भी इसी प्रकार अपनापन दिखाई देता है? प्रियाजू बोलीं — लाड़ले, मेरे नेत्रों में तुम बसे हो। "अब पलक झांपि तोय लैंहुँ।" लीजिए मैं पलक मूँदती हूँ, तुम्हें अपने नेत्रों की कोठरी में बन्द किए लेती हूँ। अब बताओ — लाल, कैसे निकलोगे और निकलकर कहाँ जाओगे? प्रियाजू ने आँख मूँद लीं तो बिहारीजू आकुल हो गए — प्यारी, सच-सच बताना, क्या जगत् में मेरे लिए कोई दूसरी भी ठौर है, मेरी गति है कहाँ? मैं तुम्हारी बलिहारी जाता हूँ, मैं तुम्हारे पैरों लगता हूँ। मैं सत्य कहता हूँ कि मेरी एकमात्र यही लालसा है कि मैं निर्निमेष आपको निहारता रहूँ, संसार के समस्त सुख उस सुख की छाया की भी छाया हैं। पूर्ण सुख का एकमात्र स्वरूप यही है कि आपको देखता रहूँ।

पाठान्तर — १. अपनिपौ। २. जाऊँ। ३. तुमहि, तुम ही।
शब्दार्थ — अपनपौ — आत्मीय भाव। **किधौं** — अथवा। **मूँद** — बन्द करना। **पाँहीं** — पैर। **काँहीं** — कहाँ।

(७)

नैन आसक्ति कौ पद : लालजू कौ वचन प्यारीजू तें

प्यारी, तेरौ बदन अमृत की पंक, तामें बींधे नैन द्वै।
चित चल्यौ काढ़न कों, बिकुच[1]-संधि-संपुट में रह्यौ भ्वै॥
बहुत उपाइ आहि री प्यारी, पै न करत स्वै।
श्रीहरिदास के स्वामी स्यामा कुंज बिहारी[2] ऐसें ही रहौ ह्वै॥

श्रीलालजू बोले — " जल के सरोवर में मिट्टी की कीचड़ होती है, जिसमें कमल की शोभा का जन्म होता है। दूध का सरोवर होगा, तो उसमें नवनीत की कीचड़ होगी। परन्तु यहाँ तो पूर्ण अनुराग-रस का सरोवर है, जिसमें सम्पूर्ण आनन्द रस सार-अमृत की कीचड़ है, दलदल है।"

प्यारी बोलीं — "तो अमृत की वह कीचड़ कहाँ है?" प्यारे ने कहा — " आपका श्रीमुख वही तो है — अमृत की पंक। अमृत की दलदल। मेरे दोनों नेत्र उधर गए, सो इस अमृत की दलदल में फँसे पड़े हैं। क्या करूँ? दलदल में फँसे ये नेत्र कैसे निकलें? "

प्रियाजू ने कहा — "कोई उपाय करो !"

हाँ, यही तो बात है! मेरे चित्त ने उपाय किया। वह नेत्रों को उस अमृत-पंक में से निकालने के लिए गया भी था परन्तु वह अमृत-पंक तक पहुँच नहीं पाया। रास्ते में आपके उत्तुंग उरोज थे, वह चित्त उन दोनों कुचों के बीच सन्धि-सम्पुट में उसी प्रकार फँस गया, जैसे भौंरा कमल-सम्पुट में बन्द हो जाता है।

"अब क्या हो! उपाय तो बहुत से हो सकते हैं ! हरिदासी सखी से पूछ लो!"

"प्यारीजू! अब उपाय हों, तो वे रहें। मेरे मन-प्राणों को कोई उपाय अब सुहाता ही नहीं। मेरे नेत्र अमृत की दलदल में फँस गए और चित्त आपके पयोधरों के सन्धि-सम्पुट में फँस गया, नेत्र गए सो नेत्र बिंध गए, फिर चित्त गया सो भी फँस गया, अब यदि कुछ और उपाय करूँ तो उसका भी यही नतीजा होगा, इसलिए तो अब यही ठीक है।"

हरिदासीजू ने कहा — "बिहारीजू ! मैं भी यही चाहती हूँ कि आप ऐसे ही रहें। आपके नेत्र अमृत के दलदल में फँसे रहें और चित्त प्यारीजू के कुच-सन्धि-सम्पुट में रहे। सम्पूर्ण आनन्द रस-सार-सरोवर की पंक! उससे बड़ा गन्तव्य कहाँ है! उससे बड़ी मंजिल कौन-सी है? यहाँ आ गए तो अब जाना ही कहाँ है?"

पाठान्तर — १. विकच। २. कुंजबिहारी कहत।

शब्दार्थ — बींधे — विद्ध होना, बिंधना। **काढ़न** — निकालना। **स्वै** — वही, सो ही। **बिकुच-संधि-संपुट** — दोनों उरोजों की सन्धि। **भ्वै** — विभोर, विह्वल मुग्ध। **आहि** — है।

(८)

नूपुरकौ भाव : लालजू कौ बचन प्यारीजू तें

आवत जात बजावत नूपुर।
मेरौ तेरौ न्याउ दई के आगें जो कछ करौ सो हमारे सिर ऊपर॥
प्यारी जू! निपट निकट मबास है, रही पैंड दूपर।
श्रीहरिदास के स्वामी स्यामा कुंजबिहारी बिलसत निहचल धूपर॥

किशोरीजू का नूपुर बजता है तो प्रियतम समझते हैं कि प्रियाजू आ रही हैं। किशोरीजू का नूपुर पुनः बजता है, तो प्राणप्यारे सम्भ्रम में समझते हैं कि प्यारीजू जा रही हैं। प्रियाजू का नूपुर बजना उनके आने या जाने का संकेत है। यद्यपि लाड़लीजू निकुञ्ज में ही हैं, पर लाड़ में आकर बार-बार नूपुर बजाती हैं, बिहारीजू चौंक जाते हैं। प्यारी कहाँ जा रही हैं, क्यों जा रही हैं, अभी तो मिलना हुआ है, अभी से जा रही हैं? प्यारी को चुहल सूझ रही है। वे बार-बार नूपुर बजाती हैं और प्रियतम विरह की आशंका (सम्भ्रम) से अधीर हो जाते हैं।

"आवत जात बजावत नूपुर" का एक और गूढ़ भाव है। नूपुर-ध्वनि कामोद्दीपक है। प्यारीजू आते-जाते बार-बार नूपुर बजाती हैं, प्रियतम को रस के लिए प्रेरित करती हैं और जब प्रियतम रस के आवेश में प्रियाजू के पास पहुँचते हैं, उन्हें पकड़ने की कोशिश करते हैं,प्यारीजू फुदककर दूसरी और निकल जाती हैं, वे चुहल करते हुए फिर नुपुर बजा देती हैं और इधर-से-उधर छिटक जाती हैं और प्रियतम अधीर हो जाते हैं। जब बार-बार प्यारीजू नूपुर बजाकर प्रियतम को खिझाने लगीं, तब लालजू बोले — "देखो, यह न्याय-संगत बात नहीं है, अब हम अपना न्याय विधाता पर छोड़ते हैं। वे जो करें, वह हमारे सिर-माथे। निकुञ्ज-महल का विधाता है - प्रेम। इस प्रेम-देवता के समक्ष हमारा-तुम्हारा वाद प्रस्तुत होगा।"

हरिदासी सखी कुछ समय तक तो प्यारीजू के नूपुर बजाने के खेल का आनन्द लेती रही, परन्तु बाद में प्रियाजू से कहा — प्रियतम को खिझाने का खेल बन्द करो, नूपुर बजाने से वे विरह की आशंका से आकुल-व्याकुल हो जाते हैं। हे प्यारीजू, दो कदम चलकर के ही मवास (निकुञ्ज रस-महल) है, प्यारे का सम्भ्रम मिटाओ और वहीं अटल सेज पर (ध्रुव-पद पर) लाल के साथ विलास करो। तब श्यामा-श्याम नित्य-विहार के रस में निमग्न हो गए। इस पद की भावभूमि पर श्रीललित किशोरीदेवजू ने रस की साखी लिखी है — नूपुर सबद-सुनाय कें प्रीतम किये चैतन्य।

शब्दार्थ — मबास — दुर्ग, निकुञ्ज महल। **दू** — दो। **धू** — ध्रुव। **दई** — दैव, विधाता। **पैंड** — कदम। **निहचल** — अविचल।

(९)

पंछी बिहारी कौ पद : सखी वचन सखी प्रति

दीठ चैंप[1] बर फंदा मन-पिंजरा राख्यौ लै पंछी बिहारी।
चुगौ[2] सुभाउ प्रेंमजल अंग स्त्रवत पीवत न अघात रहे मुख निहारी॥
प्यारी-प्यारी रटत रहत छिन ही छिन, याकें और न कछू हिया री।
सुन हरिदास पंछी-नाना रंग देखत ही देखत प्यारीजू न हारी॥

श्यामा-श्याम की परस्पर प्रीति के मर्म को स्पष्ट करते हुए हरिदासी सखी अपनी अनुगत सखी को बता रही है कि नित्य-विहार में श्यामाजू के प्रति श्यामसुन्दर की प्रीति कैसी है और श्यामसुन्दर-कुञ्जबिहारी के प्रति लाड़लीजू की प्रीति कैसी है? वे कहती हैं कि श्यामाजू ने बिहारीलाल को अपने मन-रूपी पिंजरे में पाल लिया है। बिहारीजू श्यामाजू के मनपिंजरे के लीलाशुक हैं। जैसे तोता हर घड़ी रटता रहता है, वैसे ही बिहारीजू भी हर घड़ी "प्यारी-प्यारी" रटते रहते हैं। पंछी की रंगबिरंगी कुदकन-फुदकन, कौतुक, उसके सुकोमल विभिन्न पंखों, अंगों और मुद्राओं को देखते-देखते जैसे पक्षी-पालक निहाल होता रहता है, वैसे ही प्यारीजू हर घड़ी बिहारीजू की मुद्राओं को, अंग-भंगिमाओं को निहारती रहती हैं, निहारते-निहारते मन नहीं भरता। यही स्थिति लीलाशुक बिहारी की है, वह राधारानी के प्रेम स्वभाव रूपी दाने को चुगता है और उनके अंगप्रत्यंग से स्त्रवित होने वाले प्रेमामृत-बिन्दु का पान करता है, एकटक मुख निहारता है और निहारता रहता है, अघाता नहीं है। सौन्दर्य-माधुर्य का प्रतिपल-प्रतिछिन पान करता है, लेकिन जितना पीता है, उतनी ही प्यास बढ़ जाती है। उसके हृदय में एकमात्र प्यारीजू का नित्यनिवास है। प्यारीजू भी रसपान कराते-कराते तृप्त नहीं होतीं, उनके हृदय में लाल के प्रति लाड़ की अनन्त भाव-तरंग छलकती रहती है। लाड़ हिलोरें लेता है। अब हरिदासीजू बताती हैं कि लीलाशुक को प्यारीजू ने पकड़ा कैसे? चिड़ियों को फँसाने वाले (चिड़ीमार) बाँस की फच्चटों से बने अड्डे पर एक (फेवीकोल जैसा) चिपकने वाला पदार्थ (चेंप) लगा देते हैं। पक्षी जैसे ही फच्चट पर बैठता है, उसके पंख उस पदार्थ से चिपक जाते हैं और वह उड़ नहीं पाता। चिड़ियों को फँसाने का एक जाल फन्दावरि कहलाता है और चिपकने वाला पदार्थ चेंप कहलाता है। सूरदास ने भी अपने एक पद में चेंप और फन्दवार का उल्लेख किया है — "मुरली मधुर चेंप कांपा करि-मोर चंद्र फंदवारि"। स्वामिनीजू ने लीलाशुक को अपनी दृष्टि, अपनी चितवन-रूपी चेंप में चिपका लिया और अपने प्रेम-वरदान-रूपी फन्दावरि में फँसा लिया। श्री सरसदासी का भी एक पद है — "श्री बिहारी प्यारी कौ खिलौना"। (रससागर, पृ० ६१४)

पाठान्तर — १. दृष्टि चेप। २. चुनों।
शब्दार्थ — चुगौ — पक्षियों को चुगाने का दाना। **स्त्रवत** — चूना, चपकना, बहना। **अघात** — तृप्त होना। **हिया** — हृदय।

(१०)

मानरस कौ पद : लालजू कौ बचन प्यारीजू तें

भूलें भूलें हू मान न कर री प्यारी, तेरी भौंहें मैली देखत प्रान न रहत तन।
जिय[1] न्यौछाबर करौं प्यारी तो पै, काहे तें तू मूकी कहत स्याम-घन॥
तोहि ऐसें देखत मोहि अब[2] कल कैसें जु होइ प्रानधन।
सुनि हरिदास काहे न कहत यासौं छाँड़ छाँड़[3] अपनौं पन॥

एक समय लाड़लीजी निकुञ्ज-महल में सहज-भाव से मौन होकर बैठी थी। प्रियतम ने सोचा कि आज प्रियाजू रूठ गई हैं। वे अधीर हो गए और कहने लगे कि — ‘‘हे प्यारीजू, आपको इस प्रकार उदास देखता हूँ, तो व्याकुल हो जाता हूँ। आप भूल की भूल में भी मान मत करना। आपकी भौंहों पर तनिक सी भी मलिनता देखता हूँ, तो मेरे शरीर में प्राण नहीं रह पाते। हे प्यारीजू! मैं आप पर प्राण न्यौछावर करता हूँ, आप मुझे बताइए कि आपके मौन का कारण क्या है? आप में उपेक्षा-भाव क्यों आया?, हे प्राणधन, आप मेरी ओर से सोचिए, आपको इस प्रकार से गुमसुम देखूँगा, तो मुझे कल (शान्ति) कैसे होगी?’’ फिर प्रियतम हरिदासी सखी से कहने लगे — ‘‘सखी, आप प्यारीजू से क्यों नही कहती कि ये मान करने का अपना स्वभाव छोड़ दें?’’

पाठान्तर — १. ज्यौ। २. मोहिब। ३. छाँड़ि ब छाँडि।
शब्दार्थ — मूकी — मौन। **ज्यौ, जिय —** प्राण। **कल —** शान्ति। **अपनौं पन —** स्वभाव, अपना प्रण।

(११)

सखी हरिदासी जू के वाक्य अनुगत सखी सों : मर्म की बात कौ पद

बात तौ कहत कहि गई अब कठिन परी बिहारी।
प्रान तौ नाँहिनैं तन अस्त बिस्त भयौ,[1] कहै कहा प्यारी।
भाँवते की प्रकृति देखें[2] जो[3] स्रम भयौ बहुत हिया री।
श्रीहरिदास के स्वामी स्यामा बाहु सौं बाहु मिलाइ रहे मुख निहारी॥

प्रिया-प्रियतम के बीच कनबतियाँ चल रही थी। प्रियतम की आतुरता देखकर प्यारीजू बार-बार हँस रही हैं। बातों ही बातों में रूखा सा जवाब दे दिया — मैं नहीं बोलती। उस रूखे उत्तर से प्राण-प्यारे आकुल-व्याकुल हो गए। बिहारीजू की यह दशा देखी, तो हरिदासीजू संकेतों में ही प्यारीजू से कह रही हैं — "बात तो आपने कह दी, परन्तु वह बात प्रियतम के लिए बहुत कठोर हो गई। प्रियतम कितने सुकुमार हैं! उनकी दशा कैसी हो गई है, सुध-बुध भूल गए हैं। प्रतीत होता है मूर्छा आ गई है, शरीर अस्त-व्यस्त हो गया है।"

अब प्रियाजू के मन में पश्चात्ताप होने लगा। मनभावते के स्वभाव को देखकर प्रियाजू को श्रम हो रहा है।

हरिदासीजू की प्राणाराध्या स्वामिनीजू ने श्रीलाल को भुजाओं में भर लिया। दोनों आलिंगनबद्ध होकर एक-दूसरे का मुख निहारने लगे।

बात की गहराई को श्री ललित किशोरीदेवजू ने इस पद में व्यक्त किया है —

बात की बात बिहारियै जानें।
ज्यों ज्यों होत रुखाई त्यों त्यों अति ही हित मानें।
छिन छिन प्रति आराधनि करि करि अद्भुत रस ही में मानें।
श्री ललित किशोरी रसिक सिरोमनि परम प्रवीन रीझ उर आनें।

अर्थात् प्रियाजू की बात के रहस्य को तो बिहारी ही जानते हैं, जैसे-जैसे प्रियाजू की बातों में रूखापन आता है, वैसे-वैसे लालजू के मन में प्यार का सागर उमड़ता है और वे प्यारी की आराधना करते हैं और अद्भुत रस में निमग्न हो जाते हैं और किशोरीजू रीझकर प्यारे को अपने कण्ठ से लगा लेती हैं।

पाठान्तर — १. भये। २. देखत। ३. जु।
शब्दार्थ — **बात** — रूठने की बात। **प्रकृति** — स्वभाव। **अस्त बिस्त** — अस्त-व्यस्त, अव्यवस्थित। **भाँवते** — प्रियतम

(१२)

सखी-वचन कुंजबिहारीजू तें : नृत्य और गीत कौ पद

कुंजबिहारी, हौं तेरी बलैयाँ लैउँ, नीकें हो गाबत।
राग रागनीन के जूथ उपजाबत॥
तैसीऐ तैसी मिली जोरी, प्रिया जू कौ मुख देखत चंद लजाबत।
श्रीहरिदास के स्वामी स्यामा कौ निरत देखत काहि न भाबत॥

निकुञ्ज में गीत और नृत्य की जुगलबन्दी चल रही है। श्यामसुन्दर गा रहे हैं और श्यामा नृत्य कर रही हैं। सखी श्यामसुन्दर से कहती हैं — "हे कुञ्जबिहारी, मैं आपकी बलिहारी जाती हूँ, आप पर न्यौछावर होती हूँ, आप इतना मधुर और सुरीला गाते हैं। आपके गीत-संगीत से राग-रागिनियों के समूह मानो साक्षात् प्रकट हो जाते हैं। जैसे को तैसी जोड़ी (राधा और ललिता सखी) भी मिली है। श्यामाजू संगीत-नृत्य-कला में अति निपुण हैं। श्रीप्रियाजू के मुख के सौन्दर्य का अवलोकन करता है, तो चन्द्रमा भी लज्जित हो जाता है।" श्रीहरिदासीजू का कथन है कि प्यारीजू के मनोहर नृत्य को देख पाने का सौभाग्य अद्‌भुत है। उनका नृत्य तो त्रिलोकी का सम्मोहन करने वाला है। किसको नही भाता?

पाठान्तर — किसी-किसी प्रति में प्रथम पंक्ति का पाठ इस प्रकार लिखा है — कुंजबिहारी-हों तेरी बलैयां लेंउ...
अर्थात् कुञ्जबिहारी प्रियाजू से कह रहे हैं कि मैं बलिहारी जाता हूँ, आप इतना सुन्दर-मधुर गाती हैं, आपकी जोड़ी भी खूब बनी है। यहाँ जोड़ी से अभिप्राय राधा और ललिता की जोड़ी से है। चौथी पंक्ति सखी हरिदासी का कथन है।

शब्दार्थ — नीके — भली प्रकार से। **बलैयां** — बलिहार होना, न्यौछावर होना। **जूथ** — समूह। **निरत** — नृत्य।

(१३)

परस्परश्रृंगार कौ पद : सखी बचन सखी प्रति

एक समैं एकांत बन में करत सिंगार परस्पर दोई।
वे इनके ए विनके प्रतिबिंबन देखत रहत परस्पर भोई।
जैसे नीके आज बने, ऐसे कबहू न बने आरसी सब झूँठी परी कैसी और[1] कोई।
श्रीहरिदास के स्वामी स्यामा कुंजबिहारी रीझ परस्पर प्रीत नोई॥

ललिता सखी कहती हैं कि एक बार श्री वृन्दावन के एकान्त-कुञ्ज में बिहारी-बिहारिन एक-दूसरे का शृंगार करने लगे और एक-दूसरे के उज्ज्वल तन में ही अपना-अपना प्रतिबिम्ब निहारकर निहाल हो गए। प्रियतम ने प्रियतमा का चन्द्रहार उतार दिया और बोले — इन अलंकारों ने तुम्हारे अंग-प्रत्यंग के सौन्दर्य को ढक लिया है। तुमको शृंगार की आवश्यकता ही क्या है? रूप का शृंगार रूप ही तो है। जहाँ नैसर्गिक शोभा हो, वहाँ कृत्रिम शृंगार की क्या आवश्यकता? तुम रूप का भण्डार हो। तुम्हारे सौन्दर्य की एक किरण-छाया से विश्व में सौन्दर्य प्रतिभासित हो रहा है, तुम्हें इन विजातीय तत्त्वों को धारण करने की क्या आवश्यकता? बिहारिन देवजू ने कहा —

रहन न देत वसन भूषन तन, सहज सजे अंग-अंग सिंगार।

परस्पर शृंगार क्या है? श्यामा-श्याम एक-दूसरे के वस्त्राभूषणों को उतारकर दूर फेंक रहे हैं। अंग-प्रत्यंग की कान्ति दर्पण जैसी निखर आई है। प्रियाजू लाल के अंग-प्रत्यंग की कान्ति में अपने को देख रही हैं और लालजू प्रियाजू के अंग-प्रत्यंग की कान्ति में अपना प्रतिबिम्ब निहार रहे हैं। जैसी शोभा आज बनी है, ऐसी शोभा तो कभी भी नहीं बनी थी। इस शोभा के प्रतिबिम्ब को निहारने के लिए सामान्य दर्पण व्यर्थ है, झूठे हैं। प्रिया-प्रियतम परस्पर एक-दूसरे के नेत्रों में अपने को देख रहे हैं। इस सच्चे अपनेपन को दिखा सके, ऐसा सच्चा दर्पण कौन-सा होगा? एक का हृदय दूसरे के हृदय में भी प्रतिबिम्बित होता है। सामान्य दर्पण तो "दर्प" कराता है। प्रेम में दर्प की गुंजायश कहाँ है? इसलिए आरसी सब झूठी सिद्ध हो गईं। एक-दूसरे के अंग-प्रत्यंग में अपने को देख रहे हैं। रीझ रहे हैं — रीझ परस्पर प्रीत नोई। परस्पर आकर्षण से प्रीति प्रति-पल नवीन हो रही है।

पाठान्तर — १. यैब।

शब्दार्थ — दोई — दोनों। **मोई** — मुग्ध होकर। **आरसी** — दर्पण। **नोई** — नवीन।

(१४)

पंछी राग कौ पद : सखी बचन प्यारी राधे जू ते

राधे! चल री हरि बोलत, कोकिला अलापत सुर देत पंछी राग बन्यों।
जहाँ मोर काछ बाँधें निरत[1] करत मेघ मृदंग[2] बजाबत बँधान गन्यों॥
प्रकृति की कोऊ नाँही यातें सुरति के उनमान गहि हौं आई मैं जन्यों।
श्रीहरिदास के स्वामी स्यामा कुंजबिहारी की अटपटी बान औरै कहत कछ औरै भन्यों॥

"श्री वृन्दावन" रस का ही एक रूप है,"रस" का ही एक विस्तार है। यहाँ के लता, वृक्ष, यहाँ की कुञ्जें, यहाँ के पक्षी आनन्द में डूबे हुए हैं। उसी आनन्द के अतिरेक में कलरव करते हैं। प्रतीत होता है कि यहाँ संगीत-नृत्य की अद्‌भुत महफिल जमी है। कोयल पञ्चम स्वर में अलाप रही है और अन्य अनेक पक्षी स्वर दे रहे हैं। बादल गरज रहे हैं, सो प्रतीत होता है कि वे मृदंग बजा रहे हैं और मोर कछनी काछ करके (नृत्य की वेशभूषा धारण करके) नाच रहे हैं। स्वर-ताल का सामंजस्य बना है।

"संगीत" "रस" का साकार या प्रत्यक्ष रूप है और इस परिवेश में श्रीलालजू के तन-मन-प्राण विमुग्ध हैं। वे आतुर हो रहे हैं कि प्यारीजू आएं और मुझे उनके लाड़ लड़ाने का सौभाग्य मिले।

श्रीललिताजू ने जाकर प्रियाजू से कहा — "अरी सखी, चल, तुझे हरि बुला रहे हैं। आज वृन्दावन में आनन्द की वर्षा हो रही है परन्तु तुम्हारे बिना रस की समग्रता नहीं है। कुञ्जबिहारी की प्रकृति तो आप हैं, उनका स्वभाव तो आप हैं। मैं जानती हूँ कि आपका विकल्प नहीं है, आप निर्द्वैता-द्वैतवर्जिता हैं। प्रकृति की कोऊ नाहीं। ऐसी कोई है ही नहीं। आपके और लाड़ले के मन में सुरति का जो परस्पर-पूरक भाव है, उसी का अनुमान करके मैं आपको बुलाने आई हूँ।"

"कुञ्जबिहारी इस समय आनन्द-मत्त हैं, उनकी अटपटी बान है, अद्‌भुत स्वभाव है। वे कुछ कहना चाहते हैं, लेकिन आनन्द के मद में बोलते हुए 'कुछ का कुछ' कह जाते हैं। इस समय तुम्हारा चलना आवश्यक है, तभी 'रस' की पूर्णता होगी।"

पाठान्तर — १. नृत्य। २. पखावज।
शब्दार्थ — पंछी — पक्षी। **बँधान** — ताल का सम, परिपाटी,सामञ्जस्य। **गन्यों** — गणना करना। **सुरति** — विहार। **उनमान** — अनुमान। **भन्यों** —कहना।

(१५)

आँख मिचौनी कौ पद : सखी कौ बचन प्यारीजू तें

तेरौ मग जोबत लाल बिहारी।
तेरी समाधि अजहूँ नहिं छूटत, चाहत नाँहिन[1] नैंक निहारी॥
औचक आइ द्वै कर सों मूँदे नैंन अरबराइ उठी चिहारी।
श्रीहरिदास के स्वामी स्यामा ढूँडत बन में पाई प्रिया दिहारी॥

ललिता सखी वृन्दावन की कुञ्ज-कुञ्ज में लाड़ भरी श्यामाजू को ढूँढ रही हैं, किन्तु लड़ैती तो निज-निकुञ्ज के पास ही मौन होकर बैठी हैं। मानरस की गहरी समाधि में हैं। आँखें मूँदे हुए हैं। प्रेम सहेली कहने लगी — "प्यारीजू कुञ्जबिहारी तुम्हारी प्रतीक्षा कर रहे हैं और तुम हो कि यहाँ समाधि लगाकर बैठी हो। तुम्हारी समाधि अभी भी नहीं टूटी। तनिक देखो तो सही, तुम तो तनिक भी देखना नहीं चाहती?"

सखी प्रियाजू से बात कर ही रही थी कि प्रियतम ने अचानक ही आकर प्यारीजू के नेत्र अपने कर-कमलों से मूँद लिए तो प्रेमासक्त होकर प्रियाजू आनन्द में भरकर चहक उठीं। श्रीहरिदासी कहती है कि बिहारीजी तो श्यामाजू को वन में खोज रहे थे, प्रियाजू तो द्वार-देहरी पर ही मिल गईं।

पाठान्तर — १. नांहिनै

शब्दार्थ — चिहारी — चहकना। **मगजोवत** — राह देखना, प्रतीक्षा करना। **निहारी** — देखना। **औचक** — अचानक। **अरबराइ** — उतावली में, हड़बड़ाहट में। **दिहारी** — देहली।

(१६)

मान रस कौ पदः सखी के वाक्य प्यारीजू तें

मान, अब[1] चल री, एक संग रहौ[2] कीजै।
तौ कीजै जो बिन देखें जीजै॥
ए स्याम-घन तुम दामिनी, प्रेम पुंज बरसा-रस पीजै।
श्रीहरिदास के स्वामी स्यामा कुंजबिहारी सों हिलमिल रँग लीजै॥

प्रेमरस के चाव में प्रियाजू मान करती हैं और प्रेमरस के चाव में ही लाड़ले प्रियाजू को भाँति-भाँति से रिझाते हैं, मनाते हैं, कभी ललिता सखी मनावन के लिए आती हैं। ललिता सखी ने "लाड़-बावरी" को अकेले में बैठे देखा तो कहने लगीं — "लाड़ली, तुमको मैं कितनी बार समझा चुकी हूँ कि तुम प्रियतम की प्राणाधार हो, तुम सदा एकसंग ही रहा करो। तुम किससे मान करती हो? क्यों मान करती हो? प्रियतम तो सदा ही तुम्हारे अनुकूल हैं, फिर भी तुम मान करने लगती हो?"

ललिता सखी कहती हैं — "तुम स्वयं अपने मन से पूछो, क्या तुम प्रियतम को देखे बिना एक पल भी जी सकती हो? फिर? जिसको देखे बिना एक पल भी रहना असम्भव है, उससे रूठने का औचित्य ही क्या है? तुम अलग हो कहाँ? वे श्यामघन हैं और तुम दामिनी हो और वर्षा प्रेमपुञ्ज-रस है। क्या बिना बादल के बिजली की कल्पना भी की जा सकती है? जहाँ श्यामघन है, वहाँ बिजली है। दोनों दो होकर भी एक हैं। बादल से बिजली रूठकर अलग जा बैठे, सोचो तो सही, क्या यह युक्तिसंगत बात है? तो चलो, अभी चलो, दोनों मिलकर प्रेम की वर्षा के रस का पान करो। तुम दोनों ही प्रेमजल की (पुञ्ज) राशि हो, रस की वर्षा करो, रस का पान करो। हे श्यामाजू! श्रीलाल के तन-मन प्राणों से हिल-मिलकर रस में निमग्न हो जाओ।" इस भावभूमि पर बिहारिनदेवजू का एक पद है —

सुन नव नागरीजू पिय सों तू काहे कों मान बढ़ावत।
रहि न सकत तुम बिन, तुम इन बिन, बिन देखें दुख पावत।
तातें मोहि अनहूँ कहें कहि आवत।
जिय विचारि उत्तर निवारि कत करत आरि मो तन निहार
कहि काहे कों प्रीत दुरावत।
श्री बिहारीदासि पिय प्रानपति अतिसै सुख पावत
जब तू सनमुख नैन सों नैन मिलावत। (रससागर, पृ० ५०४)

हे नवनागरी! तुम प्रियतम से काहे को मान बढ़ाती हो? तुम दोनों एक-दूसरे को देखे बिना एक पल भी रह नहीं सकते, इसलिए मुझे बिना पूछे भी कहना पड़ रहा है। मन में विचार करो और प्रियतम को निहारो। अपनी प्रीति को छिपाती क्यों हो? जब तुम प्यारे से आँखें मिलाती हो, तब प्यारे अतिशय सुखी हो जाते हैं।

पाठान्तर — १. तू अब अथवा तूब। २. रह्यौ।
शब्दार्थ — रंग लीजै — आनन्द प्राप्त करो। **जीजै —** जीवित रहें।

(१७)

मानरस कौ पद : बिहारीजी के बचन प्यारी राधेजू तें

तू रिस छाँड़ री राधे राधे।
ज्यों ज्यों तोकों गहर[1] त्यों त्यों मोकों बिथा साधे साधे॥
प्रानन कों पोषत सुनियत, तेरे बचन[2] आधे-आधे।
श्रीहरिदास के स्वामी स्यामा कुंजबिहारी तेरी प्रीत बाँधे-बाँधे॥

लाड़भरी श्यामाजू मौन होकर बैठ गईं, प्रियतम ने समझा कि राधा रूठ गई हैं। वे विह्वल हो गए, और मनाने लगे — "प्यारीजू, रिस छोड़ दीजिए। हे राधे! रूठ छोड़ दीजिए। हे राधे! मान क्यों कर रही है?" बिहारी बार बार "राधे-राधे" कहते हैं। " हे रूप रसीली, हे रंग भरी, हे रसिक रंगीली, हे मृदुहासिनी, हे आनन्द-निधि, हे रस-माती, जैसे-जैसे आप को विलम्ब हो रहा है, वैसे-वैसे ही मेरी व्यथा बढ़ रही है। अब आप मेरे प्राणों को सम्हालो।"

"आपके श्रीमुख से प्रेमावेग के कारण जो अस्पष्ट और आधे-आधे बोल छलक पड़ते हैं, उन्हें सुनकर मेरे प्राणों को पोषण प्राप्त होता है।"

श्रीहरिदासी सखी कहती हैं कि — " हे स्वामिनीजू, कुञ्जबिहारी को तेरे प्रेम-पाश ने बाँध लिया है। वे तेरे रस-वश हैं।"

रहः केलि में व्याकरण का दखल नहीं है। वाक्य पूरे हों, यह आवश्यक नहीं है और सम्भव भी नहीं है। वहाँ तो श्वास-प्रश्वास की गति तथा नयन की कोर ही सम्पूर्ण अभिव्यक्ति है। जो भी आधे-अधूरे शब्द बरबस निकल पड़ते हैं, वे अभिव्यक्ति के लिए नहीं, अनूभूति के लिए होते हैं। ललितकिशोरी जी के पद में है —

ललित केलि प्रीतम मिलि विहरत मधुर वचन निकसत आधे-आधे।

गोविन्द स्वामी ने प्रेमातिरेक की उस स्थिति का चित्रण किया है, जहाँ प्राण प्यारे और प्राणप्यारी दोनों लिपट जाते हैं, वाणी अवरुद्ध हो जाती है, जो आधे-आधे बोल निकलते हैं, वे कामभाव को और अधिक उत्तेजित करते हैं —

प्रान प्यारी प्रान प्यारौ पिया दोउ लटपटाय पागे आधे-आधे वचन कहते माते अनंगे।
गोविंद प्रभु सरस जोरी नव किसोरी गावत मिल केदारौ मधुरी तान तरंगे।

पाठान्तर — १. गहरु। २. पोषत है री तेरे बचन सुनियत।
शब्दार्थ — रिस — क्रोध, मान। **गहरु** — विलम्ब। **पोषत** — पोषण करना।

(१८)

रस रास कौ पद : सखी कौ बचन प्रियाजू सों

आज तृन टूटत है री, ललित त्रिभंगी पर।
चरन चरन पर मुरली अधर धरें, चितवन बंक छबीली भ्रू पर॥
चलहु न बेग राधिका पिय पै, जो भयौ चाहत हौ सर्वोपरि।
श्रीहरिदास के स्वामी स्यामा कौ समयौ अब नीकौ[1], हिलमिल केलि
अटल रति भई ध्रू पर॥

श्री ललिता सखी ने आकर प्रियाजू से कहा — " श्यामाजू ,आज तो श्यामसुन्दर मुरली बजा रहे हैं। जब कभी मुरली बजाते हैं तो उनकी मुद्रा त्रिभंगी हो जाती है। एक चरण से खड़े होते हैं,दूसरे चरण को टेढ़ा करके उसके सहारे रख लेते हैं। अधरों पर मुरली धारण किए हैं, तो गर्दन टेढ़ी हो गई है। चितवन भी टेढ़ी है और भौंहों पर भी बल पड़ गए हैं। प्यारीजू ! इस आकर्षक और रमणीय त्रिभंगी पर मन-प्राण न्यौछावर हो रहे हैं।"

"हे श्यामाजू ! यदि आप सर्वशिरोमणि होना चाहती हैं, तो प्यारे श्यामसुन्दर के पास शीघ्र ही क्यों नहीं चलतीं?" श्रीहरिदासीजू कहती हैं कि श्यामा-श्याम का यह समय ऐसा अनुकूल बना कि वे तन-मन-प्राण से एक होकर अटल (ध्रुव) केलि में रस-निमग्न हो गए।

पाठान्तर — १. नीकौ बन्यों।

शब्दार्थ — तृन — टूटना-न्यौछावर होना, बलिहार होना। **भ्रू —** भौंह। **ध्रू —** ध्रुव, अटल पद। **त्रिभंगी —** मुद्रा, भंगिमा। **बंक —** बाँकी, टेढी।

(१९)

होरी खेल कौ पद : सखी बचन सखी प्रति

दिन ढप[1] तार बजावत गावत भरत परसपर छिन छिन होरी।
अति सुकमार-बदन स्त्रम[2] बरसत भले मिले रसिक किसोर किसोरी॥
बातनि बतबतात रागरंग रमि रह्यौ इत उत चाह चलत तकि खोरी।
सुनि[3] हरिदास तमाल स्याम सों लता लिपट कंचन की थोरी॥

नित्य-विहार में श्याम-श्याम सदाकाल ढप और तार बजाते हैं और गाते हैं, प्रतिक्षण होली के खेल में एक दूसरे को रस-रंग में भर देते हैं। सखियाँ "हो हो होरी" की आनन्द-ध्वनि करती हैं।

दोनों ही हुरिहार बड़े सुकुमार हैं, इनके मुख पर श्रमबिन्दु बरस रहे हैं। नवजोवन के जोर में विभोर किशोर और किशोरी की जोड़ी भली मिली है। आनन्दमग्न होकर बातें कर रहे हैं और बातों-बातों में दोनों विभोर हैं। राग का रंग रम रहा है। मन में रस की अभिलाषा है और उस चाह से इधर-उधर चलकर मिलन-स्थल (खोरी) को देख रहे हैं।

श्रीहरिदासीजू अनुगत सखी से कहती हैं कि सुनो, "लाल रूप तमालतरु से लाड़ली रूप (पतली, तन्वन्गी) कनकलता इस प्रकार लिपट गई है कि तनिक-तनिक ही दीख रही हैं।"

पाठान्तर — १. डफ। २. श्रम। ३. कहि।

शब्दार्थ — **दिन** — सदैव, नित्य। **ढप** — होली नृत्य में बजाए जाने वाला ताल-वाद्य। **भरत** — आलिंगन करना। **श्रम** — पसीना, स्वेद कण। **चाह** —अभिलाषा। **खोरी** — मिलन केन्द्र, गली।

(२०)

अंग अंग सिंगार कौ पद : सखी वचन सखी प्रति

द्वै लर मोंतिन की, एक पुंजा पोत कौ, सादा नैंनन[1] दीठ लागौ जिन मेरी।
हाथन चार चार चूरी पाँइन इकसार चूरा चौपहलू इकटक रहे हरि हेरी॥
एक तौ मरगजी सारी तन तें कंचुकी न्यारी, अरु अँचरा की बाँई ढिंग[2] मोरि उरसन फेरी।
श्रीहरिदास के स्वामी स्यामा कुंजबिहारी या रस बस भए हरें-हरें सरकन नेरी॥

श्री ललिता सखी अपनी सखी से कहती हैं कि “आज श्यामाजू का ऐसा अद्‌भुत श्रृंगार है, कि कहीं मेरी नज़र न लग जाए! प्यारीजू गले में मोतियों की दो लड़ी वाली माला और मणियों का पुञ्जा पोत धारण किए हैं, (जिस कण्ठी में समूह के समूह दाने पोए हुए होते हैं) प्यारी ने आज नयनों में काजल भी नहीं लगाया। हाथों में चार-चार चूड़ियाँ और पैरों में एक समान चौखण्डा “चूरा”। श्री-अंग पर सिकुड़ी हुई साड़ी, जिसके आँचल को वक्षस्थल से घुमाकर बाँई ओर से मोड़कर कमर में खोंस लिया गया है। शरीर पर कञ्चुकी नहीं है, उसे उतार दिया है (तनतें कंचुकी न्यारी)। श्रीलाल राधा के सौन्दर्य को एकटक निहार रहे हैं, रूप-सुधा का पान कर रहे हैं।”

“स्वामिनीजू के इस माधुर्य-रस के वशीभूत होकर कुञ्जबिहारी धीरे-धीरे खिसकते हुए प्यारीजू के सन्निकट और सन्निकट आते चले जा रहे हैं।”

पाठान्तर — १. नेत्रनि। २. गति।

शब्दार्थ — **मरगजी** — सिकुड़ी हुई, मर्दित, मसली हुई। **हरें हरें** — हौले-हौले, धीरे-धीरे। **नेरी** — निकट। **जिनि** — मत। **लर** — लड़ी। **कंचुकी** — चोली। **चौपहलू** — चार पहल, पहलुओं वाला। **द्वै** — दो। **दीठ** — नज़र। **उरसन** — आँचल का छोर, जो कमर में खोंसा जाता है, खोंसनी।

(२१)

अंग अंग सिंगार, सुरत-हिंडोरे झूलन कौ पद : सखी वाक्य सखी तें

जोबन रंग रँगीली, सौंने से गात ढरारे नैंना कंठ पोत मखतूली।
अंग अंग अनंग झलकत सोहत कानन बीरैं सोभा देत देखत ही बनें जोंन्ह में जोंन्ह सी फूली॥
तन सुखसारी लाही अँगिया अतलस अतरोंटा छबि चार चार चूरी।
पँहुचनि पँहुँची खमक बनी, नकफूल जेब मुख बीरा चौका कौंधै संभ्रम भूली॥
ऐसी नित्त बिहारिन श्री बिहारीलाल संग अति आधीन आतुर,
लिपटत ज्यों तरु तमाल, कुंजद्वार श्रीहरिदासी, जोरी सुरत-हिंडोरें झूली॥

हरिदासी सखी अपनी अनुगत सखी से बोली कि "आज तो मैंने श्यामा-श्याम की उद्दाम काम-क्रीडा देखी है, दोनों ही झूल रहे थे और दोनों ही झुला रहे थे। परन्तु वह सामान्य झूला या हिंडोला नहीं था। वह रति का हिंडोला था — सुरत हिंडोला। दोनों एक-दूसरे से ऐसे लिपटे हुए थे, जैसे तमाल वृक्ष से कनकलता लिपट जाती है।"

"आज नित्य-विहारिणी ने ऐसा अद्भुत शृंगार किया कि कुञ्जबिहारी सौन्दर्य को निहारकर अभिभूत हो गए, आतुर-अधीर हो गए और अपनी सुध-बुध भूल गए।"

"उठते हुए यौवन के आवेश में रगमगी राधा का सोने जैसी कान्ति वाला गौर वर्ण, ऐसा दीप्तिमान था ! एक ओर चन्दा की चाँदनी और दूसरी ओर राधा की देह-कान्ति की चाँदनी! ऐसा लग रहा था, मानो एक चाँदनी में से दूसरी चाँदनी का उदय हो रहा हो। राधा के अंग-प्रत्यंग में कामदेव और रति का सम्मोहन और आकर्षण झलक रहा था। उनके साँचे में ढले हुए नेत्रों में लालजू के लिए मानो काम का सरस आमन्त्रण था। उनकी श्री-शोभा देखते ही बनती थी।"

"उनके गले में काले रंग के रेशम में पोई हुई मणियों की कण्ठी थी। कानों में वीरें (कर्णाभरण) शोभा दे रही थी। कलाई में पहुँची थी और नाक में नकफूल। हाथों में चार-चार चूड़ी पहनी थी।"

"शरीर पर नीले रंग की 'सुखसारी' पहने थी, इतनी झीनी साड़ी कि अंग-प्रत्यंग की सुडौलता आँखों को बरबस आकर्षित कर लेती थी। लाल रंग की अँगिया थी और रेशमी जड़ाऊ अन्तर्वसन (अतलस) था। मुख में पान का बीड़ा था।"

"वे हँसतीं, तो आगे के चार दाँत (चौका) रत्न की तरह चमकते थे। मुझे तो सम्भ्रम हो गया कि कहीं बिजली तो नहीं चमक रही ?"

"इस नई रमणीयता को निहारा तो प्रेमातिरेक में कुञ्जबिहारी आतुर होकर आलिंगनबद्ध हो गए, रम गए और श्यामा-श्याम का सुरत-हिंडोला झोंटा लेने लगा। कुञ्जद्वार पर मैं (श्रीहरिदासी सखी) पहरा दे रही थी।"

शब्दार्थ — मखतूली — काले रेशम में पोए हुए। **बीरैं —** कान का गहना। **सुखसारी —** मलमल की सारी। **अतरोंटा —** अन्तर्वसन। **जोबन —** यौवन। **पोत —** छोटे-छोटे मोती। **जोंन्ह —** चाँदनी। **लाही —** लाल रंग। **अँगिया —** चोली। **अतलस —** झीना कपड़ा। **पहुँची —** हाथों (पहुँची) का गहना। **खमक —** अद्‌भुत छटा। **कौंधै —** चमकना बिजली की भाँति दमकना। **नकफूल —** नाक गहना। **जेब —** उपमा। **चौका —** दाँतों का गहना अथवा आगे के चार दाँतो की पंक्ति। **जमकर —** अच्छी तरह। **ढरारे —** साँचे में ढले हुए। **बीरा —** ताम्बूल। **सुरत-हिंडोरा —** रति-क्रीडा की मुद्रा। **लटपटात —** आसक्त होना, आतुर होकर लिपटना।

(२२)

मान रस कौ पद : लालजू के बचन लाड़लीजू तें

राधे दुलारी ! मान तज।
प्रान पायौ जात मेरौ है री सज॥
अपनों हाथ मेरे माथें धर, अभै दान दै अज।
श्रीहरिदास के स्वामी स्यामा कुंजबिहारी कहत री प्यारी, बलि बलि, रंग रुचि सों लज॥

एक समय श्रीश्यामाजू ने श्रृंगार नहीं किया था, स्वाभाविक रूप से बैठी हुई थीं, कुञ्जबिहारी के मन में सन्देह हुआ कि प्यारी मानवती हैं। वे दीनतापूर्वक कहने लगे — "हे लाड़लीजू! आप कृपा करो और मान करना तो समस्त रीति-भाँति से छोड़ ही दो। आपके कृपालु-स्वभाव से मुझे प्राण मिल जाते हैं, परन्तु आप मौन हो जाती हैं तो वे ही पाए हुए प्राण निकलते हुए से प्रतीत होते हैं। अब आप केलि के साज-श्रृंगार को धारण कर लो और अपना हाथ मेरे हाथ पर रखकर मुझे अभयदान दो कि मैं अब कभी मान नहीं करूँगी और सदा प्रेममय अनुकूलता रखूँगी।" केलि की रुचि और अभिलाषा से लजाते हुए कुञ्जबिहारी कह रहे हैं कि — "प्यारी, मैं तो तुम पर बलिहारी जाता हूँ, न्यौछावर होता हूँ"।

पाठान्तर — अनेक प्रतियों में तुकान्त इकारान्त हैं — तजि, सजि, अजि और सजि। शब्दों का पूर्वापर है, जैसे—प्रान पायौ जात है री मेरौ सजि तथा रंग रुचिसों बलि लजि।

शब्दार्थ — सज — साज-श्रृंगार। **अज —** आज। **लज —** संकोच सहित।

(२३)

प्यारी गुन महिमा कौ पद : सखी बचन लाड़लीजू तें

गुन की बात राधे! तेरे आगें को जानें जो जानें, सो कछु उनहार।
निरत गीत ताल भेदन के बिभेद न जानें कहूँ जिते-किते[1] देखे झार॥
तत्त सुद्ध सरूप रेख परमान जे बिज्ञ सुर-सुघर ते पचे भार।
श्रीहरिदास के स्वामी स्यामा कुंजबिहारी नैंक तिहारी प्रकृति के अंग-अंग और गुनी परे हार॥

हरिदासी सखी कहती हैं — "हे राधे, तुम्हारे समान गुण की बातें जानने वाला और दूसरा कौन है ? यदि कोई जानने वाला होगा भी, तो वह तुम्हारे गुणों की छाया या अनुकृति मात्र है।

विश्व के जो-जो गुणी हैं, उन सभी गुणियों को झारकर देख लिया परन्तु कहीं कोई भी ऐसा नहीं मिला, जो तुम्हारे नृत्य, ताल और गायन के रहस्यों को जानता हो और उनके भेद-उपभेदों को समझता हो।

संगीत-कला के शुद्ध स्वरूप को, उसके तत्त्व को आपके समान कौन जानता है? बड़े-बड़े विज्ञजन बड़े-बड़े कुशल कलाकार उस तत्त्व और स्वरूप की रेखा-मात्र ही समझते-समझाते हार गए।"

"हाँ, श्री कुञ्जबिहारी अवश्य ही कुछ-कुछ तुम्हारी प्रकृति के हैं वे तुम्हारी कला और गुण-गौरव को, संगीत में प्रस्तार के विन्यास-क्रम के कुछ अंगों को तनिक पहचान लेते हैं। बाकी तो सभी गुणी आपकी कला की एक किरण पर ही मात खा चुके हैं।"

पाठान्तर — १. काहू जिते किते अथवा कहूँ जितेक ते।

शब्दार्थ — उनहार — नकल, छाया, अनुकृति समानता। **जिते-किते** — जितने कितने अथवा **जितेकि ते** — जितने हैं, वे सब। **परमान** — परिमाण-मात्रा अथवा प्रमाण। **पचे** — खप गए, क्षीण हो गए, परेशान हो गए, हार गए। **प्रकृति** — संगीतशास्त्र में प्रस्तार के विन्यासक्रम को प्रकृति कहते हैं। **विभेद** — भेदों के भेद। **देखे झार** — सर्वत्र भली प्रकार से देख लिया, बारीकी से देखना, परखना। **सुर-सुघर** — संगीतज्ञ।

(२४)

स्वामिनीजू के जस कौ पद : सखी बचन प्यारीजू तें

सुघर भए[1] बिहारी याही छाँह तैं।
जे जे गटी सुघर जानपने[2] की तेते याही बाँह तैं॥
हुते तौ अधिक बड़े सब ही सौं, पै इनकी कस न खटात याह तें।
श्रीहरिदास के स्वामी स्यामा कुंजबिहारी जकि रहे चाह तें॥

श्रीहरिदासी-सखी स्वामिनीजू को मनाते हुए कहने लगी कि एक दिन संगीत कला-कौशल की बात चल रही थी, तब मैंने कुञ्जबिहारी से कहा कि ''हे लालजी, आप सबसे बड़े हैं पर आपकी सुघड़ता किशोरीजू की छाया का परिणाम है। आप में कला-कौशल और गुणों को निरखने-परखने की जितनी भी क्षमता है, आपकी अपनी नहीं, किशोरीजू की परछाई की देन है। प्रियतमा ने आपको चाह लिया तो आप प्रियतम बन गए, उनके चरण-नूपुर की ध्वनि आपके कर्ण-कुहर में भर गई, आप स्वर को पहचानने लगे। आपकी स्वर-सुघड़ता लाड़लीजी का कृपा-प्रसाद है। उनकी भुजाओं के आश्रय का परिणाम है। इसलिए किशोरीजी की कसौटी पर आपकी सर्वोपरिता किनारा कर जाती है। वहाँ आपका दाँव नहीं चल पाता। हे स्वामिनीजी, यह सुनकर कुञ्जबिहारी आपकी चाहना से जके-थके से रह गए।''

पाठान्तर — १. भये हौ। २. जानपन्यों अथवा सुर ज्ञान पन्यों।

शब्दार्थ — सुघर — कुशल, प्रवीण। **छाँह** — प्यारीजू का आश्रय। **गटी** — गांस, रहस्य, मर्म। **जान-पन्यों** — ज्ञान, जानकारी। **कस न खटात** — दाँव न चलना, कसौटी पर खरा न उतरना।

बिहारिन देवजू ने कस न खटात मुहावरे का प्रयोग किया है — सो सुख कहा सराहियै कसें न अंत खटाय।

जकि — भौंचक्का होना, स्तम्भित होना, विवश होना।

(२५)

संदेह रस कौ पद, मध्या खंडिता भाव कौ : बिहारीजू के वचन प्यारीजू तें

राधा-रसिक हैं कुंजबिहारी, कहत, हौं न कहूँ गयौ, सुन सुन राधे तेरी सौं।
मोहि न पत्याहु तौ संग हरिदासी हुती, बूझि देखौ भटू कहिधों कहा भयौ मेरी सौं।
प्यारी, तोहि गठोंद[१] न प्रतीत, छाँड छिया, जान दै इतनीऽब मेरी सौं।
गहि लिपटाइ रहे दोऊ छैल छाती सों छाती लगाइ फेरा फेरी सों।

श्यामा-श्याम की प्रीति का स्वरूप नित-नवीन हैं। प्यारीजू को यह आभास ही नहीं होता कि इस क्षण से पूर्व भी श्रीलाल मुझे मिले थे। इतना ही नहीं, रसोन्मत्तदशा में प्रियतम प्यारीजू के बाहुपाश में बँधे हैं, किन्तु प्यारीजू को उसका आभास ही नहीं है। वे सोच रही हैं कि प्यारे उन्हें छोड़कर कहीं चले गए हैं। कुछ ही क्षणों में प्रियतम कुछ कहते हैं तो प्रियाजू रसोन्मत्त अवस्था से बाहर तो आ जाती हैं लेकिन उस अवस्था का वह भ्रम उन्हें बना ही रहता है कि प्यारे उन्हें छोड़कर कहीं गए थे। वे प्रियतम से रूठ जाती हैं, कहती हैं — "मुझसे बातें करने की जरूरत नहीं है, जहाँ से आए हो, वहीं जाओ"। प्रियतम बड़े असमंजस में पड़ गए, वे कहने लगे — "प्यारीजू ! मैं शपथपूर्वक कहता हूँ, मैं तो कहीं गया ही नहीं, मैं तो तुम्हारे भुजपाश में आबद्ध हूँ, जाऊँगा कहाँ ? परन्तु किशोरीजू ने उनकी एक नहीं सुनी — "ये रतिचिह्न कहाँ से आया ?" प्रियतम बोले — "यदि आपको मुझ पर विश्वास नहीं है, तो अपनी प्राणसहेली हरिदासीजू से पूछकर देख लो। वे तो सदा साथ ही रहती हैं, उनका तो भरोसा करोगी ! " प्रियतम हरिदासी सखी की ओर उन्मुख होकर बोले — भटू ! जो कुछ हुआ, श्रीप्यारीजू को बता दो। तुम्हें मेरी सौगंध है।"

हरिदासी सखी ने प्यारीजू को झिड़का — "कमाल है ,तुम्हें अपने ही रतिचिह्न की प्रतीति नहीं है ?" ये नित्य-निरन्तर तुम्हारे बाहुपाश में आबद्ध हैं, और तुम इन्हीं से पूछ रही हो कि बताओ, कहाँ गए थे ? प्यारीजू! गड़ा हुआ धन तो भरोसे का धन होता है, प्रियतम तो तुम्हारी निधि हैं, उन पर अविश्वास करती हो ? इन बेतुकी छिछली बातों को यहीं खत्म कर दो। श्यामाजू हँसने लगीं और प्रिया-प्रियतम ने एक-दूसरे को भुजाओं में भर लिया और अदल-बदलकर एक-दूसरे को छाती में समेटने लगे।

पाठान्तर — १. गठोंधन।

शब्दार्थ — मध्या खंडिता — अन्योपभोग चिह्नित प्रिय के प्रति आक्रोश को व्यंग्य से व्यक्त करने वाली नायिका। **सौं** — शपथ, सोंह। **पत्याहु** — भरोसा करो। **भटू** — सहेली। **बूझि** — पूछकर देख लो। **कहि धों** — कहो तो। **छिया** — छिः ओछी बात। **गठोंधन** — गाँठ का धन या भूमि में गाड़कर रखा हुआ धन। **गठोंद** — गठोंद अर्थात् रतिचिह्न।

कामवशीकरण कौ पद : लालजू के बचन प्यारी तें

प्यारी, तेरी महिमा बरनी न जाइ[१], जिहिं आलस काम बस कीन।
ताकौ दंड हमें लागत है री, भए आधीन॥
साढ़े ग्यारह ज्यों ओंटि, दूजें नव सत साजि, सहज ही
तामें जवादि करपूर कस्तूरी कुंकुम[२] के रंग भीन।
श्रीहरिदास के स्वामी स्यामा कुंजबिहारी रस बस कर लीन॥

आज प्यारीजू आलस के भाव में भरी हुई हैं, परन्तु आलस में भी विलास का सम्मोहन है। प्रियतम कहते हैं — "प्यारीजू, आपकी महिमा का वर्णन भला कौन कर सकता है? सर्वजयी कामदेव आपकी इस अलस-मुद्रा को देखकर ही सर्वथा अधीन हो गया है। काम तो आपके अधीन हो गया, परन्तु उसका दण्ड मुझ पर आया कि मैं अब आपके अधीन हो गया हूँ।"

तपे हुए सोने जैसा आपका गौर वर्ण और सोने में सुगन्धि — जवाकुसुम, कपूर, कस्तूरी, चन्दन, केवड़ा और अरगजा (जवादि मृगधर्मज सुगन्धित द्रव का नाम है)। सोलह प्रकार के शृंगार और रोम-रोम में अनुराग का रंग। कुमकुम जैसी कान्ति।

श्रीहरिदासी सखी ने अनुगत सखी को बताया कि स्वामिनीजू ने श्रीलाल को अपने रस के वशीभूत बना लिया है। प्यारी तेरी महिमा बरनी न जाइ। बिहारिनदेवजू ने इस बात को अपनी वाणी में इस प्रकार कहा —

गुन तौ कछ निज बरन्यों पै रूप की निकाई न जात कही।
अंग-अंग माधुरी मनोहर का पै परत लही।

पाठान्तर — १. जाय मोपै। २. कुमकुम

शब्दार्थ — साढ़े ग्यारह ज्यों ओंटि — (बारह बानी, शुद्ध) तपा हुआ सोना, कुन्दन। **नव सत साज** — सोलह प्रकार के शृंगार। **जवादि** — मृगधर्मज सुगन्धित द्रव्य। **कुंकुम** — केसर।

(२७)

श्रमबिन्दु शोभा : विपरीत रति कौ पद : सखी कौ बचन प्रियाजू तें

स्त्रम जल कन नाँहीं होत, मोती माला कों देहु।
देख[१], अमोल, मोल नाहीं, तन मन धन न्यौछावर लेहु॥
रति बिपरीत प्रीति कौ आलस नाहक तेरे मधि एहु[२]।
श्रीहरिदास के स्वामी स्यामा कुंज बिहारी प्रीत बर मिलए वे हु[३]॥

परम निगुह्य-कुञ्ज में हरिदासी सखी ने श्यामजू के गोरे-गोरे अंगों पर पसीने की बून्दें देखी। श्रम-बिन्दुओं की शोभा अद्‌भुत है। इन श्रम-बिन्दुओं की शोभा का बखान करते हुए हरिदासी सखी प्रियाजू से कह रही हैं — ये पसीने की बून्दें नहीं हैं, निर्मल मोतियों की माला है, नहीं, इनकी शोभा निर्मल मोतियों से भी अधिक है। निर्मल मोतियों की माला को तो मैं इन श्रम-बिन्दुओं की आभा पर सौ बार न्यौछावर कर दूँ।

मोतियों का तो मोल होता है परन्तु ये तो अमोल हैं, इनका कोई मूल्य नहीं आँका जा सकता। इनकी सहज सुन्दरता पर मैं तन-मन-धन न्यौछावर कर दूँ।

श्रमबिन्दु विपरीत-रति का आभास करा रहे हैं। इस भाव को श्रीहरिदासी इन शब्दों में कहती हैं — प्यारीजू, भला आपके मन में विपरीत-रति के प्रति आलस्य का भाव क्यों होना चाहिए?

लालजू के मन में सर्वोपरि प्रेम की लालसा है। श्री कुञ्जबिहारी के हृदय-सरोवर में प्रेम की ऐसी ही तरंगें उठ रही हैं। बिहारीजू प्रेम की उसी लालसा से मिले हैं।

अलंकार : अपह्नुति : श्रमजल का निषेध करके मोती माला की स्वीकृति।

पाठान्तर—१. देखे बहुत। २. तेरे मधि नाइक, नाही नायक तेरे मध्य एहु। ३. मलय वेहु अथवा मलै वेहु।
शब्दार्थ — स्त्रम जल कन — स्वेद कण। **अमोल** — अमूल्य। **नाहक** — वृथा।

(२८)

सिंगार ध्यान कौ पद : सखी कौ बचन सखी तें

नील लाल गौर के ध्याँन बैठे श्री कुँजबिहारी।
ज्यों ज्यों सुख पाबत नांहीं त्यों त्यों दुख भयौ भारी॥
अरबराइ आप ही प्रकट[1] भई जो[2], सुख भयौ बहुत हिया री।
श्रीहरिदास के स्वामी स्यामा कुंजबिहारी करि मनुहारी॥

वह दामिनी जैसा उज्ज्वल गौर वर्ण, गोरे शरीर पर नीले वर्ण की साड़ी और लाल रंग की कञ्चुकी। हरिदासी सखी अनुगत सखी से कहती हैं — "हे सखि, आज वृन्दावन-बिहारी श्रीस्वामिनीजू के ध्यान में तन्मय होकर बैठे हैं।

जैसे-जैसे लाड़ लड़ाने का सुख नहीं मिल रहा, वैसे-वैसे उनके हृदय में वेदना हो रही है।

श्रीलाल की यह अवस्था देखी, तो अनुराग में लटपटाती हुई प्रियाजू रस की लालसा के साथ प्रकट हो गईं। श्रीलाल को अत्यन्त सुख मिला और वे लाड़-अनुराग के भावों में विभोर होकर लाड़लीजी को रिझाने लगे। उनकी मनुहार करने लगे।"

पाठान्तर — १. अरबराइ प्रगट भई। २. जु।

शब्दार्थ — **नील लाल गौर** — नीली वर्ण (साड़ी) लाल कञ्चुकी, गोरी राधा। **अरबराइ** — अनुराग में लटपटाए हुए। **मनुहारी** — मनाने की प्रक्रिया, विधि, विनती।

(२९)

स्याम गौर सोभा कौ पद : सखी कौ बचन प्रिया और लालजू तें

आज की बानक प्यारे तेरी, प्यारी तिहारी[1] बरनी न जाइ छबि।
इनकी स्यामता, तिहारी[1] गौरता जैसें सित असित, बैनी रही भुवँगम[2] ज्यों दबि॥
इनकौ पीतंबर तिहारौ नील निचोल, ज्यों ससि कुंदन जेब रबि।
श्रीहरिदास के स्वामी स्यामा कुंजबिहारी की सोभा बरनी न जाइ, जो मिलें रसिक कोटि कबि॥

श्रीहरिदासीसखी प्रिया-प्रियतम को सम्बोधित कर रही हैं। वे कहती हैं — "हे प्रियतम! आज की तो छटा ही निराली है, आपकी शोभा अवर्णनीय है। हे प्यारीजू , आपकी सुन्दरता का वर्णन नहीं किया जा सकता। एक का अद्‌भुत श्यामल वर्ण और दूसरी का अद्‌भुत गौर वर्ण। राधाजी की वेणी को नागिनी की उपमा दबी हुई है, छोटी पड़ रही है।" श्रीराधाशरणदास जी ने "बेनी रही भुवँगम ज्यों दबि" का भावार्थ इस प्रकार किया है —

बेंनी रति में होत ज्यों, नाग-नागिनी अंग।
लिपटि रहे यों परसपर, जुगलकिसोर अभंग।

जैसे रति के समय नाग-नागिनी वेणी की दो लटों की तरह परस्पर लिपट जाते हैं, वैसे ही गौर वर्ण और श्याम वर्ण परस्पर वेणी की तरह गुँथे हुए हैं।

"इनका पीताम्बर और आपकी नीले रंग की ओढ़नी। पीताम्बर पर चन्द्रमा और कुन्दन का रंग न्यौछावर है तथा गौर वर्ण पर सूर्य की अरुण आभा न्यौछावर है। श्रीहरिदासी सखी कहती हैं कि कोटि-कोटि रसिक कवि एक साथ मिलकर भी श्यामा-श्याम के सौन्दर्य का वर्णन नहीं कर सकते।

पाठान्तर — १. तुम्हारी। २. भुवंगिनि।
शब्दार्थ — बानक — शोभा। **सित असित** — श्वेत, उज्ज्वल (सित) तथा श्यामल (असित)। **निचोल** — ओढ़नी। **जेब** — उपमा। **भुवँगम** — नाग।

नृत्य कौ पद : ललिता सखी के बचन

देखि देखि फूल भई।
प्रेम के प्रकास प्रीति के आगें ह्वै जु लई॥
सुन री सखी ! बागौ बन्यौँ[1] आज तुम पै तृन टूटत है जो[2] नई।
श्रीहरिदास के स्वामी स्यामा कुंजबिहारी सकल गुन निपुन ताता थेई ताथेई गति जु ठई॥

श्यामा-श्याम के अद्‌भुत सौन्दर्य-माधुर्य का दर्शन करके सहचरी के मन-प्राण फूल रहे हैं। प्रफुल्लित हो रहे हैं। प्यारीजू रसविभोर हैं और उनकी रसविभोर-अवस्था को निहारकर सहचरी के रोम-रोम में रस का परिप्लावन हो रहा है।

प्रीति के प्रकाश ने प्रीति को भुजाओं में भर लिया, मानो प्रीति ने अपने प्रकाश का अंगरखा पहन लिया। श्यामा-श्याम आलिंगनबद्ध हो गए। प्रीति के पूर्ण स्वरूप (अद्वय सामरस्य) को देखकर ललिताजी कहती हैं — "हे सखी, सुनो आपने आज जो बागा (अंगरखा) धारण किया है। आज जो संयोग बना है। आज जो बानिक है, वह अपूर्व है। उस पर न्यौछावर हूँ।"

श्रीहरिदासी सखी कहती हैं — "हे श्यामा-कुंजबिहारी, आप समस्त गुणों के निधान हैं, समस्त कलाओं में निपुण हैं, नृत्य-संगीत में निष्णात हैं।"

श्यामा-श्याम दोनों ताताथेई-ताताथेई के तत्कार के बोलों पर नाचने लगे।

पाठान्तर — १. बागौ नीकौ बन्यों। २. जु।

शब्दार्थ — तृन टूटत — मुहावरा है, उसका अर्थ है स्वयं को न्यौछावर करना, बलिहारी होना। यह मुहावरा बार-बार आया है। **ताताथेई** — ये कत्थक नृत्य के तत्कार के बोल हैं। नृत्य तत्कार पर निर्भर है "थै थै तत तत थै जग जग तत्थत" ये बोल पैर के आघात से प्रकट होते हैं।

राग केदारौ

(३१)

विचित्र जोरी कौ पद : श्रीहरिदासजू वचन सखी ते

ऐसी तौ विचित्र जोरी बनी।
ऐसी कहूँ देखी सुनी न भनी॥
मनहुँ कनक सुदाह कर-कर देह अद्‌भुत ठनी।
श्रीहरिदास के स्वामी स्याम-तमालै उठँग[1] बैठी धनी॥

श्रीहरिदासी सखी अपनी अनुगत सखी से प्रिया-प्रियतम की अद्‌भुत-अपूर्व और विचित्र जोड़ी के सौन्दर्य-माधुर्य का बखान करते हुए कहती हैं कि युगल का यह स्वरूप अपूर्व है। ऐसे स्वरूप का वर्णन न किसी ने किया है, न ऐसे स्वरूप को किसी ने देखा है और न ही किसी ने सुना है।

प्रियाजू की कान्ति अद्‌भुत है। प्रतीत होता है कि सोने को बार-बार तपाकर उनकी देह-कान्ति की रचना हुई है। इनका अन्तरंग प्यार भी अनोखा है। देखो, जैसे लता तमाल-वृक्ष से लिपट जाती है, वैसे ही प्यारीजू प्रियतम का सहारा पाकर आलिंगनबद्ध हैं।

पाठान्तर —१. उछँगि।
शब्दार्थ — **भनी** — कही गई। **उछँगि** — अंक में लेकर, उत्संग।

(३२)

हँसन खेलन बोलन कौ पद : हरिदासीजू के वाक्य सखिन प्रति

हँसत खेलत बोलत मिलत देखौ मेरी आँखिन-सुख।
बीरी परसपर लेत खबाबत, ज्यों दामिनि-घन चमचमात सोभा बहुभाँतन सुख॥
स्त्रुति घुरि राग केदारौ जम्यौ अधरात निसा रोंम-रोंम सुख।
श्रीहरिदास के स्वामी स्यामा कुंजबिहारी के गाबत[१], सुर देत मोर, भयौ परम सुख॥

श्रीहरिदासी-सखी अपनी अनुगत सखियों को सम्बोधित करते हुए कहती हैं कि प्रिया-प्रियतम का हँसना, खेलना, रसमय बातें करना, मिलना, पान की बीरी खाना और खिलाना तथा मेघ एवं दामिनी की भाँति निरन्तर सुरत का दान और प्रतिदान करना — यही मेरी आँखों का सुख है। देख सको, तो मेरी आँखों में देखो, मेरे नेत्रों से नित्य-विहार का साक्षात्कार करो।

आधी रात है, श्यामा-श्याम का विहार हो रहा है, रोम-रोम में सुख विलस रहा है। श्रुतियाँ घुर रही हैं और केदार राग तो मानो सशरीर उपस्थित है, उसका रंग जम रहा है। श्रीहरिदासी सखी कहती हैं कि श्यामा-कुञ्जबिहारी गाते हैं, तब मोर स्वर देने लगते हैं। यह सुख की परम-अवस्था है।

श्री बिहारिनदेवजू ने इस भावभूमि पर पद लिखा है —

प्रीतम प्यारी मिलत जैसौ सुख होत री देखौ मेरी आँखिन भरि।
सैनन ही बतियां कहि हों गहि हौं री चरन छतियां पर धरि। (रससागर, पृ० ४९०)

पाठान्तर — १. मिलि गावत।
शब्दार्थ — बीरी — पान का बीड़ा। **स्त्रुति** — श्रुति (संगीत में बाईस श्रुति और सात स्वर होते हैं)। **अधरात** — आधी रात का समय।

(३३)

रास नृत्य कौ पद : हरिदासीजू के बचन सखिन प्रति

अदभुत गति उपजत अति, निरतत[१] दोऊ मंडल कुँवर किसोरी।
सकल सुधंग अंग भरि भोरी पिय निरतत मुसकन मुख मोरी, परिरंभन-रस रोरी॥
ताल धरैं बनिता मृदंग चंद्रागति घात बजै थोरी-थोरी।
सप्त भाइ भासा बिचित्र, ललिता गायन चित चोरी॥
श्री बिंदावन[२] फूलन फूल्यौ, पूरन ससि, त्रिबिध पबन बहै थोरी थोरी।
गति बिलास रस हास परस्पर भूतल अदभुत जोरी॥
श्री जमना जल बिथकित, पुहुपन बरसा, रतिपति डारत तृन तोरी।
श्रीहरिदास के स्वामी स्यामा कुंजबिहारीजू कौ रस, रसना कहै को री॥

श्रीहरिदासी सखी अनुगत सखी को बता रही है कि शरद ऋतु का पूर्ण चन्द्रमा चाँदनी की शोभा बिखेर रहा है, शीतल-मन्द-सुगन्ध हवा चल रही है। श्री वृन्दावन फूलों के रूप में प्रफुल्लता प्रकट कर रहा है, कुञ्ज-कुञ्ज महक रही है।

नित्य-किशोर और नित्य-किशोरी रासमंडल में नृत्य कर रहे हैं। नृत्य की गति अति अद्‌भुत है। भोले स्वभाव वाली प्रियाजू कौतुक-विलास करती हुई सुधंग-मुद्राओं की रचना कर रही हैं, उधर प्रियतम मुख मोड़-मोड़कर मुस्कराते हुए नृत्य कर रहे हैं। कभी दोनों जने परिरम्भण-आलिंगन के रस को रोर रहे हैं। सखियाँ ताल की संगत कर रही हैं। मृदंग पर विलम्बित लय में चन्द्रागति-ताल का बन्धान बन्ध रहा है। अवसर के अनुकूल ललिता-सखी सात स्वरों एवं सात प्रकार के भावों को प्रकट करने वाली विचित्र संगीत की भाषा में राग-रागिनियों को साकार करके चित्त को चुरा लेती हैं। रास-नृत्य के अलौकिक स्वरूप का दर्शन करके श्री यमुना का प्रवाह स्तब्ध हो गया है। वृक्ष पुष्पों की वर्षा कर रहे हैं और कामदेव ने अपने तन-मन-प्राण न्यौछावर कर दिए हैं।

श्री जुगल के रसमय हास-परिहास-विलास को निहारकर सखियाँ धन्य होकर कहती हैं — समस्त भूतल पर यह जोड़ी अद्‌भुत है। श्री हरिदासी पूछती है — किसकी वाणी (रसना) में वह सामर्थ्य है, जो इस अलौकिक रस का वर्णन कर सके?

पाठान्तर — १. नृत्यत, नृत्तत। २. बृन्दावन।

शब्दार्थ — मंडल — रास भूमि। **परिरंभन** — आलिंगन। **त्रिबिध** — शीतल सुगन्ध मन्द। **बिथकित** — यमुना प्रवाह रुक गया। आनन्द की गहनतम अनुभूति में चल निश्चल हो जाता है और अचल चञ्चल हो जाता है। **पुहुपन** — पुष्प। **रतिपति** — कामदेव। **तृन तोरी** — न्यौछावर होना।

(३४)

प्रतिक्षण नवता कौ पद : लालजू के बचन प्यारीजू तें

प्यारी जू ! जब जब देखौं तेरौ मुख, तब तब नयौ नयौ लागत।
ऐसौ भ्रम होत मैं कबहूँ देखौ[1] न री, दुति कौं दुति लेखनी न कागत॥
कोटि चंद तैं कहाँ[2] दुराए री, नए नए रागत।
श्रीहरिदास के स्वामी स्याम[3] कहत, काम की सांति न होइ, न होइ तृपति, रहौं निसदिन जागत।

श्रीलालजू कहते हैं — "हे प्राणप्यारीजू ! मैं क्षण-क्षण पल-पल आपका मुख निहारता हूँ, परन्तु प्रतिक्षण-प्रतिपल वह मुझे नवीन सा ही प्रतीत होता है। ऐसा आभास होता है कि मैंने पहले कभी नहीं देखा। इसकी छवि का अंकन करने के लिए न तो समर्थ लेखनी या तूलिका ही है, न इसकी कान्ति को चित्रित कर सके, ऐसा कोई रंग है और न ही वैसा काग़ज़ है, जिस पर आपके सौन्दर्य को अंकित किया जा सके।"

श्रीलालजू कहते हैं — "हे विहारिणीजू ! वे कोटि-कोटि चन्द्रमा तुमने कहाँ छिपाकर रखे हैं, जिनकी कोटि-कोटि कलाएं पल-पल परिवर्तित होती रहती हैं और यह सौन्दर्य क्षण-क्षण नया ही बना रहता है ? आप नए-नए रागों का गायन करती हैं।"

श्रीहरिदासी सखी के लाड़ले कहते हैं — "यद्यपि मैं रात-दिन जागकर आपके रूप-सौन्दर्य को निहारता हूँ, उस सुख को विलसता हूँ परन्तु न तो मेरी काम-प्रेममयी लालसा की शान्ति होती है और न सौन्दर्य की प्यास बुझती है। अतृप्ति बनी रहती है।" स्वामी श्रीहरिदासजी ने प्रतिक्षण नवता की भावभूमि पर एक पद और लिखा है — यह कौन बात जो अब ही और अब ही और (पद सं० ५४)।

पाठान्तर — १. देखी। २. कहां री दुराये। ३. श्यामा कुंजबिहारी।
शब्दार्थ — दुति कौं दुति — कान्ति को प्रकट कर सके ऐसा रंग। **कागत** — काग़ज़। **दुराए** — छिपाए।

(३५)

अभिलाषा कौ पद : लालजू के बचन प्यारीजू तें

हो प्यारी! ऐसी जिय होत, जो जिय सों जिय मिलै, तन सों तन समाइ लैउँ तौ देखौं कहा।
तोही सों हिलगि आँखिन सों आँखें[1] मिली रहें, जीबन[2] कौ यहै लहा॥
मोकों इतौ साज कहाँ री प्यारी ! हौं अति दीन तुव बस, भुव छेप न जाइ सहा।
श्रीहरिदास के स्वामी स्याम[3] कहत, राख लै बाहुबल, हौं बपुरा काम दहा।

एक बार श्रीयुगल नृत्य कर रहे थे। प्यारीजू की अद्भुत रूप-माधुरी पर रीझकर आप दीन बन गए और याचना करने लगे — "हे प्यारीजू, मेरे मन में ऐसी लालसा हो रही है कि आपके प्राणों में मेरे प्राण समा जाएं और शरीर में शरीर समा जाए। हम दोनों एकरस एकाकार हो जाए।"

प्यारीजू ने कहा — "ठीक है, जैसे तुम्हें चैन मिले, वैसा करो"। तब श्रीलाल कहने लगे कि यदि मैं अपने तन-मन को आपके तन-मन में मिला दूँ। तब मेरे नयनों को व्याकुलता होगी, वह शोभा, वह रमणीयता कैसे देख सकूँगा? सौन्दर्यानुभूति कैसे होगी?" आगे लालजू कहते हैं — "मेरी आँखें तुम्हारी आँखों से हिलगी रहें, तुम्हारी आँखों में निरन्तर झाँकता रहूँ यही जीवन का लाभ है।" यह कहते-कहते लाल दीन हो गए, बोले — "प्यारी! मुझमें इतना सामर्थ्य नहीं है कि तुम्हारी भृकुटि के टेढ़ेपन को, तुम्हारे मान को, रूठन को सम्हाल सकूँ। मैं तो अति दीन हूँ, तुम्हारे रूप-रस का याचक हूँ, तुम्हारे अधीन हूँ।" श्रीहरिदासी बता रही हैं कि यह कहते-कहते लाड़ले विह्वल हो गए, कहने लगे — "मैं बेचारा गरीब काम की वेदना से व्याकुल हूँ। हे प्यारी! आप अपने बाहुबल से मेरी रक्षा करें। अपनी भुजाओं में आश्रय प्रदान करें।" श्री ललित किशोरीजी ने इस पद की भावभूमि पर साखी लिखी है —

ऐसी जिय में होत है जियसों जिय मिल जाय।
तन सों तनहि समाय ल्यों, तौ नैना अति अकुलाय।३६६
नैनन रूप अहार है निरखि निरखि सुख पाय।३६७
(रससागर, पृ० ८३३)

पाठान्तर — अनेक प्रतियों में 'हो प्यारी', प्रारम्भ में न होकर तुकान्त में 'हो प्यारी' का सम्बोधन है — कहा हो प्यारी, लहा हो प्यारी, सहा हो प्यारी, दहा हो प्यारी। १. आँखें आँखिन सों मिली रहें। २. जीबत। ३. कुंजबिहारी

शब्दार्थ — जिय — मन। **हिलगि** — आकर्षित रहना, मिले रहना। **जीवत** — जीवन का। **लहा** — लाभ। **भुव छेप** — भौंहों का टेढ़ा होना, कोप होना। **बपुरा** — बेचारा, विवश। **दहा** — दग्ध, जला हुआ।

प्रीतिद्रव्य रुचि व्याज कौ पद : लालजू कौ बचन प्यारीजू तें

आज रहसि में देखियत प्यारीजू ! एक बोल माँगौं जो लिख देहु।
साखी तेरे नैन दसन कच कुच कटि नितंब जो लिख देहु॥
प्रीत द्रव्य रुचि ब्याज परसपर मन बच क्रम कर[1] लिख देहु।
श्रीहरिदास के स्वामी स्यामा प्यारी पै बोल बुलाइ[2] लियौ लिख देहु॥

श्यामाजू को एकान्त में पाकर कुञ्जबिहारीजू कहने लगे — हे प्यारी ! आप बार-बार रूठ जाती हैं, और मैं रात-रात भर आपको मनाता रहता हूँ। आप प्रसन्न होती हैं, तो मुझसे कहती हैं कि अच्छा प्यारे, अब मैं कभी नहीं रूठूँगी और फिर रूठ जाती हैं। मैं आपके मौखिक-आश्वासन का भरोसा कैसे करूँ ? आज मैं आपसे याचना कर रहा हूँ कि आप मुझे दस्तावेज लिखकर दे दें। इस रुक्के पर लिखा जाएगा कि परम प्रेम-रूपी मूलधन पर प्रतिक्षण-प्रतिपल मन-वचन कर्म से परस्पर-रुचि की ब्याज दी जाएगी। इस रुक्के पर गवाह के रूप में रति-चिह्नों की मुहर लगेगी आपके नेत्र, दाँत, केश, उरोज, कटि और नितम्ब (जिनसे कामक्रीडा-विलास होता है, वे सभी अंग) गवाही देंगे। बिहारीजू ने हरिदासी की प्राणाधार श्यामा को अनुकूल करके उनसे वचन भरवा लिया — लाल जैसा चाहें, वैसा लिख लो।

(रतिचिह्नों की लिपि में ही रुक्का लिखा जाना है, नेत्र, दाँत, केश, उरोज, कटि और नितम्ब गवाह के रूप में हस्ताक्षर करेंगे।)

अलंकार : सांग रूपक है। प्रीति-मूलधन, रुचि-ब्याज तथा रति-अंग गवाह हैं।

पाठान्तर — १. जो। २. स्यामा कुंजबिहारी पै बोल बुलाइ लियौ (कई प्रतियों में दूसरी पंक्ति तीसरे नम्बर पर है और तीसरी पंक्ति दूसरे नम्बर पर है)।
शब्दार्थ — रहसि — एकांत। **बोल** — वचन। **द्रव्य** — मूलधन। **मन वच क्रम —** मन वाणी कर्म।

(३७)

बंक चितवन कौ पद : सखी कौ बचन प्यारीजू तें

प्यारी, तेरी बाँफन[1] बान सु मार लागैं, भौंहें ज्यों धनुष[2]।
एक ही बार यों छूटत, जैसैं बादर बरसत इन्द्र अनख।
और हथियार को गनै री, चाहनि कनख।
श्रीहरिदास के स्वामी स्यामा कुंजबिहारी सौं प्यारी! जब तू बोलत चनख-चनख।

प्रियाजू जब तिरछी-चितवन से लालजू को निहारती हैं, तब लालजू काम-वेदना से आहत हो जाते हैं। प्यारीजू की चितवन में ऐसी अमोघ प्रहारक शक्ति है, जिसके सम्बन्ध में सखियां कहती हैं — "हे प्यारीजू! आपकी बरौनी (पलक के बालों की पंक्ति) बाण के समान है तथा भौंहें धनुष के समान हैं। इनका प्रहार इस प्रकार का है, जैसे मेघों का राजा इन्द्र कोप करके वर्षा की झड़ी लगा देता है।"

"प्रियतम को परास्त करने के लिए हथियार तो आपके पास बहुत से हैं, परन्तु अन्य अस्त्रों की गिनती कौन करे? आपकी आँख की कोर, चाहभरी चितवन को देखकर ही लालजू घायल हो जाते हैं।"

श्रीहरिदासी सखी कहती हैं कि — "प्यारीजू जब प्रियतम से इतरा-इतराकर बोलती हैं, तो वे अपने को सम्भाल ही नहीं पाते।"

पाठान्तर — १. बाँफिन। २. धनख।

शब्दार्थ — बाँफन — बरौनी। **अनख** — कोप करके। **कनख** — कोर, कनखियों से देखना। **चनख-चनख** — इतरा-इतराकर।

(३८)

प्रेममद कौ पद : सखी के वाक्य प्यारीजू तें

काहे तें आज अटपटे से हरि।
लटपटी पाग, अटपटे से बंद अटपटी देत आगें सरि॥
अटपटे पाँइ परत मैं परखे, जब आबत हे[1] इति ढरि।
श्रीहरिदास के स्वामी स्यामा[2], जानि हौं पाए, आज लाल औरैं परि॥

लाड़लीजू के मान की कल्पना करते-करते आज बिहारीजू अस्त-व्यस्त से हो गए। प्रेममद से छके कुञ्जबिहारी की इस अवस्था का वर्णन करते हुए प्राणसखी श्यामाजू से कहने लगी — "प्यारीजू, आज प्रियतम अटपटे से क्यों हैं? आज ढीली-ढाली पगड़ी पहने हैं, जामा की तनियाँ भी ऊँची-नीची बँधी हैं। आज पता नहीं, किस रंग में अटपटे से बोल रहे हैं? आज जब वे आपकी ओर ढुलकते हुए से चले-चले आ रहे थे, तब उनकी चाल भी अटपटी थी, डगमगाते से कदम थे।" श्रीहरिदासी सखी कहती हैं — "मुझे लगता है कि (प्रेममद की दशा में) प्रियतम आज कुछ और ही हो गए हैं।"

इस पद को वस्तुदर्शिनी टीका में तथा पीताम्बरदेवजू ने लालजू के प्रति प्रियाजू का कथन बतलाया है — "हे हरि, आज अटपटे से क्यों हो? आपकी लटपटी सी पाग, जामा की तनियाँ के अटपटे (ऊँचे-नीचे) बन्ध हैं, अटपटे पैर पड़ रहे हैं, आज तो लाल कुछ और ही हो गए हैं। क्या बात है?"

पीताम्बरदेवजू ने इसकी टीका की है —

बाँफन बान लगाय कें, पूछत फिर कुसलात।
अहो अटपटे देखियत, रस पागे सकुचात।
प्रिय पूछत हरि आज अटपटे।
दीन नवीन अंग अलसोंहे काहे ते सब वसन लटपटे।
इत उत चलत मिलत काहू कों परत पांइ क्यों आज सटपटे।
श्रीहरिदास जानि अनुमानै प्रिया नैन की झरप झटपटे।

पाठान्तर — १. हौ। २. स्याम।

शब्दार्थ — अटपटे — विचित्र, अनोखे, नटखट। **लटपटी** — अव्यवस्थित, ढीली ढाली। **पाग** — पगड़ी। **बंद** — बाँधने की तनी। **परखे** — भली-भाँति जान लेना, परीक्षा कर लेना।

प्यारी ने पहले दृष्टिबाण मारा और फिर कुशल पूछी। प्रियतम सकुचा गए। अटपटे से दीखने लगे। रस में निमग्न हैं। प्रियाजू ने पूछा — "इधर-उधर लटपटे से घूम रहे हो, क्या किसी नई नवला से मिलना है?" और प्रियतम सटपटाकर प्यारी के पैरों में पड़ गए। वस्तुदर्शिनी में भी इस पद को प्रियाजू का लाल के प्रति कथन बतलाया है और वे पूछती हैं —

लखि भोरी रिस में भई रमे और के संग।
कहा अटपटे लाल हौ बोली भूल अभंग।
प्रीत नेह हमसों बड़ी, सो याकौ तौ पाग।
सबै सिथिल से ह्वै गये औरन सों अनुराग।
अपनौई प्रतिबिंब लखि अपने ई नख रेख।
कहत रमे सँग और के पाई जान विसेख।

अटपटे क्यों हो? क्या किसी और के साथ रमण करके आए हो?

प्रेम अनन्यता चाहता है — जो मेरा है वह किसी और का न हो, इसलिए पल-पल शंका करता है। केलिमाल में — "चौकी कहाँ बदल परी प्यारे हरि" (७३) तथा "राधा रसिक कुञ्जबिहारी कहत, हौं न कहूँ गयौ तेरी सों" (२५) सन्देह रस के पद हैं। इसलिए यहाँ भी परिहास का सन्देह भाव सहज-स्वाभाविक माना जा सकता है। परन्तु यहाँ एक शंका यह है कि कोई रतिचिह्न नहीं है। पच्चीसवें पद में "प्यारी, तोहि गठोंद न प्रतीत" अपने ही रति चिह्न को नहीं पहचान रही तथा तिहत्तरवें पद में चौकी बदलने का उल्लेख है, जबकि यहाँ केवल अटपटापन है।

लटपटी पाग और छूटे बन्द का वर्णन रसिक-भक्तों ने सुरतान्त के पदों में किया है — "लटपटी पाग छूटे बंद पिय के" (वीठलविपुल) तथा "डगमगात पग धरत अवनि पर बोल अटपटे बोलें" (भगवत रसिक) परन्तु सुरतान्त में अटपटापन प्रिया-प्रियतम दोनों का होता है, जबकि यहाँ प्रियाजू में अटपटापन नहीं है।

नागरीदासजी ने अपनी टीका में इसे प्यारीजू का लालजू के प्रति कथन तो बतलाया है लेकिन सभी अर्थ सुरतपरक बताए हैं — "मैं तो जब ही अटपटे तुमकों परखे कि मेरे पांइन में परत। कहा कि चरन कर ते सहराय, कबहूं चुंबन करत, हियते लगावत, पाग कहा लटपटी - अंग अंग की लपटान कौ रस तामें पगि जायबौ।"

वास्तव में इस पद का पूरा शब्द-चित्र प्रियतम के अटपटेपन का है, यह प्रेममद की स्थिति है। पद संख्या चौदह में हम देख चुके हैं कि प्रियतम की बान अटपटी है — "श्रीहरिदास के स्वामी स्यामा कुंजबिहारी की अटपटी बान औरै कहत कछ औरै भन्यौ।"

(३९)

मान रस कौ पद : लालजू के बचन प्यारीजू तें

काहे कों मान करत मोहिऽब कत दुख देत।
बासे की सी दीठ[१] लियैं रहौं, तेरी जीवनि तोहि समेत॥
अब कछ ऐसी करौ[२] ,भौंहँन टाटी जिन देहु, कहत इतनेत।
श्रीहरिदास के स्वामी स्यामा कुंजबिहारी[३] छलिकें गरें लगाई, भई रमेत॥

प्यारीजू गम्भीर स्वभाव की हैं, अपने अन्तर्मन के प्रेम को प्रकट नहीं होने देती। लालजू ने उनके मौन को मान समझ लिया और व्याकुल होकर कहने लगे — "प्यारीजू, आप व्यर्थ ही मान करके मुझे क्यों दु:ख दे रही हैं?"

"जैसे पक्षियों के छौंने बार-बार अपने घोंसलों को देखकर आश्वस्त होते रहते हैं, उसी प्रकार मैं आपकी ओर तथा आपकी प्राणजीवनी ललिता सखी की ओर देखकर आश्वस्त होता रहता हूँ।" (नागरीदासजी ने लिखा है कि "बासौ जो पंछी होइ है, सो अपनी बासी सों सनेह राखत है, बाकी प्रसन्नता में दृष्टि लियें रहत है, ऐसें मैं तुम्हारे वासे की सी दृष्टि लियें रहत हों"।)

लालजू कहते हैं — "हे प्यारीजू, अब कुछ ऐसा रुख बनाओ कि आपकी भौंहों पर कभी टेढ़ापन न आए।"

श्रीहरिदास की स्वामिनी श्यामा ने यह सुनकर श्रीलाल को छलपूर्वक गले से लगा लिया और रमण करने लगी। अथवा ऐसा कहें कि श्रीलालजू ने प्यारीजू को छल से (पीछे से आकर) गले लगाया और रमण हुआ।

पाठान्तर — १. दृष्टि। २. करौजु। ३. कई प्रतियों में यहाँ कुंजबिहारी शब्द नहीं है।
शब्दार्थ — वासा — पक्षी, विशेष (जो अपनी मादा की आँखों में आँख मिलाकर देखता रहता है)। **टाटी** — भौंहों पर सिकुड़न। **इतनेत** — केवल इतनी ही। **रमेत** — रमण।

(४०)

बिहारिनजू के जस की अव्यक्तता कौ पद : लालजू बचन लाड़लीजू ते

रोंम रोंम जो रसना होती तौ ऊ[1] तेरे गुन न बखाने जात।
कहा कहौं एक जीभ, सखी री, बात की बात बात॥
भान स्त्रमित और ससि हू स्त्रमित भई[2] और जुबति जात।
श्रीहरिदास के स्वामी स्याम[3] कहत री प्यारी तू राखत, प्रान जात।

श्रीकुञ्जबिहारी लाड़लीजू से कह रहे हैं — प्यारीजू ! यदि मेरे रोम-रोम में भी जीभ होती, मेरे पास असंख्य जीभ होतीं, तब भी मैं आपके अनन्त गुणों का बखान नहीं कर सकता था।

क्या बताऊँ ? मेरे पास तो एक जीभ है, मेरे पास वह सामर्थ्य कहाँ, जो आपकी बात की बात और बात के मर्म और उस मर्म के भी मर्म की अनन्तता का बखान कर सकूँ ?

आपके गुण-वर्णन में सूर्य भी स्तम्भित है और चन्द्रमा भी। आपके सौन्दर्य को देखकर यावतयुवती-गण लज्जित हैं।

श्रीलालजू कहते हैं — "प्यारीजू ! मेरे प्राणों का आहार प्रेमरस है और उसे निरन्तर पिलाकर आप ही मेरे प्राणों की रक्षा करती हैं।"

श्रीरसिकदेवजू ने प्रियतम के भाव को इन शब्दों में लिखा है कि — "हे प्यारीजू , आपकी कृपा से ही मैंने मदनदल को जीता है, आपकी कृपा से ही मैं जीवित हूँ, क्योंकि आपने अधरामृत का पान करा दिया है —

प्यारीजू तें मोहि मोल लियौ।
तेरी कृपा मदनदल जीत्यौ तेरौ जिबायौ जियौ।
उमड़ी सैन महामनमथ की, तैं अधरामृत दियौ। (रससागर, पृ० ६३८)

अलंकार : विशेषोक्ति, कारण होते हुए भी कार्य नहीं हो पा रहा है। जिह्वा होते हुए भी गुणों का बखान नहीं हो पा रहा। गहरी तल्लीनता का बोध है।

पाठान्तर — १. तऊ। २. भए। ३. स्यामा।

"कहा कहों एक जीभ सखी री" में सखी शब्द का प्रयोग है। तथा कुछ प्रतियों में "श्रीहरिदास के स्वामी स्यामा कहत" होने के कारण कुछ विद्वानों का और भक्तों का विचार है कि यह कथन श्यामाजू का है और सखी के प्रति है। हरिदासी-सम्प्रदाय में सहचरी की महिमा इस कोटि की मानी गई है।

शब्दार्थ — रसना — जीभ। **तौऊ** — तब भी, तो भी, तथापि। **स्त्रमित** — थकित। **बात-बात** — बात में से बात, मर्म का भी मर्म।

(४१)

प्रिया जस बरनन कौ पद : बिहारीजू के बचन श्रीराधेजू तें

तुव जस कोटि ब्रह्मांड बिराजै राधे।
श्री सोभा बरनी न जाइ अगाधे॥
बहुतक[१] जनम बिचारत ही गए साधे साधे।
श्रीहरिदास के स्वामी स्यामा कुंजबिहारी कहत री प्यारी,
ए दिन क्रम क्रम करि लाधे।

"हे श्री राधे ! आपका यश, आपकी अद्‌भुत-महिमा अनन्त कोटि ब्रह्माण्डों में समाई हुई है अथवा ऐसा कहें कि अनन्त-कोटि ब्रह्माण्ड आपकी ही महिमा है। आप अनन्त कोटि ब्रह्माण्ड-नायिका हैं।

आपकी श्री अगाध है। आपकी शोभा अगाध है। उसका वर्णन नहीं किया जा सकता।

आपकी निरन्तर उपासना और साधना करते-करते आपकी महिमा का विचार करते-करते बहुत से जन्म व्यतीत हो गए।"

श्रीहरिदास के लाड़ले श्यामजू कहते हैं कि "अरी प्यारी, आपके प्रेम-रस का अस्वादन करने का यह अवसर, ये दिन मैंने क्रम-क्रम करके प्राप्त किए हैं। साधना की क्रमिक-निरन्तरता के बाद यह अद्‌भुत सुख, यह अद्वयभाव मुझे प्राप्त हुआ है।"

अलंकार : विशेषालंकार (आधार-आधेय सम्बन्ध) राधा का यश आधेय और कोटि-ब्रह्माण्ड आधार है।

पाठान्तर — १. बहुतिक।

शब्दार्थ — तुव — आपका। **श्री सोभा** — श्री, यया सर्वजनाश्रयणीयो भवति। श्रीयतेऽनयाश्री संपदा। शोभा की शोभा। **क्रम क्रम करि लाधे** — अनन्त जन्मों का पुण्य धीरे-धीरे संचित करके प्राप्त किए हैं। **लाधे** — लब्ध।

(४२)

सोभा बरनन कौ पद : सखी कौ वचन सखी ते

भूली[१] सब सखी देखि देखि।
जच्छ किन्नर-नागलोक-देवतिय[२] रीझ रहीं भुव लेखि लेखि॥
कहत परस्पर नारि नारि सों, यै सुंदरता अवरेख रेखि।
श्रीहरिदास के स्वामी स्यामाऐ कैसें हु चितयें[३] पै रेख-रेखि।

श्रीराधा के अदभुत सौन्दर्य-माधुर्य को निहारकर सभी सखियाँ आपा भूल गई, मोहित हो गई।

यक्षलोक की विलासमयी रूपसी हों या किन्नर-लोक की संगीत-रास रसिक सखियाँ हों। नागलोक की अमृत-स्वरूप नायिका हों या देवलोक की शची, उर्वशी आदि देवांगना और अप्सरा हों — वे सभी प्रियाजू की रूपमाधुरी को देखकर रीझ रही हैं तथा संकोच और ग्लानि के भाव से अपने पैर के नाखून से धरती को कुरेद रही हैं।

वे सभी नारियाँ परस्पर चर्चा कर रही हैं कि हमने भली-भाँति जान लिया है कि प्रियाजू की सुन्दरता "सौन्दर्य की चरम सीमा है, सौन्दर्य की सर्वांग-सम्पूर्णता है।"

श्रीहरिदासी-सखी की आराध्या श्री प्रियाजू को किसी भी कोण से देखें लेकिन हम सौन्दर्य की रेखामात्र ही देख सकती हैं।

इस रूप के पारावार की सम्पूर्णता को, अगाधता को भला कौन जान सकेगा? जितना भी देखो, देखने की प्यास बढ़ती जाती है। रूप की अगाधता भी विस्तृत हो जाती है। सृष्टि का सम्पूर्ण सौन्दर्य-माधुर्य राधा-रानी के सौन्दर्य-माधुर्य-रस-सिन्धु की एक बूँद मात्र है।

पाठान्तर — १. फूली। २. देव स्त्री। ३. चितबें परेखि रेखि।

शब्दार्थ — भूली — प्रफुल्लित हो जाना, प्रसन्न हो जाना। **भुव** — धरती। **लेखि** — लिखना (नाखून से या तिनके से धरती पर लिखना)। **अवरेख** — उरेहना, छवि अंकित करना, सोचना। **रेख** — रेखा, लकीर, सीमा। **परेख** — होंस, मन की तरंग, परेखौ, पश्चाताप।

(४३)

मान रस कौ पद : सखी कौ वचन प्रियाजू तें

पिय सों तू जोई-जोई करै सोई-सोई छाजै।
तेरी सैंध करै जो कोऊ[1] सोऊ लाजै।
तू सुर-ग्यान सब अंग सखी री, मान करत बे काजै।
श्रीहरिदास के स्वामी स्याम कौ ज्यौ तो में बसै तू नित्त-नित्त बिराजै[2]।

सखी प्रियाजू से कहती हैं कि वृन्दावन की निकुञ्ज में लालजू के साथ प्रेम की लहर में आप जो भी रस-विलास करती हैं, वही अदभुत-सौन्दर्य की छटा बन जाता है। जो कोई सखी सेंध में से उसे लुक-छिपकर देखे भी, वह भी संकोच में पड़ जाती है अथवा (सेंघ पाठ से) जो कोई तेरी होड़ करने लगे, तो वह भी लज्जित हो जाती है। आप अनूठी हैं, आपका विलास भी अनूठा है। प्यारीजू, आप सर्वांग स्वरज्ञान हैं (संगीत के समस्त अंगों में निष्णात हैं) आप नाद-रूपा हैं। आहतनाद और अनाहतनाद ये दोनों आप ही के अंग हैं। यह स्वर, जिससे अनन्त राग-रागिनियां (समुद्र में लहरों की भाँति) प्रकट होती हैं, आप ही का अंग है। आप व्यर्थ ही लाड़ले से मान करती हैं। हरिदासीजी कहती हैं "प्रियाजू, बिहारीजी के प्राण आप में विराजमान हैं और बिहारीजी के प्राणों में आप विराज रही हैं"।

महाप्रभु हित हरिवंशजी की "चौरासी" का पहला ही पद है —
जोई जोई प्यारौ करै सोई मोहि भावै
भावै मोहि जोई, सोई-सोई करैं प्यारे।

पाठान्तर — १. और सेंघ करै जो तेरी। २. स्याम जियमें बसै तू नित नित बिराजै।
शब्दार्थ — छाजै — फबना, शोभा देना। **सैंध** — सन्धि। **सेंघ** — होड़। **ज्यौ** — प्राण, जी, जिया।

(४४)

प्रतिबिंब-संभ्रम कौ पद : अपने प्रतिबिंब सों प्यारीजू के वचन

सोई तौ बचन मोसों मानि, तैं मेरौ लाल मोह्यौ री साँवरौ।
नव निकुंज सुख-पुंज महल में सुबस बसौ एहि[१] गाँवरौ।
नव नव लाड़ लड़ाइ लाड़ली, नहिँ नहिँ यह ब्रज-जाँवरौ।
श्रीहरिदास के स्वामी स्यामा कुंजबिहारी पै बारोंगी मालती भाँवरौ।

श्रीहरिदासी सखी अपनी अनुगत सखी को बताने लगीं कि आज प्यारीजू का अद्‌भुत रस-विलास देखकर आई हूँ। आज प्रियाजू ने दर्पण में अपना मुख देखा और उस अद्‌भुत-सौन्दर्य को देखकर स्वयं ही विमुग्ध हो गईं, वे सम्भ्रम की मनोदशा में अपने ही प्रतिबिम्ब से बोलीं — "अब तुम मेरी बात को मान लो, अब इसमें कोई सन्देह नहीं रह गया है कि मेरे लाल को सम्मोहित करने वाली तुम ही हो। तुमने ही उसको अपने वश में कर लिया है।" अपने ही प्रतिबिम्ब के प्रति श्यामाजू के मन में अन्य-अनुराग की शंका हुई और अनखनावट के भाव में बोलीं — वृन्दावन की नित्यनवीन निकुञ्ज में जहाँ नव-नवायमान सुख प्रतिपल विलास करता है, उस निकुञ्ज में तुम्हारे साथ का यह गाँवरा खूब बसेगा? इस बात को सुनकर श्रीहरिदासी ने कहा — "अरी लड़ैती, लाल ब्रजरस का स्वादी नहीं है, निकुञ्ज-रस का स्वादी है, यह ब्रज-रस में नहीं जाता। नित्य-निकुञ्ज में ही इसे नए-नए लाड़ लड़ाती रहना"। हरिदासी सखी कहती हैं — "श्यामाकुञ्जबिहारी का प्रेम अनन्य है, मालती के फूल का भौंरा फिर दूसरे फूल पर नहीं जाता, किन्तु श्यामा-श्याम की अनन्यता पर तो मालती-भ्रमर भी न्यौछावर हैं।

पाठान्तर — १. यह।

शब्दार्थ — निकुंज महल — कुञ्ज का अन्तरंग-स्थल जहाँ केलि होती है। **गाँवरौ** — गाँव, गँवारपन (यहाँ ब्रजलीला से तात्पर्य है जिसमें कृष्ण बहुवल्लभ है, अनेकों के साथ रमण करते हैं)। **ब्रज-जाँवरौ** — ब्रज का ग्वालबाल, गोपाल।

रति-याचक कौ पद : सखी कौ बचन लाड़लीजू तें

जो कछ कहत लाड़लौ, लाड़ली जू सुनियै कान दै।
जो जिय उपजै[1] सो तेरीयै[2] हित की कहत हौं आन दै॥
मोहि न पत्याहु तौ छाती टकटोरि देखौ पान दै।
श्रीहरिदास के स्वामी कुंजबिहारी, प्यारी, जाँचक कों दान दै॥

नित्य-विहार के अद्‌भुत प्रेमरस में प्रियतम रति की याचना कर रहे हैं। श्रीललिता सखी कहती हैं — "हे लाड़लीजू! श्रीलाल तुम्हारे द्वार के याचक हैं, इनके लिए तुम रतिदान करो। हे लाड़ली जू !श्रीलाल जो कुछ कह रहे हैं, उसे कान लगाकर सुनो। मेरे हृदय में जो कुछ आ रहा है, वह तुम्हारे हित की बात है। मैं शपथपूर्वक (आन देकर) कह रही हूँ कि श्रीलाल के मन में एकमात्र आपको सुखी करने की लालसा है। उनके रोम-रोम में छिन-छिन पल-पल आपका लाड़ लड़ाने की उत्ताल तरंगें उठती हैं। यदि मुझ पर विश्वास नहीं, तो अपने हृदय पर हाथ रखकर देख लो। आपने अपने हृदय में श्रीलाल को बसा रखा है।"

श्रीहरिदासी सखी कहती हैं कि "यह प्रेम का कितना सुकुमार स्वरूप है कि श्रीलाल याचक बने हैं! अब तुम्हारी महिमा इस याचक को दान देने में है।"

ललित किशोरीजू की वाणी में लालजू स्वयं कहते हैं — "प्यारीजू, आपके समान कोई उदार नहीं है और मेरे समान कोई याचक नहीं है" —

प्यारी तौ सम नाँहि उदार कोउ, मो सम जाचक नाँहि।
तन मन प्रानन रमि रह्यौ उर संपुट के माँहि।

पाठान्तर — १. उपजत। २. तिहारे ई।

शब्दार्थ — कान दै — ध्यान से सुनना। **जिय उपजै** — मन में आता है। **टकटोर** — टटोलकर देखो। **पानि** — हाथ, पाणि। **पत्याहु** — भरोसा करो। **दान** — रतिदान।

फूल सेज कौ पद : लालजू के बचन प्यारीजू तें

प्यारीजू[१], आगें चलि, आगें चलि, गहबर-बन भीतर, जहाँ बोलैं कोइल री।
अति ही विचित्र फूल-पत्रन की सिज्या रची, रुचिर सँवारी तहाँ तू व सोइल री।
छिन छिन पल पल तेरीयै कहानी तुव मग जोइल री।
श्रीहरिदास के स्वामी स्याम कहत छबीलौ काम-रस भोइल री।

नवदूलह लालजू ने आज अपने मनोरथ के अनुसार श्यामाजू का लाड़ लड़ाने के लिए वृन्दावन की सघन-कुञ्ज में अपने हाथों से ही फूलों की सेज सजाई और उसके अनन्तर प्रियाजू को ले जाने लगे। प्राणप्यारी रास्ते में ही बैठ गईं, तो कहने लगे — "प्यारीजू, आगे चलो, और आगे चलो, सघन-वन में वहीं चलो, जहाँ कोयल अलापती है। वहीं मैंने अनोखे फूलों और सुकोमल पत्तों से सुख-सेज सँवारी है। आज तुम वहीं शयन करना। तुम्हारे रस-विलास केलि-क्रीडा की कितनी-कितनी कहानियाँ, कल्पनाएँ वहाँ तुम्हारा छिन-छिन, पल-पल इन्तजार कर रही हैं।" श्रीहरिदासी सखी कहती हैं कि श्यामसुन्दर यह कहते-कहते ही काम-रस में निमग्न हो गए, विह्वल हो गए।

पाठान्तर — १. श्यामा प्यारी।

शब्दार्थ — गहबर वन — घना, निबिड़, सघन वन। **मग जोइल** — प्रतीक्षा करना। **भोइल** — विभोर होना, विह्वल होना। **सिज्या** — सेज।

सखी न पंछी भँवर धुनि जहां न सुनियै कोय।
तिहि गहवर वन खेलियै तन-मन प्रान सँजोय।

गहवरवन ब्रजभूमि की चौरासी कोस की यात्रा के अन्तर्गत आने वाला एक लीलास्थल है, जो बरसाने में मोरकुटी के नीचे के पहाड़ी-अञ्चल में विद्यमान है। यह सुन्दर सघन वन है। इसके समीप ही दोहनीकुण्ड और कदमखण्डी है। इस वन की वृक्षावली श्रीकृष्ण की लीला-सम्बन्धी कई अनुश्रुतियों से सम्बन्धित हैं। यहाँ मोहिनीकुण्ड, मोरकुंड, ललिताकुण्ड आदि भी है। ब्रजमण्डल में अनेक लीलास्थल वात्सल्य-भाव के केन्द्र हैं, जैसे गोकुल-महावन-ब्रह्माण्ड घाट। अनेक स्थल सख्यभाव के हैं, जैसे तालवन, भोजनथाली, लुक लुक कुण्ड, अनेक स्थल गोपीभाव के हैं, जैसे रास-मण्डल परासौली तथा अनेक स्थलों का सम्बन्ध राधाभाव से है, जैसे राधाकुण्ड, रुद्रकुण्ड, किशोरीकुण्ड संकेत आदि। यहाँ गहवरवन का तात्पर्य वृन्दावन के ही सघन वन से है, ब्रज चौरासी गहवरवन से नहीं।

(४७)

छद्मसैन कौ पद : सखी के बचन लालजू तें

प्यारी अब सोइ गई।
ज्यौं ज्यौं जगाबत त्यौं त्यौं नहिँ जागत, प्रैंम रस पान कर भोइ गई।
जागत होइ तौ जगाऊँ प्यारी, तातें[१] परम सचु रस ही रसिक रस बोइ गई।
श्रीहरिदास के स्वामी स्यामा[२] उठकें, गरैं लगाई नवल प्रीत सों नोइ गई।

श्रीललिता सखी कहती हैं कि प्यारीजू सुरति-सेज पर लेटी और लेटते ही रस के मद में छक गईं। सो गईं।

प्रेमरस-आसव का पान करके वे तन-मन-प्राणों से विभोर हैं। मैं उन्हें जगाने का प्रयास करती हूँ, वे विह्वलता में हूँ, कहती हैं, और फिर सो जाती हैं।

वे जागती हों तो जगाऊँ, वे जगती कहाँ हैं? उन्होंने तो परमप्रेम रस-आसव का पान किया है। हे प्यारे! रसमयी दुल्हन इस तन्द्रिल-अवस्था में भी तो रस के बीजों को ही बो रही है।

प्रेम सहेली की यह बात सुनकर श्रीप्यारीजू उठीं और उन्होंने श्रीलाल को गले लगाया और नवल प्रेमरस में निमग्न हो गईं।

सोये को जगाया जा सकता है परन्तु श्रीराधा तो परम दिव्यआनन्द रस में निमग्न है — निरखि स्वरूप कुँवरि राधे कौं ना सोई ना जगी। (ललित किशोरी)।

पाठान्तर — १. तातैंब। २. स्यामा कुंज बिहारी।
शब्दार्थ — भोइ गई — छककर विह्वल हो गई। **सचु** — सत्य, उज्ज्वल रस। **नोइ गई** — निमग्न हो गई।

(४८)

होरी डोल झूलन कौ पद : धमार : सखी बचन सखी सौं

डोल झूलत दुलहनी दूलह।
उड़त अँबीर कुंकुमा छिरकत खेल परस्पर सूलह।
बाजत ताल रबाब और बहु तरनी-तनया कूलह।
श्रीहरिदास के स्वामी स्यामा कुंजबिहारी कौ अनँत[1] नाँहिनै फूलह[2]।

श्रीहरिदासी सखी अनुगत सखी से कह रही हैं कि आज दूल्हा-दुल्हन डोल झूल रहे हैं। अबीर उड़ रहा है। कुमकुम (केसर) छिड़का जा रहा है और वे दोनों एक-दूसरे को छूने-पकड़ने की क्रीडा कर रहे हैं। कुमकुमा मारते हुए क्रीडा कर रहे हैं। मिलन-क्रीडा कर रहे हैं।

श्री यमुना के तट पर जहाँ श्री श्यामा-श्याम का डोल सजा है, ताल, रबाब और अन्य अनेक वाद्य बज रहे हैं।

श्री श्यामा-श्याम को अन्यत्र कहीं भी ऐसी प्रफुल्लता का अनुभव नहीं होता, इसलिए वे वृन्दावन-रस के ही रसिक हैं।

श्री बिहारिनदेवजू वृन्दावन-रस के स्वरूप के सम्बन्ध में कहते हैं –

श्री वृंदावन कौ री चोज मनोज बढ़त रहै।
कुंजनि कुंजनि केलि नवेलि नवल कहै।
कहैं नवल नवेलि केली सुनि सखी सुख पावती।
(रससागर, ५२२)

वृन्दावन का भाव-आवेश है कि पल-पल छिन-छिन काम का मद बढ़ता है, कुञ्ज-कुञ्ज में नवल केलिविलास होता है और सखियाँ उस नवल केलि के उल्लास का गायन करती हैं।

पाठान्तर — १. अनँतब। २. अनेक प्रतियों में दूलह, सूलह, कूलह तथा फूलह उकारान्त हैं।

शब्दार्थ — कुमकुमा — लाख का बना पोला लड्डू जिसमें अबीर-गुलाल भरकर होली में परस्पर ऊपर फेंकते रहते हैं। **सूलह** — अर्थात् सम्मिलन, सो लहु, वह प्राप्त करो। **तरनी-तनया** — सूर्यपुत्री यमुना। **फूलह** — प्रसन्नता।

(४९)

रस सिंगार : घूनरी कौ पद : सखी कौ बचन लालजू तें

प्यारी पहरै चूनरी।
तैसौई लहँगा बन्यौ सिलसिलौ पूरनमासी की सी पूनरी॥
हौं जु कहत चलियै मनमोहन मानैंगी नहिँ घूनरी।
श्रीहरिदास के स्वामी स्यामा कुंजबिहारी चरन लिपटाने दूहूँन री॥

सखी कुञ्जबिहारी से कहती हैं कि "आज प्यारी ने चुनरी ओढ़ी है। जैसे रंग की चुनरी है, वैसे ही रंग का चिकना-चमकना लहँगा पहना है। जैसे पूर्णिमा का चन्द्रमा होता है, वैसे ही प्यारीजू सोलह कलाओं से सम्पूर्ण हैं।" ललिताजू कहती हैं कि "हे मनमोहन, आप स्वयं ही चलिए, वह मन-घुन्नी ऐसे नहीं मानेगी"।

श्रीहरिदासी कहती हैं कि कुञ्जबिहारी श्यामाजू के पास पहुँचकर उनके दोनों चरणों में लिपट गए।

शब्दार्थ — सिलसिलौ — चिकना, कान्तिमान। **पूनरी** — पूर्णता को प्राप्त। **घूनरी** — घुन्नी, अपने मन के भाव को गुप्त रखने वाली।

(५०)

सादा सिंगार कौ पद : लालजू कौ बचन प्यारीजू तें

बनी री तेरें चार-चार चूरी करनि।
कंठसिरी दुलरी हीरन की नासा मुक्ता ढरनि।
तैसौई नैनन कजरा फबि रह्यौ निरखि काम डरनि।
श्रीहरिदास के स्वामी स्यामा कुंजबिहारी रीझ प्रिया[१] पग परनि।

बिहारीजी प्रियाजू का रूप निहार रहे हैं। मुग्ध भाव से बोले, "प्यारी, तुम्हारे हाथों में चार-चार चूड़ी शोभा पा रही हैं। गले में कण्ठश्री है और हीरों की दोलड़ी वाली माला है। नासिका में मोती का आभरण है। आपके नेत्रों में काजल ऐसा लगा है कि सुन्दरता का देवता काम भयभीत हो रहा है।" श्रीहरिदासी सखी कहती हैं कि "प्रियाजू के इस सादा-शृंगार को निहारते हुए कुञ्जबिहारी रीझे और ऐसे रीझे, कि प्यारीजू के पैरों में लोटने लगे"।

पाठान्तर — १. रीझि-रीझि।
शब्दार्थ — कंठसिरी — कण्ठश्री, कण्ठी। **दुलरी** — दो लड़ी वाली माला। **नासामुक्ता** — नाक का मोती।

(५१)

नई ठुकराई कौ पद : सखी कौ बचन लालजू तें

प्यारी अब क्यौं हू क्यौं हू आई है।
तुम इत स्त्रमित अधिक मनमोंहन मैं कोटि-जतन[१] समझाई है॥
उत हठ करत बहुत नव-नागरि तैसीयै नई ठकुराई है।
श्रीहरिदास के स्वामी स्यामा कुंजबिहारी कर जोरि मौन ह्वै,
दूबरे की राँधी खीर कहौ कौन खाई है॥

नित्य-विहार का अनोखापन है कि मिलन शाश्वत है तथापि प्रतिक्षण पहले मिलन की अनुभूति है। प्रत्येक क्षण सुहागरात का पहला क्षण है। सुहागरात है, नई दुल्हन है। प्रियतम के पास आने से झिझकती है, हिचकती है, डरती है, संकोच करती है। अपने आप नहीं आती, अन्य समवयस्का युवतियाँ प्रियतम के पास चलने का आग्रह-अनुरोध करती हैं और नई दुल्हन आनाकानी करती है। चटपटी चाह और लाड़लेपन की इसी भावभूमि में राधा-रानी को साथ लेकर प्राणसखी आई है और प्रियतम से कहती हैं — "हे प्रियतम, आप प्यारी से मिलन की चाह में बेचैन हो रहे थे, उधर प्यारीजू न चलने का हठ कर रही थी। मैंने बार-बार अनुनय-विनय की, बार-बार मनुहार की, कितनी तरह से समझाया, तब कहीं जाकर बड़ी कठिनाई से नव-दुल्हन को लेकर आई हूँ। नई-नई बात है, नया-नया परिचय है। नई दुल्हन का नया स्वभाव है। नई ठकुराई है।"

श्रीहरिदासी सखी अनुगतसखी से कहती हैं कि प्रियतम प्यारीजू के सामने हाथ जोड़कर मौन हो गए। हरिदासीजू से बोले — "गरीब की बनाई हुई खीर को कौन खाता है? तुम्हीं बताओ।"

"दूबरे की रांधी खीर किननें खाई" एक लोकोक्ति है। नागरीदासजी ने इसको स्पष्ट करते हुए लिखा है — "जैसें कोऊ गरीब काहू राजा कों कहै कि मेरें प्रसाद करौ। सुंदर सामग्री करै। पै राजा जानें कि याके प्रसाद करायबे कौ कछ हेत है, यै सकामी है। ताते राजा वा गरीब के प्रसाद न करै, कछ देन आवैगौ। जातें मैं पूरन सकामी हों, ये निहकामी राजा, सो मो गरीब की रांधी खीर कब खात हैं?"

पाठान्तर — १. क्यों हू।
शब्दार्थ — क्यों हू क्यों हू — जिस किसी प्रकार से, कठिनाई से।

(५२)

रास नृत्य कौ पद : सखी के वाक्य सखी ते

सुनि धुनि मुरली बन बाजै, हरि रास रच्यौ।
कुंज-कुंज द्रुम बेल प्रफुल्लित, मंडल कंचन-मनिन खच्यौ।
निरतत[1] जुगल किसोर जुवति जन मन मिलि राग केदारौ मच्यौ।
श्रीहरिदास के स्वामी स्यामा कुंजबिहारी नीकैं प्यारौ लाल नँच्यौ॥

ललिताजू अपनी परिकर सखी से कह रही हैं — अरी सखी, मुरली की धुन को सुन। वृन्दावन में आज मुरली बज रही है। श्यामसुन्दर ने आज रास रचाया है।

कुञ्ज-कुञ्ज सुख में निमग्न है। वृक्ष-लताएँ फूल रही हैं। रास-मण्डल सोने का बना है, जिसमें मणियाँ जड़ी हैं।

युगल-किशोर (श्यामा-श्याम) नृत्य कर रहे हैं तथा युवती-सखियाँ तन्मय होकर गा रही हैं। राग केदार की स्वर-लहरी धरती से आकाश तक मचल रही है। श्रीहरिदासी सखी ने श्यामाजू से कहा — "आज श्रीलाल ने ऐसे तन्मय-भाव से नृत्य किया कि समा बँध गया।" श्री बिहारिनदासजू की वाणी है —

रास मंडल मध्य नृत्यत दोऊ।
विमल भूमि विमल द्रुम दल नभ, नृत्य निरन्तर आलस न सोऊ।
ज्यौंही ज्यौंही अपने अंग नृत्यत इत त्यौंही त्यौंही अपने अंग नृत्यत उत वोऊ।
उपजावत गति में गति उकति रहत न हारि मानि मन कोऊ।
रीझि रीझि वारति सखी तन मन धन अद्भुत कौतिक जुवती जोऊ।
देति असीस बिहारिनिदासी इन रसिक अनन्यनि के सुख में सुख होऊ॥
(रससागर, ४९९)

पाठान्तर — १. नृत्तत।
शब्दार्थ — मंडल — रास की स्थली। **खच्यौ** — मणियों से जड़ा हुआ।

राग कल्याण

(५३)

चरन परछाँही कौ पद : लालजू के बचन प्यारीजू तें

जहाँ जहाँ चरन परत प्यारीजू तेरे, तहाँ तहाँ मन मेरौ करत फिरत परछाँही।
बहुत मूरति मेरी चौंर ढुरावत, कोऊ बीरी खवाबत एक ब आरसी लै जाँही॥
और सेवा बहुत भाँत[1] की, जैसियै कहै कोऊ, तैसीयै करौं जो रुचि जानौं जाँही।
श्रीहरिदास के स्वामी स्यामा कों भलैं मनाबत दाबि[2] उपाँही॥

एक समय प्यारीजू ने अति विचित्र गति से नृत्य किया। रिझवार-शिरोमणि लाल रीझ-रीझकर विभोर हो गए और जहाँ-जहाँ प्राणेश्वरी के श्रीचरण-कमल पड़ रहे थे, वहाँ-वहाँ भावना के द्वारा छत्र-छाया करने लगे। स्वामिनीजू ने पूछा, तो आप कहने लगे "हे लाड़लीजू, आपके चरणचिह्न मेरे इष्ट स्वरूप हैं। मेरा मन अपने उन (ठाकुर) इष्ट पर छत्रछाया करता फिर रहा है। मेरे मन ने भावना द्वारा अनेक रूप धारण कर लिए हैं। मेरी कोई भाव-प्रतिमा उन चरण-चिह्नों पर चँवर ढुला रही है, कोई बीरी आरोगवा रही है और कोई दर्पण दिखा रही है। आप रस-रूप हैं, यह निकुञ्ज भी रसरूप है और इस रस के आवेश में आपकी जैसी रुचि देखता हूँ, वैसी ही सेवा में तत्पर हो जाता हूँ। हरिदासी सखी निहार रही है कि श्यामसुन्दर प्यारीजू के चरणों को दबा रहे हैं और उन्हें भली प्रकार से मना रहे हैं।

पाठान्तर — १. भांतिन। २. दाइ।
शब्दार्थ — चौंर — चँवर। **बीरी** — पान का बीड़ा। **आरसी** — दर्पण।

(५४)

प्रतिक्षण नवीनता कौ पद : लालजू के बचन लाड़लीजू तें

कौन बात जो अब ही और अब ही और अब ही औरै।
देव नारि नागनारि और नारि, ते न होइ और की और॥
पाछैं न सुनी, अबहू, आगें हू न ह्वै है, यै गति अदभुत रूप की, और की और।
श्रीहरिदास के स्वामी स्यामा कुंजबिहारी या रस ही बस भए, यह भई और की और।

श्रीलाल को प्यारीजू के रूप में प्रतिक्षण नवीनता की अनुभूति होती है। इस अद्‌भुत-भाव को व्यक्त करते हुए वे कह रहे हैं — "हे प्यारीजू ,आपके सौन्दर्य में यह कैसी विलक्षणता है कि अभी कुछ और बात थी और अभी कुछ और बात हो गई और अभी कुछ और ही बात बन रही है।"

" ऐसी विचित्रता, ऐसी क्षण-क्षण नवीनता न तो देवलोक की नारियों में देखी-सुनी है और न नागलोक की नारियों में। ऐसी बात अन्य किसी धाम की किसी नारी में नहीं सुनी गई। सौन्दर्य-माधुर्य की ऐसी अद्‌भुत गति न तो पहले कभी सुनी है, न वर्तमान में है और न भविष्य में होगी।"

श्रीहरिदासी सखी कहती हैं कि प्रियाजू के रूप और प्रियतम के राग का अद्‌भुत संयोग है। प्रियतम एक क्षण प्यारीजू की छवि को निहारकर रस-वश होते हैं, दूसरे ही क्षण प्यारीजू की छवि "और की और" हो जाती है। राग से रूप बढ़ता है और रूप से राग, सौन्दर्य की अनुभूति और गहरी हो जाती है। प्यारीजू का रूप प्रतिक्षण नवीन है और प्रियतम का राग प्रतिक्षण नवीन है। चेतना में नव-नव भाव की दीप्ति है।

पाठान्तर — अनेक प्रतियों में तुकान्त में "और" के स्थान पर "औरै" पाठ है।
शब्दार्थ — और की और—अभी कुछ और अभी ही कुछ और हो गया, पल-पल परिवर्तन।

(५५)

रति-समर रस कौ पद : सखी कौ बचन सखी तें

माई, ए[१] बसीठ इनके, वे इनके और धौं को परै बीच।
हाथापाई करत जु स्त्रम भयौ अंग अरगजा की कीच॥
प्यारीजू के मुख-अंबुज कौ डहडहाट ऐसौ लागत ज्यौं अधर-अमृत[२] की सींच।
श्रीहरिदास के स्वामी स्यामा कुंजबिहारी के रागरंग
लिपटान[३] के भेद न्यारे ज्यों[४] पानी में पानी नरीच॥

श्रीहरिदासी सखी अपनी अनुगत सखी को सम्बोधन करते हुए कह रही हैं — हे सखी, आज श्यामा-श्याम के बीच हाथापाई हो गई, यह सुरति-युद्ध है, प्यार की लड़ाई। दोनों विलस रहे हैं। इनके बीच-बचाव की बात रहने दो, भला, इनके बीच कोई क्यों पड़े ? ये दोनों आपस में ही सुलट लेंगे। क्योंकि ये परस्पर एक-दूसरे के परिचारक और प्रेम के सन्देशवाहक हैं। इनके मन की बात श्यामाजू समझती हैं और श्यामाजू के मन की बात बिहारीजी समझते हैं। हाथापाई करने से जो श्रम हुआ है, उसके कारण दोनों के श्री-अंगों में (पसीने से) अरगजा की कीच हो गई है। प्यारी के मुखकमल की प्रफुल्लता कुछ ऐसी प्रतीत होती है, मानो प्यारे ने उसे अपने अधरामृत से सींच दिया है।

हमारे श्री-युगल के राग-रंग प्रेममय ठाठ-बाट और मिलन के रहस्य को कोई क्या समझ सकता है ? जल और जल की लहर के बीच क्या बातें होती हैं, इसे दूसरा कोई क्या जाने ? पानी में पानी की लकीर देखने-मात्र को अलग है, अलग हो नहीं सकती, इसी प्रकार से श्यामा-श्याम के राग-रंग लिपटान के रहस्य की बात है।

स्वामी श्रीहरिदास ने तीन पदों में रतियुद्ध की चर्चा की है — ''प्यारी तेरी बांफन बान सुमार लागै भोंहें ज्यों धनुष'' (पद सं० ३६) तथा दोऊ मिल लरत झराझर (पद सं. ७१)

रसिक भक्तों ने रति-संग्राम का बहुत विस्तार से वर्णन किया है। बिहारिनदेवजू ने श्यामा-श्याम की हाथापाई का चित्र अंकित किया है -

मदन सदन मैदान विपिन रन रुपे रसिक मन धीर।
वे इनके ए विनके छल-बल तौलत गुनन गंभीर।
अंजन अनी नैन सर सूधे भृकुटिन चाप चढ़ाय।
विवि उरोज गज कुंभन पर अंचल चल ढाल ढुलाय। (रससागर, पृ० ५२५)

पाठान्तर — १. माई री ये। २. लटपटान। ३. अधरामृत। ४. न्यारे न्यारे जैसें।

शब्दार्थ — बसीठ — संदेशवाहक। **धौं —** अव्यय है, इसका प्रयोग कौनधौं, कैसेधौं की तरह, बल देने के लिए होता है। **हाथापाई —** हाथ-पैर के बल पर जूझना, दाँव लगाना, दाँव का प्रतिरोध करना। **अरगजा —** चन्दन, कपूर, केसर, आदि को मिलाकर बनाया गया अंगराग। **नरीच —** लहर। **डहडहाट —** प्रफुल्लता।

(५६)

बेस-पलट सुख सज्जा कौ पद : सखी के वाक्य सखी सों

कस्तूरी कौ मर्दन अंग में कियें, मुरली धरैं पीतंबर ओढैं कहति राधे हौं ही स्याम।
किसोर कुंकुमा[1] कौ सिंगार कियें सारी चुरी खुभी नैनन[2] दियें स्याम।
बाँह गहि लै चले, चलियै जू कुंज में चितै मुख हँसैं, मानौ एई स्याम।
श्रीहरिदास के स्वामी स्यामा कुंजबिहारी, छाती सों छाती लगायें गौर-स्याम॥

श्रीहरिदासी सखी ने आज एक नया कौतुक देखा और अपनी अनुगत सखी को बताया कि प्रियाजू ने तो आज कृष्ण रूप धारण कर लिया और श्यामसुन्दर कुञ्जबिहारी ने राधा का वेश धारण कर लिया। प्रियाजू ने तो काली-कस्तूरी का अनुलेपन करके पीताम्बर और मुरली को धारण किया। उधर बिहारीजू ने कुमकुम का शृंगार किया, साड़ी पहनी, हाथों में चूड़ी पहनी, कानों में खुभी पहनी तथा आँखों में काजल लगाया। प्यारीजू बिहारीजू से गलबाँही डालकर मुसकराते हुए बोलीं — "अजी क्यों सकुचा रही हो, आपकी मनुहार करती हूँ, आप कुञ्जमहल में पधारो।" श्याम बनी गोरी इस प्रकार मनुहार कर रही हैं, मानो साक्षात् लाल ये ही हैं। रूप के असंजस में प्रेम की लीला चलती रही और श्यामा-श्याम छाती से छाती लगाकर परस्पर लिपट गए। प्रेमरस-वश दोनों अभिन्न हो गए।

भगवत रसिक ने भी वेश-बदल का पद लिखा है —

हेली रसिकराय रस सों भरे इन पलटि पहिर लिए चीर हो।
अहो हेली श्यामप्रिया भई मानिनी गोरे लाल मनावन-हार हो।
हेली मान न छाँड़ै मानिनी ए तौ रिझवत बहुत प्रकार हो।
हेली पाँयन पर विनती करै अरु कहत रसीले बैन हो।

(अनन्य रसिकाभरण)

जिन्होंने वृन्दावन में श्री बांकेबिहारी की छवि का दर्शन किया है, वे जानते हैं कि श्री विग्रह का शृंगार इस ढंग से किया जाता है कि श्यामा-श्याम दोनों का शृंगार एक ही अंग में हो । यह संकेत है कि एक प्रेम-तत्त्व ही रस क्रीडा के लिए दो रूप धारण करता है।

पाठान्तर — १. कुंकुम। २. नेत्रन।

शब्दार्थ — मर्दन — लेपन, मींड लेना। **कुमकुमा** — केसर। **नैनन दियें स्याम** — आँखों में काजल लगाया। **गौर स्याम** — प्रिया-प्रियतम।

मान रस कौ पद : लालजू कौ बचन प्यारीजू तें

प्यारी, तेरौ बदन-चंद देखें, मेरे हिरदै-सरोवर में कमोदनी फूली।
मन के मनोरथ तरंग अपार, सुंदरता तहाँ गति भूली॥
तेरौ कोप-ग्राह ग्रसें लिऐं जात, छुड़ायौ नहिँ छूटत, रह्यौ बुधि बल गहि झूली।
श्रीहरिदास के स्वामी स्यामा चरन-बनसी सों काढ़ि रहे लिपटाइ गही भुज मूली॥

श्रीलाल कह रहे हैं — "हे प्यारीजू, आपके मुख-रूपी चन्द्रमा को देखकर मेरे हृदय-रूपी सरोवर में लालसा-रूप कमोदिनी खिल गई है। आपके मुख की ऐसी अद्‌भुत शोभा है कि स्वयं सुन्दरता ही मोहित होकर अपने को भूल जाती है, अपनी गति को भूल जाती है। मेरे मन-रूपी जलाशय में मनोरथों की अगणित तरंगें उठ रही हैं।

मन-रूपी अगाध सरोवर में जहाँ मनोरथों की तरंगें उठ रही हैं, लालसाओं की कमोदिनी खिल रही है, वहीं एक मगर (ग्राह) भी रहता है और वह है आपके कोप का भय, मान की आशंका? यह मगर मुझे पकड़े लिए जा रहा है। बहुत छुड़ाने की चेष्टा करता हूँ, परन्तु नहीं छोड़ता? बुद्धि का बल हार गया। हे श्यामाजू, अपने चरण की बनसी (काँटे) से आप इसे बाहर खींच लो।

श्रीहरिदासी सखी कहती हैं कि "प्रियतम ने लाड़लीजू के चरणों का आश्रय लिया, और उस ग्राह को उसी प्रकार बाहर निकाल दिया, जैसे मछली पकड़ने-वाला बनसी (काँटे) से मत्स्य को बाहर निकाल देता है"।

प्यारीजू ने प्रसन्न होकर प्रियतम को भुजमूल से अपने आलिंगन में बाँध लिया।

सांगरूपक अलंकार : मुख-चन्द्रमा, लालसा-कमोदनी, हृदय-सरोवर, मनोरथ-तरंग, मान-मकर, चरन-बनसी।

शब्दार्थ — कमोदनी — कमल जाति का एक प्रकार, यह फूल रात को चन्द्रमा को देखकर खिलता है। **बनसी** — मछली पकड़ने का उपकरण। **ग्राह** — मगर। **भुजमूल** — बगल।

(५८)

श्रमजल कन शोभा कौ पद : लालजू के बचन प्यारीजू तें

प्यारी तेरौ बदन कनक कोकनद[१] स्त्रम-जल-कन सोभा देत री।
तामें तिल दीठ[२] परत ही मन हर लेत री।
उर तन जात पात[३] प्रानन कों, कटि सों कर संकेत री।
श्रीहरिदास के स्वामी स्यामा कुंजबिहारी कहत अचेत री॥

लाड़लीजू के मुख पर सुरतान्त के श्रमबिन्दु झलक रहे हैं। इन श्रमबिन्दुओं में कैसा सम्मोहन है! कैसी शोभा है!

श्रीलाल कहते हैं — "हे प्रियाजू , आपका मुख सोने का कमल है और उस में श्रमबिन्दु मुक्ताफलों की भाँति सुशोभित हो रहे हैं। आपके गोरे मुख पर काला तिल है, मन को मोह लेता है, मेरे तन-मन-प्राण न्यौछावर हो जाते हैं। प्राणों में प्राण कब आते हैं, जब आप कटिसंचालन से प्रेम संकेत करती हैं।"

श्रीहरिदासी सखी कहती हैं कि "श्यामसुन्दर उस प्रेम-संकेत का स्मरण करते-करते आनन्द-समाधि में निमग्न हो गए, बेसुध हो गए।

पाठान्तर — १. कनक कौ कन। २. दृष्टि। ३. पांत।

शब्दार्थ — स्त्रमजल — पसीने की बूँदें। **संकेत** — अभिप्राय सूचक अंग चेष्टा। **अचेत** — बेसुध, स्तब्ध। **तिल** — शरीर पर काले तिल जैसा निशान, तिल का बिम्ब होने के कारण तिल ही कहा जाता है। यह शोभाशाली होता है। इसे सौभाग्य का लक्षण भी माना जाता है।

तिल भोंरी लहसन मसा जाहि दाहिने अंग।
चले जाउ बनखंड में तऊ लच्छमी संग।

(५९)

बचनामृत माँगबे कौ पद : लालजू कौ बचन प्यारीजू तें

एक बोल, बोल दै[1] जू, मान न करों।
मन बच क्रम तीन हूँ तें न टरों॥
तेरे ही कियैं मान, व्याप होत तन, कहि कैसें कै भरौं।
श्रीहरिदास के स्वामी स्यामा कुंजबिहारी कहत री प्यारी कैसें कै लरों॥

प्यारीजू सहज रस-भाव में हैं। प्यारीजू को प्रसन्न देखा तो श्रीलाल कहने लगे — "हे प्रियाजू, आपसे वचन माँगता हूँ। आप वचन दीजिए कि मैं कभी अपने प्यारे से मान नहीं करूँगी। न कभी मन में मान का भ्रम उपजेगा और न कभी वाणी में रूखापन आएगा और न कभी कर्म अर्थात् व्यवहार में नीरसता आएगी। मुझे वचन दीजिए कि मन-वाणी और कर्म तीनों में सदा सरसता बनी रहेगी।

आपके मान की आशंका का दु:ख मेरे रोम-रोम में व्याप्त हो जाता है। इस कष्ट को कैसे सहन करूँ?

श्रीहरिदासी सखी बतला रही हैं कि "कुञ्जबिहारी ने लाड़लीजू से कहा, हे प्यारीजू, आप ही बताएं, आपके मान से मैं कैसे लड़ूँ? मैं आपसे बराबरी नहीं कर सकता, लड़ नहीं सकता"।

वस्तुदर्शिनीकार ने इस पंक्ति का भाव लिखा है —

व्याप होत तन काम दल, करत कुमुक तुव मान।
कहि क्यों लरियै ताहि सौं बिसरे सबै सयान।

अर्थात् एक ओर तो शरीर में काम का दल व्याप रहा है, दूसरी ओर आपके मान ने कुमुक भेज दी है। अब यह लड़ाई कैसे लड़ी जाए, सारा सयानापन विस्मृत हो गया है।

श्री स्वामी नरहरिदेवजू की वाणी है —

कैऊ बेर कही, मानत न मान गही, हियौ कठिन कछु औरई ठई री।
पाँइ गहि मनाई, आधीन किए माई सो तू एक प्यारी नई मानिनि भई री।
जब देख्यौ अपनौ रूप और न कोऊ त्रिया अनूप
मान की छरकि तब हिय तें गई री।
हँसि बोली सुख की रासि मन भाई श्रीनरहरिदासि
पल पल बाढ़ी प्रीति नई री।

(रससागर, पृ० ६३०)

पाठान्तर — १. बचन दै मान न करौ।
शब्दार्थ — मन बच क्रम — मनसा वाचा कर्मणा एक भाव हो। **भरौं** — सहन करूँ।

(६०)

तांडव लास कौ पद : सखी बचन सखी प्रति

कुंजबिहारी नाँचत नीकें, लाड़ली नँचावत नीकें।
औघर ताल धरें श्रीस्यामा, ताताथेई ताताथेई बोलत संग पी के।
तांडव लास और अंग को गनें, जे जे रुच उपजत जी के।
श्रीहरिदास के स्वामी स्यामा कौ मेर सरस बन्यौ[१] और रस-गुनी परे फीके॥

कुञ्जबिहारी सुन्दर नृत्य कर रहे हैं और लाड़ली उन्हें सुन्दर भाँति से नचा रही हैं।

श्री श्यामाजू स्वयं औघर ताल (७,९,११,१३,१५ मात्रा की तालें) दे रही है तथा प्रियतम के साथ ताताथेई ताताथेई आदि नृत्य के बोल बोल रही हैं।

"ताण्डव" और "लास" तथा नृत्यसंगीत के अन्य अंगों की गणना भला कौन कर सकता है ? प्रियाजू की रुचि के अनुकूल ठाठ जमा हुआ है।

श्रीहरिदासी सखी कहती हैं कि "श्यामा-श्याम की संगत (मेल) इतनी सरस बनी है कि अन्य जितने भी संगीत-निपुण (गुणीजन) हैं, वे सभी फीके पड़ गए हैं। परास्त हो गए हैं। अथवा 'मेर' एक राग का भी नाम है, श्यामाजू ने जो राग गाया (मेर राग), वह इतना सरस बना है कि अन्य सभी गायक फीके पड़ गए।"

पाठान्तर — १. भयौ

शब्दार्थ — औघर — अटपटी, विचित्र, टेढ़ी। आचार्य बृहस्पति ने औघर की जगह औघट पाठ की सम्भावना व्यक्त की है। औघट अवघट का अपभ्रंश है। अवघट वह हस्तपाठ है, जिसमें वाद्य (अवनद्ध वाद्य) की पुड़ी पर एक-एक हाथ क्रमशः लगता है। संगीतचिंतामणि में अवघट ताल का लक्षण दिया गया है। **तांडव** — उत्कट नृत्य, शिव का संहार नृत्य-कल्पोपसंहरण कल्पित-तांडवाय। **लास्य** — सुकुमार तथा माधुर्य भाव का नृत्य।

(६१)

होरी डोल कौ पद : सखी वचन सखी प्रति

डोल झूलत बिहारी बिहारिन, राग रमि रह्यौ।
काहू के हाथ अधौटी, काहू के बीन, काहू के मृदंग,
कोऊ गहें तार काहू के अरगजा छिरकत रंग रह्यौ।
डाँडी छाँडें खेल बढ़्यौ जु परस्पर, नाँहीं जानियत पग क्यौं रह्यौ।
श्रीहरिदास के स्वामी स्यामा कुंजबिहारी कौ खेल खेलत काहू ना लह्यौ।

श्रीवन में मदनोत्सव है, फूलडोल बना है और बिहारी-बिहारिन झूल रहे हैं। राग-रागिनियाँ जीवन्त हो उठी हैं। किसी सखी के हाथ में अधौटी है और किसी के हाथ में बीन। कोई मृदंग बजा रही है और कोई तार बजा रही है। कोई-कोई सखी अरगजा (सुगन्धित द्रव) छिड़क रही है। क्रीडा के कौतुक में श्यामा और श्याम ने डोल की डंडिया हाथों से छोड़ दी। दोनों ने परस्पर भुजाएँ पकड़कर झोंटा लेते हुए गति बढ़ाई और फिर भुजाएँ छोड़ दी। और बढ़-बढ़कर झोंटा लेते गए। आश्चर्य है कि उनके पैर कैसे जमे रहे? नागर और नागरी दोनों ही निपुण हैं। उनके खेल को कोई कैसे पा सकता है? बिहारिन देवजू का पद है —

झूलत डोल बिहारी बिहारिन राग रह्यौ रमि घुमड़ि कान रे ।
अंग अंग मिलि गावत नव नव गति उपजावति रति अतीत अनागत आन आन रे।
लेत अलाप लाल ललना मिलि संच सप्त सुर मधुर तान रे।
श्री बिहारिनिदासि की स्वामिनी रस वरषत निरखि निरखि
सखी रीझि रहीं रस मगन गान रे। (रससागर, ५०१)

तथा श्रीनागरीदास जू का पद है —

झूलत डोल नवल स्याम प्रिया इत गोरी।
नव निकुंज नव रंग महल अति विचित्र बनी यह जोरी।
भृकुटि कटाक्षि निहारत नैंननि बैंन बदत चित चोरी।
गावत तान तरंग अनंगनि रीझि कहत हो हो होरी।
डाँडी छाँडैं खेल करत परिरंभन चुंबन देत निहोरी।
कच, कुच, कर कंचुकी-रस परसत बिहरत कुँवर किसोरी।
तब सहचरी अति अनुराग उड़ावत बूका-बंदन रोरी।
निरखि नागरीदासि दंपति-छबि विपुल प्रेम भई भोरी। (रससागर, ५७३)

शब्दार्थ — डोल — मदनोत्सव का झूला-विशेष। **अधौटी** — तन्तुवाद्य, काण्डवीणा, अर्द्धवीणा। **मृदंग** — मिट्टी का बना दो मुख वाला ताल वाद्य। पखावज उसका नया रूप है। **तार** — कांसे का बना ताल वाद्य, दोनों हाथों से बजाया जाता है। **अरगजा** — सुगन्धित द्रव, जो चन्दन केसर आदि मिलाकर तैयार होता है। **डांडी** — डाली : यहाँ भुजा अर्थ है।

(६२)

दानलीला की समीक्षा कौ पद

रातन बेच बेच जात, हमारौ दान मार्‍यौ इन।[१]
घेरौ सब सखा जान जो[२] न पावै छियौ जिन॥
देखौ हरि के उज[३] उठाइबे की बात रात-बिरात बहू बेटी काहू की निकसत है पुन।
श्रीहरिदास के स्वामी की प्रकृति न फिरी छिया छाँडौ किन॥

दान न देना पड़े, इस प्रयोजन से ये गोपियाँ, रात में ही दही बेचने चली जाती हैं। इन्होंने हमारा दान (हमारी चुंगी का शुल्क) मार लिया है। अब क्या करें? हे सखाओ, तुम सब मिलकर इनको घेर लो, इनको छूना मत, अंग-स्पर्श मत करना, किन्तु जाने भी मत देना।

रात में सखाओं का घेरा देखा तो श्री राधा ने हरि की आलोचना की, कहा — देखो, कृष्ण कैसा उपद्रव करते हैं, किसी की बहू-बेटी रात-बिरात निकलेगी तो यह अनरीत कैसे निभेगी?

श्रीहरिदासी की स्वामिनी कहती हैं—श्यामसुन्दर! तुम्हारा ब्रज-स्वभाव नहीं गया? उसे तुम भूले नहीं हो? छि: ऐसी बातों को छोड़ दो।

इस पद के सम्बन्ध में एक बात तो निर्भ्रान्त है कि यह स्वामीजी की रचना है, क्योंकि केलिमाल की जो मुद्रित और हस्तलिखित प्रतियाँ दृष्टिगत हुई हैं, उन सभी में यह पद मौजूद है। अब प्रश्न यह है कि यह दानलीला का पद है, दानलीला ब्रजदेश की लीला है। गोप-गोपियाँ, दधि, और उसे बेचने गोकुल मथुरा जाना और आना — दानलीला के अंग हैं। रसदेश में गोप, गोपी, दधि, गोकुल आदि की उपस्थिति नहीं है, वहाँ वृन्दावन है, निकुञ्ज है, श्यामा-श्याम हैं और सखियाँ हैं। ध्यान से पढ़ने पर यह स्पष्ट हो जाता है कि इसमें दानलीला की समीक्षा है, दान लीला नहीं। न यहाँ अंग स्पर्श है, न "पराई नार" है, न झकझोरना है, न गोपियों का आमना-सामना है। वे रात को दही बेचकर चली गईं और उन्होंने दधि दान नहीं किया, चुंगी नहीं दी। कृष्ण ने सखाओं से गोपियों को घेरने के लिए कहा कि वे जाने न पाएं लेकिन साथ-साथ हिदायत भी दी की अंग-स्पर्श मत करना, किन्तु राधा ने इसे भी उज उठाना (अंधेर) बता दिया।

पाठान्तर — १. कुछ प्रतियों में इस पंक्ति का पाठ है—हमारौ दान मार्‍यौ इनि, रातन बेचि बेचि जात। २. यों। ३. ऊज।
शब्दार्थ — ऊज, उज उठाना — अंधेर, उपद्रव करना। **छिया** — छि: बुरी बात। **प्रकृति** — स्वभाव।

छिया छाँड़ौ किन

छि:, ओछी-टुच्ची बात, इसे छोड़ते क्यों नहीं ? दानलीला के प्रसंग में केलिमाल की यह टिप्पणी गहराई से विचार करने योग्य है।

दानलीला के प्रसंग में दही का शुल्क तो केवल कहने के लिए है, वहाँ गोरस के ब्याज से किसी दूसरे ही रस की चाह है — "गोरस के मिस जो रस माँगौ।" यौवन के आवेश की लीला है। केलिमाल ने शील-सौन्दर्य की जो सुकुमारता चित्रित की है, उसके सामने दानलीला ऐन्द्रिक है और स्थूल है। इसलिए यहाँ उसके प्रति शब्द है — छिया, छि:। छोड़ो इस स्वभाव को, छोड़ो इस रूप को। यह रूप नित्य-विहार अथवा रसदेश के अनुकूल नहीं है। यह उज (उपद्रव) उठाना कहाँ तक ठीक है ? यह तो अन्धेर है। रात-बिरात बहू-बेटियाँ कैसे निकलेंगी ? बहू-बेटियों को घेरना उपद्रव या अन्धेर ही तो कहा जा सकता है — "देखौ हरि के उज उठायबे की बात?"

दानलीला-साहित्य : परम्परा

दानलीला का पद श्री हितहरिवंशजी के चौरासी पदों में भी है। इस प्रसंग में राधावल्लभ सम्प्रदाय के आचार्य श्री ललिताचरण गोस्वामी जी ने अपने ग्रन्थ में लिखा है कि "निकुञ्जलीला के साथ इसका कोई सम्बन्ध न होते हुए भी दोनों रसिकाचार्यों के द्वारा इसका ग्रहण किसी पुरानी परम्परा का निर्वाह प्रतीत होता है।"

आचार्य श्री ललिताचरण गोस्वामी के द्वारा पुरानी परम्परा की ओर संकेत गम्भीरता से विचार करने योग्य है। परम्पराएं छोटी-छोटी धाराओं के रूप में जीवन के प्रवाह में उसी प्रकार मिलती-बिछुडती हैं, जैसे सहस्रधारा गंगा में अन्तर्भुक्त होती हैं।

श्री गोस्वामीजी ने "चौरासी" की व्याख्या करते हुए प्रश्न उठाया है कि "कहाँ नित्य-विहार या निकुञ्जलीला में बिहारीजी का श्रीप्रिया के सामने अविचल दैन्य-भाव और कहाँ साधिकार उपभोग की प्रवृत्ति और राजकर-संग्राहक की ठसक ?" बड़ा विरोधाभास और असमंजस प्रतीत होता है।

स्वामीजी के प्रेमरस में कितनी सुकोमलता और सुकुमारता है कि साँस की गति को समझकर प्रियाजू के मनोरथ की पहचान करना है। नित्य-विहार में बिहारीजू स्वामिनीजू के रसद्वार के याचक हैं — "जाचक कों दान दै"। दानलीला तो जैसे राजपुरुष के द्वारा कर-उगाही है — शासन का भाव है, जोर-जबरदस्ती की बात है। विद्यापति में जोर-जबरदस्ती का भाव है। सूरसागर में भी झगड़े की बात है —

ढीट कन्हाई बोलि न जानें, बरबस झगरौ ठानें।
(सूरसागर, पृ० ७७२)

अथवा

भोरहिं कान्ह करत कत झगरौ।
औरनि छाँड़ि परे हठ हमसों दिन प्रति कलह करत गहि डगरौ।
आँचर ऐंचि ऐंचि राखत हौ, जान देउ अब होत है दगरौ।
(सूरसागर, पृ० ७६८)

वहाँ गोपियाँ कहती हैं —

अबलानि रबकि रबकि पकरत हौ मारग चलन न देत।

उधर कृष्ण कहते हैं –

जोबन दान लेंउगो तुम सों।
कंचन कलस महारस भारे हमहू तनक चखावउ।
सूर सुनौ बिन दिये दान के, जान नहीं तुम पावउ।
(वही ७७०)

सूरदास जी कहते हैं —

बन में पराई नारि रोकि राखी बनवारि जान नहिं देत हौ जू कौन ऐसी लँगरी।
(वही ७७२)

सूरसागर में नन्दनन्दन अकेले नहीं हैं, उनके साथ उनके सखा सुबल, सुदामा श्रीदामा आदि भी हैं।

गोरस लै जब ही सब आवें मारग रोकौ जाई।
भली बुद्धि यह रची कन्हाई सखनि कह्यौ समुझाई। (वही ७७८)

नन्ददास की दान-लीला पुष्टिमार्ग के मन्दिरों में भाद्रपद शुक्ला एकादशी (जिसे दान-एकादशी कहते हैं) को बड़े समारोह के साथ गाई जाती है। दान एकादशी के दिन गोवर्धन जतीपुरा में बड़ी-समाज होती थी, जिसमें चन्दनजी गाया करते थे। चन्दनजी ब्रज के हवेली-संगीत के भारत-प्रसिद्ध कीर्तन-गायक थे।

दानलीला सम्बन्धी अनेक लोकगीत ब्रज में प्रसिद्ध हैं —
इकली घेरी वन में आय स्याम तैनें कैसी ठानी रे।

हरिवंश महाप्रभु के पद में भी दानलीला है —

दान दै री नवल किसोरी।
माँगत लाल लाड़लौ नागर प्रगट भई दिन-दिन की चोरी।
नव नारंग कनक हीरावलि विद्रुम सरस जलज मनि गोरी।
पूरित रस पीयूष जुगलघट कमल कदलि खंजन की जोरी।
(पृ.९८ श्री हितचौरासी, सम्पादक श्री ललिताचरण गोस्वामी)

दानकेलि कौमुदी

श्री रूपगोस्वामी ने दानलीला को लेकर "दानकेलि कौमुदी" की रचना की है और संक्षिप्त प्रसंग का बहुत विस्तार कर दिया है। गोपियों और कृष्ण के बीच वाद-विवाद का बहुत विस्तार है। कृष्ण और उनके सखा गोपियों का मार्ग अवरुद्ध करते हैं। ब्राह्मण न होने के कारण कृष्ण को गोपियाँ प्रणाम नहीं करती। कृष्ण घट्टनायक की तरह आतंक फैलाते हैं। गोपियों पर गुप्त रूप से करवञ्चना का आरोप लगाकर सौ गुना अधिक शुल्क वसूल करना चाहते हैं। कुच-रूपी कलशों का राजशुल्क निर्धारित करते हैं। राधा को शुल्क के रूप में पाना चाहते हैं। ललिता कृष्ण के प्रयत्न को विफल बना देती है। दानकेलि का छिपकर अवलोकन करने वाली पौर्णमासी प्रकट होकर गोपियों को कृष्ण का महत्त्व बतलाती है तथा राधा को अर्पित करने का वचन देती है।

रसदेश और ब्रजलीला

निश्चित ही स्वामी श्रीहरिदास के रसदेश में ब्रजलीला नहीं है[१], परन्तु बिहारिनदेवजू के कई पद ब्रजभाव के हैं —

> आज क्यों मरगजी उरमाल, देखियै विमल कमलनयन जुगल लगत न पलक प्रवाल। (पृ० ४३९)
>
> तू बातें बहुत बनावत बानि।
> अब न रहि हैं स्याम या ब्रज में काहू सों पहचान। (पृ० ४४०)
>
> कृपा मैं जानी अब ब्रज भूप।
> रुचे मोहि ब्रजवासिन के टूक।
> हौं ब्रजवासिन कौ पालौ पीला।
> जान्यौ ब्रजपति हौं पहिचान्यौ यह कर खेत कनीला। (पृ० ४४१)
>
> मोहि ब्रजवासिन सों बनि आई। (पृ० ४४३)
>
> मेरे गति ब्रजपति कै ब्रजबासी। (पृ० ४४३)

देशकाल

सूरसागर इत्यादि में सामाजिक-आर्थिक-भौगोलिक-पौराणिक-ऐतिहासिक-साँस्कृतिक परिवेश वाला देशकाल है और इसीलिए राधा-कृष्ण का मिलन समाज की न ारों से बचकर होता है। सूरसागर में सामाजिक-नैतिकता का भाव है, मर्यादा है। राधा ने मर्यादा लाँघी है तो पिता और भाई तलवार लेकर राधा को डराते हैं। ऐसी भी गोपान्गना हैं, जो राधा के मर्यादा-विहीन व्यवहार की निन्दा करती हैं। वहाँ बिरादरी है — राधा गूजरी, अहीरनी, बनजारिन भी है और गँवारिन भी है। पुरुष-प्रधान समाज का भाव, अधिकार विद्यापति में भी है और सूरसागर में भी है। ऐसा देशकाल नित्य-विहार में नहीं है। वहाँ श्यामा-श्याम सनातन तथा विशुद्ध नर-नारी हैं। मर्यादा और नैतिकता मानव-सभ्यता और समाज की रचना है, सामान्य मनुष्य का सामान्य परिवेश है। नित्य-विहार में उस देशकाल के परे की बात है। परिवेश स्वयं काल का विकार है, नित्य-विहार में वह विकार नहीं है। इसी कारण सहज जोरी होते हुए भी यहाँ नरलीला नहीं है। निर्गुण-सगुण से परे की बात है। देह-भाव की बात नहीं है। अवतार की बात नहीं है। है-नाहीं की सन्धि की बात है। चाह-अचाह की सन्धि, राग-विराग की सन्धि, काम और प्रेम की सन्धि।

---

१. जा रस में रस और मिलै नहिं एक ही रीत की प्रीत चलाई।
गोकुल औ ब्रजवैभव कौ सुख लीला अनेक न चित्त समाई।

(६३)

सादा सिंगार कौ पद : सखी बचन प्यारीजू तें

गुन रूप भरी बिधिना सँवारी, दुहूँ कर कंकन एक एक सोहै।
छूटे बार, गरें पोत, दिपत मुख की जोत, देख देख रीझें तोहि प्रानपति, नैन सलौनी मन मोहै॥
सब सखी निरखि थकित भईं आली, ज्यौं ज्यौं प्रानप्यारी तेरौ मुख जोहै।
रस बस कर लीने श्रीहरिदास के स्वामी, स्यामा! तेरी उपमा कहै धौं को है?

प्यारीजू सादा सिंगार में हैं, किन्तु स्वाभाविक सौन्दर्य, माधुर्य, लावण्य, कान्ति अद्‌भुत है। हरिदासी सखी कहती हैं — विधाता ने सम्पूर्ण गुण और सम्पूर्ण रूप लेकर बड़ी रुचि के साथ तेरी रचना की है। तुझे सँवारा है। विधाता ने ही जिसका नैसर्गिक शृंगार कर दिया है, उसे कृत्रिम शृंगार की आवश्यकता ही क्या है? तेरे दोनों हाथों में केवल एक-एक कंकन सुशोभित है। गले में मोतियों की कण्ठी है। आभरण तो यही है।

केश खुले हुए हैं और उनके बीच में मुख की कान्ति दीप्त हो रही है। तेरे नेत्रों में ऐसा लावण्य है, ऐसा सम्मोहन है कि प्राणनाथ तुझे देख-देखकर रीझे जा रहे हैं, तेरे नेत्रों ने उनको मोहित कर लिया है।

श्रीलाल की विचित्र आसक्ति को देखकर सहचरियों का चित्त भी विमुग्ध हो रहा है। वे तन्मय-भाव से जैसे-जैसे तेरे श्रीमुख को देख रहे हैं, वैसे वैसे सखियाँ थकित-चकित हो रही हैं। तुमने प्रियतम को अपने रस-वश कर लिया है।

लाड़लीजू, ऐसा कौन है, जो आपके सौन्दर्य-माधुर्य की उपमा कह सके? अनुपमेय की उपमा कैसे की जा सकती है?

अलंकार : असम अलंकार : तेरी उपमा कहै धौं को है?

शब्दार्थ — बिधिना — विधाता। **कंकन** — कंगन। **दिपत** — चमकना। **आली** — सखी, सहेली। **जोहै** — देखता है। **धौं** — अव्यय। **को** — कौन।

(६४)

नैन कौ पद : प्रियाजू ते सखी प्रिय की कहन कहत है

अजहूँ कहा कहत है री, मारै नैंन आरन।
भौंहें ज्यों धनुष, चितबन बान बाँफिन फौंक धरें कहत स्याम प्यारन॥
तू ही अब जीवन, तू ही भूषन, तू ही प्रान-धन यारन[१]।
श्रीहरिदास के स्वामी स्यामा कुंजबिहारी सों मेर भयौ री बिहारनि॥

सखी राधा से कहती हैं — "हे प्रियाजू ,आपकी चितवन के प्रहार से ही प्रियतम के हृदय में ऐसी वेदना हो रही है, क्या अब भी कुछ कहना बाकी रह गया है?"

तेरी आँखें आरी की तरह पैनी और धारदार हैं। तेरी भौंहें धनुष हैं, चितवन बाण हैं और बरौनी तरकस हैं।

जैसे कोई बाणों से बिंधकर आर्त्त स्वर में पुकारता है, वैसे ही श्रीलाल कह रहे हैं — प्यारीजू, अब आप ही मेरी संजीवनी हैं, आप ही मेरे प्राणों का सर्वस्व-धन हैं, आप ही मेरा आभूषण हैं और आप ही मेरी मित्र।

श्रीहरिदासी सखी कहती हैं — "हे विहारिणीजू ! कुञ्जबिहारी से तुम्हारा संयोग बना है। लड़ैती ने लाल को हृदय से लगाकर बिहार का दान किया। नेत्रों के सम्बन्ध में श्री वीठलविपुलजू का पद —

प्यारी तेरे नैंननि पर तृन टूटत।
मानौं कुंद कली पर भौंरा हित अमृत रस घूँटत।
कहा री कहौं इन बान विसेखे इत लागत उत फूटत।
श्रीवीठलविपुल विनोद बिहारिनि पिय कौ सर्वसु लूटत।
(रससागर, पृ० ७०)

अलंकार : उल्लेख अलंकार: श्यामा एक है, वे ही जीवन हैं, वे ही भूषण हैं, वे ही प्राणधन हैं। विविधता का योग है। सांगरूपक अलंकार : भौंहें धनुष, चितबन बान।

पाठान्तर — एक प्रति में धारनि पाठ है। एक अन्य प्रति में वारनि पाठ है।
शब्दार्थ — आरन — लकड़ी को चीरने वाला उपकरण-(आरी)। **बाँफिन** — बरौनी। **फौंक** — तरकस, तूनीर। **यारन** — मित्र। **मेर** — संयोग, बिहार।

राग सारंग

(६५)

गुननिराइ-सिरमौर कौ पद : सखी के बचन प्यारीजू तें

प्यारी, तू गुननिराइ-सिरमौर।
गति में गति उपजाबत[१] नाना, राग-रागनी तार-मंदर सुर घोर॥
काहू कछू लियौ रेख छाया, तौ कहा भयौ, झूठी दौर।
कहि हरिदास लेत प्यारीजू की तिरप लागन में किसोर॥

ललिता सखी प्यारीजू से कहती हैं — "हे प्यारीजू ,आप यावद् गुणीजनों की शिरोमणि हैं। संगीत-नृत्य कला और अन्य गुणों में सर्वोपरि आप ही हैं।"

"आप नृत्य में अनन्त प्रकार की गतियों को प्रकट करती हैं, अनन्त राग-रागिनियों के ज्ञान में आप अद्वितीय हैं तथा मन्द्र, मध्य और तार तीनों सप्तकों के सभी स्वरों की साधना में आपकी समता कोई नहीं कर सकता। यदि किसी ने आपकी रेखा या छाया को छूने का प्रयास किया भी है, तो क्या हुआ? वह तो मिथ्या है, क्योंकि छाया तो छाया ही है।"

श्रीहरिदासी कहती हैं कि "प्रियाजू के नृत्य में लाग और तिरप जैसी गतियों में उसकी कुछ-कुछ संगति किशोरजू ही कर पाते हैं"।

पाठान्तर — १. उपजत।

शब्दार्थ — सिरमौर — शिरोमणि। **तार-मंदर सुर घोर** — स्वरों के तीन सप्तक-मंद्र, मध्य और तार। **तिरप** — नृत्य की गति।

(६६)

नृत्य संगीत जस बरनन कौ पद : लालजू के वाक्य प्रियाजू तें

प्यारी, तौपै कितेक[१] संग्रह छबिन कौ, अंग अंग प्रति नाना भाउ दिखावति।
हाथ किन्नरी मधि[२] सचु पाइ, सुलप राग रागनीन सों तू मिल गाबति॥
कहा कहौं एक जीभ, गुन अनगिन[३], हारि पर्‌यौ कछ कहत न आवति।
श्रीहरिदास के स्वामी स्यामा कुंजबिहारी कहत, प्यारीजू जे जे भाउ ल्यावति॥

श्रीलाल कहते हैं — "हे प्यारी, आपके पास चित्र-विचित्र मुद्राओं, भावभंगिमाओं का कितना विशाल संग्रह है ? (अर्थात् अनन्त संग्रह है।) आप अंग-प्रत्यंग की मुद्राओं से अनन्त भावों की अभिव्यक्ति करती हैं। जब आप किन्नरी वीणा को हाथ में लेकर नाद रस में डूबकर अनेक राग-रागिनियों को अलापती हैं, गायन करती हैं, तो अत्यन्त सुख प्राप्त होता है। मैं क्या कह सकता हूँ ? आपके गुण तो अनन्त हैं और जीभ मेरे पास एक ही है। इसलिए मैं तो पराजित हो गया, कुछ कहने में नहीं आता।"

श्रीहरिदासी सखी कहती हैं कि "श्यामाजू नृत्य में इतनी पारंगत हैं कि कुञ्जबिहारी तो शब्दों से कहते हैं, परन्तु राधा-रानी उन भावों को अपनी मुद्राओं,भाव-भंगिमाओं से प्रकट कर देती हैं"।

पाठांतर — १. कितौक। २. मध्य पाँइ। ३.अनगिनत।

शब्दार्थ — कितेक — कितना विस्तृत ? बहुत विस्तृत, असीम। **छबि** — शोभा, मुद्रा। **किन्नरी** — वीणा का एक प्रकार। **सचु** — सुख। **सुलप** — सुलूप-कोमलता, लचक।

संगीत नृत्य कौ पद : सखी के बचन सखी तें

परसपर राग जम्यौ, समेत किन्नरी मृदंग सुर तार।
तीन हू सुरन के तान बँधान, धुर धुरपद अपार॥
बिरस लेत धीरज न रह्यौ, तिरप-लाग-डाट सुर मोरन सार।
श्रीहरिदास के स्वामी जे जे अंग की गति लेत, अति निपुन अंग अंगहार[१]॥

हरिदासी सखी ने अनुगत सखी को बताया कि आज तो श्यामा-श्याम संगीत रस में डूबे हुए हैं। राग की जुगलबन्दी हो रही है। श्यामाजू जहाँ स्वर को छोड़ती हैं, श्यामसुन्दर वहीं से स्वर को उठा लेते हैं। किन्नरी और मृंदग वाद्य बज रहे हैं। तीनों सप्तकों (मन्द्र, मध्य और तार) के स्वरों का बँधान बाँधकर तान गाई जा रही है, गीत का स्वर-विस्तार किया जा रहा है। ध्रुपद नाम की जो महत्त्वपूर्ण गायन शैली है, उसके अपार भेद प्रकट हो रहे हैं। जब श्यामाजू विरस-गति लेती हैं तब तो मदनमोहन का धैर्य छूट जाता है। मयूरों के स्वर-माधुर्य का सार-सर्वस्व ले करके जो स्वरलहरी तरंगित हो रही है, उसके बीच श्यामा-श्याम अंग-प्रत्यंग की गतियों (लाग, डाट, तिरप आदि) को अभिव्यक्त करते हैं। चरणों की गति, दृष्टिगति, हस्तविक्षेप आदि देह के राग हैं। इन्हें नाट्यशास्त्र में "करण" भी कहा जाता है। अंगहार में अंग-प्रत्यंग (सिर, हाथ, कमर, वक्ष, नेत्र, भ्रू, नासा, अधर, कपोल, चिबुक आदि, की क्रिया करण कहलाती है।) श्रीहरिदासी सखी का कथन है कि श्यामाजू जिन-जिन अंगों की गति लेती हैं, प्रत्येक भाव-अनुभाव लालजू के प्राणों का आधार है।

इस पद में गायन-वादन-नृत्य संगीत के तीनों अंग साकार हुए हैं और संगीत के पारिभाषिक शब्द भी स्वामीजी के तद्विषयक गम्भीर ज्ञान को प्रकट करते हैं। किन्नरी प्राचीन काल की वीणा विशेष का नाम है। संगीत-रत्नाकर में किन्नरी के भेद और स्वरूप पर विस्तार से प्रकाश डाला गया है। मृदंग ताल वाद्य है, मिट्टी का अंग होने के कारण इसका नाम मृदंग है — "मृत्तिका निर्मितश्चैव मृदंग परिकीर्तित:"। दक्षिण में इसे मृदंग कहा जाता है और उत्तर-भारत में इसका रूप पखावज ने ले लिया है।

पाठान्तर — १. अंग-अंग अहार।

शब्दार्थ — किन्नरी — वीणा का एक प्रकार। **तीन सुर** — तीन सप्तक : मन्द्र, मध्य, तार। **तान** — स्वर का द्रुत गति से विस्तार करना, तानना। **बँधान** — बंदिश, रतना। **धुर** — आखिरी सीमा, उच्चतम, शीर्षस्थान। **धुरपद** — ध्रुपद शैली गान। **बिरस** — नृत्य का भेद। **तिरप** — नर्तक का तिरछी गति से घूमना। **लाग** — नर्तक द्वारा दो अंगों को मिलाना। **डाट** — मुद्रा प्रदर्शन।

(६८)

बोले कौ पद : सखी के बचन प्रियाजू तें

तोकों पिय बोलत हैं री, लाल ठाड़े कदम तर।
अबकें ऐसौ ज्यौ कियें कहा होत है री, मार रही कुसुम सर॥
कुञ्जबिहारी अपनौ अंस, तासों क्यों कीजिऐ छदम वर।
श्रीहरिदास के स्वामी स्यामा ढूँडत बन में पाई, क्रम क्रम कर बिसम डर॥

सखी श्रीराधा को बुलाने आई है — "प्यारीजू , आपको प्रियतम बुला रहे हैं। वे कदम्ब-वृक्ष के नीचे खड़े हैं।"

प्रियाजू ने कोई उत्तर नहीं दिया, तो सखी ने फिर कहा — "प्रियाजू , अब ऐसी रुखाई करने से क्या लाभ होगा? आप एक ओर तो कुसुमशर (कामबाण) चला रही हैं, दूसरी ओर मान कर रही हैं?

विचार करके देखिए, कुञ्जबिहारी तुम्हारे अपने ही अंश हैं, उनसे कपट का मान क्यों करती हो?"

उधर श्रीलाल प्रियाजू को ढूँढ़ते हुए श्रीवन की उसी निकुञ्ज में आ गए, जहाँ प्रियाजू विराजमान थीं। प्रियाजू उनको मिल गईं। प्रियतम प्रिया का रुख देखकर शनै:शनै: प्रेम रस की चर्चा कर रहे हैं, क्योंकि प्रियतम के मन में मान की आशंका है कि कहीं श्यामाजू की भृकुटि टेढ़ी न हो जाए।

इस भाव की एक साखी ललित किशोरीदेवकी है —

भाव काम उमँग्यौ हियें, रौंम कदमतर फूल।
ता तर ठाड़े लाल हैं, सुमिर सुरति अनुकूल।

श्री स्वामी रूपसखीजू कृत पद —

प्यारी तोकौं बोलत लालबिहारी।
ललित उरज परसन कौं तरसत, नव नागरि बलिहारी।
बिबस विचित्र मित्र नवरंगी, अति आतुर हाहा री।
श्रीरसिकरूप की नैंन सैंन कल, मृदु मुसिकानि निहारी।

शब्दार्थ — कदम तर — कम्दब वृक्ष के नीचे। (**वस्तुदर्शनी में** — रोम रोम चाहत सुरति यहै कदम तर जान)। **कुसुमसर** — काम बाण। **छदम** — छद्म, कपट। **बिसम डर** — मान की आशंका।

(६९)

बोले कौ पद : सखी के बचन प्रिया जू तें

चलिऐ छबीली, छबीलौ बोलत।
आज की बानिक पै तृन टूटत है, कही न जाइ कछ स्याम तोहि रत॥
सखी लै चली मनाइ, ज्यौं हित की आई घत।
श्रीहरिदास के स्वामी स्यामा कुंजबिहारी[1] बीच ही आइ मिले,
तन की[2] सुबास सकल भमर[3] कलमलत॥

ललिता सखी कह रही हैं — "हे छबीली, हे अनन्त सौन्दर्य-शालिनी, चलिए। रूपमाधुरी में मत्त श्यामसुन्दर आपको बुला रहे हैं।"

"आज प्यारे की छटा अद्‌भुत है, तन-मन न्यौछावर हो रहे हैं। श्री लालजू के मन में तुम्हारे प्रति जो रति अर्थात् अनुराग है, वह कहने की बात नहीं है।"

ललिता सखी प्रेम के दाँव-पेच लगाकर, समझा-बुझाकर प्यारी को मना कर ले जा रही थी, कि श्रीहरिदास के लाड़ले बीच में ही आकर मिल गए। श्रीप्रियाजू के शरीर की सुगन्धि से भौंरें कलमला रहे हैं, मत्त होकर गुञ्जार कर रहे हैं।

पाठान्तर — १. "कई प्रतियों मे श्रीहरिदास के स्वामी स्याम बीच ही आइ मिले" पाठ है। कुञ्जबिहारी शब्द नहीं है। एक प्रति में स्याम शब्द भी नहीं है। वहाँ है — "श्रीहरिदास के स्वामी बीच ही आइ मिले"। २. तिन की ३. भँवर।

शब्दार्थ — तृन टूटत — मुहावरा (**भावार्थ** — तन-मन न्यौछावर होता है)। **रत** — रति, प्रेम। **घत** — प्रेम के दाव। **कलमलत** — मत्त हो गए।

(७०)

बैनी-गूँथन कौ पद : प्रिय के बचन प्रियाजू तें

बैनी-गूँथि कहा कोउ जानें मेरी सी, तेरी सों।
बिच बिच फूल सेत-पीत-राते को करि सकै एरी सों॥
बैठे रसिक सँबारन बारनि, कोमल कर ककही सों।
श्रीहरिदास के स्वामी स्यामा नख-सिख लौं बनाई, दै काजर नख ही सौं॥

श्रीलालजू के मन में प्रेम-रस उमंग रहा है। आज उनके मन में लालसा हुई कि प्यारीजू की बैनी गूँथू। वे बोले — "किशोरीजू, वेणी गूँथने की कला मेरे बराबर और कौन जानता है?"

"हे प्यारी, आपकी सौगन्ध खाकर कह रहा हूँ कि वेणी (चोटी) के बीच-बीच में सफेद पीले और लाल फूलों की गूँथ मेरे जैसा कौन कर सकता है?"

प्रियाजू ने प्रसन्न होकर सहमति दे दी, तो रसिक-बिहारी ने अपने सुकोमल हाथों की उंगलियों को ही कंघी बना लिया और प्यारीजू के केशों को सँवारने लगे। हरिदासी सखी कहती हैं कि "प्रियतम ने श्रीराधा के केशों को सँवारकर बेनी गुही, उसके बाद उनका नखशिख शृंगार किया तथा अपनी उंगली के नख से ही प्यारीजू की आँखों में काजल लगा दिया"।

"वस्तुदर्शिनी" में महन्त श्री राधा शरण देव ने बिना कंघी के केश सँवारने और बिना सलाई के अञ्जन लगाने को रहस्य-भाव बतलाया है -

ककही बिना सुकेस, बिना सलाई आँजनौ।
सो जानों रसिकेश याकौ अर्थ विचार हे।

"वस्तुदर्शिनी" ने नखशिख-शृंगार को भी केलिपरक अर्थ-संगति दी है —

यों शृंगार श्याम नें कीनौ।
बेंनी गुही फूल युत अदभुत कच सम्हारि रँगभीनौ।
चरननि चरन जंघ पर जंघा निज अँग पर अँग धारैं।
कटिसों कटि छतियाँ लग छतियाँ भुजा अंस पहि धारैं।

शब्दार्थ — ककही — कंघी।

(७१)

सुरति-जुद्ध कौ पद : लालजू वचन प्रियाजू तें

प्यारी, तेरी पुतरी काजर हू ते कारी, मानौ द्वै भमर[1] उड़े री बराबरि।
चंपे की डार बैठे कुंद[2] अलि, लागी है जेब अराअरि॥
जब आन घेरत कटक काम कौ, तब जिय होत डराडरि।
श्रीहरिदास के स्वामी स्यामा कुंजबिहारी, दोउ मिल लरत झराझरि॥

बिहारीजी श्यामाजू से कह रहे हैं कि "हे प्यारीजू ,आपके नेत्रों की पुतलियाँ काजल से भी अधिक काली हैं। प्रतीत होता है कि दो भौंरे बराबर उड़ रहे हैं। श्री मुख की शोभा कैसे कहूँ! एक उपमा होड़ा-होड़ी लग रही है, जैसे चम्पा की डाल पर कुन्द के पुष्प हों और उस पर भौंरे बैठे हों।"(मुख चम्पे की डाल, आँख का सफेद हिस्सा कुन्द का फूल और पुतली भौंरा)।

"मैं नेत्रों को देखता हूँ तो मुझे कामदेव की सेना आकर घेर लेती है और मेरे मन में भय व्याप्त हो जाता है।"

श्रीहरिदासी सखी कहती हैं कि "बात की बात में बात बनी और श्यामा-कुञ्जबिहारी दोनों झराझर सुरति-संग्राम करने लगे"।

अलंकार : उत्प्रेक्षा—मानौ द्वै भमर उड़े।

पाठान्तर — १. भँवर। २. कुंदन।
शब्दार्थ — कुंद अलि — सोने के भ्रमर। **कुंद** — पुष्प। **अराअरि** — प्रतिस्पर्धी भाव। **झराझरि** — दाँव लगाकर।

(७२)

पीतांबर चूनरी दोऊ रंग कौ पद : प्यारीजू कौ बचन लालजू तें

स्याम किसोर जू, तुमकों दोऊ रंग रंगित पीतांबर चूनरी।
ऐसौ रूप कहाँ तुम पायौ, अहरनिस सोच उधेराबूनरी॥
मनमौंहन सुरग्यान-सिरोमनि, सब अंगनि-अंग कोकनि पूनरी[१]।
श्रीहरिदास के स्वामी स्यामा तुम्हारी विचित्रताई प्रेम सों पाइयत रस सूनरी॥

निकुञ्ज-रस में डूबे हैं श्यामा-श्याम। दोनों का मनोरथ हुआ कि आज प्रियतम तो प्यारी बन जाए और प्यारीजू आज प्रियतम बने। श्यामसुन्दर ने चुनरी पहन ली और श्यामाजू ने पीताम्बर धारण कर लिया। चुनरी में श्यामसुन्दर को देखा तो श्यामाजू कहने लगीं — "हे श्याम किशोर, तुम पीताम्बर धारण करो या चुनरी पहन लो। तुम दोनों रंगों में शोभा पाते हो।"

"भावार्थ दीपिका" में नागरीदास जी की शब्दावली है —

तुमकों दोऊ रंग सोहत हैं। जो तुम पीतांबर पहिरौ तौ अति सोहत अरु चूनरी पहरौ तौ सोभा देत। सो दोऊ रंग में रँगे सोहत हौ। . . .जो तुम प्यारी ही बनी रहौ अरु चूनरी स्याम रंग की तन पै पहरे रहौ कै लाल हरित रंग की चूनरी तौऊ अति सोभा देत।

प्यारीजू कहती हैं कि "मैं तो रात-दिन इसी सोच में, इसी उधेड़-बुन में लगी रहती हूँ कि ऐसा अद्‌भुत रूप तुमने कहाँ से प्राप्त किया।"

हे मनमोहन, आप स्वरज्ञानियों (संगीतज्ञों) में शिरोमणि हैं, आपका अंग-प्रत्यंग कोक-कलाओं में निपुण है अथवा अंग-प्रत्यंग कमल के समान सुकुमार है। श्रीहरिदासी सखी कहती हैं कि "लाड़ली-लाल की विलक्षणताएँ एकमात्र प्रेम से ही प्राप्त की जा सकती हैं। अरी सखी, सुन, ये तो रस-रूप हैं ?"

पाठान्तर — १. कोक निपून री।

शब्दार्थ — उधेरा बूनरी — उधेड़-बुन। **कोकन पूनरी** — अंग-प्रत्यंग कमल-छवि से परिपूर्ण तथा **कोकनि पूनरी** — कोक कला में निपुण। **सूनरी** — सुन री, सुन्दरी।

(७३)

चौकी बदल परिहास कौ पद : बिहारिनजू के वचन बिहारीजू तें

चौकी कहाँ बदल परी प्यारे हरि।
लाल पाटकी हुती, जंगाली ल्याए बरि।
वह तौ हुती हीरन खचित, पै यै दुरंग पन्ना-लालै[१] मिल, लै हौं लरि।
श्रीहरिदास के स्वामी स्यामा कुंजबिहारी की चतुराई रही भरि।

रति-क्रीडा में विह्वल होकर प्रियतम आगे बढ़ते हैं, अंग-स्पर्श करते हैं, चतुराई करते हैं, तभी प्यारीजू अपना अस्त्र चलाते हुए उनसे परिहास करते हुए एक प्रश्न कर देती हैं और चतुरशिरोमणि कुञ्जबिहारी की चतुराई फीकी पड़ जाती है।

प्रियाजू गम्भीर भाव प्रकट करते हुए पूछती हैं — "हे प्यारे हरि, आपके वक्ष पर जो चौकी-आभूषण है, वह तो बदला हुआ है ? इस चौकी-आभूषण की अदल-बदल कहाँ हुई ?"

पहले जो चौकी थी, वह तो लाल रेशम में पिरोई हुई थी, किन्तु यह चौकी नीले-हरे रंग के सूत्रों में निबद्ध है ? पहली वाली चौकी में हीरा जड़ा हुआ था, किन्तु यह दो रंगों की है, इसमें पन्ना और लाल जड़ित हैं। मैं झगड़ा करूँगी और अपनी वही चौकी तुमसे वसूल करूँगी।"

हरिदासी सखी कहती हैं कि "श्यामाजू के सामने कुंजबिहारी की चतुरता पानी भर रही है अर्थात् फीकी पड़ गई है। प्यारी का प्रश्न सुना और वे अपनी सुध-बुध भूल गए।"

पाठान्तर — १. लालनि।
शब्दार्थ — पाट — रेशम के सूत्रों में पिरोई हुई। **जंगाली** — मूँगिया, तूतिया, हरा। **दुरंग** — दो रंगों वाली। **चतुराई रही भरि** — चतुराई भूल जाना।

(७४)

परम रहसि महा उन्माद कौ पद : प्यारी कौ बचन लालजू तें

आउ लाल, ऐसें मद पीजै, तेरौ झगा मेरी अँगिया धरि।
कुच की सुराही, नैनन के प्याले, दारू यों देंहुँगी[1] अंकों भरि।
अधरनि च्वाइ लेउ[2] सबरौ रस, तनकौ न जान देउ[3] इत उत ढरि।
श्रीहरिदास के स्वामी स्यामा कुंजबिहारी की सुहबत असर जहाँ आपुन हरि॥

हरिदासी सखी ने देखा कि बिहारीजू प्रेमरस के लिए क्षण-क्षण पल-पल लालायित रहते हैं। प्यारीजू का मान-मनुहार करते हैं, लाड़ लड़ाते हैं और उनसे याचना करते हैं। आतुर और अधीर हो जाते हैं। पर, आज तो स्वयं श्यामाजू ही रस के उन्माद में हैं। प्रेम-रस-आसव से छकी हुई प्यारीजू आज लाल को स्वयं ही आमन्त्रण दे रही हैं — "प्यारे, आज मैं तुम्हें दारू पिलाऊँगी, प्रेम का आसव छकाऊँगी। मैं अपनी कञ्चुकी उतार दूँगी, तुम भी अपना झगा उतार दो। मैं भी निर्वस्त्र और तुम भी निर्वस्त्र। अपनी भुजाओं में भरकर तुम्हें गोद में बैठाऊँगी। देखो, ये मेरे उन्नत उरोज ही तो प्रेमासव की सुराही हैं और यह आसव नेत्रों के प्यालों में पिया जाता है। सारा प्रेमासव अधरों से ही छकाऊँगी ताकि तनिक सा रस भी इधर-उधर छलके-ढलके नहीं। आप सुराही को अधरों से लगाकर पान करो।"

हरिदासी सखी कहती हैं कि "कुञ्जबिहारी की सोहबत अथवा संग-परम्परा के भी तनिक-तनिक सम्पर्क में जो आता है, वह रसमग्न हो जाता है, यहाँ तो स्वयं बिहारीजी ही उपस्थित हैं, जिसके कारण श्यामाजू महाउन्माद की अवस्था में आकर प्रेमासव छकाने के लिए तत्पर हो गई हैं।"

"श्री बिहारीदासि प्रीतम प्यारी प्रति बोलत, खोलत कर कंचुकी, कुच, छलि, मुख अमृत पियौ।"

अलंकार : सांग रूपकः कुच की सुराही, नेत्रों के प्याले, प्रेम रूपी दारू

पाठान्तर — १. द्यौंगी। २. लेहु। ३. देहु।
शब्दार्थ — च्वाइ — चुआना। **दारू** — मदिरा। **झगा** — अचकन जैसा लम्बा, ढीला वस्त्र, इसे जामा या चोला भी कहते हैं। जिसे दूल्हा विवाह के समय पहनता है। **अँगिया** — चोली, कञ्चुकी। **सुहबत असर** — संग का प्रभाव (संगी कौ रंग लगै ही लगै)।

(७५)

फूलडोल झूलन कौ पद : सखी कौ बचन सखी सौं

डोल झूलत बिहारी-बिहारिन पुहुप बिर्स्टि होति।
सुर-पुर पुर-गंधर्व और पुर, तिनकी नारि बारत[१] लर मोति॥
घेरा करति परसपर सब मिलि, कहूँ देखी न जुबती[२] ऐसी जोति।
श्रीहरिदास के स्वामी स्यामा कुंजबिहारिन सादा चुरी खुभी पोति।

श्रीबिहारी-बिहारिन डोल झूल रहे हैं। पुष्पों की वर्षा हो रही है। देवलोक, गन्धर्वलोक तथा अन्यान्य लोकों की सुन्दर नारियाँ मोतियों की माला न्यौछावर कर रही हैं।

सब स्त्रियों ने परस्पर मिलकर चर्चा की और फैसला किया कि ऐसी कान्तिमयी युवती अन्यत्र कहीं किसी ने भी नहीं देखी।

श्रीहरिदासी सखी की प्राणाराध्या बिहारिनीजू बिल्कुल साधारण शृंगार में हैं। उनके हाथों में चूड़ी, कान में लौंग (खुभी) तथा गले में मणियों की कण्ठी है।

पाठान्तर — १. देखति वारति। २. देखी न ऐसी जुवति जोति।

शब्दार्थ — पुहुप — पुष्प। **बिर्स्टि** — वृष्टि: वर्षा। **घेरा करति** — एकत्र होकर। **खुभी** — कर्ण आभूषण। **पोति** — पोत का पुञ्ज, गले का आभूषण।

राग विभास

(७६)

प्रात समैं मधुर बोलन कौ पद : लालजू के वचन प्यारीजू तें

प्यारीजू ! बोलत नाँहीं, कै तू सोबत उनींदी,[१] किधों काहू कछू कह्यौ, कै तेरौ ऐसौई[२] सुभाउ।
मोहि तेरे देखे बिन कल न परै, यै[३] तू छाँड़ि कुभाउ॥
काहू की झुक हमें देत री उपजत दुभाउ।
श्रीहरिदास के स्वामी स्याम कहत[४], ताके बस परे प्रगटत जु भाउ॥

नव दुल्हन का स्वभाव है। प्रियाजू उनींदी हैं, बोल नहीं रहीं। प्रियतम ने कहा — "प्यारीजू , आप बोल नहीं रही हैं ? आप उनींदी हैं, तन्द्रा में हैं ? आप सो रही हैं ? अथवा किसी ने आपसे कुछ कह दिया है या फिर आपका अनबोलने का स्वभाव है?"

"मुझे तो आपको प्रसन्न देखे बिना चैन नहीं पड़ता। आपके मन में मेरी किसी जानी-अनजानी भूल या दोष से अन्यथा-भाव पैदा हो गया हो, तो अब आप उसे छोड़ दीजिए।"

"ऐसा तो नहीं है कि क्रोध किसी दूसरे पर आ रहा है और उसका दण्ड आप मुझे दे रही हैं ? यह दुविधा का भाव क्यों पैदा हो गया ? प्रसन्नता में यह अप्रसन्नता कहाँ से आ गई?"

श्रीहरिदासी सखी ने सुना कि प्रियतम कह रहे हैं कि "प्यारीजू, आपके मन में रस की जो तरंगें उठती हैं, जो भाव उठते हैं, मैं तो उनका वशवर्ती हूँ। उनके वशीभूत हूँ।"

पाठान्तर — १. कै तू सूता उनींदी। २. ऐसौ ही।३. कै। ४. श्यामा कुंजबिहारी कहत।

शब्दार्थ — सोबत उनींदी — कुछ जागी कुछ सोई हुई, अर्ध-निद्रा, ऊँघती हुई, तन्द्रा। **कल** — विश्राम,चैन, सुख। **झुक** — झोंक, आवेश, अप्रसन्नता, क्रोध। **दुभाउ** — दो भाव, भीतर से प्रसन्न बाहर से अप्रसन्न अथवा दुर्भाव।

(७७)

आलसभाव कौ पद : छबीलौ छबीली जू तें कहत

आलस भींजे री नैंन, जँभात आछी भाँति सुदेस।
कर सों कर टेकें अँगुरिन पेच, मानों ससि मंडल बैठ्यौ अति भाँति सुदेस॥
मन के हरिबे कों और सुख नांहि[१] कोउ, प्यारी नख-सिख भाँति सुदेस।
श्रीहरिदास के स्वामी स्यामा कुंजबिहारी, छाती सों छाती लगाऐं अंग अंग सुदेस॥

श्रीप्यारीजू अलसाई हुई हैं, वे जम्हाई ले रही हैं, उनकी आँखों में खुमारी है, उनींदापन है।

दोनों हाथों की उंगलियाँ गुँथी हुई हैं, दोनों हाथों को ऊपर उठाकर वे अँगड़ाई ले रही हैं।

श्रीबिहारीजू बोले — "प्यारी, आपका कैसा अदभुत सौन्दर्य है? नेत्र आलस के रस में भीगे हैं,आप जम्हाई लेती हैं और इस मुद्रा में आपकी शोभा बरबस आकर्षित कर रही है। दोनों हाथ उठाकर, उंगलियों का पेंच बनाकर जब आप अँगड़ाई लेती हैं, तब ऐसा प्रतीत होता है, मानो पूर्णिमा का चन्द्रमा अपने आभामण्डल में विराजमान हो। उँगलियों के नाखून नक्षत्रों की भाँति चमक रहे हैं।"

"हे प्यारी, जैसा सौन्दर्य-माधुर्य आपके नख-शिख से प्रकट हो रहा है, मन को हरण करने वाला उससे बड़ा कोई सुख संसार में नहीं है।"

श्रीहरिदासी सखी कहती हैं कि "लाड़लीजू ने रीझकर श्रीलाल को छाती से लगाया और अंग-प्रत्यंग से लिपटा लिया। कैसी अंग-अंग सुन्दरता है!"

अलंकार : उत्प्रेक्षा : मानों ससि मंडल बैठ्यौ।

पाठान्तर — १. नाहिनें।
शब्दार्थ — आछी — अच्छी। **सुदेस** — सुन्दरता।

(७८)

मान के डर कौ पद : पिय के बचन प्यारीजू तें

प्यारीजू ! एक बात कौ मोहि डर आवत री, मत कबहूँ कुमया करि जात।
पल-पल हित बंछत हौं री, मत परै भाँत।
यह सचु ऐसें ई रहौ री, जिन टरौ तेरी घात।
श्रीहरिदास के स्वामी स्यामा कुंजबिहारी कहत, यों बाढ़ौ ज्यौं पुरइन-जल की रीत तोही लों साँत॥

प्यारीजू प्रसन्न हैं और लालजू उनके रस-वश हैं। वे कहते हैं — "हे प्यारीजू ,मुझे इस बात की आशंका हो रही है कि आप कभी मुझसे अप्रसन्न न हो जाएं। मैं तो पल-पल आपके प्रेम की अभिलाषा करता हूँ , मेरे प्रति आपके प्रेम-भाव में कभी किसी प्रकार का अन्तर न आए।

यह सच्चा सुख सदा-सनातन ऐसा ही बना रहे और तुम्हारे प्रेम के दाव-पेंच, विलास की नई-नई गतियां, नई-नई हिलोरें इसी प्रकार उठती रहें, इनमें कभी अन्तर न आए। कभी टले नहीं। हे स्वामिनीजू, जैसे सरोवर में जल का स्तर उठता है, तो कमलपत्र भी ऊपर उठते हैं, उसी प्रकार तुम्हारी कृपालुता बढ़ती है तो मेरा प्रेम उतना ही उमंगता है। मेरा प्रेम उमंगता है तो आपकी कृपालुता बढती है। अथवा ऐसा कहें कि मेरी प्रीति जल है और आपकी प्रीति कमल है। आपकी प्रीति का कमल सदा ऊपर ही रहता है। तुम्हारी प्रसन्नता में ही मेरे चित्त को शान्ति या धैर्य प्राप्त होता है।"

बिहारिनदासजू का पद है —

तेरे किर्यें मान री व्यापत प्रानन के प्रान।
इहि डर डरपत जिन घटै हेत, मन ही मन कलप लेत,
नाँहि करत बादि संकेत बिसरे सबै सयान।
जदपि तू करुनामय लाड़ली पालत मो मन निधान।
(रससागर, ५०३)

शब्दार्थ — कुमया — क्रोध। **हित** — हेत, प्रेम। **भाँत** — अन्तर। **सचु** — सुख। **जिन** — मत। **घात** — विलास उमंग, दाँव। **पुरइन जल** - जिस प्रकार कमल और जल का अभिन्न सम्बन्ध है।

(७९)

मानरस कौ पद : लालजू कौ बचन प्यारीजू तें

प्यारीजू, हम तुम दोऊ एक कुंज के सखा, रूठैं[१] क्यों बनैं।
इहाँ कोऊ हितू मेरौ, न तेरौ, जो यह पीर जनैं॥
हौं तेरौ बसीठ, तू मेरी, और न बीच सनैं।
श्रीहरिदास के स्वामी स्यामा कुंजबिहारी कहत प्रीत-पनैं॥

प्रियतम कहते हैं — "हे प्यारीजू ! हम तुम दोनों इस प्रेमकुञ्ज के समान सखा हैं, यहाँ रूठने से काम कैसे चलेगा? यहाँ न तो कोई मेरा हितैषी है और न ही आपका कोई अन्य हितैषी मित्र है, जो इस प्रेम-वेदना को समझ सके। दर्द जान सके। यहाँ तो हम-तुम दोनों हैं। यहाँ तुम मेरी संगिनी-सहचरी हो और मैं आपका संगी-सहचर हूँ। तुम्हारे लिए मैं और मेरे लिए तुम। बीच में और किसी को सानने की क्या आवश्यकता है?"

श्रीहरिदासी सखी ने बताया कि कुञ्जबिहारी श्यामाजू से कह रहे हैं कि "हे प्यारीजू, आप अपने प्रेम के गुण का निर्वाह करें।"

बिहारिनदेवजू का पद है —

मनावत लाल री मानिनी, मान कियें न बनें।
तू ही तू ही करै तोहि हिरदे धरै तेरे गुनन गनें।
(रससागर, ४९०)

पाठान्तर — १. रूसैं।

शब्दार्थ — हितू — हितैषी, हित चाहने वाला। **बसीठ** — बिचौलिया, दूत, बीच मनावन हारौ। **सनैं** — समाता नहीं। **प्रीत पनैं** — प्रेम का प्रण।

(८०)

जाड़े में सुख सैन कौ पद : लालजू कौ बचन प्यारीजू तें

चूनरी में जाड़ौ लागत है री, कीजिऐ सुख सैन।
घरी घरी के रूसनें, पहर मनाबत जात मीठे मीठे बैन॥
उठ सदकें बलैंया[१] लेंउ, प्रकृति यों न चाहिऐ चाहिऐ ज्यों मैंन।
श्रीहरिदास के स्वामी स्यामा कुंजबिहारी गहि लिपटाइ रहे मान सबै सुख चैन॥

शीत ऋतु है। राधा गम्भीर स्वभाव में केवल चुनरी ओढ़े बैठी हैं। प्रियतम को आभास होता है कि आज प्यारी रूठ गई हैं। वे अनुनय करने लगे — "प्यारीजू! आपने केवल चुनरी ओढ़ रखी है, क्या चुनरी में जाड़ा नहीं लग रहा? आप निकुञ्ज में चलकर सुख-सेज पर विराजें। आप तो घड़ी-घड़ी रूसती हैं और आपको मीठे-मीठे वचनों से मनाते-मनाते प्रहर व्यतीत हो जाते हैं। रात यों ही निकल जाती हैं। प्यारीजू, मैं सदके जाऊँ, आपकी बलैया लूँ, क्या रूठने का स्वभाव उचित होगा? आपका स्वभाव तो काम-प्रेम के अनुकूल होना चाहिए।" श्रीहरिदासी सखी की लाड़ली ने कुञ्जबिहारी को उठाकर अपनी भुजाओं में भर लिया और दोनों सुख-चैन में निमग्न हो गए।

शीत ऋतु के इसी प्रकार के विलास-भाव के सम्बन्ध में श्री बिहारिनदासजी का पद है —

एक ओढ़नी ओढ़ि पौढ़े प्रिया-प्रिय प्रेम प्रजंक।
अर्धनिसा रस रीझ भींज रहे, अपने अपने कर ऐंचत हँसत निसंक।
सखी राखत उर पर अंचल तर, लपटाय रहे सीत-भीत यों गाढ़े गहि अंक।
श्री बिहारिनदासि निरखि सखी, या छिन की छबि पर बारत सब रस रंक।
(रससागर, पृ० ५१६)

पाठान्तर — १. बलाइ।
शब्दार्थ — रूसना — रूठना। **सदकें** — सदके लेना, न्यौछावर होना। **मैंन** — मदन।

(८१)

सतरंज-खेल कौ पद : हरिदासीजू कौ वाक्य सखी तें

दुहून[1] की सहज बिसात[2], दोऊ मिलि सतरंज खेलत।
उर-रुख, नैन-चपल-अस्व, चतुर बराबर झेलत।
आतुरता-पील, पयादे-निग्रह, फरजी-चौंप अनूपम मेलत।
श्रीहरिदास के स्वामी स्यामा कुंजबिहारी, साहसों[3] राखैं खेलत॥

हरिदासी सखी अपनी अनुगत सखी से कहती हैं कि आज तो श्यामा-कुञ्जबिहारी दोनों मिलकर शतरंज खेल रहे हैं। कैसी शतरंज है? दोनों के तन और मन ही शतरंज की नैसर्गिक, सहज बिसात है। वह बिछैयत, जिस पर चौंसठ खाने होते हैं और मोहरे चले जाते हैं, इस बिछैयत पर एक ओर प्यारीजू के मोहरे (गोटी) हैं और दूसरी ओर बिहारीजू के। एक ओर प्यारीजू के हृदयगत भाव हैं, प्यारीजू के नेत्र हैं दूसरी ओर बिहारीजू के हृदयगत भाव हैं और बिहारीजू के नेत्र हैं। ये हृदयगत भाव ही दोनों ओर के ऊँट नामक मोहरे हैं और दोनों के नेत्र चञ्चल चाल चलने वाले घोड़े नाम के मोहरे हैं। दोनों के मन में जो आतुरता है, वह हाथी नाम का मोहरा है ओर दोनों का निग्रह-भाव प्यादे नाम के मोहरे हैं। दोनों का उत्साह दोनों ओर के वजीर हैं। श्यामा-श्याम की शतरंज जमी है। दोनों के तन-मन-रूप बिसात पर हृदयगत भाव, नेत्रों की गति, आतुरता, धैर्य और उत्साह के दाँव-पेंच चले जा रहे हैं। दोनों एक-दूसरे की चाल का जवाब दे रहे हैं, दोनों जने एक-दूसरे के दाँव को झेल रहे हैं। दोनों इतनी चतुरता का खेल खेल रहे हैं कि शह-मात न होने पाए। शह-मात होगी तो हार-जीत होगी और बाजी खत्म हो जाएगी। क्रीडा समाप्त करनी ही नहीं है, वह समाप्त होगी भी नहीं। यही तो नित्य-लीला का रहस्य है। निरवधि नित्य-विहार के भाव को भगवत रसिकजी ने ऐसे कहा —

> "अहो हेली पकी नर्द कांची करें अरु यह रसिकन की रीत हो।
> हेली मीन चाल हठ उलटही खेल सदा रसरीत हो।"

अरी सखी, युगल की रीति ही ऐसी है कि ये पकी-पकाई गोट को फिर से कच्ची कर देते हैं और खेल जहाँ से शुरू हुआ था, वहीं पहुँच जाता है, जैसे मछली की चाल होती है कि वह आगे बढ़ते-बढ़ते अचानक ही पीछे की ओर उलट पड़ती है।

अलंकार : सांगरूपक : उर-रुख, नैन-चपल-अस्व, आतुरता-पील, पयादे-निग्रह।

पाठान्तर — १. दुहुँनि। २. बिसाँति। ३. सहि साहि राखें खेलत। किसी प्रति में "सहसा राखें खेलत" पाठ है।

शब्दार्थ — दुहून — दोनों की। **बिसात —** शतरंज का खेल जिसे कपड़े आदि पर खेला जाता है। **आतुरता-पील —** आतुरता-रूपी हाथी। **पयादे-निग्रह —** निग्रह-रूपी पैदल। **फरजी चौंप —** उत्साह-रूपी वजीर। **साह —** शाह को बचाकर खेलना, ताकि खेल की समाप्ति न हो। **शतरंज के मुहरे हैं —** बादशाह, वजीर, दो हाथी, दो घोड़े, दो ऊँट तथा प्यादे। **बिहारी का दोहा है —** प्यादे ते फरजी भयौ टेढ़ौ टेढ़ौ जाय। **शह —** किश्त।

मोरन ते होड़ कौ पद : लालजू के वाक्य मयूर के प्रति

होड़ परी मोरन अरु स्यामैं।
आवहु मिलहु मध्य सचु की गति, लेंहि रंग धौं कामैं।
हमारे तुम्हारे मध्यस्थ राधे, और जाहि बदौ बूझि देखौ तृन दै, कहा है यामैं।
श्रीहरिदास के स्वामी कौ चौपर कौ सौ खेल, इकगुन दुगुन त्रिगुन चतुरागुन री जाके नामैं।

वृन्दावन में मोर भी नाच रहे हैं और श्यामसुन्दर भी नाच रहे हैं। मेघों को देखकर मोर नाच रहे हैं और श्यामाजू को रिझाने के लिए श्यामसुन्दर नाच रहे हैं। मोर और श्रीकृष्ण में मानो होड़ लग गई है।

श्यामसुन्दर मोर से कहने लगे — "आओ, हम तुम मिलकर सुख की मध्य गति में नाचें। देखें, आनन्द की पराकाष्ठा किसमें हैं ? हमारे तुम्हारे बीच में मध्यस्थ राधारानी है। यदि तुम्हें संशय हो, तो और किसी को भी तुम शपथपूर्वक निर्णायक बना लो, इसमें क्या बात है।"

श्रीहरिदास के स्वामी श्रीलाल का नृत्य तो चौपड़ जैसा खेल है। नृत्यगतियों के नाम हैं — इकगुन, दुगुन, त्रिगुन और चतुरगुन। पहले इकगुन में नृत्य, उसके बाद उसकी दुगुनी लय दुगुन में नृत्य, इसके बाद तीन गुनी गति तिगुन और अन्त में चतुरागुन लय — चौगुन में श्री कृष्ण ने नृत्य किया।

शब्दार्थ — मध्य — लय तीन प्रकार की हैं। विलम्बित, मध्य और द्रुत। विलम्बित में ताल बहुत धीरे-धीरे चलती है। द्रुत में लय तीव्र हो जाती है। मध्य लय बीच की है। **सचु** — सुख, सत्य। **रंग** — आनन्द। **मध्यस्थ** — निर्णायक। **चौपड़-चौसर** — गोटों और पासों के द्वारा बिसात पर खेला जाता है। **इकगुन** — मात्रा कहते हैं ताल की इकाई को। एक इकाई में एक स्वर लगाया जाए। **दुगुन** — एक मात्रा में दो स्वर लगाए जाएं, जैसे १,२ ३,४। **त्रिगुन** — एक मात्रा में तीन स्वर हों १,२,३, ४,५,६। **चतुरगुन**—एक मात्रा में चार स्वर हों १,२,३,४ ५,६,७,८।

जलकेलि कौ पद : प्यारीजू के संभ्रम के बचन अपने मनसों सुपन में

कहौ यै का की बेटी, कहौ धौं कहा है[१] कुँवरि कौ नाँउँ।
तुम सब रहौ री, हौं ही ऊतर दै हौं, चले किन जाहु ढोटा, बाइ बाउरौ[२] गाँउँ॥
सब सखी मिलि छिरका जु खेलन लागीं, तौ लौं तुम रहौ री, जौ लों हौं न्हाउँ।
श्रीहरिदास के स्वामी स्यामा कुंजबिहारी लै डुबकी[३] गरैं लागे, चौंकि परी कहाँ हौं जाँउँ॥

श्यामा-श्याम रस-विहार कर रहे हैं। तभी बिहारिणीजू के मन में कल्पना उठी, एक स्वप्न सा देखा कि अपने सखी-परिकर के साथ यमुना स्नान करने गई हूँ। तभी कुञ्जबिहारी उधर आ निकले हैं और परिहास में सखियों से पूछ रहे हैं — बताओ तो, ये (अर्थात् राधा) किन की बेटी हैं और इस कुँवरि का नाम क्या है?

इस पर प्रियाजू ने तुनककर कहा कि तुम सब चुप रहो, मैं ही उत्तर दूँगी। प्रियाजू कुञ्जबिहारी से कहती हैं — "रे ढोटा, उस बावले गाँव में क्यों नहीं चले जाते, जहाँ के निवासियों को बोलते रहने का रोग लगा है? (बाइ= वातरोग)

तदुपरान्त सब सखियाँ परस्पर जल फेंकने का खेल खेलने लगीं। श्रीप्रियाजू ने सखियों से कहा —"तुम सब तब तक सावधान रहना, जब तक मैं स्नान करूँ।"

तभी कुञ्जबिहारी ने जल में डुबकी ली और जल के अन्दर ही अन्दर पहुँचकर हरिदासीजू की स्वामिनी श्यामाजू के गले से लिपट गए और वे चौंक उठीं कि अब मैं कहाँ जाऊँ?

(श्यामाजू की चौंकने की आवाज सुनकर कुञ्जबिहारी पूछने लगे — "प्रियाजू क्या बात हो गई?" तब प्रियाजू ने कहा — एक डरावना दिवास्वप्न था।)

नित्य-विहार और रसदेश की सहज जोरी के सन्दर्भ में इस पद के अर्थ पर रसिक भक्तों ने गहराई से विमर्श किया है। इसी प्रकार की समस्या दान वाले पद की है। यहाँ कृष्ण का राधा की सखियों से पूछना कि यह (राधा) किन की बेटी है, इनका क्या नाम है? यह प्रश्न ब्रज-भाव-परक है। सहज जोरी में परस्पर अन-पहचान सम्भव नहीं है, फिर दूसरी बात, सहज जोरी प्रकट हुई है, उनका जन्म नहीं है, इसलिए वे किसी के बेटा-बेटी भी नहीं है। तीसरे, नित्य-वृन्दावन में बावला गाँव भी नहीं है। इसका समाधान करने के लिए डरावने-स्वप्न का प्रसंग कल्पित किया गया है। समालोचना की दृष्टि से तो यही कहा जा सकता है कि केलिमाल में जो ब्रज-भाव-परक सन्दर्भ वाले पद हैं, वे यह प्रमाणित करते हैं कि स्वामी श्रीहरिदास की रसदेश की अवधारणा क्रमपूर्वक विकसित हुई है, कहीं से पकी-पकाई प्राप्त नहीं हुई है। विकास के सन्दर्भ-सूत्र भी किसी एक सीमित स्रोत से नहीं है, कितनी उपासना — धाराएं और परम्पराएं उनके युग में समाहित हैं, व्याप्त हैं। इस तथ्य में विवाद की गुंजायश नहीं

पाठान्तर — १. कहा धों कुँवरि कौ नाँउँ। २. बावरौ। ३. बुड़की।
शब्दार्थ — ढोटा — बारे, कुँवर, लाल, पुत्र। **बाइ** — वातरोग, जिसमें रोगी बोलता चला जाता है। **बाउरौ** — बावला, सिड़ी, सनकी। **छिरका** — जल-क्रीडा (छींटे उड़ाना)।

है कि ब्रज-भाव नित्य-विहार का एक आवरण है और आवरण के रूप में राम, कृष्ण, विष्णु प्रकृति-पुरुष भी नित्य-विहार के विस्तार में मौजूद है, कुछ विद्वान् उन्हें किसी सम्प्रदाय-विशेष का अनुगत बतलाते हैं, किन्तु यह क्रम-विकास स्वामीजी की विशिष्टता और स्वतन्त्रता का प्रमाण है।

(८४)

होरी डोल-झूलन कौ पद : सखी के वाक्य सखी तें

एक समैं एकांत बन में, डोल झूलत कुंजबिहारी।
झोंटा देत परसपर सब मिल अँबीर उड़ाबत डारी।
कबहुँक वे इनके, ए विनके, हौं दोउन के इकसारी।
श्रीहरिदास के स्वामी स्यामा कुंजबिहारी बाढ़्यौ रंग भारी।

श्रीहरिदासी-सखी अपनी अनुगत-सखी को बता रही हैं कि एक समय वृन्दावन में एकान्त-स्थल पर श्यामा-श्याम डोल झूल रहे थे।

सभी सखियाँ तो मिलकर अँबीर उड़ा रही थीं और श्याम-श्याम एक-दूसरे को झोंटा दे रहे थे। कभी प्रियाजू को श्रीलाल झुलाते, तो कभी श्रीलाल को प्रियाजू ने झुलाया। जब डोल पर दोनों जने बैठ गए, तो मैंने दोनों को समान रूप से झोंटा दिया।

श्रीहरिदास कहते हैं कि कुञ्जबिहारी श्यामा-श्याम के विहार का आनन्द उमंग रहा था, प्रतिपल-प्रतिछिन बढ़ रहा था।

श्रीबिहारिनिदासजू का डोल-सम्बन्धी पद है —

डोल झुलावत कुंजबिहारी।
रमकि धरत पग नव जोवन भरि अति आनंद दुलारी।
सारंग राग अलापत लाल रसाल दै दै कर तारी।
कबहुँक हँसत हँसावत रीझि रिझावत प्रीतम प्यारी।
री तब कर गहि लेत किसोर किसोरी पुलकि भरत अँकवारी।
श्रीबिहारिनिदासि दंपति नव नव छबि पर छिन-छिन बलिहारी।
(रससागर, पृ० ४९३)

शब्दार्थ — झोंटा — पेंग, झूले का आगे-पीछे होना। **इकसारी** — समान रूप से। **रंग** — आनन्द।

(८५)

सुरतांत सुंदरता कौ पद : सखी कौ बचन सखी प्रति

कुंज-कुंज डोलन, मृदु बोलन, टूटी लर छूटी पोत सोभा अति[१] लागत।
भमर गुंजार करत सँग डोलत मानों मेर रागनी के संग लिऐं रागत।
जूथ अनेक सुघर जुबतिन के तुम्हरी रीझ पल[२] नहिं लागत।
श्रीहरिदास के स्वामी स्यामा कुंजबिहारी पै तन मन धन न्यौछाबर करों का गत॥

श्रीप्रियाजू कुञ्जबिहारी के साथ एक कुञ्ज से दूसरे कुञ्ज में डोल रही हैं। मधुर-सुकोमल रसमय बातें कर रही हैं। हार की लड़ी टूट गई है। गले में मोती की कण्ठी भी छूट गई है। सुरतान्त की यह छवि अतिशय शोभायुक्त है।

आपके श्रीअंग से जो सुरभि उठ रही है, इसके कारण भ्रमरों के समूह गुञ्जार करते हुए साथ-साथ चल रहे हैं।

भौंरों का संगीत ऐसा प्रतीत होता है, मानो मेर-राग अपनी रागिनी के साथ अलापचारी कर रहा है।

हरिदासी सखी कहती हैं कि — "हे प्यारीजू! हर प्रकार से कुशल-सुघड़ युवतियों के समूह तुम पर ऐसे रीझे हैं कि उनके पलक नहीं लग रहे, अपलक दृष्टि से निहार रही हैं।"

श्रीहरिदासी कहती हैं कि श्यामा-श्याम पर तन-मन-धन न्यौछावर करती हूँ। इस सौन्दर्य-माधुर्य के आगे और कोई गति है ही नहीं।

इस पद की छाया लेकर श्रीबिहारिनिदास जू ने पद लिखा है —

आवत हैं री अति आनंद में ललना-लाल।
कुंज-कुंज डोलनि मृदु बोलनि प्रान प्रिया सौं ख्याल।
हँसि हँसि सुख मुख सौं मुख मिलवत लेत देत हिलिमिलि रसिकनी रसाल।
श्रीबिहारिनिदासि स्वामिनी स्याम सखी सुख दै करत निहाल।

(रससागर, पृ० ५०७)

पाठान्तर — १. अति छबि। २. पलव।

शब्दार्थ — टूटी लर — मोती (हार) की लडी टूट गई है। **पोत** — छोटे मोती की कण्ठी। **मेर** — राग का नाम। **रागत** — गा रहा है, अलाप लेना। **जूथ** — समूह। **जुवती** — युवती।

राग बिलाबल

(८६)

सुरतांत कौ पद : सखी वाक्य सखी तें

प्रिया पीय के उठबे की छबि बरनी न जाइ, सब तें न्यारे।
मानौं द्यौसरैंन इकठौर[१] सों ए[२] न भए न्यारे॥
बार लटपटे, मानों भमर-जूथ लरत परसपर, कमल-दलन पै खंजरीट सोभा न्यारे।
श्रीहरिदास के स्वामी स्यामा कुंजबिहारी पै[३] कोटि-कोटि अनंग, कोटि ब्रह्मांड बार किऍं न्यारे।

श्रीहरिदासी सखी अपनी अनुगत सखी से कह रही हैं कि प्रभात तो हो गया है, परन्तु प्रिया-प्रियतम अभी भी सुरत-सेज पर अलसा रहे हैं। वे न तो सोये हैं और न जागे हैं। उनकी इस छवि का वर्णन नहीं किया जा सकता, क्योंकि वह शोभा अद्‌भुत है, निराली है, सबसे भिन्न है।

ऐसा प्रतीत होता है मानो इनके नेत्रों में अभी भी दिन और रात एकत्र हैं। दिन की क्रिया है, जगना। सो ये जगे भी हैं और रात्रि की क्रिया है, सोना, सो ये बीच-बीच में नींद भी ले जाते हैं। ये दिन और रात की प्रकृति से अलग नहीं हुए। (किसी-किसी प्रति में इस पंक्ति का पाठ है — "मानो द्यौसरैन इकठौर सोये", तब इसका भाव यह है कि मानो दिन और रात एकत्र होकर सोये हैं, दिन का प्रकाश अर्थात् राधा और रात्रि का साँवलापन-श्यामसुन्दर।)

प्रियाजू के कपोलों पर बालों की लट बिथुरी हुई हैं मानो भ्रमरों के समूह परस्पर लड़ रहे हों।

कमल, दल पर खञ्जन पक्षी की निराली शोभा है। कमल प्यारीजू का मुख और खञ्जन प्यारीजू के नेत्र। खञ्जन पक्षी चञ्चल होता है, प्यारीजू के नेत्र भी चञ्चल हैं।

श्रीहरिदासी कहती हैं कि श्रीजुगल के सुरतान्त-सौन्दर्य पर कोटि-कोटि कामदेव और कोटि-कोटि ब्रह्माण्डों का सुख न्यौछावर है। नित्य-विहार का रस सबसे अद्‌भुत है।

अलंकार : उत्प्रेक्षा : मानौं द्यौसरैंन।

पाठान्तर — १. इकठौरे। २. सोये। ३. कुंजबिहारी श्रीबिहारिणी ऊपर।
शब्दार्थ — द्यौस — दिन। **रैन** — रात। **बार लटपटे** — बाल उलझ गए हैं। **भमर जूथ** — भौंरों के झुण्ड। **खंजरीट** — पक्षी खञ्जन। **बार किऍं** — न्यौछावर करना।

(८७)

सुरतांत छबि कौ पद : सखी कौ बचन सखी प्रति

स्यामा-स्याम आबत कुंज महल तें रँगमगे-रँगमगे।
मरगजी-बनमाल, सिथिल कटि-किंकिनि, अरुन-नैन मानौ चारौ[१] जाम जगे॥
सब सखी सुघराई गाबत, बीन बजावत, सब सुख मिल संगीत पगे।
श्रीहरिदास के स्वामी स्यामा कुंजबिहारी की कटाछि[२] सों कोटि काम दगे॥

देखो सखी, श्री श्यामा-श्याम कुञ्जमहल से रँगमगे-रँगमगे (सुरतान्त-रस में रँगे हुए) आ रहे हैं।

श्रीलाल के वक्ष पर सुशोभित वनमाला मिड़ गई है। कटि में बँधी किंकिनी ढीली हो गई है। नेत्र लाल हैं, मानो चारों पहर (सारी रात) जगे हैं।

समस्त सखियाँ वीणा बजा रही हैं और सुघराई राग गा रही हैं। समस्त सुखों का सम्मिलन हुआ है, और वे सब संगीत के रस में पग गए हैं। संगीत के रस में डूब गए हैं।

श्रीहरिदासी सखी के आराध्य श्यामा-श्याम के कटाक्ष मात्र (दृष्टिपात-मात्र) से करोड़ों-करोड़ों कामदेव दग्ध हो जाते हैं, दास बन जाते हैं।

पाठान्तर — १. चार्‍यौ। २. कटाक्ष।

शब्दार्थ — रँगमगे — रसमग्न। **मरगजी** — सिकुडी हुई, मिड़ी हुई। **किंकिनि** — करधनी। **अरुन नैन** — लाल-लाल नेत्र। **चारौं जाम** — चार प्रहर। **सुघराई** — सुघड़ता अर्थात् सुन्दरता तथा सुघराई एक राग का नाम। **दगे** — दागा जाना (तप्त लोहे से शरीर पर विशेष प्रकार का निशान बना देना) किसी जमाने में दास बनाए जाते थे, तब शरीर पर ऐसा निशान बना दिया जाता था।

राग मलार

(८८)

हिंडोरे झूलन कौ पद : श्रीहरिदासीजू महाआनंद में विपुल-विहारिन दासी प्रति कहत हैं

हिंडोरैं झूलत[१] लाल, दिन दूलह-दुलहिन बिहारन[२] देखौ री ललनाँ।
गौर-स्याम छबि अति दुत बहु भाँति री बलना॥
नीलांबर-पीतांबर अंचल चलत, धुजा फहरात कल नाँ।
श्रीहरिदास के स्वामी स्यामा-कुंजबिहारी बिहारन[३] अविचलनाँ॥

देखो री सखी, आज श्री लाड़लीलाल हिंडोरे पर झूल रहे हैं। यह शाश्वत युगल है — दिन दूल्हा-दुल्हन, और इनका विहार भी शाश्वत है।

गौर-वर्ण और श्याम-वर्ण की कान्ति अद्‌भुत है और हिंडोरे पर झूलते हुए ऐसा लगता है कि यह कान्ति कभी घूमती है, कभी मुड़ती है, कभी घेरती है ओर कभी चक्कर लगाती है, नाना भाँति से बलन करती है। (बलना का एक भाव न्यौछावर होना है, मैं तो इस शोभा पर नाना भाँति से न्यौछावर हूँ।)

हिंडोले पर झूलते समय श्रीराधा का नीलाम्बर और श्रीकृष्ण के पीताम्बर का छोर हिलता है, मानो प्रेम की ध्वजा फहरा रही हो। इस सौन्दर्य को देखे बिना मुझे कल (शान्ति) नहीं मिलती।

श्रीहरिदासी सखी के आराध्य श्यामा-कुञ्जबिहारी का नित्य-विहार अटल है। उस पर काल का प्रभाव नहीं है।

श्रीबिहारिनिदास जू की वाणी है —

हरषि हिंडोरना री झूलत नवल किसोरी किसोर।
रहसि बहसि हँसि हँसि उर लागत अनुरागत झोंटा ब देत जोवन जोर।
श्रमित न राखे रहैं गूढ गुन गाढ़े गहैं चित चुभि रहें अंचल चंचलनि के छोर।
श्रीबिहारिनिदासि सु विलास बिबस दंपति दरसत ये तन मन मगन निसि भोर।
(रससागर, पृ० ४९६)

अलंकार : उत्प्रेक्षा : नीलांबर-पीतांबर अंचल चलत धुजा फहरात

पाठान्तर — १. हिंडोऽरेब झूलत। २. बिहारिन। ३. बिहारिनि।
शब्दार्थ — दिन—नित्य। **ललनाँ** — सखियाँ। **दुत** — कान्ति। **बलना** — न्यौछावर होना अथवा बलन अर्थात् घूमना, मुड़ना, लपेटना, घेरना, न्यौछावर होना। **कल** — शान्ति। **अविचल** — अडिग।

(८९)

सुरत हिंडोरे कौ पद : सखी कौ बचन सखी सों

सुरत-हिंडोरें झूलत प्रीतम-प्यारी।
हँसत लसत नव-घन ज्यों दामिनि दुलहिन-कुंजबिहारी।
कबहू कर कंचुकी-बंध मोचत, नेत-नेत बोलत सुकुमारी।
बिबस भएँ उर धरें सखी री, सँग हरिदासि-दुलारी।[१]

आज तो प्रिया-प्रियतम सुरत-हिंडोरे पर झूल रहे हैं।

जिस प्रकार नवीन मेघ और दामिनी का परस्पर लीला-विलास होता है, उसी प्रकार बिहारी-बिहारिनि हास-विलास करते हुए शोभा पा रहे हैं।

जब कुञ्जबिहारी अपने हाथ से कञ्चुकी-बन्ध खोलने लगते हैं, तब सुकुमारी नव-विवाहिता दुल्हन "नहीं-नहीं" कहती हैं, परन्तु जब विवश हो गईं, तो हे सखी, प्यारीजू ने अपने वक्ष पर दोनों हाथ रख लिए। उस समय उनके साथ प्रेम-सहेली हरिदासी सखी भी थी।

"विवश भये उर धरें सखी री" की भाव-व्यञ्जना भावार्थ-दीपिका में श्री नागरीदासजी ने दो प्रकार से की है —

१. अति सुकुमारी आलस करि विवश भये तब पिय नें अपने उर पै धरे हैं।
२. दोऊ मगन मोद जानिकें श्रीहरिदासीजू संग में ही दुहून कों गोद में लिए अपने उर रूपी सेज पै पौढ़ाय राखे हैं।

डॉ० बुद्धि प्रकाश जी ने इसकी अर्थ-संगति ऐसे लगाई थी — "समस्त सखियाँ यह रस-क्रीडा देखकर अपने हृदय पर हाथ रखे हुए हैं, वहीं प्रियाजू की दुलारी सखी हरिदासी भी है।"

सुरति-हिंडोरे पर श्रीवीठलविपुलदासजू का पद है —

आवत लाड़िली लाल फूले।
कुंज केलि नवरंग बिहारी सुरति-हिंडोरें झूले।
निसि जागे अरसात रगमगे पट पलटे गति भूले।
श्रीवीठलविपुल पुलकि ललितादिक दिन देखत द्रुम मूले।
(रससागर, ६७)

---

१. यह पद केलिमाल की अधिकांश प्रतियों में उपलब्ध नहीं होता। हमें यह पद मथुरा में श्री गोपाल चंद्र जी शास्त्री बड़े चौबेजी के यहाँ हस्तलिखित प्रति में मिला। नागरीदास की भावार्थ-दीपिका में यह पद है। परन्तु पीताम्बरदेव और राधाशरणदासजी की टीकाओं में यह पद नहीं है। इतने पर भी यह असन्दिग्ध है कि सुरत-हिंडोरा रसदेश की अपनी निधि है। सवाल केवल यह है कि केलिमाल में नखच्छद दंतच्छद, कंचुकीबंध जैसे बिम्ब नहीं हैं। इस पद में "कंचुकी बंध मोचत" है तथा छाप "श्रीहरिदास के स्वामी स्यामा" की जगह "हरिदासि दुलारी" है। इसलिए यह प्रामाणिक पद नहीं है। यह पद भेंट का है।

(९०)

बरसा रित कौ पद[१] : सखी के वाक्य सखी तें

ऐसी रितु सदाँ सर्वदा जो रहै, बोलत मोरनि।
नीकैं बादर, नीकें धनुस, चहुँदिस नीकौ बिंदावन, आछी-नींकी मेघन की घोरन।
आछी नींकी भूमि हरी-हरी, आछी-नीकी बूढ़न की रैंगनि काम करोरनि।
श्रीहरिदास के स्वामी स्यामा के मिलि गाबत राग मलार जम्यौ री किसोर-किसोरनि।

वृन्दावन में आज वर्षा ऋतु की अद्‌भुत शोभा है। हमेशा-हमेशा ऐसी ऋतु बनी रहे, मोर इसी प्रकार कूकते रहें। काल-काले बादल घुमड़ते रहें। इन्द्रधनुष के रंगों की कितनी अद्‌भुत छटा है? बादल मन्द-मन्द गर्जना कर रहे हैं। चारों ओर धरती हरी-हरी हो गई है तथा लाल-लाल वीर बहूटी रेंग रही हैं। करोड़ों कामदेव वृन्दावन की इस रमणीयता पर बलिहारी हैं। श्रीहरिदासी सखी कह रही हैं कि श्यामा-श्याम दोनों मिलकर राग मलार गा रहे हैं।

इसी भाव-भूमि पर श्रीवीठलविपुलजू का पद है —

नीके द्रुम फूले सुभग कालिंदी कूल इन्द्र धनुष राजैं स्याम घटनि में।
नीके गृह लता कुंज नीकी आली अलि गुंज
नीकौ राग रमि रह्यौ पिकनि की रटनि में।

(रससागर, पृ० ७१)

श्रीनागरीदासजू का पद है —

पावस रितु आई सबनि के मन भाई तैसौई श्रीवृंदावन राजै सुखदाई।
तैसीयै घननि की घोर धनुष चहुँ ओर तैसेई नाचैं मोर
तैसीयै चात्रिक पिक बोलनि सुहाई।
तैसीयै भूमि हरी हरी डोलैं बूढ़ै रंग भरी लता अनुराग ढरी रही छबि छाई।
निरखि नागरीदासि प्रिया पिय सुखरासि विलसत मन हुलासि
गावत मलार लाल ललना लड़ाई।

(रससागर, पृ० ५७९)

---

१. केलिमाल के गायन के सन्दर्भ में नागरीदासजी ने एक सन्दर्भ इस प्रकार दिया है। नागरीदास (कृष्णगढ़ के राजा) द्वारा रचित (सं १८००) पद-प्रसंगमाला में तानसेन की वार्ता दी गई है "यह सुनि पातसाह तानसेन के संग जलघरी लै श्रीवृंदावन स्वामी जी पै आये। पहले तानसेन गायौ विनती करी। महाराज कछ अलापचारी करी मलारराग की। चैत-बैसाख कौ महीना हुतो तब वाही बेर घटा घुमड़ि आई। मोर बोलने लागे, तब नयौ बनाय विष्णुपद गायौ। ताही बेर बरसा हौंन लगी — सो यह पद — ऐसी रितु सदाँ सर्वदा जो रहै, बोलत मोरबि।"

शब्दार्थ — धनुस — इन्द्रधनुष। **नीकौ** — सुन्दर। **घोरन** — मेघों की गर्जना। **बूढ़न** — वीर बहूटी। (वर्षा ऋतु में दिखाई देने वाला लाल रंग का कीट विशेष, जो देखने में सुन्दर लगता है। कवियों नें इसे इन्द्रवधू भी कहा है तथा वर्षा-वर्णन में इसका उल्लेख किया है)। **मलार** — वर्षा ऋतु में गाया जाने वाला राग।

(९१)

पावस रस कौ पद : लालजू के वाक्य प्रिया जू ते

बोल बोलिऐ जू मान न करि हौं, सचु के आए दिन पावस के[१]।
घरी घरी के रुसने क्यों बनें, ते बोल बोलिऐ जु मन क्रम वच के।
भयौ है बँधान बहौत जतनन करि, बिसरे गुन गस के।
श्रीहरिदास के स्वामी स्यामा कुंजबिहारी, प्यारी बस के।

वर्षा ऋतु है। प्यारीजू प्रमुदित हो रही हैं। इसी प्रसन्नता के समय श्यामसुन्दर राधारानी से कहने लगे — हे प्यारी, वर्षा-विहार के सुख के दिन आ गए हैं, अब आप मुझे एक वचन दो कि मैं कभी मान नहीं करूँगी।

घड़ी-घड़ी के रूसने से रस की बात कैसे बनेगी? इसलिए आप मन-वाणी और कर्म से एक होकर कभी मान न करने का वचन-दान दो।

यह अवसर, यह बन्धान, यह ठाठ बडे यत्नों के बाद प्राप्त हुआ है। मन में किसी प्रकार की कोई गाँस हो (मेरे अपराध की कोई पुरानी याद यदि हो) तो उसे भी बिसार दो।

श्रीहरिदासी सखी कहती हैं कि कुञ्जबिहारी तो प्यारी के सतत आधीन हैं।

श्रीबिहारिनिदासजू का पद है —

नान्हीं नान्हीं बूँद वन सघन मानौं प्रेम वरषै पानी।
सींचि सींचि मन मोद बढ़ावत गावत प्रीतम प्रियहि रिझावत कहि कहि काम-कहानी।
फुहिन पात चुचात गात सिरात रीझि भीजि अंग संग रंग रसिक रवानी।
श्रीबिहारिनिदासि सुख संपति दंपति विलसि-विलसि रस पावस रितु रति मानी।
(रससागर, पृ० ४९५)

पाठान्तर — १. आये दिन पावस के सचु के सुबोल बोलियै जू मान न करि हौं। अथवा सुबोल बोलियै जू मान न करिहौं आये दिन पावस के सचु के।
शब्दार्थ — पावस — वर्षा ऋतु। **रुसने** — रूठने। **मन वच क्रम** — मन वाणी कर्म। **बँधान** — सामंजस्य। आचार्य बृहस्पति ने अर्थ किया था — बँधान गिना हुआ है। **गस** — गांस—भेद की बात।

(९२)

मेघ बीजुरी बरसा रस कौ पद : सखी के वाक्य सखी तें

यह अचरज देख्यौ न सुन्यौ कहूँ, नवीन मेघ संग बीजुरी एकरस।
तामें मौज उठत अधिक, बहु भाँतिन लस।
मन के देखबे[१] कों और सुख नाँहि कोऊ, चितबत चित जु[२] करत बस।
श्रीहरिदास के स्वामी स्यामा कुंजबिहारी[३] जू कौ पवित्र जस।

प्रेम-सहेली अपनी अनुगत सखी से कहती हैं — "ऐसा आश्चर्य न कभी पहले देखा है और न कभी सुना है कि नव-मेघ के साथ दामिनी एकरस एकाकार हो गई है। दामिनी मेघ में समा गई है और मेघ दामिनी में समा गया है। मेघ अर्थात् श्यामसुन्दर और दामिनी अर्थात् राधा।

एकरस एकाकार मेघ-दामिनी में रस की लहरें उठती हैं, तत्सुख की लालसाएं तरंगित होती हैं। ये आकांक्षा-अभिलाषा अनेक प्रकार से अभिव्यक्त होती हैं।"

श्रीहरिदासी कहती हैं कि प्रियाजू चितवन-मात्र से चित्त को वशीभूत कर लेती हैं। श्यामा-श्याम की इस रह: केलि को देखना मन का परम सुख है, इसके अतिरिक्त और इससे बढ़कर कोई सुख है ही नहीं। यह आद्यरस है, सहज-रस है और शाश्वत है। सनातन सुख है, जिसका कभी क्षरण नहीं होता, जो कभी घटता नहीं है। यह केलिकथा श्यामा-श्याम का पवित्र यश है।

पाठान्तर — १. हरबे। २. चितहि। ३. कुंजबिहारी विहारिनजू।
शब्दार्थ — एकरस — सामरस्य। **मौज** — हिलोर, लहर। **लस** — शोभा पाता है।

(९३)

बरसा रस में चूनरी कौ पद : लालजू के बचन प्रियाजू तें

बूँदें सुहावन लागत री[1], मत भींजै तेरी चूँनरी।
मोहि दै उतार, धरि राखौं बगल में तू न री।
लाग लिपटाइ रहैं छाती सों छाती[2] जो[3] न आबै तोहि बौछार की फूँनरी।
श्रीहरिदास के स्वामी स्याम कहत, बीजुरी कौंधै कर हाँ हूँ न री।

वर्षा ऋतु है और नित्य किशोर का मन आज कुछ-कुछ हो रहा है। श्यामाजू से बोले — "प्यारी, आज बूँदें कितनी सुहावनी लग रही हैं, आज हम-तुम बूँदों का आनन्द लेंगे, लेकिन तुम्हारी चुनरी तो भीग जाएगी। लाओ इसे उतारकर आप मुझे दे दें, मैं अपनी बगल में रख लूँगा ताकि यह भीगे नहीं।" श्यामाजू ने चुनरी उतारकर बिहारीजू को दे दी, तो बिहारीजू और आगे बढ़े, बोले — प्यारी, तुम्हारे सुकुमार शरीर पर बूँदों की बौछार कहीं आघात न करे, इसलिए हम दोनों छाती से छाती लगाकर लिपट जाएं। श्यामाजू जब ना-नुकर सा करने लगीं तो श्यामसुन्दर बोले — प्यारी, इस समय 'हाँ -हूँ' मत करो। इस समय बिजली कौंध रही है, संकोच करने से क्या होगा?"

इसी भाव-भूमि पर श्री स्वामी रूपसखीजू कृत पद —

बूँदनि नान्हीं नान्हीं बरसत मेह।
सुरंग चूनरी भींजत सजनी नव निकुंज वर गेह।
घन दामिनि भामिनि पिय सोभा अँग अँग सरस सनेह।
श्रीरसिक रूप नित श्रीहरिदासी वर बिहार सुख देह।

पाठान्तर — १. बूँदें सुहावनी री मत भींजै तेरी चूनरी। २. छाती सों छाती लगाय। ३. ज्यों।
शब्दार्थ — तू न री — तू मना मत कर। **फूँनरी** — फुहियाँ, फुहार। **बीजुरी** — दामिनी। **हाँ हूँ करना** — संकोच करना।

(१४)

बरसा रस उन्मत्तता कौ पद : सखी बचन सखी प्रति

भींजन लागे री दोऊ जन।
अँचरा की ओट करत दोऊ जन॥
अति उनमत्त रहत निस-बासर, राग ही के रंग रँगे दोऊ जन।
श्रीहरिदास के स्वामी स्यामा कुंजबिहारी प्रेम परस्पर, निरत[1] करत दोऊ जन॥

श्रीहरिदासी सखी अपनी अनुगत सखी को वर्षा-रस के माधुर्य के सम्बन्ध में बता रही हैं — अरी सखी, आज जब वर्षा होने लगी तो श्यामा-श्याम वर्षा में भीगने लगे और आनन्द के अतिरेक में कभी श्यामा अपना आँचल फैला लेती ओर दोनों जने आँचल की ओट में हो जाते। अरी सखी, इस आनन्द को मैं कैसे बताऊँ कि ये दोनों राग के रंग में ऐसे रँगे हैं कि रातों-दिन रस-उन्मत्त रहते हैं। श्यामा-श्याम का परस्पर-प्रेम अद्भुत रससिन्धु है, जिसमें तरंगें उठती हैं, तब दोनों जने नृत्य करने लग जाते हैं।

राग का तात्पर्य स्वर-लहरी विशेष भी है और राग का तात्पर्य इष्ट के प्रति सहज आकर्षण और समर्पण भी है। वह आकुलता, वह छटपटाहट वह उत्सुकता और वह कभी न छीजने वाला आनन्द।

इसी भाव का श्रीस्वामी रूपसखीजू का पद है —

दोऊ जन भींजत अति सुकुमार।
अँग अँग अंचल ओट करत हैं महा मधुर रस धार।
माते मदन गरजि उरजनि कल परसनि सरस बिहार।
श्रीरसिक रूप नित श्रीहरिदासी विपुल बिहारिनि प्यार।

पाठान्तर — १. नृत्य।
शब्दार्थ — दोऊजन — श्यामा-श्याम युगल। **अँचरा** — आँचल। **राग** — प्रेम तथा संगीत। **निरत** — नृत्य।

(९५)

बरसा में संगीत-नृत्य कौ पद : सखी वचन सखी ते

नदत[१] मनमृदंगी रास-भूमि सुकांत, अभिनै[२] सु नव गति त्रिभंगी।
धापि राधा नटति ललिता रसवती नागरी गाई ते[३] ऽग्रनाभि तान तुंगी।
रसद बिहारी बंदे वल्लभा राधिका, निस दिन रंग रंगी।
श्रीहरिदास के स्वामी स्यामा-कुंजबिहारी संगीत संगी॥

मन मृदंगी नाद कर रहा है। मन हरण करने वाला मृदंग बज रहा है। सुन्दर कान्ति से युक्त रासस्थली है। नृत्य-अभिनय में त्रिभंगी तथा अन्य मुद्राओं का प्राकट्य हो रहा है।

स्वामिनीजू रस में छककर नृत्य कर रही है तथा रसमर्मज्ञा, परम-विदग्धा ललिता-नागरी नाभि से उठने वाली तुंग-तान को गा रही है।

श्रीहरिदासी कहती हैं कि मैं रस देने वाले बिहारी और उनकी वल्लभा राधिका की वन्दना करती हूँ। वे अहर्निश आनन्द-रंग में रंगे हैं।

श्रीहरिदासी कहती हैं कि मेरे आराध्य श्यामा-श्याम संगीत-नृत्य में परम आसक्त हैं।

"नदित मन मृदंगी, रास भूमि सुकांति", पाठ के अनुसार इसका भाव है कि नित नए नाद सिरजने वाला किशोर-युगल का मन ही मृदंगी है, मृदंग बजा रहा है और युगल के अंग-प्रत्यंग की सुकान्ति ही रास-भूमि है, त्रिभंग गतियाँ अभिनय हैं। राधा अद्‌भुत रस-रीति में नृत्य कर रही है, उसी का अनुगान रसवती ललिता की तुंग तानों में हो रहा है। संगीत का अनोखा रस बरसाने वाले प्रियतम और संगीत के रस-रंग में सदा ही रंगी रहने वाली राधा, दोनों की वन्दना करती हूँ। श्यामाकुञ्जबिहारी दोनों संगीत-संगी हैं।

पाठान्तर — १. नदित। २. अभिनय। ३. गाइतेग्र।

शब्दार्थ — नदत — नाद कर रहा है, ध्वनित हो रहा है। **मृदंगी** — मृदंग बजाने वाला। **धापि** — छककर। **नटति** — नृत्य अभिनय करना। **रसवती** — सरस। **तुंगी** — ऊँचा स्वर, तार स्वर (तुंग-तान, पारिभाषिक शब्द है आचार्य बृहस्पति ने बताया था — नाभि से उठने वाली तुंग-तान)।

(९६)

दामिनी कौ बचन मेघ ते

दामिनि कहत मेघ सों, हमारी उपमा देंहि ते झूठे, एई मेघ एई बीजुरी साँची।
जिन-जिन हमारी उपमा दीनी, तिन-तिन की मति काँची।
ऐसी कहूँ सुनी जु बूँद तें कन न्यारौ, ता पटतर क्यों दीजै समुद्र राँची।
श्रीहरिदास के स्वामी स्यामा कुंजबिहारी की अटल[१] प्रीत माँची।

दामिनी ने मेघ से कहा कि जिन कवियों ने श्यामा-श्याम के प्राकट्य की उपमा, श्यामा-श्याम के अद्वयभाव की उपमा, श्यामा-श्याम के वर्ण और कान्ति की उपमा तथा श्यामा-श्याम के विलास की उपमा हम से दी है, वे झूठे हैं। सच्चे मेघ और सच्ची दामिनी तो ये ही हैं।

जिन-जिन कवियों ने श्यामा-श्याम के लिए हमारी उपमा दी, उन सबकी मति-बुद्धि कच्ची है।

क्या कभी किसी ने यह सुना कि बूँद और उसकी बूँदता भिन्न-भिन्न है ? क्या कभी किसी ने यह सुना है कि जल और लहर भिन्न-भिन्न है ? क्या कभी किसी को जल के कण (जलबिन्दु) की उपमा समुद्र से देते हुए सुना है ? जल-बिन्दु की समानता समुद्र से कैसे की जा सकती है?

श्रीहरिदासी सखी कहती हैं कि श्यामा-श्याम की अटल प्रीति मची है। श्यामा-श्याम का विहार शाश्वत है, जबकि मेघ आते हैं और चले जाते हैं, दामिनी चमकती है और छिप जाती है।

अलंकार : सभी उपमान झूठे हैं — अनन्वय अलंकार।

पाठान्तर — १. अटल-अटल।
शब्दार्थ — काँची — कच्ची। **पटतर** — समानता। **रांची** — युक्तिसंगत होना, रच पाना, अनुरक्त होना, रञ्च-मात्र। **माँची** — मची है, मचल रही है, विलास चल रहा है।

राग गौड़ मलार

(९७)

बरसा समै मयूरनृत्य कौ पद : सखी बचन सखी ते

नाँचत मोरन संग स्याम, मुदित स्यामाहि रिझावत।
तैसिए कोकिला अलापत, पपिहा देत सुर तैसिए[1] मेघ गरजि मृदंग बजावत।
तैसिए स्याम घटा निस सी कारी, तैसिए दामिनी कौंधि दीप दिखावत।
श्रीहरिदास के स्वामी स्यामा कुंजबिहारी रीझ राधे हँसि कंठ लगाबत।

आज वृन्दावन, संगीत का महोत्सव बन गया है और समूचे महोत्सव का एक ही उद्देश्य है — श्यामाजू को रिझाना। आज काली घटा घुमड़ रही है, जैसे अँधेरी रात हो और उस अँधेरे में दामिनी कौंधकर मानो दीपक दिखा रही है। बादल मृदंग बजाते हुए गरज रहे हैं। पपीहा सुर लगा रहा है और कोकिला राग का विस्तार करने के लिए आलाप कर रही है। सबके मन में श्यामाजू को रिझाने का ही भाव है "तैसियै कोकिला अलापत। तैसियै मेघ मृंदग बजावत।" कोयल वैसे ही आलाप रही है,जैसे श्यामा रीझे। मेघ गरजते हुए वैसे ही मृदंग बजा रहा है, कि जिससे श्यामाजू रीझे। पपीहा वैसे ही स्वर लगा रहा है, जैसे श्यामा रीझे। श्यामा को रिझाने के लिए घटा घुमड़ी, दामिनी भी श्यामाजू को रिझाने के भाव से ही दीपक दिखा रही है। वृन्दावन के रस-संकेत पर ही मोर नाच रहे हैं और श्यामसुन्दर स्वयं भी श्यामाजू को रिझाने के लिए मोरों के साथ नाच रहे हैं। श्यामाजू का मन भी रीझ से भर उठा और उन्होंने प्रियतम को अपने कण्ठ से लगा लिया, आलिंगन का पुरस्कार प्रदान किया।
श्रीबिहारिनिदासजू का पद है —

हरी हरी भूमि अरुन बूढ़ें अरु नाचत मुदित मन मोर।
सारी सुही जुही सिर गूँदें बूँदें वचन मृदु स्याम गगन घन घोर।
हरषि हरषि वरषत मन ही मन प्रेम परस्पर आनंद हियें हिलोर।
श्रीबिहारिनिदासि दंपति सुख दरसत छिन ही छिन रंग बढ़्यौ दुहुँ ओर।

(रससागर, पृ० ४९५)

पाठान्तर — १. तैसेई तथा तैसौई।

शब्दार्थ — रिझावत — प्रसन्न करना। **तैसिए** — उसी प्रकार से। **देत सुर** — स्वर सन्धान करना। **कौंधि** — चमककर। **दीप दिखावत** — प्रकाश करना।

(९८)

सुरतांत-रस कौ पद : सखी बचन श्रीप्रियाजू तें

हरि के अंग कौ चंदन लिपटानों, तन तेरें देखियत जैसें पीत चोली।
मरगजे आभरन, बदन छिपाबत, छिपें न छिपाऐं मानों कृष्ण-बोली।
कहूँ अंजन कहूँ अलक रही खसि सुरत रंग की पोटैं[१] खोली।
श्रीहरिदास के स्वामी स्यामा मिलत बिहारिन हार न रह्यौ कंठ बिच ओली।

सुरतान्त के समय प्रेम-सहेली परिहास करते हुए प्रियाजू से कह रही हैं — अरी श्यामा, तुम्हारे वक्षस्थल पर श्रीलाल के अंग का चन्दन लिपट गया है, प्रतीत होता है, आपने पीले रंग की चोली पहन ली है।

तुम्हारे वस्त्र-आभूषण मिड़ गए हैं, सिकुड़ गए हैं। मुख पर रति-चिह्न हैं, जिन्हें आप छिपाने का प्रयास कर रही हैं, परन्तु यह तो छिपाने से छिपेगा नहीं, उसी प्रकार, जैसे अनेक स्वरों में कृष्ण की बोली नहीं छिप सकती। अथवा ये रतिचिह्न कृष्ण की बोली बोल रहे हैं, सुरति की गवाही दे रहे हैं। कहीं काजल लग गया है, कहीं केशों की लट खिसक गई है। आपने तो सुरत-रंग की रहस्यमयी गठरी को ही खोल दिया है।

श्रीहरिदासीजू कहती हैं कि, और तो और, तुमने लाड़ले के साथ रस में छककर कण्ठ में जो हार था, उसे भी खो दिया है।

पाठान्तर — १. पोट।
शब्दार्थ — मरगजे — मिड़े, सिकुड़े। **आभरन** — आभूषण। **पोट, पोटैं** — गठरी-पोटली। **ओली** — ओट, आँचल।

राग वसंत

(९९)

बसंत-रित-रस कौ पद : सखी बचन सखी तें

कुच-गडुआ[१],जोबन-मौर, कंचुकी-बसन ढाँपि लै राख्यौ बसंत।
गुन-मंदिर, रूप बगीचा में बैठी है, मुख लसंत।
कोटि काम लावण्य बिहारी, जाहि देखें सब दुख नसंत।
ऐसे रसिक श्रीहरिदास के स्वामी, तिनकों भरन आई मिलि हसंत॥

वसन्त-पूजन की परम्परा प्राचीन है। "महावाणी" नामक ग्रन्थ में वसन्त-पूजन की विधि का विशद वर्णन है। वसन्त कामदेव का सखा है। वृन्दावन की रसनिकुञ्ज में वसंत-पूजन का वर्णन करते हुए श्रीहरिदासी सखी कहती हैं कि प्यारीजू ने मूर्तिमान वसन्त को अपनी कञ्चुकी में ढँक लिया है। उनके स्तन ही कलश हैं और उनके यौवन का उभार वसन्त की सूचक आम्रमञ्जरी है। श्री श्यामाजू रूपोद्यान अर्थात् सौन्दर्य का बगीचा है, उसमें संगीत कला-विलास के गुणों का भव्य मन्दिर है। इस मन्दिर में श्यामाजू का श्री-मुख वसन्त की प्रफुल्ल शोभा है। करोड़ों-करोड़ कामदेवों का पुञ्जीभूत लावण्य श्री बिहारीजी हैं, वे श्यामाजू को निहारते हैं और सारे दुःख दूर हो जाते हैं। श्रीहरिदासी कहती हैं कि श्यामाजू हँसती-मुसकाती आईं और श्यामसुन्दर को अपनी भुजाओं में भर लिया। इसी भाव-भूमि पर ललित किशोरीजी ने साखी लिखी है —

रूप-बगीचा स्वामिनी, गुनमंदिर सुवसंत।
फूल फलन सों भरि रही, झूमत रति उर कंत।
कोटि काम जकि थकि रहे, निरखि बिहारी रूप।
ते प्रीतम तिय बस करे, अदभुत सुखद अनूप।
(रससागर, पृ० ८३५)

सूरदास-मदनमोहन ने वसन्त-पूजन को स्पष्ट रूप से ऐसे कहा है —

जोबन मौर्‌यौ रोमावलि वल्ली यों फल फूली।
कंचुकी बसन ढाँपि, लै चली वसंत-पूजन।

अलंकारः सांग रूपक

पाठान्तर — १. गडुवा।

शब्दार्थ — गडुआ-कुम्भ, गोल लोटा। **जोबन** — यौवन। **मौर** — बौर, मञ्जरी। **कंचुकी** — चोली। **ढाँपि** — आवृत्त करना, ढक लेना। **बगीचा** — फुलवारी। **लसंत** — शोभायमान। **कोटि काम लावण्य** — करोड़ों कामदेव हों, उनका सम्मिलित सौन्दर्य। **भरन-अंग** — अंग भरना, आलिंगन करना।

(१००)

बसंत कौ पद : सखी बचन सखी तें

कुंजबिहारी कौ बसंत सखि, चलहु न देखन जाँहि।
नव-बन नव निकुंज नव पल्लव नव जुबतिन मिलि माँहि।
बंसी सरस मधुर धुनि सुनिअत फूली अंग न माँहि[१]।
सुनि हरिदास प्रेम सों प्रेमहिं छिरकत छैल छुवाँहि॥

अरी सखी! चलो न, आज वृन्दावन में कुञ्जबिहारी वसन्तोत्सव मना रहे हैं। हम-तुम चलकर इस रस-उत्सव का दर्शन करें। हे सखी, नया ही तो वृन्दावन और अद्‌भुत छवि छटा वाली नई-नई निकुञ्जें, नई-नई हरी-हरी झुक-झूली लताओं में नाना भाँति के रंग-बिरंगे पुष्प और वैसी ही अति नवीन प्रेम रंग में रंगी अनुराग-रूपिणी सहचरी, जो रसीली वंशी की मधुर प्रेममय तान को सुनकर अंगों में फूली नहीं समा रही। श्री युगल तहाँ परस्पर रीझकर प्रेम से ही प्रेम को छिरक रहे हैं। हरिदासी सखी कहती हैं कि दोनों रंगीले अनुराग में मत्त होकर ''छीयाछेरी'' खेल रहे हैं, एक-दूसरे का स्पर्श कर रहे हैं। प्रेम की वर्षा हो रही है। मानो प्रेम की दो प्रतिमाएं एक-दूसरे पर प्रेम से अभिषेक कर रही हैं। श्रीबिहारिनिदासजू की वाणी है —

चलैं जू कौतिक देखन जाँहिं।
सूचत सखी-सुख प्रेम परस्पर,नव जुवतिन मिलि माँहिं।
(रससागर पृ० ५२६)

पाठान्तर — १. फूली अंगन माहिं (माहीं)।
शब्दार्थ — छिरकत — उलीचना। **छैल** — रंगीले। **छुवाँहि** — छीयाछेरी खेलना।

(१०१)

निभृत-निकुंज कौ पद : लालजू के बचन प्रियाजू तें

चल री, भीर ते न्यारे ई खेलैं।
कुंज-निकुंज[1] मंजु में झेलैं।
पंछि न संग[2], सखी न संग कोऊ, तिहिं बन चल मिलि केलैं।
श्रीहरिदास के स्वामी स्यामा, प्रेम परस्पर बूका-बंदन मेलैं॥

श्रीवन में वसन्त का प्रवेश हो गया है। रसिक बिहारी-बिहारिणी का रति-उत्साह नित्य नया बढ़ रहा है। अब तो लाल को सखियों की उपस्थिति भी नहीं सुहाती। बोले - "प्यारी उस निभृत-निकुञ्ज में वसन्त खेलें, जहाँ सखी तो क्या, पंछी तक न पहुँचे। वहीं दोनों-जने प्रेमरस में परस्पर अबीर-गुलाल छिरकेंगे।" श्रीस्वामी नरहरिदेव-कृत पद —

एक बात कहौं श्रवननि लगि, चित दै सुनहु पियारी।
सुभग फूल फूले वृन्दावन, तैसियै सरद उजियारी।
चलि राधे अंतर सुख लूटैं, सखी रहैं सब न्यारी।
मोहिं तोहिं जहाँ अपनपौ भूलै, रहै न सुरति सँभारी।
जहाँ न खरिकौ होइ पंछी कौ, यौं दुरि कहत बिहारी।
श्रीनरहरिदासि पिय मन की जानी, आगें सेज सँवारी।
(रससागर, पृ० ६३०)

पाठान्तर — १. कुंजनि कुंज। २. जहां पंछि न सहित।
शब्दार्थ — मंजु — आकर्षक। **केलैं —** क्रीडा करें। **बूका —** सफेद रंग के अबीर को बूका कहते हैं। **बंदन —** अबीर से मिलता-जुलता अभ्रक का चूर्ण।

(१०२)

बसंत-रस कौ पद: लालजू के बचन प्रिया जू तें

अब कैं वसंत न्यारेई खेलैं, काहू सों न मिलि खेलें[1] तेरी सौं।
दुचिते भएँ कछू न सचु पाइए[2], तू काहू सखी सों मिलि न, मेरी सौं।
देखैगी जो रंग उपजैगौ परसपर, राग-रागनीन के फेराफेरी सौं।
श्रीहरिदास के स्वामी स्यामा कुंजबिहारी, राग ही में रंग उपजैगौ एरी सौं।

वसन्त की "मादक क्रीडा" देखी, तो श्रीलाल के मन में भी वसन्त-क्रीडा की तरंग उठी। वे प्यारीजू से कहने लगे "अबकी बार सबसे अलग होकर एकान्त में ही वसन्त-क्रीडा करेंगे। तुम्हारी शपथ, किसी अन्य के साथ नहीं खेलूँगा। तुमको भी मेरी शपथ है, तुम भी किसी अन्य सखी को साथ में मत रखना।

दो जगह चित्त बँट जाए, तो सुख कहाँ? दुविधा में चित्त फँस जाता है।

प्यारीजू! मेरी इस बात को बाद में आप स्वयं परख लोगी कि राग-रागिनियों के परस्पर आलाप में, राग-रागिनियों के आरोह-अवरोह में, जुगलबन्दी में कितना रंग उपजेगा? कितना आनन्द आएगा?"

श्रीहरिदासी-सखी ने बिहारीजी की बात का समर्थन करते हुए कहा — लाड़लीजू, आनन्द का उद्‌भव राग में ही होता है।

पाठान्तर — १. खेलेंरी। २. पाइयत।

शब्दार्थ — न्यारे — अलग होकर। **दुचिते** — जब चित्त दो जगह केन्द्रित हो। **सचु** — सुख। **काहू** — किसी। **रंग** — आनन्द। **राग** — स्वरलहरी, चित्त की द्रवीभूत अवस्था। **प्रेम री, एरी**—सम्बोधन।

(१०३)

होरी कौ पद : बिहारिन जू के बचन बिहारीजू तें

रहौ रहौ बिहारी जू, मेरी आँखिन में बूका मेलत हौ, कित अंतर होत मुख अवलोकन कों।
और भाँवती तिहारी मिल्यौ चाहत मिस कैं, पैंयाँ लागों पन पन कों॥
गाबत खेलत जो सुख उपजत, सु तौ कोट-बरु[1] है तन कों।
श्रीहरिदास के स्वामी कौ मिलन-खेलन कौ सुख कहाँ पाइयत, ऐसौ सुख मन कों॥

वसन्त होरी की क्रीडा है। आनन्द के मद में कुञ्जबिहारी मुट्ठी भर-भरकर अबीर-गुलाल उड़ा रहे हैं, अभ्रक का चूर्ण प्यारीजू की आँखों में चला गया। इस पर प्यारीजू कहने लगी — रहने दो, रहने दो आप मेरी आँखों में बुक्का चला रहे हो। इससे तो आपका मुख निरखने में अन्तर आ जाता है।

परिहास करते हुए स्वामिनीजू कह रही हैं — "क्या तुम्हारी और कोई मनभावती तुमसे मिलना चाहती है? जिसके लिए तुम मेरी आँखों में बुक्का चला रहे हो? आपके इस प्रण-निर्वाह के ढंग को मैं प्रणाम करती हूँ। तुम धन्य हो।"

श्रीहरिदासी सखी कहती हैं कि परस्पर गायन में, परस्पर क्रीडा में, संगीत-नृत्य में जिस सुख का उद्भव होता है, वह इस तन (मानव शरीर) के लिए कोटि वरदान के समान है।

स्वामी श्रीहरिदास कहते हैं कि वृन्दावन के अतिरिक्त श्यामा-श्याम की केलि-अवलोकन का सुख मेरे मन को और कहाँ मिल सकता है?

पाठान्तर — १. बर।

शब्दार्थ — बूका — अबीर-गुलाल की बुक्की, मूँठ, अभ्रक का चूर्ण। **मिसकैं** — बहाने से। **पन पन** — प्रण के निर्वाह का ढंग। **बरु** — श्रेष्ठ।

राग गौरी

(१०४)

सिनान-सिंगार कौ पद : हरिदासीजू बचन सखी प्रति

सौंधें[1] न्हाइ बैठी पहरि पट सुंदर[2], जहाँ फुलवारी तहाँ सुखवति अलकें।
कर-नख सोभा कल केस सँवारति, मानों नव घन में उडगन झलकें ॥
विविध सिंगार लिऐं आगें ठाड़ी प्रिय सखी, भयौ भरु-आन रतिपति-दल दलकें।
श्रीहरिदास के स्वामी स्यामा-कुंजबिहारी की छबि निरखत लागत नाँहीं पलकें ॥

श्रीहरिदासी सखी अपनी अनुगत सखी से कह रही हैं कि श्यामाजू इत्र आदि सुगन्धित द्रव्यों वाले जल से स्नान करके बैठी हैं। सुन्दर वस्त्र धारण करके वे फुलवारी में जाकर अपने केश सुखा रही हैं। सुन्दर उँगलियों से सुन्दर केशों को सुलझाते समय उनके कर-नखों की शोभा देखते बनती है। ऐसा प्रतीत होता है, मानो काले बादलों के बीच में सितारे चमक रहे हों।

ललिता सखी अनेक प्रकार के श्रृंगार-उपादानों को लेकर आगे खड़ी हैं। तभी कामदेव से मुठभेड़ हो गई। श्यामा-श्याम का संयोग हुआ और कामदेव की सेना परास्त हो गई। श्रीहरिदासी सखी कहती हैं कि श्रीस्वामिनी की छवि को निहारते हुए कुञ्जबिहारी पलक नहीं डालते। अपलक दृष्टि से निहारते हैं।

अलंकार : उत्प्रेक्षा : मानों नव घन में उडगन झलकें।

पाठान्तर — १. सोंधे। २. सुंदरि।

शब्दार्थ — सौंधे — सुगन्धित द्रव्यों से, इत्र से। **कर-नख —** हाथ की उंगलियों के नाखून। **कल** — सुन्दर। **उडगन** — तारागण। **भरु-आन** — मुठभेड़, आक्रमण। **रतिपति-दल** — कामदेव की सेना। **दलकें** — परास्त करके।

(१०५)

सुरत-फाग-समय सुख सेज पौढ़न कौ पद: सखी बचन सखी प्रति

चलौ सखी, कुंजबिहारी सों मिल, चित[1] दै देखें उनकी भाँवती।
सुंदर सों सुंदरि मिल खेलत, कैसें धौं गावती॥
औचक आइ परी सखी तहाँ, पिय सों[2] पाँइ चँपावती।
श्रीहरिदास के स्वामी स्यामा कुंजबिहारी सों मिल पौढ़ी तन-मन राँवती।

सखियों से भी दूर जाकर जब लाड़ली और लाल निकुञ्ज-रस में निमग्न हो गए, तब सखियों का मन भी भटकने लगा। एक सखी ने कहा — चलो री चलें, कुञ्ज भवन में चलें। रसिक-बिहारी को चैत (होली का मांगलिक शुभशकुन) भी दे आएंगी और उनकी भाँवतीजू के दर्शन भी कर लेंगी। देखें तो सही, सुन्दर से सुन्दरी का सम्मिलन कैसे हो रहा है और वे दोनों मिलकर कैसे गा रहे हैं? ढूँढते-ढूँढते सखियाँ उसी ठौर पर आ निकली, क्या देखती हैं कि प्रियतम श्यामाजू के पैर दबा रहे हैं। श्रीहरिदासी कहती हैं कि लाड़लीजू लाल के साथ मिलकर सुख-सेज पर पौढ़ गईं और तन-मन से रमण करने लगीं।

पाठान्तर —१. चैत। २. पै।
शब्दार्थ — भाँवती — मन को भाने वाली। **औचक** — अचानक। **चँपावती**—पैर दबाना। **राँवती** — रमण करने वाली।

(१०६)

रस-फाग नृत्य कौ पद : सखी बचन सखी प्रति

राधा-रसिक कुंजबिहारी खेलत फाग, सब जुबती-जन कहत हो हो होरी।
भरत परसपर काहू की काहू न सुधि, हँसि कैं मन हरत मोंहन गोरी॥
कर सों कर जोरि, कटि सों कटि मोरि[१], करत निरत काहू न रुचि थोरी।
श्रीहरिदास के स्वामी स्यामा कुंजबिहारी, फिरत न्यारेई न्यारे, सब सखियन की दीठ बचावत तकि तव खोरी।

कुञ्जबिहारी राधा के रसिक हैं। वे आज फाग खेल रहे हैं और सखी-समूह मिलकर "हो हो होरी" कहकर आनन्द का विस्तार कर रहा है। श्यामा-श्याम एक-दूसरे को भुजाओं में भर लेते हैं। आनन्द के मद में किसी को किसी की सुध नहीं है। मोहन और गोरी हास-परिहास करते हुए एक-दूसरे का मन हरण कर रहे हैं। हाथ से हाथ मिलाते हैं। कमर से कमर को मोड़ते हैं। नृत्य कर रहे हैं। रुचि और आनन्द की उमंग पल-पल बढ़ रही है। श्रीहरिदासी कहती हैं कि श्यामा और कुञ्जबिहारी सखियों की आँख बचाकर परस्पर इशारा करते हैं। सखियों से अलग होकर एकान्त की ताक में हैं। संकेत-स्थल की ओर बार-बार देखते हैं और सखियों की दृष्टि से ओझल होने का प्रयास करते हैं। श्रीस्वामी महन्त किसोरदास का पद है —

हो हो होरी लाल कहत लखि लाड़िली।
पिचक धार दृग छुटत चौंप चित चाड़िली।
उड़त अबीर गुलाल बजत डफ बाँसुरी।
हरि हाँ दासिकिसोर सखी जाँनत रस गाँसुरी।

पाठान्तर — १. कर सों करब जोरि कटिसों कटिब मोरि।
शब्दार्थ — भरत — परस्पर आलिंगन करते हैं। **निरत** — नृत्य। **खोरी** — मिलन-स्थल, गली।

(१०७)

नवनिकुंज बीना बजावन कौ पद : सखी के बचन सखी सौं

नवल[1] निकुंज-गृह नवल आगें, नवल बीना मध्य राग गौरी ठटी।
मनौ दस इंदु पिऊस[2] बरसत सुखद, चपल-करजावली दीठ पिय की जटी।
रीझि रीझि पिय देत भूसन-बसन दाम, उर, रसन दसननि धरत, निरखि सारँग-कटी।
रसद श्रीहरिदास बिहारी अँग-अँग मिलत, अतन उदौ[3] करत सुरत आरंभटी।

नव-निकुञ्ज-सदन में नवल लाल के समक्ष नवल-नागरी ने नवल-वीणा पर राग गौरी के स्वरों का ठाठ जमा दिया है। प्यारीजू की चंचल उँगलियां वीणा पर नाच रही हैं, ऐसा प्रतीत होता है, मानो एक नहीं दस-दस चन्द्रमा एक साथ मिलकर अमृत की वर्षा कर रहे हैं। (उंगलियों के नखों को चन्द्रमा की उत्प्रेक्षा दी गई है) प्रियतम की दृष्टि प्यारीजू की उंगलियों पर जमी हुई हैं। सिंह जैसी पतली कमर वाली राधारानी का वीणा-वादन। मुग्ध होकर के प्रियतम वस्त्र-आभूषण और माला को न्यौछावर कर रहे हैं। प्यारीजू की कला से आश्चर्यचकित होकर उन्होंने दाँतों में जीभ दबा ली है।

श्रीहरिदासी सखी कहती हैं कि रसदान करने वाली प्यारीजू ने श्री लाल से अंग-प्रत्यंग आलिंगन किया, अनंग जगाया और सुरत-क्रीडा प्रारम्भ हो गई। रसिक भक्तों ने श्रीराधा के वीणावादन के सम्बन्ध में अनेक पद लिखे हैं —

बजावति बीन प्रवीन प्रिया।
मानौं नृत्यत हैं दस चन्द नखनि दुति ह्वै कर काम प्रकास किया।
चकचौंधि रहि हरि हेरि मनौं तान तरंग के रंग जिया।
दासि श्रीनागरी के गहि पाँइ रिझाय रसिक सु अंक लिया।
अति कोक-कला गुन गान सुजान बजावति बीन प्रवीन प्रिया

अलंकार : उत्प्रेक्षा — मनों दस इंदु पिऊस बरसत

पाठान्तर — १. नव। २. पीयूष। ३. उदोत।
शब्दार्थ — नवल — नवीन। **गौरी** — राग का नाम। **करजावली** — उंगलियाँ। **दाम** — माला। **दीठ** — दृष्टि। **जटी** — जड़ गई। **दसनन** — दाँत। **सारंगकटी** — सिंह जैसी पतली कमर। **अतन** — काम, अनंग। **उदौ** — उदय। **आरंभटी** — नृत्यों का प्रकार (कलानृत्य, आश्रयनृत्य, ज्ञान-नृत्य, प्रकाशनृत्य)।

डोल झूलन कौ पद : सखी के बचन सखी ते

झूलत डोल दोऊ जन ठाड़े[१]।
हाँघत[२] जोर सहित जैसैं जाके डाँढी[३] गहें गाढे।
बिच बिच प्रीत रहसि रस रीत की, राग-रागनी[४] के जूथ बाढ़े।
श्रीहरिदास के स्वामी स्यामा कुंजबिहारी राग ही के रंग रँगि काढ़े॥

अरी सखी! आज तो श्यामा-श्याम दोनों खड़े होकर सुरत-हिंडोरा पर झूल रहे हैं। पूरी गति के साथ झोंटा ले रहे हैं पूरे उत्साह के साथ पेंग भर रहे हैं, डांड़ी (भुजमूल)को कसकर पकड़ लिया है। बीच-बीच में एकान्तरस की रीति से गायन करते हैं और जब आनन्द में कूजते हैं, तब राग-रागिनियों के समूहों का विस्तार हो जाता है। हरिदासी सखी कहती हैं कि कुञ्जबिहारी श्यामा-श्याम संगीत के रंग में ऐसे रंगे हैं मानो राग के रंग में डूबकर ही निकले हों। श्री स्वामी रूपसखीजू का पद है —

झूलत सुरति रंग रस डोल।
झलकत नैंन बिसाल छबीले सुंदर अधर कपोल।
जुगल किसोर परस्पर झोंटा देत महा मृदु बोल।
श्रीरसिक रूप दम्पति-रति निरखति कुंज सु सुखद अतोल।

श्रीसरसदास जू का पद है —

झूलत फूलत सुरति हिंडोरें।
पुलकि पुलकि किलकत हिलिमिलि मन जोवन जोर झकोरें।
छूटी लट पट सिथिल भये अँग-अँग अनंग निहोरें।
रहसत बिहसत हँसत परस्पर उर कर चिबुक टटोरें।
अति रंग भरे ढरे खरे डाँडी गहि निरखत बिबि मुख ओरें।
श्रीसरसदासि दरसत विलास नित अति चंचल चित चोरें।
(रससागर, पृ० ६१७)

यह सुरत-हिंडोरे का पद है। वस्तुदर्शनीकार के शब्द हैं — करत सुरत ठाड़े रसिक।

पाठान्तर — १. "ठाड़े" की जगह "ठाढ़े" पाठ भी है। २. हाँगत। ३. डाँडी। ४. राग रागिनीन।
शब्दार्थ — हाँघत — मचकना, वस्तुदर्शिनीकार ने लिखा है—हां-हां बोलत। **डांढी** — भुज मूल।

(१०९)

फूल डोल झूलन कौ पद : सखी बचन सखी तें

झूलत डोल श्री कुंजबिहारी।
दूसरी ओर रसिक राधा बर-नागरि[१] नबल दुलारी।
राखें न रहत, हँसत कह कह[२] प्रिया, बिलबिलात पिय भारी।
श्रीहरिदास के स्वामी स्यामा कहत री प्यारी[३] अबकें राख हहारी

श्री कुञ्जबिहारी डोल झूल रहे हैं। दूसरी ओर रस-परायण राधा हैं। राधा कैसी हैं ? लाड़ भरी हैं, नवला हैं और श्रेष्ठ नागरिका हैं। बनी-ठनी, सजी-सँवरी और निष्णात। प्रिय मिलन के लिए आतुर होते हैं, बिलबिलाते हैं। नागरी राधा प्रेम के दाँव से बचती है और बचकर खिलखिलाती है, हँसती है ओर हँसती चली जाती है। प्रियतम आतुर हैं और प्रिय की इस अधीरता का रस ले रही है नव-नागरी। श्रीहरिदासी कहती हैं कि बिहारीजी ने अन्त में हथियार डाल दिए। "री प्यारी, मैं हा-हा खाता हूँ अब तुम ही मुझे सम्हालो।" श्री बिहारिनिदासजू का पद है —

झूलत डोल निकुंज में नागरी नागर सकल गुन निधान।
गावत हाँसि मिलावत नैंननि नृत्तत लेत भृकुटी मान।
जोवन जोरत मुखहि न मोरत सुरति-पूरित तान वितान।
रीझि कहति ललिता हरिदासी श्रीबिहारिनिदासि प्रिय जाननि-मनि जान।
(रससागर, पृ० ४९३)

पाठान्तर — १. राधावर नागरि। २. कहि कहि। ३. प्यारी बलि।
शब्दार्थ — बिलबिलात — व्याकुल होना। **हहा** — हा हा खाना-गिडगिडाना, अनुनय-विनय।

राग नट

(११०)

रसमान सुख-सज्या समय कौ पद : लालजू के बचन प्रियाजू तें

कौन प्रकृति तिहारी छिया,[1] तुमहीं[2] मिलत बेग भोर है जात।
अथवत निमेस होइ पौह फाटी देखिअत, पहली सहमात है[3] जात॥
आबत जात भारौ परै, पीतौ मरि जात।
श्रीहरिदास के स्वामी तुम्हारेई माथैं तृन, कितौक सुख जात॥

श्री लालजू लाड़लीजू को, उपालम्भ देते हैं उलाहना करते हैं — "प्यारीजू, तुम्हारा कैसा स्वभाव है! तुमसे मिलते हैं और मिलते ही भोर हो जाती है। पलक झपकते हैं और बस पूरब में अरुणोदय दिखाई दे जाता है। शतरंज की बिछइयत बिछी नहीं कि शह और मात हो गई। खेल खत्म हो गया। यहाँ आना-जाना भी भारी सा लगता है, उमंग समाप्त हो जाती है। इसकी जिम्मेदारी आपके माथे है, क्योंकि आप रूठ जाती हैं। मैं मनाता रहता हूँ और बस अद्‌भुत सुख का अवसर यों ही बीत जाता है। मैं प्यासा ही रह जाता हूँ।"

ध्यान रखने योग्य है कि श्यामा-कुञ्जबिहारी का नित्य-विहार निरवधि है, निरन्तर है, शाश्वत है परन्तु प्रेम रस की प्यास बनी ही रहती है। पीते हैं पर प्यास बनी रहती है। मिले हैं, परन्तु मिलने का आभास नहीं होता। युगयुगान्तर कल्प-कल्पान्तर बीत रहे हैं परन्तु प्रथम-मिलन का प्रथम-क्षण सदा बना रहता है। नित्य-विहार का मूल-तत्त्व ही रस की प्यास है।

पाठान्तर — १. पिया। २. तुम्हें। ३. पहली सह जु मातहै जात।

शब्दार्थ — छिया — अवांछित, छिः। **भोर** — प्रभात। **अथवत** — अस्त होते, बीतते। **निमेस** — पल, पलक मूँदने में जितना समय लगे। **पौह फाटी** — अरुणोदय। **सहमात** — शह देना, बादशाह को दी गई किश्त, हिमायत करना, मात देना — परास्त कर देना अर्थात् शतरंज के खेल की बाजी पूरी हो जाना। सह जु मात है अर्थात् पहले जो आपने शह दी थी, वह मात में बदल गई। **पीतौ मरि जात** — उत्साह और साहस समाप्त होना। **माथैं तृन** — इसका भार तुम्हारे सिर है। तुम्हें शपथ है।

(१११)

महा-आनंद सुखसज्या कौ पद : सखी कौ बचन सखी ते

जुग कमनीय[1] बैस किसोर दोऊ, निकसि ठाड़े[2] सघन बन तैं।
तन-तन में बसत, मन मन में लसत, सोभा बाढ़ी दुहुँ दिस मानौं प्रघट[3] भई दामिनि घन-घन तैं।
मोंहन गहर गंभीर बदत पिक बानी, उपजत मानों प्रिया के बचन तैं।
श्रीहरिदास के स्वामी स्यामा कुंजबिहारी, ऐसौ को ? जाकौ मन लागै अनँतैं[4]॥

दोनों की एक अवस्था है। दोनों किशोर हैं और नित्यकिशोर हैं अर्थात् सदा-सदैव किशोर ही बने रहते हैं। किशोर-अवस्था कमनीय है। इसी अवस्था में काम और प्रेम का भाव उद्दीप्त होता है। श्यामा-श्याम इस एक अवस्था के हैं और दोनों वृन्दावन की गहर-गम्भीर निकुञ्जों से निकलकर खड़े हो गए हैं। जैसे बादलों की घटा घिरी हो और बादल के अंग-प्रत्यंग में बिजली कौंध रही हो, इसी प्रकार ये दोनों मिले हैं, शरीर शरीर में आबद्ध है और मन मन में उलझा हुआ है। शरीर और मन दोनों के दोनों इस प्रकार उलझ गए हैं कि सुलझना क्या होता है ? इसे कोई नहीं जानता। ऐसी शोभा दसों दिशाओं में उद्दीप्त हो रही है। दोनों का मन एक है, तो वाणी भी एक है। श्यामसुन्दर बोलते हैं और लगता है कि यह स्वर और यह शब्द तो लाड़लीजू का है। प्यारे का स्वर कोयल जैसा मीठा लगता है। श्रीहरिदासीजू कहती हैं कि ऐसा कौन है, जिसका मन अन्यत्र जा सके? न श्यामा, न श्याम और ललितमोहनी देवजू ने कहा कि प्रियतम-प्यारी के रोम-रोम उलझ रहे हैं —

रोम-रोमनि अरुझि बिलसत कामिनी।
तन में तन, मन में बसि रहे, रस बाढ्यौ सुख-जामिनी।

अलंकार : उत्प्रेक्षा : मानों प्रकट भई

इतिश्री रसिक-अनन्य नृपति स्वामी श्रीहरिदास विरचित
केलिमाल परम-उज्ज्वल सिंगार रस के पद संपूरन

श्री स्वामीजी की बिना कृपा ये गुह्य रस की बात मन में आवनी दुर्लभ है।

पाठान्तर — १. कवनी : किसी प्रति जुव कवनी पाठ भी है। जुव अर्थात् निहारो। २. ठाड़े-भये। ३. प्रगट। ४. अन तें तथा अनंत मतें।
शब्दार्थ — जुग — जुगल। **कमनीय** — कामनायोग्य, सुन्दर। **बैस** — वयस, अवस्था। **लसत** — शोभा पाता है। **अनँतें** — अन्यत्र।

केलिमाल की ब्रजभाषा टीकाएं

(आभास उल्था, वस्तुदर्शिनी और भावार्थदीपिका)
(विक्रम सम्वत् १७७० से १८७० के मध्य)

केलिमाल की ब्रजभाषा टीकाएं

वैसे तो श्रीवीठलविपुल (सं० १६३२ गद्दी), श्रीबिहारिनदास (सं० १५६१-१६५९), श्रीनागरीदास (सं० १६००-७०), श्री सरसदास (सं० १६११-८३), श्रीनरहरिदास (सं० १६४०-१७४१), श्रीरसिकदास (सं० १६९२-१७५८), श्रीललित किशोरीदास (सं० १७३३-१८२३), श्रीललितमोहनीदास (सं० १८२३-१८५८(गद्दी)), श्रीभगवतरसिक (अनुमानतः सं० १७९५) और श्रीपीताम्बरदास आदि रसिक भक्तों की वाणी केलिमाल की भाव-भूमि पर ही प्रतिफलित हुई है और इस दृष्टि से इस समस्त वाणी-साहित्य को केलिमाल का भावविस्तार या भाष्य कहा जा सकता है फिर भी केलिमाल की तीन टीकाएं स्वतन्त्र-रूप से लिखी गई। ये तीनों ही टीका ब्रजभाषा में हैं, दो पद्य रूप में हैं और एक गद्य रूप में है। अनुसन्धान की दृष्टि से इन तीनों का ऐतिहासिक महत्त्व है, इसलिए यहाँ तीनों को उद्धृत किया जा रहा है। ये तीनों लगभग एक सौ साल के अन्तराल में (विक्रम सम्वत् १७७० से १८७० के बीच) लिखी गई हैं। पीताम्बरदेवजू और नागरीदासजी तो गुरु-शिष्य हैं।

पीताम्बरदास का जन्म नारनौल जनपद में साँझापुर-ग्राम में विक्रमसम्वत् १७३५ में हुआ था। उनके पिता का नाम श्री चौबेलाल और माता का नाम रामकुँवरि था। ये गौड़ ब्राह्मण थे। दिल्ली में कपड़ों का व्यापार था। पीताम्बरदास का पूर्वनाम प्रयागदास था। मन में वैराग्य-भाव उत्पन्न हो गया तो वृन्दावन आए और हरिदासी-परम्परा के छठे आचार्य स्वामी रसिकदेव से गुरु-दीक्षा प्राप्त करके वृन्दावन में ही रम गए। आगे चलकर वि० सम्वत् १७५८ से १८०८ तक श्रीरसिकदेव की गद्दी पर विराजे। केलिमाल की पहली टीका "आभास-उल्था" आपने ही लिखी। यह पद्यात्मक टीका है।

श्रीपीताम्बरदास के शिष्य नागरीदास[1] साँभर के रहने वाले थे, साँभर नमक की खान के रूप में प्रसिद्ध है। नागरीदास का पूर्वनाम नगजी था, ये कायस्थ थे। राजप्रधान थे। जब १७९१ में पीताम्बरदासजू साँभर पधारे थे, तब आपने उनसे दीक्षा प्राप्त की और वृन्दावन आ गए। यहीं रहते हुए सम्वत् १८००-२० के बीच आपने "भावार्थदीपिका" नाम से केलिमाल की ब्रजभाषा गद्य-टीका लिखी।

तीसरी टीका "वस्तुदर्शिनी" है और टीकाकार हैं — महंत श्री राधाशरणदेवजू। राधाशरणदास (१८१५-

---

१. नागरीदास नाम के पाँच भक्त कवि और भी हुए हैं, नाम-साम्य के कारण कहीं भ्राँति हो जाती है। सबसे अधिक प्रसिद्धि पदप्रसंगमाला के रचयिता नागरीदास की है, जिनसे बणी-ठणी का प्रसंग जुड़ा है। ये (१७५६ से १८२०) अपने प्रारम्भिक जीवन में कृष्णगढ़ के राजा थे। बाद में विरक्त होकर वृन्दावन आए। एक अन्य नागरीदास हरिदासी-परम्परा के तीसरे आचार्य श्री सरसदासजी के बड़े भाई थे और बिहारिनदेवजी के शिष्य थे। ये गद्दी पर तो नहीं बैठे परन्तु अष्टाचार्यों में इनकी गिनती की जाती है। तीसरे नागरीदास राधा-वल्लभ सम्प्रदाय के थे (१५५०-१६५० वि०)। बरसाने में गहवर वन में "मोर कुटी" आपका स्थान था। इनके अतिरिक्त रसिकदेव के ५२ शिष्यों में भी एक नाम नागरीदास का है, एक और नागरीदास भगवतरसिक के शिष्य थे।

७७) कश्मीरी भट्ट-ब्राह्मण थे। ये जीवन-क्रम के पूर्वार्द्ध में नवाब नजमरखाँ सुल्तान के दीवान थे। वैराग्य जगने पर वृन्दावन चले आए और श्रीललितमोहनीदास के शिष्य हो गए। आपका शास्त्र-अध्ययन गम्भीर था। आप (१८६८-७७ वि.) टटिया-स्थान की महन्त-गद्दी पर विराजे थे। आपकी टीका भी ब्रजभाषा-पद्यात्मक है और श्रीपीताम्बरदेवजू की ''आभास-उल्था'' की पूरक है।

''आभास-उल्था'' और ''वस्तुदर्शिनी टीका'' — दोनों को भक्त लोग सम्मिलित रूप में लिपिबद्ध करते थे। ऐसी ही एक प्रति (विक्रमी सम्वत् १९९१) बाबा विश्वेश्वरशरणजी के संग्रह में थी, जो बाबा रतनदासजी ने अध्ययन हेतु इन पंक्तियों के लेखक को प्रदान की थी। नागरीदासजी वाली टीका की एक प्रति मथुरा में श्रीगोपालचन्द्र शास्त्री बड़े चौबेजी के संग्रह में थी, उसी को आधार बनाकर सन् १९६८ में स्वामी श्रीहरिदास संगीत समिति मथुरा के तत्त्वावधान में केलिमाल का सम्पादन-प्रकाशन हुआ था।

वास्तव में काव्य का अर्थ और उसका भावन मानस-जगत् की घटना है, आध्यात्मिक-प्रक्रिया है। मनुष्य की चेतना में प्रकाश-कण (स्फुल्लिंग) की तरह अर्थ का उदय होता है और वह अन्तर्जगत् को प्रकाशित करता है। शब्द से अनन्त अर्थ निकलते हैं, क्योंकि शब्द या वाणी कामधेनु है। अर्थ का अवगाहन करने वाली बुद्धि शब्द की अनन्त गहराइयों में प्रवेश करती है, आलोक की किरणें अन्तर्तम को प्रकाशित करती हैं। शब्द तो अन्तर्तम में झाँकने का झरोखा है। अर्थ ''चेतना का प्रकाश'' है। यह अध्येता की अपनी शक्ति या सामर्थ्य है कि वह अर्थ की कितनी गहराई में उतरता है।

''अर्थ'' तो अपने आप में अपरिमेय है, परन्तु अर्थ करने वाला अपरिमेय नहीं होता, परिवेश उसकी सीमा बना देता है। कोई भी शब्द परिवेश में ही अपना अर्थ देता है। परिवेश बदलता है तो अर्थ भी बदलने लगता है। रचनाकार एक परिवेश (आर्थिक-भौगोलिक-सांस्कृतिक परिस्थितियों) में रचना करता है और अध्येता भिन्न परिवेश में उसकी व्याख्या करता है। गीता एक है, परन्तु उसकी व्याख्याएं कितनी भिन्न-भिन्न हैं। भक्ति-साहित्य को लेकर भी भिन्न-भिन्न व्याख्याएं हुई हैं और होती रहेंगी। ये सभी व्याख्याएं अपने-अपने परिवेश का सच हैं। परन्तु यह भी सच है कि ऐसे भी मनीषी, भक्त और दार्शनिक होते हैं, जो परिवेश की सीमा को लाँघ चुके होते हैं। अहम् एक सीमा है और सूक्ष्म रूप से देशकाल उसमें समाहित होता है। जो महापुरुष अहम् का अतिक्रम कर जाते हैं वे युगों की भी सीमा के पार चले जाते हैं। परन्तु यह असामान्य है। सामान्यतया चिन्तन परिवेश में होता है और जो असामान्य है, वह भी परिवेश-तत्त्व से अछूता नहीं है, कोई-न-कोई सीमा तो वहाँ भी होती ही है। केलिमाल की तीन टीका हुई, चौथी भावनिधि-टीका और उसी की परिवर्द्धित रसदेश टीका अध्येताओं के सामने है। परन्तु कोई भी टीका अन्तिम नहीं हो सकती, टीकाएं और भी रची जाएगी परन्तु उनका अपना परिवेश होगा।

जीने की इच्छा और सुख पाने की इच्छा? जिजीविषा और रिरिंसा। जीवन का अजस्र प्रवाह इन दो किनारों के बीच में बह रहा है। मनुष्य आनन्द को खोजता रहा है और खोजता रहेगा। केलिमाल आनन्द की ही एक खोज है। सौन्दर्य का आध्यात्मिक रूप आनन्द है। आनन्द की अनुभूति न हो, तो फिर सौन्दर्य है ही क्या? नर-नारी का ''परस्पर-राग'' आनन्द की अक्षय निधि है। यह आकर्षण कितना नैसर्गिक और सहज है? सौन्दर्य की ओर स्वाभाविक रुचि का कारण यह दुर्निवार-आकर्षण ही तो है। केलि एक सामान्य अनुभव है, ज्ञात अनुभव है। ''विहारे सह कांतेन क्रीडितं केलिरुच्यते'' (साहित्य दर्पण) प्रिय के साथ विहार में की हुई ललित क्रीडाओं का नाम केलि है। किन्तु ध्यान देने की बात यह है कि मनुष्य ने हमेशा ज्ञातबिम्ब से ही अज्ञात की व्याख्या की है और ज्ञान का विस्तार किया है। व्यष्टि-केलि के ज्ञात-बिम्ब के माध्यम से ''विराट केलि का भावन'' रस-साधना है। साधारण अनुभव रूपान्तरित होकर असाधारण-अनुभूति बनता है, दिव्य-अनुभूति बनती

है। साधारण अनुभव विराट् अनुभूति का सोपान बन जाता है। चेतना वस्तुओं के साधारण सौन्दर्य के बिम्ब को आधार बनाकर सौन्दर्य के परमरूप को, सौन्दर्य के उत्स को, सौन्दर्य के अनन्त को खोजती है। निश्चित ही यह कठिन साधना है और रसिकों की साधना ऐसी ही है।

रसिक सन्त काम के खिलौना नहीं हैं, उनका जीवन प्रमाण है, उनका वैराग्य प्रमाण है। वे काम को जीतकर वृन्दावन आए हैं। इनकी उपासना में काम स्वयं ही खिलौना है, वे काम को खिला रहे हैं। केलिमाल की टीकाओं का अध्ययन यदि काम-कुण्ठित मन से होगा तो परिणाम में कुण्ठा ही सामने आएगी क्योंकि अर्थ हमारी चेतना का ही तो स्फुल्लिंग है।

एक दूसरी बात लोक-चेतना की है। राधा-कृष्ण भारत की लोक-चेतना में आध्यात्मिक-सृष्टि के सबसे उदात्त, सबसे अधिक आकर्षक और परम-पवित्र प्रतीक हैं। राधा-कृष्ण की लीलाओं का स्मरण करके लोक-मानस अपने को धन्य मानता है, कृतार्थ मानता है और इस स्मरण को पूर्व-जन्मों के अनन्त-पुण्यों का फल मानता है। व्यक्ति और वर्ग क्षण हैं तथा लोक युग-युगान्तरों का अविच्छिन्न प्रवाह है। कहाँ कोरा बौद्धिक तर्क और कहाँ जीवन का अविचल विश्वास, अडिग आस्था !! राधा-कृष्ण का स्मरण करते समय लोकमानस में जो पवित्र भाव होता है, जो आनन्दभाव होता है, जो विकुण्ठभाव होता है, वही प्रमाण है और वही व्याख्या की एकमात्र दृष्टि है।

केलिमाल की प्रस्तुत टीकाओं के सन्दर्भ में एक उल्लेखनीय बात और है — वह है युगसीमा अथवा परिवेश की। परिवेश के बदलने के कारण ही पीताम्बरदेवजू ने केलिमाल की जटिलता और संशय का अनुभव किया —

निर्नित श्रीहरिदास करि, कठिन रसिक रसदेश।
संसय खंडन को करै, हियरे बिना प्रवेश।
श्री गुरु के पद अतिसय गूढ़। समझत नाहिन मो मति-मूढ़।
अहो कहै को अतिशय प्रौढ़। संत रसिक सब ध्यानारूढ़।
अति अकुलानि समुझि ना परै। समुझि बिना ना कारज सरै।
कहत-सुनत रस हियरे डरै। यह संशय को निर्णय करै।
श्री स्वामी हरिदास कौ पद अति गूढ़ प्रकास।
श्री गुरु रसिक कृपा करें, तबै होय आभास।

नागरीदासजी ने प्रत्येक पद की टीका के अन्त में पुष्पिका लिखी है — सुखसज्या समये निकुंज महल नित्य-विहार विलास। स्वामीजी के पदों के जो संकलन किए जाते रहे, उन संग्रहों को परम उज्ज्वल शृंगार रस के पद, रस के पद अथवा निकुञ्जमहल-विलास का नाम दिया गया था। "सुख सज्या समय" के उल्लेख पर ध्यान देने की जरूरत है। श्री ललित किशोरीजी ने साखी लिखी हैं —

कोऊ बरनें ब्रजराज कों कोऊ रासविलास।
अनंग रंग हरिदास कें, एक सेज की आस।
कुंज बिहारी कुंज में, बिहरत सेज विहार।
कुंजबिहारिन लाड़ली, करि राखी उर-हार।

"एक सेज की आस" अथवा "बिहरत सेज बिहार" का आधार लेकर कुछ महानुभावों ने नित्य-विहार

को 'शैया विहार' की लीला के रूप में प्रतिपादित किया है। यहाँ एक-सेज का अर्थ प्यारीजू के प्रति अनन्यता है। अन्य ब्रज भक्तों ने चन्द्रावली, ललिता आदि अन्य गोपियों के साथ भी विहार का वर्णन किया है, इस बहुनायकत्व को रसदेश में स्वीकार नहीं किया गया, यह तथ्य बताने के लिए ललित किशोरी जी ने लिखा था —

इक नायक बहुनायिका, सबै कामिनी काम।
भाव काम ताकों कहत, ब्रजवधु पोषत स्याम।

ऐसा प्रतीत होता है कि नागरीदासजी के परिवेश में यह साम्प्रदायिक-धारणा बहुत दृढ हो गई थी कि नित्य-विहार "शैय्या सुख" तक सीमित है, इसलिए उन्होंने हर एक पद की व्याख्या को "सुखसज्या समय" तक सीमित कर दिया और मेघ, दामिनी, समुद्र, सूर्य, चन्द्र, यमुना मोर, दिन, रात, वन, वीणा, नृत्य, वसन्त, वर्षा, होली, कदम्ब आदि के सभी बिम्बों को व्यायामपूर्वक "सुख सज्या" पर ले आए। "कोटि ब्रह्माण्ड" का अर्थ किया — "मेरौ तन-मन" और "ब्रह-विरह, विरह की माँड"।

यहाँ प्रश्न होता है कि क्या केलि बँधी हुई क्रीडा है? वह तो उन्मुक्त आकाश है, अदम्य-उल्लास। केलिमाल के बिम्ब बँधे हुए नहीं है और न ही विठुलविपुल और बिहारिनदेवजू का ही ऐसा कोई आग्रह है। इस विषय में बाबा विश्वेश्वरदास का मत है कि — नित्य-विहार की लीलाएं शैय्या से लेकर कुञ्ज-निकुञ्ज के विहार तक सर्वत्र फैली हैं। हाँ, इतना अवश्य है कि ये सब शैय्या-विहार की ओर उन्मुख हैं। वास्तव में केलिमाल आनन्द की खोज है और आनन्द अनन्त है, असीम है, विराट् है — तुव जस कोटि ब्रह्माण्ड विराजै राधे। अनन्त कोटि ब्रह्माण्ड प्रिया-प्रियतम के उस "रसजस" में ही विहार कर रहे हैं।

वैसे तो प्रेम के अतिरेक में जो भी क्रीडा सहज ही हो जाए, वही केलि है फिर भी केलिमाल में क्रीडा-विलास के निम्नलिखित रूप दिखाई देते हैं —

एक कुञ्ज से दूसरी कुञ्ज में जाना, प्रेमालाप करना, जल-क्रीडा करना (छिरका), डुबकी लगाना, भौचक कर देना, काजल लगाना, बेनी गूँथना, पान का बीड़ा खिलाना, मोरों के साथ नाचना, कोयल के साथ अलापना, बाल सुखाना, अँगड़ाई लेना, पुष्पशैय्या रचना, झूठ-मूठ को सोना (छद्मशयन), झूला, हिण्डोला, डोल, सुरत-हिण्डोला (खड़ी रति), वेशपरिवर्तन करना, हाथापाई करना (सुरत युद्ध), रूठना, मनाना, दीठ बचाकर छिपना, प्रकट होना, चनख-चनख बोलना, इतराना, मौन हो जाना, वस्त्र धारण करना और वस्त्रों को उतारना, कञ्चुकी-बन्ध खोलना, रति की याचना, दर्पण में मुख देखना, ध्यान करना, समाधि लगाना, स्नान करना, श्यामाजू द्वारा गायन, श्यामसुन्दर द्वारा गायन, परस्पर गायन, श्यामाजू का नृत्य, श्यामसुन्दर का नृत्य, युगल नृत्य, राधा का वीणा बजाना, शतरंज खेलना, चौपड़, पक्षियों के साथ होड़, परस्पर स्पर्श करना, रतिचिह्न, अधरपान, कुच-अमृत-पान, उरोज-दर्शन, विपरीत-रति, परस्पर शृंगार करना, आँख मिचौनी, अपनी आँख मूँदना, हास-परिहास करना, सन्देह करना, छेड़ना, खिझाना, छियाछेरी, सुरतान्त, दृष्टि मिलाकर परस्पर "अपलक चितवन", नूपुर बजाना, दर्पण में परस्पर प्रतिबिम्ब देखना, आलिंगन करना, रास-नृत्य, त्रिभंगीमुद्रा, पैर दबवाना, वर्षा में भीगना, बूँदों से बचना, वसन्त-पूजन, होली फाग, बूकावन्दन, शरदरास, दानलीला आदि। इतनी भंगिमाएं केवल सेजविहार के अन्तर्गत कैसे मानी जा सकती हैं? फिर भी वे भक्त-साधु हैं, भावुक हैं, वैराग्य की साधना के बाद सानुभव किया है, उनका अनुभव महत्त्वपूर्ण माना जाना चाहिए और हरिदासी-भक्त इन तीनों टीकाओं को पूज्य मानते हैं।

यहाँ प्रत्येक पद की तीनों टीकाएं एक ही साथ प्रस्तुत की जा रही हैं, ताकि अध्येता एक ही क्रम में अर्थ-विचार कर सकें —

१

नव निकुंज बिबि सेज सुख, अति आनंद उदार।
चाहत अपने श्रवन सुख, प्रगट करत सुख सार॥
नित्य सहज जोरी सुख सेज। प्रगट करत सहचरि कौ तेज।
गौर-स्याम घन-दामिनि जैसें। सहचरि प्रगट भई पुनि तैसें॥
कहन लगी मुख सुख मृदु बैंन। तहाँ सोभा कछु कहत बनै न।
संसै रस कब को है कोलौं। इन सम रस रहिहै हो तोलौं॥
सहचरि के सुख कौ सुख हेत। संसै रस कौ उत्तर देत॥
प्रथम हूँ सुख ऐसैं ही भयौ। सो रस अबहूँ नैंननि लयौ॥
आगें हूँ रहिहै रस ऐसैं। कबहूँ न टरिहै यह सुख जैसैं॥
सहचरि निरखैं जो जो अंग। मन की गति लखि होत अपंग॥
अंग अंग उजराई छाई। मिलैं परस्पर अति सुखदाई॥
सुघराई सीवाँ चतुराई। सुन्दरता उपमा न समाई॥
श्रीहरिदास के स्वामी स्यामा ऐसैं। एक रूप वपु वय सम वैसें॥
सहज जोरी कौ यहै सुभाउ। आदि मध्य अंत ठहराउ॥

— **आभास उल्था :** श्रीपीताम्बरदेवजू

परा वस्तु बरनन करी, श्री स्वामी अभिराम।
रूप वैस गुन केलि रस, अद्‌भुत स्यामा-स्याम॥
न्यारौ कीनों निमित्त कौं, प्रथमहिं रस सिद्धांत।
समझै अपनी वस्तु नित, क्रीड़त हैं बहु भाँत॥
प्रिय कर कंचुकि कुचनि तें, भिन्न लखै कल सोइ।
बरनत सोभा सहचरी, और न जानत कोइ॥
विलसत आनँद बिबस हुती इह अद्‌भुत जोरी।
घन-दामिनि ज्यौं प्रगट भई अब कुँवर किसोरी॥
उजराई सुघराई चतुराई सुन्दरता ऐसैं।
कहि हरिदासि लाड़िले मिलि बैठें सम वैसैं॥

— **वस्तुदर्शिनी :** श्रीराधाशरणदासजू

श्रीहरिदासीजू कौ वचन लाड़िलीजू प्रति — सुन्दर नवल महल-आनन्द उर सखी कौ, ताही सुख रूप सज्या पै दोऊ बिहारिनि-बिहारी नित्य बिहार करत। **श्रीनागरीदासजू की बानी —** जामें कह्यौ — श्रीविपुल बिहारिनदासि के उर आनन्द करत बिहार॥ इति॥ छिन-छिन चौंप बढ़त रहत, दोऊ घन-दामिनी मिलि विलसत

हैं। नित्य दामिनी घन के अंक में राजत, पै जब दामिनी घन पै सोभित, दमकनि अति प्रगट होत, ताकौ सुख अपार है।

श्रीबिहारिनिजू नित्य बिहारीजू के अंक में राजत हैं। नाना भाँतिन करि सखीजन लड़ावत हैं, अरु गरबीली छिन-छिन मानिनी है। तातें मान सौ दरसै है, पै है परम कृपाल; अरु प्यारौ तदपि तन-मन करि नख-सिख लोभी-लीन है, तौ हू 'व्याकुल विरह बिहार बिन'। अलबेली दामिनी महाआनन्द मूरति परम कृपाल स्याम-घन के उर पै प्रगट बिहार करत अरु अंग-अंग सोभा देत। ता समैं श्रीहरिदासीजू स्यामाजू सों महासुख के वचन कहत भई, नये सुख के बढ़ाइबे के हेत। सो सुख श्रीहरिदासजू अपने रसिक-जननि के हेत कृपा करि पद द्वारा प्रगट करि दरसायौ॥ इति॥

मूल — **माई री सहज जोरी प्रगट भई जु रंग की गौर स्याम घन दामिनी जैसैं॥ इति॥**

अर्थ — माई कहा, सखी, सो हरिदासीजू नें कह्यौ— हे सखी ! हे प्यारी ! सहज जोरी प्रगट भई कहा, तुम अलबेली दामिनी जो नित्य सहज स्याम रूप घन के अंक में राजत हौ, तौहू प्यारौ महालोभी अरु आप गरबीली-मानिनी, ताके हेत तुमकौं समझाइ-मनाइ, सुख बढ़ावै। सो आजु कृपा करि पिय रूप घन पै विराजत प्रगट भई यह सहज जोरी अङ्ग अङ्ग की। सो ही रंग की-नाना प्रकार के सुख रंग रस पिय पै वरषत हौ। सो हीय सहज है तुम्हारौ, पै तामें कबहूँ मान की सम्भावना उपजै। अब प्रगट एक कृपालता करि सोभित हौ, ता सुख की कहा कहिए! फिर गौर-स्याम। यह तौ महा-व्याकुल विरह बिहार बिन, नख-सिख तें तन-मन लीन है, मतवारौ सौ स्याम। गौर कहा, प्यारीजू नित्य उज्जल रस, ताकी वरिषा करिबौ करैं। अथवा है तौ दोऊ गौर, पै प्यारीजू के आगे लाल स्याम से लगत। घन-दामिनि जैसैं, कहा, घन-दामिनी ज्यौं नित्य संजोग, अरु साँचे मेघ अरु बिजुरी ये ही हैं।

घन — दामिनी की उपमा कौ हेत, जो या समैं प्यारी दामिनी लाल रूप घन पै सोभित है। सखी नें प्यारीजू ते हास करि कह्यौ — सहज जोरी प्रगट भई, ताकौ हेत यह भयौ, जो तुम नित्य ही सहज घन पै दामिनीजू राजत हौ। हम मान मनावैं। यह आपकी कृपालुता गुप्त हुती, सो प्रगट भई॥ इति॥

अब ताही कों पुष्ट करत हैं —

मूल — **प्रथम हूँ हुती अब हूँ आगें हू रहि है न टरिहै तैसैं॥ इति॥**

अर्थ — प्रथम हूँ हुती-पहिलें हूँ, तुम याही भाँति पिय के हिय पै राजत। अब हूँ — अब तुम्हारी अंग-अंग जोरी प्रगट भई ,सोभा देत है। आगें हू रहि है — याही विधि आगे हू रहि हौ न टरि हौ तैसें, कैसें? जैसें अब राजत हौ।॥ इति॥

मूल — **अंग अंग की उजराई सुघराई तुराई सुंदरता ऐसें ॥ इति॥**

अर्थ — अङ्ग अङ्ग की उजराई — जो श्याम अङ्ग पै दामिनी गौर राजत। सो अङ्ग-अङ्ग उज्जल ही सर्व अति सुघराई तें बिहार करत। चतुराई कहा, प्यारीजू की चतुराई कहियै — जो नित्य याही भाँति बिहरै अरु प्रगट नाहिं जनावैं, हैं बड़े चतुर। सुन्दरता ऐसैं कहा, या समै प्रगट भई जो केलि, ताकी सुन्दरता, कहा कहियै जो ऐसे कृपाल सुन्दरता सौं अङ्ग-अङ्ग सोभित हैं॥ इति॥

मूल — **श्रीहरिदास के स्वामी स्यामा कुंजबिहारी सम वैस वैसैं ॥ इति॥**

अर्थ — श्रीहरिदासीजू प्यारीजू तें कहत हैं - स्वामी स्यामा कहा, जो तुम पिय-बिहारी प्रगट केलि करत कुंजबिहारीलालजू, ता संग। सम वैस वैसें - समान बैस है तिहारी अथवा होड़ा-होड़ी घन-दामिनी ज्यौं विहसत हौ या बिहार में॥ इति॥

— **भावार्थदीपिका :** श्रीनागरीदासजू

२

रुचि सहचरि के तेज करि, खेल परस्पर लाग।
राग अलौकिक उपजहीं, उलटि रसिक रस पाग॥
करि रुचि रूप परस्पर खेलत।
राग-रागिनी अलौकिक उपजत, नृत्त-संगीत अलग ठान ठेलत॥
मूरतिवंत राग सुख सागर, तान तरंग तान दै पेलत।
श्रीहरिदासी कहत स्वामिनी, रसिक रसन रस झेलत॥

— **आभास उल्था :** श्रीपीताम्बरदेवजू

अलि रुचि लै क्रीड़त दोऊ, उपजत नृत्त दुहु कोद।
बाजत तालनि केलि गति, लेत बढ़ावत मोद॥
फेंना सी रंग सिन्धु के, रागनि राख्यौ रंग।
रँग में पागे लाड़िले, श्रीहरिदासी संग॥

— **वस्तुदर्शिनी :** श्रीराधाशरणदासजू

सखी कौ वचन सखी सौं — अद्‌भुत निकुंज महल प्रकास रूप, जहाँ बिहार कौ प्रकास है। सुन्दर फूलनि रचित सेज, तापै दोऊ लाड़िली-लाल, बनी-बना विराजमान, अरु मुखारविन्द पै अलकैं छूटि रही हैं। महासरद रैन कौ चन्द्रमा जगमगाइ रह्यौ है। प्यारीजू कौ मुख-चन्द्रमा प्रफुल्लित। एकान्त समै विलास में रास होड़ा-होड़ी कौ खेलत हैं। अरु राग-रागिनी सहित नृत्य कौ दिखाइबौ। ललितादिक-सखी गान करत हैं। कहा, सुरति रास सुख की बोलनि और धुनि में अवलोकन करत हैं। अरु लाड़िलीजू बनी प्रीतम के संग नृत्त में लटकि आवत हैं अरु सखीजन पाछैं सुघराई सौं विभास राग गावत हैं। अरु कबहूँ दोऊ बदन सौं बदन मिलावत हैं, अरु आनन्द रूप समुद्र में दोऊ सुख रूप झूल रहे हैं। श्रीहरिदासीजू सहज सुन्दर फूलनि के सिंगार कियें फूलनि के आसन पै विराजमान दोऊनि कौं लाड़ लड़ावति हैं। ता समैं ललिता-हरिदासीजू के वचन सखी तें॥ इति॥

मूल — **रुचि के प्रकास परस्पर खेलन लागे॥ इति॥**

अर्थ — रुचि के प्रकास कहा, रुचि-जो दुहुँनि के मनोरथ, तिनकौ प्रकास। जो-जो मनोरथ मन में होत हैं, ताही भाँति परस्पर-दोऊ श्रीबिहारिनि-बिहारी खेलन लागे। कहा, सुरति-बिहार रास खेलत हैं॥ इति॥

मूल — **राग-रागिनी अलौकिक उपजत नृत्य-सङ्गीत अलग लाग लागे॥ इति॥**

अर्थ — राग तौ प्रीतम कौ सनेह, रागिनी लाड़िलीजू कौ सनेह। यह दुहुँनि कौ सनेह है, सो अलौकिक है, काहू के देखिबे में आवत नाहीं। उपजत कहियै-प्रगट होत है। नृत्य सङ्गीत-बिहार में कर तें चरननि कौं ग्रहन करि गाढ़ आलिंगन जा समैं की जु चलनि अद्‌भुत गति तौ। कहा, कबहू तौ प्यारीजू नृत्य सुलप करत हैं। प्रीतम जू नृत्य सुलप करत हैं। कैसौ नृत्य? अलग लाग लागे-कबहूँ तो बिना कंठ में भुजा दियें ही निरतत हैं, अरु भूमि हूँ न परसत। कहा, पिय हिय रूपी सोई भूमि, तापै प्यारीजू कौ नृत्त है, सो अलग ही नृत्त गति के भेद तें है, अरु पिय

कौ नृत्त है, सो प्यारीजू के कंठ सौं लग करि है, अरु फिरि प्यारीजू लाल के कंठ सौं लगि रही हैं। अति सुकुमारि हैं, पै संगीत के भेदन सहित नृत्य करी! मृदंग आदि अङ्ग-अङ्ग भूषननि के बाजे बजत हैं॥ इति॥

मूल — **राग ही में रंग रह्यौ रंग के समुद्र में ए दोऊ झागे॥ इति॥**

अर्थ — राग-जो रस रूप सनेह कि परस्पर अद्भुत नृत्त करी, ताही तें रंग रह्यौ कहा, रंग छाय रह्यौ। रंग के समुद्र-प्यारीजू अरु पिय कौ सुरति रास-विलास, कहा, परस्पर कौ अङ्क निसङ्कता सौं आलिंगन, तामें दोऊ झागे, कहा, स्वाद सौं, रस कौ पान करत, प्रेम बस भये। रस-समुद्र में झूलत-फूलत महाउज्जल रूप बदन सों बदन मिलावत हैं। अरु आनन्द कौ समुद्र कौ मंथन करि मदन कों झुलावत हैं। कहा, लाड़िलीजू आनन्द-समुद्र कौ मंथनः कहा, रस सागर में झूलि, मदन नाम प्रीतम कौ है। काहे ते? मदनमोहन नाम ही धरायौ। ताते उनकों झुलावत हैं। या रस-समुद्र में दोऊ झूलत सोभित हैं। अति उज्जल बिहार कौ सार प्रकासमान सुख बाढ्यौ, ज्यौं दधि-मथन किये माखन है, सुख में ही सुख अति प्रगटे॥ इति॥

मूल — **श्रीहरिदास के स्वामी स्यामा कुंजबिहारी पै रंग रह्यौ रस ही में पागे॥ इति॥**

अर्थ — श्रीहरिदासी के स्वामी स्यामा अरु प्रीतम-कुंजबिहारीजू, सो नृत्य-बिहार करत। जब प्यारी नें बूझी — कहौ हरिदासीजू, कौन की जीत भई? जब श्रीहरिदासीजू बोलीं — आजु खेल में अति (रंग) रस रह्यौ। क्योंकि जहाँ प्यारीजू की जै भई, तामें प्रीतम महाप्रसन्न होय हैं। क्योंकि श्रीप्यारीजू की जै भई, तामें प्रीतम महाप्रसन्न कि फिरि प्रसन्न-बदन बिहार करैंगे। पै रस ही में पागे-फिरि रस-रूप दोऊ रस ही सौं पागे। कहा, महाआनन्द में भरकें पगि गये। अंग मिलि एक ह्वै गये॥ इति॥

— **भावार्थदीपिका :** श्रीनागरीदासजू

३

यह सुख ऐसेंई रहौ, जुगल परस्पर हेत।
पल छिन इत-उत होहु जिनि, मानि रहौ संकेत॥
ऐसें देखत सब दिन जाहु।
प्रान पलटि सुख रसै परस्पर सुख विलसहु बिबि नागरि-नाहु
पलक न टरिऐ इह रस अद्भुत, प्रीतम कसि बाहुन सों बाहु।
श्रीहरिदासी कहत जुगल वर, मानि रहौ मन हियैं उमाहु॥

— **आभास उल्था :** श्रीपीताम्बरदेवजू

अबकी छबि देखत रहौं, जनम सफल करि मानि।
पल न टरौं इत उत कहूँ, मन रान्यौ जुग जानि॥
ज्यौं-ज्यौं रूप बढ़त रहै, त्यौं-त्यौं चाह अपार।
इह सुख विलसत सहचरी, मन नहिं मानत हार॥

— **वस्तुदर्शिनी :** श्रीराधाशरणदासजू

सखी कौ वचन सखी प्रति — सुन्दर निकुंज-महल में अद्भुत सेज बनी रहत है। महाकोमल गुलाब-दलनि की रचना करि रचित है। तहाँ प्यारे की भाँवती-श्रीबिहारिनिजू अरु भाँवती के प्यारे-श्रीबिहारीजू मंजन-मनरंजन करि नैंननि में अंजन दै परस्पर गलबाँही दिये बैठे हैं और बिबि कुसुमनि के आभूषन अंग-अंग में राजत हैं। महाआनन्द में रस मत्त मिलि बिहार करत हैं। सखिन कों सुख रूप अति आनन्द देत हैं। श्री ललिता-हरिदासीजू सुन्दर फूलनि के सिंगार कियें, रतन जटित फूलनि के आसन पै चौकी, तापै विराजमान हैं। ता समै ललिता हरिदासीजू के वचन सखी प्रति॥ इति॥

मूल — **ऐसेंई देखत रहौं जनम सुफल करि मानौं॥ इति॥**

अर्थ — जो वे दोऊ बिहारिनि-बिहारी ऐसे अंग-अंग, तन-मन करिकैं मिलि रहे हैं। महाआनंद में मगन रस-मत्त परस्पर बिहरत हैं, अंसनि में भुजा दिये। जनम कहा, नवीन-नवीन मनोरथ, जो दुहुँनि के उपजत हैं, ताही भाँति विलसत हैं। यह कौन अदभुतता है! जो-जो मनोरथ श्रीलालजू के उपजत हैं, ताही भाँति प्यारीजू प्यारे की भाँवती बात करत हैं अरु जो जो मनोरथ प्यारीजू के उपजत हैं, सो भाँवती के प्यारे अपनी सफलता मानत हैं कि आजु प्यारीजू कृपाल हैं, धन्य भाग मेरे, अरु चरननि में लपटि जात हैं। हे सखि, ऐसेंई देखत रहौं। अथवा जनम कहा, मनोरथ सखिन के उपजिबौ कि या भाँति दोऊ प्रसन्नता ते बिहार करैं। जो ये करैं, सो इनकों भावै, वे करें, सो इनकों भावै। तौ मैं मेरौ जनम सुफल करि मानों, ऐसेंई देखत रहौं॥ इति॥

मूल — **प्यारे की भाँवती भाँवती के प्यारे जुगल-किसोरहि जानौं॥ इति॥**

अर्थ — प्यारे की भाँवती-श्रीबिहारिनिजू अरु भाँवती के प्यारे-श्रीबिहारी, दोऊ ऐसें सुख में मगन हैं कि जो-जो केलि के विलास ये करत हैं, ते भाँवती बात हैं अरु ता-ता विधि वे विलास करें हैं, सो निपट सुहाँवती-भाँवती बात है। जो भाँवती विपरीत विलसत हैं, तौ प्यारौ निहाल होत है अरु प्यारौ भाँवती की भाँवती रति करत है, सो भाँवती है। ये कौन है, कि जुगलकिसोरहि जानौं-एक छिन न बिछुरैं, ये ही मैं जानत हौं। जुगलकिसोर, कहा, अंसनि पै भुजा धरैं बिहार करत हैं॥ इति॥

मूल — **छिन न टरौं पल होंहु न इत उत रहौं एकहि तानौं॥ इति॥**

अर्थ — इक पल हूं जिन टरौ कहा, ऐसें ही महाअद्भुत रस, जो परस्पर गाढ़-आलिंगन किये हैं, सो या रस ते जिन टरौ। अरु एक छिनहू इतउत न होहु, कहा, सनमुख अंग-अंग जुरे ही रहौ, एक तानौं कहा, एकता मति ह्वै कैं॥ इति॥

मूल — **श्रीहरिदास के स्वामी स्यामा कुंजबिहारी मन रानौं॥ इति॥**

अर्थ — श्रीहरिदासजू के स्वामी स्यामा अरु स्याम-प्रीतम कुंजबिहारी मन रानौं। जब एक सखी नें कह्यौ कि हे ललिते जू! तुम ऐसे कहति हौ-ऐसेई देखत रहौं, एक पलक हूं टरौ जिन, तौ यह कहूँ टरि जात हैं, तुम ऐसे कहति हौ? यह तो छिन-छिन वा सुख ही में मगन हैं।

तहाँ श्रीहरिदासीजू बोलीं — अरी सयानी! इनके तौ नित्य बिहार ही आहार है। अंग-अंग मिले ही रहत हैं। पै एक यहाँ डर है, जाके लियें येती कहनि है। मन रानौ कहा, जो प्यारीजू कौ मन राजा है। राजा काहू के सहारे नहीं है। फिर कैसौ राजा है? अलबेली हैं, अलकलड़ी हैं, गरबीली हैं, सुकुमारी हैं, चाहे जो करैं। अरु लालजू रूप के लोभी हैं, अति दीन हैं अरु आसक्त हैं। मन के करनि हूँ तें प्यारीजू कों छुबत भय मानत हैं। तातें राजा श्रीप्यारीजू कौ मन सदा प्रसन्न, दयाल, उदार याही भाँति रहै। टरिबौ यहाँ कहा है? नैंननि कौ मुरिबौ। सोई मान है। सो न होहु, यह डर है, तातें ऐसेंई देखत रहौं, अपनपौ सफल मानौं॥ इति॥

— **भावार्थदीपिका :** श्रीनागरीदासजू

४

जोरी अद्भुत किन ठई, मन रीझ्यौ लखि अंग।
घन-दामिनि अविचल प्रभा, घटत न बढ़त अभंग॥
मो मन मोहत बिबि सुकुमार।
काहू प्रगट कियौ सुख अद्भुत, यह संसै सुख-सिन्धु अपार।
चितवत दृष्टि रहत ताही सँग, सोभा अंग सिंगार।
ज्यौं घन-दामिनि संग रहत नित, रसिकराइ बिछुरत ना लार।
और बरन समझत ना दोऊ, गौर स्याम सहजै सुख सार।
श्रीहरिदासी कहति रहौ यौं, टरत न इत-उत हियरे हार॥

— **आभास उल्था :** श्रीपीताम्बरदेवजू

अति सिंगारी सहचरी, हरन सखिन के प्रान।
घन-दामिनि ज्यौं लाड़िले, टरत नहीं सुख दान॥
उपमा घन-दामिनि कही, जिन जिन की छबि आहि।
पाइ समै ते टरत हैं, इनकी बिछुरन नाँहि॥

— **वस्तुदर्शिनी :** श्रीराधाशरणदासजू

सखी वचन सखी प्रति — अद्भुत निकुंज महल विचित्र, तामें विचित्र सज्या बनाई जो सखी नें, तापै बैठे हैं, दोऊ प्रिया-प्रीतम और मुँहा चुही ज्यों ज्यावत हैं, नेंकहूँ इतउत दृष्टि जात नाहीं। ऐसी प्रीति जु है निरन्तर-रैनदिना की खबर नाहीं अरु मन ही मन में नवनव तरंग उपजत हैं अरु रंग सों अंग-अंग भरे हैं। ये हँसत, तब वे मुसिक्यात हैं। अरु सखीजन अति आसक्तता तें दम्पति कौ सुख है, ताकौं निरखि नैंना अघात नाहीं। तहाँ श्रीहरिदासीजू अति ललित फूलनि के सिंगार कियें फूलनि के आसन पै विराजमान। ता समैं ललिता-हरिदासीजू के वचन सखी सौं॥ इति॥

मूल — **जोरी विचित्र बनाई री माई, काहू मन के हरन कौं॥ इति॥**

अर्थ — माई कहियै- हे सखि ! जोरी विचित्र बनाई कहा कि या समैं मन ही मन में जो रस की तरंग उपजत है, सो विचित्र है अरु इनके अंग-अंग में भरि रह्यौ है; सो अंग-अंग की जोरी विचित्र बनाई है। ये दोऊ तौ विचित्र जोरी है ही, पै इनके अंग-अंगनि में प्रतिबिम्ब, ताकी तरंग उपजत हैं रसमय: सो यह अद्भुत जोरी बनाई है। काहू मन के हरन कौं — यह जोरी विचित्र प्रतिबिम्ब में झलकत है, सो काहू के मन, कहौ कौन के मन; प्रियाजू तौ लाल के मन हरन कों हैं अरु लालजू प्रिया के मन हरन कों हैं। काहे ते ? प्यारीजू कौ रूप कैसौ है ? अपनौ रूप देखत आप ही मोहे जात हैं। सो प्यारीजू के रूप कौ आस्वाद लालजू नें कियौ है, सो प्यारीजू कौ रूप पिय पै आस्वाद करि छाइ रह्यौ है, तातें लालजू प्यारीजू के मन हरन कों है। अथवा ये दोऊ अपने मन हरन कौं हैं, काहू और के मन हरिबे कों नाहिंन। अथवा दोहुँन के मनोरथ जा-जा अंग की केलि में एक ही बेर उपजि परैं। कहा ? जा-जा अंग के विलास में प्यारीजू की चाह भई, सोई पिय के भई; ये जोरी अंग-अंग की विचित्र बनाई।

काहू के मन इन दोहुँनि के मनोरथनि इनहूँ के मन कों हरैं हैं और अपने मनहूँ कों हरैं हैं ॥ इति ॥

मूल — **चितवत दृष्टि टरत नहिं इत उत, मन वच क्रम याही संग भरन कौं ॥ इति ॥**

अर्थ — चितवत दृष्टि टरत नहिं इत उत कहा, लालजू की दृष्टि प्रियाजू के अंग-अंग अवलोकनि में दोऊ नैन ज्यौं ज्यावत हैं मुँहाचुही। अथवा परस्पर श्रीप्रियाजू अरु प्रीतम देखत हैं; कहा, मुँहाचुही ज्यौ ज्यावत है। अंग-अंग जो सुरति रंग तें भरे हैं, सो अति विचित्र हैं। तिन नें मन हरि लीनों है। तातें इत-उत दृष्टि जात नाहीं। मन कहा, मन सों तौ मन मिलि रहे हैं। वच कहा, वचन मृदुल अति मन हरि लैबे कों कहत हैं। अरु क्रम कहा, क्रिया। सो नैंननि की क्रिया अवलोकनि की। तातें नेत्र द्वारा परस्पर आलिंगन-चुंबन है। नेत्र ही रूप कौ पान करत है। याही सङ्ग जो दोहुँनि कौ अंग संग। भरन कों कहा, रूप आस्वाद में ही थकित भये हैं। अथवा आजु जा भाँति दोहुँनि की रुचि नें अंगनि की जोरी बनाई है, ताही रसनि के भरन कौं है ॥ इति ॥

मूल — **ज्यों घन दामिनि संग रहत नित बिछुरत नाहिन और-बरन कों ॥ इति ॥**

अर्थ — ज्यौं घन दामिनि सङ्ग रहत नित, सो यह घन-दामिनी तौ उही है नहीं। इन दोहुनि के अंग की छटा प्यारीजू के अंग की छटा तौ दामिनी, पिय के अंग की छटा घन। सो ये संग रहत हैं, घन-दामिनी ज्यौं। यहाँ इनके अंग-अंग ही के सब भाव प्रकासित हैं। जैसे वृन्दावन हैं, तौ तन मय हैं। ये घन दामिनी नित्य इनके संग रहत हैं। कहुँ बिछुरत नाँहिन और बरन कौं कहा, घन, स्याम बरन, और दामिनी, गौर बरन ये बने रहत हैं। कहा, जा-जा अंग में मन अटकौ, सो यहाँ कौ भयौ। ऐसे मनहरनहार अंग बने हैं। स्याम कौ मन कुचनि पै, स्याम बरन गौर बरन पै राजत, तहाँ तें बिछुरि न सकै अरु स्याम कौ मन स्याम तिल ह्वै कपोलनि पै, और अंगनि पै रहत; सो उहाँ तें चलि न सकै। जा-जा गौर बरन अंग में स्याम बरन ह्वै बसै, तहाँ ते और बरन अंग कौ बिछुरत नाहिंन। कहा ? जो-जो अंग रस सौं भरे हैं, तहाँ वरन कौं है-वा अंग के आस्वाद में मगन हैं ॥ इति ॥

मूल — **श्रीहरिदास के स्वामी स्यामा कुंजबिहारी न टरन कौं ॥ इति ॥**

अर्थ — श्रीहरिदास के स्वामी स्याम कहिये-श्रीप्रियाजू अरु कुंजबिहारीलालजू, ये दोऊ सदा कुंज में बिहार करत हैं। न टरन कौं कहा, यह जो बिहार है, तामें छिन-छिन अति आसक्तता सौं चाह बढ़त रहत है। या बिहार ते नेंकहूँ टरिबे कों नाहिंन। अटलता सों विहार करत हैं ॥ इति ॥

— **भावार्थदीपिका :** श्रीनागरीदासजू

५

प्रिया कहत सुन सहचरी, सावधान रस तोर।
प्रीति रीति जस प्रगट करि, रसिक रसीली दौर ॥
चलहु न सहचरि इत उत आउ।
आँखिन आगैं रहौ द्यौस निसि, प्रगट करौ सुख सहज सुभाउ
प्रीति तिहारी जानत भामिनि, वचनामृत रस तृषितनि प्याउ।
सुनि हरिदासी कहत स्वामिनी, कुंजबिहारी मंगल गाउ ॥

— **आभास उल्था :** श्रीपीताम्बरदेवजू

कहत लाल तिय सौं सुनहु, मुख न मोरि कल केलि।
रहै एकरस इह सुरति, टरै न नेंक नवेलि॥
अमृत बचन उच्चरहु प्रिय, अति श्रवननि सुख होइ।
रमैं परस्पर रूप लखि, लाज रहै नहिं कोइ॥

— **वस्तुदर्शिनी :** श्रीराधाशरणदासजू

श्री दूल्हे के वाक्य श्री लाड़िली-दुलहिनिजू तें — अद्‌भुत प्रीति कुंज महल, तहाँ नित्य अमृत ही से वचन की परस्पर वरषा होयबौ करै और मंगल विविध आँगन में होत रहत। जहाँ श्रीनित्य-दुलहिनिजू अरु दूल्है सुन्दर-कोमल सज्या पै विराजित हैं। जहाँ दूल्है-श्रीबिहारीजू के वाक्य दुलहिनि-श्रीबिहारिनीजू तें -

मूल — **इत उत काहे कौं सिधारति मेरी आँखिन आगें ही तू आव॥ इति॥**

अर्थ — श्री दूल्हौ श्री दुलहिनि जू की छबि देखत, महाआनन्द में सुरति-बिहार-रंग अंग में प्रगट झलकायौ अरु ये नित्य-दुलहिनि महागरबीली सहज ही सौं सनमुख चितवत नाहीं। कबहूँ तौ सहज में सलज्जता तें प्रीतम दिसि जोवत हैं और कबहूँ इत-उत कहा मो-ओर चितवौ, सो तौ इत अरु उत सखिन की ओर देखत हैं। अरु प्यारौ अति आतुर महाप्रीति जुक्त श्री दुलहिनि जू कौ सुभाव लियें कहत हैं-हो प्यारीजू ! तिहारे रस भरे नेत्र इत-उत काहे कौं सिधारत हैं। हो लाडिलीजू, जा भाँति मेरी आँखैं चाहत हैं कि आपके रस भरे नैन-कमल हैं, सो मेरी आँखिन के आगें आवैं, तौ मोकों महासुख होइ॥ इति॥

मूल — **प्रीति कौ हित हौं तौ तेरौ जानौं, ऐसौई राखि सुभाव॥ इति॥**

अर्थ — हो श्रीबिहारिनिजू, प्रीति कौ तिहारौ जो हित है, कहा, मन में मन नित्य बसे रहत, तन में तन लसत हैं - तौ मैं जानौं ऐसौई सुभाव राखि करिकैं प्रगट आलिंगन करौ॥ इति॥

मूल — **अमृत से वचन जिय की प्रकृति सौं मिलै, ऐसौई दै दाव॥ इति॥**

अर्थ — अमृत से वचन, जो आपके अमृत से वचन हैं, तिन करि मोहिं रस दै सींचियै। कैसे वचन हैं ? जिय की प्रकृति सौं मिलै, कहा नित्य मन करि केलि होत है। अबहू केलि जिय में जा भांति करत हौ, ताही प्रकृति सों मिलि तुम ऐसें दाव देहु, जो अंग-अंग मिलि बिहार करौ॥ इति॥

मूल — **श्रीहरिदास के स्वामी स्याम कहत री प्यारी, प्रीति कौ मंगल गाव॥ इति॥**

अर्थ — श्रीहरिदासी के स्वामी कौन? श्रीस्यामा, तिनसों स्याम लालजू कहत हैं — हो प्यारीजू, तुम प्रीति कौ मंगल गाव, कहा, यह बिहार रूपी मंगल, ताही कों गाव, कहिये-बोलौ। तब सनमुख ह्वै बैठे। अंग-अंग बसननि तें गठजोरा भये, भाँवरि लैन लागे अरु अनेक ताल, मृदंग, बीना मधुर बाजे परम सुहाये। अंग-अंग आभूषननि के बाजे बजन लागे। अरु सुन्दर सिंगार अंग-अंग दूल्है-दुलहिनि के। उमँगि छबि बढ़ि रही है और कुंजमहल के आँगन में सुखद बधाई बजत है। सो मंगल सखीजन गावत हैं॥ इति॥

द्वितीय आभास

सुन्दर निकुंज धाम-सखी कौ हिय हुलास कौ। ता सुख रूप सज्या पै श्रीरसिकराय प्यारीजू अरु प्रीतम विराजमान हैं। पै लाड़िलीजू सनमुख चितवत नाहीं अरु मधुरे-मधुरे बोल सौं बोलत हू नाहीं। अरु प्यारौ अति आतुर, तौ हू रुचि लियें प्यारीजू तें कहत हैं॥ इति॥

मूल — **इत उत काहे कौं सिधारति मेरी आँखिन आगें ही तू आव॥ इति॥**

अर्थ — हो प्यारीजू! इत उत न डोलियै कहा, कबहूँ तौ ये नैंन तुम्हारे लज्ज भये, मो-ओर देखत हैं। जब मैं देख्यौ चाहत हूँ, तब तुम उत-सखिन की ओर देखत हौ। सो इत-उत काहे कौं सिधारत ये नैंन? तातें अब कृपा करि इत-उत न डोलियै। मेरी आँखिन आगें ही तू आव, कहा, नैंननि सौं नैंन जोरि उरझाय लीजै। छिन-छिन प्रति रति दृष्टि पला, तामें प्रान तोलियै॥ इति॥

मूल — **प्रीति कौ हित हौं तौ तेरौ जानौं, ऐसौई राखि सुभाव॥ इति॥**

अर्थ — ज्यौं तुम सदा कृपा करत हौ, तैसे हित राखि, कृपा करि। हे प्यारी! तू रसिकराय है। तू ही समझौ। ज्यौं तुम्हारौ दयालता कौ विरद है अरु मौन गहि रही हौ। सो ये बंद खोलि देहु। ऐसौई सुभाव राखि॥ इति॥

मूल — **अमृत से वचन जिय की प्रकृति सौं मिलै, ऐसौई दै दाव॥ इति॥**

अर्थ — हे प्यारीजू ! मधुरे-मधुरे बोल बोलि। बोल कैसौ है? तुम्हारौ वचन निरमोल है। सो तुम अबोल क्यों है रही हौ? बोलियै जू, तातें नैंन, श्रवन, मन सीतल होत तन तेरौ अरु मेरौ। सो जिय की प्रकृति सों मिलि ऐसौई दाव दै। कहा कि अंक भरिबे कौ दाव दै, तातें सुख बाढ़ै॥ इति॥

मूल — **श्रीहरिदास के स्वामी स्याम कहत री प्यारी, प्रीति कौ मंगल गाव॥ इति॥**

अर्थ — श्रीहरिदासी के स्वामी कौन, स्यामा, तिनसौं स्याम कहत। स्याम कहा, अति आतुरता करि स्याम। कहा, सम्हार नहीं। तब प्यारीजू चितै मुसिक्याय ललन कौं अकुलाय उर में लाय लये। तब कह्यौ लालजू नें - प्यारी, प्रीति कौ मंगल गाव, कहा, ऐसें ही कृपाल रहौ। एक छिन हूँ भूलैं हूँ कबहूँ नैंननि की दृष्टि इत-उत न करौ। सनमुख राखौ। अथवा सखी नें सखी तें कह्यौ — अब दोऊ मंगल रूप बिहार अंग-अंग मिलि करत हैं। हे प्यारी! इनकी प्रीति कौ मंगल गाव॥ इति॥

— **भावार्थदीपिका :** श्रीनागरीदासजू

६

सहचरि के हिय की ललक, झलकी बिबि उर आइ।
कहत वचन मृदु भाँवते, रसिक रसीले राइ॥
अँखिन मध्य भवन करि दोऊ।
लखि सुकुमार वचन प्रसंसत, मो उर सुख तोहू उर सोऊ॥
हौं तोसौं यह कहत भाँवते, मूँदि रहों सुख लहै न कोऊ।
बिनु निकसे कहु क्यौं सचु पावत, रीझि परस्पर यह रस भोऊ॥
साँची कहत अहो बलि जाऊँ, लागौं पाँइनि रसिक समोऊ।
श्रीहरिदासी कहत लहत तुम, आन रसिक रस लहै न कोऊ।

— **आभास उल्था :** श्रीपीताम्बरदेवजू

लोभी पिय तिय रूप के, तिय पिय रूप उपासि।
गूढ़ वचन रचना करैं, नेह भरे रस रासि।
ज्यौं देखत मैं अपनपौ, तुव नैंननि के माँहि।
रूप अहार जु नेह जुत, अर्थ यहै दरसाँहिं॥
त्यौं तुम मोकौं लखत हौ, कैधौं नाँहि नवीन।
गूढ़ वचन तब भामिनी, बोली चारु प्रवीन।
मूँदों मैं जो नैंन निज, अर्थ न देखौं तोहिं।
तौ तुम पेखौ कहा ललन, कहौ वचन यह मोहिं।
नेह बढ़ै निसि द्यौस पुनि, लखत रहौं तुव रूप।
सो उपाइ मोसौं कहौ, तव सखि वचन अनूप।
स्वामी श्रीहरिदास के, हैं किसोर सुनि बैंन।
तुमहीं देख्यौ चहत प्रिय, और कहाँ सुख चैंन।

— **वस्तुदर्शिनी** : श्रीराधाशरणदासजू

श्री लालजू के वाक्य श्रीप्रियाजू प्रति — सुंदर निकुंज-नैंन कमल, सखी के उर रूपी सेज, तहाँ सोभित दोऊ पिय-प्यारी महासुरति रस भीने। ता समैं श्रीलालजू के वाक्य श्रीप्रियाजू सौं॥ इति॥

मूल — **प्यारीजू जैसें तेरी आँखिन में हौं अपनपौ देखत हौं ऐसें तुम देखत हौ किधौं नाँहीं॥ इति॥**

अर्थ — हो प्यारीजू ! सुरति बिहार रस सौं भरे हैं तिहारे नैंन, तामें हौं अपनपौ देखत हौं, कहा, कि मैं तौ मन करि केलि-विलास की चाह-भावना करत हौं, तातें मेरौ अपनपौ तुम्हारे नेत्रनि में देखत हौं। तैसें तुम देखत हौ किधौं नाँहीं — मैं देखत हौं, ताही रीति सौं तुम हू मेरी आँखिन में अपनपौ देखत हौ कि नाँही देखत। हेत कहा कि अपनी चाह अंग-अंग मिलिबे की प्यारीजू सौं एक रीति सौं दिखावत हैं॥ इति॥

मूल — **हौं तोसौं कहों प्यारे आँखि मूँदि रहौं तौ लाल निकसि कहाँ जाहीं॥ इति॥**

अर्थ — तब प्यारीजू बोलीं—हौं तोसौं कहौं, हो प्यारे! आँखि मूँदि रहौं, कहा, हो प्यारे! तुम अपनपौ ही मेरी आँखिन में देखत हौ। मैं तुमकों अपनी आँखिन में मूँदि राखौंगी; तौ देखिबौ, कहा हो प्यारे! मैं तुम सौं कहत हौं? लाल निकसि कहाँ जाँही; हो लाल! तुम कहाँ निकसि कें जावौगे? नैंन रूपी कुंज है, तामें रहिबौ करौ॥ इति॥

तब श्रीलालजू बोले —

मूल — **मोकौं निकसिबे कौं ठौर बतावौ साँची कहौं बलि जाऊँ लागौं पाँहीं॥ इति॥**

अर्थ — हो प्यारीजू ! मोकौं ठौर आपकौ हृदै-कमल है। नित्य मेरौ भँवर रूप मन, तहाँ पराग पान करत है अरु नेत्रकमल में मन तारौ है कें बस्यौ है। मोकौं निकसिबे कौं ठौर बतावौ। साँची मेरे जिय की बात कहत। हौं बलैयाँ लेऊँ, आपके चरनकमलनि की सपथ खात हौं॥ इति॥

मूल — **श्रीहरिदास के स्वामी स्यामा तुमही देख्यौ चाहत और-सुख लागत काँही॥ इति॥**

अर्थ — श्रीहरिदासी के स्वामी कौन? स्यामा, स्याम-कुंजबिहारीलालजू, तिनतें बोली — कि हो प्यारे कुंजबिहारी! तुमही देख्यौ चाहत हौं। और सुख लागै काँही, कहा, कहाँ जानि देहुँ तुमकौं? तुम काहे कौं मन में

पागे जात हौ? तुमकौं मो हिय में ठौर है। नित्य विराजिबौ करौ। तुम तौ मेरी जीवन, जिय कौ ज्यौ जानत हौ। तुम आन सम्भ्रम के वचन जिन कहौ। यह सम्भ्रम वचन-सुख और ही लागत। यहाँ इनकी समाई नहीं। तुम अनबोले-गहे से मन काहे कों है रहे हौ? ये वचन सुनत प्यारे कौ हियौ हुलसि आयौ अरु लाल प्यारीजू तें बोलन लागे अरु करकमलनि तें कंचुकी खोलत, छलिकें कुच रूप अमृत पीवत भये॥ इति॥

— **भावार्थदीपिका :** श्रीनागरीदासजू

७

रीझि परस्पर बूझहीं, कहि सहचरि बलि जाँउ
हेत हमारौ अधिक पिय, धरौ तासु पद नाँउ॥
वदन प्रिया कौ पंक रस, पिय गज नैंन फँसाउ।
विवि कुच संधिन में पर्‍यौ, ताकौ कहा दुराउ॥
पीत कमल में नील दल, स्याम भ्रमर रस पाग।
जतन किये निकसत नहीं, सहचरि कौ अनुराग॥
प्रिया वदन अमृत की पंक।
उभै नैंन गज मत्त फँसे पिय, विलसत नाँहि निसंक।
जैसे भ्रमर सम्पुटी मुद्रित, मानत निजु तन रंक।
सहचरि श्रीहरिदासि कहत सुख, लिख्यौ तिहारे अंक।

— **आभास उल्था :** श्रीपीतांबरदेवजू

मनमोहन मन में हुलसि, कहत भाम सौं बैन।
सुनहु कथा चित चखनि की, हियैं होइ अति चैन।
दौरे अति आतुर झपटि, प्यासे नैंन बिहारि।
रूप सधा तुव वदन सर, पान करन सुकुमारि॥
अति कोमल मुख पंक तें , महा दलदलौ सोइ।
रूप अमृत सौं तर भयौ, फँसे दुरद चख दोइ॥
चल्यौ चित्त काढ़न तिनहिं, बल विचारि सरसानि।
विकच संधि सम्पुट अधर,फँस्यौ सोऊ पछतान।
मंद हसन सो विकच है, विकच अर्थ सुनि कान।
कछु मुद्रित मुकुलित कछू, अधर सधर सुखदान।
अधर सधर की संधि जो, पर्‍यौ ताहि महा मित्त।
बाँध्यौ सम्पुट पुनि अधर, रह्यौ तहाँ वह चित्त।
बहु उपाइ चित कढ़न के, अर्थ उपाइ न जान।
हँसन चलन बोलन मिलन, मन नहिं मानत आन।

कहत सखी पुनि वचन सुनि, स्यामा स्याम सुनाइ।
निसि दिन हौं यौं तुम रहौ, सैंननि सुरति कराइ।

— **वस्तुदर्शिनी :** श्रीराधाशरणदासजू

लालजू कौ वचन श्रीप्यारीजू तें — सुन्दर अद्भुत लाल रतननि की निकुंज। ताके मध्य फूल गुलाबनि कौ बँगला। जाके परम मनोहर झरोखा। जहाँ नव-नव फूलनि की सज्या पै दोऊ प्यारी-लाल राजत हैं, सनमुख और महासुरति सुख रस सौं भरे। सो प्यारीजू कौ बदन महा अद्भुत रस भर्यौ, ताकौं श्रीलालजू देखत हैं अरु सुरति-सुख की चाह हिय में बाढ़ी। सखीजन नव-नव लाड़ लड़ावत हैं। श्रीहरिदासीजू सुन्दर फूलनि के सिंगार कियें, फूलनि के आसन पै विराजमान सुख की वरषा वरषावैं हैं। ता समैं लालजू के वचन श्रीप्यारी प्रति —

मूल — **प्यारी, तेरौ बदन अमृत की पंक, तामें बींधे नैंन द्वै॥ इति॥**

अर्थ — हो प्यारीजू! तिहारौ बदन कैसौ है? अमृत की पंक है : तामें फँसे पीछें निकसि न सकै। सो ये मेरे नैंन मतवारे हाथी हैं : निसंकता सौं। अथवा ये नैंन मतवारे भँवर : सो तुम्हारे बदन कंज-अमृत रूप पंक में फँसे रस पान करत हैं : सो निकसि न सकत॥ इति॥

मूल — **चित चल्यौ काढ़नि कौं, विकच संधि सम्पुट में रह्यौ भ्वै॥ इति॥**

अर्थ — चित जो मेरौ, नैंन मतवारेन कों बदन-अमृत की पंक में तें काढ़िबे कौं चल्यौ हो, सो उनकौं तौ काढ़ि न सक्यौ : कहा, पिय कौ जिय अधरनि की छबि देखिकें-अति रस सौं भरे हैं, तब जिय अधरनि कौ स्वरूप है कें पान करिबे लग्यौ॥ इति॥

मूल — **बहुत उपाय आहि री प्यारी, पै न करत स्वै॥ इति॥**

अर्थ — हो प्यारीजू! औरहू उपाय बहुत हैं — मोकौं बहुत आहि, हैं: पै न करत स्वै कहा, सो मैं न करत हौं। काहे तें कि नैंननि तौ बदन रूप पंक में फँसे, जिय विकच संधि सम्पुट में मिलि गयौ, जातें जो और-हू उपाय करौं हौं, तौ और अंग-अंग में फँसि जायँ हैं॥ इति॥

मूल — **श्रीहरिदास के स्वामी स्यामा कुंजबिहारी, ऐसें ही रहौ ह्वै॥ इति॥**

अर्थ — श्रीहरिदासीजू के स्वामी-श्रीस्यामाजू, जिनसौं स्याम कुंजबिहारी कहत हैं कि ऐसे ही रहौ ह्वै। जैसें नैंन बदन रूप अमृत की पंक में फँसे अरु जिय अधरनि की संधि सम्पुट में मिलि गयौ, तैसें समस्त अंग-अंग अभिलाष करें हैं: सो सर्व अंग-अंग मिलि ऐसें ही रहौ ह्वै। जब प्यारे की अभिलाष पूरन करन हेत समस्त अंग-अंग मिलि ऐसें ही रही ह्वै : जा-जा भाँति पिय नें दान माँग्यौ, ताही भाँति दान दये॥

— **भावार्थदीपिका :** श्रीनागरीदासजू

८

श्रवन महल में धुनि छई, दई न्याउ यह कौन।
निकट मवासी ह्वै रहे, किये सबै रस गौन॥
नूपुर बाजत आवत जात।
न्याव करन श्रीस्वामि सहचरी, श्रवन सुनत प्रानन कौ पात॥

निकट मवास सजत छिन-छिन प्रति, नव-नव रस रुचि घात।
श्रीहरिदासी कहत रहौ यौं, और सुखनि करि मात॥

— **आभास उल्था :** श्रीपीताम्बरदेवजू

ꣻ

ऐबौ जैबौ कटि चलन, निज अँग पर नहिं अंग।
खाली नूपुर सुख नहीं, प्रीतम ठानी जंग॥
गोरी बोरी प्रेम सौं, निज अँग की न सँभार।
बसी मवासहिं तू प्रिया, कहत स्याम सुकुमार॥
न्याव सखी यह समुझि कैं, कहैं कहा हम बाल।
यह विपरीत न काम की, कहत लाल सुख जाल॥
न्याव चुकायौ सहचरी, सावधान करि अंग।
विलसत निहचल नागरी, पिय रति केलि अभंग॥

— **वस्तुदर्शिनी :** श्रीराधाशरणदासजू

ꣻ

लालजू कौ वचन प्यारीजू प्रति — प्रथम सखी कौ वचन प्यारीजू तें — महाअद्भुत निकुंज महल, तहाँ दोऊ प्रिया-प्रीतम आनंद में मगन सुन्दर सेज पै सोभित हैं। जहाँ प्यारीजू तौ कछु सावधान हैं अरु प्यारौ प्रेम में बिबस है। ता समै श्रीहरिदासी जब अद्भुत सिंगार कियें सुंदर आसन पै विराजमान श्रीलाड़िलीजू तें बोली — हो प्यारीजू! आजु प्यारे ऐसे आपके रूप में तदाकार है रहे हैं अरु सकल सिंगार साजे हैं। कहा सिंगार है? मुरली धरे हैं, मुकुट है, पीतपट है, सो फहरात है; पै कछु आपकी खबर नहीं, कहाँ हैं! जब प्यारीजू सखी की ओर ढुरी; ताहि कहत हैं॥ इति॥

मूल — **आवत जात बजावत नूपुर॥ इति॥**

अर्थ — हो प्यारीजू! आज प्यारौ प्रेम में बिबस, ध्यान में तदाकार ह्वै रहे हैं, तातें श्रवननि में कही। प्यारीजू सुनिबे कौं मुरीं। जब सखी नें मुरिकें श्रवननि में बात सुनी। ता मुरिबे में नूपुर हलिबै में बाज्यौ; सो आवत अरु फिर सुनि कें मुरि बैठी; तब मुरिबे में नूपुर बाज्यौ; सो जात। यातें आवत जात में नूपुर बाजत।

अथवा चरन-कमल, कर-कमल लाल रंग आवत-जात में नूपुर बाजत। यह नूपुर बाजिबे की धुनि प्रीतम नें सुनी अरु ध्यान छूटि गयौ। वा समै जो सिंगार हो, सोऊ जात रह्यौ। कहा सिंगार, मुरली धारैं ये, कहा कि काम रूप। कहा कि महाचाह हिय की, सो मुरली। मुकुट कहा, महाआनंद मगनता की सिरोमनिता, ताकौ मुकुट। श्रीप्रियाजू के अंग-ध्यान कौ पीत पट। जब सावधान भये, तब मुरली हूँ कहूँ रही, मुकुट हूँ कहूँ रह्यौ; पीत पट हूँ खिसि पर्‌यौ कि ये तौ ध्यान कौ सिंगार रह्यौ। जब सावधान भये महाआतुर, तब नूपुर धुनि सुनत ही महामत्तता तें बोले — कछु सम्हार, कछु बिबसता। हो प्यारीजू! आवत-जात नूपुर बजावत हौ; तौ कृपा करि मो उर पर विलास करि नूपुर क्यों नहीं बजावत? कहा, विपरीत-रति विलास करौ।

अथवा मगन मत्त भये पिय विलास करत हैं। मुरली, जो अधर, सो पान करत। मुकुट-सोभा की सिरोमनिता कि या सुख सौं माते हैं। पीत पट-प्यारीजू कौ अंग। जब प्यारीजू के नूपुर की धुनि श्रवन में सुनी

कि ये प्यारीजू के नूपुर बाजे हैं, सुनत ही बिबस भये कछु; तब पीत पट-प्यारीजू कौ अंग छूटि गयौ; अंग तें अंग खिसि पर्‌यौ। तब कह्यौ — हो प्यारीजू ! अबलौं आवत-जात नूपुर बजावत हौ। अब कृपा करि मो उर में विलास करि नूपुर बजावौ। कहा, विपरीत विलास करौ॥ इति॥

मूल — **मेरौ तेरौ न्याव दई के आगें जो कछु करौ सो हमारे सिर ऊपर॥ इति॥**

अर्थ — प्यारौ अति आतुर, प्यारीजू लाड़िली; चाहैं सो करैं, मानैं नहीं। जब हारि कें प्यारे बोले — हो लाड़िलीजू! मेरौ तेरौ न्याव दई के आगें कहा, जो मेरे यह चाह है, आप मो उर पै विलास करि नूपुर बजावौ; सो चाह रूपी दई है। कहा, ऐसी वेदना मेरें है, तैसी तुम्हारें होइ; तौ जानौं।

जब न्याव यह चाह रूप दई करै। सो प्यारीजू! तुम तौ निहकाम, मैं सकाम। कहा; तुम गरबीली, हठीली मेरे दु:ख की बात जानत नाहीं। तब जानौ-तुम स्याम होउ, मैं स्यामा होऊँ; तौ यह वेदन जानौ। तातें मेरौ-तेरौ न्याव या चाह रूप दई के आगे है अरु जो तुम्हारे चाह न होइ, तौ यह दई कहा न्याव करै? जो कछु करौ सो हमारे सिर ऊपर है। जो कछु आग्या होइ, सो हमारे सिर ऊपर करौ। जो दु:ख देत हौ, सो दीजै॥ इति॥

मूल — **निपट निकट मवास है रही प्यारी पैंड दूपर॥ इति॥**

अर्थ — हो प्यारीजू ! निकट निपट ही कहा रुखाई देत हौ? या रुखाई कौ मवास है; तामें आय सकत नाहीं। पैंड दूपर कहा, येती हू मन की बंकता हैबौ कि नूपुर बजाइबे में कहा लगत है? द्वै पैंड पर नेंक चरन धरौ, नूपुर बाजैं। तातें कृपा करि मो हिय में बिहार कीजै॥ इति॥

मूल — **श्रीहरिदास के स्वामी स्यामा कुंजबिहारी, विलसत निहचल धूपर॥ इति॥**

अर्थ — श्रीहरिदासी के स्वामी स्यामाजू! तुम तौ कुंजबिहारी हौ। या नाम की ओर निहारौ। मेरे हृदै-निकुंज, तामें बिहार करौ अरु चरन-कमल कौं चंचल करि नूपुर बजावौ। मेरे सुनिबे की बहुत चाह है अरु तुम ऐसे कहा हठ करि रही हौ? तुम्हारौ बिहार सदा सर्वोपरि है, अटल है; तातें विलसौ। जब प्यारीजू चरन चपल किये और रीझि अंक में लये। पिय की चाह जानि वैसे ही सुख दैन लगीं अटलता सौं। अटल केलि प्यारे की, ताहू पै प्यारी की केलि अटल; सो विलसत हैं॥ इति॥

— **भावार्थदीपिका :** श्रीनागरीदासजू

९

सहचरि देखत दुहुँनि कौं, पिंजरा पंछी तोल।
भूख प्यास तोषत भलैं, रटत प्रिया मृदु बोल॥
सहचरि कौतुक देखि सिहानी।
दृष्टि चेंप वर फंदा डार्‌यौ, मन पिंजरा में आनी॥
चुगौ सुभाउ भोग प्यारी कौ, अंग श्रवत सो पानी।
देखत रहत नैंन बैंननि सौं, बोलत प्रिय मृदु बानी॥
यह सोभा सुख सिंधु स्वामिनी, लूटत निरअभिमानी।
सुनि हरिदासि कहत निज मन सौं, नवरस वरषत जानी॥

— **आभास उल्था :** श्रीपीताम्बरदेवजू

बहुत गात तन सौं सुरति, पिय करि मोहनी संग।
कोक निपुन पुनि भाव मय, उपजत नाना रंग॥
नाना रंगनि सुरति सुख, उपजत पिय मन चाह।
देत न हारत लाड़िली, पीवत तृपति न नाह॥

—वस्तुदर्शिनी : श्रीराधाशरणदासजू

सखी कौ वचन सखी प्रति — अद्भुत रस भर्‌यौ गुननि कौ मन्दिर, रूप कौ बगीचा, जहाँ मन के पिंजरा में बिहारी-पंछी कौं प्यारीजू नें लै राख्यौ है। कहा, यह बिहारी प्यारी कौ खिलौना है। नाना रंग-रूप अंग-अंग प्रति हैं जाके। फिर रसिक अति रस सौं भर्‌यौ है। सलौना है। ता खिलौना सौं छबीली जू अति आसक्त रहत हैं। तन-मन मिलिकैं जहाँ सनसुख बैठे जु दोऊ लाड़िली-लाल सुन्दर फूलनि के नवीन आसन पै। जब बिहारी प्यारे कें सुरति-केलि की बेलि हिय में बाढ़ी; सो नैंननि में झलक प्यारीजू नें देखी अरु सखी हू नें अवलोकी। प्यारीजू तें सैंन जताई। वा समै प्यारीजू के हू केलि के भाव नेत्रनि में छाय गये। वा रस-भरी दृष्टि सौं जब पिय ओर दृष्टि करी। तब श्रीललिता-हरिदासीजू सखी तें कहति हैं॥ इति॥

मूल — **दृष्टि चेंप वर फंदा मन पिंजरा राख्यौ लै पंछी बिहारी॥ इति॥**

अर्थ — हे सखी ! प्यारीजू की रस भरी चितवन, कहा, जो इनके सुरति-केलि की चाह, कबहुँ प्रकास न भई; सो आज प्रगट देखि। अरु कै पिय बिहारी नित्य चरन-कमल जाँचिबौ करैं, नाहीं-नाहीं होत रहत; सो आज प्यारीजू कृपाल हैं। सो दृष्टि ही तौ चेंप भयौ, वर फंदा कहा, प्यारीजू की दृष्टि कृपालता की, सोई फंदा भयौ। इनकी चितवन तौ सदा ही फंदा है; पै यह श्रेष्ठ फंदा। मन पिंजरा कहा, मन में जो हुलास, सोई मन पिंजरा। राख्यौ लै पंछी बिहारी कहा, बिहारी के मन में जो केलि की चाह बढ़ी; सो इनकौ चाह रूप पंछी प्यारीजू नें मन पिंजरा में कृपा करि लै राख्यौ। अथवा छबीली जू कृपालता सौं चितईं पिय ओर। सो ये बिहारी पंछी-खिलौना अरु प्यारीजू के मन कौ ख्याल ताकौ दृष्टि-चेंप; सोई श्रेष्ठ फंदा या पंछी कौ मन-पिंजरा में लै राख्यौ। और पंछी कैसौ है ? नाना रूप रंग रति अंग-अंग में अति रसमय रसिक सलौना है। ता खिलौना सौं ज्यौं भावत, त्यौं ही ख्याल करत हैं। कबहूँ तौ कर में लै देखत हैं। कबहूँ हिय में लै राखत हैं। कबहूँ अंग-अंग मिलि मुख देखत हैं। अति सुख देत हैं। सो नाना खेल केलि के करत। या भाँति मन पिंजरा में लै राख्यौ॥ इति॥

मूल **— चुगौ सुभाव प्रेम जल अंग श्रवत पीवत न अघात रहे मुख निहारी॥ इति॥**

अर्थ — प्यारीजू कौ सुभाव कृपालुता कौ, सोई वा पंछी कौ चुगौ है। प्रेम जल अंग श्रवत: प्रेम जल कहा, महाआनन्द रूपी अमृत रोम-रोम रस तें भर्‌यौ; सोई जल पीवत न अघात। रहे मुख निहारी कहा, प्यारीजू! मुख निहारि रही। कैसौ तृषित पंछी है, धापत नाहीं। अंग श्रबै कहा, अधर रूपी अंग, ताकौ अमृत रस और कुच अंग अरु कपोल अंग और नाना रंग प्यावत हैं। पीवत-पीवत अघात नाहीं॥ इति॥

मूल — **प्यारी-प्यारी रटत रहत छिन ही छिन, याकें और न कछु हिया री॥ इति॥**

अर्थ — प्यारी-प्यारी कहा, हे प्यारी! प्याय री अधर सुधा रस। यही रटत रहत है। या पंछी के और कछु हिय में नाहीं॥ इति॥

मूल — **सुनि हरिदास पंछी नाना रंग देखति ही देखति प्यारीजू न हारी॥ इति॥**

अर्थ — सुनि हरिदासीजू! महाआनन्द में हरिदासीजू अपने निज मन तें कहत हैं; अथवा श्रीललिता

सखी के वाक्य हरिदासीजू तें। पंछी नाना रंग–नाना प्रकार के भावनि के पुंज, ताही कौ पंछी। देखति ही देखति प्यारीजू न हारी; ऐसौ ही तौ नाना रंग–भाव सुरति–केलि कौ पंछी, अरु ऐसौ प्यारीजू हूँ के नाना रंग केलि कौ पिंजरा; जामें लै राख्यौ है। जा–जा भाँति या पंछी नें नाना रंग रति अंग–अंग केलि करी; सो यह कृपाल नाना रंग करि सुख देत रही, अरु देखति ही देखति हारी नाहीं। काहे तें; यह तौ सुरति रन सूरवीर हैं; कैसें हारें? अथवा हो हरिदासीजू! यह पंछी कैसौ है ? नाना रंग रति अंग–अंग केलि करि प्यारीजू कौ मुख देखत–देखत निहाल भयौ, वा प्रसन्न है रहे निहारि मुखकमल कौं। अब सखी असीस देत हैं यह सुख देखिकें–यह लाड़िलीजू! तेरौ लाड़िली कौ लाल रसाल, सो चिरजीवौ। आप ऐसे ही कृपाल रहौ॥ इति॥

— **भावार्थदीपिका :** श्रीनागरीदासजू

१०

कौतुक देख्यौ सहचरी, नैंन रसै मुख मौन।
पिय जान्यौ कछु मान है, ताहि करावत गौन।
भूलैं भूलि मान जिन करियै।
तेरी भौंह झपत क्यौं आवत, सुधा द्रिष्टि देखे बिनु मरियै।
सर्वस प्रान धरै न्यौछावर, रही मौन मुख कैसें भरियै।
सहचरि श्रीहरिदासि कहौ बलि, अपनौं सुख सर्वस अनुसरियै॥

— **आभास उल्था :** श्रीपीताम्बरदेवजू

ऊपर के पद में कह्यौ, भई मवासिन भाम।
कटि बोलन पिय के समुझि, मान कियौ अब बाम॥
बहुत मनाई मानिनी, मनी न क्यौं हूँ सोइ।
कही सखी सौं स्याम तब, मिलै मोहिं करि जोइ॥

—**वस्तुदर्शिनी :** श्रीराधाशरणदासजू

लालजू कौ वचन प्यारीजू तें — अद्भुत रंग महल; जहाँ प्रसन्नता तें बैठे जु दोऊ प्रिया–प्रीतम। अरु प्रिय के सुरति केलि के मनोरथ मन में भये; सो प्यारीजू नें जानि, सखी ओर चितये कि प्रीतम के मनोरथ बिना- आज्ञा ही उपजे; तातें रुखाई भई। श्रीहरिदासीजू जब प्यारीजू की रुखाई देखत हैं, तब यह सैननि करि समझाय देत हैं। सो कछु सैननि करि समुझाये नहीं; अरु गर्व भरी चितवन सहज ही रहत है। नेत्रनि की मुरनि देखि मान की सम्भावना जानि प्यारौ प्यारीजू तें बोल्यौ॥ इति॥

मूल — **भूलैं भूलैं हूँ मान न करि री प्यारी, तेरी भौंहें मैली देखत प्रान न रहत तन॥ इति॥**

अर्थ — हो प्यारीजू! मैं आपकों अति प्रसन्न जानि; रूप माधुरी देखि मनोरथ किये कि अद्भुत समै है। या भाँति सुहायनि तें अंग सपरस करौं; जामें प्यारीजू अति प्रसन्न हैं। सो यह भूल भई, आग्या न माँगी। कहूँ अंग परस तौ कियौ नाहीं! तातें मैं भूलैं ही या भाँति के मनोरथ किये। तातें यह विनती मानियै आप भूलैं हूँ मान न

करौ। आपकी भौंहै मैली हैं — जु महागर्व भरी चितवन तें, ते हू देखत हौं। सो तातें मेरे प्रान तन में नाहिं रहत, कहा, प्रान तौ महाव्याकुल हैं अरु तन व्याकुल है। इनकौं अपनी सुधि नाहीं॥ इति॥

मूल — **ज्यौ न्यौछावर करौं प्यारी तोपै, काहे तें तू मूकी कहत स्यामघन॥ इति॥**

अर्थ — हो प्यारीजू! तुम पै ज्यौ न्यौछावर करत हूँ; नेंक तौ बोलौ। अति आतुर जु हैं लालजू। आसक्तता की अवधि हैं। काहे तें तू मूकी, कहा, कौन बात तें तुम चुपकी है रही हौ? स्यामघन कहत हैं, कहा, महाकाम करि अति आतुर हैं। छिन-छिन में नैंननि कौं देखिई करत। कामना के अनेक मनोरथ हैं अंग-अंग प्रसन्न करिबे के; तामें व्याकुल; कहा, सुधि बिना बोलत हैं॥ इति॥

मूल — **तोहि ऐसें देखत मोहिऽब कल कैसें होइ, जु प्रान धन॥ इति॥**

अर्थ — तोहि हो प्यारीजू! ऐसे गर्व भरी चितवन तें देखत मोहि ब कैसें कल है। प्रान धन, मेरे प्राननि के धन तुम ही हौ॥ इति॥

जब तौ पिय नें देख्यौ कि आजु ये तौ बोलत नाहीं। जो श्रीहरिदासीजू कृपा करि सहाय होती; सो येहू प्यारीजू कौं समुझावति नाहीं। तब लालजू हरिदासीजू तें बोले — ताहि कहत हैं॥ इति॥

मूल — **सुनि हरिदासि काहे न कहति यासौं, छाँड़िऽब छाँड़ि अपनौं पन॥ इति॥**

अर्थ — सुनौ श्रीहरिदासीजू! तुम तौ परम दयाल हौ। यह सुख तौ आपकौ दयौ है। कछु महाव्याकुलता सौं लालजू ऐसे वचन कहे कि श्रीहरिदासीजू! अब विनती सुनिये। काहे न कहत यासौं? या गरबीली तें क्यौं न कहत हौ? छाँड़ि ब छाँडि अपनौ पन; अपनौ पन तुम गह्यौ कि मेरी बिना आज्ञा अंग परसिबे कौ मनोरथ काहे कौं किये, न बोलौंगी; ता पन कौं छाँड़ौ। अब मैं सपथ करत हूँ कि फेरि बिना आज्ञा ऐसे कछु मनोरथ न करौंगो। अब तौ छाँड़ौ। या भाँति तुम इनसौं कहौ। तुम्हारी बात मानेंगी। अपनौ सुख है, ताहि सम्हारौ॥ इति॥

— **भावार्थदीपिका :** श्रीनागरीदासजू

११

प्यारी सहचरि सों कहत, पीउ लख्यौ कित मान।
कठिन प्रानपति राखिबौ, लै उर लागि निदान॥
बात कठिन कहि गई बिहारी।
देखत प्रान नाथ ना तन में, अब तू कहत कहा री॥
अपने पिय की प्रकृति देखिकें, करहिं ललन मनुहारी।
श्रीहरिदास के स्वामी सों मिलत, बिहारिनि रोम रोम सुख भारी।

— **आभास उल्था :** श्रीपीताम्बरदेवजू

चूक स्याम कों दै सखी, समुझाई नव बाल।
श्रमित भई पिय विवस लखि, मिली अंक सुख जाल

— **वस्तुदर्शिनी :** श्रीराधाशरणदासजू

श्रीहरिदासीजू के वाक्य प्यारीजू तें — अद्‌भुत निकुंज महल, जहाँ बैठे जु प्रिया-प्रीतम वाही सुख सेज पै। येती विनती बिहारीजू नें बिहारिनिजू तें करी। सो प्यारीजू! हँसिकें, फेरि हँसति हैं। अरु प्यारे की बात कौं पत्यात नाहीं। प्यारे की दीनता-आतुरता देखि हाँसी आवत; तब मुख कौं मूँदि राखत हैं, कोमल करनि तें अरु अति चंचल करुनायित लोचन हैं। पै वचननि करि श्री प्रीतम तें यौं न कहति-काहे कौं ऐसें कहत हौ? अरु महाप्रेम करि सब गात इनकौ पुलकित है। पै मानी नाहिंन। तब श्रीहरिदासीजू बिहारीजू की यह दसा देखि सैननि ही में प्यारीजू तें बोलीं॥ इति॥

मूल — **बात तौ कहत कहि गई अब कठिन परी बिहारी॥ इति॥**

अर्थ — अहो प्यारीजू! तुम कहा कोमल करनि सौं मुख मूँदिकें मंद-मंद मुसकात हौ। इनकी बात कौं पत्यात नाहीं। तुम जु रुखाई की बात सहज ही करी और मैं हूँ बोली नाहीं; सो बात तौ कहत कहि गई; अब कहा कीजे? पै बिहारी कौं अति कठिन परी है॥ इति॥ कैसी कठिन परी है; ताहि कहत हैं :

मूल **— प्रान तौ नाँहिनें तन अस्तविस्त भये कहै कहा प्यारी॥ इति॥**

अर्थ — हो प्यारीजू, तुम इनकी दसा देखौ। प्रान तौ हैं नहीं, अरु तन है व्याकुल, ताकौं अपनी सुधि नाहीं। अब तुम कहा कहत हौ॥ इति॥ जब प्यारीजू महाप्रेममय श्रीहरिदासीजू की नैंननि की सैंन समझि विहवल होत भई; तहाँ कहा करत, सो कहत हैं॥ इति॥

मूल — **भाँवते की प्रकृति देखत जु श्रम भयौ बहुत हियारी॥ इति॥**

अर्थ — भाँवते-जो प्रिय की प्रकृति, देखत कहा कि अति आसक्त हैं अरु व्याकुल हैं। काहे ते, वचन रचना तौ कछु बनी नाहीं अरु तन हूँ की सम्हार नाहीं। जब श्रम भयौ बहुत हियारी-हिय कौं अति श्रम भयौ कि भाँवते कौं या भाँति दुःख भयौ, तहाँ अति कृपालता हिय में आई; ताहि कहत हैं॥ इति॥

मूल **— श्रीहरिदास के स्वामी स्यामा बाहु सौं बाहु मिलाइ रहे मुख निहारी॥ इति॥**

अर्थ — श्रीहरिदासी के स्वामी कौन, स्यामा, कहा कि जिनकौ लाड़ श्रीहरिदासी लड़ावैं, सो कुंजबिहारी हैं। सो स्याम सौं बाहु सौं बाहु मिलाइ मुख निहारत हैं कि तुमकौं दुःख भयौ। या भाँति परम कृपालता सौं अंग-अंग लपटात हैं॥ इति॥

— भावार्थदीपिका : श्रीनागरीदासजू

१२

पति अपने कौं स्वामिनी, लाड़त लाड़ लड़ाइ।
सहचरि के सुख अति भयौ, नृत्त राग रस पाइ॥
पिय बलि जाँउ गान रस कीजै।
तिनके भेद जुदे रस उपजत, प्रिया मिलैं सुख दीजै॥
जोरी मिली भाँवती प्यारी, वदन चंद श्रवत सुख पीजै।
श्रीहरिदास के स्वामी स्यामा कौ सुख का पटतर लखि जीजै॥

— आभास उल्था : श्रीपीताम्बरदेवजू

सुरति मनोरथ दुहुँनि कौ, यही रागिनी राग।
सुरति मध्य नृत्तत जुगल, सखि भावत बड़भाग॥

— वस्तुदर्शिनी : श्रीराधाशरणदासजू

कुंजबिहारीजू के वचन प्यारीजू तें — सुन्दर बिहार-रूप कुंज महल, जहाँ दोऊ चन्द्रमा विराजत हैं। श्रीप्रियाजू कौ मुख-चन्द्रमा देखत कुंजबिहारी कौ मुख-चन्द्रमा लजावत है। जहाँ अद्भुत जोरी तैसीयै तैसी चाहियै अंग-अंग छबि सौं मिली, मानौं एक ही अंग, तन-मन मिले गावत हैं। अरु राग-रागिनिन के समूह उपजावत हैं। सुरति-रास में नृत्य ऐसौ होत है कि सबकौं भावत। अंग-अंग सुहावनि, बाहु सौं बाहु जुरि रही हैं। अंग-अंग लपटान में परम कृपाल प्यारीजू कौं जानि लालजू प्यारीजू तें बोले॥ इति॥

मूल **— कुंजबिहारी, हौं तेरी बलाइ लैंउ नीके हो गावत।**

अर्थ — कुंजबिहारी — हो प्यारी! तुम सदा कुंज में मोकौं अंग-अंग लियें बिहार करत हौ। हौं-जु स्याम हूँ। कहा, तुम्हारे ही अंग-अंग मिलिबे की कामना, तामें व्याकुलता करि सम्हार कछु नाहीं। पै आपके मुख-चन्द्र करि लज्यावौं हौं। सो मैं तेरी बलाइ लेत हूँ कि नीके हो गावत। तुम आजु कृपालता तें नीके-मृदु वचन बोलत हौ। अथवा कुंजबिहारी मैं जु हौं; कहा, आपकीकृपा तें यह नाम पायौ। सो हे प्यारी! तेरी बलाइ लेत हौं। कहा, बलिहारी जात हौं। नीके हो गावत, कहा, परम कृपालता तें कोमल वचन कहत हौ। अथवा सखी के वचन लालजू तें। कौन? कुंजबिहारी! हौं तेरी बलाइ लेहुँ। नीके हो गावत, कहा! बोलत हौ कि प्यारीजू, याही भाँति रहौ। बोलत-गावत कौं कहियै॥ इति॥

मूल **— राग रागिनीनि के जूथ उपजावत॥ इति॥**

अर्थ — राग-जो सनेह अरु रागिनीन-सनेहिनि। सो अंग-अंग जुरनि में राग अरु रागिनी के जूथ उपजावत हौ। महाकृपालता तें अंग-अंग लपटान में गाढ़-आलिंगन करत हौ; तामें अनेक मनोरथ के जूथ उपजावत हौ। यह सुख अपार है॥ इति॥

मूल **— तैसीयै तैसी मिली जोरी, प्रियाजू कौ मुख देखत चंद लजावत॥ इति॥**

अर्थ — जब सखी बोलीं कि ये तैसीयै तैसी जोरी मिली, कहा कि जा-जा अंग में जा-जा अंग की जोरी है, सो मिली अरु समान हैं। ये प्रियाजू कौ अरु लालजू कौ दोऊ मुख-चन्द्रमा देखत हैं। सो प्रियाजू के मुख-चन्द्रमा के आगें लालजू कौ मुखचन्द्र लजावत। कहा, जा अंग में पिय कौ अंग मिलत है, सो प्यारीजू के अंग आगें, पिय कौ अंग दबि जाय है। कहा, छिपि जाय है॥ इति॥

तब श्रीहरिदासीजू बोलीं, ताहि कहत हैं —

मूल **— श्रीहरिदास के स्वामी स्यामा कौ, नृत्य देखत काहि न भावत॥ इति॥**

अर्थ — श्रीहरिदासीजू यहाँ सुख-विलास की अधिकता जनावत है कि कौन कौ नृत्य विशेष, सो पिय कौ प्यारौ लागत। श्रीहरिदासी के स्वामी कौन, स्यामा। तिनकौ नृत्य कहा, सुरति रास में, ये प्यारी-कुंजबिहारी हैं रति-विपरीत में अंगनि कौ चांचलि। सो नृत्य देखत काहि न भावत? सर्व अंग-अंग कौं यही नृत्य भावत है। यह वचन श्रीहरिदासीजू के सुनि पिय प्रसन्नता सौं बोले कि — बलि जाऊँ। आपकी कृपा तें प्यारीजू कृपा करि नृत्य करैं, तौ काहि न भावत॥ इति॥

— भावार्थदीपिका : श्रीनागरीदासजू

१३

एक समैं कौतुक बन्यौ, बिबि मिलि करत सिंगार।
प्रतिबिम्बनि निरखत थके, सोभा अमित अपार।
निपट निरंतर करत सिंगार।
रीझत बिम्ब परस्पर लखि सुख, गौर स्याम सोभा सुख सार।
बन्यौं न कबहूँ इह रस अद्भुत, प्रीतम विवस न होत सँभार।
श्रीहरिदास के स्वामी स्यामा कहत, परस्पर सहचरि के सुख पर बलिहार।

— **आभास उल्था** : श्रीपीताम्बरदेवजू

सखि उर वन में करत हैं, अंग संग सिंगार।
कल कपोल प्रतिबिम्ब लखि, भोइ रहै सुकुँवार।
को बरनैं इह छबि सरस, उपमा सौं नहिं काम।
जुर्‍यौ परस्पर हित नयौ, रीझे स्यामा स्याम॥

— **वस्तुदर्शिनी** : श्रीराधाशरणदासजू

सखी कौ वचन सखी प्रति — मनमोहनी कुंज में दोऊ मन-मोहिनी-मोहन प्रफुलित परस्पर मंजन करि सिंगार नैंननि में प्रतिबिंबनि करि जनावत हैं। अरु सुहाग ही की माँग कुसुमनि करि रची है। पिय के लाल पाग है, सो अनुराग कौ अति प्रकास है। अरु उर में हार; कहा, प्रतिबिम्ब। दोऊ सन्मुख बैठे हैं, सो पिय कौ प्रतिबिंब रूप हार प्यारीजू पहिरें हैं, अरु पिय के उर में प्यारीजू कौ प्रतिबिम्ब सोई माला है। मृगमद की आड़, तापै बेंदी, सो वर-प्रीतम, ताकौ मन। अरु नैंननि में अंजन है कें बसे हैं। सो सादौई सिंगार प्रतिबिंब में दृष्टि आवत॥ अरु दोऊ चतुर रूप, गुन, सुघर अपने-अपने करनि तें रचत हैं अरु सखी कौं दिखावत हैं। इतहिं सँवारत हैं। वे उनके तन में चितै करि चौंप बढ़ावत हैं। सुख की रासि प्रिया-प्रीतम सरस सिंगार करत पुलकि-पुलकि हिलि-मिलि हँसि-हँसि फूले अंग न मावत हैं। श्री ललिता हरिदासीजू के वचन सखी सौं॥ इति॥

मूल — **एक समैं एकांत वन में करत सिंगार परस्पर दोई॥ इति॥**

अर्थ — एक समैं, कहा, जहाँ बिहार ही कौ समै है। एकान्त वन, तामें जो एकान्त सुख रूप वन, तामें अरु बिहार ही मैं सिंगार है। सो एक अद्भुत समै है। कहा कि बिहार करत हैं। जो अलकैं मुख पै आवत हैं; ताकौं कर सौं ऊँचे गहि डारत हैं। कबहूँ पिय कुच-कमल पै चित्र करत हैं। ऐसे अनेक भाँति के सिंगार करत हैं; सो समैं है। एकांत वन, कहा, पिय के अंक में प्रियाजू हैं, प्रियाजू, के अंक में पिय हैं। सिंगार करत हैं। जा अंग में पिय प्रियाजू के सिंगार करत हैं; सो सिंगार लाल के ह्वै जात है। अरु प्यारी, जो पिय के सिंगार करत हैं, सो प्यारी के तन में सिंगार भयौ जात है॥ इति॥

मूल — **वे उनके ए विनके प्रतिबिम्बनि देखत, रहत परस्पर भोई॥ इति॥**

अर्थ — वे उनके जो प्रियाजू, सो पिय के नैंननि में अरु वे उनके सो पिय प्रिया के नैंननि करि सिंगार प्रतिबिंबनि में देखत हैं। परस्पर इनके अंग-अंग सिंगार हैं। इतहिं सिंगारत अरु उनके तन देखत, अरु वे उनके तन चितै कें चित में चौंप बढ़ावत। भोई, कहा कि अंग-अंग दुहुँनिके लुभाइ गये हैं कि हिलि-मिलि एक रूप भये॥ इति॥

मूल — **जैसे नीके आजु बने ऐसे कबहूँ न बने, आरसी सब झूठी परी कैसी यैब कोई॥ इति॥**

अर्थ — आज अंग सिंगार या रति सौं विपरीत सहित बन्यौं। रति समैं पिय नें प्यारीजू के सिंगार कियौ कि अधर, कुच, कपोल, अंग-अंग में जो सिंगार के चिह्न; अरु विपरीत में प्रियाजू नें पिय कें सिंगार कियौ, तामें अधर, कपोल, चुंबन के चिह्न सो ऐसे दिव्य अंग, यह सिंगार परस्पर देखत। तातें ऐसे बने जैसे कबहू न बने। आरसी सब झूठी परी, कहा, इनके अंगनि के आगें, कहा आरसी? अरु या रति-विपरीत में अंग-अंग ही झलमलात हैं। आरसी सब झूठी परी हैं। साँचे अंगनि के आगें-झूठी आरसी कौं को देखे? तातें झूठी परी हैं। कैसीयैब कोई कहा, कैसी ही सुन्दर आरसी होहु किन॥ इति॥

मूल — **श्रीहरिदास के स्वामी स्यामा, रीझि परस्पर प्रीति नोई॥ इति॥**

अर्थ — श्रीहरिदासीजू के स्वामी कौन, स्यामा अरु स्याम-लालजू। दोऊ चतुर सुघर परस्पर रीझि; कहा, रीझे, कहा, प्यारी आजु पिय पै रीझी; पिय तौ प्यारीजू कौं देखि, बिना मोल ही बिकाइ रहे। पै प्यारीजू आजु पिय के सिंगार करिबे पै रीझीं। परस्पर प्रीति नोई, कहा, विचित्र बिहारी-बिहारिनि हुलसि-हुलसि सुख सार, जो बिहार विलसत हैं। अंग-अंग में प्रीति; तातें मिलि एक ह्वै गये॥ इति॥

— **भावार्थदीपिका :** श्रीनागरीदासजू

१४

पिय कौ अंग सिंगार लखि, मत्त मुदित मुख नैंन।
पिय उर नृत्त सुवासना, वदत भेद मुख बैंन॥
स्याम सखी कौ वपु धरैं, विनय करत सुख सार।
चलियै री बलि पीउ पै, हौं आई लिनहार॥
पिय ही बोलत स्वामिनी, चलि नृत्त गान छबि ऐंन।
तो बिन सुर न अलापहीं, औरै और बनैं न॥
चलि राधे इह पिय की बानी।
कोकिल किलकि अलापत है री, पंछिन राग रवानी॥
मोर काछ बाँधे अति नाचत, मेघ पखावज धुनि गरजानी।
तू प्रकृति की जानत सहचरि, तातें कहत तोहिं उनमानी॥
हौं कछु पठई नाँहिं कंत कित, तेरे हियें पीउ पहिचानी॥
श्रीहरिदास के स्वामी कहत और ही, बात अटपटी ठानी॥

— **आभास उल्था :** श्रीपीताम्बरदेवजू

मुख फिर बैठी मानिनी, स्याम उठे अकुलाइ।
मन सौं सखि कौ वेष धरि, विनती करी बनाइ॥
तोकौं बोलत लाल चलि, तहाँ पंछी कुकिलाद।
मोर नचत जलधर बजत, लजत मृदंगहि नाद॥
रसना हरिकी कोकिला, इन्द्री पंछी जानि।
नचत बिहारी मोर वत, जलधर मदन बखानि॥
काम समोदनि चेष्टा, करी अटपटी बानि।
भनत कछू मन में कछू राधा सरन सयानि।

— **वस्तुदर्शिनी :** श्रीराधाशरणदासजू

सखी के वचन प्यारी राधे जू तें — सुन्दर निकंज धाम महाआनंद रूप, जहाँ कुंजबिहारी-बिहारिनि दोऊ रस में छकि रहे हैं। ता समैं प्यारे के चाह सुरति-बिहार की गुप्त हुती, सो अंग में झलकी। महाआतुर-अधीर, मधुर-मधुर कोकिला के से वचन रति-जाँचना के बोलत भये। ऐसे सुर देत हैं, मानौं पपीहा पीय-पीय रटत रहत, नेंकहूँ रति-जाँचना में अन्तर सौं न बोलैं। अनुराग ही सौं अनराग-मूर्ति बनी है। जब सखी प्यारे की अति अकुलानि देखि विचारी कि प्यारीजू तौ महामत्त मगन, प्यारे सौं मन करि मिलिकैं बिहरत हैं। कछु खबर नहीं, रस में लीन है रही हैं। प्यारौ हू नख-सिख लोभी लीन है, पै प्रगट बिहार की अंग-अंग में व्याकुलता। तब प्यारीजू कौं सखी सावधान कियौ चाहत। तातें सखी के वचन श्रीराधेजू तें ॥ इति॥

मूल — **राधे, चलि री हरि बोलत कोकिला अलापत सुर-देत पंछी-राग बन्यौ॥ इति॥**

अर्थ — हे श्रीप्रिया-ललना! तोकौं कुंज में निकुंजबिहारी बोलें हैं। कैसौ है कुंजबिहारी? मन भाँवतौ है। राधेजू! चलि। यह सुनत ही प्यारीजू चौंकी, कह्यौ री? कहाँ हरि? देखे तौ निकट हैं। तब कछु कह्यौ नहीं। ऐसी अमोलक सैन दै बुलाइ लई; पै अति इतरानि में परी, नेकहूँ ये ओर न ढरी। तब सखी प्यारे की अवस्था बतावनि लागी कि ऐसौ समैं है। हरि बोलत है; सो तौ कोकिला की अलाप है। सुर देत पंछी कहा, कैसे सुर देत हैं। महाअधीर, व्याकुल, त्रिषित पपीहा पंछी लौं, तुव अधर-अमृत रस स्वाँति-बूँद कौं चाहत, सो तौ सुर देत हैं, महाव्याकुल; पै अंग में सावधानता नाहीं। व्याकुलता करि तुम्हारे रूप-रस में लीन भये जात हैं। राग-बन्यौ, मानौं तुम्हारे सनेह की मूरति ही बनी है॥ इति॥

मूल — **जहाँ मोर काछ बाँधे नृत्य करत, मेघ मृदंग बजावत बंधान गन्यौ॥ इति॥**

अर्थ — जहाँ मोर काछ बाँधे नृत्य करत हैं और चहुँ-ओर मोरी हैं और मध्य में बावरौ मोर नृत्य करत है। सो मोर नाहीं, पिय ही मोर है। कहा, महामत्तता में आतुरता करि व्याकुलता के वचन, सो अंग-अंग में काम की चाह अपार; तातें बिहारी कौ मोर रूपी मन आपकी रूप माधुरी देखि रोम-रोम नृत्य करत है। अरु आपकी रूप घटा कौं अवलोकि मतवारौ मोर नृत्य करत। मेघ पखावज (मृदंग) बजावत कहा, मेघ ये ही स्याम, सो अंग-अंग मिलाइ कें अनुराग के गान में हुलास रूप पखावज है। बंधान गन्यौ, कहा कि सो यह बंधान तुम्हारे-इनके मन कौ गन्यौं कि जान्यौ। अरु प्यारौ प्रकट मिलाप चाहत। सो बात इनकी रुचि की नाहीं, तहाँ कहत हैं॥ इति॥

मूल — **प्रकृति की कोऊ नाँही, यातें सुरति के उनमान गहि हौं आई मैं जन्यौ॥ इति॥**

अर्थ — हो प्यारीजू! यह बातें कहीं-कोकिला, पंछी, मोर, मेघ, पखावज, सो इनमें तौ पिय की प्रकृति की कोऊ नाहीं। यह उद्दीपन वन सोभा में, अरु मन बिहार में। प्यारीजू बोलन — आदि आपकी है, ये इनकी है; पै इनकी प्रकृति तौ आपके अंग-अंग मिलिबे में हैं। तातें यह प्रकृति की कोऊ नाहीं। एक प्रकृति की कहा, इनके सुभाव की जाननिहारी एक आप हौ। ये तौ विरह में कातर हैं। उनकी सुरति के उनमान गहि हौं आई, कहा, तुमसौं कहा कहूँ, मैं जान्यौ, कहा, इनकी गटी निश्चै आन भाँति नाहिंन, ऐसें मैं जान्यौ है॥ इति॥

मूल — **श्रीहरिदास के स्वामी स्यामा कुंजबिहारी की अटपटी बानि, औरैं कहत कछु औरैं भन्यौ॥ इति॥**

अर्थ — यह जु कहत-कोकिला बोलत,पंछी सुर देत और मोर काछ बाँधें नृत्य करत, मेघ पखावज बजावत; सो औरैं कहत हैं। यहाँ यह नाहीं। कछु औरै भन्यौं, कहा, जो हो प्यारी, अंग-अंग मिलि चलि। कोई या मिलाप में आनंद की चाल चलियै, यह भन्यौं है॥ इति॥

द्वितीय आभास

श्रीबिहारिनि-बिहारी दोऊ कुंज-निकुंजनि माहीं सुख रूप सज्या में महामतवारे अंग-अंग मिलि बिहरत हैं। अरु प्यारीजू कौ तन-निकुंज, जापै कुंज लाल कौ तन। कहा, अंगनि में अंग जुरि रहे हैं। जहाँ कुंजबिहारी प्यारीजू कौं लड़ावत हैं। नान रागरंग नृत्य करि रिझावत हैं। मेघ मृदंग बजावत। या सुख में मगन लाड़िली राधेजू के मुख-कमल की प्रसन्नता देखि मन में विचारी कि प्यारीजू अब परम कृपाल हैं। इनकी चलनि निपट सुहाई लगत, पै प्रगट तौ कहि सकत नाहीं। कहा जानै लाड़िली हैं, मानैं न मानै। तातें सखी श्रीहरिदासीजू सौं सेन दई, हा हा करि-आपकी कृपा तें प्यारीजू मो उर रूप सेज पै चलैंगे। जातें आप ज्यौं जानौ, त्यौं मेरी ओर देखि प्यारीजू कौं समुझाय सुख बढ़ावौगी। सो श्रीहरिदासीजू प्यारे की आतुरता देखि प्यारीजू तें बोलीं॥ इति॥

मूल — **राधे चलि री, हरि बोलत, कोकिला अलापत सुर-देत पंछी राग बन्यौ॥ इति॥**

अर्थ — हे प्यारी राधे! तोकौं कुंजनि में कुंजबिहारी बोलत हैं। कहा, कुंजबिहारी-आपकौ निकुंज जो हिय, तहाँ बिहार करत हैं। पै हिय में यह मनोरथ अपार बाढ़ै, जो मोर उर-कुंजनि पै प्यारीजू चलैं। तहाँ हे प्यारी! चलि री। तुम कैसी हौ? आरतिहरन, सुखकरन है सुभाव आपकौ। अरु प्यारौ जद्यपि बिहार करत है, जामें अंग-अंग में आभूषननि के सब्द होत हैं, मानौं कोकिला अलापत है अरु पंछी सुर देत हैं। राग बन्यौं, कहा आपके सनेह की मूरति बनी है॥ इति॥

मूल — **जहाँ मोर काछ बाँधें नृत्य करत, मेघ मृदंग बजावत बंधान गन्यौ॥ इति॥**

अर्थ — हो प्यारीजू! प्यारौ, मोर काछ बाँधें नृत्य करत है; कहा कि आपकी रूप घटा कौं देखि-देखि मतवारौ मोर-लौं नृत्य करत। अरु मेघ मृदंग बजावत कहा कि अंग-अंग मिलाप में मृदंग की बाजनि-मेघ की गरजनि लौं बजत, सोहू अंग-अंग भूषननि के सब्द। बंधान गन्यौ कहा, तद्यपि या भाँति आपके उर ऊपर नृत्य करत; पै इनके मन नें यह मनोरथनि कौ बंधान गन्यौ कि जान्यौ है; कहा, आपकौ नृत्य सुहायौ लागत॥ इति॥

मूल — **प्रकति की कोऊ नाँही यातें सुरति के उनमान, गहि हौं आई मैं जन्यौ॥ इति॥**

अर्थ — हो प्यारीजू, प्यारौ आपके कुच-कमलनि कौं परसत सुन्दर नृत्य करत: तामें अंग-अंग आभूषननि के सब्द होत, पै पिय की प्रकृति की कोऊ नाहीं। इनकी प्रकृति तौ एक आपकी लटकि चलनि देखिबे में आत है। सो मैं येह कैसे जानी इनके मन की बात कि प्यारौ अति व्याकुल है। यातें सुरति के उनमान

गहि हौं आई, मैं जान्यौ कि इनके आपकी अद्‌भुत नृत्य देखिबे की चाह बढ़ रही है॥ इति॥

मूल — **श्रीहरिदास के स्वामी स्यामा कुंजबिहारी की अटपटी बानि, औरैं कहत कछु औरैं भन्यौ॥ इति॥**

अर्थ — श्रीहरिदासी के स्वामी कौन; स्यामा; तातें तुमसौं कहत हौं। कुंजबिहारी कहा, आपके तन रूप कुंज में सदा बिहार करत हैं मन, वच, क्रम करि। कहा, मन में बिहार के मनोरथ नव-नव उपजिबौ करैं। वचननि के महामनुहारि अरु छिन-छिन लाड़ लड़ायबौ करैं। क्रम करि कहा, जो तन में तन बिहार करैं है, तौहू तृपति नाहीं। फिर इनके यह अद्‌भुत मनोरथ कि आपकौ नृत्य देख्यौ चाहत। सो इनकी अटपटी बानि है। औरैं कहत मोसौं सैननि में। आन गटी औरै यह कहत हैं कि प्यारीजू कौं समझाइयै, जो कृपा करि मो उर पै लटकि चलियै। कछु औरैं भन्यौ अरु आप प्रगट बिहार करत; सो हूँ मैं कछु कह्यौ। तातें साँवरौ सुखदायक है। यह समौ और-आन भाँति कौ नाहिंन है। मेरौ यह श्रम है, सो वृथा मति गमाबौ। लालजू विनती करत हैं, तौहू प्यारीजू मानी नाहीं। फेरि सखी समुझावत हैं — प्यारौ अति आकुल-विरह बिहार बिना बिबस भये, कछु सम्हार नहीं। प्यारीजू के नृत्य देखिबे की अभिलाषा, ताही के मनोरथनि में मगन है कि मारग जोवत है, कब प्यारीजू चलैं। अब कछु तन की सम्हार नाहीं। तब श्रीहरिदासीजू नें अमोलक सैन दै बोल लई! कहा, प्रियाजू नृत्यत भईं। ऐसे ही अगले पद में प्रियाजू कृपा करैंगी॥ इति॥

— **भावार्थदीपिका :** श्रीनागरीदासजू

१५

सुख में भीनी स्वामिनी, आनँद कौ नहिं अंत।
कर जोरैं सहचरि प्रिया, वचन प्रसंसित कंत॥
प्रिया निहारी कंत नें, निज समाधि आरूढ़।
औचक नैंननि मूँदिबौ, इह सुख अतिसै गूढ़॥
पिया रूप के वन लुकी, रही समाधि सी लाइ।
ढूँढत पाई स्वामिनी, पूजत चरन मनाइ॥
पंथ निहारत तेरौ लाल।
तू समाधि सी लाइ रही सुनि, चितवत नाँहिन बाल॥
तब पीछैं ह्वै स्याम सहचरी, मुद्रित नैननि किये निहाल।
श्रीहरिदास के स्वामी कौ सुख, वन में प्रिया लखी निज भाल।

— **आभास उल्था :** श्रीपीताम्बरदेवजू

प्यारी उर में गाफिली, प्रेम गहर नहिं गम्य।
सखि बनि ढूँढत लाड़िले, सखी नसावत तम्य॥
इत प्यारी सौं कहत बहु, बातैं सखी प्रवीन।
उतै स्याम सौं सैंन दै, कही मिलौ छल भीन॥

आनि अचानक स्याम तब, कर सौं मूँदे नैंन।
छूटी मान समाधि उर, चौंकि उठी सुख ऐंन॥
सखी जतन सौं नवल वर, भेंटि प्रिया अभिराम।
देहरि पाई राधिका, राधा सरन मुकाम॥

— **वस्तुदर्शिनी :** श्रीराधाशरणदासजू

सखी कौ वचन प्यारीजू तें — श्री कुंज-सदन में लाल, जो बिहारी, अरु ललना-श्रीबिहारिनिजू, महाआनंद में सुख रूप सज्या पै विराजमान हैं। तहाँ अति आतुर लाल अंग-अंग मिलिबे कौं भये कि प्यारीजू कृपा करि मो उर पै नृत्य करैं। पै प्यारीजू चलीं नाहिंन-अंग अंग की जो चलनि अरु मान अयान छाँड्यौ नाहीं। प्यारौ तौ रस में मत्त प्यारीजू के ध्यान रूपी समाधि में मगन है। फेरि सखी प्रिय कौ मान, जो गर्व, ताके सिंघासन पर बैठी हैं, तापै तें उतारिबे कौं वचन करि बोली॥ इति॥

मूल — **तेरौ मग जोवत लालबिहारी॥ इति॥**

अर्थ — हो प्यारीजू! प्यारौ लालबिहारी तुम्हारे ध्यान में मगन है, तौहू तेरी कृपालता कौ मारग जोवत हैं। मैं कहत हूँ, प्यारीजू तुम्हारे अंक में हैं; तुम कहा कहत हौ? इति॥

मूल — **तेरी समाधि अजहूँ नहिं छूटत, चाहत नाँहिन नेंकु निहारी॥ इति॥**

अर्थ — हो प्यारी! तेरी समाधि जो ध्यान, तामें ऐसे लीन ह्वै रहे हैं; तातें नेंकु निहार्‌यौ हू चाहत नाहिंन। जब तौ प्यारीजू अपनौं मान-अयान-सयान सब तजि लाल कौं ललना-सुख दैन कौं चलीं। कहा कियौ, तहाँ कहत हैं॥ इति॥

मूल — **औचक आइ द्वै कर सौं मूँदे नैंन, अरबराइ उठी चिहारी॥ इति॥**

अर्थ — प्यारीजू नें जब सखी के या भाँति वचन सुने; तब तौ अचानक ही आइ, कहा, आप प्यारीजू पिय के नैंन द्वै कर सौं मूँदे। तब इन कोमल-करनि सौं लगत ही अरबराइ कें उठे चिहारी, कहा, समाधि में लीन हे, सो उतावली तें पुकारि करि बोले-को है? प्यारीजू हैं? जब तौ पिय कौं सुख दैन लगीं। अरु मुख-चंद्र आनंद-सँच्यौ है। अरु कुच बीच हार आनंद कौ सोभित है। उत तें रस-रासि बिहारी के हिय में हुलास सहित अति चौंप बाढ़ी; स्याम स्यामा के मिलै॥ इति॥

मूल — **श्रीहरिदास के स्वामी स्यामा, ढूँढ़त वन में पाई प्रिया दिहारी॥ इति॥**

अर्थ — श्रीहरिदास के स्वामी स्यामाजू कौं ढूँढ़त तन रूपी वन में कि प्यारीजू मिली हैं, अरु ढूँढत हैं तन रूपी वन में पाई, कहा कि प्यारीजू कृपाल भईं, नैंन मूँदे, तब पाई दिहारी कहा, दातार हैं। सो यह सुख सदा राजत है। सो सखीजन कुंज-थली में देखत हैं॥ इति॥

— **भावार्थदीपिका :** श्रीनागरीदासजू

१६

सहचरि देवी सों कहत प्रिया मानि चलि देस।
सेवक स्याम बिना न तू, तो बिन प्रेम अवेस॥

सहचरि कहत मानि सुख ऐंनी।
सेवक स्याम समीप चरन तर, सिर नाये सब सुख की दैंनी॥
तुम दयाल दीन पर सब दिन, भक्ति प्रेम उर पिय की लैंनी।
सेवक बिनु स्वामी को जानैं, रहिए संग मानि चित चैंनी॥
घन दामिनी का पटतर कहियत, प्रेम पुंज की वरषा सैंनी।
श्रीहरिदास के स्वामी कुंजबिहारी, सौं रहु प्रसन्न मृदु बैंनी।

— **आभास उल्था :** श्रीपीताम्बरदेवजू

उर में बिछुरे रस भरे, सखी खिलारी खेलि।
करत जतन जुग मिलन हित, मदन लड़ावत केलि।
कहै प्रिया सौं मानि तू, चलौ रहौ इक संग।
प्रेम पुंज घन-दामिनी, बरसौ भीजौ अंग॥

— **वस्तुदर्शिनी :** श्रीराधाशरणदेवजू

सखी के वाक्य प्यारीजू तें — अद्भुत स्याम घन कुंज है। तामें दामिनी लहलहात है। जहाँ प्रेम-पुंज की वरषा होत रहत है। तहाँ श्री स्यामा-स्याम दोऊ सुन्दर सेज पै विराजमान हैं। स्याम-घन कें प्यारी-दामिनी कौं अंक में भेंटिबे की चाह अरु प्यारीजू कैं हूँ घन के भेंटिबे की चाह, पै यह दामिनी तौ अनूठी, अपने सुभाव करि प्रकासै। घन की चाह प्रगट देखि करि प्यारी-दामिनी जू नें नैंननि की कोर चलायमान करी कि ऐसे स्याम घन भये। बिना हमारी रुचि रस की वरषा करौगे? तब सखी, मान की सम्भावना देखि प्यारीजू तें बोली॥ इति॥

मूल — **मानि, तूब चलि री एक संग रह्यौ कीजै॥ इति॥**

अर्थ — सुनि नव नागरी जू, मानि, तू अब चलि, कहा कि ये नैंन बाँके करि चलाये हैं, सो फेरिकें पिय की ओर चलि। एक संग रह्यौ कीजै, कहा, पिय सौं काहे कौं मान बढ़ावत हौ? एक संग रह्यौ करौ। तुम्हारे अंग-अंग, नैंन-नैंन मिले रहौ॥ इति॥

मूल — **तौ कीजै जो बिन देखें जीजै॥ इति॥**

अर्थ — जो तुम मान हूँ करौ; पै बिन देखें जीजै कहा, रहि न सकत है पिय तुम बिना, तुम इन बिना। सो बिन देखें दु:ख पावत। तातें मोपै अन कहैं हूँ कहि आवत है॥ इति॥

मूल — **ये स्याम घन तुम दामिनि, प्रेम पुंज वरषा रस पीजै॥ इति॥**

अर्थ — ये तौ स्याम घन हैं, कहा, नित्य तिहारे मिलिबे की है चाह, तामें कछु सम्हार है नहीं। तुम दामिनि हौ, कहा, प्रकास करनिहारी हौ। प्रेम के पुंज हौ। तातें अंग-अंग मिलिकैं रस की वरषा करौ। वाही रस कौ आस्वाद करौ। अरु स्याम घन-दामिनी तुम कैसें हौ? प्रेम के पुंज हौ। वरषा-रस, पीवौ। हो प्यारीजू! तुम अपने जिय में विचारौ, उत्तर निवारौ। अरु येती आरि कत करत हौ? मो तन निहारौ। कहा, सूधे मेरी ओर देखौ, मैं तौ तुम्हारी प्रीति सब जानत हूँ। मोतें प्रीति क्यौं दुरावत हौ?॥ इति॥

मूल — **श्रीहरिदास के स्वामी स्यामा कुंजबिहारी सौं हिलिमिलि रंग लीजै॥ इति॥**

अर्थ — श्रीहरिदासी के स्वामी स्यामा, जिनसौं कहति है सखी, कुंजबिहारी सौं हिलिमिलि कहा, नैंननि कौं सनमुख ल्यावौ। मिलै रंग लीजै, कहा, परस्पर नैंननि सौं नैंन मिलत है, जब प्रानपति प्यारौ अतिसै सुख पावत है। तातें या सुरति सुख-सागर में अंग-अंग मिलि रंग तें भरे रहत। तामें रंग है, सो लीजै कि वा रंग में रँगि जावौ, एक रंग ह्वै जावौ। एक ही सुख तुमकौं भावै; सो इनकौं रुचै, सो तुमकौं। या सुख कौं आप ही कृपा करौ॥ इति॥

— **भावार्थदीपिका :** श्रीनागरीदासजू

१७

रिस छाँड़ौ रस पिय गहौ, तो रिस पीउ बिगार।
प्रान तिहारे पोष तें, सहचरि पति गति लार॥
पिय बोलत रिस छाँड़हु स्वामिनि।
तू रस थकी छकी सी बोलत, मोहिंब कल कैसें कहु भामिनि।
प्रान निरंतर तूही पोषत, तोषत नित अभिरामिनि।
श्रीहरिदास के स्वामी स्यामा, कुंजबिहारी तैं बाँधे निजु दामिनि॥

— **आभास उल्था :** श्रीपीताम्बरदेवजू

क्रोध करन कौ रूप नहिं, तुम्हरौ, कीजै प्रीति।
कहियै बैंन बिहारमय, अति छबि बढ़ै सु रीति॥
हाँ हाँ हूँ हूँ रहन दै, ना ना सी सी चार।
अर्थ वचन कहि केलि में, मो उर कौ आहार॥
अति आतुर मन केलि कौं, ललकत बारहिं बार।
रही जबै पिय अंक लै, आनन सखी निहार॥

— **वस्तुदर्शिनी :** श्रीराधाशरणदेवजू

सखी कौ वचन प्यारी राधेजू तें — नवल प्रीति कुंज, तामें लाल नित्य आधीन ही रहत, अरु प्यारी राधेजू सहज मानिनी बनी रहत। जद्यपि सखी प्यारी-राधेजू कौं मनावत; लाल की आधीनता जनावत; पै मानत नाहीं। सुंदर सुख रूप सज्या पै दोऊ-राधे अरु स्याम विराजमान हैं। सखी मानिनी राधेजू तें प्यारे की दीनता दिखाय मान छुड़ावत हैं॥ इति॥

मूल — **तू रिस छाँड़ि री राधे राधे॥ इति॥**

अर्थ — अहो प्यारी राधे, तुम रिस छाँड़ौ। काहे तें, लालन तौ तेरे ही आधीन हैं। काहे कौं रिस करत हौ? रिस तौ तासौं कीजै, जो आधीन न है॥ इति॥

मूल — **ज्यौं-ज्यौं तौकौं गहरु त्यौं त्यौं मोकौं बिथा री साधे-साधे॥ इति॥**

अर्थ — ज्यौं ज्यौं तुम ढील करत हौ, त्यौं-त्यौं प्यारे विरह में व्याकुल होत हैं। कहा, कि इनके विथा बढ़ी जात है। सो मोकूँ सोच है। साधे-साधे, मैं बहुत इनकौं साधत हूँ। कहा, धीरज देत हूँ कि प्यारीजू, अब प्रसन्न होत हैं, अंग-अंग मिलि सुख देत हैं। जो यह बिबस होय आपके ध्यान में लीन भये, तौ आपकौं सावधान करने होहिंगे। सो हे, प्यारीजू, सुनौ, मैं साँच कहत हौं। तुम तौ जल हौ, ये मीन हैं॥ इति॥

मूल — **प्राननि कौं पोषत हैं री तेरे वचन सुनियत आधे-आधे॥ इति॥**

अर्थ — हो प्यारीजू, तेरे वचन आधे-आधे सुनत हैं, सो प्राननि कौं पोषत हैं। कहा, जब अंग-अंग मिलि कें सुरतिरस भर में, आधे-आधे वचन कहत हौ, सो तेरे रस-बस स्याम सुन्दर वर हैं। पै बारंबार यही जाँचना करत हैं कि अंग-अंग मिलि रहौ, अधरामृत पान देहु॥ इति॥

मूल — **श्रीहरिदास के स्वामी स्यामा कुंजबिहारी तेरी प्रीति बाँधे-बाँधे॥ इति॥**

अर्थ — श्रीहरिदासीजू के स्वामी कौन, स्यामा, स्याम-कुंजबिहारी कों तेरी प्रीति नें बाँधि राखे हैं। हो प्यारी, बिहारी तुमकौं मनावत तुम्हारे ध्यान में लीन होत हैं। तातें बेगि भुज भरि अंक में लीजियै॥ इति॥

— **भावार्थदीपिका :** श्रीनागरीदासजू

१८

सुनि चौंकी पिय हिलग सौं, बिलग न कहों लगार।
निरखि थकित सम्पति सखी, दम्पति सुख कौ सार।
आज महा छबि को कहै, रीझ रही सिरमौर।
तृन तोरत निज कर प्रिया, चितवनि बंक किसोर॥
लखि पिय रूप प्रिया तृन तोरनि।
ललित त्रिभंग भये बिबि अंगनि, रसिक रसीली दौरनि।
चरन चरन मुरली सुर ऐंचत खैंचत काम करोरनि।
चितवनि बंक निसंक छबीली, भुव पर राजत औरनि॥
चलहु न बेग कहत यौं सहचरि, सुख अपार नहिं ठौरनि।
श्रीहरिदासी कौ सुख अविचल, सहचरि सिंधु झकोरनि।

— **आभास उल्था :** श्रीपीताम्बरदेवजू

विपरीत रति के ख्याल कौं, तन कीनौ तिरभंग।
रमहु बेगि पिय राधिका, धरहु अंग पर अंग॥
चरन चरन पर बाँसुरी, अधर धरहु निज अंग।
अबकौ समयौ ललित है, प्यारी केलि अभंग॥

— **वस्तुदर्शिनी :** श्रीराधाशरणदेवजू

सखी कौ वचन लालजू प्रियाजू बनी, तिनसौं — छबीली-कुंज तामें दोऊ ललित-त्रिभंगी लाल अरु प्यारीजू आनंद में राजत। बिहार में रति अटल रहत। प्यारीजू परम कृपाल, सो लाल तें कह्यौ — हो पिय! मैं तौ बिहारी होत हौं, तुम प्यारी बनौं। दुहुँनि वेष पलटे। अंग-अंग क्रिया कैसी बनी, ताकी सोभा सखी प्रिया रूप सौं कहत हैं॥ इति॥

मूल — **आजु त्रिन टूटत है री ललित त्रिभंगी पर॥ इति॥**

अर्थ — आजु कहिये — नित्त नवीन सोभा; त्रिन टूटत है कहा, महाआनंद की मूरति, ताकौ रंग, सो बरषत है। अथवा प्यारीजू, पिय, सो ललित त्रिभंगी है। सुन्दर त्रिभंगता की सोभा सखीजन देखि बलिहार होत हैं अरु तिनुका तोरत हैं कि दृष्टि न लगे। अथवा महासुन्दर आनंद रूप सागर ललित-त्रिभंगी हैं। तामें महागहरता, जामें भँवर परत, तामें धीरज रूप तिनका टूटत हैं, ऐसी सुन्दरता, त्रिभंगता पर। अब कौन रीति सौं राजत हैं; ताहि कहत हैं॥ इति॥

मूल — **चरन चरन पर मुरली अधर धरैं, चितवनि बंक छबीली भूपर॥ इति॥**

अर्थ — चरन पर चरन हैं, मुरली अधर धरैं, मुरली, सोही अधर, सो धरैं हैं, कहा, बिहार समैं चरन पै चरन धारे हैं, मुरली अधर सौं अधर धरे हैं। अरु अति आसक्तता सौं त्रिभंगी भये। कहा, तीन जगह बंक भये हैं। चरन पै चरन धरे हैं, कहा, पिय जो प्यारी भये, सो नव दुलहिनि सहज ही मानिनी, सो मानत नाहीं। पिय आतुर भये, जा भाँति चरन पर चरन धरे आतुरता में, जा भाँति केलि-सुख जान्यौ। अरु मुरली अधर, तिनकौं हूँ टेढ़े ह्वै कें धरे हैं। अरु नेत्र दुलहिनि के बस करिबे कों बाँके। यातें त्रिभंगी, ये कैसे सुंदर हैं? क्यौं प्यारी पिय बने? चितवनि बंक छबीली भुव पर है, कहा, छबीली जो भुव, तापै है॥ इति॥

मूल — **चलहु न बेगि राधिका पिय पै, जो भयौ चाहत हौ सर्वोपर॥ इति॥**

अर्थ — हो प्यारी! बेगि चलौ। कहा, राधिका, जो पिय हैं, तापै, जो सर्वोपरि भयौ चाहत हौ। कहा, कि तुम्हारे अंग-अंग में जो मनोरथ भरे हैं कि मिलिकें बिहार कीजै, तौ वे स्याम बने हैं, तुम स्यामा बनी हौ, रति-विपरीत के सुभाव, चलौ बेगि राधिका पिय पै, जो मनोरथ सर्वोपरि भयौ चाहत हौ॥ इति॥

मूल — **श्रीहरिदास के स्वामी स्यामा कौ समयौ अब नींकौ बन्यौ हिलमिलि केलि अटल रति भई धूपर॥ इति॥**

अर्थ — श्रीहरिदासी के स्वामी स्यामा कौ समयौ अब नींकौ बन्यौं है कि स्यामा स्याम भये हैं। आपके बिहार की चाह है। नहीं, तुम हा-हा करत रहते। तातें हिलिमिलि केलि अटल रति भई धूपर, कहा, अटल तौ केलि नित्य है, पै आजु अटल रति भई है। कहा, रति के रति बाढ़ी, प्यारी के चाह अटल, सो प्रगट अटलता भई॥ इति॥

— **भावार्थदीपिका :** श्रीनागरीदासजू

१९

कर डफ ताल बजावहीं, रसिक प्रवीन मिलाप।
इत उत देखी रंग में, इह खोरी लखि आप॥
कर डफ ताल बजावत होरी।
सुनि सुकुँवारि सुधारि अलापत, तान तिरप गति फेरि निहोरी।

पूछत अर्थ कहत सचु पावत, इत उत डारत प्रेम ठगौरी।
लखि हरिदासी कहत निजु मन सौं, बेलि तमाल लिपटि सुख जोरी।

— **आभास उल्था :** श्रीपीताम्बरदेवजू

अंग अंग पर बजत हैं, होरी कहत निसंक।
सुरति जोर श्रम वरषि मुख, भरत अंक महँ अंक॥

— **वस्तुदर्शिनी :** श्रीराधाशरणदासजू

सखी वचन सखी प्रति — अद्भुत आनन्द रूप सखी कौ उर, सोई सेज सुन्दर विचित्र; ताकी निकुंज में दोऊ किसोर-किसोरी छिन-छिन में होरी खेलत हैं। बिहार में सुरति रंग अंग-अंग में छिरकत हैं। महाकोक-कलानि में निपुन तान-तरंगनि परस्पर मननि कौं हरत हैं। मिलिकें दोऊ रसिक निदान गावत हैं। प्रेम मत्त उमँगि-उमँगि अति विचित्र चौंपनि करि बिबि मुख ओर चितवत हैं। अरु करनि सौं कपोल परसें हैं; हँसें हैं। अंग-अंग में अनंग प्रकासमान है। पुलकि-पुलकि कें दोऊ किसोरी-किसोर उर सौं उर लाइ रहे हैं। अरु महामाधुरी पान करत, तामें नव-नव भाव उपजत हैं। नवल दोऊ निसंक अंकनि भरें, मगन भये, चित्त में चाव है। सो रस-सागर नागर नवल क्रीड़त हैं, महासुख पाइकें। मनभाँवती तान तरंग उपजत हैं, रति दोऊ ओर। ऐसे रति दोऊ ओर है अरु रंग-भीनी सहचरी संग में हैं। अति विचित्र विनोद बढ़ै है। नित्त नव-निकुंज सुख-पुंज में निसि-भोर विलसत हैं। या रीति सौं होरी खेलत। तामें ललिता-हरिदासीजू के वचन सखी जू सौं॥ इति॥

मूल — **दिन डफ ताल बजावत गावत भरत परस्पर छिन छिन होरी॥ इति॥**

अर्थ — दिन जो नित्य ही सुरति रंग अंग-अंग में छिरकत हैं। परस्पर छिन-छिन में होरी मेरे लाल-लड़ैती रंग भरे खेलत हैं। अंग-अंग में बाजे बाजत हैं। डफ अरु तालनि के दोऊ रसिक निदान गावत हैं। कहा, बिहार ही की होरी में तान-तरंग अनंग की बोलत हैं। अनंग कहा, काम। सोही चाह, बिहार की बोलनि॥ इति॥

मूल — **अति सुकुमार बदन श्रम बरषत, भलैं मिले रसिक किसोर किसोरी॥ इति॥**

अर्थ — अति सुकुमार हैं। बदन पै श्रम बरषत हैं; कहा, श्रम नाहीं, आनंद ही की वरषा होत है। भलैं मिले रसिक किसोर किसोरी; दोऊ नवल किसोर-किसोरी अंक भरें, मगन मन, चित्त चाव करि॥ इति॥

मूल — **बातनि बतबतात राग रंग रमि रह्यौ, इत उत चाह चलत तकि खोरी॥ इति॥**

अर्थ — प्रेम की उमंगि में चित्त में अति चौंप है। तातें बिहार की बातनि, कहा, कि नव-नव भाव जो अंग-अंग मिलिबे में उपजत, ताही में बतरात हैं। अरु महामधुर वचनामृत "नाहिं, नाहिं, हाँ, हम्बै"। राग रंग रमि रह्यौ अरु एक सनेह कौ ही रंग, तामें दोऊ मगन हैं। इत-उत चाहि चलत तकि खोरी, इत तौ कपोलनि कौ परसिबौ, उत चाहि कें चलत हैं, तकि करि खोरी, जो कुचनि के मध्य। कहा, कुचनि कौ पान करि, महामाधुरी है; तातें नव-नव भाव उपजत हैं। अथवा अंग-अंग खोरी तकि चलत हैं॥ इति॥

मूल — **सुनि हरिदास तमाल स्याम सौं, लता लपटि कंचन की थोरी॥ इति॥**

अर्थ — श्री ललिता-हरिदासीजू अपनी प्रान-प्यारी सखी सौं कहत हैं — सुनि सखी! तमाल स्याम सौं लता लपटी है कंचन की थोरी; कहा कि दोऊ नैंन मैंन रंग में रगमगे अरु मृदुल वचन है। अरु दोऊ सकुमार सिथिल हैं। सो

तमाल-स्याम किसोर हैं, तिनसौं कंचन की लता-प्यारीजू थोरी लपटी है कि अंग-अंग सिथिलता सौं सम्हार नाहीं।

अथवा श्रीहरिदासीजू अपने निजु मन सौं कहैं हैं कि स्याम-तमाल सौं कंचन की लता ऐसी लपटी हैं कि अंग-अंग समाय गये। पिय नें अंक में रचि प्रमान भरि लईं। सर्व अंगनि करि छाइ रहे हैं। तातें लता की लपटनि थोरी दृष्टि आवत है। अरु सखी के आनंद रूपी उर पै बिहार करत, ता सुख की बात आनंद रूप है॥ इति॥

— **भावार्थदीपिका :** श्रीनागरीदासजू

२०

हाथ पाँइ चूरा चुरी, दुलरी पुंजा ग्रीव।
मरगजे वसन सुहावने, बसीकरन की सींव॥
द्वै लर मोती कंठ सोहनी।
प्रीतम के भुज की परछाँहीं, पुंज पोति आरोहनी॥
उज्जल अरुन स्याम नैंननि कौं, लगौ द्रिष्टि जिनि भोंहनी।
हाथनि चारि चारि चूरी, चौपहलू चुरा पद हरि जोहनी॥
मरगजे वसन कंचुकी बिन तन, अँचरा की उलटि गति गोंहनी॥
श्रीहरिदास के स्वामी स्यामा, रीझि परस्पर अंग मनमोहनी॥

— **आभास उल्था :** श्रीपीताम्बरदेवजू

गहनौ तन हरुवौ भलौ, सोभा कौ नहिं अंत।
हरें हरें नियरे रमै, रस बस कामिनि-कंत।

— **वस्तुदर्शिनी :** श्रीराधाशरणदासजू

सखी कौ वचन सखी जू सौं — सुन्दर मोतिन की जारी की निकुंज, जहाँ अद्‌भुत गुलाब-दलनि की सज्या पै सुरति बिहार-रस में मगन दोऊ कुँवरि-कुँवर गरबाँही दियें सोभित हैं। और कुँवरि कुँवरजू के कंठ में माला ज्यौं विराजमान हैं और कोमल, विमल, सुन्दर बलय बाहुनि में। बिच-बिच फूल सुरंग अंग-अंग में सोभित हैं। सो सिंगार सखी देखि श्रीहरिदासीजू तें बोली। श्रीहरिदासीजू सुन्दर फूलनि के सिंगार कियें फूलनि के आसन पै विराजमान दुहुँनि कौं लाड़ लड़ावत हैं। ता सुख की कहा कहियै? इति॥

मूल — **द्वै लर मोतिन की एक पुंजा पोति कौ सादा नेत्रनि दृष्टि लागौ जिनि मेरी॥ इति॥**

अर्थ — पिय की दोऊ भुजा श्रीप्रियाजू के गरे में, तिनकी उज्जलता; सोई द्वै लर मोतिन की। फिर कैसी है, दोऊ बाहु कोमल, विमल, विचित्र हैं। तहाँ श्रीनागरीदासिजू नें कह्यौ-मृदु मनि लाल गुलाल की द्वै लर मोतिन जोति॥ इति॥ एक पुंजा पोति कौ कहा, लपटिबौ अंग कौ, ताकी परछाँही कंठ में जाकौ पुंजा पोति कौ। सो मानौं स्याम मखतूल कौ फौंदा है। अथवा पिय के अंस बाहु प्यारीजू के गरे में, ताकी उजराई; सो दुलरी मोतिन की अरु हिये लटकि रह्यौ। महागहरता प्रेम की, अति चाह लपटनि की; सो अंग कांति कौ ही पुंजा पोति कौ। अरु बिहार

में भूषन तौ न्यारे-न्यारे करि डारे हैं। अरु कुँवरि के कंठ में कुँवर मानौं माला सोहत है। सादा नेत्रनि कहा कि नेत्रनि में अंजन हूँ सिंगार भार है। ऐसी प्यारी कौं मेरी दृष्टि जिनि लागौ कहा कि दृष्टि कौ भार है। अथवा लागि तौ रही है जिन प्यारीजू सौं दृष्टि। अथवा या प्यारी कौं दृष्टि जिनि लागै कि आजु की सोभा या भाँति देखिबौ कीजै॥ इति॥

मूल — **हाथनि चारि चारि चूरी पाँइनि इकसार चूरा चौपहलू इकटक रहे हरि हेरी॥ इति॥**

अर्थ — हाथनि चारि चारि चूरी, कहा, पिय नें अपने कर तें प्यारीजू कौ कर गह्यौ, तामें कर की अगुँरिन के चिह्न; सोई चारि-चारि चूरी। अथवा अँगुरिन की परछाँही की चूरी। पाँइनि इकसार चूरा चौपहलू-कहा, पिय के चरन प्यारीजू के चरन ऊपर, ताकी परछाँही; ताही के चूरा चौपहलू। यामें हेत यह आयौ कि कोऊ भाँति के आसन लैबे में चरन रूप चूरा चौपहलू भये हैं। वा सोभा कौं देखि हरि इकटक हेरि रहे हैं। सुरति केलि के चिह्न अंग-अंग में देखि फिर-फिर केलि कौ ही आरम्भ होत है॥ इति॥

मूल — **एक तौ मरगजी सारी तन तें कंचुकी न्यारी, अरु अँचरा की बाँई गति मोरि उरसनि फेरी॥ इति॥**

अर्थ — एक तौ सारी मरगजी; जो प्यारीजू कौ सर्व अंग बिहार में मरगजौ भयौ अरु अनुराग की कंचुकी है, सो प्रगट है: सो कंचुकी और यहाँ नाहीं। तातें बिना कंचुकी कुच दोऊ सोभित हैं। अरु अँचरा की बाँई गति मोरि उरसनि फेरी कहा, कर रूप अँचरा; सो अति चंचल है, जो छल करि, जामें प्यारीजू न देखैं; कर कौं बाँई ओर मोरि लैकें कुचनि सन्मुख फेरी। कहा, कर कौं कुचनि के परसिबे कौं चलायौं। अथवा कर चलाय कें कर की अँगुरी कुचनि पै फेरि कें सनी। कहा कि कुचनि कौं मालिनि किये। ऐसे महारस कौ ही पान करत, फिर वाही रस की चाह; जहाँ कहत हैं॥ इति॥

मूल — **श्रीहरिदास के स्वामी स्यामा कुंजबिहारी या रस ही बस भये, हरें हरें सरकनि नेरी॥ इति॥**

अर्थ — श्रीहरिदासीजू, तुम्हारे स्वामी श्रीस्यामाजू या भाँति सोभित हैं। कुंजबिहारी लालजू या सोभा कौं देखि महाआतुर, हरें हरें कहा, प्यारीजू की रुचि लिये अंग-अंग मिलन लागे। अरु अंग-अंग अरुझि नैंन सों नैंन, मुख तें मुख, कुचनि तें कुच, नाभि तें नाभि, जंघनि तें जंघ आगैं-पाछैं झूमिका से लटकत। अरु बिच-बिच फूल अंग-अंग में न समात। छबि अपार, सुख सार मनमोहन कौ मन मोहन, ये मोहनी हैं॥ इति॥

— **भावार्थदीपिका :** श्रीनागरीदासजू

२१

मिलत अंग जोवन रँगी, नैंन सरल पति दीठ।
मुख बीरा कौंधनि चमकि,आतुर करत बसीठ॥
जोवन के तन रंग रँगी री।
कंचन गात सरल नैननि सौं, स्याम पोति पति कंठ लगी री।
अंग अंग अनंग झलकत सोभित, कानन बीर नगी री।
देखत ही सोभा मन लोभा, अमृत के रस सिंधु पगी री।
तनसुख पहिरि वसन आभूषन, दसन चमकि उर कौंधि खगी री॥
जोरी संग तृपति ना आतुर, श्रीहरिदासि खवासि जगी री॥

— **आभास उल्था :** श्रीपीताम्बरदेवजू

सुरति हिंडोरा प्रेम कौ, रच्यौ सखी के द्वार।
जोरी श्रीहरिदास की, भुज गहि झूली चार॥
—**वस्तुदर्शिनी :** श्रीराधाशरणदासजू

सखी कौ वाक्य सखी जू तें — नवल रँगीली अद्‌भुत कुंज, जहाँ अनंग प्रकासमान। सहज ही फूलनि की रचना तें सुंदर सेज अति जेब देत। तापै श्रीहरिदासीजू की जोरी श्रीबिहारिनि-बिहारीजू सुरति-हिंडोरे नित्य-सहज ही झूलत रहत। मेघ महल अरु दामिनी चमकत। ता सुख में सब सखीजन दुहुँनि कों देखि, श्रीहरिदासीजू सुंदर फूलनि के सिंगार कियें, फूलनि के आसन सहित चौकी, तापै विराजमान, तिनसौं सखी बोली — कि आज कहा अद्‌भुत सुख आपकी कृपा सौं बरषत है॥ इति॥

मूल — **जोवन रंग रँगीली सोंने से गात ढरारे नैंना कंठ पोति मखतूली॥ इति॥**

अर्थ — नव-नव भावनि कौ रंग, सोई जोवन, ताके रंग में रँगीली हैं। सोने से गात, कहा कि कंचन बरन गात। कहा, औंट्यौ कंचन, ताकी लाली, सो नाहीं। एक अनुराग ही की मूरति बनी है। ढरारे नैंना कहा, जो महाकेलि अंग-अंग मिलि विलसत, ताही कौ नैंननि में रंग भर्‌यौ; तातें नैंना मतवारे। सो मत्तता करि ढरे जात हैं। कछु आलस है सुकुमारता तें, कछु सावधानता है कि सुरति केलि प्रगट अंग-अंग में झलकत हैं। कंठ पोति मुखतूली कहा, कंठ में पोति पिय रूप मानौं मखतूल के रंग; कहा, स्याम मखतूल कौं फौंदा प्यारीजू के कंठ में फबि रह्यौ है॥ इति॥

मूल — **अंग-अंग अनंग झलकत सोहत काननि बीरें सोभा देत देखत ही बनें जौन्ह में जौन्ह सी फूली॥ इति॥**

अर्थ — अंग-अंग में अनंग ही झलकत हैं, कहा, अंग-अंग आलिंगन, सोई आभरन; फिर वाही की चाह झलमलाइ रही है। सोहत काननि बीरें कहा, श्रवन रूप भवन में है कें चाह रूपी अनंग की झलकानि कैसी है; ता झलक की बीरें बनी हैं। अथवा अंग-अंग आलिंगन; ताही के आभरन सर्व बने हैं। कहा, कानन नाम बन कौ है। सो प्यारीजू रूप तन, सोई बन; बीरें कहा, गाढ़ आलिंगन। सो अति ही या भाँति सोहत हैं। सोभा देत देखत ही बनें; सोभा हू कौं सोभा देत हैं। कहा, प्यारीजू के अंग पिय के अंगनि कौं सोभा देत हैं। यह सोभा देखत ही बनें। हे सखी! जौन्ह में जौन्ह सी फूली, कहा, महाउजियारी अंग-अंग में प्रकासमान; फिर श्रवन द्वार ह्वै कें और उजियारी भई; सो उजियारी में उजियारी फूली है। कहा, आजु फूल अंग-अंग में समात नाहीं। कछु श्रम स्वेद भेद अंग न समाति कांति। तातें प्रकास श्रवन ह्वै कें कियौ। और अंग-अंग में झलकत हैं। कहा, बहु भाँति करि लसत हैं रस सौं सनिकें। सो या फूलनि की फूल ही बात जानें॥ इति॥

मूल — **तनसुख सारी लाही अँगिया अतलस अतरौंटा छबि चारि चारि चूरी, पहुँचिन पहुँची खमकि बनी नकफूल जेब मुख बीरा चौका कौंधे सम्भ्रम भूली॥ इति॥**

अर्थ — तन जो प्यारीजू कौ सुख रूप, सोही सारी। लाही अँगिया कहा, अनुराग कुचनि में प्रकासमान। अतलस अतरौंटा छबि कहा, अंग-अंग में लसत बहु भाँतिन करि, ताकी छबि कहा कहियै चारि-चारि चूरी कहा, पहुँची जो दुहुँ करनि की श्रीप्रियाजू की, सो प्रीतम नें अपनी पहुँचिन तें गही; सो मानौ चारि अँगुरिन गाढ़ तें चारि-चारि चूरी अद्‌भुत बनी; अथवा सहज चारि-चारि चूरी बनी ही रहत। नकफूल जेब कहा, नासिका में जो स्वासा आवत है महाफूलनि के, सो मानौं फूल हैं, अति जेब देत है। मुख बीरा। सर्व अनुराग जो केलि कौ

रस, मुख में प्रकास्यौ अथवा अधर पिय के, सो मुख में बीरा। चौका कौंधै, अति चाह बाढ़ी, ताही की दामिनी दमकै; सो चौका कौंधे। अलक-स्याम घन हैं, सोई मेघ हैं। धुरवा चलत-सो रस की वरषा होत है। सम्भ्रम भूली कहा, हे सखी! प्रिया-प्रीतम केलि करत हैं: या भाँति चाह अपार। कैसी प्यारी मदमाती हैं? कोटि मदन कौ मद वारूँ। कहा, कोटि मदन मद जो चाह प्यारे की, सो प्यारीजू के एक रोम के चाह पर वारि डारूँ॥ इति॥

मूल — **ऐसी नित्य बिहारिनि श्रीबिहारी लाल संग अति आधीन आतुर लटपटात ज्यौं तरु तमाल कुंजमहल हरिदासी जोरी सुरति-हिंडोरें झूली॥ इति॥**

अर्थ — ऐसी उन्मत्त नित्य बिहारिनि सोभा जुक्त बिहारी लाल कौं संग लियें। कहा, जद्यपि संग में बसत केलि में मगन, पै बिहारिनिजू के अंग की छबि देखि अति आधीन कि यह रस प्यायौ कि फिर प्यावौं। आतुर कहा, चाह अपार लटपटात, ज्यौं तरु तमाल कहा, अंग तें अंग लपटि रहे हैं, ज्यौं तरु तमाल तें कंचन की बेलि लपटै। सो पिय स्याम तमाल-प्यारी कंचन की बेलि लपटात हैं। कुंजमहल, सुंदर अंगनि के भावनि की कुंज; तामें सुख छाइ रह्यौ है; ताही कौ कुंजमहल; तामें अहो हरिदासीजू! यह दुहुँनि के अंग-अंगनि की जोरी सुरति हिंडोरें झूली, कहा, सुरति के हिंडोरा; तामें झूली कि अंग-अंग मिलि झूली, अरु झूलत हैं॥ इति॥

— **भावार्थदीपिका :** श्रीनागरीदासजू

२२

मान तजौ पिय कौं भजौ, अभै दान सिर हाथ।
करहु कृपा श्री राधिके, निसि दिन पिय कौ साथ॥
मान तजौ श्री राधे प्यारी।
तेरे प्रेम प्रिया सुख उरझे, लै उर लागि निकुंजबिहारी॥
कृपा करौ कर मस्तक दीजै, अभै दान सनमान निहारी।
श्रीहरिदास के स्वामी कहत प्रिया सों, सहज सुभाउ इतै चलि आ री।

— **आभास उल्था :** श्रीपीताम्बरदेवजू

सुरति अंत सुख मानि मन, बैठी भाव गंभीर।
ताहि मनावत लाड़िलौ, जानि मान मन पीर॥

—**वस्तुदर्शिनी :** श्रीराधाशरणदेवजू

लालजू के वचन लाड़िलीजू तें — महामनोहर निकुंज, तामें प्रसन्न बदन गरबीली गर्व-भरी नित्य सहज ही; दोऊ आनन्द में मगन नवीन सेज पै राजत हैं। श्री राधे दुलारी जू महाप्रसन्न रसनिधि, कछु रसमाती, नैंन रस भरे-सहज ही सुरति रस भीने, पिय नें देखे अरु मान की सम्भावना आई; तहाँ लालजू लाड़िलीजू तें बोले॥ इति॥

मूल — **राधे दुलारी, मान तजि॥ इति॥**

अर्थ — हे राधे! तुम दुलारी हौ। कहा, महाप्रसन्न हौ। मान तजि कहा, गर्व भरी चितवनि तें डरपत हूँ।

सो नैंन रस भरे ढरे जात हैं; सो तजौ, प्रसन्न रहौ। तुम कब लौं हे प्यारी! मोसौं हठ करि रही हौ। मनायौ, मानत नाहिंनें ॥ इति ॥

मूल — **प्रान पायौ जात है री, मेरौ सजि ॥ इति ॥**

अर्थ — हे प्यारीजू! तुम्हारी प्रसन्नता में प्रान पाये हैं। क्यौंकि तुम्हारी गर्व-भरी चितवनि में मेरे प्रान जात हे, अरु अब तुमकौं महाप्रसन्न देखे, सो प्रान पाये; फेरि जात हैं। तातें सजि, कहा, प्रसन्नता तें प्रान जाते राखौ। अरु आपके समान कोऊ नाहिंन गुन में, रूप में निपुन, न सुनी, न देखी, न समझी तिहूँ लोक। कहा, तिहूँ अस्थाननि में। कहा कि पाताल लोक-सो तौ चरन-कमल, भू लोक-मध्य हिय-कमल, सुर लोक-ऊपर, सो मुख-कमल। जद्यपि मैं हूँ आपकी कृपा तें मोहन कहावत, पै आपकी सरि की एकहू बात नाहिंन, तातें रिझाइ मनाऊँ ॥ इति ॥

मूल — **अपनौ हाथ मेरे माथें धरि, अभै दान दै री अजि ॥ इति ॥**

अर्थ — अपनौ कर-कमल मेरे मस्तक पै धरि। कहा! मेरे माथें सपथ खाहु कि तुम सौं मान न करौंगी। यह अभै दान दै री, प्यारी! अजि कहा, जा-जा भाँति प्रसन्न रहौ तुम, ताही रीति सौं अनेक भावनि करि रुचि प्रमान लड़ाऊँ ॥ इति ॥

मूल — **श्रीहरिदास के स्वामी स्याम कहत री प्यारी, ज्यौं रंग रुचि सौं बलि लजि ॥ इति ॥**

अर्थ — श्रीहरिदासीजू के स्वामी स्यामाजू, तिनसौं स्याम-कुंजबिहारी कहत। स्याम कहा कि महाकाम करि कातर हैं, तातें स्याम। महागहरता में नेंक रुखाई करि डूबि रहे हैं; पै कुंज — जो अंग-सुखरंग, तामें प्रिया-रूपी प्रसन्नता सौं उजियारी, ता करि बिहरत रहत, सो स्याम कहत हैं — कि हे प्यारी! ज्यौं रुचि रूपी रंग सौं कि तुम्हारी हू तौ रुचि याही में है; काहे कौं कोप कपट कौ करत हौ? तुम्हारे हिय में हूँ तौ केलि कौ हुलास है। ता रंग-रुचि सौं हे प्यारी, मैं बलिहार होत हौं। नेंक लजौ। अरु मन करि तौ केलि में मगन हौ, ताही के रंग-रुचि सौं लजौ। भलैं मेरी बात मति मानौ। लजि, कहा कि प्रसन्नता सौं बिहार करौ। तौहू प्यारीजू नें मानी नाहीं। जब सखी प्यारीजू के जिय की जाननिहारी बोली — कि हो प्यारी, यह प्यारौ तौ तुम्हारे हित करि नित्य छिन-छिन तुव बदन ओर चितवत ही रहत है। तिनसौं मन मैलौ बिना दोष, काहे कौं करत हौ? जब सखी के कहे तें बिहारीदासि की विनती मानि रोष तजि रहसि मिली। अंग-अंग मिलि बिहार करन लागे ॥ इति ॥

— **भावार्थदीपिका :** श्रीनागरीदासजू

२३

गुन निधान सुख आगरी और सबै उनहार।
नृत्त गान ज्ञानी सुघर, पावत कहा लगार ॥
गुन की बात कहा तो आगें।
नृत्त गीत तालनि के भेदनि, सुनि चतुराई भागें ॥
तत्त्व सुद्ध जे विज्ञ कहावत, चरन कमल अनुरागें।
श्रीहरिदास के स्वामी स्यामा कुंजबिहारी, लियें सुभाउ अंग रस पागें।

— **आभास उल्था :** श्रीपीताम्बरदेवजू

अली करत अस्तुति निपुन, सुरति करावनि चाह।
रमैं परस्पर सुख बढ़ै, रोमनि रोम उछाह॥

— वस्तुदर्शिनी : श्रीराधाशरणदासजू

२३

सखी के वचन लाड़िलीजू तें — महाविचित्र कुंज, जामें सुंदर राग-रागिनी बनी रहत, दोऊ प्रिया-प्रीतम सुंदर सेज पै विराजमान हैं। जहाँ सखी अपने लाड़िलीजू के गुनजस कहत हैं कि मेरे कहे तें लालजू तें रहसि मिली। श्रीहरिदासीजू फूलनि के सिंगार कियें फूलनि के आसन पै सोभित हैं॥ इति॥

मूल — **गुन की बात राधे तेरे आगें को जानें, जो जानें सो कछु उनहारि॥ इति॥**

अर्थ — राधे प्यारी! तिहारे आगें गुन की बात को जानें? कहा, जो-जो अंग-अंग प्रति नाना भावनि के गुन-रसनि के समुद्र, सो ताकी बात तिहारे आगें कोऊ जानें नहीं। जो कछु जानें, तौ यह पिय-बिहारी; सो आप तें ही सीखे हैं। सो आपके गुननि-रस की बात, ताकी उनहारि जानें। आपके गुन की सरि कोऊ करि सकत नाहीं। जो कछु जानें, तौ उनहारि लालजू जानें ज्यौं की त्यौं नहीं॥ इति॥

मूल — **नृत्य गीत ताल भेदनि के विभेद न जानें कहूँ जिते किते देखे झारि॥ इति॥**

अर्थ — नृत्य कहा, अंग-अंग में कोटि भाव बने रहत; तामें चरननि कौ चांचलि। गति कहा, बिहार में मधुरे-मधुरे सुर। ताल कहा, सब्द रसनावली, नृत्य में भेदनि के भेदनि जानें; लेत हैं, विकट औघर गति, तान मिलावत; बिहार में अंक प्रति जे कोककलानि के भेदनि करि नाना प्रकार के आसन लेत हैं; बिलंब नाहीं, अति लाघवता तें। सो नट नागर जो भाव प्यारीजू पै सीखे हैं, सर्व किये, और हू जे भाव आवत हैं, जिते-किते सब झारि देखे, पै आपकी नृत्य भेद से कहूँ नाहीं॥ इति॥

मूल — **तत्त्व सुद्ध स्वरूप रेख परमान, जे विज्ञ सुर-सुघर ते पचे भारि॥ इति॥**

अर्थ — तत्त्व सुद्ध स्वरूप रेख परमान कहा, अंग-अंग की जोरी चतुराई, सुघराई, उजराई; ताकी रेख परमान हू जे विज्ञ सुघर पिय कहावत, ते पचि रहे; पै आप जैसे हाव-भाव विलासनि के सुख कहाँ, तातें कौन-कौन अंग कौ गुन बरनौं! हे नागरीजू! तुम आगरी हौ। तुम धन्य। तन मन वारौं एक रोम पर॥ इति॥

मूल — **श्रीहरिदास के स्वामी स्यामा कुंजबिहारी, नेंक तुम्हारी प्रकृति के अंग-अंग और गुनी परे हारि॥ इति॥**

अर्थ — श्रीहरिदासीजू के स्वामी हो स्यामा! यह कुंजबिहारी नेंकु तुम्हारी प्रकृति कौं अंग-अंगनि करि और गुननि करि हारि परे हैं। सो नेंक हूँ तो पै अपनी प्रकृति सौं सुघरवर कौं रसबस करि राखे हैं। आपकौ प्रताप भरिपूर रह्यौ है अखिल विस्व में। कहा, ये पिय विश्व के पालक। इनकौं यह टहल आपकी कृपा तें है कि जे मनोरथ इनके प्रगटे, सो आपकी दृष्टि सों पूरन है। तिनहूँ के ऊपर सुजस सर्वोपरि है। ये हू आपकौ जस गावत हैं॥ इति॥

— भावार्थदीपिका : श्रीनागरीदासजू

२४

सुघराई सब जानियौं, जानपन्यौं की बात।
छाँह बाँह तें हौ बड़े, निरखि थकित बलि जात।

प्रिया कृपा तें सुघर सिरोमनि।
बसीकरन गुन जितने जानत, बाँह गहे तें भये कहौ किनि॥
तुम तौ अधिक बड़े सबहिन, तें , इनकी सरि पै बिलग मानि जिनि॥
श्रीहरिदासि कहत पिय सुनियै, चाहि रहौ मुख मौन चूक बिन।

— **आभास उल्था :** श्रीपीताम्बरदेवजू

करत केलि बहु भाँति में, कोक-निपुन रस लीन।
हँसनि चलनि बोलनि मिलनि, सकल कला-परवीन॥
इनमें तौ परवीन मैं, यहै कहत तुम स्याम।
सो इनही की मया तें, पाये गुन अभिराम॥
पानि परसि पेखनि नयन,चुम्बन अधर तुम्हार।
और गटी जे सुघर सुर, अंग दया तुव यार॥

— **वस्तुदर्शिनी :** श्रीराधाशरणदेवजू

सखी कौ वचन प्यारीजू तें — सुंदर निकुंज-महल में दोऊ श्री बिहारिनि-बिहारी महाविचित्र फूलनि की सेज पै विराजित। प्यारीजू छिन-छिन मानिनी गरबीली सहज में। प्यारौ अति आतुर; मान की संभावना जानि सखी तें विनती करी। जो तुम्हारी कृपा तें लाड़िलीजू प्रसन्न बदन मो-ओर चितवैंगी। तातें सखी प्रियाजू कौ प्रताप, पिय की दीनता, सुघरता जनायबे हेत प्यारीजू तें बोली। श्रीहरिदासीजू के लाड़िले महाआनंद सुखसागर, जहाँ नव-नव भाव बढ़त रहत। तहाँ श्रीहरिदासीजू अद्‌भुत सिंगार कियें सुन्दर रतन जटित चौकी पै विराजमान हैं॥ इति॥

मूल — **सुघर भये हौ बिहारी याही छाँह तें॥ इति॥**

अर्थ — अहो प्यारीजू! ये बिहारी सुघर भये हैं, सो आपकी ही छाँह तें। कहा, आपके चरन-कमल की छाया तें। नहीं, अंग-अंग में नाना भावनि कौ दिखाइबौ कहा जानें? सो सुघर आपकी कृपा तें भये हैं॥ इति॥

मूल — **जे जे गटी सुघर सुर जानपन्यौ की ते-ते याही बाँह तें॥ इति॥**

अर्थ — जे-जे सुघराई अरु सुर जानिबे की गाँस जानत हैं, ते-ते आपकी बाँह-बल तें हैं। यह तौ बपुरा काम दहा है, अति दीन, चरन-कमल आपके कबहूँ भाल पै राखत, कबहूँ नैंननि तें छुबावत, मुख तें चूँमि छाती पै धरत हैं। चाहत अंग-अंग में समाइ लेहुँ॥ इति॥

मूल — **हुते तौ अधिक बड़े सबही तें, पै इनकी कस न खटात याह तें॥**

अर्थ — जे-जे अंग-अंग भावनि में, कोक की कलानि में बड़े चतुर। जे-जे घातैं अंग-अंग मिलाप में सुघराई करि हैं; तिनमें बड़े प्रवीन हैं। काहे तें, आप तें सीखे हैं। पै इन प्यारीजू की कसनि में कहा, जा-जा भाँति प्यारीजू विलास करैं, अंगनि की अंगनि में कसनि होइ है; तहां ठहरात नाहीं। अथवा ये तौ दीन, काम के बस हैं। कहा नित्य अंग-अंग विलसत त्रिपितता नाहीं। अरु अंग-अंग लीन हैं, तन-मन करि अरु महाव्याकुल। अरु प्यारीजू की इनतें अपार चाह, पै जानिबे में आवत नाहीं। अति गंभीर है प्रेम, जिनकौ। ये गरबीली जू, ये न बोलैं, न बोलनौ कसनि तामें ये कहाँ ठहरावैं? तातें हे सखी, येह तौ प्यारीजू की कृपा ही चाहत। यह वचन सखी कौ सखी प्रति॥ इति॥

मूल — **श्रीहरिदास के स्वामी स्यामा कुंजबिहारी जकि रहे चाह तें॥**

अर्थ — श्रीहरिदासीजू के स्वामी स्यामाजू, ये कुंजबिहारी कहा, आपकौ तन रूप कुंज, तामें सदा बिहार करत हैं। सो आपके मिलिबे की चाह तें जकि रहे हैं। कहा, थकित ह्वै रहे हैं॥ इति॥

— **भावार्थदीपिका :** श्रीनागरीदासजू

२५

तेरी सौंह न हौं गयौ, कहि सहचरि तू जानि।
ना प्रतीति रिस छाँड़ि दै, कर गहि उर लपटानि॥
श्री राधे सुनि कहुँ न गयौ।
पूछि देखि जो नाँहिन मानत, कहु सहचरि कौतुक जु भयौ॥
प्यारी तोहिं प्रतीति न सुधि बिन, छाँड़ि देहु बहु दंड दयौ॥
श्रीहरिदास के स्वामी स्यामा कुंजबिहारी कौं गहि प्रिया उर लाइ लयौ॥

— **आभास उल्था :** श्रीपीताम्बरदेवजू

देख्यौ निज प्रतिबिम्ब उर, नख की घात अनंत।
भयौ भरम सो मानि प्रिय, तब निरनौ दै कंत।।
तेरे मन की करत मैं, पूछि साखि हरिदासि।
चित न गयौ निज सुखहि मो, तुम्हरौ चहत हुलासि।

— **वस्तुदर्शिनी :** श्रीराधाशरणदेवजू

श्री बिहारीजू के वचन श्रीप्यारीजू तें — निकुंज-महल में दोऊ राधा रसिक-कुंजबिहारी अद्‌भुत सखी के उर-रूपी सेज पै अंग-अंग मिलि विलसत हैं। अंग-अंग में दसन आदि के चिह्न रति समै के सोभित हैं। प्यारीजू महासुकुँवारि आलस करि प्रेम बिबस भईं। कबहूँ रसमत्त नैंना घूमत हैं, कबहूँ खुलि जात हैं। अपनी केलि-विलास कौं तौ भूलि गईं, पिय के अंग में चिह्न-प्रतिबिम्ब अपने देखि कह्यौ-कहाँ गये हौ पिय? ऐसौ भ्रम उपज्यौ। ता समै रसिक-कुंजबिहारी श्रीराधा-प्यारीजू तें कहत हैं॥ इति॥

मूल — **राधा रसिक कुंजबिहारी कहत जू, हौं न कहूँ गयौ सुनि-सुनि राधे तेरी सौं॥ इति॥**

अर्थ — रसिक कुंजबिहारी श्री राधाजू तें कहत हैं — हौं न कहूँ गयौ सुनि हो राधेजू! तिहारी सपथ खात हौं। कहा, कि तुम तौ चतुर अरु भोरी हौ। अबही केलि के विलास आपके संग में किये। तुम्हारे तन की सोभा सुन्दरि मेरे उर में झाँई लागत हैं, आपके रति समै के चिह्न। तातें रूठौ मति, मैं तुम्हारे पाँयनि लगत हूँ॥ इति॥

मूल — **मोहि न पत्याहु तौ संग हरिदासी हुती, बूझि देखि भटू कहि धौं कहा भयौ मेरी सौं॥ इति॥**

अर्थ — जो मेरी बात कही कौं न मानौ तौ श्रीहरिदासीजू तौ संग हैं। संग तें कहूँ जात नाहीं, पूछि देखौ। हे नित्य-दुलहिनि जू! कहि धौं कहा भयौ? कहौ कौन-कौन विविध प्रकार के सुरति-सुख भये, केलि

के विलास किये, सो कहा अद्‌भुत खेल भयौ? मेरी सपथ है आपकों॥ इति॥ तब श्रीहरिदासीजू बोलीं, ताहि कहत हैं —

मूल — **प्यारी तोहि गठौंद न प्रतीति, छाँड़ि छिया जानि दै इतनीब एरी सौं॥ इति॥**

अर्थ — हो प्यारीजू! तुमकौं न तौ गठौंद अपने की प्रतीति है, न काहू की। कहा, अपनी गठौंद तौ सम्हारौ, जो अबही तुम विलास किये। पिय के कपोलनि पै दसन छाप-छबि लागी है अरु तुम्हारे कुचनि पै नखनि के अरु अंग-अंग में चिह्न हैं; ताकौं तुम सम्हारौ। इनकौं कहत हौ — कहाँ गये? छाँड़ि दै यह बात, छिया करि जानि दै। इतनीब हेरी सौं। कहा, या प्यारे की ओर देखौ। सो ये तोपै दीन भये, कहा कहत हैं? तन-मन मेरौ तुम्हारे एक रोम पर वारौं, मेरौ मन तुमसौं लाग्यौ है, अरु मैं जाऊँ कहाँ? इति॥

मूल — **गहि लपटाइ रहे छैल दोऊ छाती सों छाती लगाय फेरा-फेरी सों।**

अर्थ — श्रीहरिदासीजू के वचन सुनत ही सम्भ्रम हो, सो गयौ। तब गहि लपटाइ दोऊ छैल छाती सौं छाती लगाइ रहे। फेरा-फेरी सौं कहा, प्रथम जा भाँति बिहार करत आलस उपज्यौ हो, वाही केलि कौं फेरि-फेरि अरु विलास जुक्त भये; अंग-अंग बिहार में लपटि रहे हैं॥ इति॥

— **भावार्थदीपिका :** श्रीनागरीदासजू

२६

निज प्रताप को बरनि है, आलस अंग सुदेस।
डरपत सौरभ सरस सुख, निरखत पति आवेस॥
बसीकरन आलस तन सोभा।
ताकौं निरखि दंड से ठाड़े, रस भैभीत तरुनि चित चोभा।
कंचन तन पहिरैं पट भूषन, उठत सुगंध गात की गोभा।
श्रीहरिदास निरखि पिय ठाड़े, रहत हजूर रूप के लोभा।

— **आभास उल्था :** श्रीपीताम्बरदेवजू

आलस क्यौं बलि कीजियै, मोकौं लागत दंड।
रस बस कीनें लाड़िली, तुव महिमा जु अखंड।
सुचि मंजन जावक चिकुर, अंजन पान सनेह।
वसन सु कज्जल चातुरी, अंगराग छबि देह।
चितवनि बोलनि हँसनि पुनि, चलनि मंद सुखरास।
नवसत साजत सहज ही, अनकृत जुवति विलास।

— **वस्तुदर्शिनी :** श्रीराधाशरणदेवजू

लालजू कौ वचन श्रीप्यारीजू तें — सुरति-निकुंज में सुरति सुख-सेज पै बैठे बातें करत। पिय कहत — हो प्यारीजू! तुम्हारे गुन तौ कछुक निज बरन्यौं, पै रूप की सोभा कहिबे में आवत नाहीं। सो अपने अंग-अंग

मिलिबे की व्याकुलता अरु प्यारीजू कौ रूप, ताकौं लालजू लाड़िलीजू तें कहत हैं। तहाँ श्रीहरिदासीजू सुंदर सिंगार कियें अद्‌भुत फूलनि के आसन पै विराजमान हैं। अतिही सुख में विपुल, बिहारिनिदासिजू सोभित हैं॥ इति॥

मूल — **प्यारी तेरी महिमा बरनी न जाइ, जिहिं आलस काम बस कीन॥ इति॥**

अर्थ — हो प्यारीजू, तिहारी महिमा मोपै कही नहीं जात कि बिहार में तुमकौं अलसानि भई अरु मोकौं काम-प्रेम नें बस कियौ। कहा, तुम्हारे अंग-अंग बिहार की चाह, ताही में बस भयौ। सो आप तौ अति सुकुमारी हौ, आलस तें केलि बिसारी॥ इति॥

मूल — **ताकौ दंड हमें लागत है री भये आधीन॥ इति॥**

अर्थ — आप तौ गरबीली, सुकुमारी तुम्हारे मेरी चाह रूप काम कहा करि सकै? पै मोकौं ताकौ दंड लागत है। भै तें भींजि रहे हैं। कहा, वा चाह के आधीन भये हैं। तुम तौ लाड़िली हौ। ताहि कहत हैं॥ इति॥

मूल — **साढ़े ग्यारह ज्यौं औंटि, दूजे नवसत साजि सहजही तामें जवादि कर्पूर कस्तूरी कुमकुम के रंग भीन॥ इति॥**

अर्थ — प्रथम तौ साढ़े ग्यारह मासे; कहा, मुहर, ताकौ सोनों और फेरि औंट्यौ महाकंचन तन, तामें सोरह सिंगार सजे। सहजही जामें जवादि कहा, जो सुगंध जीवमृग आदि तें उत्पन्न होत; तिनकौ नाम जवादि, कर्पूर- सो यह सुगंध अंग-अंग की अरु कस्तूरी कहा, स्याम बरन, सो मेरौ तन, कुमकुम रूपी तुम्हारौ अंग; ताके रंग में भीनौ है। आपके अंग-अंग में माधुरी मनोहर है, सो कापै लही परत है?॥ इति॥

मूल — **श्रीहरिदास के स्वामी स्यामा कुंजबिहारी रस बस करि लीन॥ इति॥**

अर्थ — श्रीहरिदासीजू के स्वामी स्यामा नें स्याम-कुंजबिहारी रस बस करि लीने हैं। कहा करत हैं, केलि, भुजा कंठ मेलि कें। सुरति-सिन्धु झेलि सुख देत लाल कौं ललना मिलि प्रेम के आनंद तें॥ इति॥

— **भावार्थदीपिका :** श्रीनागरीदासजू

२७

आलस श्रम जल कन निरखि, मुक्त माल कौं देहु।
गाहक नाइक है पिया, मन वच क्रम जो लेहु॥
श्रम कन दीजै मोती माल।
देखे बहुत अमोलिक अद्भुत, मन क्रम वच न्यौछावर लाल।
रति पति की विपरीत चाह अति, तुव नव जोवन बाल।
श्रीहरिदासि कहत पिय सुनिये, प्रिया प्रान प्रतिपाल॥

— **आभास उल्था :** श्रीपीताम्बरदेवजू

कहत कुँवरि सौं साँवरौ, मन की आसा जानि।
तुव तन श्रम नाँहीन जू, मेरी विनती मानि।

एक अमोलिक माल उर, मानहु निज अलि अंग।
तन मन धन न्यौछावरौं, कीजै मया अभंग।
रति विपरीत आलस नहीं, जो नायक तुव आस।
प्रीतम वर सों वेहु करि, बरसौ रस की रास।

— **वस्तुदर्शिनी** : श्रीराधाशरणदेवजू

सखी कौ वचन प्रियाजू प्रति — अद्भुत मोंतिन की निकुंज, तामें मुक्ता महल, रति रस रूप सेज, जहाँ बैठे दोऊ बिहारी-बिहारिनि। जा समैं सुरति-केलि में प्यारीजू के आनंद के श्रम-जल कन प्रगटे, सो मानों मोतीमाला कौ देह है। यह छबि लालजू देखि अपनौं तन मन धन न्यौछाबर करि देत हैं। श्रीहरिदासी-जू अद्भुत सिंगार कियें सुंदर रतन जटित सारौट कोमल आसन तें सोभित, जापै राजत हैं॥ इति॥

मूल — **श्रम जल कन नाँही होत, मोती माला कों देहु॥ इति॥**

अर्थ — श्रम-जल कन कहा, सुरति के आनंद तें श्रम जल कन भये, सो श्रम जल कन नाहीं, ये मोतीमाला कों देहु, कहा, तुम्हारी अंग-अंग की उजराई, कहा, दोऊ भुजानि की उज्जलता, सोही मोतिन की माला है, सो पिय कौं पहिराबौ। अथवा अंग-अंग की उज्जलता, सो यह मोती-माला कौ देह है, श्रम-कन नाहीं ॥ इति॥

मूल — **देखे बहुत अमोल मोल नाँही तन मन धन न्यौछाबर लेहु॥ इति॥**

अर्थ — देखे बहुत अमोलक मोती हैं, जिनकौ मोल नहीं, तिनपै तन मन धन लालजू नें न्यौछावर करि राख्यौ है॥ इति॥

मूल — **रति विपरीत प्रीति कौ आलस नाँहीं नाहक तेरे मधि एहु॥ इति॥**

अर्थ — रतिहू में विपरीत-प्रीति कौ आलस हौ, नाइक प्रियाजू, ए तेरे मधि नाहीं। तातें पिय रूप सज्या पै विपरीत-रति अंग-अंग मिलि विलसौ॥ इति॥

मूल — **श्रीहरिदास के स्वामी स्यामा कुंजबिहारी प्रीति वर मिलये वेहु॥ इति॥**

अर्थ — श्रीहरिदासीजू के स्वामी स्यामा कुंजबिहारी लालजू कौं प्रीति वर-जो श्रेष्ठता करि मिलत भये। अथवा प्यारीजू कौ अंग उज्जल मोती, सो लालजू अंग प्रीति वरमि ताकौं बेध लेहु। तव गुन रूप डोरा प्रेम कौ, तामें पोइकें मोती की माला पहिरावौ। लाल जाँचक हैं। सो याही भाँति की माला पहिराइ कें अंग-अंग मिलि सुख विलसत भये॥ इति॥

— **भावार्थदीपिका** : श्रीनागरीदासजू

२८

निरखि थकित सुख धन धनी, ध्यान धरत दुख होइ।
प्रगट भई सुख सहजहीं, आदर हियें समोइ॥
स्याम बाम कौ ध्यान लगायौ।
ज्यौं ज्यौं नैंन मूँदियत सुख बिनु, मन चंचल तन में भ्रम आयौ।

आपुहि प्रगट कही मुख बानी, सुनि प्रीतम रस-सिंधु पगायौ।
श्रीहरिदास के स्वामी स्यामा कुंजबिहारी कौ अंकमाल भ्रम दूरि भगायौ।

— **आभास उल्था :** श्रीपीताम्बरदेवजू

गोरी नीलाम्बर भई, पर्‌यौ बिम्ब उर स्याम।
भोगी जोगी ह्वै रहे, रोगी सेव सकाम॥
भई प्रगट अरबर सहित, छोड़ि दियौ दुख ध्यान।
श्रीहरिदासी लाड़िले, तन मन वारत प्रान॥

— **वस्तुदर्शिनी :** श्रीराधाशरणदेवजू

सखी के वचन सखी तें — लाल रतन मुक्तानि कौ महल, जामें नील मनिन के लहरियानि कौ सिंघासन, अरु मोतिन की जाली बनी; जहाँ महाकोमल गुलाबदलनि की सेज पै, सनमुख दोउ बिहारिनि-बिहारी विराजित हैं। दुहुँनि अंग-अंग महादिव्य तन में तन, मन में मन झलमलात हैं। श्री लाड़िलीजू महा अद्भुत सिंगार कियें श्रीहरिदासीजू की ओर झुकि कहनि लागीं। वा झुकनि में नथ नासिका ऊपर थिरकि रही। अथवा रति-विपरीत में की झूलनि में नथ की थिरकनि की समै भई। ताकौं पिय देखत ही वा थिरकनि प्रीतम के मन में बसी, पै कपोल-अधर छुवन मिस पिय नथ कौं सँवारन लागे। जा सोभा कौं सखी देखि सखी तें बोली॥ इति॥

मूल — **नील लाल गौर के ध्यान बैठे कुंजबिहारी॥ इति॥**

अर्थ — हे सखी, प्यारीजू की नथ थिरकनि। सो नथ कैसी है? उज्ज्वल-गौर दोऊ मोती अरु तामें नील मनि बीच है अरु लाल कांति कनक की, ताकौ तार, तामें मोती अरु नीलमनि पोये हैं; ता नथ के ध्यान में कुंजबिहारी बैठे हैं। कौन अनूप नथ की थिरकनि देखि मोहे गये; तामें खबरि परी नहीं। विचारत हैं कि यह कहा है; नील लाल गौर ऐसे कछु कांति दृष्टि आवत है, पै नथ की खबरि नहीं। ताकौ ध्यान करि विचारत हैं। थिरकनि की झाँईं कपोलनि में परी, सो ता मौज की चोज में चित्त पिय कौ चेरौ ह्वै गयौ और वा नथ की थिरकनि की मौज, प्रीतम चाह्यौ — कि कर सौं छबि कौं सँवारि देखौं, कर-अँगुरी लै अधरनि धरी; सो कर कौ करही तहाँ रहि गयौं। रंग-स्वरूप विचारत हैं चित्त दैकें, जैंसें चित्र चितेरौ। पिय सँवारनि की छबि देखत ही कर-चितेरौ ज्यौं चित्र ही है गयौ। ऐसे चित्र ज्यौं ध्यान में बैठे॥ इति॥

मूल — **ज्यौं-ज्यौं सुख पावत नाँही, त्यौं-त्यौं दुख भयौ भारी॥ इति॥**

अर्थ — ज्यौं-ज्यौं प्यारौ वाकौ सुख पावत नाहीं, कहा, चित्त तौ वा छबि में नथ के हाथ मन लाल कौ पर्‌यौ अरु अधर-पान कियौ चाहत; सो पावत नाहीं। जब प्यारीजू नें देख्यौं — कि इनकौ मन कहाँ गयौ? जब अधर प्यारीजू देत नाहीं; तातें सुख कहाँ? भारी दुःख भयौ। बिहारीजू बलिहार होत हैं अरु हा हा खात हैं — सुख दै — अधरामृत पान! नेंक मुख मोरि, इतै हँसिकें हेरौ॥ इति॥

मूल — **अरबराइ प्रगट भई, जु सुख भयौ बहुत हियारी॥ इति॥**

अर्थ — जब प्यारीजू इनकी दीनता देखि मुख मोरि अधर पान दयौ। तब वा नथ की प्रकासता आप ही

प्रगट भई। कहा; कपोलनि पै नथ के थिरकनि की झलक परी; सो मुख की मोरनि में वा नथ की झलक जानी; सो आप ही प्रगट भई। तातें सुख भयौ बहुत हिया कौं॥ इति॥

मूल — **श्रीहरिदास के स्वामी स्यामा कुंजबिहारी करि मनुहारी॥ इति॥**

अर्थ — श्रीहरिदासीजू के स्वामी कौन, स्यामा, तिनकी कुंजबिहारी मनुहारि करत हैं — कि हो प्यारी, तिहारे गुन गूढ़ समरथ हैं। नाना प्रकार के मनोरथ मेरेन कौं पोषत हैं। सो ये नथ के मोती अरु लाल बीच कनक की मनि ह्वै जायगौ मेरौ मन। कहा, कि तुम्हारे अंग-संग मिलिबे की चाह करि मिल्यौ रहत है पै त्रिपित नहीं। ताकी व्याकुलता नें मेरे मन कौं कंचन ज्यौं औंटाइ डारौ है। सो कृपा करि अधर अमृत सौं सींच सीतलता, सुरति रंग के अपनी गाढ़ आलिंगन जंत्री, सोई कसनि तें खैंचि करि मोती पोइ लयौ, तातें या नथ के हाथ मेरौ मन पर्‌यौ है॥ इति॥

द्वितीय आभास

दोऊ सनमुख, सखी कौ उर सेज, तापै अंग-अंग मिलै, अधर पान करत। ता समैं कुंजबिहारी प्यारीजू सौं मनुहारि करत। वा सुख कौं देखि सखी तें सखी कहत हैं॥ इति॥

मूल — **नील लाल गौर के ध्यान बैठे कुंजबिहारी॥ इति॥**

अर्थ — नील — जो कुंजबिहारी लाल-स्याम सुंदर, सो स्याम-मखतूल कौ फौंदा लड़ैती जू के कंठ में फब्यौ है। ता समैं लाड़िलीजू के नथ-अधर पान करिबे में चौका की चमक अद्भुत देखी। जामें दसननि की उज्जली जोति की झलक, ताही कौ मोती अरु अधर रस सों भरे अति अरुनता की झलक, ताही कौ लाल अरु नासिका ऊँची लवंग, जाकी झलक, सोई कनक कौ सूत, ऐसी सुंदर नथ की छबि में मन पर्‌यौ। सो गौर-श्री प्रियाजू के नथ सोभा करि थिरकि रही है। ताके ध्यान में बैठे हैं। अथवा नील लाल गौर में नथ-अंग की झलक की पहिलें कही, ताके ध्यान में बैठे हैं कि काहे की नथ बनी है? तब अपनौं कर सँवारिबे के हेत-कि कहा है, कपोलनि पै चलायौ। वा नथ की झाँई परत कपोलनि पै। जब प्यारीजू नें देख्यौ कि इनकौ मन कहाँ, कौन छबि में पर्‌यौ। तब सखी की ओर मुख मोरि कहत भईं कि हे सखी, देखत है? तब सखी ने कह्यौ — बलि जाऊँ, अद्भुत आपके या भाँति नथ की सोभा बनी, ताकौं देखि मौज की चोजनि तें इनकौ चित्त रस सौं भरिकें चेरौ होइ गयौ है। कर कौ कर ज्यौं कौ त्यौंही रहि गयौ। वा नथ कौ स्वरूप विचारत चित्त दियें चित्र रूप यह चितेरौ भयौ॥ इति॥

मूल — **ज्यौं-ज्यौं सुख पावत नाँहीं, त्यौं-त्यौं दुख भयौ भारी॥ इति॥**

अर्थ — आप तौ हो प्यारी, मुख मोरि बैठी अरु इनकौ अधर-दसननि की झलक में मन पर्‌यौ; सो जानिकें निकस्यौ चाहत है। काहे तें कि अधर पान न करि सकैं ये। सो यह सुख तौ आपकी कृपा बिना पावत नाहीं; त्यौं-त्यौं भारी दु:ख भयौ है। अरु बलिहारी हा-हा री बिहारी कहत हैं — हे प्यारीजू, मुख मोरि हासि जुक्त मो-ओर हेरौ, सुख दै॥ इति॥

मूल — **अरबराइ प्रगट भई, जु सुख भयौ बहुत हियारी॥ इति॥**

अर्थ — जब प्यारीजू नें मुख मोरि हँसिकें अधर-पान दयौ। तब वा नथ की सोभा आप ही प्रगट भई। सो सुख हिया कौं बहुत भयौ॥ इति॥

मूल — **श्रीहरिदासीजू के स्वामी स्यामा कुंजबिहारी करि मनुहारी॥ इति॥**

अर्थ — श्रीहरिदासीजू के स्वामी-श्रीस्यामाजू, तिनकी कुंजबिहारी लालजू मनुहारि करत हैं कि तेरे गुन

गूढ़ समरथनि। हो प्यारीजू! मेरौ मन मोहि लयौ या नथ के बीच। सो या नथ के हाथ यह मन पर्‌यौ है। हे स्वामिनी! तुम्हें सेवत अनहौंदा सुख पाइयत है कि आप कृपा करि अंग-संग सुख बिलसावौ। तब प्यारीजू के उर पै स्याम-मखतूल कौ फौंदा झूलत है परस्पर सुरति-बिहार की चलनि में॥ इति॥

— **भावार्थदीपिका :** श्रीनागरीदासजू

२९

आजु बना बानिक बनी, गौर स्याम लपटानि।
नील पीत पट रगमगे, छबि कवि कहा बखानि॥
बनी आजु बानिक पिय तेरी।
स्याम गौरता लहकि उठत लखि, सुख पावत रस अँखियाँ मेरी।
नील पीत पट रंग प्रकास्यौ, उपमा ढूँढि मिलत ना हेरी।
श्रीहरिदासि निहारति जो छबि, कवि कहा जानें वाकी सेरी।

— **आभास उल्था :** श्रीपीताम्बरदेवजू

कीनौ अति आरम्भ रति, फेरि लाड़िली लाल।
कहत आजु तातैं सखी, बानिक परम रसाल।
गौर स्याम तन दुति सरस, मिलैं परस्पर चारु।
दुति में दुति अति ह्वै रही, करत बिहार अपार।
बेंनी रति में होत ज्यौं, नाग-नागिनी अंग।
लपटि रहे यौं परस्पर, जुगल किसोर अभंग॥
उपमा नील निचोल की, ससि ताके द्वै भाव ।
लही स्यामता ताहि की, पुनि प्रकास सरसाव॥
कंचन रवि उपमा सरस, पीताम्बर की जानि।
पीत ललाई गुन कनक, पुनि प्रकास रवि मानि।
उज्जल अंग प्रतिबिम्ब वर, पर्‌यौ परस्पर चार।
पीत नील अम्बर सोई, तन सिंगार बिहार॥

— **वस्तुदर्शिनी :** श्रीराधाशरणदेवजू

सखी कौ वचन श्रीप्रिया-लालजू तें — मनोहर कुंज, तामें मनोहर दोऊ प्रिया-प्रीतम, मनोहर सेज पै मनोहर बिहार करत हैं। अंग-अंग सनमुख जुरे हैं। उनके अंग में तौ इनके अंग, इनके अंग में उनके अंग, सो प्रतिबिम्ब करि द्वै-द्वै दुहुँ ओर हैं। और एक निमेष हू के लगत नैंना अकुलात हैं। तहाँ आजु की बानिक की छबि सखी दुहुँनि तें कहत हैं कि ऐसे अंग-अंग मिले हैं, सो न्यारे जाने जात नाहीं। पै अंग-अंग की लहलहानि तें गौर-स्याम छबि बरनत हैं॥ इति॥

मूल — **आजु की बानिक प्यारे तेरी प्यारी तुम्हारी बरनी न जाइ, छबि॥ इति॥**

अर्थ — आजु की यह नवीन सोभा कि आजु यौं बिहार बन्यौं, सो कबहूँ देख्यौ नहीं। हो प्यारे, अरु प्यारी! तिहारी सौं; तुम दोऊनि की छबि बरनी न जाइ। जो-जो अंग-अंग मिलै बार-बार, तौ केलि बरनन करैं; अंग में अंग तौ लपटि रहे हैं, सो खबरि नहीं। याही सोभा कौं देखिबौ करियै। आजु अंगनि की झलक उठत हैं, ता करि सोभा कहत उपमा दै कें॥ इति॥

मूल — **इनकी स्यामता तुम्हारी गौरता, जैसें सित असित बेंनी रही भुवंगम ज्यौं दबि॥ इति॥**

अर्थ — हो प्यारीजू! इनकी स्यामता-अंग की लहलहानि, सो तौ तुम्हारी गौरता में आनि झलकी है। कहा, इनकी स्यामता आपकी गौरता में ह्वै कें बाहिर प्रकासित भई है। कहा, इनके अंगनि की कांति आपके अंग में है, नाभि-समुद्र में झलकि दिखावत फिर बूड़िजात। कहा, पिय कौ मन-मीन नाभि-सरोवर में कलोल करत। अरु तुम्हारी गौरता अंग की, ताकी झलकानि स्यामता में जात; सो स्यामता कौं दाबि गौर ही रूप प्रकासित है। सो द्वै-द्वै दुहुँ ओर ही स्वरूप हैं कि प्यारीजू के अंग में पिय कौ प्रतिबिम्ब, पिय के अंग में प्यारीजू कौ प्रतिबिम्ब; सो सन्मुख निसि अरु भोर रहत हैं। यहाँ निसि-भोर कहा, जब प्रेम में मगन है जात, सो निसि, अरु सावधान है विलास करैं, सो भोर; अथवा निसि-तौ रति; भोर-प्रातः समै अलसानि तें चैतन्यता; तामें दोऊ या समै में द्वै-द्वै स्वरूप सनमुखता करि ह्वै रहे हैं। निमेष न लगत अकुलात हैं।

"जैसें सित असित बेंनी" कहा कि बेंनी कौं फूलनि तें गुही। ऊपर फूल हैं, सो सित अरु नीचे स्याम के अंग की स्यामता, सो असित; सो या भाँति लपटैं। दूसरी उपमा प्रतिबिम्ब की — बेंनी रही भुवंगम ज्यौं दबि, कहा, भुवंगम जो सरप कि स्याम बरन ऊपर, वाके नीचें गौरता; वा स्यामता अंगनि की नें महाजोवन के जोरें गौरता कौं दाबि राखी। कहा, स्याम मखतूल कौ फौंदा लड़ैती जू के कंठ में सोभित। बेंनी रही भुवंगम ज्यौं दबि; दोऊ दोऊ पै सोभित, यह छबि बरनी न जाय। कैसी है; बेंनी विसाल रसालनि की है। श्री प्रियाजू के तन की सुगंध ताके लोभ तें अरुझी है॥ इति॥

मूल — **इनकौ पीताम्बर तुम्हारौ नील-निचोल ज्यौं ससि कुंदन जेब रवि॥ इति॥**

अर्थ — इन प्यारे कौ सिंगार पीताम्बर, सो तौ आपकौ कंचन बरन तन। तुम्हारौ सिंगार नील निचोल, सो तौ पिय कौ स्याम घन-तन। सो तुम्हारे खेलनि कौं मन रूपी फूल है अरु तन में दुकूल न रहैं। अंग-अंग में जो बसन रहैं, तौ ये कैसे मिलैं? सकुचि समात हैं। तातें इनके अंग-अंग ही सिंगार हैं। अति अद्भुत रूप है। गौर-स्यामल सरूप है। ज्यौं ससि कुंदन जेब रवि, कहा, ससि-चन्द्रमा; सो तौ मुख-चन्द्रमा, नीलाम्बर में सोहत। कुंदन वरन-तन आपकौ; सो रवि रूप लालजू कौ पीताम्बर, ताकौं जेब देनहारे हौ। अथवा कहा, तुम्हारौ मुख-चन्द्रमा नील निचोल-लालजू के मुख में। कुन्दन बरन-पीताम्बर लालजू के, ताकी जेब कौन, रवि। कहा, आप जो सूर-वीर सुरति रन में; सो प्रीतम कौ जेब-कहियै सोभा के देनहारे हौ। अथवा तुम ससि बदनी हौ, कंचन तनी हौ अरु ये विरह रूप रवि हैं। कहा कि तन-मन करि लीन हैं अरु व्याकुल ताकौं अधर रूप अमृत अरु कंचन के बरन कुच संपुट, तामें धरिकें वा अमृत ते पोषत हौ। सो या रवि कें आप जेब के देनहार हौ॥ इति॥

मूल —**श्रीहरिदास के स्वामी स्यामा कुंजबिहारी की सोभा बरनी न जाइ, जो मिलै रसिक कोटि कवि॥ इति॥**

अर्थ — श्रीहरिदासीजू के स्वामी स्यामा कैसी है, कुंजबिहारी हैं। कहा कि पिय-हिय रूप अंक निकुंज, तामें निसंकता सौं बिहार करत हैं। जद्दपि दुहुँनि की छबि समान बरनी, पै इन प्यारी-कुंजबिहारी की सोभा बरनी न जाइ, जो मिलैं रसिक कोटि कवि। कहा, पिय की तौ सोभा बरनें हूँ, पै ये प्यारी कृपालता की रासि, तिनकी

सोभा जो हम से कोटि रसिक — ये सखीजन रसिकजन, तिनपै हू बरनी न जाइ। अथवा यह रसिक लाल अपने रोम-रोम से रसना करि प्यारीजू की सोभा बरनन करैं, तौ बरनी न जाइ। रोम-रोम तौ कहा कहैं, इनके मन अरु मनसा हूँ तें जो कोटि-कोटि मन करै, मनसा कोटि-कोटि करैं, भावनि करि, तौ कापै कहैं-गहैं जात हैं? इनके मनोरथ रूप कोटि-कोटि रसिक मन मनसा करि सोभा बरनि न सकैं। और-रसिक की तौ कहाँ समाई है? हम तौ तुम दोऊनि कौ सुख देखि-देखि नैंना सिरात हैं। दम्पति जो प्रिया-प्रीतम, तुम सुख की रासि हौ; सोभा कहा बरनन करैं? इति॥

— **भावार्थदीपिका :** श्रीनागरीदासजू

३०

देखत फूली प्रेम कौं, कर गहि आगें चाल।
तृन तोरत छबि निरखिकें, पिय नृत्तत नव बाल।
देखि देखि छबि फूले दोऊ।
प्रेम प्रकास प्रीति कौ हित अति, आगें चलि बलि लखै न कोऊ॥
सुनि सहचरि पहिरैं पट भूषन, लखि तृन तोरि जात मन भोऊ।
श्रीहरिदास के स्वामी स्यामा कुंजबिहारी, नृत्त करत रस-सिंधु समोऊ॥

— **आभास उल्था :** श्रीपीताम्बरदेवजू

प्रेम उज्यारी प्रीति के, आगें ह्वै कें लीन।
बिबि तन सोभा मिलन कौ, बागौ बन्यौ नवीन।
तिनुका टूटत तोहिं पर, जोरी बनी जु आज।
थेई थेई उपजत नृत्य महँ, सब रहसिन कौ राज।

— **वस्तुदर्शिनी :** श्रीराधाशरणदेवजू

श्री ललिता-हरिदासीजू के वचन सखी तें — फूलनि की कुंज में दोऊ बिहारिनि-बिहारी अंग-अंग फूलनि सिंगार कियें, महाआनन्द करि फूलनि समात नाहीं। फूलनि की सेज पै फूले बिहार करत हैं। अरु छबि सौं स्याम कटि-पट कौं छोरत अरु इत गोरे गात की गाती छूटि गई। जहाँ मानिनी जू नीबी नाभि निरखत, बंद ही बंद मिलवत हैं कर-कमल तें, सुरति रति रस में मगन भये विलसत हैं। फूलनि के सिंगार कियें सखीजन निहारत हैं। जहाँ ललिता-हरिदासीजू के वचन सखी जू तें॥ इति॥

मूल — **देखि देखि फूल भई॥ इति॥**

अर्थ — अंग-अंग अति फुलवारि देखि-देखि फूल भई, अंग-अंग में समात नाहीं॥ इति॥

मूल — **प्रेम के प्रकास प्रीति के आगें ह्वै जु लई॥ इति॥**

अर्थ — अंग-अंग में फूल कैसें जानी? प्रेम के प्रकास लाड़िलीजू आजु कृपाल हैं, विपरीत सुख-विलास की चाह है। तब प्रेम के प्रकासि-इनके नैंननि की चाह देखि प्रीति के आगें कहा, लालजू नें उनकी चाह

जानि अपनी प्रीति कौं आगें करि कहा कि भुजनि में भरि लईं, प्रेम के प्रकास करि॥ इति॥

मूल — **सुनि री सखी बागौ नीकौ बन्यौ, आजु तुम पर तृन टूटत है जु नई॥ इति॥**

अर्थ — हे सखी! सुनि कहा, बागौ नीकौ बन्यौ है। दोऊनि के अंग की फूल, सोई बागौ। अथवा चरननि की धरनि चपलता, ताकौ बागौ। अथवा प्यारीजू पिय पै राजित, सो पिय नें प्रिया रूप बागौ पहिरयौ है। आजु यह बागौ अद्भुत बन्यौं है। मानिनी जू मुसिकात जात हैं। गोरे गात गाती छूटि गई। ताकौं निरखि-निरखि बंद ही बंद अपने कर तें मिलवत हैं। तुम पर कहा, या सोभा पर तृन टूटत है, कहा, लाल बलिहार होत हैं। अनेक भावनि करि नई-नई केलि विलसत हैं। अथवा सखीजन बलिहार होत हैं॥ इति॥

मूल — **श्रीहरिदास के स्वामी स्यामा कुंजबिहारी सकल गुन निपुन, ताताथेई ताताथेई गति जु ठई॥ इति॥**

अर्थ — श्रीहरिदासी के स्वामी स्यामा कुंजबिहारी दोऊ सकल गुननि करि निपुन हैं। ताताथेई चरन कर धरि सुंदर नृत्त करत। पिय बोले-ताता-थेई ताथेई कहनि प्यारीजू की, बिबस हैं, सुरति रस में अरु विलसत हैं। ऐसे इनकी अद्भुत गति जु ठई है॥ इति॥

— **भावार्थदीपिका :** श्रीनागरीदासजू

३१

अति विचित्र जोरी बनी, देखी सुनी न होइ।
कंचन तन बानिक प्रिया, पिय उर लपटी सोइ॥
जोरी बनी विचित्र कहा री।
देखी सुनी न काहू बरनी, हौं छबि निरखि होत बलिहारी।
कंचन कौ रस सार सुधारयौ, ता करि उपमित देह तिहारी।
श्रीहरिदास के स्वामी स्याम-तमालै, लता लपटि उर कुंजबिहारी॥

— **आभास उल्था :** श्रीपीताम्बरदेवजू

ललित लाड़िली लाल सौं, ढिंग बैठी पिय अंक।
कर्यौ प्रगट वर पंचसर, विलसत हँसत निसंक॥

— **वस्तुदर्शिनी :** श्रीराधाशरणदेवजू

सखी के वचन श्रीहरिदासीजू तें — अद्भुत श्री वृन्दावन में निकुंज, जहाँ स्याम-तमाल सौं बेलि कंचन की लपटि रही हैं। जहाँ कोमल कमल-दलनि की सेज पै धनी-श्री प्रिया और धन-लालजू सोभित हैं। अद्भुत जोरी आजु बनी है। कहा, स्याम-तमाल लालजू कौं धनी-श्रीप्रियाजू गोद में लियें बैठे हैं। यह सोभा सखी देखि श्रीहरिदासी-सखी तें बोलीं॥ इति॥

मूल — **ऐसी तौ विचित्र जोरी बनी॥ इति॥**

अर्थ — ऐसी तौ विचित्र जोरी विराजत। कहा, अंग-अंग में रंग की नव-नव छबि छाइ रही है; सो विचित्र जोरी बनी है। कहा, प्रियाजू के हिय कौ हुलास प्रगट देखि सखी बोलीं॥ इति॥

मूल — **ऐसी कहूँ देखी सुनी न भनी॥ इति॥**

अर्थ — आजु की सी छबि न तौ कबहूँ देखी, न सुनी, न कबहूँ तुम भनी, कहा कि प्यारीजू परम कृपाल हैं। आप पिय रूप बिहारी बने हैं, बिहारी प्यारी बने हैं; सो यह कृपालता करि वेष पलटिबे की छबि कबहूँ न देखी। अथवा अंग-अंग में कृपालता; सो यह छबि कबहूँ न देखी॥ इति॥

मूल — **मनहुँ कनक सुदाह करि करि देह अद्भुत ठनी॥ इति॥**

अर्थ — मानौं कंचन कों अगनि में औटाइकें ऐसी अद्भुत देह बनी ठनी है। कहा कि दोऊनि की चाह प्रेम रूप अंग-अंग में, ताही कौ आँच करि सुद्ध कंचन रूप तन कियौ। कहा, जब प्रेम की आँच लागी, तब अंग-अंग पिघलकें एक रूप जो मनोरथनि की देह बनी। उज्जल कंचन-तन श्रीप्रियाजू कौ, तामें नीलमनि पिय कौ तन जटित; ऐसी अद्भुत देह ठनी है कि अंग में अंग जुरि बैठे, कहूँ अंतर नाहीं। इनकौं उपमा देत सकुच आवत, तातें ये निरउपमा हैं। दोऊनि की सोभा पै घन-दामिनी लजनी हैं॥ इति॥

मूल — **श्रीहरिदास के स्वामी स्याम तमालै उछंगि बैठी धनी॥ इति॥**

अर्थ — श्रीहरिदासीजू, आपके स्वामी श्रीस्यामाजू, सो धनी स्याम-तमाल कौं उछंगि कें कहा, अंक में लैकैं बैठी हैं। अरु हास-परिहास करत प्रेम जुत सरस-विलास में सनि रही हैं। विलास तौ सदा ही करत, पै आजु सरस-विलास कि प्यारीजू कृपाल भये सो या सोभा, गुन सहज ही रूप-लावण्यता की बात कहा कहूँ? श्रीहरिदासी, आपकी कृपा तें दुलरावति हूँ। यह बरनी है। अथवा प्यारीजू लालजू कौं उठंगि लै बैठीं। कहा, तकिया लौं, बगल में लियें बैठी हैं॥ इति॥

— **भावार्थदीपिका :** श्रीनागरीदासजू

३२

हँसि खेलत बोलत मिलत, नैंननि सुख मुख बीर।
अधरातिन मिलि गावहीं, तृपति न होत अधीर।
ज्यौं तुम क्रीड़त सुख श्रवै, नैंननि लखि मेरें।
बीरी परस्पर खात ज्यौं, दामिनि घन घेरें।
अधरातिन सुर सुख बढ्यौ, नाँहिन कोऊ नेरे।
श्रीहरिदासि सम्हारहीं सुख साँझ सबेरें।

— **आभास उल्था :** श्रीपीताम्बरदेवजू

घरी पहर ना रात दिन, सुख कौ सार अपार।
सुरति-अंत आरम्भ मधि, तीन्यौं काल बिहार।
हँसनि विलोकनि खेलि पुनि,राग रंग अनुराग।
अधर पान मृदु वचन सुख, सखि निरखत बड़भाग।

सुरति मध्य अधराति है, केदारे कौ राग।
इह सुख बरनत सहचरी, गुप्त प्रेम की लाग।

— **वस्तुदर्शिनी :** श्रीराधाशरणदेवजू

श्रीहरिदासीजू के वाक्य सखिन प्रति — निकुंज कौ अँगना, सखी कौ मन; जहाँ अनेक भावनि की फुलवारि फूलि रही है। जामें फूलनि के वितान तने हैं। तहाँ घन-दामिनी चमचमात हैं, अरु प्रेम-रस की वरषा होत। कोमल रस रूप पै दोऊ बिहारिनि-बिहारीजू रस-भरे सुरति सुखसागर में हिलि-मिलि हँसत-खेलत, बोलत हैं। सो श्रीहरिदासीजू वा सुख कौं अपने नेत्रनि द्वारा दिखावत हैं, अरु सखिन सौं कहत हैं, अरु दोऊ लाड़िलेन सौं कहत हैं ॥ इति ॥

मूल — **हँसत खेलत बोलत मिलत देखौ मेरी आँखिन सुख ॥ इति ॥**

अर्थ — हो बिहारिनि-बिहारीजू! तुम्हारे हँसत खेलत अरु बोलत, मिलत कौ सुख मेरी आँखिन करि देखौ कहा, तुम केलि-विलास में परस्पर होड़ बदि-बदि नृत्त-गान करत हौ, तब कोऊ चूकत है, जब हँसत हौ। अथवा सुरति-सुखनि में आलस होत, तब लाल हँसत हैं अरु सुरति में खेल खेलत कहा, अंग-अंग मिलिबे में कबहूँ गहिकें चरन छतिया पै धरत हौ, कबहूँ-कबहूँ अधर-कपोलनि सौं परस्पर खेल करत-चुम्बनादि खेल खेलत। बोलत कहा, मधुर-मधुर वचन बोलत हौ। अथवा अंग-अंग के आभूषननि के बाजे बजत, सो बोलत। मिलत कहा, जो-जो अंग-अंग मिलि, अंग-अंग में मिलि जात। सो तुम या भाँति सुरति-सुख में रहत, पै कबहूँ तौ सावधान है अंग-अंग मिलि सुख विलसत हौ, कबहूँ प्रेम में बिबस मन करि मनोरथ बिहार के करत हौ; याते तुम मेरी आँखिन करि सुख देखौ। कहा, कि मैं सदा एकरस सावधान तुम्हारौ सुख देखत हूँ, सो मेरी आँखिन सावधान हैं, या रस सौं भरी हैं, मैं सैननि ही बतियाँ कहिहौं कि तुम मेरी आँखिन कि सुख देखौ। कहा, सावधानता तें रस पीवौ, आलस में मति आइ जावौ। आलस करौगे, तौ केलि कौ सुख भूलि जावौगे, तातें मेरी आँखि सावधान सुख तें भरी हैं, ताही आँखिन करि सुख देखौ। अथवा सखिन प्रति वचन है — प्रीतम प्यारी हँसत, खेलत, मिलत हैं, सो सुख मेरी आँखिन करि देखौ। और प्रगट करि रसिकजननि सौं कहत हैं — अति दुर्लभ सुख है, ताकौं तुम मन दै देखि सकौगे मेरी आँखिन करि। कहा, या भाव में भावित ह्वै करि सुख देखौ, अति कृपालता सौं कहत हैं ॥ इति ॥

मूल — **बीरी परस्पर लेत खबावत ज्यौं दामिनि घन चमचमात सोभा बहु भाँतिन सुख ॥ इति ॥**

अर्थ — कहा कि बीरी; जो अधर परस्पर लेत हैं। कहा कि प्यारीजू पिय के अधर-पान करि लेत हैं अरु अपने अधर पिय कौ पान करावत हैं, यही खबावत हैं। कबहूँ पिय या भाँति करत हैं। ज्यौं दामिनि घन चमचमात-हँसनि में चौका की दमकनि, सो दामिनी अरु घन-अति गहरता स्याम-घन की । अथवा बीरी परस्पर लेत कहा, दोऊ महारस सौं छके परस्पर गाढ़आलिंगन करत। कबहूँ तौ वे उनकौं भुजन में भरि लेत हैं, कबहूँ वे इनकौं भुजनि में भरि लेत हैं। खबावत कहा, रस भोजन। कैसें, ज्यौं दामिनि घन चमचमात-दामिनी अरु घन मिलत हैं, तामें चमचमात — अंग अंगनि कौ लसिबौ — दामिनी-श्री प्रियाजू, स्याम घन-लालजू अंग-अंग मिलि लपटावत हैं। अंग-अंग में मिलि जात हैं, कबहूँ छूटि, फिर बँधत हैं। सोभा कैसी है, बहु भाँतिन के सुख हैं ॥ इति ॥

मूल — **श्रुति घुरि राग केदारौ जम्यौ, अधराति निसा रोम रोम सुख ॥ इति ॥**

अर्थ — सुरति-सुख में घुरि रहे हैं। दोऊन कौ राग-जो सनेह, जो ही राग-केदारौ जम्यौ। कहा, अति

सुख छै गयौ। अधराति निसा कहा, तीन हैं सुरति सुख में अवस्था। प्रथम — तौ सुरति आरंभ, द्वितीय — मध्य, तीसरे — अंत। कहा, आलस सुकुमारता करि, अथवा प्रेम करि बिबसता। सो या समैं मध्य भाव है, न तौ आरंभ, न आलसता कौ नाम — अधराति निसा कहा, महा ही मध्य समै। तामें रोम-रोम सुरति सुख रमि रह्यौ है॥ इति॥

मूल — **श्रीहरिदास के स्वामी स्यामा कुंजबिहारी के गावत सुर देत मोर भयौ परम सुख॥ इति॥**

अर्थ — श्रीहरिदास के स्वामी स्यामा अरु कुंजबिहारी दोऊ सुरति-बिहार करत। गावत, कहा, कि यह जो बोलनि कि — खेलौ-हँसौ अनुदिन, या सुख तें छिनक हूँ जिन टरि जाहु। कहा, सावधानता तें यह रस विलसिबौ करौ, आलस जिनि गहौ। सुर देत-तब वे दोऊ सुर देत हैं। कहा, याही-सुख सौं भीने सुर देत हैं। कहा कि हम याही सुख में मगन हैं। अथवा श्रीहरिदासीजू ज्यौं इनकौं नैंन-सैंन समझाये कि या सुख में ये सावधान रहैं। ये सुर देत हैं, मोर भयौ परम सुख-परम सुख हैं, जिनहूँ कौ सिरमौर सुख भयौ। अथवा श्रीहरिदासीजू कहत हैं — मोर कहिये, मोकौं परम सुख भयौ॥ इति॥

— **भावार्थदीपिका :** श्रीनागरीदासजू

३३

अद्भुत गति उपजत लखी, मंडल रच्यौ सहेलि।
गान तान नौतन धरैं, करत नृत्त रस झेलि॥
नौतन गति नृत्तत सुकुँवार।
सहचरि के मंडल मधि राजत, सूचत सब सुख कौ सुख सार॥
गति सुधंग अंग परिरम्भन, मुरि मुसिकत गति लेत सँभार।
ताल मृदंग बजत चन्द्रागति, सप्त सुरनि सहचरि उच्चार॥
श्री वृन्दाविपिन फूल पूरन ससि, त्रिविध पवन सुख अमित अपार।
इह रस विलसत हास परस्पर, भू पर क्रीड़त बिबि अवतार॥
श्री जमुना-जल विथकित निरखि सुख पुहुप-वृष्टि रतिपति बलिहार।
कवि-जन को बरनैं निरनैं करि, श्रीहरिदासी कुंज बिहार॥

— **आभासउल्था :** श्रीपीताम्बरदेवजू

उर-मंडल रस-रास में, नाचत जुगल-किसोर।
हँसि मिलि अंग सुधंग भरि, परिरम्भन रस रोर॥
क्रीड़त ह्वै लै ताल जुत, चन्द्रागति की घात।
हाव भाव सतभाव सुर, ललिता कीनी मात॥
तन वन दोऊ पूर्न सुख, आनन पूरन चंद।
नासिक मुख मारुत सु अँग, सुगंध सीतल मंद॥

जमुना जल भरि रस पूरि थकित, उभय अंग आनंद।
को बरनें हरिदासि बिनु, गौर स्याम सुख संद
— **वस्तुदर्शिनी** : श्रीराधाशरणदेवजू

सखी के वाक्य सखी सौं — श्रीवृन्दावन-दुहुँनि कौ तन, फूलनि करि फूलि रह्यौ है। सो बसंत रितु-नित्य अंग-अंग फूले रहत। अरु सरद-रितु में पूरनमासी कौ चन्द्रमा जगमगाइ रह्यौ है। कहा, अंग-अंग की उजराई-सरद रितु, पूरनसासी कौ चन्द्रमा-प्रियाजू कौ मुख, सो प्रकासमान जगमगात है। अरु त्रिविध पवन-सीतल, मंद, सुगन्ध बहै है। कहा, श्रीजमुना-जल सौं परसत आवत, तातें सीतल। कहा, जमुना जल कि दोऊ गौर-स्याम किनारे, तिनके मिलाप सुख की संधि। नृत्त में मृदु गवन-पवन अति सीतल-मंद। कहा, लतानि में अटकत आवत कि भुज रूप लतानि में गरबाँही दियें मंद सुलप नृत्त करत। सुगंध-कमलनि कौं परसत आवत कि कुच-कमलनि की परसनि में अति सुगंध, ये सीतल मंद सुगंध पवन चलत है। श्री जमुना जल विथकित है। कहा, श्रमजल नाहीं होत है। अरु बसंत-रितु नित्य रहत। कहा, अंग-अंग पुहुपनि की वरषा करत रहत हैं। अरु-पावस रितु में घन-दामिनी दोऊ रस की वरषा करत रहत हैं। अद्भुत मंडल रतन जटित-दुहुँनि के अंग-अंग मंडल, ज्यौं कंचन में मनि जटित। या भाँति अंग-अंग की लपटानि है। जहाँ महारचना रचित है, सो बिसाँति है। श्री ललितादिक सखी चहुँओर कल गान करत हैं। ताके मध्य किसोर-किसोरीजू अद्भुत गति सों नाचत हैं। श्रीहरिदासीजू नव-नव लाड़ लडावत हैं। अनेक भावनि के चोज उपजावत हैं। सो सुख श्रीललिता-हरिदासीजू सखी सों कहत हैं॥ इति॥

मूल — **अद्भुत गति उपजत अति नृत्यत दोऊ मंडल कुँवर किसोरी॥ इति॥**

अर्थ — हे सखी, दोऊ-किसोर-किसोरी जू मिलि अंग-अंग मिले, सोई मंडल, तापै जो-जो अद्भुत गति सुरति-रास में उपजत है अतिसै करिकैं, सोई नाचत हैं। कैसे, मदन मयंक कौ विकास। कहा कि चाह रूपी चन्द्रमा की उजियारी में जा-जा भाँति चाह अंग-अंग में उपजत है, तैसें नृत्त करत हैं॥ इति॥

मूल — **सकल सुधंग अंग भरि भोरी, पिय नृत्यत मुसिकनि सुख मोरी, परिरम्भन रस रोरी॥ इति॥**

अर्थ — सकल सुधंग-जो नृत्त, सो कोक-संगीत में लाड़िलीजू अति सुघर, अंग भरि कहा, पिय कौं अपने अंक में भरि लेत। जा-जा अंग सौं चाहिये, ता-तासौं मिलि नृत्त करत अलग रहिकैं। अद्भुत नृत्त करी, पै भोरी भूलि जात। सो होड़ा-होडी दोऊनि की है। यह होड़ बदी है कि अलग लाग सौं नृत्त और अंग न छुबैं। कटि सौं कटि गहि अलग नृत्त करौ, सखी हारि-जीति की साखी भरैं। अब किसोर जू नृत्त करत, ताहि कहत हैं — पिय नृत्यत कहा, अनेक गतिन करि अंग-अंग सहित कोक-कलानि प्रवीन अलग नृत्तत। पै किसोरी जू के अंग तौ समस्त सुकुमार। प्यारे तामें नाभि की सोभा देखि मन वा सोभा में डूबि गयौ, तब अलग नृत्त में और अंग तें परसि ह्वै गयौ। मुसिकनि मुख मोरी कहा, जब प्यारीजू मुख मोरि कें मुसकात भईं अरु नृत्त करनि लागीं अधर-कपोल चुंबन किये। पिय प्रियाजू कौं कृपाल देखि — परिरम्भन रस रोरी कहा, बहुत गाढ़ आलिंगन करि छाती सौं छाती लगाइ मुख चुंबन किये॥ इति॥

मूल — **ताल धरैं बनिता मृदंग चन्द्रागति घात बजै थोरी थोरी॥ इति॥**

अर्थ — प्यारीजू सो बनिता रूप ही, पै पिय की रुचि सौं नृत्त करनि लागीं, अंग-संग पिय के। अंग-अंग की बाजनि, सोई ताल अरु मृदंग मंद-मधुर। अथवा सब्द रसनावली, सोई ताल बलय-जो अंग की चूरी,

ताकी बाजनि सोई मृदंग। बलय कहा बाजैं? बाहु सौं पृष्ठ सौं लगिकें गाढ़ आलिंगन में बाजैं। चन्द्रागति घात बजै थोरी-थोरी कहा, एक तौ संगीत में चन्द्रागति ही बजत है। यहाँ चन्द्रागति कहा, ज्यौं चन्द्रमा कौ प्रकास प्रथम थोरौ-थोरौ होइ, पीछे बधतौ जाइ। सो प्रथम प्यारीजू चन्द्रबदनी थोरी-थोरी नृत्य की गति लेत हैं। घात करि कहा, प्यारीजू तौ पिय की क्रिया करत हैं, पिय प्रियाजू की क्रिया में हैं। तहाँ कहत हैं — थोरी थोरी गति नृत्य की ह्वै अरु घात करि कबहूँ बढ़ती ह्वै जात हैं॥ इति॥

मूल — **सप्तभाइ भाषा विचित्र ललिता गायन चित चोरी॥ इति।।**

अर्थ — सप्तभाइ कहिये सप्त सुर, सोई भाषा कहा, मधुर-मधुर बोलनि कि हो प्रियाजू! अति सुलप बिचित्र नृत्य करत हौ, सो रेख परमान अति, लटकि जात है सनमुख सुलप में। तब ललिता गाइनि हूँ कौ चित्त चोर्‌यौ गयौ। अरु लालजू तौ मोहे गये, गहिकैं चरन लये। अथवा ललिताजू गाइनि नें या नृत्त में ऐसे गान कियौ कि सुरति-नृत्य कौ उद्दीपन होत रहत, दोऊन कौ चित्त इन चुरायौ॥ इति॥

मूल — **श्रीवृन्दावन फूलनि फूल्यौ पूरन ससि त्रिविध पवन बहै थोरी-थोरी॥ इति॥**

अर्थ — श्रीवृन्दावन-सोभा जुक्त दुहुँन कौ तन, ताकी फूलनि अंग-अंग में है, तातें फूल्यौ। अथवा अंग-अंग में कहा, अधर, कपोल आदि फूले अरु नैंन, कुच, नाभि, कर, चरन इत्यादि सो सर्व फूले। पूरन ससि कहा, लाड़िलीजू कौ मुखचन्द्र, ये पूरन चन्द्रमा है, वह चन्द्रमा तौ कलाहीन है। त्रिविध पवन कहा, बिहार में मृदु-गवन पवन रुचि दाइक। त्रिविध कहा, सीतल तौ आवत है श्रीजमुना कौं परसत। श्रीजमुनाजू कहा, कि दुहुँनि के मिलाप की संधि, सो मिलत आवत। मंद कहा, लतानि में अटकत आवत कि दोऊनि की भुजा-लतानि कौं परसत आवत। अरु सुगंध-कमलनि कौं परसत आवत। कहा, कुचकमलनि कौं परसत आवत। बहै थोरी-थोरी ज्यौं-ज्यौं बिहार में हिय रूप हिंडोरे झूलत हैं, वा झूलिबे तें पवन थोरी-थोरी आवत॥ इति॥

मूल — **गति विलास रस हास परस्पर भूतल अद्‌भुत जोरी॥ इति॥**

अर्थ — सुरति विलास में जो-जो अंग-अंग में गति उपजत, सो रस भरी, तातें हँसत हैं। प्यारीजू कहत हैं — अहो चतुर! ऐसें नृत्य-विलास में गति ल्यावौ। सो गति लेत, पै आवत नाहीं, तब प्यारीजू हास करत हैं। जब लालजू कहैं — भलैं महाराज, आप नृत्य गति लेहु। तब लाड़िलीजू नव-जोवन के जोर तें सरस गति लेत हैं। जहाँ लाड़िलौ कहत — हाहा री प्यारी, बलिहार जात हों, फेरि लीजै। तहाँ हास परस्पर। भूतल-जो अंग-अंग मिलिबे कौ मंडल अथवा सखी कौ हिय-रूप मंडल, तापै या जाति के बिहार में अंग-अंग की अद्भुत जोरी है॥ इति॥

मूल — **श्रीजमुना जल बिथकित पुहुपनि बरषा, रतिपति डारत तृन तोरी॥ इति॥**

अर्थ — जमुना-जल कहा, दुहुँनि के मिलाप की संधि अरु गौर-स्याम दोऊ तट तामें नैन मीन, अरु कुच आदिक कमल। सो विथकित कहा, या रस में ये दोऊ मगन हैं कि रस में छकि मत्त ह्वै रहे हैं। पुहुपनि कहा, प्रफुलित हैं कुसुम अंग-अंग में, सो बसंत रितु नित्य रहत। वरषा-दोऊ घन-दामिनी अंग-अंग रस तें भरे रस की वरषा करत हैं। रतिपति डारत तृन तोरी, कहा, कि रति कहियै चाह, सो यह चाह सब चाहनि की पति है। सो प्रियाजू तौ अति गरबीली, अब कृपाल भईं। परम कृपाल रसाल लाड़िले कों लपटि-लपटि भुजनि में भरत हैं। सो पिय सोभा कौं देखि अपनी चाह कौं इनकी कृपा रूप चाह पर वारि डारत हैं। तृन तोरी कहा, चरनकमल कौं नैंन सौं, मुख सौं चूँमत हैं बलि-बलि कहत हैं॥ इति॥

मूल — **श्रीहरिदास के स्वामी स्यामाकुंजबिहारी कौ रस, रसना कहै को री॥ इति॥**

अर्थ — श्रीहरिदासीजू के स्वामी स्यामा, कैसी हैं? कुंजबिहारी। स्याम सोई भई कुंज, ताके बिहारी हैं। तिनकौ रस रसना कहै ऐसौ कौन है? पिय-कुंजबिहारी कहत हैं—रोम-रोम जो रसना होइ, तौ हू तिहारे गुन

बखाने न जात। अथवा श्रीललिताजू गायन करत हैं कि तुम्हारौ जस ऐसी हमारी कहा रसना है, सो कहैं ? इति॥

— **भावार्थदीपिका :** श्रीनागरीदासजू

३४

नृत्तत मन तन कुंज में, सुनि प्यारी कहि स्याम।
वदन सुधा पीवत रहौं, होहिं न मन विश्राम॥
मुख सोभा निरखौं जु नई।
लिखत न बनें लेखनी कागद, लखि दुति बुधि भुलई॥
कोटि चंद एकत ह्वै निकसे, कोकिल सुर कल गान ठई।
श्रीहरिदास के स्वामी कहत प्रिया सौं, मिलत तृपति ना नींद गई।

— **आभास उल्था :** श्रीपीताम्बरदेवजू

ज्यौं ज्यौं छबि तुव बढ़त उत, त्यौं त्यौं इत मुहिं काम।
तृप्ति होइ नहिं अहर्निस, विलसत तुव सँग बाम॥

— **वस्तुदर्शिनी :** श्रीराधाशरणदेवजू

लालजू कौ वचन श्रीप्रियाजू तें — अद्भुत रसमय कुंज, तामें कोटि-कोटि चन्द्रमान की उजियारी दुरि रही है। दोऊ प्रिया-प्रियतम महाआनंद में अद्भुत सिज्या पै राजत हैं। जहाँ श्रीहरिदासीजू अद्भुत सुरति-सुख की दाता दोऊनि कौं लाड़ लड़ावत आनंद-मै मूरति फूलनि कौ सिंगार कियें, फूलनि के आसन पै सोभित हैं। अरु प्यारीजू कौ मुख-कमल देखत पिय ता छबिन कौ सुख, सो नयौ-नयौ लागत है। अरु महाकाम — जो चाह अंग-अंग मिलि केलि करिबे की, सो करत हैं, सुख विलसत हैं पै तृपितता नहीं। वा समै लालजू के वचन प्यारीजू तें॥ इति॥

मूल — **प्यारीजू, जब जब देखौं तेरौ मुख तब तब नयौ नयौ लागत॥ इति॥**

अर्थ — हो प्यारीजू, जब-जब कहा कि जा-जा छिन आपकौ मुख देखत हूँ, तब-तब नयौ-नयौ लागत है, कहा, नयौ तौ सदा ही लागत है, ऐसें क्यों कह्यौ ? ताहि कहत हैं — कि या समैं प्यारीजू पिय पै अति प्रसन्न हैं। ज्यौं-ज्यौं ही या समै चाह प्यारे के अंग-अंग मिलिबे की, सो दूनी-दूनी बढ़त जात है। सनमुख बैठे हैं। मन में बिहार के चोज नये-नये उठत हैं। सो रस प्यारीजू कौ पिय नैंननि करि पान करत, ताकी पिय पै अनंत सोभा होत है। जा सोभा कौं प्यारीजू देखि महाचाह कौं उपजावै हैं, पै मुख तें कहि न सकत। सो पिय की बानी करि प्रकास करावत। यह जु चाह के अंग करि प्रसन्नता। कहा, मुख-कमल की डहडहानि अरु नव-नव सोभा रस बढ़िवे की नैंननि करि जानी जात। सो प्यारौ प्यारीजू कौ मुख-कमल देखि कहत-जब-जब देखौं तेरौं मुख, हो प्यारीजू ! तब-तब नयौ-नयौ लागत है। ज्यौं-ज्यौं केलि-विलास की चाह बढ़त जात है, तातें प्रसन्नता में नयौ-नयौ मुख लागै ही लागै। मान की रुखाई हू में मुख नये हू तें नयौ लागत है, तौ प्रसन्नता की बात कहा कहियै ? इति॥

मूल — **ऐसौ भ्रम होत मैं कबहूँ देखी न री, दुति कौं दुति लेखनी न कागत॥ इति॥**

अर्थ — हो प्यारीजू! ऐसौ भ्रम होत है कि कबहूँ यह सोभा देखी हूँ है। सो मैं न देखी री। दुति-कहिये सोभा। यह सोभा दुति हू कौं सोभा देत है। या दुति के लिखिबे कौं न दौति, न लेखनी, न कागद है, जो चित्र लिखि राखिये। अथवा यह सोभा कैसी है कि मन करि, नैंन करि, अंग-अंग करि नई-नई ही सोभा होत। कहा कि या समै मान कौ भ्रम हूँ होत नाहीं। ऐसौ समै मैं कबहूँ न देख्यौ। सो दुति कौं दुति है। कहा, सोभा हूँ की सोभा है। लेखनी न कागत कहा, जानिबे में न आवत अरु लिखिबे में हू न आवत। कागति कहा, कौन गति है, जासौं आजु या भाँति प्रसन्न हैं॥ इति॥

मूल — **कोटि चंद तैं कहाँ दुराये री नये नये रागत॥ इति॥**

अर्थ — अंग-अंग की छबि, सो ही कोटि चन्द्रमा, कि अब ताईं कहाँ छिपाइ राखे? हो प्यारी! नये-नये रागत कहा, नव-नव सनेह। अथवा कोटि चंद, कहा, मन में प्यारीजू के अंग-अंग विलास की चाह, ताके भाव रूप चन्द्रमा उदै भये। सो हो प्यारी, तुम कोटि चन्द्रमा कहाँ दुराये? नये-नये रागत, ताहू में नये-नये, एक से चन्द्रमा नहीं। नाना प्रकार के भाव नये-नये रागत कहियै अनुराग मूरति॥ इति॥

मूल — **श्रीहरिदास के स्वामी स्याम कहत काम की सांति न होइ, न होइ त्रिपति, रहौं निसि दिन जागत॥ इति॥**

अर्थ — श्रीहरिदासीजू के स्वामी श्री स्यामाजू, तिन सौं स्याम कहत, कहा स्याम महाआतुर, काम दहा, सो कहत। काम की सांति न होइ, हो प्यारीजू, मैं जु हौं, सो तौ प्रेम के बस हौं, मोते काम बस न होइ, अरु आप कैसे हौ? अचाह अरु कोटि-कोटि काम कहा, कामना मेरी के पालनकरनहारे हौ। हम कौं तौ काम दंड देत है। सो आपके बस है। आपकी कृपा तें काम की सांति होइ, मोसौं न होइ, न होइ त्रिपति, रहौं निसि दिन जागत, यह काम के दुख करि रैंनि-दिन कल नहीं। अथवा आपकी प्रसन्नता कौं छिन-छिन में सावधानता तें देखिबौं करत हौं। जामें आप प्रसन्न रहौ, सोही करूँ। निसि कहा, अंत समैं कि काम-केलि में अलसानि होत, सुकुमारता कौ अंग। अरु दिन कहा कि प्रसन्नता में केलि करौ। सो मैं दोऊ समै — प्रसन्नता-अप्रसन्नता में सावधान रहत हूँ, यह जागत आपकी रुख लियें रहत हूँ॥ इति॥

— **भावार्थदीपिका :** श्रीनागरीदासजू

३५

मन में मन तन में जु तन, नैंन नैंन रस देहु।
पलकांतर में दिन दुखी, बाहु बोल करि लेहु॥
जिय सौं जिय तन-तन रस चाखौं।
तोसौं हिलग आँखि आँखिन सौं जीवत् इह रस हिय अभिलाखों
मोपै कृपा बहुत किहिं कारन, दीन निपट विच्छेद न राखों।
श्रीहरिदासि के स्वामी कहत प्रिया सौं राखि बाहुबल सुख सौं भाखौं।

— **आभास उल्था :** श्रीपीताम्बरदेवजू

सुनत वचन देखत हँसत, विलसत हिलगि किसोर।
सुरति बढ़त इह नेह की, तऊ विनय कर जोर॥

— **वस्तुदर्शिनी** : श्रीराधाशरणदेवजू

लालजू के वचन प्यारीजू तें — महामनोहर कुंज सदन सुखरासि, जहाँ दोऊ प्रिया-प्रीतम मोहिनी-सेज पै सोभित। जहाँ श्री ललिता-हरिदासीजू सुन्दर रतन-जटित चौकी फूलनि के आसन सौं बिछी, तापै विराजमान हैं। जहाँ श्रीविपुल, बिहारिनिदासि, सरस, नागरी, नरहरि, रसिक अंग-संग नव-नव दोऊनि कौं लाड़ लड़ावत हैं। तहाँ प्यारौ प्यारीजू तें महाआनंद में भीने चाह अपार अंग-अंग विलास की, सो कहत हैं — कि हो प्यारीजू, तुम सहज ही मन कौं हरत हौ। तुम अति प्रेम प्रवीन, सुघर-सिरोमनि जान, मन, क्रम, वचन विलासिनी। मेरे तुम तन-मन में बसी हौ। तुम बिन मेरे आन गति नाहिंन। तुम जीवन प्रान हौ। तुम सर्वसु धन हौ। ता सुख कौं चाह रूप बरनन करत हैं॥ इति॥

मूल — **ऐसी जिय होत जो जिय सौं जिय मिलै, तन सौं तन समाइ लैंउ तौ देखौं कहा, हो प्यारी॥ इति॥**

अर्थ — दोऊ सनमुख विराजत हैं। पिय कहत — हो प्यारीजू, ऐसी जिय होत मो जिय में — जिय सौं तुम्हारौ जिय मिलि जाइ अरु जैसें तन सौं तन मिलि जाइ; मेरे तन में तुम्हारौ तन समाइ लेहुँ तौ मैं देखौं कहा, हो प्यारी! चाह तौ या भाँति है, मो मन में ऐसी होत है, तो तन में तन मिलि जाऊँ, पै तुम्हारे मुख-चन्द्रमा कौं मैं चकोर ह्वै पान करत अघाऊँ नाहीं। तातें जो मैं तन में तन समाइ ल्यौं; तौ देखौं कहा? ॥ इति॥

मूल — **तोही सौं हिलगि आँखें आँखिन सौं मिलि रहैं जीवत कौ यहै लहा, हो प्यारी॥ इति॥**

अर्थ — हो प्यारीजू! तोही सौं हिलगि कहा कि नैंन तौ चाहत देख्यौ करौं कि आँखिन सौं आँखैं मिली रहैं, नेंक हूँ मुरैं नहीं। मान-रति कौ दान देहु। मान न करौं, या प्रसन्नता सौं मिली रहैं। अरु हिय और समस्त अंग चाहत-मिले रहैं अरु जिय चाहत — हम मिलिकैं एक ह्वै जाहिं, सो मैं तौ एक हू अंग की चाह चाहै, सो दैन सामर्थ नाहीं। आप पूरन प्रेम प्रकासक हौ। नव-नव केलि के रूप रस दै कें, हे राधे! तुम प्राननि कौं राखत हौ। जीवत कौ लहा यहै है कि मैं तो महाव्याकुलता तन मन लीन है रहत हों, यह व्याकुलता है। जब तुम मान की संभावना करत नैंन मोरि तिरछे देखत हौ, तब मो-तन में प्रान रहत नाहीं। अब आप प्रसन्न हौ, तौ जियत हौं। याकौ लाभ यहै कि नैन सौं नैंन, मुख तें मुख, अंग-अंग सब मिले रहैं। सब की अभिलाषा आप पूरन करत हौ। मोकौं तौ बहुत दुर्लभ है। तहाँ कहत हैं॥ इति॥

मूल — **मोकौं इतौ साज कहाँ री, हौं अति दीन तुव बस, भुव छेप जाइ न सहा हो प्यारी॥ इति॥**

अर्थ — हो प्यारीजू, मोकौं इतौ साज कहाँ कि नैंन हूँ, मन हूँ, तन हूँ सर्व अंग मिले रहैं। आपकी कृपा सौं सब बनें। मैं तौ अति दीन हूँ कहा, नेंकु नैंननि की मोरनि में व्याकुल। तुव बस कहा, मैं तौ काम जो कामना अंग-अंग मिलिबे की, ता करि कातर हूँ अरु आप बेपरवाह हौ। सर्व कौं बस करि राखे हैं, तातें आपके बस हौं। भुव छेप जाइ न सहा —हो भामिनी! तुम्हारौ भुव-छेप कहा, नैंन सौं नैंन मिलै हैं, अरु महागरबीली नैंननि कौं मोरि देत, सो मोपै सह्यौ न जात। जब पलक रूप अंचल कौ ओट करौ, तब तौ मेरौ मन अति अकुलाबै॥ इति॥

मूल — **श्रीहरिदास के स्वामी स्याम कहत राखि लै री बाहुबल, हौं बपुरा काम दहा, हो प्यारी॥ इति॥**

अर्थ — श्रीहरिदासीजू के स्वामी स्यामा, तिनसौं स्याम कहत — हो प्यारीजू, राखि लै बाहुबल, अपनी सौं। मैं तौ बपुरा हूँ, काम में लीन हूँ। कहा, काम — जो कामना आपके अंग-अंग मिलिबे की, तामें

महाव्याकुल हूँ। कामना नें दुखित करि राख्यौ हूँ। मो गरीब पै काम नें जोर कियौ है, तातें आप सब भाँति पूरन हौ। आपके चरनकमल की सरन हूँ। तब प्यारीजू व्याकुल-विरह विलोकि कें नैंननि में मुसिकाइ लाल कों उर तें लगाइ लये। हो पिय! मैं तुम सौं कब मान कियौ? तुम यौं ही कल्पना कित करत हौ? तुम मेरे प्रीतम-प्रान हौ। मेरी जीवन तुम ही समेत है। लाल के उर लटकि लगी अति हुलास में उदारता तें। कोक-कलानि में नवनागरीजू निपुन हैं। दोऊ मदन-मत्त माधुरी-सुख बरसत हैं। या सुख तें अघात नाहीं। परस्पर हियें समाइ रहे हैं। हो प्यारे, यह सुरति-सनेह जिय अंतर पारत है। मेरी बसाइ नहीं। हो प्यारीजू, तुम तौ नव-नव केलि रस के दाता हौ। तातें मैं कबहूँ तृपित होत नाहीं। यह सुख निरखि कें श्री ललितादिक सुख पावत हैं। श्रीहरिदासीजू अंग-संग विपुल, बिहारिनदासीजू रस भीनी, तिनपै श्रीनागरीदासी बलि-बलि जात हैं॥ इति॥

— **भावार्थदीपिका :** श्रीनागरीदासजू

३६

सुनि प्रसन्न पिय के वचन, बपुरा दीन दहा।
चाहत कछू लिखाइबौ, सर्वसु द्रव्य कहा।
लखि उदार सुकुमारता, चाहत खत लिखि देहु।
अंग द्रव्य साखी नयन, वर्धत ब्याज सनेहु।
आजु प्रसन्न हमैं लिखि दीजै।
कच कुच कटि नितम्ब सब अंगनि, नैंननि साखी लीजै।
प्रीति द्रव्य माँगत हौं तोपै, जो रुचि ब्याज होइ सिर कीजै।
सुनि सहचरि हरिदासि लिखहु, बलि मन क्रम वचननि तोहिं पतीजै॥

— **आभास उल्था :** श्रीपीताम्बरदेवजू

पिय नें लखि तिय हुलसि महँ, कही हमैं कछु देहु।
प्रेम सहित हाँ करि वधू, तब इह कह्यौ लिखि लेहु॥
एक वचन में सब लियौ, तन मन आनन्द रूप।
कच कुच नैंननि साखि दै, अधर बिहार अनूप॥

— **वस्तुदर्शिनी :** श्रीराधाशरणदेवजू

श्रीललिताजू के वाक्य सखी सौं; लाल के वचन प्यारीजू सौं — नवनिकुंज सुखपुंज-महल है। जहाँ सुन्दर सुखसज्या पै प्यारी-लाल बैठे हैं। प्यारीजू आजु रहसि में रंग भरी, तिनसौं पिय नें जो-जो बात कही, सो मन में भाई, कह्यौ भलैं। महाअद्भुत सिंगार कियें फूलन के आसन पै श्रीहरिदासीजू सोभित हैं। ता समैं लालजू प्यारीजू तें कहत हैं॥ इति॥

मूल — **आजु रहसि में देखियत प्यारीजू, एक बोल माँगौं जो लिखि देहु॥ इति॥**

अर्थ — आजु कहा कि या सुख समैं में प्यारीजू परम कृपाल हैं। अंग अंग सब मिलि रहे हैं। अंग-संग अनंग-रंग में सुरति-रस वरषत हैं। प्यारौ कहत — हो प्यारीजू, एक बोल माँगौं, जो लिखि देहु। तुम परम कृपाल, रसाल हौ, लाडिली मोकौं लपटि-लपटि कैं भुजनि भरत हौ। तासौं एक बोल माँगत हौं, जो तुम लिखि देहु। कहा कि वचन तौ आप देत हौ अरु फिर रौंटि करि जात। हारी होड़ लाड़िलीं तुम न देत हौ, अरु भुजनि में तें छाँड़ि देत हौ, तासौं लिखि देहु, तब प्यारीजू बोलीं — कहा माँगत हौ? ताहि कहत हैं ॥ इति॥

मूल — **प्रीति द्रव्य रुचि ब्याज परस्पर, मन वच क्रम करि जो लिखि देहु॥ इति॥**

अर्थ — परस्पर की प्रीति रूपी धन है, ताकौ खत लिखि देहु कि मैं सदा याही भाँति प्रसन्न रहूँ, कबहूँ मान न करौं। रुचि कौ ब्याज, प्रीति रूप धन, सो सदा बढ़िवौ करैं। कहा, जो आप प्रसन्न रहौ तौ परस्पर रुचि ब्याज, जो बढ़िवौ करै, धन प्रीति रूप बढ़िवौ करै। तुम गरबील ी हौ। घरी-घरी के रूसने में पहर मनाइबे कौं चहिये। कि सुख-बिहार में मगन हैं अरु काहू बात कौ अपराध नहीं, तुम नैंन मोरि देत, तहाँ कहा रुचि-ब्याज बाढ़ै? धन प्रीति रूप सो ही एकरस रहे नाहीं। तातें आजु प्रसन्नता में यह लिखि देहु — कबहूँ मान न करौं, तौ प्रीति रूप द्रव्य, रुचि रूप ब्याज परस्पर बढ़िवौ करैं। मन, वच, क्रम कें लिखि देहु — कहा कि मन करि सदा केलि-सुख में रस-वरषा करत रहौ। वचन-महाकृपालता के तामें नव-नव केलि के चोज उठिबौ करैं। क्रम-क्रिया अंग-अंग की, जो-जो अंग जा-जा अंग में समावैं, तामें तें निकसि न सकैं। या भाँति खत करि लिखि देहु॥ इति॥ और खत में साखी चाहिये, सो ललिता-हरिदासीजू या सुख की दाता, पै तुम्हारे अंग-अंग ही साखी हैं। ताहि कहत हैं —

मूल — **साखी तेरे नैंन दसन कच कुच कटि नितम्ब जो लिखि देहु॥ इति॥**

अर्थ — हो प्यारीजू, तुम्हारे नैंन साखी हैं। कहा, कि मिलि रहे हैं अरु मुख तें चुम्बन किये हैं, सो अधरनि कौ रंग लग्यौ है। दसन साखी हैं कि कपोलनि पै दसन छाप लगी है। कच साखी हैं — जो बिहार-झूले झूलिबे में लटें सगबगी छूटि रही हैं। कुच साखी हैं — जो कर-कमल तें परसें है, तहाँ नख-रूप चन्द्रमा सोभित हैं। कटि साखी है। कहा कि कटि तें कटि जुरी हैं। नितम्ब साखी हैं कि महाकोमल अंग तें स्पर्स होत है। और अंग, जे-जे सुख लेत हैं, ते साखी हैं। फेरि तुम मान करौ, तौ येहू साखि भरैंगे। तुम कहत हौ कि कबहूँ मान न करौंगी, तातें लिखि देहु॥ इति॥

मूल — **श्रीहरिदास के स्वामी स्यामा प्यारी पै बोल बुलाइ लियौ लिखि देहु॥ इति॥**

अर्थ — श्रीहरिदासीजू के स्वामी स्यामा-प्यारीजू, तिनपै लालजू नें बोल बुलाइ लियौ कि कबहूँ मान न करौंगी। भलैं जू लिखि दैउँ। कहा, तब प्यारीजू ने लिखि देहिंगे, लिखि देहिंगे, ऐसे वचन कहे, पिय डरपे। अथवा श्रीहरिदासीजू तें कह्यौ—भलैं जू लिखि देहु। कहा, या भलैं कहिबे में पिय और ही समझे; ताकौं अगले पद में कहत हैं॥ इति॥

— भावार्थदीपिका : श्रीनागरीदासजू

३७

भौंह धनुष बिनु कर गहैं, छूटत बाँफिन बान।
और हथ्यारनि को गनैं, निठुर वचन सनमान॥

बाँफिन बान सुमार लगत वर।
छूटत बिनु कर धनुष सहस मख, इन्द्र अनख ज्यौं करत महा झर।
अंग अंग मनु सजैं सैंन नृप, चाहनि मुख रुख निरखि महा डर।
श्रीहरिदासि के स्वामी सौं मुख बोलत चनख चनख सुख होत प्रेम भर॥

— आभास उल्था : श्रीपीताम्बरदेवजू

करत बड़ाई सहचरी, समुझावत तन गौर।
अंग अंगनि सिलह सजे तू सूरन-सिरमौर॥
क्रोध वचन तें होत अति, अंगहिं सकल हथ्यार।
रौंदा बिनु भौहैं धनुष, बाँफिन तीर अपार।
कबहूँ बरषत क्रोध ह्वै, इन्द्र सैन जलधार।
इमि बाँफिन गरजनि वचन, चितवनि कनख तलवार।

— वस्तुदर्शिनी : श्रीराधाशरणदेवजू

लालजू के वचन श्रीप्यारीजू तें — लाल मनिन की कुंज, जामें लाल गुलाबी फूलनि की सेज पै दोऊ लाड़िलीलाल महाआनन्द में राजत हैं। पहिले प्यारीजू नें महालाड़ तें भरे लिखि देहिंगे, लिखि देहिंगे ऐसे वचन कहे, तामें पिय डरपे। प्यारीजू की चितवनि सहज की, सो पिय या चितवनि कौं देखि कहत भये ॥ इति॥

मूल — **प्यारी तेरी बाँफिन बान सुमार लागैं भौहैं ज्यौं धनष॥ इति॥**

अर्थ — हो प्यारीजू, तेरी या भाँति चितवनि, तामें बाँफिन सोई भये बान, सुमार लागैं अरु भौहैं धनुष भये हैं। काहे कौं मो दीन पै एती जोर करत हौ? रहसि-रस में बस क्यौं न करौ? अथवा प्यारी पिय भये विपरीत विलसत। तामें कबहूँ पिय हू चंचलता बीच-बीच करत, अपनौं सुभाव छाँड़त नाँहि, तब प्यारीजू तिरछी चितवनि देखैं, तहाँ कह्यौ — प्यारी तेरी बाँफिन बान सुमार लागैं, भौहैं ज्यौं धनुष करि॥ इति॥

मूल — **एक ही बार यौं छूटत जैसैं बादर बरषत इन्द्र अनष॥ इति॥**

अर्थ — एक ही बार यौं छूटत कहा, तुम तौ गरबीली हौ। पै आरतहरन, सुखकरन तुम्हारौ प्रभाव है। मोकौं काम-कसौटी में काहे कौं कसति हौ ? मैं तौ बहुत कातर हूँ। तिहारी तिरछी चितवनि मो-पर एक बेर की ऐसी है, जैसे एक ही बेर कौं बान छूटैं। कैसें, जैसें बादर बरसत है इन्द्र अनष-महाजोर तें रिसाय-रिसाय बरषै। तब सखी बोलीं — हो प्यारी, कब की निहोरति, झूठीये झुकि झुकति। स्याम की गति तौ देखौ, बहुत श्रमित हैं। मनुहारि करत हैं। अथवा एक बेर ही यौं छूटत, कहा, महाप्रबलता तें प्यारीजू झूलत हैं पिय के अंक-निसंक हिंडोरे। पिय हा-हा करत हैं कि हो प्यारी, बहुरि झूलियै, अबकें राखौ। जैसें बादर बरषत हैं इन्द्र अनष, अंग-अंग ही गौर घटा के बादर, तिनतें अंग-अंग में रस की बरषा होत हैं। अधरनि में अमृत-रस की बरषा पान करिबे में होत। नैंननि में रस चुयौ परत है। कुच बीच-बीच पिय पानि धरत। अरु सर्व अंग-अंग में रस की झरी होत। सो बूँदें सुहावनी लागैं हैं। इन्द्र रूप प्यारी महाप्रबलता तें बोलत हैं कि हाँ भलैं, महालाड़ तें रोष भरे वचन॥ इति॥

मूल — **और हथ्यार को गनें री चाहनि कनष॥ इति॥**

अर्थ — हो प्यारीजू, और जो-जो अंग-हथियार हैं, सो तौ गुन मैं कहा कहूँ? तुम्हारी चाहनि कनष कहा, कसनि है। जा भाँति की चाहनि तुम्हारी है, सो मोकों कसत है। अंग-अंग तुम्हारे की सेना कि नैंन तौ महा अनियारे, कपोल सूर, वा अधर, कुच, ये सब सजे हैं। सनमुख लरिबे कों बीर हैं। तुम्हारी चाहनि कहा, मुख-रुख लियें रहत हूँ, मोकौं तौ डर है। अथवा हो प्यारीजू! आप ऐसे सब अंग-अंग रूप बादर तें बरसत हौ, सो कृपालता अपार, मोकौं तौ तुम्हारी चाहनि ही काम कसौटी है। और हथियार के गुन कौन गिन सकै?

मूल — **श्रीहरिदास के स्वामी स्यामा कुंजबिहारी सौं प्यारी, जब तू बोलत चनष चनष॥ इति॥**

अर्थ — श्रीहरिदासीजू के स्वामी स्यामा तुम कुंजबिहारी स्याम सौं ! कहा, यह स्याम अति व्याकुल महाडरपि करि तन सम्हार भूले जात हैं। अरु आपके बिहार की है कुंज-तन इनकौ। हो प्यारी, जब तुम चनख-चनख बोलत हौ। तातें अब कृपा करि गरें लगाय लेहु। अथवा हो सुघर सुकुँवारी, पिय तुम्हारी या चनख-चनख बोलनि कहा, महाप्रबलता बिहार में। पिय हा हा खात, तुम ज्यौं-ज्यौं खरे-खरे होहु। तातें अब ऐसे सुख देहु। बलिहारी, बलि लाड़िली-लाल-कुंजबिहारी, अब झूलौ, राखौ, बहुरि चाहौ, सो कीजै। या भाँति सखी नें नैंन सैंन निहारी, तब प्यारीजू कह्यौ मान्यौ।

— **भावार्थदीपिका :** श्रीनागरीदासजू

३८

बाँफिन बान लगाइ करि, पूछत फिरि कुसलात।
अहो अटपटे देखियत, रस पागे सकुचात।
पूछत प्रिया हरि आज अटपटे।
दीन नवीन अंग अलसौंहे, काहे तें सब वसन लटपटे।
श्रीहरिदासि जानि उनमानी, प्रिया नैंन की झरप झटपटे॥

— **आभास उल्था :** श्रीपीताम्बरदेवजू

सुरति करी दम्पति सरस, अंत भयौ पुनि आन।
भये सिथिल अँग अंग अति, तामें स्याम निदान।
लखि भोरी रिस में भई, रमे और के संग।
कहा अटपटे लाल हौ, बोली भूलि अभंग।
प्रीति नेह हम सौं बढ़ी, सो याकौं तौ पाग।
सबै सिथिल सी ह्वै गई, औरनि सौं अनुराग।
अपनौई प्रतिबिम्ब लखि, अपनेई नख-रेख।
कहत रमे सँग और के, पाई जानि विसेख॥

— **वस्तुदर्शिनी :** श्रीराधाशरणदेवजू

प्यारीजू के वाक्य लालजू तें — सुन्दर नवल निकुंज, जामें प्यारी-पिय दोऊ एक सेज पै विराजमान हैं। अरु पिय नें प्यारी तें कह्यौ — कि आजु प्रसन्न हौ, या प्रीति रूप धन कौ खत लिखि देहु, साखी तेरे नैन दसन इत्यादि हैं।

सो प्यारीजू ने कह्यौ — लिखि देहिंगे, लिखि देहिंगे। फिर प्यारीजू ने विचारी कि यह कपटी है। महालम्पट है रस कौ। यह रैनि-दिना रस पियत जात है, फेरि माँगिबौ करत है। बड़ौ अविस्वासी है। तब प्यारे सौं कह्यौ — तुम बड़े अटपटे हौ। ज्यौं-ज्यौं छिन-छिन में रस पीवत हौ, अविस्वास बड़ौ तुम्हारें रहत है। मैं तुम सौं कब मान कियौ है? तुम कहा लिखाय माँगत हौ? भलैं जू मैं मान कियौ, तौ ये नैंन इत्यादिक कहा साखी भरैंगे? भलैं, जो सखी कौं साखी करौ, तौ साँची। तातें तुम्हारी कहा बानि अटपटी परी है? जब प्यारीजू पिय तें बोलीं॥ इति॥

मूल — **काहे तें आजु अटपटे से हरि॥ इति॥**

अर्थ — हो हरि! तुम अटपटे काहे तें आजु हौ कि अटपटी बातें करत हौ? ॥ इति॥

मूल — **लटपटी पाग अटपटे से बंद अटपटी देत आगें सरि॥ इति॥**

अर्थ — लटपटी पाग कहा कि लटपटानि अंग-अंग की, जुरनि सदा रहत है। तुम यह साखी नैंन, दसन इत्यादिक कौं करत, सो अटपटे से बंद काहे कौं लगावत? यह अटपटी बातें देत हौ, सो छाँड़ौ। यह बात तुम्हारी सरि की कहा, बराबरि की नाहीं। आगे सौं यह कपट छाँड़ि देहु॥ इति॥

मूल — **अटपटे पाँइ परत मैं परखे जब आवत हे इत ढरि॥ इति॥**

अर्थ — मैं तौ जब ही अटपटे तुम कौं परखे कि मेरे पाँइनि में परत। कहा कि चरन कर तें सहराय, कबहूँ चुम्बन करत, हिय तें लगावत। अरु बिना आज्ञा मो अंग पै ढरनि लागे। अरु सबकौं साखी करि लिये। अहो प्यारे! जो मैं बिना तुम्हारे कपट ही अंग-अंग में समाय राखत हूँ, ये तुम अटपटी बातें काहे कौं करत हौ? इति॥

मूल — **श्रीहरिदास के स्वामी स्याम जानि हौं पाये आजु लाल औरैं परि॥ इति॥**

अर्थ — श्रीहरिदासीजू के स्वामी स्यामा, स्याम कौं जानि हौं पाये कि मेरी रुख कौं नाहीं समझत। कहा, मेरी रुचि अब कौन सुख में है, — रूप देखिबे में है कि मन करि केलि के मनोरथनि के सुख में है, कि तन करि केलि करिबे में है। तातें आजु लाल औरैं परि कहा, हो लाल, आजु तुम्हारौ मन मो रुचि बिना काहू और ही केलि परि है। जातें यह सुभाव छाँड़ौ। रुचि लियें चलौ॥ इति॥

द्वितीय आभास

नव निकुंज की खोरि में दोऊ जुगल-किसोर आलस सों भरे आवत हैं। महामरगज्यौ सिंगार है। लटपटी पाग है अरु बंद छूटे हैं, पिय श्रीप्रियाजू की बेंनी बिथुरी है। ताकी लटें छूटि मुख पर आवत हैं। ते पुहुप वरषत हैं। नव-नव केलि के विलास सखी ललितादिक नैंननि भरि देखत हैं। जब पिय की लटपटानि अटपटी कछु प्यारीजू नें देखी, तब पिय सौं कहत भईं॥ इति॥

मूल — **काहे तें आजु अटपटे से हरि॥ इति॥**

अर्थ — हो हरि, पिय अटपटे काहे तें आजु भये कि अटपटी बातें करत हौ, कहा, महासुरति-केलि में तौ मगन हौ, फिर सुरति आरम्भ में अलसानि भरे कुंजनि की खोरी। कहा, कुंज रूप मो तन, तामें खोरी कहा, जुगल-किसोर-दोऊ कुच, ताकी संधि, सो खोरी, ताकौं कर चलावत हौ। सो अटपटी बातें करत हौ॥ इति॥

मूल — **लटपटी पाग अटपटे से बंद, अटपटी देत आगें सरि॥ इति॥**

अर्थ — पाग कहा लटपटी — अंग-अंग की लपटानि कौ रस, तामें पगि जायबौ। अटपटे से बंद, कहा, कोऊ अटपटी भाँति कौ आसन लै अंग में अंग बंद करिबौ। ताहू में कोऊ अटपटी घात तें नृत्य करि ताल देत हौ, आगें सरकि कें कि सनमुखता तें।

जब सखी बोली—हो पिय, जदपि तुम चतुर हौ, पै प्यारीजू की सरि न करि सकौ। तातें इनकी रुचि लियें रहौ॥ इति॥

मूल — **अटपटे पाँइ परत मैं परखे, जब आवत हे इत ढरि॥ इति॥**

अर्थ — हे सखी, मैं हूँ इनके अटपटे पाँय परत परखे, जब ढरिकें इत में आवत हे। ये तौ बहुत प्रवीनता तें लटकि चलत है, पै मैं कह्यौ —हो पिय! ये तौ बात नृत्य की फबी ना॥ इति॥

मूल — **श्रीहरिदास के स्वामी स्याम जानि हौं पाये, आजु लाल औरें परि॥ इति॥**

अर्थ — श्रीहरिदासीजू के स्वामी स्यामा, स्याम जानि हौं पाये कि आजु लाल औरें परि, कहा कि आजु लाल कौ मन कौन सी भाँति रति-विलास पै है। चलत है, फिर चूक जात है। कहाँ मन है? जब प्यारीजू नें जानी कि हमारे नृत्य पर मन है। तब सखी नें कह्यौ — बलिहारी होत हूँ। भलैं जिय की जानी। अरु प्यारीजू नृत्तत भईं। जहाँ होरी के खेल की धूम मची। पिय के भाँति-भाँति के अभिलाषनि कौं रस तें भरत हैं। कहत हैं — अब हो हो होरी। परस्पर की खेल में धूम देखि सखीजन तृन तोरति, कहा, बलिहार जात हैं। कौन भाँति सौं होरी खेलत हैं? स्याम सौं होरी खेलन कौं छबीली जू हुलसि करि आईं। नैंननि में अबीर-गुलाल लियें आजु मन भाँवती बात करत हैं। दुहुँ दिसि अंग-अंग में बाजे बजत हैं। अरु मनमथ के मोद की बढबारि है। छबि की तरंगनि की पिचकारी छूटत हैं। भृकुटिन की मारें मची हैं। सखीजन रसरीति की जीति के गीत गावत हैं। श्रीरसिक-बिहारिनि की छबि कैसी बनी है, ज्यौं दामिनी घन कों छाइ लयौ हो। सो हो-हो होरी बोलति हैं॥ इति॥

— **भावार्थदीपिका :** श्रीनागरीदासजू

३९

काहे मान वचन मुहि कहियत, जीवन तोलौं प्यारी।
भौंह न टाटी दीजिए, लै उर कहत कहा री।
काहे मान कत दुख दीजै।
बासे की सी द्रिष्टि लियें रहौं, चितवत मुख छबि जीजै॥
पलक लगत ही प्रान जात री, सेवा इहि विधि कीजै।
श्रीहरिदासि कहत री स्यामा, उर लगाइ रस पीजै॥

— **आभास उल्था :** श्रीपीताम्बरदेवजू

बासौ पक्षी एक सुनि, मारत पक्षी सोइ।
जोरि नजर पक्षी रहै, तौ न हनें बहु कोइ॥
ऐसे भामिनि की नजर, लिये रहत हैं स्याम।
मान न क्यौं हूँ करि सकै, और सुनौ अभिराम।

साहसीक ज्यौं सिंह मुख, देखत ताहि सदाइ।
दसन माँस ताकौ भखत, लावत जबहिं जँभाइ॥
यौं देखत मैं तुव वदन, पै कछु भेद विचार।
प्रीति सहित सुख बढ़त हित, बहु दुखदाइ निहार॥
दृष्टि लिये के अर्थ त्रय, देखौ रसिक विचार।
जानि जानि मन की करत, दूजौ रूप निहार॥
तीजौ मोहन कहत है, सुनौ वचन प्रिय जोइ।
और न आवत दृष्टि में, भरम करौ जिन कोइ।
यौं रचना करि वचन छलि, लाइ लई गल बाल।
लगे करनि अस्तुति हुलसि, कुंज बिहारी लाल।

— **वस्तुदर्शिनी :** श्रीराधाशरणदेवजू

लालजू के वचन प्यारीजू तें — निकुंज महल में सुन्दर सेज पै बैठे जु प्रिया-प्रीतम। सो प्यारीजू के वचन सुनि, तब पिय नें जान्यौ कि मानिनी जू मान-जुक्त हैं। गरबीली चाहें, सो करैं। आप मान प्यारीजू कौ मनावत हैं, अरु सखीजन हू समझावत हैं। श्रीहरिदासीजू परम उदार दुहुँनि कौं लाड़ लड़ावत हैं। सुन्दर रतन जटित चौकी फूलनि के आसन, तिनपै विराजित हैं। श्रीविपुल, बिहारिनीदासीजू संग में हैं ता समैं लालजू के वचन प्यारीजू तें॥ इति॥

मूल — **काहे कौं मान करत मोहिब कत दुख देति॥ इति॥**

अर्थ — हो प्यारीजू! मान — जो गर्व, सो तौ आप नित्य गरबीली हौ। पै मोसों क्यौं न बोलत हौ? मोहिं दुख कत देत हौ? मोसौं आप प्रसन्न रहौ, तौही लौं चैन। दुख कहा, जो कामना—चाह। सो आप मेरे मन के अभिलाष भाँति-भाँति के पूरन करौ, सो तौ सुख, जब आप मुख तें न बोलौ, मैं कर तें चरन परसि करौं, अलक सँवारौं, भूलें कुच परसि ह्वै जाहिं, तुम "नाहिं-नाहिं" करौ, कर कौं झटकि डारौ, सो दुख, मोकौं काहे कौं देत हौ? फिर सखी बोली — हो प्यारीजू, बादि ही गहर क्यौं करत हौ? कछु प्यारे कौ अपराध तौ है नहीं! बातनि-बातनि राति बीतत है। कहा, बातनि ही में सुख कौ समैं जात है॥ इति॥

मूल — **बासे की सी दृष्टि लियें रहौं तेरी जीवन तोहि समेति॥ इति॥**

अर्थ — बासौ जो पंछी होइ है, सो अपनी बासी सौं सनेह बहुत राखत है। वाकी प्रसन्नता में दृष्टि लियें रहत है। जैसैं मैं तुम्हारी बासे की-सी दृष्टि लियें रहत हौं। अरु तुम सहित मेरी जीवन है। कहा, तिहारी प्रसन्नता में मेरी जीवन है। अथवा बासे की-सी दृष्टि कहा, अंग-अंग आपके नित्य बसत। अरु आप कृपाल भये, मोकौं अंक भरि अपने अंग में मो अंग-अंग बसावौ, सो बासे की सी दृष्टि कहा, महादयालता, कृपालता की रासि तुम प्रसन्न बदन, वाही दृष्टि कों मैं नित्य लियें रहत हूँ कि प्यारीजू सदा कृपाल ही हैं। कृपालता जानि आपके चरन-कमल परसत हूँ, अलकैं सँवारत हूँ, यामें मेरी जीवन है। तुम आन बात मेरे कपट की, छल-बल की विचारौ, तौ मेरी जीवन नाहिं। कहा, आपकी कृपालता में मेरे रोम-रोम में आनंद रहत, सो मेरी जीवन तिहारी प्रसन्नता समेत है। तुम्हारी अप्रसन्नता तें मारें भय के प्रान चले जात हैं। जब सखी बोली — हे प्यारी! स्यामा काम बस, पै सुघरवर हैं। सुख के पुंज हैं। कुंज-सो आपकौ अंक, तामें

बड़ी बार के बैठे हैं। हौं याहीं तें अकुलात हूँ।

प्यारीजू कह्यौ — यह छबीली, तुम मया की बात मति कहौ। फिर सखी बोली — हो प्यारी! तुम उत्तर दै मोहि उलटावत हौ, मो मन में यह बात समात नाहिं। अपनौं सुख सुमिरि सखी री! कि तुम्हारे अंग-अंग में चाह प्यारे सौं मिलिबे की इनसौं विसेष है। समयौ गये तें तब तुम मोहि सौं सतरात हौ। तब ये अति व्याकुल ह्वै तुम्हारे ध्यान में लीन ह्वै जायँगे, जब यह समयौ तौ जात रहैगौ, तातें बेगि सम्हारौ॥ इति॥

लालजू बोले —

मूल — **अब कछु ऐसी करौ जु भौंहनि टाटी जिनि देहु कहत इति नेति॥ इति॥**

अर्थ — हो प्यारीजू! ऐसी कछु करौ, जो यह भौंहनि टाटी जिनि देहु, कहा, भौंहनि की चढ़नि, यह टाटी है। जब तुम भौंह मोरति हौ, तब मोपै सनमुख देख्यौ न जात। तातें मोकौं सनमुख नैंन सौं नैंन जोरें दरसन देत रहौ। अंचल, पलक अरु अलक ये ओट जिनि करौ। यह संकोच सहौ। दयालता ही राखौ। इति नेति कहा, नाहिं, नाहिं, ऐसे जिनि कहौ। हो प्यारी! यह विनती मानिये। श्रवन में सुनिये। नाहीं ना, ऐसौ वचन मति कहौ। सखी नें कह्यौ — जो कछु कहत लाड़िलौ लाड़िलीजू! सुनिये कान दै। हो प्यारी, पिय की आरति क्यौं न निवारत हौ? पिय पै आपकी नाहिं-नाहिं सही जात नाहीं॥ इति॥

मूल — **श्रीहरिदास के स्वामी स्यामा छलिकें, गरें लगाई भई रमेति॥ इति॥**

अर्थ — श्रीहरिदासीजू के स्वामी स्यामाजू नें स्याम कौं छल करिकें कहा, पिय कौं खबरि नहीं अरु गरें लगाइ रमन करत भईं। सखी के वचन श्रवन सुनत उठि चलीं मुसिकाती। कहा, प्यारी रति-विपरीत सुख में संगीत-नृत्य सहित चली। अंग-अंग में विलास करनि लागी। जब सखी असीस देत हैं— हो प्यारीजू, मैं रुख लियें रहत हौं। यह सुख सहज लहौ जू॥ इति॥

— **भावार्थदीपिका :** श्रीनागरीदासजू

४०

पीवत रस जस कौं चहत, सकत न सम सोभा।
चंद सूर जुवती श्रमित, निरखि प्रान रस लोभा।
रोम रोम रसना गुन बरनौं।
नागरि सुख सागरि गुन आगरि, लौंन पूतरी कितौक तरनौं।
कहा कहूँ उपमा कहँ नाँहिन, चंद सूर समसरि पचि मरनौं।
श्रीहरिदास के स्वामी स्यामा कुंजबिहारी, जान अजान आपनौं करनौं।

— **आभास उल्था :** श्रीपीताम्बरदेवजू

श्रमित सूर चख लखि भए, अद्भुत छबि इह आहि
और न पटतर है कोऊ, उपमा दीजै काहि।
मन रजनीस विचार बहु, आवत नाँहि विचारि।
और अंग मो जुवति सब, लाजैं तोहिं निहारि।

और सुनौ महबूब हैं, सूर ससी ब्रजराइ।
कमल कमोदनि जुवति ए, आसिक तीन बताइ।
यातें श्रमित जु कहत यौं, बनत सहाइ न कोइ।
हमरे आसिक मरत दुख, विरह ताप तन जोइ।
सुख न सुनौ उत तीन कौ, सपने हूँ महबूब।
तू सुख मद में मगन है, वे सूखें जिमि दूब
— **वस्तुदर्शिनी :** श्रीराधाशरणदेवजू

लालजू के वचन लाडिली जू तें — सुंदर कमल-निकुंज प्रफुलित अति सोभित है। अद्भुत गुलाब-दलनि की कोमलता तें सेज रचना जुगति है। तापै दोऊ लाड़िली-लाल विराजमान हैं। महाआनंद के रस में छकि रहे हैं। अरु अंग-अंग में फूलनि के सिंगार कियें सोभायमान हैं। प्यारीजू की परम कृपालता पिय जानि जस के वचन श्रीलाड़िलीजू तें कहत हैं। श्रीहरिदासीजू अद्भुत सिंगार कियें सुंदर फूलनि के आसन पै विराजमान सुख देत हैं॥ इति॥

मूल — **रोंम-रोंम रसना जो होती तऊ तेरे गुन न बखाने जात॥ इति॥**

अर्थ — हे प्यारीजू! मेरे रोम रोम के रसना जो होती कहा, तुम या भाँति परम कृपाल सब अंगनि करि सुख देत हौ, सो रोम-रोम रस में पगि रहे हैं। इन रोम-रोम के जो रसना होती, तौऊ तेरे गुन, कहा कि जो-जो केलि, नई-नई रतिन के अनेक विलास-नैन सौं तौ नैंन जुरि रहे हैं, अधर तें अधर, कुच तें कुच और सर्व अंगनि कौं अंगनि करि आप पोषत हौ, सो मोपै आपके गुन बखाने न जात। गुन तौ अगनित हैं, मैं कहा बखानि सकौं? इति॥

मूल — **कहा कहौं एक जीभ सखीरी, बात की बात बात॥ इति॥**

अर्थ — हे सखी! अहो अलबेली प्यारीजू! मैं कहा कहूँ, एक जीभ तें कि बात — जो पवन, जाकी बात कहा बात है? आपके गुन एक जीभ तें कहिबौ बात है। आपके गुन रोम-रोम रसना होइ, तौहू बरनन न करि सकैं। सो एक जीभ कहा बरनें? तिहारे गुन कैसे हैं कि और कहूँ नाहीं। आपके से आप ही हौ। मैं तौ हारि पर्‌यौ हूँ । कछु कहिबे में आवत नाहिं॥ इति॥

मूल — **भानु श्रमित अरु ससि हू श्रमित भये और जुवती जात॥ इति॥**

अर्थ — भानु जो सूरज श्रमित, कहा, कि भानु की प्रीति कमल सौं है। जब सूरज उदै होत, तब कमल फूलै है। सो सूर्य यह चाहत है, नित्य मेरे सनेही कौं सुख दैबौ करौं। सो फेरि संध्या कों क्यौं अस्त है जाय? जब सनेही के मनोरथ पूरन करि न सकै, जातें श्रमित है। अरु ससि हू श्रमित कहा, ससि जो चन्द्रमा, ताकी प्रीति चकोर सौं, सोहू श्रमित। चन्द्रमा जब प्रकास करै, चकोर इकटक चन्द्रमा कौं देखिबौ करे। चकोर की नार ज्यौं-ज्यौं चन्द्रमा चलै, त्यौं-त्यौं लटकि जात है। जब चन्द्रमा प्रात: समै अस्त ह्वै है जाय, तब श्रमित होत कि सनेही के मनोरथ पूरन करि न सकै। और जुवती जात कहा, जो सनेही जहाँ ताईं है, सो जुवती जाति-मात्र ते सनेही है। ते चाहत हैं सनेही के मनोरथ पूरन करैं, पै जो सनेही मात्र है, ते सर्व श्रमित हैं कि सर्व में आदि-अंत, मिलन-बिछुरन, ता करि सनेही कौं सुख दै सकत नाहीं।

अथवा भानु श्रमित कहा कि भानु बहुत तपै है। ऐसौ मेरौ मन — जो है काम दहा कि आपके अंग-अंग मिलाप की है कामना, तातें तपि रह्यौ है, श्रमित है। अरु ससि — जो चन्द्रमा, सो मेरौ चित्त, सोऊ श्रमित है। अरु जुवती जाति कहा, मेरी बुद्धि रूप जुवती कि जेती बुद्धि की तरंग ते सर्व श्रमित हैं। काहे तें कि मन तौ काम दहा है, चित्त चकित चंद है, बुद्धि रूपी जुवती ये सर्व श्रमित हैं। अरु आप ऐसे कृपाल हौ, आपके गुन गाइबे कौं मैं समरथ नाहीं, यातें श्रमित हैं॥ इति॥

मूल — **श्रीहरिदास के स्वामी स्याम कहत री प्यारी, तू राखति प्रान जात॥ इति॥**

अर्थ — श्रीहरिदासीजू के स्वामी कौन, स्यामा प्यारी, तिनसौं स्याम-कुंजबिहारी कहत। कहा स्याम, अति सघन श्री लाड़िलीजू कौ तन रूप कुंज, तामें सदा बिहार करत रहत। तू राखति प्रान जात। हो प्यारीजू! सर्व सनेही हैं, सो अपने सनेही कौं सुख दै सकत नाहीं। अरु तुम कैसे हौ? जो मैं छिन-छिन काम केलि के बस हौं। अरु मेरौ मन, चित्त, बुद्धि सब श्रमित है। कहा, आप या भाँति नित्य कृपालता सौं पोषौ हौ। ये प्रान चले जात हैं कि प्यारीजू सदा ऐसे ही प्रसन्न रहैं, कबहूँ मान न करैं। अरु तुम कैसे हौ? प्रान जात हैं, ताकौं राखत हौ। नित्य छिन-छिन अटलता सौं बिहार सुख देत रहत हौ। जद्दपि मैं तौ आपके गुन गाय न सकौं, पै तुमनें अपनाय लियौ है, सो मेरे प्रान के प्रान हौ

— **भावार्थदीपिका :** श्रीनागरीदासजू

४१

सुनि प्रकृति आनंदिनी, तुव जस कोटि ब्रह्मांड।
श्री सोभा को बरनि है, एक जीभ इह खंड।
तुव जस कोटि ब्रह्मांड विराजै।
श्री सोभा को बरनि सकै कवि, उपमा देत तहाँ उह लाजै।
बहुत काल मोहू कौं बीते, समसरि नाँहि मिलत छबि छाजै।
श्रीहरिदासि वदत पिय, बानी, सुनि उर लागि श्रमित तो काजै॥

— **आभास उल्था :** श्रीपीताम्बरदेवजू

अस्तुति करि विनती करी, प्रीतम अति सुख पाइ।
तुव जस कोटि ब्रह्मांड पर, राधे रह्यौ जु छाइ।
बहुत मनोरथ मन हुते, सो जाने मैं आज।
साधत साधत कष्ट सौं, सफल भयौ मम काज॥

— **वस्तुदर्शिनी :** श्रीराधाशरणदेवजू

श्रीबिहारीजू के वचन श्रीराधेजू तें — सुख पुंज कुंज-महल, जहाँ रसमय सेज नेह भरी, तापै श्री राधेजू अरु स्याम-कुंजबिहारी सोभित हैं प्रसन्नता में, पै पिय के महाविरह व्याकुलता रहत, अरु तन-मन लीन रहैं। प्यारीजू

कौं अति प्रसन्न जानि प्यारीजू तें कहत हैं। अरु हरिदासीजू महाआनन्द जुक्त फूलनि के सिंगार कियें फूलनि के आसन पै विराजमान नव-नव लाड़ लड़ावत हैं। ॥ इति॥

मूल — **तुव जस कोटि ब्रह्मांड विराजै राधे॥ इति॥**

अर्थ — हो प्यारी राधेजू! तिहारौ जस कोटि ब्रह्मांड में विराजत है। कहा, जे-जे नेही हैं, सो आपकौ जस गावत हैं कि अपने सनेही स्याम के मनोरथ प्यारी राधेजू ही पूरन करत हैं। अरु हम तौ कछु सनेही के सुख दैबे कौं समर्थ नाहिं कि हमकौं मिलन-बिछुरन है, तहाँ कहा सनेह? एक सनेही तौ प्यारीजू हैं। सो अपने प्रियतम कौं सुख देत हैं नित्य अटलता सौं, पलक हू कौ अंतर नहीं। सो आपकौ जस कोटि ब्रह्मांड में विराजत है। अरु वेद आदि सब गावत हैं, पार पावत नाहिं।

अथवा तुव जस कहा, जो तुम जा-जा भाँति नई-नई रति-विपरीति केलि के विलासनि करि मोकौं सुख देत हौ। कोटि ब्रह्मांड कहा, कोटि-कोटि ब्रह्म मेरे रोम-रोम में बसत हैं। व्याकुल-विरह बिहार बिन अरु नख-सिख लोभी लीन तन-मन करि हौ। अरु ब्रह्मांड कहा कि मेरौ जु तन है, ताकी ब्रह्मांड है। कहा कि याके भीतर विरह कौं धरि राख्यौ है, या माँड तें बाहिर न जाय सकै। ता ब्रह्मांड पर हे राधे! तिहारौ जस नित्य विराजै है। कहा कि मैं रोम-रोम रसना करि आपकौ जस न गाय सकौं। आप प्रसन्नता सौं मोकौं अपने गरैं सौं लगाइ रमन करन लागी हौ, सो जस नित्त कोटि ब्रह्मांड — जो मेरौ तन-मन तामें विराजै है। कहा, जस छै रह्यौ है॥ इति॥

मूल — **श्री सोभा बरनी न जाइ अगाधे॥ इति॥**

अर्थ — श्री कहिये — सोभा की सोभा आप हौ। सो आपके विराजिबे की छबि कि कौन भाँति अंग-अंग कौं केलि-विलास करि सुख देत हौ, जो सोभा मोपै बरनी न जाइ, अगाधे कहा, अगाध है। यह कृपा आपही तें बनें है, नाहीं मोकौं यह सौंज कहाँ? इति॥

मूल — **बहुतक जनम विचारत ही गये साधे साधे ॥ इति॥**

अर्थ — बहुतक जनम कहा, कि जब मैं तुम्हारे रूप-माधुरी कौं पान करत हूँ, सँभारि कछु न रहत अरु विचारत हूँ — जो प्यारीजू अब कृपा करि अंग-अंग विलासनि के सुख देत हैं। वा विचार में ही प्रेम-बिबस ध्यान में तदाकार भयौ, यही विचारत हूँ कि कब प्यारीजू मोकौं अधर-अमृत रस प्यावैंगी? कब कंठ लगाइ सुख दैहिंगी? फेरि सावधान भयौ ध्यान तें प्रेम रूप-माधुरी देखत ही देखत मन समाधि में लीन ह्वै जाय। या भाँति कौ लीन ह्वैवौ अरु फेरि चाह अंग-अंग मिलिबे की, सो महाव्याकुलता, जब सावधान ह्वैबौ सो जनम। ऐसे बहुत जनम विचारत ही गये साधे-साधे, कहा, बहुत साधना करि। कहा, आपकी रुचि लियें॥ इति॥

मूल — **श्रीहरिदास के स्वामी स्याम कहत री प्यारी, ए दिन मैं क्रम-क्रम करि लाधे॥ इति॥**

अर्थ — श्रीहरिदासीजू के स्वामी कौन, स्यामा, जिनसौं स्याम कुंजबिहारी कहत — हो प्यारीजू, ये दिन कहा कि जो या भाँति आप कृपाल हौ कि बाहु सौं बाहु मिलाए रहें मुख निहारत हौ, अंक में निसंकता सौं भरत हौ, अधर चुम्बन करत अंग-अंग सोभा देत। ये दिन क्रम-क्रम करि लाधे, कहा, बहुत जनम आपकी प्रसन्नता के लियें, रुचि लियें चल्यौ, बहुत विनती करी, पै आप तौ लाड़िली प्यारी, आप अपनी कृपा ही सौं उर लागे। सो मोकौं तौ यह बहुत दुर्लभ ही, आपकी कृपा सौं सुलभ भई॥ इति॥

— **भावार्थदीपिका :** श्रीनागरीदासजू

४२

कौतुक लखि फूलीं सखी, सब लोकनि की नारि।
कहत परस्पर रूप गुन, कठिन कृपा सुकुँवारि।
फूलीं लखि सुख सखी महल में।
प्रीतम कौ रस सुजस श्रवन सुनि, त्रिय कुल रीझत परीं चहल में।
कहत परस्पर गुन तन सोभा, रहत ध्यान सनमान टहल में।
श्रीहरिदासि स्वामिनी जोरी, कैसें पइयत कृपा सहल में॥

— **आभास उल्था :** श्रीपीताम्बरदेवजू

श्री मूरति के देह में, लोक अलौकिक जानि।
तिनमें राजत सहचरी, अंग अंग सुखदानि।
आजु जुगल आनंद में, लखि लखि भूलीं बाल।
रीझि रहीं तिहुँ लोक की, सहचरीं आजु निहाल॥

— **वस्तुदर्शिनी :** श्रीराधाशरणदेवजू

सखी कौ वचन सखी तें — फूलनि की निकुंज अति विचित्र बनी रहत। जहाँ फूलनि की सुंदर सेज पै दोऊ फूले फूल बसीले तन में विराजत। सब इनही के मन की फूल है। नैंन-कमल, मुख-कमल, कुच-कमलनि ऊपर अलक छूटि रही है, मानौं अलि भूले हैं अथवा अलि — जो पिय कौ मन, सो भूल्यौ फिरत है। कबहूँ तौ नैंन-कमल पै, कबहूँ मुख-कमल पै, कबहूँ कुच-कमल पै चुम्बन करत भूल्यौ है। चरन-कमल प्यारीजू के पिय अपने कर-कमलनि तें पूजत हैं, फूलत हैं। अंग-अंग दुकूल सिथिल हैं। सुबास अंग-अंग की, तामें मगन हैं। भुजमूल गहें नवनिकुंज में झूलत हैं। या भाँति की फूलनि तें सब सखी फूली हैं। श्रीबिहारिनदासीजू सखी तें कहति हैं। श्रीहरिदासीजू के संग दोऊ लाड़िली-लालजू कौं नव-नव लाड़ लड़ावत हैं॥ इति॥

मूल — **फूलीं सब सखी देखि देखि॥ इति॥**

अर्थ — सब सखी श्रीलाड़िली-लालजू के अंग-अंग की फूलनि देखि कैं फूली हैं। हे सखी, तू हू यह फूलनि देखि मेरी आँखिन भरिकैं अरु फूलि॥ इति॥

मूल — **जच्छ किन्नर नाग लोक देव-स्त्री रीझि रहीं भुव लेखि-लेखि॥ इति॥**

अर्थ — आजु की छबि कौ प्रकास सब सखी देखि-देखि तौ फूलि गईं, अति आनन्द में मगन हैं। वा छबि की छटा — जो किरन पसरी,सो लोकानि — लोक में बिजुरी कीसी कौंधनि ह्वै गई। प्रथम तौ प्रियाजू की रूप-माधुरी की छबि पिय पान करत अघात नाहीं, दूसरे सखीजन देखि-देखि ही जीवत हैं। इन आगें तें जो रंध्रनि में ते किरन बाहिर जात, सो छटा और-औतरादिक सखी-भाव सौं अवलोकनि करत। इन आगें प्रकास जाय न सकत। इनकौं यह टहल है। पै आजु कोई कृपालता की छबि कौ प्रकास सब लोकनि लोक में छै गयौ। जे सनेही — श्रीप्रियाजू के रस-उपासना में सनेही हे! तिनपै ज्यौं बिजुरी की कौंधनि, ता भाँति प्रकास दिखायौ। जो जच्छलोक,

किन्नरलोक, नागलोक, देवलोकनि की स्त्री, जो प्रियाजू कौ रस-जस श्रवन सुनि-सुनि कें आसक्त हीं, ते वा सोभा कौं देखि-देखि कें रीझ रहीं। अरु महासनेह की बढ़वारि, सोच में परीं कि यै छबि कबहूँ न देखी, कब देखैंगी? भू — जो पृथ्वी, तामें तृनुका तें लिखन लागीं। जब सनेही की खबरि आवत है, तब चिन्ता करि नीची ग्रीवा कियें भूमि कौं नखनि तें अथवा तृनुका तें खोदैं। अथवा इन लोकनि की स्त्री प्रिया-प्रियतम कौ रस-जस वेद अरु रस-ग्रंथनि द्वारा सुनि-सुनि रीझि रहीं कि सनेह, तौ प्रियाजू कौ है कि अपने पिय कौं नित्य या भाँति सुख देत हैं, पिय हू यै भाँति छिन-छिन में आधीन हैं। अरु अपनौं सनेह कछु नहीं, ताकी चिन्ता करत हैं। अरु धन्य ये सखीजन, जिनकौ सुख देखि-देखि फूली रहत हैं। हमहूँ कबहूँ या सुख कौं पावैंगी? जो सनेही हैं, सो इनके सुख कौं सर्वोपरि जानि इनके चरन कमल कौं जाँचत हैं। इन लोकनि की स्त्री की को चलाबै, रमा-आदिक वांछिबौ करत हैं।

अथवा और स्त्री तौ कहा रीझि जानें? पै यह प्यारी पिय कौ देव, कहा, ठाकुर, ताकौ लोक श्रीवृन्दावन-धाम, तामें सखीजन देखि-देखि रीझि रही। क्योंकि नाग कहियै — स्याम बरन, किन्नरि जो बाजौ अंग प्यारीजू के कौ, सुनि । जकि रहे कि थकित ह्वै रहे।

अथवा जच्छ-लोक कहा, सो प्रथम तौ मुख-चन्द्रमा, तामें अधर स्थान, जहाँ अमृत-रस की वरषा होवौ करै है। किन्नरलोक, जो गंधर्वनि कौ स्थान, सो कुच स्थान, सुरति केलि में निपुन, सनमुख रहैं सुरति-जुद्ध में, अरु देखत ही नाना भावनि की चतुराई प्रकासैं। नागलोक कहा, स्याम बरन कि अति गहरता, सो नाभि-स्थान गंभीर, सब रसनि कौ मूल। देव-लोक कहा, जो सब लोकनि कौ राजा। कहा, निजु अंग-स्थान, सब रसनि कौ समुद्र, जामें केलि-विलास की नव-नव तरंग उपजिबौ करैं अति तत्त्व सुद्ध स्वरूप आनंददाता पिय कौं। तिनकी स्त्री, कहा, अंग-अंग की जो छबिन के लोक-स्थान, जामें चाह रूप बुद्धि कहियै — स्त्री रीझि रहीं। भुवि — जो भूमि, निकुंज, प्यारीजू कौ तन, ताकौं लेखि-लेखि कहा, देखि-देखि, सो प्यारीजू के अंग-अंग की सोभा प्यारीजू की बुद्धि रूपा स्त्रीं देखि-देखि रीझि रही हैं। कहा, अपनी सोभा पै आप ही रीझी हैं। तौ पिय तौ बिन मोल ही मोल लिये॥ इति॥

मूल — **कहति परस्पर नारि नारि सौं, यह सुन्दरता अवरेखि रेखि॥ इति॥**

अर्थ — सखीजन — नारि परस्पर कहत हैं — यह सुन्दरता कहा, कौन भाँति प्यारीजू पिय के अंक में भुजमूल कौं गहें झूलत हैं। अवरेखि रेखि कहा, या आगें सुंदरता की हद है। रेखा खैंचैं कि ऐसी सुन्दरता कहाँ? इति॥

मूल — **श्रीहरिदास के स्वामी स्यामाऐ कैसे हूँ चितयें परेखि रेखि॥ इति॥**

अर्थ — श्रीहरिदासीजू के स्वामीजू ये कैसे हूँ पिय पै चितवैं, जो कृपा करि चितयें अरु बंकता सौं चितवैं पै पिय त्रिपित नाहीं होय। परेखि रेखि कहा, इनके अंग-अंग विलास की चाह बढ़त है, परेखौ मिटत नाहीं। कृपा करि अंग-अंग मिलि झूलत हैं, पै परेखौ-जो हौंस दूनी होत॥ इति॥

— **भावार्थदीपिका :** श्रीनागरीदासजू

४३

पिय सौं कृपा करौ सु चाहौ, सरिवरि करै सु को है।
गुननिधान तुव मान तजि, हम दम्पति सुख जोहैं।
पिय पै कृपा करौ सो नीकी।
तेरी समसरि करै कौन सुख, तू प्रकृति जानत निज पी की।

तुव गुन सागर मान करत कित, चूक कहा कहु अपने जी की।
सहचरि श्रीहरिदासि कहत सुनि, पिय तोमें तोहिं चाह धनी की॥

— **आभास उल्था :** श्रीपीताम्बरदेवजू

वस्तुदर्शनी: स्पष्ट ही याकौ अर्थ है।

— **वस्तुदर्शिनी :** श्रीराधाशरणदासजू

सखी के वचन श्रीलाड़िलीजू तें — सुन्दर निकुंज महल, तामें अद्भुत सुरंग सुख सेज, तापै दोऊ महारस भीने सोभित हैं। श्रीहरिदासीजू सुन्दर रतन जटित चौकी फूलनि के आसन तें बिछी, तापै राजत, नव-नव लाड़ लड़ावत हैं। जहाँ सखी के वचन श्रीप्रियाजू तें॥ इति॥

मूल — **पिय सौं तू जोई-जोई करै सोई सोई छाजै॥ इति॥**

अर्थ — हो प्यारीजू! पिय सौं तुम जोई-जोई करौ, कहा, जो प्रसन्न ह्वै कृपालता तें अंक में भरौ, जोई-जोई विलास केलि करौ, सोई तुमकौं छाजै। क्योंकि प्यारौ तुम्हारे आधीन है। रुख लियें चलै। बिना आपकी आज्ञा नेंक हूँ बात न करै॥ इति॥

मूल — **और सेंघ करै जो तेरी, सोऊ लाजै॥ इति॥**

अर्थ — आपकी होड़ कहा, आपकी सी बानि जो कोऊ करै जा भाँति आप लाड़िली, गरबीली, अलबेली, हौ, चाहौ सो करौ। कृपा करि अंक में हूँ भरौ अरु पिय हा-हा करत रहैं, विनती करैं, सनमुख चितबै हू नहीं, तातें आपकी होड़, ये पिय जद्दपि लाड़िलीजू! तेरौ लाड़िली कौ लाल है, पै न करैं। आप जोई-जोई उनसौं करौ, सोई सब छाजै।

जोऊ कौन? और तौ कोऊ है नहीं, जो बराबरी करि सकै। सो एक लालजू हैं, पै होड़ करैं, तौ वेऊ लाजैं, आपकी सरि न करि सकैं॥ इति॥

मूल — **तू सुर ज्ञान सब अंग सखीरी, मान करत बेकाजै॥ इति॥**

अर्थ — हो प्यारीजू, तुम सुर ज्ञान सब ही अंग में हौ, मान काहे कौं करत? पिय तौ आपके बिना मान ही बस हैं। मान तौ जो करै, जाके पिय बस न होइ। सो ये तौ छिन-छिन में रति-रस-दान माँगिबौ करैं। अजू प्यारी! पिय, कबके बैठे विनती करत हैं। आपके चरन कर पै धरत हैं। सुन्दर वर, सुकुमार किसोर जू अति आतुर, चातुर, चपल धीरज न धरत हैं। छिन-छिन आपके मुख-चन्द्रमा की ओर चितवत हैं। हो प्यारीजू! त्रिषित मोहन नैंन चकोर हैं। ताकौं प्रीति उदै करि सु दृष्टि रूप किरन तें पोषौ॥ इति॥

मूल — **श्रीहरिदास के स्वामी स्याम जिय में बसै तू नित-नित विराजै॥ इति॥**

अर्थ — श्रीहरिदासीजू के स्वामी तुम स्यामा, स्याम के जिय में तुम बसत हौ। तू नित-नित विराजै, कहा कि अधर-कंप कौ, कोप कपट है। आपके उनतें विशेष चाह है। नित-नित उनके हिय में विराजत हौ। तातें हो प्यारीजू, पिय कौं प्याइ सुधा रस। तब उमँगि ढरै, तन मन करि विलास विलसत भये। अति आनन्द में मगन हैं॥ इति॥

— **भावार्थदीपिका :** श्रीनागरीदासजू

४४

मानत नाँहिन बस करत, क्यौं करि बसिहै गाँउ।
तौ पिय लाड़ लड़ाइयै, लखि सोभा बलि जाँउ।
मानत नाँहिन मोहे लाल।
कुंजमहल रस सुबस बसौ सुख, लिख्यौ हमारे भाल।
नव नव लाड़ लड़ाइ पिया कौं, इह ब्रज बस नाँहिन कहुँ बाल।
पहरी श्रीहरिदासि वारिकैं, भ्रमर सहित मालती माल।

— **आभास उल्था :** श्रीपीताम्बरदेवजू

* * *

भूली पिय तन झलक में, देखत अपनौ रूप।
आन वधू कौं जानिकैं, बोली वचन अनूप।
नव निकुंज सुख पुंज में, सुबस बसौ हिय स्याम।
इह सुनि बोली सहचरी, सुनौ वचन वर बाम।
वृंद चाहि मन जात नहीं, तो बिनु पिय सुखदाइ।
हाव रु भाव कटाक्ष करि, नव नव लाड़ लड़ाइ।
ज्यौं भौंरा की आसिकी, रहत मालती फूल।
आन फूल पर जात नहीं, पिय तुव त्यौं अनुकूल।

— **वस्तुदर्शिनी :** श्रीराधाशरणदेवजू

* * *

अपने प्रतिबिम्ब सौं प्यारीजू के वचन — सुन्दर कुंज-निकुंज महल में दोऊ लाड़िली-लाल नव-नव सेज पै सनमुख विराजत हैं। जा समैं प्यारीजू कौ प्रतिबिम्ब पिय हिय में पर्यौ, सो लाड़िलीजू महाअद्भुत रूप अपने कौ प्रतिबिम्ब देखत मोहि गईं अरु अपने प्रतिबिम्ब की खबर कछु नहीं। वा प्रतिबिम्ब सौं प्यारीजू बोलीं। सो सुख अद्भुत है। ताकी बात कहा कहूँ ? इति॥

मूल — **सोई तौ वचन मोसौं मानि, तैं मेरौ लाल मोह्यौ री साँवरौ॥ इति॥**

अर्थ — प्यारीजू प्रतिबिम्ब तें कहत हैं सोई तौ — वचन मोसौं मानि, कहा, हे नागरी! तू मेरौ वचन मानि। कहौ कौन गुन सौं तैं मेरौ लाल साँवरौ मोहि लियौ।॥ इति॥

मूल — **नव निकुंज सुख पुंज महल में, सुबस बसौ यह गाँवरौ॥ इति॥**

अर्थ — कुंज — जो पिय कौ हिय, तामें कुंज-सोई सज्या, सुख पुंज महल में कहा, सुख कौ पुंज, सोई भयौ महल, सुबस बसौ यह गाँवरौ कहा, तुम्हारे दोऊनि के अंग-अंग, सोई मिलिकें संकेत भयौ, सो यही गाँवरौ सुबस बसौ। हो गोरी, जिन गुननि करि तुम मोह्यौ, सोई गुन अब प्रतिपाल, कहा, सुख विलसौ॥ इति॥

मूल — **नव—नव लाड़ लड़ाइ लाड़ली, नहिं नहिं इहि ब्रज जाँवरौ।**

अर्थ — नव—नव लाड़ लड़ाइ कहा, नव-नव केलि के विलासनि सौं लड़ावौ, हे लाड़िली! जब सखी नें देख्यौ — प्यारीजू तौ अपनौ प्रतिबिंब देखि मोहित भई, तब बोलीं — नहिं नहिं इहि जाँवरौ कहा, हो

प्यारीजू ! नाहिं-नाहिं और कोऊ, यह तौ तुम्हारौ प्रतिबिंब है। ब्रज नाम-समूह कौ है, जाँवरौ नाम-बाल कौ। सो तुम नीके देखौ, कोऊ बाल है? नाहिं-नाहिं। अथवा ब्रज जाँवरौ जो समूह सखिन कौ, जामें तुम्हारी समान कोऊ नाहिं-नाहिं। तुम सुख विलसौ॥ इति॥

मूल — **श्रीहरिदास के स्वामी स्यामा कुंजबिहारी पै, वारौंगी मालती-भाँवरौ॥ इति॥**

अर्थ — श्रीहरिदासीजू के स्वामी स्यामा अरु कुंजबिहारी पर मालती अरु भाँवरौ वारि डारौं। कहा, मालती पै भँवर की आसक्तता अत्यन्त है। सो मालती-श्रीप्रियाजू अरु भँवर-लालजू, इन पै बलिहार करौंगी, अपने तन-मन प्रान। श्रीप्यारीजू नें मानी नाहीं॥ इति॥

— **भावार्थदीपिका :** श्रीनागरीदासजू

४५

पीउ कहत सुनि मानिये, रुचि तेरी मोहि आन।
उर देखत तू जानही, दै जाँचक कौ दान।
जो कछु कहत श्रवन सुनि धारौ।
तेरी रुचि के, सुख अभिलाषा, करत सौंह कहि हेतु तिहारौ।
अपने उर कर अन्तर देखौ, जो नहिं मानत कह्यौ हमारौ।
तुम दानी ए जाँचक दीजै, चाहत श्रीहरिदासि बिहारौ॥

— **आभास उल्था :** श्रीपीताम्बरदेवजू

दीन दुखित अति ह्वै गयौ, मान मानिनी देखि।
ताहू पर तन मन दहत, मदन बुलंद विसेखि।
तातें धरियै अंस निज, कहत स्याम सुनि कान।
हरन मदन दुख सुख करन, चरन सरोज प्रधान।
नैंन सैंन चुम्बन मिलन, हँसन मनोरथ केलि।
तेरे हित के सकल यौं सुनि सुख कंद नवेलि।

— **वस्तुदर्शिनी :** श्रीराधाशरणदेवजू

सखी कौ वचन श्रीलाड़िलीजू तें — रसमय निकुंज, तामें रस रूप सेज पै श्री लाड़िली-लालजू विराजमान हैं सनमुख। अरु प्यारीजू अपनौ प्रतिबिम्ब लाड़िले के उर में देख्यौ। पहिले हू सखी नें समझायौ — यह और कोई प्यारी है नहीं तौहू श्री लाडिलीजू मानी नहीं, अरु प्यारौ अति आतुर। सो सखी लालजू की कहनि श्री लाड़िलीजू तें कहत हैं॥ इति॥

मूल — **जो कछु कहत लाड़िलौ, लाड़िलीजू सुनियै कान दै॥ इति॥**

अर्थ — हो लाड़िलीजू! जो कछु लाड़िलौ-लाल कहत है, सो कान दैकें सुनियै। प्यारौ कहत है कि हो

प्यारीजू! आप अपनौं प्रतिबिम्ब मो उर में देखि ऐसे काहे कौं बातें करत हौ? आप सावधान ह्वै देखौ। तुम बिना मो उर में और कौन सी प्यारी है? इति॥

मूल — **जो जिय उपजै सो तिहारेई हित की कहति हौं आन दै॥ इति॥**

अर्थ — अरु प्यारीजू! प्यारे के जिय में जो उपजत है, सो तेरीयै हित की बात है। मैं तुमकौं कहत हौं, आन दै कहा, सौंह खात हूँ॥ इति॥

मूल — **मोहि न पत्याहु तौ छाती टकटोरि देखौ पान दै॥ इति॥**

अर्थ — हो प्यारीजू! मेरी सौंह न मानौं, मेरी प्रतीति नाहिंन, तौ तुम पिय की छाती टकटोरि देखौ कर तें, कौन प्यारी नें तुम्हारौ लाल मोह्यौ है? तुम्हारे प्रतिबिम्ब तें तुम मोहि गई हौ॥ इति॥

मूल — **श्रीहरिदास के स्वामी स्यामा कुंजबिहारी, जाँचक कों दान दै॥ इति॥**

अर्थ — श्रीहरिदासीजू के स्वामी कौन? स्यामा? कुंजबिहारी-तुम्हारी तन-रूप कुंज में नित्यबिहार करत हैं, सो जा कुंजबिहारी जाचक कौं रति रस दान, अधर-रस पान देहु। ये तौ नित्य जाचक हैं, तुम नित्य दानी हौ॥ इति॥

— **भावार्थदीपिका :** श्रीनागरीदासजू

४६

गहवर वन रट कोकिला, पुहुप-सेज सुख सोइ।
रसना गुन पथ निरखि चलि, पीउ काम रस भोइ।
पिय कौ तन गहवर बनी, मन कोकिल उच्चार।
रुचि कुसुमनि सज्या सयन, चलि लूटैं सुख सार।
बोलत कोकिल गहवर घनी।
अति विचित्र फूल पत्रनि सौं, सज्या सैन ठनी॥
छिन पल तेरी कथा श्रवन रुचि, मग जोवत चलि कहत धनी।
श्रीहरिदासि कृपा सुख लीजै, दरस परस रस बुद्धि सनी।

— **आभास उल्था :** श्रीपीताम्बरदेवजू

लाल मनोरथ सघन वन, कोकिल मन की आस
ता पिय के हित सौं मिलौ, इह चलिबौ सुखरास।
तुव मुख देखत फूल मन, सो वर फूल नवीन।
कर पल्लव पिय सेज पर, करि विपरीत नवीन॥

— **वस्तुदर्शिनी :** श्रीराधाशरणदेवजू

लालजू के वचन प्यारीजू तें — गहवर वन — पिय कौ तन, जहाँ मन रूप कोकिला बोलत है। जहाँ फूलनि की

सज्या रुचि रूप अति विचित्र पै प्यारीजू सोभित हैं। श्रीहरिदासीजू अद्भुत सिंगार कियें फूलनि के आसन पै विराजमान नव-नव सुख के खेल खिलावत हैं। ज्यौं चाहैं, ज्यौं ही खेल खिलावैं। श्रीविपुल, बिहारिनिदासीजू फूली अंग न मावैं। जा समैं छबीलौ काम-रस में भींज्यौ लाड़िलीजू तें विनती करत है॥ इति॥

मूल — **प्यारीजू, आगें चलि, आगें चलि, गहवर वन भीतर, जहाँ बोलै कोइलरी॥ इति॥**

अर्थ — हो प्यारीजू! आगे चलि, कहा कि तुम जो मो हिय में अपनौ प्रतिबिम्ब देखि मोहि गईं, सो अब या सुख सौं आगे चलि। जाही भाँति आप प्रगट मो हियैं विराजौ कि प्रतिबिम्ब के आगें कहा सुख है? वन — जो यह वृन्दावन, जामें सब सुख ताके मध्य गहवर वन — मेरौ तन, ताके आगें चलि। कहा, मो हिय आगें चलि। अब आगें चलि कि मो उर के आगें चलि। दूसरे आगें चलि कि ऐसे उर में लिपटि जाहु, सो दोऊ एक ह्वै जाहिं, जाने न परैं मो उर भीतर, जहाँ बोलै कोइलरी — जहाँ पिय कोकिला के वचन बोलैं। अथवा जब अंग-अंग मिलि लिपटत केलि के विलास में, तुम नाहिं-नाहिं सब्द करि अत्यन्त रस बढ़ावौ, सो कोकिला की बोलनि॥ इति॥

मूल — **अति ही विचित्र फूल पत्रनि की सिज्या रची, रुचिर सँवारी तहाँ तूव सोइलरी॥ इति॥**

अर्थ — अति ही विचित्र फूल कहा, अंग-अंग की फूलनि, सो अति विचित्र फूल अरु पत्र कहा, फूल के दल, सो अंग-अंग में काम के हाव भाव रति-रस,चोज-मनोज सो पत्र। सज्या — सुरति सुख सज्या, कहा, पिय कौ हिय, सोई सुख सज्या रुचिर सँवारी — रुचि करि सेज सँवारी है, जैसें — आपकी रुचि है, तापै तूव सोइलरी — ता सेज पै तुम पौढ़ौ। प्यारीजू! सुख सार विलास करौ॥ इति॥

मूल — **छिन छिन पल पल तेरीयै कहानी तुव मग जोइलरी॥ इति॥**

अर्थ — हो प्यारीजू! छिन-छिन में पल-पल में यहै कहनि है तुव मग कहियै — मारग, सो ही जोवत हूँ। कहा, जो या सुख-सज्या पै सोइकैं मोकौं अपने अंक में भरौ, मैं या बात कौ मारग जोवत हूँ॥ इति॥

मूल — **श्रीहरिदास के स्वामी स्याम कहत छबीलौ काम रस भोइलरी॥ इति॥**

अर्थ — श्रीहरिदासीजू के स्वामी स्यामा, तिनसौं छबीलौ स्याम कहत काम रस में भोइ गये हैं। हो प्यारीजू, मैं अति आतुर-अधीर हौं, सो अंग-अंग मिलि सुख दीजै॥ इति॥

— **भावार्थदीपिका :** श्रीनागरीदासजू

४७

निजु आनन्द समाधि लिय, को करि सकै सचेत।
प्रीतम उर रस सचि धर्‍यौ, गूढ़ अंग संकेत।
निजु प्रताप लखि भई समाधि।
वचन प्रसंसित ज्यौं ज्यौं सुनियत, प्रेम प्रगट करि होत असाधि।
जो चैतन्य होइ तौ मानैं, रसिक रसी यौं लखी अगाधि।
श्रीहरिदासि वचन सुनि चौंकी, उठि गरैं लगि पिय लई अराधि

— **आभास उल्था :** श्रीपीताम्बरदेवजू

सुरति मध्य अति सुख भयौ, गई अपनपौ भूल।
ज्यौं मन चाहत साँवरौ, होत न त्यौं अनुकूल।
लालन तब सखि सौं कही, जगत न मोर जगाइ।
जोव कहौं मानैं कह्यौ, इहै जगैयो भाइ।
लालन उठि तब जोर सौं, लई लाइ गल बाल।
सखि सासन मानी हुलसि, कीनी केलि रसाल।

— **वस्तुदर्शिनी :** श्रीराधाशरणदेवजू

सखी कौ वचन लालजू तें — प्रीति-कुंज लाल-रतननि सौं रचित, तामें दोऊ प्रेम-परजंक पर पौढ़े, जाने जात नाहिं कि सोवत हैं कि जागत। लालजू तौ विनती करत हैं और प्यारीजू प्यारे की बोलनि सुनि महाकेलि के भावनि में छकि गईं। सुरति-रंग अंग-अंग में चपल हैं, कछु सम्हारि नहीं। अरु श्रीहरिदासीजू आदि फूलनि के आसन पै विराजमान। जब पिय नें सखी तें कह्यौ कि प्यारीजू कहा करत हैं? जहाँ सखी के वचन लालजू तें ।।इति ।।

मूल — **प्यारी अब सोइ गई ।। इति ।।**

अर्थ — हो प्यारे! प्यारीजू महासुरति केलि में छकि कें सोइ गईं। कहा, सुखमय हैं ।। इति ।।

मूल — **ज्यौं-ज्यौं जगावत त्यौं-त्यौं नहिं जागत, प्रेम रस पान करि भोइ गई ।। इति ।।**

अर्थ — ज्यौं-ज्यौं मैं जगावत, कहा, सावधान करत हूँ, त्यौं-त्यौं नहिं जागत। ऐसे रस में सुरति-सुखमय छकि गये हैं, जागत नाहीं, कहा, सावधान होत नाहीं। अरु मैं हूँ इन्हें जानौं हू नाहिं कि जागत हैं किधौं सोवत हैं। कहा करत हैं? प्रेम-रूप परंजक-अंक तुम्हारे पै पौढ़े हैं। कर कौं टारत हैं उर तें।। इति ।।

मूल — **जागत होइ तौ जगाऊँ प्यारी, तातेंब परम सचु रस ही रसिक रस बोइ गई ।। इति ।।**

अर्थ — हो प्यारे, जागत ह्वै, तौ प्यारी कौं जगाऊँ। तातें अब परम संच्यौ जो रस, ताही सौं रसिक — जो प्यारी रस में बोइ गई हैं। आप सुखमय हैं, अरु सबकें रस कौ बीज — जो चाह, सो बोइ गई हैं। तातें जगाऊँ कहा? सोभा प्यारीजू की है — अलकैं छूटि रही हैं, पलकैं बरुनिन बीच हैं, नैंन चलत मुख जोवत हैं ।। इति ।।

मूल — **श्रीहरिदास के स्वामी स्यामा कुंजबिहारी, उठिकैं गरैं लगाई नवल प्रीति सौं नोइ गई ।।इति ।।**

अर्थ — श्रीहरिदासीजू के स्वामी स्यामाजू कौं, हो कुंजबिहारी पिय! उठिकें कहा, प्यारीजू कौं अपने गरें सौं लगाइ लेहु। क्योंकि यह तौ याही भाव में हैं। जो आपकौं तुम्हारे अंक में देखैगी, तौ बहुत सुख ह्वैगौ। जो कदाचित सावधान होहिं अरु तुमकौं न्यारे देखैंगी, कहा जानें कहा भाव उपजै? तब प्यारे नें प्यारीजू कौं गरें लगाइ लईं। जब प्यारीजू सावधान वाही रस में नवल प्रीति कों देखि, उनकी प्रीति सों नोइ गईं, कहा, सुरति सुख में डूब गई। कि अंग-अंग मिलि बिहार करनि लागे। गाढ़े गुन — जो केलि के विलास, सो विलसत भये ।। इति ।।

— **भावार्थदीपिका :** श्रीनागरीदासजू

४८

आराधी आलस भरी, लखि सहचरि रुचि डोल।
दो झूलत बाजे बजैं, खेलत फाग अतोल।
झूलत डोल बिहारी-बिहारनि।
बाजत ताल रबाब ढोलकी, जमुना कूलनि फूल निहारनि।
उड़त अबीर गुलाल कुमकुमा, छिरकि परस्पर अमृत-धारनि॥
श्रीहरिदासि मुदित-मन सुनियत, गावत निजु सुख सरस धमारनि॥
— **आभास उल्था** : श्रीपीताम्बरदेवजू

केलि-डोल झूलत जुगल, उड़त अबीर हुलास।
छिरकत हैं अनुराग भरि, कुमकुम आदि विलास।
बजत अंग निज ताल वत, पुनि रबाब सुर जानि।
जमुन-कूल तन बिबि निकट, राधा-सरन बखानि।
— **वस्तुदर्शिनी** : श्रीराधाशरणदेवजू

सखी कौ वचन सखी सौं - सुन्दर लाल-हरित मनिन की निकुंज, तामें अद्भुत सुरंग-अनुरागमय वितान फूलनि के तने हैं। अरु प्रेम-रूप प्रजंक, सोई बेदी अंगनि की कांति-वत डोल बन्यौं है। जहाँ दोऊ दुलहिनि-दूलहै महा नव-नव भाव के सिंगार कियें डोल झूलत हैं। अरु होरी कौ खेल, तामें नव-नव अंग-अंग अबीर-कुमकुमा, सो छिरकत हैं। पिय अंग-अंग लिपटात प्रिया सौं हँसि-हँसि कलोल करत हैं। सरस रंग सौं भरे फूलत हैं। अरु अंग-अंग के दुहुँ दिसि बाजे-ताल, रबाब, मृदंग आदि बाजत हैं। याही सुख में दोऊ परम सुन्दर सुबस भये चितवत हैं। प्रियाजू कौं उर लागि, जब विशेष कृपाल जानि कहत-हो सुन्दरि! सर्वसु रस है, सो मोहिं दै। मो या रस में राखौ। ऐसे मृदु-मधुर बोलि सुनि रीझी, निरखि रस-रीति प्रीति पिय की। जब लालजू अपने प्रान वारत हैं। श्रीहरिदासीजू सुन्दर नव-नव लाड़ लड़ावत हैं। जहाँ सखी के वचन सखी सौं॥ इति॥

मूल — **डोल झलत दुलहिनी-दूलह॥ इति॥**

अर्थ — दुहुँनि के अंग-अंग की मिलनि कौ डोल। अथवा अंग-अंग कौ प्रकास, नव-नव भाव, जो प्रथम आनंद छिन-छिन में, ताही कौ डोल, ता सुख में झूलत हैं। नव-नव अंग, नई-नई छबि, नव-नव केलि अरु नित्य प्रथम समागम, कि कबहूँ मिले नाहिं! सो दुलहिनि-दूलहै या भाँति दोऊ डोल झूलत हैं। अंग-अंग झोंटा देत हैं॥ इति॥

मूल — **उड़त अबीर कुमकुमा छिरकत खेल परस्पर सूलहु॥ इति॥**

अर्थ — उड़त अबीर, कहा, पिय की चाह, सो अबीर उड़त है। कुमकुमा छिरकत, कहा कि प्रियाजू कुमकुमा के रंग, तिनकौ रस भरि छिरकत। जहाँ चाह रूप अबीर अंग तें लपटि, सो मानौं वितान गवन-रूप पवन तें जैसें उड़त। खेल परस्पर सूलह यह रस-रूप होरी कौ खेल परस्पर कौ अद्भुत सोभायमान है॥ इति॥

मूल — **बाजत ताल रबाब और बहु तरनी तनया कूलहु॥ इति॥**

अर्थ — डोल झूलिबे में बाजे बाजत, सो ताल, रबाब, बहु बाजे अंग-अंग ज्यौं ही बजत हैं। अथवा आभूषननि के बाजेन की धुनि। सोहू यहाँ अंग-अंग ही आभूषननि के बाजेन की धुनि। तरनि-तनया कूलहु, तरनि तनया —श्रीजमुनाजू, सो दोऊन के अंग-अंग की लपटानि, ताकी संधि, गौर-स्याम किनारे। ताके गौर किनारे में कूल सो नाभि अरु श्रीजमुनाजू में नैंन, कुच, अधर, चरन, कर ये कमल फूलि रहे हैं॥ इति॥

मूल — **श्रीहरिदास के स्वामी स्यामा कुंजबिहारी कौ अनतब नाहिनें फूलहु॥ इति॥**

अर्थ — श्रीहरिदासीजू के स्यामा अरु स्याम-कुंजबिहारी, सो इनकौ जो निज सुख अनतब नाहिंन, यह सुख यहाँ पाइयत है। फूलहु — ए सखी! तुम यह सुख निरखि-निरखि कें फूलहु अरु येहू रस-रंग भरे परस्पर फूलत हैं, कलोल करत हैं॥ इति॥

— **भावार्थदीपिका** : श्रीनागरीदासजू

४९

फबी सुरंगी चूनरी, लहँगा कंचुकि नील।
बोलत नाँहिन गर्व गहि, चरन नमत पिय सील।
सोहत सूही चूनरी।
बिच बिच पून्यौ चंद सेत दुति, होत प्रकासनि पूनरी॥
सहचरि कहत चलहु मन मोहन, मानत नाँहिन जानि मूनरी।
श्रीहरिदासी पिया चरननि तर, लपटि रहे कछु चूक हूँनरी॥

— **आभास उल्था** : श्रीपीताम्बरदेवजू

प्रीति अलौकिक चूनरी, लहँगा पूरन नेह।
अद्भुत छबि सिंगार सब, भयौ गर्व लखि देह।
ज्यौं पूतरी है रंग की, अंगनि कौ सिंगार।
निरखि-निरखि पाँइनि परत, स्याम रीझि सुकुमार।

— **वस्तुदर्शिनी** : श्रीराधाशरणदेवजू

सखी कौ वचन लालजू तें — निकुंज-मंदिर अति रहसि धाम, तामें अंक-प्रजंक रूप की पै सोभित दोऊ प्रिया-प्रियतम, महाआनन्द में मगन। श्रीप्यारीजू बोलत नाहिं, तब लालजू नें जान्यौ कि प्यारीजू मान में हैं। अरु अंग-अंग की छबि अति अद्भुत। सो छबि देखि अंग परसनि कौं आतुर, जब सखी की ओर सैन दई। सखी प्यारीजू की रुचि जानि प्यारे सौं बोली॥ इति॥

मूल — **प्यारी पहिरैं चूनरी॥ इति॥**

अर्थ — हो प्यारे, प्यारी चूनरी पहिरें हैं। कैसी चूनरी है? स्याम रंग की चूनरी है, तामें गौर-अंग की झलक, सोई स्वेत बूँदें। अथवा लाल रंग की चूनरी है, तामें हरित रंग की बूँदें। अथवा प्यारी के गोरे तन में

तुम्हारे मिलिबे की चाह, मन करि मिलन के मनोरथनि कौ प्रकास, ताही रंग चूनरी है, सो प्यारी पहिरें हैं। गोरे गातनि में तनसुख की सारी सुही, तामें हरी चूनरी अति सोहत है, मन कौं मोहत है। कहा? लाल-अंग-लाल कौ अनुराग, ताकी सुही सारी, तामें प्यारीजू के गोरे तन की झलक सोही आनन्द रूप हरी चूनरी है। कहा, डहडही-प्रफुलित। हो पिय! ऐसी तौ प्यारी चूनरी पहिरैं है। तुम मान मति जानौ॥ इति॥

मूल — **तैसौई लहँगा बन्यौ सिलसिलौ, पूरनमासी की सी पूनरी॥ इति॥**

अर्थ — स्याम रंग कौ ही लहँगा कहा, मानौं स्याम कौ अंग, सो लहँगा हैकैं बन्यौं, सिलसिलौ कहा, अति ही सचिक्कन, कोमल, सो प्यारीजू के तन गोरे में सोहत है कि मानौं पूरनमासी कौ चन्द्रमा स्याम अंग बादरनि में ते प्रकास्यौ है। अथवा लाल ही लहँगा अति कोमलता सौं गौर-चन्द्रमा प्यारीजू के तन पै बन्यौं है। अथवा प्यारीजू के अंग-अंग में झलक जो है, सो लाल के मन की ललक अति सोहत है, मन मोहत है। नेंकहुँ पलक लागत नाहिं, सो लालजू निरखि-निरखि मुख, तामें चुहचुही स्याम कंचुकी। हो प्यारे, या भाँति प्यारीजू प्रसन्न हैं। ताहि कहत हैं॥ इति॥

मूल — **हौं जु कहत चलियै मनमोहन, मानैंगी न घूनरी॥ इति॥**

अर्थ — या भाँति तुम्हारे अंग कौ इनके अंग सिंगार तन-मन में है। तुम चलौ, जा-जा भाँति अंग-अंग परस की चलनि है, ताही भाँति सौं चलियै। कहा, कर-कमल, कुच-कमल कौं चलैं, मुख-कमल अधर-कपोलनि कौं, नाभि, नाभि कौं, सब अंग-अंग में जो-जो अभिलाष हैं, तिहीं भाँति के अभिलाषनि सौं अंग-अंग करि चलियै। हे मनमोहन, तुमहू तौ इनके मन कों मोंहनहारे हौ। मानेंगी जो तुम कहौगे। घूनरी, कहा, मन में तौ छिपाव नाहीं, रस में मगन है। तुम सकुचौ मति। हौं जु तुमसों कहत हौं॥ इति॥

मूल — **श्रीहरिदास के स्वामी स्यामा, जिनके कुंजबिहारी चरन लिपटाने दुहून री।**

अर्थ — श्रीहरिदासीजू के स्वामी स्यामा, जिनके दुहूँ चरन-कमलनि में कुंजबिहारी-लाल लपटाने। कहा, प्यारी के तन रूप कुंज में रहसि रस ही रस आये, अंग-अंग परसि मन की आसा पूजी जो-जो जिय में वासना ही। अरु बिहारिनिजू के दास-लालजू या बानिक पर बलि-बलि जात हैं। और कछु सुहात नाहिं, अरु कहत — हो प्यारीजू! यह छबि अति फबी। तुम सी तुम ही हौ॥ इति॥

— **भावार्थदीपिका :** श्रीनागरीदासजू

५०

चारि चारि चूरी करनि, कंठ पोति दुलरी।
नाक मुक्त कजरा निरखि, लजत नैंन कुलरी।
चारि चारि चूरी कर सोहैं।
कंठ पोति दुलरी हीरनि की, नासा मुक्त निरखि मन मोहैं।
कजरा नैंननि निरखि सखी कुल, वारति काम कटाछनि जोहैं।
श्रीहरिदासि निरखि पिय रीझत, परत पाँइ तेरी छबि को हैं॥

— **आभास उल्था :** श्रीपीताम्बरदेवजू

सहज सिंगारी सहचरी, सूच्छम अंग सिंगार।
निरखि निरखि पाँइनि परत, स्याम रीझि सुकुँवार।
— **वस्तुदर्शिनी** : श्रीराधाशरणदेवजू

लालजू कौ वचन प्रियाजू तें — नेह कुंज, तामें सौरभ-सुख-सेज पै बैठे हैं श्रीप्रिया-प्रीतम, परस्पर सुरति-रंग में। सुन्दर विचित्र बिहार, अंग-अंग माधुरी की तरंगनि, सुन्दरी सुकुमार, नैंननि निहार, लाल श्रीलाड़िलीजू तें, विचित्र सिंगार अंग में देखि बोले॥ इति॥

मूल — **बनी री तेरें चारि चारि चूरी करनि॥ इति॥**

अर्थ — हो प्यारीजू! तिहारे कर-कमलनि में चारि-चारि चूरी बनी हैं। सो यह सादौ सिंगार सुहाग कौ है। अथवा सुरति-केलि अंग-अंग परसिबे में महासुकुमार तन में गाढ़ आलिंगन करि सब अंग प्यारीजू कौ विचित्र भयौ है। अरु केलि ही की मन में ललक, ताके चिह्न कहत रस बढ़ावत हैं। कर में चारि अँगुरिन के चिह्न, सो चारि-चारि कर में चूरी बनी हैं॥ इति॥

मूल — **कंठसिरी दुलरी हीरनि की नासा मुक्ता ढरनि॥ इति॥**

अर्थ — कंठ में कंठसिरी है। अरु ताके ढिंग हीरनि की दुलरी सोभित। अरु नासा में बुलाक कौ मोती, ताकी ढरनि वचन उचरिबे में,सो अद्भुत सोभा है। अथवा कंठ में कंठसिरी-सनमुख बैठिबे में लाल के अंग की झलक, ताकी कंठसिरी बनी है। दुलरी हीरनि की कहा, कुच-कमलनि पै कुंचुकी चित्र, तामें मोतिन की जोति-उज्जल भाव, सो आपके उज्जल अंग पै मानौं दुलरी हीरनि की है। नासा मुक्ता ढरनि — नासा में मोती है, सो अंग-अंग बिहारकी चलनि में ढरत है। यह सिंगार की जाति है। अथवा उजली दसननि की जोति, अधर पान में अरु अंग-अंग के मिलाप में, चौका चमकत हैं। वा समैं वा झलक कौ मोती, सो ढुरति है॥ इति॥

मूल — **तैसौई नैंननि कजरा फबि रह्यौ, निरखि काम डरनि॥ इति॥**

अर्थ — अरु तैसौई कजरा नैंननि में कहा, मो मन नैंननि कौ तारौ, सोई कजरा, सो निरखि। हे सखि! कहिये — हे प्यारी! काम की डरनि है। जु आप कृपाल भये, मो मन-तन ही कौ सिंगार किये हौ, तहाँ काम डरत है कि आजु प्यारीजू मो पिय में रहनि न देहिंगे। अरु बिहार में सब सिंगार भार ही हैं॥ इति॥

मूल — **श्रीहरिदास के स्वामी स्यामा कुंजबिहारी रीझि रीझि पग परनि॥ इति॥**

अर्थ — श्रीहरिदासीजू के स्वामी कौन, स्यामा, तिनकौ तन रूप कुंज, ताके बिहारी स्याम, सो या छबि कौं निरखि कें रीझि-रीझि पाँइन में परत हैं॥ इति॥

— **भावार्थदीपिका** : श्रीनागरीदासजू

५१

परसत पाँइ प्रसन्न अब, कोटि जतन समझाइ।
उभै हठीले क्यौं बनैं, दीनन कौंन पत्याइ।
लय रस पगी पिय नीठि जगाई।
अति रस श्रमित भये तुम दोऊ, सकै कौन तुमकौं समझाई।

ए ठकुराइनि मान सिखर चढि, तुम ठाकुर गहि चरन मनाई।
सहचरि श्रीहरिदासि कहत बलि, खीर दूबरे की किन खाई॥

— आभास उल्था : श्रीपीताम्बरदेवजू

बहु समुझाई मानिनी, चितई नैंन अलोल।
कहत सखी पिय दीन सौं, करौ विनय मृदु बोल।
विनय करत कर जोरि पिय, रही मौन मुख बाल।
राँधी खीर सु दूबरे, पावै कौन सु काल।
सखि सासन कौं मानि कैं, मोचन कीनौं मान।
पीय केलि जीत्यौ समै, खीर दूबरे जान।

— वस्तुदर्शिनी : श्रीराधाशरणदेवजू

सखी कौ वचन लालजू तें — महासुंदर निकुंज महल, तामें रस-सुख नव सेज, जापै प्यारीजू हठीली, गरबीली मनमोहन संग राजत हैं। महारसमय सुख में छकी। अंग-अंग की नई-नई छबि अरु रूप की छकनि रस भरी, भौंहनि महागर्व भरी दुलहिनिजू। अरु मनमोहन या सोभा कौं देखि अति-आतुर हैं अंग परसिबे कौं, पै प्यारीजू की रुख गरबीली ताकी जानि सखी ते सैननि में विनती जताई। तब सखी नें प्यारे की आतुरता अंग-अंग परसिबे की प्यारीजू तें कही। ये महा गरबीली नवदुलहिनि रस की भर की छकनि में, सो कोटि जतन करि वा छकनि में तें पिय की ओर ल्याई। कि उनकौ मन रूप-रस ध्यान में लय हो, सो मन कौं सावधान कियौ। कि प्यारे, तुम्हारे अंग-अंग परसि बिना व्याकुल हैं। सो हठीली दुलहिनि नीठ पीय दिसि रस में मगन हुती सो आई। जब सखी उनकौं सावधान करि पिय की गति देखी, तौ महाश्रमित तब पिय तें कहत भई॥ इति॥

मूल — **प्यारी अब क्यौं हूँ क्यों हू आई है॥ इति॥**

अर्थ — हो प्यारे, प्यारी — जो नव दुलहिनि रस में माती, अब क्यौंहूँ क्यौंहूँ — बहुत-बहुत तुम्हारी आतुरता-व्याकुलता कही, तब वा रस-मत्तता तें सावधान, सो तुम्हारे सनमुख आई है॥ इति॥

मूल — **तुम इत श्रमित अधिक मनमोहन मैं कोटि जतन समझाई है॥ इति॥**

अर्थ — अब तुम महाआतुरता सौं श्रमित ह्वै रहे हौ, तातें सावधान ह्वै मिलौ। मैं क्यौं हूँ (कोटि जतन करि) समझाई है, क्यौंकि गरबीली, साहिबनी, बेपरवाह, हठीली, सो क्यौं हूँ समझाई, ताकी बात कों कहाँ ताईं कहौं? बेगि अंग सम्हारौ, रुचि लियें मिलौ॥ इति॥

मूल — **उत हठ करति बहुत नवनागरि तैसीयै नई ठकुराई है॥ इति॥**

अर्थ — अरु प्यारीजू उत तें बहुत हठ करत हैं कि नव दुलहिनि हैं। (नई ठकुराई है) अंग-अंग जो नई-नई छबि, ताके राजा हैं। राजा चाहैं सो करैं, तातें रुचि लिये परसि अंग कौ ह्वैगौ॥ इति॥

मूल — **श्रीहरिदास के स्वामी स्याम कर जोरि मौन ह्वै, दूबरे की राँधी खीर कहौ कौन खाई है॥ इति॥**

अर्थ — श्रीहरिदासीजू के स्वामी कौन, स्यामा, सो नई-नई छबि के राजा, तिनके आगें स्याम-

कुंजबिहारी दोऊ कर जोरि महादीन ह्वै मौन सौ कियें-नये राजा हैं, बोलिबे तें प्रसन्न ह्वै अथवा न ह्वै, तातें कर जोरि चुपके चरननि में ठाड़े हैं। प्यारी सनमुख चितवैं हूँ नाहिं। तब मनमोहन-पिय श्रीहरिदासीजू तें बोले कि दूबरे की राँधी खीर कहौ कौनें खाई है? श्रीहरिदासीजू, मैं तौ अति दीन काम करि दुखित, अरु ये नये राजा बेपरवाह, सो कब मो गरीब की ओर निहारैं? जो आप ही कृपा करि सनमुख करौगे, तौ ये कृपा करैंगे।

दृष्टान्त—जैसें कोऊ गरीब काहू राजा कों कहै कि मेरें प्रसाद करौ। सुन्दर सामिग्री करै। पै राजा जानैं कि याके प्रसाद करायबे कौ हेत यहै है कि सकामी है। तातें वाके प्रसाद न करै, कछु दैन आवैगौ। जातें मैं पूरन सकामी हूँ, ये निहकामी राजा, सो मो गरीब की राँधी खीर कब खात हैं? सो आपके बस हैं। क्यौंकि तुम इनकौं सुख के दाता हौ। तुम्हारे ये लाड़िले हैं। तब श्रीहरिदासीजू नें श्री लाड़िलीजू कों समझाई, बिहार-संजुक्त किये। महाआनन्द रस में कलोल करत हैं॥ इति॥

— **भावार्थदीपिका :** श्रीनागरीदासजू

५२

करत प्रसंसा गर्व उर, सनमुख कर जोरैं।
मोपै गति सो निजु कृपा, लखि छबि तृन तोरैं॥
मुरली धुनि गरजत रास करैं।
नृत्तत जुगल किसोर सहचरी, तान तिरप गति राग सरें।
वन की द्रुम बेली लखि फूलत, मंडल कंचन मनिन धरैं।
श्रीहरिदासि कहत यौं सुन्दरि, आजु पिया गति सरस परैं॥

— **आभास उल्था :** श्रीपीताम्बरदेवजू

सुख वन में मुरली बजी, वचन केलि सरसात।
नृत्य गतिन सो सुरति है, रच्यौ रास मुसिक्यात।
तरुवर तृष्णा नेह जल, सफल मनोरथ फूल।
मंजु कुंज उर जुगल सखि, उर मंडल के मूल।
प्रीति आहि जुवती जितीं, मध्य केलि करि गान।
सखी वचन नाचत भलैं, लालन सुरति निधान।

— **वस्तुदर्शिनी :** श्रीराधाशरणदेवजू

सखी कौ वचन सखी तें — अद्‌भुत तन-वन-कुंजनिकुंज, जहाँ सुंदर द्रुम बेली फूलि रही हैं। तहाँ अद्भुत मंडल अंग-अंग-कंचन मनि करि खचित, जहाँ लालजू नें रास रच्यौ है। सखी! सुनि, वा तन-वन में मुरली बाजै है। ताकी धुन कैसी अद्भुत है! दोऊ जुगल-किसोर सहचरी संग नृत्यत हैं। अरु राग-रागिनी गावत हैं। श्रीहरिदासजीजू सुंदर फूलनि के अद्भुत सिंगार किये, नव-नव लाड़ लड़ावत हैं। सखी के वाक्य सखी सौं॥ इति॥

मूल — **सुनि धुनि मुरली वन बाजै हरि रास रच्यौ॥ इति॥**

अर्थ — हे सखी, सुनि, या मुरली की धुनि। कहा, मुरली — जो काम रूप की चाह अत्यन्त, ताकी धुनि सुनि। कहाँ बाजै है? तन रूप वन पिय कौ, जहाँ अंग-अंग में चाह प्रकासित भई, सो हरि रास रच्यौ, कहा, प्रथम पद में दुहुँ चरन-कमलनि तें लपटे हैं, सो अब हरि प्यारीजू की कृपा जानि सुरति-रास रस रच्यौ॥ इति॥

मूल — **कुंज-कुंज द्रुम बेलि प्रफुल्लित, मंडल कंचन मनिन खच्यौ॥ इति॥**

अर्थ — कुंज-कुंज दोऊनि के हिय, अरु द्रुम-स्याम तमाल, बेलि-कंचन बेलि-प्यारी जू, सो अति प्रफुलित हैं। मंडल कंचन-मनिन खच्यौ कहा, दोऊनि के अंग-अंग, कंचन-तनी-प्यारीजू, मनि, मनि रूप लालजू, सो इनके अंग-अंगकौ मंडल है। कैसौ है कि कंचन में मनि खचित हैं। ज्यौं कंचन-मनि जटित, ऐसे अंग-अंग सोभित हैं॥ इति॥

मूल — **नृत्तत जुगल किसोर जुवति जन, मन मिलि राग केदारौ मच्यौ॥ इति॥**

अर्थ — दोऊ-जुगल किसोर सुरति-रास में नृत्तत हैं। कोक-कला कल केलि झेलि रस में क्रीड़त हैं। जुवति जन-जुवती-श्रीप्रियाजू, जन-लालजू मन मिलि राग केदारौ मच्यौ कहा, इनके मन कौ मिलिबौ, अंग-अंग में राग-जो अनुराग, सोई केदारौ मच्यौ। कहा, केदारौ आधी रात कौं गावत हैं, सो बिहार कौ मध्य समैं है कि तन-मन दुहँनि के मिलि प्रफुल्लित हैं, रस में मत्त हैं॥ इति॥

मूल — **श्रीहरिदास के स्वामी स्यामा कुंजबिहारी, नीके री आजु प्यारौ लाल नच्यौ॥ इति॥**

अर्थ — श्रीहरिदास के स्वामी स्यामा कुंजबिहारी नीके कहा, जा-जा भाँति प्यारीजू की रुचि, ताही भाँति आजु या समैं प्यारौ लाल नच्यौ, नृत्तत भयौ॥ इति॥

—भावार्थदीपिका : श्रीनागरीदासजू

५३

अंग अंग छाया करौं, सेवा जिते स्वरूप।
रति रुचि सिखयें अनुसरौं, कृपा चाहि नित भूप।
चरन संग नित करि परछाँही।
जे सब सौंज वसन आभूषन, चँवर छत्र हू मूरति माँहीं।
मोकौं अधिक भाँति जो सिखवैं, करिहौं त्यौं रुचि जानौं जाँहीं।
श्रीहरिदासी कहत पिय चाहत, रहु प्रसन्न इह दाइ उपाँही।

— **आभास उल्था :** श्रीपीताम्बरदेवजू

चाह नेह अनुराग पुनि, राग भाव में भाव।
प्रीति प्रेम अभिलाष ए, मूरति चँवर ढुराव॥
अधर पान अधरनि धरत, मुकुर कपोलहिं देखि
और सेव बहु केलि कल, करहुँ सखी ज्यौं सेखि।

राधे चरन कमल पर तेरे हौं बलिहारी।
बसत मधुप मकरंद पान हित रसिकनि प्रान अधारी।
अँगुरिन नैंन संग मिलि ठोड़ी, एडी लसत करत मनुहारी।
जीवत पीवत प्याव प्याव अति, अति उदार सुकुमारी।
कबहुँ कबहुँ फहरात धुजा मनु, कुंभनि पर गज धारी।
कबहुँक चपल धरत नट उर पर, पूजत पूजि पुजारी।
श्री राधासरन ऐसे अपार गुन, गावत विदित बिहारी॥

— **वस्तुदर्शिनी :** श्रीराधाशरणदेवजू

लालजू के वचन प्यारीजू तें — नवल कमल कुंज, जहाँ फूलनि की रचना अंग-अंग प्रति नाना भावनि की, तहाँ सुंदर गुलाब-दलनि की सेज पै विराजमान, पिय नें प्यारीजू के नैंननि में मान की रुखाई देखी अरु प्रसन्नता हू। वा समैं महासुंदर वचन रिझाइबे के, मान भलैं मनाइबे के दाइ-उपाइनि करि प्यारीजू तें कहत भये। श्रीहरिदासीजू परम मनोहर अद्भुत सिंगार कियें फूलनि के आसन पै विराजमान। अंग-संग विपुल, बिहारिनीदासी खवासी करत हैं। नवीन-प्रवीन आनंद रस में छाकीं नव-नव लाड़ लड़ावत हैं॥ इति॥

मूल — **जहाँ-जहाँ चरन परत प्यारीजू तेरे, तहाँ-तहाँ मन मेरौ करत फिरत परछाँही॥ इति॥**

अर्थ — जो-जो आपकी रुचि जा सुख में परै, रुचि के चरन जहाँ-जहाँ परत कि या भाँति सुख विलसियै, तहाँ तहाँ मन मेरौ करत फिरत परछाँही, कहा, जा-जा अंग के विलास में आपकी रुचि ह्वै, तहाँ-तहाँ ही मन मेरौ कि वाही रुचि के अनुसार रुख लियें फिरत है॥ इति॥

मूल — **बहुत मूरति मेरी चँवर ढुरावति, कोऊ बीरी खबावति एकब आरसी लै जाँही॥ इति॥**

अर्थ — मैं एक मूरति करि कहा, बहुत मूरति मेरी चौंर ढुरावत हैं। कहा, अंग-अंग रूप चौंर ढुरावत है कि कुच रूप अंग पै मो उर ढुरावत चौंर, औरहू जे-जे अंग जा-जा अंग सौं मिलैं, चौंर ढुरावत। कोऊ बीरी खबावति कहा, कोऊ अधर रूपी बीरी, ताकौ पान करावत-करत। कोऊ आरसी लै जाँहीं, कहा कोऊ अंग जो भाव अंग-अंग में आपके ह्वै, वैसे ही मेरौ अंग हू अपने अंग में दरपन ज्यौं भाव दिखावै; सो सनमुख भाव-रूप आरसी लै जाहीं। ज्यौं-ज्यौं आप केलि के खेल मन में उपजावौ, तैसे ही मैं प्रगट आरसी लौं लैकें सनमुख होहुँ॥ इति॥

मूल — **और सेवा बहुत भाँतिन की जैसीयै कहैं, कोऊ, तैसीये करौं ज्यौं रुचि जानौं जाँहीं॥ इति॥**

अर्थ — और सेवा बहुत भाँतिन की, कहा और सेवा, अलक सँवारनौ, कुचनि की कंचुकी, चरननि कौं सहराइवौ, फूलनि के आभूषन इत्यादि सेवा बहुत भाँतिन की है। जैसीयै कहैं कोऊ, सेवा जाही भाँति मैं करूँ। ज्यौं रुचि जानौं जाँही और जैसें रुचि जानी जाहिं, तैसें सेवा करौं॥ इति॥

मूल — **श्रीहरिदास के स्वामी स्यामा कौं भलै मनावत दाइ उपाँही॥ इति॥**

अर्थ — श्रीहरिदासीजू के स्वामी स्यामा, तिनकौं स्याम भलैं मनावत हैं, दाइ-उपाइ करि। कहा, अपनी दीनता, आधीनता दरसावत कि मैं तौ रुचि ही लियें रहत हूँ। तुम प्रसन्न रहौ, जबहूँ मैं सेवा करत हूँ, तुम रुखाई दरसावौ, तबहूँ मैं सेवा ही वांछिवौ करूँ॥ इति॥

— **भावार्थदीपिका :** श्रीनागरीदासजू

५४

छबि तेरी देखत नई, और नारि बहु ठौर।
इह गति अद्भुत रूप अति, बढ़त सौगुनी दौर।
अबहीं देखत रूप अनंत।
और नारि बहु ठौर विराजत, तो आगैं दीसत सब जंत।
पाछैं सुनीं न अब ह्वैं आगैं, इह रस अद्भुत हिये वसंत।
सहचरि श्रीहरिदासि कहत बलि, बसकरनी मनहरनी कंत॥

— **आभास उल्था :** श्रीपीताम्बरदेवजू

मान छुड़ावन हेत पिय, करत बड़ाई रूप।
सुनि प्रसन्न गोरी भई, आरम्भ केलि अनूप।

— **वस्तुदर्शिनी :** श्रीराधाशरणदेवजू

लालजू के वचन लाड़िलीजू तें — अद्भुत कुंज सुख-पुंज, महामनोहर सुख-सिज्या फूलनि तें रचित; तापै दोऊ प्रिया-पिय सोभित हैं। श्रीप्यारीजू के रूप की अधिकता अरु मनुहारि पिय लाड़िलीजू तें कहत — कि छिन-छिन में रूप और-और लगत है। श्रीहरिदासीजू सर्व सुखनि की दाता रस भरे दुहुँनि के जिय की जाननिहारी विराजमान हैं॥ इति॥

मूल — **यह कौन बात जु अबही और अबही और अबही औरै॥ इति॥**

अर्थ — हो प्यारीजू, यह कौन बात है कि अब ही आपके हिय की उमंग मैं देखी, तौ परम प्रसन्न अनेक भावनि सहित, फेरि अबही देखौं तौ औरै-वाही सुख तें नव-नव भाव कृपालता करि प्रगटे। अब ही और-फिर अबही और देखौं तौ महाकृपालता की रासि अरु दया के सागर, तामें मो मन-मीन कलोल करिबौ करै। सो यह कौन कृपालता की बात है, सो कहौ। यह छबि यहाँ ही है, और ठाँ नाहीं; ताहि कहत हैं॥ इति॥

मूल — **देव नारि नाग नारि और नारि ते न होहिं और की औरै॥ इति॥**

अर्थ — देव लोक की नारि, नाग लोक की नारि और नारि-लक्ष्मीजू आदि ते न होइ, कहा, जो कछु उननें रूप पायौ है, सो वैसौ ही है और की-और न होइ, कछु रूप की बढ़वारि नाहिं। अरु आपकी छबि छिन-छिन में नई-नई और की और कहिबे में आवत नाहीं। अथवा देव नारि कहा, जो नारि-श्रीप्रियाजू देव हैं। कहा, ठाकुर हू के ठाकुर हैं। नाग नारि कहा, नाग कहिये — स्याम वरन सोहू नारि, जो साँवरी सहेली महामोहनी हू के मन कौं मोहे है। और नारि-ते सखीजन, सो परम मनोहर जुगल रस सुख की दाता। ते न होइ और की और, जो प्यारीजू आपकी छबि अदभुत छिन-छिन में नई-नई लागै, अति कृपाल तौ हू छिन-छिन में बढ़त है। सो तुम्हारी सरि को करि सकै? अथवा देव नारि कहा, नारि जो अंग-अंगनि चाह रूपा बुद्धि, सो आपकी चाह सर्व चाह प्यारे की, ताके देव कहिये — राजा हैं। नाग नारि कहा, नाग — जो स्याम वरन स्याम ओर की साँवरी, जो चाह रूप बुद्धि नारि, सो प्यारीजू की चाह रूप राजा की दासी ह्वै रही हैं। और नारि — जो चाह रूप राजा कौं हूँ चाह प्रगटी। ते न होइ

और की और, यह चाह कबहूँ घटौ मति, छिन-छिन बढ़त रहौ। अरु यह तौ नित्य ऐसे ही कृपाल रहत हैं। आन भाँति कहा, अप्रसन्नता जानत ही नाँहि। मैं झूठी ही मान की कल्पना करि लेत हूँ॥ इति॥

मूल — **पाछैं न सुनी अबहूँ आगेहूँ न ह्वै है यह गति अद्भुत रूप की और की औरै॥ इति॥**

अर्थ — हो प्यारीजू! पाछैं तौ न सुनी कि कोऊ औरहू आपकी सरि करै। अबहूँ आगेहूँ न ह्वै है, यह तुम्हारे रूप की अद्भुत गति और की और ही है, अनिर्वचनीय है। अथवा पाछैं न सुनी कि इन सखीजननि द्वारा हू कबहूँ पाछैं न सुनी, कि प्यारीजू आज कृपाल हैं, जैसे कबहूँ भये हैं, अबही जैसे कृपाल हैं कि नई-नई चाह कृपालता की। कहा, अपनी चाह रूप बेलि मो अंग स्याम तमाल सों लपटे हैं। आगे हूँ न ह्वै है, ऐसी कृपा तौ। यह गति रूप की अद्भुत और की और कहा कि मैं जा बात कौं हा-हा खात हूँ, न पावत, सो आप कृपा करि मो अंग-अंग में लपटि जात हौ, अधर रस प्यावत हौ, यह अद्भुत गति और की और है॥ इति॥

मूल — **श्रीहरिदास के स्वामी स्यामा कुंजबिहारी या रस ही बस भये यह भई और की औरै॥ इति॥**

अर्थ — श्रीहरिदासीजू बोली — कि स्वामी स्यामा, कुंजबिहारी कहा कि या स्याम कौ हिय रूप कुंज-बिहार करि सुफल करत हौ, सो तौ या रस ही में हौ। मेरे बस भये कि आप कृपा करि अंक में लये, सो निहाल भये। यह भई और की और, कहा जो यह चाहैं, ये तौ सुख तौ न मिलै, आपनें अपार सुख दये, तातें यह भई और की और॥इति॥

— **भावार्थ दीपिका :** श्रीनागरीदासजू

५५

तिय कौं लखि तन्मय भये, छके रूप छबि छैल।
ऐसी कौन बसीठनी, सुरझावै उरझैल।
सींचै पिय राधा रसै, भींचै कंठ लगाइ।
कीच अरगजा अंग की, बीच परै को आइ।
करत परस्पर जुगल बसीठी, और कहौ को बीच परै।
हाथ जोरि पग परसि श्रमित सुख, अंग अरगजा कीच ढरै।
मुख अम्बुज करि श्रवत सुधा सो, अधर मधुर रस सींच धरै।
श्रीहरिदासि लपटि लखि अद्भुत, सूखत द्रुम ज्यौं सींच बरै

— **आभास उल्था :** श्रीपीताम्बरदेवजू

भेद सुनौ लिपटानि के, स्यामा-स्याम सुदेस।
अपनी अपनी जीति कौं, पचत बिहार बिसेस।
सुनियै अर्थ नरीच कौ, खाली होइ न कोइ।
जल में जल ज्यौं कलस में, राग रंग ज्यौं जोइ॥

— **वस्तुदर्शिनी :** श्रीराधाशरणदेवजू

सखी के वचन सखी सौं — कमल-कुंज-मुख-अम्बुज सोभा, जहाँ प्यारीजू महाआनंद में पिय संग दोऊ सुख-सज्या पै केलि कलोल करत। कर कमलनि चरन-कमल गहत हैं। अरु अंग-अंग अरगजा, जहाँ श्रम जल कन सोभा देत। अरु प्यारीजू के अधर-अमृत की सींच, पिय-चित-चकोर पै होत है। महाअद्भुत भाँति के राग-रंग भेदनि सहित लपटानि, सो न्यारे-न्यारे सो जानिबे में आवत नाहिं। श्रीहरिदासीजू सोभा के सागर नव-नव लाड़ लड़ावत हैं। ता सुख कों सखीजन परस्पर कहत हैं॥ इति॥

मूल — **माई ये बसीठ इनके ये इनके और धौं को परै बीच॥ इति॥**

अर्थ — माई कहिये — हे सखी, ये तौ प्रियाजू पिय के बसीठ हैं, अरु ये पिय प्रिया के बसीठ हैं। कहा, जो महाकेलि अंग-अंग की में अरुझे हैं, अरु अति सुकुमार हैं, सुरति युद्ध में रुपे हैं। जब प्यारीजू पै पिय के अंग कौ जोर परै है, जब नैंननि की कोर मोरत हैं, सो मान की संभावना पिय के होत, जब पिय मुख की ओर देखि अकुलावैं। जहाँ सखी तें सखी कहत — अजू, प्यारीजू कौं तुम समझाइ देहु। तहाँ सखी बोली — अरी सखी इनकी ये जानैं। ये परस्पर बसीठ हैं। ये दोऊ समझि जाहिंगे। अब ऐसे सुख में अरुझे हैं, सो काहू के बसीठ ह्वै सुरझाइवे कौ काम नहीं। और धों को परै बीच-और काहू कौ काम नहीं। इनहूँ के बोलिबे, मनाइबे कौ काम नहीं। अब अंग-अंग ही बीच बसीठ हैं। अंग कौं अंग ही मनाइ लेहिंगे॥ इति॥

मूल — **हाथापाई करत जु श्रम भयौ अंग अरगजा की कीच॥ इति॥**

अर्थ — कर-कमलनि तें पिय प्यारीजू के चरन परसैं, अधर तें अधर, उर सौं उर सुरति जुद्ध में अंग-अंग साजे हैं। अधर-कपोलनि पै दसन छाप छबि लगी है, सो श्रम जल कन मुख पै सोभा देत हैं। अंग-अंग की भींचन है, सो अरगजा की कीच है॥ इति॥

मूल — **प्यारीजू के मुख अम्बुज कौ डहडहाट ऐसौ लागत ज्यौं अधरामृत की सींच॥ इति॥**

अर्थ — हे सखी, या सुख में प्यारीजू के मुख-कमल कौ डहडहाट-प्रफुल्लिता ऐसी लागत है, अति सुंदर, अरु जैसीयै अधर-अमृत की पिय मुख में सींच है॥ इति॥

मूल — **श्रीहरिदास के स्वामी स्यामा कुंजबिहारी के राग रंग लटपटानि के भेद न्यारे-न्यारे जैसें पानी में पानी नरीच॥ इति॥**

अर्थ — श्रीहरिदासजू के स्वामी स्यामा अरु कुंजबिहारी के राग-रंग कहा, इन दोहुँनि कौ अनुराग-रंग कहा, अंग-अंग लपटानि के भेद न्यारे-न्यारे कहा, मिले हैं न्यारे-न्यारे ह्वै कें मिलि जाहिं। जैसें पानी में पानी नरीच-ज्यों पानी में लाठी डारै, सो वाकी लकीर तौ लागत दीसै, पीछे ज्यौं कौ त्यों जल मिलि जाइ, तैसें ये मिले ही रहत हैं॥ इति॥

— **भावार्थदीपिका :** श्रीनागरीदासजू

५६

स्याम अंग प्यारी किये, गौर अंग पिय कीन।
कुंज महल चलि निरखियै, उर लगाइ रस भीन॥
कस्तूरी लेपन तन प्यारी। ओढ़ि पीत पट भई बिहारी।
कुमकुम अंग लिप्त पिय कीन्हौं। पहरि वसन सहचरि सुख दीन्हौं।

भुजा ग्रीव धरि चलियै धाम। चितै हँसैं मनु एई स्याम।
श्रीहरिदासि लखत तू सौंही। सुख अपार तन पलटत गौंही।
— **आभास उल्था :** श्रीपीताम्बरदेवजू

सुमिरि परस्पर छबि सरस, जुगल भए तदरूप।
प्यारी प्रीतम ह्वै गई, प्रीतम प्रिया अनूप।
कस्तूरी सम नाह लखि, नाह अंग निज बैंन।
पीतांबर अनुराग अँग, बनैं स्याम प्रिय ऐंन।
कुंकुम भामिनि अंग मय, चाह चूनरी धारि।
चौंप चुरी नेह सो खुभी, अंजन नैंन सिंगारि।
काम विवस ह्वै लाड़िली, गही बाँह प्रिय स्याम।
चौंकि परे सुख सैन तें, हँसि भेटी अभिराम।
बिन बूझे सखि क्रीड़ते, दोऊ आनँद कंद।
ज्यौं ज्यौं मर्दत अंग निज, त्यौं दम्पति मकरंद।
— **वस्तुदर्शिनी :** श्रीराधाशरणदेवजू

सखी के वाक्य सखी तें — कुंज महल, जहाँ महाआनन्द छै रह्यौ है। अरु नव-नव अनुराग अंग में प्रकासित है। सो दोऊ — किसोरी-श्री राधे अरु किसोर-श्रीलालजू वेष पलटे हैं। प्यारी तौ पिय बने हैं, पिय प्यारी बने हैं। आजु प्यारीजू महाकृपाल हैं। दोऊ सिंगार अंग-अंग में कियें विराजमान हैं। अद्भुत सुरति-सेज में महासुघर-सुकुमार सोभायमान हैं। श्रीहरिदासीजू नव-नव लाड़ लड़ावैं हैं। ता सुख कौं सखीजन परस्पर कहत हैं॥ इति॥

मूल — **कस्तूरी कौ मर्दन अंग में कियैं मुरली धरैं पीतांबर ओढ़ैं कहति राधे हौं ही स्याम॥ इति॥**

अर्थ — श्री राधेजू कहत हैं — कि हौं ही स्याम हूँ, हो पिय! कहा सिंगार किये हैं; कस्तूरी कौ लेपन गौर अंग पै कियौ है, मुख मुरली धारै है, पीतांबर ओढ़ैं हैं। इनके अंग-अंग में और सिंगार की समाई नाहिं। प्रथम तौ बिहार में सिंगार बुरौ है, अरु भूषन दूषन फिर श्रीप्यारीजू कहत हैं — कि मोकों तौ प्रीतम नें तन-मन करि गहि राखी है, और गहने कौं पत्यात नाहिं। यहाँ अंग-अंग सिंगार हैं। नैंननि कौ यहै अंजन-सब सुख कौ सार बिहार है। तातें कस्तूरी कौ मर्दन अंग में कहा किये हैं, पिय कौ स्याम अंग प्रियाजू सौं लिपट्यौ है, सोई कस्तूरी कौ मर्दन अंग में किये हैं। मुरली धरैं-मुख में पिय कौ अधर-मधुर पान करत, सोई मुरली धरैं हैं। पीतांबर ओढ़ैं है, कहा, प्यारीजू के कंचन वरन-तन की कांति फैलि रही है, सोई पीतांबर ओढ़ै है। अरु प्यारीजू, जो पिय के हिय पै विपरीत-सुख विलसैं है, सो कहत हैं — हौं ही स्याम हौं॥ इति॥

मूल — **किसोर कुमकुम कौ सिंगार कियें सारी चुरी खुभी नेत्रनि दियें स्याम॥ इति॥**

अर्थ — स्याम-किसोर लालजू कुमकुम सिंगार कियें हैं अरु तनसुख की सारी पहिरैं हैं, हाथनि में चारि-चारि चूरी सोभित हैं, अरु खुभी कहा, कि झूमका-करनफूल, नैननि में स्याम-काजर दियें हैं। अथवा प्यारीजू के पिय के अंग कौ सिंगार है, तैसें ही पिय प्रिया भये, सो सिंगार प्यारी के तन कों भावत। अरु स्याम-

किसोर लालजू के अंग पै प्यारीजू सोभित हैं, सोई कुमकुम कौ सिंगार कियें। अरु सारी कहा, प्यारीजू के अंगकौ परसिबौ। चुरी कहा, प्यारीजू पिय कौ कर गह्यौ, ताकी पिय के कर पर परछाहीं, ताकी चूरी। खुभी, कहा कि करनफूल-झूमका कपोलनि पै अलकनि की झाँई परत, सो मानौं करनफूलनि कौ प्रतिबिम्ब है। अथवा प्रियाजू के कपोल चुम्बन करत, ताके अलकनि की आभा के करनफूल। अथवा हिय की फूलनि के करनफूल। नेत्रनि दियें स्याम-प्रियाजू के सहज कजरारे नेत्रनि, सो पिय के नैंननि सौं जुरे हैं; नेत्रनि में नेत्रनि की स्यामता दिये हैं। या भाँति दोऊ वेष पलटे है। अब विहार कौ भाव बतावत हैं ॥ इति ॥

मूल — **बाँह गहि लै चले, चलियै जू कुंज में, चितै मुख हँसैं मानौं एई स्याम ॥ इति ।।**

अर्थ — श्रीप्रिया-लाडिलीजू, सो लाल भये। कैसे हैं रसिक रसाल हैं। पिय रूप प्रिया की, प्यारी रूप पिय नें बाँह गहि लै चलै, कहा, अंग-अंग केलि-कलोल की चलनि चले, अरु कहत हैं — चलियै जू कुंज में, कहा, या तन रूप कुंज में अंग-अंग करि चलौ। अरु प्यारी मुख चितवत हैं। या भाँति चितै कें हँसैं हैं, मानौं एई स्याम हैं। जो पिय की क्रिया चाहिये, सो सब करत हैं कहूँ घटि नाहीं। भौंहनि तें हँसत हैं, इत-उत चितवनि नैंन-कमल कृपाल की कहा कहूँ? इति ॥

मूल — **श्रीहरिदास के स्वामी स्याम छाती सौं छाती लगायें गौर स्याम ॥ इति ॥**

अर्थ — श्रीहरिदासीजू के स्वामी स्यामा, सोही स्याम भये पिय प्यारी कौं छाती सौं छाती लगाइ रहैं गौर अरु स्याम नैंन रस सों भरे हैं, हृदै में आनंद है, सुख मानत हैं लाल के निहालता की कहा कहूँ? अरु फेंटा की, चरननि के उताल की छबि मोपै कही न जात। श्रीप्रियाजू प्रेम पिय के कौं पालत, ऐसे सुख पिय कौं देत हैं ॥ इति ॥

— **भावार्थदीपिका :** श्रीनागरीदासजू

५७

निरखि वदन फूली कुमुद, लखि सुन्दर गति भूल।
कोप ग्राह तें क्यों बचौं, चरन गहत सुख मूल।
तेरे वदन चंद के देखत फूलि कुमोदनि हिये सरोवर।
वारि मनोरथ चाह तरंगनि, लखि अपार तट दोइ बरोबर।
तेरौ कोप ग्राह मोहिं ग्रासत छूटत नाँहिन कोटि करौं बर।
श्रीहरिदासि कहत गहि चरननि, लपटि उरनि रस रीझि भरोवर।

— **आभास उल्था :** श्रीपीताम्बरदेवजू

५८

कहत पाछिली बात सब, जुवती सौं पिय स्याम।
सखी सखी सौं कहत पुनि, एही कथा अभिराम।
हे भामिनि तुव वदन ससि, निष्कलंक छबि जोइ।
हृदै सरोवर तें सुमन, फूली कुमुदिनि जोइ।
उठे मनोरथ भाँति बहु, मन तें सुनि सुकुमारि।
यौं जु करैं के ये करैं, एही तरंग विचारि।

ताहू में तुव छबि लखत, पुनि पुनि अद्भुत सोइ
जागत सो रति करत हौ, भूलि गई मोहिं जोइ।
तैंने कीनौं कोप तब, सोई भयौ जो ग्राह।
मोहिं ग्रसे सो लेत हौ, क्यौं हूँ छूटत नाँहि।
तब विचारि सखि पद लए, मन करि अतिसै भाव।
जब तेरे पद बंसी लै, दीनौं मोहिं कढ़ाव।
लपटि रहौ तब अंग तुव, कीनौं सखी सहाइ।
तातें अब रति बेगि सजि, होहिं अधिक सुख आइ॥

— **वस्तुदर्शिनी :** श्रीराधाशरणदेवजू

लालजू के वचन प्यारीजू तें — चंद्र बदन कुंज, जहाँ पिय हिय सरोवर, तामें चाह रूप कमोदनी फूली है। जहाँ अनेक भाँतिन के मनोरथ, लालजू के, की तरंग उठें हैं। दोऊ अद्भुत प्रफुलित सेज पै राजत हैं। पिय प्रियाजू तें महाप्रसन्नता, बीच-बीच कछु मान की सम्भावना जानि कहत हैं। श्रीहरिदासीजू परम आनंद भरी सोभित हैं ।।इति॥

मूल — **प्यारी तेरौ बदन चंद देखें मेरे हृदै सरोवर में कमोदनी फूली॥ इति॥**

अर्थ — हो प्यारीजू! तिहारौ बदन-चन्द्रमा देखे तें मेरौ हिय रूप सरोवर, तामें आपकी प्रसन्नता सौं चाह रूप कमोदिनी प्रफुलित है कि भाँति-भाँति की चाह आपके मिलिबे की भईं।

मूल — **मन के मनोरथ तरंग अपार, सुन्दर्यता तहाँ गति भूली॥ इति॥**

अर्थ — मन के मनोरथ तरंग अपार, कहा, बदन-चन्द्रमा में अधर, कपोल अमृत के फल हैं, सो जिनकौ रस पान करियै। नैंन कमल हैं, तिनकौं निरखत ही रहियै। कुच सम्पुट है, तामें नित्त बसि रहियै। हिय कमल है, जहाँ मन रूप भँवर तें मकरंद पान कीजै। नाभि कमल है, जामें मो मन मीन कलोल करिबौ करै। कर कमल हैं, तातें चरनकमल पूजत रहियै। सर्व अंग-अंग के अभिलाषा यही है, ऐसे अनेक मनोरथ, सो तरंग अपार। अरु सुंदरता अंग-अंग की देखत ही गति मन की भूलि जात है॥ इति॥

मूल — **तेरौ कोप ग्राह ग्रसें लियें जात, छुड़ायौ नहिं छूटत रह्यौ बुधि बल झूली॥ इति॥**

अर्थ — हो प्यारीजू! तिहारौ कोप रूपी ग्राह कहा, ऐसे तुम्हारी महाप्रसन्नता में मेरे हृदै सरोवर में चाह रूप कमोदिनी फूली ही, जब तुम मान करत, सोई कोप-ग्राह की लपेटनि में चाह रूप कमोदिनी आइ जात, सोई ग्रसि लै जाइबौ। सो मोसौं तौ मान छुटाये छूटत नाहिन, जहाँ तांई बुधि-बल है, सो रिझाऊँ, पै छुड़ायौ छूटत नाहिंन तब बुद्धि-बल सर्व झूलिबौ करैं। कहा, गोता खाइबौ करैं। महादुख समुद्र में झूली कहा, डूबि जाइ। फिर देखें, मान छूट्यौ कि नहीं। तातें मेरौ कछु बस नहीं ॥ इति॥

मूल — **श्रीहरिदास के स्वामी स्यामा चरन बंसी सौं गहि काढ़ि रहे लटपटाइ गहि भुजमूली॥ इति॥**

अर्थ — श्रीहरिदासीजू के स्वामी स्यामा, लालजू कौं दुख रूप समुद्र में तें चरन-रूप जो बंसी, तासौं गहि काढ़े, कहा, प्रसन्न भये जब दोऊ अंग-अंग मिलि भुजमूल गहि, सुरति-समुद्र में झूलत भये। कबहूँ अंग-अंग लपटाइ, भुजमूल गहि, बदन-कमल देखि ज्यौ ज्यावत हैं॥ इति॥

— **भावार्थदीपिका :** श्रीनागरीदासजू

५८

वदन कनक कौ कन श्रमै, तिल देखत मन लीन।
पाति प्रान संकेत बिनु, होत अचेत प्रवीन।
कनक वदन पर श्रम कन सोभा।
तामें नैंन पूतरी बिंबित, झलकत तिल वर मन कौं लोभा।
उर तन ही पाति प्रान जाति री, करि संकेत मिटै तन छोभा।
श्रीहरिदासी कहत सुनि प्यारी, होत अचेत देहु रस गोभा।

— **आभास उल्था :** श्रीपीताम्बरदेवजू

पद कौ अर्थ स्पष्ट ही है।

— **वस्तुदर्शिनी :** श्रीराधाशरणदासजू

लालजू के वचन प्यारीजू तें — एक कंचन मनि जटित कुंज, तामें अनेक भाँति के फूल फूलि रहे हैं। दोऊ प्रिया-प्रियतम महाआनंद रूप सेज पै विराजमान अरु अंग-अंग केलि-कलोलनि करि, रस सौं मत्त। जहाँ प्रीतम प्रगट तौ प्यारीजू तें कहि सकत नाहिं, काहू बात की ओट लैकैं प्यारीजू तें विनती करि बोलत भये। श्रीहरिदासीजू अद्भुत सिंगार कियें फूलनि के आसन पै विराजमान। अंग-संग विपुल-बिहारिनिदासीजू सोभित हैं॥ इति॥

मूल — **प्यारी तेरौ बदन कनक कौ कोकनद श्रम जल कन सोभा देत री॥ इति॥**

अर्थ — हो प्यारीजू, तिहारौ बदन-कमल, सो कनक — जो कंचन औंट्यौ बारहबानी कौ, ताहू कौ सार है। कनक कौ सार यहाँ कहा, जो तुम्हारे हिय में अंग-अंग मिलि सुख विलसिबे की चाह है, सो बदन कन-महासुख कौ सार, तामें चाह कौ सार, सो प्रकासित है। अरु फिर तामें श्रम जलकन सोभा देत री, कहा, अत्यंत आनंद की अकुलानि है, अरु कहि न सकत, जहाँ श्रम-जलकन प्रगटे हैं, सो यह प्रगट सोभा देत हैं॥ इति॥

मूल — **तामें तिल दृष्टि परत ही मन हरि लेत री॥ इति॥**

अर्थ — अरु कपोलनि में नैंननि की दृष्टि, सो स्याम पुतरी कौ प्रतिबिम्ब परत है, सो तिल अति सुंदर मन कौं हरि लेत है। अथवा पिय कौ मन कपोलनि पर जाइ पान करत, सोही तिल है, सो मन कों हरि लेत है। जो और अंग परसि करौगे, तब कहा जानें कहा गति ह्वैगी? एक कपोल-चुम्बन ही मन कौं हरें लेत है॥ इति॥

मूल — **उर तन जाति पात प्राननि कौं कटि सौं करि संकेत री॥ इति॥**

अर्थ — उर तन तौ उर सौं मिलौ, उर की जाति उर है अरु प्राननि की पाँति प्रान हैं, वासौं मिलें और सर्व अंग-अंग, जो जाकी जाति-पाँति होइ, तासौं मिलैं। अरु कटि की पाँति कटि है, सो हो प्यारी, संकेत करौ। कहा, अंग अंग में समात, स्याम-सोभा गोरे-गात कहिबे में आवत नाहिं॥ इति॥

मूल — **श्रीहरिदास के स्वामी स्यामा कुंजबिहारी कहत अचेत री॥ इति॥**

अर्थ — हो प्यारी! तुम श्रीहरिदासीजू के स्वामी स्यामा हौ, तुमसों मैं कुंजबिहारी, कहा कि आपके हिय

रूप कुंज, ताकौ बिहारी आपनें कियौ हो, आपकी कृपा तें बिहारी नाम पायौ है, सो कहत हौं — अचेत भयौ। हो लाड़िली, रस-सुख देहु, मैं अचेत भयौ जात हौं। कहा, तुम्हारे रूप-समुद्र में डूब्यौ जात, जो कुच तुम्बिन आधार देहु तौ पार होहुँ। जब श्रीहरिदासीजू ने सैंननि करि समझाये — हो प्यारीजू देहु। तिहारे अंग-अंग रस-समुद्र में या मीन कौं रस पान करिबे देहु, नहीं, अचेत भये जात। तब कृपा करि अंग-अंग सुख-रस सौं भरि दये॥ इति॥

५९

देहु वचन मान न करौं, मन क्रम वच पाऊँ।
पल तुम बिन कैसैं भरौं, जिय किहिं विधि समझाऊँ।
देहु वचन हौं मान न करिहौं।
मन क्रम वचन सम्हारि दीजियै, तीन वचन दै कबहुँ न टरिहौं।
तेरे सहज चलत दृग इत उत, पलक लगत डर कैसैं भरिहौं।
श्रीहरिदासि कहत पिय तिय सौं, नृत्त कला पायें क्यौं लरिहौं
— **आभास उल्था :** श्रीपीताम्बरदेवजू

व्यापि होत तन काम दल, करत कुमुक तुव मान।
कहि क्यौं लरिहैं, ताहिं सौं, बिसरे सबै सयान।
— **वस्तुदर्शिनी :** श्रीराधाशरणदेवजू

लालजू के वचन प्रियाजू सों — सुंदर लाल-हिय की निकुंज, जहाँ अंग रूप गुलाब-दलनि की सेज, तहाँ महाप्रसन्नता सों लाड़िलीजू पिय तें अंग-अंग सुख विलसत। दोऊ सुरति रस सौं भीने, फिरि-फिर पल-पल में अंग-अंग सुरति-रंग में चपल हैं। जा समै प्यारीजू कौं परम कृपाल जानि कछु वचन माँगन लागे। श्रीहरिदासीजू परम आनंद दैन यह सुख अवलोकत हैं। श्रीविपुल-बिहारिनिदासीजू आदि सुख बढ़ावत। जहाँ पिय के वचन प्यारीजू तें॥ इति॥

मूल — **वचन दै मान न करौं॥ इति॥**

अर्थ — प्यारीजू! एक वचन दै, मान कबहूँ न करौं। जो तुम मोपै अति प्रसन्न भये हौ, तौ एक वचन दीजै; मान न करौं। काहे तें; मैं महादीन हूँ, काम कौ मोपै दंड है अरु सदा व्याकुल रहत हूँ, अति अधीर हूँ; कबहूँ भूमि चंचलता अंग परसिबे में करौं; तौहू मान न कीजै और चाहौ, सो करौ॥ इति॥

मूल — **मन वच क्रम तीनहूँ तें न टरौं॥ इति॥**

अर्थ — मन करि कहा, कबहूँ मान कौ भरम हू मन में न उपजावौं; वचन हूँ कबहूँ रूखाई कौ न कहौं, क्रम कहा, अंग-अंग के मिलाप की क्रिया में कबहूँ भौंहें टेढ़ी न करौं, ये तीनौं वचन देहु कि इन वचननि तें कबहूँ न टरौं। कहौ जू, वचन कहा माँगत हौ? कबहूँ मान न करौंगी, ऐसें कह्यौ। तब पिय बोले — प्यारीजू तुम गरबीली हौ, तुम होड़ बदत हौ, हारि जात हौ, तब हारी होड़ हू देत नाहिंन, अरु छाँड़ि चलत हौ अरु मान-सिंघासन पैं बैठत हौ, सो तुम गर्व गहेली हौ। तातें वचन देहु॥ इति॥

मूल — **तेरे ही कियें मान व्याप होत तन, कहि कैसें कै भरौं ॥ इति ॥**

अर्थ — हो प्यारीजू, तिहारे तौ सहज ही दृग इत-उत चलत, सोई मान करिबौ, सो मोकौं अति दुख होत है। हो प्यारीजू, कहौ यह मान कौ दुख कैसें कैं भरौं। अरु जो मैं चंचलता करौं अरु आप मोकौं दंड देहु तौ कहा दंड? दोऊ बाहुनि तें अंक में लैकें कसौ, उर-संपुट में मेरे मन कों बंद करि राखौ, कटि सौं कटि जोरि सर्व अंग मिलाइकें अधरनि कौ रस लेहु, तौ यह दुख तौ मैं भरौं, पै यह मान कों कैसे कै भरौं? तातें कबहूँ मान न करौ ॥ इति ॥

मूल — **श्रीहरिदास के स्वामी स्यामा कुंजबिहारी कहत री प्यारी, कहि कैसें कै लरौं ॥ इति ॥**

अर्थ — श्रीहरिदासीजू के स्वामी स्यामाजू, मैं जो कुंजबिहारी, कहा, तुम्हारे तन रूप कुंज कौ बिहार, सो कहत हूँ—अहो प्यारीजू, तुम कहत हौ, मैं मान कब कियौ? तुम मेरे जिय की जानत हौ। तौ प्यारीजू! मैं तुमसौं कहा कहत हौं? तुमसौं बराबरी तौ कैसै कें करि सकौं? मोपै लर्‌यौ तौ जात नाहिंन, मैं तौ छिन-छिन में आधीन। जब तुम मान कौं करौ, तब मैं लरि करि तौ मान छुड़ाय सकत नाहिंन। तुमहिं कहौ, मैं कैसे कें लरौं? जाते अब ऐसी करौ, मान की बास हू न रहै ॥ इति ॥

— **भावार्थदीपिका :** श्रीनागरीदासजू

६०

नृत्तत पिय सिखवत प्रिया, मिलवत गति संगीत।
लेत उपज बहु विधि नई, सभा सहचरी जीत।
कुंजमहल वर प्रिया नचावत।
अद्भुत ताल धरैं गति उपजत, थेई थेई मिष्ट मधुर सुर गावत।
तांडव लास और बहु भेदनि, निरखि, अपरिमित गति उपजावत।
श्रीहरिदासि सिखाइ सुघर पिय, लखि कौतुक सहचरि सिर नावत।

— **आभास उल्था :** श्रीपीताम्बरदेवजू

कुंज बिहारी नचत हैं, प्रिय की मरजी पाइ।
अंग-अंग मिलि ताल धरि, थेई-थेई पिय मिलि गाइ।
ज्यौं-ज्यौं रुचि उपजत प्रिया, त्यौं-त्यौं तांडव लास।
अबकौ समयौ सरस है, और गुनी उपहास ॥

— **वस्तुदर्शिनी :** श्रीराधाशरणदेवजू

सखी कौ वचन सखी प्रति — प्रीति-लाल-कुंज, स्याम-तमाल सौं कंचन-बेलि जहाँ लपटि रही है। नव-नव कुसुमनि की सज्या, सोई भयौ अंग-अंग फूलनि कौ मंडल, तापै कुंजबिहारी सुरति-रास में नींके नाचैं हैं, प्यारीजू नचावत हैं। प्रवीनता की बीना सिखावत हैं। आप नृत्त करिकें और-और अनेक भाँति के नृत्य के भेद नव-नव बतावत हैं। श्रीहरिदासीजू अद्भुत सिंगार कियें, विपुल-बिहारिनिदासी आदि संग लियें प्रेमनि भरी सोभित हैं ॥ इति ॥

मूल — **कुंजबिहारी नाचत नीके, लाड़िली नचावत नीके॥ इति॥**

अर्थ — कुंज — जो लाड़िलीजू कौ तन, तामें बिहारी कहा, बिहार करत, सुरति रास की नृत्य करत हैं अति सुंदरता सौं। अरु लाड़िलीजू नीके नचावत हैं। श्रीप्यारीजू पिय कौं बीना सिखावत हैं, अरु तान-गान के गुन सिखाय नचावत हैं। कहा, बदन-बदन जोरैं मदन कों लड़ावत हैं॥ इति॥

मूल — **औघर ताल धरैं श्रीस्यामा ताताथेई ताताथेई गावत संग पीके॥ इति॥**

अर्थ — औघर ताल है कोऊ नृत्य में, ताकौं, धरैं कहा, बजावत हैं। अथवा औघर-ताल कहा, जो निज अंग-अंग ही मिलि बाजैं और अंग परस न करैं, चरन तें चरन न परसैं या भाँति सौं अलग नृत्य में ताल मृदंग संगीत विविध भाँतिन करि सो अंग-अंग भूषननि की बाजनि, ताकौं श्री स्यामा धरैं कहा, बजावत हैं। मिलिवत कहा, दुहुँनि के अंग-अंग मिलिकें बजत। ताताथेई ताताथेई गावत कहा, बीच-बीच तान-तरंग मान सहित सरस-रस भरी गावत। जब मधुर-मधुर बोलनि — वचनामृत! सो प्यारीजू पिय के संग बोलत, बीच-बीच "नाहिं-नाहिं"। अरु कहत हैं — तान बंधान कलानि कोक की मनोहर, हो प्रवीन! इत मन देहु॥ इति॥

मूल — **तांडव लास और अंग को री गनें जे जे रुचि उपजत जीके॥ इति॥**

अर्थ — तांडव जो नृत्य कहा, अंग-अंग कौ मिलाप, ताही कौ नृत्य और अंग कोऊ सपरस न करैं। और अंग को गनें, जे जे रुचि उपजै जीके कहा, और अंग सबही नच्यौ चाहत हैं, पै यह अद्भुत नृत्य, जामें चरन हूँ परस न ह्वै, कौन भाँति कौ नृत्य है। अति आनंद में अंग पुलकित हैं, मधुर वचन श्रवननि में सुनियत। उरप तिरप सुलप गति लैकें नचत हैं। महासुख के समूह—जो जिय में सुख उपजत है, अंग-अंग में, सो को गनें? या सुख में ही मगन हैं॥ इति॥

मूल — **श्रीहरिदास के स्वामी स्यामा कौ मेरु सरस भयौ और रस गुनी परे फीके॥ इति॥**

अर्थ — श्रीहरिदासीजू के स्वामी श्रीस्यामाजू, तिनकौ मेरु सरस भयौ, कहा, केलि-कला में रस वरषत हैं। अरु अंग-अंग दुहुँनि के परस नृत्य में प्रेम की विसालता श्रीप्रियाजू की। और सँवारि-सँवारि नृत्य में गति लेत हैं। सुघर वर स्याम सौं नागरी जू कहत — फबी नहीं। नव त्रिय-श्रीप्यारीजू, तिनके सुरति नृत्य की जीति कौ तिलक भयौ। और रस गुनी परे फीके कहा, और रस गुनी कौन? पिय सुघर सिरोमनि, बड़े विज्ञ कहावत, सो फीके, कहा, हारे। यह सखी जन निरखत हैं। कहा, स्याम के उर में सुभग माला-प्रियाजू सोहत हैं॥ इति॥

— **भावार्थदीपिका :** श्रीनागरीदासजू

६१

रीझि सहचरी यौं कहत, डोल झूल बिबि राग।
बहु विधि बाजत सौंज सब, पगे खेल रस फाग।
झूलत डोल जुगल रस माते।
बजत अधौटी बीन मृदंगी, छिरकि अरगजा रंग चुचाते।
गावत गारि धमार परस्पर, नहिं जानत पग क्यौं ठहराते?
श्रीहरिदासि निहारि कहत बलि, खेल जानिहै को बिन नाते॥

— **आभास उल्था :** श्रीपीताम्बरदेवजू

अंग चलनि झूलनि सुरति, जम्यौ राग रँग सोइ।
चल विचलनि कोऊ सु तन, राधा सरन सु जोइ।
कुच बीना से पकरि पिय, यौं जु परस्पर मान।
मधुर वचन सीतल करन, सरस अरगजा जान।
करत सुरति छूटी भुजा, सो डाँडी करि लेखि
लए अंक ललिता जबै, जान्यौं खेल विसेखि॥

— **वस्तुदर्शिनी :** श्रीराधाशरणदासजू

सखी कौ वचन सखी प्रति — नव निकुंज-दुहुँनि के तन, तामें नवरंग कौ महल अति विचित्र बन्यौं है, जामें श्रीबिहारिनि-बिहारीजू की जोरी अति विचित्र बनी है। कहा, डोल झूलत हैं। अंग-अंग नवल स्याम गोरी के, ताही कौ डोल, सो अद्भुत खेल है। अरु भृकुटी-कटाछिन तें नैंन निहारत। अरु नैंन रूप बैंन चित्त की चोरी बदत हैं। अरु अंग-अंग मिलि तान-तरंग गावत हैं। अरु नव-नव गति उपजावत। अलाप लेत हैं। अलाप-लाल-ललना मिलि "हो हो होरी" बोलत है। सो सुख श्रीहरिदासी महासुख तें भरी कृपापात्र सखी सौं कहत हैं॥ इति॥

मूल — **डोल झूलत बिहारी बिहारिनि राग रमि रह्यौ॥ इति॥**

अर्थ — डोल झूलत हैं, कहा, दोहुँनि के अंग-अंग ही मिलि झूलत हैं, सोई डोल। अथवा दोहुँनि कौ राग कहियै — अनुराग सो छै रह्यौ है सोइ डोल झूलत हैं बिहारी-बिहारिनि। राग — जो अनुराग, सो रमि रह्यौ है, अंग-अंग में अनुराग ही की मूरति मिलिकें एक ह्वै गये हैं। कहा, जो रुचि इनकी, सो ही उनकी है, सुख रूप गौर-स्याम झूलत हैं॥ इति॥

मूल — **काहू के हाथ अधौटी काहू के बीन, काहू के मृदंग कोऊ गहैं तार, काहू के अरगजा छिरकत रंग रह्यौ॥ इति॥**

अर्थ — काहू के, कौन के हाथ, सो कर-कमल, सोही अधौटी अरु काहू के बीन, कहा, दोऊ कुच-कमल। बीन हूँ के तूँबी कुचनि की भाँति लगत हैं, सो प्रियाजू के। काहू के मृदंग-दोहुँनि के अंग-अंग मिलि झूलिबे में बजत हैं। कोऊ गहैं तार — कहा कि बीना के तार होत हैं, सो पिय अपने कर तें कंचुकी रूप तार कौं गहत हैं। कहा कंचुकी प्रिय के नील कमल कर, सो ही कुचन कों गहत हैं। अथवा पिय कौ हिय, ताकौ प्रतिबिंब प्रियाजू के उर पै, सो कंचुकी, सो स्याम कंचुकी के भोरैं कुच गहत हैं। काहू के अरगजा छिरकत कहा, पिय कुच-कमल गहत हैं, अरु अंग-अंग अरगजा छिरकत हैं। रंग रह्यौ कहा, प्रियाजू अति प्रसन्नता में रंग रह्यौ॥ इति॥

मूल — **डाँडी छाँडैं खेल बढ़्यौ जु परस्पर, नहिं जाँनियत पग क्यौं रह्यौ॥ इति॥**

अर्थ — भुजमूल डाँडी छाँडें हैं। अंग-अंग ही मिलि और अंग कौं छाँडै परस्पर में खेल अति बढ़्यौ। अलग ही नृत्य, तामें चरन हूँ परसत नहीं, तौ और अंग कहाँ ते छुवैं? ऐसें झूलैं। नहि जाँनियत पग क्यौं रह्यौ — यह जानिबे में न आई कि पग कौन भाँति न्यारौ रह्यौ परसे बिना।

अथवा पिय नें कुच कर तें गहि करि अंग-अंग अरगजा छिरक्यौ, तब रंग तौ अति रह्यौ, पै प्यारीजू नें एक चोज की बात करी। कहा, पिय कौ कमल रूप मन कर-कमल में गहि राख्यौ, छाँड़त नाँहि सो डाँडी

गही, छोडैं नहीं। अरु पिय हा हा खात हैं-हो प्यारी-जू! चाहौ, सो कीजै। ज्यौं-ज्यौं गाढ़े गहत, अति प्यारौ लगत, पिय हू कौं सुहात पै खेल की अकुलानि बहुत कि कैसें खेल बढ़ै। जब पिय नें कुच-कमल गाढ़े गहि, छलकैं मुख रस-अमृत पियौ, तू प्यारीजू कें खेल की चाह अति प्रगट भई, ता आनंद की उमंग में कर-कमल रूप डाँड़ी छाँड़ी, तहाँ डाँडी छाँडें खेल बढ्यौ जु परस्पर कहा, चुम्बनादि परिरंभन खेल बढ्यौ। पै पियकौ मन रूप-कमल प्यारीजू की नाभि-सरोवर में जाय फूलि बैठ्यौ। कहा, वहाँ पगि गयौ। सो वा सरोवर कौ पान करत, वहाँ पगि रह्यौ कि कमल की सरोवर जीवन है, सो जानी जात नाहिंन।

जब नाभि-सरोवर कौ सुख पिय मन कमल विलसिबे लग्यौ तब वहाँ ही कौ भयौ। तातें सखीजन अंग-अंग झूलनि तन में देखि-देखि कहत हैं — अब पिय मन अंतर के केलि रस में पगि रह्यौ, सो नाहीं जानियत कहा करत हैं? अंग-अंग अरुझि रहे हैं, सुरझत नाहिं। तब सहचरी अनुराग रूप बूका-बंदन, रोरी उड़ावत भई। तब सब पर अनुराग छै गयौ॥ इति॥

मूल — **श्रीहरिदासके स्वामी स्यामा कुंजबिहारी कौ खेल खेलत काहू न लह्यौ।**

अर्थ — श्रीहरिदासीजू के स्वामी स्यामा अरु कुंजबिहारी लालजू तिनकौ खेल खेलत काहू ना लह्यौ, इनके खेल कौ अंत काहू नें ना लह्यौ, कहा, जो ऐसे सुख में मगन रहत हैं, छिन-छिन में खेल बढ़िवौ ही करैं। अथवा श्रीहरिदासीजू आदि अंग-संगिनी सखी खेल खेलत भीतर-बाहिर की केलि सब जानत हैं। पै बाहिर जो रंध्रनि में सखी अवलोकनि करत हैं, वे कहत हैं — जब लौं अंग-अंग आभूषननि की बाजनि भई, सो सब सुनी, पीछैं जो रससिंधु नाभि-सरोवर में पगि करि केलि करी, ताकौ सब्द बाहिर सुन्यौ नहीं, यह सखी पाछैं कहा खेल भयौ, सो खेल काहू लह्यौ नहीं। यह सुख दंपति की छबि कौं निरखत प्रेम ही की मूरति ह्वै गई। यह खेल श्रीहरिदासीजू की कृपा तें उर में आवै, नाहिं तौ अति दुर्लभ यह खेल काहू न लह्यौ॥ इति॥

— **भावार्थदीपिका :** श्रीनागरीदासजू

६२

सेज सरस सुख अति बढ़्यौ, रस लम्पट ए कंत।
सहचरि के सुख लै लुके, तब कछु वचन कहंत।
हमारौ दान मार्‍यौ इन रात।
परे लोभ रस जुरे परस्पर, मोल करे बिनु बिकि-बिकि जात।
घेरत सखा मनोरथ मन के, जानि न पाये छुवत सकात।
देखौ इनके ऊज उठावनि, को निकसै रातिन करि बात।
श्रीहरिदासी कहत स्याम सौं, छाँड़ि सुभाउ नाँहि अनखात।
मोसों कहा छिपाउ होत बलि, दूर दुरी जानत सब घात।

— **आभास उल्था :** श्रीपीताम्बरदेवजू

लाल गूढ़ प्रिया सौं कहै, सो समुझौ सरसात।
रातिन बहु रति समय सुनि, बेचि बेचि बिच जात

रति न देत इह दान है, सखा अंग तुम घेरि।
प्रिया कहै छूवौ न मो, जुवति ऊज किन फेरि।
राति बिराति विपरीत रति, बेटी समरति जान।
बहू समै रति दैंन कौ, इह सुभाव किन भान।
— **वस्तुदर्शिनी** : श्रीराधाशरणदेवजू

पिय की कहनि सखी परस्पर कहत हैं — रसमय निकुंज, जामें नित्य लाल कौं प्यारीजू रति दान दैबौ करैं। जहाँ अद्भुत प्रेम प्रजंक-अंक, तहाँ दोऊ विराजमान। अरु प्यारीजू आजु पिय के जा-जा भाँति अभिलाष अंग-अंग केलि के उपजे हे, सो सब मनोरथ पूरन करिबे कौं विचारी, एते में गरबीली जू गर्व रूप सिंघासन पै विराजीं। नैंननि की कोर इत-उत चलत भईं। पिय जान्यौ-प्यारीजू कौं मान आयौ, तहाँ मान छुटाइबे कौं एक औटपाइ की बातें करन लागे। जो अपने मन रूप मनोरथनि सौं पिय कहत हैं, प्यारीजू कौं सुनावत हैं। अहो प्यारीजू, हम इक ठौर में खेलत हे, एक प्रेम-पहेली पूछी। तहाँ होड़ बदी ही, सो हारी, तब होड़ तौ दई नहीं अरु मान-गंभीरता सौं नव कुंज में बैठी। ता सुख कों पिय के वचन सखी परस्पर कहत हैं ॥ इति ॥

मूल — **हमारौ दान मार्‍यौ इनि, रातिन बेचि बेचि जात ॥ इति ॥**

अर्थ — एक चोज उठायकें कहत — हमारौ दान इन-प्यारीजू ने मार्‍यौ, कहा, ये रति-दानी हैं। हमारे पै होड़ हारे हैं कि रति-दान देहिंगे, सो अब देत नांहि। रातिन कहा कि (रतिन) जो चाह हमारी मारी गई, इनके मान करि। बेचि-बेचि जात कहा, बीच ही बीच जात है, खेल ही में। हारी होड़ देत नाहीं, बीच ही बीच जात। कै तौ हारी होड़ है, ताकौं देहु, कै हमैं हरावैं ॥ इति ॥

मूल — **घेरौ सब सखा जानि ज्यौं न पावै छियौ जिनि ॥ इति ॥**

अर्थ — अपने मनोरथ रूप सखा, कहा, जो प्यारीजू के मनोरथनि के सम, वे ही सखा, उनसौं कह्यौ — प्यारीजू के मनोरथ, जो रति के दान के हैं, ते जानि न पावैं। कहा, तुम जाय प्यारीजू की रति — जो चाह, तासौं आधीन होहु यहै घेरिबौ। छियौ जिनि कहा, घेरौ सही, पै अदब तें, उनकौं परसौ मति। रूप अवलोकनि करौ, यह छबि कि तूठने तें रूठनौ अति प्यारौ लगै है ॥ इति ॥ जब प्यारीजू बोली —

मूल — **देखौ हरि के ऊज उठाइबे की बात, राति बिराति बहू बेटी काहू की निकसत है पुनि ॥ इति ॥**

अर्थ — हे सखी, तुम देखत हौ, हरि के औटपाइ उठाइबे की बात, कहा राति सोई रति, चाह बिराति-अचाह। बहू कहा, रति-चाह, सो तौ बहू बेटी, कहा, विरति-अचाह। हे सखी, जहाँ अचाह भई, तहाँ चाह पुनि निकसै है? कहु, काहू की अचाह हू में चाह होत है? इनकी बात तौ तुम देखौ, बरजोरी करत हैं। हमारौ मन ह्वैगौ, तौ रति-दान देहिंगे। तुम यह कपट की बातें छोड़ौ। जब सखी नें देख्यौ, यह प्यारीजू कौ मान कैसेंहू न छूटैगौ, तातें कहत-परम प्रवीन प्रियाजू, पिय आतुर फिर चातुर सो केलि-कला के गुन गावत हैं। तुम नाहिं करौ, जब तुम्हारे पाँय परैं हैं। जब हँसिकें आलस में हो, प्यारीजू, ऐसें कहि करि मोद बढ़ावत हैं ॥ इति ॥

मूल — **श्रीहरिदास के स्वामी की प्रकृति न फिरी छिया छाँड़ौ किनि ॥ इति ॥**

अर्थ — श्रीहरिदासीजू के स्वामी स्यामा, सो लालजू तें कहत हैं — अहो जू, तुम्हारी प्रकृति कहा, कपट; ताके सुभाव छाँड़ौ नहीं। छिया करि कहा, बुरी बात है छाँड़ौ किनि? तब तौ लालजू महासकुचे। तब सखी बोली — इनकी सकुच छुड़ाइबे कौं अरु इनकौ प्रेम प्यारीजू तें बढ़ावत। श्रीबिहारिनिजू दासि बिहारी के प्रेम अभंग हैं।

सुरंग में रंग अनंग ही बढ़ावत हैं। अगले पद में श्रीप्रियाजू कौ रूप बरनन करिबे की बात कहि करि मान छुड़ावैंगी॥ इति॥

— **भावार्थदीपिका :** श्रीनागरीदासजू

६३

रूप भरी कंकन करनि, छुटे बार गर पोत।
निरखि सहचरीं थकित सब, रस बस पिय नित होत।
गुन रूप भरी विधिना सिरजी जु दुहूँ कर कंकन दोइ बनैं।
छूटे बार गरैं लगि पोति दिपति मुख जोतिन देखत मान हनैं।
सब सखि निरखि थकित भईं ठाढ़ी प्रान प्रिया मुख जोइ घनै।
रस बस करि लीन्हौं दीन्हौं सुख श्रीहरिदासी बिना छबि को बरनैं॥

— **आभास उल्था :** श्रीपीताम्बरदेवजू

कोक कला गुन सौं भरी, रूप अलौकिक जोइ।
सखि विधि ने रचना करी, भूषन प्रेम सँजोइ।
लालन की इन्द्री जितीं, सखी कहावैं तौन।
ते निरखत सचु पावहीं, और देखिहै कौन।

— **वस्तुदर्शिनी :** श्रीराधाशरणदेवजू

सखी कौ वचन प्यारीजू ते — रूप कुंज, जामें अनुराग-लता स्याम-तमाल सों लिपटि रही है। तामें नैंन-कमल सखी के, ताकी सेज तामें दोऊ बिहारिन-बिहारीजू बिहार करत हैं। ता समैं अलबेलीजू विधि-पूर्वक सिंगार हू न किये हैं। सादौ ही सिंगार है। अलबेलौ वा छबि कौं देखि, मोहन आप कहावत सो मोहे जात हैं। श्रीहरिदासीजू महाआनंद में विराजमान। जहाँ सखी के वाक्य प्यारीजू तें॥ इति॥

मूल — **गुन रूप भरी विधिना सँवारी, दुहूँ कर कंकन एक-एक सोहै॥ इति॥**

अर्थ — हो प्यारीजू, तुम गुननि करि कहा, तिहारे नाना भाँति के केलि के गुन, सो अंग-अंग में भरे हैं, अरु अद्‌भुत रूप सौं रूप के सागर भरे हैं सो गुन-रूप भरी है। विधिना सँवारी कहा, कछु विधि-पूर्वक ना सँवारी हौ। सहज ही सादौ सिंगार है। जो सोलहौं सिंगार विधि-पूर्वक करौ, तौ ताकी छबि कहा कहिये? दुहूँ कर में सादा चूरीं हैं। ताके आगे एक-एक कंकन है और कछु पोहुँची आदि नाहिं। अथवा दुहूँ पिय के कर, तामें आपके कर हैं, सो गाढ़ करि पकरे हैं, ताके चिन्ह सो दुहूँन कर में एक-एक ही कंकन सोभित हैं॥ इति॥

मूल — **छूटे बार गरें पोति दीपति मुख की जोति, देखि-देखि रीझे तोहिं प्रानपति नैंन सलौनी मन मोहै॥ इति॥**

अर्थ — छूटे बार कहा, अलकैं छूटि रही हैं। अथवा बार सर्व छूटे हैं। गरें पोति कहा, स्याम-पोति कौ पुंजा गरे में है कि स्यामा-मखतूल कौ फौंदा गरे में लागि रह्यौ है। दीपति मुख की जोति कहा, मुख-चन्द्रमा

प्रकासमान है, कहा, चन्द्रमा कैसी छबि बनी है। छूटे बार, सोही तौ घन के धुरवा छूटि रहे हैं, तामें मुख-चन्द्रमा की जोति-प्रकास सो सोभित है। दीपति-सो दामिनी चमकत है। जहाँ रस-अमृत की वरषा होत है। यह छबि देखि-देखि रीझे तुमकौं प्रानपति। प्यारीजू, तुम कैसी हौ, नैनन सलौनी हो। आपके नैंन अति सलौने। कहा, जो नैंन रूप रसना पान करत तृपति होत नाहीं। मन मोहै-सो पिय कौ मन मोह्यौ जात है॥ इति॥

मूल — **सब सखी निरखि थकित भई-आली, ज्यौं ज्यौं प्रान-प्यारौ तेरौ मुख जोहै॥ इति॥**

अर्थ — सब सखी आपकी छबि निरखि थकित भई, कहा, आनंद में मगन भईं कि यह छबि देखि-देखि जीवत हैं। हे प्यारीजू! ज्यौं-ज्यौं प्रान प्यारौ तेरौ मुख जोहै है। कहा, इकटक चंद्र-चकोर लौं आपकौ मुख जोवत है॥ इति॥

मूल — **रस बस करि लीने श्रीहरिदास के स्वामी, स्यामा! तेरी उपमा कौं कहै धौं को है॥ इति॥**

अर्थ — श्रीहरिदासीजू के स्वामी, तुम स्यामा, स्याम कौं रस-बस सहज ही कर लीने। सो सहज ही चितवनि में प्यारौ रस के बस भयौ। इनसौं कहा मान कीजै? प्यारीजू, आपकी उपमा कौं कोऊ है नाहीं। आपसे कृपाल आप ही हौ॥ इति॥

— **भावार्थदीपिका :** श्रीनागरीदासजू

६४

कहत कहा अजहूँ प्रिया, चितवनि बान सुमार।
सर्वस तू ही प्रान धन, मिलन सर्व सुख सार।
मारत अजहूँ नैंना भाल।
भौंहैं धनुष चितवनि गाँसी बाँफिन फौंक धरैं बेहाल।
तू ही जीवन तू ही भूषन, तब ही प्रान करत प्रतिपाल।
श्रीहरिदासि स्याम लखि स्यामा, मिलत परस्पर वचन रसाल।

— **आभास उल्था :** श्रीपीताम्बरदेवजू

या पद कौ अर्थ स्पष्ट ही है

— **वस्तुदर्शिनी :** श्रीराधाशरणदासजू

तहाँ सखी को वचन प्रियाजू प्रति, पिय की कहनि — प्राननि की निकुंज, तहाँ दोऊ प्रानप्यारे अंक-निसंक सज्या पै सनमुख विराजत। सो प्यारीजू की सहज चितवनि पै पिय कौं मान दरस्यौ, तबही व्याकुल भये। ताकी दसा सखी प्यारीजू तें कहत, पिय की कहनि। श्रीहरिदासीजू महाआनंद की मूरति नव-नव लाड़ लड़ावत हैं ।।इति॥

मूल — **अजहूँ कहा कहति है री मारै नैंन आरनि॥ इति॥**

अर्थ — हो प्यारीजू! अजहूँ कहा कहत हौ? तुम्हारे नैंननि की तौ सहज चितवनि पै पिय हिय में तुम नैंन आरनि कहा, तुम नैंननि तें अरिकें बान मारे हैं॥ इति॥

मूल — **भौंहें ज्यौं धनुष चितवनि बान बाँफिन, फौंक धरैं कहत स्याम प्यारनि॥ इति॥**

अर्थ — भौंहें सोई तिहारी धनुष हैं। चितवनि सोई बान बाँफिन सोई फौंक धरिवौ बान कौ। हो प्यारी, स्याम यौं कहत हैं, तुम्हारे तौ यह मारिबे की सहज ही सौंज है॥ इति॥

मूल — **तू ही जीवन तू ही भूषन तू ही प्रान-धन यारनि॥ इति॥**

अर्थ — फिर कहत — तुम ही मेरे जीवन हौ। तुमही मेरे अंग-अंग में भूषन हौ। तुम ही प्राननि के धन हौ। हे यारनि, तुमही मित्र हौ॥ इति॥

मूल — **श्रीहरिदास के स्वामी स्यामा कुंजबिहारी सौं मेरु भयौ री बिहरिनि॥ इति॥**

अर्थ — श्रीहरिदासीजू के स्वामी स्यामा। बिहारिनिजू, आपकी तन रूप कुंज, ताके ये स्याम बिहारी हैं, तासौं मेरु भयौ कहा, अब तौ वचन के विलासनि कौ मेरु भयौ कि बहुत भये वचन-विलास; अब कृपा करि अंग-संग दीजै। जब प्यारीजू नें अपनौ रूप देख्यौ कि सनमुखता में प्रतिबिंब देखि करि नैंननि की मुरनि भई, सोई मान की संभावना, जबही मान की छरकि मन तें जात रही। प्यारीजू सुख की रासि, स्याम-कुंजबिहारी सौं हँसिकें बोली। पल-पल नई-नई प्रीति बाढ़त भई। कहा, अंक में भरिकें अंग-अंग लिपटि, नये-नये सुख दिये॥ इति॥

— **भावार्थदीपिका :** श्रीनागरीदासजू

६५

सकल गुननि सिरमौर तू, नृत्त राग गति और।
तेरी छाया हैं सबै, कछु सरि करत किसोर।
चतुर गुननि में प्रिया सिरोमन।
गति में गति उपजावत गावत, तार मृदंग बजावत जो मन।
और सुघर इनकी प्रतिछाया, ताहि निरखि रीझत कहु को मन।
श्रीहरिदासि कहत बलि तूही, कै किसोर लागत है मो मन।

— **आभास उल्था :** श्रीपीताम्बरदेवजू

करत सुरति प्रिय तिरप गति, लेत जु स्याम बनै न।
केलि बढ़ावनि सखि जबै, कहत वचन सुख दैंन।
गुननि राइ पिय साँवरौ, तिनकी तू सिरमौर।
दुहरी तिहरी लेत गति, गति में गति रति ठौर।
अमित राग अरु रागिनी, तुव सब्दनि के माँहि।
तार जु मंदर हिय सरस, सुर अनेक सरसाँहि।
तब समुझै मन माँझ पिय, करी बड़ाई भाम।
वधू कृपा बिनु क्यौं मिलै, निरखि आदि गति नाम।

— **वस्तुदर्शिनी :** श्रीराधाशरणदेवजू

सखी कौ वचन प्रियाजू प्रति — अद्भुत नवल निकुंज-महल रस पुंज, जहाँ दोऊ प्रिया-प्रीतम सुंदर रस भरी सेज पै विराजत। तहाँ सखी श्रीप्यारीजू कौ जस कहत, आनंद मोद बढ़ावत। श्रीहरिदासीजू सुखरासि विराजमान, सुंदर नव-नव लाड़ लड़ावत॥ इति॥

मूल — **प्यारी तू गुननि राइ सिरमौर॥ इति॥**

अर्थ — हो प्यारी, तू गुननि राइ हौ, कहा, जे-जे अंग-अंग में विलास के भाव संगीत सहित, कोक-कलानि में गुननि राइ हौ। कहा, संगीत-सागर हौ। गुननि के राजा हौ। कैसे राजा हौ, सिरमौर राजा हौ॥ इति॥

मूल — **गति में गति उपजावत नाना राग-रागिनी तार मंदर सुर घोर॥ इति॥**

अर्थ — जो सुरति-नृत्य में गति लेति हौ कि जा-जा भाँति की केलि-सुघराई तें सप्त सुरनि सहित गति सौं पिय उर पै चलत हौ। पिय कहत — हो प्यारीजू! तुम गुननि में आगरी हौ। ऐसी गति और नाहीं। फेरि का गतिन में ही और-गति उपजत है। प्रथम तौ एक आसन, जामें अंग-अंग जुरे नृत्य की गति लेत। पीछे अलग नृत्य की गति की अंग-अंग ही कौ मिलाप करि गति उपजत, नाना-प्रकार की जैसे नीके लाग-डाट लगत। राग-रागिनी कहा, राग-प्यारीजू कौ सनेह। रागिनी-पिय कौ हित। तार मंदरसुर घोर कहा, तार, अंग-अंग आभूषननि की बाजनि, ताके सुर कहिये-सब्द मंद अरु घोर दोऊ भाँति होत हैं।॥ इति॥

मूल — **काहू कछु लियौ रेख-छाया तौ कहा भयौ, झूठी दौर॥ इति॥**

अर्थ — हो प्यारीजू, काहू कछु लियौ कहा, इन गतिन कौं सीखे, तौ रेख-प्रमान, ताहू की छाया, तौ कहा भयौ, झूठी दौर है। और तौ या गतिन की छाया हू के लैबे में काहू की पहुँच नाहीं। एक किसोर हैं, सो आपकी सी गति कहाँ पाइयै? पै काहू समैं आप कृपाल हौ, अरु कहौ — हो प्यारे, नृत्य करौ। तब कछु गति कौ विलास सीख करि लियौ, रेख हू की छाया। जैसे प्रथम तौ रेख, कहा, चिह्न, ताहू में वाकी छाया कौ कहा भयौ? झूठी दौर है। छाया तौ साँची नहीं। हो प्यारीजू, रीझि के सुबस भये हैं रसिकबिहारी, आपके रंग में रँगे हैं रस रूप जो राग-सनेह, ता करि। कहा, या बिहारी पै रंग चढ़ि गयौ है। आपके अंग-अधर रूप रस तें ये सींचे हैं, सो रंग सों रँगे गये हैं। प्यारीजू प्रगट रस तौ आप में है, इनमें रस की छाया सी लगत है। इनकी पहुँच येती नाहिं कि आप कीसी गति ये लैहिं।।इति॥

मूल — **कहि श्रीहरिदास लेत प्यारीजू के तिरप लागनि में किसोर॥ इति॥**

अर्थ — श्रीलाड़िलीजू श्रीहरिदासीजू तें बोली कि तुम कहौ, पिय कछु नृत्य की गति सीखी हू? तब श्रीहरिदासीजू कहत — कछु प्यारीजू तिरप लागनि में किसोर गति लेत हैं, पै ज्यौं आप एक-एक लागनि में तीन-तीन गति, ताहू में नाना प्रकार की लेत हौ, वैसें तौ नहीं, पै लागनि में लागनि येहू लेत हैं। जस गावत ही सचु पावत हैं, हे बिहारिनि! ये दास किसोर। अरु आपकौ अनुराग-सुहाग है, सो चिर राजत है॥ इति॥

— **भावार्थदीपिका :** श्रीनागरीदासजू

६६

नव नव भाव भरी प्रिया, बाजैं सर्व सु-राग।
एक जीभ कहत न बनै, नई नई गति उर लाग।
कितेक संग्रह छबि उपजाबै।
किन्नरि करनि पाँइ सुलप गति, राग रागिनिन गान सिखाबै।

एक जीभ तेरे गुन अगनित, हारि पर्‌यौ कछु कहत न आबै।
श्रीहरिदासि निरखि पिय रीझत, तेरी सरि तूही भल पाबै।

— आभास उल्था : श्रीपीताम्बरदेवजू

या पद कौ भाव स्पष्ट ही है।

— वस्तुदर्शिनी : श्रीराधाशरणदासजू

लालजू के वाक्य श्रीप्रियाजू तें — छबि निधि कुंज, अंग-अंग रस-रंग भरे दोऊ प्रिया-प्रियतम नवीन सेज पै सनमुख राजत। जहाँ प्यारीजू की छबि देखि रस रूप नृत्य भेद कौं लियें लाड़ लड़ावत हैं कि उपाय अंग-अंग सुख-विलास के करत हैं। अति चतुर चरन-कमलनि में लपटात हैं। श्रीहरिदासीजू अद्‌भुत सिंगार कियें फूलनि के आसन पै विराजमान हैं। ता समैं लालजू के वचन श्री प्रियाजू तें॥ इति॥

मूल — **प्यारी तोपै कितौक संग्रह छबिन कौ अंग अंग प्रति नाना भाव दिखावति॥ इति॥**

अर्थ — हो प्यारीजू, तुम पै छबिन के कितेक संग्रह हैं? जो-जो केलि के प्रकास अंग-अंग में प्रकासित हैं, ताकी छबि देखिकें कहत — कितेक संग्रह छबिन के हैं? संगीत के तौ तुम सागर हौ। गुननि की खानि हौ। रूप के उजागर रसिकता के तुम राजा हौ। क्योंकि अंग-अंग प्रति नाना भावनि कौं दिखावत हौ। कहा, कबहूँ नैंननि सर करि मन कौं बेधि डारत हौ अरु कबहूँ कपोल, अधर रस पान दैकें रस सौं सींचत हौ। अरु कुच कमल छुवन देत हौ। अंग-अंग जोरि कें नाना भाव करि लाग-डाट के भेद करत हौ अरु कहत हौ — देखौ, तुमहूँ यौं सीखौ॥ इति॥

मूल — **हाथ किन्नरी मध्य सचु पाइ सुलप राग रागिनीन सौं तू मिलि गावति॥ इति॥**

अर्थ — हाथ, सोई किन्नरी कहा, अंग-अंग की बाजनि। अरु मध्य सचु पाइ कहा, अंग-अंग कौ मिलाप, तामें मध्य कौ सुख है, ताकौं पाँइ-चरननि करि सुलप नृत्य कहा, जो अति सुकुमारता की सुलप नृत्य, सो महासुख में मधुर-मधुर चलनि अंग पै अंग की। अरु अंग-अंग रस वरषावत हौ अरु राग-रागिनी सौं मिलि गावत हौ, कहा, राग जो आपकौ अनुराग, रागिनी, जो मेरी प्रीति सौं मिलि कें गावत हौ। जो-जो मोकौं नृत्य भावत, सोही बोलत-नाहिं-नाहिं सब्द गावत हौ॥ इति॥

मूल — **कहा कहौं एक जीभ गुन अगनित हारि पर्‌यौ कछु कहत न आवति॥ इति॥**

अर्थ — कहा कहूँ, हो प्यारीजू, मेरे तौ एक जीभ, आपके गुन अगनित जो मेरे रोम-रोम रसना होती, तौहू आपके गुन बखाने जात नाहीं। सो तौ मैं एक जीभ करि अगनित गुन कैसें कै बखानौं, जा-जा भाँति अंग-अंग करि सुख बरषावत हौ। सो मैं हारि पर्‌यौ। मोपै कछु कहे जात नाहिं। ऐसे लाल लड़ावत, जस कहत हैं। जब प्यारीजू नें प्रिय की आतुरता, चातुरता जानिकें भावनि करि केलि के विलास के भाव उपजावत भुजनि में भरत हैं॥ इति॥

मूल — **श्रीहरिदास के स्वामी स्याम कहत री प्यारी, तू जे जे भाव ल्यावति॥ इति॥**

अर्थ — श्रीहरिदासीजू के स्वामी स्यामाजू सौं स्याम-कुंजबिहारी कहत कहा, मैं जु स्याम हूँ कुंजबिहारी — आपकी तन रूप कुंज में सदा बिहार करत हूँ सो मैं विनती करत हूँ — जो-जो भाव ल्यावत है, ताही सौं

मेरौं जीवन है। हँसनि में ही रस-बस भयौ चरननि में लपटि जात अरु आप रीझि-रीझि सुख देहु ताकी बात कहा कहिये? इति॥

यह सुख श्रीस्वामीजू अपने रसिकनि की रसरीति कौं प्रगट कियौ॥ इति॥

— **भावार्थदीपिका :** श्रीनागरीदासजू

६७

करत परस्पर राग अति, ध्रुव पद भेद अपार।
गति अनेक नृत्तत जुगल, क्रीड़ा कुंज अहार।
गान परस्पर बजत किन्नरी तार मृदंगी बीना।
तीन ग्राम सुर सप्तनि ध्रुव पद उचरत, भेद नवीना।
विरस लेत धीरज नहिं पिय कें, तिरप लाग डाटनि सुख दीना।
श्रीहरिदासि निरखि, छवि दोऊ, अंग अहार करत रसभीना।

— **आभास उल्था :** श्रीपीताम्बरदेवजू

बढ़्यौ परस्पर नेह अति, रची रहसि रस केलि।
किन्नरि मृदंग तार सुर, लाड़त नवल नवेलि।
नूपुर की धुनि किन्नरि, बलया बजत मृदंग।
रसनावलि की तार गति, बिहरत नाना रंग।
आदि अंत सुर सूचिवौ, ध्रुव पद गूढ़ सु बोल।
विरस लाग डाट सु तिरप, मोरनि रति गति लोल।
अंग अंग तें गति उठत, अद्भुत केलि अनूप।
हार परस्पर ह्वै रहे, निरखत सखी सरूप॥

— **वस्तुदर्शिनी :** श्रीराधाशरणदेवजू

सखी के वचन सखी सौं — श्रीवृन्दावन — जो दोहुँनि के अंग, बंसीवट, जहाँ बंसी बाजै है, सोई अधर-बंसीवट, जहाँ इक कौतिक होत है कि प्यारीजू तौ झूमक सारी पहिरें हैं। झूमक देत हैं घूँघट कियैं। महामत्तता में खबर कछु नहीं। सुरति रास कौ कौतिक है। अरु लालजू मुकुट-काछिनी काछैं-अंग-अंग की चाह कौ विलास, ताकौ प्रकास महाआनंद कौ भर, ता रंग की छटा कौ मुकुट अरु अंग-अंग गौर-स्याम की कटि सौं कटिन कौ लचकाइबौ, सोई काछिनी कौ काछिबौ। बहुत नीके नचत हैं। प्यारीजू परम कृपाल हैं। जमुना तट, कहा कि दोहुँनि अंग-अंग मिले, सो सुख की संधि दोऊ गौर-स्याम तट। परस्पर राग कौ सुख श्रीहरिदासीजू अपनी प्रानवल्लभा सखी सौं कहत हैं॥ इति॥

मूल — **परस्पर राग जम्यौ समेति किन्नरी मृदंग सुर-तार॥ इति॥**

अर्थ — परस्पर — दोऊ प्रिया-प्रियतम जू के राग — जो सनेह, सो जम्यौ कहा, महाआनंद छै रह्यौ है कि परस्पर की लपटानि अंग-अंग के भावनि की एक ह्वै कें नृत्य कौ आरंभ कियौ। समेति किन्नरी मृदंग सौं तार, किन्नरी — जो कर सौं कर जोरि, कटि सौं कटिब मोरि। मृदंग कहा, बलया बाजत मृदंग। कहा ताल-नीबी बन्द कौ खोलिबौ। अरु ये किन्नरी मृदंग तार-अंग-अंग आभूषननि कौ बाजिबौ। सो इन बाजेन समेत नृत्य होत। ताहि कहत हैं ॥ इति ॥

मूल — **तीनहूँ सुरनिके तान बँधान धुर धुरपद अपार ॥ इति ॥**

अर्थ — नृत्य में चरननि की धरनि में नूपुर बजनि। तीन-तीन गति एक-एक धरनि लाग-डाट की में बजैं। उन सुरनि के समान ही तान लैनी। अंग-अंग मिलन के बँधान सौं धुर धुर-पद अपार। ज्यौं-ज्यौं नृत्य करैं, त्यौं-त्यौं बढ़त जात अरु नवीन-नवीन भेद उचरत हैं। सुधंग नृत्य की देसी अंग मिलि, ये ही तान-तिरप में महानिपुन मानौं नट-बाजी खेलत हैं ॥ इति ॥

मूल — **विरस लेत धीरज न रह्यौ तिरप लाग डाट सुर मोरनि सार ॥ इति ॥**

अर्थ — जब प्यारीजू विरस लेत, कहा, विरस रूप नृत्त कौ भेद लियौ, तब पिय के धीरज न रह्यौ। तिरप-तीनहूँ भाँतिन की गति — एक-एक गति में तीन-तीन गति लाग-डाट लैनी-दैनी। सुर मोरनि सार कहा, अति मधुर बोलनि है। अरु अंग-अंग की मोरनि में नृत्य, सो सुख कौ सार, सो देत हैं। अथवा प्यारीजू नेम रूप विरस लेत हैं, कहा कि नेम जो प्यारीजू के अंग पै नृत्य करें, सो नेम विरस, सो रस रह्यौ। कहा, प्यारीजू पिय के अंग पै नृत्य करनि लागी, तब पिय के धीरज न रह्यौ, ऐसी विधि अंग-अंग की मुरनि भई, तामें पिय के धीरज हो कि मैं भलैं नृत्य कियौ, ताकौ गर्व हो, सो न रह्यौ। तिरप लाग, डाटनि के सुख अंग मुरनि में जो सुर उचरैं अति सुख के सार, सो देत हैं ये दोऊ महासुकुमार ॥ इति ॥

मूल — **श्रीहरिदास के स्वामी स्यामा जे जे अंग की गति लेति अति निपुन अंग-अंग अहार ॥ इति ॥**

अर्थ — श्रीहरिदासीजू के स्वामी श्रीस्यामाजू जे-जे अंग की गति लेत हैं, अति निपुनता सौं। अंग-अंग अहार कहा, अंग-अंग ही कौ अहार हैं, बिहार में ॥ इति ॥

— **भावार्थदीपिका :** श्रीनागरीदासजू

६८

छके पीउ रस माधुरी, बोलत चरननि वास।
अपनौं अंग सँभारियै, मिलन कठिन हरिदास।
पिय ठाड़े चरननि तर बोलत।
तोहिं समाधि सी लागत छिन-छिन, मारत कुसुम-सरनि कित डोलत।
पिय निजु अपनौ अंस प्रियाजू, तिनके छदम वरनि कित खोलत।
श्रीहरिदासि कहत पिय ढूँढत, तन-वन विषम पाइ रस तोलत।

— **आभास उल्था :** श्रीपीताम्बरदेवजू

तैं बिहार कुंजहि कियौ, भाम साँवरे संग।
पायौ पति नें नाम तब, कुंज-बिहारी रंग।
तातें बन्यौं जु अंस करि, कुंजबिहारी नाम।
सो कत मेंटत छलनि सौं, कहत सखी अभिराम।
सुरति-अंत पति जानिकें, सो रति जानि समर्थ।
ठाड़े बोलत कदम्ब तर, सुनहु कदम्ब-तर अर्थ।
रोम रोम चाहत सुरति, वहै कदम्ब तर जानि।
छाया ही ठाड़े नवल, तजियै मान अयान।
कियें मान कहा होत री, रही मार तें मारि।
कुंजबिहारी अंस तुव, सुनि भामिनि सुकुँवारि॥
भूलन वन ढूँढत मिली, परसत नहिँ उर मान।
तातें पिय बिछुरन समुझि, मिलन वचन सखि ठान।
— **वस्तुदर्शिनी :** श्रीराधाशरणदेवजू

सखी कौ वचन श्रीप्रियाजू प्रति — श्रीवृन्दावन पिय कौ तन, सो महासघन, जहाँ प्यारीजू कौ तन कुंज, तहाँ ठाड़े हैं। कहा, कि प्रथम सुरति रास के विलास विलसत बिबस भये। अरु प्यारीजू के सुकुमारता तें आलस कौ रस विसेष, सो तामें मगन हैं अरु पिय सावधान भये, महाव्याकुल। जदपि प्यारीजू तन-मन करि मिले हैं, पै अति चाह; तातें अनमिल्यौ ही मानैं। अरु प्रियाजू की दयालता कि अंग-अंग सुखदाई। ताही सुखनि की चाह, ता करि व्याकुल चित्त। तब सखी प्यारीजू कौं सावधान करत हैं। श्रीहरिदासीजू महाफूलनि के सिंगार कियें फूलनि के आसन पै विराजमान, नव-नव सुख के दाता॥ इति॥

मूल — **तोकौं पिय बोलत हैं री, लाल ठाड़े कदम तर॥ इति॥**

अर्थ — हो प्यारीजू! तुमकौं पिय बोलत हैं। कहा कि प्यारीजू! कहा, महाविरह करि व्याकुल हैं अरु तन-मन करि लोभी लीन हैं। जब प्यारीजू सावधान भईं अरु कह्यौ — कहाँ हैं लाल? लाल ठाड़े कदम तर, कहा, जो तुम्हारे अंग-अंग मिलिबे की चाह है, जिनके सो चाह ही कौ कदंब, ताके तरें ठाड़े हैं। कहा, तुम्हारे तन-रूप कुंज के द्वार, तहाँ चाह-रूप अंग कदंब के तर ठाड़े हैं॥ इति॥

मूल — **अबकैं ऐसौ ज्यौ कियें कहा होत है री, मारि रही कुसुम सर॥ इति॥**

अर्थ — हो प्यारीजू, प्रथम तौ आप अति कृपाकरि पिय कौं अंग-अंग मिलि सुख दिये, अब रुखाई काहे करत? कबहूँ तौ नैंन मूँदि लेत हौ, सुख में लीन ह्वै जात; कबहूँ नैंननि सौं देखि कहत हौ, लाल कहाँ? सो आपके नैंन तौ हिय कौ हुलास कहत हैं, कपट कौ कोप काहे कौं करत हौ? इनकी ओर सनमुख देखत नाहिं। सो अब कपट करि ऐसौ जिय कियें कहा होत है? री-प्यारी! मारि रही कुसुम सर, कहा कि अब रुखाई करत हौ, सो यही कुसुम-सर। कहा, कंदर्प के सरनि तें मार रही हौ। कहा, कंदर्प रूप इनके आप ही हौ। सो तुम्हारी बंक चितवनि सहज की, ये ही सर, तातें मारि रही हौ। जातें अब मिलौ॥ इति॥

मूल — **कुंजबिहारी अपनौ अंस, तासौं क्यौं कीजै छदम वर॥ इति॥**

अर्थ — कुंजबिहारी अपनौं अंस, कहा, यह पिय कौ तन रूप कुंज, ताके आप बिहारी हौ, सो तौ यह

आपकौ अंस है कि तुम्हारे अंग-अंग कौ है अहार-बिहार जाकें। आपके मधुर रसनि तें सींच्यौ, ऐसौ स्याम-तमाल है। सो आपकौ अंस है। तासौं क्यौं कीजै छदम वर, कहा, तासौं छल-कपट श्रेष्ठ काहे कौं कीजै?॥ इति॥

मूल — **श्रीहरिदास के स्वामी स्यामा ढूँढत वन में पाई क्रम-क्रम विषम डर॥ इति॥**

अर्थ — श्रीहरिदासीजू के स्वामी कौन, स्यामा; स्याम जो लालजू, अपने तन रूप वन में ढूँढत हैं कि प्यारीजू कहाँ? प्यारीजू निकट, पै अति आतुरता करि सम्हार नहीं अरु मन में डर हू कि बिन आज्ञा कैसें अंग परसि करौं। जब सखी नें कह्यौ — हे प्रिया! पिय पाँव पै पाँव धारिये। सो पाई क्रम-क्रम, कहा कि सखि नें जब ज्यौं-त्यौं समझाई, तब सखी के वचन सुनत हँसि विलम न कीनौं, चली अली-जो प्यारीजू बहियाँ गहिकें लालजू सौं मिलीं। अंग-अंग जो चलनि कि प्रथम दयालता की चलनि पिय दिसि ढरीं। विनोद-बिहारी उर सौं लाइ लईं॥ इति॥

— **भावार्थदीपिका :** श्रीनागरीदासजू

६९

तन वन भीतर श्रवन लगि, सहचरि कहि वर बोलि।
आजु बना छबि करत रति, बीच सुगंधनि खोलि।
बोलत सहचरि चलि पिय पै री।
बानिक आजु साज कछु रति अति ठाड़े लखि तृन टूटत है री।
सखी श्रवन लगि नैंन खोलियै, ऐसे पिय लखि सर्वसु दै री।
श्रीहरिदासि बीच ह्वै मिलये, सखी भ्रमर मन मत्त भये री॥

— **आभास उल्था :** श्रीपीताम्बरदेवजू

हित की घत कही सहचरी, चली मनावन बाल।
मिले बीचही आनि कैं, रह्यौ न धीरज लाल॥

— **वस्तुदर्शिनी :** श्रीराधाशरणदेवजू

सखी कौ वचन श्रीप्रियाजू प्रति — श्रीवृन्दावन सघन-तन लाल-छबीलौ ताकौ अंग; नव निकुंज-श्रीछबीलीजू कौ अंग सोभित है। अरु लालनजू पै श्रीप्यारीजू अति प्रसन्न हैं। पै बिना सखी के वचन अपनी चाह कौ प्रकास न करैं। अरु सखीहू मन की जाननिहारि, जब प्यारीजू की ढुरनि पिय पै देखी, अरु बोली — पिय अति व्याकुल हैं, आपकी केलि-विलास बिना। सो हे छबीली, छबीलौ तुम्हें बोलत है; ताहि कहत। सखी के वाक्य श्रीप्यारीजू तें॥ इति॥

मूल — **चलियै छबीली, छबीलौ बोलत॥ इति॥**

अर्थ — हे छबीली! कहा, अंग-अंग में; कहा, केलि-विलास के हुलास प्रकासमान, सो छबि; तातें तुम छबीली हौ। अरु लालजू हू कौं आप अंग-अंग मिलि रस प्यायौ है, वा रस की छबि उनपै सोहत; ता करि

वेहू छबीले हैं। सो बोलत हैं। कहा; कि प्यारीजू मो उर पै आपकी कृपालता की चलनि करि चलौ। हे आली, प्यारी, रसिकवर जो वन है, ताकों बोलत हैं — हे प्रिया चलि; मो उर रूपी सेज पै बिहार करौ॥ इति॥

मूल — **आजु की बानिक पै तृन टूटत है, कही न जाइ कछु स्याम तोहिं रत॥ इति॥**

अर्थ — हो प्यारीजू! तुम्हारी अरु तुम्हारे प्यारे की बानिक कहा, कि जो नैंन सौं नैंन जुरे हैं, अधर सौं अधर, कुच तें कुच, नाभि तें नाभि, कटि तें कटि, चरन तें चरन, बाहु तें बाहु, सब अंग-अंग अपने-अपने स्थान पै मिलि रहे हैं। सो या बानिक पर तृन टूटत है। अथवा बलिहार होत हैं। अथवा अंग-अंग की ऐसी टूटनि; कहा, चाह है; जो पिय सौं जिय मिलै, जो तन सौं तन मिलि एक ह्वै जाइयै। सो कछु कही न जात है। स्याम तोहिं रत, कहा, स्याम की रति — जो चाह; सो बिना आपकी आज्ञा नेंकहू इत-उत छल कौ विचार नाहिं। आपकी चाह की चलनि देखत है। आप चलौ, तब सुख पावै। नव निकुंज — तुम्हारौ तन, नाइक मनमोहन जहाँ सोहत हैं, अरु तुमहूँ नव जोवन बाल, उनके अंग में राजत हौ॥ इति॥

मूल — **सखी लै चली मनाइ ज्यौं हित की आई घत॥ इति॥**

अर्थ — सखी प्यारीजू कौं मनाइ कहा, हो सुर-ज्ञान सुघर सिरोमनि! ठाली बात कित कहत हौ? मोसौं कहा कपट की बातें करत? इत तुम्हारे तौ अति आसक्तता है, उत लालजू अधीर हैं। आतुर उतावली करत हैं। तातें चलौ। जब सखी घात की बातें जैसी आईं, तैसी कही। ज्यौं उनके मिलिबे की घात ही, वैसें ही लै चली। जा भाँति पिय के चाह प्यारीजू के चलिबे की, वाही भाँति सौं लै चली। श्रीप्रियाजू के हित रूप बिहारिनिदासि सहचरि संग में हैं अरु चली॥ इति॥

मूल — **श्रीहरिदास के स्वामी स्याम बीच ही आइ मिले तन की सुबास सकल भँवर कलमलत॥ इति॥**

अर्थ — श्रीहरिदासीजू के स्वामी स्यामा, सो जा भाँति इनकी चाह बिहार कौं भई, ताही भाँति स्याम हू चाह करि बीच ही आइ मिले। कहा, पिय के कछु और-भाँति केलि की चाह न भई। बीच कहा, प्रथम तौ इनके और ही भाँति चाह भई कि ऐसे आसन तें बिहार प्रियाजू करें; सो वाकौं छाँड़ि अरु बीच ही उनकी चाह सौं चाह मिलाय दई। अरु दोहुँनि के मनहूँ या सुख में। बनमाली बीच मिले। बन-तन, ताके माली। कहा कि जो वन के द्रुम-बेली, फल-फूल जल बिना कुम्हिलाय जायँ, तातें प्यारीजू ने रस वरषा करि सींचे, तब अंग-अंग प्रफुल्लित भयौ। तन की सुबास कहा, प्रिया तन-जो फूल, ताकी महासुबास; जामें वास पायौ, तातें बसीले पिय भये। वाही बास सौं भँवर-लालजू के मनोरथनि कौ समूह, ते मतवारे ह्वै रहे हैं॥ इति॥

— **भावार्थदीपिका :** श्रीनागरीदासजू

७०

बेंनी सुंदरि को गुहै लखि करत सौंह तेरी।
रचना बहु विधि फूल सौं निरखि रीझ दै री॥
कोमल कर ककही गहैं रसिकराइ रस लोभा।
लखि हरिदासि सिंगारही अंजन अति सोभा॥

— **आभास उल्था :** श्रीपीताम्बरदेवजू

कियौ जु मिस सिंगार कौ, यौं परसै सब अंग।
हँसनि सहित आरम्भ करि, कर्‍यौ बिहार अभंग।
ककही बिना जु केस, बिना सलाई आँजनों।
सो जानों रसिकेस, याकौ अर्थ विचारि है।
अति आतुर रस बिबस ह्वै, करन लगे सिंगार।
बिना सलाई आंजनौ, बिना सखी जु बिहार।
यौं सिंगार स्याम नें कीनौं।
बेंनी गुही फूल जुत अद्भुत कच सँभारि रंग भीनौं।
चरननि चरन जंघ पर जंघा निज अँग पर अँग धारैं।
कटि तें कटि छतियाँ लगि छतियाँ भुजा अंस महँ धारैं॥
कर में कर बलया-जुत सोभित अधरनि अधर बिहारी।
रद-छद नखनि विविध तहाँ भूषन, लहँगा मदन सु सारी।
सब सुख सार बिहार सु अंजन खंजन नैंननि लायौ।
श्री राधासरन सखी तहाँ देखत और सिंगार भुलायौ।
— **वस्तुदर्शिनी :** श्रीराधाशरणदेवजू

पिय के वाक्य श्रीप्यारीजू ते — लाल-पीत फूलनि की निकुंज, जामें अद्‌भुत फूलनि की सेज पै दोऊ स्यामा-स्याम राजत हैं। श्री प्रियाजू सौं लालजू कछु सिंगार करिबे कौं कहत हैं — हो प्यारीजू, मेरी सी बेनी कोऊ गूँथिबौ जानें नाहिं। जब प्यारीजू नें कह्यौ — भलैं जू, गूँथौ। तब लाड़िलौ लाड़िलीजू कौं गोद में लैकें बेंनी गुहत हैं। श्रीहरिदासीजू महाफूलनि के सिंगार कियें फूलनि के आसन पै विराजमान हैं। लालजू के वचन श्रीप्रियाजू तें॥ इति॥

मूल — **बेंनी गूँथि कहा कोऊ जानें मेरी सी तेरी सौं॥ इति॥**

अर्थ — हो प्यारीजू, बेंनी कोऊ कहा गूँथि जानै? मैं ऐसी गूँथि जानत हौं। आपकी सपथ खात हौं। अथवा इनकी बेंनी कौ गुहिबौ सुंदर हैई, पै स्याम जो सकाम, तानें अपने मनोरथनि की बेंनी गुही। कहा, अति जो चाह प्यारीजू के अंग-अंग मिलिबे की, सो महाकाम करि आतुर हैं। प्यारीजू कौं बतरस लाय लीनी। फिर कैसी बेंनी है पिय की, रसाल है अरु अति विसाल है, जामें प्यारीजू प्रसन्न रहें। अथवा प्यारीजू तें पिय महाप्रसन्न जानि कहत हैं — हो प्यारीजू, जद्दपि आप मोपै कृपा करि अंग-अंग में लपटि जात हौ, पै मैं एक ऐसी भाँति करि बेंनी की गूँथनि। कहा, रसाल बेंनी कहि कहि बतरस लाय लेत हूँ अरु आपके गौर अंग पै जैसें बेंनी लपटि रहत है, वैसें ही आपके अंग तें लपटि जाऊँ। हे सिरमौर सुन्दरी, सो या भाँति बेंनी की गूँथनि कहा कोऊ जानै? और कहा, कोऊ गति आप जानौं, तौ जानौं। आपकी सपथ खात हूँ। बलैयाँ लेत हौं।

अथवा बेंनी गूँथि, कहा, जो मन रूप चाह अंग-अंग विलास करिबे की, सो आपकी रुचि रूप बेंनी, तासौं मिलिकें ऐसी गूँथूँ, सो कहा कोऊ जानें? ताकी काहू कौं खबर नहीं। रुचि सौं रुचि मिलाय, मो अंग रूप बेंनी-स्याम, तुम्हारी कटि सौं लपटाय राखौं। अथवा कोमल करनि सौं कटि कौ गहिबौ, सोही बेंनी कौ गूँथिबौ कि आज या रीति सौं रुचि-रुचि मिलि बिहार करैं। सो कोऊ और अंग हू जानें नहीं। अंग-अंग जो मिलि

जाहिं, और अंग अलग रहैं। सो मो अंग की लपटनि, तुम अंग सों, सो बेनी कौ गूँथिबौ। आपकी सपथ खात हौं। या रीति सों अंग-अंग मिलि बेंनी कौ गूँथिबौ और कोऊ अंग कहा जानें? सो यह बेंनी ज्यौं पीछे तें कंठ में आय रही है, सो कुँवरि कंठ में कुँवर कंठमाल सी सोहत॥ इति॥

मूल — **बिच-बिच फूल सेत पीत राते को करि सकै एरी सौं॥ इति॥**

अर्थ — बीच-बीच बेंनी के फूल सेत पीत राते गुहे हैं। को करि सकै, या भाँति बेंनी की गुहनि, ए-प्यारी री! सो कहिये — ताकी सरि को करि सकै? अथवा बेंनी रूप पिय कौ तन प्यारीजू के तन तें लपटि रह्यौ है। कैसौ है, प्यारीजू कौ तन, ताके बीच-बीच फूले हैं, फूल सेत-उज्जल अरु राते, तौ नैंन हैं कि उज्जल-अरुन हैं। पीत कहा, प्रीति-जुक्त हैं। अथवा उज्जल मुख, तामें प्रीति जुक्त अरुन अधर बीच-बीच ये फूल हैं। सो प्यारीजू के तन रूप फूलनि के मकरंद तें अरुझी, जो पिय रूप बेंनी, सो लोभ करि लागि रही है। कहा, लपटि रही है। कहा, प्रिया तन, सोई सैनी है, कहा, सेज, ता सैनी पै मानौं स्याम रूप ब्याली चलत है। ब्याली क्यूँ कह्यौ? कपटी है। स्याम बरन है। या भाँति प्यारीजू के अंग तें लपटे विलास करत हैं, पै कपटता जात नाहीं॥ इति॥

मूल — **बैठे रसिक सँवारति बारनि कोमल कर ककही सौं॥ इति॥**

अर्थ — रसिक-लालजू गोद में लियें प्यारीजू कौं बैठे हैं। अरु बारनि कौं कोमलकर में ककही लियें सँवारत हैं। अथवा प्यारीजू नें पिय की लपटनि-चलनि देखी, तब रीझे। अहो पिय, कहौ अब बेंनी गूँथों? सनमुख बैठे हैं। अरु प्यारीजू की अलकें छूटि रही हैं। ताकों पिय कोमल कर रूप ककही सों सँवारत हैं। और ककही की इहाँ समाई नहीं। जहाँ प्यारीजू पिय अंग-बेंनी पै लटकि चलैं। महामधुरी-गति अलबेली, तासौं मंद मरालनि की चलनि। यह सोभा पिय नें देखि कह्यौ — हौं कहा बरनौं? अथवा जो अंग-अंग में मनोरथनि कौ उपजिबौ नव-नव अरु सुख में छकि रहे हैं सो बैठे रसिक सँवारत बारनि। रसिक सँवारत हैं बारबार सुख रूप अंगपै कोमल कर रूप ककही तें। कहा, कोमल करनि सौं प्यारीजू की पीठ पै अरुझि कें झूमिका से पाछें आछें देखियत हैं॥ इति॥

मूल — **श्रीहरिदास के स्वामी स्यामा नखसिख लौं बनाई दै काजर नख ही सौं॥ इति॥**

अर्थ — श्रीहरिदासीजू के स्वामी स्यामा कें कुंजबिहारी लालजू नें नख ही सौं काजर दयौ, नैंननि की कोर पैनी पै, फेरि काजर की रेखा नख तें ही ऐसी सुंदर दई, कहा कहियै? अथवा उनकी लपटानि उननें सराही ही कि मैं ऐसे लपटि जानत हूँ, पै प्रियाजू नें नेंक ही गति मंद चलनि की में मोहि लये। जब प्यारीजू सखी तें बोली — कहौ जू, कौन नें नीके बेंनी गुही? तब बिहारिनिदासीजू कहत हैं — हो प्यारीजू! तुम बिहारिन लाड़िली हौ। ए तुम्हारे दास हैं। इनके तुम बिना और गति नहीं है। तुम जो नव बाल हौ, आपकी गति सब गतिन की सिरमौर है। अथवा पिय नें प्यारीजू कौं प्रसन्न किये। कैसें, मानौं केलि के भाव स्याम के काजर रूप है नैंननि में सोभित हैं। और भूषन दूषन सब, इहाँ अंग ही सिंगार हैं॥ इति॥

— **भावार्थदीपिका :** श्रीनागरीदासजू

७१

पुतरी तेरी स्याम भ्रमर जुग, भ्रमत गंध मकरंदहि पीवत।
चंपक तन कुंदन छबि कोमल, नैंन मैंन रति लखिकैं जीवत।

जब मोहिं हेरत दृष्टि काम नृप, सैंन साजि कित भजियै।
श्रीहरिदासि कहत बिबि प्रीतम, विपिन खेत सहचरि सुख सजियै।

— **आभास उल्था :** श्रीपीताम्बरदेवजू

अद्‌भुत नैंन भामिनी नागर।
अति कारी पुतरी रंग भीनी करहुँ निछावर काजर।
मानौं उड़े भ्रमर द्वै समुचित तिनकौ भाव सुनाऊँ।
होइ श्रवन सुख उर वर समुझै, गूढ़ सु गाँस बताऊँ।
चंचल ललित चाह रति की मन देखत स्याम सुजानें।
और सोभ तन की कहा बरनौं, चम्पक डार समानें।
रह्यौ बैठि पति ज्यौं अलि कुंदहि, जीति परस्पर देखी।
कोक केलि गुन अंग मदन दल, दृष्टि सु भीति बिसेखी।
यौं अभिलाष उठत छिन छिन प्रति, हिय की उमँगि बिसेखी।
तब इत उत (सु) जोरि अंग सौं अंग, खेत मनोज करायौ॥
श्री राधासरन सहाइक तिनकें मोद विनोद बढ़ायौ॥

ललना की मनसा करी, पूरन चतुर सुजान।
अब अति सुख कैं रसिक वर, प्रेम जनावत आन।
नैंननि कौ बरनन कियौ, आदि अंत पद माँहिं।
लालन कौ मनहरन सो, कोक निपुन सरसाँहि।

— **वस्तुदर्शिनी :** श्रीराधाशरणदेवजू

लालजू के वचन प्रियाजू तें — निकुंज-भवन श्रीविपिन मधि, जहाँ कुसुमनि की सज्या पै दोऊ राजत सनमुख सोभित हैं। प्यारी-पिय परस्पर सुरति-जुद्ध कौ आरम्भ कियौ, नवीन रति सजिकें। दुहुँनि के अंग रुपे हैं। रसिक मन धीरजता तें वे उनके-वे उनके छल-बल करि गुननि कौं अति गंभीरता तें तौलत हैं। अंजन रूप अनी नैंन सर साधिकें भृकुटिन-चाप सौं सहज चलत हैं। जहाँ श्रीहरिदासीजू महारस सौं भरी, विपुल-बिहारिनिदासी खवासी संग में विराजमान, सुख दैन नव-नव सुख उपजावत हैं। जब श्रीप्रियाजू तें एक उपाय करि लालजू बोले॥ इति॥

मूल — **प्यारी तेरी पुतरी काजर हू तें कारी, मानौं द्वै भँवर उड़े री बराबरि॥ इति॥**

अर्थ — हो प्यारीजू, तिहारे नैंननि में स्याम पुतरी हैं, सो काजर हू तें कारी हैं। मानौं द्वै भँवर बराबर उड़े हैं। कहा, ये नैंननि की सोभा देखि बरनन करी। हेत कहा, प्यारीजू के नैंननि में हिय कौ हुलास अंग-अंग मिलिबे में प्रगट्यौ, ताकी सोभा नैंननि करि कहत॥ इति॥

मूल — **चंपे की डार बैठे कुंद अलि लागी है जेब अराअरि॥ इति॥**

अर्थ — चंपे की डार-नासिका, जहाँ नैंननि की उज्जलता, मानौं कुंद कली हैं, जहाँ अलि-भँवर पुतरी

स्याम, सो बैठे हैं। दोहुँनि की अराअरि जेब लागी है। कहा करैं है, हित रूप अमृत पान करैं हैं॥ इति॥

मूल — **जब आनि घेरत कटक काम कौ, तब जिय होत डराडरि॥ इति॥**

अर्थ — हो प्यारीजू, जब इन नैंननि की सोभा देखत, तबही मोकौं काम नृप की सेना आनि घेरत है। जब जिय में अति डराडरि होत है॥ इति॥

मूल — **श्रीहरिदास के स्वामी स्यामा कुंजबिहारी, दोऊ मिलि लरत झराझरि॥ इति॥**

अर्थ — श्रीहरिदासीजू के स्वामी स्यामा अरु कुंजबिहारी, कहा, तब ये वचन प्यारे के प्यारीजू नें सुने, जब ही स्यामाजू कुंजबिहारी सौं मिलि अंग-अंग दोहुँनि के झराझरि लरन लागे। कबहूँ तौ अंग-अंग मिलि जात हैं, कबहूँ छूटि फेरि छल-बल करि मानौं मल्ल-जुगल जीतिबे के हेत अपनौ-अपनौ बल तौलत हैं। अंग-अंग मिलत हैं। तहाँ पिय-बिहारी कौ प्यारीजू सर्वस लूटत हैं॥ इति॥

द्वितीय आभास

जथा समै वरनन आभास — निकुंज में दोऊ बिहारिनि-बिहारी सुरति-जुद्ध में अद्‌भुत सुख-सेज पै विराजमान हैं। सुरति-संग्राम में दोऊ सूर हैं। जहाँ नव-जोवन जुगराज बिहारी नव रति सजिकें बिहार करत हैं। मदन रूप कौ सदन अरु विपिन-मैदान रन में रुपे हैं, रसिक अति धीरजता तें। जहाँ प्रथम प्यारीजू के नैंन, सोई हरोल, ताकौं देखि बिहारीजू उनकौ बरनन करत हैं। हेत कहा, कि प्यारीजू के प्रथम नैंन-हरोलनि के गुन गाय मोद बढ़ावत हैं अरु अपनी कायरता बतावत हैं। जहाँ लालजू के वचन प्यारीजू तें॥ इति॥

मूल — **प्यारी तेरी पुतरी काजर हू तें कारी, मानौं द्वै भँवर उड़े री बराबरि॥ इति॥**

अर्थ — जो अंग-अंग केलि-विलास की चाह करि महारस भरे हैं, मतवारे हैं, रसीले, छबीले नैंन, तामें पुतरी महास्याम, कहा, चाह केलि-विलास की, ताकौ रूप बन्यौ है। अथवा मो मन, जो काम करि व्याकुल है, सो इन नैंननि में रस लैबे कौं भँवर रूप ह्वैकें छाय रहे हैं। सो मानौं मो मन की चाह रूप द्वै भँवर बनिकें हित अमृतरस कौं लूटत हैं कुंद कली पर॥ इति॥

मूल — **चम्पे की डार बैठे कुंद अलि लागी है जेब अराअरि॥ इति॥**

अर्थ — चम्पे की डार-नासिका, ताके ढिंग कुंदन की कली-नैंननि-उज्जलता, तापै अलि बैठे हैं, बहुत अराअरि तें। कहा, रस तें भरे नैंननि, सो फूलि रहे हैं। सो ये नैंन-कमल हैं, तापै पिय मन कौ भौंरा अरिकें बैठे अति सोभित हैं। कहा, पिय मन-अलि रसलोभी ह्वै, सो होड़ा-होड़ी रस पीवत है। जब नैंननि कौ रस-पान कियौ, तब चाह अपार बढ़ि गई ताहि कहत हैं॥ इति॥

मूल — **जब आनि घेरत कटक काम कौ तब जिय होत डराडरि॥ इति॥**

अर्थ — हो प्यारीजू , जब काम कौ कटक मोहिं आनि घेरत है, तब जिय में डराडरि होत है। सो अब काम रूप सेना नें मो घेर्‌यौ हूँ। मैं काम दहा हूँ। याकौं दंड दैबे कौं आप समर्थ हौ। यह भय आप दूर करौ॥ इति॥

मूल — **श्रीहरिदास के स्वामी स्यामा कुंजबिहारी दोऊ मिलि लरत झराझरि॥ इति॥**

अर्थ — श्रीहरिदासीजू के स्वामी स्यामा अरु कुंजबिहारी दोऊ मिलिकें अंग-अंगनि साज सजिकें झराझरि सुरति-जुद्ध लरत हैं। अंग-अंग मिलि सनमुख भये। ज्यौं-ज्यौं दाय-उपाय अपने पावत हैं त्यौं-त्यौं ही लेत हैं॥ इति॥

— **भावार्थदीपिका :** श्रीनागरीदासजू

७२

प्रिया बसन छबि दीखहीं, तन तन मिलई स्याम।
अहो रूप कहु कित फब्यौ, हमहिं सोच निसि जाम।
रसिक सिरोमनि तुम प्रिया, को कहि करत प्रकास।
सहचरि पावत प्रेम सौं, नेमी फिरत उदास।
स्याम किसोर रंग बिबि रंगनि।
तेरे उर जब प्रिया लगत छबि, पीत चूनरी लहकी अंगनि।
अद्भुत रूप कहाँ तुम पायौ, निरखि थकित सहचरि सुख पंगनि।
पिय मनमथ तुम कोक निपुन ए, दिव्य काम बस मनहिं उछंगनि।
श्रीहरिदासि निहारि कहत बलि, तुम विचित्र पति सहचरि संगनि।
प्रेम प्रभाउ भाउ रस पावत, करि उनमान नेम सुख भंगनि॥

— **आभास उल्था** : श्रीपीताम्बरदेवजू

भई चाह मन आनिकैं, मोहन के मधि केलि।
बढ़ती सुख की होइ जो, विपरीत केलि नवेलि।
करनि लगी विपरीत प्रिय, बोले तबै प्रवीन।
पीतांबर गुन नाह कौ, सारी जुवति नवीन।
रतिपति-रँग सौं रँगि रहे, कोक-निपुन सुकुमार।
कहाँ पायौ इह रूप गुन, अति अद्भुत सुख सार।
इह प्रवीनता कहाँ मिली, निसि दिन सोच घटै न।
बुनत-उधेरत रहत ज्यौं, सखि बोली तब बैंन।
कोक-निपुन अँग अंग प्रति, सब रसिकनि सिरताज।
लई प्रेम सौं लाल नें, इह विचित्रता राज।
बिना प्रेम तुम्हरे विषै, वर विचित्रता है जु।
पुन रु सपुन इह जानियै, इहै गाँस कहि दैं जु।

— **वस्तुदर्शिनी** : श्रीराधाशरणदेवजू

प्यारीजू के वचन लालजू तें — सुंदर विचित्र प्रेम कुंज, जहाँ रसमय सज्या पै दोऊ बैठे हैं। अरु दोहुँनि के मनोरथ वेष पलटिबे के भये, जब दोऊ वेष पलटे। अंग-अंग सिंगार अदल-बदल अति सोभा देत हैं। श्रीहरिदासीजू अद्भुत सिंगार सहित कोमल आसन पै विराजमान नव-नव लाड़ लड़ावत हैं। ता समै पिय-जो प्यारी भईं, प्यारी लाल बने, तिनसौं कहत॥ इति॥

मूल — **स्याम किसोरजू, तुमकौं दोऊ रंग रंगित पीतांबर चूनरी॥ इति॥**

अर्थ — हो स्याम किसोर हौ! कहा, तुम्हारे अंग-अंग में नव-जोवन की छबि फैल रही है। सो तुमकौं दोऊ रंग सोहत हैं। जो तुम पीताम्बर पहिरौ, तौ अति सोहत, अरु चूनरी पहिरौ, तौ सोभा देत। सो दोऊ रंग में रँगे सोहत हौ। अथवा हो स्यामकिसोरजू, तुमकौं दोऊ रंग रंगित, कहा, जो तुम प्यारी ही बनी रहौ अरु चूनरी-स्याम रंग की तन पै पहिरैं रहौ, कै लाल-हरित रंग की चूनरी तौ अति सोभा देत है। अरु अब तुम पिय किसोर भये पीतांबर पहिरें हौ। कहा, आप पिय भये, पिय प्यारी भये, सो पीतांबर पहिरे रहौ, सोहू रंग अति सोभा देत है। जहाँ सखी ने कह्यौ-साँच। काहे तें, तुम इनकौ सिंगार, ये तिहारे सिंगार हैं ही, सोभा दैं ही दैं। ॥ इति॥

मूल — **ऐसौ रूप कहाँ तुम पायौ, अहरनिस सोच उधेरा-बूनरी॥ इति॥**

अर्थ — लाल-जो प्यारी भये, सो कहत हैं — ऐसौ रूप कहाँ तें तुमनें पायौ? अहर — जो दिन, निस — जो रात, मैं सोच-उधेरत हूँ अरु फेरि बुनत हूँ। कहा कि विचारत हूँ कि यह रूप की गति या भाँति है, पै विचार में आवत नाहिं। तब और-भाँति विचार करत हूँ, पै रूप कौ पार पावत नाहिं। यह सोच मोकौं रात-दिन रहत है। अथवा ऐसौ रूप-जो प्यारीजू स्याम किसोर भये, कहाँ तुम पायौ कि जा-जा भाँति मैं हूँ अंग-अंगनि विलास करत हूँ, अरु नाना प्रकार के कोक-कलानि के भेद जानत हूँ पै जा भाँति आप झूलत हौ, लटकि चलत हौ, सो मैं जानत नाहिं। आपके झूलिबे में फूलनि करि जो रूप-कांति झलकत है, सो तुम यह रूप कहाँ पायौ? अहर — जो दिन कहा, सावधानता में अंग-अंग करि, अरु निस — रात्रि कहा कि बिबसता मन करि, जहाँ सम्हार कछु नहीं। अथवा दिन कहा, प्रात: समै अलसानि में चैतन्यता। रात कहा, रति। उधेर-बूनरी कहा, बारंबार यही विचार है। अरु आप हू मो नृत्य झूलनि में सिखावत हौ। मैं हूँ नृत्य सीखत हूँ। पै आप जा भाँति आजु झूलत हौ, ताकौ सुख विचार में आवत नाहीं, याकौ मोकौं सोच रहत है। जो यह आपने मोते अद्भुत झूलनि छिपाय राखी ही॥ इति॥

मूल — **मनमोहन सुर ज्ञान सिरोमनि सब अंगनि-अंग कोक निपून री॥ इति॥**

अर्थ — हो प्यारे, तुम्हारौ रूप यह मन कौं मोहत। सुर ज्ञान महाप्रवीन हौ अरु सिरोमनि हौ। सर्व अंगनि अंग करि कोक-कलानि में निपुन हौ॥ इति॥

मूल — **श्रीहरिदास के स्वामी स्यामा तुम्हारी विचित्रताई प्रेम सौं पाइयत रस सूँनरी॥ इति॥**

अर्थ — श्रीहरिदासीजू के स्वामी स्यामा हौ! तुम्हारी विचित्रता एक प्रेम करि पाइयत। तुम कैसे हौ, रस ही सौं सने हौ। यह तुम किसोर-रूप धर्‌यौ, सो यह तुम्हारी विचित्रताई बिना प्रेम कहाँ? श्रीहरिदासीजू की कृपा बिना कोऊ जानैं नहीं। जो मेरे भाव तौ सर्व प्यारी के भये, आप पिय भावनि करि विलसे, सो बड़ी विचित्रता हू में रस सौं सनी हौ। जो सिंगार वेष बदल कें करैं, तौ सखी जानैं हमनें वेष पलट सिंगार कियौ है। यहाँ अंग-अंग सिंगार भाँवती की विचित्रता अरु रस में सने, यह सुख आप बिना कहाँ? काहे तें, श्रीहरिदासीजू के लाड़िले हौ॥ इति॥

— **भावार्थदीपिका :** श्रीनागरीदासजू

७३

उर बिम्बनि लखि भ्रम भयौ, चौकी तन छाया।
कहत प्रिया बदली कहाँ, पिय हँसि मुसिक्याया।

चौकी आजु कहाँ पलटानी।
पहलैं लाल हुती तब मोपै, रंग जंगाली कित तैं आनी।
उह हीरनि सौं जटित ओप अति, इह दुरंग लैहौं मनमानी।
श्रीहरिदासी कहत पिय सुख लखि, चतुराई चतुरनि सों ठानी॥

— **आभास उल्था :** श्रीपीताम्बरदेवजू

सुख बाढनि हित चतुरई, प्रीतम कीनौं मान।
गई छूटि गम्भीरता, मिस ठान्यौं सुखदान।
लरन वचन पिय मिलन हित, चौकी बदली देखि ।
जुग चतुराई भरि रही, राधा सरन विसेखि॥

— **वस्तुदर्शिनी :** श्रीराधाशरणदेवजू

श्रीबिहारिनिजू कौ वचन बिहारीजू तें — लाल रतननि की निकुंज, जहाँ महासुख रूप हीरनि कौ बंगला, तामें सुंदर सुख सेज, तहाँ दोऊ बिहारिनि-बिहारीजू राजत हैं। महाआनन्द मूरति सुरति-बिहार सुख में भावनि करि एक-ह्वै विलास करत। जहाँ हरि कौ सुभाव चंचल बहुत, श्रीप्रियाजू कौं कृपाल जानि कछु बिना आज्ञा ही विलास करन लागे, अपनी चाह बदली कि जा अंग-अंग में बिहार दुहुँनि की एक चाह ह्वै करि करत हे, सो हरि प्यारीजू की चाह के उपरांत अपनी चाह कौं बदलि कें कुच छलि मुख-अमृत पियौ। जहाँ प्यारीजू पिय तें एक चोज की बात काहू आभूषन की ओट दैकें बोले। श्रीहरिदासीजू सुख निहारत हैं। तहाँ श्रीविपुल-बिहारिनिदासीजू संग हैं॥ इति॥

मूल — **चौकी कहाँ बदलि परी हो प्यारे हरि॥ इति॥**

अर्थ — हो प्यारे हरि! आज चौकी, जो तुम्हारे उर में ही, कहाँ बदलि परी? कहा, चौकी बदलि परी, दोऊ एक रुचि करि केलि-विलास में मगन हुते। अरु पिय कौ सुभाव चंचल महाढीठ हूँ तें, कछु कुच-कमलनि कौं पानि बिना आज्ञा अपनी चाह-सुभाय रूप चौकी बदलि कियौ। जब लाड़िलीजू बोली — हो प्यारे हरि, अपने सुभाय-चाह मिलि दोऊ एक भये, जैसे हीरा खचित कंचन में, ताकी चौकी, सो कहाँ बदलि परी? तुमनें अपने सुभाव रूप चौकी कहाँ बदली? एतौ छल करि कुच पै पानि कियौ। हमसौं माँगि क्यौं न लियौ? इति॥

अब वा चौकी जा पाट में पोही हुती, ताकौ बरनन करत हैं।

मूल — **लाल पाट की हुती जंगाली ल्याये वरि॥ इति॥**

अर्थ — वौ चौकी तौ लाल पाट में पोही हुती, तुम जंगाली रंग के पाट में पोही, सो चौकी कहाँ तें बदलि लाये? सो कहाँ है? अथवा लाल पाट कहा, वो तुम्हारे अनुराग जो लाल पाट में मेरे सुभाव रूप चौकी पोही हुती, अब तुम जंगाली रंग-नील रंग अरु पीत मिलि जंगाली, स्यामता लियें कपटता कौ रंग तामें पोहि ल्याये॥ इति॥

मूल — **वह तौ हुती हीरनि खचित पै यह दुरंग पन्ना लालहिं मिलि लैहौं लरि॥ इति॥**

अर्थ — वह चौकी तौ हीरनि खचित हुती, कहा, जैसे हीरा कंचन में खचित कि अति उज्जल भाव मो सुभाव सौं मिलित। पै यह दुरंग पंना कहियै — झूठौ कपट कियौ। सो हो लाल, अब तुमसौं मिलि लरिकैं अपनी वौही चौकी लैहौं। अथवा वह चौकी हीरनि खचित कहा, अपने रुचि के जो उज्जल भावनि करि अंग-अंग हीरनि ज्यौं खचित, ताकी चौकी हुती। कहा, महातन-मन एक ह्वै विलास करत हे; सो अंग-अंग की उजराई, ताकी चौकी सो हीरनि खचित हुती। यह दुरंग पंना कहा, प्रथम तौ हमारौ-तुम्हारौ मन एक रंग में रंग-रूप ह्वै गयौ हो, अब तुमनें मन में कपटता करि झूठ बोले, एक रंग में द्वै रंग किये, सो तुम्हारौ मन दुरंग पंना। कहा, सो भलैं तुम तौ कपट कियौ, तौ लालहिं मिलि कहा, वाही भाँति सौं प्रथम एक रंग-अनुराग-लाल, ताही सौं मिलि, जो तुम्हारे अनुराग कौं मो-अनुराग सौं मिलाइहौं। जो ढीठ ह्वै चंचलता करौगे, तौ मैं लरिहूँ लैहों। कहा, बरजोरी तुमसौं करिहूँ अरु तुम्हारे मेरे तन-मन कौं एक करिहौं॥ इति॥

मूल — **श्रीहरिदास के स्वामी स्यामा कुंजबिहारी की चतुराई रही भरि॥ इति॥**

अर्थ — श्रीहरिदासीजू के स्वामी स्यामाजू, तिनके आगें कुंजबिहारी की चतुराई रही भरि, कहा, पिय की चतुराई थकित भई। अब दोऊ अंग-अंग मिलि महाप्रसन्नता सौं बिहार करत हैं॥ इति॥

मूल — **चौकी कहाँ बदलि परी हो प्यारे हरि॥ इति॥**

अर्थ — हो हरि प्यारे! चौकी कहाँ बदलि परी, कहा, सनमुख बैठे हैं। पिय के तौ हीरनि की चौकी है, प्यारीजू के दुरंग पंना की है। सो पिय नें अपनी चौकी कौं पीछें गहि डारी, तब अपनी चौकी कौ प्रतिबिंब पिय हिय में देखि कह्यौ। अथवा प्यारीजू अपने कुच रूप, ताकी चौकी कौ प्रतिबिंब पिय के उर में देखि कह्यौ — तुम्हारे ऐसे कुच रूप चौकी कहाँ? तुम तौ हरि हौ। कौन की कहाँ तें बदलि ल्याये हौ, प्यारे हरि? इति॥

मूल — **लाल पाट की हुती जंगाली ल्याये बरि॥ इति॥**

अर्थ — लाल पाट की हुती, ते जंगाली कहाँ तें बदलि ल्याये? अथवा लाल पाट की हुती कहा, जहाँ बोले कि प्यारीजू! मो उर में यह आपके कुचनि कौ प्रतिबिंब है। तब प्यारीजू नें कह्यौ—भलैं जू । प्रतिबिंब है, तौ मो कुचकमल रूप चौकी तौ लाल रंग-पीत रंग पाट में पोही ही। कहा कि कुचन की कांति तौ लाल-पीतता लियें है, अब तुम जंगाली रंग कहाँ तें श्रेष्ठ ल्याये? तब लालजू बोले — कि आपके कुच-चौकी की अरुनता अरु पीतता मो उर-स्याम उर रंग में परी, तातें जंगाली रंग श्रेष्ठ भयौ॥ इति॥

मूल — **वह तौ हुती हीरनि खचित पै यह दुरंग पन्ना लालहिं मिलि लैहौं लरि॥ इति॥**

अर्थ — अब श्रीप्यारीजू कहत हैं — वह तौ हुती हीरनि खचित, पै यह दुरंग पंना सो हो लालजू! मैं वही चौकी तुमसौं मिलि लरिकें लैहूँ। अथवा वह तौ हीरनि खचित कहा, उज्जलता अंग की कुच रूप चौकी में खचित है, यह तुम्हारे मन में दुरंग पंना कहा? लालजू बोले-उज्जल, अरुन रंग स्याम उर में झलक्यौ, तातें द्वै रंग पंना दृष्टि आवत। तब श्रीप्यारीजू बोली — मैं तौ तुम्हारी बात मानत नाहीं। हो लाल, तुमसौं मिलि मेरी वाही चौकी उर तें उर मिलाय लरिकैं कहा, सुरति संग्राम करिकें लैहूँ॥ इति॥

मूल — **श्रीहरिदास के स्वामी स्यामा कुंजबिहारी की चतुराई रही भरि॥ इति॥**

अर्थ — श्रीहरिदासीजू के स्वामी स्यामा अरु कुंजबिहारी की चतुराई भरि रही, कहा, दोऊ चतुर अंग-अंग। अति चतुराई सौं मिलि परम रहसि-विलास विलसत भये। रस सौं महाउनमत्त हैं।॥इति॥

— **भावार्थदीपिका :** श्रीनागरीदासजू

७४

चतुर सिरोमनि आ मद पीजै।
तेरे मेरे वसन दूर धरि कुच अमृत नैंननि रस लीजै॥
अंग अंग सौं अरनि अधर-रस, इत उत सरकत ढरकि न छीजै।
श्रीहरिदासि पिया की संगति, होत असर सुख लखिकैं जीजै॥

— **आभास उल्था :** श्रीपीताम्बरदेवजू

भामिनि मन सौं ह्वै गई, लालन आनँद रूप।
सुहबत कौ इह असर है, संगति जुवति अनूप॥

— **वस्तुदर्शिनी :** श्रीराधाशरणदेवजू

प्यारीजू के वचन लालजू तें — कुंजमहल सुंदर सुख-रूप सज्या पै राजत दोऊ लाल-प्यारी महासुरति रस में मत्त, रूप रस मद में कि रोम-रोम में रमि रह्यौ है। अरु प्रथम-समागम में अति उनमत्तता में प्यारीजू के भाव पिय के भये। काहे तें, पिय संग की सुहबत कौ असर। सो संगी कौ रंग लगै ही लगै। सो या समै में बड़ौ रस है। महारूप की खुमारी अरु अधर के प्याले पिये, ता मत्तता में प्यारीजू के वचन लालजू तें। जहाँ श्रीहरिदासीजू अद्भुत सिंगार सहित विपुल, बिहारिनि संग में लियें महासोफी विराजमान हैं॥ इति॥

मूल — **आउ लाल ऐसें मद पीजै तेरौ झगा मेरी अँगिया धरि॥ इति॥**

अर्थ — हो लाल, आवौ कहा, अंग-अंग मिलिकें अधर-अमृत रस, जो मद, सो पीजै। कैसें, तिहारौ झगा अरु मेरी अँगिया धरिकें, कहा, इनके अंग-अंग ही सिंगार हैं। झगा अरु अँगिया कहा, तिहारौ अंग रूप झगा अरु मेरौ अंग रूप अँगिया मिलाय धरौ॥ इति॥

मूल — **कुच की सुराही नैंननि के प्याले दारू द्यौंगी यौं अंकौं भरि॥ इति॥**

अर्थ — मेरे कुचनि की सुराही अरु तुम्हारे नैंन कौ प्यालौ है, सो, यौं अंक भरिकें यह दारू देहुँगी। अंकनि में भरिबौ, सोही दारू॥ इति॥

मूल — **अधरनि च्वाइ लेहु सब रस, तनकौ न जानि देहु इत उत ढरि॥ इति॥**

अर्थ — अधरनि रूप भाठी भई, ताकौं च्वाइकैं कहा, अधर-रस है, सो अपने अधरनि तें पान करि सब रस लेहु। तनकहु इत-उत ढरिकें जानि न देहु॥ इति॥

मूल — **श्रीहरिदास के स्वामी स्यामा कुंजबिहारी की सुहबत असर जहाँ आपुन हरि॥ इति॥**

अर्थ — श्रीहरिदासीजू के स्वामी कौन, स्यामा, सो कुंजबिहारी की सुहबत के असर तें आपुही हरि-कुंजबिहारी भये। अरु लाल हरि-कुंजबिहारी प्यारीजू के संग तें कुंजबिहारिनि भईं। या भाँति मत्तता तें बिहार में मगन भये। अरु बिहार में तौ नित मत्त हैं ही, पै यह सुख अद्‌भुत है। क्योंकि जहाँ प्यारौ हा-हा खाइबौ करै, विनें कहूँ अंग छुवन न देइ, अरु यहाँ आपुही पिय भये सुख विलसैं,ता सुख की कहा कहियै॥ इति॥

— **भावार्थदीपिका :** श्रीनागरीदासजू

७५

मदमाती सुहबत सहित, सखि उछंग धरि डोल।
वारति मन सब पुर त्रिया, सहज सिंगार अतोल।
झूलत डोल पुहुप बरसावत।
सर्व पुरनि की सम्पति सोभा, निरखि वारनैं सुख उपजावत॥
घेरि रहीं दम्पति सुख लूटत, जुवती जुग तन निरखि सिहावत।
श्रीहरिदासि कहत पिय लखियै, सहज सिंगार सबनि मन भावत॥

— **आभास उल्था :** श्रीपीताम्बरदेवजू

फूल डोल झूलत जुगल, बरसत मुसिकनि फूल।
भाल लखौ सुर लोक सम, देव नैंन अनुकूल।
बनिता पुतरी सोभ तन, गहने वारति देखि।
खुभी पोति पिय अंग निज, बलय प्रिया निज पेखि।

— **वस्तुदर्शिनी :** श्रीराधाशरणदेवजू

सखी कौ वचन सखी सौं — अद्भुत फूलनि की निकुंज, जहाँ सुंदर फूल-डोल, तहाँ श्रीबिहारिनि-बिहारीजू के मन फूले महाफूल में फूल डोल झूलत हैं। अरु पुहुपनि की वरषा होत है, महाआनंद तें भरे। अरु अंग-अंग कौ प्रकास छै रह्यौ है। सो सुख सखीजन निरखत हैं। आज प्रिया-प्रियतम महाअनुराग में परम दयाल सुखमय डोल झूलिबे में कोऊ अंगनि की छबि, ताकी छटा, मानौं बीजुरी की कौंधनि कौ प्रकास सब लोकनि में ह्वै गयौ। सो उन लोकनि की नारि निरखि-निरखि बलिहार होत हैं। सो सुख सखी परस्पर कहत हैं॥ इति॥

मूल — **डोल झूलत बिहारी बिहारिनि पुहुप वृष्टि होति॥ इति॥**

अर्थ — श्रीबिहारी अरु बिहारिनिजू दोऊ डोल झूलत हैं, कहा, इनके अंग-अंग कौ डोल मिलिकैं झूलत हैं। पुहुप-जो कुसुम-फूलनि की वरषा होत है। श्रीप्यारीजू की बेंनी तें फूल खिसि-खिसि परत हैं। अथवा अंगनि में फूलनि के आभूषन पहिरें हैं, सो झुलिबे में फूल झरि परत हैं सो पुहुपनि की वरषा होत है। अथवा कुसुमित हास, सोई पुहुपनि की वरषा होत है॥ इति॥

मूल — **सुर-पुर पुर-गंधर्व और पुर तिनकी नारि देखति वारति लर मोति॥ इति॥**

अर्थ — सुर — जो सुर लोक, गंधर्व — अप्सरानि के लोक, और पुर जो हैं, तिनकी नारि कहाँ ताईं —लक्ष्मी पार्वती आदि जो रूपवती हैं, सो सब वा रूप की छटा की छबि — जैसें दामिनि कौंधि जात सो वा छबि कौं देखि वारति हैं मोतिन की लरैं। सो ऐसे सब कोऊ देखि-देखि जिनके रूप कौ गर्व हो, सो देखत जात रह्यौ॥ इति॥

मूल — **घेरा करति परस्पर सब मिलि, कहूँ न देखी ऐसी जुवती जोति॥ इति॥**

अर्थ — सब लोकनि में सब मिलि-मिलिकें इकठी ह्वै विचारत हैं — हे जुवती! कहूँ न देखी ऐसी जोति। सब कौ रूप कौ गर्व जात रह्यौ॥ इति॥

मूल — **श्रीहरिदास के स्वामी स्यामा कुंजबिहारिनि, सादा चुरी खुभी पोति॥ इति॥**

अर्थ — श्रीहरिदासीजू के स्वामी स्यामा कैसी हैं? कुंजबिहारिनि हैं, तिनके सादौ ही सिंगार है। चारि-चारि चूरी हैं। अरु खुभी — जो मोती, तिनके करननि में झूमका हैं। अरु कंठ में पोति कौ पुंजा है। इनके सादा सिंगार की छबि ताकी छटा-बिजुरी कैसी कौंधनि, ताकी समान कोऊ नाहीं॥ इति॥

द्वितीय आभास

एक फूलनि की निकुंज कहा, प्रियाजू कौ तन, तिनकौ अंक, सोई इनकौ निकुंज, जहाँ फूल-डोल कहा, हिय की फूलनि, तामें दोऊनि कौ डोलिबौ। कहा, झूलिबौ। सो सखीजन झुलावत हैं। कहा, सुंदर अनुराग दुहुँनि कौ, ताके चोज कहि-कहि, सोई गाइबौ बढ़ावत हैं। महामधुर सुर तें ललना-लाल मृदु वचन कहत हैं। श्रीबिहारिनि तौ 'नाहिं' सब्द सुरपुर तें कहत अरु बिहारीजू मनुहारि करत हैं महासुर पुर करि कहा, सुरति के भर में। ताहि श्रीहरिदासीजू दुहुँनि की बोलनि सखी सौं कहत हैं॥ इति॥

मूल — **डोल झूलत बिहारी बिहारिनि पुहुप वृष्टि होति॥ इति॥**

अर्थ — डोल झूलत हैं कहा कि दोहुँनि के अंग-अंग मिलि करि आलिंगन, ताकौ डोल, महाफुलवार तें झूलत हैं। कबहूँ तौ बिहारी, कबहूँ तौ बिहारिनि, होड़ा-होड़ी झूलत हैं। पुहुप वृष्टि होति-झूलिबे में दोऊ मुस्कात जात हैं, सो मुस्कान-फूलनि की वरषा होत है ॥ इति॥

मूल — **सुर-पुर पुर-गंधर्व और पुर तिनकी नारि देखति वारति लर मोति॥ इति॥**

अर्थ — झूलिबे में सुर — जो सब्द, पुर — जो भर, काहे कौ, सुरति सुखनि कौ। फेरि पुर — कहा, जो इनके सुरति के भर नित्य रहत हैं, पै या फूल डोल झूलिबे में भरहू कौं रसनि तें भरि दयौ। जो प्रियाजू बिहार सलज्ज भये, भर-केलि हू में कर तें आज प्रीतम कौं अंक में लियें आप झूलत हैं, तातें भर हूँ कौं रस (तें)भरि दयौ। तब प्रीतम नें जा भाँति प्यारीजू झूलैं ताही भाँति झूलनि के सुख देखे नहीं। इनकौ सुभाव झूलिबे कौ विशेष है। सो यहाँ सावधान अपनी होड़ के दैबे कों ऊपर रहैं। तातें प्यारीजू रीझैं। कह्यौ — तुम झूलौ। पिय प्यारीजू की आज्ञा पाइ फूल डोल — प्यारीजू कौ अंक, जहाँ महा अनुराग सहित झूलत हैं। बहुत मनुहारि प्यारीजू की करत। बोले — हो अलबेली जू! मैं कछु झूलिबौ तौ जानत नाहीं, आपनें जैसें सिखायौ, तैसेहूँ झूलि न सकत। आप सुकुमारी हौ। तातें जा भाँति आज्ञा करौ, तैसें झूलौं। तब प्रियाजू हू इनकौ हास सहित वचन कहे, तब इननें अपनौ धन्य भाग्य मान्यौ। कहा, प्यारीजू ने कह्यौ — गंधर्व कहा, कि हो प्यारे, तुम तौ गंधर्व हौ, कहा, बड़े चतुर हौ। गंधर्व-जो राग के गान में निपुन ह्वै, सो तुम राग — जो सनेह, तामें अति चतुर हौ। तातें गंधर्व वचन कह्यौ। और पुर कहा, गंधर्व तौ एक ह्वै, तुम गंधर्वनि के पुर कहा, जिनकौ देस हौ। समुद्र हौ। तामें (जामें) बहुत गंधर्व रहैं, ताकौं देस कहियै, जाकौ पार नाहीं, जहाँ एते गंधर्व रहैं, ताकौं समुद्र कहियै। सो तुम अनुराग के समुद्र हौ। अनुराग के ये ही लक्षण हैं, प्यारे की भाँवती बात करै। तिनकी नारि, कहा, तिन प्रीतम के सनेह की बात। हरिदासीजू तें प्यारीजू नें कह्यौ — नारि! देखति कहा, नारि, हे सखी, तुम देखत हौ, जैसें प्यारौ, सनेह करि झूलत है, इनकी कहा बात कहियै? बड़े चतुर हैं। तब तौ प्रीतम नें विचारी, जो मेरी झूलनि प्यारीजू हू कौं प्यारी लगी अरु श्रीहरिदासीजू हू प्रसन्न हैं। वारत लर मोति कहा, दोऊ अपनी भुजा, सोई मोतिन की लर वारत। कहा दोऊ कर तें वारने प्यारीजू की लेत हैं। बलिहार होत हैं॥ इति॥

मूल — **घेरा करत परस्पर सब मिलि, कहूँ न देखी ऐसी जुवती-जोति॥ इति॥**

अर्थ — तब श्रीहरिदासीजू अरु और-सखी घेरा करत, कहा, जुरि आईं ,अरु परस्पर कहत हैं मिलि-मिलि-हे सखी, आज दोहुँनि की झूलनि होड़ा-होड़ी की है। सो प्यारीजू तौ झूले, अब प्रीतम झूलैं हैं। सो काहू की हारि-जीति भई ?

श्रीहरिदासीजू नें कह्यौ — प्यारीजू की सी झूलनि इनपै कबहूँ न आवै है। कहूँ न देखी ऐसी जुवती प्यारीजू की झूलनि में जो जोति-प्रकास अंग-अंग कौ देख्यौ, हाव-भाव काम-केलि आदि के, सो प्रीतम में तौ ऐसी जोति कहूँ देखी नहीं। पै प्यारीजू रीझैं, तौ भलैं सुख देखौ॥ इति॥

मूल — **श्रीहरिदास के स्वामी स्यामा कुंजबिहारिनि सादा चुरी खुभी पोति॥ इति॥**

अर्थ — श्रीहरिदासीजू के स्वामी स्यामा कुंजबिहारिनि हैं, कहा, अरु प्रीतम कौं संग में लये नित्य बिहार करत हैं, तातें प्रीतम कौ नाम कुंजबिहारी दयौ। सादा सिंगार सदा ही है। करनि में चूरी, खुभी श्रवननि में हैं। कंठ में जंगाली पोति सोहत है। अरु इनके अंग-अंग ही सिंगार है। अंग-अंग ही भूषन हैं। इनके अंग-अंग जुरे रहत हैं। इनके अंग-अंगनि की जो छटा है। ताही के जो बने भूषन चाहिये, सो बने रहत हैं। ऐसौ परम अद्भुत बिहार है॥ इति॥

तृतीय आभास

मूल — **डोल झूलत बिहारी-बिहारिनि पुहुप वृष्टि होति॥ इति॥**

अर्थ — श्रीबिहारी-बिहारिनि दोऊ महाआनंद में उमँगि-उमँगि झूलत हैं, सो आनंद छै रह्यौ है, सो ताकौ डोल कि अंग-अंग मिलि झूलत हैं। इनके अंग-अंग के मिलिबे में जो अंग-अंग की छबि, ताकी जोरी, सो झूलत है। पुहुप वृष्टि होति, कहा, दुहुँनि के मिलिबे कौ कोऊ आनंद, सोई पुहुप वरषत हैं॥ इति॥

मूल — **सुर-पुर पुर-गंधर्व और पुर तिनकी नारि देखति वारति लर मोति॥ इति॥**

अर्थ — आनंद में दोऊ झूलत, सो आनंद के सुर, कहा सब्द, तिनकौ पुर, जो स्थान, तामें मुख-चन्द्रमा, जहाँ अधर रस अमृत की वरषा होत रहत। पुर गंधर्व, कहा, महासुरति केलि में निपुन जो नाना भाँति के छिन-छिन में अनंग की तरंग बढ़त रहत। महाप्रवीन-चतुर सिरोमनि प्यारीजू, तिनकौ पुर कहा, नाभि पुर, सब रसनि कौ मूल। सो तिनकी नारि कहा, अंग-अंगनि जो चाह रूप नारि कि देखति वारति लर मोति, अंग-अंगनि के डोल झूलनि की जो छबि कि इन पुरनि में या भाँति आनंद रस के समुद्र हैं, सो चाह रूप नारि देखिकें मोतिन की लर कहा, जो उज्जल रस के हाव-भाव, कटाक्ष अंग-अंग मिलिबे में होत हैं, सो वा चाह कौं पिय की चाह देखि अनंत बाढ़ी। आपहू उज्जल रस के भाव नये-नये उपजावत। तामें श्रम-जल-कन प्यारीजू के मुख पै देखि, सोई मोती लर वारत कहा, पोंछत हैं॥ इति॥

मूल — **घेरा करति परस्पर सब मिलि कहूँ न देखी ऐसी जुवती जोति॥ इति॥**

अर्थ — सर्व-दोऊ प्रिया-लालजू की चाह रूप सखीं परस्पर मिलिकें घेरा करत हैं कि हम-तुम छिन-छिन में नई-नई छबि देखिबौ करैं। या सुख कौं घेरि राखैं। क्योंकि हे जुवती, ऐसी जोति-जो आजु दोऊ प्रसन्नता सौं डोल झूलत हैं, कबहूँ न देखी। सो या सुरति, सनेह, चाह, हित रूप ये सखी घेरा करि परस्पर बतरात हैं॥ इति॥

मूल — **श्रीहरिदास के स्वामी स्यामा कुंजबिहारिनि सादा चुरी खुभी पोति॥ इति॥**

अर्थ — श्रीहरिदासीजू के स्वामी स्यामा कुंजबिहारिनिजू के सादा ही सिंगार है। कहा, प्यारे के कर की

परछाहीं, सोही चारि-चारि चूरी हैं। अरु खुभी करनफूल, सो फूलनि अंग-अंग की है। पोति-स्याम, जो पोति लौं कंठ में लागि रहे हैं। या भाँति दोऊ अंग-अंग मिलि फूल-डोल झूलत हैं। हँसि कलोल करत हैं। यह सुख देखे ही बनें हैं॥ इति॥

— **भावार्थदीपिका :** श्रीनागरीदासजू

७६

बोलत नाँहिन रस भरी, पिय के मन संदेह।
कै आलस तोहिं कछु कह्यौ, मम जीवन तुव नेह।
बोलत नाँहि सुभाउ कछू धुनि।
कै आलस कछु वचन खुमारी, कबकी रिस कहुँ दुखित प्रान सुनि।
लखि प्रसन्न तबही सचु पाऊँ, छाँडि सुभाव न करत ध्यान मुनि।
श्रीहरिदासि के स्वामी कहत प्रिया सों, बस तेरे तू करत प्रेम पुनि॥

— **आभास उल्था :** श्रीपीताम्बरदेवजू

आलस अलि सौं झुकि वधू, हम सौं कीजत मान॥
उपजत हैं दूभाव मन, सो सुभाव किन भान।
सुन्दरि के बस में परे, मोहन कहत सु बैंन।
जिनमें उपजत भाव अति, कोक-कला सुख दैंन।

— **वस्तुदर्शिनी :** श्रीराधाशरणदेवजू

श्रीलालजू के वचन श्रीप्यारीजू तें — नव कुसुम-कुंज रुचिर-सज्या पै प्रात: समै-महाअलसानि में चैतन्यता अंग-अंग की नव-नव छबि तें भरे श्रीबिहारिनि-बिहारीजू राजत हैं। सो प्यारीजू बोलत नाहिंन कि नव दुलहिनि कौ सुभाव। जहाँ लालजू कछु मान की संभावना जानि कहत हैं। श्रीहरिदासीजू महाआनन्द में विराजमान हैं। लालजू के वचन श्रीप्रियाजू तें॥ इति॥

मूल — **प्यारीजू बोलत नाँही, कै तू सूता-उनींदी, किधौं काहू कछु कह्यौ, कै तेरौ ऐसौई सुभाव ॥ इति॥**

अर्थ — हो प्यारीजू, तुम बोलत क्यों नाहिंन? कै तुम केलि-विलास में जागी हौ, तातें उनींदी हौ, आलस करि बोलत नाहिंन? किधौं काहू कछु कह्यौ? कहा, किधौं, काम करि मैं आतुर हूँ। वा काम — जो चाह, वानें आपसौं चंचलता करि कछु कह्यौ, कै तेरौ ऐसौही न बोलिबे कौ सुभाव ही है? हे मानिनी, नेंक मान निवारियै॥ इति॥

मूल — **मोहि तेरे देखे बिनु कल न परै कै तू छाँड़ि कुभाव॥ इति॥**

अर्थ — हो प्यारीजू, मोहिं तेरे देखे बिनु रह्यौ न परै। कहा देखत नाहिं? सो देखत है, पै सनमुख रस-

भरी चितवनि करि देखिबौ। कै तू छाँडि कुभाव, कहा, मैंने चंचलता अंग परसिबे में करी है, ताकौ आपके मन में मेरौ अवगुन आयौ ह्वै, तौ यह कुभाव छाँड़ौ। हो प्यारीजू, यह जानि जिय में मानि, तुम तौ सयानी हौ। हौं सनमुख विनती करत हूँ। समझिकें या सुख कौं सँवारि लीजै। कहा, जो चूक भई होय, तौ क्षमा कीजै। रुचिर नव-कुसुमनि तें कुंज में रचना करी है। मो हिय-रूपी कुंज, तामें सुरति कौ समयौ सम्हारियै॥ इति॥

मूल — **काहू की झुकि हमहिं देत री उपजत दुभाव॥ इति॥**

अर्थ — कि हे स्यामा! स्याम-काम — जो विरही, अधीर, ताके आपके मिलिबे की अति पीर अरु आतुर; जानें आपकौं अपने अंक में लई है, कै कोऊ अंग-संग सपरस कियौ है, तौ वाकी झुकि मोपै देत हौ। उपजत दुभाव, कहा, प्रथम तौ आप प्रसन्न हैं, सो भाव अब अप्रसन्न काहे तें, सो ये द्वै भाव उपजत हैं। तातें हो प्यारीजू, मिलिकें रस-रंग सौं संग कीजै। सरस-कुसुम सुकुमारी हौ॥ इति॥

मूल — **श्रीहरिदास के स्वामी स्याम कहत ताके बस परे प्रगटत जु भाव॥ इति॥**

अर्थ — श्रीहरिदासी के स्वामी स्यामा, जिनसौं स्याम कहत — ताके बस परे कहा, ता प्यारी के बस परे। प्रगटत जु भाव-हो प्यारीजू! कृपा करौ, जामें भाव प्रगट ह्वै, तौ वा सुख कौं निरखि-हरषि कें बलिहार होहुँ। अपनौ तन-मन-धन वारने करौं॥ इति॥

द्वितीय आभास

आभास दोऊ प्रिया-पिय सनमुख बैठे हैं, सुखसेज पै। तामें पिय के हिय में प्रियाजू अपनौ प्रतिबिंब देखि, तासों कहत हैं॥ इति॥

मूल — **प्यारीजू बोलत नाँही, कै तू सूता-उनींदी, किधौं काहू कछु कह्यौ कै तेरौ ऐसौई सुभाव ॥ इति॥**

अर्थ — हो प्यारीजू! तुम मेरे मन कौं मोहत हौ, पै बोलत क्यों नाहीं? कै तुम अपने पिय के संग केलि में जागी हौ, तातें उनींदी हौ? किधौं काहू नें कछु कह्यौ? कै तेरौ अबोलनौ सुभाव ही है? इति॥

सो प्रतिबिंब तौ कछु बोलत नाहीं, तब फेरि कहत हैं। क्योंकि भोरी हैं॥

मूल — **मोहिं तेरे देखे बिनु कल न परै, कै तू छाँड़ि कुभाव॥ इति॥**

अर्थ — जो बोलौ, तौ सनमुख बातें करि तुमकौं देखौं कि तुम्हारौ रूप ही मोहे लेत है, तातें तुम्हारी बातें हू बहुत सुंदर ह्वैगी, ताहि देख्यौ चाहत हूँ। मोपै रह्यौ न परत। कै तू छाँड़ि कुभाव? तेरे मन में कहा कुभाव है, तातें बोलत नाहीं? तेरे पिय तें तेरे कुभाव है?

कहा मान कियौ है? सो मोसौं तौ कुभाव छाँड़िकें बोलि॥ इति॥

मूल — **काहू की झुकि हमहिं देत री उपजत दुभाव॥ इति॥**

अर्थ — अपने पिय की रिस हम पै देत है री, यातें दुभाव उपजत हैं। कहा, तोसौं मन लाग्यौ है भाव करि। दुभाव कहा, भाव तें अभाव मति करौ। अथवा द्वै भाव तोमें उपजत हैं — भीतर प्रसन्न, बाहिर अप्रसन्न है॥ इति॥

मूल — **श्रीहरिदास के स्वामी स्याम कहत ताके बस परे प्रगटत जु भाव॥ इति॥**

अर्थ — श्रीहरिदासीजू के स्वामी स्यामाजू स्याम के हिय में अपनौ प्रतिबिंब देखि, ताके बस परे कहत हैं — जो मान में भाव प्रगटे हैं॥ इति॥

— **भावार्थदीपिका :** श्रीनागरीदासजू

७७

आलस नैंन जँभाति मुख, कर पेंचनि ससि जोति।
मनहरनी नख सिख प्रिया, उर धरि सुख अति होति।
आलस नैंन जँभाती सोहै।
कर सौं कर अँगुरिन बिच अँगुरी, मुख ससि मंडल लखि छबि जोहै।
मन कौं हरत प्रिया नख-सिख लौं, और त्रिया कहु छबि कौं को है।
श्रीहरिदासि निहारि उरनि लगि, अंग अंग प्रीतम मन मोहै।

— **आभास उल्था :** श्रीपीताम्बरदेवजू

आनंद निसि जागी अरुन, भीजे आलस नैंन।
सरस सुगंध जम्हाति मुख, कहति सिथिल करि बैंन।
ऊँचे करि कर जोरि वर, अँगुरिन बीच निकाई।
ससि मंडल दस नख मनौं, बिच मुख इंदु सुहाई।
तुम बिन और न मनहरनि, पुनि पिय कौं सुखदाइ
सुरति अंत आलस भरी, नख सिख सोभ सुहाइ।
सखि मुख सौं अपनी सुनी, जुवति बड़ाई भारि।
लपटि गई पिय अंग सौं, अंसनि पै भुज धारि।

— **वस्तुदर्शिनी :** श्रीराधाशरणदेवजू

लालजू के वचन श्रीप्रियाजू तें — पिय के अंग रूप निकुंज, तामें श्रीलाड़िलीजू राजत हैं। भोर ही अलसाने नैंना अरु अंग-अंग मोरें, कर सौं कर जोरें जँभाई लेत हैं। महासुरति सुखनि में विलास विलसैं हैं। सो छबि लालजू देखि-देखि मगन होत हैं। मन मोह्यौ जात है। श्रीहरिदासीजू अद्भुत सिंगार सहित विराजमान हैं। जहाँ छबीलौ छबीली जू तें कहत हैं॥ इति॥

मूल — **आलस भींजे री नैंन जँभाति आछी भाँति सुदेस॥ इति॥**

अर्थ — हो प्यारीजू! तिहारे आलस भींजे नैंन हैं, अरु आछी भाँति सौं जँभाति हो, सुदेस कहिये — सुंदरता सौं। हेत कहा कि प्यारीजू पिय के अंक में सब निसि सुरति-केलि हुलसि-हुलसि करी महाआनंद सौं, अरु सुकुमारी अरु चाह वही लगि रही है, सो नैंननि में झलकत तातें अति सोभा देत हैं॥ इति॥

मूल — **कर सौं कर टेकि अँगुरिन पेंच, मानौं ससि मंडल बैठ्यौ अति भाँति सुदेस॥ इति॥**

अर्थ — कर सौं कर टेकैं कहा, कर सौं कर जोरैं, अंग-अंग मोरैं है। अँगुरिन में पेंच है, सो मानौं ससि-मंडल बैठ्यौ है, कहा, ससि जो मुख चन्द्रमा प्यारीजू कौ। अरु चंद्रमा आकास में होत, सो सीस के केस स्याम, सोही आकास। अरु मंडल-जो दोऊ कर सौं कर जोरि अरु अँगुरिन (अंग-अंगनि) में पेंच कियें सीस पै धरैं कर, अंग-अंग मोरनि में मुख-चन्द्रमा बीच मंडल करनि के में बैठ्यौ है अति भाँति सुदेस — बहुत भाँति सोभा करि॥ इति॥

मूल — **मन के हरिबे कों और सुख नाँहिनें कोऊ प्यारी नख सिख भाँति सुदेस॥ इति॥**

अर्थ — हो प्यारीजू! मन के हरिबे कों और सुख कोऊ नाहिंन। आपके नख-सिख तें भाँति-अति सुंदर हैं। अंग-अंग में अनुराग ही फबि रह्यौ है, ताकी छबि बरनी न जाय॥ इति॥

मूल — **श्रीहरिदास के स्वामी स्याम छाती सौं छाती लगायें अंग-अंग सुदेस॥ इति॥**

अर्थ — श्रीहरिदासीजू के स्वामी स्यामा अरु स्याम-लालजू, सो छाती सौं छाती लगाय अरु अंग-अंग सर्व सुंदरता सौं — नैंन सौं नैंन, अधर सौं अधर, कुच तें कुच, नाभि तें नाभि और अंग-अंग सर्व लगाय महाआनंद में सुख भरि-भरि, उमँगि-उमँगि केलि-विलास विलसत हैं ॥ इति॥

— **भावार्थदीपिका :** श्रीनागरीदासजू

७८

मति कबहूँ भूलि न टरौं, इकरस हित मति भाँति।
मेरौ सुख तेरी कृपा, बढ़त रहौ मति साँति॥
कुमया भूलि डरनि जिय प्यारी।
पल पल हित चाहत हौं तुम पै, पलक लगनि में दुख मोहिं भारी।
मेरी चाह रहौ तेरे उर तेरी कृपा टरौ मति टारी।
श्रीहरिदासी बढ़्यौ निसि दिन यौं, पुरइनि जल की रीति निहारी।

— **आभास उल्था :** श्रीपीताम्बरदेवजू

वस्तुदर्शिनी : या कौ भाव स्पष्ट ही है।

— **वस्तुदर्शिनी :** श्रीराधाशरणदासजू

पिय के वचन प्यारीजू तें — प्रेम-प्रकास की कुंज में पिय के अंक रूपी सेज पै श्रीप्यारीजू महाप्रसन्नता सौं राजत हैं। अरु छिन-छिन ज्यौं जल बढ़त रहत, वाही भाँति कमल बढ़त रहत है। जैसें ही पिय की रुचि प्रियाजू के मन की प्रसन्नता देखि बढ़त रहत है। अरु या समै महाप्रसन्न प्यारीजू कौं देखि अपने उर की बात कहत हैं कि कबहूँ कुमया, जो मान न करैं। श्रीहरिदासीजू सुंदर सिंगार कियें विराजमान हैं। तहाँ पिय के वचन श्रीप्यारीजू तें॥ इति॥

मूल — **प्यारीजू, एक बात कौ मोहि डर आवत है री, मति कबहूँ कुमया करि जात॥ इति॥**

अर्थ — पिय प्यारीजू कौं अंक में भरे महाप्रसन्न जानि कहत — हो प्यारीजू, एक बात कौ मोहि डर आवत है, कहा, तुम मोपै कबहूँ कुमया मति करि जावौ, कहा, मैं तौ काम-दहा अति दीन हूँ। अरु चंचलता कबहूँ भूलि करौं, तौहू तुम दया ही राखौ, कुमया मति करौ। हो लाड़िली! तेरे मान कियें प्राननि के प्रान हूँ कौं दुख होत है॥ इति॥

मूल — **पल पल हित वंछत हौं री, मति परै भाँति॥ इति॥**

अर्थ — पल-पल में तुम्हारौ ही हित वांछिवौ करत हूँ। मति परै भाँति कहा, यह डर डरपिबौ ही करत

हूँ, तिहारौ हेत जिन घटै॥ इति॥

मूल — **यह सचु ऐसें ही रहौ री, जिन टरौ तेरी घाति॥ इति॥**

अर्थ — यह जु सुख है, सो ऐसें ही अंग-अंग करि सुख देत रहौ। हो प्यारी, तेरी घात — जो अंग-अंग विलास में नव-नव गतिन कौ उपजिबौ, सो कबहूँ न टरौ। क्यौंकि जदपि तुम करुनामय लाड़िली! मो मन चौंप के जो चाव, ताकौं तुम पालत हौ। अंग-अंग कौं सुख देत हौ। सुंदरि प्यारी, सकल गुननि के निधान हौ। इति॥

मूल — **श्रीहरिदास के स्वामी स्याम कहत यौं बाढ़ौ,ज्यौं पुरइनि जल की रीति तोही लौं सांति॥ इति॥**

अर्थ — श्रीहरिदासीजू के स्वामी स्यामा, तिनसौं स्याम कहत — यौं आपकी प्रीति बाढ़ौ मोसौं, जैसे कमल जल की रीति। कहा, मो प्रीति रूप जल पै आपकी प्रीति रूप कमल ऊपर ही रहै, तोही लौ सांति। अथवा हो प्यारीजू, तुम्हारौ रस-विलास, हुलास, प्रेम प्रकास-जल है, सो यौं राजौ-साजौ रति दै अधरामृत पान। कहा, ज्यौं-ज्यौं आपके अधर-अमृत रस-जल मो अधर कमल पान करिबौ करैं, तोही लौं सांति है॥ इति॥

— **भावार्थदीपिका :** श्रीनागरीदासजू

७९

नेह कुंज सेवक उभै, रूठे बनैं न बाम।
हित बिन पीर अजान सब, निज बसीठ इह धाम।
नेह कुंज कौं सेवत हम-तुम, प्रिया मान क्यौं कीजै।
मेरौ तेरौ हितू नेह ही, और बीच सुख छीजै।
मानि परस्पर बचन बसीठी, आन बोलि कित लीजै।
श्रीहरिदासि निहारत पिय कौं, सौंह करत सुख परनि परीजै॥

—**आभास उल्था :** श्रीपीताम्बरदेवजू

पति बोलत हम तुम जुवति, सखा इकंगी कुंज।
तहाँ बसिवौ मिलि अहरनिस, बनें मान क्यौं मुंज।
क्रोध मान हठ ए सखी, ते न हितू गन कोइ।
बढ़त पीर अति मदन मुहिं, सो सब जाहिर तोइ।
हमहिं बसीठ जु परस्पर, और मनावहि कौन।
प्रीति मगन ह्वै कहत पति, बोलि उठी सखि मौन।

— **वस्तुदर्शिनी :** श्रीराधाशरणदेवजू

लालजू के वचन श्रीप्यारीजू तें — प्रीति फूलनि कुंज, जामें लाल फूलनि की सज्या, जहाँ दोऊ प्रिया-प्रीतम

राजत हैं। जहाँ कछु प्यारी के मान की संभावना जानि मनावत हैं। अरु पिय देखैं कि मोते प्यारीजू न मानेंगी, जहाँ सखी तें विनती सैंननि में करत हैं। सो इहाँ सहज ही नैंननि की चितवनि देखि मान कौ आभास जान्यौ, जहाँ लालजू प्यारीजू तें कहत हैं। श्रीहरिदासीजू सुंदर फूलनि के सिंगार कियें फूलनि के आसन पै श्रीविपुल, बिहारिनी संग लियें विराजमान हैं॥ इति॥

मूल — **प्यारीजू हम तुम दोऊ एक कुंज के सखा, रूसे क्यौं बने॥ इति॥**

अर्थ — हो प्यारीजू! हमारी अरु तुम्हारी जो प्रीति, सो एक कुंज अरु ताके सखा कहा, हमारे-तुम्हारे केलि-विलास के जो मनोरथ, सो समान उपजिबौ करैं, नये-नये सो कोऊ घटि नहीं, सो हम-तुम दोऊ या कुंज के सखा हैं। रूसे क्यौं बनें है जो मेरे मनोरथ आपके मनोरथनि के समान हैं, कहा, जा भाँति आपकी रुचि हैं, जाही में मेरी रुचि है तौ रूठे कैसे बनत है? हो मानिनी जू, मान कियें बनत नाहिं॥ इति॥

मूल — **इहाँ न कोऊ हितू मेरौ न तेरौ, जो इह पीर जनें॥ इति॥**

अर्थ — इहाँ न कोऊ हितू मेरौ न तेरौ कहा, मेरे हितू कौन, मेरे मनोरथ, तुम्हारे हितू तुम्हारे मनोरथ, सो दोऊ मनोरथ समान भये। कोऊ अपने दाइ तौ न चाहत? एकै विलास सौं आसक्त हैं। जो तुम चाहत हौ, सोही मैं चाहत हूँ। और चाह होइ, तौ तुम मान करौ, जब ये सखीजन या पीर कौं जानैं। क्योंकि ये मन की जाननि की जाननिहार हैं। सो तुम्हारे मान है नहीं। क्योंकि अब तुम्हारी ओर कौं तुमही हौ, अरु मैं आपकौ हृदै धरौं, सो मोमें हू आपही हौ। मैं आपके गुनगान करत हूँ॥ इति॥

मूल — **हौं तेरौ बसीठ तू मेरौ, और न बीच सनें॥ इति॥**

अर्थ — हौं तेरौ बसीठ कहा, बीच मनावनहारौ-हितू अरु तू मेरौ, और न बीच सनें, और बीच समात नाहिं। कहा कि तन सौं तन, मन सौं मन मिलि अरु प्राननि सौं प्रान सने। और कोऊ मान की संभावना कहाँ समावै॥ इति॥

मूल — **श्रीहरिदास के स्वामी स्यामा कुंजबिहारी कहत प्रीति-पनें॥ इति॥**

अर्थ — श्रीहरिदासीजू के स्वामी स्यामा, तिनसौं कुंजबिहारी, जो नित्य प्यारी-तन-कुंज में बिहार करत रहत, सो कहत हैं, प्रीति पनें कहा, अपने सुख रूप प्रीति ताही के पन करि कि अधरअमृत रस तें मो सींचौ। जब श्रीबिहारिनिजू अपने दासि कौ कह्यौ मानि सुख लह्यौ, अपने प्यारे कौं अधर-अमृत तें सींचि कें सुख में सने॥ इति॥

— **भावार्थदीपिका :** श्रीनागरीदासजू

८०

चूनरि झीनी सरद रति, ग्रीषम हिय मम सैन।
उठि प्रकृति ह्वै मैंन की, अंग लपटि मन चैन।
सरद चूनरी सुख हिय सैन।
तू रूठत सुख मोहिं मनावत, सुनत मधुर मृदु मीठे बैन।
उठि उर लगि तू निठुर कहा री, प्रकृति चाहियै जैसैं मैन।
श्रीहरिदासी कहत सुनि प्यारी, अँग-अँग मिलत सबै सुख चैन।

— **आभास उल्था :** श्रीपीताम्बरदेवजू

जुदौ होन पिय सौं वधू, सोई चूनरि एक।
मदन बान तें मन व्यथा, सोई जाड़ौ नेक।
करियै जो सुख सैन मिलि, सदके बलि-बलि लेहुँ।
मान सुभाव न चाहियै, आनंद-कंदहि देहु।
नरम करौ हिय मैंन वत, धाइ मिलौ पिय-अंक।
लपटि गई सखि वचन सुनि, मान्यौ चैंन निसंक।

— **वस्तुदर्शिनी :** श्रीराधाशरणदेवजू

लालजू के वचन प्रियाजू तें — श्री स्यामतमाल कुंज, जामें सरद मुखचंदवदनी बेलि, तामें लाल फूल रचना की सेज, तापै दोऊ स्यामा-स्याम-कुंजबिहारी सोभित हैं। जहाँ केलि-विलास में झूलत-फूलत अंग-अंग में नव-नव भावनि करि गति उपजावत। तहाँ श्रम कन की सोभा की अलसानि देखि, प्यारीजू अति सुकुमारी हैं, तहाँ लालजू प्यारीजू तें कहत हैं। श्रीहरिदासीजू महाआनंद में सुंदर सिंगार कियें विराजमान हैं॥ इति॥

मूल — **चूनरी में जाड़ौ लागत है री कीजियै सुख सैंन॥ इति॥**

अर्थ — प्यारीजू सौं मनुहारि के वचन अलसानि तें मान की संभावना जानि पहिलेंही तें कहत भये। चूनरी कहा, स्याम रंग की चूनरी। कहा, स्याम-जो लाल, ताकी भूमि अरु प्यारीजू के गौर अंग कांति की बूँदें बीच-बीच; सो श्रमकन तें अलसानि भई, तामें जाड़ौ लागत है। कहा, सीतलता लगत है, तौ मो हिय काम करि तपत है, सो तापै सुख सैन कीजे, जाड़ौ न लगै। अथवा अंग-अंग के विलास में जो अद्‌भुत नव भावनि करि रुचि सहित दोऊ कांति मिलि करि गौर-स्याम प्रगटी, ताकौ आनंद छै रह्यौ है, ताही की चूनरी। स्याम की चाह, सो तौ स्याम भूमि बनी है अरु प्यारीजू की चाह, ताकी बीच-बीच उज्जल बूँदें सोहत, सो चूनरी है। अरु प्यारीजू सुकुमारी हैं। चूनरी में-केलि-विलास अंग-अंग मिलिबे में फूलनि हिय में समात नाहिं, श्रमकन सोभा देत जब अलसानि हूँ भई। तब पिय नें कह्यौ — चूनरी झीनी में जाड़ौ लागत है, तौ मो हिय पै सुख सैन कीजे। ऐसे मनुहारि के वचन कहे, सो प्यारीजू नाहिं-नाहिं सब्द कहत हैं॥ इति॥

मूल — **घरी घरी के रूसने पहर मनावत जात मीठे मीठे बैंन॥ इति॥**

अर्थ — घरी-घरी के रुसने कहा, कबहूँ तौ महाप्रसन्नता सौं सुख विलसत हौ अरु कबहूँ नैंननि की कोर मोरत हौ कि रूठ जात हौ। कहा, जो छिन-छिन में कबहू तौ सुरति-सुख में मगन ह्वै जात हौ अरु कबहू केलि कों अंग-अंगनि अवलंब देत हौ, सो आवत हौ। घरी-घरी के रूसने पहर मनावत जात हैं। सो सुरति-सुख में मगन ह्वै जात हौ, फिरि सुरति-आरंभ कौं सावधान ह्वै आवत हौ। अरु मीठे-मीठे बैंन कहत हौ-नाहिं-नाहिं। क्योंकि छिन-छिन में प्रथम समागम, तामें नाहिं-नाहिं, सो ही मीठे-मीठे बैंन। सो यौं रूठनौं मोकौं भावत है, पै अब कृपा करि मान न कीजै॥ इति॥

मूल — **उठि सदिकें बलाइ लेउँ प्रकृति यौं न चाहियै चाहियै ज्यौं मैंन॥ इति॥**

अर्थ — जो तुम सुरति-सुख में लीन हौ, सो तासौं सावधान ह्वै मो उर तें लागौ। मैं तुम्हारे सदिकें कहा, वारने जात हूँ, अरु बलिहारि होत हूँ। प्रकृति यौं न चाहिये कहा कि ऐसे मीठे वचन कहौ अरु एतौ हठ करौ। जैसे मैंन, जो नेंक में नरम ह्वै जाय, तैसौ कोमल मन चाहियै। अथवा जैसौ मैन कहा, मैन — जो काम। कहा, मेरी चाह आपकौ देखत ही देखत व्याकुल ही रहै॥ इति॥

मूल — **श्रीहरिदास के स्वामी स्यामा कुंजबिहारी गहि लपटाइ रहे मानि सबै सुख चैन॥ इति॥**

अर्थ — श्रीहरिदासीजू के स्वामी स्यामा अरु कुंजबिहारी-दोऊ अंग-अंग करि लिपटि रहे, सबै सुख चैन मानिकें॥ इति॥

— **भावार्थदीपिका :** श्रीनागरीदासजू

८१

मिलि खेलत सतरंज लौं, चतुर बराबरि खेल।
आतुर फीलनि पेलही, सह राखत उर झेल।
क्रीड़त रस मन सतरंज खेलत।
उर रुख नैन चपल जुग बाजिन बाज बराबरि झेलत।
मन मतंग आतुर रति चाहत, निग्रह काम-कटाछनि पेलत।
श्रीहरिदासि निरखि कौतुक इह सह राखत पिय सुख रस झेलत।

— **आभास उल्था :** श्रीपीताम्बरदेवजू

कहति सखी मन सखी सौं, चाह जु सहज बिसाँति।
दोऊ मिलि सतरंज कौ, खेलत खेल सुकांति।
चौंप वजीर सुवक्ष रुख, बाँयौ दाँयौ लेखि।
नैंन जुगल घोरे चपल, झेलत चारु बिसेखि।
तन मन आतुरता जुगल, पील चतुरई जान।
सोरह पैदर अंग बिबि, निग्रह करन निदान।
सुरति अंत सह देत नहीं, रति-पति साह रंगीन।
लरत बराबर फौज सब, घटत न केलि नवीन।

— **वस्तुदर्शिनी :** श्रीराधाशरणदेवजू

श्रीहरिदासीजू के वाक्य सखी सौं — अद्भुत रस रूप कुंज, जहाँ महारसीली सेज, तहाँ दोऊ-बिहारी-बिहारिनि रसमय केलि-विलास में मगन, सो सतरंज लौं खेल खेलत हैं। रस भरे क्रीड़त हैं, सो रस की सतरंज कौ खेल। श्रीहरिदासीजू महाआनंद सौं सखी प्रति कहत हैं॥ इति॥

मूल — **दुहुँनि की सहज बिसाँति दोऊ मिलि सतरंज खेलत॥ इति॥**

अर्थ — दोऊ कुंजबिहारिनि-बिहारी के सहज ही रस खेल रहत, सोई तौ बिसाँति कहा, बिछौना, जहाँ दोहुँनि कौ मिलिबौ अंग-अंग करि सोई सतरंज कौ खेल खेलत हैं॥ इति॥

मूल — **उर रुख नैंन चपल अस्व चतुर बराबर झेलत॥ इति॥**

अर्थ —उर रुख, जो उरोज, सोई भये गज अरु नैंन चपल, सो भये अस्व, दोऊ चतुर बराबर झेलत हैं

कहा, उर रूप तौ हाथी परस्पर अरे हैं, अरु नैंन सौं नैंन अति चपल, सोई अस्व जुरि रहे हैं। दोऊ अति चतुर अंग-अंग रस बराबर झेलत हैं ॥ इति ॥

मूल — **आतुरता पील, पयादे निग्रह, फरजी चौंप अनूपम पेलत ॥ इति ॥**

अर्थ—आतुरता-जो बिहार में अंग-अंग मिलिबे की, सो पील जो ऊँट लटकि चलै। पयादे निग्रह कहा, पयादे, सोई भयौ काम कौ मारिबौ। अरु फरजी-जो वजीर, सोई भई चौंप, ताकौं अनुपम भाँति तें परस्पर पेलिबौ ॥ इति ॥

मूल — **श्रीहरिदास के स्वामी स्यामा कुंजबिहारी सहि साह राखैं खेलत ॥ इति ॥**

अर्थ — श्रीहरिदासीजू के स्वामी स्यामा अरु कुंजबिहारी सहि साह राखैं सतरंज कौ खेल खेलत हैं। कहा, जो बाजी कौ खेल पूरन न होइ। प्यारीजू की रुचि प्रमान, सोइ सहि, तासौं राखैं-सुभाइ लियें खेल खेलत हैं, ज्यौं छिन-छिन में खेल बढ़िबौ करै ॥ इति ॥

— **भावार्थदीपिका :** श्रीनागरीदासजू

८२

प्रिया-भूप आगैं नचत, मिलि मयूर गति स्याम।
सिखी मुरनि तौलौं करत, चतुर गुनी पति धाम।
होड़ परी मोहन गति मोरनि।
उरप तिरप अति बजत सुलप गति, थेई-थेई बिबि मुख चाह चकोरनि।
झुनुनुन करत कहत पिय मुख सौं, मधि राधे बूझहु सुख दौरनि।
लखि हरिदासि सिखी नें चौगुन, लेत बलाइ निरखि तृन तोरनि ॥

— **आभास उल्था :** श्रीपीताम्बरदेवजू

८३

परी होड़ उर स्याम की, मूरति गति जो कोइ।
बनें कौन पै अति भली, मन अभिमान सँजोइ।
मध्य अंग की सचु विषै, हम तुम लैहिं सँभारि।
रहे कौन पै रंग अति, है स्यामा सुकुँवारि।
हमरे तुम्हरे बीच सखि, पुनि तुम ताहि पत्याइ।
पूछौ तृन दै माँथ पर, को अति लैहिं बनाइ।
लगें लैन गति स्यामजू, प्रिय कौ सासन पाइ।
मन में हुलसे पाइ सुख, और की और सुनाइ।
बनी न तुम सौं नेंक गति, त्यौं-त्यौं कहत प्रवीन।
ज्यौं ज्यौं लालन लेत अति, बाढ़्यौ रंग नवीन।
ज्यौं चौपर के बढ़न हित, पकी नरद घर माँहिं।
ताहि करहिं काँची सुनहु, यौं बिहार सरसाँहिं।

इक गुन दूने तिगुन पुनि, चौगुन अमित जु खेलि।
बढ़त प्रिया की नाह महँ, राधा सरन सु केलि।
— वस्तुदर्शिनी : श्रीराधाशरणदेवजू

श्रीलालजू के वाक्य श्रीप्रियाजू तें — कमल कुंज — नाभि सरोवर, तामें फूलनि की सेज, सोई नाव, तहाँ दोऊ लाड़िली-लाल होड़ा-होड़ी चौपर कौसौ खेल सुरति-नृत्य में खेलत हैं। हो प्यारीजू, होड़ बदि खेल खेलत हौ। अपने मन में विचार करि बूझि देखौ। होड़ बदियै, अटपटौ सौ खेल है। अरु श्रीहरिदासीजू महासुख में विराजमान हैं। जहाँ लालजू प्यारीजू तें कहत हैं॥ इति॥

मूल — **होड़ परी मोरनि अरु स्यामहि॥ इति॥**

अर्थ — कहा होड़ परी, जो आजु एक या सुरति-बिहार में अदभुत नृत्य है। या भाँति तें अंग-अंग की मुरनि ह्वै चलत हैं; फिर उछरिकें चलैं, अंग-अंग तें मिलैं। सो मयूर की गति लालजू, अरु स्यामा श्रीप्यारीजू रसिकनि के भूप, तिनके आगें नचत, यह होड़ परी है, ताहि कहत हैं॥ इति॥

मूल — **आवहु मिलहु मध्य सचु की गति लैहिं रंग धौं कामहिं॥ इति॥**

अर्थ — आवहु मिलहु मध्य सचु की गति कहा, मध्य सचु — जो नाभि तें नाभि मिलै और अंग सपरस न करि सकैं, यह अदभुत गति आवौ मिलिकें लैहिं। या भाँति नृत्य करैं। लेंहि रंग धौं कामहिं, कहा, रंग लैहिं काम — जो चाह — रुचि करि॥ इति॥

मूल — **हमारे-तुम्हारे मध्यस्थ राधे और जाहि बदौ बूझि देखौ तृन दै कहा है यामहिं॥ इति॥**

अर्थ — हमारे-तुम्हारे मध्यस्थ कहा, अंग-अंग और हैं मध्य अंग के। जब नाभि तें नाभि मिलै अरु जब और अंग कैसे रहैंगे, मिले बिना? तातें हे श्रीराधे, जाहि बदौ कहा, इन अंगनि के मिलिबे की नृत्य की होड़ बदौ। अरु बूझि देखौं, अपनौ मन — जो भूप है, ताकौं। क्योंकि आपकौ मन भूप है, चाहैं जा-जा अंग तें मिलै; तातें पहिले ही बूझि देखौ, तृन दै कहा, तृन धरिकें, सपथ लेहु कि कौन-कौन अंग की, नृत्य में मिलिबे की होड़ बदी। मन भूप सौं सपथ करि साँची बात बूझि देखौ। कहा है यामहिं, यह तौ होड़ा-होड़ी कौ खेल है ॥इति॥

मूल — **श्रीहरिदास के स्वामी कौ चौपर कौ सौ खेल इकगुन दुगुन त्रिगुन चतुरागुन री जाके नामहिं॥ इति॥**

अर्थ — श्रीहरिदासीजू के स्वामी कौन, श्रीस्यामा, तिनकौ चौपर कौसौ खेल, कहा, जहाँ दोऊ खिलारी बराबर के होहिं, तहाँ बाजी में हारि-जीति नाहीं। ज्यौं प्यारीजू या खेल में जीतिबे कौं भये। कहा, पिय के अंग-अंग में सुरति नृत्य अद्भुत करी, जहाँ पिय हा-हा करनि लागे अरु प्यारीजू की तीन सारि पकी भईं। कहा, महामत्तता तें नृत्य करी। एक-एक गति में तीन-तीन गति नई-नई लईं। जब पिय नें लाड़िलीजू की अलसानि देखी, तब पिय नृत्तत भये अरु प्यारीजू के अंग-अंग रूप सारि तिन-तिनकौं अपने अंग-अंग की सारि तें काँची करी। कहा, ज्यौं हार सी दिखाय मारत भये। कहा, नृत्य करत भये, हेत कहा, जो बाजी पूरी न होय। इकगुन, दुगुन, त्रिगुन, चतुरागुन री जाके नामहिं, इकगुन कहा, कटि सौं कटि जोरी। दुगुन कहा नाभि तें नाभि जोरि। त्रिगुन कहा कुच तें कुच जोरि। चतुरागुन कहा अधर तें अधर जोरि या भाँति नृत्य करत हैं। काहू की रुचि थोरी नाहीं। अंग-अंग की झूलनि की चलनि, सोई पासे चलावत हैं अरु अपने-अपने दाय देत हैं। सो सहज यै खेल

होत रहत है। अथवा चतुरागुन री जाके नामहिं, कहा, अंग-अंग की नृत्य में दोऊ चतुर हैं। चातुर्ज के गुन जिते हैं, सो सब इनमें हैं। पिय चतुर हैं, प्यारीजू चतुर-सिरोमनि हैं॥ इति॥

— **भावार्थदीपिका :** श्रीनागरीदासजू

८३

न्हाति लखी काकी सुता, पीउ बावरौ गाँउ।
छिरकहु जौलौं न्हाति हौं, चौंकि कंठ लपटाँउ॥
काकी सुता मन निरखत मोहै।
प्रिया कहत तुम मौन सबै रहु, गाँउ बावरौ बोलत को है।
आवत मत्त सहचरी छिरकत, हौं न्हाउँ तब लौं मति जोहै।
लखि हरिदासी स्याम की स्वामिनी, बुड़कि चौंकि पिय गर उर सोहै।

— **आभास उल्था :** श्रीपीताम्बरदेवजू

भुगत्यौ अनभुगत्यौ जु कछु, देख्यौ अनदेख्यौ जु।
विलसि कहत नर स्वप्न में, त्यौं ही हिय लेख्यौ जु
सोइ गई अद्भुत रजनि, विवस तहाँ रस लेखि।
पिय के अटपटे बैंन सुनि, बोली अपुन विसेखि।
चौंकि परी चैतन्य तहँ, लपटी पिय के अंग।
जाहुँ कहाँ इह वचन कहि, अद्भुत केलि अभंग।

— **वस्तुदर्शिनी :** श्रीराधाशरणदेवजू

प्यारीजू के वचन सम्भ्रम के मत्तता में अपने मन सौं — सुरति-निकुंज में अद्‌भुत सज्या पै दोऊ राजत। सो महारस-सुख में मगन। नृत्य कौ सुख चौपर के खेल में अति भयौ, तातें आलस करि मत्तता में सुधि कछु नहीं। सुरति करि केलि-विलासनि कौ सुख सूचत हैं। जहाँ प्रियाजू के सम्भ्रम अद्‌भुत उपज्यौ सो प्यारीजू के वचन सम्भ्रम के अपने मन सौं सुपन में॥ इति॥

मूल — **कहौ यह काकी बेटी कहा धौं कुँवरि कौ नाँउ॥ इति॥**

अर्थ — श्रीप्रियाजू सम्भ्रम वचन, महामत्तता में, अपने मन सौं कहत हैं — कहौ यह काकी बेटी है? कहि धौं कुँवरि कौ नाँउ कहा है? इति॥ अपनी चाह रूप हितकारी सखी जब बोलन लागी — प्यारीजू! कहा संभ्रम वचन कहत हौ? तहाँ प्यारीजू कहत हैं॥

मूल — **तुम सब रहौ री हौं ही ऊतर दैहौं चले किन जाहु ढोटा बाइ बावरौ गाँउ॥ इति॥**

अर्थ — तुम सब रहौ री! सखी हौं ही ऊतर दैहौं। चले किन जाउ ढोटा बाइ बावरौ यह गाँव है ॥इति॥

मूल — **सब सखी मिलि छिरका खेलन जु लागीं, तौलौं तुम रहौ री जोलौं हौं न्हाँउ॥ इति॥**

अर्थ — सब सखी मिली हैं, जहाँ जमुना में छिरका खेलन लागी हैं। प्रियाजू नें कह्यौ — तौलौं तुम रहौ री, जोलौं न्हात हौं॥ इति॥

मूल — **श्रीहरिदास के स्वामी स्यामा कुंजबिहारी लै बुड़की गरें लागि चौंकि परी कहाँ हौं जाँउ॥ इति॥**

अर्थ — श्रीहरिदासीजू के स्वामी श्रीस्यामाजू महामत्त यौं संभ्रम वचन कहत हैं। श्रीकुंजबिहारी के अंग-संग पौढ़े हैं। ज्यौं बुड़की लई तब तौ पिय के गरें लागि चौंकि परी, अरी सखी, मैं कहाँ जात हौं। तब पिय नें कह्यौ — हो प्यारीजू, कहा है? तब प्यारीजू नें कह्यौ — या भाँति मोकौं संभ्रम भयौ। तब पिय नें अंक में भरि लई। हो प्यारीजू! तुम तौ मो-अंक में राजत हौ। ऐसौ संभ्रम-सुपन क्यौं भयौ? कह्यौ — कछु सहज ही॥ इति॥

श्रीबिहारिनिदासजू कौ पद — **सहेली मेरौ लाल बिहारी ऐसौ रगमग्यौ जै श्रीवृन्दावन कौ री चंद।** तामें कह्यौ है — यह प्रेम विचित्री है। सखी इक दिन हौं जमुना जल न्हात ही मैं देख्यौ वन में जात। ना जानौं कित है मिल्यौ, हौं चौंकि परी सब गात। यह श्रीप्रियाजू के प्रेम की बात श्रीहरिदासीजू बर्नन करी॥ इति॥

द्वितीय आभास

महामत्त मानिनी अरु मनोहर मान रूप जो सरोवर है, तामें खेलत हैं। अरु छबि रूप कटाक्ष, जिनतें छींटनि छिरकत है। छैल उमँगि कें रस कौं झेलत हैं। अति अनुराग परस्पर में बाढ़त जात है। प्रेम भुजनि बल करि पेलैं हैं। सुख सागर की रेलैं, तातें जल खंड-खंड इत-उत ह्वै जात है। और अंग-अंग लगन में मगन ह्वै रहे हैं। और दसननि के चिह्न, आलिंगन, चुंबन में दसन-बसन जो चीर अरु चिकुरनि-की सम्हार नाहीं। सखीजन रस में भीन बसन निवारि फेरि सिंगारत हैं। माला आदि गरे में मेलत हैं। या सुख में कोऊ हासि के वचन मत्तता में रस-जल केलि-विलास में उचरत है। ताहि श्रीहरिदासीजू सुनि-सुनि दरसावत हैं॥ इति॥

मूल — **कहौ, यह काकी बेटी, कहा धौं कुँवरि कौ नाँउ॥ इति॥**

अर्थ — विमल जमुना सुख की संधि-तहाँ दोऊ तट-गौर-साँवरे सोभित। तामें मदन की नव-नव तरंग। जहाँ उरोज-सरोज फूले हैं। तहाँ हासि के वचन नव-नव हिलोर उचरत हैं। लालजू के वचन सखी प्रति — हे सखी कहौ, यह काकी बेटी? जहाँ सखी बोली — काकी बेटी नहीं, श्रीहरिदासीजू की लाड़िली है। फिर कहि धौं, कहा है कुँवरि कौ नाँउ?

श्रीकुंजबिहारिनि, नित्य किसोरी, स्यामा, राधे, प्रिया, पिय-प्रान प्रतिपालिनी जू या कुँवरि कौ नाँउ है॥ इति॥

मूल — **तुम सब रहौ री हौं ही ऊतर दैहौं, चले किन जाहु ढोटा बाइ बावरौ गाँउ॥ इति॥**

अर्थ — जब श्रीप्यारीजू बोली — अरी सखी, तुम सब रहौ। हौं नीके उत्तर दैहौं। हो छैल, महामत्त, मो अधर-रस पान करि डोलत हौ। अंग-अंग मिलि क्रीड़त हौ, तौ चले किन जाउ मो रुचि लियें। हासि करि कहत हैं — हो ढोटा, कहा, हे कुँवर, कहा या मत्तता की पवन तें बावरे काहे होत? जैसे ढोटा — कुँवर अजान बिन सम्हार चलै। गाँउ, जो हमारे तुम्हारे अंगनि कौ संकेत, तहाँ सावधान ह्वै रहौ॥ इति॥

मूल — **सब सखी मिलि छिरका जु खेलन लागी, तौलौं तुम रहौ री जौलौं हौं न्हाँउ॥ इति॥**

अर्थ — सब सखी मिलि सुख देखत हैं। प्यारीजू छिरका खेलन लागीं। कहा छिरकत हैं छींटें कटाछिन

छबि सौं। जब लाड़िलौ लाड़िलीजू तें कहत — हो प्यारीजू! तौलौं तुम रहौ री, जौलौं हौं न्हाँउ, कहा, उमँगि-उमँगि रस झेलैं। गौर-स्याम अंग-अंग मनोहर, तिनके चीर-चिकुरनि की छबि छाय रही है। कबहूँ रहसि-बहसि, हँसि धावत, प्रीतम-प्यारी अंग-अंग मिलावत हैं। ताहि कहत हैं ॥ इति ॥

मूल — **श्रीहरिदास के स्वामी स्यामा कुंजबिहारी, लै बुड़की गरें लागि चौंकि परी कहाँ हौं जाँउ ॥ इति ॥**

अर्थ — श्रीहरिदासीजू के स्वामी स्यामा अरु कुंजबिहारी, सो प्यारीजू बुड़की लै, कहा, कबहूँ जल समूह रस झेलत-खेलत हैं। गरें लागि चौंकि परी, कहा, महामत्त पिय कंठ सौं लागि रही है अरु नित्य दुलहिनी है। अंग-अंग के फूल मिलिबे में चौंकि परी अरु नाहिं-नाहिं सब्द कहत भई — कहाँ जाँउ, अहो, छाँड़ौ, मेरौ अँचरा जिन गहौ। हे सखी, देखत है याकौ मतौ। अब तू मोकौं दाय-उपाय बताय। कौन अंग-अंग के विलास में जाइकें, या छैल कौं रस-जल तें भरौं ? जब सखी सैन दई-महामत्त जुगवर सुखदायक हौ। अंग-अंग मिलि कंठ लपटाय रहौ। कुँवरि-कुँवर दोऊ क्रीड़ा करत हैं। जल-थल में मिलिकें अनंग कौ रंग बढ़ावत हैं। हावभाव आलिंगन, चुंबन, केलि, मन भाई करत हैं। अंग-अंग दुकूल रचिकें सखी बलि-बलि जात हैं ॥ इति ॥

— **भावार्थदीपिका :** श्रीनागरीदासजू

८४

बिबि तन वन एकांत सुख, झूलत पिय उर जोरि।
घुमड़्यौ रूप अबीर लौं, हौं निरखौं तृन तोरि।
करि प्रवेस तन वन बिबि झूलैं।
झोटा उरनि अरनि इत उत तें, रूप अबीर उड़त सुधि भूलैं।
वे उनके वे उनके तनमय, हौं गहि रही उभै भुज मूलैं।
श्रीहरिदासी निहारि कुंज में, सुख अपार विलसत मन फूलैं।

— **आभास उल्था :** श्रीपीताम्बरदेवजू

केलि डोल झूलत जुगल, भामिनि कामिनि कंत।
एक समैं जो मान गति, सखि उर वा एकांत।
अंग चलन जो परस्पर, झोटा देत अभंग।
हँसनि अबीर गुलाल चख, डारत जुगल अनंग।
वे उनके वे उनहिं के, झोंटा देत प्रवीन।
हौं दोउनि कौं देत सखि, बाढ़त रंग नवीन।

—**वस्तुदर्शिनी :** श्रीराधाशरणदेवजू

सखी के वाक्य सखी प्रति — बिबि तन-वृन्दावन महाआनंदमय हरित अंग-अंग फूल फूले हैं। जहाँ आनंद रूप सुरति निकुंज, तामें सुख सेज, दोऊनि के अंग-अंग मिलन कौ डोल, सो कुंजबिहारी-कुंजबिहारिनि झूलत हैं। जहाँ

सुरति, सनेह, चाह, हितकारी सखी रुख लियें सेवा करत हैं। सो सुख सखी प्रति कहत हैं॥ इति॥

मूल — **एक समैं एकांत वन में डोल झूलत कुंजबिहारी॥ इति॥**

अर्थ — एक समैं कहा, जो दुहुँनि की रुचि एक ही सुख सौं मिली, इनके चाह सोई उनके चाह। एकांत-वन में कहा कि दोहुँनि के तन रूप वन। जो मन की डहडहानि है, सोही तौ हरी भूमि है। तन जो है पिय कौ, सोई स्याम-तमाल है प्रियाजू कौ जो तन है, सोई कंचन-बेलि लिपटि रही है। नैंन है, सोई मृग हैं। मुख-कमल, कुच-कमल, कर-कमल, चरन-कमल हैं। नाभि गम्भीर, सोई सरोवर रस कौ है। केस हैं, सो गुल्म लता हैं। अधर हैं, सोई पल्लव हैं। अरु महाआनंद में हरित अंग-अंग फूल फूले हैं। डोल झूलत कुंजबिहारी, महाआनंद में मगन हैं, सो आनंद छै रह्यौ है, सोई डोल, तामें झूलत हैं। सुरति-बिहार में सुख रूप ह्वै रहे हैं। अथवा इनके अंग-अंग की अरनि, सोई डोल है, तामें झूलत हैं दोऊ कुंजबिहारी। हिय-हिय कुंज, सो मिलिकें नित्य बिहार करत हैं॥ इति॥

मूल — **झोंटा देत परस्पर सब मिलि अँबीर उड़ावत डारी॥ इति॥**

अर्थ — झोंटा देत परस्पर कहा, दोऊ परस्पर झोंटा देत हैं। महासुख रूप अंग-अंग में चाह अपार। कबहूँ तौ प्यारीजू झोंटा देत हैं, कबहूँ लालजू झोंटा देत हैं। अबीर उड़ावत डारी, कहा, अंग-अंग अबीर पिय डारत हैं, लपटात लागि उर-प्रियाजू के अंग में, सो आनंद छै रह्यौ है॥ इति॥

मूल — **कबहुँक वे इनके, वे उनके, हौं दुहुँनि की एक सारी॥ इति॥**

अर्थ — कबहूँ तौ वे प्रिया पिय भये उनकी क्रिया करत हैं। कबहूँ वे पिय प्रिया भये उनके सुख कौं लहत हैं। हँसत हैं, हँसावत हैं, रीझि-रिझावत हैं। हौं दुहुँनि की एक सारी, मैं तौ सदा सखी-भाव में सावधान रहत हूँ। ये तौ अदल-बदल क्रिया करत हैं, तौहू मैं इनके सुख में इकसारी रहत हूँ, कबहूँ घटि-बढ़ि रुचि नाहीं होत॥ इति॥

मूल — **श्रीहरिदास के स्वामी स्यामा कुंजबिहारी बाढ़्यौ रंग भारी॥ इति॥**

अर्थ — श्रीहरिदासीजू के स्वामी स्यामा अरु कुंजबिहारी के डोल झूलिबे में अति-भारी रंग बाढ़्यौ। जब किसोर किसोरीजू कौ कर गहि लेत, पुलकि कें अंक भरत हैं, विलसत हैं। तन-मन फूले फुलवारी में के सब अंग-अंग में॥ इति॥

— **भावार्थदीपिका :** श्रीनागरीदासजू

८५

कुंज डोल मृदु बोलनी, छूटी लर गर पोति।
भ्रमर गुंज संग रागही, निरखि श्रमित सखि होति।
कुंज डोल मृदु बोल निरखि छबि, बिथुरी अलक पोति गर माँही।
भ्रमर-गुंज सुख-पुंजनि गावत, संग भ्रमत मृदु सब्द कराँहीं।
सुघर जुवति बहु वृन्दनि सेवत, उपमा ढूँढि मिलत कहुँ नाँही।
श्रीहरिदासि निहारि जुगल छबि, वारति सर्वस लखि गरबाँही।

— **आभास उल्था :** श्रीपीताम्बरदेवजू

कुंज-कुंज अँग-अंग लखि, डोलनि झुकनि अनूप।
मधुर वचन सुख सूचहीं, आनंद-सिंधु सरूप।
जुवति अंग निज मुक्त लर, पोति अंग निज स्याम।
सुरति अंत न्यारे भये, छूटन यौं अभिराम।
भ्रमर हृषी मन गुंजरत, चाहत रति-पति रीति।
राग वृंद तिनकी गतिन, करहिं बिहार सप्रीति।
चाह सनेह सुबुद्धि सखि, इनहिं समेत विलास।
रीझि करत अति सुरति की, लगत न पलक हुलास।
स्वामी श्रीहरिदासके, स्यामा-स्याम जु नाम।
करहुँ निछावर तन-मनहिं, इह गति अति अभिराम।

— **वस्तुदर्शिनी :** श्रीराधाशरणदेवजू

सखी कौ वचन सखी प्रति — कुंज-कुंज बिबि तन सुख पुंज, दोऊ प्रिया-लाल महामतवारे सुख सेज पै डोलत हैं। अरु मृदु-मृदु वचन कि बोलनि अति मधुर है। अरु अनेक चाह परस्पर अंग-अंग मिलिबे में, ताके जूथ बाढ़े हैं। या सुख की छबि, जो आवत हैं, मतवारे अति आनन्द में अपनी प्रानप्रिया सौं ख्याल करत। सो सुख श्रीहरिदासीजू अपनी अंग-संगिनी सखी सौं कहत हैं॥ इति॥

मूल — **कुंज-कुंज डोलनि मृदु बोलनि टूटी लर छूटी पोति अति छबि लागति॥ इति॥**

अर्थ — हे सखी, ललना अरु लाल कुंज-कुंज डोलनि, कहा, इनके अंग-अंग रूप कुंज, तामें डोलनि-सपरस करिबौ। कहा, सुरति-बिहार में मगन महासुख में अति चाह करि सावधान अंग-अंग में, सो आवत हैं री। कहा, सुरति-लय तें अंग-अंग क्रिया में सावधान ह्वैबौ, सो डोलिबौ। मृदु बोलनि, कहा, महामृदुल वचन रस भरे बोलत हैं। टूटी लर, कहा, सुरति-सुख में जो लय हुती, सो वा सुख तें टूटी लर, अब सावधान ह्वै अंग-अंग क्रिया कौं अनुसरें। अरु छूटी पोति, कहा, चाह दोहुँनि की मिलिकें एक ह्वै रही हीं, सो अब छूटी, कहा, अपनी-अपनी क्रिया अंग-अंग की कौं चाह छूटीं। अति छबि लागति, क्योंकि प्रथम समागम नव-नव केलि अंग-अंग में प्रकास करत, सो छबि अति सुंदर लागत है। अपनी प्रानप्रिया सौं ख्याल करत हैं॥ इति॥

मूल — **भँवर गुंजार करत संग डोलत, मानौं मेरु रागिनी के संग लियें रागति॥ इति॥**

अर्थ — भँवर — जो लालजू गुंजार करत कहा, फूल सौं भँवर ख्याल करै। कबहूँ तौ प्यारी रूपी गुलाबी फूल तें लिपटि जात हैं अरु हँसि-हँसि मुख सौं मुख जोरत हैं। अरु कबहूँ अधर-रस पान, सोई पराग-सुगंध ताहि लेत हैं, देत हैं। महाजोवन के भर में मंद अरु घोर वचन बोलत-मनुहारि करत, संग डोलत कहा कि हिलिमिलि रसिकनी रसाल कें। मानौं मेरु रागिनी के संग लियें रागति, मानौ मेरु जो कहियै अनेक रागिनी — जो अनुरागिनी — चाह संग लियें रागति कहा, अनुराग मूर्ति ह्वै रहे हैं। अंग-अंग फूले सुख विलसत हैं॥ इति॥

मूल — **जूथ अनेक सुघर जुवतिन के, तुम्हरी रीझि पलव नहिं लागति॥ इति॥**

अर्थ — हो प्यारीजू, ये पिय जूथ अनेक सुघर जुवतिन के कहा, अनेक चाह रूप सुघर जुवती, तिनके

समूह लियैं तुमसौं विलास करत हैं। पै तुम्हरी रीझि पलव नहिं लागति, कहा, आपकी सी रीझि की बात कहाँ पाइयै, तामें आप रीझौ? जदपि ये बहुत सुघराई-चतुराई सौं तुम्हें रिझावत हैं, पै जैसें आप इनकौं रीझि कें सुख देत हौ, आपके एक पलक के हू सुख के समान यह सुख नहीं लागै॥ इति॥

मूल — **श्रीहरिदास के स्वामी स्यामा कुंजबिहारी पै तन मन धन न्यौछाबर करौं का गति॥ इति॥**

अर्थ — श्रीहरिदासीजू के स्वामी स्यामा कुंजबिहारी कौं सुख दै निहाल करत हैं। अरु अंग-अंग करि सुख देत हैं। सो सुख सखी देखि कहत-हो प्यारीजू, तुम पर मैं अपनौ तन, मन, धन न्यौछावर करत हों कि या भाँति प्यारे कुंजबिहारी पै सुख की वरषा करत हौ। अथवा लाल कुंजबिहारी पर जब श्रीहरिदासीजू के स्वामी स्यामा सुख की वरषा करी, तहाँ लालजू कहत — हो प्यारीजू, मैं निहाल भयौ। अपनौ तन, मन, धन तुम पै न्यौछाबर करत हूँ। का गति, मेरे, और कोऊ गति नाहीं। मोकौं तुमही गति हौ। आपके सुख दैबे की मैं कहा गति हूँ? तुम मो-प्राननि के प्रतिपाल करनहार हौ॥ इति॥

— **भावार्थदीपिका :** श्रीनागरीदासजू

८६

जुगल उठत छबि को कहै, रैंन द्यौस इक संग।
बिबि कपोल भ्रमरी लरैं, लखि अनंग गति पंग।
उठत प्रात कछु छबि न समात।
मानौं रैंन द्यौस एकत ह्वै, वे बिछुरत ए सदा संघात।
कनक कुंज सुख पुंज भ्रमर लर, खंजरीट ढिंग नैंन सुहात।
श्रीहरिदासि निरखि आलस छबि, कोटि अनंग वारनैं जात।

— **आभास उल्था :** श्रीपीताम्बरदेवजू

सुरति अंत उठिबौ जु गुन, सो छबि बरनें कौन।
त्रिगुन मैंन तें भिन्न लखि, गौर स्याम सँग जौन॥
बार लटपटे मुख कमल, उरझि रहे लपटानि।
भ्रमर जूथ जनु लरत अति, असित सोभ सुखदानि।
और सुनों छबि जो सरस, अद्भुत कही न जाइ।
वदन कमल-दल पर मनौं, भौंर नैंन सचु पाइ।
श्रीहरिदासी के स्वामी सुनि जुगल किसोर सुजान।
कोटिन कोटि अनंग जो, वारि दीजियत आन।
सबै बसत संसार में, अवतारादिक वृंद।
तिनहिं सहित वारि जु दिये, कोटिन-कोटि अनंद।

— **वस्तुदर्शिनी :** श्रीराधाशरणदेवजू

सखी के वाक्य सखी प्रति — प्रकास कुंज, जहाँ सुरति सेज पै प्रात: ही दोऊ प्रिया-प्रीतम उठिकें विराजमान हैं। सो छबि बरनि न जात। लटपटात हैं, अरसात हैं, उनींदे नैंन घूमत हैं। महासुख में मगन कछु तौ सावधान अरु कछु सुरति सुख में मगन। सब अंग-अंग सिथिल हैं। लोचन जुगल जागे, पागे रति-मैंन में। श्रीहरिदासी महाआनंद में राजत। जहाँ सखी के वचन सखी सौं॥ इति॥

मूल — **प्रिया पिय के उठिबे की छबि बरनी न जाय सब तें न्यारे॥ इति॥**

अर्थ — प्रिया-पिय के उठिबे की छबि कहा, जो सुरति सुख में मगन हे, अब सावधान कछु भये। अंग-अंग क्रिया — जो काम-केलि रस विलास करिबे कौं सिथिल हैं। कछु तौ सावधान-अंग-अंग सम्हार है, कछु अलसानि करि नैंन घूमत हैं। या भाँति उठिबे की छबि बरनी न जाय। सबतें न्यारे कहा, जो-जो मनोरथ उपजे हे सुरति सुख में, तिन सब तें न्यारे अब और मनोरथ प्रगटे। प्रथम तौ सुरति ही करि बिहार हो, अब कछु सम्हार अंग-अंग विलास में भई। सो मनोरथ उन सब मनोरथनि तें न्यारे हैं। लटपटात हैं, अरसात हैं? यह सोभा सब तें न्यारी है॥ इति॥

मूल — **मानौं द्यौस रैनि इक ठौरे सोये न भये न्यारे॥ इति॥**

अर्थ — मानौं द्यौस — प्रियाजू, रैनि — लालजू, इक ठौर सोये, न भये न्यारे कहा, सुरति हू में कछु मगन हैं, कछु सम्हार है। न्यारे न भये कहा? उठे हैं, पै दुहुँ रंग में हैं। न तौ जागत ही जाने जाहिं, न सोवत ही। अथवा द्यौस कहियै — प्रात:चैतन्यता अलसानि समै, रैनि — राति-रति समै इक ठौरे कहा, एक ही सुख में, यहै या सुख तें न्यारे न भये। कहा, एकही रुचि विलासमय है, न्यारी नाहीं।

मूल — **बार लटपटे मानौं भँवर जूथ लरत परस्पर, कमल दलनि पर खंजरीट सोभा न्यारे॥ इति॥**

अर्थ — बार — जो अलकैं, सो मुखकमल पै बिथुरी हैं, मानौं भँवरनि के जूथ लरत हैं परस्पर। कमल-दलनि पर खंजरीट सोभा न्यारे, कमलदल — जो लोचन जुगल जागे हैं, रति-रंग में पागे हैं। खंजरीट-पंछी ज्यौं अति चंचल हैं। सो सोहत, मनमोहत हैं। सो ये सोभा न्यारी है। अथवा बारंबार लटपटात हैं अंग-अंग भँवर जूथ। कहा, जो दुहुँनि के मनोरथनि के समूह, सो परस्पर लरत हैं। कहा, चितै परस्पर क्रीड़त हैं। दोऊ काम-केलि रस में पगि रहे हैं। सुरति-संग्राम में निपुन हैं। कमल-दल — जो मुखकमल, तिनके दल जो नैंन वा अधर। सो बिहारी चंचल, सोही खंजरीट-पंछी, सो नैंननि कौं चितै-चितै अधरपान करिबे कौं लगे हैं, सो यह सोभा न्यारी है॥ इति॥

मूल — **श्रीहरिदास के स्वामी स्यामा कुंजबिहारी पै कोटि कोटि अनंग कोटि ब्रह्मांड वारि कियें न्यारे॥ इति॥**

अर्थ — श्रीहरिदासीजू के स्वामी स्यामा अरु कुंजबिहारी पर कोटि-कोटि अनंग अरु कोटि ब्रह्मांड के सुख वारिकें न्यारे किये। अथवा श्रीहरिदासीजू के स्वामी स्यामा, कुंजबिहारी पर या भाँति कृपाल हैं, सो बारंबार अंग-अंग लटपटात हैं। जो पिय विरह की माँड कहा, सदा व्याकुल ही रहैं बिहार बिन, अरु नख-सिख लोभी लीन हैं। जिनके कोटि-कोटि चाह जो काम, सोही अनंग, सो आजु या समैं की कृपालता प्यारीजू की, तानें पिय की चाह कोटि-कोटि अरु विरह की माँड कोटि-कोटि वारि अरु न्यारे किये। जो छिन-छिन में प्रीति रूप रंग अति बढ़त रहत। प्यारीजू की कृपालता चाह, सो अद्‌भुत है॥ इति॥

— **भावार्थदीपिका :** श्रीनागरीदासजू

८७

श्रीपीताम्बरदेवजू नें यह पद अपनी टीका में नांहि राख्यौ है।

— आभास उल्था : श्रीपीताम्बरदेवजू

कुंजमहल आलस गुनहिं, आवत छोड़त सोइ।
अंग रगमगे रगमगे, राधा सरन सुजोइ।
कटि किंकिनि भुज माल अँग, सिथिल नैंन बिबि लाल।
सुरति मध्य आरम्भ पुनि, अंत जु तीनहु काल।
इन्द्रीं स्यामा स्याम की, सबै सखी ते जानि।
ते जु परस्पर गान करि, रति सुघराई ठानि।
बीन आदि जहँ जंत्र बजि, सुख संगीतनि केलि।
सोभा छल बल मदन बहु, जीति कटाक्ष बहेलि

— वस्तुदर्शिनी : श्रीराधाशरणदेवजू

सखी कौ वचन सखी प्रति — कुंजमहल, जहाँ सुरतिसेज पै सोभित स्यामा-स्याम फूले आवत हैं। सुरति-हिंडोरे झूले कुंज-केलि नवरंग बिहारी। अंग-अंग अरसात हैं। दोऊनि के मन सुरति-सुख में मगन। अरु अंग-अंग विलास की फूलनि करि मन फूले। सो सुरति-सुख में तें अंग-अंग विलास कौं आवत। कहा, सावधानता भई। श्रीहरिदासीजू महाआनंद में विराजमान हैं। जहाँ सखी के वचन सखी सौं॥ इति॥

मूल — **स्यामा स्याम आवत कुंजमहल तें, रगमगे रगमगे॥ इति॥**

अर्थ — हे सखी, स्यामा अरु स्याम आवत कुंजमहल तें, कहा, दोऊ सुरति सुख में मगन। महाआनंद रूपी इनके मन फूले हैं, सुरति-हिंडोरे झूलिबे में ता कुंजमहल तें अंग-अंग बिहार कौं तन-मन फूले आवत हैं। रगमगे रगमगे-रस तें भीने, अरसानि तें॥ इति॥

मूल — **मरगजी बनमाल सिथिल कटि किंकिनी अरुन नैंन चार्‍यौं जाम जगे॥ इति॥**

अर्थ — कुंज केलि नवरंग बिहारी सुरति-हिंडोरे झूले हैं, तातें मरगजी बनमाल सिथिल कटि में किंकिनी कहा, दोहुँनि के छाती सौं छाती मिलिबे में कुच रूप तन बनमाल मरगजी है। अरु कटि ही किंकिनी है, कहा, कटि सौ कटि जोरि हिय रूप हिंडोरे झूले हैं, तामें कटि-किंकिनी अंग में बाजै है, तातें कटि-किंकिनी सिथिल है। चार्‍यौ जाम जगे, कहा, चारों अवस्था में कहा, प्रथम-सुरति आरंभ, दूसरे-मध्य, तीसरे-अंत, चौथे-फिर अंग-अंग सम्हार। तामें सावधानी, सोई जागे॥ इति॥

मूल — **सब सखी सुघराई गावत बीन बजावत सब सुख मिलि संगीत पगे॥ इति॥**

अर्थ — सब सखी-जो ललितादिक, सो दोहुँनि के सुरतिरास में संगीत की जो नृत्य, कैऊ भाँति लाग-डाट के भेद, उरप-तिरप, अंग-अंग मिलि सुख रूप करी, ताहि सुघराई राग में गावत हैं अरु बीना बजावत हैं। पगे कहा, दोऊ वाही रस में पगे हैं। अथवा ललिता-हरिदासीजू आदि सुख देखत हैं, हरषत हैं। दोहुँनि की

संगीत-नृत्य अंग-अंग मिलि भई अरु फिर ताही सुख में पगे हैं। सुघराई सों महारस भरे गावत। कहा, थेई-थेई सब्द बोलत हैं। अरु बीना जो कुच, ताहि बजावत हैं। कहा, कर कमलनि सों गहि संगीत-नृत्य में पगि रहे हैं।

मूल — **श्रीहरिदास के स्वामी स्यामा कुंजबिहारी की कटाछ सों कोटि काम दगे।**

अर्थ — श्रीहरिदासीजू के स्वामी स्यामा, कुंजबिहारी हैं, जाकी कटाक्ष सों कोटि काम दगे, कहा, लालजू काम करि दहा, जो चाह कोटि-कोटि प्यारीजू के अंग-अंग मिलिबे की बनी रहत, सो या समै प्यारीजू पिय की चाह रूप कोटि काम, सों दागे। कहा, जा-जा भाँति अभिलाष ही, ताही-ताही भाँति संगीत नृत्य करि अभिलाषनि कौं रस सौं भरि दईं। अरु दागे, कहा, नृत्य में एक कटाक्ष तें कोटि मनोरथ लालजू के चेरे करि छाँड़े। अरु दागे जो हम चरनकमल की दासि हैं॥ इति॥

— **भावार्थदीपिका :** श्रीनागरीदासजू

८८

झूलत रंग हिंडोरनैं, गौर स्याम बहु भाँति।
नील पीत पट फरहरैं, चलत मिलत मुसिक्याँति
दूलहु दुलहिनि रगमगे, सहचरि निरखि हिंडोरैं।
गौर स्याम छबि अति दुति राजत, सोभा लखि सहचरि तृन तोरैं॥
नील पीत पट धुजा चलत मनु, मचकि किलकि उर जोरैं।
श्रीहरिदासी कहति पिय घन सौं, डर लागत मोहिं चलि बलि थोरैं।

— **आभास उल्था :** श्रीपीताम्बरदेवजू

प्रेम हिंडोरा सखि रच्यौ, झूलत स्यामा-स्याम।
दूलहु दुलहिनि नित नये, अविचल तिनकौ धाम।

— **वस्तुदर्शिनी :** श्रीराधाशरणदेवजू

सखी के वाक्य सखी प्रति — नव निकुंज सुख पुंज महल में दोऊ नित्य दुलहिनि-दुलहै हिय-हिंडोरना अंग-अंग मिलन कौ, तापै झूलत हैं। महाअद्भुत छबि जोवन-जोर तें झोंटा देत हैं। अरु रहसि में बहसि कैं हँसि-हँसि उर लागत हैं। अंग-अंग बसननि की छबि छाय रही है। अति आतुर हैं। श्रीहरिदासीजू महाआनंद में सुख देखि विपुल-बिहारिनिदासी तें कहत हैं॥ इति॥

मूल — **हिंडोरेऽब झूलत लाल दिन दूलहु दुलहिनि बिहारिनि देखौ री ललना॥ इति॥**

अर्थ — हिंडोरेऽब झूलत कहा, हिय दोहुँनि के सो हिंडोरा अरु चाह रूप डोरें, जहाँ अंग-अंग मिलि झूलत हैं। कौन, दिन-जो नित्य, लाल दूलहै अरु दुलहिनि-बिहारिनि। तिनकौं देखौ री ललना, हे सखी, तुम देखौ कहा, अद्भुत सुख है। हरषि-हरषि आनंद रूप हिंडोरा में नव किसोरी-किसोर झूलत हैं॥ इति॥

मूल — **गौर स्याम छबि अति दुति बहु भाँति री बलना॥ इति॥**

अर्थ — गौर स्याम — दोऊ पिय-प्यारी। अथवा गौर-स्याम अंगनि की कांति, ताही की छबि अति बनी है बहु भाँति। हे सखी, बलना कहा, रहसि-बहसि हँसि-हँसि उर लागत हैं अरु जोवन के जोरें झोंटा देत हैं॥ इति॥

मूल — **नीलाम्बर पीताम्बर अंचल चलत धुजा फहरात कलना॥ इति॥**

अर्थ — नीलाम्बर-जो पिय प्यारी के अंग तें लिपट्यौ है। अरु पीताम्बर — जो प्यारीजू, सो पिय नें अपने अंग पै बसन सँवारे। अरु चलत हैं, सोही अंचल है। कहा, हिंडोरे झूलत हैं। धुजा फहरात कलना, कहा, अंग-अंग ही अंचल, सो हिंडोरा के झोंटा दैबे में अंग-अंग चलत, सोही अंचल की धुजा फहरात है। आनंद जो दुहुँनि कौ छाय रह्यौ है, सो धुजा फहरात। कलना कहा, श्रमित हैं, राखे रहत नाहीं। गूढ — जो गुन महाझूलन में चित्त परस्पर चुभि रहे हैं॥ इति॥

मूल — **श्रीहरिदास के स्वामी स्यामा कुंजबिहारी बिहारिनि अविचलना॥ इति॥**

अर्थ — श्रीहरिदासीजू के स्वामी स्यामा कुंजबिहारिनि अरु कुंजबिहारी अविचलना, कहा, दोऊ तन-मन करि मगन हैं। अरु बिबस हैं। चलि सकत नाहिं। अंग-अंग मिलि रहे हैं॥ इति॥

— भावार्थदीपिका : श्रीनागरीदासजू

८९

यह पद भेंट का है। पीताम्बरदेवजू तथा राधाशरणदेवजू — दोनों की टीका में यह नहीं है। नागरीदास की टीका में है।

सखी कौ वचन सखी सौं — सुरति-हिंडोरे दोऊ प्रीतम-प्यारी निकुंज में झूलत-फूलत हैं। पुलकि-पुलकि किलकत हैं, मन करि जोवन की जोर की झकोरनि तें। अरु अलकावली छूटि रही हैं। अंग-अंग शिथिल अरु अनंग-रंगनि में रहसि-बहसि करि हँसत हैं परस्पर। उर — जो कुच, तिनकौं कर-कमलनि तें टटोरत हैं। अति रंग भरे भुजमूल डाँडी गहें मुख परस्पर निरखत हैं। सरस सहेली विलास कौं दरसत हैं। अति चंचलनि के चित्त कौं चोरत हैं। सो सुख श्रीहरिदासीजू सखी तें कहत हैं॥ इति॥

मूल — **सुरति-हिंडोरें झूलत प्रीतम प्यारी॥ इति॥**

अर्थ — सुरति-सुख में मगन, ताही सुख के हिंडोरा में दोऊ — प्रिया-प्रीतम झूलत हैं, फूलत हैं। कहा, तीन जाति कौ बिहार है। सुरति-बिहार कि मन में अनेक मनोरथ उपजत हैं, ताही करि मन में बिहार, ताकौ प्रकास अंग-अंग में चिह्न सब बिहार के होत हैं। कबहूँ रूप परस्पर अवलोकन करत, देखिबौ कबहूँ अंग-अंग मिलि बिहार करत। सो यह सुरति-बिहार कौ हिंडोरा है। मन-बिहार में चिह्न प्रगटे, यह अद्भुतता है। अरु अति सुकुमारता की जाति है। पै सबकौ हेत यह कि अंग-अंग बिना मिले व्याकुलता है। तातें तन-मन नित्य मिले ही रहत॥ इति॥

मूल — **हँसत लसत नव घन ज्यौं दामिनि दुलहिनि कुंजबिहारी॥ इति॥**

अर्थ — हँसत हैं। तन में, मन में बसत-लसत हैं। दुलहिनि अरु कुंजबिहारी दोऊ सुख विलसत हैं॥ इति॥

मूल — **कबहूँ कर कंचुकी-बंद मोचत नेति-नेति बोलत सुकुमारी ॥ इति ॥**

अर्थ — कबहूँ-कबहूँ कर रूप कंचुकी कुच कों गहत हैं ! नाहिं-नाहिं सुकुमारी बोलत हैं ॥ इति ॥

मूल — **बिबस भये उर धरें सखीरी सँग हरिदासि दुलारी ॥ इति ॥**

अर्थ — बिबस भये कहा, अति सुकुमारी आलस करि बिबस भये, तब पिय नें अपने उर पै धरे हैं। हे सखी! श्रीहरिदासीजू संग हैं। लाड़िली इनकी दुलारी है। अथवा दोऊ मगन मद मोद जानिकें श्रीहरिदासीजू संग में ही, दुहुँनि कौं गोद में लिये, अपने उर रूपी सेज पै पौढ़ाय राखे हैं। श्रीहरिदासीजू कहत — हे सखी! ये दुलारी-लाड़िली मेरी है। सो अति सुकुमारी है। जातें आलस-मय हैं॥ इति॥

— **भावार्थदीपिका :** श्रीनागरीदासजू

९०

ऐसी रितु चाहत सखी, घटा धनुष रस घोर।
विपिन हरित सहचरि सुरंग, वरषा गान किसोर।
ऐसी रितु, चाहत सखि मोरी।
स्याम घटा ढिंग धनुष प्रियाजू, हँसनि कौंधि गावनि घन घोरी।
विपिन भूमि अति हरी सहचरी, वसन सुरँग मनु काम किरोरी।
श्रीहरिदासि मलारनि धुरवा, जल श्रम अँग पिय वरषि किसोरी।

— **आभास उल्था :** श्रीपीताम्बरदेवजू

ए दोऊ मल्ल जु अरत हैं, ताकौ नाम मलार।
श्रीहरिदासि असीसहीं, बिलसहु बारंबार।
बिबि तन वृन्दा-विपिन में, वरषत मंगल घोर।
घन लालन धनु राधिका, सब्द अलापत मोर।
हरी धरनि पिय अंग हैं, बूढ़नि गोरी अंग।
गावत राग मलार कौं, टारत जुगल अनंग।

— **वस्तुदर्शिनी :** श्रीराधाशरणदेवजू

सखी के वचन सखी तें — श्रीवृन्दावन-अति सुन्दर, जो दुहुँनि के तन, तामें नीके द्रुमलता-स्याम तमाल अरु कंचन बेलि-प्रिया, जिनके अंग-अंग फूल फूलि रहे हैं। श्रीजमुनाजू-सुभग सुख की संधि, तिनके दोऊ गौर-स्याम तट, तामें कुच-कमल फूले हैं। अरु नीके गृह लता कुंज-सुंदर हिय सुख सदन। हरी भूमि अंग-अंग की डहडहानि, तामें मोरनि की बोलनि। स्याम घटा अरु दामिनी दोऊ रस की वरषा करत हैं। सो सुख श्रीहरिदासीजू सखी सौं कहत हैं॥ इति॥

मूल — **ऐसी रितु सदा सर्वदा जो रहै बोलत मोरनि ॥ इति ॥**

अर्थ — हे सखी, ऐसी रितु — जो दोऊ स्याम घटा अरु दामिनी रस की वरषा करत हैं। रति — जो चाह ऐसी सदा सर्वदा जो रहै कि महाउन्मत्त हैं, अंग-अंग फूले हैं, महाआनंद की फूल में कहूँ मान की

संभावना न है। दोहुँनि की रति — जो चाह, सो एक रुचि सौं रस वरषत हैं, तैसे जो नित्य रहैं। बोलत मोरनि — या वरषा सुख में मोर बोलत हैं। पिय — जो मोर, सो मनुहारि के मतबारे वचन बोलत है। अथवा नीकी जो विलास में गति की अंग-अंग में मोरनि, तामें मधुर-मधुर बोलनि अंग-अंग आभूषननि की होत॥ इति॥

मूल — **नीके बादर नीके धनुष चहुँ दिसि नीकौ श्रीवृन्दावन, आछी नीकी मेघनि की घोरनि॥ इति॥**

अर्थ — नीके बादर कहा, स्याम घटा — लालजू। नीके धनुष चहुँ दिसि कहा, श्री प्रियाजू अपनी भुजानि करि स्याम-घटा — लालजू कौं नीकी भाँति चहुँ दिसि तें घेरि राखे हैं। अरु धनुष पचरंग ह्वै, सो स्याम के अंग तें लपटनि भुजानि की चहुँ दिसि। अरु हिय तें लपटी, सो तौ नील-स्याम भूमि भई, अरुनता — अनुराग की, पीतता — कंचनतनी, हरितता — अंग अंग की डहडहानि, गौरता — अंगनि की कांति, स्यामता — अंग अंग की लपटानि में स्याम अंग दिखाई देत, ये पचरंग। नीकौ श्रीवृन्दावन — बिबि तन सुन्दर। सुंदर — नीकी मेघ लालजू की घोरनि, कहा, मेघ जो लालजू के मनोरथ, सो गरजि-गरजि वरषत हैं, नानाप्रकार के विलास। हँसत हैं, हँसावत हैं। अरु गरजि-गरजि ओल्हरि आयेरी वरषन कौं। सो मेघनि की घोरनि॥ इति॥

मूल — **आछी नीकी भूमि हरी हरी, आछी नीकी बूढ़नि की रेंगनि, काम किरोरनि॥ इति॥**

अर्थ — आछी नीकी भूमि हरी हरी कहा कि श्रीवृन्दावन — बिबि तन, ताकी भूमि अंग-अंग महाआनंद रस की वरषा तें हरित-अति डहडहे ह्वै रहे हैं। आछी नीकी बूढ़नि की रेंगनि कहा, अंग-अंग में अनुराग की झलक, सोई बूढ़नि रेंगनि कहा, चलनि। सो अनुराग की वरषा में अंग-अंग गति लैबे की चलनि है। काम किरोरनि कहा, करोरनि मनोरथ लालजू के पूरन होत हैं। ज्यौंही ज्यौंही अंग विलास में मनोरथ लालजू के हैं, वैसे ही इंद्रधनुष प्यारीजू वरषा करत हैं। अरुन-पीत पटनि में नीकौ भेद बन्यौ है॥ इति॥

मूल — **श्रीहरिदास के स्वामी स्याम के गावत राग मलार जम्यौ री किसोर-किसोरनि॥ इति॥**

अर्थ — श्रीहरिदासीजू कहत हैं कि मेरे स्वामी स्याम के गावत कहा, पिय जो पपीहा, सो बोलत है कि याही भाँति प्यारीजू वरषा रस की करिबौ कीजै। राग-जो सनेह मलार, ताकी वरषा भई, सो जम्यौ, कहा कि सुख में मत्त ह्वै गये दोऊ किसोर-किसोरी। सखी कहत हैं — श्रीललिता-हरिदासीजू के अंग में यह रंग देखत फूल बाढ़ी, सो अंग-अंग मिलित देखौंगी नैंननि की विविध छटनि में॥ इति॥

— **भावार्थदीपिका :** श्रीनागरीदासजू

९१

पावस रति उर सुख लख्यौ, आगम प्रिया मनाइ।
बहुत जतन तें जो बन्यौ, पति बस सहज सुभाइ।
आई पावस सोभा दैंन।
मान करहु मति वचन दीजिये, रूठे तोहिं बनैं न।
सुख प्रबन्ध अति आज भयौ बलि, जतन कोप तेरौ हरि लैन।
श्रीहरिदासी कहत पिय तो ढिंग, बसीभूत मन मूरति मैंन।

— **आभास उल्था :** श्रीपीताम्बरदेवजू

पावस मिलिबौ सुख समै, आयौ अद्भुत भाम।
देहु वचन मान न करौं, कहत लाल अभिराम।
— **वस्तुदर्शिनी** : श्रीराधाशरणदेवजू

लालजू के वचन श्रीप्रियाजू तें — श्रीवृंदावन सघन-वन, तामें पावस रितु सोहत। अरु निकुंज फूलनि करि फूली हैं। अरु बादर धूमरे गगन में गरजत हैं। चातिक, पिक, मोर मुदित नाचत-गावत हैं रंगनि तें भरे। दामिनी चमचमात हैं। अरु दोऊ अंग-अंग मिलि भींजि रहे हैं। प्यारीजू कौं महाप्रसन्न जानि पिय बोल बुलाय लेत हैं। पिय के वचन श्रीप्रियाजू तें॥ इति॥

मूल — **आये दिन पावस के सचु के सुबोल बोलियै जू मान न करिहौं॥ इति॥**

अर्थ — हो प्यारीजू! पावस जो वरषा रितु, ताके दिन सचु के आये, कहा, पावस रूप रस की वरषा आप बने हौ कि महाप्रसन्न हौ। रितु जो वरषा रितु, ताके दिन सचु के आये। आपकी प्रसन्नता, सोई भयौ रस, सो ताके सचु कहियै रस संचै हैं, ताके बरषिबे के दिन कहिये — प्रकास अंग-अंग में झलकि आयौ। सो हो लाड़िलीजू, मैं एक बोल माँगत हूँ। ये बोल बोलिये कि मान न करिहौं, यह वचन देहु॥ इति॥

मूल — **घरी घरी के रूसने क्यौं बनें, ते बोल बोलिये जू मन क्रम वच के॥ इति॥**

अर्थ — घरी-घरी के रूसने क्यौं बने? कहा कि तुम नित्य-दुलहिनि हौ। प्रथम समागम सदा रहत। घरी-घरी में तुम मान न करौ कि या पावस रितु में धूमरे गरजत घन मंद-मंद कहा, स्याम घन — जो बादर है, सो दामिनी के संग है। कैसी है दामिनी, पावस रितु सुहाई है। तापै घन मंद-मंद गरजत है। तुम दामिनी — नित्य दुलहिनि घरी-घरी में रूसौ। तहाँ पिय चातिक-पिक, ज्यौं वरषा-रस की कौं चाहत। मोर ज्यौं नृत्य करैं, बोलैं रंग भरे वचन, सो तुम्हारी वरषा कौ आगम देखि-देखि सुखदाई सोभा कौं। तातें घरी-घरी के रूसने क्यों बनें? सो बोल बोलिये जू मन करि कहा, जो मैं तो महाकाम दहा हौं। चातिक लौं वचन अरु चंचलता मन करि करौं, तौ तुम मेरे औगुन मन में जिनि धरौ। वचन करि कहा, जो मैं चंचलता तें आतुर ह्वै वचन हासि कौ कहूँ, आपकी बिना रुचि बोलौं, तौहू वचन करि कछु औगुन न गहौ। क्रिया करि कहा, अंग-अंग मिलिकें केलि के विलास हेत अंग-अंग परस करौं, तौ मन में दोष जिनि मानौं। क्योंकि मैं अति दीन काम करि विरह में व्याकुल रहत हों। जदपि आपके अंग-अंग में नख-सिख लोभी-लीन रहत हूँ, तौहू महाआतुरता आपके अंग-अंग मिलिबे की ही रहै। तातें वचन दै मान न करौं॥ इति॥

मूल — **भयौ है बंधान बहुत जतननि करि, बिसरे गुन गस के॥ इति॥**

अर्थ — आजु बहुत जतननि करि बंधान भयौ, कहा, जो जैसें आपकी रुचि अंग-अंग विलास में, वैसें ही मेरी रुचि बँधी है। नहीं, कबहूँ मैं चाहूँ आप न चाहौ, तौ कहाँ तें सुख होइ? जब प्यारीजू के मन में गस के गुन हे, सो बिसरे। अथवा पिय के औगुन मन में हे, सो बिसरे। जब बहुत जतननि करि अंग-अंग में बँधान भयौ। कहा, तैसीयै ललना-प्यारीजू लाल कौं लड़ाइ कंठ में लपटाई। तैसीयै सरस, सरद निसि कहा, सरद कौ चन्द्रमा प्यारीजू, निसि-स्याम, सो दोऊ सरस। अथवा प्यारीजू के अंग-अंग में झलक उज्जल, सो सरस सरद, निसि — जो रति ताकी। पिय के अंग बादर कौं प्यारी रूप चन्द्रमा नें छाय लयौ है॥ इति॥

मूल — **श्रीहरिदास के स्वामी स्यामा कुंजबिहारी प्यारी बस के॥ इति॥**

अर्थ — श्रीहरिदासीजू के स्वामी स्यामा कुंजबिहारी, सो प्यारीजू के बस हैं। ज्यौं ये रुचि मानैं, सो करैं।

प्यारीजू पावस रितु रस की वरषा लाल रूप अंग पै करत हैं, महारस सँचे जो हैं, तिनसौं॥ इति॥

— **भावार्थदीपिका :** श्रीनागरीदासजू

१२

उमड़्यौ घन उर दामिनी, लहलहानि ज्यौं लेत।
इह सुख कृपावलोकियै, जस पवित्र सुख देत।
देखौ घन-संग दामिनी, चमकि रही ठहराइ।
बहुत भाँति मन कौं हरैं, जस पवित्र सुखदाइ।
अचरज मूरति घन-संग दामिनी।
तामैं भाँति उठत नाना-रँग, रही द्यौस अरु पिय तन जामिनि।
सहचरि के जिय हरत महा सुख बसकरनी मनहरनी भामिनि।
श्रीहरिदासि निरखि कें गावत, जस पवित्र जुग रति गुन नामिनि॥

— **आभास उल्था :** श्रीपीताम्बरदेवजू

दामिनि घन पिय तिय सरस, हुती एकरस रंग।
करत प्रसंसा सखि जुगल, अद्भुत केलि अभंग।
छिन छिन कौंधति रति बढ़त, घन बरसनि की चाहि।
आधे आधे वचन कहि हूँ हूँ हाँ हाँ नाँहि।

— **वस्तुदर्शिनी :** श्रीराधाशरणदेवजू

सखी के वाक्य सखी सौं — स्याम घन कुंज हैं। तामें बिजुरी नवीन एकरस लहलहात है। जहाँ अनेक छबि छाय रही हैं। सुख सज्या पै दोऊ नवीन मेघ — लालजू, अरु नवीन बिजुरी — प्रिया, एकरस विलास करत हैं। महाअनुराग भरी चितवनि तें चितै कें चित कौं बस करत सहज ही। श्रीहरिदासीजू अद्भुत सिंगार कियें विराजमान हैं। सखी सखी प्रति वचन॥ इति॥

मूल — **यह अचरज देख्यौ न सुन्यौ कहूँ, नवीन मेघसंग बीजुरी एकरस॥ इति॥**

अर्थ — यह अचरज है, देख्यौ न सुन्यौं। नवीन मेघ संग बिजुरी एकरस है। कबहूँ तौ मेघ सौं मिलिकें चमकत है, कबहूँ मेघ वरषै है, बिजुरी है ही नहीं। सो यहाँ ये दोऊ नवीन मेघ — तौ लालजू, अरु नवीन बिजुरी — श्रीप्रियाजू एकरस सदा रहत हैं। ये घन-दामिनी नवीन तौ सदा-एकरस रहत हैं, ऐसे अचरज क्यों कह्यौ? जोपै दोऊ नित्य संयोगी हैं, पै एकरस यह है कि या समै में जो नवीन भाव लालजू के, सोई प्रियाजू के नवीन भाव सो एकरस हैं। कहा, दोऊनि के मनोरथ मिलिकें एकरस हैं। सदा चाह, आतुरता प्रगट तौ लालजू कें रहत है, प्रिया के, इनहूँ तें सरस चाह है, पै प्रगट नाहीं। आजु प्यारीजू परम दयाल हैं, सो नवीन रस दुहुँनि के एक रस है, ताकौ अचरज। ऐसी रस की एकता कबहूँ न देखी, न सुनी। कहा करत हैं, कुंज-कुंज-दुहुँनि के अंग मिलिकें केलि करत

हैं। अद्भुत वन — जो रूप, ताके राजा हैं। सुख रूप, सहचरिन कौ समाज है। घन-दामिनी ज्यौं राजत हैं ॥ इति ॥

मूल — **तामें मौज उठत अधिक बहुत भाँतिन लस ॥ इति ॥**

अर्थ — तामें मौज उठत कहा, नवीन मेघ-दामिनी, सो गौर रूप मौज उठत, मानौं घन पै दामिनी वरषत है। बहु भाँति लसत हैं। ज्यौं-ज्यौं प्यारी के मन की मौज-चोज लाड़ के उठत। कहा, नव-नव विलास की गति, ताही भाँति लसत हैं, तन तन में, मन मन में ॥ इति ॥

मूल — **मन के देखिबे कौं और सुख नाँहिनें चितवत चितहिं करत बस ॥ इति ॥**

अर्थ — मन के देखिबे कौं और सुख नाँहिनें, एक पिय मन कौं याही भाँति देखिबौ भावत है, और सुख नाहिंन। या प्यारीजू दामिनी की वरषा स्याम-घन कों भावत है। तन तौ देखि-देखि फूल ही रह्यौ है, पै मन के देखिबे कों और सुख नाहिंन। यह कृपा रूप चितवनि ही चित्त कौं बस करत है। प्यारीजू रमन रामिनी हैं। अंग-अंग में फूल फूले हैं। कहा, अधर आदि, ता सुख कौं लेत-देत हैं अरु मुस्कात हैं। चितवनि बीच-बीच सलौनी, तानें चित्त बस करि राखे हैं ॥ इति ॥

मूल — **श्रीहरिदास के स्वामी स्यामा कुंजबिहारी बिहारिनीजू कौ पवित्र जस ॥ इति ॥**

अर्थ — श्रीहरिदासीजू के स्वामी स्यामा कुंजबिहारी-बिहारिनि, तिनकौ पवित्र जस है। कहा, लालजू महाकाम करि व्याकुल रहत। आजु प्यारीजू परम कृपाल लालजू के मनोरथ कबहूँ तृपित न होंइ, सो कृपा करि नवीन रस प्यायौ। ताकौ जस पवित्र, ता कृपालता के गुन लालजू गावत हैं। अरु सखी कहत हैं — नागरि नवेली — श्रीप्रियाजू नें नागर — लालजू पै नवरंग बरषाये, सो पिय नें झेले। श्रीहरिदासीजू की स्वामिनी पिय के अंग-संग बिहार करत हैं ॥ इति ॥

— **भावार्थदीपिका :** श्रीनागरीदासजू

९३

ओल्हरि आई जुग घटा, पट भींजै मति चेत।
हौं राखौं दै उरनि सुख, कौंधनि प्रान समेत।
बूँद चूनरी श्रम कन भींजै।
जो मोहिं कृपा करौ राखौ उर, नैंननि निरखि महासुख पीजै।
लाइ रहौं जिय सौं कर जोरैं, इत उत द्रिष्टि परत ना छीजै।
श्रीहरिदासी दामिनी कौंधनि, लखि प्रताप कैसें कै जीजै।

— **आभास उल्था :** श्रीपीताम्बरदेवजू

भूलनि झलकी आनि प्रिय, जानि थकित सु बैंन।
सावधान पिय करत हैं, लैन परस्पर चैंन।
आनंद उमँगनि बूँद झर, लगत सुहावनि सोइ।
तो तन सोई चूनरी, भूलैं नहिं सुख जोइ।

सो तन मो तन लाइयै, धरौं बगल में ताहि।
सावधान ह्वै सुरति करि, तात्पर्ज इह आहि।
रहि लपटि अंग अंग सौं, फूलनि फुही सँजोइ।
लगै न तनकहु आनि तन, तब सुख अद्भुत जोइ।
— **वस्तुदर्शिनी :** श्रीराधाशरणदेवजू

श्रीलालजू के वचन प्रियाजू तें — प्रेम पुंज वरषा कुंज, तामें दोऊ सरस सेज पै राजत हैं। तहाँ प्रेम की वरषा होत रहत। प्यारीजू चूनरी पहिरें हैं। कहा, अंग रूप चूनरी। नान्हीं-नान्हीं बूँदें सुहावनी लागत हैं। तहाँ लालजू काम-कहानी कहि-कहि मोद बढ़ावत हैं। प्यारीजू कौं महाप्रसन्न जानि, लालजू अति सुख भरे वचन कहत हैं। तहाँ श्रीहरिदासीजू फूलनि के सिंगार कियें, फूलनि के आसन पर राजत हैं॥ इति॥

मूल — **बूँदें सुहावनी री लागति, मति भींजै तेरी चूनरी॥ इति॥**

अर्थ — हो प्यारीजू! बूँदें नान्हीं-नान्हीं सुहावनी लागत हैं, पै तेरी अंग रूप चूनरी मति भींजै। क्योंकि आपकी चूनरी-जो बसन अंग पै अति झीनी है, तामें नान्हीं-नान्हीं बूँदें सोभा देत। घन प्रेम रूप पानी वरषत है। मानौं तुम्हारे अंग रूप चूनरी पै नान्हीं बूँदे श्रमकन की सुहावनी लागत हैं, मति भींजै तेरी चूनरी कि अति सुकुमारी हौ। हेत कहा, कि प्यारीजू महाप्रसन्न हैं। सुरति-सुख की बूँदें श्रमकन की, पिय देखि बोले-रुचि जानि अंग-अंग मिलिकें सुख लीजै। अथवा दोऊ सुरति सुख में मगन हैं। अंग रूप चूनरी प्यारीजू की अति झीनी है। सुकुमारता करि बूँदें सुहावनी लगत। पै लालजू मनुहारि के वचन चोज करि कहत-बूँदें सुहावनी लागत हैं। अंग-अंग मिलि सुख विलसत हैं। अहो प्यारीजू! तुम्हारी चूनरी मति भींजौं। पै बूँदें हूँ नान्ही हैं॥ इति॥

मूल — **मोहिं दै उतारि धरि राखौं बगल में तू न री॥ इति॥**

अर्थ — ये चूनरी जो रस रूप अंग की, रस रूप वरषा में भींजत है तौ मोहि उतारि देहु। मैं अपनी बगल में धरि राखि हौं, प्यारी-रूप चूनरी कौं। तू न री-तू नाहिं मत करै। लालजू रस तें सींचि-सींचि कें मन कौ मोद बढ़ावत हैं। गावत प्रीतम प्रिये रिझावत हैं, काम-कहानी कहि-कहि, कि तुम महासुकुमारी हौ। अंग-अंग मिलि प्रेम रस घन सौं सींचि-सींचि, कहा, कोमल अंग आपकौ, तापै मो कठोर अंग कौ सपरस करि मुखकमल पै श्रमकन बूँद सुहावनी लगत, मैं प्रगटे। तातें जो मोहि आज्ञा करौ, सो करौं। मोहि जो आपकी रुचि बिना आन रुचि में चलत देखौ, तौ वा रुचि तें उतारि देहु। कहौ, बगल में धरि राखौं। पै तू न री, कहिये — नाहिं सब्द जिनि कहौ॥ इति॥

मूल — **लागि लपटाइ रहैं छाती सौं छाती लगाइ, ज्यौं न आवै तोहिं बौछार की फूँनरी॥ इति॥**

अर्थ — हो प्यारीजू! कहौ, छाती सौं छाती लगाइ लपटाइ रहैं। तौ बौछार जहाँ रस वरषा महाजोवन के जोर तें ह्वै, तौ लगै ही लगै तातें गतिन कौ विलास लैबौ राखि। छाती सौं छाती अंग-अंग मिलाइ, लागि-लिपटि रहियै तौ बौछार की फुवार न लगै॥ इति॥

मूल — **श्रीहरिदास के स्वामी स्याम कहत बीजुरी कौंधै करि हाँ हू न री॥ इति॥**

अर्थ — श्रीहरिदासीजू के स्वामी स्यामा, तिनसौं स्याम कहत — हो प्यारी! बीजुरी कौंधै, कहा, आप नव-नव गति कोक-विलासनि में अति प्रवीन हौ। सो कौंधि-कौंधि कें रस वरषा बरषावौ। हो प्यारीजू! हाँ करौ, अकि हूँ करौ, पै न री-नाहीं मति करौ। बना, हाँ, हम्बै ऐसें कहौ। तब प्यारीजू रीझिकें अंग-अंग रंग रस-रसिक कौं भींजि-भिंजाइ रमावत भईं। दोऊ सुख सम्पति विलसि-विलसि पावस रितु रति मानी। सुख में भींजि

गये॥ इति॥

— **भावार्थदीपिका :** श्रीनागरीदासजू

९४

भींजत बिबि अनुराग जल, पट सहचरि की ओट।
मत्त मुदित रागनि रँगे, नृत्त प्रेम जुग जोट।
भींजत दम्पति सुख करि दोइ।
अँचरा ओट करत निजु कर सौं, अद्भुत सुख ज्यौं लखै न कोइ।
मत्त परस्पर रहत द्यौस निसि, राग रंग मय सुरति समोइ।
श्रीहरिदासि निहारि प्रेमरस, नृत करत लखि मन रह्यौ भोइ।

— **आभास उल्था :** श्रीपीताम्बरदेवजू

आनँद सौं भींजन लगे, करत ओट बिबि संग।
सावधान अँचरा पकरि, अति उन्मत्त अनंग।
ज्यौं मतवारौ बेखबरि, चलत निहुरि घर माँहिं।
यौं उन्मत्त अभंग जुग, खबरि केलि कल आहिं।

— **वस्तुदर्शिनी :** श्रीराधाशरणदेवजू

सखी कौ वचन सखी सौं — श्रीवृन्दावन — जो दोऊनि कौ तन, तामें हरी-हरी भूमि — महाआनंद की, अंग-अंग में डहडहानि। अरु बूढ़ें जो अनुराग अंग-अंग में प्रकास। तहाँ प्रफुल्लित पिय कौ मन मोर नाचत है। अंग-अंग मिलि नृत्त करत है। अरु प्यारीजू के अंग में सुही सारी बनी है। स्याम गगन घन घोर वरषत हैं, गरजि-गरजि कें। या भाँति किसोरी-किसोर परस्पर उन्मत्तता तें भींजें हैं। श्रीहरिदासीजू महाआनंद दैन नव-नव सुख बढ़ावत हैं। जहाँ सखी के वचन सखी तें॥ इति॥

मूल — **भींजन लागे री दोऊ जन॥ इति॥**

अर्थ — दोऊ जन-प्रिया-प्रीतम रस सौं भींजन लागे हैं। हरषि-हरषि मन ही मन वरषत हैं। प्रेम परस्पर आनंद की हिय में हिलोर उठत हैं॥ इति॥

मूल — **अँचरा की ओट करत दोऊ जन॥ इति॥**

अर्थ — अपने-अपने अंग-अंग रूप अँचरा, ताकी ओट करत, कहा, महाउन्मत्त हैं, पै अधर, कपोलनि, कुचनि, अँचरनि की ओट करत हैं। अंग की ओट अंग-अंग अँचरा करत। ताकौं कहिये, जा अंग की जो अंग ओट चाहत है, आसरौ, अवलंबन लियौ। सो परस्पर दोऊ अँचरा की ओट करत॥ इति॥

मूल — **अति उन्मत्त रहत निसि वासर राग ही के रंग रँगे दोऊ जन॥ इति॥**

अर्थ — अति उन्मत्त रहत हैं, निसि कहा, जो राति, सो रति अरु वासर कहा, जो प्रात: — अलसानि में चैतन्यता।

सो दोऊ समैं में उन्मत्त रहत। राग-अनुराग ही के रंग में रंगि गये हैं। ये दोऊजन सनेह की मूरति हैं॥ इति॥

मूल — **श्रीहरिदास के स्वामी स्यामा प्रेम परस्पर नृत्य करत दोऊ जन॥ इति॥**

अर्थ — श्रीहरिदासीजू के स्वामी स्यामा अरु स्याम-लालजू प्रेम परस्पर सुरति नृत्य करत हैं। सुरति-नृत्य में दोऊ निपुन। नृत्य में रंग बाढ़्यौ, तातें अंग-अंग आभूषननि के बाजे, तार-मृदंग की गति, सब बजीं परस्पर में॥ इति॥

— **भावार्थदीपिका :** श्रीनागरीदासजू

९५

बजत मृदंगी रसिक मन, प्रिया करत कल गान
ललिता नृत्त अनेक गति, रिझये सुघर सुजान।
रास भूमि मन बजत मृदंगी।
गावत तान कठिन श्रीराधा, नृत्त करत ललिता निज अंगी।
रीझत प्रीतम प्रिया सहचरी, भेद अलौकिक लखि मति पंगी।
श्रीहरिदास समेत विपिन पति, रीझत सुनि संगीतनि संगी।

— **आभास उल्था :** श्रीपीताम्बरदेवजू

कोक वचन नाना सजत, मन पखावजी साज।
सुरति मनोरथ उठत बहु, गति मृदंग तहाँ बाज।
रास भूमि पिय हिय सरस, विपरीत नृत्तत भाम।
सकल कला कोविद गतिन, लेत सलोल अराम।
उँचे सुर स्याबास दै, करत ललित गुन गान।
करत सुरति संगीतमय, स्यामा-स्याम सुजान।

— **वस्तुदर्शिनी :** श्रीराधाशरणदेवजू

सखी कौ वचन सखी तें — विपिन-श्रीवृन्दावन-बिबि तन, भूतल्प-सज्या, सोही मंडल अंग-अंग मिलि रास रवनी अरु रसिक सु नवरंगी सुरति रास नृत्तत हैं। उदित-मुदित अति आनंद में प्रफुल्लित हैं, अंग-अंग सुंदर सभा सखिन की, कुंज-हिय सुख-पुंज संपति सहित है। सखिन के मन दीप, सो अनुराग जुगल कौ जानि रुख लियें लड़ावत हैं। श्रीहरिदासीजू सुंदर सिंगार कियें, फूलनि के आसन पै विराजमान, नव-नव लाड़ लड़ावैं हैं। श्रीविपुल, बिहारिनिदासीजू प्रेम भरी मन अनुसार सुख बढ़ावत हैं। दुहुँनि में अद्भुत रस प्रगट करत। सखी के वचन सखी सौं॥ इति॥

मूल — **नदित मन मृदंगी रास भूमि सुकांति अभिनय सुनव गति त्रिभंगी॥ इति॥**

अर्थ — रास भूमि कहा, रस रूप अंग-अंग मंडल सज्या तापै सुरति नृत्तत हैं, रास रवनी — श्रीप्रियाजू,

अरु रवन — पिय। जहाँ मन रूप मृदंग बजत है, कहा, ताल — नीबी बंद, बलय बाजत — मृदंग, नूपुर — उमंग बजत है। अरु अंग-अंग की सुष्ठ जो कांति झलक रही है। अरु अभिनय में निपुन सुभ नव-नव गति त्रिभंगिता तें लेत हैं। कहा, अंग-अंग ही की मिलन, तामें त्रिभंगी गति, एक-एक ही बेर तीन भाँति की गति, अलग-लाग त्रिभंगिता तें बाँकीबिहारिनिजू लेत, तैंसें ही बाँकेबिहारीजू सुभ नव गति लेत हैं॥ इति॥

मूल — **धापि राधा नटति ललिता रसवती नागरी गाइतेऽग्र नाभि तान तुंगी॥ इति॥**

अर्थ — धापि राधा, कहा, प्यारीजू महारस में छकि गये हैं। नटति ललिता—जहाँ ललिताजू नें कह्यौ—हो लाड़िलीजू! या रस में बिबसता अलसानि तें मति ल्यावौ। ललिताजू नें नटति सब्द कह्यौ। तब ललिताजू के वचन मानि सावधान फिरि आईं, अलसानि-बिबसता तें। रसवती नागरीजू गावत हैं अग्र नाभि तें,ताननि के समूह। कहा, सब्द रसनावली, जोई ताल — नीबी बंद, बलय बाजत — मृदंग, नूपुर — उमंग। कैसें नृत्तत हैं? रेख-परमान अति सुलप जाति मिलिकें चलत हैं। लटकि-लटकि ग्रीवानि तें भृकुटी मोरनि सौं अद्भुत तान लेत हैं॥ इति॥

मूल — **रसद बिहारी बंदे वल्लभा राधिका निसि-दिन रंग रंगी॥ इति॥**

अर्थ — रसद बिहारी कहा, रस दैन बिहारीजू। बंदे कहा, दास। वल्लभा — राधिका के निसि — जो राति कहा, रति, दिन — जो प्रात: समै अलसानि में चैतन्यता, सो इन दोऊ समैं में जो रंग बढ़त, तामें रँगि रहे हैं। प्यारीजू के नई-नई नृत्य में गति उपजत, तब प्यारौ रीझि रह्यौ, सरस अंग-अंग ठौर जहाँ। अरु जहाँ सखी संखल निमेष, सोई अंकुस-सकुचि, ताकौं जीतिकें गजवरै — मतवारे हाथी, मानौं मन मिलि मद में मतंगी है॥इति॥

मूल — **श्रीहरिदास के स्वामी स्यामा कुंजबिहारी संगीत-संगी॥ इति॥**

अर्थ — श्रीहरिदासीजू के स्वामी स्यामा कुंजबिहारी संगीत-जो सुरति-नृत्य, ताके संगी हैं। अथवा कोक-संगीत अवघर सुघर, लाड़िलीजू अलग-लागनि लेत हैं, अनगति अनंगमय, तिनके, संगी-लालजू। कहा, प्रिया-पिय बहुरि बिहँसत-हँसत हैं। प्रेम में मगन मन हैं। तन-रूप सागर में झूलत हैं, अनेक तरंगनि सौं॥ इति॥

— **भावार्थदीपिका :** श्रीनागरीदासजू

९६

कहत दामिनी मेघ सौं, दामिनि श्री घनस्याम।
हमहिं लजावत लजत जे, लघु उपमा किहिं काम।
दामिनि अपने पिय सौं कहै।
हम तुम दीन नवीन प्रिया पिय, सम सरि कहि कवि उरनि दहै।
ए समुद्र हम बूँद परत कन, सुख सागर उपमा जु लहै।
श्रीहरिदासि के स्वामी कौ सुख, अविचल एक वैस रूप रहै।

— **आभास उल्था :** श्रीपीताम्बरदेवजू

हमरौ तुम्हारौ रूप निज, रमत एकरस केलि।
भंग होत कहुँ प्रेम महा, पिय प्रति कहति नवेलि।

सखि उर खेलत लाड़िले, बाढ़ी प्रीति अभंग।
पिय घन दामिनि राधिका, पावस वरषत रंग।
सखि तन मानौ राधिका, झलकत बिबि कल रूप
देखत प्यारी भूलि मन, बोली वचन अनूप।
ए घन दामिनि साँच हैं, इन पटतर हम नाँहि।
कहत मचायौ अचल सुख, रवनी रमन रमाँहिं।

— **वस्तुदर्शिनी :** श्रीराधाशरणदेवजू

सखी के वचन सखी तें — फूलनि की निकुंज-बिबि तन ही, तहाँ अंग-अंग कुसुमनि की सेज पै नवीन मेघ — स्याम नवीन दामिनी — प्रियाजू सुख के सागर सोभित हैं। महासुरति-रास में मत्त मगन हैं। जहाँ घन-दामिनी सखी रूप ह्वै सेवा करत हैं। सो दामिनी मेघ सौं कहत है। हेत कहा, प्रिया-प्रीतम सुरति-नृत्य के सुख में मगन, तिनकौं उद्दीपन करावत हैं। श्रीहरिदासीजू महाआनंद में विराजमान हैं॥ इति॥

मूल — **दामिनि कहति मेघ सौं हमारी उपमा देहिं ते झूठे एई मेघ एई बिजुरी साँची॥ इति॥**

अर्थ — दामिनी-रूप सखी मेघ रूप सखी सौं कहत। दामिनी — श्रीप्रियाजू की सोभा देखि, मेघ सौं कहत। हेत कहा, दामिनी-मेघ सखी रूप सेवा करत। इन दुहुँनि की प्रीति कौ जस बरनन करि उद्दीपन करावत हैं। तुम दोऊ मेघ-दामिनी साँचे हौ। हमारी उपमा झूठे देत हैं। येई लालजू — मेघ, बिजुरी-प्रियाजू, तिनकौ नित्य संजोग है। येई साँचे हैं कि सदा अंग-संग बिहार करत। हम दोऊ झूठे हैं — कबहूँ तौ मेघ वरषै दामिनी बिना, कबहूँ दामिनी चमकै मेघ बिना, सो नित्य संजोग नाहीं। तातें हमारी उपमा दैबौ झूठी बात है॥ इति॥

मूल — **जिन-जिन हमारी उपमा दीनी, तिन तिन की मति काँची॥ इति॥**

अर्थ — जिन जिन लोगनि — जो कवि-जननि, पटतर — अपनी उपमा इनकौं दई, तिनकी काँची मति है॥ इति॥

मूल — **ऐसी कहूँ सुनी जु बूँद तें कन न्यारौ, ता पटतर क्यौं दीजै समुद्र राँची॥ इति॥**

अर्थ — ऐसी कहाँ सुनी जु बूँद तें कन न्यारौ, कहा, कि बहुत ऊपर तें बूँद परै, ताके कनका हू कौ कनका हम हैं। ये प्रिया-पिय समुद्र हैं। ताकौं पटतर क्यौं दीजै? राँची कहियै — एहू एक ऐसे हैं॥ इति॥

मूल — **श्रीहरिदास के स्वामी स्यामा कुंजबिहारी की अटल-अटल प्रीति माँची॥ इति॥**

अर्थ — श्रीहरिदासीजू के स्वामी स्यामा अरु कुंजबिहारी की अटल-अटल प्रीति मचि रही है। जो इनकौ सुख अविचल, एक-वैस, रूप, रस नित्य हैं॥ इति॥

द्वितीय आभास

जथा समै बरनन — अद्भुत निकुंज सुख सज्या पै दोऊ बिहारिनि-बिहारीजू सन्मुख राजत हैं। जहाँ बिहारिनि बिहारी भये, बिहारी प्यारी भये। मन के, अंग-अंग के सुभाव पलटे। श्रीप्रियाजू बिहारी कौ प्रतिबिंब, बिहारी, जो प्यारी बनी, तिनके उर में भयौ वा प्रतिबिंब कौ प्रतिबिंब। अरु अपनौ प्रतिबिंब। दोऊ — प्यारी — जो बिहारी बने, उनके उर में देखि, बिहारी, जो प्यारी बनी ही, ते कहत हैं — दोऊ मेघ-बिजुरी एई हैं।

श्रीहरिदासीजू ता कहनि कौ सुख अपने रसिक-जननि की रस-रीति के हेत प्रगट कियौ। बिहारी जो प्यारी, सो दामिनी, प्यारी रूप बिहारी, सो सोभा अद्भुत देखि, ताकौं सखी सौं कहत॥ इति॥

मूल — **दामिनि कहति मेघ सौं हमारी उपमा देहिं ते झूठे एई मेघ एई बिजुरी साँची॥ इति॥**

अर्थ — बिहारी प्यारी बनी, सो, अरु प्यारी बिहारी बने, तिनके हिय में प्रतिबिंब देखि कहत, आप दामिनी बिहारी मेघ सौं — कि हो प्यारे! मेघ हमारी उपमा देहिं ते झूठे हैं। एई मेघ एई बिजुरी साँची हैं। क्योंकि कौन भाँति सौं राजत हैं। प्रतिबिंब प्रति बोलनि, अरु हे सखी, देखि, येई तौ मेघ अरु येई बिजुरी साँची हैं कि प्यारी बिजुरी तौ नित्त है ही, अरु अब मेघ बनी सौ कही — सोभा कहियै — दोऊ स्वरूप इनके साँचे हैं। अरु मेरी मेघ की अथवा बिजुरी की उपमा देत हैं, ते झूठी॥ इति॥

मूल — **जिन जिन हमारी उपमा दीनी, तिन तिनकी मति काँची॥ इति॥**

अर्थ — जिन-जिन लोगनि कहा, कविजन पटतर दियौ, सो तौ उनकी मति काँची है ई पै रसिकजन, सखीजन जो पटतर देत हैं, सो देखि-देखि काहे झूठ बोलत हैं? उनकी मति मेरे भाये या सोभा देखत काँची सी लगत है। जहाँ रसिक पूरब पक्ष करैं — श्रीललिता-हरिदासीजू नें प्रथम पद में उपमा घनदामिनी जैसें दई तहाँ यह काँची मति कहिबौ कैसें बने? तहाँ कहत हैं-यहाँ हेत यह है कि प्यारौ अपनी दीनता बतावत है, अरु लाड़िलीजू की सर्वोपरिता। जैसें कह्यौ — रोम रोम रसना जो होती तऊ तेरे गुन न बखाने जात। मैं अति दीन, मोकौं इतौ साज कहाँ री प्यारी। ऐसे बहुत वचन। अरु हरिदासीजू उपमा देत यातें, जो प्यारीजू अपनौ स्वरूप-नाम इनकौं कृपा करि दियौ। अरु ये पिय के वचन हू साँचे — जो साँचे मेघ-बिजुरी प्यारीजू हैं। अरु हरिदासीजू पटतर दयौ, सो प्यारीजू ने इनकौं कृपा करि दोऊ स्वरूप दिये। तामें प्यारी बने, तब परम कृपालता तें इनकी पटतर दई। ये बिहारीजू अपनी दीनता दिखावत हैं। अथवा जिन-जिन लोगन — कविजन, रसिक पटतर कहा, हम इनकौ मुख नित्य अवलोकन करत, पलक हू की ओट न सहि सकत, जिनकौं पट अंतर कहत हैं, तिनकी मति काँची है॥ इति॥

मूल — **ऐसी कहूँ सुनी जु बूँद तें कन न्यारौ ता पटतर क्यौं दीजै समुद्र राँची॥ इति॥**

अर्थ — अहो प्यारे! ऐसी कहूँ सुनी, जु बूँद तें कन न्यारौ कहा, जो एक बूँद ह्वै, तामें बहुत ऊपर, जामें सौं एक कन न्यारौ ह्वै परै। सो मैं तौ वा कन समान अरु आप रस के समुद्र; ताकी पटतर क्यौं दीजै? यह बात कहूँ रचै है? सो यह बात झूठी है। आपसे आपही हौ॥ इति॥

मूल — **श्रीहरिदास के स्वामी स्यामा कुंजबिहारी की अटल अटल प्रीति माँची॥ इति॥**

अर्थ — श्रीहरिदासीजू के स्वामी स्यामाजू, तब ये वचन सुने, तब श्रीकुंजबिहारी — जो प्यारी बनी, तिनसौं अचल-अचल प्रीति माँची। कहा अटल आगे न ही? सो प्रीति तौ नित्य अटल, पै प्यारे के ऐसे वचन सुनत अति दृढता, प्रसन्नता सौं दृढ आलिंगन दैकें अंग-अंग मिलि केलि-विलास विलसत भये॥ इति॥

— **भावार्थदीपिका :** श्रीनागरीदासजू

९७

श्रीपीताम्बरदेवजू नें टीका में यह पद राख्यौ नहीं।

— **आभास उल्था :** श्रीपीताम्बरदेवजू

पावस मूरति परस्पर, वरषत नवल नवेलि।
मोरनि गति पिय संग लै, नृत्य करत कल केलि।
चातक पिय पिक वचन प्रिय, मेघ मृदंगी काम।
उपजावत बहु गतिन तन, त्यौं त्यौं नृत्यत स्याम।
स्याम घटा पिय अंग में, दामिनि कौंधति बाल।

— **वस्तुदर्शिनी :** श्रीराधाशरणदेवजू

सखी के वचन सखी तें — रस वरषा कुंज, तामें सुंदर अंग-अंग मंडल, सोई सेज, तापै दोऊ स्यामा-स्याम राजत हैं। अद्भुत घन-दामिनी रस की वरषा करत हैं। आजु स्याम-लालजू अद्भुत मुरनि गति लै नाचत हैं, अरु लाड़िली-स्यामाजू कौं रिझावत हैं। श्रीहरिदासीजू सिंगार कियें नव-नव लाड़ लड़ावत हैं। जहाँ सखी के वचन सखी प्रति॥ इति॥

मूल — **नाचत मोरनि संग स्याम मुदित स्यामाहिं रिझावत॥ इति॥**

अर्थ — स्याम — जो लालजू, सो सुरति-नृत्य नाचत हैँ। मोरनि संग कहा, मोरनि की-सी नृत्य। जो मोर उनमत्त-नृत्य करत हैं। अपनी पाँखैं, ताकी तौ छतरी, सो तौ पिय कौ अंग, प्रियाजू के अंग पै छै रह्यौ है। अरु मोर के बाजू चपल होत हैं, सो प्रियाजू के दोऊ चरन अति चंचल हैं। दोऊ कर में पिय नें प्रियाजू कौं लई है या भाँति नृत्य करत। अथवा नृत्य में अंग-अंग की मोरनि होत है गति-विलासनि में, सो अंग-अंग की मोरनि सहित नाचत हैं, मुदित — अति प्रफुलितता तें। अरु स्यामाजू की रुचि लियें नृत्य करत, तातें स्यामाजू कों रिझावत हैं॥ इति॥

मूल — **तैसीयै कोकिला अलापत पपीहा देत सुर, तैसेंई मेघ गरजि मृदंग बजावत॥ इति॥**

अर्थ — तैसीयै-कोकिला—श्रीप्रियाजू अलापत हैं — महामधुर वचन — नाहिं-नाहिं सब्द। अथवा पिय ही कोकिला के-से वचन-मनुहारि के कहत हैं। पपीहा देत सुर — पपीहा — लालजू, सदा तृषावंत ही रहत, सो सुर कहा देत, प्यारीजू की रुचि अलापनि में मिलै, सुर देत हैं, कहा, तैसेंई मन रूप मेघ गरजि कें मृदंग बजावै हैं। अथवा दुहुँनि अंग-अंग मिलि नृत्य करत, सोई लाल रूप मेघ गरजि कें मृदंग बजावत हैं॥ इति॥

मूल — **तैसीयै स्याम घटा निसि सी कारी तैसीयै दामिनि कौंधि दीप दिखावत॥ इति॥**

अर्थ — तैसीयै स्याम घटा-जो लालजू, निसि सी कारी, कहा, एक तौ स्याम घटा अरु रैनि कारी-महामत्तता में खबर कछु नहीं, कि लालजू तैसे ये मत्तमहा अरु रैनि अँधियारी रात अति ताकरि महाअलमस्त प्यारीजू के गौर गात पै सोभित हैं, सब अंग-अंग छाइ लयौ है। पै नृत्य की उछरनि में दामिनी-प्रियाजू चमकि कें अंग दिखावत, सोई दीप। पै लालजू महामत्त, तब प्यारीजू दामिनी कौंधि कें कहा, नृत्य करनि लागे, अंग-अंग की छबि उछरनि में दिखाइ सावधान किये या भाँति नृत्य करौ॥ इति॥

मूल — **श्रीहरिदास के स्वामी स्यामा कुंजबिहारी रीझि राधे हँसि कंठ लगावत॥ इति॥**

अर्थ — श्रीहरिदासीजू के स्वामी स्यामा-राधेजू कुंजबिहारी पै रीझि कें, हँसिकें अपने कंठ तें लगावत हैं, कि हो प्यारे, भलैं — सुन्दर नृत्य करत हौ॥ इति॥

— **भावार्थदीपिका :** श्रीनागरीदासजू

९८

चोली चंदन पिय मिलत, मरगजे वसन अबोल।
अंजन अलकनि सुख श्रवै, कंठ हार मिलि ओल।
पहराई पियरी पति चोलनि।
चन्दन लिपटि मरगजे अँग सब, वदन छिपावत पिय की बोलनि।
अंजन अलक निरखि रस प्रगटत, हम जानत उर कहत न खोलनि।
श्रीहरिदासि हार उर मिलितैं, कंठ छाँड़ि राजत रस ओलनि।

— आभास उल्था : श्रीपीताम्बरदेवजू

काम कुंज कल केलि करि, सिथिल परे सब अंग।
प्रेम विवस ह्वै, सखी सौं, भोर दुरावति अंग।
निसि के चिन्ह सब लखि सखी, कहति प्रिया सौं बैन।
कहा छिपायैं छिपत ए, कहुँ अंजन कहुँ नैंन।
अलक वदन पै खसि रही, हार बार तुव टूटि।
मानौं ब्रज की निज वधू, दुरि क्रीड़ा रस लूटि।
तर्क वचन सुनि सखी के, हँसि भेंटी सचु पाइ।
गई लाज अरु बिबसता, रच्यौ बसंतहि आइ॥

— वस्तुदर्शिनी : श्रीराधाशरणदासजू

सखी के वचन श्रीप्रियाजू प्रति — चन्दन कुंज-लाल तन सुख पुंज, जहाँ प्रीति फूलनि की सेज पै दोऊ प्रिया-प्रीतम राजत हैं। सुरति-नृत्य नाचें हैं, ताके अंग-अंग में चिह्न देखि, सखीजन कहत हैं — यह अंग में चन्दन के चित्र नहीं, मानौं प्रेम-काम के अंकुर प्रगटे हैं। दृष्टि दियें सींचत हैं। लाल-ललना के मन अति अभिलाष, तातें हिय सीतल होत हैं। यह सुख सखिन कौ जीवन है। श्रीप्रियाजू के अंग में रति के चिह्न प्रगट देखिकें कहत हैं। श्रीहरिदासीजू महाआनंद में सुरति केलि की बातें श्रीप्रियाजू तें कहत हैं, अब अंग-अंग मिलि बिहार के हेत॥ इति॥

मूल — **हरि के अंग कौ चंदन लिपटानौ तन तेरे, देखियत जैसें पीत चोली।**

अर्थ — हरि-लालजू के अंग रूप चंदन, हो प्यारीजू, तिहारे तन पै लपटानौ, सो अब ऐसें दीसै है, जैसें पीत-चोली पहिरी है। कहा, पिय के अंग, सो पीताम्बर, ताके लपटनि की चोली पहिरी है॥ इति॥

मूल — **मरगजे आभरन बदन छिपावत छिपै न छिपायें मानौं कृष्ण बोली॥ इति॥**

अर्थ — अंग-अंग आभरन सब मरगजे हैं, कहा, बदनकमल पै, कपोलनि पर दसननि की छाप लगी हैं, अरु कुचनि पै नखनि के चिह्न सब अंग-अंग मरगजे हैं। तातें हो प्यारीजू! प्रगट चिह्न दीसैं हैं सुरति में, मन बिहार के हेत, तुम बदन काहे कौं छिपावत? छिपायें कहा छिपत है? मानौं कृष्ण नें तुमकौं बोली है। तुम्हारी बोली नाहिं, मानौं कृष्ण ही की बोलनि है। मतवारे हौ, कछु सम्हार नहीं। ये बोलनि पिय के अंग-अंग मिलाप की है॥ इति॥

मूल — **कहूँ अंजन कहूँ अलक रही खसि, सुरति रंग की पोटें खोली॥ इति॥**

अर्थ — कहूँ तौ अंजन लग्यौ है। पिय नें तुम्हारे नैंन चूमि, पीछें अधर, कपोल चुंबन किये हैं। तिहारे नैंननि कौ काजर पिय के अधरनि पै लग्यौ, उनके अधरनि कौ तुम्हारे कपोलनि पै, अधरनि पै चुम्बन करिबे तें लग्यौ। कहूँ अलक खसि रही है, कहा, अलक कपोलनि पै तें श्रवन के निकट लगि रही है। सो सुरति रंग की पोटें खोली हैं। छिपायें कहा होत? अब क्यौं न मिलौ? इति।

मूल — **श्रीहरिदास के स्वामी स्यामा मिलत, बिहारिनि हार न रह्यौ कंठ बिच ओली॥ इति॥**

अर्थ — श्रीहरिदासीजू के स्वामी स्यामा मिलत हैं, बिहारिनि हार न रह्यौ कंठ बिच ओली, कहा, प्रथम तौ हार है नहीं, सो मिलत हार न रह्यौ कण्ठ बीच लपटाइ राखी है। कहा, प्रियाजू तुम झूलौ॥ इति॥

— **भावार्थदीपिका :** श्रीनागरीदासजू

९९

प्रिया बसंत मूरति भई, कुच गडुवा मद मौर।
वसन कंचुकी ढाँपि सुख, गुन मंदिर करि ठौर।
कोटि काम लावन्य पिय, सनमुख निरखि बसंत।
तृन तोरत पति निरखिकैं, प्यारी भरि रति कंत।
श्री किसोरीजू के तन बसंत।
कुच कलसनि बिच मौर मंजरी, कंचुकी वसन ढाँपि लसंत।
गुन मंदिर मय रूप बगीचा, सहचरि कौतुक लखि धसंत।
कोटि काम वारियत पिय पै, प्रिय मुख देखत छबि न अंत।
निरखि परस्पर सोभा सागर, काम कटाछनि लखि कसंत।
श्रीहरिदासि रसिकमनि पिय कौं, भरत प्रियाजू मिलि हसंत।

— **आभास उल्था :** श्रीपीताम्बरदेवजू

अपनी रुचि सौं नागरी, पिय हिय मिली लसंत।
सबै अंग रति कौं दये, मनु बिहरहीं बसंत।

— **वस्तुदर्शिनी :** श्रीराधाशरणदासजू

सखी के वचन सखी तें — श्रीवृन्दावन-बाग रूप कौ, तहाँ आनंद कौ अंत नाहिं। जहाँ गुननि कौ निकुंज — मंदिर, अंग-अंग में नाना भावनि के सुखदायक, तहाँ बाग-बगीचा में कनक लता — प्यारीजू, सो कुसुमित रसाल हैं। ताके लोभी जो अलि-साँवल तमाल हैं। सो बसंत रितु प्यारीजू, फूलनि सिंगार सजिकें पिय-बिहारी कौ हँसत-हँसत मिलिकें भरन चलीं। श्रीहरिदासीजू महाअद्भुत सिंगार कियें विराजमान हैं। तहाँ सखी के वचन सखी तें॥ इति॥

मूल — **कुच गडुवा जोवन मौर कंचुकी बसन ढाँपि लै राख्यौ बसंत॥ इति॥**

अर्थ — हे सखी! लाड़िलीजू नें तन में बसंत लै राख्यौ, कहा, कुच रूप तौ गडुवा, तामें जोवन रूप मौर, कचुंकी-बसन कहा, नील कंचुकी-पिय कौ कर कमल। अथवा लाल-अनुराग रूप कंचुकी, तातें ढाँपि बसंत कों लै राख्यौ है॥ इति॥

मूल — **गुन मंदिर रूप बगीचा में बैठी है मुख लसंत।**

अर्थ — गुन-मंदिर कहा, अनेक भाँतिन के गति-विलासनि के अंग में गुन, ताही मंदिर में, अरु रूप, ताही कौ बगीचा कहा, रूप ही के प्रकास की फुलवारि-अंग-अंग फूलि रहे हैं, वा बगीचा में कनक की लता-प्यारीजू हैं। अधर-पल्लव हैं। हासि-कुसुम हैं। स्याम-तमाल है। बेलि ललित के श्रीफल-कुच हैं। नव जोवन-मंजरी है। ताके अलकैं, सोई अलि सुगंध, तासौं लोभित हैं। जंघ-कदली है। भुजा सोई कोमल मृनाल हैं। ताके नीलोत्पल कहियै — कमलदल लोचन हैं। अरुनता — तामें गुलाब है। अरु चरनकमल, कर-कमल लाल हैं। मोहन प्रान जीवन मराल हैं। नाभि गंभीर-सरोवर है। तामें मोहन कौ मन-मीन कलोलत है। या भाँति कौ रूप बगीचा है, तामें बैठी हैं। मुख-कमल लसत है॥ इति॥

मूल — **कोटि-काम-लावण्य बिहारी, जाहि देखत सब दुख नसंत॥ इति॥**

अर्थ — श्रीबिहारीजू कैसे हैं, कि कोटि-काम की लावण्यता वारि डारियै तिनपै। जाहि देखत सब दुख नसंत, कहा, ऐसे बिहारी प्यारीजू के मुख-चन्द्रमा कौं देखत हैं। लोचन रूप चकोरनि तें पान करत हैं। जिनके सब दुख, कहा, काम दहा हैं, सो दुख देखत ही नसि जात हैं॥ इति॥

मूल — **ऐसे रसिक श्रीहरिदास के स्वामी, तिनकौं भरन आईं मिलि हसंत॥ इति॥**

अर्थ — ऐसे रसिक, लाल बिहारी। कैसे, जो कोटि काम, तिनकी लावण्य है। अथवा कोटि काम, कहा, जो चाह अंग-अंग मिलिबे में कोटि लावण्यता तें। सो श्रीहरिदासीजू के स्वामी स्यामाजू की नाभि-गंभीर, ताकौं निरखि कैं व्याकुल—अधीर ह्वै बैठे हैं। जब प्यारीजू परम कृपाल, तिनकौं भरन आई हैं, कहा, जो सुरति-बिहार में मगन हुते नाना भाँतिन के मनोरथनि करि, सो अंग-अंग में सुख झलक्यौ कि प्यारीजू परम दयाल अंग-अंग मिलि भरन आईं। प्रथम मन में नाना भावनि सुरति करि, ता सुख में अब अंग-अंग विलास करन आईं। मिलिकें मुस्क्यात हैं। सुख आलिंगन-चुम्बन अंग-अंग भरत हैं। दोऊ महामतवारे अंग-अंग बसन सम्हारि सकत नाहिं। तहाँ श्रीबिहारिनदासी सखी हँसि-हँसि कें अंग-अंग सिंगारत हैं। बसन अंग-अंग में धरत सावधानता तें॥ इति॥

— **भावार्थदीपिका :** श्रीनागरीदासजू

१००

निकट रहत रस में धसी, पिय कौं प्रिया बसंत।
सहचरि मन अनुमोदहीं, छिरकत भींजत कंत।
श्रीबिहारी बिहारिनि देखन जैयै।
वन बसंत नव कुंज महल में, नव जुवती मिलि पैयै।
सब बाजे मधुरे धुनि सुनियत, बंसी सरस सुरनि मिलि गैयै।
श्रीहरिदासि निरखि रस में धसि, छिरकि परस्पर सुख न अघैयै।

— **आभास उल्था :** श्रीपीताम्बरदेवजू

गई सुरति फिरिकैं रची, विलसत हँसत लसंत।
कहति सखी चख सखिन सौं, देखौ मनहुँ बसंत।
नव वन वृंदाविपिन में, नव निकुंज सखि देह।
नव पल्लव कर अंग निजु, जुवती चाह सनेह।
छिरकत प्रेम जु परस्पर, खेलत छैल बसंत।
फूली अंगनि अंग में, बंसी वचन लसंत।

— **वस्तुदर्शिनी :** श्रीराधाशरणदेवजू

सखी कौ वचन सखी तें — नव वन — वृन्दावन — बिबि तन मृदु कुंजन मनिमय सोभित। तामें नव निकुंज-हिय सुख सदन। नव-नव दल-पल्लवनि तें परम कोमल सुरति सेज पर मत्त — मुदित दोऊ, श्रीकुंजबिहारिनी-बिहारी अंक निसंक भरे सहज ही, तिनकौ बसंत खेल। अरु अंग-अंग मिलि सुख की संधि-विमल श्रीजमुनाजू, तामें न्हात हैं। कहा, क्रीडा करत हैं। परस्पर प्रेम सौं प्रेम छिरकत हैं। ता सुख कौं सखीजन परस्पर सूचत हैं। अरु कहत हैं — हे सखी, चलौ या बसंत खेल कौं देखैं। सखी कौ वचन सखी सौं॥ इति॥

मूल — **श्रीकुंजबिहारी कौ बसंत सखि चलहु न, देखन जाँहि॥ इति॥**

अर्थ — हे सखी, श्रीकुंजबिहारी कौ बसंत कहा, सोभा जुक्त दोहुँनि के अंग-अंग, तामें हिय-कुंज, ताके बिहारी, तिनकौ बसंत। अंग-अंग की फूलनि, जो बसंत, ताकी फुलवारि फूलत है। सो इनके अंग-अंग मत्त मुदित फूले हैं। सो फूलनि अंग-अंग में समात नाहिं। चलहु न देखन जाहिं, सखीजन कहत हैं — एक कौतिक प्रिया-पिय करत हैं, ताकौं देखन जाहिं।

कहूँ जाहिं, सो सखीजन कहा न्यारी हैं? सो नाहिं, परस्पर कौ खेल देखि-देखि कहत हैं कि चलौ, कहा, कि दोऊ मन में, कहा खेल-विचार सुख में मगन हैं, वा सुख कौं हुलसि-हुलसि मन में फूली-फूली देखैं, यह चलि-जाइबौ। कहा न देखत हीं? पै अति चाह कौ सुभाव है, जो अंग-अंग मिले हैं, फिर कहत — अंग में अंग मिलि जाहिं, तौ भलैं। सो देखैं हैं, अरु कहत हैं — चलौ सखी, देखन जैयै॥ इति॥

मूल — **नव बन नव निकुंज नव पल्लव नव जुवतिन मिलि माँहि॥ इति॥**

अर्थ — नव बन कहा, बिबि तन। नव निकुंज कहा, बिबि हिय, ता हिय की कुंज। नव पल्लव — जो अधर। अथवा अनुराग अंग-अंग में झलक्यौ, ताके नव-नव पल्लव उलहे हैं। नव जुवतिन मिलि माँहि, नव जुवतिन — सखी जन, मिलि-मिलि मन सौं मन, परस्पर सुख कौं सूचत हैं। अथवा नव जुवतिन-दोहुँनि की चाहनि कौ भीतर तें एक ह्वैबौ॥ इति॥

मूल — **बंसी सरस मधुर धुनि सुनियत फूली अंगन माँहिं॥ इति॥**

अर्थ — बंसी सरस मधुर धुनि सुनियत, कहा, बंसी — जो काम कहा, चाह, सरस, ताकी मधुर धुनि सुनियत हैं। पिय अति आतुर, व्याकुल-विरह बिहार बिना ताकी धुनि सरस सुनियत हैं। प्यारौ अति मनुहारि करत है। फूली अंग में न मावत हैं, श्रीलाड़िलीजू अथवा ये सखीजन॥ इति॥

मूल — **सुनि हरिदास प्रेम सौं प्रेमहिं छिरकत छैल छुबाँहि॥ इति॥**

अर्थ — सखी श्रीललित-हरिदासीजू तें कहत हैं सुख अवलोकन करि, सुनि हो श्रीहरिदासीजू! अथवा श्रीबिहारिनिजू कहत हैं — सुनि हरिदासी। अथवा श्रीहरिदासी महासुख में अपने मन सौं कहत हैं — सुनि हरिदासी,

प्रेम सौं प्रेमहिं छिरकत कहा, परस्पर प्रिया प्रीतम के प्रेम छिरकत हैं। उनकौ प्रेम उनके अंग छिरकत, इनकौ प्रेम उनके अंग छिरकत। कहा, श्रीजमुनाजू — विमल सुख की संधि, अंग-अंग मिलि गौर-स्याम दोऊ तट, तामें छिरकत। मदन तरंग नव-नव उठत रहत, ता रस जल में दोऊ न्हात हैं। कहा, अंग-अंग छिरकत हैं। कोमल काम प्रेम मधुरे रस में रहसि करि बिहँसत हैं। छैल छुबाहि-दोऊ छैल महाछोभ तें मानौं मल्ल जुगल जीतन हित, छल-बल करत हैं॥ इति॥

— **भावार्थदीपिका :** श्रीनागरीदासजू

१०१

चलि भीतरि सहचरि कहत, बनि बसंत वन राइ।
तहाँ न कोऊ पाइए, विलसहिं सुख मन भाइ।
चलि भीतरि न्यारे सुख कीजे।
ह्वै बसंत की मूरति स्वामिनि, महल मिलन सुख जीजै।
निपट निरंतर वन सुखकारी, जीव जाति पंछी न पतीजै।
श्रीहरिदासी हम तुम दोऊ, नव खिलार लुक अंजन दीजै।

— **आभास उल्था :** श्रीपीताम्बरदेवजू

बोलत प्रिय सौं कंत, भीर भर्म सखि विवसता।
ए तजि खेलि बसंत, कटुक वचन पक्षी प्रिया॥

— **वस्तुदर्शिनी :** श्रीराधाशरणदेवजू

लालजू के वचन श्रीप्रियाजू तें — श्रीवृन्दावन — निज आनंद सदन, जहाँ कुंज-निकुंज अद्भुत, तामें नवल नेह की कोमल सेज, तापै दोऊ स्यामा-स्याम राजत हैं। श्रीप्रियाजू की महाप्रसन्नता जानि कि प्यारीजू परम कृपाल हैं। ता समैं पिय प्यारीजू तें बसंत के खेल कौं कहत हैं कि एकांत-सुख लूटैं। श्रीहरिदासीजू महाआनंद में अद्भुत सिंगार कियें सुंदर आसन पै विराजमान हैं। जहाँ श्रीलालजू के वचन श्रीप्रियाजू तें॥ इति॥

मूल — **चलि री, भीर तें न्यारेई खेलैं॥ इति॥**

अर्थ — हो प्यारीजू, चलि री भीर तें, कहा, जो मान आपके, मेरी चंचलता करि ह्वै, ता भीर तें चलि, कि मान दिसि तें चलि, प्रसन्न रहैं। अथवा संभ्रम, आपके मन में मो-ओर कों उपजै, ताकी भीर तें चलि, कहा, या भीर कौं छाँड़ौ, न्यारे खेलैं, कहा, या मान रूपी भीर तें न्यारे ह्वै, जहाँ एक आपकी प्रसन्नता रहै, तामें खेलैं। कोमल काम-प्रेम मधुरे रस रहसि-बहसि करि महाआनंद रस में मत्त भये छिरकत-छुवत सुधाधर पल्लव। पुहुप-जो अंग-अंग की फूलनि, ताकौ अनुराग, सो पराग उड़ावैं। अरु अबीर-गुलाल लागि अंग-अंग लपटावैं। या भाँति सब अंग-अंग चित्र-विचित्र करि खेलैं॥ इति॥

मूल — **कुंज निकुंज मंजु में झेलैं॥ इति॥**

अर्थ — कुंज — हमारे-तुम्हारे हिय, निकुंज — अंग-अंग मंजु, ताके मधि रस झेलैं, कहा, हमारे अंग-

अंग मिलि मध्य सँच्यौ जु रस है, ताकौं परस्पर झेलैं॥ इति॥

मूल — **जहाँ पंछी न सहित, सखी न संग कोऊ, तिहिं बन चलि मिलि केलैं॥ इति॥**

अर्थ — हो प्यारीजू! जहाँ पंछी — जो पक्षी कहा, बुद्धि-रूपा सखी, जहाँ न होहु कि मैं चंचलता करौं, मेरी चंचलता आपकौं बतावै। सो तुम्हारी पक्षी-रूपा सखी, जहाँ न होइ संग में। न संग कोऊ — न कोऊ मनोरथ संग में उपजैं, जुदे-जुदे उपजैं, सो न होइ कि मेरे मनोरथ अंग-अंग मिल्यौ चाहैं, आपके मनोरथ रूप देख्यौ चाहैं, सो संग में कोऊ न ह्वै। तिहि बन चलि मिलि केलैं — हो प्यारीजू, वह जो आपकौ प्रसन्नता रूप बन है, ताही में चलौ, मिलि केलि करैं। अरु नाना रंग-रस सौं रंग में छकि रहैं॥ इति॥

मूल — **श्रीहरिदास के स्वामी स्यामा प्रेम परस्पर बूका-बंदन मेलैं॥ इति॥**

अर्थ — श्रीहरिदासीजू के स्वामी स्यामा अरु लालजू के प्रेम परस्पर, कहा, दोहुँनि के एक रुचि सौं अंग-अंग में विलास, सोई प्रेम परस्पर बूका-बंदन मेलैं। दोऊ नवल खिलारी बसंत अंग-अंग में फूली, ताकी सुगंध फैल रही है। अरु अंग-अंग रस बसत, कसत, तातें मैमंत है। रस झेलत-खेलत, तामें अनुराग रूप बूका-बंदन सो मेलत हैं॥ अनुराग ही छै रह्यौ है॥ इति॥

— **भावार्थदीपिका :** श्रीनागरीदासजू

१०२

बसंत न्यारे खेलियै, दुचिते होत मिलाप।
रंग परस्पर एकता, राग रंग निधि आप।
आजु बसंत न्यारौ खेलि।
द्वै मन भये कहा सचु पायौ, तू मिलि मति बलि सखी सहेलि।
हम तुम राग रंग गति लीजै, भरत सुरनि नौतन रस झेलि।
श्रीहरिदासि बसंत गान सुनि, मिलत परस्पर उर सुख पेलि।

— **आभास उल्था :** श्रीपीताम्बरदेवजू

सम्भ्रम आलस विवसता, मान विरह सखि भीर।
ए न होहिं तहाँ खेलियै, तो सौं प्रिया अधीर।

— **वस्तुदर्शिनी :** श्रीराधाशरणदेवजू

लालजू के वचन श्रीप्रियाजू प्रति — बसंत कुंज, तामें फूल सौं लाड़िलीजू कौं लाल लड़ावत हैं। अरु महाफूल अंग-अंग में समात नाहिं। परम कृपाल-रसाल लाड़िलीजू के फूल तन-मन में अति बाढ़ी। अरु लालजू रूप अलि, आसक्त तमाल हैं। सौरभ अंग-अंग करि मिलि विलसत हैं, बिलसावत हैं। तब लालजू महाप्रसन्न, प्यारीजू कौं जानि कहत हैं।॥ इति॥

मूल — **अबकैं बसंत न्यारेई खेलैं, काहू सौं मिलि खेलैं न री तेरी सौं ॥ इति॥**

अर्थ — अबकैं बसंत या समैं में न्यारेई खेलें, कहा, अंग-अंग में फूले हैं, सो बसंत। न्यारे कौन सौं? मान — जो बिन अपराध ही उपजि आवै, कै मेरी चंचलता करि, तातें या बात तें न्यारे ह्वै बसंत खेलैं। काहू सौं मिलि खेलैं न री, तेरी सौं, कहा, मेरेहू मनोरथ ,जो चंचल होंइ, कै आप सहज ही न बोलौ, ता मनोरथनि सौं, जो आपकौं न बोलन दै, सो काहू सौं मिलि खेलैं न री तेरी सौं। प्यारी, आपकी सपथ खात हूँ॥ इति॥

मूल — **दुचिते भये कछु न सचु पाइयत, तू काहू सखी सौं मिलि न री मेरी सौं॥ इति॥**

अर्थ — दुचिते होत कछु न सचु पाइयै, कहा, जो तुम घरी-घरी में रूसौं, जब मन तौ दुचितौ होइ, जब कछु सुख नहीं पाइयै। तू काहू सखी सौं मिलि न री, मेरी सौं-हो प्यारीजू! तुम्हारी हू जो बुद्धि रूप सखी ते झूठे ही मेरौ अपराध बताइ तुमकौं मेरे औगुन दरसावै, तातें तुम मति मिलौ। मेरी सपथ है तुमकौं॥ इति॥

मूल — **देखैगी जु रंग उपजैगौ परस्पर राग-रागनीन के फेरा-फेरी सौं॥ इति॥**

अर्थ — हो प्यारीजू! तुम देखौगी जु रंग उपजैगौ, राग — जो मेरौ सनेह, रागिनी आपकौ हेत, ताके फेरा-फेरी सौं, कहा, छिन-छिन में नव-नव केलि-विलास, अंग-अंग में उपजैंगे परस्पर। तब आप कृपा करि मो-अंग पै राजौगे। सब अंग-अंग मिलि विलास विलसौगे, मोकों आप अपने अंग में राखौगे, अधर-अमृत देहु, तामें सुख कौ समुद्र बढ़ैगौ, तामें नित्य झूलिबौ करैंगे॥ इति॥

मूल — **श्रीहरिदास के स्वामी स्यामा कुंजबिहारी, राग ही रंग उपजैगौ एरी सौं॥ इति॥**

अर्थ — श्रीहरिदासजू के स्वामी स्यामा, तिनसौं कुंजबिहारी कहत, हो प्यारीजू, मेरौ आपकौ राग जो सनेह, ताही में अद्भुत केलि रंग उपजत। एरी प्यारी! कहा, कबहुँ रिस मत करौ। नित्य महाप्रसन्नता सों अंग-अंग मिलि बिलास विलसत रहौ॥ इति॥

— **भावार्थदीपिका :** श्रीनागरीदासजू

१०३

प्रीतम लेत बसंत सुख, बूका-बंदन ओट।
जो सुख सहचरि निरखहीं, करत सैंन रस चोट।
रहौ रहौ बिहारीजू मेरी आँखिन सुख अंतर जिन डारौ।
जानत भेद तिहारी भाामिनि, अपने उर अरिकैं बैठारौ॥
गावत खेलत जो सुख उपजै सर्वस पीउ हमारौ।
श्रीहरिदासि कहत मिलि खेलौ, कोटि असीस हियैं बिच धारौ।

— **आभास उल्था :** श्रीपीताम्बरदेवजू

मुख फिर बैठी भामिनी, रति विपरीत की आस।
जानि मनावत रसिकवर, पैयाँ परि परि तास।
कीजै मन की भाँवती, मो मन होत उछाह।
खेलत मिलत सुख भयौ, तन मन नागरि नाह।

— **वस्तुदर्शिनी :** श्रीराधाशरणदेवजू

श्रीबिहारिनिजू के वचन श्रीबिहारीजू तें — बसंत कुंज — तन सुख पुंज, जहाँ होरी खेल में नैंननि की पिचकारी, परस्पर कटाछनि की मार; जहाँ दोऊ रस रूप सेज-सखी अंक, तामें राजत हैं। सो प्यारी पिय सन्मुख बैठे हैं। अरु केलि-कलोलनि में पिय प्रियाजू कौ अधर पान कियौ अरु प्यारी पिय कौ; तातें नैंन रससौं प्यारीजू के माते हैं। सो आजु पिय कौ मुख श्रीलाड़िलीजू अवलोकन करत हैं। जहाँ सखी नें कह्यौ — हो प्यारी, तेरे नैन सुख चैंन रस रंग राते हैं। कौन रस, स्याम-अम्बुज-अधर जो है, सो सरस दल अरु अति मधुर है, मानौ तिनके रस कौ पान करि नैंन मधुप जो हैं, मकरंद तें मत्त हैं। और अंग-अंग अवलोकि बलहीन भये हैं। छबि छैल की में छकि कें अति सुंदर सोहत हैं। मुदित-प्रफुल्लित हैं। छबि उघरत-लसत हैं, कबहूँ घूमत-हँसत हैं। या समैं प्यारी पिय पै परम कृपाल भये मुख अवलोकन करत, अरु पिय प्यारीजू कौं परम कृपाल जानि इनकी बिना-भाँवती बात करि मिल्यौ चाहत, जब प्यारीजू पिय तें बोली, श्रीहरिदासीजू की लाड़िली ॥ इति ॥

मूल — **रहौ रहौ बिहारीजू, मेरी आँखिन में बूका मेलत हौ, कित अंतर होत मुख अवलोकन कौं। ॥ इति ॥**

अर्थ — अहो बिहारीजू! रहौ, रहौ। मेरी आँखिन में बूका काहे कौं मेलत हौ? तिहारे मुख अवलोकन में अंतर होत है। बूका, कहा कि इनके नैंन तौ पिय के मुख-अम्बुज कौ मकरंद मधुप होय पान करत हैं अरु पिय प्रियाजू की कृपालता जानि कुच-कमल परसिबे कौं कर चलायौ अरु प्यारीजू के पिय कौ रूप-मुख-कमल अवलोकन में अंतर पर्‌यौ, तब कह्यौ — हो प्यारे! बूका मेलत हौ कत, मेरी आँखिन कौं मुख अवलोकन में अंतर होत है ॥ इति ॥

मूल — **और भाँवती तिहारी मिल्यौ चाहत मिस कें पैयाँ लागौं पन पन कौं ॥ इति ॥**

अर्थ — हो प्यारे, और तुम्हारे मन की भाँवती करि मिस कें मिल्यौ चाहत हौ, मो अंग-कुच आदि में, पै मेरी भाँवती रुचि न जानी। तब लालजू बोले — पैयाँ लागौं, पन-पन कौं — हो प्यारीजू, मैं आपके चरन-कमल की सपथ खात हूँ। क्योंकि तुमनें यह पन लयौ, तुम्हारे पन कों देखि, मैं पाँय लागत हूँ। आप परम कृपालता की रासि हौ ॥ इति ॥

मूल — **गावत खेलत जो सुख उपजत, सु तौ कोटि वर है तन कौं ॥ इति ॥**

अर्थ — गावत कहा, बोलनि करि, खेलत में जो सुख उपजत है, सो या तन कौ कोटि वर है कि सर्व बात ही श्रेष्ठ है ॥ इति ॥

मूल — **श्रीहरिदास के स्वामी कौ मिलन खेलन कौ सुख कहाँ पाइयत ऐसौ सुख मन कौं ॥ इति ॥**

अर्थ — श्रीहरिदासीजू के स्वामी तुम स्यामा हौ। तुम्हारौ मिलत-खेलत कौ सुख कहाँ पाइयत है? ऐसौ सुख मन कौं।

जब श्रीहरिदासीजू बोली सैंननि करि-हँसि-मिलि खेलौ, यह रसीली होरी है। जब होरी खेलन स्याम सौं छबीलीजू हुलसि कें आई। अबीर-गुलाल नैंननि में लियें, आजु मन भाई करन लागी। दुहूँ दिसि अंग-अंग मिलि खेल में बाजे बजत हैं। मनमथ मोद अति बाढ़्यौ। छबि के तरंगनि की पिचकारी छूटत हैं। भृकुटिन की मारें मची हैं। रस रीति की जीति के गीत सखीजन गावत हैं। सब अंग-अंग सुख-दैनहार हैं। श्री रसिक-बिहारिनि की छबि ऐसी बनी है, मानौं ज्यौं दामिनी नें घन कौं छाइ लयौ ॥ इति ॥

— **भावार्थदीपिका :** श्रीनागरीदासजू

१०४

न्हाई सौंधे अलक पट, नख नछत्र घन केस।
सब सिंगार सोभित प्रभा, अंग अनंग सुदेस।।
मंजन सौंधे तन पट केस।
अलक विलोलत नख नछत्र घन, सोभित अंग अनंग सुदेस।
विविध सौंज आगैं लियैं सहचरि, रतिपति दलनि निरखि आवेस।
श्रीहरिदासि कहत पिय छबि लखि लागत नाँहि पलक कहुँ लेस।

— **आभास उल्था** : श्रीपीताम्बरदेवजू

सुरति अंत परजंक उठि, सोभा कौ नहिं अंत।
उदित मुदित वर लाड़िली, कामिनि जाँचत कंत।
अंगराग अनुराग कौ, सहज सुगंध सुदेश।
नखनि सँवारति केस कल, रूप बगीचा बैस।
पियहिं मनोरथ बड़ बड़े, नाना भाँति सिंगार।
स्याम सखी ठाढ़ी लियें, छबि नहिं वारापार।

— **वस्तुदर्शिनी** : श्रीराधाशरणदेवजू

श्रीहरिदासीजू के वचन सखी प्रति — फूलनि की निकुंज-अंग-अंग सौंधे की सुबास, तहाँ सोभा सिर न्हाइकें श्रीसुन्दरीजू रतन-खचित सारौट पै विराजमान हैं। अंग-अंग फुलवारि सहजही, तहाँ सगबगी अलकैं कर तें सँवारत हैं। नव नवसत सिंगार लियें सखी आगें ठाड़ी है। अरु सुंदर-स्याम सौं कछु मुस्काइ कें मन-भाई बात कही। अंग-अंग बसन-भूषन सिंगार सजियै। यह छबि निरखि पिय नैंननि की पलकैं लगत नाहिं। ता सुख कौं श्रीहरिदासीजू सखी सौं कहत हैं॥ इति॥

मूल — **सौंधें न्हाइ बैठी पहिरि पट सुंदरि, जहाँ फुलवारी तहाँ सुखवति अलकैं॥ इति॥**

अर्थ — अंग-अंग-फूलनि, ताकी सौरभ, सोई सौंधौ, ताकी सोभा, सिर न्हाइ बैठी, कहा, मत्त-मुदित रतन खचित सारौट पै विराजमान हैं। पहिरि पट सुंदरि, कहा, अंग-अंग बसन सुंदरि-श्रीप्रियाजू पहिरि कें। अथवा फुलवारी — अंग-अंग फूलनि सों अंग में समात नाहिं। जहाँ फुलवारि — तन बसंत की, स्याम सुन्दर-पट, श्रम-जलकन करि, अलकैं सहज सगबगी सोहत हैं। सुखवति, कहा, बिथुरी हैं, अलकैं अरु सुखदाइक हैं, बदन-कमल पर, तिनकौं कर तें अलकैं इत-उत करत हैं॥ इति॥

मूल — **कर नख सोभा कल केस सँवारति, मानौं नव घन में उड़गन झलकैं॥ इति॥**

अर्थ — कर-नखनि की सोभा, केसनि के सँवारत में कैसी लागत हैं, मानौ नव घन में उडगन, जो तारे झलकत हैं कि अति आनंद तें अंग-अंग झलकत हैं॥ इति॥

मूल — **विविध सिंगार लियें आगें ठाढ़ी प्रिय सखी, भयौ भरु-आनि रतिपति दल दलकैं॥ इति॥**

अर्थ — भाँति-भाँति के सिंगार, जो मन में रुचि ह्वै, वैसे ही लैकें, प्रिय सखी — जो रुचि की

जाननिहारी, आगें ठाड़ी हैं। नव-नव रुचि प्यारी सखी सिंगार आप सावधान लियें ठाढ़ी हैं, जो रुचि ह्वै, सो लीजै। अथवा प्रीतम ही प्रियसखी विविध सिंगार रुचि लियें सुरति के सावधान लियें ठाड़ी हैं, जो रुचि ह्वै, सिंगार कीजै। भयौ भरुआनि रतिपति-दल दलकैं, कहा भयौ भरुआनि रति — जो पिय की चाह, पति — प्रियाजू की चाह। कहा, पिय की चाह, ताके पति सर्वोपरि। पिय हू नें इनकी चाह की चाह पाई है कि कोटि सुख की रासि लाड़िली पिय के हैं। सो मन में मदन की ललकैं बाढ़ी। दोहुँनि के चाह अंग-अंग विलास की कौ अति भरुआनि भयौ। तातें मदन की मन में ललकैं, सोई दल कहियै — सेना, दुहुँ ओर दल — अंग-अंग सेना के जुद्ध कौ भरु भयौ कि सन्मुख अंग-अंग भये। अथवा श्रीप्रियाजू के रूप-रुचि-सिंगार कौ भरुआनि भयौ, तब रतिपति, जो काम-लालजू के मनोरथनि के दल प्रगटे हैं सो दल दलकैं, पै प्रियाजू की सोभा सुकुमारता की देख कें थरहरत है, कैसें सन्मुख ह्वै लरौं? अथवा ललक बाढी॥ इति॥

मूल — **श्रीहरिदास के स्वामी स्यामा कुंजबिहारी की छबि निरखत लागत नाहीं पलकैं॥ इति॥**

अर्थ — श्रीहरिदासीजू कहत हैं — हे सखी, मेरे स्वामी — श्रीस्यामाजू अरु कुंजबिहारीलालजू की छबि निरखत कि परस्पर सरस ख्याल-फाग रस खेलत हैं। ता सुख सौं लाल निहाल होत हैं। कि अंग-अंग सुरति रंग भरे फाग खेल-रस झेलत हैं, पलकैं लागत नाहीं। अथवा प्यारी श्रीस्यामा कुंजबिहारिनीजू के सरस ख्याल सुख सौं लाल निहाल होत हैं। छबि निरखत, पै पलकैं नाहिनें लागत ॥ इति॥

— **भावार्थदीपिका :** श्रीनागरीदासजू

१०५

पगे प्रिया की सुरति सौं, अनुरागे चित चैंन।
चरन कमल लखि सेव करि, सम्पति दम्पति सैंन।
सहचरि चली प्रिया पिय देखन।
सुन्दर वर भामिनि मिलि क्रीड़त, रस उपमा कहुँ मिलत विसेषन।
जिनकौ सुख औचक सो आई, सेवत चरन-कमल अनिमेषन।
लखि हरिदासि उरनि पर पौढ़े तन मन मगन फाग रस पेखन।

— **आभास उल्था :** श्रीपीताम्बरदेवजू

परस्यौ बिम्ब उर स्याम तन, देख्यौ अपनौ रूप।
गोरी भोरी ह्वै गई, दूजौ कौन स्वरूप।
कहति सखी सौं दाव रस, देखौ नव-नव रंग।
और भाँवती सुन्दरी, खेलत सुन्दर संग।
सखी कहति तब स्याम सौं, भ्रम खोवन हित बाम।
पाँइ दाबियै जुगति कै, दाबनि लगे अभिराम।
ज्यौं दाबत पिय प्रगट पद, त्यौं प्रतिबिम्बहिं देखि।
गयौ भर्म चैतन्य लखि, क्रीड़न लगे विसेखि॥

— **वस्तुदर्शिनी :** श्रीराधाशरणदेवजू

सखी के वचन सखी के प्रति — छबीली कुंज में सुख सेज, भामिनीजू पौढ़ी हैं। अरु छबीले छबि सौं पाँइ चाँपत हैं। सुरति-रंग अंग-अंग मिलि बिहरत हैं। जहाँ सखी परस्पर बोलीं — कि प्रिया-पिय सुरति सेज में कहा, भाँवती बात करत हैं, ताकौं चित्त दै मिलि देखैं। श्रीहरिदासीजू-ललित अति हेत सौं लाड़ लडावत हैं। तहाँ सखी के वाक्य सखी तें॥ इति॥

मूल — **चलौ सखी कुंजबिहारी सौं चित दै मिलि देखें उनकी भाँवती॥ इति॥**

अर्थ — दोऊ — प्रिया-लाल सुरति केलि में मगन हैं। तब सखीजन कहत हैं कि चलौ सखी, कहा, उनकी सुरति-सुख में चलौ। कुंजबिहारी सौं उनकी भाँवती कहा करत हैं, सो चित्त दै मिलि देखैं॥ इति॥

मूल — **सुंदर सौं सुंदरि मिलि खेलत कैसें धौं गावती॥ इति॥**

अर्थ — सुंदर — श्रीलालजू सौं सुंदरि — श्रीप्रियाजू मिलि खेलत हैं, सुरति करि, कि कहा मनोरथनि सौं खेल करत हैं। अरु कैसें धौं गावत हैं, कहा, केलि में सुख विलसि-विलसि मधुर-मधुर बोलत हैं॥ इति॥

मूल — **औचक आइ परी सखी, तहाँ पिय पै पाँइ चँपावती॥ इति॥**

अर्थ — ज्यौं औचक ही आइ परी कहा, वा केलि सुरति कौं देखि अचानक वाके सुख कौं गाइ उठीं। जहाँ प्यारीजू पिय पै तें पाँइ चँपावती हैं। कैसें, ताहि कहत हैं — छबीलेजू छबि तें पाँइ प्यारीजू के चाँपत हैं, मन के करनि तें। द्वै लर वर तमाल लालजू की सोभा कि दोऊ चरन प्रियाजू के पिय के स्कंध पै हैं, सो कही जात नाहिंन। अति कोमल प्रसन्न मन कंठ में लगाय राखत हैं। पिय निरखि-निरखि तन-मन वारत, बलि जात, फूल्यौ अंग न मात है। अरु लाड़िलीजू आनंद-मगन सुखनिधि जीवनि मृदु मुस्काइ कें अपनौ वल्लभ, ताकौं लैकें अपने उर पै लपटाइ राख्यौ॥ इति॥

मूल — **श्रीहरिदास के स्वामी स्याम सौं मिलि पौढ़ी तन-मन राँवती॥ इति॥**

अर्थ — श्रीहरिदासी के स्वामी स्यामा, सो स्याम-लालजू तें मिलि पौढ़ी, तन मन राँवती, कहा, तन-मन करि रस फाग खेलत हैं। कैसें, चौंप बढ़ी अति चोज चित्त में, सो सुखरासि परस्पर केलि करत हैं। सुरति रंग अंग-अंग मिलि बिहरत हैं। श्री ललित-हरिदासीजू, सुंदर माधुरी रस गाइ दोहुँनि कौं लड़ावत हैं। विपुल, बिहारिनि, सरस, नागरी, नरहरि, रसिक आदि सुखरासि सुख देखत नैंन सिरावत हैं॥ इति॥

द्वितीय आभास

दोऊ प्रिया-प्रीतम सुरति केलि में मगन हैं। सो प्यारीजू तौ सावधान, अंग-अंग केलि कौ प्रकास झलक्यौ अरु लालजू सुरति-सुख में मगन, सुन्दरि सौं मिलि खेलत हैं। चलौ सखी — प्यारीजू! कुंजबिहारी सौं चित्त दै मिलि उनकी भाँवती देखैं। जहाँ ऐसे सखी के वचन श्रीप्यारीजू तें॥ इति॥

मूल — **चलौ सखी कुंजबिहारी सौं चित दै मिलि देखें उनकी भाँवती॥ इति॥**

अर्थ — चलौ सखी — हे प्रिया! कुंजबिहारी सौं चित्त दै मिलिकें, उनकी भाँवती देखैं॥ इति॥

मूल — **सुन्दर सौं सुन्दरि मिलि खेलत कैसें धौं गाँवती॥ इति॥**

अर्थ — सुन्दर लालजू, सुन्दरि तुम प्रियाजू, सो तुम सौं सुरति करि मिलि कैसें धौं खेलत हैं? अरु कैसें धौं गावत हैं? कहा, बातें बिहार में मृदु वचन करि कहत हैं॥ इति॥ तब प्यारीजू नें कह्यौ — भलैं चलौ। तहाँ कहत हैं।

मूल — **औचक आइ परी सखी तहाँ, पिय पै पाँइ चँपावती॥ इति॥**

अर्थ — लालजू सुरति सुख में मगन हे, अरु अचानक ही सखी — जो लाड़िलीजू आइ परी। पिय पै पाँइ चँपावती कहा, अधर-अधर पाँइनि तें पिय जानैं नहीं। पाँइनि कौं चपाँवत औचक ही आइ पिय कंठ तें लिपटि गई॥ इति॥

मूल — **श्रीहरिदास के स्वामी सौं मिलि पौढ़ी तन मन राँवती॥ इति॥**

अर्थ — श्रीहरिदासीजू के स्वामी स्यामाजू स्याम सौं अंग-अंग मिलि पौढ़ी तन-मन राँवती, कहा, मदन खेल रस की फाग खेलत हैं॥ इति॥

— **भावार्थदीपिका :** श्रीनागरीदासजू

१०६

जगे रसिकवर फाग सुख, खेलत हँसि मन लेत।
कर कटि जोरैं नृत्त अति, न्यारे मन संकेत।
जुगल जुवति मिलि फागुन खेलत।
भरत परस्पर सुधि न सँभारत, मंद हँसनि पिय पिचु कर पेलत।
कर वर जोरि कटिन लचकावत, नौतन नृत्त गतिन रस रेलत।
श्रीहरिदासि फिरत बिबि न्यारे, सहचरि सौं दुरि तिय मन मेलत॥

— **आभास उल्था :** श्रीपीताम्बरदेवजू

प्रेम अनंग रु रंग रस, बढ़्यौ दुहुँनि की ओर।
बनी ललित होरी इहै, खेलत जुगल किसोर।
सब जुवतीं इन्द्रीं सरस, भरत परस्पर रंग।
सुरति मध्य उन्मत्त अति, हँसत स्याम प्रिय संग।
मान विवसता आदि सखि, इनतें न्यारे जोइ।
अंस, बगल, खोरी जघन, तकत छैल रस भोइ॥

— **वस्तुदर्शिनी :** श्रीराधाशरणदेवजू

सखी के वचन सखी तें — लाल-गुलाल रस भरी कुंज, तामें राधा, जो रसिक, अरु कुंजबिहारी रस की फाग खेलत हैं। अंग-अंग में नव-नव भाइ रस के झेलत हैं। महामतवारे परस्पर अंक भरत हैं। पै काहू की काहू सुधि नाहीं, को पिय है को प्रिया है। सब सखी 'हो हो होरी' बोलत हैं। श्रीहरिदासीजू नव-नव लाड़ लड़ावत हैं। जहाँ सखी के वचन सखी सौं॥ इति॥

मूल — **राधा-रसिक कुंजबिहारी खेलत फाग, सब जुवतीजन कहति हो-हो होरी॥ इति॥**

अर्थ — श्री राधाजू रसिकनि के सिरमौर अरु कुंजबिहारी फाग रस भरी खेलत हैं। सब जुवतीजन—जो सखीजन बोलत हैं 'हो हो होरी'। अथवा सब सखी — चाह रूप बोलत हैं — 'हो हो होरी' कहा, महाआनंद की उमंग॥ इति॥

मूल — **भरत परस्पर काहु की काहू न सुधि, हँसिकें मन हरत मोंहन गोरी॥ इति॥**

अर्थ — अंग-अंग रस सौं भरत हैं; कहा, अधर सौं अधर, नैंन सौं नैंन, कुच सौं कुच, हिय सौं हिय, नाभि तें नाभि, सब अंग-अंग रस सौं परस्पर भरत हैं। पै काहू की काहू न सुधि यह खबर नहीं कि को प्यारी है, को पिय है। कबहूँ तौ वे पिय होत, कबहूँ वे प्यारी होत, सो परस्पर भरत हैं। तहाँ सखी सावधान करत- 'हो हो होरी' कहत। हँसिकें मन कौं हरत हैं, मोहन जु गोरी हैं सो मोहन के मन कौं गोरी हँसिकें हरत हैं। अब कैसें अंग-अंग में गति-विलासनि की लेत हैं, ताहि कहत हैं॥ इति॥

मूल — **कर सौं करब जोरि कटि सौं कटिब मोरि, करत नृत्य काहू न रुचि थोरी॥ इति॥**

अर्थ — यहाँ कर सौं करब जोरि कटि सौं कटिब मोरि रसमय नृत्य करत हैं। अरु अंग-अंग जुरि रहे हैं। कैऊ लाग-डाट के भेद लेत हैं। छाँड़त हैं, गहत हैं, नव-नव नृत्य पै काहू की रुचि थोरी नहीं, रस तें मत्त हैं॥ इति॥

मूल — **श्रीहरिदास के स्वामी स्यामा फिरत न्यारेई न्यारे सब सखियनि की दृष्टि बचावत तकि तब खोरी॥ इति॥**

अर्थ — श्रीहरिदासीजू के स्वामी स्यामा अरु स्याम-लालजू फिरत न्यारे-न्यारे। जो दोऊ अपनी रुचि लियें सुख में फिरत हैं महामत्तता में। सब सखियनि की दृष्टि बचावत, कहा, मन में बुद्धि रूप सखी, कि बिना अपराध मान कौं जनावैं, अरु पिय की चाह रूप सखी कि बिना रुचि लियें प्यारीजू की, ते सब सखिन की दृष्टि बचावत कि उनकी ओर झाँकत ही नहीं। महाप्रसन्न मन मिलि रहे हैं। इन सखियनि की दृष्टि बचावत, उनतें न्यारे-न्यारे फिरत। तकि तब खोरी कहा, महाआनन्द रूप खोरी कौं ताकत हैं कि अंक रूप खोरी में महाप्रसन्नता सौं रहिबौ करैं॥ इति॥

— **भावार्थ दीपिका :** श्रीनागरीदासजू

१०७

बजत बीन नव कुंज में, अमृत सुर घन कौंधि।
रीझत पिय वारत मनैं, अंग मिलत चकचौंधि।
नव निकुंज बीना मधि गोरी।
वरषत इंदु पियूष तृषित हरि, हेरि रहे दुति कौंधि किसोरी।
रीझत पति गति मति सब वारत निरखि सुदेस कटिन मति बोरी।
रसद बिहारी अंग मिलत सुख, श्रीहरिदासि निरखि तृन तोरी।

— **आभास उल्था :** श्रीपीताम्बरदेवजू

सहचरि कौ सुख रास अरु, नवल समुझि सुख धाम।
नव निकुंज निज अंग प्रिय, बीन अंग निज स्याम।
गोरी सुरतारम्भ रचि, पकरयौ बीन नवेलि।
नव निकुंज मधि मेलि सुर, को बरनें इह केलि।
मदन जोर अँगुरी चपल, दस नख सोभा इंद।

सुखद अमी वर्षत सरस, खेलत लाल अनंद।
देत रीझि तन मन ललन, भूषन पुनि अँग अंग।
कर्‍यौ प्रगट इह विधि मदन, अद्भुत केलि अभंग।
— **वस्तुदर्शिनी :** श्रीराधाशरणदेवजू

सखी के वचन सखी प्रति — नव निकुंज — महाआनंद रूप, तामें गृह — जो सज्या मंदिर — अंग-अंग सुख-रूप, जहाँ नवल-प्रियाजू अरु नवल-लालजू सन्मुख विराजमान हैं। आजु प्यारीजू परम कृपालता की रासि आप बीना कौं प्रवीनता तें बजाइबौ पिय कौं सिखावत हैं कि या भाँति तान-बँधान सहित बीना बजाबौ। प्रियाजू प्रवीनता सौं बीना बजावत, तामें गौरी-राग बजावत-गावत हैं, सुरति-सुख कौ आरंभ करत। श्रीहरिदासीजू महाआनंद में नव-नव चोज रहसि-बहसि के बतावत हैं। सखी के वचन सखी सौं॥ इति॥

मूल — **नव निकुंज गृह नवल आगें नवल बीना मध्य राग गौरी ठटी॥ इति॥**

अर्थ — नव निकुंज कहा, नव-नव हिय। गृह कहा, आनंद रूप दोहुँनि के अंगनि कौ संकेत। नवल-लालजू बिहारी, तिनके आगें नवल-श्रीप्रियाजू नें बीना के मध्य राग गौरी ठटी कहा, हो पिय, ऐसे बीना बजाबौ, ज्यौं मैं सिखाऊँ। बीना के मध्य राग गौरी ठटी कहा, प्रवीन गौरी-प्रियाजू बीना मध्य राग — जो सनेह, ताकौं ऐसे चतुराई करि खेल ठटौ। कहा, हो पिय, तुम मैं कहौं जा भाँति राग भरी ताननि सौं बीना — जो दोऊ कुचनि कों कर तें गहि करि अंग-अंग मिलिकें सन्मुख रहौगे, गरे सौं, अरु और अंग हू परस न होइ। ऐसी रीति सौं गौरीजू नें बीना के मध्य पिय कौं राग कौ ठाट बतायौ॥ इति॥

मूल — **मनौं दस इंदु पीयूष बरषत सुखद, चपल करजावली दृष्टि पिय की जटी॥ इति॥**

अर्थ — जब पिय प्रियाजू की आज्ञा प्रमान अपने भाग्य मानि ज्यौं सिखाये, वैसे ही बीना-उरोज रूप कौं कर-कमल की दसहूँ अँगुरिन तें गही जब नखनि की दुति कुचनि के लगिबे में चिह्न ऐसे प्रगटे, मानौं दस चन्द्रमा अमृत वरषत हैं सुखदाइक। चपल कर की अँगुरी, तिनकी अवली कहियै — पंक्ति, सो कुचनि पै सोभित हैं। दृष्टि पिय की जटी, प्यारीजू की दृष्टि सौं दृष्टि पिय की जटित है कि याही भाँति बीना बजाऊँ। तब लाड़िलीजू नें कह्यौ — तान-बंधान, कोक-कलानि सहित हो प्रवीन, इत मन देहु कें बजावौ॥ इति॥

मूल — **रीझि रीझि पिय देत भूषन बसन दाम, उर, रसन दसननि धरत निरखि सारंग-कटी॥ इति॥**

अर्थ — जब पिय आज्ञा प्रमान तान-मान नीकें लेत, तब प्यारीजू पिय कौं रीझि देत, भूषन-बसन-अंग-अंग, दाम जो माल उर की, कहा, अपनी अंस भुजा गरबाँही मेलि उर सौं उर लाइ रसन — जो अधर दसननि पै धरत, निरखि सारंग कटी — सुदेस कटि सौं मिलिबौ निरखि कें। पिय फेरि लेत हैं सँवारि-सँवारि कें, पै नागरी जू नें कह्यौ — फबी ना, चूके, कुच रूप बीना गहि वाही भाँति बजावौ। सारंग नाम-केहरि कौ, ताकी सी कटि ॥ इति॥

मूल — **रसद श्रीहरिदास बिहारी अंग अंग मिलत अतन उदोत करत सुरति आरंभटी॥ इति॥**

अर्थ — रसद — जो रस के दाता श्रीहरिदासीजू, बिहारी, जो दोऊ अंग-अंग मिलत अतन उदोत करत, कहा, काम की ही चाह, अंग-अंग मिलिबे की, ताकौ प्रकास करत। अतन नाम-काम कौ है। सो काम कौ प्रकास, कहा, बढ़ि गयौ कि गुप्त, जानिबे में आयौ। सुरति आरंभटी-सुरति-जो सुष्ट अति सुंदर रति, ताकौ आरंभ है। यह विनोद बिहारी-प्रियाजू कौ भेद को जानै? कवि, जो रसिकनि, बिना श्रीहरिदासी कृपा॥ इति॥

— **भावार्थदीपिका :** श्रीनागरीदासजू

१०८

चढ़ि गये सुरति हिंडोरनें, डाँडी गहि उर जोर।
सहचरि झूलन गावहीं, अनुरागे सिरमौर।
निरखि डोल सुख ठाड़े झूले।
मचकत जोर करत बिबि अंगनि, डाँडी पकरत गहि भुज मूले।
बिच बिच प्रीति सहचरी गावत, राग रागिनी निज अनुकूले।
श्रीहरिदासि निरखि जुग मूरति, करत मिलाप अलापनि फूले।

— **आभास उल्था :** श्रीपीताम्बरदेवजू

करत सुरति ठाड़े रसिक, सौ गुन डोल किसोर।
हाँ हाँ बोलत गति विषै, मचकनि देत सुजोर।
भुज डाँडी पकरी जबर, रहसि रीति बिच प्रीति।
वचन जूथ रागनि बढ़ै, कढ़े राग रँग जीति॥

— **वस्तुदर्शिनी :** श्रीराधाशरणदेवजू

सखी कौ वचन सखी तें - निकुंज में दोऊ बिहारी-बिहारिनि महाआनंद रूप डोल, महाअंग अंग प्रफुलित — जो ठाड़े महाजोवन जोर तें झूलत हैं। श्रीप्रियाजू अति जाननि, तिनहूँ, की मुकुटमनि, अति अंग-अंग की डहडहानि, महामत्त आनंद रूप विलास विलसत हैं। अरु श्रीहरिदासीजू महाअद्भुत सिंगार कियें, नव-नव लाड़ लड़ावत-झुलावत हैं। सखी कौ वचन सखी प्रति॥ इति॥

मूल — **झूलत डोल दोऊ जन ठाड़े॥ इति॥**

अर्थ — दोऊ कुंजबिहारी महाआनंद में अंग-अंग फूले हैं, सो आनंद रूप डोल, तामें ठाड़े, कहा, अंग-अंग की डहडहानि तें झूलत हैं। एक अंग-अंग की मिलन कौ डोल, और अंग परस न होइ सकत। सकल गुननिधान ए नागरी अरु नागर या भाँति झूलत हैं॥ इति॥

मूल — **हाँघत जोर सहित जैसौ जाकें डाँडीब गहैं गाढ़े॥ इति॥**

अर्थ — हाँघत कहा कि हाँ, या भाँति घात भलैं जोवन के जोर सहित जैसें जाकौ जोर है महाप्रबलता तें जोवन के जोर तें मुख न मोरत हैं। सुरति पूरित तान सौं वितान, सो वितान छै रह्यौ है। डाँडीब गहैं गाढ़े, कहा, भुज-डाँडी गाढ़े गहें हैं। अथवा अंग-अंग डाँडी की गहन गाढ़ तें हैं, और अंग परस नहीं॥ इति॥

मूल — **बिच बिच प्रीति रहसि रस रीति की, राग रागिनीन के जूथ बाढ़े॥ इति॥**

अर्थ — बिच बिच प्रीति रहसि रस रीति की, कहा, अधर, कपोलनि कौ चुम्बन, रस रीति की कबहूँ वे चुंबन करैं, कबहूँ वे। राग-रागिनी के जूथ बाढ़े, कहा, जो राग — सनेह, चाह पिय की, रागिनी — चाह प्रियाजू की; ताके जूथ बाढ़े — अति सुख समुद्र बढ़ि गयौ, तामें दोऊ झूलत हैं॥ इति॥

मूल — **श्रीहरिदास के स्वामी स्यामा कुंजबिहारी, राग ही के रंग रँगि काढ़े॥ इति॥**

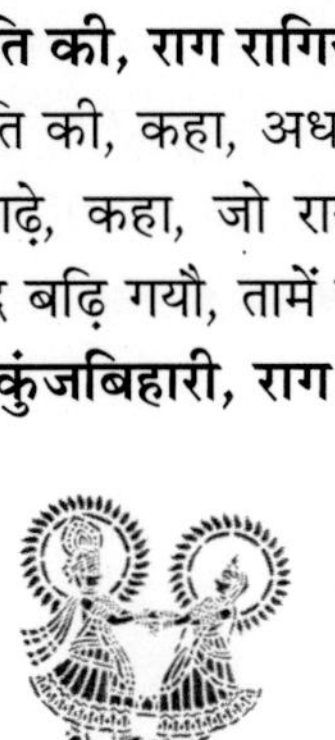

अर्थ — श्रीहरिदासीजू के स्वामी स्यामाजू अरु कुंजबिहारी एक राग, जो सनेह, ताही के रंग में रँगि काढ़े, कहा, सनेह ही की मूरति सुख रूप ह्वै गये। श्रीललिता-हरिदासीजू कहत हैं, रीझिकें — वाह! वाह! भलैं सुख में मगन भये। श्रीप्रियाजू, तुम जाननि के हू मन की जाननिहारि हौ॥ इति॥

— **भावार्थदीपिका :** श्रीनागरीदासजू

१०९

झूलत डोल निकुंज वर, दुतिय ओर नव बाल।
राखे रहत न हँसत अति, प्रिया प्रान प्रतिपाल।
श्री कुंजबिहारी झूलत डोल।
दुतिय ओर श्री रसिक स्वामिनी, दोऊ मिलि करत कलोल।
मंद मंद झूलहु बलि त्यौं त्यौं, हास करत अति पिय इति बोल।
श्रीहरिदासि कहत री प्यारी, राखि लेहु मति गहत कपोल।

— **आभास उल्था :** श्रीपीताम्बरदेवजू

सुरति करति अति जोर मय, कोक निपुन वर बाम।
राखत श्रमित हिंडोर पिय, त्यौं त्यौं झुलवत बाम।
अट्टहास पुनि करति अति, पिय कमजोरहिं जान।
बिलबिलात तब कहत प्रिय, हा हा राखि निदान।

— **वस्तुदर्शिनी :** श्रीराधाशरणदेवजू

सखी के वचन सखी ते — निकुंज कुसुमनि की, अंग-अंग फूले हैं, जहाँ दोऊ-कुंजबिहारी लाल डोल झूलत हैं सन्मुख। सो सुख श्रीहरिदासीजू महा-आनंद में सखी तें कहत हैं॥ इति॥

मूल — **झूलत डोल श्रीकुंजबिहारी॥ इति॥**

अर्थ — अति आनन्द में अंग-अंग मिलि, सो डोल, तामें कुंजबिहारी झूलत हैं॥ इति॥

मूल — **दूसरी ओर रसिक राधा वर नागरि नवल दुलारी॥ इति॥**

अर्थ — दूसरी ओर रसिक स्वामिनी राधा, जो महाश्रेष्ठ अरु नागरी, नवल, दुलारी हैं। अपने ही सुभाव चलैं। लाड़िली हैं, चाहैं सो करैं। सो लाड़िली, अति अलबेली कह्यौ—मति झूलौ। तहाँ कहत हैं॥ इति॥

मूल — **राखें न रहत हँसत कहि-कहि प्रिया, बिलबिलात पिय भारी॥ इति॥**

अर्थ — पिय अंग-अंग पै राखें, पै रहत नाहिं। हँसत हैं कहि-कहि प्रियाजू। बिलबिलात हैं पिय, अति आतुर हैं कि अंग-अंग पै राखि, झूलन देहु। भारी, कि या व्याकुलता के भार उठाय न सकत।

मूल — **श्रीहरिदास के स्वामी स्याम कहत री प्यारी, अबकैं राखि ह हा री॥ इति॥**

अर्थ — श्रीहरिदासीजू के स्वामी स्यामा, तिनसौं स्याम कहत-अरी प्यारी, अबैं राखि, कहा, अंग-अंग पै राखि — अबकैं झूलन देहु, मैं हा हा खात हूँ॥ इति॥

द्वितीय आभास

फूलनि की निकुंज में अंग-अंग फूल डोल रच्यौ है। फूल सौं सखिन कौ समाज, आज राग रंग — जो सनेह कौ ही रंग छै रह्यौ है, सो कह्यौ न जात है कि फूल अंग-अंग में, तासौं कुंजबिहारी डोल झूलत हैं। दूसरी ओर प्रियाजू हू फूल सौं प्रबल झोंटा देत हैं। सो सुख, हे सखी! मोपै कह्यौ न जात है। सो सुख श्रीहरिदासीजू महाफूल सौं अति आनंद में दोउनि कौ लाड़ लड़ावत, झुलावत, सखी सौं कहत हैं॥ इति॥

मूल — **झूलत डोल श्रीकुंजबिहारी॥ इति॥**

अर्थ — अंग-अंग में फूल बाढ़ी, सो फूल सौं फूल-डोल अंग-अंग मिलिबे कौ, तामें श्रीकुंजबिहारी झूलत हैं, फूलत हैं॥ इति॥

मूल — **दूसरी ओर रसिक राधा वर नागरि नवल दुलारी॥ इति॥**

अर्थ — एक ओर तौ कुंजबिहारी दूसरी ओर रसिक सिरमौर श्रीराधाजू वर-श्रेष्ठ, नागरि नवल दुलारी, कहा कि चतुर-सिरोमनि अरु नवल लाड़िली हैं। चाहैं, सो करैं, ज्यौं जानैं, तैसें झूलैं, काहू कौ कह्यौ न मानैं। सो सखिन समाज कहा, चाह रूप सखिन कौ समाज, फूल सौं आज बन्यों है कि चाह है झूलबे में। अथवा प्रगट सखीजननि कौ समाज है। फूल सों प्रबल प्रान-प्यारी झोंटा देत है। सो सखी परस्पर कहत हैं — हे सखी, आजु राग — जो सनेह, ताकौ रंग रह्यौ है, सो सुख मोपै कह्यौ न जाय। या झूलिबे में पिय प्रियाजू कौ बदन अवलोकन कियौ चाहत हैं। अंग-अंग में फूल भई। काहे तें, कि हिय में फूल, सिथिल है कटि रूप दुकुल। तब पिय भुजमूल गहिकैं बदन प्रियाजू कौ देखत हैं अरु कहत — मति झूलौ। पै प्यारीजू राखे रहत नाहीं, ताहि कहत हैं॥ इति॥

मूल — **राखें न रहत हँसत कहि कहि प्रिया, बिलबिलात पिय भारी॥ इति॥**

अर्थ — पिय राखत है—हो प्यारीजू, बहुरि झूलिये। पै प्यारीजू झूलत है, राखे रहत नाहीं। हँसत कहि कहि कहा, प्यारीजू की जीति है, पिय हारे है, तातें महाप्रसन्नता तें झूलत है, हँसि-हँसिकें। बिलबिलात पिय भारी कहा मन में तौ चाह पिय के बहुत है, पै यामें प्यारीजू के अति चौंप बाढ़े, तातें बहुत बिलबिलात हैं कि मति झूलौ, त्यौं-त्यौं प्रबलता तें झूलत हैं॥ इति॥

मूल — **श्रीहरिदास के स्वामी स्याम कहत री प्यारी, अबकैं राखि ह हा री॥ इति॥**

अर्थ — श्रीहरिदासीजू के स्वामी स्यामा, तिनसों स्याम — कुंजबिहारी कहत — अरी प्यारी, अबकैं राखि, हा हा खात हूँ, नेंक रहौ। पै प्यारीजू रहत नाहिं, झूलत हैं॥ इति॥

— **भावार्थदीपिका :** श्रीनागरीदासजू

११०

परसत भोर भयौ भटू, निमिष अथै सह मात।
निसिदिन पति आरति मरत, नाँहिन तृन सुख जात।
कौन प्रकृति तिहारी भामिनि, पिय तन परसत ह्वै गयौ भोर।
अथवत बार निमेष न बीतत, होत प्रकास जीत चित चोर।

निसा दिवस के पिय सुख चाहत, साहस नाँहिन तृषित चकोर।
सहचरि श्रीहरिदासि सपथ दै, माथे तृन सुख गति कित तोर।

— **आभास उल्था :** श्रीपीताम्बरदेवजू

अंत न आवत सुरति कौ, बिच ही न्यारी होइ।
यातें बोलत लाड़िलौ, कौन भामिनी खोइ॥

— **वस्तुदर्शिनी :** श्रीराधाशरणदासजू

लालजू के वचन श्रीप्रियाजू तें — मान-कुंज प्रिया रूप मानिनी रहत सहज गरबीली-लाड़िली अरु पिय, दोऊ एक रस भरी सेज पै राजत हैं। अरु प्रियाजू छिन-छिन में तौ प्रसन्न अरु छिन-छिन में अप्रसन्न कि महारस में विरस करि डारत। अरु हठीली जू अपनौ हठ छाँड़त नहीं। श्रीहरिदासीजू आनंद में राजत हैं। जहाँ लालजू प्रियाजू तें कहत हैं॥ इति॥

मूल — **कौन प्रकृति तिहारी छिया, तुमहिं मिलत बेगि भोर ह्वै जात॥ इति॥**

अर्थ — हो प्यारीजू! तुम्हारी कौन प्रकृति है कि महासुखमय अंग-अंग मिलत ही, बेगै कछु मन में उपजत है, सो अंग छुवन देत नाहीं, यह भोर ह्वै जाइबौ कि नेंक हूँ अपनी कृपालता की जो सनेह के समुद्र कहावत हैं, संका नाहीं। सो तुम लाड़िलीजू हौ। यह छिया बात है, छाँड़ौ। कहा हठ करि रही हौ? मेरी बात सुनत नाहिं॥ इति॥

मूल — **अथवत निमेष होइ पह फाटी देखियत पहिली सहमात ह्वै जात॥ इति॥**

अर्थ — नेंक जबही अंग सपरस भयौ, तुम महासुकुमारी, नित्य प्रथम समागम रहत अरु अथवत निमेष भई कहा, नैंननि की कोर मुरी। पह फाटी देखियत, कहा, ज्यौं पह फाटी जात, त्यौं तुम्हारौ मन न्यारौ फट्यौ सो देखियत। पहिली सह मात ह्वै जात कहा, खेल तौ है सकत नाहीं, अरु बाजी खेल की पूरी है जाइ। तुम्हारी प्रसन्नता बिना अंग-अंग छुवत नाहीं, सो खेल न है सकै। जब सुरति-आरंभ कौ खेल रच्यौ अरु मान दरसायौ, बाजी मात भई॥ इति॥

मूल — **आवत जात भारौ परै पीतौ मरि जात॥ इति॥**

अर्थ — आवत जात कहा, जो बहुत जतननि करि तौ तुमकौं प्रसन्न करैं अरु नेंक तुम्हारौ मन जब कृपा की ओर प्रसन्नता में आवत अरु नेंक अंग छुयौ अरु अप्रसन्न भये, तुम्हारौ मन मेरे औगुननि में जात। सो घरी-घरी के रूसने पहर मनावत जात, सो यह दुख अति भारौ पर्‍यौ। पीतौ मरि जात। आपकौं अनबोले से देखौं, तब मेरौ मन सकुचै अरु जो आनंद रूप मनोरथ मन के आपकी प्रसन्नता में उपजें हे, सो सबनि कौ पीतौ मरि जात कहा, फूल आनंद कौ कुम्हलाइ जाइ॥ इति॥

मूल — **श्रीहरिदास के स्वामी तुम्हारे माथे तृन कितौक सुख जात॥ इति॥**

अर्थ — श्रीहरिदासीजू के तुम स्वामी हौ तुम्हारे माथें तृन है। तुम ही कहौ, कितौक सुख जात है? तातें प्रसन्न ह्वै अंग-अंग मिलि विलास करौ॥ इति॥

— **भावार्थदीपिका :** श्रीनागरीदासजू

१११

रूप सघन वन डोल तें, निकसे बिबि सुकुमार।
तन मन ज्यौं घन-दामिनी, सकल सुखनि कौ सार।
डोल सघन वन तें जुग आये।
तन में तन, मन में मन विलसत, घन दामिनि उपमा छबि छाये।
प्रीतम नित वरषा रति चाहत, मोर चातकी पिक रट ल्याये।
श्रीहरिदासि निरखि कित उपमा, कुंजबिहारी अपने पाये।

पद अष्टोत्तर सत की माला, रची हरिदासी विपुल रसाला।
श्री गुरुदेव सरस रसभीना, नरहरि रसिक-कृपा सुख दीना।

श्री स्वामी पीताम्बरदेवेन विरचिता आभास उल्था टीका समाप्त।

सघन कुंज सुख उठि जगे, कवनी बैस किसोर।
तन तन में मन मन लसत, सोभा सिन्धु न थोर।
मोहन अति गम्भीर प्रिय, जाँचत रति रतिवंत।
सुनत वचन पिक मोहनी, मनहिं न लागत अंत॥
श्री स्वामी हरिदास कौ, अद्‌भुत रस कौ रास।
कोटि रसिक कवि पचि गये, तऊ न पाई आस।
श्रीललित मोहनी की कृपा, टीका अद्‌भुत कीन।
महागूढ़ तें गूढ़ जो, भाव अर्थ कहि दीन।
श्री स्वामी गुरुदेव की अद्‌भुत बानी चारु।
ताकौ सम्मत लै कह्यौ, वेद सार कौ सार।
रसिक समुझि सुनि हरखि हैं, राधासरन विचार।
मत्सरीक तन मन बढ़ै, तर्क-कुतर्क अपार।

वस्तुदर्शिनी टीका समाप्त।

सखी कौ वचन सखी प्रति — सघन वन — जो दोहुँनि के मन, सो प्रफुल्लित ह्वै रहे हैं। जुग कमनीय किसोर के तन तन में बसत है, मन मन में लसत है, सो सोभा अति छाय रही है। श्रीहरिदासीजू महाआनंद में अद्भुत सिंगार सहज ही कियें विराजमान हैं। जहाँ विपुलसखी बिहारिनिदासीजू तें कहत हैं॥ इति॥

मूल — **जुव कमनी वैस किसोर दोऊ निकसि ठाड़े भये सघन वन तें॥ इति॥**

अर्थ — दोऊ — प्रिया-प्रीतम कैसे हैं, कमनीय वैस किसोर हैं। सघन वन — जो आनंद रूप दोहुँनि तन-मन, तिनते निकसि ठाड़े भये कहा, सावधान अंग-अंग में कि प्रथम महासुख में मन बिहार करि मगन हे, अब वा मन रूप सघन वन तें निकसि अंग-अंग बिहार कों सावधान। अंग-अंग में डहडहानि भई, तातें फूलनि करि फूले सोभित हैं॥ इति॥

मूल — **तन तन में बसत मन मन में लसत, सोभा बाढ़ी दुहुँ दिसि मानौं प्रगट भई दामिनि घन-घन तें।**

अर्थ — सुख सेज पै सावधानता तें राजत हैं। तन तन में बसत है, कहा, अंग-अंग सब मिलि रहे हैं। मन-मन में लसत कहा, मन-मन दोऊनि के एक रुचि लियें मिलिकें लसत हैं। सोभा बाढ़ी दुहुँ दिसि कहा, दोऊनि के अंग-अंग लपटानि की सोभा दुहुँ दिसि बाढ़ी है, प्रगट भई दामिनि घन-घन तें, मानौं — दामिनी तें घन-घन प्रगटे हैं, कि अंक-घन तें दामिनी प्रगटी है, यह खबर नहीं। कहा, प्रिया रूप दामिनी के अंग-कांति तें लाल रूप घन के अंग-कांति पहिले प्रगटी अरु लाल रूप घन के अंग-कांति तें पहिले दामिनी-प्रियाजू के अंग की कांति प्रगटी, सो जानी न परत, पहले कौन सावधान भये। इनके अंग-अंग घन-दामिनी की प्रगटता खबर नहीं। या भाँति अंग-अंग घन-दामिनी ज्यौं लसत हैं ॥ इति ॥

मूल — **मोहन गहर गंभीर बदत पिक बानी, उपजत मानौं प्रिया के वचन तें ॥ इति ॥**

अर्थ — प्यारीजू पिय के अंग तें लपटी राजत हैं, तातें मोहन गहर गंभीर कि काम की चंचलता नाहीं। अरु बदत पिक बानी, कहा, पिक जो कोकिला सो पिय रूप कोकिला नित्य बसंत रितु — अंग-अंग की प्रफुल्लता चाहत। उपजत मानौं प्रिया के वचन तें कहा, कि लालजू बोलत हैं, सो मानों कोकिला — प्रियाजू के वचन तें वचन उपजत हैं। कहा, दोऊ एक रुचि सौं अंग-अंग विलास विलसत हैं ॥ इति ॥

मूल — **श्रीहरिदास के स्वामी स्यामा कुंजबिहारी, ऐसौ को जाकौ मन लागै अनतें ॥ इति ॥**

अर्थ — श्रीहरिदासीजू के स्वामी स्यामा अरु कुंजबिहारी, कि दोऊ अंग-अंग कुंज, ताके बिहारी, कि परस्पर अंग-अंग-कुंज में बिहार करत हैं। इनके ऐसौ कौन सुख है? तातें अनत मन न लागै। अथवा कुंजबिहारी प्यारीजू तें कहत — हो प्यारीजू, जदपि मैं आपके अंग-अंग पै झूलत हूँ, पै जब आप कृपा करि मो अंग-अंग पै झूलौ सो ऐसौ सुख कोऊ नाहीं कि जासौं अनत मन लागै। सो मेरौ झूलिबौ सोई अनत मन कौ लागिबौ सो न लगाऊँ, एक आपकौ ही झूलिबौ नित्य चाहूँ ॥ इति ॥

श्री स्वामी पीताम्बरदेवजू के कृपापात्र श्री स्वामी नागरीदासजू कृत भावार्थदीपिका टीका समाप्त।
श्री स्वामीजी की कृपा बिना इह मन में आवनी दुर्लभ है।

परिशिष्ट एक : सिद्धान्त के पद

किसी भी रचना को जीवन की समग्रता में देखना इन्दिरा गाँधी राष्ट्रीय कला केन्द्र के द्वारा विकसित की जा रही अनुसन्धान-प्रणाली का बुनियादी सिद्धान्त है। स्वामीजी का संगीत उनकी साधना से जुड़ा है, साधना उनके उपास्य-तत्त्व से जुड़ी है, उपास्य-तत्त्व का सूत्र केलिमाल में है और केलिमाल का सम्बन्ध अष्टादश सिद्धान्त-पदों से है। बाबा श्रीपाद जी ने ब्रजभारती के श्रीहरिदास अंक (सम्पादक : डॉ० शरण बिहारी गोस्वामी) में लिखा था — स्वामीजी की केलिमाल एक गुप्त रस-रहस्यमय निधि है, जिसकी कुंजी अष्टादश सिद्धान्त-पदों में छिपी है —

कूँजी नित्य विहार की हरिदासी के हाथ।
सेवत साधक सिद्ध सब जाचक नावत माथ।

प्रकाशते क्वापि। उन विरले साधकों और अध्येताओं के विचार हेतु यहाँ सरल अर्थ के साथ अष्टादश सिद्धान्त-पद प्रस्तुत हैं।

१.

(राग विभास)

ज्यों ही ज्यों ही तुम राखत हौ, त्यों ही त्यों ही रहियत हौं, हो हरि।
और तौ अचरचे, पाँइ धरौं सो तौ कहौ कौन के पैंड़ भरि।
जदपि कियौ चाहौं अपनौ मन भायौ, सो तौ क्यों कर सकौं जो तुम राखौ पकरि।।
कह श्रीहरिदास पींजरा के जनाबर ज्यों, फरफराय रह्यौ उड़बे कों कितौऊ करि।।

हे हरि! जिस प्रकार से, जिस रूप में और जहाँ भी आप मुझे रखना चाहते हैं, मैं उसी प्रकार से, उसी रूप में और वहीं रहता हूँ।

आपके सिवा न तो कोई अन्य मार्ग है और न अवलम्ब। सब प्रकार से आप पर निर्भर हूँ।

आपने मुझे जब पकड़ ही लिया है, तब मैं अपना मनभाया कैसे कर सकता हूँ?

वास्तव में जीव की गति तो पिंजड़े में बंद पक्षी की तरह है, जो उड़ने के लिए पंख फड़फड़ाता है परन्तु उड़ नहीं सकता। भागवत का वाक्य है —

> ईशस्य हि वशे लोको योषा दारुमयी यथा
> समग्र लोक ईश्वराधीन है और उसके संकेत पर उसी की शक्ति से संचालित है, जैसे मदारी के द्वारा कठपुतली।

२.

(राग विभास)

काहू कौ बस नाँहि, तुम्हारी कृपातें सब होय श्री बिहारी-बिहारिन।
और मिथ्या प्रपंच काहे कों भाखियै, सो तौ है हारिन।
जाहि तुम सों हित तासौं तुम हित करौ सब सुख कारिन।
श्रीहरिदास के स्वामी स्यामा कुंजबिहारी प्रानन के आधारिन।।

हे श्री बिहारी-बिहारिन! जो भी कुछ होता है, वह आपकी कृपा से होता है। सबका कारण आपकी इच्छा ही है। दूसरे किसी का वश नहीं है।

एकमात्र सत्य आप ही हैं, बाकी सब मिथ्या-प्रपञ्च है और मिथ्या-प्रपञ्च को कहने-सुनने का प्रयोजन ही क्या है? वह तो मनुष्य-बुद्धि की पराजय है।

हे सर्व सुखों के कारणभूत! सभी प्रकार के और सबके सुखों के कारण-तत्त्व! जिसका हित (प्रेम-भक्ति) आप से लगा है, आपका हित भी उससे लगा हुआ है – ये यथा मां प्रपद्यन्ते तांस्तथैव भजाम्यहम्।

हे मेरे स्वामी! श्यामा-कुंजबिहारी! आप मेरे प्राणों के आधार हैं।

३.

(राग विभास)

कबहुँ कबहुँ मन इत-उत जात, यातें अब कौन अधिक सुख।
बहुत भाँतिन घत आनि राख्यौ, नाँहि तौ पावतो दुख।
कोटि काम-लाबन्य बिहारी ताके मुहाँचुही सब सुख लियें रहत रुख।
श्रीहरिदास के स्वामी स्यामा कुंजबिहारी कौ दिन देखत रहौं विचित्र मुख।

मन तो मन है। वह संकल्प-विकल्पात्मक है, इधर-उधर जाना उसकी प्रकृति है। मन को एकाग्र करने के लिए अनेक भाँति के उपाय किए जाते हैं फिर भी वह मौका पाते ही कभी-कभी चञ्चल होता है, विचलित होता है, तब स्वामीजी मन को समझाते हैं — सौन्दर्य-माधुर्य-रस की परम सीमा तो यह है, अब तू इससे भी बड़े सुख को चाहता है, बता, इससे अधिक बड़ा सुख क्या है? सुख की परमावधि को छोड़कर कहाँ जाना चाहता है? बिहारी कोटि-काम लावण्य हैं। काम में जो सौन्दर्य-माधुर्य-रस है, उसका कोटि-गुणित सौन्दर्य-माधुर्य-रस बिहारीजू हैं। समस्त सुख वहाँ अन्तर्भूत हैं। बस, प्रतिक्षण उसी की अनुभूति करो, उसी को निहारते रहो। उसी से मुहाँचुही करो, उसी से दृष्टि मिलाए रहो। स्वामी श्रीहरिदास कहते हैं — मेरी यही अभिलाषा है कि शाश्वत-काल सदा-काल मैं कुञ्जबिहारी के विचित्र मुख को देखता रहूँ — ऐसें ही देखत रहों जनम सुफल करि मानों।

४.

(राग विभास)

हरि भज हरि भज छाँड़ न, मान नर तन कौं।
मत बंछै मत बंछै तिल-तिल धन कौं।
अनमाँग्यौ आगें आवैगौ, ज्यों पल लागैं पलकौं।
कह श्रीहरिदास मीच ज्यों आवै, त्यों धन है आपुन कौं।।

हरि को भजो, हरि को भजो। हरि भजन को कभी मत छोड़ो। देहाभिमान को छोड़ो, "अहन्ता" को छोड़ो। तिल-तिल धन की कामना मत करो, मत करो। बिना माँगे ही सब कुछ मिल जाता है, अनायास मिल जाता है, पल भर में मिल जाता है। स्वामीश्रीहरिदास का कथन है कि अपने लिए तो धन ऐसा प्रतीत होता है, जैसे मृत्यु आ गई है।

५.

(राग विलाबल)

ए हरि! मो-सौ न बिगारन कौं, तो सौ न सँबारन कौं मोहि तोहि परी होड़।
कौन धौं जीतै कौन धौं हारै पर बदी न छोड़।
तुम माया-बाजी पसारी बिचित्र, मोहे मुनि, काके भूले कोड़।
कह हरिदास हम जीते, हारे तुम तऊ न तोड़।।

हे हरि! मेरे समान कोई बिगाड़ने वाला नहीं है और तुम्हारे समान कोई सँवारने वाला नहीं है। मेरे और तुम्हारे बीच में यह "रस्साकशी" का खेल चल रहा है, होड़ हो रही है। मैं पूरी ताकत से अपनी ओर खींचता हूँ, लेकिन आप पुनः अपनी ओर खींच लेते हैं। इस रस्साकशी में कौन जीतेगा और कौन हारेगा? शर्त बदी है और इस बदी में हार-जीत की चिन्ता किए बिना आप यह खेल (बदी) खेले ही जा रहे हैं, मैं भी खेल रहा हूँ क्योंकि आपने संसार में विचित्र माया-बाजी फैला रखी है, हम जीव तो इस माया की गोद में ही बैठे हैं, देवता और मुनि भी इस माया से मोहित होकर भूले से, भ्रमित हो गए हैं। इस माया-बाजी के कारण ही हम बिगाड़ते-बिगाड़ते हारते नहीं और आप सँवारते-सँवारते हार जाते हैं। लेकिन हे हरि, क्या आप हारकर बैठ जाएंगे? नहीं, नहीं, बदी को छोड़ेंगे नहीं — मोसौ पतित न तो-सम पावन। आप फिर उबार लेंगे।

६.

(राग आसावरी)

बंदे अखतियार भला।
चित न डुलाउ आउ समाधि भीतर न होउ अगला।
न फिर दर-दर, पिदर-दर न होउ अँधला।
कह श्रीहरिदास करता किया सो हुआ सुमेरु अचल चला।।

अरे, बन्दे ! तुझे कितना अच्छा अधिकार मिल गया है। यह मनुष्य-देह पाना एक अत्यन्त दुर्लभ अवसर है। इस अवसर का लाभ लेना चाहते हो तो समाधि के भीतर आ जाओ। चित्त को विचलित मत करो। दर-दर भटकने से कोई लाभ नहीं होने वाला। जगत्पिता के द्वार (पिदर-दर) पर आकर अन्धा मत बन। कल्याण का आश्रय तो वही है। स्वामी श्रीहरिदास कहते हैं कि हरि ही कर्ता है, वही विभु है, वही होता है जो हरि चाहते हैं। असम्भव को सम्भव बनाने का सामर्थ्य उन्हीं का है। वे चाहते हैं तो सुमेरु-पर्वत भी चञ्चल बन जाता है, विचलित हो जाता है।

७.

(राग आसावरी)

हित तौ कीजै कमल नैन सों जा हित आगें और हित लागै फीकौ।
कै हित कीजे साधु-संगत सों जो किलविष जाय जीकौ।
हरि कौ हित ऐसौ, जैसौ रंग मजीठ, संसार-हित जैसौ कसूँभा दिनदुती कौ
कह श्रीहरिदास तासों हित कीजै बिहारीजूसों ओर-निबाहू जानजी कौ।।

हित करने योग्य तो केवल कमल-नयन बिहारी जी ही हैं, उन्हीं से प्रेम करना उचित है। उनके हित के सामने संसार के सभी हित फीके हैं। अनन्य प्रेम हो और अनन्य प्रेम के लिए अकलुष-हृदय हो। हृदय की कलौंछ, कल्मष सत्संगति से ही धुलती है, इसलिए हित करने योग्य है — साधु-संगत।

हरि-रस, हरि-प्रेम, हरि-हित मजीठ (मंजिष्ठा) का रंग है, जो कभी छूटता नहीं तथा सांसारिक-प्रेम कसूँभा के (टेसू के) रंग की तरह है, जो दो दिन तक तो रहता है, उसके बाद छूट जाता है। स्वामी जी कहते हैं कि "ओर-निबाहू" अर्थात् अंत तक निर्वाह करने वाले तो बाँकेबिहारी ही हैं, सच्चे प्राण-धन वे ही हैं, इसलिए उन्हीं से हित करना सच्चा है।

भागवत का कथन है —

देहेऽस्थि मांस रुधिरेभिमतिं त्यज त्वं, जाया सुतादिषु सदा ममतां विमुंच।
पश्यानिशं जगदिदं क्षणभुंगुनिष्ठम्, वैराग्य राग-रसिको भव भक्तिनिष्ठः।।

८.

(राग आसावरी)

तिनका ज्यों बयार के बस।
ज्यों भावै त्यों उड़ाय लै डारै अपने रस।।
ब्रह्मलोक सिबलोक और लोक अस।
कह श्रीहरिदास विचार देखौ बिना बिहारी नाँहि जस।।

प्रभु की इच्छा प्रबल है। जैसे भुस का तिनका होता है, उसकी क्या इच्छा है? वह तो हवा में उड़ता है, हवा जैसे भी और जहाँ भी उस तिनके को उड़ा ले जाए और फेंक दे। हवा ही उसकी गति है। उसी प्रकार यह विराट्-विश्व भुस के तिनके की तरह है और हरि-इच्छा वायु की तरह है। मनुष्य-लोक की तो बात ही क्या है, ब्रह्मलोक, शिवलोक और अन्य लोक-लोकान्तरों (अनन्त कोटि ब्रह्माण्ड) की गति भी भुस के तिनके की तरह है — वायोरिव घनावली। ज्यों भावै त्यों उड़ाय लै डारै।

स्वामी श्रीहरिदास कहते हैं — हे भाई, तुम अपने मन में भली-भाँति विचार करके देख लो, बिहारी जी की शरणागति के बिना यश नहीं है।

९.

(राग आसावरी)

संसार समुद्र, मनुष्य मीन-नक्र-मगर और जीव बहु बंदसि।
मन बयार प्रेरे नेह फंद फंदसि।
लोभ पंजर लोभी मरजीवा पदारथ चार खंदसि।
कह श्रीहरिदास तेई जीव पार भए जे गहि रहे आनंद नंदसि।।

एक रूपक के माध्यम से स्वामीजी स्पष्ट कर रहे हैं — संसार सागर है और मनुष्य उस सागर में "मगरमच्छ-घड़ियाल" के रूप में है। इस सागर में और भी अनेक प्रकार के जीव हैं। सभी जीवों के साथ मनुष्य का जीवन भी यहाँ बन्दी की भाँति है। मन प्रचण्ड वायु या तूफान है, उसके कारण या उससे प्रेरित होकर समुद्र में ऊँची-ऊँची लहरें उठती हैं और ये जीव और मनुष्य भी उन लहरों के थपेड़ों में अपने को व्यतीत कर रहे हैं। विषय-वासना-मोह के फन्दे में फँसे हैं।

लोभ के पिंजड़े में बन्दी लोभी मरजीवा की तरह चार पदार्थों (धर्म, अर्थ, काम, मोक्ष) को खोद-खोदकर निकालने की निस्सार चेष्टा कर रहा है। (मरजीवा : गोताखोर, जो समुद्र में मोती आदि खोजने के लिए डूबता है, तो मानो मरता है फिर ऊपर आता है, जीवित होने का प्रमाण देता है।)

स्वामीजी कहते हैं कि इस भयंकर सागर से पार वे ही हो सकते हैं, जिन्होंने आनन्द-कन्द रस रूप बिहारीजी के चरणों को गह (ग्रहण कर) लिया है।

१०.

(राग आसावरी)

हरि के नाम कौ आलस कत करत है रे, काल फिरत सर साँधै।
बेर कुबेर कछू नहिँ जानत, चढ्यौ रहत है काँधे।
हीरा बहुत जबाहर संचे कहा भयौ हस्ती दर बाँधे।
कह श्रीहरिदास महल में बनिता बन ठाड़ी भई एकौ न चलत जब आबै अन्त की आँधै।।

हरि के नाम-स्मरण करने में आलस्य और प्रमाद मत करो। हर एक प्राणी मृत्यु के मुख में पड़ा है। काल धनुष पर बाण चढ़ाए हुए घूम रहा है। काल कान्धे पर सवार है, समय-असमय की उसे चिन्ता नहीं है। जहाँ कहीं भी, जिस किसी को भी पकड़कर वह मरोड़ देता है। इस मृत्यु-रोग की कोई दवा यदि है, तो वह हरि-स्मरण ही है।

किसी ने बहुत से हीरे और जवाहरात को इकट्ठा कर लिया, किसी ने अपने दरवाजे पर हाथी बाँध लिया तो उससे क्या हो गया? स्वामी श्रीहरिदास कहते हैं कि किसी ने महल बनाया और महल में उसकी सुन्दर रानी ने सोलह सिंगार किए, प्रतीक्षा में खड़ी है तो इससे क्या हो गया? अन्त की आँधी आएगी तो किसी की एक नहीं चल सकेगी।

११.

(राग आसावरी)

देखौ इन लोगन की लाबन।
बूझत नाँहि हरि चरन-कमल कों मिथ्या जनम गँबावन।
जब जमदूत आन घेरत तब करत आप मन भाबन।
श्रीहरिदास तबहि चिरजीवौ जब कुंजबिहारी चिताबन।

संसार के लोगों का दु:खमय जीवन देखकर स्वामीजी कहते हैं — इन लोगों की आसक्ति को देखो। हरि के चरण-कमलों को तो बूझते ही नहीं है, मिथ्या-मोह में अपने जीवन को गँवा रहे हैं। इन्हें मृत्यु का भी ध्यान नहीं है कि जब अन्त-समय में यमदूत आकर घेर लेंगे तो फिर वे अपनी मनमानी करेंगे, छोड़ेंगे नहीं। स्वामी श्रीहरिदास कहते हैं कि जब कुञ्जबिहारी की कृपादृष्टि प्राप्त होगी, उनका चिन्तन करोगे, तभी अमरता प्राप्त होगी।

१२.

(राग आसावरी)

मन लगाय प्रीत कीजै कर करवा सौं, ब्रज बीथिन दीजै सौहनी।
बिंदाबन सौं, बन-उपबन सौं गुंजमाल हाथ पौहनी।
गो-गोसुतन सौं मृगी-मृगसुतन सों और तन नैंक न जौहनी।
श्रीहरिदास के स्वामी स्यामा-कुंजबिहारी सों चित्त, ज्यों सिरपै दौहनी।।

सांसारिक-प्रेम से विरत होकर हाथ में करवा (मिट्टी की झारी) धारण कर लो, वीतराग हो जाओ। ब्रज की गलियों में बुहारी लगाओ, सोहनी-सेवा करो। वृन्दावन के वन-उपवनों से प्रेम करो। उनमें रम जाओ। बिहारीजी के लिए गुञ्जा-पुष्प की माला रचो। जैसे गाय अपने बछड़े से एकचित्त प्रेम करती है (सुन्दर होते हुए भी हिरनी के बच्चे को नहीं देखती) जैसे हिरनी अपने बच्चे से प्रेम करती है (गाय के बछड़े को नहीं देखती) उसी प्रकार श्यामा-श्याम में चित्त लगा दीजिए, जैसे ग्वालिनी का चित्त अपने सिर पर रखी मटकी में रहता है, वह कुछ भी करती है लेकिन सिर पर रखी गगरी हिलती नहीं।

भक्तकवि व्यास की वाणी है — "ऐसौ कब करि हौ मन मेरौ। कर करवा गुंजन के हरवा कुंजन माँहि बसेरौ।"

श्री प्रबोधानन्द जी का भाव है —

जरत्कन्थामेकां दधदपि च कौपीनमनिशं, प्रगायन् श्री राधा मधुपतिरहः केलिलहरीम्।
फलं वा मूलं वा किमपि दिवसान्ते कवलयन्, कदा नेष्ये वृंदावन-भुवि-दशां जीवनमयीम्।।

अर्थात् फटी पुरानी गुदड़ी और कौपीन मात्र धारण कर दिवसान्तर में कन्दमूल खाकर राधा-माधव

की रह : केलि गाता हुआ मैं कब वृन्दावन में जीवन व्यतीत करूँगा?

१३.

(राग कल्याण)

हरि कौ ऐसौ ही सब खेल।
मृग-त्रिसना जग व्याप रही है कहूँ बिजौरौ न बेल।
धन-मद जोबन-मद और राजमद ज्यों पंछिन में डेल।
कह हरिदास यहै जिय जानों तीरथ कौ सौ मेल।।

संसार के जीवन-क्रम को स्वामीजी हरि के खेल के रूप में देखते हैं और कहते हैं कि श्रीहरि अद्भुत खिलाड़ी हैं और उनका यह खेल भी अनूठा है। समस्त संसार में मृगतृष्णा व्याप्त है, झूठे सुख को पाने के लिए संसार भटक रहा है। हरिण की नाभि में कस्तूरी है परन्तु वह उस कस्तूरिका-सुगन्धि से बेचैन होकर जंगल की घास-पात, जड़ी-बूटी को सूँघता दौड़ लगा रहा है, संसार में कस्तूरी की न बेल होती है, न बीज होता है, फिर भी मृग को भ्रम है। जगत् में बीज और बेल नहीं है पर संसार उसके मीठे फल की लालसा लगाए बैठा है।

रेगिस्तान की जलती रेत में घाम में अकुलाकर हरिण पानी के लिए दौड़ रहा है। धूप के कारण रेत की चमकती चिलचिलाती लौ पानी जैसी दीखती तो है पर पानी तो वह नहीं है, हरिण उसे देखकर और-दौड़ता है, और-दौड़ता है — यही मृगतृष्णा है। यही संसार की गति है। धन का मद करता है, यौवन का मद करता है, राज के प्रभुत्व का मद करता है पर वह मद तो समय के जरा से धक्के से मिट जाता है, जैसे पक्षी चुगते हैं कोई मिट्टी का डेल फेंक दे, तो उड़ जाते हैं। एक पल की भी देर नहीं लगती। स्वामीजी कहते हैं कि यह संसार तीर्थ के मेल की तरह है, भिन्न-भिन्न लोग जीवन में एक बार मिलते हैं फिर अपने-अपने घर चले जाते हैं।

१४.

(राग कल्यान)

झूँठी बात साँची कर दिखाबत, हो हरि नागर
निसदिन बुनत-उधेरत जात प्रपंच कौ सागर।
ठाठ बनाइ धर्‌यौ मिहरी कौ, पुरुष तैं आगर।
कह हरिदास, यहै जिय जानौं सपने कौ सौ जागर।।

श्री हरि! आप चतुर-शिरोमणि हैं। झूठी बात (असत्) को भी (आप) अपनी माया से सत्य के रूप में दिखा देते हैं। निरन्तर आप इस मिथ्या-प्रपञ्च की ऊहापोह में व्यस्त रहते हैं (अपनी माया के जाल की उधेड़-बुन करते ही रहते हैं) सचमुच आप से अधिक प्रवीण (आगर) कौन होगा, जिसने अपनी माया का यह ठाठ (अखिल-ब्रह्माण्ड का दृश्य-प्रपञ्च) बनाया है। स्वामी श्रीहरिदास जी कहते हैं कि भक्तजनो! यह हृदय में दृढ़ता से समझ लो कि यह सब स्वप्न के संसार की भाँति है, जो जगने पर निरस्तित्त्व हो जाता है अर्थात् नहीं रहता।

१५.

(राग कल्याण)

जगत प्रीत कर देखी नाँहिनैं-गटी कौ कोऊ।
छत्रपति रंक लौं देखे प्रकृति-बिरुद्ध बन्यौं नहिं कोऊ।
दिन जो गये बहुत जनमन के ऐसें जाहु जिन कोऊ।
कह श्रीहरिदास मीत भले पाये बिहारी ऐसे पावौ सब कोऊ

संसार के लोगों से हमने प्रेम करके देख लिया, आजमाकर देख लिया कि कोई भी गाँठ बाँधने योग्य नहीं है। सम्राट् से लेकर दरिद्री तक सभी लोग देखे सभी की एक सी ही प्रकृति है, कोई भी उस दुर्बल स्वभाव के प्रभाव से बच नहीं पाया। बार-बार अनुभव करते हुए, बार-बार परीक्षण के लिए अनेक जन्मों की आयु व्यर्थ ही गँवा दी है। प्रभु! ऐसी स्थिति में मुग्ध होकर अब कोई भी अपनी आयु न गँवाए। श्रीहरिदास जी कहते हैं कि बड़ी साधना के पश्चात् मुझे बाँकेबिहारी जैसे परममित्र प्राप्त हो गए हैं, ऐसे मित्र सभी को प्राप्त हों।

१६.

(राग कल्याण)

लोग तौ भूलें भलें भूलें तुम जिन भूलौ मालाधारी।
अपनौ पति छाँड़ औरन सों रति ज्यों दारनि में दारी।
स्याम कहत ते जीव मोतें बिमुख भए सोऊ कौन जिन दूसरी कर डारी।
कह श्रीहरिदास जग्य देवता-पितरन कों सरधा भारी।

और लोग भूलते हैं तो इतना आश्चर्य नहीं, परन्तु अरे वैष्णव-भक्तों! तुम अपने मार्ग से विचलित मत हो, कण्ठी-तिलक का उपहास मत करो। भक्त-वैष्णव का प्रथम लक्षण अनन्याश्रय है, जो भक्त अपने आराध्य को छोड़कर अन्य देवताओं की शरण लेता है, वह तो उसी प्रकार है, जिस प्रकार स्त्रियों में कोई व्यभिचारिणी अपने पति को छोड़कर दूसरे पुरुष से वासना करने जाए। अतः अव्यभिचारिणी-भक्ति द्वारा तुम्हें एक-मन एक-चित्त होकर श्रीहरि का चिन्तन करना योग्य है। श्याम कहते हैं कुछ जीव माया के आकर्षण से मुझसे "पराङ्मुख" हैं, परन्तु वे क्या कहे जाएँ, जिन्होंने एक मार्ग में प्रवेश कर पुनः दूसरे मार्ग का अवलम्ब पा लिया। इस प्रकार वे सार नहीं पा सकते। अपने हीन कार्यों की सिद्धि हेतु यज्ञ, देवता और पितरों का पूजन-सेवन करते हैं।

१७.

(राग कल्याण)

जौ लौं जीबै तौ लौं हरि भज रे मन, और बात सब बाद।
द्यौस चार के हला भला तू कहा लेइगौ लाद।
माया-मद गुन-मद जोबन-मद भूल्यौ नगर बिबाद।
कह श्रीहरिदास लोभ चरपट भयौ काहे की लगै फिराद।।

अरे मन! जब तक जीवन है, तब तक श्री हरि का स्मरण करते रहो, यही सत्य है। इससे इतर बातें व्यर्थ हैं, जिनमें तुम्हें कोई सार प्राप्त नहीं होगा। "कसूँभा दिन दुती कौ" की भाँति चार दिन के जीवन में किंकर्त्तव्यता की

ऊहापोह में तुम क्या ले सकते हो? ऐश्वर्य, ज्ञान और यौवन के अभिमान से अभिभूत होकर नगर-विवाद सुनने से क्या होगा? "सहर के सँदेसे से दूबरे" मत बनो। स्वामी श्रीहरिदासजी कहते हैं कि लोभ इस सारे प्रपञ्च का कारण है, अतः पहले उसी को उखाड़ फेंको। यदि तुम स्वयं ही लोभ में चरपट हो जाओगे तो तुम्हारी प्रार्थना वहाँ तक पहुँचेगी ही नहीं, अतः निष्काम-निर्लोभ बनकर हरि भजन करो, यही तत्त्व है।

१८.

(राग कल्याण)

प्रेम-समुद्र रूप-रस गहरे, कैसें लागै घाट।
बेकारौं दै जान कहाबत, जानपने की कहा परी बाट।
काहू कौ सर सूधौ न परत, मारत गाल गली-गली हाट।
कह श्रीहरिदास जानि ठाकुर बिहारी, तकत ओट पाट[१] ।।

प्रेम का समुद्र, सौन्दर्य-माधुर्य की अथाह गहराई, घाट लगना कहाँ सम्भव है?

ज्ञानी कहलाना कितना व्यर्थ है? ज्ञान की राह पीछे ही छूट जाती है। रस-तत्त्व तक पहुँचने में प्रीति-रीति का पथ ही एकमात्र आसरा है।

रस-तत्त्व को पाने के लिए लक्ष्य-सन्धान तो बहुत लोगों ने किया पर लक्ष्यभेद कोई नहीं कर सका।

गली-गली, घाट-घाट, ठौर-कुठौर गाल बजाते हैं। गाल बजाने से क्या होता है?

मर्म के ज्ञाता तो ठाकुर बिहारी ही हैं, जो पर्दे की ओट में बैठकर सब कुछ देखते हैं।

---

१. पाठान्तर — कहि हरिदास बिहारिहि जानों तकौ न औघट-घाट।

परिशिष्ट दो : भेंट के पद

भक्तिकाल के साहित्य में प्रामाणिकता का प्रश्न बहुत विवादास्पद रहा है। स्वामी हरिदासजी, सूरदास, मीराबाई आदि अनेक कवियों के अध्ययन में यह समस्या आती है। कौन-सी रचना प्रामाणिक है और कौन-सा पद अप्रामाणिक है, इस पर वाद-विवाद चलता रहा है और चल रहा है। विभिन्न कीर्तन-संग्रहों में स्वामी हरिदास के नाम से भी बहुत से पद मिलते हैं, किन्तु यहाँ की परम्परा में यह भी एक उक्ति प्रचलित है — "और कोऊ पद है ताहि भेंट जान लीजै।" यहाँ "भेंट के पद" के रूप में इन्हें भी प्रस्तुत किया जा रहा है। इनकी प्रामाणिकता सन्दिग्ध है। भविष्य के अध्येता चाहें तो इस प्रश्न पर विचार करें।

१

गहौ मन सब रस कौ रस सार।
लोक-वेद कुल कर्महिं तजियै, भजियै नित्यबिहार॥
गृह-कामिनी नृपति-धन त्यागौ, सेवौ श्याम उदार॥
कहि हरिदास रीति सन्तनि की, बलि गादी कौ अधिकार।

२

काम-क्रोध-मद-लोभ-मोह तजि, मन बस जब होवै।
सत-शील-दया-सन्तोष-धरम, ध्यान आनि हृदै नित जोबै॥
एकाग्र करि चित नित्यबिहारी, स्वामी कह्यौ सो घट तोहै।
श्रीहरिदास के स्वामी श्यामा कुंजबिहारी कौ, हृदै ध्यान धरै सोई तन सोहै।

३

माई धनि वे मृगी जे कमलनैंन कौं पूजत,
अपने-अपने भरतारनि सहित।
धनि गाइ-बछ वेई जे वंशी-रस पीवत,
श्रवन-दौना ज्यौं जाइ न बहत।
पंछी होंहि मुनिजन जेते केते,
सेवहिं दिन काम-क्रोध-लोभ-रहित।
सुनि हरिदास हमरे पतिन ते कठिन जानि-
दै हियैं राखति गहत॥

४

लाल मेरैं दूध की दोंहनी।
मारग जात गहि रह्यौ री अँचरा मेरौ,
नाहिंन देत हौं बिना बौंहनी॥
नागरि गूजरि ठगि लीनौं मेरौ लाल,
गोरोचन कौ तिलक माथैं मोंहनी।
श्रीहरिदास के स्वामी इहाँ ऐसौई न्याउ है,
या नगर जिन बसौ री सोंहनी॥

५

ए दोउ बैठे री, कुसुम कुंज-भवन।
विविध रंग पुहुपनि के भूषन, पिय साजत प्यारीजू तन॥

लड़ैती जू झुकि-झुकि जात, मन्द-मन्द मुसिकात, बलैयाँ लेत श्यामघन।
श्रीहरिदास के स्वामी कुंजबिहारिनि पर, वारि डारौं कोटि मदन-गन॥

६

चलौ क्यों न देखें री, खड़े दोऊ कुंजन की परछाँही।
एक भुजा गहि डार कदम की, दूजी भुजा गलबाँहीं।
छबिसों छबीली लपट लटक रही, कनक-बेल तरु-तमाल अरुझाँही।
श्रीहरिदास के स्वामी-स्यामा कुंज बिहारी, रँगे हैं प्रेम रँग माँही॥

७

प्यारी सिर बन्यौ फूलनि कौ चौसर,
प्यारे सिर बनी कुसुमनि-कुलही।
नँदनंदन-वृषभानुनन्दिनी, नौतन प्रीति एक बेर उलही।
निकुंज-भवन फूले मन के मनोरथ,
जैसी जाकी भाँवती तैसी ताहि सु लही।
श्रीहरिदास के स्वामी स्यामा कुंजबिहारी,
दिन दूलह श्रीराधा दुलही।

८

छींट छबीली तनसुख-सारी प्यारी पहिरैं सोहै।
नवल लाल रस रूप छबीलौ, निरखत मनमथ मोहै॥
केलि-कला-रस कुंजभवन में, क्रीड़त अति सुख होहै।
श्रीहरिदास के स्वामी श्यामा कुंजबिहारी, उपमा कौं कहियै को है॥

९

नवल लाल के सीस पै, सोहै चन्द्रिका री, ब्रजजन-मन मोहै।
मृदु तरुनाई रूप रंग भर्‍यौ, जगमगाति दुति सोहै।
देखति रूप ठगौरी सी लागति, ब्रज-जुवतिनु के प्राननि मोहै।
श्रीहरिदास के स्वामी श्यामा कुंजबिहारी जो न ठगी सो धौं को है॥

१०

रंगमहल ठाड़े पिय पाछैं प्यारी,
दोउनि की छबि रही मो जिय अटकि-अटकि।
इनकैं कसूँभी सारी लहँगा री सोहै भारी,
उनकैं सिर लाल पाग रही लटकि-लटकि॥

कोकिला करत गान मधुर सुर लेत तान,
वारति ब्रज-वधू प्रान ब्रीड़ा पटकि-पटकि।
श्रीहरिदास के स्वामी श्यामा कुंजबिहारी
सरवसु लै चाख्यौ रस गटकि-गटकि॥

११

आजु सखी री मैं बूझत हौं तुमकौं।
ऐसौ रूप कहाँ तें ये ल्याये, छिनक-छिनक देखौं मैं इनकौं॥
नैन मधुर रस बाँके मोहत, उपमा कहा देहुँ इनके तन कौं।
श्रीहरिदास के स्वामी श्याम कुंजबिहारी, मोहनी मोहत मेरे मन कौं॥

१२

जैसौ मोहि अपनपौ न लागत, तैसी तू मोहि लागत प्यारी।
सिर सोहै सेत सारी, फीकी लागत उजियारी तोसी तुही वृषभानु दुलारी।
हम का कहत तुम ही क्यों न देखौ, यों हँसि भाखत कुंजबिहारी।
श्रीहरिदास के स्वामी स्यामा कुंजबिहारी प्यारे की ओर निहारत प्यारी॥

१३

यौं कही मोंहन सुनि प्यारी, तू मोकौं लागत नीकी री।
नैंन-कमल भुज-कमल सोहनी, मोहनी सुख जिय की री॥
हौं तेरौ तू मेरी जीवन ऐसी कोउ कही की री।
श्रीहरिदास के स्वामी स्यामा कुंजबिहारी नूतन ही की री॥

१४

कुंजमहल के आँगन डोलैं दोऊ बाँहा जोटी।
कबहुँक चंद, कबहुँ प्यारी तन चितै रहत पुन डग धरत छोटी छोटी॥
कबहुँक कुसुम कर बीनत हैं कलियाँ मोटी मोटी।
श्रीहरिदास के स्वामी स्यामा कुंजबिहारी गुहि-गुहि बाँधत चोटी॥

१५

कीरति कुल मंडन गाइऐ, बृषभाँनु नृपति की बाल।
कंचन तन सोहै, मोहै, उर पैहिरै मुक्ता माल॥

सखी-बृंद सब आइ जुरी, वृषभाँनु नृपति के द्वारि।
बीननि फूल चलौ बन राधे, नव-सत साजि सिंगारि॥

यै सुनि कीरतिजू हँसिकें, प्यारी कौ कियौ सिंगारि।
कबरी कुसुम गुही है मानों, उरगन की अनुहारि॥

सीसफूल ज्यों चंद बिराजत, सोभा कही न जाइ।
कोटि चंद वारों मुसिकनि पै, काम रह्यौ मुरझाइ॥

बंक बिराजि रहे भृकुटी-तट, खुटिला स्रबनन-पास।
यों लपटाइ रहे दोऊ जनु नैन दरस की आस॥

करनफूल, झूमक औ बंदी, लटकन बेंदि लिलार।
नकबेसर-मोती अति सोहै, लटकन परम सुढार॥

मुख-तमोल अधर अरुनाई, दसन लसत अतिसार।
चिबुक-बिंदु मधुकर-सुत बैठ्यौ, मानों आसन मार॥

अंजन-ऊपर खंजन वारों, नैन-चपलता मीन।
कीरतिजू छबि निरखि निरखिकें, नीठि दिठोंना कीन॥

चौकी चमकत-मनियाँ दुलरी, चंपकली, उर-हार।
बाजूबंद, पछेली, चूरी, कंकन, गजरे चार॥

पोंहोंची, रतनचौक औ मुँदरी, नख-भूषन-छबि देति।
श्रीकर-कमल बिराजत मानों, उरगन चंद-समेति॥

छुद्रघंटिका कटि-तट राजति, जेहरि, नूपुर पाँइ।
अँगुरिनि बिछिया, अनवट सोहें, सोभा कही न जाइ॥

हरे कसब कौ ल्हैंगा सोहै, कंचुकि-केसरि अंग।
सारी सुही रँगी है मानों, गुलाबाँस के रंग॥

करि सिँगारि कह्यौ कीरतजू, जाउ लड़ैती साथ।
अली-जूथ में चली परसपर फूलन-डलिया हाथ॥

चलति चाल मराल-बाल श्रीराधा सखियन माँझ।
बीनति फूलनि जमुना-कूलनि, खेलति साँझी साँझ॥

जाल-रंध्र देखत मन मोहन, दृष्टि परी ब्रज-बाल।
तिरिया-रूप कियौ है तबही, आइ मिले ततकाल॥

छबि निरखति वृषभाँनु-दुलारी, भौत करी मनुहारि।
बीनति फूल अकेली हेली को है तू सुकुमारि॥

कोंनें गाँउँ बसति हौ सुंदरि, कहा तिहारौ नाम।
आजु अबारि भई है प्यारी, चलौ हमारे धाम॥

नंदगाउँ में बास बसति हों, साँवरि मेरौ नाम।
साँझी-मिसि आई हों या बन, पूंजे मनके काम॥

सोंनजुही, चमेली, चंपा, राइबेलि और बेलि।
गुलाबाँस के गेंद करे कर, करति परसपरि केलि॥

कमल, कनैर, केतिकी, निवारौ, सेबति, सदाँ गुलाब।
गुलतुर्रा, और सदाँसुहागिनि फूलन की भरि छाब॥

ललिता, चंपकलता, बिसाखा, स्यामा, भामा, जेह।
चंदभगा, तुंगा, चंद्रावलि आँई करि अति नेह॥

ठौर ठौर सब कहति सखिनि सों, चलौ भटू घर जाँह।
स्यामाजू औ नवल सखी दोउ गही परसपरि बाँह॥

सोंधे-गंध मध्य चंदन मिलि, करति केलि मन भाए।
निरखि देव दुंदुभी बजावत, पुहुपन की झर लाए।

फूल-गेंद सबहीन लिए कर, गावति साँझी-गीति।
गज-गति चाल चलति ब्रज-सुंदरि, बढ़ी परम रस प्रीति॥

चहुँ-दिसि तें सब आइ जुरीं, वृषभाँनु-नृपति के द्वारि।
कीरतिजू तब करति आरतौ, राई-लोंन उतारि॥

कीरति बिहँसि कह्यौ मृदु-बानी, लली, अली यै कोंन।
प्यारी कह्यौ नँदगाँउ बसति है, खेलनि आई भोंन॥

केसर चंदन, अगर, अरगजा, मृगमद, कुमकुम गारि।
कामधेनु कौ गोबर लैकें, साँझी धरति सँभारि॥

धूप, दीप करि भोग धस्यौ औ आरति करी बनाइ।
माँगति सीखि सबै ब्रज-बनिता, हाथ जोरि, सिर नाइ॥

ब्यारू आजु करौ मिलि य्हाँई, राधा कों लै साथ।
कीरतिजू यों कहति सबनि सों, परसों अपने हाथ॥

करि ब्यारू घर गई सहेली, रह्यौ खेल कौ रंग।
कमल-सेज पै पौढ़े दोऊ, साँवरि राधा संग॥

कहा कहों कछु कहति न आवै, प्रभुकौ यहै सरूप।
तिया बसन ललिताहि दिये औ कियौ फेरि निज रूप॥

बरनों कहा अल्प-मति मेरी, रसना एकु बनाइ।
हरीदास, प्रभु की यै सोभा, निरखति मन न अघाइ॥

१६
निकस कुंज ते ठाड़े सरद उजियारी कैसी नींकी लागै।
बरन-बरन फूलन के आभूसन सौंधे भींजे बागे॥
गाबत राग-रागनीन सों मिल, मन मिल्यौ राग केदारौ रागे।
श्रीहरिदास के स्वामी स्यामा कुंजबिहारी कछुक रजनी जागे।

१७
खेलत स्याम तरनि-तनया-तट कूले।
सरद चाँदनी राका रंजित, विमल कलपतरु मूले।
अलि कल पुंज गुंज मुरली-धुनि, सघन निकुंज लता-द्रुम फूले।
श्रीहरिदास के स्वामी स्यामा कुंजबिहारी, छबि देखत थिर-चर भूले।

१८
ये दोऊ झूलत हैं बाँह जोरैं।
नवल कुंज के द्वारैं देखौ रमकत हैं चहुँ औरैं॥
सप्त सुरन मिल मुरली बजावत बिचबिच तान लेत रस थोरैं।
श्रीहरिदास के स्वामी-स्यामा कुंजबिहारी छबि निरखत तृन तोरैं॥

१९

झूलत कमलनैन सुकुमारि।
गावति गीत पुनीत मनोहर, आसपास ब्रजनारि॥
भूषन-बसन विविध रँग पहिरैं, मनु फूली फुलवारि।
श्रीहरिदास के स्वामी श्याम काम-बस, मुख-चन्द निहारि॥

२०

रिमिझिमि बरसनि लाग्यौ, छबि सौं झूलत पीय-प्यारी।
रूप-गुन शोभा सनी कहत न बनि आवै, इन रमकनि की बलिहारी।
हँसत लसत जात मुख जोवन जगमगात, मन्द मन्द झोंटा लेत, सब सुख अति भारी।
कहि हरिदासी सुन्दर मुख जोवति, जीवनि जीव जिवारी॥

२१

सो तू राखि लै री, झोंटा तरल भये ।
इत नव कुंज द्वार कदँब परसि जात, उत जमुना लौं गये।
आवत जात लतनि सौं लपटत, ऊपर द्रुम आनि छये॥
श्रीहरिदास के स्वामी स्यामा कुंजबिहारी झुलवत नये-नये।

२२

नई रितु सावन तीज सुहाई, हिंडोरैं झुलनि आई।
कुंज-कुंज तें निकसि हरी भूमि अरुन बरन मानौं इन्द्रवधू सी श्रीश्यामा जू हरषि बुलाई॥
अपने-अपने मेल मिली सब, गावत राग मलार सुहाई।
श्रीहरिदास के स्वामी श्यामा कुंजबिहारी, आपुन रीझि रिझाई॥

२३

हरषि हिंडोरना री झूलत, नवल किसोरी-किसोर।
रहसि बहसि हँसि-हँसि उर लागत, अनुरागन कौं दाव देत जोवन जोर॥
श्रमित न राखैं रहे गूढ़ गुन गाढैं गहैं, चित चुभि रहे चंचल अंचलनि के छोर।
श्रीहरिदास सु विलास विलसि दंपति, दरसत तन मन मगन रहैं निसि-भोर॥

२४

झूलत दोऊ सुन्दर नवल हिंडोरैं।
श्याम बरन तन रसिक सिरोमनि, कुँवरि बरन तन गोरैं॥
नीलांबर-पीताबंर पहिरैं, घन-चपला के भोरैं।
श्रीहरिदास के स्वामी श्यामा कुंजबिहारी की, मृदु मुसिकनि थोरैं-थोरैं॥

२५

हिंडोरैं झूलन आई सबै सखी मिलि एक दाँई।
लाल मुनिन के वृन्द सखी सब, मन्द-मन्द मधुरैं सुर गाई।
झोंटा देत सखी ललितादिक, बिहँसि उठी वृषभानुसुताई।
श्रीहरिदास के स्वामी स्यामा कुंजबिहारी फूली लाड़लडाई॥

२६

नवल लाल सँग प्यारी, हिंडोरैं झूलन आईं।
सुरँग चीर पहिरै कामिनी वर, बनी जु एक ही दाँई॥
चन्दन-तरु कुसुम बहु बिधि बरषे, अधिक सुखदाई।
श्रीहरिदास के स्वामी श्यामा कुंजबिहारी, रस बस रंगनि रिझाई॥

२७

चलि कुंज कुटी की ओर प्यारी, तेरी चूँनरी भींजैगी।
कहैगी काहू सीख न दीनी, कसूँभी सारी सब बदरँग कीनी, वृषभान-घरनि खीजैगी।
जो कहुँ खेलनि जानि न दैहै, बहुरि न अब पतीजैगी।
श्रीहरिदास के स्वामी श्यामा कुंजबिहारी, नवल लाल रीझैगी।

२८

बलैया जानैं बरसनि लाग्यौ मेहु।
श्याम हमारी सुरँग चूँनरी, भींजनि लागी लेहु।
जो हौं तब तें ऐसी जानती, काहे कौं तजती गेह।
श्रीहरिदास के स्वामी श्यामा कुंजबिहारी कौ, राज करौ यह नेह॥

२९

लाल तुम अपनै हाथ पातनि कौ छतना, मोहू कौं देहु।
भींजैगी मेरी सुरंग चूँनरी, बरसत आवत मेहु।
ओढ़ाइ लेउ मो कारी कमरी, ऊपर अँचरा लेहु।
श्रीहरिदास के स्वामी श्यामा कुंजबिहारी, बाढ़ौ उत्तिम नेहु।

३०

आजु री मोहन बन श्यामा, सुन्दर दोऊ मन हरति।
करनि सौं कर जोरैं कदम की डार मोरैं,
छदम बनाइ लेत प्यारीजू कैं सिर धरति॥
पहिरैं कसूँभी सारी छबि उपजति भारी,

दामिनी की गति न्यारी राजति चहूँ ओर अति।
श्रीहरिदास के स्वामी श्यामा कुंजबिहारी-बिहारिनि
मोर-चातक बोलैं डोलैं अपनी-अपनी गति॥

३१

खेलत ग्वाल गोपाल संग, मुख मूँदैं मन खोलैं।
घूँघट ओट बदन राजत यौं, विधु बादर की ओलैं॥
भौंहैं कुटिल कुरंग चपल चख, सेत अरुन से डोलैं।
मानौं तिलक पारधी दूक्यौ, चाप चढ़ाये सो लैं॥
बेसर कौ मोती राजति यौं, अति छबि देत अतोलैं।
मानौं रूप-मंजरी लैकैं, कीर करत मगरोलैं॥
चिकने चिकुर छुटे बेंनी तें, दुरे बसन में डोलैं।
मानौं कुटुम सहित, काली कालिन्दी करत कलोलैं।
बानी सबै सरस सुर गावत, अपुने-अपुने टोलैं।
मानौं अधर कपोत कोकिला, वन विहंगम बोलैं॥
बरषत हरषत मनमोहन पै, सौंधौ अधिक अमोलैं।
फिरि दै बली गँवारि गारि, हो हो होरी होलैं।
अति अनुराग बढ्यौ जु परस्पर, छबि की उठत झकोलैं।
श्रीहरिदास के स्वामी स्यामा कुंजबिहारी, हो हो होरी बोलैं॥

३२

खेल फागु अनुराग मुदित जुवतीजन देत असीस।
रसिकनि की रस-रासि श्रीगिरिधर, जीवौ कोटि बरीस।
घिरि आई खेलन के कारन, अबला जुरि दस बीस।
श्रीहरिदास के स्वामी श्यामा तुम खेलौ बसंत, जय-जय गोकुल ईस॥

३३

ए रँगभीनी राधा प्यारी, पिय सँग खेलति फागु।
निज मन्दिर एकान्त परस्पर, अति उत्तम अनुराग।
दुरि देखत सुख सुघर सहचरी, तिनहू के बड़ भाग।
श्रीहरिदास के स्वामी स्यामा कुंजबिहारी सोभित सरस सुहाग।

३४

खेलै-खेलै कान्हर त्रियनि फुलवारी में
छिरकि-छिरकि रँग भरत मो सुख करै।

अति उत्तम चन्दन-वन्दन लावै और अरगजा करिकैं
ऐसैं अनुराग छिरकि-छिरकि तरुनी विरह हरै।
एक कर पुहुप माल गरैं मेलत, दूजे मौर धरावन
कोऊ धूप अगर लै सुवास करै।
श्रीहरिदास के स्वामी श्यामा कुंजबिहारी, तीन लोक जाके बस,
सो राधा कैं मुख पर अबीर डरपिकैं धरैं॥

३५
हे हरि हो होरी, हो हो होरी, हो हो हो बोलत।
नवल-नवल ब्रज-बनिता सकल मिलि, बनिठनि कुंजनि डोलत।
गावत राग-रागिनी रँगीली, रँग भरि रँग में बोलत।
यह सुख निरखति श्रीहरिदासी, लाल-लाड़िली कलोलत।

३६
डोल झूलत है री ललना।
निरखि-निरखि फूलति ललितादिक, संग सहचरी दलना॥
सप्त सुरनि मिलि गावति सब मिलि, जील कोकिल कलना।
श्रीहरिदास के स्वामी श्यामा कुंजबिहारी, रीझि रीझि भये मगना॥

३७
श्री राधा प्यारी नवल बिहारी, नव निकुंज में डोलैं।
सकल सुगन्ध रँग-रंग परस्पर, खेलैं हो-हो बोलैं।
गावत रंग रंग रस-रीतिनु उपजति तान अलोलैं।
श्रीहरिदास के स्वामी स्यामा कुंजबिहारी, अति सुख करत कलोलैं।

३८
कुमकुम रँगी सुंदर अँगिया, मदनमोंहन जू की प्यारी।
अबीर गुलाल कुमकुमा केसरि, भींजि रही रँग सारी।
वदन-मयंकी केहरि-लंकी मदन किये न्यौछारी।
श्रीहरिदास के स्वामी स्यामा कुंजबिहारी रसिक लाल गिरिधारी।

३९
मुख मुसिकनि मन बसी नवल वर, चितवनि चित हरि लीनौं।
कुंजनि केलि रहसि रस बरषत और अरगजा भीनौं।

अबीर अगरसत बदन बिराजत, राग बसंत ही कीनौं।
श्रीहरिदास के स्वामी स्यामा कुंजबिहारी, देखि मैंन मन हीनौं।

४०

ऐसैं रीझे भींजे मेरें आये री लाल गावत धमार।
हौं जु गई ही री वृन्दावन में, भरि लीनी अँकवारि॥
सुथरी अलक वदन पर बिथुरी, निज कर लई आपु सँवारि।
श्रीहरिदास के स्वामी स्यामा कुंजबिहारी, मेंटी मदन की बहार।

४१

मानिनी, मान निहोरौ
हौं पठई तोहि लैन साँवरे चल री गर्व कर थोरौ।
कुंजमहल ठाड़े मनमोंहन चितबत चंद चकोरौ।
श्रीहरिदास के स्वामी स्यामा कुंजबिहारी चल री हौत है बेरौ॥

४२

प्यारी पियहिं सिखावत बीना।
करजि-करजि गहि मधुर वचन कहि, इत मन देहु प्रवीना।
अति अनुराग सुलप सुर गावत, दम्पति चतुर प्रवीना।
श्रीहरिदास के स्वामी स्यामा कुंजबिहारी कौ, जानत भेद कबी ना।[१]

४३

लाल गोरी के गरब गरबीलौ।
कंचन तन-धन के आनँद में, ऐंड़ाइल अरबीलौ।
करत अहार बिहार विपिन वर, पान सुधाधर रसिक रसीलौ॥
तैसिय सुखद सहचरी हरिदासी, बिहारिनि मिलि यौं, अँग-सँग सुबस बसीलौ।

४४

प्यारीजू छबि निरखिहौं तेरी।
भुलवौ तुम कबहूँ मति मोकौं, हौं इनि पाँइनि चेरी।
मैं छबि निरखत भूलौं कबहूँ, तौ चितवौ सौंह मेरी।

---

१. श्री विट्ठल विपुल जी का पद है —

नव निकुंज मंदिर में प्यारी पियहि सिखावत बीना।
श्री वीठल विपुल विनोद विहारी कौ जानत भेद कबी ना।

नैंकु न टरौ नैंननि निरखत हूँ, मतै फिरौ काहू फेरी॥
श्रीहरिदास के स्वामी श्यामा कुंजबिहारी, मोहनी रूप लखि हेरी॥

४५
प्यारी कर कंकन बँध्यौ, भलैं हौं तौ लाल तुम खोल।
पानि परसि दुलही के दूलहु, पियरे भयैं कपोल।
स्वेद सिथिल अति हरष हिये में, मेंटी दृग चंचलताई लोल।
श्रीहरिदास के स्वामी श्यामा कुंजबिहारी, निरखि नागरी, आपुही बिकाने बिनुमोल॥

४६
इत परवत-पल्लव, इत मुख मुरली, इत गोपीन सौं रति।
इत बछ चरत सहज आपनैं, इत गाइ-गुवाल खेलत नाना भाँति।
नाना भाव आयसु इन्द्र कौ मेघनि कौं,
महा प्रलय के बरसौ रे इत सौं घत।
कहि हरिदास लजाइ चरन गहि, आयौ रे अमरापति॥

४७
करि संकेत चले इत-उत मति, राधा-मोहन दोऊ री।
रस रंगन अंबरसि परस्पर, निरखि अतन तन हो री।
परसि सकल अंग-अंग प्रति, हँसि हरषत मन में जोरी।
श्रीहरिदास के स्वामी स्यामा कुंजबिहारी निरखनि मिली पलकौ री।[१]

---

१. देखिए — स्वामी श्रीहरिदासजी के दुर्लभ पदों का संग्रह (डॉ. श्यामबिहारी लाल खंडेलवाल), अष्टाचार्यों का साहित्य (डॉ. ललितबिहारी गोस्वामी), ब्रजभारती वर्ष २, अंक १ (सम्पादक जवाहरलाल चतुर्वेदी), केलिमाल (सम्पादक डॉ. राजेन्द्र रंजन, विक्रम २०२५), सिद्धान्त के पद (सम्पादक डॉ. राजेन्द्र रंजन, विक्रम २०२६)।

परिशिष्ट तीन : घनदामिनी जैसें

स्वामी श्रीहरिदास आविर्भाव महोत्सव (श्रीराधाअष्टमी) वृन्दावन के रसिक-भक्तों के बीच रसदेश की चर्चा-परिचर्चा का एक महत्त्वपूर्ण अवसर रहा है। इन्हीं के साथ इन्दिरा गाँधी राष्ट्रीय कला केन्द्र, बड़ौदा विश्वविद्यालय, वृन्दावन-शोधसंस्थान तथा उ.प्र. भाषा संस्थान के तत्त्वावधान में भी कुछ संगोष्ठियाँ आयोजित होती रही हैं। इन संगोष्ठियों में सम्पादक (डॉ० राजेन्द्र रंजन चतुर्वेदी) के द्वारा प्रस्तुत कुछ आलेख यहाँ प्रस्तुत हैं। इनमें ब्रज-रस, वृन्दावन-रस, और निकुञ्ज-रस तीनों की चर्चा है।

१.

ब्रज का सांस्कृतिक परिदृश्य : प्रेम समुद्र रूप रस गहरे

ब्रज के सांस्कृतिक-परिदृश्य की बात आई, तो आँखों में चित्र घुमड़ने लगे, मोर का बिम्ब बना। कदम्ब, पीलू, तमाल और झाऊ के पेड़ आँखों में झाँकने लगे। करील की वे झाड़ियाँ जो टेंटियों से लदी हैं। यमुना के वे घाट और बुर्जियाँ, जो वास्तुकला के सुन्दर नमूने हैं। वृन्दावन की लता-कुञ्ज, गोवर्द्धन पर्वत, कुण्ड, टीले, वन और उपवन कितने ही दृश्य आँखों के सामने आने लगे। कानों में विश्रांत घाट के वे घण्टे भी गूँजे, जो भोर के झुटपुटे में जमना मैया को जगाने के लिए बजाए जाते हैं।

तभी एक सवाल आया और मुझसे पूछने लगा — मोर, वंशी, यमुना, कदम्ब, कुण्ड, सरोवर, वन-उपवन और गाय आदि, वे सभी उपकारक-तत्त्व, जिनसे ब्रज की पहचान बनती है, ये सब ब्रज हैं, या ब्रज के उपलक्षण हैं? यदि ये उपलक्षण हैं तो लक्ष्य क्या है? दूसरे शब्दों में कहूँ तो गाय, वंशी, मोर, कदम्ब, करील इत्यादि रस के उद्दीपन हैं, या रस हैं? यदि उद्दीपन हैं, तो स्थायी कहाँ हैं? आलम्बन और आश्रय कहाँ हैं?

लता-वृक्ष की ही बात लें। माना कि ये उपलक्षण हैं, पर जब उस भाव-महोदधि में तरंग उठी, तब स्वामी हरिदास ने देखा कि कनकलता रस से विवश होकर श्यामतमाल से लिपट गई — "कहि हरिदास तमाल स्याम सों लता लिपट कंचन की थोरी।" स्वामीजी ने बादल में बिजली की चमक देखी — "हँसत लसत दामिनि घन घन में।" घन-घन में बिजली है। दामिनी हँसती है तो उल्लास बिखर जाता है। मेघ मृदंग बजा रहा है और दामिनी नाच रही है। एक साँवला और एक गोरी। दोनों सुरत-हिंडोरा झूल रहे हैं। दोनों फाग खेल रहे हैं। दोनों ने दोनों को आलिंगन में बाँध लिया है। दामिनी और मेघ की यह क्रीडा स्वामी हरिदास ने भी देखी और उसे देखने द्वैत-अद्वैत और द्वैताद्वैत भी अपने परिकर को अपने साथ ले आए। पूछने लगे — घन के अंक में दामिनी है या दामिनी के अंक में घन है? मेघ में दामिनी है या दामिनी में मेघ है? दामिनी और मेघ दो हैं या एक हैं? ये एक होते हुए भी दो हैं या दो होते हुए भी एक हैं?

तभी दामिनी और मेघ कनबतियाँ करने लगे —

दामिनी कहत मेघसों एई मेघ एई बीजुरी साँची।
जिन-जिन हमारी उपमा दीनी तिन-तिन की मति काँची।"

दामिनी और मेघ ने नित्यविहार का बिम्ब बना दिया। ब्रज-वृन्दावन का अद्वयभाष्य लिख दिया। बादल और बिजली तो सभी जगह हैं, सभी देखते हैं परन्तु स्वामीजी ने उसमें लीला देखी, प्रेम-रस का उद्दाम-आवेश देखा। मेघ और बिजली ब्रज के उपलक्षण हैं और लीलाभाव "प्रेम-रस का उद्दाम-आवेश" लक्ष्य है।

प्रेम-रस का उद्दाम-आवेश। क्या है प्रेम-रस? रूपगोस्वामी कहते हैं — "अनिर्वचनीयम्, मूकास्वादनवत्"। अब कहने की बात ही नहीं रही — "कहों री, जो कहिबे की होय"। अष्टादश सिद्धान्त-पद के पास पहुँचा, तो वाणी ने समझाया — देख, बोलना मत। ज्ञानी मत बनना। यह ज्ञान की बात नहीं है —

बेकारज्यों दै जान कहावत जानपने की कहा परी बाट।

ज्ञान की बाट बीच में मुक्ति तक ही रह जाती है, वह बाट ब्रज तक पहुँचती ही नहीं, और फिर वृन्दावन-रस की बात तो ब्रज से भी आगे की है और उससे भी आगे है निकुंज-रस — "प्रेम समुद्र रूप रस गहरे कैसें लागै घाट।" जानपने की बाट ब्रज तक भी नहीं जाती। रसिकों की वाणी कहती हैं — आचारी ते ठाकुर डरपै। वह ठाकुर कैसा सुकुमार है? क्या फूलों जैसा? नहीं, उससे भी अधिक सुकुमार। फूल तो कठोर होते हैं। तो फिर फूलों की सुगन्धि जैसा सुकुमार? नहीं, सुगन्धि भी स्थूल है। उससे भी सुकुमार। तब क्या सुगन्धि के भाव जैसा सुकुमार? नहीं, उससे भी सुकुमार। स्वामीजी ने सुन्दरता की बात कही, तो बोलो — सुन्दरता तहाँ गति भूली। जहाँ सुकुमारता अपनी सुकुमारता को भूल जाए, इतना सुकुमार। जहाँ इतनी सुकुमारता हो, वहाँ आचारी के शब्द! तरकस के तीर, जैसे पत्थर सरका दिया हो।

ज्ञान बड़ा भारी होता है। शब्द बड़े स्थूल होते हैं। शायद यही बात है कि "काहू कौ सर सूधौ न परत मारत गाल गली-गली घाट।" उस प्रेम-समुद्र की बात कैसे करूँ? किस मुँह से बोलूँ? मुँह कैसे खोलूँ?

मुम्बई में खारे पानी का समुद्र देखा था। समुद्र का क्या देखा? उसकी सतह देखी। उसका विस्तार देखा? नहीं देखा। क्यों? दृष्टि की सीमा थी। और अगाधता? अरे! जिसने जल का भी स्पर्श नहीं किया, वह क्या जाने अगाधता क्या होती है? यह परिदृश्य तो खारे पानी के समुद्र का है। ब्रज तो प्रेम-समुद्र है। अथाह सौन्दर्य, अगाध-माधुर्य। कैसें लागै घाट?

लीला को वृक्ष के रूप में देखूँ तो भाव उसका बीज है, और उस बीज के साथ भूमि, जल, आकाश, वायु और धूप की जो पञ्चभौतिक-प्रक्रिया चल रही है, वह रस है। जिस क्यारी या आलवाल में वह वृक्ष उगा है, वह मनोभूमि है और जिस धरती पर वह क्यारी बनी है, वह ब्रज-संस्कृति है। जिस परिवेश में उस मनोभूमि की सम्भावना जन्म लेती है, जहाँ वह भाव जग सके, जो लीला का आश्रय है, उस परिवेश का नाम ब्रज-संस्कृति है। वह मनोभूमि अहन्ता-ममता की मनोभूमि नहीं है, वहाँ कर्ता-भाव नहीं, साक्षी-भाव है और साक्षी-भाव है, इसलिए वहाँ चिन्ता नहीं, ईर्ष्या नहीं, क्रोध नहीं, उद्वेग नहीं, भय नहीं, तामस नहीं, राजस नहीं, वहाँ एकछत्र आनन्द का ही राज्य है। वहाँ जीवन उत्सव है। उत्सव के मायने है — हृदय आनन्द से भर जाए और छलकने लगे। ब्रज की पूरी दिनचर्या उत्सवमयी है — वर्षोत्सव और नित्योत्सव। प्रत्येक दिन उत्सव के साथ आता है। प्रत्येक ऋतु और मास उत्सवों को साथ लेकर आते हैं।

मैं जब पढ़ता था तो सवेरे जल्दी जगता था, परन्तु यमुना का वह रास्ता मुझसे पहले ही जग जाता था। अन्नपूर्णा-काकी तारों की छाँह में ही टीप लगा देती —

राधा रानी जागौ क्यों नाँय है गयौ भोर।

अन्नो काकी की रागिनी ही मेरी अलार्म घड़ी थी। जब "करतम" गाते हुए निकलता था—"राधे तू बड़भागिनी कौन तपस्या कीन" तब हम कहते थे चार बज गए, 'करतम' निकल गया। पीछे "अनूठी-बहिन" थी, उसकी रागिनी जग जाती —

माता यशोदा हरि को जगावे, जागो उठो मोहन नींद खोलो।
द्वारे खड़े गोप बुला रहे हैं गोविंद दामोदर माधवेति।
गोपी दही छाछ बिलो रही है, मीठा करे शब्द बड़ा मथानी।

गातीं मथानी संग नारि सारी, गोविंद दामोदर माधवेति।
देखो पखेरू तरु-डालियों में, गाते-सुहाते मधुरे सुरों में।
पत्ते हथेली मृदु हैं बजाते, गोविंद दामोदर माधवेति।
गोविंद दामोदर माधवेति हे कृष्ण हे यादव हे सखेति।

पीछे जमुनादादी आँगन बुहारती जाती और मधुर स्वर में अलापती जाती —

अरी जगाय दै जसोदा माई, लाल कौ मैं मुख देखन कों आई।
काल मुख देखि गई दधि बेचन जात ही गयौ री बिकाई।
लाल कौ मैं मुख देखन कों आई।

जब नहा-धोकर स्कूल जाता था, तब मैया मिश्री-मेवा का भोग लगाती थी। घंटा बजाती और गुनगुनाती —

छगन-मगन प्यारे लाल कीजियै कलेबा।
छींके पै दधि धरौ है ऊखल चढ़ि उतारि लेउ
पैर लेउ झगली फेंट बाँध लेउ मेबा।

जब ठाकुर मेवा बाँध लेता तब उसका एक हिस्सा मेरी भी जेब में आ जाता था।

जब मैं एम.ए. करने किशोरी रमण कालेज में गया तो मैंने एक नई बात सुनी — "ब्रज संस्कृति मध्यकालीन संस्कृति है और भक्तिसाहित्य मध्यकालीन साहित्य है।" हिन्दी साहित्य के आचार्यों की दृष्टि में शायद यह बात ठीक हो, परन्तु मैंने भक्ति-साहित्य को जीवन में देखा है, जीवन में देखता हूँ। ब्रज-संस्कृति को मैंने किताबों में नहीं ढूँढ़ा, वह मुझे जीवन में मिली है। वास्तव में जो साहित्य लोकजीवन का अंग बन जाता है, वह काया-कल्प तो करता है परन्तु सदा जीवन्त बना रहता है। ब्रज-संस्कृति लोकधर्मी संस्कृति है, लोक-संस्कृति है। लोक-संस्कृति देश और काल में संक्रमण करती है। परिवर्तन होता है, परिवर्तन हो रहा है, जीवन का समग्र-परिवेश तीव्र गति से बदल रहा है। जैसे-जैसे नई टैक्नोलॉजी आ रही है, वैसे-वैसे जीवन की स्थितियाँ बदल रही हैं, हालाँकि मनुष्य की मूल-प्रवृत्तियाँ आज भी उतनी ही आदिम हैं, परन्तु संस्कृति का प्रवाह अविच्छिन्न है और अविच्छिन्नता ही उसकी शक्ति है।

अब एक दूसरा सवाल — क्या ब्रज-संस्कृति जनपदीय-संस्कृति है? इसके उत्तर में मेरी आँखों के सामने वे लाखों-लाखों नर-नारी खड़े हो जाते हैं, जो भारत के भिन्न-भिन्न प्रान्तों और जनपदों से आते हैं, भिन्न-भिन्न भाषा, भिन्न-भिन्न बिरादरी, भिन्न-भिन्न वर्ग और भिन्न-भिन्न वेशभूषा। वे विभिन्न दायरों से आते हैं, दायरों के साथ आते हैं परन्तु यहाँ आकर दायरे कहीं खो जाते हैं और वे सबके सब ब्रज के राग में डूब जाते हैं।

ब्रज के सांस्कृतिक-परिदृश्य का प्रश्न आया तो अकेला नहीं आया, अपने साथ कई सवालों को लेकर आया। सवाल है कि ब्रज में इस भारतवर्ष का आना केवल सैर-सपाटा है या इससे राष्ट्रीय-जीवन के कुछ गहरे सरोकार जुड़े हुए हैं? उनकी आँखें ब्रज को किस रूप में देखती हैं? उनका मन ब्रज को किस रूप में ग्रहण करता है? इन प्रश्नों को समझने के लिए मिथक-शास्त्र, लोकवार्ता-शास्त्र और संस्कृति-शास्त्र का प्रश्न भी प्रासंगिक बन जाता है।

क्या हमारे विश्वविद्यालय लोकजीवन और संस्कृति के अध्ययन को आवश्यक मानते हैं? क्या हमने लोकजीवन और संस्कृति के अध्ययन की कोई प्रणाली विकसित की है या पश्चिम की दृष्टि से ही देखना हमें सुविधाजनक लगता है? कहीं ऐसा तो नहीं, कि हम धर्म, प्रतिरूप-धर्म और संस्कृति को गड्डमड्ड करके राष्ट्रीय-

जीवन के साथ प्रमाद कर रहे हैं?

एक ईसा मसीह है, दूसरा पोप है। एक मुहम्मद साहब है दूसरा इमाम है। एक बुद्ध है, दूसरा महास्थविर है। एक महावीर है, दूसरा भट्टारक है। एक आदि-शंकराचार्य है, एक पीठस्थ-शंकराचार्य है। एक गुरु नानक है दूसरा ग्रन्थी है। एक धर्म है दूसरा प्रतिरूप-धर्म है। धर्म संस्था है। दायरे धर्म में नहीं, प्रतिरूप-धर्म के साथ होते हैं।

"भारतीय संस्कृति और हिन्दी प्रदेश" प्रथम खण्ड की भूमिका में डॉ० रामविलास शर्मा ने लिखा है —

> वर्तमान परिस्थितियों में भारत की प्राचीन संस्कृति का अध्ययन अत्यंत प्रासंगिक है। इस संस्कृति के बारे में हमारी भ्रान्तियाँ आज के राजनैतिक-जीवन को प्रभावित करती हैं। प्राचीन-संस्कृति सामन्तों और पुरोहितों की रची हुई है और आज के युग में हमें उससे कुछ भी लेना-देना नहीं है। प्राचीन-संस्कृति के प्रति उपेक्षा का यह भाव भ्रान्तिजन्य है।

सच्चिदानन्द वात्स्यायन अज्ञेय ने "भागवतभूमि यात्रा" में लिखा है कि "जब यात्रा की तैयारी चल रही थी, तब साहित्यकारों के कुछ गुट 'छींटाकशी' करने लगे।" उनके शब्द हैं "उनकी पहुँच संस्कृति के उस स्तर तक नहीं है, जिस पर मैं आयोजन को अर्थवान् बनाना चाहता हूँ।"

सच्चिदानन्द वात्स्यायन और रामविलास शर्मा दोनों कह रहे हैं कि संस्कृति के सम्बन्ध में भ्रान्तियाँ हैं। इसका कारण यही हो सकता है कि संस्कृति के प्रति हम गम्भीर नहीं हैं।

हालाँकि हमारे यहाँ संस्कृति-मन्त्रालय है, फिर भी संस्कृति को सांस्कृतिक-कार्यक्रम, नाच-गान, मनोरंजन और कला-प्रदर्शनी अथवा सांस्कृतिक-दलों के भ्रमण-इत्यादि ने अपने घेरे में बाँध लिया है। संस्कृति की व्यापक अवधारणा को "सिक्यूलर" का भय खाए जा रहा है। सिक्यूलर के मायने यदि यह है कि आदमी और आदमी के बीच दायरे न हों, तो लोक-संस्कृति का स्वभाव ही सिक्यूलर है। ब्रज-संस्कृति लोकधर्मी है। वात्सल्य का भाव है — तो इसकी न तो कोई बिरादरी है और न कोई म ाहब है। मुस्लिम-घरों में बालक का जन्म-मंगल होता है तो मुस्लिम घरों में स्त्रियाँ गीत गाती हैं — बीबी फातिमा ने जाये नन्दलाल। बीबी फातिमा हो या माँ यशोदा, बात तो मातृ-हृदय की है। मातृ-हृदय का जो रस छातियों में क्षीरसागर बनकर उमँग रहा है, वही तो ब्रज है। नाम यदि बीबी फातिमा है तो रहे, इसमें अन्तर कहाँ है?

जो संस्कृति मानव-सम्बन्धों को रागात्मक बना देती है दिव्य बना देती है, उनको रस में डुबो देती है, उसी का नाम ब्रज-संस्कृति है।

यह रस आसमान से नहीं टपकता। बाहर कहीं से नहीं आता। यह रस मनुष्य-हृदय में है, क्योंकि अपने मूल रूप में मनुष्य भी रस की ही सत्ता है। रस परम तत्त्व है। ब्रज-संस्कृति इसी रस-तत्त्व का आख्यान है। अन्दर और बाहर, जो भी कुछ घटित हो रहा है, उसे वह लीला के रूप में देखता है। लीला-भाव साक्षी-भाव है। ऐसी बात नहीं है कि वह कुछ करता नहीं है, करता तो है पर उसमें कर्तापन नहीं है। कर्तृत्व का अभिमान नहीं है।

परमहंस रामकृष्ण के लीला-प्रसंगों को लेकर डॉ० कृष्णबिहारी मिश्र ने पुस्तक लिखी है — उत्सवपुरुष। इसमें उल्लेख है कि परमहंस एक दिन ब्रज की कथा सुनाने लगे —

> व्यासदेव यमुना के उस पार जाएंगे। इतने में गोपियाँ आ गईं। वे भी पार जाएंगी लेकिन नौका का कहीं पता नहीं था। गोपियों ने व्यासदेव से प्रार्थना की। व्यासदेव ने आश्वासन दिया कि तुम लोगों को पार तो कर दूँगा पर मुझे भूख लगी है, पहले मुझे कुछ खिलाओ। गोपियों ने श्रद्धापूर्वक

व्यासदेव को दूध-दही-मक्खन खिलाया। तुष्ट होकर व्यासदेव यमुना के किनारे खड़े होकर बोले — यमुने, आज मैंने कुछ न खाया हो तो तुम्हारा जल दो भागों में बँट जाए। इतना सुनते ही यमुना का जल अलग-अलग हो गया। गोपियाँ यह दृश्य देखकर चकित हो गईं। व्यासदेव ने उन्हें सत्य का बोध कराया — देखो, तुम्हारा दूध-दही-मक्खन मैंने नहीं, मेरे भीतर के नारायण ने ग्रहण किया है।

जो कहानी ब्रज में कही जाती है, उसमें व्यासदेव के स्थान पर दुर्वासा का उल्लेख आता है। कहानी कहानी है, प्रतिपाद्य हैं — अनासक्त भाव। कर्तापन और भोक्तापन का अभाव।

विश्वबाजार-सत्ता के लिए मनुष्य भोक्ता और उपभोक्ता है — कं यूमर, तथा प्रकृति उसके लिए भोग्या है। अहंकार, ममता और तृष्णा। यह विश्वबाजार-सत्ता विश्व-मानवता को सम्हाल पाएगी? ग्लोबल-वार्मिंग, ओजोन में छेद और ऋतुचक्र में व्यतिक्रम। ब्रजलीला में असुर कौन है? अहंकार। इसी का मौसेरा भाई है — फंडामेंटलि म। वह सोचता है कि दुनिया को आतंकित करके वह कानून लागू किया जा सकता है, जो उनके "बंद दिमाग" में ईश्वर का नियम है।

जो लोक-संस्कृति के अध्येता हैं, उनके सामने स्पष्ट है कि लोकमानस ही विश्वास के आधार के लिए ईश्वर-वाणी की प्रतिष्ठा करता है। किसी समाज के लिए बाइबिल ईश्वर की वाणी है, किसी समाज के लिए अवेस्ता ईश्वर की वाणी है। किसी समाज के लिए गुरुग्रन्थ-साहब दिव्यवाणी है, तो किसी के लिए कुरान और कहीं त्रिपिटक ईश्वर-वाणी है। ईश्वर-वाणी देशकाल में स्वयं अपना कायाकल्प करती है। भाष्य लिखे जाते हैं, हदीस और टीकाएँ लिखी जाती हैं। काल-क्रम में ओल्ड-टेस्टामेंट न्यू टेस्टामेंट बन जाते हैं। वृन्दावन के भक्तों ने एक स्वर में कहा — "वेद रसिकन की बानी।" या रस कों पछतात है वेद। वेद को पश्चात्ताप हो रहा है कि वह वृन्दावन-रस के आस्वाद से वंचित है। यह वेद के लिए वृन्दावन की चुनौती है। पर यह बात फंडामेंटलि म की समझ में नहीं आ सकती, वह तो गंगा को हावड़ा से दोबारा गंगोत्री की ओर लौटाने की जिद पर अड़ा है। मनुष्य का अहंकार है। अघासुर और बकासुर, विश्वबाजार और फंडामेंटलि म। इनकी बहिन है — ममता, पूतना, पॉलिटिक्स। माँ बनकर आती है परन्तु मनुष्य और मनुष्य को बाँटने का काम करती है। विषवमन करती है। अघासुर, बकासुर और पूतना — इनका उद्धार कौन करेगा? मनुष्य की रागात्मक-ऊर्जा। मनुष्य का यह राग ही लीला-पुरुष है। लक्ष्मीकान्त वर्मा ने एक कविता लिखी थी — **लीला-पुरुष।**

सुनो तानसेन, तुम अलाप लेते-लेते रुक क्यों गए?
यह प्रश्न तानसेन से किसी और ने नहीं पूछा था
स्वयं हरिदास का तानसेन अकबर के तानसेन से पूछ रहा था?
तानसेन की आँखें बन्द थीं
अकबर कुटिया के बाहर मौन खड़ा था
तुम किसकी लीला में इस अभिशप्त सदी को डुबाओगे तानसेन?
राग जैजैवंती और दरबारी तक ही तो तुम्हारी पहुँच है
क्या तुम ढोलामारू को शुद्धगांधार और धैवत को निषाद में बदल सकते हो?
तानसेन की आँखें नम थीं
स्वामी हरिदास तानपूरे पर हरिलीला में मग्न थे
अकबर देख रहा था पर कान बन्द थे

उसने सिर्फ देखा, सुना कुछ नहीं
तानसेन की आँखें बन्द थीं, पर कान सुन रहे थे
क्योंकि तानसेन वही देखते थे, जो अकबर दिखाता था।
स्वामी हरिदास की कुटिया के पीछे
लीला-पुरुष चरवाहों से कह रहे थे
तुम कुछ ऐसा राग क्यों नहीं अलापते कि
हवा में घुलती बारूद अबीर में बदल जाए
बंदूक की नलियों में जंग लग जाए, और
वह रंग भरी पिचकारियों में ढल जाए
बच्चे उनमें कुछ रंग भर लाए
और वृद्धों की छातियों में कीर्तन जग जाए।

हम साहित्य की बात करते हैं, पर अब यह बात छिपी नहीं है कि तानसेन वही देखता है, जो अकबर दिखाता है। तानसेन दरबारी-राग है, जैजैवंती है। स्वामी हरिदास अकिञ्चन है पर ब्रज-संस्कृति के सामने यह स्पष्ट है कि एक दिन राजसत्ता को अकिञ्चनता के चरणों में आना ही पड़ता है — "नृपति द्वार ठाड़े रहें दरसन आसा जासु की।"

मैं विशेषज्ञ बिल्कुल नहीं हूँ लेकिन ब्रज-संस्कृति के अध्येता के नाते इतना समझ सका हूँ कि ब्रज का सांस्कृतिक-परिदृश्य एक जनपद का परिदृश्य नहीं है, एक भाषा का परिदृश्य भी नहीं है। भारत का समग्र सांस्कृतिक-परिदृश्य ब्रज के रंग में रँगा हुआ है। हम चित्रकला को देखें तो मुगल शैली, दक्खिनी शैली, मेवाड़ शैली, किशनगढ़ शैली, काँगड़ा शैली, ओड़िसी शैली, आसाम की गोलपारा शैली और बंगाल की कालीघाट शैली के सैकड़ों चित्र देश-विदेश के कला-संग्रहालयों में मौजूद हैं, जिनके रंग और रेखाओं में चित्रकारों ने ब्रज के सांस्कृतिक-परिदृश्य को उभारा है। राजस्थान के अनेकानेक महल, छतरी और हवेलियों की दीवारें ब्रज के सांस्कृतिक परिदृश्य से सजी हुई हैं। पिछले वर्ष मुम्बई में मणिबेन अंबानी ने वल्लभीय-परम्परा से सम्बन्धित पिछवाइयों पर आधारित एक ग्रन्थ का लोकार्पण किया था। दस हजार रुपया मूल्य के इस ग्रन्थ में ब्रज का सांस्कृतिक-परिदृश्य ही तो है, जिसे अन्तर्राष्ट्रीय-बाजार में उतारा गया है। जब से इस्कॉन का प्रसार हुआ है तब से चित्रकला, अलंकार और शृंगार का नया सौन्दर्यबोध ब्रज को मिल गया है। केलिफोर्निया के पोलाआल्टो रिसर्च सेंटर और दिल्ली के इन्दिरा गाँधी राष्ट्रीय कला-केन्द्र ने मिलकर मल्टीमीडिया की वीडियोऑन तकनीक से कम्प्यूटर की स्क्रीन पर गीतगोविन्द को प्रस्तुत किया है। पिच्चानवे घंटे के इस प्रोग्राम में हम ब्रज के उस सांस्कृतिक-परिदृश्य को देख सकते हैं, जो भारत के भिन्न-भिन्न जनपदों में शताब्दियों से विकसित हुआ है। भारत के शिल्पियों ने ब्रज के सांस्कृतिक-परिदृश्य को खजुराहो के लक्ष्मण-मन्दिर में उकेरा है। भारत के मूर्तिकारों ने हजारों ही प्रतिमाओं का सृजन किया है, जो देश-विदेश में ब्रज के परिवेश को सजीव बनाए हुए हैं।

हम नृत्य की बात करें तो मोहिनी-आट्टम हो या ओडिसी, कुचिपुडि हो या मणिपुरी, गरबा हो या कथकली, रास-नृत्य हो या होली-नृत्य — सभी की भाव-भंगिमा, सभी की मुद्रा और गतियाँ ब्रज के सांस्कृतिक-परिदृश्य की ताल पर नाचती हैं। आप लोक-संगीत सुनें या फिल्म-संगीत, आप भजन सुनें या शास्त्रीय-संगीत। ख्याल हो या ध्रुपद — सभी के स्वरों में ब्रज का राग है। बहुत दिन नहीं हुए, जब बेगम अख़्तर की महफिलों में ठुमरी गूँजा करती थी — "कौन गली गयौ स्याम"।

भारतवर्ष ने जिस सौन्दर्य-शास्त्र की प्रतिष्ठा की है, उसमें ब्रज का रंग कितना गहरा है, इसे बार-बार समझने-पहचानने की आवश्यकता है। मनुष्य की रागात्मकता, जिसने किसी दायरे को स्वीकार नहीं किया, इसी रागात्मकता का दूसरा नाम ब्रज है। ब्रज राग है। "रंजयतीति रागः"। राग, जो अपने रंग में रँग ले और रंग भी ऐसा कि एक बार लग जाए तो छूटने वाला नहीं है और कदाचित् छूटने वाला भी हो, तो छुड़ाने वाला नहीं है, छुड़ाने वाला भी हो तो छुड़ाने का मन नहीं करता — "मेरी चुनरी में लग गयौ दाग री ऐसौ चटक रंग डारौ"। कैसा उन्मादी रंग है कि एक बार देखती है तो कण्ठ में सौ-सौ रागिनियाँ उमंगती हैं — "ऐसौ चटक रंग डारौ"! एक-एक सखी के पास जाती है, भूल जाती है तो उसी के पास पुनः-पुनः चली जाती है, चुनरी दिखाती है — "मेरी चुनरी में लग गयौ दाग री ऐसौ चटक रंग डारौ"। यह रंग इतना सम्मोहक, इतना आकर्षक, दाग जरूर है, लेकिन प्रियतम का प्यार है यह। लागा चुनरी में दाग छुड़ाऊँ कैसे! हे जमना मैया, यह रंग कभी न छूटे, यह रंग ऐसा ही चटक बना रहे। मैं इसे दिन में सौ बार देखूँ और ह ाार बार नाचूँ — लोग कहें मीरा भई रे बाबरी, सास कहे घर नासी रे, पग घुँघरू बाँध मीरा नाची रे। मीरा मारवाड़ की हो या गुजरात की, परन्तु प्रश्न यह है कि क्या मीरा को छोड़कर ब्रज का सांस्कृतिक-परिदृश्य अंकित किया जा सकता है? ब्रज के सांस्कृतिक-परिदृश्य को खण्ड-खण्ड करके नहीं, सम्पूर्णता में ही देखा जा सकता है।

ब्रजराग का ही रंग है कि दिल्ली के शाहवंश की ठसक को खूँटी पर टाँगकर मियाँ रसखान वृन्दावन में आकर झूम रहा है — "कोटिक हू कलधौत के धाम करील की कुंजन ऊपर वारों"। बेगम ताज कह रही हैं — "हौं तो मुगलानी हिंदवानी है रहोंगी मैं"। यह ब्रजराग का ही रंग है कि मिथिला में विद्यापति गा रहे हैं — "बिहरइ नवलकिसोर। कालिंदी कूल कुंज नवसोभन नव-नव प्रेम विभोर।" ये बुन्देलखण्ड के भगवतरसिक हैं, कह रहे हैं — वृन्दावन के मर्म को समझना हर एक के वश की बात नहीं है — "भगवतरसिक रसिक की बातें रसिक बिना कोउ समुझि सकै ना"।

नवद्वीप यहाँ से बहुत दूर है परन्तु वहाँ कृष्णचैतन्य के रूप में ब्रजराग का प्राकट्य हो गया है। उड़ीसा में पहुँचे तो वहाँ रायरामानन्द मिल गए हैं। साध्य-तत्त्व पर चर्चा हो रही है। शान्त रस, फिर दास्य-भाव, फिर सख्य-भाव। चैतन्य जिज्ञासा करते हैं — और आगे। फिर कान्ता-भाव। चैतन्य कहते हैं — और आगे। अन्त में रायरामानन्द ब्रजबुलि में एक पद गाते हैं — "पहिलहिंराग नयनभंगभेलि" तथा चैतन्य आनन्द में विभोर होकर उनके मुख पर उंगली लगा देते हैं। भाषा-विज्ञानी कहते हैं कि भाषा-तत्त्व की दृष्टि से ब्रजबुलि मैथिली और बँगला की अन्तर्भुक्ति है, उसका ब्रजभाषा से सम्बन्ध नहीं है। भाषा-तत्त्व की दृष्टि से भले ही यह बात ठीक है, परन्तु ब्रज के सांस्कृतिक-परिदृश्य में ब्रजबुलि का स्थान गंगा-यमुना के संगम पर सरस्वती जैसा है।

चैतन्य की प्यास और बढ़ गई। विश्वरूप की खोज तो बहाना है। वे दक्षिण-भारत में ब्रज और वृन्दावन को ढूँढ़ने जा रहे हैं। ब्रज केवल भूगोल की बात होती, तो वहाँ "कृष्णकर्णामृत" कैसे मिलता? चैतन्य ने वहाँ "लीला-शुक" को पा लिया — पथिकों, मेरी बात सुनो, भीमरथी के पुलिन की ओर मत जाना। वहाँ तमालनील-पुरुष खड़ा है, वह "धूर्त्त" चित्त-रूपी वित्त को लूट लेता है।

ब्रज-राग ब्रज भूमि का जरूर है, लेकिन विश्व-जनीन है। चित्त में जब ब्रजराग समा जाता है, तब अमेरिका के वेस्टवर्जीनिया राज्य की पहाड़ियों में नए वृन्दावन का प्राकट्य होता है और वे गोरे लोग नाम-संकीर्तन करते-करते नाचने लगते हैं। वह कौन-सा रहस्य है कि ब्रज का सांस्कृतिक परिदृश्य "समुद्र के पार पहुँचकर अपने नए रूप में नाच रहा है?"

सौन्दर्य-माधुर्य और आनन्द की भावदशा का नाम ब्रज है। जब यह भावदशा जगती है, तब जीवन की दृष्टि

बदल जाती है, विचार बदल जाता है, मन बदल जाता है, बुद्धि बदल जाती है। मनुष्य और मनुष्य का नाता-रिश्ता बदल जाता है, मनुष्य और प्रकृति का सम्बन्ध बदल जाता है। पशु-पक्षियों से मैत्री हो जाती है और वृक्ष चैतन्य होकर बोलने-बतराने लगते हैं।

नाम अवश्य ही ब्रज-संस्कृति है, किन्तु इसमें समूचे देश की भागवत-धाराएं अन्तर्भुक्त हैं। भागवत-माहात्म्य में भक्ति नारद से कह रही हैं — "उत्पन्ना द्राविड़े चाहं वृद्धिं कर्णाटके गता"। यह सम्वाद प्रादेशिक संस्कृतियों की अन्तर्भुक्ति की कहानी है। गुजरात के भालण और नरसी; असम के शंकरदेव और माधवदेव; मणिपुर की विम्बावती; तमिलनाडु के आलवार, आण्डाल, महाराष्ट्र के एकनाथ और तुकाराम; उड़ीसा के पञ्चसखा; आन्ध्र के निम्बार्क, वल्लभ और पोतन्ना; कर्णाटक के मध्वाचार्य, पुरन्दरदास, दस कूटकवि; केरल के चेरमान पेरुनाल; बंगाल के जयदेव व्यक्तिनाम जरूर हैं परन्तु विविधता में एकता की प्रतिष्ठा है। ब्रज के लीलास्थलों का अन्वेषण और भावानुसन्धान सबने मिलकर किया है। भारत के समस्त तीर्थ मिलकर श्रीकृष्ण के पास आए, बोले — हमारे मन में ब्रजवास की अभिलाषा है। श्रीकृष्ण ने प्रसन्न होकर आज्ञा दी कि "तुम ब्रजभूमि में चातुर्मास्य करो", सो इन चार महीनों में भारत के समस्त तीर्थ अपने सूक्ष्म शरीर में ब्रज में निवास करते हैं।

गोप, यादव, अहीर, गूजर, यक्ष, नाग, बनजारा, सात्त्वत आदि के सांस्कृतिक तत्त्वों को देखें। शैव-आगम और शाक्त-आगमों के ब्रज-आगमन को देखें। सहजिया-वैष्णवों के स्वर को पहचानें। लोक और शास्त्र की अन्तःक्रिया को देखें। ब्रज-संस्कृति विराट्-अन्तर्भुक्ति का उदाहरण है। बहुला-गाय की वह लोकगाथा जिसमें वह सिंह के मन में करुणा जगा देती है, ब्रज से चलती है और कर्णाटक तक पहुँचती है। देवेन्द्र सत्यार्थी ने प्रत्येक जनपद से उसके उद्धरण संगृहीत किए थे। शैव-आगम ब्रज में आए तो शिव रासलीला में गोपीश्वर बन गए और शाक्त-आगम ब्रज में आए तो गौरी ललिता-सखी बन गई। "उज्ज्वल-नीलमणि" में रूपगोस्वामी कहते हैं — "अयि गौरि ललिते"। गोपालसुन्दरी की अवधारणा आई, "रासोल्लास-तन्त्र" और "कृष्णयामल" की रचना हुई। आलमन्दार-संहिता को देखें, किस-किसको देखूँ, जित देखों तित स्याममयी है।

रसका अनन्त पारावार उद्वेलित हो रहा है, तरंगित हो रहा है। एक बूँद छलककर गिरी तो उसकी प्रतिच्छवि से संसार के अशेष सौन्दर्य-माधुर्य का उद्भव हो गया। उस रस-सिन्धु का परिदृश्य कोई किस तूलिका से चित्रित करेगा, उसमें कौन-से रंग भरेगा!! दुति कों दुति लेखनी न कागत। वह परिदृश्य प्रस्तुत करने में सर्वथा असमर्थ हूँ, लेकिन वह दृश्य है, जितना भी देख पाता हूँ, अन्त में यही कहूँगा —

ऐसे ही देखत रहों जनम सुफल करि मानों।
प्यारे की भाँवती भाँवतीजू के प्यारे जुगल किसोरै जानों।
छिन न टरों पल होंउ न इतउत रहों एक ही तानों।
श्रीहरिदास के स्वामी स्यामा कुंजबिहारी मन रानों।

(उ.प्र. भाषा संस्थान लखनऊ द्वारा वृन्दावन शोध संस्थान में आयोजित संगोष्ठी (२८ जुलाई २००९) में प्रस्तुत)

२.

वृन्दावन और नवद्वीप

नवद्वीप आने का सौभाग्य मुझे पहली बार मिला है, परन्तु मैंने अपने से ही पूछा — क्या नवद्वीप से यह मेरा पहला परिचय है? नहीं, नवद्वीप से मैं पहले भी मिला हूँ, एक बार नहीं, बार-बार मिला हूँ। बचपन से मिलता

रहा हूँ और अभी भी मिलता हूँ।

माना कि वृन्दावन और नवद्वीप में कोसों का फासला है, परन्तु कोई कह दे, कि वृन्दावन में नवद्वीप नहीं रहता। लाल-पत्थर का वह भव्य-मन्दिर रूपगोस्वामी के ठाकुर गोविन्द देव। ये ठाकुर रूपगोस्वामी को गोमा-टीले पर मिले थे। यहाँ मृदंग और मजीरे का गगनभेदी स्वर गूँज रहा है। गौड़ीय-वैष्णवों का मादक नृत्य। हरिनाम-संकीर्तन। संकीर्तन की यह परम्परा वृन्दावन में बस गई है। नवद्वीप को याद है कि यह परम्परा निमाई की पाठशाला से चलकर वृन्दावन पहुँची थी।

कालीदह-घाट की ऊँची दुसायत-भूमि पर लाल-पत्थर का दूसरा प्राचीन मन्दिर मदनमोहन का है। जब सनातन-गोस्वामी मथुरा में रहे थे, तब एक मथुरनी के यहाँ भिक्षा लेने जाते थे, मथुरनी का एक बालक था, उसमें सनातन-गोस्वामी का ठाकुरभाव था, आग्रहपूर्वक उसकी जूठन माँगते थे, ये ठाकुर उस मथुरनी के यहाँ विराजे थे, सनातन-गोस्वामी का भाव पहचाना, मथुरनी ने ठाकुर दे दिए — बाबा, तू सेवा का सच्चा अधिकारी है। मदनमोहन के मन्दिर में बंग-महिला श्यामप्रिया गा रही है — "मदनमोहनेरनाट, पसारी गंधेर हाट, जगन्नारी ग्राहक लोभाय।"

यह नित्यानन्द-वट है। नित्यानन्दप्रभु विराजे थे। पास में राधा दामोदर, जीवगोस्वामी के ठाकुर। निकट में इमली का पेड़, महाप्रभु ने यहाँ विश्राम किया था। यहीं रूपगोस्वामी, जीवगोस्वामी और कृष्णदास कविराज की समाधि है। राधाविनोद लोकनाथ चक्रवर्ती के ठाकुर हैं। यहाँ वह गोवर्द्धनशिला भी है, जिसे महाप्रभु ने रघुनाथ गोस्वामी को दी थी। यहीं लोकनाथ के साथ नरोत्तम ठाकुर और विश्वनाथ चक्रवर्ती की समाधियाँ भी हैं।

वृन्दावन में कितने ही ठाकुर हैं, जिनका नवद्वीप से सगा नाता है। विश्वनाथ चक्रवर्ती के ठाकुर गोकुलानन्द, बलदेवविद्याभूषण के ठाकुर राधाविजयगोविन्द, कृष्णदास कविराज के ठाकुर राधा वृन्दावनचन्द्र, भूगर्भगोस्वामी के ठाकुर राधाछैलछिकनिया, गोपालभट्ट के ठाकुर राधारमण और मधुगोस्वामी के ठाकुर गोपीनाथ।

यहाँ षड्भुजी महाप्रभु का मन्दिर है। एक बंग-महिला विष्णुप्रिया नाटक बाँच रही है — "सखि, कांचने दयिते हृदि भरा विषादेर माझे, प्राण भरा दुखराशि माझे, एकमात्र सुखबिन्दु मोर श्रवण तोमादेर से सुधामाखा प्राणवल्लभेर कथा।" रमणरेती के यमुनाघाट पर कोई बंगाली महात्मा गुनगुना रहा है — "सनातन, देहत्यागे कृष्ण न पाइये, कृष्ण प्राप्त्येर उपाय कोनो नांहि भक्ति बिने।" मेरे मन ने मुझसे पूछा — क्या इस स्वर में नवद्वीप और वृन्दावन का चिरन्तन-सम्वाद नहीं है? क्या वृन्दावन का यह बिम्ब नवद्वीप का प्रतिबिम्ब नहीं है? तभी तो कह रहा हूँ कि मैंने नवद्वीप को वृन्दावन में देखा है और बार-बार देखा है। वृन्दावन और नवद्वीप का मिलन चेतना की गहराई का मिलन है, उस गहराई में एक बार झाँक लें, तो हमेशा के लिए भूल जाए कि वृन्दावन और नवद्वीप के बीच कोसों का फासला है — "दूरस्थोऽपि न दूरस्थो यो यस्य हृदयेस्थितः"।

नवद्वीप के भावुक बता सकते हैं कि नवद्वीप के हृदय की किस गहराई में वृन्दावन बसा है, परन्तु वृन्दावन की चेतना में नवद्वीप का निवास न होता, तो वह नवद्वीप को क्यों टेरता? वृन्दावन ने नवद्वीप को एक बार नहीं टेरा, बार-बार टेरा है, नित्यप्रति टेरा है। यह वृन्दावन की ही टेर थी कि वि. १५६८ में लोकनाथ चक्रवर्ती प्रभु से मिलने गए, तो कृष्णचैतन्य बोले —

भ्रातस्तिष्ठ तले-तले विटपिनां ग्रामेषु भिक्षामट।
स्वच्छंदं पिब यामुनं जलमलं चीराणि कंथां कुरु।
श्रीराधा मुरलीधरौ भजसखे वृन्दावनं मा त्यज।

महाप्रभु कह रहे हैं — लोकनाथ, वृक्षों के नीचे विश्राम करना, गाँव-गाँव में भिक्षा करना, स्वच्छन्द मन से यमुना-तट पर विचरण करना, यमुना का जल-पान करना, जो फटे-पुराने वस्त्र मिल जाएं, उनकी गुदड़ी बनाकर पहनना, मदनमोहन को मन में बसाना परन्तु वृन्दावन को मत छोड़ना।

वृन्दावन ने नवद्वीप को फिर टेर लगाई और अबकी बार महाप्रभु स्वयं ही चल दिए। भागवत कहती है — "हसत्यथो रोदिति रौति गायत्युन्माद-वन्नृत्यति लोकबाह्यः।" महाप्रभु राधारमण और मदनमोहन जैसे मधुर नामों का गायन कर रहे हैं। दिव्य-लीलाओं का कीर्तन कर रहे हैं। चित्त द्रवीभूत हो गया है। कभी खिलखिलाकर हँसते हैं, कभी आवेश में रोते हैं, बिलखते हैं, छटपटाते हैं और कभी आनन्द के उद्वेग में नृत्य करने लग जाते हैं — "नयनं गलदश्रुधारया वदनं गद्‌गद् रुद्धया गिरा"। आँखों में आँसू हैं और वाणी अवरुद्ध है। आज नवद्वीप वृन्दावन से मिलने आया है। आनन्द का अतिरेक। नवद्वीप और वृन्दावन का मिलन उत्सव बन गया है, नित्य उत्सव।

नवद्वीप के मंगल-आगमन का चित्र वृन्दावन के गोपीनाथ-बाजार में आज भी अंकित है — "व्याघ्र मृगी मिलि चले महाप्रभुर साथ"। इस चित्र में चीता, शेर, बाघ, हरिण, मोर — सभी मिलकर महाप्रभु के साथ आनन्द-नृत्य कर रहे हैं — "प्रेमोन्मत्तान् सहोन्नृत्यान् विदधे कृष्ण जल्पिताः"।

विश्व में बहुत सी भाषाएं हैं परन्तु उन सभी की अपनी-अपनी सीमा है। प्रत्येक भाषा का अपना समाज है और अपना भू-भाग है। एक समाज की भाषा को दूसरे समाज के लोग नहीं जानते और एक भू-भाग की भाषा को दूसरे भू-भाग के लोग नहीं समझते। महाप्रभु ने ऐसी भाषा में सम्वाद किया कि व्याघ्र ने भी समझ लिया, चीते ने भी समझ लिया, मोर और हरिण भी समझ गए, आनन्द से उन्मत्त होकर नाचने लगे। यह कौन-सी भाषा है? यह वृन्दावन और नवद्वीप के साझे की भाषा है और इसका नाम है — प्रेम।

प्रेम का एक नाम वृन्दावन है और दूसरा नाम नवद्वीप है। नाम-संकीर्तन का एक नाम वृन्दावन है और दूसरा नाम नवद्वीप है। राधा-माधव के मधुर-भाव का एक नाम वृन्दावन है और दूसरा नाम नवद्वीप है। मदन और मादन का एक नाम वृन्दावन है और दूसरा नाम नवद्वीप है। गीत-संगीत, नृत्य और कलाओं की सुकुमारता का एक नाम वृन्दावन है और दूसरा नाम नवद्वीप है। राग-अनुराग का एक नाम वृन्दावन है और दूसरा नाम नवद्वीप है। महाप्रभु कृष्णचैतन्य का एक नाम वृन्दावन है और दूसरा नाम नवद्वीप है।

स्वामी प्रकाशानन्द पूछ रहे हैं — प्रेमनाम के अद्भुत पदार्थ का ऐसा प्रतिपादन किसने किया था? नाम-संकीर्तन की ऐसी महिमा किसने जानी थी? वृन्दावन की मधुर-लीलाओं का आस्वादन किसने किया था? परमगुह्य रसनिकुञ्ज में प्रवेश किसने पाया था? सौन्दर्य-माधुर्य आनन्द के उस सारसर्वस्व को, रस की उस परमावधि को किसने जाना था, जिसका नाम राधा है? स्वामी प्रकाशानन्द ने इतने सारे सवाल उठाए और फिर इन सभी सवालों का उत्तर देते हुए बोले — नवद्वीप ने, नवद्वीप की उस समग्र चेतना ने, जिसका नाम चैतन्य है — "एकश्चैतन्यचन्द्रः परमकरुणया सर्वमाविश्चकार"।

राधाभाव कहें, वृन्दावन-भाव कहें या महाभाव कहें, उदयभूमि नवद्वीप है। कृष्णदास-कविराज वृन्दावन-भाव के मर्मवेत्ता थे। उन्होंने नवद्वीप में वृन्दावन-भाव के भागवती जीवन की उस अविच्छिन्न-परम्परा का चित्रण किया है, जो अद्वैताचार्य और श्रीवास में फलित होती है। वासुदेव सार्वभौम, नैयायिक रामचन्द्र, नीलाम्बर चक्रवर्ती, गंगादास वैयाकरण, पंडित रघुनाथ, चन्द्रशेखर-आचार्यरत्न, स्वरूप दामोदर, जगदानन्द, वासुदेव घोष, पुण्डरीक विद्यानिधि, मुकुन्ददत्त, गदाधर और श्रीपादनित्यानन्द — समूचा परिवेश मानो भागवत

का तत्त्वान्वेषण है, भागवत की मीमांसा है, भागवत का भावन है। नवद्वीप में वेदान्त, न्याय, योग, आगम, निगम, व्याकरण और काव्यशास्त्र मानो सशरीर उपस्थित हैं और दधिमन्थन हो रहा है। माधवेन्द्रपुरी भी आ रहे हैं और ईश्वरपुरी भी आ रहे हैं।

जहाँ किसी वैष्णव को देखते हैं, वहीं निमाई पण्डित चञ्चल होकर पूछते हैं — "किं तावत् वैष्णवत्वम्?" यह प्रश्न वृन्दावन-भाव का बीज प्रश्न है। प्रश्न बार-बार परिवेश से टकराता है और आसमान को छूकर निमाई के मन में गूँजता है और गूँज का रूपान्तरण भाव में होता है। एक दिन आचार्य रत्नगर्भ ने भागवत का यज्ञपत्नी वाला प्रसंग उठाया — "श्यामं हिरण्य-परिधिं वनमाल बर्ह धातु प्रवाल नटवेष मनुव्रतांसे" और निमाई प्रेम में विह्वल हो जाते हैं। श्रीवासपण्डित के घर संकीर्तन होता है और निमाई आवेश में वंशी माँगते हैं। यह नवद्वीप में वृन्दावन-भाव का उदय है। संयोग बनता है और रायरामानन्द मिलते हैं, राधा की चर्चा होती है, रस का उद्रेक होता है। रस बार-बार छलकता है और प्रभु कहते हैं — वृन्दावन जाना है, वृन्दावन जाना है। वृन्दावन महाप्रभु की प्यास बन जाता है। वृन्दावन और नवद्वीप के अभेद-भाव का नाम चैतन्य-चरितामृत है।

वृन्दावन ने नवद्वीप को फिर टेरा और अबकी बार महाप्रभु ने आग्रहपूर्वक रूप और सनातन को वृन्दावन भेज दिया —

कालेन वृन्दावन केलिवार्ता लुप्तेति तां ख्यापयितुं विशिष्टा।
कृपामृतेनाभिषिषेच देवस्तत्रैव रूपं च सनातनं च।

यह नवद्वीप की ही चेतना थी कि रूपगोस्वामी, जीवगोस्वामी और सनातनगोस्वामी ने वृन्दावन-केलिवार्ता के रूप में रसशास्त्र की प्रतिष्ठा की। इस रसशास्त्र ने उत्तर भारत के भक्ति आंदोलन में अमृत का संचार कर दिया। समूचे भक्ति-साहित्य में माधुर्य घोल दिया। भावों के इस अमृत-सरोवर का एक नाम वृन्दावन है और दूसरा नाम नवद्वीप है।

बाहर का मिलन या स्थूल-मिलन औपचारिक होता है, जैसे मिले, वैसे ही नहीं मिले। मिलकर भी नहीं मिले परन्तु वृन्दावन और नवद्वीप का मिलना चेतना की गहराइयों का मिलन है। निजमत-सिद्धान्त साक्षी है कि वृन्दावन में महाप्रभु चैतन्य और स्वामी हरिदास मिले, गोपाल भट्ट निधिवन के निकट ही रहते थे। निजमत-सिद्धान्त का कथन है कि एक बार गोस्वामी रघुनाथ भावसमाधि में राधामाधव की मिलन-लीला का अवलोकन कर रहे थे। राधिका जी की वेणी वन में गिर गई। वेणी खो जाने से रघुनाथगोस्वामी आकुल-व्याकुल रहने लगे। उन्होंने वृन्दावन के रसिक भक्तों से पूछा, स्वामी हरिदास से भी पूछा। स्वामीजी ने बताया कि प्रियाजू की वेणी अश्वत्थ वृक्ष के नीचे है, उस पर भौंरे मंडरा रहे हैं। रघुनाथगोस्वामी को वेणी मिल गई और उन्होंने प्रियाजू का शृंगार किया।

वृन्दावन और नवद्वीप का सम्बन्ध ऐसा है कि प्रकट-लीला वृन्दावन में और अप्रकट-लीला नवद्वीप के मन-वृन्दावन में। वृन्दावन की निकुञ्ज में श्यामा-श्याम एक-दूसरे को भुजाओं में भरकर अधर-सुधारस पान कर रहे हैं, यमुना में जल-केलि कर रहे हैं, नौका विहार कर रहे हैं, आँख-मिचौनी खेल रहे हैं और नवद्वीप अपनी भावसमाधि में प्रत्यक्ष देख रहा है। नवद्वीप ने राधामाधव को कुञ्जमहल से रँगमगे-रँगमगे आते देखा है। नवद्वीप ने राधामाधव को वर्षा में भीगते हुए देखा है। नवद्वीप ने वृन्दावन की निभृत-निकुञ्ज में मदनमोहन को प्यारी के पैर चाँपते हुए देखा है —

जपते तोमार नाम वंशीधारी अनुपाम, तोमार वरणेपरिवास
तोमार कारणे रस तत्त्व लागि।

राधानाम का आकर्षण मन को बाँध लेता है। मदनमोहन मुरली क्यों बजाते हैं? वृन्दावन के भक्त कहते हैं — "परम धन राधानाम अधार। जाहि स्याम मुरली में टेरत सुमिरत बारंबार।" श्यामसुन्दर मुरली में राधा को टेरते हैं। राधा की टेर मुरली की तान बन जाती है। पशु-पक्षी रस में डूब जाते हैं, यमुना का प्रवाह थम जाता है। औरों की क्या कहें, सृष्टि के सम्पूर्ण पदार्थों का कलन करने वाला काल अपनी गति भूल जाता है। ऐसा न होता तो वृन्दावन की रात छह महीने की कैसे हो जाती?

अनन्त अन्तरिक्ष में अनन्त कोटि ब्रह्माण्ड हैं और उन ब्रह्माण्डों के विस्तार का आकलन कर सके, ऐसा कोई गणितशास्त्र मनुष्य-बुद्धि की पहुँच में नहीं है परन्तु ब्रह्माण्डों का वह अकल्पित विस्तार भी काल की परिधि में है, किन्तु वृन्दावन काल की परिधि से ऊपर है, चिन्मय है, जहाँ काल व्यापै नहीं। काल का प्रभाव नए को पुराना कर देता है, बच्चे को बूढ़ा बना देता है। कोई भी चीज काल के चक्र में हमेशा नई नहीं रह सकती परन्तु रसिक भक्तों का वृन्दावन नवनवायमान है — "नवल वसंत नवल वृन्दावन नव परिमल अलि लुब्ध तरुनि तन"। काल का प्रभाव होता, तो वृन्दावन में यह नवल-भाव कैसे रह पाता? कल्प-कल्पान्तर टल गए परन्तु राधा-माधव के प्रथम समागम का पहला क्षण न कभी टला और न कभी टल सकेगा। चण्डीदास ने राधा के स्थान पर किशोरी शब्द का प्रयोग किया है — "उठिते किशोरी बसिते किशोरी किशोरी गलार हार"। वृन्दावन काल से स्वतन्त्र न होता तो राधा किशोरी ही क्यों बनी रहती? सतयुग, त्रेता, द्वापर, कलियुग कितनी बार बूढ़े हो चुके परन्तु वृन्दावन के राधामाधव नवलकिशोर हैं —

नित्यं किशोर एव सः भगवान् अंतकांतकः।

अन्तक अर्थात् अन्त करने वाला। काल। नित्यकिशोर उस अन्तक के भी अन्तक हैं।

वृन्दावन में काल का ही नहीं, काम का भी प्रवेश नहीं है। वृन्दावन की रासक्रीड़ा में मदनमोहन मन्मथ को दही की तरह मथ देते हैं — "साक्षान्मन्मथ मन्मथः"। प्राणीमात्र के मन को मथने वाला काम। मदनमोहन काम को मथते हैं, मन्थन के बाद जो सार-तत्त्व निकला, वह उज्ज्वल-रस है। लुटा, पिटा, ठगा सा कामदेव दूर कहीं दुबककर वृन्दावन को देखकर मुग्ध हो गया है।

मनोविज्ञानी लोग मूल-प्रवृत्तियों (Instincts) की बात करते हैं, सेक्स और वासना की बात करते हैं। वे कहते हैं कि मूल-प्रवृत्तियाँ मन की प्रेरक हैं, परन्तु रसिकों ने वासना के विवर्जन की बात नहीं की। वासना के शोधन और उदात्तीकरण की प्रक्रिया को जाना और मानवचित्त में सोए दिव्य-आनन्द को जगा दिया। कृष्णदास-कविराज ने "चैतन्यचरितामृत" में काम और प्रेम का विश्लेषण किया —

आत्मेंद्रिय प्रीति इच्छा तार नाम काम,
कृष्णेंद्रिय प्रीति इच्छा तार काम प्रेम
कामेर तात्पर्य प्रेम संभोग केवल
कृष्णसुख तात्पर्य प्रेम जो प्रबल।

जो राग जीव को बाँधता है, वही राग जीव को उन्मुक्त करने वाला बन जाता है। जैसे जल नीम में जाकर कडुआ और आम में जाकर मीठा हो जाता है, वैसे ही साधक का चित्त राधा के भाव में डूबता है तो प्रेम बन जाता है। जैसे रसायनशास्त्री ाहर में रासायनिक-परिवर्तन करके उसे औषधि रूप अमृत बनाता है, वैसे ही वासना के गुण-धर्म को बदलकर रसिक उसे माधुर्य-भाव बना देता है। प्रेम बना देता है। वासना मन का राज्य है और प्रेम चेतना का धर्म है।

गौड़ीय-वैष्णवों ने कहा कि सौन्दर्य एक है, प्राकृत-भाव से वह कामदेव में है और अप्राकृत-भाव से वह श्रीकृष्ण में है। कामदेव प्राकृत-मदन है — मलिन-श्रृंगार और श्रीकृष्ण अप्राकृत-मदन हैं। अप्राकृत-सौन्दर्य और अप्राकृत-मदन की समरसावस्था उज्ज्वल रस है। दूसरे शब्दों में कह सकते हैं कि राजस और तामस से शून्य होने पर मदन श्रीकृष्ण हैं — "कामगन्धहीन हइले गोपीभाव"। राजस-तामस राग गाँठ बाँधता है और सात्त्विक राग गाँठ खोल देता है। "अलंकारकौस्तुभ" ने कहा कि भगवान् की ह्लादिनी-शक्ति जीव में अप्रकट-भाव से अवस्थित है पर चित्त में उसका आविर्भाव तभी होता है, जब वह शुद्ध सत्त्व में प्रतिष्ठित होता है—

आस्वादांकुर कंदोऽस्ति धर्मः कश्चन चेतसः।
रजस्तोमोभ्यां हीनस्य शुद्ध सत्त्वतया मनः।

आस्वादान्कुरकन्द जब विशुद्ध-सत्त्व में होता है तो लौकिक कामवासना भी दिव्य बन जाती है : इसका एक उदाहरण "चैतन्यचरितामृत" में है।

उन दिनों महाप्रभु जगन्नाथपुरी में थे और वहाँ के कोलाहल से व्यथित होकर बार-बार वृन्दावन आने की बात कर रहे थे। कृष्णदास कविराज ने उल्लेख किया है कि उस भावावेश की मनःस्थिति में महाप्रभुजी ने एक पद्य बार-बार पढ़ा — "यः कौमारहरः स एव हि वरस्ता एव चैत्रक्षपाः।" मेरे कौमार्य को हरण करने वाला है, वही मेरा वर है, चैत की वे ही रातें हैं, मालती और कदम्ब की वही सुरभि है, मैं भी वही हूँ परन्तु सुरत-व्यापार के लिए नर्मदा तट के वेतसी वृक्ष के नीचे मेरा चित्त उत्कण्ठित हो रहा है। अनेक अलंकार-ग्रन्थों के श्रृंगारिक-प्रसंग में इसका उदाहरण दिया गया है, परन्तु महाप्रभु के चित्त में जाकर यह दिव्यानुभूति बन गया।

यही कारण है कि वृन्दावन-रस को सिंहनी का दूध कहा जाता है, जिसे सिंह-शावक पचा सकता है या स्वर्ण-कलश में उसे रखा जा सकता है। यदि किसी दूसरी धातु के बर्तन में सिंहनी का दूध रख दिया जाए तो वह बर्तन ही नष्ट हो जाता है। यह रस की पात्रता और रस के अधिकार का प्रश्न है। दूध को ताँबे के पात्र में रख दिया जाए या दही को पीतल के बर्तन में रख दिया जाए तो दूध-दही का गुणधर्म बदल जाता है। हर खेत में हर बीज पैदा नहीं होता। जलवायु या पर्यावरण का बीज से अभिन्न सम्बन्ध है। अनुकूल पर्यावरण होगा, तभी बीज से अंकुर बनेगा। दिव्यानुभूति के लिए द्रवीभूत चित्त की आवश्यकता है। "अकिंचनता का भाव, तृणादपि सुनीचेन तरोरपि सहिष्णुना।" रूप और सनातन तो वजीर थे, अकिञ्चनता का भाव कैसे आया? सनातन सब कुछ लुटा चुके थे, एक कीमती कम्बल रह गया। महाप्रभु ने कहा कि उसे भी दे दो। सनातन ने साधु को कम्बल दिया और उसकी गुदड़ी ले ली। देहाभिमान मिटाना था।

ज्ञान बहुत दूर तक ले जाता है, उस बिन्दु तक जिसे मुक्ति कहते हैं परन्तु मुक्ति तो वृन्दावन की सीमा पर खड़ी है। वृन्दावन में प्रवेश पाने का अधिकार उसे भी नहीं है। उस प्रेम-राज्य में ज्ञान भार-रूप है, जिसे दरवाजे पर ही छोड़ना पड़ता है।

तर्कवाचस्पति दिग्विजय करने निकले। शास्त्रार्थ करने वृन्दावन पहुँचे। भक्त साधु भगवान् की सेवा कर रहे थे। वाचस्पति ने उन्हें बातचीत के लिए बुलाया लेकिन साधु कभी अपने ठाकुर को जगाते, कभी स्नान कराते, कभी चन्दन लगाते, कभी भोग लगाते। "अभी आया" कहते और फिर सेवा में लीन हो जाते। तर्कवाचस्पति ऊब गए परन्तु शास्त्रार्थ के बिना जाते भी कैसे? बहुत देर बाद भक्त साधु निकले, वाचस्पति को सन्तोष हुआ कि अब शास्त्रार्थ करेंगे, लेकिन यह क्या? भक्त-साधु खरताल हाथ में लेकर कीर्तन करने लगे। वाचस्पति ने झल्लाकर कहा — कुछ समझते भी हो? वाचस्पति को प्रणाम करके बड़ी विनम्रता के साथ साधु बोले — इस समझ का मुझे क्या करना है? इसे आप ही समझ लीजिए। ज्ञान का अभिमान बड़ा विकट होता

है। घनीभूत होकर कठोर बन जाता है परन्तु नवद्वीप को मालूम है कि जब प्रेम की ऊष्मा से वह पिघलता है तो उसके पन्ने-पन्ने गंगा में बह जाते हैं।

वृन्दावन को बुद्धिवाद से नहीं पाया जा सकता। बुद्धि का गति-विस्तार अणु-परमाणु से लेकर अन्तरिक्ष तक है, परन्तु बुद्धिवाद बुद्धि को बाँधता है। लीला को देशकाल में बाँधने का कौतुक बुद्धि का पराभव नहीं है तो क्या है? कृष्ण में आदमी को देखना बुद्धिवाद है और आदमी में कृष्ण को देखना भाव-साधना है। राधा में अस्थिमाँस की सामान्य-नारी को देखना एक बात है और सामान्य-नारी में राधा की अनुभूति दूसरी बात है। विश्वव्यापी बा ारसत्ता की दृष्टि में मनुष्य मात्र उपभोक्ता (Consumer) हैं, तथा मनुष्यता उस बा ार के लिए एक सौदा है। बा ार के पर्यावरण में आतंकवाद का बीज पनपता है। आतंकवाद, जिसके लिए मनुष्य लाशों की गिनती है। बुद्धिवाद की वह स्वाभाविक परिणति है। जगाई-मधाई, हुसैन खाँ और गोराई काजी, नवद्वीप में कुछ कम आतंक था? लेकिन प्रभु ने जिस भावसत्ता का विस्तार किया, उसकी आँधी में वह तिनके की तरह उड़ गया।

भाव-सत्ता के अभाव में पिता और पुत्र चाबी के पुतले हैं। सैनिक के पास बन्दूक है परन्तु वह बन्दूक नहीं चलेगी, जब तक उसके मन में भाव का संचार नहीं होगा। न्यायाधीश के मन में यदि शिव-भाव नहीं है तो वह न्याय को कानून के बुद्धिवाद में उलझा देगा, वह न्याय नहीं दे सकता। शासक के मन में करुणा का भाव नहीं है तो उसके लिए आदमी का मतलब केवल वोटर है। डॉक्टर के मन में दया नहीं है तो उसके लिए आदमी केवल उसकी फीस है। रूपगोस्वामी और जीवगोस्वामी के ग्रन्थ असल में मनुष्य की भाव-सत्ता की मीमांसा के ग्रन्थ हैं। भाव-सत्ता के अनुसन्धान के ग्रन्थ हैं।

महाभाव भाव की सर्वोच्च अवस्था है। बुनियादी तौर पर भाव परिवार का आधार है, समाज का आधार है, राष्ट्र का आधार है और मनुष्यता का आधार है। भाव की अनुपस्थिति है तो भौतिक-सम्पन्नता के बावजूद वह अभाव की अवस्था है। वृन्दावन के उस रसशास्त्र को केवल साधुओं की कल्पना समझ लेना, भूल होगी। करुणा-भाव, प्रेम-भाव, आनन्द-भाव और माधुर्य-भाव। भाव की वह साधना, जो जीवन के समस्त अभावों को भावों के अमृत से भर देती है। भाव जगता है तो जीवन की दृष्टि बदल जाती है, विचार बदल जाता है, मन बदल जाता है, मनुष्य और मनुष्य का सम्बन्ध बदल जाता है, मनुष्य और प्रकृति का सम्बन्ध बदल जाता है। भाव जीवन की गति है, भाव जीवन का प्रेरक है। भाव जीवन का प्रयोजन है। वृन्दावन का रसशास्त्र बता सकता है कि भाव किस प्रकार परिवेश की रचना करता है, किस प्रकार परिवेश को प्रभावित करता है। भाव समुद्र से भी गहरा और आकाश से भी अधिक व्यापक है। भाव की सत्ता से टकराना जालिम से जालिम बादशाह के बूते की बात नहीं होती। लोकसत्ता की दृष्टि से बादशाह मालिक था, प्रभु था, परन्तु कृष्णचैतन्य महाप्रभु थे।

यह रसशास्त्र, नवद्वीप और वृन्दावन दोनों के साझे की सम्पदा है। चिन्मय वृन्दावन, जहाँ रस स्वयं अपने ही आस्वादन के लिए अपने को दो रूपों में प्रकाशित करता है — उज्ज्वल और नीलमणि, राधा और माधव, सनातन नारी और सनातन नर —

अरी देखौरी मुकट झोका लै रह्यौ, लै रह्यौ जमनाजी के तीर
मुकट झोका लै रह्यौ।
कौन बरन रानी राधिका, कौन बरन घनस्याम, देखौरी मुकट झोका लै रह्यौ।
गौर बरन रानी राधिका, स्याम बरन घनस्याम, देखौरी मुकट झोका लै रह्यौ।

जयदेव कहते हैं — "राधा माधवयोर्जयंतियमुना-कूले रहःकेलयः।" राधामाधव की रहःकेलि। माधुर्य-सार-सर्वस्व। सौन्दर्य-माधुर्य की परमावधि। आनन्द का अमृतसिन्धु।

जगत् का यावत् सौन्दर्य, जगत् की समस्त रमणीयता उस अमृतसिन्धु की बूँद, और बूँद की प्रतिच्छवि है। कोकिला उसी रस से विभोर होकर कूक रही है, मोर उसी रस से मतवाला होकर नाच रहा है। समुद्र उसी आनन्द के अतिरेक में उद्वेलित हो रहा है, चन्द्रमा उसी रस के वशीभूत होकर चाँदनी बिखेर रहा है। कञ्चनलता उसी रस-वश होकर श्यामतमाल से लिपट गई है और भौंरा उसी रस में विभोर होकर मालती के पास आया है।

बिधना के मन में भाव तरंगित हुआ, हवा चली और आकाश में काले-काले बादल घुमड़ आए, बिजली कौंधने लगी। मेघ और दामिनी, दोनों अनुराग के रंग में तन्मय हैं। दोनों नृत्यगीत में तन्मय हैं। दोनों सुरत-हिंडोरा झूल रहे हें, दोनों फाग खेल रहे हैं। दोनों एक-दूसरे के लिए बने हैं। दामिनी के बिना मेघ और मेघ के बिना दामिनी की कल्पना कैसे की जा सकती है? कौन बता सकता है कि बिजली ने बादल को अपने आलिंगन में बाँध लिया है या बादल ने बिजली को अंक में भर लिया है? कौन बता सकता है कि मेघ में बिजली है या बिजली में मेघ है? किसके पास जाकर पूछूँ कि ये एक हैं कि दो हैं? किसके पास जाकर पूछूँ कि वृन्दावन और नवद्वीप दो होते हुए भी एक हैं या एक होते हुए भी दो हैं? कौन बताएगा कि ये भेद में अभेद है या अभेद में भेद? मुझे तो लगता है कि यह भेदाभेद अचिन्त्य है। अचिन्त्य भेदाभेद है।

(इन्दिरा गांधी राष्ट्रीय कला केन्द्र द्वारा नवद्वीप में आयोजित श्री चैतन्य नित्यानन्द स्मरण मंगलम् राष्ट्रीय संगोष्ठी (१२ फरवरी २००९) में प्रस्तुत)

३.

रस-उपासना की राजधानी : वृन्दावन

पानीपत से वृन्दावन को ढूँढ़ने निकला। जी०टी० रोड के दोनों ओर मील के पत्थर लगे थे, तिराहों-चौराहों पर दिशा बताने वाली पट्टियाँ लगीं थीं, उन्हें पढ़ने लगा। समालखा पाँच किमी०, मुरथल दस किमी०, दिल्ली पन्द्रह किमी०, फरीदाबाद सात किमी०, कोसी छह किमी०, छटीकरा तीन किमी० और वृन्दावन दो किमी०। उत्तर प्रदेश के मथुरा-जनपद में नगर-पालिका की एक सीमा है, इसे वृन्दावन कहते हैं। यहाँ रंगजी का मन्दिर है, गोविन्द जी का मन्दिर है, मदनमोहन जी का मन्दिर है, अंग्रेज़ों का मन्दिर है। छोटी सरकार और बड़ी सरकार हैं और बाँकेबिहारी हैं। घर-घर मन्दिर हैं।

यहाँ सन्तों के आश्रम हैं। उत्तर-भारत ही नहीं, बंगाल और दक्षिण-भारत के सम्प्रदाय भी हैं। यहाँ उड़ीसा भी है, असम भी है, मणिपुर भी है, गुजरात और राजस्थान एवं पंजाब भी हैं। देश का कोना-कोना जैसे वृन्दावन में अपने को ढूँढ़ रहा है। भारत की विभिन्न आध्यात्मिक-विचारधाराओं के केन्द्र यहाँ हैं। स्वामीदयानन्द का गुरुकुल ही नहीं है, स्वामी करपात्री जी का धर्मसंघ भी है। विवेकानन्द का रामकृष्णमिशन है और प्रभुपादजी का इस्कॉन भी है। यहाँ अखण्डानन्द जी ही नहीं, आनन्दमयी माँ भी हैं। दर्शन और कला में निष्णात लोगों का गढ़ वृन्दावन में है। राधे-राधे, श्यामा-श्याम और कुञ्जबिहारी श्रीहरिदास को टेरते हुए वृन्दावन महाप्रभु हितहरिवंश, स्वामीहरिदास और चैतन्य महाप्रभु की यादों के साथ जी रहा है। निधिवन और सेवाकुञ्ज के साथ जी रहा है। इस सबके साथ वृन्दावन में वह भी है, जो सारे संसार में है। मेरा मन पूछ रहा है कि क्या वृन्दावन संसार में है? अथवा क्या वृन्दावन में संसार का प्रवेश सम्भव है?

यमुना के किनारे एक गीत गूँज रहा था — "ऐसौ कब करि हौ मन मेरौ"। हे स्वामीजी, आपकी कृपा कब होगी? ऐसा मन कब होगा कि मैं करवा-गूदरी की रहनी में रत-मत हो जाऊँगा। मेरे समस्त सांसारिक

शोक-सन्ताप मिट जाएंगे। ब्रजवासियों की जूठन और चना-चबैना के आगे छप्पन-भोग और छत्तीसों व्यञ्जन मुझे नीरस प्रतीत होंगे। अनन्त जन्मों की व्याधि-रूप मेरी समस्त विषय-वासना मिट जाएगी। संसार के त्रास, उपहास और विलास मुझे भटका नहीं पाएंगे। गीत गूँज रहा था — "दई पीठ सब जगतें लगतें पायौ वन विश्राम।" यह गीत मानो मुझसे कहने लगा — वृन्दावन बाहर है, अपनी जगह यह बात ठीक है; परन्तु उससे भी बड़ा ठीक यह है कि वृन्दावन की यात्रा बाहर की नहीं, अन्दर की यात्रा है।

बाहर वृन्दावन और अन्दर वृन्दावन। साधन वृन्दावन और साध्य वृन्दावन। मार्ग वृन्दावन और मंजिल वृन्दावन। कौपीन-करवा वृन्दावन और गूदरी वृन्दावन। परिवेश वृन्दावन और रहःकेलि वृन्दावन। रूठन वृन्दावन और मनावन वृन्दावन। उज्ज्वल प्रेम का धाम वृन्दावन। रास वृन्दावन और लास वृन्दावन। सौन्दर्यबोध वृन्दावन। गीत-संगीत, नृत्य और कलाओं की समग्र सुकुमारता वृन्दावन। राग-रंग का समुद्र वृन्दावन और उस समुद्र का झाग वृन्दावन। परमविशुद्ध से भी परमविशुद्ध जो प्रेमरस है वृन्दावन उस प्रेम के रंग-रस में रगमगा है। अनन्य-रसिकों का गढ़ है वह वृन्दावन — "श्रीनागरीदास अनन्यनि कौ गढ़ बन बाँकौ कहा कोउ पावै" हमें वह वृन्दावन चाहिए जहाँ कुञ्ज-लताओं की निधि प्राप्त हो जाती है। वह निधि, जिसके प्राप्त हो जाने पर फिर किसी के दरवाजे की ओर आँख उठाकर देखने की जरूरत नहीं रहती। वह वृन्दावन, जो अकिञ्चनता का साम्राज्य है।

ईश्वर है, और सब जगह है। वृन्दावन में भी है परन्तु वृन्दावन में ईश्वर की ईश्वरता नहीं है। वृन्दावन में तो वह स्वामिनीजू के सामने रस के लिए हाहा खा रहा है। गिड़गिड़ा रहा है।

गुरु हमकों उपदेस कियौ वा देस को।
जहाँ न माया काल त्रिगुन परबेस कौ।

काल ही नहीं, वृन्दावन में माया और त्रिगुण (सत् , रज, तम) का भी प्रवेश सम्भव नहीं। कामदेव, एक काम नहीं करोड़ों काम — "स्यामाकुंज बिहारी की कटाक्षसो कोटिकामदगे।" "कोट कोट अनंग बार किएँ न्यारे।" वृन्दावन से दूर कहीं दुबके-हुए लुटे-पिटे-ठगे से काम वृन्दावन को देखकर न्यौछावर हो रहे हैं।

वृन्दावन में काम का प्रवेश नहीं है। ज्ञान-वैराग्य, धन-सम्पत्ति और पद-प्रतिष्ठा को वृन्दावन में पूछता ही कौन है? संयम-नियम, शम, दम, जप-तप, व्रत-अनुष्ठान, दान-पुण्य, कर्मकाण्ड, जन्त्र-मन्त्र-तन्त्र जब पेड़ से झरने-वाले सूखे पत्तों की तरह वनभूमि में बिखर जाते हैं, तो वृन्दावन के साधु सोहनी सेवा करके उन्हें बुहारकर बाहर पधरा देते हैं। वृन्दावन में स्वर्ग की आशा नहीं है और नरक की त्रासा भी नहीं है। वृन्दावन में लोकवेद की कान नहीं है और जाति-देह का अभिमान नहीं है।

सारा संसार सुख को खोज रहा है। किसी के लिए भोग-विलास, धन और वैभव जीवन का प्रयोजन है, तो किसी के लिए पद और प्रतिष्ठा जीवन की सार्थकता है। एक सुख है, जिसे मन इन्द्रियों के दरवाजे से ग्रहण करता है और दूसरा सुख है, जिसे चेतना इन्द्रिय द्वार से नहीं, सीधे-सीधे प्राप्त कर लेती है। शृंगार, हास्य, करुण, वीर, अद्भुत, शान्त आदि में जो आनन्द की अनुभूति है, उसे भी काव्यशास्त्री रस कहते हैं परन्तु वह ब्रह्मानन्द नहीं, ब्रह्मानन्द का सहोदर है। वृन्दावन में अति ललित केलि रस रूप गौर-स्याम का जो अद्भुत प्रेमरस-विलास चल रहा है, उसकी अद्भुत ज्योति से किरणों की फुहार दसों दिशाओं में जगमगा रही है, उस जगमग की आभा को वेदान्ती लोग "ब्रह्मानन्द" कहते हैं — "ज्योति फुहारौ बिपिन कौ ब्रह्म सु ता परकास"। दूसरे शब्दों में हम ये कह सकते हैं कि ब्रह्म के सगुण-निर्गुण रूप तो खेत की बाड़ हैं और वृन्दावन रस का खेत है।

मुक्ति में खो जाने का सुख है और भक्ति में प्रभु को पा जाने का सन्तोष है पर वृन्दावन की महिमा ही न्यारी है। वृन्दावन रस की अतृप्त प्यास है। सन्तत मिले हुए हैं, फिर भी मिलने की क्षण-क्षण आतुरता है। महामधुर रस पीबत न अघात। ज्यों-ज्यों रसपान करते हैं, त्यों-त्यों प्यास और बढ़ जाती है। क्या इस प्यास का कहीं अन्त है? क्या इसकी कहीं सीमा है? नहीं, "अबही और, अबही और अबही और।" क्या इतना सुकुमार? नहीं, इससे भी सुकुमार। क्या इतना नवल? नहीं, इससे भी नवल। क्या इतना सूक्ष्म? नहीं, इससे भी सूक्ष्म। मधुर से मधुर, मधुर से मधुर। "सुंदरता तहाँ गति भूली।"

मूल रूप में वृन्दावन बिन्दु है। इच्छा के स्फुरण से तीन बिन्दु बन जाते हैं — श्यामा-श्याम और सखी। बिन्दु से त्रिकोण बना — "तीन चना इक छोलका।" वृन्दावन "श्यामा-श्याम और सखी" बन गया। वृन्दावन और श्यामा-श्याम अभिन्न हैं। पता नहीं, वृन्दावन श्यामा-श्याम और सखी बन गया या श्यामा-श्याम और सखी वृन्दावन बन गए — "तन वन किधों वन तन भयौ कुछ ब्यौरौ बरनों न जाय।" प्रेम ही श्यामा-श्याम हैं प्रेम ही सखी हैं और प्रेम ही वृन्दावन है। और वृन्दावन का यह सहज स्वभाव है कि वह अपने आश्रितों को सहजप्रेम-रूपी निज गुण प्रदान कर देता है।

श्रीपाद बाबा अपने भाषणों में प्रायः ही चिन्मय वृन्दावन का उल्लेख किया करते थे — "जहाँ मच्छर माखी नहीं चेंटाचेंटी नांहि।" "इनके मल-मैथुन कछु नाहीं दिव्य देह विहरत वन माहीं।" वही सखी निज रूप में सेवा कर रही है और वही सखी वृक्ष के रूप में सेवा कर रही है — "द्वै द्वै रूप किये सेवत सखी।" श्यामा-श्याम के मन की फूल से ही लताद्रुम प्रफुल्लित हैं।

कोकिल और कीर कुञ्जबिहारी की प्रीति का मंगल गा रहे हैं, पंछी सुर दे रहे हैं, बादल मन्द-मन्द गर्जना करके मृदंग बजा रहे हैं। मोर काछ बाँधकर नृत्य कर रहा है। हरी-हरी धरती पर लाल-लाल वीरबहूटी रेंग रही हैं। छहों ऋतुएँ रस-विवश होकर कुञ्जद्वार पर खड़ी हैं। बिजली चमकी और विलास-भाव से बादल के अंक में समा गई। कञ्चनलता श्यामतमाल से लिपट गई और भौंरा आम्रमञ्जरी की गन्ध से मतवाला हो गया।

वृन्दावन रसदेश है। भक्तिलोक में अनेक भावदेश हैं। यह दास-भाव है। दास-भाव में भी एक अयोध्या-भाव है, एक मिथिला-भाव है। मथुरा का भाव उद्धव-भाव है तथा कुरुक्षेत्र का भाव अर्जुन-भाव है। ब्रज-भाव में एक गोवर्द्धन-भाव है और एक गोकुल-भाव है। गोकुल के चार भाव हैं — नन्द-भाव, यशोदा-भाव, ग्वालसखा-भाव और गोपी-भाव। दाम्पत्य के चार भाव हैं — रुक्मिणी, कालिन्दी, कुब्जा और वृन्दा। वृन्दावन में रास-भाव है, राधा-भाव है और स्वामीजी का निकुञ्जभाव है — सखी-भाव।

वृन्दावन में सखी का ही प्रवेश है। "सखीभाव तब जानियै पुरुषभाव मिट जाय।" वृन्दावन में पुरुष-भाव का प्रवेश नहीं है। रसनिकुञ्ज की बात तो बहुत भीतर की बात है, "रासभूमि" में भी पुरुष-भाव विवर्जित है। इसमें तर्क-वितर्क की गुंजाइश नहीं कि शिव परात्पर हैं। शिव की समाधि योगियों का चरम-सुख है। शिव की समाधि लगी परन्तु काम ने कौतुक किया तो विचलित भी हुई। काम भस्म हुआ और समाधि फिर लग गई। केलिमाल और सिद्धान्त के पद, दोनों में समाधि शब्द का प्रयोग है। रास का सुख समाधि-सुख के आगे की बात है। रास में मुरली की टेर से शिव की समाधि विचलित हो गई, इतना ही नहीं रास का साक्षात्कार पाने के लिए शिव ने स्त्री-वेश धारण कर लिया। कितना बड़ा साहस! प्रश्न जरूर आया होगा कि इस वेश में यदि भवानी ने देखा तो क्या होगा? वृन्दावन पाने के लिए शिव ने उस उपहास की भी उपेक्षा कर दी।

वृन्दावन स्वामिनी जी का निजवन है। यहाँ लाड़ली-लाल वृन्दावन के रसवश हैं, अपने वश में नहीं हैं। अहर्निश रस-उन्मत्त अवस्था में रहते हैं — "अति उनमत्त रहत निस-बासर।" कहीं परस्पर नृत्य कर रहे हैं,

कहीं वर्षा में भीग रहे हैं, कहीं दोनों आँचल की ओट में हो गए हैं। कहीं वे दोनों मल्हार गा रहे हैं तो कहीं एक-दूसरे का प्रतिबिम्ब देख रहे हैं।

भक्तों ने वृन्दावन के नवावरण-स्वरूप की अवधारणा को इस प्रकार बखाना है कि — पहला आवरण निराकार ब्रह्मानन्द। दूसरा आवरण ऐश्वर्यप्रधान वैकुण्ठ, तीसरा आवरण साकेत, चौथा आवरण श्रीकृष्ण की मथुरा-द्वारका-लीला, पांचवाँ आवरण ज्ञान-योग वैराग्य-दुर्लभ : ब्रज-भाव, नन्द-यशोदा का वात्सल्य सिन्धु, छठा आवरण सुबल, श्रीदामा, मनसुखा आदि का सख्य-भाव। सातवें आवरण पर वृन्दावन की रासभूमि, आठवाँ आवरण वृन्दावन का अष्टयूथेश्वरी युगल भाव तथा नवां आवरण निकुञ्जमहल —

बैकुंठ महाबैकुंठ लों गोलोक परे है धाम।
ए सेवत वृन्दावनहिं जहाँ बिहरें स्यामा-स्याम।

(स्वामीहरिदास-आविर्भाव-महोत्सव, वृन्दावन में)

४.

रसभूमि : वृन्दावन

वृन्दावन विश्व की अन्यतम रसभूमि। मैं न जाने किस अज्ञात की प्रेरणा से यहाँ आ पहुँचा हूँ। सामने यमुना प्रवाहित हो रही है, मन्द-मन्द कल-कल ध्वनि। यमुना के उस पार कुछ वृक्षों की ओट में दूर एक मटमैला गाँव दीख रहा है, जहाँ कुछ धुआँ-सा घिरा है। सायंकाल है, यमुना तट पर इस समय निस्तब्ध वातावरण है। आकाश की साँवली छाया धरती पर उतरने को उतावली बन रही है। किनारे की रेत में चाँदी के कण बिखरे हुए हैं।

कल जब मैं एक वृदावनवासी से यमुना की रेत के इस रजत-वैभव के सम्बन्ध में पूछ रहा था, तो उसने कहा था कि – "बाबू, यै वृंदावन कौ वैभव है, कंपनी के राज्य में एक दिन हाकिम ने रेतिया में सों चाँदी निकलवायी, बाद में जब हिसाब भयौ तो वाय खबर परी कि पौने दो रुपैया खर्च करके रुपैया-भर चाँदी मिली, सो कंपनी-राज नें वौ योजना बंद कर दीनी।"

सच है वृन्दावन की रमणीयता को भला कौन-सी सरकार छीन सकती है, यमुनाजल का प्रशान्त जल-प्रवाह आन्दोलित होता है। एक साधु यमुना में स्नान कर रहा है। तभी देखता हूँ कि एक ग्राम-वधू सिर पर पोटली-सी रखे हुए प्रवाह में एक सीध बनाए हुए यमुना पार कर रही है। ज्ञात होता है कि इन दिनों यमुना में पानी का स्तर बहुत कम हो जाता है।

साधु स्नान करके यमुना से बाहर निकलता है। केश और दाढ़ी बढ़ी हुई है। कटि में एक कोपीन मात्र है। साधु अँगोछा से शरीर पोंछता है और लंगोट बदलता है। कमण्डल में जल भरता है और आकाश में उतरती साँवली छाया के बीच दूर चलते-चलते खो जाता है।

अब इस समय यहाँ दूर-दूर तक कोई हलचल नहीं दीख पड़ती। यहाँ से ऊँचे-ऊँचे मन्दिरों के शिखर और ध्वज दीख पड़ते हैं। मन्दिरों के शिखरों की विभिन्न शैलियाँ स्पष्ट हैं। इनमें से कई शैलियाँ बड़ी प्राचीन तथा ऐतिहासिक-महत्त्व की हैं। दूर कहीं घण्टे-घड़ियाल बज उठते हैं, शायद कहीं किसी मन्दिर में आरती हो रही है। मेरा मन इस घण्टा-नाद को सुनकर पुलकित हो जाता है, न जाने कैसा सुखद अनुभव होता है।

मैं सोचने लग जाता हूँ। नहीं, मेरा देश सनातन है। वह शाश्वत का उपासक है, वह कभी नष्ट नहीं

होगा। एक न एक दिन उसका सन्देश पूरे विश्व में गूँजेगा, अवश्य गूँजेगा। घण्टा-नाद की गूँज मेरे अन्तर्मन को भारत की उन प्राचीन तस्वीरों की ओर ले जाती है, जो बचपन में ही मेरे हृदय पर अंकित हो गई थीं। भारत ने सत्य को देखा था। उसने उस सूक्ष्म से सूक्ष्म परम रहस्य का बोध पा लिया था, जो "अणोरणीयान् महतो महीयान्" है। फिर भी ऐसा क्यों हुआ कि आज हमें उल्टा लौटना पड़ रहा है।

मेरे विचारों की श्रृंखला फिर टूटती है। वृन्दावन के मन्दिरों में एक के बाद एक नया घण्टा-नाद गूँज रहा है। नए-नए स्वर, नई-नई मधुरता। नया विश्वास पैदा होता है। मैं बिना रुके यमुना के तट पर सीधा चलता चला जा रहा हूँ। नहीं, एक दिन राख में दबी वह चिन्गारी अवश्य जगेगी। एक ज्योति विश्व को भटकने से रोकेगी, राह दिखाएगी।

यमुना किनारे घूमते-घूमते अब मैं रमणरेती में आ पहुँचा हूँ। यहाँ से जो रोशनी जगमगाती दीख रही है, वह राधाकृष्ण-मन्दिर की है। एक विद्वान् और तपस्वी आचार्य ने यह मन्दिर स्थापित कराया था। उस आचार्य ने विदेशों में जाकर अपने देश का सन्देश दिया और वह जहाँ-जहाँ गया वहाँ-वहाँ हरिनाम का संकीर्तन गूँजने लगा। बाबा ने भट्टी में पिघलते हुए मन को शान्त और तृप्त किया था। जहाँ भौतिक वैभव के कारण लोग अपने को ही भूल गए थे, वहाँ बाबा ने बताया कि धन से भी बड़ा एक सच है, बहुत बड़ा।

पिछले दिनों संसार का सबसे बड़ा धन-कुबेर मर गया था और संसार के किसी आदमी की आँख में आँसू नहीं आया। कैसा था उसका जीवन? अविश्वास, आस्थाहीनता, औरत और हवाई जहाज। हँसी आती है, उन लोगों पर जो धन को ही जीवन का चरम लक्ष्य मानते हैं। यदि धन को जिन्दगी का आराध्य मानना सच होता, तो इस अमीर की तस्वीर घर-घर में पूजी जाती।

मेरे विचारों का क्रम फिर टूटा। एक मोहक स्वर वातावरण में मिठास घोल रहा है —

कोऽऽ सरि करैऽऽ हमारी राधाऽऽ।

मैं स्वर की इस मिठास की ओर बढ़ता हूँ। जहाँ से स्वर आ रहा है, वह कोई पुरानी टूटी कोठरी रही होगी! जिसे मिट्टी से लीप-पोतकर साधा गया है। मिट्टी-गोबर की छोटी-सी दीवार से घेरा बनाया गया है और लकड़ियों को रस्सी से कसकर एक छोटा-सा दरवाजा बना दिया गया है। आदमी तो इसे लाँघकर भी निकल सकता है परन्तु आदमी न आ सके, यह सोचकर यह दरवाजा बनाया भी नहीं गया है। केवल कुत्तों-पशुओं की थोड़ी-सी रोक रहे, यही भावना इसके मूल में रही है। दीवार के सहारे-सहारे पतली-सी क्यारी है, जिसमें गेंदे के फूल खिल रहे हैं। कोठरी में एक दीप जल रहा है और स्वर निर्बाध गूँज रहा है।

मैंने बाल्यावस्था में शास्त्रीय संगीत की जो थोड़ी-सी शिक्षा प्राप्त की है उसके आधार पर कह सकता हूँ कि स्वर बड़े सच्चे हैं और मोहक भी हैं। मैं कोठरी में पहुँचता हूँ परन्तु गायन करने वाले को मेरे अनपेक्षित आगमन की सुध-बुध नहीं है —

यद्यपि नाम महात्तम सेवत और वयस या रस में बाधा।

गायक के सिर पर बहुत छोटे-छोटे बाल हैं, जिनसे उनकी खोपड़ी काली है। कन्धे पर एक वस्त्र है, जिसमें काली-काली बूंदली हैं। कोठरी में मिट्टी का करवा रखा है और सम्पत्ति के नाम पर एक-दो एल्यूमिनियम के बर्तन हैं। खूँटे पर एक छाता टँग रहा है, रस्सी पर कुछ कपड़े पड़े हुए हैं। चूल्हे के पास ही कुछ लकड़ियाँ हैं। आला है, उसमें बिहारीजी की तस्वीर है। रात काफी भीग गई है और संगीत की यह मधुरता यमुना की तरंगों से तरंगित होकर गूँज रही है।

(रसनिकुञ्ज)

५.

अब कें बसंत न्यारे ई खेलैं

बिंदावन की गैल, दोऊ बगल तुरसी के छोटे-छोटे बिरवान की मनोरम परम्परा! सखियन कौ एक टोल आगें बढ़्यौ जाय रह्यौ है।

पहली सखी — सखी, नेंक बेग चल।[1]

दूसरी सखी — अरी, आज इतनी उतावली कैसें?

पहली सखी — अरी प्यारी, आज श्रीवन में, श्यामा-श्याम वसंतोत्सव करि रहे हैं, दोऊ अनुराग में ऐसे रँगे ऐं कि प्रेम की बरसा है रई ऐ।

तीसरी सखी — अरी सहेलियौ, कल्ल तौ कैसौ रँग बरसौ ऐ! नवदूलह और दुलहिन डोल झूल रहे हे। अबीर उड़ रयौ हो और अरगजा छिरकौ जाय रयौ हो। काऊ सखी के हाथ में अधौटी, काऊ के हाथन में वीणा, काऊ के ताल-रवाब और काऊ के हाथ में मृदंग। हो हो होरी, हो हो होरी कहि कें सिगरी सखी फूल रही हीं, ऐसी रस-तन्मयता कि कबहूँ मन की तृप्ति है ई नाँय सकै है।[2]

ललिता — अरी जुगल की रहः केलिकौ रस तौ है ई अद्भुत।

एक समें एकान्त बन में डोल झूलत कुंजबिहारी।
झोंटा देत परस्पर हिलमिल अबीर उड़ावत डारी॥
कबहुंक वे इनके, ए विनके हौं दोउन के इक सारी।
श्रीहरिदास के स्वामी स्यामा कुंजबिहारी बाढ़्यौ रंग भारी॥

पहली सखी — फिर सखी, आज तो स्यामा-स्याम सखिन की दीठि बचाय कें अलग ही रसमग्न हैं।

दूसरी सखी — अरी, चलौ तौ.....।

कदम की डार पै वसन्त की कारी दूती बोली — "कुहू!"

ये मधुर सुर आम सों लैकें दूर — वा पलास तक गूंजौ और जमना की किलोल करती लहरन कों सिहराय कें चुप्पचाप कान में मिसरी-सी घोरि गयौ।

याई आसरे सों तौ अपत कँटीली डार में लिपटौ हो भौंरा। यानें सुनी, तौ ऐसौ फूलौ कि एक-एक फूल के द्वारे पै सकारे सों ई बधाई गाय आयौ।

फूलन नें मधुर सँदेसौ सुनौ और वासन्ती-पवन के लियें अपनों सार-सर्वस्व-मादक गन्ध उपहार में दै दीनों।

पीपर की ऊँची शिखा पै बैठौ मोरा टेर उठौ — आओ, आओ।

पखेरुन के प्रान प्यार सों आन्दोलित है उठे।

तोता ने देखी, माधवी लता नें पलास कों अपने आलिंगन सों पुलकित करि दियौ है।

सरमुख, पीलू के पेड़न की पाँत कैसी सुहाय रई है!! याते घिरौ ये सरोवर। सरोवर कहा! धरती कौ हिरदौ जामें सुन्दर भाव जैसे कमल! जाय देखबे कों मानों सृष्टि की सम्पूर्ण सुन्दरता घिरि आई।

---

१. कुंजबिहारी कौ बसन्त सखि चलहु न देखन जाहिं।

२. डोल झूलत दुलहिनी-दूलह। उड़त अबीर कुमकुमा छिरकत खेल परस्पर सूलहु।

झुके वृच्छ और लतान नें ये कैसी कमनीय कुञ्ज रचाई है!

देखियो, याके द्वार पै वो कौन ठाड़ौ है?

किसोरावस्था, सामरौ रंग और कांतिमय अंग? पीरी धोती, पीरौई पटका, हृदय पै वनमाला, हाथन में मुरली और सिर पै कारे-घुंघरारे बारन में उरझौ मोरपंख!!

बसन्त कौ सम्पूर्ण उन्मेष जाकी आँखिन में और प्यार कौ उद्दाम वेग याके प्राणन में सिहर रयौ है।

किशोर नें अपनी मुरली अधरन पै धरी, मीठी तान के संग सम्मोहन उठौ और देखतई देखत सिगरौ वन झूमि गयौ।

अरे, कुञ्ज के वा द्वारे पै गोरी ठाड़ी है।

कारे-कारे खुले केस, चन्दा-सौ मुख, गालन पै गुलाब, माथे पै बीजुरी की चमक और बड़ी-बड़ी आँखिन में प्यार की मदिरा।

सामरे कों निहारि रई है, जैसें किसोर के रूप कों तृषित नेत्रन सों पान करि रही होय।

गोरी ने किसोर कों देख्यौ और किसोर ने गोरी कों। दोनोंन के नेत्र एक-दूसरे सों उरझि गये। दोनों एक-दूसरे के लियें चिर नवीन। देखते-देखते मन नाँय भरै — "ज्यों-ज्यों देखौं तेरौ मुख, त्यों-त्यों नयौ-नयौ लागत।"

युग-युगान्तर और कल्प-कल्पान्तर की अतृप्त प्यास —

ये सामरौ और वो गोरी! ये रूप कौ रसिक और वो संगीत-रस-रसिक। दोनों बसन्त के सुख में विभोर!!

दोउन नें दोउन के नेत्रन की भाषा पढ़ी और समझी।

गोरी नें हृदय कौ सम्पूर्ण माधुर्य दो आखरन में उँड़ेल दियौ — "प्यारे"

किसोर ने वा सुन्दरताई के संभार कों सहारौ दियौ — "प्यारी"

गोरी मुस्कराई — रसीले!

किशोर — हाँ, रसमयी!

गोरी — चलौ, बसन्त खेलें।

किशोर के रोम-रोम में सिहरन भयी और मुरली में एक स्वर-लहरी मचल उठी।

गोरी नें तान कौ अर्थ विचारौ —

चलरी भीर ते न्यारे ई खेलें कुंज-निकुंज मंजु में झेलें॥
पंछि न संग सखी न संग कोऊ तिहि वन चल मिलि केलें॥
श्रीहरिदास के स्वामी स्यामा कुंजबिहारी प्रेम परस्पर बूका बन्दन मेलैं॥

किसोर ने आँखिन में कही — प्यारीजू, अपनी सखी सहेलिन के संग चित्त बँटैगौ। मेरी सों! प्यारी! आज काऊ सों मत बोलौ — बस, तुम और मैं, मैं और तुम।[३]

गोरी ने अनुमोदन कियौ — हाँ प्यारे, भला चित्त में अनन्यता न होय तौ वो संगीत कैसौ, वो सुख कैसौ? तौ चलौ।

प्यारी, निज-कुञ्ज में चलौ, जहाँ न कोऊ सखी-सहेली, न पंछी-पखेरू। ऐसौ एकान्त जहाँ काहू की

३. दुचिते भये कछू न सचु पाइयत, तू काहू सखी सों न मिलि मेरी सौं।

सुध-बुध न रहै।[४]

बागेसुरी रागिनी की अलापचारी में कैसौ सुख उपजै!

नवल वृन्दावन, नवल श्रीयमुना, नवीन कुञ्ज, नये-नये वृच्छन में नवल-नवल पुष्प और पल्लव। जब देखौ तब ढप-तार बजाती-गाती होरी के नवल रस-रंग में डूबी नवल वयस और नवल जोरी।[५] छिन-छिन हिये में रस की नवल लालसा, नवल रस-चर्चा, नवल लीला-विलास और नवल रूठन।

ललिता — सखी, अचक-अचक आऔ!!

कुञ्ज की लता में तनिक-सी सेंध करके सखी निहारन लगीं।

श्यामा-श्याम होरी खेल रहे ऐं। प्यारी के नेत्रन में गुलाल पहौंच गयौ तौ वे रिसिआय गयीं — लाल, तुम मेरी आँखिन में गुलाल कौ बुक्का मार रहे हौ। प्यारे, तुम्हारौ मुख निरखिबे में यासों जो व्यवधान पर जाय है, वासों मोकों खिन्नता होय है। ऐसौ क्यों करि रहे हौ? श्यामसुन्दर! का तुमारी और कोऊ मनोकामना है? तुम्हारे या प्रेम-निर्वाह के प्रण पै बलिहारी जाऊँ।[६]

हे प्यारी, मोइ एक-एक पल छिन आपके प्रेम की लालसा है। मोकों आसंका रहै कि आप कहूँ अप्रसन्न न है जाऔ। मैं चाहौं कि मो पै कोऊ त्रुटि है जाय तौऊ वा प्रेम में अन्तर न आवै। अब तौ अत्यन्त आनन्द के दिन हैं, आप वचन देउ कि कबहुँ मान न करूँगी।

. . . और दोनोंन ने दोनोंन कों भुजान में समेंट लियौ — "तमाल स्याम सों लता लिपटि कंचन की थोरी।" तन-मन प्राण-एक रस है गये। प्यारी नें प्यारे के हाथ अपने हाथ में भर लिये और दोनों एकाकार हैं कें नृत्य करत भये देखत ई देखत दूर कुञ्जन में ओझल है गये।

(रसनिकुञ्ज)

६.

केलिमाल : केलि, उपासना और कला

जैसे किसी भी देश के लोग राजनैतिक-प्रणाली के रूप में एक संविधान का विकास करते हैं, उसी प्रकार प्रत्येक समाज, प्रत्येक जनपद अपने सामूहिक-जीवन की अविच्छिन्न-परम्पराओं के प्रवाह में सांस्कृतिक-प्रणाली का विकास करता है। एक विश्वास-प्रणाली और विश्व-बोध की रचना करता है।

सृष्टि का कारण क्या है? सृष्टि का प्रयोजन क्या है? सृष्टि का नियमन कौन कर रहा है? जीवन औरविराट का क्या सम्बन्ध है? जीवन का प्रयोजन क्या है? ये चिरन्तन प्रश्न हैं और विश्व की प्रत्येक संस्कृति ने इसका समाधान खोजा है। प्रश्न भी चिरन्तन हैं और खोज भी चिरन्तन हैं।

मानव-विज्ञान और लोक-विज्ञान के अध्येताओं ने संसार के छोटे-से-छोटे और बड़े-से-बड़े सांस्कृतिक

---

४. पंछि न संग सखी न संग कोऊ तिहि वन चलि मिलि केलें।

५. दिन ढप तार बजावत गावत भरत परस्पर छिन-छिन होरी।

६. रहौ रहौ बिहारीजू मेरी आँखिन में बूका मेलत हौ। कित अन्तर होत मुख अवलोकन कों॥ और भाँवती तिहारी मिल्यौ चाहत मिसकैं पैयाँ लागों पन पन कों।

समूहों, जनपदों, वनवासियों तथा आदिवासियों की जीवन-प्रणाली का अध्ययन किया है और देखा है कि भिन्न-भिन्न परिवेश में भिन्न-भिन्न जीवन-परम्पराओं ने भिन्न-भिन्न मिथकों की रचना की है, उनसे प्रकाश पाया है। मिथक की सत्ता भावसत्ता है। भाव परिवार का आधार है, समाज का आधार है, मनुष्यता का आधार है। भाव जीवन की गति है, भाव जीवन का प्रेरक है, भाव जीवन का प्रयोजन है। भाव जगता है, तो जीवन की दृष्टि बदल जाती है।

भागवत-संस्कृति की धारा — यह सत्य है कि "भागवत" एक शास्त्र-ग्रन्थ है, परन्तु इससे भी बड़ा सत्य यह है कि भागवत भारत के लोकजीवन का, उसकी संस्कृति का एक वेगवान् प्रवाह है। ऐसा प्रवाह, जिसने पूरे देश के जनमानस को आप्लावित किया है। भागवत में जिन कथाओं का संकलन है, वे भारत के लोकजीवन की वाचिक-परम्परा में उस समय भी थीं और आज भी उनका प्रवाह अविच्छिन्न है। लोक और शास्त्र का निरन्तर संवाद चलता रहा है और चलता रहेगा। इस संवाद ने एक बड़े महत्त्वपूर्ण मिथक की प्रतिष्ठा की है, वह है "लीला"।

लीला — लीला एक विश्वबोध है। विश्व में जो भी कुछ घटित हो रहा है, वह सब लीला है। आकाश में सूर्य, चन्द्र, नक्षत्र क्रीड़ा कर रहे हैं, धरती पर समुद्र तरंगित हो रहा है, नदियाँ बह रही हैं, हवा चल रही है, मेघ वर्षा कर रहे हैं, फूल सुगन्धि बिखेर रहे हैं, वृक्ष मीठे फल दे रहे हैं और पक्षी संगीत सुना रहे हैं। देश-काल के अन्तर्गत व्यक्ति और समाज का जीवन-मरण, युद्ध और शान्ति, जय-पराजय, सुख-दुःख सब कुछ उस लीला का ही अंग है। अणु से लेकर ब्रह्माण्ड तक लीला का ही विस्तार है। भागवत कहती है — "आत्मानं क्रीडयन् क्रीडन् करोति विकरोति च।" वह आनन्द-रूप अपने आपको ही खिलौना बनाकर खेलता है। सृष्टि भी उसी आनन्द की एक लहर है और प्रलय भी उसी आनन्द की एक लहर है।

यह लीला-भाव जब मन में प्रतिष्ठित हो जाता है, तब जीवन में सर्वत्र आनन्द की तरंग ही दिखाई देती है। सारे कार्य करता है, पर मन में कर्तृत्व का अभिमान नहीं होता। लीला-भाव की मनोभूमि साक्षी-भाव की भूमि है, वहाँ कर्त्ता-भाव नहीं है, आसक्ति नहीं है, अहन्ता-ममता नहीं है। इसलिए वहाँ चिन्ता नहीं, ईर्ष्या नहीं, क्रोध नहीं, उद्वेग नहीं, भय नहीं, तामस नहीं, राजस नहीं। वहाँ एकछत्र आनन्द का ही राज्य है।

लीला-भाव की मनोभूमि में जीवन एक उत्सव है। उत्सव शब्द का अर्थ है — हृदय आनन्द से भर जाए और छलकने लगे। आनन्द-भाव का मिथक बना और इस मिथक ने आनन्द-भाव का प्रकाश किया। भाव का सम्बन्ध चेतना के मूल स्रोत से है। भाव हमें भावित करता है, तन-मन में लहर भर देता है। वह "होने" का अनुभव है, आत्मसत्ता की प्रतीति है। आत्मसत्ता अर्थात् चेतना की वह गहराई, जहाँ व्यष्टि-चेतना के तार विश्व-चेतना से जुड़ जाते हैं। आत्मसत्ता आनन्द-भाव की सत्ता है।

आनन्द की बात किसी एक सम्प्रदाय की बात नहीं है। भारत के लोकजीवन में संगीत और नृत्य की उपस्थिति आनन्द-भाव की सत्ता है। आनन्द की बात उपनिषद् भी कहते हैं — "आनंदं ब्रह्म। आनंदाद्ध्येव इमानि भूतानि जायन्ते।"

यह आकाश आनन्द का छलकता हुआ प्याला है, यह छलकन न होती, तो क्यों कोई प्राणी पैदा होता? नित्यानन्द, पूर्णानन्द, अखण्डानन्द, सच्चिदानन्द जैसे सहस्रों नाम हैं, जो आनन्द के रूप में उपास्य का बखान करते हैं। शाक्तों में श्रीचक्र का नवाँ आवरण सर्वानन्दमय-चक्र है। शैवों में तो दीक्षा का तात्पर्य ही आनन्दराज्य में प्रवेश है, वहाँ दीक्षा के साथ नया भाव-शरीर मिलता है, उसे आनन्दनाथ नाम दिया जाता है। जीवन के परम-पुरुषार्थ के रूप में जितनी भी अवधारणाएं मिलती हैं — शिवता, भवता, निर्वाण, कैवल्य, मुक्ति, सहज, महासुख और भक्ति — ये सभी प्रकारान्तर से आनन्द-भाव की अवधारणाएं हैं। इन सभी में एक तारतम्य और

निरन्तरता भी है। शास्त्र के साथ ही लोक को देखें, तो जीवन की सरलता और स्वाभाविकता में आनन्द-चेतना और भी अधिक स्वच्छन्द तथा प्रबल है।

रसदेश — आनन्द की यह भावधारा वृन्दावन में आकर रस के रूप में पर्यवसित होती है तथा लीला की अवधारणा "विहार" का रूप ग्रहण कर लेती है। हमें ध्यान में रखना होगा कि भक्ति-आन्दोलन की कहानी भारत के शत-सहस्रजन के जीवन-प्रवाह और उसके मिलन-बिछुड़न, आदान-प्रदान, द्वन्द्व-समायोजन एवं सांस्कृतिक अन्तर्धाराओं की अन्तर्भुक्ति की कहानी है। केलिमाल का रसदेश इसी अन्तर्मनन के बीच प्रकट हुआ।

रसदेश, जहाँ रस का अनन्त-सिन्धु तरंगित हो रहा है। तरंगों से जो एक छींट छलकी, उसके प्रकाश की किरण जहाँ-जहाँ पहुँची, वहाँ-वहाँ सौन्दर्य-माधुर्य का स्रोत बन गया। प्राकृतिक-रमणीयता हो या उमा-रमा-शची-उर्वशी-रम्भा और तिलोत्तमा का सौन्दर्य हो। जगत् का यावत्-सौन्दर्य उस बिन्दु की ही प्रतिच्छवि है — "छलकत छींट जहाँ परी, तहाँ प्रेम उद्गार"।

सौन्दर्य आनन्द का ही शरीर है। प्रेम की प्रकट-अवस्था का नाम सौन्दर्य है और सौन्दर्य की अव्यक्त-अवस्था का नाम प्रेम है। सूक्ष्म से सूक्ष्म और तरल-अवस्था में यह प्रेम ही रस के रूप में परिणत होता है।

रस की सत्ता — रसदेश में एकमात्र रस की ही सत्ता है और रस से भिन्न उसका कोई दूसरा कारण-प्रयोजन नहीं है। कारण भी रस है और प्रयोजन भी रस है। लालजू भी रस हैं और श्यामाजू भी रस हैं। वही रस लाड़लीजू के मान में है और वही रस लालजू की मनुहार में है। रस अपने ही आस्वादन के लिए दो रूप धारण करता है। स्वयं रस ही रस का आस्वादन कर रहा है। वही रस सखी है और वही रस वृन्दावन है। यहाँ के लता-वृक्ष उसी रस में विभोर हैं — "लता लिपटि कंचन की थोरी"। उसी रस में यह कनक-लता श्याम-तमाल से लिपट गई है। उसी रस में विह्वल होकर मेघ तथा दामिनी क्रीड़ा कर रहे हैं। उसी रस में तन्मय होकर मोर नाच रहा है और उसी में डूबकर कोयल कूक रही है। वृन्दावन के रसिक-भक्तों ने ब्रह्म नाम के आनन्द को रस का एक आवरण-मात्र माना है — "जोति फुहारौ विपिन कौ ब्रह्म सु ता परकास।"

काल का प्रवेश नहीं — रसदेश नित्य-विहार का देश है, क्योंकि रसदेश में काल का प्रवेश नहीं है। काल का प्रभाव नए को पुराना कर देता है। कोई भी चीज काल के चक्र में हमेशा नई नहीं रह सकती, परन्तु रसिकों का वृन्दावन नवनवायमान है — "नवलवसंत नवल वृंदावन नव परिमल अलि लुब्ध तरुनि तन" अथवा "नवल वृन्दावन नवल बसंत। नव द्रुमवेलि केलि नव कुंजन नवल कामिनी कंत"।

भागवत आदि में जिन लीलाओं का वर्णन है, वे सतयुग, त्रेता और द्वापर की परिधि में हैं, परन्तु रसदेश का विहार काल की परिधि से परे है, नित्य है। सतयुग, त्रेता, द्वापर, कलियुग — न जाने कितनी बार बूढ़े होकर चले गए, परन्तु श्यामा-श्याम नित्यकिशोर हैं — "समवैस वैसें"। दोनों समवयस् हैं। युगयुगान्तर टल गए, कल्प-कल्पान्तर बीत गए, दोनों एक-दूसरे को भुजाओं में भरकर निरन्तर निहार रहे हैं, किन्तु प्रत्येक पल की एक ही अनुभूति है — "ज्यों-ज्यों देखों तेरौ मुख त्यों-त्यों नयौ-नयौ लागत, ऐसौ भ्रम होत मैं कबहू देख्यौ न री।" मैंने इससे पहले आपको कभी देखा ही नहीं। यह कौन बात, जो अबही और अबही और अबही और। क्षणे-क्षणे यन्नवतामुपैति तदेव रूपं रमणीयतायाः।

नित्य-विहार शाश्वत है, सनातन है, परन्तु प्रथम समागम है और प्रथम समागम का भी पहला क्षण है। भगवतरसिक की वाणी है — "अरबरात मिलबे कों निसदिन मिलेई रहत मानों कबहु मिले ना।" पी रहे हैं, परन्तु प्यासे हैं — पीबत प्यासी। नित्यमिलन है, किन्तु मिलने की तड़प है, मिलने की व्याकुलता है। कभी तृप्त

न होने वाली प्यास। बस, यही रस की एकमात्र स्थिति है। प्यास बनी रहती है और विहार भी चलता रहता है। प्यास नित्य है, इसलिए विहार भी नित्य है।

सातिशय-सौन्दर्य — सातिशय-सौन्दर्य का माने है — एक से बढ़कर एक सुन्दर। मन एक से दूसरे पर जाता है। रसदेश निरतिशय-सौन्दर्य का देश है। जिस सौन्दर्य की छाया से समस्त सुन्दरताएँ सुन्दर कहलाती हैं, उससे बढ़कर कोई सौन्दर्य है ही नहीं। सौन्दर्य की विराटता, अनन्तता, सम्पूर्णता और अनिर्वचनीयता। स्वयं सुन्दरता जहाँ अपनी गति को भूल जाए — ''सुन्दरता तहाँ गति भूली''।

उपासना की अवधारणा — केलिमाल की उपासना ''राग'' की उपासना है, संगीत की उपासना है, नृत्य की उपासना है। श्रीविद्या के उपासकों ने उपासना की एक परिभाषा बतलाइ है — ''ध्यान ध्यातृ ध्येय रूपा''। ध्यान ध्याता में समा जाए और ध्याता ध्येय में समा जाए। ध्यान और ध्यान करने वाला तथा तीसरा वह जिसका ध्यान किया जा रहा है। तीनों एकरूप, एकाकार तथा एकरस हो जाएँ। उपासना उपासक बन जाए और उपासक उपास्य बन जाए। रसदेश में संगीत ही उपासना है, संगीत ही उपासक है और संगीत ही उपास्य है।

रुचि के प्रकास परस्पर खेलन लागे — केलिमाल का दूसरा पद है — ''रुचि के प्रकास परस्पर खेलन लागे। राग-रागिनी अलौकिक उपजत निर्त संगीत अलग लाग लागे। राग ही में रंग रह्यौ रंग के समुद्र में दोऊ झागे। श्रीहरिदास के स्वामी स्यामा कुंजबिहारी रस ही में पागे।''

वैसे तो सहज-जोरी नित्य है, अजन्मा है, किन्तु एक दिन ललिता-सखी ने देखा कि सहज-जोरी प्रकट हुई है। कैसे प्रकट हुई? वैसे ही जैसे कि आकाश में बादल घिरे और बिजली चमकने लगे — ''माई री सहज जोरी प्रकट भई रंग की गौर स्याम घन-दामिनी जैसें।'' सखी ने देखा कि जैसे मेघ और दामिनी परस्पर क्रीडा करते हैं, वैसे ही सहज-जोरी परस्पर क्रीड़ा करने लगी। यह कैसी क्रीड़ा है? बता रहे हैं — ''राग-रागिनी अलौकिक उपजत''। उनकी क्रीड़ा से दिव्य राग-रागिनियों का आविर्भाव हो रहा है। ''राग-रागिनी के जूथ बाढ़े।'' राग-रागिनियों के यूथ बढ़ते चले जा रहे हैं।

स्वामीजी कहते हैं — ''राग ही में रंग रह्यौ''। राग में ही आनन्द का समुद्र है और जैसे दही को मथने से जो झाग बनता है, वह नवनीत होता है, वैसे ही आनन्द-समुद्र के मथने से जो झाग बने, जो नवनीत बना, वही है — श्यामा-श्याम। श्यामा-श्याम हाड़-माँस के पुतले नहीं हैं, वे तो आनन्द-विग्रह हैं, भाव-वपु हैं। रस-रूप हैं। संगीत एवं नृत्य ही उनका शरीर है — ''तू सुरज्ञान सब अंग सखी री।''

श्यामाजू वीणा बजा रही हैं — ''नवल-निकुंज गृह नवल आगें नवल बीना मध्य राग गौरी ठटी। मनों दस इंदु पियूष बरसत सुखद।'' वीणा पर श्यामाजू की दसों उंगलियाँ नाच रही हैं और इन दस नख-चन्द्रमाओं से अमृत की वर्षा हो रही है।

कुंजबिहारी नाचत नीकें नचावत लाड़ली नीके।
औघर ताल धरें श्री श्यामा ताताथेई-ताताथेई बोलत संग पी के॥

कुञ्जबिहारी नाच रहे हैं और श्यामाजू ताताथेई-ताताथेई बोलों से संगत कर रही हैं। जो सखियाँ हैं, वे भी संगीत में तन्मय हैं — ''काहू के हाथ अधौटी, काहू के बीन काहू के मृदंग, कोऊ गहें तार।''

अब यहाँ प्रश्न उठता है कि केलिमाल में केलि का स्वरूप क्या है? क्या केलि और संगीत पृथक्-पृथक् हैं? यदि केलि संगीत से भिन्न होती, तो उस केलि से दिव्य राग-रागिनियों का उद्भव कैसे होता? ''राग-रागिनी अलौकिक उपजत?'' तब क्या केलि और संगीत एक ही तत्त्व हैं? यहाँ राग शब्द पर ध्यान देने की आवश्यकता है। राग क्या है? स्वामीजी कहते हैं — ''राग ही में रंग रह्यौ रंग के समुद्र में ए दोउ झागे।''

राग — ''रागेन बध्यते जीवो रागेनैव प्रमुच्यते'' — स्वामीजी ने संगीत-शास्त्र पर कोई ग्रन्थ नहीं लिखा, परन्तु उन्होंने जो भी गाया, उसमें लय भी आ गई, ताल भी आ गई, नृत्य भी आ गया और राग भी आ गया। संगीत-शास्त्र के गम्भीर सूत्र केलिमाल में अनायास ही उभर आए। स्वर का मूल स्रोत क्या है? किस मनःस्थिति में स्वर फूटता है? राग-रागिनी का उद्भव किस भाव-दशा में होता है? स्वामीजी ने पक्षियों के राग का वर्णन किया है — ''चलि री, हरि बोलत कोकिला अलापत सुर देत मोर पंछी राग बन्यों।'' पक्षियों को देखो, मोर क्यों नाचता है? और नृत्य के समय मयूरी वहाँ क्यों होती है? वह मादक भाव कौन-सा है, जो कोयल की टेर में छलकता है और उसके स्वर में इतनी मिठास घोल देता है? क्या वह किसी को आकर्षित करती है? क्या उसका ''कुहू-राग'' आकर्षण का राग नहीं है?

सनातन-नर और सनातन-नारी का परस्पर सनातन-आकर्षण। दुर्निवार-आकर्षण। क्या इसी का नाम सहज-निसर्ग राग है? समस्त कलाओं की उद्भव-भूमि और सौन्दर्य-शास्त्र के समस्त विस्तार का केन्द्र-बिन्दु।

संगीतज्ञ लोग स्वरलहरी-विशेष को राग कहते हैं — ''रंजको जनचित्तानां स राग कथितो बुधैः।'' जो चित्त को अपने रंग में रंग दे, उसका नाम राग है। रूपगोस्वामी कहते हैं — ''इष्टे स्वारसिकी रागः''। कृष्णदास कविराज कहते हैं — ''इष्टे गाढ़तृष्णा राग।'' प्रेम चित्त को अभिभूत कर देता है, रंग लेता है। स्वरलहरी का नाम राग इसलिए है कि वह राग की भावस्थिति में जन्म लेती है। प्रेम का राग हो, तो स्वर का राग जन्म लेता है और स्वर का राग हो, तो प्रेम के राग की संगत करता है।

रागात्मक-चेतना — जिसे हम ''सोहनी'' और ''मल्हार'' कहते हैं, वह मनुष्य की रागात्मक-चेतना है, जो स्वर में छलकती है, तो रागिनी बन जाती है, अंग-प्रत्यंग में छलकती है, तो नृत्य बन जाती है। वही रागात्मक-चेतना जब रंग और रेखा में छलकती है, तो चित्रकला बन जाती है। जब छैनी के माध्यम से प्रस्तर में रूप ग्रहण करती है, तब वही रागात्मक-चेतना मूर्ति-कला है। राग प्रीति है। एक रूप में वह संगीत है और दूसरे रूप में वही केलि है — परस्पर राग। रुचि के प्रकाश परस्पर खेलन लागे।

नाद — मेरा अध्ययन सीमित है और मैं नहीं कह सकता कि संगीत की जितनी गहरी, जितनी सूक्ष्म और जितनी व्यापक अवधारणा केलिमाल में है, वह किसी दूसरे ग्रन्थ में है या नहीं। नाद-ब्रह्म की बात यत्र-तत्र पढ़ी भी है और सुनी भी है। योग-दर्शन की परम्परा में अनाहत-नाद की बात है, कबीर ने भी अनहद की घोर सुनी थी —

जबतें अनहद घोर सुनी।
इंद्रिय थकित गलित मन हूआ आसा सकल धुनी।

बुल्ला साहब ने अनहद-ताल की बात की है — ''अनहद ताल — द्दग थेई थेई बाजै, सकल भुवन जाकी जोति बिराजै।''

''नादबिन्दूपनिषद्'' और ''शारदातिलक'' में नाद को प्राण और अग्नि का संयोग, उन्मना और समना की सन्धि तथा शिवशक्ति का सामंजस्य कहा है। नाद ही वर्ण और पद में रूपायित होकर भाषा का रूप धारण करता है परन्तु, केलिमाल में स्वर की बात है, लय और ताल की बात है।

नृत्य — उपास्य और उपासना — दार्शनिकों ने नृत्य का बिम्ब ग्रहण करके सृष्टि की व्याख्या की है। शैवों ने चिति के जगत्-नृत्य को उसके आनन्द-भाव का प्रकाश कहा है। सृष्टि की समस्त गति लय और ताल में गुँथी हुई है। लास-नृत्य सृष्टि है और ताण्डव-नृत्य को संहार का नृत्य माना जाता है। केलिमाल का पद है —

"तांडव-लास और अंग को गनै री।" ताण्डव-लास के अंग-प्रत्यंगों की गणना कौन कर सकता है?

तांडव और लास का सूत्र शिव और पार्वती के पौराणिक-सूत्रों तथा देश के विभिन्न भागों में बिखरी हुई प्राचीन नृत्यरत प्रतिमाओं से जुड़ता है। उपासक और उपास्य दोनों ही नृत्यरत हैं। उपासना-नृत्य या नृत्य-उपासना की कोई प्राचीन परम्परा रास के रूप में प्रतिफलित हुई है। रास-उपासना नृत्य-उपासना है —

पादन्यासैर्भुजविधुतिभिः सस्मितैर्भ्रूविलासै-
र्भज्यन्मध्यैश्चलकुचपटैः कुंडलैःगण्डलोलैः। (भागवत १०.३३.८)

केलिमाल में रासनृत्य के पद हैं —

अद्भुत गति उपजत निरतत दोउ मंडल कुँवर-किसोरी।

यहाँ यह उल्लेख करना आवश्यक है कि रासलीला का केलिमाल के रसदेश से बड़ा गहरा तारतम्य है। इसमें संशय नहीं कि रास-उपासना केलि-उपासना है —

बाहुप्रसार परिरंभ कराल कोरु नीवीस्तनाल भन नर्म नखाग्रपातैः।
क्ष्वेल्यावलोकहसितैर्व्रजसुन्दीराणामुत्तंभयन् रतिपतिं रमयांचकार। (भा. १०.२९.४६)

रास-उपासना गीत-उपासना है — "निशम्य गीतं तदनंगवर्धनम्।" ये गीत केलिगीत हैं — "तदनंगवर्धनम्"। एक गोपी कहती हैं — हे कृष्ण! इन गीतों से तुमने जो प्रीति की प्यास सुलगाई है, अपने अधरामृत से अब तुम्हीं उसे सींचो —

सिंचांग नस्त्वदधरामृतपूरकेण हासावलोककलगीतजहृच्छयाग्निम्। (वही १०.२९.३५)

भागवतकार का केलि गीतों का यह उल्लेख बड़ा महत्त्वपूर्ण सूत्र है। ऐसा कोई जनपद नहीं, जहाँ उच्छल-केलि के गीत न गूँजे हों और उपासना से उनका सम्बन्ध न हो। "हासावलोक कलगीतजहृच्छयाग्निम्।" भागवत ने राधा के चरण-चिह्नों को रासलीला में ही पाया है, यह सब होते हुए भी एक तथ्य बिल्कुल स्पष्ट है कि केलिमाल के रसदेश में रासलीला नहीं है। रासलीला अवतार-लीला है, निमित्त लीला है और नित्य-विहार का निमित्त से सीधा सम्बन्ध नहीं है।

राधा-कृष्ण की युगल-उपासना का आधार भागवत को माना जाता है, परन्तु स्वामी हरिदास के केलिमाल में जिस युगल का विहार है, वह भागवत का नहीं है। इस युगल-विहार का स्रोत भिन्न है। केलिमाल के कृष्ण न तो वासुदेव और देवकी-नन्दन हैं और न ही वे नन्द-नन्दन और यशोदोत्संग-लालित हैं। केलिमाल की राधा भी वृषभानु की बेटी नहीं है। केलिमाल की जोड़ी नित्य है और अजन्मी है —

ऐसी तौ विचित्र जोरी बनी। ऐसी कहूँ देखी सुनी न भनी।

"गीतगोविन्द" में केलि गीत हैं, रास भी है लेकिन नित्य-विहार नहीं है। विद्यापति के पद भी केलि गीत हैं, लेकिन नित्य-विहार नहीं है। श्री रूपगोस्वामी के "उज्ज्वलनीलमणि" में आदि से अन्त तक केलि के बिम्ब हैं, उज्ज्वल-रस की प्रतिष्ठा है, पर नित्य-विहार वहाँ भी नहीं है। "सूरसागर" में नित्य-विहार जैसे बिम्ब मिलते हैं परन्तु नित्य-विहार नहीं है। इनमें द्वापर के कृष्ण की अवतार-लीला है, ब्रज-लीला है। केलिमाल में ब्रज नहीं है, गोपी नहीं है।

पिंजरे का पंछी — ब्रज-लीला में कृष्ण बहुनायक हैं। केलिमाल का बिहारी श्यामाजू के पिंजरे का पंछी

है —

दीठ चेंप बर फंदा मन पिंजरा लै राख्यौ पंछी बिहारी।
प्यारी-प्यारी रटत रहत छिन ही छिन याकें और न कछू हियारी।

प्रियतम प्यारीजू से कह रहे हैं —

जहाँ-जहाँ चरन परत प्यारीजू तेरे तहाँ-तहाँ मेरौ मन करत फिरत परछाँही।

अथवा

सब ठाकुर कौ ठाकुर बिहारी ता ठाकुर की ठाकुर ठकुराइन।

ऐश्वर्य का निषेध — ब्रज-लीला में ऐश्वर्याधिष्ठात्री-शक्ति और माधुर्याधिष्ठात्री-शक्ति साथ-साथ हैं, परन्तु रसदेश में ऐश्वर्य नहीं है। ईश्वर है और सर्वत्र है, वृन्दावन में भी है, परन्तु जैसे सूर्य के प्रकाश में तारागण अदृश्य हो जाते हैं, उसी प्रकार माधुर्य-भाव के रस-जस में ईश्वर की ईश्वरता यहाँ अस्त दिखाई देती है — "जो ठाकुर कहि बोलियै तौ सकुच तनिक है जाय।" रसदेश में ईश्वरवाचक सम्बोधन का भी समावेश नहीं है, वहाँ प्रेम का कोई हेतु नहीं है — "ततसुख मधि छिन-छिन सुखी, अपसुखगंध न लेस।" इसलिए रसिक-भक्त कहते हैं कि रसदेश लक्ष्मीपति विष्णु और ब्रजेश्वर कृष्ण को भी दुर्लभ है — "लक्ष्मीपति ब्रजपति को दुर्लभ याते कौन बड़ौ अधिकारी।" ऐश्वर्य में सहज प्रेम दुर्लभ होता है। ऐश्वर्य का प्रेम सहेतुक प्रेम है।

गुह्य-उपासना — रसदेश की उपासना गुह्य-उपासना है। गुह्य-उपासनाओं की परम्परा बहुत विस्तृत है, उपासना-तत्त्व को छिपाकर रखा जाता था। तब शिव रास को देखने आए, तब प्रहरी गोपिका ने उन्हें रोक दिया था — प्रभु, रास में पुरुष-भाव का प्रवेश नहीं है। रसदेश की उपासना का अधिकार सखीमन को ही है, जिसका देह-भाव विगलित हो जाए। देह तो है पर देहाभिमान नहीं है। किसी अनधिकारी के पास न पहुँचे, इसलिए वृन्दावन के रसिक-सन्तों ने केलिमाल को प्राणों की निधि की तरह छिपाकर रखा था — ज्यों गूदर में हीरा। रसदेश की उपासना सिंहनी का दूध है, जो सिंह-शावक ही पचा सकता है या उसे कुन्दन के बर्तन में रखा जा सकता है। भगवत-रसिक कहते हैं —

संप्रदाय नवधा भगति वेद सुरसरी नीर।
ललिता-सखी-उपासना ज्यों सिंहिन कौ छीर।

केलिमाल में श्यामा-श्याम की केलि के ११० बिम्ब हैं। रसिक-सन्त कामुक नहीं हैं, काम को जीत चुके हैं। ये काम के खिलौना नहीं हैं, इन्होंने राग को विराग की भूमि पर सिद्ध किया है। काम ही इनका खिलौना है। जैसे विदग्ध वैद्य रासायनिक-क्रिया से विष को अमृत बना देता है, उसी प्रकार उन सन्तों ने काम को रस के रूप में परिणत किया है। वे उन्मुक्त-भाव से गा रहे हैं —

निधिवन-राज की जै कहियै।
जामें नित्यविहार निरंतर काम-कहानी कहियै।

काम-कहानी : बदलता परिवेश — इस काम-कहानी या केलि के सम्बन्ध में डॉ. कपिला वात्स्यायन का कथन यथार्थ है कि "आज के मानसिक वातावरण में ऐसे गम्भीर विषय का प्रतिपादन कठिन है। आधुनिक सभ्यता ने आज जो दिशा ली है, उसमें शरीर और आत्मा का सम्बन्ध विच्छिन्न हो गया है। इस सभ्यता का आग्रह सेक्स पर है,

केलि पर नहीं।"

इसमें कोई सन्देह नहीं कि शब्द परिवेश में अपना अर्थ देता है और परिवेश बदल गया है। सुन्दरता आज ब्यूटीपार्लर की मोहताज है, सौन्दर्य आज एक उद्योग बन चुका है। जो सौन्दर्य-शास्त्र टी०वी० के चैनलों पर चल रहा है, वह विश्व-बा ार के द्वारा प्रयोजित है, वह चौबीसों घण्टे सन्देश दे रहा है कि "आनन्द एक सौदा है, जिसे बा ार में खरीदा और बेचा जा सकता है।" विश्व-बा ार बता रहा है कि "आनन्द स्थूल पदार्थ है और वह तौल से बिकता है — कमती पैसा, कमती आनन्द और ज्यादा पैसा ज्यादा आनन्द।" वह बता रहा है कि देह-सुख और इन्द्रिय-आनन्द, बस यही जीवन का पुरुषार्थ है। एक दिन चार्वाक ने भी कहा था कि "यावज्जीवेत् सुखं जीवेत् ऋणं कृत्वा घृतं पिबेत्।"

जीवन और सृष्टि के प्रयोजन को लेकर जब कभी विश्व-दृष्टियाँ विकसित हुई थीं, तब हुई थीं। आज तो बा ार का परम सत्य मुनाफ़ा है, केवल मुनाफ़ा। नदियाँ बह रही हैं, तो मुनाफ़े के लिए, फूल खिल रहे हैं, तो मुनाफ़े के लिए, पशु-पक्षी हैं तो मुनाफ़े के लिए, समुद्र और समुद्री जीव हैं, तो मुनाफ़े के लिए और सम्पूर्ण धरती है, तो मुनाफ़े के लिए। मनुष्य और मनुष्य का सम्बन्ध है, तो वह भी मुनाफ़े के लिए। जीवन में एक ही आनन्द है — मुनाफ़ानन्द।

सेक्स और केलि — सेक्स पशु-धर्म है, वासना का ज्वार — "आहारनिद्राभयमैथुनं च सामान्यमेतत् पशुभिर्नराणाम्।" केलि की बात आत्मराज्य की बात है, जहाँ एकमात्र आनन्द-भाव की सत्ता है। आत्मराज्य कहाँ है? देह से परे इन्द्रिय, इन्द्रिय से परे मन, मन से परे बुद्धि और बुद्धि से परे चेतना की वह गहराई, जहाँ शब्द नहीं पहुँचते। जहाँ केलि का बिम्ब इतना विराट् बन जाता है कि प्रियतम कहते हैं —

तुव जस कोटि ब्रह्माण्ड विराजै राधे।
बहुतक जनम विचारत ही गये साधे-साधे।

भाषाशास्त्री जानते हैं कि शब्द परिवेश में ही अपना अर्थ देता है। आज केलि शब्द का उच्चारण करते हैं और सेक्स पहले ही आकर खड़ा हो जाता है, पशु-धर्म घेर लेता है, फ्रॉयड की काम-कुण्ठा मचलने लगती है। वास्तव में यह हमारे ही मन की विकृति है। काम तो सृष्टि का मूल है, काम कमनीयता का स्रोत है, काम कलाओं की आत्मा है। गीता कहती है — "धर्माविरुद्धो भूतेषु कामोऽस्मि भरतर्षभ।" काम-उपासना या केलि-उपासना का इतिहास बहुत ही विस्तृत है।

केलि-उपासना परम्परा — केलि-उपासना के ऐतिहासिक सूत्र प्रागैतिहासिक काल की अन्धेरी गुफ़ाओं में टटोले जा चुके हैं। डॉ. रांगेयराघव ने "प्राचीन भारतीय-परम्परा और इतिहास" तथा "महायात्रा-गाथा" में अद्विशूर-देवि की उपासना का वर्णन किया है। यक्ष, किन्नर और गन्धर्व जातियाँ हैं और मातृसत्ता का समाज है। कलासूत्रों को देखें, तो भारत के मूर्तिकारों ने केलि-उपासना को पत्थरों पर लिख दिया है। कुषाणकाल की शिव-पार्वती की आलिंगन-प्रतिमा हो या प्रतिहार-काल की कल्याण-सुन्दर प्रतिमा। अजन्ता का किन्नर-युगल हो या पटना की मिथुन-प्रतिमा। महाबलीपुरम् की दीवार हो या कन्हेरी और कार्ले की ईसा-पूर्व पहली-दूसरी शताब्दी की प्रतिमा। खजुराहो की प्रतिमाओं की मीमांसा केलि-उपासना के सन्दर्भ में ही की जा सकती है।

आगम : केलि-उपासना — साहित्यिक-सूत्रों को देखें, तो श्यामा-श्याम के जिस अविना-सम्बन्ध को केलिमाल घनदामिनी के बिम्ब से व्यक्त कर रही है, उसी अविना-सम्बन्ध को कालिदास वागर्थ की उपमा दे रहे हैं — "वागर्थाविव संपृक्तौ।" उमा-महेश्वर उसी प्रकार सम्पृक्त हैं। आगम-परम्परा में एक ग्रन्थ का नाम है — "कामकलाविलास"। नटनानन्द ने टीका लिखी है — "कामकला हि कामेश्वराविनाभूता विमर्श-शक्तिः सैवांगना

सुंदरी तस्या विलासः।" इधर श्यामाजू रस-उन्माद की अवस्था में है, तो आगम-परम्परा में श्रीसुन्दरी हैं — "कामराज-विद्धांगीम्, कामकेलितरंगिता।" इधर श्यामाजू है — "जाके अधीन सदा ही साँवरौ", उधर शिवा स्वाधीनवल्लभा हैं। इधर नित्य-विहार है, तो उधर सौन्दर्यलहरी कहती है — "समरस-परानन्द परयोः" अथवा "निधायैके नित्ये निरवधि महाभोग-रसिकाः"। इधर केलिवन निधिवन है, उधर केलिवन प्रमदवन है। इधर विहार है, उधर चिद्विलास है। इधर रति-विपरीत उपासी है, तो उधर है — विपरीत रतातुरा।

सहज — एक दूसरा अध्ययन-सूत्र है — सहज। "सहज जोरी प्रकट भई।" सहज का सूत्र पकड़कर चण्डीदास के पास पहुँचा। वे सहजिया-वैष्णव हैं और मैंने चकित होकर देखा कि सहजिया-वैष्णवों में नित्य-विहार की अवधारणा है। हालाँकि वहाँ उसकी एक भिन्न छटा है। वे मानते हैं कि सात्त्विक रूप से प्रत्येक पुरुष में कृष्ण है और प्रत्येक नारी में राधा है। ये वही चण्डीदास हैं, जिन्होंने दृढ़ता के साथ कहा है — "सबार ऊपरे मानुष सत्य ताहार ऊपरे नाहीं।" सबसे बड़ा सत्य स्वयं मनुष्य है और मनुष्य से बड़ा कोई सत्य नहीं है।

ये सहजिया-वैष्णव कौन हैं? यह सहजयानी बौद्ध ही हैं, जो भागवत-आन्दोलन के प्रबल-प्रवाह में सहजिया-वैष्णव बन गए? सहजयानी-बौद्ध जिसे "सहजानंद" कहते हैं, "सुखराज" कहते हैं —

> **जयति सुखराज एष कारण-रहितो सदोदितो जगताम्।**
> **यस्य च निगदनसमये वचन-दरिद्रो बभूव सर्वज्ञः॥**

सहजयान वज्रयान में से फूटा था और वज्रयानी युगनद्ध-प्रज्ञोपाय के उपासक हैं।

योनि-उपासना — केलि-उपासना के सूत्रों को देखो, तो असंख्य परतें दिखाई देती हैं, "मञ्जु श्रीकल्प" की उपासना योनि-उपासना है। पुरातत्त्वशास्त्रियों ने देश के कोने-कोने में प्राप्त उन प्रतिमाओं को लज्जागौरी का नाम दिया है। वे योनि-उपासना की प्रतिमा हैं। आगम-परम्परा के लोग जानते हैं, अधःत्रिकोण योनि का प्रतीक है और बिन्दु-त्रिकोण को आगम-परम्परा के तत्त्वदर्शियों ने तत्त्वबोध की भाषा के रूप में ग्रहण किया है। गोरखनाथ और कबीर के बीच जो अन्तराल है, उसमें केलि-उपासना को लेकर कितना खण्डन-मण्डन हुआ है? सरहपाद सिद्ध और गोरखनाथ के बीच प्रयाग में कुम्भ के अवसर पर जो शास्त्रार्थ हुआ था, उसका विषय योनि-उपासना ही था। गोरखनाथ ने प्रबल खण्डन किया था। इस आत्यन्तिक-निषेध की गूँज कबीर जैसे सन्तों की वाणी तक में सुनाई देती है — नारी नरक का द्वार है। दूसरी ओर संस्कृतियों की अन्तर्धारा बहती रही, अन्तर्मन्थन चलता रहा और भागवत-आन्दोलन ने भक्ति की आदर्श और आचार्या के रूप में नारी का अभिषेक कर दिया। गोपियों की प्रेमध्वजा फहराई और उद्धव की ज्ञानगठरी करील के काँटों में उलझकर बिखर गई। सौन्दर्य-माधुर्य और प्रेम-साम्राज्य की उपास्या बनी, श्री राधा — "जाहि स्याम मुरली में टेरत सुमिरत बारंबार"।

सौन्दर्य : माधुर्य की प्यास — आज आँगन में बाजार-सभ्यता मेहमान बनी खड़ी है, तो यह कोई नई बात नहीं है। लोकजीवन ने सहस्रों सभ्यताओं के उदय और अस्त को लीला के रूप में देखा है। मुख्य बात यह है कि भारत की संस्कृति और विश्व-संस्कृतियों के बीच संवाद चल पड़ा है। सुना है कि वेस्ट-वर्जीनिया की पहाड़ियों में वृन्दावन की अवतारणा हुई है। इस्कॉन कृष्णचेतना के साथ विश्व-परिक्रमा कर रहा है। विश्व की संस्कृतियाँ सौन्दर्य-माधुर्य और आनन्द को आज भी खोज रही है, क्योंकि सौन्दर्य-माधुर्य और आनन्द की प्यास शाश्वत है और उसका बीज नित्य-विहार है।

लोकजीवन में संस्कृति का प्रवाह अविच्छिन्न है, वही प्रवाह है, जिसमें मिथकों की रचना होती है, विश्वबोध, सौन्दर्यबोध और विश्वास-प्रणाली की रचना होती है। भारत के लोकवार्ताविदों, संस्कृतिशास्त्रियों, कलाविदों के समक्ष भिन्न-भिन्न प्रदेशों, जनपदों, आदिवासी-अञ्चलों और वनभूमि में निरन्तर गूँजने वाले केलि-गीतों

का अछोर विस्तार है। वे केलि-गीत, जो अनाघ्रात-पुष्प और नवमधु की तरह सहज-निसर्ग और अखण्ड पुण्यों के फल की तरह अनघ हैं। वे झूमर गीत, जो विद्यापति की पदावली बने थे — "गावहु ए सखि झूमर-लोरि।" वे केलि-गीत, जो भागवत में वेणु-गीत, गोपी-गीत और युगल-गीत बने थे। क्या केलि-उपासना का स्रोत ये ही केलि-गीत हैं? क्या भारत की रागात्मक-चेतना, भारत की मूर्तिकला, चित्रकला, गीत और नृत्यों की प्रेरणाभूमि ये ही केलि-गीत हैं? क्या रास-उपासना का स्रोत लोकजीवन में ही है? वह लीला-विग्रह, वह भाव-शरीर, जिसे धारण करके अद्वैतवादियों का निर्गुण-ब्रह्म रसिक-उपासकों का "रस" बना है, क्या इन्हीं केलि-गीतों का परिपाक है?

(इं०गाँ०रा०क०के० कलाकोश द्वारा आयोजित (२ नवम्बर २०१०) व्याख्यान-सत्र में)

७.

केलिमाल की शब्दावली

श्यामा, श्याम और सखी-वर्ग (जिनमें प्रधान श्रीललितास्वरूपा श्रीहरिदासी भी हैं), केलिमाल में बस, ये ही पात्र हैं। केलिमाल में वर्णन नहीं है, कथन है। या तो श्रीलाड़लीजू "सखी" से कहती हैं या "प्राण-प्रियतम" से। "सुरसुघर स्यामघन कुञ्जबिहारी" "श्रीराधिका" से कहते हैं अथवा सखी-वृन्द से। सखीजन "जुगलकिसोर" को लाड़ लड़ाते हुए, उनसे कुछ कहती हैं, अलग-अलग प्रियाजू से और प्रियतमजू से उसके परस्पर प्रेम की चर्चा करती हैं अथवा उनके सम्बन्ध में आपस में कुछ कहती हैं। स्वयं श्रीहरिदासीसखी की भक्ति प्रिया-प्रियतम के प्रति है, सामाजिक व्यक्ति के लिए नहीं। इसीलिए केलिमाल में अनुभूति का प्रश्न है, अभिव्यक्ति के साधारणीकरण का नहीं। अभिव्यक्ति करें तो किसके लिए? दुलहनी, दूलह, हरिदासीजू और उनकी अनुगत सखियाँ तो इतनी समीप हैं, कि वहाँ "स्वाँस समझ सुर बोलियै, डोल नयन की कोर।" वहाँ तो "नैंक कही बैनन अनेक कहीं नैंनन सौं" वाली गति है। इसलिए जो कथन हैं भी, वे आधे-आधे हैं, क्योंकि प्रेमावेश में शब्दों का समूह भी भारभूत हो जाता है। साथ ही जो आधे-आधे बोल मुख से निकल पड़ते हैं, उनका भी कारण प्रेमावेश ही है। इन बोलों से प्रियतम के प्राणों का पोषण होता है — "प्रानन कौं पोषत सुनियत तेरे वचन आधे-आधे।" ये आधे बोल भी अस्फुट हैं, क्योंकि दूलह और दुलहिन के बीच की बातें हैं और दूलह-दुलहिन भी कैसे कि —

प्रथम समागम स्याम दिन हि दिन दूलह-दुलहिन स्यामा।

श्यामा-श्याम का नित्य-विहार प्रथम समागम जैसा है। रसिक-रिझवार ही समझ सकते हैं कि प्रथम समागम की अभिव्यक्ति के लिए शब्दजाल की कितनी आवश्यकता हो सकती है? इसीलिए केलिमाल को समझने की पहली शर्त रसिकों का अनुगत होना है। भाव-जगत् में गहरी और गहरी पैठ करते हुए सतत रस-साधना "केलिमाल" के अध्ययन की एकमात्र दिशा है। शास्त्रीय शब्दावली में कहूँ तो "केलिमाल" की रसभूमि वैखरी से प्रारम्भ होकर क्रमशः मध्यमा, पश्यन्ती और परा की ओर उत्तरोत्तर अग्रसर होने की साधना है।

महाप्रभु वल्लभाचार्य के वर्गीकरण के अनुसार अस्मदादि "प्रवाही जीवों" की गति वैखरी तक ही है और उसमें भी इतने उलझे हैं कि "केलिमाल" के पाठ-निर्णय के सन्दर्भ में अनेक शब्द अभी भी समस्या बनकर खड़े हैं। सन् ६८ में स्वामी श्रीहरिदास संगीत-समिति, मथुरा के तत्त्वावधान में केलिमाल के सम्पादन-प्रकाशन हेतु कई पुरानी हस्तलिखित प्रतियाँ देखीं। इसी प्रकार सन् ७४ में केलिमाल की "भावनिधि टीका" के

प्रकाशन के समय अनेक भक्तजनों और ब्रजभाषा-पण्डितों की सेवा में उपस्थित हुआ। परन्तु ३३वें पद में ''सप्त भाइ भासा विचित्र'' (एक प्राचीन हस्तलिखित प्रति में प्राप्त पाठ) पाठ ठीक है या ''समै पाइ भासा बिचित्र'' पाठ, २८वें पद में ''अरबराइ प्रघट भई'' है या ''आप ही प्रघट भई'' २५वें पद में ''गठौंद न प्रतीत'' है या ''गठौधन प्रतीत'' ये बहुत सी समस्याएँ स्वामीजी की विशिष्ट शब्दावली के कारण और भी बढ़ जाती हैं। रसिक-भक्त तो रसदेश तक पहुँचे हुए हैं, इसलिए उनके सामने अर्थ स्पष्ट है परन्तु साहित्य के विद्यार्थी के लिए इन शब्दों का प्रामाणिक अर्थ अभिप्रेत है।

''अलग लाग लागे'', ''कुञ्जबिहारी मन रानों'', ''याही संग भरन कों'', ''कुञ्जबिहारी न टरन कों'', ''प्रकृति की कोऊ नाहीं यातें सुरति के उनमान गहि हौं आई मैं जन्यों'', ''इनकी स्यामता तिहारी गौरता, जैसें सित असित बैनी रही भुवँगम ज्यों दबि'', ''प्रेम के प्रकास प्रीत के आगें ह्वै जु लई'', ''अटपटी देत आगें सरि, अवरेख रेख, कैसे हूँ चितयैं पै रेख-रेख'' (किसी-किसी प्रति में परेख-परेख पाठ है), ''यह ब्रज जाँवरौ'', ''डाँड़ी छाँड़ैं खेल बढ्यौ जु परस्पर नाँही जानियत पग क्यों रह्यौ'', ''ज्यों पुरइन-जल की रीत तोही लौं सांत'', ''चाइऐ ज्यौं मैंन'', ''मेर रागनी के संग लियें रागत'', ''बिसरे गुन-गस के'', ''समुद्र राँची'', इत्यादि अनेक स्थल श्रीकेलिमाल में ऐसे हैं, जिनके प्रयोगों को ब्रजभाषा-काव्य में अन्यत्र भी देखे-समझे जाने की आवश्यकता है। विशेषकर अष्टाचार्यों की वाणी में। ''रातन बेच-बेच जात, हमारौ दान मार्‍यौ इन।'' पूरे पद का भावार्थ कैसे किया जाए, यह बड़ी विकट समस्या है। स्वामीजी की उपासना में न ब्रज है, न गोप हैं, न सखा। दधिदान को रूपक में कैसे बाँधा जाए?

दिहारी शब्द का अर्थ एक स्थान पर देहली (देहरी) ज्ञात हुआ और दूसरे स्थान पर दातार। ''दीठ चैंप बर फंदा'' वाले पद में चैंप का अर्थ एक स्थान पर गोंद बताया गया दूसरे स्थान पर दृष्टिक्षेप का अपभ्रंश रूप ''दीठचैंप'' बताया गया। इसी प्रकार सैंध, मरगजी, दिन, गटी, सूलह, तूनरी, घूनरी, सुदेस आदि ऐसे अनेक शब्द हैं, जो प्रामाणिक अर्थ की बाट जोह रहे हैं। स्वयं स्वामीजी ने कुछ शब्दों का प्रयोग अनेक अर्थों में किया है, ''भुव-छेप के प्रयोग में भुव (भौंह) का अर्थ लिए है तथा ''भुव लेख-लेख में'' भूमि का। गायन की शैली में प्रायः कुछ शब्द अपना नाता शब्द की अपेक्षा स्वर से अधिक जोड़ लेते हैं — रमेत, इतनेत, अज, सज, इतनीऽब, तेऽग्रनाभि तान तुंगी, कलनाँ, अविचलनाँ, पूनरी, बलनाँ, मोहिऽब, वेहु, सूनरी आदि ऐसे ही प्रयोग हैं।

इस प्रकार के प्रयोगों से अनेक स्थानों पर साहित्य का विद्यार्थी कठिनाई का अनुभव करता है। इसलिये केलिमाल की शब्दावली का भाषा-वैज्ञानिक और सांस्कृतिक-अध्ययन अपेक्षित है। मैं बहुत विनम्रता के साथ साहित्य अध्येताओं, आचार्यों और भाषावैज्ञानिकों की सेवा में यह शब्दावली (त्वरा में अकारादि-क्रम तथा वर्गीकरण यत्र-तत्र शिथिल हो गया है) प्रस्तुत करने की अनुमति चाहता हूँ। इस शब्दावली से स्वामीजी के साहित्य की पृष्ठभूमि पर भी प्रकाश पड़ेगा। शब्दों के आगे की संख्या केलिमाल के पदों की संख्या है।)

तत्सम शब्दावली — अंकों ७४, अंग ३३, अंजन ९८, अन्तर १०३, अम्बुज ५५, अलक ९८, अटल १८, अति २१, अचेत ५८, अवरेख ४२, अनंत ४८, अनूपम ८१, अधिक २४, अद्भुत ३१-३३, अगाधे ४१, अतन १०७, अनंग २१, असित २९, अमृत ७, अविचल (नाँ) ८८, अधरन ७४, आतुरता ८१, इंदु १०७, उपमा ६३, एकान्त १३। कटक ७१, कनक ५८, कठिन ११, कमनीय १११, कटि ५८, कर १५, करजावली १०७, कल १०, कवि २९, काम २६, कुच ९९, कुंज ५२, केलि १८, कोकन ७१, कोकनद ५८, कोप ५७, कोटि ३४, क्रम ९१, क्रम-क्रम ४१, गति ३०, ८२, गात २१, ग्राह ५७, गृह १०७, घन १०४, घात ३३, चंदन ९८, चंद ३४,

चपल १०७, चतुर ८१, १०५, चित ८१, जन ९४, जीवन ३५, तन १, तरु २१, तनया ४८, तत्त २३, तमाल १९, तरनी ४८, तरंग ५७, तिल ५८, तृन ६९, ८२, १८, त्रिभंगी १८-९५, दंड २६, दान ४५, दिन ८८, दीन ३५, दीप ९७, दुति ३४, द्रुम १५, द्रव्य ३६, धन २७, धनी ३१, धनुष ३७, धाम ९५, ध्यान २८, नटत ९५, नवनिकुंज ४४, नवल ४७, नदत ९५, नख १०४, नागरि १०९, नारि ४२, नाना रंग ९, निग्रह ८१, नील ९, पट १०४, परमसुख ३२, परस्पर ८६, पल ३, पल्लव १००, पवित्र ९२, पंक ७, परिरंभन ३३, पीताम्बर ७२, पुंज ४४, पोषत १७, प्रतीत २५, प्रतिबिंबन १३, प्रकृति २३-२५, प्रफुल्लित ५२, प्रान १०, प्रीति ३६, प्रेम के प्रकास ३०, बनिता ३३, बाहुबल ३५, बिभेद २३, बाहु ११, बिकच ७, बिथकित ३३, ब्याप ५९, ब्रह्माण्ड ४१-८६, भार २३, भुवंगम २९, भुजमूली ५७, भू १८, भूषन ६४, भ्रम ३४, मध्य, मध्यस्थ ८२, मति ९६, मधुर १००, मंगल ५, मंजु १०१, मंडल ३३, ५२, मद ७४, महिमा २६, मर्दन ५६, मन २७, मनोरथ ५७, मान १०, ३९, मार ३७, मुख ११, मुदित ९७, मूकी १०, मृदु ८५, मेर ६०, मेघन ९०, मौन ५१, रति १८, रतिपति दल १०४, रतिविपरीत २७, रसद ९५, रस ७२, रसना ४०, रसिक २९, रहस ३६, रंग २६, रवि २९, रास ५२, रुचि १०६, रुचिर ४६, रूप ९९, रेखछाया ६५, ललित १८, लावन्य ९९, लेख ४२, लेखनी ३४, वर २७, बल्लभ ९५, बिलसत ८, बिसम ६८, बिघ्न २३, श्री ४१, सोभा ४१, संभ्रम २१, सघन १११, सखा ७९, समाधि १५, सदा-सर्वदा ९०, सहज १, ८१, सरोवर ५७, संग्रह ६६, संधि-संपुट ७, सुखद १०७, सेवा ५३, समुद्र २, सारंग १०७, सित २९, सुकुमार १९, सुकांत ९५, सुदाह ३१, सुरति १४, सुफल ३, सुख २८, सुरूप २३, संकेत ५८, सुंदरता ४२, ५७, स्रवत ९, हठ ५१, हित ५३।

तद्भव शब्दावली — अमोल २७, अनगिन ६६, अंस ६८, अहिनिस ७२, अधरात ३२, अभै २२, अस्तिबिस्त ११, आलस २६, आभरन ९५, उजराई १, उडगन १०४, उदौ १०७, उनमत्त ९४, उनमान १४, ऊतर ८३, कटाछि ८७, काजै ४३, किसोर ७२, १११, कुभाउ ७६, कुंदन २९, कंचन ५२, कुंवरि ८३, कोट २९, गहि ८०, गुन २३, चरन १८, छवि २९, छदम ६८, छिन ३, जच्छ ४२, जलकन २७, जनम ४१, जाल ८७, जीभ ४०, जुग १११, जाचक ४५, जुबती ७५, जुबति ४०, जूथ १२, १०८, जोत ७५, जोबन २१, ९९, तुव बस ३५, तृपति ३४, दई ८, दीठ ४९, १०६, दुत ८८, दुख २८, धू १८, धीरज ६७, धुजा ८८, धुन १००, नखसिख ७०, नई ३०, नित्त १००, नोई १३, नाँऊँ ८३, निरत १०६, निपुन ३०, निसा ३२, निसबासर ९४, निहचल ८, नेत ८९, नैनन २०, न्याउ ८, पन १०, १०६, परमान २३, पहर ८०, पिऊस १०७, पुहुप ७५, पूरनमासी ४९, प्रघटत ७६, प्रघट १, फूल पत्रन ४६, बन १३, बंक १८, बचन ५, बरन ४, बान ३७, बसंत १०२, बरसा ३३, बदन १९, बसन ९४, बिचित्रताई ७२, बिथा १७, बिधना ६३, बिस्त ११, बींधे ७, बुधि ५७, बैनी २९, बैस १११, भमर ६९, भांवरौ ४४, भाउ ७६, भान ४०, भासा ३३, भाउ ६६, भुवछेप ३५, भूम ९०, मग १५, मधि ८२, मूरत ५३, मैन ८०, मैली १०, रत ६९, राते ७०, रित ९०, रीत ७८, रुच २२, रोमरोम ३२, लज २२, बिबस ८९, विविध १०४, बिर्स्टि ७५, ससि ४०, सांति ३४, स्त्रम ११, स्त्रमित ४०, समै १३, साखी ३६, समवैस १, साधे १७, सिज्या ४६, सिथिल ८७, सिरोमन ७२, सिंगार १३, सुभाउ ५, ७६, सुद्ध २३, हृदै ५७, सुध १०६।

देशज शब्दावली — अटपटी १४, अनख ३७, अपनपौ ६, अलि ७१, आरन ६४, आछी ७७, आली ६३, तनसुख ३२, इकठौर ८७, इकसारी ८४, इतौ ३५, उज ६२, उठँग ३१, उनहार २३, उनींदी ७६, उपाहीं ५३, ओली ९८, औचक १५, कत ३९, कनख ३७, करोरन ९०, कल ७६, कस २४, कारौ ९७, काँची ९६, काँही ६, काछ १४, कितक ६६, कितौक ११०, किधौं ६, ७६, कीच ५५, कुमया ७८, कूलह ४८, कोटबरु १०२,

खटात २४, खमक २१, खसि ९८, खोरी १९, १०६, गटी २४, गठौंद — पाठान्तर — गठौं धन २५, गडुआ ९९, गत ८५, गहर १७, १११, गाढ़े १०८, गाँवरौ ४४, घत ६९, घटा ९७, घात ७८, घेरा ७५, घूनरी ४९, घोरन ९०, चनख ३७, चाइयै ८०, चिहारी १५, चैप ९, चौंर ५२, छाँह २४, छिया २५, ११०, ६२, छियौ ६२, छिरका ८३, जनैं ७९, जानपने २४, जिन ६२, जिय १०, जेब २९, जोरी १, जोंन्ह २१, ज्यौ ६८, झुक ७६, झूठीदौर ६५, टकटोर ४५, टाटी ३९, ठकुराई ५१, ठौर ६, डाँढ़ी १०८, डाँड़ी ६१, डुबकी ८३, ढर ७४, ढरन ५०, ढरारे २१, ढाँप ९९, ढोटा ८३, तानौ ३, तूंनरी ९३, तिहारी ११०, थोरी १९, दिहारी १५, दुचिते १०२, दुभाउ ७६, दुहुन ४९, ८१, दूपर ८, द्वै १५, द्यौसरैन ८६, धौं ८३, ५५, धूपर ८, नयौ-नयौ ३४, नाहक २७, निमेस ११०, निपट ८, नांहिन ११, नीकी ९०, नीकें ६०, ९०, नारे ४७, न्यारेई १०६, न्यौछावर १०, पटतर ९६, पचे २३, परछाँहीं ५३, परेख ४२, पावस ९१, पीतौ ११०, पीर ७९, पुरइन ७९, पुतरी ७०, पूनरी ४६, पैंड़ ८, पोटें ९८, पौह ११०, फब ५०, फाग १०६, फुलबारी १०४, फूलह ४८, फूनरी ९३, फेराफेरी २७, फौंक ६४, बपुरा ३५, बगीचा ९९, बलैंया ८०, १२, बसीठ ५५, ७९, बँधान १४, ९१, बाइ ८२, बाउरौ ८३, बागौ ३०, बानक २९, बाँफन ६४, बिरस ६७, बीजुरी ९२, बूका १०३, बूकाबंदन १०१, बूढ़न ९०, बेग ११०, बैन ८०, बैनीगूँथन ७०, बोल ७६, बौछार ९३, भटू २५, भरुआन १०४, भाँत ७८, भीर १०१, ११०, भोइ ४७, भोरी ३३, भ्वै ७, मौर ९९, मनुहारी २८, मबास ८, मरगजे ९८, माई १, मिस १८०, रसरोरी ३३, रंगमगे ८७, रागत ३४, राँची ९६, राँवती १०५, रिस १७, रीझ १०६, रूसनें ९१, लटपटी ३८, लटपटे ८६, ललनाँ ८८, लस ९२, लहा ३५, सचु ८२, ७८, १०२, ४७, सदकें ८०, सबरौ ७४, समेत ६७, सलौनी ६३, साँची ९६, सिरमौर ६५, सींच ५५, सुघर २४, सुघराई १, ८७, सुदेस ७७, सुधंग ३३, सुखचैन ८०, सूलह ४८, सैंध ४३, सौं १०२, सौंधें १०४, हौं ६, हिया ९, हिलगि १६, हितू ७९।

उर्दू फ़ारसी के शब्द — असर ७४, इकटक २०, कहानी ४६, कागत ३४, गरें ३९, चाह १९, झागे २, दारू ७४, नाहक २७, प्यारन ६४, प्याले ७४, फंदा ९, बनसी ५७, बहौत ९१, बाँफन ३७, ब्याज ३६, महल ४४, मौज ९२, यारन ६४, सुराही ७४, सुहबत ७४, हथियार ३७, होड़ ८२।

क्रियापद — अघात ९, अथवत ११०, अरबराइ १५, अबलोकन १०३, आहि ७, आइ १५, उपजत ७६, उरसन २०, एहु २७, कहिधौं २५, कहत ७६, काढ़न ७, कीजै १६, केलैं १०१, कौंधें २१, खचित ७३, चमचमात ३२, चँपावती १०५, चाहिऐ ८०, चुगौ ९, चिहारी १५, च्वाइ ७४, छलकैं ३९, छाजै ४३, छिरकत ४८, छुवाहिं १००, छाँड़ ७६, जँभात ७७, जगावत ४७, जकि २४, जटी १०७, जात ४०, जाँवरौ ४४, जागत ३४, जीजै १६, जोबत १५, जोइल ४६, जोह ६३, झलकत २१, झेलैं १०१, टरन ४, टरि है १, टूटत है ६९, ठई ३०, ठटी १०७, ठनी ३१, डरन ५०, डारी ८४, ढुरावत ५३, ढरि ३८, ढरन ५०, तकि १९, तानौं ३, दगे ८७, दल १०४, दलन ८६, दहा ३५, दुराए ३४, देहु २७, देखौ ३५, धाप ९५, नसंत ९९, निकस ६, १११, निहारी ११, पगे ८७, पगपरन ५०, प्याहु २५, पाइयत ७२, १०३, पिंजरा ९, पीजै १६, परखे ३८, पौढ़ी १०५, बतबतात १९, बदौ ८२, बरि ७३, बसकीन २६, बारत ७५, बाढ्यौ ८४, बारोंगी ४४, बिराजै ४३, बूझिदेखौ ४५, बोइ गयी ४७, भरौं ५९, भई ३०, भनी ३१, भन्यौ १४, भरत ४५, भरन ९९, ४, भावत १२, भोइल ४३, भोइ गई ४५, भोई १३, मनाबत ८०, मच्यौ ५२, माँगों ३६, माँची ९६, मिसकें १०३, मुखमोरी ३३, मूँदे १५, मेलत ८१, मेलैं १०१, मोचत ८९, मोह्यौ ४४, रंगित ७, रांवती १०५, रीझ १३, लरौं ५९, लसत १११, लसंत ९९, लहा ३५, लाड़लड़ाइ ३४, लाजै ४३, लाधे ४१, लीजै १६, लेख-लेख ४२, लैऊँ ३५, सरकन २०, सँवारी ४६, साधे-साधे ४१, सिधारत ५, सुखवत १०४, सोइल ४६, स्वै ७, हसंत ९९, हिलगि ३५, हुती १, ७३, होत

१०३।

संगीत शब्दावली — अग्रनाभि तान ९५, अधौटी ६१, अभिनै ९५, अलापत १४, अंगहार ६७, आरभटी १०७, इकगुन, दुगुन, त्रिगुन, चतुरागुन, औघर ६०, किन्नरी ६७, केदारौ ३२, ५२, गायन ३३, गौरी (राग) १०७, घात ७८, चंद्रागति ३३, डाट ६७, ढप १९, तांडव ६०, तार ६१, १९, ताता थेई ६०, तान ६७, ४८, तिरप ६७, तुंग-तान ९५, त्रिभंगी १८, धुर ६७, धुरपद ६७, नूपुर ८, बँधनि ६७, विरस ६७, बीन ८७, बीना १०७, मंद्र ६५, मृदंग १४, ९५, मुरली १८, मलार ९०, रबाब ४८, राग १२, रागिनी १२, रागरंग १९, लाग ६७, लास ६०, श्रुति ३२, संगीत ८७, ९५, सुर ६७, सुरग्यान ४३, सुरसुधर २३, सुरदेत १४, सुरधार ६५, सुलप ६६।

वस्त्राभूषण-शृंगार शब्दावली — अतलस अलरौटा २१, अरगजा ५५, ६१, अँगिया २१, अबीरन ४८, अँचरा २०, आरसी १५, ५३, ककही ७०, कजरा ५०, कटि किंकिन ८७, कुंकुम २६, कंकन ६३, कुंकुमा ४८, कंचुकी बंध ८९, कंचुकी २०, ९९, कंठसिरी ५०, कुन्दन ५९, खुभी ७५, चुरी ७५, चूनरी ८०, चूरा चौपहलू २०, चोली ९८, चौका २१, चौकी ७३, जंगाली चौकी ७३, जवादि कस्तूरी २६, झगा ७४, दुलरी हीरन की ५०, नकफूल २१, निचोल, नासामुक्ता ५०, पहुँची २१, पाग ३८, पाट ७३, पुंजा २०, पोत ६३, २०, २१, ७५, ८५, बन्द ३८, बीरा २१, मरगजी ८७, २०, मुक्ता ५०, मोत ७५, मोतीमाला २७, लर ७२, लँहगा ४९, लाही अँगिया २१, सुखसारी २१, हार ९८।

क्रीड़ा-सम्बन्धी शब्दावली — अस्व, प्यादे, पील, फरजी, बिसात, सतरंज, साह, सह, मात ८१, चौपर कौ खेल ८२, झूलत १०९, झोंटा ८४, डोल ७५, हिंडोरे ८१, दाँउ ५, छिरका खेलन ८३, होरी १४६।

पशु-पक्षी — कोकिला १४, खंजरीट ८६, बासे ३९, मोर १४।

वनस्पति — चंपे ७१, तमाल १९, लता १९, मालती ४४, कमोदनी ५७, कदम ६८।

ब्रज के स्थान-तीर्थ — बिंदावन ३३, ब्रज ४४, तरनितनया ४८, गहवरवन ४६, श्रीजमुना ३३।

देव—इन्द्र ३७, जच्छ ४२, किन्नर ४१, नागलोक ४२, गंधर्व ७५।

श्यामा-श्याम के लिए प्रयुक्त शब्द — किसोर-किसोरी १९, कृष्ण ९८, गौरस्याम १, घनदामिनी १, छबीलौ १४६, छबीली १८, जुगल किसोर ३, जोबन रँगरँगीली २१, दुलारी १०९, दुलहनी-दूलह ४८, दोऊ छैल २५, नवनागरी ५१, पिय १८, प्रिया १७, प्यारी ११, प्यारे ३, प्रीतम ८९, प्रानधन १०, नीललाल गौर २८, प्यारौलाल ५२, बिहारी ११, १४, बिहारिन ९८, प्रानप्यारौ ६३, भाँवती १०५, भाँवते ११, मनमोहन ४९, मोहन ३९, राधिका ३९, राधारसिक १०६, रंगरंगी ९५, रुचि के प्रकास २, लाल ७४, लाड़लौ ४४, लाड़ली ६०, सुरसुघर २३, साँवरौ ४४, स्यामघन १०, ११, १२, स्याम-स्याम ५६, कुंजविहारी १२, हरि ५२, सुन्दर-सुन्दरि १०५।

संगीत-शैली के कारण शब्दों के कतिपय विकृत रूप — इतनीऽब २५, कलनाँ ८८, डराडर ७१, पूनरी ७२, बलनां ८८, मोहिऽब ३९, वेहु २७, सूनरी ७२।

ध्वन्यात्मक शब्द — अराअर ७१, कलमलत ६९, कहकह १०९, झराझर ७१, इहडहाट ५५, सिलसिलौ ४९।

मुहावरे — अलग लाग लागे २, उधेरा बूनरी ७२, औरैं परि ३८, कस न खटात २४, तृन टूटत ३०, तृन देत, दूबरे की राँधी खीर कहौ कौनें खाई है ५१, नव सत साज २६, फूल भई ३०, बूंदतें कन न्यारौ ९६, बलि जाहुँ ६, बात की बात-बात ४०, भौंहन टाटी जिन देहु ३९, माथें तृन १०९, रसन दसनन धरत १०७, रंग रह्यौ, रस ही में पागे २, लागत नाहीं पलकें १०४, साढ़े ग्यारह ज्यौं औंटि २६, सुबस बसौ ४४, हाथापाई ५५, हहा १०८, मन बच क्रम याही संग भरन कों ४, पचे भार २३, सुनियै कान दै ४५, छाती टकटोर देखौं ४५, मत परै भाँत ७८, ज्यौं पानी में पानी नरीच ५५, चतुराई रही भर ७३ सदकैं बलैंया लैंउ ८०।

(ब्रजभारती : स्वामी हरिदास अंक (अप्रैल १९८०) में)

८.

केलिमाल : एक अनुपम कृति

श्री स्वामी हरिदासजी की दो रचनाएं हैं : अष्टादश सिद्धान्त के पद और केलिमाल। केलिमाल तो स्वामी हरिदासजी का परम काव्य है। "परम काव्य" शब्द का प्रयोग मैं इसलिए कर रहा हूँ कि "केलिमाल" काव्य के उस धरातल पर रचित है, जहाँ उसे काव्य के सहज पारदर्शी से नहीं निरखा जा सकता, परखना तो फिर अलग बात है। वास्तव में तो केलिमाल के ब्याज से श्रीहरिदासजी के जीवन की समस्त सुख-साधना साकार हुई है। इनकी इस महिमा-मण्डित रचना में भावों के विपुल वैभव, कल्पना के विमुग्ध विलास, संगीत की अपूर्व माधुरी तथा सौन्दर्य और प्रेम की उन्मुक्त-रससिक्त रहःकेलि के साथ तत्त्व-चिन्तन का सुख-सामञ्जस्य है। केलिमाल में स्वामीजी के सहज आराध्य श्यामा-श्याम के निकुञ्ज-विहार के अनन्त विलास-कौतुकों के सुन्दर से सुन्दर भाव-चित्र हैं, जिन्हें देखकर "अनयन गिरा नयन बिनु बानी" के कारण कुछ कहते नहीं बनता। ये श्यामा-श्याम सामान्य नायिका-नायक नहीं। "केलिमाल" की रास-रसेश्वरी राधा ब्रज की सामान्य गोपी या वृषभानुसुता न होकर नित्य-निकुञ्ज-विहारिणी है और यही इस रस-रचना की जीवन-प्राण भी। इस राधा-तत्त्व को समझे बिना केलिमाल के रस-रहस्य को पा लेना दुष्कर ही नहीं, असम्भव है। यहाँ श्रीराधा नित्य-वृन्दावनाधीश्वरी, परम-तत्त्वाभिराभिणी, दिव्यामृतवर्षिणी, स्वेच्छाविलासिनी, परात्पर-स्वरूपिणी हैं, तो श्यामसुन्दर नित्यनिकुञ्जेश्वर नित्यविहारी। केलिमाल की "राधा" भारतवर्ष के सदियों के अध्यात्म-चिन्तन का रस-परिपाक है, जिनमें उपनिषदों का "रसो वै सः", "नाद-ब्रह्म", जयदेव का "विलास-कला कुतूहल", विद्यापति का "अपरूप स्वरूप" और तत्कालीन भक्ति-आन्दोलन का प्रभाव एक साथ साकार हुआ है। इसीलिए केलिमाल की राधा अप्रतिम सौन्दर्यातिशय-शालिनी, अनुपम अनुरागिनी और विलास-रस-जीवनी है। उनकी महिमा अनन्त ब्रह्माण्डों में छाई हुई है। कुञ्जविहारी श्रीकृष्ण स्वयं कहते हैं — "तुव जस कोटि ब्रह्माण्ड बिराजै राधे।" वे कहते हैं यदि रोम-रोम में भी जीभ होती, तब भी तुम्हारा यह अप्रतिम-सौन्दर्य, अनन्त महिमा और अमित-गुण कहे नहीं जा सकते, परन्तु मेरे तो, एक जीभ है। जन्म-जन्मान्तर चिन्तन-मनन में बीत गए, किन्तु अभी तक वह "इदमित्थं रूप" अज्ञात ही है (देखिए, पद संख्या ४०-४१)। तुम्हारा सहज सौन्दर्य भी "क्षणे क्षणे यन्नवतामुपैति" स्वरूप है — "प्यारीजू जब जब देखौं तेरौ मुख तब तब नयौ नयौ लागत" और इसी कारण भ्रम हो जाता है है कि सम्भवतः यह सौन्दर्य मैंने कभी नहीं देखा। इस सौन्दर्य को अंकित करने के लिए न लेखनी है और न कागज, रंग और आभा (कान्ति) का होना तो बाद की बात है। कोटि-कोटि चन्द्रमा और काम उस पर स्वभाव से ही न्यौछावर हो जाते हैं (दे० पद ३४)। यह अव्यक्त अवर्णनीय रूप-सौन्दर्य की चरम सिद्धि है। उसको देखते-देखते मन नहीं भरता : "चितवत दीठ टरत नहिं इत उत मन बच क्रम याही संग भरन कों।" यह वही नित नव-नवायमान रूप है, जिसके लिए विद्यापति लिखते हैं — "जनम अवधि हम रूप निहारल नयन न तिरपित भेल।"

इसी अद्भुत रूप को श्रीहरिदासजी ने अपनी रस-साधना द्वारा केलिमाल की पृष्ठभूमि पर अवतरित कर उसको विविध-विध सँवारा है। सारी सखियाँ उसे देखकर आत्म-विस्मृत हो जाती हैं; यक्ष, किन्नर, नाग और देव सुन्दरी भी उसे देख ठगी सी रह जाती है (दे० पद ४२)। वस्तुतः इन सुन्दरियों की बिसात ही क्या? जब स्वयं श्रीश्यामसुन्दर भी उसे देख चकित होकर यही कहते हैं — "यह कौन बात जो अबहीं और अबहीं और,

अबहीं और।" परन्तु इस "अबहीं और" की इतिश्री यहीं नहीं होती, स्वयं नित्यनिकुञ्जेश्वरी राधा भी प्रतिबिम्ब में अपना सौन्दर्य देखकर विमुग्ध होकर यही कहती हैं — "सोई तौ बचन मोसों मान, तैं मेरौ लाल मोह्यौ री साँवरौ।" (दे० पद ४४)

इस अनुपम रूप के साथ ही "राग-रंग" श्रीराधा का स्वभाव है। राधा स्वयं गीत हैं, गेय हैं, गायिका हैं और गायन में ही उनका नित्य-निवास है — "राग ही में रंग रह्यौ रंग के समुद्र में ए दोउ झागे" (पद ४)। राधा नाद-रूपा हैं — "तू सुर ज्ञान सब अङ्ग सखी री" और इसी के साथ वे राग-रागिनियों को उपजाने वाली आचार्या हैं — "राग-रागनीन के जूथ उपजावत"। उनका निकुञ्ज-दरबार अहर्निश संगीत की बेसुध महफिलों में झूमता ही रहता है; वहाँ कोकिला अलापती है, पक्षी सुर देते हैं, मेघ मृदंग बजाते हैं और मयूर नृत्य करते हैं; सखियाँ तार, रबाब, अधौटी, बीन, मृदंग, किन्नरी बजा रही हैं, श्रुतियाँ स्वयमेव विलास कर रही हैं, राग-रागिनियों के समूह सशरीर उपस्थित हैं और श्यामा-श्याम आनन्दमग्न हो केलि-विलास कर रहे हैं (दे० पद १४, ३२, ३३, ६१)।

श्यामा-श्याम दोनों अविना-सम्बन्ध सिद्ध हैं; पल मात्र के लिए भी ये विलग नहीं रह सकते। यह तो इनकी सहज जोरी है अर्थात् नित्य है, जो पहले भी थी, अब भी है और आगे भी इसी भाँति क्रीड़ा-विलास करती रहेगी। ऐसी अद्भुत जोरी न पहले देखी, न सुनी। अहर्निश इनका क्रीड़ा-विलास चलता रहता है। ये तनिक भी वियुक्त नहीं होते — "ज्यों घन-दामिनी संग रहत नित बिछुरत नाँहिन और बरन कों।" मेघ में तो बिजली कौंधती है और छिप जाती है पर यहाँ तो "यह अचरज देख्यौ न सुन्यौ कहूँ नवीन मेघ संग बीजुरी एक रस" (दे० पद ९१)। और इन दोनों का यह रस-विलास ही श्रीहरिदासजी के नैन, मन और प्राणों का उपजीव्य है। स्वामी श्रीहरिदासजी अनन्य रस-पथ द्वारा अखण्ड रस-रास की उस मधुरिम भाव-भूमि में प्रवेश पा चुके थे, जहाँ स्वामिनी और श्याम का हँसना, खेलना, बोलना, परस्पर बीरी खिलाना आदि प्रेम-व्यापार सदा चलते रहते हैं। निकुञ्ज-विलास का यही परम सुख स्वामीजी का परम-काव्य है।

यहाँ सखी-भाव की उपासना के सम्बन्ध में भी कुछ निवेदन करना असंगत न होगा। उस परम-सत्ता की विविध-रूप-कल्पना के साथ ही मानव-चिन्तन ने उसके साथ विविध सम्बन्ध स्थापित करने की चेष्टा की है। वास्तव में वह सभी रूपों में श्रेय, ज्ञेय और प्रेय है। "तोहि मोहि नाते अनेक मानियत जो भावै" के अनुसार ही उसे हमारे यहाँ माता, पिता, पुत्र, सखा, स्वामी, गुरु और पति के रूप में भक्तों ने अपनाया और गाया है। किन्तु इन समीपतम सम्बन्धों में भी कहीं न कहीं सीमा है, अदब है। श्यामा-श्याम की रस-रंग रंगी रहःकेलि में इनमें से कोई सम्बन्ध उपयुक्त नहीं है; यहाँ दुराव-छिपाव की गुंजाइश नहीं। यदि प्रियाजू अपना सारा हृदय सखी के सम्मुख प्रस्तुत करती है तो प्रियतम भी प्रियाजू के मान मनाने के लिए सखी को ही सम्बोधित करते हैं।

इस चिन्तन के द्वारा ही श्रीहरिदासजी ने उपासना के साथ साहित्य-संगीत का सामरस्य इस प्रकार किया कि वहाँ साहित्य-संगीत साधन से साध्य बन गए। संगीत तो हरिदासजी के सम्प्रदाय का जीवन ही है। यह उनकी उपासना का अंग न होकर, अंगी है; क्योंकि उनकी आराध्या श्रीराधा भी तो राग-रंगमयी और संगीत-संगी है। संगीत केलिमाल के रग-रग में रमा है। वास्तव में तो केलिमाल संगीत-रचना ही है, जो संगीत की एक विशेष गायकी ध्रुवपद-शैली में रची गई है। और इस संगीत की ऐनक लगाकर यदि हम केलिमाल को निरखें तो न हमें वह आ० रामचन्द्र शुक्ल की भाँति अव्यवस्थित नजर आएगी और न ऊबड़-खाबड़। उसका सर्वांग सुन्दर रूप नयनों को बरबस लुभा लेगा। केलिमाल में कान्हरौ, केदारौ, कल्याण, सारंग, विभास, बिलावल, मलार, गौड़मलार, बसंत, गौरी और नट इन ग्यारह रागों का प्रयोग है, जो शृंगार के साथ वन्दना और

निर्वेद प्रधान हैं।

केलिमाल में संगीत के अनेक पारिभाषिक शब्द — सुर देना, अलापना, लाग, डाट, तिरप, चन्द्रागति, घात, औघर-ताल, ताण्डव, लास, अंगहार, आरभटी, नृत्य, प्रकृति (प्रस्तार का विन्यास-क्रम) त्रिभंगी गति आदि का भरपूर उल्लेख है, जो स्वामी जी की संगीत-विशेषज्ञता का परिचायक है। बीन, किन्नरी, रबाब, अधौटी, मृदंग, डफ, ताल (मँजीरा) वंशी आदि वाद्यों का उल्लेख तत्कालीन संगीत पर अच्छा प्रकाश डालता है। इस प्रकार केलिमाल के ये उल्लेख संगीत-इतिहास की अनेक रहस्यमयी गुत्थियों को भी सुलझाते हैं।

संगीत की इस विशेषता के साथ ही केलिमाल की काव्य-गरिमा अपनी बाँकी अदा लिए है। यद्यपि केलिमाल स्वामी जी की प्रयत्नज रचना नहीं, तथापि जो ललित-पदावली निकुञ्ज लीला-स्मरण की तल्लीनावस्था में गायन करते हुए अन्तरात्मा से उद्भूत हुई, वह भक्ति साहित्य की अनर्घ निधि है। उज्ज्वल-रस के परिमित क्षेत्र में भी उन्होंने जो विपुल भाव-विलास अभिव्यक्त किया, वह अपना सानी नहीं रखता। परम वीतराग होते हुए भी वे शृंगार की बारीकियों से कितने परिचित थे, यह देखकर विस्मय होता है। स्वामिनीजू के नख-शिख के कितने सौन्दर्य-उपकरण उन्होंने प्रस्तुत किए हैं — नीलनिचोल, सुखसारी, लाही अँगिया, अतलस, अतरौंटा, सिलसिला लँहगा, सार की उढ़ैनी, झूमकसारी, चूनरी, हाथों में मेंहदी, पाँव-तलुओं में कुंकुम, मृगमद, आँखों में कजरा, मुख में बीरा, कंठ में मखतूली पोत, द्वैलर मोतिन की, एक पुंजापोति की, हीरक हार, कंठसिरी, दुलरी, लालपाट की चौकी, हाथों में इकसार चूरा, चौपहलू, कंकन, कानों में खुभी-खुटिला, बीरें आदि नवसत अर्थात् सोलह शृंगार-सज्जा के साथ राधा-रानी दिप रही हैं। उनके शरीर की आभा के सम्बन्ध में श्रीहरिदास जी कहते हैं — "साढ़े ग्यारह ज्यों औंटि" अर्थात् मुहर स्वर्ण, सो भी औंटा हुआ (उस समय साढ़े ग्यारह मासे की मुहर चलती होगी)। इस प्रकार की तनद्युति पर ये शृंगार इतने मनमोहक हैं — "जिहिं आलस काम बस कीन" (दे०, पद २०, २१, २६)।

इसी रूप में नहीं, स्वामीजी ने नित्यविहारिणी श्रीराधा को विविध रूपों में देखा है — स्नान के अनन्तर परिधान धारण कर फुलवारी में अपनी अलकें सुखाते-सँवारते तो उनका चित्र नयनों में बसा लेने योग्य है। उनकी नख-शोभा केश-रूप मेघों में तो तारागणों की भाँति झिलमिला रही है (दे०, पद १०३)। इसी प्रकार कहीं "आलस भीजे" नयनों की शोभा है, तो कहीं "टूटे बार गरें पोत" से "मुख की जोत" दिप रही है। इतना ही नहीं, सुरतान्त की स्थिति में भी उन्होंने प्यारीजू के दर्शन किए, जिनके भाल पर श्रम-जल-कन मोतियों की तरह झिलमिला रहे हैं, श्याम के अंग का चन्दन वक्षस्थल पर पीत-चोली के रूप में शोभायमान है। स्वामिनीजू इन रति-चिह्नों को छिपा रही हैं, किन्तु अस्त-व्यस्त रंग सखियों से भला कैसे छिप सकते हैं? कहीं अञ्जन लग रहा है तो कहीं केश बिखर रहे हैं। ऐसी दशा में श्रीराधाजी मुस्कराकर स्वीकृति भी देती है (दे०, पद २७, ९७)। इसी प्रकार स्वामीजी ने कुञ्जबिहारी की अटपटी दशा का चित्र बखूबी लिया है —

लटपटी पाग, अटपटे से बन्द, अटपटी देत आगैं सरि।
अटपटे पाँइ परत मैं परखे जब आवत हे इत ढरि॥

इसी प्रकार केलिमाल के गति-चित्र भी बड़े ही मुखर हैं। कहीं "कुंजबिहारी नाँचत नीके लाड़ली नचावत नीके" तो कहीं "अद्भुत गति उपजत निरतत दोऊ मंडल कुँवर किसोरी" का चित्र है। प्रेम का अद्भुत माधुर्य है। दोनों का प्रतिबिम्ब देखकर भूल रहे हैं। कहीं श्यामा कस्तूरी का लेप करके मुरली ले, पीताम्बर ओढ़ कहने लगती है "हौं ही स्याम", तो कहीं श्रीकृष्ण राधा बनकर सखियों को चकित कर देते हैं। दोनों का यह प्रेम-व्यापार अखण्ड रूप से चलता रहता है फिर भी उनका मन नहीं अघाता, वे श्यामा से यही कहते हैं — (दे० पद

१०९)—"तुम्हारा यह कैसा विचित्र स्वभाव है कि मिलते ही सबेरा कर देती हो, पलक झँपते ही पूर्व-दिशा की लाली झाँकने लगती है और शतरंज की चाल चलने से पहले ही शह और मात हो जाती है अर्थात् खेल खत्म हो जाता है।"

प्रेम के इस अनोखे रूप के साथ ही उद्दीपन के रूप में, केलिमाल में प्रकृति का भी सुन्दर चित्रण है फिर वह चाहे वर्षा ऋतु हो, वसन्त हो या शीत।

केलिमाल का वाग्वैदग्ध्य भी अनूठा है। दोनों होली खेल रहे हैं। श्याम की गुलाल की मूठी प्रियाजू की आँखों के आगे धुँधली कर देती है तो इससे रुष्ट हो वे कहती हैं — बिहारीजू आप मेरी आँखों में बूका-बन्दन डालकर दृष्टि बन्द कर देते हैं। क्या आपकी कोई चहेती मिलना चाहती है? (दे० पद १०२)

भावों की इस अटूट सम्पदा के साथ ही केलिमाल का कला-सौन्दर्य भी अनूठा है। केलिमाल की भाषा ठेठ ब्रजी है जो उनके ध्रुपद में खूब फबी है। देशज शब्दों का तो इसमें इतना भण्डार है कि एक-एक शब्द अपने अञ्चल में भावों का वह वैभव समेटे है, जो अपनी व्याख्या की अपेक्षा रखते हैं। यथा — धापि, नटति, प्रीति कौ हित, बिकुच संधिसंपुट, मवास, न्याउ, निहचल, भाँवते, बाँफन, नरीच, टकटोर, अतन, डहडहाट, मेर, फोंक, खंजरीट, भरुआन, करजावली, बूढ़न (इसका प्रयोग अन्य-अन्य कवियों ने भी वीरबहूटी के ही अर्थों में किया है), अँगिया, गठौंद, उनमान, अरबराइ, चिहारी, दिहारी (दातार) छिया, गहर, धूपर, भूपर, नोइ, जंगाली आदि शब्दों के साथ ही तृन टूटत हैं, कस न खटात, साढ़े ग्यारह ज्यों औंटि, भौंहन टाटी जिन देहु, सेंध करें आदि मुहावरों का प्रयोग भी अपनी विशेषता रखता है।

अनुप्रास, उपमा, प्रतीप, अपह्नुति के साथ ही केलिमाल के सांग-रूपक विशेष द्रष्टव्य हैं — दृष्टिक्षेप रूप फाँस से मन रूपी पिंजरा में बिहारी रूपी "पंछी" को रखकर राधा प्रसन्न होती हैं। यह पंछी प्यारी-प्यारी रटता रहता है, प्रेम का जल पीता है और सुझाव का चुगा चुगता है। इसके नाना रंग सुन्दर हैं, (दे०, पद ८१)। इतना ही नहीं, सांग-रूपक की व्यावहारिक स्तर पर स्थापना तो देखते ही बनती है (दे० पद ३६)।

मान करना तो प्रियाजू का स्वभाव ही है, परन्तु इससे कुञ्जबिहारी श्याम को बड़ा दुःख सहना पड़ता है। इसलिए जब एक दिन प्रियाजू का प्रेममय रुख देखा, तो आप बोल उठे — हे श्रीराधे! मैंने तुम्हें प्रेम-रूपी धन, प्रतिपल बढ़ने वाली रुचि-रूपी ब्याज पर दिया है। पर अब मैं चाहता हूँ कि तुम इस बात का कागज लिख दो कि मैं अब नटूँगी नहीं अर्थात् मान नहीं करूँगी। तुम्हारा अंग-अंग इसकी गवाही करेगा।

आज रहसि में देखियत प्यारीजू, एक बोल माँगौं जो लिखि देहु

इस प्रकार केलिमाल को उलट-पलटकर किसी भी ओर से, किसी भी दृष्टिकोण से देखो; यह रस-क्षेत्र का सुन्दरतम काव्य है, अनूठी रचना है।

(केलिमाल पाठालोचन सन् १९६८)

९.

कहौं री, जो कहिबे की होय

संवाद अभिव्यक्ति का एक प्रकार है और केलिमाल के सन्दर्भ में प्रश्न यह है कि निभृत निगूढ़ एकान्त-रस में अभिव्यक्ति का क्या स्थान है? अभिव्यक्ति किसको करनी है, किससे करनी है और क्यों करनी है? और फिर क्या वैखरी-वाणी इस रस की अभिव्यक्ति कर सकेगी? जिसका बखान करते समय सर्वज्ञ भी शब्द-दरिद्र हो

गया — "यस्य च निगदन समये वचन दरिद्रो बभूव सर्वज्ञः"। लालजू ने कहा — हे राधे, आपकी अद्भुत महिमा कोटि-कोटि ब्रह्माण्डों में समाई हुई है। आपके इस रस की महिमा को विचार करते-करते "बहुतक जनम विचारत ही गये साधे-साधे।" साधना में ध्यानस्थ होकर संकल्प करके विचारते-विचारते अनन्त-अनन्त जन्म व्यतीत हो गए। मैं तो पराजित हो गया हूँ, कुछ कहने में नहीं आता और आए भी कैसे, गुण तो आपके अनन्त हैं और जीभ मेरे पास एक है। श्यामसुन्दर कहते हैं—प्यारी, यदि रोम रोम में भी रसना होती तो भी आपके अनन्त गुणों का बखान सम्भव नहीं था।

आपकी अगाध श्रीशोभा अवर्णनीय है — "श्रीसोभा बरनी न जाय अगाधे"। आपके सौन्दर्य को चित्रित करने के लिए न कोई तूलिका है, न द्युति है और न कागज है। चित्रण की बात जाने दो, ऐसा कोई दर्पण भी तो नहीं, जो इस सौन्दर्य की अगाधता को बिम्बित कर सके — "आरसी सब झूठी परी कैसी और कोई"। जगत् का यावत्-सौन्दर्य उस अनन्त सौन्दर्य-सागर की बूँद की प्रतिच्छवि है — "छलकत बूँद जहाँ परी"। वायु उसी रस से तरंगित हो रही है। वृक्ष-लताएँ उसी रस से विभोर होकर एक-दूसरे का आलिंगन कर रही हैं। उसी रस से विह्वल होकर कोकिला अलाप रही है और उसी रस से मतवाला होकर मोर नाच रहा है। समुद्र उसी आनन्द के अतिरेक में उद्वेलित हो रहा है और चन्द्रमा उसी रस के वशीभूत होकर चाँदनी बिखेर रहा है। श्यामा-श्याम के रसमाधुर्य की सन्धि में अभिव्यक्ति को एक अवसर मिल ही गया तो शब्द की तीनों शक्तियाँ — अभिधा, लक्षणा और व्यञ्जना उसी रस के वशीभूत होकर दौड़ पड़ीं और उमंग में भरकर बोली — "माई री, सहज जोरी प्रघट भई घनदामिनी जैसें"। घनदामिनी का बिम्ब मात्र गौर-स्याम वर्ण का बिम्ब नहीं है, वह जोरी के प्राकट्य का भी बिम्ब है — सहज जोरी प्रघट भई घनदामिनी जैसें। जैसे मेघ और दामिनी अन्तरिक्ष में प्रकट होते हैं, सहज जोरी वैसे ही प्रकट हुई, "मानों प्रकट भई दामिनी घन-घनतें"। घन और दामिनी का बिम्ब केवल वर्ण और प्राकट्य का बिम्ब नहीं है। विहार की सम्पूर्णता के लिए, रसदेश के लिए शब्द-शक्तियों ने यह बिम्ब प्रस्तुत किया —

हँसत लसत नव घन ज्यों दामिनी दुलहिन कुंजबिहारी।
ज्यों घन दामिनी संग रहत नित बिछुरत नाहिन और बरन कों।

आकाश में काले-काले बादल उमड़ रहे हैं, धरती पर अन्धेरा छा गया है, जैसे रात हो गई हो। बादलों में स्फुरण हुआ, घुमड़े, घहराए और गरजने लगे। समस्त दिशाएं गूँज गई। एकाएक बिजली चमकी और एक क्षण के लिए, एक क्षण के अंश के लिए धरती पर जगमग कान्ति बिखर गई और फिर अन्धेरा छा गया। बादल और बिजली के इस कौतुक ने प्राणिमात्र के मन को उद्वेलित कर दिया, रोमाञ्चित कर दिया। ठण्डी-ठण्डी हवा में स्फुरण हुआ, यमुना तरंगित हुई, दूर कहीं मोर बोला, दादुर ध्वनित हुए और अपने घोंसलों में छिपे पक्षी आसमान को टकटकी लगाकर निहारने लगे। घन और दामिनी का यह रहसि-विलास एकान्त होते हुए भी दिग्दिगन्तव्यापी है।

घन और दामिनी जैसे एक-दूसरे के लिए बने हैं। मेघ के बिना दामिनी और दामिनी के बिना मेघ की कल्पना कैसे की जा सकती है? दोनों अनुराग के रंग में तन्मय हैं, दोनों नृत्य-संगीत में तन्मय हैं। दोनों शतरंज खेल रहे हैं, दोनों सुरत-हिंडोरा झूल रहे हैं और दोनों फाग खेल रहे हैं।

श्यामा-श्याम के प्राकट्य, वर्ण तथा परस्पर-विहार के लिए घुमड़ते-घहराते मेघ और कौंधती हुई दामिनी का बिम्ब प्रस्तुत करके अभिधा-लक्षणा-व्यञ्जना स्वयं ही विमुग्ध हो गई कि इस बिम्ब की अनुभूति कितनी गहरी और कितनी व्यापक है!! परन्तु स्वयं मेघ और दामिनी ने पहचाना और हरिदासीजू ने अपने कानों से सुना — "दामिनि

कहत मेघ सों हमारी उपमा देंहि ते झूठे। एई मेघ एई बीजुरी साँची।" दामिनी ने कहा — कहाँ तनिक छनिक चमकने वाली मैं और कहाँ वह नित्य निरवधि उज्ज्वल-आभा! दामिनी ने कहा — अभिधा, लक्षणा, व्यञ्जना की बुद्धि कितनी कच्ची है? अरे, कहीं समुद्र की तुलना उसकी बूँद से की जा सकती है? "जिन-जिन हमारी उपमा दीनी तिन-तिन की मति काँची, ऐसी कहूँ सुनी जु बूँद तें कन न्यारौ ता पटतर क्यों दीजै समुद्र राँची।"

सौन्दर्य को अंकित करने के लिए तूलिका नहीं बनी, सौन्दर्य की अगाधता को समेट सके, ऐसी कोई आरसी नहीं है और किसी की भी अभिव्यक्ति-मति अन्ततः कच्ची ही ठहरेगी, ऐसी स्थिति में काव्यशास्त्र की उस कसौटी को लेकर केलिमाल के संवादों की चर्चा करूँ, जिस पर आचार्यों ने ब्रह्मानन्द-सहोदर की परख की थी तो ऐसा ही लगेगा, जैसे दही के स्थान पर कोई कपास मथने लगे।

घन और दामिनी के बीच भी संवाद चलता है, संवाद केलिमाल में भी है। कहने को तो यह भी कहा जा सकता है कि केलिमाल में संवाद ही संवाद हैं। एक संवाद वे हैं, जो नवदूल्हे ने नवदुल्हन से कहे — "चलरी, भीर ते न्यारे ई खेलें अथवा हों तेरी बलैंयाँ लेंहु नीके हो गावत" और दूसरे संवाद वे हैं, जो नव दुल्हन ने नवदूल्हे से कहे — "चौकी कहाँ बदल परी प्यारे हरि"! अथवा "रहौ-रहौ बिहारीजू मेरी आँखिन में बूका मेलत हौ और "भाँवती तिहारी मिल्यौ चाहत मिसकै"। केलिमाल में एक संवाद वे हैं जो हरिदासीजू ने निज आश्रित सखियों से कहे — "हँसत-खेलत बोलत मिलत देखौ मेरी अँखिन-सुख"। केलिमाल में दूसरे संवाद वे हैं जो हरिदासीजू ने युगल से कहे — "आज की बानक प्यारे तेरी प्यारी तिहारी बरनी न जाय छवि।"

यदि उन संवादों का वक्ता-श्रोता के आधार पर वर्गीकरण करें तो ये कथन दस प्रकार के हैं — (१) दूल्हे का दुल्हन के प्रति कथन, (२) दुल्हन का दूल्हे के प्रति कथन, (३) दूल्हे का हरिदासी सखी या अन्य सखी के प्रति कथन, (४) दुल्हन का हरिदासी सखी या अन्य सखी के प्रति कथन, (५) सखी का सखी के प्रति कथन, (६) सखी का दुल्हन के प्रति कथन, (७) सखी का दूल्हे के प्रति कथन, (८) सखी का युगल के प्रति कथन, (९) हरिदासीजू का निज आश्रित सखी के प्रति कथन, (१०) तथा हरिदासीजू का श्यामा और श्याम के प्रति कथन। इनके साथ ही केलिमाल में दो प्रकार के कथन और हैं। केलिमाल में ऐसा भी संवाद है जो प्रियाजू स्वयं अपने ही प्रतिबिम्ब से कह उठती हैं — "सोई तौ बचन मोसों मान तैं मेरौ लाल मोह्यौ री साँवरौ।" दूसरा कथन वह है जिसमें अन्य का कथन उद्धृत है — "दामिनी कहत मेघसों... ।"

युगल के स्वभाव और स्वरूप को प्रकट करने की दृष्टि से सखी का सखी के प्रति कथन बहुत महत्त्वपूर्ण है। सखी "रस" का दर्शन करती है परन्तु अपने आस्वाद के लिए नहीं, प्रिया-प्रियतम के सुख के लिए। वे विहार की साक्षी हैं। श्यामाजू की प्रतिज्ञा है — "तोते कछु न दुराय हों, तू मेरे हित प्रान।" प्रिया-प्रियतम की छवि उनकी आँखों में बसी है। दुनिया की सारी आरसी झूठी पड़ जाए पर यह सच है कि निकुञ्ज-विहार उनके नयनों में है। उनके मन में है। उन्होंने श्यामा-श्याम को कुञ्ज-महल से रंगमगे-रंगमगे आते देखा है। उन्होंने दोनों को वर्षा में भीगते देखा है। उन्होंने प्रियतम को निभृतनिकुञ्ज में प्यारी के पैर चाँपते हुए ही नहीं देखा, उन्होंने यह भी देखा है कि — "नाचत मोरन संग स्याम मुदित स्यामाहि रिझावत।" यहाँ उन्होंने मेघ को मृदंग बजाते और दामिनी को दीपक दिखाते हुए भी देखा है। यह सब कुछ देखने के बाद भी वे प्रतिक्षण प्रतिपल लालसा से भरी हैं, मन में उत्कण्ठा है—"चलौ सखी, कुंज बिहारी सों मिल चित दै देखें उनकी भाँवती।" सखी रस की साक्षी ही नहीं हैं, वे रस की प्रक्रिया हैं। हरिदासीजू लालजू से कहती हैं — इस समय प्यारी बहुत अनुनय-विनय मनुहार करने पर आई है। आप प्यारी से मिलने को बेचैन हो रहे थे। हे मनमोहन, प्यारी तो बहुत हठ कर रही थी, मैंने कितने यत्न करके नव-दुल्हन को समझाया है। सखियों ने दूल्हे और दुल्हन के परस्पर अनुराग को

पहचाना है, प्यारीजू प्रियतम के सुख के लिए लालायित हैं और प्रियतम प्यारी को लाड लड़ाने को आतुर हैं। उन्होंने लाल को कदम के नीचे प्यारी की उत्कट-प्रतीक्षा करते देखा, वे श्यामाजू के पास आई तो पाया कि प्यारीजू प्रियतम के ध्यान में डूबकर बेसुध होकर बैठी हैं — "तेरी समाधि अजहू नहिं छूटत।"

केलिमाल के संवादों में सौन्दर्य-माधुर्य की अतृप्त प्यास है — "रस पीबत न अघात।" महामधुर रस को निरन्तर पीते रहने पर भी निरन्तर प्यास बनी है — "महामधुरे रस पीबत प्यासी।" केलिमाल के संवादों में आश्चर्य है — यह कौन बात जो अबही और अबही और अबही और। केलिमाल के संवादों में अनुनय है — "एक बोल बोलियै जू मान न करि हौं।" केलिमाल के संवादों में लाड़ है — "जहाँ-जहाँ चरन परत प्यारीजू तेरे तहाँ-तहाँ मेरौ मन करत-फिरत परछाँहीं।" केलिमाल के संवादों में व्यंग्य है — "दूबरे को राँधी खीर कहौ कौनें खाई है।" केलिमाल के संवादों में उपालम्भ है — "कौन प्रकृति तिहारी छिया तुमही मिलत बेग भोर है जात।" युगयुगान्तर कल्प-कल्पान्तर से विहार निरवधि चल रहा है परन्तु प्रत्येक पल की अनुभूति है — "ऐसौ भ्रम होत मैं कबहू देख्यौ न री।" केलिमाल के संवादों में मान न होने पर भी मान का आभास है और मान के आभास-मात्र से कुञ्जबिहारी अति दीन हो रहे हैं — आपकी भोंहें टेढ़ी देखकर मेरे शरीर में प्राण नहीं रह पाते। केलिमाल में रति का उद्दाम आवेग है — "आउ लाल ऐसें मद पीजै।" केलिमाल के संवादों में मनुहार है — हे प्रानप्यारीजू, आप बोल नहीं रही हैं। आप उनींदी हैं? आप सो रही हैं अथवा आपसे किसी ने कुछ कह दिया है अथवा आपका स्वभाव ही ऐसा है? प्रियाजू, आप यह वचन दें कि कभी मान नहीं करूँगी।

यह सब होते हुए भी केलिमाल के संवाद रस की अभिव्यक्ति नहीं हैं, रस की अनुभूति हैं, दूल्हे-दुल्हन के बीच की बातें और दुल्हा-दुल्हन भी कैसे! प्रथम समागम और प्रथम समागम का भी पहला क्षण। वहाँ डोल नयन की कोर है, बोलने की आवश्यकता ही कहाँ? वहाँ तो एक-एक साँस के मर्म को समझने की बात है। ये संवाद अस्फुट बोल हैं — "रसमय बोल और बोल नहीं अधबोल। प्रानन कों पोषत-सुनियत तेरे वचन आधे-आधे।" जो आधे-आधे बोल मुख से बरबस छलक पड़े हैं, उनका कारण प्रेमावेश है और प्रेमावेश के बोलों में लिंग, वचन, कारक और सन्धि-समास के व्याकरण का दखल नहीं होता। केलिमाल के ये संवाद आनन्द का अनुवाद नहीं अनुभाव हैं, रस की गति। रोम-रोम पिउ-पिउ करै, जहाँ रोम-रोम प्रेमरस में विभोर है उस कानाबाती को अभिव्यक्ति समझना "काहू कछु लियौ रेख छाया तौ कहा भयौ झूठी दौर" के समान होगी। केलिमाल का संवाद-सौष्ठव अभिव्यक्तिगत नहीं अनुभूतिगत है, वहाँ तो मन की बात है और मन में ही समझनी है और ये मन की बातें — "भगवत रसिक-रसिक की बातें रसिक बिना कोऊ समझ सकै ना।"

(स्वामी हरिदास आविर्भाव महोत्सव, वृन्दावन में)

१०.

को सरि करै हमारी राधा

एक राधा बरसाने के पास है और दूसरी राधा गोकुल के पास। गोपी-राधा कन्हैया से गाय दुहाती है और रूप के जादू से अभिभूत होने के कारण जब दूध की धार दोहनी से निकलकर धरती पर गिर जाती है तो ताने देती है — "चलो, रहने दो! कौन दुहावै तुमसे गाय?" "इत चितवत उत धार चलावत यहै सिखायौ मैया!!" प्रेम की यह एक अवस्था है, जब यौवन-भाव अंकुरित हो रहा है।

और इससे पहले की अवस्था भी एक है। यमुना के तट पर गोरा-गोरा चन्दा सा मुखड़ा देखा, तो आँखें

रीझ गईं। बोल निकल ही गए — "री, तुझे तो ब्रज-गलियों में कभी देखा नहीं! तू कहाँ रहती है? कौन की बेटी है? तू इधर क्यों नहीं आती?"

"मैं क्यों आऊँ ब्रज में? हम तो अपनी पौरी में ही खेलती रहती हैं, फिर मैंने यह भी सुना है कि नन्द का ढोटा यहाँ माखन, दही की चोरी करता डोलता है।"

"अच्छा, चोरी ही सही; पर यह तो बताओ कि तुम्हारा मैं क्या चुरा लूँगा?"

सूरदास कहते हैं कि रसिक-शिरोमणि कन्हैया ने यह बात कुछ इस ढंग से कही कि राधा को भुला लिया और "भौंरा-चकडोरी" खेलने लगे। खेलने के बाद चले तो कन्हैया ने उन्हें अपने घर आने का न्यौता भी दिया —

खेलन कबहु हमारें आवहु नन्दसदन ब्रज गाँव।
द्वारे आइ टेर मोहिं लीजो कान्ह हमारौ नाँव॥

सूरदास की इस राधा के साथ जो परिवेश जुड़ा है, उसमें वृषभानुगोप, कीरति माँ, नन्दबाबा, यशोदा, ग्वाल-बाल, गाय, गोपी, गोकुल, गोवर्धन, उद्धव, मथुरा — ये सब हैं। सूरदास की राधा के सौन्दर्य-माधुर्य की अवस्थाओं का एक विकास-क्रम है, जिसकी परिणति उस विरह में होती है जिसमें "अति मलीन वृषभानु कुमारी।"

अवस्थाओं का यह क्रम अवतार-लीला का क्रम है, किन्तु जो नित्य लीला है, वह इन अवस्थाओं से परे है। वह "जुग कमनीय वैस" नित्य है, प्रतिक्षण, प्रथम समागम की अनुभूति है और केवल वही है और कुछ नहीं। और यह एकतानता मातृत्व, पितृत्व, सख्य, वात्सल्य, दास्य, गुरुत्व, शिष्यत्व और भी जो अनेकानेक सम्बन्ध हैं, उन सभी सम्बन्धों के परली-पार है, जहाँ या तो श्यामा-श्याम हैं या फिर सखी है। यह सौभाग्य केवल सखी को ही मिल सकता है कि वह राधा के उस सद्यःस्नात सौन्दर्य को आँखों में भर सकें, जिसमें लाड़लीजू वृन्दावन के उपवन में केशों को सुखा रही हैं और मेघ जैसे बालों को सुलझाती हुई उंगलियों के नख हैं जैसे आकाश में सितारे।

"पूरनमासी की सी पूनरी।" चतुरों के चतुर श्यामसुन्दर की आँखें अमृत की उस दल-दल में फँस गई। अब वे कैसे निकलें! मन ने साहस भी किया; पर बेचारा अपने को ही हार बैठा। जैसे भौंरा कमल-सम्पुट में बन्द हो जाता है, वैसे ही वह भी "बिकुच सन्धि-सम्पुट" में खो गया।

स्वामी हरिदासजी की राधा के कई सम्बोधन केलिमाल में हैं — दुलहिन, प्यारीजू, लाड़लीजू, दुलारी, राधे और राधिका; किन्तु श्रीहरिदास के स्वामी "श्यामा-कुञ्जबिहारी" हैं। क्यों हैं राधे श्यामा? वे गौरा हों तब तो कह सकते हैं कि वह गोरी है। साँवले तो श्याम हैं; किन्तु यह जो श्यामा-भाव है, उसे सखी के नयन ही देख सके हैं।

यह साँवरी और गोरी जोड़ी अद्भुत और नित्य-निरन्तर क्रीडामग्न है। राग के अनुराग में तन्मय। एक होते हुए भी दो और दो होते हुए भी एक — जैसे जल और जल की लहर।

श्रीवन के विजन-स्थल पर बिहारी-बिहारिन एक-दूसरे का श्रृंगार करने लगे और दर्पण में एक-दूसरे के अंग-प्रत्यंग का प्रतिबिम्ब देखकर विमुग्ध हो गए। अनुराग-मद से मतवाले एक-दूसरे का स्पर्श कर रहे हैं। दूल्हे-दुल्हन के अंग ही शतरंज की वह सहज-बिसात है, जिन पर दोनों मिलकर विहार-रूप शतरंज खेल रहे हैं। श्रीप्रिया का हृदय उनका प्रेममय रुख ही ऊँट है, चञ्चल नेत्र अश्व, दूल्हे की आतुरता गज और प्रियाजू का निग्रह पैदल। दूल्हे-दुल्हन का उत्साह वजीर है। किसी की पराजय न हो, इस प्रकार खेल चल रहा है।

श्रीप्रियाजू के अंग पर जो सुरतान्त के समय श्रमबिन्दु सुशोभित हो रहे हैं, उन्हें देखकर सहेली परिहास

करती हैं कि अरी श्यामा, आपके वक्षः-स्थल पर श्रीलाल के अंग का चन्दन लिपट गया है, जो ऐसा प्रतीत होता है, मानो आपने पीले रंग की चोली पहन ली हो। वस्त्राभूषण मिड़े हैं। कहीं नेत्रों का अञ्जन लगा है, तो कहीं केश बिखरे हैं। सुरतरंग की रहस्य-गठरी खुली-खुली पड़ती है। नेत्र ऐसे लाल हैं कि प्रतीत होता है, सारी रात जगे हैं।

जहाँ सखियाँ प्यारीजू से इस प्रकार सुरतान्त-विनोद करती हैं, वही प्यारीजू लाल से सन्देह-परिहास करती हैं — प्यारे हरि, आपकी चौकी कहाँ बदल गई? वह तो लाल रेशम में पोई हुई थी; किन्तु यह जंगाली रंग के डोरे में पोई हुई है। वह तो हीरे से जड़ी थी और यह दो रंगों की है। प्यारीजू को यह आभास ही नहीं होता कि श्याम-सुन्दर इस क्षण से पूर्व भी मुझे मिले थे। अतः पहले के चिह्नों को देखकर जब उन्हें शंका होती है तो लाल घबरा जाते हैं — "प्यारीजू, मैं तो कहीं नहीं गया। क्या आपको रति-चिह्नों का विश्वास और उनकी पहचान नहीं है? आप चाहें तो हरिदासी-सखी से पूछ लें, ये तो मेरे साथ ही थीं।"

श्यामसुन्दर प्रियाजी के प्रेम-रस-वश हैं। प्रेम-रस पाने के लिए वे लाड़ली को नाना भाँति रिझाते हैं, मोरों के साथ नाचते हैं। शृंगारकुञ्ज में उनके मन में लालसा होती है कि उन्हें राधा की वेणी गूँथने का सौभाग्य प्राप्त हो। वे कोमल कर-ककही से ही राधा के केश सँवारने लगते हैं। उन्होंने राधा का नख-शिख शृंगार किया और काजल भी अपने हाथ से लगाया।

एक दिन सखियाँ ढूँढते-ढूँढते विजन-स्थल पर पहुँच गईं, तो देखती हैं कि श्यामसुन्दर प्रियतमा के पैर दबा रहे हैं। श्रीराधा के दर्शन बिना उन्हें चैन नहीं पड़ता। वे कहते हैं — "प्यारीजू, जहाँ-जहाँ आपके चरण पड़ते हैं, वहीं-वहीं मेरा मन छाया करता चलता है। मैं भावना द्वारा अनेक रूपों में आपकी सेवा करता हूँ। मेरी कोई मूर्ति चँवर-सेवा करती है, कोई मूर्ति बीरी खिलाती है तो कोई दर्पण दिखाती है।" जिस प्रकार की रुचि श्यामाजू की होती है, वही-वही करके बिहारीजू को सन्तोष होता है।

श्यामसुन्दर प्रियाजू के अधीन हैं। राधा ने दृष्टि-रूप जाल में फँसाकर बिहारी-रूप पंछी को पकड़ लिया और फिर मन-रूप पिंजरे में रख लिया। जैसे कोई पक्षी को पालता है तो उसे दाना-पानी देता है। प्यारीजू का कृपालु-स्वभाव ही वह दाना है तथा प्रेम-रूप जल है, जिसे बिहारीरूप पंछी पीते-पीते तृप्त नहीं होता, प्यारीजू का मुख निहारता है और प्यारी-प्यारी रटता रहता है।

केलिक्रीडा में मग्न रहते हुए श्यामसुन्दर व्यथित हो जाते हैं कि कहीं प्यारीजू रूठ न जाएँ। वे उनको चुप देखते हैं तो घबरा जाते हैं। हे प्राण-प्यारी, आप बोल नहीं रहीं। आप अर्द्धनिद्रा में सो रही हैं अथवा किसी ने आपसे कुछ कह दिया है या आपका स्वभाव ही ऐसा है?

एक दिन प्यारीजू का रूप देखा तो बोल उठे कि हे राधे, मैंने तुम्हें प्रेम-रूपी धन प्रतिपल बढ़ने वाले रुचि-रूपी ब्याज पर दिया है। मैं चाहता हूँ कि तुम इस बात का कागज लिख दो कि अब मान नहीं करूँगी। भूल में भी आप मान न करें, क्योंकि आपकी भौंहों को तनिक भी मैला देखता हूँ तो मेरे शरीर में प्राण नहीं रह पाते। हम-तुम दोनों प्रेम-कुञ्ज के सखा हैं, रूठने से भला कैसे बनेगा? यहाँ कोई सहचरी भी तो नहीं, जो हमारी इस वेदना को समझ सके!!

हमारी राधा गुणनिधि हैं और उनका यश कोटि-कोटि ब्रह्माण्डों में व्याप्त है। वैसे तो श्याम-सुन्दर कलाओं के आकर हैं, सबसे बड़े हैं; परन्तु उनका दाँव श्रीश्यामाजू के समक्ष नहीं चलता। इसका कारण है कि स्वयं उनके रोम-रोम में भी जीभ होती तो श्यामाजू के अनन्त गुणों का बखान करना असम्भव था। श्रीराधा के समक्ष गुण की बातें और संगीत-नृत्य आदि की कलाएँ दूसरा भला कौन जान सकता है? कोई कुछ जानता भी है तो

वह उनकी कला की छाया-मात्र है। प्रियाजू "गुनिनराय सिरमौर" हैं। नृत्य, संगीत और तालों के मर्म को, उनके भेदोपभेदों को जानने वाला उन जैसा कोई नहीं। जितने भी कुशल लोग थे, वे सब अन्त में हार मान गए।

श्रीराधा अनन्त प्रकार की गतियों को नृत्य में प्रकट कर सकती हैं। राग-रागिनियों के ज्ञान में वे अद्वितीय हैं। स्वर-साधना में उनकी समानता पाने वाला कोई नहीं है। वे सर्वांग में गुणों की खान हैं। साक्षात् स्वरज्ञान-स्वरूपा हैं। नृत्य-मुद्राओं का तो उनके पास इतना विशाल संग्रह है कि वे अंग-प्रत्यंग से अनन्त भावों की अभिव्यक्ति करती हैं। जब वे किन्नरी-वीणा हाथ में लेती हैं, तो अत्यन्त सुख बरसता है और जब वे राग-रागिनियों को अलापती हैं तो चित्त द्रवीभूत हो जाता है।

कहाँ तक कहें, प्रेम के उस विस्तार को, जो देश और काल में नहीं समा पाया, वह कागज पर कैसे उतारा जा सकता है? चिदानन्द की वह अनुभूति! सौन्दर्य का वह अगाध सौन्दर्य!! उसी का नाम तो राधा है और उस राधा की समानता भला कहाँ हो सकती है? को सरि करै हमारी राधा!!!

(स्वामी हरिदास आविर्भाव महोत्सव : स्वामी हरिदास रसोपासना पीठ वृन्दावन में प्रस्तुत (६.९.१९८९))

११.

सुन्दरता की अतृप्त प्यास का नाम राधा है

प्रेम-रस के परिपाक का नाम राधा है। सुन्दरता की उस अतृप्त प्यास का नाम राधा है, जो बाँहों में बाँहें मिलाकर जन्म-जन्मान्तर और कल्प-कल्पान्तर तक मुख निहारती रहे, फिर भी भ्रम बना रहे कि पहले कभी देखा ही नहीं। "मिले ही रहत मानों कबहुँ मिले ना।" प्रतिपल-प्रतिक्षण प्रथम समागम की इस अनुभूति को कोई क्या कहे! वह छवि कौन-सी तूलिका से अंकित की जाए, उसमें कौन-से रंग भरे जाएं, जो प्रतिक्षण नवीन है और यह नवीनता ही उसकी एकमात्र अवस्था है। सुन्दरता की यह प्यास शाश्वत है, नित्य है।

रूप के उस रहस्य का नाम राधा है, जो दर्पण में अपना मुख देखती है, तो स्वयं विमुग्ध हो जाती है, भूल जाती है कि यह मुख-बिम्ब तो मेरा ही है और अपने ही उस प्रतिबिम्ब से कहने लग जाती है कि — "इतने दिनों बाद आज मैं जान पाई हूँ कि कौन है वह, जिसने प्राण-प्यारे वृन्दावन-बिहारी को मोहित कर लिया है, निश्चित ही वह तू ही है।"

सौन्दर्य की वह भंगिमा वृन्दावन के सिवा और कौन देख सकता है? भक्तों के हृदय और रसिकों के नयनों में ही तो है वह वृन्दावन। कवि रसखान गवाही देते हुए कहते हैं कि ब्रह्म को ढूँढ़ते-ढूँढ़ते वेदों के पास गया, पुराणों के पास जाकर पूछा कि उस रहस्य का कैसा रूप है, कैसा स्वभाव है? मैं पुकारते-पुकारते हार गया, परन्तु उसका ठिकाना किसी ने भी तो नहीं बताया। जब मैं वृन्दावन पहुँचा तो वहाँ देखा, कि यमुना-किनारे एक निभृत-निकुञ्ज में छिपा हुआ वही "रसो वै सः" रूप ब्रह्म राधारानी के पैर दबा रहा था —

देख्यौ दुरयौ वह कुंज कुटीर में बैठ्यौ पलोटत राधिका-पायन।

राधा के मान-प्रसंग का वर्णन करते हुए महाकवि जयदेव भी उस स्थान पर पहुँचे, जहाँ श्रीकृष्ण राधा का मान मनाते हुए उनके पैर पकड़ लेते हैं। जयदेव की कलम रुक गई, "कृष्णस्तु भगवान् स्वयम्" और राधा के चरण-स्पर्श? वे दुविधा में पड़ गए, सोचते रहे कि लिखें या न लिखें? कुछ निर्णय न कर सके तो कलम रखकर स्नान करने चले गए। लौटकर आए तो देखा कि पद की अन्तिम पंक्ति इस प्रकार लिखी है — "देहि मे पद-पद्ममुदारम्।" जयदेव ने पत्नी से पूछा — यह कौन लिख गया? पद्मावती ने कहा — वाह, आपने ही तो जाने के

तुरन्त बाद लौटकर इसे लिखा था, दूसरा तो यहाँ कोई आया नहीं। जयदेव समझ गए और रोने लगे।

सौन्दर्य-माधुर्य की यह पराकाष्ठा, यह निरतिशय आनन्दानुभूति वेद-वेदान्त, पुराण-इतिहास, दर्शन और तर्कशास्त्र के भाग्य में नहीं बदी, रसिक-भक्त ही इसके साक्षी हैं। स्वामी हरिदासजी ने देखा कि श्यामसुन्दर प्रियाजी के प्रेम-रस-वश हैं। प्रेम रस-पान करने के लिये वे "लाड़ली" को नाना भाँति रिझाते हैं। कभी मोरों के साथ नाचते हैं। शृंगार-कुञ्ज में श्याम-सुन्दर के मन में लालसा होती है कि उन्हें राधारानी की वेणी गूँथने का सौभाग्य मिले। अपनी सुकोमल उँगलियों से उन्होंने राधा के केश सँवारे, नख-शिख-शृंगार किया और काजल भी लगाया। श्याम-सुन्दर किस प्रकार प्रियाजी के अधीन हैं; स्वामीजी कहते हैं कि राधा ने दृष्टि-रूप जाल फैलाकर बिहारी रूप पंछी को पकड़कर मन-रूपी पिंजरे में पाल लिया है। पंछी भी प्यारीजू का मुख निहारता है और प्यारी-प्यारी रटता है।

महाप्रभु हितहरिवंश कहते हैं कि जो भगवान् मधुसूदन बड़े-बड़े योगीन्द्रों के लिए भी दुर्लभ हैं, वे राधारानी के अञ्चल हिलने से उद्भूत वायु का संस्पर्श पाकर अपने को कृतार्थ मान रहे हैं —

यस्याः कदापि वसनांचल खेलनोत्थ
धन्याति-धन्य पवनेन कृतार्थमानी।
योगीन्द्रदुर्गमगतिर्मधुसूदनोऽपि
तस्याः नमोऽस्तु वृषभानुभुवो दिशेऽपि।

वृन्दावन के रसिक-भक्तों के ये श्यामा-श्याम समान किशोर-अवस्था के हैं। उनकी यह साँवरी-गोरी जोड़ी ऐसी अद्भुत है, जिसकी छवि न पहले कभी देखी गई और न सुनी गई। यह जोड़ी शाश्वत है और नित्य-निरन्तर क्रीड़ामग्न है। कामदेव जिसकी एक झलक पाकर ही बेचारा दीन-हीन होकर लुटा-सा पड़ जाता है।

राधा नृत्य-संगीत और तालों के मर्म को जानने वाली है। वे अनन्त प्रकार की गतियों को नृत्य में प्रकट कर सकती हैं। राग-रागिनियों के ज्ञान में वे अद्वितीय हैं तथा स्वर-साधना में उनकी समानता पाने वाला कोई नहीं है। नृत्य-मुद्राओं का तो उनके पास इतना विशाल भण्डार है कि वे अंग-प्रत्यंग से अनन्त भावों की अभिव्यक्ति करती हैं। जब वे किन्नरी-वीणा हाथ में लेती हैं तो राग-रागिनियों के समूह उपस्थित हो जाते हैं।

राधा के रूप में लोकगीतों ने प्रेम-रस का जो विलास प्रस्तुत किया है, वह इतना मधुर है कि जयदेव के ये शब्द बरबस याद हो आते हैं कि "अरी शर्करे", तुम उस प्रेम-रस की तुलना में कर्कश हो। हे द्राक्षे, उस रस के आगे तुम्हें कौन देखेगा? हे मकरन्द, तुम उसके कारण रुदन करो। हे मनोरम नायिका के अधर, इस प्रेम-माधुर्य के समक्ष तुम्हारी आवश्यकता ही क्या है? सचमुच लोक में जब तक राधाकृष्ण की प्रेम-कथा है, तब तक अन्य मिठास व्यर्थ हैं।

जीवन में, जहाँ, जो भी आनन्द है, वह सम्पूर्ण आनन्द उसी आनन्द-समुद्र की तरंग-मात्र है। जीवन का अशेष-सौन्दर्य उस अनन्त-सौन्दर्य की छाया मात्र है। जहाँ-जहाँ प्रेम है, वहाँ-वहाँ राधा का राज्य है। प्रेम-साम्राज्य की महिमामयी रानी राधा का यश कोटि-कोटि ब्रह्माण्डों में व्याप्त है। श्याम-सुन्दर स्वयं कहते हैं कि —

रोम रोम रसना जो होती, तऊ तेरे गुन न बखाने जात।

वृन्दावन के भक्तों के लिए राधा नाम ही परम धन है —

परम धन राधा नाम अधार।
जाहि स्याम मुरली में टेरत सुमिरत बारंबार।

श्रीमद्भागवत में रास-प्रसङ्ग है कि शरद् रात्रि को जब चन्द्रमा वृन्दावन में अमृत का समुद्र उँड़ेल रहा था, तब कृष्ण ने मिलन की लालसा को उकसाने वाली वंशी की तान छेड़ी और गोपियाँ संकोच, धैर्य और मर्यादा को तिलाञ्जलि देकर, एक-दूसरे से अपनी चेष्टा को छिपाकर वृन्दावन चल पड़ीं। वहाँ रास-विलास करते हुए यकायक श्रीकृष्ण अन्तर्धान हो गए। तब तो व्याकुल-बेहाल गोपियाँ श्रीकृष्ण को ढूँढ़ने लगीं। तब उन्हें एक स्थान पर श्रीकृष्ण और उनके साथ किसी ब्रज-युवती के चरण-चिह्न दीख पड़े। उन्हें देखकर वे कहने लगीं कि "जैसे हथिनी अपने प्रिय गजराज के साथ गई हो, वैसे ही नन्दनन्दन श्यामसुन्दर के साथ उनके कान्धे पर हाथ रखकर चलने वाली किस बड़भागिनी के चरण-चिह्न हैं ये —

अनयाऽराधितो नूनं भगवान् हरिरीश्वरः।
यन्नो विहाय गोविन्दः प्रीतो यामनयद्रहः। (श्रीमद्भागवत १०.३०.२८)

अर्थात् अवश्य ही यह श्रीकृष्ण की आराधिका होगी। इसीलिए इस पर प्रसन्न होकर हमारे प्राण-प्यारे श्यामसुन्दर ने हमें छोड़ दिया है और इसे एकान्त में ले गए हैं। इस प्रकार इन चरण-चिह्नों के रूप में ही भागवत ने राधिका की पहचान की है।

प्राचीन वैष्णव आलवारों के तमिल-गीतों में गोपियों के साथ कृष्ण की प्रेम-लीला का उल्लेख है। इनमें कृष्ण की प्रियतमा गोपी का नाम नाप्पिनाइ है।

चिदानन्द की वह अनुभूति, प्रेम का वह विस्तार, जो देश और काल में नहीं समा पाया, उस राधा के सम्बन्ध में कहाँ तक कहा जाए! विश्व की प्रणय-गाथाओं में ऐसा क्या है, जो राधा की प्रेम-कथा में नहीं है? विरह-वियोग, लीला-विलास, प्रेम-तरंग, अनंग-उमंग, क्रीड़ा, झूला, रास, प्रियतम के साथ अहर्निश साहचर्य। कितने-कितने कवियों की लेखनी इस प्रेमकथा का संस्पर्श पाकर अमर बन गई, धन्य बन गई। भारत की वास्तुकला, मूर्तिकला, संगीत, काव्य, दर्शन और चित्रकला, सभी को तो राधा के सौन्दर्य का वह प्रसाद मिला है।

(रसनिकुञ्ज)

१२.

भले मीत : बाँके बिहारी

"कह श्रीहरिदास मीत भले पाये बिहारी ऐसे पावौ सब कोऊ।" स्वामी श्रीहरिदासजी कहते हैं कि बिहारीजी के रूप में जैसा भला मीत मुझे मिला, ऐसा सब किसी को मिले।

"समानेषु सख्यम्" अर्थात् मित्रता समान में होती है, विषम में नहीं होती। जहाँ एक ऊँचा और दूसरा नीचा हो, एक बड़ा और दूसरा छोटा हो, वहाँ मैत्री नहीं हो सकती। इसलिए मीत बनाने के लिए समानता का होना अनिवार्य है। अब यहाँ बड़ी विषम स्थिति है — एक जीव है और एक ईश्वर है, एक अल्प है और एक सम्पूर्ण है, एक अंश है और एक अंशी है, एक सीमित है और एक असीम है। प्रश्न है कि इस विषमता के रहते हुए मित्रता कैसे बनी?

इस प्रश्न का उत्तर स्वामी जी के द्वारा प्रयुक्त "भले" शब्द में निहित है — "मीत भले पाये बिहारी।" भला शब्द यहाँ विलक्षणता का वाचक है। बिहारीजी की यह विलक्षणता है, उनकी यह ललित-रंगीली बान है कि वे रसिक-भक्त को स्वयं अपना ही गुण दे देते हैं —

बाँके बिरद बुलावत साँचे।
सर्वस देत रीझ रसिकन कों गुन गायें अरु नाँचे।
आपुन हू मिल हँसत-हँसावत सुख पावत रुचि राँचे।

दुनिया के भक्तों को अपने ठाकुर की रुचि का ध्यान रखना पड़ता है, अपने ठाकुर के रंग में रंगना पड़ता है, पर बिहारीजी की यह अद्भुत बान है कि वे स्वयं ही अपने रसिकों के रंग में रंग जाते हैं। वे ऐसे अद्भुत रिझवार-शिरोमणि हैं कि पहले अपने रसिकभक्त को सर्वस्व दे देते हैं, विशुद्ध प्रेम-रूप बना लेते हैं फिर उसके गुणों का गायन करते हैं और प्रसन्नता में विभोर होकर नाचते हैं। अपने रसिक-भक्तों के साथ हँसते हैं, हँसाते हैं, सुख पाते हैं और सन्तत उन्हीं के रंग में रंगे रहते हैं।

वृन्दावन के रसिक-भक्तों की यह दृढ़ अनुभूति है कि यदि बिहारीजी महाराज हमारे मन में रहते हैं तो हम भी तो उनके मन में रहते हैं। बिहारीजी हमारे प्राण हैं तो हम भी तो श्रीबिहारीजी के प्राण हैं। हम में और हरि में कोई अन्तर नहीं है, हमारे तन- मन प्राणों में, हमारे रोम-रोम में उनके सुख के लिए ही अनुराग उमड़ता रहता है, उनसे एक क्षण का भी वियोग नहीं होता। जब तक जीव-भाव था, तब तक माया के प्रपञ्च में डूबता-उतराता था, भ्रम में पड़ा रहता था। स्वार्थों में बँधा रहता था पर जब बिहारीजी ने बाँह पकड़ ली तो सारा झगड़ा मिट गया, सारे दुःख-सन्ताप मिट गए। जन्म-जन्मान्तर के प्रारब्ध के, कर्मफल-संस्कार के सारे कागज ही फट गए। "हरि कौ सौ हित न करत माँ-बाप"। बिहारी जी महाराज के अनन्त उपकारों का वर्णन कोई कैसे कर सकता है?

दुनिया के मीत निमित्त के लिए होते हैं, निमित्त नहीं रहता तो साथ भी नहीं रहता परन्तु बिहारीजी महाराज की विलक्षणता यह है कि एक पल के लिए भी साथ नहीं छोड़ते। सदा-सर्वदा साथ रहने वाला ऐसा मीत बिहारीजी के सिवा दूसरा और कौन हो सकता है? बिहारिनदेवजू की वाणी है —

यातें मोहि कुंजबिहारी भाये।
सब दिन करत सहाउ सुने मैं सुकनारद मुनि गाये।
भूलि पर्‌यौ अपनों घर तबहीं उझकत फिर्‌यौ पराये।
जे गुन सुमिर लिये सुख-दुख के पैंड़े सबै बताये।
जिनकों प्यार तुम ही तन चितवत ते न जात बौराये।
श्रीबिहारीदास किये ते हित करि अपने ही संग बसाये।

श्रीगुरुदेव कहते हैं कि वह समय भी था, जब मैं सांसारिक भ्रमों से बँधा हुआ, पराये घरों में उझकता हुआ घूमता था, परन्तु बिहारीजी ने अपना बना लिया और अत्यन्त हित के साथ अपने पास बसा लिया, अब माया मेरा क्या करेगी? जब बिहारी जी बाँह पकड़ लेते हैं तब माया और काल विघ्न नहीं कर पाते, वे तो बेचारे दूर खड़े होकर देखते रहते हैं।

साधारणतया जीव बुद्धि-विवेक-बल के अभाव में माया-रूपी नदी की धार में डूबा रहता है। ऋषि-मुनि-देवता भी माया से भ्रमित हो जाते हैं। चन्द्र, इन्द्र, ब्रह्मा आदि बड़े-बड़े दिग्गजों को भी बिहारीजी की माया बिना तार के ही नाच नचा देती है। झूठी बात सच्ची लगने लगती है, इसलिए जीव माया के प्रपञ्च में डूबने के लिए बार-बार अग्रसर होता है। माया के अन्धकूप में बार-बार उझकता है, परन्तु बिहारी जी महाराज कैसे भले मीत हैं कि — "ज्यों ज्यों उझकों कूप में, त्यों त्यों कर गहि लेत।"

"मीत भले पाये बिहारी।" प्रश्न यह है कि यह भला मीत कहाँ मिला? श्रीललितकिशोरीदेव कहते हैं

कि वह तत्त्व, जिसे वेद नेति-नेति कहकर गाते हैं, जिसके नाम और गुणों का कोई अन्त नहीं है, जहाँ किसी के मन-वाणी और बुद्धि का प्रवेश नहीं है, जिसके धाम में चन्द्र, सूर्य और अग्नि का प्रकाश नहीं जा सकता, जिसे इदमित्थम् रूप में कोई वर्णन नहीं कर सकता, उसी तत्त्व को हमने कुञ्ज-कुटी में प्राप्त कर लिया है —

जाकौ जन्म अजन्मा गामें, ताकौं नित्य एक रस ध्यावें।
जाकौ इदं तत्त्व नहिं कहई, ताकों कुंज-कुटी हम लहई।

अब प्रश्न यह है कि ऐसा भला मीत पाने के लिए बड़ी तपस्या करनी पड़ी होगी, बड़े-बड़े व्रत-उपवास ज्ञान-ध्यान-तीर्थादि करने पड़े होंगे! तो रसिक-भक्त उत्तर देते हैं कि यदि योग-जज्ञ-तप-वैराग्य-त्याग-तीर्थ आदि साकार होकर स्वयं आ जाएं और निहोरे करने लगें तो भी रसिक-भक्त उनकी उपेक्षा ही कर देते हैं, क्योंकि बिहारीजी के मीत को उनसे प्रयोजन ही क्या है? रसिकभक्त तप-तीर्थ-योगसाधना आदि के फल को कड़वा और थोथा ही समझते हैं और स्वयं बिहारी जी को भी उनका मनोरथ करना उसी प्रकार बुरा लगता है, जैसे किसी की पत्नी अपने पति के मन के विपरीत आचरण करके उसे खिझावे। बिहारीजी को किसी भी वस्तु की अपेक्षा नहीं है, वे निरपेक्ष-भाव से सभी से प्रेम का नाता निबाहते हैं। वे जब कृपा करते हैं तभी विशुद्ध और पूर्णतम प्रेम प्राप्त होता है।

अब प्रश्न यह है कि जो भले मीत बिहारी मिले, उन बिहारीजी का निज-स्वरूप क्या है? इसका उत्तर है —

कुंज बिहारी लाल कों जानें बिरलौ कोई।
सोइ तौ जानें भलें श्री स्वामी कौ होई।

एक साधारण सा दृष्टान्त है, हमें जापान जाना है, तो पहले हमें वहाँ की करेंसी प्राप्त करनी होगी, वहाँ का पासपोर्ट और वीजा आदि प्राप्त करना होगा, तब उस देश में प्रवेश का अधिकार मिलेगा। जब सांसारिक देश में जाने के लिए अधिकार प्राप्त करने की आवश्यकता होती है, तब अध्यात्म-जगत् में, चिन्मय-राज्य में, रसदेश में प्रवेश करना केवल बुद्धिवाद द्वारा सम्भव नहीं है। केलिमाल की हस्तलिखित पोथियों में पुष्पिका लिखी है — "श्रीस्वामीजी की बिना कृपा ये गुह्यरस की बात मन में आवनी दुर्लभ है।" क्योंकि बिहारीजी के निज प्राण हैं — स्वामी श्रीहरिदास। रसिक भक्त कहते हैं —

जो समझै या संधि कों सोई रसिक सुजान।

बिहारीजी के रसिक भक्त आठ प्रकार की सिद्धियों को तिनके के समान भी नहीं गिनते क्योंकि पूर्ण प्रेम-रस में भगवत्ता बाधक होती है। भक्ति के दूसरे जितने भी स्वरूप हैं, उनमें कहीं-न-कहीं स्वार्थ का झीना तत्त्व विराजमान है, क्योंकि भगवान् में भगवत्ता न होती तो भक्ति की स्थिति कैसे ठहर सकती थी? परन्तु रसदेश में भगवत्ता का प्रवेश नहीं है। जो भक्त बिहारीजी में परमेश्वरता का आभास भी पाते हैं, उन्हें देखकर टकसाली-रसिकों को हँसी आती है। जहाँ भगवत्ता होगी, वहाँ सेव्य-सेवक या प्रभु और दास का सम्बन्ध बनेगा, मीत का सम्बन्ध भला कैसे चलेगा, अब बिहारीजी को तो मीत चाहिए, इसलिए बिहारीजी की विलक्षणता यह है कि भगवत्ता का आवेश या स्वरूप होना तो दूर की बात है, यहाँ "ठाकुर" शब्द सुनना भी उन्हें कड़वा लगता है — **"ताहि सुहाय न ठकुरई बड़ प्रताप विस्तार।"** अथवा **"जो ठाकुर कहि बोलियै तौ सकुच तनिक ह्वै जाय।"** बिहारी जी का यह शुद्ध प्रेम-स्वरूप, माधुर्यभाव का यह अतिरेक लक्ष्मीपति और व्रजपति के लिए भी दुर्लभ है। "भगवत सब कौ तत्त्व बीज श्रीनित्यविहारी।"

निकुञ्ज की अन्तरंग सखी ने बिहारी को देखा तो अपनी अन्तरंग-सखी को बताया —

दीठ चेंप बर फंदा मन पिंजरा लै राख्यौ पंछी बिहारी
चुगौ सुभाउ प्रेम जल अंग स्त्रवत पीवत न अघात रहे मुखनिहारी
प्यारी प्यारी रटत रहत छिन ही छिन याकें और न कछू हिया री।

रस की अतृप्त प्यास, रस बिबस बिहारी। बिहारी जी का कैसा विलक्षण स्वरूप है कि अखण्ड विलास रस में मग्न होते हुए भी रस की अखण्ड प्यास बनी हुई है।

अनन्य-रसिक बाँके हैं, उनकी उपासना-पद्धति बाँकी है, उनका उपास्य बाँका है, उनका वृन्दावन और उनकी निकुञ्ज बाँकी है। बाँकेबिहारी का तो सभी कुछ बाँका है —

बाँके मते मन, बाँकी ए बात सु-बाँकी यै घात लहै को तिहारी।
बाँकी निकुंजगली बन बाँकौ सुबाँकी बसीठ बिलोकन हारी।
बाँकौ भजन अनन्यन कौ धन बाँकी यै मौज लहैं दिन हारी।
बाँकौ बिहार करै मिलि माननि बाँकी बिहारिन बाँके बिहारी।

(स्वामी हरिदास आविर्भाव महोत्सव वृन्दावन में)

१३.

ऐसें ही देखत रहौं जनम सुफल करि मानौं

आपाधापी और संघर्ष के इस जमाने में जबकि पुराने सामाजिक जीवन-मूल्य एक-एक करके ध्वस्त होकर स्वार्थ और पैसे के घेरे में समाते चले जा रहे हैं, स्वामी श्रीहरिदास और उनके सम्प्रदाय के अन्य कवियों के काव्य की प्रासंगिकता क्या है? क्या यह सब जीवन और संघर्ष से पलायन नहीं है? क्या है इसकी सामाजिक उपयोगिता?

आज के किसी भी विद्यार्थी के मन में ऐसे सवालों का उठना अस्वाभाविक नहीं है। ये सवाल एक दिन मेरे मन में भी उठे और इन सवालों को उधेड़ते-बुनते मैं चल दिया वृन्दावन में यमुना-किनारे के उस छोर पर बनी उस कुटिया में, जहाँ बाबा श्यामचरणदास रहते हैं।

बाबा श्यामचरणदास ने मेरे तर्कों को सुना, फिर खूब हँसे। बोले — "पगले, जहाँ हीरा-मोती मिलते हैं, वहाँ तू कानी कौड़ी माँगने आया है? पिंजरे के आकाश में पंख फड़फड़ाकर अनन्त आकाश का विस्तार नाप लेना चाहता है?"

पींजरे के जनावर ज्यों फरफराय रह्यौ उड़बे कौं कितौऊ करि।

बाबा बोल रहे थे — "बावले, सीमित और खण्डित दृष्टि को लेकर तू असीम और सम्पूर्ण को देखने चला है? इक्कीसवीं शताब्दी के पूर्वार्द्ध की युग-सीमा में बँधी बा ाारवादी दृष्टि से तू सनातन की परीक्षा करेगा? उस पूर्ण-रस-बोध की अवस्था को उपयोगितावाद के किस पैमाने से नापेगा तू? क्या परमार्थ को अर्थ-व्यवस्था के आँकड़ों से बतलाना सम्भव है?"

बाबा बोले — "जो साहित्य जीवन को एक प्रयोजन दे सके, जो जीवन में प्रेम और माधुर्य का रस घोल सके, ऐसा रस, जिसके कारण सर्वत्र प्रेम का विस्तार दिखाई देने लग जाता है, उस साहित्य को पूँजीवाद के बाजार में ले जाकर उसकी कीमत पूछना चाहता है?"

बाबा के भाव-विभोर विचारों के सामने मेरे बौद्धिक तरकस के तर्कों के तीर भले ही "निबर" गए, परन्तु मेरे भीतर का बुद्धिजीवी ऐसे ही हार क्यों मान लेता? भक्त-रसिकों के साहित्य में समाजोपयोगी जीवन-मूल्यों का सवाल लेकर अबकी बार में विश्वविद्यालय के मनोविज्ञान-विभाग में अपने सहपाठी मित्र डॉ० आशुतोष के पास पहुँचा। आशुतोष बोले, "भाई मेरे, जीवनमूल्य तो आचरण के मानदण्ड होते हैं। भौगोलिक तथा सामाजिक परिवेश के साथ समायोजन के उद्देश्य से समाज "आचरण के कुछ प्रतिमान" विकसित करता है और उचित-अनुचित के इस विवेक को वह व्यक्ति के मानस में प्रतिष्ठित करता है।"

विभाग में उस समय आशुतोष के एक साथी भी बैठे थे। समाजशास्त्री थे। बोले — "सामाजिक-परिस्थितियों में परिवर्तन के साथ मानव-सम्बन्धों में भी परिवर्तन होते हैं तथा मानव-सम्बन्धों में परिवर्तन के साथ ही सामाजिक जीवन-मूल्य बदल जाते हैं। इतिहास के बड़े-बड़े आन्दोलन और क्रान्तियां जीवन-मूल्यों की शक्ति से प्रेरित और संचालित थीं। प्रत्येक युग अपनी परिस्थितियों में किसी-न-किसी जीवन-मूल्य को प्रतिष्ठित करता है। उसकी आवश्यकता का आख्यान करता है, परन्तु परिस्थिति के अनुसार वे मूल्य बनते हैं और बनकर फिर बिखर जाते हैं।"

इसी चर्चा के बीच कहीं से घूमते-घूमते मन ही मन कुछ गुनगुनाते दर्शन-शास्त्र के आचार्य डॉ० भुवनेश भी आ टपके और हमारी चर्चा में कूद पड़े — "किसी भी सामाजिक-मूल्य की कसौटी उसके अपने युग की परिस्थितियाँ होती हैं। आज की परिस्थितियों को कसौटी मानकर भक्ति-आन्दोलन के सामाजिक-मूल्यों की परीक्षा करना युक्ति-संगत नहीं होगा। फिर यह बात भी सच है कि मूल्यों की कोई सर्वसम्मत और अन्तिम कसौटी नहीं होती। नीति-शास्त्री 'बहुजन हिताय' को अन्तिम कसौटी मानते हैं तो सौन्दर्यवादी सुन्दरता को अन्तिम मूल्य घोषित करते हैं, जबकि आदर्शवादियों का विचार है कि 'मानव कल्याण' की कसौटी ही सर्वमान्य होनी चाहिए। सुकरात की कसौटी 'वैज्ञानिक सत्य' है, तो कार्ल मार्क्स की कसौटी 'द्वन्द्वात्मक विकास' है।"

डॉ० आशुतोष बोले — परन्तु इतना निश्चित है कि सामाजिक मूल्यों का काम प्रत्येक परिस्थिति में व्यक्ति की भूख, सेक्स, प्रयत्न-लाघव, सिसृक्षा, रक्षा, प्रभुता, गौरव, होड़ तथा तृष्णा या संग्रह की मूल प्रवृत्तियों पर अंकुश लगाना होता है। उनका दमन, नियमन, संयमन तथा उन्नयन करना ही जीवन-मूल्यों का कार्य है। अपनी मूल प्रवृत्तियों में मनुष्य भी बर्बर पशु ही है, सामाजिक जीवन के मूल्य ही उसे मनुष्य बनाते हैं।

आशुतोष की बातें सुनकर मुझे गीता की कुछ पंक्तियाँ याद आने लगी —

इन्द्रियाणि प्रमाथीनि हरन्ति प्रसभं मनः ।। (२.६०)

प्रसक्ताः कामभोगेषु पतन्ति नरकेऽशुचौ ।। (१६.१६)

प्रमादालस्यनिद्राभिस्तन्निबध्नाति भारत ।। (१४.८)

आशापाशशतैर्बद्धाः कामक्रोधपरायणाः ।

ईहन्ते कामभोगार्थमन्यायेनार्थसञ्चयान् ।। (१६.१२)

मैं सोचने लगा कि गीता में जिसे अज्ञान, माया, त्रिगुण, प्रकृति और अहंकार कहा गया है, उसका मनोवैज्ञानिकों की मूल प्रवृत्ति से क्या सम्बन्ध है? वल्लभाचार्य कहते हैं — "जीवाः स्वभावतो दुष्टाः"।

तुलसीदासजी कहते हैं — "जिमि जीवहिं माया लपटानी"। स्वामी श्रीहरिदासजी कहते हैं — "प्रकृति विरुद्ध बन्यों नहिं कोऊ"। इसी प्रवाह में याद आने लगीं मुझे वे पंक्तियाँ, जो मैंने हरिदासी-साहित्य में पढ़ी थीं, उनमें इन मूल प्रवृत्तियों के दमन, नियमन और परित्याग का संकल्प हैं —

मूल प्रवृत्ति — प्रभुता —

'मायामद गुनमद जोवनमद, भूल्यौ नगर विवाद।'
'धनमद जोवनमद राजमद, ज्यौं पंछिन में डेल।'
'हरि भली करी प्रभुता न दई।'

मूल प्रवृत्ति — मान : गौरव —

'छाँड़ि न मान नर तन कौ।'
'परमारथ कों पीठ दीठि, व्यौहार प्रतिष्ठा।'
'भगवत जन तजि भजैं, बड़ाई सूकर विष्ठा।'

तृष्णा या संग्रह की मूल प्रवृत्ति —

'मत बंछै मत बंछै रे तिल-तिल धन कों।'
'मीच ज्यों आवै त्यों, धन है आपुन कों।'
'हीरा बहुत जवाहर सँचै, कहा भयौ हस्ती दर बाँधे।'
'लोभ है सर्व पाप कौ मूल।'
'कर करवा कौपीन, और कछु संग्रह नाहीं।'
'भगवत रसिक' संग जो चाहै, प्रथमै लोभै त्यागै।'
'पैसा पापी साधु कों, परसि लगावै पाप।
विमुख करै गुरु इष्ट ते, उपजावै संताप।'

परन्तु मन में एक प्रश्न फिर उठा। क्या समस्त सामाजिकों के जीवन-मूल्य अथवा आचरण के प्रतिमान समान हो सकते हैं? जो लोग एकान्त-पथ पर चलकर सामाजिक-जीवन के स्वर और ताल को बदल देते हैं, जो लोग अपने आचरण की सुगन्धि से युग-युगान्तर को भर जाते हैं, उनके आचरण के प्रतिमान सर्व-साधारण के लिए उपयोगी कैसे हो सकते हैं? सामान्य सामाजिक के मन में "मैं" और "तू" अथवा अपने-पराये का भाव होता है, इसलिए उनके लिए "मैं" और "तू" के सम्बन्धों की मर्यादा तथा प्रतिमान का होना आवश्यक है। परन्तु जहाँ "निर्ममो निरहंकारः" की स्थिति है, जहाँ पराया रहा ही नहीं, वहाँ उन मूल्यों और प्रतिमानों का क्या बनता है? "निस्त्रैगुण्ये पथि विचरतः को विधि : को निषेधः?"

लोक और वेद की मर्यादा तो सामान्य के लिए है, साधना के विशिष्ट और एकान्त-पथ में तो "लोक वेद भय भर्म भगाये"। वहाँ तो रसिकों की वाणी ही वेद है — "जुगल मंत्र कौ जाप वेद रसिकन की बानी"। नित्य-निकुञ्ज में सर्व-सामान्य का प्रवेश सम्भव नहीं है, तब वहाँ के मूल्य सामान्य कैसे हो सकते हैं? सर्व सामान्य के लिए स्वामी हरिदासजी के सम्प्रदाय में भागवत-धर्म का उपदेश है; परन्तु ललिता-सखी की उपासना तो "सिंहिन कौ दूध" है—

सम्प्रदाय नवधा भगति, वेद सुरसरी नीर।
ललिता सखी-उपासना, ज्यों सिंहिन कौ छीर।
ज्यौं सिंहिन कौ छीर, रहै कुंदन के बासन।
कै बच्चा के पेट और घट करै बिनासन।

"सिंहनी के दूध" को तो सिंह-शावक ही पचा सकता है। इसलिए भी हरिदासी-साहित्य के मूल्यों को सर्वसामान्य की उपयोगिता की कसौटी पर कसना युक्ति-संगत नहीं होगा। भले ही परोक्ष-रूप में ये मूल्य सामाजिक के मन में आस्था, विश्वास और दृढ़ता के कारण हों।

सांसारिकता से वैराग्य, अकिञ्चनता, ऋजुता, समत्व-दृष्टि, सौन्दर्य, माधुर्य और सर्वत्र भगवद्-भाव समाजशास्त्रियों की दृष्टि में आज कितने प्रासंगिक और उपयोगी हैं? इस विषय पर तर्क-वितर्क हो सकते हैं; परन्तु हरिदासी-भक्ति के ठाठ इन्हीं जीवन मूल्यों पर प्रतिष्ठित हैं और उन्हें उसी सन्दर्भ में समझना भी चाहिए।

विवेक, वैराग्य और भक्ति एक-दूसरे के पूरक हैं। इनके बिना सत्य की प्राप्ति नहीं हो सकती। भगवतरसिक के शब्दों में —

बिनु विवेक वैराग्य भक्ति बिनु, सत्य न समझै कोई।

स्वयं स्वामीजी का अनुभव था कि "जगत प्रीति करि देखी नाहिंनें गटी कौ कोऊ।" इसीलिए उन्होंने "जगत व्यौहार" और सांसारिकता के प्रति विराग की अभिव्यक्ति ही की है। यह वैराग्य उस राग का निषेध है, जो प्रभुता और परिग्रह में होता है। यह ममता का विसर्जन और मृग-तृष्णा तथा मिथ्या से विरक्ति है। यह वैराग्य अनुराग का विरोधी नहीं है। यदि ऐसा होता तो केलिमाल के गीत कहाँ से आते? सच बात तो यह है कि जब तक मन के राग-द्वेष दूर न हों, तब तक अनुराग की इतनी गहराई और प्रेम का इतना विस्तार भला कैसे प्राप्त हो सकता है?

केलिमाल का वह सौन्दर्य, जिसकी एक किरण भी मन में आ विराजे तो सर्वत्र सौन्दर्य बिखरा दिखाई दे। वही तो हरिदासी-साहित्य का परम मूल्य है। वह पूर्ण सौन्दर्य जो देश और काल की सीमा से नहीं बँधा, वह सौन्दर्य, जो स्वयं ही अपने को प्रकट करता है—

माई री सहज जोरी प्रकट भई, जु रंगकी गौर स्याम, घनदामिनी जैसें।

वह सौन्दर्य, जहाँ द्रष्टा और दृश्य एकरस हो जाते हैं। वहाँ सौन्दर्य का अनन्त विस्तार है; परन्तु सौन्दर्य की प्यास नहीं मिटती।

हरिदासी-भक्ति का जीवन मूल्य है—अकिञ्चनता। हरिदासी-भक्त की यही अभिलाषा है कि वृन्दावन के वन-उपवनों में गुञ्जा के पुष्प चुनूं, श्यामा-श्याम के लिये पुष्प शैया रचूं, पुष्पों के हार गूँथूँ और उनकी सेवा-टहल करूँ। हाथ में मिट्टी का करवा हो, गुदड़ी हो और वृन्दावन का निवास हो, वहाँ की निकुञ्जों में सोहनी-सेवा का सौभाग्य प्राप्त हो —

मन लगाय प्रीत कीजै कर करवा सों, वृन्दावन दीजै सोहनी।

लेकिन इस अकिञ्चनता की महिमा इतनी बड़ी थी कि उसके सामने हिन्दुस्तान के बादशाह ने भी अपने को असहाय और निरीह समझा था — "नृपति द्वार ठाड़े रहैं, दरसन आसा जास की।"

यह तो वही अकिञ्चनता है, जिसके सम्बन्ध में शास्त्रों ने कहा है —

ब्रह्मानंद-रसं पीत्वा, ये तु उन्मत्तयोगिनः।
इन्द्रोऽपि रंकवद् भाति, का कथा नृप-कीटकः॥

हरिदासी भक्ति-परम्परा के आदर्श और आचरण की प्रेरणा को संक्षेप में भगवतरसिक ने इन शब्दों में कहा है —

हरि कौ भजन साधु की सेवा, सर्व भूत पर दाया।
हिंसा लोभ दंभ छल त्यागै, विष सम लागै माया।
सत्यवचन सबकों सुखदायक, गहि अनन्य व्रत एकी।
इन्द्रीजित अभिमान न जाकें, करै जगत कों पावन।

समस्त संघर्षों, युद्धों, वैयक्तिक संकीर्णताओं, स्वार्थों और मूल-प्रवृत्तियों का प्रतिफलन अभिमान की धरती पर ही होता है; परन्तु जिसके मन से अभिमान निकल गया, वह तो परम सामाजिक बन गया।

वास्तव में भक्ति का यह मार्ग मनुष्य की सम्पूर्णता का मार्ग है, जहाँ उसका सुख ही अपना सुख बन जाए। — "तत्सुख-सुखीत्व।" जहाँ निष्कामता आ जाए, कोई सांसारिक इच्छा शेष न रहे, जहाँ मन के मैल मिट जाएं, जहाँ भेदाभेद-विरोध न रहे। न किसी से द्रोह और न किसी से मोह। समत्व प्राप्त हो जाए —

परिपूरन रतिकाम समुझि, समता जिन लीनी।
निंदा अस्तुति विषमता, बुधि तजि दीनी।
सत्रु मित्र नहिं कोइ, ऊँच नीच नहिं कोइ तँह।
सो घट भगवतरसिक, स्याम स्यामा संतत जँहँ॥

जहाँ रसिक सिरमौर हैं, वहाँ माया और काल का प्रभाव कैसे हो सकता है? वहाँ सत्-असत् भावना और मन के विकल्प निकल जाते हैं। जाति-बिरादरी, धनी-निर्धन, गुणी-अगुणी और ऊँच-नीच की कौन कहे, वहाँ तो भागवत-चेतना का इतना व्यापक विस्तार है कि वृन्दावन की लता-पता, मोर, कोकिल, बन्दर, मृग, गाय और बच्छ — सब में भगवद्भाव उल्लसित होने लगता है —

माई धन वे मृगी जन जे कमल नैंन कों, पूजत अपने-अपने भरतारन सहित।
धन वे गाय बच्छ जे बंसी-रस पीवत, स्त्रवन दोनों, जाय न बहत।
पंछी न होंइ मुनि जन के से सेवहिं, दिन काम क्रोध लोभ रहित।

जैसे-जैसे हरिदासी साहित्य में व्याप्त इस भगवद्भाव को समझने का प्रयास किया, वैसे-वैसे मुझे स्पष्ट होने लगा कि जो भक्ति-आन्दोलन पूरे देश में उमँग रहा था, वह अपनी गहराई में कितना सामाजिक था? जीवन में आस्था और विश्वास जगाना जीवन में आनन्द और रस घोलना, सर्व के लिए समर्पित हो जाना तथा मानव-चेतना को उदात्त बनाना हरिदासी-सम्प्रदाय के आचरण की प्रेरणा और प्रतिमान हैं।

अब मुझे बाबा श्यामाचरणदास के वे शब्द बार-बार याद आने लगे — पगले, याद कर, जब उन रियासतों और छोटे-छोटे राज्यों के अल्पप्राण और असंगठित राजा अफ़गान और मुगल-बादशाहों के आगे नतमस्तक हो गए थे और काव्य-अभिमानी वे कवि अधिकांश में उनके दरबारी बन गए थे, उस समय रसिक अनन्य नृपति ने उस सांस्कृतिक-स्वराज्य की स्थापना की थी, जहाँ आकर उस जमाने के बादशाहों को भी अपनी दरिद्रता का अनुभव हुआ था — "सब कुछ जीतकर भी तेरी बादशाहत कितनी तुच्छ है?"

बाबा कह रहे थे कि "सौन्दर्य और माधुर्य ही तो जीवन का तत्त्व है। उस रस की साधना को और कौन से जीवन मूल्य की अपेक्षा है? प्रेम समुद्र-रूप रस गहरे कैसे लागै घाट।" वे बोले — सौन्दर्य-माधुर्य के उस अनन्त सिन्धु को उपयोगितावाद के मीटर से नापने का तुम्हारा प्रयास कितना उपहासास्पद है? तुम चाहो जो समझो पर हमारे जीवन-सर्वस्व; हमारे जीवन-मूल्य तो एकमात्र श्यामा-श्याम हैं —

ऐसें ही देखत रहौं, जनम सुफल करि मानों।
प्यारे की भाँवती भाँवतीजू के प्रानप्यारे, जुगल किसोरहिं जानों॥

(श्रीहरिदास आविर्भाव महोत्सव संगोष्ठी वृन्दावन (१४.९.१९९१) में प्रस्तुत)

१४.

प्रेम पदारथ दूर है बिनु सेये रज रूख

वृन्दावन में निवास करते हुए यहाँ की रज और लताद्रुम-कुञ्जों का सेवन करना रस-साधना का मार्ग है। वृन्दावन और यहाँ के रज-रूख (वृक्ष-लतादिक) रसिक-भक्तों के लिए साधन हैं और साधन से बढ़कर साध्य हैं।

रसिक-भक्तों की दृष्टि में वृन्दावन रस-रूप है और प्रिया-प्रियतम की राजधानी है। श्रीवृन्दावन सुख और सौभाग्य का साक्षात् स्वरूप है और निधिवन हृदय का साकार अनुराग-भाव है। रसिकों का दृढ़ भाव है — "हममें कुंज कुंजमें हम हैं, कुंजविहारी सोऊ मम हैं।" हमारा हृदय भी नित्यविहारिणी-निकुञ्ज है और देह से भी हम निकुञ्ज-महल ही हैं, क्योंकि निकुञ्ज-महल के निवासी बिहारी-बिहारिन हमारे प्राणनाथ हैं। रसिक-भक्तों की चिरन्तन साध है कि उन्हें वृन्दावन का निवास मिले। वृन्दावन के बिना निकुञ्ज कहाँ, और निकुञ्ज के बिना विहार कहाँ?

नागरीदास ने वृन्दावन को अनन्य-रसिकों का गढ़ कहा है और बताया है कि गुरुदेव श्रीबिहारिनदेवजू को नित्य — विहारतत्त्व वृन्दावन — वीथियों में यमुना-पुलिन के बीच प्राप्त हुआ —

वृंदावन बीथिनमें जमना पुलिन बीच
नित्य कौ विहार श्रीविहारिनदास पायौ है।

उनका कथन है कि जब संसार के प्रति वैराग्यभाव दृढ़ करके कृपाबल का आश्रय लेकर वृन्दावन-वास करते हुए यहाँ की निकुञ्जों में श्रीयुगल के रस-विलास की अनुभूति करोगे, तभी श्रीबिहारी-बिहारिन की निज दासियों की खवासी प्राप्त हो सकेगी। श्रीबिहारिनदेवजू की वाणी है —

मेरौ मन श्रीवृंदावन अटक्यौ॥
राख्यौ श्रीहरिदास विपुल बल भूल न इत उत अटक्यौ।
बिसरे बिस्व विलास त्रास उपहासन नेंकु न भटक्यौ॥
उपज्यौ अति आनन्द हिये सुख सुफल प्रेम लै लटक्यौ।
श्रीबिहारीदास दंपति सुख चैनन नैन मधुर रस गटक्यौ॥

जिनकी दृष्टि के मूल में जड़-भाव है, उन्हें वृन्दावन के वृक्ष-लतादिक जड़ प्रतीत हों तो यह अस्वाभाविक नहीं है, किन्तु जिन रसिकों ने यहाँ के रज-रूख का सेवन किया है, उनके लिए यहाँ की रज और वृक्ष-लतादिक चिन्मय हैं।

जो रससिन्धु श्रीललिता के हृदय में उच्छलित है, वही रससिन्धु श्यामा-श्याम की रहःकेलि में तरंगायित है। जो प्रेम सखीजन के भाव से भरे लाड़ में अभिव्यक्ति पा रहा है, वही प्रेमरस निकुञ्जमहल और उसके लता-पता-वृक्षों में अंकुरित, पल्लवित, पुष्पित, प्रफुल्लित, फलित और पुलकित हो रहा है। केतकी, केवड़ा, कदम्ब, माधवी, कुन्द, चमेली और चम्पा में जो सुगन्धि है, उसका स्रोत वही रसतत्त्व है, जिसके फूल से फुलवारी

फूली है। वृन्दावन की रज में कपूर जैसी कान्ति उसी रस की है, जो इन्द्रधनुष और दामिनी में उद्दीप्त है। उसी रस से विह्वल होकर मेघ मृदंग बजा रहे हैं, मोर नृत्य कर रहे हैं, कोकिल अलाप रही है तथा पक्षी सुर दे रहे हैं और उसी रस में झूमकर श्रीबीठलविपुल गा रहे हैं —

सजनी नव निकुंज द्रुम फूले।
अलिकुल संकुल करत कुलाहल सौरभ मनमथ भूले॥

गुरुदेवजू की वाणी है कि वृन्दावन के वृक्षों की श्रीबिहारी-बिहारिन की सेवा के प्रति ऐसी मति है कि भिन्नजातीय होते हुए भी वे सजातीय बने हैं। नीम के वृक्ष से माधवी-लता लिपटी है। इमली के वृक्ष से अररु अड़ा है, पीठ-से-पीठ मिलाकर रेवज खड़ा है और पापरी का वृक्ष प्रेम को पोषित कर रहा है। छोंकर की छाँह कितनी सुन्दर है और करील की कुज तो काँटों की होते हुए भी हमें कोमल प्रतीत होती है। अपनी छाया और सुगन्धि से सुख देने वाली अरनी मेरी इष्ट है।

रसिक-भक्त वृक्षों को निहारते हैं, कुञ्जों में भ्रमण करते हैं और भाव-साधना के द्वारा विहार को प्रकटरूप में देखते हैं। वे वृन्दावन के प्रेम में सिक्त होकर एक-एक वृक्ष के नीचे आनन्दमत्त हो जाते हैं; क्योंकि यहाँ का प्रत्येक वृक्ष बिहारी-बिहारिन की रस-राजधानी है —

वन वन बिहारी बिहारिन के संग डोलत वृक्ष-वृक्ष रजधानी।
श्रीबिहारिनदास हरिदास कृपातें तन मन प्रान हितानी॥

श्रीबिहारिनदेवजू कहते हैं कि जिन्हें वृक्षों और कुञ्ज-लताओं का रस मिल जाता है, वे किसी के घर-द्वार पर जाकर याचना नहीं करते।

काहू कौ घर द्वार न उझकत जिन्हें व्यसन निज कुंज लता में

जिस प्रेमरस से परिपूर्ण होकर वृन्दावन के वृक्ष-लता पुष्पित और प्रफुल्लित होते हैं, जिस प्रेमरस से परिपूर्ण होकर सखीजन विहार के लिये फूल-पत्तों की शय्या रचती हैं, उसी प्रेमरस में बेसुध होकर रसिकभक्त गुञ्जा के फूलों से माला बनाते हैं और प्रिया-प्रियतम का फूलों से शृंगार होता है। फूलों की अँगिया, फूलों की साड़ी, फूलों के आभूषण और फूलों का महल है —

फूलन के आभरन फूल गूँथे केस घन फूलन की सारी चोली नव बाला।
फूलन की सेज बनी फूल बैठे धन धनी फूलन के महल विचित्र बिसाला॥

सच बात तो यह है कि वृन्दावन के समस्त वृक्ष-लता, फूल-पत्ते, डाल-शाखा और इन पर बैठने वाले पक्षी प्रियालाल की रहःकेलि के साक्षी हैं। कहीं प्रियतम कदंब के नीचे खड़े होकर प्रियाजू को बुला रहे हैं —

तोकों पिय बोलत हैं री लाल ठाड़े कदम तर।

तो कहीं ललित लताओं के नीचे युगल पौढ़े हुए हैं —

पौढ़े ललित लतान तरे।
सुमन सेज सुख रासि सनेही अधरन अधर धरे।

रसिकों की भावना में वृन्दावन के वृक्ष-लतादिक सखीजन के ही रूप हैं। कहीं वे अपनी शाखारूप- भुजाओं से एक-दूसरे को गलबाहीं देकर श्यामा-श्याम के हृदय में प्रीतिरस को जगा रहे हैं तो कहीं नित्य-विहार की साज-

सज्जा और परिवेश की रचना कर रहे हैं।

अपने अपने भाइ भजत सब सावधान चित दीने री॥
ललित लवंग लता जु इलाइचि दारूयौं दाख छुहारे री।
द्वै-द्वै रूप किये सेवत सखि नाना रति सुख साजे री॥

रसिक-भक्तों को श्यामतमाल और कनकलता के बिम्ब में श्यामा-श्याम प्रत्यक्ष हुए हैं, यही कारण है कि यह बिम्ब रसिकों को इतना प्रिय है कि वाणी-साहित्य में स्थल-स्थल पर उसका उल्लेख है —

श्रीहरिदास तमाल स्याम सों लता लिपटि कंचन की थोरी।
सहज रसीली नागरी सहज रसीलौ लाल।
हज प्रेम की बेलि मानो लिपटी प्रेम तमाल।
सरस लता द्रुम लिपटि सरस रस वल्ली फूली।

श्रीभगवत-रसिक ने इस बिम्ब को और अधिक स्पष्ट करते हुए कहा कि शाखा प्रिया-लाल की भुजाएँ हैं, किसलय-दल अँगुलियाँ हैं, हँसने से दाँतों की जो कान्ति फैली है, वही पुष्प हैं और अंगराग का सौरभ ही परागकण है। रस से परिपूर्ण फल उरोज हैं तथा तोता, कोयल और भौंरों का स्वर रतिरस की व्यञ्जक ध्वनि है। सखीजन अपने प्रेमजल से इन्हें सींच रही हैं —

स्याम तमाल कनक की वेली रही मनों लपटाय।
साखा भुजवर सोहई हो कोटर स्त्रवन सुहाय॥
किसलय दल अँगुरी बनी जाके फूल दसन मुसकाय।
मंदहास मधु बरस रही हो अंगराग मँहकाय॥
फल उरोज रससों भरे पिय परसत पानि सिहाय।
सुक पिक केकी बोलहीं हो मधुप गुंज मँडराय॥
प्रेम सलिल सखि सींचतीं हो कोक कला गुन गाय।

"अद्भुत-वृक्ष" के पद में भगवत-रसिक ने प्रियाजू के रूप की झाँकी इस प्रकार पाई है —

अलौकिक वृक्ष बिलोकौ आज।
फूलौ फरौ हरौ नव नव रँग मंजुल मृदुल समाज॥
थर पर कमल कमल पर कदली कदली ऊपर सुरु।
सुरु ऊपर सुमन मनोहर नारकेलि रस पुरु॥
नारिकेल पर फूल रविमुखी पाँच फूल ता माहीं।
जपा कुंद तिल महुआ अंबुज उपमाकों कछ नाहीं॥

वृन्दावन का यह रस और यह चिन्मय-दृष्टि रज और रूख के सेवन के बिना नहीं मिल सकती। श्रीगुरुदेवजू का स्पष्ट मत है कि वृन्दावन का यह रस तभी प्राप्त हो सकेगा, जब वृन्दावन की रज से नेह हो जाएगा। जब तक मन में रजपूती का रजोगुण है, तब तक उस वृन्दावन की रज से नेह नहीं हो सकेगा, जिससे श्यामा-श्याम के चार चरण नृत्य करते हैं और जहाँ आनन्द का अनन्त समुद्र है। वृन्दावन की रज के प्रति अनुराग बढ़ने के साथ रजोगुण वैसे ही दूर हो जाएगा, जैसे आग दहकने पर कोयले का रंग काले से लाल और लाल से सफेद हो जाता है —

रज छाँड़ें रज पाइयै, रज राखें रज जाय।
रस सों रजहिं पिछान लै, रजसों रसिक कहाय॥
जा रज सों जग रज कहै, सो रज कज है जाय।
श्रीवृंदावन सेये रज रहै, सो रज मोहिं समाय॥
नस्वर रज लगि सेवई, नस्वर रजपूत कहाय।
साँची रजहिं न सेवई, श्रीवृंदावन आय॥
चार चरन निरतत जहाँ, जहाँ न आनंद अंत।
सबै कामना पूरिहैं, मेरे कामिनि कंत॥
समझें अनसमझें भये, साधन बिना सुहेत।
श्रीबिहारिदास करनी करै, तौ कोयला राते सेत॥

रसिक-भक्तों के जीवन के साथ वृन्दावन की रज के सजीव सम्बन्ध को वाणी साहित्य में बड़ी सूक्ष्म दृष्टि से रेखांकित किया गया है। श्रीव्यासजी ने स्वामीजी के सम्बन्ध में कहा है —

श्रीवृन्दावन रेनु तन मन भजि तजि लोकवेद की त्रास।

इसी प्रकार सहचरिशरणजी ने श्रीबिहारिनदेवजू के सम्बन्ध में कहा है —

अमित छबीलौ छैल डोलत निकुंजन में
प्राण के समान मानी रज वनराज की।

मनुष्य के मन में नाना प्रकार के विषय-विकार, माया, ममता, अहंकार और मिथ्या दृष्टि है। मन जैसे ही किसी विषय पर विचार की उड़ान भरने को पंख खोलता है, वैसे ही अहन्ता-ममता की डोर उसे अपनी ओर खींचने लग जाती है। सांसारिकता का मूल ही "मैं-मेरा" है। हम लोग प्रतिदिन ही कहते और सुनते हैं कि अहन्ता-ममता की दृष्टि मिथ्या-दृष्टि है, भ्रान्ति है, परन्तु यह भ्रान्ति इतनी प्रबल है कि जिन्दगी भर पीछा नहीं छोड़ती। मिथ्या-दृष्टि का चश्मा जब तक आँखों पर लगा है, तब तक सत्य को नहीं देखा जा सकता। जब तक मन भय, घृणा, शंका, जुगुप्सा तथा कुल, जाति और शील के अभिमान की सीमा से बँधा है, तब तक असीम और विराट् की अनुभूति भी असम्भव है। इसीलिए तो रसिक-भक्त कहते हैं —

आपा की सिर पोट है ताकों दीजै डार।

विषय-वासनाओं से आसक्त मन से निर्मल और शुद्ध प्रेम का आस्वादन सम्भव नहीं। इसके लिए तो मन की धुन बदलनी होगी और गति बदलनी होगी। रसिकदेवजू के शब्दों में —

सखी भाव तब जानियै निरविकार मन होय।

साधारण-पात्र में सिंहनी का दूध नहीं समाता, उसके लिए मन को सोने का पात्र बनाना ही होगा। विषमय मन को अमृतमय बनाने के लिए रासायनिक-प्रक्रिया करनी होगी और मन की रासायनिक परिवर्तन-प्रक्रिया के रहस्य को प्रकट करते हुए गुरुदेव ने सूत्र दिया — वृन्दावन के रज और रूख का सेवन। इस रज के सेवन से ही वासनाओं का विकार मिट सकता है —

मन के अनेक भ्रम तम ज्यों नसाने बंद
जयति अनन्य धन आज रज राखी है।

श्रीगुरुदेवजू कहते हैं कि यह रज ब्रह्मादिक देवता और उद्धव आदि ज्ञानियों को भी दुर्लभ है और-तो-और स्वयं श्यामा-श्याम अपने श्रीमुख से इस रज के सर्वोपरि रस का बार-बार वर्णन करते हैं। वे कहते हैं कि हमने तो इसी रजरानी के भरोसे पर सारी मर्यादाओं को तिलाञ्जलि दे दी, मन के यावत् तम-भ्रम-श्रम-क्रम और रीति-भाँति छोड़ दी। इस रजरानी ने हमारी समस्त कामनाओं को पूर्ण कर दिया —

उद्धव आदि ब्रह्मादिक दुर्लभ परी प्रमान जु ही सुक भाखी।
जाकौ सुजस बखानत श्रीमुख स्यामास्याम सहसमुख साखी॥
श्रीबिहारीदास विश्वास तिहीं बल उमड़ि मेंड़ मरजादा नाखी।
रह्यौ न मन भै भ्रम श्रम क्रम कछ व्रज रज कियौ रज राखी॥

श्रीरसिकबिहारीजी की वाणी है कि जिस रज की प्राप्ति के लिए समस्त देव, ऋषि, मुनि सतत वाञ्छा किया करते हैं, स्वयं ब्रह्मा और शिव जिसे सदा प्रणाम करते हैं, उस रज की प्राप्ति के बिना अनन्त जन्म डहकते हुए ही बीत गए। परन्तु अपनी कृपा के वशीभूत होकर श्रीबिहारिणीजू ने वह रज प्रदान की है। इस रज के अद्भुत प्रताप से ही आज हम अपने समस्त परिवारस्वरूप श्रीस्वामीजी, विट्ठलविपुल श्रीबिहारिनदेवजी आदि समस्त सहचरी परिकर से मिल सके हैं —

जा रस कों सुर नर मुनि वंछित विधि संकर सिर नायौ॥
बहुतक जुग या रज बिनु बीते जनम जनम डहकायौ।
सो रज अब कृपा कर दीनी अभै निसान बजायौ॥
आय मिल्यौ परिवार आपने हरि हँसि कंठ लगायौ।
स्यामास्याम जु विहरत दोऊ सखी समाज मिलायौ॥

अनेक सम्प्रदायों में गोरोचन, रोली, चन्दन और केसर का तिलक लगाने की परम्परा है, परन्तु रसिक-भक्तों के सम्प्रदाय में रज का तिलक लगाया जाता है। स्वयं श्रीश्यामसुन्दर राधा की चरण-रज का तिलक लगाते हैं —

तुव पद पंकज तल रज वंदन तिलक लगावत भालै। (वीट्ठलविपुल)

स्वामीजी के स्वरूप का वर्णन करते हुए भगवत्-रसिक ने कहा है — "माथे रज तिलक भाल बांकी भृकुटी बिसाल।" अनुगत भक्तों ने इस परम्परा को आगे बढ़ाने की कामना की — "माथे श्रीहरिदास चरन रज सोई लै तिलक करों।"

रसिकों के मार्ग में ब्रज-रज से बने करवे का इतना महत्त्व है कि उस एकमात्र पात्र से शरीर की यावत् क्रियाओं का सम्पादन किया जाता है। किसी ने गुरुदेव से कहा कि यह मिट्टी का बर्तन है, इसे फेंक दो। इस पर गुरुदेव ने कहा कि यह हमारे प्राणजीवन राधा-कृष्ण के श्रीचरण-कमलों की रज से बना है और इससे जिस किसी वस्तु का संस्पर्श हो गया, वह सदा के लिए परम पवित्र बन गया। परन्तु यह बात रसिकों के बिना समझेगा कौन —

ब्रज रज कौ करवौ गढ्यौ, संतत सुखद प्रसाद।
श्रीबिहारिदास रस परस बिनु, को जानें सुख स्वाद॥

इस रज के सेवन से ही प्रेम पदार्थ की प्राप्ति सम्भव है और इस बात का प्रमाण है — रसिक भक्तों का जीवन। वृन्दावन की रज और रूख के सेवन के अभाव में रस का संस्पर्श भी अलभ्य है। इसीलिए बिहारिनदेव (गुरुदेव)

की वाणी है —

प्रेम पदारथ दूर है बिनु सेये रज रूख।

(स्वामी हरिदास आविर्भाव महोत्सव में)

१५.

तत्सुख-भाव : करुणा और प्रेम का रसायन

प्रियतम के सुख के लिए जो प्रेमाधिष्ठात्री और प्रेमोत्कर्ष-पराकाष्ठा है, समस्त जीवों के लिए वही करुणा-वरुणालय है। प्रियतम को निहारकर जिन नेत्रों में रस की उद्दाम-लालसा छलकने लगती है, भक्तों को देखकर उन्हीं नेत्रों में दया के बादल उमड़ते-घुमड़ते हैं। जिस हृदय में प्रेम रस की उत्ताल तरंगें हैं, उसी हृदय में करुणा का विस्तार है—"कुञ्ज विहारिन लाड़ली परम उदार कृपालु"।

जहाँ कुञ्जबिहारी श्रीहरि का हृदय प्यारीजू के सुख के लिए इतना आतुर है कि "जहाँ-जहाँ चरन परत प्यारीजू तेरे, तहाँ-तहाँ मन मेरौ करत फिरत परछांहीं", वहीं भक्तों के सुख के लिए वे इतने करुणामय हैं कि भक्त के अपराधों की भी गिनती नहीं करते। भक्त और भगवान् के बीच एक अद्भुत होड़ है। भक्त अपराध करने में पीछे नहीं रहता और श्रीहरि दया करने में कसर नहीं छोड़ते—

हे हरि, मोसौ न बिगारन कौ तोसौ न सँवारन कौ, मोहि तोहि परी होड़।

श्यामा-श्याम के तत्सुख स्वरूप के साथ ही रसिक भक्ति-मार्ग में गुरु और शिष्य के सम्बन्ध को प्रकट करते हुए श्री बिहारिनदास कहते हैं कि जैसे अपने बछड़े को देखकर गाय के थनों से दूध स्रवित हो जाता है, उसी प्रकार गुरु का तत्सुख-भाव से परिपूर्ण मन शिष्य को निहाल करने के लिए पुलक उठता है —

निस्प्रेही उपकार गुरु, शिष्य शुद्ध श्रद्धालु,
राँभत ही थन च्वै चलै, ज्यों गउ बच्छा प्रतिपाल।

यह तत्सुख-भाव ही रसिक-पन्थ का आदर्श है। यों तो भक्ति-मार्ग में आराध्य के साथ माता, पिता, गुरु, सखा, पति, प्रियतम और स्वामी आदि के अनेक सम्बन्ध हैं — "तोहि मोहि नाते अनेक मानियत जो भावै।" परन्तु सखी जैसा तत्सुख-भाव अन्यत्र कहाँ? भागवत ने गोपीजन को भक्ति का प्रमाण माना है, परन्तु गोपीजन के मन में भी कामना है कि श्रीकृष्ण हमें प्रियतम और पति के रूप में प्राप्त हों, परन्तु सखी तो केवल लाड़ लड़ाती हैं। प्रिया-प्रियतम के सुख के लिए विहार का साधन करना ही सखी को अभीष्ट है।

कहिबे कों तौ तीन हैं, सुख मिल विलसें एक।
तन मन विलसें दोइ मिल, मनकर विलसें एक।
ततसुख विलसें मनमई, तो सुख तनहिं विलास।
गौर श्याम तन सुख सखी, ततसुख श्रीहरिदास।

यह तत्सुख-भाव ही निकुञ्ज के रस का पारावार है, प्रेम का अनन्त समुद्र जिसकी थाह पाना भी दूभर है और घाट पाना भी दूभर है —

प्रेम समुद्र रूप रस गहरे कैसे लागै घाट।

अनत का अन्त पाना कैसे सम्भव है? फिर भी बुद्धिजीवी तर्क के तीर चलाता है। स्वामीजी कहते हैं कि —

काहू कौ सर सूधौ न परत मारत गाल गली-गली हाट।

और गाल मारने के इसी प्रसंग में यह प्रश्न भी यत्र-तत्र उठ बैठता है कि क्या यह अनन्य प्रेम एकांगी है? क्या यहाँ समाज के प्रति उदासीनता का भाव है?

वृन्दावन की रसभूमि में ऐसे किरकिरे प्रश्नों का क्या होगा? फिर भी बुद्धिजीवियों के साथ लगकर ऐसे प्रश्न भी जब-तब चले ही आते हैं। एक दिन उद्धव भी ब्रज में कुछ ऐसे ही प्रश्नों को ले आया था। प्रश्न विचारों को उत्तेजित करते हैं और सभा में हम सभी जने विचार के लिए बैठे ही हैं, तो यही प्रश्न सही।

क्या हरिदासी-सम्प्रदाय का प्रेम एकांगी है? और क्या यहाँ समाज के प्रति उदासीनता का भाव है?

इस प्रश्न का उत्तर पाने के लिए हमें भक्ति के समाजशास्त्र को समझना होगा। इसका उत्तर पाने के लिए हमें भागवत की ओर जाना होगा, क्योंकि भक्ति का आविर्भाव भागवत-कथा के अर्थ से होता है — "ऊचुः कुमारा वचने तदानीं कथार्थतो निष्पति नाधुनेयम्"। भगवतरसिक की वाणी में रसिक-भक्त के लिए भागवत सुनना पहली शर्त है — "प्रथम सुनै भागौत भक्त मुख भगवत बानी।"

भागवत-माहात्म्य के प्रसंग में स्वयं भक्ति सामाजिक परिस्थितियों से व्यथित होकर नारद से कहती हैं कि — लोग दुराचारी, कुटिल, काम-परायण, उल्टे मार्गों पर चलने वाले तथा उग्र प्रकृति के हो गए हैं। वे तृष्णा से व्याकुल हैं और क्रोधाग्नि से सन्तप्त हैं। दूसरों को दुःखी देखकर स्वयं भी अन्त में दुःख के ही भागी बनते हैं। वे छद्मपरायण और निर्दयी हैं। वे उपद्रवग्रस्त हैं तथा अपना पेट पालने में लगे हैं। जो साधुसन्त कहे जाते हैं, वे स्त्री और धन का परिग्रह करने वाले पाखण्डी हैं तथा महात्माओं के आश्रमों, तीर्थों और नदियों पर यवनों का अधिकार हो गया है। भक्ति के मन में यह समाज की ही पीड़ा है।

यही पीड़ा स्वामी श्रीहरिदास की भी है। स्वामी जी संसार-समुद्र को देखते हैं, तो व्याकुल हो जाते हैं — "संसार समुद्र मनुष्य मीन नक्र मगर और जीव बहुत बंदसि।" मनुष्य को सांसारिक प्रपंचों में उलझा देखकर वे व्यथित हैं — "देखौ इन लोगन की लावनि। बूझत नाहिं हरि चरन कमल कों बिरथा जनम गंवावनि।"

संसारी जीवों की मृगतृष्णा देखकर स्वामीजी के मन में करुणा उपजती है — "मृगतृष्णा जग व्याप रही है कहूँ बिजौरौ न बेल।"

इसी मृगतृष्णा के कारण व्यक्तिनिष्ठता या "मैं-मेरी" का जन्म होता है और जब "मैं-मेरी" बढ़ जाती है, तो समाज में बिखराव आ जाता है। स्वामीजी के समय में भी समाज इसी प्रकार टूट रहा था। यदि ऐसा न होता तो भारत की राजनैतिक-सत्ता और सैन्य-शक्ति भरभराकर इस प्रकार क्यों गिर पड़ती?

समाज के इसी दर्द ने इन भक्तों को व्याकुल कर दिया था। वे संत सामाजिक दुःख से अभिभूत होकर अपना सर्वस्व छोड़कर चल पड़े थे। वे सन्त यह जानते थे कि यह दुःख परस्पर सन्देह और अविश्वास के कारण है। दुःख मोह-जन्य है। मनुष्य के दुःख का कारण अज्ञान के अतिरिक्त और क्या हो सकता है? स्वामी श्रीहरिदासजी सिद्धान्त के पदों के द्वारा भक्त के संशय को छिन्न करते हैं, अज्ञान और मोह का निवारण करते हैं तथा चित्त की गाँठ खोलते हैं। सच बात तो यह है कि उनके मन में यदि यह तत्सुख-भाव, यह प्रेम और यह करुणा न होती तो इस "रस" की यमुना कैसे प्रवाहित होती?

वास्तव में "भक्ति" एकान्त सुख की लालसा नहीं है, वह अपने गहरे स्तरों पर सामाजिक-धर्म है। भागवत में प्रह्लादजी का वाक्य है कि —

प्रायेण देवमुनयः स्वविमुक्तिकामा मौनं चरन्ति विजने न परार्थनिष्ठा।
नैतान्विहाय कृपणान्विमुमुक्ष एको नान्यंत्वदस्य शरणं भ्रमतोऽनुपश्ये। (भा.७.९.४४)

भक्ति के ऐसे ही एक प्रसंग में यह उदात्त भाव उमँगा था कि —

नत्वहं कामये राज्यं न स्वर्गं नापुनर्भवम्।
कामये दुःखतप्तानां प्राणिनामार्ति-नाशनम्।

वृन्दावन के भक्तों के बीच एक अनुश्रुति है कि असम के महान् सन्त माधवदेव वृन्दावन पधारे तो बिहारीजी के दर्शन करने भी आए। द्वारपौरियाने संत माधवदेव से विनती की कि "स्वामीजी की आज्ञा है कि कोई सन्त यहाँ से भूखा न जाए। राजभोग में थोड़ी ही देर है, आप प्रसाद ग्रहण करके ही जाएं।" माधवदेव ने कहा कि हम राजभोग तक तो नहीं ठहर सकेंगे, जो भी कुछ हो, वही ले आओ। सेवक ने उन्हें कुछ चने दे दिए। माधव यमुना तट पर गए, ठाकुरजी को उन्हीं चनों का भोग लगाया तथा उन्हें खाकर जल पी लिया। उधर स्वामीजी ने बिहारीजी के सम्मुख राजभोग रखा, तो बिहारीजी बोले कि "माधवदेव के चने खाने से मेरे पेट में दर्द हो रहा है।"

इस अनुभूति में इतिहास का सत्य क्या है? यह गया-गुजरा निर्जीव सवाल इतिहासकारों को ही मुबारक रहे। हमारे सामने तो भक्तों की भावना का सजीव प्रश्न है। हमारे सामने तत्सुख-सुखित्व का प्रश्न है। हमारे सामने उस संवेदनशीलता का प्रश्न है कि भक्त ने चने चबाए और उनसे भगवान् के पेट में दर्द हो गया। रसिक-भक्त के मन — वृन्दावन में यदि यह संवेदनशीलता न हो, तो सौन्दर्य की वह सुकुमारता और प्रेम की वह मिठास वहाँ कैसे ठहर सकेगी? यह संवेदनशीलता ही तो रसिकपन्थ की साधना है।

(स्वामी हरिदास आविर्भाव महोत्सव (१ सितम्बर १९९२) वृन्दावन में)

१६.

नित्य-विहार-उपासना की मनोभूमि

सम्प्रदाय नवधा भगति वेद सुरसरी नीर।
ललितासखी-उपासना ज्यों सिंहिन कौ छीर॥
ज्यों सिंहिन कौ छीर रहै कुंदन के बासन।
कै बच्चा के पेट और घट करै बिनासन॥

भगवतरसिक का कथन है कि श्रवण, कीर्तन, स्मरण, पादसेवन, अर्चन, वन्दन, दास्य, सख्य तथा आत्मनिवेदन-रूप नवधा भक्ति गंगा का जल है, जिसे मिट्टी के पात्र में भी रखा जा सकता है, काँच के बर्तन में भी रखा जा सकता है तथा स्टील इत्यादि के बर्तन में भी रख सकते हैं, परन्तु नित्य-विहार-उपासना सिंहनी का दूध है। सिंहनी का दूध या तो सिंह-शावक पचा सकता है अथवा उसे सोने के पात्र में रखा जा सकता है। नित्य-विहार-उपासना गंगाजल की तरह सामान्य नहीं है, सिहिनी के दूध की तरह विशिष्ट है और उसके लिए विशिष्ट-मनोभूमि की अपेक्षा है।

नित्य-विहार की उपासना रस और रास की उपासना है, किशोर-किशोरी के चिरन्तन आकर्षण की उपासना है—"अरबरात मिलिबे कों निसदिन मिलेई रहत मानों कबहु मिले ना।" नित्य-विहार की उपासना

दुल्हन-दूल्हे के कुञ्ज-कुञ्ज डोलन, मृदु-बोलन, आलिंगन, चुम्बन और मान-मनुहार की उपासना है — "अधर मद पीबत पिबावत तृपति नहीं दिन-रैन।" यह निर्विवाद सत्य है कि नित्य-विहार की उपासना नित्यकेलि और रति की उपासना है परन्तु इससे भी बड़ा सत्य यह है कि "इनके मल मैथुन कछु नाहीं, दिव्य देह बिहरत वन माँही।" जैसे भौतिक विज्ञान यूरेनियम को परिशुद्ध करके उसे ऊर्जा के रूप में परिणत कर देता है, तब यूरेनियम नहीं रहता, उसके गुण-धर्म बदल जाते हैं अथवा जैसे विदग्ध वैद्य ाहर को रासायनिक क्रिया द्वारा सिद्ध करके औषधि बना देता है, तब वह विष नहीं अमृत बन जाता है, वैसे ही रसिक-साधक काम और कामना को भस्म करके उसको रस के रूप में सिद्ध करते हैं। काम और कामना से परिपूर्ण मन नित्य-विहार-उपासना का "पात्र" नहीं है। नित्य-विहार-उपासना की पात्रता काम और कामना को भस्म करने में है। यही रस-उपासना की असाधारणता है। इसका प्रमाण तर्क नहीं, स्वामी श्रीहरिदास तथा उनकी परम्परा के रसोपासक हैं। रसोपासकों की रहनी है।

रसिक-भक्तों की वाणी, रसिकों की रहनी, रसिकों के उपास्य तथा रसिकों के सिद्धान्त विच्छिन्न नहीं हैं, वे सब मिलकर ही रस-तत्त्व हैं। यदि हमने रसिकों के वैराग्य-भाव को नहीं जाना, तो यह निश्चित ही है कि उनके अनुराग को समझ पाना हमारे लिए सम्भव नहीं है। वैरागी मन ही कुन्दन का बर्तन है, जिसमें नित्य-विहार उपासना-रूप सिंहनी का दूध रखा जा सकता है। संसारी मन रसोपासना का पात्र नहीं है।

संसारी मन आशा, तृष्णा, लोभ, वासना, चिन्ता, लज्जा, घृणा, मायामद, गुनमद, जोवनमद, अहन्ता, ममता, आसक्ति, भय, भ्रम और सुख-दुःख-रूप तन्तुओं से अपने लिए जाला बुनता है और जैसे मकड़ी जाला बुनकर स्वयं भी उसी में फँसी रहती है, वैसे ही संसारी मन अपने ही बनाए जाले से अपने को ही बन्धन में डाल लेता है। पहले पिंजरे में जाने को ललचाता है और फिर पिंजरे से मुक्त होने के लिए पंख फड़फड़ाता है — यही संसारी मन की नियति है —

कहें श्रीहरिदास पींजरा के जनावर लों, तरफराय रह्यौ उड़बे कों कितौऊ करि।

यह संसारी मन की दुर्निवार प्रकृति है। स्वामी श्रीहरिदासजी कहते हैं कि छत्रपति सम्राट् से लेकर दीन, हीन, दुःखी, दरिद्र सभी को परख लिया और निष्कर्ष यह है कि — "प्रकृति-विरुद्ध बन्यों नहिं कोई।" मनुष्य-मात्र का मानस इस दुर्निवार प्रकृति के अधीन है। इस प्रकृति के अधीन होकर ही मानव-मन सांसारिक सम्बन्धों का जाल बनाता है। युद्ध भी इस दुर्निवार प्रकृति का परिणाम है और शान्ति भी इस दुर्निवार प्रकृति का परिणाम है। मनुष्य के इतिहास में जो भी कुछ घटित हुआ और जो भी कुछ घटित हो रहा है, वह सब कुछ संसारी मन की इस दुर्निवार प्रकृति की ही अनिवार्य प्रक्रिया है। संसारी मन के लिए यह सब सत्य है, किन्तु प्रभु-कृपा से जब साधक का मन आत्मराज्य में उत्क्रमण करता है, तब वह देखता है कि संसारी मन का सत्य मृगतृष्णा वाला सत्य है, माया का सत्य है — "सुनि श्रीहरिदास यहै जिय जानों सपने कौ सौ जागर।" एक ओर संसारी मन है, जो संसार के सम्बन्ध-जाल को, संसार की घटनाओं को, संसार की प्रवृत्ति को, संसार की विजय-पराजय और सुख-दुःख को सत्य के रूप में देख रहा है और उस सत्य से कर्म में प्रवृत्त भी हो रहा है। दूसरी ओर आत्मराज्य में पहुँचा हुआ साधक है, जो संसार को "मिहरी के ठाठ" के रूप में देख रहा है और अपने प्रभु से कह रहा है —

झूठी बात साँची कर दिखावत हौ, हो हरि नागर।
निस दिन बुनत उधेरत जात प्रपंच कौ सागर।

संसारी मन जिसे सत्य मानकर चला है, आत्मराज्य अथवा रसदेश का उपासक उसे भ्रम और मिथ्या के रूप में

देख रहा है। जो एक का सत्य है, वह दूसरे के लिए मिथ्या है। श्रीबिहारिनदासजी स्पष्ट कहते हैं कि निकुञ्जरस संसारी-मन के सुख-दुःख से ऊपर की बात है।

सुख में दुख दुख में जु सुख, ते दोऊ दुख जानि।
श्री विहारिनदास दुख-सुख परें, ता सुख सों रति मानि॥
जापा सापा मानियै, संसार कौ सुझाव।
इत सिठनों उत पीटनौ, उपजै भक्ति न भाव॥
ब्याए व्याहें गावनों, बिछुरें मूंएें रोज।
बेसरम्यौ संसार की, तहाँ न सुख की खोज॥

निकुञ्जरस के लिए संसारी मन की पात्रता का प्रश्न तो बहुत दूर की बात है, बिहारिनदास जी तो कहते हैं कि रसोपासक तथा संसारी मन का साथ भी ऐसा है, जैसे विवाह में श्राद्ध हो —"ज्यों व्याह में सराध।"

रसोपासना की मनोभूमि संसार की नाना-प्रकार की सीमाओं और संकीर्णताओं से परे है। जाति-चेतना के सम्बन्ध में बिहारिनदास कहते हैं —

लालच छुटै न जाति की करै भक्ति की हौंस।

जाति के अभिमान और भक्ति का कोई संग नहीं, यह तो ऐसी बात है जैसे कोई खर की दूकान पर जाकर मिश्री को खरीदना चाहे। रसदेश में पुस्तक ज्ञान भी भार-रूप ही है —

पोथी थोथी सब परीं कौन उठाबै भार।

रसदेश में विधि-निषेध जंजार-रूप है तथा जप, तप, संयम, नियम, व्रत, अनुष्ठान आदि निरर्थक हैं। रसोपासना की भावभूमि में लोक और वेद दोनों का ही बन्धन अस्वीकार्य है — "श्रीबिहारी बिहारिनदास भजि, तजि लोक-वेद की कान।" रसिकोपासना की मनोभूमि निस्त्रैगुण्य है — "निस्त्रैगुण्ये पथि विचरतः को विधिः को निषेधः।" रसदेश में भाव की एकतानता का महत्त्व है — "ऐसें ही देखत रहौं जनम सुफल करि मानों।"

श्री बिहारिनदास एक दिन वृन्दावन यमुना तट पर प्रातःकाल के झुटपुटे में पहुँचे। मदनटेर पर दातुन कर रहे थे और एक टेक में मगन हो गए —

बिहरत लाल विहारिन दोऊ श्री जमना के तीरे तीरे।

और उस भाव में वे ऐसे विभोर हो गए कि दोपहर हो गई, दातुन भी चलती रही और पद का गायन भी चलता रहा, धीरे-धीरे साँझ हो गई। मदनमोहन-मन्दिर के पुजारीजी तीन बार जमना घाट पर आए, तीन बार स्नान किया, तीन बार सन्ध्यावन्दन किया और तीन बार जमना-जल ले गए, देखा कि बिहारिनदास तो दातुन ही कर रहे हैं। रसिकों की रहनी का रहस्य पुजारीजी नहीं समझ सके, बोले — "महात्माजी, आपकी दातुन पूरी नाँय भयी यहाँ तौ सूर्य अस्त हैबे कों है" —

उठि बैठ्यौ हो भोर ही एक तान गुन गान।
आवत जात अथै गयौ तीन काल असनान॥

यह अन्तर्मुखी वृत्ति, यह भाव-समाधि और एकान्तिकता है, जो नित्य-विहार की मनोभूमि की रचना करती है। इस मनोभूमि की रचना के लिए पूर्ण विश्वास और पूर्ण समर्पण अपेक्षित है। कामना का लेश भी यदि शेष है, तब तक इष्ट की प्राप्ति दुष्कर है। लोग दस-बीस सेर देकर निकुञ्जरस को पाने का प्रयास करते हैं,

बिहारिनदासजी कहते हैं कि दस-बीस की बात छोड़ो यदि उन्तालीस सेर भी दिया तो भी रस सिद्ध नहीं होगा, वहाँ तो पूरे के पूरे चालीस-सेरे मन का समर्पण अपेक्षित है —

श्रीविहारीदास मन मांहि सुख जग तौलौ दस बीस।
वोछौ उनतालीस लों, पूरौ मन चालीस॥

रसिक-उपासकों में अनेक भक्त ऐसे थे, जो अपने राजसी-जीवन को छोड़कर आए थे। उनके पास राजमहल था, राजसत्ता थी, सुन्दर रानियाँ थीं और सोना-चाँदी, हीरा-जवाहरात, घोड़ा, हाथी, नौकर और चाकर सब कुछ था। फिर भी उनके मन में एक प्यास थी। अवश्य ही वे जीवन के एक बड़े प्रयोजन को देख रहे थे। वह प्रयोजन, जहाँ पहुँचकर वैभव का पारावार अकिञ्चनता के द्वार का याचक बन जाता है। शहंशाहों और सत्तावंतों के मन में उस अकिञ्चनता का साक्षात् पाने और उसकी कृपा पाने की ललक थी — "नृपति द्वार ठाड़े रहें दरसन आसा जासु की।" इस प्रकार की अनेक अनुश्रुतियाँ वृन्दावन में प्रचलित हैं कि बादशाह ने स्वामीजी से सेवा बताने का बहुत आग्रह किया तो उन्होंने यमुना-घाट का जीर्णोद्धार कराने की बात कही और निर्देश दिया कि जैसा पत्थर सीढ़ियों में लगा हुआ है, वैसा ही पत्थर लगाया जाना चाहिए। जब बादशाह के जौहरियों ने उस पत्थर की परीक्षा की, तब वे आश्चर्यचकित रह गए कि ऐसे पत्थरों का घाट तो सारे शाही खजाने को खर्च कर देने के बाद भी नहीं बनाया जा सकता। इन अनुश्रुतियों को इतिहास के जड़वादी व्याख्याकार इतिहास की कसौटी पर परखना चाहें तो परखें, परन्तु एक बात निश्चित है कि लोकमानस का सजीव-सत्य इतिहास के निर्जीव-तथ्य से बहुत बड़ा होता है। इस प्रकार की अनुश्रुतियों का सत्य यह है कि रसिक-भक्तों की मनोभूमि में राजा-बादशाह की कौन कहे इन्द्र भी कंगाल सा लगता है —

इन्द्रोऽपि रंकवद् भाति का कथा नृपकीटकः।
सुरपति भूपति कंचन कामिनि जिनके भायें घास॥

निकुञ्जरस की उपासना में अकिञ्चनता का बहुत महत्त्व है। वैकुण्ठलोक में वैभव का अनन्त विस्तार है, परन्तु रसिक-भक्त कहते हैं कि विहार का रस इसीलिए तो रमापति के लिए दुर्लभ है — "लक्ष्मी पति ललचाहिं।"

नित्य-विहार-उपासना की मनोभूमि के सम्बन्ध में भगवत रसिक ने कहा —

हमारे वृन्दावन उर और।
माया काल तहाँ नहिं व्यापै जहाँ रसिक सिरमौर।
छूटि जात सत असत वासना मन की दौरा दौर॥

इस मनोभूमि में न सद्वासना है न असद्वासना है, न मन की चञ्चलता है। यहाँ मन की निर्द्वन्द्वता है। रसोपासना की मनोभूमि में भेद-बुद्धि नहीं है। सम्पूर्ण सृष्टि प्रीति का विषय है फिर चाहे मनुष्य हो या मोर, बन्दर और कछुआ।

जहाँ कहा गया है कि "उत्तम भोग लगाय मोर मरकट तिमि पोषें", वहाँ यह भावना नहीं है जो कछुआ-मछली को आटे की गोलियाँ और बन्दरों को चने डालकर ग्रह-दोषों का निवारण करने या पुण्य लूटने की मानसिकता में होता है। रसदेश में मोर-बन्दर कुतूहल या सहानुभूति के विषय नहीं हैं, वे तो बिहारीजू के सहयोगी और प्रतियोगी हैं। मोर भी श्यामाजू को रिझाने के लिए नृत्य कर रहे हैं और बिहारीजू भी श्यामाजू को रिझाने के लिए नृत्य कर रहे हैं — "नाचत मोरन संग स्याम मुदित स्यामाहि रिझावत।" जहाँ मोरों के साथ

श्यामसुन्दर ने नृत्य की होड़ बदी है, वहाँ लगता ही नहीं कि मोर मनुष्य नहीं है, पक्षी है और दया का पात्र है या कुतूहल का विषय है। जो लोग भेदबुद्धि के कारण मोर को पक्षी से अधिक नहीं समझ सकते, वे उस प्रेम की थाह भी नहीं पा सकते, जहाँ एकमात्र रस की ही सत्ता है। रसोपासना की मनोभूमि में लता, पता, वृन्दावन, यमुना, चन्दा, तारे, मेघ, पवन, बिजली आदि सभी उस रसरास के उपादान और रस-परिपाक के सहायक हैं। बादलों में चमकने वाली बिजली उसी प्रेमरस में विभोर होकर मेघ से कहती है कि जिन्होंने श्यामा-श्याम की कान्ति की उपमा हमसे दी है, उनकी मति कच्ची है। सच्चे मेघ और सच्ची दामिनी तो श्यामा-श्याम ही हैं। प्रेमरस में विभोर होकर ही कोकिला अलाप रही है, पपीहा स्वर दे रहा है, मेघ मृदंग बजा रहा है और राग-रागिनियाँ उपस्थित हैं —

बिच बिच प्रीत रहस रस रीत की राग रागनी के जूथ बाढ़े।

जहाँ अपसुख का भाव होगा, वहाँ प्रेम का अभाव होगा। वहाँ प्रेम का प्रवेश सम्भव नहीं, इसलिए रसोपासना की मनोभूमि में तत्सुख का भाव है —

तत्सुख मधि छिन छिन सुखित अपसुख गन्ध न लेस।

यह तत्सुख-प्रेम ही आनन्द-विग्रह है। यहाँ रिस है तो प्रेम के लिए, मान है तो प्रेम के लिए, नृत्य है तो प्रेम के लिए और राग है तो प्रेम के लिए परन्तु यह प्रेम संसार नहीं है। यह प्रेम माया, काल तथा प्रकृति से परे है और वैराग्य की उस साधना के द्वारा ही सम्भव है, जिसका संकेत स्वामीजी की वाणी में है —

मन लगाय प्रीति कीजै कर करवा सों।

वृन्दावन की रज, गुदड़ी और करवा — यही तो उस मनोभूमि में पहुँचने के साधन हैं, जहाँ साधक सिंह-शावक और कुन्दन का बर्तन बन जाता है। जहाँ पहुँचकर वह रसोपासना का अधिकारी और रसदेश का नागरिक बन जाता है।

मनोविज्ञान के क्षेत्र में अनुसन्धान करने वाले विद्वानों ने समाज-मनोविज्ञान, लोक-मनोविज्ञान, असामान्य-मनोविज्ञान, परा-मनोविज्ञान और बाल-मनोविज्ञान आदि अनेकानेक शाखा-प्रशाखाएँ विकसित की हैं। परन्तु आत्मराज्य के मनोविज्ञान की भूमि पर एक कदम भी नहीं रखा। यदि इस दशा में अनुसन्धान का कार्य किया जाए तो भारत की अध्यात्म-परम्परा को समझने की एक नई दृष्टि मिल सकती है। यह कितनी विलक्षण बात है कि रसोपासक संसारी मन के बीच जन्म लेता है, संसारी मन के बीच रहता है, संसारी मन से संवाद करता है, संसारी मन को सम्बल और प्रकाश देता है फिर भी संसारी नहीं होता है। सिंह-शावक की तरह वह संसार से विलक्षण होता है।

(स्वामी हरिदास आविर्भाव महोत्सव वृन्दावन (१२ सितम्बर १९९४) में)

१७.

नित्य-विहार : प्रेम की विलक्षणता

माई री, सहज जोरी प्रगट भई रंग की गौरस्याम घनदामिनी जैसें।
प्रथमहू हुती अबहू आगेंहू रहिहै न टरिहै तैसें।

गौर-स्याम की वह जोड़ी जितनी सहज है, उतनी ही शाश्वत है। वह युगल-विहार पहले भी था, आज भी है और आगे भी रहेगा, फिर भी स्वामी हरिदास ने उसे पहली बार प्रकट रूप में देखा, जिसे उन्होंने बिहारी-बिहारिन, श्यामा-श्याम, कुञ्जबिहारी, भाँवती-भाँवते, दुलहिनी-दूलह, जुगल-किसोर, लाड़लीलाल जैसे प्यारभरे-रसभरे नाम दिए। "ऐसी सुनी जु बूंद तें कन न्यारो", "ज्यों पानी में पानी नरीच", "ज्यों घन दामिनी संग रहत नित", "नवीन मेघ संग बीजुरी एक रस" कहकर स्वामीजी ने यह भी बताया कि यह जोरी अविना-सम्बन्ध सिद्ध है। जैसे सूर्य से सूर्य की किरण अलग नहीं रहती, जैसे शब्द से अर्थ अलग नहीं रहता, जैसे लहर जल से अलग नहीं रहती वैसे ही श्यामा और श्याम अलग नहीं होते हैं और उनके नित्य-मिलन में ऐसी विलक्षणता है कि — "मिले ही रहत मानों कबहु मिले ना।"

जोड़ी तो भारतीय-दर्शन तथा उपासना ने और भी देखी हैं — प्रकृति-पुरुष, ब्रह्ममाया, प्रज्ञा-उपाय, शक्ति-शक्तिमान्, लक्ष्मी-नारायण, शिव-शक्ति, उमा-शंकर, सीताराम, रूक्मिणी-कृष्ण, कुब्जा-कृष्ण और यहाँ तक कि राधा-कृष्ण भी, किन्तु गौरस्याम की जिस जोरी की बात स्वामीजी कह रहे हैं, वह इन सभी जोड़ियों से विलक्षण है और इस विलक्षणता के द्रष्टा रसिक अनन्य नृपति स्वामी श्रीहरिदास हैं। इसलिए ही कहा गया है कि —

कूँची नित्य विहार की श्रीहरिदासी हाथ।

अथवा

प्रियालाल हैं धन सही धनी सही हरिदास।

स्वामी श्रीहरिदास गौरस्याम की सहज जोरी और उनकी रह:केलि के तटस्थ द्रष्टा ही नहीं हैं, वे केलि में सखी-सुख के अधिकारी भी हैं। सखी-सुख के अधिकारी कह देने से भी बात पूरी नहीं हो सकती, क्योंकि —

श्रीस्वामी हरिदास हरि श्रीहरि के निज प्रान।
जो समझै या संधि कों सोई रसिक सुजान॥

नित्य-विहार स्वामी श्रीहरिदास का तन-मन-प्राण है और इसी प्रकार स्वामी श्रीहरिदास नित्य-विहार के तन-मन-प्राण हैं। वे बिहारी-बिहारिन के निज प्राण-स्वरूप हैं, नित्य-विहार में वे युगल का लाड़ लड़ाने वाली सखी हैं, अन्तरंग सखी। वह सखी, जो युगल के नेत्रों की भाषा को समझती है, मुस्कान की भाषा को समझती है, साँस की साँस को भी पढ़ लेती है। नित्य-विहार में शब्दों के लिए अवकाश ही नहीं है, वहाँ तो मन की निगूढ़ गति को समझना है — "साँस समुझि सुर बोलियै डोल नयन की कोर।" और श्यामा-श्याम के रस-सुख को समझने में श्रीहरिदास रूप ललितासखी इतनी कुशल हैं कि स्वयं स्वामिनीजू कहती हैं कि — अरी सखी, प्रेम के मर्म को समझने वाली तुझसे अधिक और कौन हो सकती है? प्रेम रस-विलास में जब मेरे मन में संशय रह जाता है, तब तू ही तो मुझे दाँव-उपाय बतलाती है —

सखी तोते कछु न दुराय हों तू मेरे हित प्रान।
तैं मेरे रस बस कियौ सुंदर सुघर सुजान।
तोतें अधिक न जानिहों कोउ कहै तो लागों पाँय।
मेरे मन संसै रहै तू कहि दाँव-उपाय।

ध्यान देने की बात यह है कि पहले तो वह जोड़ी ही ऐसी है जो "कहूँ देखी-सुनी न भनी।" न पहले कहीं

देखा गया, न कहा गया और न सुना गया। स्वामीजी उस विलक्षण जोड़ी के द्रष्टा हैं। फिर उस जोड़ी की रह:केलि — एकान्त रस-विलास। एकान्त-विलास की मर्यादा ही ऐसी है कि किसी भी युगल की रह:केलि को कोई नहीं देख सकता, यहाँ तक कि उसके सम्बन्ध में सोचना भी मर्यादा-विरुद्ध है परन्तु श्यामा-श्याम का नित्य-विहार विलक्षण है, क्योंकि वह कामकेलि नहीं है — "भयौ भरुआन रतिपति-दल दलकें।" बेचारा कामदेव अपने सम्पूर्ण दल-बल के साथ जहाँ दमित और दलित है, क्योंकि "इनके मल मैथुन कुछ नाहीं। ये दिव्य देह विहरत वन माँहीं।" इस गौरस्याम जोड़ी की और इस नित्य-विहार की यह विलक्षणता है कि यहाँ प्रेम का अनन्त विस्तार है, प्रेम की अनन्त गहराई है किन्तु इनके मल-मैथुन कछु नाहीं, काम-वासना नहीं है। स्वामिनीजू प्रेमोत्कर्ष की पराकाष्ठा है, प्रेमरूपा है, प्रेमाधिष्ठात्री है, प्रेमानन्दमूर्ति है। प्रेमरस-वश होकर नित नवीन क्रीड़ा रचती हैं, प्रेम के ही कारण रूठ जाती हैं, प्रेम के ही कारण शंका करती हैं और प्रेमोन्मत्त होकर अपने ही प्रतिबिम्ब को देखकर आत्मविस्मृत हो जाती हैं और अपने ही प्रतिबिम्ब से कहती है — "तैं मेरौ लाल मोह्यौ री साँवरौ।" प्रेम के इस समुद्र में बेचारा काम किंकर और भृत्य की तरह वशीभूत है — "प्यारी तेरी महिमा बरनी न जाय जिहिं आलस काम बस कीन।" काम तो वहाँ विवश है, पराधीन है। किंकर है, भृत्य है, दास है और वृन्दावन के बाहर ही हाथ जोड़े खड़ा रहता है। नित्य-विहार का प्रेम-रस विशुद्धतम है, उसमें काम-भाव का मिश्रण नहीं है। जो प्रेम काम-भाव से स्फुरित होता है, वह विशुद्ध नहीं होता। नित्य-विहार का प्रेम यदि विशुद्धतम न होता, तो वहाँ सखी का प्रवेश भी न होता। परन्तु नित्य-विहार की विलक्षणता ही यह है कि यहाँ सखी का मात्र प्रवेश ही नहीं है, सखी उस प्रेम का आश्रय भी है और उपादान-कारण भी है, निमित्त-कारण भी है। श्यामा-श्याम ललितासखी के मन में विहार करते हैं, नेत्रों में विहार करते हैं और गोद में विहार करते हैं। श्यामा-श्याम के मन में जो प्रेम-स्फूर्ति होती है, ललितासखी उनके अनुकूल लाड़ लड़ाती है और जो प्रेम-स्फूर्ति ललितासखी के मन में होती है, श्यामा-श्याम भी वैसे ही रस-विलास करते हैं। इस प्रकार नित्य-विहार में अकेले श्यामा-श्याम ही नहीं हैं, सखी भी हैं।

माना कि सखी के मन में निज-सुख का भाव नहीं है, तत्सुख-भाव है — श्यामा-श्याम के लाड़ लड़ाने, उन्हें तन-मन-प्राणों से रिझाने का भाव है, क्योंकि यदि निज-सुख का भाव होता, तो वह प्रेम विशुद्ध न होता। नित्य-विहार का प्रेम विशुद्धतम प्रेम है इसका तात्पर्य ही यह है कि वहाँ स्वार्थ की कौन कहे "स्व" की भी गन्ध नहीं है। श्यामा-श्याम और सखी तीनों ही प्रेम-रस में एकाकार हैं। नित्य-विहार की सखी युगल को लाड़ लड़ाती है, उनके संकेत और मन के सर्वथा अनुरूप है, पर न वह दूती है और न वह दासी है। दूती और दासी का सम्बन्ध तो बहुत ओछी बात है और ऐसी बातें वृन्दावन के बाहर ही रहती हैं, कुञ्जमहल की सखी तो प्राणसखी है, वह नित्य-विहार को पूर्णता देने वाली है — "गौरस्याम कों अति सुखदाई।"

नित्य-विहार की यह विलक्षणता है कि यदि नित्य-विहार को एक वृक्ष के रूप में समझने का प्रयास करें तो उसकी मूल और पींड हरिदासी-रूप प्रेमसहेली है। नित्यविहारी और नित्यविहारिणी उसके दो स्कन्ध हैं तथा अनुगत सखी-सहचरी सघन पत्रावली हैं — "एक मूल अस्थूल लों, द्वै स्कंध समवैस। सेवत सखी सघन सबै, जान समौ जस जैस।"

यदि एक चने का रूपक दिया जाए तब नित्य-विहार-रसरूप एक ही छिलके में रहने वाले तीन चनों का नाप है — श्यामा-श्याम और सखी — "तीन चना एक छोलका, ऐसौ अर्थ विचार"।

तीनों लोकों में न सखी के लिए प्रिया-प्रियतम को छोड़कर कोई अपना है और न प्रिया-प्रियतम के लिए सखी को छोड़कर कोई अपना दीखता है। सखी प्रिया-प्रियतम के मान मनाती है, लाड़ लड़ाती है, श्रम निवारण करती है, पुष्प-शैया रचती है, बीना, तार, अधौटी बजाती है, झूला पर झोंटा देती है, होली के लिए रंग लाती है

और प्रीतरीत के साधन सँजोती है। फिर भी सखी का भाव स्थूल नहीं है, वह उतना ही सुकुमार है, जितना सुकुमार श्यामा-श्याम का प्रेम है। इतना सुकुमार कि शब्दों से कहा नहीं जा सकता, क्योंकि शब्द भी तो स्थूल हैं। वह सुकुमार-भाव वैखरी वाणी का नहीं, पश्यन्ती के आगे परावाक् का विषय है। श्यामा-श्याम की मधुर बतरावन, मुस्कान और गूढ़ रहस्यमय हास-परिहास की द्रष्टा एकमात्र सखी ही है।

संसार के जितने भी प्रेम-सम्बन्धी काव्य हैं, उनमें संयोग और वियोग की दो अवस्थाएं होती हैं किन्तु श्रीहरिदास ने गौरश्याम की जिस जोड़ी को देखा और नित्य-विहार में जिस युगल का लाड़ किया, उसके प्रेम की अद्वितीयता ही यह है कि वह संयोग-वियोग विलक्षण है। श्यामा-श्याम वृन्दावन के रसविलास-महल से एक पल के लिए भी विलग नहीं होते। नित्य-विहार में न तो स्वामिनीजू कभी अन्तर्धान होती हैं और न प्रकट होती हैं। जैसे पानी के बिना मछली नहीं रह सकती वैसे ही युगल भी बिना नित्य-विहार के नहीं रह सकते। अनादि-काल से इस रस के आस्वादन को विह्वल हैं, अनादि-काल से निरन्तर विलास कर रहे हैं फिर भी उनको मिलने का आभास तक नहीं हुआ। प्रथम समागम का पहला क्षण और वह क्षण नित्य-निरन्तर नया ही बना रहता है — "यह कौन बात जो अबही और अबही और अबही औरै।" और इस प्रतिपल नवता के आवेश में जब मिलने का ही भान नहीं हुआ, तब बिछुड़ने का प्रश्न ही क्या है। इसीलिए नित्य-विहार संयोग-वियोग विलक्षण है। मिलना और बिछुड़ना जहाँ होता है वहाँ विशुद्ध प्रेम नहीं है, जहाँ मिलते-मिलते चाहना बढ़ती रहे, उत्सुकता बढ़ती रहे, वही विशुद्ध प्रेम है —

बिछुरन मिलन जहाँ रहै, सुद्ध प्रेम नहिं सोय।
मिलत मिलत बढ़ै चाह अति, सुद्ध प्रेम है सोय।।

मिलत मिलत में चाह अति मिले मिले अकुलाहिं।

नित्य मिले हैं फिर भी मिलने की उत्कट अभिलाषा बनी हुई है। "अरबरात मिलबे कों निसदिन मिले ही रहत मानों कबहु मिले ना।" भोजन और शयन की तो बात ही क्या है, यहाँ तो कभी पलक से पलक नहीं लगा —

रोम रोम तन यह सुख बिलसत भोजन भूख न प्यास।
रसिक बिहारी मगन रहत नित सहत न खटक उसास।।

नित्य-विहार ऐश्वर्य-विलक्षण है, इसमें भगवत्ता का प्रवेश नहीं है। निष्काम भक्त भी भगवान् में भगवत्ता देखता है और यदि भगवान् में भगवत्ता न हो तो निष्काम भक्ति भी विचलित हो सकती है। स्वयं भगवान् में भी भगवत्ता का आवेश होता है। इसलिए नित्य-विहार में भक्त ही क्या भगवान् का भी प्रवेश नहीं है क्योंकि भगवत्ता के कारण जो भक्ति और प्रेम हुआ, वह निष्कारण कहाँ हुआ? नित्य-विहार का विशुद्ध प्रेम स्वभावज है, श्यामा-श्याम और सखियों का स्वभाव ही प्रेम है। यहाँ प्रेम का कारण न तो सौन्दर्य है और न रूप, न गुण है और न ऐश्वर्य —

ताहि सुहाय न ठकुरई, बड़ प्रताप विस्तार।
लक्ष्मीपति व्रजपति को दुर्लभ इनते कौन बड़ौ अधिकारी।
श्रीबिहारीदास बिहारकों; लक्ष्मीपति ललचाय।
देव पितर लीयें फिरैं, यहाँ रामकृष्ण न समाय।
याही ते दुर्लभता सबको, लक्ष्मीपति ललचात।
यद्यपि राधा कृष्ण बसत ब्रज बिन बिहार बिललात।।

नित्य-विहार अवस्था-विलक्षण है। ब्रज-रस में भी नन्दनन्दन की जन्म-आदि की लीलाएं हैं, वे बड़े होते हैं, माखन चुराते हैं, गाय चराते हैं, मुरली बजाते हैं। फिर मथुरा-लीला द्वारका-लीला की बात भी आती है किन्तु नित्य-विहार के श्यामा-श्याम नित्य किशोर हैं। न वे बालक हैं, न युवा हैं, न प्रौढ़ हैं — "और बैस या रसमें बाधा।" दूसरी अवस्था की कल्पना तक नहीं है।

नित्य-विहार मर्यादाविलक्षण है। यहाँ विधि-निषेध जंजाल है। न लोक की मर्यादा का कुछ लेना है और न वेद की मर्यादा का कुछ देना है। प्रेम अनुराग रसमय वृन्दावन है, प्रेम-अनुराग-रसमय ललितासखी है और प्रेम-अनुराग-रसमय श्यामा-श्याम हैं। लालजू लाड़लीजू के प्रेम के याचक हैं। प्रेमावेग में प्यारीजू के अस्फुट शब्दों को सुनकर श्यामसुन्दर के प्राणों को पोषण प्राप्त होता है। वे रूप-रस के लिए कातर हैं। प्रेमरस पाने के लिए वे स्वामिनीजू को नाना भाँति से रिझाते हैं, कभी मोरों के साथ नाचते हैं, तो कभी वेणी गूँथने का सौभाग्य पाना चाहते हैं। वे कहते हैं — हे प्यारीजू, जहाँ-जहाँ आपके चरण पड़ते हैं, वहीं-वहीं मेरा मन छाया करता चलता है।

हरिदासी-परम्परा के भक्त भगवतरसिक ने उपासना-तत्त्व के सात आवरणों की चर्चा की है—"प्रथम महातम प्रकृति ज्ञानरवि तहाँ प्रकासैं।" पहला आवरण प्रकृति-पुरुष का ज्ञान है। श्रीमद्भागवत में महामुनि कपिल कहते हैं कि जो त्रिगुणात्मक है, अव्यक्त है, नित्य है और कार्यकारण रूप है, जो निर्विशेष होने पर भी विशेष धर्मों का आश्रय है, वह प्रधान नामक तत्त्व ही प्रकृति है। भगवान् की चित् शक्ति से महत् तत्त्व और महत् तत्त्व से अहंकार और अहंकार से वैकारिक तैजस् और तामस भेदों से इन्द्रिय, मन और पञ्चमहाभूतों की उत्पत्ति होती है। कपिलमुनि ने माँ देवहूति को बताया कि प्रकृति पुरुष के इस ज्ञान के द्वारा समस्त संशय समाप्त हो जाते हैं तथा कैवल्य-पद प्राप्त होता है।

भगवतरसिक के शब्दों में दूसरा आवरण ब्रह्मज्ञान है — "दूजे ब्रह्म प्रकास कोटि सूरज सम भासै।" तैत्तिरीय उपनिषद् में भृगु की जिज्ञासा का समाधान करते हुए वरुण ने कहा — "यतो वा इमानि भूतानि जायन्ते, येन जातानि जीवन्ति, प्रयांति, अभिसंविशंति, तद् ब्रह्मेति।" जिससे ये सब भूत उत्पन्न होते हैं, उत्पन्न होने पर जिसके आश्रय में जीवित रहते हैं तथा अन्त में उसी में विलीन हो जाते हैं, वह ब्रह्म है। यह ब्रह्म सत्, चित् और आनन्द है।

"तीजे पंकज नाभि रमा बैकुण्ठ निवासी।" वैकुण्ठ आदि नारायण भगवान् विष्णु का धाम है, जहाँ समस्त कामनाओं को पूर्ण करने वाला निःश्रेयस नामक वन है। भगवान् देवताओं के भी देवता तथा ब्रह्मादि के भी आत्मा हैं, आराध्य हैं, चराचर के रक्षक हैं, समस्त जीवों का कल्याण करने के लिए दस अवतार और चौबीस अवतार उन्हीं के हैं। ध्रुव ने उन्हीं की उपासना करके दुर्लभ ध्रुवपद प्राप्त किया था। प्रह्लाद कहते हैं कि वे भगवान भक्ति से प्रसन्न हो जाते हैं।

"चौथे दशरथ-सुवन राम गोपुर के वासी।" रामो विग्रहवान् धर्मः। राम साक्षात् मर्यादा पुरुषोत्तम हैं तथा भरत, लक्ष्मण, हनुमान्, केवट, शबरी आदि राम-भक्ति के आदर्श हैं। परात्पर होते हुए भी वे भक्तों को आनन्दित करने के लिए लीला करते हैं, प्रेम विवश होकर भीलनी के जूठे बेर खाते हैं और केवट के निहोरे करते हैं। तुलसीदास जी कहते हैं — "ऐसौ को उदार जग माँहीं, बिनु सेवा जो द्रवै दीन पै राम सरिस कोउ नाँही।"

"पाँचै ब्रज के गोप नंद-आदिक सब गोपी।" वही पूर्ण परब्रह्म, पाँचवें आवरण में जसोदा मैया के आँगन में पलने में झूल रहा है — "मेरे लाल कों आउ निंदरिया काहे न आन सुबाबै।" जसोदा मैया अपने लाला को देखकर छिन-छिन पुलकित होती है। उँगली पकड़कर उसे चलना सिखाती है, ऊखल से बाँधती हैं और संटी

लेकर डराती भी हैं। वात्सल्य के इस रस के साथ ही ब्रज में सख्य-भाव भी है। ग्वाल-बालों की टेर सुनते हैं तो कन्हैया भोजन छोड़कर चले जाते हैं, माँ की भी नहीं सुनते — "ग्वालनि कर तें कौर छुड़ावत मुख में मेलि सराहत।" वात्सल्य और सख्य के साथ ही ब्रज में श्रृंगार भी है, जहाँ गोप कन्याएं कन्हैया को पति के रूप में पाने के लिए कात्यायनि की उपासना करती हैं।

धर्म-अर्थ-काम की सिद्धि कर्मकाण्ड से होती है। कर्मकाण्ड की परिधि ज्ञान है। ज्ञान की परिधि है भक्ति और भक्ति की सीमा है ब्रज — "मुक्ति भरै जहाँ पानी।" इस ब्रजरस का उल्लास छठे आवरण में व्यक्त होता है, वह है रास-क्रीड़ा। इस तत्त्व का साक्षात् पाने के लिए शिव को भी गोपी का रूप धारण करना पड़ता है।

उपासना के छह आवरण हैं और ये सभी आवरण वन्दनीय हैं, पूज्य हैं और उपासना-तत्त्व के अंग हैं, किन्तु आवरण में सरल तिर्यक् या वृत्तात्मक रेखाएं होती हैं, कोण होते हैं परन्तु सातवाँ आवरण मूलबिन्दु है — विशुद्धतम नित्य-विहार। उपासना के जो छह आवरण हैं, वहाँ मर्यादा और भगवत्ता की रेखा है, किन्तु "बिन्दु में सिंधु समान — को कासों अचरज कहै।" इस बिन्दु में रस-सिन्धु है — "राग ही में रंग रह्यौ रंग के समुद्र में ए दोऊ झागे।"

(स्वामी हरिदास आविर्भाव महोत्सव, वृन्दावन में २४ अगस्त २००१ को)

१८.

निकुञ्ज-रस का वह एकान्त रहस्य!

वृन्दावन के नव-निकुञ्ज सुखपुञ्ज-महल का वह एकान्त रहस्य, जो केलिमाल के मन में बसा है, दर्शनशास्त्र और तर्कशास्त्र के विवेचन का विषय नहीं है। वेद और वेदान्त हाथ जोड़कर जिस रंगमहल के द्वारे खड़े हैं, उसमें न दास्य-भाव का प्रवेश है और न शान्त रस का। जिस रस के वशीभूत होकर प्रभु ऊखल से बँध जाते हैं, मैया संटी दिखाती है तो भयभीत हो जाते हैं, "कृष्णस्तु भगवान् स्वयम्" का समग्र ऐश्वर्य जिस गोकुल-रस के आगे बेसुध है, नन्द बाबा और जसोदा मैया का हृदय जिस रस का अजस्र स्रोत है, वह अलौकिक वात्सल्य रस भी वृन्दावन की सीमा पर ही रह जाता है। और वह सख्य-भाव, जिसे न प्रभु की मर्यादा का ध्यान है न उनके गौरव का, जो प्रभु के ऐश्वर्य और भय दोनों से अनभिज्ञ है; जो हरि से धक्का-मुक्की करता है, आँख-मिचौनी खेलता है और अपने मुख का ग्रास निकालकर प्रभु के मुख में रख देता है, जो प्रभु से दाँव लेता है और दाँव न देने पर खुलासा कह देता है — "जाति-पाँति हम सों बड़ नाँही नाँहिन बसत तिहारी छैंया", वह सख्य-रस, जिसकी माधुरी में डूबकर प्रभु को मैया की टेर भी सुनाई नहीं पड़ती, किन्तु वह महा-महिमामय सख्य-रस भी वृन्दावन की परिक्रमा ही किया करता है।

इसमें कोई सन्देह नहीं, कि श्रृंगार-रस-राज है और उसका निवास ब्रज युवतियों के मन और नयनों में है। नन्दनन्दन को छोड़कर कोई दूसरा उनके कटाक्षों के मर्म को नहीं जान सकता। कोई कहे कि श्यामसुन्दर आ रहे हैं, तो ब्रजांगना ऐसी पुलकित-प्रफुल्लित हो जाती हैं कि उनके गहने हाथों में ठस जाते हैं और जब यह सुध आती है कि कृष्ण मथुरा से नहीं लौटे, तो उनके आभूषण शिथिल हो जाते हैं, खिसकने लगते हैं। ब्रज युवतियों के हृदय का वह रस, जिसका एक छींटा लगने से आचार्य बृहस्पति का शिष्य और ज्ञानियों का अग्रगण्य उद्धव कातर हो गया था और वेदान्त, सांख्य, न्याय, मीमांसा, योग और वैशेषिक के अपने ज्ञान को जमनाजी की रेती में बिखेरकर नाचने लगा था, गाने लगा था —

आसामहो चरणरेणुजुषामहं स्याम् वृन्दावने किमपिगुल्मलतौषधीनाम्।
या दुस्त्यजं स्वजनमार्यपथं च हित्वा भेजुर्मुकुन्दपदवीं श्रुतिभिर्विमृग्याम्॥ (भागवत)

कुब्जा की साधारण-रति का आनन्द इतना बड़ा है, जिसके आगे ब्रह्म तक तुच्छ है, किन्तु अपने आनन्द के ख्याल के कारण वहाँ स्वार्थ-भावना है। द्वारका की पटरानियों की समञ्जसा रति उससे अधिक महिमामय है; क्योंकि वहाँ स्वार्थ-भाव नहीं है, कर्त्तव्य-भाव है। गोपियों की समर्था-रति उनसे भी अधिक भाग्यशालिनी है; लेकिन उस त्रिविध रति का रस भी वृन्दावन के घाट पर पानी भरता है। रसनिकुञ्ज का वह एकान्त रहस्य!! मायिक-रस या विषय-रस में बेसुध साहित्य का कोई विद्यार्थी उस रस का विवेचन कर ही कैसे सकता है? केलिमाल के उस रस-दर्शन के लिये तो वृन्दावन के रसिक-भक्तों का अनुगत होना ही एकमात्र साधन है। उनकी अनुभूति ही एकमात्र प्रमाण है — "हरिदास बिना हरि को है कहाँ कौ?"

प्रिया-लाल का वह रंगमहल, वह कला-कुतूहल, सौन्दर्य-माधुर्य का वह नवल-विलास, जिसकी सुख-सेज केलिमाल की नैन पुतरियों में है, निरतिशय-आनन्द की वह अनुभूति, तर्कशास्त्र के भाग्य में नहीं बदी है। उस रस-विलास की लालसा में ठाकुर को अपना प्रभाव और प्रताप भी किरकिरा लगता है —

ताहि सुहाय न ठकुरई बड़ प्रताप विस्तार।
जाँचत दै दिन जीविका सखि मोहि अहार-विहार।
प्रान पलित पाँयन परै परसें होत निहाल।
यहै दशा सेवत सखी दूलह-दुलहिन लाल।

केलिमाल का यह रस विशुद्ध प्रेम का रस है। वह सहज स्वभाव-सिद्ध प्रेम है, उसका स्वभाव ही प्रेम है, इसलिए वहाँ प्रेम का कोई हेतु नहीं है। रूप, गुण और ऐश्वर्य आदि वहाँ बहुत छोटी बातें हैं। दूसरी प्रमुख बात यह है कि वहाँ रसान्तर्य नहीं है, रसभेद नहीं है, रस का मिश्रण नहीं है। जन्म इत्यादि की जो ब्रज-लीला हैं, वहाँ ऐश्वर्य भी है और स्थूल रस का मिश्रण भी है किन्तु केलिमाल के रस में सतत नवयौवन के जोर में विभोर छिन-छिन नव-नवायमान नव-किशोर वयस है, क्योंकि "और वैस या रस में बाधा" है। निकुञ्जविहार में न एक ग्रास आरोगने की सुध है, न एक घूँट जल पीने की। भोजन-पानी की स्थूलता महारस विलास के आनन्द में बाधा है।

रोम रोम तन यह सुख विलसत, भोजन भूख न प्यास।
रसिक बिहारी मगन रहत नित, सहत न खटक उसास।

निकुञ्ज में न दिन है, न रात है; न नींद है, न भूख है। प्रथम समागम का पहला क्षण है। नित्य निरन्तर अविना सम्बन्ध सिद्ध है, एक-दूसरे से विलग होने की कल्पना तक नहीं, फिर भी कैसा है यह मिलन, कि "मिले ही रहत मानों कबहुँ मिले ना।" भावों की वहाँ कैसी सुकुमारता है कि "साँस समुझि सुर बोलियै डोल नयन की कोर।" वह सुकुमारता जहाँ शब्द भी खटक सकते हैं, चुभ सकते हैं। श्रीजी को इसीलिए बोलने में भी आलस है। रस के उस आवेश में जो आधे-आधे बोल बरबस निकल जाते हैं, उन्हीं से प्राणों का पोषण होता है — "प्रानन कों पोषत सुनियत तेरे वचन आधे-आधे।" और केलिमाल की रचना उन्हीं आधे-आधे बोलों से हुई है। और उन बोलों की दिशा वैखरी से मध्यमा, मध्यमा से पश्यन्ती और पश्यन्ती से परा की ओर है। वह परा — "यस्य च निगदन-समये वचन-दरिद्रो बभूव सर्वज्ञः।" जिस रस के विवेचन के समय सर्वज्ञ विधाता के पास भी शब्दों का अभाव हो गया। शब्दों की दरिद्रता हो गई।

केलिमाल में सत्रह पदों में रस शब्द का प्रयोग हुआ है —

श्रीहरिदास के स्वामी स्यामा, कुंजबिहारी पै रंगरह्यौ रस ही में पागे। २।

ये स्याम घन तुम दामिनी, प्रेम पुंज बरषा-रस पीजै। १६।

श्रीहरिदास के स्वामी स्यामा, कुंजबिहारी रस बस करि लीन। २६।

पिय निरतत मुसकनि, मुख मोरी परिरंभन रस रोरी।
श्रीहरिदास के स्वामी स्यामा, कुंजबिहारीजू कौ रस रसना कहै को री।३३।।

श्रीहरिदास के स्वामी स्याम कहत छबीलौ, काम-रस भोइल री। ८६।

ज्यौं ज्यौं जगावत त्यौं त्यौं नंहि जागत प्रेम रस पान करि भोय गई।
जागत होइ तौ जगाऊँ प्यारी, तातें परम सचु रस ही रसिक रस बोइ गई।४७।।

कुंजबिहारी या रस ही बस भये यह भई और की औरै। ५४।

स्यामा कौ मेरु सरस भयौ, और रसगुनी परे फीके। ६०।

रस-बस करि लीने श्रीहरिदास के स्वामी स्यामा तेरी उपमा कहै धों को है। ६३।

श्रीहरिदास के स्वामी स्याम तुम्हारी, विचित्रताई प्रेम सों पाइयत रस सून री। ७२।

अधरनि च्वाइ लेंउ सब रस तनिकौ न जान देंउ इत उत ढरि। ७४।

नवीन मेघ संग बीजुरी एक रस। ९१।

रसवती नागरीगाईतेऽग्रनाभि तान तुंगी।
रसद बिहारी बंदे बल्लभा राधिका, निस-दिन रंग रंगी। ९४।

वंशी सरस मधुर धुनि सुनियत। ९९।

राधा रसिक कुंजबिहारी। १०५।

रसद श्रीहरिदास बिहारी अंग-अंग मिलत। १०६।

बिच बिच प्रीति रहसि रस रीत की राग रागिनीन के जूथ बाढ़े। १०७।

इन सभी स्थानों पर रस शब्द से प्रेम का वही आवेश, रहःकेलि की वह तन्मयता,आनन्द का वही एकान्त व्यञ्जित हुआ है। केलिमाल में श्यामसुन्दर प्रियाजी के प्रेम-रस विवश हैं। प्रेम रसपान के लिए वे लाड़ली को नाना भाँति रिझाते हैं, मोरों के साथ नाचते हैं। शृंगार-कुञ्ज में उनके मन में लालसा होती है कि उन्हें राधा की वेणी गूँथने का सौभाग्य प्राप्त हो। वे कोमल कर-ककही से राधा का केश-शृंगार करते हैं। सच बात तो यह है कि केलिमाल में वह सौन्दर्य है, जिसकी एक किरण भी मन में आ विराजे तो सर्वत्र सौन्दर्य ही सौन्दर्य खिल उठता है। वह पूर्ण सौन्दर्य जो देश और काल की सीमा में नहीं बँधा। वहाँ द्रष्टा और दृश्य एकरस हो जाते हैं। वह सौन्दर्य की भंगिमा, वह छवि कौन-सी तूलिका से अंकित की जाए। वह शोभा, जिस पर दृष्टि पड़ती है तो आँखें इधर से उधर हिल नहीं पातीं, जड़ीभूत हो जाती हैं। किन्नरी और देवांगना उस रूप की झलक पा जाएं तो नाखून से धरती कुरेदने लगें। चन्द्रमा उसे देखते ही लज्जित हो जाए और कामदेव उसकी झाँकी पा ले तो सुध-बुध खो बैठे। वह शोभा प्रतिपल प्रतिक्षण नवीन बनी रहती है और यह नवीनता ही उसकी एकमात्र अवस्था है — ''यह कौन बात जो अबही और,

अबही और, अबही और।" केलिमाल में सौन्दर्य का अनन्त विस्तार है, परन्तु सौन्दर्य की प्यास सदा बनी रहती है। सुन्दरता की वह प्यास शाश्वत है। और यही प्यास केलिमाल का रस-दर्शन है।

(स्वामी हरिदास आविर्भाव महोत्सव (२१ सितम्बर) वृन्दावन में)

१९.

भक्ति-आन्दोलन और ब्रज-संस्कृति

स्वामी हरिदास, महाप्रभु वल्लभाचार्य, महाप्रभु चैतन्य, महाप्रभु हित हरिवंश, हरिराम व्यास, गुसाईं बिट्ठलनाथ, सूरदास, कुम्भनदास, कृष्णदास, परमानन्ददास, नन्ददास, गोविन्ददास, छीतस्वामी, चतुर्भुजदास, गोकुलनाथजी, हरिरायजी और अष्टाचार्य — ये ऐसी विभूतियाँ हैं, जो मध्ययुगीन ब्रज-संस्कृति के जीवन-प्राण हैं। ये ऐसे नाम हैं, जिनमें उस युग का संगीत है, उस युग का साहित्य है और है जिन्दगी के प्रति उस युग का विश्वबोध।

ये सभी उस जमाने की विभूतियाँ हैं, जब देश छोटे-छोटे राज्यों में बँटा था। राजा लोग अपनी-अपनी ठसक में मदमाते थे, रार और रंग-रेलियों में भूले थे। उस समय मुगलों ने इस देश पर हमला किया। यह हमला लूटमार और शासन पर अधिकार करने तक ही सीमित न था। यह हमला भारत की जनता और उसकी संस्कृति के लिए एक भीषण चुनौती था। ये सभी आक्रान्ता अपने को तथा अपनी संस्कृति को श्रेष्ठ समझते, यहाँ के आचार-विचार, साहित्य-संस्कृति सबको घृणा की दृष्टि से देखते, उसे कुचलते और उसके सांस्कृतिक केन्द्रों को नष्ट-भ्रष्ट कर देते।

उस जमाने में अपनी रक्षा के लिए जनता की संस्कृति का जो ज्वार उठा, उसे इतिहासकार "भक्ति-आन्दोलन" कहते हैं। यह आन्दोलन क्या था, यह तो मानो भारत की अमृत-संस्कृति स्वयं ही उठकर खड़ी हो गई थी, जिसकी जगमग ज्योति देखकर आक्रमण की संस्कृति का अहंकार विगलित हो गया।

इस भक्ति-आन्दोलन का केन्द्र ब्रज-मण्डल था, यही कारण था कि भक्ति-आन्दोलन व्रज-रस से रसीला और व्रज-भाव की सुरभि से सुगन्धित बन गया। मध्ययुगीन भारत की संस्कृति का अध्येता प्रकारान्तर से ब्रज की संस्कृति का ही अध्ययन करता है। कारण स्पष्ट है, तत्कालीन भक्ति-आन्दोलन की संस्कृति ब्रज की संस्कृति थी, जो शनैः-शनैः सम्पूर्ण राष्ट्र की संस्कृति बन गई थी अथवा यों कहें कि भारत की संस्कृति ब्रज में केन्द्रित हो गई थी।

भक्ति-आन्दोलन के रूप में ब्रज-संस्कृति का एक ऐसा अद्भुत जनघोष हुआ, जिसमें ब्राह्मण-अब्राह्मण, अछूत, मुसलमान, जुलाहे, नर और नारी — सभी का स्वर मिला था। उसमें न जाति का भेद था, न पाँति का। न हिन्दू का भेद था, न मुसलमान का। उसमें तो "हरि को भजै सो हरि का" था। कबीरदास पहले ही कह चुके थे कि —

हरिजी समा न को सगा, हरिजन समी न जात।

भक्तों की यह बिरादरी ही ऐसी थी, जिसमें प्रेम-सगाई सबसे ऊँची मानी जाती थी। इस बिरादरी में आने के लिए बादशाह की ताजबीबी भी पुकार उठी थी कि —

सुनौं दिल जानी मेरे दिल की कहानी, तव इस्क की बिकानी बदनामी भी सहूँगी मैं।
देव पूजा ठानी औ नमाज हू भूलानी, तजे कलमा कुरान सारे गुनन गहूँगी मैं॥

साँवला सलौना सिरताज सिर कुल्लेदार, तेरे नेह दाघ में निदाघ है दहूँगी मैं।
नन्द के कुमार कुरबान तेरी सूरत पै, हौं तौ मुगलानी हिन्दुवानी है रहूँगी मैं॥

यह ध्यान देने योग्य बात है कि अब तक के साहित्य की भाषा (बौद्ध-जैन साहित्य को छोड़कर) संस्कृत थी, किन्तु भक्ति-आन्दोलन ने लोक-भाषा (ब्रजभाषा) को अपना माध्यम बनाया। अतः ब्रज-भाषा बंगाल से गुजरात और काश्मीर से केरल तक — भारत के कोने-कोने में गूँजी। ब्रज-भाषा ब्रज-संस्कृति की वह दृष्टि थी, जिसमें जीवन के प्रति अडिग-अटूट आस्था थी। भक्ति-आन्दोलन ने "रसो वै सः" को आदर्श वाक्य के रूप में अपनाकर जीवन में उस आनन्द-भाव की प्रतिष्ठा की, जिसके समक्ष भुक्ति और मुक्ति दोनों किन्करी बनकर पानी भर रही थीं। मुक्ति स्वयं ही अपनी मुक्ति के लिए चिन्तित थी —

मुक्ति कहै गोपाल सों, मेरी मुक्ति बताय।
ब्रज-रज उड़ि मस्तक लगै, मुक्ति मुक्त है जाय।

यह ब्रज-संस्कृति थी, जिसमें मोक्ष की कुछ रीझ-बूझ ही नहीं थी। इसमें तो जीवन के सौन्दर्य-माधुर्य की प्रतिष्ठा और उसके प्रति अनन्य निष्ठा थी। जीवन में जो कुछ सुन्दर और मधुर था, वह सब राधारानी और श्यामसुन्दर के उस निकुञ्ज–भाव में पुंभूत हो गया था, जहाँ प्रेम का अखण्ड राज्य है। उसे भक्तजन "रसदेश" कहते हैं। यह रस न स्वर्ग में है, न वैकुण्ठ में, न वेद में है, न पुराण में। यह तो वृन्दावन की करील-कुञ्जों और ब्रज-बालाओं के रोम-रोम में तरंगित हो रहा है।

स्याम तन स्याम मन स्याम ही हमारौ धन . . .
आँधे की सी लाकरी अधार स्याम नाम है॥

ब्रज-संस्कृति "स्यामा-स्याम" के रंग में रंगमगी है। ब्रज की संस्कृति की कल्पना भी इस रंग के बिना कैसे की जा सकती है? जिस समय सावन के महीने में ब्रज की किशोरी नीम पर झूला डालकर गाती है —

कौन बरन रानी राधिका और कौन बरन घनस्याम, देखौ री मुकुट झोका लै रह्यौ।

उस समय कौन कह सकता है कि राधारानी और श्यामसुन्दर ब्रज की इन ललनाओं के साथ झूले पर नहीं झूल रहे!

ब्रज-संस्कृति की दृष्टि धरती की दृष्टि थी। वहाँ वैकुण्ठ, स्वर्ग और माणिद्वीप के स्थान पर वृन्दावन, गोवर्द्धन और गोकुल की प्रतिष्ठा थी। भक्त एक स्वर से गा रहे थे —

जो सुख व्रज में एक घरी।
सो सुख तीन लोक में नाहीं, धनि यह घोष पुरी।
अष्टसिद्धि नवनिधि कर जौरैं द्वारे रहत खरी॥

रसखान तो ब्रज-रस में झूम-झूमकर घोषणा कर रहे थे —

या लकुटी अरु कामरिया पर राज तिहूँ पुर की तजि डारौं।
आठहु सिद्धि नवौ निधि कौ सुख नन्द कौ धैनु चराय बिसारौं॥
रसखान कबौं इन नैनन सों ब्रज के वन-बाग तड़ाग निहारौं।
कोटिन हू कालधौत के धाम करील की कुंजन ऊपर वारौं॥

इस प्रसंग में यह बात भी ध्यान देने की है कि भक्ति-आन्दोलन के घोष में ब्रज-गाँव का स्वर प्रखर था। जिन विभूतियों के नाम ऊपर गिनाए जा चुके हैं, उनमें प्रायः सभी गाँव में जन्मे-पले थे। इनका उपास्य वह गोकुलनाथ और गोवर्द्धनधारी था, जो गोप और कृषक जीवन से अभिन्न है। जहाँ नन्दनन्दन ब्रज की ललित-कलाओं और उसके रस के अधिष्ठान थे, वहीं हल-मूसल धारण करने वाले बलराम कृषक जीवन के प्राणधन थे। ब्रज-भक्तों की कल्पना ब्रज-ग्राम-जीवन की कल्पना थी। इस कारण इनके काव्य में ऐसी मिली-जुली भाव-दृष्टि है, जो सभी को ऐसी लगती है, जैसे वह हमारे मन की बात है।

ब्रज का आराध्य तो रस के वशीभूत था और गोपालों के बालक उससे बराबरी का दावा रखते थे। कह देते —

खेलन में को काकौ गुसैयाँ।
जात पाँत हम सों बड़ नाहीं नाहिंन बसत तिहारी छैयाँ॥
अति अधिकार जनावत याते अधिक तिहारें हैं कछु गैयाँ॥

घाट-बाट में ब्रजाङ्गनाएँ परस्पर मिलती और चर्चा करती कि —"सुनेरी मैंने निरबल के बलराम।" जहाँ यह बात नर-नारी, बाल-वृद्ध सभी सुन चुके हों, वहाँ किसी राजा बादशाह का भय तो होगा ही क्यों?

(रसनिकुञ्ज संवत् २०३९)

२०.

प्रेम और सौन्दर्य के अनन्य उपासक श्री भगवतरसिकजी

सच बात तो यह है कि श्री भगवतरसिकजी प्रेम और सौन्दर्य की जिस मधुमती दुनिया में रहते थे, वह दुनिया कुछ दूसरी है। वह ऐसी दुनिया है, जहाँ लाखों-करोड़ों की सम्पत्ति तिनके के समान प्रतीत होती है। वह ऐसी दुनिया है, जहाँ मन ऐसे राग में रग-पग जाता है कि फिर संसार के सारे माधुर्य किरकिरे लगते हैं। इसलिए भगवतरसिक की प्रेम और सौन्दर्यानुभूति लिखने या पढ़ने का विषय नहीं, साधना का विषय है।

हम जैसे संसारी जीव जिस दुनिया में रहते हैं, वहाँ तो हरि के धाम भी कलिमल से ग्रस्त हो गए हैं। भगवतरसिकजी के शब्दों में —

जेतिक हरि के धाम, तहँ काम क्रोध क्रीडा करैं।
भगवत यहि कलिकाल में, कहौ रसिक कहँ निस्तरैं?

यहाँ पैसे ने सम्पूर्ण जीवन को कलुषित कर दिया है। भगवतरसिकजी कहते हैं कि पैसे के बिना गुरु को चेला छोड़ देता है और स्त्री अपने पति को छोड़ देती है। जप, तप, ज्ञान और वैराग्य को पैसे ने परास्त कर दिया है। सन्त-महन्त पैसे के ही कारण प्रजा को दण्डित करते हैं और पैसे के ही पीछे पण्डितों ने धीरज, धर्म, विवेक और पवित्रता को खो दिया है। (अनन्य निश्चयात्म ग्रन्थ, पद सं० ३)

भगवतरसिकजी ने कबीर की ही भाँति उन साधुओं पर भी कटाक्ष किया है, जो साधु के वेष में लोभी, दम्भी, कपटी, नट की भाँति शिश्नोदर को पालते हैं। वे गुरु बने हुए घर-घर डोलते हैं, प्रभु का नाम बेचते हैं, पैसे को खींचते हैं, परमार्थ को तो स्वप्न में भी नहीं जानते। जब "रहनी" शिथिल हो, तब भला हरि से साक्षात्कार कैसे सम्भव है?

अनेक प्रकार के मत, वाद और पन्थ तथा खण्डन और मण्डन से ईश्वर को प्राप्त करने में तनिक भी सहायता नहीं मिलती। विविध मत-वादों को भगवतरसिकजी ने एक पति की उन दो पत्नियों के समान बताया है जो सौतिया डाह के कारण अन्ततः अपने पति के ही पैरों को तोड़ देती हैं —

भरता के द्वै भामिनी बसै एक ही गाँव।
सेवा साधैं ओसरनि तोरैं पति के पाँव।
तोरैं पति के पाँव सौतियारौ सौ मानैं।
ऐसेहिं सब मत वाद करैं खंडन मत आनैं।
आचारज अभिमान आपकों मानैं करता।
तजि विरोध नहिं भजहिं आपनौ भगवत भरता।

इसीलिए भगवतरसिकजी का अनुभव है कि यह दुनिया झूठी है, सच्ची दुनिया तो वह है, जहाँ राधारमण हैं —

साँचे श्री राधारमण झूठौ सब संसार।

अब प्रश्न यह है कि वह सच्ची दुनिया प्राप्त कैसे हो? इसके लिए एक ही उपाय है —

भगवत रसिक साधु की संगति जो कदापि बनि आवै।
जीवन मुक्त होय ता छिन में फेरि न भव जल पावै॥

यहाँ भी साधु-सन्त कौन हैं, यह प्रश्न उठना स्वाभाविक है, तो भगवतरसिकजी स्पष्ट कहते हैं कि जो श्रीमद्भागवत का पाठ करके श्रीहरि का यश गाता है, जो सम्पूर्ण जीवों पर दया करता है; हिंसा, लोभ, दम्भ और छल को जिसने इस प्रकार त्याग दिया है, जैसे वे ाहर हों; जो सहनशील है, उदार है, विवेकी है, धीर है, सत्यवादी है, जितेन्द्रिय है तथा निरभिमान है।

ईश्वर का साक्षात्कार करने का मार्ग एक नहीं है —

जाकों जैसी लखि परी तैसी गाबै सोय।
वीथी भगवत मिलन की निश्चै एक न होय।

वे सभी मार्ग अवश्य ही गंगाजल के समान पवित्र हैं, जो हरि से अनुराग जगा देते हैं परन्तु भगवतरसिक जिस रसदेश के उपासक हैं, वह तो सिंहनी के दूध के समान हैं, जिसे या तो सिंह-शावक ही पचा सकता है अथवा जिसे कनक-पात्र ही धारण कर सकता है, अन्य पात्र तो उसके संस्पर्श से नष्ट हो जाते हैं।

इस रस-तत्त्व का साक्षात् तो तभी हो सकता है, जब आसक्ति निर्मूल हो जाए। कितना अभ्यास करना होगा उसके लिए, जब ऐसी मनःस्थिति बन सकेगी कि करवा का पानी ही परम पावन बन जाए! भगवतरसिकजी उसकी रूपरेखा चित्रित करते हैं —

कुंजन ते उठि प्रात गात जमुना में धोवै।
निधिवन करि दंडौत बिहारी कौ मुख जोवै।
करै भावना बैठि स्वच्छ थल रहित उपाधा।
घर-घर लेइ प्रसाद लगै जब भोजन स्वाधा।
संग करै भगवत रसिक कर करुवा गूदर गरे।
वृंदावन बिहरत फिरै जुगल रूप नैननि भरें।

निरन्तर साधना के बाद जब रसिक उस ऊँचाई तक पहुँचता है, जहाँ वह यह घोषणा कर सके कि —

रसिक अनन्य अजात की कहौ कौन सी जाति।

अथवा

नहिं हिंदू नहिं तुरक हम नहिं जैनी अँगरेज।

और

नहिं काहू सों द्रोह मोह काहू सौं नाहीं।

वही उस नित्यवृन्दावन के द्वार में प्रवेश पाने का अधिकारी बन सकता है। वह नित्यवृन्दावन प्रकृतिलोक, ब्रह्मलोक, वैकुण्ठलोक, नित्यसाकेत, गोलोक और फिर छठे आवरण में जहाँ सखी-समाज है, वहाँ से भी ऊपर है —

भगवत सतयें आवरन करहिं केलि राधारमन। (श्रीनित्यबिहारी जुगल ध्यान, ४५)

वृन्दावन का वह रसिक, प्रेम ही जिसका इष्ट-देव है, रसिकों की वाणी ही जिसके लिए वेद है और ललितासखी ही जिसकी आचार्या हैं, नित्यप्रति निकुञ्ज-शैया के फूलों को सम्हालना ही जिसका धर्म है और केलि का अवलोकन करना ही जिसका जीवन है, वही भगवतरसिकजी द्वारा प्रतिपादित प्रेम और सौन्दर्य की अनुभूति कर सकता है। वही उस बाँकी झाँकी के माधुर्य को पा सकता है — श्यामा-श्याम-नयन मानो मद से छके हैं, जम्हाई आ रही है, वस्त्र-आभूषण शिथिल हैं, पलकों पर पीक है, अधरों पर अञ्जन है और कपोलों पर दन्त-क्षत हैं। वे परस्पर एक-दूसरे के नेत्ररूपी दर्पण में ही निहार कर कपोल चूम लेते हैं।

श्यामा के उरोजों पर हाथ रखकर श्यामसुन्दर कहते हैं कि यह जोड़ी ही मेरी इष्ट देवता है। प्रिय की ऐसी बातों में आकर श्यामा रीझती हैं। श्यामा कभी विपरीत-रति में निमग्न हैं, कभी मनुहार कराती है और कभी दोनों हाथों से बलिहारी लेकर रति की तैयारी करती हैं। (अनन्य रसिकाभरण : षष्ठ झाँकी ५-६)

श्यामसुन्दर नाना प्रकार से रिझा रहे हैं परन्तु श्यामा अपने नेत्र ही सीधे नहीं करती, मान ही नहीं छोड़ती। श्यामाजू पूछती हैं कि सच कहो, नहीं तो हम अनबोलन कर देंगी। बताओ, आपके हृदय में नीले वस्त्र पहनने वाली वह कौन-सी स्त्री बसी है? वह कौन है जो हमसे भी गुण और रूप में अधिक है ओर जो तुमको बिना मोल ही मिल गई है? कौन है वह, जिसके मुखड़े पर श्रमजल की बूँदें हैं और जिसके उरोजों पर नखक्षत हैं, अलकें कपोलों पर बिथुरी हैं और बड़े-बड़े कजरारे अरुण नेत्र हैं? (अनन्य रसिक ग्रन्थ : सप्तम झाँकी ४)

श्यामा-सुन्दर श्यामाजू को बारम्बार उपालम्भ देते हैं कि कठिन कुचों की संगति के कारण आपका हृदय भी कठोर हो गया है और आपने रस-रीति छोड़ दी है।

कितने-कितने चित्र हैं? एक-से-एक अद्भुत, दिव्य और अनाघ्रात पुष्प, अनाविद्ध रत्न, अनास्वादित नवमधु के समान अनघ, परन्तु श्यामा-श्याम का वह विहार अग्नि है, जिसका स्पर्श संसारी को जला देता है। पक्षिराज गरुड़ अग्नि का संस्पर्श कर नहीं सकता। जबकि चकोर अग्नि का आहार करता है। इसी प्रकार यह विहार-रस की साधना उन साहसियों के लिए है, जो साहसिक पक्षी की भाँति सिंह की दाढ़ से माँस निकाल लाने में समर्थ हैं। श्यामा-श्याम का मिलन कैसा है? अहर्निश मिलने के लिए ऐसी व्याकुलता जैसे कभी मिले ही नहीं हैं। (अनन्य रसिकाभरण, चतुर्थ ६)

राग-रंग से विभोर होकर वृन्दावन के एकान्त स्थल पर नाच रहे हैं। अंग-प्रत्यंग से हाव-भाव प्रकट हो

रहा है। मधुर-मृदंग बज रहा है, नूपुर और किंकिनी की ध्वनि ताल के समान बज रही है। दोनों स्पर्धापूर्वक तान गा रहे हैं। दोनों ही कोककला में निष्णात हैं। (अनन्य रसिकाभरण ग्रन्थ : एकादश झाँकी १-२)

दोनों चकोर हैं, दोनों चन्दा हैं। दोनों चातक हैं और दोनों स्वाति नक्षत्र की बूँद हैं। दोनों घन हैं और दोनों दामिनी हैं। दोनों कमल हैं और दोनों लम्पट भौंरे हैं। दोनों मृग हैं और दोनों राग हैं। दोनों मीन हैं और दोनों जल हैं। (अनन्य निश्चयात्म ग्रन्थ उत्तरार्द्ध, ६)

सम्पूर्ण प्रकृति श्यामा-श्याम में समाविष्ट है, वसन्त हो या मनभावन सावन। श्यामा-श्याम की छवियों में ही उसकी प्रतिच्छवि है — माथे पर सुशोभित मुकुट ही मानों शिखर पर नाचता हुआ मोर है। बादल गरजता है, मुरली बजती है और राधा-रूपी दामिनी मुड़-मुड़कर कौंधती है, मुस्कुराती है। राधारानी की वाणी में कोयल बोल रही है, उनके वक्ष में स्थित मुक्तामाला ही सावन में उड़ते बगुलों की पंक्ति है। श्यामसुन्दर ही साँवली घटा है और उनके वक्ष पर शोभायमान वनमाला ही इन्द्रधनुष है। नवल नेह ही उमगी-उलही लता है और चरण तथा हाथ ही सुकोमल पल्लव-किसलय हैं। एक-दूसरे से मिलने की आस-विलास ही मानों झकझोरने वाली बयार है। प्रेम पुलक के कारण रसवर्षा हो रही है और अनंग-सरिता में बाढ़ आ गई है। भगवतरसिक का हृदय इस पावन-वर्षा के प्रेमजल से परिपूर्ण हो गया है।

ललना और लाल हिंडोले पर झूल रहे हैं। श्यामसुन्दर ही मानो नवल नीरद हैं और ऊपर भामिनी-रूपी दामिनी कौंध रही है। भगवतरसिक झुला रहे हैं।

ललित-लताओं के नीचे पुष्प-शय्या, सुख की राशि। अधर पर अधर और वक्ष पर वक्ष। एक-दूसरे को भुजाओं में भर लिया है तथा दोनों असावधान और विवश हैं।

श्यामसुन्दर तमाल वृक्ष हैं तो श्यामा कनकलता, जो तमाल वृक्ष से लिपटी है। दोनों भुजा शाखा हैं, कान कोटर हैं, उँगली किसलय हैं तथा दाँतों की द्युति ही मुस्कुराते फूल हैं, जो अपने मृदु हास से मधु की वर्षा कर रहे हैं। उनके अंग से जो अंगराग महक रहा है, वही वन-सुगन्धि है। श्री श्यामसुन्दर जिनका स्पर्श कर रहे हैं, वे उरोज ही फल हैं।

श्यामा-श्याम एक-दूसरे के वस्त्राभरण पहन लेते हैं, उच्छल और उदात्त माधुर्य रस। आधे पल के लिए भी वियुक्त नहीं होते; फिर भी एक-दूसरे को निहारने की अतृप्त प्यास।

लेकिन भगवतरसिक कहते हैं कि यह सौन्दर्य-माधुरी! (प्रसूति की पीड़ा क्या जाने वह, जो बन्ध्या है? रति का सुख क्या जाने, जो नपुंसक है? उसी प्रकार — "ऐसेहि नीरस पुरुष कहा समझै रस माँही?"

(रसनिकुञ्ज, जून १९८९)

२१.

स्वामी हरिदासजी का ब्रज लोक-साहित्य को अवदान

लोक से शास्त्र में और शास्त्र से लोक में आदान-प्रदान की निरन्तर प्रक्रिया चलती रहती है। अनेक साहित्य-मनीषियों ने यह धारणा प्रकट की है कि राधा का उत्स लोक-मानस है और उसके बाद राधा का स्वरूप-विकास लोक और शास्त्र की उस निरन्तर-प्रक्रिया में नित-नित सजता रहा।

स्वामी श्रीहरिदासजी एवं उनके अनुयायी भक्तों का ब्रज के लोक-मानस पर जो प्रभाव पड़ा है वह यहाँ के लोकगीतों में मुखरित है। अवश्य ही ब्रज-लोकगीतों की एक धारा में राधा गोपी हैं, गूजरी हैं या अहीर हैं।

वे परनारी हैं और स्पष्ट कहती हैं कि — "हौं तौ नार पराये घर की मेरे भरोसे गुपाल रहौ ना।" वे एक ओर कन्हैया को "जमना-किनारे के अपने गाँव" में आने का आमन्त्रण भी देती हैं तो दूसरी ओर उपालम्भ भी देती हैं कि —

आन अचानक कुंज-गलिन में मिल गयौ नन्दकिसोर।
मोसों कहत नाच मेरे सँग कर बिछुअन की घोर॥

ब्रज लोकगीतों की यह राधा एक ओर प्रेम-आमन्त्रण भी देती है कि — "उरझी लट सुरझाय जा मेरे कर मेंहदी लगी" तो दूसरी ओर वे यह भी कहती हैं — "इकली घेरी बन में आय स्याम तैनें कैसी ठानी रे।"

इसी के साथ ब्रज-लोकगीतों की एक दूसरी धारा भी है, जिसमें — बरसा-रसलीला, बसन्त-होरीलीला, शरद्रास, चौकीबदल-लीला, बिहारिनजसबरनन, सिंगारध्यान, रूपअवलोकन, वेणीगूँथन-लीला, रतिदान-लीला, रसमानहुलास-लीला, हिंडोरा-झूलन तथा नृत्य के रूप में प्रेमरस की लहरें तरंगित हैं। इन लोकगीतों में श्यामा-श्याम के वैसे ही सम्बोधन-पद हैं — किसोर-किसोरी, गौर-श्याम, छबीलौ-छबीली, जुगलकिसोर, दुलारी, दुलहिनी-दूलह, दोऊ छैल, नवनागरी, पिया-प्यारे, प्रीतम प्रान-धन, मनमोहन, मोहन, साँवरौ, लाड़लौ-लाड़ली और भाँवती-भाँवते इत्यादि।

इन लोकगीतों की राधा का सौन्दर्य भी वैसा ही है कि गोरे मुख पर ऐसा तिल बना है कि प्रतीत होता है—चन्दा का बिछौना बिछाकर शालिग्राम सो गए हों। बड़ी-बड़ी कजरारी आँखें, माथे पर रोरी, नीले रंग का लहँगा, फरिया और पीठ पर बैंनी। पानन ते पतरी और हरद से भी पियरी। मुख पर लट वैसे ही कि—"मानों फूली केतकी, भमर वासना लेय।" वह रूप भला मोहित क्यों न करे जिसके मुख और शरीर पर चालीस चोर एकत्र हो गए हों —

राधे जू के बदन पै बसत चलीसौ चोर।
दस चातक दस हंस हैं दस सारस दस मोर॥

निकुञ्ज में सौन्दर्य-माधुर्य का आश्रय "बिहारिन" नित्य नवीन क्रीड़ा रचती हैं। प्रेम के ही कारण बिहारीजू पर शंका करने लगती हैं — "चौकी कहाँ बदल परी हो प्यारे हरि।" अब यही एक लोकगीत में यों है —

अलकें अनूठी झलकें तिहारी हे स्याम, रतियाँ कहाँ तुम जगे।

"केलिमाल" में वेश-परिवर्तन का अभिप्राय इस प्रकार है —

कस्तूरी कौ मर्दन कियें मुरली धरें पीतांबर ओढ़ें कहत राधे हौं ही स्याम।

अब ब्रज के लोकगीत में देखें —

स्याम तेरी मुरली नेंक बजाऊँ।
जोई जोई तान भरों मुरली में सोई-सोई गाय सुनाऊँ।
हमरी बिंदिया तुमहि लगाओ मैं सिर मुकट धराऊँ॥

केलिमाल का ध्रुपद है — "सुन धुन मुरली बन बाजै हरि रास रच्यौ।" अब ब्रज लोकगीत में देखिए —

रोप्यौ रोप्यौ है नन्द के नें रास, सखी री चलौ तौ दरसन करि आवें।

केलिमाल में जिस प्रकार दुलहिन-दूलह डोल झूल रहे हैं और केलिमाल में जिस प्रकार श्यामसुन्दर को मेघ और राधा को दामिनी की उपमा दी गई है, वही सौन्दर्य आप इस लोकगीत में देख लीजिए —

हिंडोला कुंज वन डारौ रे झूलेंगी रानी राधिका प्यारी रे।

झूला पर राधा विराजमान हैं तो —

पटली पकर कें झौंटा दै रहे जी एजी कोई झुक झुक कृष्ण मुरार।

और वृन्दावन का यह सौन्दर्य तो ब्रज की मल्हारों के मन में बसा है —

देखौ री मुकट झोका लै रह्यौ, लै रह्यौ जमना के तीर।
कौन बरन रानी राधिका, और कौन बरन घनश्याम।
गौर बरन रानी राधिका, एजी स्याम बरन घनश्याम।
कहा तौ पहरें रानी राधिका, एजी कहा पहरें घनश्याम।
नीलम फरिया रानी राधिका, एजी पीताम्बर घनश्याम।
बिजुरी सी चमकें रानी राधिका, एजी बारिद से घनश्याम।

जब-जब बदरा झुक आते हैं, तब-तब श्याम-सुन्दर उन्हें आमन्त्रित करते हैं —

प्यारी झूलन पधारौ झुक आये बदरा।

जिस प्रकार केलिमाल की राधा श्यामसुन्दर को अपनी आँखों में बसा लेती हैं, उसी प्रकार लोकगीत में प्राणप्यारे कहते हैं —

राधे मेरी लाड़ली मेरे माँऊँ देख।
मैं तोय राखौं नैन में काजर की सी रेख॥

जिस प्रकार केलिमाल में सहजजोरी नित्य विराजमान है, उसी प्रकार ब्रज-लोकमानस ने भी युगल सौन्दर्य को आँखों में बसा लिया है —

विंदाबन बानिक बन्यौ भमर करें गुंजार।
दुलहिन रानी राधिका दूलह नन्दकुमार॥

इसमें कोई दो राय नहीं हो सकतीं कि ब्रज लोकगीतों को सौन्दर्य-माधुर्य की यह मरोर रसिक अनन्य नृपति स्वामी श्रीहरिदास जी का अवदान है।

निकुञ्जलीला में भगवत्ता नहीं है, क्योंकि भगवत्ता रस में बाधक है। रूप रस गहरे प्रेम समुद्र का घाट ही स्वामीजी की दृष्टि में निकुञ्ज लीला का एकान्त अभिप्राय है।

श्रीकृष्ण ने राधा के पैरों में महावर लगाया था। ब्रज में अनेक मानसरोवर हैं, जहाँ राधाजी ने मान किया था और विरहजन्य आँसुओं से कुण्ड भर गए। कामर राधाकृष्ण के गुप्त मिलन का स्थान था। "युगल भावना से सम्बन्धित स्थान भी हैं। राधा-कुण्ड में युगल भावना दो मिले-जुले कुण्डों में प्रतीकायित है। एक होने पर भी दोनों कुण्ड अलग हैं।" इसके अतिरिक्त राधा-कृष्ण की मिली-जुली मूर्ति जिसे एक प्राण दो देह कहा जाता है, ब्रज में अनेक स्थानों पर हैं।

(रसनिकुञ्ज, मार्च १९९०)

२२.

ब्रज का लोकधर्मी काव्य

समीक्षाशास्त्र ब्रज के भक्तिकाव्य को मध्यकाल की रचना के रूप में देखता है तो इसमें कुछ भी गलत नहीं है, किन्तु लोकवार्ता-शास्त्र का काम उसे लोकजीवन की निरन्तरता और अविच्छिन्न-परम्परा में देखना है। सूरदास के सन्दर्भ में आचार्य रामचन्द्र शुक्ल ने लिखा है कि "उनके पद किसी चली आती हुई गीति-काव्य-परम्परा का, चाहे वह मौखिक ही रही हो, का पूर्ण विकास प्रतीत होते हैं।" शुक्ल जी ने जिस परम्परा की ओर संकेत किया है, वास्तव में वह लोकजीवन का अविच्छिन्न प्रवाह है। व्यक्ति और वर्ग केवल आज हैं, किन्तु लोकजीवन कल भी था, आज भी है और कल भी रहेगा। इसलिए लोक चिर-पुरातन होते हुए भी चिर-नवीन हैं। गाँवों, कस्बों, गली और मुहल्लों में कोटि-कोटि किसानों, श्रमिकों और सामान्य स्त्री-पुरुषों के लिए ब्रजभाव जीवन का जीवित-जागरित सत्य है। वे भक्ति-गीत रूपान्तर के साथ लोकजीवन में आज भी प्रचलित हैं, जैसे —

> **आज तौ बधाई बाजी रंगमहल में, करत-करत अभ्यास समलिया है गयौ अन्तरध्यान, बता दीजै स्याम मैं तौ भूली डगरिया, जसोदा ने कारी अंधेरी में जायौ अथवा लाला की पैजनियाँ बाजै रे।**

"मोय पनघट पै नंदलाल छेड़ गयौ री" अवश्य ही फिल्मी गीत है, पर वह चन्द्रावली-भाव के भक्ति-गीतों का एक रूपान्तर ही है। वास्तव में लोकधर्मी-काव्य लोक की प्रत्यक्ष वास्तविकता के बीच जन्म लेता है, लोकजीवन के साथ उठता-बैठता है और लोकजीवन के प्रवाह के साथ ही चलता है और अपना कायाकल्प करता है। इसी प्रकार लोकधर्मी-काव्य कालजयी होता है।

भागवत में जिन कथा और गाथाओं का संकलन है, वे सारी गाथाएं लोकजीवन की वाचिक-परम्परा में उस युग में भी प्रवाहित हो रही थीं तथा भागवत की रचना के बाद भी तब से आज तक यह वाचिक-परम्परा अविच्छिन्न है।

कृष्णगाथा के अभिप्राय (मोटिफ) और कथा-तन्तु वैसे ही हैं, जैसे संसार के विभिन्न देशों में प्रचलित प्राचीन कथाओं में मिलते हैं। ग्रीक-पुराण-कथाओं में कथा-नायक धरती को उठा लेता है, आग को पी जाता है, नागलोक तथा पाताल में चला जाता है, स्वर्ग के देवता को परास्त कर देता है तथा नारियों का अपहरण करने वाले को मार गिराता है। अन्यान्य देशों की प्राचीन लोककथाओं में भी नायक अजगर और साँपों को वश में करता है, बैल और घोड़ों से युद्ध करता है, शेर के साथ खेलता है और हाथी को पछाड़ देता है। इस दृष्टि से आप भागवत-कथा को देखें, तो शकटासुर छकड़ा है जिसे बालकृष्ण पैर से उलट देते हैं। तृणावर्त्त आँधी या बवंडर है, जिसे वे शान्त कर देते हैं। बकासुर बगुला है, अरिष्टासुर बैल है, केशीदानव घोड़ा है, अघासुर अजगर है, धेनुकासुर जंगली गधा है तथा कुवलियापीड़ हाथी है, जिसे वे सूँड पकड़कर पछाड़ देते हैं। कृष्ण दावानल को पी जाते हैं, साँप को वश में करके उसके फन पर नाचते हैं तथा गोवर्धन-पर्वत को उठा लेते हैं। वे जल के देवता वरुण के लोक में जाते हैं और बादलों के राजा इन्द्र को परास्त कर देते हैं। गोपियों का अपहरण करने वाले यक्ष शंखचूड़ का वध करके उसका चूड़ामणि निकाल लेते हैं। पृथ्वी का गाय रूप धारण करना, गर्भ का परिवर्तन होना, पहरेदारों का सो जाना, हथकड़ियों का अपने आप खुल जाना, यमुना-नदी का जलस्तर पैर छूकर उतर जाना, शेषनाग का अपने फन की छत्रछाया करके नवजात शिशु की रक्षा करना, पूतना का अकाय-शरीर, जादू की वंशी, गाय द्वारा अपने थनों से दूध गिराकर गोविन्द का अभिषेक, अलभ्य कमलों की शर्त, नागपाश,

स्नान-सौन्दर्य, अन्तर्धान होना, आकाशवाणी होना, आकाशमार्ग से चलना, ऊखल के बाँधते समय रस्सी का दो अंगुल छोटा हो जाना, ब्रह्मा द्वारा ग्वाल-बाल और बछड़ों को चुरा लेने के बाद वैसे ही ग्वाल-बाल और बछड़ों की सृष्टि तथा मुख में ब्रह्माण्ड दिखाना आदि वैसे ही मोटिफ या अभिप्राय हैं, जो संसार भर की लोककथाओं में मौजूद हैं। भागवत की कृष्णगाथा में सभी देवता परास्त हो जाते हैं, चाहे वे ब्रह्मा हों या कुबेर, वरुण हो या इन्द्र, अग्नि हो या यक्षदेवता।

लोकवार्त्ता-शास्त्र की दृष्टि से कृष्ण गोपों के वीरनायक तथा यादव-वंश के कुल-देवता हैं। सांस्कृतिक-प्रक्रिया इतिहास के साथ चलती है। जातियों की जय-पराजय के साथ ही संस्कृतियों की भी जय-पराजय होती है तथा जातियों की अन्तर्भुक्ति के साथ ही उनकी संस्कृतियाँ भी एक-दूसरे में लय हो जाती हैं। तमिल के प्राचीन ग्रन्थ "तोलकाप्पियम" में कहा गया है कि वनवासी गोपालक कृष्ण की उपासना करते थे। आयर कहलाने वाले लोग मुल्लै वन-प्रान्त में गाय चराते और कण्णन के गीत गाते थे। मथुरा के यादव जरासन्ध के निरन्तर आक्रमण से परेशान होकर द्वारका बसाते हैं, तो यादव और गोपों की दूसरी शाखा दक्षिण में जाकर मदुरै बसाती है। इस प्रकार गोपों और यादवों के सम्पर्क में आने वाली आभीर-गुर्जर जैसी जातियों की सांस्कृतिक-प्रक्रिया के विकास में दक्षिण-भारत की विष्णुगाथा कृष्णगाथा में अन्तर्भुक्त हो जाती है और कृष्ण के व्यक्तित्व में विष्णु का अध्यारोप होता है। कृष्ण विष्णु के अवतार माने जाते हैं। यही बात हम राधा के व्यक्तित्व में देखते हैं। राधा के बिना कृष्णलीला की कल्पना तक नहीं की जा सकती, परन्तु भागवत में राधा का नाम नहीं है। लोकजीवन की भिन्न-भिन्न प्रेमकथाएँ राधा की प्रेमकथा में अन्तर्भुक्त होती हैं। लोककथाओं में कहीं राधा गूजरी है, तो कहीं अहीर और कहीं बन्जारिन। कहीं वह कन्हैया की दुलहिन है, तो कहीं वह कहती है — "हों तौ नार पराये घर की मेरे भरोसे गुपाल रहौ ना।" बिहारिनदेव ने राधा के भिन्न व्यक्तित्वों का संकेत देते हुए कहा है — "कोऊ गोबर पाथनी, कोऊ धोबै पाँय, अलक लड़ैती लाड़ली बोलत हूँ अनखाँइ।" सूरसागर में ही कई पदों में कृष्ण-राधा के विवाह का वर्णन है और सूरसागर में ही ब्रज की सास-ननद अपनी बहुओं को राधा से बचकर रहने की सीख देती हैं — "स्याम काम की पूरनहारी ताकों कुलटा करि पहचानें।" इस प्रकार जयदेव के "गीतगोविन्द" से लेकर उड़िया के महाकवि रमाकान्त रथ की श्रीराधा तक सौन्दर्य की वह अतृप्त प्यास, जो अध्यात्म के महाभाव रूप में अभिव्यक्त होती है, उसका मूल स्रोत लोकजीवन की वाचिक-परम्परा में है।

लोक से शास्त्र तथा शास्त्र से लोक का निरन्तर आदान-प्रदान वैसा ही है, जैसे समुद्र से बादलों का उठना, पर्वतों पर बरसना वहाँ से झरनों-नदियों के रूप में समुद्र में पुनः आ जाना। भागवत-कथा लोक से शास्त्र और शास्त्र से लोक में आई और ब्रज के लोकधर्मी-काव्य का आधार बनी।

जिस प्रकार बूँद की बूँदता के लय हो जाने पर बूँद समुद्र बन जाती है, उसी प्रकार जब व्यक्ति अहं-चेतना से मुक्त होकर सामान्य हो जाता है, सर्वजन-चेतना में अपनी चेतना को लय कर देता है, तब लोक स्वयं उसके मन में अपना अधिष्ठान करता है और उसकी वाणी में अपनी ही गूँज सुनता है। ब्रज-भक्तों की चेतना कृष्णमय है, इसीलिए सार्वजनीन तथा लोकधर्मी है। मनुष्य की उस सत्ता का नाम लोक है, जहाँ जाति-पाँति, ऊँच-नीच, गरीब-अमीर, शासक-शासित, स्त्री-पुरुष, शिक्षित-अशिक्षित, क्षेत्रीयता और मज़हब के सारे बन्धन खुल जाएं।

ब्रज के लोकधर्मी काव्य में मज़हब के बन्धन टूटे हुए हैं। तुर्कों ने कण्ठी पहन ली है और ताज बेग़म कह रही हैं —

देवपूजा ठानी औ नमाज हू भुलानी तजे कलमा-कुरान सारे गुनन गहूँगी मैं।
हों तौ मुगलानी हिंदवानी है रहूँगी मैं।

रसरंग जन्म से मुसलमान थे, पर ललित मोहनी दास के शिष्य बने और निकुञ्जभाव के आवरण गिनाए —

ता आगें सुख और बताऊं जहाँ मियाँ कौ डेरा।
आलमीन अल्लाह तहाँ पै सबका करै निबेरा।
ताके आगें रास विलासी रूपरंग अनियारा।

रसखान तो शाही खानदान की ठसक छोड़कर ब्रज में आये थे —

या लकुटी अरु कामरिया पर राज तिहूँपुर कौ तजि डारों।

ब्रज का लोकधर्मी-काव्य क्षुद्रताओं, वासनाओं, भय, अभिमान, हीनता, राग-द्वेष और ममता के बन्धनों को तोड़कर ऐसे चिरन्तन राग का संचार करता है, जिसके प्राप्त होने पर सारे संसार का वैभव तुच्छ जान पड़ता है। देशी रियासतों के कितने ही राजा अपने महल और वैभव को छोड़कर वृन्दावन में आए थे —

ऐसौ कब करि हौ मन मेरौ।
कर करवा गुंजन के हरवा कुंजन मांहि बसेरौ।

वह समय था जब देश में सुल्तानों और बादशाहों का शासन था तथा भक्त गा रहे थे — "हमारें माई स्यामा जू कौ राज।" यह सांस्कृतिक-स्वराज्य की घोषणा थी, अन्यथा क्या कारण था कि राज्य का स्वामी राजा कहलाता था, पर सांस्कृतिक-स्वराज्य के प्रतीक भक्ताचार्य को महाप्रभु और महाराज शब्द से सम्बोधित किया जाता था। ये भक्त चेतना की उस स्थिति में पहुँच चुके थे कि "सुरपति भूपति कंचन कामिनि जिनके भायें घास।" यही कारण है कि बादशाह सौ बार चाहने पर भी स्वामी हरिदास को अपने दरबार में बुला नहीं सका और जब उनका संगीत सुनने पहुँचा, उस समय वह बादशाह नहीं, तानसेन का जलघड़िया था। तभी तो नाभादास ने कहा कि "नृपति द्वार ठाड़े रहे दरसन आसा जासु की।" कुम्भनदास को जब सीकरी आने का आमन्त्रण मिला तो वे बोले कि "उसको सलाम करूँ, जिसका मुख देखने से अमंगल-भाव पैदा होता है।"

संतन कहा सीकरी सों काम।
आवत जात पन्हैया टूटी बिसर गयौ हरिनाम।

लोकधर्मी-चेतना विशेष का निषेध करती है। राजा था, चाहता था कि राजसी ठाठ के साथ श्रीनाथजी के दर्शन करूँ। अधिकारी जी ने सिंहपौर की साँकल लगवा दी थी, परन्तु पट के खुलते ही ऐसा धक्का लगा कि किवाड़ खुल गए और भक्तों की भीड़ जगमोहन तक जा पहुँची। परमानन्द दास कीर्तन गा रहे थे, इसे उन्होंने ठाकुरजी की लीला के रूप में देखा और उपालम्भ के स्वर में गाने लगे — "कौन यै खेलबे की बान।" महाप्रभुजी ने कहा — "भली यह खेलबे की बान। नंदनंदन अछत काहू की राखत नाहिन कान।"

ब्रज का लोकधर्मी काव्य मनुष्य और मनुष्य के बीच समस्त भेदभाव का निषेध करता है — "रंक होय कै रानौ!" वह राजमहल का तिरस्कार कर सकता है, क्योंकि फूँस की कुटी की महिमा को पहचानता है —

कौन जात औ पाँत बिदुरकी ताही के पाग धारत।
भोजन करत माँगि घर उनकै राजमान मद टारत।

हरिराम व्यास ने बड़े उग्र स्वर में कहा था —

व्यास जाति तजि भक्ति कर कहत भागवत टेर।
जातिहि भक्तिहि ना बनैं ज्यों केरा ढिंग बेर।
व्यास कुलीनन कोटि मिल पंडित लाख पचीस।
स्वपच भक्त की पानही तुलै न तिनके सीस।

यह इस काव्य की लोकधर्मिता ही है, जिसने घट-घट व्यापी अन्तर्यामी की अवधारणा द्वारा आदमी और आदमी के बीच दिव्य-सम्बन्ध की प्रतिष्ठा की।

लोकमानस सर्व-सजीववाद की धरती पर सोचता है। क्या मनुष्य अपनी जीवन-यात्रा में अकेला है? चींटी से हाथी तक कितने प्राणी हैं? कितने पेड़-पौधे हैं? नदी, समुद्र, पर्वत, मेघ, सूरज-चन्दा, ग्रह और नक्षत्र। काल का पहिया घूम रहा है। सब जी रहे हैं और सबके साथ मनुष्य जी रहा है। ब्रज के लोकधर्मी-काव्य में सर्वात्मभाव है। ब्रज के लोकधर्मी काव्य में पशु-पक्षी, यमुना, कदम्ब, मोर-पपीहा, कोयल, यमुना और चन्द्रमा सभी कृष्ण प्रेम में रम गए हैं। डार-डार और पात-पात पै राधे-राधे होय। डाल-डाल और पात-पात नाम संकीर्तन कर रहा है। गायों की मनोदशा कृष्ण-विरह में कैसी है कि "जहाँ-जहाँ गोदोहन कीन्हों सूँघत सोई ठाँउ और हूँकत लीन्हे नाउँ।"

लोकमानस बड़ा निर्भय होता है, जो विचार लोकजीवन की सम्वेदनाओं, अनुभूतियों और भाव-सरणियों के बीच में नहीं गुजरा, उसे वह आँख उठाकर भी नहीं देखता। लोकमानस किसी थोपे हुए विचार को स्वीकार नहीं करता, भले ही वह शास्त्र अथवा वेद ही क्यों न हो? भ्रमरगीत का पूरा प्रसंग शास्त्र के लिए लोक की खुली चुनौती है। शास्त्र-मानस जिस ब्रह्म को निर्गुण, निराकार, अगोचर, अव्यक्त, इन्द्रियातीत, अनादि, अनन्त और परात्पर मानता है, ब्रज का लोकधर्मी-काव्य उसे वृन्दावन की कुञ्ज कुटी में पा लेता है — "देख्यौ-दुर्‌यौ वह कुञ्ज कुटीर में बैठ्यौ पलोटत राधिका पायन।" सच बात तो यह है कि लोकमानस ईश्वर को अपना जैसा बनाकर ही स्वीकार करता है और लोक की इस धरती पर भगवान् भी अपनी भगवत्ता भूल जाता है — "भक्तन हाथ बिकानौ।" मीरा तो भरोसे के साथ कहती है — "माई री मैंने गोविंद लीनों मोल।"

लोकधर्म की भूमि समता की भूमि है। इस पर धनी-निर्धन, राजा-प्रजा, ऊँच-नीच सब बराबर हैं। किसी का अभिमान लोक को स्वीकार नहीं है — "गरब गोविन्दहिं भावत नाहीं।" जब सबल को अपने बल का गरूर होता है तो भगवान् निर्बल का बल बन जाते हैं। जब दुःशासन द्रौपदी के चीर खींचता है, तब हरि साँकरे के साथी रूप में उतर आते हैं। लोकाराधन के लिए वे नंगे पैर दौड़ पड़ते हैं। ब्रज के लोकधर्मी-काव्य का अपराजित विश्वास है कि — "जब-जब दीनन कठिन परी, जानत हों करुनामय जनकों तब-तब सुगम करी।"

ब्रज के इस लोकधर्मी-काव्य ने लोकतन्त्र की मनोभूमि बनाकर लोकमंगल-भाव की प्रतिष्ठा की है। लोकमंगल का यह भाव भारत की शत-सहस्र मानव जातियों की एकता का आधार है। ब्रजभूमि की महिमा को केवल भूगोल में खोजना वैसी ही आधी-अधूरी बात है, जैसे कोई ब्रजभाव को शब्दों से पकड़ने या लपकने का प्रयास करे। ब्रजभाव को जनपद, प्रदेश और देश की सीमा में नहीं बाँधा जा सकता। ब्रजभाव शब्दों में भी सीमित नहीं है। भाषा तो देह है, भाव उसका प्राण तथा आत्मा रस है। सच्चिदानन्द, नित्यानन्द और परमानन्द का जो रस ब्रजभाषा के भक्तिकाव्य में उमग रहा है, वह कोई पोखर या तालाब नहीं है, वह तो उच्छल-जलधि है, जो सम्पूर्ण भारत के लोकमानस में तरंगित हो रहा है। ब्रजभाव का गंगा-प्रवाह विभिन्न भाषाओं के घाटों के मध्य होकर निकला है। आज हम ब्रजभाषा-काव्य का विमर्श कर रहे हैं — हमारे लिए आवश्यक है कि हम

भारतीय-लोकमानस की उस अखण्ड चेतना को देखें, जिसमें ब्रजरस व्याप्त है। वह ब्रजरस जो जनपद-प्रदेश और भाषाओं की भिन्नता के छिलकों के भीतर है।

यह ब्रजरस जब गुजरात के मन में छलकता है, तो गरबा के साथ इस गीत के स्वर धरती और आकाश को एक कर देते हैं —"सखी सहेली ना संग माँ रे अमें चाल्यां छे यमुना तीर रे, आज कोई रोको नहीं।" महाराष्ट्र में "गोविन्दा आला रे" की टेर गूँज रही है और बंगाल में तो कहावत ही है कि —"कानु छाड़ा गीत नाई।" रवीन्द्रनाथ टैगोर के काव्य में ब्रज-भाव उमग रहा है — "यदि परजन्मे पाइरे होते ब्रजेर राखाल बालक।" यदि गोरस के गाँव में, कदम्ब की छाया में ब्रज का ग्वाला बन सकूँ तो नवबंग में नवयुग का प्रवर्त्तक बनकर क्या करूँगा? जगन्नाथ की उड़िया-भागवत हो या पोतन्ना की आन्ध्र-भागवत, तमिलनाडु के आलवार-भक्तों के पद हों या दस कूट कवियों के कन्नड़ गीत, मलयालम की मुकुंद-माला हो या मणिपुरी की बिम्बावती के विरह-गीत, भारतीय-भाषाओं में ब्रज-भाव बहुत गहराई तक रचा-बसा है। असम के शंकरदेव ने तो सन् १४४८ में असमिया, बंगला और ब्रजभाषा को मिलकर बनी हुई ब्रजबुलि में "केलिगोपाल" की रचना की थी।

वह आनन्द, जिसे सूरदास ने हरि रस अथवा स्याम रस का नाम दिया था, वह निसर्ग-मनुष्य की भावभूमि है। स्वामी हरिदास की वह रसनिकुञ्ज, जिसमें प्रवेश पाने के बाद सर्वत्र पूर्ण सौन्दर्य की अनुभूति और सदा प्रेम की प्रतीति होने लगती है मनुष्य-चेतना की उदात्त भूमि है, हृदय की सर्वथा मुक्त-अवस्था है। इस्कॉन के रूप में कृष्ण चेतना का विश्वव्यापी रूप देखने को कैसे मिलता? वह रस विश्व के लोकमानस में संक्रमित कैसे होता? ब्रजभूमि और ब्रजभाषा की जो महिमा है, उसका कारण उनमें ब्रज-भाव की प्रतिष्ठा है, लोकमंगल की प्रतिष्ठा है। साहित्य का सबसे बड़ा गन्तव्य लोकजीवन है और सबसे बड़ी कसौटी लोकमंगल है।

(एम.एस. यूनिवर्सिटी बड़ौदा (गुजरात) द्वारा (१५ दिसम्बर २००६) आयोजित सेमिनार में प्रस्तुत)

परिशिष्ट : चार — केलिमाल : केलि भाव-भंगिमा

केलिमाल : केलि की उपासना। केलि के सामान्य अनुभव का दिव्यकरण। इस प्रक्रिया में अनेक भाव-भंगिमाएँ इस प्रकार से उभरी हैं, जैसे जलाशय में लहरें खेलती हैं। यहाँ कुछ भाव-भंगिमाओं का वर्गीकरण किया गया है। यहाँ ध्यान देने वाली बात है — स्थूलता से सूक्ष्मता की ओर चलने वाली गति। भाव की केलि और केलि की भाव-भंगिमा। भाव का ही आवेश, जो रसदेश तक पहुँचता है। भाव-भंगिमा जयदेव, विद्यापति, सूरदास और हित हरिवंश के पदों में भी हैं तथा इनका शास्त्रीय विवेचन श्रीरूपगोस्वामी के "उज्ज्वलनीलमणि" में भी है। यह सरणि तुलनात्मक अध्ययन में सहयोगी बन सकती है। कोष्ठक में पद-संख्या दी गई है।

प्रतिबिम्ब

प्रतीक्षा

प्राकट्य

प्रियाजू महिमा

बतरस

बोले के पद

मयूर

मद

मान

रास

रीझ

रुचि

रूप

श्याम तमाल

श्रमबिन्दु

संगीत

सन्देह

सम्भ्रम

सद्यः स्नाता

सुख

परिशिष्ट : पाँच

ब्रज, ललिता, राधा और कृष्ण, लीला और नित्यविहार
तथा केलिमाल के सम्बन्ध में प्रख्यात मनीषियों के विचार

१

हेरो कुंज वने नाचे मयूर कलाप खानि तूले
ओरे साङ्न मेघेर छाया पड़े कलो तमालमूले
मोरा नव नवीन फागुन राते नील नदीर तीरे
कोथा जाबो चलि अशोक वने शिखि पुच्छ शिरे
जबे दोलार फूल राशि
दिबे नीप शाखाय कषि
जबे दखिन बाये बाँशिर ध्वनि उठबे आकाश घिरे
मोरा राखालमिले करबो मेला नील नदीर तीरे।
आमि हबो ना भाइ, नव बंगे नवयुगेर चालक
आमि जालाबो ना आंधार देश सुसभ्यतार आलोक।
यदि ननीछानार गाँये
कोथाओ अशोक नीपर छाये
आमि कोनो जन्मे पारि होत ब्रजेर गोप बालक
तबे चाइना होते नव बंगेर नवयुगेर चालक।

देखो, कुञ्जवन में मोर कलाप उठाकर नाच रहे हैं। सावन के मेघों की छाया काले तमाल-फूलों पर पड़ती है। हम लोग नवनवीन फागुन की रात को सिर पर मयूर-पुच्छ धारण करके नील-नदी के तीर पर कहीं किसी अशोक-वन में चले जाएंगे। जब झूले की पुष्प-रज्जु कदम्ब की शाखा में कस जाएगी, जब दक्षिणी वायु में आकाश को घेरती हुई वंशी की ध्वनि उठेगी, हम सब ग्वाल-बाल मिलकर नील नदी के तीर पर मेला रचाएंगे। नहीं भाई, नव-बंग में नवयुग का प्रवर्त्तक नहीं होना चाहता। यदि मक्खन और छेने के गाँव में, अशोक और कदम्ब की छाँव में किसी जन्म में ब्रज का गोप-बालक बन सकूँ, तो अँधेरे-देश में सभ्यता का आलोक जगाकर क्या होगा? नव-बंग में नवयुग का चालक बनकर क्या करूँगा?

— गुरुदेव रवीन्द्रनाथ ठाकुर

२

आखिर यह कौन-सी बात है, जिसके कारण भारतीय और अभारतीय — सभी कृष्ण-गाथा से इतने प्रभावित हुए? मैं समझता हूँ कि इसका कारण यह है कि इसमें मानव की परमात्मा के प्रति भक्ति और मानव की सौन्दर्योपासना का इतना घनिष्ठ और सहज संयोग है कि कोई भी व्यक्ति इसके आकर्षण से बच नहीं सकता। . . . सारा भारतीय-संगीत और भारतीय-नृत्य कृष्ण की भक्ति के चारों ओर घूमता है। . . . मैंने देखा है कि अनेक मुसलमान उस्ताद पक्काराग गाते हैं तो राधा-कृष्ण के पदों में इतने तल्लीन हो जाते हैं, उन्हें अपने तन-मन की सुधि नहीं रहती। इसी प्रकार भारतीय-नृत्य से राधा-कृष्ण की लीला हटा दी जाए, तो उसका अधिकांश आकर्षण ही जाता रहेगा। कला-क्षेत्र में कृष्ण-गाथा ने विभिन्न प्रदेशों के लोगों को, विभिन्न भाषा-भाषी लोगों को, विभिन्न धर्मावलम्बियों को ऐसे सूत्र में बाँध दिया है, जो केवल आत्मा का सम्बन्ध है। इस प्रकार ब्रज ने भारत की विभिन्न जातियों, विभिन्न प्रदेशों के लोगों के एकीकरण का अभूतपूर्व ऐतिहासिक कार्य किया है।

— राष्ट्रपति डॉ० राजेंद्र प्रसाद

४ अप्रैल १९५२
ब्रज साहित्य मण्डल के हाथरस अधिवेशन में

३

वृन्दावन का रस तो परमहंसों के लिए है। सभी कामनाएं जल-भुनकर कोयला बन जाएं, सभी भूख मिट जाएं, सभी वृत्तियाँ शान्त हो जाएं, तभी इस रस की अतृप्त प्यास लगती है, ऐसी भूख लगती है कि सन्तों की वाणी की जूठन चाटते रहें चाटते रहें, पेट नहीं भरता। मोक्ष छोटा पड़ जाता है। विचित्र परवशता आ जाती है।

— स्वामी करपात्रीजी

४

मैंने सुना है, अकबर ने तानसेन को एक बार कहा कि तुम्हारा संगीत अपूर्व है। मैं सोच भी नहीं सकता कि इससे श्रेष्ठ संगीत कहीं हो सकता है। या कोई इससे श्रेष्ठ संगीत पैदा कर सकेगा। लेकिन एक प्रश्न मेरे मन में बार-बार उठ आता है कि तुमने किसी से सीखा होगा, तुम्हारा कोई गुरु होगा। अगर तुम्हारे गुरु जीवित हों तो एक बार उनका संगीत सुनना चाहता हूँ, उन्हें दरबार में बुलाओ।

तानसेन ने कहा — यह जरा कठिन बात है। गुरु मेरे जीवित हैं, लेकिन उन्हें बुलाना मुश्किल है। वे फकीर आदमी है। (फकीर हरिदास उनके गुरु थे) वे गाते हैं अपनी मौज से, बजाते हैं अपनी मौज से, क्योंकि वे आदमियों के लिए नहीं गाते, आदमियों के लिए नहीं बजाते। वे परमात्मा के लिए गाते और परमात्मा के लिए बजाते हैं। तो जब उनकी मौज होती है तब। और दरबार में तो उनको लाया न जा सकेगा। फरमाइश पर तो वे गाते ही नहीं, गा ही नहीं सकते। वे कहते हैं, परमात्मा करे फरमाइश, तब मैं गाता हूँ। इसलिए जरा मुश्किल है। आप चलने की राजी न होंगे, उन्हें लाया नहीं जा सकता। और यह भी कुछ पक्का नहीं है कि वे कब गाएँ, रोज उनका कुछ बँधा हुआ नियम नहीं है। प्रार्थना के कहीं बँधे हुए नियम हो सकते हैं? प्रेम तो सब नियम तोड़कर बहता है। प्रेम तो बाढ़ की तरह कूल-किनारे सब तोड़ देता है। तो कभी वे दो बजे रात उठ जाते हैं और गाते रहते हैं, गाते रहते हैं घण्टों बीत जाते हैं, सूरज निकल आता है दोपहर हो जाती है और मस्त नाचते रहते हैं। और कभी दो दिन सन्नाटा ही रहता है, उनके झोंपड़े पर कोई स्वर नहीं उठता। कभी शून्य का नैवेद्य चढ़ाते हैं परमात्मा को, कभी संगीत का चढाते हैं। मगर यह सब अनिश्चित है। हरिदास स्वतन्त्र-वृत्ति के हैं, स्वच्छन्द हैं, संन्यासी हैं।

संन्यासी का अर्थ ही होता है स्वच्छन्द, जो अपने भीतर के छन्द से जीता हो।

अकबर ने कहा कि तुमने मुझे और लुभा दिया। सुनना तो होगा ही, कुछ भी उपाय हो। तुम पता लगाओ। मैं आधी रात भी चलने को राजी हूँ।

लेकिन तानसेन ने कहा, एक और आखिरी बात झंझट की है अगर कोई पहुँच जाए तो वे तत्क्षण रुक जाते हैं, वे चुप हो जाते हैं। तो चोरी से सुनना पड़ेगा। झोंपड़े के बाहर छिपकर सुनना पड़ेगा। हम जब उनके विद्यार्थी भी उनके पास थे तो छिपकर ही सुनते थे। हमें सिखाते थे, वह तो ठीक था। लेकिन जब वे खुद अपनी मस्ती में, अपनी रौ में आते थे, तो हमें छिपकर सुनना पड़ता था। सामने पहुँच जाओ, वे रुक जाते हैं। बात ही गई।

तो अकबर और तानसेन दो बजे रात, छिप गए हरिदास के झोंपड़े के पास। वे वृन्दावन में यमुना के किनारे रहते थे। तीन बजे रात वह अपूर्व संगीत शुरु हुआ हरिदास का। अकबर डोलने लगा। उसकी आँख से आँसू ही बहे जाते हैं। पाँच बजे बन्द हुआ संगीत। जब वे लौटने लगे महल की तरफ, तो अकबर बिल्कुल चुप रहा, कुछ बोला ही नहीं। यह बात कुछ ऐसी थी कि इसके सम्बन्ध में कुछ कहना छोटा होगा, ओछा होगा। यह इस जगत् का संगीत न था। यह सेज परमात्मा के लिए बिछाई गई थी, यह श्रृंगार परमात्मा के लिए किया गया था। यह तो बात ही अलौकिक थी। यह अपार्थिव थी बात, यह स्वर्ग का संगीत था। इसके सम्बन्ध में क्या कहो। कुछ कहने को न था। एक सन्नाटा रहा।

जब महल आ गया और अकबर उतरकर महल की सीढ़ियाँ चढ़ने लगा और उसने तानसेन को विदा दी, तब उसने इतना ही कहा — तानसेन, अब तक मैं सोचता था कि तुम्हारा कोई मुकाबला नहीं, आज मैं सोचता हूँ, तुम्हारे गुरु के सामने तुम तो कुछ भी नहीं हो। आज बड़ी बेचैनी में पड़ गया हूँ। अब तक सोचता था तुम्हारे सामने कोई भी कुछ भी नहीं है, आज बड़ी मुश्किल हो गई है। आज तुम्हें देखता हूँ तो तुम्हारा संगीत साधारण मालूम

होता है। तुम्हारे गुरु के सामने तो तुम तो कुछ भी नहीं हो, कुछ भी नहीं हो। तुम्हारा उनसे क्या मुकाबला। अब तक सोचता था तुम्हारा कोई मुकाबला नहीं, अब सोचता हूँ तुम्हारा उनसे क्या मुकाबला? इतना फर्क क्यों है? और जो तुम्हारे गुरु के जीवन में हो सका, तुम्हारे जीवन में क्यों नहीं हो पाया?

तानसेन ने कहा — "कठिन" नहीं है मामला, सीधा-साफ है। मैं बजाता हूँ आपके लिए, मेरे गुरु बजाते हैं परमात्मा के लिए। मैं बजाता हूँ कुछ पुरस्कार पाने के लिए। क्षुद्र पुरस्कार — धन, पद, प्रतिष्ठा। मेरे गुरु बजाते हैं अहोभाव से पुरस्कार को पाने के लिए। मैं बजाता हूँ कुछ पाने के लिए, मेरे गुरु बजाते हैं क्योंकि उन्होंने कुछ पा लिया है। उस पाने से बजना उठता है। मैं तो भिखारी हूँ, वे सम्राट् हैं।

— आचार्य रजनीश

संस्कृत साहित्य में जिस प्रकार कामदेव और रति में प्राकृत सौन्दर्य-कल्पना का चरम उत्कर्ष हुआ है, ग्रीक साहित्य में भी उसी प्रकार है। कादम्बरी में कुसुमायुध का "त्रिभुवनाद्भुतरूपसंभार" कहकर वर्णन किया गया है। केवल यही नहीं, काम "रूपैकपक्षपाती" और "नवयौवनसुलभ" कहा गया है। Venus, Aphrodite, Adonis, Eros आदि के रूप-वर्णन की आलोचना करने पर प्राचीन पाश्चात्य-साहित्य में भी कामदेव के ही सौन्दर्य की कल्पना का उत्कर्ष हुआ है, यह विश्वास होता है। जिस किसी कारण से हो, सौन्दर्य काम का उद्दीपक है एवं काम सौन्दर्य का प्रकाशक है, इस बात से इंकार नहीं किया जा सकता। विद्वान् Remy de Gourment ने अपने *Culture des Idees* (१९००-, पृ० १०३) ग्रन्थ में कहा है — "That which inclines to love seems beautiful; that which seems beautiful inclines to love. This intimate union of art and love is indeed the only explanation of Art ... Art is the accomplice of love." अन्यान्य वैज्ञानिक पण्डितों ने भी इस विषय पर बहुत गवेषणा की है। पण्डित शान्तायन (G. Santayan) ने अपने *The Sense of Beauty* नामक ग्रन्थ में, ग्रोस (Gross) ने *Der aesthetische Genuss* नामक ग्रन्थ में, कलिन स्काट ने "Sex and Art" प्रबन्ध में (*American Journal of Psychology*, सप्तम भाग, २ य संख्या, पृष्ठ २०६), ष्ट्राज (Stratz) ने अपनी *Die Schonheit des Weiblichen Korpos* नामक पुस्तक में इस विषय की विशेष चर्चा की है। शान्तायन ने स्पष्ट अक्षरों में यौन-आकर्षण (sexual attraction) का सौन्दर्यबोध (aesthetic contemplation) के अंगरूप से उल्लेख किया है। इनके मतानुसार विशिष्ट (specific) यौन-भाव (sexual emotion) भी सौन्दर्य ज्ञान के अन्तर्गत है। ग्रोस ने दिखलाया है कि यौन-भाव और सौन्दर्य ज्ञान परस्पर सम्बद्ध हैं। कामशास्त्र में भी इस विषय की आलोचना है। कामतत्त्व का स्फुरण हुए बिना चेहरे का लावण्य खिलता नहीं, यह चिर-प्रसिद्ध है।

वस्तुतः प्रेम और काम में स्वरूपतः कोई भेद नहीं है। एक ही रस दो रूपों से कहा जाता है। प्राचीन काल में दोनों नाम एक ही वस्तु के वाचक रूप से प्रसिद्ध थे —

प्रेमैव गोपरामाणां काम इत्यगमत् प्रथाम्।

श्रीकृष्ण का बीजमन्त्र कामबीज है और गायत्री कामगायत्री है। "कामाद् गोप्य:" यह बात बहुत प्रसिद्ध है। जगत् के आदि-दम्पति कामेश्वर-कामेश्वरी हैं, यह आगम-शास्त्र में प्रसिद्ध है। आदि श्रृंगार कामात्मक है इन सब स्थलों में काम शब्द से प्रेम ही समझना चाहिए।

(भारतीय संस्कृति और साधना, पृ. ३१६ से) — **महामहोपाध्याय गोपीनाथ कविराज**

६

मैं उस महाशक्ति पर विचार किए बिना नहीं रह सका, जो शताब्दियों से ब्रज से विकीर्ण होती रही है। श्रीकृष्ण के द्वारका चले जाने के बाद से युग-युग व्यतीत हो चुके, किसी को ज्ञान नहीं है कि यह क्षेत्र राधा के साथ कैसे सम्बद्ध हो गया? फिर भी कृष्ण और उनका क्रीडामय बालपन हमारे लिए स्वयं सत्य से भी बड़ा सत्य है।

ईसाई सम्वत्सर के प्रारम्भ होने से बहुत पहले उनको और उनकी लीलाओं को लेकर गीत रचे गए। ''हरिवंश'' और ''गाथा-सप्तशती'' के रचयिताओं ने उस काल की प्रारम्भिक शताब्दियों में कृष्ण के स्वप्न देखे। यही आगे के कवियों ने भी किया। उदाहरणार्थ तमिलनाडु के एक कवि ने आठवीं शताब्दी के आसपास भागवत लिखी। बंगाल में जयदेव ने बारहवीं शताब्दी में और ''ब्रह्मवैवर्त्त'' के रचयिता ने भी, जो शायद चौदहवीं शताब्दी में हुए होंगे, श्रीकृष्ण के स्वप्न देखे। नरसी मेहता ने सौलहवीं शताब्दी में चिरन्तन-रास के गीत गाए।

ब्रजभारती
(ज्येष्ठ २०१०)

— कन्हैयालाल माणिकलाल मुंशी
(राज्यपाल : उत्तर प्रदेश)

७

परम स्नेहमयी माँ की गोद में बैठकर उनसे ब्रजवाणी के जो ललितपद बाल्य-काल में ही मैंने सुने, वे सदा को हृदय में समा गए। कालान्तर में उन्होंने साहित्य-सृजन का अनुराग-अंकुर उत्पन्न किया और इसके फलस्वरूप जिस गोविन्ददास की सृष्टि हुई, वह बीज रूप से इस ब्रज-साहित्य और ब्रज की रज में ही तो निहित था।

४ अप्रैल १८५२
ब्रजसाहित्य मण्डल के हाथरस अधिवेशन में

— सेठ गोविन्ददास

८

कृष्ण के नित्य-स्वरूप के साथ इतिहास को उलझन है। इतिहास मनुष्य को देशकाल में जड़कर पकड़ना चाहता है। "लीला" मानवी-जीवन की नित्य-व्याख्या प्रस्तुत करती है। लीलावपु रसमय और आनन्दी होता है। इतिहास का व्यक्ति काल के गाल में पड़ा हुआ वापुरा-प्राणी है।

संसार में एक अमृत ब्रह्मात्मक सत्य है, जो आनन्द से परिपूर्ण, रस से तृप्त और ज्योति से भरा हुआ है।[१]

ऐतिहासिक घटना विजड़ित होती है, किन्तु लोकोत्तर-लीला का कोई अन्त नहीं होता। वह नित्य प्रवर्द्धमान रहती है और मानव का हृदय उसे भक्ति-रस से सींचता रहता है। इन्हें इतिहास की घटनाएं मान कर उनका अन्वेषण करना बुद्धि का पराभव होगा।[२]

— आचार्य वासुदेव शरण अग्रवाल

---

१. श्रीकृष्णलीलावपुः (पोद्दार अभिनन्दन ग्रन्थ, पृ० ६४६)

२. ब्रज का सांस्कृतिक इतिहास (प्र.द. भीतल, की भूमिका से ,चैत्रशुः नवमी २०२३)

९

भागवत-भाव श्रीकृष्ण के जीवन-इतिहास के प्रभाव से बड़ा है? भगवद्गीता से भी बड़ा है? शायद यह किसी भी धर्ममत-विश्वास से बड़ा है, शायद धर्ममत से ऊपर उठ सकने पर ही वह वास्तव में भागवत-भाव बनता है, इसी उच्चतर-भूमि पर विभिन्न धर्म-मतावलम्बी धर्मप्राण-सन्त एक-दूसरे से मिल सकते हैं, एक हो सकते हैं, मनुष्य-मात्र को एक में जोड़ने का उपक्रम करते हैं। इसी एकात्मभाव की आधार-भूमि ही तो भागवत-भूमि होगी।

— सच्चिदानंद वात्स्यायन 'अज्ञेय'

१०

समस्त भारतीय-कला का मेरुदण्ड भगवान् का लीलावपु ही है। क्या साहित्य, क्या संगीत, क्या चित्रकला, क्या मूर्तिकला, क्या अन्य ललित कला — सभी लीलावपु-धारी कृष्ण पर आद्धृत हैं। इन सभी सुकुमार शिल्पों का उत्स मथुरा एवं ब्रजभूमि है।

— रायकृष्णदास

भारतकला भवन, काशी
वैशाख कृ० ११ वि. २०२३

११

भारतीय-वाङ्मय में सौन्दर्य का सबसे प्रामाणिक विवेचन यहाँ के काव्यशास्त्र में मिलता है। इसमें शब्द और अर्थ के माध्यम से व्यक्त सौन्दर्य का वर्णन मिलता है और यही मूल सौन्दर्य है भी। जितने भी सौन्दर्य-विवेचन वाले कला-शास्त्र के ग्रन्थ हैं – चाहे वे गन्धर्वशास्त्र के ग्रन्थ हों, चाहे शिल्पशास्त्र के ग्रन्थ हों; चाहे चित्रशास्त्र के ग्रन्थ हों; उनमें सौंदर्य के प्राण-तत्त्व का विवेचन किया गया है। कला-शास्त्र की अपने यहाँ एक बड़ी समृद्ध-परम्परा रही है। उसमें यह स्पष्ट किया गया है कि किस प्रकार से भारतीय-सौन्दर्य की परम्परा ब्रह्मविद्या से आरम्भ हुई। वास्तव में अध्यात्म-तत्त्वसौन्दर्य ही सौन्दर्य का मूल-स्रोत है।

वैदिक-वाङ्मय में ब्रह्म के रूप का वर्णन किया गया है। लेकिन उसके माधुर्य, ऐश्वर्य आदि का सारा का सारा वर्णन अमूर्त और अगोचर है। यह अमूर्त और अगोचर सौन्दर्य, विश्व के सौन्दर्य का सार-सर्वस्व है। सारे विश्व का सौन्दर्य उसी की प्रतिच्छवि है। अगोचर और अमूर्त सौन्दर्य को मूर्त और मानवीय रूप में देखने और प्रस्तुत करने का श्रेय इन वैष्णवों, किंवा रसोपासकों को है।

उसके विषय में कहा गया है कि —

चिन्मयस्याद्वितीयस्य निष्कलस्याशरीरिणः।
उपासकानां कार्यार्थे ब्रह्मणो रूप-कल्पना॥

जो चिन्मय है, अद्वितीय है, निष्कल है और अशरीरी है, उसी ब्रह्म की रूप-कल्पना उपासकों के लिए की गई है। इस प्रकार इन वैष्णवाचार्यों ने ब्रह्म का जो अमूर्त सौन्दर्य है, उसे गोचर और मूर्त रूप प्रदान किया। उसके दिव्य सौन्दर्य की यह गोचर और सगुण कल्पना वैष्णवाचार्यों का एक बहुत बड़ा योगदान है और इसका बहुत बड़ा महत्त्व है। इसका संवर्द्धन श्रीस्वामी हरिदासजी ने अपने ढंग से किया। वे रस के विग्रह थे — काव्य-रस और संगीत-रस के विग्रह। शब्द, रूप और प्रीति — इन तीनों के अद्‌भुत वर्णन के द्वारा उन्होंने सौन्दर्य की गोचर-कल्पना की। यही उनका सबसे बड़ा योगदान रहा।

सौन्दर्य के तीन तत्त्व हैं — रूप-तत्त्व, लीला-तत्त्व, और प्रेम-तत्त्व। जहाँ कहीं भी सौन्दर्य का वर्णन किया गया है, इन तीनों तत्त्वों का उल्लेख हुआ है। इन्हीं तत्त्वों के आधार पर सौन्दर्य के प्रति तीन दृष्टिकोण हैं। एक रूपवादी दृष्टिकोण है, जो यह मानता है कि सौन्दर्य का अस्तित्व वास्तव में रूप में है। वह पदार्थमय है, पदार्थ या वस्तु का गुण है। दूसरा दृष्टिकोण है; भावात्मक, जो यह मानता है कि सौन्दर्य वास्तव में भाव-रूप है। सुन्दर वह है, जो हमारे लिए प्रिय है, प्रिय और सुन्दर में कोई अन्तर नहीं है। इसीलिए सुन्दर के अनेक पर्याय — प्रिय, वल्लभ आदि वास्तव में इच्छा या कामना के प्रतीक हैं। इसी प्रकार काम्य के सौन्दर्य के अनेक पर्याय मिलते हैं, जो मूलतः भावना के पर्याय है। इसलिए सौन्दर्य को भाव-रूप माना गया है।

सौन्दर्य का तीसरा दृष्टिकोण आत्मवादी दृष्टिकोण है। और यही वास्तव में भारतीय एवं पाश्चात्य वाङ्मय में प्रारम्भ से मिलता है। सौन्दर्य का मूल उत्स चिन्मय ब्रह्म — चिन्मय-सत्य वास्तव में सौन्दर्य का मूर्त रूप है। सन्पूर्ण विश्व का सौन्दर्य उसी की प्रतिच्छाया है। संसार के व्यक्ति आत्मत्व के मन में अपने परम प्रिय, परम सुन्दर उस उत्स के नित्य भोग की कामना रहती है। इसलिए इस सन्पूर्ण विश्व का प्रसार भोग अर्थात् दिव्य-सौन्दर्य का ही एक प्रकार और प्रसार है। रूप को देखने के लिए यह आत्मवादी दृष्टिकोण न केवल भारतीय-वाङ्मय में अपितु पाश्चात्य-वाङ्मय में भी प्रारम्भ से देखने को मिलता है। इन रसिकाचार्यों का सबसे बड़ा योगदान यही रहा कि इन्होंने आत्मवादी एवं भाववादी — इन दोनों दृष्टिकोणों का समन्वय किया और जो भाववादी दृष्टिकोण पार्थिव-प्रेम का विषय है, आध्यात्मिक-स्तर पर एक चिन्मय रति का विषय बनाया।

सौन्दर्य के तीनों रूपों — रूप, लीला और प्रेम का समन्वय इन वैष्णवाचार्यों ने किया। इन्होंने निर्विकल्पक ब्रह्म — जिसका कोई रूप नहीं, को रूप प्रदान किया और वही रूप सम्पूर्ण विश्व के सौन्दर्य के माध्यम से व्यक्त हुआ। लीला के विषय में उन्होंने कहा — लोकवत्तुलीला कैवल्यं — जिस प्रकार मनुष्यलोक में लीला करता है, उसी प्रकार वह ब्रह्म भी लीला करता है, पर बिना किसी प्रयोजन के। सामान्य मनुष्य भाजनारम्भ के लिए लीला करता है, जबकि ब्रह्म का यह सृष्टि-विलास निष्प्रयोजन है। लीला वास्तव में प्रेम की कला है। ''आत्मानंदस्थापनार्थाय लीला भगवता कृता'' के अनुसार आत्मानन्द की स्थापना के लिए उसने विश्व-सृष्टि की लीला की। इस सृष्टि-विलास के रहस्य के दो छोर हैं — रूप और लीला, इनका समन्वय सूत्र है प्रेम। प्रेम ही रसानुभूति है। इस रसानुभूति को लौकिक स्तर से उठाकर आत्मिक स्तर पर किंवा लौकिक प्रेम और लौकिक भाव का उदात्तीकरण करके महाभाव तक उन्नयन करने का सबसे बड़ा कार्य इन वैष्णावाचार्यों ने किया और इस रस-परम्परा के विकास में श्रीस्वामी हरिदासजी का महत्त्वपूर्ण योगदान है।

१३ सितम्बर १९८३ को — **डॉ० नगेन्द्र, राष्ट्रीय प्रोफेसर, दिल्ली विश्वविद्यालय**

श्रीस्वामी हरिदास रसोपासना पीठ, वृन्दावन में प्रस्तुत व्याख्यान :
''स्वामीश्रीहरिदास की रसरीति : सौन्दर्यशास्त्र के परिप्रेक्ष्य में'' से उद्धृत

१२

वृन्दावन के रसिक-भक्तों या रसिकाचार्यों ने शास्त्र-विमुख होकर अपनी रचनाएँ लिखी हैं। उनको शास्त्र का मुखापेक्षी होने की कभी आवश्यकता ही नहीं पड़ी। मेरी यह भी मान्यता है कि उन्होंने किसी भी अलंकारशास्त्र, रसशास्त्र, रीति-वक्रोक्तिशास्त्र आदि को नहीं पढ़ा, पढ़ने की आवश्यकता भी न थी। मैं यह भी मानता हूँ कि श्री, रुद्र, ब्रह्म, सनकादिक नाम से जो वैष्णव-सम्प्रदाय स्थापित हैं और रामानुज, मध्व, निम्बार्क आदि जो उनके सम्प्रदायाचार्य हैं, उनके मतों का भी इन रसिकाचार्यों ने अन्धानुकरण नहीं किया। अर्थात् वृन्दावन के रसिकाचार्य अपने से बाहर के किसी भी सम्प्रदाय से बँधे हुए नहीं हैं। इन्हें आवश्यकता ही नहीं पड़ी कि ये इन सम्प्रदायों से अपने आप को जोड़ें।

श्रीस्वामी हरिदासजी महाराज ने कभी भी, किसी भी शास्त्र की ओर आँख उठाकर देखा भी हो या उस पर विचार किया हो, ऐसा मुझे नहीं लगता। ये स्वतन्त्र-चेता रसिक महानुभाव थे और दैवी-प्रेरणा से दैवी शब्द का प्रयोग मैं इसलिए जान-बूझकर रहा हूँ कि इसी दैवी-प्रेरणा से यह दिव्य शक्ति आविर्भूत हुई और इसने अपना मार्ग अपने आप बनाया। किन्हीं अन्य आचार्य के बताए हुए मार्ग का अनुसरण कभी इन्होंने नहीं किया। इसलिए सौन्दर्यशास्त्र की आज जितनी भी परिभाषाएँ बनी हैं, चाहे वे भारतीय सौन्दर्यशास्त्र के आधार पर हों या पाश्चात्य, इससे उनका कोई परिचय नहीं था और इसकी आवश्यकता भी उन्हें नहीं पड़ी। ब्रज के इन सन्त, वाणीकार — महानुभावों की दृष्टि में शास्त्र के जो परम्परागत विचार हैं, वे अधिक सहायक नहीं होते; क्योंकि इनका योगदान नितान्त मौलिक है और चिन्तन स्वतन्त्र। ये शास्त्र की तरफ बिल्कुल मुड़कर नहीं देखते, ऐसा मेरा विश्वास है। मेरी मान्यता है कि ब्रज के जो रसिक महानुभाव हुए हैं; विशेषकर स्वामी हरिदासजी महाराज — उनके वाणी-ग्रन्थ को बहुत पीछे — वेद, उपनिषद्, शास्त्रों तक, खींचना तर्क-संगत नहीं है। इनका वाणी-ग्रन्थ स्वतन्त्र है, मौलिक चेतना सम्पन्न है।

सौन्दर्य का केन्द्र-बिन्दु रूप है। इसलिए रूप ही मनुष्य में आकार ग्रहण करता है, वही भाषित होगा,वही दीप्त होगा, वही उन्हें प्रेरणा देगा, उसी में मन अनुरक्त होगा। इन रसिकाचार्यों ने जब रूप का वर्णन करना शुरू किया तो करते-करते इतना सूक्ष्म वर्णन किया, जैसाकि बहुत कम स्थानों पर आपको मिलेगा। जो साहित्य के अच्छे लेखक हुए हैं, जो बहुत अच्छे कवि हुए हैं .... चाहे वे भवभूति हों, कालिदास हों या माघ हों, सभी ने बड़ा रूप-वर्णन किया है। पर इनका रूप-वर्णन प्रायः पार्थिव है, शारीरिक रूप-वर्णन है। इन्होंने शरीर के सौन्दर्य का ही रूप-वर्णन किया है ... चाहे वह राम का रूप-वर्णन हो, चाहे सीता का, चाहे नल-दमयन्ती का, लेकिन इन सभी रूप-वर्णनों से रसिकाचार्यों का रूप वर्णन बिल्कुल भिन्न कोटि का है। इन्होंने रूप की अलग प्रतिमा स्थापित की है और उसका प्रयोजन बहुत स्पष्ट है।

अगर आप भक्ति का विवेचन करें तो साक्षात् राधाकृष्ण का जो रूप आपके सामने आएगा, वही रूप की प्रतिमा होगी और इस रूप में आपको निमज्जित होने के लिए या आपके चित्त की वृत्तियों को डुबोने के लिए अपने चित्त की वृत्तियों का परिष्कार करना होगा। क्योंकि यहाँ बढ़ते-बढ़ते रूप-वर्णन शृङ्गार की उच्च कोटि में पहुँच जाता है और ऐसा भ्रम भी हो जाता है कि यह किसी वासना की तरफ आकर्षित कर रहा है। लेकिन यह एक विचित्र रूप-वर्णन है। उस रूप-वर्णन को पढ़ने के बाद मनुष्य के अन्दर जो कालुष्य है, उसके अन्दर जो वासना या अन्य विचार आते हैं, वे सब अपने आप समाप्त हो जाते हैं। इस रूप-वर्णन की सबसे बड़ी विशेषता यही है। रसिकाचार्यों ने चित्त-वृत्तियों के परिष्कार का मार्ग इस रूप-वर्णन के माध्यम से खोला है। सौन्दर्यशास्त्र की

परिभाषाओं को इस पर लागू करना सम्भव नहीं है, लेकिन सौन्दर्य-वर्णन है अवश्य, और यह इतना उच्च कोटि या उत्कृष्ट कोटि का है कि चित्त-वृत्तियों को वासना की तरफ जाने से हटाता है। इसीलिए इन वाणीकारों ने अपने सभी वर्णनों में सबसे प्रमुख स्थान रूप-वर्णन को दिया — इस सम्प्रदाय में भी और राधावल्लभ-सम्प्रदाय में भी। अगर इनके सौन्दर्य-वर्णन को पढ़ा जाए तो आश्चर्य होता है कि इन लोगों ने अंग-प्रत्यंग का वर्णन करते-करते उनका इतना सूक्ष्म वर्णन कर दिया है, जो सामान्य आचार्यों की दृष्टि में आ ही नहीं सकता। इनकी दृष्टि रूप-वर्णन से उस लक्ष्य की ओर जाती है, जो भौतिक नहीं है, आध्यात्मिक है।

श्रीस्वामी हरिदासजी ने रूप, रस, गन्ध, स्पर्श के साथ ही शब्द को विशेष रूप से पकड़ा है। शब्द संगीत का ही एक रूप है। आप सामान्य संगीत के अन्दर केवल स्वरों का प्रयोग कर लेते हैं और स्वरों के प्रयोग से संगीत जान लेते हैं। लेकिन संगीत के अन्दर जो शब्द है, शब्द के अन्दर जो अर्थ है, और अर्थ के अन्दर जो भाव है वह श्रीस्वामी हरिदासजी की ही देन है। इन्होंने शब्द को पकड़ा है संगीत के मध्यम से। संगीत का शब्द सौन्दर्य से भरा है और सौन्दर्य, संगीत के साथ जुड़ा है।

— प्रोफेसर डॉ. विजयेन्द्र स्नातक
दिल्ली विश्वविद्यालय

१३

सामाजिक दृष्टि से वैदिक-काल में नारी का महत्त्व बहुत ऊँचा था; पर क्रमशः वह महत्त्व कम होता गया। वैष्णव-भक्ति-आन्दोलन ने उस महत्त्व को दो प्रकार से पुनर्जीवित किया — एक तो यह कि सहचरी के रूप में नहीं, आह्लादिनी-शक्ति के रूप में श्रीराधा की प्रतिष्ठा की, जिससे कि साक्षात् परब्रह्म भी कहीं-न-कहीं जुड़ा है। यह आह्लादिनी-शक्ति माया नहीं और न उससे अलग ही है। फिर भी यह अपना अलग महत्त्व रखती है। उसके स्वरूप का जो सबसे बड़ा वैशिष्ट्य है, वह इसमें अधिष्ठित है। एक तो यह किया, दूसरा यह किया कि नारी में अधिक सघनता के साथ शक्ति होती है कि वह एकनिष्ठ हो। यह नारी-चित्त से ही सम्भव है, शरीर से नहीं। चित्त की बात मैं कर रहा हूँ। और इसलिए कान्ताभाव की प्रतिष्ठा की। जैसाकि कथानक प्रसिद्ध है कि मीराबाई जीवगोस्वामी के पास उनसे मिलने गईं। जीवगोस्वामी ने कहा कि मैं "स्त्री" से नहीं मिलता। मीराबाई ने सन्देश[1] भिजवाया कि "मैं तो समझती थी कि केवल एक ही पुरुष है — श्री कृष्ण, लेकिन दूसरे पुरुष भी यहाँ दिखाई पड़े।" इसका प्रयोजन यही था कि जिस गहरी एकनिष्ठा की आवश्यकता होती है, आत्यन्तिक मिलन में, वह निष्ठा पुरुष-चित्त से सम्भव नहीं; उसके लिए नारी चित्त को समझना आवश्यक हो जाता है। नारी की इससे प्रतिष्ठा होती है। नारी-देह की प्रतिष्ठा होती है। जो नारी-देह पूर्ववर्ती समाज में आदर का विषय नहीं थी, केवल भोग का विषय थी; वही नारी-देह एक ऐसी भावना का अधिष्ठान होने के कारण, जो भावना भगवान् के, सबसे अधिक समीप लाने में सहायक है महत्त्वपूर्ण हो जाती है।

माधुर्य-भाव का अर्थ प्रायः लोगों ने यही लिया है कि इसमें विलास, ऐश्वर्य, काम — यही सब कुछ है। लेकिन यह बिल्कुल नहीं हैं; क्योंकि जो परिभाषा भक्तिसूत्र से लेकर वैष्णव-भक्तिकालीन कवियों ने की, वह परिभाषा एक ही है कि प्रेम का अर्थ है प्रिय के सुख से सुखी होना। जहाँ प्रिय के सुख से सुखी होने की बात है, वहाँ अपने निजी-सुख की कोई कल्पना नहीं रह जाती। अपने निजी ऐश्वर्य-विकास की कल्पना नहीं रह जाती।

सारी इच्छाएं भस्म होकर केवल एक इच्छा रह जाए। वहाँ पर विलास की बात सोचनी ही गलत है। और इसलिए इस पर सभी वैष्णव-कवियों ने विशेष बल दिया कि यह भाव सधता है चरम वैराग्य से। वैराग्य का वही आदर्श रखा, जो पहले से चला आ रहा था — समस्त एषणाओं का त्याग । परन्तु वैराग्य के साथ एक चीज जोड़ी है, वह विशेष है कि वैराग्य में खेद नहीं है, निर्वेद नहीं है। वैराग्य में एक अतृप्ति है, एक आनन्द की जो वृत्ति जोड़ी है; वह वृत्ति इस देह को छोड़कर, इस देह को भगवद् प्रयोजन मान करके है। इस दृष्टि से देखने पर लगता है कि स्वामी हरिदास जी जैसे सन्त जो करवा में भोजन लेते थे और उसी में चरम आनन्द का अनुभव करते थे, वे ही इस रस के अधिकारी हैं। जो विषय में आसक्त है वह रस का अधिकारी नहीं हो सकता। श्रीमद्भागवत में भी यही बात बार-बार दोहराई गई है कि रासपञ्चाध्यायी काम-ज्वर की शान्ति करती है; क्योंकि यहाँ पर कामना रखकर कोई प्रवेश नहीं कर सकता। काम बाहर ही रह जाता है, भीतर प्रवेश नहीं कर सकता।

स्वामी हरिदासजी के सम्प्रदाय के आचार्य यह नहीं कहते कि ऐसा संयोग है; जो संयोग ही संयोग है। वे भी कहते है कि "मिलेइ रहत मानों कबहुँ मिलेना।" प्रिया-प्रियतम मिले रहते हैं, तब भी लगता है कि कभी मिले ही नहीं। यह मिलना भी जब अपर्याप्त हो जाता है, एक प्रकार का अमिलन ही हो जाता है। इस प्रकार सम्प्रयोगात्मक और विप्रयोगात्मक शृंगार एक ही में अधिष्ठित है, यह अपने आप चरितार्थ हो जाता है।

माधुर्य-भाव की प्राप्ति होने पर व्यक्ति में जो समस्त जीवन के साथ एक लगाव होता है, वह लगाव दूसरे प्रकार का होता है। वह लगाव इसलिए होता है कि समस्त जीवन एक ऐसी सत्ता से अभिव्याप्त है,जो प्रिय प्रियतम

है। जो प्रियतम से अभिव्याप्त सत्ता होती है उसके साथ लगाव समता दृष्टि वाले लगाव से भी अधिक गहरा होता है। जो समतावादी दर्शन है, कहते हैं — समाज सें सबको बराबर समझो, वे तो छोटे न हैं, लेकिन जो यह मानता है कि ये समस्त पदार्थ प्रियतम के ही स्वरूप हैं, क्योंकि समस्त पदार्थ उसकी स्थिति से अभिभूत हैं, और उसकी उपस्थिति के कारण प्रिय हैं। अब जो लगाव होता है, वह समता का नहीं होता गहरा लगाव होता है। इसलिए पूरे जीवन के साथ एक सम्पृक्तता स्तरीय-ऊर्जा के साथ आती है माधुर्य-भाव के द्वारा। और उसके कारण समाज में ऊँच-नीच की बात छोटी है, तुच्छ है, यह जितनी अपने आप समझ में आ जाती है, अनायास आ जाती है। इसके लिए कोई कोशिश करने की जरूरत नहीं थी कि ऊँच-नीच की बात गलत है, यह समझाएं। यह बिना तर्क के केवल इस भावना मात्र से कि यह वस्तुएँ हैं, जितना जीवन है — सब एक विशाल व्यक्तित्व की उपस्थिति से एक बड़े प्रयोजन की सिद्धि में हुआ है और इसलिए प्रिय है। जो प्रिय है उसके प्रति अनुकम्पा कैसी? यह छोटा है, यह बड़ा है, के प्रति अवज्ञा कैसी? न उसको बड़ा मानना न उसको छोटा मानना उसको आत्मीय मानना चरितार्थ हो जाता है, सहज भाव से।

समस्त इन्द्रियों में सबसे सूक्ष्म इन्द्रिय है श्रोत्रेन्द्रिय। सबसे महत्त्वपूर्ण इन्द्रिय, जो भीतर की चेतना को प्रभावित करने वाली है, वह यही इन्द्रिय है। इस इन्द्रिय का संस्कार करना, यह अर्थ रखता है कि आप तुरन्त प्रवेश कीजिए, ऐसे संसार में जो दृश्य संसार का ही एक रूपान्तर है। लेकिन अधिक सही, अधिक यथार्थ रूपान्तर है। संगीत के द्वारा जो अमूर्तिकरण होता है और विश्व का जो रूपान्तर है, वह लक्ष्य है। उसको दृश्य रूप में अंकित करने का काम किया है, लेकिन वह उससे उत्पन्न है। मूलतः संगीत ही मुख्य उपाय है, क्योंकि संगीत खींच लेता है दूसरे समस्त इन्द्रिय-व्यापारों से और इस प्रकार की शक्ति देता है कि खिंचकर उसमें आदमी प्रवेश करे। जहाँ प्रवेश करने पर उसे संसार बदला हुआ नज़र आता है। उसका एक दूसरा रूपान्तरण नज़र आता है। ये सभी के सभी भक्त संगीत के भी साधक क्यों थे, इसका कारण मुझे यह लगता है।

— डॉ. विद्यानिवास मिश्र

१४

“निकुञ्ज-लीला” का सन्दर्भ भक्ति-साहित्य में अनेक रूपों में आता है। जब तक साधक अविद्या-राज्य में है — अहंकार विमूढात्मा अपने को कर्त्ता मानता है और कर्तृत्वाहंकारपूर्वक जो कुछ भी किया जाता है वह “क्रिया” ही है “भाव” नहीं। भगवदनुग्रह से जब अविद्या-निवृत्ति हो जाती है, तब भाव-देह का उदय होता है। इसी भावदेह में (भाव की) साधना चलती है? यही भाव सान्द्रावस्थ होकर प्रेम बनता है। प्रेम-भक्ति का ही पूर्ण विकास साधना की चरम परिणति है। लीलानुभूति के क्रम-विकास से प्रेमभक्ति रस-रूप में परिणत होती है। प्रेमभक्ति की पूर्ण परिणति ही “महाभाव” है। जो महाभावरूपा हैं — वे भी भक्ति-धारा में परिणत हैं, वे ह्लादिनीसारभूता स्वयं श्रीराधा ही हैं — इसी स्थिति में श्रीगोविन्द के साथ अन्तर्लीला में प्रविष्ट होने की सामर्थ्य उत्पन्न होती है। इस प्रेम-भक्ति की पूर्ण सिद्धि होने पर “निकुञ्ज-लीला” का अवसान होता है। इसके पश्चात् श्रीराधाकृष्ण की अत्यन्त रहस्यमयी लीला “निकुञ्ज-लीला” का प्राकट्य कहा गया है। इस निकुञ्ज-लीला की सम्पन्नता में रस-निष्पत्ति की पूर्ण सिद्धि होती है — तब महाकृपा के फलस्वरूप युगल-निद्रा से उत्थित होकर अनादि महासुषुप्ति का भेद करते हैं। यही प्रकृत महाजागरण या विशुद्ध चैतन्यावस्था है।

भावराज्य की लीला बहिरंग-लीला है और महाभाव की अन्तरंग। महाभाव की परिणत और परिनिष्ठित लीला ही निकुञ्ज-लीला है। तन्त्रों में इसे “काम-कला-विलास” कहा गया है। तन्त्रों में कहा गया है कि सृष्टि-प्रक्रिया में जो क्षोभ कार्य होता है — उसके दो अर्थ है — स्वयं क्षुब्ध होना तथा दूसरे को क्षुब्ध करना। पुरुष क्षुब्ध होकर प्रकृति को क्षुब्ध करता है — ये दोनों एक ही चैतन्य के दो पहलू — एक ही चने की दाल। चैतन्य में इन दोनों पहलुओं के परस्पर संघर्ष को “कुञ्ज-लीला” कहा गया है।

वस्तुतः रस-साधना का मुख्य उद्देश्य “रसिक” होना है। रसिकावस्था, जीवावस्था तथा ईश्वरावस्था — दोनों के अतीत है। रसिकों में भी अनन्य-रसिक होना उससे भी परे है। हरिदासी-सम्प्रदाय के भक्त अनन्य-रसिक कहे जाते हैं। वैसे तो सभी सम्प्रदायों के मधुर रसोपासक रसिक कहे जाते हैं — परन्तु अपना पृथक् वैशिष्ट्य उभारने वाले हरिदासी — भक्त कुछ और ही हो जाते हैं, जिन्हें अनन्य-रसिक की पदवी दी जाती है।

— प्रोफेसर राममूर्ति त्रिपाठी
उज्जैन विश्वविद्यालय

१५

राधा क्षितितल के सम्पूर्ण लावण्य का सार है — "खिवितल लावनिसार"। राधा एक अनुभूति है, एक भावना है, एक कल्पना है, चिन्तना है, एक माधुरी है। भारतीय-साधना और आराधना की परिणति का नाम है — राधा। राधा को पाकर साहित्य धन्य हो गया। कवियों की सुधानिःस्पन्दि-लेखनी नवजलधर के अन्तराल में संचरण करने वाली बिजुरी-रेह सी कनकवर्णी राधिका की अवतारणा में डूब गई। गायकों के सुरीले कण्ठों में राधिका के पायलों की रुनझुन रुनझुन बज उठी। चित्रकारों की तूलिका इन्द्रधनुषी रंगों को लेकर तडित् गति से राधिका के सौन्दर्य-संभार को अंकित करने लगी। शिल्पियों ने अपनी नुकीली छेनी के द्वारा मूक पाषाणों में राधा की प्राण-प्रतिष्ठा की।

ललित-कला राधा के रूपांकन में संलग्न रहकर उस दिव्य-रूप की नीराजना करती है। अपनी सीमाओं में संकुचित होकर नतमस्तक होने में अपना गौरव-बोध करती है। क्या निःसीम का चित्रण ससीम साधनों से कभी संभव है? कला की कुण्ठा का यही कारण है।

— डॉ. बलदेव उपाध्याय
काशी

१६

कविवर जयदेव के "गीतगोविन्द" में राधा-तत्त्व का आधिपत्य है, प्रीति का संवाद है, केलि का नृत्य है, रास का उल्लास और उत्सव है, मिलन और विरह का गीत है, श्रृंगार का चरम है। "गीतगोविन्द" में कृष्ण और राधा का श्रृंगारोत्सव लौकिक उपादान से सुसज्जित है। महाकवि जयदेव का "गीतगोविन्द" प्रबन्ध-काव्य के रूप में उत्तान-श्रृंगार का अप्रतिम उदाहरण है। कवि राधा के भक्त थे या कृष्ण के, यह निर्णय अनावश्यक है, क्योंकि उनके काव्य में राधा और कृष्ण का एकात्म-तत्त्व ही प्रस्तुत हुआ है। कोमलकान्त-पदावली में और श्रृंगार की अगणित अद्‌भुत मुद्राओं, भंगिमाओं और अनंग की उद्‌दाम एवं उद्‌दीप्त कामनाओं का यह काव्य सगुण भक्ति-काव्य में श्रृंगार का शिखर माना गया है, जिसमें राधा, गोप-स्त्रियाँ, कृष्ण ऐसे मानवीय परिप्रेक्ष्य में देखे जाते हैं कि हम भ्रम में पड़ जाते हैं कि क्या यह ईश्वरीय-आराधना है या कि मनुष्य की दैहिक-लालसाओं और मानसिक-प्रतीतियों की अभिव्यक्ति, या कि कामशास्त्र का भाष्य? इसी परिप्रेक्ष्य को लेकर पूर्व प्रधानमन्त्री स्व. चरण सिंह ने एक बार मेरे समक्ष प्रश्नों की झड़ी लगा दी। वे कट्‌टर आर्यसमाजी प्रतिबद्धताओं के व्यक्ति थे — मुझसे उनके निकट के सम्बन्ध थे। कहने लगे — ऐसी विलासिता एवं लम्पट-प्रसंगों को ईश्वरीय-आराधना के अंश के रूप में स्वीकार करना दुराचार को प्रोत्साहन देना होगा। मैंने उनको सांकेतिक एवं प्रतीकात्मक अभिव्यक्ति का तर्क देकर आत्मा और परमात्मा की लीला के बारे में लाख सफाई देनी चाही, किन्तु चौधरी चरण सिंह के सीधे-सपाट तर्क के सामने सूक्ष्म सांकेतिक-प्रतीकात्मक रूपकों और व्याख्याओं का टिकना दुष्कर था। गोपियों के वस्त्र छिपा देने का और निरावरण गोपियों का वस्त्र माँगने का प्रकरण तो कभी भी चौधरी साहब के गले नहीं उतरा।

राधा की कथा का आविर्भाव कब हुआ, रुक्मिणी और सत्यभामा कहाँ, कैसे, कब और क्यों विलीन और विलुप्त हो गईं, गोपिकाओं के साथ रास-विलास के प्रसंग कब चल पड़े, कब राधारानी रासलीला के केन्द्र में समुपस्थित एवं सुशोभित हुई, इसे अभी तक सुनिश्चित रूप से नहीं बताया जा सका है, किन्तु कई कृष्ण-भक्तों को यह जानकर आश्चर्य हो सकता है कि राधा को परमब्रह्म तत्त्व भी माना गया है और कृष्ण को उनके दिव्य-प्रेम में लालायित पुरुष — आराधक के रूप में देखा गया। किन्तु मूलतः अध्यात्म-लीला के सगुण इहलोक में सारे समीकरण पुनर्व्याख्यायित हो गए प्रतीत होते हैं। कृष्ण को बार-बार "गोपस्त्री-परिवेष्टितो" कहा जाता है। उद्धव के सम्वाद में आध्यात्मिक प्रतीक तत्त्व स्पष्ट होता है, किन्तु महाकवि जयदेव के गीतगोविन्द के शब्दों में उनकी प्रत्येक अष्टपदी में कृष्ण, राधा और गोपियों की रति-विलास में एक मादक उन्माद की स्फुरणा होती है, जिसे जीव और ब्रह्म का प्रतीकात्मक मिलन-विप्रलम्भ कहकर हम उसे आध्यात्मिक स्वरूप देते हैं। वही प्रतिच्छाया सूफी-काव्य में भी है। "गीतगोविंद" में अद्‌भुत साहित्यिक-सौन्दर्य है, शब्द-विन्यास की अपूर्व दक्षता है, किन्तु शुद्ध देहातीत-अध्यात्म का स्पर्श कुछ प्रच्छन्न, प्रतीकात्मक और अस्पष्ट हो जाता है। उनकी प्रत्येक अष्टपदी में रति का उत्तेजन मिलता है। कई स्थलों में अवश्य कविवर जयदेव का सूक्ष्म ललित सौन्दर्य-बोध मिलता है, जिसमें शब्द-विन्यास का सौन्दर्य अधिक है और देह की आसक्ति अपेक्षाकृत कम, यथा —

> ललितलवंगलता परिशीलन–कोमलमलय समीरे, मधुकर–निकरकरम्बित कोकिल कूजित कुंज कुटीरे। विहरति
> हरिरिह सरस वसन्ते, नृत्यति युवतिजनेन समं सखि विरहिजनस्य दुरन्ते।

किन्तु उत्तान-श्रृंगार में अपूर्व रतिवासना एवं रतिभोग का उल्लेख करते हुए कविवर जयदेव कृष्ण के अन्य स्त्रियों के साथ भोग-संभोग की स्पष्ट अभिव्यक्ति में संकेत, प्रतीक और रूपक खो जाते हैं। एक के बाद एक अष्टपदी में

कवि ने जैसे देह का कामशास्त्र अंकित-चित्रित किया है। समग्र काव्य में आलिंगन, चुम्बन, अधरपान, भोग-संभोग का प्राचुर्य है।

यद्यपि कवि ने राधा की आराधना लौकिक-विषयों से चित्त को निवृत्त एवं पवित्र करने वाली शक्ति के रूप में की है, तथापि स्थूल दृष्टि से मुग्ध एवं स्निग्ध मधुसूदन लौकिक देह-संकुल अभिप्राय में कामार्त, कामोद्दीप्त, कामार्थी प्रतीत होते हैं। राधा भी कृष्ण द्वारा किसी अन्या के साथ रति-विलास का सन्देह करते हुए सोचती है —

हरिपरिरम्भणवलित विकारा कुचकलशोपरि तरलित हारा।
कापि चपला मधुरिपुणा विलसति युवतिरधिकगुणा।

क्षुब्ध है राधा, क्रुद्ध एवं सन्तप्त है राधा, आशंकाओं से और कृष्ण के अन्या के साथ रति-विलास से दुःखी है राधा, रूठी हुई है राधा। फिर श्रीकृष्ण राधा को मनाते हैं, मनुहार करते हैं, मानिनी राधा की चाटुकारिता करते हैं, उसके रूप-सौन्दर्य की प्रशंसा और प्रशस्ति करते हैं। आद्योपान्त "गीतगोविंद" में रति-विलास का सांगोपांग आख्यान है। शायद तब तक दिव्य-दम्पती के रति-विलास पर पुराने प्रतिबन्ध शिथिल हो चुके थे, शायद तब तक उमा-महेश्वर के भोग-संभोग की काव्याभिव्यक्ति के लिए कालिदास के अभिशप्त होने की कथा-किंवदन्ती विस्मृत हो चुकी थी। "गीतगोविन्द" भक्ति का प्रबन्ध-काव्य है, किन्तु मुझे लगता है कि वह प्रतीकात्मक दृष्टि से सूक्ष्म अध्यात्म का काव्य है, किन्तु अन्यथा से अधिक रति-विलास का, कामनाओं का, भोग-संभोग और मिलन तथा विप्रलम्भ का काव्य अधिक लगता है। यही प्रबन्ध-काव्य कालान्तर में रीतिकालीन काव्य के रूप में तथा नायिका-भेद एवं रति और रीति का संगम बनकर प्रकट हुआ।

यद्यपि आज के पाठक को जयदेव के "गीतगोविन्द" में देह का रति-विलास अधिक दिखाई देता है तथापि रचयिता कविवर जयदेव ने इसकी रचना एवं कल्पना सरस हरि-स्मरण के लिए ही की थी। वे स्वयं लिखते हैं —

यदि हरिस्मरणे सरसं मनो यदि विलास-कलासुकुतूहलम्।
मधुरकोमलाकान्तपदावलीं शृणु तदा जयदेव-सरस्वतीम्॥

अपने आपको उन्होंने राधा का मुख्य सेवक (पद्मावतीचरण-चारण-चक्रवर्ती) बताते हुए कहा —

वाग्देवताचरितचित्रितचित्तसद्मा पद्मावतीचरणचारणचक्रवर्ती।
श्रीवासुदेवरतिकेलिकथासमेतमेतं करोति जयदेवकवि-प्रबन्धम्॥

साहित्य अमृत, अप्रैल २००१ — **डॉ. लक्ष्मीमल्ल सिंघवी**

१७

ब्रज समस्त भारत में, भारत के जन-जन में भाषा तथा प्रकृति की सीमाओं की अवहेलना करके व्याप्त है — नामों में, भावों में, उत्सवों में, त्यौहारों में, अनुष्ठानों में ब्रज दक्षिण से उत्तर और पूर्व से पश्चिम में विद्यमान है। इसने साहित्य, संगीत और कला में प्रेरणा प्रदान की है।

— डॉ. सत्येन्द्र

केलिमाल श्रीस्वामी हरिदासजी महाराज के परमाराध्य श्रीश्यामा-कुञ्जबिहारी की रसमयी-लीलाओं का सरस संगीत की शैली में लिखा हुआ अद्‌भुत ग्रन्थ है किन्तु अब तक इसकी कोई सरल-सुबोध टीका उपलब्ध न होने के कारण सामान्य कोटि के पाठक इसका रसास्वादन नहीं कर सकते। जो दो-तीन प्राचीन टीकाएँ उपलब्ध हैं, उनके बारे में डॉ० प्रभुदयाल मीतल की मान्यता है कि वे (टीकाएँ) सामान्य पाठक के उद्देश्य को पूरा नहीं करती, क्योंकि वे स्वयं में इतनी गूढ़ हैं कि उनके भावाभिबोध के लिए अलग से नई टीकाओं की अपेक्षा है। डॉ० प्रभुदयाल मीतल ने केलिमाल की एक सरल सुबोध सर्वजनगम्य टीका की आवश्यकता का अनुभव किया है।

केलिमाल की सुबोध टीका का अभाव संस्थान को भी खटकता रहा और उसने कई बार इस ओर कदम बढ़ाने का प्रयास किया है, किन्तु यह कार्य इतना दूभर और दुःसाध्य है कि जो बात स्वामीजी ने कही, पहले तो वह पकड़ में ही नहीं आती, और पकड़ में भी आती है तो उसकी अभिव्यक्ति के लिए शब्द नहीं मिलते। ज्ञान के गुमान में भरा व्यक्ति दस-बीस पदों की टीका करता भी है, तो उसे वह स्वयं पसन्द नहीं आती। उसे लगता है कि बात कहीं से कहीं चली गई है।

ऐसा क्यों होता है? इसका कारण यह है कि जिस प्रतिभा से इसे व्याख्यात करने की आवश्यकता है, वह किसी एक व्यक्ति में मिलना कठिन है। साहित्य-शास्त्र का विद्वान् काव्य-शास्त्र की कसौटी पर इसे परखने का प्रयास करता है, संगीत-शास्त्र में पारंगत कलाकार इसके नाद-सौन्दर्य पर अटक जाता है और रस-साधक इसकी रसमाधुरी को देखकर मौन हो जाता है। अनुराग की यह शीतल अमृतधारा उत्कृष्ट वैराग्य की जिस दुर्गम घाटी में होकर बहती है, उस तक पहुँचने की क्षमता किसी में नहीं है। व्यासजी घोषणा कर गए हैं — "ऐसौ रसिक भयौ नहिं ह्वै है भुवमण्डल आकास।" फिर उसके मर्म को बिना समझे कोई इसकी टीका कैसे करे और करे भी तो क्या वह उस रस का आस्वाद करा सकेगी जो स्वामी बिहारिनदेवजी की दृष्टि से उस भूमिका में स्थित है, जहाँ श्रीराम और श्रीकृष्ण का भी प्रवेश नहीं। अस्तु, जब कभी श्रीस्वामीजी महाराज कृपा करेंगे, तभी ऐसा सुयोग बनेगा। हमें ऐसे महानुभाव की तलाश है, जो श्रीस्वामीजी की कृपा का भाजन हो।

कहना न होगा कि ऐसा सम्भव होते ही इस गुरुतर और महनीय कार्य को सम्पादित कराने में संस्थान कोई कोर-कसर न उठा रखेगा। तब तक आइए, रसनिकुञ्ज के पठन-मनन द्वारा विविध वासनाओं की भीषण ज्वालाओं से दग्ध अपने अन्तःकरण को कुछ शीतलता प्रदान करें।

रसनिकुञ्ज, मई १९८४

— श्री गोविन्दशरण शास्त्री
अध्यक्ष : श्री स्वामी हरिदास सेवा संस्थान
तथा सम्पादक : रसनिकुञ्ज, वृन्दावन

१९

सौन्दर्यशास्त्र जो रूप, अनुभूति और अभिव्यक्ति की व्याख्या करता है अथवा भरतमुनि का नाट्यशास्त्र, जो "विभावानुभाव व्यभिचार संयोगाद् रसनिष्पत्ति" की बात करता है, वह सब कुछ मन पर आद्धृत है। उसकी पहुँच आत्मा तक नहीं है। नाट्यशास्त्र का रस उपनिषद् के "रसो वै स:" वाले रस से नितान्त भिन्न है। स्वामी श्रीहरिदास की रसोपासना का "रस" उपनिषद का "रस" है। इसलिए नाट्यशास्त्र के रस-सिद्धान्त पर श्रीहरिदास के रस को कसना तथा निर्णय देना बहुत उचित नहीं है। क्या गेहूँ को तौलने वाले बाटों से हीरे को तौला जा सकता है? स्वामीजी की वाणी को काव्य-संज्ञा नहीं दी जा सकती। वह अलौकिक आत्मगीत है। उस अनुभूति को सौन्दर्यशास्त्र या रसशास्त्र नहीं बता सकते।

रस निकुञ्ज, वर्ष ३ अंक ३, पृ. ४७ से — **डॉ० अंबाप्रसाद सुमन**

२०

श्रीकेलिमालजी, श्रीश्यामा की नित्य काम-प्रेम की केलियों के अनूठे दिव्यरस में मग्न कराने वाली चरम अध्यात्म कृति।

भावोपासना में बुद्धि, ज्ञान ‘‘भाव’’ में, भाव, युगल के ‘‘केलिविहार’’ में, और ‘‘विहार’’ एक अनन्य ‘‘स्पन्दनात्मक नित्य-रससत्ता’’ में लय होते हैं।

श्रीहरिदास के स्वामी श्याम और श्रीश्यामा के कुञ्जविहार का वर्णन करने वाली श्रीकेलिमाल स्वरूपतः बड़ी अटपटी है, इसमें ऊपर-ऊपर से दिखने वाला कुछ और (कहा गया) है, जबकि उसके द्वारा वस्तुतः कहा कुछ और जाता है।

केलि शब्द के तीन अर्थ हैं, जो केलिमाल के सन्दर्भ में हमारे सामने आते हैं — १. विलास और खेल का, जो केलि को सामान्य नारी-पुरुष के बीच के भोग-विलास से उठाकर एक खेल, एक क्रीडा, एक लीला या एक विहार के रूप में प्रस्तुत करता है। २. स्पन्दन या स्पन्द, जो केलि को आगमिक और दार्शनिक आधार-भूमि देता है। ३. कला का छलमयी या छद्मवेशिनी होना, जो केलि को और केलिमाल को भी कलात्मक गूढात्मकता का रूप प्रदान करता है। यह कृति उतना ही नहीं कहती, जितना ऊपर से दिखता है। केलिमाल में अर्थों की एकाधिक परतें हैं।

केलिमाल में श्री श्यामा-श्याम की केलियों का वर्णन है, यह स्पष्ट है। इन केलियों का एक भौतिक-लौकिक रूप भी है, जिसमें ये उसी प्रकार की श्रृंगार-चेष्टाएं हैं, जिस प्रकार की लौकिक स्त्री-पुरुषों के बीच होती हैं या हो सकती हैं ।

दूसरी ओर इनका आध्यात्मिक पक्ष है, जहाँ ये नित्यकिशोरवय नित्य-आनन्दमय श्री श्यामा-श्याम-युगल की काम-प्रेममय नित्यनिकुञ्ज स्थित विहार की सरस क्रीडाएं है, जिनका अनुभव नित्य सहचरी श्रीहरिदासीजी की कृपा के बिना नहीं हो सकता। यह नित्यविहार रस-सार है, अनन्य है और केवल सहचरी-भावसिद्धि से ही प्राप्य है।

लौकिक रस की भावभूमि का परिज्ञान हम कामशास्त्र के सहारे कर सकते हैं, एक काव्यकृति होने के नाते काव्य रस के रूप में भी। एक गेय कृति होने के नाते एक काव्य-गीति के रूप में भी इसे देखा जा सकता है — संगीतशास्त्रीय राग-रागिनियों में बँधी रचना के रूप में भी। इसकी प्रतीकात्मकता को व्याख्यायित करके इसे आगमिक-भावभूमि में समझा जा सकता है, इसके जीवन-दर्शन को भी अलग से ग्रहण किया जा सकता है।

श्रीकेलिमाल में हमें संगीतशास्त्र की, काव्यशास्त्र की, कामशास्त्र की, लौकिक श्रृंगार की, श्यामा-श्याम के नित्य कुञ्जविहार की, आगम की और दर्शन की ये सात भाव-भूमियाँ मिलनी चाहिए।

अगस्त १९८७
(रसनिकुञ्ज, वर्ष ६ अंक ८ से साभार)

— प्रो. प्रेमस्वरूप गुप्त
अलीगढ़ मुस्लिम विश्वविद्यालय

२१

रसरीति की पहली विशेषता है — निर्मलता और अलौकिकता। उसमें लौकिक-विचारों और वासनाओं का समावेश नहीं, क्योंकि उसका उद्‌भव ही लोकविमुखता और विरक्ति से है। अतः लौकिक आस्वाद और रस से वह भिन्न है। इसी से उसे उज्ज्वल-रस कहा गया है। सामान्य रसों से भिन्नता के कारण इसे अद्‌भुत भी कहा जाता है। दूसरी विशेषता इसकी नित्यता है। यह रस शाश्वत है, और निर्मल विकार-रहित रसोपासकों के लिए यह सदैव विहार-परायण रहता है। तीसरी विशेषता इसकी नित-नूतनता है। यह सदैव नए-नए रूप धारण करता रहता है। यह इस श्यामा-श्याम के नित्य-निकुञ्ज-विहार के रूप में सदैव प्रकट है। इस रस में चरम-सौन्दर्य और अगाध प्रेम एक-दूसरे से ओत-प्रोत है और एक-दूसरे को प्रेरित करते रहते हैं। स्वामी हरिदासजी की इस अलौकिक रस-रीति का विश्लेषण भी सौन्दर्य-शास्त्रीय दृष्टि से किया जा सकता है।

रसानुभूति का यह स्वरूप अलौकिक है, दिव्य है। अतः सामान्य-लोक के लिए इस रस का साधारणीकरण होना कठिन है। ऐसी दशा में इस रस-रीति के अन्तर्गत रसानुभूति के अधिकारी सभी जन नहीं हो सकते। जब तक उपासक सखी-रूप में क्रमशः दर्शक, सहायक, सेवक और इस रस-क्रीडा का भागीदार नहीं बनता, तब तक वह इस उज्ज्वल-रस का आस्वादन नहीं कर सकता। अतः हम कह सकते हैं कि स्वामी हरिदासजी की रस-रीति का आस्वादक अधिकारी बनने के लिए लोक-विमुखता, विरक्त और अनवरत युगल-दर्शन की आरती आवश्यक है।

सौन्दर्यशास्त्र और रसशास्त्र के विविध अंग और तत्त्व उसमें सहज रूप में विद्यमान है, पर-रूप और प्रेम की अलौकिक व्यञ्जना होने के कारण उस रसानुभूति में लोक-वासना और स्थूल-सौन्दर्य का अभाव है, वह एक दिव्य-रस की अनुभूति कराने वाली है।

— प्रो. भगीरथ मिश्र
सागर विश्वविद्यालय, सागर

२२

श्रीकेलिमाल तो सखियों के प्राणाधार स्वामिनी-स्वामी, श्यामा-श्याम की क्षण-क्षण, नव-नव भंगिमामयी प्रणय-क्रीड़ाओं के लालित्य एवं वैचित्र्य के अनन्त सौरभ का स्रोत है, जिसके वर्ण-वर्ण में नित्य-निकुञ्जलीला के लावण्य और माधुर्य की नाना रहस्यमयी झाँकियों की छटा हमारी वृत्तियों को परम उदात्त अतीन्द्रिय माधुर्यमयी रसभूमि पर आरोहण कराती हुई कल्पनातीत चिद्विलास के परम-व्योम में पहुँचा देती है।

ऐसी दिव्य चिद्विलासमयी-लीला के दर्शन की पात्रता एवं अधिकार की उपलब्धि, ऐहिक काम-कामनाओं से मुक्ति तथा परम प्रभु के प्रति अनन्य समर्पण के बिना सम्भव नहीं।

सखी-भाव की रस-साधना के प्रवर्त्तक रसिक अनन्य ललितावतार स्वामी श्रीहरिदासजी जिस निकुञ्जलीला की माधुरी में निरन्तर छके रहते हैं, उसका बीज श्रीमद्भागवत, ब्रह्मवैवर्त्त-पुराणादि में वर्णित रास-क्रीड़ा में अवश्य खोजा जा सकता है और भावयोग के इतिहास में उसका अस्तित्व सूक्ष्म रूप में सनातन है, परन्तु लीला-पुरुषोत्तम के परात्पर अवतारी स्वरूप का साक्षात्कार और कुञ्जविहारी-विहारिणी की युगल-क्रीड़ा के एकान्तिक रहस्यों का उद्घाटन मधुरा-भक्ति के विकास में एक सर्वथा निजी एवं मौलिक उपलब्धि है। समकालीन और परवर्ती राम-भक्ति-धारा एवं कृष्ण-भक्ति-धारा के रसिक-भक्तों ने उनसे निरन्तर प्रेरणा ग्रहण की है। नित्य-निकुञ्जलीला के माधुर्य का रहस्य स्वरूपतः भावयोग की प्रक्रिया में नित्य शाश्वत, साथ ही नित्य-नवीन है।

— प्रोफेसर डॉ० देवकीनंदन श्रीवास्तव
शान्तिनिकेतन विश्वविद्यालय

२३

एक बार कोई औरत खेत में बैंगन तोड़ रही थी, साथ ही जयदेव के पदों को भी गाती थी। प्रेम और प्रेमपूर्वक गाए जाने वाले वे पद भगवान् जगन्नाथ को इतने मोहक लगे कि वह बैंगन के खेत में उस औरत के पीछे-पीछे हो लिए और अपने कीमती कपड़े काँटों से छिदवा लाए। अगले दिन पुजारी ने प्रतिमा के वस्त्रों की दुर्दशा देखी तो बेचारा भारी संकट में पड़ा, लेकिन सपने में राजा को सारा भेद मालूम हो गया था। बैंगन बेचने वाली वह औरत दरबार में बुलाई गई, उसे पुरी में बसाया गया। तब से जयदेव भक्तराज माने जाने लगे। उनके पदों में मानो पंख लग गए।

यूरोप के वेबर, कीथ आदि संस्कृत-पण्डितों ने "गीतगोविंद" के रचना-कौशल की मुक्त-कण्ठ होकर प्रशंसा की है। अति सरस होने से यह कई विद्वानों को खटकता भी रहा है। परन्तु अंग्रेजी में क्या सॉलोमन के गीत नहीं हैं? डॉ० राजेन्द्रलाल मित्र ने लिखा है – गीतगोविंद के और सॉलोमन के गीतों की समता से डॉ० आदम क्लार्क बहुत मुग्ध हो गए, बाइबिल की अपनी टीका तक में उन्होंने इस बात की चर्चा की है ... नमूने के तौर पर सन्त सॉलोमन का एक गीत यहाँ दिया जाता है —

[1]Let him kiss me with the kisses of his mouth
he shall lie all night betwixt my breast;
his left hand is under my head and right hand doth embrace me.

— Songs of Soloman

प्राप्त करूँ मैं
अपने प्रिय के अगणित चुम्बन
कुच-युगलों के बीच लेटकर
पड़ा-पड़ा वह रात बिताए
इस छाती पर
इस ग्रीवा के नीचे उसका वाम बाहु हो
अन्य बाहु हो आलिंगनरत।

समकालिन राग-रागिनियों के अनुसार कोमल-कान्त पदावलियों का विन्यास और सामन्ती रसोपलब्धि का वैष्णवीकरण इस कवि की अपनी खूबियाँ समझी जाएंगी।

— नागार्जुन

---

१. गीतगोविन्द : नागार्जुन, वाणी प्रकाशन दिल्ली (१९७९) की पूर्वपीठिका से साभार।

पदानुक्रमणिका

(अकारादिक्रम)